Weltgeschichte der Prostitution

Paul Dufour

Weltgeschichte der Prostition

Voltmedia

ISBN 3-937229-98-1

Gesamtherstellung: Oldenbourg Taschenbuch GmbH, Kirchheim
Einbandgestaltung: Oliver Wirth, Bonn

Geleitwort

von Staatsanwalt Dr. Erich Wulffen-Dresden.

„Grad und Art der Geschlechtlichkeit eines Menschen reicht bis in den letzten Gipfel seines Geistes hinauf.“ Dieses Wort, das Friedrich Nietzsche, der ernste Forscher in sexuellen Problemen, in „Jenseits von Gut und Böse“ geprägt hat, ist von der modernen physiologischen Psychologie naturwissenschaftlich als wahr erwiesen worden. Wir wissen, dass der Geschlechtssinn des Individuums ein höchstorganisiertes Zentrum in der Grosshirnrinde, diesem Sitze der gesamten psychischen Lebenstätigkeit, besitzt. Wir wissen, dass die Entwicklung und Reife des Geschlechtssinnes der höchsten psychischen Entfaltung im Menschen vorausgehen. In diesem Sinne begreifen wir den tiefen Zusammenhang zwischen Geschlechtlichkeit und Geistigkeit im Sündenfalle des alten Testamentes; als Adam und Eva vom Baume der Erkenntnis gegessen hatten, erkannten sie, dass sie nackt waren. Wir wissen, dass erst der Geschlechtssinn den Menschen zur Entwicklung aller höheren Triebe befähigt hat, zur Bildung des Eltern- und Familientriebes und aller weiteren sozialen Triebe, aus denen wieder seine höchsten psychischen Leistungen, die ethischen, sittlichen und ästhetischen Gefühle erwachsen konnten.

Führen uns auf diesem Wege Naturwissenschaft und Psychologie zu der Annahme, Nietzsches Wort könne nicht nur für das Individuum, sondern müsse auch für ganze Völker, ja für die gesamte Menschheit Geltung haben, so setzen uns Geschichte und Kulturgeschichte in den Stand, diese Hypothese durch die Erfahrung zu beweisen. Grad und Art der Geschlechtlichkeit eines Volkes und der Menschheit spiegeln sich nun nirgends so deutlich wider, als in der Geschichte der Verirrungen, denen ihre Geschlechtlichkeit im Laufe der Jahrhunderte und Jahrtausende verfallen ist. Die Geschichte dieser geschlechtlichen Verirrungen ist aber mit der Geschichte der Prostitution identisch.

Somit ist die Geschichte der Prostitution als integrierender Bestandteil der gesamten Kulturgeschichte gegeben. Wenn auch das Wort „Prostitution“ — nach Dufour's Ausspruch — wie mit einem glühenden Eisen eine der traurigsten Schwächen der Menschheit brandmarkt, so wird sich ihrer Kenntnis doch niemand entziehen dürfen, der die Menschheit in ihrer wahren und vollen Geistigkeit erkennen und verstehen will.

Der Vorwurf, dies sei eine Beschäftigung mit Unsittlichkeiten, kann also den Freund der Wahrheit nicht treffen. Wer Menschen erkennen und begreifen lernen will, dem darf nichts Menschliches verborgen bleiben. Und besonders bei unserem Autor müssen wir den Heroismus anerkennen, mit dem er — wie er selbst hervorhebt — trotz der grossen Schwierigkeiten, die sich der Bearbeitung und Darlegung eines solchen Stoffes entgegenstellten, in seiner „Geschichte der Prostitution“ als erster eine ausführliche Behandlung dieses kulturhistorisch so wichtigen Gebietes zu unternehmen wagte. Auch ihm mag, wie dem Wahrheitssucher Faust, das Problem vorgeschwebt haben: „Vermesse dich die Pforten aufzureissen, an welchen jeder gern vorüberschleicht!“

Es sind die wunderbarsten Enthüllungen, welche die Geschichte der Prostitution uns bringt. Das klassische Altertum der Griechen und Römer ist mit dieser Prostitution so eng verwachsen, dass ohne deren Kenntnis seine höchsten Geistesblüten unverständlich bleiben. Wie wir die Antike in den Schulen und später im Leben als Laien kennen lernen, ist sie eine völlig einseitige Darstellung. Wir müssen uns vielmehr klar werden, wie alle Künste, ja selbst die Philosophie gewissermassen aus prostituiertem Boden hervorwucherten, wie die Künstler, die Bildhauer, Maler und Dichter, wie Philosophen und Redner zu ihren Grosstaten, die wir noch heute bewundern, nicht von ihren ehelichen Frauen, sondern von den Hetären, den Angehörigen der Prostitution, begeistert wurden; wie diese Hetären es waren, die mit unendlichen Summen die Künste unterstützten und ihre Schöpfungen bezahlten, ja wie zu ihrer eigenen Verherrlichung Denkmäler der Kunst errichtet wurden. Erst hierdurch wird uns der dionysische Geist des Altertums, wie ihn Nietzsche uns predigt, als eine einzige laute Bejahung des Lebens, d. h. der Lebensquelle, der Fruchtbarkeit und der Geschlechtlichkeit, offenbar. Die Antike mit ihrer Götterwelt, mit ihrer Philosophie und ihren Künsten atmet immer und überall Geschlechtlichkeit, die dem Menschengeschlechte in seiner damaligen Jugendzeit als das Wichtigste und Wertvollste im Himmel und auf Erden erschien. So wurde der unbändigste Naturtrieb des Menschen doch in eine ästhetische und naive Hülle gekleidet, die erst bei den derberen Römern allmählich immer durchsichtiger wurde und endlich ganz fiel.

Auch die Erscheinung und der Sieg des Christentums können nicht voll gewürdigt werden, wenn es nicht als eine Bekämpfung des Fleisches, der masslosen Unsittlichkeit, welche das Volk der Griechen und Römer im innersten Marke angefressen hatte, mithin besonders als eine Bekämpfung der auf dem Gipfel stehenden Prostitution aufgefasst wird. Aber auch dieser gewaltigsten Lehre, die je über die Erde gegangen ist, war eine Überwindung des geschlechtlichen Urtriebes der Menschheit, der bis heute immer und überall eine Ableitung in der Prostitution suchte und fand, nicht beschieden. Bald sehen wir auch die christlichen

Priester ihr dienen und die Klöster zu Stätten der Unzucht herabsinken. Das christliche Königtum, der grossen Masse ein Vorbild, tritt bei allen Völkern in den Pfuhl der Prostitution; wieder blühen die Künste auf prostituiertem Boden unter dem Schutze der Herrscher, der Päpste und Grossen. Auch die meisten anderen Gebiete menschlicher Betätigung werden in die Geschichte der Prostitution verflochten. Die Gesetzgebung vor allem, die bereits einen Solon zum Begründer des ersten Dicterions in Athen werden liess, ist fortdauernd mit der Regelung der Ehe und der Prostitution befasst, und die Kriminalität wird von der Prostitution beständig stark beeinflusst. Durch die Geschichte der Medizin zieht sich die Erscheinung der Prostitution wie ein roter Faden. Die Auffassung der Zeitgenossen über Geschlechtlichkeit und Prostitution wird abermals zum Gradmesser der gesamten zeitlichen Kultur. Die Prostitution hat die ganze Entwicklung der Städte und des mittelalterlichen Staates Schritt für Schritt begleitet. Noch einmal steigt sie mit ihren Ungeheuerlichkeiten auf einen Gipfel, und wir wagen nicht zu entscheiden, ob das Altertum erreicht oder übertroffen worden ist.

Aber die Nachwirkungen der Reformation und die Revolution mit ihrem Gefolge von Aufklärungen geben dem Kampfe gegen die Prostitution neue Waffen. Die geläuterte Geistigkeit der christlichen Völker tritt ihre Herrschaft an. Ein Wunderbares begibt sich. Es bahnt sich eine Scheidung zwischen der Geschlechtlichkeit und der Geistigkeit der Menschen an, zwar anfangs nur zaghaft, aber immerhin deutlich, zuweilen wieder für Zeiten verwischt, aber immer wieder stärker hervortretend. Die höchsten Leistungen der Geistigkeit, die edelsten Blüten der Wissenschaften und Künste beginnen unabhängig von der Geschlechtlichkeit und Prostitution der Allgemeinheit zu werden, was sie es bis dahin niemals waren. Hierin liegt der unvergleichliche Fortschritt. Nur der einzelne wissenschaftlich oder künstlerisch Schaffende birgt vielfach in seinem Innern noch die geheimnisvolle Verwandtschaft zwischen Geistigkeit und Geschlechtlichkeit gleichsam von der Jugendzeit des Menschengeschlechtes her. Wir sahen ja auch, dass sie im Individuum physiologisch begründet ist und in gewisser Beziehung immer begründet sein wird. Mit dieser beginnenden Scheidung von Geistigkeit und Geschlechtlichkeit verliert die Abart der letzteren, die Prostitution, als Kulturfaktor stark an Bedeutung. Sie stellt in ihrer Allgemeinheit hauptsächlich die physiologische und psychologische Ableitung der unbändigen organischen Materie dar. Sie tritt in anderen Formen auf und nimmt eine soziale Färbung an. Der Zusammenhang zwischen Kriminalität und Prostitution wird wissenschaftlich erörtert. Gemäss der allgemeinen Milderung unserer Sitten scheinen sich auch die Auswüchse der Prostitution zu mildern.

Es ist klar: Wer einen solchen Stoff zum Gegenstande einer Darstellung wählt, wird in die Lage kommen, sittlichen Schmutz und Verderbnis usführlich zur Erörterung zu ziehen. Wenn aber auch in Dufour's

Werk die umfangreiche und schwierige Materie in einer dem grossen gereiften und gebildeten Publikum leicht fasslichen Form geboten wird, weil es eben gilt, auch dieses Publikum über die Geheimnisse der Kulturgeschichte aufzuklären, so müssen wir dem Autor doch mit Nachdruck bestätigen, dass ihm hierbei jede tadelnswerte Nebenabsicht ferngelegen hat. Freilich ist die „Geschichte der Prostitution" trotzdem nicht für die Kinderstube und Schuljugend bestimmt, ebenso wenig auch eine Lektüre für unreife Jünglinge. Pierre Dufour und seine Übersetzer bzw. Bearbeiter haben ihre Aufgabe aber mit vornehmer Zurückhaltung gelöst, und jede Anstössigkeit, die ausserhalb der wissenschaftlichen Zwecke lag, ist taktvoll vermieden worden. Schon die Ausführlichkeit und Sorgfalt der Darstellung, die überall auf wissenschaftlichen Unterlagen ruht, belehrt über die sittlichen Absichten der Autoren; das Sensationelle des Stoffes ist wunderbar abgeschliffen. Die Darstellung der antiken Prostitution, welche mit ihrer Entwicklung, mit ihren Kräften und Wirkungen als ein abgeschlossenes Ganzes lichtvoll sich aufbaut, entbehrt der Grösse nicht. Jeder, der die Prostitution, diese geheime Macht des Altertums, zum ersten Male in solcher Auffassung kennen lernt, wird überwältigt sein von den wunderbar verschlungenen Wegen der Kultur. Die mittelalterliche und die neuere Prostitution, die eine bis in die Jetztzeit fortgeführte Darstellung gefunden haben, bieten nicht minder wertvolle Bausteine zu einer wissenschaftlichen, umfassenden Darstellung der Gesamtkultur dieser Epochen.

Der moderne naturwissenschaftliche Gedanke, wie ihn ein Wilhelm Wundt uns entwickelt hat, geht auch in der Geschichte der Prostitution siegreich hervor. Auch in ihr zeigt sich, dass nicht, wie die Materialisten lehren, die Materie das wahre Wesen der Dinge bedeutet, dass diese Bedeutung vielmehr der dem Menschen innewohnenden Geistigkeit zukommt. Indem wir feststellten, dass die Geistigkeit des Menschen sich von seiner Geschlechtlichkeit und von der Prostitution zu lösen im Begriffe steht, bewiesen wir zugleich die Richtigkeit jener naturwissenschaftlichen Lehre. Und damit bekennen wir uns auch wieder zu dem so oft und wohl bisweilen so gern missverstandenen Friedrich Nietzsche, der das sexuelle Problem als das einer vergeistigten Geschlechtlichkeit fixiert hat. Auch diese grösste Frage der Gegenwart und Zukunft, die Frage nach der neuen Sittlichkeit des Menschengeschlechts, kann also nur der verstehen und beantworten, der die Geschichte seiner Prostitution begriffen hat. In diesem Sinne geben wir Dufour's Arbeit gern das Geleit in die Öffentlichkeit!

Vorwort.

Bis zum Erscheinen der „Histoire de la Prostitution" von Pierre Dufour fehlte es an einer ausführlichen Behandlung dieser kulturhistorisch so wichtigen Materie. Die grossen Schwierigkeiten, die sich der Bearbeitung und Darlegung des hierauf sich beziehenden Stoffes entgegenstellen, mögen wohl viele von der Vornahme dieser Arbeit zurückgeschreckt haben, so reich sonst die Weltlitteratur an kulturgeschichtlichen Werken ist. Die Verlagsbuchhandlung glaubte den Wünschen und den Bedürfnissen Vieler entgegen zu kommen, indem sie sich zur Herausgabe einer deutschen Bearbeitung des angeführten Werkes entschloss und der reiche Beifall, der diesem bereits bei der Ankündigung zukam, bewies, dass sie sich in ihren Erwartungen nicht getäuscht habe.

Manches des ursprünglichen Inhalts musste aus gewichtigen Gründen hier in etwas gemildeterer Form wiedergegeben werden, manches auch, namentlich soweit es die Darstellung älterer französischer Verhältnisse betrifft, beträchtlich gekürzt werden. Dagegen wurde die Darstellung, die bei Dufour mit dem Zeitalter Heinrichs IV. für Frankreich abbricht und auch die Verhältnisse bei den andern Völkern Europas etc.

nicht erörtert, sorgfältig fortgesetzt und bis auf unsere Tage ergänzt, wie es ursprünglich in der Absicht Dufours lag. Die vorhergegangenen Teile dieses Werkes haben dessen Fortsetzung gewisse Grenz- und Grundlinien vorgeschrieben, die ohne Schädigung der Einheitlichkeit des Werkes nicht wesentlich überschritten werden durften.

Und nun ein Wort, um der falschen Prüderie und der echten Heuchelei von vornherein zu entgegnen: Die „Geschichte der Prostitution" ist nicht für die Kinderstube bestimmt, keine Lektüre für unreife Jünglinge oder überreife Lüstlinge. Es liegt in der Beschaffenheit der Sache, dass hierbei sittlicher Schmutz und Verderbnis ausführlicher in Erörterung gezogen werden musste, was überall ohne tadelnswerte Nebenabsicht, ohne Hintergedanken, rein vom kulturgeschichtlichen Standpunkt aus betrachtet geschehen ist. Dieses Werk will nicht die Sittenverderbnis fördern, nicht dem Sinneskitzel dienen, mag auch die Darstellung so gehalten sein, dass die umfangreiche und schwierige Materie auch dem grossen gereiften und gebildeten Publikum leichtfasslich geboten ist. Dieses Werk will vielmehr Moral fördernd wirken, was nur durch eine offene klare und wahre Aussprache geschehen kann. „Die Krankheiten der Gesellschaft," sagt Stuart Mill, „können ebenso wenig wie körperliche Krankheiten verhindert oder geheilt werden, ohne dass in klaren Worten darüber gesprochen wird."

Möge dieses Werk die Aufnahme und den Erfolg finden, welche die Herausgeber dafür erhoffen und mit grossen Mühen und Kosten dafür angestrebt haben.

Einleitung.

Wenn es schon schwer ist, das Wort „Prostitution“ zu definieren, so ist es noch viel schwieriger, ihre Geschichte in alter und neuer Zeit zu schreiben. Das Wort „Prostitution“, das wie mit einem glühenden Eisen eine der traurigsten Schwächen der Menschheit brandmarkt, wird sowohl im übertragenen wie im eigentlichen Sinne gebraucht, und es erscheint ebenso oft in der Umgangs- wie in der Schriftsprache, ohne seine eigentliche und wahre Bedeutung zu haben. Die gelehrten Verfasser des „Dictionnaire de l'Académie“ (Auflage von 1835) haben für das Wort keine bessere Erklärung gefunden als folgende: „Völlige Hingabe zur Unzucht.“ Vor ihnen hatte sich Richelet mit einer noch allgemeineren Erklärung begnügt: „Liederliche Lebensführung“, aber selbst wenig befriedigt von dieser Definition, deren Unzulänglichkeit grosse Bescheidenheit verrät, hatte er ihren Sinn durch eine weniger zweideutige Redensart ergänzt: „Es ist dies eine nicht eheliche Hingabe, die ein Mädchen oder ein Weib von ihrem Körper macht zu Gunsten eines Mannes, damit dieser von ihr verbotene Genüsse habe." Die Redensart, in welche die Verfasser des „Dictionnaire de l'Académie" ihre Erklärung eingekleidet haben, sagt absolut nicht alles, was das Wort „Prostitution" in sich schliesst, weil die Hingabe, um die es sich handelt, sich unter gewissen Umständen auf beide Geschlechter erstrecken kann, und weil die von der Religion oder der Moral verbotenen Genüsse oft von dem Gesetze anerkannt oder geduldet sind. Wir sind daher der Ansicht, dass das Wort „Prostitution" auf seine Wurzel (prostitum) zurückgeführt werden muss, und sich also auf alle Arten des unzüchtigen Handels mit dem menschlichen Körper erstreckt.

Dieser Handel mit der menschlichen Sinnlichkeit, den die Moral verabscheut, hat zu allen Zeiten und bei allen Völkern bestanden; er hat sich den Sitten und dem Gedankenkreis der einzelnen Völker angepasst; er hat gewöhnlich den Schutz des Gesetzgebers erhalten; er hat seinen Einzug in die bürgerlichen Gesetzbücher gehalten und selbst bisweilen in die religiösen Gebräuche; er hat fast immer und überall, um uns so auszudrücken, sein Bürgerrecht erobert; und er besteht noch in unseren Tagen, trotz der herrschenden philosophischen Vollkommenheit der Gesellschaft; er ist das notwendige Hilfsmittel der Polizeien der Städte, er ist der unkeusche Wächter der öffentlichen Sittlichkeit, er ist die traurige und unentbehrliche Zuthat der wilden Leidenschaften des Menschen.

Man muss gestehen, dass die Prostitution eine der schimpflichsten Plagen der Menschheit ist; aber diese Plage, die so alt wie die Welt selbst ist, hat sich bald in dem Schatten des häuslichen Herdes, bald in dem Geheimdienste der heidnischen Tempel, bald unter dem sicheren Schutze gesetzlicher Duldung zu bergen gewusst; diese schändliche Plage, die bald mehr bald weniger die soziale Gesellschaft zersetzte, hat in der Philosophie der Alten und in der christlichen Religion ein gewaltiges Linderungsmittel, wenn auch kein vollständiges Heilmittel, gefunden; und in demselben Masse, wie das Volk aufgeklärter und sittlich besser wurde, verminderte das unvermeidliche Uebel der Prostitution seine Kraftäusserungen und stellte in gewisser Beziehung seine Verheerungen ein. Doch ist nicht zu hoffen, dass sie gänzlich verschwinden wird, weil die schändlichen Triebe, denen sie entgegenkommt, unseliger Weise dem Menschengeschlechte angeboren sind; aber man darf mit Sicherheit voraussagen, dass sie sich eines Tages tief in ihre geheimen Lasterhöhlen zurückziehen und nicht mehr die Blicke der anständigen Welt verletzen wird.

Schon jetzt sieht die Prostitution in jeder Hinsicht, sowohl in Deutschland wie in allen anderen Ländern mit geordneter Verwaltung, nach und nach die Zahl ihrer Vertreter und ihrer Opfer mehr abnehmen; sie zieht sich, als wenn sie für das Schamgefühl zugänglich wäre, vor den Erörterungen des moralischen Verstandes zurück; sie dankt nicht ab, aber sie sieht sich ihres Thrones beraubt und hüllt sich in die Falten ihres Hurenkleides ein, ohne mehr auf eine Rückeroberung ihres unkeuschen Reiches zu hoffen. Der Augenblick ist nicht mehr weit, wo sie vor sich selbst erröten wird, wo sie für immer das Heiligtum der Sitten verlassen wird, wo sie allmählich in Dunkelheit und Vergessenheit geraten wird. Es giebt solche Krankheiten, sowohl des menschlichen Herzens, wie des Körpers, die verschwinden, indem sie sich selbst verzehren, und die ihre verderbliche, ansteckende Wirkung unter dem Einfluss eines geordneten Lebens verlieren. So ist der Aussatz fast nur noch dem Namen nach bekannt, und wenn man auch hie und da noch vereinzelte Spuren dieser entsetzlichen Pest des Mittelalters antrifft, so erkennt man doch mit Freuden, dass sie nicht mehr die Kraft sich auszubreiten und um sich zu greifen hat. Vom Flusse, der einst unter der gesamten Bevölkerung wütete, und der jetzt kaum noch hie und da eine Person befällt, haben wir allein noch die fürchterlichen Berichte.

Die Stunde ist also gekommen, wo man eine Geschichte der Prostitution schreiben kann, da sie mehr und mehr sowohl im Gedächtnis des Menschen, als in den Sitten der Völker zu verblassen beginnt. Die Geschichte beschäftigt sich mit den Zeiten, die vergangen sind. Sie bringt zu Grabe getragene Ereignisse wieder ans Tageslicht, sie belebt und erweckt das Vergangene zur Belehrung der Gegenwart und der Zukunft, sie verleiht der Ueberlieferung Leib und Seele. Der vielseitige und wunderliche Gegenstand, den wir mit Hilfe der Gelehrsamkeit und unter der Kritik der strengsten Vernunft behandeln wollen, dieser kitzliche Gegenstand, der stets argwöhnisch betrachtet wurde, heftet sich von allen Seiten an die Geschichte der Religionen, der Gesetze und der Sitten. Aber er ist beständig von den Schriftstellern unberücksichtigt geblieben, die sich mit den Sitten, den Gesetzen und den Religionen alter und neuer Zeiten beschäftigten. Altertumsforscher allein, wie Meursius, Laurentius, Musonius u. a. m. haben gewagt, sie in lateinischer Sprache zu behandeln, wo die Zunge des Juvenal und des Petronius nach Belieben den Forderungen des Wohlanstandes sowohl in Worten als auch in Handlungen trotzen konnte.

Was uns nun anbetrifft, so werden wir, obgleich auch wir uns zu den Altertumsforschern rechnen dürfen, doch nicht vergessen, dass wir Deutsch schreiben und uns an ein gebildetes Publikum wenden, das die Sache wohl kennen lernen, aber auch gleichzeitig mit Anstand behandelt sein will. Wir werden niemals vergessen, dass das Werk, welches wir zu Nutzen der Wissenschaft schreiben, auch gleichzeitig der Moral dienen soll, und dass seine Hauptaufgabe darin bestehen soll, einen Fehler verabscheuenswert zu machen, indem es seine Schändlichkeiten ans Licht zieht. Die Lacedämonier zeigten der Jugend den hässlichen Anblick trunkener Sklaven, um sie die Trunksucht fliehen zu lernen. Gott bewahre uns davor, wieder auf diesen Abweg der Liebe zu geraten, selbst wenn er sich bei den Völkern des Altertums im Blumenschmucke zeigt. Und gerade darin wollen wir uns von den Archäologen und eigentlichen Gelehrten unterscheiden, dass wir nicht wie sie keine Rücksicht auf das Sittliche der Handlungen nehmen und unbekümmert darum philosophische Schlüsse ziehen. Sie berichten in langen Auseinandersetzungen z. B. über den Kult der Isis, der Astarte, der Venus und des Priap; sie enthüllen dabei die gröbsten Ungeheuerlichkeiten, sie schildern dabei die schändlichsten Dinge, aber sie vergessen am Schlusse unsere Gedanken wieder zu erheben und unsern Geist zu beruhigen, indem sie diesen unzüchtigen und verwerflichen Bildern die keuschen Lehren der Philosophie und die wohlthätige Wirkung des Christentums entgegenhalten.

Die Prostitution lässt sich in alter wie in neuer Zeit in drei unterschiedliche Formen teilen, oder sie lässt sich auf drei verschiedene Stufen stellen, die drei verschiedenen Abschnitten im Leben der Völker angehören: erstens die gastliche Prostitution, zweitens die heilige oder religiöse Prostitution und drittens die legale oder staatlich anerkannte Prostitution. Diese drei Benennungen fassen ziemlich gut die drei Arten von Prostitution zusammen, die Rabutaux mit folgenden Worten in einer gelehrten Abhandlung über den Gegenstand, den wir im Begriffe sind nach ihm unter allgemeineren Gesichtspunkten zu behandeln, charakterisiert: „Ueberall, soweit uns die Geschichte zu dringen erlaubt, bei allen Völkern und zu allen Zeiten, sehen wir, als mehr oder minder allgemeine Thatsache, das Weib in der schimpflichsten Sklaverei, gezwungen, sich ohne Wahl und ohne Gefallen den ungestümen Begierden hinzugeben, die es entflammte und anreizte. Wahrlich, indem der letzte Funke von Moral erlischt, verliert die edle und süsse Gefährtin des Mannes in dieser dunkeln Nacht die letzten Spuren ihrer Würde und wird durch diesen tiefen Fall selbst dem, der sie besitzt, gleichgültig, sie sinkt, wie irgend ein beliebiger Gegenstand, zum einfachen Geschenke der Gastfreundschaft herab: die heiligen Bande, denen die Freuden des häuslichen Herdes und die Annehmlichkeiten des Familienlebens entstammen, haben bei diesen entarteten Völkern keine Bedeutung und keine Kraft mehr. Manchmal, zum Beispiel im alten Orient und bei fast allen Völkern, die hierin aus der alten Ueberlieferung geschöpft haben, wurde dieses Keuschheitsopfer der Frau noch in schimpflicher Weise mit den Lehrsätzen eines ungeheuerlichen Naturglaubens zusammengebracht, der alle Leidenschaften entzündete, indem er sie zu göttlichen Dienstleistungen erhob. So entstand ein heiliger Brauch eines eigenartigen und entarteten Kultus, und der Lohn, welchen die unkeuschen Priesterinnen erhielten, wurde als Opfergabe den Göttern dargebracht. Bei anderen Völkern endlich, die eine moralisch höhere Stufe einnahmen, überwies dieses unheilvolle Laster den starken Trieben der Sinne und ihren cynischen Wünschen eine eigene, auf die niedrigste Stufe verwiesene Klasse von Weibern. Diese unglücklichen Weiber, die zwar geduldet, aber übel angesehen waren, waren gezwungen, aus der Wollust und der Schande ein Handwerk zu machen.“

Also betrachtet Rabutaux die Prostitution als eine schmachvolle Sklaverei, während wir sie als einen schmählichen Handel ansehen. Und in der That erscheint sie uns in ihren drei Hauptformen mehr als Folge eines Handels als des sklavischen Druckes, denn sie geschieht immer freiwillig und ohne Zwang. Gastlich erscheint sie als Tausch aus guter Lebensart mit einem Fremden, einem Unbekannten, der jedenfalls ein Gast und Freund wurde; religiös erwirbt sie für die geopferte Keuschheit die Gunst Gottes und den Segen des Priesters; legal richtet sie sich ein und wird ausgeübt wie irgend ein anderes Gewerbe: wie dieses hat sie ihre Rechte und Pflichten, sie hat ihre Ware, ihre Läden und ihre Kunden; sie verkauft und zieht Vorteil, und wie die anständigsten Handelszweige hat sie kein anderes Ziel als Gewinn und Nutzen. Um diese drei Arten von Prostitution als Folge von moralischer oder physischer Knechtschaft ansehen zu können, müssten die Gastfreundschaft, die Religion und das Gesetz sie gewaltsam geschaffen haben, sie müssten ihnen die Notwendigkeit ihres Bestehens aufdrängen trotz allen Widerstandes und Widerstrebens der Natur. Aber zu keiner Zeit war das Weib in dem Grade Sklavin, dass sie nicht frei über ihren Körper hätte verfügen können, gleich ob am häuslichen Herde, ob im Heiligtume des Tempels oder ob im Bordell der Stadt.

Die wahre Prostitution hat an dem Tage ihren Einzug in die Welt gehalten, an dem das Weib sich als Ware verkaufte, und dieser Handel ist, wie die meisten Handelsarten, einer Menge der verschiedensten Bedingungen unterworfen gewesen. Wenn das Weib sich den Wünschen ihres Herzens oder dem Verlangen ihrer Sinnlichkeit gehorchend hingab, so war das Liebe oder Geilheit, aber noch keine Prostitution, die wägt und rechnet, schachert und handelt. Wie die Liebe und die Vergnügungssucht, so beginnt auch die Prostitution mit dem Ursprung der Völker und mit der Kindheit der Gesellschaft.

Im Zustand der einfachen Natürlichkeit, als die Menschen erst begannen, sich gegenseitig aufzusuchen und sich zu vereinigen, war die willkürliche Vermischung der Geschlechter die unvermeidliche Folge ihrer ungebildeten Rohheit, die noch keine anderen Vorschriften kannte als die des Instinktes. Das tiefe Dunkel, in dem die menschliche Seele noch herumtappte, verhüllte ihr die einfache Kenntnis von Gut und Böse. Doch konnte schon da die Prostitution bestehen. Das Weib willigte ohne Zweifel ein, sich dem Verlangen des Mannes zu überlassen, selbst wenn sie seine Glut nicht teilte, um ein Stück Wildpret, das er getötet, oder einen Fisch, den er gefangen hatte, von ihm zu erhalten; für eine schimmernde Muschel, für eine leuchtende Vogelfeder, für einen glänzenden Stein bewilligte sie ohne Reiz und ohne Verlangen einem wilden Ungestüm die Rechte der Liebe. Diese wilde Prostitution ist, wie man sieht, älter als jede Religion und jedes Gesetz, und dennoch gab in diesen Urzeiten der

Kindheit der Völker das Weib keinem Zwange nach, sondern nur ihrem freien Willen, ihrer eigenen Wahl und ihrer Habsucht. Als sich die Menschen in Völkerstämme zusammenzogen, als eine wirkliche Ehe sie in Familien gliederte, als das Bedürfnis nach Liebe und gegenseitigem Schutz feste und dauernde Vereinigungen schuf, brachte die Gastfreundschaft eine andere Art Prostitution hervor, die gleichfalls älter als alle religiösen und moralischen Satzungen sein muss. Die Gastfreundschaft war die Anwendung einer Vorschrift, die vielleicht dem Menschenherzen von Geburt aus innewohnt, und die mehr einer selbstsüchtigen Vorsorge, als der uneigennützigen Regung entstammte, welche inzwischen die christliche Nächstenliebe geschaffen hat: „Behandle deinen Nächsten wie du selbst von ihm behandelt sein willst." Und wahrlich fühlte der Mensch mitten in den Wäldern, in denen er lebte, besonders die Notwendigkeit, immer und überall bei seinesgleichen einen Platz am Feuer und am Tische zu finden, wenn seine Jagdzüge und ziellosen Wanderungen ihn weit weg von seiner Reisighütte und seinem Tierfelllager führten. Es war also die Erkenntnis des allgemeinen Nutzens, die aus der Gastfreundschaft einen heiligen Gebrauch und ein unverletzliches Gesetz machte. Der Gast wurde bei allen alten Völkern mit Freude und Achtung begrüsst. Seine Ankunft schien ein gutes Vorzeichen; seine Anwesenheit brachte dem Dache, unter dem er geweilt hatte, Glück. Für diesen glücklichen Einfluss, den er mit sich brachte, und den er überall da, wo er sich aufgehalten hatte, zurückliess, musste man ihm doch Gerechtigkeit dadurch widerfahren lassen, dass man sich mit allen zu Gebote stehenden Mitteln bemühte, ihm zu gefallen und ihm angenehm zu sein. Der Ehemann überliess freiwillig sein Bett und sein Weib dem Gaste, den die Götter ihm sandten, und das Weib, das sich willig dem Brauche fügte, welcher ihrer Launenhaftigkeit und Neugierde schmeichelte, überliess sich mit Freuden diesem kitzlichen Akte der Gastfreundschaft. Es ist wahr, dass sie hierzu durch die Hoffnung auf ein Geschenk geführt wurde, welches ihr oft am andern Morgen der Gastfreund bei seinem Abschied von ihr bot. Dies war aber nicht der einzige Vorteil, den sie aus dieser anerkannten Prostitution zog, welche ihr von ihren eigenen Eltern und ihrem Gatten vorgeschrieben wurde, sie konnte auch das Glück haben, die Umarmungen eines Gottes oder eines Genius zu empfangen, der sie zur Mutter machte und mit einer ruhmvollen Nachkommenschaft versah. Denn in allen Religionen, sowohl in denen Indiens wie in denen Griechenlands und Aegyptens, war es allgemein anerkannte Glaubenssache, dass die Götter in menschlicher Gestalt unter den Menschen wandelten und ihren Aufenthalt nahmen. Der Reisende, der Bettler, mochte er noch so hässlich und missgestaltet sein, der ein Familienglied von dem Augenblicke wurde, wo er die Schwelle des Hauses oder des Zeltes überschritt und sich daselbst im Namen der Gastfreundschaft als Herr einrichtete, konnte er nicht Brahma,

Osiris, Jupiter oder sonst ein anderer verkleideter Gott sein, der zu den Sterblichen herab gestiegen war, um sie in der Nähe zu sehen und sie zu prüfen? Fand sich das Weib dann nicht durch die Umarmungen der Gottheit geläutert? So also hatte sich die gastliche Prostitution, die bei allen Naturvölkern bekannt war, durch Ueberlieferung und Gewohnheit in die Sitten der alten Civilisation verpflanzt.

Die heilige Prostitution entstand fast gleichzeitig mit dieser ersten Prostitution, welche in gewisser Beziehung ein Bestandteil des Kultus der Gastfreundschaft war. Sobald die Religionen aus der Furcht, welche der Anblick der grossen Naturereignisse im Menschenherzen erregte, entstanden waren, sobald Donner und Blitz, Sturm, Erdbeben und das wildwogende Meer hatten die Götter erfinden lassen, bot sich die Prostitution selbst diesen schrecklichen und unversöhnlichen Göttern an, und der Priester nahm für sich selbst eine Opfergabe in Anspruch, welche die Götter, die er vertrat, nicht geniessen konnten. Die dummen und leichtgläubigen Menschen opferten auf den Altären das Beste, was sie hatten: die Milch ihrer Kühe, das Blut und das Fleisch ihrer Tiere, die Früchte und Erträgnisse ihrer Felder, die Beute ihrer Jagd und ihrer Fischerei, die Werke ihrer Hände; die Weiber zögerten nicht, sich selbst als Opfer dem Gotte darzubringen, das heisst seinem Bilde oder seinem Priester. Der Priester oder das Bild, der eine oder das andere, empfing die Gabe, sei es nun die Jungfräulichkeit der mannbaren Tochter oder die Keuschheit des verheirateten Weibes. Die heidnischen Religionen waren dem Zufall und der Phantasie entsprungen. Sie richteten sich in ihren Glaubenssätzen und Vorschriften nach den jeweiligen Sitten und passten sich den Staatseinrichtungen der einzelnen Völker an. Die Philosophen und die Priester hatten dieses Werk schlauen Betrugs mit Klugheit vorbereitet und vollendet; aber sie hüteten sich wohl, auf den alten Brauch der heiligen Prostitution einen Druck auszuüben; sie brachten nur mehr Ordnung darein, indem sie die Leitung ihrer Ausübung übernahmen. Diese Ausübung umgaben sie mit geheimen und eigenartigen Gebräuchen. Die Prostitution wurde von da ab ein Bestandteil der Kulte gewisser Götter und Göttinnen, welche sie befahlen, sie duldeten oder dazu anfeuerten. Daher stammen die Mysterien von Lampsakus, von Babylon, von Paphos, von Memphis, daher der schändliche Handel, den man an den Tempelpforten trieb, daher die ungeheuerlichen Götzenbilder, denen die Jungfrauen in Indien sich preisgaben, daher endlich die unsittliche Herrschaft, welche die Priester sich unter dem Schutze ihrer unzüchtigen Götter anmassten.

Die Prostitution musste unbedingt von der Religion in die Sitten und die Gesetze der Völker übergehen, und so entstand die legale Prostitution, welche in der Gesellschaft festen Fuss fasste und sie bis ins Mark verdarb. Diese Prostitution war vielhundertmal gefährlicher als die, welche sich im Schatten der Altäre und heiligen Haine verbarg, denn sie zeigte sich unverhüllt vor aller Augen und deckte sich nicht einmal mit dem Vorwande der allgemeinen Notwendigkeit: ihre Tochter war die Ausschweifung, welche alle andern Laster erzeugt. Nur deshalb hatten die Gesetzgeber, welche die grosse Gefahr erkannten, welche die Gesellschaft lief, den Mut, sich gegen die Prostitution aufzulehnen und sie in weise Grenzen zu verweisen. Einige versuchten unnützer Weise sie ganz zu ersticken und zu vernichten, aber sie wagten es doch nicht, sie bis in die unverletzlichen Asyle zu verfolgen, welche ihr die Religion bei bestimmten Festen und bei gewissen feierlichen Gelegenheiten bot. Ceres, Bacchus, Venus und Priap beschützten sie vor der Macht der Obrigkeit, ausserdem war sie auch schon so tief in die Gewohnheiten des Volkes eingedrungen, dass es unmöglich war, sie daraus zu entfernen, ohne an den Wurzeln der religiösen Lehrsätze zu rütteln. Nur eine ganz neue Religion konnte die Aufgabe der Gesetzgeber ermöglichen helfen, die heilige Prostitution aus der Welt zu schaffen und dadurch auch der legalen Prostitution einen heilsamen Zügel anzulegen. Dies war das Werk des Christentums, welches die Sinnlichkeit vom Throne stiess und den Sieg des Geistes über die Materie verkündete.

Und doch hat Jesus Christus, nach seinen Evangelien, die Ehre einer Dirne wiederhergestellt, indem er Magdalena aufhob und dieser Sünderin den Genuss des göttlichen Wortes zukommen liess. Er erzählte ihr das Gleichnis von den klugen und thörichten Jungfrauen. Gleichzeitig aber wies er durch die feierliche Einführung der Zeit der Busse und Reue auf die Schamhaftigkeit und die Enthaltsamkeit hin. Seine Apostel und deren Nachfolger kündeten, um die alten Götzen der Unkeuschheit vollends zu stürzen, der christlichen Welt an, dass der wahre Gott nur mit keuschen Seelen Gemeinschaft haben und nur in einem aller Unzucht baren Körper Mensch werden könne. In dieser Zeit der fortgeschrittenen Civilisation bestand die gastliche Prostitution nicht mehr. Die heilige Prostitution, welche zum erstenmal errötete, schloss sich in ihre Tempel ein, welche ihr ein neuer, reinerer und weniger sinnlicher Kult streitig machte. Das bedrohte, von allen Seiten angegriffene Heidentum versuchte nicht einmal einen seiner Lieblingsgebräuche, die Prostitution, zu verteidigen, welche die öffentliche Meinung mit Entrüstung zurückwies. Also hatte die heilige Prostitution, wenigstens in der Oeffentlichkeit, zu bestehen aufgehört, ehe noch das Heidentum völlig seinen Kult und seine Tempel verloren hatte. Die Religion des Evangeliums hatte ihre Anhänger gelehrt, vor sich selbst Achtung zu haben; die Keuschheit und die Enthaltsamkeit wurden von nun an unerlässliche Tugenden eines Jeden; sie waren nicht mehr wie früher, ein Vorzug einiger Philosophen. Die Prostitution hatte nunmehr weder Grund noch Gelegenheit, sich einen religiösen Mantel umzuhängen oder sich in irgend einen dunkeln Winkel des Tempels zu verbergen. Allein, während der vielen Jahrhunderte, in denen sie so tief in die religiösen Bräuche eingedrungen war, hatte sie den Tempeldienern so viele heimliche Freuden verschafft, dass sie hie und da noch in einigen Klöstern ihr Leben fortsetzte, und dass sie die Urheberin des unzüchtigen Kultes einiger Heiligen wurde. Es war immer noch Priap, den der grosse, dumme Haufe unter dem Namen St. Guignolet oder St. Grelichon anbetete: es war in den ersten Zeiten des Christentums noch immer die heilige Prostitution, welche unfruchtbare Weiber in direkten Verkehr mit den phallustragenden Statuen dieser unkeuschen Seligen brachten.

Aber die edle Moral Christi hatte die Geister erleuchtet, die Leidenschaften beschwichtigt, das Sittlichkeitsgefühl angestachelt und die Herzen gereinigt. In den ersten Zeiten dieses neuen Glaubens konnte man die Ueberzeugung haben, dass die Prostitution ebenso aus den Sitten, wie aus den Gesetzen verschwinden, und dass es gänzlich unnötig sein würde, gesetzliche Dämme diesem schmutzigen Strome entgegenzusetzen. St. Augustin vergleicht ihn mit den Kloaken, die in den glänzendsten Palästen angelegt sind, um alle ansteckenden Krankheitsstoffe abzuführen und die Gesundheit der Luft zu sichern. Die neue Gesellschaft, die sich mitten aus der alten Welt erhob, führte einen so erbitterten Krieg gegen die Prostitution, dass diese sich auf Gnade und Ungnade ergeben musste. Bischöfe, Synoden und Konzilien gaben sie überall dem Hasse der Gläubigen preis und zwangen sie, sich in den Schatten zu verbergen, um Geld- und Körperstrafen zu entgehen. Aber die christlichen Gesetzgeber hatten eine zu hohe Meinung vom Ansehen der Religion, sie hatten es zu eilig, alle Auswüchse der fleischlichen Lüsternheit zu unterdrücken, sie hatten zu wenig mit den Trieben, den Neigungen und den Temperamenten der Menschen gerechnet: die Prostitution konnte nicht verschwinden, ohne die Ruhe und Ehre der anständigen Frauen in grosse Gefahr zu bringen. Sie trat von da an frecher denn je in ihrem unrühmlichen Reiche auf, und sie verachtete oft das Gesetz, welches sie nur ungern duldete, weil dieses sie in den engsten Grenzen hielt und sich alle Mühe gab, sie den Augen der Anständigen zu entziehen. Es war also die christliche Weltanschauung, welche ihr noch die besten und beachtetsten Grenzen zog. Indem das Christentum die Ehe zu einer streng sittlichen Einrichtung erhob und die Stellung der Frau dem Manne gegenüber auf gleiches Niveau brachte, sodass der Mann sie als Genossin vor Gott und den Menschen betrachtete, verdammte es die Prostitution, ausserhalb der Gesellschaft in ihren geheimen Lasterhöhlen und unter dem Druck einer öffentlichen Brandmarkung zu leben.

Trotz der Strenge des Gesetzes, das die Prostitution zwar duldete, aber sie beständig bedrohte und verfolgte, war doch ihre Existenz keine unsichere oder unvorteilhafte: sie war wohl aus den Städten verbannt, aber sie fand eine Zuflucht in den Vororten, an den Kreuzungen der Strassen, hinter den Hecken und auf dem platten Lande. Sie hattte mitten unter dem Volke als Abzeichen gewisse Farben, die für unehrlich galten.

einen bestimmten Schnitt der Kleidung, den sie allein tragen durfte, aber auf diese Art trug sie ihr Schandgewerbe öffentlich zur Schau. Sie schreckte wohl die frommen und keuschen Leute ab, aber sie zog dafür die jungen Wüstlinge, die alten Sünder und die Landstreicher an sich. Man kann also sagen, dass sie stetig auf der Bahn des Lebens dahin schritt, selbst wenn die sittlichen oder religiösen Bedenken eines Königs, eines Fürsten oder einer Behörde die Absicht erkennen liessen, sie gänzlich zu verbieten oder durch eine übermässige Strafe zu unterdrücken. Die Gesetze, welche ihre Abschaffung verordneten, waren selbst selten von langem Bestande. Dieses soziale, notwendige Uebel blieb beständig am Körper der Nation haften wie ein unheilbares Geschwür, welches die Aerzte überwachen und an seinem Umsichgreifen hindern. Diese Rolle spielt die Prostitution seit mehreren Jahrhunderten in allen Ländern, wo es eine vorsorgliche und einsichtsvolle Polizei giebt. Deshalb muss man sie auch eine legale Prostitution nennen: die Religion verbietet sie, die Moral verabscheut sie, aber das Gesetz erkennt sie an.

Die legale Prostitution umfasst nicht nur die untergeordneten Geschöpfe, welche sich offen zu ihrem verworfenen Gewerbe bekennen und sie öffentlich ausüben, sondern auch alle die Weiber, die ohne rechtliche Anerkennung und Befugnis sich den Vergnügungen des zahlenden Publikums hingeben, also ebenfalls mit ihren Reizen in verschiedenem Grade und unter mehr oder minder verächtlichen Namen Handel treiben. Es giebt also doch, um uns genauer auszudrücken, zwei Arten legaler Prostitution; diejenige, die dem Gesetz bekannt ist, und die dessen gebührende persönliche Anerkennung besitzt, und diejenige, die dem Gesetz unbekannt ist, und die nur durch die stillschweigende Duldung des Gesetzes besteht; die eine verborgen und versteckt, die andere offen und anerkannt. Nach dieser Teilung der Prostitution in zwei Hauptklassen, welche von der wohlwollenden Gesinnung der bürgerlichen Gesetze Nutzen ziehen, kann man auf die Unmasse der verschiedenen Unterarten dieser heimlichen Prostitution schliessen, über welche die Gesetze die Augen zudrücken, und welche der unschlüssige Moralist dem Urteil der öffentlichen Meinung unterstellt, die sich kaum mit ihr beschäftigt. Immer mehr verliert die Prostitution ihren eigentlichen Charakter, den des zur Gewohnheit gewordenen Handels, immer weiter entfernt sie sich von dem Schandpfahl, an welchen ihr Geschick sie nach dem Gesetze fesselte; wenn sie einmal die noch unbestimmten Grenzen ihres schändlichen Handels überschritten hat, schweift sie unergreifbar in dem weiten Spielraume der Galanterie und der Vergnügungssucht umher. Man sieht, dass es nicht leicht ist, die Grenzen der legalen Prostitution genau zu bestimmen, da man bis jetzt weder weiss, wo sie beginnt, noch wo sie endet.

Dies muss sich aber immer dem Geiste unserer Leser tief einprägen, dass ein ungeheurer Abstand die Prostitution der Alten von der der Jetztzeit trennt. Diese ist rein legal, mehr geduldet als erlaubt, und unterliegt dem doppelten Tadel der Religion und der Moral; jene hingegen war, obschon auch sie von den Philosophen verurteilt wurde, doch durch die Sitten und die Lehren der Religion geheiligt. In der vorchristlichen Zeit ist die Prostitution überall, unter dem häuslichen Dache, im Tempel und auf der Gasse zu finden; unter der Herrschaft des Evangeliums hingegen wagt sie nur zu gewissen Nachtstunden und an bestimmten, ihr vorbehaltenen Orten sich zu zeigen, die weit von dem Aufenthalt anständiger Leute entfernt liegen. Später jedoch nahm sie, um die Freiheit zu haben auch am hellen Tage zu erscheinen und der Sittenpolizei zu entgehen, Vorrichtungen, Kleidungen und Namen an, die weder die Augen noch die Ohren verletzten, und sie machte sich eine züchtige Maske um das Recht zu erlangen ihr Handwerk frei, ohne Aufsicht und ohne Ueberwachung ausüben zu können. Aber zu allen Zeiten erhob die öffentliche Meinung, selbst wenn das Gesetz zu schwach oder stumm war, gegen diese scheinheiligen Vermummungen der legalen Prostitution Einspruch

Wir haben durch das vorhergesagte schon ziemlich deutlich den Plan des Werkes durchblicken lassen Das Werk ist die Frucht eingehender Forschung und völlig neuer Studien. Was nun den Zweck dieses Werkes anbelangt, halten wir es nicht für angebracht darauf zu bestehen ihn verständlich zu machen; bei einem derartigen Gegenstand muss sich ein Schriftsteller, der sich ebenso wie seine Leser achten will, daran halten ein Laster verabscheuenswert zu machen, selbst wenn es sich unter dem verführerischsten Aeusseren zeigen sollte. Es genügt uns dies Laster hassenswert erscheinen zu lassen, seine traurigen Folgen und fürchterlichen Lehren zu zeigen. Unser Werk ist kein Buch strenger und starrer Moral, es ist vielmehr eine seltsame Geschichte, reich an Bildern, deren Nacktheit, die besonders die von den griechischen und römischen Schriftstellern im Ueberfluss gelieferten zeigen, wir möglichst verschleiern wollen. Aber man wird sehen, dass zu allen Zeiten und in allen Ländern die Philosophen und Gesetzgeber mit ihren weisen Warnungen Einsprache gegen die Ueberhandnahme der sinnlichen Leidenschaften erhoben. Moses predigte Keuschheit in seinem Gesetze, das er den Juden gab; Solon und Lykurg wüteten gegen die Prostitution in dem wollüstigen Vaterlande der Kurtisanen; der römische Senat brandmarkte die Wollust im Angesichte der schmutzigen Mysterien der Isis und Venus; Karl der Grosse, Ludwig der Heilige, alle Könige, die sich als „Hirten der Menschen“ betrachteten, um diesen schönen Ausspruch Homers zu gebrauchen, arbeiteten daran, die Sitten ihrer Völker zu reinigen und die Prostitution in einer verborgenen und entehrenden Knechtschaft zu halten. Dies war nur die wachsame Thätigkeit der Gesetze. Zu derselben Zeit aber predigte die Philosophie in ihren Lehren und Schriften Enthaltsamkeit und Scham. Pythagoras, Plato, Aristoteles,

Cicero liehen eine hinreissende und überzeugende Stimme der reinen Moral. Als das Evangelium die Ehe wieder zu Ehren gebracht hatte, als die Keuschheit eine religiöse Vorschrift wurde, konnte die christliche Philosophie nur die Ratschläge der heidnischen Philosophie wiederholen. Seit achtzehn Jahrhunderten schleudert der Stuhl Petri Donner und Blitz in den Pfuhl der Prostitution. Hier ist Schmutz und Finsternis, dort eine heilige Flut, die das Herz von seinen Flecken reinigt, ein lebenspendendes Licht, das von Gott ausgeht.

Das gesamte Werk ist in vier Abteilungen geteilt, welche zusammen die vollständige Geschichte der Prostitution in alter und neuer Zeit bei allen Völkern darstellen.

Die erste Abteilung, welche uns die Prostitution in ihren drei verschiedenen Formen, den Forderungen der Gastfreundschaft, der Religion und der Gesetzgebung folgend, zeigen wird, umfasst nur das griechische und römische Altertum. Die Quellen und der Stoff dieses ersten Abschnittes sind in so überflüssiger und reicher Menge vorhanden, dass er für sich allein, wenn er alle die Erörterungen, welche er zulässt, aufnehmen wollte, den Umfang von mehreren Bänden erreichen könnte. Die Briefe des Alciphron, die Deipnosophisten des Athenaeus und die Dialoge des Lucian lassen uns den Verlust der geschichtlichen Abhandlungen weniger vermissen, welche Gorgius, Ammonius, Antiphanes, Apollodor, Aristophanes und andere griechische Schriftsteller über das Leben und die Sitten der Dirnen oder Hetären geschrieben haben. Meursius, Maronius und mehrere moderne Schriftsteller und Gelehrte, unter anderen der Professor Jakobs in Gotha, haben dieses Thema in ihren gelehrten Werken zu behandeln für würdig gefunden. Das alte Rom hat uns kein eigens einem Stoffe gewidmetes Werk hinterlassen, welcher ihm dennoch nicht fremd war; aber die verschiedenen lateinischen Schriftsteller, die Dichter hauptsächlich, bieten mehr Material, als wir verwenden können werden. Ferner haben gelehrte Pedanten, wie Laurentius, Choveronius und andere nicht ermangelt die Geheimnisse der römischen Prostitution zu sammeln und zu erörtern. Wir haben so wenig Veranlassung über die Prostitution bei den Aegyptern, den Juden und den Babyloniern zu sprechen, dass wir kein Bedenken tragen dem griechischen Altertum die Kapitel vorzusetzen, welche wir diesen alten Völkern widmen werden, bei denen die gastliche Prostitution so tiefe Spuren hinterlassen hatte.

Die zweite Abteilung unseres Werkes beschäftigt sich ausschliesslich mit Frankreich. Wir folgen darin, der Geschichte der Prostitution seit den Zeiten der alten Gallier bis zu unseren Tagen. Wir werden wohl einige kaum erkennbare Spuren der heiligen Prostitution antreffen; aber vor allem ist es die legale Prostitution, die wir diesem Teile unseres Werkes aus der Geschichte der Jurisprudenz, der Politik, der Religion und der Sitten herausholen werden. Dieser Gegenstand der hohen Moral ist nur für die Zeit der Gegenwart behandelt worden. P. Duchalet, der Beobachter, aber nicht Geschichts- und Altertumsforscher war, hat die Prostitution nur hinsichtlich der Verwaltung, der Gesundheit und Statistik betrachtet und bearbeitet. Die Werke derselben Art, wie das seinige, welche von A. Béraud und von Sabatier veröffentlicht wurden, schliessen einige historische Thatsachen mehr ein als die umfangreiche Abhandlung über die Prostitution in der Stadt Paris; aber sie haben nur Bedeutung für diesen Gegenstand hinsichtlich der Gesetzgebung. Die Geschichte der Sitten und ihrer verschiedenen Erscheinungen ist noch zu schreiben, und wir haben sie Stück für Stück aus den Geschichtswerken, den Chroniken, den Dichtern und allen Schriftstellern gezogen, welche gelegentlich eine Thatsache, eine Einzelheit, eine Beobachtung die Bezug auf ein so grosses und umfangreiches Thema hat, welches wir zum erstenmale behandeln, angeführt haben. Einige Seiten des Traité de la Police von Delamarre, des Repertoire de Jurisprudence von Merlin, Encyclopädien und gleichartige Sammlungen, das war alles, was über diesen Stoff vorhanden war, ehe die gelehrte Monographie, welche Rabutaux als Anhang zu dem grossen Werke: „Das Mittelalter und die Renaissance“ veröffentlichte, erschien. Herr Rabutaux schränkte seine gelehrte Arbeit ein, der er den Namen „Le service des Moeurs“ gab. Wir fügen hier die Geschichte der Prostitution in Frankreich und das gemilderte Gemälde ihrer äusseren Erscheinung und ihres geheimen Kultus nach den authentischen Quellen hinzu. Wir werden, die Fackel der Wissenschaft in der Hand, in die Schlupfwinkel der Rue Baville hoc oder de Hulen eindringen; wir werden durch die erotischen Schriften des achtzehnten Jahrhunderts in die „kleinen Häuschen der Mureinen“ eingeführt werden; wir werden uns in die königlichen Gärten des Parc aux Cerfs einschleichen, wir werden mit verhülltem Gesicht in die verpesteten Kämmerchen des Palais-Royal hinabsteigen; und immer und überall werden wir mit Flammenschrift auf das Gemäuer folgendes Urteil schreiben, verständlicher als das am Fest des Belsazar war: „Ohne Sitten giebt es weder Gott, noch Vaterland; weder Friede noch Glück.“

Die dritte Abteilung dieses Werkes ist der Geschichte der Prostitution im übrigen Europa vorbehalten. Italien, Spanien, England, Deutschland und die sonstigen Länder werden abwechselnd ihren Teil zu dem Sittenbilde beitragen, das wir den Zeiten und Ländern entsprechend wechseln sehen werden.

Die vierte Abteilung dieser Geschichte endlich, die so oft schmerzbereitend und herzzerreissend ist, wird uns in die aussereuropäischen Länder führen, nach Asien, nach Afrika, nach Amerika und Australien. Wir werden vergeblich nach einem Volke suchen, welches nicht, als unabwendbares Uebel, den Aussatz der Prostitution mit sich herumschleppte.

Wir betonen von vornherein, dass die Lektüre unseres Werkes von grossem Einfluss und wahrem Nutzen sein wird. Man wird dabei beständig der Vorsehung danken lernen, welche uns erlaubt hat, zu einer Zeit zu leben, in der die Prostitution in unseren Sitten verblasst und die Gefühle für Ehre und Tugend von selbst in unserer Brust entstehen. Man muss sehen, was die Prostitution bei unseren Vätern war, um beurteilen zu können, welche sozialen Verbesserungen uns jeder Tag bringt, die in der Zukunft ihre wohlthätigen Wirkungen nur vermehren können. Die Prostitution ist eine öffentliche Krankheit. Ihre Symptome beschreiben, nach ihren Ursachen forschen, heisst ein Heilmittel bereiten.

F. S. Pierre Dufour.

I. Kapitel.

Der alte Orient.

Chaldäa, die Wiege der heiligen und gastlichen Prostitution. — Babylon. — Venus-Melitta. — Unsittliche Gebräuche der Babylonier. — Mysterien des Melittakultus. — Kultus der Venus Urania auf der Insel Cypern. — Der Prophet Baruch und Herodot. — Heilige Prostitution der babylonischen Weiber. — Opfer um Venus günstig zu stimmen. — Der heilige Hain der Prostitution. — Sittliche Verwilderung der Babylonier. — Ihr Raffinement in den Künsten der Wollust und ihren Vergnügungen. — Unzüchtigkeit der babylonischen Matronen und ihrer Töchter bei Gelagen. — Heilige Prostitution in Armenien. — Tempel der Venus Anaitis. — Serail von Buhlern und Buhlerinnen. — Gäste der Venus. — Heilige Gehege. — Priesterinnen der Anaitis. — Heilige Prostitution in Syrien. — Kult der Venus, des Adonis und des Priap. — Die Astarte der Phönizier. — Nächtliche Feste und schamlose Ausschweifungen, die unter dem Schutze und zu Ehren der Astarte stattfanden. — Die Göttin der Sidonier. — Heilige Prostitution auf der Insel Cypern. — Die Töchter von Amathunt. — Cypris, die Geliebte des Königs Cinyras, des Gründers des Tempels zu Paphos. — Phallus als Sühnopfer dargebracht. — Die hermaphrodite Venus zu Amathunt, die sogenannte „Doppelte Göttin". — Die geheimen Mysterien des Astartekult. — Die Bachstelze. — Liebestränke der Magier. — Die heilige Prostitution in den phönizischen Kolonien. — Die Tochterhütten zu Sicca Veneria. — Hauptmerkmale des Venuskultus nach Angabe St. Augustins. — Hermaphroditenkult in Kleinasien. — Die Feste zu Ehren des Adonis in Byblos. — Die Arten des Adoniskultus. — Die phallustragende Adonisstatue. — Die Tempel der Venus Anaitis zu Zela, Comanes, Susa und Ekbatana. — Die heilige Prostitution bei den Parthern und bei den Amazonen. — Weichlichkeit der Lydier. — Schamlose Ausschweifungen der lydischen Mädchen. — Grabmal des Königs Alyattes, Vaters des Kroesus, fast ganz von Einkünften der Dirnen erbaut. — Musizierende und tanzende Prostituierte folgen dem lydischen Heere. — Orgien der alten Perser in Gegenwart ihrer Eheweiber und ehelichen Töchter. — Die 329 Konkubinen des Darius.

In Chaldäa, der alten Wiege des Menschengeschlechts, müssen wir auch die ersten Spuren der Prostitution suchen. Der eine Teil Chaldäas, welcher im Norden an Mesopotamien stösst und das Land Ur, Abrahams Heimat, einschliesst, hatte eine wilde, kriegerische Bevölkerung, die inmitten ihrer Berge keine andere Beschäftigung als die Jagd kannte. Dieses Jägervolk übte zuerst die Gastfreundschaft und die damit verbundene gastliche Prostitution, die in gleicher Weise ihre kindliche, wie rohe Denkweise zum Ausdruck bringt. Im andern Teile, der an das wüste Arabien grenzt und sich in fruchtbaren Ebenen und fetten Weiden ausbreitet, führte ein Hirtenvolk, sanften und friedlichen Charakters, inmitten seiner zahllosen Herden ein Wanderleben. Es beobachtete die Sterne, es schuf Wissenschaften, es stiftete Religionen und errichtete mit diesen die heilige Prostitution. Als der berühmte Herrscher und Eroberer Nimrod, den die Bibel einen „grossen Jäger vor dem Herren" nennt, beide Landschaften und Völker Chaldäas unter seinem Scepter vereinigte, als er im Jahre 1402 nach Erschaffung der Welt — nach mosaischer Zeitrechnung — Babylon am Euphratufer gründete, vollzog sich allmählich, unter dem Einflusse der Gewohnheit, die Vermischung der Religionsanschauungen, der Denkweise und der Sitten der verschiedenen Stämme seiner Unterthanen, ohne dass er diese Verschmelzung gewaltsam herbeiführte. Und so wurden denn heilige und gastliche Prostitution bald ein und dasselbe im Gedankenkreise der Babylonier und zugleich eine der wichtigsten Erscheinungen im Venus- oder Melittakultus.

Hören wir Herodot, den wahren Vater der Geschichtsschreibung, den ältesten Sammler historischer Ueberlieferungen: Die Babylonier haben ein sehr schändliches Gesetz: Jede Frau, die in ihrem Lande geboren ist, muss sich einmal in ihrem Leben in den Tempel der Venus begeben und sich daselbst einem Fremden überlassen. Ein Teil von ihnen hält es aber aus Stolz, den ihnen ihr Reichtum einflösst, unter ihrer Würde, sich mit den andern auf gleiche Stufe gestellt zu sehen, und diese lassen sich in geschlossenen Wagen vor den Tempel fahren. Dort bleiben sie sitzen, hinter sich eine grosse Menge von Dienern, die sie begleitet haben. Die grosse Mehrzahl aber setzt sich, das Haupt von Schnurenkränzen umwunden, im Tempelgarten nieder. Es ist ein beständiges Kommen und Gehen. Man sieht nach allen Himmelsrichtungen durch ausgespannte Seile getrennte Gänge führen, in denen sich die Fremden ergehen und die Weiber erwählen, die ihnen am besten gefallen. Wenn eine Frau einmal an diesem Orte Platz genommen hat, darf sie nicht eher nach Hause zurückkehren, als bis ihr ein Fremder Geld in den Schoss geworfen und mit ihr ausserhalb des geweihten Raumes Umgang gepflogen hat. Der Fremde muss, wenn er ihr das Geld zuwirft, dazu sagen: Ich rufe die Göttin Melitta an. Die Assyrier nennen nämlich die Venus Melitta. Wie gering auch die Summe sein mag, niemals darf sie zurückgewiesen werden, das Gesetz verbietet es, denn dieses Geld wird geopfert. Sie muss dem ersten, der ihr ein Geldstück zuwirft, folgen und darf keine Person zurückweisen. Wenn sie endlich durch die Preisgabe ihres Körpers an einen Fremden ihren Verpflichtungen gegen die Göttin nachgekommen ist, kehrt sie nach Hause zurück; und niemals wird sie sich darnach, soviel man ihr auch bieten möchte, verführen lassen. Diejenigen Weiber, die eine schöne Figur oder ein schönes Angesicht haben, verweilen nicht lange im Tempel, die hässlichen dagegen bleiben länger, weil sie dem Gesetz nicht bald genügen können; ja einige bleiben sogar drei oder vier Jahre dort. (Herod. I. 199).

Diese heilige Prostitution, die sich mit dem Kultus der Melitta oder Venus Urania auch auf der Insel Cypern und in Phönizien ausbreitete, ist eine historisch beglaubigte Thatsache, so ungeheuerlich, so wunderbar und unwahrscheinlich sie auch erscheinen mag. Der Prophet Baruch, den Herodot nicht benutzt hat, und der sich zweihundert Jahre vor dem griechischen Geschichtsschreiber mit Jeremias darüber beklagte, erzählt dieselben schändlichen Vorgänge im Jeremiasbrief an die vom König Nebukadnezar in die babylonische Gefangenschaft geführten Juden in folgender Weise: Die Frauen sitzen, umgürtet von Stricken, am Rande der Wege und verbrennen wohlriechende Opfergaben. Wenn nun eine von ihnen durch einen Fremden zum Beischlaf aufgefordert wird, so schmäht sie ihre Nachbarin, dass jene nicht wie sie selbst für würdig erachtet worden ist, von diesem Manne besessen zu werden und die Umgürtung ihrer Schnüren gelöst zu sehen. (Baruch Cap. 19.) Diese Schnürengürtel, diese Knotengeflechte, die den Leib der Frauen, welche sich der Venus geweiht hatten, umgaben, sind ein Symbol der Schamhaftigkeit und sollen andeuten, dass diese nur durch ein gebrechliches Band, das die stürmische Liebe bald zerreissen wird, geschützt ist. Jeder, der sich mit einer dieser geweihten Frauen vermischen will, muss die Enden dieser Schnüren ergreifen und so seine Eroberung unter die Bäume fortziehen, die ihren Schatten über die Vollendung der Mysterien breiten. Das Venusopfer wurde von der Göttin besonders gern empfangen, wenn der Opfernde bei der Umarmung stürmisch alle hindernden Bande brach. Die Gelehrten, die diese berüchtigte Baruchstelle erklären, sind über die Art der von den Geweihten vorher zur Günstigstimmung der Venus verbrannten Opfergaben noch nicht einig; nach den einen war es ein Opferkuchen aus Gerste und Weizen, nach andern ein Liebeszauber, der Verlangen entzünden und zum Vergnügen anregen sollte; nach einer natürlicheren Erklärung endlich handelte es sich nur um die wohlriechenden Beeren der Weihrauchpflanze.

Herodot hat um das Jahr 440 v. Chr, die heilige Prostitution der babylonischen Weiber mit eigenen Augen gesehen; als Fremder warf er ohne Zweifel auch ein Geldstück in den Schoss einer schönen Babylonierin. Drei und einhalb Jahrhundert später war ein anderer Reisender, Strabo, Zeuge dieser Unsittlichkeiten, und er berichtet, dass alle Weiber Babylons einem Orakelspruch gehorchten, indem sie ihren Leib einem Fremden, den sie als Gast betrachteten, überliessen: Mos est . . cum hospite corpus miscere, lautet die lateinische Uebersetzung seines griechisch geschriebenen Geographiewerkes. Diese Prostitution fand nur in dem einen Heiligtum statt, wo sie in der ersten Zeit der Gründung Babylons eingesetzt worden war. Der eigentliche Tempel der Melitta war selbst viel zu klein um alle Verehrer der Göttin zu fassen, aber rund um ihn herum war ein dazu gehöriger, breiter Landstrich, der mit Hütten, Hainen, Teichen und Gärten besetzt war: dies war das eigentliche Heim der Prostitution. Die Frauen, die sich hier aufhielten, befanden sich auf geweihtem Boden, sicher vor den Blicken des Vaters oder Gatten, die sie hätten beunruhigen können. Herodot und Strabo erwähnen nicht, dass die Priester etwas von den Gaben der Verehrerinnen der Melitta für sich behalten hätten, aber Baruch zeigt uns, dass die babylonischen Priester durchaus nicht die Männer waren, die sich etwas hätten entgehen lassen.

Man wird einsehen, dass der beständige Anblick der geheiligten Prostitution die Sitten Babylons untergraben musste. Und in der That war diese gewaltige, mit mehreren Millionen Einwohnern bevölkerte Stadt, die einen Umkreis von fast siebzig km. hatte, bald eine Brutstätte der entsetzlichsten Wollust geworden. Sie wurde bei der Eroberung durch die Perser im Jahre 331 v. Chr. teilweise zerstört; aber weder die Vernichtung einiger Riesenbauten, noch die Plünderung der Paläste und Gräber, noch die Zerstörung der Mauern konnten die von der Prostitution verpestete Luft reinigen, die hier, in ihrer wahren Heimat, solange fortbestand, als sie ein Dach zu ihrer Unterkunft fand. Auch Alexander der Grosse war über die Liederlichkeit Babels entsetzt, als er in dasselbe kam, um es zu erobern und seinen Tod darin zu finden. „Es giebt nichts verdorbeneres als dies Volk,“ berichtet Quintus Curtius, einer der Geschichtsschreiber der Eroberung Babylons, „und nichts raffinierteres in den Künsten der Wollust und Sinnlichkeit: Väter und Mütter duldeten, dass sich ihre Töchter ihren Gästen um Geld überliessen, und Gatten waren hinsichtlich ihrer Ehefrauen nicht weniger duldsam. Die Babylonier gaben sich hauptsächlich der Völlerei und den daraus entstehenden Lastern hin. Die Frauen erschienen am Anfange ihrer Orgien bescheiden; dann aber entledigten sie sich ihrer Kleider Stück für Stück bis auf einen spärlichen Rest und endlich waren sie, wenn die Scham nach und nach völlig verschwunden war, ganz nackt. Es waren dies nicht etwa öffentliche Dirnen, die sich so preisgaben, nein es waren dies Weiber der edelsten Abkunft und ihre Töchter."

Das Beispiel Babylons fand Nachahmung, und der Melittakult verbreitete sich mit der ihn begleitenden Prostitution in Asien und Afrika bis tief nach Aegypten sowohl wie nach Persien. In jedem dieser Länder führte die Göttin einen andern Namen, und mochte auch ihr Kult neue Formen zeigen, so erschien doch die heilige Prostitution immer darunter

In Armenien betete man die Venus unter dem Namen Anaïtis an. Man hatte ihr einen Tempel nach dem Vorbild des Melittatempel in Babylon errichtet. Um diesen Tempel lag ein grosses Gebiet, in welches eingeschlossen eine dem Dienste der Göttin geweihte Bevölkerung lebte. Fremde allein hatten das Recht die Schwelle dieser Art Serail beiderlei Geschlechts zu überschreiten, und daselbst eine galante Bewirtung zu beanspruchen, die niemals verweigert wurde. Wer immer in dieses Liebes-Dorado zugelassen wurde, musste nach altem Brauch durch ein Geschenk die ihm bewilligten Gunstbezeugungen bezahlen; wie es aber keinen Brauch giebt, der nicht früher oder später zu einer Zeit des Verfalles in Vergessenheit geriete, so zwang auch dort oft die Frau den Gast der Venus, den sie mit ihren Liebkosungen geehrt hatte, ein beträchtlicheres Geschenk anzunehmen, als sie selbst von ihm empfangen hatte. Die Diener und Dienerinnen dieses geheiligten Geheges waren die Söhne und Töchter der edelsten Familien des Landes, sie traten, je nach dem Gelübde ihrer Eltern auf kürzere oder längere Zeit in den Dienst der Göttin. Wenn die Töchter den Tempel der Anaïtis verliessen, liessen sie alles, was sie im Schweisse ihres Körpers hatten erwerben können, daselbst zurück; sie brauchten nicht über das Handwerk, das sie getrieben hatten, zu erröten, und es fehlte ihnen später keineswegs an Gatten, die im Tempel Erkundigungen über das Verhalten der jungen Priesterinnen daselbst einzogen. Diejenigen, welche die grösste Zahl von Fremden empfangen hatten, wurden am meisten zur Ehe begehrt. Auch muss noch berichtet werden, dass man beim Anaïtiskult den Liebhaber soviel als möglich nach Alter, Gestalt und sonstigen Vorzügen auswählte, um die Göttin und ihre Verehrer zu befriedigen. Strabo hat uns diese köstliche Einzelheit, die wir bei anderen Venuskulten nicht wieder finden werden, mitgeteilt.

Die verschiedenen Venusarten waren in ganz Syrien bekannt, und hatten überall ihre Prostitution mit gewissen Unterschieden im Ceremoniell eingerichtet. Die Venus versinnbildlichte und vergöttlichte unter ihren verschiedenen Namen den weiblichen Organismus, die weibliche Empfängnis, die weibliche Natur. Es war daher ganz einfach in derselben Weise den männlichen Organismus, die männliche Zeugungskraft, die männliche Natur zu vergöttern und zu personificieren. Die Männer schufen den Venuskult, die Weiber errichteten den des Adonis, dessen sinnlicher Teil der des Priap wurde Man sieht im Altertume beide Kulturformen, eine neben der andern, in bester Eintracht blühen. Die Verbreitung dieser beiden Kulte, die oft in einen einzigen aufgingen, indem sich beide miteinander mischten, ist besonders den Phöniziern zuzuschreiben. Die phönizische Venus führte den Namen Astarte. Sie hatte Tempel, zu Tyrus, zu Sidon und den sonstigen grösseren Städten Phöniziens, die berühmtesten aber waren die zu Heliopolis in Syrien und Aphaka am Libanon. Astarte zeigte beide Geschlechter an ihren Statuen, um gleichzeitig Venus und Adonis darzustellen. Diese Mischung beider Geschlechter drückt sich noch deutlicher aus in der Verkleidung der Männer in Weiber und umgekehrt, die bei den nächtlichen Festen vorgenommen wurde. Die schmählichsten Ausschweifungen fanden unter dem Schutze dieser Verkleidungen statt; begleitet von dem Klange von Musikinstrumenten, von Klappern und Trommeln, leitete der Oberpriester selbst die Feier. Diese ungeheuerlichen Vermischungen, die unter dem Schutze der „Guten Göttin" stattfanden, erzeugten eine Menge Kinder, die niemals ihre Väter kennen lernten, und die ihre Mütter, wenn die Reihe, oft schon im zarten Alter, auch an sie kam, bei den Mysterien der Astarte wiederfanden. Es gab dennoch ausser der heiligen Prostitution noch eine Art ehelicher Verbindung, die Männer und Weiber eingingen, bis endlich die Phönizier als ruhmvollstes Opfer der Gastfreundschaft ihre jungfräulichen Töchter preisgaben. Dieser schmachvolle Zustand, den nicht einmal sein Alter entschuldigen kann, dauerte bis ins vierte Jahrhundert unserer Zeitrechnung; und erst Konstantin der Grosse schaffte Ordnung, indem er ihn gesetzlich untersagte, die Astartetempel zerstörte und an Stelle des Heliopolis schändenden Tempels eine christliche Kirche errichtete.

Diese Astarte, die die Bibel die „Göttin von Sidon" nennt, fand eine nicht minder unkeusche Kultstätte auf der Insel Cypern, wohin die Phönizier frühzeitig mit ihrem weit verbreiteten Handel die heilige Prostitution brachten. Man sagte, Venus, die Meeresentsprossene, habe, wie der glänzende Stern Urania, den die chaldäischen Hirten in schönen Sommernächten daselbst untergehen sahen, sich als irdisches Reich die Insel Cypern gewählt, die ihr die Götter bei ihrer Geburt als Anteil überliessen; so erzählt die griechische Tradition durch den Mund Homers. Diese Astarte der Phönizier, diese Urania der Babylonier, hatte auf ihrer Insel zwanzig berühmte Tempel; die beiden wichtigsten waren der zu Paphos und der zu Amathunt, wo die heilige Prostitution in grösserem Masse als sonst irgendwo ausgeübt wurde. Und dennoch waren gerade die Töchter von Amathunt keusch gewesen, und hatten selbst dann noch auf ihrer Keuschheit verharrt, als Venus auf dem Schaume der Wellen an ihr Gestade gespült wurde. Sie verspotteten diese neue Göttin, die ihnen völlig nackt erschien, und die erzürnte Göttin befahl ihnen zur Sühne ihres schlechten Empfanges sich jedem Ankömmling preiszugeben; sie gehorchten mit so grossem Widerwillen dem Befehle der Venus, dass die Schützerin der Liebe sie in Steine verwandelte. Dies war eine Lehre, die sich die Töchter Cyperns kein zweites Mal geben liessen; sie gelobten sich daher der Prostitution zur Ehre ihrer Göttin, und wandelten am Abend am Gestade des Meeres einher, um sich an die Fremden, die auf ihrer Insel landeten, zu verkaufen, so war es noch im zweiten Jahrhundert, zu Justins Zeiten, der über diese Uferpromenaden der jungen Cyperinnen berichtet; aber zu dieser Zeit wurde nicht mehr wie ursprünglich der Ertrag der Preisgebung der Göttin dargebracht, sondern sie stapelten diesen Schandlohn in einer Truhe auf, damit er eine Mitgift bilde, die ihrem künftigen Gatten gehörte, und die dieser ohne Erröten empfing.

Auch bei den Venusfesten, die eine ungeheure Menge eifriger Verehrer nach Cypern führten, fehlte es nicht an Akten oder wenigstens Andeutungen der Prostitution. Man hat dem Könige Cinyras die Gründung des Tempels von Paphos zugesprochen, und die Priester dieses Ortes behaupteten, Cypris, die Beischläferin dieses Königs, habe einen solchen Ruf in der Ausübung des Liebeshandwerkes sich erworben, dass die Göttin gewünscht habe, man solle ihr deren Namen beilegen. Die Venus, die man zu Paphos verehrte, war also ebenso wie die babylonische Melitta eine Personifizierung des weiblichen Wesens; ebenso brachte man ihr unter anderen Opfergaben, unter dem Namen Καρπώσις, d. h. Erstlinge, einen Phallus oder eine Geldmünze dar. Die Eingeweihten begnügten sich nicht mit dieser sinnbildlichen Darstellung. Die Göttin wurde ursprünglich als Kegel oder Pyramide aus weissem Steine dargestellt, die erst später in eine Frauengestalt umgeformt wurde. Die Statue im Tempel von Amathunt hingegen zeigte eine bärtige Frauengestalt, die bei weiblichem Habitus männliche Genitalien hatte. Diese Venus war also hermaphrodit, wie Macrobius berichtet (putant eandem marem ac fœminam esse.) Darauf beruft sich auch Catullius, der sie die doppelte Göttin von Amathunt (duplex Amathunsia) nennt. Die geheimsten Vorgänge in der Verehrung dieser Astarte spielten sich in dem heiligen Haine ab, der ihren Tempel umgab; in diesem ewig grünen Haine vernahm man das Girren des Iynx oder der Frutilla, des heiligen Vogels der Göttin. Dieser Vogel, dessen Fleisch die Zauberer zu ihren Liebestränken gebrauchten, ist wahrscheinlich kein anderer als unsere gewöhnliche Bachstelze. Die glückliche Insel hatte noch andere Tempel, wo der Venuskultus in derselben Weise gehandhabt wurde: zu Cinyria, zu Tamascus, zu Aphrodisium und zu Idalia besonders nahm die heilige Prostitution dieselben Ursachen, wenn nicht dieselben Formen, in Anspruch.

Von Cypern aus eroberte sie nach und nach alle Inseln des Mittelmeeres; sie drang bis nach Griechenland und Italien vor. Die Handelsflotten der Phönizier brachten sie überall dahin, wo sie Waren aus- oder einführten. Aber jedes Volk, das diesen Kult, der seinen Leidenschaften schmeichelte, annahm, fügte einige Züge seiner eigenen Sitten und seines Charakters bei. In den phönizischen Kolonien behielt die heilige Prostitution das üppige und kaufmännische Aeussere bei, das dieses Handelsvolk kennzeichnet. Zu Sicca Veneria, auf karthagischem Gebiete, war der Venustempel, den man auf tyrenisch Succoth Benoth oder Töchterhütten nannte, ein wahres Asyl für die Prostitution, wo die Töchter des Landes mit Hilfe ihrer Körper ihre Mitgift erwarben (injuria corporis sagt Valerius Maximus.) Sie galten nicht nur als ehrbarere Frauen, wenn sie dies feile Gewerbe getrieben hatten, sondern sie verheirateten sich auch besser. Man kann Bibelstellen anführen, die besagen, dass dieser Tempel, ebenso wie die der Astarte zu Sidon und Askalon, völlig umringt war von kleinen Zelten, in denen sich die jungen Karthagerinnen dem Dienste der phönizischen Venus weihten. Sie strömten in solcher Anzahl von allen Seiten dort zusammen, dass sie sich gegenseitig beeinträchtigten und nicht so schnell, wie sie vorhatten, nach Karthago zurückkehren konnten, um dort einen Gatten zu finden. Die Venustempel waren meist hoch gelegen, mit freiem Ausblicke aufs Meer, damit die Seefahrer, wenn sie von der Reise ermüdet waren, von weitem, wie einen Leuchtturm, die Wohnung der Göttin, wo ihnen Ruhe und Vergnügen winkte, bemerken konnten. Es ist leicht einzusehen, dass die gastliche Prostitution sich zuerst zu Gunsten der Seeleute längs der Küsten, wo sie leicht landen konnten, entwickelt hat. Diese Prostitution wurde eine heilige, als der Priester einen gewissen Teil vom Gewinn haben wollte, und sie mit dem Schleier der besonderen Schutzgöttin bedeckte. Der heilige Augustin hat in seinem „Reich Gottes" die Hauptarten des Venuskultus genau angegeben, indem er drei verschiedene Göttinnen Venus für die eine annimmt; die der Jungfrauen, die der Eheweiber und die der Dirnen, die unkeusche Göttin, der die Phönizier, wie er mitteilt, die Keuschheit ihrer Töchter vor der Hochzeit opferten.

Ganz Kleinasien ward entzündet durch die Verbreitung eines Kultus, der die Sinnlichkeit und die fleischlichen Lüste zu göttlichen Diensten erhob. Dieser Kult vereinigte oft Adonis und Venus. Adonis, dem die Hebräer den Namen „Weltschöpfer, Adonaï" beilegten, stellt das zeugende Geschlecht dar, ohne welches das weibliche Geschlecht unfruchtbar bleibt. So bedeuten die Leichenfeiern, die man zu Ehren dieses Jagdhelden veranstaltete, den ein Eber getötet, und den Venus, seine göttliche Geliebte, so schmerzlich beweinte, die Erschöpfung der physischen und materiellen Kräfte, die durch damit getriebenen Missbrauch verloren gingen und nur durch eine Periode völliger Ruhe wiedererlangt werden konnten. Während dieser Feste, die vor allem zu Byblos in Syrien gefeiert wurden, versammelte sich eine ungeheure Menschenmenge aus allen Ländern um den grossen Venustempel; hierbei mussten die Frauen entweder ihre Haare oder ihre Keuschheit der Göttin zum Opfer bringen. Man feierte zunächst ein Trauerfest, bei dem man den Adonis beweinte und sich gegenseitig mit der Hand oder mit Ruten schlug; diesem folgte dann ein Freudenfest, das die Wiederauferstehung des Adonis verkündete. Dabei stellte man am hellen Tage unter der Tempelthüre die phallusgeschmückte Statue des neubelebten Gottes auf, und sofort mussten alle anwesenden Weiber entweder ihre Haare dem Scheermesser oder ihre Körper der Prostitution hingeben. Diejenigen, die der Erhaltung ihrer Haare den Vorzug gegeben hatten, wurden auf eine Art Markt gebracht, wohin nur die Fremden dringen durften; sie standen daselbst während eines ganzen Tages zum Verkauf und gaben sich diesem schmachvollen Handel so oft hin, als man sie dafür bezahlen wollte Alles Geld, das sie an diesem mühseligen Tage erworben hatten, verwendeten sie dann zu einem Opfer für die Venus. Auf diese Weise feierte man die Liebe der Venus und des Adonis. Man könnte darüber in Erstaunen geraten, dass sich die Landeseingesessenen für einen Kult begeisterten, der ihre Weiber völlig als Opfer des Schanddienstes der Venus in Anspruch nahm; man muss aber auch in Rechnung ziehen, dass die Fremden, für die diese Mysterien besonders errichtet zu sein schienen, nicht geringeres Interesse an ihrer Erhaltung hatten. Der Venuskult war dadurch für die Weiber an den Ort gebunden, für die Männer aber überall heimisch, da sie der Reihe nach die verschiedenen Feste und Tempel der Göttin besuchen konnten, und überall Nutzen aus diesen Vergnügungspilgerschaften und Wirt und Fremdling erwachsenden Abenteuern schöpfen konnten.

Und wahrlich überall in Kleinasien gab es Venusfeste und die heilige Prostitution waltete bei allen Festen der Göttin, die die Namen Melitta, Anaïtis, Astarte, Urania, Mitra oder sonst einen symbolischen Namen führte. Es gab in Paphos, zu Zela und zu Comanes zwei Tempel der Venus-Anaïtis, die zu ihren Festen eine Unzahl glühender Verehrer herbeizogen. Diese beiden Tempel hatten ausserordentliche Reichtümer angesammelt durch die Einnahmen, die sie aus den Orgien gezogen hatten, welche zur Ableistung von Gelübden von den Bewohnern der ganzen Umgegend gefeiert wurden (causa votorum, sagt Strabo) Während der Feste boten die Tempelzugänge von Comanes den Anblick eines ungeheuren, von allen Nationen besuchten Festplatzes, ein wunderliches Gemisch von Sprachen und Trachten. Die Weiber, die sich der Göttin weihten und mit ihrem Körper Geld erwarben (corpore quæstum facientes) waren so zahlreich wie in Korinth, nach Strabos Bericht, der Zeuge dieser

Völkerzusammenkunft gewesen ist. Dasselbe geschah zu Susa und Ekbatana in Medien, bei den Parthern, die die Schüler und Nachahmer der persischen Sinnlichkeit und des persischen Luxus wurden, bis hin zu den Amazonen, die sich für ihre sonstige Keuschheit entschädigten, indem sie die fremden Ausschweifungen in den Dienst der Venus aufnahmen, die sie dennoch die keusche Venus nannten. Besonders aber in Lydien gewann die heilige Prostitution einen grossen Einfluss auf die Sitten. Diese Lydier, die sich rühmten, alle Glücksspiele erfunden zu haben und sich ihnen mit wildem Feuer widmeten, lebten in der grössten Weichlichkeit, der beständigen Ratgeberin der Wollust. Jedes Vergnügen war ihnen willkommen; sie suchten nicht erst nach einem religiösen Vorwande und veranstalteten nicht erst heilige Feste dazu. Sie beteten bald die Venus mit allen unzüchtigen Gebräuchen an, die ihr Kult angenommen hatte. Ihre Töchter weihten sich nicht nur der Venus, sondern trieben auch ausserdem auf eigene Rechnung die schändlichste Prostitution: „Sie gewinnen dadurch ihre Mitgift," sagt Herodot, „und treiben dies Geschäft bis sie heiraten." Diese auf so schändliche Weise erworbene Mitgift gab ihnen das Recht, sich einen Gatten zu wählen, der nicht immer die Ehre einer solchen Wahl zurückweisen durfte. Es scheint, dass die lydischen Mädchen keine schlechten Geschäfte machten, denn als es sich darum handelte, für ihren König Alyattes, den Vater des Königs Krösus, ein Grabmal zu errichten, brachten sie mit den Kaufleuten und Künstlern Lydiens die Kosten dazu zusammen. Dieses Grabmal war etwas Grossartiges und Inschriften gaben an, welchen Anteil jede der drei Klassen seiner Stifter beim Bau gehabt hatte. Die Dirnen hatten nämlich eine beträchtlichere Summe geliefert als die beiden andern, und der Teil des Monumentes, der auf ihre Kosten gebaut worden war, war um vieles grösser, als der, der auf Kosten der Kaufleute und Künstler errichtet werden konnte.

Als die Lydier von den Persern überwunden worden waren, teilten sie ihren Siegern das Gift der Prostitution mit. Von den Lydiern, die in ihrem Lager eine Unmenge Tänzerinnen und Musikantinnen zu halten pflegten, die wunderbar in den Künsten der Wollust geübt waren, lernten die Perser Wert auf diese Frauen zu legen, die die Lyra, die Handtrommel, die Flöte und die Harfe spielten. Die Musik wurde also Reizmittel zur Wollust, und es gab kein grösseres Gelage, bei dem nicht Klänge von Musikinstrumenten, schlüpfrige Gesänge und unzüchtige Tänze der Dirnen zur Trunkenheit und Wollust angereizt hätten. Diesen schändlichen Anblick, diesen Anfang einer zügellosen Orgie ersparten die alten Perser nicht einmal ihren Eheweibern und ehelichen Töchtern, die an diesen Festen unverschleiert, nur mit Blumen bekränzt, teilnahmen, sie, die sonst im Innern ihrer Häuser eingeschlossen lebten und nicht einmal zum Tempel der Metra, der persischen Venus, unverhüllt zu gehen wagten. Erhitzt vom Weine, begeistert durch die Musik, hingerissen durch die wollüstigen

Darstellungen der Musikantinnen, verloren diese Jungfrauen, diese Matronen, diese Eheweiber bald alle Zurückhaltung, und in Gegenwart ihrer Väter, Gatten, Brüder und Kinder empfingen und erwiderten sie Händedrücke und erliessen die schändlichsten Herausforderungen. Jedes Alter, jedes Geschlecht, jeder Rang gab sich unter dem Einfluss eines allgemeinen Taumels der Ausschweifung hin. Die Lieder, die Schreie, die Tänze verdoppelten sich, und die heilige Scham, auf deren Auge und Ohr man keine Rücksicht mehr nahm, entfloh und verhüllte sich mit den Falten ihres Gewandes. Eine entsetzliche Unordnung herrschte alsdann im Festsaale, der zum gemeinen Bordell herabsank. Dieses Gelage dauerte in gleicher Weise mit seinen wollüstigen Unterbrechungen fort, bis der Morgen die Fackeln erbleichen liess, und die Teilnehmer allmählich schlaftrunken auf die silber- und elfenbeingeschmückten Polster hinfielen. So die Erzählung, die uns Macrobius und Athenæus von diesen scheusslichen Festen geben, die Plutarch dadurch wieder zu Ehren zu bringen sucht, dass er behauptet, die Perser hätten ein wenig zu stark den Parthern nachgeahmt, die sich mit Feuer allen Reizungen des Weines und der Musik überliessen.

Endlich hatten die Perserkönige, schon im grauen Altertume, tausend musizierende Konkubinen, die zu ihrem Gefolge gehörten, und Parmenio, der Feldherr Alexanders des Grossen, fand noch beim Gepäck des Darius nach der Niederlage von Arbela deren dreihundertneunundzwanzig, die zurückgeblieben waren, sowie zweihundertundsiebenundsiebzig Köche, sechsundvierzig Kranzflechter und vierzig Weihrauchmacher, als letztes Ueberbleibsel seines Luxus und seiner Macht.

II. Kapitel.

Das alte Aegypten.

Die Prostitution in Aegypten durch Gesetze geordnet. — Geilheit der Aegypterinnen. — Ihr unvergleichliches Geschick im Erregen und Befriedigen der Leidenschaften. — Ruf der aegyptischen Buhlerinnen. — Kultus des Osiris und der Isis. — Osiris, das Sinnbild der männlichen Natur. — Isis, das Sinnbild der weiblichen Natur. — Die geheimnisvolle Getreideschwinge, das heilige „Tau“ und das Auge ohne Augenbrauen. — Die Festzüge des Osiris. — Die nährende Kuh, die Cistophoren und der Phallus. — Die Umzüge der Isis. — Die heilige Prostitution in Aegypten. — Die unzüchtige Einführung der Neulinge beiderlei Geschlechts den aegyptischen Priestern vorbehalten. — Ansicht des heiligen Epiphanius über diese geheimen Gebräuche. — Isisfeste zu Bubastis. — Schamloses Gebaren der Weiber auf der Fahrt dorthin. — Unterirdische Gewölbe, in denen die Einführung in die Mysterien der Isis stattfanden. — Missbrauch der Leichen junger Frauen durch die Einbalsamierer. — Rhampsinit oder Rhamses giebt seine Tochter preis um den Dieb seines Schatzes ausfindig zu machen. — Schlauheit dieses Diebes, dem er seine Tochter zur Frau giebt. — Die Tochter des Cheops und die grosse Pyramide. — Die mittlere Pyramide. — Die Pyramide des Mycerinus und die Buhlerin Rhodopis. — Geschichte der Rhodopis und ihres Geliebten Charaxus, des Bruders der Sappho. — Die Eisenspangen im Tempel des Apollo zu Delphi. — Rhodopis Dorica. — Aesop geniesst die Gunst dieser Buhlerin

für eine seiner Fabeln. — Der König Amasis, der Adler und der Pantoffel der Rhodopis. — Epigramm des Pausidippos. — Naukratis, die Stadt der Dirnen. — Die Dirne Archidice. — Die Ptolemäer. — Ptolemäus Philadelphus und seine Buhlerinnen, Kleäna, Mneside, Pothyne und Myrtion. — Stratonice. — Die schöne Bilistice. — Ptolemäus Philopator und Irene. — Die Buhlerin Hippaea oder die Stute.

Trotz seiner Weisen und seiner Priester, die eifrig Moral predigten, blieb auch Aegypten nicht von der Geissel der Prostitution verschont. Es hatte zuviel nachbarlichen Verkehr und Handelsbeziehungen mit den Phöniziern, um nicht einige Züge einer Religion anzunehmen, die zu ihm wie der Purpur und der Weihrauch von Tyrus und Sidon gebracht wurde. Es liess die Lehre unberücksichtigt und nahm nur den Kult an; und obgleich Venus unter ihrem eigenen Namen keine Wohnstätte im Reiche der Isis und des Osiris fand, herrschte doch seit den ältesten Zeiten die Prostitution fast öffentlich mitten in den Städten, ja selbst im Innern der Tempel. Es war dies keine gastliche Prostitution, der häusliche Herd der Aegypter blieb den Fremden immer unnahbar, da sie den Aegyptern Furcht einflössten. Es war dies auch keine heilige Prostitution, da die Frauen, welche sich ihr überliessen, keine religiöse Handlung damit vollbrachten; sondern es war die legale Prostitution in ihrer ganzen ursprünglichen Unbefangenheit. Die Gesetze erlaubten, schützten, ja rechtfertigten selbst die Ausübung dieses schmählichen Handels. Ein Weib, welches sich verkaufte, war gleichsam eine Händlerin, und der Mann, der sie für Geld erwarb, billigte, oder missbilligte wenigstens nicht diesen schmachvollen Handel, den jene aus Habsucht einging. Die Aegypterin war ebenso habgierig wie die Phönizierin, aber sie gab sich nicht die Mühe ihre Habsucht unter dem Mantel einer religiösen Handlung zu verbergen. Sie besass in gleicher Weise ein glühendes Temperament, als ob die sengenden Strahlen ihrer aethiopischen Sonne in ihre Adern gedrungen wären; sie besass aber vor allen Dingen, wenn man hierin dem Ktesias Glauben beimessen darf, auf dessen Zeugnis sich Athenaeus beruft, unvergleichliche Eigenschaften und Geschicklichkeiten die Begierden, welche ihr entgegengebracht wurden, aufzuregen, zu entflammen und zu sättigen. So genossen die Buhlerinnen Aegyptens einen gewissen Ruf, den sie mit aller Gewalt in der ganzen Welt zu behaupten suchten.

Die aegyptische Religion war, wie alle Religionen des Altertums, eine Personifizierung der befruchtenden und gebärenden Natur, der sie die Namen Osiris und Isis beilegte. Dies waren ursprünglich die einzigen Gottheiten Aegyptens. Osiris, der Sonnengott, ist das männliche, die Erdgöttin Isis das weibliche Prinzip. Apulejus, der in die Mysterien der Göttin eingeweiht war, lässt sie folgende Rede halten: „Ich bin die Natur, die Mutter des Alls, die Herrin aller Elemente, der Anfang der Zeit, die Fürstin der Götter, die Königin der Toten, die allererste Bewohnerin des Himmels, das gleichmässige Bild der Götter und Göttinnen, ich bin die einzige Göttin, die in der ganzen Welt verehrt wird, unter vielen Formen, mit mannigfachen Bräuchen, unter verschiedenen Namen. Die Phönizier nennen mich Mutter der Götter, Venus von Paphos die Cyprer . . ." Isis war also niemand anders als Venus, und ihr Geheimkult, der durch eine Menge von Bildern bezeichnet ist, versinnbildlicht die Rolle, welche das Weib oder das weibliche Prinzip im Weltall spielt. Muss dann Osiris nicht das Bild des Mannes oder der männlichen Natur sein, die mit der weiblichen Natur zusammenwirken muss, um sie zu befruchten, dass sie gebären und hervorbringen kann? Ochs und Kuh waren daher die Symbole der Isis und des Osiris. Die Priester der Göttin trugen daher bei den feierlichen Umzügen die mystische Getreideschwinge, ausgestattet mit Korn und Kleie, die aber nur das erste behält und das zweite auswirft. Die Priester des Gottes trugen das heilige „Tau" (τ) oder den Schlüssel, der die bestverwahrtesten Schlösser öffnet. Dieses τ stellt das männliche Glied dar, die Schwinge oder Aehre die weiblichen Geschlechtsteile. Dazu kommt noch das Auge, mit oder ohne Augenbrauen, welches an die Seite des τ bei den Attributen des Osiris tritt, um die Beziehungen der beiden Geschlechter anzudeuten. Ebenso trugen bei den Festzügen der Isis, unmittelbar hinter der säugenden Kuh, junge geweihte Mädchen, die Cistophoren, die geheimnisvollen Cisten, Binsenkörbchen, gefüllt mit runden oder länglichen, in der Mitte durchlochten Kuchen; nahe bei den Cistophoren schritt eine Priesterin, die in ihrem Busen eine kleine goldene Urne barg, in welcher sich der Phallus befand, der nach Apulejus „das heilige Bild der höchsten Gottheit und das Werkzeug der allergeheimsten Handlungen" war. Dieser Phallus, der beständig und unter allen Formen bei ägyptischen Kulten wiedererscheint, war die bildliche Darstellung eines Teiles des Körpers des Osiris, und zwar des Teiles, welchen Isis nicht wiederfinden konnte, als sie die zerstreuten Glieder ihres Gatten sammelte, den der verhasste Typhon, der Bruder des Opfers, getötet und verstümmelt hatte. Man kann sich also leicht einen Begriff vom Kultus des Osiris machen, wenn man eben die Dinge in Betracht zieht, welche dabei als geheimnisvolle Symbole galten.

Die heilige Prostitution musste bei einem derartigen Kulte die weiteste Verbreitung haben; aber sie wahr wohl, wenigstens in der ältesten Zeit, für den Priester vorbehalten, der daraus eine der ergiebigsten Einnahmequellen seines Tempels machte. Sie trat zügellos bei den Einweihungen auf, denen Waschungen, Ruhe und Enthaltsamkeit vorausgingen. Der Gott und die Göttin hatten ihren Dienern unumschränkte Gewalt gegeben, welche diese rein materiell ausnützten, wobei sie sich der Mühe unterzogen die Neueingeweihten beiderlei Geschlechts in die infamsten Ausschweifungen einzuführen. Der heilige Epiphanius sagt mit grosser Bestimmtheit, diese im Geheimen betriebenen Ceremonien wären eine Anspielung auf die Sitten der Menschen vor Errichtung der gesellschaftlichen Ordnung gewesen. Sie bestanden also in freier Vermischung beider Geschlechter und allen Zügellosigkeiten der gröbsten Wollust. Herodot erzählt uns, wie man sich auf die Feste der Isis, die zu Bubastis unter dem Namen Diana verehrt wurde, vorbereitete: Man begiebt sich, sagt er, dahin zu Wasser, Männer und Weiber durcheinander gemischt; in jedem Boot befindet sich eine grosse Anzahl Personen beiderlei Geschlechts. Während der ganzen Fahrt klappern einige Frauen mit Castagnetten, während einige Männer Flöte spielen, die übrigen Männer und Frauen singen und klatschen in die Hände. So oft man bei einer Stadt vorbei kam, näherte sich das Boot dem Ufer. Unter den Frauen fuhren die einen fort mit den Castagnetten zu spielen, die andern hingegen schrieen aus Leibeskräften und stiessen Schimpfworte gegen die Weiber der Stadt aus. Die einen schickten sich an zu tanzen, die andern hoben, indem sie aufrecht standen, in unzüchtiger Weise die Kleider auf." Die Obscönitäten waren nur Schattenbilder im Vergleich zu denen, welche sie rund um den Tempel zu verüben vorhatten, wohin alljährlich 700000 Pilger kamen, um sich den unglaublichsten Ausschweifungen zu überlassen.

Diese schrecklichen Vermischungen in denen sich der Isis-Kult erging, verbargen sich in den unterirdischen Räumen, wohin nur der Eingeweihte nach einer Prüfung- und Reinigungszeit gelangen konnte. Herodot, der Berichterstatter und Zeuge dieser Prostitution, welche ihm die Priester Aegyptens gerühmt hatten, sagt genug hierüber, dass wir auch das, was er uns verschweigt, ahnen können: „Die Aegypter sind die ersten, die durch eine heilige Satzung das Handeln mit Weibern an heiligen Stätten verboten haben, oder auch daselbst einzutreten, nachdem einer ein Weib erkannt hat ohne sich zuvor gewaschen zu haben. Fast alle andern Völker, mit Ausnahme der Aegypter und Griechen, hatten Verkehr mit den Weibern an heiligen Orten, oder traten wenigstens, wenn sie sich von einem solchen erhoben, ohne sich gewaschen zu haben in diese ein. Sie gehen von der Voraussetzung aus, dass es sich hierbei mit dem Menschen wie mit allen Lebewesen verhält Man sieht, sagen sie, die wilden Tiere und die verschiedenen Vogelarten sich sowohl in den Tempeln, als auch an sonstigen, den Göttern geweihten Orten begatten; wenn aber diese Handlung der Gottheit unangenehm wäre, würden selbst die Tiere sie nicht daselbst vornehmen." Herodot, der diese Ansicht nicht teilt, hat sich enthalten, die Geheimnisse der ägyptischen Priester ans Licht zu ziehen, die er zu Memphis, Heliopolis und Theben erlebt hatte. Er hat uns indirekt mit den häuslichen Sitten und Staatsgebräuchen Aegyptens bekannt gemacht; aber aus gewissen Andeutungen, die er gelegentlich macht, kann man schliessen, dass die Verderbnis bei diesem alten Volke auf ihrem Höhepunkte angekommen war. So überliess man die Leichname junger und schöner Frauen erst drei oder vier Tage nach dem Tode den Einbalsamierern, und dies darum, weil man befürchtete, dass diese die Leichen missbrauchten: „Man erzählt, sagt Herodot, dass man einen auf frischer That mit einer kürzlich verstorbenen Frau ergriffen habe."

Die ägyptische Königsgeschichte zeigt uns ferner noch zwei eigenartige Beispiele von legaler Prostitution im Werke Herodots. Rhampsinit oder Rhamses, der um 2244 v. Chr. regierte, wandte, um den geschickten Dieb, der seinen Schatz geplündert hatte, zu entdecken, ein Mittel an, welches ich nicht glauben kann, sagt Herodot, dessen Leichtgläubigkeit oft auf die Probe gestellt worden ist: „er gab seine leibliche Tochter preis, indem er ihr befahl sich in einem Bordell niederzusetzen und daselbst alle Männer in gleicher Weise anzunehmen, die kommen würden, aber sie zu verpflichten, bevor sie ihnen ihre Gunst bewilligte, ihr mitzuteilen, was das schlechteste und das schimpflichste gewesen, das sie in ihrem Leben gethan hätten." Der Dieb nahm den Arm einer Leiche, steckte ihn unter seinen Mantel und kam um der Königstochter einen Besuch abzustatten. Er ermangelte nicht sich als Urheber des Diebstahls zu rühmen. Die Prinzessin suchte ihn festzuhalten, aber da sie im Dunkeln war, ergriff sie nur den Arm der Leiche, während der Lebende den Ausgang gewann. Diese neue List erwarb ihm in so hohem Grade die Achtung Rhampsinits, dass der König den Dieb begnadigte und ihn in Folge mit der vermählte, die er bereits in einem verrufenen Ort ihn hatte erkennen lassen. Diese arme Prinzessin hat ohne Zweifel in einem besseren Zustande das Bordell verlassen, als die Tochter des Cheops, der 12 Jahrhunderte v. Chr. König von Aegypten war. Cheops liess die grosse Pyramide bauen, die 20 Jahre Arbeit und ungeheure Summen kostete. „Durch diese Ausgaben erschöpft," so erzählt Herodot, „verstieg er sich auf den Punkt der Schamlosigkeit, seine leibliche Tochter in einem Bordell preiszugeben und ihr zu befehlen von ihren Liebhabern eine gewisse Summe Geld zu verlangen. Sie führte nicht allein die Befehle ihres Vaters aus, sondern sie wollte auch selbst ein Denkmal hinterlassen: sie bat daher jeden, der sie zu besuchen kam, ihr einen Stein zu dem Werke, das sie vorhatte, zu geben. Und von diesen Steinen sagten mir die Priester, baute man die mittlere der drei Pyramiden." Die moderne Wissenschaft hat noch nicht berechnet, wie viel Steine zu dieser Pyramide gehört haben.

Die Errichtung einer Pyramide, so teuer sie war, scheint die Mittel einer Buhlerin nicht überstiegen zu haben. So schreibt man allgemein in Aegypten, trotz Chronologie und Geschichte, die Erbauung der Pyramide des Mycerinus der Buhlerin Rhodopis zu. Diese Buhlerin war von Geburt keine Aegypterin, aber sie machte ihr Glück, lange Zeit nach der Herrschaft des Mycerinus in Aegypten. Rhodopis, welche unter Amasis, 600 Jahre v. Chr. lebte stammte aus Thracien. Sie war Mitklavin des Fabeldichters Aesop bei Jadmon in Samos. Sie wurde von Samos nach Aegypten durch Xanthus gebracht, der auf ihre Unkosten ein ziemlich verworfenes Gewerbe trieb, da er sie gekauft hatte, damit sie zum Nutzen ihres Herren das Geschäft einer Buhlerin ausübe. Sie hatte sonderbares Glück, und ihr Ruf zog ihr eine Menge Anbeter zu, unter denen Charaxus von Mytilene, der Bruder der berühmten Sappho, so sehr von diesem reizenden Mädchen eingenommen wurde, dass er ihr eine beträchtliche Summe als Lösegeld gab. Auch als sie frei geworden war, verliess Rhodopis Aegypten nicht, wo ihre Schönheit und ihre Talente ihr zu ungeheuren Reichtümern verhalfen. Von diesen machte sie einen wunderlichen Gebrauch, denn sie liess für den zehnten Teil ihrer Schätze eiserne Spangen machen, die sie, man weiss nicht für welches Gelübde, dem Tempel zu Delphi weihte, wo man sie noch zu Herodots Zeiten sehen konnte. Dieser besonnene Geschichtsschreiber spricht von diesen eisernen Spangen als von einer Sache, die noch niemand erkannt hatte, und versucht nicht den Sinn dieser wunderlichen Gabe zu erraten. Zur Zeit des Plutarch zeigte man nur noch den Platz, wo sie gelegen hatten. Die Volksüberlieferung hat sowohl die Spangen im Tempel des delphischen Apollo verwechselt wie die Pyramide des Mycerinus, die mehrere Jahrhunderte vor der Anfertigung der Spangen gebaut wurde, und die, wie alle Welt in Aegypten behauptet, auf Rechnung der Rhodopis zu setzen ist. Nach den Einen habe sie die Arbeit bezahlt, nach den Andern (Strabo und Diodorus Siculus schliessen sich anscheinend dieser irrigen Meinung an) haben sie ihre Verehrer auf gemeinsame Kosten bauen lassen um ihr zu gefallen, woraus man schliessen muss, dass diese Buhlerin eine Vorliebe für die Pyramiden hegte.

Rhodopis, welche die Griechen Dorica nennen, und Dorica war in ganz Griechenland berühmt, eröffnete die Reihe ihrer Anbeter mit Aesop, welcher, so verunstaltet und hässlich er auch war, nur eine seiner Fabeln hergab um die Gunst dieser schönen Tochter Thraciens zu erkaufen. Der Kuss des Dichters bringt ihr Glück. Der schöne Charaxus, dem sie ihre Freiheit und den Grund ihrer Reichtümer verdankte, bestimmt sie, sich in der Stadt Naukratis niederzulassen, wo er sie bei jeder Reise, die er nach Agypten unternahm, um daselbst Wein einzuführen und zu verkaufen, besuchte. Rhodopis liebte ihn hinlänglich, um ihm so lange treu zu sein, als er sich in Naukratis aufhielt, und die Liebe hielt ihn länger daselbst zurück als sein Handel. Einst, während seiner Abwesenheit, sass Rhodopis auf einer Terrasse, betrachtete den Nil und suchte am Horizonte nach dem Segel des Schiffes, dass ihr ihren Charaxus wieder zuführen sollte; einer ihrer Pantoffel war von ihrem ungeduldigen Fusse herabgeglitten und lag glänzend auf einem Teppiche; ein Adler erblickte ihn, ergriff ihn mit seinem Schnabel und nahm ihn mit sich in die Luft. In eben dieser Zeit hielt der König Amasis, umringt von seinen höchsten Würdenträgern, Hof zu Naukratis. Der Adler, welcher den Pantoffel der Rhodopis ergriffen hatte, ohne dass diese etwas davon merkte, liess diesen in den Schoss des Pharao fallen. Niemals hatte dieser einen so kleinen und so reizenden Pantoffel gesehen. Er stellte sofort Nachforschungen nach dem hübschen Fusse an, dem er gehörte, und als er ihn gefunden hatte, indem er alle Frauen des Reiches den göttlichen Pantoffel probieren liess, wollte er Rhodopis zu seiner Maitresse haben. Nichtsdestoweniger entsagte sie auch als Maitresse des Amasis dem Charaxus nicht, und Griechenland feierte in den Liedern seiner Dichter die Liebe der Dorcia, welche Sappho, die Schwester des Charaxus, mit bittern Vorwürfen verfolgt hatte. Pausidippus hat in seinem Werke über Aethiopien folgendes Epigramm der Geliebten des Charaxus gewidmet: „Ein Band hält deine langen Flechten empor, wollüstige Düfte entströmen deinen wallenden Gewändern, so rot, wie der Wein, der in den Bechern glänzt, flichst du den schönen Charaxus in deine reizenden Arme. Die Verse der Sappho bezeugen und sichern deine Unsterblichkeit; Naukratis bewahrt dein Andenken, so lange die Schiffe freudig dahinschwimmen in den Fluten des gewaltigen Nil."

Naukratis war die Stadt der Buhlerinnen; alle, die von dort kamen, schienen aus den Lehren der Rhodopis Nutzen gezogen zu haben. Ihre Anmut und ihre Verführungskünste bildeten lange Zeit die Unterhaltung Griechenlands, welches oft seine Wüstlinge nach Naukratis sandte, und welches von dort wunderbare Berichte über die Prostitution brachte. Nach Rhodopis erlangte eine andere Buhlerin, Archidice, durch dieselben Mittel ebenfalls grosse Berühmtheit; aber nach dem Zeugnisse Herodots hatte sie weniger Zulauf als ihre Vorgängerin. Dennoch weiss man, dass sie einen so hohen Preis für ihre Gunst forderte, dass selbst sehr Reiche sich durch die Bezahlung zu Grunde richteten; und sehr viele richteten sich auf diese Art zu Grunde. Ein junger Aegypter, der unsinnig in diese Buhlerin verliebt war, wollte sich ebenfalls für sie zu Grunde richten, aber da sein Vermögen nur mittelmässig war, wies Archidice Geld und Liebhaber zurück. Er gab aber nicht nach; er rief Venus um Hilfe an, die ihm im Traume unentgeltlich gewährte, was er gern in Wirklichkeit so teuer bezahlt hätte. Er begehrte ferner nichts. Die Buhlerin vernahm, was ohne sie vorgegangen war, und rief ihren zahlungsunfähigen Schuldner vor die Obrigkeit, indem sie von ihm den Preis für den Traum forderte. Die Obrigkeit urteilte in diesem streitigen Punkte mit grosser Weisheit: sie ermächtigte Archidice zu träumen, dass sie bezahlt, und dieser also nichts mehr schuldig sei.

Die Blütezeit der Buhlerinnen in Aegypten scheint die Zeit der Ptolemäer im 3. Jahrhundert v. Chr. gewesen zu sein; aber unter diesen Mädchen waren die einen Griechinnen, die andern kamen aus Asien; fast alle hatten als Flötenspielerinnen begonnen. Ptolemäus-Philadelphus hatte deren eine grosse Menge in seinem Dienste. Die eine, Kleäna, diente ihm als Schenkin, und er liess ihr Statuen errichten, welche sie in leichter Kleidung mit einem Becher oder rithon in der Hand darstellten; eine andere, Mneside, war eine seiner Musikantinnen; ferner Pothyne bezauberte ihn durch ihr anmutiges Geplauder; endlich Myrtion, die er aus einem Bordell für Nilschiffer gezogen hatte, berauschte ihn mit gemeinen Sinnesgenüssen. Dieser Ptolemäus bezahlte ihm geleistete Dienste freigebig, und so liess er das Andenken der Stratonice, die bei ihm in liebevoller Erinnerung stand, durch ein Grabmal ehren, obgleich sie eine Griechin und keine Aegypterin war Dieser wollüstige König hegte keinen Widerwillen gegen die Griechen. Er hatte von Argos die schöne Bilistice, die aus dem Stamme der Atriden war, kommen lassen, und sie brachte ihre Abstammung auf die lustigste Weise, die sie kannte, in Vergessenheit. Ptolemäus Euergetes, der Sohn des Philadelphus, verteilte seine Liebe nicht mehr so sehr, wie er aus dem Beispiel seines Vaters hätte lernen können. Er begnügte sich mit Irene, die er von Ephesus mitgebracht hatte, wo er Statthalter gewesen war, und die ihre Ergebenheit so weit trieb, mit ihm zu sterben. Ptolemäus Philopator ergab sich völlig einer schlauen Buhlerin, Namens Agathoklea, die unter seinem Namen in Aegypten herrschte, ebenso wie in seinem Schlafzimmer. Ein anderer Ptolemäer konnte sich nicht einer untergeordneten Hetäre enthalten, die er Hippäa oder die Stute benannte, weil sie sich zwischen ihm und dem Futtermeister seiner Pferde teilte. Er liebte vor allem mit ihr zu trinken; als sie eines Tages mit grossen Zügen trank, rief er lachend und sie auf den Hinteren schagend aus: „Die Stute hat zuviel Heu gefressen!“

III. Kapitel.

Das Volk Israel.

Die gastliche Prostitution bei den Juden. — Die Kinder der Engel. — Die Sündflut. — Sodom und Gomorrha. — Die Töchter Loths. — Die bei den Patriarchen bestehende legale Prostitution. — Joseph und das Weib des Eunuchen Potiphar. — Thamar giebt sich ihrem Schwiegervater Juda preis. — Der Hurenmarkt. — Die fremden Weiber. — Der König Salomo erlaubt den Dirnen, sich in den Städten niederzulassen. — Wehruf des Propheten Hesekiel über Jerusalem, die grosse Hure. — Gesetze des Moses. — Welche Arten von Prostitution und unter welchen Bedingungen Moses sie erlaubte. — Handel, welchen die Juden unter sich mit ihren Töchtern trieben. — Unbeugsamkeit des Moses hinsichtlich der widernatürlichen Unzucht. — Gründe, die Moses bestimmten, die Jüdinnen von der legalen Prostitution auszuschliessen. — Das XVIII. Kapitel des Levitikus. — Geheime Krankheiten, denen die jüdischen Weiber unterworfen waren. — Durchgreifende Vorsichtsmassregeln, die Moses ergriff, die Gesundheit der Juden zu sichern. — Turteltauben, Sühnopfer der Flusskranken zur Erlangung ihrer Heilung. — Das Gesetz des Argwohns. — Die Kuchen des Argwohns und die bitteren Tränke des Fluches. — Die heilige Prostitution bei den Juden. — Kultus des Moloch und Baal-Phegor. — Unzüchtige, abergläubische Gebräuche und unkeusche Opfergaben. — Die Molochdiener. — Die Weichlinge und Geweihten. — Ihre schamlosen Mysterien. — Das Hundsgeld. — Die geweihten Weiber. — Die den Ausschweifungen der Juden entsprungenen Krankheiten. — Zambri

und die Dirne von Midian. — Die von Moses vertriebenen Weichlinge erscheinen unter den Königen Judas wieder. — Asa vertreibt sie wiederum. — Maacha, die Mutter Asa's, Oberpriesterin des Priap. — Die von neuem zurückgekehrten Weichlinge werden von Josua decimiert. — Unzucht der Israeliten mit den Töchtern Moabs. — Sitten der Dirnen der Moabiter. — Feldzug gegen die Midianiter. — Ermordung der gefangenen Frauen auf Befehl des Moses. — Gesetz des Moses über die Jungfräulichkeit der Töchter. — Mittel der Juden die Jungfräulichkeit festzustellen. — Strafen auf Ehebruch und Notzucht. Der Kauf einer Jungfrau. — Die Beischläferin des Moses. — Züchtigung der Maria, Schwester des Moses, durch den Herrn. — Moses Empfehlungen an die Juden hinsichtlich der Freuden der Liebe. — Die Tochter Jephtas. — Die Kundschafter des Josua und die Dirne Rahab. — Samson und die Hure von Gaza. — Delila. — Der Levite von Ephraim und seine Kebse. — Schandthat der Benjamiten. — Das junge, jungfräuliche Mädchen des Königs David. — Unzucht des Königs Salomo. — Seine siebenhundert Frauen und dreihundert Beischläferinnen. — Charakteristisches Bild der Prostitution zur Zeit Salomos, seinem Werke „Die Sprüche" entnommen. — Die Propheten Jesaia, Jeremia und Hesekiel. — Der Tempel Gottes zu Jerusalem ein Handelsplatz der Huren. — Jesus vertreibt sie aus dem Hause des Herrn. — Maria Magdalena bei dem Pharisäer. — Jesus vergiebt ihr ihre Sünden wegen ihrer Reue.

Die Hebräer, die aus Chaldäa stammten, hatten daselbst die Sitten eines Hirtenvolkes angenommen; es ist daher mit Bestimmtheit anzunehmen, dass bei ihnen in den ältesten Zeiten die gastliche Prostitution bestand, und zwar sowohl beim jüdischen Volke, wie bei den chaldäischen Hirten und den Jägern. Man findet hie und da in den heiligen Büchern Spuren davon. Die heilige Prostitution hingegen war von Grund aus gegen die mosaïschen Religionsanschauungen, und Moses, dieser grosse Gesetzgeber der es sich so sehr angelegen sein liess, seinen entarteten und verdorbenen Stammesgenossen einen Zügel anzulegen, zwang sie sogar im Namen Gottes die schlimmsten Auswüchse der legalen Prostitution zu unterdrücken. Daher kommt das grausige Strafsystem, welches er mit blutigen Lettern auf seine Gesetzestafeln schrieb, und welches kaum genügte, die ungeheuere Zügellosigkeit der Söhne Abrahams im Zaume zu halten.

Die ältesten Beispiele, die vielleicht die gastliche Prostitution aufzuweisen hat, muss man in der Genesis suchen. Zur Zeit des Noah waren die Kinder Gottes oder die Engel auf die Erde herabgestiegen um die Töchter der Menschen zu erkennen, und sie zeugten mit ihnen Kinder, die gewaltige Leute wurden. Diese Engel kamen abends um ein Obdach unter dem Zelte eines Patriarchen zu erbitten, und hinterliessen daselbst bei ihrer Abreise, mehr oder minder befriedigt von dem, was sie gefunden hatten, lebende Andenken an ihren Besuch. Die Genesis sagt uns nicht, an welchen Erkennungszeichen man einen Engel von einem Menschen unterscheiden konnte, höchstens, dass er sich nach Ablauf von neun Monaten durch die Geburt eines Riesen offenbarte. Diese Riesen erbten aber nicht die Tugenden ihrer Väter, denn die Bosheit der Menschen wurde nur noch grösser, und zwar in dem Masse, dass der Herr, aus Zorn, den Anblick eines so entarteten und verderbten Menschengeschlechts haben zu müssen, beschloss, es mit Ausnahme Noahs und seiner Familie zu vernichten. Die Sündflut erneuerte wohl das Angesicht der Erde, aber die Leidenschaften und Laster, welche Gott hatte vernichten wollen, entstanden von neuem und vervielfältigten sich mit den Menschen. Selbst die Gastfreundschaft wurde nicht mehr als heilige Pflicht in den unsittlichen Städten Sodom und Gomorrha geachtet. Als die beiden Engel, die dem Abraham die Botschaft gebracht hatten, dass sein Weib Sarah, im Alter von 120 Jahren, ihm einen Sohn gebären würde, nach Sodom kamen und im Hause Loths einkehrten um daselbst die Nacht zuzubringen, umringten die Einwohner Sodoms vom jüngsten bis zum ältesten das Haus und riefen Loth zu: „Wo sind die Männer, die diese Nacht zu dir gekommen sind? Lass sie herausgehen, damit wir sie erkennen.“ — „Ich bitte euch; liebe Brüder,“ antwortete Loth, „thut ihnen kein Uebel. Ich habe zwei Töchter, die noch keinen Mann erkannt haben; ich will sie heraus führen, und ihr mögt mit ihnen thun, wie es euch gefällt. Aber fügt kein Unrecht diesen Männern zu, denn sie sind in den Schatten meines Hauses gekommen. Sollte Loth, der auf diese Weise die Ehre seiner Töchter der Gastfreundschaft zum Opfer brachte, nicht freiwillig seinen beiden Gästen gewährt haben, was er gezwungen einer rasenden Menge anbot? Was nun seine beiden Töchter anlangt, so konnte sie der Anblick des Unterganges von Sodom und Gomorrha nicht genügend schrecken, um ihnen Sinn für Enthaltsamkeit einzuflössen; sie missbrauchten eine nach der andern in schändlicher Weise die Trunkenheit ihres unglücklichen Vaters.

Es ist wohl die hässlichste Unzucht, aber sie fällt noch nicht unter die legale Prostitution, welche sich auf Grund eines Handels vollzieht, und die das Gesetz nicht verwirft und die Sitte autorisiert. Diese Art von Prostitution tritt bei den Juden schon in den Zeiten der Erzväter, achtzehn Jahrhunderte v. Chr., auf, damals als der keusche Joseph, Sklave und Aufseher bei dem Eunuchen Potiphar in Aegypten, den unzüchtigen Forderungen des Weibes seines Herren widerstand und ihr lieber seinen Mantel als seine Ehre überliess. Einer der Brüder Josephs, Juda, der vierte Sohn Jakobs, hatte nacheinander zwei Söhne, die ihm eine Chananiterin geboren hatte, an ein Mädchen Namens Thamar verheiratet. Diese beiden Söhne, Her und Onan, waren ohne Hinterlassung von Nachkommen gestorben, und ihre Witwe beabsichtigte den dritten Bruder Sela zu heiraten; aber Juda liess sich diese dritte Heirat nicht sonderlich angelegen sein, da ihm die beiden vorhergehenden unfruchtbar gebliebenen Ehen ein böses Omen zu sein schienen. Thamar, welche mit ihrem Schwiegervater unzufrieden war, der sich ihr gegenüber verpflichtet hatte, sie mit Sela zu verheiraten, griff zu einem einzig dastehenden Mittel, um zu erproben, ob sie Mutter werden könne. Als sie erfahren hatte, dass Juda auf die Höhen von Thimnath zog, um daselbst seine Schafe zu scheeren, legte sie ihre Witwenkleider ab, bedeckte sich mit einem Schleier und hüllte sich darein; hierauf setzte sie sich an einem Kreuzwege auf die Strasse, welche Juda einschlagen musste. „Als Juda sie sah, erzählt die Genesis (Kapitel 38) glaubte er, sie wäre eine Hure, denn sie hatte ihr Gesicht verdeckt, damit man sie nicht erkennen könne. Und er ging auf sie zu und sprach zu ihr: Erlaube, dass ich mit dir gehe! Denn er wusste nicht, dass sie seine Schwiegertochter sei. Sie antwortete ihm: Was willst du mir geben für meine Umarmung? Er sagte: Ich will dir ein Zicklein von meiner Herde schicken. Da sprach sie: Ich will thun, was du verlangst, wenn du mir ein Pfand giebst, bis du mir das Versprochene schickst! Und Juda antwortete ihr: Was willst du, das ich dir als Pfand gebe. Sie erwiderte: Deinen Ring, deine Spange und den Stab, den du in deinen Händen hältst. Er näherte sich ihr und sie wurde sogleich befruchtet. Darauf stand sie auf, ging fort, nahm den Schleier ab, den sie angelegt hatte, und zog ihre Witwenkleider wieder an. Inzwischen schickte Juda ein Zicklein durch einen seiner Hirten, der ihm sein Pfand wieder bringen sollte; aber der Hirt fand das Weib nicht, in deren Händen das Pfand geblieben war, und er fragte die Vorbeigehenden: Wo ist die Hure, die an diesem Kreuzwege sass? Und sie antworteten: Es hat keine Hure an diesem Ort gegeben. Und er kehrte zu Juda zurück und sagte ihm: Ich habe sie nicht gefunden, und die Leute des Ortes sagten mir, dass niemals eine Hure an diesem Orte gesessen habe. — Nach einiger Zeit kam man zu Juda und meldete ihm, dass seine Schwiegertochter schwanger wäre, und er befahl, man solle sie als Ehebrecherin verbrennen; aber Thamar offenbarte ihn als Vater des Kindes, das sie trug, indem sie ihm seinen Ring, seine Spange und seinen Stab wiedergab.

Dies ist ohne Zweifel das älteste Beispiel legaler Prostitution, welches uns die Geschichte liefern kann, denn diese Handlung, welche Moses mit allen für sie charakteristischen Nebenumständen erzählt, geht zurück auf das Jahr 2100 v. Chr. Wir sehen, dass schon damals die jüdische Prostituierte in die Falten eines Schleiers gehüllt am Rande des Weges sass und sich ihrem schamlosen Gewerbe mit dem ersten besten, der sie bezahlen wollte, überliess. Dies war im grauen Altertume die Rolle, welche die Prostituierte bei den Hebräern spielte. Die heiligen

Bücher sind voll Stellen, aus denen wir lernen, dass die Kreuzwege den Dirnen als Handels- und Marktplatz dienten. Sie hielten sich daselbst bald unbeweglich auf, eingehüllt in ihre Schleier wie in ein Leichentuch, bald räucherten sie, mit leichtfertigen reichgeschmückten Gewändern angethan, Weihrauch und sangen wollüstige Lieder, wozu sie sich mit der Leier, der Harfe, oder der Handtrommel begleiten, oder zu den Klängen der Doppelflöte tanzten. Diese Dirnen waren keine Jüdinnen, oder doch nur in den seltensten Fällen, denn die Schrift nennt sie „fremde Weiber"; sie waren Syrierinnen, Aegypterinnen, Babylonierinnen und andere, welche sich in der Kunst der Sinnesentzündung auszeichneten. Das mosaische Gesetz verbietet den Jüdinnen ausdrücklich als Hülfstruppen der Prostitution zu dienen, die es den Männern gestattet, da es dieselben nicht verdammt. Es ist daher leicht verständlich, warum die „fremden Weiber" sich nicht im Innern der Städte preisgeben durften, und warum die Hauptstrassen das Vorrecht hatten der öffentlichen Ausschweifung einen Unterschlupf zu gewähren. Nur unter der Regierung Salomos machte man eine Ausnahme von diesem Gebrauche, da dieser den Dirnen gestattete sich mitten in den Städten anzusiedeln. Aber weder vorher noch nachher sah man sie in den Strassen und an den Ecken Jerusalems, sie boten sich nur längs der Landstrassen feil. Daselbst errichteten sie ihre Zelte von Tierfellen oder von schreiendfarbigen Stoffen. Fünfzehn Jahrhunderte nach dem Abenteuer der Thamar sagt der Prophet Hesekiel in seiner bilderreichen Sprache zu der grossen Hure Jerusalem: „Du hast ein Bordell errichtet und alle Kreuzwege zu Stätten der Unzucht gemacht, am Eingange jeder Strasse hast du das Zeichen deiner Feilheit aufgestellt, und du hast abscheulichen Missbrauch mit deiner Schönheit getrieben, und du hast dich weggeworfen an jeden Vorübergehenden (divisisti pedes tuos omni transeunti, sagt die Vulgata) und hast deine Hurerei vervielfätigt."

Der Aufenthalt der Hebräer in Aegypten, wo sehr verdorbene Sitten herrschten, vollendete die Umänderung der ihrigen und führte sie zu den Anfängen der Kultur zurück: sie lebten in einer schrecklichen Unordnung, als Moses sie aus der Knechtschaft führte und ihnen ein kirchliches und bürgerliches Gesetzbuch gab. Moses musste, als er die Juden in das gelobte Land führte, seine Zuflucht zu der grausamsten Strenge nehmen, um die Auswüchse der moralischen Verderbnis, die das Volk Gottes schändete, zu bekämpfen. Vom Gipfel des Berges Sinai liess er folgende Worte, die der Herr unter Donner und Blitz verkündete, vernehmen: „Du sollst keine Unzucht treiben! Du sollst nicht begehren deines Nächsten Weib!" Sodann verschmähte er es nicht, selbst im Namen Jehovas, die Formen einer Art Prostitution zu ordnen, die im Grunde aus der Sklaverei stammen. „Wenn einer seine Tochter als Sklavin verkauft, sagt er, soll sie nicht nach Art der andern Knechte den Dienst ihres Herren verlassen können. Findet sie nicht Gnade vor den Augen des Herren, dem sie überliefert wurde, so soll er sie zurückschicken; aber er soll nicht die Macht besitzen sie unter fremdes Volk zu verkaufen, wenn er ihrer ledig sein will. Hat er sie jedoch seinem Sohne verlobt, so soll er sie halten wie seine eigene Tochter. Nimmt er aber hierzu eine andere, soll er für ihre Mitgift und Kleidung sorgen und soll ihr nicht den Preis ihrer Keuschheit abrechnen (pretium puditiæ non negabit.) Thut er keines von diesen drei, so soll sie frei ausgehen ohne Lösegeld! Aus dieser Stelle, welche die Ausleger auf die verschiedenste Art erklären, geht auf das deutlichste hervor, dass bei den Juden, wenigstens vor der endgültigen Festsetzung der Tafelgesetze, der Vater das Recht hatte, seine Tochter einem Herren als Sklaven zu verkaufen, der sie auf eine, durch den Verkaufskontrakt festgesetzte Zeit, zu seiner Konkubine machen konnte. Man sieht also aus dieser einzigen gesetzlichen Bestimmung, dass die dergestalt zum Vorteil ihres Vaters verkaufte Tochter persönlich keinen Nutzen aus der gezwungenen Hingabe ihres Körpers zog, mit Ausnahme des Falles, wo der Herr nach ihrer Verlobung mit seinem Sohne, sie durch eine andere Konkubine ersetzen wollte. Es ist also deutlich bewiesen, dass die Hebräer untereinander Handel mit der Preisgebung ihrer Töchter trieben.

Moses, dieser weise Gesetzgeber, der zu den Hebräern nur durch den Mund Gottes sprach, hatte vollauf mit diesen unverbesserlichen Sündern zu thun. Er liess ihnen aus Klugheit eine Art Entschädigung für das, was er ihnen nahm: die Freiheit, Handel mit fremden Dirnen zu treiben; aber er war unerbittlich hinsichtlich der Verbrechen der Bestialität und der Sodomie. „Derjenige, welcher fleischlichen Umgang mit einem Tiere gehabt hat, soll mit dem Tode bestraft werden,“ sagt er im Exodus (Kapitel 22.) „Du sollst nicht bei einem Knaben liegen, wie bei einem Weibe,“ sagt er im Levitikus (Kapitel 18), „denn es ist ein Greuel; du sollst auch nicht bei einem Tiere liegen, noch dich mit ihm verunreinigen. Das Weib soll sich nicht einem Tiere preisgeben, noch sich mit ihm vermischen, denn es ist ein Frevel.“ Indem Moses gegen diese widernatürliche Unzucht eifert, kann er nicht umhin, die Juden in Schutz zu nehmen, welche sie nicht erfunden hatten, noch sich ihr hingaben nach Art der andern Völker. „Die Völker, die ich austreiben will vor euch, haben sich mit allen diesen Schändlichkeiten befleckt,“ ruft das Haupt Israels aus, „das Land, das sie bewohnen, ist dadurch verunreinigt, und ich will sie für ihre Missethat bestrafen, und das Land wird seine Bewohner ausspeien.“ Moses, der weiss, wie hartnäckig sein Volk in seinen hässlichen Gebräuchen ist, fügt an sein Gebot eine Drohung, um den entarteten Sinnen einen heilsamen Zügel anzulegen: „Und wer nur einen einzigen dieser Frevel begangen hat, der soll ausgestossen sein aus der Mitte meines Volkes!“ Dies ist noch nicht genug um die Schuldigen zu schrecken; Moses kommt noch verschiedene Male auf die Strafe zurück, die man ihnen auferlegen soll: „Es sollen beide Urheber der Frevel, eines wie das andere, des Todes sein, gesteinigt oder verbrannt, der Mann und das Tier, das Tier und das Weib, der Knabe und sein männlicher Beischläfer." Moses hat also nicht vorausgesehen, dass sich das weibliche Geschlecht ähnlichen Verirrungen überlassen könne. Und immer stellt er den Juden die Notwendigkeit vor Augen, anders zu sein als die Heiden, welche sie aus dem Lande Chanaan vertreiben wollen: „Und folgt nicht den Satzungen dieser Heiden, sagt der Ewige, denn sie haben die Frevel begangen, die ich euch verbiete und ich habe einen Greuel an ihnen gefunden." (Levitikus 20.)

Der ersichtlichste Zweck der mosaischen Gesetze war, soviel als möglich die Entartung und Entnervung der jüdischen Rasse durch Ausschweifungen zu verhindern, welche schon ihr Blut so sehr verdorben und ihre Natur geschwächt hatten. Diese Ausschweifungen waren von besonders grossem Nachteile auf die Entwickelung der Bevölkerung und der öffentlichen Gesundheit. Dieses waren sicher die beiden Hauptgründe, die den Gesetzgeber bestimmten, die gewerbsmässige Unzucht nur bei fremden Weibern zu dulden. Er verbietet sie unbedingt den jüdischen Frauen: „Du sollst deine Tochter keine Hurerei treiben lassen, sagt er im Levitikus (Kapitel 19), damit das Land nicht besudelt werde, noch voll Unkeuschheit sei." Er spricht sich noch viel deutlicher im Deuteronomium (Kapitel 23) aus: „Und es soll keine Hure geben unter den Töchtern Israels, und keinen Ehebrecher unter seinen Söhnen" (Non erit meretrix de filiabus Israel nec scortator de filiis Israel). Diese beiden Bestimmungen des mosaischen Gesetzes regelten die Prostitution bei den Juden, als sie in Palästina angesiedelt und als geschlossenes Volk unter der Regierung der Richter und später der Könige befestigt wurden. Die Stätten der Unzucht wurden von Fremden, meist Syriern, gehalten. Die Freudenmädchen, um diesen landläufigen Ausdruck zu gebrauhen, waren also Ausländerinnen, meist Syrierinnen. Die Gründe, welche Moses zum Ausschluss des jüdischen Weibes von der Gewerbsprostitution bestimmten, sind hinreichend in den Kapiteln des Levitikus dargelegt, in denen er ungescheut die ekelerregenden Gebrechen aufzählt, denen alsdann die Weiber seines Stammes unterworfen sein würden. Daher kommen alle die Vorsichtsmassregeln, die er trifft, um die Ehen gesund und fruchtbar zu machen. Man kann sich das Kapitel 18 des Levitikus, in dem alle die Frauenspersonen aufgezählt sind, deren Blösse ein Jude, ohne sich gegen die Gebote des Ewigen zu vergehen, nicht aufdecken durfte (turpitudinem non discoperies), nicht anders erklären: „Niemand nähere sich seiner Mutter, um bei ihr zu schlafen! sagt der Herr." Ebenso konnte kein Jude, ohne sich strafbar zu machen, seine Mutter oder seine Stiefmutter, seine Schwester oder Stiefschwester, seine Tochter, Enkelin oder Stieftochter, seine Tante mütterlicher oder väterlicher Seits; seine Bruders- oder Schwestertochter erkennen. Moses glaubte mit Nutzen die Verwandtschaftsgrade anzugeben, deren Vereinigung als unstatthaft und als der physischen Entwickelung noch schädlicher als der moralischen Ausbildung zurückzuweisen sei. Und aus eben diesen Gründen war der Verkehr mit einer Frau zur Zeit ihrer Periode so streng untersagt worden, dass das mosaische Gesetz ihn unter Umständen mit dem Tode bestrafte. Die Gefahr war eben bei den Juden viel grösser, als sonst irgendwo.

Diese Jüdinnen, so schön sie waren mit ihren mandelförmigen, schwarzen Augen, mit ihren wollüstigen Korallenlippen und ihren Perlenzähnen, mit ihrem üppigen, schmiegsamen Leib, mit ihren festen, vollen Busen, mit all den Schätzen ihrer schwellenden Formen, diese Jüdinnen, von denen die Sulamith im Hohen Lied uns ein so verführerisches Bild giebt, waren, wenn man Moses darin Glauben schenken darf, gewissen geheimen Krankheiten unterworfen, in denen manche medicinische Altertumsforscher die Kennzeichen venerischer Erkrankungen erkennen wollen. Und sicher ist, dass diese Krankheit weder von Neapel noch von Amerika stammt. Es würde aber unklug und sehr gewagt sein, sich über einen so heiklen Gegenstand weitläufig zu äussern; jedenfalls kann man es nur billigen, dass Moses strenge Vorsichtsmassregeln ergriff um die Gesundheit der Juden zu schützen und zu verhindern, dass ihre Nachkommenschaft bereits im Keime verdorben würde. Nach anderen, wenig oder gar nicht medicinisch gebildeten, ohne Zweifel aber sehr streng religiösen Erklärern handelt es sich nur um den Blutfluss und um Hæmorrhoïden in diesem schrecklichen fünfzehnten Kapitel des Levitikus, das in zartester Uebersetzung folgender Weise beginnt: „Jeder Mann, dessen Fleisch einen Fluss hat, der soll unrein sein durch diesen Fluss, und in gleicher Weise soll die Unreinlichkeit seines Flusses sein." Der Text der Vulgata lässt keinen Zweifel über die Art dieses Flusses, ausser über seinen Ursprung: Vir, qui patitur fluxum seminis, immundus erit; et hunc indicabitur huic vitio subiacere, cum per singula momenta adhæserit carni ejus atque concaverit fœdus humor. Und dies kam also dennoch vor, obwohl Moses so peinliche Waschungen und so strenge Proben denen vorgeschrieben hatte, die, um den Ausdruck der strenggläubigen Bibelüberlieferung beizubehaten, einen Fluss hatten. Der Kranke, der alles, was er berührte, unrein machte, und dessen Kleidung nach Mass ihrer Verunreinigung gewaschen werden musste, begab sich am achtzehnten Tage seines Flusses zur Tempelpforte und opferte zwei Turteltauben oder zwei Tauben, die eine für seine Sünde, die andere als Sühneopfer. Diese beiden Tauben, welche das Heidentum ihrer glühenden und vielfältigen Liebkosungen wegen der Venus geweiht hatte, sollten ganz sicher die beiden Urheber des betreffenden Sündenfalls darstellen, der so verhängnisvolle Folgen gehabt hatte. Dieses Sühnopfer heilte den Kranken nicht, der so lange von Israel gesondert und vom Tempel des Herrn fern blieb, bis sein Fluss sich verloren hatte. Moses stellte daher ordentliche Polizeiverordnungen auf, um so viel als möglich zu verhindern, dass eine unsaubere Krankheit, die die Quellen der

Vermehrung bei den Hebräern verstopfte, durch Ueberhandnehmen seine Verheerungen vermehre und schliesslich das ganze Volk Israel verseuche.

Diese Krankheit hatte sich indessen, während des Aufenthaltes Israels in der Wüste, in so hohem Grade verschlimmert, dass Moses alle die aus dem Lager trieb, die damit behaftet waren (Numeri Kapitel 5). Es geschah auf den Befehl des Herrn, dass die Israeliten ohne Erbarmen alle Aussätzigen und alle Flusskranken austrieben. Man kann sich denken, dass diese Unglücklichen, denen der Ewige ohne Zweifel nicht die Wohlthat des himmlischen Manna zukommen liess, durch Kälte und Hunger, wenn nicht durch ihre Krankheit zu Grunde gingen. Auf diese ekelhafte und widerwärtige Krankheit darf man auch das Eifersuchtsgesetz zurückführen, das Moses zur Beruhigung der Ehegatten feststellte, welche ihre Frauen beschuldigten ihre Gesundheit durch Begehen eines Ehebruches gefährdet zu haben, dessen verhängnisvolle Folgen sie bemerkt hatten. Unbeschwichtbare Klagen brechen beständig über diesen Punkt im jüdischen Familienleben aus. Der Gatte beargwöhnt sein Weib und sucht den Beweis für seinen Argwohn im beiderseitigen Gesundheitszustande. Die Frau schwört vergebens, dass sie nicht unrein sei, und wirft ihrerseits oft dem Manne das Unrecht vor, was dieser ihr zuschob. Dann begaben sich Mann und Frau vor den Priester, der Mann übergab für sein Weib einen Gerstenmehlkuchen ohne Oel, genannt Eifersuchtskuchen, die beiden Gatten standen aufrecht vor dem Ewigen, der Priester legte den Kuchen in die Hände der Frau und hielt in den seinigen bitteres Wasser, das er zu der Verfluchung brauchte: „Wenn kein Mann bei dir geschlafen hat, sprach er, und wenn du dich nicht verunreinigt und beschmutzt hast, solange du in der Gewalt deines Mannes bist, soll dieser bittere Trank dir nicht schaden; wenn du aber, solange du in deines Mannes Gewalt bist, dich beschmutzt und verunreinigt hast, und ein anderer als dein Gatte bei dir geschlafen hat, so überliefere dich der Ewige dem Fluche, dem du dich durch deinen Eid unterworfen hast, und dieses Wasser da, das die Verwünschung in sich einschliesst, soll, wenn es in deine Eingeweide tritt, deinen Leib platzen und deine Schenkel brechen lassen.“ Das Weib antwortete mit Amen und trank den bittern Trunk, während der Priester den Kuchen sich reichen liess und ihn auf dem Altare darbrachte. Wenn das Weib später ihren Leib schwellen und ihre Schenkel verdorren sah, so war sie des Ehebruches überführt und wurde ehrlos in den Augen Israels. Ihr Gatte hingegen, den alle Welt als makelloses Opfer beklagte, sah sich gerechtfertigt, wenn auch nicht geheilt. Denn obwohl er keinen bitteren Trank in Gegenwart des Priesters zu trinken brauchte, hatte er doch den grösseren Teil der ekelhaftesten Krankheiten und schrecklichen Unfälle zu ertragen, die der Fluch auf sein sündiges Weib häufte. Wenn diese aber ihre Unschuld durch den günstigen Zustand ihres Leibes und ihrer strotzenden

Schenkel dargethan hatte, brauchte sie nicht mehr die Vorwürfe ihres Gatten zu fürchten, und sie konnte Mutter werden.

Wie man sieht, beschäftigte sich Moses nicht allein damit, die Israeliten sittlich besser zu machen, sondern er war auch bemüht, die Keime ihrer gefährlichsten Krankheiten zu ersticken, und er vertraute seine Satzungen der öffentlichen Gesundheitspflege der Priesterschaft des Tempels des Herrn an. Allein die Israeliten nahmen bei ihrem engen Verkehre mit den fremden Nachbarstämmen, den Moabitern, Ammonitern, Chanaanitern und all diesen mehr oder minder verdorbenen und heidnischen Völkern, den Geschmack, die Gebräuche und die Laster ihrer Gäste oder Verbündeten in sich auf. Nun aber blühte die tollste Prostitution bei den unkeuschen Nachkommen Loths und seiner Töchter. Die heilige Prostitution hatte überhaupt ihre zügellose Herrschaft in dem Kulte der Heidengötter ausgebreitet, welche die Einwohner dieses Landes mit einem geradezu verzweifelten Wahnsinne anbeteten. Moloch und Baal-Phegor waren die schrecklichen Götzen dieser Prostitution, die das jüdische Volk einzuführen sich beeilte. Man hatte gut gegen die Hurer wüten, ihr Beispiel wurde nichtsdestoweniger von denen nachgeahmt, die sich zu den Lüsten des Fleisches hinreissen liessen. Auf diese Art blieben eine Menge unzüchtiger, abergläubischer Gebräuche in den Sitten der Hebräer, obgleich die Tempel des Baal und des Moloch zerstört worden waren und keine unsittlichen Opfer mehr empfingen. Moses hat im Kapitel zwanzig des Levitikus und im Kapitel drei und zwanzig des Deuteronomium ein Schandmal diesem abscheulischen Kultus und den Abtrünnigen, welche ihn zur Schmach des wahren Gottes trieben, aufgedrückt: „Wer von den Kindern Israels oder von den Fremden, die in Israel wohnen, seines Samens dem Bilde des Moloch opfert, der soll mit dem Tode bestraft werden, das Volk soll ihn steinigen.“ So spricht der Ewige zu Moses, indem er ihm befiehlt, diejenigen, die mit Moloch Hurerei getrieben haben, aus der Mitte Iraels auszurotten. Im Deuteronomium ist es Moses allein, der ein Verdammungsurteil ausspricht, ohne jedesmal eine bestimmte Strafe für die einzelnen Unkeuschheiten anzusetzen, die sich mehr auf Baal als auf Moloch beziehen: „Du sollst im Tempel des Herrn nicht den Erwerb der Hurerei und kein Hundsgeld darbringen, welches Gelübde du auch gemacht habest, denn diese beiden Dinge sind ein Greuel vor Gott, deinem Herrn.“

Die Weisen haben sich viel Kopfzerbrechen darüber gemacht zu entdecken, wer die beiden Moabiter Moloch und Baal-Phegor gewesen sind; sie haben aus dem Talmud und dessen jüdischen Komentaren die wunderlichsten Einzelheiten über diese Beiden und den ihnen geweihten Kult geschöpft. Also Moloch wurde als ein Mann mit einem Stierkopfe dargestellt, der mit ausgebreiteten Armen darauf wartete, dass man ihm ein Opfer darbrachte, Getreidekörner, Turteltauben, Lämmer, Hammel, Kälber, Stiere und Kinder. Diese sieben verschiedenen Opfergaben fanden ihren

Platz in den sieben Höhlungen, die sich mitten in dem Leibe dieses gefrässigen Erzgottes befanden. Er war auf einen gewaltigen Ofen aufgestellt, den man anbrannte, um ihn auf diese Art mit einem Male die sieben verschiedenen Opfer verzehren zu lassen. Während dieses Sühnopfers machten die Priester des Moloch einen Höllenlärm mit Becken und Trommeln um das Geschrei der Opfer zu übertäuben Wenn nun diese Schandthat stattfand, die der Gott Israels verfluchte, überliessen sich die Molochdiener Dingen, die des Vaterlandes des Onan würdig waren, und begeistert durch das taktmässige Getöse ihrer Musikinstrumente schwankten sie um das glühende Bild herum, das rot durch den Dampf durchleuchtete. Sie stiessen wahnsinnige Schreie aus und gaben, um mit der Bibel zu sprechen, ihre Nachkommenschaft dem Moloch hin. Dieser Greuel nistete sich gleichfalls in Israel ein, welchen einige unsinnige Thoren in den Kult des Gottes der Juden einzuführen wagten, nnd so sein Heiligtum besudelten. Der Zorn des Moses war daher ein gerechter, und er wiederholte folgende Worte des Ewigen: „Ich will mein Gesicht wenden gegen die, welche mit Moloch buhlen, und ich will sie ausrotten aus der Mitte meines Volkes.“ Dieser Moloch oder Molec war niemand anders als die Melitta der Babylonier, die Astarte der Sidonier, die griechische Venus, die vergötterte Weiblichkeit. Daher die Opfergaben, welche man ihm darbringt: Getreidekörner, um die Keime des Lebens anzudeuten; Turteltauben, um die Zärtlichkeit der Liebe zum Ausdruck zu bringen; Lämmer, als Bilder der Fruchtbarkeit; Widder, um die Unbändigkeit der Sinne darzustellen; Kälber, um den Reichtum der nährenden Natur wiederzugeben; Stiere, als Sinnbilder der schöpferischen Kraft; und endlich Kinder, um den Zweck des wahren Kultus der Göttin zu zeigen. Es ist leicht einzusehen, dass die treuen Molochanbeter in schändlichster Uebertreibung des religiösen Eifers, wenn sie ihm keine Kinder anbieten konnten, ihm einen unkeuschen Ersatz für dieses grausame Opfer brachten. Doch scheint es, dass der Kult dieses unsauberen Moloch weniger Beliebtheit bei den Juden hatte als der des Baal-Phegor

Baal-Phegor oder Bel-Phegor war der Hauptgott der Midianiter. Er wurde von den Hebräern mit einer Leidenschaft aufgenommen, die hinreichend für die Unsauberkeit seiner Mysterien zeugt. Dieser Schandgott hielt oft dem Gotte Abrahams und Jakobs das Gleichgewicht. Sein abscheulicher Kult, begleitet von den fürchterlichsten Ausschweifungen, wurde niemals völlig im jüdischen Volke ausgerottet, das ihn verstohlener Weise in den Wäldern und Bergen ausübte. Dieser Kult war ohne Frage der des Adonis oder des Priap. Bildnisse, die den Gott darstellen, fehlen uns leider vollständig. Kaum dass einige jüdische Schriftsteller sich erkühnen die Ueberlieferungen über Baal, seine Bilder und seine Verehrung mitzuteilen. Wir müssen uns darauf beschränken, durch einen verhüllenden Schleier die schändlichen Bilder anzusehen, die Selden, der Abbé Mignot und Dulaure mit gelehrter Hand darzustellen unternommen haben. Nach Selden.

der sich auf die Gewährschaft des Origines und des heiligen Hieronymus beruft, war Belphegor bald dargestellt als ein riesiger Phallus, in der Bibel species turpitudinis genannt, bald als Bildsäule mit über dem Kop aufgehobener Kleidung, als ob sie ihre Schamgegend zur Schau stellen wollte (ut turpitudinem membri virilis ostenderet); nach Mignot war die Baalstatue ein ungeheuerer Zwitter; nach Dulaure endlich war sie nur bemerkenswert durch die Attribute des Priap. Aber alle diese Gelehrten, die sich auf die heiligen Schriften und die Erläuterungen der Kirchenväter stützten, sind einig in Bezug auf die heilige Prostitution, welche den Hauptbestandteil dieses scheusslichen Kultus bildete. Die Priester des Gottes waren schöne, junge Leute, ohne Bart, welche ihren Körper enthaarten und mit wohlriechenden Oelen einrieben. Sie trieben einen gemeinen Handel mit ihrer Unkeuschheit im Heiligtum des Baal. Die Vulgata nennt sie effoeminati; der hebräische Text bezeichnet mit Kedechim, das ist soviel wie „Geweihte." Bisweilen waren diese Geweihten nur Mietlinge, welche dem Tempeldienste beigegeben waren. Die gewöhnliche Beschäftigung bestand in mehr oder weniger thätiger Ausübung ihrer verrufenen Mysterien; sie verkauften sich den Verehrern ihres Gottes und legten auf seinen Altären den Lohn ihrer Preisgebung nieder. Noch nicht genug damit, sie hatten auch Hunde, die zu demselben Schandzweck dressiert waren, und den Ertrag, den sie aus dem Verkaufe oder der Vermietung dieser Tiere zogen, verwendeten sie gleichfalls als Tempeleinkommen. Bei gewissen Feierlichkeiten endlich, welche Nachts, wenn die Sterne ihr Antlitz zu verhüllen und vor Entsetzen zu verbergen schienen, im Schatten der heiligen Haine begangen wurden, griffen sich Priester und Geweihte mit Messerstichen an, bedeckten sich mit Hautrissen und Schnittwunden und fielen endlich, erhitzt durch den Wein und berauscht von den Klängen ihrer Musikinstrumente, allmählig in ein Meer von Blut.

Aus diesem Grunde also wollte Moses keine Haine bei den Tempeln dulden; aus diesem Grunde verbietet er, indem er selbst über die Schändlichkeiten errötet, denen er den Fluch des Himmels androht, im Hause des Herrn den Erwerb der Preisgebung und das Hundsgeld darzubringen. Die effoeminati bilden eine Sekte mit festen Gebräuchen und Einweihungsfeierlichkeiten. Diese Sekte vermehrte sich beständig im Geheimen, so grosse Anstrengung der Gesetzgeber auch machte sie zu vernichten. Sie überlebte den Untergang ihrer Bilder und drang sogar bis in den Tempel des Herrn ein. Die Enstehung dieser effoeminati ist sicher auf die grosse Verbreitung der verschiedenen Geschlechtskrankheiten zurückzuführen, welche das Blut der Weiber verdarben, und deren Berührung sehr gefährlich machten, bevor Moses sein Volk gereinigt hatte, indem er alle ausstiess und der Verdammnis weihte, die von jenen unkeuschen Leiden befallen waren: Aussatz, Krätze, Blutfluss und allen andern Flussarten. Als die öffentliche Gesundheit sich etwas erholt hatte, begnügten sich die Juden, die sich dem Baaldienste hingaben, nicht mehr mit diesen Effoeminaten; und als diese sahen, dass sie weniger gesucht wurden, kamen sie auf den Gedanken, um eine Minderung ihrer Kulteinnahmen zu verhüten, dem Baal in gleicher Weise eine Weibergemeinschaft zu weihen, welche sich zu seinen Gunsten preisgeben musste. Diese Weiber, welche in der Bibel gleich ihnen Kedeschoth genannt werden, hielten sich mit ihnen unter den Eingängen und im Innern der Tempel auf, sondern sie wohnten unter bunten Zelten an der Strasse, welche zum Tempel führte, sie bereiteten sich auf ihre Preisgebung vor, indem sie Weihrauch verbrannten oder Liebestränke verkauften oder musizierten. Dies waren die „fremden Weiber," die ihr Handwerk auf eigene Rechnung betrieben, als der Baaltempel nicht mehr bestand um ihre Gaben in Empfang nehmen zu können. Sie waren es, welche von ihrer Kindheit an zu ihrem schimpflichen Priesteramt erzogen wurden und ausschliesslich der jüdischen Prostitution dienten.

Die heilige Prostitution beginnt also bei den Juden zur Zeit des Moses, welcher sie nicht abzuschaffen vermochte und taucht hie und da in den heiligen Büchern bis zur Zeit der Makkabäer auf. Als das Volk Israel zu Sittim im Lande der Moabiter, also fast im Angesichte des gelobten Landes, lagerte, gab es sich der Unzucht mit den Töchter Moabs hin (Numeri Kapitel 25), die es zu ihren Opfern einluden; es wurde in den Baal-Phegordienst eingeweiht. Der Ewige rief Moses und befahl ihm alle diejenigen, welche dem Baal Phegor geopfert hatten, zu hängen. Eine schreckliche Krankheit, welche von den Ausschweifungen der Israeliten ihren Ursprung hatte, decimierte sie, und 24000 waren bereits an dieser Krankheit gestorben. Moses versammelte die Richter Israels um sie aufzufordern, das Volk von den Schuldigen zu säubern, welche diese Geisel Gottes getroffen hatte: „Und siehe ein Mann aus den Kindern Isreals, mit Namen Zambri, liess sich in Gegenwart seiner Brüder mit einer Dirne des Landes Midian ein, vor den Augen Moses und der ganzen Versammlung der Richter, welche vor den Thüren der Stiftshütte weinten. Als Phineas, der Enkel Aarons, diese Schandthat sah, erhob er sich, ergriff einen Speer, trat hinter Zambri in die Kammer der Unzucht und durchstach beide mit einem Stosse, den Mann und das Weib, in der Gegend der Geschlechtsteile." Diese rasche Justiz liess das Uebel weichen, welches Israel verheerte, und besänftigte den Zorn Gottes. Aber das sittliche Uebel hatte tiefere Wurzeln als das physische geschlagen, und die Schändlichkeiten, des Baal-Phegordienstes erschienen oft wieder inmitten des Volkes Gottes. Sie wurden nie frecher als unter den Königen von Juda. Während der Regierung des Rehabeam 980 v Chr., „liessen die effoeminati sich im Lande nieder und trieben alle die Greuel der Heiden, welche der Herr von den Kindern Israels ausgetrieben hatte." Asa, einer der Nachfolger Rehabeams, vertilgte die Hurer (effoeminati) und reinigte sein Land von den Götzenbildern, welche es verunreinigten. Er vertrieb sogar seine eigene Mutter, Maacha, welche den Mysterien des Priap (in sacris Priapi) vorstand, und zerstörte den Tempel, welchen sie diesem Gotte errichtet hatte, von Grund aus, dessen schändliche Statue (simulacrum turpissimum) er in Trümmer schlug. Josaphat, welcher nach ihm regierte, vernichtete den Rest der Hurer, die sich noch den energischen Verfolgungen seines Vaters Asa hatten entziehen können. Indes schoben die Baalspfaffen ihre Rückkehr nicht lange hinaus, und die Baaltempel erhoben sich von neuem; seine Bilder beleidigten von neuem das öffentliche Schamgefühl, denn noch zwei Jahrhunderte später führte der König Josia einen unversöhnlichen Krieg wider die falschen Götter und ihren Kult, welcher sich in Jerusalem dem Dienste des Herren beigesellt hatte. Die Tempel wurden zerstört, die Bildsäulen zur Erde gestürzt, die Unzuchtshaine ausgerottet und verbrannt. Josias liess auch die Hurenzelte nicht stehen, welche diese Schandbuben sogar im Innern des Tempels Salomos ausgebreitet hatten, und die, von den Händen der dem Baal geweihten Weiber verfertigt, der fremden Prostitution als Unterschlupf dienten.

Ein alter jüdischer Erklärer der Bücher Mosis fügt viele Sittenzüge, die ihm die Ueberlieferung gab, dem 25. Kapitel der Numeri zu, in welchem die Ausschweifungen der Israeliten mit den Töchtern der Moabiter erwähnt werden. Diese Mädchen hatten Zelte errichtet und Buden (officinæ) eröffnet von Bet-Aiximot bis Ar-Ascalez. Daselbst verkauften sie alle Arten Schmuckgegenstände, und die Hebräer schmausten und zehrten mitten in diesem Hurenmarkte. Wenn nun einer von ihnen um Luft zu schöpfen umherging, so rief ihn eine Dirne ins Innere des Zeltes, in welchem sie sich niedergelassen hatte: „Komm und kaufe mir etwas ab!" Und er kaufte. Am nächsten Tage kaufte er wiederum, und am dritten Tage sprach sie zu ihm: „Tritt ein, mein Auserwählter! Du bist hier Herr." Alsdann trat er ein in ihr Zelt und fand daselbst einen Krug ammonitischen Weines, der auf ihn wartete: „Ist es dir gefällig, diesen Wein zu trinken?" sprach sie zu ihm. Und er trank, und der Wein entzündete seine Sinne, und er sprach zu der schönen Tochter Moabs: „Küsse mich!" Sie sprach, während sie aus ihrem Busen ein Bild des Phegor (ohne Zweifel einen Phallus) zog: „Mein Gebieter, wenn du willst, dass ich dich küsse, so bete meinen Gott an." — „Was!" schrie er, „wie kann ich diese Götzendienerei auf mich nehmen?" — „Was thuts?" sprach die Zauberin, „es genügt, dass du dich vor diesem Bilde entblössest." Der Israelite hütete sich wohl, einen solchen Handel zurückzuweisen, er entblösste sich, und die Moabiterin hatte den ersten Schritt gethan, ihn in den Kult des Baal-Phegor einzuweihen. Es genügte also, um Baal als wahren Gott anzuerkennen und ihn anzubeten, dass man sein Haupt vor ihm entblösste. Daher behielten auch die Juden, aus Furcht in seiner Gegenwart mit blossem Haupte zu erscheinen, ihre Kappen im Tempel und vor dem Allerheiligsten auf. Diese Töchter Moabs waren vielleicht nicht so ganz unschuldig an den Plagen, welche Israel infolge des Götzendienstes trafen, den sie veranlasst hatten. Denn, als nach einem siegreichen Feldzuge, welchen Moses gegen die Midianiter unternommen hatte, alle Männer mit der Schärfe des Schwertes getroffen worden waren, liess er auch einen Teil der Weiber, die in Gefangenschaft geraten waren, töten: „Diese sind es,“ sprach er zu den Feldherren, „sie allein sind es, welche auf Beleams Rat die Kinder Israel abwendig gemacht und euch zur Sünde wider den Herrn geführt haben, indem sie euch das Bild des Phegor zeigten.“ Er liess also schonungslos alle Weiber töten, die ihre Jungfräulichkeit verloren hatten. (mulieres quæ noverunt viros in coitu.)

Moses beschäftigt sich an zwanzig Stellen seiner Bücher sehr eingehend mit der Jungfräulichkeit der Mädchen. Diese war eine unerlässliche Mitgift, welche das jüdische Weib ihrem Gatten zubringen musste, und man darf wohl glauben, dass die Juden, so gering auch sonst ihre Kenntnisse von medizinischen Dingen waren, bestimmte Mittel, die Jungfräulichkeit nachzuweisen, kannten, Mittel, die angaben, dass sie bestand, und solche, die angaben, dass sie bestanden hatte. Wenn nun ein Mann (Deuteronomium Kapitel 28), nachdem er sein Weib geheiratet hat, sie anklagte, sie sei nicht als Jungfrau in das Ehebett gestiegen, dann traten der Vater und die Mutter der Angeklagten vor die Aeltesten, welche ihren Sitz unter den Thoren der Stadt hatten, und zeigten die Zeichen der Jungfrauschaft ihrer Tochter, indem sie das Hemd ausbreiteten, welches sie in der Brautnacht getragen hatte. In diesem Falle legte man dem Gatten Schweigen auf, und er konnte nichts mehr gegen eine so gut beglaubigte Jungfräulichkeit vorbringen. Im andern Falle aber, wenn das arme Weib keine derartigen Beweise darbringen konnte, lief sie Gefahr, als überführt angesehen zu werden, dass sie ihre Pflicht verletzt habe, und alsdann verurteilt zu werden, weil sie im Hause ihres Vaters gehurt habe. Man führte sie vor dieses Haus und tötete sie durch Steinwürfe. Moses hatte, wie fast alle Gesetzgeber, die Todesstrafe auf den Ehebruch gesetzt. Die Notzucht nun wurde ebenfalls, wenn sie mit einem verlobten Mädchen begangen worden war, mit dem Tode bestraft, und das Weib wurde mit dem Manne, der sie beschimpft hatte, getötet, ausser wenn das Verbrechen im freien Felde begangen worden war. Im andern Falle wurde angenommen, diese Unglückliche habe gar nicht oder doch nicht laut genug um Hülfe geschrieen. Wenn das Mädchen den Verlobungsring noch nicht empfangen hatte, so wurde der Schänder ihr Gatte, weil er sie erniedrigt hatte, (quia humilavit illam), jedoch mit der Bestimmung, dem Vater seines Opfers fünfzig Silberlinge zu zahlen; dies nannte man den Preis der Jungfrauschaft. Moses, der viel nachsichtiger gegen die Männer als gegen die Weiber war, schrieb diesen eine so strenge Keuschheit vor, dass ein verheiratetes Weib, die ihren Gatten im Streite mit einem andern Manne sah, ihm nicht zu Hilfe kommen konnte, ohne befürchten zu müssen, ihre Hand zu verlieren, denn man schlug einem verheirateten Weibe die Hand ab, das zufällig oder aus sonst einem Grunde die Geschlechtsteile eines Mannes berührte; nun hatten aber die Juden die Gewohnheit, bei ihren Streitereien sehr oft zu dieser fürchterlichen Angriffsart ihre Zuflucht zu nehmen, welche zu nichts geringerem führte, als die jüdische Rasse zu entmannen. Um nun diese gefährlichen Kämpfe zu verhindern, schloss Moses alle Entmannten vom Besuche des Tempels aus; gleich auf welche Weise sie entmannt worden waren (attritis vel amputatis testiculis et abscisso veretro, Deuteronomium Kapitel 23). Aber alle diese strengen Vorschriften des Gesetzes fanden nur bei den jüdischen Weibern Anwendung, die fremden Weiber hingegen, was sie auch in oder mit Israel trieben, wurden nicht im geringsten beunruhigt, und Moses selbst wusste den Wert dieser Fremden so wohl zu schätzen, dass er, obgleich älter als hundert Jahre, eine als Weib oder vielmehr als Beischläferin nahm. Es war dies eine Aethiopierin, welche nicht den Gott der Juden anbetete, darum aber dem Moses nicht weniger gefiel. Maria, die Schwester dieses Lieblings Gottes, hatte allen Grund, ihre üble Nachrede über diese Aethiopierin zu bereuen: denn Moses betrübte und der Herr erzürnte sich darüber: Maria wurde aussätzig, weiss wie Schnee, darum, dass sie Uebles gesprochen hatte von der schwarzen Beischläferin des Moses. Er, der selbst nicht immer mit dem besten Beispiele voranging, hätte keinen sonderlichen Erfolg damit gehabt, wenn er den Juden eine Enthaltsamkeit auferlegte, die zu halten ihm selbst zu schwer schien. Er befahl ihnen daher nur Mässigkeit in den sinnlichen Genüssen und Keuschheit im öffentlichen Handeln. Es war also nach seinem Gesetze die Liebe eine Art Geheimdienst, die nur mit bestimmten Beschränkungen der Zeit, des Ortes und der Sittlichkeit verrichtet werden durfte. Ausserdem mussten noch viele Vorsichtsmassregeln im Interesse des öffentlichen Wohles beobachtet werden: die jüdischen Weiber waren erblichen Krankheiten unterworfen, welche der übermässige Geschlechtsgenuss verschlimmern und vermehren konnte; die Familien hatten, indem sie sogenannte Inzucht trieben, ihr Blut verschlechtert und verdorben. Da die Unmässigkeit der Hauptfehler der Juden war, befahl der Gesetzgeber, ihnen nur, da er sie doch nicht völlig keusch und tugendhaft machen konnte, sich in ihren Begierden und Genüssen zu mässigen: „Es sollen die Kinder Israels, spricht der Herr zu Moses, Purpurstreifen am Saume ihrer Mäntel tragen, damit der Anblick dieser Streifen sie an die Befehle des Herrn erinnere und ihre Augen und Sinne von der Hurerei abwende." (Numeri Kapitel 15.).

Die Ausländerinnen oder Freudenmädchen waren in Israel nicht so verschrieen, dass ihre Söhne nicht Aemter und Würden im Volke des Herren hätten erlangen können: so wurde der tapfere Jephta von einer Hure zu Galaad geboren, und nichts destoweniger war er einer der angesehensten Kriegsführer der Israeliten. Ein Erklärer der heiligen Schrift hat die Behauptung aufgestellt, dass Jephta zur Sühne für die Feilheit seiner Mutter die Jungfräulichkeit seiner einzigen Tochter dem Herrn geweiht habe. Man kann schwerlich glauben, dass Jephta seine Tochter in seiner wahren Bedeutung geopfert haben soll, und man muss ohne Zweifel in diesem menschlichen Sühnopfer nur ein hinlänglich verständliches Sinnbild erblicken: die Tochter Jephtas beweint mit ihren Gefährtinnen zwei Monate lang ihre Jungfrauschaft, bevor sie das Witwenkleid anlegt und sich dem Dienste des Herrn weiht. Ein anderer Erklärer, welcher sein Augenmerk mehr auf die Altertumsforschung richtet, sieht in dieser Zurückziehung der Tochter in das Gebirge eine Einweihung in den Kult des Baal-Phegor, der seine Tempel, seine Statuen und seine heiligen Haine auf hoch gelegenen Orten hatte, wie ja die Bibel oft sagt. Jephta hatte seine Tochter der Prostitution geweiht, das ist mit andern Worten dem Handwerk, welches seine Mutter getrieben hatte. Endlich bezeugen die Bücher Josua und der Richter, dass man keine so unversöhnliche Abneigung gegen die Prostitution hatte. Als Josua zwei Spione nach Jericho schickte, kamen diese nachts in das Haus eines Freudenmädchens, Namens Rahab, und „schliefen daselbst", sagt die Bibel. Diese Frau wohnte an der Mauer der Stadt wie alle Frauen ihrer Zunft, die nicht im Innern der Städte wohnen durften. Man kommt im Auftrage des Königs von Jericho um sich dieser Spione zu bemächtigen, allein Rahab verbirgt sie auf dem Dache ihres Hauses und hilft ihnen schliesslich, als sie die Stadt mittels eines Taues verlassen. Diese Spione versprachen ihr für sich und alle, welche bei der Einnahme Jerichos unter ihrem Dache weilen würden, Gut und Leben. Josua nimmt keinen Anstand, dieses Versprechen, welches seine Spione der Hure gegeben haben, zu halten, die bei dem folgenden Blutbade geschont wurde, ebenso wie ihr Vater, ihre Mutter, ihre Geschwister und alle, die ihr zugehörten. „Sie hat inmitten der Kinder Israel gewohnt bis an den heutigen Tag," sagt der Verfasser des Buches Josua, welcher allem Anschein nach keinen Anstoss an dem Aufenthalt eines Freudenmädchens in Israel fand. Sie war wahrlich nicht die einzige, und die heilige Schrift hat oft Gelegenheit von diesen Geschöpfen zu sprechen.

Wir wollen uns nicht bei der Geburt Samsons aufhalten, in welcher man einige Spuren heiliger Prostitution finden könnte, wir wollen nicht ausführlich erzählen, wie seine Mutter unfruchtbar war, und wie ein Mann Gottes, mit einem Angesicht gleich dem eines Engels, zu dieser unfruchtbaren Frau kam, um ihr anzukündigen, dass sie einen Sohn gebären würde; wir wollen nur zeigen, dass Samson, dieser Erwählte Gottes, in die Stadt Gaza ging, daselbst eine Hure sah und bei ihr eintrat. Dennoch liess ihn der Herr nicht im Stiche, denn mitten in der Nacht erhob sich Samson mit solchen Kräften ausgerüstet, als wenn er ruhig geschlafen hätte, und riss die Thore von Gaza ein und trug die Thorflügel auf den Gipfel des Berges. Darauf liebte er ein Weib mit Namen Delila, die in einem Zelte am Bache Cidron wohnte. Es hielt sich daselbst noch eine Hure auf, und der Verrat derselben, welchen die Philister für Geld erkauft hatten, beweist, das sie keinen Grund hatte, mit der Freigebigkeit ihres Geliebten zufrieden zu sein. Der Herr tadelte den Gebrauch nicht, den Samson von seiner Stärke machte, aber er verliess ihn von dem Augenblicke an, wo das Scheermesser das Haupt dieses Nazareners seines Schmuckes beraubt hatte. Auch Delila verliess ihn und ruhte nicht mehr an seiner Brust. Die Juden durften damals Konkubinen in ihren Häusern halten, ohne den Zorn des Gottes ihres Erzvaters Abraham, der ja auch die seinige gehabt hatte, zu erregen. Auch Gideon hatte ein Kebsweib, welche ihm einen Sohn gebar, ausser den siebenzig Söhnen, die ihm seine Weiber geboren hatten. Wir kommen nun zu dem Leviten von Ephraim, der ein Kebsweib im Lande Bethlehem genommen hatte, die hatte gehurt mit ihm, wie die protestantische Bibelübersetzung lautet, und sie verliess ihn um zurückzukehren zu ihrem Vater. Da geschah es zu ihrem Unglücke, dass dieser Levit sich aufmachte sie zu suchen: bei seiner Rückkehr machte er Gebrauch von der Gastfreundschaft, welche ihm ein guter Greis der Stadt Gibea anbot, und trat mit seinen beiden Eseln, seiner Kebse und seinen Dienern in das Haus dieses Alten ein, um daselbst die Nacht zuzubringen. Die Reisenden wuschen ihre Füsse, assen und tranken; aber als sie sich schlafen legen wollten, umringten die Einwohner Gibeas — diese waren Kinder Jemini (Jebusiter) aus dem Stamme Benjamin — das Haus, klopften an die Thüre und riefen dem Wirte zu: „Führe uns den Mann heraus, der bei dir eingekehrt ist, damit wir ihn benützen (ut abutamur eo.)" Der Alte ging zu dieser Rotte Kinder Belials und sagte ihnen: „Brüder, begeht keine solche hässliche That, dieser Mann ist mein Gast, und ich muss ihn schützen. Ich habe aber eine jungfräuliche Tochter, und dieser Mann hat ein Kebsweib; ich will euch diese beiden Weiber ausliefern, und ihr mögt mit ihnen euren Willen treiben, aber ich bitte euch, befleckt euch nicht durch solch ein unnatürliches Verbrechen, indem ihr diesen Mann missbraucht." Die Rasenden wollten auf nichts hören; endlich führte der Levite seine Kebse heraus und übergab sie den Benjamiten, welche dieselbe die ganze Nacht hindurch missbrauchten. Am folgenden Morgen liessen sie sie laufen, und diese Unglückliche, erschöpft wie sie durch diese unmenschliche Misshandlung war, konnte sich nur mit Mühe bis zu dem Hause schleppen, in dem ihr Geliebter schlief; sie fiel tot, mit auf der Schwelle ausgebreiteten Armen nieder. In diesem traurigen Zustande fand sie der Levite, als er sich am andern Morgen auf den Weg machen wollte. Obgleich er sie in gewisser Beziehung selbst preisgegeben hatte, verlangte er doch glühend sie zu rächen. Israel ergriff Partei für diese Konkubine und rüstete sich gegen die Benjamiten, welche fast gänzlich ausgerottet wurden. Was von dem schuldigen Stamme übrig geblieben war, würde keinen Nachwuchs gehabt haben, wenn nicht die andern Stämme, welche geschworen hatten, keine ihrer Töchter diesen Kindern Belials zu geben, auf den Gedanken gekommen wären, die Töchter von Jabes und Gilead zu Gefangenen zu machen und die Töchter von Silo in Kanaan aufzugreifen, um das Land wieder zu bevölkern, welches dieser entsetzliche Vernichtungskrieg in eine Einöde verwandelt hatte. Die Benjamiten heirateten also Fremde und Götzendienerinnen.

Diese Fremden zögerten ohne Zweifel keinen Augenblick, den Kult des Moloch und Baal-Phegor in Israel wiederherzustellen, wie es viel später die Konkubinen des Königs Salomo gleichfalls thaten. Unter diesem Könige, der tausend Jahre v. Chr. regierte und das Volk der Juden auf die höchste Stufe seiner Macht erhob, wurde die Sittenfreiheit bis an die äusserste Grenze gebracht. Der König David hatte sich in seinen Greisenjahren damit begnügt, ein junges, jungfräuliches Mädchen zu sich zu nehmen, welches für ihn sorgen und ihn nachts in seinem Bette erwärmen musste. Trotz dieser unschuldigen Anwandlung eines alterserstarrten Greises zog sich dennoch der Herr nicht von ihm zurück, und suchte ihn noch oftmals heim. Salomo aber liess sich nach einer rühmlichen und herrlichen Regierungszeit, durch das Feuer seiner fleischlichen Begierden fortreissen; er liebte ausser der Tochter des Pharao von Aegypten, welche er zum Weibe genommen hatte, allerlei fremde Weiber, Moabiterinnen, Ammoniterinnen, Idumäerinnen, Sidonierinnen und andere, welche ihm der Gott Israels als gefährliche Sirenen zu fliehen befohlen hatte. Aber Salomo überliess sich wie wahnsinnig seinen Ausschweifungen (His itaque copulatus est ardentissimo amore.) Er hatte siebenhundert Weiber und dreihundert Kebsweiber, welche sein Herz vom wahren Gotte abwendeten. Er betete also zu Astarte, der Göttin von Sidon, zu Kamor, dem Gotte der Moabiter, und zu Moloch, dem Gotte der Ammoniter. Er errichtete diesen Götzen Tempel und Bildsäulen auf den Jerusalem gegenüberliegenden Höhen: er streute ihnen Weihrauch und brachte ihnen gottlose Opfer dar. Diese, der Venus, dem Adonis und dem Priap unter dem Namen Astarte, Kamor und Moloch dargebrachten Opfer besorgten als Priesterinnen die Weiber und Konkubinen Salomos. Es gab in der That unter der Regierung dieses prachtliebenden und weisen Königs eine solche Menge fremder Weiber, welche inmitten Israels von ihrer Unzucht lebten, dass auch die beiden Heldinnen, die in dem berühmten Richterspruch des Salomo auftraten, Dirnen waren. Die Bibel lässt diese beiden Weiber von schlechtem Lebenswandel (meretrices) vor dem Throne des Königs erscheinen, der zwischen ihnen entscheidet und ihren Streit schlichtet, ohne ihnen die geringste Verachtung zu bezeugen.

In dieser Zeit also hatte die Prostitution bei den Juden ein gesetzlich anerkanntes und geschütztes Bestehen. Die fremdem Weiber, welche sozusagen das Monopol der Ausübung der Unzucht hatten, hatten sich selbst in das Innere der Städte eingeschlichen, und sie übten darin ihr schimpfliches Gewerbe öffentlich und frech, ohne irgend eine körperliche- oder Geld-Strafe befürchten zu müssen. Zwei Kapitel der Sprüche Salomonis, das fünfte und das siebente, geben ungefähr ein Bild, auf welche Art sie in dieser Zeit die Prostitution betrieben. Man könnte gewisse Stellen des fünften Kapitels anführen, aus denen hervorgeht, dass auch diese Fremden nicht von den schrecklichen Krankheiten, welche von den Ausschweifungen herstammten, verschont geblieben sind, und dass sie diese oft den Wüstlingen mitteilten, welche daran zu Grunde gingen. (quando consumpseris carnes tuas) „Der Honig tropft von den Lippen einer Hure," sagt Salomo, „und ihr Mund ist glätter als Oel; aber sie lässt Wunden, bitterer als Wermut, und schärfer als das zweischneidige Schwert . . .! Wende dich ab von ihrer Stimme und, nahe dich nicht der Schwelle ihres Hauses, aus Furcht deine Ehre einem Feinde zu überliefern und den Rest deiner Tage einem schlimmen Uebel, dass du nicht erschöpfest deine Kräfte zu Gunsten einer Hure, und nicht bereicherst ihr Haus mit deinem Vermögen." Im siebenten Kapitel sieht man eine Unzuchtsscene, welche sich in ihren Einzelheiten wenig von denen unterscheidet, die sich in unseren Tagen unter dem wachsamen Auge der Polizei abspielen. Es ist dies sicher eine Scene, welche Salomo von einem Fenster seines Palastes mit angesehen hat, und die er nach der Natur mit der Feder eines Dichters und Philosophen gemalt hat: „Von einem Fenster meines Hauses," sagt er, „habe ich durch die Gitter gesehen, und ich sah die Menschen, die mir sehr klein erschienen. Und ich sah einen unverständigen Jüngling, der ging daher auf der Gasse, und er näherte sich dem Hause an der Ecke als der Tag zur Neige ging, in der Dämmerung der Nacht, und als es dunkelte. Und siehe da, es begegnete ihm ein Weib, geschmückt, wie es die Huren sind, stets bereit, die Seelen zu fangen, lächelnd, unstät und so ruhelos, dass ihre Füsse nie in ihrem Hause bleiben können; jetzt ist sie an der Thür, jetzt auf der Strasse, jetzt an der Ecke der Strasse, wo sie ihre Schlingen aufstellt. Sie ergreift den jungen Menschen, sie küsst ihn, sie lächelt ihn an mit lockender Miene: „Ich habe Dankopfer den Göttern deinetwegen versprochen," sagt sie zu ihm, „heute wurden meine Gelübde erfüllt. Deshalb bin ich herausgegangen, dich zu treffen, voll Verlangen nach deinem Anblick, und ich habe dich gefunden. Ich habe mein Bett mit bunten Bändern geknüpft, ich habe es mit schönen ägyptischen Teppichen bedeckt, ich habe es geräuchert mit Myrrhe, Aloe und Zimmet. Komm, dass wir uns im Vergnügen berauschen, erfreuen wir uns an unseren glühenden Küssen bis der Morgen graut. Denn mein Mann (vir) ist nicht zu Hause, er ist weit fort auf die Reise gegangen und hat mit sich einen Sack Silber genommen, und er wird vor dem Vollmonde nicht zurückkehren." Und sie hat diesen jungen Menschen gefangen mit solchen Worten und mit der Verführung ihrer Lippen, und sie hat ihn schlieslich mit sich fortgeführt. Und er folgt ihr wie ein Stier, der zum Opferaltar geführt wird; wie ein Lamm, das da spielet, ohne zu ahnen, dass man es knebeln will, und es erst merkt, wenn der tötliche Stahl ihm sein Herz durchbohrt; wie der Vogel, der sich selbst ins Netz stürzet, ohne zu wissen, dass es an sein Leben geht. So höret denn auf mich, meine Kinder, und achtet auf die Worte meines Mundes: Lasst euer Herz nicht führen auf den Weg dieser Unreinen, und lasst euch nicht abbringen vom rechten Pfade auf ihre Bahnen, denn sie hat viel Menschen schwer verletzt und zu Grunde gerichtet, und die Stärksten sind gefallen durch sie.“ Salomo, der inmitten seiner Orgien mit seinen Beischläferinnen die Mysterien des Moloch und des Baal feierte, der grosse König Salomo hatte sicher seine eigenen Sprüche vergessen Nichtsdestoweniger bereute er seine Sünden und starb im Frieden mit dem Herrn.

Die Geissel der Prostitution blieb beständig, wie der Aussatz, an der jüdischen Nation haften, und zwar nicht allein die legale Prostitution, welche das mosaische Gesetz aus Rücksicht auf die Reinheit der häuslichen Sitten duldete, sondern auch die heilige Prostitution, welche mitten in Israel durch die Gegenwart so vieler ausländischer Weiber, die im Glauben an Moloch, Kamor und Baal-Phegor erzogen waren, aufrecht erhalten wurde. Die Propheten, welche der Herr unablässig erweckte, um sein Volk zu zügeln und zu bessern, fanden es immer mit Opfern zu den Göttern Moabs und Ammons auf den Höhen der Berge und im Schatten der heiligen Haine beschäftigt; die Luft hallte wider von den zügellosen Gesängen und sie erfüllte sich mit den Düften des Weihrauchs, welchen die Dirnen verbrannten. Es gab Unzuchtszelte an den Ecken aller Strassen und selbst an den Thoren des Tempels des Herrn. Das schändliche Schauspiel der Prostitution muss beständig die Augen der Propheten verletzt haben, denn ihre Weissagungen spiegeln aller Orten ihre unkeuschen Bilder wieder. Jesaja sagt zur Stadt Tyrus, die mit allen Völkern der Erde gebuhlt hatte: „Ergreife deine Zither, o Dirne, die du in Vergessenheit gekommen bist, tanze um die Stadt und singe und lass deine Saiten ertönen, damit man sich deiner wieder erinnere!“ Man sieht aus dieser Stelle, dass die fremden Weiber Musik machten, um ihre Handelsbereitschaft anzukündigen. Jeremias sagt zu Jerusalem, welches wie eine rossige Stute aus allen Teilen die Düfte sinnlicher Liebe ausdünstet: „Hure, du bist umhergeirrt auf allen Hügeln, und hast dich preisgegeben unter allen Bäumen!“ Jeremias zeigt uns unter den hässlichen Bildern jene unreinen Kinder Israels, welche sich mit Wollust im Hause einer Hure beschmutzten, und welche die Unterhändler der Prostitution wurden (Mœchati sunt et in domo meretricis luxuriabuntur; equi amatores et emissarii facti sunt.) Als die Juden in die babylonische Gefangenschaft geführt wurden, hatten sie keinen Grund, in Erstaunen zu geraten über die Unzucht und wollüstige Entartung, welche sie beim Kulte der Melitta zu sehen bekamen, da sie diese bereits unter dem Namen Moloch kannten. Jeremias zeigt ihnen mit heiligem Unwillen die Priester, welche mit der Prostitution Handel trieben, die Götter, welche sie beschirmten, das Opfergeld, mit dem die Dienste der Hure bezahlt wurden, und die Dirne, welche auf dem Altar das Hundertfache von dem opferte, was sie als Lohn für ihre Bereitwilligkeit empfangen hatte (Dant centum et ex ipso prostitutis, et meretrices ornant, et iterum, cum receperint illud a meretricibus, ornant duos mos.).

Von dieser Zeit an kann aber Israel auf dem Gebiete der Prostitution allen den Völkern als Lehrmeister dienen, welche es darin unterrichtet hatten, da es sie darin übertraf. Der Prophet Hesekiel giebt uns ein entsetzliches Gemälde von der Verworfenheit der Juden. In seinen fürchterlichen Weissagungen giebt es nur schlechte, für jedermann geöffnete Orte, an allen Wegen aufgespannte Hurenzelte, Häuser der Sünde und Unzucht; man hört nur von Dirnen, welche bekleidet in Seide und Spitzen, leuchtend von Schmuck und duftend von Wohlgerüchen einherstolzieren; man erblickt nur schändliche Hurenscenen. Die grosse Hure Jerusalem gab sich den Kindern Aegyptens hin wegen ihrer schönen Gestalt, und gab den Buhlern, welche ihr Genüge gethan hatten, Geschenke, anstatt von ihnen einen Lohn zu verlangen: „Und ich will dich in die Hände derer geben, mit denen du dich gemein gemacht hast,“ spricht zu ihr der Herr, „und sie sollen dein Bordell zerstören und sollen deinen Zufluchtsort vernichten; und sie sollen dich deiner Kleidung berauben, und dir nehmen deine goldenen und silbernen Gefässe, und sollen dich lassen nackt und mit Schande bedeckt!“ Jerusalem musste schon auf dem höchsten Grade der Verworfenheit angekommen sein, da ihm der Prophet mit dem Schicksal Sodoms drohte. Den meisten Kummer musste aber die Prostitution den Männern Gottes machen, welche beharrlich ihre Zuflucht unter dem Dache des Tempels Salomos suchte. Dieser Tempel war noch zur Zeit der Makkabäer, also ein und einhalb Jahrhundert v. Chr. der Handelsplatz der Dirnen, welche ihre Kunden daselbst suchten. (Templum luxuria et concessationibus gentium erat plenum et scortantium cum meretricibus.) Man darf wohl annehmen, dass sich der Zustand bis zu der Zeit nicht änderte, wo Jesus die Händler aus dem Tempel vertrieb, und obgleich sich die Evangelisten nicht über die Art des Handels äussern, von welchen Jesus das Haus des Herrn reinigte, sagt doch das Buch der Makkabäer, das hundert Jahre früher geschrieben wurde, deutlich genug, welcher Art er sein konnte. An einer andern Stelle, im Markusevangelium, wird von Taubenhändlern gesprochen, und es ist bestimmt, dass diese der Venus und dem Moloch geheiligten Vögel nur da waren, um den Liebhabern als Opfergaben zu dienen. Das Argwohnsgesetz, welches Moses so poetisch ausersonnen hatte, schrieb den Gatten das Opfer dieser Tauben nicht vor, sondern nur dasjenige von Gerstenmehlkuchen.

Jesus, der unerbittlich gegen die Schmarotzer des Heiligtums war und ihre Schachertische umstürzte, zeigt sich doch voll Duldsamkeit gegen die Weiber, wie wenn er Mitleid mit ihrer Schwäche hätte. Als ihn die Samariterin auf einem Brunnenrande sitzend fand, dieses Weib, welches fünf Ehemänner gehabt hatte, und mit dem sechsten Manne im Konkubinat lebte, macht ihr Jesus keinerlei Vorwurf, sondern unterhält sich gemütlich mit ihr, während er das Wasser trinkt, das sie ihm aus dem

Brunnen geschöpft hatte. Die Jünger Jesu staunten, als sie ihn in Begleitung eines solchen Weibes sehen und sprachen verächtlich: „Warum spricht er mit solch einem Geschöpf?“ Die Jünger waren viel unduldsamer als ihr göttlicher Meister, denn sie hätten gern eine andere Ehebrecherin nach dem Gesetze des Moses gesteinigt, als Jesus diese mit folgenden Worten rettete: „Wer von euch ohne Sünde ist, der werfe den ersten Stein auf sie!“ Endlich scheute sich der Menschensohn nicht, eine Dirne öffentlich frei zu sprechen, weil sie sich ihres elenden Gewerbes schämte. Als er in Kapernaum im Hause des Pharisäers zu Tische sass, kam ein Weib von schlechten Lebenswandel (peccatrix), die in der Stadt wohnte, herbei mit einer Vase von Alabaster, gefüllt mit wohlriechendem Oele; sie benetzte die Füsse des Heilandes mit ihren Thränen, sie salbte sie mit Oel und trocknete sie mit ihren Haaren. Als dies der Pharisäer sah, sagte er bei sich selbst: „Wenn er ein Prophet wäre, würde er wohl wissen, wer dieses Weib ist, denn sie ist eine Sünderin.“ Jesus wendete sich zu diesem Weibe und sagte ihr mit engelhafter Güte: „Deine Sünden, so gross und zahlreich sie sind, sind dir vergeben, denn du hast viel geliebt.“ Diese Worte Jesu sind auf viele Weisen erklärt und gedeutet worden; aber sicher ist, dass der Sohn Gottes, der sie verkündet hat, nicht damit beabsichtigte die Sünderin zu ermutigen, ihre frühere Lebensweise fortzusetzen. Er trieb aus diesem Weibe, das Maria Magdalena hiess, sieben Dämonen, welche es besassen, und welche vielleicht nur sieben Wüstlinge waren, mit denen sie Umgang hatte. Magdalena wurde von Stund an ein heiliges Weib, eine würdige, reuige Sünderin; sie heftete sich an die Sohlen des göttlichen Erlösers, der sie befreit hatte, sie folgte ihm unter Thränen bis nach Golgatha; sie setzte sich beständig schluchzend vor sein Grab. Sie war es, der Christus zuerst erschien, wie um ihr eine besondere Auszeichnung für ihre Reue und einen schlagenden Beweis für die Vergebung ihrer Sünden zu geben. Diese Sünderin wurde zu dem Rang einer Heiligen erhoben, und wenn sie sich auch während des ganzen Mittelalters als Schutzheilige der Dirnen nicht sehr geehrt fühlen konnte, welche ihre Bekehrung nicht nachahmten, so tröstete sie wenigstens dieselben durch ihr Beispiel und zeigte ihnen selbst im tiefen Dunkel ihrer verworfenen Lasterhöhlen noch den Weg zum Himmel. (Remittuntur ei peccata multa, quoniam dilexit multum.)

IV. Kapitel.

Die Griechen.

I.

Die heilige Prostitution in Griechenland. — Die griechischen Venusarten. — Venus-Urania. — Venus-Pandemos. — Pitho, die Göttin der Ueberredung. — Solon lässt von den Einkünften des Bordells, das er zu Athen gegründet hatte, einen Tempel der Göttin der Prostitution errichten. — Die Tempel der Venus-Vulgativa zu Theben und Megalopolis. — Opfer der Harmonia, Tochter des Kadmus, für Venus-Pandemos. — Venus-Dirne oder Hetära. — Die Befreiung der Stadt Abydos durch eine Dirne. — Tempel der Venus-Hetära zu Ephesus auf Kosten einer Dirne erbaut. — Die Simoethen. — Tempel der Venus-Buhlin zu Samos, von Einkünften der Prostitution erbaut. — Venus Peribasia oder Venus, die Wickelfrau. — Venus Salacia oder die unkeusche Venus. — Ihre Statue aus Quecksilber von Dädalus. — Opfergaben der Dirnen an die Venus-Wickelfrau. — Venus-Melanis oder die Schwarze, die Göttin der Liebesnacht. — Ihre Tempel. — Venus-Mucheia oder die Göttin der Diebeshöhlen. — Venus Kastnia oder die Göttin der unkeuschen Paarung. — Venus-Skotia oder die Finstere. — Venus-Derceto oder die Schnellläuferin. — Venus-Mechanitis oder die Handwerkerin. — Venus-Kallipyge oder die Göttin mit den schönen Lenden. — Ursprung des Kultes der Venus-Derceto. — Urteil des Paris. — Ursprung des Kultes der Venus-Kallipyge. — Die Adphrodisien und die Aloennen. — Die 1000 Dirnen im Venustempel zu Korinth. — Opfer von fünfzig Dirnen, vom Dichter Xenophon von Korinth der Venus gespendet. — Umzug der geweihten Weiber. — Geschäfte der Dirnen in den Venustempeln. — Die kleinen Mysterien der Ceres. — Der Priester Archias. — Kottine, die berühmte Buhlerin von Sparta. — Feier der Adonisfeste. — Venus-Leaena oder Venus-Lamia.

Die heilige Prostitution bestand in Griechenland von der Zeit an, seit es daselbst Götter und Tempel gab; sie geht also bis zum Ursprung des griechischen Heidentums zurück. Die Theogonie, welche die hellenische Rasse mehr als achtzehn Jahrhunderte vor der Neuzeit geschaffen hatte, war nur eine poetische Allegorie, und zwar eine Allegorie auf die Liebesspiele im Weltall. Alle Religionen haben dieselbe Grundlage gehabt; überall war es die weibliche Natur, welche nach befruchtender Berührung mit der männlichen Natur sich entfaltete und gebar; überall waren es Mann und Weib, die man mit den bezeichnenden Attributen ihres Geschlechts zu Göttern erhob. Griechenland empfing nun von Asien den Venuskult zugleich mit dem des Adonis, und als ob es an diesen beiden Liebesgöttern nicht genug gehabt hätte, vervielfältigte es dieselben unter einer Menge verschiedener Namen, sodass Venus fast überall ihre Tempel und Statuen hatte. Die Priester und die Dichter, die es sich angelegen sein liessen übereinstimmend die Geschichte ihrer Götter zu erfinden und zu beschreiben, entwickelten nur ein einziges Thema, das der sinnlichen Lust. In dieser kunstvoll aufgebauten und entzückenden Mythologie erschien Amor jeden Augenblick mit verschiedenem Charakter, und die Geschichte jedes Gottes und jeder Göttin war weiter nichts als ein wollüstiger Hymnus zu Ehren der Sinne. Man sieht ohne Mühe ein, dass die Prostitution, welche sich in so mannigfacher Gestalt in der langen Reihe der Verwandlungen der Götter und Göttinnen zeigt, ein Spiegelbild der griechischen Sitten zur Zeit des Gyges und Inachus sein musste. Ein Volk, dessen religiöse Glaubenssätze nur eine Menge unzüchtiger Sagen waren, konnte dies jemals keusch und zurückhaltend gewesen sein?

Griechenland nahm schon im Heroenzeitalter den Kult des gottgewordenen Weibes und Mannes an, und zwar in der Form, in welcher ihn Babylon und Tyrus zu Cypern ausgebildet hatten. Dieser Kult wanderte von dieser Insel aus, die ihm ganz besonders geheiligt war, um sich von Insel zu Insel über den ganzen Archipel zu verbreiten und bald auch von dem Festland, von Korinth, Athen und allen andern Städten des jonischen Gebiets Besitz zu ergreifen. Später verloren Venus und Adonis in dem Masse, wie sie im Vaterlande des Orpheus und Hesiod heimisch wurden, einzelne Merkmale ihres chaldäischen und phönizischen Ursprungs, sie schickten sich, sozusagen, in eine höhere und raffiniertere Civilisation, die aber nicht weniger sittlich verdorben war. Venus und Adonis sind mehr verhüllt, als sie es in Kleinasien waren; aber unter diesem Kulte wurden Freiheiten und Kniffe der Wollust geübt, welche man vielleicht in den heiligen Gärten der Melitta und den geheimnisvollen Hainen des Belphegor nicht kannte. Die näheren Nachrichten fehlen uns, um die Verehrung der griechischen Venusarten in allen ihren Einzelheiten vorführen zu können, besonders für die Zeiten, welche der Blütezeit Griechenlands vorangingen. Die Dichter bieten nur hie und da zerstreute Züge, welche, selbst wenn sie alles angeben sollten, doch nichts genaues sagen. Die Philosophen meiden alle Einzeldarstellungen und verbreiten sich aufs Geratewohl in die undeutlichsten moralischen Allgemeinheiten; die Geschichtsschreiber bringen nur vereinzelte Thatsachen, bei denen sich selten eine aus der anderen erklärt; die bildlichen Darstellungen endlich sind mit Ausnahme einiger Münzen und Inschriften sämmtlich verloren gegangen. Wir haben nur ziemlich zahlreiche Aufzeichnungen über die Hauptarten der Venus, deren Namen und Attribute sich eng an den Gegenstand heften, welchen wir behandeln. Die einfache Aufzählung dieser Venusarten wird es uns ersparen auf mehr oder minder durch Beweise oder Wahrscheinlichkeitsgründe gestützte Mutmassungen zurückzukommen. Die heilige Prostitution hatte, selbst als sie nicht mehr zu Gunsten der Tempel und der Priester ausgeübt wurde, in den religiösen Gebräuchen und Sitten die deutliche Spur ihrer Herrschaft hinterlassen.

Die Venus, welche diese Prostitution sozusagen versinnbildlichte wurde Pandemos genannt. Sokrates sagt im Symposion des Xenophon, dass es zwei Venusarten giebt, eine himmlische und eine irdische oder Pandemos. Der Kult der ersteren ist rein, der der zweiten sündig. Sokrates lebte fünf Jahrhunderte v. Chr. als skeptischer Philosoph, der selbst die Religionen seinem strengen Urteil unterstellte. Plato spricht in seinem Symposion gleichfalls von zwei Venusarten, aber er ist weniger hart in Hinsicht auf die Pandemos. „Es giebt zwei Arten der Venus,“ sagt er, „die eine sehr alt, ohne Mutter, die Tochter des Uranos, woher ihr Name Urania stammt, und eine andere, jüngere, die Tochter des Zeus und der Dione, welche wir Venus-Pandemos nennen.“ Es ist die Allerwelts-Venus (παν = alles, jedes, δῆμος = Volk, Haufe). Sie war die erste Gottheit, welche Theseus durch das Volk anbeten liess, das er in den Mauern Athens versammelt hatte. Auch das erste Bild der Göttin wurde auf dem öffentlichen Platze dieser ihrer Geburtsstadt errichtet. Die alte Statue, welche schon nicht mehr existierte, als Pausanias seine Reise nach Griechenland schrieb, und die durch eine andere, eines griechischen Bildhauers würdigere und ohne Zweifel ehrbarere, als die erste, ersetzt worden war, gab eine beständige Anregung zur Prostitution. Die Gelehrten sind sich noch nicht klar über die Stellung, welche der Künstler ihr gegeben hatte, aber man kann wohl annehmen, dass die Stellung Bezug auf die Haupteigenschaft der Göttin hatte. Theseus liess, um diesen Charakterzug noch deutlicher hervortreten zu lassen, neben die Statue der Pandemos diejenige der Pitho, der Göttin der Ueberredung setzen. Diese beiden Göttinnen sagen dass was man sie ausdrücken lassen wollte, so gut, dass man zu jeder Stunde des Tages und des Nachts vor ihren Bildern erschien, um durch schmählichen Handel seinen Gehorsam gegen sie öffentlich zu bekennen. Als ferner Solon durch die Einkünfte des Staatsbordells, welches er gegründet hatte, das nötige Geld zur Errichtung eines Tempels der Göttin der Prostitution zusammengebracht hatte, liess er diesen Tempel den beiden Statuen gegenüber bauen, welche zu ihren Füssen eine Menge feuriger Verehrer versammelten. Die Dirnen von Athen zeigten sehr grossen Eifer für die Feste der Pandemos, welche am vierten Tage jeden Monats sich erneuten, und die dem wunderbarsten Uebermass religiösen Eifers Raum gewährten An diesem Tage übten die Dirnen ihr Handwerk nur zu Gunsten der Göttin aus und brachten das Geld, welches sie unter der Obhut der Pandemos gewonnen hatten, als Opfer dar.

Dieser Tempel, den der weise Solon der Venus-Pandemos geweiht hatte, war nicht der einzige, welcher Zeugnis von der kultlichen Prostitution in Griechenland ablegte. Es gab deren ferner zu Theben in Böotien und zu Megalopolis in Arkadien. Derjenige zu Theben stammte aus der Zeit des Kadmus, des Gründers dieser Stadt. Die Ueberlieferung erzählt, dass die Statue, welche man in diesem Tempel sah, aus den ehernen Sporen der Schiffe gemacht worden sei, die den Kadmus ans thebische Gestade getragen hatten. Es war dies eine Opfergabe der Harmonia, der Tochter des Kadmus; diese den Freuden der Liebe günstige Prinzessin hatte sich vorgenommen der Göttin eine symbolische Gabe zu weihen, und bestimmte für sie eben diese Sporen oder Schnäbel von Metall, welche in den Ufersand eingerammt waren, um die Besatzung herausgehen zu lassen. Im Tempel zu Megalopolis war die Statue der Göttin von zwei anderen begleitet, welche die Pandemos in zwei verschiedenen, anständigeren und weniger nackten Darstellungen wiedergaben. Diese Statuen der Pandemos hatten sämmtlich ein ziemlich freches Gesicht, darum wurden sie nicht aufbewahrt, als die Sitte selbst den Göttinnen Schleier anlegte. Diejenige zu Elis, wo die Pandemos gleichfalls einen berühmten Tempel hatte, war durch den berühmten Bildhauer Skopas erneuert worden, welcher ihre Stellung vollständig änderte und sich nur mit einem leicht zu erratenden Attribut begnügte; er setzte seine Venus auf den Rücken eines Ziegenbockes mit goldenen Hörnern.

Venus wurde an zwanzig Orten Griechenlands unter dem Namen Hetära oder Porne, Genossin oder Dirne, verehrt. Dieser Name weist hinreichend auf die Dankesabstattungen hin, die man ihr spendete. Ihre gewöhnlichen Verehrer waren die Dirnen und deren Liebhaber. Diese sowohl wie jene liessen es sich nicht entgehen ihr Opfer anzubieten, um ihren Schutz zu erhalten. Diese Venus, so unanständig sie auch war, bringt dennoch ein historisches Ereignis in Erinnerung, welches für die Dirnen ehrenvoll ist, sich aber unglücklicher Weise an viele berühmte Tempel Griechenlands heftete. Nach einer Ueberlieferung, auf welche die Stadt Abydos stolz war, wurde diese Stadt, als sie einst zu fremder Knechtschaft gezwungen worden war, von einer Dirne befreit. Eines Tages berauschten sich bei einem Feste die fremden Soldaten, welche die Herren der Stadt als Aufseher und Thorwächter in dieselbe gelegt hatten, in einer Orgie mit den Dirnen von Abydos und schliefen beim Tone der Flöten ein. Eine der Dirnen bemächtigte sich der Schlüssel der Stadt, schlüpfte dann über die Mauer hinaus und machte sich auf, ihre Mitbürger vom Zustande der Besatzung zu benachrichtigen; diese bewaffneten sich, töteten die eingeschlafenen Posten und vertrieben den Feind aus ihrer Stadt. Zum Andenken an ihre wiedergewonnene Freiheit errichteten sie einen Tempel zu Ehren der Venus-Hetära. Auch zu Ephesus hatte diese Göttin einen Tempel, aber man weiss nicht, ob dessen Ursprung ebenso ehrenvoll ist, wie der des Tempels zu Abydos. Jeder ihrer Tempel erzeugte eine für ihn besonders geltende Ueberlieferung. Derjenige des Vorgebirges Simas am Pontus Euxinus war auf Kosten einer schönen Dirne gebaut worden, welche daselbst wohnte und am Ufer des Meeres wartete, bis ihr Venus, die aus dem Schosse der Wogen hervorgegangen war, Reisende zuschicken würde. Zum Andenken an diese Priesterin der Venus-Hetära nannten sich die Dirnen im Umkreise dieses Vorgebirges, das die Matrosen zum Dienste der Göttin einlud und ihnen seine diesem Kulte geweihten Grotten zur Verfügung stellte, „Simoethen." Der Tempel der Venus-Dirne zu Samos, die man die Göttin des Rohres oder Sumpfes nannte, war von dem Gelde erbaut worden, welches die Hetären, die Perikles bei der Belagerung von Samos dahin gefolgt waren, durch ihre Prostitution erworben hatten, indem sie daselbst Handel mit ihren Liebkosungen zu enormen Preisen trieben. (Ingentum ex prostituta forma quæstum fecerant, sagt Athenäus, dessen griechischer Wortlaut noch kräftiger als diese lateinische Uebersetzung ist.) Obgleich nun Venus den Namen Hetära führte, hatten doch die Feste, welche man in Magnesia unter dem Namen Hetäriden feierte, keinen Bezug auf sie; sie waren zu Ehren des Jupiter Hetairos und des Argonautenzuges eingesetzt worden.

Doch begnügte man sich nicht damit, der Venus den Namen Dirne zu geben, sondern man legte ihr noch andere Namen bei, welche nicht minder mit diesen ihren Lieblingspriesterinnen, welche sie anfeuerte und unter ihren Schutz nahm, im Zusammenhange standen. So deutete zum Beispiel der Name Peribasia, auf lateinisch Divaricatrix, auf die Bewegungen hin, welche das Vergnügen herausfordern und es beeinflussten. Diese Venus wurde namentlich bei den Argivern angebetet, wie uns der heilige Clemens von Alexandria berichtet, der naiv genug sagt, dass dieser wunderliche Name: Wickelfrau (Umklammerin), ihr beigelegt worden wäre a divaricandis cruribis. Die Peribasia der Griechen wurde bei den Römern die Salacia oder Venus-Lubrica, die auch noch andere ähnliche und bisweilen noch bezeichnendere Namen annahm. Dädalus, der berühmte Erbauer des Labyrint auf Kreta hatte aus Neigung für wunderliche mechanische Dinge dieser Göttin eine Statue von Quecksilber geweiht. Die verschiedenen Opfergaben, welche man der Peribasia darbrachte, symbolisierten die Eigenschaften, die man ihr beilegte. Diese Gaben, die nicht selten sehr reich ausfielen, entsprachen dem Stande der Frauen, welche sie am Altar niederlegten, oder am Postamente der Statue aufhingen. Meistenteils waren dies Phallus aus Gold, Silber, Elfenbein oder Perlmutter; auch wertvolle Schmuckgegenstände wurden hierzu verwendet, und vor allem Spiegel aus poliertem Silber, mit getriebenen Verzierungen und Inschriften. Die Spiegel galten immer als Attribute der Göttin und der Dirnen. Man stellte die Göttin sowohl mit einem Spiegel, als auch mit einer Vase oder Parfümbüchse in der Hand dar: denn, sagt der griechische Dichter, „Venus ahmt nicht nach der Pallas, die sich wohl bisweilen badet, nie sich aber salbt.“ Die Dirnen welche ein grosses Interesse daran hatten, sich Venus günstig zu erhalten, beraubten sich aller der Toilettengegenstände, welche für sie von besonderem Werte waren. Ihre erste Gabe wird ihr Gürtel gewesen sein; sie besassen Kämme, Zangen zum enthaaren, Nadeln und andern kleinen Kram von Gold und Silber, den sich ehrbare Frauen nicht erlaubten, und den die Venus-Dirne ohne Bedenken von ihren irdischen Nachahmerinnen annehmen konnte. So ruft der Dichter Philetaires mit Begeisterung in seinem Korinthiastes (Hurenjäger) aus: „Es hat einen guten Grund, dass man in ganz Griechenland Tempel zu Ehren der Venus-Dirne und keine der Venus-Ehefrau sieht!“

Venus hatte in Griechenland auch noch andere Benennungen, die sich auf gewisse Einzelheiten ihres Kultes bezogen, und die Tempel, welche man ihr unter diesen, oft recht anstössigen Namen errichtete, waren besuchter und reicher als diejenigen der keuschen und der gewappneten Venus. Bald betete man sie unter dem Namen Melanis oder die Schwarze als Göttin der Liebesnacht an. Es war dies die Göttin, welche Laïs erschien um sie den Kunstgriff zu lehren, durch den ihr die Liebhaber an allen Seiten mit herrlichen Geschenken nahten. Sie hatte Tempel zu Melangis in Arkadien, zu Oranikum bei Korinth, zu Thespis in Böotien, und diese Tempel waren von Gehölzen umgeben, welche für das Tageslicht undurchdringlich waren, und in deren Dunkel tappend man nach Abenteuern suchte. Bald nannte man sie Mucheia oder die Göttin der Höhlen, Kastnia oder die Göttin der unzüchtigen Paarung, Skotia oder die Finstere, Derceto oder die Läuferin, Kallipyge, oder die Göttin mit den schönen Lenden, etc. Venus, die Göttin der Liebe oder vielmehr der Wollust, hatte für jede ihrer zahlreichen Gestaltungen eine eigene Mythologie, die immer geistreich erfunden und allegorisch erdacht war. Sie stellte stets das Weib dar, welches die Pflichten seines Geschlechts erfüllt. So war sie, als sie Derceto oder die Göttin Syriens wurde, vom Olymp in das Meer gefallen und daselbst einem grossen

diese: „O schöne Töchter, die ihr alle Fremden empfangt und ihnen Gastfreundschaft gewährt, Priesterinnen der Göttin Phito im reichen Korinth, ihr seid es, die durch Weihrauchbrände vor dem Bilde der Venus und durch Gebete zur Mutter der Liebe uns oftmals ihre himmlische Hilfe erfleht, und uns Augenblicke der Wonne verschafft, welche wir auf wollüstigem Pfühle geniessen, wo die zarte Frucht der Schönheit gepflückt wird!" Dieses Dirnenweihen der Venus war besonders in Korinth üblich Wenn die Stadt eine Bitte der Göttin vorlegen wollte, verfehlte sie niemals ihr „Geweihte" zu geloben, die als erste den Tempel betraten und ihn als letzte verliessen. Nach Cornelius von Heraklea hatte sich Korinth bei gewissen wichtigen Veranlassungen der Venus durch einen unzählbaren Zug von Dirnen in der Gewandung ihres Handwerks dargestellt.

Die Verrichtungen dieser „Geweihten" in den Tempeln und Hainen der Göttin sind hinreichend durch einige bildliche Darstellungen festgestellt, welche in dieser Hinsicht weniger verschwiegen sind als die gleichzeitigen Schriftsteller. Die Malereien auf den beiden Trinkgefässen und den beiden Vasen, welche Lajard nach den Beschreibungen de Witte's und Lenormand's anführt, lassen uns keinen Zweifel darüber, dass die heilige Prostitution ohne Unterbrechung im Kulte der Venus bestand. Eine dieser Vasen, die zu der berühmten Sammlung Durand gehörte, stellt einen Tempel der Venus dar, in dem eine Dirne durch die Vermittelung eines Sklaven die Anträge eines myrtenbekränzten Fremden empfängt, der ausserhalb des Tempels steht und eine Börse in der Hand hält Auf der zweiten Vase sitzt ein Fremder, gleichfalls mit Myrten bekränzt, und scheint mit einer vor ihm im Tempel stehenden Dirne zu handeln. Lajard teilt noch dieselbe Bedeutung einem geschnittenen Steine zu, der in mehrere Fächer geschliffen ist, von denen fünf Tiergestalten tragen, welche auf den Kult der orientalischen Venus Bezug haben, und deren sechste eine Dirne darstellt, welche sich im Spiegel betrachtet, während sie sich einem Fremden überliefert. Aber das, was in den Tempeln und heiligen Hainen selbst vorging, hat keine erkennbaren Spuren bei den Autoren des Altertums hinterlassen, da sie nicht gewagt haben, die Mysterien der Venus ans Licht zu ziehen.

Wenn die Dirnen im Kulte der Venus auch eine Hauptrolle spielten, so konnten sie sich nur von weitem demjenigen der andern Göttinnen zugesellen; so feierten sie im Innern ihrer Häuser, nach der Weinlese, die Alœnnen, oder die Feste der Ceres und des Bacchus. Es waren ausgelassene Gastereien, die das Rituel dieser Feste ausmachten, bei denen sich die Dirnen mit ihren Buhlern vereinigten um zu schmausen, zu trinken, zu lachen, zu singen und zu scherzen. Beim nächsten Feste der Alœnnen, schreibt Megare an Bacchis in den Briefen des Alkyphron, „wollen wir bei Kolyt zusammen kommen, dem Geliebten der Thessala, um daselbst gemeinsam zu schmausen, sieh, dass du auch hinkommst." „Wir nähern uns den Alœnnen," schreibt Thaïs der Thessala, „und wir werden uns alle bei mir versammeln, um die Festnacht zu feiern." Diese Feste, welche man die kleinen Mysterien der Ceres nannte, gaben einen Vorwand zu Ausschweifungen, die mehrere Tage und Nächte hindurch dauerten. Es scheint, dass in gewissen Tempeln der Ceres, zum Beispiel in Eleusis, die Dirnen, deren Anblick und Annäherung die ehrbaren Frauen flohen, es zu Wege gebracht hatten einen eigenen Saal für sich zu eröffnen, in den einzutreten sie allein das Recht hatten, ohne Priester, und wo eine von ihnen den religiösen Bräuchen vorstand, welche ihre Genossinnen, ebenso wie die Vestalinnen, mit ihrer Gegenwart, keuscher als gewöhnlich, ausschmückten. Während dieser Ceremonien gaben die alten Dirnen den Anfängerinnen Unterricht in der Kenntnis und der Ausübung der Mysterien der „Guten Göttin". Der Priester Archias, der es gewagt hatte der Ceres von Eleusis im Saale der Dirnen, ohne Genehmigung ihrer Oberpriesterin, ein Opfer darzubringen, wurde von Demosthenes der Gottlosigkeit angeklagt und vom Volke verurteilt.

Alle Götter und alle Göttinnen nahmen zu allen Zeiten und an allen Orten die Opfergaben an, welche ihnen die Dirnen darbrachten, ohne dass diese gewagt hätten, in Person jemals in die Tempel einzudringen, deren Thür ihnen verschlossen blieb. Die berühmte Dirne Kottine, welche sich einen solchen Namen machte, dass man nach ihr das Bordell benannte, in welchem sie gelebt hatte, bei der Säulenhalle, gegenüber dem Bacchustempel, weihte zu Ehren eines ihrer spartanischen Geliebten einen kleinen ehernen Stier, der auf dem Giebel des Tempels der Minerva von Chalkis aufgestellt wurde. Dieser geweihte Stier befand sich noch zur Zeit des Athenäus an seinem Platze. Aber es gab noch eine Gottheit, die sich naturgemässerweise weniger streng gegen die Freudenmädchen zeigte; es war dies Adonis, zum Gotte erhoben von Venus, welche ihn geliebt hatte. Die Feste des Adonis waren ausserdem so eng mit denen der Göttin verbunden, dass man kaum noch den einen anbeten konnte, ohne der anderen zu huldigen. Adonis hatte auch zu allen Zeiten einen grossen Anteil an den Gaben der heiligen Prostitution gehabt, bevor sein Kult sich mit dem des Priap vermengte. Die Dirnen aller Gattungen zogen also Nutzen aus den Adonisfesten, welche überall eine grosse Menge Fremde anzogen, die hinkamen um unter dem Schutze des Gottes und zu seinem Nutzen in den Hainen, welche seine Tempel umgaben, ihren Handel zu treiben. „An dem Orte, wohin ich dich bringen will, sagt ein Verdinger einem Koch, den er eben unterbringen will, „ist eine Stätte der Wollust (πορνεων): eine berühmte Hetäre feiert daselbst mit einer zahlreichen Schar von Genossinnen die Adonisfeste." Die Athener fanden, trotz der gerechtfertigten Missachtung, die ihre Moralisten dem Leben und Treiben der Dirnen zollten, sie nicht weniger als passend in ihrem Olymp als in ihren Tempeln, denn sie errichteten Altäre und Statuen der Venus-Leæna und der Venus-Lamia, um diese beiden Beischläferinnen des Demetrius, des Städteeroberers, zu vergöttern.

V. Kapitel.

Die Griechen.

II.

Gründe, welche Solon bestimmten in Athen ein Bordell zu errichten. — Nachrichten des Geschichtsschreibers Nikander von Kolophon über diesen Punkt. — Solon vom Dichter Philemon aus eben diesem Grunde als Wohlthäter des Volkes begrüsst. — Von Solon bestimmter Preis für die Preisgebung. — Die Bordelldirnen als Dienerinnen der Oeffentlichkeit betrachtet. — Solons Verordnungen für die Dirnen Athens. — Oeffentliche Schmäuse von Hippias und Hipparch eingesetzt. — Verordnungen des Tyrannen Pisistratus über die der öffentlichen Wollust geweihten Tage. — Schändliche Laster der Athener. — Häusliche Sitten der Frauen in Sparta und Korinth. — Freies Leben der spartanischen Frauen. — Unnützlichkeit der Dirnen in Sparta. — Gleichgültigkeit des Lykurg hinsichtlich der Unkeuschheit der Weiber und Mädchen. — Der Besuch der Dirnen als etwas Natürliches betrachtet. — Moralische Mission der komischen Dichter und Philosophen. — Der Areopag zu Athen. — Gesetzgebung über die Prostitution zu Athen. — Schwierige Lage, in welche die Dirnen durch die Gesetze kamen. — Bacchis und Myrrhina. — Euthias klagt die Dirne Phryne der Gottlosigkeit an. — Der Anwalt Hyperides bewirkt ihre Freisprechung. — Erkenntlichkeit

der Dirnen gegen Hyperides. — Die Dirne Theokris, Priesterin der Venus, auf Anklage des Demosthenes zum Tode verurteilt. — Isäus. — Beschlüsse des Areopag zu Athen hinsichtlich der Dirnen. — Die Hetäre Nemäa. — Traurige Lage der Kinder der Konkubinen und Dirnen. — Herkules, der Gott der unehelichen Geburt. — Schändlichkeit des Gesetzes gegen die Bastarde. — Die Hetärengespräche des Lucian. — Der Redner Aristophon und der komische Dichter Kalliades. — Ungeheuerliche Einzelheiten der athenischen Gesetze. Untergeordnete Aufsichtspersonen der Stadtbehörden und der Polizei. — Ihr Dienst.

Die heilige Prostitution, die in allen Tempeln Athens zu der Zeit bestand, in welcher Solon den Athenern Gesetze gab, veranlasste den Gesetzgeber sicher, die legale Prostitution einzuführen. Als die gastliche Prostitution, die im Heroenzeitalter in Griechenland bestanden hatte, verschwunden war ohne Spuren in den Sitten zu hinterlassen, und die Ehe von der Gesetzgebung so sehr begünstigt wurde, schien die eheliche Geburt eines Kindes so unbedingt nötig, um in der Republik Ehren erlangen zu können, dass die Erinnerung an die Besuche und Fleischwerdung der Götter keinen Einfluss mehr auf die eheliche Treue und die Achtung vor der Familie ausüben konnte. Solon sah die Altäre und die Priester durch die Einkünfte der Prostitution der „Geweihten" sich bereichern, welche sich nur an Fremde verkauften, er wollte naturgemäss dieselben Vorteile dem Staate verschaffen, und zwar durch dieselben Mittel, indem er sie aber in diesem Falle den Vergnügungen der athenischen Jugend dienen liess und gleichzeitig der Sicherheit der ehrbaren Weiber. Er gründete also als Institut des allgemeinen Wohles ein grosses Bordell, in dem Sklavinnen, welche von den Mitteln des Staates gekauft und auf seine Kosten unterhalten wurden, täglich Tribut von den Lastern der Bevölkerung erhoben, und mit ihrer Unkeuschheit an der Vermehrung der Einkünfte der Republik arbeiteten. Man hat sehr oft versucht, in Ermangelung historischer Beweise, welche die Ueberlieferung thatsächlich stützten, den weisen Solon von der moralischen Verantwortung, die Wollust in Athen gesetzlich eingeführt zu haben, zu befreien. Man hat behauptet, dass dieser grosse Gesetzgeber, dessen Gesetzbuch Schamgefühl und Keuschheit atmet, sich nicht selbst habe Lügen strafen können, indem er seinen Mitbürgern die Thore der Wollust öffnete. Aber bei einer Angelegenheit dieser Art, die unter der Würde eines Geschichtsforschers zu liegen schien, muss die Ueberlieferung, welche Athenäus sammelte, und die in dieser Weise in den Geschichtswerken seiner Zeit aufgeführt wurde, wie ein Echo dieses Bordelles angesehen werden, welches Solon zum Gründer gehabt hatte und sich dieses Ursprungs rühmte.

Nikander von Kolophon hat in seiner heute verloren gegangenen Geschichte Athens fest behauptet, dass Solon in seiner Nachsichtigkeit gegen die Begierden einer unbändigen Jugend nicht allein Sklavinnen kaufte und in öffentlichen Häusern unterbrachte, sondern auch einen Tempel der Venus-Dirne von dem Gelde erbaute, welches die unkeuschen Bewohnerinnen dieser Häuser gesammelt hatten. „O Solon!“ ruft der Dichter Philemon in seinen „Delphiern“ aus, einer Komödie, welche nicht auf uns gekommen ist, „o Solon! Du wurdest hierdurch der Wohlthäter deiner Mitbürger; du sahest in einer solchen Anstalt nur das Heil und die Ruhe des Volkes. Es war anders unbedingt nötig in einer Stadt, wo die stürmische Jugend sich nicht enthalten kann den gebieterischsten Gesetzen der Natur zu gehorchen. Du verhinderst grosses Unheil und unvermeidliche Unordnungen, indem du in gewissen Häusern zu diesem Zwecke bestimmte Weiber unterbrachtest, welche du für die Bedürfnisse der Allgemeinheit gekauft hattest, und die ihrem Gewerbe gemäss gehalten waren jedem, der bereit war, sie zu bezahlen, ihre Gunst zu bewilligen.“ Dieser Lobpreisung, welche die Dankbarkeit dem komischen Dichter abnötigte, fügt Athenäus nach Nikander zu, dass der Preis, den Solon festgesetzt hatte, ein mittelmässiger war, und dass die Dicteriaden angesehen wurden, als ob sie öffentliche Dienste verrichteten: „Der Handel, den man mit ihnen trieb, riss weder zur Rivalität noch zu Racheakten hin. Man fand bei ihnen weder Verzögerung, noch Geringschätzung, noch Weigerung!“ Man verdankte ohne Zweifel dem Solon selbst das innere Reglement dieser Anstalt, die lange Zeit wie die anderen Staatseinrichtungen verwaltet wurde, und die ohne Zweifel an ihrer Spitze, im Anfang wenigstens, eine gewichtige Magistratsperson hatte.

Man kann ohne sonderlichen Aufwand von Scharfsinn finden, dass die öffentlichen Dirnen damals vollständig von der Bürgerbevölkerung und dem bürgerlichen Leben getrennt waren; sie gingen nicht aus der ihnen vom Gesetze bestimmten Stätte heraus, sie zeigten sich niemals bei den religiösen Festen und Feierlichkeiten; wenn man ihnen im beschränkten Masse erlaubte auf der Strasse zu erscheinen, so mussten sie ein bestimmtes, sie kenntlich machendes Kostüm tragen und sich streng von bestimmten Orten fern halten, wo ihre Anwesenheit Aergernis oder allzugrosse Aufmerksamkeit hätte erregen können. Als Fremde hatten sie überdies kein Recht in der Stadt irgend ein Eigentumsrecht geltend zu machen, und diejenigen, welche Athenerinnen von Geburt waren, verloren, wenn sie sich der Prostitution gewidmet hatten, alle die Vorrechte, welche mit ihrer Geburt verbunden waren. Wir haben die Gesetze nicht mehr, die Solon gab um die legale Prostitution einzurichten, aber man darf ruhig annehmen, dass ebendies einen wichtigen Bestandteil derselben bildete, was sich auch hinreichend durch eine Menge Thatsachen bestätigt findet, die wir hie und da in den Werken der griechischen Schriftsteller entdecken. Doch liess das solonische Gesetz in seiner Strenge gegen die Weiber in den grossen, auf

Staatskosten unterhaltenen Dicterien so nach, dass bereits weniger als hundert Jahre nach dem Tode des Gesetzgebers die Dirnen von allen Seiten in die griechische Gesellschaft eingebrochen waren und sich ungeniert selbst auf dem Markte unter die ehrbaren Frauen mischten. Hippias und Hipparch die Söhne des Tyrannen Pisistratus, der 530 Jahre vor Beginn unserer jetzigen Zeitrechnung in Athen herrschte, setzten öffentliche Gelage ein, welche das ganze Volk an einer Tafel vereinten, und an diesen Festen waren die Dirnen berechtigt, an der Seite der Matronen Platz zu nehmen, denn die Söhne des Tyrannen hatten die Absicht das Volk nicht zu bessern, sondern vielmehr zu verderben und zu unterjochen. So kamen, um uns des Ausspruches Plutarchs zu bedienen, die Freudenmädchen dahin wie die Wogen. Und wie uns der griechische Historiker Idomenes berichtet, dessen Werke uns nur aus Fragmenten bekannt sind, befahl Pisistratus, auf dessen Antrieb diese Orgien stattfanden, dass an diesen, der öffentlichen Ausschweifung geweihten Tagen die Felder, die Weinberge und Gärten aller Welt geöffnet sein sollten, damit ein jeder daselbst sein Teil vom Vergnügen nehmen könne ohne gezwungen zu sein, erst in das Solonische Dicterium zu gehen und sich in dessen Mysterien zu verbergen.

Der Gesetzgeber Athens hatte zwei wichtige und dringende Gründe die Prostitution so zu regeln, wie er es gethan hat: zunächst beabsichtigte er die Ehrbarkeit der Jungfrauen und Eheweiber vor Gewaltthat und Beleidigung sicher zu stellen, dann hatte er zum Ziele die Jugend von den schändlichen Sünden abzubringen, welche sie entehrten und ihr sittliches Gefühl abstumpften. Athen war der Schauplatz aller Wollüste. Die widernatürlichste Unzucht verbreitete sich auf eine erschreckende Weise und drohte den sozialen Fortschritt zu hemmen. Konnten diese Wüstlinge, die kaum mehr Menschen waren, noch gute Bürger sein? Solon wollte ihnen Gelegenheit verschaffen den Bedürfnissen ihrer Sinne zu genügen, ohne dass sie sich den Zügellosigkeiten ihrer krankhaften Einbildung zu überlassen brauchten. Er konnte aber doch nur einen Teil seiner Mitbürger bessern, die anderen aber nahmen, ohne auf ihre sündigen Gewohnheiten zu verzichten, den Gebrauch einer zwar natürlicheren, aber nicht weniger verderblichen Wollust an. Der Zweck Solons wurde aber in dem Punkte erfüllt, dass die Sicherheit der verheirateten Weiber nichts mehr von den Lüstlingen zu fürchten hatte. Die legale Prostitution war damals noch, sozusagen, in Kinderschuhen, und sie zählte noch keine grosse Kundschaft; man kannte sie kaum, und man gewöhnte sich nur allmählich daran, aber man überliess sich ihr mit Feuer, nachdem man die ersten Versuche mit ihr gemacht hatte. Und so werden bald die Gesetze des Solon durch die Bedürfnisse der allgemeinen Ausschweifung über den Haufen geworfen und allmählich unter dem Einfluss der Verderbnis der Sitten vernichtet, welche nicht reiner wurden, wenn sie auch ihre Rohheit ablegten. Aber der häusliche Herd blieb, in Athen wenigstens, unverdorben und heilig, das Gift der Prostitution drang nicht bis zu ihm; und selbst, als Venus-Pandemos ihre Verehrer reizte, alle Scham abzulegen, selbst als der Piraeus bis an die Thore Athens die Domäne, welche den Dirnen zustand, vergrösserte, wurde doch die Schwelle des Bürgerhauses durch die eheliche Treue geschützt. Und der Hausherr verliess sein Heim, wenn er der Pandemos ein Opfer bringen und mit seinen Freunden bei seiner Maitresse speisen wollte.

Die häuslichen Sitten der Frauen Spartas und der Weiber Korinths besonders waren nicht so anständig als die der Athenerinnen, und dennoch war in diesen beiden Städten die Prostitution keinen besonderen Gesetzen unterworfen; sie war daselbst völlig freigegeben, um diesen modernen Ausdruck zu brauchen, und sie konnte sich ungestraft unter allen Formen und allen möglichen Arten entwickeln. In Korinth, der Stadt des Handels und des Verkehrs, war das Vergnügen ein wichtiger Punkt für seine Bewohner und die Fremden, welche von allen Ländern der Welt dahin zusammen strömten; man hatte es daher für ratsam gefunden, dem Wunsche und dem Willen eines jeden sein Gesamtwohlbefinden zu überlassen. In Sparta, der Stadt der strengen republikanischen Tugenden, konnte die Prostitution nur eine zufällige Erscheinung, eine fast gleichgültige Ausnahme sein. Lykurg hatte sicherlich nicht an sie gedacht. Die Enthaltsamkeit, die Keuschheit bei den Weibern schien ihm überflüssig, wenn nicht lächerlich. Er hatte sich nur vorgenommen, die Männer zu leiten und sie tapferer, stärker und kriegerischer zu machen; was die Frauen anbetrifft, so hatte er keinerlei Rücksichten auf sie genommen. Lykurg wollte, wie Aristoteles bestimmt in seiner „Staatskunst" sagt, Mässigung nur den Männern, nicht aber den Weibern auferlegen. Diese lebten schon vor ihm in zügelloser Unordnung und gaben sich fast öffentlich jedem Uebermasse von Wollust hin (in summa luxuria lautet die lateinische Uebersetzung des Aristoteles). Lykurg änderte nichts an diesem Sachverhalte. Die Töchter Spartas, welche eine männliche Erziehung erhielten, die ziemlich wenig im Einklange mit ihrem Geschlechte stand, mischten sich halbnackt unter die sich übenden Männer, mit ihnen laufend, ringend und kämpfend. Wenn sie sich verheirateten, beschränkten sie sich nicht mehr auf ihre Pflichten als Ehefrau; sie waren nicht anständiger gekleidet, und sie hielten sich auch nicht in grösserer Entfernung von dem Zusammensein mit den Männern. Die Männer hingegen stellten sich, als ob sie einen Unterschied der Geschlechter nicht inne würden, den die Weiber vergessen machen wollten. Ein Gatte, den man betroffen hätte, als er das Zimmer verliess, um bei seinem Weibe zu schlafen, würde darüber errötet sein, sich so wenig als Spartiate zu zeigen. Man wird einsehen, dass bei solchen Männern Dirnen völlig zwecklos gewesen sein würden. Sie erlaubten sich überhaupt keine Verirrungen des Herzens und der Sinne, denen die jungen Athener so sehr geneigt waren. Die Freundschaft der Spartiaten unter sich war nur eine Waffenbrüderschaft, ebenso rein und heilig, als die der Athener verächtlich und entehrend war. Die Weiber Spartas passten sich nicht alle dieser vollständigen Ableugnung ihres Geschlechtes und ihrer Natur an; es gab viele Mädchen und Frauen, die sich den Akten der grössten Ausgelassenheit überliessen und dies, ohne die geringste Belohnung zu verlangen. Dirnen hätten also keine Beschäftigung in einer Stadt gehabt, wo es Ehefrauen und heiratsfähige Töchter gab, welche ihnen Konkurrenz machten. Mit Recht also wirft Plato im ersten Buche seiner Gesetze dem Lykurg vor, die Unenthaltsamkeit der Weiber in Sparta gefördert zu haben, weil dieser Gesetzgeber es nicht der Mühe für wert gehalten habe, ihr ein Heilmittel zu geben, ja selbst nur den geringsten Tadel ihr anzuheften.

Die Prostitution war, wie man sieht, in den griechischen Republiken geduldet, wenn auch nicht geregelt und organisiert: man sah sie als ein notwendiges Uebel an, welches grössere Uebel bekämpfen sollte. Athenäus konnte also ruhig sagen (lib. XIII Kap. 6): „Mehrere Personen, welche an der Regierung des Staates Anteil hatten, haben über die Dirnen gesprochen, die einen von ihnen tadelten sie, die anderen aber waren voll Lob über diese Frauen." Es war für einen Bürger keine Schande, so hochstehend er auch durch seinen Rang oder seinen Charakter sein mochte, mit Dirnen zu verkehren, selbst vor der Zeit des Perikles, während welcher diese Art von Frauen in gewisser Beziehung über Griechenland herrschten. Man tadelte nicht einmal den Umgang, den man mit ihnen haben konnte. Ein lateinischer Schriftsteller war also bei seiner Schilderung der Sitten Athens fast im Recht, wenn er laut erklärte, dass ein junger Mann die verrufenen Häuser häufig besuchen müsse, um seine Erziehung zu vervollkommnen: non est flagitium scortari hominem adulescentulum.

Die komischen Dichter jedoch hatten ebenso wie die Philosophen die moralische Verpflichtung, die Wollust zu strafen, indem sie sie zwangen, ab und zu zu erröten; ihre Epigramme allein legten der Zügellosigkeit der Sitten, welche sie überwachten, einen Zügel an, wo das Gesetz versagte und Schweigen beobachtete: „Eine Dirne ist die Pest für den, welcher sie ernährt!" ruft der Landmann des Aristophanes aus. — „Wenn einer jemals eine Dirne geliebt hat," sagt mit Nachdruck Anaxilas in seiner Neottis, „der soll mir sagen, ob es etwas gottloseres giebt."

Nichtsdestoweniger war das Gesetz nicht immer stumm oder machtlos gegen die Weiber von schlechtem Lebenswandel, sei es nun, dass sie Hetären, Musikantinnen oder Dicteriaden waren; es verweigerte ihnen nicht nur unerbittlich alle Rechte, die mit der Eigenschaft einer Bürgerin verbunden waren, sondern es gab ihnen auch bestimmte Anweisungen über ihre Aufführung. Der Areopag richtete oft sein Augenmerk auf diese Aufführung und schritt auch oft mit unerbittlicher Strenge gegen sie ein. Es scheint nach mehreren Stellen des Alkiphron, dass sie vor dem Gesetz solidarisch behandelt wurden, und dass ein Urteilsspruch, der eine von ihnen traf, verhängnisvolle Folgen für die Gesamtheit nach sich zog. Man erfährt, dass es sich um eine Auflage handelt, welche nach den Verhältnissen jedes Weibes bemessen wurde, welches nicht berechtigt war den Titel Bürgerin zu führen. Man erreichte auf diese Art, dass sie von Zeit zu Zeit das in die Truhe des Staates abliefern mussten, was sie aus denen der Bürger genommen hatten. Diese wunderliche Gesetzesbestimmung hat dahin geführt, eine falsche Ansicht zu stärken, welche wir als das geben wollen, was sie wirklich ist. Nach gewissen Gelehrten hätten die Dirnen Athens eine Genossenschaft gebildet, eine Innung, die sich aus den verschiedenen Arten der Weiber, welche das gleiche Handwerk betrieben, zusammengesetzt habe und streng durch Statuten und Regeln, welche auf ihr hässliches Gewerbe Bezug hatten, geordnet gewesen wäre. Aus diesem Grunde konnte der Areopag die gesammte Genossenschaft für die Vergehen eines seiner Mitglieder verantwortlich machen. Dieses Tribunal forderte die Sache vor sich, wenn eine Dirne einen Bürger veranlasste, eine verbotene Handlung zu begehen, und auch dann, wenn ihr Einfluss schädlich auf die Jugend wirkte, sei es nun, dass sie diese veranlasste, ihr Vermögen zu verschwenden oder sich dem Staatsdienste zu entziehen, oder dass sie diese zur Gottlosigkeit führte. Die Anklagen waren mitunter sehr schwere, und es bedurfte nur des Hasses oder der Rachsucht eines unwürdigen Liebhabers, um ein schreckliches Unheil auf ein Weib zu wälzen, welches keine Hilfe fand und unverteidigt verurteilt werden konnte. „Versuche von Euthias, etwas von dem, was du ihm gegeben hast, beizutreiben," schreibt die liebenswürdige Bacchis an ihre Freundin Myrrhina, „und du wirst sehen, ob du nicht angeklagt wirst die Flotte angebrannt zu haben oder den Grundgesetzen des Staates ungehorsam geworden zu sein!" Es war eben dieser elende Euthias, der die schöne Phryne der Gottlosigkeit anklagte, aber der Anwalt Hyperides fürchtete sich nicht die Verteidigung dieser Dirne zu übernehmen, welche ihn gut bezahlte, als er ihre Freisprechung bewirkt hatte. „Dank sei den Göttern," schrieb ihm naiv Bacchis in Folge dieses denkwürdigen Prozesses, „unser Stand ist anerkannt worden durch die Lösung dieses unbilligen Prozesses. Du hast das heiligste Recht auf die Erkenntlichkeit aller Dirnen erlangt. Wenn du noch einwilligst die Rede aufzuzeichnen und zu veröffentlichen, welche du für Phryne gehalten hast, verpflichten wir uns dir ein goldenes Standbild an dem Orte Griechenlands aufzustellen, welchen du wählen wirst." Die Geschichte sagt nicht, ob Hyperides seine Verteidigungsrede veröffentlichte, und ob die Dirnen sammelten, um ihm in irgend einem Tempel der Venus-Pandemos oder der Venus-Peribasia ein goldenes Standbild zu errichten. Eine gegen eine einzelne Dirne erhobene Anklage verbreitete also Schrecken unter dem ganzen Stande, dem die Angeklagte angehörte, denn diese Anklage bezweckte kaum nur eine Erpressung. Eine alte Dirne, mit Namen Theokris, die sich auch mit Magie und Verfertigung von Liebestränken beschäftigte. wurde auf Anzeige des Demosthenes zum Tode verurteilt, weil sie den Sklaven geraten habe ihre Herren zu betrügen und ihnen auch die Mittel hierzu gesagt habe. Und doch war gerade diese Theokris als Priesterin in einem Venustempel angestellt. Es war gelegentlich des Prozesses der Phryne, dass Bacchis in folgenden Worten auf dies Ereignis zurückkam: „Wenn wir deshalb, weil wir nicht das Geld erlangt haben, welches wir von unseren Liebhabern forderten, und weil wir unsere Gunst denjenigen gewähren, welche uns anständig bezahlen, der Gottlosigkeit gegen die Göttin schuldig sind, dann dürfen wir auf alle Vorteile unseres Gewerbes verzichten und keinen Handel mehr mit unseren Liebkosungen treiben."

Die Anklage der Gottlosigkeit war die häufigste gegen die Dirnen, und diese Anklage war um so fürchterlicher, als sie sich nur auf unbestimmte und leicht zu entstellende Dinge bezog. Die Dirnen erfüllten in gewissen Tempeln und bei bestimmten Festen die Funktionen von Priesterinnen, nichtsdestoweniger konnte ihre Anwesenheit in einem Tempel als Gottlosigkeit betrachtet werden: „Es ist nicht erlaubt," sagt Demosthenes in seiner Rede gegen Neära, „es ist einem Weibe, das man bei einem Ehebruch ertappt hat, nicht erlaubt, in unsere Tempel einzutreten, obgleich unsere Gesetze einem Fremden und einer Sklavin den Aufenthalt darin gestatten, sei es nur der Schaulust wegen, sei es, um darin zu beten. Die des Ehebruchs überführten Frauen sind es allein, denen der Eintritt in die Tempel untersagt ist." Vor Demosthenes hatte der Redner Isäus, welcher der Lehrer dieses grossen Redners war, über denselben Gegenstand vor Gericht gesprochen und feierlich erklärt, das ein öffentliches Weib, das aller Welt zur Verfügung stehe, und deren ganzes Leben eine Kette von Ausschweifungen sei, weder ohne Gottlosigkeit in das Innere eines Tempels eintreten noch bei den geheimen Mysterien des Kultus helfen könne. Diese unglücklichen Weiber sahen sich so unablässig unter dem Vorwande der Gottlosigkeit den richterlichen Verfolgungen ausgesetzt, sie waren sozusagen vogelfrei, und der Areopag, vor welchem man sie auf Antrieb ihrer mächtigen Feinde schleppte, machte sich über ihre Verurteilung ebensowenig Gewissensbisse, als über ihre Freisprechung. Ein Beschluss des Areopag hatte den Dirnen und Sklavinnen verboten feierlichen Spielen entnommene Namen zu führen, und dennoch gab es zu Athen eine Dirne, welche sich Nemäa nennen liess, weil ihr Geliebter sich bei den Nemäischen Spielen ausgezeichnet hatte, und vielleicht auch, weil sie sich selbst unter dem Schutze des Herkules gefiel. Allein der Areopag liess sie walten und sprach ihr nicht einen Namen mit so guter Vorbedeutung ab. Ein anderer Beschluss des Areopag hatte den Dirnen gleichfalls verboten die Feste des Gottes gleichzeitig mit den Matronen und freien Weibern oder Bürgerinnen zu feiern. Bei den Aphrodisien jedoch vermischten sich, wie Athenäus, auf das Zeugnis des Dichters Alexis gestützt, erzählt, die freien Weiber mit den Dirnen zu Tisch bei den öffentlichen Festschmäusen, welche der Venus zu Ehren gefeiert wurden. Also heftete sich die Gottlosigkeit überall und immer den Dirnen an, auf Schritt und Tritt, welche ihren Schlingen nur durch Glück oder vielmehr durch List entgingen. Diese schwierige Lage, die man ihnen bereitete, um Herr über sie zu sein, macht die Zahl und den Reichtum der Opfer verständlich, welche sie den Göttern weihten, um deren Schutz zu erlangen.

Das Gesetz ersparte den Dirnen keine Erniedrigung. Die Kinder welche sie gebaren, ebenso wie die Kinder der Konkubinen, teilten ihre Schmach. Es war diese Geburt ein Flecken, von dem man sich nur reinigen konnte, wenn man dem Staate rühmlich gedient hatte. Die persönliche Lage der Dirnen unterscheidet sich wesentlich von derjenigen der Konkubinen, und doch war das Schicksal der Kinder beider fast gleich. Die Bastarde sahen sich, wer immer ihre Mutter war, (und die Zahl der Bastarde war in Athen, der Zahl der Dirnen entsprechend, sehr gross) von der freien Bevölkerung ausgeschlossen: sie hatten zwar keine besondere Kleidung unterscheidende Abzeichen, aber schon in ihrer Kindheit spielten sie und übten sie sich auf einem Felde, das zum Tempel des Herkules gehörte, den man als den Gott der unehelichen Abkunft betrachtete. Wenn sie das Mannesalter erreicht hatten, besassen sie keine Fähigkeit zu erben, sie hatten kein Recht vor dem Volke zu sprechen, sie konnten keine Bürger werden. Endlich waren die Bastarde der Dirnen (Plutarch erwähnt diese Thatsache in seinem Leben des Solon), um die Schmach voll zu machen, nicht verpflichtet, die Urheber ihres Daseins zu ernähren. Der Sohn war zu keiner Sohnespflicht gegen seinen Vater und seine Mutter gehalten, weil diese gleichfalls keine Vater- oder Mutterpflichten gegen ihn zu erfüllen hatten. Daraus wird verständlich, warum die meisten Mädchen ihre neugeborenen Kinder auf der Strasse aussetzten und sie so dem Staate anvertrauten, der gegen sie weniger stiefmütterlich war. Diese Kinderaussetzungen waren so gewöhnlich, dass die ehrenwerte Ausnahme auffällt, welche Lucian in seinen Hetärengesprächen eine seiner Heldinnen machen lässt, die zu ihrer Genossin sagt: „Er muss mir mein Kind ernähren, denn glaube nicht, dass ich das aussetzen werde, mit dem ich niederkomme.“ Unter dem Archontenamte des Euklid liess der Redner Aristophon ein Gesetz publizieren, dass jeder für einen Bastard erklärt werden solle, der nicht nachweisen könne, dass er von einem freien Weibe oder einer Bürgerin geboren sei. Später brachte ihn, um ihn wegen dieser Härte gegen die Bastarde aufzuziehen, der Komödiendichter Kalliades auf die Bühne und stellte ihn selbst als den Sohn der Dirne Chloris dar.

Als Solon die Prostitution regelte, hatte er heilsame Dämme angelegt und sich vorgenommen die elenden Wollustkünstler fernzuhalten, welche sich ein schändliches Gewerbe daraus machten, die Mädchen und Knaben zu verderben. Es bestand also ein Gesetz hinsichtlich der Prostitution, welches uns nur aus der Anführung bekannt ist, welche Aeschines in einem seiner Dialoge macht: „Wer an einem junge Manne oder an einem Weibe, die dem freien Stande angehören, zum Kuppler wird, soll mit dem Tode bestraft werden!“ Bald aber milderte man dieses Gesetz und erfand Mittel, die seinen wahren Charakter entstellten; und zwar so, dass die Todesstrafe durch eine Geldbusse von zehn Drachmen ersetzt wurde, während die Strafe für den Diebstahl oder den Raub eines freien Weibes hundert Drachmen betrug. Man behielt die Todesstrafe nur im Wortlaut des Gesetzes bei, und so wurden selbst, wie Plutarch berichtet, die verdorbenen Weiber, welche ein öffentliches Gewerbe daraus machten die Lüstlige mit Maitressen zu versorgen, nicht unter die Art von Schuldigen gerechnet, welche dieses Gesetz treffen musste. Es war gegenstandslos, dass Aeschines die Anwendung eines Gesetzes forderte, welches niemals vollständig durchgeführt war. Es war in der That sehr schwer die Grenze zu ziehen, wo das Verbrechen begann, hinsichtlich dessen dieses schreckliche Gesetz aufgestellt worden war, denn der Brauch berechtigte in Griechenland einen Liebhaber eine Maitresse mit sich zu nehmen, vorausgesetzt, dass diese damit einverstanden war, und ihre Eltern kein Hindernis in den Weg legten. Es genügte also, wenn man zuvor die Einwilligung des Vaters oder der Mutter eines Mädchens, welches man besitzen wollte, sich verschaffte Man gewann sie also im Voraus an dem Tage, an welchem die Entführung stattfinden sollte, und sie leisteten nur zum Scheine Widerstand. Wenn ein junges Mädchen oder dessen Mutter von einem Manne ein Geschenk empfangen hatte, so wurde dieses Mädchen nicht mehr als Jungfrau angesehen, seine Jungfräulichkeit mochte immerhin unberührt sein, aber man schuldete ihr weder mehr dieselbe Rücksicht noch dieselbe Achtung, als wenn sie bereits mit der Prostitution ihres Körpers den Anfang gemacht hätte.

Der Areopag, welcher über die Dirnen und ihre verhassten Schmarotzer zu Gericht sass, wenn ein Verbrechen ihm durch die Stimme des Volkes oder eines Bürgers gemeldet worden war, geruhte nicht, sich mit den einfachen Vergehen zu beschäftigen, welche diese unreine den schlechten Sitten gewidmete und den strengsten Vorschriften der Polizei unterworfene Bevölkerung begehen konnte. Die Kenntnisnahme von den Vergehen, welche bei der Ausübung der Prostitution vorkamen, gehörte sicher vor die untergeordneten Aufsichtspersonen der Verwaltung und der Polizei. Diese mussten auf die Einhaltung der Vorschriften betreffs der Kleidung, welche die Dirnen tragen mussten, der Orte, die zu ihrem Aufenthalte und ihren Spaziergängen bestimmt waren, der Steuern, welche ihr schimpfliches Gewerbe trafen, und endlich auf alle Gebräuche ihres öffentlichen Auftretens Obacht geben.

VI. Kapitel.

Die Griechen.

III.

Die verschiedenen Arten der Dirnen Athens. — Die Dicteriaden, die Auletriden, die Hetären. — Pasiphaë. — Verschiedener Rang der Weiber von schlechtem Lebenswandel. — Demosthenes gegen die Dirne Neära. — Beträchtliche Steuereinnahme von der Prostitution. — Der Pornikontelos vom Staate an Spekulanten verpachtet. — Die Kollekteure des Pornikontelos. — Stunden, zu denen die Dirnen ausgehen durften. — Der Hafen Piraeus zum Feld der Prostitution bestimmt. — Der Keramikos, der Markt der eleganten Prostitution. — Einzig dastehende Sitte: Schändung der Gräber des Kerameikos. — Der Hafen Phaleron und der Marktflecken Skiron. — Der grosse Platz des Piraeus. — Themistokles von vier Hetären an Stelle von Pferden gezogen. — Unzüchtige Zeichen der Bordelle. — Die kleinen Mietshäuser der Hetären — Brief der Panope an ihren Gatten Euthibul. — Sittenpolizeiliche Vorschriften betreffs der Kleidung der Prostituierten. — Das geblümte Kostüm der Dirnen Athens — Luxusgesetze. — Kostüm der Dirnen Spartas. — Schreckliches Gesetz des Zaleucus, Schülers des Pythagoras, gegen den Ehebruch. — Suidas und Hermogenes. — Luxusgesetz des Philipp von Macedonien. — Gewöhnliches Kostüm der Athener

von Rang. — Kostüm der Dirnen in Sparta. — Unterschied dieses Kostüms von dem der Weiber und Töchter der Spartiaten. — Charakteristischer Geschmack der griechischen Dirnen. — Gesetzliche Herabwürdigung der Weiber, die sich zu Dienerinnen der Prostitution machten. — Gewöhnliche Verderbtheit dieser Dienerinnen.

Die Dirnen Athens bildeten mehrere Klassen, welche sich in der Weise von einander unterschieden, dass sogar die Sittengesetze, welche sie in Ordnung hielten, sich in ihrer Fassung den verschiedenen Arten der Freudenmädchen anpassen mussten. Es gab drei Hauptarten, die sich in mehr oder weniger gleiche Unterarten weiterteilten: Die Dicteriaden, die Auletriden und die Hetären. Die ersteren waren gewissermassen die Sklavinnen der Prostitution, die zweiten waren ihre Helferinnen, die dritten endlich ihre Königinnen. Es waren Dicteriaden, die Solon in die öffentlichen Freudenhäuser sammelte, wo sie für einen gewissen, vom Gesetzgeber bestimmten Preis jedem gehörten, der in ein solches Haus eintrat, das man Dicterion nannte zum Andenken an Pasiphaë, die Gemahlin des Minos, des Königs von Kreta (Dictae), die sich in den Leib einer ehernen Kuh einschliessen liess, um in dieser Umhüllung die Liebkosungen eines wirklichen Stieres zu empfangen. Die Auletriden oder Flötenspielerinnen hatten ein freieres Leben, weil sie die Festgelage besuchten um ihre Kunst auszuüben, wenn man sie dazu gerufen hatte; sie drangen also ins Innere der Wohnungen ein und nahmen teil am Privatleben der Bürger; ihre Musik, ihre Gesänge und ihre Tänze hatten allein den Zweck die Sinne der Gäste aufzureizen und zu entflammen, welche sie bald an ihrer Seite sich setzen liessen. Die Hetären waren ohne allen Zweifel Dirnen, welche Handel mit ihren Liebkosungen trieben, sich schamlos jedem preisgaben, der sie bezahlte, aber sie bewahrten sich doch noch einen bestimmten Rest von freiem Willen, sie verkauften sich nicht dem ersten besten, sie liessen Gunst und Hass walten, sie verzichteten niemals auf ihre freie Entscheidung, sie gehörten nur dem, der ihnen zu gefallen oder angenehm zu sein gewusst hatte. Uebrigens konnten sie sich durch ihren Geist, ihre Bildung und ihren ausgesuchten Geschmack oft mit den hervorragendsten Männern Griechenlands auf gleichen Fuss stellen.

Diese drei Klassen von Dirnen hatten unter sich nicht die geringsten Beziehungen, es sei denn allein der Zweck ihres Gewerbes: sie dienten alle drei zur Befriedigung der sinnlichen Gelüste der Athener, vom edelsten bis zum geringsten. Es gab Unterschiede in der Prostitution wie im Volke selbst, und die stolze Hetäre des Keramikos unterschied sich ebenso von der gemeinen Dicteriade des Piräus, wie der schönheitsstrahlende Alkibiades sich von einem dicken Lederhändler unterschied. Wenn wir nur wenige und unvollkommene Dokumente über die gesetzlichen Bestimmungen besässen, welche die Wollust in Athen regelten, so könnten wir sie leicht durch eigene Schlussfolgerungen vervollständigen, wenn wir die verschiedenen Lebensweisen der Weiber vergleichen, die mit ihrem Körper Handel trieben. Die Hetären, diese reichen und mächtigen Damen, welche unter ihre Anbeter Heerführer, Staatsbeamte, Dichter und Philosophen zählten, unterstanden fast nur dem Areopag. Die Auletriden und Dicteriaden hingegen waren für gewöhnlich Subalternbeamten unterstellt, die Dicteriaden, die einer Art schimpflicher Sklaverei unterworfen waren, aber nur dann, wenn sie sich überhaupt das Recht bewahrt hatten ausserhalb der Mauern ihrer gemeinen Gefängnisse Richter zu haben. Die meisten Dicteriaden und Auletriden waren Fremde, gewöhnlich von dunkler und unfreier Geburt; und wenn doch einmal eine Athenerin durch Unglück, eigene Schuld oder Thorheit in diese verworfene Klasse von Dirnen sank, so hatte sie auf ihren Namen, ihren Rang und ihr Vaterland verzichtet. Die griechische Hetäre hingegen, die nicht derselben Schande unterworfen war, bestand bisweilen darauf ihren Titel als Bürgerin zu bewahren, und es bedurfte nichts geringeres als eines Urteiles des Areopag um ihn ihr zu nehmen. Als Demosthenes seine Rede gegen die Hetäre Neära hielt, rief er mit Unmut aus: „Ein Weib, das sich den Männern überlässt, das überallhin denen folgt, die es bezahlen, wessen ist die nicht fähig? Muss sie sich nicht jedem Verlangen derjenigen fügen, denen sie sich preisgiebt? Ein solches Weib, das öffentlich und allgemein im ganzen Lande als Dirne bekannt ist, soll, wie ihr es haben wollt, eine Bürgerin sein?“

Es scheint, als ob alle Dirnen, gleich welcher der drei Klassen sie angehörten, als einem öffentlichen Dienste geweiht und unter absoluter Abhängigkeit vom Volke stehend betrachtet wurden, denn sie durften das Gebiet der Republik nicht verlassen, ohne die Erlaubnis dazu nachgesucht und erhalten zu haben. Diese Erlaubnis gewährten die Archonten oft nur unter Bedingungen, welche eine grosse Sicherheit für ihre Rückkehr boten. In gewissen Umständen wurde die Genossenschaft der Dirnen als für den Staat nützlich und nötig erklärt. Und in der That hatten sie sich in Athen und Attika bald in dem Masse vermehrt, dass die Steuer, die jede alljährlich an die Staatskasse zahlen musste, für diese eine beträchtliche Einnahme bildete. Diese Sondersteuer (pornikotelos), die uns der Redner Aeschines als sehr alt darstellt, ohne ihre Einführung dem Solon zuzuschreiben, wurde alljährlich an Spekulanten verpachtet, welche die Mühe übernahmen sie zu erheben. Für die Zahlung dieser Umlagen erkauften die Dirnen das Recht der Duldung und des öffentlichen Schutzes. Man begreift, dass eine derartige Steuer zunächst die edle und schamhafte Gesinnung der tugendhaften Bürger verletzte, aber man gewöhnte sich schliesslich daran, und die städtische Verwaltung errötete nicht, oft aus dieser schimpflichen Geldquelle zu schöpfen. Die Pächter dieser Steuer vernachlässigten natürlich nichts um möglichst viel Gewinn herauszuschlagen. Man darf also annehmen, dass sie eine

Menge Luxusverordnungen erfanden, welche den Vorteil hatten die alten Geldstrafen zu häufen und neue zu schaffen. Die Dirnen und die Einnehmer des pornikotelos waren beständig in Fehde: Die Erpressungen der einen schienen in demselben Masse zuzunehmen, als die Fügsamkeit der anderen resignierter wurde. Und so wuchs alljährlich die Prostitution im gleichen Verhältnis mit dem Erträgnisse ihrer Steuer.

Athenäus behauptet bestimmt, dass die öffentlichen Weiber, wahrscheinlich nur die Dicteriaden, nicht eher ihre Wohnung verlassen durften, bis die Sonne untergegangen war, zu einer Zeit also, wo eine Matrone nicht mehr wagen durfte, sich auf den Strassen zu zeigen, ohne ihren Ruf preiszugeben. Aber man darf diese Stelle des Athenäus nicht wörtlich nehmen, denn alle Dirnen, welche im Piraeus wohnten, also ausserhalb der Mauern der Stadt, ergingen sich Abends und Mittags am Hafen. Es ist möglich, dass diese Weiber nur am Ende des Tages in die Stadt gelassen wurden, um daselbst ihre Einkäufe zu machen, aber nicht um sich darin preiszugeben, wenn das Dunkel sie mit einem keuschen Schleier bedeckte. Auf keinen Fall aber durften sie nachts in das Innere der Stadt gehen, und sie zogen sich eine Strafe zu, wenn man sie nach einer bestimmten Stunde noch dort antraf. Es war ihnen also verboten, inmitten des Aufenthaltes der friedlichen Bürger einen Akt der Wollust zu begehen. Diese Sitte bestand in den Städten des Orients seit dem frühesten Altertume, und sie hielt sich in Athen, solange der Areopag die legale Prostitution in Grenzen hielt. Der Hafen Piraeus war dieser Prostitution als Feld bestimmt worden. Er bildete eine Art Stadt, zusammengesetzt aus Fischerhütten, Waarenlagern, Kneipen, Bordellen und kleinen Lusthäuschen. Die ewig wechselnde Bevölkerung dieses Vorortes Athens bestand aus Fremden, Lüstlingen, Spielern und Müssiggängern; dies war für die Dirnen eine gewinnbringende und treue Kundschaft. Sie wohnten unter ihren gewöhnlichen Dienern und brauchten nicht in der Stadt Abenteuer unter den strengen Augen der Obrigkeit und der Matronen zu suchen. Sie befanden sich wunderbar wohl im Piraeus und strömten dorthin von allen Ländern der Welt zusammen. Dieser Andrang, welcher den Interessen aller schädlich war, veranlasste einige von ihnen den Schauplatz ihrer Promenaden zu verlegen: die stolzesten und glücklichsten näherten sich Athen und stellten sich auf dem Keramikos zur Schau.

Der Keramikos, dessen sich die Hetären bemächtigten, indem sie den Piraeus den Flötenspielerinnen und den Dicteriaden überliessen, war nicht der schöne Stadtteil von Athen, welcher seinen Namen von Keramos, dem Sohne des Bacchus und der Ariadne ableitete, sondern es war eine Vorstadt, welche den Garten der Akademie und die Grabmäler derjenigen Bürger einschloss, die mit den Waffen in der Hand gefallen waren. Er breitete sich längs der Umfassungsmauer vom Thore des Keramikos bis zum Thor Dipylon aus; daselbst gewährten grünende Baumgruppen und mit Statuen und Inschriften gezierte Säulengänge erfrischenden Schutz gegen die Hitze des Tages. Die Dirnen der obersten Ordnung kamen dahin um zu promenieren oder sich an irgend einem Platze hinzusetzen, welchen sie sich anmassten, als ob sie ihn von den erlauchten Toten, welche daselbst ruhten, erobert hätten. Er wurde bald der anerkannte Markt der eleganten Prostitution. Man ging hierhin, um sein Glück zu versuchen, man machte daselbst Bekanntschaften, man gab sich daselbst Rendezvous, man trieb endlich daselbst Liebeshändel. Wenn ein junger Athener eine Hetäre bemerkt hatte, deren Gunst er geniessen wollte, schrieb er an die Mauer des Keramikos den Namen dieser Schönen unter Hinzufügung einiger schmeichelhafter Epitheta. Lucian, Alkiphron und Aristophanes machen Andeutungen von diesem wunderlichen Gebrauche. Die Dirne schickte ihren Sklaven aus, welcher die am Morgen angeschriebenen Namen lesen musste, und wenn der ihrige sich darunter befand, brauchte sie sich nur in der Nähe dieser Inschrift aufzustellen, um anzudeuten, dass sie gesonnen sei, einen Liebhaber anzunehmen. Dieser brauchte sich nur mehr zu zeigen und seine Bedingungen zu stellen, welche allerdings nicht immer angenommen wurden, denn die Hetären von Ruf hatten nicht alle dieselbe Taxe, und sie erlaubten sich bisweilen, ihre Launen zu haben. Dann hatten die Liebeserklärungen keinen anderen Erfolg, als diejenigen in Verlegenheit zu bringen, welche sie gemacht hatten. Es ist leicht einzusehen, dass die Dirnen sich durch eine derartige Weigerung und Verachtung unversöhnliche Feinde schufen.

Die Dicteriaden und die Flötenspielerinnen, sowie die Hetären der untersten Ordnung versuchten, als sie sahen, dass die vorteilhaftesten Galanterien auf dem Keramikos in Scene gingen, ebenfalls dorthin zu kommen, oder wenigstens sich ihm zu nähern; sie verliessen allmählig den Hafen Piraeus, den Hafen Phaleron, den Flecken Skiron und die Umgegend Athens um den Platz den Hetären der Aristokratie streitig zu machen, die ihren Markt weiter rückwärts verlegten und schliesslich in der Stadt ihre Zuflucht nahmen. Die Gesetze, welche ihnen verboten, daselbst in Dirnenkleidung zu erscheinen, wurden in der Praxis abgeschafft, da man doch aufhörte, sie in Anwendung zu bringen. Man sieht also die verächtlichsten Dirnen die Zugänge der Porta Dipylon anfüllen und daselbst ihren schändlichen Handel ruhig treiben. Die schattigen Laubgänge und Rasenflächen des Keramikos, welche die Grabmäler umgaben, begünstigten nur zu sehr die Ausübung der Prostitution, welche sich dieses berühmten Friedhofes bemächtigt hatte. „Es ist dort am Thore des Keramikos,“ sagt Hesychius, „wo die Dirnen ihre Hütten aufgeschlagen haben.“ Lucian spricht sich auf folgende Weise aus: „In der Ecke des Keramikos, rechts vom Thore Dipylon ist der grosse Markt der Hetären.“ Man verkaufte und kaufte zu jedem Preise, und oft überliess sich die Verkäuferin gleich auf der Stelle, im Schatten irgend einer Marmorsäule, welche einem berühmten Bürger, der auf dem Schlachtfelde geblieben war, errichtet wurde, ihrem

Käufer. Abends, unter dem Schutze der Dunkelheit, bot die blanke Erde oder ein Laublager eine beständige Arena für die schändlichen Kämpfe der Wollust, und nicht selten hatte ein verspäteter Wanderer, welcher in einer mondlosen Nacht über den Keramikos schritt und längs des Gartens der Akademie seine Schritte beschleunigte, geglaubt, die Manen um die entweihten Grabmäler herum seufzen zu hören.

Die Einwanderung der öffentlichen Dirnen in den Keramikos hatte aber den Piraeus nicht völlig entvölkert, es blieb noch eine grosse Zahl derartiger Weiber in dieser gewaltigen Vorstadt, welche ihre Bewohner aus den Reisenden und Kaufleuten aller Teile der damals bekannten Welt zusammensetzte. Es gab deren selbst im Hafen Phaleron und im Flecken Skiron, wohin ebensoviele Dirnen wie Fremde strömten. Ihr Hauptcentrum war ein grosser Platz, welcher sich nach dem Hafen öffnete und zugleich eine Aussicht auf die Burg gewährte. Dieser Platz, der von Häuschen umgeben war, in denen man nur Würfelspieler, Langschläfer und verkommene Philosophen erblickte, füllte sich gegen Anbruch der Nacht mit einer Menge Weiber, welche fast alle aus dem Auslande stammten. Die einen waren verhüllt, die anderen halbnackt, alle aber riefen, entweder stehend und unbeweglich, manche auch sitzend, oder laufend und umherjagend, schweigend oder stichelnd, frech oder bescheiden, die Wünsche der Vorübergehenden an. Der Tempel der Venus-Pandemos, den Solon an dieser Stelle errichtet hatte, schien die Aufsicht über den Handel, der daselbst getrieben wurde, zu führen. Wenn die Dirnen einen Widerstrebenden überwinden wollten, wenn sie einen höheren Preis erzielen wollten, wenn sie Handgeld haben wollten, immer riefen sie Venus unter dem Namen Pitho an, obgleich diese Pitho in der griechischen Mythologie eine von der Venus vollständig verschiedene Göttin war: man vermengte sie eine mit der anderen, gerade als ob man andeuten wollte, dass die Ueberredung von der Liebe untrennbar wäre. Schliesslich konnte man im Heiligtume des Tempels die Marmorstatuen beider Göttinnen glänzen sehen, welche darin mitten in ihrem Liebesreiche aufgestellt waren. Es wurden wohl auch die Verträge, welche man im Namen der Venus und ihrer Genossin eingegangen war und geschlossen hatte, sodann unter der Thür des Tempels, oder am Meeresstrande, oder auch am Fusse der langen Mauer, welche Themistokles gebaut hatte, um den Piraeus mit der Stadt Athen zu verbinden, unterzeichnet.

Der Name des Piraeus und des Keramikos waren von so gutem Klange in der Prostitution und der Hetärenwelt, dass Themistokles, der Sohn einer Dirne, selbst seine Geburt schamlos öffentlich ausposaunte, indem er vom Piraeus zum Keramikos in einem herrlichen Wagen spazieren fuhr, welcher anstatt von Pferden, von vier Dirnen gezogen wurde. Athenäus erzählt diese unglaubliche Geschichte nach dem Zeugnis des Idomeneus, welcher selbst daran zweifelte. Mehrere Erklärer haben in dieser von Athenäus herrührenden Stelle nicht ein Viergespann von Dirnen gesehen, sondern sie meinen, es hätten Dirnen zu beiden Seiten des Themistokles in der Quadriga gesessen. Wir werden also im Zweifel sein, ob wir gegen Athenäus selbst aufrecht erhalten sollen, dass Themistokles ein so wunderliches Ding, Dirnen als Vorspann des Wagens zu benutzen, ausgedacht habe. Ausser den Ausschweifungen unter freiem Himmel, kamen im Piraeus auch solche vor, welche sich hinter geschlossenen Thüren abspielten. Das grosse Dicterion, welches Solon nahe beim Tempel der Pandemos gegründet hatte, hatte bald nicht mehr den Bedürfnissen der sittlichen Verderbnis genügt. Eine Menge andere waren aufgethan worden ohne einen Verstoss gegen die Gesetze zu begehen, welche ihnen ihren Schutz gewährten, und welche die Prostitution an Spekulanten verpachtete. Die Bordelle, welche man bei jedem Schritte in den Strassen des Piraeus und der anderen Vorstädte antraf, machten sich durch ihre Zeichen kenntlich, welche überall dieselben waren und sich nur durch ihre Grösse unterscheiden: es war immer das obscöne Attribut des Priap, welches die schlechten Orte charakterisierte. Es war also unmöglich darin einzutreten, ohne laut zu bekennen, dass man einen solchen Ort gesucht habe. Ein griechischer Philosoph bemerkte einst einen Jüngling, welcher sich in eine dieser Höhlen schleichen wollte, er rief ihn bei seinem Namen, und als der junge Mann errötete und seinen Kopf senkte, rief ihm der Philosoph zu: „Mut! Dein Erröten ist der Anfang der Tugenden!" Ausser den öffentlichen Häusern gab es daselbst auch Häuschen. welche die Hetären mieteten um darin ihr Gewerbe zu treiben. Sie wohnten nicht beständig in denselben, sondern verweilten nur einige Tage und Nächte mit ihren Freunden darin. Es fanden in diesen Unterkunftstätten der Wollust auch Schmäuse, Tänze und Musikaufführungen statt, zu denen man nur zugelassen wurde, wenn man seinen Teil bezahlte Alkiphron hat einen Brief der Panope an ihren Gatten Euthibul angeführt: „Dein Leichtsinn, deine Unbeständigkeit, dein Hang zum Vergnügen bringen dich dahin mich zu vernachlässigen, ebenso wie deine Kinder, damit du dich ganz der Leidenschaft überlassen kannst, welche die Galene, diese Fischertochter, dir einflösst, die von Hermione gekommen ist um ein Häuschen zu mieten und ihre Reize am Piraeus zur Schau zu stellen, wo sie zum Nachteil der gesammten armen Jugend Handel damit treibt. Die Ehemänner gehen zu ihr, um mit ihr zu buhlen, sie überhäufen sie mit Geschenken, welche sie nie zurückweist, sie ist ein Abgrund, der alle verschlingt."

Die Sittenpolizei, welche den schmachvollen Handel der Prostitution auf gewisse Stadtteile beschränkte, hatte sie zu der schmählichen Verpflichtung gezwungen, wie die Sklaven bestimmte Kleidung zu tragen, welche den Zweck hatte, sie überall kenntlich zu machen. Die Kleiderordnung für die Prostituierten scheint in allen Städten Griechenlands, sowie in denen der Kolonien, bestanden zu haben. Es waren bestimmte Farben vorgeschrieben, welche in gewisser Beziehung den öffentlichen Argwohn auf die Weiber lenkten, welche sie trugen, aber diese Farben waren verschieden zu Athen, zu Sparta, zu Syrakus oder sonstwo. Er war wahrscheinlich Solon, der zuerst den Sklavinnen, welche er der Prostitution weihte, ein besonderes Kleid bestimmte. Dieses Kostüm war voraussichtlich grellfarbig gestreift, weil die Weiber, welche der Gesetzgeber zum Gebrauche der Republik aus dem Oriente hatte holen lassen, sich zunächst in ihr Nationalkostüm gekleidet gezeigt hatten, also in verschiedenfarbigen Woll- und Seidenstoffen. Das Gesetz des Solon war also nur die Sanktionierung eines alten Brauches, und der Areopag bestimmte, als er dieses Gesetz formulierte, dass die Dirnen künftighin geblümte Kleider tragen sollten. Daher kamen wohl die verschiedenen Arten von Kleidung, welche jede ihrem Geschmacke anzupassen sich angelegen sein liess, je nachdem sie den Wortlaut des Gesetzes auslegte. Nach den Einen durften sie öffentlich nur erscheinen mit Kränzen und Gewinden von Blumen; nach Anderen mussten sie auf ihre Kleider gemalte Blumen tragen; bald begnügten sie sich mit einem Blumenaufputz von schreienden Farben, bald bekleideten sie sich mit Purpur und Gold: sie glichen Körbchen mit frischen Blumen. Aber die Kleiderordnung setzte diesem zügellosen Luxus Grenzen, sie verbot ihnen einfarbige Kleider zu tragen, kostbare Stoffe zu verwenden, wie zum Beispiel Scharlach, und Goldschmuck anzulegen, wenn sie ihre Häuser verliessen. Das Verbot von Purpurgewändern und Goldschmuck war aber nicht für die Dirnen aller Städte Griechenlands geltend, denn in Syrakus war es nur anständigen Frauen verboten Kleider mit Pupurkanten und buntschreienden Farben und Goldschmuck zu tragen, Dinge, welche der Prostitution als Aushängeschild dienten. In Sparta bestanden dieselben Verbote für die Weiber von Stand: „Ich lobe die alte Stadt der Lakedämonier," sagt der heilige Clemens von Alexandria (Paedagog. lib. II. cap. X.) „die den Dirnen erlaubte geblümte Gewänder und goldenes Geschmeide zu tragen, während sie den Eheweibern den Toilettenluxus verbot, welchen sie nur den Dirnen zuerteilte." Athenäus giebt im 25. Buche seiner Historien eine Stelle des Philarchus an, der ein ähnliches Gesetz, welches bei den Syrakusaern bestand, verbürgt. Zusammenstellung mehrerer Farben, Purpurbänder und Goldstickereien waren die Bestandteile des Gewandes, welches die syrakusanische Dirne zu tragen verpflichtet war

Wir sahen schon oben, dass sich die Dirnen der Bibel seit dem grauesten Altertume mit Blumen und leuchtenden Stoffen putzten: Solon stellte sich also nur in Einklang mit den Sitten des Orients, als er den Dirnen vorschrieb ihr orientalisches Kostüm beizubehalten. Zaleucus, der Gesetzgeber der Lokrer that nichts anderes, als dem System des Solon zu folgen, als er die Prostituierten einer griechischen Kolonie zwang als Zeichen ihrer Schande gleichfalls geblümte Kleider zu tragen, wie uns Diodorus Siculus berichtet. Zaleucus, ein Schüler des Pythagoras, war ziemlich wenig nachsichtig gegen die sinnlichen Leidenschaften, und wenn er die Prostitution unter beschimpfenden Bedingungen duldete, so geschah dies nur um keine Entschuldigung für den Ehebruch aufkommen zu lassen, den er bestrafte, indem er dem Schuldigen Teile die Augen ausstechen liess. Suidas spricht in seinem Lexikon von geblümten Dirnen, das soll nach seiner eigenen Erklärung heissen: „bekleidet mit geblümten Gewändern, welche buntfarbig zusammengestellt, oder mit verschiedenen Farben bemalt waren, denn es bestand ein Gesetz in Athen, welches den Prostituierten befahl geblümte Kleider zu tragen, mit Blumen oder verschiedenen Farben geschmückt, damit dieser Putz die Dirnen auf den ersten Blick kenntlich mache." Es ist anzunehmen, dass die Dirnen Athens sich mit Rosen bekränzt zeigten, als die Goldkränze ihnen bei Strafe einer Geldbusse verboten waren: „Wenn eine Dirne," sagt der Rhetor Hermogenes in seiner Rhetorik, „Goldschmuck trägt, soll dieser Schmuck zu Vorteil des Staates eingezogen werden." Man konfiszierte in derselben Weise wie die Goldkränze auch die goldgestickten Gewänder, welche eine Dirne öffentlich zu tragen wagte. Ein Gesetz Philipps von Makedonien setzte eine Busse von tausend Drachmen, etwa achthundert Mark unserer Münze, für die Dirne fest, welche sich den Anschein einer Fürstin gab, indem sie ein goldenes Diadem trug. Diese Kleiderordnungen wurden ohne Zweifel nur selten angewandt, und die reichen Hetären, die gelehrt und gebildet wie Königinnen Griechenlands waren, hatten sicher nichts von diesen Polizeivorschriften zu fürchten, denen allein die Dicteriaden und Auletriden mit aller Strenge unterworfen waren.

Die gewöhnliche Kleidung der Athenerin von Stand unterschied sich wesentlich von derjenigen der Fremden von schlechter Lebensführung. Diese Kleidung, gleichzeitig vornehm und züchtig, setzte sich aus drei Kleidungsstücken zusammen, der Tunika, dem Untergewand und dem Mantel. Die weisse Tunika, aus Linnen, oder Wolle gefertigt, wurde mit Knöpfchen auf den Schultern geschlossen, sie wurde unter dem Busen mit einem breiten Gürtel zusammen gehalten und fiel in wallenden Falten bis auf die Füsse herab. Das Unterkleid, kürzer als die Tunika, befestigte man um die Hüften durch ein breites Band, an seinem unteren Ende war es, wie die Tunika, von Streifen oder Kanten von verschiedenen Farben eingefasst; bisweilen wurde es mit Aermeln versehen, die einen Teil des Armes bedeckten. Der Mantel von Tuch, bald in Form einer Schärpe gerafft, bald sich über den Körper ausbreitend, schien nur dazu bestimmt zu sein, die Formen besser hervortreten zu lassen. Man hatte anfangs, wie uns Barthèlemy in seiner „Voyage du jeune Anacharsis" erzählt, wertvolle Stoffe verwendet, welche der Glanz des Goldes erhöhte, oder wohl auch asiatische Stoffe, auf denen sich die schönsten Blumen in ihren natürlichen Farben zeigten; aber diese Stoffe wurden bald nur noch für die Kleidung aufgespart, mit der man die Statuen der Götter bekleidete oder die man auf dem Theater anwendete. Um endlich den Gebrauch dieser geblümten Stoffe den ehrbaren Frauen unmöglich zu machen, befahl das Gesetz den Weibern von schlechtem Lebenswandel sich ihrer zu bedienen. Diese Weiber hatten sozusagen das Vorrecht der Unbescheidenheit, sie konnten auf der Strasse erscheinen mit fliegenden Haaren, mit entblösstem Busen und den übrigen Körper kaum von einem Gazeschleier verhüllt. In Sparta hingegen mussten die Dirnen reichlich mit schleppenden und mit Goldstickereien bedeckten Gewändern bekleidet erscheinen, weil das Kostüm der Lakedämonierinnen ebenso einfach als ungezwungen war. Dieses Kostüm bestand nur aus einer kurzen Tunika und einem engen, bis an die Füsse fallenden Rocke; die jungen Mädchen aber, welche an allen Uebungen der Kraft und Gewandheit, welche die spartanische Erziehung der Männerwelt auferlegte, teilnahmen, waren noch leichter bekleidet; ihre ärmellose Tunika wurde auf den Schultern mit Metallspangen geschlossen und durch einen Gürtel bis zum Knie aufgeschürzt, sie öffnete sich auf jeder Seite ihrer unteren Hälfte, sodass ein grosser Teil des Körpers unbedeckt blieb: weil nun diese schönen und kräftigen Mädchen sich im Ringen, Laufen und Springen übten, so würden die schlüpfrigsten Dirnen keinen Vorteil vor ihnen gehabt haben.

Eine Mode endlich, welche am besten die griechischen Dirnen charakterisiert, obwohl sie nicht von der Kleiderordnung vorgeschrieben wurde, war die gelbe Farbe ihrer Haare. Sie färbten sie mit Safran oder auch mit anderen Pflanzen, welche das Schwarz, das sie gewöhnlich zeigten, in Blond verwandelten. Der komische Dichter Menander macht sich über diese blonden Haare lustig, welche bisweilen falsch waren, richtige Perrücken aus den Haaren nördlicher Völker oder auch aus vergoldeten Haaren zusammengesetzt. Der heilige Clemens von Alexandria sagt wörtlich, dass es für ein züchtiges Weib eine Schande sei, ihre Haare zu färben und ihnen eine blonde Farbe zu geben. Man kann aus dieser Stelle des heiligen Clemens schliessen, dass die anständigen Frauen diese Haartracht nachgeahmt hatten, welche sich die Dirnen erdacht hatten um den Göttinnen zu gleichen, welche die Dichter, Maler und Bildhauer mit Haaren von Gold darstellten. Dieser raffinierte Schmuck erforderte ohne Zweifel die dienstfertige Hilfe mehrerer Dienerinnen, die in den Künsten der Toilette erfahren waren, und dennoch verbot ein altes Gesetz in Athen den Dirnen sich von bezahlten Weibern oder von Sklavinnen bedienen zu lassen. Dieses Gesetz, welches man nur selten in Anwendung brachte, entehrte ein freies Weib, das sich in den Sold einer Dirne gestellt hatte, und entzog ihr den Titel und die Rechte einer Bürgerin, indem es sie als Sklavin zu Gunsten des Staates einzog. Es schien, als ob eine Bürgerin schon durch den Dienst bei einer Dirne allein selbst eine Dirne würde und sich eignete im Dicterion des Staates verwendet zu werden. Aber trotz dieses strengen Gesetzes fehlte es den Dirnen nie an Dienerinnen, und diese, ob jung oder alt, waren gewöhnlich verdorbener als die Prostituierten selbst, deren schimpflichem Gewerbe sie Beistand leisteten.

VII. Kapitel.

Die Griechen.

IV.

Griechische Schriftsteller, die Abhandlungen über die Hetären verfasst haben. — Geschichte berühmter Dirnen von Kallistrates. — Die Deipnosophisten von Athenäus. — Aristophanes von Byzanz, Apollodor, Ammonius, Antiphanes, Gorgias. — Die Thalatta von Diokles. — Die Korianno von Herekrates. — Die Thais von Menander. — Die Klepsydra von Eubul. — Die hundert fünf und dreissig berühmten Hetären Athens. — Einteilung der Dirnen durch Athenäus. — Freie Dicteriaden. — Die Wölfinnen. — Beschreibung eines Dicterion nach Xenarch und Eubul. — Preisliste der Bordelle. — Beschäftigungen in einem Dicterion. — Die pornobosceioi oder Besitzer eines Dicterions. — Die alten Dirnen oder Matronen. — Ihre Schlauheit im Verführen junger Mädchen. — Lob der Freudenmädchen von Athenäus. — Die Dicterien Freistätten. — Verschiedene Lohnsätze der Hetären niederen Ranges und der freien Dicteriaden. — Phryne von Thespiae. — Die Triefäugige. — Lais. — Der Bauer Anicetos und die habsüchtige Phoibiane. — Habsucht der Dirnen. — Der Fischer Thallussion. —. Ursprung der Beinamen einiger Dicteraden. — Die Sphinx. — Der Schlund und die Lausige. — Die Flickerin, die Fischerin und das Hühnchen. — Der Arkadier und der Gärtner. — Die Säuferin, die Laterne, die Dohle, das Mutterschwein, die Ziege, die Wasseruhr etc.

Es war ein so grosser, sozialer Abstand zwischen der Lebensweise einer Dicteriade und einer Hetäre, dass die erstere, unter die Klasse der Sklaven, Freigelassenen und Fremden verwiesen, im Dunkel der Wollust ein namenloses Dasein führte, während letztere, wenn auch des Ranges und Titels einer Bürgerin beraubt, inmitten der bedeutendsten und gelehrtesten Männer Griechenlands lebte. Man darf also annehmen, dass die Schriftsteller, Dichter und Moralisten, welche gewaltige Bände über die Dirnen ihrer Zeit schrieben, es unter ihrer Würde hielten, sich mit den Dicteriaden zu beschäftigen, mit Ausnahme einiger weniger dieser Unglücklichen, deren auffallender Charakter und ungewöhnliche Sitten die Aufmerksamkeit der Sammler erotischer Anekdoten mehr erregte. Diese Anekdoten bildeten die Lieblingsunterhaltung der Lüstlinge Athens. Daher hatten sich einige Schriftsteller bemüht, sie in einem Werke zu sammeln, unglücklicherweise ist von dieser, der Geschichte der Prostitution gewidmeten Sammlung uns nichts geblieben, als einige Trümmer und verstreute Stellen; die Athenäus im XIII. Buch seiner Deipnosophistæ (Gelehrtengastmahl) kümmerlich zusammengelesen hat. Wir würden ohne Zweifel ebenfalls nichts besonderes über die Dicteriaden in den Schriften gefunden haben, welche Aristophanes, Apollodor, Ammonius und Gorgias in verschiedenen Litteraturformen über die Dirnen Athens verfasst hatten. Es waren die Hetären, und noch dazu nur die berühmtesten derselben, welche sich bemühten, den Stoff für diese pornographischen Sammelwerke zu liefern. Kallistratus hatte eine Geschichte der Dirnen mit derselben Wahrheitsliebe verfasst, wie Plutarch seine Lebensläufe berühmter Männer. Machon hatte die „bons mots" der Modehetären gesammelt; viele Komiker hatten die Ausschweifungen dieser mehr galanten als öffentlichen Weiber auf die Bühne gebracht: so Diokles in seiner Thalatta, Herekrates in seiner Korianno, Menander in seiner Thaïs, Eubul in seiner Klepsydra. Doch wenn wir auch die zahlreichen Schriften noch besässen, welche uns Athenäus nur vermissen lässt, so würden wir über die Dicteriaden dennoch nicht besser aufgeklärt sein, da diese in ihrem schimpflichen Handwerke aufeinanderfolgten, ohne persönliche Spuren ihrer Schande zu hinterlassen. Selbst diejenigen, welche verdient hätten, auf Grund ihrer Laster und ihrer Abenteuer berühmt zu werden, erweckten nur Verachtung im Gedächtnisse des Menschen.

Aristophanes von Byzanz, Apollodor und Gorgias zählen nicht mehr als hundertfünfunddreissig Hetären auf, welche in Athen in Ansehen standen und deren Thaten und Handlungen auf die Nachwelt kommen konnten. Aber aus dieser kleinen Zahl von Berühmtheiten lässt sich nur um so besser auf die grosse Menge der Weiber schliessen, welche in Athen der Prostitution dienten ohne den Ehrgeiz zu besitzen und nach der Ehre zu streben, in der Geschichte erwähnt zu werden, und die sich damit begnügten, durch ihre Schande Geld zu sammeln. Es gab nach den Aussagen des Athenäus in Athen eine so ungeheuere Menge von Dirnen, dass keine Stadt, so bevölkert sie auch sein mochte, jemals soviel hervorbringen konnte. Athenäus begreift in dieser Verallgemeinerung, unter dieser Menge, sowohl Dicteriaden als auch Hetären und Flötenspielerinnen mit ein. In seiner Bemühung indess, unter den Freudenmädchen diese drei Arten zu unterscheiden, scheint Athenäus noch die Dicteriaden in zwei Klassen zu teilen, welche er zur untersten Ordnung der Hetären (μετὰ ἑταίρων) macht, und eine andere, welche die Bevölkerung der verrufenen Häuser bildet (Τὰς ἐπὶ τῶν οἰκημάτων). Wir sind geneigt, aus diesem Unterschiede in der Bezeichnung zu schliessen, dass die Dicteriaden, welche ihren bezahlten Dienst den Freudenhäusern widmeten, und sich in diesen öffentlichen Instituten zur Miete stellten, verschieden waren von denen, welche sich für eigene Rechnung verkauften und sich in den Schenken, bei den Barbieren, in den Säulengängen, auf freiem Felde und an den Grabmälern preisgaben. Diese niedrigen Bacchantinnen, welche man Abends an abgelegenen Plätzen umherschleichen sah, hatten den Beinamen „Wölfinnen“ erhalten, sei es, weil sie ihren Raub im Dunkeln suchten wie die hungrigen Wölfe, oder weil sie ihre Anwesenheit oder den Zustand ihrer Bereitwilligkeit durch die Schreie der roten Bestien ankündigten. Dies ist wenigstens die Etymologie, welche Denys von Harlikarnassus für die natürlichste hält.

Die eingeschlossenen Dicteriaden waren fast immer ausländische, nur zum Nutzen eines Spekulanten gekaufte Sklavinnen; die freien Dicteriaden hingegen waren meist Griechinnen, welche Laster, Trägheit oder Unglück zu dieser Stufe der Verworfenheit hatte sinken lassen. Sie suchten gewöhnlich, mit einem Rest von Schamgefühl, das entehrende Handwerk, von dem sie lebten, zu verbergen. Diese Unglücklichen, die bei ihren Mondscheinpromenaden auf den Zufall allein angewiesen waren, trafen auf ihren nächtlichen Eroberungszügen selten mehr als Matrosen, Freigelassene und Strolche, die nicht minder verworfen waren als sie selbst. Man ahnt wohl, dass sie sich Mühe gaben, so lang als möglich der Schmach der geblümten Kleider und der blonden Perrücke zu entgehen, welche ihnen öffentlich den Stempel der Dirne aufdrückte. Sie mussten an die Stellen der Abzeichen etwas anderes setzen, um die Kunden anzulocken, weil sie sich nicht offen zeigten und im Schatten riefen, wohin diese gehen mussten, um sie im Finstern tappend zu suchen. Wenig von Bedeutung war es natürlich bei der Natur ihres Handels, ob sie jung oder alt, hässlich oder hübsch, nett angezogen oder zerlumpt waren, die Nacht deckte alles, und der halbtrunkene Kunde verlangte nicht deutlicher beim Handel zu sehen. In den Dicterien hingegen, über welche eine Art städtische Polizei ausgeübt wurde, unterliess man in dieser Hinsicht nichts, und man zog selbst mit Wohlgefallen alles ans Licht, was die Insassinnen des Ortes besser empfehlen konnte. Xenarch in seinem Pentathlos und Eubul in seiner Pannychis zeigen uns diese Weiber nackt, aufrechtstehend und im Heiligtum der Wollust in einer Reihe aufgestellt. Ihre ganze Kleidung bestand nur aus einem langen durchsichtigen Schleier, welcher dem Auge keinerlei Hinderniss bot. Einige hatten, um die Geilheit anzustacheln, das Gesicht verschleiert, den Busen in ein feines Gewebe eingehüllt, welches seine Form deutlich wiedergab, und den übrigen Körper unbedeckt. Eubul vergleicht sie mit den Nymphen, welche der Eridanos in seinen reinen Wogen spielen sah. Aber nicht etwa am Abend, sondern am hellen Tage (in aprico stantes) brachten die Dicterien alle ihre unkeuschen Schätze ans Licht. Diese Schaustellung von Nacktheiten diente den Freudenhäusern noch besser als der gemalte oder aus Stein gehauene Phallus, welcher ihre Thüren zierte, als Kennzeichen, doch hatte man nach anderen Archaeologen diesen wollüstigen Anblick nur im inneren Hofe.

Es gab ohne Zweifel mehr oder minder verschwenderisch ausgestattete Dicterien in Athen, besonders als die Prostitution in Pacht gegeben wurde, ursprünglich aber herrschte in allen diesen, zu Gunsten der Staatseinkünften errichteten Instituten die republikanischste Einfachheit. Der Preis war für alle Besucher gleich, und dieser Preis war nicht sehr hoch. Philemon lässt ihn in seinen Adelphen allein auf einen Obolus steigen, was etwa sechzehn Pfennigen unserer Münze gleickommt. „Solon hat also Weiber gekauft," sagte Philemon, „und setzte sie an Orten nieder, wo für alles, was sie brauchten, Sorge getragen war; sie mussten allen, die danach, Verlangen trugen, zugänglich sein." Folgendes sagt er gleichfalls in seiner einfachen Weise: „Keine Uebereilung, seht alles! Habt ihr nichts von dem, was uns glücklich macht? Die Thür geht auf, wenn ihr es wünscht; es kostet nur einen Obolus. Also tretet ein, man wird keine Umstände machen, keine Ziererei, man wird sich nicht verstecken; diejenige, welche ihr gewählt haben werdet, wird euch in ihre Arme nehmen, wann ihr wollt und wie ihr wollt!". Eubulus dichtete seine Komödien, von denen wir nur noch Bruchstücke haben, 370 Jahre v. Chr., und zu seiner Zeit war der Eintrittspreis in die Dicterien noch nicht sehr erhöht worden, ja noch mehr, trotz der Billigkeit hatte man absolut keine Gefahr zu laufen, da ja die Fürsorge Solons seiner Stiftung eine freie Apotheke beigefügt hat: „Da sind schöne Mädchen," sagt Eubulus, „die du für weniges Geld zum Vergnügen kaufen kannst, und das ohne alle und jede Gefahr." (A quibus tuto ac sine periculo licet tibi pauculis nummis voluptatem emere; aber die lateinische Uebersetzung spricht nicht so deutlich als der griechische Text.) Wir wissen also nichts genaues über den Tagespreis in den Freudenhäusern Athens, aber wir können annehmen, dass dieser Preis oft geschwankt hat, je nach der Steuer, welche der Staat den Dicterienpächtern auferlegte. Diese verrufenen Orte nun waren nicht allein von Matrosen und Kaufleuten, welche die Handelsflotte von allen Ländern in den Piraeus führte, besucht, selbst die angesehensten Bürger scheuten sich nicht, wenn sie trunken waren, oder der

Wollustteufel sie erfasst hatte, den Mantel vor dem Gesichte, sich in die von Solon gegründeten Toleranzhäuser zu schleichen. Die Thür dieser Häuser blieb Tag und Nacht offen; sie war nicht, wie die anderen, von einem in der Vorhalle angeketteten Hunde bewacht; ein wollener Vorhang von schreiender Farbe hinderte die Vorübergehenden, ihre neugierigen Blicke in den von offenen Säulenhallen umgebenen Hof dringen zu lassen. Unter diesen Hallen beschäftigten sich die Weiber stehend, sitzend oder liegend mit dem Reinigen ihrer Nägel, dem Glätten ihres Haares, oder damit, sich zu schminken, sich zu enthaaren, sich zu parfümieren, ihre physischen Fehler zu verheimlichen und ihre geheimsten Reize ins beste Licht zu setzen. Gewöhnlich hatte sich eine alte Thessalierin, die etwas hexenhaftes an sich hatte und Liebestränke oder Parfüm verkaufte, hinter den Vorhang gehockt; ihre Aufgabe war, die Besucher einzuführen, nachdem sie sich Kenntnis von ihrem Geschmacke und ihrem Angebote verschafft hatte.

Es scheint nicht, dass die Zahl der Dicterien durch die Solonischen Gesetze und den Areopag beschränkt wurde. Die Privatindustrie hatte, wenigstens ausserhalb der Stadt, das Recht, Etablissements dieser Art zu schaffen und sie nach Gutdünken des Unternehmers einzurichten, wofern nur die Steuer an die Staatskasse pünktlich bezahlt wurde, und diese Umlage musste, aller Wahrscheinlichkeit nach, festgesetzt sein und war für jeden Kopf der Dicteriaden zahlbar. Man findet keinerlei Andeutungen darüber, welche vermuten liessen, dass sie nach dem Verhältnisse steigend gewesen wäre. Ein Dicterion von Ruf brachte seinem Eigentümer gute Einkünfte. Dieser konnte nur ein Fremder sein, oft aber verwendete auch ein Bürger Athens, von Gewinnsucht besessen, sein Geld zu dieser niedrigen Spekulation und bereicherte sich von dem Erträgnisse der öffentlichen Unsittlichkeit, indem er unter falschem Namen ein Prostitutionshaus ausbeutete. Die komischen Dichter machten sehr oft, ohne Rücksicht auf die anständigen Leute zu nehmen, aufmerksam auf die Gefälligkeiten der habsüchtigen und nichtswürdigen Menschen, welche ihre Häuser zu Athen, der Prostitution vermieteten; man nannte den Herren eines verrufenen Hauses pornoboskeion. Die Konkurrenz vervielfältigte die Unternehmungen dieser Art, und selbst die alten Dirnen, welche nichts mehr durch sich selbst verdienten, dachten darüber nach, wenigstens aus ihren Erfahrungen Nutzen zu ziehen. So entstanden also Schulen, welche in den Vorstädten Athens errichtet wurden. Man lehrte darin offen die Künste und Geheimnisse der Prostitution, ohne dass die Obrigkeit sich bemüht hätte, die Unterdrückung dieser Unsitte zu veranlassen. Die Herrinnen dieser Unzuchtsschulen warben für ihre Rechnung Unglückliche, welche sie bisweilen erst verführt hatten, und die Erziehung, die man diesen Schülerinnen gab, musste den Titel „Matrone“ rechtfertigen, welchen sich ihre entarteten Lehrmeisterinnen frecher Weise beilegten, Alexis hat in seiner Komödie, Isostasion, von der Athenäus einige Bruchstücke aufbewahrt hat, ein treffliches Bild von den Künsten gegeben, welche diese Matronen anwendeten, um ihre Schülerinnen umzuwandeln: „Sie nehmen bei sich junge Mädchen auf, welche noch nicht auf der Höhe ihres Handwerks stehen, und bald formen sie diese derartig um, dass sie nicht nur eine andere Gesinnung, sondern auch eine andere Figur und ein anderes Aussehen bekommen. Ist eine Novize klein, so heftet man eine dicke Korksohle an ihre Schuhe. Ist sie zu gross, lässt man sie sehr dünne Schuhe tragen, und lernt ihr beim Gehen den Kopf in die Schultern zu ziehen, wodurch etwas ihre Grösse vermindert wird. Hat sie zu schmale Hüften, bindet man ihr ein Kleidungsstück darum, welche sie derart hervortreten lässt, dass alle, welche sie so sehen, sich nicht enthalten können, auszurufen: Meiner Treu! sieh die schönen Hüften! Hat sie einen vorstehenden Bauch, zwängt man ihr den Leib zurück mittels jener Stäbchen, welche an den Maschinen, die man bei Theateraufführungen anwendet, ihren Erfolg zeigen. Hat sie rotes Haar, färbt man es ihr mit Russ schwarz, hat sie schwarzes, bleicht man es mit Bleiweiss, hat sie eine zu blasse Farbe, färbt man sie mit Schminke. Wenn sie aber eine besondere Schönheit an irgend einer Körperstelle hat, enthüllt man an Festtagen diese natürlichen Reize. Wenn sie ein schönes Gebiss hat, zwingt man sie zu lächeln, damit der Beschauer merkt, wie schön ihr Mund ist, und wenn sie nicht lächeln will, hält man sie den ganzen Tag zu Haus mit einem Myrthenzweig zwischen den Lippen, wie es gewöhnlich die Köche haben, wenn sie ihre Geisköpfe auf dem Markte verkaufen: dadurch ist sie endlich gezwungen, ob sie mag oder nicht, ihr Gebiss zu zeigen." Die Matronen zeichneten sich in allen Künsten der Koketterie und der Toilette aus, die zum Ziel hatten, die Wünsche und die Neugierde ihrer Kunden rege zu machen; sie begnügten sich in ihrer Kunst nicht damit, den Augen zu gefallen, sondern sie lernten ihren Schülerinnen alles das, was die Wollust an raffinierten, sonderbaren und schamlosen Dingen erfinden konnte. Und so macht Athenäus, der vielleicht von Hörensagen spricht, diesen Weibern des Vergnügens eine Schmeichelei in folgenden Worten: „Du wirst zufrieden sein mit den Weibern, welche in den Dicterien arbeiten." (τὰς ἐπὶ τῶν οἰκημάτων ἐργάζεσθαι.)

Die Dicterien, welcher Art sie auch sein mochten, genossen das Vorrecht der Unverletzlichkeit; man betrachtete sie als eine Art Asylstätten wo sich der Bürger unter dem Schutze der öffentlichen Gastfreundschaft befand. Niemand hatte des Recht; dahin einzudringen, um daselbst einen Gewaltakt auszuführen. Die Schuldner waren daselbst in Sicherheit vor ihren Gläubigern, und das Gesetz errichtete eine Art moralische Schranke zwischen dem bürgerlichen Leben und dem verborgenen Treiben, das beim Eintritt in die Dicterien begann. Ein verheiratetes Weib durfte nicht in diese unverletzliche Zufluchtsstätte dringen, um ihren Mann zu suchen, ein Vater hatte nicht das Recht, dahin zu gehen, um seinen Sohn zu ertappen. Kurz, hatte der Gast einmal die Schwelle dieser geheimnisvollen Höhle überschritten, so war er darin gewissermassen geheiligt und verlor für die ganze Zeit, die er darin zubrachte, seinen individuellen Charakter, seinen Namen und seine Persönlichkeit. „Das Gesetz erlaubt nicht," sagt Demosthenes in seiner Rede gegen Neära, „jemanden auf dem Ehebruche zu ertappen bei den Weibern, welche an einer Stätte der öffentlichen Unzucht weilen, oder welche sich niedergelassen haben, um denselben Handel auf einem öffentlichen Platze zu treiben." Gleichwohl, waren diese Prostituierten Fremde, Sklavinnen oder Freigelassene. Aber nicht sie waren es, welche das Gesetz schonte und zu achten schien, sondern die Bürger, welche kamen, um unter dem Schutze des Gesetzes, gewissermassen auf Grund eines stillschweigenden Uebereinkommens, eine Handlung zu begehen, welche sie nur sich selbst gegenüber zu verantworten hatten. Man muss annehmen, dass in Griechenland das Vergnügen einen Teil der Religion und des Kultus ausmachte, und aus diesem Grunde hatte auch Solon den Tempel der Venus-Pandemos an die Seite des ersten Dicterions Athens gestellt, damit die Göttin gleichzeitig beides überwachen konnte, sowohl das, was im Tempel, als auch das, was im Dicterion vorging. Nach der Annahme der glühenden Verehrer der Venus war ihr der Mann geheiligt, solange er sich der Ausübung ihres Kultus widmete, und dies geschah sowohl in den Tempeln als in den Dicterien.

Weit mehr Einzelheiten haben uns die alten Schriftsteller aufbewahrt über die nicht eingeschlossenen Dicteriaden und über die Hetären der niedrigsten Klasse, welche entweder die Strassenprostitution betrieben oder sich frech in ihren eigenen Wohnungen preisgaben. Wir wissen nicht nur, wie die verschiedenen Preise für ihre Gunstbezeugungen waren, wie die gewöhnliche Art ihrer Liebesverhältnisse, wie die einzelnen Phasen ihres unzüchtigen Lebens, sondern wir kennen selbst ihre Spitznamen und den Ursprung derselben, welche etwas zu frei vielleicht ihre geheimen Sitten charakterisieren. Der Lohn einer freien Dicteriade und Hetäre unterster Ordnung war weder ein fester, noch selbst nach der Schönheit und den Verdiensten einer jeden abgestufter. Dieser Lohn wurde nicht immer in Gold oder Silbermünzen bezahlt, er nahm gewöhnlich die Form eines Geschenkes an, welches die Dirne meist vor ihrer Hingabe forderte, und nur bisweilen erst, nachdem sie sich preisgegeben hatte. Dieser Lohn war überdies von grosser Wichtigkeit, da nach ihm anfangs der Rang bestimmt wurde, welchen sich die Dirne in der Schar der Hetären beimass; das wahre Ansehen aber, welches diese Weiber unter sich beanspruchen konnten, und welches ihnen die Männer ihrer Kundschaft gewöhnlich zukommen liessen, war vielmehr die Folge ihres Geistes, ihrer Talente und ihrer Kenntnisse. Diejenigen, welche in den Schenken unter trunkenen Matrosen und rauhbrüstigen Fischern lebten, waren nicht gut in der Lage, grosse Summen zu fordern: die einen begnügten sich mit einem Korbe Fische, die anderen mit einem Kruge Wein. Sie hatten auch ihre Launen, und den einen Tag gaben sie sich umsonst hin, zur

Ehre der Venus, um am folgenden sich doppelt bezahlen zu lassen. Die Dirnen des Lucian weihen uns in alle diese Verschiedenheiten des Preises ein, welchen sie bald mit gebieterischem Tone forderten, bald aber auch mit der bescheidensten Stimme erbaten. „Hat man je gesehen," ruft mit Entrüstung eine dieser Dirnen des Striches aus, „dass einer eine Dirne während der ganzen Nacht zu sich nimmt, und ihr fünf Drachmen als Lohn giebt!" (ungefähr vier Mark). Eine andere dieser Hetären, Charikleia, war so gutmütig und gefällig, dass sie alles bewilligte und nichts forderte; Lucian erklärt in seinem Toxaris, dass man niemals ein Mädchen von so gutem Gemüte gesehen habe.

Wenn die Hetären der Kneipen der Piraeus gefallen und irgend ein Geschenk erhaschen wollten, nahmen sie die zärtlichste Miene, die süsseste Stimme und die reizendste Stellung an. „Seid ihr alt," sagt Xenarch in seinem Pentathlos nach der Mitteilung des Athenäus, „rufen sie euch Väterchen, seid ihr jung, werden sie euch mit Brüderchen anreden." Man muss die Ratschläge hören, welche die alte Dirne im Lucian ihrer Tochter giebt: „Du bist dem Chereas treu, und du empfängst keinen andern Mann, du hast die zwei Minen des Bauherrn aus Acharne zugewiesen, eine Mine des Antiphon," etc. Nun hat aber eine Mine einen Wert von achtzig Mark unserer Münze, und man weiss, nicht, ob man mehr staunen soll über die Freigebigkeit des Bauherrn aus Acharne oder über die Treue dieser Hetäre zu ihrem Geliebten. Machon, der sorgfältig die „Bons mots" der Dirnen gesammelt hat, erzählt uns, dass Moerichus die Phryne von Thespiæ kaufte, die schliesslich mit einer Mine sich begnügte, also mit achtzig Mark: „Das ist viel!" sagte ihr Moerichus, „die letzten Tage hast du nur zwei Goldstater (ungefähr zweiunddreissig Mark) von einem Fremden genommen!" — „Jawohl," antwortete ihm lebhaft Phryne, „warte bis ich in guter Laune bin, dann werde ich von dir nichts mehr fordern." Gorgias hat in seinem Werke über die Dirnen Athens eine Hetäre der untersten Ordnung erwähnt, mit Namen Leme, das heist Triefäugige oder Schilchern; diese war die Maitresse des Redners Iphatokles, und dennoch gab sie sich jedem beliebigen für zwei Drachmen, etwa anderthalb Mark in unserer Zeit, preis, daher bekam sie auch die Spitznamen Didrachma und Parorama. Endlich empfing Lais, wenn man darin den Athenäus Glauben schenken darf, als sie alt geworden, nicht mehr als einen Goldstater oder achtzehn Mark von den wenigen Besuchern, welche wissen wollten, bis zu welchem Punkte der Erniedrigung eine durch Schönheit berühmt gewesene Hetäre fallen konnte. Es war dies im allgemeinen das Schicksal aller Dirnen: nachdem sie sich auf die höchste Stufe des Glückes und des Ansehens unter den Hetärenkreisen aufgeschwungen hatten, nachdem sie zu ihren Füssen Dichter, Feldherren, ja selbst Könige gesehen hatten, stiegen sie schnell die Sprossen dieser erkünstelten Glücksleiter wieder hinab und kamen mit dem Alter in Verachtung, Verlassenheit und Vergessenheit. Das Dicterion eröffnete dann diesen Trümmern von Schönheit und Liebe eine letzte Zuflucht. Auf diese Art sieht man die Glycera enden, welche vom Dichter Menander geliebt worden war. Glücklich waren diejenigen, welche sich etwas gespart hatten, um sich ein unabhängiges und ruhiges Alter zu sichern, wie Skione, Hippaphesis, Theoklea, Psamathe, Lugiska, Antheia und Philyra auf das Hetärengewerbe verzichteten, ehe dieses ihnen den Abschied gab. Lysias preist in seiner Rede gegen Laïs laut die Hetären glücklich, welche noch jung versuchen anständige Frauen zu werden.

Die Dirnen, welche sich nicht in den Dienst der Dicterien gestellt hatten, liessen sich oft so reichlich bezahlen, selbst von Fischern und Kaufleuten, dass diese armen Opfer sich gänzlich ausrauben liessen, und sich schliesslich doch von anderen ersetzt sahen, welche bald wiederum anderen Platz machen mussten. „Du hast vergessen," ruft traurig der Bauer Anicetos der habsüchtigen Phoibiane zu, die sich durch seine Geschenke bereichert hatte und ihn nicht mehr eines Blickes würdigte, „Du hast vergessen die Feigenkörbe, die frischen Käse, die schönen Hennen, welche ich Dir schickte? All Deine Wohlhabenheit, welche Du geniesst, stammt sie nicht von mir? Mir bleibt nichts als die Schande und das Unglück." Alkiphron, welcher uns diesen Brief als Zeugnis der schrecklichen Habsucht der Dirnen aufbewahrt hat, nennt uns auch den Fischer Thalasserus, der verliebt in eine Sängerin ist, welcher er alle Tage den Fisch, den er gefangen hatte, schickt. Athenäus zitiert einen Vers des Anaxilus, welcher in seiner „Neottis" ein treffliches Bild von den Dirnen seiner Zeit entworfen hat: „Wahrlich diese Hetären sind wie die Sphinx, welche, weit entfernt deutlich zu sprechen, ihre Gedanken nur durch Rätsel ankündigt. Sie schmeicheln auch, sie sprechen zu euch von Liebe und Vergnügen, die sie euch gewähren wollen, aber schliesslich heisst es: Mein Lieber, ich brauche einen einfüssigen Schemel, einen Dreifuss, einen vierfüssigen Tisch, eine kleine Sklavin mit zwei Füssen. — Derjenige, welcher dies merkt, der rette sich vor diesen Einzelheiten wie ein Oedipus und schätze sich für sehr glücklich, dass er vielleicht der einzige ist, welcher trotz alledem einem Schiffbruche entronnen ist. Der aber, welcher hofft, mit wahrer Gegenliebe bezahlt zu werden, der wird die sichere Beute eines Ungeheuers." Diese Stelle des griechischen Dichters, welcher wie so viele andere verloren gegangen ist, hat dem Kommentator den Glauben eingeflösst, dass der Beiname „Sphinx", welcher die Hetären im allgemeinen bezeichnete, wegen ihrer rätselhaften Sitten auf sie angewendet worden wäre, aber dieser Spitzname wurde ihnen vielmehr deshalb beigelegt, weil sie solange auf den öffentlichen Plätzen und an den Ecken der Strassen herumstanden, wo sie sich wie eine Sphinx hinhockten und gewöhnlich in die Falten ihrer Schleier gehüllt, unbeweglich und schweigend verharrten. Mag es nun sein, wie es will, die Sphinx wurde das Wappen der Freudenmädchen.

Wir kommen nun zu den einzelnen Spitznamen der Dirnen. Sie waren selten zweideutig, und um sie zu verstehen, braucht man sich nur genau an die Umstände zu erinnern, welche sie hervorgerufen hatten. Diese Beinamen waren selten schmeichelhaft für die, welche sie führten. So nannte man die verführerische Sinope, als sie noch nicht verwelkt war, Abydos oder Abgrund; Phanostrate, die nach den Worten Apollodors von Byzanz niemals eine feine Kundschaft hatte, gab sich nach und nach einem solchen Grade von Unsauberkeit hin, dass sie den Spottnamen Phteropyle erhielt, weil man sie in ihren müssigen Stunden auf den Strassen sitzen sah, beschäftigt mit dem Ungeziefer, welches sie quälte. Diese beiden Dicteriaden hatten sich, die eine durch ihre Läuse, die andere durch ihren wenig empfehlenden Spottnamen, eine Art städtischer Berühmtheit erworben, welche ihnen immer Neugierige zuführte, und die Demosthenes bewog, sie in seinen Reden vor der Volksversammlung zu erwähnen. Antiphanes, Alexis, Kallikrates und andere Schriftsteller haben es gleichfalls nicht verschmäht, von dem Abgrund und der Lausigen zu reden. Diese beiden waren zwei zu bekannte Typen, welche eine Sammlung der Hetären niedrigster Ordnung vervollständigten. In dieser Sammlung treten auch die Flickerin, die Fischerin und das Hühnchen auf. Letztere gackerte wie eine Henne, welche den Hahn lockt. Jene lauerte den Männern am Wege auf und angelte sie gleichsam mit einem Angelhaken, an der dritten endlich liess sich sozusagen nichts mehr flicken, sie war von ihren früheren Liebschaften bis auf die Knochen abgenutzt. Antiphanes, welcher in seinem Werke die verschiedenen Eigenschaften dieser Dicteriaden aufgezeichnet hat, fügt ihnen unangebrachter Weise, den Arkadier und den Gärtner bei, welche wir uns nicht als Weiber vorstellen können. Athenäus spricht noch von der Läuferin, welche immer voll Wein war und sich niemals zu sehr erhitzte, um ordentlich trinken zu können Synaris hatte den Zunamen Laterne erhalten, weil sie nach Oel roch; Theokleia, die Krähe, weil sie schwarz war, Kallysto, ihre Tochter, die Sau oder das Mutterschwein, weil sie beständig grunzte; Niko die Ziege, weil sie einen gewissen Thallus, der sie liebte, zu Grunde gerichtet hatte, so gewandt wie eine Ziege die Zweige eines Oelbaumes (θαλλος) abweidet; endlich die Klepsydra, deren wahren Namen man nicht kennt, hatte sich in der Art kostbar gemacht, dass sie jedem Besucher nur soviel Zeit bewilligte, als nötig ist, ein Stundenglas zu leeren, etwa eine Viertelstunde nach einigen Erklärern, eine Stunde nach den freigebigsten. Eubul hatte eine Komödie über diesen Punkt und das Mädchen, welches den Wert der Zeit so gut kannte, geschrieben.

Athenäus, der mit beiden Händen in einer Menge Bücher, die wir nicht mehr besitzen, wühlen konnte, charakterisiert die Dicteriaden vielfach durch ihre Spitznamen, so dass deren ganze Geschichte aus diesen mehr oder minder zweideutigen Spitznamen geschöpft ist. Er zählt mit aller

Ruhe eines Gelehrten, der nicht zu befürchten hat den Stoff zu erschöpfen, die Spottnamen auf, die ihm seine Gewährsmänner Timokles, Menander, Polemon und alle griechischen Pornographen lieferten: Die Amme, das ist Korone, die Tochter der Nanno, welche ihre Liebhaber unterhielt. Die Aphoai waren die beiden Schwestern Anthis und Stragonion, berühmt durch ihre weisse Haut, ihre dünne Taille und ihre grossen Augen, denen sie den Namen eines Fisches (ἀφόη) verdankten. Der Brunnen war Pausanias, welche eines Tages in ein Weinfass fiel: „Die Welt geht unter noch zur Stunde!" rief die Hetäre Glycera aus, welche durch ihre Bonmots berühmt war, „denn der Brunnen ist in eine Tonne gefallen!" Athenäus und Lucian geben noch mehrere Hetären der untersten Ordnung an, welche nur durch ihre Spitznamen bezeichnet sind: Astra oder der Stern, Cymbalium oder die Cymbel, Konallis oder die Barbe, Cerope oder die Schleppenträgerin, Lyra oder die Leier, Nikion oder die Fliege, Gnome oder die Sittenrichterin, Iskade oder die Feige, Ischas oder die Barke, Lampyris oder der Johanniswurm, Lysa oder die Beute, Melissa oder die Biene, Neuris oder die Darmsaite, Demonasse oder die Gemeine, Krokale oder das Sandkorn, Dorkas oder die Hindin, Krobyle oder die Haarlocke und gleichartige. Einige Dicteriaden hatten Spottnamen, welche sich von selbst erklären wie Chimära, Gorgo und ähnliche; wieder andere, wie Doris, Euphrosine, Myrtale, Lysidis, Korinna und andere entgingen der Ehre eines bezeichnenden Zunamens.

Gewöhnlich heftete sich der Spottname an ein mehr oder minder beissendes oder mehr oder minder schmeichelhaftes Epigramm, welches ihn besser verbreitete, als wenn er in Erz oder Marmor gegraben worden wäre. Das Epigramm lief von Mund zu Mund, und mit ihm der Spitzname, den er als einen unauslöschlichen Stempel für das Mädchen zurückliess, welches ihn verdient hatte. So sang der Dichter Ammonides um sich über eine Dicteriade zu beklagen: „Dass sie doch käme sich nackt zu zeigen, ihr würdet fliehen bis über die Säulen des Herkules." Ein anderer Dichter fügte hinzu: „Ihr Vater war der erste, der davon lief," und sie wurde Antipatra genannt Zwei andere hatten die wunderliche Gewohnheit sich zu wehren, denn sie wollten im Sturme erobert sein, wie um vor sich selbst die Schande ihres Handels zu verbergen. Timokles war überrascht, bei einem öffentlichen Frauenzimmer Widerstand zu finden, und nannte sie die Jungfrau (Κορίσκη) und die Kämpferin (Καμετύπη von Καμέω ich schmiede, und Τύπη, der Schlag), indem er ihr folgende Verse widmete: „Wahrlich eine Nacht an der Seite der Koriske oder der Kametype zuzubringen ist wie zum Gotte erhoben werden. Welche Festigkeit! Welche Weisse! Welche zarte Haut! Welcher Athem! Welcher Reiz in ihrem Widerstand! sie kämpfen gegen ihren Sieger: er muss ihre Gunst rauben, man wird geohrfeigt: eine liebliche Hand schlägt uns . . . o Wonne!"

VIII. Kapitel.

Die Griechen.

V

Gefahren für die Jugend durch den Verkehr mit den untergeordneten Hetären. — Was der Dichter Anaxilas über die Hetären sagt. — Bild, das er vom Hetärismus entwirft. — Kenntnis der verworfenen Weiber in der Anwendung der Schminke. — Paideros. — Dryantides an sein Weib Chronion. — Art, auf die sich die Dirnen das Gesicht zurichteten. — Die Maler der Dirnen, Pausanias, Aristides und Niophanes. — Brief der Thaïs an Thessala über Megara. — Liebe des Charmides zur alten Philemation. — Die alten Hetären. — Wie die Hetären die Vorübergehenden anlockten. — Ratschläge der Krobyle an ihre Tochter Korinna. — Die Hetäre Lyra. — Vorwürfe der Mutter der Musarion an ihre Tochter. — Die Sklavin Salamina und ihr Herr Gabellus. — Simalion und Petala. — Gespräche zwischen der Hetäre Myrtale und Dorion, ihrem verschmähten Liebhaber. — Die Kaufleute Bithyniens. — Opfer der Dirnen an die Götter. — Die Dikteriade Lysidis. — Wunderliches Opfer, welches diese Prostituierte der Venus-Pandemos brachte. — Die Erklärer der griechischen Anthologie. — Erörterung des geflügelten Wortes: Man geht nicht ungestraft nach Korinth. — Das Wort Okime. — Dionys, der Tyrann von Korinth. — Von wo die zahlreichen Dirnen Korinths genommen waren. — Das Wort λεσβιάζειν. — Die Liebe auf phönizische Art. —

Die schönen Werke der Lesbierinnen. — Theoretische Vorschriften der Hetären. — Allgemeines Gesetz der Dirnen. — Briefe des Aristaenetus. — Schliche der Hetären um Opfer zu fangen. — Nochmals die Mauern des Keramikos. — Der Kachymus der Dirnen. — Schändliches Gewerbe der Nikarete, der Freigelassenen des Charisius. — Ihre Schülerinnen. — Höherer Preis freier Mädchen und verheirateter Weiber — Strafbarkeit des Ehebruchs. — Die Strafe des schwarzen Rettigs. — Das Gesetz des Draco. — Philomene. — Liebes- und Schlafttränke. — Die Zauberinnen Thessaliens und Phrygiens. — Geheime Bräuche, welche die Anfertigung eines Liebestrankes begleiteten. — Melissa. — Verschiedenheit der Liebestränke. — Geheime Operationen. — Schutztränke. — Eifersucht und Brotneid der Dirnen unter sich. — Die lesbische Liebe. — Sappho, Urheberin der unzüchtigen Entwikelung, welche diese Liebe hatte. — Gespräche zwischen Kleonarion und Leäna. — Megilla und Demonasse.

Die wirklichen Dicteriaden Athens waren für die Jugend und auch für das reifere Alter weniger gefährlich als die untergeordneten Hetären, denn nichts kam der Gier und Habsucht dieser schmutzigen Wesen gleich, die keinen anderen Gedanken zu haben schienen, als junge, unerfahrene Leute und thörichte Greise zu Grunde zu richten. Solon wollte ohne Zweifel der Habsucht dieser freiwilligen Buhlerinnen einen Zügel anlegen, indem er die Einrichtung sklavischer Dirnen schuf. Er glaubte durch diese Einrichtung viel für die Sitten gethan zu haben, welche gleichzeitig die Zeit und die Börse der Bürger schonte. Aber diese Dicteriaden waren arme Gefangene, ausserhalb Griechenlands gekauft und aus allen Ländern zusammen gelesen; sie hatten oft nicht die geringste Kenntnis der griechischen Gebräuche, sie kannten nichts von der Stadt, die Minerva gegründet, wo sie ihre schändliche Arbeit verrichteten; sie sprachen nicht einmal die Sprache der Stadt, wohin sie als Waren gebracht worden waren; ihre Schönheit und die mehr oder minder geschickte Anwendung, die sie davon zu machen wussten, waren kein genügendes Anlockungsmittel für die Athener, die selbst bei ihren Vergnügungen verlangten, dass ihr Geist mindestens ebenso sehr in Anspruch genommen werde wie ihre physischen Sinne. Die Hetären unterster Ordnung konnten also nicht leicht in die Verlegenheit kommen, bei den Athenern keine Liebhaber mehr zu finden, und vor allem hatten sie mehr Stammgäste als die Sklavinnen in den Dicterien. Diese Hetären, meist aus der Hefe des Volkes hervorgegangen, von Jugend auf durch die verderblichen Ratschläge ihre Mütter und Erzieherinnen verdorben, waren selten so schön und wohlgebildet wie die Dicteriaden, aber sie hatten als natürliches Hilfsmittel ihren Geist, und selbst ihre Verderbtheit nahm anziehende Formen an, sie waren witzig, lebhaft und lustig. Ihre Herrschaft richtete sich leicht ein durch das Gespräch über die unglücklichen und unklugen Opfer, welche sie zuvor durch das Vergnügen angezogen und bezaubert hatten. Man fürchtete sie, man zeigte auf sie mit Fingern wie auf lebende Klippen, aber immer wieder scheiterten an diesen Klippen die weisesten Lotsen, die geschicktesten Ruderer, die festesten Schiffe. Diese beständigen Schiffbrüche der Ehre, der Tugend und des Vermögens machten den Ruhm und die Freude der kläglichen Sirenen aus, welche sie verursacht hatten: „Wenn sich jemand schon einmal in den Netzen einer Hetäre fangen liess," sagt der Dichter Anaxilas in seiner Komödie „Neottis", „der nenne mir ein Geschöpf, das ebensoviel Grausamkeit besitzt. Wahrlich was ist im Vergleich zu jener ein unbezwinglicher Drache, eine Chimära, die Feuer aus der Nase schnaubt, eine Charybdis, eine Scylla, dieses dreiköpfige Seeungeheuer, eine Sphinx, eine Hydra, eine Löwin, eine Schlange? Was sind die geflügelten Harpyien: Nichts! Es ist unmöglich der Bosheit dieser abscheulichen Brut gleichzukommen, denn sie übertrifft das Schlechteste, was man sich denken kann!" Diese Hetären seit ihrer Kindheit durch die Lehren der alten Vetteln verdorben, bewahrten sich kein menschliches Gefühl. Jung, hatten sie bisweilen Lust sich mit einem einzigen Liebhaber zu begnügen, solange dieser Geliebte sie so bezahlte, wie zwanzig andere. Schliesslich gaben sie sich aber an eine möglichst grosse Zahl hin und trugen nur Sorge möglichsten Vorteil von der beständigen Hingabe zu erzielen. Sie rieten den Unglücklichen, welche nichts mehr besassen sie zu bezahlen, und welche gezwungen waren, entweder auf sie zu verzichten oder vor keinem verbrecherischen Mittel zurückzuschrecken um ihre Maitresse sich zu erhalten, zu Diebstahl, Betrug, ja selbst zu Mord, wenn es sein musste. Es waren nicht allein die Söhne achtbarer Familien, die Erben berühmter Namen, junge Redner, Dichter, angehende Philosophen, welche die Hetären des Piraeus ausplünderten, sondern auch Matrosen, Soldaten, Bauern, Spieler vor allem, die sich nobeler zeigten, Kaufleute und Verschwender. Wunderbarer Weise besassen diese Weiber, deren Einfluss so viel Macht hatte, manchmal nur eine zweifelhafte Schönheit, welke, frisch angestrichene Reize abstossendes Lächeln und ekle Küsse. Anaxilas giebt uns ein wenig einladendes Bild der Hauptmonstra der Hetärenzunft seiner Zeit: „Sieh dort diese Plaggon," sagt er, „die reine Chimära, welche die Fremden durch Eisen und Feuer vernichtet, an die dennoch ein einziger Ritter letzlich das Leben gewagt hat, denn er ging weg, beladen mit allen Schätzen des Hauses. Dann die Synope ist die nicht eine zweite Hydra: sie ist alt und hat zur Nachbarin Gnathäna mit den hundert Köpfen! Worin aber unterscheidet sich die Mannion von der Scylla mit ihren drei Rachen? Sucht sie nicht einen dritten Liebhaber zu ergattern, nachdem sie schon zwei erwürgt hat; doch sagt man, er habe sich mit Hilfe der Ruder gerettet. Bei der Phryne sehe ich gar nichts, was sie von der Charybdis unterscheidet, hat sie nicht Schiffer und Kahn hinabgeschlungen? Ist die Theano nicht eine glatte Sirene, welche Augen und Stimme von einem Weib hat, aber Amselbeine!" Diese Stelle der griechischen Komödie, welche noch Athenäus vor Augen lag, weiht uns in die Erniedrigung des Hetärengewerbes ein, und wir sehen darin als Hetären unterster Ordnung solche auftreten, die in ihren guten Tagen die gesuchtesten, reichsten und einflussreichsten Dirnen Griechenlands gewesen waren. Plaggon, Synope, Gnathäna, Phryne, Theano wurden alt und unterschieden sich in nichts mehr von den Wölfinnen und Sphinxen des Keramikos.

Wir finden an hundert Stellen Belege dafür, dass die Abgelebtheit den verworfenen Weibern nicht als unverbesserlicher Fehler erschien, sei es, dass sie bewundernswerte Kenntnisse in der Kunst hatten, die Spuren des Alters zu verbergen, sei es, dass sie sich der öffentlichen Ausschweifung weniger durch ihr vorteilhaftes Aeussere als durch den Ruhm ihrer Erfahrung in der Wollust empfahlen. Jung oder alt, runzelig oder nicht, sie machten sich ein Gesicht mit Paideros, einer Art Schminke aus den Blättern einer dornigen Pflanze Ägyptens, oder aus der Wurzel der Akanthus; dieses Pflanzenrot mit Essig angerieben gab der gelbsten Haut die frische Farbe eines Kindes, die Runzeln musste man aber vorher ausfüllen mit Fischleim oder mit Bleiweiss, so dass die Haut glatt und eben ward um die glänzende Farbe der Jugend aufzunehmen, welche man darauf mit einem weichen Pinsel strich. Das Schminken des Gesichtes galt als ein Kennzeichen der Prostitution. „Verlangst du," ruft in den Briefen des Alkiphron Dryantides seinem Weibe Chronion zu, „dich mit den Weibern in Athen auf eine Stufe zu stellen, deren bemaltes Gesicht ihre schlechten Sitten verkündet? Die Schminken, die rote sowohl wie die weisse, streiten in ihren Händen mit der Kunst der berühmten Maler, so erfahren sind sie sich die Farbe zu geben, von der sie glauben, dass sie am besten zu ihren Absichten passt!" Da die öffentlichen Dirnen sich in der Nähe nur Abends beim Scheine einer Laterne oder Fackel und bei Tag nur in der Ferne, halb verhüllt, vor der Thür oder im Fenster zeigten, zogen sie Vorteil von dem wunderbaren Glanze, welchen die Kosmetika ihrem Teint verliehen. Es genügte also, dass der Schein hervorgerufen wurde, und dass der Dumme, welcher sich an ihre Sohlen heftete, in der Dunkelheit ihrer Höhle durch den ersten Eindruck erhitzt blieb. Die enge Zelle, in welche die Dirne ihr Opfer führte, liess nicht genug Licht in die Dunkelheit dringen, dass die Entzauberung einer Erkenntnis der Toilettengeheimnisse hätte folgen können. Als die ehrbaren Frauen, ohne Zweifel um ihren Gatten die Liebe zu den Hetären streitig zu machen, den unglücklichen Ehrgeiz hatten, die Künste der Koketterie ihren Nebenbuhlerinnen nachzuahmen, waren ihre Versuche darin so ungeschickt, dass ihr Erfolg zu ihrer Beschämung oft das Gegenteil des Erwarteten wurde. „Unsere Weiber," sagt Eubul in seiner Komödie; „die Blumenmädchen," „bedecken sich nicht die Haut mit Weiss, sie bemalen sich nicht mit Maulbeersaft, wie ihr es in dem Masse thut, dass man, wenn ihr im Sommer ausgeht, von euren Augen zwei Tintenbäche fliessen sieht, und der auf den Hals fallende Schweiss Rinnen in der Schminke bildet. Eure Haare vollends, die in die Stirne gekämmt sind, zeigen durch den weissen Puder, mit dem sie bedeckt sind, ganz die Farbe des Alters."

Wenn der Gebrauch der Schminke auch bei den untergeordneten Hetären allgemein war, so bot doch die Art ihrer Herstellung und Anwendung unendliche Verschiedenheiten, welche den verschiedenen Stufen einer wirklichen Kunst entsprachen. Man darf annehmen, dass die Anfängerinnen sich malen liessen, bis sie es gelernt hatten sich selbst zu schminken. Und wahrlich in einem Lande, wo man die Marmorstatuen mit lebenswahren Farben bemalte, konnte man fordern, dass die Gesichter der Menschen mit derselben Wahrheit bemalt wurden. Wir glauben also, dass die Künstler, die man Dirnenmaler (πορνογράφοι) nannte, wie z. B. Pausanias, Aristides und Niophanes, welche Athenäus angiebt, sich nicht damit begnügten Porträts von Hetären zu malen und ihre erotischen Kunstschulen wichtig zu machen; sie hielten es unter Umständen nicht unter ihrer Würde, die Gestalt einer Dirne zu bemalen, wie sie in den Tempeln die Statuen der Götter und Göttinnen bemalten. Nach den Vorschriften eines griechischen Dichters musste die Schönheit unaufhörlich wechseln um immer Schönheit zu sein, und es sind thatsächlich die beständigen Veränderungen der Physiognomie, welche die Glut des Verlangens erhalten. Wenn eine Dirne die Kunst sich selbst zu malen gelernt hatte, so bildeten Übung und Geschmack sie bis zur Vollendung in dieser Kunst aus, worin jede sich bemühte zu glänzen, aber nicht alle den gleichen Erfolg hatten. In den Briefen des Alkiphron schreibt Thaïs an ihre Freundin Thessala über Megara: „Sie spricht sehr unverschämt von der Schminke, deren ich mich bediene, und von dem Rot, mit dem ich mein Gesicht bemale. Sie hat also den traurigen Zustand vergessen, in dem ich sie gesehen habe, als sie nicht einmal einen Spiegel besass? Wenn sie wüsste, dass ihr Teint so gelb wie Wachholderholz ist, würde sie dann über mich zu sprechen wagen?" Man merkt also, dass alle Hetären geschminkt waren: die ältesten stellten so eine Art Gleichheit unter sich her, und sie bewahrten unter anderem Vorteile, welche die jüngeren nur durch eine lange Uebung im Handwerke erwerben konnten. Daher also kam es, dass oft eine junge, schöne Hetäre sich eine alte, hässliche Dirne vorgezogen sah, ein Vorzug, den sie sich nicht erklären konnte, und den sie Zaubertränken zuschob. In den Gesprächen des Lucian ist Thais erstaunt, dass der Liebhaber der Glycera diese Gorgone wegen verlassen hatte: „Welchen Reiz hat er an welken Lippen und hängenden Backen gefunden?" sagt

Thais. „Ist es ihr guter Geruch, weshalb er sie genommen hat, oder wegen ihrem kahlen Kopf und ihrem langen Gänsehals?" — In denselben Gesprächen macht sich Tryphäna über die alte Philemation lustig, der man den Beinamen „Meisenkasten" gegeben hatte: „Hast du wohl ihr Alter und ihre Runzeln bemerkt?" sagt Tryphäna — „Sie schwört, dass sie zweiundzwanzig Jahre alt ist," antwortet Charmides. — „Aber glaubst du ihren Worten mehr als deinen Augen? Siehst du nicht, dass ihr das Haar um die Schläfen zu bleichen beginnt? Wenn du sie erst ganz nackt gesehen hättest? — Sie hat es mir niemals erlauben wollen. — Mit Recht, denn sie hat einen Körper, gefleckt wie ein Leopard."

Diese alten Hetären stellten sich, wenn sie sich gemalt und geputzt hatten, an ein hohes Fenster, welches sich auf die Strasse öffnete, und von da riefen sie die Vorübergehenden an, während sie einen Myrtenzweig in den Fingern hielten, den sie wie eine Zauberrute hin und her schwenkten oder an ihre Lippen führten. Einer der Vorübergehenden blieb stehen, die Dirne gab das bekannte Zeichen, sie näherte den Daumen dem Ringfinger, so also, dass die halbgeschlossene Hand einen Ring bildete, als Antwort auf dieses Zeichen brauchte der Mann nur den Zeigefinger der rechten Hand in die Luft zu heben, und sogleich verschwand das Weib um mit ihm zusammenzukommen. Dann begab er sich an die Thür, und im Atrium fand er eine Dienerin, welche ihn, den Finger auf dem Mund, schweigend in ein Zimmer führte, welches nur durch die Thür erleuchtet wurde, wenn man den dichten Vorhang, der sie bedeckte, entfernte. In dem Augenblicke, wo der neue Gast die Schwelle überschreiten wollte, hielt ihn die Magd am Arme zurück und forderte ihm den von der Herrin des Ortes festgesetzten Preis ab. Er musste ihn ohne zu handeln bezahlen, darnach konnte er in das Zimmer eindringen und der Vorhang fiel hinter ihm zu. Die Dirne, die er nur am Fenster halb gesehen hatte, erschien ihm im Dunkel dieser Zelle, wohin nur eine schwache Dämmerung durch den Vorhang drang, wie eine Vision. Es handelte sich also nicht um Jugend, Frische, glänzende und reine Schönheit in diesem wollüstigen Dunkel, welches nichts günstiges für die Körperformen hatte, sondern alles das unnütz machte, was die Berührung allein nicht empfing. Wenn das Alter kam, welches den alten Dirnen das glückliche Vorrecht, sich für jünger auszugeben raubte, indem es ihre Fülle nahm und ihr Fleisch welk machte, verzichteten sie doch noch nicht ganz auf die Einnahmen ihres Handwerkes, da sie sich dann der liebevollen Erziehung junger Hetären widmeten und so noch von der Prostitution lebten. Sie hatten auch zur Not noch zwei einträgliche Berufszweige: sie machten Zaubertränke für die Liebhaber und Kosmetika für die Dirnen, oder sie verrichteten die Dienste einer Hebamme. Phœbiane, welche noch nicht alt war, schrieb an den alten Anicetus, welcher sie hatte umarmen wollen: „Eine meiner Nachbarinnen, welche in Kindsnöten ist, schickt zu mir und lässt mich holen, und ich gehe eiligst mit meinen Instrumenten für die Entbindungskunst zu ihr."

Diese Hebammen, die Anfertigerinnen von Liebestränken waren auch erfahren in der Kunst ein junges, unschuldiges Mädchen zu verführen und zu verderben. Die Briefe des Alkiphron und die Gespräche des Lucian strotzen von der galanten Beredsamkeit dieser alten Ratgeberinnen der Wollust. Gewöhnlich ist es die Mutter, welche ihre eigene Tochter preisgiebt, und die sich, nachdem sie die Jungfräulichkeit dieser unschuldigen Opfer vernichtet hat, noch Mühe giebt ihre Seele zu besudeln: „Es ist kein so grosses Unglück," sagt die schändliche Krobyle zu ihrer Tochter Korinna, welche die Alte einem reichen, jungen Athener überlassen hatte, „aufzuhören ein Mädchen zu sein und einen Mann zu erkennen, der uns für seinen ersten Besuch eine Mine (etwa achtzig Mark) giebt, für die ich dir ein Halsband kaufen will!" Sie freut sich also zu sehen, dass ihre Tochter so bereitwillig ein Handwerk beginnt, welches allen beiden die Armut fernhalten wird. „Was werde ich dafür zu thun haben?" fragt unschuldig Korinna. — „Was du soeben gethan hast," antwortet die Megäre, „und was deine Nachbarin auch thut." — „Aber die ist ja eine Dirne!" — „Was thuts? Du wirst reich werden wie sie, wirst wie sie eine Menge Anbeter haben. Du weinst, Korinna? aber du siehst doch, wieviel es Hetären giebt, welchen Zulauf sie haben, welchen Reichtum sie besitzen?" Schliesslich folgen die Ratschläge der Mutter, welche ihrer Tochter die Auletride Lyra, die Tochter der Daphnis als Vorbild zeigt: ihren Geschmack für Putz, ihr anziehendes Benehmen, ihre Fröhlichkeit, welche das zärtlichste Lächeln hervorzaubert, ihr sicheres Auftreten haben sie bald in Ansehen gebracht, wenn sie zugestimmt hat, sich für einen annehmbaren Preis zu einem Schmause zu begeben, so betrinkt sie sich nicht, sie berührt bescheiden die Speisen, sie spricht ohne Voreiligkeit und schwätzt nicht zu viel. „Sie hat nur Augen für den, welcher sie hingeführt hat, das ist es, was sie liebenswürdig macht; wenn er sie endlich ins Bett führt, ist sie weder hitzig noch ungezogen, sie giebt sich nur Mühe zu gefallen, seinen Besitz sich zu sichern. Es giebt niemanden, der sie nicht deshalb gelobt hätte. Ahme ihr in allen Stücken nach, und wir werden glücklich sein!" Die Tochter erschrickt nicht allzusehr über die Bedingungen, welche ihre Mutter ihr stellt um sich zu bereichern. „Aber," sagt diese als Erwiderung, „sind alle, welche unsere Gunst bezahlen, so wie der Lakritus, welcher gestern die meinige erhielt?" — „Nein," versetzte Krobyle mit Ernst, „es giebt unter ihnen schönere, ältere und auch hässlichere." — „Und muss ich diese ebenso liebkosen wie die andern?" — „Diese besonders, denn sie geben mehr. Die schönen Knaben sind nur sich selbst gut. Denke nur daran dich zu bereichern. Hierauf schickt sie die Mutter ins Bad, denn Lakritus muss diesen Abend wiederkommen.

Die Mutter des Musarion hatte es nicht mit einer Unkundigen zu thun, die sich mit geschlossenen Augen führen lässt, denn sie ist keine Anfängerin im Lieben mehr. Die Tochter liebt den Chaireas, welcher ihr keinen Heller giebt, für den sie sich ihren Schmuck und ihre Kleidung kaufen könnte: Eine Dirne, welche die Thorheit begeht zu lieben, liebt nicht halb. Die alte Mutter, welche unwillig ist über diese Liebe, welche, statt fruchtbringend, hinderlich ist, ist nahe daran, eine ihrer unwürdige Tochter zu verfluchen: „Geh, schäm Dich!" ruft sie ihr voll Zorn und Unwillen zu, „du ganz allein von allen Dirnen erscheinst ohne Ohrgehänge, ohne Halsband und ohne Tarentinische Kleider!" — „Nun! meine Mutter!" ruft Musarion in ihrer Eigenliebe als Frau äusserst verletzt aus, „sind sie etwa glücklicher oder schöner als ich?" — „Sie sind vernünftiger, sie verstehen besser ihr Handwerk, sie glauben nicht an die Worte eines Milchbartes, dessen Schwüre nur auf den Lippen haften. Zu dir, neue Penelope, treue Geliebte eines Einzigen, lässt du keinen andern als den Chaireas. Letzlich bot dir ein arkanischer Bauer, er war noch jung, zwei Minen, den Preis des Weines, welchen ihn sein Vater in der Stadt hatte verkaufen lassen, und hast du ihn nicht mit einem beleidigenden Lächeln zurückgewiesen? Du willst nur mit deinem zweiten Adonis schlafen!" — „Was! den Chaireas fahren lassen wegen einem Lümmel, der den Duft eines Bockes ausdünstet! Chaireas ist ein Apoll und der Arkaner ein Silen." — „Nun ja, der war ein Lümmel gut, aber Antiphon, der Sohn des Menekrates, der dir eine Mine bot, ist ein feiner Athener, jung und liebenswürdig wie Chaireas?" — „Chaireas hat mir gedroht, ich töte euch alle zwei, wenn ich euch zusammen finde." — „Alberne Drohung! Er wird dich noch den Liebhabern verleiden, und bewirken, das du aufhörst als Dirne zu leben, um die Sitten einer Priesterin der Ceres anzunehmen. Doch lassen wir das Vergangene, jetzt kommen die Aloennen, das ist ein Festtag, was hat er dir gegeben?" — „Meine Mutter, er hat nichts." — „Er sollte also allein keine Mittel finden, seinen Vater durch einen Spitzbuben von Sklaven bestehlen zu lassen? Von seiner Mutter Geld zu verlangen, ihr im Falle der Weigerung zu drohen, sich mit der nächsten Expedition einzuschiffen? Aber er ist immer da uns zu belagern, ein geiziges Ungeheuer, das weder selbst etwas geben will, noch erlauben, dass uns andere etwas schenken!" Musarion will nicht hören, und ihrer Mutter zum Trotz fährt sie fort sich von ihm ausplündern zu lassen, solange sie ihn liebt.

Die Dirnen Griechenlands waren aber nicht oft so uneigennützig wie Musarion, und wenn sie ihre Zeit mit Liebeleien verloren hatten, holten sie diese bald wieder ein, indem sie die in Kontribution setzten, welche sie nicht liebten. Man trat bei ihnen nur mit der Börse in der Hand ein, und man ging fast nie mit voller Börse fort. Sie hatten sehr verschiedene Preise, und oft weigerten sie sich sogar, aus Widerwillen oder Launenhaftigkeit, sich um irgend einen Preis zu verkaufen. Was Xenarch in seiner, von Athenäus citierten Pentathla sagt, bezieht sich nicht auf die Hetären, sondern auf die Dicteriaden: „Es giebt unter ihnen welche von schlankem, von gedrungenem, von langem und von kurzem Wuchse, junge, alte und mittlere. Man kann unter allen wählen, und in den Armen derjenigen geniessen, welche man als die Liebenswürdigste gefunden hat, ohne dass man nötig hat, die Mauern im Sturme zu nehmen oder eine List anzuwenden um bis zu ihnen zu gelangen. Sie sind es, die euch entgegenkommen und sich um das Vorrecht, euch in ihrem Bette zu empfangen, streiten werden!" Die Hetären, selbst die der Matrosen und der Leute aus dem Volke, machten immer von ihrem freien Willen Gebrauch, und schlossen, auch wenn sie keinen bevorzugten Liebhaber hatten, gewissen Kunden ihre Ohren und ihre Thür. Eine einfache Sklavin, Salamina, welche Gabellus aus der Bude eines hinkenden Kaufmanns gezogen hatte, und die er zu seiner Beischläferin machen wollte, widerstand den Nachstellungen dieser dicken Persönlichkeit, welche ihr einen unüberwindlichen Abscheu einflösste: „Die Todesstrafe schreckt mich weniger als der Gedanke, dein Bett zu teilen," sagt sie ihm. „Ich bin nicht die letzte Nacht entflohen; ich hatte mich in dem Garten verborgen, als du mich gesucht hast. Eingeschlossen in eine Kiste, habe ich mich dem Schrecken deiner Umarmung entzogen. Wahrlich ehe ich sie ertrage, habe ich beschlossen, mich aufzuhängen. Ich scheue den Tod nicht und fürchte mich nicht, es offen zu sagen. Dein Athem vergiftet mich. Scheer dich zum Teufel! Vielleicht kannst du einig werden mit einer alten Dorfschönheit, schmutzig, zahnlos und gesalbt mit ranzigem Oele!" Alkiphron sagt uns nicht, ob sich Salamina schliesslich an die gewaltige Gestalt des Gabellus gewöhnt hat. Die Kaufleute, welche Sklavinnen verkauften, die sie zur Liebe erzogen und abgerichtet hatten, nannte man andropodocapeloi. Diese Sklavinnen, deren Hüften mit geknoteten Schnüren und Bändern umgeben waren, zeichneten sich durch geheime Vorzüge aus, welche der athenische Lüstling mit einer skandalösen Neugierde aufsuchte.

Viele Hetären hatten ihre Laufbahn als Sklavinnen begonnen, bis sie ein Liebhaber, eingenommen von ihren Reizen oder aus Dankbarkeit für ihre Dienste, losgekauft hatte, oder bis sie sich selbst mittels der Geschenke, die ihnen gemacht worden waren, befreit hatten. Meistens behielten sie den schmutzigen und habsüchtigen Charakter der Sklavinnen bei, sie steigerten nach und nach den Preis für ihre Gunst in demselben Masse, wie das Glück sie mehr und mehr begünstigte. Nachdem sie ihr Handwerk in einem Dicterion gelernt hatten, wo die Hausordnung nicht mehr als einen Obolos pro Kopf zu nehmen erlaubte, forderten sie bald eine oder zwei Drachmen, wenn sie erst einmal frei waren; bald, auch hiermit nicht zufrieden, einen Goldstater, eine Mine war ihnen eine Kleinigkeit, und am Ende verlangten sie gar ein Talent, also sechstausend vierhundert Mark in unserer Münze, wenn sie in Mode waren. Die Steigerung ihres Preises fand sehr schnell statt, wenn sie schön, schlau und ränkevoll waren. Aber dieses Glück war von keinem langen Bestande, wenn es ihnen an Geist und Klugheit fehlte; man sah sie dann rasend schnell auf die niedere Stufe der ungebildeten Hetären sinken, wo sie sich mit einigen Drachmen begnügen mussten, welche sie mit Mühe der Armut oder Knickerei ihrer ungeschliffenen Besucher abnötigten. Man hatte sie mitten in einem Gefolge von Sklaven und Eunuchen in den prächtigsten Sänften spazieren tragen sehen, man hatte sie geschmückt mit Halsbändern, Ohrgehängen, Fingerringen, goldenen Nadeln, frisch und parfümiert, in Gaze und Seide gesehen; jetzt traf man sie kurz darauf wieder, mit schmutzigen Lumpen bedeckt, das Haar in Unordnung, die Arme abgemagert, die hängende Brust voll Falten, unter den langen Säulengängen des Piraeus sitzend oder um die Grabmäler des Keramikos umherstreichend. Der Uebermut dieser Geschöpfe im Glücke liess ihre Erniedrigung im Unglücke nur noch grösser erscheinen. Es genügte ein Prozess, eine Krankheit, ein Vergehen, wie Trunkenheit oder Spiel, um diesen jähen Sturz herbeizuführen. Man beklagte sie nicht, wenn man sie in Verfall geraten und auf die tiefste Stufe des Elends und der Verachtung sinken sah, denn sie waren in den Augenblicken ihres Glanzes ohne Mitleid und ohne Herz gewesen. Wie viele Thränen, wie viele Vermögensverluste, wie viele Verzweiflung hatten sie verursacht! Trotz ihres Lasters, trotz ihrer Schamlosigkeit hatten sie zu oft wahre Leidenschaften hervorgerufen!

Die Briefe des Alkiphron sind voll von Klagen der unglücklichen Liebhaber, welche sich betrogen oder verabschiedet sahen, und von Spott der grausamen Dirnen, welche sie abweisen und quälen. Da ist Simalion von der Petala zu Grunde gerichtet, dort ist es der Fischer Anchenius, der um seine Maitresse zu besitzen nahe daran ist, aus ihr sein Weib zu machen; wieder anderswo, in den Gesprächen des Lucian, ist es Myrtale, die sich über den Dorion, nachdem sie ihn ausgeplündert hat, lustig macht: „Als ich dich mit Geschenken überhäufte," sagt der jammernde Dorion, „da war ich dein Vielgeliebter, dein Gatte, dein Herr, ich war alles für dich, seit ich aber nichts mehr besitze, seit du die Eroberung des Kaufmanns aus Bithynien gemacht hast, ist deine Thür mir verschlossen. Vor dieser unerbittlichen Thür vergiesse ich vergebens meine Thränen, er aber ist allein bei dir, die ganze Nacht, berauscht von deinen Liebkosungen." „Was? Du behauptest mich mit Geschenken überhäuft zu haben?" versetzte lachend Myrtale; „ich habe dich ruiniert, sagst du? Zählen wir alles auf, rechnen wir alles zusammen, was du mir gegeben hast." — „Ja zählen wir es auf Myrtale. Zunächst ein Paar sikyonische Schuhe, macht zwei Drachmen." — „Du hast dafür zwei Nächte bei mir geschlafen." — „Ferner bei meiner Rückkehr aus Syrien habe ich dir eine Vase voll phönizischer Pomade mitgebracht, die mich, ich beschwöre es beim Neptun, ebenfalls zwei Drachmen kostete." — „Und ich, ich hatte dir bei deiner Abreise einen Matrosenkittel gegeben, welchen der Epirer bei mir hatte liegen lassen." — „Der Epirer hat ihn wieder erkannt und ihn mir wieder abgenommen, nicht ohne Kampf, das mögen die Götter bezeugen! Als ich von Bosporus wieder kam, habe ich dir Zwiebeln von Cypern mitgebracht, sowie fünf Salzfische und acht Barsche, ferner noch acht trockene Schiffbrote, einen Krug karische Feigen, und endlich noch habe ich dir, undankbares Ding, von Petasä vergoldete Halbschuhe gebracht. Ich erinnere mich auch eines guten Käses von Gynthium." — „Das Ganze ist wert fünf Drachmen!" — „Was! Myrtale, das ist alles, was ich besass! Unglücklicher Schiffer, der von seinem Lohne leben musste! Jetzt stehe ich dem rechten Flügel der Ruderer vor und du verachtest mich! Habe ich nicht kürzlich bei den Festen der Aphrodite auch für dich eine Drachme Silber zu den Füssen der Venus gelegt! Habe ich nicht deiner Mutter zwei Drachmen für die Schuhe gegeben, und der Lyde bald zwei oder drei Obolen? Also richtig zusammen gerechnet ist dies das Vermögen eines Matrosen!" Myrtale kann nur lachen, indem sie die reichen Geschenke, welche sie von ihrem bithynischen Kaufmann erhalten hat, zur Schau stellt: Halsbänder, Ohrringe, Teppiche, Geld, und ihm den Rücken kehren mit den Worten: O glückliche Geliebte des Dorion! Sicher wirst du Zwiebeln von Cypern und Käse von Gythium erhalten!" Petala, welche ebenfalls einen bithynischen Kaufmann suchte, aber noch keinen gefunden hatte, schrieb an Simalion, dessen weinerliche und knickerige Liebe sie belästigte: „Geld, Kleider, Schmuck, Sklavinnen, das ist es, was meine Lage und meine Stellung fordert. Meine Väter haben mir kein Landgut in Nurinante hinterlassen, ich habe keinen Anteil an den Minen von Attika. Die wenig lohnenden Einkünfte der Vergnügungen, die nur zu spärlichen Geschenke der Liebe, welche nur unter Seufzen diese Menge geiziger und fühlloser Liebhaber darbringt, sind all mein Reichtum. Ich lebe schon ein Jahr mit dir, verzehrt von Unlust und Langeweile. Nicht einmal Parfüm ist auf meinem Haare! Diese alten und groben Stoffe aus Tarent bilden meinen ganzen Schmuck. Ich wage nicht vor meinem Genossinnen zu erscheinen. Kann ich etwas finden, wovon ich an deiner Seite leben könnte? . . . Du weinst! zu gütig! Ich brauche einen Liebhaber, der mich ernährt. Du weinst! Welche Lächerlichkeit! Bei der Venus! er betet mich an, sagt er, ich muss mich ihm hingeben, er kann nicht ohne mich leben! Was, hast du keinen goldenen Becher, kannst du kein Silber deinem Vater stehlen, nicht die Ersparnisse deiner Mutter?" Es kam nur zu oft vor, dass ein junger Mann, verblendet durch seine Leidenschaft, diesen verhängnisvollen Einflüsterungen nachgab und seine

Eltern bestahl, um die Habgier einer Hetäre zu befriedigen, welche ihn nicht liebte und unerbittlich zurückstiess, wenn sie nichts mehr von ihm ziehen konnte. Anaxilas hatte also Recht, wenn er in einer seiner Komödien sagte: „Von allen wilden Tieren ist keins gefährlicher als eine Hetäre!"

Wie gross auch die Habsucht der Dirnen war, so beschenkten sie doch die Altäre der Götter und Göttinnen mit Opfern und Geschenken; dafür erflehten sie aber auch von den Göttern nichts, als verliebte und ergebene Herzen zu finden, schöne Verehrer und Wohlthäter. Sie sorgten sich nur um ihren Luxus und hofften, wenn sie eine Opfergabe in den Tempel brachten, dass ihnen der Gott oder die Göttin dieses Tempels einen reichen Alten aus Asien oder Afrika als fette Beute schicken würde. Ihre Freigebigkeit, selbst gegen die Herren der Vorsehung, war also nur eine Spekulation und eine Art Wucher. Deshalb gingen sie hin, wenn sie ein gutes Geschäft gemacht und einen Dummen gefunden hatten, der Gottheit zu danken, der sie dieses glückliche Geschick zu verdanken glaubten. Sie knauserten nicht mit den Göttern und Priestern, in der Hoffnung, bald wieder durch neue Vorteile belohnt zu werden. Die Mutter der Musarion, welche wütend darüber war, dass ihre Tochter sich nicht von Chaireas bezahlen liess, rief spöttisch: „Wenn wir noch so einen Liebhaber wie den Chaireas finden, müssen wir der Venus-Pandemos eine Ziege opfern! Der Venus-Urania eine Färse! Der Venus-Gärtnerin eine andere Färse! Wir müssen einen Kranz der Göttin des Reichtums opfern!" Die Dicteriade Lysidis, welche sich der Allerwelts-Venus verdingt hatte, machte ihr ein wunderliches Geschenk, welches an die allegorischen Spangen erinnert, welche die Dirne Rhodopis dem Tempel des delphischen Apollo geweiht hatte: „O Venus! Lysidis bietet dir diesen goldenen Sporn, welcher an einen sehr schönen Fuss gehörte. Er hat mehr als ein träges Reittier angefeuert und, obgleich er ihn mit viel Behendigkeit gebrauchte, niemals dem Ross einen blutigen Schenkel gemacht; das stolze Tier gelangte an das Ziel seines Laufes, ohne dass er nötig gehabt hätte, es zu spornen. Sie hängt diese Waffe mitten in deinem Tempel auf!" Die gelehrten Erklärer der griechischen Anthologie sind ziemlich unschlüssig geblieben hinsichtlich dieses Spornes, der nach den einen den Stachel des Vergnügens und den Reiz der Wollust darstellt, nach den andern die ungeduldige Bitte einer Dirne, welche die Börse ihrer Kunden erschöpft hat, nach wieder anderen ein Werkzeug weiblicher Lüsternheit, welches einer schamlosen Einbildungskraft zu Hilfe kam. In Korinth weihte sich die Hetäre selbst der Venus, welche den Niessbrauch dieser heiligen Prostitution hatte.

In Korinth waren die Dirnen in noch grösserer Zahl vorhanden als in Athen, daher das berühmte Sprichwort, welches das ganze Altertum durchlief und in wenig veränderter Bedeutung auf uns kam: „Es ist nicht jedes Mannes Sache, nach Korinth zu gehen.“ Man giebt für dieses Sprichwort verschiedenen Ursprung an, jeder aber bezieht sich auf die in dieser Stadt so berühmten Dirnen. Aristophanes erklärt in seinem „Plutus“ das Sprichwort, in dem er sagt, dass „die Weiber Korinths die Armen verschmähten und die Reichen aufnahmen.“ Strabo ist deutlicher, indem er erzählt, dass die Kaufleute und Seeleute, welche während der Venusfeier zu Korinth landeten, soviel Schönheiten unter den Geweihten der Göttin fanden, dass sie sich vollständig zu Grunde richteten, ehe sie einen Fuss in die Stadt gesetzt hatten. Strabo giebt das Sprichwort in einer Wendung an, welche dem Sinne seiner Erklärung entspricht: „Man geht nicht ungestraft nach Korinth.“ Die Dirnen aller Länder und Klassen strömten in diese reiche Stadt, wo man in den Tempeln der Venus öffentlich Schülerinnen zur Prostitution erzog. Der Handel der Wollust war auch der lebhafteste und ausgebreitetste, welcher in diesem grossen, volksreichen Stapelplatze des Welthandels stattfand. Alle oder doch fast alle Weiber übten das Handwerk der käuflichen Liebe aus, jedes Haus glich einem Bordell. Eine Dirne, die an der Thür sass, betrachtete eines Tages die Schiffe, welche ankamen, und lauerte auf neue Opfer; man machte ihr Vorwürfe über ihre Faulheit und sagte ihr, sie würde besser thun, Wolle zu spinnen oder Leinwand einzufassen, als so die Hände in den Schoss zu legen: „Was sprichst du von Faulheit,“ sagte sie, „es hat mir nicht viel Zeit gekostet, alle Leinwand zu gewinnen, die für das Segelwerk dieser Schiffe langen kann!“ Sie verstand darunter, bemerkt Strabo, dass sie die Kapitäne bewogen hatte, ihre Schiffe zu verkaufen, um sie zu bezahlen. Der komische Dichter Eubul hatte in seiner Komödie „die Schwänzer“ (κερκῶπες) einen armen Teufel darstellt, welcher lustig gestand, dass man ihn auf diese Art ausgeplündert habe: „Ich ging nach Korinth,“ sagt er, „wo ich mich zu Grunde richtete, indem ich ein Gemüse ass, das man Okime (Dirne und auch Basilienkraut) nennt, und ich wurde so närrisch, dass ich fast meinen Mantel dort verlor.“ Der Dichter spielt mit dem doppelten Sinne des Wortes Okime, welches sowohl Dirne wie Basilienkraut bedeutet, und er bringt durch diese bildliche Anspielung in Erinnerung, dass dieses wohlriechende Kraut die Lieblingspflanze des Skorpion sei. Als der Tyrann Dionys aus Syrakus vertrieben wurde und verachtet und unglücklich seinen Aufenthalt in Korinth nahm, suchte er einen Schirm gegen die Verachtung, welche er einflösste, und gegen das Elend, in welches er mehr und mehr geriet, er brachte also, nach dem Berichte Justins, den ganzen Tag in den Kneipen und Bordells zu, in denen er von Okime lebte und sich mit allen Schändlichkeiten besudelte.

Diese geilen und unermüdlichen Königinnen der Prostitution, weit entfernt aus Korinth zu stammen, waren seit der grauesten Vorzeit dahin von Spekulanten und Matronen der Wollust gebracht worden.

Sie kamen meistens aus Lesbos und den andern Inseln Kleinasiens: Tenedos, Abydos, Cypern, wie um der Ueberlieferung zu huldigen, welche die Venus aus dem Schaume des ägäischen Meeres entstehen liess. Man brachte aber auch eine grosse Anzahl aus Milet und Phönizien, welches die feurigsten Dirnen lieferte, aber die wollüstigsten, wenigstens die erfahrensten in den Künsten der Wollust waren die Lesbierinnen, sodass man ihnen zu Ehren ein neues griechisches Wort geschaffen hatte, das man von ihrem Namen ableitete: λεσβιάζειν, welches nicht nur Liebe geniessen lassen, sondern mit Kunst geniessen lassen bedeutet. Die Phönizierinnen hatten gleichfalls das Vorrecht der griechischen Sprache ein Wort zu geben, welches dieselbe Bedeutung, wenn auch nicht denselben Sinn hatte: φοινικίζειν, Liebe auf phönizische Art geniessen lassen. Dies war eine Schmeichelei, auf welche die Dirnen ehrgeizig waren, woher sie auch stammen oder von wem sie auch immer erzogen sein mochten. Milet galt als Pflanzschule der Tänzerinnen und Flötenspielerinnen, der Auletriden, welche in Griechenland bei den Gelagen dienten. Lesbos und Phönizien aber schickten die Hetären, welche Korinth in seinem Busen aufnahm, wie ein ungeheueres Frauenhaus, wo die Prostitution ihre öffentliche Schule hatte. Homer giebt unter den Geschenken, welche Agamemnon dem Achilles bieten lässt (Ilias IX) mit Wohlgefallen an: „Sieben Weiber, wohlgeschickt zu den schönen Werken der Liebe, sieben Lesbierinnen, die er für sich selbst gewählt hatte, und die über alle Weiber den Sieg der Schönheit davontrugen." Die schönen Werke, welche die Geschicklichkeit dieser Lesbierinnen ausmachten, waren nicht dieselben, welche die keusche und kunstfertige Penelope zu machen verstand.

Ausser diesen geheimen Verrichtungen der Liebe, die von Jugend auf das eifrige Studium der Dirnen ausmachten, setzte sich ihre moralische Erziehung, wenn man bei dieser Gelegenheit diesen Ausdruck anwenden darf, zusammen aus gewissen unanständigen Vorschriften, welche für alle Arten der Prostituierten galten, von der feilsten Bordelldirne an bis zur grossen Hetäre der Aristokratie. Es war sicherlich nicht Solon, der dieses allgemeine Gesetzbuch der Dirnen verfasst hatte. Man stösst ab und zu bei den griechischen Erotikern auf die hauptsächlichsten Lehren, denen sich alle Dirnen unterwarfen, und die man in drei gesonderte Abschnitte teilen konnte: 1. Die Kunst, Liebe zu erwecken, 2. die Kunst, sie zu mehren und zu erhalten und 3. die Kunst, moglichst viel Geld daraus zu ziehen. „Es ist dienlich," sagt in den Briefen des Aristaenet eine der geschickteren in ihrem Handwerke, „jungen Männern einige Schwierigkeiten zu machen, und ihnen nicht alles zu bewilligen, was sie fordern. Dieser Kunstgriff vermindert den Ueberdruss und unterhält das Verlangen eines Liebhabers zu dem Weib, das er liebt, und macht ihm ihre Gunstbezeugungen immer neu. Aber man darf die Sache nicht zu weit treiben:

der Liebhaber verlässt sie sonst, macht andere Pläne und neue Bekanntschaften; die Liebe verfliegt mit eben solcher Leichtigkeit, wie sie gekommen ist." Aristaenet, der immer Philosoph war, und es nicht unter seiner Würde hielt, sich von den Dirnen unterweisen zu lassen, hat dieselbe Lehre noch in einem anderen Briefe gebracht: „Die Freuden," sagt er, „auf die man noch hofft, sind in der Einbildung voll Süssigkeit, von unaussprechlichem Liebreiz, sie erfachen und erhalten die ganze Lebhaftigkeit des Verlangens. Hat man sie aber erlangt, macht man kein Aufhebens mehr davon." Lucian bestätigt in seinem Gespräche derjenigen, welche sich in den Dienst der Grossen stellen, die Taktik der Hetären, welche etwas ihren Liebhabern verweigerten: „Nur selten," sagt er, „gestatten sie einige Küsse, weil sie aus Erfahrung wissen, dass der Genuss das Grab der Liebe ist, aber sie lassen nichts aus den Augen, was die Hoffnung und das Verlangen verlängern kann." Auf diese Art also erregten die Hetären die Liebe, reizten sie an, liessen sie sich entfalten und Wurzel fassen. Sie waren nicht weniger erfinderisch sie heraus zu fordern, und die Mittel, welcher sie sich bei diesem Kunstgriff bedienten, waren um so raffinierter je höher der Stand war, dem der Mann, welchen sie ködern wollten, angehörte, oder die Dirnenordnung war, zu welcher sie selbst zählten.

Mochte eine Hetäre noch so ungeübt sein, sie hatte doch Gewohnheiten an sich Männer anzulocken. Ihre Blicke, ihr Lächeln, ihre Stellungen und ihre Handbewegungen waren mehr oder weniger anziehende Köder, welche sie um sich auswarf. Jede kannte sehr wohl, was sie verbergen und was sie zeigen musste; bald heuchelte sie Zerstreutheit und Gleichgültigkeit, bald lief sie auf ihre Beute los und ergriff sie im Sprunge um sie nicht mehr loszulassen; bald suchte sie das Gedränge, bald die Einsamkeit auf. Ihre Schlingen änderten ihre Form und ihr Aussehen je nach dem Wildpret, welches sie zu fangen gedachte. Sie hatten alle ein herausforderndes, wollüstiges Lächeln, das schon von weitem unzüchtige Gedanken erweckte, indem es zu den Sinnen sprach, und das in der Nähe Elfenbeinzähne glänzen liess, Korallenlippen erzittern machte, neckische Grübchen in den Wangen hervorzauberte und eine Alabasterbrust schwellte. Das war der Kachymus, den der heilige Clemens von Alexandria als Lächeln der Dirnen bezeichnet. In einer höheren Stellung hatte die Hetäre auch ein anständigeres Verführungsverfahren. Sie schickte ihren Sklaven oder ihre Sklavin aus um an die Mauern des Keramikos mit Kohle den Namen des Mannes zu schreiben, welchen sie fangen wollte. Hatte sie sich ihm erst einmal bemerkbar gemacht, so schickte sie ihm Sträusschen, welche sie getragen hatte, Früchte, in welche sie gebissen; sie liess ihn durch Boten wissen, dass sie nicht mehr schlafen könne, dass sie keinen Appetit mehr habe, dass sie unaufhörlich seufze. Ein Mann, so kalt und ernst er auch sein mag, ist selten fühllos gegen eine Leidenschaft, die er einzuflössen glaubt. „Sie läuft ihm entgegen und umarmt ihn," erzählt Lucian in seinem Toxaris, „sie hält ihn fest, wenn er fortgehen will, sie giebt sich den Schein, als ob sie sich nur für ihn putze, und weiss rechtzeitig Thränen, Schmollen und Seufzer unter die Lockungen ihrer Schönheit und den Zauber ihrer Stimme und ihrer Lyra zu mischen." Dies waren die Künste, welche eine wohlausgelernte Hetäre niemals ermangelte mit fast stets sicherem Erfolge ins Werk zu setzen. Diese Künste der Koketterie und Täuschung wurden gewöhnlich von alten Weibern, früheren Dirnen, den Neulingen beigebracht, welche sie auf ihre Rechnung ausbildeten.

Die berühmte Neära war auf diese Art von einer gewissen Nikareta einer Freigelassenen des Charisias und von dem Weibe des Hippias, des Koches des Charisias, ausgebildet worden. Nikarete kaufte sieben kleine Mädchen: Antia, Stratole, Aristokleia, Melanira, Phila, Isthmiade und Neära. Sie war sehr geschickt schon im zartesten Kindesalter die zu erkennen, welche sich durch Schönheit auszeichnen würden: „Sie verstand es ausgezeichnet sie wohl zu erziehen," sagt Demosthenes in seiner Rede gegen Neära, „dies war ihr Geschäft und davon lebte sie." Diese sieben Sklavinnen nannte sie ihre Töchter, um den Glauben zu erwecken sie wären freigeboren, und um so mehr Geld von denen zu ziehen, welche sich mit ihnen einlassen wollten; sie verkaufte fünf- oder sechsmal die Jungfernschaft einer jeden und schliesslich verkaufte sie sie selbst. Aber diese Sklavinnen hatten so gute Lehren empfangen, dass sie nicht zögerten, sich für ihr Geld loszukaufen und zu ihrem eigenen Nutzen das Geschäft einer Dirne zu betreiben. Die Gunstbezeugungen eines freien Mädchens wurden besser bezahlt als die einer Sklavin und Freigelassenen. Der Preis wurde noch höher, wenn die Hetäre sich für ein verheiratetes Weib ausgab, weil der Ehebruch nach dem Gesetze mit dem Tode bestraft wurde. Aber dieses Gesetz wurde fast niemals angewendet. Der Schuldige wurde nur der Willkür des beleidigten Gatten überlassen, welcher sich meist damit begnügte, ihm eine Tracht Prügel geben zu lassen. Die Todesstrafe wurde gewöhnlich ersetzt durch eine Geldsumme, mit welcher er unter dem Namen Entschädigung den Ehebruch loskaufte und sich von einer ebenso schmerzhaften, wie lächerlichen Strafe befreite, denn wenn er nicht zahlte, überlieferte ihn der Gatte der Gnade der Sklaven, welche ihn grausam schlugen und ihm einen grossen schwarzen Rettig in den Hintern keilten. Dies war nach Athenäus die Strafe des Ehebruchs, eine Strafe, welche die Orientalen in der des Pfälens annähernd erhalten haben. Es geschah oft, dass man die Furcht vor der Strafe des schwarzen Rettigs brandschatzte, indem man Dummköpfen weiss machte, sie hätten diese Strafe verwirkt, da sie unwissentlich einen Ehebruch begangen hätten. Nichts war leichter, als sich einen wütenden Gatten zu denken, wenn man glaubte, dass das Weib auf frischer That ertappt worden sei: „Ach

Venus! verehrungswürdige Göttin!" ruft der Dichter Anaxilas aus, „welchen Gefahren setzt sich der aus, welcher sich in euere Arme wirft, wenn man an die Gesetzte des Drako denkt! Was wagt man selbst, wenn man nur einen Kuss auf euere Lippen drückt!" Es schien also trotz der Gesetze des Drako Eheweiber zu geben, welche ohne Wissen ihrer Männer das Hetärengewerbe trieben. Megara sagt in einem Briefe an ihre Freundin Bacchis, einem Brief, den der Rhetor Alkiphron damals verspottete, ausdrücklich, dass Philumene, obgleich sie jung verheiratet war, sich bei einer Wollustfeier einfand, wo sie sich den schändlichsten Ausschweifungen überliess! „Sie war heimlich dahin gekommen," sagt sie, „indem sie ihren lieben Gatten in den tiefsten Schlaf versenkte, mit einem Schlaftrunke."

Diese Schlaftränke waren ebenso wie die Liebestränke besonders im Gebrauch bei den Dirnen und den Wüstlingen, deren einzige Beschäftigung die Wollust war. Es waren, wie vorher erwähnt wurde, alte Weiber, welche diese Tränke herstellten und verkauften. Die Bereitung dieser Tränke galt als ein Zauberwerk, und die Alten, welche im Besitze dieses Geheimnisses waren, verdankten es gewöhnlich den Zauberinnen Thessaliens und Phrygiens. Theokrit und Lucian haben uns einige der geheimnisvollen Bräuche, welche die Zusammenstellung eines Liebestrankes begleiteten, aufbewahrt, und Lucian lässt uns deutlich den häufigen Gebrauch derselben erkennen, welchen die Dirnen davon machten, gleich ob sie Liebe oder Hass erwecken wollten. Verlassen von ihrem Geliebten, der ihr die Gorgone vorzog, schrieb Thais diese Treulosigkeit den Tränken zu, welche die Mutter der Gorgone zu bereiten verstand: „Die kennt," sagt sie, „die Geheimnisse aller Zauberinnen Thessaliens; der Mond steigt auf ihren Ruf herab. Man hat sie mitten in der Nacht in der Luft fliegen sehen." Daher kam der Reiz, welcher den armen Treulosen blendete, deshalb blieben ihm die Runzeln und die Hässlichkeit des Ungeheuers verborgen, welches er nur durch magische Einwirkung liebte. Um ihren Geliebten Charinus wiederzuerlangen, den ihr Symmike entführt hatte, bat Melissa die Bacchis ihr eine Magierin zuzuführen, die ein Weib liebenswert machen könne, welches man verabscheue, und ein geliebtes Weib hassenswert: „Ich kenne," sagt Bacchis gerührt von dem Schmerze ihrer Freundin, „eine syrische Zauberin, die deine Angelegenheit gut besorgen wird. Es ist dieselbe, welche mich nach Verlauf von vier Monaten mit Phanias wieder ausgesöhnt hat. Ihre Zauberei hat ihn wieder zu meinen Füssen zurückgeführt, als ich schon daran verzweifelte, ihn je wieder zu sehen." — „Und was verlangt die Alte?" fragt Melissa, „erinnerst du dich dessen?" — „Ihre Kunst ist nicht so teuer, Melissa. Man giebt ihr eine Drachme und ein Brot; man fügt ferner zu sieben Obolen, Salz, Parfüm, eine Fackel, eine Schale voll Getränk, welches sie allein trinken muss. Man braucht auch einige Dinge, die von deinem Geliebten stammen, ein Kleid, Schuhe, Haare oder etwas ähnliches." — „Einen von seinen Schuhen habe ich noch." — „Dieses Weib hängt das Ganze an einer Rute auf, reinigt es mit Dämpfen, die das Parfüm ausströmt, und wirft das Salz ins Feuer. Sie nennt alsdann die beiden Namen. Hierauf zieht sie einen Ball aus ihrem Busen, welchen sie sich drehen lässt, und sagt schnell ihren Zauberspruch, der aus mehreren barbarischen Worten besteht, die einen erbeben machen." Es gab mehrere Arten von Zaubertränken: solche, die Liebe erweckten, solche, die Hass erzeugten, solche die die Männer impotent und die Weiber unfruchtbar machten, endlich solche, die den Tod herbeiführten. Die Anwendung dieser Zaubertränke war mehr oder weniger gefährlich, denn mehrere enthielten wirkliches Gift, und dennoch nahmen die Hetären im Interesse ihrer Pläne und Leidenschaften beständig ihre Zuflucht hierzu. Aristoteles erzählt, dass ein Weib einen jungen Mann einen Liebestrank nehmen liess, der daran starb. Der Areopag, vor welchem dieses Weib angeklagt wurde, verurteilte sie nicht, aus dem Grunde, weil sie nicht die Absicht gehabt habe, ihren Geliebten zu töten, sondern seine erloschene Liebe anzufachen. Die Absicht mache den Mord. Schliesslich verkaufte man bei den Dirnen, ebenso wie Liebestränke, auch Heilmittel, welche die Folgen verhinderten: so galt nach Dioskorid die Wurzel des Saubrotes, gestampft und in Pillen gedreht, als Universalmittel gegen die fürchterlichsten Zaubertränke.

Wollte man einen Mann impotent oder ein Weib unfruchtbar machen, brachte man ihnen Wein bei, in welchem man eine Meerbarbe erstickt hatte. Wollte man einen treulosen Liebhaber zurückführen, so knetete man einen Kuchen aus ungesäuertem Mehl und verbrannte ihn dann in einem Feuer, welches man von Thymian und Lorbeerästen unterhielt. Um Liebe in Hass umzuwandeln, belauschte man den Mann oder das Weib, bei dem die Wandlung vorgenommen werden sollte. Man beobachtete die Fussspuren dieser Person und setzte, ohne dass diese etwas davon merkte, den rechten Fuss dahin, wo jene den linken gehabt hatte und umgekehrt, wobei man ganz leise murmelte: „Ich schreite auf dir, ich bin über dir." Die Zauberin sprach, wenn sie bei einer Beschwörung ihren Zauberball drehte, folgende Worte: „Wie sich der Erzball dreht unter dem Schutze der Venus, möge mein Geliebter sich drehen auf der Schwelle meines Hauses." Bisweilen warf sie in das bei der Zauberei verwendete Kohlenbecken ein Wachsbild, dem der Name der Person, die man den Gluten der Liebe überliefern wollte, beigelegt ward. „So wie ich dieses Wachs unter dem Schutze des Gottes schmelzen lasse, den ich anrufe," murmelte die Beschwörerin, „so soll vor Liebe das starre Herz schmelzen, das ich entflammen will." Dies waren feierliche Zaubereien, begleitet von Opfern und geheimnisvollen Bräuchen. Gewöhnlich aber begnügte man sich mit einem Tranke oder einer Salbe, die aus gewissen

Kräutern oder bestimmten narkotischen, kühlenden, krampfstillenden oder aphrodisischen Droguen zusammengesetzt waren. „Der Gebrauch der Liebestränke ist sehr gefährlich," schreibt Myrrhina an Nikippe, „oft sogar ist er verhängnisvoll für den, der ihn einnimmt. Doch was thuts! — Dyphilos soll entweder leben und mich lieben oder Thessala lieben und sterben." Die Dirnen fragten bei ihrem Aberglauben in Liebe, Glück, Ehrgeiz oder Rachsucht oft auch die Thessalierinnen um Rat, um die Zukunft zu erfahren, um den Ausgang eines begonnenen Abenteuers kennen zu lernen, um ins Dunkel der Vorsehung einzudringen. Glycera spricht in einem Briefe an den Dichter Menander von einem phrygischen Weibe, welches „mittels gewisser Binsenrohre, die sie während der Nacht ausbreitet, vorauszuahnen versteht; aus der Bewegung dieser Rohre ist sie über den Willen der Götter so genau unterrichtet, als wenn diese ihr selbst erschienen wären." Diesem Zaubervorgang mussten verschiedene Reinigungen und Opfer voraus gegangen sein, wozu man sich des männlichen Weihrauches, länglicher Pillen aus Styrax und bei Mondschein aus den Blättern des wilden Wurzelkrautes gemachter Kuchen bediente. Man nahm seine Zuflucht zu diesem Zauber um Nachrichten von einer abwesenden Maitresse oder einem fernen Geliebten zu erhalten. Die Tränke vollends, welche gebraut wurden, um Liebe zu erregen, waren so kräftig und gefährlich, dass schon ihr mässiger Genuss die Raserei der Mänaden und Korybanden hervorbrachte, und dass der Missbrauch dieser Liebeserreger Wahnsinn oder Tod verursachte.

Die Hetären hegten gegenseitig Eifersucht, Missgunst und Hass, welche sie oft zu derartigen Racheakten führten. War z. B. einer Hetäre ihr reicher und schöner Geliebter abspenstig gemacht worden, so nahmen die beiden Rivalinnen in ihrem Kampfe auch zu den wenigst anständigen Mitteln ihre Zuflucht, um nur zu einem Triumph ihrer Eitelkeit zu gelangen. Diese Weiber trugen kein Bedenken, sich auf Kosten der Andern zu bereichern und ihre Wünsche zu befriedigen. Sie waren ewige Rivalinnen und häufig unversöhnliche Feindinnen. Als Gorgone ihrer vorgeblichen Freundin Glycera den Geliebten weggefischt hatte, tröstete diese Thaïs mit den Worten: Es ist dies ein Streich, welchen wir uns ziemlich oft spielen, wir andern Dirnen." Hierauf schliesst sie mit folgenden Ausdrücken: „Gorgone wird ihn rupfen, wie du ihn gerupft hast, und wie du inzwischen einen andern rupfen wirst." Diese Uebersetzung Perrot d'Albancourt's ist ausdrucksvoller als der griechische Text Lucians, welcher sich begnügt zu sagen: „Du wirst eine andere Beute dafür finden.!" Trotz des Unrechts, welches sich die Hetären bei jeder Gelegenheit zufügten, blieben sie dennoch Freundinnen, oder sie entzweiten sich vielmehr aus Politik nicht. Es bestand ein Korpsgeist, ein gemeinsames Interesse, welches sie zusammenhielt und sie wieder zusammenführte, wenn sie sich für einige Zeit veruneinigt hatten. Sie verabscheuten sich indes im Grunde ihres Herzens nur noch mehr, ungeachtet ihres Lächelns, ihrer Liebkosungen und gegenseitigen Schmeicheleien. Hingegen liebten sie sich rasend, wenn sie sich einmal liebten, und nichts war unter den Dirnen häufiger als die lesbische Liebe. Diese Liebe, die Griechenland ohne Missbilligung und Tadel duldete, hatte weder die Strafe des Gesetzes noch den Fluch der Religion zu fürchten. Sowohl bei den Dicteriaden, wie bei den eingesperrten Hetären herrschte diese Wechselliebe (ἀνεϱος) mit ihrem ganzen Ungestüm. Eine Dirne, welche diesen widernatürlichen Geschmack hatte (τϱιβας) flösste den Männern nur Abscheu ein, aber sie verbarg ihnen sorgfältig ein Laster, welches nur zuviel Nachsicht unter ihren Genossinnen fand. Man schreibt der Sappho die skandalöse Entwickelung zu, welche die lesbische Liebe genommen hatte, und ebenso die philosophischen Theorien, unter denen sie sich wie ein auf ein Dogma gestützter Kult eingerichtet hatte. Sappho wurde bestraft, weil sie die Männer verachtet hatte durch die Liebe, welche ihr Phaon eingeflösst hatte ohne sie zu erwidern. Das Unheil aber, welches Sappho durch ihre Lehren und ihr Beispiel erzeugt hatte, pflanzte sich in den griechischen Sitten fort, steckte alle Hetärenklassen an und drang bis in die Weibergemächer der keuschen Jungfrauen und ehrwürdigen Matronen.

Wir wollen nicht mehr, als was Lucian über diesen heiklen Punkt anführt, sagen, und wir werden hierbei die aller dezenteste Uebersetzung wählen. Das Gespräch der Kleonarium und der Leäna ist wie ein Gemälde, das einer der Dirnenmaler Athens nach der Natur gefertigt hat: „Kleonarium: Eine schöne Nachricht, Leäna! Man sagt, du seist die Geliebte der reichen Megilla geworden, dass ihr einig seid, und dass . . . Aber was ist das? Du wirst rot? Sollte es wahr sein? — Leäna: Es ist wahr, ich schäme mich dessen . . . Es ist eine eigentümliche Sache! — Kleonarium: Ah! Wie! bei der Ceres! und was fordert unser Geschlecht? Was treibt ihr denn? Wohin führt diese Ehe? Ach! du bist meine Freundin nicht, wenn du mir dies Geheimnis verschweigst. — Leäna! Ich liebe dich wie jede andere, aber Megilla ist wirklich wie ein Mann. — Kleonarium: Ich verstehe nicht; sollte sie eine Tribade sein? Man sagt Lesbos sei voll solcher Weiber, die sich dem Verkehr mit Männern entziehen und deren Stelle bei den Weibern einnehmen. — Leäna: Es ist etwas wahres an der Sache. — Kleonarium: Erzähle mir doch Leäna, wie du dazu gekommen bist, ihre Leidenschaft anzuhören, sie zu teilen, ihr zu genügen? — Leäna: Megilla und Demonassa reiche Korintherinnen, ergriffen von derselben Leidenschaft, feierten eine Orgie. Ich wurde hingeführt, um zur Begleitung meiner Lyra zu singen. Die Lieder und die Nacht schritten vorwärts: es war Zeit zur Ruhe; sie waren trunken. Da sagte Megilla: Leäna, es ist Zeit zum Schlafengehen, komm leg dich hierher, zwischen uns! — Kleonarium: Hast du's angenommen? . . . .

Nun und dann? — Leäna: Sie küssten mich zuerst wie ein Mann, nicht nur auf die Lippen, sondern auch in den geöffneten Mund. Ich fühlte mich in ihre Arme gezogen, sie liebkosten meinen Busen; Demonassa biss mich bei ihrem Küssen Wahrlich ich hatte keine Ahnung, wohin das alles führen sollte. Endlich warf Megilla erhitzt ihren Kopfputz zurück und presste mich und bedrohte mich wie ein junger Athlet, und ich . . ich rege mich auf. Aber sie: Frisch! Leäna, hast du einen schönern Jungen gesehen? — Einen Jungen, Megilla? Ich sehe hier keinen. Hör auf, mich als Weib anzusehen, ich heisse heute Megillus, ich habe Demonassa geheiratet. Ich hielt an mich, um nicht zu lachen. Ich wusste nicht, schöner Megillus, sagte ich ihr, dass du hier wie Achilles unter den Jungfrauen von Skyros wärest. Nichts fehlt dir ohne Zweifel an dem, was einen jungen Helden kennzeichnet, und Demonassa hat es versucht. — Beinahe Leäna, und diese Art von Genuss hat auch ihre Süssigkeiten. — Du bist also einer von den Hermaphroditen mit doppelten Geschlechtsgliedern . . (wie einfältig ich war, Kleonarium) . Nein ich bin Mann in jeder Hinsicht. — Dies ruft mir die Erzählung einer boeotischen Flötenspielerin ins Gedächtnis: ein Weib aus Theben wurde in einen Mann verwandelt, und dieser Mann wurde später der berühmte Seher Teiresias. Sollte dir ein ähnlicher Unfall begegnet sein? — Keineswegs Leäna, ich bin scheinbar wie du, aber ich fühle in mir die zügellosen Leidenschaften und die heissen Wünsche des Mannes. — Das Verlangen, ist das alles? — Bitte, überlasse dich meinen Gluten, Leäna, du wirst sehen, meine Leidenschaften sind wie die eines Mannes, ich habe selbst etwas vom Manne, bitte überlasse dich mir, du wirst es empfinden. Sie bat mich lange, sie machte mir zum Geschenk ein wertvolles Halsband und ein durchsichtiges Kleid. Ich gab mich ihrem Verlangen hin: sie umarmte mich hierauf wie ein Mann: sie hielt sich für einen solchen, küsste mich, bewegte sich heftig hin und her und erlag unter der Schwere des Vergnügens. — Kleonarium: Und was waren deine Gefühle Leäna? Wo? Wie? — Leäna: Verlange nicht den Schluss von mir. Eine wahre Schmach . . Bei der Urania! ich werde es nicht entdecken."

IX. Kapitel.

Die Griechen.

VI.

Die Flötenspielerinnen. — Die Tänzerinnen. — Verschiedene Wollustarten der Flötenspielerinnen. — Leidenschaft der Athener für die Flötenspielerinnen. — Raserei, welche sich der Flötenspielerinnen bei den Festen bemächtigte. — Die Flötenbläserin Bromidia. — Missmut des Polybos über den Reichtum verschiedener öffentlicher Weiber. — Die Tänzerinnen des Königs Antigonus und die arkadischen Gesandten. — Worin sich die Flötenbläserinnen von ihren Rivalinnen in der Prostitution unterschieden. — Philene und Dyphile. — Vereinigungen der Flötenbläserinnen. — Die kallypischen Feste. — Oeffentliche Schönheitskämpfe, veranstaltet von Kypselos. — Herodike. — Die Chrysophoren oder Goldträgerinnen. — Gemälde der nächtlichen Feste, wo die Auletriden sich Schönheitskämpfen überliessen. — Brief der Auletride Megara an die Hetäre Bacchis. — Kampf zwischen Myrrhina und Pyrallis. — Philomene. — Die jungen Leute als Zuschauer zu den Orgien der Dirnen zugelassen. — Das Gastmahl der Tribaden. — Brief der Hetäre Glycera an die Hetäre Bacchis. — Liebe der Joessa zu Lysias. — Pythia. — Gewöhnliche Uneigennützigkeit der Auletriden. — Kosten der Liebkosungen einer Modeflötenbläserin. — Brief der Philomene an Kriton. — Brief der Betala an ihren Liebhaber

Simalion. — Frohsinn der Auletriden. — Missgeschick der Parthenis. — Der Bauer Gorgus und Krokale, seine Maitresse. — Ursprung der Spottnamen berühmter Auletriden. — Der Quendel. — Der Vogel. — Die Glänzende. — Der Herbst. — Die Leimrute. — Die Blume. — Der Weissling. — Das Netz. — Das Vorgebirge. — Synoris, Eukläa, Graminäa, Hierokläa etc. — Die feurige Phormesium. — Nemeas. — Phylia. — Liebe des Alkibiades zu Simoethe. — Antheia. — Nanno. — Urteil der drei Kallipygien. — Lamia. — Leidenschaftliche Liebe des Demetrius Poliorketes, Königs von Macedonien, zu dieser berühmten Auletride. — Brief dieser Dirne an ihren königlichen Liebhaber. — Eifersucht der anderen Maitressen des Demetrius: Leäna, Chrysis, Antipyra und Demo. — Geheime Liebeshändel der Lamia berichtet von Machon und Athenäus. — Ursprung des Beinamens Lamia oder Nachtgespenst. — Die Gesandten des Demetrius am Hofe des Lysimachus, Königs von Thracien. — Epigramm des Lysimachus auf Lamia. — Antworten des Demetrius. — Briefe der Lamia an Demetrius. — Urteil des Bocchoris, Königs von Aegypten, zwischen einem jungen Aegypter und der Hetäre Thonis. — Wunderlicher Einfall der Lamia über dieses Urteil. — Steuererpressungen des Demetrius zu Gunsten der Lamia. — Was den Athenern die Seife für die Toilette dieser Dirne kostete. — Ungeheuerer Reichtum der Lamia. — Gebäude, welche auf ihre Kosten errichtet wurden. — Der Dichter Polemon im Solde der Lamia. — Herrlichkeit der Feste, welche Lamia dem Demetrius gab. — Wie sie sich für deren Aufwand bezahlt machte. — Tod der Lamia. — Niedrigkeit der Athener, welche sie vergötterten und ihr zu Ehren einen Tempel errichteten. — Hartherziger Ausspruch der Demo, der Rivalin der Lamia.

Unter den Dirnen, die wir nach Lucian und Athenäus aufgeführt haben, waren mehrere Flötenspielerinnen, und, wie wir schon gesagt haben, als wir die Hauptarten der griechischen Freudenmädchen aufzählten, bildeten die Flötenspielerinnen eine Abteilung für sich unter dem, was wir die Genossenschaft der Dirnen nannten. Sie hatten mehr oder weniger in die Augen fallende Aehnlichkeiten mit den Dicteriaden und Hetären, im allgemeinen aber unterschieden sie sich von beiden in gleichem Masse, denn sie waren weder in öffentlichen Häusern untergebracht, noch gehörten sie dem ersten besten an; anderseits durfte man bei ihnen nicht die Zerstreuung für Geist und Bildung suchen, die man bei den meisten Hetären antraf; endlich hatten sie, auch wenn sie sich durch die Prostitution bereicherten, ein Gewerbe, welches sie ernähren konnte. Dieses Gewerbe war an sich bisweilen ziemlich einträglich. Deshalb empfingen sie also nicht die Bezeichnung Dirne, obgleich sie alles thaten, sie zu rechtfertigen. Es galt in ihren Augen immer als ein Beweis ihrer Freiheit und unabhängigen Stellung, dass sie den Titel ihres Gewerbes führten. Sie nannten sich also Flötenspielerinnen und machten sich unter dem Schutze dieses Namens keine Gewissensbisse, mehr Dirne zu sein als das, wofür sie sich ausgaben. Man hat gesehen, das sich die Flötenspielerinnen unter Umständen mit den Schandthaten der Tribaden vertraut machten, man hat auch gesehen, welche Ratschläge Musarion von ihrer Mutter empfing. Diese Weiber waren eben auch alle bereit, die Leidenschaften zu befriedigen, welche sie erregt und angestachelt hatten. Aber nichtsdestoweniger war eine Auletride im eigentlichen Sinne keine Hetäre. Diese hielt sich ausserdem für etwas viel besseres als eine Auletride, die sie als eine Tänzerin, welche ein Handwerk ausübte, betrachtete; jene hingegen hielt nicht viel von der Dirne, deren Beruf es war, einen Teil der Begierden und Entzückungen einzuernten, welche sie sich selbst rühmte, mit ihrem Tanz und Flötenspiel hervorgerufen zu haben.

Vergebens hatten alte Dichter, die vielleicht nur schlechte Flötenbläser waren, sich bemüht, das Instrument den schönen Händen zu entreissen, indem sie eine schlaue Fabel ersannen, nach der Pallas sich zornig zeigt über die Verunstaltung, welche das Gesicht beim Flötenspiel erlitt, und den Gebrauch des Instrumentes ächteten, welches die Nymphen Gesichter schneiden liess. Die Zahl der Auletriden vermehrte sich dennoch, und ihre Anwesenheit bei den Festen wurde absolut unentbehrlich. Man hatte bald erkannt, dass die Flötenspielerinnen, wenn sie ihre Wange aufgeblasen, ihre Lippen geschlossen und für einen Augenblick die Harmonie ihres Gesichtes gestört hatten, nicht weniger liebenswürdig waren, als wenn sie ihre Instrumente abgelegt und ihre Concerte beendet hatten, um einen mehr oder weniger thätigen Anteil am Feste selbst zu nehmen. Ausserdem hatten die meisten dieser Musikantinnen gelernt, auf ihre Schönheit zu achten und die Doppelflöte sowohl wie die einfache zu spielen, ohne ihre wollüstige Physiognomie durch unschöne Anstrengungen und Bewegungen zu stören.

Nicht alle Flötenbläserinnen waren Tänzerinnen, nicht alle Tänzerinnen spielten die Flöte: „Ich habe euch vorher,“ sagt Aristagoras in seinem Mammecythus, „von den schönen tanzenden Dirnen gesprochen (ὀρχαστρίδας ἑταίρας), ich werde nichts mehr hiervon sagen, auch nicht von jenen Flötenspielerinnen welche kaum mannbar die stärksten Männer entnerven, wofür sie sich gut bezahlen lassen!“ Diese Flötenspielerinnen hatten nach dem Ausspruche des Dichters ein Verfahren, das fähig war selbst einen Herkules zu erschöpfen und die Wohlbeleibtheit eines Silen verschwinden zu lassen. Die Wüstlinge, welche die Raffinements des asiatischen Luxus versucht hatten, konnten sich nicht mehr davon losreissen, und wenn am Ende eines Gelages alle ihre Sinne durch die Klänge der Flöten überreizt waren, wurden sie oft von einer Art Liebeswahnsinn ergriffen und stürzten sich mit Fäusten aufeinander, bis der Sieg entschieden hatte, welchem die Flötenbläserin gehörte: „Um dies zu billigen," ruft der Komiker Aristophanes aus, „muss man oft bei diesen Gelagen gewesen sein, wo jeder seine Zeche bezahlt und daselbst eine Anzahl Schläge um eine Dirne einsteckt und austeilt." Mit jemehr Wut man gekämpft hatte, je dichter und schallender die Hiebe gefallen waren, desto grösser war auch der Stolz der Königin der Schlacht, und desto grösser war der Lohn ihres Siegers, dessen Gesundheit alle Schläge vergüten musste, und der sich mit Rosen krönte. Die Leidenschaft der Athener für die Auletriden wurde auf die Spitze getrieben, und, wenn man dem Theopomp in seiner Philippika Glauben schenken darf, so tönte ganz Griechenland von einem Ende bis zum andern von Flötenklängen und Faustschlägen wieder. Die Auletriden waren im allgemeinen weniger eigennützig als die Hetären und auch liebenswürdiger. Sie gaben nichts auf die Kunst einen galanten Antrag abweisen zu können. „Wende dich nicht an die grossen Hetären, wenn du ein Vergnügen haben willst, du wirst es leichter unter den Flötenspielerinnen finden!" Dies ist der Rat, welchen Epikrates in der Anti-Laïs seinen Mitbürgern giebt. Es ist klar, dass die ehrbaren Frauen niemals bei diesen Orgien zugegen waren, und dass der Eintritt einer Auletride in einen Festsaal für sie das Zeichen zum Verlassen desselben war, noch ehe sie einen Ton der Flöte gehört hatten.

Diese Flötenspielerinnen erregten eine derartige Aufregung durch ihre lüsterne Musik, dass die Tischgenossen sich ihrer Fingerringe und Halsketten beraubten, um sie ihnen anzubieten. Eine geschickte Flötenspielerin hatte nicht genug Hände um die Gaben alle anzunehmen, welche man ihr bei einem Gastmahle anbot, wo ihre Musik alle Köpfe verdreht hatte. Theopomp hatte in einem heute verloren gegangenen Werke über die in Delphi vorgekommenen Diebstähle folgende Inschrift abgeschrieben, die man auf einer marmornen Votivtafel bei den Eisenspangen der Dirne Rhodopis las: „Phayllos, der Tyrann der Prokrer, gab der Flötenbläserin Bromiade, der Tochter der Diniade, ein Karcherion (gondelartiges Trinkgeschirr mit Fussgestell) aus Silber und ein Kyssibion (Epheukranz) aus Gold." Bei manchen Gelagen ging alles goldene und silberne Tafelgeschirr dahin, und jedesmal, wenn die Flötistin berauschendere Töne, die Tänzerin rhythmischere Tänze erfand, entstand ein Regen von Blumen, von Schmuck und von Münzen, welche sie im Vorbeigehen mit wunderbarem Geschicke aufhoben. Diese Art von Dirnen bereicherte sich also viel schneller als alle anderen, und sie häuften sowie sie in Ruf kamen, beträchtliche Vermögen auf. Polybos war unwillig, dass die schönsten Häuser Alexandriens die Namen der Myrtion, der Mnesis und der Pothyne trugen: „Und doch waren," sagt er, „Mnesis und Pothyne Flötenspielerinnen und Myrtion einer jener öffentlichen Frauen, die zur Schande verurteilt sind, und die wir Dicteriaden nennen." Myrtion waren ebenso gut wie Mnesis und Pothyne die Maitresse des Ptolomaeus Philadelphus.

Königs von Aegypten, gewesen. Es gab kein Alter, keinen Rang, keinen Stand, welche einen Schutz gegen das Blendwerk der Tänzerinnen und Musikantinnen gebildet hätten. Athenäus erzählt, dass arkadische Gesandte zum Könige Antigonus geschickt wurden, welcher sie mit vieler Achtung empfing und ihnen ein glänzendes Mahl auftragen liess. Diese Gesandten waren ernste, ehrwürdige Greise. Sie setzten sich zu Tische und assen und tranken in ernster, schweigsamer Weise. Als aber plötzlich phrygische Flöten das Zeichen zum Tanze gaben, als Tänzerinnen, in durchsichtige Schleier gehüllt, in den Saal eintraten, sich sanft auf den Zehen schaukelten, allmählich ihre Bewegungen beschleunigten, erst ihr Haupt, dann den Busen und endlich den ganzen Körper entblössten bis auf eine Schambinde, welche ihre Lendengegend verhüllte, und ihre Tänze mehr und mehr glühend und schlüpfrig wurden, da regten sich die Gesandten bei diesem ungewöhnlichen Schauspiele so auf, dass sie keine Rücksicht auf die Gegenwart des Königs mehr nahmen, welcher vor Lachen ohnmächtig wurde, und sich auf die Tänzerinnen stürzten, welche sich auf diesen Empfang vorbereitet hatten und sich den Pflichten der Gastfreundschaft unterwarfen.

Man sieht aus den Hetärengesprächen, dass die Auletriden ein weicheres Herz hatten als ihre Rivalinnen in der Prostitution. Lucian scheint Gefallen daran zu finden, sie, in ihrer Jugend wenigstens, als leidenschaftliche und edelmütige Geliebte darzustellen, welche nichts von ihren Liebhabern forderten und sich selbst bisweilen für sie aufopferten. Da ist Musarion, die zwei ionische Halsbänder verkauft hat um den Chaireas zu ernähren, welcher ihr die Heirath versprochen hat, da ist Myrtium eifersüchtig auf Pamphilos, der sie zur Mutter gemacht hat, und zittert, dass sie diesen teuren Geliebten die Tochter des Steuermannes heiraten sehen soll: „O Pamphilos! Du giebst mir das Leben zurück!“ ruft sie aus, als sie merkt, dass ihr Argwohn grundlos sei. „Ich würde mich aus Verzweiflung erhängt haben, wenn diese Hochzeit zu Stande gekommen wäre!“ Da ist Philene, gleichfalls eifersüchtig, aber mit mehr Grund, die sich an ihrem treulosen Dyphilos rächt, indem sie alles thut, was ihm Eifersucht einflössen kann. „Was war das gestern für eine Thorheit von dir?“ fragt die Mutter der Philene. Was ist dir denn bei diesem Feste eingefallen? Dyphilos hat mich soeben aufgesucht, er vergoss Thränen, er beklagt sich über deine Beleidigungen: dass du betrunken warst, dass du trotz seines Verbotes getanzt habest, dass du seinem Genossen Lamprias einen Kuss gegeben habest, und als du seinen Verdruss darüber sahest, ihn ganz wegen des Lamprias verlassen habest, um den du deinen Arm schlangst, dass er indessen vor Ungeduld verging, und dass du endlich dich die Nacht geweigert habest sein Bett zu teilen; dass er weinte, dass du dich aber auf des Nachbarbett legtest und nicht aufhörtest ihn die ganze Nacht durch deine Lieder und deine Weigerung zu betrüben!“

Philene rechtfertigt ihr Betragen durch die Beleidigungen des Dyphilos, welcher sich während des Festes den Anschein gegeben habe, ihr die Thais vorzuziehen, die Maitresse des Lamprias. „Er sah meine Unruhe, meine Gesten warnten ihn, er nahm die Thais beim Ohre, zog sie zu sich hinüber und gab ihr einen feurigen Kuss auf die Lippen, von denen er sich garnicht mehr losmachen zu können schien. Ich weinte, er lachte. Er sprach leise mit Thais, lange Zeit, und ohne Zweifel über mich Thais sah mich an und lachte ebenfalls. Die Ankunft des Lamprias allein konnte ihr Entzücken endigen. Damit er mir ja keinen Vorwurf machen konnte, stand ich auf und legte mich während des Mahles an seine Seite. Thais tanzte zuerst und zeigte ihre Wade mit Vorliebe, als wenn sie allein ein schönes Bein hätte. Lamprias blieb ruhig, aber Dyphilos ergoss sich in Schmeicheleien und fand kein Ende die Grazie ihrer Bewegungen und den Einklang aller ihrer Schritte zu rühmen, dass ihr Fuss dazu geboren sei, den Schlusstakt anzugeben, dass ihre Wade wunderschön sei und tausend andere Anzüglichkeiten. Man hat das alles von der Sosandra von Kalamis gesagt, aber nicht von der Thais da, die du ja kennst, denn du hast sie im Bade gesehen. Sie ging bis zur Beleidigung, indem sie sagte: Mag auch sie einmal tanzen, wenn sie nicht fürchtet ihre dünnen Spindeln leuchten zu lassen! Was soll ich dir sagen, meine Mutter? Ich erhob mich und tanzte. Die Tischgesellschaft klatschte Beifall; Dyphilos allein, nachlässig hingelehnt, hielt beständig, bis zum Ende des Tanzes, die Augen auf die Decke des Saales geheftet." Philene wollte also den Dyphilos ärgern, indem sie sich stellte, als ob sie den Lamprias vorzöge, und sie hatte soviel Glück den Treulosen in Verzweiflung zu setzen, dass ihre Mutter, als erfahrene Dirne, ihr den Rat geben zu müssen glaubte: „Ich erlaube dir die Rache, aber keine Beleidigung. Ein beleidigter Liebhaber wird entfremdet und gegen einen eingenommen. Denke an das Sprichwort: Der zu straff gespannte Bogen bricht!"

Wenn die Auletriden Geliebte hatten, erlaubten sie sich auch untereinander intime Verbindungen, welche ganz den Verlauf der zügellosesten Liebe hatten. Es war dies die lesbische Liebe, in welcher von Megilla und Demonassa unterrichtet zu werden Leäna, noch unschuldig, wenn schon Flötenspielerin, eingewilligt hatte. Wir haben bereits gesehen, welcher Art die Lehren dieser beiden Dirnen waren. Wir haben alle Ursache anzunehmen, dass die Tänzerinnen und Musikantinnen weniger auf die Männerliebe gaben als auf die, bei welcher sie alle Kosten allein trugen. Diese Frauen, von früher Jugend an in den Künsten der Wollust geübt, kamen bald zu den Ausschweifungen, wohin sie die Einbildung ihrer Sinne führte. Ihr ganzes Leben war ein beständiger Kampf der Schlüpfrigkeit, wie ein beharrliches Studium der sinnlichen Schönheit. In der Lage ihre eigene Nacktheit zu sehen und mit der ihrer Genossinnen zu vergleichen, fanden sie Geschmack daran und schufen sich wunderliche und feurige Genüsse ohne Hilfe ihrer Geliebten, welche sie oft kalt und fühllos liessen. Die geheimnisvollen Leidenschaften, welche sich so bei den Auletriden entzündeten, waren gewaltthätig, schrecklich, eifersüchtig und unversöhnlich. Man muss in den Gesprächen des Lucian die schöne Charmide hören, welche seufzt und sich beklagt, dass ihre Maitresse Philemation, welche sie seit sieben Jahre liebt, und die sie umlängst mit Geschenken überhäuft hat, sie verlassen und ihr einen Mann zum Nachfolger gegeben hat. Philemation ist alt und geschminkt, aber was schadet das, sie hat verstanden eine Liebe zu erregen, welche nichts beruhigen kann. Charmide hat um diese Liebe, welche sie verzehrt, zu überwinden, eine andere Maitresse zu wählen versucht: sie hat fünf Drachmen der Tryphäna gegeben, damit sie komme und bei einem Feste ihr Bett teile, bei dem sie weder ein Gericht gekostet, noch eine Schale geleert hat. Aber kaum hat sich Tryphäna an ihre Seite gelegt, als sie Charmide zurückstösst und die Berührung dieser neuen Freundin zu vermeiden scheint, welche keinen Lohn nehmen will, da man sie nicht benützt habe. „Ich habe dich gewählt, um mich an Philemation zu rächen!“ gesteht ihr endlich Charmide. „Bei der Venus!“ ruft Tryphäna, verletzt in ihrer Eitelkeit als Trybade; „ich würde nichts angenommen haben, wenn ich gewusst hätte, dass man mich nur wählt, um an einer anderen Rache zu üben! Und noch dazu an dieser Philemation! An einem Ungeheuer von Heuchelei: Leb wohl, es ist um die dritte Nachtstunde.“ „Verlass mich nicht, meine Tryphäna: wenn das wahr ist, was du sagst, wenn Philemation nichts als eine alte Vettel und geschminkt . . . . . ich werde ihr nicht mehr ins Gesicht schauen können.“ — „Frage deine Mutter, ob sie mit ihr ins Bad gegangen ist? Dein Grossvater, wenn er noch lebt, wird dir ihr Alter sagen können.“ — „Wenn es so steht, ist dies mehr als eine Schranke. Nimm mich in deine Arme, Küsse mich! Geben wir uns der Venus hin! Lebe wohl für immer, Philemation!“

Diese verdorbenen Sitten waren bei den Flötenspielerinnen so verbreitet, dass sich mehrere unter ihnen oft zu Festen vereinigten, wozu kein Mann zugelassen wurde, und wo sie sich ihren Ausschweifungen unter Anrufung der Venus-Peribasia überliessen. Bei diesen Festen, welche man die Kallypischen nannte, wurden mitten unter rosenbekränzten Bechern vor einem reizenden Gerichtshofe halbnackter Frauen Schönheitskämpfe geliefert, wie an den Ufern des Alphäus zur Zeit des Kypselos, siebenhundert Jahre vor Christus. Der aus Korinth verbannte Kypselos baute eine Stadt und bevölkerte sie mit Parrhasiern, Bewohnern von Arkadien. In dieser, der Ceres geweihten Stadt, errichtete Kypselos Spiele oder Schönheitskämpfe, in welchen alle Frauen zum Wettkampfe aufgefordert waren, unter dem Namen Chrysophoren. Die erste welche den Sieg davon trug, hiess Herodike. Seit ihrer Gründung erneuerten sich diese denkwürdigen Kämpfe mit Pracht alle fünf Jahre, und die Chrysophoren oder Goldträgerinnen, ohne Zweifel um anzudeuten, dass sich die Schönheit sehr teuer verkaufen würde, kamen in Menge um sich den Blicken der Richter zu zeigen, welche nur mit grosser Mühe ihre Unparteilichkeit und Kaltblütigkeit bewahrten. Es gab in Griechenland keine anderen Kämpfe dieser Art, obwohl die Schönheit daselbst überall geehrt und angebetet wurde. Aber die Dirnen gefielen sich darin, bei ihren geheimen Versammlungen ein nettes Abbild der Gründung des Kypselos vorzuführen, und sie stellten sich gleichzeitig als Richter und Partei in diesen vergnüglichen Kämpfen auf, welche sie bei geschlossenen Thüren vornahmen. Die Auletriden liebten es mehr, als alle andern Dirnen, sich derartig zu betrachten und zu beurteilen: sie gaben dadurch ihren Lieblingsneigungen ein Vorspiel. Der gewaltige Rhetor Alkiphron hat uns das Bild eines dieser nächtlichen Feste aufbewahrt, wo Tänzerinnen und Flötenspielerinnen sich nicht allein um die Palme der Schönheit, sondern auch um die der Wollust stritten. Der Abbé Richard hat in seiner Uebersetzung der Briefe des Alkiphron nur im Auszuge den berühmten Brief der Megara an Bacchis überliefert; aber Publicola Chaussard ist weniger ängstlich gewesen, und doch zeigt seine Uebersetzung, welche wir teilweise wiedergeben wollen, nicht die Kühnheit des griechischen Textes. Es ist die Auletride Megara, welche an die Hetäre Bacchis schreibt, und ihr die Einzelheiten eines herrlichen Festes schildert, bei welchem ihre Freundinnen Thessala, Thryallis, Myrrhina, Philumene. Chrysis und Euxippe zugegen waren, teils Hetären, teils Flötenspielerinnen! „Welch feines Mahl! Ich wünschte, dass die Beschreibung allein dich zur Reue anstachelt. Welche Lieder! Welche Tollheiten! Man hat die Becher bis zum Anbruch des Morgens geleert. Es gab da Wohlgerüche, Kränze, die feinsten Weine, die besten Speisen. Der ganze Festsaal war ein schattiger Lorbeerhain. Nichts fehlte dabei, nur du allein.“ Megara sagt nicht, wer die Königin des Festes war, und man kann annehmen, dass eine der Genossinnen, Geliebte oder Maitresse, es der Freundin ihrer Wahl gab, um ihre Liebe zu verherrlichen

„Bald erhob sich ein Wortstreit, welcher unser Vergnügen noch vergrösserte. Es handelte sich darum, zu entscheiden, ob Thryallis oder Myrrhina reicher in der Art von Schönheit wäre, welche Venus den Namen Kallipyge beilegen liess. Myrrhina liess ihren Gürtel fallen, ihre Tunika war durchsichtig, sie drehte sich, man glaubte Lilien durch einen Krystall zu sehen. Sie gab ihren Lenden eine zitternde Bewegung und lächelte, rückwärts schauend, über die Enthüllung dieser wollüstigen Formen, um die es sich handelte. Dann begann sie, wie wenn Venus selbst ihre Huldigungen empfangen hätte, ich weiss nicht welch' süsses Aechzen auszustossen, das mich noch bewegt. Doch Thryallis erklärte sich noch nicht für besiegt, sie trat ohne Zurückhaltung vor: Ich kämpfe nicht hinter einem Schleier, ich will so wie bei einer gymnastischen

Uebung erscheinen; dieser Kampf lässt keine Bekleidung zu! Mit diesen Worten lässt sie ihre Tunika fallen und spricht zu ihrer schönen Rivalin gewendet: Betrachte, o Myrrhina, diese Schwellung der Lenden, die Weisse und Feinheit dieser Haut und diese Rosenblätter, welche die Hand der Wollust auf ihre zierlichen Umrisse hingestreut hat, die ohne Dürftigkeit und Uebertreibung gezeichnet sind; bei ihrem schnellen Spiel, bei ihren liebenswürdigen Zuckungen haben diese Kugeln nicht das Zittern derjenigen der Myrrhina, ihre Bewegung gleicht dem süssen Rauschen der Wogen. — Bald verdoppelte sie die lüsternen Zusammenziehungen mit solcher Behendigkeit, dass ein allgemeiner Beifall ihr die Ehren des Sieges zuerkannte. Man ging dann zu anderen Kämpfen über: man stritt über die Schönheit, aber keine von uns wagte sich gegen den festen, gleichmässigen und glatten Bauch der Philumene in einen Kampf einzulassen, welche nicht die Mühen der Lucina kennt. Die Nacht verstrich unter diesen Vergnügungen, wir beendigten sie durch Verwünschungen gegen unsere Liebhaber und ein Gebet an Venus, die wir beschworen uns jeden Tag neue Anbeter zu verschaffen, denn die Neuheit ist der packendste Reiz der Liebe. Wir waren alle trunken, als wir uns trennten."

Megara sagt in ihrem Briefe, dass die Gelage der Hetären in der Welt Aufsehen erregten, und dass die jungen Griechen sehr neugierig waren diesen Orgien beizuwohnen, bei denen man ihnen nur die Rolle eines Zuschauers bewilligte. Meist aber wünschten selbst die schamlosesten Dirnen nicht, dass ihre geheimen Ausschweifungen den Blicken eines Mannes preisgegeben würden. Die Dirnen, welche sich nicht einmal aus Neugierde zu diesen wollüstigen Ausschweifungen hinreissen liessen, galten bei ihren Genossinnen als lächerlich, und oft kam durch diesen Rest von Scham der Argwohn auf, dass sie ihnen Mängel zu verbergen hätten. Die Flötenspielerinnen wurden von diesem Argwohne nicht berührt, weil sie sich bei der Ausübung ihres Berufes nackt zeigten; man konnte also ihrer Abscheu gegen die lesbische Liebe keinen anderen Beweggrund zuteilen, als einen festen Vorzug für die Gefühle und Vergnügungen der echten Liebe. Dies war ein Grund zum Spotte, den man ihnen nicht ersparte. „Würdest du keusch genug sein, einen einzigen Mann zu lieben?" schreibt Megara an die zarte, süsse Bacchis, die sich nicht zu dem Gelage der Tribaden hatte begeben wollen. „Solltest du ehrgeizig auf den Ruf sein, den dir so seltene Sitten geben werden, wogegen wir für jeden als feile Dirnen gelten werden? Megara war eine der wollüstigsten Auletriden ihrer Zeit, wie Bacchis die keuscheste aller Hetären war. „Deine Sitten, meine Liebe," schrieb dieser die Hetäre Glycera, „und deine Aufführung sind sehr anständig für den Stand, in welchem wir leben." Dieser Anstand war bei den Auletriden noch seltener als bei den Hetären, obgleich beide sich mit einer Art Liebe begnügen mussten, zum Manne oder zum Weibe, welche sie oft ruinierte und niemals bereicherte. Fast nie waren diese beiden Liebesarten gleichgradig bei einer Frau vertreten, aber doch kam diese Verirrung des Herzens und der Sinne bisweilen bei den Auletriden vor, die sinnlicher und leidenschaftlicher als die einfachen Hetären waren. Lucian zeigt uns in seinen Dirnengesprächen, dass eine Flötenspielerin gleichzeitig zwei fremdartige Leidenschaften hegen, und sich vor Liebe zu einem Manne verzehren konnte, während sie sich ohne Gewissensbisse der Liebe zu einer Frau überliess.

Joessa, welche von Lysias kein Geld verlangt und ihm ihre Gunst nicht verkaufte, sah sich plötzlich von diesem Liebhaber verlassen, welchem sie die herrlichsten Geschenke geweiht hatte. Sie, die sich bei dieser uneigennützigen Liebe glücklich fühlte, lebte mit Lysias so keusch wie Penelope, wie sie sich zu rühmen wagte. Sie hatte, ohne den Grund zu wissen, die Zärtlichkeit dieses jungen Mannes verloren, welchen sie durch nichts veranlasst hatte, seinen Vater zu betrügen oder seine Mutter zu bestehlen, Dinge, wozu die Dirnen nur zu oft rieten. Sie weint, sie seufzt, sie versucht den Lysias zu erweichen, welcher ihr nicht antwortet und sie über die Achseln ansieht. „Ja," sagt sie ihm, „als du mit Thrasson und Dyphilos trankst, wurden die Flötenspielerinnen Kymbalion und Pyrallis, meine Feindinnen gerufen. Dass du Kymbalion fünfmal geküsst hast, macht mir wenig aus, du erniedrigst dich ja nur selbst. Aber Pyrallis! Ich habe alle eure Zeichen belauscht. Du machtest ihr den Becher kenntlich, aus welchem du trankst, und als du ihn durch den Sklaven füllen liessest, befahlst du ihm ganz leis ihn der Pyrallis zu bringen. Du bissest in eine Frucht und warfst sie, als Dyphilos während seines Gespräches mit Thrasson nicht darauf achtete, der Pyrallis in den Busen, welche diese Gabe empfing, sie küsste und wie ein Siegeszeichen verbarg." Lysias wendet sich ab und geht seiner Wege. Pythia, die Genossin und intimste Freundin der Joessa, kommt sie zu trösten und gleichzeitig zu zanken: „Diese Männer!" ruft sie wütend aus. „Ihr Hochmut wächst mit unserer unseligen Leidenschaft!" Joessa gerät nur noch mehr in Verzweiflung; da wendet sich Pythia an Lysias und sucht ihn mit seiner Maitresse wieder auszusöhnen. „Diese Joessa, welche weint und sich verteidigt, Pythia," antwortet Lysias bitter, „sie verrät mich, ich habe sie bei einem jungen Manne liegend ertappt." — „Erstens ist sie eine Dirne," versetzt Pythia, welche die Sache sehr einfach findet; „dann aber wann hast du sie ertappt?" — „Es war um sechs Uhr," versetzte Lysias seufzend, „mein Vater, welcher meine Leidenschaft für dieses keusche Mädchen kennt, schloss mich in unser Haus ein, und gab dem Sklaven den Befehl, ohne seine Erlaubnis niemandem zu öffnen. Da ich nicht die Nacht fern von ihr zubringen wollte, rufe ich den Drimon, lasse ihn sich an der Stelle gegen die Mauer lehnen, wo sie niedriger ist, steige auf seinen Rücken und überspringe die Schranke. Ich komme hin, die Thür war geschlossen, es war um Mitternacht. Ich war nicht verwundert, hob ohne Geräusch die Thür aus (es war nicht das erste Mal) und trete geräuschlos ein. Alles schläft, ich taste mich an der Mauer vorwärts und komme an die Schwelle . . . ." — „Was wird er jetzt sagen?" murmelt Joessa. „Ceres ich sterbe!" — „Ich merke am Flüstern, dass sie nicht allein ist," fährt Lysias fort, „Ich glaubte anfangs, sie hätte sich mit ihrer Sklavin Lyde schlafen gelegt. Es war aber ganz anders, Pythia! Meine Hand, welche sich versichern will, trifft die zarte, weiche Haut eines Jünglings, nackt, parfümduftend und mit geschorenem Kopfe. O! Wenn doch meine Hand ein Schwert gehalten hätte, ich . . . Was hast du zu lachen Pythia? Ist dies denn so lächerlich?" — „Lysias!" ruft Joessa aus, „dann ist also dieses der Gegenstand deines grossen Zornes? Es war Pythia, welche an meiner Seite schlief:" „Warum ihm das sagen, Joessa?" unterbricht sie Pythia, — „Warum es verschweigen? fügt Joessa zu. „Ja mein lieber Lysias, es war Pythia! Aus Langweile wegen deiner Abwesenheit liess ich sie zu mir kommen." „Dieser geschorene Kopf war Pythia?" wirft der ungläubige Lysias ein. „Dann ist ihr Haar in sechs Tagen riesig gewachsen!" „Sie hat sich in Folge einer Krankheit rasieren lassen," antwortet Joessa, „ihre Haare fielen. Die, welche sie trägt, gehören ihr nicht. Lasse es ihn sehen, Pythia, besiege seinen Unglauben vollends. Da sieh den Spitzbuben von Jüngling, auf den Lysias eifersüchtig war!"

Die Auletriden, bei welchen Kunst und Gewohnheit die wollüstigen Triebe entfaltet hatten, waren nicht wie die Hetären von Gier nach Besitz besessen. Sie liebten das Gold nur um es auszugeben, und sie gewannen es mit ihren Flöten so leicht, dass sie nicht nötig hatten es aus einer schändlichen Quelle zu schöpfen. Wenn sie in Gegenwart von Festgenossen ihre Musik und Tänze ausübten, berauschten sie sich selbt an dem Lärme des Beifalls und duldeten gern die Rückwirkungen der Wünsche, welche sie ihrer Zuhörerschaft mitgeteilt hatten. Wenn aber einmal der Dunst des Weines verrauscht war, traten sie wieder, sozusagen, in den Besitz ihres freien Willens und wiesen es oft stolz zurück, sich wie eine Dirne versteigern zu lassen. Es gab ohne Zweifel Ausnahmen, dann aber taxierte sich die Flötenspielerin so hoch wie die grösste Hetäre. Das Briefchen der Philumene an Kriton belehrt uns, wie hoch der Preis für die Liebkosungen einer Modeflötenspielerin steigen konnte. „Warum dich quälen, und deine Zeit mit Briefen an mich verlieren? Ich brauche fünfzig Goldstücke und nicht deine Briefe. Wenn du mich liebst, wirst du sie mir ohne Zögern geben. Wenn aber der Dämon des Geizes und der Knauserei dich erfasst hat, dann langweile mich nicht länger unnützerweise. Lebe wohl!" Petala, deren Briefwechsel mit ihrem Geliebten, Simalion, wir kennen gelernt haben, war ein ebenso entschlossenes Mädchen wie ihre Genossin Philumene, aber sie hatte wenigstens das Recht anspruchsvoller zu sein, weil ihr Simalion nicht einmal soviel gab, dass sie sich ein Kleid oder Parfüm kaufen konnte. „Und ich soll mit diesem Anzuge zufrieden sein," schrieb sie ihm, „alle Tage und Nächte an deiner Seite zubringen, während ein anderer wahrscheinlich die Güte haben wird für meine

Bedürfnisse zu sorgen! . . . Du weinst, o, das wird nicht lange dauern. Ich brauche unbedingt einen andern Liebhaber, der mich besser aushält, denn ich will nicht vor Hunger sterben!" Sie beneidet das Los der Flötenspielerin Phylotis, welche der reiche Meneklid alle Tage mit Geschenken überhäuft, „O ich armes Tierchen, was habe ich für mein Teil, nicht einen Geliebten, sondern einen Heulpeter, der alles gethan zu haben glaubt, wenn er mir einige Blumen schickt, ohne Zweifel um das Grab zu schmücken, wohin mich der vorzeitige Tod bringen wird, den er verschuldet hat. Er würde mir nur sagen können, dass er die ganze Nacht geweint habe."

Diese Flötenspielerinnen und Tänzerinnen, welche man für Feste und Vergnügungen mietete, waren nicht melancholisch, und Thränen waren nicht sehr nach ihrem Geschmacke, es sei denn, dass sie eine Liebe im Herzen hatten, welche sie dann aufopfernder und gefühlvoller machte als die Jungfrauen und Eheweiber. Sie hatten stets ein Lächeln auf den Lippen, und sie luden die Zechgenossen zur Lustigkeit ein, zum Vergessen der Sorgen und zur Sorglosigkeit für das Kommende. Es war dies ein Hauptererfordernis ihres Gewerbes. Ein fröhliches und ungezwungenes Gemüt brachte sie nicht weniger in Ruf als ihre Schönheit und ihr Talent: da sie mitten unter Gelagen lebten, empfingen sie die Begeisterung des Bacchus und schienen überall den Lehren der Mänaden zu folgen. Hierüber entschlüpfte folgendes sprichwörtliche Wortspiel einem griechischen Dichter: „Man findet immer Bacchus an der Thür des Kythera." Man empfing sie liebenswürdig in den Häusern, wohin man sie rief, und ihr Erscheinen war das Signal einer rauschenden Begeisterung. Dennoch wurden sie bisweilen misshandelt: man warf ihnen Trinkgeschirre an den Kopf, wenn sie Ursache eines Streites unter den Tischgenossen wurden. Sie sahen sich dann Gewaltthätigkeiten ausgesetzt, gegen welche ihnen das Gesetz keinen Schutz gewährte, weil sie Fremde oder Sklavinnen waren. Kochlis traf die Parthenis ganz in Thränen, braun geschlagen, ihre Kleidung in Fetzen, ihre Flöte zerbrochen. Hier die traurige Schilderung, welche ihr Parthenis machte. Gorgus hatte sie zu seiner Maitresse Krokale kommen lassen. Diese hatte sich dem Gorgus, einem reichen Bauern hingegeben, nachdem sie den Dinomachus, einen aetolischen Soldaten, verabschiedet hatte, der sie nicht so hoch bezahlen konnte, wie sie es verlangte. Gorgus, ein einfältiger, gutmütiger und leichtumgänglicher Mensch, der schon lange Krokale zu besitzen wünschte, hatte ihr die beiden Talente (etwa zehntausend Mark) geschickt, welche Dinomachus der Schönen zu geben sich geweigert hatte. „Sie waren also bei Tische, die Thüren waren geschlossen," erzählt Parthenis seufzend, „ich spielte Flöte. Die Mahlzeit nahm ihren Fortgang, ich spielte eine lydische Weise. Mein Bauer erhob sich um zu tanzen, Krokale klatschte Beifall. Alles war ganz nett. Plötzlich wird man durch einen grossen Lärm unterbrochen, die Hausthür wird eingeschlagen; bald stürzen sich acht starke, junge Leute, darunter Dinomachus, auf uns.

Sogleich ist alles über den Haufen geworfen, Gorgus wird geschlagen und mit Füssen getreten, nur Krokale hat das Glück, ich weiss nicht wie, sich zu ihrer Nachbarin Thespiade zu retten. Dann wendet sich Dinomachus gegen mich: Scher dich zum Styx! sagte er und seine plumpen Hände fielen auf meine Wangen und zerbrachen meine Flöte." Gorgus beklagte sich vor dem Gerichte, aber Parthenis, welche keine Bürgerin war, erhielt nicht einmal eine Entschädigung für ihre Flöte.

Wir haben schon einige Beinamen der Auletriden unter denen der Dicteriaden und Hetären angeführt. Sinope oder Abydos, Synoris oder die Laterne waren Flötenspielerinnen. Sie hatten dieselbe Gelegenheit wie die anderen Dirnen zur Ehre oder Schande eines Spottnamens zu kommen. Im Allgemeinen aber bezeichneten die Spottnamen, die ihnen das Volk gab, mehr eine Schmeichelei als einen Tadel: darf man daraus schliessen, dass die Auletriden mehr galten, als ihre Rivalinnen in der Wollust? Sysimbrion oder der Quendel strömte nach dem Tanze einen Geruch aus, von dem man behauptete, er gliche dem des aromatischen Quendel. Pyrallis oder der Vogel schien beim Tanze Flügel zu haben; Parene, die Glänzende, verdiente ihren Namen vor allem, wenn sie nackt war. Opora, der Herbst, welche dem Dichter Alexis Titel und Hauptrolle zu einem Lustspiele gegeben, trug nur die Früchte der Liebe. Pagis oder die Leimruthe übertraf noch ihren Ruf und liess keinen Unklugen mehr entfliegen, der auf ihren Leim gegangen war. Thalasa oder die Blume glänzte wie eine Blume; Nikostrate oder der Weissling versteifte sich darauf ein Hermaphrodit zu sein; Philemation oder das Netz fand kein Vergnügen daran Frösche zu fischen; Sigea oder das Vorgebirge war berühmt durch die Schiffbrüche der festesten Tugenden; Athenäus giebt noch viele Auletriden an, deren Namen im Gedächtnisse ihrer Liebhaber blieben. Eirenis, Euklea, Graminea, Hieroklea, Jonia, Lopadion, Mekonide, Theolyte, Thryallis etc. Die Gespräche des Lucian und die Briefe des Alkiphron haben einige andere unsterblich gemacht. Selbst Plutarch hat einige Zeilen der feurigen Phormesium gewidmet, die in den Armen eines Liebhabers starb, oder nach zuverlässigerer Quelle in denen einer Maitresse. Biographische Einzelheiten fehlen aber für die meisten Berümtheiten der Musik und Tanzkunst. Man weiss nur, dass Nemeade den Namen der Nemäischen Spiele erhalten hatte, weil sie daselbst zu Ehren des Herkules die Flöte gespielt hatte. Man weiss, dass Phylira als einfache Hetäre gelebt hatte, ehe sie Auletride wurde; man weiss, dass die berühmte Simoethe dem Alkibiades so viel Liebe einflösste, dass er sie den Megaräern wegnahm und ihre Rückgabe verweigerte, was eine öffentliche Trauer in Megara hervorrief. Man weiss, dass die junge Anthäa, um die Ausdrücke des Dichters zu gebrauchen, viel zu früh aufhörte der Venus zu opfern. Man weiss endlich, das Nanno, die Maitresse des Mimnermus, alle ihre Liebhaber zu Grunde richtete, ohne dass diese sich darüber beklagten. Schliesslich hat man in die Anthologie ein griechisches Eprigramm aufgenommen, welches uns die Beschreibung eines Schönheitskampfes giebt, dessen Heldinnen ungenannt bleiben wollten. Dieses Epigramm ist ein Ruf der Bewunderung, der dem Richter nach Fällung des Urteils entschlüpft: „Ich habe über drei Kallipygien geurteilt. Sie haben mich ihre glänzende Pracht nackt sehen lassen, sie haben mich zum Schiedsrichter gewählt. Die eine hatte Aepfel von blendender Weisse, und man bemerkte darauf Grübchen, wie auf den Wangen einer Lachenden. Die andere spreitzte die Beine und liess auf einer schneeweissen Haut schönere Farben sehen, als die der Rosen. Die Dritte erregte mit ruhiger Miene auf einer köstlichen Haut leichte Zuckungen. Wenn Paris, der Richter der Göttinnen, diese Kallipygien gesehen hätte, er würde nicht auf das geachtet haben, was ihm Juno, Minerva und Venus zeigten."

Von allen griechischen Auletriden war ohne Vergleich die berühmteste Lamia, welche leidenschaftlich von Demetrius Poliorketes, dem Könige von Macedonien (300 v. Chr.), geliebt wurde. Sie war die Tochter des Atheners Kleanor, der sie im zarten Alter zurückliess. Sie ging als Flötenspielerin nach Aegypten, wo sie so gut spielte, dass sie der König Ptolemäus in seinen Dienst nahm und sie lange Zeit darin behielt. Aber in Folge einer Seeschlacht, in der Demetrius die Flotte des Ptolemäus bei der Insel Cypern zerstreute, fiel das Schiff, worauf sich Lamia befand, in die Hände des Siegers, der von ihrem Anblicke so eingenommen wurde, dass er sie beständig allen jüngeren und schöneren Maitressen vorzog. Lamia war damals älter als vierzig Jahre und begnügte sich, wie Plutarch erzählt, nicht damit die Flöte zu spielen, sie übte offen das Handwerk einer Dirne aus. Aber von dem Tage an, an dem sie Demetrius durch seine Umarmung geehrt hatte, stiess sie alle anderen zurück. „Wahrlich, seit dieser heiligen Nacht," schrieb sie ihrem königlichen Geliebten in einem wunderbaren Briefe, den Plutarch angiebt, „bis zum gegenwärtigen Augenblicke habe ich nichts gethan, was mich deiner Güte unwürdig machen könnte, obwohl du mir unbeschränkte Macht gegeben hast, über mich zu verfügen. Aber meine Aufführung ist vorwurfsfrei; ich habe mir keine Liebelei erlaubt. Ich handele nicht an dir wie die Hetären, ich täusche dich nicht, mein König, wie sie es thun. Nein, bei der Venus Arthemis! seit dieser Zeit hat man mir weder schriftlich noch mündlich Anerbieten gemacht, denn man fürchtet und achtet dich als unüberwindlich." Lamia hatte, wie sie in ihrem Briefe sagt, mit ihrer Flöte diesen Städtebezwinger überwunden. Demetrius hatte mehrere Maitressen, welche sich gegenseitig aus der Gunst des Königs zu verdrängen suchten, ihre Schönheit, ihre Jugend, ihre Grazie, ihr Geist waren die Waffen, deren sie sich bedienten, aber ohne Erfolg gegen Lamia. Ihr Alter, welches ihr beständig in ihren Epigrammen vorgeworfen wurde, zeigte sich niemals den Augen des Demetrius. Die Eifersucht der Leäna, der Chrysis, der Antipyra und der Demo wuchs in demselben Grade wie die Liebe des Königs zu ihrer Nebenbuhlerin. Bei einem

Gelage, wo Lamia Flöte spielte, sagte Demetrius zu Demo begeistert: „Ach, wie findest du sie? — „Wie eine Alte," antwortete Demo spitz. Ein anderes Mal sprach Demetrius, der den Vorzug, welchen er Lamia gab, nicht verheimlichte, zu Demo: „Siehst du die schöne Frucht, welche sie mir schickt?" — „Wenn du die Nacht mit meiner Mutter zubringen wolltest, würde dir meine Mutter eine noch viel schönere schicken, antwortete diese bissig. Demetrius gab sich den Anschein nichts zu hören. Lamia verzieh ebenfalls ihren Rivalinnen, weil sie sie nicht fürchtete, doch war sie gegen Leäna eingenommen, die alles versucht hatte, sie zu verderben.

Machon den Athenäus unter Hinzufügung einiger neuer Obscönitäten anführt, weiht uns in einige geheime Liebesabenteuer dieser alten Flötenspielerin ein. Er behauptet, Demetrius habe sich noch im Bette seiner Maitresse eingebildet sie zu hören und sei mit Wonne dem Rythmus gefolgt, durch den sie ihn bei Tische entzückt hatte. Ait Demetrium ab incubante Lamia concinne suaviterque subagitatum fuisse. Er erzählt noch, dass von allen Wohlgerüchen, die Asien aus Pflanzen zu gewinnen wusste, keiner dem Geruche des Demetrius so angenehm war als die unreinen Ausdünstungen des Körpers der Lamia (cum pudendum manu confricuisset ac digitis contrectasset). Lamia vergass es in ihrer Liebesraserei, dass sie es mit einem Könige zu thun hatte, und hielt ihn gefesselt und keuchend unter ihren glühenden Bissen. Man behauptet, daher wäre ihr Beiname Lamia entstanden, der so viel wie Nachtgespenst bedeutet, eine Art bösen, weiblichen Geistes, den man beschuldigte, das Blut schlafender Personen zu schlürfen. Die Gesandten erlaubten sich auf diese Liebestollheiten der Lamia Anspielungen, als ihnen Lysimachus die Wunden zeigte, welche er bei einem schrecklichen Kampfe mit einem Löwen erhalten hatte: „Unser Herr könnte dir auch Bisswunden zeigen von einem gefährlicheren Tiere, einer Lamia, welche sie ihm am Halse beigebracht hat." Demetrius war nicht weniger leidenschaftlich in seinen Liebkosungen. Bei der Rückkehr von einer Reise lief er zu seinem Vater und umarmte ihn mit solcher Herzlichkeit, dass der Greis rief: „Man sollte meinen, dass du Lamia umarmtest." Man behauptet, dass Demetrius von seinen Maitressen thatsächlich geliebt wurde, er liebte aber nur Lamia. Dennoch gab er sich eines Tages den Anschein, ihr Leäna vorzuziehen, aber Lamia schlang ihre Arme um seinen Hals und zog ihn süss auf ihr Bett, indem sie flüsterte: „Nun wohl! Du wirst auch Leäna haben, wenn du es verlangen wirst!" Man nannte λεαιναν in der erotischen Sprache ein schändliches Mysterium des Hetärengewerbes, und Lamia sprach, indem sie den Namen ihrer Nebenbuhlerin nannte, nur von einer lüsternen Stellung, welche ihr besser als Leäna anstand. So kannte die Liebe des Demetrius zu dieser alten Zauberin keine Grenzen mehr. Scherze wurden über diese Liebe gemacht, ohne sie zu mindern, und der König von Macedonien behauptete, wenn er auch zugestand, dass sie nicht mehr jung wäre, die Göttin Venus wäre noch viel älter, ohne deshalb weniger angebetet zu werden. Lysimachus machte sich in seinem wilden Königreiche Thraciens lustig über den wollüstigen Hof des Demetrius, den er eines Tages bekriegen und entthronen werde. „Dieser grosse König," sagte er, hat weder Furcht vor Gespenstern noch vor Larven, da er mit einer Lamia schläft." Dieses Epigramm wurde dem Demetrius hinterbracht, welcher antwortete: „Der Hof des Lysimachus gleicht einem Lustspieltheater, man sieht daselbst nur Personen mit zweisilbigem Namen wie Paris, Bithes und andere solche Narren mehr." Lysimachus wollte das letzte Wort haben: „Mein komisches Theater ist anständiger als sein tragisches," versetzte er, „man sieht daselbst weder Flötenspielerinnen noch Dirnen." — „Meine Dirne," erwiderte Demetrius, „ist keuscher als seine Penelope." Und sie wurden unversöhnliche Feinde.

Lamia benützte, um den König von Macedonien zu fesseln, Tag und Nacht zu ihrer Kunst. Nachts zwang sie ihren Liebhaber anzuerkennen, dass sie nicht ihres gleichen habe, bei Tag schrieb sie ihm zärtliche Briefe, sie unterhielt ihn mit lebhaften und geistreichen Antworten, sie berauschte ihn mit den Tönen ihrer Flöte, vor allem schmeichelte sie ihm: „Mächtiger König," schrieb sie ihm, „du erlaubst einer Dirne, Briefe an dich zu richten, und hältst es nicht für deiner unwürdig, einige Augenblicke meinen Briefen zu widmen, weil du dich selbst meiner Person geweiht hast. Mein König, wenn ich dich ausserhalb meines Hauses sehe und dich höre, geschmückt mit dem Diadem, umgeben von deinen Wachen, Speerträgern und Gesandten, dann bei Venus-Aphrodite, zittere ich und habe Furcht, dann wende ich meine Blicke von dir ab, wie von der Sonne, um nicht blind zu werden, dann erkenne ich in dir, Demetrius, den Städtebezwinger. Wie schrecklich und kriegerisch ist dein Anblick! Kaum kann ich meinen Augen trauen, und ich sage mir: O Lamia ist es denn wirklich dieser Mann, dessen Bett du teilst?" Demetrius hatte die Griechen bei Ephesus geschlagen, und Lamia feierte diesen Sieg, indem sie zu ihrer Flöte sang: „Die Löwen Griechenlands sind Füchse geworden zu Ephesus!" Demetrius verachtete die Athener, welche er besiegt hatte und verabscheute die Spartaner, die er nie bezwingen konnte. „Die abscheulichen Lakedämonier," schrieb sie ihm, „werden nie aufhören, um sich den Anschein tugendhafter Menschen zu geben, in ihren Wüsteneien und auf ihrem Taygetos unsere glänzenden Feste zu tadeln und deiner feinen Bildung die Rohheit Lykurgs entgegen zu stellen." Lamia hatte oft tolle Einfälle. Eines Nachts kam man beim Mahle auf das Urteil zu sprechen, welches man dem Aegypterkönig Bocchoris zuschrieb: Ein junger Aegypter hatte nicht soviel Geld, wie die Hetäre Thonis von ihm verlangte; er rief die Götter an, welche ihn im Traume das geniessen liessen, was ihm dieses schöne Mädchen in Wirklichkeit verweigerte. Thonis erfuhr es und verlangte ihren Lohn Es kam der Prozess schliesslich vor den Richterstuhl des

Bocchoris. Der König hörte beide Parteien an und befahl dem jungen Manne, die Summe beizubringen, welche Thonis verlangte, sie in ein Gefäss zu legen und dieses Gefäss vor den Augen der Dirne vorbeizutragen, um ihr zu beweisen, dass die Einbildung nur der Schatten der Wahrheit sei. „Was meint Lamia über dieses Urteil?" sagte Demetrius. — „Ich finde es ungerecht," versetzte Lamia, „denn der Schatten dieses Geldes stillte nicht die Wünsche der Thonis, während der Traum die Leidenschaft ihres Geliebten befriedigte."

Demetrius bezahlte königlich. Als er Herr von Athen wurde, verlangte er von den Athenern eine Summe von 250 Talenten (gegen zwei Millionen unseren Geldes) und liess diese Steuer mit solcher Strenge eintreiben, als ob er sie auf der Stelle nötig hätte. Als sie mit grosser Mühe zusammengebracht worden war, sagte er: „Man gebe sie der Lamia, dass sie sich Seife kaufen kann." Die Athener rächten sich für diese verhasste Erpressung, indem sie sagten, Lamia müsse einen sehr schmutzigen Körper haben, weil sie so viele Seife für ihre Toilette brauche. Lamia war also sehr reich, aber sie gab auch soviel aus wie eine Königin. Sie liess prächtige Bauten errichten, unter anderen die Poikile von Sikyon, die der Dichter Polemon beschrieb. Sie gab dem Demetrius Feste, welche alles überboten, was die Geschichte von denen der Könige Babylons und Persiens erzählt, und doch gab es einen von ihnen, der fabelhafte Summen ausgab, und der ebenfalls von Polemon besungen wurde. „Ich bin sicher," schrieb sie an Demetrius, „dass das Fest, welches ich dir zu Ehren am Venustage im Hause des Terippichos zu geben gedenke, nicht nur die Bewunderung der Stadt Athen, sondern ganz Griechenlands erregen wird!" Plutarch berichtet, dass sie alle Offiziere des Demetrius besteuerte, unter dem Vorwande, die Kosten dieses Gelages zu decken, welche sie sich gleichzeitig vom Könige und den Athenern zurückerstatten liess. Obgleich Athenerin, schonte sie doch weder die Börse noch das Zartgefühl ihrer Landsleute. Als sie der Tod mitten in ihren Orgien traf, beweinte sie Demetrius-Poliorketes, und die Athener erhoben sie zur Göttin, indem sie ihr einen Tempel unter dem Namen Venus-Lamia errichteten. Demetrius rief über soviel Niedrigkeit unwillig aus, dass man nicht mehr einen einzigen edlen Athener in der Unterwelt sehen werde. „Er wird es bleiben lassen, dahin zu gehen," sagte die grausame Demo, aus Furcht dort Lamia zu treffen."

X. Kapitel.

Die Griechen.

VII.

Die athenischen Konkubinen. — Ihre Rolle im ehelichen Haushalte. — Zweck, den die Dirnen im bürgerlichen Leben erfüllten. — Worin sich die Hetären von den öffentlichen Mädchen unterschieden. — Ursprung des Wortes Hetäre. — Wechselnde Bedeutung dieses Wortes. — Die Hetären der Sappho. — Die guten Freundinnen oder grossen Hetären. — Ihre soziale Stellung. — Die Hausfreundinnen und die Philosophinnen. — Vorzug, den die Athener den Dirnen vor ihren Eheweibern gaben. — Bild einer ehrbaren Frau vom Dichter Simonides. — Die neun Arten von Weibern bei Simonides. — Die anständigen Frauen. — Grundsätze des Plutarch. — Gesetz der Ehescheidung. — Alkibiades und sein Weib Hipparete vor den Archonten. — Vorteile der Hetären vor den Ehefrauen. — Einfluss der Dirnen auf Litteratur, Wissenschaft und Kunst. — Heilsame Wirkung der Prostitution auf die griechischen Sitten. — Die jungen Knaben. — Die beiden Portraits des Alkibiades. — Die Auletride Drose und der Philosoph Aristaenet. — Die Philosophen, Verderber der Jugend. — Thaïs und Aristoteles. — Die gewöhnlichen Vergnügungen der Hetären und die aussergewöhnliche Liebe zur Philosophie. — Gyges, König von Lydien. — Die Ptolemäer. — Alexander der Grosse und die athenische Thaïs. — Heirat dieser Dirne. — Berühmte Männer, welche Dirnen zur Mutter hatten.

Wir haben Dirnen (ἑταίρας)," sagt Demosthenes in seiner Rede gegen Neära, zu unserm Vergnügen, Konkubinen (παλλακίδας) für den täglichen Gebrauch, aber Eheweiber, um uns legitime Kinder zu geben und das Innere unseres Hauses zu überwachen." Diese wertvolle Stelle des griechischen Redners macht uns mit dem ganzen System der griechischen Sitten vertraut, welche den Gebrauch von Konkubinen und Dirnen selbst an der Pforte des ehelichen Heiligtums gestatteten. Die Konkubinen, über welche man nur geringe Auskunft bei den griechischen Schriftstellern findet, waren Sklavinnen, die man kaufte, oder Dienerinnen, die man mietete, und die zur Not dazu dienen mussten, den Launen ihrer Herren genug zu thun. Er empfand dabei weder Liebe noch Wollust, es war ein einfacher Dienst, obgleich zarterer Natur als alle anderen. Daher fand es auch eine Ehefrau für nicht der Mühe wert, dadurch verletzt zu sein oder in Erstaunen zu geraten, wenn sie mit eigenen Augen im eigenen Hause sah, wie Dienerinnen oder Sklavinnen einen Akt der Sklaverei oder Unterwerfung begingen, indem sie sich ihrem Gatten preisgaben. Sie selbst, in der Ehe auf einen Zustand der Unterordnung und des Gehorsams beschränkt, hatte kein Recht, sich in derartige Angelegenheiten einzumischen, die sie nichts angingen, weil daraus nur Bastarde hervorgehen konnten. Die Konkubinen machten also einen wesentlichen Bestandteil des Haushalts bei den Ehemännern aus: sie hatten vor allem ihre bestimmte und in gewisser Beziehung anerkannte Rolle während der Krankheiten, den Kindbetten und anderen Hindernissen der wahren Ehefrau. Ihr Leben floss in Stillschweigen dahin, im Schatten des häuslichen Herdes, und sie alterten unbekannt unter ihrer Hände Arbeit, selbst wenn sie ihren Herren Söhne geschenkt haben sollten, Söhne, welche kein Recht an die Familie hatten und auch durch ihre Geburt von dem Titel eines Bürgers ausgeschlossen waren.

Die Dirnen bildeten eine von den Konkubinen völlig verschiedene Klasse, und doch erfüllten sie im bürgerlichen Leben den gleichen Zweck: sie waren Werkzeuge für das Vergnügen der Männer. Daher kam es, dass ihre Bestimmung durch den Gebrauch und die Gewohnheit, wenn nicht durch das Gesetz, geheiligt worden war. Man verstand unter der allgemeinen Benennung Dirnen alle Arten Hetären ohne Ausschluss der Dicteriaden und Auletriden. Nichtsdestoweniger aber unterschied man von öffentlichen Mädchen im eigentlichen Sinne (πόρνις) die Hetäre, von denen Anaxilas in seiner Komödie Monotropus folgende Definition giebt: „Ein Mädchen, welches mit Zurückhaltung spricht, wenn es ihre Liebkosungen denen bewilligt, welche mit ihren natürlichen Bedürfnissen ihre Zuflucht zu ihr nehmen, wird Hetäre genannt wegen ihrer Hetärie oder guten Freundschaft." Der Ursprung des Wortes Hetäre ist nicht zweifelhaft, und man ersieht aus einer Menge Stellen griechischer Schriftsteller, dass dieses anfangs anständige Wort schliesslich, nachdem es eine Reihe von Veränderungen durchgemacht hatte, eine lasterhafte Bedeutung erhielt. Es ist sicher, dass, wenigstens vor dem Fortschritte des erotischen Hetärismus, die Frauen und Mädchen von freier Geburt ihre intimsten Bekannten und besten Freundinnen Hetären nannten (φίλας ἑταίρας.) Die Ueberlieferung dieses Wortes stammt von Niobe und Latona her, welche sich nach dem Ausdrucke der griechischen Anthologie zärtlich wie zwei Hetären liebten. Wahr ist, dass später Sappho mit diesem Namen ihre Lesbierinnen bezeichnete: „Ich werde liebliche Dinge meinen Hetären vorsingen!" sagt sie in ihren Gedichten. Der wahre Sinn des Wortes Hetäre begann sich zu verunstalten. Er war jedoch noch ziemlich anständig, so dass der Dichter Antiphanes in seiner Hydra sagen konnte: „Der Mann hatte zur Nachbarin ein junges Mädchen, er hatte sie kaum gesehen, als er sich in diese Bürgerin verliebte, welche weder einen Vater noch einen Beschützer hatte. Sie war übrigens ein Mädchen, welches die anständigste Neigung verriet, wahrlich eine Hetäre." Athenäus nennt wirkliche Hetären diejenigen, „welche eine aufrichtige Freundschaft gewähren können, und allein von allen Frauen diesen Namen von dem Worte Freundschaft (ἑταιρεία) empfangen haben oder vom Beinamen der Venus selbst, welche die Athener Hetäre nennen." Das Wort wurde bald seiner wahren Bedeutung entfremdet, und man überliess es ganz als Eigentum den Weibern, die thatsächlich leicht Freundinnen Jedermannes waren. Doch gab es noch häufig Irrtümer in der Anwendung, und die Grammatiker glaubten dem abzuhelfen, indem sie einen Unterschied in der Betonung des Wortes einführten, mit welcher der Dichter Menander in folgender Weise spielt: „Was du gethan hast, ist nicht die That der Freundinnen (ἑταίρων) sondern der Dirnen (ἑταιρῶν)." Man errät sogleich den Weg, welchen das ursprünglich anständige Wort zurücklegte, wenn man den Dichter Ephippus in seiner Komödie die Liebkosungen der guten Freundinnen in folgenden Worten charakterisieren hört: „Sie küsst ihn nicht mit geschlossenen Lippen, sondern mit halboffenem Munde, wie die Vögel es thun, und erweckt seinen Mutwillen."

Die guten Freundinnen, zu denen die Dicteriaden, die Auletriden und die untergeordneten Hetären oder Strassendirnen nicht zählten, nahmen in Athen den Ehrenplatz unter den Dirnen ein. Sie herrschten, sie verdunkelten die ehrbaren Frauen, sie hatten Klienten und Schmeichler, sie übten einen beständigen Druck auf die politischen Ereignisse aus, indem sie die Männer, welche sich damit beschäftigten, beeinflussten; sie waren wie Königinnen der attischen Civilisation. Man kann sie in zwei unterschiedliche Klassen teilen, welche sich gegenseitig ergänzten: Die Vertrauten und die Philosophinnen. Diese beiden Klassen, gleich interessant und gesucht, bildeten die Aristokratie der Prostitution. Die Philosophinnen lernten durch ihr Zusammenleben mit den Gelehrten und Schriftstellern, deren Sprechweise nachzuahmen und sich in ihren Studien zu gefallen. Die weniger gebildeten oder pedantischen Vertrauten empfahlen sich auch durch ihren Geist und bedienten sich desselben ebenfalls um die hervorragenden Männer zu bezaubern, die sie durch ihre Schönheit oder durch ihren Ruf angezogen hatten. Jede dieser grossen Hetären hatte ihren Hof und ihr Gefolge von Anbetern, Dichtern, Heerführern und Künstlern; jede hatte ihre Gönner und Feinde, jede ihren Einfluss und ihre Macht. Vor allen unter Perikles und durch sein Beispiel begeisterten sich die Athener für diese Sirenen und Zauberinnen, welche viel Unheil in den griechischen Sitten anrichteten und viel Gutes für Litteratur und Kunst thaten. Während dieses Zeitabschnittes gab es sozusagen in Griechenland keine anderen Weiber, denn die Jungfrauen und Matronen blieben im Dunkel ihrer Frauengemächer, während die Hetären sich des Theaters und des Marktes bemächtigten. Diese Hetären waren meist gesunkene Bürgerinnen, Schönheiten und kosmopolitische Talente.

Der Vorzug, welchen die Athener von Rang diesen Weibern über ihre Ehefrauen einräumten, versteht sich nur zu leicht, wenn man beide mit einander vergleicht, und wenn man die Entzauberung in Betracht zieht, welche fast immer der intime Verkehr zweier Ehegatten hervorruft. Das, was einer verheirateten Frau Schande brachte, machte den Zauber einer Hetäre aus; was dieser zum Ruhme angerechnet wurde, fand man bei jener lächerlich. Die eine vertrat das Vergnügen, die andere die Pflicht. Sie blieben beide in den engen Grenzen ihrer Rolle, ohne sich gegenseitige Eingriffe in das Gebiet der anderen zu erlauben. Der alte Dichter Simonides gefiel sich darin, dass Bild einer ehrbaren Frau zu entwerfen, welche nach seiner Annahme von der Biene abstammte: „Glücklich ist der Sterbliche, welcher eine solche als Weib findet!" sagt er. „Sie allein unter allen lässt der Unzucht keinen Zutritt in ihr Herz; sie sichert ihrem Gatten ein langes ruhiges Leben. Mit ihm in rührendem Einklange alternd, als Mutter einer zahlreichen Familie, an der sie Lust hat, ausgezeichnet unter allen Weibern, deren rühmliches Beispiel sie ist, sieht man sie nicht ihre Zeit mit leerem Geschwätze verlieren. Die Bescheidenheit herrscht in ihren Reden und scheint einen höheren Glanz ihrer Anmut zu verleihen, welche sie nie verlässt und sich über alle ihre Beschäftigungen ausbreitet." Diese Beschäftigungen nun bestanden in Sorgen für die Küche, in Nadelarbeiten, in Geschäften der Ehefrau als Mutter und Amme. Simonides nimmt noch neun andere Arten von Frauen an, die nach seiner Auffassung aus Bestandteilen des Schweines, des Fuchses, des Hundes, des Affen, der Stute, der Katze und des Esels geschaffen wurden: in diesen verschiedenen Arten also musste man nach diesem groben Satyriker die Hetären suchen.

„Der Name einer ehrbaren Frau," sagt Plutarch, „muss wie sie selbst in ihrem Hause eingeschlossen sein." Thukydides hatte denselben Gedanken lange vor ihm ausgesprochen: „Die beste Frau ist die, von der man weder Gutes noch Schlechtes hört.“ Dieser Grundsatz zeigt uns die Art des Lebens, welches die athenische Matrone führte. Sie verliess ihr Haus nicht, sie erschien weder bei den öffentlichen Spielen noch im Theater, sie zeigte sich auf der Strasse nur verschleiert und anständig gekleidet, bei Strafe einer Busse von 1000 Drachmen, welche ihr sonst die Gynaikonomoi auferlegten, wobei sie das Urteil an die Bäume der Keramikos anheften liessen. Ausserdem hatte sie keine Lektüre, keine andere Vorschrift; sie sprach ihre Sprache schlecht und wusste nichts von den Künsten der Höflichkeit, noch von den Aenderungen der Mode, sie kannte nicht die einfachsten Sätze der Philosophie. Sie flösste daher ihrem Gatten kein anderes Gefühl ein als eine kalte oder liebevolle Achtung. Ein Gatte, der es sich erlaubt haben würde, sein Weib leidenschaftlich zu lieben, würde sich Plutarchs Grundsatz gemäss vor aller Welt lächerlich gemacht haben: „Man kann mit einem ehrbaren Weibe nicht zugleich wie mit einer Ehefrau und einer Hetäre leben. Die Herrschaft des Weibes endete an der Thüre ihres Hauses, da wo die des Mannes begann; sie hatte also nicht das Recht ihm zu folgen und in seinem ausserhäuslichen Leben zu stören; es wurde als ihre Pflicht angesehen, das zu ignorieren, was ausserhalb ihres Hauses vorging. Dennoch konnte sie sich nach einem alten, ganz ausser Gebrauch gekommenen Gesetze bei der Behörde beklagen und die Scheidung verlangen, wenn ihr die Ausschweifungen ihres Gatten unerträglich wurden. So zog sich Hipparete, die keusche Gattin des Alkibiades, welchen sie liebte, zu ihrem Bruder zurück, als sie sah, dass der unbeständige Alkibiades sie verliess um fremde Weiber von schlechter Lebensführung zu besuchen. Sie verlangte die Scheidung. Alkibiades nahm die Sache leicht und erklärte, sein Weib müsse die Scheidungsklage vor die Archonten bringen: sie kam dahin, Alkibiades erschien ebenfalls, aber anstatt sich zu rechtfertigen, trug er die Klägerin auf seinen Armen in die eheliche Wohnung zurück. Gewöhnlich beklagten sich die Matronen nicht aus Furcht, durch ihre That sich ihrer Würde zu entäussern. Das einzige Recht, welches sie eifersüchtig wahrten, war die Legitimität der Kinder einer legalen Ehe. Demosthenes beschwört den Areopag, die Dirne Neära zu verurteilen, „damit die anständigen Frauen nicht auf gleiche Stufe mit einer Dirne gestellt werden, damit die Bürgerinnen, von ihren Eltern mit Weisheit erzogen, und auf gesetzliche Weise vermählt, nicht mit einer Fremden zusammengeworfen werden, die sich an einem Tage mehrmals und verschiedenen Männern auf die allerschändlichsten Arten, nach eines jeden Gefallen, überlässt.“

Die Hetären hatten also gewaltige Vorteile vor den Ehefrauen, blieben zwar bei den religiösen Festen abseits, sie nahmen zwar an keinem Opfer teil und gaben keinen Bürgern das Leben; aber wie vielen Ersatz hatten sie für ihren Stolz und ihre Eitelkeit als Weib! Sie bildeten den Schmuck der feierlichen Feste, der Kriegsübungen und der Theateraufführungen, sie allein fuhren in Wagen spazieren, wie Königinnen geschmückt, schimmernd in Gold und Seide, mit nacktem Busen und blossem Haupte; sie bildeten die auserlesene Zuhörerschaft bei den Gerichtssitzungen, bei den Rednerkämpfen und bei den Versammlungen der Akademie; sie äusserten ihren Beifall einem Phidias, Apelles, Praxiteles und Zeuxis, nachdem sie ihnen unnachahmliche Modelle geliefert hatten; sie begeisterten Euripides und Sophokles, Menander, Aristophanes und Eupolis, indem sie sie zum Wettkampf um die Palme des Theaters anfeuerten. Bei den schwierigsten Angelegenheiten trug man kein Bedenken, sich nach ihren Ratschlägen zu richten; man wiederholte ihre Bonsmots, man fürchtete ihre Kritik, man war ehrgeizig auf ihre Schmeicheleien. Trotz ihrer gewöhnlichen Sitten und ihres verwerflichen Handwerkes huldigten sie edlen Handlungen und Werken, grossen Charakteren und erhabenen Talenten. Ihr Tadel oder ihr Lob waren eine Strafe oder eine Auszeichnung, auf welche man gern Rücksicht nahm. Ihr liebenswürdiger, gebildeter und frischer Geist schuf um sie den Wetteifer des Schönen und das Streben nach der Wahrheit, verbreitete die Lehren des Geschmackes und vervollkommnete Litteratur, Wissenschaft und Kunst, indem er das Liebesfeuer entflammte. Hierin lag ihre Stärke und ihr Zauber. Bewundert und geliebt, spornten sie ihre Anbeter an, sich ihrer würdig zu zeigen. Sie waren ohne Zweifel die ehrlose Veranlassung vieler Ausschweifungen, vieler Verschwendung und vieler Thorheiten, sie verdarben bisweilen die Sitten und entwürdigten manche öffentlichen Tugenden; sie entkräfteten Charaktere und verschlechterten die Sitten; aber gleichzeitig gaben sie auch die Anregung zu edlen Gedanken, zu ehrenvollen Akten der Vaterlandsliebe und des Mutes, zu Werken von Geist und zu Schöpfungen der Kunst und der Poesie.

Ihr Treiben war besonders wohlthätig hinsichtlich eines schändlichen und verächtlichen Lasters, das von Kreta stammend sich über ganz Griechenland und bis tief nach Asien ausbreitete. Der Verfasser der Reise des Anarcharsis sagt mit Recht, dass die Gesetze die Dirnen schützten um schändlichere Ausschweifungen zu verhindern. Die Freundschaftsbündnisse der jungen Griechen entarteten gewöhnlich, ausser in Sparta, zu schlimmen Ausschweifungen, eine Sitte, welche allgemein war und von unwürdigen Philosophen, schändlich genug, unterstützt wurde. Solon hatte bereits sein berühmtes Dicterion gegründet und dessen Besuche mit einem Obolus belegt, um eine andere Richtung dem entarteten Geschmacke der Athener zu geben und der widernatürlichen Liebe entgegenzuarbeiten, noch mehr aber thaten dies die Hetären, als sie den Kampf gegen dieses Laster aufnahmen. Sie beschämten die, welche sich nach einem unsauberen Handel, den die Natur verdammt, ihnen näherten; sie wendeten alle Künste der Koketterie an, um den jungen Burschen vorgezogen zu werden, welche der unnatürlichen Prostitution als Hülfsmittel dienten; aber sie trugen nicht immer den Sieg davon über diese Buhlknaben, mit ihrem enthaarten Kinne, ihren wallenden Haaren, glatten Nägeln und parfümierten Füssen. Es gab unverbesserliche Sünder und auch Lüstlinge, welche sich ihnen mit der grössten Begeisterung widmeten, behielten einen Teil ihrer sinnlichen Lüsternheit für einen anderen Kult als den ihrigen übrig. Die öffentliche Meinung kam unglücklicher Weise nicht den Mahnungen und dem guten Beispiele der Dirnen zu Hilfe, welche vergebens die von den gleichgültigen Mitmenschen geduldeten Unfläthereien missbilligten. Alle Tage brachten die Sklavenhändler nach Athen und Korinth schöne, junge Knaben, die keinen andern Vorzug hatten, als ihre schöne Gestalt und physische Schönheit. Der Preis dieser Sklaven liess dennoch nicht den Wert der Hetären sinken, aber man kaufte sie oft sehr teuer um sie zu Haus als Konkubinen zu verwenden. Die öffentliche Ehrbarkeit und das eheliche Schamgefühl duldeten ruhig diesen Greuel. Selbst junge Bürger, wie Alkibiades, die sich durch ihre Körperschönheit und ihre bezaubernde Physiognomie auszeichneten, erregten oft schändliche Leidenschaften, sie wurden, statt verabscheut, verehrt, sie nahmen bei den Spielen die ersten Plätze ein, sie trugen kostbare Gewänder, welcher leicht ihre Umrisse erkennen liessen und sammelten bei ihrem Durchschreiten der Strassen das glänzendste Zeugnis der öffentlichen Verderbnis ein. Dies waren die Nebenbuhler, welche die Hetären beständig zu entthronen und zu verdunkeln suchten; dies war der Triumpf der Verderbnis, gegen welchen die Hetären unablässig Einspruch erhoben. Als sich Alkibiades, um so zu sagen, unter seinen beiden Gesichtern malen liess, nackt den Kranz als Olympiasieger empfangend und als nackter Sieger auf den Knieen der Flötenspielerin Nemäa, thaten sich die Hetären Athens zusammen, um diesen Adonis verbannen zu lassen, der ihnen so schweren Nachteil brachte. Zuweilen begnügten sie sich damit ihre Gegner durch Verachtung und Spott zu bekämpfen. In einem Gespräche des Lucian sagt die Auletride Drose, der ihr Geliebter der junge Kinias, entführt wurde: „Es ist Aristaenet, der schamloseste aller Philosophen, der ihn mir abspenstig gemacht hat!" — „Was?" ruft Chelidonium aus, „dieses stachelige und runzelige Gesicht, dieser Ziegenbart, den man in der Poikile unter den jungen Leuten herumlaufen sieht?" — Drose erzählt ihr dann, dass Aristaenet, der sich dieses Unschuldigen seit drei Tagen bemächtigt hat, ihm einredet, ihn zu den Göttern zu erheben und ihn die obscönen Gespräche der alten Philosophen lesen lässt. „Mit einem Worte," sagt sie, „er belagert den armen jungen Mann." — „Mut! wir werden ihn vertreiben," antwortet Chelidonium. „Ich will an die Mauern des Keramikos schreiben: Aristaenet ist der Verführer des Klinias."

Die Hetären flohen also die Philosophen, welche auf diese Art die Jugend verdarben, aber sie suchten diejenigen auf, welche eine den Weibern weniger feindliche Philosophie trieben. Sie legten aber noch grösseren Wert auf die Dichter und Komiker, weil sie in gewisser Beziehung an deren Erfolgen teilnahmen: „was würde Meander ohne Glycera sein?“ schrieb diese geistreiche Hetäre an den grossen, griechischen Komiker. „Welche andere würde dich bedienen wie ich, da ich dir deine Masken zureiche, dir deine Gewänder hinreiche. Ich weiss rechtzeitig auf der Vorbühne zu erscheinen, um zu wissen, von welcher Seite die Beifallsäusserungen kamen, und um diese zu veranlassen, indem ich in die Hände klatsche.“ Die Dichter und Komiker waren selten reich und konnten meist nur mit ihren Versen die Gunst belohnen, welche man ihnen bewilligte; aber diese Verse brachten wenigstens derjenigen Berühmtheit ein, welche sie veranlasst hatte, und sie war so sicher den Sticheleien der Dichter zu entgehen. „Ich bitte dich inständig, mein lieber Meander,“ schrieb dieselbe Glycera, „die Komödie, in welcher du mich die Hauptrolle spielen lässt, zu deinen bevorzugten Stücken zu erheben, damit, wenn ich dich nicht nach Aegypten begleite, sie mich am Hofe des Ptolemäus bekannt mache und diesem Könige zeige, welche Herrschaft ich über meinen Geliebten ausübe.“ Diese Komödie trug den Namen der Glycera selbst. Andere Dirnen wollten gleichfalls ihren Namen als Titel einer Komödie haben, und man sieht dass Anaxilas, Eubul und andere sich den Launen ihrer Maitressen fügten. Die Philosophen dagegen hatten kein ähnliches Mittel die launischen Schönen berühmt zu machen und sie in Mode zu bringen. Sie wurden daher von ihnen mit weniger Achtung behandelt, und wenn man ihnen auch nicht immer ins Gesicht lachte oder sie am Barte zupfte, kehrte man ihnen doch oft den Rücken, besonders wenn sie zu viel sprachen: „Wohl nur deshalb,“ schrieb Thais an Euthydemos, „scheinen wir dir unter den Sophisten zu stehen, weil wir nicht die Ursache der Wolkenbildung und die Eigenschaften der Atome kennen? Aber wisse, dass auch ich meine Zeit verloren habe mich mit diesen Geheimnissen eurer Philosophie vertraut zu machen, und dass ich mir dieselben mit vielleicht ebensogrosser Einsicht überlegt habe, wie euer Meister.“ Sogar dem Aristoteles wagte Thais auf folgende Weise ins Gesicht zu schlagen, indem sie ihn anklagte, er trage nur eine geheuchelte Abneigung gegen die Weiber: „Denkst du,“ sagte sie, „dass ein so grosser Unterschied zwischen einem Sophisten und einer Dirne ist? Wenn überhaupt einer da ist, so liegt er nur in den Mitteln, die zur Ueberredung verwendet werden, denn ihre Absicht ist dieselbe: zu empfangen.“ Sie wollte mit Euthydemos wetten, dass sie in einer Nacht mit dieser erkünstelten Tugendhaftigkeit fertig werden und den Aristoteles wohl zwingen würde, sich mit den „gewöhnlichen“ Vergnügungen zu begnügen. Die Dirnen waren immer im Streite mit den Philosophen, mit welchen sie sich nur aussöhnten, um sich von neuem zu verfeinden. Ihre Hauptbeschwerden gegen die Philosophen scheint besonders gegen deren Duldsamkeit oder Anhänglichkeit an die unnatürliche Liebe gerichtet gewesen zu sein.

Wenn die Philosophen nicht die Seelenstärke besassen, den Lockungen einer Dirne zu widerstehen, wie könnte man da erstaunen, dass die übrigen bedeutenden Männer Griechenlands gleichfalls ihren Verführungen unterlagen. Man führt nur sehr wenige von ihnen an, welche Herr ihrer selbst blieben in Gegenwart aller Reize der Schönheit, der Grazie der Bildung und des Geistes der Hetären. Selbst die Könige legten ihr Diadem diesen liebreizenden Herrinnen zu Füssen, wie zum Beispiel Gyges, der König von Lydien, der in seiner Trauer um eine Dirne, welche er für unvergleichlich hielt, ihr ein grossartiges Grabmal errichten liess, das so hoch gelegen war, dass man es an allen Punkten seines Reiches bemerken konnte. Unter den Königen, welche die griechischen Dirnen mit der grössten Gewandtheit unterjochten, haben wir bereits die ägyptischen Ptolemäer angeführt. Alexander der Grosse, welcher bei allen seinen Kriegszügen die athenische Hetäre Thais mit sich führte, schien mit seinem ungeheuren Reiche seinen Nachfolgern den Geschmack an griechischen Hetären und persischen Flötenspielerinnen hinterlassen zu haben. Einige dieser Favoritinnen, die geschickter oder glücklicher als ihre Nebenbuhlerinnen waren, hatten es verstanden, eine Heirat durchzusetzen. So verheiratete sich Thais nach dem Tode Alexanders des Grossen, der sie fast vergöttert hatte, mit einem seiner Feldherren, mit Ptolemäus, der König von Aegypten wurde und von ihr drei Kinder hatte. Doch waren die Hetären selten geeignet, eine grosse Nachkommenschaft hervorzubringen; die meisten blieben unfruchtbar. Nichtsdestoweniger erwähnt die Geschichte mehrere grosse Männer, welche Dirnen zur Mutter hatten: Philetäros, der König von Pergamon war der Sohn der Boa, einer paphlagonischen Flötenspielerin; der athenische Feldherr Timotheos der Sohn einer thrakischen Dirne, der Philosoph Bion der Sohn einer lakedämonischen Dirne und endlich der grosse Themistokles der Sohn der Abrotone, einer Dicteriade, die sich für einen Obolos preisgab.

XI. Kapitel.

Die Griechen.

VIII.

Die philosophischen Hetären. — Die Prostitution gefördert durch die Philosophie. — Philosophische Systeme der Prostitution. — Die lesbische Prostitution. — Die sokratische Prostitution. - Die kynische Prostitution. — Die epikuräische Prostitution. — Liebesphilosophie der Megalostrate, Maitresse des Dichters Alkman. — Sappho. — Kleis, ihre Tochter. — Sappho mascula. — Sapphische Ode übersetzt von Boileau Despréaux. — Die Schülerinnen der Sappho. — Zügellose Liebe der Sappho zu Phaon. — Einzige Quelle dieser Liebe. — Selbstmord der Sappho. — Der Sprung vom leukatischen Felsen. — Die philosophische Hetäre Leäna, Maitresse des Harmodius und Aristogeiton. — Ihr Mut während des Aufstandes. — Ihr Heldentod. — Die Athener errichten ihr zum Andenken ein Monument. — Die philosophische Hetäre Kleonike. — Der unfreiwillige Mord des Pausanias. — Die philosophische Hetäre Targella. — Schwierige und delikate Aufgabe, womit sie Xerxes betraute. — Ihre Heirat mit dem Könige Thessaliens. — Aspasia. — Ihr Hetärengefolge. — Sie eröffnet eine Schule in Athen und lehrt darin die Beredsamkeit. — Liebe des Perikles zu dieser philosophischen Dirne. — Chrysilla. — Perikles heiratet Aspasia. — Sokrates und Alkibiades, Liebhaber der Aspasia. — Gespräch zwischen Sokrates und Aspasia. — Macht der Aspasia über den Geist des Perikles. — Kriege mit Samos und Megara. — Aspasia und das Weib des Xenophon. — Aspasia von Hermippos der Gottlosigkeit angeklagt. — Perikles vor dem Areopag. —

Freisprechung der Aspasia. — Verbannung des Philosophen Anaxagoras und des Bildhauers Phidias. — Tod des Perikles. — Aspasia verheiratet sich mit einem Kornhändler. — Vermutung der Pytagoräer über die Seele der Aspasia. — Die zweite Aspasia, sogenannte Aspasia-Milto. — Der Kyniker Orates. — Unüberwindliche Leidenschaft, die Hipparchia für diesen Philosophen hegte. — Ihre Ehe. — Kynismus der Hipparchia. — Die Behauptungen dieser Philosophin. — Bild der Schüler des Diogenes von Aristipp. — Die pythagoräischen Hetären. — Die Mathematikerin Nikarete, Maitresse des Stilpon. — Philenis und Leontium, Maitressen des Epikur. — Leidenschaftliche Liebe Epikurs zu Leontium. — Brief dieser Dirne an ihre Freundin Lamia. — Ihre Liebe zu Timarch, Schüler des Epikur. — Ihr Porträt vom Maler Theodor. — Ihre Schriften. — Ihre Tochter Danaë, Maitresse des Sophron, Statthalters von Ephesus. — Tod der Danaë. — Archeanassa von Kolophon, Maitresse des Plato. — Bacchis von Samos, Maitresse des Meneklid, etc. — Verherrlichung der Dirnen durch die Philosophen und Dichter.

Die Gründung und Ausbreitung des griechischen Hetärenwesens muss vor allem den Dirnen zugeschrieben werden, welche sich Philosophinnen nannten, weil sie den Lehren der Philosophen folgten und deren Liebesneigungen dienten. Diese philosophischen Hetären hatten auf diese Art die Prostitution unter den Schutz der Philosophie gestellt, und alle Frauen, welche aus angeborener Sinnlichkeit, aus Habsucht oder aus Trägheit ein unzüchtiges Leben führten, konnten sich auf das Beispiel und die Thaten einer Sappho, Aspasia und Leontium berufen. Es gab ohne Zweifel eine grosse Zahl Hetären, welche sich in den verschiedenen Philosophen-Schulen auszeichneten, aber die Geschichte hat nur 10 oder 12 Namen aufbewahrt, welche allein während mehr als drei Jahrhunderten die Lehre und Ausübung des Hetärismus, wenn man dieses Wort anwenden darf, im philosophischen Systeme der Prostitution bethätigten. Dieses System scheint vier Formen und vier verschiedene Phasen gehabt zu haben, die wir die lesbische, die sokratische, die kynische und die epikuräische nennen wollen. Man erkennt aus diesen Benennungen, dass Sappho, Sckrates, Diogenes und Epikur die Schützer, wenn nicht Gründer, der Lehren sind, welche die philosophischen Hetären unter ihren Anbetern zu verbreiten suchten. Sappho predigte die Frauenliebe, Sokrates die geistige Liebe, Diogenes die grobsinnliche Liebe und Epikur die wollüstige Liebe. Dies waren die vier Liebesarten, in deren Verbreitung sich die philosophischen Dirnen teilten, und welche in der Folge mehr oder weniger Anhänger unter den guten Freundinnen fanden, welchen die oberste Leitung der öffentlichen Vergnügungen zustand.

Die älteste Philosophin, welche ein Andenken in der Sagengeschichte der griechischen Dirnen zurückgelassen hat, ist Megalostrate aus Sparta, welche von dem Dichter Alkman geliebt wurde, und die 674 v. Chr.

philosophierte, dichtete und liebte. Ihre Philosophie war rein erotisch und man darf sie mit Recht als Vorläuferin des Epikuräismus betrachten. Alkman war nach dem Zeugnis des Athenäus der Fürst der erotischen Dichter, und wie er der grösste Mädchenjäger war (erga mulieres petulantissimum, sagt die zarte lateinische Uebersetzung), so war er auch der grösste Fresser, den das Altertum hervorgebracht zu haben sich rühmen konnte. Er brachte Tag und Nacht bei Tische zu, Megalostrate an der Seite, und sang beständig Liebeslieder, welche Megalostrate einstimmend wiederholte. In einem Epigramme, welches Plutarch anführt, bemerkte der lustige Alkman, dass er, wenn er in Sardes, der Heimat seiner Vorfahren, geblieben wäre, ein armer Priester der Kybele geworden sein würde, dem man die männlichen Geschlechtsteile geraubt haben würde, wogegen er als Bürger Lakedämons und Liebhaber der Megalostrate höher wäre als alle Könige Lydiens. Nach dieser schönen Philosophie, welche ihren Schöpfer nicht hinderte, als Beute der Würmer zu sterben, entstand eine Art Lücke in der erotischen Philosophie. Sappho von Mytilene erfand die lesbische Liebe und pries sie als besser denn diejenige, mit welcher sich die Weiber bisher begnügt hatten. Sappho hatte nicht immer so gedacht und das männliche Geschlecht verachtet. Sie war erst mit einem reichen Bürger der Insel Andros vermählt gewesen, namens Kerkales, und hatte von ihm eine Tochter gehabt, die sie nach ihrer Mutter Kleïs genannt hatte. Als Witwe aber redete sie sich ein, von einer Ueberreizung ihrer Gedanken und Sinne befangen, dass jedes Geschlecht sich auf sich selbst beschränken und in einer unfruchtbaren Umarmung aussterben müsse. Sie war Dichterin und Philosophin; ihre Gedichte und Gespräche warben ihr viele Anhänger, besonders unter den Frauen, welche nur zu sehr auf ihre schlechten Ratschläge achteten. Obgleich Plato sie die Schöne nennt, obgleich Athenäus hierin die Autorität Plato's anerkennt, ist doch glaublicher, dass sich Maximus Tyrius, der sie als schwarz und klein bezeichnet, sich auf bessere Quellen stützte. Ovid beschreibt sie ebenso und die gelehrte Mad. Darcies fügt dem Bilde dieser berühmten Lesbierin zu, dass sie ausserordentlich lebhafte und glänzende Augen gehabt habe. Wenn ferner Horaz ihr die Bezeichnung mascula beifügt, die von Ausonius im gleichen Sinne wiederholt wird, so richtete er sich nach der allgemeinen Ansicht, dass Sappho hermaphrodit gewesen sei, wie es die Thatsachen zu beweisen schienen.

Ohne Zweifel gab sich Sappho, die einer vornehmen Familie von Lesbos entstammte und über ein stattliches Vermögen verfügte, nicht um Geld preis, sondern sie hielt eine Prostitutionsschule, wo die jungen Mädchen ihres Frauengemaches von Jugend auf einen unnatürlichen Gebrauch ihrer keimenden Reize lernten. Man hat unnötiger Weise die Sitten und die Lehre Sapphos wieder zu Ehren bringen wollen. Es genügt die berühmte Ode, die uns unter den Resten ihrer Dichtungen geblieben ist, um selbst dem Ungläubigsten zu beweisen, dass Sappho, wenn sie kein Hermaphrodit war, mindestens eine Tribade gewesen ist. Disversis amoribus est diffamato, sagt Lilo Gregorio Giraldi in einem seiner Gespräche, adeo ut vulgo tribas vocaretur. Diese Ode, dieses Meisterstück einer hysterischen Leidenschaft, schildert das verzehrende Feuer, die Aufregung, die Unruhe, das Verlangen, die Ausschweifung und endlich die Krise dieses Lasters, das rasender und zügelloser als alle andern ist. Man kennt den Namen der Lesbierin nicht, an welche diese zügellose Ode gerichtet ist:

Glücklich, wer in deiner Nähe seufzt für dich allein,
Der durch deines Mundes Laut wird an Freuden reich,
Dem bisweilen lächeln mild zu die Lippen dein!
Kämen ihm in ihrem Glück wohl die Götter gleich?
Heiss von Ader fühl zu Ader ich die Flammen zart
Mir durchrieseln meinen Leib, wenn ich dich geschaut,
Und im süssen Seelenwallen, dass dann meiner harrt,
Findet meine Zunge, starr, weder Wort noch Laut.
Eine dunkle Wolke lagert sich mir um das Aug',
Nichts mehr hör' ich, mich erfasst Sehnen süss und herb.
Bleich und athemlos, bestürzt, und von Liebeshauch
Umweht, jäh mich Schauer fasst, ich sink', ich ersterb!

Man hat thörichter Weise zu behaupten versucht, Phaon habe die Gefühle und Empfindungen erweckt, welche Sappho in dieser herrlichen Ode, die uns den Verlust ihrer Werke so sehr beklagen lässt, zum Ausdrucke bringt. Aber diese Ode richtet sich von Anfang bis Ende an eine weibliche Person. Man muss sie also ohne den Namen der Schülerin Sapphos lassen, welche folgende Namen führten: Amyktene, Athys, Anachria, Thelesylla, Kydno, Eunika, Gongyle, Anagora, Mnaïs, Phyrrina, Kyme, Andromeda, Megara etc. Welche war es nun von diesen, die diese wundervolle Ode hervorrief, deren Aufbewahrung wir dem Rhetor Longinus verdanken? Der Abbé Barthelemy begnügt sich in seiner Reise des Anacharsis zu sagen, dass Sappho „ihre Schülerinnen ausschweifend liebte, weil sie nichts anderes lieben konnte." Die Natur hatte thatsächlich in ihr männliche Organe angelegt, wenn sie auch diejenigen ihres Geschlechtes entwickelte. Man sagt, dass die blutschänderische Liebe zu ihrem Bruder Charaxus, die Eifersucht, welche sie gegen die ägyptische Dirne Rhodopis empfand, und vor allem der Sieg ihrer Nebenbuhlerin Sappho zum Aufsuchen einer neuen Art zu Lieben geführt habe. Sie lebte also in der Gemeinschaft mit ihren Lesbierinnen und vergass, dass die Männer gegen ihr Treiben Einspruch erhoben, als Venus, um sie zu strafen, ihr den Phaon zuschickte. Sie verliebte sich sofort und hatte nicht das Glück die Verachtung dieses schönen Gleichgiltigen zu überwinden. Plinius erzählt, dass diese wahre Liebe einer wunderbaren

Quelle entsprungen sei. Phaon hatte auf seinem Wege die Wurzel des weissen Männertreu in dem Augenblicke gefunden, als Sappho daran vorbeischritt. Der alte Uebersetzer des Plinius erörtert in folgender Weise diese wunderliche Stelle der „Naturgeschichte": „Es giebt Leute, welche behaupten, dass die Wurzel des weissen Männertreu (welcher sehr selten ist) nach der natürlichen Gestalt eines Mannes oder eines Weibes geformt sei; und man nimmt an, dass ein Mann, der eine von der Form des männlichen Gliedes findet, sehr von den Weibern geliebt werden würde, auch glaubt man, dass dies allein die Sappho zur Freundschaft zu Phaon, des Lesbiers, führte." Diese „Freundschaft" war derartig, dass Sappho, in Verzweiflung über die Kälte des Phaon, sich vom leukatischen Felsen ins Meer stürzte, um ihre Liebesflammen zugleich mit dem Leben zu ersticken. Sie hatte unglücklicherweise ihre Schülerinnen zu gut ausgebildet, als dass sie auf ihre Liebesgenüsse verzichtet hätten, und ihre Philosophie, die nur ein Ausfluss der lesbischen Liebe war, hatte unaufhörlich ihre Verehrer, besonders unter den Dirnen. Einige von diesen stürzten sich ebenfalls, um den Nachstellungen der Männer zu entgehen, welche sie liebenswürdig fanden, vom Felsen von Leukas und entgingen so einer Leidenschaft, die Sappho als eine Schande und Sklaverei betrachtete.

Die Schule der Sappho war zum Glück für das Menschengeschlecht nur eine Ausnahme, die nicht gegen die wahre Liebe ankämpfen konnte. Die philosophische Hetäre Leäna, welche man nicht mit der Geliebten des Demetrius Poliorketes verwechseln darf, war nicht durch den Widerspruchsgeist der Lesbierinnen verführt worden; sie übte freimütig und ehrlich ihr Dirnengewerbe in Athen aus. Sie war die Freundin und Maitresse des Harmodios und Aristogeiton. Sie verschwor sich mit ihnen gegen den Tyrannen Pisistratus und seinen Sohn Hippias im Jahre 514 v. Chr. Man ergriff sie und folterte sie um ihr das Geständnis der Teilnahme und die Pläne der Verschwörung abzupressen, sie aber biss sich um ihr Geheimnis sicherer zu wahren, mit ihren Zähnen die Zunge ab und spie sie ihren Henkern ins Gesicht. Man glaubt, dass sie unter den Martern starb. Die Athener errichteten, um ihr Andenken zu ehren, ein Standbild, welches eine eherne Löwin ohne Zunge darstellte und am Eingange des Tempels auf der Burg Athens aufgestellt wurde. Es ist dies nicht die einzige That von Mut und Treue, welche die Geschichte der griechischen Dirnen aufweisst. Eine andere Philosophin, Kleonike, eine Hetäre von Byzanz, hatte sich durch ihre Schönheit und mehrere moralische Schriften bekannt gemacht. Wegen ihres Rufes wünschte sie Pausanias, der Sohn des Spartanerkönigs Kleombrotos, zu seinem Vergnügen. Er verlangte, dass man ihm die schöne Philosophin zuschicke um ihm die Beschwerden des Krieges zu erleichtern. Kleonike kam Nachts im Lager an, während Pausanias schlief; sie wollte nicht, dass man ihn wecke und liess nur die Lampen auslöschen, welche nahe bei dem eingeschlafenen Feldherrn brannten. Sie schritt im

Dunkeln zum Bette des Fürsten, der durch das Geräusch einer von ihr umgeworfenen Lampe erwachte und ihr im Glauben, dass ein Mörder eingedrungen sei, seinen Dolch in den Busen stiess. Seit diesem unheilvollen Irrtum liess sich jede Nacht das Gespenst der Kleonike sehen, welches ihm diesen unfreiwilligen Mord vorwarf. Er beschwor es vergebens sich zu beruhigen und ihm zu verzeihen, es verkündigte ihm nur, dass er erst bei seiner Rückkehr nach Sparta von dieser blutigen Erscheinung erlöst werden würde. Er ging dahin, aber nur um im Tempel der Minerva Hungers zu sterben, wohin er sich vor der Rache seiner Mitbürger, die ihn der Verräterei anklagten, geflüchtet hatte. (471 v. Chr.)

Die Aera der Dirnen hatte in Griechenland mit dem Augenblicke begonnen, wo Kleonike die Verführungen der Liebe mit den Lehren der Philosophie vereinigte. Eine andere Philosophin derselben Art, Thargelia von Milet, war vom Perserkönige Xerxes, der die Eroberung Griechenlands beabsichtigte, mit einer ebenso schwierigen als delikaten Mission beauftragt worden. Diese Hetäre, gleich hervorragend durch ihren Geist und ihre Bildung wie durch ihre Schönheit und Anmut, diente dem Könige Xerxes als politisches Werkzeug: sie musste ihm die Hauptstädte Griechenlands erobern, indem sie deren Verteidigern Liebe einflösste. Sie hatte auch Glück mit dem einen Teil ihrer galanten Mission, sie fesselte nach und nach vierzehn Feldherrn, welche ihre Liebhaber wurden ohne Diener des Perserkönigs werden zu wollen. Als dieser durch den Pass von Thermopylæ in Griechenland einfiel, sah er sich gezwungen, die Städte im Sturme zu nehmen, deren Besitz ihm Thargelia gesichert zu haben glaubte. Thargelia hatte sich zu Larissa niedergelassen und den König von Thessalien geheiratet; sie hörte auf Hetäre zu sein, blieb aber Philosophin. Dieses glückliche Geschick der Dirne erregte den Ehrgeiz einer anderen Milesierin, welche sie bald in ihren Wissenschaften und ihrem Glücke überflügelte. Aspasia, wie Thargelia aus Milet stammend, heiratete, nachdem sie Dicteriade in Megara gewesen war, den Perikles, das berühmte Haupt der Republik Athen.

Aspasia war um die Mitte des 5. Jahrhunderts v. Chr. nach Athen gekommen. Sie hatte dahin ein glänzendes Hetärengefolge, welches sie gebildet hatte, und dessen Operationen sie geschickt lenkte, mitgebracht. Diese Hetären waren keine Sklavinnen, die nichts als die Künste der Wollust verstanden, sondern junge Griechinnen von freiem Stande, grossgezogen in den Lehren der Philosophie, welche innen ihre beredte Führerin lehrte, und eingeweiht in alle Mysterien der raffiniertesten Galanterie. Aspasia hatte so für alle Umstände die Mittel der Verführung ständig bereit, und sie übte durch Vermittlung ihrer Schülerinnen den Einfluss aus, welchen sie nicht aus ihren eigenen Hilfsmitteln ziehen wollte. Sie eröffnete ihre Schule und lehrte darin die Rethorik: die vornehmsten Bürger waren ihre Hörer und Bewunderer. Perikles, der sich von dieser Philosophin hatte bezaubern lassen, machte zu ihren Anhängern nicht allein die Feldherrn, Dichter, Redner und alle hervorragenden Männer der Republik, sondern auch die Weiber und Töchter dieser Bürger, welche die Liebe zur Rethorik gegen alles übrige unduldsam machte „Sie gingen dahin, um sie plaudern zu hören," sagt Jacques Amyot, Almonesier Karl IX. und Bischof von Auxerre in seiner naiven Plutarchübersetzung, „obgleich sie eine Schar einführte, die nicht sehr ehrbar war; denn sie hielt in ihrem Hause junge Dirnen, welche Gewinn von ihrem Körper zogen." Hierdurch gelang es ihr, Perikles, der sie leidenschaftlich liebte, zu fesseln, aber er war auch nicht gleichgiltig für die wollüstigen Reize, welche sie ihm bereitete. Aspasia zeigte sich überall in der Oeffentlichkeit, im Theater, im Tribunal, im Lyceum, auf der Promenade, wie eine Königin von ihrem Hofe umgeben; sie hatte sich übrigens ein selteneres und weniger drückendes Königreich geschaffen als alle anderen: sie allein gab den Ton in der Mode an, sie allein schrieb den Athenern und sogar den Athenerinnen Gesetze über alles vor, was sich auf Kleidung, Sprache, Ansichten und selbst Sitten bezog, denn sie brachte den Hetärismus zu Ehren und nahm ihm, sozusagen den angeborenen Makel. Die jungen Griechinnen stiegen, trotz ihrer Geburt, vom Rang einer Bürgerin zu dem der Dirnen herab und nannten sich nach Aspasia's Vorbild Philosophinnen.

Vor seiner Liebe zu Aspasia hatte Perikles Chrysilla, die Tochter des Theleus aus Korinth, geliebt, aber diese erste Liebe trennte weder seine Ehe noch trübte sie diese. Als er aber Aspasia kennen gelernt hatte, dachte es nur noch daran, seine Ehe zu lösen, um mit ihr eine neue eingehen zu können. Er bewog also sein Weib in eine Scheidung einzuwilligen, und er konnte dann nach seiner Wiedervermählung die schöne Philosophin, die man in den Kneipen die Dicteriade von Megara nannte, in sein Haus einführen. Perikles war sehr verliebt, aber garnicht eifersüchtig. Er liess Aspasia von Sokrates und Alkibiades besuchen, welche sie vor ihm besessen hatten. „Er ging niemals in die Versammlung," erzählt Plutarch, „und kehrte niemals von da zurück ohne seiner Aspasia einen Kuss zu geben." Die Erklärer haben es nicht verschmäht sich mit diesen täglichen Küssen beim Fortgehen und Heimkehren zu beschäftigen; sie haben sie so zart angenommen als Perikles sie geben konnte. Endlich wohnte Aspasia mit Sokrates oder Alkibiades allein und widmete sich nicht nur der Philosophie, während sie Perikles erwartete. Die Unterhaltung unserer Philosophen drehte sich um erotische Fragen, und man hört mit Bedauern, dass diese liebenswürdige Frau selbst ihre beiden Freunde zu den abstossensten Ausschweifungen ermutigte: „Sokrates, ich habe in deinem Herzen gelesen," sagte sie ihm, „es brennt für den Sohn der Dimomadra und des Klinias. Höre, wenn du wünscht, dass der schöne Alkibiades dich erhört, dann befolge meine guten Ratschläge." — „O herrliches Gespräch!" ruft Sokrates aus. „O Leidenschaften! . . . Ein kalter Schauer durchrieselt meinen Körper, meine Augen füllen sich mit

Thränen..." — „Hör auf zu seufzen!" unterbricht sie ihn; „erfülle dich mit Begeisterung! Erhebe deinen Geist auf die göttliche Höhe der Poesie, diese bezaubernde Kunst wird dir die Pforten seiner Seele öffnen. Die süsse Poesie ist der Reiz des Verstandes; das Ohr ist der Weg zum Herzen, und das Herz ist das Ganze." Sokrates, mehr und mehr bewegt, kann nur weinen und verbirgt seine kahle Stirn in seinen Händen. „Warum weinst Du, lieber Sokrates? Es bringt also beständig dein Herz in Wallung, diese Liebe, die wie der Blitz aus den Augen dieses jungen, gefühllosen Mannes zuckt? Ich habe versprochen, ihn dir zu beugen . . ." Die gefällige Aspasia scheint nicht sehr bös auf den Nachfolger gewesen zu sein, welchen ihr Sokrates geben will, sie, die die Erstlinge dieses ernsten Weisen gehabt hat. „Venus möge dich an ihm rächen!" singt der elegische Dichter Hermesianax voll Begeisterung für Aspasia. Sein tiefer Geist war nur noch mit den lüsternen Beunruhigungen der Liebe beschäftigt. Immer erfand er neue Vorwände zu Aspasia zurückzukehren, und er, der aus den schwierigsten Sophismen die Wahrheit herausfand, konnte nicht einmal die Pforte für die Abwege seines eigenen Herzens finden."

Aspasia bezeugte ihre Macht über den Geist des Perikles durch nichts besser, als durch die Durchsetzung der Kriegserklärung gegen Samos und Megara. In beiden Feldzügen begleitete sie ihren Gatten und nahm ihr Hetärengefolge mit. Zum Kriege gegen Samos riet sie im Interesse ihrer Geburtsstadt. Aspasia wollte nicht, dass die Samier, welche damals mit Milet im Streite waren, dieses einnähmen, sie versprach ihren Landsleuten Hilfe und hielt Wort. Bei Megara war die Ursache weniger ehrbar Alkibiades hatte die Schönheit der Dirne Simoethe von Megara rühmen hören; er begab sich mit einigen jungen Lüstlingen dahin und sie hoben Simoethe auf, indem sie behaupteten, im Auftrage des Perikles zu handeln. Die Megarenser übten Repressalien und fingen zwei Dirnen aus dem Hause der Aspasia weg. Diese beklagte sich bitter, und siehe, der Krieg wurde erklärt. Der megarensische Krieg war der Anfang des peloponnesischen Aspasia hielt durch ihre Gegenwart und den Liebesverkehr ihrer Mädchen den Mut der Feldherrn aufrecht; während der Belagerung von Samos besonders verdienten die Hetären durch ihren Eifer so viel Geld, dass sie aus Dankbarkeit der Venus einen Tempel an dem Thore der Stadt errichteten, welche nicht lange dem Heere des Perikles widerstehen könnte. Dieser Doppelkrieg, der ebensoviel Geld und Blut kostete, als er Ehre brachte, vermehrte sehr die Zahl der Feinde Aspasia's und steigerte deren Hass. Die ehrbaren Frauen warfen aus Aerger darüber, Dirnen, die besser zu gefallen verstanden, nachgesetzt zu werden, der Aspasia und ihren Genossinnen lebhaft vor, dass sie die Männer verführten und die eheliche Liebe trübten. Aspasia begegnete der Frau des Xenophon, welche lauter als alle anderen schrie. Sie fasste diese am Arme und fragte sie lächelnd: Wenn der Schmuck deiner Nachbarin schöner als deiner ist, würdest du ihren oder deinen lieber haben wollen?" — „Ihren," antwortete errötend die stolze Tugend. — „Wenn ihre Kleidung und ihr Putz reicher als deiner wäre," fuhr Aspasia fort, „würde dir ihrer doch besser als deiner gefallen?" —„Ja," versetzte sie ohne Zaudern. — „Aber wenn ihr Gatte besser wäre, als der deinige, würdest du diesen auch lieber haben wollen als deinen?" Das Weib des Xenophon hüllte sich schweigend in die Falten ihres Schleiers.

Indessen verdoppelten die Feinde Aspasia's ihren Spott und ihre Hinterlist. Bezahlte oder bestochene Komiker beleidigten sie auf offener Bühne: sie nannten sie eine neue Omphale, eine neue Dejanira, um das Unrecht zum Ausdruck zu bringen, welches sie dem Perikles thäte. Kratinus ging so weit, sie als unkeusche und ehrlose Konkubine zu behandeln. Später verklagte sie einer dieser Komödienverfertiger, Hermippos, vor dem Areopage wegen Gottlosigkeit, „indem er hinzufügte," sagt Plutarch, „dass sie dem Perikles als Kupplerin diente, da sie in ihrem Hause Bürgerinnen der Stadt empfinge, welche Perikles genösse." Die Klage nahm ihren Verlauf. Aspasia erschien vor dem Areopag und würde ohne Zweifel zum Tode verurteilt worden sein, wenn Perikles nicht persönlich zu ihrer Vertheidigung erschienen wäre: er nahm sie in seine Arme, bedeckte sie mit Küssen und konnte nichts als Thränen finden, aber diese Thränen hatten eine Beredsamkeit, welche die Angeklagte rettete. Dieselbe Anklage erstreckte sich auch auf Aspasia's Freunde, den Bildhauer Phidias und den Philosophen Anaxagoras, welche Perikles trotz der Thränen der Aspasia nicht vor dem Exil bewahren konnte. Als Aspasia den grossen Mann verlor, dem sie ihr Leben verdankte, blieb sie seinem Andenken nicht treu; sie gab ihm zum Nachfolger den dicken Kornhändler Lysikles, den sie zu bilden sich bemühte. Sie lehrte beständig Rethorik, Philosophie und Hetärenkunst und starb gegen Ende des 5. Jahrhunderts v. Chr. Die Pythagoräer glaubten, dass ihre Seele diejenige des Pythagoras gewesen sei, und dass diese aus ihrem schönen Körper in den des hässlichen Kynikers Krates übergegangen sei. Ihr Name war bis ins Innere Asiens gedrungen, und die Maitresse des jüngeren Kyrus, des Stadthalters von Kleinasien, wollte ebenfalls Aspasia genannt werden zur Erinnerung an die berühmte Philosophin, der sie nachzuahmen gedachte. Diese zweite Aspasia, nicht minder bedeutend durch ihre Schönheit und ihren Geist, erbte die Berühmtheit ihrer Namensgenossin. Sie teilte nacheinander das Bett der beiden Perserkönige Artaxerxes und Darius. Sie stammte aus Phönizien und hatte früher Milto geheissen. das ist Zinnober, wegen des Glanzes ihrer Farben.

Da Aspasia nach der Seelenwanderung der Kyniker Krates geworden war, wird man weniger über den Vorzug staunen, welchen die Philosophin Hipparchia diesem Kyniker gab, der wie ein Hund 350 Jahre v. Chr. lebte. Sie enstammte einer guten Familie Athens, war nicht hässlich und sehr klug und wohlerzogen; aber von dem Augenblicke an, wo sie Krates über die Geheimnisse der kynischen Philosophie hatte sprechen hören, war sie in ihn verliebt und schämte sich nicht ihren Eltern zu erklären, dass sie sich dem Krates hingeben würde. Man sperrte sie ein, sie seufzte beständig nach Krates. Ihre Familie beschwor diesen Philosophen, ihren Starrsinn zu brechen, und er gab sich redliche Mühe. Als er sah, das seine Gründe und Ratschläge keinen Eindruck auf Hipparchia machten, enthüllte er ihr seine Armut; er entblösste seinen Buckel und warf seinen Stock, seinen Zwerchsack und seinen Mantel zu Boden: „Das ist der Mann, den du haben willst," sagte er, „und dies die Möbel, die du bei ihm finden wirst. Ueberlege dir wohl, du kannst mein Weib nicht werden ohne das Leben zu führen, das unsere Sekte vorschreibt." Hipparchia antwortete ihm, sie hätte es sich überlegt und sei zu allem bereit. Krates besann sich auch und feierte vor dem angesammelten Volke seine Brautnacht in der Poikile. Von diesem Tage an heftete sich Hipparchia an die Sohlen des Krates, sie zog mit ihm herum, begleitete ihn zu Festlichkeiten, ganz gegen die Sitte der Ehefrauen, und machte sich keine Gewissensbisse, nach Bayle's Sprache: „ihm auf offener Strasse ihre eheliche Pflicht zu erfüllen." So wollte es die Vorschrift der kynischen Philosophie. St. Augustin bezweifelt in seinem „Reiche Gottes" diesen schändlichen Umstand, indem er sagt: „dass er nicht glauben könne, dass Diogenes und die Anhänger seiner Schule, welche im Rufe standen, alles öffentlich zu thun, daran ein wahres und ernstliches Vergnügen fanden, wenn sie auch nur unter dem Mantel des Kynismus die Bewegungen sich Paarender nachahmten, um dadurch bei den Zuschauern Bewunderung zu erwecken." Mag daran sein, was will, die Hochzeit der Hipparchia und des Krates wurde durch die Kynogamien unsterblich gemacht, welche die Kyniker Athens in derselben Weise unter der Säulenhalle, der Poikile, feierten. Hipparchia war noch kynischer als ihr Krates, und Nichts konnte sie erröten machen. Eines Tages stellte sie einen Trugschluss auf, welchen der Atheist Theodor widerlegte, indem er ihr den Rock aufhob, nach den etwas gewagten Ausdrücken, deren sich Menage bei seiner Uebersetzung des Diogenes-Laertios bedient (ἀνέσυρε δαὐτῆς ϑοιμάτιον.) Hipparchia rührte sich nicht und liess ihn schalten. „Was beweisst das?" fragte sie ihn, als sie ihn plötzlich aufhören sah. Es scheint nicht, dass die Philosophie des Diogenes viel Umstände von einer Dirne verlangte, denn nach den kräftigen Ausdrücken eines griechischen Dichters: „macht sie nicht der Duft des Parfüms küssenswert." Dennoch hatte Hipparchia Schülerinnen, welche ihrem schlechten Beispiele folgten und sogar die Dicteriaden erröten machten. Sie verfasste mehrere philosophische und poetische Werke, darunter Briefe, Tragödien und eine Abhandlung über die Hypothese. Es ist dies im Griechischen ein sehr freies Wortspiel, welches uns die Ethymologie verständlich machen kann (ὑπὸ unten, und ϑεσίς Lage). Hipparchia, obwohl

Dirne, konnte nur in der kynischen Welt Zulauf haben, denn das Bild, welches der Philosoph Aristipp uns von den Schülern des Diogenes hinterlassen hat, giebt uns eine ziemlich wenig einladende Vorstellung von den Weibern dieser Sekte: „Habt ihr keinen Grund," sagt er, „euch über diese Menschen lustig zu machen, deren Eitelkeit besteht in einem struppigen Barte, einem Knotenstocke und einem zerlumpten Mantel, unter dem sie den ungeheuren Schmutz und alles Ungeziefer verbergen, das dort wohnen kann? Was meint ihr noch zu ihren Nägeln, die den Klauen einer roten Bestie gleichen?

Die Pythagoräer waren wenigstens, trotz der Vorschriften des Sokrates, besser gekleidet und gewaschen. Die Hetären, welche sich diesen Philosophen widmeten und ihnen ergeben waren, hatten nichts abstossendes in ihrer Toilette und nahmen sich mitten in ihren Sorgen um die Philosophie Zeit auf materielle Dinge zu achten. Sie verschmähten nicht den Luxus, am wenigsten diejenigen der Sekte der Epikurs. Vor ihnen hatte der megarensische Philosoph Stilpon um die Mitte des vierten Jahrhunderts v. Chr. die Hetären in die Sekte der Stoiker eingeführt, obgleich diese Sekte die Tugend als oberstes Gut betrachtete. Stilpon begann wollüstig zu werden und behielt immer etwas davon bei, selbst wenn er seinen Schülern empfiehlt ihre Leidenschaften im Zaume zu halten. Der Grund seiner Lehre war Apathie und Trägheit. Seine Maitresse Nikarete, welche von der gleichnamigen Mutter der berühmten Neära zu unterscheiden ist, kämpfte gegen diese Lehre und teilte ihre Zeit unter die Mathematik und die Liebe. Geboren von ehrbaren Eltern, die ihr eine sorgfältige Erziehung gaben, war sie leidenschaftlich eingenommen für die Probleme der Geometrie, und sie verweigerte keinem ihre Gunst, der ihr eine algebraïsche Gleichung auflöste. Stilpon lehrte sie nur die Dialectik; andere unterrichteten sie in den Fächern der Mathematik. Stilpon betrank sich oft und schlief viel; die anderen waren um so munterer. Eine Philosophen-Schule, die Hetären zu ihren Anhängern zählte, hatte auch stets Erfolge. Wenn die Mathematikerin Nekarete den Stoïkern gute Dienste leistete, so waren Philenis und Leontium den Epikuräern nicht minder nützlich. Philenis, die Schülerin und Maitresse Epikurs, schrieb eine Abhandlung über die Physik und die Atome. Sie stammte aus Leukas und brauchte sich nicht über die Kälte ihres Liebhabers zu beklagen. Epikurs Maitresse war sie in seiner Jugend. Leontium kannte ihn nur in seinem Alter. Sie liebte ihn nicht aus Gewinnsucht und war nur auf seine Gegenliebe eifersüchtig. „Ich triumphiere, meine Königin," schrieb er ihr als Antwort auf einen ihrer Briefe, „welches Vergnügen fühle ich beim Lesen dieses Briefes!" Diogenes Laertius hat unglücklicher Weise nur den Anfang dieses Briefes aufbewahrt. Von den Briefen der Leontium haben wir nur einen einzigen an ihre Freundin Lamia, und man kann aus diesem Briefe ersehen, dass der alte Epikur mehr als einen glücklichen Rivalen hatte. Sein Verdacht und seine Eifersucht waren also nur zu gerechtfertigt Leontium bewunderte den Philosophen und verabscheute den Greis.

„Bei der Venus!" schrieb sie an Lamia. „Wenn Adonis als achtzigjähriger Greis zurückkehren könnte, seinem Alter entsprechend geschwächt, von Ungeziefer bedeckt, und mit einem stinkenden, schmutzigen Felle bekleidet wäre wie mein Epikur, Adonis selbst käme mir unausstehlich vor." Epikur ist mit Grund auf seinen Schüler Timarch eifersüchtig, einen schönen jungen Kephisier, den ihm Leontium mit allem Rechte vorzog. „Da ist Timarch," sagt sie, „der mich zuerst in die Mysterien der Liebe eingeweiht hat; er wohnte in meiner Nachbarschaft und ich glaube, dass er die Erstlinge meiner Gunst gepflückt hat. Seit dieser Zeit hat er mich immer mit Geschenken überhäuft: Kleider, Geld, Dienerinnen, Sklavinnen, Schmuck, aus fremden Ländern brachte er; er hatte alles für mich verschwendet." Epikur ist nicht minder freigibig, aber er ist nicht mehr liebenswürdig und übermässig eifersüchtig; denn, während Timarch die Nebenbuhlerschaft seines Meisters duldet, kann dieser ihm nicht verzeihen, dass er jung, schön und geliebt ist. Epikur beauftragt also seine Lieblingsschüler Mermachos, Metrodoros und Polienos die beiden Liebenden zu überwachen und ihre Zusammenkünfte zu stören. „Was thust du, Epikur?" fragt ihn Leontium, die ihn besänftigen will. „Du machst dich selbst lächerlich. Deine Eifersucht ist Stadtgespräch und Theaterspott geworden; die Sophisten machen ihre Bemerkungen über dich." Aber der Graubart will nichts hören, er verlangt allein geliebt zu werden. „Wäre ganz Athen mit Epikurs oder deinesgleichen bevölkert," ruft endlich Leontium aufs Aeusserste gebracht aus, „ich würde alle zusammen nicht soviel achten wie den kleinsten Teil Timarchs, wie die Spitze seines kleinen Fingers!" Leontium bittet Lamia um eine Zuflucht vor den Rasereien und Zärtlichkeiten Epikurs.

Sie gönnte sich übrigens jede Zerstreuung; sie hatte gleichzeitig noch einen anderen Geliebten, den Dichter Hermesianax von Kolophon, der ihr zu Ehren eine Geschichte des Liebesdichter verfasste und ihr darin den Ehrenplatz anwies. Aber sie war mehr von der Philosophie als von der Poesie eingenommen und befand sich nirgends wohler als in dem herrlichen Garten Epikurs, wo sie sich allen Schülern dieses Meisters preisgab, dem sie gleichfalls ihre Gunst vor aller Welt gewährte. Athenäus hat nur diese Züge der Philosophin überliefert, doch kann man nach seinen Worten nicht entscheiden, wie der Maler Theodor Leontium im Nachdenken darstellte: Leontum Epikuri cogitantem, sagt Plinius, welcher dieses berühmte Gemälde lobt. Sie begnügte sich nicht, über die Lehre Epikurs zu sprechen, sie schrieb auch Werke, die durch die Eleganz ihres Stiles hervorragten. Ihre Schrift gegen den gelehrten Theophrast erregte die Bewunderung Ciceros, welcher bedauerte, soviel feinen Geschmack aus einer so schmutzigen Quelle fliessen zu sehen. Man behauptet, dass die Lehre Epikurs sie zur Mutter gemacht habe, und dass ihre Tochter Danaë, die sie Epikur zuschrieb, unter den Bäumen des Gartens dieses Philosophen geboren wurde. Trotz seines ehrwürdigen Alters glimmte doch unter seinen grauen Haaren alles Feuer eines jungen Herzens. Diogenes Laertius führt von ihm folgenden, einer glühenden Ode Sapphos gleichenden Brief an: „Ich zehre mich selbst auf; kaum kann ich dem Feuer, das mich verzehrt, widerstehen; ich erwarte den Augenblick, der dich mit mir vereinigen soll, wie ein der Götter würdiges Glück!" Leider ist dieser leidenschaftliche Brief nicht an Leontium, sondern an Pitokles gerichtet, einen Schüler des Vaters des Epikuräismus. Trotz Pitokles und Leontium hat man versucht, Epikur als den keuschesten und tugendsamsten aller Philosophen hinzustellen. Leontium überlebte ihn ohne Zweifel und glänzte noch um die Mitte des dritten Jahrhunderts v. Chr.

Ihre Tochter Danaë starb nicht als Dirne: sie war die Konkubine des Sophron, des Statthalters von Ephesus, ohne deshalb auf die Philosophie ihrer Mutter und ihres Vaters zu verzichten. Sophron liebte sie heftig, und sein Weib Laodike war auf sie nicht eifersüchtig, im Gegenteil wurde sie ihre Freundin und Vertraute. Sie gestand ihr eines Tages, dass sie Mörder beauftragt habe, sie auf einen Schlag vom Gatten und Geliebten zu befreien. Danaë beeilte sich, alles Sophron zu gestehen, welcher mit knapper Not nach Korinth entfliehen konnte. Laodike, wütend, ihr Opfer entschlüpft zu sehen, rächte sich an Danaë und befahl sie von der Höhe eines Felsens zu stürzen. Als Danaë die Tiefe des Abgrundes sah, in den man sie werfen wollte, rief sie aus: „O Götter! Mit Recht zweifelt man an eurem Sein. Ich sterbe elend, weil ich das Leben des Mannes erhalten wollte, den ich liebe, und Laodike, welche ihren Gatten ermorden wollte, lebt im Glanze des Ruhmes und der Ehre!"

Das waren die Hauptphilosophinnen der griechischen Hetären, welche der Prostitution einen Schein von Wissenschaft und einen Reiz des Geistes verliehen. Sie machten sich durch ihre Reden und Schriften zu Herren der Philosophie. Ihr Ruhm strahlte auch auf die Menge der Dirnen über, welche mit Dichtern und Philosophen verkehrten, ohne selbst Philosophinnen oder Dichterinnen zu werden. Plato liebte Archeanassa von Kolophon, Meneklid, Bacchis von Samos, Sophokles Archippe, Antagoras Bedion etc., aber diese Hetären begnügten sich in ihrem Fache zu glänzen und versuchten nicht, sich dem Geiste ihres Liebhabers zu nähern, wie Prometheus dem heiligen Feuer. Dichter und Philosophen sangen um die Wette das Lob der Dirnen.

XII. Kapitel.

Die Griechen.

IX

Die Freundinnen berühmter Männer Griechenlands. — Liebe Platos zur alten Archeanassa. — Epigramm, welches er auf die Runzeln dieser Hetäre machte. — Erklärung dieses Epigramms. — Die hippische Plaggon. — Pamphile. — Einzig dastehende Opfergabe, welche diese Dirne der Venus darbrachte. — Ihr Reitinstitut. — Venus Hippolytia. — Rivalität der Plaggon und Bacchis. — Prokles von Kolophon. — Edelmut der Bacchis. — Das Halsband der beiden Freundinnen. — Archippe und Theoris, die Maitressen des Sophokles. — Hymnus des Sophokles auf Venus. — Theoris auf Anklage des Demosthenes zum Tode verurteilt. — Archippe, die Eule. — Aristophanes, Nebenbuhler des Sokrates. — Theodote, Gottesgabe. — Sokrates, als weiser Ratgeber der Liebe. — Aristophanes von Archippe verschmäht. — Rache des Aristophanes. — Die Wolken. — Tod des Sokrates. — Lamia und Glycera, die Maitressen des Menander. — Brief der Glycera an Bacchis. — Ernstliche Liebe des Meander zu Glycera. — Zu Ehren dieser Dirne gedichtete Komödien. — Der Dichter Antagoras und die geizige Bedion. — Lagide oder die Schwarze und der Rhetor Kephales. — Choride und Aristophon. — Phyle, Konkubine des Hyperides. — Die Maitressen des Hyperides. — Euthias, der Ankläger der Phryne. — Isokrates und Lagiska. — Herpyllis und Aristos — Die Sklavin Nikarete und der Rhetor Stephanus. — Die unzüchtige Neära. — Der Herr, der Schmeichler, der Azrt und der Freund der Naïs oder Ola. — Die Hetäre Bacchis. — Die Bemühungen dieser Dirne um Phryne vor der Klage zu retten, welche Euthias gegen sie angestrengt hatte. — Trauer, die ihr Tod verursachte. — Verzweiflung des Hyperides, ihres Geliebten. — Die gute Bacchis. — Ehrbare Sitten der Dirne Pithias. — Zartgefühl der Theodote beim Tode ihres Geliebten, Alkibiades. — Die Hetäre Medontis von Abydos. — Das Viergespann des Themistokles. — Die alte Dirne Themistonoë. — Niko, genannt die Ziege. — Epigramme der Mania, genannt die Biene oder die Tolle.

Fast alle grossen Männer Griechenlands spannten sich wie Perikles an den Triumphwagen der Dirnen. Jeder Redner, jeder Dichter hatte eine Freundin. Obgleich die Hetären, welche sich so mit der Litteratur und der Beredsamkeit beschäftigten, kein anderes Interesse hatten, als berühmt zu werden, wurden sie doch oft in ihrer Erwartung getäuscht, denn ihre Liebhaber feierten sie nur in Werken, welche sie selbst kaum überlebten oder doch nicht auf uns gekommen sind. Es sind uns daher nur wenige Nachrichten von diesen Hetären geblieben, welche uns nur durch die berühmten Namen ihrer Anbeter empfohlen werden, es aber vielleicht versäumt haben, sich selbst durch ihren anmutigen Geist bekannt zu machen. Es scheint, als ob die bedeutenden Männer, welche die Dirnen ohne Scheu liebten und zu ihren Füssen sich sehen liessen, doch fürchteten, sich vor der Nachwelt bloszustellen, wenn sie den Ruhm der Prostitution und der daraus entspringenden Laster verkünden würden. Möglicher Weise hatten auch die von den Heroen der griechischen Litteratur erwählten Maitressen kein anderes Verdienst, als eben diese Wahl und ihre sinnliche Schönheit; nicht nur heute geben geistreiche Leute schönen Statuen den Vorzug und sind von der Schönheit mehr als der Natürlichkeit eingenommen. Gerade auch die Griechen verlangten, wie schon erwähnt, vom Weibe eine vollendete Form, und ihr harmonisches Köpergefüge hatte allein mehr stumme Reize als Geist und Herz in ihre Stimme und Unterhaltung hätten legen können. Wir folgern daraus, dass die Geliebten der Dichter, Redner und Gelehrten nur schön und wollüstig waren.

Selbst Plato vernachlässigte seine Philosophie so, dass er Verse auf die Runzeln seiner Archeanassa machte, welche er, so runzelig sie war, doch heftig liebte. Sein unübersetzbares Epigramm spielt mit der Gleichheit der Konsonanten, welche das griechische Wort Runzel mit dem Wort Scheiterhaufen hat (lateinisch rogum und ruga): „Archeanassa, die Hetäre von Kolophon, weilt jetzt bei mir, sie, die unter ihren Runzeln den siegreichen Amor verbirgt. Ach Unglückliche, die sie in ihrer ersten Jugend mit ihrem Feuer berührte, schon lange seid ihr eine Beute des Scheiterhaufen!“ Man schreibt dem Dichter Asklepiades diese Verse zu, welche Platos Namen tragen, und die sich Fontenelle in einer galanten Nachahmung dem griechischen Originale möglichst ähnlich wiederzugeben bemüht:

Viel verdient hat Archeanassa, die schöne Frau;
Sie hat Runzeln ich aber schau
Auf diesen Runzeln der Liebesgötter Schar.
Die ihr sie sehen konntet, bevor noch ihr Gesicht
Bekam die kleinen Lücken, im Laufe vieler Jahr',
Ach was erduldetet ihr nicht?"

Man kann schliesslich dieses Epigramm Platos oder Asklepiades' auf zehn Arten auslegen und auf hundert übersetzen. Besser verständlich ist ein anderes Epigramm eines unbekannten Verfassers, welches auf eine andere Dirne aus Milet, in Griechenland Plaggon, in Ionien Pamphile genannt, gemacht wurde. Diese Plaggon, deren Schönheit ohne gleichen war, entführte ihren Freundinnen Philenis und Bacchis die Liebhaber. Zufrieden mit ihrem Doppelsiege bot sie der Venus eine Peitsche und einen Zaum mit folgender allegorischen Inschrift an: „Plaggon hat diese Peitsche und diese glänzenden Zügel gestiftet, sie hat sie über der Pforte ihrer Reitschule aufgehängt, wo man so gut zu Pferde steigen lernt, nachdem sie in einem Rennen die kriegerische Philenis besiegt hat, obgleich diese schon auf dem Rückwege begriffen war. Liebliche Venus, gewähre ihr die Gunst, ihren Sieg Unsterblichkeit erlangen zu sehen." Der Dichter versetzt in diesen Versen, den Liebesstreit in das Stadion, wo die Wagenrennen stattfanden. Plaggon bediente sich so geschickt der Peitsche und der Zügel, dass sie das Ziel vor Philenis erreichte, obwohl diese bereits die verhängnisvolle Säule passiert hatte und sicher glaubte den Vorteil zu wahren. Der Renner, den Plaggon in diesem denkwürdigen Kampfe bestieg, war vielleicht der Dichter selbst. Wenn Plaggon diesmal den Preis im Rennen erhielt, so war sie später weniger glücklich. Lucian erzählt uns, dass sie sich eines Tages von ihrem Geliebten ausgeplündert sah, welcher vom Pferde zum Reiter geworden war und Zügel und Peitsche gegen die Reiterin kehrte. „Ein einziger Reiter hat ihr das Leben gekostet," sagt Lucian, welcher auf die Inschrift des Venusopfer anspielt. Wir vermuten noch, dass dieser Opfergabe eine kleine Statue beigefügt war, welche die Dirne mit den Zügen der Göttin, die sie in ihrem Reitinstitute anrief, darstellte, denn ihr Name (πλαγγον) blieb seitdem den Puppen oder Wachsbildern, die man an den Thüren des Venustempel verkaufte, besonders in Troizen, wo Venus unter dem Namen Hippolytia angebetet wurde.

Plaggon wurde weniger durch ihre Reiterei als durch ihre Nebenbuhlerschaft mit Bacchis berühmt. Die schöne Hetäre von Samos, die sanfteste und anständigste aller Dirnen, hatte Prokles von Kolophon zum

Geliebten. Dieser Jüngling kam mit Plaggon zusammen und vergass Bacchis. Doch Plaggon, welche wusste, wer ihre Nebenbuhlerin sei, wollte anfangs die zarten Bitten des Prokles nicht erhören, der alles für sie, selbst Bacchis opfern wollte: „Setze meine Liebe auf die Probe!“ sagte er. „Ich werde alles thun, und koste es mein Leben.“ — „Nun gut; ich bitte dich um das Halsband der Bacchis,“ antworte Plaggon lachend. Dieses Perlenhalsband war das schönste der Welt. Die Königinnen Asiens beneideten darum die Dirne, die es Tag und Nacht trug. Der verzweifelte Prokles suchte Bacchis auf, er gestand ihr unter Thränen, dass er vor Liebe sterben müsse, so lange er ihr nicht für das, was er forderte, das Halsband der Bacchis zu geben habe. Bacchis band schweigend ihr Halsband ab und legte es in die Hände des bestürzten und unschlüssigen Prokles, der im Begriffe stand, es ihr zurückzugeben, doch die Leidenschaft siegte. Er erhob sich zitternd und floh mit dem Halsbande wie ein Dieb. „Ich schicke dir dein Halsband zurück,“ schrieb Plaggon an Bacchis, deren Edelmut sie bewunderte, „morgen werde ich dir auch deinen Geliebten zurückschicken.“ Die beiden Dirnen überboten sich in gegenseitiger Hochachtung und schlossen eine so aufrichtige Freundschaft, dass sie alles bis zum Geliebten und Halsbande zum gemeinsamen Besitz machten. Wenn man Prokles zwischen seinen beiden Maitressen sah, sagte man: „Das ist das Halband der beiden Freundinnen!“

Wir kommen auf die Maitressen der berühmten Männer zurück Der alte Sophokles hatte deren zwei, Archippe und Theoris. Letztere war Priesterin bei den Mysterien der Venus und des Neptun, sie galt auch als Zauberin, welche Tränke machte. Sie verschmähte die Liebe des berühmten Demosthenes, um dem Stolze des Sophokles zu schmeicheln, der folgende Hymne an Venus dichtete: „O Göttin, höre meine Bitte! Mach Theoris unempfindlich für die Liebkosungen der Jugend, die du begünstigst, giesse Anmut auf mein weisses Gelock; lass Theoris einem Greise den Vorzug geben. Die Kräfte des Greises sind erschöpft, aber sein Geist kennt noch das Verlangen.“ Um sich für die Verachtung an dieser schönen Priesterin zu rächen, klagte sie Demosthenes an, den Sklaven geraten zu haben, ihre Herren zu bestehlen, und er bewirkte ihr Todesurteil. Sophokles scheint die Verteidigung der armen Theoris nicht auf sich genommen zu haben. Er liebte vielleicht bereits Archippe, welche ihm den jungen Smikrines opferte. „Sie ist eine Eule,“ sagte dieser, „sie fühlt sich auf Gräbern wohl.“ Dieses Grab barg aber einen Schatz: als Sophokles hundertjährig starb, hinterliess er alle seine Habe testamentarisch dieser liebenswürdigen Eule. Die Dirnen hatten ebenso viele Gewalt über die Komödie, wie über die Tragödie. Aristophanes war der Nebenbuhler des Sokrates und hatte eine unglückliche Leidenschaft für die Maitresse dieses Philosophen, die man Theodote, Gottesgabe, nannte. Sie hatte sich von dieser Stumpfnase und Glatze einnehmen lassen und Sokrates kniefällig gebeten, ihr den untersten Platz unter seinen Geliebten und Schülern zu gewähren. „Gieb mir doch einen Trank den ich anwenden kann," hatte sie seufzend ihm gesagt, „um dich an mich zu ziehen." — „Aber ich will gar nicht zu dir gezogen werden," hatte Sokrates geantwortet; „ich verlange, dass du selbst kommst und mich suchst." — „Ich werde gern kommen, wenn du mich empfangen willst." — Ich werde dich empfangen, wenn ich niemanden bei mir habe, den ich mehr liebe als dich." — Sie wählte ihre Zeit klug, Sokrates war allein. Er fuhr fort, ihr ausgezeichnete Ratschläge zu geben, um ihr Leben als Dirne zu regeln und ihre Liebhaber lange zu fesseln, indem sie diese immer leidenschaftlicher mache. Mittlerweile hatte sie sich den Aristophanes zum Feind gemacht, indem sie sich weigerte, ihn zum Geliebten zu nehmen. Der gefährliche Dichter argwöhnte, Sokrates habe die naive Theodote gegen ihn eingenommen, und um sich dafür zu rächen, dichtete er die Wolken, worin er den Philosophen aufs heftigste angriff. Die Folge dieser Komödie war der Prozess, in dem Sokrates zum Trinken des Schierlingsbechers verurteilt wurde. Theodote beweinte das berühmte Opfer des Aristophanes. „Deine Freunde sind dein Reichtum," hatte ihr Sokrates bei seinem ersten Gegenbesuche gesagt, „es ist dies der wertvollste und seltenste Reichtum!" Theodote wollte niemals unter die Zahl ihrer Freunde den Feind, Ankläger und Henker des Sokrates aufnehmen.

Der Dichter Menander, dessen Komödien nicht wie die des Aristophanes Satyren waren, war bei den Dirnen besser angeschrieben. Lamia und Glycera stritten sich nacheinander um den Ruhm ihn zu besitzen und festzuhalten. Die eine war die Maitresse des Demetrius Poliorketes, die andere die des Harpalus von Pergamon. Man hat Bände darüber geschrieben, wie er den beiden Fürsten in der Gunst ihrer Favoritinnen habe den Rang ablaufen können. „Menander hat das verliebteste Temperament," schrieb Glycera an Bacchis, von welcher sie fürchtete ausgestochen zu werden, denn der ernsthafteste Mann konnte nur mit Mühe den Reizen der Bacchis standhalten. „Traue mir keinen ungerechten Argwohn zu, meine Liebe, und verzeihe mir die Aufregung der Liebe. Ich sehe es als eine für mein Glück sehr wichtige Sache an, mir Menander als Liebhaber zu erhalten, denn wenn es zum Bruche mit ihm käme, wenn nur seine Zärtlichkeit erkaltete, müsste ich in der beständigen Furcht leben auf die Bühne gebracht und den beleidigenden Reden eines Chremes und Dyphiles ausgesetzt zu werden." Glycera liebte den Menander wahrhaft, und dieser wurde von ihr so gefesselt, dass er die glänzendsten Anerbieten des Aegypterkönigs Ptolemäus, der ihn vergebens an sich zu ziehen suchte, abwies, um sie nicht verlassen zu müssen. Welche Freuden könnte ich im Leben noch fern von dir haben?" schrieb Menander an Glycera. „Giebt es auf der Welt etwas,

was für mich schmeichelhafter wäre und mich glücklicher machen könnte als deine Freundschaft? Dein liebenswürdiger Charakter, dein frohes Gemüt werden uns bis in unser höchstes Greisenalter die Freuden der Jugend verlängern. Verleben wir also den Rest unserer Jugend zusammen, werden wir zusammen alt, sterben wir zusammen. Ersparen wir uns den Schmerz daran zu denken, ob der Ueberlebende von uns noch einiges Glück geniessen könnte. Mögen mir die Götter Hoffnung auf ein solches Glück erhalten!" Menander zieht die Liebe der Glycera allen Freuden des Ehrgeizes und allem Glanze des Reichtums vor: er schickt also an seine Stelle den Dichter Philemon zu Ptolemäus: „Philemon hat keine Glycera!" schrieb er zärtlich. Glycera versuchte, durch den Beweis einer so ernstlichen Liebe gerührt, dennoch Menander zu bewegen, das Anerbieten des Aegypterkönigs anzunehmen: sie wollte nicht an Edelmut übertroffen sein, sie folgte ihm überall hin und richtete sich mit ihm in Alexandria ein: allein sie triumphierte in ihrem Herzen über ihren Sieg über Ptolemäus. „Ich fürchte mehr," sagte sie, „die kurze Dauer einer Liebe, die nur auf Leidenschaften gestützt ist, denn, wenn diese gewaltig sind, bricht sie leicht; wenn sie aber auf Vertrauen fusst, kann man sie für unlöslich betrachten." Man sollte nicht glauben, dass eine Dirne so feine Empfindungen hatte, und man kann daraus schliessen, dass bei einer alten Dirne die Liebe ebenso lange anhielt wie bei einer jungen Vestalin. Vor ihrer Liebschaft mit Menander war Glycera von Harpalus, einem der reichsten Offiziere Alexanders des Grossen königlich unterhalten worden; hingegen hatte Lamia Menander verlassen, um das königliche Bett des Demetrius zu teilen.

Menander hatte eine Komödie zu Ehren seiner Glycera gedichtet. Der Dichter Eunicus feierte seine Anthea in einem gleichnamigen Stücke. Pherekrates machte der Korianno eine nach ihr benannte Komödie zum Geschenke. Thalatta hatte gleichfalls den Ruhm in einer Komödie aufgetreten zu sein, aber der Name ihres Dichters ist schneller vergessen worden als der des Stückes. Der Dichter Antagoras, der Günstling des Antigonus, weihte ebenfalls seine Muse seiner Maitresse, der geizigen Bedion, welche nach den Worten des Simonides als Sirene begann und als Seeräuber endete. — Die Redner glühten noch mehr als die Dichter für die Dirnen, welche von ihnen gewöhnlich keinen anderen Nutzen zogen, als die Befriedigung ihrer Eitelkeit. Lagide oder die Schwarze, für welche der Rhetor Kephalos eine Lobrede im galanten Stile verfasst hatte, gab sich dem Lysias für eine feierliche Rede hin. Choride wurde von Aristophon Mutter, der selbst Sohn der Dirne Chloris war. Phyle war die Konkubine des Hyperides, welcher sie gekauft hatte, um ihr die Obhut eines Hauses, das er zu Eleusis besass, anzuvertrauen, dennoch hatte er auch fernere Beziehungen zu Myrrhina, Aristagore, Bacchis und selbst zu Phryne: Phyle war aber auch nur eine thebanische Sklavin. Myrrhina gewährte ihre

Gunst den Euthias, um ihn zu bestimmen, Phryne anzuklagen, welche sie verabscheute: „Bei Venus!“ schrieb ihr Bacchis, empört über diesen hässlichen Handel, „kannst du denn keinen anderen Liebhaber finden! Geh, kette der würdige Gegenstand deiner Liebe, der erbärmliche Euthias, dein Leben mit dem seinigen zusammen.“ Die Rhetoren und Moralisten hatten nicht geringere Neigung für die Hetären. Isokrates verzichtete auf seine Strenge um Lagiska willen; Herpyllis, welche Aristot in seinem Testamente zu bedenken würdigte, hatte ihm einen Sohn, Nikomach geschenkt. Nikarete, die Sklavin des Kassius, verdankte ihre Freiheit dem Rhetor Stephanos. Als es bei den Hetären Mode wurde, einen Rhetor oder Dichter unter den Freunden zu haben, war dies ein Platz, der in ihren Häusern niemals unbesetzt blieb und nach dem Ausspruche einer dieser Liebhaberinnen geistreicher Leute verdoppelte und verdreifachte man die Besatzung, wenn der Posten schlecht besetzt oder verteidigt war. Die berühmte Neära, welche Demosthenes der Gottlosigkeit und des Ehebruchs vor dem Tribunale des Thesmotheten anklagte, hatte gleichzeitig als Liebhaber Xeneklid, den Schauspieler Hipparch und den jungen Phrynion, den Neffen des Dichters Demochares, welcher dieselben Befugnisse wie sein Onkel hatte. Dies war noch nicht genug: Phrynion hatte noch einen Freund Stephanos: sie kamen überein, sich in die Nächte der Neära zu teilen, welche sich nicht im Geringsten vor dieser Teilung fürchtete. Sie hatte sich bei einem Gastmahle mit ihren beiden Zwillingsliebhabern bei Chabrias aus deren Armen losgemacht, um sich allen Sklaven des Hauses preiszugeben. Man muss zu ihrer Entschuldigung sagen, dass sie diese Nacht trunken war. Naïs oder Oia, mit dem Beinamen Antikyra, weil man sie beschuldigte, ihren Liebhabern Nieswurz zu trinken zu geben, hatte gleichzeitig mehrere Geliebte, welche sie unter verschiedenen Namen vorstellte: Archias war ihr Herr, Himeneus ihr Schmeichler, Nikostrates ihr Arzt und Philonides ihr Freund.

Eine der berühmtesten Hetären der Dichter und Redner war ohne Zweifel Bacchis, die Maitresse des Redners Hyperides. Sie liebte ihn so innig, dass sie jede Bekanntschaft eines anderen Mannes zurückwies, nachdem sie ihn kennen gelernt hatte. Sie war eine zarte, melancholische Seele, welche sich damit begnügte, einen zu lieben und von ihm geliebt zu werden. Sie war weder eifersüchtig noch misstrauisch auf ihre Genossinnen; sie war unfähig etwas Böses zu thun oder nur auszudenken; sie setzte bei anderen keine Schlechtigkeit voraus, weil sie selbst keine besass. Als Phryne von Euthias der Gottlosigkeit angeklagt wurde, beschwor sie Hyperides, jene zu verteidigen und setzte alles in Bewegung, sie zu retten. Man warf ihr allein von allen Dirnen vor, ihr Gewerbe schlecht zu verstehen und tugendhaft zu sein.

Man bedauerte sie allgemein, als sie in der Blüte ihrer Jahre starb; man beweinte sie als ein Muster von Güte, Liebenswürdigkeit und

Zartgefühl. „Niemals kann ich Bacchis vergessen!“ schrieb Hyperides nach ihrem Verluste, „niemals! Wie edel und grossmütig war sie in ihrer Ergebenheit! Sie veredelte den Namen Dirne. Dass sich doch alle vereinigten, ihr eine Statue im Tempel der Venus oder der Grazien zu errichten! Ihr Ruf rät dazu, denn man hört von allen Seiten wiederholen, dass sie treulose Sirenen sind, rasend, von Goldgier befallen, ihre Liebe nach dem Reichtume messend und endlich ihre Anbeter in den Abgrund aller Uebel stürzend.“ Bacchis hatte die herrlichsten Geschenke zurückgewiesen, um Hyperides treu zu bleiben, sie starb arm; sie hatte nur den Mantel ihres Geliebten, um sich in dem elenden Bette zu bedecken, wo sie noch die Spuren seiner Küsse suchte.

„Ich werde nicht mehr ihre süssen Blicke erlauern,“ sagte seufzend dieser trostlose Liebhaber, „nicht mehr das wollüstige Lächeln ihres reizenden Mundes sehen. Dahin sind die herrlichen Freuden der Nächte, in denen sie stets aufs neue die Wollust entflammte! Ihr unaussprechlich sanfter Charakter und ihre bedingungslose Hingebung. Welche Blicke! Welche Gespräche! Welche sirenenhafte Unterhaltung! Welch' reiner und berauschender Nektar in ihren Küssen! Die Verführung wohnte auf ihren Lippen. Sie vereinigte darauf allein die drei Grazien und Venus. Sie schien in die Gestalt der Venus selbst gehüllt zu sein.“ Und dennoch hatte Hyperides der Bacchis mehr als eine Rivalin gegeben. Er hatte sogar eine Zeit lang auf sie verzichtet, um sich Phryne zu widmen, der er das Leben gerettet hatte. Aber Bacchis zeigte weder Unwillen noch Groll, und wenn man sie fragte, was sie allein thäte, während Hyperides sie in den Armen einer Menge Maitressen vergässe, antwortete sie einfach: „Ich warte auf ihn.“ Die Halsbandgeschichte hatte sie in ganz Griechenland berühmt gemacht, und man nannte sie nur die „gute Bacchis“. Der Plaggon hingegen, welche doch auch keine schlechte Rolle in diesem Abenteuer gespielt hatte, verzieh man es nicht, die Liebe der Bacchis gestört zu haben, und gab ihr den Zunamen Pasiphile oder der Pfau. Der bissige Archilochus vergleicht sie in seinen Versen den Feigenbäumen, welche auf Klippen und abgelegenen Orten wachsen, und deren bittere Früchte nur den Krähen und Wandervögeln als Nahrung dienen: „So sind die Gunstbezeugungen der Pasiphile,“ sagt er, „nur für die Fremden, welche durchreisen und nicht zurückkommen.“ Es gab also unter den Dirnen doch noch eine strenge Moral.

Bacchis war nicht die einzige, welche sich Achtung in ihrem Stande verschaffte. Aristaenet und Lucian führen noch Pithias an, welche, obgleich Dirne, doch anständige Sitten hatte, sie sagen: „Niemals vergass sie die schöne und einfache Natürlichkeit.“ Eine andere, Theodote, die ohne Zweifel nicht dieselbe Schmeichelei verdiente, gab ein Beispiel zartester Ergebenheit. Sie war die Geliebte des Alkibiades, als dieser durch die Hinterlist des Pharnabazes zu Grunde ging. Fromm sammelte sie seine Gebeine, hüllte sie in kostbare Gewänder und gab ihnen ein ehrliches Leichenbegängnis. Man sieht also eine Dirne als erste Leidtragende um den Schüler des Sokrates. Gleichwohl war Alkibiades kein treuer Liebhaber, und man könnte ihm eher nachsagen, dass er die Ehre hatte, alle Dirnen seiner Zeit zu kennen. Eines Tages sprach man vor ihm und seinem Lieblinge Axiochus von Medontis zu Abydos, die er noch nicht kannte; man schmeichelte ihr dabei in Ausdrücken, welche seine Neugier erregten; er schiffte sich noch denselben Abend mit Axiochus ein, durchfuhr den Hellespont und brachte eine Nacht zwischen ihr und Axiochus zu. Viele berühmte Hetären haben uns nur ihren Namen hinterlassen. So zum Beispiel die vier Dirnen Skyone, Lamia, Satyra und Nanion, die in einem Wagen an der Seite des Themistokles erschienen, oder nach einer anderen Ueberlieferung sich an den Wagen spannten, worin der berühmte Sohn einer Dicteriade im Gewande des Herkules lag. Man nannte sie seitdem die Quadriga des Themistokles. Lucian, Athenäus und Plutarch führen uns die Namen an von Aeris Agallis, Timandra, Thaumarion, Dexithea, Malthakea und einigen anderen Berühmtheiten dieser Art. Themisthonoe, welche ihr Handwerk länger als zwölf Lustra übte, verliess ihre Liebeslaufbahn erst, als sie den letzten Zahn und das letzte Haar verlor. Diese unerschrockene Ausdauer wurde durch folgendes Epigramm der Anthologie belohnt: „Unglückliche, wohl kannst du die Farbe deines Haares verwischen, nicht verwischen kannst du die unvermeidliche Spur des Zahnes der Zeit, vergebens verschwendest du Parfüm, vergebens Bleiweiss und Schminke; die Maske verbirgt nichts mehr. Das grösste Wunder deiner Kunst ist, Hekuba in Helena zu verwandeln."

Die meisten Hetären besassen in Ermangelung von Geist und Bildung eine Schlagfertigkeit, welche rechtzeitig ein witziges Wort und noch öfter ein beissendes fand. Niko, wegen ihres Jähzorns die Geis genannt, war bekannt wegen ihrer Tollheiten, die sie Hörnerstösse nannte. Eines Tages bat sie Demophon, der Geliebte des Sophokles, um die Erlaubnis sich zu überzeugen, ob sie wie Venus Kallipyge gebildet sei: „Was willst du damit machen?" fragte sie unwillig, „Es dem Sophokles geben?" Am berühmtesten durch ihre Epigramme war aber Mania, die so beissende und stechende Spöttereien losliess, dass man sie die Biene nannte. Die Griechen sagten unter Anspielung auf ihren Namen: „das ist eine süsse Manie!" Machon hatte ein ganzes Buch voll Aussprüche von ihr gesammelt; sie war übrigens sehr schön, und verglich sich selbst mit einer der Grazien, indem sie sagte, sie sei geeignet diese auf vier zu bringen. Sie antwortete einem Verschwender, der ihre Gunst kaufte: „Ich werde dir nur meine Arme öffnen, sonst, ich kenne dich, würdest du Grund und Boden verzehren." Ein Feigling, der in einem Kampfe geflohen war und seinen Schild weggeworfen hatte, befand sich zu Tische bei ihr. „Welches Tier läuft am schnellsten?“ fragte er sie, als sie einen Hasen zerlegte. — „Das ist ein Flüchtling,“ versetzte sie. Später erzählte sie, ohne ihn zu nennen, dass einer der anwesenden Gäste unlängst im Kriege seinen Schild verloren hätte; der, welcher sich durch diesen Spott getroffen fühlte, errötete, erhob sich und wollte fortgehen: „Ich wollte dich damit nicht treffen,“ sagte sie, ihn am Arme zurückhaltend, „Ich beschwöre es bei Venus! Wenn einer den Schild verlor, war es sicher der Tolle, der ihn dir geliehen hatte.“ Als einst Demetrius Poliorketes sie um die Erlaubnis bat, sich mit eigenen Augen von den geheimen Reizen überzeugen zu dürfen, welche sie von Venus Kallipyge hätte, und die sie dem Schäfer Paris hätte enthüllen können, wenn sie zum Kampfe mit den drei Göttinnen hatte zugelassen werden können, erwiederte sie sofort mit bezaubernder Feinheit, zwei Verse des Sophokles parodierend: „Schau, stolzer Sohn des Agamemon, die Dinge, für welche du immer eine so bekannte Bewunderung hegtest.“ Sie hatte gleichzeitig zwei Liebhaber, Leontius und Antenor, welche sie unter den Olympiasiegern ausgewählt hatte und in einer Nacht zufrieden stellte, ohne dass einer vom andern wusste. Als Leontius dies erfuhr, machte er ihr in gereiztem Tone Vorwürfe: „Ich hatte die Laune,“ sagte sie ihm, „erfahren zu wollen, welche Verwundung mir zwei Athleten, beide Olympiasieger, in einer einzigen Nacht zufügen könnten.“

XIII. Kapitel.

Die Griechen.

X.

Biographieen berühmter Dirnen Griechenlands. — Gnathaena. — Ihre Bons-Mots von Machon in Verse gebracht. — Ihre Gastmähler. — Ihre Nichte Gnathaenion oder die kleine Gnathaena. — Die Sittensprüche des Lynceus. — Liebhaber der Gnathaena. — Die Schneevase und die Sardine. — Wie Gnathaena es anfing, mit dem Syrier bei einem Gastmahle zu essen, das Dyphilos gab. — Tischordnung im Hause der Gnathaena. — Ihre geistreichen Antworten. — Ihre Zänkereien mit der Hetäre Mania. — Gute Antwort dieser Dirne für Gnathaena. — Das Gelage der Dexithea. — Gnathaenion. — Ihre Begebenheit mit dem alten Satrapen. — Liebhaber der Gnathaenion. — Gnathaenion und der Athlet. — Gnathaenion hippopornos. — Diogenes und der Kuppler. — Lais. — Ihre Kindheit. — Ihre Rente von Apelles. — Lais zu Korinth. — Ruf dieser Dirne. — Aussergewöhnliche Summen, die sie für ihre Gunst verlangte. — Demosthenes und Laïs. — Die Liebhaber der Laïs. — Aristipp. — Diogenes. — Laïs und Xenokrates. — Schande und Verlegenheit der Laïs. — Der Bildhauer Myron. — Laïs und Eubates. — Reichtum der Laïs. — Ihr Unglück im Alter. — Die Antilaïs. — Ihr Tod. — Ihr zu Ehren errichtete Monumente. — Die anderen Laïs. — Phryne. — Der Bodensatz der Phryne. — Warum diese Dirne den Beinamen Phryne empfing. — Ihr Amt bei den Mysterien zu Eleusis und den Festen der Venus und des Neptun. — Phryne von Euthias der Gottlosigkeit angeklagt. — Ihre Freisprechung. — Der Dirnenparasit. — Grosser Reichtum der Phryne. — Angebot dieser

Dirne an die Böotier, auf ihre Kosten das von Alexander dem Grossen zerstörte Theben wieder aufzubauen. — Der Kupido des Praxiteles. — Goldene Statue der Phryne nach ihrem Tode errichtet. — Phryne mit dem Beinamen: das Sieb. — Pythionike und Glycera. — Harpalus. — Die beiden Geliebten der Pythionike. — Tod dieser Dirne. — Das „Korn der Glycera". — Meuchelmord an Harpalus. — Bons-Mots der Glycera. — Das Monument der Prostituierten. — Tod der Glycera.

Unter allen griechischen Hetären, welche ihre Geschichtsschreiber und Lobredner gehabt haben, sind die berühmtesten in verschiedenem Sinne Gnathäna, Laïs, Phryne, Pythionike und Glycera gewesen.

Die Biographie der Gnathäna setzt sich nur aus Bonsmots zusammen, schlagfertigen Antworten und pikanten Epigrammen, welche der Dichter Machon in Verse gebracht, und die Athenäus mit solchem Wohlgefallen gesammelt hat, dass wir nur bedauern müssen, sie nicht nachahmen zu können. Die griechische Sprache ist zu geeignet für alle Freiheiten der Hetärensprache, während unsere Sprache zu schwerfällig ist, sie gleichzeitig anständig und geistreich wiederzugeben. Gnathäna, welche ihrem Witze und sprühenden Geiste nach Athenerin gewesen sein muss, lebte zur Zeit des Sophokles, Ende des 5. Jahrhunderts v. Chr. Sie war sicher eine hervorragende Schönheit, am meisten aber schätzte man an ihr immer ihre unbezwingbare Heiterkeit, gewürzt mit witzigen Bemerkungen, welche, obwohl bisweilen beissend und kräftig, doch immer ihren Reiz für die Lüstlinge hatten. Man bezahlte sie sowohl um sie zu hören, wie um sie zu sehen, und die Mahlzeiten, welche sie bei sich gab, vereinigten auf Kosten der Einzelnen die erlauchtesten Bürger Athens. Sie war also beliebt und gesucht bei allen Männern von Geschmack, lange nachdem das Alter den Preis ihrer Gunst hatte sinken lassen. Sie hatte übrigens dieser Abnahme von Liebhabern vorgebeugt, indem sie unter ihren Augen eine schöne Tochter erzog, die sie für ihre Nichte ausgab und Gnathänion oder kleine Gnathäna nannte. Diese Nichte zeigte sich ihrer Tante würdig und zog grossen Vorteil aus den empfangenen Lehren. Diese beiden Dirnen hatten wegen ihren zahlreichen Entgegnungen so grossen Ruf erlangt, dass der Samier Lynceus wunderlicher Weise in seinen Apophthegmen alle Züge von Malice oder gutem Witz aufzeichnete, welche man der Tante oder der Nichte zuschrieb. Gnathäna, welche fürchtete, auf der Bühne dem Gelächter der Männer preisgegeben zu werden, hatte sich den Komiker Dyphilos verpflichtet, aber sie ersparte ihm nicht ihre bitteren Witze und schien ihm beweisen zu wollen, dass sie im Notfalle stark genug sei, sich mit ihm in der Arena der Komödie zu messen. Dyphilos, ganz gebläht von Eitelkeit, wollte keinen Nebenbuhler anerkennen, und Gnathäna sagte ihm, um ihn in diesem Punkte zufrieden zu stellen, das thebanische Sprichwort:

„Die Brombeersträucher wachsen niemals über den Weg des Herkules!" Sie hatte ausserdem so viele Liebhaber, als sie haben konnte, und jeder von ihnen wurde zu verschiedenen Preisen zugelassen. Unter diesen Stammgästen befand sich ein gewisser Syrier, der nicht zu den freigibigsten gehörte, sich aber durch weniger kostspielige als unterhaltende Erfindungen der Galanterie auszeichnete, womit er die gute Meinung bezahlte, welche Gnathäna für ihn hegte. Bei einem Venusfeste schickte er ihr eine Vase voll Schnee und eine Sardine auf einer Platte: „Dieser Schnee ist nicht so weiss wie du," schrieb er, „und diese Sardine weniger salzig als deine Rede." Gnathäna wollte ihm eben antworten, als ein Bote von Dyphilos ankam, der für das Fest am Abend zwei Krüge thracischen Wein, zwei chiischen Wein, ein Reh, Fische, Weihrauch, Kränze, Bänder und Früchte brachte, das Ganze begleitet von einem Koche und einer jungen Flötenspielerin. „Ich will," sagte sie, „dass das Geschenk meines Syriers ebenfalls unter den Gaben des Gelages erscheint." Sie befahl daher, dass man den Schnee in den chiischen Wein schütte und die Sardine zu den anderen Fischen lege. Das Mahl wurde aufgetragen, Dyphilos erschien, die Thüren wurden geschlossen. Als der Syrier sich anmeldete, sagte man ihm, er solle sich gedulden, bis die Tafel bereit sei. Gnathäna welche ihren Syrier draussen wusste, sann auf ein Mittel, ihn hereinkommen zu lassen und Dyphilos zu verjagen. Dieser begann mit der Libation und wandte sich eben zum Trinken: „Beim Jupiter," rief er aus, „du hast meinen Wein in deinem Brunnen gekühlt; es giebt keinen zweiten in Athen, dessen Wasser so eisig ist." — „Das mag sein," antwortete sie, „und niemals wird es ihm an Wasser fehlen, wenn wir die Vorreden deiner Dramen hineinwerfen lassen." Dyphilos, hierdurch verletzt, erwiderte nichts, errötete und zog sich schweigend zurück. Gnathäna liess sofort den Syrier einführen und setzte mit ihm das Mahl fort. Sie ass mit gutem Appetit die Sardine, welche ihr der begünstigte Gast zum Geschenke gebracht hatte: „Es ist ein sehr kleiner Fisch," sagte sie, „aber er macht mir sehr viel Vergnügen."

Dyphilos war sehr empfindlich, um ihn auf einige Tage los zu werden, brauchte ihn Gnathäna nur in seinem Dichterstolze lebhaft zu kränken. Eines Tages wurde er bei der Aufführung einer seiner Komödien von den Zuhörern verhöhnt und verliess unter dem Gebrause des Spottgelächters das Theater. Er war so niedergeschlagen und verdriesslich, dass er beschloss, bei seiner Maitresse Trost zu suchen. Diese hatte über die Nacht schon anderweitig verfügt. Sie lachte noch über die Schlappe, die Dyphilos soeben erlitten hatte, als dieser bei ihr eintrat; er rief einen Sklaven und befahl ihm rauh: „Wasch mir die Füsse!" — „Zu was?" versetzte Gnathäna; „Deine Füsse dürften kaum staubig sein, denn soeben noch trug man dich auf den Schultern." Dyphilos verlangte nichts weiter und ging ganz rot und verwirrt fort. Sie hielt gewöhnlich offene Tafel, und jeder der daran teilnehmen wollte, brauchte nur seinen Teil zu bezahlen und sich der Tischordnung unterwerfen, welche die Dirne durch Dyphilos hatte in Verse bringen lassen, und die man auf Marmor geschrieben am Eingange des Festsaales las. Diese Gesetze, welche denen, die in den Philosophenschulen galten, nachgeahmt waren, begannen nach Kallimachos, der sie in seiner Rechtssammlung aufgeführt hat, folgendermassen: „Dieses Gesetz, welches für alle gleich ist, wurde in 323 Versen geschrieben." Man konnte aus diesem Anfange schliessen, dass Gnathäna anscheinend keinem ihrer Liebhaber einen Vorzug gab und alle über einen Leisten behandelte. „Sie war immer anmutig," sagt Athenäus in seiner Beschreibung von ihr. „Sie sprach mit viel Anmut." Es bedurfte nur ihres Lächelns, des Glanzes ihrer Zähne, des Feuers ihrer Blicke, um einige ihrer Witze hingehen zu lassen.

Am Ende einer Orgie, die bei ihr stattgefunden hatte, stritten sich die Tischgenossen mit den Fäusten um ihre Gunst, die sie selbst versteigerte. Einer dieser Kämpfer wurde zu Boden geworfen und musste seine Niederlage zugestehen. „Tröste dich," sagte sie ihm, „du wirst zwar nicht die Siegespalme, aber wenigstens dein Geld davontragen." Ihre Gelage endeten sehr oft mit einer Schlacht und sie gehörte dem Sieger. Einmal jedoch wollten die jungen Leute, welche sie beherbergt hatte, das Haus niederreissen, weil sie ihnen den Kredit verweigerte, sie waren ohne Geld, aber sie schrien, dass sie Spiesse und Beile hätten: „Ja doch!" sagte sie ihnen achselzuckend, „wenn ihr welche hättet, würdet ihr sie versetzen, um mich zu bezahlen." Sie achtete auf nichts so genau, als dass man sie gut bezahlte. Einmal befand sie sich in ihrem Bette mit einem schurkischen Sklaven, welcher auf seinem Rücken die Narben der Peitschenhiebe trug, die sein Herr ihm hatte geben lassen. „Du hast da böse Wunden." sagte sie ihm. — „Ja," antwortete er, „das ist das Brandmal einer Brühe, die mir auf die Schultern fiel." — „Das muss eine tüchtige Brühe von Kalbslederriemen gewesen sein," versetzte sie. — „Die Brühe war heiss," entgegnete er verwirrt; „ich war damals noch ein Kind." — „Man hat Recht gehabt, dich so zu prügeln," sagte sie, „um dich zu bessern." Ihre Gefährtinnen fürchteten mit Recht die herben Pfeile, welche sie blindlings abschoss; bisweilen stiess sie aber auf eine ebenso beissende Antwort. Sie zankte sich oft mit Mania, welche ihr an Bosheit nichts nachgab. Sie waren bekannt genug, um ihre beiderseitigen Fehler und Schwächen zu kennen. Mania litt ebenso an Blasensteinen, wie Gnathäna an Harnfluss und chronischer Erschlaffung der Aftermuskeln. „Bin ich denn schuld, dass du Steine hast?" sagte sie zornig. — „Wenn ich welche habe, Unselige," trumpfte sie Mania ab, „werde ich sie dir geben, dass du dich vorne und hinten vermauern kannst." Die Hetäre Dexithea hatte sie zum Essen eingeladen, aber kaum waren die Schüsseln auf die Tafel gesetzt, als Dexithea sie wieder wegnehmen liess und befahl, sie zu ihrer Mutter zu bringen. „Wenn ich das gewusst hätte," sagte ihr Gnathäna, „wäre ich zu deiner Mutter und nicht zu dir zum Essen gegangen.“ Bei demselben Mahle goss man ihr in einem sehr kleinen Becher einen sechzehnjährigen Wein ein: „Wie findest du ihn?“ fragte sie Dexithea. — „Ich finde ihn sehr klein für sein Alter!“ antwortete Gnathäna. Es war daselbst ein unerträglicher Schwätzer, der nicht über seine letzte Reise am Hellesponte zur Ruhe kommen konnte. „Ach was!“ unterbrach ihn Gnathäna. „Du hast nicht die erste Stadt dieser Gegend besucht!“ — „Welche?“ fragte der Reisende. — „Sigäa“, sagte sie, „die Stadt des Schweigens“ (von σιγάειν schweigen). Sie wurde gleichzeitig von einem Soldaten aus Armenien und sicilischen Freigelassenen ausgehalten; der eine von beiden sagte ihr vor dem anderen: „Du gleichst dem Meere!“ — „Wie meinst du das?“ versetzte sie. „Vielleicht weil ich zwei garstige Flüsse aufnehme, den Lykos aus Armenien und den Eleutheros von Sicilien?“

Man sieht ein, dass Gnathänion sich ohne Mühe in der Schule ihrer Tante bilden konnte, welche sie übrigens nicht aus den Augen liess und oft mit gutem Rate unterstützte. Sie suchten zusammen während des Venusfestes im Tempel der Göttin ihr Glück. Sie gingen eben von dort, als sie von einem alten Satrapen angehalten wurden, so runzelig und gebrochen, dass er neunzig Jahre alt zu sein schein. Der Greis bemerkte die Schönheit der Gnathänion und näherte sich Gnathäna. Er fragte, sie, was eine Nacht mit diesem schöne Kinde kostete. Gnathäna, die das Purpurgewand des Fremden sah und seinen Reichtum nach der Zahl der ihn begleitenden Sklaven bemass, antwortete 1000 Drachmen (800 Mark) — Was!“ rief der Satrap, Ueberraschung heuchelnd, aus, „weil du mich von einer so grossen Menge Menschen gefolgt siehst, glaubst du mich zu fangen, und lässt mein Lösegeld so hoch steigen?“ „Bei deinem Alter ist es schon viel,“ versetzte Gnathäna, „einmal hinzugehen“ . . . — „Meine Tante,“ unterbrach sie Gnathänion, „machen wir keinen Preis. Du wirst mir geben, so viel du willst, Papa; aber ich wette, dass du so zufrieden mit mir sein wirst, dass du doppelt bezahlen wirst, und diese Nacht für zwei rechnen können.“ Gnathänion hatte zum Geliebten den Schauspieler Andronikus, welcher sie oft nur mit schönen Worten bezahlte; aber dieser Schauspieler hatte sich die Hilfe der Tante gesichert, indem er sie an ihre Liebeleien mit dem Dichter Dyphilos erinnerte. Gnathänion zog aber dem Andronikus einen reichen, ausländischen Kaufmann vor, der sie mit Geschenken überhäufte. Der Schaupieler kam mit leeren Händen und Gnathänion kehrte ihm den Rücken: „Sieh, wie stolz mich deine Tochter behandelt!“ sagte er seufzend zur alten Gnathäna. — Kleiner Dummkopf,“ sagte diese zu ihrer Nichte, „umarme ihn, küsse ihn, wenn er es verlangt, und lasse deinen Eigensinn bei Seite.“ — „Meine Mutter!“ versetzte Gnathänion, „muss ich einen Mann umarmen, der so wenig für unser Haus sorgt und alles, was wir haben, als sein Eigentum betrachtet?“ Andronikus hatte einst mit Erfolg die Hauptrolle in den

Epigonen des Sophokles gespielt, war aber deshalb nicht reicher; am Ende des Stückes rief er, ganz mit Schweiss und Kränzen bedeckt, einen Sklaven und befahl ihm, seinen dramatischen Triumph seiner Maitresse zu melden mit der Bitte, die Kosten des Mahles zu tragen, welches er am Abend mit ihr einnehmen würde. Gnathänion empfing den Sklaven und seine Botschaft mit folgenden den Epigonen entlehnten Versen: „Unglücklicher Sklave, was willst du mir sagen!" Und sie schloss ihm die Thür vor der Nase zu und suchte im Piraeus ihren Kaufmann auf, der sie erwartete. Ihr Anzug war nicht prächtig: sie stieg auf ein kleines Maultier und hatte als Gefolge nur drei Dienerinnen, welche auf Eseln ritten, und einen Knecht, der die Tiere antrieb. Da stiess sie in einer engen Gasse auf die prächtige Equipage eines jener Kämpfer, welche sich bei jeder Gelegenheit in den öffentlichen Spielen zeigten, um immer besiegt zu werden: „Mag Platz, Schlingel von einem Stallknecht!" rief von Weitem der stolze Athlet mit dröhnender Stimme; „oder ich werfe das Maultier, die Esel und die Mädchen über den Haufen." — „Recht schön," spottete Gnathänion, „das wäre etwas, was dir noch nie geglückt ist, schrecklicher Held. „Als man der alten Gnathäna dieses Abenteuer erzählte, machte sie die vernünftige Bemerkung: „Was zahlt er, um dich zur Erde zu werfen?" Diese gute Tante hatte für die Interessen ihrer Nichte immer ein Auge offen. Ein Galan glaubte nach einem abgeschlossenen: und von beiden Seiten treulich ausgeführten Handel von Gnathänion umsonst erhalten zu können, was er am Vorabende mit einer Mine bezahlt hatte. „Junger Mann," sagte ihm ernst Gnathäna, „glaubst du, dass es bei uns genügt einmal bezahlt zu haben, wie in der Reitschule des Hippomachus?" Man sieht, dass die alte Gnathäna in ihrem Alter gezwungen war ein Handwerk zu treiben, welches den Männern und Weibern, die es entehrte, den Beinamen hippopornos verschaffte. Diogenes sah einst einen Makler dieser Art zu Pferde, glänzend gekleidet und mit Schmuck beladen, und rief aus: „Lange habe ich den wahren Hippopornos gesucht, endlich habe ich ihn getroffen." Das Wort Hippopornos bezeichnet wörtlich Prostitution zu Pferde. Gnathänion führte in ihrem Alter ein geregeltes Leben und erzog nicht so schändlich eine Tochter, welche sie von Andronikus hatte, oder die doch dieser Schauspieler sich zuschrieb.

Laïs verdankte ihre Berühmtheit nicht ihrer Schlagfertigkeit, obwohl sie ebensoviel wie Gnathäna und Gnathänion besass. Es war ihre Schönheit, ihre unvergleichliche Schönheit, welche sie über alle Hetären erhob und sie in Korinth fast zu einer Gottheit machte. Sie war in Nikkara auf Sicilien geboren. Als der athenische Feldherr Nikias diese Stadt einnahm und plünderte, wurde sie als junges Kind nach dem Peloponnes geschleppt und als Sklavin verkauft. Eines Tages traf sie der Maler Apelles, als sie vom Brunnen mit einem Wasserkruge auf dem Kopfe kam; er staunte sie an, ahnte ihre künftige Schönheit und kaufte sie los. Am selben Tage führte er sie zu einem Feste, wo sich seine Freunde wunderten, ihn von einem kleinen Mädchen, statt von einer Dirne begleitet zu sehen: „Regt euch nicht auf," sagte er ihnen, „und staunt nicht, ich werde sie so gut anlernen, dass sie ihr Handwerk vollkommen verstehen wird, ehe noch drei Jahre vergehen." Appelles hielt Wort und war sicher kein Pfuscher bei der Entfaltung der Grazie und Talente der Laïs. Sie hatte sich in Korinth, der Stadt der Dirnen, niedergelassen, und ein Traum, den ihr Venus-Melanis schickte, kündete ihr ein baldiges Glück an. Der Traum verwirklichte sich. Der Ruf der Laïs verbreitete sich bis weit nach Asien, und von überall her sah man eine Menge reiche Fremde nach Korinth kommen, welche nur die Liebkosungen der Laïs suchten. Aber nicht alle erreichten das Ziel ihrer Reise. Laïs verlangte nicht nur ungeheure Summen, sondern sie wollte auch die wählen, von denen sie diese annahm; bisweilen verschenkte sie auch aus Laune ihre Gunst. Der berühmte Redner Demosthenes wollte ebenfalls wissen, was Laïs kostete; er nahm alles Geld, über das er verfügen konnte und begab sich nach Korinth. Er suchte die Dirne auf und fragte nach dem Preise einer Nacht. „10000 Drachmen;" antwortete Laïs. „10000 Drachmen?" versetzte Demosthenes, der sich nur auf den zehnten Teil gefasst gemacht hatte, „ich kaufe nicht so teuer die Schande und den Aerger etwas bereuen zu müssen!" — „Und ich verlange soviel, damit ich auch nichts zu bereuen habe," versetzte Laïs. Demosthenes kehrte, wie er gekommen war, zurück. Dennoch liebte Laïs berühmte Männer: sie hatte gleichzeitig als anerkannte Liebhaber den feinen, liebenswürdigen Philosophen Aristipp, welcher sie bezahlte, und den groben, schmutzigen Kyniker Diogenes, der schwerlich etwas für sie übrig hatte. Sie zog diesen aber noch Aristipp vor und schien den schlechten Geruch des Diogenes nicht zu bemerken. Aristipp war nicht im geringsten eifersüchtig und wartete bei seinen Besuchen ruhig an der Thür, bis Laïs sich parfümiert hatte, nachdem sie aus den Armen des Kynikers gekommen war. „Ich besitze Laïs," sagte er denen, die sich über diese Einrichtung wunderten, „aber Laïs besitzt mich nicht." Als man ihm sagte, dass Laïs sich ihm ohne Liebe und Freude hingebe, erwiderte er mit derselben Ruhe: „Ich denke auch nicht, dass mich Wein und Fische lieben, während ich sie mit grossem Behagen verzehre." Man warf ihm die Duldung der täglichen Prostitution der Laïs vor und riet ihm, ihr Grenzen zu setzen. „Ich bin nicht reich genug," sagte er, „um mir einen so wertwollen Gegenstand allein zu kaufen." — „Aber", warf man ihm entgegen, „Du ruinierst dich für sie!" „Ich gebe wirklich viel," antwortete er, „für das Glück sie zu besitzen, aber ich verlange deshalb nicht, dass die anderen ihrer beraubt seien." Diogenes war trotz seines Kynismus eifersüchtig auf den glänzenden Philosophen Aristipp: „Der du die Annehmlichkeiten meiner Maitresse teilst," sagte er im eines Tages, „möchtest du auch meine

Philosophie teilen und den Zwerchsack und Mantel des Kynismus annehmen.“ Du hältst es also für unmöglich,“ versetzte Aristipp, „ein Haus zu bewohnen, das schon andere bewohnten, oder ein Schiff zu besteigen, welches schon vielen anderen Passagieren gedient hat?“ — „Ganz und gar nicht!“ antwortete Diogenes, beschämt über seine Eifersucht. „Also! warum staunst du, wenn ich ein Weib besuche, das andere vor mir besucht haben, und andere nach mir besuchen werden?“ Aristipp besuchte alle Jahre mit Laïs die Neptunfeste zu Aegina, und während dieser Zeit, sagte er, sei die Wohnung der Dirne so sauber, wie die einer Matrone.

Diese Dirne übte eine solche Gewalt auf die beiden Philosophen, Aristipp und Diogenes, aus, dass sie glaubte, kein Philosoph der Welt könnte ihr widerstehen. Man forderte sie heraus, die Tugend des Xenokrates zu besiegen; sie nahm die Wette an in der Meinung, dass ein Schüler Platos nicht schwerer zu überwinden sein würde als ein Jünger des Sokrates. Sie hüllte sich also um Mitternacht in einen Schleier und klopfte an die Thür des Xenokrates; er öffnet und staunt ein Weib bei sich eindringen zu sehen. Nach ihrer Angabe ist sie von Räubern verfolgt; Arme, Hals und Ohren sind mit Schmuck beladen, der im Dunkeln blitzt. Er gewährt ihr bis zum nächsten Morgen Unterkunft und begiebt sich zur Ruhe, indem er ihr rät, sich gleichfalls auf eine Bank zu legen. Aber er ist kaum im Bett, als sich Laïs im ganzen Schmucke ihrer Schönheit zeigt und sich an die Seite des Philosophen legt; sie nähert sich ihm, sie berührt ihn, sie schlingt ihre Arme um ihn, sie versucht ihn durch Liebkosungen zu entflammen, aber sie lassen ihn kalt und gleichgültig; sie weint vor Wut, sie verdoppelt ihre Liebkosungen, sie scheut sich vor keiner Herausforderung. Xenokrates rührt sich nicht. Endlich stürzt sie aus diesem frostigen Lager und hüllt ihre Schande in ihren Schleier. Sie hatte ihre Wette verloren, und man verlangte die verlorene Summe: „Ich hatte gewettet einen Menschen mit Fleisch und Blut zu besiegen aber keine Statue.“ Ihre Schönheit war wunderbar. Da ihre Büste ebenso schön war wie ihr Gesicht, baten auch Maler und Bildhauer, welche Venus in einer ihrer würdigen Gestalt darstellen wollten, Laïs Modell für die Göttin zu stehen. Dem Bildhauer Myron war es auf diese Art geglückt, diese anbetungswürdige Dirne ohne Hülle zu sehen. Er war alt, hatte weisse Haare und einen grauen Bart, aber er fühlte sich beim Anblicke dieser Venus wieder jung, er warf sich ihr zu Füssen, er bot ihr seine ganze Habe für eine einzige Nacht, sie lachte, zuckte die Schultern und ging. Am andern Morgen liess Myron seine Haare und seinen Bart färben; er ist geschminkt und parfümiert, trägt ein prächtiges Kleid und einen goldenen Gürtel, er hat eine goldene Kette um den Hals und Ringe an allen Fingern. Er liess sich zu Laïs führen und erklärte ihr offen seine Liebe: „Mein armer Freund,“ versetzte Laïs, die ihn wieder erkannte und sich über seine Verkleidung lustig machte, „da verlangst du, was ich gestern deinem Vater verweigerte."

Auch sie hatte einen Korb einzustecken, als sie sich in Eubates verliebte, den sie bei den Olympischen Spielen traf, wo er um den Preis stritt. Er war ein schöner, edler, junger Mann, der zu Kyrene ein geliebtes Weib gelassen hatte. Laïs hatte ihn kaum gesehen, als sie ihm eine Liebeserklärung in so deutlichen und dringenden Ausdrücken machte, dass Eubates ganz verwirrt wurde. Sie bat ihn, ihr Gast zu sein und bei ihr zu wohnen; er entschuldigte sich, er brauche alle seine Kräfte, um den Sieg in den Spielen davontragen zu können. Jeder Augenblick steigerte ihre Flamme, und sie zitterte, dass ihr der Gegenstand ihrer Leidenschaft entschlüpfen könnte: „Schwöre mir, mich mit nach Kyrene zu nehmen," sagte sie, „wenn du gesiegt hast." Um ihren Verfolgungen zu entgehen schwor er, und so gelang es ihm, seiner Geliebten die Treue zu wahren, sonst wäre er sicher endlich den allmächtigen Reizen der Laïs erlegen. Eubates wurde Sieger. Laïs schickte ihm einen goldenen Kranz, aber sie erfuhr bald, das Eubates nach Kyrene zurückgekehrt sei: „Er hat seinen Eid gebrochen," sagte sie zu einem Freunde des Eubates. — „Er hat ihn gehalten," versetzte dieser, „denn er hat dein Bild mitgenommen." Die Maitresse des Eubates war so verwundert über so viel Treue und Enthaltsamkeit, als sie das Vorgefallene erfuhr, dass sie ihrem Liebhaber zu Ehren eine Minervastatue errichtete. Um sich zu rächen liess Laïs eine andere Statue aufstellen, welche Eubates als Narcissus darstellte. Diese stolze Hetäre hatte beständig einen eifrigen Hofstaat von Schmarotzern und begeisterten Anbetern. Mehrere Städte Griechenlands stritten sich um den Ruhm ihrer Geburt. Die achtbarsten Männer hielten es für eine Ehre mit ihr verkehrt zu haben, und doch warfen ihr einige starre Moralisten ihr verwerfliches Handwerk vor. Ein tragischer Dichter spielte auf ihre Prostitution an, indem er in einem Theaterstücke sagte: „Tritt weg von hier, Schändliche!" Laïs bemerkte ihn beim Verlassen des Theaters und fragte ihn mit zärtlicher Stimme, wen er mit diesem harten Ausspruche meine: „Du selbst gehörst zu denen, an die ich mich wende," sagte er barsch. — „Wirklich!" versetzte sie heiter, „du kennst doch folgenden Vers einer Tragödie: Dies allein ist schändlich, was man dafür erkennt und doch thut." Dieser Vers stammte aus einer anderen Tragödie dieses Dichters, der nicht wusste, was er antworten sollte. Athenäus berichtet nach Machon, dass der Dichter, den Laïs so für seine Schmähung strafte, Euripides selbst gewesen sei, aber man müsste dann diese Anekdote in die früheste Jugend der Laïs verlegen, als sie noch im Dienste des Apelles stand, da Euripides 407 v. Chr. starb. Was auch daran sein mag, die Antwort der Laïs wurde sprichwörtlich, und als man sie missbrauchte um Schlechtigkeiten zu rechtfertigen, formte der alte Philosoph Antisthenes den Lehrsatz der Dirne in folgender Weise um:

„Was schmutzig ist, ist schmutzig, gleich, ob der, der es thut, es dafür hält oder nicht.“ Laïs nahm, statt gegen den neuen Satz zu kämpfen, ihn so an, wie ihn Antisthenes gebildet hatte: „Der Alte hat recht,“ sagte sie zu Diogenes, einem Schüler des Antisthenes, „er ist so schmutzig, wie er aussieht.“ — „Und ich?“ fragte Diogenes, in seinem Stande als Kyniker verletzt. — „Du?“ sagte sie, „das weiss ich nicht, da ich dich liebe.“

Laïs hatte ein ungeheures Vermögen zusammengescharrt, aber sie liess davon Tempel und öffentliche Gebäude errichten, sie bezahlte Maler und Bildhauer, sie richtete sich zu Grunde. Glücklicher Weise fand sie so vielen Geschmack an ihrem Gewerbe, dass sie es ohne Klage in einem Alter noch ausübte, in dem die Dirnen sich meist zurückzogen. Sie war übrigens noch sehr schön, obgleich sich der Preis ihrer Liebkosungen erstaunlich gemindert hatte. Sie tröstete sich über ihre vorzeitige Absetzung durch den Trunk. Athenäus entwirft nach Epikrates ein trauriges Bild vom Alter der Laïs, die von sich nur noch den Namen bewahrt hatte: „Laïs ist müssig und trinkt. Sie treibt sich um die Tische herum, sie scheint den Raubvögeln zu gleichen, die in der Blüte ihrer Jahre sich von den Bergen stürzen und junge Ziegen mit sich nehmen, in ihrem Alter aber auf den Giebeln der Tempel, vom Hunger gequält, hocken: das ist dann ein böses Zeichen. Laïs war in ihrem Lenze reich und stolz. Leichter gelangte man zum Satrapen Pharnabazes. Aber schau sie jezt in ihrem Winter: Der Tempel ist in Trümmer gefallen, er öffnet sich leicht, sie nimmt den ersten besten und trinkt mit ihm. Ein Stater, ein Dreiobolenstück ist ein Reichtum für sie. Sie empfängt alle Welt jung und alt. Das Alter hat ihren Uebermut so gezähmt, dass sie für einige Geldstücke die Hand hinhält.“ Diese Stelle der Komödie Antilaïs war vielleicht nur eine Uebertreibung, die ein Dichter, den sie schlecht aufgenommen hatte, aus Groll schrieb. Auch Aelian erzählt, dass sie schwer zugänglich war, ehe das Alter die Verfolgungen, deren Gegenstand sie war, aufhören liess. Man hatte sie sogar Axine genannt wegen ihrer unverschämten Habsucht. Dennoch sagt Athenäus, sie habe keinen Unterschied zwischen den Gaben der Reichen und denen der Armen gemacht. Diese Nachricht dürfte sich aber wahrscheinlich auf die Zeit ihres Lebens beziehen, wo die Ausschweifung sie in ihrem Unglücke tröstete.

Als Beweis der Vergessenheit, in welche sie am Ende ihrer Liebeslaufbahn gefallen war, kann das Dunkel dienen, welches die Zeit und die Umstände ihres Todes einhüllt. Sie war also 70 Jahre nach den einen, 55 nach den anderen; diese behaupten, sie habe sich schön erhalten, jene dagegen sagen, sie sei ganz zerfallen gewesen. Wie es auch um ihr Alter und Gesicht gestanden haben mag, die Anthologie lässt sie ihren Spiegel der Venus mit folgenden reizenden Versen widmen:

Ich gab ihn der Venus, die schön ist stets aufs Neu'!
Zu sehr fürcht' ich meinen Trübsinn.

Denn nicht kann ich sehen in diesem Spiegel treu,
Wie einst ich war, noch wie ich bin!

Bei der Art ihres Todes weiss man nicht, ob man Plutarch, Athenäus oder Plato glauben soll. Letzterer behauptet, sie sei an einer Olive erstickt. Athenäus behauptet unter Berufung auf Philetaeros, dass sie bei Ausübung ihres Hetärengewerbes starb (οὐχί λαΐς μὲν τελευτῶς ἀπέϑανε βινουμένη), und Plutarch erzählt, sie sei in den jungen Thessalier Hippolochus verliebt gewesen, und sei bei der Verfolgung dieses in den Venustempel eingedrungen, wohin er sich geflüchtet hatte um den Umarmungen dieser Bacchantin zu entrinnen. Allein die Weiber des Landes, beleidigt durch diese Kühnheit und noch eifersüchtig auf ihre frühere Schönheit, umgaben den Tempel mit lautem Geschrei und töteten sie mit Steinwürfen vor dem Altare der Venus, welcher mit dem Blute dieser Dirne bespritzt wurde. Nach diesem Morde wurde der Tempel der Venus-Homiciada oder Venus- Profana geweiht. Man errichtete der Laïs ein Grabmal am Ufer des Peneios mit folgender Inschrift: Griechenland, sonst unbezwinglich und fruchtbar an Helden, ist besiegt und in Knechtschaft geführt worden durch die göttliche Schönheit der Laïs, der Tochter des Amor, gebildet in der Schule zu Korinth; sie ruht in den stolzen Gefilden Thessaliens." Korinth widmete ebenfalls ein Monument dem Andenken seiner berühmten Schülerin: Dieses Monument stellte ein Löwin dar, die ein Widder zu Boden geworfen hatte. Möglicherweise gehören die Ereignisse des Lebens der Laïs nicht alle einer Frau an: sie wurden von zwei oder drei gleichnamigen Hetären, die fast gleichzeitig lebten, durch die Geschichtsschreiber und die Volksüberlieferungen gesammelt. So hatte die Maitresse des Alkibiades, Damasanda, eine Tochter, welche Laïs hiess, und die sich durch ihre Schönheit noch bekannter, als durch ihre Galanterie machte. Plinius führt auch eine Laïs an; diese war eine Gelehrte und hatte Geheimmittel erfunden, eine Art von Tränken, um die Beleibtheit der Frauen zu mehren oder zu mindern. Sie trieb zugleich das Dirnenhandwerk mit ihren Freundinnen Salpe und Elephantis, Dirnen wie sie, und wie sie sehr geschickt in der Kunst der Kosmetik, des Abtreibens und der Liebestränke. Sie heilten auch die Wut und das Fieber und verwendeten in allen ihren Medikamenten das Menstrualblut mit mehr oder minder unschuldigen Substanzen gemischt. Korinth rühmte sich der Aufenthalt der Laïs in ihrer Blüte gewesen zu sein, aber keine Stadt Griechenlands wollte die Königin der Dirnen, alt, verfallen, vergessen, Puder, Salben und Liebestränke machend und die Liebe in Flaschen verkaufend, gesehen haben.

Gleichzeitig und nicht weniger berühmt wie Laïs lebte Phryne. Sie hatte weder einen so traurigen Verfall zu erleben noch ein so tragisches Ende. Trotz ihres ungeheuren Reichtums hörte sie niemals auf, ihn durch dieselben Mittel zu mehren, und da sie auch im Alter fast nichts von der Vollendung ihrer Formen verlor, so fand sie auch bis zu ihrem Tode

Liebhaber, welche sie reichlich bezahlten. Sie nannte dies scherzhaft: „Teuer die Hefe ihres Weines verkaufen.“ In Thespiae war sie geboren, aber sie lebte beständig in Athen, wo sie sich sehr zurückzog und sich weder auf dem Keramikos, noch im Theater, noch in der Rennbahn, noch bei religiösen oder Privatfesten zeigte. Sie ging nur verschleiert und in einer wallenden Tunika, wie die strengste Matrone, auf die Strasse. Auch in die öffentlichen Bäder ging sie nicht, sondern nur in die Werkstätten der Maler und Bildhauer, denn sie liebte die Kunst und weihte sich ihr sozusagen, da sie sich nackt dem Pinsel des Apelles und dem Meissel des Praxiteles als Modell gab. Ihre Shönheit glich einer Statue von parischem Marmor; die Züge und Linien ihres Gesichtes hatten die Reinheit, das Ebenmass und die Hoheit, welche die Einbildung der Dichter und Künstler einem göttlichen Gesichte verlieh; aber ihre matte und selbst ein wenig gelbe Blässe hatte ihr den Namen Phryne verschafft, eine Anspielung auf die Farbe des Laubfrosches: phrya, denn ihr Familienname war Mnesarete, doch war sie unter diesem kaum bekannt. Die Gemälde und Statuen, welche ihre begünstigten Maler und Bildhauer nach ihrem Modell verfertigten, erregten die Begeisterung von ganz Griechenland, welches der körperlichen Schönheit einen Kult weihte, der mit dem der Venus zusammenhing. Am bemerkenswertesten an Phryne war, dass sie sich keusch allen Blicken entzog, selbst denen ihrer Liebhaber, welche sie nur im Dunkeln besassen. Aber bei den eleusinischen Mysterien erschien sie wie eine Göttin unter der Tempelthür und liess ihre Kleidung in Gegenwart der vor Bewunderung staunenden Menge fallen, dann erst hüllte sie sich in einen Purpurschleier. Beim Feste der Venus und des Neptun warf sie gleichfalls ihre Kleidung auf den Tempelstufen ab und hatte als einzige Hülle für die Blösse ihres Leibes, der in der Sonne schimmerte, ihr langes Ebenholzhaar; sie schritt mitten durch das Volk, dass ihr achtungsvoll Platz machte, zum Meere. Phryne trat in die Wogen, um ihre Huldigung Neptun darzubringen und schritt wie Venus bei ihrer Geburt daraus. Man sah sie einen Augenblick auf dem Sande die salzigen Tropfen abschütteln, welche an ihren üppigen Lenden herabrieselten, und ihre feuchten Haare auswinden. man sagte dann, Venus sei eben ein zweites Mal geboren worden. Nach diesem Augenblicke des Triumphes entzog sich Phryne den Zuschauern und hüllte sich in ihr gewöhnliches Dunkel. Aber der Erfolg ihrer Erscheinung wurde dadurch nur noch wunderbarer, und der Ruhm der Dirne war in aller Munde. Jedes Jahr mehrte sich daher die Zahl der Neugierigen, welche zum Venus- und Neptunfeste und zu den eleusinischen Mysterien kamen, nur um Phryne zu sehen.

So viel Ruhm musste einer Dirne den Hass und die Feindschaft der ehrbaren Frauen zuziehen. Um sich zu rächen, nahmen sie endlich die Vermittlung des Euthias an, welcher Phryne belagert hatte, um das zu erlangen, was sie nur dem Gelde oder dem Geiste bewilligte Dieser

Euthias war ein Denunziant der feilsten Sorte. Er klagte Phryne vor dem Tribunale der Heliasten an, die Heiligkeit der eleusinischen Mysterien dadurch verletzt zu haben, dass sie dieselben parodiert habe, und dass sie sich beständig damit beschäftige, die besten Bürger der Republik zu verderben, indem sie diese vom Dienste des Vaterlandes fernhalte. Eine solche Anklage musste nicht nur den Tod der Angeklagten nach sich ziehen, sondern auch der Gesamtheit der Dirnen einen schändenden Verweis, eine Steuer und für einige sogar das Exil bringen. Phryne hatte zum Geliebten den Redner Hyperides gehabt, der sich damals in Bacchis und Myrrhina teilte. Phryne bat diese beiden Dirnen, Hyperides zu ihrer Verteidigung gegen Euthias zu bestimmen. Die Sache war für Hyperides von Gewicht, der, wie man wusste, Interesse hatte, Phryne, die er liebte, zu helfen, und Euthias entgegenzutreten, den er als den feigsten aller Menschen verachtete. Phryne weinte, hüllte sich in ihren Schleier und bedeckte ihren Busen mit beiden Händen. Bewegt und kummervoll breitete Hyperides seine Arme gegen sie aus, um anzudeuten, dass er sie verteidige, und als Euthias seine Anklage durch Aristogeiton hatte vorbringen lassen, ergriff Hyperides das Wort; er sagte, dass er die Sache kenne, weil Phryne seine Maitresse gewesen sei, und bat die Richter, Mitleid mit seinem Kummer zu haben. Die Stimme versagte ihm vor Seufzen, seine Augen füllten sich mit Thränen, und doch schien der kalte, schweigende Gerichtshof sich nicht rühren lassen zu wollen. Hyperides erkannte die Gefahr, in welcher die Angeklagte schwebte. Er brach in Verwünschungen gegen Euthias aus, er behauptete fest die Unschuld seines Opfers, er erzählte breit, dass Phryne nur eine fast fromme Rolle bei den Mysterien zu Eleusis habe spielen können; die Heliasten unterbrachen ihn, sie wollten das Todesurteil fällen. Da nähert er sich Phryne, reisst ihr Schleier und Tunika ab und ruft mit wohllautender Stimme das heilige Recht der Schönheit an, um diese würdige Priesterin der Venus zu retten. Die Richter sind völlig hingerissen von so viel Schönheit, sie glauben, die Göttin selbst zu sehen. Phryne ist gerettet, und Hyperides schliesst sie in seine Arme. Er war verliebter denn je, als er diese wunderbare Schönheit wiedersah, welche über die Richter mehr als seine Beredsamkeit vermocht hatte. Phryne hingegen wurde aus Dankbarkeit die Maitresse ihres Anwaltes, welcher der Myrrhina untreu wurde. Diese glaubte sich zu rächen, indem sie Partei für Euthias nahm, und diesem Sycophanten alles das bewilligte, was ihm Phryne verweigert hatte. Die Dirnen waren wütend, dass eine von ihnen dem freisprechenden Urteile zu trotzen wagte, und Bacchis lieh ihrer Meinung Worte, indem sie der unklugen Myrrhina schrieb: „Du hast dir unser aller Verachtung zugezogen, wir sind dem Dienste der Venus-Vergelterin ergeben!"

Sie schämte sich auch sogleich, einen Augenblick einer Regung von Eifersucht und Eitelkeit nachgegeben zu haben. Hyperides hatte sie verlassen und kehrte nicht zu ihr zurück. Er blieb lange von Phryne gefesselt. „Er hat eine seiner schönen Seele würdige Freundin," schrieb Bacchis an Myrrhina, „und du hast einen Liebhaber, der so viel wert ist wie du." Durch seine Verteidigung einer Dirne hatte sich Hyperides mehr Ehre und Nutzen verschafft, als wenn er die ersten Bürger der Republik verteidigt hätte. Man sprach in ganz Griechenland nur von seinem Rednertalente, man zollte unablässig dem klugen Einfalle, welcher die Ueberredung vollendet hatte, Anerkennung, Schmeicheleien, Geschenke, Danksagungen wurden ihm von allen Seiten dargebracht, und um das Glück voll zu machen: Phryne war sein. Wenn ihm die griechischen Dirnen auch keine goldene Statue errichteten, wie es Bacchis versprochen hatte, sparten sie doch nichts, ihm ihre Dankbarkeit zu bezeigen: „Alle Dirnen Athens ins Gesammt," schreibt ihm Bacchis, die Schriftführerin ihrer Genossinnen, „und jede derselben im Einzelnen, muss dir soviel Dank abstatten wie Phryne." Man kann annehmen, dass seine Rede veröffentlicht wurde, da auch die des Aristogeiton der Wortführer des Euthias, zur Zeit des Athenäus bekannt war. Man weiss auch, dass Euthias, den die Liebe allein zum Verleumder gemacht hatte, keine Ruhe fand, bis Phryne ihm verziehen hatte, und er unterschrieb, um diese Verzeihung zu erlangen, die unvorteilhaftesten Bedingungen. Bacchis hatte diesen traurigen Ausgang vorausgesehen, als sie an Phryne schrieb: „Euthias ist in dich verliebter als Hyperides. Dieser glaubt wegen des Dienstes, den er dir geleistet hat, als er dir in der kritischen Lage seinen Schutz und seine Beredsamkeit zur Verfügung stellte, von dir die grössten Rücksichten fordern zu können, und dich zu begünstigen, wenn er dir seine Liebkosungen gewährt, während die Leidenschaft des anderen wegen des schlechten Erfolges seines unseligen Unternehmens nur im höchsten Grade erregt sein kann. Höre also auf diese neuen Bitten von ihm, seine wildesten Leidenschaften; er wird dir Gold im Ueberflusse anbieten." Das Gold siegte über die Rachlust. Der Areopag, der kein Urteil in diesem Falle zu sprechen gehabt hatte, sah voraus, dass bei einer Klage derselben Art vor ihm zu denselben Verteidigungsmitteln gegriffen werden würde; er wollte nicht wie die Heliasten der Verführung ausgesetzt sein, daher veröffentlichte er ein Gesetz, welches den Anwälten jeden Kunstgriff verbot, das Mitleid der Richter zu erregen, und den Angeklagten persönlich vor dem Richter zu erscheinen, ehe das Urteil gefällt sei. Aus Furcht vor neuen Anklagen verzichtete Phryne fernerhin nicht nur auf das Vergnügen an den religiösen Ceremonien Anteil zu nehmen, sondern sie warb sich auch Parteigänger und in gewisser Beziehung auch Kreaturen im Areopage. Sie öffnete ihre Tafel und ihr Bett Schwelgern und Lüstlingen; ein Mitglied des Areopages, Gryllion, warf sich so weit weg, sich zum Parasiten dieser Dirne zu machen, nach der Darstellung des Satyrus von Olinth in seiner Pamphila wenigstens

Der Reichtum, welchen Phryne erworben hatte, übertraf den manches Königs: die Komiker Timokles in seiner Neraïs, Amphis in seiner Kuris und Posidippos in seiner Ephesierin haben über diesen schmachvoll erworbenen Reichtum gesprochen. Phryne machte aber einen anständigen Gebrauch davon, sie liess auf ihre Kosten verschiedene Monumente errichten, besonders in Korinth, welches alle Dirnen als ihr Vaterland betrachteten wegen des Geldes, welches sie daselbst gewonnen hatten. Als Alexander der Grosse Theben zerstört und seine Mauern gebrochen hatte, erinnerte sich Phryne, dass sie in Böotien geboren war, und bot den Thebanern an, ihre Stadt auf eigene Kosten neu zu erbauen, mit der einzigen Bedingung, ihr zu Ehren folgende Inschrift anfertigen zu lassen: „Theben von Alexander zerstört, von Phryne wieder hergestellt." Die Thebaner weigerten sich, ihre Schmach zu verewigen. Phryne hatte als Böoterin nicht die Gabe des Geistes vom Himmel empfangen, aber sie unterschied sich von den meisten Frauen durch ihren regen Kunstsinn. Sie huldigte sich selbst in den Werken des Apelles und Praxiteles: der eine hatte sie als Venus von Knidos dargestellt, der andere sie gemalt, wie er sie am Feste des Neptun und der Venus aus dem Meere hatte steigen sehen. Beide waren ihre Liebhaber, aber Praxiteles siegte über seinen Nebenbuhler. Phryne bat von ihm als Andenken an ihre Liebe die schönste Statue, die er je gemacht habe. „Du sollst wählen," antwortete Praxiteles; sie bat um einige Tage Frist, um ihre Wahl zu treffen. Während sich noch Praxiteles bei ihr befand, kam ein schweissbedeckter Sklave gelaufen und rief, die Bildhauerwerkstätte stehe in Flammen: „O! ich bin verloren!" rief Praxiteles, „wenn mein Satyr und mein Kupido verbrannt sind." — „Ich wähle den Kupido," unterbrach ihn Phryne. Es war dies eine List, welche sie erdacht hatte, um das eigene Urteil des Künstlers über seine Werke zu erfahren. Später schenkte Phryne dieses Meisterwerk ihrer Vaterstadt. Caligula liess es von Thespiæ nach Rom schaffen, aber Claudius befahl in einem seiner Gesetze, der Kupido solle den Thesbiern zurückgegeben werden, um die Manen der Phryne zu besänftigen, sagt das Gesetz. Die Statue hatte kaum ihren alten Platz wieder eingenommen, als sie Nero von neuem nach Rom kommen liess, wo sie bei dem grossen Brande, den Nero selbst veranlasst hatte, zu Grunde ging. So reich Phryne war, setzte sie doch ihr gewohntes Handwerk bis ins Alter der Runzeln und weissen Haare fort. Sie rühmte sich eine Pomade zu besitzen, die alle Runzeln verdecke; sie schminkte sich mit so viel Kräutern, dass Aristophanes in seiner Komödie: „Die Schwätzer", sagen konnte: „Phryne hat aus ihren Wangen eine Apotheke gemacht." Und dieser Vers wurde bei den Griechen sprichwörtlich, um ein Weib zu bezeichnen, das sich schminkte.

Man weiss nicht, wann sie starb und wo sie begraben wurde, man weiss nur von Pausanias, dass ihre Freunde, Liebhaber und Landsleute unter sich sammelten, um ihr eine goldene Statue im Tempel der Diana zu Ephesus aufzustellen. Auf dem Säulenschafte dieser Statue, der aus penthelischem Marmor war, las man: „Die Statue ist das Werk des Praxiteles.“ Sie stand zwischen den Statuen zweier Könige: Archinamus, König von Lakedämonien und Philipps, Königs von Makedonien, und trug folgende Inschrift: „Der Phryne, der berühmten Thespierin.“ Es war dasselbe Denkmal, welches der Philosoph Krates so hart beurteilte, als er ausrief: Sieh, also ein Denkmal der Unkeuschheit Griechenlands.“ Der Name Phryne war wie Laïs gleichbedeutend mit schöne Dirne geworden; mehrere Weiber dieser Klasse liessen sich Phryne nennen. Um von diesen unbedeutenden Nachahmerinnen die erste Phryne zu unterscheiden, nannte man sie die Thespierin. Herodikus führt in seiner „Geschichte derjenigen, welche auf dem Theater gehechelt worden sind,“ eine Phryne mit dem Beinamen das Sieb an, weil sie ihre Liebhaber aussiebte, wie ein Sieb, das die Kleie vom Getreide trennt. Nach Apollodors Abhandlung über die Dirnen gab es zwei Phrynen mit den Beinamen Klauxigelaos (die nach dem Lachen Weinen erregt) und Saperdion (stolzer Fisch), aber weder die eine noch die andere scheint mit der berühmten Thespierin identisch gewesen zu sein.

Wenn Phryne und Laïs die beiden berühmtesten, wenn nicht glänzendsten Vertreterinnen des Hetärismus sind, so zeigen am besten Pythionike und Glycera die Macht desselben. Pythionike und Glycera wurden beinahe Königinnen in Babylon, nachdem sie einfache Dirnen in Athen gewesen waren Erstere war nur bedeutend durch ihre Schönheit, aber sie war gründlich eingeweiht in die Geheimnisse der Wollust, welche so grossen Einfluss auf lasterhafte Naturen und heisse Temperamente haben. Glycera, nicht weniger schön, und vielleicht ebenso geschickt, war intelligenter und geistreicher. Harpalus, der Freund Alexanders des Grossen und Statthalter von Babylon, liebte beide und tröstete sich über den Verlust der ersten durch die Liebe der zweiten. Er war Schatzmeister Alexanders des Grossen, und als sein Herr sich auf dem Zuge nach Indien befand, schöpfte er gewissenlos mit beiden Händen aus dem ihm anvertrauten Schatze. Selbst die alten Könige Babylons übertraf er an Pracht, er wollte alle Genüsse haben, die Macht und Reichtum schaffen können. Flötenspielerinnen aus Milet, Tänzerinnen aus Lesbos, Kranzflechterinnen aus Cypern, Sklavinnen und Konkubinen aus allen Ländern besass er; aus Athen liess er eine Hetäre kommen, die den grössten Ruf hatte und ihre lüsternen Verrichtungen aufs Beste verstand. Pythionike hatte die Ehre für die kleinen Vergnügungen des kleinen Tyrannen Harpalus gewählt zu werden. Sie war damals die gemeinsame Maitresse zweier Brüder, der Söhne des Choerephilos, eines Salzfischhändlers, der seinem Geschäfte ein ungeheueres Vermögen verdankte. Die beiden Liebhaber der Pythionike unterhielten sie mit grossem Aufwande, und der Komiker Timokles hatte in seiner Komödie: „Die Ikarier“ den Reichtum dieser Hetäre lächerlich gemacht, welche nach den passenden

Anspielungen ihrer Genossinnen nach Seefisch roch: „Pythionike wird dich mit offenen Armen empfangen, um von dir alles das zu erhalten, was ich dir eben gegeben habe, denn sie ist unersättlich. Indess verlange eine Tonne Salzfische von ihr, sie hat immer Ueberfluss daran, weil sie sich mit zwei Heringen mit ungesalzenem Maule begnügt." Der Hering, dessen Verbrauch unter dem armen Volke bedeutend war, galt als ein geringer Fisch, wie auch feierlich der grosse Sophist der Kulinarischen Kunst, Archestrates, erklärt. Wir haben Pythionike als Sklavin der Flötenspielerin Bacchis gesehen, welche ebenfalls Sklavin der Hetäre Sinope gewesen war. Mit einem Male wurde sie eine Art Königin im Palaste zu Babylon, doch genoss sie dieses seltene Glück nicht lange; sie starb ohne Zweifel an Gift und der untröstliche Harpalus liess ihr ein königliches Leichenbegängnis zu Teil werden. Er hatte von ihr eine Tochter gehabt, welche später den Bildhauer und Baumeister Charikles heiratete, eben den, welchen Harpalus beauftragt hatte, zu Athen ein Grabmal der Pythionike zu errichten. Diese Favoritin hatte übrigens ihr Grab zu Babylon, wo sie gestorben war. Das Monument, welches Charikles an der Via sacra, die von Athen nach Eleusis führte, errichtete, kostete 30 Talente (etwa 200000 M.). Mehr durch seine Grösse als durch seine Schönheit lenkte es die Blicke der Reisenden auf sich: „Wer immer es sieht," ruft Dikaearch in seiner „Herabsteigung in die Grotte des Trophonius" aus, „wird sich zunächst mit Recht sagen: das ist ohne Zweifel das Grabmal eines Miltiades oder Perikles oder eines Kimon oder eines anderen grossen Mannes; es wurde sicher auf Kosten der Republik gebaut oder wenigstens auf einen Beschluss der Obrigkeit hin! Wenn er aber hört, dass dieses Grabmal zum Andenken an die Hetäre Pythionike errichtet worden ist, was muss er dann von Athen denken?" Harpalus hatte den Bau dieses Grabmals mit solchem Eifer betrieben, dass es vollendet wurde, ehe Alexander aus Indien zurückkehrte. Theopomp versichert dem Könige von Makedonien in einem Briefe, dass der Statthalter die ungeheure Summe von 200 Talenten für die Grabmäler seiner Maitresse verwendet habe. „Was!" ruft Theopomp unwillig aus, „seit einiger Zeit sieht man zwei Monumente für Pythionike, das eine bei Athen, das andere in Babylon, und der, welcher sich dein Freund nennt, würde ungestraft einen Tempel oder einen Altar einem Weibe gewidmet haben, das sich allen preisgab, die ihre Ausgaben bestritten, und er würde ihr diesen Tempel oder Altar als der Venus-Pythionike geweiht haben! Heisst das nicht offen die Rache der Götter herausfordern und es an Achtung, die er dir schuldet, fehlen lassen?" Alexander war aber damals zu sehr mit der Bekämpfung des Porus beschäftigt, um sich darum kümmern zu können, dass Harpalus in Babylon und Athen eine Dirne vergötterte.

Harpalus hatte übrigens Pythionike bald ersetzt: eine einfache Kranzflechterin aus Sikyon, Glycera, die Tochter der Thalanis, hatte den

Statthalter Babylons mit solchem Geschicke in sich verliebt gemacht, dass sie fast Königin von Tharsus wurde und Göttin geworden wäre, wenn Harpalus sie überlebt hätte. Aber Alexander kehrte siegreich aus Indien zurück. Er musste diejenigen seiner Offiziere bestrafen, die sich während seiner Abwesenheit wenig um seine Befehle gekümmert hatten. Harpalus war schuldiger als die anderen. Er bekam selbst Angst vor seiner ungeheueren Verschwendung und floh von Tarsos mit Glycera und allem was im Schatze geblieben war, nach Attika, wo er den Schutz der Athener gegen Alexander erflehte. Er hatte ein Heer von 6000 Söldnern aufgebracht und bot alles auf die Gunst der Athener zu erkaufen. Auf den Rat der Glycera bestach er die Redner, bezahlte das Schweigen des Demosthenes und gewann das Volk für seine Sache durch Getreidespenden, die man das „Korn der Glycera" nannte, und das sprichwörtlich „mehr den Lohn des Verderbens als des Genusses" bezeichnete. So wurde dieses Korn in einer satyrischen Komödie bezeichnet, deren Held Harpalus war, und die Alexander in ganz Asien geben liess um den Stolz des Harpalus zu demütigen. Man behauptet sogar er sei selbst der Verfasser dieses Stückes gewesen, in dem die Magier Babylons, Zeugen der Betrübnis des Harpalus über den Tod der Pythionike, versprechen, sie vom Aufenthalte der Schatten zum Licht zurückzuführen. Glaublicher ist aber, dass es von Python von Byzanz auf Veranlassung Alexanders gedichtet wurde. Jedenfalls hatte Harpalus kein Glück, sich mit Hilfe der Glycera eine Zuflucht in Athen zu sichern, er wurde verbannt und zog sich nach Kreta zurück unter ständiger Furcht vor Alexanders Rache, die ihm erspart blieb; aber einer seiner Hauptleute ermordete ihn, um sich der Schätze zu bemächtigen, die Harpalus selbst erst dem Makedonierkönige gestohlen hatte. Glycera gelang es zu entschlüpfen und sie kehrte, aus ihrer Höhe gefallen, nach Athen zurück, wo sie ihr altes Gewerbe wieder aufnahm. Sie war nicht mehr die Königin von Tarsos, die fast göttliche Ehren empfangen hatte und deren Bronzestatuen in den Tempeln neben denen des Harpalus gestanden hatten, sondern eine Hetäre von ziemlich reifem Alter, und etwas abgenützter Schönheit, aber auch von unermüdlichem Geiste. Lynkäus von Samos hielt ihre Bons-Mots für sammelnswert, doch besitzen wir diese Sammlung nicht mehr. Athenäus erwähnt einige davon, welche die Zeitgenossen der Glycera beschäftigten. Wir haben einige bereits angeführt, die beiden folgenden wollen wir noch zufügen: „Du verdirbst die Jugend," sagte ihr der Philosoph Stilpon — „Was thuts, wenn ich ihr Vergnügen mache?" antwortete sie. „Du, Sophist, verdirbst sie auch, aber du langweilst sie." — Ein Mann, der ihre Gunst kaufen wollte, bemerkte Eier in einem Korbe: „Sind sie roh oder gekocht?" sagte er zerstreut — „Sie sind von Silber!" versetzte sie boshaft, um ihn zum Gegenstand ihrer Unterhaltung zurückzuführen.

Ihre Abenteuer in Babylon und Tarsos hatten sie in Mode gebracht:

deshalb war die Zahl der Nachfolger des Harpalus gross. Vorzüglich aber kettete sich Glycera an zwei geistreiche Männer, an den Maler Pausias und den Dichter Menander. Ersterer malte die Blumen, welche sie in Kränze und Guirlanden flocht. Er malte ein Porträt der Glycera, welches sie sitzend, einen Kranz flechtend darstellte. Dieses entzückende Bild, das man Stephanoplocos (Kranzwinderin) nannte, wurde nach Rom geschafft und von Lucullus gekauft, der es so hoch wie alle seine anderen Gemälde zusammen schätzte. Glyceras Leidenschaft für Menander dauerte länger als ihre Verbindung mit Pausias. Sie ertrug alle Launen und Grillen des Komikers, dem sie mehr eine ergebene Dienerin als eine bevorzugte Maitresse war. Menander warf ihr oft vor, dass sie eine Dirne gewesen sei und tadelte ihre Jugendsünden; er war auf die Vergangenheit eifersüchtig wie auf die Gegenwart: „Würdest du mich mehr geliebt haben," sagte er, „wenn ich die Schätze Alexanders gestohlen hätte?" Sie lächelte und antwortete auf diesen Hohn nur durch erneute Sorge und Treue. Eines Tages kam er betrübt über den schlechten Erfolg eines seiner Stücke, in Schweiss gebadet, und mit trockener Kehle nach Haus. Glycera brachte ihm Milch und bat ihn sanft, sich zu erfrischen: „Diese Milch ist alt," sagte er, Gefäss und Hand zurückstossend, „sie widert mich an mit ihrem ranzigen ekelhaften Rande." Es war dies eine grausame Anspielung auf das Wachs und die Schminke, welche die Runzeln der Glycera bedeckten. „Gut!" sagt sie heiter, „Lass dich durch das Uebel nicht hindern, lass das Obere und nimm das Untere." Sie liebte ihn wahrhaftig und fürchtete nur, dass ihr eine Jüngere seine Zärtlichkeit wegnehmen könnte, welche sie sich oft nur künstlich erhielt, denn Menander war veränderlich und launisch in der Liebe; dennoch liess er sich durch die leidenschaftliche Ergebenheit der Glycera fesseln, welche er in seinen Komödien unsterblich machte: „Ich will lieber die Königin Menanders, als die Königin von Tarsos sein," sagte sie. Nach ihrem Tode hatte Glycera kein so glänzendes Grabmal wie das Monument der Prostitution (so wurde das Grabmal der Pythionike genannt); aber ihr Name blieb im Andenken der Griechen eng mit dem Menanders verknüpft und wurde nicht weniger berühmt als derjenige der Laïs, der Phryne und der Aspasia.

XIV. Kapitel.

Die Etrusker und Römer.

Einführung in die heilige Prostitution Etruriens. — Eigenartige, physische Gestaltung der Einwohner des alten Italien. — Rom. — Die Wölfin Acca Laurentia. — Ursprung des Lupanar. — Bau der Stadt Rom auf dem von Acca Laurentia ihren Adoptivsöhnen, Remus und Romulus, überlassenen Gebiete. — Von Romulus und Remus zu Ehren ihrer Amme unter dem Namen Lupercalien eingeführte Feste. — Die Luperci, Priester des Gottes Pan. — Die Sabinerinnen und das Orakel. — Herkules und Omphale. — Die heilige Prostitution in Rom. — Die Dirne Flora. — Ihre Heirat mit Tarutius. — Ursprung der Floralien. — Die Feste der Flora und der Pomona. — Die Dirnen an den Floralien. — Cato im Cirkus. — Venus Cloacina. — Die anständigen Venusarten: Venus-Placida, Venus-Genetrix etc. — Die unanständigen Venusarten: Venus Voluptia, Venus-Lasciva, Venus-Voluntaria. — Tempel der Venus Erycina in Sicilien von Tiberius erbaut. — Die Venustempel zu Rom. — Julius Caesar's Ehrfurcht vor Venus. — Ursprung des Kultus der Venus Victrix. — Geheimnisvolle Episode der Venusfeste. — Venus Myrtea oder Murcia. Gaben der Dirnen an Venus. — Die Abendgenossenschaften der Venus. — Unzüchtige Opfer dem Kupido, Priap, Mutinus etc. von den römischen Damen dargebracht. — Die Priapeia. — Schändlicher Kult des Gottes Mutinus. — Mutina. — Die hermaphrodite Gottheit Portunda. — Tychon und Orthanes. — Schändlicher Kult, von einem Griechen im Etrurien eingeführt. Oberpriester dieser neuen Religion. — Analogie dieses Kultus mit dem der Isis. — Die Mysterien der Isis in Rom. — Die Isisfeiern. — Verdorbenheit der Isispriester. —

Bacchuskult. — Die Bacchanten und Bacchantinnen. — Schändliche Feste, welche die Gottheiten in Rom entehrten. — Der Dirnenmarkt. — Unterschied zwischen der römischen heiligen Prostitution und der heiligen Prostitution der Griechen.

Aegypten, Phönizien und Griechenland kolonisierten Sicilien und Italien indem sie daselbst ihre Religionen, Sitten und Gebräuche einführten. Die heilige Prostitution verfehlte nicht sogleich der Wanderung der Götter und Göttinnen zu folgen, welche ihre Wohnstätte änderten, ohne ihren Charakter zu verlieren. Schriftliche Zeugnisse über den Ursprung dieser Prostitution auf der Kyklopeninsel und der Halbinsel des Saturn bestehen schon seit Jahrhunderten nicht mehr, aber man hat auf etruskischen und græco-italischen Friedhöfen eine Menge gemalter Vasen gefunden, welche Scenen aus der heiligen Prostitution vor der Gründung Roms darstellen. Es sind immer dieselben Opfergaben, welche die Jungfrauen in die Tempel von Babylon und Tyrus, von Bubastis und Naukratis, von Korinth und Athen bringen. Die Geweihte setzt sich im Heiligtume bei der Statue der Göttin nieder, der Fremde bezahlt den Preis ihrer Scham, und sie legt das Geld auf den Altar, der sich durch diesen schändlichen Handel bereichert nur zu Gunsten des Priesters allein. Dies ist nach den Ascheurnen die fast unveränderliche Form, welche die heilige Prostitution in den ägyptischen, phönizischen und griechischen Kolonien annahm. Der Venuskult kam sicher daselbst zuerst zu Ehren, denn er war der anziehendste und natürlichste, aber man verzichtete vollständig auf die Namen und die Attribute der allegorischen Göttin der Weltschöpfung. Diese Namen mussten denen der römischen Theogonie so unähnlich sein, dass Varro, gestützt auf die Autorität des Macrobius, behauptet, Venus sei unter den Königen in Rom nicht bekannt gewesen. Aber Macrobius und Varro hätten sagen müssen, dass sie noch keine Tempel im Innern der Stadt des Romulus hatte, denn sie wurde in Etrurien verehrt, ehe Rom dieses Land durch einen langen Krieg unterwarf. Vitruvius behauptet in seiner Baukunst, dass nach den Lehren des Haruspices Etruriens die Venustempel nur ausserhalb der Stadt bei den Thoren stehen konnten, damit die Abgelegenheit dieser Tempel den jungen Leuten möglichst die Gelegenheit raube und die Ehre der Familienmütter sichere.

Nicht nur die heilige Prostitution bestand im alten Italien; man kann auch behaupten, dass die gastliche und die legale Prostitution gleichzeitig daselbst herrschten, erstere in den Wäldern und Gebirgen, letztere in den Städten. Die Etruskischen Vasengemälde lassen uns keine Ungewissheit über die raffinierte Verdorbenheit, die dieses Urvolk bereits ergriffen hatte. Man könnte schon genügende Folgerungen für die Ausbreitung der Prostitution aus dem Reichtume und der Manigfaltigkeit des Schmuckes der

Weiber ziehen, welcher ihrer Eitelkeit und ihren Toilettenbedürfnissen entstammte. Man ersieht aus tausenden, gemalten Versen entlehnten Beweisen, dass die Lüsternheit dieser einheimischen und ausländischen Völker keinen sozialen oder religiösen Zügel kannte. Bestialität und Päderastie waren bei allen Alters- und Rangstufen gewöhnliche Laster; nur Ceremonien bei Sühneopfern und Reinigungen stellten bisweilen deren freie Ausübung ein. Wie bei allen alten Völkern huldigte man durch Vermischung des Geschlechtes der Natur, und das Weib, dem gewaltthätigen Verlangen des Mannes unterworfen, war meist nur das geduldige Werkzeug seiner Freuden: sie wagte fast nie ihre Wahl auszusprechen und gehörte jedem, der Macht über sie hatte. Die physische Gestaltung der wilden Voreltern der Römer zeigte übrigens alles, was man bei ihrer Sinnlichkeit erwarten konnte: sie hatten männliche Glieder wie Stiere und Hunde; sie glichen den Böcken, denn sie trugen über dem After eine Art roten Haarbusch, welcher unmöglich, als Stammabzeichen in der Malerei, welche diese barbarischen Rückseiten darstellt, betrachtet werden kann. Dieser gleichzeitig fleischige und beharrte Auswuchs war der Rest eines wirklichen Tierschwanzes. Es würde schwer zu sagen sein, wann dies Merkmal tierischer Brunst völlig verschwand; in der allegorischen Bildhauerei ward es als charakteristisches Zeichen des Satyr und der Faune beibehalten. Bei Völkern, die so zur fleischlichen Liebe von Natur geschaffen waren, verband sich die Prostitution ohne Zweifel allen Akten des bürgerlichen und religiösen Lebens.

Schon in der Wiege Roms, als Romulus und Remus von einer Wölfin gesäugt wurden, finden wir die Prostitution. Nach dem alten, von Aurelius Victor, Aulus Gellius und Macrobius angeführten Geschichtsschreiber Valerius war die Wölfin nur eine Dirne, Acca-Laurentia, die Maitresse des Hirten Faustulus, welcher die Zwillinge am Ufer des Tiber ausgesetzt fand. Acca Laurentia war die Wölfin (lupa) von den Hirten der Gegend genannt worden, weil sie dieselbe oft in den Wäldern umherirrend angetroffen hatten und sie mit ihren Geschenken bereicherten. Sie hatte durch ihre Prostitution die Felder zwischen den sieben Hügeln erworben und schenkte sie ihren Pflegesöhnen, welche darauf die ewige Stadt gründeten. Macrobius sagt rückhaltlos, die Wölfin habe soviel erworben, weil sie sich ohne Wahl jedem, der sie bezahlte, preisgab (meretricio quaestu locupletam). So hatte also das römische Volk eine Dirne zur Amme und ein Lupanar zur Heimat. Lupanar war der Name der Hütte der Acca Laurentia, und seitdem nannte man auch so die Unzuchtshöhlen ihres Gleichen, welche ihr zu Ehren Wölfinnen genannt wurden. Wir haben bei den Griechen bereits Wölfinnen derselben Art gefunden. Diejenige, welche Romulus und Remus nährte und von ihrem Schandlohne den Urbesitz Roms kaufte, musste ihr Gewerbe lange ausüben: corpus in vulgus dabat, sagt Aulus Gellius, pecuniamque emerueat exeo quaestu uberem. Sie starb im Rufe einer grossen Hure, und dennoch führte man ihr zu Ehren ein Fest unter dem Namen Lupercalien ein. Wenn man ihr nie einen Tempel errichtete, so geschah dies nur aus Furcht, ihre Wohnung durch den Namen Lupanar zu entehren. Um die Lupercalien zu rechtfertigen, feierte man sie Mitte Dezember als Trauerfest am Jahrestage ihres Todes und schob sie später, aus Achtung vor der öffentlichen Meinung, dem Gotte Pan zu. Das erste Fest also, welches Romulus und Remus oder ihr Pflegevater Faustulus in Rom einführten, war die Gedächtnisfeier der Wölfin Acca Laurentia.

Dieses Fest, welches bis ins 5. Jahrhundert n. Chr. bestand, nicht ohne viele Veränderungen zu erleiden, war ganz einer Dirne würdig. Die Luperci, die Priester des Pan, durchliefen, bis auf eine Schambinde völlig nackt, mit einem blutigen Messer in der einen und einer Geissel in der andern Hand, die Strassen der Stadt, indem sie die Männer mit dem Messer bedrohten und die Weiber mit der Geissel schlugen. Diese, weit entfernt, sich den Schlägen zu entziehen, suchten sie vielmehr mit Eifer und empfingen sie mit Zerknirschung. Folgendes war der Ursprung dieses symbolischen Laufes, der ein Heilmittel gegen die Unfruchtbarkeit der Weiber war und sie schwanger machte, wenn die göttliche Geissel sie am rechten Platz getroffen hatte Als die Römer des Romulus die Sabinerinnen geraubt hatten um sich Weiber und Kinder zu verschaffen, zeigten sich die Sabinerinnen anfangs unfähig, das zu thun, was man von ihnen erwartet hatte; ihre gezwungene Vereinigung brachte keine Frucht hervor, obgleich sie sich nicht über ihre Räuber zu beklagen brauchten. Sie riefen Juno in einem dem Pan heiligen Gehölze an, und das Orakel, welches sie daselbst empfingen, flösste ihnen zuerst eine gewisse Furcht ein: „Es ist nur ein Bock nötig," sagte das Orakel, „euch Mutter werden zu lassen." Man hatte keine Mühe, diesen Bock zu finden, ein Panpriester nahm ihnen die Sorge ab, indem er einen Bock auf der Stelle schlachtete und das Fell in Riemen schnitt, mit diesen geisselte er die Sabinerinnen, welche durch diese Geisselung, die sozusagen ein Recht der Lupercalien wurde, schwanger wurden. Die lateinische Mythologie gab diesem Laufe der Luperci eine poetischeren, aber weniger nationalen Grund. Herkules reiste mit Omphale, ein Faun bemerkte sie und folgte ihnen heimlich in der Hoffnung, einen Augenblick zu erhaschen, wo Herkules seine Schöne verlassen würde, um eine seiner zwölf Arbeiten zu vollbringen. Die beiden Liebenden begaben sich in eine Grotte und assen darin. Herkules und Omphale hatten die Kleider vertauscht, um sich während des Mahles zu ergötzen. Omphale hatte sich in das Fell des nemäischen Löwen gehüllt und um die Schultern den Köcher mit den vergifteten Pfeilen gehängt; Herkules entblösste seine zottige Brust und legte das Halsband und die Armspangen seiner Geliebten an. Sie tranken und berauschten sich in dieser Verkleidung. Endlich schliefen sie auf einem Lager von trockenen Blättern ein, da drang der Faun in die Höhle und suchte tastend das Bett der Omphale. Er schlüpfte zu Herkules, nachdem er vorsichtig das Löwenfell vermieden hatte, welches ihm verhehlte, was es zufällig einschloss. Herkules erwachte und züchtigte den Kecken, der in seinem Irrtume ein wenig zu weit gegangen war. Seit diesem Abenteuer hatte Pan einen Abscheu vor jeder Verkleidung, da eine solche seinen Faun getäuscht hatte, und er befahl, um vor Irrungen dieser Art sicher zu sein, dass seine Priester an den Lupercalien nackt einherliefen. Man opferte an diesem Tage Böcke und Ziegen, welche die Luperci selbst abhäuteten, um sich mit diesen blutigen Fellen zu bedecken, die in dem Rufe standen, Verlangen zu erregen und den lüsternen Opferern des Pan ein wildes Feuer zu verleihen. Die heilige Prostitution war also der Grundgedanke der Lupercalien.

Dies war nicht das einzige Fest und der einzige Kult, durch welchen die heilige Prostitution in Rom vor dem Venuskulte eingeführt worden war. Unter der Regierung des Ancus Martius legte sich die Dirne Flora den Namen Acca Laurentia zu Ehren der Amme des Romulus und Remus bei. Sie war von wunderbarer Schönheit, aber dennoch nicht reich. Eines Nachts ging sie in den Tempel des Herkules, um den Schutz dieses mächtigen Gottes zu erlangen. Herkules offenbarte ihr im Traume, dass die erste Person, welche sie beim Verlassen des Tempels treffen würde. ihr Glück bringen würde; sie traf einen Patrizier, Namens Tarutius, der ein ansehnliches Vermögen besass. Er verliebte sich auf der Stelle in sie und heiratete sie. Als er starb, setzte er sie zu seiner Erbin ein, und Flora, welche durch diese Heirat in Mode gekommen war, nahm ihr altes Dirnengewerbe wieder auf und erlangte dadurch ein ungeheures Vermögen, welches sie dem römischen Volke als Erbe hinterliess. Ihr Vermächtnis wurde angenommen, und der Senat verordnete aus Dankbarkeit, dass der Name der Flora in die Staatsjahrbücher eingetragen würde, und dass feierliche Feste das Andenken an die Grossmut dieser Dirne fortpflanzen sollten. Später aber bedrückten diese Ehren, welche einem verworfenen Weibe gewährt wurden, das Gewissen der ehrbaren Leute, und man machte, um die Ehre der Dirne zu retten, sie zur Göttin. Flora wurde von da an die Göttin der Blumen und man feierte die Floralien im April oder Mai mit grossem Glanze. Zur Feier dieser Feste verwendete man die Einkünfte aus dem Nachlasse der Flora, und als diese nicht mehr ausreichten, verwendete man dafür seit 513 v. Chr. auch die Bussen, welche für Diebstähle bezahlt worden waren. Die Florafeste, die man Feste der Flora und Pomona nannte, bewahrten immer das Merkmal ihrer Stifterin. Die Obrigkeit hob sie mehrmals auf, aber das Volk erzwang ihre Erneuerung, wenn Dürre oder eine schlechte Ernte bevorzustehen schien. Sechs Tage lang bekränzte man mit Blumen die Statuen und Altäre der Götter und Göttinnen, die Hausthüren, die Trinkbecher und streute frisches Laub auf Strassen und Plätze; man führte Jagden auf, indem man Hasen und Kaninchen (cuniculi) verfolgte, welche die Dirnen nur lebend fassen durften, wenn sie sich unter ihre Kleider flüchteten.

Die Aedilen, welchen die Aufsicht der Floralien zustand, warfen unter das Volk einen Regen von Bohnen, trockenen Erbsen und anderen Hülsenfrüchten, welche die Menge sich mit Faustschlägen streitig machte. Ferner gaben gerade diese Feste, welche die Dirnen als ihr Eigentum betrachteten, Veranlassung zu entsetzlichen Ausschweifungen im Cirkus. Die Dirnen zogen feierlich mit Musik aus ihren Häusern, gehüllt in sehr weite Schleier, unter denen sie nackt und mit all ihrem Schmucke beladen waren. Sie versammelten sich im Cirkus vor allem Volke, welches sich rundum drängte, und warfen daselbst ihre Schleier ab. Sie zeigten sich in der unanständigsten Nacktheit, alles mit Vergnügen zur Schau stellend, was die Zuschauer zu sehen begehrten, und diese unzüchtige Darstellung mit den schamlosesten Bewegungen begleitend; sie liefen, tanzten, sprangen und kämpften wie Athleten und Possenreisser, und jede lascive Bewegung erweckte Geschrei und Beifall bei diesem rasenden Volke. Plötzlich stürzten sich unter Trompetengeschmetter gleichfalls nackte Männer in die Arena, und ein öffentliches Prostitutionsgewühl bot neue Verführungen für die Menge. Eines Tages erschien Cato, der strenge Cato, in dem Augenblicke im Cirkus, als die Aedilen eben das Signal für die Spiele geben wollten; aber die Gegenwart dieses grossen Bürgers verhinderte den Ausbruch der Orgie. Die Dirnen blieben verschleiert, die Trompeten schwiegen, das Volk wartete. Man liess Cato merken, dass er allein ein Hindernis für die Spiele sei; er erhob sich, zog die Toga vor sein Gesicht und verliess den Cirkus. Das Volk klatschte in die Hände, die Dirnen enthüllten sich, die Trompeten schmetterten und das Schauspiel begann.

Es war dies sicher die frechste Prostitution, die je unter dem Schutze einer Göttin vorgenommen wurde, aber man versteht es, da die Göttin selbst eine freche Dirne gewesen war. Der Kult der Prostitution war in den Tempeln der Venus viel anständiger. Der älteste dieser Tempel in Rom scheint derjenige der Venus-Cloacina gewesen zu sein. Als man in der ersten Zeit der Republik die grosse Kloake reinigte, die vom Könige Tarquinius gebaut wurde und zum Tiber den Unrat der Stadt leitete, fand man tief im Schlamme eine Statue stecken: es war eine Venusstatue. Man fragte sich nicht, wie sie dahin gekommen sei, sondern man errichtete ihr einen Tempel unter dem Namen Venus-Cloacina. Die Prostituierten suchten abends in diesem Tempel ihr Glück, sie versprachen einen Teil ihres Lohnes der Göttin zu opfern, deren Altar zu immer neuen Bitten und Gelübden anlockte. Venus hatte anständigere und weniger besuchte Tempel in den zwölf Regionen oder Quartieren der Stadt. Venus-Placida, Venus-Genetrix oder Erzeugerin, Venus-Vesticordia, die Herzenslenkerin, Venus-Erycina, Venus-Victrix und andere ziemlich anständige Venusarten ermunterten nicht zur Prostitution; sie duldeten sie kaum zu Nutzen der Priester, welche sich ihr insgeheim überliessen. Es gab wenig Venusarten, die an sich den geheimen Mysterien der Liebe vorgestanden hätten. Der Tempel der Venus-

Voluptia im X. Quartier war ein Schauplatz der Ausschweifung beider Geschlechter, welche daselbst die Inspiration der Göttin erwarteten. Der Tempel der Venus-Salacia oder Lascivia, dessen Lage in Rom unbekannt ist, war sehr eifrig von den Dirnen besucht, welche sich in ihrem Handwerke vervollkommnen wollten. Der Tempel der Venus-Lubentina oder Voluntaria befand sich ausserhalb der Mauern, von einem Gehölze umgeben, welches sorglich seinen Schatten über die Zusammenkünfte der Liebenden breitete. Venus wendete sich mit ihren verschiedenen Namen immer an den Sinn für das Vergnügen, wenn nicht für Ausschweifung. Doch waren ihre Tempel in Rom nicht wie in Griechenland und Kleinasien durch einen anerkannten Prostitutionshandel entehrt. Es waren daselbst nur Dirnen, welche sich aus übertriebener Frömmigkeit zum Nutzen der Göttin verkauften, in keinem Falle aber wurde auch das Opfer im Tempel selbst vollbracht, ausser wenn der Priester der Opferer war.

Man findet bei den römischen Schriftstellern nirgends, dass die Venustempel Roms Geweihte hatten, Priesterinnen, welche sich zu Gunsten ihres Altars preisgaben, wie dies noch zur Kaiserzeit in Korinth und in Athen geschah. Strabo erzählt in seiner Geographie, dass der berühmte Tempel der Venus-Erycina auf Sicilien voll Weiber war, die zum Kult der Göttin dienten und von Bittstellern geschenkt worden waren, welche ihre Gunst suchten. Diese geweihten Sklavinnen konnten sich von dem Gelde loskaufen, welches sie durch ihre Prostitution verdienten, und von dem nur ein Teil dem sie schützenden Tempel gehörte. Dieser Tempel fiel unter der Regierung des Tiberius in Trümmer, der ihn als Verwandter der Venus wieder herstellen liess, und mit neuen Priesterinnen besetzte. Die Tempel Roms hatten alle einen sehr kleinen Umfang, so dass die Zelle nur den Altar und das Bild der Göttin sowie die Opfergeräte einschliessen konnte: man ging also nicht ins Innere, und bei den Venusfesten, wie bei denen der anderen Götter fanden die Ceremonien unter freiem Himmel vor den Säulenhallen und den Stufen des Heiligtums statt. Diese Bauweise scheint jede heilige Prostitution, wenigstens im Tempel selbst, auszuschliessen. Die Römer hatten überdies, als sie die Religion der Griechen annahmen, diese ihren Sitten angepasst, und der skeptische Geist dieses Volkes passte schlecht zu dem Vertrauen und der Selbstverleugnung, welche die Offenherzigkeit und Kindlichkeit der Griechen beanspruchte, ohne lächerlich und verhasst zu sein. Die Römer glaubten nicht an die Göttlichkeit ihrer Götter. Sicher ist also, dass die Venusfeste in Rom beinahe keusch oder vielmehr anständig in allem waren, was sich auf den Kult bezog, dagegen dienten sie als Vorwand für Orgien und Ausschweifungen aller Art, die in den Häusern stattfanden. Julius Caesar, der sich rühmte, von Venus abzustammen, feuerte von neuem zum Kult seiner göttlichen Stammmutter an, er weihte ihr Tempel und Statuen im ganzen römischen Reiche; er liess ihr zu Ehren herrliche Spiele aufführen und leitete in

Person die Prunkfeste, die er wieder herstellte oder neu für sie schuf. Er beabsichtigte nicht unter seiner Herrschaft die heilige Prostitution in Kraft zu setzen, er mied auch irgend eine Ausschweifung mit Venus in Beziehung zu bringen, welche als Venus-Lubentia, Voluptia, Salacia etc. nur die Göttin der Römer war. Ausserdem hatte Venus-Pandemos nie einen Tempel in Rom.

Man betete vor allem Venus-Victrix an, welche die grosse Beschützerin des Aeneas entsprossenen Volkes zu sein schien; aber man erinnerte sich nicht einmal, bei welcher Gelegenheit Venus zuerst unter den Namen Armata angebetet worden war. Dies stammte aus Sparta und nicht aus Rom, denn Venus war, ehe sie Venus-Victrix wurde, Armata gewesen. In der Heroenzeit der Lakedämonier waren einst alle rüstigen Männer ausgerückt, um Messene zu belagern. Die belagerten Messenier gingen ihrerseits heimlich aus der Stadt und marschierten Nachts ab, um das verteidigungslose Sparta einzunehmen. Doch die Lakedämonierinnen rüsteten sich eilig und stellten sich stolz dem Feinde entgegen, den sie in die Flucht schlugen. Als die Spartiaten erfuhren, in welcher Gefahr ihre Stadt schwebte, hoben sie die Belagerung Messenes auf und eilten zur Verteidigung ihres Herdes herbei. Sie sahen von weitem das Glänzen der Helme, Panzer und Lanzen und glaubten die Messenier getroffen zu haben, sie machten sich also kampfbereit; doch als sie näher kamen, erhoben die Weiber, um sich zu erkennen zu geben, ihre Röcke und entblössten ihre Scham. Beschämt durch diesen Irrtum, stürzten sich die Lakedämonier mit offenen Armen auf die heldenhaften Frauen, und liessen ihnen nicht einmal Zeit, sich zu entwaffnen. Es entstand ein Liebesdurcheinander, aus dem der Kult der Venus-Armata hervorging. „Venus!" ruft ein Dichter der griechischen Anthologie aus. „Venus! Die du zu lachen pflegst und Brautgemächer zu besuchen, woher nahmst du diese kriegerischen Waffen? Du findest Freude an Liebesliedern und den harmonischen Klängen der Flöten, du und dein blonder Hymenäus, zu was diese Waffen? Rühme dich nicht, den schrecklichen Mars beraubt zu haben! O, wie mächtig ist Venus!" Ausonius lässt in seiner Nachahmung dieses Epigrammes Venus sagen: „Wenn ich nackt siegen kann, zu was soll ich denn Waffen tragen?" Die Venus-Victrix in Rom war nackt, den Helm auf dem Kopfe und die Lanze in der Hand.

Die öffentlichen Venusfeste waren also viel weniger schamlos als die der Lupa und Flora. Sie waren lustig aber nicht obscön, mit Ausnahme eines mystischen Vorganges, der sich vor den Augen einer kleinen Zahl Bevorzugter abspielte und den Leuten, welchen man ihn mit mehr oder weniger seltsamen Einzelheiten erzälte, wie ein Wunder erschien. Der Dichter Claudius sagt uns nicht, in welchem Tempel dieses kunstreiche und unterhaltende, physikalische Spiel vor sich ging. Man legte auf ein Rosenlager eine Elfenbeinstatue der Göttin, die sie nackt darstellte, dann auf dasselbe Lager in einiger Entfernung eine stahlgerüstete Marsstatue. Nach einigen Augenblicken gingen die Mysterien vor sich: beide Statuen setzten sich gleichzeitig in Bewegung und stürzten mit solcher Gewalt aufeinander, dass sie beim Zusammenprall in Splitter zu gehen drohten, dann blieben sie eng umarmt und zitternd zwischen den Rosenblättern. Das ganze Geheimnis dieser mythologischen Scene wohnte im Bauche der Elfenbeinstatue, welche einen Magneten umschloss, dessen Anziehungskraft auf den Stahl der Marsstatue einwirkte. Aber diese Erfindung verweist auf eine Zeit von wissenschaftlicher Vollkommenheit und sehr vorgeschrittenem Raffinement. Die alten Römer verfuhren weniger künstlerisch mit ihren ersten Venusbildern. Eines von diesen war Venus-Myrtea, so genannt nach einem Myrtenwäldchen, welches ihren, wahrscheinlich am Kapitol gelegenen Tempel umgab. Die Myrte war der Venus heilig; sie diente zu den Reinigungen, welche den Hochzeitsbräuchen voraus gingen. Nach der Tradition hatten sich die Römer bei dem Raub der Sabinerinnen mit Myrten bekränzt, als Symbol der siegreichen Liebe und ehelichen Treue. Venus hatte sich ebenfalls mit Myrten geschmückt, als sie Juno und Pallas im Schönheitskampfe überwunden hatte. Man bot daher allen Venusstatuen Myrtenkränze an, und die weisen Matronen, welche nur anständige Venusarten anbeteten, hatten eine Abscheu vor der Myrte, wie Plutarch uns berichtet, weil die Myrte gleichzeitig das Symbol und die Aufforderung der sinnlichen Liebe war. Venus Myrtea nahm den Namen Murtia an, als ihr Tempel auf den Mons Aventinus, den man auch Murtius nannte, in die Nähe des Cirkus verlegt wurde. Damals scheuten sich die jungen Mädchen nicht mehr Venus-Murtia anzurufen, indem sie ihr Puppen, Terracottastatuetten oder Wachsbilder darbrachten, welche, sicher ohne Wissen der Bittstellerin, an den alten Brauch erinnerten, sich selbst der Göttin zu opfern, indem man ihr die Jungfrauschaft darbrachte. Dieses Opfer, welches so allgemein und häufig im Venus Kulte gewesen war, setzte sich noch unter symbolischer Form fort, und überall war die brutale Wirklichkeit durch eine mehr oder minder durchsichtige Anspielung ersetzt worden. So fanden die Römer, als sie Phrygien einnahmen und sich in Troas einrichteten, welches sie als Wiege ihres Stammes betrachteten, daselbst einen Brauch wieder, welcher sich dem Venuskult zugesellt hatte und die wirkliche Ausübung der heiligen Prostitution ersetzte. Die jungen Mädchen weihten sich einige Tage vor der Hochzeit der Venus durch ein Bad im Flusse Skamander, wo sich die Göttinnen gebadet hatten, um sich in Stand zu setzen vor Paris, ihrem Richter, erscheinen zu können: „Skamander," rief die Troerin aus, die sich den schmeichelnden Wogen dieses heiligen Flusses überliess, „Skamander, empfange meine Jungfrauschaft."

Der Venuskult zu Rom verlangte keine Opfer dieser Art. Ausserdem waren die Dirnen die fleissigsten Besucher der Altäre der Göttin, welche sich nach der Ethymologie ihres Namens an alle und alles wendete (quia venit ad omnia, sagt Cicero in seiner Natur der Götter; quod ad cunctus veniat, Arnobius in seiner Schrift gegen die Heiden). Die Dirnen boten ihr vorzüglich die Abzeichen und Werkzeuge ihres Handwerks an: blonde Perrücken, Kämme, Spiegel, Gürtel, Nadeln, Schuhe, Schnüre, Schellen und viele andere Dinge, welche die Geheimnisse ihres Gewerbes charakterisieren. Sie beraubten sich ihres Schmuckes und ihres Zierrats, um sie der Göttin darzubringen, welche ihren Anbeterinnen das doppelte zurückgeben sollte. Einige drückten in ihren Gaben eine uneigennützigere Dankbarkeit aus, und ihre Liebhaber waren nicht weniger kindlich in ihren Opfern: der eine brachte eine Lampe, die Zeugin seines Glückes gewesen war, der andere eine Fackel und einen Hebel, welche ihm gedient hatten, die Thür seiner Maitresse zu verbrennen und einzustossen; die meisten brachten in Gestalt eines Phallus Lampen und Votivphallen. Man opferte zu Ehren der Venus, der Mutter der Liebe, Ziegen und Böcke, Tauben und Sperlinge, welche die Göttin wegen ihres Eifers für ihren Kult in Schutz genommen hatte. Wenn auch die Ceremonien und Feste der Venus in den Tempeln die Scham nicht verletzten, berechtigten und erregten sie doch sehr zu Ausschweifungen in den Häusern, besonders bei den jungen Wüstlingen und den Dirnen. Das wildeste dieser Venusfeste fand im April statt, dem Monate der Liebesgöttin, weil alle Keime der Natur sich während dieses Monats zur Neubelebung entfalten und die Erde in gewissem Sinne ihren Schoss den Küssen des Frühlings zu öffnen scheint. Man brachte die Aprilnächte unter Laubgängen und Schutzdächern von blumengeschmückten Zweigen mit Schmausen, Trinken, Tanzen, Singen und Lobpreisen der Venus zu. Diese Nächte nannte man die Nachtwachen der Venus, und die ganze römische Jugend nahm feurigen Anteil daran, während die Greise und Eheweiber sich tief in ihre Wohnungen unter die schützenden Augen ihrer Laren zurückzogen, um nicht das Freudengeschrei, die Lieder und die Tänze zu hören. Man führte bisweilen bei diesem Aprilfeste, aber nur in ganz lockerer Gesellschaft, lüsterne Tänze und Pantomimen auf, welche die Hauptereignisse der Geschichte der Venus darstellten, so das Urteil des Paris, das Netz des Vulcan, die Liebe zu Adonis und andere Scenen dieser unkeuschen aber poetischen Mythologie. Die Darsteller dieser Pantomimen waren völlig nackt und bemühten sich bei den Aufführungen die Liebesthaten und Bewegungen der Götter und Göttinnen möglichst genau wiederzugeben, so dass Arnobius über diese Vergnügungen sagt, Venus, die Mutter des Herrschervolkes, sei eine trunkene Bacchantin geworden, welche sich allen Unkeuschheiten und Schandthaten der Dirnen überlasse (regnatoris et populi procreatrix amans saltatur Venus, et paraffectus omnes meretriciae vilitatis impudica exprimitur imitatione bacchari). Arnobius sagt ferner, dass die Göttin rot geworden sein würde beim Anblick der entsetzlichen Unanständigkeiten, die man sie mit Adonis begehen liess.

Eigenartiger Weise machten sich die hinsichtlich des Venuskultus so keuschen römischen Weiber keine Gewissensbisse, ihre Scham bei Ausübung anderer unanständigerer und schimpflicherer Kulte blosszustellen, welche sie doch nur als Götter und Göttinnen zweiten Ranges betrachteten. Sie boten Opfer dem Kupido, vor allem dem Priap, dem Mutinus, der Tutana, der Protunda und anderen Gottheiten derselben Art. Die Opfer wurden nicht nur am häuslichen Herde, sondern auch in öffentlichen Tempeln und vor den an den Strassenecken und auf den Plätzen der Stadt aufgestellten Statuen dargebracht. Nicht etwa die Dirnen wendeten sich an diesen geheimnisvollen Olymp der sinnlichen Liebe, Venus genügte ihnen mit ihren verschiedenen Namen und mannigfaltigen Gestalten, sondern die Matronen und selbst die Jungfrauen erlaubten sich die Ausübung dieser geheimen und unzüchtigen Kulte; überliessen sich ihm zwar nur verschleiert vor Sonnenaufgang oder nach Sonnenuntergang, aber sie scheuten sich doch nicht beim Anbeten des Priap und seines unsauberen Gefolges gesehen worden zu sein. Man könnte also glauben, dass sie die Reinheit ihres Herzens bewahrten mitten unter diesen unreinen Bildern, welche überall, in den Strassen, den Gärten und auf den Feldern ihre ungeheuere Obscönität, unter dem Vorwande die Diebe und Vögel zu vertreiben, zeigten. Die Zeit ist schwer zu bestimmen, in welcher der Gott von Lampsakus in Rom eingeführt und verbreitet wurde. Sein Kult war unter den geachtetsten Frauen ausserordentlich beliebt, und schien durch keine festen Gesetze und religiösen Ceremoniels geregelt zu sein. Der Gott hatte nicht einmal Tempel mit Priestern und Priesterinnen, aber seine phallustragenden Statuen waren fast ebenso zahlreich wie seine Verehrerinnen, welche mehr oder minder erfinderisch in ihrer Ergebenheit verschiedene Formen des Kultes erfanden, welchen sie diesem schmutzigen Gotte widmeten. Priap, der in menschlicher Figur mit gewaltigen Geschlechtsteilen, die Seele des Universums und die schöpferische Kraft der Materie darstellte, war erst sehr spät in die griechische Theogonie eingelassen worden, viel später noch kam er zu den Römern, welche ihn mit seinen Bockhörnern, seinen Ziegenohren und seinem unverschämten Zeichen der Mannheit nicht sehr ernst auffassten. Die Römerinnen hingegen beehrten ihn sozusagen mit ihrer speziellen Gunst und behandelten ihn durchaus nicht als einen schwachen und lächerlichen Gott. Dieser Priap, den die Mythologen zum natürlichen Sohn der Venus uud des Bacchus gemacht haben, war doch nur eine Entartung des Mendes oder Horus der Aegypter, welcher gleichfalls die schöpferische Kraft der Welt darstellte. Aber die römischen Damen suchten die Quelle der Dinge nicht so weit: ihr Lieblingsgott war der Schutzherr der Liebesfreuden, sowohl der ehelichen als auch der sonstigen. Nur hierin unterschied er sich von Pan, mit dem er sehr viele Aehnlichkeit im Aussehen und in den Attributen hatte. Man stellte ihn meist als Herme dar und verwendete ihn zugleich als Grenzpfahl in den Gärten, den Baumpflanzungen und den Feldern, die er mit seiner Keule oder seinem Stocke beschützen sollte.

Die antiken Monumente haben uns mit den verschiedenen Opfern bekannt gemacht, welche Priap in Rom und im ganzen römischen Reiche empfing. Man bekränzte ihn mit Blumen oder Laub, man umwand ihn mit Guirlanden, man brachte ihm Früchte dar, z. B. Nüsse, als Anspielung auf die Mysterien der Ehe, Aepfel zur Erinnerung an das Urteil des Paris; man verbrannte vor ihm auf einem tragbaren Altare Weizenähren, Glockenblumen, Kichererbsen und Klettenkraut; man tanzte, man sang zur Lyra und Doppelflöte um seine Statue und überliess sich mit mehr oder minder Feuer den Einflüsterungen seiner schlüpfrigen Bilder. Das einzige, was bei seinen Opfern die ehrbaren Frauen von den Dirnen unterschied, war der Schleier, unter dem sich ihre Scham in Sicherheit glaubte. Oft wurden die Gold- oder Blumenkränze, welche man dem Gotte von Lampsakus weihte, nicht auf seinem Kopfe sondern an dem unanständigsten Teile seiner Statue aufgehängt. Cingemus tibi mentulam coronis! ruft ein Dichter der Priapeia aus. Ein anderer Dichter derselben Sammlung lobt die Dirne Telethusa, welche, durch die Prostitution reich geworden, Priap auf diese Art einen goldenen Kranz anbietet. Cingit inaurata penem tibi, sancte, corona. Sie bezeichnet Priap als heilig. Endlich erschien das Priapzeichen als figürlicher Schmuck an einer Menge Gegenstände im Privatgebrauch. Die bescheidensten Blicke waren gezwungen es beständig zu tausend verschiedenen Zwecken verwendet zu sehen und begegneten ihm nur noch mit Gleichgiltigkeit und ohne Hintergedanken. So verwendete man es zu Schellen, Lampen, Leuchtern, Schmuck, kleinen Geräten aus Bronce, Thon, Elfenbein oder Horn, vor allem zu Amuletten, welche Weiber und Kinder zum Schutze gegen Krankheit und Zauber trugen. Er war, auch in Aegypten der Schutzwächter der Liebe und Helfer der Geschlechter. Die Maler und Bildhauer gefielen sich, ihm Flügel und Pfoten oder Krallen zu geben, um anzudeuten, dass er zerreisst, davonläuft und fortfliegt in das Reich der Venus. Dieser unanständige Gegenstand hatte auf diese Art seinen obscönen Charakter verloren, und der Geist suchte nichts mehr hinter ihm, wie er den Augen kaum auffiel. Aber der Kult des Priap bot deshalb nicht weniger Gelegenheit und Entschuldigung für viele unzüchtige Geheimnisse.

Dieser Kult umfasste übrigens auch den des Gottes Mutinus, Mutunus oder Tutunus, welcher sich von Priap nur durch die Stellung seiner Statuen unterschied. Er wurde sitzend, statt stehend, dargestellt; ausserdem verbargen sich seine wenig zahlreichen Statuen in geschlossenen Räumen, von einem Gehölz umgeben, wohin profane Blicke nicht drangen. Dieser Mutinus stammte in gerader Linie von den ithyphallyschen Idol der Urvölker Asiens ab; er diente auch demselben Zwecke und setzte in Rom die ältesten Formen der heiligen Prostitution fort. Die jungen Ehefrauen wurden zu diesem Idole geführt, ehe sie zu ihrem Gatten gingen, und sie setzten sich auf seine Knie, wie um ihre Jungfräulichkeit anzubieten: in celebratione nuptiarum, sagt St. Augustin, super Priapi scapum nova nupta sedere jubebatur. Nach Lactantius schienen sie sich nicht nur auf diesen unkeuschen Sitz zu setzen: in cujus sinu pudendo nubentes præsident, ut illarum pudicitiam prior deus delibasse videatur. Diese Libation der Jungfrauschaft wurde bisweilen eine wirklich vollendete Thatsache. Später kehrten dann die verheirateten Frauen, welche ihre Unfruchtbarkeit geheilt sehen wollten, zu einem neuen Besuche des Gottes zurück, der sie nochmals auf seinen Knieen empfing und sie fruchtbar machte. Arnobius erzählt schaudernd die schrecklichen Einzelheiten dieses Opfers: Etiam ne Tutunus, cujus immanibus pudendis, horrentique fascino vestras inequitare matronas et auspicabile dicitis et optatis? Man muss auf die hässlichen Gebräuche der Religionen der Inder und Assyrer zurückgehen um ein gleiches Opfer der heiligen Prostitution zu finden; aber im Oriente hatte in der Kindheit der Welt der schöpferische und erneuernde Gott einen feierlichen Kult, in dem man ihn offen verehrte, und der die Fruchtbarkeit der Mutter Natur darstellte; in Rom dagegen verbarg sich dieser verfallene und herabgekommene Kult in dem Schatten eines Tempelchens, wohin die allgemeine Verachtung den verrufenen Gott Mutinus verwies. Dieses Heiligtum stand zuerst im Quartier Velia, am Ende der Stadt; es wurde unter Augustus zerstört, welcher diesen Rest der heiligen Prostitution abschaffen wollte. Aber der Kult dieses abscheulichen Mutinus war so tief in die Sitten des Volkes gedrungen, dass man sein Heiligtum im Gebiete Roms wieder errichten musste, um dem Verlangen der jungen Ehefrauen und verheirateten Weiber zu genügen, welche dahin nicht nur von ganz Rom, sondern von den entferntesten Punkten Italiens kamen.

Einige Gelehrte haben auf das Zeugnis des Festus hin behauptet, dass diese Kapelle des Mutinus ausser seiner Statue auch die seines Weibes, Tutuna oder Mutuna, eingeschlossen habe, welche darin nur den Mysterien der Entjungferung vorstand und sich nicht selbst auf seine Knie setzte. Die Göttin, deren aus dem griechischen abgeleiteter Name das weibliche Geschlecht ausdrückt und speziell seine Natur bezeichnet, hatte keine ehrbarere Stellung als die Bittstellerinnen, die sich an ihren Gatten wendeten. Man darf indess Mutuna nicht mit Portunda verwechseln der hermaphroditen Gottheit, welche kein anderes Heiligtum hatte als das eheliche Schlafgemach während der Brautnacht. Diese Portunda, welche S. Augustin Portundus (der zuerst stösst) zu nennen vorschlägt, wurde in das Brautbett gelegt und spielte daselbst nach Arnobius eine ebenso delikate Rolle, wie der Gatte: Portunda in cubiculis præsta est virginalem scrobem effodientibus maritis. Dies war auch noch ein Rest der heiligen Prostitution, obgleich die Göttin nicht die Jungfräulichkeit der Braut empfing, sondern den Gatten zur Opferung aufmunterte. Man liess an der ersten Nacht der Neuvermählten noch einen andern Gott und eine andere Göttin teilnehmen, die der ehelichen Keuschheit gleich feindlich waren: den Gott Subigus und die Göttin Prema. Der Gott hatte dem Gatten seine Pflichten zu lehren, die Göttin der Braut die ihrigen: ut subacta a sponso viro, liest man erstaunt im Reiche Gottes von S. Augustin, non se commoveat, quum premitur. Die kleinen Götter Tychon und Orthanes waren nur geringe Schleppenträger des grossen Priap, sie figurierten am Hofe der Venus nur als schlüpfrige Antreiber zur heiligen Prostitution.

Doch weiss man nicht, wer diese unkeuschen Götter waren, deren Namen sich kaum bei dem obskuren Lykophron und bei Diodorus Siculus finden; man weiss auch nicht, welchem speziellen Vergnügen sie vorstanden, und man kann auch keine Hypothese aufstellen, die sich auf ihr Bild oder ihren Kult stützte. Möglich wäre es, dass die Götter, die uns kein Bild zeigt, dieselben waren, welche 566 n. Gründung Roms = 186 v. Chr. ein edler Grieche niederer Herkunft, halb Priester, halb Gaukler, in Etrurien eingeführt hatte. Diese unbekannten Götter, deren Namen nicht einmal die Geschichte aufbewahrt hat, begünstigten einen so ungeheuerlichen Kult und so schändliche Mysterien, dass ein allgemeiner Unwille sich gegen sie geltend machte und sie brandmarkte und verdammte. Zuerst wurden die Weiber allein diesen neuen Göttern mit schändlichen Ceremonien geweiht, welche dennoch eine grosse Menge aus Neugierde oder Wollust zuzogen. Später wurden auch die Männer zugelassen zu der Ausübung dieses hässlichen Kultus, der ganz Etrurien vergiftete und bis nach Rom drang. Er hatte in dieser Stadt bald mehr als 7000 Eingeweihte beiderlei Geschlechts, deren Oberhäupter und Oberpriester M. C. Attinus aus der Hefe Roms, L. Opiternius aus dem Lande der Faliscer und Menius Cercinius aus Campanien waren. Sie nannten sich frech: Gründer einer neuen Religion; aber der Senat, welcher die abscheulichen Gebräuche dieses Afterkultus kennen lernte, ächtete ihn durch ein Gesetz, befahl, dass alle geweihten Instrumente und Gegenstände zerstört würden, und bedrohte mit dem Tode jeden, der wagen sollte in dieser Weise die öffentliche Moral zu verderben. Mehrere Priester, welche trotz des Verbotes des Senats den Versuch machten, wurden ergriffen und zum Tode verurteilt. Nur durch dieses strenge Verfahren konnte man die Ausbreitung eines Kultus hemmen, der sich an die rohesten Begierden der Menschen wendete. Man vermutet, dass die Spuren dieser heiligen Ausschweifungen sich niemals völlig in den Sitten und Glaubenssätzen des Pöbels Roms verwischten.

Es gab vielleicht einen inneren Zusammenhang zwischen diesem fremden Kulte, den der Senat zu vernichten suchte, und dem Isiskulte, der gleichfalls wiederholt den Aechtungen der Obrigkeit ausgesetzt war. Man weiss nicht, wann der Isiskult zum ersten Male nach Rom gebracht wurde, man weiss nur, dass er daselbst entstellt, unter einer asiatischen Form erschien, die weit von ihrem ägyptischen Originale verschieden war.

in Aegypten waren die Mysterien der Isis, der Schöpferin aller Dinge, nicht immer keusch und vorwurfsfrei, aber sie stellten allegorisch die Schöpfung der Welt und des Lebens, die Bestimmung der Menschen, das Streben nach Weisheit und das künftige Leben der Seelen dar. In Rom wie in Asien waren diese Mysterien nur Vorwände und Gelegenheiten zu Ausschweifungen aller Art. Die Prostitution besonders nahm dabei den ersten Platz ein. Aus diesem Grunde wurde auch der Tempel der Göttin in Rom zehnmal abgebrochen und zehnmal wieder aufgebaut; deshalb duldet endlich der Senat die Isispriester nur wegen des selbstsüchtigen Schutzes, den ihnen einige reiche und mächtige Bürger zusicherten; deshalb wandten sich trotz der weiten Ausdehnung des Isiskultus unter den Kaisern, alle ehrbaren Leute mit Schrecken davon ab und verachteten nichts so sehr wie die Isispriester. Apulejus giebt uns in seinem „goldenen Esel" eine sehr zarte Beschreibung dieser Mysterien in die er eingeweiht war, deren geheime Feierlichkeiten er aber doch nicht zu veröffentlichen sich traute; er spricht von der feierlichen Prozession, bei welcher ein Priester in seinen Armen trägt: „Das verehrliche Bild der allmächtigen Göttin, das Bild, welches nichts hat vom Vogel, noch von zahmen oder wilden Vierfüsslern, und auch dem Menschen nicht ähnlich erscheint, das aber ehrwürdig durch seine Fremdartigkeit ist und geistreich charakterisiert den tiefen Mysticismus und das unverletzliche Geheimnis, in welches sich diese erhabene Religion einhüllt." Um das Bild, welches nichts anderes war, als ein goldener Phallus, begleitet mit den Emblemen der Liebe und Fruchtbarkeit, drängte sich eine Menge Eingeweihter, Männer und Weiber jeden Alters und Standes, bekleidet mit Linnengewändern von blendender Weisse, die Weiber ihr ölgesalbtes Haar von durchsichtigen Schleier umgeben, die Männer, bis auf die Haarwurzeln rasiert und Metallklappern schwingend. Aber Apuleius schweigt klug über das, was im Heiligtume des Tempels vorging, wo sich die Einweihung unter dem Lärm der Klappern und Glocken vollzog. Alle Schriftsteller des Altertums haben Schweigen über diese Einweihung beobachtet, welche mit der Prostitution gleich sein musste. Die Kaiser selbst erröteten nicht, sich einweihen zu lassen und hierbei zu Ehren des Anubis, des Sohnes der Isis, eine Hundekopfmaske zu tragen.

Also diese Göttin beherrschte in Rom und dem ganzen römischen Reiche die heilige Prostitution mehr als selbst Venus. Sie hatte zur Zeit der grössten Sittenverwilderung überall Tempel und Kapellen. Der Haupttempel, den sie zu Rom besass, stand auf dem Marsfelde. Seine Nebenräume, seine Gärten und seine Einweihungsgrotten müssen beträchtlich gewesen sein, denn man schätzte die Zahl der Männer und Weiber, welche an den Isisfesten feierlich zur Einweihung dahinzogen, auf mehrere Tausende. Es herrschte ausserdem in der heiligen Umgebung ein beständiger Wollusthandel, dem die mit allen Lastern befleckten und zu jedem Verbrechen fähigen Isispriester gefällig ihre Vermittlung gewährten. Diese Priester bildeten ein ziemlich zahlreiches Kollegium, welches in unzüchtiger Vertraulichkeit lebte; sie überliessen sich allen Verirrungen der Sinne, allen Zügellosigkeiten der Leidenschaften, sie waren immer trunken und vollgegessen, sie promenierten in den Strassen der Stadt mit ihren fleckigen und schmutzigen Kleidern, die Hundskopfmaske vor dem Gesicht, die Klapper in der Hand. Sie baten um Almosen, indem sie klapperten und an die Thüren klopften, und drohten denen mit dem Zorne der Isis, welche ihnen nichts gaben. Gleichzeitig übten sie das schändliche Gewerbe des Leno aus: sie befassten sich, um die Wette mit den alten Dirnen, mit allen Liebesgeschäften, Briefwechsel, Zusammenkünften, Handel und Verführung. Ihr Tempel und ihre Gärten dienten als Zuflucht allen Liebenden, die sie beschützten, und allen Ehebrechern, die sie unter ihren Kleidern und Linnenschleiern vermummten. Gatten und Eifersüchtige drangen nicht ungestraft in diese, dem Vergnügen geweihten Orte ein, wo man nur Liebespärchen sah, und nichts als durch die Klappern gedämpftes Seufzen hörte. Juvenal spricht in seinen Satyren oft von der allgemeinen Benutzung der Isisheiligtümer: „Noch vor ganz kurzem,“ sagt er in seiner IX. Satyre zu Nævolus, „besudeltest du recht regelmässig das Heiligtum der Isis mit deiner ehebrecherischen Gegenwart, auch den Tempel der Pax, wo Ganymed eine Statue hat, den geheimnisvollen Aufenthalt der Bona Dea, die Cereskapelle (denn in welchem Tempel gäben sich keine Weiber preis?) und, was du nicht zugiebst, du bindest selbst mit den Ehemännern an.“ Diese doppelte Prostitution wurde also in allen Tempeln Roms, vor allem in denen, welche als Decke für sie einen Lorbeer- oder Myrtenhain hatten, geduldet, wenn nicht anerkannt und ermuntert.

Der Isiskult vermischte sich mit dem des Bacchus, der als ein fleischgewordener Osiris angebetet wurde. Die Mythologie dieses siegreichen Gottes hatte soviele Berührungspunkte mit derjenigen der Venus, dass beide in gleicher Weise verehrt wurden, dass heisst durch Prostitutionsfeste. Man feierte die sogenannten Mysterien unter fürchterlichen Ausschweifungen. Die Lüstlinge und die Dirnen waren eifrige und begeisterte Anhänger: sie spielten die Rolle der Bacchanten und Bacchantinnen; sie liefen Nachts halbnackt, mit fliegenden Haaren, mit Weinlaub und Epheu umgürtet, Fackeln und Thyrsusstäbe schwingend, mit Cymbeln und Trommeln, Trompeten und Glöckchen durch die Strassen; bisweilen ritten sie auch als Faune verkleidet auf Eseln. Alles in diesem Bacchuskulte deutete auf Prostitution: hier trank man aus Bechern in Form des Phallus, dort befestigte man enorme Phallen am Ende des Thyrsus. Die Priesterinnen des Gottes trugen um seinen Tempel den Phallus, die Schwinge und die Ciste, wie in der Prozession des Isis, wo diese drei Zeichen die männliche und weibliche Natur, sowie deren Vereinigung darstellten. Denn die Ciste oder das Körbchen umschloss eine Schlange, die sich in den Schwanz biss, während die Kuchen darin die Gestalt des Phallus und der Schwinge hatten. Man sieht ein, dass ein völlig erotischer Kult, der so teuer der ausschweifenden Jugend war, zu unglaublichen Unordnungen führen musste. Die fröhliche, weinberauschte Schar hatte das Recht Männer und Weiber anzufallen, die sie zufällig bei ihren nächtlichen Wanderungen antraf, und sie mit ihrem rasenden Geschrei, Spottgelächter, frechen Worten und schamlosen Bewegungen zu verfolgen. Die ehrbaren Frauen verbargen sich mit Schauder in ihre Häuser, solänge die Bacchanalien dauerten, und boten, wenn sie vor ihrer Thür die Tobenden vorbeikommen hörten, ihren Laren ein Opfer und riefen Juno und Puditia an. Endlich wurde Bacchus noch als hermaphroditer Gott angebetet, und bei verrufenen Winkelvereinigungen, im Hintergrunde seines Tempels, wurden die Männer zu Weibern und umgekehrt, in einer namenlosen Orgie, welche durch die heilige Trommel geordnet wurde.

Bei allen diesen schändlichen Festen, welche die Gottheiten Roms entehrten, zogen die Dirnen, treu einer Ueberlieferung, deren Ursprung ihnen gleichgiltig war, Nutzen aus ihrer Unkeuschheit (strupra) und ihrer Preisgebung (prostibula). Sie behielten bloss einen Teil ihrer Einnahmen und legten das andere auf dem Altare des Gottes oder der Göttin nieder, ohne dass die Priester direkt an diesem schimpflichen Handel, der im Umkreise des Tempels abgeschlossen wurde, teilnahmen: „Heute ist Dirnenmarkt im Venustempel," sagt eine Dirne im Poenulus des Plautus; „da versammeln sich die Käufer der Liebe; ich will mich doch dort sehen lassen."

Ad aedem Veneris hodie est mercatus meretricius;
Eo conceniunt mercatores, ibi ego me ostendi volo.

In Rom hielt man die Dirnen nicht wie in Griechenland von den Altären der Götter fern, sie besuchten im Gegenteil alle Tempel, ohne Zweifel weil sie daselbst mehr Aussichten auf Gewinn hatten. Sie bezeugten alsdann ihre Dankbarkeit der Gottheit, die ihnen günstig gewesen war, und gaben an ihr Heiligtum einen Teil des Gewinnes ab, welche sie ihr zu verdanken glaubten. Die Religion stiess sich nicht an die unreine Quelle dieser Einnahmen und Opfer; die Civilgesetzgebung mischte sich nicht in die Einzelheiten dieser unanständigen Verehrung, die Sache des Kultus war. Dank dieser Duldung oder vielmehr systematischen Verzichtleistung auf jede richterliche oder priesterliche Kontrolle bewahrte die heilige Prostitution fast ganz ihr ursprüngliches Gepräge, mit dem Unschiede jedoch, dass sie bei den Dirnen blieb und nur ein fremdes Anhängsel des Kultus wurde, statt einen unverletzlichen Teil desselben auszumachen.

XV. Kapitel.

Die Römer.

I.

Zu welcher Zeit die legale Prostitution auftrat. — Die ersten Prostituierten in Rom. — Einführung der Ehe durch Romulus. — Die vier Gesetze, die er zu Gunsten der Sabinerinnen gab. — Einrichtung des Kollegiums des Vestalinnen durch Numa Pompilius. — Tragischer Tod der Lucretia. — Abscheu und Verachtung, die bei den Urvölkern Italiens der Ehebruch erregte. — Ueber die Ehebrecherinnen zu Kumae verhängte Todesstrafe. — Die Eselstrafe. — Die Ehebrecherinnen der öffentlichen Prostitution gewidmet. — Die Ehre der Kybele durch den Esel des Silen gerettet. — Priap und die Nymphe Lotis. — Für die Aufnahme der Ehebrecherinnen bestimmte Orte. — Schauerliche Strafe, zu der diese Unglückseligen verurteilt wurden. — Die Ehe durch Confarreatio. — Die mater familias. — Die Ehefrau. — Die Ehe durch Coemptio. — Die Ehe durch Usucapio, oder die Ehe auf Probe. — Das Coelibat den Patriziern verboten. — Ein Pferd oder ein Weib. — Vibius Sasca vor den Censoren. — Die censorischen Tafeln. — Die Lex Julia. — Erklärung des Begriffes „öffentliches Weib" durch Ulpian. — Die verschiedenen Arten und Verordnungen der römischen Prostitution. — Die vagierende Prostitution. — Die stationäre Prostitution. — Stuprum und fornicatio. — Das Lenocinium. — Lenae und Lenones. — Die Meretrices. — Die Freigeborenen. — Die Ehrloserklärung Licentia stupri, das Unzuchtspatent — — Gesetze der Kaiser gegen die Prostitution. — Komödien: die Hure und der Kuppler. —

Gesetze und Strafen gegen den Ehebruch. — Das legale Konkubinat. — Die Konkubinen. — Die Besteuerung der Prostitution. — Der Hurenwirt Vetilius. — Rede des Cicero für Coelius. — Gleichgiltigkeit gegen widernatürliche Verbrechen. — Die Lex Scantinia.

Die legale Prostitution trat in Rom erst spät nach der Gründung auf, da es Anfangs nicht genug bevölkert war, um den nützlichsten Teil seiner Bewohner der öffentlichen Unzucht zu widmen. Die Weiber fehlten den Römern in dem Masse, dass sie sich Sabinerinnen zur Ehe rauben mussten. Um Dirnen zu schaffen, waren aber noch lange nicht genug Weiber vorhanden. Man kann also sicher annehmen, dass die legale Prostitution in der Stadt des Romulus durch fremde Weiber eingeführt wurde, welche daselbst ihr Glück versuchen wollten und ihr schändliches Gewerbe frei ausübten, bis die städtische Polizei so klug wurde sie zu organisieren und ihnen Gesetze zu geben. Aber es ist unmöglich für diese Dirneninvasion in die römischen Sitten und ihr unkeusches Auftreten auf dem Theater der legalen Prostitution eine bestimmte Zeit anzugeben. Das glänzende Andenken, welches Acca Laurentia in der Erinnerung der Römer zurückgelassen hatte, verbarg sich und verschwand bald unter den Mantel der Lupercalien, und als die schöne Flora es für einige Zeit neu belebt hatte und es zu frischen Ehren zu bringen suchte, wurde es nochmals in ein Volksfest eingekleidet, dessen Unanständigkeit selbst für das Volk, das es zügellos feierte, keinen allegorischen Sinn mehr hatte. Die Obrigkeit und die Priester hatten sich übrigens geeinigt die Lupercalien dem Pan und die Floralien der Blumen- und Frühlingsgöttin zu widmen, als wenn sie sich über den Ursprung dieser Prostitutionsfeste geschämt hätten. Acca Laurentia und Flora waren also die ersten Dirnen Roms. Aber sie waren in der ebenerstandenen Stadt eine Ausnahme, und vielleicht erklärt sich aus diesem Umstande der grosse Reichtum, welchen sich beide erwarben, da es für sie keine Konkurrenz gab. Ein gelehrter Jurist des 16. Jahrhunderts, den diese Erscheinung wunderte, wollte in Acca Laurentia und besonders in Flora die einzige und offizielle Prostituierte des römischen Volkes sehen, welche, wie eine Bienenkönigin, allein ihrem Schwarme genügte. Er zog hieraus folgenden, unglaublichen Schluss, dass ein Weib, um richtig und offiziell als öffentliche Prostituierte anerkannt zu sein, sich beiläufig 23000 Männern preisgeben müsse.

Unter der Regierung des Romulus wurde die Ehe, wenn wir uns mit dem Studium des Titus Livius begnügen, derart festgesetzt, dass es keinen Vorwand zur Scheidung und zum Ehebruche mehr gab, denn die Ehe hatte in der neuen Kolonie, vom politischen Standpunkte aus, vor allem den Zweck, die Bürger am häuslichen Herde festzuhalten und eine

Familie um die Ehegatten zu schaffen. Es herrschte anfangs ein so völliger Weibermangel, dass Romulus, um diesem abzuhelfen, seine Zuflucht zu List und Gewalt nahm. Als diese Kriegslist geglückt war, und sich die Sabinerinnen wohl oder übel den Gatten, welche ihnen der Zufall gegeben hatte, gefügt hatten, waren doch noch nicht alle kräftigen Männer Roms mit Weibern versorgt, und man darf annehmen, dass die ersten zwei oder drei Jahrhunderte die Weiber in der Minderzahl unter dieser Männerhorde waren, welche aus allen Gegenden Italiens stammte und sich willkürlich in Patrizier und Plebejer geteilt hatte, die jedes für sich lebten. Die Ehe war also nötig, um diese wesentlich verschiedenen Elemente in einem gemeinsamen Mittelpunkte zusammen zu halten; sie musste aber auch fest und dauerhaft sein, um eine soziale Grundlage für den Staat zu bilden. Deshalb verurteilte und verscheuchte sie auch jede Prostitution, welche sich neben ihr nur zu ihrem Nachteile entfalten konnte. Unter solchen Umständen bedurfte natürlich die Ehe die festen Garantien, welche ihr Romulus gewährt hatte. Die vier Gesetze, welche er gleichzeitig zu Gunsten der Sabinerinnen erliess, und die auf einer Erztafel auf dem Kapitole standen, beweisen deutlich, dass man damals noch nicht die Prostitution zu fürchten hatte. Das erste dieser Gesetze bestimmte, dass die Weiber die Genossinnen ihres Gatten wurden, in Gütergemeinschaft mit ihnen lebten und an allen ihren Rechten und Ehren Anteil hätten. Das zweite Gesetz befahl den Männern, den Frauen auf der Strasse auszuweichen und sie zu ehren. Das dritte Gesetz schrieb den Männern vor, in Gegenwart des Weibes ehrbar in Worten und Werken zu sein, daher waren sie gehalten auf den Strassen der Stadt stets in einem langen Gewande zu erscheinen, das bis auf die Füsse herabfiel und den ganzen Körper umgab; wer sich nackt den Augen eines Weibes (wahrscheinlich einer Patrizierin) zeigte, konnte zum Tode verurteilt werden. Das vierte Gesetz endlich führte die drei Hauptverbrechen der Frauen an: Ehebruch, Vergiftung der Kinder, Entwendung der Schlüssel! ausser in diesen drei Fällen konnte der Ehegatte sein Weib nicht verstossen, bei Strafe all sein Gut zu verlieren, welches halb seinem Weibe und halb dem Cerestempel zufiel. Plutarch führt unter anderem zwei weitere Gesetze an, welche diese vervollständigen und erkennen lassen, wie besorgt Romulus war, die öffentlichen Sitten zu schützen und die Ehe unverletzlich zu machen. Eines dieser Gesetze überlieferte das ehebrecherische Weib der Willkür des Mannes, der mit ihr nach Gutdünken verfahren konnte, nachdem er sie ihren herbeigeholten Eltern vorgestellt hatte. Das andere Gesetz verbot den Weibern Wein zu trinken, bei Strafe wie eine Ehebrecherin behandelt zu werden. Diese Strenge passte nicht sonderlich zur Duldung der legalen Prostitution; man kann aber aus dieser starren Achtung von dem Wohlanstande schliessen, dass die Prostitution noch nicht öffentlich bestand, wenn sie überhaupt schon heimlich ausserhalb der Stadt in den Gehölzen ausgeübt wurde.

Romulus brauchte nicht die Thore seiner Stadt der Wollust zu verschliessen, da sich diese selbst im Schatten der Wälder und im Dunkel der Grotten verbarg. Auch seine Nachfolger hatten dieselbe Ansicht wie er, und beschäftigten sich gleichfalls mit der Reinigung der Sitten und Heiligung der Ehe. Numa Pompilius schuf das Kollegium des Vestalinnen; er erbaute den Vestatempel, in dem sie das ewige Feuer als Bild der Reinheit unterhalten mussten. Die Vestalinnen gelobten ihre Jungfräulichkeit dreissig Jahre zu wahren, und diejenigen, welche sich zum Bruche dieses Gelübdes verleiten liessen, liefen Gefahr, lebendig beerdigt zu werden; aber es war nicht leicht, ausser bei frischer That, sie des Sacrilegs zu überführen. Ihr Mitschuldiger, wer er auch sein sollte, starb unter den Peitschenhieben, welche ihm die anderen Vestalinnen gaben, um die Ehre ihrer Genossenschaft zu rächen. Innerhalb 1000 Jahre erlitt die Jungfräulichkeit der Vestalinnen nur achtzehn beglaubigte Verletzungen, oder man begrub vielmehr nur achtzehn Opfer, die überführt waren, das heilige Feuer der Scham ausgelöscht zu haben. Numa wollte alle Römerinnen in Vestalinnen verwandeln, da er befahl, dass sie nur lange und anständige, das heisst, lange und wallende Kleider tragen und nicht nur Busen und Nacken sondern auch das Gesicht mit Schleiern verhüllen sollten. Eine so verschleierte Römerin glich in ihrer Tunika und ihrem Leinenmantel einer von ihrem Sockel herabgestiegenen Vestastatue. Ihr langsamer, würdevoller Gang flösste nur Gefühle der Achtung ein, wie wenn sie die Göttin selbst wäre; und wenn ihr die Männer ehrerbietig Platz machten, so blickten sie ihr nur voll keuscher Bewunderung nach. Der tragische Tod der Lukretia, welche sich nicht entschliessen konnte, ihre Schande zu überleben, ist das glänzendste Zeugnis für die Sittenreinheit dieser Zeit. Das gesamte Volk stand gegen den Verbrecher auf, der das Ehebett verletzt hatte und erhob im Namen der öffentlichen Moral Einspruch. Man hat übrigens zahlreiche Zeugnisse für die Abscheu und Verachtung, welche das Verbrechen des Ehebruchs bei der Urbevölkerung Italiens erregte, obwohl sie die griechische und phönizische Verdorbenheit bereits kannte. Wenn zum Beispiel zu Kumæ in Campanien ein Weib beim Ehebruche ertappt wurde, zog man ihr die Kleider aus, schleppte sie auf das Forum und stellte sie nackt auf einen Stein, wo sie mehrere Stunden lang die Beleidigungen, den Spott und das Anspucken der Menge aushalten musste; dann setzte man sie auf einen Esel, den man unter lautem Geschrei durch die ganze Stadt führte. Man fügte ihr sonst kein Leid zu, aber sie blieb geschändet; man zeigte mit Fingern auf sie, man nannte sie ὀνοβάτις (die den Esel bestiegen hat), und dieser Schimpfname blieb ihr während des ganzen Restes ihres verachteten und elenden Lebens.

Nach gewissen Erklärern war die Strafe des Ehebruchs in Latium und den Nachbargegenden ursprünglich viel schändlicher und skandalöser als der Ehebruch selbst. Der Esel von Kumæ spielte auch in diesem eigenartigen Gerichtsverfahren seine Rolle, die aber nicht im harmlosen von der Schuldigen geritten werden bestand, nein, diese wurde öffentlich das Opfer des geilen Vierfüsslers.

Man kann sich vorstellen, dass eine so monströse Szene bei der Rohheit der Zuschauer Spott und Gelächter erregen musste. Diese Unterhaltung war würdig der Barbarei der Faune und Aboriginer, welche früher diese wilden Einöden bevölkert hatten. Die Unglücklichen welche gequetscht, gestossen und misshandelt die Brunst des Esels erduldet hatten. bildeten keinen Bestandteil der Gesellschaft mehr, sie waren nur ihre Sklaven und ihr Spielzeug, da sie Jedem gehörten, der sich zum Nachfolger des Esels machen wollte. Dies waren wahrscheinlich die ersten Prostituierten, welche zum allgemeinen Gebrauche der Landbevölkerung dienten. Hier liess man aus Anstand das obscöne Dazwischentreten des Esels verschwinden, dort hingegen bewahrte man wie ein Zeichen die Gegenwart dieses Tieres, das nicht mehr die Dienste des Henkers verrichtete. Dennoch muss man hierin den Ursprung des Eselsrittes suchen, den man im Mittelalter nicht nur in Italien, sondern auch in allen Gegenden findet, wohin das römische Recht gedrungen war. Der Esel stellte offenbar die Unzucht in ihrer brutalsten Form dar, und man überliess ihm die Weiber, welche sozusagen alle Zurückhaltung verloren hatten, indem sie einen Ehebruch begingen oder sich der öffentlichen Ausschweifung widmeten. Man kann nicht sagen, ob der Esel in alle diesen Fällen, wo er die Strafe zu vollstrecken hatte, Einsicht zeigte oder nicht. Man glaubt, dass er zu diesem, bei den Voreltern der Römer so seltenem Vorfalle, eine grosse Schelle an seinen langen Ohren trug, damit jede ihrer Bewegungen die Schande der Verurteilten offenbaren konnte. Diese Schelle war übrigens eines der heroischen Attribute des Esels des Silen, der trotz seiner hitzigen Begierde sich das Wohlwollen der Kybele verdiente, weil er ihre Ehre gerettet hatte. Sie schlief in einer abgelegenen Grotte und der unbescheidene Zephir belustigte sich damit, die Enden ihres Schleiers zu lüften. Priap ging gerade vorüber und hatte sie kaum gesehen, als er auch schon die günstige Gelegenheit sich zu nutzen machen wollte, aber der Esel des Silen störte dieses Vergnügen, indem er laut schrie. Kybele erwachte und hatte noch Zeit, den ungestümen Umarmungen Priaps zu entgehen. Aus Dankbarkeit wollte sie zum Dienste ihres Tempels den Esel geweiht haben, der sie rechtzeitig gewarnt hatte, und sie hängte ihm zur Erinnerung an die Gefahr, in der sie geschwebt hatte, eine Schelle an seine Ohren. So oft sie die Glocke läuten hörte, schaute sie um sich, um sich zu vergewissern, dass Priap nicht in der Nähe sei. Dieser fasste einen solchen Hass gegen den Esel, dass ihm nichts angenehmer war als das Opfer dieses Tieres. Nach mehreren Dichtern habe Priap den Esel selbst bestraft, indem er ihn geschunden habe um ihm das Schweigen zu lehren. Ausserdem hatte dieses bestrafte Tier sein Geschrei oder sein Geläute bei einer gleichen Gelegenheit erneuert. Priap traf in den Wäldern die Nymphe Lotis, welche wie Kybele schlief und nichts Böses ahnte; er machte sich bereit, die schöne Beute zu fassen, als der Esel zu schreien anfing und ihn in seinem Vorhaben lähmte. Die Nymphe trug dies dem Esel nach, mehr noch als dem Priap. Die Römer hatten sich ohne Zweifel von der Nymphe Lotis beeinflussen lassen, denn sie hassten und verabscheuten fast den Esel, dessen blosses Erscheinen als ein böses Vorzeichen galt.

Als allmählich der Esel seiner alten Vorrechte bei der Bestrafung der Ehebrecherinnen beraubt worden war, gab man ihm einen nur zweibeinigen Stellvertreter und bisweiligen mehrere gleichzeitig. Man achtete auch die Schelle, als ein Denkmal alter Strafgewalt. Ohne Zweifel war es mehr der Brauch, als das Gesetz, welcher die eigenartige Züchtigung für die Schuldigen niederen Ranges eingeführt hatte. Denn es ist kaum anzunehmen, dass die Patrizier, selbst wenn sie persönliche Beleidigungen rächten, sich dem plebejischen Uebermute preisgegeben hätten. Es gab in verschiedenen Vierteln Roms, und zwar in den äussersten, wahrscheinlich bei den Priaphäusern, gewisse Orte, bestimmt für die Aufnahme der Ehebrecherinnen, welche dort dem erstbesten preisgegeben wurden. Es waren dies eine Art Kerker, nur durch enge Fenster erhellt und durch feste Thüren geschlossen. Unter einem niedrigen Gewölbe wartete ein mit Stroh belegtes Steinlager auf die Opfer, die man rückwärts in dieses Schandloch eintreten liess. Aussen verkündigten erhabene Eselsköpfe an der Mauer, dass der Esel noch immer den unzüchtigen Mysterien vorstände, welche in dieser Kammer vorgingen. Ein Glockentürmchen überragte das Dach dieses Gebäudes, welches vielleicht das Vorbild des Prangers der neueren Zeiten war. Wenn ein Weib auf frischer That beim Ehebruche ergriffen wurde, gehörte sie dem Volke, gleich ob der Ehemann sie preisgab, oder der Richter sie zur Prostitution verurteilte. Sie wurde unter Gelächter, Beleidigungen und den gemeinsten Berührungen fortgeschleppt; kein Lösegeld konnte sie loskaufen, keine Bitte, keine Bemühung konnte sie vor dieser schrecklichen Behandlung retten. Sowie sie um Mitternacht an dem Schauplatz ihrer Strafe angekommen war, schloss sich die Thüre hinter ihr, und man bestimmte mit Würfeln oder nummerierten Knöcheln die Reihenfolge, in welcher ein jeder Vollstrecker bei dieser unsäglichen Strafe daran kommen sollte. Jeder drang, wenn an ihn die Reihe kam, in die Zelle, und sogleich stürzte sich eine Menge Neugieriger an die Fenstergitter um das hässliche Schauspiel zu geniessen, welches der Ton der Glocke unter dem Beifallsgeschrei und dem Jauchzen der Menge verkündete. So oft ein neuer Athlet in der Ringbahn erschien, brach von allen Seiten Geschrei und Gelächter aus, und das Läuten der Glocke begann von Neuem. Wenn man dem Scholastiker Sokrates glauben darf, so war diese hässliche Prostitution im ganzen römischen Reiche bis ins 5. Jahrhundert n. Chr. im Schwunge. Der Esel fungierte nicht mehr wie ursprünglich bei den Ausschweifungen dieses Strafverfahrens, aber das Volk hatte sein Andenken bewahrt, denn es übte sich im I-a-schreien während dieses Vorganges, der oft mit dem Tode der Dulderin endete, und an den sich ein Eselsopfer auf dem benachbarten Altare des Priap schloss. Nichtsdestowen er verachteten die Römer nicht unter allen Umständen das Tier, dessen Namen „ὄνος" den schlechtesten Würfelwurf bezeichnete: Oft hing ein Liebhaber oder ein junger Gatte an den Säulen seines Bettes einen Eselskopf und eine Weinrebe auf, um die Heldenthaten einer Liebesnacht zu feiern oder um sich auf kommende zu rüsten. Der Esel trug die Opfergaben in den Tempel der keuschen Vesta; der Esel stieg stolz im Festzuge des Bacchus mit, und, wie ein berühmtes Epigramm sagte, wenn Priap eine Abneigung gegen den Esel gefasst hatte, so war dies aus Eifersucht geschehen.

Wie die Strafe für den Ehebruch bei den Patriziern und Plebejern verschieden war, so waren auch ihre Ehen verschieden. Romulus, trotz des Raubes der Sabinerinnen, ein ebenso weiser als gerechter Gesetzgeber, wollte aus der Ehe eine patrizische Einrichtung machen, denn er betrachtete sie als unbedingt nötig für die Erhaltung der Familien des Erbadels. Diese Ehe die einzige, mit der sich der Gesetzgeber zunächst beschäftigt hatte, hiess confarreatio, weil die beiden Gatten sich während der religiösen Feier in ein Weizenbrot (panis farreus) teilten und es zusammen als Zeichen der Vereinigung assen. Es war nötig für die Feier einer solchen Ehe, welche mit verschiedenen Vorrechten verbunden war, dass sich beide Teile vorher als Patrizier ausgewiesen hatten, und dann die auspicien befragten, welche nur dem Adel dienten. Romulus hatte sicher schon das Gesetz aufgestellt, welches 300 Jahre später die Decemviri in die Tafelgesetze aufnahmen: „Es soll den Patriziern nicht erlaubt sein mit den Plebejern Ehen einzugehen." Die letzteren, beleidigt durch dieses Verbot, opponierten solange, bis es aus den Bürgergesetzen gelöscht wurde. Die Ehe durch Confarreatio schien die einzig legitime oder wenigstens die einzig geachtete zu sein, weil durch sie das Weib dem Manne gleichgestellt wurde, denn sie nahm Teil an den bürgerlichen Ehren, welche ihr Gatte erworben hatte, und sie konnte, geehrt durch den Titel mater familias, ihren Gatten und ihre Kinder beerben. Die Stellung der Familienmutter zeigt also keine Spur von der Knechtschaft, welche die Frau (uxor) der Plebejer in der Ehe durch coemptio oder usucapio erduldete. Dies waren die beiden verschiedenen Formen, welche die legale Ehe bei den Plebejern hatte. Der Name coemptio sagt hinreichend, dass man einen Verkauf und Kauf versinnbildlichte. Das Weib brachte beim Eingehen dieser Ehe drei As (eine Erzmünze von etwa vier Pfennigen) zum Altar; sie gab ein As dem Gatten, den sie vor Göttern und Menschen nahm, behielt aber die beiden andern, wie um anzudeuten, dass sie sich nur ein Drittel aus der Sklaverei löste, und dass die Ehe sie nur teilweise befreie. Andere Juristen haben behauptet, dass durch diesen symbolischen Handel das Weib die Fürsorge und den Schutz ihres Gatten gekauft habe. Diese Ehe galt für die Plebejer als ebenso legitim, wie die Confarreatio für die Patrizier, obgleich die uxor nicht dieselben Vorrechte wie die mater familias genoss. Die dritte Eheform, usucapio, war eigentlich nur das legalisierte Konkubinat. Das Weib musste zum Abschluss dieser Ehe im Einverständnisse ihrer natürlichen Beschützer ein ganzes Jahr lang, ohne drei aufeinanderfolgende Nächte ausser dem Hause zu schlafen, mit einem Manne ehelich zusammen leben, den sie also auf Probe heiratete. Diese Konkubinatsehe, die in Rom nur durch die Macht der Gewohnheit bestand, wurde durch das Tafelgesetz anerkannt und so eine bürgerliche Einrichtung, wie die beiden anderen Eheformen.

Die Bevölkerung Roms, die sich aus Leuten so verschiedenen Ursprunges, Vaterlandes, Sitten und Sprachen zusammensetzte, wäre ohne Zweifel nur zu geneigt gewesen, in den schändlichsten Ausschweifungen zügel- und gesetzlos zu leben, wenn nicht Romulus, Numa und Servius Tullius eine Verfassung geschaffen hätten, in der die Ehe als Band und Grundlage der römischen Gesellschaft diente. Da aber diese Könige sich nur mit den Patriziern beschäftigten, so ersetzte das Volk das Schweigen der Gesetze über sich durch Schaffung von Gebräuchen, welche bei ihm die Stelle der Gesetze so lange vertraten, bis sie von den Konsuln oder dem Senate als Gesetze anerkannt wurden. Man kann also annehmen, dass der Plebejerehe das Konkubinat und die Prostitution vorausgegangen war zu einer Zeit, in der fremde Weiber ihr Glück in einer Stadt versuchten, in der die Männer die Mehrzahl bildeten, und zu der die beständige Kriege Roms mit seinen Nachbarn viele gefangene Weiber, welche Sklavinnen blieben oder Ehefrauen wurden in seine Mauern führten. Jedenfalls gaben Gesetz und Sitte dem Gatten Vollmacht über sein Weib. Traf sie ihn beim vollständigen Ehebruche, wie Cato sagt, so wagte sie ihn nicht einmal mit der Fingerspitze anzurühren (illa te, si adulterares, digito non contingere auderet). Hingegen konnte sie straflos getötet werden, wenn ihr Gatte sie in einer gleichen Lage fand. Die Plebejer machten nie von diesem Rechte, welches ihnen das Gesetz gewährte, Gebrauch, anders die Patrizier, für welche die Ehe eine ernste Sache war; sie übten oft selbst Gericht. Sie hatten also eine andere Anschauung von der Prostitution als das Volk, und man muss daraus schliessen, dass sie in den ersten 300 Jahren Roms keuscher und reiner gelebt haben als die Plebejer, welche vielleicht nur heirateten um die Patrizier nachzuahmen und sich ihnen gleichzustellen. Das verheiratete Weib, die Familienmutter wie die Ehefrau, hatten kein Recht die Scheidung zu verlangen, selbst nicht beim Ehebruch. Der Ehemann hingegen konnte sich in drei Fällen, die Romulus genau feststellte, scheiden: bei Ehebruch, bei Vergiftung der Kinder und bei Entwendung der Geldkastenschlüssel, also bei Hausdiebstahl.

Ausserdem hatte das Weib über seine Kinder nicht mehr Gewalt, wie über den Mann; dieser hingegen konnte über ihr Leben und ihren Tod entscheiden und durfte sie dreimal verkaufen. Diese väterliche Gewalt bestand aber nur über die legitimen Kinder, was hinreichend beweisst, dass die der Prostitution entsprossenen Kinder weder einen Vormund noch einen Helfer im Staate fanden, sie zählten zu einer Klasse mit den Sklaven und Gauklern.

Rom brauchte keine natürlichen Kinder; es that nichts für diese Armen, welche ihren Vater nicht nennen konnten und beim Namen ihrer Mutter erröteten; es wollte Bürger haben und verlangte sie von einer gesetzmässig geschlossenen Ehe. Ein altes Gesetz, welches Cicero nennt, verlangte von dem römischen Bürger in einem bestimmten Alter, wahrscheinlich dem 30. Jahre, die Ehe. Wenn ein Patrizier vor dem Censorengerichte erschien, so richteten diese vor jeder anderen Frage folgende an ihn: „Bei deiner Ehre und deinem Gewissen, hast du ein Pferd, hast du ein Weib?" Diejenigen, welche nicht befriedigend antworten konnten, wurden mit einer Geldstrafe belegt und erst ausser Klage gestellt, wenn sie mit Pferd und Weib versehen waren. Die Censoren, welche diese beiden Dinge von einem Patrizier forderten, erlaubten ihm bisweilen sich mit einem von beiden zu begnügen. Das Pferd verriet kriegerischen Geist, das Weib einen friedlichen Sinn. „Ich weiss ein Ross zu behandeln," sagte Vibius Casca auf die Frage des Censor, welcher oft sein hartnäckiges Cölibat getadelt hatte, „wie aber soll ich ein Weib behandeln lernen?" — „Ich gestehe, dass dies ein widerspenstiges Tier ist," versetzte der Censor, der demnach Scherz verstand. „Die Ehe lehrt uns diese Reitkunst." — „Ich werde mich also verheiraten," sagte Casca, „wenn das römische Volk mir Gebiss und Zügel geben wird." Dieser Censor, Metellus Numiadicus, war selbst zu wenig von den Vorzügen der Ehe überzeugt, als dass er sie anderen empfahl. Er begann eines Tages im Senate seine Rede mit folgenden Worten: „Römische Ritter, wenn es nur möglich wäre, ohne Weiber zu leben, würden wir uns alle, und sehr gern, diese drückende Last ersparen; da aber die Natur die Dinge so gefügt hat, dass wir ohne sie uns nicht überleben können, noch mit ihnen glücklich sind, so will der Verstand, dass wir das Wohl des Staates unserem Glücke vorziehen." Die Censoren, zu deren Ressort die Geldangelegenheiten und die Ehen gehörten, waren sicher vor den Aedilen mit der Ueberwachung der öffentlichen Unzucht betraut gewesen.

Servius Tullius hatte befohlen, dass jeder Einwohner Roms seinen Namen, sein Alter, den Stand seines Vaters und seiner Mutter, den Name seines Weibes und seiner Kinder, sowie ein Verzeichnis aller seiner Güter in die Register der Censoren eintragen lassen sollte. Wer sich dieser Einschreibung zu entziehen wagte, sollte mit Ruten geschlagen und als Sklave verkauft werden. Die Censorentafeln wurden im Staatsarchive, beim Libertastempel auf dem Mons Aventinus, aufbewahrt. Nach diesen Tafeln, welche alle fünf Jahre erneuert wurden, mussten die Censoren die Bewegung und Zunahme der Bevölkerung berechnen. Sie konnten die Zahl der Geburten und Eheschliessungen feststellen, aber sie hatten kein Mittel die Elemente der Prostitution zu bestimmen, weil die Weiber nicht vor ihnen erschienen, sondern daselbst nur durch ihre Väter, Gatten und Kinder vertreten waren. Es ist also sehr wahrscheinlich, dass die Prostituierten anfangs frei ihr Handwerk ausübten, selbst ohne Berührung mit den Polizeigesetzen; denn sie entschlüpften, die meisten wenigstens, der Zählung, und liefen keine Gefahr durch Feststellung der Thatsache sich bekannt zu machen. Es ist unmöglich zu sagen, zu welcher Zeit das römische Gesetz zum ersten Male das freie Weib (ingenua) von der Prostituierten unterschied und in deutlicher Weise den Begriff Dirne klar lagte. Man darf annehmen, dass diese gesunkenen Geschöpfe mehrere Jahrhunderte lang in gewisser Beziehung ausserhalb der Gesetze standen, wie wenn der Gesetzgeber ihre Nennung unter seiner Würde gehalten hätte. Auch später, wenn sie hie und da unter der Geschichte der Republik erscheinen, sind sie vor Augustus nie in den Gesetzen genannt; denn erst die Lex Julia beschäftigt sich mit ihrer Brandmarkung, und erst mehr als hundert Jahre später erklärt der gründliche Rechtsgelehrte Ulpian die Prostitution und ihre schändlichen Bestandteile. Diese Erklärung, obgleich im zweiten Jahrhundert gegeben, kann doch vielleicht als Wiedergabe der Ansichten aller Rechtskundigen, die vor Ulpian gelebt hatten, angesehen werden. Er gab also folgende Erklärung unter dem Titel: De ritu nuptiarum, im XXIII. Buche seiner Sammlung: „Ein Weib macht ein öffentliches Geschäft aus der Prostitution, nicht allein, wenn sie sich an einem Unzuchtsorte preisgiebt, sondern auch, wenn sie Kneipen oder andere Orte besucht, wo sie ihre Ehre nicht bewahrt. § 1. Man versteht unter diesem öffentlichen Handel das Handwerk der Frauen, welche sich ohne Wahl (sine delectu) dem ersten besten preisgeben. Also bezieht sich dieser Ausdruck nicht auf Ehefrauen, welche sich des Ehebruches schuldig machen noch auf Mädchen, welche sich verführen lassen: man muss ihn nur für die prostituierten Frauen gebrauchen. § 2. Ein Weib, das sich für Geld einer oder zwei Personen hingegeben hat, ist nicht anzusehen, als treibe sie ein öffentliches Geschäft mit der Prostitution. § 3. Octavenus hat recht, dass diejenigen, welche sich öffentlich preisgeben, selbst ohne Geld zu nehmen, unter die Zahl der Weiber zu rechnen sind, welche ein öffentliches Geschäft aus der Prostitution machen."

Diese Erklärung giebt sicher mit vieler Klarheit die Grundzüge der älteren, römischen Gesetze wieder, welche auf die Prostitution Bezug hatten, und obgleich wir diese Gesetze nicht mehr haben, kann man doch leicht sich über den Geist klar werden, der sie diktiert hatte. Die Prostitution umfasste übrigens verschiedene Arten und, sozusagen, verschiedene Sorten, welche ohne Zweifel in der Jura unterschieden und klassifiziert waren. So bedeutet quæstus die vagierende und bettelnde Prostitution, scortatio die stationäre Prostitution, welche ihren Kunden erwartet und zu festen Preisen empfängt. Als Akte der Prostitution selbst unterschied man: Den

Ehebruch mit einer verheirateten Frau, und zwar stuprum mit einer achtbaren Frau, welche dadurch befleckt wurde, und fornicatio mit einer unzüchtigen Frau, welche dadurch keine Einbusse erlitt. Dann gab es das lenocinium, das ist der mehr oder minder direkte Handel mit der Prostitution, die mehr oder minder dienstfertige Vermittlung, welche schamlose, erbärmliche Spekulanten auf sich nahmen, mit einem Worte, die Beihülfe und die Anreizung zu jeder Art von Wollust. Es war dies eine der verächtlichsten Seiten der Prostitution, und der Gesetzgeber trug keine Bedenken, diese feilen, verworfenen Kreaturen, welche ein Gewerbe daraus machten, durch schlechte Ratschläge oder hinterlistige Verführung die unklugen und unverständigen Opfer, von deren Schande und Entehrung sie die Hälfte als Gewinn zogen, zur Prostitution anzureizen und anzutreiben, als Prostituierte zu bezeichnen. Dieselbe Verachtung zollte das Gesetz den diesem ehrlosen Geschäfte gewidmeten Männern und Weibern, lenæ und lenones; aber es störte sie nicht in ihrem Gewerbe, indem es sie den Männern und Weibern gleichstellte, welche mit ihrem Körper handelten. Man fasste also unter der Klasse der meretrices nicht nur die Unternehmer und Unternehmerinnen zusammen, welche offene Unzuchtshäuser hielten und sich eine Aufsicht über die Prostitution anmassten, die sie förderten, indem sie entweder ihre Sklavinnen ihr überlieferten, oder Personen freier Geburt (ingenuæ) dazu einluden, sondern auch die Wirte, Schenker und Bader, welche Prostituierte männlichen oder weiblichen Geschlechts hielten und diese in den Dienst der öffentlichen Unzucht stellten, so dass also der Herr des Hauses, in dem die Prostitution zu seinem Nutzen vorgenommen wurde, an derselben mitschuldig wurde was auch sein eigentlicher Beruf war, und mit vollem Rechte die Schmach verdiente, wie die elenden Objekte seines Lenocinium.

Die Ehrlosigkeit, welche allen Agenten und Unterhändlern der Prostitution gemeinsam war, ebenso gut wie den gerichtlich verurteilten, den Sklaven, den Gladiatoren und den Possenreissern, strafte mit dem bürgerlichen Tode alle, welche mit diesem Gewerbe nur in Berührung standen; sie hatten keinen freien Genuss ihres Vermögens, sie konnten weder erben noch vererben, sie waren der Vormundschaft ihrer Kinder verlustig, sie konnten kein öffentliches Amt bekleiden, sie durften keine Klage bei Gericht einreichen, kein Zeugnis ablegen und keinen Eid vor irgend einem Gerichte schwören. Sie waren bei den feierlichen Festen der grossen Götter nur geduldet, sie sahen sich allen Beleidigungen ausgesetzt, ohne die Berechtigung zu haben sich zu verteidigen oder auch nur zu beklagen; endlich konnten die Behörden fast willkürlich über Leben und Tod dieser armen Verworfenen schalten. Wer einmal ehrlos gemacht war, wusch diesen untilgbaren Flecken nie wieder ab, „denn," sagt das Gesetz, „die Schande erlischt nicht durch die Unterbrechung." Das Gericht nahm keine Entschuldigung an, welche den Schuldigen oder die Schuldige aus dieser sozialen Entwürdigung wieder erheben konnte. Die heimliche Prostitution bot nicht mehr Sicherheit vor der Schande als die öffentliche. Nicht einmal Armut oder Not galten im Auge des Gesetzes als Entschuldigung, welches sich mit der Thatsache begnügte und sich nicht um Motive und Gründe kümmerte. Da die Thatsache an sich ehrlos machte, so genügte also als Grund hierzu die Feststellung der Thatsache, selbst in längst vergangenen Zeiten. Es gab keine Verjährung, auf die man hätte Anspruch erheben können. Wer einmal ehrlos war, blieb es auch immer, gleich wann und wo er es geworden, nichts konnte daran ändern oder mildern. Ein Sklave, welcher Mädchen besass und sich von den Erträgnissen ihrer Prostitution bereichert hatte, blieb auch nach seiner Freilassung ehrlos. Ulpian und Pomponius führen dieses bemerkenswerte Beispiel der Unauslöschlichkeit der Ehrlosigkeit im römischen Rechte an. Die Mädchen hingegen, welche während ihrer Knechtschaft durch diesen Sklaven preisgegeben worden waren, wurden nicht ehrlos, trotz des Gewerbes, welches sie gezwungen getrieben hatten. Der Kaiser Septimus Severus stellte diesen Paragraphen, den Ulpian anführt, fest. Dennoch hatte gerade unter den Kaisern die Furcht vor Ehrlosigkeit nicht einmal die Weiber freier, ja selbst edler Geburt gehindert sich der Prostitution zu widmen und zwar mit Erlaubnis des Aedilen, was man licentia stupri oder Unzuchtspatent nannte.

Die Gesetze der Kaiser wollten also das Eindringen der Prostitution in die Familien der Patrizier verhindern. Augustus, Tiberius, selbst Domitian zeigten sich gleich eifrig, die Ehre des römischen Blutes rein zu erhalten, indem sie durch strenge Vorschriften die Unverletzlichkeit und Heiligkeit der Ehe schützten, welche sie als Grundlage des Staates betrachteten. Sie richteten sich selbst übrigens nicht so streng nach den Gesetzen, welche sie ihren Unterthanen gaben. In dieser umfangreichen und peinlichen Jurisprudenz ist die Prostitution immer als Ursache des Ehebruches angenommen und mit beständig wachsender Strenge behandelt, was die Mühe des Gesetzgebers beweist, sie zu unterdrücken, auch dann, wenn der Kaiser selbst das Beispiel aller Laster und Schändlichkeiten gab. Die Lex Julia verfügte, dass ein Senator, sein Sohn oder Enkel sich weder verloben noch verheiraten konnte, wissentlich oder nicht, mit einem Weibe, dessen Vater oder Mutter das Handwerk eines Komödianten, einer meretrix oder eines Kuppler trieb oder getrieben hatte, ebensowenig konnte der Sohn, dessen Vater oder Mutter eines dieser ehrlosen Gewerbe getrieben hatte, die Tochter, Enkelin oder Urenkelin eines Senators sich verloben oder heiraten. Da aber die gesetzlich für ehrlos erklärten Personen oft ihre Wiederherstellung hätten erzwingen können, indem sie sich auf die edle Geburt und den Namen ihrer Eltern beriefen, untersagte ein Senatsbeschluss vollständig die Prostitution den Weibern, deren Vater, Grossvater oder Gatte in den Stand der römischen Ritter gehörte oder gehört hatte. Tiberius bestätigte dieses Gesetz, indem er mehrere römische Damen verbannte, unter andern die Senatorentochter Vestilia, welche sich mehr aus Wollust als aus Habsucht der öffentlichen Ausschweifung hingegeben hatte. Viele Patrizierinnen und Plebejerinnen hatten, um sich den schrecklichen Folgen des Ehebruches zu entziehen, eine Zuflucht in der Schande der Prostitution gesucht, welche sie für unverletzlich hielten, denn in den Zeiten der Republik genügte es für eine Matrone, sich für eine Dirne (meretrix) zu erklären und sich in die Listen der Aedilen eintragen zu lassen, um sie vor den Ehebruchgesetzen zu bewahren. Aber neue Vorkehrungen wurden getroffen, um diesem Uebelstand zu steuern und seine verderblichen Folgen zu vernichten: der Senat beschloss, dass jede Matrone, die ein ehrloses Gewerbe treiben würde, um der durch Ehebruch verwirkten Strafe zu entgehen, dennoch durch einen Senatsbeschluss verfolgt und bestraft werden könne. Der Gatte wurde aufgefordert, sein ehebrecherisches Weib bis in den Schoss der Prostitution und der Ehrlosigkeit zu verfolgen. Alle, welche wissentlich dieser Prostitution Vorschub geleistet hatten, der Eigentümer des Hauses, worin sie Unterkunft gefunden hatte, der Leno, der von ihr Nutzen gezogen, der Gatte selbst, der sich den Preis seiner Schande zugeeignet haben würde, sollten ebenso wie Ehebrecher verfolgt und bestraft werden. Noch mehr, der Herr oder Pächter eines Bades, einer Schenke oder selbst eines Feldes, wo das Verbrechen begangen worden war, wurden der Teilnahme angeklagt: war das Verbrechen an keinem der angegebenen Orte vor sich gegangen, so konnte noch mit gleicher Strenge nach Personen gefahndet werden, welche vermutlich den Ehebruch begünstigt hatten, indem sie den Schuldigen nicht nur eine Zuflucht, sondern auch die Mittel liehen, sich zu diesen unerlaubten Zusammenkünften zu treffen Die Obrigkeit wendete dieses Gesetz so viel als möglich an, um dem Ueberhandnehmen des Ehebruches und der Laster, welche das römische Kaiserreich ins Verderben rissen, zu steuern. Man sah Weiber, die in der ersten Ehe einen Ehebruch begangen hatten und zum zweiten Male sich vermählten, plötzlich von einem Kläger angezeigt, welcher im Namen des verstorbenen Gatten auftrat, um sie in den Armen des neuen Gatten zu entehren und zu bestrafen. Nur die Wittwe, wenn sie Familienmutter war, konnte sich ungestraft der Prostitution widmen, ohne jede Verfolgung fürchten zu müssen, selbst nicht von seiten ihrer Kinder.

Wie man sieht, beschäftigte sich die Jurisprudenz nur mit der Prostitution hinsichtlich des Ehebruches und im Interesse der Ehe, im übrigen überliess sie die Lenkung der Dirnen und der entarteten Geschöpfe, welche von deren Einkünften lebten, Polizeiorganen, welche aus der Gerichtsbarkeit der Censoren und Aedilen hervorgegangen waren. Nur die Prostitution der Ehefrauen und das schändliche Lenocinium der Ehemänner suchten die Kaiser und der Senat zu bekämpfen und zu unterdrücken, das Gesetz legte den Weibern aller Stände soweit sie nicht ehrlos waren, einen gleichen Zügel an, aber später beschränkte man sich auf die

Matronen und Familienmütter als in den meisten Patrizierhäusern der Ehebruch friedlich unter den Augen des Gatten eingezogen war, welcher ehrlos die Unkeuschheit seines Weibes ausbeutete. Die Ehe, welche das Gesetz schützen wollte, wurde mehr denn je durch die Schändlichkeiten getrübt, welche vor Gericht entschleiert werden sollten. Hier teilte ein Weib mit ihrem Gatten den Lohn des Ehebruches, dort liess sich ein Gatte für das Schweigen über den Ehebruch seiner Frau bezahlen; fast immer fügte die Gefahr der Preisgebung einen Reiz mehr hinzu. Wenn aber ein Mann, der einen Ehebruch begangen hatte, bewies, dass er zuvor nicht gewusst habe, dass es sich um eine verheiratete Frau handele, so stand er ausser jeder Klage, als ob er sich an eine einfache Meretrix gewandt habe. Man trug beiderseits Sorge, sich Schlupfwege offen zu halten und sich vor der Strenge des Gesetzes zu hüten. Daher richteten sich die Matronen, um auf Abenteuer auszugehen, wie Sklavinnen oder selbst wie Dirnen her, sie riefen so auf den Strassen die Vorübergehenden, welche sie nicht kannten, an, oder stellten sich auch ihren Liebhabern in den Weg, welche sie zufällig getroffen hatten. Dank dieser Verkleidung, welche sie frechen Reden, unzüchtigen Blicken und bisweilen unkeuschen Berührungen aussetzte, konnten sie auf den Promenaden, in den Vorstädten und längs des Tiber ihr Glück versuchen, ohne sich, ihren Gatten oder ihren Liebhaber blosszustellen. Aber, indem sie sich in anderer, als Matronengewandung zeigten, verzichteten sie auf jede Klage über die Beleidigungen, welche sie ihrem Sklavinnen- oder Dirnen-Kostüme verdankten, denn es traf eine sehr strenge Strafe diejenigen, welche ein Weib oder Mädchen in Matronen- oder Jungfrauenkleidung belästigten, sei es durch unanständige Anerbieten oder schweigendes Nachfolgen. Das Gesetz schützte nur anständige Frauen, und nahm nicht an, dass das Schamgefühl einer Dirne gegen die Angriffe, welche sie meist mehr herausforderte als abwehrte, verteidigt zu werden brauchte.

Diese Menge Gesetze und Strafen, welche die Ehebrecher bedrohten machten sie weder seltener noch heimlicher; hingegen schien die Ehe so gefährlich und beargwohnt, dass sie mehr abschreckte als anzog. Man sah die Zahl der legitimen Ehen beträchtlich abnehmen, die gesetzlich genehmigt und anerkannt waren, umsomehr als selbst die entfernteste Verwandschaft alle möglichen Ehehindernisse und Scheidungsgründe ausmachte. Hierdurch wurden die Patrizier, welche sich nicht diesen Sorgen und Gefahren aussetzen wollten, zur Ehe durch usucapio geführt, die bis dahin nur bei dem niederen Volke bestanden hatte. Die Patrizier änderten sie etwas und schufen daraus das Konkubinat, welches ein Gesetz, so dehnbar wie das Konkubinat, zuliess und als rechtlich anerkannte. Es bedurfte nicht wie bei der usucapio nur des Zusammenlebens mit dem Weibe unter demselben Dache während eines Jahres, um die Ehe vollkommen zu machen: das Konkubinat konnte dahin auf keinen Fall führen, denn es bestand nur durch den freien Willen beider Parteien; es hatte übrigens keine bestimmte Form und keinen allgemeinen Charakter. Jede, wenn sie nicht ingenua oder honesta, oder aus Patriziergeblüt war, und wenn die Verwandtschaft das Konkubinat, wie die Ehe, nicht hinderte, konnte Konkubine werden. Ein gesetzlich verheirateter Mann, gleich ob er von seinem Weibe getrennt lebte oder nicht, war doch hierdurch verhindert ein Konkubinat einzugehen, und auf keinen Fall war einem ledigen oder verwittweten Manne gestattet, gleichzeitig zwei Konkubinen zu haben. Eine Veränderung konnte er jederzeit vornehmen aber nur mit Benachrichtigung der Obrigkeit, vor der er erklärt hatte, im Konkubinate leben zu wollen. Es war also in gewissem Sinne eine Halbehe, ein auf Zeit abgeschlossener Vertrag, löslich auf den Wunsch jedes der Kontrahenten. Ursprünglich besass die Konkubine fast dieselben Rechte wie die Ehefrau, man bewilligte ihr selbst den Titel Matrone, unter gewissen Umständen wenigstens, und die lex Julia bestrafte die Beleidigungen der Konkubine ebenso streng, wie die einer ingenua oder Tochter freier Geburt, selbst dann, wenn eine Konkubine Sklavin war. Aber infolge der Sittenverderbnis vervielfältigte sich das Konkubinat in beunruhigender Weise und die Gesetze mussten ihm Regeln und Grenzen geben. Die Konkubinen wurden also des gesetzlichen Schutzes beraubt, den sie bisher genossen hatten, und der Kaiser Aurelian befahl, dass sie nur unter den Sklavinnen und Freigelassenen gewählt werden durften. Von diesem Augenblicke an war das Konkubinat nur noch eine häusliche Prostitution, welche ganz von der Laune des Mannes abhing und dem Weibe nicht die geringste Sicherheit bot. Jedenfalls waren die Kinder einer Konkubine nicht mehr legitim, als die einer wirklichen Prostitution entsprossenen oder eines vorübergehenden Handels, genannt spurei oder quaesiti, oder auch die Sprösslinge einer verbotenen Vereinigung; sie konnten nie zur Legitimation kommen, welche den Makel ihrer Geburt ausgetilgt hätte.

Die legale Prostitution war also unter allen ihren Formen und Namen (es gab selbst männliche Konkubinen) in Rom und im römischen Reiche geduldet, soweit sie sich den verschiedenen Regeln der städtischen Polizei unterwarf, und vor allem eine Steuer (vectigal) ihren Verhältnissen entsprechend dem Staate abgab. Anzunehmen ist aber, dass die alte römische Gesetzgebung es unter ihrer Würde hielt, sich ausser diesen Regeln und dieser Steuer mit der ehrlosen Bevölkerung zu befassen, welche von der öffentlichen Unzucht lebte und deren schändliche Bedürfnisse befriedigte. Ein wunderliches Ereignis bezeugt die Gleichgültigkeit der Gesetzgeber und Magistrate gegen alle elenden Agenten der Prostitution. Quintus Cäcilius Metellus Celer, der 60 v. Chr. Konsul war, weigerte sich als Praetor das Erbrecht eines gewissen, als Leno gebrandmarkten Vetilius anzuerkennen. Der Prätor modifizierte seine Weigerung durch die Erklärung: das Lupanar habe nichts gemeinsam mit einem bürgerlichen Heim, und die Elenden, welche das Lenocinium geschändet habe, wären des Schutzes der Gesetze nicht würdig (legum auxilio indignos). Man kann auch in der sehr klaren Stelle der Rede Ciceros für Coelius einen Beweiss für die vollständige Billigung finden, welche in Rom die Ausübung der Prostitution erfuhr: „Der Jugend alle Liebelei mit den Dirnen verbieten, das ist ein Grundsatz der strengen Tugend, das kann ich nicht leugnen; aber dieser Grundsatz steht wenig in Einklang mit der Schlaffheit dieses Jahrhunderts oder auch mit der gebräuchlichen Duldung unserer Vorfahren: denn, wann haben sie nicht ähnliche Leidenschaften gehabt? Wann hat man sie verboten? Wann hat man sie nicht geduldet? In welcher Zeit ist aufgekommen, dass das was erlaubt ist, nicht gestattet wäre? Man sieht, die Prostitution war erlaubt, das bürgerliche Gesetz verbot sie nur in bestimmten Ausnahmefällen; nur der öffentlichen Moral und der Philosophie gehörte die Sorge, die Sitten zu bessern und die Wollust zu zügeln; aber wie uns Cicero hören lässt, waren Philosophie und Moral gleich nachsichtig gegen die schlechten Gewohnheiten, welche ihr Alter fast ehrwürdig machte. Die Römer aller Zeiten waren zu eifersüchtig auf ihre Freiheit um Verbote oder Bestimmungen im persönlichen Gebrauche derselben zu dulden. Sie rechtfertigten so in ihren Augen die Prostitution, welche sie reichlich benutzten. Sie verlangten nur, dass die Prostituierten Sklavinnen oder Freigelassene seien, weil sie die Prostitution als eine entehrende Form der Sklaverei ansahen. Deshalb verloren auch die Männer und Weiber freier Geburt diesen vor dem Gesetze heiligen Charakter, sowie sich sich in irgend einer Weise in den Dienst der Prostitution gestellt hatten.

Wenn die Römer den natürlichen Verkehr beider Geschlechter mit einander so gern duldeten, so belästigten sie den widernatürlichen Verkehr nicht mehr, welchen die Faune von Latium erfunden hatten, wenn er nicht seit den ältesten Zeiten der Welt in allen Gegenden verbreitet und anerkannt gewesen wäre. Diese schändliche Verirrung, welche die bürgerlichen und religiösen Gesetze des Altertums, mit Ausnahme desjenigen des Moses, nicht einmal zu bekämpfen gedachten, war niemals allgemeiner, als in der Blütezeit der römischen Civilisation. Auch dies war in den Augen des Gesetzgebers eine geduldete Form der Prostitution und der Sklaverei. Der freie Mann durfte sie also nicht begehen; die Sklaven, Freigelassenen und Fremden hingegen konnten über sich frei verfügen, sich vermieten oder verkaufen, ohne dass das Gesetz sich um die Bedingungen des Kaufes oder der Miete gekümmert hätte. Die Bürger oder ingenui kauften oder mieteten, was ihnen gut dünkte, ohne dass die Natur des Handels einer gesetzlichen Untersuchung unterworfen gewesen wäre. Die einen handelten als freie Menschen, die anderen duldeten als Sklaven. Zwischen freien Männern hingegen stand die Sache anders, und das Gesetz, das alle Freiheit bewachte, trat oft dazwischen, um den Angriff auf die Freiheit eines Bürgers zu strafen. Es war wenigstens gesetzliche Annahme, dass in diesem Falle allein dem Bürger kein Recht zustehe, seine

Freiheit zu veräussern, um sich einer ihn entehrenden Handlung zu unterwerfen. So wurde im fünften Jahrhundert der Gründung Roms L. Papirius auf frischer That mit dem jungen Publius ergriffen und zu Gefängnis und einer Geldstrafe verurteilt, weil er die Person und den Charakter eines ingenuus nicht geachtet hatte. Kurze Zeit später wurde eben dieser C. Publius seinerseits für dieselbe Schuld bestraft. Das Volk duldete nicht, dass die Bürger sich wie Sklaven betrugen. Lactorius Mergus, ein Militärtribun, wurde vor die Volksversammlung gestellt, weil er mit einem der cornicularii oder Gefreiten seiner Legion ertappt worden war; er wurde einstimmig zum Gefängnis verurteilt. Notzucht an einem Manne galt als noch schlimmer als an einem Weibe, aber dieses Verbrechen zog nur dann den Tod nach sich, wenn es an einem freien Manne begangen war. Der Centurio Cornelius, der ein solches Verbrechen begangen hatte, wurde vor dem ganzen Heere hingerichtet. Dieses strenge Verfahren war erst im zweiten punischen Kriege auf Grund eines Sondergesetzes angewendet worden, als ein gewisser Caius Scantinius von C. Metellus angeklagt wurde, einen Notzuchtsversuch an dem Sohne dieses Patriziers begangen zu haben. Der Senat veröffentlichte ein Gesetz gegen die Päderasten unter dem Namen Lex Scantinia, aber in diesem Gesetze war nur von Angriffen auf freie Männer die Rede und man legte dieser Prostitution, welche das Los der Sklaven und Freigelassenen wurde, keine weitere Fessel an.

Dies war die ganze Gesetzgebung der Römer gegen die Prostitution, bis die christliche Moral neue Gesetze in das Heidentum einführte und es klärte und reinigte. Unter der Herrschaft der heidnischen Ideen stand die Prostitution in einem Zustand der Duldung, und das Gesetz hielt es unter seiner Würde, den Schleier zu lüften, welcher es den Augen der Oeffentlichkeit entzog; als aber das Evangelium die Sitten anzuformen begann, nahm der christliche Gesetzgeber das Recht in Anspruch, die legale Prostitution zu unterdrücken.

XVI. Kapitel.

Die Römer.

II.

Ausserordentliche Menge der öffentlichen Mädchen in Rom. — Ihre Einteilung in verschiedene Klassen. — Die meretrices und prostibulae. — Die alicariae oder Müllerinnen. — Die blitida. — Die bustuariae oder Friedhofmädchen. — Die casalides. — Die copae oder Kellnerinnen. — Die diobolares. — Die forariae oder Fremden. — Die gallinae oder Hennen. — Die delicatae oder Herzchen. — Die delicata Flavia Domitilla, die Gattin des Kaisers Vespasian und die Mutter des Titus. — Die famosae. — Die junices oder Färsen. — Die juvencae oder Kühe. — Die lupae oder Wölfinnen. — Die noctilucae oder noctivigilae oder Nachtfalter. — Die nonariae. — Die pedaneae oder Pflastertreterinnen. — Die Doris oder Dorides. — Verschiedene, ohne Unterschied, allen Klassen der Dirnen gemeinsame Namen. — Etymologie des Wortes putae. — Die quadrantariae. — Die quaestuariae. — Die quasillariae oder Dienerinnen. — Die ambulatrices oder Wandlerinnen. — Die scorta oder Hure. — Die scorta devia. — Die scrantia oder Nachtgeschirre. — Die suburranae oder Mädchen der Vorstadt Suburra. — Die summoenianae oder Mädchen von Summoenium. — Die schoeniculae. — Die limaces. — Die circulatrices — Die charybdes oder Abgründe. — Die pretiosae. — Der Weibersenat.

— Die Mietkinder. — Die pathici oder Dulder. — Die ephebi oder Jünglinge. — Die gemelli oder Zwillinge. — Die calamiti oder Heuchler. — Die amasii oder Liebhaber. — Die Eunuchen. — Die paedicones. — Die cinedes. — Die Tänzerinnen Flöten- und Lyraspielerinnen. — Die Gaditanerinnen. — Die ambulaiae. — Das meretricium oder die Mädchentaxe. — Makler und Unterhändler der Prostitution. — Der Leno. — Die Lena. — Die Kneipwirte und Bader. — Die Bäckereien. — Die Barbiere und Parfümeure. — Der unguentarius. — Die admonitrices, stimulatrices und conciliatrices. — Die ancillulae oder kleinen Dienerinnen. — Die perductores. — Die adductores. — Die tractatores. — Die Lupanares oder Bordellbesitzer. — Die belluarii. — Die caprarii. — Die anserarii.

Die öffentlichen Mädchen waren in Rom, wenigstens im verdorbenen und durch die Einführung griechischer und asiatischer Sitten verweichlichten Rom, zahlreicher, als sie je zu Athen oder selbst zu Korinth gewesen waren. Sie teilten sich in mehrere Klassen, die unter sich keine andere Beziehung hatten, als ihren schändlichen Handel allein. Aber unter diesen verschiedenen Dirnenarten, die von allen Ländern der Welt kamen, sucht man vergebens nach jenen Königinnen der Prostitution, nach den Hetären, die ebenso berühmt durch ihre Bildung und ihren Geist, wie durch ihre Anmut und Schönheit waren, nach den Philosophinnen, gebildet in der Schule eines Sokrates und Epikur, nach einer Aspasia, einer Leontium, welche in gewisser Beziehung den griechischen Hetärismus zu Ehren und Ruhm brachten. Die Römer waren materieller, wenn nicht sinnlicher als die Griechen. Sie begnügten sich nicht mit den Feinheiten und Raffinements der eleganten Wollust, sie erfüllten sich nicht das Herz mit Vorstellungen einer platonischen Liebe; sie hätten sich geschämt, sich an den Triumpfwagen einer Philosophin oder Künstlerin zu spannen; sie hielten es unter ihrer Würde, bei einem Freudenmädchen die keuschen Zerstreuungen einer geistreichen Unterhaltung zu suchen. Für sie bestand das Vergnügen in den plumpsten Handlungen, und da sie von Natur heissblütig, mit schlüpfriger Phantasie und herkulischer Stärke begabt waren, verlangten sie nur reelle, oft bis zur völligen Sättigung wiederholte und ungeheuerlich variierte Vergnügungen. Dieses Temperament, welches sich in der Stärke ihrer stiermässigen Halsmuskulatur ankündigte, wurde nach Wunsch durch eine Menge Buhler beiderlei Geschlechtes bedient, welche ihre Namen ihrem Gewerbe, ihren Kostümen, ihren Schlupfwinkeln und ihrem Handwerke entnommenen Einzelheiten verdankten.

Alle Weiber, welche in Rom mit ihrem Körper Handel trieben, konnten in zwei wesentlich verschiedene Hauptarten geteilt werden, in meretrices und prostibulae. Man verstand unter den meretrices diejenigen, welche nur nachts arbeiteten, unter prostibulae solche, welche sich tag und nacht ihrem Schandgewerbe widmeten. Nonius Marcellus, ein Gramatiker des 3. Jahrhunderts, hat in seinem Werke „De proprietate sermonis" alles, was für die meretrices günstig sein konnte, angeführt: „Es ist zu unterscheiden zwischen meretrices und prostibulae, da die ersteren ihr Gewerbe in einer anständigen Form ausüben, denn die meretrices haben ihren Namen von merenda (Vesperbrot), weil sie sich nur nachts preisgaben. Die prostibula leitet ihren Namen von ihrem Stabulum (Stall) ab, vor dem sie sich aufhält, um ihren Handel Tag und Nacht zu treiben." Wir nehmen an, dass die beiden Arten der öffentlichen Mädchen noch andere Unterschiede, in ihrem Lebenswandel, in ihrer Kleidung und auch in ihrer sozialen Stellung haben mussten; so sprechen die lateinischen Schriftsteller, welche die Listen erwähnen, wohin die Aedilen die Namen der Dirnen eintrugen, nur von den meretrices und scheinen die prostibulae absichtlich wegzulassen. Diese hatten eine feste Wohnung und brauchten nur ihren Namen und ihre Kleidung zu ändern, da sie zur untersten Klasse des Plebs gehörten. Die meretrices hingegen übten so ehrbar als möglich ihr unanständiges Gewerbe und begingen keine Uebertretung des Polizeigesetzes. Sie konnten übrigens als ehrbare Frauen leben, sub sole, bis zu der Stunde, wo sie sich geschützt vom Schatten der Nacht, in das Lupanar begaben, welches sie erst beim Morgengrauen verliessen. Es ist auch glaublich, dass die gute Meretrix, wie sie Plautus naïv nennt, pünktlich ihre Steuern an den Staat bezahlte und nicht durch Verleugnung ihres Gewerbes den Staat um einen Heller betrog. Aber alle Arbeiterinnen der Prostitution waren auch nicht so gewissenhaft und man kann ruhig annehmen, dass der grösste Teil, vor allem die Aermsten und Verworfensten sich keine Gewissensbisse machten, den Einschreibungen der Aedilen zu entgehen und folglich auch der Zahlung der Unzuchtssteuer. Diese Unglücklichen, selbst unter den Prostituierten die unterste Klasse, hatten nicht genug für sich, um auch den kleinsten Teil ihres Gewinnes dem Staatsschatze zu geben.

Die alicariae oder Müllerinnen waren Strassendirnen, welche ihr Glück an den Thüren der Mühlen erwarteten, besonders derjenigen, welche gewisse Kuchen von feinem Weizenmehle, ohne Salz und Hefe, verkauften, bestimmt zu Opfern für Venus, Isis, Priap und andere Götter und Göttinnen. Diese Brote, genannt coliphia und siligones, stellten unter den tollsten Formen die weibliche und männliche Natur vor. Da man ungeheuere Mengen dieser Priap- und Venus-Brote brauchte, vor allem bei gewissen Festen, schlugen die Müller Zelte auf und eröffneten auf den Plätzen und an den Strassenecken Buden; sie verkauften nur Opferbrote, aber gleichzeitig hatten sie Sklavinnen und Dienerinnen, welche sich Tag und Nacht in der Mühle preisgaben. Plautus hat in seinem Pœnulus diese guten

Freundinnen der Müllerburschen nicht vergessen: prosedas, pistorum amicas, reliquas alicarias. Die bliteae oder blitidae waren Mädchen der feilsten Art, so dass sie nicht mehr galten, als das Handwerk, welches sie auf freiem Felde trieben, ihr Name war abgeleitet von blitum-Blutkraut, ein ekelhaftes Gewächs. Suidas verzichtet nicht auf diese Etymologie, wenn er sagt: „Diese feilen Weiber heissen blitidae, wenn sie verworfen und abgestumpft sind." (Viles, abjectas fatuasque mulieres, vocabunt blitidas.) Nach anderen Philologen kommt dieser Name den Dirnen allgemein zu, weil sie oft grüne oder eppigfarbene Schuhe trugen. Es galt übrigens als schwere Beleidigung, eine ehrbare Frau mit blitea anzureden. Die bustuariae waren die Friedhofsdirnen; sie strichen Tag und Nacht über die Gräber (busta) und Grabhügel: sie dienten bisweilen als Totenklägerinnen und meistens zur Belustigung der Männer, welche die Scheiterhaufen herrichteten und darauf die Leichen verbrannten, der Totengräber, welche die Gräber aushoben, und der Grabwächter. Sie hatten kein anderes Bett als den Rasen, der die Gräber umgab; keinen anderen Vorhang, als den Schatten der Grabmonumente, keine andere Venus als Proserpina. Die casalides, casorides oder casoritae waren Prostituierte, welche kleine Häuschen (casae) mieteten, denen sie ihren Namen verdankten; dieser Name bezeichnete auch im Griechischen daselbe κασαυρα oder κασωρις. Die copae oder Kellnerinnen hausten in den Kneipen und Gasthöfen; sie sassen nicht immer am Eingang ihres gewöhnlichen Aufenthaltes; bald schenkten sie den Vorübergehenden, welche sich erfrischen wollten, zu trinken ein, bald zeigten sie sich am Fenster, um Kunden anzulocken, bald gaben sie ihnen Zeichen einzutreten, bald blieben sie zurückgezogen in einem abgelegenen, niedrigen Raume. Die diobolares oder diobolae waren die unglücklichsten Mädchen, meist alt, abgezehrt und lahm, welche niemals mehr als zwei Obolen verlangten, wie ihr Name sagte. Plautus erzählt in seinem Poenulus, dass die Prostitution der diobolares nur den niedrigsten Sklaven und erbärmlichsten Männern zukomme (servulorum sordidulorum scorta diobolaria). Pacuvius taxiert diese Prostitution ebenso, indem er sagt, dass die Zweipfennigshuren nichts dem verweigert hätten, der ihnen die kleinste Münze bot (nummi causa parvi). Die Forariae oder Fremden waren Mädchen, die vom Lande kamen, um sich in der Stadt preiszugeben, und mit staubigen Füssen und zerrissenen Kleidern in den engen und krummen Gassen umherirrten, um ihren armseligen Lebensunterhalt zu gewinnen. Die gallinae oder Hennen waren diejenigen, welche beim Weggehen alles aufpickten, was ihnen in den Weg kam, Bettlacken, Lampen, Vasen und selbst Hausgötter.

In der besseren Dirnenklasse waren die delicatae oder Liebchen diejenigen, welche die Ritter, Stutzer und Reichen aller Art besuchten. Sie waren überhaupt im Geldpunkte nicht empfindlich und fanden niemals, dass es nach dem freigelassenen Sklaven dem Ehebrecher oder dem Delator rieche: sie waren nur schwierig für Leute, welche ohne wohlgefüllte Börse kamen. Flavia Domitilla, welche der Kaiser Vespasian heiratete, und welche die Mutter des Titus wurde, war vorher eine Delicata gewesen. Die famosae oder Berüchtigten waren freiwillige Dirnen, die, obgleich Patrizierinnen, Familienmütter und Matronen, sich doch nicht schämten, sich in einem Lupanar preiszugeben, die einen, um eine schreckliche Brunst zu stillen, die andern um den erbärmlichen Gewinn zu haben, welchen sie für Opfer ihrer Lieblingsgottheiten ausgaben. Die junices oder Färsen und die juvencæ oder Kühe waren Dirnen, welche diese Namen ihrer Fülle, ihrer Willfährigkeit und ihrem grossen Busen verdankten. Die Lupæ oder Wölfinnen, lupanæ oder Waldläuferinnen waren so genannt worden zum Andenken an die Amme des Romulus und Remus, Acca Laurentia. Wie das Weib des Hirten Faustulus, schweiften sie nachts durch Wald und Feld, wobei sie den Ruf der hungrigen Wölfinnen nachahmten, um die erwartete Beute an sich zu locken. Der Name war im gleichen Sinne von den Dicteriaden des Keramikos zu Athen geführt worden. Er wurde später in Rom als allgemeine Bezeichnung aller Dirnen heimisch. „Ich glaube,“ sagt Ausonius in einem seiner Epigramme, „dass sein Vater unbestimmt ist, aber seine Mutter war bestimmt eine Wölfin.“ Die noctilucæ waren gleichfalls Nachtfalter, ebenso wie die noctivigilæ, oder Nachtwächterinnen, beider Beiname war von den Dichtern der Venus gegeben worden, die dadurch die Göttin zu ehren glaubten. Man nannte auch allgemein die Nachtdirnen nonariæ, weil die Bordelle sich erst um die neunte Stunde öffneten, und da die Wölfinnen nie vor dieser Stunde ihre Runde begannen. Letztere hiessen auch pedeneæ, weil sie ihre Schuhe nicht schonten, wenn sie welche hatten. Diese Wandlerinnen hatten nicht die kleinen Füsse, welche die Römer so gern sahen, und die Ovid bei seinen mythologischen Beschreibungen stets seinen Göttinnen zuerkennt.

Die Doris verdankten ihren Namen ihrer Kleidung, oder vielmehr ihrer Nacktheit, denn sie zeigten sich völlig nackt wie die Nymphen des Meeres, welche die Mythologie unter dem Namen Doris, ihrer Mutter, charakterisierte, welcher sie die wollüstigsten und üppigsten Formen gab. Juvenal macht seinen Unwillen gegen diese Doris oder Dorides Luft, welche, nach seinen Worten, sich selbst, wie ein feiler Possenreisser, der eine weise Matrone darstellt, aller Kleidung berauben, um Göttinnen darzustellen. Die öffentlichen Mädchen hatten noch verschiedene Namen, welche alle ohne Unterschied bezeichneten: mulieres oder Weiber, pallacæ vom griechischen παλλάκη, pelices, zur Erinnerung an die Bacchantinnen, welche Tuniken aus Tigerfellen trugen, prosedæ, weil sie sitzend den Augenblick erwarteten, wo man sie anrufen würde. Man nannte sie peregrinæ oder Ausländerinnen, wie sie auch stets in den hebräischen

Büchern genannt werden, weil die meisten von allen Teilen des Weltalls gekommen waren, um sich in Rom zu verkaufen, viele wurden auch dahin als Kriegsgefangene nach jeder Eroberung der römischen Adler gebracht; viele gehörten den Unterhändlerinnen und Hurenwirten, welche sie kauften und für sich arbeiten liessen. Vor ihrer völligen Verderbnis rühmten sich die Römer, nur Ausländerinnen als traurige Opfer ihrer Ausschweifungen zu haben. Diese Geschöpfe führten noch einen Namen, der sich fast in unserer Volksprache bewahrt hat: putæ oder puti, auch putilli. Dieser Name ist entweder abgeleitet von dem der Göttin Potua, oder von potus, in Anspielung auf den Liebestrank, den man aus ihrem Becher trank, oder er bezeichnete sie ironisch als Reine (putæ für puræ), oder endlich kleidet er ein obscönes Bild ein, indem man putei in puti zusammenzog, und so dem Worte, den Sinn Brunnen oder Cisterne bewahrte. Woher auch das Wort stammen mag, die Liebhaber bedienten sich seiner anfangs um ihren Maitressen zu schmeicheln. Plautus bringt in seiner Asinaria einen Liebhaber auf die Bühne, welcher diesen Beinamen mit anderen, der Naturgeschischte entlehnten anwendet: „Sag mir doch, meine kleine Ente, meine Taube, mein Kätzchen, meine Schwalbe, mein Staar, mein Sperling, mein Liebesbrunnen!" Den Ausdruck quadrantaria gebrauchte man nur als Zeichen der Verachtung für die niedrigsten Prostituierten. Man wollte dadurch den erbärmlichen Lohn bezeichnen, mit dem sie sich begnügten. Der quadrans war ein viertel römisches As, und diese kleine Erzmünze kam 16 Pfg. unserer Währung gleich und war die gewöhnliche Gebühr für ein Bad in den öffentlichen Bädern. Cicero sagt in seiner Rede für Cœlius, dass die quadrantaria von der Badegebühr herkäme. Er machte vielleicht eine boshafte Anspielung auf die Schwester seines Feindes Claudius, welche den Beinamen quadrans erhalten hatte, weil er beim Spielen mit ihr, in beider Jugend, sich vergnügt hatte ihr quadrans zuzuwerfen, welche sie in ihrem Kleide auffing, und die oft den Zweck erreichten, welchen Cicero beabsichtigte. Alle öffentlichen Mädchen waren quæstuariæ oder quæstuosæ, weil sie Handel oder Gewerbe (quæstus) mit ihrem Körper trieben. Unter Trajan stellte man eine Zählung der quæstuariæ an, welche dem Vergnügen Roms dienten, und man fand deren 32000. Plautus erklärt quæstuosa in seinem Miles: „Ein Weib, dass seinen Körper zur Schande einem andern Körper giebt (quæ alat corpus corpore)." Die quasillariæ waren arme Dienerinnen, welche auf einige Augenblicke entschlüpften, ihr Arbeitskörbchen in der Hand, und sich für einige Heller preisgaben, wonach sie nach Hause zurückkehrten und ihre Wolle weiterspannen. Vagæ waren die streichenden Mädchen, ambulatrices die Spaziergängerinnen, scorta die Dirnen der gemeinsten Art, die Felle wie man dieses Schimpfwort übersetzen muss. Die scorta devia erwarteten ihre Liebhaber bei sich und stellten sich nur ans Fenster, um sie zu rufen. Man beleidigte sie alle gleich, wenn man sie als scrantiæ, seraptæ oder scratiæ behandelte, was man in Nachttöpfe oder Nachtstuhl übersetzen muss.

Dies waren noch nicht die einzigen Benennungen, welche die Dirnen Roms im guten oder schlechten Sinne ertragen mussten. Man nannte sie auch suburranæ oder Vorstadtmädchen, weil die Vorstadt Suburra an der via sacra fast nur von Dieben und verworfenen Weibern bewohnt wurde. In den Priapeia wird unter diesen jungen Suburranerinnen, welche sich vom Lohne ihres Gewerbes freigekauft haben (de quæstu libera facta suo est), die schöne Talethusa genannt, welche durch die Prostitution reich und hässlich geworden war. Die summœnianæ waren gleichfalls Vorstädterinnen welche Summœnium, öde Strassen an der Stadtmauer, bewohnten, in denen sie Bordells oder Keller, die es daselbst gab, fanden. „Wer der Genosse des Zoïlus sein kann," sagt ein Epigramm des Martial, „speisst unter den Damen des Summœnium!" Dennoch scheint Martial in einem anderen Epigramm diesen Mädchen Gerechtigkeit widerfahren lassen zu wollen. „Die Dirne vertreibt die Neugierigen, indem sie Riegel und Vorhang vorzieht; selten giebt es in Summœnium eine offene Thür." Die schœniculæ endlich, welche dieselben entlegenen Stadtteile aufsuchten und ihre Liebkosungen an Soldaten und Sklaven verkauften, trugen Gürtel aus Binsen oder Stroh (σχοῖνος), um anzudeuten, dass sie immer verkäuflich seien. Ein Erklärer hat, auf Nachforschungen gestützt, beweisen wollen, dass die Dirnen der Sklaven und Soldaten ihre Gürtel so hoch als möglich anlegten (alticinctæ) um bei der Ausübung ihres Gewerbes nicht gehindert zu sein. Ein anderer Erklärer, ein gelehrter Jude, will in diesen schoeniculæ der Römer die babylonischen Dirnen wiederfinden, die, wie wir bei Baruch und den Propheten sahen, mit Schnüren umgürtet, am Rande der Wege sassen und Weihrauchbeeren verbrannten. Ein weiterer Erklärer, der sich auf eine Stelle des Festus stützt, behauptet, dass diese Mädchen unterer Ordnung ihren Namen einem starken Parfüme verdankten, womit sie ihren Leib bestrichen, „schœno delibutus" sagt Plautus. Die naniæ waren Zwerginnen oder Kinder, welche man schon vom 6. Jahre an zu ihrem schändlichen Gewerbe ausbildete. Die Limaces-Schnecken (dieser Name hat sich in fast allen Sprachen erhalten) hatten mehr als eine Aehnlichkeit mit diesen klebrigen und geifrigen Weichtieren, die an feuchten Orten umherkriechen, überall ihre feuchte Spur hinterlassen, wo sie gewesen und Früchte und Kräuter aufressen. Die circulatrices umfassten alle vagierenden Mädchen. Man behandelte natürlich als charybdes oder Abgründe diejenigen, welche die Gesundheit, das Geld und die Ehre der Jugend verschlangen. Die pretiosae, wenigstens die, welche ihre Gunst teuer verkauften, achteten nur auf die Börse ihrer Besucher Sowohl die Dirnen des Volkes, als die des Adels, meretrices und prostibulæ alle trugen die Kleidung ihres Standes, eine kurze Toga oder Tunika und alle hatten ein Recht auf den Namen togatae, ein Name der für sie ebenso schändlich, wie togati für die Römer ehrenvoll war. Um diese Benennung der römischen Prostituierten zu erklären, muss man daran erinnern, dass die öffentlichen Mädchen oft an einem Orte zusammenkamen. Diese Versammlungen hiessen conciones meretricium und senacula, bisweilen selbst senatus mulierum oder Weibersenat; diese Vereinigungen wurden auf der Strasse, in den Kneipen oder in den Gärten veranstaltet. Die Dirnen im grossen Stile hatten auch ihre Absteigequartiere zu Bajae, Clusium, Capua und den verschiedenen anderen Städten, wo sie badeten, um sich von ihren Anstrengungen wiederherzustellen. Sie begaben sich in so grosser Zahl in die Bäder von Clusium, dass man sagte, wenn sie zu vier oder fünf sich unterhielten und Stutzer aufmunterten: „Sieh, eine Herde clusisches Vieh (clusinum pecus)."

Es ist traurig zu erfahren, dass die meisten dieser Bezeichnungen der Dirnen gleichzeitig Verwendung fanden für die Männer, Sklaven und vor allem Kinder, welche schändliche Dienste den zügellosen Ausschweifungen Roms leisteten. Die männliche Prostitution war in Rom sicher allgemeiner und eifriger als die weibliche, aber wir haben nicht den Mut in diese verpesteten Mysterien einzudringen. Uns fehlt der Mut, einen Gegenstand zu erörtern, der sich frech in den Dichtungen des Horaz, des Catull, des Martial und selbst des Vergil breitmacht; wir wagen kaum die schändliche Sippe der Agenten und Unterhändler dieses ekelhaften Lasters aufzuführen Jeder Klasse der prostituierten Weiber entsprach eine solche der Männer, die sich nur durch ihr Geschlecht unterschied. Die lateinische Sprache bemühte sich durch den Namen die Art des Lasters eines jeden zu charakterisieren. Diese Ehrlosen waren nicht einmal durch das Gesetz entehrt, da das Polizeireglement ihnen keine besondere Kleidung vorschrieb, und der Aedil sie nicht auf seine Prostitutionslisten setzte. Man räumte ihnen in ihrer Schmach eine Freiheit ein, welche bewies, dass das Gesetz sie nicht bloss duldete sondern fast begünstigte, sofern sie nur nicht freigeboren und römische Bürger waren. Meist waren es Sklavenkinder, welche man von früher Jugend an die Befleckung dieses gemeinen Handels gewöhnte. „Man nannte Mietkinder (pueri meritorii) diejenigen, welche freiwillig oder gezwungen, sich den schändlichen Leidenschaften ihrer Herren hingaben." So erklärt ein alter Ausleger des Juvenal. In seinen Satyren kommt dieser grosse Dichter, welcher mit einem glühenden Eisen die Schande seiner Zeit gebrandmarkt hat, auf jeder Seite auf den widrigen Gebrauch zurück, dem diese unglücklichen Kinder von Geburt an unterworfen waren, eine elende Knechtschaft, die sie ohne Klage trugen. Man nannte sie pathici (Dulder), ephebi (Jünglinge), gemelli (Zwillinge), catamiti (Ganymede), amasii (Lieblinge) etc. Es würde zu langweilig und ermüdend sein, wollte man die ganze Litanei der bildlichen und bezeichnenden Namen anführen, welche die römische Sittenverderbnis geschaffen hatte, um die unglaublichen Verschiedenheiten dieser traurigen Prostitutionswerkzeuge zu malen. Es genügt zu sagen, dass die zu dieser Schande, mit dem 7. Jahre gebildeten Jünglinge, gewisse Bedingungen erfüllen mussten; vor allem eine physische Schönheit, welche sie dem weiblichen Geschlechte näherte, sie mussten bartlos und ohne Haar am Leibe sein, gesalbt mit wohlriechendem Oele, langlockig, frechstirnig, verstohlenen Blickes, lässig im Gang, unanständig in ihren Bewegungen. Alle diese feilen Vergnügungsdiener trennten sich in zwei Hauptklassen: in solche, welche immer nur passive und gelehrige Opfer waren, und solche, welche ihrerseits handelten und zur Not ihrem Maecen Unkeuschheit mit Unkeuschheit vergelten konnten. Die letzteren, deren gute Dienste auch die römischen Damen nicht verschmähten, waren meist Eunuchen (spadones), die beim Kastrieren das Glied behalten hatten. Die anderen wurden bisweilen auch der völligen Kastration unterworfen, die aus ihnen eine Art Mittelding zwischen Mann und Weib machte Darin bestand ein Raffinement, auf welches die pædicones (Päderasten) sehr lecker und eifersüchtig waren. Um nun die unglaubliche Gewohnheit bei den Römern recht zu verstehen, muss man bedenken, dass sie vom männlichen Geschlechte alle Freuden verlangten, welche ihnen das Weib geben konnte, und ausserdem noch ungewöhnliche, welche dieses von Natur zur Liebe bestimmte Geschlecht nicht hätte geben können. Jeder Bürger, auch der ernsteste und edelste, hatte in seinem Hause ein Serail junger Sklaven unter den Augen seiner Eltern, seines Weibes und seiner Kinder. Ausserdem wimmelte Rom von Buhlknaben, welche sich wie die Dirnen vermieteten, von Häusern, die dieser Art der Prostitution gewidmet waren, und von Unterhändlern, die nichts thaten, als zu ihrem Nutzen die Gefälligkeiten einer Menge Sklaven und Freigeborenen auszubeuten.

Wie diese Art Ausschweifung keine geschickteren Vertreter hatte, als gewisse Tänzer und Schauspieler, genannt Cineden (cinædi, vom griechischen κινεῖν bewegen), welche fast alle kastriert waren, so gab es auch eine Klasse von Tänzerinnen und Schauspielerinnen, von denen man die besseren für die Pantomimen der Liebesspiele auswählte. Die Flötenspielerinnen und Tänzerinnen waren in Rom ebenso gesucht wie in Griechenland und Asien; man liess sie aus diesen Ländern kommen, wo sie ihre beständige Schule hatten, welche sie in Kunst und Wollust ausbildete. Sie waren an sich keine Prostituierten; man las ihre Namen nicht in der Liste der Aedilen, wenigstens nicht im grossen Verzeichnis der Dirnen, sie empfahlen sich nur durch ihr Gewerbe, welches sie übrigens mit einer Art Wetteifer ausübten; doch verzichteten sie nicht auf andere Einnahmequellen, welche ihnen ihr Gewerbe gleichzeitig zu benutzen erlaubte. Sie unterschieden sich also von den eigentlichen Dirnen durch die Freiheit, die man ihnen liess, aus der Prostitution nicht ihr Hauptgeschäft zu machen. Sie liessen sich übrigens nur mit reichen Leuten ein und vermieteten sich auf eine Stunde oder eine Nacht, um bei Festen, Gelagen oder Orgien zu tanzen oder zu spielen. Sie unterschieden sich untereinander nicht nur durch ihre Gestalt, Figur, Farbe und Sprache, sondern auch durch die Art ihres Tanzes und ihrer Musik. Man zeichnete unter ihnen die Spanierinnen (Gaditanæ) aus, deren Gesang und Tanz wunderbar die Lüsternheit und das Verlangen selbst der kältesten Zuschauer zu erregen verstanden. „Junge schlüpfrige Mädchen aus Cadiz werden ohne Ende ihre üppigen Lenden in gewandte Bewegungen versetzen.“ So schildert Martial ihren Nationaltanz, dem Juvenal noch einen Zug beifügt, indem er sagt, dass sich diese Gaditanerinnen bis zur Erde hockten, wobei sie ihre Hüften erzittern liessen (ad terram tremulo descendant clune puellæ), nach ihm, mächtig zur Liebe reizend, ein glühender Stachel der Sinne. Nicht alle Tänzerinnen kamen aus Spanien: Ionien, Lesbos und Syrien hatten ihr altes Vorrecht nicht verloren, für die Wollust die erfahrendsten Tänzerinnen und Spielerinnen zu liefern. Diese nannte man ohne Unterschied: saltatrices, pidicinæ, tibicinæ. Es gab unter ihnen auch Aegypterinnen, Indierinnen und Nubierinnen; eine schwarze, gelbe oder braune Haut passte ebensogut, wie die weisseste, zu den wollüstigen Figuren des jonischen oder baktrischen Tanzes. Der bactriasmus war berühmt durch seine krampfhaften Lendenbewegungen; der ionicimotus ahmte mit schamloser Treue die Entwicklung und Vollbringung der Liebe nach. Horaz versichert uns, dass die Jungfrauen seiner Zeit vorgeschrittener, als sie ihrer Geburt und ihrem Alter nach hätten sein dürfen, die Bewegungen und Stellungen des jonischen Tanzes zu ihrem Vergnügen lernten (motus doceri gaudet ionicos matura virgo). Unter allen Fremden gab man den Vorzug den Syrierinnen (ambulaiæ), welche ihrem Namen nach zu allem bereit waren. Ein Gelage ohne sie war nicht gut. Da sie aber kein meretricium oder Mädchentaxe zahlten, liess der Aedil gegen sie keine Gnade walten, wenn sie beim Stehlen ertappt wurden, und sie erhielten erst eine Geldstrafe, dann die Rute, endlich das Exil. In diesem Falle verliessen sie Rom durch das eine Thor, um durch ein anderes zurückzukehren. Die meisten dieser Gauklerinnen arbeiteten nur für die Reichen im Inneren der Häuser; einige gaben aber auch Schaustellungen auf den Plätzen und an den Strassenecken, wo es nur des Tones einer Flöte oder des Klingelns einer Schelle bedurfte, um eine dichte Menge Volks beizulocken, welche einen Kreis um die Tänzerinnen und Musikantinnen bildete. Tänzer und Musikanten spielten genau dieselbe Rolle wie ihre Genossinnen.

Diese zügellose Prostitution in ihren tausenden Verkleidungen und

Formen ernährte und bereicherte eine Unmenge Händler und Agenten beiderlei Geschlechts, welche Unzuchtsbuden hielten oder auf mancherlei Art ihr verrufenes Gewerbe trieben, ohne etwas von der Aedilenpolizei zu befürchten zu haben, denn das Gesetz schloss die Augen über das Lenocinium, solange kein römischer Bürger sich damit befleckte. Aber das Gewerbe war so einträglich, dass Römer und Römerinnen von freier Geburt sich insgeheim der Kunst der Kuppelei widmeten, denn dies war eine wirkliche Kunst, voll Intriguen, Listen und Erfindungen. Der Name dieser verworfenen Wesen, welche nur die öffentliche Verachtung traf, war leno beim Manne, lena bei der Frau. Priscianus leitet dieses Wort von lenire ab, weil der feile Agent der Prostitution die Seelen durch süsse Schmeicheleien (deliniendo) verführt und besticht. Ursprünglich wurde leno ohne Unterschied für beide Geschlechter gebraucht, als ob der Hurenwirt weder männlich noch weiblich sei, später aber verwendete man das Wort lena, um besser die weibliche Hilfe bei diesem verworfenen Geschäfte zu bezeichnen. „Ich bin leno,“ sagt eine Person in den Adelphen des Terenz, „ich bin die grosse Geissel der Jugend.“ Zu den lenones und lenae rechnete man eine Menge verschiedener Arten, welche mit verschiedenen Arten der öffentlichen Mädchen in Beziehungen standen. Wir haben schon gesagt, dass die Müller, Wirte, Schenker und Bader, ebenso wie die Weiber, welche Bäder, Schenken, Herbergen und Mühlen hielten, sich alle mehr oder weniger mit dem Lenocinium beschäftigten. Der leno bestand in allen Ständen und verbarg sich unter allen Masken. Er hatte also kein bestimmtes Kostüm und keinen besonderen Charakter. Das lateinische Theater, das ihn stets auf die Bühne brachte, hatte ihm dennoch ein buntes Kleid gegeben und stellte ihn bartlos und kahlköpfig dar. Es muss noch unter den Gewerben, welche besonders günstig für den Handel des leno waren, desjenigen der Barbiere und Parfümeure gedacht werden. Unter gewissen Umständen sind auch tonsor und unguentarius gleich bedeutend mit Leno. Ein alter Erklärer des Petronius, der einfache, ehrliche Holländer Donza, ist auf die wunderlichsten Details der Barbierstuben Roms eingegangen, in denen der Herr eine Schar schöner, junger Knaben hielt, welche nicht nur Haare schnitten, den Leib enthaarten und Bärte stutzten, sondern von Jugend auf in der Unzucht geübt, sich teuer zu Gelagen und nächtlichen Festen vermieteten. (Quorum frequenti opera non in tondenda barba, pilisque vellendis modo, aut barba rasitanda, sed vero et pygiacis sacris cinaedice, ne nefari dicam, de nocta administrandis utebantur.) Das Geschäft der Parfümeure stand in direktem Verkehr mit der Prostitution, zu deren Gebrauch die Essenzen, wohlriechenden Oele, Riechpulver, erotischen Pomaden und alle die feinen Salben erfunden und vervollkommnet worden waren, denn Mann und Weib, Jung und Alt, parfümierte sich immer vor dem Venuskampfe, so dass man einen Ganymed durch das Wort unguentatus, gesalbt, bezeichnete. „Jeden Tag,“

sagt Lucius Afranius, „schmückt ihn der unguentarius vor dem Spiegel, ihn, der spazieren geht mit rasierten Augenbrauen, ausgezupften Bart, enthaarten Schenkeln, der bei den Gelagen, von seinem Liebhaber begleitet, sich in seiner langärmelichen Tunika auf das niedrigste Bett legt, der nicht nur den Wein, sondern auch die Liebkosungen des Mannes sucht (qui non modo vinosus, sed virosus quoque sit), thut der etwas anderes, als was Brauch der Cinæden ist?"

Gewöhnlich waren alle Sklaven zum lenocinium geschult, sie brauchten sich hierbei nur an die eigene Jugend zu erinnern. Die Alten besonders konnten sich nur so der Prostitution widmen. Die Dienerinnen, ancillæ, verdienten also völlig die Beinamen admonitrices, stimulatrices, conciliatrices: sie überbrachten die Briefe, verhandelten über Stunde und Nacht der Zusammenkunft, setzten die Handelsbedingungen auf, rüsteten den Platz und die Waffen des Kampfes her, spornten an, regten auf, trieben und rissen fort. Nichts glich ihrem Eifer, ausser ihrer Verschlagenheit. Es gab keine unüberwindliche Tugend, wenn sie ihre Niederlage wollten. Aber man musste ihnen viel geben und Vorteile versprechen. Auch die kleinsten Zofen, ancillulæ, gaben den geschicktesten und listigsten nichts nach. Dennoch war das eigentliche Hausgesinde weniger verderbt und verachtet als die Wollustmakler, welche nur für Geld thätig waren und keinen Herren oder Herrin zu befriedigen hatten. Ueber diese lenones sagt Assonius Pedianus in seinem Kommentar zu Cicero: „Diese Unterhändler sind Personen, welche auch, trotz der Prostituierten, zu Ehebrüchen verführen, welche die Gesetze bestrafen." Perductores hiessen diejenigen, welche ihre Opfer zum Laster und der Schande verführten, adductores, welche der Ausschweifung sozusagen neue Rekruten zuführten und sie in ihren Sold stellten, tractatores, die einen solchen Handel abschlossen. Man kann sich die Sache und den Umfang dieser Handelsschlüsse, welche alle Tage durch ihre Vermittlung zu Stande kamen, kaum denken. Ebenso wie die alten Vermittlerinnen, waren auch die Vermittler fast ausnahmslos alte Ueberbleibsel der Prostitution, welche nicht mehr genug Feuer hatten, um anderen zum Vergnügen zu dienen. Einige unterzogen sich auch den Mühen beider Professionen und verbanden beide nutzbringend.

Endlich muss man zu der verrufensten Klasse der Lenones männlichen und weiblichen Geschlechts die Herren und Herrinnen der verrufenen Häuser, die Bordellhalter (lupanarii), rechnen. Diese Prostitutionshelfer standen auf der tiefsten Stufe der Schande, obgleich der Jurist Ulpian fand, dass in den Häusern mehrerer anständiger Leute Lupanare betrieben wurden. (Nam et in multorum honestorum virorum prædiis lupanaria exercentur). Die Eigentümer der Häuser teilten nicht im Geringsten die Schmach ihrer Pächter. Die gemeinste Sorte Lupanars hielten aber die belluarii, caprarii und ansenarii. Erstere unterhielten Tiere verschi edenerArten, besondrs Hunde und Affen, die zweiten Ziegen, die dritten endlich Vögel, „die Freuden des Priap," wie Petronius sagt, und diese unreinen Tiere, zum Gewerbe ihrer Herren abgerichtet, waren gelehrige Mitschuldige der Bestialität! „Wenn die Männer fehlen," sagt Juvenal, indem er die Mysterien der Bona Dea in seiner Satyre über die Frauen beschreibt, „ist die Menade des Priap bereit, sich selbst einem kräftigen Esel unterzulegen."

Quæritur et desunt homines, mora nulla, peripsam
Quominus imposito clunem submittat asello.

Druck von E. Grüner, Bernau b. Berlin.

Dufour
Geschichte der
Prostitution

ERSTER BAND:

Die vorchristliche Zeit

ZWEITER TEIL:

Römisches Kaiserreich

Deutsch von Dr. Bruno Schweigger

Fünfte Auflage

Verlegt bei
DR. P. LANGENSCHEIDT
Gross-Lichterfelde-Ost

Kapitel XVII.

Die Lokalitäten der Prostitution in Rom. — Ihre verschiedenen Arten. — Die sechsundvierzig Lupanare zum öffentlichen Gebrauche. — Die achtzig Bäder des ersten Bezirks. — Der von Heliogabal gegründete kleine Senat der Weiber. — Die Lupanare im Bezirk des Esquilins, des grossen Circus und des Tempels des Friedens. — Die Subura. — Die gewölbten Logen des grossen Circus. — Die Hundert Zimmer des Hafens Misenum. — Beschreibung eines Lupanars. — Die Zimmer der Prostituirten. — Das Schild. — Möbelment der Zimmer. — Obscöne Bilder. — Innere Ausstattung der Zimmer. — Die Lupanare der Reichen. — Ursprung des Wortes fornicatio. — Die stabula (Ställe) oder Lupanare niedersten Ranges. — Die pergulae oder Balkone. — Die turturillae oder Taubenschläge. — Das casaurium oder das Lupanar ausserhalb der Stadtmauer. — Ursprung des Wortes casaurium. — Meritoria und Meritorii. — Die ganeae oder unterirdischen Wirtschaften. — Ursprung des Wortes lustrum. — Bewohner eines Lupanars. — Der leno und die lena. — Die ancillae ornatrices. — Die aquarii oder aquarioli. — Der bacario. — Der villicus. — Adductores, conductores und admissarii. — Kostüm der meretrices in den Lupanaren. — Festlichkeiten in den

Lupanaren bei der ersten Prostitution eines Mädchens und bei der Eröffnung eines neuen Bordells. — Domitians Gesetz über die Kastration. — Die castrati, spadones und thlibiae. — Messalina im Bordell. — Tarsias Preis der Jungfernschaft und der gewöhnliche Preis für Prostitution. — Plan eines römischen Lupanars nach Petronius. — Preise im Bordell — Abhandlung über das Schild der Tarsia. — Mietspreis eines Zimmers. — Die quadrantariae und die diabolares.

Die Lokalitäten der Prostitution waren in Rom so zahlreich und mussten so zahlreich sein, wie die Prostituirten, sie zeigten soviel Verschiedenheiten, wie ihr Name in der Regel ausdrückte; gleicherweise kennzeichneten auch die Namen der öffentlichen Mädchen die verschiedenen Arten ihres Gewerbes. Es gab, wie wir bereits gesagt haben, zwei grosse Kategorien von Mädchen, die sesshaften und die vagirenden, solche, die am Tage ihr Gewerbe trieben, und solche, die es in der Nacht ausübten; so gab es auch in der Hauptsache zwei Arten von öffentlichen Häusern; solche die lediglich für die Ausübung der Prostitution eingerichtet waren, mit dem eigentlichen Namen Lupanare, und solche die unter verschiedenen Vorwänden der Ausschweifung ein Asyl gewährten, sozusagen die Mittel um sich zu verbergen, wie die kleinen Kneipen, die Tavernen, Bäder u. s. w. Man begreift, dass diese immer verdächtigen und übelbeleumdeten Häuser nicht gleichartig geführt wurden und von der Prostitution, die hier heimlich unterschlüpfte oder frech sich niederliess, ihren besonderen Charakter, eine locale Physiognomie empfingen, wie denn auch das Leben in ihnen mehr oder weniger lebhaft, mehr oder weniger schamlos war.

Publius Victor stellt in seinem topographischen Werke über Rom die Existenz von sechsundvierzig Lupanaren fest; aber er spricht offenbar nur von den wichtigsten, die als Einrichtungen von öffentlichem Nutzen angesehen werden konnten und unter direkter Aufsicht des Aedilen standen. Sonst wäre diese kleine Zahl von Bordellen im Vergleich zu der grossen Zahl der Freudenmädchen schwer erklärlich. Sextus Rufus zählt in seiner Nomenklatur der Bezirke Roms die Lupanare nicht auf, deutet sie aber an, indem er im ersten Bezirke achtzig Bäder angiebt, ausser den Thermen des Commodus, denen des Severus und mehreren anderen Bädern, die er mit dem Namen ihrer Gründer oder Besitzer bezeichnet. Mit Namen führt er nur ein einziges Bordell an, das von Heliogabal im sechsten Bezirke gegründete mit dem unverschämten Titel des kleinen Senats der Weiber (senatalum mulierum). Bei den römischen Schriftstellern findet sich keine einzige vollständige Beschreibung eines Lupanars; aber man kann sie mit der grössten Genauigkeit nach fünf oder sechshundert Stellen aus Dichtern rekonstruiren, die ihre Leser ohne Scheu an diese Orte führen.

vermutlich weil sie voraussetzten, dass sie dort zu Hause seien. Wenn auch die innere Einrichtung in allen Bordellen ungefähr gleich war, so darf man doch annehmen, dass die Ausstattung je nach den verschiedenen Quartieren, in denen die Häuser lagen, verschieden war. Die schmutzigsten und unfeinsten waren sicherlich die im fünften Bezirk, dem Esquilin, und die im elften, beim grossen Circus; die elegantesten und anständigsten waren die im vierten Bezirk, dem des Friedenstempels, der das Quartier des Amors und der Venus umfasste Die Subura im zweiten Bezirk (mons Coelius) vereinigte um den grossen Markt (macellum magnum) und die Kasernen der ausländischen Truppen (castra peregrina) eine Menge von Prostitutionshäusern, lupariae, wie sie Sextus Rufus in seiner Nomenklatur bezeichnet, und eine noch erheblichere Anzahl von Schenken, Logirhäusern, Barbierstuben (tabernae) und Bäckereien. Die anderen Bezirke der Stadt blieben von dem Gifte der lupariae nicht frei, da sie auch Bäcker, Barbiere und Wirte besassen; aber diese verrufenen Häuser blieben dort doch selten und wenig besucht, denn die Aedilen suchten sie immer in die vom Centrum der Stadt möglichst entlegenen Bezirke zu drängen, zumal ja auch die gewöhnliche Kundschaft dieser Häuser in den Vorstädten und plebejischen Vierteln hauste. Immer gruppierten sich die Lupanare vorzugsweise um die Theater, die Circusse, die Märkte und die Kasernen, um dort einen möglichst hohen Tribut von den Leidenschaften und dem Geldbeutel des Volkes zu erheben.

Der grosse Circus scheint mit Gewölben umgeben gewesen zu sein (cellae und fornices), die lediglich der Prostitution für das niedere Volk vor, während und nach den Aufführungen dienten; aber diese herkömmlich geduldeten Höhlen der Unzucht darf man nicht mit den von der aedilischen Polizei reglementierten Bordellen verwechseln. Prudentius, der uns die Leidensgeschichte der heiligen Agnes überliefert hat, sagt ausdrücklich, dass die grossen Gewölbe und Säulengänge um den grossen Circus, die ja zu seiner Zeit noch existierten, der öffentlichen Ausübung des Lasters überlassen waren; und Panvinius schliesst in seiner Abhandlung über die Circusspiele aus dieser Stelle, dass alle Circusse gleichermassen Bordelle als unerlässliche Ergänzungen besassen. Man weiss in der That, dass die Freudenmädchen, die den Festlichkeiten im Circus und den Aufführungen im Theater beiwohnten, so oft sie gerufen wurden, ihre Sitze verliessen, um Wünsche zu befriedigen. Der gelehrte Jesuit Boulenger behauptet in seiner Abhandlung über den Circus geradezu, dass die Prostitution im Circus und sogar im Theater ausgeübt wurde; er citiert folgenden Vers eines alten lateinischen Dichters zu Ehren einer im grossen Circus sehr bekannsen Courtisane: Deliciae, populi magno notissima Circo Quintilia (Quintilia, Entzücken des Volkes, die Du die Bekannteste bist im grossen Circus). In der That bildeten die Gewölbe unter den Sitzen des gewöhnlichen Volkes dunkle Schlupfwinkel für die niedere Prostitution, die nicht auf grossen

Luxus versessen war. Dieselbe Bestimmung dürfte man wohl den Ruinen eines ungeheueren unterirdischen Bauwerkes zuschreiben, die man heute noch bei dem ehemaligen Hafenort Misenum erblickt und die immer noch die Hundert Kammern (centrum camerae) heissen. Wahrscheinlich war dieses einzigartige Bauwerk, dessen Zweck unbekannt und unbegreiflich geblieben ist, nichts als ein gewaltiges Lupanar für die Mannschaften der römischen Flotte.

Für gewöhnlich waren die Bordelle aber nicht in so gigantischem Massstabe erbaut, sondern enthielten nur eine ziemlich beschränkte Anzahl von sehr schmalen fensterlosen Zellen mit nur einer Thür, die oft lediglich durch einen Vorhang geschlossen war. Der Plan eines pompejischen Hauses kann, was die Anordnung der Zellen betrifft, eine ganz gute Vorstellung von einem Lupanar geben; die Zellen gingen zweifellos auf einen Säulengang oder einen inneren Hof, der Grundriss, war also derselbe, wie in jenen Häusern, wo die gewöhnlich sehr engen und nur für ein Bett notdürftig Raum gewährenden Schlafzimmer (cubiculi) nur durch eine Thür Licht empfingen, durch die zwei Personen zugleich nicht eintreten konnten. Nur waren die Zimmer in den Lupanaren zahlreicher und lagen näher bei einander. Da das Haus während des Tages geschlossen war, so bedurfte es keines Schildes und es war lediglich überflüssiger Luxus, wenn der Hausherr das Attribut der Schamlosigkeit des Priaps an der Mauer aufhing. Abends, von der neunten Stunde ab, diente ein Kohlentopf oder eine grosse Lampe in Form des Phallus als Leuchtturm für die Kundschaft, die ihre Schritte kühn zu lasterhaftem Zweck hierher lenkte oder wohl auch zufällig angezogen wurde Die Mädchen begaben sich auf ihren Platz vor der Thür des Hauses; jede hatte ihre bestimmte Zelle, und über jeder Zellenthür befand sich ein Schild mit dem Namen, den das Mädchen nach dem Brauche ihres Gewerbes führte (meretricium nomen) Oft war auch unter dem Namen die Taxe für den Eintritt angegeben um Reclamationen von der einen oder anderen Seite zu vermeiden. War die Zelle besetzt, dann drehte man das Schild um; auf der Rückseite stand: occupata (besetzt). Eine Zelle, die nicht besetzt war, nannte man in der Bordellsprache nackt (nuda). Plautus in seiner Asinaria und Martial in seinen Epigrammen haben uns diese kulturhistorischen Details erhalten, „Mag sie doch“, so sagt Plautus „über ihre Pforte schreiben: Ich bin besetzt.“ Das beweist, dass unter gewissen Umständen der Name von der Courtisane mit Kreide oder Kohle selbst geschrieben wurde. „Die unkeusche Kupplerin schliesst die leere Zelle“ (obscena nudam lena fornicem clausit), sagt Martial. Ein schlecht verstandener Satz von Seneca hatte den Glauben erweckt, dass in manchen Lupanaren die Mädchen, die sich vor der Thüre aufhielten, das Schild um den Hals oder gar auf der Stirne trugen; aber den Satz — nomen tuum pependit in fronte; stetisti cum meretricibus — versteht man besser so: man erblickt das Schild vor der Thür (in fronte), während die Mädchen zur Seite sitzen.

Die Zimmer waren alle fast gleichartig eingerichtet; der Unterschied bestand lediglich in der grösseren oder geringeren Sauberkeit der Möbeln und in den Gemälden, die die Wände zierten. Diese Gemälde in Wasser- und Leimfarben stellten teils figürlich teils ornamental Scenen dar, die dem gewöhnlichen Zwecke des Ortes nach Möglichkeit angepasst waren: in den Bordells für das niedere Volk waren es grobe Darstellungen des Geschlechtsaktes, in den Lupanaren höheren Ranges erotische Illustrationen zu Stoffen aus der Mythologie, Allegorien auf die Kulte der Venus, des Cupido, des Priaps und der Hausgottheiten der Unzucht. Der Phallus kehrte unter den absonderlichsten Formen immer wieder; er wurde bald zum Vogel, bald zum Fisch, bald zum Insekt; er versteckte sich in vollen Fruchtkörben; er verfolgte die Nymphen unter dem Wasser und die Tauben in den Lüften; er wurde zu Guirlanden verflochten und zu Kronen verwoben. die Phantasie des Malers schien mit dem schamlosen Zeichen der Prostitution zu spielen, wie um deren Schamlosigkeit noch zu vermehren. Aber merkwürdig, auf diesen Gemälden, die dem Ort, den sie zierten, so wohl angepasst waren, erblickte man niemals das Geschlechtsorgan des Weibes isolirt, gerade wie wenn es ein schweigendes Uebereinkommen gewesen wäre, es noch an dem Orte zu respektieren, wo es am allermeisten degradirt wurde. Uebrigens fanden sich dieselben Scenen, dieselben Darstellungen oftmals in der Malerei der ehelichen Schlafzimmer: die Schamhaftigkeit der Augen existirte bei den Römern nicht, die mit der Nacktheit beinahe einen göttlichen Kultus trieben. Die innere Ausschmückung der Lupanarzellen bestach übrigens nicht durch Frische und Pracht: der Qualm der Lampen und tausend undefinirbare Flecke verunzierten die Wände, die da und dort die Spuren ihrer unbekannten Gäste trugen. Was das Meublement anbetrifft, so bestand es aus einer Matratze, einer Decke und einer Lampe. Die gewöhnlich aus rohem Binsen- oder Rohrgeflecht bestehende Matratze war oft zerfetzt und immer abgenutzt und durchgelegen; in einigen Häusern ersetzte man sie durch Kissen und sogar durch ein kleines hölzernes Bett (pulvinar, cubiculum, pavimentum); die greulich befleckte Decke war nur ein Sammelsurium von Flicken aus den verschiedensten Stoffen, das man darum cento oder Flickensack nannte. Die kupferne oder broncene Lampe verbreitete ein unbestimmtes Licht in einer von verderblichen Miasmen geschwängerten Luft, die die Verbrennung des Oels erschwerte und die Flamme verhinderte, sich über ihren qualmigen Strahlenkreis zu erheben. Das Mobiliar war absichtlich so ärmlich gewählt worden, damit niemand auf den Gedanken käme, sich etwas davon anzueignen: an diesen Orten gab es nichts zu stehlen.

Aus der Bezeichnung der Lusthäuser geht indessen mit Gewissheit hervor, dass sie nicht alle lediglich von dem niederen Volke besucht wurden; infolgedessen zeigten sich auch in ihrer inneren Einrichtung bemerkenswerte Verschiedenheiten. In den erstklassigen Lupanaren zierte ein Springbrunnen und ein Wasserbassin den viereckigen Hofraum (impluvium), um den man die Zellen oder Zimmer (cellae) eingerichtet hatte; sonst nannte man diese Zimmer wohl auch sellae, d. h. Orte zum Niedersetzen, weil sie zu klein waren, um ein Bett hineinzustellen. In den ausschliesslich für das niedere Volk bestimmten Bordellen, die nichts anderes als Höhlen und Keller waren, nannte man die Zelle endlich, da sie gewölbt war, fornix (Gewölbe); von diesem Worte, das bald dieselbe Bedeutung wie lupanar erhielt, leitete man fornicatio (Hurerei) ab, um damit anzudeuten, was sich im Dunkel der fornices abspielte. Der verpestete Geruch dieser Höhlen war sprichwörtlich; wer einmal daringewesen war, trug lange dieses ekelhafte Parfum an sich, in dem man nicht nur den Qualm und den Gestank des Oels unterschied: Olenti in fornice, sagt Horaz; redolet adhuc fuliginum fornicis, sagt Seneca. Es gab auch noch Lupanare niedersten Ranges, die man stabula (Ställe) nannte, weil dort die Besuche kunterbunt auf dem Stroh, wie in einem Stalle empfangen wurden. Die pergulae oder Balkone verdankten ihre Aufnahmen der Bauart: bei ihnen zog sich eine offene Gallerie um den ersten Stock herum, die auf die öffentliche Strasse hinausragte; die Mädchen sassen sichtbar auf dieser Art von Schaffot; bald postierte sich der Kuppler oder die Kupplerin unten an der Thüre, bald auch schauten sie hoch oben aus einem Fenster und dirigirten mit ihren Blicken die Schaar ihrer Knaben oder Mädchen. Manchmal war die pergula auch nur ein kleines niedriges Häuschen mit vorspringendem Schutzdach, unter dem die Opfer von dem einem oder anderen Geschlechte sassen. War das Lupanar von einer Art Turm oder Pyramide überragt, auf der man abends ein Fanal (Feuerzeichen) anzündete, so nannte man es turturilla oder Taubenhäuschen, weil die Tauben dort ihr Nest hatten; der heilige Isidor von Sevilla, der einmal von diesen Taubenschlägen spricht, erlaubt sich ein sehr wenig frommes Wortspiel: Ita dictus locus, quo corruptelae fiebant, quod ibi turturi opera daretur, id est peni. Das casaurium war das Lupanar ausserhalb der Stadtmauern, eine einfache stroh- oder schilfgedeckte Hütte, eine Zufluchtsstätte für die umherirrende Schaar jener Mädchen, die mit der aedilischen Polizei in Konflikt gekommen waren.

Die Lupanare hatten überdies Namen, die sich auf alle ohne Unterschied bezogen: Meritoria, so sagt der heilige Isidor von Sevilla, das sind die heimlichen Orte, wo der Ehebruch betrieben wird." „Ganeae, sagt der heilige Donatius, sind unterirdische Gelasse, in denen Unzucht getrieben wird; der Name kommt von dem griechischen Wort für Erde;" „Ganei, so sagt der Jesuit Boulenger, sind Schlupfwinkel für die Prostitution, so genannt nach Analogie von ganos-Vergnügen und gyne-Frau." Häufig wandte man den Ausdruck lustrum im Sinne von lupanar an, und was anfangs nur ein Wortspiel war, wurde bald eine gebräuchliche

Bezeichnung, hinter der man keinen Scherz mehr suchte. Lustrum bezeichnete sowohl Sühnopfer als wildes Gehölz. Nun verbargen sich einmal die Anfänge der Prostitution in dem dichten Dunkel der Wälder, und sodann pflegten die Prostituierten, wie um ihre tierischen Sitten zu entsühnen, in jedem Lustrum eine Busse zu zahlen: daher schreibt sich der Gebrauch des Wortes lustrum für lupanar. „Diejenigen, die sich an ablegenen und anrüchigen Oertlichkeiten den Lastern des Genusses und des Nichtsthuns ergeben, verdienen, das man ihnen vorwirft, sie lebten wie die Tiere (in lustris vitam apere,") sagt Festus. Der Dichter Lucilius läst uns den wahren Ursprung dieses Ausdrucks noch besser in folgendem Vers erkennen: „Was treibst du denn, wenn du ausserhalb der Mauern an ablegenen Orten herumstreifst?" (in lustris circa oppida lustrans). Mit Recht wandte man den Ausdruck desidiabula (Faullenzerorte) auf die Lupanare an, um das Nichtsthun ihrer unglücklichen Insassinnen zu kennzeichnen. Wenn sich in einem Prostitutionshause nur Frauen befanden, dann erhielt es wohl anch den Namen Weibersenat, Markt oder Hurenhof (senatus mulierum, conciliabulum, meretricia curia etc.); je nachdem nun diese Namen in gutem oder schlechtem Sinne gebraucht wurden, vervollständigten Epitheta, die man hinzufügte, den Sinn; Plautus bezeichnet einen dieser verrufenen Orte als Unglücksmarkt. Wenn Gelegenheit geboten war der einen und der anderen Geschlechtsliebe Befriedigung zu gewähren, dann bezeichnete man die Häuser pomphaft als die Vereinigung aller Vergnügungen (libidinum consistorium).

Das Personal eines Lupanare variirte ebenso wie seine Kundschaft. Bald hatten die Kuppler oder die Kupplerin nur Sklaven oder Sklavinnen in ihrem Etablissement, die sie baar gekauft und abgerichtet hatten; bald waren sie lediglich Hausbesitzer und dienten ihren Kunden nur als Gelegenheitsmacher, um dafür einen Teil des nächtlichen Gewinnes einzustreichen; hier besorgte der Logiswirt oder die Wirtin alles, hängte die Schilder auf, feilschte um den Preis, brachte Wasser oder Erfrischungen herbei, stand Posten und bewachte die besetzten Zellen; dort wiederum vermieden diese Spekulanten sich mit diesen Einzelheiten zu befassen: sie besassen Dienerinnen und Sklaven, von denen jeder einen bestimmten Dienst zu verrichten hatte; die ancillae ornatrices (Schmuckmädchen) besorgten die Toilette der Freudenmädchen, brachten die in Unordnung geratenen Kleider wieder in Ordnung und schminkten ihnen das Gesicht wieder; die aquarii oder aquarioli (Wasserträger) servirten erfrischende Getränke, Eiswasser, Wein und Essig den Besuchern, die über Hitze oder Ermüdung klagten; der bacario war ein kleiner Sklave, der Waschwasser in einer Vase mit langen Henkeln und langem Halse (bacar(dareichte; der villicus oder Bauer hatte endlich die Aufgabe, die Preise mit den Kunden auszumachen und den Betrag einzukassiren, bevor er das

Schild an einer Zelle umdrehte. Ausserdem gehörten noch Männer und Weiber zum Hause, die zur Kuppelei (lenocinium) angestellt waren; sie mussten in der Umgebung der Lupanars herumstreifen und Kunden herbeischleppen; sie mussten die jungen und alten Lüstlinge ansprechen, aufmerksam machen und dann hereinführen: daher ihre Beziehungen als adductores, conductores und besonders admissarii. Diesen Namen erhielten die Sendlinge der Prostitution, weil sie immer bereit waren, wenn nötig die Rollen zu tauschen, und, sofern sich nur die Gelegenheit zu einem Geschäft auf eigene Rechnung bot, sich selbst zu prostituiren. In der Sprache der römischen Viehzüchter und Bauern bedeutete übrigens admissarius ganz einfach und ganz naiv den Hengst und den Stier, den man zur Stute oder Kuh führt.

Das Kostüm der Freudenmädchen in den Lupanaren war lediglich durch die Haartracht ausgezeichnet, die in einer blonden Perrücke bestand; dadurch bezeugte die Prostituirte, dass sie keinen Anspruch auf den Titel einer Matrone, einer Hausfrau, machte, denn alle Römerinnen trugen zum Zeichen ihrer freien und untadeligen Geburt schwarzes Haar. Die aus natürlichen oder aus vergoldeten und gefärbten Pferdehaaren gemachte blonde Perrücke scheint übrigens das hauptsächlichste Stück der vollständigen Verkleidung gewesen zu sein, die das Freudenmädchen anlegte, wenn es in ein Lupanar ging, wo es ja auch einen falschen oder entliehenen Namen trug. Die Freudenmädchen mussten indess auch in anderer Beziehung jede Aehnlichkeit mit ehrbaren Frauen vermeiden: so durften sie die vitta nicht tragen, jenes lange Band, mit dem die Ehefrauen ihre hochgekämmten Haare befestigten; ferner durften sie sich nicht mit der stola bekleiden, einem langen Ueberwurf, der bis auf die Fersen herabhing, weil sie ausschliesslich für die Frauen bestimmt war: „Sie (die Römer) nannten matrones diejenigen Frauen, so sagt Festus, die das Recht hatten, in der Stola zu gehen." Aber die polizeiliche Vorschrift über die Kleidung der Prostituirten bezog sich nicht auf das Kostüm, das sie zum Dienst in den Lupanaren anlegten. So waren sie denn zum grössten Teil nackt, ganz nackt, oder mit einem durchsichtigen Seidenschleier angethan, der nichts von ihrer Nacktheit verbarg; immer aber trugen sie die blonde Perrücke, die mit goldenen Spangen geschmückt oder mit Blumen bekränzt war. Nackt harrten sie der Besucher nicht nur in ihren Zellen oder spazierten in der Säulenhalle auf und ab (nudasque meretrices furtim conspatiantes, sagt Petronius), sondern so standen sie auch am Eingange des Lupanars, auf der Strasse, vor den Blicken der Vorübergehenden. Oft verschleierten sie auch, wie die Prostituirten von Jerusalem und Babylon, das Antlitz und liessen den Körper im übrigen ohne Hülle, oder sie bedeckten auch nur ihren Busen mit einem goldgewirkten Stoffe (tunc nuda papillis prostitit auratis, sagt Juvenal). Die Liebhaber (amatores) konnten also ganz nach Geschmack ihre Wahl treffen. Das Haus war übrigens nur schwach durch einen Kohlentopf oder durch eine Lampe, die an der Thür hing, erleuchtet, sodass auch das schärfste Auge im Bereiche der Strahlen nur unbewegliche Formen und wollüstige Bewegungen unterscheiden konnte. Im Inneren der Zellen sah man nicht viel mehr, obschon die Gegenstände dem Auge mehr genähert waren, „und manchmal, wenn die Lampe infolge von Luft- oder Oelmangel ausging, wusste man nicht einmal, so sagt ein Dichter, ob man es mit der Canidia oder mit ihrer Grossmutter zu thun hatte."

Wenn eine Unglückliche, wenn ein armes Kind sich zum ersten Male preisgab, so war das ein Fest für das Lupanar; an der Thür hing man eine Laterne auf, die ein ungewohntes Licht auf den Eingang zu dem verrufenen Ort warf; mit Lorbeerzweigen schmückte man die Front des schrecklichen Heiligtums: diese Lorbeerzweige verletzten mehrere Tage lang das öffentliche Schamgefühl; und war das Opfer gebracht, so verliess manchmal der Held dieses widerlichen Schauspiels, der dafür mehr bezahlen musste, selbst lorbeergeschmückt das Bordell. Dieser unsaubere Feind der Jungfernschaft bildete sich ein, einen schönen Sieg davon getragen zu haben, und liess ihn durch Musikanten feiern, die ebenfalls zum Personal der Freudenhäuser gehörten. Ein derartiger von den Aedilen geduldeter Brauch war eine um so blutigere Verhöhnung der guten Sitten, als die Neuvermählten, besonders im Volke, eine ähnliche Sitte beobachteten, indem sie am Tage nach der Hochzeit die Thüren ihrer Häuser mit Lorbeer bekränzten. „Ornentur postes et grandi janua lauro", sagt Juvenal. Tertullian sagt ebenfalls von einer Jungvermählten sprechend: „Möge sie kühn aus dieser mit Guirlanden und Lampen geschmückten Thür herausschreiten, wie von einem Freudenfest in öffentlichen Häusern." Man darf wohl annehmen, dass die Eröffnung und Einweihung eines neuen Lupanars mit ähnlichen Dekorationen und bei festlicher Beleuchtung stattfand.

Wenn man Martial, Catull und Petronius liesst, dann muss man voll Trauer, voll Abscheu zugestehen, dass die Prostitution von Knaben in den Lupanaren Roms viel häufiger war als die der Weiber. Domitian gebührt die Ehre, diese fluchwürdige Prostitution verboten zu haben; und wenn das Gesetz, das er gegeben gab, um sie aufzuheben nicht streng beachtet wurde, so darf man doch glauben, dass es wenigstens die beunruhigenden Fortschritte dieser Monstruositäten aufhielt. Martial widmet dem Kaiser folgenden Lobgesang, der uns einigen Ersatz bietet für das Schweigen der Geschichtsschreiber über das auf die Lupanare bezügliche domitianische Gesetz: „Der Knabe, der ehedem durch die verbrecherische Kunst eines lüsternen Sklavenhändlers verstümmelt wurde, beweint nicht mehr den Verlust seiner Mannheit, und die arme Mutter verkauft nicht mehr ihren zur Prostitution bestimmten Sohn einem reichen Händler."

Unter Domitian kastrirte man also die Kinder nicht mehr, um sie so zu Zwecken der Prostitution in Weiber zu verwandeln, und Nerva bestätigte das Edikt seines Vorgängers; aber diese Kastration wurde ausserhalb des römischen Reiches, oder wenigstens ausserhalb Roms, fleissig fortgesetzt, und Sklavenhändler brachten ohne Unterlass junge Leute, die auf die verschiedenste Weise entmannt waren, auf den öffentlichen Markt, obschon die römische Rechtsprechung das untersagte; übrigens gestattete das römische Recht den Priestern der Cybele Eunuchen zu machen und gab auch den Herrn die Macht, die Mannbarkeit ihrer Sklaven wenigstens teilweise zu beschränken. Man kannte drei Arten von Eunuchen, die alle der Unzucht dienstbar gemacht wurden: die Castraten (castrati), die nichts von ihrem Geschlechte bewahrt hatten; die Spadonen (spadones), denen nur das kraftlose Glied geblieben war; die Thliebien (thlibiae), die durch den Druck einer grausamen Hand, statt durch einen scharfen Stahl, entmannt worden waren.

Wir finden bei den römischen Schriftstellern nur drei Beschreibungen des Innern eines Lupanars und dessen, was sich dort abspielte. Die berühmteste führt uns mit Messalina an den verrufenen Ort, wo sie sich den Maultiertreibern Roms hingab: „Sobald sie den Kaiser im Schlafe wähnte — so erzählt Juvenal in seinem bewunderten Gedichte, das keine Prosa wiederzugeben vermag — dann erhob sich die kaiserliche Hure, die die Matratze der Prostituirten dem Bette des Cæsars vorzuziehen wagte, begleitet von einer einzigen Sklavin. Ihre schwarzen Haare unter einer blonden Perrücke verborgen, eilt sie in ein sehr besuchtes Freudenhaus, dessen geflickten Vorhang sie zur Seite schiebt; sie belegt dort eine Zelle, die für sie reserviert ist; nackt, Hals und Gesicht bedeckt mit golddurchwirktem Schleier, giebt sie unter dem falschen Namen Lysisca, der über ihrer Thür angeschrieben steht, den Körper preis, der dich getragen hat, edler Britannicus! Mit verführerischem Gebahren empfängt sie die Eintretenden und fordert ihnen den Lohn ab; und dann, das schamloseste aller Weiber, giebt sie sich den zahlreichen Männern. Wenn endlich der Kuppler seine Mädchen entlässt, dann geht auch sie fort, noch unzufrieden, obschon sie als letzte ihre Zelle geschlossen hat; ermattet von so viel Lust, aber noch nicht gesättigt, zieht sie sich zurück, dass Gesicht voller Schweiss, die Augen erloschen, ganz geschwärzt vom Schwalch der Lampe; so trägt sie ins kaiserliche Bett den Pesthauch des Lupanars." Der stolze Zorn des Dichters leuchtet aus diesem Gemälde hervor und lässt seine Grauenhaftigkeit fast verschwinden.

Nach Juvenal heisst es ziemlich tief hinabsteigen, wenn man einen einfachen Commentator zitiert Symphosianus, der über die Geschichte des Appollonius von Tyrus geschrieben hat, jenen mit Fabeln durchsetzten griechischen Roman, den alle mittelalterlichen Litteraturen übernommen und popularisirt haben: „Das junge Mädchen, so erzählt

Symphosianus, warf sich dem Kuppler zu Füssen und schrie: „Erbarmet Euch meiner Jungfräulichkeit, gebt meinen Körper nicht preis und entehrt mich nicht durch das schimpfliche Schild über der Thür!" Aber der Kuppler ruft den Diener der Freudenmädchen und befiehlt ihm: „Eine Sklavin soll kommen und sie schmücken, und dann schreibe man auf das Schild: „Wer Tarsia entjungfern will, soll ein halbes Pfund Silber zahlen; später soll jeder, der da kommt, sie haben können um ein Goldstück." Diese Stelle wäre noch bedeutsamer für die römische Sittengeschichte, wenn man den genaueren Sinn der Worte mediam libram und singulos solidos kennen würde, von denen die ersten den besonderen Preis der Jungfernschaft, die anderen den gewöhnlichen Betrag für die Preisgabe bezeichnen

Petronius hat uns im Satyricon die Beschreibung eines römischen Lupanars hinterlassen: „Endlich ermüdet vom Lauf und schweisbedeckt, treffe ich ein kleines altes Weib, das grobes Gemüse feilhielt: „Sagt mir, Mütterchen, so begann ich, könnt Ihr mir nicht zeigen, wo ich wohne?" Entzückt von einer so ursprünglichen Höflichkeit entgegnet sie: „Wie sollte ich es nicht wissen" Darauf erhebt sie sich und schreitet mir voran. Ich glaubte, es sei eine Wahrsagerin; aber bald, als wir an einen ganz abgelegenen Ort gelangt waren, schlug diese liebenswürdige Alte einen hässlichen Vorhang auseinander: „Hier ist es, sprach sie, wo ihr wohnen müsst." (Hic, inquit, debes habitare) Als ich noch erklärte, das Haus nicht zu kennen, erblickte ich Männer, die unter nackten Huren herumwandelten, und auch deren Schilder. Spät, zu spät begriff ich, dass ich in ein Freudenhaus geführt worden war. Voll Abscheu vor der Tücke dieses verfluchten alten Weibes, verhüllte ich mein Antlitz mit dem Mantel und floh mitten durch das Lupanar zu der entgegengesetzten Thür (ad alteram partem)." Diese letzten Worte der Erzählung beweisen uns, dass ein Freudenhaus für gewöhnlich zwei Thüren hatte, eine, durch die man eintrat, und eine, durch die man sich entfernte; zweifellos gingen sie nach verschiedenen Strassen, um die Gewohnheiten derjenigen, die sich dorthin begeben, besser zu verbergen. Man kann den Schluss daraus ziehen, dass es für den geachteten Mann eine Totschande war, solche Orte zu besuchen, trotz der Toleranz römischer Sitten in diesem Punkte. Nach verschiedenen Autoritäten, die das Zeugnis von Petronius bestätigen, ist übrigens sicher, dass man nicht hineinging und es nicht verliess, ohne das Haupt bedeckt oder das Gesicht verborgen zu haben; einige trugen zu dem Zweck eine Maske oder eine bis über die Augen herabgezogene Kapuze, andere verhüllten sich den Kopf mit der Toga oder dem Mantel. Seneca spricht im Glücklichen Leben von einem Freigelassenen, der die verrufenen Häuser frech, hüllenlos, sogar mit unbedecktem Gesichte besuchte (inoperto capite). Capitolinus zeigt uns ebenfalls einen sittenlosen Kaiser, der

Nachts die Tavernen und Freudenhäuser besucht, das Haupt bedeckt mit einer gewöhnlichen Maska (obtecto capite cucullo vulgari).

Die Bezahlung der Freudenmädchen war nicht ein für alle mal bestimmt, vielmehr hatte jedes Mädchen ein Schild mit seinem Namen und seinem Preise. Er war nicht polizeilich festgesetzt, sondern schwankte je nach den Vorzügen und dem Rufe des Mädchens, das auf dem Schilde genannt war. Indessen giebt uns Petronius eine genaue Einzelheit, auf Grund deren wir wissen, um wieviel man eine Zelle in einem Lupanar vermietete: „Während ich die ganze Stadt durchirrte, sagt Ascylt, ohne zu entdecken, an welchem Ort ich mein Nachtlager verlassen hatte, wurde ich von einem Bürger von ehrbarem Aussehen angesprochen, der mir in sehr gefälliger Weise den Führer zu machen versprach. Nachdem wir durch winkelige Gässchen gegangen waren, führte er mich an diesen verrufenen Ort, wo er mir seine unanständigen Anerbietungen machte, indem er seine Börse zog. Schon hatte die Dame vom Hause einen As für die Zelle empfangen (jam pro cella meretrix assem exegerat)." Wenn die Miete für eine Zelle nur einen As (ungefähr 1,50 Mk.) kostete, so darf man annehmen, das auch das Uebrige nicht eben teuer war. Und in der That erzählt uns Juvenal ganz ausdrücklich, dass sich Messalina, wenn sie den Lohn verlangte, (aera proposcit), mit einigen Kupferstücken begnügte. An anderer Stelle haben wir schon von Prostituirten gesprochen, die sich nur auf zwei Obolen und auf ein Viertelass (quadrans) einschätzten, woher sie den Beinamen quadrantariae und diobolares empfingen. Festus erklärt ihren Namen folgendermassen: Diobolares meretrices dicuntur, quae duobus obolis ducuntur. Die Konkurrenz hatte die Preise der Prostitution so tief gesenkt.

Kapitel XVIII.

Bis in welche Zeit die Einrichtung der legalen Prostitution in Rom zurück reicht. — Von der Registrirung der Prostituirten. — Was Tacitus über den Zweck dieser Registrirung berichtet. — Frauen und Töchter von Senatoren, die die licencia stupri, Freiheit des ausserehelichen Geschlechtsverkehrs, verlangen. — Vorteile, die Staat und Gesellschaft aus der Registrirung der Protituirten zogen. — Die Steuer für jede Prostituirte nach den Registern des Aedilen festgesetzt. — Vereidigung der Freudenmädchen vor den Aedilen. — Warum die Einzeichnung der Freudenmädchen in die Listen beim Aedilen vorgenommen wurde. — Von den Amtsbefugnissen des Aedilen in Sachen der Prostitution. — Strassenpolizei. — Die vagirende Prostitution. — Julia, des Augustus Tochter. — Aedilische Polizei in den öffentlichen Häusern. — Die pblebejischen Aedilen und die grossen patricischen Aedilen. — Was mit einem Aedilen geschah, der sich Zutritt zu dem Freudenmädchen Mamilia erzwingen wollte. — Von den verschiedenen Orten, an denen geheime Prostitution getrieben wurde. — Die öffentlichen Bäder. — Die Frau des Consuls in den Bädern von Teanum. — Luxus und Verderbtheit in römischen Bädern. — Die beiden Geschlechter in den öffentlichen Bädern. — Die Bäder Scipios. — Die balneatores (Bademeister) und aliptes (Badediener). — Die Ausschweifungen der Domitianischen Hofgesellschaft in den öffentlichen Bädern. — Freibäder für das niedere Volk. — Bäder der Aristokratie und der Reichen. — Duldung der Prostitution in den Bädern. — Diener und Dienerinnen in den Bädern. — Fellatrices und fellatores (Ausüber der lesbischen Liebe). — Der fellator Blattara und die fellatrix Thaïs. — Zoïla. — Die Kneipen. — Schlechter Ruf der Besucher. — Beschreibung einer römischen popina (Garküche). — Das stabalum (Stall). — Die Schenken. — Nächtliche Hausrevisionen des Aedilen. — Die Backstuben. — Aedilische Lupanarpolizei. — Uebertretungen, Geld- und Leibesstrafen. — Was Messalina riskirte, indem sie das Gewerbe eines Freudenmädchen im Lupanar ausübte. — Von der Einführung einer Frau in ein verrufenes Haus. — Die Beauftragten des Aedilen. — Eröffnungs- und Schliessungsstunde der Lupanare und anderer öffentlicher Häuser. — Die Freudenmädchen im Circus. — Die Prostitution im Zusammenhang mit den Theatern. — Die schweifende Prostitution. — Die Aedilen stellen die Mauern der Häuser und Denkmäler unter den Schutz des Aesculaps, um sie vor der Beschmutzung durch die Passanten zu schützen. — Schamlosigkeit der Gassen- und Winkelprostitution Roms. — Catull findet seine Lesbia unter diesen Weibern wieder. — Ulpians Unterscheidung zwischen dem Anruf und der Verfolgung. — Gesetzliche Macht der Väter und Vormünder über ihre Söhne und Mündel, die sich der Unzucht ergaben. — Die adventores (Gäste). — Die venatores (Jäger). — Des Alkinous Jugend. — Die salaputii (Zwerge). — Die semitarii (Die auf dem Seitenwege). — Adultor, scortator und moechus (Ehebrecher und Buhle). — Heliogabal in den Lupanaren. — Vorschriften über den Aufwand der Freudenmädchen. — Kostüm der Freudenmädchen. — Ihre Haartracht. — Verbot, Goldstaub für ihr Haar zu verwenden. — Blaues und gelbes Haar. — Nationaltracht der Prostituirten von Tyrus und Babylon. — Der kleine Freund. — Die Mitra, die Tiara und der Nimbus. — Ursprung dieser drei Haartrachten. — Verbot der Sänften und Wagen für die Prostituirten. — Carmenta, die Erfinderin der römischen Wägen. — Tragsessel und Sänfte. — Die cella und das octophorum. — Ambulante Bordelle. — Lex Oppia.

Man kann weder mit Bestimmtheit sagen, wann die legale Prostitution in Rom anhub, noch wann sie den polizeilichen Vorschriften, der besonderen Jurisdiction der Aedilen, unterstellt wurde. Wahrscheinlich aber befassten sich diese Behörden vom Ursprung der Aedilität ab, der bis ins Jahr 260 nach der Gründung der Stadt zurückdatirte, damit, der Strassenprostitution gewisse Grenze zu setzen und für sie im öffentlichen Interresse gewisse Rechtsnormen aufzustellen. Leider sind nur einige zerstreute, zweifelhafte und fast verwaschene Grundzüge dieser Vorschriften auf uns gekommen; immerhin gestatten sie uns noch ihre Klugheit und Gerechtigkeit zu bewundern. Man könnte fast sagen, dass keine einzige der modernen Polizeivorschriften für Frauen von schlechtem Lebenswandel von der römischen Aedilität übersehen worden war. Diese vom Volke gewählte Behörde hatte bereits erkannt, dass es darauf ankomme, diesen degradirten Frauenzimmern die grösstmögliche Freiheit zu lassen, sie aber daran zu hindern, eine Art frecher Herrschaft über die ehrbaren Frauen auszuüben; deshalb hatte sie es sich angelegen sein lassen, der Prostitution gewissermassen den Charakter einer öffentlichen Einrichtung zu geben, indem sie ihr Unterscheidungsmerkmale vorschrieb, sie in aller Augen „unehrlich" machte, um ihr die Lust und die Mittel zu nehmen, sich zu Unrecht die Vorrechte der Tugend und des ehrbaren Lebenswandels anzueignen. Indem man es unmöglich machte, dass ein Freudenmädchen für eine ehrbare Frau gehalten wurde, schützte man diese gleichzeitig vor einer Verwechslung mit jenem Die erste Aufgabe der Aedilen war also, das Freudenmädchen zu einer Anmeldung seines unehrlichen Gewerbes zu zwingen, indem es um das Recht nachsuchen musste, sich ihm offen hinzugeben mit jener obrigkeitlichen Genehmigung, die man licentia stupri (Genehmigung des unehelichen Geschlechtsverkehrs) nannte. Das ist der Ursprung der Registrirung der Freudenmädchen in den Listen des Aedils.

Ueber die Art dieser Registrirung besitzen wir indess keine Ueberlieferung: es scheint, dass jedes Weib, das aus der Preisgabe ihres Körpers ein Gewerbe machen wollte (sui quaestum facere) sich dem Aedilen vorstellen und ihm seine schimpfliche Absicht erklären musste, nicht ohne dass ihm der Aedil manchmal mit ein paar guten Worten abgerathen hätte. Bestand das Weib auf seinem Willen, dann wurde sie als hinfort der Prostitution ergeben eingeschrieben; sie gab Namen, Alter, Geburtsort, den Decknamen für ihren neuen Stand, und sogar, wenn man einem Commentator glauben darf, die Summe an, die sie ein für allemal als Tarif für ihr ehrloses Gewerbe festsetzte Tacitus sagt im zweiten Buche seiner Annalen, dass diese Einzeichnung der Weiber, die sich der Prostitution ergeben wollten, bei dem Aedilen ein ganz alter Brauch sei und dass der Gesetzgeber geglaubt habe, die Schamlosen nicht besser strafen zu können, als durch den Zwang, so ihre Schande und Entehrung selbst einzugestehen. Aber was in den sittenstrengen Zeiten der Republik ein Zügel gewesen war, das wurde zu Spiel und Spott unter dem Kaiserreiche; sah man doch damals sogar Töchter und Frauen von Senatoren vom Aedilen die licentia stupri erbitten.

Der Nutzen der Registrirung für die Rechtspflege leuchtet ein. Einmal besass man auf diese Weise eine authentische Liste aller derenigen Weiber, die dem Staate die Prostitutionssteuer zu zahlen hatten, den Zins, der wie ein Servitut auf diesem schimpflichen Gewerbe ruhte; und sodann brauchte man in den Fällen, wo ein Freudenmädchen die Pflichten seines Gewerbes vernachlässigte, bei den Streitigkeiten, den Klagen, den Differenzen, den Skandalscenen, den Uebertretungen und den Verbrechen aller Art, zu denen das schimpfliche Gewerbe vielfach Anlass bot, nur die Listen des Aedils einzusehen, um sofort den Civilstand der fraglichen Person zu ermitteln Auf diese Weise wusste man nicht nur den wahren Namen der Schuldigen oder des Opfers, sondern auch seinen Decknamen, luparium nomen, unter dem sie in der Welt der Prostitution bekannt war. Plautus spricht in seinem Poenulus von diesen entwürdigten Geschöpfen, die ihren Namen verändern, um aus der Preisgabe ihres Körpers ein Geschäft zu machen (namque hodie earum mutarentur nomina, facerentque indignum genere quaestum corpore). Ebenso notwendig war es, in den Registern die Taxe einzutragen, die eine jede für ihre Waare festgesetzt hatte, denn der gelehrte Pierrugues hat in seinem Glossarium eroticum die absonderliche Thatsache angeführt, dass man mit einer Klage über den Wert und die Bezahlung einer Prostituirten vor dem Aedil erschien, wie wenn es sich um ein Brot oder einen Käse gehandelt hätte (tanquam mercedis annonariae, de pretio concubitus jus dicebat aedilis). Die Aufgabe des Aedils war also mannigfaltig und oftmals recht delikat, — aber der Herr Polizeidirektor machte das alles.

Die Registrirung eines Freudenmädchens in den Listen der licentia stupri war unauslöschlich; eine Frau, deren Name einmal befleckt war, konnte sich davon nie mehr reinigen. Auch wenn sie ihr schimpfliches Gewerbe aufgab, wenn sie sich selbst eine Art Ehrenstrafe auferlegte, indem sie ein keusches Leben führte, sich verheiratete und halb-legitime Kinder gebar — keine gesellschaftliche oder religiöse Macht vermochte sie vollständig zu rehabilitiren und ihren Namen in den Listen der officiellen Prostitution zu tilgen. Sie blieb, wie wir schon gesagt haben, unehrlich durch jene Eintragung, die sie sich irgend einmal in ihrem Leben unter dem Zwange der Not, des Elends oder gar der Unwissenheit zugezogen hatte. Und doch beeilten sich die Freudenmädchen, wie der gelehrte Douza bemerkt, sobald sie das Gewerbe verliessen, ihren wahren Namen wieder anzunehmen und den Decknamen, den sie auf ihr Schildchen geschrieben hatten, im Lupanar zurückzulassen Ein Rechtsgelehrter, der seine Gewährsmänner nicht angiebt, hat behauptet, dass jedes Freudenmädchen bei seiner Registrirung einen Eid in die Hände des Aedilen ablegte, niemals den unehrlichen Beruf wieder aufzugeben, den sie freiwillig, ohne Zwang und Widerspruch erwählte; aber die Unglücklichen, die durch diesen entsetzlichen Eid gefesselt wurden, würden davon gelöst worden sein durch ein Justinianisches Gesetz, das erklärte, ein Eid gegen die guten Sitten habe keine bindende

Kraft. Dieses Prostitutionsgelübde ist keineswegs unwahrscheinlich; die Geschichte bietet uns mehr als ein Beispiel dafür, das es aus religiösen Gründen abgelegt wurde, so bei den Lokriern, deren Töchter gelobten, sich bei dem nächsten Venusfeste preiszugeben, wenn ihre Väter den Sieg über den Feind davontrügen; übrigens passt es auch zu der Verrufserklärung, die seine unmittelbare Folge war.

Man hat gefragt, warum die Registrierung der Freudenmädchen bei den Aedilen geschah und nicht bei den Censoren, zu deren Amtsbefugnissen die Beaufsichtigung der Sitten gehörte. Ein Commentator des Tacitus bemerkt zu dieser rein theoretischen Frage, dass dem Aedilen die Ueberwachung der Lupanare, der Schänken und aller jener verdächtigen Häuser oblag, die der Prostitution als Zufluchtsstätten dienten. In Bezug auf diese Amtsthätigkeit der Aedilen konnte auch Seneca sagen: „Die Tugend kannst Du im Tempel, auf dem Forum, in der Kurie, auf den Mauern der Stadt schauen; das Laster aber findest du, wie es sich meistens versteckt und das Dunkel sucht, in der Umgebung der Schwimmhallen und der Dampfbäder, überall dort, wo man den Aedilen nicht gerne sieht (ad loca aedilem metuentia)." Um die Amtsbefugnisse der Aedilen in Sachen der Prostitution noch besser zu ergründen, muss man noch hinzufügen, dass ihm besonders die Ueberwachung der Strasse, via publica, zustand; die Strasse aber gehörte so recht eigentlich der Prostitution und ihr Name wurde dafür fast als Synonym gebraucht. „Niemand wehrt einem auf öffentlichem Wege zu kommen und zu gehen," sagt Plautus, indem er darauf ausspielt, dass jedermann ein öffentliches Mädchen benutzen dürfe, natürlich wenn er es dafür bezahlt. (Quin quod, palam est venale, si argentum est, emas. Nemo ire quemquam publica prohibet via). Dem Aedilen stand die Strassenpolizei und alles was damit in Zusammenhang gebracht werden konnte zu: so unterstanden ihm unbedingt die öffentlichen Häuser.

Von vornherein unterlagen Weiber, die sich der Prostitution ergaben ohne registrirt zu sein und so das Recht zu dem schimpflichen Geschäft erworben zu haben, einer Geldstrafe, wurden auch wohl aus der Stadt verwiesen, wenn man sie bei der That erwischt hatte, wie Justin ausdrücklich bezeugt; in der Regel aber zogen diejenigen Verbrecherinnen, die noch jung waren und noch etwas verdienen konnten, irgend eine mitleidige Seele von einem Kuppler an, der die Strafe und die Kosten der Registrierung für sie erlegte, und die Mädchen dann, um sich für seine Auslagen schadlos zu halten, in irgend ein Bordell einsperrte. Die schweifende Prostitution, erratica scorta, war demnach in Rom verboten, aber man musste wohl oder übel ein Auge zudrücken bei ihrer Zahl und ihren verschiedenen Gewohnheiten: eine ganze Armee von Wächtern wäre nötig gewesen, um die Strassen und Häuser zu überwachen, ein Senat von Aedilen, um über ihre Uebertretungen abzuurteilen und eine

Menge von Liktoren, um die Schuldigen mit Prügeln zu bestrafen und die Ausweisungen zu vollziehen. Die Stadt Rom besass eine Unzahl von Tempeln, Säulen, Statuen, öffentlichen Baulichkeiten, wie Wasserleitungen, Bäder, Grabmäler, Märkte u. s. w., deren architektonische Gestaltung den Zwecken der Prostitution nur zu günstig war; auf jeden Schritt gab es eine dunkle Wölbung, in der es sich nachts eine Prostituirte oder ein Bettler bequem machte; jedes Gewölbe (arcarius oder arquatus) diente der schweifenden Unsittlichkeit zur Zuflucht, und niemand durfte sie von dort verscheuchen, da jedermann das Recht zustand, unter freiem Himmel, sub dio, zu nächtigen. Man kann sogar eine Reihe von Zeugnissen aus der Geschichte dafür aufführen, dass die Umgebung gewisser Tempel und gewisser Statuen der gewöhnliche Schauplatz nächtlicher Prostitution war. Julia, des Augustus Tochter, gab sich in einem Winkel vor dem Standbilde des Satyrs Marsyas hin, und der Platz, wo sich dies Opfer der Unzucht vollzog, war immer besetzt, sobald die Nacht mit ihrem Sternenbaldachin das steinerne Bett überspannte, das den Altar für dieses sittenlose Opfer darstellte. Die Statue des Priaps oder igend eines mit Peitsche, Stock oder Keule bewaffneten Wächtergottes genügte zum Schutze der nächtlichen Schamlosigkeiten, die sich unter seine Auspicien flüchteten und sich in seinem Schatten betteten.

Nur sehr selten schritt der Aedil einmal streng gegen Uebertretungen dieser Art ein; andererseits übte er aber manchmal eine ziemlich unliebenswürdige Aufsicht über die öffentlichen Häuser aus, die ihm unterstanden. Er veranlasste nicht nur dauernde Inspicirungen, um Verbrechen zu entdecken, die etwa in diesen seiner besonderen Obhut anvertrauten Häusern begangen wurden, sondern er überzeugte sich auch oftmals selbst, ob dort alles vorschriftsmässig herging. Mit seinen Liktoren vorauf durchmusterte der Aedil zu jeder Stunde des Tages und der Nacht die Strassen, drang überall ein, wo seine Anwesenheit nützlich sein konnte, und kontrolirte mit eigenen Augen den Betrieb in diesen Werkstätten der Unzucht. Wenn das Nahen eines Aedilen auch nur von ferne angezeigt wurde, dann gaben die Freudenmädchen, die Vagabonden, die Spieler, die bannbrüchigen Sklaven, die Uebelthäter jeglicher Art schleunigst Fersengeld, und im Handumdrehen waren die Kneipen, die Gasthäuser und die übelbeleumdeten Spelunken menschenleer. Diese städtische Polizei stand den plebejischen Aedilen zu, auf denen die ganze Last der Exekutive ruhte; die grossen patricischen Aedilen, reine Verwaltungsbeamten, sassen auf ihren kurulischen Sesseln und sprachen lediglich Recht in den Sachen, die die Tribunen ihnen überwiesen hatten. In Rom erzählte man sich oft von der Niederlage eines curulischen Aedilen, dem eine Dirne die Zähne gezeigt hatte. Aulus Gellius überliefert uns diese bemerkenswerte Geschichte, so wie er sie in einem Buche des Atteius Capito, Konjekturen genannt, gefunden hatte. Aulus Hostilius Mancinus. ein curulischer Aedile.

wollte eines Nachts bei einer Dirne namens Mamilia eindringen; diese weigerte sich aber, ihn zu empfangen, obschon er seinen Namen und seinen Rang angegeben hatte; aber er war allein, ohne Liktoren, nicht in der, als Amtstracht vorgeschriebenen, Toga praetexta, hatte überdies als Aedil auch gar nichts in jenem Hause zu suchen. Er ärgerte sich natürlich darüber, solchen Widerstand bei einem Freudenmädchen zu finden, drohte die Thür einzubrechen und versuchte es sogar. Das Mädchen aber, keineswegs eingeschüchtert durch diese Gewaltthätigkeiten, that so, als ob sie ihn als Aedilen gar nicht erkannte und bombardierte ihn vom Balkon aus mit Steinen. Der Aedil wurde an der Stirn verwundet. Tags darauf zitirte er die unverschämte Mamilia vor's Volksgericht und klagte sie des Widerstandes gegen die Staatsgewalt an. Mamilia jedoch erzählte, wie die ganze Geschichte gekommen sei, wie der Herr Aedil thatsächlich ihr die Thür einzutreten versucht hat und wie sie ihn nur durch Steinwürfe hatte verjagen können. Sie fügte noch hinzu, dass Mancinus, von einem Souper kommend, sich ihr halb betrunken und das Haupt noch mit Blumen bekränzt angeboten hatte Die Tribunen billigten das Verhalten der Mamilca und sagten, dem Mancinus sei ganz recht geschehen: wenn er sich nachts halb betrunken und blumengeschmückt an der Thüre einer Prostituirten ungebührlich aufführe, so verdiene er schimpflich weggejagt zu werden.

Diese merkwürdige Geschichte lehrt uns, dass Mamilia ein besonderes Haus bewohnte, das nicht unter der polizeilichen Aufsicht der Aedilen stand; denn in einem der öffentlichen Häuser, die direkt von ihnen abhingen, hätte man schwerlich den Widerstand so auf die Spitze getrieben.

Die Amtspersonen wiederholten fortwährend ihre Inspektionen in den Schwimmhallen, den Dampfbädern, den Schänken und Logirhäusern, den Läden der Bäcker, Fleischer und Knochenhauer, Barbiere und Parfumeure. Es wäre ihnen wahrscheinlich unmöglich gewesen, alle Fälle von geheimer und verborgener Prostitution, die sie auf ihren Gängen entdeckten, zu verfolgen und zu bestrafen. Besonders in den öffentlichen Bädern wurden die schamlosesten Unsittlichkeiten getrieben, und man kann sagen, dass in Rom die Prostitution sich in demselben Verhältnis vermehrte wie die Zahl der Bäder. Publius Victor zählt innerhalb der Stadtmauer achthundert grosse und kleine Bäder. Da man weiss, dass es für die reichen Leute eine Ehrensache war, testamentarisch die Gründung einer Badeanstalt zum öffentlichen Gebrauche anzuordnen, so kann man sich über die grosse Zahl der Bäder nicht wundern, von denen die grössten nicht weniger als tausend Personen aufzunehmen vermochten. In den sittenreinen Zeiten der Republik war das Bad mit allen Massregeln zur Schonung des Schamgefühls umgeben; nicht allein die Geschlechter, sondern auch die verschiedenen Altersstufen badeten gesondert; den Dienst versahen Männer und Frauen, je nachdem das Bad für Männer oder Frauen bestimmt war. Es gab noch nicht viele derartige Anstalten, und es waren bestimmte Stunden für Männer und für Frauen bestimmt, die sich in der Benutzung der Bassins abwechselten, ohne sich dort jemals zu treffen. Cicero erzählt, dass die Frau eines Consuls, der einmal nach Teanum in Campanien gegangen war, dort im Männerbad zu baden wünschte. Der Quastor ordnete auch sofort an, dass die Badenden das Bassin verlassen sollten und nach einigen Augenblicken konnte die Frau des Consuls ihr Bad nehmen. Aber sie beklagte sich bei ihrem Gatten über die Verzögerung und über die Unsauberkeit in der Anstalt. Daraufhin befahl der Consul, dass M. Marius, der angesehenste Mann der Stadt, verhaftet und auf offenem Markte mit Ruten gezüchtigt werde, wie wenn er für den Schmutz im Bade verantwortlich gewesen wäre. Wahrscheinlich hat die Frau des Consuls ihrem Gatten von schlimmeren Dingen erzählt, und es giebt zu denken, dass derselbe Consul in Ferentinum sich auch über die Zustände in den öffentlichen Bädern unterrichtete und davon so unbefriedigt war, dass er die Quasstoren der kleinen Stadt durchpeitschen liess, weil die Männer sich dort entehrten unter dem Vorwande zu baden.

Die Bäder von Rom ähnelten bald jenen, die die Römer in Asien kennen gelernt hatten; jede Art von Luxus und Verderbtheit liess man darin zu, und zwar fast unter den Augen der Aedilen, die doch für Ordnung und Sitte zu sorgen hatten, sich aber lediglich mit materiellen Verbesserungen beschäftigten, die thatsächlich nur dazu beitrugen die Verweichlichung und Sittenlosigkeit noch zu vermehren. Zunächst wurden die Bäder für die beiden Geschlechter gemeinsam gemacht; zwar hatte noch jedes sein besonderes Bassin oder seine Dampfstube, aber sie konnten sich doch sehen, sich treffen, plaudern, Intriguen einfädeln, Rendezvous ausmachen und Ehebruch im grossen treiben. Jedermann brachte sein männliches und weibliches Sklavengesinde dorthin mit, Eunuchen und Spadonen, um sich kämmen und massiren, parfumiren, frottiren, rasiren und frisiren zu lassen. Diese Vermischung der Geschlechter hatte Prostitution und Sittenlosigkeit zur unausbleiblichen Folge. Die Bademeister hielten auch allerhand abgerichtete Sklaven, verächtliche Helfershelfer der Unkeuschheit, die sich den Besuchern zu den verschiedenartigsten Zwecken vermieteten. Anfangs waren die Bäder so dunkel, dass Mann und Weib Seite an Seite baden konnten, ohne sich anders als an der Stimme zu erkennen; bald aber liess man das Tageslicht hier in seinem vollen Glanze auf den Marmorsäulen und den Stuckwerken erstrahlen. Die indiskrete Tageshelligkeit zeigte die Nacktheit aller Augen und liess die Tausend Formen der körperlichen Schönheit deutlich erkennen. Ausser der grossen Dampfstube (sudatorium), den grossen Bassin mit kaltem, lauem und heissem Wasser, in denen man durcheinander badete, um sich dann rundherum in die Hände der Sklaven zu begeben, (balneatores und aliptes-Badediener und Masseure), befand sich in der Anstalt auch noch eine grosse Zahl von Sälen, in denen man sich restauriren konnte, sowie viele Zellen, worin man Ruhebetten und Knaben und Mädchen vorfand Ammianus Marcellinus zeigt uns in einem mit kräftigen Strichen entworfenen Gemälde die Ausschweifungen der Domitianischen Hofgesellschaft, die die öffentlichen Bäder besuchte und mit brüllender Stimme schrie: „Wo sind sie? Wo sind sie?" Wenn sie dann irgend eine unbekannte Dirne bemerkten, irgend eine alte Prostituirte, Abschaum aus den plebejischen Vorstädten, ein abgebrauchtes Weibsbild, dann stürzten sie sich alle miteinander darüber her und behandelten das unglückselige Wesen wie eine Semiramis. „Si apparuisse subito compererint meretricem, aut oppidanae quondam prostibulum plebis, vel meritorii corporis veterem lupam, certatim concurrent etc." Die Aedilen wachten darüber, dass sich solche Skandalscenen nicht in jenen Bädern abspielten, vor denen ein Soldat Posten stand; dort durfte auch alles geschehen, aber ohne Lärm, ohne Aufsehen, ohne Unordnung. Die Prostitution hatte dort also sozusagen einen anständigen und geheimnisvollen Anstrich.

Mit den öffentlichen Bädern verhielt es sich geradeso wie mit den Lupanaren: ihre innere Einrichtung richtete sich nach dem Publikum, das dort verkehrte. Da gab es Freibäder für das niedere Volk; dann billige Bäder, bei denen der Eintritt nur ganz wenig kostete; endlich grossartig eingerichtete Anstalten, in denen sich die Aristokratie und die reichen Leute, also die Lebewelt, auf gleichem Fusse begegnete. Geöffnet wurden die Bäder um die neunte Stunde, also gegen 3 Uhr nachmittags; um dieselbe Stunde öffneten auch die Freudenhäuser, die Kneipen und derartige Lokale. Mit Sonnenuntergang wurden dann die Bäder wieder geschlossen: tempus lavandi, so liesst man bei Vitruvius, a meridiano ad vespercen est constitutum. (Die Badezeit ist auf 3 Uhr bis Sonnenuntergang festgesetzt). Nur die Lupanare allein blieben die ganze Nacht geöffnet. Die Herrschaft der offiziellen Prostitution begann am hellen Tage und dauerte bis zum nächsten Morgen. Die Prostitution in den Bädern war lediglich geduldet; der Aedil that so, als ob er sie nicht bemerkte, vorausgesetzt, dass sie nicht zum öffentlichen Skandal ausartete. Die Kaiser unterstützten die Polizei in dem Kampfe gegen die grauenhaften Excesse in den Badeanstalten zu Rom, wo die beiden Geschlechter Zutritt hatten. Hadrian verbot streng das sittenlose Zusammensein von Männern und Weibern; er ordnete an, dass ihre Bäder vollständig getrennt sein müssten: Lavacra pro sexibus separavit, sagt Spartianus. Marc Aurel und Severus erneuerten diese Edikte im Interesse der öffentlichen Sittlichkeit; aber zwischen ihren beiden Regierungen hatte der verdammenswerte Heliogabal ausdrücklich gemeinsame Bäder für beide

Geschlechter gestattet. Badediener und -Dienerinnen spielten auf Wunsch die Helfershelfer bei den Genüssen, die die beiden Geschlechter dort suchten. Selbst die Ehefrauen schämten sich nicht, sich von diesen schamlosen Badedienern massiren, salben und abreiben zu lassen. Juvenal schildert uns in seiner berühmten Satire eine Familienmutter, die den Abend erwartet, um mit ihrem Salbenkasten ins Bad zu eilen: „Sie empfindet das höchste Vergnügen dabei, bei dieser Pozedur in Schweiss zu geraten, wenn ihre Arme erschlafft zurücksinken unter den kräftigen Händen des Masseurs, der voll Eifer bei diesem Werke callidus et cristae digitos impressit aliptes." Rigatius, einer der Kommentatoren des Juvenal erläutert uns die schamlosen Handgriffe dieser aliptes mit einer Sachkenntnis, die sich nur lateinisch wiedergeben lässt: Unctor sciebat dominam suam hujusmodi titillatione et contrectatione gaudere. Und dann fragt er mit der unschuldigsten Miene von der Welt, ob dieser Badediener nicht eigentlich ein ganz infamer Schlingel gewesen wäre!

So lange sich niemand beklagte, hatte sich der Aedil um diese Dinge nicht zu kümmern. Die Bäder waren die Freistatt sowohl für wahre Liebe wie für die gröbsten Lasterhaftigkeiten: „Während draussen, so heisst es in der Liebeskunst Ovids, der Wächter des jungen Mädchens auf ihre Gewänder Acht giebt, verbergen die Bäder sicher ihre flüchtigen Liebkosungen (celent furtivos balnea tuta jocos)." Die Frauen hatten ein grösseres Interesse daran, die Privilegien der öffentlichen Bäder zu erhalten: für die einen waren sie ein neutraler Boden, ein Treffpunkt, ein Zufluchtsort, wo sie sich gefahrlos ihren Lüsten hingeben konnten; für andere wiederum ein ewiger Markt, wo die Prostitution immer etwas zu verkaufen oder zu kaufen fand. Obschon die Anstalten Nachts geschlossen sein mussten, blieben sie doch für die bevorzugte Lebewelt heimlich offen; draussen war alles dunkel, innen aber strahlende Helle, und die Bäder, die Soupers, die Orgien dauerten immerfort, fast ohne Unterbrechung. Die Kuppelei wurde an diesen Orten im grossen Massstabe betrieben, und mancher kam unter dem Vorwande, zu baden, dorthin, lüstern darauf, die Gunst eines Mädchens oder eines Knaben zu geniessen, wenn er nicht selbst gar durch eigene Preisgabe ein Geschäft zu machen gedachte. Wer immer dem Badeleben Geschmack abgewonnen hatte, den zog es immer tiefer in den Sumpf hinein; wenn sich die Menschen dort in ihrer Nacktheit erblickten, in diesen unanständigen Stellungen, wenn sie unter den geschickten Händen der Badediener erzitterten und erschauderten, dann erfasste sie ein Sinnentaumel, eine Sucht nach neuen, unerhörten Genüssen, der sie oft ihr ganzes Leben widmeten; in dem Capua der öffentlichen Bäder rieben sie sich langsam auf. Dort baute sich die lesbische Liebe ihre Tempel, und römische Sinnlichkeit raffinirte noch die Genüsse des Sapphischen Kreises. Lesbierinnen nannten sie sich noch immer, hatten sie auch von der femininen Philosophie von Lesbos keinen Hauch verspürt; wenn sie den Männern auf ähnliche Weise zu Genüssen verhalfen, dann hiessen sie fellatrices. Aber das ist noch nicht alles: diese verworfenen Weiber lehrten ihre Kunst Kinder und Sklaven, die man fellatores nannte. So stark war in Rom diese Art Unsittlichkeit verbreitet, dass ein Satyriker schreckensvoll ausrief: „O ihr edlen Abkömmlinge der Göttin Venus, bald findet ihr keine keusche Lippe mehr, um der Göttin euer Gebet darzubringen!" Martial kommt in seinen Epigrammen immer wieder auf diese Abscheulichkeit zu sprechen, von der eine ganze Schaar von Verworfenen lebte, ohne dass der Aedil eingeschritten wäre. Sein Epigramm an eines dieser Geschöpfe mit Namen Blattara ist schlechtweg unübersetzbar; eines der noch am wenigsten anstössigen beschäftigt sich mit einer fellatrix, die zu jener Zeit in einem grossen Rufe stand: „Kein Mensch im Volke, niemand in der ganzen Stadt kann sich rühmen, die Gunst der Thaïs besessen zu haben, obschon viele sich darum bemühten, viele ihr nachstellten. Warum nur ist Thaïs so keusch? Weil ihr Mund es nicht ist." (Tam casta, rogo, Thaïs? immo fellat). Den schmachvollen Fellatoren, die er auf seinem Wege findet, erlässt Martial wahrlich nichts, er verachtet sie und flucht ihnen allen in der Person des Zoïlus: „Du sagst, dass die Dichter und Advokaten schlecht aus dem Munde riechen; aber Zoïlus, ein Fellator, stinkt noch viel mehr!"

Die Aedilen konnten indess gegen diese scheusslichen Ausschweifungen, die sich fast vor ihren Augen abspielten, nicht einschreiten. Im eigentlichen Sinne des Wortes war es ja nicht einmal Prostitution, es waren nur vorbereitende Handlungen und Zuthaten; besonders die eine charakteristische Verwendung der Sklaven, das praebere os, wie man es damals nannte, fand ihren Weg sogar in die Komœdie Adelphi des Terenz. Das persönliche Verhalten der Sklaven ging die Aedilen nun einmal nichts an, abgesehen von dem der meretrices, der offiziellen Freudenmädchen. Bemerkenswert ist, dass die Teilnehmer an dieser Art von Ausschweifungen fast niemals zu den öffentlichen eingetragenen Dirnen gingen. Man traf sie deshalb nicht in den Lupanaren, wohl aber in den Schänken und an anderen übelbeleumdeten Orten, wohin man ging, um zu essen, zu trinken, zu spielen oder zu schlafen. Wer in diese von ehrlosem Gesindel besuchten Schänken eintrat, mit dem bandelte es an oder zog es auf sein Niveau herab, selbst wenn er nicht dem gewöhnlichen Laster huldigte. Jeder Mensch, einerlei ob Mann oder Weib, der sich in solche Taverne (popina) wagte, ward mit Beleidigungen aller Arten überschüttet. So sagt der Rechtsgelehrte Julius Paulus in den Digesten ausdrücklich: „Wenn jemand sein Spiel treibt mit meinem Sklaven oder mit meinem Sohne, selbst mit ihrer Einwilligung, dann gilt das soviel als ob ich persönlich beleidigt worden wäre, wie wenn mein Sohn oder mein Sklave in eine

Schänke geführt oder zum Hasardspiel verleitet worden wäre." Die Beleidigung oder die Ehrenverletzung trat ein, wenn der junge Mensch seinen Fuss über die Schwelle solcher Kneipe gesetzt hatte, denn er war niemals sicher, so rein und keusch wieder herauszukommen, wie er hineingegangen war. Die ædilische Polizei überwachte die Schänken, die abends schliessen und erst bei Tagesanbruch wieder geöffnet werden durften, sorgsam; sie durften jedermann als Gast aufnehmen, nur waren sie nicht berechtigt, ihm eine Lagerstatt einzuräumen, und wenn die Glocke zum Zeichen des Schlusses der Bäder und der öffentlichen Lokale ertönte, mussten sie ihre Gäste entlassen. Diese eine Thatsache genügt schon, um uns die innere Einrichtung einer römischen Popina erkennen zu lassen, in der Regel bestand sie aus einem kleinen Saal zur ebenen Erde; ringsum verziert mit Amphoren und dickbauchigen Flaschen voll Wein, auf denen Erntejahr und Gewächs verzeichnet stand; im Hintergrunde dieses feuchten und dunklen Lokals, das nur durch eine loorbeergeschmückte Thür Licht empfing, dienten ein oder zwei ganz kleine Zimmer zum Empfangsraum für Gäste, die sich dort zum Spiel oder zu unsittlichen Zwecken niederliessen. Betten gab es nicht in diesen vom Wein- und Lampendunst durchzogenen Spelunken: „Die Herberge, so sagt Cicero an einer Stelle, die uns den Unterschied zwischen popina und stabulum sehr deutlich macht, die Herbergen dienen ihm als Schlafzimmer, die Schänken als Speisesaal!" Man fand an solchen Orten nur Bänke, Schemel und Tische, was die gewöhnliche Prostitution nicht begünstigte.

Wollte man in Rom Zimmer und Bett mieten, dann musste man in die cauponae und die diversoria gehen. Das diversorium war nur für Reisende, Ausländer bestimmt, die dort Nachts wohnten, ohne sonst etwas zu verzehren; die caupona dagegen war wie ein modernes Hôtel eingerichtet, man fand dort Wohnung und Verpflegung. Der Wirt hielt für den Gebrauch seiner Gäste stets Schlafgenossen und -Genossinnen bereit. Die Prostitution in diesen Hôtels hatte einen leidlich anständigen Antrieb und gab sich weniger Excentrizitäten hin; gleichwohl stattete ihnen der Aedil häufig nächtliche Besuche ab, um die Frauenzimmer aufzugreifen, die sich der Registrirung entzogen hatten oder ihr Gewerbe ausserhalb der Lupanare ausübten. Zweck dieser Haussuchungen war vor allen die Verhängung hoher Geldstrafen bei Uebertretungen des Reglements; daher fürchteten auch, wie Seneca sagt, alle übelbeleumdeten Häuser die aedilische Polizei, waren sie doch alle mehr oder weniger der Prostitution geweiht. Seneca spricht in seinem Glücklichen Leben mit Abscheu von diesem nächtlichen, niedrigen, banalen Vergnügen, dem die düsteren Gewölbe und die Spelunken zum Asyl dienen (cui statio ac domicilium fornices et popinae sunt). Ebenso kontrolirte der Aedil die Bäckereien und die dazu gehörigen Keller. In diesen oft tiefen und von der Strasse weitabgelegenen Kellern bewahrte man nicht nur die Getreidevorräte in grossen Thongefässen auf und liess die Mehlmühle von Sklaven drehen, sondern es gab dort oft unterirdische Zellen, in denen die Prostitution am Tage eine Zuflucht fand, während die Lupanare geschlossen waren. Die meretrices, so meldet Paulus Diaconus, wohnten gewöhnlich in den Mühlen (in molis meretrices versabantur). Pitiscus, der diese Stelle anführt, fügt hinzu, dass sich die Mühlen und die Dirnen in Kellern befanden, die mit der Bäckerei in Verbindung standen, sodass nicht alle, die dort eintraten, Brot kaufen wollten; die meisten begaben sich lediglich in der Absicht Unzucht zu treiben dorthin (alios qui pro pane veniebant, alios qui pro luxuriæ turpiditudine ibi festinabant) Es war eine ungeregelte Prostitution, die der Aedil beständig verfolgte: er stieg oft in diese Keller herab, wo man das Getreide stampfte und mahlte, und fand dort stets eine Anzahl nicht eingeschriebener Frauenzimmer, von denen manche die Arbeit an den Mühlen versahen, während andere lediglich Mieterinnen der finsteren Löcher waren, in deren Dunkel sich die Unzucht ihrer eigenen Schande zu enthüllen schien

Die Lupanare unterstanden ebenfalls der direkten Aufsicht der Aedilen; jedoch hatten diese sich nicht um die Vorgänge im Inneren zu kümmern, vorausgesetzt, dass kein Streit, kein Tumult, kein Lärm draussen oder drinnen entstand, dass die Thüren um drei Uhr geöffnet und morgens geschlossen wurden. Dem Kuppler und der Kupplerin war für den innern Betrieb sozusagen ein Teil der aedilischen Gewalt übertragen worden. Da die Bordellhalter die Aufschriften auf den Schildchen ihrer Frauenzimmer besorgten, so lag es ihnen ob, für richtige Eintragung einer jeden Dirne bei der Aedilität zu sorgen; sie waren verantwortlich dafür, wenn irgend eine „ehrbare" Frau, eine freie Bürgerin, eine Verheiratete oder Ehebrecherin, irgend ein unter der Gewalt des Vaters oder Vormundes stehendes Mädchen oder irgend ein unglückliches Kind sich freiwillig oder gezwungen preisgab; denn die lex Julia strafte jede Beihilfe und Begünstigung des Ehebruchs, auch die indirekte. Jede Uebertretung des Reglements hatte eine Geldstrafe zur Folge, die der Aedil nach seinem Ermessen festsetzte; solche Strafen waren sofort vollstreckbar. Verzug bei der Bezahlung trug dem Verurteilten eine ausgiebige Tracht Prügel ein. Derartige Peitschungen wurden auf offener Strasse vor dem Bordell vollzogen und der Inkulpat kam dann halbtot aus den Händen der Liktoren, um nunmehr darauf bedacht zu sein, sich durch neue Prostitutionsgeschäfte schadlos zu halten. So ziemlich alles und jedes konnte Anlass zur Anzeige und Bestrafung abgeben. Die Bordellhalter fühlten sich gar zu sehr in der Gewalt der Aedilen, um sich nicht für alle Fälle nach einem Schutz und einflussreicher Hilfe umzusehen; sie fanden sie bei lüsternen Senatoren, denen sie dann die Erstlingsopfer in ihren Häusern zur freien Wahl überliessen. Auch der Aedil selbst war nicht unbestechlich, und der Kuppler wusste wohl, durch welche Art von Geschenken er ihn für sich gewinnen und sich günstig zu stimmen vermochte.

Eine Uebersicht über die Uebertretungen und Vergehen in den römischen Lupanaren zu geben, würde schwer halten; gewiss befasste sich der Aedil nicht selbst damit, sie festzustellen, sondern beauftragte Subalternbeamte damit. Diese kontrolirten die Führung der Bordellhalter, nahmen Klagen oder Beschwerden gegen sie an, inspicirten die Lokalitäten und stellten die Listen der in den Zellen befindlichen Dirnen auf. Das Hauptziel des Gesetzgebers in Sachen der öffentlichen Prostitution scheint lediglich gewesen zu sein, die Preisgabe patrizischer Frauen und Töchter zu verhindern und den Ehebruch zu bestrafen, selbst wenn er diese schimpfliche Verkleidung annahm. In den gesetzlich concessionirten Lupanaren durften nur solche Frauen aufgenommen werden, denen das Gesetz nicht verbot, sich zu verkaufen und zu prostituiren. Damit sie das meretricium in einem Freudenhause ausüben konnte, gab sich Messalina für eine Dirne Lysisca aus, deren wahrscheinlich irgendwo freigewordenen Decknamen sie angenommen hatte. Messalina setzte sich also nicht nur der Gefahr einer Erkennung aus, sondern riskirte auch, dass man sie wegen falscher Namensführung und unerlaubter Ausübung des Gewerbes anzeigte; denn nur die beim Aedilen eingeschriebenen Dirnen hatten das Recht, in den Lupanaren zu weilen. Seneca spricht an zwei verschiedenen Stellen seiner Kontroversien von der Einführung eines Frauenzimmers in ein Bordell, ohne übrigens näher auf die dabei zu beobachtenden Formalitäten einzugehen. Gewiss vermietete der Bordellhalter nicht ohne weiteres Gewänder und Zelle an jedes der Weiber, die sich zur öffentlichen Preisgabe anboten: sie mussten sich vor allen Dingen über ihre Verhältnisse ausweisen können und sogar ein Dirnenzeugnis, die schon genannte licentia stupri, vorzeigen. Nach einer anderen Stelle in den Kontroversien Senecas kann man vermuten, dass dies Certificat in dem Bordell selbst ausgestellt wurde, und dass der Bordellhalter ein Register führte, worin die Namen seiner Frauenzimmer eingezeichnet waren: „Du bist in ein Lupanar geführt worden, sagt Seneca, und hast dort Deinen Platz eingenommen; Du hast Deinen Preis bestimmt, und sodann ist Dein Schildchen aufgehängt worden; das ist alles was man von Dir erfahren kann." Die Schergen des Aedilen machten sich kein Gewissen daraus, nötigenfalls die intimsten Details auszuforschen und die Dirne selbst zu vernehmen.

Besonders streng zeigte sich der Aedil bei Verfehlungen gegen die Vorschriften über Oeffnung und Schluss der Lupanare; denn diese Stunden waren festgesetzt worden, damit nicht die jungen Leute schon vom frühen Morgen an ihre Kräfte in Ausschweifungen vergeuden sollten, anstatt körperliche Uebungen zu betreiben, und dem litterarischen und staatsbürgerlichen Unterrichte zu folgen, die den Hauptteil der römischen

Erziehung bildeten. Ebenso hatte der Gesetzgeber gewollt, dass die Prostitution während der Hitze des Tages ruhen sollte; diejenigen, die unter der Hitze litten, sollten wenigstens nicht versucht sein, eine Vermehrung von Schweiss und Erschlaffung zu erstreben. Nur an der Festtagen, wenn das Volk zu den Circusspielen eingeladen war, wurden Ausnahmen von den angewiesenen Stunden für die öffentliche Ausübung der Unzucht gemacht. An diesen Tagen zog sich die Prostitution dorthin, wo das Volk war, und während die Freudenhäuser in der Stadt einsam und verlassen waren, wurden diejenigen beim Circus zu derselben Stunde wie die Spiele geöffnet; unter den Sitzreihen, auf denen sich die Menge der Zuschauer drängte, richteten die Bordellhalter Zeilen und Zelte ein, zu denen von allen Seiten fortwährend Schaaren von Prostituirten mit den Verehrern, die sie angezogen hatten, herbeieilten. Während die Tiger, die Löwen und die anderen wilden Tiere die eisernen Stangen ihrer Käfige grimmig bearbeiteten, während die Gladiatoren kämpften und fielen, während die Menge das unermessliche Gebäude durch ihren donnernden Beifall und ihr Händeklatschen erbeben liess, reizten die meretrices, die auf besonderen Sitzen sassen und durch ihre hohe Haartracht und ihr kurzes, leichtes und wenig nur verhüllendes Gewand auffielen, ununterbrochen die Lüste der Zuschauer und warteten nicht bis zu dem Schluss der Aufführungen, um sie zu befriedigen. Diese Freudenmädchen verliessen fortwährend ihren Platz und folgten einander während der ganzen Dauer der Aufführung. Da die äusseren Säulengänge des Circus für diesen unübersehbaren Prostitutionsmarkt nicht ausreiehten, so überfluteten die Massen alle nahe gelegenen Kneipen und Gasthäuser. An diesen Tagen war die Prostitution begreiflicherweise vollkommen frei, und die aedilischen Beamten getrauten sich nicht, die Weiber, die das Geschäft der meretrix betrieben, nach dem Certifikate zu fragen. Deshalb charakterisirt Salvianus diese grossen volkstümlichen Orgien folgendermassen: „Der Minerva baut man einen Altar in den Gymnasien, der Venus in den Theatern"; und an einer anderen Stelle: „Jede Art von Schamlosigkeit wird in den Theatern betrieben; jede Art von Lastern in den Ringschulen." Isidor von Sevilla geht in seinen Etymologien noch weiter, indem er sagt: Theater sei das Synonym für Prostitution, weil nach dem Schluss der Spiele die Freudenmädchen an demselben Orte ihr Gewerbe trieben. (Idem vero theatrum, idem est prostibulum, eo quod post ludos exactos maretrices ibi prosternerentur). Die Aedilen bekümmerten sich nicht um die Prostitution in den Theatern, wie wenn sie notwendig zu den dem Volke gebotenen Spielen dazugehört hätte. Zumeist wurden übrigens die Theater von Weibsleuten heimgesucht die in den Säulengängen und den gewölbten Gallerien dieser Gebäude hausten; als Kuppler oder Zuhälter dienten diesen Frauenzimmern die Thaaterdiener, die man während der Vorstellung beständig zwischen den Rängen herumgehen sah; sie beschränkten sich nicht darauf, dem Publikum Wasser und frische Erbsen zu verkaufen oder auch auf Kosten der Festgeber gratis zu verabreichen, sondern sie dienten vorzugsweise zu Boten und Vermittlerinnen der Prostitution. Mit Recht nennt deshalb Tertullian den Circus und das Theater die Pflegstätten öffentlicher Unzucht, consistoria libidinum publicarum.

Trotz seiner fast unbeschränkten Herrschaft über die öffentlichen Wege scheint sich der Aedil nicht viel um die vagirende Prostitution bekümmert zu haben; bei den Dichtern und Sittenschilderern, die von dieser niedrigsten Art der Prostitution sprechen, findet man nirgends repressive oder praeventive Massregeln erwähnt. Ohne Zweifel beschränkte sich der Aedil darauf, die Einhaltung der Kleiderordnung zu verlangen und strafte die eingeschriebenen Freudenmädchen streng, die sich mit langem Kleide und dem Kopfschmuck der ehrbaren Frau in den Strassen umhertrieben; wenn die Nacht gütig ihren dichten Schleier herabgesenkt hatte, dann scheint sich der Aedil nicht mehr viel um die Aufrechterhaltung der Sittlichkeit auf den Strassen gekümmert zu haben. Die Strasse gehörte allen Bürgern; jedermann hatte das Verfügungsrecht darüber und fand dort Schutz, wenn er das Volk dazu aufrief. Es wäre deshalb schwierig gewesen, einen Bürger in der Ausübung seiner individuellen Freiheit auf offener Strasse zu beschränken. Ebenso hatte die Aedilität selbst zur Zeit ihrer höchsten Machtvollkommenheit kein Mittel, um die Passanten an der Verunreinigung der Strassen und der Häusermauern durch Uriniren zu verhindern; im Interesse der Reinlichkeit Roms rief sie den Gott Aeskulap zu Hilfe, indem sie an den besonders zu gedachtem Zwecke bevorzugten Orten zwei Schlangen, das Sinnbild des Gottes der Heilkunst anbringen liess. Diese Schlangenbilder verhinderten die Schmutzereien, die keine Vorschrift der Polizei hintanhalten konnte. Leider gab es aber keine Schlange, die die Prostitution an der Benützung der Gewölbe und der Winkel zu ihrem unsauberen Geschäfte hindern konnte, sobald die Strasse dunkel und wenig frequentirt war. Pitiscus, der nichts anführt ohne die Beweise aus den Schriften oder den Denkmälern der Alten beizubringen, beschreibt uns die römischen Prostituirten letzten Ranges, wie sie sich nachts in den Winkeln und engen Gässchen der Stadt herumwälzen, die Vorübergehenden anrufen und anlocken und sich so schamlos benehmen, wie die Hunde, die am Tage den Platz innehatten: quos in triviis venereis nodis cohaerere scribit Lucretius. Der Aedil musste sich darauf beschränken, dieses entsetzliche Treiben in die verrufenen Stadtteile zu verbannen, in deren Quartiere die anständigen Bürger niemals einen Fuss setzten und wo nur Diebe, Bettler, flüchtige Sklaven und übelbeleumdete Weiber hausten. Die Polizei rührte diesen Abschaum der Menschheit nicht gern auf, und so musste schon ein Mord, ein Diebstahl geschehen oder eine Feuersbrunst ausbrechen, bevor einer der Officiere der Aedilität in diese Stätten hinabstieg. Die öffentliche Strasse der Vororte und an der Stadtmauer war also der nächtliche Schauplatz der niedrigsten Ausschweifungen. Dort traf eines Abends auch Catull jene Lesbia, die er mehr als sich selbst, mehr als alles andere geliebt hatte; aber, wenn er sie auch erkannte, wie war sie doch verändert, welch schamloses Gewerbe trieb sie dort im Dunkel! Bestürzt, die Augen voller Thränen, wandte er sich ab und wünschte, er hätte sie nie wieder gesehen; und so strömte er seine Klage, die Klage seines Dichterherzens, in die ergreifenden Verse aus:

Illa Lesbia quam Catullus anum
Plus quam se atque suos amavit omnes,
Nunc in quadriviis atque angiportis
Glubit maganimos Remi nepotes!

Liess der Aedil die unseligen Priesterinnen der öffentlichen Unsittlichkeit in Frieden, so bekümmerte er sich noch weniger um das Betragen ihrer gewöhnlichen Begleiter; Sittencensur war überhaupt nicht sein Amt, und er hütete sich wohl unter dem Vorwande, die öffentliche Sittlichkeit zu schützen, in die Privilegien der römischen Bürger einzugreifen. Er nahm lediglich Beschwerden an, die ihm überreicht wurden und zitirte diejenigen, die Anlass zu der Beschwerde gegeben hatten, vor seinen kurulischen Sessel Manchmal waren die Klagen sehr schwer, z. B. wenn eine Ehefrau sich darüber beklagte, beschimpft und wie ein Freudenmädchen behandelt worden zu sein, indem sie jemand auf der Strasse verfolgt und angesprochen hatte. Der Aedil hatte alsdann zu untersuchen, ob die Frau durch ihre Kleidung oder ihr Benehmen einen Irrtum habe hervorrufen können und ob der Beleidiger mit Recht Irrtum und guten Glauben einzuwenden vermöge. In der Regel verzichteten die Frauen aus Furcht vor einem öffentlichen Skandal darauf, ähnliche Vorfälle dem Aedilen anzuzeigen, zumal wenn sie sich in Bezug auf die Toilette irgend etwas vorzuwerfen hatten, denn es genügte zur Entschuldigung des Beklagten, dass das Gewand ein wenig kurz, die Frisur ein bischen hoch war, oder dass der Hals, die Schultern oder die Brust sich nackt dem Auge dargeboten hatten. „Ansprechen und verfolgen, so sagt Ulpian im XV. Artikel De injuriis et famosis libellis, sind zwei verschiedene Dinge; ansprechen, das heisst das Schamgefühl eines dritten durch zudringliche Worte verletzen; verfolgen heisst hartnäckig, aber stillschweigend hinter einem hergehen." Wenn die Lüstlinge über den Charakter einer Frau, die ihren Weg kreuzte, im Unklaren waren und sie sich ihr doch zu nähern wünschten, dann sprachen sie sie nicht sofort an, sondern folgten ihr, bis dass sie ihnen durch ein Zeichen oder einen Blick angedeutet hatte, dass ihr eine Annäherung erwünscht sei;

darauf hielten sie sich dann für ermächtigt, sie auch anzusprechen. Man redete auf der Strasse keine fremde Frau an, es sei denn, sie hätte durch ein Wort, einen Blick oder ein Zeichen auf die erste Annäherung reagirt; dieser Brauch wurde in den römischen Städten aufrecht erhalten sogar noch zu einer Zeit, wo die Gesetze selbst längst in der allgemeinen Corruption ihre Strenge verloren hatten. Nur die öffentlichen Freudenmädchen standen sozusagen dem Erstenbesten zur Verfügung; jeder Passant hatte das Recht, sie auf der Strasse anzuhalten und von ihnen die Leistung eines schimpflichen Dienstes zu verlangen, wie wenn es sich um eine Waare gehandelt hätte, die jedermann zu einem bestimmten Preise überlassen wird.

Ausgenommen den Fall, dass der sectator (d. h. der Mann, der auf Abenteuer ausgeht) sich sei es aus Frechheit oder aus Irrtum einer ehrenhaften Frau zu nähern und sie anzusprechen erlaubte, wenn weder ihr Kostüm noch ihr Gebaren einen solchen Angriff rechtfertigten, — ausgenommen diesen einen Fall war das Aufsuchen der Vergnügen der Prostitution den Männern vollkommen freigestellt, nicht so freilich den jungen Leuten. Diese konnten von ihren Vätern oder Vormündern bestraft werden, denn das Gesetz kannte drei Fälle, in denen der Vater nicht nur das Recht hatte seinen Sohn zu enterben, sondern ihn auch aus der Familie auszustossen und ihm die Führung des Namens zu untersagen: erstens, wenn der Sohn häufig ausserhalb des väterlichen Hauses die Nacht verbrachte; zweitens, wenn er sich niedrigen Gelüsten ergab, und endlich, wenn er sich in unkeusche Vergnügungen stürzte. In gewissen Fällen vereinigte also der Vater in seiner Hand die Machtmittel der Aedilen und Censoren gegen seinen Sohn, wenn er ein ausschweifendes Leben führte. Ein Teil derselben Gewalt stand dem Vormund gegen sein Mündel zu. Aber die jungen Leute waren nicht die einzigen Kunden der Prostitution; Männer in reifem Alter, angesehene und geehrte Leute befanden sich oft unter der unkeuschen Schaar, die die Nacht nicht erwarten konnte, um sich der Unzucht hinzugeben. Es gab übrigens unter diesen Leuten, die sozusagen den aktiven Teil der Prostituirten darstellten, verschiedene Arten, für die die Römer auch wieder verschiedene Bezeichnungen hatten; wir erwähnen davon, die adventores, die einfach auf Mädchen, die ihnen käuflich schienen, losgingen; ferner die venatores, die sich mehr auf systematische Nachstellungen verlegten; Alcinoi juventus (die alcinoische Jugend), die eleganten Flaneure, die frisirt und pomadisirt in den Strassen umherstelzten und Abenteuer auf eine Nacht suchten. Salaputii nannte man jene Menschen, deren körperliche Eigenschaften im umgekehrten Verhältnis zu ihrer Freude an Liebesaffairen und ihrer Geilheit standen, während die semitarii jene Klasse plumper und brutaler Menschen darstellten, die auch in der Umarmung des Weibes nur den Triumph ihrer physischen Ueberlegenheit geniessen.

jeder verheiratete Mann, der ein Bordell besuchte, wurde zum Ehebrecher (adulter); wer die anderen gemeinen Häuser besuchte, war ein scortator (Hurer); wer mit einem Freudenmädchen zusammenwohnte, mit ihr speiste und sich durch ihre Gesellschaft kompromittirte, war ein moechus (Zuhälter). Cicero beschuldigt den Catilina sich aus scortatoren eine Leibwache gebildet zu haben; der Dichter Lucilius sagt, dass ein verheirateter Mann, der seine Frau hintergeht, dafür durch die Bezeichnung Ehebrecher (adulter) bestraft wird; ein alter Scholiast des Martial sagt uns, dass adulter die Bezeichnung für denjenigen war, der zufällig oder gelegentlich einmal die Ehe gebrochen hatte, dass dagegen moechus einen solchen Menschen kennzeichnete, der gewohnheitsmässig die Ehe brach. Die lateinische Sprache liebte ebensosehr die verkleinernden als die vergrössernden Wortformen; so hatte sie das Wort moechus zu moechocinoedus verstärkt, das gleich eine ganze Reihe von unsittlichen Handlungen in sich schloss; gleichzeitig hatte sie zu dem Verbum moechor das Diminutiv moechisso geschaffen, das dasselbe ausdrückte, nur ein wenig zarter. Die griechische Sprache, aus der moechus stammt, hat ungefähr zehn oder zwölf verschiedene Worte geprägt, um alle die Nuancen und Spielarten des ehebrecherischen Lebenswandels damit auszudrücken.

Niemand, der noch etwas auf sich hielt, ging in ein Bordell ohne vorher das Gesicht bedeckt und das Haupt mit dem Mantel verhüllt zu haben. Ueber die Art und Weise seiner Verkleidung brauchte er niemandem Rechenschaft zu geben. Als Heliogabal nächtlicherweile die verrufenen Häuser Roms aufsuchte, trug er stets, um nicht erkannt zu werden, eine Maultiertreibermütze: Textus cucullione malionico, ne agnosceretur, ingressus, sagt Lampridius. Der Aedil selbst würde sich nicht erlaubt haben, die Kopfbedeckung zu lüften, unter der er den Kaiser entdeckt haben würde; aber dagegen liess er, zumal am Tage und auf der Strasse, die Befolgung der Kleiderordnungen genau überwachen, laut denen den Freudenmädchen verboten war, die Stola oder das lange Kleid, die Haarbänder, Unterkleider aus purpurnem Stoffe und zu verschiedenen Zeiten sogar Stickereien und Schmucksachen aus Gold zu tragen. Diese Verordnungen des Senats wurden mehrfach von den Kaisern erneut, und doch war ihre Ausführung durch die Aedilität manchmal recht schlaff und mangelhaft. So sah man im Theater und im Circus die grossen Courtisanen oft aufgedonnert wie die Königinnen, strahlend von Gold und Edelsteinen; ebensowenig kehrten sie sich natürlich an die anderen Kleidervorschriften: „Wer trägt geblümte Kleider, fragt Martial, und wer erlaubt den Freudenmädchen, das schamhafte Benehmen einer mit der Stola bekleideten Hausfrau nachzuahmen?“ Ein Weib, das sich der Prostitution weihte, hatte die Vorrechte der ehrbaren Frau für immer verloren und verzichtete selbst darauf, öffentlich in der Toga und mit den Insignien der ehrbaren Frau zu erscheinen: seine Registrirung in die Listen des Aedilen machten sie unwürdig der langen und weiten, sogenannten matronalen Robe. Bei der Erwähnung von Geschenken, die jemand einer Prostituirten (moechae) übersendet, spottet Martial: „Ihr spendet scharlachne und purpurne Gewänder einer bekannten Courtisane! Wollt Ihr ihr das Geschenk geben, das sie verdient? Sendet ihr eine Toga.“ Ursprünglich war in Rom die Toga das Kleidungsstück für beide Geschlechter gewesen; als aber die Einführung fremder Weiber in den Zeiten der Republik die ehrbaren Frauen zur Wahl einer besondern Kleidung gezwungen hatte, wählten sie die stola, die in langen Falten bis auf die Hacken herniederfiel und die Brust so schamhaft bedeckte, dass kaum die Formen unter dem Stoffe angedeutet waren. Die Toga oder Tunica ohne Aermel blieb das Kleidungsstück der Männer und gleichzeitig jener Weiber, die die Privilegien ihres Geschlechtes mit den Ehren und den Rechten ehrbarer Frauen verloren hatten. Das ist vermutlich die wichtigste Kleiderregel, mit der der Aedil zu thun hatte.

Ausserdem gab es noch eine Reihe von Verboten und Vorschriften in Betreff der Kleidung der Freudenmädchen, die indess so oft wechselten, dass man sie unmöglich klassificiren und einer bestimmten Zeit zuschreiben kann. Schuhwerk und Haartracht der Courtisanen waren ebenso vorgeschrieben, wie ihre Kleidung, aber die Aedilität legte auf Abweichungen in diesen Teilen ihrer Toilette weniger Gewicht. Da die römischen Matronen sich des Schuhes (soccus) bedienten, so wurde er für die Freudenmädchen verboten und sie mussten immer mit nackten Füssen in Pantoffeln oder Sandalen gehen (crepida und solea), die sie mit vergoldeten Riemen befestigten. Tibull beschreibt uns entzückt den kleinen Fuss seiner Maitresse, der zusammengepresst erscheint durcn das Band, das ihn umgiebt: Ansaque compressos colligat arcta pedes. Ein nackter Fuss bei den Frauen war ein Zeichen, dass sie sich der Prostitution ergeben hatten; zugleich versah er die Geschäfte eines Kupplers, denn seine strahlend weisse Farbe zog die Blicke an und erregte die Begierden. Manchmal waren auch die Sandalen oder Pantoffeln ganz vergoldet: Auro pedibus induto, sagt Plinnis von diesem glänzenden Zeichen der Unehre. Um die Goldfarbe anzudeuten, begnügten sich die Mädchen wohl auch hin und wieder mit gelbem Schuhwerk, obschon das ursprünglich den Jungvermählten vorbehalten war. „Mit einem gelben Schnürstiefelchen am schneeweissen Fuss . . .“ so spricht Catull von einer Jungvermählten.

Die Matronen hatten überdies eine eigene Haartracht, die sie nicht von den Freudenmädchen usurpieren liessen: sie bestand aus einem breiten weissen Bande, das den Haaren zugleich Halt und Schmuck war.

Dies Band war wahrscheinlich eine Reminiscenz an jenes, das das Haupt der Opfertiere und Opferlämmer schmückte. Die Matrone bot sich gleichsam selbst dar als Opfer auf dem Altar der Schamhaftigkeit, wie um daran zu erinnern, dass vor Zeiten der Kultus der Gottheiten der Fruchtbarkeit als Tribut die Darbringung der Jungfernschaft gefordert hatte. Jungfrauen trugen ein einfaches Band; daran erkannte man sie; das doppelte Band blieb ausdrücklich den verheirateten Frauen vorbehalten: „Fort von hier,“ so ruft Ovid in seiner Ars amandi aus, „fort von hier, ihr kleinen Bändchen (vittae tenues), Zeichen der Schamhaftigkeit! Fort mit den langen Gewändern, die den halben Fuss bedecken!“ Die Stola oder lange Robe (insista), in der Regel unten mit Purpur besetzt, kennzeichnete die römische Ehefrau ebenso wie jene Bänder, die so graciös eine Fülle schwarzer Haare umspannten und sie, in dicken Flechten, am Hinterkopfe zusammenhielten. Abgesehen von diesen ein fachen und doppelten Bändern konnte die Courtisane ihre Haartracht nach Belieben einrichten. Wir haben schon gesagt, dass sie sich den Kopf mit ihrem palliolum, einer Art Kapuze aus Stoff, zu verhüllen pflegten, und dass sie einen Schleier vor dem Gesichte trugen, während sich die ehrbaren Frauen überall mit blossem Kopfe und unverschleiertem Gesichte zeigten, um damit auszudrücken, dass sie sich nichts vorzu werfen hätten und nicht erröteten unter dem Blicke des Volkes, ihres beständigen Richters. Jahrhundertelang hätten diese stolzen Römerinnen sich zu entehren geglaubt, wenn sie ihr Haupt verhüllten oder ihr Haar färbten und puderten und ihm seine natürliche Farbe nähmen; sie entschlossen sich sogar nur deshalb dazu, es in Flechten zu teilen, um sich von den jungen unverheirateten Mädchen (innuptae) zu unterscheiden, denen das frisierte oder gelockte Haar den Beinamen cirratae, d. h. eigentlich die Pomadisierten, eingetragen hatte. Die Prostituierten kopierten gerne die verschiedenen Haartrachten der Verheirateten und der cirratae, aber sie änderten sie alle leicht ab: bald färbten sie ihre Haare gelb, bald rot, bald blau; manchmal schwächten sie auch nur den Glanz ihres ebenholzschwarzen Haares dadurch ab, dass sie es mit parfumierter Asche einrieben; als später die Kaiser sich eine Art von Heiligenschein schufen, indem sie Goldstaub in ihr Haar streuen liessen, waren die Freudenmädchen die Ersten, diese ihnen passend erscheinende Mode nachzuahmen; und so sassen sie denn bei den öffentlichen Festen und den heiligen Spielen den Kaisern gegenüber, die Stirn umkränzt von goldgepudertem Haare, wie Göttinnen in ihrem Tempel. Aber diese Gottähnlichkeit dauerte nicht lange, da das Pudern mit Goldstaub ihnen verboten wurde; sie ersetzten deshalb den Goldstaub durch ein anderes Mittel, eine Art Resedagelb, das in der Sonne weniger glänzte, dafür aber dem Auge angenehmer war. Diejenigen, die für die blaue Farbe schwärmten, puderten sich mit pulverisiertem Lapis: „Alle Strafen der

Hölle sollen den treffen, der Deine Haare ihrer natürlichen Farbe beraubt!" so ruft Properz zu den Füssen seiner Geliebten aus. „Mache mich oft glücklich, Cynthia, dann bist Du hübsch und wirst immer hübsch bleiben in meinen Augen. Weil eine Verrückte sich das Gesicht und die Haare blau färbt, macht darum diese Schminke schöner?" So sehr der Aedil den Goldpuder bei den Freudenmädchen bekämpfte, so wenig hatte er gegen das Färben der Haare in Blau und Gelb einzuwenden, ja, er ermutigte sie gar noch dazu, denn diese Farben waren kennzeichnend für sie (caerulea und lutea): das Blau erinnerte an den Schaum des Meeres, das Venus geboren hatte, das Gelb an das Gold, die wahre Gottheit ihres unehrenhaften Gewerbes.

Die Aedilen hätten viel zu thun gehabt, wenn sie jeden Verstoss der Freudenmädchen gegen die Kleiderordnungen hätten feststellen, aburteilen und strafen sollen; sie schlossen die Augen vor einer Menge kleiner Uebertretungen, die man der weiblichen Eitelkeit zu gute hielt. Im allgemeinen hatten die unter Kontrolle stehenden Frauenzimmer gar kein Interesse daran, mit ehrbaren Frauen verwechselt zu werden, sondern zogen im Gegenteil absonderliche, nur von ihnen getragene Moden, mit denen sie die Aufmerksamkeit ihrer Kundschaft schon von weitem erregten, vor. Aus diesem Grunde trugen sie mit Vorliebe Kleider, für die der lateinischen Sprache sogar die Bezeichnung fehlte: babylonici vestes und sericae vestes. Babylonici vestes nannnte man ein lang schleppendes, vorne gerafftes Gewand aus gefärbten Stoffen, mit bunten Mustern geblümt oder gestickt, in tausend Farben glänzend. Die Freudenmädchen aus Tyras und Babylon hatten dies Nationalkostüm, diese alte Prostituiertenlivrée, nach Rom gebracht. Sericae vestes nannte man weite seidene Roben, so dünn und durchsichtig, dass sie nach dem Ausdruck eines Augenzeugen dazu erfunden zu sein schienen, das besser zu zeigen, was sie angeblich verhüllen sollten. Die Huldinnen Indiens kleideten sich nur in solche Gewänder, und so sah man sie denn, in einer Wolke von Gaze, vollkommen nackt. Mit Entrüstung sagt der keusche Verfasser der Abhandlung von den Wohlthaten: „Seidene Gewänder — vorausgesetzt, dass man das ein Gewand nennen kann, was keinen Teil des Körpers schamhaft verhüllt und in dem eine Frau unmöglich schwören könnte, nicht nackt zu sein; Gewänder, von denen man behaupten möchte, sie seien erfunden, damit unsere Frauen in ihrem Schlafgemach ihren Liebhabern nicht mehr zeigen könnten, als sie ihnen schon in aller Oeffentlichkeit zeigen." Seneca eiferte gegen diese asiatische Mode ganz besonders und kommt in seinen Controversen nochmals darauf zu sprechen: „Ein Haufen elender Sklavinnen arbeitet mühevoll, damit diese lüsterne Gesellschaft ihre Nacktheit unter einem durchscheinenden Gazeschleier ausstellen kann, und damit ein Ehemann die geheimen Reize seines Weibes nicht genauer kennt, als der erste beste Fremde." Die babylonischen

Kleider waren bei den Freudenmädchen beliebter, als diese tyrischen Gewebe, obschon sie decenter waren; denn es musste eine ihrer geheimen Vorzüge doch schon sehr sicher sein, ehe sie ihren Körper so allen Blicken darbot. Der Aedil kümmerte sich nicht um derartige Frechheiten der Toilette, denn die eingeschriebenen oder nicht eingeschriebenen Weiber, die sich in einem so luftigen Gewande gefielen, dachten offenbar gar nicht daran, den ehrbaren Frauen gleichzuthun. Ebenso verhielt es sich mit denen, die sich nach babylonischer Mode kleideten mit Stoffen, die eine Dame nicht ohne Erröten öffentlich hätte tragen können: „Gefärbte Stoffe, zu Babylon gewebt," so nennt sie Martial, „und gestickt mit der Nadel der Semiramis."

Die Courtisanen, die folgsam die professionelle Toga trugen, fügten ihr einen kurzen Mantel, das amiculum, hinzu, das aus zwei zusammengenähten Teilen bestand und auf der linken Schulter so durch einen Knopf oder eine Agraffe gehalten wurde, dass zwei Aermellöcher vorhanden waren. Dies amiculum, dies „Freundchen", reichte nicht über die Taille herab; es sah ungefähr so aus, wie der Chlamys (wollener Obermantel) der Männer und wurde nur von Frauen mit lockerem Lebenswandel getragen. Jsidor von Sevilla behauptet in seinen Etymologien, dies Kleidungsstück und seine Bestimmung seien so bekannt gewesen, dass man es den ertappten Ehebrecherinnen anzulegen pflegte, damit das amiculum gewissermassen einen Teil der Schande, die der römischen Stola zugefügt worden war, auf sich abzöge. Dieses Mäntelchen, das im Griechischen cyclas hiess und den griechischen Frauen niemals als unsittlich gegolten hatte, wurde in Rom zweifellos durch Hetären eingeführt, die es in Verruf brachten. Die Farbe des amiculum scheint weiss gewesen zu sein, denn es war aus Leinwand. Die Toga, die man darunter trug, war fast immer grün, denn Grün war die Farbe Priaps, des Gartengottes. Die Commentatoren haben über die Nuancen dieses Grüns viel gestritten: der eine sagt, es sei blaugrün gewesen, der andere tiefgrün; manche haben ihm einen goldigen Glanz zugeschrieben, andere wieder einen gelblichen Ton. Wie dem auch sei, dieses Grün (galbanus) war bei den die Ausschweifungen liebenden Angehörigen beider Geschlechter so beliebt, dass man ihnen den Spitznamen galbanati, d. h. die Grünröcke, gab; man verwandte galbanus schlechthin im Sinne von sittenlos; galbana nannte man einen feinen, glatten, blassgrünen Stoff. Vopiscus erzählt uns von einem lüsternen Menschen, der einen scharlachnen Chlamys und einen grünen Mantel mit langen Aermeln trug. Juvenal zeigt uns einen anderen, der in Blau und Grün gekleidet war (coerulea indutus scutulata aut galbana rasa). Schliesslich diente die grüne Farbe des Gewandes einfach zur Charakterisierung des Trägers: galbanatus hiess jemand, der auf Liebesabenteuer ausging.

Alle ausländischen Moden standen von Rechtswegen den Prostituierten zu, die den Titel der Bürgerin verloren hatten und übrigens zumeist aus dem Auslande stammten. Ihre festliche Haartracht — denn der Capuze bedienten sie sich nur am Abend und am Morgen auf dem Wege zum und vom Bordell — jene Haartracht, die sie mit Vorliebe im Theater oder bei öffentlichen Festlichkeiten anlegten, wenn man sie dort duldete, bewies deutlich, dass die Prostitution im Orient entstanden war, und dass Rom ihr ihr nationales Kostüm gelassen hatte. Man unterschied drei Arten von Kopfschmuck, die den Prostituierten vorbehalten blieben: die Mitra, die Tiara und den Nimbus. Der Nimbus scheint aegyptischen Ursprungs zu sein: es war ein mehr oder weniger breites Band, das man um die Stirn legte, um sie niedriger erscheinen zu lassen. Die Römer liebten ebenso wenig wie die Griechen eine hohe Stirne bei den Frauen; die römischen Frauen suchten deshalb ihren Vorderkopf, der höher und vorspringender war, als der der Griechinnen, möglichst zu verdecken. Die Mitra stammte zweifellos aus Kleinasien, aus Chaldaea oder Phrygien, sie war mehr oder weniger komisch. Die Tiara kam aus Judaea und Persien; sie war aus lebhaft gefärbtem Stoff cylinderförmig angefertigt und ähnelte den spitzen Tempeltürmen Indiens. Mit der mützenartigen, komischen phrygischen Mitra haben die Maler nach der Ueberlieferung den trojanischen Hirten Paris ausgestattet, der den Schiedsrichter zwischen den drei Göttinnen machte und der Venus den Apfel reichte. Diese mythologischen Erinnerungen rechtfertigten die Wahl dieser Mütze zum Embleme der geschlechtlichen Ungebundenheit. Die pyramidenförmige Tiara war einst der Schmuck der Könige von Persien und Assyrien gewesen, und nun krönte sie wieder die Königinnen der freien Liebe, die römischen Courtisanen, die sich damit für die Theater- und Circusvorstellungen herausputzten, ohne vom Censor oder Aedilen bestraft zu werden. Später wurde dieser stolze Kopfputz für sie zu einem hässlichen Spitznamen.

Die Aedilen, die sonach duldeten, dass sich die Prostituierten kleideten, frisierten und beschuhten wie die Königinnen von Tyrus oder Ninive, achteten sorgfältig darauf, dass sie sich keiner Sänfte oder irgend eines Wagens bedienten. Die verheirateten Frauen hatten ganz allein das Recht, sich zu ihrer Beförderung der Wagen, Pferde oder Sklaven zu bedienen, und sie wachten eifersüchtig über dieses Vorrecht. Schon in den ersten Jahrhunderten Roms benutzten sie einen schwerfälligen Karren, dessen Erfindung der Carmenta, der Mutter des Euander zugeschrieben wurde; da dieses Fahrzeug, eine Art geschlossener Karren, den schwangeren Frauen, die nicht mehr gut gehen konnten, grosse Dienste leistete, so wurde seine Erfinderin zur Göttin erhoben und ihr die Aufsicht über den Geburtsakt zugeschrieben. Aber zu jenen Zeiten duldeten die Römer nicht einmal bei den Frauen Verweichlichung und Luxus: der Senat verbot die Benutzung der Wagen der Carmenta. Die Frauen, zumal die schwangern, protestierten gegen diesen gar zu strengen Beschluss und machten unter sich aus, die Erfüllung der ehelichen Pflichten zu verweigern und so lange dem Vaterlande keine Söhne mehr zu schenken, bis der Beschluss wieder aufgehoben worden sei. Nach ihrem Siege errichteten die Frauen der Göttin Carmenta einen Tempel am Abhange des Capitolinischen Hügels; und von jenem denkwürdigen Ereignis ab, über das uns Graevius in seinen römischen Altertümern mehrere Lesarten übermittelt hat, blieben die Frauen im Besitze ihrer Wagen, denen man allerdings die Räder nahm, um sie von Sklaven oder Pferden sorgsam tragen zu lassen. Es gab zwei Arten von Wagen, die basterna und die lectica; die erste war etwa ein an einem Tragholz zwischen zwei Maultieren aufgehängtes Coupé, es war geschlossen und mit Fenstern versehen: „Eine wunderbare Vorsichtsmassregel", so sagt der Dichter, der uns die Beschreibung giebt, „damit die keusche Hausfrau durch die Strassen eilen kann, ohne von den Blicken der Passanten beleidigt zu werden." Die lectica oder Sänfte wurde von Menschen mit der Hand getragen; sie war gleichfalls geschlossen und bedeckt. Es gab ihrer in allen Formen und Grössen, von der einfachen cella, in der nur eine Person befördert werden konnte, bis zum octophor, das auf den Schultern von acht Trägern balancierte. In der cella pflegte die Frau zu sitzen; in dem octophor lag sie auf Kissen, häufig von zwei oder drei Personen begleitet. Mit den Sänften wurde ein ungeheuerer Luxus getrieben. Die Prostituierten versuchten immer wieder, sich ihres Gebrauches zu bemächtigen.

Zeitweilig hatten sie Glück damit; aber der Aedil machte doch nur der Gunst und dem Reichtum in diesem Punkte Koncessionen. Unter verschiedenen Kaisern konnte man berühmte Courtisanen in Sänften erblicken. Die also Begnadeten begnügten sich aber nicht mit der geschlossenen Sänfte, die still durch die Strassen zog, ohne zu verraten, was sie im Inneren barg; nein, sie verbesserten das Transportmittel: die Sänfte wurde sozusagen zum Schlafzimmer, oder, wie einer der Kommentatoren sagt, sie wurde zum wandelnden Lupanar. Die zunehmende Sittenlosigkeit hatte auch eine Vermehrung der Sänften in Rom zur Folge und zugleich eine Mehrung der Vorteile, die die elegante Prostitution daraus zog. Die Frauen wunderten sich selbst nicht mehr darüber, mit den Courtisanen verwechselt zu werden: „Unsere Frauen, die römischen Matronen", so klagt Seneca, „legen sich in ihre Sänften hinein, wie wenn sie sich zu einer Versteigerung darbieten wollten." Die Sänfte wurde zum Schauplatz des Ehebruchs gemacht. Die Prostituierten gaben übrigens den Frauen das Beispiel; man traf sie nicht nur in geschlossenen Gefährten, sondern man sah sie überall in offenen Sänften, in patente sella, wie Seneca sagt. Ein Scholiast des Juvenals lässt seiner Phantasie etwas allzuweit die Zügel schiessen, indem er behauptet, die Mädchen, die die Sänften zur Prostitution missbrauchten, hätten sellariae geheissen, zum Unterschiede von den cellariae, die ihr Gewerbe im Bordell ausübten. Juvenal geht in Wirklichkeit auf den Gegenstand überhaupt nicht näher ein. Aber Peter Schoeffer vertritt in seiner Abhandlung De re vehiculari die Ansicht, dass sich die Sänfte unter gewissen Umständen zu einer wandelnden Stätte der Prostitution gestaltete. Domitian verbot ohne Zweifel aus diesem Grunde den Gebrauch der Sänfte nicht nur den eingeschriebenen Freudenmädchen, sondern jedem übelberufenen Frauenzimmer (probrosis feminis).

Auch noch andere Verbote in Bezug auf diese Frauen hatten die Aedilen zu überwachen, denn es steht fest, dass ihnen der Gebrauch des Purpurs und des Goldes zu gewissen Zeiten untersagt war. Aber polizeiliche Vorschriften pflegen gegen die Hartnäckigkeit eines Geschlechtes nichts auszurichten, das nun einmal den Schmuck liebt und Unterdrückung der Koketterie schwer empfindet. Mehrere Kenner des Altertums wollen behaupten, dass zu Rom ein Gesetz bestanden habe, wonach der Gebrauch von goldenen Schmucksachen und kostbaren Stoffen Weibern mit schlechtem Lebenswandel unbedingt verboten war, ausgenommen in den Bordells selbst und bei der Ausübung ihres schimpflichen Gewerbes. Wenn dieses Gesetz existiert hat, so ist es nicht lange in Kraft geblieben oder erlitt wenigstens häufig Eingriffe, denn die Dichter führen uns oft Courtisanen mit purpurner Kleidung und goldenem Schmuck vor. Ovid scheint sich wenigstens nicht an Kleidergesetze zu erinnern, wenn er die Toilette einer Prostituierten oder wenigstens einer Frau von lockerem Lebenswandel folgendermassen beschreibt: „Edelsteine und Gold bedecken sie ganz, sodass ihre Schönheit den kleinsten Teil ihres Wertes ausmacht." Plautus bringt in einer seiner Komoedien eine goldüberladene Prostituierte auf die Scene, scheint das allerdings als etwas in Rom Neues hinzustellen: „Sed vestita, aurata, ornata, ut lepide! ut concinne! ut nove!" Juvenal beschreibt uns ein Freudenmädchen in einer Herberge, das um den Kopf einen goldenen Nimbus, d. h. ein vergoldetes Band, trug (quae nudis longum ostendit cervicibus aurum); indessen spielt er auf das Vorrecht der ehrbaren Frauen, allein Edelsteine und Ohrringe tragen zu dürfen, in jenen Versen an, wo er sagt, dass eine Frau, die Smaragden um den Hals trägt und Perlen in den Ohren, sich alles erlaubt und über nichts errötet:

Nil non permittit mulier, sibi turpe putat nil,
Cum virides gemmas collo circumdedit et cum
Auribus externis magnos commisit elenchos.

Apulejus bestätigt das Zeugnis Juvenals: „Ihre goldenen Schmucksachen, ihre goldgewirkten Gewänder bezeugten zuerst, dass sie eine ehrbare Frau war." Man weiss indessen, dass die Lex Oppia allen Frauen den Gebrauch des Purpurs untersagt hatte, um ihn den Männern ausschliesslich vorzubehalten. Nero erneute dieses Verbot, das endgiltig erst unter Aurelianus aufgehoben wurde. Aber die Alten kannten verschiedene Sorten von Purpur und nur die leuchtendste diente als Zeichen der Macht. Der plebejische, violette Purpur fiel gewiss nicht unter das Verbot, das die Kaiser des Orients auf den kaiserlichen Purpur beschränkten. Ferrarius behauptet in seinem Werke De re vestiaria, um die Widersprüche der Autoritäten auszugleichen, dass die Freudenmädchen das Recht hatten, Gold und Purpur zu tragen, selbst öffentlich, wenn nur der Purpur nicht in Streifen aufgenäht war, und wenn der Goldschmuck keine Haarbändchen darstellte. Aber man nimmt wohl besser an, dass die Kleidervorschriften für die Prostituierten häufigen Veränderungen unterlagen; manchmal gingen sie vom Senat aus, dann vom Kaiser, dann vom Aedilen, manchmal genügte der Einfluss einer dieser Fürstinnen der Liebe, oder vielmehr die Macht eines ihrer Verehrer, um alte Gebräuche abzuschaffen, die dann doch unter anderem, besserem Einfluss wieder in Kraft traten. Die Freudenmädchen waren in Rom wie in allen Städten, wo die Prostitution den Befehlen der Polizei unterstellt war, trotz Registrierung und Concession, Gegenstand strenger Massregeln, die oft den Charakter von Verfolgungen annahmen, aber doch immer nur Excessen entgegenwirken und der Zerstörung der öffentlichen Sittlichkeit steuern sollten.

Kapitel XIX.

Inhalt: Die elegante Prostitution. — Bonae mulieres. — Ihre Liebhaber. — Der Unterschied zwischen grossen Courtisanen Roms und den griechischen Hetären. — Cicero bei Cytheris. — Preciosae und famosae. — Ihre Liebhaber. — Die via sacra. — Spaziergänge der Courtisanen. — Spaziergänge der ehrbaren Frauen. — Der Zug der Matronen. — Was Juvenal von den römischen Frauen sagt. — Ogulnia. — Juvinals Schilderung des Sergius, des Geliebten der Hippia. — Der Gladiator des Petronius. — Die Jünger der Venus aversa. — Was man in Rom „erlaubte Vergnügungen" nannte. — Die stumme Sprache der Prostitution. — Das signum infame. — Warum der Mittelfinger bei den Griechen im Verruf stand. — Die gesticulariae. — Das Gebärdenspiel der Liebe. — Die gewöhnliche Zurückhaltung in der römischen Conversationssprache. — Ueber die Erotik in der lateinischen Sprache. — Bruder und Schwester. — Die Schwester linker Hand und der kleine Bruder. — Ueber erotische Schriften oder molles libri. — Die Geheimbibliothek der Courtisanen und der Lebemänner. — Die obscönen Schriften der Griechen und Römer durch die Kirchenväter vernichtet. —

In Rom gab es eine Prostitution, die den Aedilen in keiner Weise etwas zu schaffen machte, es sei denn, dass sie sich einmal einige Toilettenvorrechte der Matronen anmasste. Es war das die Prostitution grossen, vornehmen Stiles, der die lateinische Sprache das Beiwort: die gute gab (bonum meretricium). Die Weiber, die ihr huldigten, nannten sich auch die guten Huren (bonae mulieres), um gewissermassen ihren Rang im Gewerbe zu bezeichnen. Wenn diese Courtisanen auch thatsächlich als Ausländerinnen, Freigelassene oder als Musikantinnen, in die Liste der Aedilen eingetragen waren, so waren sie doch nicht mit den unglückseligen Sklavinnen der öffentlichen Unzucht zu vergleichen; man traf sie niemals in der neunten Stunde des Tages, das Haupt verhüllt unter einem Mäntelchen oder das Gesicht unter einer Kapuze versteckt; man überraschte sie niemals mit einem Liebhaber auf der Strasse oder in irgend einem Winkel; in den Herbergen, den Tavernen, den öffentlichen Bädern, den Bäckereien, oder an anderen verrufenen Orten würde man sie vergeblich gesucht haben; so scheute man sich denn endlich auch niemals, öffentlich mit ihnen zu erscheinen, obschon sie, wie die anderen Prostituierten, im Verruf standen, oder als ihre Verehrer zu gelten: denn sie hatten meistens bevorzugte Liebhaber, amasii oder amici, die in gewissem Sinne den mehr oder weniger glänzenden Deckmantel für ihre Käuflichkeit in der Liebe abgaben. Sie bildeten die Aristokratie der Prostitution, und gerade wie in Griechenland übten sie in Rom einen beträchtlichen Einfluss auf die Moden, die Sitten, die Künste und Wissenschaften, kurz auf alle Zweige des patricischen Lebens aus. Aber unter keinen Umständen gewannen sie eine Herrschaft auf politischem Gebiete und in den Angelegenheiten des Staatswesens. Anders als die griechischen Hetären bekümmerten sie sich nicht um die Staats- und Regierungsangelegenheiten; sie lebten immer fern vom Forum und Senat und begnügten sich mit dem Einfluss, den ihnen ihre Schönheit und ihr Geist in der kleinen, eleganten, parfümierten und korrumpierten Welt der Galanterie sicherten, deren Gesetzbuch Ovid unter dem Titel Ars amandi (Liebeskunst) geschrieben hatte, während ihm dichtende Historiographen zur Seite standen wie Catull und Properz und eine Menge von erotischen Schriftstellern, die die Alten scheinbar aus Prüderie der Vergessenheit überliefert haben.

Diese Courtisanen von Ruf ähnelten den athenischen Hetären so viel, wie Rom der Stadt der Minerva, so viel, wie der römische Charakter sich dem athenischen anpassen konnte. Aber die Nachfahren des Euander waren zu stolz auf ihren Ursprung, zu sehr durchdrungen von der Hoheit des Titels eines römischen Bürgers, um Weibern, Ausländerinnen und Verrufenen zumal, mochten sie auch übrigens noch so liebenswert sein, einen Kultus voll Bewunderung und Respekt zu weihen. Eine Geliebte, die auf einen consularischen Senator, auf irgend eine Amtsperson oder einen militairischen Befehlshaber Einfluss erstrebt oder gewonnen hätte, würde den, der von ihr abhängig geworden, entehrt und lächerlich gemacht haben. Die ernstesten und sittenstrengsten Staatsmänner gönnten sich das Vergnügen, die Courtisanen zu besuchen und sich um deren intime Geheimnisse zu kümmern; Cicero selbst soupierte bei Cytheris, die eine Freigelassene des Eutrapelus war, und die Lieblingsmaitresse des Triumvirn Antonius wurde. Aber diese dauernden Beziehungen zwischen den Courtisanen und hervorragenden Politikern der Republik blieben in der Regel im Innern eines Lusthauses, einer Villa verborgen, in das kein neugieriges Auge aus dem Volke hineinschaute. Erschienen die beliebten Courtisanen, die famosae und preciosae (berühmten und kostbaren), auf der Strasse, der Promenade, im Circus oder im Theater, so waren sie wohl von einem Haufen eifriger Anbeter (amatores) umgeben, aber das waren junge Lebemänner, die schlechten Früchtchen der Familien, das waren Freigelassene, denen ihr unreinlich erworbener Reichtum die Spuren der Sklaverei noch nicht hatte abnehmen können; oder es waren auch wohl Dichter, Künstler und Schauspieler, die sich gerne ein wenig über die gesellschaftlichen Vorurteile hinwegsetzten, oder endlich schlaue Kuppler, die in eleganter Verkleidung die beste Gelegenheit zu einem Geschäft und Gewinn erspähten. So sah in Rom auch die glänzendste Courtisane nur übelbeleumdete Männer um sich; nur bei den Soupers und den comessationes, den Trinkgelagen, vereinigte sie bisweilen die ersten Bürger Roms um sich, die hinter verschlossener Thür von den Vergnüglichkeiten des Lebens kosteten.

Man musste abends auf die via sacra, den heiligen Weg, gehen, wo Luxus, Sittenlosigkeit und Protzerei sich täglich das Stelldichein gaben, um zu sehen, wie zahlreich und glänzend die Heerschaar dieser Prostitution höheren Ranges war, die in Rom wie in einer eroberten Stadt schaltete und waltete und dort mehr Gefangene machte und Opfer forderte, als des Brennus Gallier. Dorthin kamen sie jeden Tag, um zu kokettieren und durch ihre Toiletten und ihre ungezwungene Haltung Aufsehen zu machen, mitten unter den Damen, die sie durch ihre Reize und ihren Putz ausstachen. Bald liessen sie sich von starken abessynischen Sklaven in offenen Sänften tragen, in denen sie, halbnackt, faul hingestreckt lagen, einen polierten Silberspiegel in der Hand, die Arme von Spangen überladen, die Finger voller Ringe, das Haupt geneigt unter der Last der Ohrgehänge, der Bänder und der goldenen Haarpfeile; ihnen zur Seite hübsche Sklaven, die ihnen mit Fächern aus Pfauenfedern frische Luft zuwedelten, und vor und hinter der Sänfte Eunuchen und Knaben, Flötenspieler und wunderliche Zwerge als Leibgarde. Bald auch kamen sie auf leichten Wägen dahergerast, lenkten selbst die schnellen Pferde und suchten sich gegenseitig wie im Wettkampf zu überholen. Oft sprengten sie auch auf feinen Rennern einher, die sie mit ebensoviel Grazie wie Kühnheit zu lenken verstanden; oder sie sassen auf einem schönen spanischen Maultier, das ein Neger am Zügel führte. Die weniger Reichen, ehrgeizigen und auffälligen gingen zu Fuss, aber alle elegant in bunte Wollen- oder Seidenstoffe gekleidet, das Haar kunstvoll geordnet, sodass die Flechten blonde oder goldene Diademe, leuchtend von Perlen und Schmuckstücken, bildeten; einzelne spielten mit Kugeln von Crystall oder Ambra, um die Hände frisch und weiss zu erhalten, andere wieder trugen Sonnenschirme, Spiegel oder Fächer, wenn sie keine Sklaven hatten, die ihnen das nachschleppten; aber jede einzige hatte mindestens eine Dienerin bei sich, die ihr als unzertrennliche Begleiterin folgte. Wie man sieht, gab es unter diesen Courtisanen mancherlei Verschiedenheit des Vermögens und des Ranges, aber darin standen sie alle gleich, dass sie nicht in den Listen des Aedilen eingetragen waren, und demnach auch nicht den polizeilichen Vorschriften über die Prostitution unterstanden; sie hatten keinen bestimmten Taxpreis, keinen eingeschriebenen und anerkannten Decknamen, — mit einem Worte nicht das Recht, ihr Gewerbe in einem öffentlichen Bordell auszuüben. Sie hüteten sich wohl, vom Aedilen die entwürdigende licencia stupri zu erbitten, übten aber andererseits die Prostitution aus, wie wenn sie im Besitze der Licenz gewesen wären. Man verfolgte sie deswegen nicht, vorausgesetzt, dass sie sich nicht gar zu offen gegen die polizeilichen Vorschriften vergingen und wahllos (sine delectu) an öffentlichen Orten Unzucht trieben.

Die gefälligen Damen trieben sich schaarenweise auf der via sacra umher und entfernten sich nicht einmal weit, wenn sie einem Spaziergänger, der ihnen ein Zeichen gemacht hatte, folgen wollten; Properz sagt in seinen Elegien: „Ach, wie liebe ich diese Emancipierte, die mit halboffenem Gewande einherschreitet, ohne Scheu vor neugierigen und eifersüchtigen Blicken, die unschlüssig mit ihren staubigen Schuhen auf dem Pflaster der via sacra umherspaziert, und nicht zimperlich allerhand Umstände macht, wenn jemand ihr winkt! Niemals wird sie sich dir versagen, niemals dir indiskreterweise das ganze Geld abnehmen, das ein geiziger Vater mit Winden und Stöhnen dem Sohne gegeben hat; niemals wird sie dir sagen: Ach, ich habe Furcht, stehe auf, ich bitte dich! (Nec dicet: Timeo! propera jam surgere, quaeso!) Diese Spaziergängerin von der via sacra gewann also, wie man sieht, ihren Lebensunterhalt vor aller Augen, ohne sich viel um den Aedilen und die polizeilichen Vorschriften zu bekümmern. Properz scheint sogar anzudeuten, dass sie sich kaum die Mühe gaben, die via sacra zu verlassen, die am Amphitheater begann und am Tempel des Friedens und dem Cæsarsplatz vorbei zum Kolosseum führte. Beim Kolosseum gab es genug Gebüsch und Gehölz, heiliges und unheiliges, in dem die schweifende Prostitution nur Statuen und Grenzsteine vorfand, die sie wenig beunruhigten. Uebrigens boten die Bäder, Herbergen, Kneipen, Bäckereien und Barbierstuben der geheimen Prostitution, die auf der via sacra ihr allgemeines Stelldichein hatte, stets sicheren Unterschlupf. Auch die Ehefrauen pflegten auf der via sacra zu erscheinen, meistens in Sänften oder Wagen, zumal in jenen Zeiten, wo sie das ausschliessliche Recht der Benutzung von Tragsesseln und Sänften hatten (sellae und lecticae). In diesen Sagen unerhörter Sittenlosigkeit pflegten sie keine andere Haltung anzunehmen als die gewerbsmässigen Courtisanen; wie jene, so lagen auch sie hingestreckt auf ihren seidenen Kissen, in einem Kostüm, dem die Bänder im Haar und die flatternden Purpurstreifen nichts von seiner Schamlosigkeit nahmen, umgeben von Sklaven, die Fliegenwedel trugen und Stöcke, um damit die Menge auseinanderzutreiben. Diese Matronen, die Trägerinnen der stolzesten Namen Roms, diese Gattinnen und Mütter, vor denen das Gesetz sich verehrungsvoll neigte, hatten die keuschen und strengen Sitten ihrer Vorfahren abgethan. Manche von denen, die da auf der via sacra erschien, um durch den Pomp ihrer Toilette oder die Pracht ihres Zuges Aufsehen zu machen, wollte häufig nur einen Liebhaber oder vielmehr einen niedrigen und schamlosen Genossen ihrer Lüste suchen. „Ihre alten und hässlichen Dienerinnen", so sagt Wolkenær in seiner schönen Lebensgeschichte des Horaz, „entfernten sich gefällig, wenn die jungen stutzerhaften Männer (efféminati) herankamen, mit Ringen an den Fingern, die Toga immer in elegantem Faltenwurf, das Haar sorgfältig gekämmt und parfumiert, im Gesichte jene Schönheitspflästerchen, mit denen sich im 18. Jahrhundert die Damen die Gesichter pikant zu machen suchten. Man bemerkte dort auch Männer, deren Kleidung ihre athletischen Formen durchleuchten liess, und die mit Stolz ihre Muskelkräfte zu zeigen schienen. Ihr strammer militärischer Schritt war das gerade Gegenstück zu dem langsamen und gemessenen Gang jener dekadenten Jünglinge im sorgsam gelockten Haare, mit den gepuderten Gesichtern und dem lasciven Blicke. Sehr häufig waren diese beiden Arten von Flaneuren nur Gladiatoren und Sklaven; aber gewisse vornehme Frauen suchten sich ihre Liebhaber in den unteren Klassen, während die schönen und frischen Mädchen aus ihrem Gefolge sich ablehnend gegen die Angriffe von Männern ihres eigenen Standes verhielten und höchstens den Nachstellungen der Kavaliere und der Senatoren erlagen."

Wir haben diese Stelle, zu der sich der gelehrte Akademiker die einzelnen Züge aus Martial, Aulus Gellius, Cicero, Seneca und Horaz zusammengesucht hat, ausführlich wiedergegeben; aber man bemerkt an ihr doch das Fehlen mancher Einzelheiten zur Sittengeschichte, die Juvenal, der unerbittliche Juvenal, einer Schilderung römischen Promenadenlebens noch hätte hinzufügen können: „Die vornehmen und die plebejischen Frauen", so schreibt er in seiner furchtbaren Satire gegen die Weiber, „sind alle gleich verdorben. Die sich im Schmutz der

Strasse wälzt, ist nicht besser als die vornehme Dame, die sich auf den Schultern ihrer hochgewachsenen syrischen Sklaven tragen lässt. Um sich bei den Spielen zeigen zu können, mietet sich Ogulnia eine Toilette, eine Schaar von Trägern, eine Sänfte, ein Kissen, Begleiter, eine Ehrendame und ein junges Mädchen mit blondem Haare als ihre Dienerin. Sie ist arm, aber sie verschwendet den letzten Rest des Silberzeuges ihrer Familie an bartlose Athleten — bis aufs letzte Stück giebt sie es hin . . . Es giebt Frauen darunter, die nur an Eunuchen und deren weichen Liebkosungen Wohlbehagen empfinden und an deren bartlosem Kinn; denn so entgehen sie den Gefahren der Mutterschaft.“ Die Satiren Juvenals und Persius' sind erfüllt von schrecklichen Scenen der Prostitution, der sich die vornehmen Römerinnen beinahe in aller Oeffentlichkeit hingeben Und wer waren die Helden dieser Abenteuer? Verrufene Schauspieler, niedrige Sklaven, verächtliche Eunuchen, grausame Fechter Juvenal entwirft uns ein schreckliches Bild von Sergius, dem Geliebten der Senatorsgattin Hippia: „Dieser bedauernswerte Sergius hatte bereits begonnen, sich das Kinn zu rasiren (d. h. er war fünfundvierzig Jahre alt geworden), und da er nur einen Arm besass, so war er wohl berechtigt, seinen Abschied zu nehmen. Sein Gesicht war dazu von Missbildungen bedeckt; ein ungeheueres knorriges Gewächs fiel ihm von der Stirn bis mitten auf die Nase; die kleinen, geschlitzten Augen thränten beständig: aber er war ein Gladiator. Dieser Name verwandelte diese Leute, als seien sie Hyacinth; Hippia liebte den Sergius mehr als ihre Kinder, ihr Vaterland, ihre Schwester und ihren Gatten. In Wirklichkeit ist es also das Schwert des Fechters, das diese Damen lieben.“ Bei Petronius mag man die Thaten des Gladiatoren nachlesen; um derartige Geheimnisse der römischen Sittenlosigkeit zu erzählen, dazu ist einzig die lateinische Sprache geeignet. An einer anderen Stelle sagt Petronius einmal: „Es giebt Frauen, die sich ihre Liebhaber aus dem Schmutz heraussuchen, und deren Sinne sich nur beim Anblick eines Sklaven regen, eines Läufers mit kurzem Rocke. Andere entbrennen wieder für einen Gladiatoren, für einen bestaubten, schmutzigen Maultiertreiber oder für einen Schauspieler, der seine Reize auf offener Bühne zeigt. Meine Maitresse gehört zu dieser Sorte: an den Sitzen der Senatoren geht sie vorüber und den vierzehn Reihen der Ritter, um sich ganz oben auf der Gallerie den Gegenstand ihrer plebejischen Wünsche auszuwählen.“

Die via sacra, die Säulengänge, die via Appia und alle Promenaden in Rom waren von den Vermittlern der Liebeshändel vornehmer Frauen ebenso besucht, wie von Courtisanen und Weibern mit leichten Sitten, von den verrufenen Dienern der venus aversa ebenso wie von den Lüstlingen aller Arten und aller Stellungen. Im Vergleiche zu diesen verschiedenen Spielarten von verdorbenen Kindern und Männern, die ihr schändliches Gewerbe ganz öffentlich trieben, erschienen, wie man anerkennen muss, die Courtisanen fast anständig und ehrenwert; sie waren weder so zahlreich noch so schamlos wie diese verderbten Catameiti, wie diese Gitonen oder die greulichen Spadonen, kurz wie alle diese frisierten, bemalten, gesalbten, gepuderten weibisch gewordenen. Vertreter der männlichen Prostitution, die nur auf die Zeichen oder einen Ruf warteten, um sich zu jedem abscheulichen Laster darzubieten. Die Kuppler und Kupplerinnen waren natürlich auch dort zu finden, immer auf der Lauer liegend, eifrig und geschickt in ihrem Geschäfte. Sie beschränkten sich nicht darauf, Liebesbriefe zu besorgen, sondern vermittelten direkt über den Preis oder über den Ort eines Stelldicheins, räumten Hindernisse aus dem Wege, die sich einem Zusammentreffen entgegenstellten, besorgten eine Verkleidung, einen Mantel für die Nacht, eine Sänfte, ein Zimmer und alles, was sonst ein Liebespaar brauchte. Einem schönen Patricier näherte sich wohl alle Augenblick irgend ein altes Weib, um ihm heimlich ein Ebenholztäfelchen in die Hand zu drücken, auf dessen Wachsüberzug der Griffel irgend einen Namen, ein Wort oder einen Wunsch geritzt hatte: das kam von einer Courtisane, die mit dem vornehmen und stolzen Nachfahren der Catonen und Scipionen anzuknüpfen wünschte. Plötzlich klopfte ein Nubier einem kleinen Herrchen auf die Schulter, das durch seine grossen Ohrringe und seine langen Haare auffiel — irgend ein alter lüsterner Senator liess den zum Weib verwandelten Mann zu sich rufen. Dort drüben verfolgen zwei vornehme Frauen einen kräftigen Wasserträger, der zufällig vorüberging, und den sie beide bemerkt haben; sie streiten sich darum, wer von ihnen zuerst ihre Ehre diesem Bauernlümmel opfern darf: „Wenn der Geliebte auf sich warten lässt," sagt Juvenal, „dann ruft man Sklaven herbei; genügen die Sklaven nicht, dann wird man einen Wasserträger bitten (veniet conductus aquarius)." Ein Wink, ein Blick, ein Wort — und Sklave, Eunuche und Knaben boten sich dar und scheuten vor keinem abscheulichen Dienst zurück. Und der Aedil, was that der Aedil, während Rom sich so durch die Laster seiner bedeutendsten Einwohner entehrte? Und der Censor, was that der Censor, während die Sitten den letzten Rest von Scham verloren? Aedil und Censor konnten nicht einschreiten, wo das Gesetz schwieg, wie aus Furcht, zuviel zu verraten. Im heidnischen Rom nannte man das erlaubte Vergnügungen, was das Christentum als Todsünde bezeichnete. Es ist starke Ironie, wenn Plautus in seinem Curcuilo eine Person sagen lässt: „Wenn Du Dich nur der verheirateten Frau, der Witwe, der Jungfrau, der jungen Sklavinnen und der unschuldigen Kinder enthältst, im übrigen magst Du lieben, was Du willst." Catull zeigt uns in dem Hochzeitsgedicht für Julia und Manlius die Ehe als einen moralischen Schutz gegen unkeusche Gewohnheiten: „Man behauptet", so sagt der Sänger der physischen Liebe, „dass du, gesalbter Ehemann, nur ungern auf deine Lustknaben verzichtest;

wir wissen, dass du immer nur erlaubte Vergnügungen gekannt hast; aber selbst diese Vergnügungen würde sich ein Ehemann nicht gestatten können (scimus haec tibi, que licent sola cognita, sed marito ista non eadem licent)." Lediglich die Philosophie vermochte die Ausschreitungen dieser hässlichen Freiheit hintanzuhalten, die im römischen Gesetz keine Schranke fand.

Ein Teil der Intriguen und der Abmachungen auf offener Strasse wurde durch Zeichen besorgt. Man weiss, dass die Mimik eine sehr durchgebildete und vielseitige Kunst war, die man besonders im Theater erlernte, und die sich nach dem Gebrauch, den man von ihr machte, vervollkommnete. Daher das bewundernswürdige Talent dcr Courtisanen in dem, was man die stumme Sprache der Prostitution nannte. Auch in dieser Pantomime der Verliebtheit gab es verschiedene Dialekte. Auge, Hände und Lippen vermittelten Gedanken und Wünsche, bei denen die Menschen errötet wären, hätten sie sie in Worte fassen wollen. Das allgemeine gebräuchliche Zeichen der Liebhaber der abscheulichsten männlichen Prostitution bestand darin, dass sie den Mittelfinger erhoben. Sueton erzählt uns im Leben des Caligula, dass dieser Kaiser der zum Kusse dargereichten Hand eine unanständige Form zu geben pflegte (formatam commotamque in obscenum modum). Lampridius teilt uns in der Lebensbeschreibung des Heliogabal mit, dass dieser Virtuose in der Lasterhaftigkeit sich niemals den Gebrauch eines unkeuschen Wortes gestattete, selbst wenn das Spiel seiner Finger eine Abscheulichkeit andeutet (nec unquam verbis pepercit infamiam, quum digitis infamiam ostentaret). Diese unkeuschen Gesten vollzogen sich mit einer erstaunlichen Schnelligkeit, sodass sie dem unaufmerksamen Auge in der Regel entgingen. Nach verschiedenen Stellen der Ueberlieferung darf man annehmen, dass das signum infame nicht unter allen Kaisern geduldet wurde, und dass die berühmtesten eine schwere Strafe darauf gesetzt hatten, nach der dem Mittelfinger der Beiname: der Verrufene behielt. Die Athener zeigten sich gegen den Finger nicht nachsichtiger; sie nannten ihn Katapygon und würden sich geschämt haben, ihn durch das Anstecken eines Ringes gewissermassen zu rehabilitieren. In Griechenland war der Mittelfinger in Verruf gekommen, weil sich die Landleute seiner bedienten, wenn sie untersuchten, ob ihre Hühner Eier im Eierstock trugen. „Lache über den, der dich einen Lüstling (cinaedus) heisst, Sextillus, lache über ihn," so ruft Martial aus, „und reiche ihm deinen Mittelfinger dar." Diese Darreichung des Mittelfingers bedeutete in der Geheimsprache der schamlosen Wollüstlinge sowohl Frage als Antwort. Aber sie hatten auch noch ein anderes Verständigungszeichen, wobei der Finger eine etwas veränderte Rolle spielte: sie fuhren sich damit an den Kopf, sei es an die Stirn oder das Hinterhaupt, scheinbar um sich zu kratzen. „Was denLüstling kennzeichnet, das ist," so sagt Seneca in seinem zweiundfünfzigsten Briefe, „sein Auftreten, das Spiel seiner Hände, der Finger, den er an sein Haupt führt, und das Zwinkern mit den Augen." Juvenal macht es wahrscheinlich, dass die Bewegung des Mittelfingers am Kopfe jene andere früher geschilderte Art seiner Verwendung als Verständigungsmittel ganz verdrängt hatte: „Schau," sagt er, „wie von allen Seiten, auf Wagen und auf Schiffen diese weibischen Männer nach Rom eilen, die sich mit einem einzigen Finger am Kopfe kratzen (qui digito scalpunt uno caput)." Die Courtisanen indessen bedienten sich lieber der Augen- als der Fingersprache; berühmt wegen seiner Beredsamkeit, seiner verführerischen Kraft und seines Reizes war ihr Seitenblick (oculus limus). Quinctilian, der ernste Redner verlangt, dass die Blicke des Redners bei gewissen Gelegenheiten strahlen, wie im süssen Vergnügen, dass sie sozusagen verliebt seien (venerei). Apuleius zeichnet uns in seinem erotischen Roman eine Courtisane, die brennende Seitenblicke wirft (limis atque morsicantibus oculis). Das nannten die Courtisanen mit den Augen Jagd machen (oculis venari). „Siehst du," so sagt der Miles des Plautus, „wie sie eine Hetzjagd beginnt mit ihren Augen und eine Vogeljagd mit ihren Ohren? (Viden' tu illam oculis venaturam facere atque aucupium auribus?)".

Die stumme Sprache, in der sich die Courtisanen allerwegen so gut zu unterhalten und zu verständigen wussten, wurde den römischen Frauen bald so vertraut, dass auch sie sich ihrer bei ihren Vergnügungen bedienten. Ein alter lateinischer Dichter vergleicht diesen raschen Wechsel von Blicken, Gesten und Zeichen zwischen einer feinen Courtisane und ihrem Galan mit einem Ballspiele, bei dem ein guter Spieler den Ball, der ihm von da und dort zufliegt, geschickt weiterzugeben versteht. „Den Einen fesselt sie," so sagt er, „und dem Anderen macht sie ein Zeichen; ihre Hand beschäftigt sich mit diesem, und dabei stösst sie jenen leise an den Fuss; sie heftet ihre Lippen auf ihren Ring und zeigt ihn dem einen, um damit den anderen herbeizulocken; während sie mit dem einen singt, giebt sie einem anderen mit dem Finger ein Zeichen." Der grosse Meister der Liebeskunst, Ovid, legt in seinem Gedicht, das auf den Knien der Courtisanen und häufig nach ihrem Diktat geschrieben worden ist, einer seiner Musen folgende Lektion in der Geheimsprache der Liebe in den Mund: „Schau mich an," so sagt diese geschickte gesticularia, „schau auf die Bewegungen meines Kopfes, auf den Ausdruck meines Gesichts, beobachte und wiederhole mir diese flüchtigen Zeichen (furtivas notas). Durch ein Runzeln der Augenbrauen will ich dir beredte Worte sagen, die der Stimme nicht bedürfen; du wirst diese Worte auf meinen Fingern ablesen, wie wenn sie darauf geschrieben ständen. Wenn du an unsere Liebe denkst, dann berühre sanft mit dem Daumen diese rosigen Wangen; wenn sich in deinem Herzen eine Stimme regt, die dir von mir spricht, dann greife dich an ein Ohrläppchen. O Licht meiner Seele, wenn du billigst, was ich sage und thue, dann drehe deinen Ring zwischen deinen Fingern. Berühre den Tisch mit der Hand, so wie diejenigen, die ein Wunschgebet sprechen, wenn du alle Leiden der Welt auf meinen eifersüchtigen Mann herabflehst." Alle Dichter erzählen uns von diesen verschwiegenen Unterhaltungen der Verliebten, und Tibull besonders rühmt die Geschicklichkeit, mit der seine Geliebte in Gegenwart eines unbequemen Zeugen durch Zeichen plauderte und zärtliche Worte geschickt pantomimisch ausdrückte (blandaque compositis abdere verba notis). Eine solche Universalsprache war in Rom um so nötiger, als man sich sonst manchmal gar nicht hätte verständigen können, da die meisten Courtisanen Ausländerinnen waren, und oft nur ihre Muttersprache sprachen. Sehr viele dieser Freudenmädchen waren überdies durchaus ungebildet, und würden schwerlich entzückt haben, wenn sie die Sprache Ciceros und Virgils radebrechten, obschon ein alter römischer Poet sagte, dass Liebe und Lust niemals Sprachfehler machen. In der Gewohnheit der lateinischen Sprache lag ausserdem eine gewisse Zurückhaltung, die den Gebrauch unanständiger Worte oder Bilder nicht gestattete. Die Schriftsteller, poetische sowohl als prosaische, und auch die allerernstesten pflegten sich um diese Keuschheit des Ausdrucks wenig zu kümmern, wie wenn das Ohr allein und niemals das Auge durch eine Unzuträglichkeit verletzt werden könnte. Selbst in der freiesten Unterhaltung vermied man nicht nur lascive Worte, sondern sogar Wortspiele, Anklänge, durch die die Gedanken auf unanständige Dinge geleitet werden konnten. Cicero sagt, wenn Worte auch nicht stinken, so können sie doch Ohr und Auge unangenehm berühren: „Alles was man thun kann", so sagt ein lateinisches Sprichwort, „kann man darum nicht auch schon sagen" (tam bonum facere quam malum dicere).

Die erotische Sprache der Römer war indessen sehr reich und sehr fein ausgebildet; sie hatte aus dem Griechischen alles herübergenommen, was sie sich aneignen konnte, ohne ihren eigenen Geist zu gefährden; beim Spiel der Phantasie ihrer verliebten Dichter entwickelte und vergeistigte sie sich immer mehr; barbarische Neubildungen vermied sie, und bildete sich vielmehr dadurch fort, dass sie sich den Wortschatz des Krieges, der Marine und des Ackerbaus einverleibte, indem sie die Worte im übertragenen Sinne, als Anspielungen und doppeldeutig gebrauchte. Sie besass nur eine kleine Zahl technischer Ausdrücke, meist mit fremder Wurzel, und bevorzugte die harmlosesten und gebräuchlichsten Worte, denen sie einen anderen Sinn gab, oft mittels einer poetischen und feinen Uebertragung. Aber diese Sprache, die in den Elegien Catulls, in den Epigrammen Martials, in den geschichtlichen Darstellungen Suetons und in den Romanen des Apuleius uns ohne Rückhalt vorgeführt wird, wurde thatsächlich nur bei schamlosen Gelagen oder im Geheimnis eines Tête-à-tête angewendet. Es ist jedenfalls bemerkenswert, dass die in ihrer Toilette und ihren Sitten freiesten Courtisanen beim öffentlichen Gebrauch eines unanständigen Wortes errötet sein würden. Diese Zurückhaltung in der Sprache täuschte oft über ihren wahren Charakter hinweg, und die Dichter, die ihnen den Hof machten, konnten sich einbilden, keusche Jungfrauen vor sich zu haben. Die zärtlichen Spitznamen, die Liebesleute sich unter einander gaben, waren darum nicht weniger keusch, unschuldig und unverfänglich, weil die Geliebte eine Courtisane, und der Galan ein erotischer Dichter war. Der nannte sie seine Rose, seine Königin, seine Göttin, sein Täubchen, sein Licht, seinen Stern; und sie antwortete auf diese Zärtlichkeiten, indem sie ihn ihren Schatz (bacciballum), ihren Honigsüssen, ihren Sperling (passer), ihren Augapfel (oculissimus), ihren Liebling (amoenitas) nannte — niemals mit leichtfertigen Zwischenrufen sprachen sie das „Ich liebe Dich“ (amabo) aus, in dem eine ganze Welt lag. Wenn sich innigere Beziehungen zwischen zwei Personen verschiedenen Geschlechts anspannen, dann behandelte man sich gegenseitig als Bruder und Schwester. Diese Bezeichnung war bei allen Courtisanen, hohen und niedrigen, gebräuchlich. Manchmal bezeichnete man eine Maitresse als „Schwester linker Hand“ (laeva soror, wie Plantus sagt), und die Freudenmädchen bezeichneten einen Galan wohl mit dem Ausdruck „kleiner Bruder.“

Man kann sich nicht genug über die Decenz, ja selbst Prüderie des mündlichen Ausdrucks wundern, die im schroffen Gegensatz zu der thatsächlichen Ungebundenheit der Sitten stand. Daher denn auch die immer und immer wiederholte Mahnung: „Schon' die Ohren!“ (parcete auribus). Den Augen dagegen ersparte man nichts, und sie entsetzten sich keineswegs über alles, was sie erblickten. Ohne Abscheu hefteten sie sich deshalb auch auf die Seiten jener obscönen Bücher, jener erotischen Schriften in Versen oder in Prosa, die die römischen Lüstlinge nachts zu lesen liebten (pagina nocturna, sagt Martial). Es war das ein bei den Römern in hoher Blüte stehender, obschon bei den ehrenfesten Leuten wenig beliebter Litteraturzweig. Es waren aber nicht allein Wüstlinge, die derartige schlüpfrige Bücher (molles libri) verfassten, sondern zumeist Dichter, sehr geachtete Schriftsteller, die sich von ihrem Talent und ihrer Phantasie zu derartigen Dingen verführen liessen. Es war sozusagen eine Huldigung, die sie der Venus darbrachten; manchmal war es auch nur ein litterarisches Spiel, ein Tribut, den sie dem Geschmack des Tages zollten

Ausonius giebt uns eine ganze Reihe von Beispielen solcher Schriftsteller, die einen musterhaften Lebenswandel mit grosser Freiheit in ihren Werken verbanden, und Plinius sagt einmal: „Mein Buch ist obscön, aber mein Lebenswandel ist rein (lasciva est nobis pagina, vita proba).“

Die Geheimbibliothek der Courtisanen und ihrer Freunde muss beträchtlich gewesen sein, aber uns ist kaum der Name der bedeutendsten Autoren überliefert worden. Bei den Römern haben, wie bei den

Griechen, die erotischen Schriftsteller am meisten unter der Verfolgung im Namen der christlichen Moral zu leiden gehabt. Vergeblich bat die Poesie um Gnade für sie; vergeblich flüchteten sie sich in den Schutz gelehrter und freidenkender Kenner des Altertums; vergeblich wurden sie mündlich von Lüstlingen und galanten Frauen weiter überliefert: das Christentum verfolgte sie mit unerbittlicher Wut, sogar in der Tradition. So verschwanden sie und wurden vertilgt, mit Ausnahme von denen, denen das glückliche Vorrecht ihres poetischen Rufes zum Retter ward, wie Martial und Catull. Der religiöse Eifer ging sogar soweit, viele Seiten in den Werken der besten Schriftsteller zu vernichten. So hat die lateinische Litteratur den grössten Teil der weltlichen Liebesdichter verloren, und diese systematische Vernichtung war das Werk der Kirchenväter. Wir besitzen nichts mehr von Proculus, der nach Ovid auf den Spuren des Callimachus gewandelt war; nichts mehr von den Rednern Hortensius und Servius Sulpitius, die so schöne Verse voll frischer Sinnlichkeit geschrieben haben; nichts mehr von Sisenna, der die milesischen Bücher des Aristides aus dem Griechischen übersetzt hatte; nichts mehr von Memonius und Ticida, die nach Ovid in Worten nicht keuscher waren als in Werken; nichts mehr von Sabellus, der nach dem Vorbild der griechischen Dichterin Elephantis die Mittel des Vergnügens besungen hätte; nichts mehr von Cornificius, von Eubius, nichts mehr vom zügellosen Anser, von Porcius und Aedituus und allen den erotischen Dichtern, die das Entzücken der römischen Courtisanen und galanten Frauen gebildet haben. Die christlichen Eiferer wüteten ebenso auch gegen die Griechen, deren Werke sie noch weniger verstanden, so gegen den unfeinen Sotades, dessen Name mit der von unnatürlicher Liebe eingegebenen Poesie verknüpft ist; so gegen Minnermus von Smyrna, dessen Verse zum Preise der Liebe nach dem Urteil des Properz schöner waren als die Homers; so gegen den schamlosen Hemiteon aus Sybaris, der seine Liebeserfahrungen in diesem Gedicht, der Sybarit genannt, zusammengefasst hatte; so gegen die freche Nico, die die Geschichte ihres Lebens als Courtisane besungen hatte; so auch gegen den berühmten Musaeus, dessen Leier, wie die des Orpheus, alle Liebeslust wachgerufen hatte. So wurde der Pantheon der griechischen und römischen Prostitution durch zwei oder drei Jahrhunderten strengster Censur und unerbittlicher Verfolgung verödet. Die Courtisanen und ihre Freunde waren weniger eifrig auf die Verteidigung ihrer Lieblingsschriftsteller bedacht als die Gelehrten; denn die Courtisanen und ihre Freunde wurden mit zunehmendem Alter fromm, und verbrannten ihre Bücher. Den Gelehrten verdanken wir es, dass uns Horaz, Catull, Martial und Petronius erhalten geblieben sind.

Kapitel XX.

Geheime und schimpfliche Krankheiten der Alten. — Impura Venus. — Die alten Schriftsteller haben vermieden, über diese Krankheiten zu sprechen. — Eindringen der asiatischen Unzucht in Rom. — Welchen Ursachen ist die Verbreitung der widernatürlichen Unzucht bei den Alten zuzuschreiben. — Geschlechtskrankheiten der Frauen. — Die Aerzte des Altertums weigerten sich, venerische Erkrankungen zu behandeln. — Warum. — Die Zauberer und Charlatane. — Die grosse Lepra. — Die kleine Lepra oder Venuskrankheit. — Uebertragung dieser Krankheit nach Rom durch Cneius Manlius. — Der Morbus incidens. — Die meisten Aerzte waren Sklaven oder Freigelassene. — Warum die Geschlechtskrankheiten im Altertume mit dem Schleier des Mysteriums umgeben waren. — Das Vorkommen dieser Krankheiten bestätigt durch den Tractat des Celsius. — Ihre Beschreibung. — Ihre Heilung. — Manuscript aus dem dreizehnten Jahrhundert über die Erscheinungen der Syphilis. — Auftreten der Elephantiasis in Rom. — Asclepiades von Bithynien. — T. Aufidius. — Musa, des Augustus' Arzt. — Meges von Sidon. — Beschreibung der Elephantiasis nach Areteus von Cappadocien. — Vergleich mit der Syphilis des fünfzehnten Jahrhunderts. — Der campanus morbus. — Spinturnicium. — Die familia ficosa. — Die rubigo. — Die Satyriasis. — Juno Fluonia. — Ueber den Ursprung der Worte ancunnuentae, bubonium, imbubinat und imbulbitat. — Die Klazomenes. — Krankheiten, die von Fremden nach Rom gebracht wurden. — Die griechischen Aerzte. — Vettius Vales. — Themison. — Thessalus von Trallus. — Soranus von Ephesus. — Die Empiriker, die Barbiere und die Pillendreher. — Menecrates. — Servilius Damocrates. — Asklepiades Pharmacion. — Apollonius von Pergamon. — Criton. — Andromachus und Dioscorides. — Die Pneumatisten. — Galienus und Oribasus. — Archigenus. — Herodot. — Leonidas von Alexandrien. — Die archiatres. — Archiatri pallatini und archiatri populares. — Die Anordnungen des Antoninus Pius. — Eutychus. — Die Hebammen und die medicae. — Martials Epigramm gegen Lesbia. Das solium oder Bidet und sein Gebrauch in Rom. — Warum die Geschlechtskranken sich nicht in die Behandlung der Aerzte begaben. — Tod des Festus, des Freundes von Domitian. — Geheimmittel gegen Geschlechtskrankheiten. — Opfer. — Die Quartilla des Petronius. — Abscheulicher Spruch der paedicones.

Das schreckliche Gewühl der Prostitution jeglicher Art, in deren Schmutz sich die römische Gesellschaft wälzte, musste von verhängnisvollen Folgen für die öffentliche Gesundheit sein. Obschon die Dichter, die Historiker und sogar die Aerzte des Altertums sich über den Gegenstand ausschweigen, wie wenn sie davor zurückgeschreckt wären, ihn ans Tageslicht zu zerren, obschon die bedauerlichen Folgen dessen, was ein Schriftsteller des dreizehnten Jahrhunderts unreine Liebe (venus impura) nennt, nur wenig Spuren in den satirischen und medizinischen Schriften hinterlassen hat, so kann man doch unmöglich verkennen, dass der Verfall der Sitten bei den Römern den Ausbruch und die Heftigkeit der Geschlechtskrankheiten vermehrt und verstärkt hatte. Diese Erkrankungen waren zweifellos sehr zahlreich, immer sehr hartnäckig und häufig geradezu schrecklich; aber sie wurden beinahe ganz vernachlässigt, oder doch wenigstens von den griechischen und römischen Aerzten und Naturforschern im Dunkel gelassen. Wir können lediglich philosophische Vermutungen über die Gründe dieses Uebersehens und allgemeinen Stillschweigens aufzustellen wagen. Bei dem Mangel jeder klaren und unzweideutigen Angabe über diesen Punkt, müssen wir uns auf die Vermutung beschränken, dass man aus religiösen Gründen die Erwähnung jener Erkrankungen unterliess, die die Geschlechtsorgane befielen, und von irgendwelchen Ausschweifungen herrührten. Die Alten wollten die Götter, die den Menschen das wohlthätige Geschenk der Liebe gemacht hatten, nicht durch die Anklage beleidigen, sie selbst hätten diesem ewigen Göttertrank ein arges Gift beigemischt; die Alten wollten nicht, dass Aesculap, der Gott und Erfinder der Heilkunst in offenen Kampf mit Venus geriet, indem er versuchte, ein Heilmittel zu finden gegen die Strafen und Bussen, die die Göttin auferlegt hatte. Mit einem Worte, die bei den Griechen wie bei den Römern wenig bekannten und untersuchten Geschlechtskrankheiten scheinen ihren Opfern eine gewisse Entehrung eingetragen zu haben; deshalb verbarg man sie, und behandelte sie im geheimen mit Hilfe von Wahrsagerinnen und Liebestrankhändlerinnen.

Geschlechtskrankheiten waren bei den Griechen zweifellos seltener als bei den Römern, weil die Prostitution nicht solche Verwüstungen in Athen anrichtete wie in Rom. In Griechenland fand man nie eine solche schreckliche Vermischung aller Altersklassen, aller Geschlechter und aller Nationalitäten wie in Rom. Die griechische Prostitution, die immer noch einen Rest von Gefühl und idealer Liebe bewahrte, hatte ihre Arme nicht, wie die römische, allen ausländischen Lastern geöffnet: die griechische hatte sich selbst bei den grössten Ausschweifungen ihren Sinn für eine gewisse Zurückhaltung bewahrt, während die römische sich den abscheulichsten Ausschweifungen hingab und bis zu den Grenzen physischen Vermögens gegangen war. Man kann nicht darüber im Zweifel sein, dass gefährliche geschlechtliche Erkrankungen das Eindringen asiatischer Lasterhaftigkeit in Rom begleitet haben. Es war ungefähr um 187 v. Chr., als diese luxuria asiatica, wie sie der heilige Augustin in seinem Gottesstaat nennt, in Rom durch den Proconsul Cneius Manlius eingeführt wurde, der die Gello-Griechen unterworfen und den syrischen König Antiochus den Grossen besiegt hatte. Cneius Manlius, der nach den Ehren eines Triumphs geizte, der ihm aber doch nicht zugesprochen wurde, hatte Tänzerinnen, Flötenspielerinnen, Courtisanen, Eunuchen und alle die Helfershelfer einer bis dahin in der römischen Republik unbekannten Lasterhaftigkeit mit sich gebracht. Die nächsten Folgen der hereinbrechenden Unsittlichkeit waren erwiesenermassen zahlreiche Geschlechtskrankheiten, die sich im Volke ausbreiteten und einen immer schwereren Charakter annahmen. „Damals zuerst“, so sagt der heilige Augustin, „sind die vergoldeten Betten, die kostbaren Teppiche erschienen; damals sind die Harfenspielerinnen bei Festlichkeiten eingeführt worden und mit ihnen zahllose Unsittlichkeiten (tunc inductæ in convivia psalteriæ et aliæ licentiosæ nequitiæ).“ Diese Musikantinnen kamen aus Tyrus, Babylon und den syrischen Städten, wo seit undenklichen Zeiten der Geschlechtsverkehr mehr und mehr verderbt worden war durch gefährliche Krankheiten. Die mosaischen Bücher bezeugen das Vorkommen dieser Krankheiten bei den Juden, die sie aus Aegypten mitgenommen hatten, sie aber auch noch schlimmer unter der Bevölkerung des gelobten Landes vorfanden. Die Hebräer hatten diese ammonitischen, midianitischen und kananæischen Völker fast ganz ausgerottet; die aber hatten ihnen, gleichsam um sich zu rächen, eine Menge Unreinlichkeiten hinterlassen, durch die ihr Blut und ihre Sitten verdorben wurden. Die Nachbarvölker der Juden, die von altersher die Prostitution zu Kultuszwecken gebrauchten, waren vor Geschlechtskrankheiten mehr auf der Hut. Immerhin aber war ganz Syrien beständig ein Ansteckungsherd für Pest, Aussatz und venerische Krankheiten (lues venerea). Und gerade hier suchte sich Rom neue Freuden und — neue Krankheiten.

Wir haben bereits den Satz aufgestellt, der keineswegs ein Paradoxon ist, und den die Wissenschaft wird unterstützen müssen, dass der widernatürliche Geschlechtsverkehr, den von den alten Gesetzgebern lediglich Moses verwirft, nicht solche Ausdehnung und solche Duldung im Altertum hätte finden können, wenn nicht der regelmässige Geschlechtsverkehr mit so vielen Gefahren verknüpft gewesen wäre. Die Frauen waren häufig krank, und der Umgang mit ihnen je nach Umständen, Temperament, Jahreszeit, Örtlichkeit, Lebensweise u. s. w. von verhängnisvollen Folgen für ihre Gatten oder Liebhaber. Die gesundesten und reinsten Frauen erkrankten plötzlich aus unerklärlichen, mit den damaligen Hilfsmitteln der Hygiene und Medizin nicht erfolgreich zu bekämpfenden Gründen. Die Hitze des südlichen Klimas, die körperliche Unreinlichkeit, das regelmässig wiederkehrende Unwohlsein der Frauen, die Folgen der Geburten und eine Reihe von anderen zufälligen Ursachen bewirkten örtliche Erkrankungen allerverschiedenartigsten Charakters. Diese absonderlichen Krankheiten, deren Ursprung fast unbekannt blieb, und deren radikale Heilung sehr langwierig, schwierig, in manchen Fällen sogar unmöglich war, machten auch gegen den durchaus legitimen Geschlechtsverkehr misstrauisch. Daher denn die Neigung, den Geschlechtstrieb mit Wesen zu befriedigen, die eigentlich keinem Geschlechte mehr angehörten, sondern nur noch Werkzeuge der Lust waren. Es ist wahr, dass auch noch andere und abstossendere Krankheiten im Volke grassierten, dessen verderbter Geschmack sie hatte entstehen lassen, und sie beständig umwandelte; aber diese Krankheiten waren doch weniger verbreitet, und man konnte sich besser dagegen schützen. Unter diese Krankheiten zählte auch der im Orient endemische Aussatz, der in den verschiedensten, sonderbarsten und unerklärlichsten Formen auftrat

Man hat allen Grund zu glauben, dass sich die Aerzte des Altertums mit der Heilung von Geschlechtskrankheiten nicht abgaben, da diese in ihren, wie in des Volkes Augen einen Anstrich von göttlichem Fluche trugen. Die Unglücklichen, die angesteckt worden waren, nahmen also ihre Zuflucht zu frommen Zauberinnen, zu den Recepten der Volkserfahrung und zu den Hilfsmitteln finsteren Aberglaubens. Daher zum grossen Teil der Einfluss der okkulten Wissenschaften und der Kunst, Liebestränke zu brauen; für Priester und Magier bildete dieser Umstand die Quelle von Reichtum und Macht. Eine geschlechtliche Erkrankung wurde immer für eine göttliche Strafe angesehen, und das Opfer suchte den

Grund nicht ausserhalb seiner selbst, sondern klagte nur sich an, suchte nur bei und in sich den Grund seines Unglücks. So war es auch geneigt, grosse Opferspenden den Tempeln darzubringen, in geheimnisvollen Anrufungen im Walde Rettung zu suchen, oder von der Kunst alter Weiber, Zauberer und Charlatane Heilung zu erwarten. Anders ist das Stillschweigen der griechischen und römischen Schriftsteller über die Geschlechtskrankheiten, die damals viel verbreiteter waren und viel furchtbarer auftraten als heute, gar nicht zu begreifen.

Als die lues venerea mit den Syrierinnen des Cneius Manlius nach Rom verpflanzt wurde, besass diese Stadt, damals bereits Siegerin und Herrscherin über einen grossen Teil der Welt, noch keine Aerzte. Nur in Ausnahmefällen, in Zeiten der Pest und Epidemien, hatte man sie im Inneren der Stadt geduldet. War aber die öffentliche Gesundheit wieder von Gefahren befreit, dann wurden die griechischen Aerzte, die man herbei geholt hatte, mit jener Missachtung wieder aus der Stadt entfernt, die das römische Volk in den Zeiten seiner groben und wilden Kraft gegen die Künste des Friedens hegte. Man darf nicht übersehen, dass die griechische Heilkunst ungefähr zugleich mit der asiatischen Lasterhaftigkeit in Rom ihren Einzug hielt. Schon kurz vorher hatten einige griechische Aerzte versucht, sich in der Stadt niederzulassen, wohin man sie zur Bekämpfung verschiedener Krankheiten berufen hatte, gegen die römische Strenge nichts vermochte (man darf vermuten, dass es sich hierbei um geschlechtliche Erkrankungen handelte); aber sie hatten soviel Schimpf, soviel Widerstand und soviel Abneigung zu überwinden gehabt, dass sie von der Wiederholung des Niederlassungsversuches abstanden; sie kehrten erst wieder zurück, als Rom weniger stolz auf die Gesundheit seiner Einwohner geworden war. Und die Ausschweifungen hatten denn auch nach Ablauf weniger Jahre eine grössere Zahl von Krankheiten geschaffen und verbreitet, als man in der Zeit seit Gründung der Stadt gekannt hatte. Darunter waren zweifellos viele Erkrankungen infolge von geschlechtlichen Ansteckungen, aber man benannte sie stets anders und auch der Arzt rubricierte sie unter die unverdächtigen Krankheiten. So kommt es, dass wir in den medizinischen Werken der Alten gar keine Geschlechtskrankheiten angegeben finden: sie sind eben unter unverfänglichen Namen darin verzeichnet. Fast alle geschlechtlichen Erkrankungen rechnete man zur grossen Klasse der abstossenden Aussatzkrankheiten.

Die meisten Aerzte waren Sklaven oder Freigelassene. „Ich sende dir einen Arzt aus der Zahl meiner Sklaven“, liest man bei Sueton (mitto tibi praeterea cum eo ex servis meis medicum); obschon diese Stelle von den Kommentatoren verschieden ausgelegt worden ist, so beweist sie doch, dass der Arzt häufig nichts anderes als ein einfacher Sklave in dem Hause eines Reichen war. Jedermann konnte sich also seinen besondern Arzt halten, indem er sich einen kaufte, was allerdings zweifellos ziemlich kostspielig war, denn der Verkaufswert eines Sklaven hing von dem Grade seiner Geschicklichkeit und seines Wissens ab, und ein guter Arzt, der zu gleicher Zeit ein tüchtiger Chirurg und ein gelehrter Apotheker sein musste, war ebenso teuer wie ein Musiker oder ein griechischer Philosoph. Man begreift, dass ein Arzt, der lediglich die Aufgabe hatte, seinen Herrn und die Angehörigen des Hauses zu pflegen, seine Kunst wie ein Sklave ausübte, und aus Furcht vor der Knute und den grausamsten Züchtigungen über die Krankheiten, die er zu behandeln hatte, klugerweise Stillschweigen bewahrte. Die freigelassenen Aerzte befanden sich in keiner wesentlich bessern Lage, was ihre Patienten anbelangt; sie konnten zwar im Falle eines Misserfolges nicht gepeitscht und in Eisen gelegt werden, aber man konnte sie verklagen, und von ihnen eine beträchtliche Busse verlangen, wenn der Erfolg ihren Bemühungen versagt blieb und ihre Kunst machtlos gegen die Krankheit war. Unter solchen Umständen gaben sich die Aerzte fast nur mit solchen Krankheiten ab, bei denen sie mit ziemlicher Sicherheit auf einen Erfolg rechnen konnten. Um daher im Falle einer Erkrankung sicher auf Hilfe rechnen zu können, musste man sich schon einen Arzt unter seinen Sklaven halten, und dieser Arzt, der Vertraute seines Herrn in allen gesundheitlichen Angelegenheiten, war dann um so notwendiger, wenn der Herr einer geschlechtlichen Ansteckung zum Opfer gefallen war.

Die Römer errichteten dem Fieber und dem Husten einen Tempel, aber sie fürchteten Venus, ihre Stammmutter, zu beleidigen, wenn sie einen Kult für diejenigen Krankheiten einrichteten, die diese Göttin entehrten. Sie verheimlichten vielleicht diese Krankheiten und wollten nicht einmal, dass der morbus indecens einen Namen in den Annalen der Medizin und der römischen Republik erhielte. Indessen ist die Existenz der echten Syphilis oder doch die einer ganz ähnlichen Seuche in dem medizinischen Traktat des Celsus gar zu gut bezeugt, nur dass er sie nicht den Folgen verdächtigen Geschlechtsverkehrs zuschreibt und den Untersuchungen nach ihrem Ursprunge aus dem Wege geht. Celsus, der Schüler oder vielmehr Zeitgenosse des Asklepiades von Bithynien, des ersten berühmten Arztes, der von Griechenland nach Rom kam, lässt das Vorkommen der venerischen Erkrankungen bei den Römern durchaus nicht zweifelhaft. Sie sind zu genau in seinem Buche geschildert, als dass man sich über ihren Charakter täuschen könnte. Es handelt sich unzweifelhaft um den morbus indecens, die lues venerea, obschon Celsus diese allgemeinen Namen nicht anwendet, vielmehr die einzelnen Erkrankungen mit besonderen, anscheinend von ihm erst gebildeten Bezeichnungen belegt. Die Erwägungen, die Celsus dem langen Abschnitt über die Krankheiten der Geschlechtsorgane im sechsten Buche seines

Werkes vorausschickt, bestätigen unsere Vermutungen über die Gründe, warum man eine öffentliche Behandlung derartiger Krankheiten in Rom vermied. „Die Griechen haben“, so sagt Celsus, „zur Behandlung eines derartigen Stoffes viel bessere Ausdrücke, die überdies von der Fachwissenschaft übernommen worden sind, weil sie fortwährend in den Schriften und der gewöhnlichen Sprache der Aerzte vorkommen. Die lateinischen Worte verletzen uns mehr (apud nos fœdiora verba), und haben nicht einmal das voraus, dass sie von feinfühligen Menschen gebraucht werden. Es ist deshalb auch ein schwieriges Unternehmen, die Regeln der guten Sitte mit den Forderungen der Wissenschaft in Einklang zu bringen. Indessen konnte mich diese Erwägung nicht von meinem Vorhaben abbringen, weil ich einmal die nützlichen Erfahrungen, die ich gesammelt habe, nicht unvollständig lassen will, und weil ich es zweitens für besonders wichtig halte, die ärztlichen Vorschriften über diese Krankheiten, die man niemals aus freien Stücken einem anderen zeigt, in den weitesten Kreisen des Volkes bekannt zu machen. (Dein, quia in vulgus eorum curatio etian præcipue cognoscenda, quæ invitissimus quisque alteri ostendit).“ Und man lässt Celsus alle Erscheinungen dieser Erkrankungen, die wir hier nicht zu wiederholen brauchen, Revue passieren. Nach seiner Beschreibung ist unzweifelhaft: die Syphilis, die echte Syphilis, existierte in Rom wie in den meisten Ländern, wo die Sitten durch die Vermischung verschiedenartiger Völkerschaften verdorben waren. Der letzte Uebersetzer des Celsus, der aufgeklärter oder wenigstens unparteiischer ist als seine Vorgänger (die nur das Vorkommen lokaler geschlechtlicher Krankheiten nach dem angeblichen Zeugnis des Celsus in Rom annehmen wollen) sagt uns, dass der gelehrte Littré Manuscripte aus dem dreizehnten Jahrhundert entdeckt hat, „worin alle uns von den Alten überlieferten Erkrankungen der Genitalorgane genau bezeichnet sind und sogar jene Erscheinungen, die wir als sekundäre bezeichnen; sie sind auch ausdrücklich auf geschlechtliche Ansteckung zurückgeführt: und das zwei Jahrhunderte vor der Zeit, wo die Lustseuche angeblich erst nach Europa gekommen ist!“

Diese Krankheit war in Rom unter dem zweifelhaften Namen Elephantiasis aufgetaucht, etwa ums Jahr 650, das ist 105 n. Chr.; diese Elephantiasis, die bald ganz Italien verseucht hatte, gab allen Krankheiten, mit denen sie sich komplizierte, ganz absonderliche Formen. Asklepiades von Bithynien verdankte einen Teil seines Ruhmes dieser Krankheit, die er den Proteus des Uebels nannte; er verstand sie nämlich zu behandeln, da er sie lange in Kleinasien beobachtet hatte. Asklepiades, der das philosophische System Epikurs auf die Medizin angewandt hatte, wollte in den Krankheiten einen Mangel an Harmonie zwischen den Atomen sehen, aus denen ihm der menschliche Körper zu bestehen schien. Er war der erste, der die Krankheiten in akute und chronische einteilte, der erste, der die Ursachen der Entzündung in irgend einer Verstopfung suchte. Mit besonderer Sorgfalt hatte er die venerischen Erkrankungen studiert. Ein grosser Verehrer der diätetischen Heilmethode, verordnete er häufig Abreibungen und Umschläge mit Wasser; er hatte die Douchen (balneæ pensiles) erdacht, und war gleich seinem Meister Epikur sinnlichen Genüssen nicht abhold, sofern sie mit Mass betrieben werden. Dieser griechische Arzt musste bei den Römern Erfolge erzielen, weil er sie in ihren Neigungen nicht allzusehr behinderte, und seinen Patienten sogar einen mässigen Gebrauch ihrer Körperkräfte gestattete; das that er, wie er sagte, um die Seele vor dem Einschlafen zu bewahren, deren Sitz er in den Organen der fünf Sinne vermutete. T. Aufidius, sein Lieblingsschüler empfahl nach seinem Vorbilde den Gebrauch der Abreibungen bei allen Krankheiten. erzielte ausgezeichnete Resultate bei Lepra und allen Erscheinungen venerischer Natur, und nahm unter die Zahl seiner Heilmittel auch die Geisselung auf und den Liebesgenuss, den er als das beste zur Bekämpfung der Melancholie bezeichnete.

Die Lepra, der Aussatz, war in Rom zum chronischen und erblichen Leiden geworden, nahm die verschiedensten Formen an und verwüstete die Kräfte des Volks. Musa, der Leibarzt des Augustus, der ihn einmal von einer Krankheit geheilt hat, die uns die Historiker weder genannt noch beschrieben haben, die aber eine entzündliche Lokalerkrankung war, da sie mit lauwarmen Bädern behandelt wurde, Musa scheint sich besonders der Erforschung der leprösen, skrophulösen und venerischen Erkrankungen gewidmet zu haben. Er war zuerst Sklave und dann Freigelassener des Augustus und sicherlich wohlerfahren in den schweren Erkrankungen, die man damals vor der Oeffentlichkeit wohlverborgen hielt. Musa erfand verschiedene Mittel gegen die luetischen Geschwüre gefährlicher Art, die später in den Receptenschatz der Vulgärmedizin übergingen und sozusagen als Allheilmittel angesehen wurden. Dieser Arzt beschränkte sich nicht auf die Anwendung lokaler Mittel, sondern unterwarf den ganzen Organismus einer reinigenden Kur mit Abkochungen von Lattich und Cichorie. Aehnlich behandelte er auch alle Folgeerscheinungen einer venerischen Intoxication. Meges von Sidon, der um dieselbe Zeit wie Musa in Rom prakticierte, zeichnete sich ebenfalls in der Behandlung lepröser Krankheiten aus, die häufig wohl lediglich venerischer Natur waren. Er war Schüler des Themison, des Gründers der methodischen Schule.

Der Ursprung des Aussatzes war, oder war gewesen, eine geschlechtliche Erkrankung. Wohin man auch immer den Ursprung der Lepra verlegen mag, nach Aegypten, Judaea, Syrien oder Phönicien, immer war ihr erster Beginn eine lokale Affektion als Folge eines unreinen Geschlechtsverkehrs, entwickelt, verschlimmert durch das Fehlen ärztlicher Behandlung, begünstigt durch besondere zufällige Umstände und unaufhörlich, sei es plötzlich, sei es langsam, verändert, je nach dem

Alter, dem Temperament, der Lebensweise und der leiblichen Konstitution des Kranken. Daher diese verschiedenen Arten der Lepra, vor deren Beschreibung die griechischen und römischen Aerzte thatsächlich eine gewisse Scheu gehabt zu haben scheinen. Die ursprüngliche Lepra scheint also aller Wahrscheinlichkeit nach nichts anderes gewesen zu sein als die echte Syphilis des fünfzehnten Jahrhunderts; in der Elephantiasis haben wir es wahrscheinlich gleichzeitig mit der Lepra und der Syphilis zu thun. Celsus spricht kaum von der Elephantiasis, die „in Italien fast unbekannt, aber in anderen Ländern sehr verbreitet ist", — wie er sagt. Entweder hat er auf diese Krankheit nicht acht gegeben, oder er wollte sich nicht darüber verbreiten, da er sie als seltene Ausnahme betrachtete. „Diese Krankheit," so sagt er kurz, „afficiert die ganze Konstitution so sehr, dass sogar die Knochen davon ergriffen werden. Die Oberfläche des Körpers ist übersäet mit Flecken und zahlreichen Geschwulsten, deren Farbe vom Rot bis ins Schwärzliche spielt. Die Haut wird unegal, bald dick, bald dünn, bald hart, bald weich, dabei schuppt sie ab; der Körper magert ab, aber das Gesicht wird aufgedunsen, ebenso die Beine und die Füsse. Wenn die Krankheit eine Zeit lang gedauert hat (ubi vetus morbus est), dann verschwinden die Finger und die Zehen fast unter dem Geschwulst; kommt dann ein kleiner Fieberanfall hinzu, so genügt er, um den von soviel Leiden gequälten Kranken zu erlösen." Diese Beschreibung ist ziemlich farblos und unvollständig neben der, die uns ein Zeitgenosse des Celsus, ein berühmter griechischer Arzt, Aretaeus von Kappadozien hinterlassen hat; er hat diese Krankheit vermutlich in Kleinasien beobachtet, wo sie so häufig wie schrecklich war. Wenn man seine Darstellung mit der vergleicht, die uns die Aerzte des fünfzehnten Jahrhunderts vom Auftreten der Syphilis in Europa gegeben haben, so kann man nicht mehr im Zweifel darüber sein, dass eben dieselbe Syphilis schon fünfzehn Jahrhunderte zuvor unter dem Namen Elephantiasis verbreitet war; ebensowenig kann man im Zweifel darüber sein, dass die Lepra aus einer geschlechtlichen Vergiftung entstanden ist. Das scheint auch die Ansicht Raimonds, des gelehrten Geschichtsschreibers der Elephantiasis zu sein. „Die ökonomischen Vorschriften im Orient", so sagt er, in Bezug auf die weit verbreiteten gonorrhöischen Affektionen und in Bezug auf den Umgang mit Frauen, „beweisen, dass die Erkrankungen der Geschlechtsorgane und die mit ihnen so eng verbundenen der Leistendrüsen wirklich venerischen Ursprungs waren."

Aussatz und venerische Erkrankung traten fast immer zusammen auf; sie waren sehr häufig, aber es galt auch für sehr unehrenhaft, daran zu erkranken, und man verheimlichte die Ansteckung, während doch alle Welt entweder krank war oder krank gewesen war. Bei dieser „Heimlichthuerei und Prüderie" war natürlich die Stellung der Aerzte schwierig und delikat; sie behandelten lediglich die Lepra, und erfanden unablässig Salben, Panaceen und Gegengifte gegen die Krankheit. Lepröse, deren Gesicht oder Hände ergriffen waren, zeigten sich nirgends mehr. Eine besonders hässliche Form der Affektion im Gesichte hiess campanus morbus, kampanische Krankheit, weil man behauptete, sie sei in Capua entstanden, dieser Königin der Unzucht und Schande, wie Cicero sie nennt (domicilium superbiae, luxuriae et infamiae). Es ist sicher, dass die meisten Bewohner Capuas das Mal dieser abscheulichen Krankheit auf ihrem Gesichte trugen. Horaz führt uns in der Erzählung seiner Reise nach Brindisi den Sarmentus vor, Freigelassene des Oktavius und einen seiner Lustknaben; er zeigt ihn uns, wie er lacht und spottet über die campanische Krankheit und sein eigenes von ihr entstelltes Gesicht (campanum in morbum, in faciem per multa jocatus). Sarmentus hatte auf der linken Wange eine grässliche Narbe, die unter seinen Bartstoppeln abscheulich hervorleuchtete (at illi foeda cicatrix setosam lævi frontem turpaverat oris). Cruquius, einer der Kommentatoren des Horaz hat uns auch die campanische Krankheit, eine Art Ausschlag, geschildert. Plautus lässt uns über die Natur dieses Ausschlags nicht im Zweifel, wenn er in seinem Trinummus die Schande der campanischen Bevölkerung schildert, die nach seinem Ausdruck die Syrer sogar in der Geduld übertrifft (Campas genus multa Syrorum jam antidit patientia.). Plautus hatte Gelegenheit gehabt, die schändlichsten Geheimnisse der Zügellosigkeit zu beobachten, als er bei einem umbrischen Bäcker die Mühle drehte.

Bei den meisten venerischen Erkrankungen wurden die Geschwüre und Auswüchse, die die Aerzte für die eigentlichen Leiden hielten, statt in ihnen die verhängnisvollen Symptome eines schweren Siechtums zu erkennen, chronisch, abgesehen von den seltenen Fällen, wo sie durch eine rationelle Badekur zum Verschwinden gebracht wurden. Niemand überstand eine lange und schmerzhafte Behandlung, ohne die Spuren davon an seinem Körper, oft sogar auf seinem Gesicht zu tragen. Die Züge wurden davon so entstellt, dass man eine Frau, die durch die Krankheit derartig verunziert worden war, spinturnicium nannte, weil ihr abstossender Mund an die Grimasse einer Harpyie (spinturnix) erinnerte. Die zurückbleibenden Spuren der Geschwüre nannte man Feigen, Binsen, oder gab ihnen gar ganz unübersetzbare Bezeichnungen. Man hatte sogar für die verschiedenen Stufen des Leidens eine regelrechte Komparation geschaffen, und sprach geradezu von ficosus und ficosissimus. Martial giebt uns in einem Epigramm, das er überschreibt: De familia ficosa ein grauenhaftes Bild einer durchseuchten Familie Auch über die gonorrhöischen Affektionen und über die sogenannten Flüsse der Frauen, die deretwegen die Juno unter dem Namen Fluonia anriefen, erfahren wir wenig und wenig Zuverlässiges bei den alten Schriftstellern, obschon diese Leiden ganz ausserordentlich verbreitet waren. Bei den Dichtern erfahren wir fast gar nichts, und so sind wir auf die spärlichen Angaben bei Celsus angewiesen.

Das Auftreten der schrecklichen Leiden in Rom kann niemanden Wunder nehmen, da Rom unter den Kaisern von Ausländern überflutet war, die mit ihren Sitten auch ihre Krankheiten mitgebracht hatten. „Ich kann, ihr Römer“, so schreit Juvenal einmal auf, „ein griechisch gewordenes Rom nicht ertragen; thatsächlich macht doch diese griechische Hefe nur einen kleinen Teil der Stadtbevölkerung aus. Seit langer Zeit hat sich der syrische Orontes in den Tieber ergossen und hat mit sich geführt seine Sprache, seine Harfen, seine Flöten, seine Tambourinnen und seine Courtisanen, die sich im Cirkus prostituieren. Geht doch hin zu ihnen, alle ihr, die ein barbarisches Weib im Schmucke seiner bemalten Tiara reizen kann!“ Die römischen Dichter und Schriftsteller wurden nicht müde, die fremden Gäste Roms anzugreifen und sie zu beschuldigen, dass sie es hauptsächlich gewesen seien, die mit ihren Lastern und ihren nationalen Ausschweifungen die römischen Sitten verderbt hätten. Phrygien, Sicilien, Lesbos, ganz Griechenland hatten die alte Sittenstrenge Roms untergraben. Von Lesbos lernten die Römer alle die Abscheulichkeiten der lesbischen Liebe, Phrygien lieferte ihnen die Lustknaben (Foemineus Phryx, sagt Ausonius einmal), jene jungen Sklaven mit wallendem Lockenhaar, in den Ohren grosse Ohrgehänge, angethan mit weitärmeligen, rot und grün bestickten Gewändern; Lacedæmonien, das stolze Sparta, sandte ihnen ebenfalls eine ganze Kolonie von Sklaven die zu den Ausschweifungen das ihre beitrugen; Juvenal spricht von einer lacedæmonischen Schmach, ein Ausdruck, der allen Auslegern viel Kopfschmerzen gemacht hat, ohne dass etwas Rechtes dabei herausgekommen wäre (qui Lacedæmonium pytismate lubricat orbem). Martial erwähnt die von Leda erfundenen Frauenringkämpfe, die durch das zuchtlose Lacedæmon berühmt wurden (libidinosæ Lacedæmonis palæstras). Und Sybaris, und Tarent, und Marseille! „Sybaris hat die sieben Hügel (Roms) erobert,“ klagt Juvenal, der einmal für die Reinheit und Einfältigkeit der römischen Sitten der ersten Jahrhunderte schwärmt; Sybaris war die Königin der Vergnügungen, aber auch der venerischen Erkrankungen. Da war Tarent (molle Tarentum nennt es Horaz) mit seinem schönen, parfumierten Jünglinge von herrlichem Gliederbau, den nackten Körper in durchscheinende Gewänder gehüllt, sodass sie einherschritten wie Nymphen. Marseille lieferte gleichfalls seine in den Künsten der Unzucht bewanderten Knaben, die freilich vielfach lediglich zur Masturbation dienten, wie man aus einer Stelle bei Plautus entnehmen kann, (si vis subigitare me.) Mit einer Aufzählung der fremden Städte und Länder, die am meisten zur sittlichen Verwilderung Roms beigetragen haben, würde man gar nicht zu Ende kommen. Nicht übergehen darf man dabei Capua und die Opiker: diese Leute, die einen Teil von Campanien bewohnten, waren auf eine so tiefe Stufe der Sittlichkeit herabgesunken, dass ihr Name geradezu gleichbedeutend mit der schmählichsten Prostitution war. Ausonius hat ein Epigramm gegen Eunus Syriscus (ingenium linguritur), einen vollendeten Meister in der opicischen Kunst (opicus magister), gedichtet.

Aus Griechenland kamen ebensoviel Aerzte wie Courtisanen; aber diese Aerzte, die das Vorurteil der Römer manchmal bis zum wirklichen Hass verfolgte, hatten es nicht sowohl auf gründliche Kuren als auf raschen Geldgewinn abgesehen. Sie wurden rasch reich, wenn sie in den Ruf kamen, irgend eine bestimmte Krankheit besonders geschickt zu heilen. Aber trotz der Fortschritte der methodischen Medizin besserte sich der allgemeine Gesundheitszustand nicht. Das kann man aus der Art der Krankheiten schliessen, die damals mit besonderem Eifer wissenschaftlich untersucht wurden: es war immer wieder Ausschlag, Aussatz, Lepra in den allerverschiedensten Variationen. Jeder berühmte Heilkünstler erfand irgend ein Spezialmittel gegen eine lokale Erscheinung dieser chronischen Verseuchung, die mit allen Krankheiten Komplikationen abgab. Da gab es eine Menge von verschiedenen Augenwässern, von Präparaten zum Gurgeln bei Mundfäule, von Pflastern für Geschwüre und dergleichen mehr Dinge, die beweisen, dass die leprösen und venerischen Erkrankungen ausserordentlich zahlreich waren. Nach Musa war Vettius Valens der erste Modearzt, weniger bekannt durch seine medizinische Geschicklichkeit als durch sein Verhältnis zu Messalina. Dank dieser Geliebten hatte er gewiss Gelegenheit, alle mit dem Geschlechtsverkehr zusammenhängenden Krankheiten kennen zu lernen. Zu derselben Zeit wie er, praktizierte in Rom noch ein anderer Schüler von Themison, Meges von Sidon, der besonders syphilitische Geschwüre kurierte und erfolgreich die skrophulösen Drüsenanschwellungen behandelte. Er wurde ausgestochen in der Gunst des Publikums durch seinen Mitschüler Thessalus von Tralles, der sich den Besieger der Aerzte nannte, obschon er weder seine Kenntnisse noch seine Erfahrung besass. Dieser Thessalus, den Galenus als Narren und Esel qualifiziert, behauptete kühn, dass er durch energische Anwendung starker Mittel rasche Heilung bewirken könne. Thatsächlich hatte er denn auch einige glänzende Erfolge in der Behandlung der Lepra der venerischen Geschwüre und der Skropheln zu verzeichnen. Da die Zahl der Patienten beständig wuchs, so hielt Thessalus es für nützlich, auch die Zahl der Aerzte zu vermehren, und weil er behauptete, innerhalb sechs Monaten seine ganze Kunst lehren zu können, so hatte er starken Zulauf: Köche Fleischer, Gerber und andere Handwerker verliessen ihren Beruf, und schlossen sich dem Thessalus an, der nur noch mit einem grossen Gefolge begeisterter Schüler und Jünger erschien. Die Aerzte sanken dadurch natürlich noch mehr in der allgemeinen Achtung, und ebenso sehr verminderte sich ihr Wissen. Die Lepra zu heilen, das war die einzige grosse Aufgabe. Soranus von Ephesus kam unter Trajans Regierung nach Rom und brachte einige wirksame Präparate gegen den Ausfall der Kopf- und Barthaare mit; Moschion, einer der Rivalen des Soranus, beschäftigte sich speciell mit Frauenkrankheiten und deren Untersuchung; gegen den weissen Fluss wandte er energische und wirksame Mittel an.

Neben diesen wissenschaftlich gebildeten Aerzten gab es eine Menge von Autodidakten, Pflasterkasten und Charlatanen. Sie waren natürlich noch verachteter und verhasster als die Aerzte. Horaz glaubt ihnen nicht Unrecht zu thun, wenn er sie mit Gauklern, Bettlern, Schmarotzern und Prostituierten auf eine Stufe stellt (ambubajarum collegia, pharmacopolæ). Die geheimen Krankheiten waren so recht das Feld dieser Charlatane. Indessen gab es doch auch unter ihnen einige kräuterkundige Männer und einige geschickte Praktiker. Unter Tiberius stellte Menekrates, der Erfinder des Saftpflasters, mehrere Pflaster her, die bei Geschwulsten und skrophulösen Erkrankungen oft gute Dienste leisteten; Asklepiades Pharmacion und Apollonius von Pergamon heilten ebenfalls derartige Leiden, Criton die Lepra; Andromachus, der Erfinder eines berühmten Gegengiftes und Dioskorides, der Verfasser eines grossen medizinischen Werkes, scheinen sich mehr mit den Folgen des Schlangenbisses als mit den venerischen Erkrankungen abgegeben zu haben, obschon diese ungleich mehr Opfer forderten.

Die Untersuchung und Behandlung derartiger Infektionen interessierte in hohem Grade die römischen Aerzte des zweiten Jahrhunderts unserer Zeitrechnung, von denen wir Galien und Oribas nennen. Einer von ihnen, Archigen, wandte bei den Behandlungen sehr schwerer lepröser Affektionen sogar unter Umständen die Kastration an, um die Kraft der Krankheit zu brechen. Das deutet eben wieder auf die syphilitische Natur dieser Krankheiten. Ein anderer dieser Aerzte, Herodot, schwärmte für Schwitzkuren, deren Bedeutung für syphilitische Erkrankungen bekannt ist. Mit der Zeit wurden diese Leiden genauer beobachtet, und ihre Behandlung rationeller. Ein Zeitgenosse des Galiens, Leonidas von Alexandrien, der ein ebenso glücklicher wie geschickter Praktiker gewesen zu sein scheint, machte sich durch seine Kuren einen grossen Namen; seine Bemerkungen über die Behandlung der Geschwüre und dergleichen sind auch heute noch von Interesse. Das Nähere mag man in Kurt Sprengels Geschichte der Medizin nachlesen.

Der starken Verbreitung der leprösen oder venerischen Krankheiten in Rom verdanken wir wohl die Einrichtung der Archiatren oder öffentlichen Aerzte. Der erste, der diesen Titel trug und die Funktionen eines amtlich angestellten Arztes im Inneren des kaiserlichen Palais versah, war Andromachus der Aeltere, der unter Nero lebte. Er überwachte nicht nur die Gesundheit des Kaisers, sondern auch aller im Schloss stationierter Offiziere. Seine Amtspflichten wuchsen aber derartig an, dass sie die Kräfte eines einzigen Mannes überstiegen, und so vermehrte man denn die Zahl der Schlossärzte (archiatri palatini) bis auf Constantin. Oftmals waren sie hochgeehrt, und der Kaiser verlieh ihnen die Würde als præsul spectabilis, d. h. sie wurden etwa zu geheimen Hofräten ernannt. Gleicherweise hatte man in Rom und in allen Städten des Reiches Amtsärzte (archiatri populares) eingesetzt, die ihre Kunst kostenlos dem Volke zur Verfügung stellten, und eine Art von Gesundheitspolizei ausübten. Zuerst wurde in jedem Quartier der Stadt Rom ein solcher Arzt angestellt; das machte also vierzehn für die ganze Stadt; bald aber verdoppelte und verdreifachte man diese Zahl, und schliesslich waren ihrer gerade soviele vorhanden als Priesterinnen der Venus. Antoninus Pius ordnete und vervollständigte diese vortreffliche Einrichtung; in den grossen Städten sollte man zehn Volksärzte ernennen, in den mittleren sieben und in den kleineren fünf. Diese Volksärzte bildeten an ihrem Wohnsitze ein medizinisches Kollegium, das sich bei Vakanz durch Zuwahl aus den von der Behörde präsentierten Kandidaten ergänzte, und selbst Schüler ausbildete. Auf diese Weise hatte die Behörde die Gewissheit, dass der Sanitätsdienst stets würdigen und kenntnisreichen Personen anvertraut war Diese Archiatren waren im Genuss verschiedener Vorrechte, die beweisen, welche Bedeutung und welchen Wert die Staatsregierung ihrer Thätigkeit beimass. Sie waren vermutlich keine von den übelbeleumdeten Griechen, die nach Rom kamen, um aus ihrer Kunst ein Geschäft zu machen, und unter Umständen auch nicht davor zurückschreckten, den Kuppler zu spielen, oder mit ihren Kranken Unzucht zu treiben.

Die Volksärzte oder Amtsärzte unterstanden zweifellos unmittelbar den Aedilen; die Sanitätspolizei war also mit dieser Organisation verknüpft Aber es lässt sich nicht erkennen, welche Aufgaben ihr zufielen, und was sie in Sachen der Prostitution zu thun hatte. Darüber ist uns in den alten Schriftstellern auch nicht das mindeste überliefert worden. Vermuten können wir wohl, dass die Bezirksärzte ein Augenmerk auf den Gesundheitsstand der eingeschriebenen Dirnen hatten Vielleicht unterstanden diese Freudenmädchen sogar der Kontrolle durch bestimmte Aerzte; zumal da wir wissen, dass die Vestalinnen und die Gladiatoren ebenfalls ihre besonderen Aerzte hatten. Im Codex des Theodosius wird das ausdrücklich angegeben. Zwei antike Inschriften belehren uns über die Funktionen der Circusärzte; die eine nennt uns den Namen des Eutychus, der bei den Spielen am Morgen (medicus ludi matutini) beschäftigt war. Demnach darf man wohl annehmen, dass auch die Dirnen ihre speziellen Aerzte hatten, die in Sachen der Frauenkrankheiten besonders erfahren waren. Die Courtisanen pflegten wohl meist die sogenannten medicae zu konsultieren, die nicht lediglich Hebammen (obstetrices) waren, sondern sich auch mit der Magie und der Ausübung der Heilkunde abgaben. Einige dieser medicae scheinen wegen ihrer hervorragenden Leistungen vom Staat und von den Sanitätskollegien in der Ausübung ihres Berufes anerkannt worden zu sein. Gruter führt folgende Inschrift an: Secunda L. Livillae medica; eine Erklärung giebt er nicht. Da römische Frauen bei Geburten lediglich Hebammen zur Hilfe heranzuziehen pflegten, so begreift man, dass sie im Falle einer Geschlechtskrankheit sich noch weniger den indiskreten Blicken eines Mannes aussetzen mochten. So gab es denn sicherlich Aerztinnen für Frauenleiden; reiche Frauen hielten sich eine solche Heilkundige auch wohl unter ihren Sklavinnen. Frauenleiden waren in Rom ausserordentlich häufig und manchmal sehr schwer; Martial spielt darauf in einem Epigramm gegen Lesbia an. Einigermassen wirkte man ihnen durch zahlreiche und zweckmässig angewandte Bäder, besonders Sitzbäder auf dem Bidet, entgegen.

Der Umstand, dass die berühmten Aerzte stets mit einer ganzen Schar von Schülern und Adepten Krankenbesuche zu machen pflegten, war natürlich gerade das Gegenteil von einem Anreiz, bei geschlechtlichen Erkrankungeu sofort den Arzt zu konsultieren. So war denn das Gebiet der geheimen Erkrankungen den Charlatanen ausgeliefert. Dabei konnte sich jedermann beliebig als Arzt niederlassen; besonders die Barbiere pflegten neben ihrem Gewerbe allerhand Kuren zu unternehmen, ebenso die Sklaven in den Bädern. So häufig, so verschieden und so auffallend auch die venerischen Erkrankungen gewesen sind, so wenig Sicheres ist uns doch darüber überliefert worden; gerade die bedeutendsten Aerzte scheinen den Mantel des Aeskulaps über diese Art von Leiden gebreitet zu haben. Man kann sich eine Vorstellung von ihrer Häufigkeit machen, wenn man die Verbreitung der Prostitution bedenkt, die sozusagen nicht einmal vor dem Kind in der Wiege halt machte, und mit teuflischer Freude die kleinen Wesen in ihre Mysterien einweihte, bevor sie noch sieben Jahre alt waren. „Meine Schutzgöttin soll mich strafen," so ruft Quartilla bei Petronius aus, „wenn ich mich daran erinnere, jemals unbefleckt gewesen zu sein. (Junonem iratam habeam, si unquam me meminerim virginem fuisse)." Prostitution und Geschlechtskrankheiten hängen eng mit einander zusammen, und sind gleicherweise verbreitet.

Kapitel XXI.

Die medicae juratae. — Hebammen. — Die Athenerin Agonodike. — Die sagae. — Kindesaussetzungen in Rom. — Die suppostrices oder Kindesvertauscherinnen. — Ursprung des Wortes sage-femme. — Salben, Parfums, Liebestränke und Beschwörungen. — Abscheuliche Praktiken der sagae bei der Fabrikation der Liebestränke — Gratidia. — Die Geheimnisse der Gratidia aufgedeckt durch Horaz, dessen Geliebte sie war. — Der mons Esquilinus. — Die Beschwörung eines Mannes durch die sagae. — Furcht der Römer davor. — Aphrodisiaka. — Der Wunschestrank. — Die Zusammensetzung der Liebestränke. — Das hippomanum. — Liebhaberei der Römer für Parfums. — Verschiedene Parfums. — Namen der Wohlgerüche. — Die Kosmetika. — Poppaeas Eselsmilchbäder. — Die Courtisane Acco. — Die sagae und Parfumeusen verkaufen Utensilien zum Gebrauche der Prostituierten. — Das fascinum. — Die Infibulation. — Ueber die Kastration bei Frauen. — Die Priester der Cybele

Ueber die Dienste, die die Aerztinnen den Frauen in schwierigen Fällen leisteten, wo deren Gesundheit das Auge und die Hand einer Person ihres Geschlechts erheischte, wissen wir nichts, sind vielmehr im grossen und ganzen auf ziemlich wahrscheinliche Vermutungen über dieses Geheimkapitel aus der Geschichte der Medizin angewiesen, über das die antiken Schriftsteller einen undurchdringlichen Schleier gebreitet haben. Wenn wir aber auch somit über die Rolle der medicae in der Therapeutik der Geschlechtskrankheiten nichts aus den autoritären Quellen erfahren, so können wir doch leicht ihr nützliches und werkthätiges Eingreifen nicht nur bei Schwangerschaften und Geburten, sondern auch bei der geheimnisvollen Herstellung von kosmetischen Mitteln, Parfums und Salben feststellen. In Rom und den grösseren Städten des Reiches gab es ohne Zweifel medicae juratae, wie sie Anianus in den Noten zum Theodosianischen Kodex nennt: „Falls über die Schwangerschaft einer Frau Zweifel bestehen," so heisst es da, „dann erhalten fünf vereidigte Hebammen, d. h. solche, die das Recht haben, Medizin zu studieren (medicae), den Auftrag, diese Frau zu untersuchen (ventrem jubentur inspicere)." Ausser diesen praktisch ausgebildeten Frauen, die sich wahrscheinlich einem medizinischen Examen unterzogen und vom offiziellen Amtsarzt kontroliert wurden, widmeten sich viele Weiber, besonders Ausländerinnen, Freigelassene oder Sklavinnen der Heilkunst; sei es nun, dass sie diesen Beruf studiert hatten oder nicht, so verbanden sie damit doch fast alle das Gewerbe einer Parfumeuse und die manchmal verbrecherischen Praktiken der schwarzen Kunst. Hygin erzählt uns in seiner Sammlung mythologischer Fabeln, bei welcher Gelegenheit die ärztliche Kunst in Griechenland zum ersten Male von einer Frau ausgeübt worden ist. Seit den ältesten Zeiten übten Männer dort die Geburtshilfe aus, obschon das Schamgefühl der Frauen dem widerstreben musste. Eine junge Athenerin Namens Agonodike fasste darauf den Entschluss, ihr Geschlecht von einer Art entehrender Abhängigkeit zu befreien: sie schnitt sich die Haare ab, legte Männerkleider an, und nahm an dem medizinischen Unterricht eines berühmten Arztes teil, der sie in die Kunst der Geburtshilfe einweihte, und aus ihr eine ausgezeichnete Hebamme machte. Sodann begann sie ihrem Lehrer Assistentendienste zu leisten, und zeigte dabei soviel Geschick und besonders soviel Decenz, dass die Frauen sich nur noch von ihr behandeln lassen wollten. Wahrscheinlich vertraute Agonodike ihnen das Geheimnis ihres Geschlechts unter dem Siegel der Verschwiegenheit an, denn bald nahm keine athenische Frau bei Geburten mehr die Hilfe männlicher Aerzte in Anspruch. Die waren zuerst erstaunt, dann erbittert, zettelten endlich eine Art Verschwörung gegen den jungen „Herrn Kollegen" an. „Er" wurde bei den Behörden wegen aller möglichen Schandthaten, die er vollbracht haben sollte, denunziert; vor den Areopag citiert, antwortete „er“ gar nicht auf die Anschuldigungen, sondern schlug sein Gewand zurück, und enthüllte das Geheimnis seines Geschlechts. Die Folge war natürlich ein glänzender Freispruch. Die Aerzte waren geschlagen, und das Volk verlangte die Abschaffung eines alten Gesetzes, das den Frauen die Ausübung der Heilkunst untersagte. Diese Geschichte kann uns den Beweis liefern, dass die Heilkunst seit jeher ohne Unterschied von Männern und Frauen gepflegt worden ist, und dass die letzteren sich zumeist der Behandlung der Frauenleiden zugewandt haben; in Rom und in Athen waren sie auf dem Gebiet fast ohne Konkurrenz.

Die Frauen, die sich mit der Medizin und besonders mit der Heilung geheimer Krankheiten abgaben, waren demnach sehr zahlreich, und zerfielen in mehrere Klassen: die medicae, die wegen ihres Wissens und Charakters angesehensten, beschäftigten sich wohl mit allen Zweigen ihrer Kunst; die obstetrices waren lediglich Hebammen, und die adsestrices Assistentinnen und Schülerinnen der Hebammen; ganz zuletzt kam dann die zahlreiche und buntgemischte Schar der Parfumeusen und Magierinnen, die fast alle zur Prostitution gehörten oder gehört hatten. Ihr Gewerbe war die Zuflucht alter Dirnen; es war zugleich die liebste Beschäftigung der Kupplerinnen. Unter dem gemeinsamen Namen sagae fasste man alle diese verschiedenen Arten von Salbenverkäuferinnen und Pflasterschmiererinnen zusammen, die ihre Ware häufig selbst unter allerhand absonderlichen, aus Thessalien stammenden Ceremonien fabrizierten. Aber nicht alle sagae waren Magierinnen, die meisten kannten kaum die einfachsten und harmlosesten Elemente dieser fluchwürdigen Kunst. Viele von ihnen verstanden gar nichts von der Zusammensetzung der Geheimmittel, die sie verkauften, und mit denen sie oft entsetzliches Unheil anrichteten, Unheil bei dem die Justiz gern die Augen zudrückte. Andere von jenen Weibern waren nichts anderes als nichtautorisierte Hebammen, die jederzeit zur Abtreibung der Leibesfrucht bereit waren, und mittels Beschwörungen und Amuletten bei der Geburt illegitimer Kinder Beistand leisteten. Man weiss, dass deren Zahl in Rom sehr gross war. Jeden Morgen fand man auf der Strasse, auf der Schwelle der Häuser, unter den Säulengängen und in den Backöfen, die Leichen Neugeborener, die unmittelbar nach der Geburt durch Aussetzung einem sicheren Tode überliefert worden waren. Das schreckliche Geschäft des Kindermordes lag der saga ob: sie pflegte die unschuldigen Opfer in den Falten ihres Gewandes zu töten. Manchmal freilich hatte die Mutter Mitleid mit ihrem Sprössling, und begnügte sich damit, ihn, eingehüllt in Windeln, am Ufer des velabrischen Sees (lacus Velabrensis), oder auf dem Gemüsemarkt (in foro olitorio) oder bei der Milchsäule (Columna lactaria) auszusetzen; dort wurden diese armen Waisen aufgehoben und auf Kosten des Staates erzogen, der so zwar die Vormundschaftspflicht übernahm, aber den unglücklichen Wesen das Brandmal der unehelichen Geburt aufdrückte. Es kam auch vor, dass unfruchtbare Frauen, oder suppostrices, verrufene Weiber, die aus dem Kindstausch ein Geschäft machten, oder Bürger, denen es Kummer machte, keine Leibeserben zu haben, hierherkamen, um unter den armen Ausgesetzten diejenigen herauszusuchen, die ihren guten oder schlechten Absichten am besten entsprachen. Oft ertönte am velabrischen See Kindergeschrei durch das Dunkel, und man sah, Gespenstern gleich, die sagae oder die Kindesmütter selbst, wie sie herbeikamen, um dem schauerlichen Minotaurus ihren Tribut zu entrichten; man nannte den Ort die Aussetzungsstelle (expositio.) Das französiche Wort für Hebamme, sage-femme, geht unzweifelhaft auf saga zurück

Diese sagae leisteten auch bereitwilligst Hilfe bei Fruchtabtreibungen, entweder in den ersten Stadien der Schwangerschaft (aborsus) oder im vorgeschritteneren (abortus). Zwar waren die Abtreibungen gesetzlich verboten, man versuchte aber nicht sie zum Gegenstand krimineller Verfolgung zu machen, weil man gar zu viel damit zu thun gehabt hätte, denn sie wurden in der Kaiserzeit so häufig, dass sogar die ehrenhaftesten Frauen dies Mittel anwandten, um Familienzuwachs hintanzuhalten. Man kannte einige Rezepte, die den gewünschten Erfolg gefahrlos herbeiführten; andere aber waren gefährlicher, und brachten oft Mutter und Kind gleichzeitig den Tod. In einem solchen Falle wurde die obstetrix oder die saga, die durch Unvorsichtigkeit, Unwissenheit oder aus anderen Gründen den zwiefachen Tod herbeigeführt hatte, einer Giftmischerin gleichgeachtet und zu den strengsten Strafen verurteilt. Diejenigen, die einer Graviden ohne ihr Vorwissen derartige Mittel beibrachten, konnte durch Einziehung eines Teiles ihres Vermögens und Verbannung gestraft werden, weil ihre That ein schlechtes Beispiel giebt, sagt der Rechtsgelehrte Paulus. Aber die Bestrafung eines derartigen Verbrechens war sehr selten, manchmal sogar ganz unmöglich, weil jedermann derartige Praktiken betrieb, und oftmals sogar die Kaiserin mit Einwilligung des Kaisers ohne Scheu solche Mittel anwandte. Der gewöhnlichste Grund dieser zahllosen Fruchtabtreibungen war lediglich die Furcht vor den Folgen einer Schwangerschaft und Geburt für die körperliche Schönheit. „Meinst Du," so fragt Aulus Gellius voller Empörung, indem er von diesen verbrecherischen Rabenmüttern spricht, „meinst Du, die Natur hat den Frauen die Brüste nur zum Schmuck und nicht zum Nähren der Kinder gegeben? Weil sie dieser falschen Meinung sind, deshalb lassen die meisten unserer Weltdamen (prodigiosae mulieres) den heiligen Quell vertrocknen und versiegen, aus dem das Menschengeschlecht sein Leben saugt; sie versuchen, den Zufluss der Milch zu hemmen, wie wenn sie die Attribute ihrer Schönheit hässlich machte. Und derselbe Aberwitz verführt sie dazu, mit abscheulichen Mitteln die Frucht ihres Leibss zu verderben, damit nur ja die Schönheit ihrer sammetweichen Haut nicht leidet unter der Bürde der Kindschaft und der Geburt.“ Wir brauchen lediglich darauf hinzuweisen, dass es auch noch abscheulichere Motive zum Abortus gab: hier wollte eine verheiratete Frau die Folgen eines Fehltrittes beseitigen, dort ein lüsternes Weib den Unbehaglichkeiten der Schwangerschaft aus dem Wege gehen, um in seinen Vergnügungen nicht gestört zu werden. Andere Frauen freilich, so wird uns überliefert, wünschten sich geradezu eine legitime Schwangerschaft, um während dieser Zeit ein ausschweifendes Leben zu führen; zu ihnen gehörte Julia, die Tochter des Augustus, die nur dann Liebhaber duldete, wenn sie sich von ihrem rechtmässigen Gatten Agrippa Mutter wusste. Sie pflegte zu sagen: „At enim nunquam nisi navi plena tollo vectorem.“ Sobald eine Frau schwanger war, wurden ihr von allen Seiten Anerbietungen gemacht, falls sie ihr Kind ihrer Schönheit zum Opfer bringen wollte. „Sie verbarg dir ihren Zustand,“ so sagt eine Person im Truculentus des Plautus, „denn sie fürchtete, du würdest ihr zu einer Fruchtabtreibung raten (ut abortioni operam daret) und zum Tode des Kindes, das sie unter dem Herzen trägt.“

Gaben die Schwangerschaften und die Fruchtabtreibungen den sagae zu Rom auch viel zu thun, so bildeten sie doch nur den kleineren Teil ihres geheimnisvollen Gewerbes. Noch mehr Geschäfte machten sie mit ihren Salben, Parfums, Liebestränken und Beschwörungen. Diese Beschwörungen, Behexungen ähnelten den in Griechenland und besonders in Thessalien seit alters her gebräuchlichen; die Beschreibung, die Horaz in seinen Epoden von einer magischen Beschwörungsformel giebt, stimmt fast überein mit der, die uns drei Jahrhunderte früher Theokrit mitteilte. Der Zweck dieser greulichen, abergläubischen Handlungen war übrigens zu allen Zeiten und bei allen Völkern gleich. Die Zauberin warf entweder das Los, oder sie braute einen Liebestrank. Solche Liebestränke sollten zumeist das Feuer erloschener Liebe wieder anfachen, und es ewig unauslöschlich machen; Hass sollten sie in Liebe, Liebe in Hass wandeln und alle Schwierigkeiten, die Gleichgiltigkeit oder Schamhaftigkeit der Liebe in den Weg stellten, wegräumen. Das Loswerfen diente mehr dem Groll und der Rache. Solche Verfluchungen waren allerdings in Rom seltener als bei den Griechen, dafür aber war wiederum die Kunst der Zusammensetzung von Liebestränken nirgends so verbreitet und im einzelnen ausgebildet als im Rom der Cæsaren. Horaz erzählt uns von den abscheulichen Praktiken, mit denen sich die sagæ seiner Zeit besudelten, um Liebestränke zu fabrizieren. Er hatte zur Geliebten eine neapolitanische Händlerin mit Wohlgerüchen namens Gratidia, die er unter dem Namen Canidia dem öffentlichen Abscheu preisgegeben hat. Durch die Liaison mit dieser Canidia, die er zum Schluss ebenso hasste und verabscheute, wie er sie anfangs geliebt und angebetet hatte, wurde Horaz in die abscheulichen Geheimnisse der magischen Künste eingeweiht. „Die Zauberinnen hatten beständig Beziehungen zu den Courtisanen,“ sagt Walckenær in seiner vortrefflichen Geschichte des Lebens und der Schriften des Horaz; „sie stammten aus ihren Reihen, und hatten stets ihre Hände in allerart Liebesaffairen.“ Gratidia war dank dem poetischen Zorn, mit dem Horaz sie verfolgte, eine der berühmtesten unter den sagæ Roms; der Dichter konnte ihr nämlich nicht verzeihen, dass sie ihm einen alten Lüstling namens Varus vorgezogen hatte; sie war also offenbar eine saga, deren körperliche Vorzüge noch den Kummer eines verlassenen Liebhabers rechtfertigten. Die Scholiasten des Horaz behaupten, er habe ihr deshalb so stark gegrollt, weil er sich von ihr mit allerhand Mitteln behext glaubte; thatsächlich litt er ja auch fortwährend an einem Augenübel, das man wohl, ohne Canidia Unrecht zu thun, auf den Gebrauch geheimer Mittel zurückführen darf.

Der Esquilin war der gewöhnliche Schauplatz der Beschwörungsscenen und der magischen Opferungen. Jener Hügel diente als Begräbnisplatz für Sklaven, die man ohne Leichenkleid hier im bunten Durcheinander verscharrte; nachts hielt sich in dieser Einsamkeit des Todes kein lebendes Wesen auf, ausser Dieben, die hier einen Zufluchtsort fanden, und Zauberinnen, die da ihr düsteres Handwerk trieben. Am Ende des Esquilins, nahe bei der Porta Metia, hatte der carnifex, der Henker, sein Haus, umgeben von Galgen und Kreuzen, an denen Gerichtete hingen; eine ungeheure Statue des Priaps wachte ebenfalls über die abscheuliche und greuliche Stätte für sagæ und Diebe. In der Regel kamen die sagæ nur auf den Esquelin, um dort im Mondschein wunderkräftige Pflanzen zu pflücken oder Haare und Knochen von Toten oder Fett von Gehenkten zu holen. Aber auch Kindesopfer brachten sie dar. Man musste sie für derartige Praktiken, an denen Menschenblut klebte, teuer bezahlen, obschon ein Kindesleben in Rom nicht viel galt; aber das Kind, das man opferte, indem man es bei lebendigem Leibe begrub, musste der Amme oder den Eltern geraubt werden, weil anders seine Leber und sein Mark nicht die rechte liebeweckende Kraft hatten. Der Raub eines freien und legitim geborenen Kindes konnte indes mit dem Tode bestraft werden.

Die magischen Liebestränke wurden zu einem der drei folgenden Zwecke gebraut: entweder die Liebe in einem oder einer zu erwecken, worin sie bisher nicht wohnte; oder Hass entstehen zu lassen bei einem oder einer, die liebten; oder aber bei einem Manne alle Liebesglut erkalten zn lassen. Dieser dritte Fluch, der im Mittelalter so sehr gefürchtet war, und fast bis in unsere Zeit hinein kriminell verfolgt werden konnte, und verfolgt wurde, war auch bei den Römern ein Gegenstand beständiger Furcht. Gerade darin zeichneten sich die sagae aus; sie verstanden es, so glaubte man, die Kraft zur Liebe einem Manne zu nehmen, wenn sie nur einen Knoten in einen Strick oder einen schwarzen Faden schlangen, und dazu geheimnisvolle Worte aussprachen. Man nannte es præligare, wenn es sich darum handelte, Beziehungen eines Liebhabers zu seiner Geliebten, eines Mannes zu seiner Frau von Anfang an unmöglich zu machen; nodum religare dagegen nannte man es, wenn man derartige schon bestehende Beziehungen aufheben und fernerhin verhindern wollte. Die Römer hatten eine närrische Furcht vor derartigen Verhexungen, und hielten sie für so gefährlich, dass sie nicht einmal davon sprachen; fortwährend glaubten sie sich davon bedroht und, wenn sie verliebt, so sannen sie auf Gegenmittel, und opferten auf dem Hausaltare heimlich dem Herkules oder dem Priap. Die geringste Anspielung auf ein solches magisches Komplott galt schon für ebenso unglückseelig, wie die Anrufung eines bösen Geistes. Dichter und Schriftsteller mochten noch so alt sein, so vermieden sie es doch, von diesem delikaten Gegenstande zu sprechen. Nur mit äusserster Zurückhaltung stimmt Tibull in einer seiner Elegien in die Klagen eines verliebten Jünglings mit ein, der die Kraft zur Liebe verloren hat, und sie nicht einmal in den Armen der schönen Pholoë wiederfindet. „Sollte irgend ein altes Weib mit ihren magischen Sprüchen und ihren allmächtigen Liebestränken nächtlicherweile ein Los über dich geworfen haben," so fragt der Sänger der Liebe? Dann aber fährt er fort: „Sed corpus tetigisse nocet, sed longa dedisse oscula, sed femori conseruisse femur."

Aber die stärksten und auch verhängnisvollsten Tränke, die die sagae und die alten Courtisanen nach unbekannten Rezepten und ohne alle Hilfsmittel der Magie brauten, dienten einzig und allein dazu, die Leidenschaften der Liebenden noch mehr anzustacheln. Davon machte man in Rom ausgiebigen Gebrauch, ohne auf die Gefahren einer derartigen Ueberreizung der Natur zu achten. Jeden Tag kosteten derartige Praktiken einem Manne das Leben, oder hatten Wahnsinn, Paralyse und Epilepsie zur Folge; aber solche Beispiele schreckten nicht, und die heisse Sehnsucht nach Vergnügungen brachte die Vernunft zum Schweigen. Diese Liebestränke waren übrigens nicht alle gefährlich, und im allgemeinen rührten die verhängnisvollen Folgen, die man ihnen mit gutem Rechte zuschrieb, doch mehr von ihrem Missbrauch als von ihrem Gebrauch her. Die Lebemänner pflegten eben immer grössere Dosen davon zu nehmen, weil sich die Wirkung allmählich abschwächte. So untergrub vor der Zeit L. Licinius Lucullus, das Musterbild eines lebenslustigen Römers, Ciceros Freund, seine Gesundheit, so ging der Dichter Lucretius zu Grunde, und viele andere, die in Geisteskrankheit verfielen, aus der sie erst der Tod erlöste. Alle diese Liebestränke, die dazu dienen sollten, verdorrte Leidenschaften wieder zu wecken, nannte man aphrodisiaka. Man verordnete sie auch Frauen, ja sogar jungen Mädchen, deren sexuelle

Triebe noch zu schlummern schienen: weise und ehrenwerte Aerzte missbilligten freilich diesen Unfug sehr entschieden. „Diese Mittel," so schreibt Ovid, „die den Teint bleichen, nützen den jungen Mädchen nicht, aber sie schaden dem Verstande, und übertragen den Keim zur wahnsinnigen Raserei." Meistens bestanden die Mittel aus Tränken, die man gutgläubig nehmen musste, ohne die Ingredienzien zu kennen, die Aberglaube oder Ueberlieferung darin zusammengefügt hatte Der Unglückliche, der sich zu einer solchen Kur entschloss, hatte oft keine andere Garantie als den guten oder schlechten Ruf der saga, zu der er gegangen war. Häufig waren die Tränke thatsächlich nur aus Saft und Abkochungen von Pflanzen zusammengesetzt, und Celsus giebt sogar ein paar solcher Kräuter an; andererseits mischte man doch auch mineralische und sogar animalische Ingredienzien hinein, die als die stärksten amatoria galten. Ein Mischmasch dieser Art, von dem Canidia das Rezept besass, wurde nach Horaz poculum desiderii genannt (Sehnsuchtstrank). Es gab aber auch natürliche schwefel- und eisenhaltige Wässer, denen man einen günstigen Einfluss auf die Sexualsphäre zuschrieb, ohne dass ihre Anwendung von üblen Folgen begleitet gewesen wäre. Derartige Mittel wandten die Aerzte häufig an, um dem Geheimmittelschwindel entgegenzuwirken. Freilich verloren diese anregenden Wässer, die man aquæ amatrices nannte, viel von ihrer Wirkung, wenn man sie weit von der Quelle genoss. Martial sagt in einem seiner Epigramme: „Hermaphrodit hasst die Wässer, die zur Liebe anregen (odit amatrices Hermaphroditus aquas);" an einer Stelle giebt er zu verstehen, dass Frauen, ohne Zweifel Courtisanen, diese Quellen besassen, Reklame dafür machten und sie ausbeuteten. Diese aquæ amatrices waren also nicht, wie mehrere Gelehrte vermutet haben, Tränke, die von der Hand einer saga gemischt und zusammengebraut wurden, sondern ganz einfach Mineralwässer, denen man einen anregenden Einfluss auf die Sexualsphäre zuschrieb.

Genaue Angaben über die Zusammensetzung der Liebestränke finden sich bei den antiken Schriftstellern nicht. Man begreift schliesslich, dass die Fabrikanten dieser Mittel ihre häufig verbrecherische Industrie mit einem Geheimnis umgaben, das die Wissenschaft nicht durchdringen mochte. Man begnügte sich mit der Konstatierung des Effekts; auf die Ursachen ging man nicht näher ein. Der Physiologe Virey hat alle die zerstreuten und unsicheren Angaben bei Dioskorides, Theophrast, Plinius u. s. w. gesammelt, die ihm gestattet haben, seine Geschichte der Aphrodisiaken bei den Alten zu rekonstruieren. Er hat sie in zwei Hauptklassen eingeteilt, in die vegetabilischen und die animalischen; bei den ersten unterschied man die narkotischen, die bitteren und aromatischen Stimulantien, die wohlriechenden und alkoholhaltigen. Die Alraunen, Stechapfel und der wilde Hanf riefen eine wollüstige Trunkenheit hervor, die unter starken erotischen Anwandlungen langsam in Bewusstlosigkeit, Stumpfsinn und Tod überging. Auch den Pilzen, besonders von den Morcheln und dem Blätterpilz, den bitteren Trauben, aromatischen Kräutern und dem Samen dieser Pflanzen schrieb man eine stark stimulierende Wirkung zu, ebenso den alkoholreichen Likören, denen man die Destillate gewisser stark riechender Pflanzen beigemischt hatte Aber diese dem Pflanzenreiche entnommenen Mittel genügten bald den wahnsinnig ausschweifenden Lüstlingen nicht mehr; sie griffen daher zu anderen, stärkeren, wennschon häufig infolge davon Todesfälle eintraten. Insekten, Fische und andere animalische Substanzen waren es, zu denen sie griffen; das Mittel, das man daraus zusammenbraute, trug den bezeichnenden Namen satyrion. Spanische Fliegen, Grillen, Ameisen und andere Coleopteren, teils zu Pulver zerstampft, teils durch Weingeist ausgelaugt, waren beliebte Medikamente dieser Art. Auch Meeräschen-, Tintenfisch- und Schildkröteneier verwandte man, indem man sie mit grauem Ambra mischte. Wer aber solche Dinge anwandte, der war immer in Gefahr, ein Opfer seiner Lüste zu werden. „Daher kommen“, so ruft Juvenal aus, „diese Anfälle von Wahnsinn, diese Verdunklungen des Verstandes, dieses Vergessen aller Dinge.“ Auch spricht Juvenal einmal von einem thessalischen Mittel, das ein verbrecherisches Weib anwandte, um den Geist ihres Mannes zu zerrütten. Martial verabscheut im allgemeinen diese Mittel ebenso sehr, und beschränkt sich auf die Empfehlungen einiger Diätvorschriften.

Qui præstare virum Cypriæ certamine nescit,
Manducet bulbos, et bene fortis erit.
Languet anus: pariter bulbos ne mandere cesset,
Et tua ridebit prælia blanda Venus.

Von allen Liebestränken der sagæ war das Hippoman das fürchterlichste. Die Gelehrten sind sich über seine Zusammensetzung nicht einig: entweder entstammte es den Geschlechtsteilen einer rössigen Stute, oder es war vielleicht ein Teil der Nachgeburt beim Fohlen. Juvenal erzählt uns von Cæsonia, die gleich die ganze Stirn eines neugeborenen Füllen dazu verwendet, um einen Trank recht stark zu machen (cui totam tremuli frontem Cæsonia pulli infudit). Ebenso beschreibt Juvenal auch mit Abscheu die fürchterlichen Folgen dieses Mittels, das den Wahnsinn und den Tod des Caligula und die Regierung und die Schandthaten des Nero verursachte: „Tanti partus equae!“ ruft er aus — „alles das ist die Folge einer Stute, das Werk einer Giftmischerin!“

Diese alten gewissenlosen Weiber, diese Megären ohne Namen, abscheuliche Ueberbleibsel der Prostitution und der Unzucht, waren allerdings die reinen Giftmischerinnen; nicht nur Exkremente der verschiedensten Art von den verschiedensten Tieren mischten sie in ihre Mixturen, sondern auch menschliche Abscheidungen, die man kaum andeuten kann. Man kann sich denken, dass durch den Genuss solcher greulichen Mischungen allerhand schwere Krankheiten entstanden, die aber freilich die Lüstlinge nicht abhielten, immer von neuem sich an derartige Weiber zu wenden. In grossem Rufe stehende Zauberinnen fügten ihren Präparaten stets Teile vom menschlichen Leibe bei, sei es Mark oder Fett, Testikeln, Galle von einem Kinde oder einem Gehenkten, und besonders häufig das feine Häutchen, mit dem der Kopf des Neugeborenen bedeckt ist. Die Hebammen hoben das schön sorgsam auf, und verkauften es teuer an die Fabrikantinnen von Liebestränken oder an Advokaten, die glaubten, sie würden beredter, wenn sie es als Talisman bei sich trügen — solche Wunderwirkungen schrieb man dem feinen Häutchen zu. Man kann sich denken, dass das Geschäft der sagæ ausgedehnt und gewinnbringend gewesen sein muss, aber von keiner einzigen sind uns die Geschäftsbücher erhalten geblieben, aus denen wir ersehen könnten, was sie eingenommen und ausgegeben hat. Auch von der Parfumfabrikation, die die sagæ mit viel Hilfsmitteln und Raffinement betrieben, wissen wir nicht viel mehr. Die Dichter und Schriftsteller kommen sehr oft auf diese Parfums und Kosmetika (unguenta) zu sprechen, die bei allen Liebesaffairen eine Rolle spielen; aber sie bewegen sich dabei immer in nichtssagenden Allgemeinheiten, und führen uns nicht in die Geheimnisse der antiken Parfumerie ein, wie wenn diese Geheimnisse, die doch schon zu Homers Zeiten bekannt waren, von Generation zu Generation nur unter eidlicher Verschwiegenheit überliefert worden wären. Parfums anzuwenden war in Rom zur Passion geworden, zu einer ebenso zügellosen, glühenden, wie die Sinnenlust. Das Gewerbe der Parfumeusen, der unguentariæ, hatte ausserordentliche Fortschritte gemacht, und die Unzahl der verschiedenen Essenzen, Oele, Salben, Pomaden, Puder, Pasten, kosmetischen und aromatischen Mischungen war unübersehbar angewachsen; Pflanzen-, Stein-, ja sogar das Tierreich mussten immer neue Stoffe zur Zusammenstellung neuer, unerhörter Parfums liefern.

Die Alten, besonders die Römer, konnten sich den Liebesgenuss ohne Wohlgerüche überhaupt gar nicht vorstellen; thatsächlich machten sie denn auch im täglichen Leben davon den ausgiebigsten Gebrauch. Man weiss, welchen Einfluss der Moschus, das Zibeth, das graue Ambra und andere animalische Geruchsmittel auf das Nervensystem, speciell auf die Sexualsphäre ausüben; die Römer trugen derartige Sachen aber nicht nur beständig in ihren Kleidern und ihren Frisuren, sondern sie wandten diese Mittel auch innerlich an, indem sie damit ihre Speise und ihr Getränk würzten, ganz abgesehen von den vorhin ausführlich erwähnten starken und für Spezialfälle gebrauchten Liebestränken. Vermutlich hat man die ausserordentliche starke Sinnlichkeit der Römer, die dem Volke schliesslich zum Verderben gereichen musste, der steten Anwendung solcher Mittel zum Teil zuzuschreiben. Das asiatische Wohlleben war auch der Einführung dieses Parfums dienlich gewesen, und später schienen Arabien, Persien und der ganze Orient nicht hinzureichen, um Rom mit Wohlgerüchen zu versorgen. Vergeblich suchten einige ehrenwerte sittenstrenge Männer — unglücklicherweise Greise — diese den Sitten wie der Gesundheit gefährliche Mode zu bekämpfen; vergeblich wurden ihre guten Ratschläge in den Lehrbüchern der Moral, in der Poesie, ja sogar in dem Theater wiederholt: man achtete nicht darauf, und Rom war bald ebenso parfumiert wie Sybaris und Babylon. Je mehr man die Parfums liebte und anwandte, umso mehr verlor der Stand der Parfumeure und Parfumeusen an sozialer Achtung; meist waren es nur ehemalige Courtisanen oder alte, berüchtigte Kuppler Anständige Leute, die ihrer Dienste bedurften, betraten ihre Buden nur abends oder morgens in der Frühe mit verhülltem Haupte. Cicero und Horaz nennen sie nur mit grösster Missachtung: „Füg noch hinzu," sagt der erstere, „die Parfumeure, die Läufer und die Knöchelchenspieler." Horaz lässt in der verrufenen Bevölkerung einer toskanischen Ortschaft Kuppler und Parfumeur neben einandergehen (tusci turba impia vici). Für eine freigeborene und auf ihr Bürgerrecht stolze Frau (ingenua) war es die schwerste Beleidigung, wenn man sie für eine Parfumeuse hielt. Die Parfumerien waren auch kaum etwas anderes als Anstalten für Kuppelei (lenocinium) im grossen. Reiche Leute hatten ein eigenes Laboratorium, in dem einer aus der Schar ihrer Sklaven die für den Hausgebrauch notwendigen Wohlgerüche herzustellen hatte.

Ohne Zweifel gab es bestimmte charakteristische Parfums, die schon von weitem Stand, Rang, Sitten und Gesundheitszustand der Personen andeuteten; thatsächlich parfumierten sich Mann, Weib und Kind beim Aufstehen, nach dem Bade, vor den Mahlzeiten und beim Schlafengehen; man salbte sich den Körper mit wohlriechendem Oele, ebenso das Haar, in die Gewänder goss man Essenzen, Tag und Nacht brannte man Räucherkerzchen, in allen Speisen, in allen Getränken schluckte man Wohlgerüche. Der Satiriker Lucilius machte sogar einmal einen derben Witz in einem Gedicht, der sich auf den Verbleib aller dieser Unmassen von wohlriechenden Stoffen bezog. Plautus sagt in der Mostellaria: „Ein Weib riecht gut, wenn es gar nicht riecht; denn diese alten Fregatten, die sich mit Parfums überschütten, diese zahnlosen Scheusäler, die die Ruinen ihrer Schönheit mit Puder bedecken, die duften, wenn ihr Schweiss sich mit den Wohlgerüchen vermischt hat, schlimmer als ein Koch, der ein Ragout von verschiedenen Saucen gemacht hat." Namentlich auch in den Bordells wurde ausgiebiger Gebrauch von den Essenzen gemacht. Nicht nur pflegten sich dort die Menschen zu salben und zu parfumieren, sondern auch die Zellen waren mit Räucherkerzen versehen, die Lagerstätten mit Rosen überschüttet und mit Wohlgerüchen durchtränkt

Wenn die alten Dirnen oder Zuhälter, die sich besonders mit der Fabrikation solcher Mittel befassten, und damit ihr Teil zur Verschönerung des Liebeslebens auch noch mit beitrugen, ein neues Parfum erfunden hatten, dann waren sie stolz darauf, ihm ihren Namen geben zu können. Der Parfumeur Nikerotas hatte das nikerotianum erfunden, dessen betäubenden Geruch Martial rühmt (fragras plumbea nicerotiana); Folia, eine Zauberin, Freundin und Gefährtin der Canidia, hatte eine neue Art der Fabrikation der persischen Narde klug ersonnen, die danach foliatum hiess. Im allgemeinen trugen freilich die Kosmetika ihren Namen nach dem Ursprungsland: so hatte man Balsam aus Mendes in Aegypten, Salböl von Cypern, achæminidische Narde, arabisches Oel, sidonisches Malobathrum u. s. w. Die meisten oder wenigstens die stärksten Parfums kamen aus dem Orient und speziell von der arabischen Halbinsel, daher nannte man alle Kosmetika schlechthin arabicum unguentum (arabische Salbe). „Lasst uns wohlriechende Stoffe verbrennen," so ruft Tibull aus, „mit denen uns der reiche Araber aus seinem Lande versorgt!" Im besondern gebrauchte man die Bezeichnung arabus oder arabicus für ein duftendes Oel, das die Frauen und die Lustknaben zum Salben ihres Haares verwendeten. Ein anderes nicht minder kostbares Oel stellte man aus dem Samen des Myrrhenbaumes (myrobolani) her, der in Arabien wächst; auch aus den Libanoncedern gewann man ein duftendes Harz, das opobalsamum hiess, und so noch mehrere andere Stoffe aus anderen exotischen Gewächsen.

Von den kosmetischen Mitteln wissen wir fast gar nichts, kaum dass uns ein paar Namen überliefert worden sind. Diese Arten von Geheimnissen hat man immer am besten bewahrt! So wissen wir nichts von dem haarzerstörenden Puder (dropax unguentum) mit dem man alle Haare, sogar den Bart ohne weiteres zu entfernen vermochte; ebensowenig von der Zahnpasta (odontotrimma), mit der man das Gebiss weiss und glänzend putzte; nichts von den diapasmata, Pastillen, die ein gewisser Cosmus zu Martials Zeit fabrizierte, und die dazu dienten, einen schlechten Geruch aus dem Munde zu verdecken; nichts von dem malobathrum, einer Art Haaröl. Plinius giebt zwar einige Rezepte, aber wir können nur sehr wenig damit anfangen. Allerdings waren nicht alle Kosmetika wohlriechend; so ist uns z. B. überliefert worden, dass man sich eine glänzende Haut durch Einreibungen mit Urin zu erhalten suchte, und ebenso ist bekannt, dass man der Milch von Eselinnen eine besonders günstige Wirkung auf die Haut zuschrieb. Man erinnert sich, dass Poppaea täglich ein Bad von solcher Milch nahm, zu welchem Zweck sie beständig fünfzig neumilchende Eselinnen hielt. Da natürlich nicht alle Römerinnen sich einen solchen Stall voll Eselinnen halten konnten, so hatten die Parfumeure die Eselsmilch angeblich kondensiert, und verkauften sie in Form fester Tabletten. Juvenal macht sich lustig über eine alte reiche Kokette, die alle möglichen Mittel anwendet, um nicht alt zu erscheinen, und einen ganzen Eselstall mitschleppen müsste, wenn sie verbannt würde. Aber alle Epigramme, alle spitzigen Bemerkungen und Verwünschungen des Dichters konnten die alten Weiber in Rom nicht von der Sehnsucht heilen, nicht alt auszusehen, sich das Gesicht zu pudern und zu schminken und die Haare zu färben. Zumal die vielbegehrten Courtisanen wollten gar nicht alt werden. Eine dieser Priesterinnen der Liebe, Acco mit Namen, war erschreckt über den Wandel der Jahre, dem auch ihre Schönheit zum Opfer fallen musste; aber sie wollte sich selbst darüber hinwegtäuschen, indem sie vermied, jemals in einen Spiegel zu schauen. Aber eines Tages hielt ihr ein Liebhaber, dem sie mit ihren Zärtlichkeiten lästig gefallen war, unvermutet einen Spiegel vor, und da erblickte sie denn ihren Verfall: im selben Augenblick noch ergraute ihr Haar, der zahnlose Mund blieb vor Schreck halboffen, die Augen füllten sich mit Thränen — sie war wahnsinnig geworden aus Entsetzen über ihren Anblick, und starb, weil sie sich so gesehen hatte, wie der Verfall ihrer Schönheit sie gemacht hatte. Ihr Name aber lebte im Gedächtnis der Römer fort, und die Mütter gebrauchten ihn als Schreckmittel für Kinder, die keine Sorgfalt auf ihre Toilette verwenden wollten, oder Unarten huldigten.

Die sagae und Parfumeure beschränkten sich nicht auf den Handel mit kosmetischen und wohlriechenden Mitteln, sondern sie verkauften auch alle Gegenstände und Utensilien, die zum Gebrauch der Prostitution dienten: die Geisseln, die Nadeln, die Spangen und Keuschheitsgürtel, Amulette, Phallus und sonstige Gegenstände, die die Alten selbst in den Zeiten grösster Sittenlosigkeit nicht einmal zu beschreiben gewagt haben. Wenn nicht die Kirchenväter, Augustin, Lactantius, Tertullian u. s. w. ausführlich von der unerhörten Lasterhaftigkeit des römischen Lebens erzählten, so würden wir nicht glauben, dass man mit solchem Raffinement dabei vorgegangen wäre, ohne dass die Gesetze dagegen eingewirkt hätten. Diese Dinge lassen sich nicht ausführlich wiedergeben; wir erinnern nur an eine Stelle im Römerbrief des Apostels Paulus, wo er von den Fortschritten der Sapphischen Lehren in Rom spricht. In der kraftvollen Sprache des Vulgata heisst die Stelle folgendermassen: „Propterea tradidit illos Deus in passiones ignominiæ. Nam feminæ eorum immutaverant usum in eum usum qui est contra naturam. Similiter autem et masculi, relicto naturali usu feminæ, exarserunt in desideriis suis invicem, masculi in masculos turpitudinem operantes, et mercedem quam oportuit erroris sui in semetipsis recipientes.“

Man darf annehmen, dass die sagae und Parfumeusen auch zu anderen, nach Art und Zweck verabscheuenswürdigen Diensten bereit waren, Dienste, die dadurch nicht besser wurden, dass man die Medizin sie empfehlen, und die Aerzte manchmal sie ausführen liess, Kastration der

Frauen und Infibulation beider Geschlechter. Celsus selbst bezeugt: „Manche Aerzte stehen in dem Renommee, an jungen Leuten die Infibulation vorzunehmen, und zwar im Interesse ihrer Stimme oder ihrer Gesundheit.“ Weiterhin giebt Celsus eine genaue Beschreibung der Operation, die im wesentlichen darin bestand, dass man das männliche Glied vorn ähnlich durchbohrte, wie das noch heute mit den Ohren der Mädchen behufs Tragens von Ohrringen geschieht; auf diese Weise war es möglich, dass die Betreffenden eine Art Spange oder auch ein kleines Schlösschen trugen, wodurch ihnen natürlich der regelrechte Geschlechtsverkehr unmöglich gemacht war. Celsus selbst fügt hinzu, dass die Operation öfter schädlich als notwendig sei. (Sed hoc quidem sæpius inter supervacua, quam inter necessaria est). Doch aber wagt er gegen diese abscheuliche Erfindung nicht energischer aufzutreten. Die Spange (fibula) war aus Gold oder Silber und bald angeschmiedet, bald, wie oben schon angedeutet wurde, durch ein Schlösschen gehalten. Den Charakter einer Massregel zur Erzwingung von Keuschheit prägte man dieser Operation dadurch deutlich auf, dass man sie bei jüngeren Sklaven am Anus, und auch in ähnlicher Weise bei Frauen vornahm. Für die Sklavinnen bediente man sich allerdings zu ähnlichem Zwecke auch eines besonderen Gewandes, des subligar oder subligaculum, die einen aus Leder bestehenden oder aus Rosshaaren gewebten besonderen Schutz für den Schoss hatten. Eine alte Tradition zwang auch die Schauspieler auf der Bühne, ein solches subligar zu tragen, um allen peinlichen Zufälligkeiten aus dem Wege zu gehen, und niemals die Gefahr einer Verletzung des Schamgefühls der das Theater besuchenden Damen heraufzubeschwören: „Scenicorum mos quidem tantam habet,“ so lesen wir bei Cicero De Officiis, „vetere disciplina verecundiam, ut in scenam sine subligaculo prodeat nemo.“ Ein Epigramm von Martial belehrt uns, dass auch vornehme und keusche Frauen der Sicherheit wegen beständig das subligar trugen; einer prüden jungen Dame giebt er den guten Rat, das subligar doch vor ihrem Gesichte zu tragen, wenn sie sich immer so geniere. An einer anderen Stelle erzählt er davon, dass die Sklaven, wenn sie ihren Herrn oder ihre Herrin ins Bad begleiteten, einen Lendenschurz aus schwarzem Leder trugen (inguina succinctus nigra tibi servus aluta stat); in einem anderen Epigramm malt er wieder die Situation, wie eine Dame mit einem infibulierten Sklaven zusammen badet.

Endlich wurden bei den Parfumeusen auch noch, wie wir schon sagten, die Kastrationen der Frauen vorgenommen. Genaueres darüber ist uns nicht überliefert worden, aber es handelt sich zweifellos darum, die unglücklichen Opfer der Operation unfruchtbar zu machen. Manche wollten die Nachrichten über derartige grausame und überflüssige Manipulationen, die, nach dem Zeugnis des Geschichtsschreibers Xanthus zuerst bei den Lydiern im Schwange waren, sogar in das Reich der

Fabeln verweisen. Nach einem alten Scholiasten bestand die Operation in der Entfernung der Eierstöcke, die die Frauen zwar unfruchtbar macht, aber den ferneren Geschlechtsverkehr nicht hindert. Im allgemeinen waren derartige chirurgische Eingriffe ziemlich selten, ausser bei den für die Lupanare bestimmten Freudenmädchen, die so den Fährlichkeiten einer Schwangerschaft ein für allemal zu entgehen gedachten. Wurde die Verstümmelung schon im jugendlichen Alter vorgenommen, so waren starke, zwitterhafte Deformationen nicht selten. Bei Männern und Knaben war die Kastration weit einfacher und ausserordentlich verbreitet; wir haben schon erwähnt, dass Domitian ihr durch ein Gesetz entgegentreten musste. Niemals waren es die renommierten Aerzte, die sich zu so etwas hergaben, vielmehr die Barbiere, die Bademeister und ganz besonders die sagae mit ihrer Gefolgschaft; sie standen in regem Geschäftsverkehre mit den Sklavenhändlern, den Bordellbesitzern und den Zuhältern. So gross war der Bedarf an Castraten in Rom, dass verrufene Kuppler eine förmliche Industrie etablierten, um Kinder zu rauben und daraus castrati, spadones und thlibiae zu machen. „Domitian," so sagt Martial, „duldete derartige Abscheulichkeiten nicht: er schritt dagegen ein, dass die grausame Lüsternheit eine Rasse von unfruchtbaren Männern schaffte (ne faceret steriles saeva libido viros)."

Indes ist als bemerkenswerte Thatsache zu erwähnen, dass die Diener des Aberglaubens im Besitze eines Privilegiums blieben, das das erwähnte Edikt des Kaisers den Sklavenhändlern und den Agenten der Unsittlichkeit genommen hatte: die Priester der Cybele fuhren fort, nicht nur sich selbst mittels Scherben zu verstümmeln, sondern sie verübten derartige schändliche Gewaltthaten auch an den unglücklichen Kindern, die ihnen in die Hände fielen. Man nannte sie galli, was man etwa mit Capaunen übersetzen könnte; meistens waren es ausgemergelte Lebemänner, die der Göttin mit ihrer Selbstverstümmelung weiter kein grosses Opfer brachten. Um so abscheulicher war es, wenn sie an anderen eine derartige Opferung vollzogen. Martial sowohl als Juvenal wissen uns von der verrufenen Bande dieser Cybelepriester abscheuliche Stückchen zu erzählen. Es scheint wirklich der Auswurf der Gesellschaft gewesen zu sein, eine schamlose, gierige, geile Gesellschaft, die mit ihrer halben Männlichkeit ein abstossendes Bild bot. Die sagae, die Zauberinnen, die Giftmischerinnen und all das andere Weibsvolk, das in Rom den Zwecken der Unzucht in der einen oder anderen Weise diente, waren weniger schuldbeladen, weniger hassenswert als die hermaphroditischen Priester, die die heidnische Religion entehrten.

Kapitel XXII.

Die Ausschweifungen der römischen Gesellschaft. — Petronius Arbiter. — Das Gastmahl des Trimalchio. — Vom Worte vivere — Die Bedeutung, die die delicati diesem Worte beilegten. — Die Göttin Vitula. — Vitulari und vivere. — Das Tagewerk eines Lebemannes. — Petronius als erster Schlemmer seiner Zeit. — Die Comessationen oder nächtlichen Festivitäten. — Etymologie dieses Wortes. — Ursprung des Wortes missa. — Comessationen im Kaiserpalast. — Die Lagerstätten bei der Tafel. — Die griechische Courtisane Cytheris. — Scipio Africanus wirft dem Sulpitius Gallus sein ausschweifendes Leben vor. — Schauspieler und Komiker bei den Soupers. — Die Pantomimen und die Tänzerinnen. — Obscöne Tänze bei den Gelagen. — Schwelgereien beim Freigelassenen Zoïlus. — Martials Beschreibung davon. — Eine Episode vom Gastmahl des Trimalchio. — Das Tafelservice und die Dekoration des Speisesaals. — Wie man sich zutrank. — Thesaurochrysonochrysides, Lustknabe des berühmten Komikers Galba. — Der Cynismus dieses Galba. — Blumen bei Tafel. — Die Laren. — Ursprung der Gottheiten zum Schutze solcher Schwelgereien. —

Conisalus. — Tryphallus. — Pilumnus und Picumnus. — Deverra, Deverrona, Intercidona. — Viriplaca, die Göttin zur Beilegung ehelicher Zwistigkeiten. — Domiducus. — Suadela und Orbana. — Genita Mana. — Postversa und Prorsa. — Cuba Dea. — Thalassus — Angerona. — Fauna, die Freundin der Damen. — Jugatinus.

Um sich eine genaue und vollständige Vorstellung davon zu machen, welche Rolle die geschlechtliche Sinnenlust in der römischen Gesellschaft spielte, muss man sich die schlüpfrigen Scenen ansehen, die der Autor des Satyricon mit einer gewissen Naivetät zeichnet. Petronius hat getreulich wiedergegeben, was sich täglich fast vor aller Augen in der Hauptstadt abspielte, obschon er den Schauplatz seines wunderlichen und pikanten Romans, der der Darstellung des Vergnügungslebens und der Prostitution unter Neros Herrschaft gewidmet ist, nach Neapel verlegte, um allen Deutungen und Anspielungen aus dem Wege zu gehen. Petronius selbst war ein vollendeter Lebemann, ein feiner Beurteiler aller Vergnüglichkeiten des Lebens (daher arbiter genannt): in blühendem Stile und figurenreicher Darstellung erzählt er die abscheulichsten Dinge, und man darf annehmen, dass er nach eigenen Eindrücken und persönlichen Erinnerungen schilderte. Es würde also genügen, alle die Bilder, die Schilderungen, die Geheimnisse lasterhaften Lebens, die man in den Bruchstücken dieser erotischen und sodomitischen Dichtung findet, aufzuzählen, um ein zutreffendes Bild von dem Privatleben junger Römer vor Augen zu haben. Die Lebensphilosophie dieser unermüdlichen Lüstlinge liess sich in den Satz des Trimalchio zusammenfassen: Vivamus dum licet esse! Das heisst ungefähr soviel wie: Freut euch des Lebens, solang' noch das Lämpchen glüht. Das Verbum vivere hatte eine ganz spezifische Bedeutung bekommen und bezeichnete keineswegs nur mehr schlechthin die Thatsache der Existenz. Die römischen Lebenskünstler, delicati, überredeten sich leicht, dass leben, ohne zu Geniessen, nicht leben genannt werden konnte, und dass erst beständiges geniessen so recht eigentlich leben bedeute. Die Frauen mit den leichten Sitten, in deren Kreisen sie dementsprechend „lebten“, stimmten dieser Lebensphilosophie freudig bei, und die Sprachwissenschaft registrierte pflichtschuldig die neue Bedeutung des Wortes vivere. In diesem speziellen Sinne gebraucht auch Varro den Ausdruck, wenn er sagt: „Freut euch des Lebens, ihr jungen Mädchen, denen die Jugendfrische zu geniessen, zu essen und zu lieben erlaubt (Venerisque tenere bigas).“ Um den Bedeutungswechsel von vivere noch besser zu illustrieren, schrieb ein Lebenskünstler aus der Schule Petrons auf das Grab eines Gefährten seiner Lust: Dum vivimus vivamus, ein Wortspiel, das man nur schwer wiedergeben kann, wenn man nicht sagen will: so lange wir leben, lasst uns das Leben geniessen. Diese Sucht nach beständigem Lebensgenuss war unter der römischen Jugend derart verbreitet, dass man geglaubt hatte, gut daran zu thun, wenn man sie unter den Schutz einer besonderen Gottheit stellte. Wenn man der von Festus angegebenen Etymologie trauen darf, dann erhielt diese Göttin Vitula ihren Namen vom Worte vita, welches Leben bedeutet, und zwar auch Leben in jenem engeren oben angedeuteten Sinne. Die Vitula hatte vermutlich keinen öffentlichen Kult, sondern wurde nur vor dem Altar der häuslichen Gottheiten im cubiculum oder im triclinium verehrt. Mit Anlehnung an den Namen der Gottheit sagte man bald auch vitulari anstatt vivere; wir neigen der Ansicht zu, dass vitulari besonders das Liegen bei den Mahlzeiten und im Bette bedeutet hat.

Die Lebemänner verbrachten allerdings ihre Tage nicht anders: „Tagsüber schlief er," so sagt Tacitus von Petronius, den er als den Typus des römischen Schlemmers hinstellt, „und nachts widmete er sich seinen Pflichten gegen die Gesellschaft und seinem Vergnügen. Durch seine Faulheit wurde er eine Berühmheit, wie andere durch ihren Fleiss." Man begreift kaum, wie einige energische und thatkräftige Naturen trotz derartiger unaufhörlicher Ausschweifungen doch an der Spitze der Geschäfte, in den Wissenschaften und in der Politik eine Rolle spielen konnten. Wieviel geistige Regsamkeit konnte einem Menschen verbleiben, der am Tage schlief oder sich im Bade umhertrieb und sich des Nachts in unglaublichen Orgien erschöpfte? Die nächtlichen Festivitäten und bis zum Morgen ausgedehnten Soupers, an die sich die unerhörtesten Ausschweifungen anzuschliessen pflegten, hiessen comessationes oder comissationes. Das Wort wird wohl nur fälschlich von griechischen Wurzeln abgeleitet, denn leicht ergiebt sich der Zusammenhang mit comes, Gefährte, Teilnehmer; comessatio bedeutete also soviel wie gute Gesellschaft, fidele Kumpanei. Vermutlich haben wir in jenem stets im üblen Sinne gebrauchten lateinischen Worte auch den Ursprung des Ausdrucks Messe im christlichen Kultus zu suchen; die ersten Christen versammelten sich eben auch heimlich zur Nachtzeit, um das Evangelium zu hören und zu kommunizieren. Die Gastmähler der Lebemänner dienten nicht nur zu Tafelgenüssen und zur Berauschung der Teilnehmer durch schwere Weine, sondern sie waren ein förmliches Theater der mannigfaltigsten Ausschweifungen; man kann unmöglich aufzählen, was alles dazu gehörte: Instrumentalkonzerte, Tänze, obscöne Schaustellungen und so weiter. Sueton, Tacitus und andere erzählen an zahlreichen Stellen von den Ueppigkeiten und Lasterhaftigkeiten, die sich bei den Comessationen am kaiserlichen Hofe abspielten Cicero stellt in seinem Plaidoyer für Cœlius die Teilnahme an Comessationen und den Ehebruch auf eine Stufe (libidines, amores, adulteria, convivia, comessationes).

Die Mode der Comessationen begann in Rom gleichzeitig mit dem Eindringen orientalischer Ueppigkeit; wir begegnen ihr, als die Römer anfingen, nach dem Vorbilde der verweichlichten Asiaten auf Kissen zu schlafen und auch ihre Mahlzeiten liegend einzunehmen. Bis dahin hatte man sitzend gespeist, und die Stühle waren nicht einmal besonders weich gepolstert gewesen; sogar die Frauen sassen auf Bänken oder Schemeln von Holz. Die Frauen behielten auch den Brauch, bei Tisch zu sitzen, bei, was Valerius Maximus zu dem Ausspruch veranlasste: „Die heutige Generation bewahrt die strengen Sitten viel genauer auf dem Capitol bei dem heiligen Mahle zu Ehren Jupiters als im eigenen Hause.“ Frauen, die die Sitte der Männer nachahmten, bei Tafel zu liegen, lieferten dadurch den Beweis ihrer Schamlosigkeit und ihres Mangels an Zurückhaltung in jeder Beziehung. Bei den heiteren Soupers freilich, bei denen Cicero nicht verschmähte, an der Seite der griechischen Courtisane Cytheris zu speisen, zierte sich die Schöne nicht lange, sich auf einem Lagerstand von Elfenbein hinzustrecken; sie machte eben keinen Anspruch darauf, als feine Dame behandelt zu werden, die hübsch schämig dagesessen wäre und nicht einmal gewagt hätte, ihre Ellenbogen aufzustützen. Plautus erzählt uns von anderen Courtisanen, Bacchides und ihren Schwestern, die bei Tafel nur eine einzige Lagerstatt benutzten. Auch kam es vor, dass Gäste von verschiedenem Geschlechte beim Mahle auf einem einzigen Ruhekissen hingestreckt lagen. Dass das zu mancherlei Bedenklichkeiten führen musste, ist ganz klar. So rief denn auch eines Tages Scipio Africanus dem Sulpitius Gallus voller Bitterkeit zu: „Jemand, der sich alle Tage salbt und vor dem Spiegel hübsch macht, der sich die Augenbrauen rasiert und die Bartstoppeln ausreisst und die Haare von den Schenkeln abkratzt, jemand der in seiner Jugend in einer langärmeligen Toga bei den Mahlzeiten mit seinem Verführer die Lagerstatt teilte, jemand, der nicht nur den Wein, sondern auch die Knaben liebt, — glaubt man, dass ein solcher Mensch irgend ein Laster lasterhafter Menschen nicht durchgekostet habe?“ Aulus Gellius hat uns diese Worte Scipios überliefert.

Man muss die Schilderung des Gastmahls des Trimalchio bei Petronius nachlesen, um sich eine Vorstellung von den verschiedenartigen Genüssen bei einem derartigen, die ganze Nacht hindurchdauernden Souper zu machen. Da ass und trank man nicht ohne Unterlass, sondern es gab die allerverschiedensten Unterbrechungen: zunächst das anregende, meist schlüpfrige Geplauder, dann Saitenspiel, Gesang, Tanz und Aufführungen aller Art und zwischendurch noch alle die Tollheiten, die eine lüsterne Phantasie nur hatte ersinnen können. Hatte man genug von den Schauspielern (mimi), die Pantomimen darstellen oder Verse rezitierten, dann traten Komiker (aretalogi) mit ihren Witzen und Zoten auf, und hörte man ihnen nur noch zerstreut zu, begannen allmählich die Augen zuzufallen, dann brachten Possenreisser und Tänzerinnen wieder Leben und Bewegung in die Scharen der ermüdeten Zechgenossen. Die Tänzerinnen stammten zumeist aus dem Orient oder aus Aegypten und entsprachen etwa den Bajaderen, die in Indien die Traditionen alter Mysterien aufrecht erhalten; sie traten entweder nackt oder mit gold- und silbergewirkten Schleiern auf; Petronius nennt das bekleidet sein mit gewebter Luft (ventum induere textilem) und sich nackt unter einer Wolke von Tüll zeigen (prostare nudam in nebula linea). Die Possenreisser waren keineswegs vollständiger bekleidet, und ihre Darbietungen waren in der Regel weit obscöner als die der Tänzerinnen: die römischen Lebemänner waren an starke Stücke gewöhnt, und nach der Beschreibung des Petronius wurde ihnen allerdings während einer solchen gastlichen Feier das Aeusserste geboten. Nach einer Notiz des Kirchenvaters Arnobus darf man annehmen, dass die Tänzerinnen mit Vorliebe auch den noch jetzt in Nordafrika beliebten Bauchtanz executierten.

Martial hat uns eine Comessation bei einem Freigelassenen geschildert, den er Zoïlus nennt: leider ist dies Prachtstück römischer Sittenschilderung fast unübersetzbar; es ist sozusagsn römischer, als unsere Phantasie es ausmalen könnte. „Wer mit dem Zoïlus sich zu Tafel setzt, der kann schliesslich auch mit den Freudenmädchen des Summœniums soupieren und kaltblütig aus Ledas Nachtgeschirr trinken. Ich behaupte sogar, bei denen geht es noch reinlicher und anständiger zu. Mit einem grünen Gewand angethan, liegt er hingestreckt auf einem Lotterbett, auf das er sich zuerst geworfen hat; er drückt Kissen aus scharlachner Seide und stösst mit den Ellenbogen rechts und links seine Tischnachbarn an. Hat er sich satt gegessen, dann präsentiert ihm einer seiner Lustknaben, der durch sein Rülpsen aufmerksam gemacht worden ist, rote Muscheln, Zahnstocher und Spiegel. Wenn ihm heiss ist, so fächelt ihm eine gleichmütig auf dem Rücken liegende Lagergenossin Luft zu, und ein junger Sklave wehrt mit einem Myrthenzweige den Fliegen. Eine Masseuse (tractatrix) macht ihm mit geschickter Hand die Glieder geschmeidig. Klatscht er in die Hände, so eilt ein Eunuche, dem das Zeichen wohlbekannt ist, herbei, um ihm bei seinen natürlichen Bedürfnissen behilflich zu sein, während sein Herr ununterbrochen weiter zecht. Sodann wendet sich dieser der Schar seiner Sklaven zu, die zu seinen Füssen sitzen, unter kleinen Hunden, welche sich am Gekröse des Geflügels gütlich thun, und verteilt unter seine Fechtersklaven Wildschweinsleber und giebt seinem Lagergenossen (concubino), den Steiss eines Täubchens. Und während man uns Wein von den Küsten Liguriens und dem nebelumwallten Berge von Marseille serviert, verteilt er Nektar in krystallenen Fläschchen und in Krügen an seine Komiker. Er selbst, ganz übergossen mit den Parfums von Cosmus, entblödet sich nicht, in einem goldenen Muschelchen die Pomade mit uns zu teilen, deren sich die niedrigsten Prostituierten zu bedienen pflegen. Endlich ermüdet von unaufhörlichem Trinken sinkt er zurück und schläft ein. Wir aber, wir bleiben auf unseren Ruhebetten liegen, und während er schnarcht, sind wir anstandshalber still, und trinken uns schweigend unsere Gesundheit zu." Petronius schildert uns in seinem Gastmahl des Trimalchio auch die Teilnahme von Frauen an derartigen Gelagen. Fortunata, die Gattin Trimalchios, tritt herein, begiebt sich zu dem Ruhebett ihrer Freundin Scintilla, herzt und küsst sie, und die beiden Frauen treiben allerhand Unfug mit einander, wobei es nicht immer gerade sehr dezent hergeht. (Pedesque Fortunatæ porrectos super lectum immisit, heisst es an einer Stelle).

Die Comessationen spiegelten mehr oder weniger den Geschmack und die Gewohnheiten ihrer Veranstalter wieder; aber alle dienten sie doch lediglich dazu, die Begierden der Teilnehmer durch alle nur denkbaren Mittel zu den unglaublichsten Excessen anzureizen. So war häufig die ganze Tafel lediglich ein Mittel, das zur Anregung der Sinnenlust beitragen sollte, und das Arrangement in dem Speisezimmer ebenfalls. Wohin das Auge schaute, überall stiess es auf lüsterne und obscöne Gemälde; die Wände waren mit Darstellungen aus dem Liebesleben bedeckt, bei dem die Phantasie des Malers von den Dingen den letzten Schleier abgestreift hat. Darum klagt auch der keusche Properz: „Wer zuerst solche obscöne Bilder malte, und wer sie in einem anständigen Hause aufhing, der hat die Unschuld des kindlichen Blickes verdorben . . . möge er ewig verdammt sein, der Maler, der den Augen diese Liebesscenen enthüllte, deren Reiz gerade in dem Geheimnisvollen besteht." Natürlich bildeten auch hier die Stoffe aus der Mythologie die beliebtesten Sujets: Pasiphae und der Stier, Leda mit dem Schwan, Ganymed und der Adler Danae und der Goldregen. Möbelment und Dekoration des Speisesaals stimmten oft mit den Wandgemälden zusammen: Satyrtänze, Bachanalien, erotische Schäferscenen und dergleichen waren als Reliefs angebracht; Statuen aus Bronze und Marmor stellten den Raub der Nymphen durch Satyren dar, ein sehr beliebtes Motiv. Ruhebetten, Tische und Schemel zeigten Bocksfüsse und Bockshörner als Ornament, gleichsam eine Anspielung an den berühmten Vers aus den Bucolica des Vergil: tuentibus hircis. Auch die Verzierungen an den Lampen und den Leuchtern erinnerten in oft feiner und geistreicher Weise an den Hauptzweck des Gelages. Darstellungen des Phallus oder erotischer Scenen begegnete man da an jedem Gegenstande und in den allerverschiedensten Formen. Becher, Krüger und Tafelgeräte, mochten sie nun aus Glas, gebranntem Ton oder aus Metall sein, waren oftmals in der unanständigsten Weise geformt. So zeigt uns Juvenal einen comissator, der aus einem gläsernen Priap zecht (vitreo bibit ille priapo). Plinius nennt das voll Abscheu bibere per obscenitates. Sogar das Brot, das man bei solchen Gelagen verzehrte, blieb nicht davon verschont, dass man mit ihm unsagbare Dinge nachahmte: man nannte dieses Gebäck coliphia und cunni siliginei. Bei jedem derartigen Souper hätte der Gastgeber die Worte einer Figur aus des Petronius Roman, der Quartilla, an seine Gäste richten können: „Ihr wisst, dass diese Nacht dem Kultus des Priaps geweiht ist. (Sciatis Priapi genio pervigilium deberi.)“

Bei den Trinksprüchen, die bei derartigen Gelegenheiten ausgebracht wurden, legte man sich durchaus keinen Zwang an und trank fast immerzu auf gute Erfolge bei Liebesabenteuern und ähnliches. Dazu trank man dann soviel Becher Wein, wie der Name der Geliebten Buchstaben zählte. Martial erzählt uns von dieser allgemein gebräuchlichen Sitte in einem der schönsten seiner Epigramme: „Lasst uns fünf Becher auf das Wohl von Nevia leeren, sieben auf Justina, fünf auf Lycas, drei auf Ida; soviel Gläser Falerner wollen wir trinken, wie Buchstaben im Namen jeder dieser Damen vorkommen. Aber da doch keine von ihnen zu mir kommt, so nahe Du, Schlaf, Dich mir.“ Ein berühmter Komiker namens Galba, der bei den Gelagen, zu denen er geladen war, zur Unterhaltung der Gäste beitrug, schlug immer vor, auf das Wohl seines „Kleinen“ anzustossen; bei dessen Namen, so meinte er, lache den Göttern des Himmels das Herz im Leibe, weil man siebenundzwanzig Becher hintereinander hinunterstürzen müsse. Der Lustknabe hiess nach einem Geizhals in einem Stücke von Plautus: Thesaurochrysonicochrysides. Vielleicht war es bei demselben Souper, wo dieser Galba einen Beweis von sagen wir: grosser Geistesgegenwart gab. Er war eingeladen mit seiner Frau, die ebenso schön wie sittenlos war. Der Hausherr lud die Dame ein, an seiner Seite Platz zu nehmen. Als nun die Herrschaften alle infolge reichlichen Weingenusses einer nach dem anderen sanft entschlummert waren, wurde der Gastgeber sehr zärtlich gegen seine schöne Nachbarin; der Komiker schlief zwar nicht, stellte sich aber schlafend, und störte seinen Mæcen durchaus nicht. Da kam ein Sklave leise angeschlichen und wollte den günstigen Moment benützen zu einem tiefen Trunk aus Galbas Glase. Der aber fasste den Uebelthäter beim Ohre und raunte ihm die lehrreichen Worte ins Ohr: „Ich schlafe hier nicht für jeden!“ — Dem Wein huldigte man bei diesen nächtlichen Festen in ganz erheblichem Masse. Als Anspielungen auf etwa vorher überstandene Liebesabenteuer pflegte man Kränze vor einer Statue des Herkules oder Priaps niederzulegen. Solche Kränze und Blumenkronen spielten bei römischen Gelagen überhaupt eine grosse Rolle. Sie sollten dem Vergnügen dienen und die Nerven anregen, kühlten aber zugleich die erhitzten Köpfe der Zecher. Plinius sagt, dass die berühmtesten Weintrinker sich die üblen Folgen des Weinrausches durch diese frischen Blumenkränze fernhalten. Ohne Blumen und Kränze konnte man sich überhaupt kein Gastmahl vorstellen; an der Art und Reichhaltigkeit des Blumenschmuckes ermass man die Freigebigkeit und den guten Geschmack des Gastgebers. Am Morgen nach einem solchen Gelage sandten die Courtisanen und Lustknaben (meritorii) die Kränze, die ihnen gespendet worden waren zu ihren Bordellhaltern und Kupplern zum Zeichen, dass sie den Beifall der Festgenossen gefunden hatten (in signum paretae Veneris, wie ein alter Kommentator des Apulejus sagt).

Die Comessationen mit ihren Ausschweifungen standen unter der besonderen Obhut verschiedener Götter und Göttinnen, die entweder früher andere Attribute besessen hatten, oder die mitten in den Lüsten eines wilden Bachanals der religilösen Phantasie entsprungen waren. Beim Gastmahl des Trimalchio setzen zwei weissgekleidete Sklaven die Hausgötter auf die Tafel, während ein Dritter, eine Opferschale voll Wein in der Hand, um den Tisch herumschreitet und unaufhörlich ruft: „Seid uns gnädig, ihr Gottheiten!“ Neben den Laren sind von solchen bei Tafel verehrten Gottheiten zu nennen vor allen Comus, dessen Namen in comissatio wiederkehrt. Die goldene Jugend Roms, die nachts in den Strassen tobte, bei Courtisanen Fenster und Thüren mit Beilen und Fackeln einschlug, pflegte Comus als ihren Schutzgeist anzurufen, wenn schon einigermassen mit Unrecht. Venus, Herkules, Priap, Isis und Hebe gehörten ebenfalls zu den Schutzgottheiten der nächtlichen Gelage. Isis galt als Beschirmerin der Freudenmädchen und Kuppler und hiess deshalb geradezu ihre Schutzgöttin (præfecta). In diesem Schutze der Buhlschaft wurden sie von Venus, Priap und Herkules unterstützt. Es war die Venus Volupia, Pandemos, Lubentia, um die es sich hier handelt, und Herkules Bibax, Buphagus, Pamphagus, Rusticus; und endlich Priap Pantheus, Priap die Seele des Alls.

Neben diesen grossen Gottheiten, die sozusagen aus Gefälligkeit die Obhut über die Schwelgereien übernahmen, gab es noch eine grosse Menge niederer himmlischer Herrschaften, die keinen besonderen Tempel besassen, sondern nur an den häuslichen Larenaltären verehrt wurden, manchmal überhaupt ihre Existenz lediglich der Weinlaune eines bezechten Gastes verdankten; die Attribute dieser Gottheiten waren zumeist komisch, grotesk oder unanständig. Die Archäologie steht vor einer ihrer schwersten Aufgaben, wenn sie dem Ursprung dieser göttlichen Beschützer der üppigen römischen Gelage nachforschen soll. Da gab es einen Conisalus, der athenischen Ursprungs war, einen Thryphallus, einen Pilumnus und Picumnus, alle eigentlich nichts anderes als Personifikationen des männlichen Gliedes. Auch drei Göttinnen finden wir da: Deverra, Deverrona und Intercidona; schwangere Frauen pflegten sie anzurufen. Für die Beilegung ehelicher Zwistigkeiten sorgte eine eigene Gottheit, Viriplaca, und solche Bedeutung legte man ihrer Thätigkeit in Rom bei, dass man ihr sogar einen Tempel weihte! Der Gott Domiducus hatte ebenfalls eine wichtige Funktion im Verkehr zwischen Mann und Frau zu erfüllen; die Göttin deren Aufgabe es war, bei Ueberredungen (persuadere) behilflich zu sein, hiess Suadela; Orbana nannte man die Beschützerin der Waisen, und eine eigene Göttin, die Genita Mana, sollte vor Missgeburten bewahren. Postversa und Prorsa bekümmerten sich um die Schicksale des Kindchens im Mutterleibe, und Cuba Dea nahm jeden Schläfer in ihre Obhut; ebenso war der Gott Thalassus oder Thalassio mit der Bewachung des Bettes und alles dessen, was damit zusammenhing, betraut. Andere Gottheiten waren bei allerhand Amusements offenbar recht nützlich und angenehm, so Angerona, die für Stillschweigen zu sorgen pflegte, und Fauna, bei den Damen sehr beliebt, da sie mit einem Schleier sorgsam bedeckte, was den neugierigen Augen verborgen bleiben sollte. Der Gott Jugatinus beschützte im besonderen die Vereinigung von Mann und Weib. Flavius Blondus sagt: „Quum mas et femina conjuguntur, adhibetur deus Jugatinus." Auch der heilige Augustin spricht in seinem Gottesstaat von der Rolle, die diese Gottheit im ehelichen Leben spielte.

Kapitel XXIII.

Das römische Volk das abergläubischste von allen Völkern. — Die Courtisanen und Lebemänner die abergläubischsten von allen Römern. — Zeichendeutung. — Ungünstige Vorzeichen. — Warum man keine obscönen Worte gebrauchte. — Umschreibungen, die die Römer für Nachtgeschirr anwandten. — Wie man bei Gastmählern ein Nachtgeschirr verlangte. — Doppelsinn der Bezeichnung dafür. — Welche Umschreibungen Seneca für Urin anwendet. — Was man aus dem Urin ersehen zu können glaubte. — Voraussagungen aus den Magengeräuschen. — Crepitus, der Gott der verschlagenen Winde. — Der kleine Gott. — Sein egyptischer Ursprung. — Die Ehren, die man dem „lächerlichen" Gott erwies. — Was das Niesen bedeutete. — Der Vogel des Jupiter Conservator. — Der Dæmon des Sokrates. — Jupiter und Cybele als die Gottheiten des Niesens. — Die Bedeutung des Niesens bei Liebesangelegenheiten. — Acme und Septimius. — Ohrensausen und Gliederzittern als ungünstige Vorzeichen. — Die rechte und linke Körperseite. — Weissagungen nach Geräuschen. — Das Knarren der Bettstatt. — Lectus adversus und lectus genialis. — Der Genius. — Das Flackern der Lampe. — Geschicklichkeit der Prostituierten im Auslegen der Vorzeichen. — Verschiedene Weissagungen. — Vorzeichen, die besonders den Prostituierten günstig oder ungünstig waren. — Kaiser Proculus und die hundert sarmatischen Jungfrauen. — Wenn man einem Hunde oder einer Katze begegnete. — Besonderer Aberglaube der Venuspriesterinnen. — Enthaltsamkeit der Matronen bei religiösen Festlichkeiten. — Enthaltsamkeit bei den Freudenmädchen. — Die Jungfernprobe bei den Römern. — Fortuna Virginalis und die Opfer, die man ihr weihte. — Die allgemeine Bedeutung der Nuss.

Die Römer waren das abergläubischste aller Völker, und die abergläubischsten unter den Römern waren die Männer und Frauen, die sich aus Neigung, Gewohnheit oder Profession den Genüssen der Unzucht hingaben (stupri artes). Man begreift, dass die Furcht vor dem Zorn der Götter und der Gedanke an das, was die Zukunft Ungewisses bringen könne, die Leute, deren Gewissen sich gleichsam nur zufällig manchmal regte, oft mitten in ihren Ausschweifungen befiel; man begreift auch, dass die Wesen, die aus der Preisgabe ihres Körpers ein Geschäft machten, gerne wissen wollten, ob der Tag oder die Nacht ihnen günstiger sei, ob sie so oder so bessere Chancen haben würden. Mit der Psychologie des Verliebten sind ja ebenfalls bekanntermassen tausenderlei Gemütserregungen verknüpft, Hoffnungen und Befürchtungen im bunten Wechsel und Gemenge. Daher auch die Vorliebe für allerhand Weissagungen und Prophezeiungen, dieses immerwährende Bemühen, ein Mittel zur Aufhellung der Zukunft zu finden, diese fanatische Vorliebe für die occulten Wissenschaften. Was man so die Welt der Liebe nennen könnte, das hatte in Rom nur eine Religion, — den finstersten, blühenden Aberglauben, aber einen Aberglauben, der mit dem Aberglauben anderer Leute eigentlich recht wenig zu thun hatte, den Auspicien, Horoskopen, Losen und Verwünschungen. Alle Römer, vom Knaben bis zum Greise, Männer wie Frauen, die Weisesten wie die Dümmsten waren einer wie der andere ausserordentlich empfänglich für Vorzeichen und unterwarfen dem Ausfall der Vorzeichen die wichtigsten wie die allergeringsten Handlungen in ihrem Leben. Alle die Angehörigen der Halbwelt aber waren in ganz besonderer Weise dazu geneigt, derartigen Dingen Einfluss auf ihr Leben zu gewähren. Die Kunst, Vorzeichen zu deuten, hatte ihre bestimmten Regeln und Principien; man nannte sie cledonistica; in diesen wunderlichen, an sonderbaren Feinheiten überreichen Wissenschaft nahm das Kapitel, das von der Liebe handelte, einen besonders grossen Raum ein.

Es galt als ungünstiges Vorzeichen, wenn einer obscöne Worte aussprach oder vernahm; deshalb waren derartige Worte sogar in dem Kreise der Lebemänner und der Freudenmädchen verpönt. Man hielt sich eben an die alte und bei allen Völkern im Schwange stehende Regel: „Manche Dinge thut man wohl, aber man spricht nicht davon.“ Plautus sagt in seinem Lustspiel Casina: „Unanständige Worte aussprechen, das heisst soviel, als dem Hörer Unglück bringen (Obscenare omen alicui vituperare).“ Ebenso hatte Lucius Accius in seiner Tragœdie Oenomaeus gesagt: „Sagt in Stadt und Land, dass alle Einwohner, um die Gunst der Götter sich durch günstige Vorzeichen zu sichern, jeden schamlosen Ausdruck vermeiden sollen (ore obscena segregent).“ Wenn sich auch die verworfensten Geschöpfe gewisser Unanständigkeiten des mündlichen Ausdrucks enthielten, so ersetzten sie das andererseits reichlich durch eine auf das feinste ausgebildete Gebärdensprache. Bis zur lächerlichsten Prüderie ging man im Ausdruck, sodass man nicht einmal ein Wort für das Nachtgeschirr anzuwenden wagte, und sogar die Aerzte nach Umschreibungen für Urin suchten, ein Wort, das doch sogar einmal in den Martialischen Epigrammen eine Stätte gefunden hat. Bei den Gastmählern pflegten zwar die Teilnehmer ihre Bedürfnisse ungeniert in Gegenwart anderer zu befriedigen, aber sie wagten nicht, dem Sklaven ausdrücklich das dazu benötigte Gefäss zu nennen, sondern deuteten es ihm durch ein Signal mit dem Finger an (digiti crepitantis signa.) Das leise Knacken mit den Fingergelenken genügte übrigens bereits, um die Sklaven aufmerksam zu machen. Auch das Geräusch, das der fallende Urin verursachte, hatte bei den abergläubischen Römern seine bestimmte Bedeutung als Vorzeichen, wie wir aus einer Stelle bei Juvenal erfahren. Plautus macht sich in seinen derben Komœdien das Vergnügen, die verschiedenen Ausdrücke für das Nachtgeschirr: matulla, matella und scaphium öfter anzuwenden, um das Volk zu ergötzen. Diese Namen bekamen schon frühzeitig allerhand Nebenbedeutungen, zum grossen Teil natürlich obscöner Art; von Plautus und Persius erfahren wir manches darüber; so lässt der erstere einmal eine seiner Personen zu einem Weibe sagen: „Tam Hercle! ego vos pro matula habebo, nisi matulam datis;“ und der leztere: „Numquam ego tam esse matulam credidi!“ Seneca erfindet allerhand schöne Umschreibungen für den Urin, indem er ihn aqua immunda oder humor obscenus tauft; natürlich wurde aus dem Urin ebenfalls die Zukunft gedeutet. Gerade bei den Liebesmahlen, wenn womöglich eine Statue des Herkules Urinator die Tafel zierte, waren derartige Deutungen sehr beliebt. Aehnliches geschah mit den Verdauungsgeräuschen, die wir Rülpsen nennen. Es gab ein glückverheissendes Rülpsen, das bei einem Mahle lebhaftesten und allseitigen Beifall hervorrufen konnte, aber auch ein unglückkündendes, das mancher Feier zur Störung ward. Als ein Zeichen schlechter Erziehung wurde der ructus bei allen Römern auf keinen Fall angesehen. Laute Geräusche dieser und anderer, sagen wir: nichtparfumierter Art pflegten die Leute damals durchaus nicht zu unterdrücken. Cicero lobt sogar in seinen vertrauten Briefen die Weisheit der Stoïker, die da sagten, man dürfe den Winden des Magens den Austritt nicht wehren (stoici crepitus aiunt æque liberos ac ructus esse opportere). Man versteht den Unterschied römischer Sitten von den unsern, wenn man weiss, dass lediglich in ernsten Versammlungen, wie etwa vor Gericht und im Tempel, derartige Geräusche verpönt waren, dass aber an jedem anderen Orte und ganz besonders bei den Mahlzeiten in dieser Beziehung absolute Freiheit herrschte. Für die verschlagenen Winde hatte man sich in Rom sogar eine besondere kleine Gottheit geschaffen, die auch abgebildet wurde, auf Tafeln ihren Platz fand und etwa den bei uns auch noch bekannten Dukatenmännchen glich. Zuerst kommt eine derartige Gottheit übrigens bei den Egyptern vor, und Clemens von Alexandrien erwähnt uns ausdrücklich, dass bei den Egyptern die Winde des Magens für Gottheiten gehalten wurden (Aegiptos crepitus ventri pro numinibus habent); nach einem Kommentator handelt es sich hier freilich um das bekannte Rumoren im Innern des Leibes. Der heilige Hieronymus sagt an einer Stelle einmal, dass er nicht von den verschlagenen Winden reden wolle, die von den Egyptern verehrt würden (taceam de strepitu ventris inflati, quae pelusiaca religio est). Aber der Gott dieser Winde, mochte er auch aus Egypten stammen, hatte sich doch ganz gut in Rom akklimatisiert; man verehrte ihn auf dem Altar der Laren, und draussen, vor den Mauern, bei der Quelle der Egeria, hatte man ihm sogar ein Tempelchen gebaut, was alles indes nicht hinderte, dass er öffentlich stets deus ridiculus, der lächerliche Gott, genannt wurde. Frauen scheinen übrigens in Rom in dieser Angelegenheit in der Regel weniger Freiheit besessen zu haben.

Es gab auch noch andere menschliche Geräusche, die in der abergläubischen Auslegekunst eine Rolle spielten, und dazu gehörte vor allen Dingen das Niesen, das ganz Verschiedenes bedeuten konnte, je nachdem es zurückhaltend, kläglich, fröhlich, burlesk, einmal oder wiederholt ertönte. Morgens, abends und nachts niesen, das waren drei wesentlich verschiedene Vorzeichen, nämlich unglückliche angenehme und ausgezeichnete. Wer irgend bei einem verliebten Spiele vom Niesen überrascht wurde, hatte ganz besonderes Glück: Venus kündete dadurch an, dass sie den Niesenden wohlwollend unter ihren Schutz genommen habe, wenn er nur beim Niesen Sorge getragen hatte, sich nach rechts zu wenden. Das Niesen bei Tafel wurde mit allgemeinem Beifall aufgenommen, und alle Theilnehmer spendeten dem ihre Glückwünsche, den der Gott besucht hatte. Denn nach einem alten Aberglauben, den wir fortwährend bei den griechischen Schriftstellern erwähnt finden, schrieb man das Niesen dem unsichtbaren Besuch eines Schutzgottes zu: man hatte ihn den Vogel des Jupiter Conservator genannt; Sokrates behauptete, es sei ein Dämon, und er verstünde seine Sprache. Bei Frauen war das Niesen nicht im gleichen Masse glückverheissend wie bei Männern; sie suchten es darum auch zu vermeiden und griffen zu dem Zweck sogar zu gewissen vorbeugenden Mitteln. Dreimal zu niesen, oder überhaupt eine ungleiche Anzahl Male war das allerbeste Vorzeichen. Immer schrieb man das Niesen übernatürlichen Ursachen zu; man wollte in dieser heftigen Erschütterung den Weggang eines Genius erblicken, der das Gehirn des Niesenden durchzogen hatte. Die Mythologie behauptete sogar, Pallas Athene habe ursprünglich auf dem Wege des Niesens aus dem Haupte des Göttervaters Zeus herauskommen wollen; Venus hatte nach mythologischen Ansichten niemals geniest, um nur ja keine Runzeln und Falten ins Gesicht zu bekommen. Jupiter und Cybele waren die eigentlichen Gottheiten des Niesens; und dasjenige Niesen galt als das glückverheissendste, das mit möglichst viel Geräusch nach der rechten Seite hin vollzogen wurde. In der Liebe war das Niesen durchaus keine gleichgiltige Angelegenheit, und man schrieb ihm die mannigfaltigsten Einflüsse zu. Catull zeigt uns, wie Acme und Septimius einander in den Armen liegen; da ruft Acme voll Entzücken aus: „Ein Gott allein mag uns sagen, ob das Feuer, das durch meine Adern rinnt, glühender ist, als das Deine." Und so fährt der Dichter fort: „Amor, der bis dahin immer nach links geniest hatte, zeigt seine Einwilligung, indem er nach rechts niest. (Amor sinistram ut ante, dextram sternuit approbationem).* Properz kann uns die glücklichen Wirkungen eines solchen Niesens nicht besser darthun, als indem er annimmt, dass Amor bei Cynthiens Geburt so an der Wiege dieser Schönen geniest habe:

Num tibi nascenti et primis, mea vita, diebus,
Canditus argutum sternuit omen Amor.

Ebenso sorgfältig achtete man bei Liebesangelegenheiten auf das Ohrenklingen, auf plötzliches Zittern des Körpers (sallisationes) und auf willkürliche Bewegungen eines Gliedes. Im allgemeinen waren derartige Vorzeichen nicht günstig; man betrachtete sie als einen Beweis für Untreue oder irgend eine andere, der Liebe abträgliche Handlung. Plinius war nicht so abergläubisch wie seine Zeitgenossen, bleibt aber doch auch bei der Ansicht, das Ohrenklingen sei das Echo von Gesprächen Abwesender. Eifersüchtige legten einen besonderen Wert auf dieses Vorzeichen, und ein Liebhaber, dem die Ohren klangen, zweifelte keinen Augenblick daran, dass die Tugend des Geliebten in Gefahr sei. Manchmal galt es auch als ein Beweis grosser Liebe, die sozusagen ein Zwiegespräch hielt, wie aus folgenden, dem Cutull zugeschriebenen Versen hervorgeht:

Garrula quid totis resonans mihi noctibus auris
Nescio quem dicis nunc meminisse mei?

Geradeso wie ein Ohrensausen für eine Liebschaft verhängnisvoll werden konnte, wie es hässlichen Verdacht, Zwietracht und Bruch herbeiführte, so auch die nervösen Bewegungen, die sich an den Gliedern bemerkbar machten: ein Erzittern der Hand, des Fusses, der geschlechtlichen Organe, des ganzen Körpers, alles hatte seine mehr oder weniger ungünstige Vorbedeutung. Diese Phænomene waren doppelt bedrohlich, wenn sie die linke Körperseite betrafen; eher schon konnte man das, was rechts passierte, als günstiges Zeichen auslegen. Auch aus der Betrachtung der Schampartien, die man gewöhnlich in den Bädern vornahm, las man allerhand Bedeutungsvolles ab, das sich nicht wiedergeben lässt: Mentula torta, bonum omen; infaustum, si pendula etc.

Ausser den Geräuschen, die vom Lebensprozess des menschlichen Körpers herrührten, gab es noch eine Menge anderer Töne, denen man eine günstige oder ungünstige Vorbedeutung beimass. Eins der wichtigsten derartigen Geräusche war das Knacken des Bettes (argutatio lecti). Aus dem Geknarre dieses Möbels hatte man sich eine förmliche Sprache zusammenkonstruiert, mit besonderer Berücksichtigung des Liebeslebens. Catull erwähnt bei der Schilderung einer Liebesscene ausdrücklich derartige Vorzeichen (tremulique quassa lecti argutatio inambulatioque). Natürlich hatte jeder einzelne Ton seine glückliche oder unglückliche Bedeutung; sogar die Abwesenheit jedes Geknarres bei einem Bette hatte etwas zu sagen. Ebensowenig war der Platz, an dem das Bett stand, bedeutungslos. Man sprach von einem lectus adversus, wenn man es vor der Thür eines Zimmers aufgestellt hatte, um bösen Geistern den Eintritt zu wehren; lectus genialis nannte man es, wenn es dem Genius, dem Vater der Voluptas (des Vergnügens) gewidmet war. Dieser Genius war es gerade, der den Bestandteilen des Bettgestells, dem Holz, dem Metall, dem Elfenbein und anderem Material die Stimme verlieh. Auch das Flackern der Lampe hatte einen bestimmten Sinn, und der Liebhaber konnte frohen Sinnes sein, wenn plötzlich die Flamme heller aufleuchtete als zuvor Ovid behauptet in seinen Heroiden, dass auch die Flamme niese, und dass dieses Niesen alles nur wünschenswerte Glück bedeute.

Die Courtisanen waren in der Auslegung der Vorzeichen ausserordentlich geschickt, da sie ja zumeist in ihr Fach schlugen; wenn sie nichts anderes zu thun hatten, beschäftigten sie sich fast ausschliesslich mit allerhand Prophezeiungen, die sich natürlich immer um das Liebesleben drehten. Wenn der gewöhnliche Lauf der Dinge ihnen nicht genug zu raten und zu deuten aufgab, dann halfen sie dem durch besondere Veranstaltungen ab; sie hatten die verschiedensten Methoden, um die Zukunft zu erkennen und die Dinge zur Deutung des Kommenden zu benützen. Hier knallte eine mit Baumblättern, die sie auf der halbgeschlossenen Faust zerschlug, dort horchte eine auf das Knattern von Lorbeerblättern, die sie auf glühende Kohlen geworfen hatte; anderwärts warf wieder eine Apfel-, Birnen- und Kirschenkerne oder Getreidekörner gegen die Decke ihrer Zelle und suchte sich auf diese Weise ihre Wünsche bestätigen zu lassen: manchmal suchte sie auch mit der linken Hand Rosenkränze zu zerstören, die sie mit der rechten Hand vorher angefertigt hatte; andere wieder zählten die Blätter an einer Mohnstaude oder an einer Marguérite; wieder andere warfen schliesslich vier Würfel, die ihnen den Venuswurf zeigten, wenn sie alle vier verschiedene Zahlen aufwiesen. Die Dichter von Liebesliedern überliefern uns unzählige von solchen Liebesorakeln. Auch die Liebhaber zeigten sich gleichfalls ausserordentlich zugänglich für diese Weissagungen. Ein Freudenmädchen, das sich an einen Thürpfosten stiess, oder mit dem falschen Fusse die Schwelle überschritt, wenn sie zum Lupanar oder auf die Promenade gehen wollte, kehrte sicherlich wieder um und verliess an dem Tage ihr Haus nicht mehr; hatte sie sich morgens beim Aufstehen an dem Bettgestell gestossen, dann legte sie sich schleunigst wieder nieder und widmete den ganzen Tag einer erzwungenen Ruhe. Die amasii und die Prostituierten achteten sorgsamer als alle anderen auf die Zeichen, die ihnen auf ihrem Wege begegneten, auf den Flug und das Geschrei der Vögel, auf das Geräusch des Windes, die Form der Wolken, auf den, der ihnen zuerst begegnete, auf den letzten Gegenstand, den sie bemerkten u. s. w.; besonders achteten sie auf einige Dinge, die einzig und allein für sie von Bedeutung waren Eine Turteltaube, eine Haustaube, ein Sperling, eine Gans oder ein Feldhuhn, diese der Venus und dem Priap geweihten Tiere, konnten sich doch nicht ohne geheimnisvolle Beziehungen auf dem Wege einer Person vorfinden, die nur an die Liebe dachte. So glaubte sie denn, bei solchen Vorzeichen müsse ihnen alles zum besten dienen. Als der Kaiser Proculus die Sarmaten besiegt hatte, sah er eines Tages an der Front eines Junotempels zwei Sperlinge, die einander schimpften. sorgsam zählte er ihr Gekreisch und ihre Flügelschläge und befahl dann, man solle ihm hundert unberührte sarmatische Jungfrauen bringen — offenbar behauptete er, etwas Derartiges aus dem Sperlingsduett herausgehört zu haben. Gänse und Turteltauben galten den Liebenden als besonders günstig; ebenso freute man sich, einen Hund auf dem Wege zu treffen; dagegen waren Katzen unbeliebt, da sie für unglückbringend galten.

Manche Art von abergläubischen Ansichten war ausschliesslich unter der Schar der Venusdiener und -dienerinnen verbreitet. Dies fantastische und bizarre Völkchen, das die Enthaltsamkeit nicht kannte, die ehrbare Frauen sich aus Rücksicht auf verschiedene religiöse Festlichkeiten aufzuerlegen pflegten, machte sich doch wieder Gewissensbisse über Vorfälle, die einer Matrone höchst gleichgiltig gewesen sein würden. Mit besonderem Mysterium war die Jungfernschaft des Weibes umgeben. Die Wüstlinge waren immer bereit, ausserordentliche Preise für ein unberührtes Kind zu zahlen, und die Kuppler und Kupplerinnen pflegten damit ein lukratives Geschäft zu machen. Oft opferten sie Kinder von sieben bis acht Jahren den Wünschen und Lüsten ihrer Käufer. Manchmal verlangten diese einen Beweis für die Hauptbedingung, die sie stellten. Da kam denn der Aberglaube mit einem merkwürdigen Gebrauch den Kupplern zu Hilfe. Man mass nämlich den Halsumfang eines Mädchens, das sich für eine intacta ausgegeben hatte, mit einem Faden sehr sorgfältig. Hatte der Hals nach dem Liebesopfer noch denselben Umfang, dann nahm man an, das Mädchen habe zu Unrecht seine Unberührtheit behauptet; war der Hals dagegen umfangreicher geworden, so war die Jungfernschaft unbestreitbar vorhanden gewesen. Catull spielt auf diesen Gebrauch in seinem Hochzeitsgedichte auf Thetis und Peleus an:

Non illam nutrix orienti luce revisens
Hesterno collum poterit circumdare collo.

Den Bindfaden, der so zur Konstatierung einer Jungfernschaft gedient hatte (manchmal vielleicht nur dank der Gefälligkeit der messenden Person), hing man im Tempel der Fortuna Virginalis auf, der von Servius Tullius nahe bei der Porta Capena erbaut worden war. Auch andere Zeichen, die auf den Vorgang Bezug hatten, pflegte man in diesem Tempel aufzubewahren. Dieser Fortuna Virginalis, die eigentlich nichts anderes war als Venus selbst, spendete man auch Nüsse, indem man auf den Bruch anspielte, mit Nüssen das Schlafgemach Neuvermählter zu überschütten und zu bombardieren. „Sklave, gieb, gieb den Kindern Nüsse," so ruft Catull in dem Hochzeitsgedicht für Julia und Manlius aus. (Concubine, nuces da). In den Bucolicen sagt Virgel: „Gatte, spare nicht mit Nüssen!" (Sparge, marite, nuces!) In den Augen der Römer, für die alles zur Allegorie ward, galt die Nuss für ein Sinnbild der Ehe. Man wird zugeben, dass es ein Bild voll tiefen Sinnes war.

Kapitel XXIV.

Die römischen Courtisanen haben keine Geschichtsschreiber und Lobsänger gehabt wie die griechischen. — Die Gründe dafür. — Dichter als Begleiter und Liebhaber der Courtisanen. — Die Elemente der Geschichte der römischen Courtisanen muss man in den Werken der Dichter suchen. — Die Musen der erotischen Lyrik. — Schrecken ihres Alters. — Horazens Liebesabenteuer. — Warum er sich von den Matronen fernhielt. — Cupiennus. — Der Schwur des Sallust. — Marsacus und die Tänzerin Origo. — Horazens epikuräische Philosophie. — Seine Ratschläge an Corinthus über Liebesabenteuer mit verheirateten Damen. — Neera, die erste Geliebte des Horaz. — Ihre Untreue. — Das gute Gedenken, das Horaz dieser ersten Liebe bewahrte. — Origo, Lycoris und Arbuscula. — Ausschweifungen der Patrizierin Catia. — Horazens Beziehungen zu einer ältlichen vornehmen Dame, die er um der Jnachia willen verlässt. — Die Epigramme gegen die alte Dame. — Von Jnachia weiss man nichts. — Die gute Cinara. — Gratidia, die Parfumeuse. — Ihre Liebestränke. — Die Courtisane Hagna und ihr Liebhaber Balbinus. — Knabenliebe bei Horaz. — Bathyllus. — Lysiscus. — Lycas. — Pyrrha. — Horazens Abschiedslied an die ungetreue Pyrrha. — Lalage — Horaz, Aristius Fuscus und Lalage. — Barina. — Tyndaris und ihre Mutter. — Die Mutter eine Freundin der Gratidia. — Horazens Abbitte vor Gratidia. — Tyndaris versöhnt die beiden. — Lydia. — Ihr Verrat mit Telephus. — Lydia verlässt Telephus um Calaïs. — Versöhnung mit Lydia. — Chloë. — Phyllis, des Xanthias' Sklavin. — Seine Bekanntschaft mit ihr. — Ode an Xanthias. — Phyllis, die Freigelassene wendet sich dem Telephus zu. — Ode an Phyllis. — Glycera, des Tibulls ehemalige Geliebte, geht an Horaz über. — Seine leidenschaftliche Liebe zu ihr. — Ihr zuliebe schreibt er bissige Verse gegen seine früheren Maitressen. — Sie giebt ihm den Abschied. — Horaz nähert sich der von Gyges verlassenen Chloë. — Chloë will nichts von ihm wissen. — Die Abrüstung. — Lyde, Horazens letzte Liebe. Seine Zuneigung zu Ligurinus.

Die Courtisanen, zumal diejenigen griechischer Abkunft, die das Entzücken der römischen Lebemänner bildeten, haben keine Geschichtsschreiber und Lobsänger gefunden, wie etwa jene, deren politischen, philosophischen und litterarischen Einfluss Griechenland durch eine Art enthusiastischen und bewundernden Kultus anerkannte. Die Römer waren, wie wir schon gesagt haben, gröber, materieller, sinnlicher als die Griechen des Zeitalters des Perikles und der Aspasia; was sie bei den Freudenmädchen, bei diesen Ausländerinnen, deren Sprache sie kaum verstanden, suchten, das war keine glänzende, ernsthafte, tiefe und geistreiche Unterhaltung, kein Echo der Lehren der athenischen Akademie, keine Erinnerung an die goldenen Tage des Hetärentum, nein, sie suchten und wünschten weniger ideale Genüsse, derbe Vergnügungen, und bei ihren Liebschaften wünschten sie die Leidenschaften höchstens durch üppige Tafeleien, Parfüms, Gesang, Saitenspiel, Tanz und Pantomime angestachelt zu haben. Ausserhalb des triclinium und des cubile (Speise- und Schlafzimmer) räumten sie ausserdem den gewöhnlichen Teilnehmerinnen ihrer Orgien und Ausschweifungen nicht den geringsten Einfluss ein. Niemals bildete deshalb das Leben der Courtisanen einen Gegenstand öffentlichen Interesses, und was es an Intimität besass, drang kaum in die Kreise der jungen Lebemänner. Gewiss befanden sich in dieser vergnügungssüchtigen Gesellschaft Dichter und Schriftsteller, die in Poesie und Prosa das Leben der Courtisanen hätten schildern können, mit denen sie in so gutem Einvernehmen standen; aber dieses schlüpfrige Thema schien ihnen nicht würdig, der Nachwelt überliefert zu werden, und, wenn ein jeder von ihnen doch das Lob einer Courtisane sang, die er durch seine Liebe gleichsam rehabilitiert hatte, so hätte doch keiner, wenigstens von denen, die auf ihren Ruf hielten, sich zum Dichter der Courtisanen Roms im allgemeinen machen mögen, gerade so wenig wie die Künstler, die sich nicht scheuten, Porträts von diesen preciosæ und famosæ anzufertigen, errötet davor zurückgeschreckt wären, sich nach dem Muster gewisser griechischer Künstler als die Prostituiertenmaler bezeichnen zu lassen. Sollten doch einige Werke über Gedichte und Lebensart der berühmten römischen Courtisanen vorhanden gewesen sein, dann darf man wohl annehmen, das sie aus der Feder weniger bedeutender Schriftsteller stammten, und mit den libri molles beim Eindringen des Christentums vernichtet wurden.

Einzelnen freilich von den Courtisanen haben die Dichter, die damals wie zu jeder Zeit in einem gewissen Zusammenhang mit der Halbwelt standen, mit vollen Händen das Lob gestreut, das sie der ganzen Gesellschaftsschicht so sorgsam vorenthielten. Ihre Liebe adelte eben in ihren Augen ihren Gegenstand: das war dann kein Freudenmädchen mehr, kein Frauenzimmer mit dem Brandmale des meretricium gezeichnet, sondern ein geliebtes Weib, aller Ehre und zarten Fürsorge würdig. Und wenn sich die Courtisane so geliebt fühlte, dann erwachten wohl auch in ihr die besseren Instinkte, die Liebe zog in ihr Herz ein, die Liebe, auf die sie stolz war, und die sie rehabilitierte. Walkenaer, des Horazens Biograph, bemerkt ausdrücklich, wie man oft trotz der abscheulichen Dressur auf das schimpfliche Gewerbe auch bei Prostituierten echte Liebe traf. So müssen wir denn die Elemente der Geschichte berühmter Courtisanen in den Werken der klassischen Dichter aufsuchen. Horaz, Catull, Tibull, Properz und Martial geben uns die einzigen unvollständigen Daten, nach denen wir eine Uebersicht über die berühmtesten Courtisanen etwa vom Regierungsantritt des Augustus bis zur Zeit Trajans (41 vor Chr. bis 100 nach Chr.) entwerfen können. Diese Mädchen, die man gleichsam die Musen der erotischen Dichter nennen könnte, gehören zumeist zu den sogenannten famosæ und zeichneten sich durch Geist, Schönheit und Grazie aus. Freilich, wenn sie alt wurden, dann sanken sie zumeist auf die niedrigste Stufe der Prostitution hinab, und manche, die Consuln, Praetoren und Generäle an ihrem Tisch bewirtet hatte, Männer die sich um ihren Besitz stritten und ihr Schätze zu Füssen legten, manche, die eine Schar von Sklaven und Sklavinnen besessen, ein glänzendes Palais bewohnt und die Reichtümer eroberter Provinzen durch Festlichkeiten und allerhand unsinnigen Luxus verschwendet hatte, geriet in solche traurige Armut, dass sie abends in den Strassen umherschlich, das Haupt mit einem ärmlichen Mantel oder einer zerlumpten Kapuze verhüllt und den Passanten aufs geradewohl ihre schmählichen Dienste anbietend. Die lebenden Beispiele traurigsten Verfalls riefen kaum das Mitleid ihrer ehemaligen Liebhaber wach, und diejenigen, die sie am meisten geliebt hatten, wandten sich mit Grausen von ihnen ab, wie wir aus Catull erfahren, der eine alte Geliebte, die er im Glanz und Glast ihres galanten Lebens besungen hatte, im schimpflichen Winkel der Strassenprostitution wiederfand.

Aus Horaz können wir die grossen Priesterinnen der Liebe seines Zeitalters kennen lernen, denn dieser kalte und vorsichtige Mann beschränkte sich auf den Genuss käuflicher Liebe, durch die seine Ruhe nicht gestört werden konnte Zwar bestand die furchtbare lex Julia gegen den Ehebruch noch nicht, aber die römische Rechtspflege, obwohl auch auf diesem heiklen Gebiete laxer geworden, gab doch dem betrogenen Gatten oder dem Vater und Bruder eines leichtfertigen Mädchens höchst gefährliche Waffen in die Hand. Horaz wusste ganz genau, dass man nicht ungestraft den Liebhaber einer verheirateten Frau spielen konnte, und dass ein ertappter Liebhaber oder Ehebrecher Gefahr lief, gleich auf dem Schauplatz seiner Thaten abgestraft zu werden, sei es nun, dass sich der Ehemann damit begnügte, dem Schuldigen Nase und Ohren abzuschneiden oder ihn seiner Mannheit zu berauben, sei es, dass er ihn vor den Augen seiner Mitschuldigen niederstach. In der zweiten Satyre des ersten Buches erwähnt Horaz den Cupiennus, der sehr begierig auf eine Liebschaft mit Matronen war (mirator cunni Cupiennus albi); dabei zählt er dann eine Reihe von Opfern dieser verbotenen Liebe auf, deren Glückseligkeit grausam unterbrochen worden war (multo corrupta dolore voluptas). Die Schicksale dieser Ehebrecher sind allerdings nichts weniger als einladend, und man versteht deshalb wohl, dass Horaz den Schwur wiederholt, den Sallust oft aussprach: „Ich rühre niemals an eine verheiratete Frau (matronam nullam ego tango)." Dabei hütete er sich wohl, die Thorheiten des Sallust nachzuahmen, der sich für emancipierte Weiber zu Grunde richtete; ebensowenig ahmte er dem Marsæus nach, der sein väterliches Vermögen durchbrachte und alles bis auf sein Haus verkaufte, um eine Tänzerin namens Origo auszuhalten: „Ich habe niemals mit anderer Leute Frauen zu thun gehabt," sagte Marsæus zu unserem Dichter. „Nein," entgegnete Horaz, „aber du hast dich mit Tänzerinnen und Prostituierten (meretricibus) abgegeben, die den guten Ruf noch mehr als das Vermögen schädigen."

Zwar war Horaz für sein Teil den Courtisanen und Tänzerinnen keineswegs abhold, aber er schonte im Verkehr mit ihnen seine Gesundheit und sein Portemonnaie. Auch in den Orgien der Sinneslust blieb er bei kaltem Verstande und war stets so sehr Herr seiner selbst, dass er nie einem Weibe, mochte er auch noch so verliebt sein, einen grösseren Einfluss einräumte. Als echter Epikuräer suchte er das Vergnügen und vermied sorgsam alles, was ihm Unruhe und Sorge bringen könnte. Darum widmete er, abgesehen von den widernatürlichen Lastern, die damals in Rom an der Tagesordnung waren, seine Liebe niemals einer einzigen, sondern beglückte stets mehrere Mädchen, die nacheinander oder abwechselnd seine Maitressen waren, mit seiner Neigung. Man mag bei Horaz selbst nachlesen, wie er mit verblüffender Offenheit darüber spricht, warum er dem aufregenden Werben um die Gunst einer verheirateten

Frau den bequemen Umgang mit einem Freudenmädchen vorzieht (namque parabilem amo Venerem facilemque): er, der Epikuräer, ein Meister in dem vorsichtigen Abschätzen seiner Chancen, zog das Sichere dem Unsicheren, das Offenbare dem Verborgenen vor, und vermied gerne die Aufregungen gefährlicher Abenteuer.

Seine erste Maitresse, oder doch die erste, die er in seinen Gedichten feierte, war eine gewisse Neera. Er hielt sie länger als ein Jahr aus unter dem Consulate des Plancus. Damals war er fünfundzwanzig Jahre alt und besass als Dichter noch keinen Ruf. So konnte er die Reize dieser Sängerin damals noch nicht hoch bezahlen; später aber kam sie sehr in Mode. Eine Nacht schwur sie ihm liebeglühend: „Solange der Wolf das Lamm verfolgen wird, solange Orion, der Schrecken der Seefahrer, das Meer im Sturm aufwühlen wird, solange der Zephyr Apolls langen Lockenschmuck umkosen wird, solange will ich Dir Liebe um Liebe geben.“ Leider wurde der Schwur aber bald vergessen, und Neera nahm sich einen zahlungsfähigeren Liebhaber. Sie wollte es indessen mit dem Dichter nicht ganz verderben; dieser brach zunächst jeglichen Verkehr mit ihr ab und prophezeite seinem glücklicheren Nebenbuhler, dass auch er eines Tages seinen Abschied erhalten werde. Später zeichnete sich Neera als Sängerin aus, und als Horaz durch seine Gedichte des Mæcens Freundschaft erwarb, liess er sie öfters zu den Gelagen mit seinen Freunden entbieten, um dort zu singen: „Geh, junger Sklave,“ so sagt er in einer Ode auf die Rückkehr des Kaisers aus dem spanischen Kriege, „hole uns Parfums und Blumen und alten Wein aus der Zeit des Marserkrieges, wenn ein Fläschchen davon den Banden des Spartacus entgangen ist. Und dann bestelle der Sängerin Neera, sie solle rasch ihr mit Myrrhen parfumiertes Haar aufstecken. Falls aber ihr verwünschter Thürhüter Schwierigkeiten macht, dann komm ohne sie zurück. Die Jahre, die mein Haar gebleicht haben, haben auch meine Begierden bezähmt, die früher wenig Rücksicht auf Klagen und Kämpfe nahmen; unter dem Konsulate des Plancus, in meiner vollsaftigen Jugend wäre ich weniger geduldig gewesen.“ Neera hatte der Dichter inniger geliebt als seine anderen Maitressen, denn er wollte sich an ihr rächen, indem er ihr zeigte, was sie an ihm durch ihre Untreue verloren hatte.

„Zu Horazens Zeit,“ so sagt Wolkenaer in der Lebensbeschreibung seines Helden, „gab es zu Rom drei besonders berühmte Courtisanen: Origo, Lycoris und Arbuscula.“ Die alten Scholiasten erzählen uns leider nicht von diesen drei famosae, deren Namen sie lediglich anführen, und Horaz, der nicht in Beziehungen zu ihnen gestanden zu haben scheint, überliefert uns nur, dass die Erste den Marsæus ruiniert hat. Einmal vergleicht er mit dieser raffgierigen und verschwenderischen Courtisane auch eine Patrizierin namens Catia, die etwas sehr leichtgeschürzt auf der via sacra zu spazieren pflegte. Eines Tages wurde diese Catia beim Ehebruch im Tempel der Venus Theatina, nahe beim Theater des Pompeius, ertappt und vom Volke mit Steinwürfen verfolgt. Ueber das Schicksal ihres Liebhabers weichen die Ueberlieferungen von einander ab. Dieser Vorfall trug dazu bei, den Horaz in seinen Auffassungen von den Vorzügen käuflicher Liebe noch zu bestärken. Nur ein einziges Mal wurde er seinen Grundsätzen untreu und liess sich von einer alten lüsternen Dame empfangen, die einem vornehmen Hause entstammte und ihn durch eine geheuchelte Vorliebe für Philosophie und Wissenschaft gefesselt hatte. Ursprünglich wollte er den Verkehr lediglich auf die litterarischen Beziehungen beschränken, hielt dann aber doch dem drängenden Liebeswerben nicht Stand, obschon er damals in den Banden einer schönen Courtisane namens Jnachia lag, und sich schämte, ihr eine unwürdige Nebenbuhlerin zu geben. Diese hatte sich denn auch bald über kühle Zurücksetzung und Vernachlässigung zu beklagen, was sie veranlasste, sich an Horaz dadurch zu rächen, dass sie der Jnachia Kummer bereitete. Der Dichter aber ergriff energisch die Partei seiner Geliebten und opferte ohne Bedenken die alte Kokette. Zwei furchtbare Epigramme, die er gegen sie verfasst hatte, machten die Runde in ganz Rom, und man zeigte auf der Strasse mit Fingern auf sie. Leider wissen wir nichts als den Namen von dieser Jnachia.

Fast zur selben Zeit hatte Horaz mit einer anderen Courtisane angeknüpft, die der Jnachia an Schönheit nicht nachstand und von dem Dichter keinerlei Geschenke annahm. Wahrscheinlich aus diesem Grunde nennt der Dichter sie die gute Cinara. Aber es war doch gewiss nicht das beste Mittel, sie lange zu fesseln, und so machte sich denn Cinara bald auf die Suche nach einem freigebigeren Liebhaber. Sie fand ihn mühelos; Horaz aber, der über ihren Verlust untröstlich war, suchte Vergessenheit bei Bacchus. Sein ganzes Leben lang hat er diese Geliebte betrauert, obschon er ihr viele Nachfolgerinnen gegeben hat. Der Name Cinara war mit seinen süssesten Jugenderinnerungen verknüpft; sie hatte ihn ohne Spekulation auf reichen Lohn nur seiner selbst willen geliebt; als er schon den Fünfzigern zuneigte, sagte er noch in stiller Resignation: „Ach, ich bin nicht mehr der, der ich war, als Cinara mein Herz beherrschte." Gratidia, die an ihre Stelle trat, war nicht geeignet, ihr Andenken zu verwischen: schön und gefeiert wie Cinara, verstand sie es doch, als sich mit den Jahren die Schar ihrer Verehrer verlief, ihrem Courtisanengewerbe eine sicherere und einträglichere Industrie anzufügen: sie wurde Parfümeriefabrikantin und saga oder Zauberin. Sie verfertigte Liebestränke, deren Kraft sie, wenn wir den Kommentatoren trauen dürfen, an Horaz selbst erprobte, in der Hoffnung, ihn dauernder und fester an sich zu fesseln. Aber Horaz schüttelte dies Joch doch ab, weil ihm vor dem geheimnisvollen Geschäfte der Zauberin graute, und weil er von den Stimulantien dieses Weibes einen nachteiligen Einfluss auf seine Gesundheit fürchtete. So brach er denn plötzlich mit ihr. Als Vorwand dienten ihm die Beziehungen, die Gratidia zu einem alten Lebemanne namens Varus unterhielt. Da die Abgedankte sich aber lebhaft und laut über seine Untreue und Undankbarkeit beklagte und ihm Rache schwur, so griff Horaz, der wohl wusste, wessen sie fähig war, energisch durch und enthüllte der Oeffentlichkeit in seinen Versen die Geheimnisse der grauenhaften Kunst der sagae, indem er dabei das sehr durchsichtige Pseudonym Canidia für das Weib anwandte. Wir sind schon oben auf diese Enthüllungen zu sprechen gekommen. Vermutlich hatte sich Gratidia infolgedessen vor den Behörden zu verantworten und ihr Treiben zu rechtfertigen; dabei scheint ihr Horaz, man weiss nicht aus welchen Gründen und unter welchen Einflüssen, eine Art Ehrenerklärung ausgestellt zu haben; wenigstens deuten darauf die Worte einer Ode hin, die den zwei Angriffsgedichten gegen dieses Weib folgte. In den halb ironischen Versen verspricht der Dichter sie zu schonen, wenn sie ihn nur unbelästigt lasse; aber, indem er sie gleichsam entschuldigt, bringt er doch im Grunde genommen alles noch einmal vor, was er schon früher dargelegt hatte. So spielt er besonders auf den Geheimkult der Cotytto an und liefert dadurch indirekt den Beweis, dass Gratidia, wie übrigens auch die anderen sagae mit diesen Mysterien zu thun hatte, die nichts waren, als entsetzliche Orgien mit wahnsinnigen geschlechtlichen Ausschweifungen (cotyttia). Cotytto war die thrakische Liebesgöttin, ursprünglich eine alte hermaphroditische Gottheit syrischen Ursprungs.

Gegen Gratidia blieb Horaz stets erbittert und hat ihr in späteren Werken immer hin und wieder noch eine Bosheit zugefügt; ihm hatte sie auch den nicht gerade schmeichelhaften Beinamen: die Giftmischerin zu danken. Nach einer solchen Liebe mit ihren Elixieren und ihren magischen Beschwörungskünsten musste Horaz förmlich aufatmen. Er war ausserordentlich empfindlich gegen unangenehme Gerüche, die einen starken Eindruck auf seine Nerven machten; deshalb erfasste ihn ein heftiger Widerwillen gegen die wunderschöne Courtisane Hagna, die unschön aus dem Munde roch, was allerdings ihren Anbeter Balbinus nicht abhielt, sie trotzdem hoch zu verehren. Die verschiedenen Zerstreuungen, die Horaz beim männlichen Geschlechte suchte, übergehen wir mit Stillschweigen; die unaufhörliche Klage gegen seinen Bathyllus müssen wir der Verderbtheit römischer Sitten zuschreiben. Horaz war nicht moralischer als seine Zeit, und wenn er sich an der Liebe zu schönen Frauen ausgiebig erfreute, so blieb er für die Reize der Knaben nicht minder zugänglich. „Wo ihm immer die Schönheit entgegentrat,“ so sagt der gelehrte Walkenær, „da machte sie auf ihn einen tiefen und lebhaften Eindruck; sie absorbierte seine Gedanken, störte seinen Schlaf und entflammte seine Begierde; so suchte er denn jede Gelegenheit, ihr zu huldigen, ohne Skrupel und Bedenken, die die Ethik seiner Zeit nicht kannte.“ In einer an

Pettius gerichteten Epode gesteht er zu, dass ihn die Liebe zu schönen Knaben und jungen Mädchen beständig plagt: „Jetzt ist es Lysiscus," so sagt er voller Leidenschaft, „den ich liebe, Lysiscus, der schöner und reizender ist als ein Weib. Weder die Vorwürfe meiner Freunde, noch die Abweisungen dieses Jünglings können mich von ihm losreissen; nichts kann mich von ihm trennen, es sei denn die Liebe für ein zartes junges Mädchen oder für einen schönen Knaben mit langem Haar." Als so der Dichter das Geständnis seiner schimpflichen Knabenliebe ablegte, stand er, wie wir aus Zeitangaben in demselben Gedichte entnehmen können, etwa im dreissigsten Lebensjahre. Und um dieselbe Zeit verliebte er sich rasend in Lyca; das war eine ausländische Courtisane, die ihr Geschäft unter Assistenz und zum Profit ihres Mannes ausübte und so schlau gewesen war, den Werbungen des Dichters zunächst eine Abweisung entgegenzusetzen.

Arcon und Porphyrion, die wertvolle Untersuchungen über alle bei Horaz erwähnten Personen angestellt haben, sagen uns über den rechten Namen dieser Lyca nichts; sie erwähnen vielmehr lediglich, dass sie tyrhenischen Ursprungs war, d. h. aus Etrurien stammte, dessen ganze Bevölkerung nach dem Zeugnis des Geschichtsschreibers Theopompos ausserordentlich zügellos war. Auch Plautus spielt darauf in seiner Cistellaria an. Lyca blieb also nur den Sitten der Heimat treu, wenn sie aus der Preisgabe ihres Körpers ein Geschäft machte und so Reichtümer aufhäufte, deren schimpflicher Ursprung sie nicht abhielt, sich mit dem Glanze einer ehrbaren Frau zu umgeben und sich sogar einen Gatten zu kaufen. Horaz fiel auf ihre gemachte Tugendhaftigkeit hinein und gab sich die grösste Mühe, sie zu erobern, trotz seiner sonstigen Abneigung gegen Abenteuer mit verheirateten Frauen. In einer schönen Ode flehte er die schöne Etruskerin an, ihm die wohlverwahrte Thür zu öffnen! Er wusste gewiss nicht, dass hinter dieser Thür sich ein Glücklicher, der früher gekommen war, mit der Schönen vergnügte. Drum flehte er auch wieder und wieder in seinen Versen die Schöne um Erhörung an. Schliesslich wurde ihm die Gewährung seiner Wünsche; er zeigte sich darauf sehr freigebig, war ausserordentlich glücklich und galt eine Zeit lang als der erklärte Liebhaber des Weibes. Das dauerte genau so lange, bis sie ihm eines jüngeren und reicheren Mannes willen den Laufpass gab. Das kränkte seine Eigenliebe sehr, und er machte mehrfache Versuche, die Liaison wieder anzuknüpfen. Mit einer gewissen Schadenfreude konstatiert er eines Tages den körperlichen Verfall dieser Frau, die sich in unbezähmbarem Drange nach Ausschweifungen aufgerieben hatte. Es macht einen merkwürdigen Eindruck auf uns, wie er sich freut über die Runzeln in dem Gesichte dieser Frau, über den Schwund der Zähne, über die Verfärbung des Haares, und darüber, dass die jungen, lebenslustigen Männer dieser alten Ruine fernbleiben.

Thatsächlich blieben die römischen Frauen und zumal die Courtisanen nicht lange jung: das heisse Klima, die oft wiederholten Bäder, die Kosmetika und Aphrodisiaka, die Gelage und Ausschweifungen aller Art liessen die Blüten des kurzen Lebensfrühlings bald verwelken; mit dreissig Jahren begannen die Frauen alt zu werden, und wenn noch das Liebesfeuer unter der Asche glühte, dann mussten sie ihre Zuflucht zu Eunuchen, den spadones und den Gladiatoren nehmen oder gar zu den abscheulichen Geheimnissen des fascinum.

In der Zeit, als Horaz in den Banden der reizenden Lyca schmachtete, versagte er sich doch nicht ein flüchtiges Verhältniss zu einer gewissen Pyrrha: übrigens liebte er sie nicht tief und war nicht eifersüchtig auf sie, denn als er sie eines Tages in den Armen eines frischen, kecken Jünglings fand, zog er sich diskret zurück, ohne dass das verliebte Paar ihn überhaupt gehört hätte. Am andern Tag sandte er der Pyrrha ein hübsches Abschiedsgedichtchen, worin er sie über seine Beobachtungen unterrichtete. Es ist jene entzückende Ode, in der er sich mit einem Schiffbrüchigen vergleicht, der zum Dank für seine Rettung aus Seenot die feuchten Kleider opfernd im Tempel aufhängt. So wenig der Dichter für seinen Teil auf Treue hielt, so empfindlich war er gegen die Untreue der Geliebten, die doch wohlgemerkt, alle Courtisanen waren. Diese Empfindlichkeit, die seltsam gegen seine epikuräische Philosophie absticht, muss man wohl mehr seiner persönlichen Eitelkeit als tieferen moralischen Gefühlen zuschreiben. Ein einziges Mal freilich zeigte er sich nicht eifersüchtig, sondern war bereit, einem Freunde einen Anteil am Besitze der Geliebten zu gönnen, das war damals, als sein Freund Aristius Fuscus der zierlichen und jugendlichen Lalage nachstellte, bei der der Dichter sich von den Vergnügungen und den Liebesabenteuern Roms auf dem Lande zu erholen liebte. Lalage hatte den stürmischen Fuscus unter Hinweis auf ihre Jugend abgewiesen, und Horaz rät ihm zur Geduld, da der Tag kommen werde, an dem Lalage sich ihm aus freien Stücken nähern werde. Der Dichter schwärmte sehr für diese Lalage und beschreibt uns in einem köstlichen Gedicht, wie er die Wälder durchstreift, um sich vom Echo den Namen der Geliebten zuwerfen zu lassen. In Wirklichkeit freilich hinterging ihn dieses Mädchen, wie fast gleichzeitig ein anderes Weib, Barina, etwas älter, aber ebenso reizend wie Lalage. Nach den Angaben der Scholiasten hiess sie eigentlich Julia Varina und war eine Freigelassene der julischen Familie. Auch bei ihr glaubte Horaz aus einer Courtisane eine treue Geliebte machen zu können und musste doch bald sehen, dass sie ihm nur deshalb so bereitwilig ewige Liebe und Treue schwur, um mehr Geschenke aus ihm herauszupressen. In humoristischen Versen beklagt der Dichter mit etwas süsssaurer Miene dieses Verfahren: er möchte dem Mädel gerne zürnen, und findet es doch gleichzeitig verteufelt hübsch. „Auch die Jünglinge," so seufzt er, „wachsen nur heran, um die Schar deiner Sklaven zu mehren. Und wen du in deinen Banden hältst, der beklagt deine Untreue, ohne doch von dir lassen zu können, du grausame Herrin."

Horaz, der damals achtunddreissig Jahre alt war, überliess sich allen Launen seines Temperaments; er suchte eine treue Geliebte, fand aber keine, da er selbst ein zu schlechtes Beispiel gab. Oft zog er sich in eines seiner Landhäuser nach Præneste oder Ustica zurück, um dort einige Zeit mit irgend einer schönen Freigelassenen zu verleben, die allerdings in der Regel bald den Geschmack an dieser Art von Gefangenschaft verlor und nach Rom zurückkehrte. Als er eines Tages nach Ustica, seinem sabinischen Landgute reisen wollte, bemerkte er auf der via sacra ein auffällig gekleidetes junges Mädchen von blendender Schönheit; ihr zur Seite schritt ein älteres Weib, das ihr sprechend ähnlich sah, sodass man sofort in ihnen Mutter und Tochter erkannte. Horaz war lebhaft ergriffen und fühlte sofort sein Herz für beide entbrennen; als er aber erfuhr, dass die Mutter eine Freundin der berüchtigten Gratidia war, beschäftigte er sich nur noch mit der Tochter, die Tyndaris hiess, von Beruf Sängerin war und von dem eifersüchtigen und vor brutalen Misshandlungen seiner Geliebten nicht zurückschreckenden Cyrus ausgehalten wurde. Horaz sandte ihr eine poetische Liebeserklärung und bat sie, ihm in die Einsamkeit seines Landgutes zu folgen. Die Mutter aber erzählte der Tochter von dem Verhalten des Dichters gegen Gratidia und riet ihr, sich nicht einem gleichen Schicksal auszusetzen. Tyndaris antwortete dem Horaz deshalb, dass sie ihre Mutter erzürnen würde, wenn sie den Lockungen des Mannes Gehör schenke, der Gratidia mit so heftigen Angriffen verfolgt habe. Horaz versuchte es darauf, mit einer Schmeichelei bei der Frau Mama, indem er schrieb, er bedauere die heftigen Verse von früher, es bedürfe nur eines Wortes von ihr, so würfe er sie ins Feuer. Tyndaris liess sich durch derartige reumütige Aeusserungen rühren und brachte sogar eine Art Aussöhnung zwischen dem Dichter und Gratidia zu Wege.

Nach Tyndaris flösste Lydia dem wankelmütigen Dichter die grösste Liebesleidenschaft ein. Sie hatte eine Liebschaft mit einem jungen Mann, den sie dadurch von allem ernsten Thun abhielt: Horaz machte ihr Vorwürfe darüber, dass sie dadurch die ganze Karriere des jungen Mannes vernichten werde, und es gelang ihm thatsächlich, den jungen Sybariten bei ihr auszustechen, indem er sich spendabler zeigte als jener. Aber kaum erfreute er sich seines jungen Glückes, als ihm diese Lydia, die noch viel launenhafter war, als er selbst, in der Person eines gewissen Telephus einen Nebenbuhler gab. Telephus war ein junger, schöner, stattlicher und kräftiger Mann, und dem Horaz fiel es schwer, eine solche Konkurrenz auszuhalten; er hielt indessen Stand und suchte durch Zärtlichkeit und seine Ueberredungskünste gegen den robusten

Rivalen anzukämpfen. Indes vermochte seine verliebte Poesie nur schwachen Eindruck auf das Weib zu machen. Wir besitzen noch die klagende Ode, die er an sie richtet: er bittet und beschwört sie, von dem Nebenbuhler abzulassen, schildert ihr, welche Qualen der Eifersucht er erdulde, wenn sie in seiner Gegenwart von dem frischen und feurigen Liebhaber schwärme und sucht ihn in ihren Augen herabzusetzen, indem er schildert, wie brutal er sie umarme, wie heftig er sie küsse, und wie unzart er ihre Schultern umfasse. Lydia aber — dachte garnicht daran, den jungen Fant zu verabschieden, sondern schloss lieber dem lästigen Ratgeber die Thüre vor der Nase.

Ohne Geliebte vermochte Horaz keinen Tag zu sein. Obschon er mit vermehrter Leidenschaft an der Ungetreuen hing, die ihn davon gejagt hatte, so suchte er sich doch in allerhand Zerstreuungen über die Kraft dieser Liebe hinwegzutäuschen. Aber er kam doch nicht über den Verlust von Lydia hinweg. Er kehrte nach Rom zurück und erfuhr dort mit Freuden, dass der brutale Telephus bereits einen Nachfolger erhalten hatte: Lydia wurde von Calaïs, dem Sohne des Orynthus von Thurium, ausgehalten. Horaz eilte zu ihr, und auch sie sah ihn nicht ohne Bewegung wieder: so sanken sie einander in die Arme. In klangvollen Versen hat Horaz diese Versöhnung gefeiert: aus dem Pathos jener Zeilen merkt man die glühende Leidenschaft heraus, die er in seine Worte gebannt hat, eine Leidenschaft, die sich bis zu dem Wunsche verstieg, dass er mit Lydia leben, mit Lydia sterben wollte.

Aber die Liebe der Courtisanen war unbeständig; Lydia kehrte bald zu ihrem Calaïs zurück, und Horaz wandte sich der Chloë zu, allerdings nicht ohne heftige Sehnsucht nach Lydia zu empfinden und sich selbst Vorwürfe darüber zu machen, dass er sie nicht zu fesseln vermocht habe. Chloë, die Blonde, war fast noch ein Kind, als sie sich dem Dichter gab, der sie bald über zwei anderen, reiferen Schönen vergass, über Phyllis, einer Freigelassenen des Xanthias und Glycera, der ehemaligen Geliebten Tibulls. Seine Bekanntschaft mit Phyllis verdankte er einem eigentümlichen Zufall. Eines Tages wollte er seinem Freunde Xanthias, einem jungen Griechen aus Phocaea, Epikuräer und Lebemann wie er selbst, einen Besuch abstatten; man sagte ihm, Xanthias sei in seiner Bibliothek beschäftigt, und so wollte er ihn denn dort ohne Anmeldung überraschen. Ueberrascht hat er ihn freilich — denn der junge Grieche hatte sein Gesinde deshalb entfernt und sich in die Bibliothek zurückgezogen, um sich ungestört mit seiner schönen Sklavin Phyllis unterhalten zu können. Dem Xanthias war die Ueberraschung keineswegs angenehm, denn es galt bei den Römern für kompromittierend, wenn sich ein Freigeborener mit einer Sklavin einliess. Horaz suchte ihn so gut es ging, über diese Skrupeln hinwegzuhelfen und sang das Lob der Schönen, die er gerne für sich selbst erobert hätte. Auf

Horazens Rat gab Xanthias der Phyllis die Freiheit. Der Dichter wartete ihm zugleich mit einer schönen Ode auf, in der er Phyllis mit Briseïs, der Geliebten des Achilles, mit Tekmene, der Sklavin des Ajax und mit jener troischen Jungfrau, für die Agamemnon nach Trojas Fall entbrannte, verglich, nicht ohne zugleich ausdrücklich zu versichern, dass er selbst durchaus keine Absichten auf das schöne Mädchen habe. Immerhin eine feine Diplomatie; man kann wohl annehmen, dass Phyllis dem Dichter dankbar dafür war, weil er ihr zur Freiheit verholfen hatte. Als sie aber im Besitze der Freiheit war, verliess sie den Xanthias und hing sich an eben jenen Telephus, den Horaz bereits früher einmal zum Nebenbuhler gehabt hatte. Als auch mit dem die Herrlichkeit bald zu Ende ging, gewann endlich Horaz das lang ersehnte Mädchen. An Telephus sandte er eine sehr schöne Trostode, während er Phyllis einlud, den April, der als der Liebesmonat der Venus geweiht war, mit ihm auf seinem Landgute zu verbringen. So war Phyllis zur Courtisane geworden; durch ihre Gesangskunst zeichnete sie sich bei den Gastereien aus. Obschon Horaz sie seine letzte Liebe nennt (meorum finis amorum), hat er ihr doch noch mehr als eine Nachfolgerin gegeben.

Am innigsten liebte er Glycera; von Tibull, dessen Geliebte sie vorher gewesen war, hatte er erfahren, wie liebenswert sie war. Horaz war reich und gewandt genug, um Glycera über seine grauen Haare hinwegsehen zu lassen, und so nahm sie denn seine Geschenke und seine Huldigung gut auf und gab ihm ein Rendezvous in dem reizenden Häuschen, wo sie ihren Herrscherthron im Reiche der Liebe aufgeschlagen hatte. Mit begeisterten Worten besang der Dichter diese Geliebte, die als erfahrene Kokette einen ausserordentlich grossen Einfluss auf ihn ausübte und ihn so an sich fesselte, dass sogar seine Gesundheit unter den Folgen dieses Liebesrausches litt. Er litt an Krampfanfällen, und manchmal überkam ihn eine düstere Stimmung: die Eifersucht quälte ihn aufs ärgste. Gewaltsam suchte er sich von diesen schwarzen Gedanken loszureissen und mit lärmenden Freuden seine Schmerzen zu betäuben: „Ich will an nichts mehr denken," so rief er seinem früheren Rivalen Telephus zu, mit dem er vertraut geworden war. „Wo sind die Berecynthischen Flöten? Warum ist die Schalmei dort aufgehängt neben der stummen Leier? Ich hasse unthätige Hände: auf, streut Rosen! Der Lärm unseres Festes soll den trägen Lycus aufscheuchen und seine junge Gemahlin, die so unglücklich an ihren alten Gatten gefesselt ist. Deine schwarzen Locken, Telephus, deine glänzenden und lockenden Augen werden deine Geliebte entzücken, während ich mich nach meiner Glycera sehne." Von der strahlenden Schönheit des Telephus wirft er einen betrübten Blick auf seine dreiundvierzig Jahre, seine ergrauenden Haare, seine rotgeränderten Augen, seine Runzeln und seinen gelben Teint. Glycera war indessen viel zu klug, um derartige trübe Gedanken lange-

bei Horaz zu dulden, und manchmal fühlte er sich wirklich wieder jung, wenn er neben ihr an der Tafel lag. Dann stimmte er seine Leier zu einem feurigen Liebesliede für Glycera, das uns noch heute entzücken kann.

Während seiner Liebschaft mit Glycera überwarf sich der Dichter vollständig mit einigen seiner früheren Maitressen, mit denen er bis dahin noch auf freundschaftlichem Fusse gestanden hatte. Man kann wohl annehmen, dass Glycera dahintersteckte, die sowohl auf Chloris wie auf Pholoë, Chloë und Lydia eifersüchtig war. So verletzte er denn in seinen Versen diejenigen, die er kurz zuvor überschwänglich verherrlicht hatte. Lydia insultierte er geradezu und prophezeiete ihr, sie werde als alte verschrunzelte Dirne noch in den Winkeln der Strasse den Vorübergehenden ihre schimpflichen Dienste anbieten; ebensowenig machte er sich ein Gewissen daraus, die alte Chloris und ihre Tochter Pholoë, die damals als famosa einen grossen Ruf besass, zu beleidigen. Der Chloris riet er in einem Gedichte, sie sollte doch endlich einsehen, dass sie ein altes Weib geworden sei und mit den Ruinen einstiger Schönheit nicht mehr in den Kreis blühender junger Mädchen gehöre, bei derem Glanze sie doch nur wie ein Schatten wirke. Anstatt, wie er einmal gesagt hatte, aus seinen Gedichten die bitterbösen Verse zu entfernen, fügte er neue dieser Art hinzu. Er war damals siebenundvierzig Jahre alt und wahnsinnig in Glycera verliebt. Als er seine Oden herausgab, mischte er seine Gedichte so untereinander, dass man daraus unmöglich eine Chronologie seiner Liebschaften rekonstruieren kann. Und doch war Glycera noch unzufrieden mit dem Lobe, dass der Dichter ihr gespendet: sie wurde zornig und verabschiedete ihren allzunachgiebigen Liebhaber, den sie trotz aller Bemühungen nicht wieder zu Gnaden annahm.

Vergebens versuchte Horaz ihre Eifersucht zu wecken, indem er sich einer seiner alten Geliebten, die er nicht verlästert hatte, wieder zuwandte, und kein Mittel unversucht liess, wieder deren Galan zu werden. Es war das die schöne thracische Sklavin Chloë, die Horaz einst selbst in die Geheimnisse des Lebens eingeführt hatte, nicht ohne bald ihrer kindlichen Reize überdrüssig zu werden. Inzwischen war aber Chloë eine berühmte Courtisane geworden, der eine Schar von Verehrern zu Füssen lag, wo immer sie sich zeigen mochte. Ihr Luxus überstieg den ihrer Rivalinnen, obschon sie nur von einem jungen Kaufmann, namens Gyges, ausgehalten wurde. Sie liebte ihn zweifellos deshalb, weil er ein Mann von berückender Schönheit war, aber sein ungeheures Vermögen mochte diese Beziehungen wohl auch noch verstärken. Eines Tages aber fiel Gyges in die Schlinge einer anderen Courtisane, Asteria genannt. Er suchte nur nach einem Vorwand, um mit Chloë zu brechen, und schützte schliesslich eine Geschäftsreise nach Bithynien vor. In Wirklichkeit ging er nur nach Epirus, und während die verlassene Chloë nicht einmal wusste, wo er weilte, stand er in ununterbrochenem brieflichen Verkehr mit Asteria. Man kann sich die Wut der Verlassenen denken, als sie des Geliebten Untreue entdeckte, und man wird zugeben müssen, dass Horaz den Augenblick zu einer Annäherung an sie gar nicht ungünstiger treffen konnte: er wurde mit Glanz abgefertigt, worauf er sich nicht nur mit einem boshaften Epigramm gegen die stolze Chloë rächte, sondern auch mit guten Ratschlägen, die er der Asteria gab, damit sie auch sicher den Gyges einfinge. Sie solle jenem nur, so meinte der Dichter, treu bleiben und sich durch niemanden anders verführen lassen; auch teilte er mit, dass Chloë durch besondere Boten den Gyges bestürmt hatte, wieder in ihre Arme zurückzukehren. So konnte er sich zwar an dem Schmerze des verlassenen Mädchens schadenfroh ergötzen, aber ihre Zurückweisung hatte seiner Eigenliebe doch einen schweren Stoss versetzt; wehmutsvoll nimmt er in einer Ode Abschied vom Liebesleben und beteuert, er wolle seine Waffen im Tempel der Venus aufhängen und hinfort ihrem Dienste entsagen. Nicht ohne eine gewisse Eitelkeit setzt er hinzu, er glaube in der Liebe jederzeit seine Schuldigkeit gethan zu haben.

Wir können uns nicht versagen, die köstlichen Verse der 26. Ode des III. Buches hier anzuführen:

Vixi puellis nuper idoneus,
Et militavi non sine gloria:
    Nunc arma defunctumque bello
    Barbiton hic paries habebit,

Lævum marinæ qui Veneris latus
Custodit. Hic hic ponite lucida
    Funalia et vectes et areus
    Oppositis foribus minacis.

O quæ beatam diva tenes Cyprum et
Memphin carentem Sithonia nive:
    Regina, sublimi flagello
    Tange Chlœn semel arrogantem!

Aber diese Abrüstung war doch verfrüht gewesen, denn er machte die Erfahrung, dass er sich doch noch an dem Kult der Göttin erfreuen könne. Er sah, oder sah wieder jene geschickte Sängerin Lyde, die bei festlichen Gelegenheiten durch ihr Musizieren zu glänzen pflegte, und zögerte nicht, mit ihr eine Liaison zu beginnen. Vermutlich verdankte er seine Erfolge mehr seinem grossen Portemonnaie als seinen persönlichen Reizen. Zum Feste des Neptuns, das am 23. oder 28. Juli gefeiert wurde, war er vermutlich mit Lyde auf seinem Landhause. Nauck nennt das Mädchen in den Anmerkungen zu seiner Horazausgabe „eine fleissige, ernstgesinnte, haushälterische Schaffnerin, und zur Zeit noch wenig der Liebe geneigt.“ Am Schluss einer köstlichen Ode sehen wir, wie der verliebte Dichter den Ernst und die herbe Sprödigkeit des Mädchens zu bannen sucht. Meist waren es Trinklieder, die er an sie richtete, etwa von der Art desjenigen, das er dem Quintus Hirpinus widmete. Das 28. aus dem dritten Buche der Oden mag hier einen Platz finden als Charakteristikum der Liebeslyrik jener Zeit:

Festo quid potius die
Neptuni faciam? prome reconditum
Lyde strenua, Caecubum,
Munitæque adhibe vim sapientiæ:

Jnclinare meridiem
Sentis, ac veluti stet volucris dies,
Parcis deripere horreo
Cessantem Bibuli consulis amphoram?

Nos cantabimus invicem
Neptunum et, viridis Nereïdum comas,
Tu curva recines lyra
Latonam et celeris spicula Cynthiæ:

Summo carmine quæ Cnidon
Fulgentisque tenet Cycladas et Paphum
Junctis visit oloribus,
Dicetur merita Nox quoque nenia.

So schloss denn das Liebesleben des Horaz mit Lyde ab: er sucht ferner nicht mehr die Gesellschaft der Courtisanen, denn er weiss, dass ihm alles fehlt, um ihre Liebe zu wecken, aber ihren Abweisungen will er sich nicht mehr aussetzen. Trotzdem fleht er noch manchmal, wenn noch die alte Glut unter der Asche sich regt, zur Venus; aber nicht zum Weibe, sondern zu dem Knaben Ligurinus fühlt er sich in seinen letzten Jahren hingezogen. So sehen wir den Dichter, der uns die köstlichsten Perlen römischer Liebeslyrik gespendet hat, mit weissem Haare sich noch den für uns abschreckendsten Formen perverser Geschlechtsbefriedigung hingeben, der lasterhaften Abart der römischen Prostitution.

Kapitel XXV.

Catull. — Der Charakter seiner Gedichte. — Aurelius und Furius. — Epigramm gegen seine Feinde. — Seine Maitressen und seine Freundinnen. — Clodia oder Lesbia, die Tochter des Senatoren Metellus Celer, Catulls Maitresse. — Lesbias Sperling. — Was war Lesbias Sperling. — Des Sperlings Tod von Catull besungen. Lesbias Verzweiflung. — Catulls leidenschaftliche Liebe zu Lesbia. — Bruch der beiden Liebenden. — Catulls Resignation. — Die Geliebte des Mamurra. — Lesbias Konkubinat. — Catull sieht Lesbia in der Gesellschaft ihres Gemahls wieder. — Wie Lesbia die Eifersucht ihres Gatten zu beschwichtigen weiss. — Die Courtisane Quintia im Theater. — Catulls Verse gegen Quintia. — Catull hat in seinen Gedichten der Lesbia keine Nebenbuhlerin gegeben. — Die griechische Courtisane Ipsithilla. — Ein Liebesbriefchen Catulls an dieses Mädchen. — Catulls Epigramm gegen die Stammgäste eines Bordells, in das sich eine seiner Geliebten geflüchtet hatte. — Lesbia war nicht die Heldin dieses Abenteuers. — Catulls Zorn gegen Aufilena. — Catulls vorzeitiger Verfall. — Lesbia am Totenbette des Geliebten. — Properz. — Cynthia oder Hostilia, die Tochter des Hostilius. — Ihre Liebe zu Properz. — Statilius Taurus, der reiche Praetor von Illyrien, hält Cynthia aus. — Resignation des Properz, als er

seine Geliebte einmal mit Statilius Taurus überrascht. — Des Lygdamus' Ohren. — Guter Rat. — Cynthia, die Gelehrte. — Der Grundsatz des Properz. — Eine Liebesnacht mit Cynthia. — Cynthias Verehrer. — Wie sie der Isis und Juno zu opfern pflegte. — Properz' Klagen über das Benehmen der Geliebten. — Im Seebade zu Baiae. — Freund Gallus. — Properz ergiebt sich Ausschweifungen, um seine Geliebte zu vergessen. — Versöhnung mit Cynthia. — Rollenwechsel. — Die Kupplerin Acanthis. — Cynthias Eifersucht. — Lycinna. — Eine Ueberraschung. — Phyllis und Teia. Das gestörte Liebesmahl. — Cynthias Zorn. — Die Giftmischerin Nomas. — Eiliges Begräbnis der Cynthia. — Properz' Tod. — Das gemeinsame Grab.

Horaz war kaum geboren, als Catull, dieser grosse Dichter der Liebe und der Sinnenfreude, im Alter von sechsunddreissig Jahren starb, ein Opfer massloser Ausschweifungen, wie die einen behaupten, während andere sagen, dass er der Gebrechlichkeit seiner Konstitution nach einem ruhigen und keuschen Leben erlag. Indes wird dieses Leben wohl nicht immer so ruhig verlaufen sein, denn so verstümmelt und unvollkommen uns die Verse des Dichters dank der Zensur des ersten christlichen Jahrhunderts erhalten sind, so atmen sie doch den lebens- und liebesfrohen Geist epikuräischer Philosophie. Catull, des Cornelius Nepos und Ciceros Freund, hat seine Verse unter den Lebemännern und Courtisanen Roms gedichtet; spricht er doch sogar ihre Sprache in seinen Werken; niemals schreckt er vor einem starken Worte zurück, ja, wendet es sogar mit einer gewissen Keckheit an, die ihm um so besser steht, als er ganz und gar naiv dabei erscheint. Man bemerkt, dass ihm auf seinen Reisen in Asien, Griechenland und Afrika nichts verborgen geblieben ist von dem, woraus sich das bunte Mosaik römischen Lasterlebens zusammensetzte. Und doch unterlässt er nicht in einem Epigramm gegen seine Feinde Aurelius und Furius seine Keuschheit ausdrücklich zu betonen: „Ein guter Dichter," so sagt er, „muss keusch sein. Aber müssen es darum auch seine Verse sein?"

Aus seinen Gedichten, von denen kaum die Hälfte auf uns gekommen ist, lernen wir drei oder vier griechische Courtisanen kennen, die seine Freundinnen oder seine Maitressen gewesen sind; zu seiner Zeit (60 — 50 v. Chr.) waren sie sehr berühmt, aber von ihrer Schönheit, ihrem Geiste, ihren Talenten und ihren Gaben finden wir in den Werken Horazens nicht einmal mehr eine Erwähnung: ihr Ruhm verging eben ausserordentlich schnell. Nur Lesbia, deren Name durch Catull unsterblich geworden ist, hat den Sperling überlebt, dessen Tod sie so innig beklagte; nach den Commentatoren gehörte aber diese Lesbia nicht einmal zu dem Stand der Courtisanen, sondern hiess eigentlich Clodia und war die Tochter eines Senatoren namens Metellus Celer. Der Dichter scheint absichtlich in den Versen, die er an Lesbia oder ihren Sperling (passer) richtet, jede Anspielung auf ihre wirkliche Persönlichkeit vermieden zu haben; nicht einmal die Farbe ihres Haares verrät er uns, sondern begnügte sich mit der Aufzählung der Küsse, die er dem Liebchen gegeben und geraubt habe, und deren Zahl kein Neidischer anzugeben vermöchte. „Du fragst, Lesbia, wieviel Küsse du mir geben musst, bis ich genug oder gar zuviel habe? Soviel wie Sandkörner in der lybischen und cyrenischen Wüste aufgehäuft liegen, vom Tempel des Jupiter Ammon bis zum geheiligten Grabe des alten Battus; soviel wie Sterne am Himmel funkeln in stiller Nacht, Zeugen der flüchtigen Liebschaften des sterblichen Geschlechts." Diese Lesbia, deren poetischer Name wohl auf des Dichters Vorliebe für lesbische Liebe zurückzuführen ist, wie er denn ja auch für sie die grosse Ode Sapphos übersetzt hat, ist berühmter geworden durch ihren Sperling als durch ihre lockeren Sitten. Dieser Sperling, den sie an ihrem Busen barg, den sie mit dem Finger neckte und zum Beissen reizte, wenn sie ihres Liebsten harrte und sich die Zeit des Wartens vertreiben wollte, dieser Sperling, dessen Tod Catull in rührenden Versen besungen hat, war nach dem Zeugnis der alten Commentatoren überhaupt kein Vogel, sondern eine junge Freundin der Lesbia, die sie ebenso lieb hatte wie ihren Catull. Indessen steht nicht fest, ob dabei nicht doch die Ausleger ihre Künste etwas zu weit getrieben haben.

Catull war so bezaubert von Lesbia, dass er sich ein Ende dieser Liebschaft garnicht vorstellen konnte. „Lass uns leben, lass uns lieben!" so ruft er ihr zu. Aber dieses Mädchen, das mehr geliebt wurde als irgend ein anderes, wurde dieser Zuneigung überdrüssig und verabschiedete den Galan. Der machte keinen Versuch, ein Herz wieder zu gewinnen, das ihn verstossen hatte; er beklagte sich nicht einmal über diesen Bruch, den er für unheilbar hielt, sondern suchte nur Lesbien zu vergessen und hinfort nicht mehr mit gleicher Leidenschaftlichkeit zu lieben. In einem Gedichtchen voll edler, inniger Resignation nimmt er Abschied von der Ungetreuen; aber bald muss er gewahren, dass er seine Kraft überschätzt hat und sich über den Verlust seiner Lesbia nicht zu trösten vermag, er liebt die Entschwundene noch immer und findet bei keinem andern Weibe Trost. „O, ihr ewigen Götter," so stöhnt er auf, „wenn ihr je einem Menschen in seinen Todesqualen Hilfe gespendet habt, dann blickt auch auf meinen Jammer und nehmt von mir zum Dank für ein reines Leben, dieses Gift, das mir das Mark in den Knochen verzehrt, und das alle Freuden meinem Herzen raubt." Noch lange nachher erinnert er sich nur mit tiefer Bewegung ihrer Liebe. Und als man einst die Maitresse des Mamurra mit seiner Lesbia zu vergleichen wagte, obschon sie weder ihre feine Nase, noch ihren zierlichen Fuss, noch ihre schwarzen Augen, ihre schmalen, langen Hände, ihre zarte Haut und ihre verführerische Stimme besass, da spricht er seufzend: „Ach, was ist das doch für eine dumme und grobe Zeit!“

Lesbia hatte sich verheiratet, oder lebte wenigstens in jener Art von Konkubinat, die nach römischem Rechte als Ehe per usucapionem galt. Ihr sogenannter Gatte (maritus) war vielleicht nichts anderes als ein eifersüchtiger Herr. Von Zeit zu Zeit empfing sie auch Catull in Gegenwart ihres Gatten, den sie trotz aller Lust nicht zu hintergehen wagte. Um so zu thun, als ob für sie die Vergangenheit ganz begraben sei, und um ihren Gatten darüber hinwegzutäuschen, wie sehr sie es bereute, ihn dem Dichter vorgezogen zu haben, überhäufte sie Catull mit Vorwürfen und manchmal gar mit Beleidigungen. „Drob freut sich der Schafskopf,“ sagt Catull, der sein Herz in einem Epigramm gegen den Mann erleichterte. „Ach, Du bist ein Esel, dass Du nichts merkst! Wenn sie ruhig gewesen wäre und unsere Liebe gar nicht mehr erwähnt hätte, dann würde sie sie vergessen haben; so aber, wo sie mir grollt und mich angreift, so zeigt sie dadurch doch nur, dass sie noch nicht vergessen hat, ja mehr noch, dass der Funke noch in ihrem Herzen glüht!“ Indes sieht man aus den Gedichten nirgends, dass er versucht hat, sich ihr wieder ernsthaft zu nähern.

Eines Tages stolzierte eine Courtisane namens Quintia in das Theater und nahm neben Lesbia Platz, wie um sie auszustechen und zu überstrahlen; allgemeines Gemurmel erhob sich, und in der That schaute alles nur noch auf Lesbias Konkurrentin, — nur Catull hatte nur Augen für seine alte Geliebte. Erzürnt griff er zu seinem Schreibtäfelchen und improvisierte ein paar Verse, die er dann unter den Zuschauern circulieren liess. Darin sagte er mit schönen Worten, warum er Lesbia der zwar schönen, aber ungraziösen und unliebenswürdigen Quintia vorziehe:

Lesbia formosa est: quae quum pulcherrima tota est
Tum omnibus una omnes surripuit veneres.

Man kann sagen, dass Catull in seinen Liebesgedichten der Lesbia keine Rivalin gegeben hat; nur ein Name taucht kurze Zeit neben dem ihren auf, Ipsithilla: wie ein Meteor verschwindet er nach kurzer Zeit seligen Liebestaumels. Nach ihrem Namen zu schliessen war Ipsithilla eine griechische Hetäre. Catull sandte ihr eines Tages ein glühendes Gedicht, in dem u. a. folgende nur lateinisch wiederzugebende Worte enthalten sind: paresque nobis novem continuas futationes. An einer anderen Stelle beklagt sich der Dichter einmal über die regelmässigen Besucher eines verrufenen Hauses; es hatte ihn nämlich eine sehr innig geliebte Maitresse verlassen, um in ein öffentliches Haus überzusiedeln, das neunte, wenn man vom Tempel des Castor und Pollux kam. Dort gab sie sich wahllos den Gästen hin (omnes pusilli et semitarii mœchi, die aber so boshaft waren, dem Catull den Zutritt zu wehren. Tief gekränkt fragt sie der Dichter, ob sie denn glaubten, allein das Recht zum Besuche öffentlicher Häuser zu haben; er droht ihnen, ihre Gewaltthat an der Mauer des Hauses zu beschreiben und versichert, dass er es mit zweihundert von ihnen aufnehmen werde. Gehör ward ihm indessen doch nicht geschenkt.

Diese nicht mit Namen angeführte Ungetreue war nicht Lesbia, die er trotz allen Ableugnens noch immer liebte, wie wir aus folgenden Worten entnehmen können: Amantem injuria talis cogit amare magis, sed bene velle minus. Mit den Freudenmädchen, die er mit seiner Gunst beehrte, machte er nicht immer die besten Erfahrungen; von einer, Aufilena, berichtet er uns sogar zornmutig, dass sie sich erst reichlich von ihm beschenken liess, um ihm dann doch lachend zu entfliehen. Man versteht es wohl, wenn der Dichter über diese putida mœcha, diese schmutzige Dirne, erbost ist. Ein andermal ereifert er sich gegen ein Mädchen, das ihm neckischer Weise seine Schreibtäfelchen entwendet hatte; schliesslich lachte er selbst über das tolle Ding und ruft ihr mit süsssauerem Gesichte zu: „Du keusches und reines Mädchen, gieb mir doch meine Täfelchen wieder!“ Kaum vierunddreissig Jahre alt fühlt sich Catull am Rande seiner Kräfte: er muss auf alles verzichten, was ihm die lustigen Jahre bisher verschönt hat, nur Lesbia kann er nicht vergessen. „Nie ist ein Weib mehr geliebt worden als du,“ so ruft er ihr in rührenden, liebedurchglühten Versen zu; „niemals wurden Verträge heiliger gehalten, als ich meine Liebesschwüre dir, Lesbia, gehalten habe! Aber schau, wohin ich durch dich gekommen bin, welches Opfer du meiner Treue zugemutet hast . . . Ich könnte dich niemals wieder achten, und wenn du die tugendhafteste Frau würdest, und ich könne niemals aufhören dich zu lieben, auch wenn du die verworfenste würdest!“ Die Sinne schwiegen bei Catull, nur das Herz allein regte sich noch, und alle seine Schläge gehörten seiner Lesbia. Sie erfuhr, dass ihr alter Geliebter auf den Tod darniederliege, und da kam sie denn zu ihm, seinen Schmerz zu lindern: so sanken sie sich in die offenen Arme, und Catull vergass alles um sich her. Lesbia hatte einen Sterbenden umarmt. Aber noch einmal raffte er sich auf, um mit erkaltender Hand die herrlichen Verse niederzuschreiben:

Restituis cupido, atque insperanti ipsa refers te
    Nobis. Olucem candidiore nota!
Quis me uno vivit felicior, aut magis haec quid
    Optandum vita, dicere quis poterit!

„Du giebst dich mir wieder, die ich selig liebe, du kehrst zu mir zurück, die ich lang erwartete! O, wie will ich den Tag feiern! Wer auf der Welt ist glücklicher als ich, wem ist höheres Glück beschert gewesen!“ Catulls Kraft war gebrochen, und in den Armen der Geliebten hauchte er seine Seele aus; noch fand er ergreifende Worte und glaubte in seiner Liebe zu Lesbia weiter zu leben. Im Jahre 56 v. Chr. verschied der Dichter, der Lesbien durch seine hohe, ernste und unerschütterliche Liebe unsterblich gemacht hat.

Properz war geboren worden, bevor Catull starb. In einer Stadt Etruriens, entweder in Perusa oder in Mevania erblickte dieser Dichter, den ein Redner bizarr „einen der Triumvirn der Liebe“ nennt, das Licht der Welt. An Catulls Gedichten reifte er zum Dichter heran. Seine erste Liebe hiess Cynthia. Der wahre Name dieser Schönen war Hostia oder Hostilia. Ihre Schmeichler behaupteten, ihr Stammbaum führe auf den dritten römischen König, Tullus Hostilius, zurück; sicherer war jedenfalls ihre Abstammung von ihrem Vater Hostilius, der ein gelehrter Schriftsteller war und eine Geschichte des istrischen Krieges schrieb. Diese Hostilia, der ihre Schönheit, ihr Liebreiz und ihre Begabung einen Platz unter den hervorragendsten Frauen ihrer Zeit gesichert hätten, war doch nur eine Courtisane. Den Properz liebte sie aufrichtig, machte sich indes keine Gewissensbisse darüber, ihm nach Kräften Nebenbuhler zu geben; bei ihm freilich duldete sie dergleichen Seitensprünge nicht, forderte von ihm vielmehr die gewissenhafteste Treue. Sie lebte öffentlich mit einem reichen Praetor von Illyrien namens Statilius Taurus, der auf eigene Kosten ein Amphitheater gebaut hatte und ebensoviel Geld für Hostilia ausgab wie für seine Tierkämpfe. Properz hätte den verschwenderischen Neigungen seiner Schönen nichts bieten können, denn seine Dichtkunst brachte ihm nichts ein; so nahm er denn die Nebenbuhlerschaft des illyrischen Praetors als ein notwendiges Uebel hin und schloss Augen und Ohren, wenn er ihn bei Hostilia traf. Wenn sie freilich ihre Gunst noch anderen schenken wollte, dann wurde er eifersüchtig und ungemütlich. Eines Abends kehrte er unvermutet von Menavia nach Rom zurück und wollte noch ein Stündchen mit Hostilia verbringen. Als er vor das Haus kam, fand er es hell erleuchtet, und Saitenspiel und Gesang ertönte. Die Sklaven drückten sich scheu an ihm vorbei und suchten ihn vom Eintritt abzuhalten. Im Triclinium feierte man offenbar ein Gelage mit Gesang und Tanz. Ein Freigelassener, den er um Auskunft angeht, weicht ihm aus; schliesslich erwischt er einen Sklaven namens Lygdamus beim Ohr und befiehlt ihm mit drohender Stimme, unverzüglich zu gestehen, wem Hostilia einen solchen festlichen Empfang bereite. Aber Lygdamus bleibt stumm wie ein Fisch; er ist nicht dazu zu bewegen, auch nur ein Wort zu sprechen. Da reisst dem Properz die Geduld: geraden Schrittes geht er auf das Triclinium zu, schlägt den Vorhang auseinander und lässt seine Blicke durch den Saal schweifen. Und wen erblickt er dort auf seidenem Pfühl an der üppigen, weihrauchumwehten Tafel ausgestreckt? Hostilia und Statilius Taurus, Arm in Arm und einander anlächelnd. Da lässt der Dichter die Vorhänge wieder zusammenfallen, geht langsamen Schrittes fort und sagt ruhig zum Lygdamus, der noch immer für seine Ohren fürchtet: „Dummkopf warum sagst du mir denn nicht gleich, dass der Praetor aus Illyrien angekommen ist!?“ Am folgenden Morgen sandte er seiner ungetreuen Schönen eine Elegie, die folgendermassen beginnt: „Nun ist er also wieder zurückgekehrt, dieser Praetor aus Illyrien, deine reiche Beute, Hostilia. Hätte er sich nicht in den akrokeraunischen Bergen den Hals brechen können?! . . . Ach Neptun, was hätte ich dir dann alles geopfert! Nun feiert man wieder Tag und Nacht ohne mich. Nun, sei wenigstens vernünftig, versäume keinen Augenblick bei der Ernte, die dir dargeboten ist, und scher dem Dummkopf gehörig das Fell. Wenn er dann sein Geld durchgebracht hat und arm ist, dann sag ihm, er sollte nach einem andern Illyrium absegeln.“ Von allzuviel Delikatesse legen diese Verse eines Verliebten ja nun allerdings gerade kein Zeugnis ab.

Cynthia war nicht allein schön, sondern ihr Geliebter nennt sie auch gelehrt (docta) und spricht von ihrer Begabung. Man weiss auch, dass sie dichtete, und ihre Neigung zur Poesie war wohl das stärkste Band, das sie an Properz fesselte. Er konnte sie ja auch nur mit Versen belohnen. In seinen Elegien hat er uns mehrfach das Bild seiner trefflichen Geliebten gezeichnet, und sagt uns, dass sie von majestätischem Wuchs war, eine Fülle blonden Haares und eine wunderschöne Hand besass. Aber er entdeckt noch andere Vorzüge bei ihr: ihre angeborene Schamhaftigkeit, der Glanz ihrer Talente, ihre unter dem Gewande verborgenen Schönheiten. Denn, während er die Geliebte für so schön hält, dass sie jedes Schmuckes entbehren könne, bleibt sie auch in vertrauten Stunden stets in dezenter Kleidung und festlich geschmückt. „Glaub mir, so sagt er einmal, „du bist zu schön, als dass du zu solchen Hilfsmitteln greifen müsstest. Amor ist nackt: er verschmäht den Glanz des Schmuckes.“ Der Grundsatz des Properz war immer der eines zarten und empfindsamen Liebhabers: „Ein Mädchen, das einem einzigen Manne gefallen hat, ist genug geschmückt.“ Aber darin blieb Cynthia fest, und Properz schildert uns, wie er sie in einer gemeinsam verbrachten Nacht vergeblich angefleht habe, ihm die ganze Schönheit ihres herrlichen Körpers hüllenlos zu offenbaren. Aber mochte er auch noch so viele mythologische Beispiele dafür anführen, dass höchste Liebe schmucklos immerdar gewesen war, so blieb Cynthia doch standhaft, und er musste nachgeben. Wie glückseelig er aber doch in ihrer Gunst war, dass hören wir aus seinen begeisterten Versen: „Ach, in diesen Nächten glaube ich mich unter die unsterblichen Götter versetzt. In einer Nacht kann jeder zum Gotte werden.“

Jndessen war doch auch diese Liebe nicht ohne Stürme. Cynthia war und blieb eine Courtisane und hatte neben dem illyrischen Praetor noch andere Verehrer. Darum hielt sie manchmal ihren erklärten Liebhaber tagelang von sich fern, freilich nicht ohne einen gewissen anstän-

十二枚つゞき

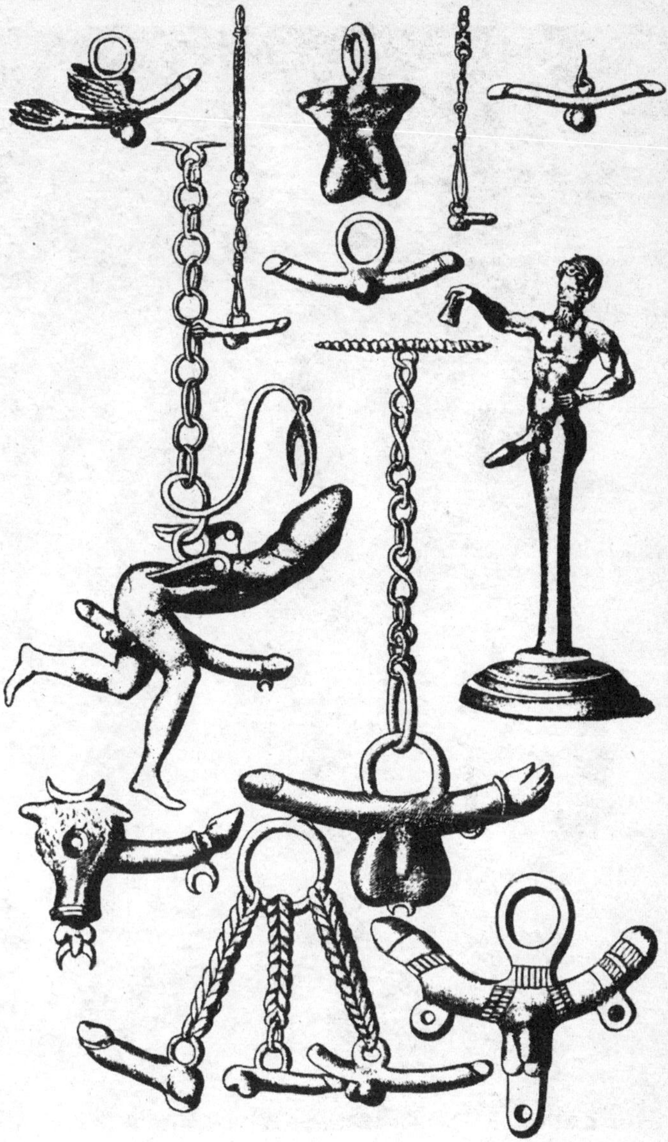

Messaline

hic est fons iuuentutis

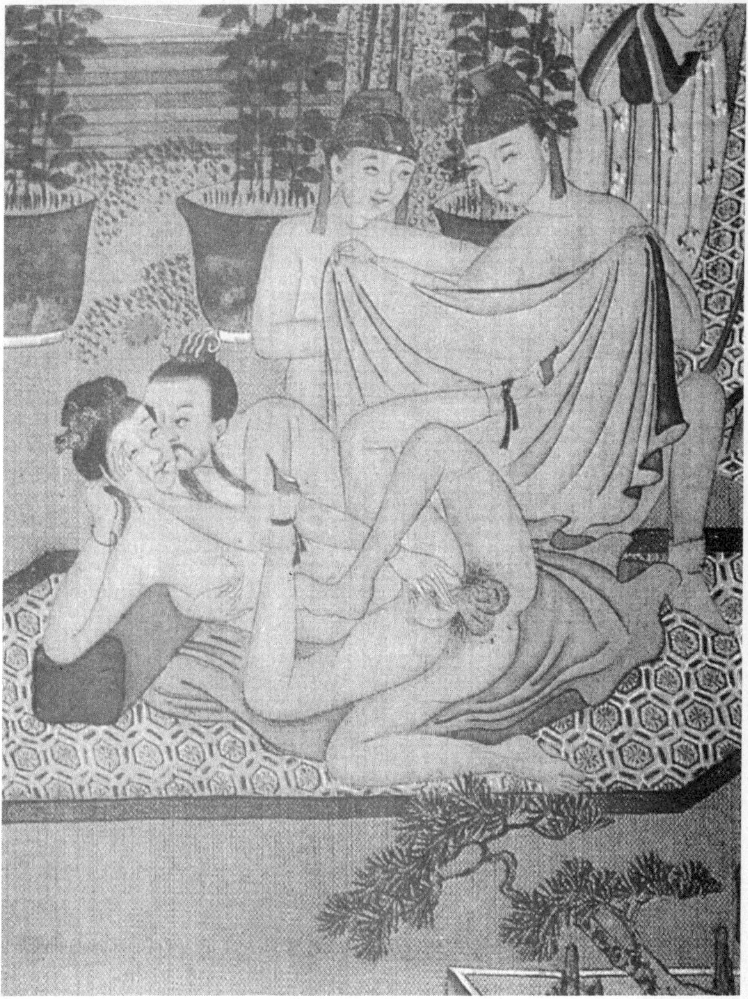

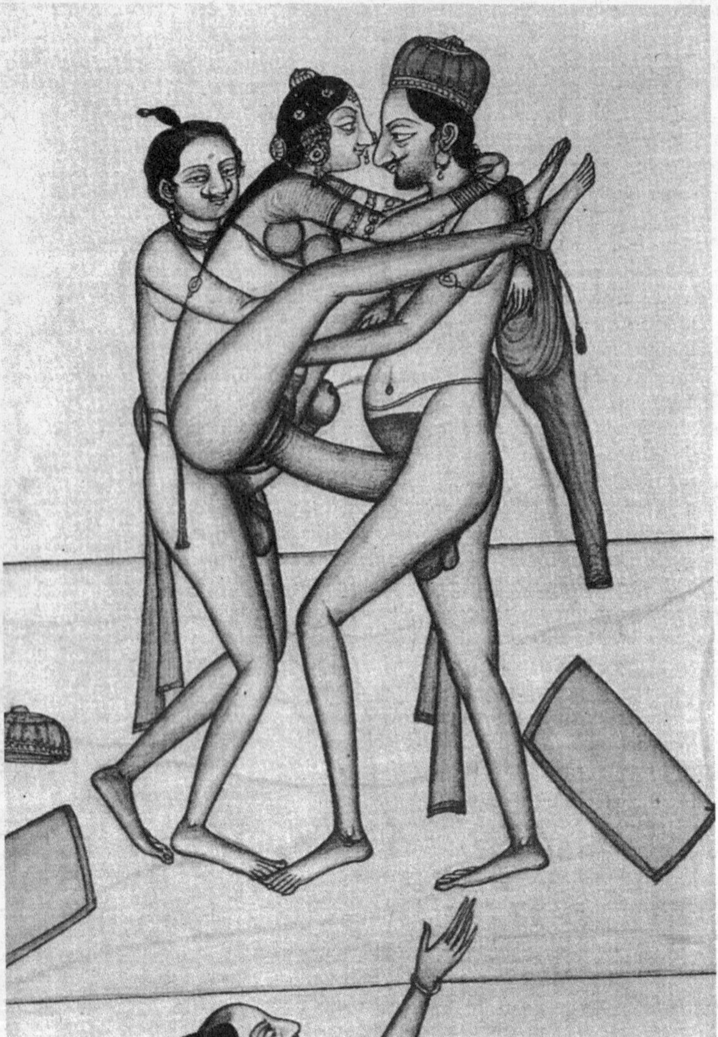

digen Vorwand anzugeben. So sagte sie wohl, sie weihe sich für einige Zeit dem Kultus der Isis oder der Juno, und Properz klagt darüber: „Ach, nun sind schon wieder diese langweiligen Isisfeste gekommen! Zehn Nächte schon hat Cynthia ohne mich verbracht! Verflucht sei die Tochter des Inachus (Isis), die von den lauen Ufern des Nils ihre Mysterien zu den römischen Frauen gebracht und so oft schon zwei sehnsüchtige Verliebte grausam getrennt hat. Was diese Göttin auch immer sein mag, meiner Liebe war sie immer verhängnisvoll.“ Ob Properz immer das harmlose Märchen mit dem Isisdienst glaubte, ist mindestens zweifelhaft, indes liess Cynthia ihn glauben und reden, was er mochte, und führte ihr Leben auf ihre Weise. Ihren Verehrern reservierte sie nicht nur die angeblich der Isis geweihten Nächte, sondern sie verbrachte auch zu anderer Zeit halbe Nächte mit Trinken, Singen und Würfelspiel. Properz konnte über die Quelle des Reichtums seiner Geliebten nicht in Zweifel sein; da er aber nicht des Attalus' Schätze besass, um ihre Launen befriedigen zu können, so musste er dem Treiben klagend und unthätig zuschauen. So singt er einmal sehr poetisch: „Hat Corinth jemals im Hause der Laïs eine solche Menge gesehen, als ganz Griechenland ihr huldigend zu Füssen lag? War jemals die Verehrerschar so zahlreich zu den Füssen jener Thaïs, die Menander zum Entzücken des Volkes von Athen auf die Bühne brachte? Hat Phryne, die Theben aus der Asche wieder hätte erstehen lassen können, mehr Anbeter zu ihren Füssen gesehen? Nein, Cynthia, du übertriffst sie alle; ja, mehr noch, du thust so, als ob sie deine Verwandten wären, um gleichsam auf legitime Weise deine Küsse zu verschwenden.“ Danach hat also Cynthia ihre Verehrer, wie das wohl auch zu anderen Zeiten bei Damen beliebt gewesen sein soll, als „Cousins“ bei sich aufgenommen. Uebrigens wurde Properz schliesslich so eifersüchtig auf sie, dass er manchmal argwöhnte, sie verberge unter ihrem Gewande einen Liebhaber (et miser in turnica suspicor esse verum).

Nicht nur in Rom versammelte Cynthia eine solche Schar mehr oder weniger verliebter und freigebiger Anbeter um sich, sondern auch in Baïae, wo sie zur Zeit der Seebäder Hof hielt. In Baïae und auf seinem herrlichen Strande versammelte sich dann die ganze elegante Welt Roms: dort feierte der Reichtum, aber auch die Sittenlosigkeit ihre Orgien. Die griechischen Courtisanen wären sich bankerott vorgekommen, wenn sie die Saison in Baïae hätten meiden sollen. Dort zeigten sie ihren Luxus, dort knüpften sie neue Verbindungen an und begannen allerhand Intriguen. Properz war deshalb auf Baïae eifersüchtiger als auf zehn Nebenbuhler und sandte seiner Geliebten Gedichte, in denen er sie beschwor, doch auch seiner zu gedenken. Sie gestattete ihm vermutlich nicht, sie in das fashionable Seebad zu begleiten, vielleicht fehlten ihm auch die Mittel zu einem standesgemässen Auftreten an dem teueren

Ort. Mit heissen Worten eifert er gegen Baïae, gegen diesen Schauplatz zahlreicher Liebesaffairen, dieses Grab der Frauenkeuschheit. „Möge er zu Grunde gehen, der Strand von Baïae," so singt er, „dieser Ort, an dem alle Verbrechen der Liebe entstehen." Ueber den Zweck von Cynthias Badereisen konnte er natürlich nicht im unklaren sein, da er wusste, dass seine Geliebte kein anderes Vermögen als ihre Reize besass. Er machte sich auch gar keine Illusionen darüber und rief einmal in einem Anfall von Verzweiflung aus: „Cynthia sieht nicht auf den Rang ihrer Verehrer, sie macht sich nichts aus Ehren: nur auf den Geldbeutel schaut sie . . . So also kann man mit der Liebe Handel treiben! O Jupiter, welche Schande! Und unsere Mädchen entehren sich durch diesen Handel . . . Ohne Unterlass sendet meine Maitresse mich aus, Perlen ihr zu fischen aus dem Meere, und sie befiehlt mir, in Tyrus für sie Beute zu machen. Ach, wenn es doch den Göttern gefiele, dass kein Mensch in Rom reich wäre!"

Cynthia war des Properz' erste Maitresse, und er schwur ihr, dass sie seine letzte sein werde. Man darf in der That annehmen, dass er ihr lange Zeit, wenn auch vergeblich, ein Beispiel mit seiner Treue gab. An vielen Stellen seiner Elegien sagt er, dass er dieser reizenden Ungetreuen treu geblieben ist; thatsächlich verzieh er ihr ja auch immer wieder und kehrte immer wieder in ihre Arme zurück, ohne sich trügerischen Erwartungen über ihre Beständigkeit hinzugeben. Mehrmals gab es einen Bruch zwischen ihnen, mehrmals Trennungen, die aber immer wieder mit einer Versöhnung und vermehrter Liebesleidenschaft endigten. Bei einer solchen Gelegenheit wollte Properz einmal seine Geliebte vergessen; er, der strenge und ernste Properz, stürzte sich deshalb in allerhand Ausschweifungen. Sein Freund Gallus, der ihn in seinem Liebeskummer zerstreuen wollte, hatte ihm dabei bereitwillig Anleitung gegeben. So wurde er also der Cynthia untreu. Aber auf das gefährliche Spiel mit Matronen liess er sich nicht ein, da er viel zu sehr seine Ruhe liebte, um sie leichtfertig zu riskieren. Er liebte, wie er selbst sagte, ausgetretene Pfade und trank aus den leicht zugänglichen Quellen der Prostitution (ipsa petita lacuna nunc mihi dulcis aqua est). Seine Grundsätze waren ganz und gar nicht die bei Verliebten üblichen: „Die Pest über diejenigen," so sagte er, „denen es gefällt, eine verschlossene Thür zu belagern." Er war entschlossen, nicht mehr zu lieben und so seiner Freiheit zu entsagen. „Mögen doch alle Mädchen, die der Orontes und Euphrat für mich nach Rom gesandt zu haben scheinen, sich meiner bemächtigen!" Und doch vermochte er sich von dem Gedanken an Cynthia nicht loszureissen und fuhr fort, sie zu besingen, indem er sie verwünschte: „Niemals werde ich sie zu lieben aufhören," so murmelt er leise vor sich, „und wenn ich so alt würde wie Tithon oder Nestor." Eines Tages erfuhr er, dass Cynthia erkrankt war; da litt es ihn nicht länger in seinem Hause, er eilte zu ihr, sass Tag und Nacht an ihrem Bette und pflegte sie mit so viel Liebe und Hingebung, dass er glauben konnte, sie dem Tode entrissen zu haben. Als sie auf dem Wege der Besserung war, jubelte er auf: „O, du Licht meines Lebens, jetzt da du ausser aller Gefahr bist, eile hin und bringe den Altären der Diana deine Opfer dar! Verehre auch die Göttin, die in eine Färse verwandelt wurde (Io): zehn Nächte der Enthaltsamkeit weihe dieser Göttin, zehn voller Liebe mir!"

Nach dieser Versöhnung wechselten die Rollen zwischen den Liebenden: im Herzen des Properz' erstarb die Eifersucht, um bei Cynthia wieder zu erstehen. Endlich nämlich wurde er von einer alten übelwollenden Person befreit, die sich ein Vergnügen daraus gemacht hatte, ihn, den Verliebten, zu ärgern: Acanthis, eine Kupplerin, die grossen Einfluss auf Cynthia besass, ihr Parfums, Liebestränke und Kosmetika bereitete, Botendienste verrichtete und die geborene Beschützerin zahlungsfähiger Verehrer, aber darum eine ebenso unversöhnliche Feindin des armen Dichters war, diese Acanthis starb plötzlich an einem Hustenanfall. Ihre abscheulichen Ratschläge an Cynthia hatte der Dichter selbst folgendermassen persifliert: „Dein Thürhüter soll weislich acht geben auf die Gäste, die nahen; kommt einer mit leeren Händen, dann soll er, die Stirn aufs Schloss gelegt, schlafen wie ein Tauber. Stoss nicht die schwielige Hand des Matrosen zurück, wenn sie voll Gold ist, noch die rohen Liebkosungen des Soldaten, wenn er nur zahlt, auch die barbarischen Sklaven, die mit ihrem Täfelchen am Halse auf dem Markte ihre Narrenspossen treiben, magst du ruhig empfangen. Schau aufs Gold und nicht auf die Hand, die es dir bietet. Was hast du denn von den Versen, die man dir dichtet? Sei hartnäckig gegen diese Verse, wenn kein Geschenk von kostbaren Stoffen sie begleitet, sei taub für diese Leier, deren Klang sich nicht unter den des Goldes mischt." Properz wohnte den letzten Augenblicken und dem schimpflichen Leichenbegängnis der Acanthis bei und schrieb darüber: „Eine alte zerbrochene Weinflasche soll dieser alten abscheulichen Dirne die Aschenurne abgeben, und ein wilder Feigenbaum soll sie mit seinen Wurzeln umspannen! Jeder Verliebte möge herbeikommen, ihre Grabstätte mit Steinen bewerfen und jeden Wurf mit einem Fluche begleiten!" Als die hässliche Stimme der giftigen Acanthis sie nicht mehr zurückhielt, gab sich Cynthia ganz ihrer Leidenschaft für Properz hin, zu gleicher Zeit aber auch ihrer Eifersucht. Sie liess ihn überwachen und überwachte ihn selbst, beschuldigte ihn allerhand Unrechts gegen sie und hatte ihn immer im Verdachte, soviel Maitressen zu haben, wie sie Anbeter gehabt hatte. Vergeblich beteuerte ihr Properz seine Treue: sie überhäufte ihn mit Vorwürfen und Beleidigungen, biss, schlug und kratzte ihn und quälte sich schliesslich selbst, wie um sich dafür zu bestrafen, dass sie nicht mehr jung genug und nicht mehr genug geliebt sei.

Die masslose Eifersucht konzentrierte sich auf eine Courtisane namens Lycinna, deren Geliebter Properz gewesen war, ehe er mit Cynthia bekannt wurde. Diese hegte einen solchen Hass gegen ihre vermeintliche Nebenbuhlerin, dass Properz sie um Gnade für seine ehemalige Geliebte bitten musste, die ihr doch gar nichts zu Leide gethan hatte. Er gestand zu, in seiner Jugend flüchtige Beziehungen zu ihr gehabt zu haben, aber das alles liege so weit hinter ihm, dass er sich dessen kaum mehr entsinne. Ohne die Eifersüchtige damit beruhigen zu können, sagte er ihr: „Meine Liebe zu dir, Cynthia, ist das Grab aller meiner Liebschaften gewesen! . . . Lass darum doch ab mit der Verfolgung der armen Lycinna, die das gar nicht verdient. Ach, ihr Weiber, wenn euch erst einmal der Groll gepackt hat, dann hört er nimmer auf!“ Um seinen für seine Arbeiten so notwendigen Frieden zu haben, vermied Properz alles, was Cynthias Eifersucht erwecken konnte; aber, wenn er sich nicht mehr eifersüchtig zeigte, so beunruhigte er dann seine Geliebte um so mehr, die nunmehr nach der Ursache dieser Indifferenz forschte.

Eines Tages schützte sie vor, sie habe der argivischen Juno ein Opfer in ihrem Tempel zu Lanuvium gelobt. Dieser Tempel lag an der Via Appia, unfern der Mauern Roms. In dem heiligen Hain, der den Tempel umgab, hauste in einer finsteren Höhle ein mächtiger Drache, dem alljährlich die Jungfrauen mit verbundenen Augen Kuchen darbrachten; waren sie noch unschuldig, dann nahm das Ungetüm ihre Spende an, wenn anders, dann wies er sie mit heftigem Gefauche ab. Bei diesem Drachen hatte Cynthia begreiflicherweise nichts zu thun, sie konnte also lediglich der Göttin opfern wollen. In Wahrheit war ihre Reise lediglich ein Vorwand, um ihrem Geliebten freies Feld zu geben. Properz sah, wie sie in einem Wagen davonfuhr, der unter der Führung eines glattrasierten Eunuchen mit langmähnigen Maultieren bespannt war; voraus sprangen ein paar mächtige Hunde mit reichem Halsband. Der Dichter beschloss natürlich sofort, seine Freiheit auf seine Weise auszunützen. Er liess also zwei fröhliche Courtisanen zu sich bitten: die eine, Phyllis, wenig verführerisch, so lange sie nüchtern war, aber reizend, wenn sie etwas getrunken hatte; die andere, Teïa, weiss wie eine Lilie und von unbändiger Sinnlichkeit, wenn der Rausch sie packte. Phyllis wohnte auf dem Aventin, unfern des Dianatempels, Teïa in dem Wäldchen am Capitolinus. Sie kamen beide in das Esquilinische Stadtviertel, wo Properz' kleines Hans lag. Alles war dort zu einem würdigen Empfang vorbereitet. Properz versprach sich offenbar ein köstliches Vergnügen (et venere ignota furta novare mea).

Das Diner wurde unter den Bäumen des Gartens serviert; nichts fehlte, weder methymnischer Wein, noch die aromatischen und die eisgekühlten Getränke, noch die Rosen; Lygdamus war mit dem Amte des Mundschenken betraut. An der Tafel war nur eine Lagerstatt bereitet, aber sie war für alle Theilnehmer gross genug. Properz nahm seinen Platz zwischen den beiden zu Gast Geladenen. Ein Egypter blies die Flöte, Phyllis liess ihre Castagnetten ertönen, und ein missgestalteter Zwerg spielte die Schalmei oder den Dudelsack. Aber diese Musik machte den Dichter, der in Gedanken bei seiner Cynthia weilte, nur noch zerstreuter. Phyllis und Teïa hatten indes dem Weine schon tapfer zugesprochen, und die Lichter waren herabgebrannt; man hob die Tafel auf, um dem Würfelspiel zu huldigen. Properz hatte kein Glück im Spiel und warf nur Unglücksnummern, die man damals „Hunde" nannte; besonders die Zahl eins, den Venuswurf, traf er nie. Vergebens suchten die Mädchen eine Liebkosung von ihm zu erhaschen, Properz blieb blind und taub (cantabant surdo, nudabant pectore caeco). Plötzlich kreischte die Hausthür in ihren Angeln, ein leichter Schritt ertönte im Vestibül — Cynthia stürzte herbei, totenbleich, die Haare in wilder Unordnung, krampfhaft die Hände geschlossen, die Augen blitzessprühend, das Bild eines rasenden Weibes; man hätte glauben können, eine ganze Stadt sei im Sturm gewonnen (spectaculum capta nec minus urbe fuit). Mit kräftigem Schwunge schleudert sie Phyllis einen Leuchter ins Antlitz, die erschrockene Teïa ruft Feuer und schreit nach Wasser, Cynthia aber lässt nicht ab von beiden, zerfetzt ihnen die Gewänder, rauft ihnen die Haare aus und prügelt sie unter lautem Schimpfen. Mit Not und Mühe entrinnen die Beiden den Händen der Rasenden und flüchten in die nächste beste Schenke. Aber von dem Lärm war das ganze Stadtviertel lebendig geworden, man eilt mit Fackeln herbei und sieht Cynthia, eine rasende Bachantin, wie sie ihren Properz ganz gehörig durchprügelt, ihn ohrfeigt und ihm die Augen auskratzen will. Der schuldbewusste Dichter nimmt diesen drastischen Ausbruch weiblicher Eifersucht mit bewunderswerter Geduld hin, umklammert Cynthias Knie und beschwört sie, sich zu beruhigen; er bittet sie um Verzeihung, und ist bereit, jede Bedingung zu erfüllen. Die waren nun allerdings recht hart, denn Cythia verlangte, er solle nicht mehr reichgeschmückt unter den Säulenhallen des Pompeius und auf dem Forum spazieren gehen, nicht mehr seine Blicke über die höchsten Ränge des Amphitheaters schweifen lassen, wo die Freudenmädchen ihre Plätze hatten und seinen Lygdamus mit doppelter Kette an den Füssen als Sklaven verkaufen. Um sie nur zu versöhnen und Verzeihung zu erlangen für seinen harmlosen Versuch zur Untreue, verspricht ihr Properz alles, und küsst seiner despotischen Geliebten, die stolz ist auf ihren Triumph, die Hände Und dann verbrennt Cynthia wohlriechende Stoffe und wäscht mit reinem Wasser alles, was ihr durch der Phyllis' und Teïas Berührung besudelt erscheint; Properz muss die Kleider wechseln und sein Haar dreimal ausschwefeln. Dann holt die

Eifersüchtige frische Kissen für das Ruhebett herbei und feiert Versöhnung mit dem Geliebten (et toto solvimus arma toro).

Properz sollte seine Cynthia überleben. Eine Rivalin, die alte Dirne Nomas, die sich nächtlicherweile für eine Handvoll Kupfermünzen auf offener Strasse preisgab, brachte ihr Gift bei, das einer ihrer Liebhaber durch eine Zauberin hatte bereiten lassen, um sich für eine Beleidigung zu rächen. Properz war damals abwesend und konnte nicht für das Begräbnis sorgen, das eilig und würdelos bereitet worden war: man warf kein wohlriechendes Holz auf den Scheiterhaufen, keine volle Schale Weines verschüttete man über die dampfende Asche der Vergifteten; vermutlich wollte man so rasch wie möglich die Spuren des Verbrechens beseitigen Als Properz wieder nach Rom zurückkehrte, fand er seine Cynthia am Ufer des Anio verscharrt, auf dem Wege nach Tibur, wo sie selbst sich immer ihre letzte Ruhestatt gewünscht hatte. Obschon aufs tiefste erschüttert durch diesen plötzlichen Tod, versuchte Properz die Urheber des Mordes doch nicht zur Rechenschaft zu ziehen; Tag und Nacht verfolgte ihn das Bild der Vergifteten, wie wenn sie ihn um Rache anflehte, aber er wagte keine Klage gegen die Giftmischer zu erheben. Es muss wohl ein hoher und mächtiger Herr gewesen sein, denn Nomas, sein verächtliches Hilfsmittel, sah man plötzlich in reichen Kleidern einherrauschen, während die Freundinnen Cynthias, die die Ermordete beklagten und sie verteidigten, unbarmherzig misshandelt wurden, man weiss nicht auf wessen Befehl und durch wessen Gewalt: weil sie ein paar Blumen auf Cynthias Grab gebracht hatte, wurde die alte Petale an den Pranger gestellt, und die schöne Lalage wurde an den Haaren aufgehängt und gepeitscht, weil sie den Namen Cynthias angerufen hatte. Properz, dem sein Gewissen keine Ruhe liess, und dem düstere Träume den Schlaf bannten, errichtete seiner Geliebten endlich eine Denksäule und schmückte sie mit einer Inschrift; auch erfüllte er einen Wunsch der Verblichenen, indem er deren alte Amme und treue Dienerin in sein Haus aufnahm; aber in dem Andenken an die köstlichen Stunden, die er mit der Geliebten durchlebt, bewahrte er die Verse, die er ihr und ihrer Liebe gewidmet, vor dem Feuertode Cynthia selbst erschien ihm eines Nachts im Traum und bat ihn, er möge doch sein einsiedlerisches, selbstquälerisches Leben aufgeben, gar bald gehöre er ja doch ihr allein. Lange überlebte der Dichter in der That das Mädchen nicht, das er niemals aufgehört hatte, zu beweinen: im Alter von vierzig Jahren starb er Seine letzte Ruhestatt fand er neben Cynthia in dem Grab, das er an einem der schönsten Plätze an den Cascaden von Tibur errichtet hatte. Und doch war Cynthia, die des Poeten Unsterblichkeit teilt, nur eine römische Courtisane

Kapitel XXVI.

Tibull. — Sein ausschweifender Lebenswandel. — Die Freigelassene Plania oder Delia. — Der Gatte dieser Courtisane. — Die Mutter Delias, als Beschützerin der Liebe ihrer Tochter zu Tibull. — Tibulls platonische Liebe — Empfehlungen des Dichters an die Mutter seiner Geliebten. — Liebestränke und Beschwörungen. — Delia bricht mit Tibull. — Tibull macht den Gatten seiner Geliebten auf deren Lebenswandel aufmerksam. — Nemesis. — Der Geliebte dieser Courtisane. — Tibulls Liebe zu Nemesis. — Die Ansprüche dieser Dame. — Cerinthus bewahrt Tibull davor, sich für Nemesis zu ruinieren. — Tibull verliebt sich in Neera. — Neera weist einen Heiratsantrag Tibulls zurück. — Neera nimmt einen Geliebten. — Tibulls Verzweiflung — Seine Liebeserklärung an Sulpicia, die Tochter des Servius'. — Sulpicia wendet Tibull ihre Gunst zu. — Tibulls Untreue. — Glyceris. — Ernsthafte Liebe Tibulls zu dieser griechischen Courtisane. — Glyceris giebt ihm den Abschied. — Horaz widmet dem Tibull ein Trostgedicht. — Tibulls Tod. — Delia und Nemesis bei seiner Bestattung. — Citheris. — Cornelius Gallus. - Lycoris. — Gallus im Partherkriege. — Sein Gedicht an Lycoris. — Gallus kehrt zurück. — Lycoris' Untreue. — Gentia und

Chloe. — Lydia. — Maximianus, der Gesandte Theoderichs, und seine Lycoris. — Ovid. — Corinna. — Vermutungen über den wahren Namen dieser Courtisanen. — Ihren wahren Namen hat man niemals erfahren. — Ratschläge Ovids. — Corinna bei Ovid. — Ovids Eifersucht und Zorn. — Seine Verzweiflung, als er Corinna geschlagen hatte. — Die Kupplerin Dipsas. — Ihre unverschämten Ratschläge. — Der Eunuche Bagoas. — Nape und Cypassis, die Toilettendienerinnen Corinnas. — Ovids Tändeleien mit Cypassis. — Ovids Entrüstung über das Verbrechen Corinnas. — Corinna sucht das Herz des Dichters wiederzugewinnen. — Ovids Kälte. — Scham und Zorn Corinnas. — Ovid wird vor die Thür gesetzt. — Der Dichter bittet um Vergebung. — Corinna und der römische Feldhauptmann. — Ovid verfasst sein Lehrgedicht über die Liebeskunst unter den Augen und nach den Eingebungen von Courtisanen. — Seine geheime Liebschaft mit der Tochter des Kaisers Augustus'. — Ovid wird an die Ufer des schwarzen Meeres verbannt. — Seine Verbannung schreibt man dieser vermuteten ehebrecherischen Liebschaft zu. — Ovid erfährt, dass Corinna vollständig verkommen ist. — Noch im Tod gehört sein letzter Gedanke Corinna.

Die Liebe der Courtisanen machte auch den ganzen Lebensinhalt und den Ruhm eines Zeitgenossen von Properz aus: Tibull liebte und besang seine Maitressen. Tibull, ein Freund von Virgil, Horaz und Ovid, war wie sie ein grosser Dichter und ein zärtlicher Liebhaber. Er war im Jahre 43 v. Ch. an demselben Tage wie Ovid geboren. Seine dichterischen Fähigkeiten regten sich schon früh, und bereits im Alter von siebenzehn Jahren erkannte er, dass er nicht für die militärische Karrière tauge, sondern dass sein Temperament ihn für das Dasein eines feinen römischen Lebemannes bestimme: „Bei den Vergnügungen, da bin ich ein guter Offizier, ein guter Soldat" — so sang er in einer seiner Elegien. Thatsächlich rieb das vergnügliche Leben, das er als seinen Beruf erkannt hatte, sehr bald seine physischen Kräfte auf und entwickelte seine nervöse Sensibilität; seine Konstitution war nicht stark genug, um den Folgen dieser durch die römische Korruption so ausserordentlich verfeinerten Ausschweifungen zu widerstehen: inmitten der vielen Lebemänner, an deren Orgien er teilnahm, beklagte er die Schwäche seiner Kräfte, die bald in vollkommene Impotenz überging. Hinfort suchte er mit seinem Herzen zu geniessen, was sein Körper ihm versagte. Hatte er bisher seine Neigung wahllos an hundert Dirnen verschwendet, so konzentrierte er sie nunmehr auf ein einziges Weib. Nach römischen Sitten konnte das nur eine Courtisane sein; Gesetz und Sitte widersetzten sich gleichermassen irgend welchen Beziehungen zu ehrbaren Frauen, vorausgesetzt, dass sie nicht zur Ehe führten. Aber Tibull dachte nicht an eine Heirat und verschmähte auch eine gefährliche und strafbare Liaison, die er sogar vor seinen Freunden hätte verheimlichen müssen: im Gegenteil, er wollte die Oeffentlichkeit als Zeugen und Vertrauten seiner Liebesgeschichten haben.

Seine Wahl fiel zuerst auf eine Frau, die er im ersten Buche seiner Elegien Delia nennt, die aber sicherlich einen anderen Namen trug. Nach der wahrscheinlichsten Vermutung war sie eine Freigelassene namens Plania, deren verächtlicher Gatte aus ihrer Schönheit und Koketterie ein einträgliches Geschäft machte. Tibull war nicht reich genug, um von diesem raffgierigen Menschen gut aufgenommen oder auch nur geduldet zu werden; denn gegen arme Verehrer seiner Frau zeigte er sich ausserordentlich eifersüchtig. Aber die Mutter Delias, die an dem schimpflichen Lebenswandel ihrer Tochter Anstoss nahm, führte Tibulls Sache bei der, die er liebte, ohne sie bezahlen zu können. Sie war es, die Delia in Tibulls Haus führte; sie war es, die die Hände der Liebenden in einanderlegte; sie hielt Wacht bei den nächtlichen Zusammenkünften und erwartete den Liebhaber, den sie am Schritt erkannte. Freilich waren diese Zusammenkünfte wohl nicht sehr gefährlich für die Tugend der Frau und die Ehre des Mannes, denn Tibull erzählt selbst, dass er seine Mannheit längst verloren hatte. Wahrscheinlich beziehen sich darauf auch die Verse, in denen er die alte Mutter Delias bittet, dieser Keuschheit beizubringen (sit modo casta doce), „obschon ihrem Haare das heilige Band fehlt, und keine lange Robe ihre Füsse verhüllt." Der Dichter hegte also eine mehr ideale als materielle Liebe zu seiner Freundin. Indessen sahen sich die Liebenden öfter nachts ohne Vorwissen des Gemahls, und Tibull, der platonisch Verliebte, harrte geduldig, bis die stumme und unbewegliche Thür Delias heimlich sich in ihren Angeln bewegte, wenn der Eifersüchtige abwesend oder eingeschlafen war. „Ich dulde Dir zu Liebe alles," so singt er einmal, „ich fürchte nicht die schneidende Kälte einer Winternacht, nicht den Regen, der in Strömen niederrauscht. Diese schweren Prüfungen können mich nicht abschrecken, wenn nur Delia endlich den Riegel zurückschiebt, und das lautlose Zeichen mit dem Finger mich an ihre Seite ruft."

Diese Liebschaft hatte alle die gewöhnlichen Requisiten: da gab es Eifersuchtsscenen, Uneinigkeiten, Versöhnungen, Thränen und Küsse, kurz alles," was so dazu gehört. Aber der Dichter konnte sich doch nur sehr schwer mit dem Gewerbe seiner Geliebten aussöhnen. Er fühlte sich bedrückt, weil er ihr den Preis ihrer Küsse nicht zahlen konnte, und weil er die Augen schliessen und über manches hinwegsehen oder mit ihr brechen musste. „O du," so ruft er einmal voller Zorn aus, „der du zuerst die Weiber lehrtest, ihre Liebe zu verkaufen, ein tötlicher Steinwurf soll dich treffen, wer du auch immer sein magst!" Da ihm das Geld fehlte, um die niedrige Käuflichkeit des Gemahls der Delia zu befriedigen, so griff zu er Liebestränken und Zauberformeln, in der Hoffnung, seine Nebenbuhler zu verscheuchen und seine Geliebte zur Treue anzuhalten. Die Hoffnung war freilich eitel: „Ich habe alles gethan, alles," so schreibt er einmal an Delia, „und doch besitzt ein anderer deine Liebe, ein anderer freut sich mit dir und geniesst die Früchte meiner Beschwörungsformeln." Delia, die der ewigen Klagen und wohlverdienten Vorwürfe überdrüssig war, schloss dem trostlosen Poeten einfach die Thür: „Deine Thür öffnet sich nicht mehr," so klagt er; „mit einer Hand voll Gold muss man anklopfen!" In seiner Verzweiflung ging der Dichter so weit, dem Gemahl Delias seine eigenen Beziehungen zu der Frau zu verraten, von denen dieser angeblich gar nichts wusste, und ihm seine Dienste, wie ein gehorsamer Sklave, zu der Bewachung der Ungetreuen anzubieten. Delia machte mit echt weiblicher Arglist den eifersüchtigen Dichter lächerlich und behauptete, sie habe nie etwas anderes als Mitleid für ihn gefühlt. Der Ehemann that so, als ob er es glaube und schwieg auf die Anklage; aber der Dichter, der über dieses kategorische Dementi nur noch mehr erbost war, liess nicht nach und ging mit seinen Anschuldigungen mehr ins Einzelne: „Oftmals," so verrät er dem Schlaukopf von Manne, „oftmals, wenn ich so that, als bewunderte ich ihre Perlen und ihren Ring, war mir das nur ein Vorwand, um ihr die Hand zu drücken; oft auch schüttete ich dir ungemischten Wein als Schlafmittel in den Becher, während ich nur Wasser trank und so meines Sieges sicher blieb." Der Mann zuckte die Achseln, lachte ihn aus und sagte: „Diese Dichter sind doch verrückte Kerle!" Der von Eifersucht gequälte Tibull aber fühlte sich noch bemüssigt, dem Gemahl seiner ehemaligen Geliebten, der sehr zufrieden war, wenn seine Frau ihn hinterging, gute Ratschläge zu erteilen: „Nimm dich in acht," so sagte er ihm, „dass sie nicht jungen Männern die Gunst häufiger Unterhaltungen gewährt, dass eine Robe mit langen Falten nicht ihren Busen zeigt, wenn sie sich zur Ruhe streckt, dass dir die Zeichen des Einverständnisses nicht entgehen, und dass sie nicht mit angefeuchtetem Finger Liebesworte auf den Tisch malt." Dabei vergass Tibull, dass er es war, der Delia gelehrt hatte, ihren Argus zu täuschen: er hatte ihr ein Mittel gegeben, mit dem man die Spuren glühender Küsse verwischen konnte, die liebedurstige Verehrer ihr auf die Schulter hefteten (livor quem facit impresso mutua dente Venus).

Nach solchen Beleidigungen konnte Delia dem Tibull nicht mehr verzeihen; der Bruch zwischen den beiden war definitiv; am meisten freute sich darüber der Mann, denn nun konnte sich seine Frau zahlungsfähigeren Verehrern zuwenden. Als Tibull einsah, dass eine Versöhnung ausgeschlossen sei. machte er weiter keine Versuche, sondern wandte sich anderen Liebschaften zu. Da war zunächst eine andere Courtisane, noch habgieriger und unzugänglicher als Delia. Indessen verschwendete er seine Verse an sie und hoffte durch seine Schmeichelei zum Ziele zu gelangen: zu Füssen seiner schönen Kalten verfasste er glühende Liebesgedichte. Diese Courtisane — er nannte sie Nemesis — wurde von einem reichen Freigelassenen ausgehalten, der, mehrmals als Sklave auf offenem Markte verkauft, sich durch unsaubere Geschäfte ein grosses Vermögen gemacht hatte. Aber Nemesis konnte den Liebschaften, die nichts einbrachten, keinen Geschmack abgewinnen, und so rief denn Tibull betrübt aus: „Ach, ich merke wohl, es sind die Reichen, die der Schönheit gefallen! Nun, so mag der Raub mich reich machen, da Venus nun einmal den Reichtum liebt; Nemesis soll hinfort in Luxus schwimmen und, durch die Strassen stolzierend, meine kostbaren Geschenke den erstaunten Blicken zeigen! Sie soll jene zarten Gewebe tragen, in die eine Frau auf Cos goldene Fäden eingeschlagen hat; sie soll jene schwarzen Sklaven als Begleiter haben, denen die heisse Sonne Indiens, die der Erde näher steht in ihrem Laufe, das Gesicht gebräunt hat! Afrika soll ihr, ganz nach ihrem Gefallen, seinen Scharlach, und Tyrus seinen Purpur geben!" Das waren nun freilich Poetenversprechungen, und Tibull beeilte sich gar nicht, sie aus der Theorie in die Praxis zu übersetzen. Ein ganzes Jahr warb er um die Gunst dieser Nemesis, die sie ihm ohne Zweifel für einen so hohen Preis gewährte, dass ihm der Wunsch nach einer Wiederholung verging. Und doch war er drauf und dran, das bescheidene Erbe seiner Vorfahren zu verkaufen, um der Begehrlichkeit seiner neuen Geliebten genügen zu können. Sein Freund Cerinthus bewahrte ihn vor dieser Thorheit; und als er dann mit Liedern, mit Dichtergeld Nemesis zu kaufen versuchte, da wurde er kühl abgewiesen. „Eine abscheuliche Kupplerin ist es," so schrieb er an seine Freunde Cerinthus und Macer, „die meiner Liebe Hindernisse in den Weg legt, denn Nemesis selbst ist gut. Die infame Phryne nur jagt mich erbarmungslos davon; sie trägt heimlich an ihrem Busen flüchtige Liebesbotschaften hin und her. Oft, wenn ich die Stimme meiner Geliebten von der Schwelle aus, auf der ich klagend sitze, deutlich vernehme, behauptet Nemesis doch, sie sei abwesend; wenn ich oft nachts, so wie wir es verabredet, zu ihr eilen will, dann sagt sie mir, ihre Herrin sei leidend oder durch ein ungünstiges Vorzeichen ganz aus der Fassung gebracht. Und dann vergehe ich fast vor Unruhe; meine erregte Phantasie zeigt mir, wie sich ein Rivale in Nemesis' Armen an tausend Freuden der Liebe ergötzt; o, dann wünsche ich dir, du nichtswürdige Phryne, dass die Eumeniden dich packen mögen!" Seine Freunde trösteten ihn und machten ihm begreiflich, dass es in Rom noch andere Courtisanen gäbe, die stolz darauf sein würden, von einem solchen Dichter geliebt und besungen zu werden.

Tibull verliebte sich denn auch bald in die junge und keusche Neera, die wahrscheinlich nicht mit derjenigen des Horaz identisch ist. Im dritten Buche seiner Elegien, das ihr gewidmet ist, stellt Tibull sie uns als ein unschuldiges junges Mädchen vor, welches von der zärtlichsten Mutter und dem liebenswürdigsten Vater sorgfältig erzogen worden war Es war und konnte nur die Tochter freigelassener Leute sein; und trotzdem war Tibull entschlossen, sie zu heiraten, oder sie wenigstens im Konkubinat in sein Haus zu nehmen. Noch waren seine Haare nicht grau, noch war ihm der Rücken ungebeugt, aber trotzdem fühlte er wohl, dass es mit ihm zu Ende ging: er war wie eine Lampe, deren Oel verbraucht ist, und die nun noch ein letztes Mal aufflackert. Die keusche Neera, wie er sie immer nennt, war aber garnicht geneigt, ihre frische Jugend dauernd an den verbrauchten und erkalteten Mann zu fesseln. Mit Vergnügen sah sie, wie sich der gefeierte Poet um sie bemühte, und dankbar hörte sie seine Verse und seine Seufzer an, denn sie begehrte nichts anderes von Tibull als seine Elegien, auf blankes, glänzendes Pergament aufgezeichnet und in vergoldete Hülle gebunden. Aber da sie nun einmal in dem Alter war, wo man sich verliebt, so ergab auch sie sich einem Geliebten, ohne die Freundschaft zu Tibull aufzuheben, der sich das freilich anders gedacht hatte: „Ob du mir treu oder untreu bist," so redete er sie an, „du wirst immer meine liebe Neera bleiben." Nicht ohne Thränen und Schmerzen erkämpfte er die Resignation, hinfort nichts als der Bruder seiner Neera zu sein; manchmal glaubte er vor Kummer sterben zu müssen und bestimmte sogar schon, dass man auf sein Grab schreibe, der Schmerz und die Verzweiflung über Neeras Untreue hätten ihm den Tod gegeben. Seine Freunde und ehemaligen Zechgenossen, die Sänger der Liebe und der Courtisanen, zogen ihn wieder in ihren lustigen, ausgelassenen Kreis, um ihn zu zerstreuen; sie forderten ihn auf, das Lob des Bacchus zu singen, der allen Liebeskummer bannen hilft: „Ach, wie süss wäre es," so murmelt Tibull vor sich hin, „wenn ich die langen Nächte bei dir weilen könnte, wenn ich die langen Tage über dich wachen könnte! Ungetreue, die du den verrietest, der deiner Liebe würdig war, und dem sie zuwendest, der sie nicht verdient! Ja, Ungetreue! ... Und doch, wenn du mich auch verrietest, ich liebe dich drum nicht minder!" Bacchus, dem er mehr und mehr huldigte, befreite ihn endlich von dem Gedanken an Neera: „Auf Sklave!" so ruft Tibull lustig, indem er dem Mundschenken den leeren Becher darreicht, „lass den Wein stärker rinnen! Es ist lange her, seit ich einmal mein Haupt mit köstlichen tyrischen Parfums gesalbt, und meine Stirn mit einem frischen Blumenkranz geschmückt habe!"

Tibull wusste ganz gut, dass er von der Liebe nicht mehr das erwarten durfte und konnte, was er in seinen glühenden Träumen von ihr begehrte. „Die Jugend und die Liebe," so sagte er mit Bedauern darüber, dass er nicht mehr jung und nicht mehr liebeberauscht war, „die Jugend und die Liebe sind die wahren Zauberinnen.“ Den Liebestränken und Zaubermitteln hatte er entsagt; er vermochte nicht mehr mit ihrer Hilfe zu erreichen, was Krankheit und zunehmendes Alter ihm geraubt: wohl aber gedachte er der Neera zu beweisen, dass er noch zu einer Ehe, ja zu einer Liebschaft geeignet sei. So machte er denn der Sulpicia, einer Tochter des Servius, eine Liebeserklärung. Er schildert uns ihren Liebreiz folgendermassen: „Eine feine, stille Grazie verbindet sich mit jeder ihrer Bewegungen, mit jedem ihrer Schritte. Löste sie ihr Haar, so sieht man gerne die widerspenstigen Locken über die Schultern herabfliessen; kunstvoll weiss sie es zu flechten, und auch dann wieder scheint es ihre Schönheit noch zu mehren. Sie entzückt uns, wenn sie einherschreitet im tyrischen Purpurmantel, und entzückt uns auch, wenn sie einfach mit schneeweisser Robe daherkommt.“ Sulpicia hatte inniges Mitleid mit dem sterbenden Dichter; sie war ihm mehr, als er von ihr erbeten hatte, und empfing die letzten Segenswünsche dieses brechenden Herzens: „Kein anderes Weib,“ so ruft er begeistert aus, „kann dir mich abspenstig machen . . . Du allein gefällst mir, und ausser dir giebt es für mich keine schöne Frau in Rom . . Vergeblich würde es dem Himmel gefallen, dem Tibull eine andere Geliebte zu senden, Venus selbst gewänne keine Macht über ihn!“ Aber zu der Stunde selbst, wo er diesen Treuschwur aussprach, brach er ihn zugleich. Glycera, eine der reizendsten griechischen Courtisanen zu Rom hatte sich ein Stückchen Unsterblichkeit in den Versen Tibulls gewünscht. Dieser glaubte das unverhoffte Glück dieser Liebschaft irgendwelchen persönlichen Reizen zuschreiben zu dürfen und begann das Spiel mit Glycera ernsthaft aufzufassen, während diese doch nur seine Elegien liebte. So benahm er sich denn zum ersten Male in seinem Leben nicht wie ein liebender Poet, sondern wie irgend ein Liebhaber schlechthin; er schrieb auch nicht eine Zeile für Glycera, die deshalb seiner bald überdrüssig ward und ihm den Abschied gab. Diese Grausamkeit ging Tibull tief zu Herzen; seine ohnehin schwache Gesundheit wurde so heftig erschüttert, dass seine Freunde wohl sahen, er habe einen Todesstoss erlitten. Horaz richtete eine trostspendende Ode an ihn, in der er ihn bat, die grausame Glycera zu vergessen:

Albi, ne doleas plus nimio memor
Immitis Glyceræ, neu miserabilis
Decantes elegos cur tibi iunior
Læsa præniteat fide.

Zugleich erfuhr Tibull auch, dass Horaz ihn in der Gunst dieser kapriziösen Kokette abgelöst habe. Von dem Schlage erholte er sich nicht mehr und starb, im Alter von vierundzwanzig Jahren. Seine Mutter und Schwester hatten ihm die Augen zugedrückt; und am Tage seines Leichenbegängnisses erschienen mit allen Zeichen tiefer Trauer seine beiden Geliebten Delia und Nemesis: die beiden Nebenbuhlerinnen folgten dem Leichenzug und vergossen gemeinsam ihre Thränen am Scheiterhaufen des Verblichenen, jede sich rühmend, gerade sie habe ihn am meisten geliebt.

Diese Epoche des augusteischen Zeitalters war ein wahrer Triumph für Dichter und Courtisanen, die sich so gut mit einander verstanden, dass sie förmlich unzertrennlich erschienen: wo es eine Courtisane gab, da gab es auch immer einen verliebten Dichter, verliebt wenigstens in seinen Versen. Die glänzende Glycera teilte den Ruhm und die Anbeter mit der reizenden Citheris, einer anderen griechischen Gourtisane, die ganz gut die Tochter derjenigen sein konnte, mit der Julius Caesar in Beziehungen gestanden hatte. Horaz hatte auch eine Citheris geliebt, mit der wir aber weder diejenige Caesars noch diejenige des Cornelius Gallus identifizieren möchten. Gallus, ein Freund von Tibull, Ovid und Virgil, gleich ihnen ein Dichter und unter der Halbwelt ausserordentlich beliebt, hatte sich an eine Citheris gehängt, die er unter dem Namen Lycoris besang; von der vier Gesänge umfassenden Dichtung sind uns nur einige wenige Bruchstücke überliefert worden, voll von leidenschaftlicher Liebesglut. „Was will denn diese Kupplerin," so ruft er einmal zornig aus, „wenn sie meiner Liebe zu schaden sucht, und wenn sie reiche Geschenke heimlich in den Falten ihres Gewandes trägt? Sie rühmt den jungen Mann, der diese Präsente schickt; sie preist seinen edlen Charakter, seiner blonden Locken Fülle, sein Talent zum Saitenspiel und Gesang . . . Ach, ich zittere bei dem Gedanken, dass meine Geliebte mir untreu werden möchte . . . denn das Weib ist von Natur veränderlich und immer wandelbar: man weiss niemals, ob es liebt oder hasst!" Gallus leistete Kriegsdienste und war auf Zügen gegen ferne Völkerschaften von Rom abwesend, dabei immer in Gedanken bei der Heissgeliebten weilend: „Meine Lycoris," so ruft er aus, „wird weder durch das frische Antlitz eines jungen Mannes noch durch Geschenke mir untreu gemacht werden; der Wille des Vaters und die strengen Befehle der Mutter werden sie nicht bewegen, meiner zu vergessen! Ihr Herz hält an unserer Liebe unerschütterlich fest." In dieser seiner Verliebtheit scheint ihm natürlich ein Sieg über die Parther wenig bedeutend im Vergleich mit einer verliebten Nacht an der Seite der Angebeteten: „Was schert mich der Krieg!" so ruft er aus, „mögen sich doch diejenigen schlagen, die durch das Kriegshandwerk Reichtum und Eroberungen zu machen hoffen. Ich schlage meine Schlachten mit anderen Waffen: Amor lässt die Drommeten zum Kampfe ertönen und giebt das Zeichen zum Handgemenge, und wenn ich nicht vom Sonnenaufgang bis zum Sonnenuntergang tapfer im Gefecht ausharre, dann mag Venus mich als Feigling behandeln und mir meine Waffen nehmen! Aber wenn sich meine Wünsche erfüllen, und wenn die Dinge günstig für mich stehen, dann mag auch das begehrte Weib der Preis meiner Tapferkeit sein. Dann will ich es an mich pressen, und es mit aller Inbrunst mit Küssen überdecken. Dann soll fröhlichstimmender Wein fliessen, und Narde und Rosen sollen gebracht werden, um meine Sinne zu entflammen! Mein rosengeschmücktes Haar soll mit Wohlgeruch überschüttet werden! . . .“

Als Gallus mit einigen Wunden und ein paar grauen Haaren mehr aus dem Partherkriege heimkehrte, da fand er seine Lycoris nicht so wieder, wie er sie verlassen hatte: sie hatte ihm nicht, wie er gehofft, zu einem neuen Feldzug einen neuen Mantel gestickt und sich offenbar überhaupt ganz und gar nicht zu der Rolle der stillresignierten treuen Näherin geeignet. Sie hatte nach ihm andere Geliebte genommen und gar nicht mehr daran gedacht, dass Gallus zu ihr zurückkehren werde. Dieser merkte wohl, dass für ihn nichts mehr von dem Mädchen zu erhoffen sei; und so verbrannte er zwar nicht die Verse, die er zu Lycoris Ehren gedichtet hatte, aber er beschloss doch gleiches mit gleichem zu vergelten und fand dann auch bald unter den Courtisanen Trösterinnen. Da er Lycoris ärgern wollte, so besang er mehrere junge Mädchen, deren Schönheit nicht hingereicht hatte, sie berühmt zu machen, und brachte sie so in Mode. Zuerst waren es zwei Schwestern, Gentia und Chloë, die ihm alle beide zugethan waren. „Streitet euch nicht darüber,“ so rief er ihnen zu, um sie zu versöhnen, „welche von euch den glänzendsten und weissesten Teint habe. Streitet euch vielmehr darüber, welche von euch den Liebhaber am meisten anzieht, ob die eine durch ihre Augen oder die andere durch ihr Haar.“ Gentias Haare waren goldblond, und Chloës Augen entsandten tausend Blitze. Fernerhin liebte Gallus ein schönes, sanftes Mädchen namens Lydia, das er in die Geheimnisse des Liebeslebens einführte. „Zeig mir, mein Kind,“ so rief er ihr zu, „dein Haar, das wie Gold erglänzt; zeig mir deinen weissen Nacken, der so graziös sich zwischen den Schultern erhebt; zeig mir, mein Kind, deiner Augen strahlende Sterne unter deinen schwarzen Brauen; zeig mir, mein Kind, deine rosigen Wangen und deine Korallenlippen und gieb mir einen Taubenkuss! Ach, deine Küsse dringen mir ins innerste Herz hinein! Spürst du nicht mein Blut, mein Leben? Deck deine Marmorbrüste zu; dein Schwanenhals duftet wie Myrrhen: du bist mein Entzücken! Verbirg deinen schneeweissen Busen, denn siehst du nicht, wie es mich durchbraust? . . . .“ Dieser leidenschaftlich geliebten Lycoris gab Gallus keine Rivalin in seinen Versen: ihr Name blieb berühmt unter denen der galanten Welt. Mehr als vier Jahrhunderte später wurde eine andere Lycoris zur Muse eines Dichters namens Maximianus, der ungefähr gerade so mit Gallus verwechselt zu werden verdient, wie seine Lycoris mit der von Gallus so heissgeliebten und so herrlich besungenen. Dieser Maximianus war zwar als Gesandter Theoderichs ein hoher Herr, im übrigen aber war er ein verbrauchter Greis, der sich darüber beklagt, das Spielzeug seiner Maitresse zu sein und sich in die Erinnerungen seiner Jugend flüchten muss, um das alte Herz erst ein wenig zu erwärmen und sich selbst nicht gar zu lächerlich vorzukommen. „Ach diese schöne Lycoris," so stöhnt die alte Excellenz, „sie, der ich mein Herz und mein Portemonnaie gewidmet hatte! Nach soviel glückseligen Jahren, die wir miteinander verlebt hatten, weist sie mich von sich! Schon schaut sie nach anderen jungen Männern aus und nennt mich einen hilflosen Greis, ohne doch daran denken zu wollen, dass sie es ist, die mich zum Greise gemacht hat!"

Ein Freund des Lobsängers von Lycoris' Reizen, nämlich des Gallus, ein grosser Dichter, weihte ebenfalls seine ersten poetischen Inspirationen der Liebe; man kann sagen, dass Ovid, der Sänger und Gesetzgeber der Liebeskunst, sein Handwerk im Umgang mit Courtisanen gelernt habe. Ovid gehörte zur Familie Naso, deren charakteristisches Kennzeichen und erotisches Attribut die ungeheuere Nase war. Der Name Naso ererbte sich bei ihnen mit dem Organ von Vater auf den Sohn, und was den Ruhm eines ihrer Vorfahren ausgemacht hatte, wurde ihnen zur Geschlechtsbezeichnung. Von diesem Gesichtspunkte aus, wie auch noch von manchem andern, war der letzte der Nasonen keineswegs ein Degenerierter. Er war ein lüsterner Mensch, der schon frühzeitig begann, ganz nach seinen Neigungen zu leben: „Meine Tage," so sagt er in der Erinnerung an seinen poetischen Zunamen, „verbrachte ich im Nichtsthun; schon hatten Ruhebett und Faulheit meine Seele enerviert, als der Wunsch, einer jungen Schönen zu gefallen, meiner schimpflichen Apathie ein Ende bereitete." Diese junge Schöne war nicht, wie man mit wohlfeilen Vermutungen unterstellt hat, des Augustus Tochter Julia Witwe des Marcellus und Gemahlin des Marcus Agrippa, sondern es war sicherlich eine einfache Courtisane, die er unter dem Namen Corinna besungen hat. Corinna hatte, wie Ovid uns selbst mitteilt, einen Gatten oder einen Zuhälter (lenone marito), der ein unanständiges Gewerbe aus der Koketterie seines Weibes machte, wie man das bei vielen Dirnen fand. Da der Dichter nicht reicher war, als Dichter allezeit zu sein pflegen, so gefiel er wohl der Frau, aber dem Manne um so weniger. Seine Stellung zu Corinna glich also der Tibulls zu Delia und Nemesis; nur überstrahlte sein Dichterruhm die anderen, und deshalb stritten sich die Courtisanen um seine Gunst, weil sie durch seine Verse berühmt zu werden hofften. Man darf wohl annehmen, dass er der Corinna mehrere Nebenbuhlerinnen gab, aber keiner erfüllte er ihren sehnlichsten Wunsch, denn ausser Corinna finden wir in seinen Elegien keine einzige namentlich aufgeführt, obschon wohl auch andere ihn zu diesen Gedichten angeregt hatten. Indessen muss man sich dabei erinnern, dass Ovid fünf Bücher Elegien geschrieben hatte, von denen er zwei bei einer Schlussredaktion seiner Gedichte vernichtete. Wie dem auch sein mag, jedenfalls hat man niemals mit Bestimmtheit gewusst, wer des Ovids Corinna war, und der Dichter bewahrte das Geheimnis so gut, dass sogar seine Freunde ihn vergeblich um die Enthüllung baten. Da machten sich denn mehr als eine Courtisane die Verschwiegenheit des Dichters schlau zu Nutze, indem sie andeutete, sie sei es, die der Dichter unter diesem Namen gefeiert habe. Vielleicht ist die Annahme am besten begründet, dass Ovid überhaupt bei diesem Namen an keine bestimmte Persönlichkeit gedacht hat, sondern dass mehrere seiner Geliebten dahinter verborgen sind.

Nach den eigenen Worten Ovids hatte der Anblick Corinnas auf ihn einen bezaubernden Eindruck gemacht: „Wer kann mir sagen," so fragt er sich selbst, „warum mir mein Lager so hart erscheint, warum meine Decke immerfort mir vom Bette gleitet, und warum mir in dieser Nacht, die mir so lang erschien, kein Schlaf in meine Augen gekommen ist? Warum wälze ich meine ermatteten Glieder nach allen Richtungen, warum fühle ich wie glühende Nadeln meine erregten Wünsche?" Nun, er hatte eben Corinna gesehen und sich bis über die Ohren in sie verliebt. Wahrscheinlich geschah das bei einem der bekannten Gelage, bei denen der schwere Wein, die feinen Wohlgerüche, die Musik und die Tänze die Begierden erweckten und die Verständigung so leicht machten. Aber der Gatte oder Zuhälter Corinnas muss wohl auch dabei gewesen sein und erweckte die Eifersucht Ovids, noch ehe dieser irgend ein Recht hatte, eifersüchtig zu sein. Um seiner Angebeteten eine Reihe von Verhaltungsmassregeln zu geben, die sie wahrscheinlich schon besser kannte, als er, schreibt er ihr: „Wenn dein Gemahl sich an der Tafel ausgestreckt hat, dann lege dich mit harmloser Miene ihm zur Seite, aber so, dass dein Fuss heimlich den meinen berührt." Auch bittet er sie, ihm den Becher zu reichen, wenn sie getrunken habe, damit er seine Lippen auf die Stelle pressen könne, welche ihre eben berührt hatten. „Leide nicht, dass dein Gatte dir den Arm um den Nacken legt, schmiege ihm nicht dein reizendes Köpfchen an die zottige Brust, leide nicht, dass er deinen zarten Hals mit der Hand umspannt; und vor allem gieb ihm keinen Kuss. Ich würde es nicht ertragen können und aufschreiend erklären, diese Küsse gehörten mir, und ich würde sie mir nehmen! Aber diese Küsse kann ich wenigstens sehen; darum hüte dich auch vor verborgenen Liebkosungen (quae bene pellia celant), denn die reizen besonders meine Eifersucht." Der arme Verliebte steht unsägliche Qualen aus, wenn er sieht, welche Freiheiten der Gatte sich herausnimmt, ohne dass die geduldige Angebetete dagegen zu protestieren wagt; und so fleht er sie denn an:

Saepe mihi dominiaeque meae properata voluptas
Veste sub injecta dulce peregit opus.
Hoc tu non facies; sed ne fecisse puteris,
Conscia de gremio pallia deme tuo.

Von der Trunkenheit und dem Schlaf des Gatten, der sie argwöhnisch betrachtet, erhofft Ovid Vorteile für seine Liebe; aber plötzlich wird er inne, wie unnütz doch alle diese Vorsichtsmassregeln sind: denn wenn das Mal beendet ist, dann wird der Gatte ja doch die Geliebte an seinem Arme nach Hause führen. Da klagt denn Ovid bitterlich und beschwört seine Angebetete, dem brutalen Menschen nichts zu gewähren, ausser wenn er sie dazu zwingt. Aber schon am folgenden Tag kommt Corinna in sein eigenes Haus, wo er, auf einem Lotterbette ruhend, gerade dem Gedanken an seine Liebe nachhängt. Wie ein Traumbild steht sie vor dem beglückten Dichter, der alle seine unnachahmliche Kunst aufgeboten hat, um diese herrliche kleine Liebesscene zu schildern. In der sinnlichen Pracht seiner Darstellung, in dem Farbenreichtum seiner Gemälde, in der Kühnheit, die ihn auch das Unsagbare noch sagen lässt, ist Ovid unerreicht geblieben. Durch seine zwingende Kraft der Poesie, durch die prachtvolle Schönheit der Form adelt er jeden Stoff. Vielleicht ist niemals etwas über Liebe geschrieben worden, das an Realistik der Schilderungen, aber auch an durchgeistigter Schönheit des Gemäldes den Werken Ovids gleichkommt.

So besass er denn nun seine Geliebte. Aber er ist noch nicht glücklich. Er ist eifersüchtig. Er hat Rivalen, die das teuer bezahlen, für was er nichts aufzuwenden vermag; er beklagt, beleidigt und quält Corinna, ja, er hat sie sogar geschlagen! „In blinder Wut habe ich die kühne Hand gegen sie erhoben," so klagt er sich selbst an, „und jetzt weint sie, die ich in meiner Raserei verletzt habe." Diese Brutalität verzeiht er sich niemals: „Ich hatte den traurigen Mut, ihr die Stirnlöckchen zu zerraufen, und meine Nägel haben ihre Spuren auf ihren rosigen Wangen hinterlassen. Ich habe sie daliegen gesehen, bleich, das Gesicht verfärbt, wie aus Marmor, den die Brechstange in den Steinbrüchen von Paros lockert; ich habe ihre entgeisterten Züge geschaut und ihre Glieder, die zitterten wie das Laub der Espe im Winde, wie das schwanke Rohr unter dem milden Hauch des Zephyrs und die Woge, der der Notus die Oberfläche zerreisst; ihre lang zurückgehaltenen Thränen rollten über die Wangen herab, wie das Wasser vom schmelzenden Schnee." Corinna hatte häufig eine alte Wärterin bei sich, die allerhand Künste anwandte, um sie mit Ovid zu entzweien, weil sie wünschte, sie möchte sich zahlungsfähigeren Liebhabern zuwenden und ihnen die Augenblicke teuer verkaufen, die sie an ihn verschwendete: „Sag mir," so fragte diese Dipsas listig, „was dir dein Dichter schenkt? Doch nur Verse! Und davon kannst du tausende lesen; der Dichtergott selbst in seinem wallenden golddurchwirkten Mantel schlägt die Saiten einer goldenen Leyer. Dass doch einer, der dir Gold giebt, in deinen Augen mehr wert wäre wie der grosse Homer! Glaub mir, man kann etwas Besseres thun, als sich verschenken!" Ovid vernahm die hässlichen Ratschläge der boshaften Alten und konnte sich kaum zurückhalten, sie bei ihren spärlichen grauen Haaren zu packen und ihr die vom Weingenuss triefenden Augen und die runzeligen Backen zu zerkratzen; schliesslich aber begnügt er sich doch damit, sie mit einem kräftigen Fluch abzustrafen, worin er nicht vergisst, ihr einen ewigen Durst zu wünschen. Der Dichter musste seine ganze Ueberredungskunst und seine ganze herzliche Zärtlichkeit aufwenden, um dem abscheulichen Einfluss der alten habgierigen Dipsas entgegenzutreten, die immer daran arbeitete, die naive Corinna mehr und mehr zu verderben. „Ein Liebhaber," so schreibt er ihr, „kann nicht mehr geben, als er besitzt. Und mein Vermögen beruht darin, dass ich meine Geliebte in meinen Versen verherrliche; der, die ich liebe, werde ich einen Namen machen, der nimmer vergeht; kostbare Stoffe, güldenes Geschmeide und Edelsteine vergehen, aber der Ruhm, den meine Verse gewähren, bleibt ewig." Diese Worte blieben nicht ohne Eindruck auf Corinna, der es doch schmeichelte, dass man sie auf der Promenade im Theater und im Cirkus als Ovids Muse bezeichnete.

Ihr Gatte hatte ihr einen Eunuchen namens Bagoas zur Seite gegeben, der sie überall hinbegleitete und sich niemals zu etwas bewegen liess, ohne seinem Herrn Bericht darüber zu erstatten. Diesen Cerberus vermochte Ovid nicht einzuschläfern; dafür gewann er aber die beiden Friseurinnen Corinnas, Nape, die den Briefwechsel besorgte, und Cypassis, die ihn heimlich zu der Geliebten einliess. Diese Cypassis war ein hübsches und wohlgewachsenes Ding; als Ovid eines Tages etwas gelangweilt auf seine Huldin wartete, bemerkte er das und versäumte nicht, mit der Dienerin ein wenig zu schäkern. Als dann Corinna heimkehrte, merkte sie bald, dass irgend etwas vorgegangen sei; Cypassis war verwirrt, und auch Ovid fand nicht gleich seine korrekte Haltung. Er verwahrte sich heftig gegen den Verdacht, sich mit der Sklavin, und noch dazu im Hause seiner Maitresse, in ein Liebesgetändel eingelassen zu haben; sogar die Götter rief er zu Zeugen an und wollte ihren Zorn auf sein Haupt herabwünschen, wenn es anders sei. Solch feierlichen Worten glaubte natürlich Corinna, und Ovid — nun, Ovid bat noch am selben Abend Cypassis um ein Rendezvous! Freilich legte sich auch Corinna ihrerseits nicht den geringsten Zwang auf, und häufig vermutete ihr Liebhaber, dass sie ihm sehr, sehr viel zu verbergen habe.

Einmal hielt Corinna ihn unter allen möglichen Vorwänden lange fern: sie schützte religiöse Uebungen, Rücksichten auf ihre Gesundheit und Stimmung vor. Ovid glaubte nicht anders, als dass sie irgend eine neue Liebschaft angebandelt habe und vertrieb sich seinerseits die Zeit geduldig mit einigen Kammerkätzchen, vorübergehende Beziehungen, bei denen sein Herz durchaus unbeteiligt war. Da erfuhr er durch eines dieser Mädchen, dass Corinna durch künstliche Mittel eine beginnende Schwangerschaft zerstört habe und durch diese Manipulationen fast zu Tode gekommen sei; voller Entrüstung über dieses verbrecherische Treiben schrieb ihr der Dichter darauf: „Das Weib, das zuerst die kostbare Frucht, die es unter dem Herzen trug, durch abscheuliche Mittel beseitigte, verdiente an den Folgen ihres egoistischen Beginnens zu Grunde zu gehen. Was, aus Furcht für deine Schönheit begehst du ein solches Verbrechen gegen den Quell des Lebens?!" Nach diesem Vorkommnis verdoppelte Corinna ihre Zuneigung und Zärtlichkeit für den Dichter; nicht oft genug und nicht lange genug konnte sie bei ihm verweilen; der Eunuche Bagoas schloss beide Augen und wollte offenbar nichts bemerken, der Gatte blieb unsichtbar. Liess Ovid einmal auf sich warten, dann schickte man Boten nach ihm aus, und wenn er gekommen war, dann hielt man ihn fast mit Gewalt zurück; kein Wunsch blieb ihm versagt, ja, man gewährte ihm mehr noch, als er wünschte. Aber dies Anschmiegen seiner Geliebten an ihm wurde ihm bald zuwider, sodass er voller Härte zu ihr sagte: „Bequeme und gar zu leichte Liebesaffairen werden mir zu viel; sie sind für mein Herz, was eine ungewürzte Speise für meinen Gaumen ist. Wenn kein erzener Turm Danaë umschlossen hätte, niemals würde Jupiter sie so heiss umworben haben." Erstaunt und erschreckt von dieser launenhaften und brutalen Sprache, hatte Corinna doch nicht die Kraft, gebührend darauf zu antworten, sondern weinte sich im stillen aus. Darauf der Dichter noch härter als zuvor: „Was brauche ich denn einen so gefälligen Gatten, einen Gatten, der die Rolle eines Zuhälters spielt?" Da wusste Corinna, dass er sie nicht mehr liebte.

Seine Kälte musste sie auf das empfindlichste kränken; entweder, so schloss Corinna, war er durch irgend eine Eifersüchtige behext worden, oder aber er suchte seine Vergnügungen bei einem anderen Mädchen (aut alio lassus amore venis). So kam es denn zu dem unvermeidlichen Bruche. Erzürnt und verletzt floh Corinna seine Gesellschaft und gab Befehl, ihn nicht wieder vorzulassen. Am nächsten Tage fand denn auch der Dichter eine verschlossene Thür. Vergeblich klagte und flehte er, vergeblich richtete er schmeichelnde Verse an die unsichtbare Corinna; man gab ihm eine bittere Antwort: in Zukunft werde man für die Gunst der Umworbenen bare Zahlung und keine Verse von ihm verlangen. Als er noch um das Haus der Courtisane herumstrich, flüsterte ihm eine der Friseusen zu, gerade an demselben Morgen habe sich Corinna einem römischen Feldhauptmann gegeben, der wundenbedeckt und beutebeladen aus einem asiatischen Kriege zurückgekehrt sei. So von dem ersten besten hergelaufenen Menschen ersetzt worden zu sein, das ärgerte Ovid so sehr, dass er nur noch hartnäckiger an die verschlossene Thüre klopfte. Der Erfolg war vorauszusehen: Bagoas, der Eunuche, kam herbei und drohte die Hunde auf ihn zu hetzen, wenn er sich nicht ruhig verhalte. Das muss wohl doch einigen Eindruck auf ihn gemacht haben, denn es wird uns nicht überliefert, dass er sich noch länger an der ungastlichen Pforte aufgehalten habe; wohl aber ergoss er seinen Ärger in ein Gedicht, in welchem er über die beutebeladenen Soldaten und die Weiber herzieht, die einen solchen robusten Kerl den armen und zarten Dichtern vorziehen; den Zorn der Götter ruft er auf beide herab und vergleicht das goldene Zeitalter, in dem man noch nichts von einer Käuflichkeit der Liebe kannte, mit diesen eisernen Zeiten, wo alles, auch der Frauen Liebe für Gold zu haben sei: „Heutzutage," so sagt er bitter, „gehorcht eine Frau, und lebte der wilde Stolz der Sabinerinnen in ihr, wie eine Sklavin dem zahlungsfähigen Manne. Ihr Wächter wehrt mir den Eintritt, und sie fürchtet für mich den Zorn des Gatten: aber wenn ich Geld zu bieten hätte, dann würden Eunuch und Gatte mir gerne das ganze Haus zur Verfügung stellen. Ach, wenn doch ein strafender Gott die verschmähten Liebhaber rächen könnte, und in Staub verwandeln Schätze, die so unanständig erworben worden sind!"

Ovid war noch immer nicht von seiner Liebesleidenschaft geheilt, im Gegenteil, der Widerstand, den er fand, reizte ihn nur noch mehr. Er verbrachte die Nächte auf der Thürschwelle Corinnas. Klagend rief er ihren Namen, vergoss Thränen und hauchte seine Bitten und Seufzer. Einmal wurde er durch die schöne Cypassis getröstet, die ihm einen wärmenden Mantel brachte, und ihm zu trinken gab. Aber sie konnte doch nicht das Andenken Corinnas in ihm zerstören, und der Dichter war fest entschlossen, vor der Thüre der Grausamen zu sterben. Eines Morgens beim fahlen Schein der Morgenröte bemerkt er, wie die Thür leise geöffnet wurde, und ein Mann sich herausschlich. Voller Zorn über die Täuschung sandte er Corinna einen Abschiedsbrief, in dem er unter anderem schrieb: „Ich habe weniger darunter gelitten, deinen jetzigen Liebhaber zu sehen, als von ihm gesehen zu werden!" Ovid glaubte, endgültig eine Liebe überwunden zu haben, die ihm hinfort nur wie eine Schande erscheinen konnte; aber er konnte Corinna nicht vergessen, die unbeständige, ungetreue, so tief gesunkene Corinna, die wie eine Strassendirne verkauft und verschachert war.

Er verliess Rom, um in der Einsamkeit Vergessenheit zu suchen, und zog sich in das Land der Falisker zurück, aus dem seine Frau stammte und erwartete Heilung seines Seelenschmerzes; aber Corinnas Namen tönt ihm überall entgegen, im Echo des Waldes und in den Winden des Feldes glaubte er ihn zu vernehmen. So kehrte er denn nach Rom zurück und begab sich voll heisserer Liebe als jemals zuvor zu Corinnas Haus. Seine Freunde waren zu seinem Empfange herbeigeeilt; sie trafen ihn, nahmen ihn mit offenen Armen auf und erzählten ihm, dass Corinna einen lasterhaften Lebenswandel führe und von Tag zu Tag mehr in der Achtung der Bevölkerung gesunken sei. Ueberall zeigte sie sich mit ihren Galanen, trug auf der Promenade und im

Theater indezente Toiletten und versagte sich kecken Liebkosungen nicht einmal vor den Augen des Publikums und ihres ehrlosen Gemahls. Man erzählte sich eine Fülle von Anekdoten über ihre Schamlosigkeit, über ihre Habsucht und ihre Frechheit. Ovid wollte alle dem, was er vernahm, keinen Glauben schenken; und so zeigte man ihm denn, bis zu welchem Grade der Entehrung seine Geliebte gesunken war. Da schrieb er ihr denn ein letztes Mal: „Ich verlange nicht, ein strenger Zensor, dass du keusch und züchtig seiest, aber ich bitte dich, du mögest mich doch wenigstens über die grausame Wahrheit hinwegzutäuschen suchen. Diejenige ist nicht schuldig, die den Fehler, den man ihr nachredet, ableugnen kann; das Geständnis allein kann ihren Ruf zerstören; aber die letzte Dirne bedeckt ja noch schamhaft das, was du dich nicht scheust, im Angesicht des ganzen Volkes zu thun!“ Aber Corinna war für sich selbst und für Ovid verloren; rasch glitt sie auf der abschüssigen Bahn zur tiefsten Stufe schimpflicher Prostitution herab.

Indes löschte Ovid den Namen Corinna nicht aus den Versen, die er ihr gewidmet hatte; unter diesem Namen hatte er sie geliebt, unter diesem Namen sie besungen: „Göttin der Liebe, suche dir einen neuen Dichter!“ so rief er aus, als er die letzte Hand an seine Elegien legte. Und in der That, wenn er auch noch Maitressen hatte, so hat er doch keine wieder besungen, weil keine ihm Liebe einzuflössen vermochte. Mehr als jemals zuvor, lebte er im intimen Umgang mit Courtisanen und, zum Dank für vergnügt verlebte gemeinsame Stunden, dichtete er unter ihren Augen und nach ihren Eingebungen sein Gedicht von der Liebeskunst, dieses Lehrbuch der Liebe und des vergnüglichen Lebens. In seinen zahlreichen Gedichten widmete er den Erinnerungen an seine Liebesgeschichten stets einen breiten Raum, aber er hütete sich wohl, auch nur einen einzigen Namen in die Verse zu verflechten, die er seinen Geliebten widmete. Daher entstand das Gerücht, er habe eine heimliche Liebschaft mit der Tochter des Kaisers und begnüge sich damit, sein Glück im stillen zu geniessen, ohne es indiskreten Neugierigen zu verraten. Dieser ehebrecherischen Neigung schrieb man seine Verbannung zu, da man glaubte, dass Augustus ihn nicht auf andere Weise zu strafen gewagt habe; nach anderen Gerüchten, die in Rom umliefen, hätte Ovid den Augustus bei dem Verbrechen der Blutschande mit seiner eigenen Tochter ertappt. Wie dem auch immer gewesen sein mag, Ovid, der zarte Ovid, wurde unter die Barbaren am Ufer des schwarzen Meeres verbannt und starb dort am schmerzgebrochenen Herzen, nachdem er alle seine Werke, sogar seine Elegien zu vernichten gesucht hatte. Ueber seine Persönlichkeit und Dichtkunst urteilt der Litterarhistoriker Teuffel: „Auch in der Poesie bleibt Ovid Rhetor, mit den Gedanken und Stoffen spielend, im Glanze der Figuren und witzigen Wendungen sich spiegelnd, ohne Ernst, höhere Ziele und Charakter, leichtsinnig gegenüber den Anforderungen und Fragen des Lebens, aber geistreich, pikant und originell, und in allem Formellen von unübertroffener Meisterschaft, unnachahmlicher Leichtigkeit, Gewandtheit und Anmut. In seiner ersten Periode ist die sinnliche Liebe der Stoff, den er fast ausnahmslos behandelte, in den Formen der alexandrischen Elegiker, aber Mythologie, Elegie, Lehrgedicht ironisierend, durch die Leichtfertigkeit seiner Gegenstände. In der zweiten behandelt er Stoffe aus der griechischen Mythologie und der einheimischen Sage, wesentlich in der gleichen Manier, aber mit mehr Fleiss und Hingebung. Die Arbeiten der dritten Periode sind die aus Tomi, wechselnd nur zwischen endlosen Klagen über die Verbannung und demütigen Flehen um Zurückberufung." Und Gibbon, der Geschichtsschreiber des Verfalles und Unterganges des römischen Weltreiches, erwähnt diese Verbannung mit folgenden schönen Worten: „Der zärtliche Ovid wurde nach einer, im Genusse des Ruhmes und der Üppigkeit verlebten Jugend, zu einer hoffnungslosen Verbannung an den eisigen Ufern der Donau verdammt, wo er fast ohne Verteidigung der Wut der Ungeheuer der Wüsten ausgesetzt blieb, mit deren grausamen Schemen, er, dereinst Vermischung seines zarten Schattens fürchtete." Nichts blieb dem Dichter dort erspart, und so musste er denn aus Briefen von Rom erfahren, dass Corinna, alt und runzelig geworden, mit einer hässlichen geflickten Toga bekleidet, in einer Schenke Aufwärterin geworden sei, wo die rohen Schiffersknechte vom Tiber ihre wüsten Gelage feierten. „Besser wäre es noch gewesen," so sagte er schmerzbewegt, „sie wäre Zauberin oder Parfumeuse geworden." Noch im Tode drückte er an seine Lippen einen Ring, in dem einige Haare Corinnas gefasst waren.

Kapitel XXVII.

Marcus Valerius Martial, der gefällige Lobsänger der Ausschweifungen Neros und seiner Nachfolger. — Die grosse Popularität der Martialschen Epigramme. — Martials Antwort an seinen Kritiker Cornelius, der ihm die Lüsternheit seiner Gedichte vorgeworfen hatte. — Die gewöhnlichen Opfer des Martialschen Sarkasmus. — Die lockeren Sitten dieses Dichters. — Das abscheuliche Epigramm, das Martial an seine Gemahlin Clodia Marcella zu richten wagte. — Die gewöhnlichen Leser der Werke Martials. — Der Buchhändler Secundus. — Schilderungen von Courtisanen. — Lesbia. — Der schamlose Lebenswandel dieser Prostituierten. — Chione und Helida. Das erbärmliche Alter Lesbias. — Martials Epigramm gegen Lesbia. — Chloë. — Die Habsucht des Lupercus, des Galans dieser Courtisane. — Die Witwe, die sieben Gatten beweint. — Thaïs. — Wie Martial diese Courtisane beleidigt, weil sie ihn verschmäht hat. — Die entsetzliche Schilderung, die er veröffentlicht, um sich für seine Zurückweisung zu rächen. — Philenis und ihr Zuhälter Diodor. — Die Verderbtheit der Philenis. — Nachruf, den Martial dieser berüchtigten Dirne widmete. — Ein

Epigramm, das er gegen sie verfasste. — Der Grund seines Hasses gegen sie. — Verliebte alte Weiber. — Der Cynismus der Phyllis. — Widerspruchsvolle Epigramme Martials gegen diese Courtisane. — Lydia. — Wie Martial den Paulus abfallen liess, der ihn um Verse gegen Lysisca gebeten hatte. — Martials Abneigung und Abscheu vor alten Dirnen. — Fabulla. — Lila. — Vetustilla. — Gallia. — Saufeïa. — Marulla Thelesilla. — Pontia. — Lecania. — Ligella. — Lyris. — Fescennia. — Senia. — Galla — Egle. — Falsche griechische Courtisanen. — Lycoris. — Glycera. — Chione und Phlogis. — Wie grob Martial eine feine Liebeserklärung der Polla zurückwies. — Das schimpfliche Glaubensbekenntnis, das er seiner Frau Clodia Marcella abzulegen wagte. — Seine Rückkehr nach Spanien. — Durch welche Mittel Clodia Marcella den Martial bewog, Rom zu verlassen. — Martials Sühneepigramm. — Petronius. — Sein Satyricon als Sittenbild aus der römischen Kaiserzeit. — Alcyllus und Giton. — Die Priesterin des Gottes Aenotheus und ihr Gefährte Proselenus. — Die Kupplerin Philomene. — Eumolpe. — Die Epigramme des Petronius. — Sestoria. — Martia. — Delia. — Arethusa. — Bassilissa. — Der Selbstmord des Petronius.

Von Ovid muss man schon bis auf Martial gehen, um die einigermassen unterbrochene Geschichte der römischen Courtisanen weiter verfolgen zu können, denn länger als ein halbes Jahrhundert schweigt die Poesie über diesen Gegenstand. Indessen darf man wohl voraussetzen, dass die Courtisanen nicht auf Martial warteten, um von sich reden zu machen; wenn Werke erotischer Dichter aus diesem Zeitabschnitt uns verloren gegangen sind, so beweist das natürlich keineswegs, dass die Fortschritte der antiken Prostitution damals aufgehört hätten. Gerade das Gegenteil ist der Fall, die Nachfolger des Kaisers Augustus hatten die Demoralisation der römischen Gesellschaft gleichsam unter ihren besonderen Schutz genommen und boten, schamlos wie sie waren, das Beispiel aller Raffinements des Lasters. Die öffentlichen Sitten waren derartig verderbt, dass sich von den Dichtern kein einziger zu einer Epopee seiner Liebesgeschichten hergegeben haben würde, wie es Tibull, Properz und Ovid gethan hatten. Der Fluch der Lächerlichkeit würde ihn getroffen haben. Auch unter den Courtisanen würde man keine getroffen haben, die ihre Jugend hätte verlieren mögen, um einem verliebten und eifersüchtigen Dichter Stoff zu Elegien zu geben. Eifersucht und Liebe schienen aus der Mode gekommen zu sein, und man lebte zu rasch, um ganze Jahre einer einzigen Leidenschaft zu widmen, einer Leidenschaft, der ihre Dauer schon etwas wie Respektabilität verlieh, und die sich dadurch sozusagen der Ehe annäherte. Als Marcus Valerius Martial, geboren zu Bilbilis in Spanien, ums Jahr 43 nach

Chr. nach Rom kam, da hütete er sich wohl, die Dichter der Liebe nachzuahmen, die ein Mæcen im Zeitalter des Augustus angetroffen hatte: er wurde im Gegenteil der gefällige Dichter der Zügellosigkeiten des neronischen Regimentes und der Kaiser, die bis zu Trajan so rasch aufeinander folgten. Wir besitzen von ihm fünfzehn Bücher Epigramme. Gegenstand derselben ist, wie der schon erwähnte Litterarhistoriker Teuffel schreibt, das soziale Leben des damaligen Roms mit all seinem Schmutze und seiner Unterwürfigkeit. Martial ist schwach von Charakter; in bedrängten Verhältnissen lebend schwimmt er mit dem Strome, schmiegsam und gefügig gegenüber den Anschauungen und Gelüsten seiner Zeit, und schreckt auch vor sittlich oder ästhetisch Unzulässigem und vor Selbsterniedrigung nicht zurück. Aber Martial ist ein grosses Talent. Allerdings fühlt er nicht den Beruf des Sittenpredigers in sich, doch für die Schwächen seiner Mitmenschen hält er sein scharfes Auge offen und besitzt eine ganz hervorragende Begabung, mit wenig Worten in fein geschliffenen Versen den Leser zu überraschen und den Nagel auf den Kopf zu treffen. So ist er, freilich in kleinem Gebiete, ein wirklich schöpferischer Dichter, welcher beim Vergleich mit den Griechen nicht verliert, und der einzige Klassiker des Epigramms nicht nur in der römischen, sondern in der Weltlitteratur geworden. Seine litterarischen Erfolge verdankt Martial geradezu der Deutlichkeit seiner Epigramme.

Es scheint, als habe er als Vorbilder die zügellosen Epigramme Catulls genommen, der aber doch immerhin mit einer Art grober Naivetät geschrieben hatte; Martial seinerseits sucht, um den verderbten Lebemännern des kaiserlichen Hofes zu gefallen, die schamlosesten Dichtungen seiner Zeit noch zu übertreffen; er verwendete geradezu eine monstreuse Sorgfalt auf die Schilderung der Unanständigkeit und warf nicht einmal den Schleier einer dezenten Ausdrucksweise über seine lüsternen Bilder. Der Beifall, mit dem man ihn von allen Seiten überschüttete, war Entschuldigung und Ermutigung zugleich für ihn; jedes neue Buch seiner Epigramme, stark begehrt und ungeduldig erwartet von allen Lesern, die die vorausgehenden Bücher auswendig wussten, wurde unter den Händen der Buchhändler unzählige Male vervielfältigt, und die Schreiber, die davon fein ausgestattete und reich gebundene Exemplare herstellten, vermochten der Nachfrage der Käufer nicht zu genügen. Diese enthusiastische Aufnahme, die man seinen schlüpfrigen und ausgelassenen Versen bereitete, war natürlich nicht geeignet, Martial zu einem Wechsel des Genres zu veranlassen. Wenn darum ein gestrenger Zensor ihm den guten Rat gab, sich, wenn nicht in seinen Ideen, so doch in seinen Worten einige Reserve aufzuerlegen, dann war er nicht geneigt, dem Rat mehr Gehör als einen Tadel zu schenken, und hatte immer tausend Gründe, um seinem Kritiker zu beweisen, dass er recht daran gethan habe, gerade die unanständigen Verse zu schreiben, die man aus seinen Werken ausgemerzt wissen wollte: „Du beklagst Dich darüber Cornelius," so sagte er zu einem seiner Zensoren, „dass meine Verse nicht keusch genug sind, und dass ein Lehrer sie nicht wohl in seiner Schule vortragen könne; aber diese kleinen Kunstwerke können, wie die Männer ihren Frauen, nur hüllenlos gefallen . . . das ist nun einmal die Grundbedingung für die heitere Poesie; sie kann nur ihre Wirkung ausüben, wenn sie die Sinne kitzelt. Drum fort mit deinem strengen Ernste und gieb Raum meinen Ausgelassenheiten, meinen lustigen Gedichten, wenn ich bitten darf. Lass meine Bücher, so wie sie sind: Nichts ist tadelnswerter als Priap, der zum Priester der Cybele geworden ist." Wie sehr er selbst von der Saftigkeit seiner kleinen Gedichte überzeugt war, mag man aus einem Witz erkennen, den er einmal über einen offenbar etwas erkälteten Vorleser machte:

„Was umhüllst du den Hals, Vorleser, mit wolligem Wulste?
Wahrlich, unserm Ohr frommte die Wolle noch mehr."

Den Beifall der Kaiser und der Lebemänner hatte Martial für sich; auf den der Leute von gutem Geschmack verzichtete er. Er war zufrieden, wenn nur seine gesalzensten Epigramme ihren Weg machten; und thatsächlich gingen sie aus dem Munde der Courtisanen und der Lustknaben in den des Strassenpöbels über. Daher der hellstrahlende Ruhm, den der Dichter erworben hatte, ohne dass der Geist, die Malice, die er mit vollen Händen in seine schlüpfrigen Gedichte einstreute, das Urteil darüber wesentlich milder zu gestalten vermöchten; ein Ruhm, der den Virgils und Horazens übertraf und den satyrischen Triumphen Juvenals die Wage hielt. Thatsächlich war so zu sagen Roms ganze Skandalchronik niedergelegt in einer Menge kleiner Gedichte, die leicht zu behalten und in Umlauf zu setzen waren. In diesen Versen hatte der Dichter unter durchsichtigen Pseudonymen Personen gezeichnet, die er entweder lächerlich machte, oder denen er das Brandmal der Schande aufdrückte. Mochte er auch noch so sehr dagegen protestieren, die wahren Namen in seinen Gedichten anzuwenden, und mochte er auch noch so nachdrücklich darauf hinweisen, dass er in seinen Spöttereien immer die Personen respektiert habe, niemand grollte ihm, wenn er sich schwere Beleidigungen gegen eine Menge von Leuten erlaubte, die er zwar nicht genannt, aber mit einer solchen Naturtreue gezeichnet hatte, dass jedermann sie nach diesen Gemälden wieder erkennen konnte. Wahr ist nur, dass er sich nicht erkühnte, angesehene Männer in Verruf zu bringen und das Privatleben seiner Mitbürger zum Gegenstand seiner perfiden Schmähungen zu machen. Die gewöhnlichen Opfer seiner Sarkasmen waren immer boshafte Dichterlinge, unverschämte Courtisanen, schamlose Prostituierte, verbrecherische Kuppler, Verschwender und Geizhälse, abgelebte Männer und verlorene Weiber. Sehr häufig wendet er die Ausdrucksweise der zweifelhaften Persönlichkeiten an, die er auf die Scene und gleichsam an den Pranger stellt; er weist seine Leser ausdrücklich darauf hin, dass sie in seinen Worten weder Zurückhaltung noch Prüderie finden werden: „Die Epigramme," so sagt er, „sind für die regelmässigen Besucher der Blumenspiele geschrieben. Cato braucht ja nicht zu uns ins Theater zu kommen; wenn er aber kommt, nun so mag er die Augen aufsperren!" Es fehlt aber auch in diesen Epigrammen nicht am Ausdruck eines ernsteren Empfindens:

„Als dem Pätus das Schwert die züchtige Arria reichte,
Welches mit eigener Hand sie aus dem Busen sich zog,
Sagte sie: ‚Wahrlich, es schmerzt die Wunde mich nicht, die ich selbst schlug,
Aber es schmerzet mich die, Pätus, Du schlagen Dir wirst.'"

Seinem Namensvetter Julius Martialis vertraut er seine bescheidenen Wünsche, und ernst und würdig klingt auch dieser Wunsch aus:

„Was mein Leben beglückter machen kann, ist,
O mein süssester Martialis, dieses:
Erbvermögen und nicht mit Müh' erwerb uns:
Ein erkenntlicher Acker; steter Wohnsitz;
Nie Streit; selten Aufwarten; Seelenruhe;
Rüst'ge Kräfte und ein gesunder Körper;
Mutterwitz und Genossen, die uns gleichen;
Ungekünstelte Tafel; leichte Tischkost;
Nicht durchzechte, doch sorgenfreie Nächte;
Ein nicht grämliches Ehegespons, das keusch doch;
Ferner Schlaf, der die Finsternis verkürzet;
Sein nur wollen das, was man ist, und nicht mehr;
Weder fürchten noch wünschen's letzte Stündlein."

Martial frequentierte ganz ohne Zweifel die schlechte Gesellschaft, die er mit so leuchtenden Farben gemalt hat; an zwei oder drei Stellen lässt er uns erkennen, dass seine Sitten nicht viel besser waren, als die seiner Helden, denn er beschränkte sich nicht nur darauf, seine Liebe an Courtisanen zu verschwenden, sondern gab sich zeitweilig auch Zügellosigkeiten hin, die in der allgemeinen Corruption seiner Zeit ihre Entschuldigung fanden, obschon er sie notgedrungen zu rechtfertigen suchte, um die bitteren Vorwürfe seiner Frau Clodia Marcella zu beschwichtigen. Trotz dieser, von ihm gepflegten, widernatürlichen Laster renommiert er in mehr als einem seiner Epigramme mit seiner Anständigkeit und der Reinheit seines Lebens. Vermutlich kam er zu diesem, für sich günstigen Urteil, durch den für ihn immer noch vorteilhaften Vergleich seines Privatlebens mit dem seiner lasterhaften Zeitgenossen, zumal mit dem der Kaiser, denen er seine Bücher widmete: „Meine Verse sind zügellos," so sagt er zu Domitian, „aber mein Leben ist ohne

Fehl. (Lasciva est nobis pagina, vita proba est)." Um diesen flagranten Widerspruch zu erklären, genügt es wohl, die Gedichte zu datieren, in denen Martial sich seiner Moralität so sehr rühmt und jener, in denen er sich sehr leicht darüber hinwegsetzt: die ersteren gehören in seine Jugendperiode, die anderen in sein reiferes Alter. Man darf nicht vergessen, dass die elf ersten Bücher seiner Sammlung einen Zeitraum von fünfunddreissig Jahren umspannen, die er fast ohne Unterbrechung in Rom verlebte Mit fünfundzwanzig Jahren konnte Martial keusch leben, obschon er in seinen Versen der Sinnenlust seiner Beschützer schmeichelte. Mit fünfzig Jahren war er ein Lebemann geworden, er, der Zeuge so vieler Ausschweifungen seiner Freunde; und so bemerkt man denn in der That, dass er in den letzten Büchern seiner Epigramme auf den Ruf der Keuschheit keinen Wert mehr legt, der durch seine lüsternen Schriften ohnehin seit langer Zeit zerstört war. Im elften Buche hat er uns jenes schamlose Epigramm an seine Frau aufbewahrt, die ihn mit seinem Lustknaben überrascht hatte und sich selbst opfern wollte, um ihn diesem abscheulichen Laster zu entreissen: „Wie oft hat Juno dem Jupiter denselben Vorwurf gemacht?" entgegnete ihr lachend Martial, der aus dem Beispiel der Götter und Herren für sich die Berechtigung herschrieb, in seinen Ausschweifungen zu verharren und die bitteren Klagen seiner Frau zurückzuweisen:

Parace tuis igitur dare mascula nomina rebus;
Teque, pute cunnos, uxor, habere duos.

Der Dichter machte sich in der That keine Illusionen über den Charakter seiner Sammlung und wusste sehr wohl, für welche Art von Lesern er seine immer freien und häufig anstössigen Verse schrieb. „Keine Seite meines Buches ist keusch," so sagte er freimütig, „aber so sind ja auch die jungen Leute, die mich lesen, so sind die Damen mit leichten Sitten, und der Greis der sein lüsternes Spiel mit seiner Maitresse treibt." Er vergleicht sich dann mit seinem Schüler Cosconius, der gleich ihm Epigramme schrieb, aber so zurückhaltend und vorsichtig im Ausdruck, dass man niemals auch nur einen Schimmer von Unanständigkeit darin bemerkte (inque suis nulla est mentula carminibus), er lobt ihn ob dieser Zurückhaltung, meint aber, derartige prüde Gedichte könnten nur für Kinder und alte Jungfern bestimmt sein. Er verschmäht es darum, Cosconius nachzuahmen und moquiert sich über die ehrbaren Matronen, die seine Werke zwar heimlich lasen, ihm aber öffentlich vorwarfen, nicht für anständige Damen geschrieben zu haben: „Ich habe," so sagt er ihnen frank und frei, „Ich habe für mich geschrieben. Die Ringkampfschule, die Bäder, der Rennplatz sind unsere Bühne, macht ihr drum, dass ihr fortkommt! Wir werden uns gleich auskleiden: geht also fort, wenn ihr keine nackten Männer sehen könnt! Rosengeschmückt und voll des süssen Weines legt Terpsichore hier ihre Schamhaftigkeit ab und weiss in ihrer Trunkenheit kaum noch, was sie sagt; ohne Scheu erzählt sie uns, welche Opfer Venus, die Siegerin, im Monat August in ihrem Tempel empfängt, was der Landmann als Schildwache mitten in seinem Garten aufpflanzt, und was die keusche Jungfrau nicht anzuschauen vermag, ohne die Augen mit den Händen zu bedecken.“ Das Leben im Cirkus bot Martial unerschöpflichen Stoff zu seinen Epigrammen. Niemand hat römische Cirkusscenen mit grösserer Kraft und mit mehr Plastik geschildert, als Lugowoi in seinem Werke Pollice verso, aus dem wir eine Stelle hier anführen wollen: „Ein dumpfes Gebrause schallt von den entfernten Strassen der ewigen Stadt und von der Via Appia herüber, als ob das Leitungswasser, die Aquädukte zerbröckelnd, in tosenden Strömen von den hohen Arkaden auf die Erde stürze. Je mehr man sich dem Cirkus nähert, um so vernehmlicher wird der Lärm. Die Ursache des Getöses ist ein Menschenhaufe, der eilig in einer bestimmten Richtung sich fortbewegt. In dem allgemeinen Toben unterscheidet man bald heftiges Schelten, bald die befehlenden Rufe der Aedile und nächtlichen Triumvirn; hin und wieder ertönt lautes Gelächter, und man hört deutlich die Namen, bei denen Bekannte einander anrufen.

Aus Rom und dessen nächster Umgebung strömt das Proletariat zusammen, um rechtzeitig die Freiplätze zu den Spielen, die morgen stattfinden sollen, einzunehmen. Einander stossend und drängend strebt die Menge den geöffneten Thoren des Cirkus zu und füllt die breiten Bänke des in finstere Nacht getauchten Amphitheaters. Mitten unter dem Plebs befinden sich auch viele vornehme Damen mit ihren Begleitern aus dem Ritterstande. Das sind die eifrigsten, leidenschaftlichsten Verehrer der Spiele. Sie besorgen, zu spät zu kommen, und möglicherweise nicht die besten Plätze zu erhalten, seien diese nun umsonst oder um einen bedeutenden Preis von den spekulierenden Vermietern zu haben. Diese Damen und Ritter bringen gern eine Nacht auf den Bänken des Cirkus zu, um nur ja möglichst nahe bei der Arena sich einen Platz zu sichern.

Unterdessen strömen immer neue Scharen herzu, und das Gedränge wird mit jedem Augenblicke ärger. Plötzlich ertönt unmittelbar an den Thoren ein schrecklicher herzzerreissender Schrei. Alle bleiben einen Moment wie gebannt stehen, schauen sich um, fragen einander mit Worten und Blicken, was geschehen. Nichts Besonderes — einem Tölpel ist der Arm ausgerenkt worden! Und alle stürmen wiederum vorwärts, wie zuvor einander stossend und drängend. Der Hauptmann der Wache treibt die Menge auseinander, um den Verletzten zu befreien, der, von dem allgemeinen Strome fortgetragen, immer lauter um Hilfe schreit. Auf dieses Geschrei antwortend, ertönt aus einem Gewölbe des Cirkus das mächtige Gebrüll eines Löwen. Die Stimme des Königs der Tiere versetzt die Menge in eine freudige Aufregung: von den Thoren bis zu den oberen Reihen des Cirkus, wo einige Zuschauer bereits eingenickt waren, erschallt ein fröhliches, beifälliges Stimmengewirr. Die Menge lärmt die ganze Nacht. Sie wächst mit jedem Augenblicke, und die aufgehende Sonne beleuchtet ein Amphitheater, das von oben bis unten mit Zuschauern dicht besetzt ist. Leer stehen nur noch die Plätze der Senatoren und zwischen zwei Treppen in der Nähe der kaiserlichen Loge ein geräumiger keilförmiger Platz — cuneus — dessen Sitze von der Wache für die Freunde des Spurius Agala, des Gebers der heutigen Spiele, reserviert worden. Spurius Agala ist Quästor geworden und erfreut dem Herkommen gemäss die Römer mit dem Schauspiel, das sie über alles lieben.

Aber auch die bisher noch unbesetzten Plätze füllen sich allmählich. In ihrer weissen, purpurbesäumten Toga erscheinen die Senatoren und lassen sich auf die weichen, seidenen Kissen nieder.

Da werden auch die keuschen Hüterinnen des heiligen Feuers sichtbar und füllen die Loge der Vestalinnen.

Nur der Cäsar selbst fehlte noch: Claudius hat sich heute wider seine Gewohnheit verspätet.

Auf seine Ankunft harrend, amüsiert sich das Volk, so gut es geht. Hausierende Knaben treiben sich zwischen den Reihen der Zuschauer auf den breiten Stufen des Amphitheaters umher und preisen ihre Leckerbissen an. Ein alter wohlbeleibter Herr dingt ärgerlich mit einer jungen Verkäuferin um den Preis eines Kruges Wasser, den sie ihm gereicht. In die Reihen der Patricier hat sich ein listiger Graeculus gedrängt, der sich für einen chaldäischen Astrologen ausgiebt und für die ihm zugeworfenen Münzen den Zuschauern das Unmöglichste prophezeit. Mehrere junge Plebejerinnen lauschen ungläubig den flüsternden Worten eines hübschen Jünglings, und ihre anmutigen Gesichter umspielt ein vergnügtes Lächeln. Vornehme Damen schauen forschend den Bänken entlang nach Bekannten aus und wechseln mit ihnen Grüsse. Die Nachbarinnen erzählen sich ihre Erlebnisse, klatschen, lästern, verleumden.

Da sitzt Calpurnia Terentilla, die Gattin eines reichen Patriciers. Ihre Lippen sind fest zusammengepresst, die Brauen gerunzelt. Sie schleudert Wutblicke auf ein Paar, das nicht weit von ihr seinen Platz hat. Sie ist erregt wie noch nie! Diese verwünschten Platzvermieter verlangten ein wahres Sündengeld und konnten nichts Besseres thun, als sie und ihre Tochter Cynthia gerade hierher zu setzen, wo die Blicke aller Bekannten spöttisch auf ihnen zu ruhen scheinen! Denn nur durch zwei Plätze sind sie von jenem Taugenichts Sicinius und seiner Hetäre Silvia getrennt. Sicinius — o, unerhört — hat Calpurnias Erwartungen in unverantwortlicher Weise getäuscht: er verschmähte ihre liebliche Cynthia, eine eben sich erschliessende Knospe, um jener Unwürdigen willen, floh Hymens Bande, um das Lager der Sünde mit den drei Liebhabern der Sylvia zu teilen, von deren Gatten ganz zu geschweigen. Und jetzt sitzen sie fast nebeneinander! Ewige Götter! Diese lasterhafte Welt! Wahrlich, ehrbare Matronen können in Rom nicht mehr leben.

„Sieh nur, sieh, was diese liederliche Person für eine Stola hat," zischelt Calpurnia ihrer Tochter Cynthia zu. „Schickt es sich etwa für eine Matrone, die Frau eines Patriciers, einen so durchscheinenden Stoff zu tragen, der den Reiz der Formen deutlich erkennen lässt? Uebrigens, kein Wunder! Wer keine Scham besitzt, braucht auch nichts zu verdecken."

Unwillig, aber nicht ohne neidisches Interesse betrachtet die junge Dame ihre Nebenbuhlerin, indem sie leise spricht: „O die Schändliche!" Sie besitzt aber eine zu leidenschaftliche Vorliebe für gute Toiletten, um nicht mit vollster Aufmerksamkeit das Costüm Sylvias zu mustern.

„Sieh nur," wendet sie sich zur Mutter, „wie geschmackvoll sie die Falten ihrer mit phrygischer Goldnaht verzierten Palla geordnet hat."

„Die schwarze Toga einer Hetäre müsste man ihr anziehen," zischt Calpurnia giftig, „aber das kommt davon, mein Kind, dass unsere Aedile so nachlässig über die Sitten wachen, und Messalina selbst mit schlechtem Beispiele vorangeht. O, wenn ich doch Zensor wäre, wenn ich die Macht hätte, diese Geschöpfe so zu behandeln, wie sie es verdienen!"

Cynthia hört aufmerksam zu, betrachtet aber zugleich noch aufmerksamer den weissen, mit Gold benähten Soccus, der so wundervoll den hübschen Fuss Sylvias zur Geltung bringt. Nicht ohne Grund hat diese ihn so ausgestreckt, dass alle sich an seinem Anblicke weiden können.

„Ich würde ihr," fährt Calpurnia voll Eifer fort, „nun und nimmer gestatten, ihren eklen und sicherlich übelriechenden Leib mit duftender assyrischer Narde zu salben, deren Aroma hier die Luft füllt. Ich würde ihr schon . . . Diese alte Megäre ist ja nur wenig jünger wie ich, und Sicinius, dieser Taugenichts und Narr von einem Jungen, wird sie schon einmal dabei ertappen, wie sie für die Nacht sich das Gesicht mit einem Teige bestreicht, der mit Eselsmilch eingerührt ist. Ob ihm seine Schöne, diese geschminkte Puppe, dann noch so liebreizend erscheinen wird?"

Aber Cynthia bewundert voll Neid die goldigrotschimmernde gallische Frisur Sylvias und empfindet ein glühendes Verlangen, die kostbare Nadel, welche die künstliche Haartour zusammenhält, herauszureissen und sie ihrer Nebenbuhlerin in die Kehle zu stossen.

„Und wo hat sie diesen kostbaren Schmuck her?" Calpurnia ist in ihrer Philippika unermüdlich. „Woher diese Perlen, an Wert Kleopatras Perle gleich? Mag man den andern Frauen auch vorwerfen, dass ihre Toiletten mit den Schätzen geplünderter Provinzen bezahlt sind; das Blutgeld ist doch wenigstens von ihren eigenen Vätern und Männern gestohlen und geraubt. Diese aber hat alles von ihren Liebhabern! O tempora, o mores!“

Und nicht zufrieden, Sylvia für ihre thatsächlichen Vergehungen und Laster zu schmähen, zauderte Calpurnia nicht, kategorisch zu erklären, dass sie die Verworfene jeder möglichen oder nur denkbaren Schandthat für fähig halte.

„O, ich bin sogar überzeugt, dass, im Falle man diese Sylvia wegen ihres Lebenswandels zur Verantwortung zöge, sie dennoch nicht davon lassen, sondern eher, dem Beispiel Vistilias folgend, der Würde einer römischen Matrone, einer Patricierin entsagen und sich in den Listen der Aedile als Inhaberin eines Lupanars anschreiben lassen würde. Da wäre sie auch am Platze! Und Sicinius ebenfalls — wie vorzüglich würde er sich als Hausknecht machen!“

Hier merkte Calpurnia, dass sie in ihren Herzensergüssen weiter gegangen war, als sich in Gegenwart ihrer jungen Tochter geziemte, und sie hielt inne. Aber es war ihr unerträglich, einen Gedanken unausgesprochen zu lassen, und so fuhr sie leise fort, indem sie auf Sicinius wies: „Sieh nur, mit wie lächerlichen Bewegungen er den Fächer aus Pfauenfedern handhabt, um ihr Kühlung zu verschaffen, wie er sich dabei bemüht, alle die kostbaren Ringe an seinen Fingern zu zeigen. Das steht ihm auch besser an, als der Gebrauch von Schild und Schwert.“

Aber der frühere Bräutigam gefällt Cynthia noch immer, und sie denkt mit einigem Kummer an ihre zerstörten Hoffnungen. „Und das ganze Unglück stammt von Baïæ her,“ flüstert das junge Mädchen vor sich hin, „von diesem lasterhaften Baïæ, littora castis inimica puellis. Dort verliess mich der Treulose und geriet in die Netze der Sylvia.“

Sicinius und Sylvia ihrerseits bezahlten diese Lästerungen mit gleicher Münze und machten über die erzürnte Mutter und deren Tochter ebenfalls die boshaftesten Bemerkungen.“

Soweit Lugowoi. Aus vielen Epigrammen Martials erfährt man, dass er sich auch nicht gerade Matronen als regelmässige Leserinnen seiner Werke vorstellte; um an der Ungezwungenheit seiner Ideen und Worte Vergnügen zu finden, musste man das Leben der Lebemänner und ihrer leichtfertigen Freundinnen durchgekostet haben. Die vollständige Sammlung der Werke dieses Sängers grossstädtischer Vergnügungen befand sich in der Bibliothek aller Lüstlinge, und da sie in einem Format erschienen war, das gestattete, sie in der Hand zu verbergen, so las man sie überall, im Bade, in der Sänfte, bei Tafel und im Bett. Der Buchhändler, der sie zu sehr mässigem Preise verkaufte, hiess Secundus, war ein Freigelassener des gelehrten Lucensis und wohnte hinter dem Friedenstempel und dem Marktplatz des Pallas. Derselbe Buchhändler vertrieb auch alle andern schlüpfrigen Werke, so die von Catull, von Pedo, von Marsus, von Getulicus, die von jungen und alten Lebemänern nicht weniger begehrt waren, während die

Courtisanen sie angeblich nicht so hoch schätzten, wie die Elegien von Tibull, Properz und Ovid. Zu allen Zeiten waren die Frauen, auch die verderbtesten, empfänglich für eine zarte und delikate Darstellung des Liebeslebens. Martial bot seinen Lesern ausserdem noch ein besonderes Interesse, das kein anderer Dichter seinen Versen zu verleihen verstanden hatte: er gab sozusagen eine Portraitgallerie, und so ähnlich waren seine Bilder, dass die Originale sich nur zu zeigen brauchten, um erkannt zu werden; so boshaft waren sie gezeichnet, dass der Fluch des Lasters oder der Lächerlichkeit am Original genau so haften blieb, wie der Name, den Martial ihm in seinem Gedichte gegeben hatte. Wir wollen aus diesen selten schmeichelhaften Bildern diejenigen herausgreifen, die Martial zu seinem Vergnügen und oft mehrmals und zu verschiedenen Zeiten von Courtisanen entworfen hat; daraus kann man ersehen, welche Veränderung das Alter und die Schicksalschläge in der Existenz oder in der Person dieser Creaturen hervorriefen. Voll Abscheu werden wir dabei die meisten Portraits von Lustknaben und ihren Verehrern übergehen, die in der römischen Prostitution eine hervorragende Rolle spielten und auch von Martial ohne Skrupel in seine Sammlung aufgenommen worden sind.

Da haben wir zuerst eine Lesbia; sie ist nicht identisch mit der bei Catull erwähnten, nicht hegt sie im Käfig einen kleinen Sperling, dessen Tod sie beweint, wohl aber hat sie zahlreiche Liebhaber, und alle Welt weiss das, denn sie pflegt Fenster und Vorhänge zu öffnen, wenn sie bei ihr weilen. Sie liebt nun einmal die Öffentlichkeit, und verborgene Genüsse sind ohne Reiz für sie (nec sunt tibi grata gaudia si qua latent); auch pflegte sie ihre Thüre nicht zu schliessen, wenn sie sich ihren Vergnügungen hingab, sie wollte, dass ganz Rom Zeuge ihres ausgelassenen Lebens sei. Ihr grösstes Vergnügen war, wenn jemand sie mit einem Liebhaber überraschte. (deprehendi veto te, Lesbia, non futui) „Du solltest wenigstens von Chione und Helis die Regeln der Schamhaftigkeit erlernen!“ so ruft ihr der entrüstete Martial zu. Die erwähnten beiden Mädchen waren Strassendirnen letzten Ranges, die aber mit einem Rest von Schamhaftigkeit ihr schimpfliches Gewerbe im Dunkel der Friedhöfe verbargen. Diese Lesbia sank mit zunehmendem Alter von Stufe zu Stufe und übte, wie wir aus dem 50. Epigramm des zweiten Buches wissen, vorzugsweise die besonders schmählichen lesbischen Künste aus. Sie war sehr hässlich geworden, da sie aber einen Spiegel zu brauchen vermied, so konnte sie es gar nicht begreifen, dass ihre Liebhaber von früher ihr nicht ihre Liebe und Zuneigung bewahrten So grollte sie dem Martial wegen seiner eisigen Kälte, der aber erwiderte ihr zu seiner Entschuldigung: „Dein Antlitz ist Dein schlimmster Feind“ (contra te facies imperiosa tua est). Lange Zeit später, als sie im Pfuhl ihres Lasters nur mehr die Erinnerung an schönere Zeiten besass, da gedachte Lesbia mit Stolz ihrer zahlreichen Anbeter; vor einem Areopag alter Kupplerinnen zählte sie sie einmal auf nach Namen, Eigenschaften, Charakter und Aussehen; lachend hörten ihr jene zu, als sie versicherte: „Niemals habe ich meine Gunst umsonst gegeben!“ (Lesbia sejurat gratis nunquam esse fututam). Darüber konnte man nun allerdings in ein Gelächter ausbrechen, denn während sie so mit vergangenen Zeiten renommierte, schlug sich vor ihrer Thür ein Haufe von Lastträgern um die zweifelhafte Ehre, ihr für Geld Liebesdienste erweisen zu dürfen.

Da haben wir ferner eine Chloë, nicht zu verwechseln mit der des Horaz, mit der sie allerdings wenig gemein zu haben scheint; da sie nicht mehr jung, aber immer noch lebenslustig war, so suchte sie, wie die eben erwähnte Lesbia, Trost bei gekauften Liebhabern. Martial sagt von ihr mit einer gewissen Härte: „Ich kann ganz gut leben ohne dein Gesicht, deinen Hals und deine Hände, deine Brüste und deinen Schoss, kurz, Chloë, ich kann leben, ohne deine ganze Person.“ Aber Chloë war reich und konnte sich ihrerseits den Luxus eines galanten Lebens leisten, ja, sie gab sogar ungewöhnlich viel Geld dafür aus. Sie hatte sich in einen jungen Menschen verliebt, der nichts besass als seine Schönheit und seine kräftigen Schultern. Martial nennt ihn Lupercus, das ist eine Anspielung auf die Panspriester, die bei den lupercalischen Festen nackt in den Strassen Roms herumzulaufen pflegten, und den Frauen, die sie mit ihrer Peitsche aus Bocksleder berührten, angeblich Fruchtbarkeit verschafften. Chloës Lupercus war sozusagen gerade so nackt wie einer von diesen Priestern, und das Mädchen beraubte sich selbst, um nur ihn zu kleiden, ihn zu schmücken; sie hatte ihm tyrische und spanische Gewänder zum Geschenk gemacht, einen scharlachenen Mantel, einen tarentinischen Topas, indische Onyxe, skythische Smaragde und hundert neugeprägte Goldstücke. Diesem habgierigen und auf Erwerb versessenen Liebhaber, der immer neue Forderungen stellte, konnte sie nichts versagen: „Hüte dich, du geschorenes Lämmchen,“ so rief Martial ihr zu, „hüte dich, armes Kind, dein Lupercus wird dich noch splitternackt ausrauben!“ Diese Voraussage erfüllte sich nun allerdings nicht, denn Chloë hatte in ihrer guten Zeit Geld genug verdient, um ihren Liebhabern etwas von ihrem Golde abgeben zu können; sie knauserte ihnen gegenüber nie, aber, seit sie selbst bezahlte, anstatt Bezahlung zu nehmen, war sie auch noch viel zügelloser geworden. Sieben Liebhaber starben ihr in der Blüte ihrer Jahre nacheinander: sie liess ihnen sehr schöne Grabdenkmäler setzen und darauf die naive Inschrift anbringen: „Chloë hat die Errichtung dieser Denkmäler veranlasst.“ Man nannte sie daraufhin nur noch das Mädchen mit den sieben Schätzen.

Martial war, wie man zugestehen muss, in seinen Epigrammen nicht immer unparteiisch; so entsprangen die Beleidigungen gegen die Courtisane Thaïs lediglich einem persönlichen Aerger. Einmal beschuldigt er Thaïs, sie wiese niemanden zurück und gäbe ihre Neigung dem ersten besten hin, wie wenn das die einfachste Sache von der Welt wäre. Ein andermal beklagte er sich über eine Zurückweisung von Thaïs, die ihm gesagt hatte, er sei zu alt für sie. Er rächte sich an Thaïs durch das furchtbarste Bild, das man jemals von einer Frau entworfen hat. Aber dies hässliche Bild ist immer noch weniger abstossend als das der Philenis, gegen die Martial ohne Zweifel Grund zu ernsterem Groll hatte. Philenis stand übrigens nicht mehr in den Jahren, um Wünsche zu erwecken, denn der Dichter sagt von ihr, sie sei bei ihrem Tode fast so alt gewesen wie die Sibylle von Cumæ. Sie hatte einen Mann oder vielmehr einen Liebhaber, namens Diodor, der sich in einigen Feldzügen ausgezeichnet zu haben scheint, aber bei der Rückkehr nach Rom, wo ihn die Ehren des Triumphes erwarteten, im griechischen Meere Schiffbruch erlitten hatte. Es gelang ihm jedoch, sich aus den Wogen zu erretten, und Martial schreibt dies unerhörte Glück einem schamlosen Gelübde der Philenis zu, die der Venus für die Rückkehr ihres geliebten Diodors ein einfältiges uud keusches Mädchen versprochen hatte, so wie es die züchtigen Sabinerinnen lieben.

Diese Philenis, die eine Art Mannweib war, und sich sogar rühmte, ein halber Mann zu sein, hatte eine zügellose Zuneigung zu Frauen: „Manchesmal küsste sie," so sagt Martial, „in ihrer Liebesleidenschaft an einem Tage elf junge Mädchen ab, ganz zu geschweigen von den jungen Burschen." Mit hochgeschürztem Rock beteiligte sie sich am Ballspiel, rieb sich die Glieder mit gelbem Pulver ein und hob die schweren Bleigewichte, mit denen die Atlethen hantierten, sie rang mit ihnen und empfing, in Schweiss gebadet und mit Schmutz überdeckt, wie jene, die Stockhiebe des Ringkampflehrers. Sie ass niemals zu Abend, und setzte sich niemals zu Tisch, ohne sieben Becher Wein getrunken zu haben, und wenn sie dann sechzehn Brote gegessen hatte, dann glaubte sie, noch ebensoviel trinken zu dürfen. Im übrigen gab sie sich den schamlosesten Gelüsten hin (Non fellat: Putat hoc parum virile; sed plane medias vorat puellas).

Diese furchtbare Kämpferin war nebenbei noch Zauberin und Kupplerin; sie besass eine Stentorstimme und machte allein mehr Geschrei als tausend Sklaven auf dem Sklavenmarkte oder eine Schar von Kranichen am Ufer des Strymon. „Ach, welch ein Mund ist da still geworden," rief Martial aus, als der Tod sie ihren gymnastischen Uebungen, ihren Ausschweifungen und ihrem schändlichen Gewerbe entrissen hatte. „Mög die Erde dir leicht sein," so lautete die Grabschrift, die der Dichter ihr setzte, „möge Dich nur eine Hand voll Sand bedecken, damit die Hunde Deine Gebeine ausscharren können!"

Philenis hatte wahrscheinlich dem Martial bei seinen Liebesgeschichten geschadet; denn nach dem Bilde, das er von ihr gezeichnet, darf man wohl annehmen, dass er selbst kein Auge auf sie geworfen hatte, anderseits freilich geht er auch mit Galla nicht besser um, für die er doch zeitweise innige Neigung besass: nachdem er sie heftig beschimpft hat, lässt er sich zu einem Geständnis hinreissen, aus dem wir ganz deutlich ersehen können, wie ungerecht er diese Courtisane beurteilt. Er erzählt nämlich, dass sie anfangs zwanzigtausend Sesterzen für eine Nacht verlangte, „was nicht zu viel war," wie er hinzufügt. Nach Verlauf eines Jahres verlangt sie nur noch zehntausend Sesterzen: „Das war viel teurer als das erste Mal," dachte Martial, der sich zu dem Handel nicht entschliessen konnte. Sechs Monate später war sie schon auf zweitausend Sesterzen herabgegangen! Martial bot ihr tausend, aber sie nahm es nicht an; als sie dann einige Monate später ihm ihre Gunst um vier Goldstücke anbot, da wies Martial sie zurück. Galla ärgerte sich über dies Verhalten und wollte sich grossmütig zeigen: „Nun, so gieb hundert Sesterzen," sagt sie. Martial, dessen Neigung vollständig vergangen war findet das immer noch exorbitant. Galla indessen ist tief erzürnt und wendet ihm den Rücken. Eines Tages trifft sie ihn wieder; er hatte gerade eine kleine Einnahme gehabt, und sie wollte ihm für das, was er in der Hand hielt, jene Gunst gewähren, für die sie einst zwanzigtausend Sesterzen verlangt hatte. Martial aber antwortet ihr gelassen, dass das Geld für seine Lustknaben bestimmt sei, und geht fort. Galla war nicht rachsüchtig; später traf sie Martial noch einmal und sagte ihm, von ihm verlange sie überhaupt kein Geld für ihre Gunst; doch der launenhafte Dichter erwidert ihr, „nein, jetzt ist es zu spät." Soll man wirklich diesem Epigramme Glauben schenken, darf man annehmen, dass Galla so rasch heruntergekommen war in so wenigen Jahren? Martial zeigt sie zuerst, wie sie sich sechs oder siebenmal mit jungen Lebemännern verheiratete, deren wohlgepflegtes Haupthaar und Bart sie verführt hatte; in ihren sonstigen Erwartungen war sie dabei freilich getäuscht worden:

Deinde experta latus, madidoque simillima loro
  Inguina, nec lassa stare coacta manu,
Deseris imbelles thalamos, mollemque maritum.

Martial giebt ihr den guten Rat, sich durch eine Wahl unter jenen bäuerischen und starken Leuten schadlos zu halten, die von nichts anderem als von Fabius und Curius reden; aber er warnte sie davor, der äusseren Erscheinung zu trauen, denn auch unter diesen gab es Eunuchen; „Es ist schwer, Galla, sich mit einem wirklichen Mann zu verheiraten, sehr schwer nicht wahr?" so fragte er sie lachend. Nach der Beschreibung des Dichters hätte man sich freilich auch enttäuscht fühlen können, wenn man der Toilette Gallas beigewohnt hätte: „Während du zu Hause bist, sind deine Locken abwesend und werden irgendwo in einer Bude im Suburra-Quartier frisiert; am Abend legst du deine Zähne weg, gerade so wie deine Seidenkleider und steigst mit hundert Pomaden gesalbt ins Bett, aber dein Gesicht schläft nicht mit dir" (Nec facies tua tecum dormiat). Sie bereute immer, den Vorschlägen Martials kein Gehör geschenkt zu haben und suchte eine Gelegenheit zur Versöhnung mit ihm; sie versprach ihm alles Mögliche und reizte ihn auf jede Weise; aber der launenhafte Dichter blieb taub für ihre Bemühungen, (mentula surda est) und vermochte sich nicht wieder zur früheren Wärme seiner Gefühle gegen die alternde Person durchzuringen; ihre Haare wurden schon grau und waren keineswegs geignet, ihm Liebe einzuflössen (cani reverentia cunni).

Er scheint mit einem gewissen Vergnügen über die verliebten alten Weiber zu spotten und schonte die nicht, die ihn nicht geschont hatten. Nachdem er uns so den schrecklichen Cynismus der Phyllis geschildert hat, die sich beständig zwei Liebhaber zu gleicher Zeit hielt, verheimlicht er uns auch nicht, dass seine Liebe zu dieser Phyllis, die ihm die zärtlichsten Namen giebt und die heissesten Küsse, erloschen ist. Ohne Zweifel ist es ironisch gemeint, wenn er ihr angiebt, auf welche Weise sie einen jungen Mann, so alt sie auch immer sein möge, anziehen könne; er rät ihr folgendes dabei zu sagen: „Hier nimm hundert, tausend Sesterzen, reiche, fruchttragende Grundstücke an den Ufern der Setia, nimm Wein, Häuser, Sklaven, nimm goldenes Tafelgeschirr und Möbel!“ Phyllis war demnach wohl sehr reich, vorausgesetzt, dass Martial nicht übertrieben hat, um anzudeuten, bis zu welchen wahnsinnigen Versprechungen diese alten Weiber in ihrer Vergnügungssucht sich hinreissen liessen. Sei dem nun, wie ihm wolle, Phyllis oder eine andere desselben Namens, tritt noch einmal auf (XI. Buch. 50. Epigramm) und Martial, der sie sehr nachsichtig zu behandeln scheint, beklagt sich über ihre Lügenhaftigkeit und ihre Habsucht. Der Dichter schildert, wie sie unter allen erdenklichen Vorwänden ihm Geschenke zu entlocken versucht. Bald war es ein Spiegel oder ein Ring, oder ein Ohrgehänge, was sie forderte, bald musste er ihr seidene Gewänder kaufen, oder ihr die Büchschen mit Parfüms füllen, bald begehrte ihr Herz alten feurigen Wein und so ins Unendliche fort. Aber der Dichter fügt auch hinzu, dass er ihr nichts verweigern konnte. Es ist einigermassen verwunderlich, dass die vorher als so abscheulich geschilderte Phyllis hier nun plötzlich als ein schönes, liebes, reizendes Kind uns wieder erscheint, dem der Dichter jeden Wunsch zu erfüllen bestrebt ist Aber diese Verwandlung scheint vollständig zu sein. Und Martial ist auf dem Gipfel seiner Schwärmerei. Nach einer seelig verbrachten Nacht (se praestitisset omnibus modis largam), sinnt er am Morgen darüber nach, was er ihr zum Geschenk machen könne Etwa ein Pfund feiner Wohlgerüche aus dem Laden des Cosmus oder Niceros, oder ein grosses Stück spanischer Leinewand oder sechs Goldstücke mit dem Bilde Cæsars? Er schildert, wie Phyllis ihm vor Freude um den Hals fällt, ihn abküsst und so lange liebkost, wie verliebte Tauben sich zu küssen pflegen, um ihn endlich um eine Flasche alten Weines zu bitten. An einer späteren Stelle tritt wiederum eine Phyllis in den Gedichten auf, so dass man nicht weiss, ob wiederum eine Veränderung mit ihr vorgegangen ist, und Martial zu spät seinen Irrtum eingesehen hat, oder ob nicht sich alles viel besser erklärt, wenn man unter dem Namen Phyllis zwei oder drei Mädchen versteht, die Martial ganz verschieden behandelt hat.

Die anderen Courtisanen, die hie und da in den zwölf Büchern der Martialschen Epigramme geschildert werden, kommen je nur ein oder zweimal und oft auch nur ein einziges Mal vor; wir wollen gleich hinzufügen, dass sie alle keinen sehr starken und dauerhaften Eindruck auf den beweglichen und parteiischen Sinn des Dichters gemacht haben. Die harten Worte, die er ihnen sagt, muss man nicht buchstäblich auffassen, sie waren vielleicht nur Kriegserklärungen, die dazu dienen sollten, den Frieden rascher herbeizuführen. So z. B. gleich der erste Angriff auf die arme Lydia (XI. Buch, 21. Epigramm), wo er ihr nachsagte, sie vermöge überhaupt keine Liebe einzuflössen, Lydia tam laxa est, equitis quam culus aheni. Er redet ihr die tollsten Dinge nach, und man darf wohl annehmen, dass er das selbst nicht geglaubt hat; in Wirklichkeit ist es auch nur ein etwas brutaler Versuch, sich dem Mädchen zu nähern: denn sobald er sie näher kennen gelernt hat, ändert er seine Gesinnung, obschon er noch so thut, als ob er den Feldzug gegen sie fortsetzte: „Man lügt nicht, Lydia, wenn man behauptet, du habest einen schönen Teint und ein hübsches Gesicht. Das ist wahr; zumal wenn du unbeweglich sitzest, und nicht sprichst, dann hast du ein Gesicht wie von Wachs, oder wie ein Gemälde; aber sobald du den Mund aufthust, Lydia, dann verlierst du den schönen Teint, und das Sprechen schadet niemandem mehr als dir.“ Das ist nur ein geschickter Schachzug, um Lydia zu verstehen zu geben, er wünsche, ihr das Sprechen beizubringen und würde, wenn es Not thut, für sie sprechen. Mit der grössten Offenherzigkeit hat Martial über seine Neigung selbst gesprochen; er sagt uns, dass er am ehesten ein frei geborenes Mädchen liebe. Wenn er aber ein solches nicht haben könne, dann begnüge er sich auch mit einer Freigelassenen, und würde auch die ihm untreu, dann mit einer Sklavin, vorausgesetzt, dass sie sehr hübsch sei. Man sieht, dass Martial auf die Abstammung seiner Geliebten keinen grossen Wert legte, und dass sie nicht nötig hatte, sich über ihre Geburt vor ihm auszuweisen. Denn er teilte nicht das Vorurteil der alten Römer, die in dem Verkehr eines frei geborenen Mannes mit einer Sklavin eine Entehrung sahen. Er wirft sich nicht gerade zum Verteidiger der Courtisanen auf, die häufig von einem tyrannischen Herrn ausgebeutete und verkaufte Sklavinnen waren, aber er spricht von ihnen doch oft mit Nachsicht. Als ein römischer Ritter, namens Paulus, ihn einmal bat, gegen Lysisca einige grobe Verse zu schreiben, da lehnt er es ab, sich zum Werkzeug einer feigen Rache machen zu lassen und richtet die Spitze seines Epigrammes gegen

Paulus selbst. Diese Lysisca war vielleicht dieselbe, deren Namen Messalina annahm, um Zugang zu dem Lupanar zu erlangen, wo sie sich den römischen Maultiertreibern hingab. Zu der Zeit, wo Paulus gegen sie so erbittert war, war sie schon ganz aus der Mode gekommen.

Die Priesterinnen der widernatürlichen Liebe waren zur Zeit des Martial so zahlreich, dass man ihnen auf jedem Schritte in seinen Epigrammen begegnet, ebenso wie ehrlosen Männern und Kindern, die dasselbe Gewerbe trieben. Der Dichter giebt sich den Anschein, als ob er die einen oder die andern tadele, aber er zeigt nirgends eine Entrüstung, die den römischen Sitten von damals auch durchaus nicht entsprochen haben würde. Viel erbitterter zeigt er sich gegen die alten Prostituierten, die sich hartnäckig weigerten, von dem Schauplatz ihres Wirkens abzutreten und fortfuhren, ihre Reize den Blicken der lebenslustigen Jugend darzubieten.

„Fabulla, Du hast nur alte und hässliche Freundinnen, Freundinnen, die hässlicher noch als alt sind; mit dem Gefolge gehst Du zu Festlichkeiten, auf die Promenade und ins Theater. Auf diese Weise erscheinst Du, Fabulla, jung und hübsch.“ Mit dreissig Jahren war eine Frau bei den Römern nicht mehr jung, mit fünfunddreissig war sie alt, mit vierzig galt sie als eine Hexe. Immer wieder lässt Martial seine Abneigung gegen Frauen, die die Zeit der Jugendfrische hinter sich haben, durchscheinen. Er ist grausam und unerbittlich gegen sie, verfolgt sie mit bitteren Sarkasmen und rät ihnen immer wieder, vom Schauplatz des Lebens abzutreten. Sila will ihn um jeden Preis heiraten, Sila, die eine Mitgift von einer Million Sesterzen besitzt. Aber Sila ist alt, alt wenigstens in den Augen Martials. Er stellt ihr deshalb die härtesten, entehrendsten Bedingungen: die Gatten werden von der ersten Nacht ab getrennt schlafen, er darf Maitressen und Lustknaben, so viel er haben will, halten. Er darf sie ohne Widerspruch sogar vor ihren Augen liebkosen, bei Tisch soll sie so weit entfernt sitzen, dass nicht einmal ihre Kleider ihn berühren, nur selten will er ihr einen Kuss geben; wenn sie ihn küssen will, so muss sie es thun, wie wenn eine Grossmutter ihn küsste: wenn sie mit diesen Bedingungen einverstanden ist, dann willigt er ein, sie zu heiraten, sie und ihre Sesterzen. Dieser Abscheu vor dem Alter ist bei Martial zur Monomanie ausgeartet, die ihn unablässig verfolgt und quält: er mag nur von frischen Frauen und Kindergesichtern umgeben sein, schon der Gedanke an ein verliebtes altes Weib verbittert ihm die Liebe. Trotz seinem Abscheu vor allem, was nicht mehr jung ist, scheint er indes das Alter mit besonderem Wohlbehagen auszumalen. Wenn er das Bild einer alten Frau entwerfen will, dann hat er immer wieder besonders viele Farben auf seiner Palette, es geht ihm wie den Leuten, die Gespenster fürchten und nun fortwährend davon reden, um sich dagegen zu wappnen. Niemals hat ein Dichter alte Personen hässlicher gezeichnet und origineller als er; sogar Horaz ist darin übertroffen worden. Das Meisterstück Martials in dieser Beziehung ist ein Epigramm, in dem er ein altes Weib, namens Vetustilla, zeichnet.

Selten fühlt sich Martial zu Schmeicheleien für die Courtisanen aufgelegt, viel besser lagen ihm die Sticheleien gegen sie. Gallia, die vermutlich Verlangen nach allerhand Wohlgerüchen hatte, erscheint im Laden des Cosmus, der mit Fläschchen und Essenzen überfüllt ist: „Weisst Du nicht," sagt ihr Martial, „dass um diesen Preis sogar mein Hund gut riechen würde?" (III. Buch, 55. Epigramm). Saufeia, die schöne Saufeia, möchte gern seine Geliebte werden, weigert sich aber hartnäckig, mit ihm zusammen zu baden; da mutmasst der Dichter, dass es doch wohl mit ihrer vielgerühmten Schönheit einen Haken haben müsse und widmet ihr folgende Verse:

Aut infinito patet inguem iatu;
Aut aliquid cunni prominet ore tui.

Seiner einmal entflammten Phantasie bei der Ausmalung ihrer wohlbedeckten Hässlichkeit lässt er dann noch weiter die Zügel schiessen (III. Buch, 73. Epigramm). Was Marulla anbetrifft, so pflegt sie sich nur mit Männern einzulassen, die über eine wohlgefüllte Börse verfügen (X. Buch, 55. Epigramm). Bei Thelesilla hält er sich nur auf, um sie ein wenig zu ärgern und sich selbst ein wenig zu loben: er habe Beweise abgelegt von seiner starken Liebesglut, aber mit der Thelesilla könne er wohl vier Jahre zusammen leben, ohne auch nur zu fühlen, dass er ein Mann sei (XI. Buch, 97. Epigramm). Pontia schickt ihm Wildpret und Leckereien und lässt ihn wissen, dass sie sich diese Bissen für ihn am Munde abspare; aber der Dichter wird grob, deutet an, dass Pontia aus dem Munde rieche und sagt, er werde diese Gerichte niemandem vorsetzen (VI. Buch, 75. Epigramm). Lecania lässt sich im Bade von einem Sklaven mit dem bekannten Lederschurz bedienen; auch das giebt dem Dichter Anlass zu einigen recht boshaften und deutlichen Bemerkungen (VII. Buch, 35. Epigramm). Ligella bietet ihre vertrockneten Reize an, Ligella, die so alt ist, wie Hektors Mutter, und immer noch in ihrer Jahre Maienblüte zu stehen glaubt; da sagt ihr Martial sarkastisch: „Wenn du dir noch einen Rest von Scham bewahrt hast, dann höre endlich auf, einen toten Löwen am Barte zu zupfen." (X. Buch, 90. Epigramm). Lyris schildert er nur als eine abscheuliche Trinkerin, die den schimpflichsten Lastern huldigt (II. Buch, 73. Epigramm). Fescennia zecht noch mehr als Lyris, aber sie kauft sich beim Cosmus Pastillen, um den schlechten Geruch aus ihrem Munde zu verdecken (I. Buch, 88. Epigramm). Senia erzählt, sie sei eines Abends auf einem einsamen Wege von Strolchen überfallen worden, die sich nicht damit begnügt hätten, sie auszurauben; darauf sagt ihr der skeptische Dichter in seiner boshaft-witzigen Weise: „Du behauptest das zwar, Senia, aber die Räuber leugnen es." (XII. Buch, 27. Epigramm). Galla hat mit der Zahl der Jahre und der Liebhaber grossen Reichtum erworben und ist eine sogenannte anständige Frau geworden; aber Martial geht ihr aus dem Wege, denn er fürchtet, so „anständig" werde er gar nicht von der Liebe sprechen können (saepe solecismum mentula nostra facit). Endlich Egle, die jung und alt gefällt, erregt den Zorn des Dichters, weil sie ihre Liebkosungen ohne Geld nach allen Seiten austeilt. Der komisch erregte Dichter tadelt sie deshalb in fein ironischer Weise (XI. Buch, 91. Epigramm und XII. Buch, 55. Epigramm).

Die meisten Courtisanen waren, wie schon ihr Name andeutet, nicht griechischen Ursprungs, sondern viele von ihnen stammten aus den Vorstädten Roms, wo ihre Mütter sie zur Prostitution verkauft hatten. Mit der Zeit waren die Skrupel und Vorurteile des alten Roms vernichtet, das niemals zugelassen haben würde, dass seine Kinder es durch ein schimpfliches Gewerbe entehrten. Zwar bevorzugte man noch die griechischen Courtisanen, und bezahlte sie teurer als die andern, aber die wirklichen Griechinnen waren viel seltener als diejenigen, die sich dafür ausgaben, um ein besseres Geschäft zu machen, manchmal, ohne ihre lateinischen Namen abzulegen. Manche verstanden kein Wort griechisch, anderen wieder fehlte die griechische Schönheit; diejenigen, die griechisch gelernt hatten, machten in jedem Satze Fehler, und diejenigen, die ein griechisches Gewand trugen, veränderten es nach römischer Mode und nannten es bei römischem Namen. Eine dieser vorgeblichen Griechinnen, namens Celia, glaubte besonders schlau zu handeln, indem sie, unter Berufung auf ihre griechische Abstammung, ihre Gunst den Römern versagte: „Du giebst dich den Parthern," so sagt ihr Martial, den sie als einen Römer zurückgewiesen hatte, „du schenkst deine Gunst den Germanen, den Daciern, den Ciliciern, den Cappadociern; ein ägyptischer Liebhaber kommt zu dir, aus der Stadt der Ceres, ein indischer Anbeter vom roten Meere; du versagst dem Juden deine Liebkosungen nicht, und der Alane kann auf seinem sarmatischen Pferd nicht an deinem Haus vorbeireiten, ohne angehalten zu werden. Warum willst du aber, eine Tochter Roms, den Römern nicht gefallen?"

Qua ratione facis, quum sis romana puella,
Quod romana tibi mentula nulla placet?

Diese Celia, die an einer anderen Stelle bei Martial infolge einer schlechten Lesart nochmals als Lelia auftaucht (X. Buch 68. Epigramm), hatte sich ein paar griechische Brocken eingeprägt, die sie nun bei jeder Gelegenheit und mit schlechter römischer Aussprache anwandte. Martial macht sie dafür gehörig herunter und sagt ihr, obschon sie nicht von Rhodus und nicht aus Mytilene stamme, sondern in irgend einem Vorort von Rom einer etruskischen Mutter und einem Bauern aus Aricia entsprossen sei, so wolle sie doch immer als ein Vollblutgriechin erscheinen;

aber wenn sie auch ganz Corinth auswendig lerne, so sei sie deshalb noch lange keine Laïs (numquid, cum, crissas blandior esse potes?) In diesem Epigramm muss man allerdings etwas zwischen den Zeilen zu lesen verstehen, denn offenbar möchte der Dichter sich gern von dem Mädchen auf griechische Art lieben lassen.

Wenn Martial von einer Courtisane nicht geradezu sagt, sie sei hässlich, sie rieche nach Wein, sei rachgierig, sie wechsele täglich ihre Liebhaber, oder sie habe überhaupt keinen Liebhaber, dann kann man immer mit einiger Sicherheit sagen, dass er Absichten auf sie hatte und dicht vor seinem Ziele steht; für die Geliebte, die er verlässt, kennt er in der Regel keine Rücksicht und kein Mitleid. Es bedeutet deshalb für ihn eine besondere Ausnahme, dass er Lycoris, von der er sich trennt, um zu Glycera zu gehen, nicht mit Beleidigungen und Schmähungen verfolgt. „Es gab kein Weib, das man Dir hätte können vorziehen, Lycoris," so sagt er ihr. „Lebe wohl, es giebt kein Weib, das man der Glycera vorziehen könnte, sie wird auch einmal sein, was Du jetzt bist, Du aber kannst nicht mehr sein, was sie ist. Das macht das Alter. Dich habe ich lieb gehabt, jetzt habe ich sie lieb." Auch von Lycoris spricht er nicht schlecht. Sie hatte einen braunen Teint und war, um ihn zu bleichen, nach Tibur gezogen, dessen anregende Luft als günstig für die Haut galt. (VII. Buch, 13. Epigramm). Als sie vom Lande zurückkehrt, bemerkt der Dichter, dass zwar ihr Teint nicht weisser geworden, dass sie aber in anderen Umständen sei: sie hatte den Dichter mit einem Hirten, der schön war wie Paris, betrogen (III. Buch 39. Epigramm). Martial zählt seine Liebschaften nicht besonders auf, aber er erwähnt sie doch bei seinen Lobsprüchen so im Vorbeigehen. So fragt er sich einmal, ob Chione oder Phlogis mehr zur Liebe geschaffen sei (XI. Buch 60. Epigramm). Chione ist zwar schöner als Phlogis; aber diese ist dafür so feurig, dass sie wohl auch noch den alten Nestor zu allerhand Thorheiten verführt haben würde (ulcus habet, quod habere suam vult quisque puellam); Chione dagegen ist marmorkalt (at Chione non sentit opus). Darum bittet Martial die Götter, sie möchten doch Chiones grosse Schönheit ihm mit Phlogis' Leidenschaft zusammenfügen.

Die römischen Lebemänner liebten es, die Götter um ihre Hilfe anzuflehen: da sie alles ausgekostet hatten, so sann ihre erregte Phantasie eben beständig auf neue Genüsse, die ihnen nur der Götter Gnade hätte gewähren können. Auch Martial huldigte diesem Sport, wie man es nennen könnte. Mochte er noch so viele Geliebte haben, immer stand sein Sinn nach einer, die er nicht besass. Eine Courtisane, namens Polla, die durch ihre Grazie und ihre feine Bildung die meisten ihrer Gefährtinnen weit überragte, hatte sich in den Dichter verliebt, gab sich dieser

Leidenschaft mit ihrer ganzen Glut hin und sandte dem Martial als Zeichen ihrer zärtlichen Neigung einen Blumenkranz, der für sie sprechen sollte. Martial hatte aber für diese zarte und feinsinnige Werbung nichts als eine brüske Zurückweisung. Es fehlte ihm eben doch der Charme, der alle griechischen Liebeslyriker auszeichnet und auch noch bei den besten Dichtern des augusteischen Zeitalters anzutreffen ist. Wenn er sich in einem Augenblicke der sinnlichen Sättigung das Weib vorstellt, das ihn wohl am meisten zu reizen vermöge, dann denkt er nicht an ehrbare Frauen und Jungfrauen, sondern — so gesteht er uns ohne Erröten — an eine Priesterin der freien und käuflichen Liebe, an eine ausschweifende Prostituierte. Wir sehen hier, wie Martial in seinen Gefühlen, ebenso wie in seinen Worten, grobsinnlich und unfein wird, wie das ja auch bei der Verderbtheit der damaligen römischen Gesellschaft leicht erklärlich ist. Herz und Gewissen mussten gleicherweise in dieser Umgebung Schaden nehmen.

So weit war er sittlich herabgekommen, dass er nicht einmal mehr seine Gattin Clodia Marcella, eine Spanierin von Geburt, respektierte. Kurze Zeit bevor er mit ihr in ihr Heimatland zurückkehrte, sagte er ihr, sie genüge seinen Wünschen nicht, er sehne sich nach der Umarmung einer Prostituierten — und das einer Frau, die fünfunddreissig Jahre mit ihm Freude und Leid geteilt hatte!

Mastubabantur Phrygii post ostia servi,
Hectoreo quoties sederat uxor exquo.
Et, quamvis Ithaco stertente, pudica solebat
Illic Penelope semper habere manum.
Pædicare negas: dabat hoc Cornelia Graccho;
Julia Pompeio; Porcia, Brute, tibi!
Dulcia dardanio nondum miscente ministro
Pocula, Juno fuit pro Ganymede Jovi.

Martial entblödet sich nicht, diese Namen berühmter Männer und Frauen anzuführen, die in damaliger Zeit zur Beschönigung des Lasters dienen mussten; indessen weigerte sich seine Gemahlin standhaft, das schimpfliche Vorbild, das er ihr zeigte, nachzuahmen. Man darf wohl annehmen, dass der heilsame Einfluss seiner Gattin den Martial zur Rückkehr nach Spanien veranlasst hat; sie besass in Bilbilis einige Güter, die von ihren Angehörigen bewirtschaftet wurden. Sie trat diese Güter ihrem Gatten ab und entzog ihn dadurch thatsächlich dem Sumpfe der römischen Gesellschaft, in dem er fünfunddreissig Jahre gelebt hatte. Martial atmete wieder frei auf, als er nicht mehr in derselben Luft leben musste, wie alle diese Dirnen, Lustknaben, Zuhälter, Kuppler, Kupplerinnen und sonstigen Diener und Dienerinnen der Sinnenlust. Er verbrannte seine Epigramme, in denen er sozusagen das Leben der Halbwelt unter sieben Kaisern aufgezeichnet hatte, nicht, fügte ihnen aber eine Art von Sühneepigramm hinzu, in dem er darauf hinweist, dass sein bisheriges Leben schlecht gewesen sei, und dass man wahres Glück doch nur an der Seite einer geliebten Gattin, in dem einfachen, reinen Landleben geniessen könne. Der Dichter findet in diesem echt poetischen Stücke reizende Worte zum Preise seines stillen und friedlichen Glückes, Worte, die der Gegensatz zu seinen früheren nur noch anziehender macht; mit wahrhaft dichterischem Schwunge besingt er die Wälder, Fluren und Haine seiner Umgebung und fährt dann fort: „Marcella hat mir dies Landgut, dieses kleine Königreich geschenkt. Wenn Nausikaa mir die Gärten ihres Vaters verspräche, so würde ich zu Alkinous sagen: Die meinigen sind mir lieber!" Dieses einfache, edle Gedicht auf das sicherumfriedete Glück ländlichen Stilllebens lehrt uns erst den ganzen Martial kennen, der in seinen anderen Gedichten anscheinend mit innerem Behagen die Greuelscenen der römischen Prostitution uns geschildert hat.

An einzelnen Stellen tritt er scharf als Strafprediger gegen das liederliche Leben auf, das unabweislich zur Prostitution führt: „Du beklagst dich, Lupus, dass du keine Freude habest? Mit deiner Maitresse hast du freilich keine. Die Venuspriesterin mästet sich im Ueberfluss, während dein Freund sich von einer schwarzen Brotrinde nährt; setischer Wein, der den Schnee zum Schmelzen bringen würde durch sein Feuer, schäumt im Becher dieses Weibes, während wir, deine Freunde, uns mit dem trüben und vergifteten Gewächs von Corsikas Gefilden begnügen müssen. Du erkaufst dir eine Nacht oder nur ein paar Stunden der Nacht mit dem Erbgut deiner Väter, und dein Jugendfreund plagt sich einsam auf einem Acker, der ihm nicht einmal gehört. Deine Prostituierte sonnt sich im Glanz und Glast erythreischer Perlen, und während du dich an ihrer Liebe berauschst, führt man deine Hörigen in die Gefangenschaft. Du schenkst diesem Mädchen eine Sänfte mit acht syrischen Trägern, und dein Freund wird nackt auf die Strasse geworfen. Cybele, lass ab, elende Lustknaben ihrer Mannheit zu berauben: dieser Lupus hätte eher verdient, dass du dich ihm mit deinem geweihten Messer nahest!"

Was Martial über die männliche Prostitution sagt, das kann man nicht wohl wiedergeben; mit ihr scheint er sich vielmehr abgegeben zu haben als mit der weiblichen. Von der Verworfenheit römischer Sitten in dieser Beziehung kann man sich nur schwer eine Vorstellung machen. Man muss bei Martial selbst nachlesen, wie verbreitet diese schamlose Gewohnheit war, durch die in Liebesangelegenheit das weibliche Geschlecht fast entthront gewesen zu sein scheint. Durch die Aufzucht der Kastraten hatte man sich gewissermassen ein drittes Geschlecht geschaffen. Man muss Martial nachlesen, um überhaupt begreifen zu können, mit welchem Gleichmut die römische Gesellschaft einer derartigen weitgehenden Vermischung der beiden Geschlechter untereinander zuschaute. Die moralischen Vorstellungen der damaligen Zeit scheinen geradezu auf den Kopf gestellt gewesen zu sein; so scheint es wenigstens, wenn man die Verse Martials an Domitian nachliest, die nichts anderes sind, als ein begeistertes Loblied auf die Pæderastie. Bei den Griechen finden wir, wenn nicht in den Thaten, so doch in den Worten, immerhin noch ein wenig Zurückhaltung. Man scheute zwar auch nicht vor Handlungen zurück, die gleichermassen die Menschenwürde und die Naturgesetze zu verletzen geeignet erscheinen; aber man verhüllte doch diese sinnliche Erniedrigung durch den Schein von Zuneigung, Liebe und idealer Leidenschaft, den man darum zu verbreiten wusste. Bei den Römern finden wir dagegen nichts dergleichen mehr: sie hatten ihre Genüsse vergröbert und damit zugleich auch ihren Geschmack. Nackt und hüllenlos gab sich bei ihnen das Laster. Frech verletzten sie jeden Anstand und nahmen keine Rücksicht mehr, weder auf das Auge noch auf das Ohr. Die Gewohnheit des Lasters, in dem man beständig lebte, hatte anscheinend die letzten seelischen Schranken niedergeworfen. Wir wollen dieser Prostitution nicht auf ihren verschlungenen Wegen folgen: unseren Blicken würden sich Scenen enthüllen, vor denen wir zurückbeben müssten. Wir müssen daher auf die Lektüre Martials und der zeitgenössischen Satyriker verweisen, auf Juvenal und Petronius. Der erste hat nicht weniger gesagt als Martial, aber alles mit einer Kürze, die ihn mehrere Male dunkel macht; die Kommentatoren allein haben eine Reihe von Bemerkungen hinzugefügt und so Licht in die schwer verständlichen Stellen gebracht: man erkennt mit Schaudern aus den Werken dieses Dichters die Zustände unter der Herrschaft der Cæsaren. Ueber den zweiten, Petronius, sagt ein moderner Litterar-Historiker folgendes: Das Eigenartigste aber und Bedeutendste, was in diesem ersten Jahrhundert an römischer Halbpoesie entstand, erwuchs auf dem Felde der Erzählungslitteratur: der Sittenroman des Petronius Arbiter. Ueber die Person des Verfassers lässt sich sicheres eigentlich nicht sagen, als nur das eine, dass er zur Zeit des Nero gelebt hat, was wenigstens allgemein angenommen wird. Man setzt ihn gewöhnlich auch eins mit C. Petronius, von dem Tacitus in seinen Annalen erzählt, dass er zu den intimsten Günstlingen jenes Kaisers gehört habe. In der Schilderung des römischen Geschichtsschreibers macht dieser Petronius, mag man sich auch über seine sittliche Verworfenheit entrüsten, wie man will, den Eindruck eines ebenso originellen, wie genialen Kopfes. Unter den Lasterhaften ist er der Lasterhafteste, aber kein gewöhnlicher Schwelger, sondern ein geistreicher und hochgebildeter Feinschmecker des Lebensgenusses und auch ein tüchtiger Arbeiter, wenn er will, — eine prachtvolle, kräftige, ungeschminkte Natur, die nicht heucheln mag und offen bekennt, welch glühende, sinnliche Daseinslust ihr innewohnt. Sie spielt mit dem Tode und lacht ihm ins Angesicht. Unter dem Anhören von schlüpfrigen Gedichten, zechend und schmausend, starb Petronius, indem er sich, dem Kaiser gleich, wie Seneca verdächtigt, die Adern öffnen, wieder verbinden und von neuem öffnen liess. Die üppige Sinnlichkeit des Zeitalters tritt uns hier wenigstens grossartig entgegen, und man fühlt, es steckt Philosophie und einheitliche Weltanschauung in ihr. Das skrupellose Geniessen und das Lachen hat sie zu einem Lebensprinzip ausgebildet, und alle Moral und Ethik in den Wurzeln zerbrochen.

Jedenfalls hätte dieser Petronius den in Bruchstücken uns überkommenen Sittenroman des Petronius Arbiter schreiben können. Als Kunstwerk sticht dessen Schöpfung wohlthuend von den Romanen des Heliodor und Achilles Tatius ab und steht zu ihnen in einem ähnlichen Verhältnisse, wie später die spanischen Schelmenromane zu den Erzählungen vom Schlage des Amadis — Nachahmungen. Wir stehen hier an der Quelle des realistischen und komischen Romans, der gegenüber den sogenannten idealistischen Phantastereien jener Erzählungen eine Einkehr bei der Natur und bei der Wahrheit bedeutet. Während dort Menschen, Verhältnisse, Zustände und Sitten ohne Bezug auf die Wirklichkeit geschildert werden, alles in Schatten und Schemen sich auflöst, und wir in einer Marionettentheaterwelt uns bewegen, jedes charakteristische Element ausgeschieden ist, geht Petronius mit der Energie der besten Alexandriner auf die nackte und ungeschminkte Wiedergabe des Wirklichen aus, auf eine Schilderung der Zeit, wie sie ist. Vollsaftiges Leben strömt uns entgegen und eine vortreffliche naturalistische Charakteristik, welche auch die Sprechweise der auftretenden Person zu individualisieren sucht und wie unser moderner Naturalismus in treuer Copie der Vulgärsprache sich gefällt. Statt der Könige und Kaiser, statt der idealen Liebeshelden und treuen Liebesheldinnen erscheinen bei Petronius Gauner und Schelmen, Schmarotzer und Schwelger; diese huldigen dem Bauch und dem Priapus mit eben derselben Entschiedenheit, mit der jene von Luft und Mondschein und Liebesseufzern leben, und ihr derber Cynismus, ihre um alle Moral unbekümmerte Natürlichkeit steht im geraden Gegensatz zu der süsslichen Lüsternheit und den gezierten Empfindungen jener. Wenn dort gravitätischer Ernst und geschraubter Pathos zu Hause sind, so hier der Witz und die ausgelassenste Komik eine grosse künstlerische Natürlichkeit. Freilich wer ein Kunstwerk nur vom Standpunkt des Moralisten aus zu beurteilen gewohnt ist, wird sich allerdings entsetzt abwenden von der „Schamlosigkeit", mit der sich Petron an der Erzählung der gewagtesten und gemeinsten Scenen ergötzt. Aber eine echte Kunst kann auch in der verrufensten Spelunke daheim sein. Der Held des Romans, ein junger hübscher Grieche von tüchtiger Bildung, Eucolpius mit Namen, so eine Art fahrender Schüler, treibt sich mit einigen anderen Gesellen im Süden Italiens umher, suchend, wo es sich auf andere Kosten gut leben lässt. Bordell- und Liebesabenteuer, die sich hier nicht wiedergeben lassen, führen den Leser bald in die Welt des zerworfenen Sexualismus hinein. Es folgt dann das mit der köstlichsten Komik geschilderte „Gastmahl des Trimalchio," eines ebenso reichen. wie dummen und plumpen, ungebildeten Emporkömmlings, eines Protzen, wie sie damals in zahlreichen Exemplaren umherliefen. Die sinnlose Verschwendungssucht und Fressbegier der Zeit wird vortrefflich verspottet, Zum Schluss geht alles drunter und drüber, und Eucolpius und seine Gesellen machen sich bei der allgemeinen Verwirrung davon. Bald darauf schliesst der Held die Bekanntschaft des „berühmten" Dichters Eumolpius, der über die Ungunst der Zeit jammert, welche das Genie nicht mehr anerkennen will, und seine Lebensgeschichte erzählt, die natürlich auch um allerhand Liebeshändel sich dreht. Schliesslich verlassen unsre Abenteurer die Stadt und begeben sich auf ein Schiff, wo sie mit einem Ehepaar zusammentreffen, das mit ihnen von früher her noch manches Hühnchen zu pflücken hat. Sie suchen sich äusserlich zu entstellen, was aber nicht hilft. Immerhin läuft alles noch gut ab und Eumolpus erzählt der Gesellschaft die bekannte pikante Geschichte von der „Witwe von Ephesus." Ein Sturm bricht aus und lässt das Schiff scheitern. Dabei ertrinkt Lycas, der Ehegatte, während die übrige Gesellschaft gerettet wird. Man befindet sich auf Croton und beschliesst neue Spitzbübereien, um zu Geld zu kommen, während man zugleich in neue Liebesabenteuer sich stürzt. Denn auf Eucolpius sind die Frauen ebenso versessen wie auf den Eumolpius die Männer. Letzterer hat sich für einen reichen Mann ausgegeben, der aus Afrika ein mit Gütern beladenes Schiff erwartet. Als dieses aber durchaus nicht ankommen will und das Misstrauen gegen die Gauner wach wird, liest Eumolpius sein Testament vor, in dem er jeden der Bewohner mit einem Legat bedacht hat, jeden, der bereit ist, seinen Leichnam in Stücke zu schneiden und von ihm zu essen . . .

Hier hören die Bruchstücke des Romanes auf, der in der Geschichte der Weltlitteratur eine grosse Rolle gespielt und zahlreiche Nachahmungen gefunden hat. Es steckt in ihm derselbe Geist, der u. a. auch in unserem „Simplicissimus" und im Gil-Blas des Lesage lebt.

Petronius war einer der raffiniertesten und masslosesten Lüstlinge. Tacitus nennt ihn einen „Sachverständigen in Fragen des guten Geschmackes", und daher ist ihm der Beiname „Arbiter" geblieben. Arbiter bedeutet seinem Wortsinne nach auch Richter: aber in diesem mehr moralischen Sinne des Wortes wurde die Bezeichnung nicht vom neronischen Hofe angewendet. Petronius machte gar keinen Anspruch darauf, ein unbestechlicher Sittenrichter, wie Juvenal, zu sein: er schilderte die Sittenlosigkeit seiner Zeit nicht, um die moralische Entrüstung seiner

Leser zu erwecken und ihre Sitten zu bessern, zeigt auch nirgends Entrüstung über die abscheulichen Scenen, die er uns vorführt; im Gegenteil, mit einem cynischen Behagen scheint er dabei zu verweilen und immer zu bedauern, dass er nicht noch mehr davon zu erzählen habe. Sein Buch ist ein grauenhaftes Zeugnis römischer Sittenlosigkeit, und wenn wir bedenken, dass uns kaum der zehnte Teil überliefert worden ist, so können wir uns schon vorstellen, dass das Stärkste uns erspart geblieben ist. Zudem ist des Petronius Werk durch die christliche Censur verstümmelt worden, die es indessen nicht ganz zu zerstören vermochte. Indessen ist uns doch genug von dem Schelmenroman erhalten geblieben, um einmal den Dichter, der ihn verfasst hat, sodann die Leute, deren Lieblingslektüre es war, und endlich die darin geschilderte Gesellschaft in ihrer ganzen grauenhaften, sittlichen Korruption danach beurteilen zu können. Einzelne Stellen des Satyricon scheinen geradezu an verrufenen Orten verfasst worden zu sein, wie wir denn überhaupt aus der Kraft und Anschaulichkeit der Schilderungen schliessen dürfen, dass der Dichter vielfach eigenes Erlebnis in diese Geschichte verwoben hat. Auf die Orgie des Quartilla folgt die des Trimalchio, dieser die der Circe: so reiht sich Orgie an Orgie, Ausschweifung an Ausschweifung, und die Personen bewegen sich beständig in der Luft grauenhaftester, sinnlicher Aufregungen. Alcytes und Giton, die Petronius uns mit der ganzen Kraft und Kunst seines Griffels gezeichnet hat, sind typisch für diese Verlotterung und Perversität. Die Vermählung der siebenjährigen Pannychis mit Giton ist wahrscheinlich breit ausgemalt gewesen; die Schilderung dieser widerwärtigen Scene scheint aber der Hand irgend eines Kirchenvaters zum Opfer gefallen zu sein, der darüber schlaflose Nächte verbracht hat. Nicht immer war man ja fähig, die Nachtseite des menschlichen Lebens zu betrachten, ohne einen lüsternen Nebenzweck dabei zu verfolgen. Zum Glück ist das jetzt anders als zu den Zeiten der sogenannten Kirchenväter: heute können wir unser reines wissenschaftliches Interesse solchen Dingen getrost zuwenden, da wir gelernt haben, Menschliches menschlich zu betrachten. Eine andere Methode, solche Dinge anzusehen, als mit sittlicher Entrüstung, die oft mit heimlicher Geilheit eng verbunden war, scheint thatsächlich früher unmöglich gewesen zu sein und erst im Zeitalter der Naturwissenschaften einer verständigeren, würdigeren Betrachtungsweise Platz gemacht zu haben.

Eine merkwürdige Scene in dem Werke des Petronius ist vor allem die, die sich im Heiligtum des Priaps abspielt. Der Held des Ortes hatte die Unverschämtheit, die heiligen Hühner zu töten und hat sich dadurch in die Gewalt der Priesterin Aenothea und ihrer Gefährtin Proselenos gegeben. Freilich lässt sich das nur lateinisch wiedergeben: „Profert Aenothea scorteum fascinum, quod ut oleo et minuto pipere, atque urticæ trito circumdedit semine, paulatim cepit inserere ano meo. Hoc crudelissima anus spargit subinde humore femina mea. Masturisi succum cum abrotono miscet, perfusisque inguinibus meis, viridis urticæ fascem comprehendit, omniaque infra umbilicum cœpit lenta manu." Man begreift kaum, dass die Mönche der ersten Jahrhunderte, die einen so blöden Kampf gegen alle profanen Werke des Altertums führten, diese Stelle im Petronius haben stehen lassen; es ist übrigens die einzige in allen antiken Schriftstellern, worin die Geisselung in Zusammenhang mit erotischen Dingen gebracht wird.

Auch die Stelle, an der geschildert wird, wie die verkommene alte Dirne Philumene ihre beiden Kinder dem Eumolpius ins Haus bringt, gehört zu dem Grauenhaftesten, was in der Litteratur aus der römischen Geschichte erhalten geblieben ist. „Itaque ut constaret mendacio fides, puellam quidem exoravit, ut sederet supra commendatam bonitatem. Coraci autem imperavit, ut lectum, in quo ipse jacebat, subiret, positisque in pavimento manibus, dominum lumbis suis commoveret. Ille lento parebat imperio, puellaeque artificium pari motu remunerabat." Das ist so umgefähr das Schlussgemälde aus diesem Roman. Einige gereimte Stellen sind uns auch noch erhalten geblieben; sie scheinen in den Prosatext eingestreut gewesen zu sein und sind offenbar Loblieder auf Courtisanen, weniger in der Art der Martialschen Epigramme. Petronius scheint eben ein Mann von viel Herzensgüte und sehr nachgiebig gewesen zu sein; er war weit entfernt, sein Herz an den Orten, an denen die Geschöpfe seiner Phantasie weilten, zu vergiften. Sertoria allein behandelt er einmal schlecht, und zwar in der guten Absicht, sie vor der Uebernahme einer Last zu bewahren, zu der sie nicht verpflichtet war. Ferner schildert er uns in manchmal sehr zarten Ausdrücken seine Beziehungen zu Martia, die ihm einen Korb wohlriechender Orangen schenkt und der er in einem Briefchen zärtliche Küsse dafür verspricht; weiter erzählt er uns von einer Delia und von der leidenschaftlichen Arethusa. „Ne pudeat quidquam, sed me quoque nequior ipsa," ruft er dieser einmal zu, die heimlich und mit diskreten Schritten zum Liebhaber ins Schlafgemach schleicht. Bassilissa will ihm nicht angehören, es sei denn, er zahlte sie zuvor (et nisi præmonui, te dare posse negas). Petronius rühmt von ihr einmal das süsse Glück unverhofften Zusammentreffens. Wahrscheinlich um sich für die berechnete und berechnende Zurückhaltung der Bassilissa zu rächen, wirft er ihr ein andermal vor, zuviel Rot auf ihre Lippen zu legen und zuviel Pomade zu ihrer Frisur zu verwenden; ziemlich grob sagt er ihr: „Wenn man sich fortwährend beschmiert mit allen möglichen Dingen, so traut man der Liebe nicht (fingere te semper non est confidere amori)." Ein reicher, lebenslustiger, wohlgebauter und schöner Mann gab sich Petronius zügellos seinen Lüsten hin und wechselte seine Maitressen oft. Vielleicht wäre er an seinen Ausschweifungen zu Grunde gegangen, wenn ihn nicht des Neros Ungnade zum Selbst mord getrieben hätte: er öffnete sich, wie wir schon sagten, die Adern Er hätte sich vermutlich einen anderen Tod gewünscht, denn seine Lebens philosophie fasste er in einen Spruch zusammen, nach dem er auch ver fuhr: „Bäder, Wein und Liebe zerstören zwar die Gesundheit des Leibes aber was das Leben lebenswert macht, sind Bäder, Wein und Liebe."

Balnea, vina, Venus, corrumpunt corpora sana;
Et vitam faciunt balnea, vina, Venus.

Kapitel XXVIII.

Die römischen Kaiser. — Schlimmer Einfluss ihrer verderbten Sitten. — Die Strenge der auf die öffentliche Sittlichkeit bezüglichen Gesetze vor der Kaiserzeit. — Der Aedil Quintus Fabius Gurges. — Die Aedilen Vilius Rapullus und M. Fundanius. — Der Consul Postumius. — Der Ritter Ebutius und seine Maitresse, die Courtisane Hispala Fecenia. — Julius Caesar. — Ausschweifungen dieses Mannes. — Vornehme Frauen, die er verführte. — Seine Geliebten Eunoe und Cleopatra. — Schimpflichkeit seiner ehebrecherischen Neigungen. — Caesar und Nikomedes, der König von Bithynien. — Ein Spottlied der römischen Soldaten gegen Caesar. — Kaiser Octavius. — Seine Schamlosigkeit. — Absonderliche Episode. — Die tyrannische Liebe des Kaisers. — Seine Abscheu vor dem Ehebruch. — Sein Incest mit seiner Tochter Julia. — Seine Vorliebe für unberührte Mädchen. — Spielwut. — Seine Gemahlinnen Claudia, Scribonia und Livia Drusilla. — Das Fest der zwölf Gottheiten. — Apollo Tortor. — Kaiser Tiberius. — Seine Neigung zur Trunksucht. — Seine strengen Gesetze gegen den Ehebruch. — Wunderliche Widersprüche zwischen dem öffentlichen und privaten

Leben des Kaisers. — Tiberius Caprineus. — Sein furchtbares Treiben in seinem Lustschloss auf der Insel Capri. — Das Gemälde des Parrhasius. — Sein Aeusseres. — Kaiser Caligula. — Seine Zuneigung zu Marcus Lepidus und dem Schauspieler Mnester. — Liebe zur Courtisane Pyrallis. — Wie er gegen vornehme Frauen verfuhr. — Die Prostituiertensteuer. — Eröffnung eines Lupanars im kaiserlichen Schloss. — Der Oberaufseher der Vergnügungen. — Kaiser Claudius. — Die Ausschweifungen seiner Gemahlinnen Urgulanilla und Messalina. — Kaiser Nero. — Seine Jugend. — Seine öffentlichen Mahlzeiten auf dem Marsfelde und im grossen Circus. — Die gastlichen Häuser am Strande von Baiae. — Seine Hochzeit mit Sporus. — Seine verbrecherische Neigung zu seiner Mutter Agrippina. — Die Verwandlungen der Götter. — Akte, Neros Beischläferin. — Kaiser Galba. — Seine schimpflichen Gewohnheiten. — Kaiser Otho. — Seine verderbten Sitten. — Kaiser Vitellius. — Seine Sittenlosigkeit. — Seine Liebe zum Freigelassenen Asiaticus. — Seine unstillbare Gefrässigkeit. — Kaiser Vespasian. — Seine Zurückhaltung. — Seine Maitresse Cenis. — Kaiser Titus. — Seine zuchtlose Jugend. — Seine musterhafte Regierung. — Domitia und der Schauspieler Paris. — Kaiser Domitian. — Seine Ausschweifungen. — Schreckliche Strafen gegen die Verfehlungen der Vestalinnen. — Nerva, Trajan und Hadrian. — Antoninus Pius und Marcus Aurelius.

Zur römischen Kaiserzeit bewirkten der schlechte Einfluss verderbter fürstlicher Sitten, das Beispiel des Hofes einen erschrecklichen Fortschritt der römischen Gesellschaft in der Korruption, die zu einer vollkommenen Desorganisation führte und dem Triumphe der christlichen Moral die Wege ebnete. Dieser reinen und heiligen Lehre waren in der Philosophie des Heidentums bereits einige Vorläufer erstanden; aber deren Einfluss war ohne Kraft und Bedeutung, weil ihre Lehre nicht durch religiöse Autorität gestützt wurde, weil sie nicht mit dem Glauben selbst zusammenhing, und weil sie überhaupt ganz ausser Zusammenhang mit dem religiösen Leben blieben. Die heidnische Religion schien in einem dauernden Gegensatz zu den philosophischen Lehren zu stehen, die auf das Glück der Menschen abzielten, indem sie lehrten, der Mensch solle sich durch Achtung vor sich selbst und der Achtung vor dem Verdienst der anderen leiten lassen. Diese ganze materielle, sinnliche Religion konnte den feinen Geistern und edlen Herzen nicht genügen, sodass die christliche Lehre bei ihnen bereits einen gebahnten Weg vorfand; aber es bedurfte doch noch jahrhundertelanger geistiger Arbeit, um die Seelen mit dem neuen Glauben und der neuen Moral zu durchtränken. Die verfeinerte Civilisation, die keinen religiösen Zügel kannte und sich durch renichts andes als zügellose Sinnenlust und brutalsten Egoismus leiten liess, führte zu ausschweifendem Luxus und allen nur erdenklichen Lastern. Der Egoismus feierte niemals solche Orgien als zur Zeit der Cæsaren, die sozusagen seine Personifikation waren.

„Omme in præcipiti vitum stetit, das Laster ist jetzt auf seinem Gipfel angelangt,“ so ruft Juvenal, erschreckt von soviel Abscheulichem in seinen Satyren aus. An zwanzig Stellen seiner Sammlung verflucht der strenge Stoiker die Sittenlosigkeit seiner Zeit und beklagt den Verfall der reinen römischen Sitten aus der Zeit der Republik. „Ach, ihr Unglücklichen,“ so ruft er aus, „auf welche Stufe des Verfalls sind wir herabgekommen . . . Es ist wahr, wir haben unsere Waffen bis an die Grenzen Spaniens getragen, wir haben erst kürzlich die Orkaden und Britaenien unterworfen, wo die Nächte so kurz sind; aber das, was das siegreiche Volk in der ewigen Stadt treibt, das treiben die besiegten Völker nicht.“ Thatsächlich ist die römische Geschichte vor dem Verfall unter dem Kaiserreiche voll von Zügen, die, wenn nicht die Reinheit der Sitten, doch wenigstens die Strenge der Sittengesetzgebungen uns beweisen. Im Jahre 457 nach der Gründung der Stadt begann Quintus Fabius Gurges, der Sohn des Konsuls, sein Amt als Aedil mit einer Klage gegen gewisse Matronen, die sich Ausschweifungen hingaben. Er liess sie von dem Tribunal des Volkes zu einer ungeheuren Geldstrafe verurteilen, matronas stupri damnatas, deren Ertrag man zur Erbauung eines Venustempels beim grossen Cirkus verwandte. Im Jahre 539 erhoben die Popularædilen, Vilius Rappulus und Marcus Fundanius, eine ähnliche Anklage gegen Matronen, die sich in gleicher Weise vergangen hatten und dafür in die Verbannung geschickt wurden. Im Jahre 568 erfuhr der Consul Postumius von den abscheulichen Schamlosigkeiten, die bei der Feier der Bacchanalien begangen wurden, und ergriff energische Massregeln, um das Uebel mit der Wurzel auszurotten. Er wollte die schamlose Sekte, die unter dem nichtigen Vorwand, den Bacchanaldienst zu pflegen, grauenhafte Unzucht trieb, mit Stumpf und Stiel ausrotten. Ein junger römischer Ritter, namens Ebutius, war zu ihm mit der Klage gekommen, man habe seine Geliebte zur Teilnahme an den Bacchanalien verführt. Diese Geliebte war nichts anderes als eine Courtisane namens Hispala Fecenia; in ihrer Jugend Sklavin hatte sie nach ihrer Freilassung ihr Gewerbe fortgesetzt, nicht ohne sich geistig über dessen Niveau zu erheben. Mit Ebutius unterhielt sie ein Verhältnis, das dem Rufe des jungen Mannes nicht schadete, obschon er auf Kosten dieser Freigelassenen lebte (meretriculae munificentia continebatur). Hispala wohnte auf dem Aventin, wo sie allgemein bekannt war. Der Consul bat seine Schwiegermutter Sulpicia, diese Courtisane kommen zu lassen, die nicht wenig überrascht war, von einer hochangesehenen Dame eingeladen zu werden. In Gegenwart seiner Schwiegermutter forschte Postumius die

Person aus und erfuhr von ihr, welchen abscheulichen Ausschweifungen man sich bei den nächtlichen Bacchusfesten hingab. Am folgenden Morgen erbat er sich vom Senat die Genehmigung zur Ausrottung der schlimmen Sekte, die bereits siebentausend Mitglieder in Rom und Umgebung zählte. Der Senat teilte die Entrüstung des Postumius, und sprach ungewöhnlich harte Strafen gegen die schamlosen Veranstalter der Bacchusfeste aus. Ebutius und seine Geliebte wurden reich geehrt: ein Senatsbeschluss erklärte, die schöne Hispala könne trotz ihrer Abstammung und ihres Gewerbes einen freigeborenen Mann heiraten, ohne dass diese Ehe das Vermögen und den Ruf ihres Mannes schädigen sollte. Sie heiratete den Ebutius und stieg somit zur Würde einer ehrbaren Frau auf unter dem Protectorat von Consuln und Prätoren, die sie gegen alle Beleidigungen schützen mussten. Nachdem die Bacchanalien einmal durch Senatsbeschluss verurteilt und unter Strafe gestellt waren, tauchten sie in Rom erst wieder in der Kaiserzeit auf.

Die öffentliche Sittlichkeit geriet im römischen Reiche mit dem Tage ins Schwanken, an dem das Staatsoberhaupt sich selbst über ihre Regeln hinwegsetzte, und sich denselben Ausschweifungen ergab, die zu unterdrücken seines Amtes gewesen wäre. Julius Cæsar, dieser grosse Mann, dessen Genie durch die Waffen, die Politik und die Gesetzgebung soviel zum Glanze des römischen Namens beitrug, Julius Cæsar gab den Römern auch das verderbliche Beispiel seiner Ausschweifungen. Man könnte meinen, er hätte dadurch beweisen wollen, dass von seinem Vorfahren Aeneas her ein Tropfen Blut der Venus in seinen Adern rann. Alle Geschichtsschreiber, Sueton, Plutarch, Dio Cassius, stimmen darin überein, dass er eine ausserordentlich sinnlich veranlagte Natur war und sich seinen Neigungen rücksichtslos hingab. Er verführte eine grosse Zahl vornehmer Frauen; so die Postumia, die Gemahlin des Servius Sulpicius, die Lallia, die Gemahlin des Aulus Gabinius, Tertulla, des Marcus Crassus' Gemahlin und Marcia, die Frau des Cneius Pompeius; aber in Wirklichkeit liebte er nur Servilia, die Mutter des Brutus. Während seines ersten Consulats schenkte er ihr eine Perle, die mehr als eine Million Mark gekostet hatte; und in der Zeit des Bürgerkrieges gab er ihr nicht nur reiche Geschenke, sondern liess ihr auch zu geringem Preis die schönsten Staatsländereien überschreiben, die sie dann mit grossem Vorteil wieder verkaufte. Als man sich über diesen Handel aufhielt, prägte Cicero einen boshaften Witz, in dem der Name Tertia, einer Tochter der Servilia, zu dem Wortspiel gebraucht wurde, Servilia habe sogar noch ein Drittel des Kaufpreises Rabatt bekommen. Das bezog sich auf das Gerücht, das schamlose Weib habe ihre eigene Tochter dem Cæsar, ihrem Liebhaber, verkauft. Auch in den Provinzen, die Cæsar mit seinen Heeren durchzog, scheute er nicht davor zurück, den Frieden der Ehen zu stören; bei seinem Triumphe, nach der Eroberung Galliens sangen seine Soldaten ein Lied, dessen Refrain folgendermassen lautete:

Urbani, servate uxores, mœchum calvum adducimus!
Aurum in Gallia effutuisti; at hic sumsisti mutuum.

„Bürger, wahret Eure Gattinnen, denn wir kommen herbei mit dem hohlköpfigen Lebemann! Cæsar, Du hast bei Deinen Liebesgeschichten in Gallien alles Gold verschwendet, das Du in Rom zusammengerafft hattest!" Julius Cæsar war auch der Liebhaber mehrerer ausländischer Königinnen, unter anderen der Eunoë, der Gemahlin des mauritanischen Königs. Mit besonderer Leidenschaft liebte er die wollüstige ägyptische Königin Cleopatra, die ihm einen Sohn schenkte, den er gern zu seinem Erben eingesetzt hätte. In seinen höheren Lebensjahren war seine Liebesleidenschaft so sehr gewachsen, anstatt abzunehmen, dass er den Wunsch hegte, über alle Frauen des römischen Reiches nach Gutdünken verfügen zu können. Er hatte einen wunderlichen Gesetzvorschlag ausgearbeitet, den er allerdings doch nicht der Sanction des Senats zu unterbreiten wagte: nach diesem Gesetze stand ihm das Recht zu, so viele Frauen zu nehmen, wie er wollte, um so viele Kinder zu zeugen, wie er konnte. Der böse Ruf seines sittenlosen und ehebrecherischen Treibens war so allgemein verbreitet, dass, wie uns Sueton überliefert, Curio der Vater, ihn in einer seiner Reden als den Gatten aller Frauen und die Frau aller Gatten bezeichnet hatte. Der letzte Teil dieses scharfen Satzes traf allerdings den Angegriffenen nicht, denn nach den Angaben der Geschichte hat sich Cæsar nur einmal in seinem Leben mit widernatürlicher Unzucht abgegeben; allerdings hatte diese Verfehlung solches Aufsehen gemacht, dass sie ihm sein ganzes Leben hindurch anhing. Es handelte sich um ein angebliches Liebesabenteuer mit dem bithynischen Könige Nikomedes, dem sich Cæsar als junger Bursche bei einem Gelage hingegeben haben sollte (floremque ætatis a Venere orti in Bithynia contaminatum). So fest erhielt sich das Gerücht davon, dass Cæsar fortgesetzt zum Gegenstande undelikater Anspielungen gemacht wurde, ohne dass er freilich jemals gewagt hätte, dem Gerede energisch entgegenzutreten. Dolabella nannte ihn im offenen Senate den Prostituierten eines Königs, und der alte Curio blieb an Schärfe des Ausdrucks hinter diesen Worten nicht zurück, indem er von einem bithynischen Lupanar und einem bithynischen Prostituierten sprach. Auch Cicero machte gelegentlich Anspielungen, und ein gewisser Octavius, der sich vieles herausnehmen durfte, weil er für nicht ganz zurechnungsfähig galt, begrüsste Cæsar sogar mit dem Titel Königin und Pompeius mit dem Titel König. C. Memmius erzählte jedem, der es hören wollte, die Geschichte von Cæsar und dem Könige Nikomedes. Sogar die Soldaten sangen kecke Spottlieder, so bei seinem Triumphe über die Gallier: „Cæsar hat Gallien besiegt, Nikomedes den Cæsar;

Cæsar triumphiert heute über die unterworfenen Gallier, aber Nikomedes triumphiert nicht, er, der Cæsar unterworfen hat."

In der Sittenlosigkeit stand Octavianus dem Caesar nicht nach. „Sein Ruf war schon von früher an mit einem Makel behaftet," sagt Suetonius von ihm; Sextus Pomponius behauptete, er habe widernatürlichen Lastern gehuldigt; Marcus Antonius redete ihm nach, er habe um den Preis seiner Ehre die Adoption durch seinen Onkel erlangt; Lucius, der Bruder des Marcus Antonius, erklärte, nicht nur dem Caesar, sondern auch dem Hirtius habe Octavian um 300000 Sesterzen angehört; derselbe Mann behauptet auch, Octavianus brenne sich die Haut seines Körpers mit glühenden Nussschalen, um sie weicher zu machen. Auch im Volke gingen allerhand Geschichten um, und das Theaterpublikum beklatschte eines Tages bei offener Scene den Vers: „Viden ut cinœdus orbem digito temperat," in dem es eine Anspielung auf den mächtigen Mann vermutete. Aber später widerlegte Octavianus diese, vermutlich verleumderischen Anschuldigungen durch die Reinheit seiner Sitten, denn als er zum Manne herangereift war, hielt er sich wenigstens von widernatürlichen Lastern frei. Freilich in anderer Hinsicht war er keineswegs keusch, oder auch nur zurückhaltend. Er scheint die Liebestollheit des Julius Caesar für alle Frauen geerbt zu haben. Zwar erliess er strenge Gesetze gegen den Ehebruch, aber er selbst richtete sich nicht darnach und respektierte die Ehre seiner Unterthanen keineswegs. Marcus Antonius behauptete, er sei Zeuge einer für die tyrannische Liebesleidenschaft des Kaisers höchst charakteristischen Episode gewesen. Bei einem festlichen Gelage hiess Augustus die Frau eines Consularen, deren Gatte an dem Gelage teilnahm, in ein Zimmer nebenan eintreten; und als sie nach einiger Zeit mit Augustus wieder erschien, da hatte die Dame ganz gerötete Wangen, und ihre Frisur war in Unordnung geraten. Einzig und allein ihr Gatte achtete nicht darauf. Ehe sich Marcus Antonius mit ihm verfeindete und sein Nebenbuhler wurde, schrieb er ihm einmal in einem vertraulichen Briefe: „Wer hat Dich denn verändert? Ist es die Idee, dass ich eine Königin besitze? Aber Cleopatra ist meine rechtmässige Frau, und das nicht von gestern, sondern bereits neun Jahre. Du begnügst Dich nicht mit Livia? Ja, Du bist nun einmal ein solcher Mensch, und ich glaube, wenn Du diesen Brief liesest, dann hast Du schon eine Tertulla, oder Terentilla, oder Ruffilla, oder Salvia Titiscenia, oder vielleicht alle Frauen Roms zu Geliebten gehabt. Dir ist es ja ganz gleich, an welchem Orte und durch welche Person Deine Sinne geweckt werden. (Anne refert ubi et in quam arrigas?)"

So gross nun auch die persönliche Sittenlosigkeit des Augustus war, so hegte er doch einen gewissen Abscheu gegen den Ehebruch, der ihm ein soziales Uebel zu sein schien, und den er vergeblich mit den strengsten Gesetzen verfolgte. Als er begann, die Gesetzgebung auf diesen Punkt hinzulenken, da wandte er die grösste Vorsicht an, um ein Verhältnis zu verbergen, dessen er sich zu schämen hatte, und das er nicht einmal seinem vertrautesten Freund eingestand. Wir haben schon erwähnt, dass der Dichter Ovid einen furchtbaren Ausbruch kaiserlicher Ungnade dem Umstande zu verdanken hatte, dass er zufälliger Weise Zeuge des blutschänderischen Umganges zwischen Augustus und seiner Tochter Julia wurde. Augustus hatte gewiss keinerlei Indiskretion von diesem treuen Diener zu fürchten, der sein Nebenbuhler war, oder wenigstens dafür galt; aber er wollte sich nicht der Gefahr aussetzen, jeden Tag einem Manne gegenüber treten zu müssen, vor dessen Blicken er sich entehrt hatte. In seiner Jugend war er von derartigen Skrupeln vollkommen frei, da, wie uns Suetonius berichtet, seine Freunde eifrig bemüht waren, ihm verheiratete Frauen und mannbare Mädchen zuzutreiben, deren Schönheit er hüllenlos zu prüfen pflegte. Diese unglückseligen Opfer kaiserlicher Lüste mussten, bevor sie in seinen Harem aufgenommen wurden, gewisse absonderliche Bedingungen erfüllen; so wenigstens hat ein Kommentator die Worte conditiones quæsitas, deren Sinn der Historiker dunkel gelassen hat, ausgelegt. Mit zunehmenden Jahren erkaltete die Liebesleidenschaft des Augustus nicht, aber er wählte die Opfer seiner Lüste nicht mehr unter den Familienmüttern aus, sondern hielt sich ausschliesslich an die Jungfrauen (ad vitiandas virgines promtior); man führte sie ihm von allen Seiten zu, und sogar seine Frau hatte dabei ihre Hand im Spiele. Das Alter setzte schliesslich auch diesen Ausschweifungen ein Ziel. Seine sinnlichen Ausschweifungen wurden abgelöst durch seine Spielleidenschaft, der er sich mit der gleichen Ausdauer hingab. Augustus huldigte in hohem Masse dem Würfelspiele.

Erst in der zweiten Hälfte seines Lebens hatte sich Augustus den sinnlichen Ausschweifungen hingegeben. Als er in der Vollkraft seiner jungen Jahre stand, hatte er mit seiner Frau Claudia, die kaum mannbar war, zusammen gelebt, ohne von seinen ehelichen Rechten Gebrauch zu machen, denn als er sich von ihr trennte, um Scribonia, die bereits zweimal Witwe war, zu heiraten, war sie auch im physischen Sinn des Wortes noch Jungfrau. Auch mit Scribonia, die ein ausserordentlich ausschweifendes Leben führte, überwarf er sich bald, um zum dritten Male mit Livia Drusilla sich zu verheiraten, die von Tiberius Nero, ihrem bisherigen Gatten, schwanger war; diese Frau liebte er aufrichtig, trotzdem er ihr fortwährend untreu wurde und diese Untreue nicht einmal vor ihren Blicken verbarg. Livia, die seiner Liebe sicher war, war nicht einmal eifersüchtig auf die flüchtigen Eroberungen des Kaisers. So zahlreich auch die Ausschweifungen waren, deren er sich in seinem späteren Mannesalter hingab, so hafteten doch in der Erinnerung des Volkes mehr die Ueberlieferungen an seine Jugendstreiche. Man erzählte sich besonders viel von einem geheimnisvollen Souper, das man gewöhnlich das Fest der zwölf Gottheiten nannte, weil die Teilnehmer, die in den Masken von Göttern und Göttinnen erschienen waren, die unkeuschen Scenen nachgeahmt hatten, mit denen die antike Poesie den Olymp auszuschmücken pflegte. Bei dieser Orgie hatte Octavianus den Apollo dargestellt, und ein anonymer Satyriker verewigte das Andenken an diesen gotteslästerlichen Frevel durch die damals oft zitierten Verse: „Als der Kaiser die Maske des Apollo zu tragen wagte, und bei einem Feste die Ehebrüche der Gottheiten darstellte, da flohen die beleidigten Götter aus der Welt, und Jupiter selbst verliess seinen goldenen Tempel.“ Dieses Souper, über dessen Einzelheiten man niemals etwas Genaueres erfahren hat, fiel zeitlich zusammen mit einer schweren Hungersnot, unter der Rom zu leiden hatte. Die Römer sagten deshalb mit einer Anspielung auf diese Orgien: „Die Götter haben alles Getreide aufgegessen!“ Die Kühnsten unter ihnen murrten wohl und sagten: „Wenn der Kaiser in der That Apollo ist, so ist er der Henker-Apollo!“ Der Gott wurde nämlich in einem Stadtviertel, in dem man die Marterinstrumente, unter anderm die Ruten zur öffentlichen Peitschung, verkaufte, unter dem Namen Apollo Tortor verehrt.

Den Sittenzustand des damaligen Roms kann man nur begreifen, wenn man die Gesamtheit des politischen, gesellschaftlichen und religiösen Lebens überschaut. Ein moderner Geschichtsschreiber des römischen Kaiserreiches sagt darüber folgendes: „Die alte Religion, deren ethische Kraft ohnehin immer beschränkter Natur gewesen war, konnte damals als mässigendes Element kaum noch in Betracht kommen, zumal der Rest wirklichen Glaubens an die Götterwelt des römischen und des griechischen Olymps und an die Institutionen derselben, wie die Orakel, gerade damals mehr als früher und später tief erschüttert war. Soweit nicht bei einem Teile der oberen Schichten, — wo nunmehr auch schon der epikureische Gedanke der Ethik der Stoa fühlbar das Terrain abgrub, — die Philosophie eintrat, soweit nicht bei den Massen orientalische Kulte einigen neuen Halt schufen: was konnte es nützen, wenn in einer Zeit, wo die gebildete Welt in dem bestehenden Kultus nur noch ein politisches Institut sah, die Massen aber wesentlich in der Pflege des Ritus und des Ceremoniells aufgingen, Augustus mit allem Eifer sich bemühte, die äussere Seite der römischen Religion zu pflegen, neue Tempel erbaute, alte und verfallene restaurierte, verfallene Gebräuche wieder herstellte, den Glanz und die Vollständigkeit der geistlichen Collegien überall wieder erneuerte? Was half es gegenüber den sittlichen, unaufhörlich weiter wuchernden Grundschäden, dass er eifrig bemüht war, oft durch die ihm befreundeten Schriftsteller und Dichter unterstützt, die Römer zur Pflege der altertümlichen Religiösität, Einfachheit und Ehrbarkeit der Sitten zu ermuntern. Immerhin soll nicht bestritten werden, dass die jedesmalige persönliche Haltung der verschiedenen Kaiser und die ihres Hauses und Hofes, sobald sie nur selbst würdig, schlicht, solid und ehrbar war, ihre Wirkung auf die jedesmaligen Zeitgenossen nicht gänzlich entbehrt hat, und natürlich umgekehrt.

Unter solchen Umständen konnte auch die Gesetzgebung, durch welche Augustus nach verschiedenen Seiten schlimmen sittlichen und zugleich für den Staat nachteiligen Zuständen in der römischen bürgerlichen Gesellschaft zu begegnen suchte, nur sehr unvollkommen wirken. Wohl hatte er richtig erkannt, dass der sittliche Verfall, der am kenntlichsten ihm bei den höheren Ständen entgegentrat, zunächst durch eine Veredelung und Verbesserung des Familienlebens aufgehalten werden konnte; aber es zeigte sich, dass gerade auf stadtrömischem Boden am wenigsten auszurichten war. Schon hier darf die Bemerkung Platz finden, dass die erstaunlich lange Dauer des Reiches zum grossen Teile dadurch möglich geworden ist, dass mehrere der neuen, erst unter und durch Augustus erworbenen Provinzen, namentlich auf der Nordgrenze in Europa, ein ethnisches Marterial darboten, aus welchem in wahrhaft staunenswerter Weise die Glieder eines sekundären, höchst leistungsfähigen Stammes von Romanen gebildet werden konnten. In Rom hat Augustus sich hauptsächlich dahin bemüht, dem masslosen Luxus und der persönlichen Herabwürdigung in den höheren Ständen zu begegnen, dem für die Erhaltung der Raçe gefährlichen Hange zur Ehelosigkeit, endlich der ethnischen Zersetzung des Römertums möglichst starken Widerstand entgegen zu stellen: Versuche, bei denen er fast überall auf zähe passive Abneigung gestossen ist. Hatte der Kaiser schon 22 v. Chr den Frauen und Söhnen der Senatoren verbieten müssen, auf der öffentlichen Schaubühne bei den Mimenspielen als Tänzer aufzutreten, so wurde im Jahre 18 v. Chr. der Anfang gemacht, durch einschränkende Gesetze den sittlichen Verfall aufzuhalten. Ein Luxusgesetz sollte namentlich den wüsten Aufwand bei den Festgelagen und der sinnlosen Schwelgerei wehren, nicht minder der Verschwendung bei der weiblichen Toilette; dann aber bedrohte ein Gesetz, de adulteriis, den epidemisch gewordenen Ehebruch und die Unzucht verschiedenster Art bei beiden Geschlechtern nicht nur mit erheblichen Vermögensnachteilen, sondern auch mit Verbannung der Verurteilten nach entfernten Inseln. Dagegen dauerte es bis zum Jahre 9 n. Chr., ehe der Kaiser durch die Lex Papia Poppäa einen, wie er hoffte, entscheidenden Schachzug gegen den unheilvollen Hang der Römer zur Ehelosigkeit führen konnte: ein Hang, der teils durch die Schrecknisse der Bürgerkriege, teils durch die egoistische, gegen das höhere Interresse des Vaterlandes gleichgültige Abneigung gegen die Pflichten und Lasten des häuslichen Lebens neuerdings immer mehr gewachsen, und natürlich die Quelle von allen möglichen Ausschweifungen geworden war. Wirklich nützlich und folgenreich, namentlich zur Beseitigung vieler illegitimer Verbingungen, war jetzt die Bestimmung des Gesetzes, welche (mit Ausnahme der Senatoren und ihrer Familien) zwischen Freigeborenen und Freigelassenen rechtsgültige römische Ehen mit deren juristischen Wirkungen möglich machte. Das eigentliche Ehegesetz aber, reich an Bestimmungen von ausserordentlicher Strenge, ja Härte, ging aus von der Verpflichtung der Römer zu heiraten, um dem Staate Kinder zu erzeugen. Der römische Hagestolz, der auch im öffentlichen Recht und in Bekleidung von Ehrenämtern erheblich zurückgesetzt wurde, sah sich durch dieses Gesetz von dem Antritt aller Erbschaften, ausser der von nahen Verwandten, ausgeschlossen, während der Verheiratete, aber Kinderlose nur die Hälfte der ihm vermachten Erbschaften oder Legate übernehmen durfte. Wer aber verheiratet war und Kinder hatte, sollte in Ehrenauszeichnungen und bei Aemterbewerbungen entschieden bevorzugt werden. Ausserdem gewährte der Besitz einer gewissen Anzahl von Kindern die Befreiung von manchen Lasten, unter anderem von der Verpflichtung Vormundschaften zu übernehmen oder als Geschworener zu fungieren. Dagegen sollte kein Freigeborener ein Weib heiraten, welches ein anstössiges Leben führte oder geführt hatte. Auch die bisher mit schrankenloser Willkür geübte Trennung der Ehe wurde auf bestimmte bindende Formen zurückgeführt, ohne deren Anwendung die Scheidung als ungültig, eine Wiederverheiratung als ehebrecherisch gelten sollte.

Die persönlichen Ausschweifungen des Augustus waren naiv und unschuldig im Vergleich mit jenen, die die Zerstreuungen des alten Tiberius bildeten. Nach der Ueberlieferung römischer Geschichtsschreiber, die freilich nicht immer unparteiisch urteilten, hatte dieser Kaiser eine Neigung zur Trunksucht und wurde dadurch zu den schimpflichsten Lastern verführt, obschon er sich gleichzeitig eine Verbesserung der römischen Sitten vorgenommen hatte. So verschärfte er noch die Gesetze, die sein Vorgänger gegen den Ehebruch erlassen hatte. Er liess auch den alten Gebrauch wieder aufleben, wonach eine Frau, die die eheliche Treue verletzt hatte, durch einstimmigen Beschluss der Familie bestraft werden konnte; Ehemänner, die dem lasterhaften Leben ihrer Frauen unthätig zuschauten, zwang er, sich öffentlich von ihnen scheiden zu lassen. Patricierinnen, die sich in die Listen der Prostituierten hatten einschreiben lassen, um gefahrlos ihren Lüsten leben zu können, verbannte er auf einsame Inseln; ebenso wies er junge Lebemänner von leichten Sitten, die sich gern von einem Gerichte zum Verluste der bürgerlichen Ehrenrechte hatten verurteilen lassen, um das Recht zu haben, auf dem Theater oder in der Arena aufzutreten, aus Rom aus. Er selbst jedoch hielt sich keineswegs an die strengen Rechtsvorschriften, die er erlassen hatte, schien vielmehr absichtlich solche Ausschweifungen zu begehen, die vor ihm noch niemals jemand auch nur zu denken gewagt hatte. Seine gesetzgeberischen Handlungen und sein Privatleben bildeten fortwährend die grössten Gegensätze. Eines Tages schalt er im Senat den Sestius Gallus, einen verschwenderischen und ausschweifenden Greis, der durch Augustus geschändet worden war, heftig aus; aber wenige Augenblicke darauf lud er sich selbst bei dem alten Lüstlinge zum Abendbrot ein, unter der Bedingung, dass an den Gewohnheiten des Hauses nichts geändert, und dass das Mahl wie gewöhnlich durch junge, nackte Mädchen serviert werde (nudis puellis ministrantibus). Während er öffentlich an der Verbesserung der Sittlichkeit arbeitete, verbrachte er ein anderes Mal zwei Tage und eine Nacht mit Pomponius Flaccus und Lucius Piso bei einem Gelage und entschädigte sie für ihre Kameradschaftlichkeit dadurch, dass er den einen zum Gouverneur von Syrien, den andern zum Präfekten von Rom machte, indem er sie gleichzeitig in den Ernennungsbriefen seine zärtlichsten Freunde zu jeder Stunde nannte. Jeden, der sich nicht sofort seinen schmutzigen Wünschen gefügig zeigte, sei es Mann oder Weib, liess er mit dem Tode bestrafen. Um sich für eine Zurückweisung dieser Art zu rächen, liess er durch seine Delatoren die schöne Mallonia anklagen, die den Tod der Schande vorzog. Während der Prozessverhandlungen noch beschwor er sie, Abbitte zu leisten, sie aber durchbohrte sich mit einem Schwerte, nachdem sie ihn mit dem ganzen Stolze der Jungfrau als einen alten stinkenden Greis behandelt hatte. Als bei dem nächsten öffentlichen Schauspiel eine Stelle vorkam, die einen ähnlichen Vorfall behandelte (hircum vetulum capreis naturam ligurire) applaudierte das ganze Volk lebhaft. In Rom hatte man dem Kaiser den Beinamen Caprineus gegeben: einmal bezeichnete das einen Mann, der lüstern war wie ein Bock, und dann konnte es auch einen Menschen bedeuten, der gern auf Capri weilte, wo bekanntlich das Lustschloss des Kaisers stand.

Suetonius entwirft folgendes schreckliches Gemälde von den Lüsten dieses Mannes: „Er erfand ein grosses Zimmer, das er zum Schauplatz seiner geheimsten Ausschweifungen machte. Ein Schar von jungen Mädchen und jungen Burschen bildeten eine dreifache Kette und mussten abwechselnd an ihm vorbeimarschieren, um so seine erloschenen Sinne wieder zu beleben. Er hatte auch noch mehrere andere Zimmer zu gleichem Gebrauch eingerichtet; die Wände waren dort mit Gemälden und Sculpturen geschmückt, die immer den gleichen lüsternen Gegenstand behandelten. In den Wäldern und Gehölzen erblickte er lediglich Stätten, die dem Venusdienste geweiht waren, und verlangte, dass die Grotten und Felsklüfte immer belebt waren von verliebten Paaren, die als Nymphen und Satyren verkleidet waren. Seine Ausschweifungen trieb er so weit, dass man sie fast nicht glauben, nicht einmal andeuten kann; eine besondere Vorliebe hatte er in späteren Jahren für ganz kleine Kinder, die er seine Fischchen nannte (ut natanti sibi inter feminas versarentur ac luderent, lingua morsuque sensim appetentes, atque etiam, quali infantes firmiores, necdum tamen lacte depulsos, inguini ceu papillae admoveret). Als ihm jemand ein Gemälde von Parrhasius testamentarisch hinterlassen hatte, auf dem der Verkehr Atalantas mit Meleager dargestellt war, mit dem Bemerken, dass er an Stelle dieses Gemäldes, wenn es ihm nicht gefalle, auch eine Million Sesterzen wählen könne, zog er das Gemälde vor, und liess es wie einen heiligen Gegenstand in seinem Schlafzimmer aufhängen. Eines Tages bemerkte er während eines Opferdienstes einen schönen jungen Menschen, der seine Sinne reizte; kaum erwartete er das Ende der heiligen Handlung, um seinen Wünschen die Zügel schiessen zu lassen, denen er dann noch den Bruder des Unglücklichen, einen Flötenspieler, opferte. Als die beiden sich nachher gegenseitig Vorwürfe wegen ihres schimpflichen Verhaltens machten, liess er sie sofort enthaupten. Die Schilderung seiner Persönlichkeit mag das Gemälde von der Sittenlosigkeit des Tiberius beschliessen: „Er war stark und robust, grösser als das Mittelmass, von breiter Brust und breiten Schultern, schön gebaut und gut proportioniert Mit der linken Hand war er geschickter und stärker als mit der rechten; so stark war er mit der linken Hand, dass er mit dem Daumen einen grünen Apfel zerdrücken konnte und dass eine Ohrfeige von ihm den Kopf eines Kindes und selbst eines Jünglings zerschmetterte . . . Sein Gesicht war schön, aber fast immer vom Ausschlage bedeckt! . . .“

Um den Tiberius auch in seinem Privatleben einigermassen gerecht würdigen zu können, darf man sich freilich nicht allein an die uns überlieferten römischen Geschichtsschreiber halten, denn was sie schrieben, war Parteigeschichte. Heutige Geschichtsschreiber lassen uns denn doch den Tiberius wesentlich anders erscheinen. Wir führen hier eine Stelle aus einem modernen Historiker an, in der in der glücklichsten Weise Tiberius mit seinem Stiefvater Augustus verglichen wird: Prinz Tiberius war dem Stiefvater im höchsten Grade antipathisch. Es war das wohl begreiflich, denn die Naturen beider waren von Grund aus verschieden. Augustus war allerdings ein kühler Verstandesmensch, in Geschäften ein scharfer Kritiker, der selten lobte, seinem Tadel nach Römerart gern eine starke spöttische Beimischung verlich; in der Repräsentation ein Meister, der nach antiker Art nichts herber von sich wies, als das Ungefällige und Linkische, und vor allem auf die Wahrung der „Dehors“ bedacht. Sonst aber erscheint er als ein Mensch von sanguinischem Temperament, dessen heitere Gemütsruhe zum Teil auf einen starken Fonds von Gewissenlosigkeit basiert, nur selten durch ganz ausserordentliche Erschütterungen ernstlich gestört wurde; sehr geneigt, sich heiterem Genuss des Lebens hinzugeben, wesentlich fröhlicher Natur und mit den Römern seiner Zeit alle volkstümlichen Neigungen und Liebhabereien treibend. Ihm konnte ein junger Mann wie Tiberius nicht sympathisch sein, der ihm freilich als Offizier, als Verwaltungsbeamter, als Diplomat eine widerwillige Anerkennung abzwang, der aber auf allen Punkten nach Art seines Claudischen Blutes eine schroffe Eigenart ausgebildet hatte. Manche dieser charakteristischen Züge, die uns Modernen durchaus achtungswert erscheinen, während sie ihn den Römern entfremdeten, traten freilich erst unter seinem eigenen Principat schärfer zu Tage. Aber zwei Momente waren es, die den Tiberius schon früh seinem Stiefvater unsympathisch machten. Ganz anders als der sonnige, frühlingsfrische Drusus war Tiberius eine herbe, fast melancholisch düstere Natur; ein Mensch, bei dem alle Empfindungen ungemein tief gingen und furchtbar leidenschaftlicher Art wurden. In seiner Weise nur wenig dazu gemacht, Liebe zu entzünden, wurde es auch ihm sehr schwer, sich anderen anzuschliessen und wirkliche Liebe zu fühlen Auch in seiner besten Zeit ist Tiberius mehr nur geachtet, von wenigen geliebt worden; wo er selbst wirklich liebte, geschah es mit einer Treue und Zähigkeit, die etwas Ergreifendes hat. Die Täuschungen aber, die ihn auf dieser Seite trafen, sind nicht nur für ihn persönlich von hochtragischen Folgen begleitet gewesen. Auf der andern Seite war Tiberius, dem bei aller Stattlichkeit und soldatisch-imposantem Wuchs seiner massiven Erscheinung Anmut und Grazie versagt geblieben sind, in seiner schweigsamen, stolz und steif reservierten, eckigen Art sich zu geben, dem Kaiser um so weniger persönlich angenehm, weil der Prinz die zweischneidige Mitgabe einer seltenen Verstandesschärfe besass, deren durchdringende Kraft alle Illusionen grausam zerstörte. Tiberius, dessen scharfer Verstand und ätzender Spott selbst die Schmeichelei nicht leicht ungestraft an sich herankommen, ihn persönlich in späteren Jahren zu dem schrecklichen melancholischen Choleriker des älteren Prinzipats werden liess, durchschaute auch mit seinem klaren Blicke die ganze Politik seines Stiefvaters, nicht gerade zur besonderen Genugthuung des klugen „Dryarchen". Er erkannte aber noch weit deutlicher die zäh festgehaltene Tendenz des Augustus, die julische Gruppe des Kaiserhauses für die Erbfolge heranzuziehen, und den Eroberer Vindelicius und Pannoniens in den Hintergrund zu schieben. Machte ihn das anfangs nur noch finsterer und verschlossener, so musste endlich doch einmal der offene Bruch eintreten, als die tiefsten Gefühle dieses, in die unglückseligste Stellung gedrängten Mannes zugleich mit seinem wohlberechtigten Selbstgefühle immer schwerer verletzt wurden. So war Tiberius, und so wurde er zu dem, wie ihn die Geschichte uns überliefert hat.

Sein Nachfolger auf dem Throne, Caligula, der noch weniger zurückhaltend war als sein Vorbild Tiberius, gab sich gar keine Mühe, seine schimpfliche Leidenschaft zu Marcus Lepidus, zu dem Schauspieler Mnester und zu verschiedenen anderen Männern zu verbergen, mit denen er im schimpflichen Verkehr stand (commerciis mutui stupri). Valerius Catulus, der Sohn eines Consularen, warf ihm eines Tages vor, dass er ihn in seiner Jugend missbraucht habe (stupratum a se ac lacerata sibi contubernio ejus defessa, etiam vociferatus est); grob und brutal in seinen Lüsten, war er echter Liebe durchaus unfähig und strengte seine Phantasie mehr zur Erfindung unerhörter Tafelfreuden an. Suetonius beschuldigt ihn der Blutschande mit seiner Schwester und des offenen Verkehrs mit einer Prostituierten, namens Pyrallis, und fährt dann in dem Gemälde folgendermassen fort: „Er respektierte keine Frau, mochte sie auch noch so hochgestellt sein (non temere ulla illustriore femina abstinuit). In der Regel lud er diese Damen mit ihren Gatten zum Souper ein, und unterwarf sie dort einer genauen Musterung, so wie etwa ein Sklavenhändler seine Sklaven prüft. Dann erhob er sich wohl bei Tafel oft und promenierte mit der einen oder der anderen in sehr auffälliger Weise. Zurückgekehrt zu seinen Zechgenossen besass er die Unverschämtheit, laut die jeweiligen Vorzüge oder Schäden der Damen zu kritisieren. Bei einigen setzte er sogar die Scheidung von ihrem abwesenden Gatten durch und liess das in die öffentlichen Akten eintragen.“ Ueber seine raffinierten Grausamkeiten, seine tolle Verschwendung und seine wahnsinnigen Unternehmungen vergass man übrigens bei Caligula fast seinen unmoralischen Lebenswandel. Unter den verrückten und unanständigen Steuern, die er in Rom schuf, ist besonders die Prostituiertensteuer erwähnenswert. Jede Prostituierte war nach dem Preise eingeschätzt, den sie in der Regel für die Preisgabe ihres Körpers nahm (ex capturis prostitutarum, quantum quaeque uno concubito mereret). Ferner besteuerte der Kaiser auch noch das Gewerbe der Kuppler und Kupplerinnen. Man begreift, dass die Festsetzung dieser Abgaben ausserordentlich willkürlich und unbestimmt war.

Eine der wunderlichsten Einrichtungen unter der Herrschaft des Kaisers Caligula war zweifellos die Schaffung eines Lupanars im Kaiserpalaste. Diese wahnsinnige Gründung verdankt ihren Ursprung offenbar der beständigen Geldverlegenheit des geisteskranken Fürsten. Es war nicht bloss die Liebhaberei an Spielen, sondern auch die Neigung und der Wunsch des Kaisers, teils in Rom, teils auf anderen Punkten des Reiches nützliche und grossartige, immer aber ungewöhnliche Bauwerke anzulegen, ein Wahn, der Caligula dazu trieb, immer neue Summen auszugeben, und immer neue Steuern zu ersinnen. Die Einrichtung des Lupanars im Kaiserpalaste, die uns durch Dio Cassius und Sueton überliefert worden ist, geht wohl auch auf diese Ursache zurück, erschien aber manchen Kritikern so unwahrscheinlich, dass sie eine Verstümmelung des Textes angenommen haben. Sie meinen, Dio hätte eine Stelle aus Sueton missverständlich abgeschrieben, und sie dann in seiner Phantasie noch weiter ausgemalt. Dieselben Kritiker meinen auch, es handle sich eher um eine Spielhölle als um ein Lupanar. Dio fügt der von Sueton gemachten Angabe lediglich hinzu, dass Caligula den Plan zur Einrichtung eines kaiserlichen Bordells in Gallien gefasst habe. „Nachdem er alle

Arten von Ausschweifungen durchgekostet hatte, richtete er in seinem Palaste ein Lupanar ein: da wurde eine grosse Zahl von kleinen Zimmerchen gebaut und nach der Gewohnheit eingerichtet. Ehefrauen und freigeborene Mädchen benützten diese Zellen. Der Kaiser liess ein Namensverzeichnis an öffentlichen Plätzen und Staatsgebäuden anschlagen, um jung und alt zum Besuche seiner Anstalt einzuladen. Wer seine Schritte zu dem Lupanar lenkte, konnte am Eingang Geld zu Wucherzinsen geborgt erhalten; und man schrieb die Namen derjenigen, die reichlich bezahlten, in ein Heftchen ein, wie wenn sie auf diese Weise zu grösseren Einkünften des Kaisers beigetragen hätten." Diese Angaben sind thatsächlich sehr ungenau und dunkel. Man kann wohl daraus entnehmen, dass es sich in der That mehr um eine Spielhölle, als um ein Lupanar gehandelt hat, denn man sieht nicht ein, wozu den Leuten Geld geborgt wurde, die durch den öffentlichen Anschlag zum Besuche der Anstalt gereizt worden waren. Oder hätte Sueton dadurch andeuten wollen, dass die Preise in dem kaiserlichen Lupanar zu hoch waren, als dass jemand so viel Geld bei sich gehabt hätte? Was uns besonders zu der Annahme veranlasst, es handle sich mehr um eine Spielhölle und nicht um ein Lupanar, sind eine Reihe von Angaben bei Sueton, die sich offenbar nur auf ein Spielhaus beziehen können, in dem die Gäste durch vornehme Frauen und Jungfrauen bedient wurden; Caligula war nicht nur selbst ausserordentlich spiellustig, sondern spielte auch falsch, um immer zu gewinnen.

Wie dem auch sei, jedenfalls steht fest, dass diese Anstalt den Caligula, der daraus ungeheure Einkünfte zog, nicht überlebt hat, während dagegen die Stelle des Aufsehers der kaiserlichen Belustigungen, die Tiberius geschaffen hatte, bis in die Zeiten des Nero erhalten blieb. Caligulas Nachfolger, Claudius, war nicht weniger grausam und nicht weniger genusssüchtig, trieb es aber doch nicht bis zu diesen unerhörten Ausschweifungen. Er hatte zu viele legitime Frauen, als dass er viele Maitressen hätte haben können; und diejenigen, die er sich mehr aus Laune als aus Liebesleidenschaft nahm, waren nicht bekannt genug, als dass die Geschichte von ihnen spräche. Suetonius, der sorgfältig die Ehen und Scheidungen des Claudius aufgezeichnet und dabei die abscheulichen Ausschweifungen (libidinum proba) seiner ersten Frau, Urgulanilla, und das abscheuliche Gebahren seiner dritten Gemahlin, Messalina, tadelt, entwirft folgendes allgemeine Bild von der sittlichen Aufführung des Kaisers: „Er liebte die Frauen leidenschaftlich, aber von den Männern hielt er sich stets fern (libidinis in feminas profusissimae, marium omnino expers)." Wie ausschweifend nun auch Claudius gelebt haben muss, so wird doch alles, was er in der Beziehung that, von der Aufführung dieser Messalina übertroffen, die durch Juvenal unsterblich gemacht worden ist. Noch heute nennt man ja in allen Sprachen die zügellosesten Prostituierten mit ihrem Namen. Man muss bei Tacitus die Erzählung von den Verbrechen und den Ausschweifungen dieser Kaiserin nachlesen, die noch zu Lebzeiten des Kaisers gewagt hatte, sich öffentlich mit Silius zu verheiraten und diese ehebrecherische Ehe durch ein Fest zu feiern, bei dem sie die Rolle einer Bacchantin spielte. Messalina, eine Tochter des M. Valerius Messala Barbatus und der Domitia Lepida, einer Enkelin des alten Triumvirs M. Antonius (und Schwägerin der Prinzessin Agrippina) hatte als sechzehnjähriges Mädchen dem viel älteren Prinzen Claudius die Hand gereicht, und sah sich nun plötzlich zur Teilnahme an der höchsten Macht erhoben. In dieser Stellung hatte sie einen entsetzlichen Ruf erworben; ihr Name ist für alle Zeiten die schmachvolle Bezeichnung geworden für die vollendete sittliche Verworfenheit einer vornehmen Frau. Die echte Tochter einer ausschweifenden, gewaltthätigen und verbuhlten Mutter, schlecht erzogen und stets gewohnt, ihren wütenden Leidenschaften rücksichtslos zu folgen: so hat sie nicht nur die Verbindung mit dem ihr völlig ergebenen und ihr gegenüber gutmütigen und leicht zu täuschenden Claudius gerade als Kaiserin erst recht benutzt, um in einer, selbst in dem damaligen Rom überraschenden Weise ihrem furchtbaren Hange zu Ausschweifungen nachzugeben und selbst ihr Vorbild, des Augustus Tochter Julia, noch erheblich zu übertreffen. Wirklich unheilvoll aber wurde sie dadurch, dass ihre wilden sinnlichen Neigungen noch mit anderen grimmigen Leidenschaften sich paarten. Ihre Eifersucht war schnell zu entflammen, wenn sie andere Frauen sich gleichgeschätzt oder vorgezogen glaubte; und wie sie in der Zeit ihrer Macht schnell bereit war, sich in solchen Fällen blutig zu rächen, so war sie noch rascher bei der Hand, solche Männer zu vernichten, die ihre ehrlose Liebe abwiesen, oder von denen sie Verrat ihrer Untreue bei dem Kaiser zu fürchten hatte. Als echtes Kind einer sittlich so tief entarteten Zeit war ihr auch, so sagt Hertzberg, eine derbe Habsucht durchaus nicht fremd. Ihre Machtstellung aber, die manche schöne Römerin und manchen edlen Römer in den Untergang getrieben hat, blieb trotz ihrer chronischen ehelichen Untreue so lange unerschüttert, als die schöne Frau es verstand, sich auf gutem Fusse mit den mächtigen Freigelassenen, den Kabinetsministern ihres kaiserlichen Gatten zu erhalten. Obschon Messalina an einer Courtisane, namens Lysisca, eine Doppelgängerin hatte, und dieses Mädchen vielleicht die auffallende Aehnlichkeit mit der Kaiserin zu ihrem Vorteil ausgenützt hat, so können wir doch nicht annehmen, dass die Geschichtsschreiber Messalina fälschlich beschuldigt haben, und dass lediglich die fatale Aehnlichkeit mit einer Prostituierten ihren Ruf zu grunde gerichtet hat.

Das Beispiel Messalinens scheint Nero Mut gemacht zu haben, die schamlosen Verbrechen seiner Vorgänger noch zu übertreffen. Nachdem er die Maske abgeworfen hatte, unter der er seinen schlechten Charakter verbarg, gab er sich allen Ausschweifungen eines raffinierten Lebens hin und huldigte allen Lastern, die eine überstiegene Phantasie nur ausdenken konnte. In der ersten Zeit legte er sich einige Zurückhaltung auf, und seine Verschwendungssucht, seine lasterhaften Gewohnheiten konnte man für Jugendsünden halten. Wenn der Tag zur Neige ging, dann setzte er eine Mütze auf, wie sie die Freigelassenen trugen, oder hüllte sich in das Gewand eines Maultiertreibers, und strich in den verrufenen Häusern umher; er machte die Strassen unsicher, insultierte Frauen, beleidigte Männer und prügelte alles, was sich ihm in den Weg stellte. Er kompromittierte sich damals mit den abscheulichsten Dirnen und den unwürdigsten Zuhältern; oft geriet er mit ihnen in Schlägereien und wurde auch wohl selbst tüchtig durchgebläut. Er behauptete, auf diese Weise lerne er das Volk am besten kennen, und sähe, wie die einfachen Bürger lebten! Da die Bordellhalter, die Gastwirte und Bäcker ihn wegen seines Benehmens totzuschlagen drohten, so ging er später nur noch mit einigen Bewaffneten aus, die ihm in gefährlichen Situationen Hilfe bringen mussten. Bald aber warf er die letzte Scham ab und gefiel sich darin, sein skandalöses Leben in aller Oeffentlichkeit zu treiben. So sah man ihn öffentlich auf dem Marsfelde oder im grossen Cirkus soupieren, wobei er sich von allen Prostitutierten Roms und den ausländischen Flötenspielerinnen bedienen liess (inter scortorum totius urbis ambubajarumque ministeria).

Sobald er sich auf dem Tiber nach Ostia begab, oder im Golfe von Baïæ auf seiner Lustyacht kreuzte, dann richtete man ringsum am Ufer Vergnügungslokale und Herbergen ein, in denen Damen aus der römischen Gesellschaft mit tausend Scherzen die Rollen der Wirtinnen spielten, und ihn zum Bleiben einluden. Häufig machte er auch Station und dehnte seine Fahrten auf diese Weise wochenlang aus. Ein Intendant der Vergnügungen genügte ihm nicht, und so stellte er unter anderm einen Sachverständigen für Vergnügungen an (elegantiæ arbiter, wie Tacitus diesen Beamten nennt), ein Amt, das Petronius, wie es scheint, zur Zufriedenheit Neros verwaltet hat. Petronius galt als Autorität in allen Fragen der Eleganz, und Tigellin beneidet ihn darum, dass er in den Fragen des gesellschaftlichen Lebens solche Erfahrungen besass (scientia voluptarum potiorem). Man kann aber doch nicht behaupten, dass Petronius Arbiter alle die schrecklichen Ausschweifungen, denen sich der Kaiser rückhaltlos hingab, gebilligt hat. Tacitus, Suetonius, Xiphilin, Aurelius Victor haben von diesen Ausschweifungen erzählt. Aber sie haben vermieden, auf Einzelheiten einzugehen und uns auch nicht die Namen derjenigen genannt, die an diesen kaiserlichen Orgien teilnahmen und ihre Schimpflichkeit verdoppelten. Nachdem Sueton lediglich den widernatürlichen Umgang des Nero mit Freigeborenen (ingenuorum pædagogia) und seine ehebrecherischen Neigungen zu verheirateten Frauen erwähnt hat, beschuldigt er ihn kurz und klar der Vergewaltigung der Vestalin Rubria. Etwas ausführlicher handelt er über die lächerliche Ehe mit Sporus und die Blutschande mit seiner Mutter.

Sporus war ein Jüngling von unvergleichlicher Schönheit; Nero verliebte sich wahnsinnig in ihn und wünschte, Sporus wäre eine Frau; um diesem Wunsche den Schein der Wirklichkeit zu verleihen, liess er ihn sogar grauenhaft verstümmeln (exsectis testibus etiam in muliebrem transfigurare conatus). Nachdem er ihm eine Mitgift ausgesetzt und ihn wie eine Braut mit dem Brautschleier geschmückt hatte, liess er pomphaft seine Heirat mit Sporus feiern (celeberrimo officio deductum ad se pro uxore habuit), vor den Blicken einer unzähligen Menge, die dieser schamlosen Maskerade Beifall zujubelte. Jemand, der diesem Feste beiwohnte, erlaubte sich einen Witz, der ihm hätte teuer zu stehen kommen können: „Für das Menschengeschlecht wäre es besser gewesen, wenn Neros Vater, Domitius, eine solche Frau geheiratet hätte!“ Neros Neigung zu Sporus hielt lange Zeit an; er steckte ihn in die Kleidung der Kaiserin und schämte sich sogar nicht, ihn öffentlich an seiner Seite erscheinen zu lassen. Mit diesem Lustknaben zusammen machte er Reisen in Griechenland und zeigte sich nach seiner Rückkehr nach Rom öffentlich, ihn liebkosend, mit ihm in einer Sänfte (identidem exosculans).

Tacitus bezichtet den Nero des blutschänderischen Umgangs mit seiner Mutter Agrippina, und behauptet, das Weib habe zu diesem unerhörten Verbrechen die Sinne des Kaisers geweckt, damit sie sich auf diese Weise einen unbedingten Einfluss auf ihn sichere; ob nun das Verbrechen begangen worden ist oder nicht, jedenfalls hat sich Nero von Agrippinas ehrgeizigem Streben nicht allzuviel beeinflussen lassen. Sueton stellt die Sache etwas anders dar: nach ihm hat Nero, aller kindlichen Pietät bar, der Agrippina nachgestellt; aber auch nach dieser Ueberlieferung ist wenigstens das Grauenhafteste nicht wirklich geworden, entweder, weil Agrippina doch noch soviel sittliche Kraft besass, um ihren Sohn in die Schranken zurückzuweisen, oder weil kluge Ratgeber den Kaiser vor dem dann übermächtigen Einfluss des Weibes gewarnt hatten. Indessen nahm er sich stets im Verkehr mit seiner Mutter allerhand Unziemlichkeiten heraus (olim etiam, quoties lectica cum matre veheretur, libidinatum inceste, ac maculis vestis proditum, affirmant). Soviel scheint überdies festzustehen, dass er sich eine Maitresse hielt, die der Agrippina ausserordentlich ähnlich sah.

Nero bildete sich ein, ein Dichter zu sein, und liess sich von seinen dichterischen Launen zu allen möglichen erotischen Maskeraden verführen: so versuchte er, die Metamorphosen der Götter nachzuahmen, indem er sich mit Tierfellen bekleidete, und bald als Wolf, bald als Löwe, bald als Schwan, bald als Stier auf angekettete oder freie Männer und

Frauen loszustürzen, um sie nach Belieben zu kratzen, zu beissen und zu verstümmeln (suam quidem pudicitiam usque adeo prostituit, ut contaminatis pæne omnibus membris, novissime quasi genus lusus excogitaret, quo feræ pelle contectus emitteretur e cavea, virorumque ac feminarum ad stipitem deliagtorum inguina invaderet). Auf diese Weise führte er die Geschichte der Andromeda, der Leda, der Jo und anderer mythologischer Gestalten auf. Der helle Wahnsinn leuchtet schon aus seiner Idee heraus, sich bei diesen fürchterlichen Orgien von Zeit zu Zeit für eine Frau auszugeben und so behandeln zu lassen. (Et quum affatim desævisset, conficeretur a Doryphoro liberto, cui etiam, sicut ipse Sporus, ita ipse denupsit, voces quoque et ejulatus vim patientium virginum imitatus.) Ganz natürlich erscheint, dass er bei einem solchen schmachvollen Lebenswandel zuletzt jede Achtung vor Menschenwürde verlor und jeden Menschen nach seiner eigenen Verworfenheit beurteilte (neminem hominem pudicum, aut ulla corporis parte purum esse credidit); höchstens glaubte er, die anderen verstellten sich besser als er! Offen eingestandene Unsittlichkeit konnte bei ihm immer auf verständnisvolle und milde Beurteilung rechnen, wie uns Sueton überliefert hat. Dieses Scheusal auf dem Throne der Cæsaren hätte verdient gehabt, in den Armen des infamen Sporus zu sterben, der ihn übrigens verabscheute, weil Neros ganzer Körper beständig, infolge schwerer Krankheit, mit übelriechenden Schwüren bedeckt war; indessen war es seine Beischläferin Acte, die seine Asche unter Thränen in der Gruft des Domitius beisetzte.

Den Ausgangspunkt dieser grauenhaften Entartung Neros, so schreibt ein moderner Historiker, der schon erwähnte Hertzberg, haben wir in seinem Verhältnis zu seiner Mutter und seiner Gemahlin zu suchen. Die Ehe Neros und Octaviens war niemals glücklich, ein inniges Verhältnis hatte zwischen den jugendlichen Gatten niemals bestanden. Nun verliebte sich Nero, für den eheliche Treue so wenig bedeutete, wie für nur zu viele seiner vornehmen Zeitgenossen, im J. 55 zum ersten Male ernstlich und zwar in ein griechisches Mädchen von grosser Schönheit, die Freigelassene Acte. Er war durch ihre Reize und Liebenswürdigkeit bis zu dem Grade bezaubert, dass er selbst daran dachte, sie zu heiraten. Während nun Seneca und Burrus, wie sie ihn nicht hinderten, mit den jungen vornehmen Wüstlingen der Residenz in seiner Weise zu schwelgen, so auch diese „Liaison“ ruhig hingehen liessen, die ihnen politisch völlig harmlos erschien und den jungen Kaiser von schnöden Beziehungen zu Roms edlen Damen zurückhielt, geriet Agrippina in glühenden Zorn. Wie dunkel immer die Schatten waren, die ihr Privatleben früher befleckt hatten, als Mutter sah sie doch mit gerechtem Missvergnügen ihren Sohn in Ausschweifungen sich verlieren, und ihr fürstlicher Stolz empörte sich gegen den Gedanken, den jungen Kaiser in wirklicher Liebe „für eine Magd" entbrennen zu sehen. Aber zu ihrem Schaden war sie unbesonnen genug, gegen Neros Liaison mit Acte sich mit einer tobenden Leidenschaft aufzulehnen, die ihr den Sohn ernstlich entfremdete und immer mehr auf die Seite seiner Minister hinübertrieb, die nun eine bequeme Handhabe gefunden hatten, die Beziehungen Neros zu seiner Mutter ernstlich zu stören.

In der folgenden Zeit machte Nero persönlich nur durch eine Reihe übermütiger Jugendstreiche und wilder nächtlicher Excesse in den Strassen der Residenz von sich reden, die er in Gemeinschaft mit seinen liederlichen jungen Freunden verübte, unter denen namentlich einer, sein „Lehrmeister" in allen Thorheiten und Tollheiten, der etwas über fünf Jahre ältere, geistig gut begabte, aber damals nur erst als tonangebender Dandy unter Roms „goldner Jugend" bekannte M. Salvius Otho, für die Geschichte des Reiches eine erhebliche Bedeutung gewinnen sollte. Wer aber hoffte, dass der junge Fürst endlich austoben und zu einem tüchtigen Manne reifen, dass aus dem gährenden Moste ein edler Wein sich abklären sollte, der täuschte sich. Es war wesentlich die Schuld eines weiblichen Teufels, durch den Nero schliesslich rettungslos auf den Weg des Frevels geführt worden ist. Die harmlose Leidenschaft nämlich für die bescheidene Acte trat im J. 58 zurück vor der dämonischen Glut, mit welcher Nero erfüllt wurde, als er seines Vertrauten Otho blendend schöne, erst ihrem früheren Gatten, dem Ritter Rufius Crispinus, entführte Gattin kennen gelernt hatte. Poppäa Sabina, von ihrer Mutter her vornehmer Abkunft, besass bei erheblichem Vermögen eine ausgezeichnete Schönheit; auch ihre geistige Ausstattung war glänzend zu nennen. Aber dabei brandmarkt sie die Ueberlieferung als ein Weib von vollendeter Nichtswürdigkeit. Ihre meisterhaft ausgebildete Koketterie, ihre tiefe, unter der Maske der Sittsamkeit versteckte Unsittlichkeit, ja selbst die eisige Kälte, mit welcher sie mit ihren Reizen wucherte, war bei den grossen römischen Damen dieser Zeit leider nichts Ungewöhnliches. Aber wie die üppige und verschwenderische Poppäa als unerreichte Meisterin galt in der Kunst, durch die verschiedensten Mittel ihre Schönheit zu erhalten, so war sie der Agrippina ebenbürtig an Ehrgeiz, an Gewaltsamkeit und Grausamkeit, und übertraf die Regentin noch an kalter Herzenshärte. Sie ist das rechte Weib gewesen, um das an Nero zu verderben, was an ihm noch zu verderben war.

Für Poppäa war die schnell entzündete, von ihr durch alle Künste der Koketterie gesteigerte Leidenschaft des jungen Kaisers nur das Mittel, welches sie zur höchsten Macht führen sollte. Nur als Kaiserin wollte sie dem Nero angehören. Aus solcher Temperatur heraus entwickelte sich nun eine Reihe schauerlicher Ereignisse. Nur wenige, in die letzten Geheimnisse des jungen Frevlers wirklich eingeweihte Vertraute konnten damals wissen, dass Nero unter den Einwirkungen von Poppäas Reden

— die ihm stets vorhielt, Agrippina sinne auf sein Verderben — sich jetzt allen Ernstes damit trug, seine Mutter ermorden zu lassen. Nur die Schwierigkeit, einen Weg zu finden, auf welcher die Schandthat in einer Weise verübt wurde, die sicheres Gelingen in Aussicht stellte und zugleich die Chance bot, das römische Publikum über die wahre Sachlage zu täuschen, verzögerte noch den Untergang der alten Kaiserin. Endlich fand der schuftige Anicetus, der frühere Erzieher des Kaisers, jetzt Admiral der bei Misenum stationierten Flotte, das geeignete Mittel. Nun entwickelte Nero seine ganze Kunst schnöder Heuchelei, begab sich nach Baïae und feierte zuerst mit seiner Mutter, als sie auf seine Einladung von Antium aus auf der Villa Pauli zwischen dem Cap Misenum und Baïae erschienen war, an letzterem Orte ein trügerisches Versöhnungsfest. Aber das Schiff, welches zu nächtlicher Stunde die furchtbar Betrogene wieder nach Pauli führen sollte, barst unterwegs auseinander. Anicetus hatte es zu diesem Zwecke künstlich einrichten lassen. Da jedoch durch unvorhergesehene Umstände der tückisch entworfene Mordplan nicht völlig gelang, so fiel Agrippina nur in das Wasser und wurde nach einer ihrer Villen an dem nahen Lucriner See gerettet. Freilich nur für wenige Stunden. Nero hatte mit Entsetzen von der Rettung seiner Mutter vernommen und fürchtete nun von ihrer Rache das Aeusserste. Er entdeckt sich seinen Ministern, die jetzt in der entsetzlichen Lage sich befinden, zwischen der Vernichtung des Kaisers oder seiner Mutter wählen zu sollen. Endlich entscheiden sie sich dahin, dem Anicetus die Vollendung seiner Greuelthat zu überlassen. Als ein Freigelassener der alten Kaiserin, Argerinus, vor Nero erscheint, ihm die Botschaft Agrippinens, sie sei glücklich gerettet, zu bringen, lässt Anicetus gewandt einen Dolch zwischen die Füsse des Boten gleiten, um ihn dann als einen Buben verhaften zu lassen, der im Auftrage der Kaiserin ihren Sohn habe ermorden wollen. Dann eilt er mit einer Schar seiner rohen Seesoldaten nach Agrippinens Villa, um ohne weiteren Verzug sein infames Henkerwerk zu vollenden. Die ungeheure That war um den 19. März des Jahres 59 vollzogen worden, und mit ihr begann die Zeit der Gewissensbisse für den fürstlichen Verbrecher.

Nero war nicht so sehr entmenscht, um sich nicht wenigstens jetzt durch die Furien der Gewissenangst grausam gepeinigt zu fühlen. Und ein starker Teil des rauschenden und üppigen Treibens der Folgezeit kommt offenbar auf den rastlosen Drang, sich selbst immer von neuem zu betäuben und im Rausche der Lust die Schreckensnacht von Baïæ zu vergessen. Zunächst floh er vom Schauplatz seiner Schandthat und eilte nach Neapel. Und nun begann wieder eine Reihe jener Scenen, die dem feigen Mörder den Mut gaben, wieder in die Oeffentlichkeit zu treten und dann von einem Verbrechen zum andern zu schreiten, nachdem er das schlimmste ungestraft verübt hatte, was die Phantasie ersinnen konnte.

Der wahre Sachverhalt jener Schreckensnacht, die wirkliche Genesis und der innere Zusammenhang der Katastrophe Agrippinens konnte damals und noch längere Zeit nachher nur wenigen bekannt sein. Nur so und nur bei tiefer Unbeliebtheit der gefürchteten alten Kaiserin, der man jede Gewaltthat und jeden Frevel zuzutrauen in Rom gar sehr geneigt war, ist es zu erklären, dass die Hauptstadt zunächst den Bericht über die Katastrophe gläubig aufnahm, den Seneca an den Senat richtete. Agrippina, so wurde jetzt die offizielle Lesart, hatte einen Mordversuch gegen Nero unternommen; der war misslungen, nun hatte sie sich in ihrem Schuldbewusstsein selbst den Tod gegeben Daraufhin feiert der Senat die sogenannte „Rettung“ des Kaisers mit ausschweifenden Beschlüssen, dekretiert Dankfeste, und bereitet dem Nero bei seiner Rückkehr nach der Residenz mit allen Klassen des Volkes einen höchst glänzenden Empfang.

Die Zeit war unter solchen Umständen gekommen, wo Nero nichts mehr scheute und nichts mehr schonte, was seinem Willen oder auch nur seiner Laune widerstand. Zunächst ist es jenes rasende Genussleben, in welchem der Kaiser sich zu betäuben suchte. Besondere Freude an den Spielen der Gladiatoren hat er nicht gehabt. Desto leidenschaftlicher liebte er in seinem enthusiastischem Hellenismus Spiele nach griechischer Art. Was Agrippina bisher aus Rücksichten auf römischen Anstand und fürstliche Decenz verhindert hatte, das öffentliche Auftreten bald als Circuskutscher bei den Wagenrennen, bald im tragischen Kostüm als Schauspieler, als Zitherspieler und Sänger, das wollte Nero sich jetzt nicht länger mehr wehren lassen. Dass gerade dieses Auftreten ihn in den spezifisch römischen Kreisen in hohem Grade unpopulär machen musste, bedachte er um so weniger, je mehr er nur griechische Sitte im Auge hatte. Kam auf diesem Gebiet das Volk dem Fürsten nur allzu bereitwillig entgegen, so war auch sonst der unerhörte Luxus dieses Kaisers nur ein Erzeugnis der Sinnesweise seines Zeitalters. Doch soll ihm die Schuld nicht verkürzt werden, dass sein und seines Hofes Vorgang nach dieser Richtung wieder in allen Stücken antreibend und steigernd gewirkt hat. Luxus und raffinierte Verschwendung, wie wir sie in dem Leben der Römer bereits wiederholt kennen gelernt haben, erreichten wahrscheinlich in dieser Zeit ihren Höhepunkt. In erster Reihe der Tafelluxus. Für Rom gilt in Sachen der Tafel die zum höchsten Raffinement entwickelte Kochkunst, und weiter die über alles Mass hinaus kostbare Ausstattung des Tafelgerätes, nicht minder die Verwertung der verschiedensten Künste zur Steigerung des Genusses bei Tische, als charakteristisch. In allem Luxus standen nun Nero und Poppæa oben an, und Nero für seine Person auch auf dem Gebiete aller

Gattungen natürlicher und unnatürlicher Wolllust, wie sie damals in ausgedehnten Kreisen, gerade der vornehmen römischen Gesellschaft, im engen Zusammenhange mit schlechter oder lässiger sittlicher Erziehung der Jugend, mit leichtfertigen und liebleeren Ehen und frivolen Scheidungen, mit der Epidemie des Ehebruches und anderen Krebsschäden des Zeitalters, nur allzuschlimme Verbreitung gefunden hatten.

Der folgende Kaiser Galba hatte, obschon er seinen Ursprung auf Pasiphaë und ihren Stier zurückführte, weder das Temperament, noch die Gesundheit dazu, um die schrecklichen Ausschweifungen des Nero fortzusetzen. Im Gegensatz zu der Bedeutung seines Namens, der in der gallischen Sprache einen dicken Menschen bezeichnete, war er ausserordentlich mager. Seine sinnlichen Leidenschaften führten ihn vielfach zu robusten, kräftigen Männern (libidinis in mares pronioris, et eos, non nisi præduros, exoletosque). Man erzählt, dass er den Icilus, einen seiner alten Gefährten, bei seinen Ausschweifungen (veteribus concubinis), der ihm in Spanien die Nachricht vom Tode Neros überbrachte, mit seiner Zuneigung beehrt habe (non modo artissimis osculis palam exceptum ab eo, sed, ut sine mora velleretur, oratum atque seductum).

Otho liess dem Galba keine Zeit, „seine Jugend zu geniessen," wie die spottlustigen Soldaten sagten, als sie dessen Kopf auf einer Speerspitze umhertrugen. Otho war übrigens ein Schüler und Zechgenosse Neros, von seiner Kindheit an ein Verschwender und Wüstling, ein Besucher anrüchiger Häuser, und jeder Art von Excessen geneigt. Als mit den Jahren der Ehrgeiz in ihm erwachte, da hing er sich, um eine rasche Karrière zu machen, an eine der vielen bei Hofe angestellten Freigelassenen. Obschon sie alt und hässlich war, so that er doch so, als ob er sie liebte. Auf diese Weise gelang es ihm, sich beim Kaiser Nero einzuschmeicheln, dem er schimpfliche Dienste leistete. Indessen überwarf er sich mit diesem Kaiser wegen der Poppæa, die sie sich einander streitig machten, wobei allerdings Otho dem Rechte des Stärkeren zu weichen gezwungen war. Man darf wohl annehmen, dass sich seine Sitten mit zunehmenden Jahren nur noch verschlechtert haben; seine Lebensweise mag man aus folgender Beschreibung seiner Toilette erkennen, die ihn uns als einen ganz verweichlichten Menschen zeigt: „Er liess sich am ganzen Körper die Haare sorgfältig ausreissen und trug auf seinem fast kahlen Schädel eine Perücke, die so kunstvoll befestigt war, dass kaum jemand es bemerkte. Täglich rasierte er sich sein Gesicht mit grösster Sorgfalt und rieb es mit eingeweichtem Brot ab, eine Gewohnheit, die er angenommen hatte, von der Zeit ab, wo sich sein Kinn mit dem ersten Flaum bedeckte, um niemals auch nur eine Spur von Bart zu tragen."

Als Otho zum römischen Kaiser ausgerufen worden war, hatte er kaum Zeit, irgend welche geheime Orgien im kaiserlichen Palaste einzurichten, denn er sah sich gezwungen, gegen Vitellius ins Feld zu ziehen, der ihm die Kaiserwürde streitig machte. Nach drei aufeinander folgenden Niederlagen tötete er sich mit eigener Hand, obschon man bei seinem kleinen Wuchs und seinem weibischen Aussehen ihm kaum diesen Mut zugetraut hätte. Vitellius war übrigens in der Schule der Prostitution gross geworden, denn er verlebte seine Jugend auf Capri unter den Günstlingen des Kaisers Tiberius und wurde später der Vertraute von Caligula, Claudius und Nero bei ihren Ausschweifungen. Später hatte er sich heftig in einen Freigelassenen, namens Asiaticus, verliebt, der sein Kamerad auf Capri gewesen war (mutua libidine constupratum) und ihm immer zu entschlüpfen suchte, ohne dass es ihm doch gelang. Vitellius entdeckte ihn immer wieder, mochte er nun Peitschen an Maultiertreiber verkaufen oder in den Reihen der Gladiatoren fechten; und sobald er ihn sah, erwachten in Vitellius wieder die Erinnerung an ihre schimpflich verbrachte Jugend, und er suchte den Kameraden von früher durch Geschenke und Ehren an seine Person zu fesseln. So machte er seinen Asiaticus zum Gouverneur einer römischen Provinz und zum römischen Ritter. Als ihn das Alter stumpf gemacht hatte, widmete er sich nur noch den Genüssen der Tafel, indem er erklärte, der Magen sei doch der angenehmste und stärkste Teil des Körpers, denn im Gegensatz zu den anderen werde er durch den Gebrauch nicht schwächer. Obschon Vitellius persönlich weder Grausamkeit, noch finanzielle Raubgier zeigte, ja selbst in seinem Benehmen eine gewisse Mässigung bewahrte, so wurde doch seine verrufene Schlemmerei grundverderblich für das Reich. Im Essen entwickelte er eine so ausserordentliche Fähigkeit, dass er fast fortwährend ass, wenn er nicht schlief; sein Appetit regte sich zu jeder Stunde, da er, um die Verdauung zu erleichtern, die Gewohnheit angenommen hatte, mehrfach am Tage zu vomieren. Auf diese Weise konnte er täglich vier Mahlzeiten einnehmen, was den grössten Teil des Tages und der Nacht ausfüllte. Seine sinnlichen Gelüste regten sich bei einer derartigen Lebensweise erklärlicher Weise sehr selten und nur, wenn er dem Weine in starkem Masse zugesprochen hatte. Seine ausserordentliche Korpulenz, sein gerötetes und aufgedunsenes Gesicht, sein dicker Wanst und seine dünnen Beine zeigten, dass er die ganze Zeit seiner Regierung an der Tafel zugebracht und wenig Wert darauf gelegt hatte, sich an verliebten Streifereien zu ergötzen.

Nachdem Rom in ihm einen gefrässigen Kaiser gehabt hatte, sollte es einen habsüchtigen Kaiser bekommen, der sich von den ruineusen Excessen seiner Vorgänger frei hielt und nicht in ihren schlechten Ruf geriet. Trotzdem er die Christen eifrig verfolgte, kam Vespasian doch, wenn auch gegen seinen Willen, unter den Einfluss der christlichen Moral: er begriff, dass die Menschenwürde eine gewisse Zurückhaltung in dem geschlechtlichen Leben verlange, und dass der Herrscher des Reiches in der Wertschätzung des öffentlichen Urteils mit einem guten Beispiele vorangehen müsse. Die Staatsraison war der erste Grundsatz dieser Philosophie, die Vespasian ins Praktische übertrug; sein kaltes und strenges Temperament erlaubte ihm, nach den Regeln der Sitte zu leben. Er bekämpfte die Sittenlosigkeit durch einige verständige Gesetze und besonders durch sein keusches und regelmässiges Leben. Seit dem Tode seiner Frau, Flavia Domitilla, lebte er allerdings mit einer ehemaligen Maitresse, namens Cenis, einer Freigelassenen der Antonia, der Mutter des Claudius, deren Geheimschreiberin sie gewesen war, im Konkubinat; aber diese Verbindung war mit der Zeit so ehrbar geworden wie eine gesetzliche Ehe, und Cenis nahm beim Kaiser den Rang einer wirklichen Gemahlin ein. Vespasian selbst blieb ihr treu, nicht sowohl, weil er sie allein liebte, als weil er keine andere liebte. Indessen erzählt uns Sueton, dass eine Frau für ihn eine heftige Neigung heuchelte und schliesslich auch ihr Ziel erreichte, indem sie ihn überredete, sie würde sicherlich sterben, wenn sie von ihm nicht ein Zeichen seiner Zuneigung empfinge. Nachdem Vespasian einmal ein diesbezügliches Versprechen gegeben hatte, legte er sogar seinen gewöhnlichen Geiz ab und schenkte der Dame ungefähr sechzigtausend Mark und zwar zu Ehren der Neuheit dieses Vorfalls. Als sein Schatzmeister ihn fragte, unter welchem Titel diese kaiserliche Spende in die Rechnung eingetragen werden sollte, sagte ihm Vespasian: „Schreib hin, für eine Leidenschaft, die der Kaiser einem Weibe eingeflösst hat (Vespasiano, aït, adamato)." Vespasians leutselige Haltung, die Würde seines Auftretens, mit der er nach altrömischer Weise einen stets schlagfertigen kaustischen Witz und eine fast bürgerliche Einfachheit in der Art seines Verkehres und seiner Umgangsformen zu verbinden wusste, erhielten ihn andauernd in grosser Beliebtheit bei allen Klassen der römischen Welt. So keusch er in seinen Sitten war, liess er sich doch oft zu groben Spässen hinreissen, und schreckte auch nicht vor einem starken Worte zurück (praetextatis verbis).

Bevor Titus seinem Vater Vespasian in der Regierung nachfolgte, stand er in Rom in sehr schlechtem Rufe, da seine Grausamkeit und seine Zügellosigkeit ihm die Liebe des Volkes entfremdet hatten. Bis in die Nächte hinein sass er mit den zügellosesten seiner Vertrauten bei Tafel, und man sah ihn immer umgeben von einem Schwarm von Eunuchen und Lustknaben (exoletorum et spadonum greges); auch klagte man ihn der Habsucht an, und sagte offen, er würde ein zweiter Nero werden. Aber einmal zur Regierung gekommen, änderte er sein Wesen wie auf einen Schlag, und regierte wie ein Philosoph, nach Grundsätzen, die mit der christlichen Moral einigermassen zusammenfallen. Im Gegensatz zu seinem Vater verfolgte er die Christen nicht, die in ihm das Ideal eines Fürsten verehrten. Titus war von Natur aus stark sinnlich veranlagt; seine Leidenschaft war heftig, sein Wesen von grosser, fast weiblicher, nervöser Erregbarkeit. Aber unter der Zucht und Leitung seines ausgezeichneten Vaters, und in der Schule der schwersten Kriegsarbeit und der nüchternsten Verwaltungsgeschäfte hatte er gelernt, sich zu beherrschen. Nach seinem Regierungsantritt streifte er in der That mit einem Ruck alles von sich ab, was ihn bei den Tüchtigsten der Römer bis dahin in ein bedenkliches Licht gestellt hatte. Seine ganze Regierung war reich an Beweisen echt fürstlichen Wohlwollens, rein menschlicher Güte, grosser Regententüchtigkeit und wirklicher Selbstüberwindung. Mag immerhin zuweilen seine Liebenswürdigkeit und Milde das Kolorit der Schwäche, sein leidenschaftlicher Wunsch, Wohlthaten zu spenden, das der Uebertreibung angenommen haben: aber die Art, wie er frivole adelige Mordverschwörer gegen sein Leben auch moralisch besiegte und noch mehr die Selbstüberwindung, mit der er dem Vorurteil der Römer gegen ägyptische, syrische und jüdische Frauen als Herrscher der Römer, sich fügend, sein romantisches Verhältnis zu der schönen Prinzessin Berenike, des Königs Agrippa II. Schwester, einfach, obwohl mit schwerem Herzen, abbrach, spricht doch sehr entschieden für die sittliche Kraft seines Charakters. Als er starb, wurde er denn auch von dem ganzen Volke beweint, und konnte erklären, dass er in seinem ganzen Leben nur eine einzige That verübt habe, die er bereue. Sueton behauptet, es sei ein verbrecherisches Verhältnis mit Domitia, der Frau seines Bruders, gewesen; aber diese selbst leugnet das, und Sueton fügt hinzu, sie wäre in der That nicht die Frau, die ein solches Verhältnis abgeleugnet hätte, wenn es thatsächlich bestanden, sondern sie würde sich vielmehr dessen gerühmt haben, wie aller ihrer schändlichen Thaten.

Ihre verbrecherische Zuneigung zu dem Schauspieler Paris stellte Domitia gar nicht in Abrede, und als Domitian zum Kaiser ausgerufen worden war, musste er, dem Zwange der öffentlichen Meinung sich fügend, die Frau verstossen, oder wenigstens eine Zeit lang vom Hofe verbannen. Er nahm sie aber bald wieder in Gnaden an, indem er eingestand, dass er trotz der Ausschweifungen dieser zweiten Messalina sich nicht von ihr zu trennen vermöge, und dass sie ihm hundert Maitressen ersetze. Trotzdem hatte er der Domitia eine Nebenbuhlerin gegeben. Es war die eigene Tochter seines Bruders Titus, die er verführt und ihrem Gemahl noch während der Lebenszeit des Titus abspenstig machte; er zeigte für sie eine unbezwingliche Leidenschaft und verschuldete auch ihren frühen Tod, indem er sie zu einem schmählichen Verbrechen anstachelte, um die Folgen ihres verwerflichen Verkehrs zu beseitigen. Man schildert ihn als einen Mann von brutaler Sinnlichkeit der in seinen Vergnügungen nicht immer besonders wählerisch gewesen zu sein scheint (libidinis nimiæ, assiduitatem concubitus, velut esercitationis genus, klyopalen vocabat). Darauf deuten wenigstens die Worte: nataret inter vulgatissimas meretrices. Trotz seiner eigenen Ausschweifungen befasste sich Domitian indessen mit einer Verbesserung der römischen Sitten und liess mehrere in Verfall geratene Polizeigesetze wieder in Kraft treten. Da kam es denn zu sehr merkwürdigen Widersprüchen zwischen Theorie und Praxis. Während Clodius Pollio ein eigenhändiges Briefchen des Kaisers in Umlauf setzte, in dem Domitian, damals noch jung und schimpflichen Lüsten ergeben, ihn zu einer lustigen Nacht einlud (noctem sibi pollicentis), liess der Kaiser auf Grund der Lex Scantinia mehrere römische Ritter wegen des Verbrechens der Pæderastie bestrafen. Er war es auch, der den käuflichen Weibern den Gebrauch der Sänfte untersagte (probrosis feminis lecticæ usum ademit), und mit strengen Strafen gegen Vestalinnen einschritt, die ihr Keuschheitsgelübde gebrochen hatten; die Gross-Vestalin Cornelia, die sich mit mehr als einem Manne vergangen hatte, liess er bei lebendigem Leibe begraben und ihre Mitschuldigen zu Tode stäupen. Andere Vestalinnen, so die Schwestern Ocellata und Varronilla, durften sich ihre Todesart selbst auswählen, während ihre Verführer verbannt wurden. Einmal liess Domitian einen römischen Ritter von der Liste der Richter streichen, weil er sich mit seiner geschiedenen Frau wieder verheiratet hatte, ein Verfahren, das übrigens Domitian bekanntlich selbst ausgeübt hatte.

Die christliche Moral bricht um diese Zeit schon an allen Orten durch; die heidnische, römische Gesellschaft scheint sich allmählich der Schimpflichkeit der Prostitution mehr bewusst zu werden, deren engen Zusammenhang mit dem Kultus der alten Gottheiten man nicht übersehen darf. Mit der platonischen Lehre dringen Grundsätze ein, deren Verwandtschaft mit den christlichen evident ist, und diejenigen Kaiser, die sich eine Ehre daraus machen, Philosophen zu sein, befleissigen sich einer Bekämpfung ihrer Laster und legen ihren Leidenschaften Zügel an. So der alte Nerva, der nach dem Zeugnisse Suetons die Jugend des Domitians verdorben hatte; so Trajan, der immer zu Knaben eine Zuneigung empfand, was Xiphilin nicht tadelnswert findet; so Hadrian, der das Reich seinem Günstling Antinous, den er vergötterte, geweiht hätte und für einen ganz raffinierten Lüstling galt (quæ adultorum amore ac nuptarum adulteriis, quibus Adrianus laborasse dicitur, asserunt): diese drei Kaiser regierten weise und bemühten sich, die römische Gesellschaft auf der Grundlage der Ehrbarkeit, der Gerechtigkeit, der Schamhaftigkeit und der Religiosität wieder aufzubauen, also auf einer Grundlage, die dem neuen Glauben entstammte. Antoninus Pius und Marc Aurel waren thatsächlich christliche Herrscher, und man konnte glauben, dass unter ihrer glorreichen Regierung das Evangelium zum allgemeinen menschlichen Sittengesetz würde. Aber das Heidentum, das in seinen materiellen Tendenzen und in seiner organischen Verworfenheit berührt wurde, nahm unter Commodus und Heliogabal noch einmal einen Aufschwung: die römische Welt verlor sich sozusagen in den letzten Saturnalien der Prostitution.

Kapitel XXIX.

Kaiser Commodus. — Seine zuchtlose Jugendzeit. — Sein Lustknabe Anterus. — Wie Commodus seine Tage und Nächte verbrachte. — Anterus auf Antreiben des Prætorianerobersten ermordet. — Die dreihundert Konkubinen und die dreihundert Buhlknaben des Commodus! — Seine schrecklichen Orgien. — Blutschande. — Der Freigelassene Onon. — Commodus lässt sich vom Senat den Beinamen Herkules zuerkennen. — Die furchtbaren Ausschweifungen dieses Wüstlings — Wie Marcia, die Konkubine des Commodus, seinen Anschlag gegen ihr Leben und das einer grossen Zahl kaiserlicher Hausoffiziere entdeckt. — Der Tod des Commodus'. — Kaiser Heliogabal. — Seine eigenartige Berühmtheit in den Annalen der Geschichte. — Heliogabal, der Oberpriester des Sonnengottes. — Macedonischer Kleiderluxus Heliogabals. — Semiamira wird kaiserliche Hoheit. — Der Kaiser stiftet, um seiner Mutter gefällig zu sein, einen kleinen Senat. — Was der kleine Senat war, und womit er sich beschäftigte. — Verderbter Geschmack Heliogabals. — Die unzüchtigen Pantomimen, die er veranstaltete und die Rolle, die er selbst dabei spielte. — Welche Menschen er mit Vor-

liebe zu Gefährten seiner Ausschweifungen machte. — Wie er die Frühlingsfeste feierte. — Sein Vergnügen an Beobachtungen in den gewöhnlichsten Freudenhäusern. — Seine Neigung und Zärtlichkeit für Prostituierte. — Einladung an alle eingeschriebenen Dirnen und professionellen Kuppler. — Wie er sich in diesem verrufenen Kreise benahm, und welche Geschenke er jedem Theilnehmer des Festes machte. — Der Kaiser als Courtisane. — Legitime Frauen dieses hermaphroditischen Kaisers. — Die Witwe des Pomponius Bassus. — Cornelia Paula. — Die Priesterin der Vesta. — Die Gatten Heliogabals. — Der Fuhrmann Hierokles. — Aurelius Zoticus, genannt der Koch. — Hochzeit der Götter und Göttinnen. — Feenhafte Feste Heliogabals. — Die Rechte der Courtisanen im kaiserlichen Palaste. — Tod Heliogabals. — Der Kaiser Alexander Severus. — Wohlthätiger Einfluss seiner Regierung. — Kaiser Gallian. — Seine Ausschweifungen. — Der göttliche Claudius als Kaiser. — Kaiser Aurelianus. — Kaiser Tacitus. — Verrufene Häuser werden im Innern der Stadt Rom verboten. — Kaiser Probus. — Kaiser Carinus. — Sein lasterhaftes Leben. — Kaiser Diocletian. — Unter ihm scheint die Geschichte der römischen Prostitution zu Ende zu gehen.

Nachdem die Familie der Antonine zwei grosse Philosophen hervorgebracht hatte, die den Versuch gemacht hatten, die römische Gesellschaft nach moralischen Grundsätzen zu reformieren, sollte ihr noch das Scheusal Commodus entspriessen; mit Heliogabal endete sie dann. Der abscheuliche Lebenswandel dieser beiden letzten Herrscher stand in schneidendem Gegensatz zu den schönen Tugenden Antoninus' und Marc Aurels, die fast ihre hervorragenden Vorgänger Trajan und Hadrian übertroffen hatten. Aber um über Commodus ein gerechtes Urteil fällen zu können, muss man sich auch vor allem die Zustände in der Familie seines Vaters und seine Erziehung vor Augen halten.

Folgen wir der Darstellung, die Gibbon in seiner berühmten Geschichte vom Niedergange des römischen Reiches von dieser Zeit gegeben hat, so leuchtet vor allem eins hervor: die ausserordentliche Nachsicht Marc Aurels gegen Bruder, Gattin und Sohn überschritt die Grenzen der Tugend des Privatlebens, und ward infolgedessen ein öffentliches Unglück. Faustina, die Gemahlin Marc Aurels, wurde durch ihre Liebschaften ebenso verrufen, wie sie wegen ihrer Schönheit gefeiert war. Der einfache Ernst des Philosophen war schlecht geeignet, ihre mutwillige Leichtfertigkeit zu beschäftigen, oder jene schrankenlose Leidenschaftlichkeit für Veränderungen zu fesseln, die oft in dem untersten Sterblichen persönliche Vorzüge entdeckte. Der Cupido der Alten war überhaupt eine sehr sinnliche Gottheit, und da die Liebschaften einer Kaiserin von ihrer Seite das vollste Entgegenkommen bedingen, können sie selten sentimentaler Natur sein. Kaiser Marcus war vielleicht der einzige Mensch im Reiche, der um die Unregelmässigkeiten der Faustina, die nach den Begriffen aller Zeiten dem beleidigten Gemahl Unehre machten, entweder nichts zu wissen, oder dagegen gleichgültig zu sein schien. Er beförderte mehrere ihrer Liebhaber zu einträglichen Ehrenstellen und gab ihr während einer Verbindung von dreissig Jahren unwandelbar Beweise des zartesten Vertrauens und einer Achtung, die auch mit ihrem Leben nicht erlosch. Die ungeheuren Laster des Sohnes haben einen Schatten auf die Reinheit der Tugenden des Vaters geworfen; es ist Marc Aurel zum Vorwurf gemacht worden, dass er das Glück von Millionen der parteiischen Zärtlichkeit für einen unwürdigen Knaben geopfert und den Nachfolger in seiner Familie, statt in der Republik, gewählt hat. Indessen war von dem besorgten Vater und den tugendhaften kenntnisreichen Männern, deren Beistand er dazu in Anspruch nahm, nichts vernachlässigt worden, um die klein denkende Seele des jungen Commodus' zu erheben, seine aufkeimende Neigung zu Lastern zurückzudrängen, und ihn des Thrones, für den er bestimmt war, würdig zu machen. Aber die Macht des Unterrichts übt selten einen grossen Einfluss aus, ausser auf jene glücklichen, begabten Gemüter, bei denen er fast überflüssig ist. Commodus war nicht, wie man ihn geschildert hat, als Tiger mit unersättlichem Durst nach Menschenblut geboren, nicht schon von Kindheit auf der unmenschlichsten Handlungen fähig. Die Natur hatte ihn mehr schwach als ruchlos geschaffen; Verstandesblödigkeit und Schüchternheit machten ihn zum Sklaven seiner Umgebung, und diese verdarb allmählich sein Herz. Seine Grausamkeit, zuerst dem Gebote anderer gehorchend, wurde allmählich zu einer Leidenschaft, die seine ganze Seele ausfüllte. Während der ersten drei Jahre seiner Regierung wurden die Formen, ja selbst der Geist der vorigen Regierung, aufrecht erhalten. Der junge Fürst und seine ausschweifenden Günstlinge schwelgten in aller Ungebundenheit der souveränen Macht, aber seine Hände waren noch von keinem Blute besudelt. Dann freilich erlosch allmählich jedes Gefühl für Tugend und Menschlichkeit in Commodus' Seele. Während er die Zügel des Reiches unwürdigen Günstlingen überliess, hatte die souveräne Gewalt für ihn nur insofern Wert, als sie ihn in den Stand setzte, seine sinnlichen Begierden mit unbegrenzter Zügellosigkeit zu befriedigen. Er brachte seine Zeit in einem Harem von dreihundert schönen Frauen und eben so vielen Jünglingen, von jedem Stande und aus jeder Provinz zu, und wo die Künste der Verführung nicht ausreichten, da nahm der brutale Liebhaber seine Zuflucht zur Gewalt. Die alten Geschichtsschreiber haben sich über diese ruchlosen Scenen der Schändung, welche jeder Schranke der Natur und Scham spotteten, weitläufig verbreitet: aber es wäre keine leichte Aufgabe, ihre nur zu getreuen Schilderungen in einer modernen Sprache wiederzugeben. Die Zwischenräume der Wollust waren mit dem niedrigsten Zeitvertreib angefüllt. Commodus zeigte von Kindheit an Abscheu gegen alles Geistige und Edle. Er liebte nur die Unterhaltungen des Pöbels, die Spiele des Cirkus, die Kämpfe der Gladiatoren und die Jagd wilder Tiere. Die knechtische Schar, deren Glück von den Launen des Gebieters abhing, zollte diesem unedlen Treiben ungemessenen Beifall.

Commodus hatte, im Gegensatz zu seinem Adoptivbruder Lucius Verus, immer das Bedürfnis, seine Abscheulichkeiten vor möglichst vielen Zuschauern zu begehen. Dieser Lucius Verus war alles eher als ein Mustermensch; das hatte auch Marc Aurel sehr gut gewusst, als er ihn zum Mitregenten bestellte; aber wenn Prinz Lucius sich auch allen erdenklichen Ausschweifungen mit Tänzern, Schauspielern und Courtisanen hingab, so wahrte er doch ängstlich die Déhors, zog sich zu seinen Orgien in die geheimsten Gemächer des Schlosses zurück und erschien öffentlich nur immer mit dem Gebahren des tadellosen Gentlemans. Die Ausschweifungen seines Privatlebens berührten sein öffentliches Auftreten ganz und gar nicht, und er brauchte nicht zu fürchten, dass der Skandal seiner Laster einen Schatten auf das tugendhafte Regiment des Kaisers Marc Aurel geworfen hätte. Ganz anders Commodus: für diesen Menschen war es die grösste Freude, möglichst offen den grässlichsten Lüsten zu opfern. Und als seine in der Völlerei überreizten Sinne ihm den Dienst versagten, da ergötzte er sich am Blutvergiessen, das bei ihm zur brutalen Leidenschaft wurde und immer Hand in Hand ging mit seinen erotischen Abenteuern. „Von seiner zartesten Kindheit an," so schreibt Lampridius, der nach griechischen und lateinischen, heute verlorenen Quellen, die Geschichte dieser Zeit aufgezeichnet hat, „war er frech, boshaft, grausam, lüstern und besudelte sogar seinen eigenen Mund. (Turpis, improbus, crudelis, libidinosus, ore quoque pollutus, constupratus fuit)." Indessen erlangte er kurze Zeit nach seiner Mündigkeit, bei der Rückkehr aus dem ägyptischen Feldzuge, auf dem er seinen Vater begleitet hatte, die Ehren des Triumphes mit dem göttlichen Marc Aurel zusammen. Nach seinem Regierungsantritt verjagte er die weisen und würdigen Lehrer, die man ihm gegeben hatte, und berief die verderbtesten Menschen in seine nähere Umgebung. Als man sie einmal von ihm getrennt hatte, verfiel er in eine Krankheit, aus Kummer, sie nicht mehr um sich zu sehen, so dass man ihm seine gewöhnliche Umgebung wiedergeben musste. Von da ab legte er seinen Abscheulichkeiten keinen Zügel mehr an. Den Palast machte er zur Kneipe und zum Bordell (popinas et ganeas in palatinis semper ædibus fecit); die schönsten Frauen machte er dort ebenso seinen brutalen Gelüsten dienstbar, wie die Sklavinnen aus den Freudenhäusern (mulierculas formæ scitioris, ut prostibula mancipia lupanarium, ad ludibrium pudicitiæ contraxit). Schliesslich lebte er nur noch mit Gladiatoren und Dirnen zusammen: heimlich suchte er die Prostituiertenhäuser auf, verkleidete sich als Eunuche und servierte in den Zellen Wasser und Erfrischungen (aquam gessit ut leonum magister).

Als Marc Aurel starb, weilte Commodus gerade auf einem Kriegszuge gegen die Barbaren an den Ufern der Donau. Dort sehnte er sich ununterbrochen nach dem vergnügten Leben Italiens zurück. Er beeilte sich deshalb auch, das Heer zu verlassen, und wurde in Rom jubelnd aufgenommen, da die Römer die Schändlichkeiten seiner Jugend vergessen hatten und ihn im ganzen Glanze seiner strahlenden Schönheit bewunderten. Herodianus sagt von ihm: „Sein Gesicht hatte nichts Verweichlichtes an sich, sein Auge war mild und lebhaft zugleich, sein wohlfrisiertes Haar hochblond; wenn er im Sonnenscheine ging, dann glänzte sein Haar, als sei es mit Goldpuder bestreut.“ Diese, wenn man Herodian glauben darf, unvergleichliche Schönheit wurde indes durch die Ausschweifungen, denen sich Commodus mehr nach seinen Wünschen als nach seinen Kräften hingab, sehr bald zerstört. Seine starke Gesundheit erlag den ununterbrochenen Angriffen, und er wurde frühzeitig alt. Sein Rücken war gekrümmt, sein Kopf zitterte, sein Gesicht war mit Schwüren überdeckt, die Augen waren rot und die Lippen geifernd. Mehrfach erkrankte er an geschlechtlichen Krankheiten. Am Tage seines Einzuges in Rom, als sich das Volk an seinem schönen, frischen Gesichte enthusiasmierte, hatte er seinen Lustknaben (subactore suo) Anterus mit auf seinen Triumphwagen genommen und wandte sich während der Feierlichkeit mehrfach zu ihm, um ihn zu küssen: sogar im Theater setzten sie, zum Ergötzen des Publikums, den Austausch ihrer Zärtlichkeiten fort.

Einmal auf dem Throne, begann Commodus alsbald das Leben wieder, das er schon zu Zeiten seines Vaters geführt hatte. Abends trieb er sich in den Schenken und den verrufenen Häusern umher (vespera etiam per tabernas ac lupanaria volitavit); die Nächte hindurch zechte er bis zum frühen Morgen mit seinem Anterus und seinen anderen Lieblingen. Die Staatsgeschäfte überliess er vollständig der Hand des Perennis, der ihn immer noch mehr anreizte, sich ganz seinen Vergnügungen zu widmen und die Staatsgeschäfte zu vernachlässigen. Das änderte sich, als Commodus den Anterus verlor, den die Obersten der Leibwache töten liessen, um den tyrannischen Launen dieses Günstlings zu entgehen. Diesen Verlust überwand Commodus niemals, und er stürzte sich in immer neue Vergnügungen, um diesen Schmerz zu betäuben. Oeffentlich zeigte er sich fast gar nicht mehr, und schloss sich fast vollständig in seinen Palast ein, wo er den oben schon erwähnten Harem einrichtete. Sechshundert Personen sassen beständig an seiner Tafel und boten sich abwechselnd seinen Ausschweifungen dar (in palatio per convivia et balneas bacchatur). Als die physischen Kräfte ihn verliessen, ergötzte er sich wenigstens noch an obscönen Schauspielen (ipsas concubinas suas sub oculis suis stuprari jubebat). Es scheint das eines seiner Mittel gewesen zu sein, um seine erschlafften Sinne immer wieder aufzupeitschen (nec irruentium in se juvenum carebat infamia, omni parte corporis atque ore in sexum utrumque pollutus).

Bei ihm handelte es sich nicht darum, wie bei Tiberius und Nero, starken sinnlichen Trieben Erleichterung zu schaffen, sondern er war vielmehr beständig bemüht, durch alle Mittel, die die Phantasie nur ersinnen konnte, seine geschwächten Triebe zu reizen. So benützte er Liebestränke, Aphrodisiaka, in den allerverrücktesten Zusammensetzungen. Nachdem er seine Schwestern und Verwandten geschändet hatte, legte er einer seiner Konkubinen den Namen seiner Mutter bei, nur um durch die Vorstellung der Blutschande sich einen neuen, unerhörten Genuss zu verschaffen. Keinen Menschen in seiner Umgebung verschonte er mit seinen unsittlichen Anträgen und war auch immer selbst zu den allerschimpflichsten Diensten bereit (omne genus hominum infamavit quod erat secum et ab omnibus est infamatus). Wer darüber auch nur zu lächeln wagte, verfiel sofort dem Tode: der Kaiser liess ihn wilden Tieren vorwerfen. Ueber eine ganz verrückte Vorliebe dieses Menschen für unanständige Personennamen unterrichtet uns Lampridius mit folgenden Worten: „Habuit in deliciis homines apellatos nominibus verendorum utriusque sexus, quos libentius suis osculis applicabat.“ Eine Abschwäschung erfährt diese Stelle durch die Lesart oculis statt osculis, denn das erstere würde bedeuten, dass er die Träger solcher Namen lediglich mit besonderer Neugiede betrachtet hätte, während das zweite Wort einen viel prägnanteren Sinn giebt. Unter seinen Vertrauten hatte er einen Freigelassenen ausgezeichnet, den er wegen einer obscönen Aehnlichkeit mit einem Esel Onon nannte; er überhäufte ihn mit Geschenken und ernannte ihn zum Grosspriester des Herkules, um ihn für seine Verdienste zu belohnen. (Habuit et hominem pene prominente ultra modum animalium, quem Onon appellavit, sibi carissimum). Er selbst liess sich vom Senat den Namen Herkules beilegen, mit den schmückenden Beiworten: der Fromme und der Glückliche.

Man kann sich gar nicht vorstellen, welche blutgetränkten Orgien dieses Scheusal in Menschengestalt mit einer geradezu höllischen Phantasie beständig ersann; er verschonte nicht einmal die Tempel der Gottheiten mit seinen Lastern (deorum templa stupris polluit et humano sanguine). Besonders liebte er es, Frauenkleider zu tragen und weibische Gebärden nachzuäffen; dann wieder verkleidete er sich als Herkules mit einem golddurchwirkten Gewande und einem Löwenfell. „Es war ein lächerliches und bizarres Schauspiel,“ so sagt Herodian, „ihn so die weibische Schwachheit mit der Kraft des Heroen vereinigen zu sehen.“ Mit seinen Speisen trieb er alle möglichen Abscheulichkeiten, nur um sich an den Grimassen der Leute zu ergötzen, die an seiner Tafel sassen (dicitur saepe pretiosissimis cibis humana stercora miscuisse, nec abstenuisse gustu, aliis, ut putabat, irrisis). Eines Tages befahl er dem Gardeobersten Julian, sich zu entkleiden und nackt mit Kastagnetten vor den Beischläferinnen und den Lustknaben zu tanzen, die ihm Beifall spendeten; darauf liess er ihn in ein Bassin werfen, wo die Fische ihn verzehrten. Niemals vergass er, in den öffentlichen Regierungsanzeiger alle seine abscheulichen Worte und Thaten eintragen zu lassen (omnia quae turpiter, quae impure, quae crudeliter, quae gladiatorie, quae lenonice faceret).

Nachdem der fluchwürdige Herrscher mehreren Verschwörungen gegen sein Leben glücklich entronnen war, fiel er einem Anschlage der Marcia, seiner liebsten Konkubine, zum Opfer Marcia liebte ihn trotz seiner Verbrechen und wachte über ihn wie eine vorsorgliche Mutter, vielleicht mehr aus Mitleid als aus Liebe. Commodus hatte beschlossen, den ersten Tag des Jahres durch ein Fest zu feiern, bei dem er mit seiner Herkuleskeule und allen seinen Gladiatoren im Cirkus auftreten wollte. Marcia beschwor ihn, davon abzustehen, und alle Offiziere des kaiserlichen Hofes vereinigten ihre Bitten mit den ihren, sich nicht auf diese Weise den Dolchen der Mörder auszusetzen. Der Kaiser, der sich über den Widerspruch dieser treuesten Diener ärgerte, beschloss, sich von ihnen zu befreien, indem er sie zum Tode verurteilte. Er schrieb die Namen der Verurteilten auf ein Täfelchen von Lindenholz, das er unter seinem Kopfkissen vergass. Er hatte einen von jenen kleinen Knaben an seinem Hofe, die den Vergnügungen der Römer dienten. Das Kind, das er Philocommodus nannte, kam in sein Schlafzimmer, fand dort zufällig die Proskriptionsliste und schleppte sie als Spielzeug mit sich. Marcia sah diese Liste zufällig in den Händen des Kindes und nahm sie ihm unter Schmeichelworten fort. Unverzüglich benachrichtigte sie diejenigen, die ihr schweres Geschick teilen sollten, und mischte mit eigener Hand dem Commodus einen Gifttrank. Als der Kaiser trotzdem am Leben zu bleiben schien, wurde er durch einen Sklaven, mit Namen Narcissus, den Marcia dadurch gewonnen hatte, dass sie versprach, sich ihm hinzugeben, erwürgt. „Commodus war grausamer als Domitian; unsittlicher als Nero," so rief der Senat aus und beschloss, dass der Leichnam zum Spoliarium geschleppt wurde, wo man die Körper der getöteten Gladiatoren verscharrte.

Man hätte glauben sollen, dass Commodus in den Annalen der Prostitution niemals übertroffen worden wäre, aber man hätte die Rechnung ohne Heliogabal gemacht; dieser Kaiser hat in der römischen Geschichte einen Schandfleck hinterlassen und eine geradezu einzig dastehende Berühmtheit infolge seiner Schlechtigkeit gewonnen. Lampridius, der das Leben (impurissimam) dieses Scheusals nach zeitgenössischen griechischen und lateinischen Quellen geschrieben hat, schämt sich fast seines Werkes, obschon er eine Menge von Einzelheiten, die sein Schamgefühl ihm aufzunehmen verbot, mit Stillschweigen übergeht, (quum multa improba reticuerim et quae ne dici quidem sine maximo pudore possunt) und obschon er dasjenige, was er in seinen, dem Kaiser Konstantin erstatteten Bericht aufzunehmen wagte, unter ganz unverfänglichen Ausdrücken verbirgt (praetextu verborum adhibito). Herodian und Xiphilin, die uns von den Originalschriftstellern jener Zeit allein erhalten geblieben sind, geben uns wenigstens Einzelheiten von dem, was Lampridius wiederzugeben verschmähte: „Man begreift gar nicht," so wiederholen wir mit Lampridius, „dass ein solches Scheusal für den Kaiserthron erzogen worden ist, und dass er länger als drei Jahre regiert hat, ohne dass sich jemand fand, der die römische Gesellschaft von ihm befreite, während doch niemals den Nero, Vitellius, Caligula und anderen Fürsten dieser Art ein Tyrannenmörder gefehlt hat." Die Regierungszeit Heliogabals ist thatsächlich das letzte Aufbäumen der verkommenen römischen Gesellschaft, die zum Sterben ging und im Tode noch hoffnungslos sich in allen Ausschweifungen der alten Welt erging.

Heliogabal, der eigentlich Avitus hiess, nahm jenen Namen an, der seine frühere Eigenschaft als Sonnenpriester bezeichnete. Später liess er sich Antoninus nennen, weil er behauptete, er stamme von jener antoninischen Familie ab, die dem Reiche schon Antoninus Pius und Marc Aurel geschenkt hatte; der Name dieser glänzenden Familie war freilich schon durch Commodus entehrt worden. Heliogabal behauptete, seine Mutter Semiamira, die eine Courtisane war und an allen schimpflichen Ausschweifungen des Kaiserhofes teilnahm (quum ipsa meretricio more vivans, in aula omnia turpia exerceret), hätte mit Antoninus Caracalla ein Verhältnis gehabt, dem er entsprossen sei. Sein Ursprung wurde indessen durch andere bestritten, die ihn Varius nannten, in Anspielung auf die zahlreichen verschiedenen Liebhaber, die zu jener Zeit die Gunst seiner Mutter geteilt hatten. Wie es aber auch um seine Geburt stehen mochte, als Caracalla ermordet wurde, fürchtete Heliogabal in die Untersuchung hineingezogen zu werden und suchte eine sichere Zuflucht im Sonnentempel. Aus dem Tempel trat er heraus, als er sich im folgenden Jahre durch die Soldaten zum Kaiser ausrufen liess; seine Anhänger nannten ihn damals den Assyrer oder Sardanapal: „Er trug kostbare Gewänder," so erzählt Herodian, „bedeckt mit Gold und Purpur; er trug Armspangen, Halsketten und eine Krone wie eine Tiara, geschmückt mit Perlen und kostbaren Steinen. Sein Gewand ähnelte dem der phönicischen Priester und den macedonischen Luxusgewändern; er verachtete das Kleid der Römer und Griechen, das nur aus Wolle bestand, und trug keine anderen als seidene Stoffe." Um die Römer an seinen barbarischen Luxus und an seine Erscheinung zu gewöhnen, hatte er den Plan gefasst, sich im Kostüm des Sonnenpriesters malen zu lassen und dieses Gemälde nach Rom zu schicken, bevor er selbst dort einzog. Aber schon sein Gesicht allein, abgesehen von seinen Sitten, jagte den verworfensten Römern Schrecken ein: Quis enim ferre posset principem per cuncta cava corporis libidinem recipientem, quum ne belluam quidem talem quisquam ferat? Heliogabal war nicht durch Grössenwahn zu dieser unsagbar sittlichen Verwilderung gekommen: die Kaiserwürde hatte ihn schon so schlecht und verworfen in dem heiligen Tempel seines phönicischen Gottes vorgefunden. Man darf deshalb behaupten, dass er als Kaiser nicht schlechter, nicht verrufener, sondern vielleicht nur grausamer wurde. Was soll man von einem elenden Menschen erwarten, der keinen Begriff von Wohlanständigkeit besass, und sein ganzes Leben nur darauf einrichtete, damit den Beifall der verdorbenen Menge zu erringen (cum fructum vitae præcipuum existimans, si dignus atque aptus libidini plurimorum videretur)? Man begreift, dass die Christen in diesem Kaiser ein Abbild des Teufels sahen.

Gleich in der ersten Senatssitzung erschien er mit seiner Mutter, dieser alten Courtisane, die mehr als ein Senator noch von ihrem früheren Gewerbe her kannte. Semiamira nahm bei den Konsuln Platz und unterzeichnete die Senatsbeschlüsse, die unter solchen Umständen zu stande gekommen waren. Sie war die einzige römische Frau, die in ihrer Eigenschaft als kaiserliche Hoheit im Senat sass. Um seiner Mutter eine Freude zu machen, gründete Heliogabal einen kleinen Senat (senaculus), zusammengesetzt aus Frauen, die sich an gewissen Tagen auf dem Quirinal versammelten, um dort für die römischen Frauen Kleidergesetze festzustellen. Man bestimmte, welche Kleider sie öffentlich tragen durften, welche von ihnen sich eines Wagens bedienen durften, welche eines von Pferden getragenen Sessels, welche der Esel, welche eines von Ochsen oder Maultieren gezogenen Karrens, welche der Sänfte, ferner setzte man fest, ob die Sänften mit Fellen geschmückt sein durften oder mit Gold, Elfenbein und Silber; man bestimmte ferner durch Senatsbeschluss die Form und den Schmuck des Schuhwerkes, das jede Klasse von Frauen tragen durfte. Semiamira schien sich die Oberherrschaft über ihr Geschlecht vorbehalten zu haben, wie Heliogabal diejenige über sein eigenes. Während des Winters, den er vor seinem Einzug in Rom zu Nicomedia zubrachte, liess Heliogabal seinen grauenhaften Lüsten freien Lauf; das that er so rücksichtslos, dass sogar die abgehärteten Soldaten, die ihn zum Kaiser ausgerufen hatten, darüber erröteten (omnia sordide ageret, inireturque a viris et subaret). Als er in Rom war, änderte er seine Lebensweise keineswegs. „All sein Sinnen und Trachten,“ so sagt Lampridius, „drehte sich darum, Kundschafter auszusenden, die ihm aus allen Teilen der Welt Personen an seinen Hof schleppen mussten, mit denen er sich in irgend einer Weise einen besonderen sinnlichen Genuss verschaffen konnte.“ Xiphilin geht auch näher auf die Besonderheiten ein, die geeignet waren, jemandem bei Heliogabal ein besonderes Ansehen zu verschaffen. Wer würdig befunden worden war, dem Kaiser vorgestellt zu werden, der musste an den unkeuschen Schauspielen und Pantomimen teilnehmen, bei denen Heliogabal selbst in der Regel als irgend eine mythologische Figur auftrat. Vorzugsweise stellte er die Venus dar in den verschiedenen Situationen, die man ihr in der Mythologie andichtete; so z. B. war der Urteilsspruch des Paris eine seiner beliebtesten Pantomimen (posterioribus eminentibus in subactorem rejectis et oppositis).

Im Theater und im Cirkus suchte sich Heliogabal die Gefährten seiner Ausschweifungen unter den stärksten und robustesten Gladiatoren und Athleten aus. Dort hat er auch die Kutscher Protogenes, Gordius und Hierocles aufgetrieben: für den Hierocles hegte er eine solche Leidenschaft, dass er ihn sogar öffentlich abküsste (Hieroclem vero sic amavit, ut eidem oscularetur inguina). Das nannte er dann das Frühlingsfest feiern! Im Palaste hatte er ein öffentliches Bad einrichten lassen und scheute auch nicht davor zurück, mit allem Volke zu baden, weil er dort am leichtesten seiner gierigen Lüsternheit Opfer entdecken zu können hoffte (ut ex eo conditiones bene vasatorum hominum colligeret). Zu ebendenselben Zwecken durchstreifte er die Strassen und die Quais am Tiber. Nur vor denjenigen Menschen, die er viriliores, also in einem gewissen abscheulichen Nebensinne Uebermenschen nannte, hegte er Achtung (homines ad exercendas libidines bene vasatos et majoris peculii). Heliogabal gab auch einige der höchsten staatlichen Ehrenstellen an solche Menschen, die keinen anderen Vorzug aufzuweisen hatten, als einen Körperbau, der durch gewisse Abnormitäten ihm wohlgefiel (commendatos sibi pudibilium enormitate membrorum). Bei seinen Gelagen hatte er immer derartige Personen in seiner unmittelbaren Nähe (eorumque attrectatione et tactu præcipue gaudebat).

Gleich Nero und Commodus empfand er ein unbeschreibliches Vergnügen daran, incognito in den allergewöhnlichsten Freudenhäusern herumzulungern. „Bedeckt mit der Mütze eines Maultiertreibers, um nicht erkannt zu werden,“ so erzählt uns Lampridius, „besuchte er an einem einzigen Tage die Dirnen des Cirkus, des Theaters und Amphitheaters in allen Quartieren Roms; wenn er sich auch nicht mit allen diesen Mädchen abgab (sine effectu libidinis), so schenkte er ihnen doch allen Goldstücke mit den Worten: „Sag niemandem, dass Antoninus dir dieses Geschenk gemacht hat.“ Für die Priesterinnen der käuflichen Liebe hatte er eine absonderliche Zuneigung. Eines Tages rief er alle in die ædilischen Register eingetragenen Dirnen der Stadt in eine Basilika zusammen und präsidierte dieser wunderlichen Versammlung, zu der auch alle professionellen Kuppler, alle bekannten jungen Lebemänner, die Kinder und Jünglinge, die der Schande dienten, Zutritt hatten (lenones, exoletos.

undique collectos et luxuriosissimos puerulos et juvenes). Zuerst zeigte er sich in dem Kostüm des Sonnenpriesters, um der Gesellschaft zu imponieren, und hielt eine den Umständen angemessene Ansprache, die mit dem Worte „Kameraden" (commilitones) begann. Dieser Ausdruck kehrte in der Rede unzählige Male wieder. Sodann eröffnete er die Diskussion über verschiedene abstrakte Fragen der Prostitution und der Ausschweifung (disputavitque de generibus schematum et voluptatum). Man kann sich denken, dass seine zügellose Zuhörerschaft ihm fortwährend den lebhaftesten Beifall spendete. Stolz auf seinen Erfolg verschwand er darauf auf einen Augenblick und kehrte im Kostüm einer Courtisane zurück. Als solche trieb er sich dann unter den Teilnehmern der Festivität umher und veranstaltete allerhand Narreteien (habitu puerorum qui prostituuntur). Schliesslich beendete er die Sitzung mit einer neuen Ansprache, die noch verrückter war als die erste, und versprach jedem Anwesenden ein Geschenk von drei Goldstücken; beim Abschied bat er dann noch, die Herrschaften möchten zu den Göttern beten, auf dass sie ihm bis an ein seliges Ende gute Gesundheit und viel Vergnügen spendeten!

Das war nicht das einzige Zeichen seines Wohlwollens für die öffentlichen Dirnen. Oftmals erschien er in irgend einem Freudenhause und befreite die Sklavinnen, die dort gehalten wurden, damit sie als Freigelassene ihr schmutziges Gewerbe fortsetzen konnten. Man erzählt sogar, dass er einmal eine sehr schöne Sklavin um hunderttausend Sesterzen freikaufte und das Mädchen nicht einmal berührte (velut virginem coluisse). Ging er auf Reisen, dann mussten ihm sechshundert Karren mit Kupplern, Dirnen und Buhlknaben folgen (causa vehiculorum erat lenonum, lenarum, meretricum, exoletorum, subactorum etiam bene vasatorium multitudo). Im Bade hatte er immer Weiber um sich. Zu seiner Toilette bediente er sich eines Crêmes, der die Haare zerstörte (rasit et virilia subactoribus suis novacula manu sua, quae postea barbam fecit). „Niemand," so sagt Xiphilin, „könnte alle die Abscheulichkeiten aufzählen, die er an seinem Körper beging oder begehen liess." Xiphilin verschmäht es, auf Einzelheiten näher einzugehen, die Dio Cassius sorgfältig gesammelt und in seiner griechischen Sprache gleichsam mit einem Schleier überdeckt hatte; aber in dem Original-Werke von Dio Cassius ist uns die Geschichte Heliogabals nicht überliefert worden, gerade wie wenn eine keusche Hand die Seiten, die diesem Scheusal gewidmet waren, zerrissen hätte. Lampridius sagt ebenfalls, dass man in der Geschichte dieser Epoche eine grosse Anzahl von Schamlosigkeiten zusammengetragen hatte, die er glaubt, mit Stillschweigen übergehen zu sollen, weil sie nicht würdig sind, im Gedächtnis der Menschen zu haften (digna memoratu non sunt). „Er erfand," so sagt er, „mehrere Arten von Ausschweifungen, und übertraf die Erfahrungen aller Lüstlinge, denn er kannte alle die Thaten Neros, Caligulas und Tiberius' (libidinum genera quædam invenit, ut spinthrias veterum malorum vinceret, et omnes apparatus Tiberii et Caligulae et Neronis norat)."

Wenn man einzelne Stellen aus dem Abriss von Xiphilin liest, dann darf man bedauern, dass uns das Originalwerk von Dio Cassius nicht überliefert worden ist. Der Präsident Cousin hat in einer Uebersetzung diese Stellen vorsichtig abgeschwächt, aber auch daraus können wir noch Manches zu unserm Entsetzen entnehmen: „Heliogabal ging zu den Stätten der Prostitution, verjagte die Courtisanen von dort und gab sich den infamsten Lüsten hin; sodann bestimmte er ein Gemach in seinem Palaste zum Bordell; an der Thüre stellte er sich unbekleidet auf, und rief, wie die Dirnen zu thun pflegten, die Vorübergehenden an, sie möchten eintreten. Andere Personen schickte er aus, um immer neue Kundschaft für seine Einrichtung anzuwerben; er nahm Geld von den Gefährten seiner Ausschweifungen und rühmte sich der Einnahmen aus diesem abscheulichen Gewerbe. Wenn er mit seinen Kumpanen zusammen war, dann renommierte er mit der grossen Zahl seiner Liebhaber und mit dem Gelde, das er ihnen abgenommen hatte. Er nahm es wahllos von allen denen, mit denen er sich einliess. Einer von ihnen war von schöner stattlicher Gestalt, und deshalb wollte er ihn zum Thronfolger machen."

Mehr noch als seine Sinnlichkeit war Heliogabals Phantasterei ausgebildet. Er suchte nach immer neuen Methoden, sein unanständiges Leben zu führen und zugleich die Schamhaftigkeit seiner Umgebung zu verletzen. Mit besonderer Vorliebe verwendete er bei den Gelagen, die er für seine wilde und zügellose Kameraderie veranstaltete, Becher und Tafelgeräte, die mit obscönen Darstellungen bedeckt waren (schematibus libidinosissimis inquinata). Mit derartigem Silberzeuge prunkte er zumal bei den grossen Hoftafeln zur Zeit der Weinlese; bei der Gelegenheit gefiel er sich auch darin, die würdigen Geheimräte und konsularischen Greise, die seine Tischgäste waren, in der gemeinsten Weise zu verspotten, aufzuziehen und zu beschimpfen. Ganz ungeniert (impudentissime) forderte er sie gewöhnlich auf, sie sollten von den Liebesabenteuern ihrer Jugend erzählen, wobei schon seine Einladungen zu dieser Art Unterhaltung nichts an Roheit zu wünschen übrig liess (neque enim unquam verbis pepercit infamibus, quum et digitis impudicitiam ostentaret, nec ullus in conventu, et audiente populo, esset pudor). Das nannte er dann „die Weinlese lustig feiern!" Man kann sich die Verlegenheit, die Scham und den Aerger der alten Excellenzen unschwer vorstellen, wenn der junge kaiserliche Grünschnabel sie mit der Frage „beehrte": „an promptus esset in Venerem?" Schlugen dann die greisen Herrn errötend die Augen nieder, so brüllte der Chor der jugendlichen Zechgenossen wiehernd Beifall und erging sich seinerseits in lächerlichen Renommistereien lasciver Natur. Manche von den Greisen freilich entwürdigten sich soweit, in diesen Ton mit einzustimmen und auch allerhand Bekenntnisse abzulegen (qui improba quaedam pati se dicerent, qui maritos se habere jactarent). Dem Kaiser machte das alles offenbar einen Hauptspass; je toller es getrieben wurde, um so besser gefiel es ihm — und dabei merkte er nicht einmal, dass mancher seiner Gäste sich angebliche Schamlosigkeiten rühmte, die er thatsächlich nie im Leben begangen hatte! Heliogabal und seine Genossen in ihrer Beschränktheit hatten schwerlich eine Ahnung von dem furchtbaren Abgrund, dem das Reich mittlerweile zugeführt wurde. Am wenigsten der Bube im Purpur, der weder um die Meinung der Römer, noch um die der tüchtigen oder doch praktisch verständigen Männer in der eigentlichen Regierung, noch um die seiner klügeren Verwandten sich viel kümmerte.

Dieser schreckliche Mensch wollte mehrere legitime Frauen und mehrere Gatten haben. Zuerst heiratete er die Witwe des Pomponius Bassus, den er zum Tode verurteilt hatte, unter der Anklage, er habe sich über das Privatleben des Kaisers aufgehalten. Die ebenso schöne wie edle Frau war die Grosstochter des Claudius Severus und des Marcus Antoninus. Heliogabal, der sie mit Gewalt zu dem schimpflichen Ehebunde gezwungen hatte, war ihrer bald überdrüssig: „Er suchte die Weiber nicht, weil er ein Verlangen darnach verspürte,“ sagt Xiphilin, „sondern weil er die Ausschweifungen seiner Liebhaber nachzuahmen wünschte.“ Er verheiratete sich dann mit Cornelia Paula, in der Hoffnung, von ihr bald Vater zu sein. Diese Ehe wurde mit öffentlichen Spielen und Festen gefeiert, aber bald liess er sich von seiner neuen Gemahlin trennen, unter dem Vorwand, sie sei körperlich missgestaltet. In Wahrheit gedachte er nur eine neue Ehe einzugehen, und zwar mit grösserem Gepränge, als seine früheren. Er drang in den Vestatempel ein, und beinahe wäre das heilige Feuer erloschen, während er das Heiligtum durch eine Schändung entweihte (ignem perpetuum extinguere voluit). Er entführte die Vestalin Aquila Severa und heiratete sie vor allem Volke, indem er behauptete, dass die Kinder, die der Verbindung des Sonnenpriesters und der Vestapriesterin entspriessen würden, ohne Zweifel heilig und göttlich wären. Aber dieser verbrecherischen Ehe entsprangen ebenso wenig Kinder als den andern, und Heliogabal wurde seiner Vestalin bald überdrüssig; er ersetzte sie durch zwei oder drei andere Frauen, bis er endlich zum zweiten Male die Aquila Severa nahm.

Was Xiphilin über die Heiraten dieses wahnwitzigen Burschen mit Männern berichtet, entzieht sich durchaus der Wiedergabe. Präsident Cousin hat es in seiner eleganten Weise übersetzt, ohne doch auf alle Details einzugehen. Schon die eine Angabe genügt ja auch zur Charakterisierung, dass sich das Scheusal als Weib verkleidete und mit dem Titel „Kaiserin“ ansprechen liess. Um sein weibisches Ansehen noch deutlicher zu machen, liess er sich beständig auf das sorgsamste rasieren und trug sich ganz wie eine Frau. Manchmal kam er auch auf die verrückte Idee, die Senatoren im Bette liegend zu empfangen. Sein sogenannter Gatte war ein Sklave aus Karien mit Namen Hierocles, seines Zeichens ein Karrenführer. Hierocles hatte die fürstliche Aufmerksamkeit erregt, als er eines Tages von seinem Wagen fiel, und dabei sein prachtvolles Lockenhaar sich löste. Thatsächlich besass der Mensch eine wunderbar zarte und feine Haut, dabei aber eine kraftvolle, athletische und imposante Gestalt. Alle Züge perversen Geschlechtslebens, das die moderne Wissenschaft uns in seinen mannigfaltigen Arten aufgedeckt hat, können wir in der Xiphilinischen Erzählung von den Schändlichkeiten Heliogabals wiederfinden. Für den Kulturhistoriker sind deshalb diese Angaben nicht minder wichtig und bedeutungsvoll wie für den Arzt und Soziologen. Diese Nachtseite des menschlichen Lebens hat eben auch ihre Geschichte und ihre deutlichen Beziehungen zu den gesellschaftlichen Verhältnissen jedes Zeitalters Man begreift leicht, dass das urkundliche Material nicht sehr reichhaltig sein kann; aber was vorhanden ist, ist einer sorgfältigen Sichtung und Durchprüfung nach den verschiedensten Gesichtspunkten wert. Bei Heliogabal ist uns nicht nur die Zuneigung zu Hierocles urkundlich überliefert worden, sondern es wird uns auch noch erzählt, dass dieses Individuum einen Rivalen gehabt hat, der zeitweise beim Kaiser fast eines gleichen Ansehens sich erfreute. Es war das Aurelius Zoticus, der Koch zubenannt, weil sein Vater ihn in Küchen aufgezogen hatte, in denen er in seiner Jugend auch beschäftigt wurde. Zoticus entsagte dem väterlichen Gewerbe schon sehr früh und zeichnete sich dank seiner Gewandtheit und seiner gewaltigen Körperkraft bald als Ringkämpfer aus. Man machte den Heliogabal auf den physisch hervorragenden Menschen aufmerksam, und der gekrönte Bube ernannte ihn dann zum kaiserlichen Kammerherrn (cubicularius). Xiphilin malt uns das erste Zusammentreffen der beiden ganz amüsant aus: Zoticus redete den Heliogabal natürlich der Etikette gemäss mit Imperator und Majestät an; dieser aber bat schmollend darum, ihn doch als Dame zu betrachten und entsprechend zu titulieren. Hierocles entledigte sich des Rivalen dadurch, dass er ihm ein schleichendes Gift in einen Trank mischte. Der starke Zoticus ging zum grossen Kummer seines kaiserlichen Freundes langsam daran zu Grunde und wurde zuguterletzt noch aus Rom und Italien verbannt.

Heliogabal, der so vom moralischen und sittlichen Standpunkte aus die Ehe in der skandalösesten Weise zerstörte, hatte den verrückten Einfall, auch die Götter und Göttinnen zu vermählen. Er begann damit, seinem phönicischen Gotte eine Frau zu geben, „wie wenn dieser Gott der Frau und der Kinder bedürfte,“ sagt Xiphilin. Das Weib, das er für ihn ausgesucht hatte, war die Göttin Pallas, und zur Hochzeitsfeier liess er das Palladium, jene hochheilige Statue, die die Römer als den

Schutzgeist ihrer Stadt verehrten, und die niemals von ihrem Platze fortgenommen worden war, in seine Gemächer bringen. Am Tage nach dieser absonderlichen und lächerlichen Ceremonie, die er soweit trieb, dass er die beiden Statuen in eine Art Brautbett gelegt hatte, erklärte er, dass eine so kriegerische Göttin nicht zu einem so friedfertigen Gott passe und liess die Statue der Venus Urania, der carthagischen Gottheit nach Rom bringen. Urania, die Göttin des geheimnisvollen Werdens in der Natur, die den Mond und die Sterne der Nacht darstellte, musste natürlich die Gemahlin des Heliogabals, des Sonnengottes, werden. Der Kaiser feierte ihre Hochzeit glanzvoll und befahl, dass alle Unterthanen des Reiches den Neuvermählten kostbare Hochzeitsgeschenke darbringen müssten. Er selbst tanzte mit geschmücktem und gepudertem Gesicht im seidenen Gewande um die beiden Gottheiten, die in einem Purpurbette zusammenlagen und durch Bänder miteinander verbunden waren. Aus Anlass dieser unglaublichen Hochzeit von Statuen wurden in Rom und in ganz Italien grosse Feste veranstaltet. Heliogabal identifizierte sich bald mit dem Gotte, dessen Namen er trug und richtete für sich selbst einen Gottesdienst ein; sogar die Christen mussten ihn anbeten. Doch auch an anderen Gottesdiensten nahm er teil, besonders, wenn er eine Rolle in den Mysterien dieses Kultus spielen konnte. So sah man ihn am Cybeledienst mit den verstümmelten Priestern dieser Gottheit teilnehmen. Ebenso beteiligte er sich an den bizarren und unanständigen Feiern der Isis und des Priaps, der Flora und der Cotytto.

Man kann sich gar keine genaue und umfassende Vorstellung von diesen feenhaften Festlichkeiten machen, bei denen er alles aufbot, was Luxus, Verschwendungssucht, Wohlleben und Laune erfinden konnten, um seinen Leidenschaften, seinen Sinnen und seinen verderbten Instinkten zu schmeicheln; er lebte gleichsam nur, um neue Ausschweifungen zu erfinden (exquirere novas voluptates). Lampridius hat einige der wunderbaren Tollheiten dieser Festlichkeiten aufgezählt, bei denen Heliogabal immer mit Blumen geschmückt und mit kostbaren Essenzen gesalbt, mit Purpur- und Goldstoffen bekleidet und mit Edelsteinen überladen dasass, das Haupt gekrönt von einem schweren orientalischen Diadem (quum gravari se diceret onere voluptatis). Diese fabelhaften Gastereien dauerten ganze Nächte hindurch und wurden lediglich von Ausschweifungen aller Art unterbrochen. Die Teilnehmer waren gleichsam keine Menschen mehr, sondern wilde Tiere. Sie strengten sich an, ihren Kaiser nachzuahmen, ohne ihn doch erreichen zu können. Er selbst trieb es nämlich dabei immer am tollsten, wie wir schon aus folgenden Worten entnehmen könne: Junxit et quaternas mulieres pulcherrimas et binas ad papillam, vel ternas et amplius, et sic vectatus est: sed plerunque nudus quum illum nudæ traherent. Bei derartigen Gelegenheiten war er von einer masslosen und geradezu tollen Freigebigkeit; manchmal veranstaltete er förmliche Lotterien und freute sich unbändig, wenn der Zufall die Geschenke möglichst absurd verteilte. Mit Vorliebe verkuppelte er durch das Los die an seinen Gelagen teilnehmenden Männer und Frauen, die sich den kaiserlichen Launen nicht zu entziehen wagten, denn es war gefährlich, den neckischen Spielen der Glücksgöttin irgendwelchen Widerstand entgegenzusetzen: häufig schloss das Treiben mit Verbannung, Güterkonfiskation oder gar einem Todesurteile ab. Was an Frauen an derartigen wüsten Gelagen teilnahm, war manchmal geradenwegs von der Strasse in den Kaiserpalast hereingeholt worden. Die schmutzigste Strassendirne konnte auf diese Weise leicht dazu kommen, mit dem Beherrscher des Weltreiches an einer Tafel zu speisen, wenn der Bube sie nicht etwa gar noch in anderer Weise mit seiner Gnade beehrte. Für diesen kam es im wesentlichen nur darauf an, stets neue Gesichter um sich zu sehen (idem mulieres nunquam iteravit, præter uxorem). Unter den Prostituierten Roms war es eine ganz bekannte Sache, dass sie leicht Zutritt zu den kaiserlichen Gemächern erlangen konnten (lupanaria domi amicis, clientibus et servis exhibuit) Eines Tages liess der wahnsinnige Verschwender ihnen den siebenten Teil der Getreidevorräte austeilen, die Trajan und Severus aufgespeichert hatten, und die sieben Jahre die Stadt vor Teuerung bewahren konnten.

Dieses Monstrum in Menschengestalt entehrte die kaiserliche Würde in einer Regierung von mehr als vier Jahren, während der er alle Ausschweifungen, Grausamkeiten, Lüste und Verworfenheiten durchkostete, mit denen man überhaupt nur die Natur besudeln kann. Er rühmte sich, in seinem Privatleben den Apicius nachzuahmen, und auf dem Throne den Nero, Otho und Vitellius. Und doch war er erst achtzehn Jahre alt, als er durch Schauspieler in den Latrinen ermordet wurde, in denen er sich verborgen hatte. Die Soldaten, die sich verschworen hatten, Rom und die Welt von einem derartigen Kaiser zu befreien, wüteten mit ihrer ganzen Grausamkeit gegen seine Mitschuldigen. „Der Unreine,“ „der Geschleifte,“ wie ihn diejenigen nannten, die seinen Körper durch die Gassen der Hauptstadt geschleift hatten, sollte in der Geschichte der römischen Kaiser nicht seinesgleichen finden, und unter dem günstigen Einfluss seines Nachfolger Alexander Severus schien die Welt gleichsam aufzuatmen. Alexander Severus, ein syrischer Romane, ist persönlich eine der merkwürdigsten Erscheinungen jenes Zeitalters. Er zählt zu den zu ihrem Glück nicht sehr häufigen, milden, weichen, liebenswürdigen, ideal angelegten Naturen, die in wilder und tiefverdorbener Zeit und Umgebung in erstaunlicher Reinheit und Sauberkeit der Phantasie, der Lebenshaltung und des Charakters heraufwachsen, und zuletzt mehr oder weniger tragisch untergehen, weil ihre Tugenden nicht auf den Rückhalt durchschlagender Kraft und zerschmetternder Energie sich stützen können. Alexander besass einen trefflichen Charakter; bei liebenswürdigem Gemüte, bei einem reichen Geiste, der an den Traditionen von Roms alter Grösse und an der Versenkung in die edelsten Gestalten der älteren und jüngeren Vergangenheit sich gebildet hatte, war ein tiefer Ernst ihm eigentümlich. Züchtig, nüchtern in seinen Lebensgewohnheiten, sparsam, zeigte er sich in hohem Grade arbeitsam und als ein Princeps von ausgesprochenem Pflichtgefühl und tiefem Bewusstsein seines schweren Berufs. Dass er doch tragisch enden musste, und wie das Verhängnis über ihn hereinbrach, das haben erst neuere Historiker uns in scharf umrissenen Bildern dargethan. Für uns hier ist besonders wichtig die Bemerkung, dass seine gute Regierung auf die römischen Sitten wenig Einfluss gehabt hat. Gute Regenten können eben nie soviel nützen, als schlechte zu schaden vermögen.

Auch auf die Gestaltung der philosophischen Ideen in dieser Zeit müssen wir einen flüchtigen Blick werfen: das Zeitalter des Sinkens der Wissenschaften und des Menschengeschlechts erhält seinen wesentlichen Charakter durch die Erhebung und die schnellen Fortschritte der Neuplatoniker. Die Schule von Alexandrien brachte die von Athen zum Schweigen, und die alten Sekten reihten sich unter die Fahne modischer Lehrer, welche ihr System durch Neuheit der Methoden und die Strenge ihrer Sitten empfahlen. Mehrere dieser Meister, Ammonius, Plotinus, Amelius und Porphyrius waren Männer voll tiefer Gedanken, gebildet durch anhaltende Studien: aber indem sie den wahren Zweck der Philosophie verkannten, trugen ihre Arbeiten weniger zur Ausbildung als zur Verkehrtheit des menschlichen Verstandes bei. Diejenige Kenntnis, welche unserer Natur und unseren Fähigkeiten angemessen ist, der ganze Umfang der Moral-Natur- und mathematischen Wissenschaften wurde von den Neuplatonikern vernachlässigt, während sie ihre Kraft in metaphysischen Wortstreitigkeiten erschöpften, die Geheimnisse der unsichtbaren Welt zu ergründen suchten und Plato und Aristoteles über Gegenstände zu vereinigen strebten, von denen diese beiden Philosophen ebensowenig wussten, wie der Rest der Menschheit. Indem sie ihren Verstand in diesen tiefen aber wesenlosen Forschungen erschöpften, wurde ihr Geist ein Opfer der Täuschungen der Phantasie. Sie schmeichelten sich mit dem Besitze des Geheimnisses, die Seele von ihrem körperlichen „Gefängnisse" zu befreien, machten auf vertrauten Verkehr mit Dämonen und Geistern Anspruch und verwandelten durch eine seltsame Umwälzung das Studium der Philosophie in das der Magie. Die alten Weisen verlachten den Volksaberglauben, aber indem die Schüler des Plotinus und Porphyrius dessen Ausschweifungen unter dem dünnen Schleier der Allegorie bargen, wurden sie seine einflussreichsten Verteidiger. So können wir wohl verstehen, wie wenig Wirkung diese Art von Philosophie auf die Lebensführung des Volkes ausübte. Ueberall sehen wir eine beunruhigende Dekadenz, einen Verfall, bei dem die sittlichen Verfehlungen in jenem engeren Sinne, der ihnen in einer Geschichte der Prostitution zukommt, kaum mehr bedeutet, als ein bemerkenswertes und auffallendes Symptom.

Indes, bevor das Christentum den völligen Sieg über die römische Gesellschaft davon getragen und seine strenge, weltfeindliche Moral durchgesetzt hatte, sah man noch eine Reihe von Kaisern auf dem Throne einander folgen, wie die Schauspieler auf einem Theater; viele von ihnen gaben dem Volke das verderbliche Beispiel jeder Art von Ausschweifungen. Gallus lebte fast nur für seinen Bauch und seine sinnlichen Gelüste (natus abdomini et voluptatibus), indem er zeitweise den Heliogabal nachahmte: er lud Frauen in grosser Zahl zu seinen Festlichkeiten ein, wählte dann die jüngsten und schönsten für sich aus und überliess die alten und hässlichen seinen Zechgenossen.

Wenn der göttliche Claudius, wie um die Römer den abscheulichen Gallian vergessen zu machen, als Philosoph keusch und bescheiden lebte; wenn Aurelian den Luxus durch Kleidergesetze einschränkte und den Ehebruch selbst bei Sklaven streng bestrafte; wenn der Kaiser Tacitus verbot, verrufene Häuser in Rom einzurichten, ein Verbot, das übrigens nicht aufrecht erhalten werden konnte (meritoria intra urbem stare vetuit, quod quidem diu tenere non potuit); wenn er die öffentlichen Bäder während der Nacht schliessen liess; wenn er den Gebrauch seidener Kleider und allerhand Luxusgegenstände untersagte; wenn Probus seinem Namen durch seine Regierung Ehre machte, so war doch Carinus, der Vorgänger Diocletians, nach dem Urteil des Flavius Vopiscus der ausschweifendste aller Menschen (homo omnium contaminatissimus, adulter, frequens corruptor juventutis, ipse quoque male usus genio sexus sui). Zum Obersten der kaiserlichen Garde machte er einen alten Kuppler namens Matronianus, zu seinem Kabinetssekretär ein übelberüchtigtes Individuum (impurum), mit dem er selbst allerhand Perversitäten huldigte; die niedrigsten und verrufensten Kerle aus der ganzen Hauptstadt zählte er zu seinen Freunden. Mit allen Lastern war er behaftet (enormibus se vitiis et ingenti foeditate maculavit) und respektierte nichts (moribus absolutus).

Aber Diocletian fegte alle diese Abscheulichkeiten, die aus dem Kaiserpalast ein Lupanar gemacht hatten, hinweg. Die Regierung dieses Kaisers, der sich ausdrücklich den Marc Aurel zum Vorbilde genommen hatte, kann im allgemeinen als höchst wohlthätig gelten, und scheint mit Diocletian die Geschichte der römischen Prostitution zu Ende zu sein.

Dufour
Geschichte der
Prostitution

ZWEITER BAND:

Die christliche Zeit I

ERSTER TEIL:

Rom ⁘ Byzanz ⁘ Frankreich bis zum X. Jahrhundert

Deutsch von Dr. Bruno Schweigger

Fünfte Auflage

Verlegt bei
DR. P. LANGENSCHEIDT
Gross-Lichterfelde-Ost

I. Kapitel.

Die christliche Aera. — Einleitung. — Die christliche Ehe. — Die Paulinische Lehre. — Der Abschaum der Bevölkerung aus den Vorstädten Rom bei den Predigten des Paulus. — Paulus betrachtet die Ehe als das letzte Mittel gegen die Versuchungen des Fleisches. — Paulus tritt gegen die Prostitution auf. — Die antiken Philosophen empfahlen die Mässigkeit im Geschlechtsgenuss lediglich aus hygienischen und eudæmonistischen Gründen. — Die Keuschheit aus religiösen Gründen bei den Heiden und der christliche Cœlibat. — Triumph der christlichen Jungfräulichkeit. — Heftiger Krieg der neuen Moral gegen die Prostitution — Die Gatten in der christlichen Ehe. — Strenge Vorschriften der ursprünglichen Kirche gegen fleischliche Verfehlungen. — Warum die Verfolger mit Vorliebe die christlichen Jungfrauen zur Prostitution zwangen.

Alle heidnischen Kulte waren sozusagen nur Symbole und Mysterien der Prostitution; indem das Christentum sich ihre Abschaffung vornahm und sie durch einen einheitlichen, auf menschliche und göttliche Moral gegründeten Kultus ersetzen wollte, musste es sich zunächst gegen die Prostitution wenden und die Sitten verändern, bevor es das religiöse Dogma verändern konnte. Es steht fest, dass die ersten Apostel ihre Mission inmitten einer verderbten Welt damit begannen, dass sie Enthaltsamkeit und Keuschheit als die ersten Grundsätze der neuen Lehre verkündeten. Jesus hatte auf Erden nach der Ueberlieferung keusch gelebt, obschon er der Sünderin verziehen und Magdalenen zum Glauben bekehrt hatte. Diese Keuschheit und zugleich dieses Mitleid mit menschlichen Verirrungen standen in schroffem Gegensatze zu den Gesetzen und Moralvorschriften der alten Welt. Man bedenke. das römische Recht bestrafte den Ehebruch mit dem Tode, das mosaische Gesetz war nicht weniger streng, wurde also bei den Juden noch genauer beachtet: und doch wagte es Jesus, den Schriftgelehrten und Pharisäern, die eine beim Ehebruch ertappte Frau vor ihn führten, um sie steinigen zu lassen, zu sagen, „wer von Euch ohne Fehl ist, werfe den ersten Stein auf sie" Nachdem er das Weib, das seine Kniee umfasst hielt, gefragt hatte, wer ihre Ankläger und Richter seien, sprach er zu ihr: „Ich will Dich nicht verdammen, gehe hin und sündige nicht mehr!" Und doch hat dieser selbe Jesus die christliche Ehe geschaffen, die sehr wesentlich von der ehelichen Gemeinschaft nach griechischer und römischer Sitte verschieden war. Die Heiligkeit dieser unlöslichen Ehe, die vor dem Angesicht Gottes geschlossen sein sollte, leuchtete aus jenen Worten hervor, worin gesagt wird, dass der Mann Vater und Mutter verlassen und mit seinem Weibe gehen soll und dass die Beiden eines Fleisches seien, sodass sie nicht mehr zwei, sondern nur eine Einheit seien.

Das Werk des Reformators musste darin bestehen, die moralische Welt wieder zu erneuern und der Menschheit die Achtung vor sich selbst wiederzugeben; die Religion des Evangeliums war gleichsam ein Schutzwall gegen das Uebermass antiker Korruption, die alle Begriffe des sittlichen Wertes und der Ehrbarkeit zu zerstören begonnen hatte. Es bedurfte nicht weniger als dreier Jahrhunderte des Kampfes, der Predigt und besonders des vorbildlichen Lebenswandels, um die unreinen Tempel der Isis, der Ceres, der Venus, der Flora und anderer Gottheiten der Prostitution zu zerstören. Dadurch, dass das Christentum nicht nur dem Missbrauche des fleischlichen Genusses, sondern sogar diesem Genusse selbst den Krieg erklärt, hatte es grosse Mühe, das Heidentum zu überwinden, das ihn beschützte, wenn es ihn nicht gar lebhaft bestärkte. Man begreift, welcher ungeheuren Anstrengungen es bedurfte, bis die Apostel und ihre Nachfolger zu dem von ihnen gewünschten Resultat gelangten. das Gesetz der Enthaltsamkeit aufzurichten und die Sinnlichkeit durch religiöse Vorschriften einzuschränken. Moses hatte in seinem Gesetz die prinzipielle Forderung aufgestellt, es solle keine Prostitution in Israel geben; aber dieses Gebot war bei den Juden niemals eingehalten worden, denn sie besassen nicht nur in ihrem eigenen Volke Prostituierte, sondern versorgten damit auch häufig fremde Nationen. Die legale Prostitution war sogar in Juda mehr verbreitet, als in den übrigen Teilen des römischen Reiches. Paulus wollte deshalb das erst vollenden, was Moses sich vorgesetzt hatte, ohne es doch erreichen zu können. Charakteristisch dafür ist eine bekannte Stelle in seinem Brief an die Römer, in welchem er die junge Christengemeinde in der Reichshauptstadt auf das eindringlichste beschwört, von aller Unkeuschheit abzulassen und nur der Lehre des Erlösers zu leben. Während seiner ganzen apostolischen Thätigkeit verfolgte Paulus mit unbeugsamer Härte die Sünde des Fleisches, in der er den Wesenskern des Heidentums zu bekämpfen wähnte.

Paulus wusste sehr wohl wie weit die Heiden in ihren geschlechtlichen Ausschweifungen zu gehen fähig waren, da er lange genug unter ihnen an derartigen Ausschweifungen teilgenommen hatte und deren verhängnisvollen Einfluss sehr genau kannte; von seinem ersten Briefe an die Römer an, wiederholt er fortgesetzt seine energischen Mahnungen gegen die fleischlichen Sünden. Man weiss, dass er der Ansicht war, Gott habe sich von den heidnischen Völkern gerade wegen ihrer geschlechtlichen Ausschweifungen abgewendet. In dem harten Latein der Vulgata lauten diese strengen Worte: „Propter quod tradidit illos Deus in desideria cordis eorum, in immunditiam, ut contumeliis afficiant corpora sua in semetipsis.“ Die Römer waren sehr erstaunt darüber, dass der Sendbote des „Judenkönigs“ sich vermass ihnen etwas zu verbieten, was die strengsten Philosophen ihnen sowohl durch Beispiele, als auch in ihren Schriften gestattet hatten, mit Ausnahme allerdings von Seneca, der später für einen heimlichen Christen galt.

Diejenigen, die den Worten des Apostels Paulus lauschten, waren keine reichen Wüstlinge, die im Wohlleben ihre Tage verbrachten und die ganze Welt zu ihren Vergnügungen beitragen liessen, sondern es waren arme Plebejer, die nichts von dem monströsen Raffinement asiatischer Ausschweifungen wussten, die mit den Trophäen überwundener Völker nach Rom gekommen waren; es waren Schiffer vom Tiber, Bettler von der Strasse, Steinklopfer von der Via Appia, Wasserverkäuferinnen, Kräuterhändlerinnen, flüchtige Sklaven und unglücklich Freigelassene. Aber unter diesem Abschaum der Vorstadtbevölkerung in der ewigen Stadt gab es eine junge Generation die man, gleichgültig ob Knaben oder Mädchen, für den Gebrauch der käuflichen Prostitution dressierte. An diese beklagenswerten Opfer der Korruption, sei es ihrer Eltern, ihrer Lehrer oder ihrer Kameraden, wandte sich der Apostel besonders; er versuchte nicht, sie über ihren schimpflichen Lebenswandel zum Erröten zu bringen, sondern er riet ihnen, darauf zu verzichten und sich dem Dienste des wahren Gottes zu weihen, der nur die Seelen, nicht die Leiber seiner Anhänger für sich verlange. Die Bekehrten, die oft über die Strenge der Vorschriften des Apostels in Bezug auf den fleischlichen Verkehr der beiden Geschlechter erstaunt waren, fragten ihn hie und da, wie sie denn den unbezwinglichen Lüsten Fesseln anlegen sollten; da empfahl ihnen Paulus das Gebet, das Fasten und die Selbstkasteiung als die wirksamsten Mittel gegen das rebellische Fleisch; wenn auch diese Mittel nicht verfingen, dann erst liess er die Ehe zu.

Der Charakter der von Paulus gewünschten christlichen Ehe geht aus dieser Thatsache ganz klar hervor; er betrachtete sie lediglich als das letzte Mittel um die Aufwallungen sinnlicher Gelüste zum Schweigen zu bringen; die Ehe war für ihn also eigentlich nur ein, wenn auch mit Widerstreben geduldetes, Mittel im Kampfe gegen die heidnische Prostitution. Man weiss ja aus seinem Brief an die Corinther wie abweisend er sich im Grunde gegen alle Heirat verhielt. „Quod si non se continent, nubant. Melius est enim nubere quam uri."

Bei den Ephesern, wie bei den Corinthern, bei den Colossern wie bei den Thessalonichern verfolgt Paulus immer das Heidentum in der Form der Sinnlichkeit und des Wohllebens; es ist die Prostitution, die er unablässig bekämpft, weil er sie immer wiederfindet und sie bis in die Mysterien der falschen Götter verfolgen will. Paulus war selbst Heide gewesen, er glaubte deshalb den Charakter dieser Religion, die er durch eine Religion des Geistes ersetzen wollte, durchaus erkannt zu haben; deshalb gab er sich in allen seinen Aeusserungen als Reformator der Sitten.

Alle anderen Apostel waren übrigens mit Paulus darin einverstanden, das Heidentum zunächst durch Unterdrückung der Prostitution zu bekämpfen. Sie thaten damit nichts anderes, als dass sie die Worte der Propheten wahrzumachen suchten; aber es verdient angemerkt zu werden, dass sich die Evangelisten weniger energisch gegen die Sünden des Fleisches ausgesprochen haben. Johannes unterschied sehr scharf zwischen seelischen und körperlichen Handlungen indem er sagte, was vom Fleisch geboren sei, sei fleischlich, was vom Geist geboren sei, sei geistlich. Es war das vielleicht eine Konzession, die er denen machte, die sich der neuen Lehre zuwenden wollten. Wie dem aber auch sei, jedenfalls wurden die strengen und weniger zweideutigen Lehren des Paulus von den ersten Kirchenvätern und den Concilen allgemein angenommen. Aus dieser Gesinnung musste schliesslich der Cœlibat entstehen.

Die antike Philosophie hatte den Heiden mehrfach einen mässigen Lebenswandel empfohlen; aber diese philosophische Zurückhaltung war lediglich auf praktische Erwägung basirt worden und daher nur relativ und accidentiell, wie denn auch Cicero sagte, dass man der Natur gehorchen müsse und dass ihre Gesetze ebenso zwingend seien, wie die Vorschriften eines Gottes. Aristoteles seinerseits schrieb für den sinnlichen Genuss keine andere Regel vor, als die Kenntnis der eigenen Kraft d. h. den natürlichen Instinkt. Die antiken Philosophen empfahlen also die Zurückhaltung lediglich vom hygienischen Standpunkte aus; sie gaben sich auch häufig selbst erheblichen Freiheiten hin, weil sie den sinnlichen Genuss als etwas von der Natur Gegebenes ansahen. Keuschheit war eine Tugend, die nur in den Gesängen der Dichter existierte, und diese Tugend (virtus) hatte bei den Alten keineswegs die Attribute, die man heutzutage mit dem Begriffe zu verbinden pflegt. Die Puditia, die im ganzen römischen Reiche Tempel und Altäre hatte, bedeutete keineswegs, wie die gelehrtesten Kenner des Altertums einstimmig behaupten, Jungfräulichkeit, oder auch nur Zurückhaltung, sie stellte vielmehr Gewissenhaftigkeit, Abscheu vor dem Uebel und Liebe zu dem Guten dar. Seneca ist vielleicht der einzige heidnische Philosoph, der die moralische Keuschheit, welche sich die Christen unter Verleugnung des Naturtriebes auferlegten, begriffen und gelehrt hat. So konnte denn auch Origenes sagen, dass er nur in den untersten Schichten der heidnischen Bevölkerung einzelne Leute gefunden habe, die sich eine ernste Lebensführung und eine bewundernswerte Unschuld erhalten hätten, während gerade die Philosophen weit entfernt von dieser Zurückhaltung gewesen seien.

Keuschheit aus religiösen Gründen war den Alten indessen nicht vollkommen unbekannt. Wir haben schon früher darauf hingewiesen, dass sich Männer und Frauen jedes geschlechtlichen Verkehrs enthielten, wenn sie sich vorgenommen hatten, dadurch den Göttern ein Opfer zu bringen; die Liebhaber hielten sich dann fern von ihren Geliebten und auch diese vermieden jede fleischliche Berührung, die sie gezwungen hätte, sich vor der Opferhandlung wieder zu entsühnen. Wir finden diese Keuschheit aus religiösen Gründen sehr häufig bei den Römern, die ihren religiösen Verpflichtungen mit sehr viel Sorgfalt nachzukommen pflegten. So zeigt uns Ovid in seinen Fasten, dass sogar Herkules sich dem herkömmlichen Gebrauche fügte, als er sich anschickte mit Omphale dem Bacchus zu opfern. Die Priester, die alle Tage zu opfern pflegten, waren zweifellos nicht verpflichtet, alle Tage keusch zu leben; indessen kann man aus verschiedenen Stellen römischer Schriftsteller entnehmen, dass ein Opfer nur dann als gut und günstig galt, wenn der Opfernde mit reinen Händen zum Altare schritt. Tibull sagt einmal: „Discedite ab aris, queis tulit hesterna gaudia nocte Venus." Die heidnische Religion schrieb sogar das Gelübde der Jungfräulichkeit unter verschiedenen Umständen vor; aber die Art dieser rein körperlichen Jungfräulichkeit hatte nichts mit der moralischen Jungfräulichkeit zu thun, wie sie die Christen verstanden und beobachteten. So waren z. B. die Vestalinnen verpflichtet, ihre Jungfräulichkeit zu bewahren, wollten sie nicht lebendig eingegraben und den unerhörtesten Folterungen unterworfen werden; aber der Zwang hörte für sie mit dem Augenblicke auf, wo sie eine gewisse Altersstufe überschritten hatten, und sie konnten dann ihre Lebensführung durchaus nach eigenem Willen einrichten. Ueberdies stand es auch den Jüngsten von ihnen frei, den öffentlichen Spielen beizuwohnen, den Gladiatorenkämpfen, den Schauspielen und den choreographischen Aufführungen im Theater; sie schlossen weder ihre Augen vor unanständigen Darstellungen, noch ihre Ohren vor derartigen Worten und Gesängen.

Der heilige Ambrosius sagt im ersten Buche seiner Schrift de virginitate: „Kann man überhaupt die vestalischen Jungfrauen und die Priesterinnen der Pallas mit unseren christlichen Jungfrauen vergleichen? Was hat eine Jungfräulichkeit zu bedeuten, die nicht in der Reinheit und Heiligkeit der Sitten, sondern in der Zahl der Jahre begründet ist und die nicht dauernd ist, sondern nur für ein gewisses Lebensalter vorgeschrieben wird? Diese vorgebliche Unberührbarkeit schlägt in einen leichtfertigen Lebenswandel um, wenn man entschlossen ist, sie in einem bestimmten Alter zu verlieren (Petulantior est talis integritas, cujus corruptela seniori servatur ætati.) Diejenigen, die für das Keuschheitsgelübde eine bestimmte Zeit vorschreiben, empfehlen dadurch selbst den Jungfrauen, nachher nicht in diesem Zustande zu verharren. Was ist das für eine Religion, die den Jungfrauen Keuschheit empfiehlt, den älteren Frauen Unkeuschheit freistellt! Nein diese Vestalinnen sind nicht keusch, weil sie es nur gezwungen sind, sie sind nicht ehrbar, weil man sie kauft oder für Geld miethet und man darf das nicht Scham nennen, was sich täglich den unbescheidenen Blicken eines ganzen verderbten und ausschweifenden Volkes aussetzt! (Nec pudor ille est, qui intemperantium oculorum quotidiano expositus convitio, flagitiosis aspectibus verberatur.)" Die Kirchenväter wurden nicht müde die christlichen Jungfrauen den Vestalinnen und anderen heidnischen Jungfrauen gegenüberzustellen und dadurch den tiefen Unterschied, der zwischen der Keuschheit der einen und der andern bestand, um so heller hervorleuchten zu lassen. Sankt Ambrosius kommt unablässig immer wieder auf die Vestalinnen zu sprechen, um das Verdienst ihrer interessierten und unvollkommenen Jungfräulichkeit herabzusetzen; er geht daran freilich nicht so weit wie Minutius Felix, der diese ganze Jungfräulichkeit überhaupt für höchst verdächtig hielt und zu behaupten wagte, dass alle Vestalinnen lebendig begraben werden müssten, wenn ihr unregelmässiger Lebenswandel nicht nachsichtig verdeckt würde (Impunitatem fecerit non castitas tutior, sed impudicitia felicior.) „Man rühme doch nicht die Vestalinnen," so ruft Sankt Ambrosius aus, „denn die Keuschheit, die sich für Geld verkauft und nicht aus der Liebe zur Tugend entsteht, ist keine Keuschheit!" Was die durchaus körperliche Jungfräulichkeit betrifft, die die Römer von ihren Vestalinnen forderten. so schien sie so schwer zu bewahren und ihr Verlust gleichzeitig so ausserordentlich gefährlich, dass man nicht leicht ein Mädchen fand, das sich mit freudigem Herzen dem schweren Berufe der Vestalinnen gewidmet hätte. „Ihr habt kaum sieben Vestalinnen," so schrieb Ambrosius an den Kaiser Valentinian, „und noch dazu waren sie im jugendlichen Alter, als sie dem Vestadienst geweiht wurden! Das ist also alles was euer Götzendienst an Jungfrauen für seinen Kultus aufzuweisen hat! Ihr verfügt über sieben Unglückliche, die sich durch die Aussicht auf kostbare Purpurgewänder, auf herrliche Sänften, auf ein grosses Gefolge von Sklaven, auf allerhand Privilegien auf ungeheure Einkünfte und dazu noch durch die Hoffnung, nicht als Jungfrauen sterben zu müssen, zu euren Diensten haben verleiten lassen!"

Der christliche Cœlibat war besonders bei den Frauen eines der mächtigsten Propagandamittel für die neue Religion geworden; die von Paulus formulierte Lehre von der geschlechtlichen Enthaltsamkeit war zumal von den jüngeren Anhängern der Lehre mit Fanatismus aufgenommen worden, die sich eine Ehre daraus machten, die Regungen ihres Fleisches zu unterdrücken; denn die Glut ihrer Sinne wurde herabgemindert, wenn nicht gar ganz ausgelöscht durch die Enthaltsamkeit, die Nüchternheit, das Gebet und die Einsamkeit. Während der Cœlibat, den das römische Gesetz als eine Schande vorgeschrieben hatte, unter den Anhängern des Christentums als eine Ehre und ein Ruhm galt, entstand unter den Jungfrauen eine Art Wetteifer sich in einer mystischen Ehe mit dem Gottessohne zu verbinden. Dadurch wurde zweifellos der antiken Prostitution ein Teil ihres Feldes abgegraben. „Mögen doch die Heiden," so sagt Sankt Ambrosius, „ihre körperlichen und geistigen Augen erheben, mögen sie doch hinschauen auf diese erhabene Menge, auf diese verehrungswürdige Versammlung, auf dieses ganze Volk von Jungfrauen, das die Kirche verehrt; sie tragen keine Bänder auf dem Kopfe, aber einen keuschen Schleier, von dem sie nur vorsichtig Gebrauch machen; sie befassen sich nicht mit allerhand Toilettenluxus, der doch nur zu einem schimpflichen Handel mit der Schönheit, (lenocinia pulchritudinis), führt." Prudentius rühmt in seinem Buch gegen Symmachus die christliche Jungfräulichkeit in den übertriebensten Ausdrücken: „Die schönsten Vorrechte," so sagt er, „bei unseren Jungfrauen sind ihre Schamhaftigkeit und der heilige Schleier mit dem sie ihr Gesicht bedecken, ihr ehrbares Leben fern von profanen Blicken, ihre mässige Nahrung und ihr immer nüchterner keuscher Sinn!" Indessen darf man doch nicht vergessen, dass die grosse Neigung, unvermählt zu bleiben, nicht lediglich darauf zurückzuführen ist, dass dieser Stand für den besten galt, sondern auch auf den Gedanken, dadurch über andere Frauen eine gewisse Ueberlegenheit zu erlangen und sich durch eine leicht bemerkbare Tugend eine Sonderstellung zu verschaffen. So nahmen bei den Cultusceremonien die Jungfrauen einen besonderen Platz ein; sie trugen auch ein unterscheidendes Attribut, das sie öffentlich kenntlich machte. Dieses Attribut war merkwürdiger Weise die Mitra, welche die römischen Kurtisanen besonders die Syrierinnen, als ihr Abzeichen getragen hatten und das ehemals das gerade Gegenteil von Ehrbarkeit angedeutet hatte. Die Mitra der christlichen Jungfrauen von der Optat redet, unterschied sich ohne Zweifel in der Höhe, Form und Farbe von der Mitra der Kurtisanen. Uebrigens trug man neben ihr keine langen offenen Haare, keine blonden Perrücken, keine goldgepuderten Flechten; sondern eine christliche Jungfrau deutete ihre Berufung durch das Abschneiden ihrer Haare an; zudem wurde die Mitra unter einem violetten, braunen oder schwarzen Schleier, der das Gesicht und die Schultern seiner Trägerinnen wie das flammeum der Vestalinnen umwallte, fast bedeckt.

Während der ersten drei Jahrhunderte, die zur Begründung des christlichen Dogmas notwendig waren, gab es einen beständigen, heftigen Krieg der Moral gegen die Prostitution, und die Gelehrten der Kirche stellten ohne Unterlass der sinnlichen Philosophie der Alten die keusche Lebensführung der Christen entgegen. Die Kirchenväter wollten sich zu Herrn über den Leib machen, um sich somit leichter der Seelen bemächtigen zu können. Die Frauen begeisterten sich zunächst für den jungfräulichen Stand; nach ihren Vorbildern pflegten dann auch die Männer sich der Zurückhaltung zu unterwerfen. Der heilige Bernhard sagte im elften Jahrhunderte, als er sich an den grossen Grundsätzen der primitiven Kirche begeisterte: „Was gleicht an Schönheit der herrlichen Tugend der Keuschheit? Sie macht den Körper rein, der aus einem Häufchen Erde geformt ist; aus einem Feind macht sie einen Freund und aus einem Menschen einen Engel!“ Im Gegensatz zu den Ausschweifungen der heidnischen Religionen umgab sich der neue Kult mit einfachen und bescheidenen Handlungen, seine Gottesdienste wurden in einer Art heiligen Betrachtung gefeiert, ohne Tumult, ohne Geschrei, ohne Lärm. Schamhaftigkeit und Zurückhaltung beherrschten alle christlichen Ceremonien. In den Kirchen waren die beiden Geschlechter von einander getrennt; obschon sie beide vor dem Altare niedergekniet waren, konnten sie sich doch gegenseitig nicht erblicken; selbst wenn sie zum Gebet schritten, trafen sie einander nicht und vermieden auf diese Weise die Gefahren eines intimen Verkehrs, der für die Schwäche des Fleisches gefährlich hätte werden können. Die Predigt gegen die Lüste des Fleisches war ein ständiges Thema bei diesen Gottesdiensten, das Lob und die Verherrlichung der Keuschheit wurde allem Unterrichte zu Grunde gelegt. Der heilige Basilius sagt (Interr. 17): „Die Keuschheit ist der Tod der Sünde, der Untergang der verderblichen Neigungen, die Abtötung der Leidenschaften und der natürlichen Wünsche unseres Körpers, die Vermehrung der Verdienste, das Werk Gottes, die Schule der Tugend und der Besitz aller Güter.“

Während die Christen stolz waren auf die Ueberlegenheit ihrer Moral und die Reinheit ihrer Sitten, wandten ihre Gegner gegen sie die Waffe der Verleumdung an und behaupteten, dass ihr Gottesdienst nichts sei, als eine einzige ungeheuerliche Prostitution. Thatsächlich vereinigten sich die bedrohten und verfolgten Christen nur im Geheimen, fern von den Blicken ihrer Feinde, im Dunkel der Wälder, der Höhlen und besonders in den Tiefen der Katakomben. Kein Uneingeweihter drang in ihre verborgenen Heiligtümer ein, und man wusste von ihren Gebräuchen, ihren Handlungen, ihren Lehren nichts weiter, als was die unsicheren Erzählungen Abtrünniger unter das Volk gebracht hatten. Die öffentliche Meinung, die von fanatischen Priestern der alten Religion systematisch bearbeitet wurde, war denn auch lange Zeit hindurch den frommen Anhängern der neuen Lehre, die einen ausserordentlichen tugendhaften Lebenswandel führten und den Tod einer Abschwörung ihrer Grundsätze vorzogen, ausserordentlich feindlich gesinnt. Man hatte das Gerücht verbreitet, die christlichen Brüder und Schwestern hätten eine so abscheuliche Religion, dass sie deren Grundsätze und Handlungen nicht einmal öffentlich zu bekennen wagten; man erzählte sich von ungeheuerlichen Dingen, die sich in ihren nächtlichen Zusammenkünften abspielten und verstieg sich bis zu der Behauptung, in ihrer wahnsinnigen Raserei respektierten die Christen weder Alter noch Geschlecht, weder die Bande des Blutes, noch die der Familie. Nach den einen war das Christentum nichts anderes, als ein verdorbenes Judentum, nach anderen wiederum war es eine fluchwürdige Ausschweifung der Gottlosigkeit und der Zuchtlosigkeit, die mehrfach versucht hatte, auch in die alten Religionen des römischen Kaiserreiches einzudringen.

Die Neuplatoniker waren die ersten die den Wert der neuen Lehre erkannten und verteidigten; etwa um das Jahr 170 nach Christi Geburt hatte Athenagoras die weitverbreiteten Verleumdungen die den Christen allerhand Laster und Schamlosigkeiten andichteten, siegreich widerlegt; in seiner Verteidigung der Christenreligion, die er an die Kaiser Marcus Aurelius und Lucilius Cajus richtete, verkündete er das Lob der christlichen Keuschheit: „Wir betrachten die einen als unsere Kinder, die anderen als unsere Brüdern und Schwestern und ehren die Greise wie unsere Väter und Mütter. So haben wir denn mit grosser Sorgfalt über die Reinheit derjenigen gewacht, die wir als unsere Angehörigen betrachten. Wenn wir zum Versöhnungskuss schreiten, so geschieht das mit grosser Zurückhaltung, wie bei einem religiösen Akte; denn wenn er durch einen unreinen Gedanken entweiht würde, so würde er uns des ewigen Lebens berauben. Jeder von uns, der ein Weib nimmt, thut es nur in der Absicht, Kinder zu erzeugen. Er ist wie der Landmann, der der Erde sein Saatkorn anvertraut und dann geduldig die Ernte erwartet.“ Auch noch an anderen Stellen seiner Apologie kommt Athenagoras mit immer erneuter Kraft auf diese Keuschheit zu sprechen, die nach ihm das bemerkenswerteste Kennzeichen der Christen inmitten der gewöhnlichen Unkeuschheit der damaligen Welt ist. Alle Kirchenväter aus jener Zeit protestieren mit derselben Energie gegen die Gerüchte, durch die man die Christen in der öffentlichen Achtung herabzuwürdigen versuchte. „Die Liebe zur Keuschheit hat soviel Gewalt über sie," sagt der heilige Justin in seinen Dialogen, „dass man viele unter ihnen findet, die ihr ganzes Leben ohne jeden fleischlichen Verkehr bleiben und die noch im Alter von sechzig Jahren jungfräulich sind, ohne dass ihr Temperament oder das Klima ihres Landes diese Zurückhaltung erklärlich machte."

St. Cyprian, St. Clemens von Alexandrien, Gregorianus, Basilius und alle die griechischen und lateinischen Kirchenväter haben uns erbauliche Schilderungen von den christlichen Sitten hinterlassen, die ebenso rein waren als die der Heiden ihrer Schilderung nach verderbt. St. Cyprian widmete dem Lob der Keuschheit sogar ein ganzes exaltiertes Buch: „Die Christen wissen," so sagt er, „dass die fleischlichen Vergnügungen mit der Hoffnung auf dauernde Freuden beginnen und immer mit Enttäuschungen endigen. Sie stürzen uns in allerhand Aufregungen, verführen uns zu Verbrechen und treiben uns nur gar zu häufig über die Grenzen hinaus, die die Natur selbst gesteckt hat." St. Gregorianus beruft sich sogar auf das Zeugnis der Heiden selbst, um die rühmliche Keuschheit der Christen zu beweisen: „Sie begnügen sich nicht allein keusch zu sein in Werken durch die Abtötung aller fleischlichen Regungen, sondern sie halten sich auch rein in ihrem Geiste, denn sie wissen, dass die wahrhafte Keuschheit sich fern halten muss von aller Sünde." Aus Furcht ihren Geist zu verunreinigen verschlossen sie ihre Augen vor jedem unkeuschen Schauspiel, sie wohnten niemals den Theater-Aufführungen bei, die der heil. Cyprian als Schule der Unkeuschheit kennzeichnete; von ihren frugalen Tafeln verbannten sie jene gefährlichen Stoffe, die die Sinne erregen, sie vermieden den Gebrauch der Parfums, die für sie nichts anderes als ein Reizmittel der Sinnlichkeit darstellten; bei ihren Banketten, bei denen sie sich immer, wie sie sagten, im heil. Geiste zusammenfanden, gestatteten sie weder Lieder noch Tanz, noch lautes Lachen, noch Trunkenheit oder Völlerei.

In seiner Pädagogie geht der heilige Clemens von Alexandrien sogar auf intime Einzelheiten dieser Keuschheit ein, die den Stolz der Gläubigen und die Schande der Ungläubigen seiner Meinung nach ausmachte. Nachdem er auf den Unterschied zwischen den heidnischen und der christlichen Ehe mit den Worten hingewiesen hatte, dass die Heiden darin nichts anders als ein Mittel zur Befriedigung ihrer Sinnlichkeit sähen, während die Christen von ihr nur eine sicherere Verbindung mit ihrem Gotte erwarteten, fügt er hinzu: „Die Christen wollen, dass die Frauen ihren Gatten durch die Reinheit ihrer Sitten und nicht durch ihre Schönheit gefallen; sie wollen auch nicht, dass die Männer ihre Frauen als eine Beute ihrer Sinne betrachten, denn die Natur hat uns die Ehe gegeben wie die Nahrungsmittel, deren Gebrauch, nicht aber deren Missbrauch uns erlaubt ist.“ Derselbe Kirchenvater giebt uns ein wunderliches Gemälde von der Zurückhaltung in christlichen Ehen: „Die christlichen Ehegatten legen auch in ihren Ehebetten die Schamhaftigkeit nicht ab, die sie vor aller Oeffentlichkeit zu beachten pflegen, denn sie fürchten jener Penelope zu gleichen, die während der Nacht immer wieder zerstörte, was sie am Tage gewebt hatte. Diese Zurückhaltung ist für sie ein Zeichen, dass sie ihre Begehrlichkeit zu unterdrücken verstehen, selbst dort, wo sie das Recht hätten, sich ihrer zu begeben; denn wenn das göttliche Gebot ihnen erlaubt hat, sich zu verheiraten, so hat es ihnen damit doch nicht die Erlaubnis zur Genusssucht gegeben.“ An einer anderen Stelle sprach sich der heilige Clemens über die christlichen Ehen noch mit folgenden bezeichnenden Worten aus: „Der einzige Zweck der Vereinigung beider Geschlechter ist die Erzeugung von Kindern, die man zu guten Menschen erziehen will; es heisst also gegen die Vernunft und gegen die Gesetze sündigen, wenn man in der Ehe nichts sucht als das Vergnügen; aber ebenso wenig darf man sich ihrer enthalten aus Furcht Kinder zu bekommen. Die Natur verbietet gleichmässig in der Kindheit und im Greisenalter den Verkehr der beiden Geschlechter; diejenigen aber, denen die Ehe diese Beziehungen erlaubt, sollen sich immer vor Augen halten, dass sie vor Gott stehen und sollen ihre von ihm geschaffene Körper achten, indem sie sich vor jeder Unkeuschheit bewahren.“

Die auf diese Weise immer aufs Neue geforderte Zurückhaltung der Ehegatten hatte ganz folgerichtig verschiedene Gelehrte der Kirche, so z. B. den Origenes dazu gebracht, die Existenz des weiblichen Geschlechtes im jenseitigen Leben als unnütz und gefährlich zu leugnen. Origenes, der an sich selbst seine Lehre von der geschlechtlichen Enthaltsamkeit erprobt hatte, wollte, dass nur das männliche Geschlecht von den Toten auferstehen solle. Andere Kirchenväter behaupteten, um die Enthaltsamkeit der Seelen als sicherer herzustellen, dass die Auferstandenen keinerlei Geschlechtscharakter trügen, während dagegen die Verdammten ihr Geschlecht mit allen seinen Leidenschaften bewahrten. Die Mehrzahl der Gelehrten stützte sich indessen auf die Worte der Apokalypse, glaubte und lehrte, dass die Seeligen im Himmel verheiratet seien, Kinder erzeugten und an allen körperlichen Genüssen teil hätten. Tertullian, Laktanz, Grogorianus, Justin und Methodius sprachen sich für diese himmlische Ehe aus. Die Kirche musste diese Behauptung durch den Beschluss von Konzilien zurückweisen und erklären, wenn die beiden Geschlechter im Himmel fortbeständen, so würde es dort dennoch keine Ehe und noch weniger irdischen Genuss und Kindererzeugung geben. Der heilige Augustin sagt über diesen Punkt im 17. Kapitel des 2. Buches seines Gottesstaates: „Gott wird alles von den Auferstandenen fortnehmen, was lasterhaft ist, aber ihr Geschlecht wird er bestehen lassen, weil es nichts Uebles sein kann, sintemal Gott selbst sein Schöpfer ist." Man wird es begreiflich finden, dass die christlichen Kasuistiker über diesen Punkt noch mancherlei verschiedene Meinungen äusserten und darüber nach allen Richtungen hin diskutierten.

Die Keuschheit, diese Tugend in der sich die Christen eine Art von Monopol anmassten, war thatsachlich immerfort der Gegenstand ihrer Beschäftigung und das wesentlichste Merkmal ihres Glaubens; sie bewahrten sie wie ein kostbares Pfand, dass ihnen ihr Erlöser überlassen hatte und traten damit im Allgemeinen ausserordentlich provokatorisch gegen die heidnische Sinnlichkeit auf. Man weiss, dass die Gründer des Katholizismus, als sie die gewaltige Macht, die diese Keuschheit, sowohl auf die Massen, als auf den einzelnen Menschen ausübt, erkannt hatten, zu ihrer Unterstützung die ganze Schärfe der Kirchenstrafen anwendeten; solches Interesse hatte in ihren Anfängen die Kirche daran, die Sitten zu verbessern und durch musterhaften Lebenswandel auf das Volk einzuwirken. Daher die Strenge der christlichen Vorschriften im Bezug auf fleischliche Vergehungen, die nach allgemeinem menschlichen Rechte von gar keinerlei Bedeutung waren. Der heilige Gregorianus wollte für einen einfachen Fehltritt eine Busse von neun Jahren festgesetzt wissen, die in drei Abschnitten eingeteilt war, derart, dass die Sünder drei Jahre lang vom Gebet ausgeschlossen blieben, drei Jahre lang lediglich Zuhörer beim Gottesdienste sein konnten und weitere drei Jahre als Bittflehende der Gemeinde angehörten. St. Basilius war etwas nachsichtiger; er begnügte sich mit einer Busse von vier Jahren für einen geschlechtlichen Fehltritt. Dafür freilich war er umso härter bei Ehebruch, Blutschande und Sodomie, die er mit einer Busse von fünfzehn Jahren belegte. Indessen galt der Ehebruch eines verheirateten Mannes mit einem nicht verheirateten Weibe nur als ein einfacher Fehltritt, und die Polyganie hatte, obschon als eine Bestialität und eines Menschen unwürdig angesehen, nur eine Strafe von vier Jahren zu gewärtigen. Ein Mädchen, dass sich mit Zustimmung seiner Eltern oder Herren hingegeben hatte, hatte eine Busszeit von drei Jahren durchzumachen; war sie nur der Gewalt gewichen, so ging sie straffrei aus und galt vor Gott und Menschen als unberührt. Wenn ein Priester sich einen Fehltritt zu Schulden kommen liess, so musste er sein Amt niederlegen und an der Abtötung seines sündigen Fleisches arbeiten.

Aus dieser Gesetzgebung der primitiven Kirche geht hervor, welchen Wert die Christen auf eine Bewahrung ihrer körperlichen und seelischen Reinheit legten; die ausserhalb der Kirche Stehenden zeigten sich deshalb auch erbittert gegen eine Tugend, die eine Art Protest gegen die Unregelmässigkeit und Unreinheit des damaligen Lebens sein sollte

Sie begannen zu erproben, wie weit diese Tugend Stand hielte und versuchten immer wieder, sie durch Gewalt oder durch andere Mittel zu Falle zu bringen; aber mit derartigen Versuchen prallten sie sehr häufig an der Festigkeit der Jungfrauen und Märtyrer ab. Die Verfolgten brachten auch wohl das Opfer ihrer Jungfräulichkeit dar und nahmen das Joch der Prostitution auf sich, um im Stillen ihrem Gotte weiter dienen zu können; man hielt sie darum für nicht minder rein. Die Kirche leistete, wie uns berichtet wird, ihnen in diesem schrecklichen Verfolgungskampfe Unterstützung und ermutigte sie, an ihrem Glauben festzuhalten, selbst im Pfuhle der Prostitution. Der heilige Gregorianus rief einigen der Brutalisierten zu: „Die Gewalt kann die Körper der frommen Frauen nicht verderben.“ „Eine Jungfrau,“ so sagte Ambrosius, „kann sich prostituiren, ohne darum unrein zu werden.“ „Alles was durch Gewalt mit dem Körper geschieht,“ so äusserte sich der heilige Augustin, „kann Jemanden, der es hat über sich ergehen lassen müssen, ohne ein Mittel zu haben, sich dem zu entziehen, nicht verderben; denn wenn die Keuschheit auf diese Weise zu Grunde gehen könnte, dann wäre sie nicht eine Tugend des Geistes, sondern eine Eigenschaft des Körpers, geradeso wie die Schönheit, die Gesundheit und andere vergängliche Güter.

Ein Priester, Namens Victorian, hatte dem Augustinus geschrieben und ihm die schmerzbewegte Mitteilung von den unerhörten Gewaltthaten gemacht, welche sich Barbaren gegen christliche Jungfrauen herausgenommen hatten. Darauf erwiderte ihm der Kirchenvater in seinem 122. Briefe, dass, wenn diese Jungfrauen die Gewalt hätten über sich ergehen lassen, ohne die Möglichkeit des Widerstandes zu haben und ohne, dass sie selbst damit einverstanden gewesen wären, sie vor Gott nicht schuldig seien. „Es wird vielmehr,“ so sagt er, „eine ehrenvolle und ruhmreiche Wunde für sie sein, aber keine verächtliche Verderbtheit, denn die Keuschheit, die in der Seele wohnt, hat eine so grosse Kraft, dass sie unverletzt bleibt und auch den vergewaltigten Körper als rein erscheinen lässt.“ St. Basilius spricht ungefähr in denselben Ausdrücken eine ähnliche Lehre aus, um Jungfrauen, deren Keuschheit bedroht war, zu beruhigen. Er macht die Beurteilung des Thatbestandes durchaus davon abhängig, ob das Opfer seine Zustimmung zu der Handlung gegeben habe oder nicht. Wenn sie im Geiste widerstrebt habe, so sei sie vor den Augen der Kirche rein geblieben. Das war ein bemerkenswerter Trost für die unglückseligen Jungfrauen, die man durch eine Art von Richterspruch dem harten Loose der Prostitution überantwortet hatte. Der Gedanke, diese grausame Quälerei anzuwenden, war den Verfolgern zweifellos deshalb gekommen, weil sie sahen, welch einzigartige Bewunderung die Christen für diejenigen hegten, die jungfräulichen Standes blieben. Daher die vielen Vergewaltigungen christlicher Jungfrauen durch den Henker während der Christenverfolgungen. Es spielt da allerdings wohl auch eine Erinnerung an altrömisches Recht hinein, wonach eine Jungfrau nicht zum Tode verurteilt werden konnte. Suetonius sagt in seinem Leben des Tiberius ausdrücklich, dass der Henker die Jungfrauen zuerst zu vergewaltigen und dann zu erdrosseln habe, weil eine alte Vorschrift die Hinrichtung der Jungfrauen untersage. (Immaturatæ puellæ, quia more tradito nefas esset virgines strangulari, vitiatæ prius a carnifice, dein strangulatæ).

So war die Schändung christlicher Jungfrauen ursprünglich wohl nichts als eine Art von Vorverfahren für die Hinrichtung, entsprechend dem Gebrauche des alten römischen Strafrechtes; später freilich wurde es zum wesentlichen Bestandteile der Strafe selbst.

Grade weil die ersten Christengemeinden mit solcher Verzückung auf ihre jungfräulichen Angehörigen blickten, waren die Verfolger um so eher geneigt in dieser Sittenänderung den wesentlichen Kern der neuen Lehre zu erblicken und sie hier am tötlichsten zu treffen.

II. Kapitel.

Warum Paulus und die Apostel den Christen geschlechtliche Enthaltsamkeit und den jungfräulichen Stand empfehlen mussten. — Die Agapen. — Die ersten Anhänger der christlichen Lehre in Rom. — Wie die christliche Lehre auf die Deklassierten einwirkte, welche dem Dienste der Prostitution geweiht waren. — Die Christen als Märtyrer. — Die Geschichte der ägyptischen Maria von ihr selbst erzählt. — Die Legende von der heiligen Thais. — Wie ein Heiliger eine Frau von ihrem leichtsinnigen Lebenswandel bekehrte. — Die beiden Einsiedler und die Prostituierte. — St. Simeon, der Stylite. — Die Bekehrung der Prophyra. — Die heilige Pelagia. — Die heilige Theodote. — Die Bekehrung und der Opfertod der heiligen Afra. — Das Gebet der heiligen Afra auf dem Scheiterhaufen. —

Man kann unschwer die Gründe auffinden, warum die Keuschheit vor allen christlichen Tugenden empfohlen wurde. Diese Tugend war ohne Zweifel durch das mosaische Gesetz vorgeschrieben worden und man findet jeden Augenblick in den heiligen Schriften der Juden die Verdammung fleischlicher Exzesse. Sogar Salomo, der in seinem Alter siebenhundert Beischläferinnen gehabt haben soll, erspart seinen eigenen Ausschweifungen den Tadel nicht, wie aus seinen Sprüchen ganz deutlich hervorgeht. Paulus und die Apostel folgten somit lediglich der mosaischen Lehre, wenn sie den Christen die fleischliche Enthaltsamkeit und die Reinheit der Sitten predigten. Aber zu diesen dogmatischen Gründen traten noch andere hinzu. Das gemeinsame Leben der Anhänger der neuen Lehre setzte sie Versuchungen aus, und machte den Erlass besonderer Vorschriften notwendig. Hätte sich mit dem Dienste der neuen Religion ein unregelmässiger Lebenswandel verknüpft, so würde sie in den Augen der Heiden keineswegs einen besonderen Charakter angenommen haben und nur schwer gegen die Kulte der Venus, des Bacchus, der Cybele und der Isis haben ankämpfen können; noch dazu, da die Mysterien dieser verschiedenen Gottheiten immer nur von Zeit zu Zeit einmal stattfanden, während dagegen der geheime Gottesdienst der Christen alltäglich oder vielmehr allnächtlich abgehalten wurde. Man nannte diese religiösen Zusammenkünfte Agapen.

Bei diesen Agapen oder Liebesmahlen, bei denen die neue Lehre verkündet wurde, waren beide Geschlechter mit einander vereinigt, und es wäre dort wohl zu allerhand Ausschweifungen gekommen, wenn nicht strenge Vorschriften den Begierden Zügel angelegt hätten. Darum forderte man als Grundlage für alle anderen Tugenden von den Christen zunächst die Tugend der Keuschheit. Wäre sie nicht ohne Unterlass gepredigt und dadurch den einzelnen Anhängern wirklich ins Herz hineingegraben worden, so hätten die Apostel zweifellos nur zu einer Weiterverbreitung der Prostitution geholfen. Man kann sich nur eine unvollständige Vorstellung von der Exaltation jener Gläubigen machen, die für die ihnen verkündete Heilslehre ihr ganzes Ich aufzuopfern bereit waren. Wäre dieser Gemütszustand, der hier auf die höchsten Dinge gerichtet war, nach der anderen Seite umgeschlagen, so hätte er unzweifelhaft zu den unerhörtesten Ausschweifungen führen müssen und dadurch die ganze Lehre diskreditiert. Aus diesem Grunde pflegten die Frauen, die den Agapen beiwohnten, sorgfältig bekleidet und verschleiert zu sein. Die Männer ihrerseits waren mit nicht weniger Dezenz bekleidet, mit dem einzigen Unterschiede fast, dass sie nicht verschleiert waren; immerhin trugen sie grosse Hüte oder weite Kapotten mit denen sie teilweise sogar ihr Gesicht verhüllen konnten.

So konnten denn thatsächlich Männer und Frauen Tage- und

Nächte lang neben einander leben, ohne dass irgend welche Ausschweifungen stattfanden. Später als die Verfolgungen die Christen zwangen, sich zu verbergen und in strenger Abgeschlossenheit mit einander zu leben, da war die Lehre von der Notwendigkeit der Enthaltsamkeit bereits so fest in ihnen geworden, dass sie die Gelüste vollständig zu bändigen vermochte. Es bestand sozusagen kein Geschlechtsunterschied in manchen dieser frommen Vereinigungen, die sich irgendwo in unterirdischen Gelassen zusammenzufinden pflegten. Indessen ist es gar nicht überraschend, dass die Ungläubigen, denen die Keuschheit dieses verborgenen Lebens unbekannt war, die tollsten Gerüchte über angebliche Orgien, die dort gefeiert wurden, ausstreuten: ihrer Psychologie war der Gedanke, dass die Sinne so weit abgetötet werden könnten, völlig fremd, und sie ahnten nicht, welche Macht der religiöse Fanatismus ausüben konnte. Daher denn die vielen verleumderischen Nachreden, mit denen sie die Anhänger der neuen Lehre überschütteten.

In den Katakomben, jenen grossen Höhlen, aus denen Rom das Steinmaterial für seine Tempel und seine öffentlichen Bauwerke geholt hatte, und die als Grabstätten für die Sklaven und die armen Verlassenen der ewigen Stadt dienten, versammelten sich die ersten Anhänger der christlichen Lehre. Das Christentum wandte sich zunächst an die Leidenden, Unterdrückten und Unglücklichen der menschlichen Gesellschaft. Die Totengräber, die dort unten ihres Amtes walteten, nahmen zuerst eine Religion an, die den Uebermut der Reichen erniedrigte und die Armen erhöhte; sie schauten hoffnungsfreudig auf alle Freuden des Paradieses, das ihnen der Erlöser prophezeite, und fühlten sich durch seine Lehre rehabilitiert, sie, die unter dem Abscheu und der Verachtung ihrer Mitmenschen zu leiden hatten. Die christliche Lehre löschte mittels Busse und Taufe jeden Fehl aus, sie schuf in dem alten Menschen einen neuen, machte rein, was bis dahin unrein gewesen war Daraus erklärte sich ganz naturgemäss auch ihr tröstlicher Einfluss auf die deklassierten Wesen, die dem Dienste der Prostitution geweiht waren.

Diese unglückseligen Geschöpfe, die bis dahin kaum das Bewusstsein ihrer Entwürdigung hatten, wurden plötzlich mit Scham und Trauer erfüllt; die neue Lehre öffnete ihnen die Augen und zeigte ihnen die ganze Tiefe ihres Elendes, in das sie hinabgestossen worden waren. Einzelne bekehrten sich und sagten ihrem bisherigen Leben Valet; andere fuhren darin fort, waren aber doch im Innersten erschüttert und beugten sich gleichsam nur einer furchtbaren Tyrannei und einem Zwange, gegen den eine andere als psychische Rebellion durchaus unmöglich war. Die christliche Religion verbreitete sich überraschend schnell gerade unter den Angehörigen der allerniedrigsten Prostitution. Die Apostel und ihre ersten Schüler hatten mit ihren Predigten an den Strassenecken, an den Stadtthoren, auf öffentlichen Plätzen und Promenaden begonnen, wo immer eine müssige und neugierige Menge ihnen ein Publikum abgab. Die Lastträger, Matrosen, Schiffersknechte, flüchtige Sklaven, kurz die allerniedrigste Bevölkerung umdrängte den Gottesmann, der ihnen von der Besiegung und Abtötung des Fleisches redete. Die Prostituierten bildeten häufig den aufmerksamsten Teil der Zuhörerschaft und nahmen diese Worte, wie es psychologisch durchaus begreiflich ist, mit besonderer Innigkeit auf. Häufig verzichteten einzelne von ihnen auf ihr Gewerbe, um sich der Mission zu widmen, die der Verkündiger der neuesten Lehre den Jungfrauen und Märtyrerinnen angedeutet hatte. Jesus hatte Maria Magdalena von der Sünde frei gesprochen, weil sie viel geliebt habe; so zeigten sich auch nach dem Vorbilde des Religionstifters seine ersten Jünger nachsichtig gegen Frauen, die bis dahin einen unsittlichen Lebenswandel geführt hatten und nun, einmal zu Christen geworden, ein zurückgezogenes und keusches Leben führten.

Die Heiligengeschichte bietet uns zahlreiche Beispiele von Curtisanen, die ihr Heil in einer vollständigen Veränderung ihres bisherigen Lebens suchten. Diese armen Wesen glichen gleichsam jenen drei Marien, die alles verlassen hatten, um Jesus zu folgen. Eine grosse Anzahl von ihnen bezeugte durch einen qualvollen Opfertod wie ernst es ihnen mit der neuen Lehre war. Die Zahl der Heiligen dieser Art ist so bedeutend, dass der gelehrte Jesuitenpater Theophil Raynaud darüber eine besondere Martyrologie geschrieben hat. Als Vorbild und Patronin dieser Heiligen galt Maria die Aegypterin Es kann nicht unsere Aufgabe sein, hier alle die Beispiele, die diese Legende darbietet, aufzuzählen, wir wollen nur Einzelnes herausgreifen, um daran zu zeigen, welchen Einfluss die christliche Lehre auf die antike Prostitution ausgeübt hat.

Maria, die Aegypterin, die unter dem Kaiser Claudius lebte und sich nach ihrer Bekehrung zur Busse in der Wüste verborgen hatte, erzählte dem Abte Zosimus, der sie nackt und sonnenverbrannt in der Wüste auffand, ihre Geschichte folgendermassen: „Ich bin in Aegypten geboren worden; in meinem zwölften Lebensjahre kam ich nach Alexandrien, wo ich siebenzehn Jahre lang in einem öffentlichen Hause war. Als Leute aus dieser Gegend eine Reise nach Jerusalem antreten wollten, um dort die Religion des Kreuzes anzubeten, da bat ich die Seeleute, auf deren Schiff sie die Reise machen wollten, mich mitzunehmen. Als sie mich fragten, welchen Preis ich für die Ueberfahrt zu zahlen bereit sei, sprach ich zu ihnen: „Brüder, ich habe nichts, was ich Euch geben könnte, ausser meiner Gunst, mit der ich die Reise bezahlen will." Sie nahmen mich darauf mit und genossen meine Gunst während der Ueberfahrt. Als wir zusammen in Jerusalem ankamen und ich mich mit den anderen an die Pforte der Kirche begab, da fühlte ich mich plötzlich durch eine unsichtbare Hand zurückgestossen; ich kehrte mehrere Male an die Pforte der Kirche zurück, um immer von Neuem zurückgewiesen zu werden, während die anderen ohne Schwierigkeiten eintraten. Da überdachte ich mein vergangenes Leben und ward inne, dass meine zahllosen Sünden die Ursache dieser Zurückweisung seien. Ich begann Reue zu empfinden und Busse zu thun und meinen Körper mit meinen Händen zu kasteien.“ Sie legte darauf das Keuschheitsgelübde ab, liess sich taufen und floh dann in die Wüste, wo sie siebenundvierzig Jahre lang einsam lebte.

Mit derartigen Legenden versuchten nunmehr die Anhänger der neuen Lehre unter den Prostituierten Anhängerinnen zu werben. Maria von Aegypten wurde die gewöhnliche Patronin solcher Curtisanen, die sich der neuen Lehre zuwendeten. Ein anderes Weib dieser Art nannte sich Thais und wohnte in einer ägyptischen Stadt. Ihre Schönheit war so gross, dass viele ihrer Liebhaber alles verkauften was sie besassen, um ihre Gunst zu erringen. Der Abt Paphnutius fasste den Vorsatz, sie zu bekehren. Er bekleidete sich mit einem vornehmen Gewande, nahm ein Goldstück und ging zu ihr, wie wenn er ihre Gunst erkaufen wollte. Als sie ihn darauf in ihr Zimmer führte, sprach Paphnutius: „Lass uns an einen verborgeneren Ort gehen.“ Sie führte ihn darauf noch in mehrere andere Zimmer, während er so that, als ob er immer noch gesehen werde. Endlich sprach sie zu ihm: „Dies ist ein Zimmer, in das niemand eintreten kann, aber wenn Du Gott fürchtest, dann giebt es freilich keinen Ort, der so verborgen wäre, dass jener nicht hineinschauen könnte.“ Erstaunt ob dieser Bemerkung, fragte der Greis sie, ob sie denn etwas von Gott wisse. Nach einer kurzen Unterhaltung fiel Thais dem Paphnutius zu Füssen und versprach, sich bekehren zu wollen. Thais raffte alles, was sie mit ihrem bisherigen Leben erworben hatte, ihre kostbaren Gewänder, ihre reichen Schmuckstücke und ihre herrlichen Möbel zusammen und errichtete daraus auf öffentlichem Marktplatze einen Scheiterhaufen. „Kommt alle herbei,“ so rief sie dann, „ihr, die ihr mit mir gesündigt habt und seht alles verbrennen, was ich von Euch empfangen habe!“ Als alles vom Feuer verzehrt war, eilte sie zu Paphnutius hin, der sie in ein Frauenkloster führte und sie dort in eine kleine Zelle einschloss. Die Thür versiegelte er und liess nur ein schmales Fensterchen offen, durch das sie täglich ein wenig Brod und Wasser empfing. Diese grausame Busse, die uns die Heiligengeschichte mit allen möglichen Einzelheiten erzählt, dauerte drei Jahre lang. Thais überlebte nach ihrer Befreiung die Qualen nur um drei Tage und starb dann wie berichtet wird in Frieden wie eine Jungfrau.

Ein anderer Heiliger war mit der Bekehrung einer leichtfertigen Frau weniger glücklich. Um sich den Versuchungen mit denen sie ihn verfolgte, zu entziehen, rief ihr der Heilige zu: „Folge mir!“ Sie folgte ihm. Aber anstatt dass er einen entlegenen Ort aufgesucht hätte, wie sie es wünschte, führte er das Weib im Gegenteil an eine belebte Strassenecke, wo viel Volk vorbeiging. Dort wandte er sich zu ihr mit der Aufforderung ihm ihre Gunst zu schenken. Sie bemerkte ihm darauf, dass doch zuviel Volk auf der Strasse sei. Als der Heilige ihr darauf sagte, wenn sie schon vor den Menschen Scham empfinde, so müsse sie doch noch mehr Furcht vor Gott haben, da erschien die Curtisane betreten und verlegen und entfloh mit gesenktem Haupte. Aber sie ging nicht in ein Kloster und verbrannte auch nicht das, was sie mit ihrem Leben erworben hatte. Derartige Geschichten finden sich zahlreich in allen Heiligenlegenden; sehr häufig wird die Standhaftigkeit, und Enthaltsamkeit der frommen Männer dort auf jede Weise gerühmt. So wird zum B. folgendes erzählt. Zwei Einsiedler befanden sich auf dem Wege nach Tharsus und litten so unter der Hitze des Tages, dass sie gezwungen waren, in einem Wirtshause Halt zu machen, obschon sie nur widerstrebend ein solches Haus betraten. In dem Wirtshause befanden sich mehrere junge Lebemänner und eine Dirne. Diese näherte sich einem von den Einsiedlern und suchte ihn zu verführen. Voll Abscheu wandte sich der Einsiedler von ihr ab; aber das Weib hörte nicht auf, ihn zu verfolgen und sprach schliesslich, Jesus selbst habe ja der Magdalena verziehen. „Freilich," so erwiderte ihr der Einsiedler, „aber als Jesus zu der Sünderin sprach. da liess sie von ihrem Lebenswandel ab." „So will auch ich thun," rief darauf das Weib aus. Sie verliess den Ort des Lasters, folgte den beiden Einsiedlern und trat in ein Kloster ein.

Eine Stelle aus dem Leben des heil. Simeon des Styliten, der mehr als 40 Jahre auf einer Säule verlebte, auf der er sich ein kleines Häuschen erbaut hatte, zeigt uns, dass von allen Seiten verlorene Frauen herbeikamen, um sich an seinem strengen Lebenswandel zu erbauen und die Predigt der neuen Lehre zu hören. Simeon soll grade unter den Dirnen ausserordentlich viel Bekehrung zu verzeichnen gehabt haben. (Quid porro de meretricibus dicam, quæ, ex diversis procul terris, ad servi Dei septum profectæ, postquam illum conspexere, patriam suam deseruere, et severiorem ascetarum disciplinam in monasterio professæ, sanctorum honorem commeruerunt, posteaquam, Domino largiente, præteritorum criminum chirographa suis lacrymis. Acta sanctorum, t. II, p. 344.) Aus dieser merkwürdigen Stelle kann man schliessen, dass die bekehrten Curtisanen gleichsam einen Katalog ihrer Sünde aufstellen mussten, den sie während der ganzen Zeit ihrer Busse beständig vor Augen hatten. Sie galten übrigens, wenn sie den bisherigen Lebenswandel abgelegt hatten, durchaus als vollberechtigte Mitglieder der Gemeinde. Das geht aus der Geschichte der heiligen Pelagia hervor, die früher Schauspielerin gewesen war und einmal einen heftigen Auftritt mit dem Bischof von Antiochia gehabt hatte. Diese heilige Pelagia ist nicht identisch mit jener, die in ihrem früheren Leben den Namen Porphyra getragen hatte und zwei oder drei Jahrhunderte später zu Tharsus lebte.

In der Heiligengeschichte wird ihre Bekehrung sehr merkwürdig und naiv geschildert. Es heisst da, sie sei eines Tages zu einem Einsiedler gekommen und habe ihn gebeten, sie aus ihrem bisherigen Leben zu erretten. Der Einsiedler sei mit ihr Hand in Hand durch die Stadt gegangen zu einer einsamen Kirche, dort hätten sie ein neugeborenes Kind gefunden, das sie wie ihr eigenes aufgenommen hätten. Als darauf das Gerücht entstanden sei, es handele sich um ein Kind des Einsiedlers und der Curtisane, habe er zu dem Beweise seiner Unschuld glühende Kohlen in seinem Gewande getragen. Porphyra hatte den Namen Pelagia angenommen und sich in ein Kloster zurückgezogen. Ihr Beispiel machte solchen Eindruck, dass eine grosse Zahl von Prostituierten aus Tharsus ihr bisheriges Leben aufgaben und in die christliche Gemeinschaft eintraten. Die erste heilige Pelagia starb während der Christenverfolgung des Licinius im Jahre 308. Sie stürzte sich von einem hohen Dache herab, um sich den Verfolgungen der römischen Soldaten zu entziehen. Während derselben Christenverfolgung erlitten mehrere frühere Curtisanen den Märtyrertod, so Theodote, Afra und andere. Während Theodote verurteilt wurde, ihr früheres Gewerbe wieder aufzunehmen, erlitt Afra nach einer äusserst umfangreichen Gerichtsverhandlung den Feuertod. In der Heiligenlegende wird uns sogar das Gebet überliefert, das sie noch auf dem Holzstosse aussprach. Es ist durchaus wahrscheinlich, dass derartige Vorfälle einen tiefen Eindruck in den Kreisen der antiken Prostitution hervorrufen mussten.

III. Kapitel.

Warum man die Christinnen zur Srafe der öffentlichen Prostitution verurteilte. — Die Legende von den sieben Jungfrauen von Ancyra. — Wie Aurelius Prudentius den Tod einer Jungfrau beschreibt, die den Gelüsten ihrer Verfolger preisgegeben war. — Sankt Agnes vor dem Tribunal. — Der Urteilsspruch des Statthalters Symphronius. — Agnes wird in ein Freudenhaus übergeführt. — Wunderbarer Tod des Sohnes des Statthalters. — Wichtige Einzelheiten zur Geschichte der Prostitution jener Zeiten. — Die Verurteilung der heiligen Theodora. — Didymus. — Die Enthauptung der Theodora. — Palladius erzählt ähnliche Fälle. — Die Legende von der heiligen Theodote. — Ein Urteilsspruch des Prokonsuls Optimus. — Wunderbare Errettung. — Die Legende von der heiligen Euphemia. —

Die Christen waren so stolz auf ihre Keuschheit, legten ihr einen so hohen Wert bei und fürchteten so sehr, diesen Schatz zu verletzen oder zu beschädigen, dass ihre Verfolger sich ein boshaftes Vergnügen daraus machten, sie in dem Besitz eines Gutes zu stören, das man niemals versucht hätte, ihnen zu rauben, wenn es nicht als Beleidigung der antiken Religion und Kern der christlichen Lebensauffassung angesehen worden wäre. Daraus erklärt sich auch jene absonderliche Strafe, die darin bestand, das man christliche Frauen und Jungfrauen den Brutalitäten der öffentlichen Prostitution überantwortete. In den Lebensbeschreibungen der Heiligen ist zu oft die Rede von einer derartigen Strafe, als dass man sie in Zweifel ziehen oder für eine Uebertreibung halten könnte. Die Verfasser der Heiligengeschichte bringen eine grosse Reihe von Einzelheiten vor und St. Ambrosius erwähnt im dritten Buche seiner Abhandlungen von den Jungfrauen, wo er ausführlich den Märtyrertod der heiligen Theodora schildert, dass diese schwere Strafe vorzugsweise jenen Frauen aufgespart blieb, die sich weigerten an dem Dienste der heidnischen Götter teilzunehmen. Wie wir übrigens schon gesagt haben, steht damit vielleicht die Erinnerung an jenes alte römische Gesetz im Zusammenhang, welches verbot, dass eine Jungfrau mit dem Tode bestraft werde; wir erwähnten schon, dass in der Regel der Henker vor der Hinrichtung einer Jungfrau ihre Schändung vorzunehmen hatte. Aber mit diesem alten strafrechtlichen Acte verband sich ohne Zweifel die Absicht, die Christen in ihren eigenen Augen und in denen ihrer Religionsgenossen zu entehren.

Die Teilnahme an den Opferhandlungen für die alten Götter, die man jeder angeklagten christlichen Frau aufzuzwingen suchte, bedeutete für sie nichts anders als den Weg zur Prostitution. An früheren Stellen haben wir ja bereits darauf hingewiesen, dass fast alle antiken Gottheiten in irgend einem Zusammenhange mit dem sexuellen Leben standen; für die Christen hätte deshalb die Theilnahme an den Opferhandlungen eine Schamlosigkeit oder eine Art von Ehebruch bedeutet.

Es wird uns in einer grossen Anzahl von Büchern der Kirchenschriftsteller aus jener Zeit erzählt, wie sich verurteilte Christinnen mit ihrem schrecklichen Lose abzufinden suchten. Man darf annehmen, dass die Ueberantwortung christlicher Frauen an die öffentliche Prostitution nicht vor der Christenverfolgung unter Marc Aurelius im Schwange war; Tertullian spricht in seinem apologetischen Buche von dieser Art Strafe wie von einer neuen Erfindung. „Indem ihr letzthin eine christliche Jungfrau zur Prostitution (ad lenonem) anstatt zum Opfertode (ad leonem) verurteilt habt,“ so sagt er mit einem bissigen Wortspiel in der lateinischen Sprache, „habt ihr selbst zugegeben, dass eine Verletzung des Schamgefühls bei den Christen als etwas Schrecklicheres gilt, als die Qualen irgend einer Art von Todesstrafe.“ Die Heiligengeschichte wimmelt von allerhand Erzählungen, wonach sich Gott in der letzten höchsten Not der gefährdeten christlichen Frauen durch allerhand Wunderthaten angenommen haben soll. Alle Beiträge zur Psychologie jener Zeit haben durch diese Erzählungen unzweifelhaft ihre gewisse Bedeutung. Uns fehlt aber jeder Raum, hier auch nur eine kleine Zahl davon wiederzugeben. Man müsste darüber ein eigenes Buch verfassen, indem man aus diesem einzigen Gesichtspunkte heraus die ungeheure Sammlung der Bollandisten und die Akte der Heiligen durchsähe. Für uns genügen einige wenige Beispiele, die wir hier wiedergeben, ohne die Naivetät ihrer Originale wesentlich abzuschwächen. Wenn man das Lob der Keuschheit liest, das Augustinus in seinen Bekenntnissen singt, dann wird man begreifen, dass die Verfolger des Christentums gerade in den Angriffen auf die Keuschheit christlicher Frauen eine ganz besondere Rache zu finden hofften. So kümmerten sich denn auch die Verfolger keineswegs um das Alter ihre Opfer. Die heilige Agnes war noch nicht dreizehn Jahre alt, und die sieben Jungfrauen von Ancyra waren schon so alt, dass sie sich kaum erinnerten, überhaupt einmal jung gewesen zu sein, als man sie den Peinigungen unterwarf.

Diese sieben Jungfrauen, von denen jede zwischen siebenzig und achtzig Jahre alt war, wurden wegen ihrer christlichen Religion verurteilt und zwar zur öffentlichen Prostitution. Als sich begreiflicherweise niemand fand, der ihre Tugend in Gefahr bringen wollte, verfügte der Statthalter von Ancyra, dass sie im Tempel der Diana Dienste thun sollten. Dies verwunderliche Martyrium spielte nach Nilus, der es uns überliefert hat, etwa im vierten Jahrhundert. Auch die andern Heiligen, die ähnlichen Brutalitäten ausgesetzt waren, gehören fast alle derselben Zeit an. Theodora, Irene, Agnes und Euphemia wurden alle während der grossen diokletianischen Christenverfolgung in den Jahren 303—311 verurteilt. Auf welche unerhörte grausame Strafe man damals verfiel, geht daraus hervor, dass man in Aegypten christliche Frauen völlig nackt an den Füssen aufzuhängen pflegte.

Der Dichter Aurelius Prudentius, der mehr als sechzig Jahre nach dieser Christenverfolgung schrieb, hielt sich zweifellos an die Ueberlieferung, als er die Geschichte einer zur Prostitution verurteilten christlichen Jungfrau schrieb. Da das Mädchen sich nicht dem Dienste der Minerva weihen wollte, so beschimpfte man sie auf alle mögliche Weise. Auf dem Wege zum Lupanar folgte eine grosse Schaar erhitzter Männer den Schritten der Unglücklichen und machte sich das Recht streitig, sie zu vergewaltigen. Aus Furcht in die Hände ihrer Verfolger zu fallen, beschleunigte die Jungfrau verhüllten Hauptes ihre Schritte. Sie stürzte zu dem öffentlichen Hause hin, gerade wie wenn ihre Tugend darin mehr in Sicherheit gewesen wäre, als auf der öffentlichen Strasse. Es giebt in der nachchristlichen lateinischen Literatur kaum etwas, was rührender gewesen wäre, als dieses Gemälde christlicher Keuschheit.

Die heilige Agnes verlor nach der Ueberlieferung in der That selbst in einem öffentlichen Hause zu Rom ihre Reinheit nicht. Sie gehörte einer der ersten Familien der Stadt an und war, obschon kaum dreizehn Jahre alt, bereits von mehreren Patriziern zur Ehe begehrt worden. Von dem Sohne des Statthalters Symphronius, dem sie gleichfalls einen Korb erteilt hatte, wurde sie als Christin denunziert. Vor dem Richter gestand sie auch ohne Umschweife die Richtigkeit dieser Thatsache zu. Darauf sprach der Richter, wie uns erzählt wird: „Du kannst zwischen den beiden wählen, entweder opferst Du bei den Vestalinnen der Vesta, oder Du prostituierst Dich mit den Curtisanen in einem Soldaten-Bordell (aut cum meretricibus scortaberis in contubernio lupanari), wo Dir die Christen, die Dich verführt haben, keinerlei Hilfe leisten werden.“ Als Agnes durch diese Drohungen keineswegs erschüttert, dem Symphronius kühn antwortete, befahl er, ihr die Kleider herabzureissen und sie in ein öffentliches Haus zu führen. Ihr voraus musste ein Ausrufer gehen, der beständig rief: „Agnes ist der Gotteslästerung überführt und wird der öffentlichen Prostitution überantwortet (Scortum lupanaribus datam).“ In dem öffentlichen Hause soll, wie es in der Erzählung weiter heisst, ihre Tugend durch allerlei Wunder beschützt worden sein. Als der Sohn des Statthalters zu ihr kam, um sie zu missbrauchen, sei er wie vom Blitz getroffen, tot zu ihren Füssen niedergesunken.

So erzählt Ambrosius in seinen Briefen (4. Buch 34. Brief). Die Akten dieser Heiligen, die von Ruinard veröffentlicht worden sind, fügen dieser Erzählung noch eine Reihe von Einzelheiten hinzu, die für die Geschichte der Prostitution nicht ohne eine gewisse Bedeutung sind. Danach habe man das Mädchen in dem öffentlichen Hause nach der gewöhnlichen Sitte eingekleidet; es hätten sich ihr auch eine Anzahl von Lüstlingen genähert, seien aber von der Hoheit und dem Schmerz des Kindes überwältigt, wieder fortgegangen, ohne sie berührt zu haben. Indessen habe der Sohn des Symphronius sie dennoch zu vergewaltigen gesucht, sei aber tot zu ihren Füssen niedergestürzt. Auf die Bitten seiner Freunde habe sie den Toten jedoch wieder ins Leben zurückgerufen. Für dieses Wunder, das man geheimnisvollen Zauberkräften zugeschrieben habe, sei Agnes dann dem Feuertode überliefert worden.

Es ist in der Geschichte der Heiligen sehr häufig von einer Verurteilung zu öffentlicher Prostitution die Rede. Indessen ist es doch unwahrscheinlich, dass sich derselbe Vorgang so häufig unter fast gleichen Bedingungen wiederholt hat. Das bekannteste Martyrium dieser Art ist das der heiligen Theodora, deren Schicksal auch in einem schlechten Trauerspiel von Peter Corneille verherrlicht worden ist. Man findet diese Geschichte in den Schriften des heiligen Ambrosius, die Akten dieser Heiligen sind von Ruinard veröffentlicht worden. Theodora entstammte einem edlen Geschlecht in Alexandrien. Da sie verdächtig war, der christlichen Lehre anzuhängen, so wurde sie vor den Richter gefordert und ihr aufgegeben, an den Gottesdiensten der heidnischen Gottheiten teilzunehmen. Aus Rücksicht auf ihre hohe Abstammung liess ihr der Richter drei Tage Bedenkzeit, bevor er seinen Spruch über sie fällte. Da sie fest in ihrem Glauben verharrte, so wurde sie thatsächlich zur Prostitution verurteilt und in ein öffentliches Haus überführt. Ihr Schicksal erregte grosses Aufsehen, und das Haus war von vielen Leuten umstanden, ohne dass jemand gewagt hätte, zu ihr hinein zu gehen. Endlich durchbrach ein Soldat die Menge und trat ein. Dieser Soldat, Didymus, war ein Christ, der sich lediglich verkleidet hatte, um Theodora zu retten. Er beschwor sie, sein Gewand anzulegen und zu fliehen. Theodora that, wie er ihr geraten hatte und verliess glücklich das Haus, ohne auf die Fragen und Scherze der draussenstehenden Menge einzugehen. Als man bald darauf den Vorgang entdeckte, wurde der zurückgebliebene Christ vor den Richter geführt und wegen seiner That zum Tode verurteilt Darauf stellte sich Theodora, die davon gehört hatte, sofort von Neuem dem Richter; es entstand zwischen ihr und ihrem Retter Didymus ein förmlicher Wettstreit darum, wer den Opfertod zu erleiden habe. Schliesslich wurden beide gemeinsam hingerichtet.

In seinem Leben der Kirchenväter erzählt Palladius einen ganz ähnlichen Vorgang aus Corinth. Auch dort wurde eine Christin durch einen Glaubensgenossen aus verzweifelter Lage gerettet.

Manchmal überlieferte der Richter die christlichen Jungfrauen nicht den öffentlichen Häusern, sondern der Willkür einzelner Lüstlinge. So geschah es z. B. an der heiligen Denise, die von dem Prokonsul Optimus verurteilt wurde. Sie geriet in die Hände von zwei verdorbenen Jünglingen, die vergebens versuchten, sie in ihren Grundsätzen wankend zu machen. Man darf annehmen, dass derartige Verurteilungen gegen die Keuschheit christlicher Frauen zumeist nur in der grossen Christenverfolgung des Diocletian in Alexandrien stattgefunden habe. Der damalige Präfekt von Agypten Hierokles hatte alle Richter angewiesen, ohne Ausnahme diese Strafform anzuwenden. In den Heiligengeschichten wird ausdrücklich vermerkt, dass dieser Mann mit unerbittlicher Konsequenz in diesem Punkte vorgegangen ist. Einige Male gaben sich Richter sogar zur Vollstreckung ihres eigenen Urteils her, wie es uns von einem Namens Priscus überliefert worden ist, der sich in dem Wüten gegen die Christen besonders hervorthat. Ueber sein Ende wird in den Legenden eine merkwürdige Geschichte erzählt; danach soll er entschlossen gewesen sein, die Tochter eines Senators, Euphemia, die sich selbt der Angehörigkeit zur Christengemeinde bezeichnet hatte, zu schänden. Als alle seine wiederholten Versuche gescheitert waren und er zum äussersten Mittel greifen wollte, sei er von einem Löwen, der seinem Käfig entronnen war zerrissen worden. So berichtet wenigstens St. Ambrosius, und Beispiele ähnlicher Art von propagandistischen Erzählungen, über deren objektiven Wert sich niemand einem Zweifel hingeben wird, finden sich zahlreich in den Schriften jener Zeit.

IV. Kapitel.

Sekten und Sektengründer. — Nikolaïten. — Grausame Vorschriften, die man dem Diakon Nikolaus, dem Stifter dieser Sekte, zuschrieb. — Die Phibioniten, Stratiotiken, Levitiker und Barbariten. — Epiphanes beschreibt die Gebräuche dieser Sekten. — Ketzereien körperlicher und geistiger Art. — Die Karpokratianer und Valesianer. — Epiphanes. — Marcellina. — Die Kaïniten und Adamiten. — Auschweifungen, denen sich die Kaïniten hingaben. — Die Himmelfahrt Pauli. — Ketzerei der Quintillia. — Prodicus. — Vom Kulte der Adamiten. — Moralische Reform dieser Sekte nach dem Tode ihres Stifters. — Die Marcioniten. — Die Valentinianer.

Wir haben schon darauf hingewiesen, dass vornehmlich die abtrünnigen Christen die Schuld daran trugen, wenn die Enthaltsamkeit und Keuschheit der ersten Christen der damaligen Bevölkerung verdächtig erschien. Einer Reihe von sektirerischen Bestrebungen kann man den Einfluss wohl zuschreiben, dass sie wesentlich zu der verkehrten Anschauung beigetragen haben. Einige fanatische Neuerer wollten mit Hilfe des sinnlichen Vergnügens den Triumph einer durchaus metaphysischen Religion erhöhen. Drei Jahrhunderte lang kämpfte die christliche Kirche in ihren eigenen Reihen mit schismatischen Strömungen, und fast immer wurde die Prostiution als ein Propagandamittel von den Neuerern angewendet, die häufig ihre Glaubenssätze und ihre Religionsmysterien von indischen Kulten ableiteten.

Die erste Sektenbewegung, die über das Christentum hereinbrach, geht bis in die Zeiten der Apostel zurück und knüpft vielleicht an die alte Ueberlieferung des Baaldienstes in Judäa an. Der 2. Brief Petri, den die christliche Chronologie in das Jahr 65 setzt, beschäftigt sich anscheinend mit dieser Haeresie. Man erkennt aus diesem Briefe, der allerdings viel Dunkelheiten enthält, dass die Neuerer keineswegs die Absicht hatten, keusch zu bleiben. Aber sogar nach dem Text der Vulgata ist es schwer zu sagen, gegen welche Art von Unkeuschheit Petrus seine Vorwürfe richtet. Mag sein, dass in dieser Bewegung der Nikolaïten es sich nicht um Bestialität handelt, so kann man doch nicht daran zweifeln, dass dort Sodomie unter dem Mantel christlicher Bruderliebe gepflegt wurde. Die Kirchenväter, die von den Nikolaïten gesprochen haben, hatten die Anfänge dieser Sekte nicht selbst beobachtet und hielten sich an die Quellen der mündlichen Ueberlieferung. Nach einigen von ihnen soll der Diakonus Nikolaus, den Irenäus als das Haupt der Nikolaïten bezeichnet, seine Haeresie insceniert haben, um sich an den Aposteln, besonders an Paulus zu rächen, die ihn getadelt hatten, weil er sein Weib wieder zu sich genommen hatte, obschon er von ihr getrennt war, um seine Enthaltsamkeit zu beweisen. Anstatt seine Schwäche zu entschuldigen, behauptete Nikolaus fest, es sei nötig, sich mit allen Arten von Unreinheit zu besudeln, um das ewige Heil zu erwerben. Er stützte diese Lehre auf folgende Ueberlegung: ein sündiges Fleisch müsse Gott angenehmer sein, da ja die Verdienste des Erlösers dann viel grösser seien, wenn er es trotzdem zum ewigen Heile führe. Andere Kirchenväter versuchen das Andenken des Nikolaus gegen derartige Erzählungen zu verteidigen; sie erklärten, Nikolaus habe in seiner Ehe keusch gelebt, ohne mit einer anderen, als mit seiner legitimen Frau Umgang zu pflegen. Sie habe ihm mehrere Töchter und einen Sohn geschenkt, der Bischof von Samaria wurde, während jene unvermählt starben. Was die vielen Beschuldigungen anlangte, die jene gegen ihn erhoben, so hätte er nach dem Zeugnis dieser Leute nur einen zweideutigen Ausdruck gewählt, indem er sein Missbrauchen des Fleisches im Sinne von Abtöten des Fleisches gesetzt haben wollte. Lediglich seine Schüler hätten diesen Ausdruck allzuwörtlich gefasst und unter Abwälzung der Verantwortung auf den toten Diakonus sich allen fleischlichen Gelüsten hingegeben.

Das war nicht die einzige Uebertreibung, die sich die Legende mit Bezug auf diesen Nikolaus erlaubte. Man erzählte auch noch, seine

Frau sei sehr schön und er sehr eifersüchtig gewesen. Die Apostel hätten ihm seine Eifersucht vorgeworfen, und er habe sein Weib, um diesen Vorwürfen zu entgehen, in eine Versammlung der Christengemeinde kommen lassen und dort laut aufgefordert, sich den zum Manne zu wählen, den sie haben wollte. Was weiter geschah, erzählt die Legende nicht, und man weiss daher nicht, ob des Nikolaus Weib von dieser Erlaubnis Gebrauch gemacht hat oder nicht. Die ersten Nikolaiten stellten keinerlei Theorie ihres neuen Glaubens auf, veränderten nichts an der christlichen Lehre und traten lediglich durch ihr Beispiel für die Abwerfung jeglicher geschlechtlicher Scham ein. Später griffen sie, um ihre Trennung von der Kirche zu rechtfertigen, die Gottheit Jesu an und behaupteten, diese Ausschweifungen seien gut und heilig, da ja der Gottessohn sie selbst mit seinem irdischen Körper habe durchkosten können. Ohne von ihrer Praxis Abstand zu nehmen, vereinigten sie sich später mit den Gnostikern und bildeten neue Sekten unter dem Namen der Phibioniten, der Stratiotiker, der Levitiker und der Barbariten. Alle diese neuen Sekten, deren zum Teil höchst sonderbare Lehren Epiphanias im vierten Jahrhundert beschrieben hat, steckten sich dasselbe Ziel: Befriedigung aller sinnlichen Gelüste und Rückkehr der Instinkte zur Natur. Im Geheimen haben sie fortgedauert bis tief in das elfte Jahrhundert hinein.

Die Hæresien der ersten Jahrhunderte teilten sich sozusagen in zwei verschiedene Klassen, solche des Körpers und solche des Geistes. Die Letzteren, von denen wir nur diejenigen des Sabellius, des Eutyches, des Symmachus, des Jovinian erwähnen, beschäftigten sich lediglich mit den Fragen der Religion, der Philosophie und der Metaphysik. Sie verloren sich im allgemeinen in Träumereien über die Gottheit und die Mission Jesu Christi. Die mehr körperlichen Hæresien verbanden mit diesen ingeniösen oder extravaganten Spekulationen als Ziel oder Mittel eine weitgehende Entfesselung der Sinnlichkeit. Der Gnostizismus, der in seinen Ursprüngen auf asiatische Religionen zurückgeht, suchte die ganze ursprüngliche christliche Lehre zu unterdrücken. Die verbreitetste Lehre bei allen Hæretikern war die Weibergemeinschaft und die sexuelle Promiskuität. Die Karpokratianer und die Valesianer verkündeten diese Lehre um den Beginn des zweiten Jahrhunderts. Karpokrates, der auf der griechischen Universität Alexandrien studiert hatte, war in Wirklichkeit nur ein Schüler Epikurs, obschon er sich einen Christen nannte. Er schuf die christliche Lehre zu einer Art epikuräischer Philosophie um. Nach ihm existierte das Uebel nicht mehr auf der Erde und alle Moralvorschriften konnten auf die einfache Formel zurückgeführt werden: Was Du nicht willst, das man Dir thu', das füg' auch keinem Andern zu. Karpokrates nahm seine Lehre nicht mit sich in sein Grab, sondern sein Sohn Epiphanes, der gleichfalls epikuräische und neuplatonische Philosophie in Alexandrien studiert hatte, vervollständigte sein System, obschon er bereits im achtzehnten Jahre starb, dadurch, dass er ausdrücklich bestimmte, es solle unter den Anhängern der Lehre Weibergemeinschaft herrschen, und keine Frau solle das Recht haben, ihre Gunst demjenigen zu verweigern, der ihrer, kraft natürlichen Rechtes, begehrte. Dem Epiphanes wurden göttliche Ehren erwiesen, und man errichtete ihm in einer Stadt Kephaloniens eine Bildsäule. Eine Frau aus dieser Sekte Namens Marcellina kam gegen das Jahr 160 nach Rom und warb dort viele Anhänger Bei ihren Agapen und nächtlichen Mahlzeiten feierten die Karpokratianer und Epiphanier ihre Ausschweifungen: sie assen und tranken mit wenig Maass, und wenn das Mahl beendet und der Segen gesprochen war, dann rief der König des Festes dreimal: „Fort mit den Lichtern und den Uneingeweihten!“ Darauf löschte man die Fackeln aus und gab sich in der Dunkelheit allen erdenklichen Ausschweifungen hin

Die Kirchenväter haben sehr häufig und heftig gegen die geheime Prostitution der Ketzer gedonnert; welche Veranlassung sie dazu hatten, mag man daraus ersehen, dass die Anhänger des Karpokrates und Epiphanes die reinen Heiligen waren im Vergleich mit den Kaïniten und den Adamiten, die im zweiten Jahrhundert ausserordentlich viel Anhänger unter den Christen fanden. Der Name des Stifters der Kaïnitensekte ist nicht bekannt; man darf wohl annehmen, dass es einer jener kühnen Gnostiker war, die sich nicht vor einem Appell an die sexuellen Leidenschaften der Menschen scheuten, um ihre Herrschaft über eine gläubige Schaar von Sklaven zu errichten. Die Kaïniten beabsichtigten mit ihrer Lehre eine Rehabilitation des Bösen und den Triumph der Materie über den Geist. Sie verzichteten deshalb auf die Auslegung der heiligen Bücher und verehrten die verhasstesten Vertreter des Menschengeschlechts von Kain bis auf Judas Ischarioth. Kain besonders schien ihnen vorzugsweise verehrungswürdig. Man erkennt leicht die Verwandschaft dieser Lehre mit dem persischen Arimanismus. Sie verherrlichten die sexuellen Laster, die man dem Kain zuschreibt ebenso, wie die der Einwohner von Sodom und Gomorrha; sie protestierten gegen die Vernichtung dieser Stadt und schmeichelten sich mit der Hoffnung, sie eines Tages unter dem Schutze Kains, der ihnen das Prinzip des Bösen personifizierte, wieder aufzurichten. Die Kirchenväter haben vielleicht mit allzuviel Eifer gegen diese Lehren gekämpft, denn man kann nicht wohl annehmen, dass derartige Lehren eine grosse Schaar von Anhängern gewonnen hätten. Die Kaïniten bezweifeln übrigens die Gottheit Jesu Christi und sein Erlösungswerk keineswegs. Nach der Darstellung von Bayle versuchten sie sogar eine Verknüpfung der christlichen Lehre mit ihrem eigenen Dogma. Unverkennbar sind die Einflüsse altasiatischer Kultusformen auf diese Lehre. Von den Büchern der Kaïniten ist uns nichts erhalten geblieben; man muss besonders den Verlust der berühmten Himmelfahrt des Apostel Paulus, eine Art von Apokalypse, bedauern, in der sich ihre Lehre mit einer überstiegenen Phantasie dargestellt haben soll. Wie dem auch sein mag, man kann nicht daran zweifeln, dass die Kaïniten alle mehr oder weniger widernatürlichen Lastern ergeben waren; um die Frauen, denen man den Zutritt verweigert hatte, in die Sekte einzuführen, predigte ein junges Weib, Namens Quintillia, eine Art von Kaïnismus zum Gebrauch der Frauen: dieser Kaïnismus führte in jeder Beziehung auf die bekannte Sappho zurück. Dank der eifrigen Propaganda, die Quintillia veranstaltete, gewann die Lehre in Afrika, besonders in Karthago, grosse Verbreitung.

Die Adamiten führten ihre Lehre auf den ersten Menschen zurück, um einer Verwechslung mit den Kaïniten zu entgehen; aber sie trennten vom ersten Manne das Weib nicht, wie die Anhänger der kaïnitischen und sapphischen Lehre. Der Gründer ihrer Sekte ein gewisser Prodikus, der früher Karpokratianer gewesen war, billigte die Geheimnisthuerei, mit der Karpokrates den fleischlichen Umgang der beiden Geschlechter umhüllt hatte, nicht. Er meinte, was in der Finsternis gut sei, könne am hellen Tageslicht nicht schlecht sein, und hatte die Kühnheit die Begehung des Geschlechtsaktes in voller Oeffentlichkeit nicht nur zu erlauben, sondern sogar vorzuschreiben. So wenigstens hat Bayle den Text des Theodoret überliefert. Clemens von Alexandrien sagt ähnliche Infamien den Secten der Karpokratianer nach und meint, sie hätten lieber Gesetze für Hunde machen sollen. Der Ursprung der Adamiten geht zurück auf jene wüsten Gelage und Agapen, in denen sich die Karpokratianer damals gefielen. Theodoret erzählt im ersten und fünften Buche seiner Schrift: Ueber die Ketzer, dass Prodikus aus Aerger über die Enttäuschungen, die er bei den Gelagen der Karpokratianer erlebt hatte, einen anderen Gebrauch einzuführen versucht hätte. Der Gewährsmann Theodorets für diese Ueberlieferung ist Clemens von Alexandrien, der in der That so etwas ähnliches erzählt hat. Im Uebrigen waren diese nächtlichen Gastereien mit ihren orgiastischen Schlüssen nur Nachahmungen römischer Gebräuche von denen Horaz schon in der sechsten Ode seines dritten Buches singt:

Mox juniores quaerit adulteros
Inter mariti vina. neque eligit
Cui donet impermissa raptim
Gaudia, luminibus remotis;
Sed jussa coram non sine conscio
Surgit marito: seu vocat institor,
Seu navis Hispanae magister,
Dedecorum pretiosus emptor.

Zur Beschönigung der wilden Ausschweifungen denen sich seine Anhänger hingaben, lehrte Prodikus, die Seelen seien nicht in den Körper geschickt worden, um bestraft zu werden, sondern, um durch alle Arten von Vergnügungen die Engel und guten Geister zu ehren, die die Welt geschaffen hätten. Die fleischliche Vereinigung von Mann und Weib bedeutete für ihn nur ein Abbild der mystischen Vereinigung von Brüdern und Schwestern in Gott.

Nach dem Tode des Prodikus, der etwa ums Jahr 120 lebte, führten die Adamiten eine moralische Reform ein, deren Urheber unbekannt geblieben ist: sie pflegten fortan geschlechtliche Zurückhaltung und führten ein keusches Leben, indem sie nur insofern ihrem Vorbilde im ersten Menschen nacheiferten, dass sie die Kleidung verabscheuten und nackt gehen wollten. Die Kirchenschriftsteller unterrichten uns über den Grund der bizarren Massregel nicht, und man ist auf allerhand Vermutungen angewiesen. Wahrscheinlich wollten die Adamiten durch das Ablegen der Kleider an die Unschuld Adams vor dem Sündenfall erinnern. Epiphanes schreibt, dass sich die Adamiten vollständig nackt zu versammeln pflegten und in diesem Zustande ihre Uebungen und gottesdienstlichen Handlungen vornahmen. Augustinus wiederholt fast wörtlich die Worte des Epiphanes. Trotz der harten Probe, die die Adamiten dadurch ihrer Enthaltsamkeit auferlegten, blieben sie doch keusch; Augustinus und Epiphanes bezeugen es ausdrücklich und fügen hinzu, dass diese Leute bei dem Anblick der gegenseitigen Nacktheit, durchaus indifferent geblieben seien. Clemens von Alexandrien freilich behauptet, dass sie nach dem Vorgang von Prodikus sich in der Dunkelheit, nach ihren Agapen, doch immer den grössten Ausschweifungen hingegeben hätten. Welche von den beiden Meinungen die richtige ist, lässt sich heute natürlich nicht mehr feststellen.

Einzelne von den Adamiten beiderlei Geschlechts führten auch in anderer Weise ein durchaus asketisches Leben. Sie gingen beständig nackt, nur mit einem Gürtel um die Lenden und verbargen sich, teils in Gruppen, teils einzeln, in tiefen Wäldern und in Einöden; sie flüchteten vor dem Anblick bekleideter Menschen und vermeinten, dadurch in einen paradiesischen Unschuldszustand sich wieder zurückversetzt zu haben. Es ist möglich, dass ein derartiges fast tierisches Leben bei ihnen alle geschlechtlichen Regungen unterdrückte und ihre Sinne abgetötet hat. Clemens von Alexandrien sagt darüber: „Mit Männern sind sie Männer, mit Weibern Weiber, sie wollten von beiderlei Geschlecht sein.“ Ein anderer Kirchenschriftsteller, Euagrius, glaubt im 21. Kapitel des ersten Buches seiner Kirchengeschichte diesen Worten allerdings den Sinn unterschieben zu müssen, dass die Adamiten sich, ohne Rücksicht auf Geschlecht, allen Arten von Unkeuschheiten hingegeben hätten. Wie dem auch sei, jedenfalls bestand die Sekte der Adamiten bis ins sechzehnte Jahrhundert hinein.

Es ist durchaus erklärlich, dass die von einigen Sekten eingeführte und gepflegte Unkeuschheit auf der andern Seite eine Reaktion hervorrufen musste, die sich in völliger geschlechtlicher Enthaltsamkeit äusserte. Es war besonders der Gnosticismus, der mehrere derartige Sekten aufspriessen liess; einige waren enthaltsam, um dadurch dem Erlöser gleichzukommen, andere, um sich soviel als möglich dem paradiesischen Zustande des Menschen zu nähern, wieder andere, um die Sünde in der Welt dadurch zu töten, dass sie die Fortpflanzung des Menschengeschlechtes hemmten, endlich welche, um sich der Herrschaft des Dämons zu entziehen, der ihrer Meinung nach im Weibe verkörpert war. Die Enkratiten, die Marcioniten und die Valentianer fielen fast gleichzeitig um die Mitte des zweiten Jahrhunderts durch ihre Uebertreibung des Keuschheitsgelübdes auf. Der Gründer der marcionitischen Sekte, Marcion, der Sohn eines frommen Bischofs von Sinope in Paphlagonien, hatte ursprünglich nicht gerade als ein Muster jener Enthaltsamkeit gelebt, die er später mit so grosser Strenge predigte, denn er hatte derartige Ausschweifungen begangen, dass sein Vater ihn nicht absolvieren wollte; er rächte sich für seine Exkommunikation durch die Anstiftung von Unruhen unter den frommen Gläubigen. Nachdem er ein Mädchen verführt hatte, verband er sich mit einem Weibe, das ihm bei seiner Propaganda zur Seite stand. Er liess bei den Christen nur den Cölibat und die vollkommene geschlechtliche Enthaltsamkeit zu und taufte nur solche, die das Gelübde fleischlicher und geistiger Reinheit ablegten. Indessen behauptete er gleichzeitig, dass geschlechtliche Ausschweifungen für die Erlösung kein Hindernis abgeben könnten, da ja die Seelen allein nach dem Tode auferständen. Die Marcioniten hielten die Frauen nicht aus ihrer Gemeinschaft fern, denn sie glaubten, ihre Sinne in der Gewalt zu haben; Frauen konnten die Taufe vollziehen und die Messe lesen, vorausgesetzt, dass sie das Keuschheitsgelübde abgelegt hatten. Diese marcionitische Bewegung machte so grosse Fortschritte, dass Konstantin der Grosse im Jahre 326 ein Edikt gegen sie erliess, und dass fasst ein Jahrhundert später Theodoret der Bischof von Tyrus mehr als zehntausend ihrer Anhänger bekehrte.

Valentin, der fasst zu der gleichen Zeit wie Marcion lebte, war in den Abstraktionen der gnostischen und platonischen Philosophie besser bewandert als jener. Wie viele Philosophen der alexandrinischen Schule hielt auch er es für gut, die Menschen unter das Joch der geschlechtlichen Enthaltsamkeit zu zwingen. Seine dunklen religiösen Theorien wandten sich übrigens nur an die höchsten Regungen der Seele. Die Valentianer vermieden sorgfältig alle Anreize zur Sinnenlust und töteten durch Fasten und strenge Lebensweise die Regungen ihres Körpers systematisch ab, um sich ganz und gar ihren philosophischen Spekulationen hinzugeben. Indessen redet man auch ihnen nach, dass sie nicht immer in dem Kampfe gegen die Sinne Sieger blieben, sondern im Gegenteil sich manchmal wüsten Ausschweifungen hingaben. Die Enkratiten waren in ihrem

Kampfe gegen die Sünden des Fleisches nicht weniger streng; sie führten ihren Ursprung auf die Lehren des Apostels Paulus zurück, die von Tatian, einem Schüler Justins, ausgelegt worden waren. Tatian hatte die ehefeindliche Lehre des Paulus weiter ausgebildet und gelehrt, dass der Cölibat allein zur Vollkommenheit führen könne. Die Anhänger dieser wunderlichen Lehren waren förmliche Reinheitsfanatiker, übrigens auch äusserlich, und machten vom Wasser einen so ausgiebigen Gebrauch, dass sie den Spitznamen Hydroparastaten erhielten.

Die Valesianer, die gegen das Jahr 240 die öffentliche Aufmerksamkeit auf sich lenkten, trieben den Kultus der geschlechtlichen Enthaltsamkeit noch weiter. Ihre Gründer, der Araber Valesius, behauptete nach dem Vorgang des Origenes, die wahre Keuschheit könne nur in einem verstümmelten Körper bestehen. Seine Anhänger pflegten sich nicht nur selbst zu verstümmeln, wie es ja die Priester des Cybelekultus auch gethan hatten, sondern sie warben auch eifrig immer neue Anhänger für ihre Ueberzeugung. Es wird uns überliefert, dass sie häufig Gewalt anwandten, um ihrer Lehre eine weitere Verbreitung zu geben, vornehmlich hatte diese Sekte ihren Sitz in Judäa.

Nicht alle Gnostiker waren so erbitterte Feinde des Fleisches. Wir wissen vielmehr, dass die unter dem Namen Manichäer bekannten im Gegenteil mit ihren Agitationen gegen die Ehe gleichzeitig das Eintreten für einen ganz ungebundenen Geschlechtsverkehr verbanden. Der Vater dieser Sekte war ein Perser namens Manes, der seine absonderliche Lehre in Büchern niedergelegt hatte, aus denen seine Anhänger die Rechtfertigung aller Arten von Ausschweifungen herauslesen zu können vermeinten. Augustinus hat uns über dieses System ausserordentliche Einzelheiten überliefert. Die Manichäer hielten die Prostitution für etwas durchaus wünschenswertes und gleichsam für einen heiligen Akt. „Si utuntur conjugibus," sagt Augustin (de Haeresibus, cap. 46) „conceptum tamen generationemque devitant, ne divina substantia quae in eos per alimenta ingreditur vinculis carneis ligetur in prole." Maimburg sagt in seiner Geschichte des heiligen Leo: „Da sie glaubten, dass der Geist vom guten Prinzip herrühre, das Fleisch und der Körper vom bösen Prinzip, so lehrten sie, dass man ihn hassen, ihn erniedrigen und in allen Formen entehren müsse; dazu dienten vornehmlich alle Arten von Unkeuschheiten die sie bei ihren Vereinigungen begingen." Immerhin liegt kein Grund vor alles zu glauben, was Augustinus uns von ihrer Lehre und ihren Handlungen erzählt, sagt er doch und andere ihnen folgendes nach: „Qua occasione vel potius execrabilis superstitionis quadam necessitate coguntur electi eorum, velut eucharistiam conspersam cum semine humano sumere, ut etiam inde, sicut de aliis cibis, quos accipiunt, substantia illa divina purgetur .... Ac per hoc sequitur eos, ut sic eam et de semine humano, quam admodum de aliis seminibus, quæ in alimentis sumunt, debeant manducando purgare."

V. Kapitel

Religiöse und gastfreundliche Prostitution im Christenthum. — Die Eremiten, frommen Jungfrauen und ersten Mönche. — Die Mädchen und Frauen der Eremiten. — Zur Psychologie der Eremiten. — Die Volkssage vom heiligen Barlaam und dem Könige Josaphat. — Der Geist der Verführung. — Die gastfreundliche Prostitution bei den nächtlichen Agapen und bei den Einsiedlern. — Die wandernden Mönche. — Die Sarabaiten. — Der Lebenswandel dieser Mönche. — Sittenlosigkeit in einzelnen Frauenklöstern. — Religiöse Prostitution und die Verehrung der Heiligenbilder. — Spuren der alten obscönen Kulte bis in die neuere Zeit — Die Heiligen Paternus, Renatus, Guignolet und andere. — Das Auge der Isis und die Gans des Priaps. — Die Verehrung Guignolets in Montreuil. — Priapstatuen.

Das Christentum stiess somit bei seinem Kampfe gegen die antike Prostitution auf vielfaches Widerstreben in seinen eigenen Reihen. Die Gegner unter seinen eigenen Anhängern waren teilweise beeinflusst von den Ueberlieferungen der alten Kulte, teilweise waren es durch Gebet und einsames Leben exaltierte Priester. Immer steht die übertriebene Enthaltsamkeit in Gefahr, in übertriebene Ausschweifungen umzuschlagen; so kommt es denn auch, dass die lange Zeit keusch und tugendsam lebenden Christen sich teilweise in Verirrungen verloren, die selbst ihren Feinden zu stark gewesen wären. Die Gelehrten und Priester der Kirche liessen nicht ab, die alten Religionsformen vorzugsweise in der religiösen und legalen Prostitution zu bekämpfen, aber dabei bemerkten sie gar nicht, dass die religiöse Prostitution, ja sogar die gastfreundliche Prostitution, in ihren eigenen Reihen wieder an Boden gewann.

Es war bei den asketischen Eremiten und den ersten Mönchen, wo die gastfreundliche Prostitution, die naive Form der religiösen Prostitution, von Neuem wieder zu entstehen begann. Die Einsiedler männlichen und weiblichen Geschlechtes hatten alle Beziehungen zu dem gesellschaftlichen Leben gelöst und sich am Flussufer des Jordan und in der tebaischen Wüste angesiedelt. Ihr Leben dort stimmte sehr häufig nicht ganz mit ihren Grundsätzen überein, und es ist uns überliefert worden, dass sie sehr häufig eine Art primitiver Prostitution ausübten. Der heilige Hieronymus, das Vorbild dieser Gemeinschaft, hat uns überliefert, welche qualvollen Exaltationen er in seiner Einsamkeit zu überstehen hatte. Seine furchtbare nervöse Erregtheit machte sich in allerhand Visionen Luft, und wir können nur mit innigem Mitleid auf einen Menschen blicken, der im Dienste einer Idee so unerhörte Selbstquälereien verübte; und so wie es ihm ging, so ging es offenbar den anderen Einsiedlern auch. Wir haben schon von dem Abte Zosimus gesprochen, der in der egyptischen Wüste ein Wesen mit nacktem und sonnenverbranntem Körper auffand, jene egyptische Maria, deren Geschichte wir oben erzählt haben. In den Ueberlieferungen des Hieronymus wird uns erzählt, dass die zahlreichen einsiedlerischen Mädchen und Frauen in Afrika und Kleinasien zum Teil nur mit äusserster Willensanstrengung zur Abtötung ihrer Sinne gelangten. Man kann ohne Weiteres annehmen, dass der Verkehr unter den Einsiedlern beiderlei Geschlechts auch zu einem geschlechtlichen Verkehr führen musste.

Der Geisterglaube spielte in allen diesen Dingen eine grosse Rolle, wie man aus der Geschichte des Barlaam und des Königs Josaphat entnehmen kann, eine Geschichte, die in den romantischen Epen des Mittelalters eine ausserordentliche grosse Rolle spielt und deshalb auch hier erwähnt sei. Barlaam hatte Josaphat, einen Königssohn, bekehrt. Der Priester Theodas riet dem Könige, der über die Bekehrung seines Sohnes sehr traurig war, er möge ihn doch von allen Männern fern halten und nur durch schöne, verführerische Frauen bedienen lassen; ausserdem werde er auch einen Geist beschwören, der den jungen Königssohn dem Christenglauben wieder abspenstig machen solle. Getreu diesem Rat schloss der König seinen Sohn in einen Harem mit vielen schönen

Frauen ein, die ihn unausgesetzt zur „Sünde“ reizten. Er aber widerstand den Versuchungen und unterwarf sein Fleisch der Herrschaft des Geistes. Eines Tages führte der König vor seinen Sohn eine Königstochter, die von untadeliger Schönheit war und mehr Eindruck auf ihn machte, als die andern Weiber. Josaphat versuchte, sie zu bekehren, denn er bewunderte ihre Schönheit. „Wenn Du willst, dass ich mich bekehren soll,“ so erwiderte ihm die Königstochter, „dann nimm mich zum Weibe, die Christen sind keine Feinde der Ehe, sie loben sie im Gegenteil, und die Patriarchen, die Propheten und Paulus, der erste der Apostel sind verheiratet gewesen.“ „Darum verfolgst Du mich! Es ist den Christen freilich erlaubt zu heiraten, aber nicht denjenigen, die das Gelübde der Keuschheit abgelegt haben.“ Darauf begann sie zu weinen und sah ihn traurig an: „Wenn Du zu meinem Heile beitragen willst,“ sprach sie mit zitternder Stimme, „dann verbringe die Nacht mit mir und ich werde morgen in der Frühe des Tages den christlichen Glauben bekennen.“ Auf diesen Vorschlag war Josaphat nicht vorbereitet. Er überlegte, wie es in der Fabel heisst, dass die Engel grosse Freude an der Bekehrung eines Ungläubigen hätten; aber auch grosse Trauer empfänden über die Sünde eines Gläubigen. Der „böse Geist“ riet ihm, um den Preis seiner Seele, die Seele der schönen Königstochter zu retten. Aber bevor er sich noch entschieden hatte, wandte er sich zum Gebet, verfiel in einen tiefen Schlaf und wandelte im Traume in den Gefilden der Seligen. Bei seinem Erwachen empfand er, wie die güldene Legende, deren Verfasser der Erzählung des Johannes von Damaskus fast Wort für Wort folgt, uns überliefert, nur noch Abscheu vor der Königstochter und ihren Begleiterinnen.

Die Kirchenväter glaubten, wie schon bemerkt, thatsächlich an die Existenz eines besonderen Dämons, der die Menschen zum fleischlichen Genusse anreizte. Man trifft auf jeder Seite in den Lebensbeschreibungen der Kirchenväter und in anderen Legenden auf Erzählungen über diesen „bösen Geist“. Man kann daraus schliessen, welche grosse Verbreitung die Prostitution unter den Anhängern der primitiven Kirche gehabt haben muss. St. Cyprian schreibt über das damalige Leben der Christen als Augenzeuge etwa ums Jahr 320 folgendes: „Es gab keine Frömmigkeit mehr unter den Christen, keine Disziplin in ihren Sitten, die Männer kämmten sich ihren Bart, die Weiber puderten sich ihr Gesicht. So sehr verunstaltete man das Ebenbild Gottes, dass man sich sogar die Haare färbte. Man wandte Kunstkniffe aller Arten an, um einfache Leute zu täuschen; die Christen übervorteilten ihre eigenen Brüder; man verheiratete sich mit Ungläubigen und die Prostitution war im Schwange.“

Man darf das Entstehen dieser Sittenlosigkeit wohl in Zusammenhang bringen mit dem demoralisierendem Einfluss einer Menge wandernder

Mönche, die ein faules und ausschweifendes Leben führten. Ohne festen Wohnsitz, ohne eine ernste Beschäftigung, ohne sichere Existenzmittel zogen diese Leute überall umher, führten ein liederliches Vagabondenleben, indem sie sich von Stadt zu Stadt, von Kloster zu Kloster durchbettelten. Schon damals hatten sich die christlichen Jungfrauen zu gemeinsamem Leben vereinigt, vermieden zwar den Verkehr mit Ungläubigen, sahen aber häufig Priester und andere Mitglieder der christlichen Gemeinde bei sich. Unter den umherstreichenden Brüdern that sich besonders die Sekte der Sarabaïten hervor, die vom heiligen Hieronymus Remoboth genannt wurde und von den Geschichtsschreibern des fünften Jahrhunderts Gyrovagen. Die Sarabaïten, deren ägyptischer Name soviel bedeutet wie „Undisziplinierte," führten ihren Ursprung auf den Juden Ananias zurück, den Petrus für seine Lügenhaftigkeit mit seinem jungen Weibe Saphira zum sofortigen Tode verurteilt hatte. Obschon sie angeblich Christen waren, verzichteten die Sarabaïten doch nicht auf die Beschneidung. Hieronymus schrieb im Jahre 384 an Eustachius, dass die Sarabaïten an Festtagen sich den allergrössten Ausschweifungen hinzugeben pflegten und auch im Uebrigen den Jungfrauen nachzustellen liebten. Während sie ursprünglich immer zu mehreren zusammen ein sehr einfaches Leben führten, pflegten sie sich später zu isolieren und auf eigene Faust ihr Glück zu machen. Cassianus giebt uns in seinen Chroniken ein sehr abschreckendes Bild von diesen Leuten; in Aegypten und bis zur tebaischen Wüste hin müssen sie sehr zahlreich gewesen sein; auch bestanden sie noch bis ins neunte Jahrhundert hinein, denn Karl der Grosse erliess gegen ihre Umtriebe ein Gesetz (Capit. reg. Franc. t. 1. p. 370). Der Gelehrte Franz Walch hat in den Schriften der Göttinger Akademie der Wissenschaften eine Art Rettung der Sarabaïten versucht und nachweisen wollen, dass sie sich in wesentlichen Punkten von der allerdings sehr ausschweifenden Gyrovagen unterschieden hätten; indessen können wir wohl dem Zeugnis des Cassianus folgen, der ihr Treiben in Oberägypten mit eigenen Augen beobachtet hatte.

Noch vier Jahrhunderte später als die religiösen Orden bereits überall verbreitet waren und die Klosterregeln den umherschweifenden Gesellen die Thüren verschlossen hielten, erachtete es Benedikt für nötig, seine Anhänger ausdrücklich auf die Gefahren der gastfreundlichen Prostitution aufmerksam zu machen. (Per diversarum cellas hospitantur, semper vagi et nunquam stabiles et propriis voluptatibus et gulæ illecebris servientes.)

Um die letzten Spuren der gastfreundlichen Prostitution zu entdecken, muss man sich in die Klostergeschichte vertiefen. Dort kann man erkennen, dass die Beherbergung der Priester und der wandernden Mönche in den Frauenklostern häufig zu allerhand Unzuträglichkeiten führte, die freilich nicht immer bekannt wurden. Die Kirche deckte mit dem grossen Mantel der Liebe derartige Ausschweifungen zu. Man erfährt darüber weniger in den Akten der Konzilien und in Klosterchroniken, als in den Ueberlieferungen des Volkes und den darauf sich stützenden Romanen und Volksgedichten. Es ist deshalb auch unmöglich, eine aktenmässige Darstellung dieser Vorgänge zn geben, und wenn man sie beschreiben will, so muss man sich auf die doch immerhin zweifelhaften Zeugnisse der Ueberlieferung stützen. Das Volk, das mit wachsamen Augen die Vorgänge in den Klöstern zu beobachten pflegte, erzählte sich Wunderdinge von der dort geübten „Gastfreundschaft". Der Reflex davon spiegelt sich in der Volksliteratur des Mittelalters, und zwar in den Denkmälern aller Völker, noch wieder.

Was die religiöse Prostitution anlangt, so stand sie im direkten Zusammenhange mit vorchristlichen Kultusformen, obschon man meinen sollte, dass diese durch eine Religion mit so reiner und keuscher Morallehre vollständig abgeschafft worden seien. Indessen muss man sich davon überzeugen, dass der Bilderkultus immer noch einzelne Spuren der religiösen Prostitution bewahrt hatte: Die Kirche folgte dem Tempel, die Bilder des Rabbi Jeschua, der heil. Jungfrau und der Heiligen wurden an Stelle der Bacchusstatuen, der Venusbilder, der Herkulesdarstellungen und der Priapsbüsten aufgerichtet; das Volk bewahrte von den alten Kulten alles, was es nur irgend mit dem neuen Gottesdienst vereinigen konnte. Die Priester ihrerseits übernahmen eine Reihe von Ceremonien, denen sie nur eine christliche Bedeutung beilegten. Dadurch war das Eindringen von allerhand Unzuträglichkeiten in den neuen Gottesdienst ohne Weiteres gegeben. Unter denen, die die ersten Regeln des christlichen Gottesdienstes aufstellten, gab es auch ohne Zweifel verdorbene Menschen, die an der Korruption ihre Freude hatten. So sehen wir denn, dass in der Zeit der ersten Christengemeinden eine Reihe von Anreizungen für die Einführung der religiösen Prostitution gegeben waren; teils bestand sie in Tänzen und Musik, teils in jenen Agapen, die nur zu häufig an die Gelage des Bacchusdienstes erinnerten; sogar die sogenannten Sakramente boten Anlass dazu: bei der Taufe waren, wie der heil. Johannes Chrysostomus dem Papste Innocens I. schrieb, die Frauen vollständig nackt; bei der Messe küssten sich die Anwesenden auf den Mund, in den Prozessionen trugen die verschleierten Jungfrauen Amulette und Idole, die auch für den Isiskultus gepasst hätten; die obscönen Kuchen, die bei den Festen der Alten eine grosse Rolle spielten, waren in ihrer Form und in ihrer Bestimmung kaum verändert worden: mit einem Worte, wenn auch das Dogma die religiöse Prostitution verwarf, so wurde sie doch durch die Liturgie in jeder Weise gefördert; es bedurfte bedeutender Anstrengungen der Kirchenväter und der Konzilien, um hier Wandel zu schaffen.

Wenn auch der christliche Kult allmählich die religiöse Prostitution etwas eindämmte, so besassen doch die alten Religionen noch eine ausserordentlich grosse Kraft und eine starke Anhängerschaft. Die alten Götter wurden nach wie vor, selbst viele Jahrhunderte nach der offiziellen Einführung des Christentums, in dem Lararium verehrt; Venus und Priap, die Fluss- und die Waldgötter hatten ihre Altäre und ihren Opferdienst bis in das Mittelalter hinein. Jungfrauen, die einen Liebhaber oder einen Mann haben wollten, weihten nach wie vor die Blume ihrer Keuschheit einem Flussgott, einem Waldgott, einem Baume oder einem heil. Steine. Für sie war immer noch Venus die Seele des Universums, Venus, deren ewiger Kultus in der Natur andauert.

Die Neubekehrten trennten sich nur ungern von solchen Gottheiten, von denen sie sich gerade in ihrem Liebesleben unterstützt glaubten. Sie liessen sich taufen, sie gingen in die Kirchen, sie nahmen Teil an den Agapen, verehrten die Moral des Evangeliums, aber waren doch instinktiv noch immer verknüpft mit jenen alten Gottheiten. Der Dienst der Mylitta, der Urania und der Astarte waren die ersten Formen des regelmässigen Gottesdienstes gewesen: der Venusdienst war seine letzte heidnische Form. Man hat in Pompeji eine wunderliche Inschrift gefunden, die sehr deutlich zeigt, dass schon um die Mitte des ersten Jahrhunderts christlicher Zeitrechnung der Venusdienst auch seine — Gotteslästerungen zeugte. Ein unglücklich Liebender hat sich offenbar für seine Herzensschmerzen an der Göttin der Liebe rächen wollen, indem er schrieb: „Alle, die lieben, mögen hierher kommen! Ich will der Venus die Rippen zerbrechen und ihr die Seiten mit Stockschlägen zerfleischen. Sie hat mir mein fühlendes Herz gebrochen, die grausame Göttin, warum soll ich ihr nicht dafür das Genick brechen?"

Quisquis amat, veniat! Venere, volo frangere costas
Fustibus et lumbos debilitare deæ.
Sie potest illa mihi tenerum pertundere pectus,
Quin ergo non possim caput deæ frangere.

Es muss festgestellt werden, dass diese heimliche Verehrung der alten Götter andauernd mit der Ausübung der religiösen Prostitution verknüpft blieb und dass alle Anstrengungen der Kirche, sie zu unterdrücken, vergeblich waren.

Wir wollen über die Geschichte jener Heiligen hinweggehen, die von unfruchtbaren Frauen, unglücklichen Ehemännern und Behexten angerufen wurden. Calvin hat darüber in seiner berühmten Abhandlung von den Reliqien gehandelt; Henry Estienne hat sie in seiner Verteidigung des Herodot auf den Index gesetzt und schon vorher hatte es die Kirche nicht an allerhand Maassregeln gegen diesen Kultus fehlen lassen. Man darf in der Verehrung der Spezialheiligen unzweifelhaft Ueberreste antiker Religionsformen erkennen; teilweise reichten sie bis in verhältnismässig ganz neue Zeiten hinein So erzählt Harmand de la Meuse in seinen

Revolutionsanekdoten folgendes: „In der Nähe des Hafens von Brest ausserhalb der Festungswerke befand sich an einem kleinen Flüsschen, in der Nähe eines Gehölzes auf einem Hügel eine kleine Kapelle und in dieser Kapelle ein steinernes Bildnis, das den Namen eines Heiligen trug. Wenn es gestattet wäre, Priap mit seinen unkeuschen Attributen zu beschreiben, so würde ich dieses beschreiben. Als ich die Kapelle besuchte, war sie zur Hälfte zerstört und abgedeckt, die Statue lag draussen auf der Erde unversehrt und sogar mit Reparaturen, welche ihren Anblick noch skandalöser machten. Frauen, die unfruchtbar waren oder es zu sein fürchteten, wallfahrteten zu diesem Bildnisse, kratzten etwas von dem Stein ab und tranken den Staub in einem Glase Wasser aus der Quelle, in der Hoffnung, dadurch ihre Fruchtbarkeit zu befördern." Daraus sieht man, dass der Priapskultus bis in die Revolutionsepoche in der religiösesten Provinz Frankreichs gepflegt wurde.

Die Legende des heiligen Guignolet hat kaum Aehnlichkeit mit den Erzählungen von Priap in der hellenischen Mythologie. Der Heilige, dessen lateinischen Namen, Winvaläus, man durch Guignolet, Guenole, Guingulois und Wignevalay übersetzt hat, war um die Mitte des fünften Jahrhunderts der erste Abt von Landevenec und hat sein Leben in grosser Keuschheit hingebracht, ohne jemals ein Weib zu berühren. Dennoch enthält die Ueberlieferung von ihm eine Reihe erotischer Züge und seine Statuen sind bis fast ins dreizehnte Jahrhundert hinein verehrt worden. Den Schlüssel zum Verständnis seines Kultus bei Brest erhält man vielleicht aus einer etymologischen Untersuchung des Namens der Abtei Landevenec, die drei Meilen von dieser Stadt entfernt lag. Landevenec ist offenbar nur die verderbte Zusammenziehung der beiden lateinischen Worte Landa Veneris; diese Landa, Wiese, Grasfläche am Meer, besass in früheren Zeiten wahrscheinlich einen bei den bretonischen Matrosen in hohem Ansehen stehenden Venustempel. Dort wie an anderen Orten hatte die christliche Lehre den überlieferten Kultus zwar äusserlich zerstört, aber die Erinnerung daran nicht aus dem Herzen des Volkes reissen können; und so kam es, dass der Priapskultus dortselbst fortgesetzt wurde, nunmehr allerdings unter der Form der Verehrung des — heiligen Guignolet. Die Reliquien des heiligen Bretonen wurden auch anderwärts verehrt, vorzugsweise in der Abtei Blankenberghe bei Gent und Montreuil in der Picardie. In Montreuil wurde folgende Erzählung überliefert: Einstmals hatte eine Gans das Auge der Schwester Guignolets verschlungen, dieser öffnete der Gans den Bauch, ergriff das Auge und setzte es unbeschädigt wieder an seinen Platz. Um den Sinn dieser Erzählung erkennen zu können, muss man wissen, dass das mystische Auge in den Isis- und Venuskulten der alten Welt eine grosse Rolle spielte, und dass die Gans der symbolische Vogel des Priaps war. Cambry erzählt das Wunder in seiner Reise nach dem Kap Finisterre, geht aber nicht auf den primitiven Sinn der Erzählung ein und scheint nicht zu wissen, welcher Zusammenhang zwischen der Gans des Priaps und dem Auge der Isis bestand. Das Standbild des heiligen Guignolet zu Montreuil war noch in besserem Zustande als jenes zu Brest. Dulaure hatte gesehen, dass diese Statue noch im Jahre 1789 verehrt wurde, und trägt kein Bedenken, sie in seiner Beschreibung der vornehmsten Orte Frankreichs zu erwähnen. Sie war aus Stein und stellte den Heiligen ganz nackt mit einem monströsen Phallus dar.

Der heilige Guignolet war nicht der einzige, in dessen Verehrung Einzelheiten aus dem Priapskultus fortlebten; besonders in der Bretagne gab es noch mehrere Heilige der Art: so hatte man dort einen heiligen Paternus, den man zu Vannes verehrte, da man ihm einen Einfluss auf die Kindererzeugung zuschrieb. Henry Estienne hat uns auch die Geschichte der andern Nachfolger des Priaps im Einzelnen erzählt. So gab es da noch einen heiligen Gilles, Renatus, einen Prix, lateinisch Projectus, und andere. Projectus war Bischof von Clermont und starb im siebenten Jahrhundert den Märtyrertod; seine Reliquien waren weit verbreitet, ebenso wie seine Bilder, und unfruchtbare Frauen weihten ihm einen besonderen Dienst.

Wir brechen hier ab, weil man ein ganzes Buch anfüllen könnte, wenn man die Spuren des alten Priapsdienstes in den Anfängen des christlichen Kultus aufdecken wollte, aber wir verweisen darauf, dass man in den Schriften der Kirchenväter, besonders bei Laktanz und Augustin, eine Menge von Einzelheiten findet, aus denen hervorgeht, wie zäh die religiöse Prostitution auch in den Zeiten des Christentums noch bestand. Selbst nachdem Kaiser Konstantin die Venustempel in Heliopolis und in andern Städten von Grund aus hatte zerstören lassen, fuhr doch noch das Volk fort, dorthin seine Pilgerfahrten zu veranstalten und die seit Jahrhunderten verehrte Göttin der Fruchtbarkeit in den nunmehr christlichen Kirchen anzubeten. Er war sogar gezwungen durch ein ausdrückliches Gesetz (rursus scriptas misit institutiones), so liest man in der Lebensbeschreibung die Eusebius, diesem Unwesen die Prostitution der Jungfrauen und Frauen in den Kirchen von Heliopolis zu verbieten, ohne dass dies Dekret von wesentlichem Einfluss auf die Gebräuche in jenem Orte gewesen wäre. Es blieb eben bei der primitiven Form des Astartekultus. Die christlichen Kaiser setzten ihre ganze Autorität ein, um den öffentlichen Kult der heidnischen Gottheiten zu verhindern; sie liessen die Tempel zerstören, die Standbilder umstürzen, die Priester verfolgen, und doch konnten sie alten Gebräuchen die Wurzeln nicht völlig ausreissen. Zumal auf dem Lande, wo die Bevölkerung mit zäher Innigkeit an dem Ueberlieferten hing, wurden auf Altären, im dichten Walde, auf den Bergen oder einsamen Wiesen, bei einem grossen Baume oder bei einer murmelnden Quelle die alten Götter nach wie vor verehrt; und als die Bevölkerung endlich von diesen Gebräuchen ablassen musste aus Furcht vor den Zwangsmitteln der Kirche, da übertrug sie die Symbole der alten Gottheiten einfach auf die Heiligen, die man ihnen nun zur Verehrung empfohlen hatte. So kommt es, dass Venus, Flora, Bacchus Isis, Priap und die anderen Gottheiten, die die Natur und das schöpferische Prinzip darstellten, fast bis in unsere Tage hinein treuliche Anhänger und Tempel gehabt haben.

VI. Kapitel.

Kirchenlehre und Prostitution — Augustin und Hieronymus über die Prostituierten. — Die kanonischen Regeln der Apostel. — Apostolische Konstitutionen des Papstes Clemens. — Die kirchliche Lehre über unerlaubten Geschlechtsverkehr. — Das Konzil von Elvira oder Elna. — Mütter, die ihre Kinder zur Prostitution zwingen. — Ueber das Kupplergewerbe. — Das Keuschheitsgelübde und sein Bruch. — Welche Frauen Bischöfe und Priester bei sich haben durften. — Die häuslichen Gottheiten und ihre geheime Verehrung. — Prostituierte, welche eine Ehe eingingen, nachdem sie ihr Gewerbe aufgegeben hatten. — Frauen, die bis zu ihrem Tode im Ehebruch gelebt hatten. — Die einmalige Begehung des Ehebruchs und ihre Folgen. — Wenn eine Frau mit Einwilligung ihres Mannes Ehebruch beging. — Verführer der Jugend. — Das Konzil von Neocaesarea. — Eunuchen wider Willen. — Der Eintritt in das Heiligtum wird den Frauen vom Konzil zu Laodicaea verboten. — Das Konzil zu Tyrus. — Athanasius und die Frau mit dem leichtfertigen Lebenswandel. — Das Konzil von Toledo. — Der Patriarch Polemon. — Konzil von Karthago. — Der zwölfte Kanon des römischen Konzils. — Das Konzil von Basel. — Ein einzigartiges Kapitel aus der Geschichte der Konzilien.

Wir haben gesehen, wie sich die Lehre der primitiven Kirche zu den Ausschweifungen und Unmässigkeiten verhielt; wir haben auch gesehen wie sich die Kirchenväter einmütig der Aufgabe widmeten, ihre Anhänger zu einem keuschen Leben zu erziehen. Da die Kirche im Prinzip vollkommene Keuschheit von ihren Anhängern forderte, so konnte sie prinzipiell zu der Prostitution keinerlei vermittelnden Standpunkt einnehmen. Um in ihrer Morallehre konsequent zu bleiben, durfte sie die Prostitution weder billigen, noch als legales Faktum anerkennen; und doch wurde sie vor den Thoren der Kirche ebenso gut ausgeübt, wie früher auf den Stufen der Tempel. Die Prostituierten waren für die Kirche nur gewöhnliche Sünderinnen, die durch Gnade und Bussübungen ihren Weg zum Heile finden konnten; auch die Kuppler waren für sie nicht sündhafter als andere Sündige. So blieb es denn den Beichtvätern vorbehalten, je nach Lage der Dinge eine Busse festzusetzen und Absolution zu erteilen; die Busse musste öffentlich vollstreckt werden, gerade so wie auch die Sünde öffentlich war. Die Kirche beschäftigte sich zunächst überhaupt nicht mit der Frage der Prostitution und die Konzilien erwähnen sie nicht vor dem fünfzehnten Jahrhundert. Sie scheinen die Diskussion über diesen heiklen Gegenstand ausdrücklich vermieden zu haben, um sich nicht mit den Erscheinungen einer menschlich begreiflichen Leidenschaft auseinandersetzen zu müssen. Man gewinnt den Eindruck als ob sich die Konzilien immer daran erinnert hätten, dass Magdalena eine Frau von leichtfertigem Lebenswandel gewesen sei, und dass die Prostituierten ebenso viele Märtyrerinnen gestellt haben als die Prinzessinnen.

Indessen darf man doch annehmen, dass die Kirche vom praktischen Standpunkte aus, die legale Prostitution zuliess oder mindestens die Augen vor ihrem Bestehen verschloss. Diese Anschauung findet sich zwar nicht in dem Texte eines Konzils oder einer Synode ausdrücklich ausgesprochen, wohl aber in den Schriften Augustins. In seiner Abhandlung über die Ordnung (12. Kapitel des 2. Buches) sagt er: „Wenn ihr die Prostitution unterdrückt, dann werdet ihr alles durch die Heftigkeit der Leidenschaft zerstören.“ Hieronymus scheint in einem Briefe an Furia die Ansicht Augustins über die unglücklichen Opfer und die Notwendigkeit der Prostitution zu teilen; er überhäuft sie keineswegs mit Vorwürfen über ihr Leben, sondern ermutigt sie nur, ihrem Wandel zu entsagen: „Die Hure im Evangelium, die durch ihre Thränen getauft ist (meretrix illa in Evangelio baptizata lacrmiss suis) und mit ihren Haaren die Füsse des Heilandes trocknete, ist gerettet worden und doch war sie nicht schöner, als sie verderbt war.“ An einer andern Stelle desselben Briefes reicht Hieronymus den deklassierten Frauen gleichsam seine Hand, indem er zu ihnen spricht: „Wir fragen die Christen nicht, wie sie anfangen, sondern wie sie enden." An einer andern Stelle giebt Hieronymus (in dem Briefe an Fabiola) eine rein geschäftsmässige Definition der Prostitution, wie vor ihm schon der Rechtsgelehrte Ulpian: „Die Curtisane ist ein Weib, das sich den Lüsten mehrerer Männer hingiebt" (Meretrix est quæ multorum libidini patet). In den kanonischen Büchern der Apostel und in den apostolischen Konstitutionen, die uns am klarsten die Lehrmeinung der ersten Christengemeinden darstellen, ist von der Prostitution im engern Sinne nur an einer einzigen Stelle die Rede. In den kanonischen Büchern der Apostel verbietet das sechste dem Bischof und den Priestern, ihre Frauen zu verjagen, selbst unter einem religiösen Vorwande und droht denen die Exkommunikation an, die sich auf irgend eine Weise dem Bande der Ehe zu entziehen suchen. Der achtzehnte Kanon verbietet, in den Priesterstand Bigamen aufzunehmen, solche Leute, die zweimal verheiratet waren. Der dreiundzwanzigste Kanon ordnet die Absetzung der Pfarrgehilfen an, die sich ihres Geschlechtes beraubt hatten, aus Furcht vor der Sünde oder aus irgend einem andern Grunde. Der vierundzwanzigste Kanon verbietet derartige Experimente auch den Laien und schliesst sie dafür auf drei Jahre vom Gottesdienst aus. Der einundsechzigste Kanon verbietet, Personen, denen Ehebruch oder Hurerei nachgewiesen war, in den Priesterstand aufzunehmen. Der siebenundsechzigste Kanon droht die Exkommunikation demjenigen an, der einer Jungfrau Gewalt angethan hat und zwingt den Schuldigen, die Verletzte zu heiraten.

In den apostolischen Konstitutionen, die dem im Jahre 67 erwählten Papste Clemens zugeschrieben werden, aber zweifellos erst im dritten Jahrhundert nach den Ueberlieferungen der primitiven Kirche rekonstruiert sind, findet man Verhaltungsmassregeln für die christlichen Jungfrauen, denen sie folgen mussten, um sich von den heidnischen Weibern zu unterscheiden. Vor allem mussten die Christinnen in der Oeffentlichkeit jene Toilette vermeiden, die der Schreiber jenes Kodex die Insignien der Prostitution nennt; das Haar durfte nicht künstlich aufgesteckt und mit Pomaden gesalbt werden; die Kleidung durfte nicht kostbar sein, hohe Schuhe und goldene Ringe waren verboten; die Frauen mussten auf der Strasse das Haupt verschleiert tragen, durften das Gesicht nicht pudern und mussten die Augen niederschlagen; die beiden Geschlechter durften nicht zusammen in demselben Bade baden; Frauen sollten nur in das Frauenbad gehen und sich dort beim Baden sehr zurückhaltend zeigen, sie sollten niemals zu viel baden, niemals am hellen Tage und wenn es möglich sei, nicht einmal alle Tage! (Lavet modeste, verecunde et moderate, non autem supervacue, neque nimis, neque saepius, neque meridie, immo, si fieri potest, non quotidie.)

In dem siebenten Buche der Konstitutionen spricht sich der Gesetzgeber ganz klar über die vornehmsten Fleischessünden aus und unterscheidet dabei die Verfehlungen gegen die Natur und gegen das Gesetz, zu denen er den Ehebruch und die Prostitution rechnet. Es ist dies der erste kanonische Text in dem die Prostitution graden Weges als eine der verdammenswerten Formen der Unreinheit hingestellt wird. An einer andern Stelle der Konstitutionen wird es den Christen untersagt, obscöne Worte zu gebrauchen, lüsterne Blicke umher zu werfen und sich dem Weine zu ergeben, denn davon, so heisst es, rührten der Ehebruch und die Prostitution her (Non eris turpiloquens neque injector oculorum, neque vinolentus; hinc enim scortationes et adulteria oriuntur). Endlich verfügt das Kirchengesetz noch, dass die Gläubigen die ausschweifenden Menschen fliehen sollten.

Aehnlich wie apostolische Konstitutionen haben dann auch die Beschlüsse der Konzilien sich mit der Prostitutionsfrage beschäftigt. Das berühmte Konzil von Elvira in Roussilon, über das uns übrigens Einzelheiten nicht erhalten worden sind und das von einzelnen Forschern ins Jahr 250, von anderen ins Jahr 324 gesetzt wird, hat uns eine Anzahl von Beschlüssen über diesen Gegenstand gegeben. Der zwölfte Artikel schliesst Mutter, Verwandte und andre von der Kommunion aus, wenn sie ihre Töchter zur Prostitution verleitet haben; er exkommuniziert gleichfalls alle diejenigen, die Kupplerdienste geleistet haben. (Si lenocinium exercuerit eo, quod alienum vendiderit corpus vel potius suum.) Der dreizehnte Kanon spricht dieselbe Strafe gegen diejenigen aus, die ein Keuschheitsgelübde gebrochen haben. Der vierzehnte Artikel lautet: Mädchen, die ihre Reinheit nicht bewahrt haben, ohne ein Gelübde abgelegt zu haben, sollen nach einem Jahre Busse wieder in die Christengemeinde aufgenommen werden, wenn sie ihren Verführer heiraten; die Busszeit wird auf fünf Jahre angesetzt, wenn sie mit mehreren Männern Umgang gepflogen haben. Diesen Artikel, der als zu streng von den folgenden Konzilien modifiziert worden ist, sieht also die Prostitution wie eine Art Ehebruch an. Nach dem siebenundzwanzigsten Artikel durfte ein Bischof oder ein anderer Geistlicher seine Schwester oder seine Tochter bei sich haben, vorausgesetzt dass sie Jungfrau war, aber keine fremde Frau. Im Artikel einunddreissig wird gesagt, dass die jungen Leute, die sich nach der Taufe einem unregelmässigen Lebenswandel hingeben nur nach vollstreckter Busse und nach eingegangener Ehe in die Christengemeinschaft wieder aufgenommen werden dürfen. Der neunundvierzigste Artikel dieses Konzils hat indirekten Bezug auf die Prostitution, indem er die Gläubigen ermahnt, kein Götzenbild in ihren Häusern zu dulden und auch dann sich vom Götzendienst fernzuhalten, wenn sie bei dem Versuche ihre Sklaven vom Götzendienst abzuhalten, Gewaltthätigkeiten zu fürchten hätten. Diese Häusergötzen waren nichts anders als jene kleinen obscönen Götter, die man im Altertum zum Schutze der Liebe anzurufen pflegte. An einer andern Stelle haben wir nach Augustin und andern Kirchenvätern bereits die alten Gottheiten geschildert, die man früher in den Schlafzimmern aufzustellen pflegte. Im vierundvierzigsten Artikel des Konzils wird ausdrücklich vorgeschrieben, dass man ein Weib in die Gemeinde aufnehmen soll, selbst wenn sie sich früher prostituiert hatte, nur wurde ihre Ehe mit einem Christen gefordert (meretrix quae aliquando fuerit et postea habuerit maritum.) Damit ist der Beweis geliefert, dass die Kirche die unauslöschliche Schmach, die das römische Recht auf die Prostitution gelegt hatte, nicht anerkannte. Der dreiundsechzigste Artikel bedroht die Frauen wegen Abtreibung der Leibesfrucht mit dauernder Exkommunikation; ebenso der vierundsechzigste, die Frauen, die bis zu ihrem Tode im ehebrecherischen Verhältnis lebten. Der siebenundsechzigste Abschnitt verbietet den Frauen bei der Strafe der Exkommunikation, Komödianten und Musikanten in ihrem Gefolge zu haben. Nach dem neunundsechzigsten müssen alle diejenigen, die ein einziges Mal Ehebruch getrieben haben, eine fünfjährige Busszeit durchmachen und können nicht eher wieder zum Gottesdienst zugelassen werden, ausgenommen im Falle einer tötlichen Krankheit. Der siebenzigste Abschnitt macht in der Frage des Ehebruchs eine ausserordentlich wichtige Unterscheidung, die auch für die Beurteilung der Prostitution von grosser Bedeutung ist. Er ordnet an, dass ein Weib, welches mit Zustimmung ihres Mannes Ehebruch getrieben hat, dauernd exkommuniziert wird, selbst auf ihrem Totenbette; wurde das Weib aber von ihrem Gemahl verschmäht, so wurde die Busszeit auf zehn Jahre heschränkt. Der einundsiebenzigste Abschnitt exkommuniziert endlich dauernd diejenigen, die sich mit Kindern vergangen hatten (stupratoribus puerum.)

Das Konzil von Elvira hat demnach die Prostitutionsfrage ein für alle Mal erschöpfend behandelt, und wirklich ist keine Kirchenversammlung bis zum trentinischen Konzil in eine Erörterung dieser Frage eingetreten. Nur hie und da findet man einen isolierten Artikel, der die Vorschriften des Konzils von Elvira wieder in die Erinnerung bringt oder in einzelnen Punkten ergänzt. Immerhin sind auch diese einzelnen Paragraphen nicht ohne Bedeutung für die Sittengeschichte Auf dem Konzilium von Nicäa im Jahre 325, das sich mit der Haeresie der Valesianer beschäftigte, wurde eine bezeichnende Vorschrift erlassen; man weiss, das die Valesianer allen ihren Eifer daran setzten, Männer zu Eunuchen zu machen, und es wird im ersten Artikel dieses Konzils erklärt, das derjenige, der im Falle einer Krankheit durch den Arzt oder auf gewaltsame Weise durch Barbaren oder Ketzer zum Eunuchen gemacht wurde, im priesterlichen Stande bleiben darf, während dagegen jemand der sich selbst verstümmelt hat, oder zur Verstümmelung seine Einwilligung gab, nicht mehr Priester bleiben darf. Daneben bestimmt aber dasselbe Konzil, dass die Priester keine anderen Frauen als ihre Mütter, ihre Schwestern, ihre Tanten bei sich haben dürften, ausgenommen ganz alte Personen. Das

Konzilium von Laodicäa im Jahre 364, das sich vorzugsweise mit dem Leben der Priester befasste, verbietet allen Frauen ohne Unterschied in das Heiligtum einzutreten ohne sich über den Grund zu diesem Verbote auszusprechen, oder eine Ausnahme zuzulassen. Ein Artikel des Konzils von Nicäa, der neunundzwanzigte, zeigt uns indessen sehr klar den Grund dieser Bestimmung: Ne mulier menstruata ingrediatur ecclesiam neque sumat sacram communionem, donec complentur dies illius mundationis et purificationis, quamvis sit in regum mulieribus. So bestimmte dieses Konzil, obschon früher ein bedeutendes Kirchenlicht gesagt hatte: Sanctarum feminarum corpora templa sunt; in den Anfängen der christlichen Kirche stand freilich im allgemeinen das Weib nicht in besonders hoher Achtung, wie denn ein Konzilium folgende allgemeine Charakteristik des weiblichen Geschlechts giebt: „Das Weib ist die Pforte der Hölle, der Weg zur Unzucht, der Stachel des Skorpions, ein unnützlich Geschlecht!“ (Femina janua diaboli, via iniquitatis, scorpionis percussio, nocivum genus).

Das Konzilium von Tyrus im Jahre 353 beschäftigte sich mit der auffallenden Bosheit eines Frauenzimmers (muliercula libidinosa ac petulans), das auf Veranlassung der Arianer falsche Anschuldigungen gegen Athanasius, Patriarchen von Alexandrien, erhoben hatte. Das Weib, das wie allgemein bekannt war, einen sehr lockern Lebenswandel führte, wurde vor das Tribunal der versammelten Kirchenväter geführt und erklärte dort, Athanasius habe ihr, obschon sie das Gelübde der Keuschheit abgelegt hatte, Gewalt angethan. Athanasius wurde sodann in Begleitung eines Priesters Namens Timotheus in den Versammlungssaal geführt, und man vernahm ihn zu der Anschuldigung, die das Weib gegen ihn aussprach; darauf that er garnicht, als ob ihn die Sache etwas anginge, vielmehr als ob er der Angelegenheit vollkommen fern stehe. An seiner Stelle nahm Timotheus das Wort und sagte mit ruhiger Bestimmtheit: „Weib, ich bin niemals in Deinem Hause gewesen!“ Darauf erhob sie ihre Anklage von neuem, stritt sich lebhaft mit dem Timotheus, streckte ihre Hand hoch und schwur bei einem Ringe, den sie von Athanasius erhalten zu haben behauptete, dieser habe ihre Tugend verletzt. Die versammelten Kirchenväter empfanden schliesslich das Skandalöse dieser Verhandlung und liessen das lügenhafte Weib, das so böse in seine eigene Schlinge gegangen war, abtreten; nichts destoweniger wurde Athanasius auf diesem Konzil mit zwanzig Jahren Kirchenbann belegt. Diese Kirchenversammlung entschied definitiv, dass der Eintritt in ein Haus, in dem Priester wohnten, allen Frauen ein für allemal verboten sein solle. Das Konzilium von Karthago erweitert diese Maasregel dahin, dass es vorschrieb, die Priester und diejenigen, die das Keuschheitsgelübde abgelegt hätten, sollten nicht ohne Spezialerlaubnis des Bischofs zu Jungfrauen oder Witwen gehen dürfen, zum allermindesten nicht ohne Begleitung.

Wir haben schon darauf hingewiesen, dass sich die ersten Christen sehr lebhaft gerade um die Bekehrung der Prostituierten bemühten, aber in diesem Bestreben gingen sie häufig viel zu weit und nahmen Weiber in die Gemeinde auf, denen es mit der Abschwörung ihres bisherigen Lebens keineswegs ernst war. Die Konzilien sahen sich deshalb genötigt, Garantien für Reue und Busse zu verlangen, bevor sie eine Prostituierte in die Gemeinde aufnahmen. Augustinus berichtet uns über solche Konzilbeschlüsse an zwei Stellen seiner Schriften ganz genau. War aber einmal die von dem Konzilium vorgeschriebene Reue und Busse geleistet worden, dann stand auch eine Dirne vor Gott und der Christengemeinde den andern Mitgliedern durchaus gleich, vorausgesetzt, dass sie thatsächlich ihren früheren Gewohnheiten entsagt und sich verehelicht hatte. Das ist auch die Meinung des Konzils von Toledo im Jahre 750: Licet fuerit meretrix, licet prostituta, licet multis corruptoribus exposita, si nuptiale incontaminatum fœdus servaverit, prioris vitæ maculas posterior munditia diluit. Vorehelichen Geschlechtsverkehr betrachtete dieses Konzil nicht als Ehebruch, wie sonst die Kirchenlehre verlangte, sondern als einfache Unmässigkeit (et quidem talis coitus luxuriæ, sed non adulterii).

Die Bekehrungen der Frauen aus öffentlichen Häusern waren ausserordentlich zahlreich, denn die Kurtisanen ergriffen zum Teil mit Begierde die Hand, die ihnen eine völlige Rehabilitation darbot. Indess verzieh die Kirche lediglich diejenigen fleischlichen Sünden, die vor der Taufe begangen worden waren, während dagegen diejenigen, die der Handlung folgten, einen unauslöschlichen Schandfleck darstellten; schon deshalb weil niemand, der zu der Prostitution in irgend welchen Beziehungen gestanden hatte, in den Priesterstand aufgenommen werden konnte. Tarisius, Bischof von Konstantinopel, schreibt im Jahre 787 in einem Briefe an das zweite Konzil von Nicäa, dass er wohl Kurtisanen und Wüstlinge gesehen habe, die durch die Busse gebessert worden seien, (meretrices et publicanos receptos per pœnitentiam), aber wenn jemand nach der Taufe, sei es Mann oder Weib, bei der Prostitution oder dem Ehebruch (in scortatione aut adulterio) betroffen worden sei, so sei er nicht mehr zu priesterlichen Handlungen fähig gewesen. Unter den Kirchenvätern und Gelehrten, die sich vorzugsweise mit der Bekehrung gefallener Frauen abgaben, nennen wir den Patriarchen Polemon, den die Kirchengeschichtsschreiber merkwürdigerweise fast immer mit Stillschweigen übergehen. Sogar nach seinem Tode soll er noch wunderbare Bekehrungen bewirkt haben, und Gregor von Nazianz hat in schönen griechischen Versen ein Wunder dieser Art erzählt, das gegen Ende des vierten Jahrhunderts grossen Eindruck machte: ein junger lebenslustiger Mensch rief vor einer Kirche, deren Thür offen stand, eine Dirne an. Das Weib folgte eilfertig seinem Rufe, erblickte aber plötzlich in der Kirche das Bildnis Polemons, der ihr mit starrem Auge folgte. Erschreckt liess das Weib von seinem Vorhaben ab, bekehrte sich am folgenden Tage und soll schliesslich im Geruche der Heiligkeit gestorben sein. Basilius, Bischof von Ancyra erzählte diese Geschichte auf einem Konzilium: ex illa patrata est, nisi enim vidisset scortum iconem Polemonis, nequaquam a stupro cessasset. Ein anderer Bischof, Nicephorus von Dyrrhachium, schlug darauf gleich vor, man müsse einen so wunderthätigen Heiligen unbedingt verehren.

Nach manchen Stellen aus der Geschichte der Kirchenväter und der Konzilien möchte man beinahe auf den Gedanken kommen, als ob die Leidenschaften früher viel hitziger gewesen seien und unwiderstehlicher als heute Vielleicht hatte die Leichtfertigkeit der antiken Sitten und die vollständige Auslebung der Triebe auf das geschlechtliche Leben allerdings eine anomal exzitierende Wirkung. Augustinus hat in seinen Bekenntnissen mit glühenden Farben die furchtbaren Seelenkämpfe geschildert, die er in fleischlichen Versuchungen durchkämpft hat: „Mein Herz," so sagt er, „war ganz flammend, ganz kochend und schäumte über vor Lust am Fleisch." (Et jactabar, et effundebar, et ebulliebam per fornicationes meas). Hieronymus schildert in seinem Briefe an Furia die heftigen Stürme der Leidenschaften bei jungen lebenslustigen Männern: „Non Aetni ignes, non Vulcania tellus, non Vesuvius et Olympus tantis ardoribus æstuant, ut uveniles medullæ vino plenæ et dapibus inflammatæ; nihil hic inflammatj corpora aut titillat membra genetalia, sicut indigestus cibus ructusque convulsus." Die Kirche bemühte sich daher, die Leidenschaften einer strengen Herrschaft zu unterwerfen und sie durch Nüchternheit und frugalen Lebenswandel zu bändigen; sie übersah durchaus nicht, wie schwer es war, das menschliche Temperament, die langgenährten Ideen und alten Gebräuche der antiken Welt, die die Prostitution weder für sittlich verwerflich, noch für unerlaubt angesehen hatten, zu ändern („Simplicem fornicationem non esse per se malam neque illicitam," Augustinus, Contra Faust., II. c. 13). Es wird uns überliefert, dass die Leidenschaften bei den ersten Christen häufig so ungebändigt waren, dass sie von der Kirche zum Lupanar eilten; die Kirche suchte vergeblich durch schweren Fluch einem solchen Treiben Einhalt zu thun. Infame meretricis et Christi corpus uno et eodem tempore contractare.

Sogar Bischöfe, Diakone und andere priesterliche Funktionäre hatten häufig nicht die Kraft, sich von derartigen Ausschweifungen fern zu halten. Das Konzilium von Karthago empfiehlt im Jahre 390 allen Priestern und sonst zu gottesdienstlichen Handlungen berufenen Männern sorgfältig über ihre Reinheit zu wachen und sich, wenn sie vermählt waren, von der Berührung ihrer Frauen fern zu halten (pudicitiae custodes, etiam ab uxoribus se abstineant, ut in omnibus et ab omnibus pudicitia custodiatur, qui altari deserviunt). Man darf annehmen, dass diese Enthaltsamkeitsvorschriften, für verheiratete Priester sich immer nur auf gewisse Zeiten erstreckten, denn die Kirche war an sich der Ehe durchaus nicht feindlich, wie denn auch ein paphlagonisches Konzil schon ziemlich früh das Anathema über denjenigen ausgesprochen hat, der die Ehe bekämpfte. So sehr war die Kirche bemüht, die immer drohenden Gefahren von ihren Gläubigen fern zu halten, dass man zu den Agapen häufig arme Greise und Greisinnen einlud und sie gleichsam als Tugendwächter zwischen die jungen Leute beiderlei Geschlechts plazierte. So sehr die Kirche demnach darum bemüht war, die Keuschheit in der neuen Gemeinde aufrecht zu erhalten, so scheint sie doch wenigstens bis zu dem fünften Jahrhundert gegen die christlichen Laien von grosser Liberalität gewesen zu sein, denn sie gestattete ihnen, auch wenn sie verheiratet waren, eine Konkubine zu nehmen. Der siebzehnte Artikel des Konziliums von Toledo im Jahre 400 bedroht denjenigen mit der Exkommunikation, der Frau und Konkubine zu gleicher Zeit besitzt, nicht aber denjenigen, der sich vorübergehend mit einer Frau abgiebt oder zur Bezwingung seines Temperaments einer Konkubine bedarf: Qui non habet uxorem et pro uxore concubiniam habet, a communione non repellatur; tantum ut unius mulieris aut uxoris aut concubinae (ut ei placuerit) sit conjunctione contentus. Auch das Konzilium von Rom im Jahre 1059, sah die Beziehungen der Christen zu Konkubinen noch mit denselben Augen an, denn es verdammte in seinem zwölften Artikel, lediglich den abwechselnden Verkehr mit einer Ehegattin und einer Konkubine. Nach der Auffassung des Katholizismus begann deshalb für den Mann Ehebruch und Hurerei erst mit dem Verkehr mit zwei Frauen; ähnlich degradierte der Verkehr mit mehreren Männern die Frauen zur Prostitution, wobei indess die mittelalterlichen Kasuisten ziemlich weitherzig zu urteilen pflegten, denn einer von ihnen will erst dann dem Weibe das Brandmal der Prostitution aufgedrückt wissen, wenn sie mit dreiundzwanzigtausend verschiedenen Männern verkehrt hat; für einen andern bedarf es dazu nur vierzig bis sechzig.

Eigentlich grundlegende Massnahmen gegen die Prostitution sind von keinem Konzilium ergriffen worden; sie scheinen sie vielmehr als ein notwendiges Uebel betrachtet zu haben, bei dem man sich auf die Beschneidung der gröbsten Auswüchse beschränken müsse; indessen haben sie auch darüber keine festen Regeln aufgestellt, schon um sich nicht im Gegensatz zu den Fundamentallehren der christlichen Moral zu stellen. Thomas von Aquino hatte indirekt den entscheidenden Punkt der Frage dadurch berührt, dass er sagte, der Mensch strebe vergeblich nach Vollkommenheit in einer Welt, deren Schöpfer das Uebel zugelassen habe. Daraus ist leicht eine allgemeine Zulassung der legalen Prostitution abzuleiten. War einmal die Notwendigkeit dieser Prostitution zugegeben, so durften sich die Konzilien der Aufgabe nicht entziehen, allgemeine Vorschriften zu ihrer Reglementierung zu erlassen. Indessen finden sich in den Akten der Konzilien doch erst im sechzehnten Jahrhundert entscheidende Maassregeln ausgesprochen; man darf aber aus diesen Stellen trotz ihrer vergleichsweisen Neuheit auf den Charakter der kirchlichen Neutralität gegen diese wichtige soziale Frage schliessen. Es war auf dem Konzil von Mailand unter dem Episkopat des Karl Borromäus, dass die vereinigten Kirchenfürsten einen eigenen Paragraphen in ihre Akten aufnahmen; es heisst darin: „Damit die Prostituierten von den ehrbaren Frauen sofort zu unterscheiden sind, sollen die Bischöfe darüber wachen, dass sie bei öffentlichem Auftreten mit einem besonderen Gewande, das ihren schimpflichen Stand kennzeichnet, bekleidet sind, es soll Ihnen, wenn sie fremd sind in der Stadt, nicht erlaubt sein, die Nacht in Gasthöfen und Herbergen zu verbringen, ausser, wenn ihr Weg sie dazu zwingt und auch dann nur für einen Tag. In jeder Stadt sollen die Bischöfe dafür sorgen, dass diesen Geschöpfen ein Quartier weit von den Kathedralen und den belebten Stadtvierteln angewiesen werde, wo sie alle miteinander wohnen können; verlassen sie diesen Ort und wohnen sie länger als einen Tag unter irgend einem Vorwande in einem anderen Hause der Stadt, so sollen sie streng bestraft werden, ebenso wie die Hausbesitzer in deren Haus sie angetroffen werden."

Die polizeilichen Maassregeln zur Durchführung dieser Bestimmung werden den Fürsten und Magistraten übertragen. Die Behörden sollen auch den Frauen dieser Art den Gebrauch kostbarer Steine, goldener und silberner Schmucksachen und seidener Kleider untersagen. Ihnen lag besonders die Austreibung aller derjenigen auf, die das schimpfliche Gewerbe des Kupplers betrieben.

Wir haben dieses Kapitel aus den Konstitutionen des mailändischen Konzils hier vollständig wieder gegeben, weil es in der Geschichte der Konzilien einzig dasteht und uns zeigt, wie die kirchlichen Machthaber einträchtig mit den weltlichen Behörden zusammen arbeiteten an der Organisation und Reglementation der öffentlichen Prostitution, sie aber nicht ausrotteten oder auch nur mit ihrem Bannfluch bedrohten.

VII. Kapitel.

Prostitution und Theater. — Die heroische Tragödie wird durch das leichte Lustspiel ersetzt. — Kampf der Kirche gegen das antike Theater. — Ihre Feindschaft gegen die dramatischen Autoren — Wie die Prostitution mit dem Theaterwesen znsammenhing. — Die Pantomimen.— Andere scenische Darstellungen. — Die Schauspielerinnen. — Erotische Tänze bei den Griechen. — Die Arten der Tänze. — Römische Tänze. — Seiltänzer und Akrobaten. — Theater und Variété. — Rückblick auf die Unsittlichkeit des antiken Theaterwesens.

Wenn sich, wie wir gesehen haben, die kirchlichen Autoritäten durch ihre Konzilienbeschlüsse und Schriften so tolerant gegen die legale Prostitution zeigten, so kämpften sie doch ohne Unterlass gegen die Erscheinungen, die sie für deren Ursachen hielten. Da ist zunächst zu erwähnen, ihr Kampf gegen Cirkus- und Theaterspiele, mit denen Tänze, Pantomimen und Musikaufführungen verknüpft waren. Wir haben früher schon von dem Charakter dieser Tänze und Pantomimen gesprochen und darauf hingewiesen, dass Cirkus und Theater in der antiken Welt in engen Beziehungen zur Prostitution standen, Es kann als unbezweifelt gelten, dass in der spätern Zeit das Theater bei Griechen und Römern auf die öffentlichen Sitten einen entscheidenden Einfluss ausübte. Nur so kann man die Heftigkeit begreifen, mit der sich die kirchlichen Gelehrten und Gesetzgeber gegen die Theater und alles was damit in Zusammenhang stand, wandten. Obschon der Polytheismus ohne Zweifel einen grossen Einfluss auf die Entstehung des Theaters hatte und obschon in den populären Dramen der Griechen und Römer ihre Mythologie versinnbildlicht wurde, obschon mit einem Worte die Tragödien ursprünglich eine Form des religiösen Mysteriums waren, so hätte sich die Kirche doch wohl schwerlich gegen die tragischen und lyrischen Werke eines Aeschylus, eines Sophokles und Euripides gewandt; aber in der Epoche in der das Christentum entstand, war diese ernste und grossartige Literatur durchaus in Verfall geraten und hatte einer ganz anders gearteten dekadenten Kunst Platz gemacht. Das Theater war besonders unter dem Einfluss der spätgriechischen und römischen Lustspieldichter direkt zu einer Vergnügungsanstalt herabgesunken. Der klassische Geist war verflogen, das Variété nahm überhand, von einer ernsten Kunstausübung konnte nicht mehr die Rede sein, und man ging nicht in das Theater, um sich zu läutern und zu erbauen, sondern um sich an den dreisten Scherzen der Schauspieler zu ergötzen und sich die halberloschenen Sinne kitzeln zu lassen. Hier war ein Punkt, an dem die ersten Christen unbedingt von ihrem Standpunkte aus, ansetzen mussten. Sie suchten daher das Theater ebenso zu zerstören, wie die heidnischen Tempel, aber die Tempel leisteten nicht so lange Widerstand wie die Theater. Uebrigens machte später der christliche Theaterhass keinerlei Unterschied zwischen der ernsten Tragödie und dem lüsternen Kommödienspiel letzter Ordnung. Die christlichen Vorschriften standen in gewisser Uebereinstimmung mit dem römischen Gesetze, das jeden Schauspieler infam machte; sie schlossen ihn von der Kommunion aus, ebenso wie die Dichter und Musiker, die dem Theater ihre Kräfte zur Verfügung stellten. Ueber den Ursprung und das Wesen des Theaters scheinen sich übrigens die Kirchenväter nicht gerade sehr viel Gedanken gemacht zu haben, denn in den Bannflüchen, die Tertullian, Laktanz, Cyprian und andere dagegen geschleudert haben, findet sich nicht einmal eine einzige Anspielung auf jene Bacchusfeste, die die Wiege der dramatischen Kunst gewesen sind.

Es handelt sich nicht darum, hier alle Anklagen und Beschwerden der Kirche gegen das Theaterspiel zu sammeln, sondern wir müssen nur zeigen, welche Gründe die christlichen Bischöfe zu ihrer auffallenden Theaterfeindlichkeit veranlassten. Als dieser Kampf begann, fühlte der blasierte Geschmack des antiken Publikums kein Vergnügen mehr an den Vorstellungen der Werke des Aristophanes, Menander, Eupolis, Plautus und der anderen athenischen und römischen Dichter, die man weniger häufig auf der Scene als in den Bibliotheken fand. Es handelte sich vielmehr um die lüsternen Spiele, die lediglich der schmutzigen Phantasie einer verderbten Volksmenge dienstbar gemacht waren. Dieser Geschmacksänderung ist es auch zuzuschreiben, dass wir von den wahrhaft grossen Komödiendichtern des Altertums so ausserordentlich wenig überliefert erhalten haben. Von Menander ist uns fast gar nichts geblieben, von Philemon, Eupolis und anderen griechischen Komödiendichtern noch weniger; Plautus wäre ebenso der Vergessenheit anheim gefallen wie Menander, wenn nicht ein glücklicher Zufall uns zwanzig seiner Komödien erhalten hätte, die uns einen Begriff von der Art geben, mit der die griechische und römische Lustspieldichtung gerade auch das Problem der Prostitution auf der Bühne behandelt. Dass von Aristophanes verhältnismässig viel geblieben ist, verdanken wir vielleicht d Umstande, dass die Kirchenväter in seinen Verspottungen der altgriechischen Götter ein willkommenes Hilfsmittel ihrer Agitation sahen; ebenso dürfen wir vermuten, dass Lucian ihnen willkommene Waffen darbot und deshalb Gnade vor ihren Augen fand. Zeigte sich schon die Kirche ausserordentlich streng gegen die Komödiendichter, so war sie noch unnachsichtiger gegen die Schauspieler selbst. Wer sich auf einer Bühne gezeigt hatte, war mit unauslöschlischer Schmach behaftet und konnte nur dann in die Christengemeinschaft aufgenommen werden, wenn er Busse that und das Schauspielergewerbe abschwor. „Wenn irgend ein Komödiant," so sagt die apostolische Konstitution im zweiundreissigsten Kapitel des achten Buches, „sei es nun ein Weib oder ein Mann, ein Cirkuskutscher, ein Gladiator, ein Läufer, ein Theaterdirektor, ein Athlet, ein Chorist, eine Harfenspielerin, ein Lyraschläger, ein Seiltänzer oder sonst jemand in den Schooss der Kirche aufgenommen werden will, so muss er auf sein Gewerbe verzichten, oder er bleibt von der Gemeinschaft der Gläubigen ausgeschlossen." In gleicher Weise traf die Exkommunikation alle diejenigen, die in irgend welchen Beziehungen zum Theater standen, oder durch Dienste, die sie ihm leisteten, ihren Lebensunterhalt erwarben. Wir haben schon bei einer früheren Gelegenheit darauf hingewiesen, was sich bei den Frühlingsfesten im grossen Cirkus zu Rom abzuspielen pflegte, wo einmal die Anwesenheit Catos das Volk von dem Signal zum Beginn der Vorstellung abgehalten hatte. Aber trotz Cato, trotz den Ermahnungen der Philosophen und den Edikten der Konsuln wurden die Frühlingsfeste immer noch in der gleichen Weise gefeiert; Laktanz, der sie beschreibt, giebt uns zugleich ein Bild von den Schwierigkeiten, die es zu besiegen galt, um diese Vergnügungen einzudämmen. Noch bis ins dritte Jahrhundert der christlichen Aera wurden diese Feste mit unglaublicher Pracht in Rom gefeiert. Das Volk gab sich dabei den grössten Freiheiten hin und das Ganze erinnerte an die orgiastischen Bacchuszüge einer längst vergangenen Zeit.

Die comœdia togate wandte sich nur an die gebildetsten Schichten der Gesellschaft, folglich an ein wenig zahlreiches Publikum; trotzdem verdammte Cyprian in seinem hundertdritten Briefe die ganze griechische und römische Luftspieldichtung mit ihren Personen, Intriguen, ihren Ehebruchsmotiven, ihren lustigen Spässen, ihren Hausfreunden, ihren bald trottelhaften, bald unkeuschen Hausvätern. „Alle diese Schauspieler," so sagt er, „die in religiösen oder weltlichen Stücken auftreten, wühlen den Schmutz des Theaters auf, nicht allein weil die Stücke, die sie darstellen, unkeusch sind, sondern weil es auch ihre Bewegungen und ihre Gesten sind, und weil häufig die Schaustellung nichts ist, als ein auf die Scene übertragener Akt der Prostitution" (actores omnes, cum sacri tum profani, spurcitiam scenae exagitant, non modo quod fabulæ obscœnæ in scena agerentur, sed etiam quod motus gestusque essent impudici, atque adeo prostibula ipsa in scenam sæpe venirent et sub scena prostarent)

Wir haben früher schon nach den Ueberlieferungen der erotischen Dichter geschildert, in welchem engen Zusammenhange die Prostitution mit dem antiken Theaterwesen stand; freilich pflegten die ehrbaren Frauen, Familienmütter und Matronen nur selten den Schaustellungen beizuwohnen; aber Kuppler und Kupplerinnen, berühmte Kurtisanen und populäre Hetären, wohlfrisierte Jünglinge und Spadonen hatten freies Feld und nützten jede Theatervorstellung aus, ein Geschäftchen auf eigene Hand abzuschliessen. Die besten Sitze und die grössten Bogen im Theater waren den männlichen und weiblichen Mitgliedern der Prostitution eingeräumt, und diese kokettierten von da aus mit den Besuchern des Hauses. Im Kampfe gegen die Uebelstände, die sich mit dem Theaterwesen entwickelt hatten, schoss das Christentum über die Grenze hinaus, indem es das Theater ganz und gar vernichten wollte.

Boten schon die Zuschauer und Schauspieler während des Theaters häufig einen überaus freien Anblick, so war doch die Komödie ein in der That harmloses Spiel, im Vergleich mit den Pantomimen, die eine förmliche Huldigung für die Prostitution darzustellen pflegten. Bei den Griechen wurden diese scenischen Aufführungen, die bald stumm waren, bald dialogisiert, bald mit Tanz und bald mit Gesängen durchsetzt, mehr und mehr zu Nachahmungen der sämtlichen Bacchus- und Panfeste. Dass die Gesänge dabei häufig über die Grenzen des Zulässigen hinausgingen, wird man bei einiger Kenntnis der Bacchuszüge ohne weiteres begreifen. Durch ihre Uebertragung auf die Scene hatten diese Feste wohl etwas an ihrer Derbheit, nicht aber an ihrer Lascivität verloren. Gerade die mythologischen Pantomimen waren immer am meisten geeignet, die Sinne der Zuschauer zu reizen. Xenophon hat uns in seinem Gastmahl eine solche Pantomime beschrieben, aber man kann sich aus seiner Darstellung keinen Begriff von den Ausartungen machen, denen diese Veranstaltungen später anheimfielen. Einigen Anhalt für die Art ihrer Ankündigung bietet uns das Plakat eines syrakusanischen Theaterdirektors, der das Publikum zu einer Pantomime einlud. Er machte bekannt: „Mitbürger, Ariane wird in dieser Pantomime in ihr Brautgemach eintreten; Bacchus, der mit den Göttern gezecht hat, wird sie dort überraschen, und es werden auch die Intimitäten der Hochzeitsnacht vorgeführt werden.“ Man kann sich denken, dass die scenische Darstellung nicht gerade hinter dieser Ankündigung zurückblieb. In ganz ähnlicher Weise stellte man die Erzählungen von Pasiphaë, von Leda, von Ixion und landeren mythologischen Figuren dar. In der Regel wurden die Frauenrolen von jungen Männern dargestellt, die nach dem starken Ausdruck des Hieronymus bereits in ihrer Jugend die Grenze der Geschlechter überschritten hatten: In scenis theatralibus unus atque idem histrio nunc mollis in Venerem frangitur, nunc tremulus in Cybelem. Weiter spricht dann derselbe Autor von den impuris motibus scenicorum. Es wird uns übereinstimmend berichtet, dass derartige Schaustellungen sich in jenen Zeiten eines ganz ausserordentlich starken Zulaufes zu erfreuen hatten.

Obschon die meisten Frauenrollen, wie wir schon sagten, von Männern dargestellt wurden, so finden wir auf dem antiken Theater doch auch Schauspielerinnen, allerdings nur zu dem Zwecke, den blasierten Theaterbesuchern einen Sinnkitzel zu bereiten. Diese Komödiantinnen waren ausserordentlich gering geachtet und standen so ungefähr auf der niedrigsten sozialen Stufenleiter. Prokop hat uns in seiner Geschichte das Bild einer Theaterkurtisane gezeichnet, die sowohl durch ihre Kunst als auch ihre Schönheit im sechsten Jahrhundert zu ausserordentlichem Ruhm gelangte; diese geschichtliche Stelle beweist uns, dass das Theater zu jener Zeit, trotz der lebhaften und beständigen Anstrengung der christlichen Kirche noch keiner durchgreifenden Reform unterworfen war. Prokop sagt, dass dieses Mädchen schon in frühester Jugend einen lebhaften Drang zum Theater verspürt habe und sich, obschon freigeborenen Standes, frühzeitig in die Listen der Prostituierten habe eintragen lassen, um nur ihre Sehnsucht nach den Brettern befriedigen zu können. Sie trat in fast jedem Stücke auf, häufig fast ganz nackt oder nur mit einem leichtem Schleier bekleidet.

Tertullian, Basilius und eine ganze Reihe anderer Kirchenschriftsteller wüten förmlich gegen das Theater und erklären es mit kurzen Worten für eine Schule der Unkeuschheit. In lateinischer Uebertragung lautet eine der markantesten Stellen: „Orchestra quæ abundat spectaculis impudicis publica et communis schola impudicitiae iis qui assident, et tibiarum cantus et cantica meretricia insidentia audientium animis, nihil aliud persuadent, quam ut omnes foeditati studeant et imitentur citharistarum aut tibicinum pulsus.“

Indessen bleibt zu bemerken, dass alle diese Schriftsteller so sehr sie auch das Theater verschmäht hatten, doch immerhin einer Beschreibung dieser Abscheulichkeit wie das Beispiel lehrt, nicht gerade abgeneigt gewesen sein müssen. Arnobius meint, man könne derartige Aufführungen gar nicht ruhig ansehen; Cyprian sagt, die Pantomimen seien die Kunst, mit den Händen alle Obscönitäten der Fabeln und der Mythologie auszudrücken; Laktanz behauptet, die theatralische Pantomime habe überhaupt nur den Zweck, in andrer Form alle Vorgänge des geschlechtlichen Lebens wiederzugeben; impudici gestus, quibus infames feminae imitantur libidines quas saltando exprimunt;) Salvian verzichtet auf eine Beschreibung der Einzelheiten und sagt, es sei unmöglich alle diese abscheulichen Dinge wiederzugeben; Arnobius macht dazu noch die Bemerkung, dass er gar nicht begreifen könne, wie die Anhänger des alten Glaubens ihre eigenen Götter durch derartige Darstellungen so herabziehen könnten, wie man denn z. B. Venus, die in Rom so viele Tempel und Standbilder besass und als die Stammmutter verehrt wurde, als eine Kurtisane darzustellen pflege (saltatur Venus et per affectus omnes meretriciae vilitatis impudica exprimitur imitatione bacchari.)

Hauptsächlich wandten sich die christlichen Eiferer gegen den Tanz. Lucian hatte vom Tanz behauptet, sein Ursprung reiche bis zu der Wiege der Menschheit zurück und er sei mit der Liebe zugleich geboren. Er hatte erzählt, dass nach einer bithynischen Fabel, Priap, der mit der Erziehung des Mars beauftragt war, seinen Schüler mehr im Tanz als in den Waffen unterrichtet habe, um gleichermassen die physischen Kräfte und den kriegerischen Charakter auszubilden. Deshalb wurde auch immer der zehnte Teil, der für den Mars bestimmten Kriegsbeute dem Priap dargebracht. Die kriegerischen Tänze waren freilich schon seit langer Zeit fast ganz aufgegeben; was einst den Mut der Lacedämonier gestählt hatte, das hat in späterer Zeit zum Untergang des Griechentums ganz unzweifelhaft beigetragen. Die religiösen Tänze waren kalt, ernst und stumm, aber der Tanz des Theaters war ausgelassen, lärmend und lasciv; er ergriff wie eine Art Wut die Greise wie die jungen Leute und man sah Tänzer, die vom Morgen bis zum Abend sich im wilden Wirbel drehten. Diese Tänze erregten bei den Zuschauern eine Art von Delirium, und je wilder die Bewegungen auf der Bühne wurden, um so aufgeregter wurde die Menge, mochte sie nun aus Greisen oder Jünglingen, aus Männern oder Weibern bestehen. Lucian schildert uns einen alten Philosophen, der mit weissem Haupte sich unter einer Schaar von Kurtisanen und Lebemännern dem wilden Vergnügen hingab. Es war nichts Seltenes, dass sich die Schaaren der Tänzer in ihrer stets wachsenden Aufregung schliesslich die Kleider vom Leibe rissen und die Haare lösten. Lucian, der ausgesprochene künstlerische Instinkte hatte, sagt: „Der Tanz soll die Sitten und die Leidenschaften schildern; er hat keine Grenzen, alles kann man durch ihn darstellen, er ist ein Schauspiel, in dem alles andere vereinigt ist, Instrumente und Rhythmus, Sologesang und Chöre." Man kann aus dieser Stelle entnehmen, von welcher Bedeutung diese Kunstgattung für das damalige Leben war und wie die Christen von ihrem Standpunkte aus Recht haben mochten dagegen einzuschreiten.

Alle die Arten der auf dem Theater oder bei Gastereien beliebten Tänze hier aufzuführen, würde uns viel zu weit führen; mit Vorliebe behandelten sie, wie wir schon sagten, Stoffe aus der Mythologie. Die meisten betrafen das Liebesleben der Venus. Die Geschichte dieser Göttin und ihre unzählichen Liebeshändel wurden choreographisch dargestellt. Auch Athene gab vielfach Stoff ab für derartige Darstellungen. Man nannte diese Tänze zum Theil Epiphallos, Hedion und Hedukomos; lakonischen Ursprungs war die Brydalika, die nur von Weibern in wunderlichen Masken getanzt wurde; bei den Lamptrotera waren alle Tänzerinnen nackt und gaben sich den grössten Tollheiten hin; der Höhepunkt des sogenannten Strobilus, war der, dass alle Mitwirkenden sich ihre Kleider über den Kopf werfen mussten; der Kidaris war ein obscöner Tanz der Arkadier. Der Apokinos lässt sich etwa mit dem im Morgenlande üblichen Bauchtanz vergleichen. Die Sybaritike entspricht vollständig ihrem Namen; beim Mothon gab man sich allen möglichen Arten von Freiheiten hin; und so gab es der Tänze noch viele. Ueber die Einzelheiten kann man sich in den Spezialwerken über die griechischen Tänze leicht unterrichten.

Die Römer hatten den lasciven Charakter der antiken Tanzaufführungen noch um ein beträchtliches gesteigert. Jeder Tänzer und jede Tänzerin von Ruf erfand für sich neue Arten von Tänzen. Einzelne davon erreichten einen hohen Grad von Popularität. Seneca beklagt sich über einen ausgelassenen Tanz ausdrücklich. Die Geschicklichkeit der Tänzer und Tänzerinnen muss ausserordentlich gross gewesen sein, wenn wir nach den Schilderungen, die uns überliefert sind, uns darauf einen Schluss erlauben dürfen. Die Tänzer waren mehr oder weniger zugleich Akrobaten. Xenophon schildert uns in seinem Gastmahl eine junge Tänzerin, die den Ueberschlag nach hinten auf freier Scene ohne die Hände zu gebrauchen, vollführen konnte. Nach den Aufführungen, so wird uns überliefert, waren denn auch alle Mitwirkenden fast halbtot vor Erschöpfung. Einige Fresken in Herkulanum zeigen uns derartige Tanzscenen, bei denen alle Mitwirkenden nackt aufgetreten zu sein scheinen. Auch Suidas erwähnt nackte Tänze, bei denen machmal die Tänzer allerhand obscöne Atribute trugen.

Es begreift sich, dass bei einem derartigen Charakter dieser Aufführungen die Mitwirkenden ziemlich geringe Ansprüche auf die Achtung ihrer Mitbürger machen konnten. So waren denn auch in den ersten Jahrhunderten des römischen Theaters die Schauspieler sehr verachtet, konnten nicht nur aus der Bürgerschaft ausgeschlossen, sondern sogar auf Befehl des Censors ausgewiesen werden. In älteren Zeiten hatte man auf der Scene keinen Mann in Frauenkleidern geduldet und der Unterschied der Geschlechter wurde nur durch die Verschiedenheit der Masken angedeutet. Aber mit diesem Gebrauche hatte man dann bald gebrochen, und die Prostitution hatte ihren siegreichen Einzug in die Theater gehalten. Ausser einigen wirklich bedeutenden Schauspielern waren alle anderen Mitwirkenden an den Aufführungen in die bürgerliche Acht gethan. Irgendwelcher Unterschied zwischen den ganz gewöhnlichen Helfershelfern der Prostitution und den Schauspielern, oder zwischen den Insassinnen der öffentlischen Häuser und den Schauspielerinnen bestand nicht. Arnobius drückt sich über diesen Punkt mit einer Deutlichkeit aus, die sich nur lateinisch wiedergeben lässt: „In feminis fierent meretrices, sambucistriæ, psaltriæ, venalia ut prosternerent corpora, vilitatem sui populo publicaent, in lupanaribus promptæ, in fornicibus obviæ, nihil pati renuentes, ad oris stuprum paratæ."

Auch unter den Angehörigen des Theaters, unter dem leichten Völkchen der Bühne, fand der Christenglaube sehr bald Anhänger und Anhängerinnen. Man weiss aber, dass der Kampf der Christen gegen das Theater ebenso wenig erfolgreich war, wie der gegen die unverhüllte Prostitution. Die Gründe für das Entstehen beider, ebenso wie für das Vergehen lagen ausserhalb der Einflusssphäre der christlichen Lehre.

VIII. Kapitel.

Ziele des Christentums bei der Reform der öffentlichen Sitten. — Von der Steuer, welche die Prostituierten im römischen Reiche bezahlten. — Die Prostituiertensteuer unter Heliogabal. — Die Entrichtung der Prostituiertensteuer. — Grabschrift eines Steuereinnehmers. — Alexander Severus bestimmt die Prostituiertensteuer zu Zwecken des öffentlichen Wohles. — Verbot der männlichen Prostitution. — Fünfjährige Umlagetermine für die Prostituiertensteuer. — Edikte Konstantins des Grossen über die Erhebung der Prostituiertensteuer. — Philosophische Proteste gegen diese Steuer. — Theodosius II. lässt die Steuer auf Kuppelei aus dem Steuertarif streichen. — Die Vorrede seines Gesetzes über die Kuppelei. — Die Dirnen bleiben steuerpflichtig. — Einschätzung der Prostituierten. — Von der Rücksichtslosigkeit der Steuereinnehmer. — Die Reformen des Kaisers Anastasius. — Wie Anastasius mit den Steuerpächtern umspringt. — Die Steuer erscheint wieder unter Justinian. — Nachsicht dieses Kaisers gegen die Dirnen. — Die Kaiserin Theodora. — Zufluchtshaus für gefallene Mädchen in Konstantinopel. — Die fünfhundert Schützlinge der Kaiserin — Ihr Schicksal. — Vergebliche Versuche.

Es bleibt uns noch der Einfluss zu betrachten, den das Christentum auf die römische Rechtsprechung und auf jene kaiserlichen Dekrete ausübte, die sich mit der Prostitution befassten. Die Beschlüsse der Konzilien blieben nicht ohne Wirkung, und alle christlichen Kaiser von Konstantin bis auf Justinian haben sich bemüht, der Prostitution möglichst enge Grenzen zu ziehen. Man kann indessen nicht in Zweifel darüber sein, dass die Kaiser ungefähr ähnlich darüber dachten, wie jene Kirchenväter, die diese soziale Erscheinung als ein notwendiges und unheilbares Uebel hinstellten, das man nur einzudämmen, beziehungsweise zu verheimlichen habe. Auf der andern Seite versuchten sie allerdings die Quelle des Uebels dadurch zu verstopfen, dass sie die Kuppelei unter ausserordentlich strenge Strafen stellten. Die Absicht der damaligen Staatsmänner in Uebereinstimmung mit den kirchlichen Behörden ging offenbar dahin, darnach zu trachten, wie man die Fortschritte der Prostitution vermindern, ihre Herrschaft eindämmen und ihre Quellen nach Möglichkeit verstopfen könne. Dass man es aber nicht völlig unterdrücken könne und daher nur das eine Mittel habe, ihr Reich durch einen scharfen Strich von dem Reich der bürgerlichen Welt abzuscheiden, das war die damalige offizielle Meinung.

Bevor wir uns auf die Betrachtung der Einzelheiten dieses polizeilichen Kampfes einlassen, müssen wir noch an einige, aus römischer Zeit gebliebene Gebräuche erinnern, die wir zum Teil schon früher erwähnt hatten. Wir meinen den Zoll und die Lustralsteuer, welche die Prostituierten im römischen Reiche seit Caligulas Zeiten zu entrichten hatten. Diese Abgaben blieben bis auf Anastasius I. bestehen; meistens wurden die Einnahmen daraus zur Gründung irgend welcher Anstalten für das öffentliche Wohl verwendet. Was die Steuerstrafe anlangt, die man den Prostituierten im alten Rom auferlegt hatte, so trug sie vielleicht ursprünglich den Charakter einer Kopfsteuer, wurde aber unter Caligulas Regierung in eine regelrechte Gewerbesteuer umgewandelt; indem der achte Teil des Verdienstes von den Dirnen an den Fiskus abgeliefert werden musste. Auf diese Weise wurden selbstverständlich die Einnahmen aus der Prostitutionssteuer je nach dem grösseren oder geringeren Umfange der Prostitution selber schwankend. Um die Einnahmen zu steigern, belegte Caligula auch noch alle diejenigen mit einer Abgabe, die als Kuppler oder Beherberger in irgend welchen Beziehungen zur Prostitution standen; aber über diese Art von Steuer berichtet man uns nichts genaues, und man darf deshalb wohl annehmen, dass sie nicht dauernder Natur war. Caligulas Absicht war es jedenfalls nicht, durch die Erhebung einer hohen Steuer auf eine Verbesserung der öffentlichen Sittlichkeit hinzuwirken; im Gegenteil gab dieses Steuersystem der Prostitution einen gewissermassen offiziellen Charakter. Die Zeiten hatten sich eben geändert, seit des Tiberius strengen Gesetzen gegen die Prostituierten aus patricischem Stande. Die von Caligula eingeführten Steuern wurden unter den folgenden Herrschern nicht wieder abgeschafft, nur dass man ihre Erhebung in der einen oder andern Form zeitweilig änderte.

Wir haben an einer früheren Stelle gesehen, dass der wilde Heliogabal um die Einkünfte aus der Prostitution zu vermehren, sogar Lupanare in seinen eigenen Palästen eröffnet und für deren Benutzung bestimmte Taxen festgesetzt hatte. Die Prostituiertensteuer, meretricium, wurde allen auferlegt, die sich mit der Prostitution befassten. Kuppler und Kupplerinnen trugen dazu bei, ebenso wie die verderbten Kinder, die sogar grössere Summen ablieferten, als die öffentlichen Frauenzimmer. Das Geld, das auf diese Weise zusammengebracht wurde, warf man nicht mit den übrigen Vectigalien zusammen, sondern führte es in den Listen gesondert, unter dem Namen Aurum Lustrale; worauf diese Bezeichnungen eigentlich gingen, ob sie so etwas wie Sühnopfer bedeuten sollte, oder ob sie mit der populären Bezeichnung für öffentliche Freudenhäuser zusammenhing, das ist nicht genau zu unterscheiden. Die Eintreibung dieser Steuer war nicht immer leicht, und die Steuereinnehmer waren ohne Zweifel mit einer gewissen Machtvollkommenheit ausgerüstet, durch die sie zur Erreichung ihres Zieles gelangten. Uebrigens war das Amt des Steuereinnehmers keineswegs übel berufen, was man daraus schliessen kann, dass in den Grabinschriften der Titel mehrfach erwähnt ist.

Die Prostitution brachte dem Staatsschatze zu grosse Summen ein, als dass man leicht hätte darauf verzichten können. Alexander Severus bestimmte, dass die Einnahmen zu nützlichen öffentlichen Einrichtungen aufgewendet werden müssten: er verwendete sie deshalb zur Wiederherstellung des Theaters, des Cirkus, des Amphitheaters und des Stadiums, sodass also diese den Vergnügungen des Volkes geweihten Bauwerke auf Kosten der Prostitution unterhalten wurden. Lampridius, der uns die Geschichte dieser Reform überliefert hat, sagt dabei, dass Alexander Severus daran gedacht hatte, die jugendlichen Hilfstruppen der öffentlichen Ausschweifung aus Rom zu vertreiben; aber er fürchtete, dass er dadurch das Laster nur in die Schlupfwinkel verscheuchen, nicht aber unterdrücken würde, wie denn auch der Geschichtsschreiber der Cäsaren ganz richtig bemerkt, dass die Menschen immer das am liebsten thun, was ihnen verboten ist. Da übrigens Alexander Severus die Steuer auf den dreissigsten Teil des unter Heliogabal erhobenen Betrages beschränkte, so darf man annehmen, dass er thatsächlich nur die reine Lustralsteuer eintreiben liess. Unter dem Kaiser Philippus, der seine Vorliebe für das Christentum nicht verbarg, wurde die Steuer auf männliche Prostitution aufgehoben, weil diese Art Ausschweifung durch ein kaiserliches Edikt im Prinzip, wenn auch nicht in der That, abgeschafft wurde. Später wurde die Steuer wie die andern Gewerbesteuern in Rom nur noch alle fünf Jahre veranlagt, sie wurde Chrysargyrum genannt, ein Wort, das aus der griechischen Bezeichnung für Gold und Silber zusammengesetzt ist, wahrscheinlich um anzudeuten, dass die Steuer teils nach dem Goldfuss, teils nach dem Silberfuss bezahlt wurde, und nach der verschiedenen Art der Prostitution verschieden hoch bemessen war.

Genauere Angaben über die Höhe der Prostitutionssteuer fehlen uns. Wichtig zur Beurteilung der damaligen Verhältnisse ist der Umstand, dass die Steuerzahlung überhaupt dem Gewerbe eine Art öffentlichen Charakter verlieh. Da die Steuer alle fünf Jahre veranlagt wurde, so stand es den Steuerträgern frei, vorher zu erklären, dass sie ihr Gewerbe aufgeben wollten. Die Eintreibung der Steuern war höchst wahrscheinlich gleichzeitig der Sittenpolizei übertragen worden, wie man aus mehreren Grabinschriften ersehen konnte. Die eine davon ist einem Manne, Namens Valerianus gewidmet und von seiner Tochter ihm dargebracht worden. Darin wird nicht nur der Stand und die Beschäftigung des Vaters angegeben, sondern es werden auch seine Vatertugenden lebhaft gerühmt.

Zosimus, ein griechischer Historiker, der sehr gegen die Christen eingenommen war, warf Konstantin dem Grossen mit bittern Worten vor, dass er eine neue Prostitutionssteuer eingeführt habe. Wahrscheinlich irrt aber dieser Schriftsteller, der damit dem christlichen Herrscher eins anhängen wollte, denn die Existens der Steuer lässt sich seit der Zeit Caligulas durchaus sicher nachweisen. Konstantin hatte die Absicht, die Steuer sowohl, wie auch die öffentliche Sanktion des Gewerbes abzuschaffen, kam aber damit, wie es scheint, nicht zum Ziele. Daraus ihm nun den Vorwurf der Förderung der Prostitution zu machen, ist jedenfalls nicht gerechtfertigt. Uebrigens hatten bereits seit dem zweiten Jahrhundert die Philosophen häufig und voll Entrüstung gegen die abscheuliche Steuer und die daraus abzuleitenden Folgerungen protestiert. Justin beschuldigte in seiner Apologie für die Christen, die etwa um die Mitte des zweiten Jahrhunderts geschrieben ist, die Kaiser sehr energisch, weil sie den Prostituiertenzoll empfingen: „Wie unsere Vorfahren,“ so sagt er, „sich von grossen Rinder- und Schafherden ernährten, so erzieht man heute Kinder und Weiber zu einem schimpflichen Gewerbe, und die Menge dieser Weiber, der Cinöden und der übrigen Lüstlinge, zahlen eine Steuer, die ihr euch nicht schämt anzunehmen!“

Erst Theodosius II. konnte die Pläne des Konstantin zum Teil ausführen, indem er bei der fünfjährigen Steueraufstellung die Taxe für die Kuppler unterdrückte: er hätte auch die Taxe nicht aufrechterhalten können, nachdem er das Kupplergewerbe verboten hatte. In dem Edikt, das diesem Gegenstande gewidmet ist und das für Kuppelei sehr erhebliche Strafen androhte, schont der Kaiser auch seine Vorgänger gar nicht; in dem Schriftstück, das aus dem Jahre 439 stammt, sagt er unter anderem folgendes: „Die Gewissenlosigkeit unserer Vorfahren hat schwere

Uebelstände bestehen lassen, dadurch, dass sie die Kuppelei auf Grund fünfjähriger Steuerveranlagungen gewissermassen offiziell autorisiert hat." In demselben Schriftstück wirft der Kaiser die Frage auf, ob es den Kupplern erlaubt sei, in der Hauptstadt des östlichen Kaiserreiches zu wohnen und ob der öffentliche Staatsschatz, Steuern von ihnen annehmen dürfe. Theodosius entfernte also die Taxe auf Kuppelei, liess aber die auf der eigentlichen Prostitution ruhende bestehen. Das Chrysargyrum wurde deshalb auch fernerhin mit grosser Strenge eingetrieben und zwar alle vier Jahre, nicht wie früher alle fünf Jahre. Die Veranlagung wurde sehr sorgfältig vorgenommen, in der Weise,, dass in jedem Quartier und in jedem Hause die Einwohner ihre Existenzmittel nachzuweisen hatten und gegebenen Falls einen Teil davon an die kaiserliche Kasse abführen mussten. Diejenigen, die die Taxe nicht zahlen konnten aus übergrosser Armut, entgingen meistens nicht der brutalen Behandlung der Steuereinnehmer. Zosimus erzählt, dass die Eintreibung der Steuern unter Konstantin so streng gehandhabt wurde, dass Mütter ihre Kinder verkauften und Väter ihre Töchter zur Prostitution anhielten, um nur die Steuereintreiber befriedigen zu können. Spätere Geschichtsschreiber stimmen in den Berichten über die Verwendung dieser Steuer nicht ganz überein. Sie betraf später übrigens nicht nur die Angehörigen der städtischen Prostitution und wurde nicht nur alle vier Jahre, sondern sogar jährlich erhoben. Darin aber stimmen alle Geschichtsschreiber überein, dass die Eintreibung der Steuern stets mit ausserordentlicher Strenge vorgenommen wurde, und dass mit ihr eine Art Generalpächter betraut war. Cedrenus, ein Kompilator aus dem elften Jahrhundert sagt, dass sich in der Stadt, in den Vorstädten und benachbarten Dörfern immer ein grosser Jammer erhoben habe, wenn die Steuereintreiber nahten; das Land habe nach ihrer Anwesenheit ausgesehen, wie wenn ein grosser Heuschreckenschwarm darüber hingegangen sei. Man kann wohl annehmen, dass die Prostituierten und die Schaar, der mit ihr in Verbindung Stehenden, bei dieser Gelegenheit ganz besonders hart angefasst wurden. Euagrius sagt im neununddreissigsten Kapitel des zweiten Buches seiner Kirchengeschichte, dass man in die Lupanare und in die Wirtschaften eindrang, um die Prostituierten zu kontrollieren; aber man begnügte sich damit nicht, sondern suchte mit Gewalt möglichst viele Leute der Prostitution zu überführen; man zwang sie dann, einen Schein zu lösen, der einmal ihnen die Erlaubnis zur Ausübung des Gewerbes gab und zweitens eine Art Steuerquittung darstellte.

Anastasius hatte in seinem Kampfe gegen die Prostitution einige Erfolge aufzuweisen, wenigstens wenn wir Urteilen eines anonymen Schriftstellers glauben dürfen. Er war über die scheusslichen Zustände bei der Erhebung der Prostitutionssteuer unterrichtet und hatte beschlossen dem Skandal ein Ende zu machen. Vergebens versuchte ein geschickter

Mann Namens Thucydides das Chrysargyrum zu verteidigen und nachzuweisen, dass eine solche Steuer ebenso nützlich wie gerecht sei; Anastasius erachtete sie als unmoralisch und ungerecht und schaffte sie durch ein Gesetz ab, in welchem er zugleich befahl die Register der Steuereinnehmer zu verbrennen. Diejenigen, die auf diese Weise eines hohen Einkommens verlustig gegangen wären, nämlich die Generalsteuerpächter, setzten ihre Hoffnung auf einen Regierungswechsel und glaubten, dass dann die Prostitutionssteuer sofort wieder von Neuem eingeführt würde. Aber Anastasius blieb in diesem Punkte fest und die Geschichte überliefert uns sogar ein artiges Histörchen, wie er die gierigen Generalpächter an der Nase herumführte. Er that nämlich so, als ob er vielleicht doch geneigt sei, die Steuer wieder einzuführen, vernichtete aber dann die rasch entflammte Freude der würdigen Männer durch eine sehr entschiedene öffentliche Erklärung, in welcher er über den durchaus verdammenswerten Charakter derartiger Staatseinnahmen nicht den geringsten Zweifel liess.

Indessen muss doch wohl die Prostitutionssteuer nicht ganz abgeschafft worden sein, denn sie existierte immerhin noch unter der Regierung Justianians, obschon sie in öffentlichen Steuerlisten nicht mehr ausdrücklich aufgeführt war. Justinian erwähnt sie auch nicht in seinem Erlass gegen die Kuppler; man darf annehmen, dass sie lediglich auf weibliche Prostitution gelegt war. Im Uebrigen widerrief dieser Kaiser einige alte römische Gesetze, nach denen es den Adeligen verboten war, Theaterdamen und Prostituierte zu ehelichen; er selbst heiratete Theodora, die Tochter einer Prostituierten letzten Ranges, die selbst unter den Kurtisanen eine grosse Rolle gespielt hatte und zweifellos ihrer Mutter durchaus würdig war. Bevor dieses Weib den kaiserlichen Thron erklomm, war sie bei der Ausführung ihres schimpflichen Gewerbes von Stadt zu Stadt gezogen, und Justinian scheint sich immer daran erinnert zu haben, dass seine Frau früher mehrfach wegen ihres schlechten Lebenswandels bestraft worden war. Theodora selbst scheint nach Mitteln gesucht zu haben, um gefallenen Frauen den Wiedereintritt in die Gesellschaft möglich zu machen; es wird uns berichtet, dass sie, vielleicht mit den Geldern, welche die Prostitutionssteuer aufbrachte, ein grosses Hospiz geschaffen hat, in dem Prostituierten eine Zuflucht finden konnten. Aber diese gute Absicht wurde dadurch zum Teil vereitelt, dass Theodora 500 Weiber dort mit Gewalt einsperren liess; die Opfer ihrer Willkür zogen vielfach den Tod dem langweiligen Leben in dem schön eingerichteten aber klösterlich langweiligen Gebäude vor. Prokop, der uns darüber einiges überliefert hat erzählt nicht, ob die Kaiserin Theodora ihren moralischen Launen noch mehr derartige Opfer gebracht hat.

IX. Kapitel.

Die auf die Prostitution bezügliche Gesetzgebung der christlichen Kaiser. — Die Ausübung der Prostitution wird für ein legales Gewerbe angesehen. — Infamierung der öffentlichen Mädchen. — Widernatürlicher Geschlechtsverkehr und Prostitutionssteuer. — Gesetz über die Entführung heiratsfähiger Mädchen. — Inhaberinnen und Kellnerinnen von Kneipen können nicht wegen Ehebruchs belangt werden. — Verbot des Verkaufs von christlichen Sklavinnen zum Zwecke der Prostitution. — Widernatürlicher Geschlechtsverkehr wird mit der Todesstrafe bedroht. — Theodosius der Jüngere als Verteidiger der Prostituierten. — Die Prostituiertensteuer wird auf das Betreiben des konstantinopolitanischen Praetors Florentius abgeschafft. — Kaiser Justinian. — Sein Gesetz gegen die Kuppelei. — Der geheime Mädchenhandel in Konstantinopel. — Gesetz über die öffentlichen Bäder. — Die Nachfolger Justinians.

Die Gesetzgebung der christlichen Kaiser veränderte an den Zuständen der römischen Prostitution fast gar nichts. Dieser Krebsschaden am öffentlichen Leben konnte durch strenge Repressionsmassregeln nicht geheilt werden; man musste ihn vielmehr, und das entspricht ganz der damaligen Auffassung, der eigenen Heilung überlassen. Man war von der Notwendigkeit der Prostitution durchaus überzeugt und glaubte in ihr einen Schutz gegen Gewaltthaten, Ehebruch und Verführung ehrbarer Frauen zu haben. Dieser Ansicht war ja auch die primitive Kirche; wir haben schon oben erwähnt, wie sich die Konzilien zur Frage der Prostitution stellten. Im Prinzip verdammten sie sie wohl, thatsächlich änderten sie an ihrem Bestande so gut wie gar nichts. In den Gesetzbüchern des Theodosius und Justinians giebt es kein Spezialgesetz, das sich auf die Prostitution bezieht, aber einige Vorschriften sollten offenbar ihre Weiterverbreitung in engen Grenzen halten. Die weibliche Prostitution wurde unter allen Umständen geduldet, sie wurde als Gewerbe aufgefasst und hat dafür Gewerbesteuer zu entrichten; anders verfuhr man gegen die männliche Prostitution und ebenso gegen die Kuppelei. Gegen diese letztere haben die Nachfolger des Konstantins mehrfach strenge Gesetze erlassen, und auch die kirchlichen Autoritäten haben es nicht an verschiedenen strengen Vorschriften darüber fehlen lassen.

So darf man also geradezu in den Gesetzbüchern jener Zeit und auch im Sinne der Kirche eine legale und eine illegale Prostitution unterscheiden. Nach den eingehenden Vorschriften, die Ulpianus aufstellt, kann man ebenfalls darauf schliessen, dass er die Prostitution als ein durchaus legales Rechtsgeschäft ansah, das bestimmten polizeilichen Regelungen und Spezialgesetzen unterworfen war. Weiterhin bestimmte der Rechtsgelehrte, dass eine Prostituierte sogar unter Anrufung der Obrigkeit auf der Erfüllung eines Versprechens bestehen könne, welches ihr in ihrer Eigenschaft als Prostituierte gemacht worden war. Auf diese Weise kommt er zu dem Schluss, dass die Prostituierte auf ihren Lohn einen Anspruch hat und dass sie diesen Lohn auf anständige Weise erwirbt, obschon ihr Gewerbe an und für sich unanständig sei. (Illam enim turpiter facere, quod sit meretrix, non turpiter accipere, cum sit meretrix Dig. XII, 5) Man wird es daher nicht erstaunlich finden, dass die Rechtsgelehrten in Uebereinstimmung mit den Gelehrten der Kirche die legale Prostitution durch ihre Vorschriften gewissermassen rehabilitierten.

Vor der konstantinischen Zeit waren die Prostituierten von Gesetzeswegen infam und Diocletian und Maximian hatten diese Gesetze wieder aufgefrischt, um die öffentlichen Sitten zu verbessern. Diese Gesetze hatten den freigeborenen Bürgern die Ehe mit freigelassenen Frauen verboten, ganz gleichgiltig, ob sie als Prostituierte gelebt hatten, oder nicht; sie hatten gleichermassen den Senatoren und ihren Söhnen die Ehe mit patricischen Frauen untersagt, die sich der Prostitution gewidmet hatten. Später war die Infamität den Bediensteten der Kuppler und den Insassinnen der öffentlichen Häuser auferlegt worden, um der skandalösen Verbindung zwischen Senatoren und solchen Mädchen, die durch die Prostitution reich geworden waren, ein Ende zu bereiten.

Konstantin hatte die Päderastie, die bis dahin allgemein öffentlich im Schwange war, mit Strafe bedroht. Was bis dahin nur als eine gewöhnliche Ausschweifung angesehen wurde, war nunmehr zu einer kriminellen Handlung gestempelt worden. Diese grosse Reform, die schon von Alexander Severus angebahnt worden war, wurde von den Kirchenautoritäten unterstützt und gebilligt. Indessen darf man doch nicht übersehen, dass Gefängnis, Geld und Ehrenstrafen kein radikales Heilmittel gegen einen derartigen Uebelstand waren. Es handelte sich lediglich darum, dass jetzt der Staat nicht mehr durch sein stillschweigendes Zusehen derartige Gebräuche sanktionierte; nach diesem Gesetz versteht es sich auch, warum Konstantin die Steuer auf männliche Prostitution aufgehoben hat. Er ging noch weiter, indem er die Strafandrohungen des claudischen Senatsbeschlusses gegen freigeborene Frauen, die sich mit Sklaven und Freigelassenen abgaben, verschärfte: er wollte auf diese Weise eine allgemein gebräuchliche Prostitutionsform treffen, die darin bestand, dass schamlose Patrizierinnen ihre Liebhaber aus der Schaar der Zirkuskutscher und Gladiatoren aussuchten.

Konstantin hatte nicht bis zu seiner Bekehrung zum christlichen Glauben gewartet, um die allgemeine Sittenlosigkeit auf gesetzlichem Wege, wenn auch mit zweifelhaftem Erfolge zu bekämpfen. Unter den Exzessen war der Mädchenraub besonders verbreitet und je mehr sich die Stiftung von Frauenklöstern im ganzen Reiche verbreiteten, um so häufiger waren derartige Attentate. Es kam sogar vor, dass die jungen Mädchen, die das Keuschheitsgelübde ablegen wollten, unter ihren Verwandten und den Freunden der Familie Leute fanden, die einem solchen Raube durchaus geneigt waren. In der am 1. April 320 publizierten Lex Si quis wurde jeder, der ein junges Mädchen, sei es mit oder ohne ihre Einwilligung, entführte, mit schwerer Strafe bedroht; derselben Strafe sollte ein Mädchen verfallen, das zu der Entführung seine Zustimmung gegeben hatte. Das Gesetz setzt keine Strafe ausdrücklich fest, sondern überlässt deren Ausmass dem freien Ermessen des Richters. Kaiser Konstantin beseitigte diese Unsicherheit und setzte durch ein neues Gesetz vom November 349 fest, dass die Schuldigen bei einer derartigen Sachlage enthauptet werden sollten. Der Rest des ursprünglichen Gesetzes bedurfte keiner Auslegung, da es sehr gut spezialisiert war. Es war darin bestimmt, dass Familienfreunde, Wärterinnen und andere Personen, die dem Mädchen zur Entführung geraten hatten, dadurch bestraft werden sollten, dass man ihnen heisses Blei in den Mund goss; so wurde der Teil des Körpers, der zu einem so grossen Verbrechen geraten hatte, auf immer geschlossen. Mädchen, die bei ihrer Entführung nicht um Hülfe gerufen hatten, sollten des Rechts auf die väterliche und mütterliche Erbschaft verlustig gehen. Für den Fall, dass der Entführer sich mit den Eltern des Kindes ins Einvernehmen gesetzt hatte, um ihr Stillschweigen und für sich Straflosigkeit zu erlangen, sollte jedermann das Recht haben, ihn anzuzeigen und durch die öffentliche Gewalt verfolgen zu lassen. Der Denunziant sollte eine bestimmte Entschädigung erhalten, und die Eltern in derartigen Fällen auf eine einsame Insel verbannt werden. Helfershelfer des Entführers waren mit derselben Strafe bedroht, wie er selbst; standen sie zu ihm in einem Dienstverhältnis, so konnten sie zum Feuertode verurteilt werden.

Es versteht sich, dass dieses Gesetz sich nur auf freigeborene Kinder bezog, denn die Entführung von Freigelassenen oder Sklaven konnte lediglich eine Zivilklage zur Folge haben, trotzdem dies der in der christlichen Lehre ausgesprochenen Gleichberechtigung der Menschen widersprach. So genoss eine im Sklavenstande geborene Frau durchaus nicht des gleichen Schutzes ihrer Person oder ihrer Ehre wir eine Freigeborene. Deshalb nimmt auch Konstantin die Inhaberinnen und Kellnerinnen öffentlicher Wirtschaften ausdrücklich aus in den Gesetzen über Ehebruch. Das Christentum that gar nichts, um den schlechten Ruf, in dem die Aufwärterinnen in den Wirtschaften standen zu verbessern. Eine Dienerin die sich dem Gaste hingab wurde einer Prostituierten durchaus gleichgeachtet. In dem Gesetz Quae adulterium wird von den Kellnerinnen folgendermassen gesprochen: Sic vero potantibus ministerium praebuit — womit zweifellos nicht nur das Bedienen mit Speise und Trank gemeint sein soll. Für eine freigeborene Frau war es der schlimmste Schimpf, wenn man ihr vorwarf, sie sei so wie eine Kellnerin.

Auch das konstantinische Gesetz über die Ehescheidung nahm Bezug auf die Prostitution, indem unter den Scheidungsgründen die nach der Ehe ausgeübte Kuppelei aufgeführt wurde; eine Frau, die Kuppelei betrieben hatte, verwirkte damit das Recht auf ihre Mitgift und auf das in der Ehe gewonnene Vermögen. (Cod. Theod. lib. III. tit. 16. De repud.) So lebhaft die Bemühungen Konstantins waren eine durchgreifende Sittenpolizei einzuführen, so gelang ihm das doch nicht, denn die Demoralisation hatte alle Stände der damaligen Gesellschaft ergriffen. Konstantinopel hatte in jeder Strasse seine Lupanare, Weiber und Männer, die aus der Unzucht ein Gewerbe machten, wohnten in jedem Hause, und Abends strichen die Kurtisanen um die Kirchen, wie ehemals in Rom um die Theater. Die beiden Söhne Konstantins des Grossen, Konstantius und Konstanz widmeten sich mit grossem Eifer aber mit gleich geringem Erfolge wie ihr Vater, dem Kampfe gegen die überhandnehmende Unsittlichkeit. Sie verboten den Verkauf christlicher weiblicher Sklaven zum Zwecke der Unzucht; durch ihr Gesetz vom Juli 343 bestimmten sie, dass Sklaven, die von christlichen Eltern abstammten oder selbst Christen geworden waren, nur von Leuten die demselben Glauben angehörten, gekauft werden konnten; die Käufer hatten sich über ihren Glauben auszuweisen. Dieses Gesetz enthielt allerdings einige dunkle Stellen, denn man weiss nicht, ob der erste Besitzer solcher Sklaven, wenn sein Eigentumsrecht vor dem Dekret der Kaiser bereits bestand, das Recht hatte, sie zum Dienste in einem öffentlichen Hause zu zwingen. Si quis feminas, quæ se dedicasse venerationi christianae legis sanctissimae dignoscuntur, ludibriis quibusdam subjicere voluerit et lupanaribus venditas faciat vile ministerium prostituti pudoris explere, nemo alter easdem coëmendi habeat facultatem . . .

Es versteht sich aber ganz von selbst, dass das Eigentumsrecht der Kuppler und Bordellhalter an christlichen Sklavinnen so lange unbeanstandet blieb, bis die Frage eines eventuellen Verkaufes erhoben wurde; in diesem Falle war der Herr einer Sklavin, die erklärte, sie gehöre zum christlichen Glauben, nicht mehr in der Lage, sie auf öffentlichem Markte zum Verkauf zu stellen, denn er durfte sie nur an jemanden verkaufen, der nachweislich ebenfalls der christlichen Gemeinde angehörte. Der Gelehrte Godefroy erklärte in seinen Kommentaren zu dem theodosianischen Kodex, dass er dieses Gesetz als ein kluges Mittel zur Eindämmung des Sklavenhandels und zur allmähligen Abschaffung der Prostitution ansehe; denn auf Grund dieses Gesetzes hatten die Opfer der Prostitution immerhin ein Mittel, sich von hilfsbereiten Mitgliedern der christlichen Gemeinde loskaufen zu lassen. Es entspann sich unter den Christen ein förmlicher Wettlauf darum, ihr Vermögen zum Loskauf von christlichen Sklavinnen, die zur Prostitution gezwungen waren, hinzugeben. Ambrosius sagt, dass es der Kirche mehr am Herzen lag, Frauen zu erretten, die zur Ehrlosigkeit, als Männer, die zum Tode verurteilt waren.

Die Kaiser Konstantius und Konstanz gingen in ihrer Sittengesetzgebung noch weiter, indem sie jeden Mann, der sich widernatürlicher Unzucht hingab, mit der Todesstrafe bedrohten Es war dies eine Wiederauflebung der alten Lex Scantinia, die man seit sechs oder sieben Jahrhunderten nicht mehr angewandt hatte. Das neue Gesetz bestimmte die Natur des Verbrechens nicht genau und setzte auch auf die einzelne Art des Verbrechens keine genaue Strafe fest, überliess vielmehr die Würdigung des Thatbestandes und Abmass der Strafe dem freien Ermessen des Richters. Dieses Gesetz stand in direktem Gegensatze zu der Auffassung, die die Römer von der sittlichen Qualifikation des widernatürlichen Geschlechtsverkehrs gehabt hatten. Es muss aber bemerkt werden, dass der Text dieses Gesetzes uns nicht in einwandsfreier Form gehalten ist. (Cod. Just. lib. IX. tit. q. a d leg. Jul. de adult.)

Theodosius der Jüngere, der die Gesetze des römischen Kaiserreiches kodifizieren liess, hatte nicht die Absicht, die Sittenpolizeivorschriften weiter auszubauen, erklärte sich aber als den obersten Verteidiger aller Opfer der Kuppelei, die er mit noch grösserer Strenge als seine Vorgänger verfolgte. Wenn Mädchen von ihren Herrn, oder sogar von ihren eigenen Eltern zur Prostitution gezwungen werden sollten, so brauchten sie nur den Schutz der Bischöfe, der Richter oder der Polizeibeamten anzurufen; liessen ihre Verfolger auch dann nicht ab von ihrem Thun, so konnten sie zur Verbannung und zur Zwangsarbeit in Bergwerken verurteilt werden (Cod Theod. lib. XV, tit. 8, De lenonib). Das Gesetz setzt diese Strafen ausdrücklich als die leichtesten an. Einige Jahre später führte Theodosius mit seinem Amtsgenossen Valentinian zusammen einen entscheidenden Schlag gegen die Prostitution, indem er die Gewerbesteuer der Kuppelei abschaffte. Die Anregung zu dieser Vorschrift empfing der Kaiser von dem berühmten Verwalter der Prätur Konstantinopel, Florentius, der mit Schrecken gesehen hatte, wie gerade die Kuppelei in der Reichshauptstadt überhand genommen hatte. Den Ausfall den die Staatskasse durch die Abschaffung dieser Gewerbesteuer erleiden musste, erbot sich Florentius aus eigenem Vermögen zu decken. Die beiden Kaiser nahmen die Anerbieten an und erwähnten diese Thatsache zum Dank in dem Gesetz, das sie erliessen. Das Gesetz beschränkt sich nicht auf die Abschaffung der Kupplersteuer, sondern wollte indirekt die Prostitution selbst treffen. Es hiess in dem Texte: „Wenn fernerhin jemand versucht, Sklavinnen, die ihm oder einem Dritten angehören, zur Prostitution zu zwingen, oder freigeborene Frauen, dann sollen die Sklaven freigelassen werden, die freigeborenen Frauen aber von ihrem Kontrakt entbunden sein. Die Urheber des Skandals sollen mit Ruten geschlagen und aus der Stadt verwiesen werden." Die Behörden waren angewiesen, mit äusserster Strenge über die Anwendung dieses Gesetzes zu wachen. Indess darf man nicht übersehen, dass die individuelle Prostitution dadurch in keiner Weise berührt war. Die Frauen, die sich auf eigene Faust einem unsittlichen Lebenswandel widmen wollten, hatten höchstens einige polizeiliche Vorschriften gegen sich, z. B. die, dass sie nicht in der Nähe der vornehmern Quartiere der Stadt wohnen durften. (Cod Just. L. Minæ, De episc obed.).

Der theodosianische Kodex, der ungefähr ein Jahrhundert lang in Kraft war, scheint in Bezug auf die Prostitutionsvorschriften keinerlei Modifizierungen unterworfen zu sein; es blieb bei diesen Vorschriften bis zur Regierungszeit Justinians, der die meisten gesetzlichen Vorschriften seiner Vorgänger in Kraft beliess. Wie Theodosius, so ging auch er gegen die Kuppler mit äusserster Strenge vor, und setzte so den indirekten Krieg, den die christlichen Kaiser seit mehr als zwei Jahrhunderten gegen die Prostitution führten, fort. Sein erster Erlass gegen die Kuppelei ist deshalb bemerkenswert, weil er uns in den Motiven ziemlich genaue Darstellung des geheimen Mädchenhandels in Konstantinopel um das Jahr 535 giebt. Dieses Gesetz resumiert gleichsam alles, was die kaiserliche und christliche Jurisprudenz gegen die Prostitution unternommen hatte, und was wir in Vorstehendem in seinen Einzelheiten bereits betrachtet haben. Es wurde datiert aus dem Konsulat Belisars im Jahre 535 und war an alle Behörden des östlichen Kaiserreichs gerichtet, mit dem Befehle, es durch wiederholte Bekanntmachungen thatsächlich zur Kenntnis des Volkes zu bringen. Aber dies ausführliche und strenge Gesetz konnte den Mädchenhandel und die Kuppelei nicht vollständig unterdrücken, sondern veranlasste die raffinierten Kuppler nur, bei ihren Geschäften noch vorsichtiger zu sein. Sie verlangten beim Abschluss des Geschäftes nicht nur hohe Kaution, sondern nahmen ihren Opfern auch in der Regel einen schweren Eid ab, den diese meistens nicht zu brechen wagten. Nach dem Buchstaben des damaligen Gesetzes gelang es den Kupplern auch in der Regel, die Kaution wirksam zu verwenden. Justinian sah sich deshalb veranlasst, in diesem Punkte sein Gesetz durch eine Novelle zu ergänzen (Authent. collat. V. tit. 6, nov. 51). Veranlasst wurde diese Novelle durch eine Denkschrift des Präfekten Johannes. Nach dem Wortlaut der neuen Verfügung konnte jemand, der einen solchen Schwur einem Mädchen abgenommen hatte, zu einer Strafe von zehn Pfund Gold verurteilt worden; Richter und Beamte, die bei einer Ableistung eines derartigen Schwurs hilfreiche Hand geleistet hatten, waren mit derselben Strafe bedroht. Selbstverständlich wurde der Eid selbst ohne Weiteres für hinfällig erklärt.

Das war nicht die einzige und nicht die letzte Massregel, die der Kaiser Justinian zur Bekämpfung der Prostitution traf; er verfehlte nicht, auch auf strenge Inhaltung der alten Vorschriften über die öffentlichen Bäder hinzuwirken und ergänzte sie sogar in einer Reihe von wesentlichen Punkten. Die öffentlichen Bäder der Männer waren bereits damals von den Frauenbädern getrennt; Justinian verfügte aber, dass auch in den Privatbädern eine Trennung nach Geschlechtern durchgeführt wurde. Nur verehelichte Personen durften zusammen baden. Frauen durften aber nicht mit andern Männern zusammen im Bade sein und auch nicht einmal mit ihren eigenen Kindern. Männer, die mit fremden Weibern zusammen badeten, konnten durch den Verlust der Mitgift ihrer Frauen bestraft werden. Aehnliche Vorschriften kann man im Kodex Justinianus noch mehrfach auffinden. (Cod. Just. De repud. l. 1 et nov. 22 De nupt.)

Die Nachfolger Justinians fügten seiner Gesetzgebung nur sehr wenig hinzu und erhöhten nur die Strafe auf Kuppelei mehrfach. Was die Prostituierten selbst anbetraf, so standen sie gewissermassen unter staatlichem Schutz, wurden allerdings in Konstantinopel und anderen grossen Städten sehr genau überwacht und strengen Polizeivorschriften unterstellt.

Geschichte der Prostitution.

Christliche Aera.

Frankreich.

I. Kapitel.

Gallier und Kymrer vor dem Eroberungszuge Julius Caesars. — Die Prostitution konnte bei diesen Völkern keine regelmässige und dauernde Einrichtung sein. — Wie die Germanen Frauen behandelten, die der Prostitution überführt worden waren. — Die Ehe bei den Kelten. — Der Frauensenat. — Die dem weiblichen Geschlechte bei den Galliern zugebilligte Superiorität. — Die Flussprobe. — Der Rhein als „Richter". — Privatleben der gallischen Frauen. — Die Grundsätze ihres Verhaltens. — Die tugendhafte Chiomara. — Ehrenbeleidigungsklagen wurden vor einem aus Frauen zusammengesetzten Gerichte erledigt. — Abscheu der Germanen und Gallier vor Prostituierten. — Gastfreundschaft bei den Galliern. — Der druidische Gottesdienst. — Götter niederen Ranges. — Gallische Theogonie. — Einzelne Gottheiten. — Geschichte der schönen Camma. — Wie Eponina ihrem Gemahl Sabinus Treue hielt. — Sittenlosigkeit bei den Galliern. — Galliens Eroberung durch Julius Caesar. — Zerstörung des druidischen Kults. — Die Prostitution bei den Galloromanen. — Beginnende Korruption der keltischen Race. — Die Kurtisane Crispa. — Eindringen der Franken. — Sittenreinheit der fränkischen Stämme. — Salisches Recht.

Es ist fast unmöglich nach den uns überlieferten Quellen über den moralischen Charakter der Gallier und Kymrer, die fünfzehn oder sechzehn Jahrhunderte vor der christlichen Aera Gallien bewohnt haben, ein Urteil zu fällen; wissen wir doch nicht einmal etwas Genaueres über den Ursprung dieser Völkerschaften. Natürlich kann man deshalb auch über die Spuren der Prostitution bei ihnen nur mehr oder weniger unbestimmte und unbegründete Hypothesen aufstellen. Durchgehen wir die kleine Zahl der lateinischen und griechischen Schriftsteller, die uns die primitive Tradition von den ersten Einwohnern Galliens überliefert haben, so können wir ihnen entnehmen, dass damals eine legale Prostitution dort nicht bestand; aber wir haben Anlass anzunehmen, dass mit dem druidischen Gottesdienste eine Art religiöser Prostitution verbunden gewesen ist. Was die gastliche Prostitution anbetrifft, so darf man vermuten dass sie bei diesem stolzen und gastfreundlichen Volke keineswegs im Schwange war. Indessen darf man sich wohl doch keine zu übertriebene Vorstellung von der Reinheit der gallischen Sitten machen.

Nach den Ueberlieferungen spielte das Weib unter den Galliern eine ausserordentlich grosse Rolle; wir haben es da wohl noch mit Resten der sogenannten Mutterherrschaft zu thun, mit deren Wesen eine legale Prostitution unvereinbar erscheint. Unter diesen Umständen hatte eine Frau nicht einmal das Recht, sich einem anderen hinzugeben oder zu verkaufen. Wenn Prostitution wirklich betrieben worden ist, so kann es sich nur um isolierte und seltene Fälle handeln. Zweifellos gab es auch unter den Galliern und den Kymrern Männer und Weiber, die einer lockeren Lebensführung geneigt waren, aber die sozialen Einrichtungen und die strenge Kontrole des Stammeslebens haben ihnen zweifellos enge Grenzen gezogen. Gewerbsmässige Prostitution bestand sicher nicht. Wir wissen von den alten Germanen, bei denen die Frauen aus verwandten Ursachen eine ganz ähnliche soziale Stellung einnahmen, dass diejenigen, die bei einem Akte der Prostitution ertappt wurden, der Stammeszugehörigkeit verlustig gingen Manchmal wurden derartige Frauen sogar gesteinigt. Nach der Darstellung des Athenäus wählten die jungen Mädchen bei den Kelten ihre Männer frei. Bei irgend einer festlichen Gelegenheit führten die Eltern eine heiratsfähige Tochter den jungen Männern vor und überliessen ihr die Wahl unter den Bewerbern. Während die jungen Männer sich einem Trinkgelage hingaben und vor den jungen Mädchen mit ihren kriegerischen Thaten paradierten, war diesen Gelegenheit gegeben, ihre Wahl zu treffen. Am Ende des Gelages erklärte das Mädchen, welchen der Teilnehmer es gewählt hatte und brachte ihm zugleich Waschwasser; wahrscheinlich sollte durch diese Waschung symbolisch die Reinheit des nunmehr beginnenden ehelichen Verhältnisses angedeutet werden. Entsprechend den sozialen Verhältnissen in der Periode des Mutterrechts spielten unter den Galliern die Frauen auch in öffentlichen Angelegenheiten eine ausserordentliche, grosse Rolle. Es gab sogar eine Art von Frauensenat, der aus sechzig Repräsentantinnen der sechzig vornehmsten gallischen Gaue gebildet war. Dieser Senat, dessen Existenz bis etwa ins zwölfte Jahrhundert vorchristlicher Zeit zurückgreift, übte einen grossen Einfluss auf die politischen Verhältnisse des Landes aus.

In den Zeiten, bis zu welchen unsere geschriebene Ueberlieferung zurückreicht, hatte der Mann über sein Weib und seine Kinder das Recht über Leben und Tod; man darf wohl annehmen, dass in gewissen schweren Fällen von diesem Rechte auch in seiner strengsten Form Gebrauch gemacht wurde Wenn dem Manne Zweifel an seiner Vaterschaft aufgekommen waren, so setzte er das neugeborene Kind unmittelbar nach der Geburt in einen grossen Schild, den er in die Fluten des nächsten Flusses stiess Trug die Flut den Schild mit dem Kinde auf das Ufer, wo die Mutter seiner harrte, dann war der Beweis für deren Schuldlosigkeit geliefert; kam das Kind aber in den Fluten um, dann war damit bewiesen, dass der Fluss die Frucht des Ehebruches nicht tragen wollte, und die Mutter musste ihrerseits die Todesstrafe erdulden. Diese schreckliche Strafe zeigt uns aber ganz deutlich, dass doch derartige Fälle vorgekommen sein müssen, da sonst ein derartiges Gesetz und ein derartiger Brauch keinen Sinn gehabt hätten.

Unter den Flüssen stand der Rhein besonders in dem Rufe gegen die ungetreuen Frauen von unbestechlicher Strenge zu sein; die Urteilssprüche, die dieser Fluss sprach, galten als durchaus sicher. In einem seiner Briefe spricht der Kaiser Julian von diesem alten Aberglauben, den er an den Ufern des Rheins beobachtet hatte. Eine Stelle in einem alten Schriftsteller sagt, dass die Anwohner des Rheins jedes neugeborene Kind der Flussprobe auszusetzen pflegten. Ehebrüche müssen bei den Galliern, wie bei den alten Germanen sehr selten gewesen sein; ereignete sich aber der Fall; dann hatte der Mann nicht nötig vor einem Gericht Klage zu erheben, da er Richter und Strafvollstrecker in einer Person war. Severa illic matrimonia, sagt Tacitus.

Allgemein herrschte bei den Galliern Einzelehe; die Häupter und die hervorragensten Mitglieder der Clans hatten aber in der Regel mehrere Frauen zum Zeichen ihrer Würde, nicht aus Lust an der Ausschweifung wie Tacitus ausdrücklich bemerkt. Das Klima Galliens, eines Landes, das mit Sümpfen und dichten Wäldern bedeckt war, war in der That einem ausschweifenden Leben ebenso wenig günstig, wie das Temperament der Bewohner. Die Frauen lebten ziemlich zurückgezogen und waren von den religiösen und kriegerischen Stammeshandlungen ausgeschlossen. Uebereinstimmend wird uns gemeldet, dass sie stolz und voller Selbstbewusstsein gewesen seien. Gemäss dem in dem Volke verbreiteten

Grundsatz, dass eine Frau nur einem Manne angehören durfte, scheute man sich in Gallien allgemein zu einer zweiten Ehe zu schreiten. Das Gesetz gestattete indessen Witwen die Wiederverehelichung, wie man schon aus dem Grundsatze des bei einigen Stämmen üblichen Gewohnheitsrechtes entnehmen kann, wonach eine Frau Strafe erleiden sollte, wenn sie zwei Männern, die gleichzeitig lebten, zugleich angehörte. Die tugendhafte Chiomara, von der uns Plutarch in seinen Abhandlungen von berühmten Frauen erzählt, verletzte lieber die Heiligkeit des Völkerrechtes, als dass sie den Urheber ihrer Entehrung geschont hätte. Chiomara war die Frau des Ortiagontes, Häuptlings der asiatischen Gallier oder Galater, die von den Römern im Jahre 565 unterworfen waren. Plutarch erzählt uns nicht, ob Chiomara schön war, aber er teilt uns mit, dass sie von dem römischen Hauptmann, der sie zur Gefangenen gemacht, durch Vergewaltigung tötlich beleidigt worden war. Sie that so, als ob sie die Beleidigung still über sich ergehen lassen würde; als aber ihr Gemahl Lösegeld für sie schickte, da sagte sie in ihrer gallischen Sprache, dass auch sie ein Lösegeld zu fordern habe. Geschickt lockte sie den römischen Hauptmann in einen Hinterhalt und liess ihm von den Leuten des Ortiagontes, die sie zu ihrem Gemahl zurückbegleiten sollten, den Kopf abschlagen. Ihr Gemahl, dem sie das blutende Haupt überbrachte war entrüstet über den Mord, der das Völkerrecht verletzte, sie aber sagte: „Gewiss, habe ich das Völkerrecht verletzt, aber ich konnte es nicht ertragen, dass ausser Dir ein Mann auf der Erde lebte, der sich hätte rühmen können, mich besessen zu haben.“

Wenn der Ehebruch schon so selten bei den Galliern war, so hat man begründete Ursache zur Annahme, dass auch die Prostitution dort nicht häufig vorkam. Uebrigens stand den Frauen nach druidischem Recht das Urteil in Beleidigungssachen zu. Duclos, der diese Eigenthümlichkeit in einer Abhandlung über die Druiden erwähnt, fügt hinzu, dass in einem Vertrage zwischen den Galliern und Karthagern aus der Zeit Hannibals, bestimmt worden war, dass wenn ein Gallier sich von einem Karthager für beleidigt hielt, die Sache vor den Magistrat von Karthago ausgefochten werden musste, dass hingegen wenn ein Karthager sich für beleidigt hielt, die gallischen Frauen als Richter fungieren sollten. Es existierte demnach ein Tribunal von Frauen, das in Beleidigungssachen Urteile fällte. Die barbarischen Völker waren nicht weniger empfindlich in gewissen Punkten, als die Griechen und Römer, und von allen Beleidigungen, die man einer Frau zufügen konnte, war die schwerste, sie eine Prostituierte zu nennen. Wir werden später sehen, dass Rotharis, König der Lombarden, auf eine solche Beleidigung eine schwere Strafe setzte. Derartige Wortbeleidigungen scheinen um so häufiger gewesen zu sein, je unbegründeter sie in den Thatsachen waren. Wenn aber die gallischen Frauen die Rechtsprechung in Beleidigungsprozessen inne hatten, dann mussten sie notwendiger Weise auch Kenntnis von den Thatsachen der Prostitution haben, da sie sonst ja eine derartige Beleidigung nicht zu würdigen gewusst hätten.

Die Gastfreundschaft war, wie wir schon bemerkt haben, bei den Galliern ausserordentlich ausgebildet; sie hielten es für ein strafwürdiges Verbrechen, einem Fremden die Thüre zuzuschliessen oder einem Gaste, nachdem sie ihn aufgenommen hatten, Uebles zuzufügen. Der Gast wurde Bruder, Freund und geheiligte Person; aber seine erste Pflicht war, das Ehebett des Mannes zu respektieren, der ihn herzlich aufgenommen hatte. Der Gallier war viel zu eifersüchtig auf seine Mannesehre, um jemals sich zu Konzessionen auf dem Gebiete der gastfreundlichen Prostitution herbeizulassen. Auch die religiöse Prostitution hatte sicherlich in dem reinen druidischen Kult, der einen durchaus metaphysischen und mysteriösen Charakter trug, keinen Platz. Die Druiden waren Philosophen, meistens bejahrte Männer, die in tiefer Einsamkeit gemeinsam lebten. Mit ihren Stammesgenossen kamen sie nur selten und bei Gelegenheit der hohen religiösen Feste zusammen. Der Gottesdienst war nicht pompös und nicht auf Aeusserlichkeiten berechnet; häufig waren Menschenopfer damit verbunden. Uebrigens waren die Druiden nicht allein Priester, sondern in ihren Händen ruhte auch die Gesetzgebung, ein Teil der Verwaltung und die öffentliche Erziehung; sie unterrichteten in den Wissenschaften und in den heiligen Lehren ihrer philosophischen Religion. Hie und da fand man bei den Galliern auch weissagende Jungfrauen; sie verbargen sich in Höhlen und pflegten nachts, meistens wenn ein Gewitter am Himmel stand, ihre Weissagungen auszusprechen. Trotz des hohen Rufes, mit dem man die berühmte Velida umkleidet hat, darf man annehmen, dass diese Druidinnen im Allgemeinen alt und hässlich waren. Nach Plinius erschienen sie bei den Ceremonien ganz nackt, den Körper mit Oel gesalbt und schwarz gefärbt. (Toto corpore oblitæ quibusdam in sacris et nudæ incedunt, Aethiopum colorem imitantes. Plinius, Hist. nat. lib. XXII.)

Wenn auch die religiöse Prostitution in dem erhabenen druidischen Kultus keinen Raum fand, so kann man doch annehmen, dass es nebenbei noch Altäre für gewisse Gottheiten zweiten Ranges gegeben hat, und bei den Galliern werden sich zweifellos auch der Prostitution zugeneigte Naturen, wie bei allen anderen Völkern gefunden haben, wenn sie auch seltener und weniger auffallend waren. So wird uns berichtet, dass hie und da Leute auftauchten, die die Darbringung der Jungfrauenschaft als ein den Göttern angenehmes Opfer erklärten; auch sollen unter den Druidinnen einzelne gewesen sein, die mit dem Geschäfte der Weissagungen auch noch etwas anderes verknüpft haben. Vielleicht führt ein Teil der mittelalterlichen Märchen von den bösen Frauen und Feen, die in den Wäldern hausten, auf die Erinnerungen an einzelne dieser Druidinnen zurück; indessen, irgend etwas Sicheres darüber anzugeben, ist niemand in der Lage.

Ueber die Theogonie der Gallier ist uns nur ausserordentlich wenig und sehr Unzuverlässiges überliefert worden. Man hat infolgedessen über die Attribute der Gottheiten keine näheren Angaben, und es sind uns zum Teil nur die Namen überliefert worden. Indessen darf man aus einzelnen aufgefundenen Bildwerken schliessen, dass diese Gottheiten häufig in ihrer Versinnbildlichung nicht dezenter waren, als die von Italien und Griechenland. So wurde die Göttin Onuava, welche die Archæologen des 17. Jahrhunderts mit der persischen Gottheit Mithra zusammengeworfen haben, dargestellt durch einen Frauenkopf mit grossen Ohren und zwei mächtigen ausgespannten Flügeln, auf dem Haupte zwei Schlangen, die gleichsam eine Krone bildeten. Dieses Bildnis stellt allegorisch die sinnliche Lust dar, die sich bald hier bald dort hin wendet und überall einschleicht, um ihre Opfer zu finden. Die emblematische Schlange spielt überhaupt in der druidischen Religion eine grosse Rolle, und man schrieb dem Auffinden und dem Besitze eines ovalen fossilen Steines von brauner oder weisser Farbe, den man das Schlangenei nannte, eine besonders glückbringende Kraft zu. Dieses Schlangenei gab den Menschen, die es besassen, nach der Meinung der damaligen Zeit, eine besondere Vermehrungskraft. Der Gott Gourm wurde dargestellt als ein nackter Hermaphrodit mit einem Hundskopfe. Die Göttin der Liebe, deren gallischen Namen die Römer, als sie ihren Kultus mit dem der Venus verbanden, durch das Wort Murcia ausdrückten, hatte weiter keine Personifikation als einen schwarzen Stein oder Granitfelsen in konischer Form. Der Gott Marun, den die Römer mit ihrem Mars identifizierten, war der besondere Beschützer bei Reisen im Gebirge; als Attribut hatte man ihm einen Phallus gegeben.

Von den Vorstellungen, die sich die Gallier von ihren Göttern machten, ist uns zu wenig überliefert worden, als dass wir daraus irgend welche Rückschlüsse auf die Verbreitung der Prostitution bei ihrer Völkerschaft machen könnten. Man weiss nur, dass besonders in der Bretagne an die Existenz von mächtigen Riesen geglaubt wurde, die sich in besonderen Nächten Ausschweifungen hingaben. Auch sollte es Gottheiten geben, die Nachts die Reisenden halb mit Schmeichelei halb mit Gewalt zu ihren Diensten zwangen. Augustinus spricht in seinem Gottesstaate davon, dass überall die Meinung verbreitet wäre, dass gewisse Dämonen, die man bei den Galliern Dusinen nannte, schlafenden Personen allerhand böse Träume vorgaukelten. Augustinus meint, dass die Existenz dieser Dämonen, die an der Erregung von lasciven Träumen ihre Freude hatten, von zu vielen Personen bezeugt worden sei, als dass man ihre Existenz in Zweifel ziehen könne. Zur Sittengeschichte der Gallier dürfen wir noch anführen, was Strabo im vierten Buch seiner Naturgeschichte sagt, nämlich, dass die Gallier, Frauen sowohl als Männer, ausserordentlich putzsüchtig gewesen seien; so die einen, wie die andern erschienen sie immer beladen mit Ketten, goldenen Ringen, goldenen Gürteln und anderen Schmuckstücken. Die höchststehenden Personen, die von vornehmster Abkunft, trugen sogar Diademe und Kronen, die mit Edelsteinen verziert waren. Nun ist es aber eine allgemein bekannte Thatsache, dass die Luxus-Industrie bei primitiven Völkern fast regelmässig in irgend welchen Beziehungen zum sexuellen Leben steht.

Wir haben schon an dem Beispiel der Chiomara gesehen, dass die eheliche Treue eine der vornehmsten Tugenden der gallischen Frauen war. Plutarch erzählt uns noch die Geschichte einer anderen Galaterin Namens Camma, die eine der schönsten Frauen ihrer Nation gewesen sein soll. Der Gallier Sinorix entbrannte in heftiger Liebe zu ihr; da er aber wusste, dass sie ihm unter keinen Umständen angehören würde, so lange ihr Mann lebte, tötete er ihren Gemal, der ein Römer war und sich Sinatus nannte. Camma flüchtete in einen Tempel der Diana. Dorthin folgte ihr Sinorix; Camma bezwang mit äusserster Anstrengung ihre Abneigung gegen den Mörder ihres Gemals und gab anscheinend ihre Zustimmung dazu, sein Weib werden zu wollen; aber am Hochzeitstage reichte sie ihm den Giftbecher, den sie dann nach ihm zur Hälfte ausleerte. Sie starb mit einem Fluch gegen den Mörder ihres Gemals auf den Lippen. Die Treue der Eponina zu ihrem Gemal Sabinus ist noch erhabener, als die der Camma, weil sie sich über zehn Jahre erstreckte. Und doch waren die Gallier, die ihren Frauen eine solche Liebe einzuflössen verstanden, ihrerseits gar keine Muster von Treue. Der grosse Geschichtsschreiber Michelet sagt in seiner Geschichte Frankreichs, sie seien von sehr leichten Sitten gewesen und hätten sich in ihren Eingebungen blind vom Zufall leiten lassen. Wenn die Gallier ihre Frauen respektierten, so respektierten sie das eigene Geschlecht um so weniger und gaben sich vorzugsweise nach grossen Festlichkeiten starken Verirrungen gegen die Natur hin, und doch kann man nicht sagen, dass sich diese Zustände als das Produkt einer überfeinerten Civilisation, wie bei den Römern und Griechen, bei ihnen eingestellt hätte. Diodorus von Sizilien beschreibt uns solche Gelage und die Ausschweifungen der Gallier. Der griechische Text lautet in der lateinischen Uebersetzung folgendermassen: Feminae licet elegantes habebant, nimium tamen illorum consuetudine afficiuntur, quia potius nefariis masculorum stupris, et humi ferarum pellibus incubantes, ab utroque latere cum concubinis volutantur. Et quod omnium indignissimum est proprii decoris ratione posthabita, corporis venustatem aliis levissime prostituunt, nec in vitio illud ponunt, sed potius cum quis oblatam ab ipsis gratiam non acceperit, inhonestum sibi id esse dicunt. Es wird uns auch ausdrücklich überliefert, dass Fälle von Bestialität bei den Galliern sehr häufig gewesen seien.

Das war etwa der moralische Zustand Galliens als Julius Caesar das Land der römischen Herrschaft unterwarf; das leichte und impressionable Naturell der Gallier gestattete ihnen eine ausserordentlich schnelle Gewöhnung an die Sitten ihrer Besieger; sie wurden Römer, behielten aber alle ihre Fehler und Eigenschaften; von Marseille aus waren sie übrigens griechischen und auch phönizischen Einflüssen zugänglich gewesen. Nach der Unterwerfung unter das Römerreich herrschte römische Sitte und römische Lebensauffassung in ganz Gallien bis tief nach Belgien hinein. Auch der druidische Gottesdienst musste römischen Vorbildern weichen, aber länger noch als zwei Jahrhunderte blieben Spuren davon erhalten. Römische und griechische Sitten, römische Gesetzgebung und der ununterbrochene Verkehr mit Griechen und Römern veränderten die Lebensgewohnheiten des Volkes von Grund aus. Ueber den Zustand der Prostitution bei den Galloromanen ist uns nichts Genaueres überliefert worden; wir dürfen aber annehmen, dass auch in diesem Punkte keine wesentlichen Unterschiede zwischen gallischen und römischen Gebräuchen bestehen blieben. Möglich und wahrscheinlich ist es, dass die gallischen Frauen, deren Stolz und Zurückhaltung uns von allen antiken Schriftstellern bezeugt wird sich fern hielten; aber es gab nach der römischen Invasion Ausländerinnen genug im Lande. Alle Gouverneure, Offiziere und Verwaltungsbeamte, die von Rom aus nach Gallien geschickt wurden, führten eine Menge von Tross mit sich. Der leichte Charakter der gallischen Bevölkerung wird sich bald in diese Veränderung gefügt haben, und es steht fest, dass die Gelage des Julius Sabinus zu Langres nicht hinter denen des Lucullus zu Rom zurückstanden.

Ohne Zweifel machte sich die Veränderung in den Sitten, die mit der römischen Okkupation in Gallien einzog, auf dem Lande nicht so bemerkbar wie in den Städten; aber römische Götter und Göttinnen wurden überall mit demselben Eifer verehrt. Herkules, Bacchus, Venus, Isis und Priap hatten bald überall Tempel und Statuen, und zogen durch die eigene Art ihres Kultus eine Menge von Verehrern an. Die Gallier zeigten eine ausgesprochene Vorliebe grade für diese Gottheiten, die am ehesten ihrer leichterregbaren Sinnlichkeit zusprachen. Das was in solchen Fällen immer zu geschehen pflegt, ereignete sich auch hier: dass das unberührte und naive Volk sehr bald die äusserste Stufe von Ausschweifungen erklomm, die in einer überfeinerten Civilisation geboren waren. Man muss die Gedichte des Ausonius, eines Gelehrten aus Bordeaux, der der Lehrer des Kaisers Gratian war, lesen, um sich einen Begriff von der rasch fortschreitenden Korruption der gallischen Bevölkerung machen zu können. Ausonius billigt diese lockeren Sitten keineswegs, aber er beschreibt sie so, wie ein Mann, der sie selbst durchlebt hatte. Alles was eine erregte menschliche Phantasie an Ausschweifungen ersinnen kann, ist in diesen Gedichten des Ausonius geschildert worden und zwar mit nicht weniger Kraft, als was Juvenal und Horaz geschrieben. Die Gedichte des Ausonius an die berühmte Kurtisane Orispa sind vielleicht das Stärkste was von derartiger Litteratur aus der Antike auf uns gekommen ist. Welche Veränderungen in diesem Leben der Eintritt der Franken und ihres eigenartigen salischen Rechts hervorriefen, das werden wir im Folgenden sehen.

II. Kapitel

Die Franken. — Freigeborene Frauen und Sklavinnen. — Die Lage der freigeborenen Frauen bei den Franken. — Eine legale Prostitution existierte nicht bei den Franken. — Die Konkubinen. — Religiöse Prostitution war den Franken unbekannt. — Die Frühlingsfeste mit ihren Ausschweifungen. — Ursprung der Narrenfeste. — Fränkische Gastfreundschaft. — Die Lage der verwitweten Frauen. — Der Jungfrauenpreis bei den Burgundern. — Heiratsgeld und Heiratsgut. — Gesetz zum Schutz der weiblichen Schamhaftigkeit. — Der Kodex des Rotharis. — Die Beleidigungen einer Frau. — Feine Unterscheidungen. — Der Prostitutionsmarkt. — Die Härte der ripuarischen Gesetze gegen Verletzungen weiblicher Ehre und Schamhaftigkeit. — Die zwei Grade der Strafe der Kastration. — Die Jurisdiktion der Barbaren in Sachen der Prostitution. — Dekret des Dekaredes, Königs der Wisigothen.

Die Franken hatten, als sie in die Geschichte eintraten, die Periode des Mutterrechts bereits überwunden und erkannten keine Suprematie des weiblichen Geschlechts an. Bei ihnen war die Frau nicht, wie bei den Galliern und bei den Germanen, mit einem gewissen Nimbus umgeben, sondern sie hielt sich fern von allen öffentlichen Angelegenheiten und stand beständig unter väterlicher und ehemännlicher Gewalt. Bei dem rohen und rauhen Volke hatte sich kaum ein bemerkenswerter Grad von Prostitution gezeigt; wo immer sie einmal auftauchte, da blieb sie sorgfältig in der Verborgenheit.

Der fränkische Stamm teilte sich in zwei grosse Klassen, diejenige der Freigeborenen und diejenige der Sklaven. Wahrscheinlich gehörten die letzteren den Ueberbleibseln irgend eines unterworfenen Stammes an. Die Scheidelinie zwischen diesen beiden Klassen wurde mit besonderer Deutlichkeit unter den Frauen gezogen. Unfreigeborene Frauen gehörten einem Herrn an, freigeborene nur ihren Eltern oder ihrem Gatten. Eine Frau und eine Tochter, eine Verheiratete oder eine Witwe hatte niemals das Recht, über sich selbst zu disponieren, sondern stand stets unter Vormundschaft. Der Clan in seiner Gesamtheit konnte Rechenschaft über ihr Verhalten fordern, wenn eine der Verantwortung gegen ihren Mann oder gegen ihren Vater ledig war. Unter diesen Umständen konnte eine fränkische freigeborene Frau überhaupt nicht wagen, sich der Prostitution hinzugeben, weil sie dadurch ihre Stellung verloren hätte und auf den Rang einer Sklavin herabgedrückt worden wäre; da andrerseits jede Sklavin ihren Herrn besass, so konnte diese gleichermassen sich nicht dem Ersten Besten hingeben, ohne dafür von ihrem Herrn zur Verantwortung gezogen zu werden. Uebrigens können wir auch hier wieder die Bemerkung machen, dass zu allen Zeiten und in allen Ländern die Frauen das sind, was die Männer aus ihnen machen; die Franken aber waren trotz ihrer rauhen Sitten und ihres kriegerischen Mutes keineswegs zur Sinnlichkeit geneigt. Ihre Ehen waren unlöslich und dienten dem einzigen Zwecke, möglichst viele männliche Kinder zu erzeugen; um diesem Ziel nahe zu kommen, nahmen die Franken neben ihren Frauen öfter noch eine Konkubine in ihr Haus auf, die zweifellos zumeist aus dem Sklavenstande gewählt wurde. Die fränkischen Frauen führten im Allgemeinen ein sehr zurückgezogenes Leben, nährten und erzogen ihre zahlreichen Kinder, führten das ganze Hauswesen und folgten ihren Männern weder in den Krieg, noch auf die Jagd, noch in die Stammesversammlungen. Sie spannen das Garn und webten selbst ihre Gewänder, bereiteten die Mahlzeit und hüteten das Haus. Das Volk befand sich noch in der Periode der fast reinen Naturalwirtschaft und der geschlossenen Hauswirtschaft.

Auch in der Religion der Franken findet sich nichts, was einer religiösen Prostitution besonders günstig gewesen wäre. Die Religion war ein roher Naturgottesdienst, bei dem die Elemente, Wasser, Feuer, Erde, Sturm, Mond und Sonne, angebetet wurden. Viel Genaueres ist uns über diese Religion nicht erhalten geblieben, und das, was Gregor von Tours uns darüber erzählt hat, hat keinen grossen Wert. Spuren des Kultus mögen sich in der Bevölkerung erhalten haben, und sind wenigstens für längere Zeit hindurch nachweisbar. So werden z. B. in einer Aufzählung heidnischer Gebräuche, die infolge der Synode von Leptines im Jahre 743 aufgestellt wurde, wilde Feste im Monat Februar erwähnt, in denen man vielleicht den Ursprung des Karnevals zu suchen hat. In den Denkwürdigkeiten der Akademie von Brüssel sagt Desroches über diese Festlichkeiten: „Gegen Ende des Monats Januar verkleideten sich die Weiber in Männer und die Männer in Weiber; sie nahmen Häute und Hörner und verwandelten sich so in wilde Tiere. Alle liefen durch die Strassen, heulten, sprangen und begingen tausenderlei Tollheiten.“ Das war der Ursprung der Narrenfeste, die in der christlichen Kirche bis ins achtzehnte Jahrhundert dauerten. In dem Indiculus der Aberglauben, der uns eher fränkischen als gallischen Ursprunges zu sein scheint, wird von Frauen erzählt, die den Mond verehrten und das Herz der Männer verzehrten; man nannte sie Strien und sie erschienen den Franken so verdächtig, dass sie sie des geheimen Einverständnisses mit bösen Geistern beschuldigten. Wir werden annehmen dürfen, dass diese Strien, die im dichten Walde wohnten, dort eine Art von Prostitution ausübten.

Die Franken waren berüchtigt, weil sie keinerlei Rücksicht auf Eidschwüre nahmen, und trotzdem beachteten sie sorgfältig die Regeln der Gastfreundschaft, wie uns Salvin versichert. Aber diese Gastfreundschaft setzte keinerlei Verkehr des Gastfreundes mit der Frau oder den Dienerinnen des Hauses voraus; diese vermieden vielmehr, sich zu zeigen, während die beiden Männer aus einem Kruge zu trinken pflegten und häufig ihre Schmuckstücke gegenseitig austauschten. Nicht nur, dass die Franken ihre Frauen, Töchter und Sklavinnen nicht zur Prostitution mit ihrem Gastfreunde zwangen, waren sie im Gegenteil ausserordentlich eifersüchtig; dabei hatte sowohl der Mann wie der Vater und der Herr das Recht über Leben und Tod der Sklavin, Tochter oder Gemalin. Von diesem Rechte wurde häufig Gebrauch gemacht, und ein Mann, der seine Frau getötet hatte, lediglich, um eine andere heimzuführen, wurde nur dadurch gestraft, dass er seine Waffen ablegen musste. Dass eine Frau, die Ehebruch getrieben hatte, getötet wurde, war ein durchaus selbstverständlicher Rechtssatz.

Wir haben schon oben erwähnt, dass eine Witwe dem ganzen Clan für ihren sittlichen Lebenswandel verantwortlich blieb. Wollte sie sich wieder verheiraten, so musste sie eine Art von Zoll oder Busse zahlen an diejenigen, die dem Verstorbenen am nächsten gestanden hatten, oder an den Fürsten und König des Stammes und dieser Zoll bestand in 3½ Goldstücken. Das burgundische Gesetz sagt, dass eine Witwe, die mit irgend einem Manne Umgang gepflogen hatte, keinerlei Entschädigung dafür zu beanspruchen habe und auch nicht die Ehe verlangen könne, weil die Prostitution sie unwürdig gemacht habe, einen Mann zu ehelichen oder auch nur eine Entschädigung zu erhalten. Dasselbe Gesetz billigt aber einer freigeborenen Burgundin, die von einem Barbaren oder von einem Römer verführt worden war, das Recht auf eine Entschädigung von fünfzehn Goldstücken zu; immerhin blieb ein derartiges Weib der allgemeinen Missachtung preisgegeben. Ein Franke oder ein Burgunder, der ein freigeborenes Mädchen heiraten wollte, war verpflichtet, ihr vor der Ehe eine gewisse Entschädigung zu zahlen und dieser Ehegebrauch hat sich bis auf die heutige Zeit erhalten, obschon seine Bedeutung durch die Symbolisierung der christlichen Kirche einigermassen verändert worden ist. Ursprünglich war sie vielleicht weiter nichts als eine gewisse Entschädigung für den Verlust der Jungfrauenschaft, das einzige Gut, das die Frau damals besass. Eine Mitgift, die der Mann bei der Heirat empfing, legte ihm nur die Verpflichtung auf, die Frau zu ernähren. Starb die Frau, so fiel die Mitgift wieder an die Familie der Frau zurück. Geschenke, die der Mann der Familie seiner Frau machte, waren im Grunde genommen kaum etwas anderes als ein Kaufpreis, den er für den Besitz der Frau zahlte.

Das Gesetzbuch schützte die Frauen in allen Fällen, in denen ihre Schamhaftigkeit verletzt werden konnte; aber die Frauen hatten die Verpflichtung, sich dieses Schutzes würdig zu zeigen. Wir dürfen deshalb annehmen, dass die vorhin erwähnten seltenen Prostituierten dieses Schutzes entraten mussten. Aus einem Artikel des salischen Gesetzes geht hervor, dass eine Untersuchung angeordnet werden konnte, wenn eine Frau sich beim Richter über die Verletzung ihrer Schamhaftigkeit beklagte. Es ist klar, dass jemand, der der Verletzung eines Weibes angeklagt war, sich mit der Behauptung verteidigen konnte, die Frau sei unwürdig, den Schutz des Gesetzes zu geniessen. Uebrigens wurde Beleidigung der Frauen, wenn es überhaupt zu einem Urteil kam, sehr streng bestraft. Daraus geht nun wieder hervor, mit welcher Verachtung die Franken auf Prostituierte herabblickten. Was das Untersuchungsverfahren anlangt, so können wir daraus nur aus anderen Ueberlieferungen schliessen; die prozessualen Gepflogenheiten des fränkischen Volkes liessen den Eid, den Zweikampf und Zeugenbeweis zu.

Von dem salischen Gesetz, das zu verschiedenen Zeiten und in verschiedenen Gauen kodificiert worden ist, finden sich mannigfaltige Abweichungen; besonders zahlreich sind diese Abweichungen im dreiunddreissigsten Abschnitt, der von den Strafen handelt, die auf verletzte

Frauenehre gesetzt waren; man kann daraus schliessen, dass in der Beurteilung der Prostitution Verschiedenheiten vorhanden waren. In dem von Karl dem Grossen herausgegebenen Gesetzbuche ist die Strafe von 7500 Denare auf 800 Denare herabgesetzt, an andern Stellen des Gesetzes sogar auf 600. Vergleiche über den Geldwert dieser Strafe anzustellen, hat keinen grossen Wert. Aber wir können schliessen, dass die Strafe an sich sehr hoch war, wenn wir beachten, dass eine Strie, die überführt war, Menschenfleisch gegessen zu haben, nur eine Busse von achthundert Denare zu zahlen hatte.

So verschiedenartig die barbarischen Gesetzgeber die Strafen für einzelne Vergehen festsetzten, so stimmten sie doch darin überein, dass es die schwerste Beleidigung für eine freigeborene Frau sei, wenn man sie der Prostitution beschuldigte; alle Gesetzgeber stimmen aber auch darin überein, dass dem Beleidiger die Führung des Wahrheitsbeweises zugebilligt werden musste, indess ist der Text des salischen Gesetzes sehr kurz und sehr dunkel. Wir haben aber in dem lombardischen Gesetz des Rotharis ein Kapitel, das ungefähr die gesammte fränkische Gesetzgebung über das heburgium enthalten mag. Das Gesetzbuch des Rotharis, das im Jahre 643 veröffentlicht wurde, stützt sich nachweislich auf das salische Gesetz und giebt uns mannigfaltige Fingerzeige zur Interpretation desselben. Nach diesem Kodex musste jemand, der ein Mädchen oder eine Frau mit lauter Stimme eine Prostituierte gescholten hatte, entweder eine Strafe zahlen, oder seine Aussage beweisen. Im ersten Falle musste er im Beisein von zwölf Schwurzeugen schwören, dass er die Beleidigung im Zorn ausgesprochen habe und sie nicht beweisen könne; darauf musste er eine erhebliche Geldstrafe zahlen und versprechen, eine solche Beleidigung nicht zu wiederholen. Bestand aber der Beleidiger auf seiner Beleidigung und behauptete, den Beweis erbringen zu können, dann wurde er zum Gottesurteil zugelassen und musste mit jedem kämpfen, den ihm die beleidigte Frau entgegenstellte. Wenn der Ausgang des Kampfes bewies, dass die Beleidigung begründet gewesen war, dann musste die Frau eine hohe Geldstrafe zahlen; wurde aber der Beleidiger besiegt, dann musste er sein Leben durch eine erhebliche Geldbusse loskaufen, deren Höhe nach dem Stande der Frau und nach der Schwere der Beleidigung verschieden bemessen wurde.

Soviel über wörtliche Beleidigungen, die im salischen Gesetze unter Strafe gestellt wurden; aber neben diesen wörtlichen Beleidigungen kannte das Gesetz auch noch thätliche Beleidigungen, gegen die es im Interesse der Frau einschritt. Diese thätlichen Beleidigungen zerfielen in drei Abteilungen, die man etwa so bezeichnen kann: Beleidigung durch Zerstörung der Haarfrisur, Beleidigung durch Berührung des Körpers und Vergewaltigung. Man weiss, dass sowohl bei den Frauen als auch bei den Männern der Franken die Haarfrisur als besonders geheiligt und unverletzlich galt. Eine schwangere Frau durch einen Fusstritt oder einen Faustschlag getötet zu haben, wurde weniger schwer bestraft, als wenn man ihr das Haar zerraufte. Wenn eine schwangere Frau infolge eines Schlages starb, so hatte der Totschläger nur zweiundzwanzig Goldstücke zu bezahlen, während er dreissig Goldstücke zahlen musste, wenn er ihr die Frisur zerstört hatte, sodass das Haar aufgelöst über die Schultern fiel. Berührte ein Mann die Hände oder den Finger einer freigeborenen Frau, in beleidigender und unkeuscher Absicht, so hatte er eine Strafe von sechshundert Denaren zu gewärtigen; ergriff er sie beim Arm, dann zwölfhundert Denaren; drückte er ihr den Arm unter dem Ellenbogen, vierzehnhundert Denare; berührte er sie am Knie oder an der Brust, achtzehnhundert Denare. Wer die Busse nicht bezahlen konnte, verlor nach dem Gesetz Nase oder Ohren. Indessen sind die Angaben über die Strafhöhe in den salischen Gesetzbüchern so ausserordentlich verschieden, dass man sie unmöglich mit einander in Einklang bringen kann oder eine zureichende Erklärung der Verschiedenheiten zu geben vermag. So ist in einer Ausgabe, die vielleicht die älteste ist, der Tod einer schwangeren Frau infolge von Misshandlungen mit einer Strafe von achtundzwanzigtausend Denare, gleich siebenhundert Goldstücken bewertet. Starb das Kind allein im Mutterleibe, so betrug die Strafe noch achttausend Denare oder zweihundert Goldstücke.

Vergewaltigungen waren sehr selten bei jenen Völkerschaften, die ihre Leidenschaft sehr wohl zu bezähmen vermochten. Wenn eine Verlobte auf dem Wege zu ihrem Manne von jemand unterwegs vergewaltigt wurde, so konnte der Urheber mit einer Strafe von achttausend Denaren oder zweihundert Goldstücken belegt werden (si quis puellam sponsatam ducentem ad maritum et eam in via aliquis adsalierit et cum ipsa violenter mœchatus fuerit). Wurde festgestellt, dass die Braut in den Verkehr eingewilligt hatte, so verlor sie die Rechte ihrer freien Geburt, falls sie freigeboren war. Dieselbe Strafe war darauf gesetzt, wenn ein Mann, der in Gesellschaft einer freigeborenen Frau reiste, ihr Gewalt angethan hatte; war er nicht freigeboren, so wurde er verstümmelt, oder zum Tode verurteilt. Das ripuarische Recht war gegen die Verübung von Sittlichkeitsverbrechen noch strenger als das salische. Die Entführung einer freigeborenen Frau durch einen Sklaven konnte überhaupt nicht durch eine Geldstrafe gesühnt werden. Ein adliger Entführer zahlte zweihundert Goldstücke. Ein Sklave, der die Sklavin eines anderen verführt hatte und ihren Tod verschuldet (das ripuarische Gesetzbuch sagt nicht, wie), verfiel der Verstümmelung, oder musste sich mit sechs Goldstücken loskaufen; wenn die Sklavin nicht an den Folgen der Verführung starb, so erhielt der Sklave einhundertzwanzig Rutenstreiche, oder musste an den Besitzer der Sklavin einhundertundzwanzig Denare zahlen. Die Strafe der Verstümmelung findet sich in diesen Gesetzbüchern sehr häufig;

man darf ohne Weiteres annehmen, dass sie nicht immer ein sicheres Todesurteil bedeuteten.

Was den Ehebruch anlangt, so wurde er bei jenen Völkerschaften mit unerbittlicher Strenge bestraft; man darf aber nicht annehmen, dass diese Strenge aus irgend welchen sittlichen Gründen angewendet wurde: die Wisigothen, Burgunder und Franken betrachteten den Ehebruch vielmehr als eine Art Raub an einem legitim erworbenen Objekt. Ein Diebstahl von vierzig Denaren hatte für den Freigeborenen nach salischem Rechte die Verstümmelung oder sechs Goldstücke Strafe zur Folge; der Raub einer verheirateten Frau wurde dagegen nach ripuarischem Rechte mit einer Busse von zweihundertzwanzig Goldstücken gesühnt. Wenn eine Frau in Abwesenheit ihres Mannes, den sie für tot halten konnte, in den Verkehr mit einem anderen Manne trat, und wenn der erste Gatte zurückkehrte, dann hatte er nach dem Gesetzbuch der Wisigothen das Recht nach Belieben über seine Frau und über seinen Nachfolger zu verfügen. Er konnte die Beiden entweder verkaufen, oder töten, oder sie begnadigen. Das ripuarische Recht entwirft uns ein furchtbares Bild von der Rache, die ein Mann zum Ausgleich seiner Rechte an einem glücklichen Rivalen ausüben durfte. Wenn er seine Frau beim Ehebruch überraschte und wenn der Ehebrecher Miene machte, ihm Widerstand zu leisten, dann hatte der Gemal das Recht, ihn zu töten, darauf musste er Zeugen herbeirufen und durfte den Körper des Erschlagenen in einen Winkel der Niederlassung werfen, wo er während vierzig Tagen sich neben dem Opfer seiner Rache aufhalten durfte. Er erklärte jeden Fragenden, unter welchen Umständen er das Urteil vollzogen hätte, und verkündigte die Gerechtigkeit seiner That. Nach Ablauf dieser vierzig Tage gab er den Leichnam der Familie des Erschlagenen zurück und musste seinerseits vor dem Richter erklären, dass er im Zustande der Selbstverteidigung einen Mann getötet habe, der Miene zum Widerstande gemacht hatte, anstatt ihn um Gnade zu bitten. Ebenso hatte ein Vater das Recht, einen Mann zu töten, den er bei der Entehrung seiner Tochter betraf. Wenn man ihn nicht auf der Stelle getötet hatte, so musste der Verführer an die Eltern des Mädchens eine Busse von eintausendachthundert Denare oder fünfundvierzig grosse Goldstücke bezahlen; aber das Gesetz giebt nicht an, ob er durch die Zahlung diesser Busse die Berechtigung zur Fortsetzung des intimen Verkehrs erlangt hatte, oder ob er gezwungen war, das Mädchen zu heiraten. Das burgundische Gesetz scheint diese Lücke im salischen Gesetz zu ergänzen, indem es bestimmt, dass eine Frau, die aus freien Stücken in die Wohnung eines Mannes gegangen sei und dort mit ihm verkehrt habe, keinen Anspruch auf Ehelichung machen könne. Der Mann brauchte nur den Eltern des Mädchens eine Busse zu zahlen und war dann seinerseits berechtigt zu heiraten, wen er wollte.

In dem salischen Gesetz finden wir keine einzige Spezialvorschrift über die Prostitution, aber nach dem ganzen Geiste dieses Gesetzbuches dürfen wir annehmen, dass sie nirgends gestattet war. In dem alten Gesetzbuche von Schleswig, das nicht ohne Einfluss auf die fränkischen Gesetze geblieben zu sein scheint, steht geschrieben, dass die Blutschande nicht bestraft wurde, wenn sie mit einem sittenlosen Weibe begangen wurde. Nur diejenige Frau, die ihren Körper nicht verkauft hatte, gehörte der Familie an und stand im Verwandschaftsverhältnis, dagegen diejenige, die sich verschiedenen Männern hingegeben hatte, hatte dadurch alle Beziehungen zu der Familie abgebrochen und stand ausserhalb des Gesetzes, an ihr konnte deshalb auch gar keine Blutschande verübt werden. Das alte gothische Gesetz, das ebenfalls Beziehungen zum salischen Reiche hat, bestimmte, dass eine Frau, die der Prostitution überführt war, aus dem Stamm ausgestossen wurde, was wohl einem Todesurteil in den meisten Fällen gleichgekommen ist. Das ripuarische Gesetz droht einem freigeborenen Mädchen, das sich mehreren Männern hingab, die Verbannung an; aber derjenige, der mit ihr ertappt worden war (si quis cum puella ingenua moechatus fuerit), büsste für die anderen mit und hatte die Summe von fünfzig Goldstücken zu zahlen. Diese Strafe kam nachgewiesenermaassen, dem Häuptling des Clans zu Gute. Eine eigene Vorschrift gegen die Prostitution ist in dem Rechte der Wisigothen enthalten, indem ein Dekret des Königs Rekaredes, der 586 den Thron bestieg, unter schwerer Strafe die Prostitution verbot. Rekaredes war Katholik und seine Dekrete waren wohl in Uebereinstimmung mit der kirchlichen Gewalt verfasst. Die kirchlichen Gesetzgeber verstanden offenbar, sich den Bedürfnissen der jeweiligen Staatsgewalt anzuschmiegen. Wir haben oben gesehen, dass sie im römischen Rechte keinerlei Massnahmen gegen die Prostitution veranlasst haben, weil das römische Recht die staatlich konzessionierte Prostitution anerkannte. Bei den barbarischen Völkerschaften, denen eine solche Nachsicht fremd war, konnte auch die Kirche gegen die Prostitution energischer auftreten.

Das Dekret des Rekaredes bestimmte unter anderem folgendes: Wenn ein freigeborenes Mädchen oder eine freigeborene Frau der öffentlichen Prostitution überführt war (meretrix agnoscatur) und wenn sie unerlaubte Beziehungen zu mehreren Männern pflegte, dann wurde sie auf Befehl der Ortsobrigkeit verhaftet und ausgewiesen, nachdem sie eine Strafe von dreihundert Stockschlägen überstanden hatte. Versuchte sie wieder in den Ort zurückzukehren und ihr Gewerbe wieder aufzunehmen, dann verfiel sie von Neuem einer Strafe von dreihundert Stockschlägen und wurde irgend einem armen Manne als Sklavin zugewiesen. Dieser Mann musste sie dann sorgfältig überwachen und sie daran verhindern, in dem Orte umherzugehen. Wenn eine weibliche Person sich der käuflichen Liebe ergab unter Zustimmung ihrer Eltern, und wenn sie durch ihr Gewerbe den Eltern den Lebensunterhalt verdiente, dann verfielen diese einer Strafe von hundert Stockschlägen (pro hac iniqua conscientia.)

Jede Sklavin, der man einen unsittlichen Lebenswandel nachgewiesen hatte, wurde mit dreihundert Stockschlägen bestraft und ihr das Haupthaar abgeschnitten. Darauf wurde sie ihrem Herrn zurückgegeben und dieser musste sie aus der Stadt entfernen; wollte ihr Herr sie nicht verkaufen und ihr erlauben, wieder in die Stadt zurückzukehren, so sollte er selbst öffentlich mit dreihundert Stockschlägen bestraft werden; die Sklavin wurde dann in diesen Fällen einem Herren überwiesen, der für ihren Lebenswandel haftbar gemacht wurde. Lag der Fall vor, dass die Sclavin sich prostituierte zum Vorteile ihres Herrn, (adquirens per fornicationem pecuniam domino suo) dann wurde der Herr gleichfalls mit dreihundert Stockschlägen bestraft. Wandte irgend ein Richter aus Nachlässigkeit oder in Folge von Korruption das Dekret nicht an, so verfiel er selbst strenger Strafe: ausser seiner Absetzung konnte ihn die Einwohnerschaft des Ortes zu hundert Stockschlägen und zu einer Geldstrafe von dreissig Goldstücken an seinen Nachfolger verurteilen.

III. Kapitel.

Die Franken hielten sich von den Einflüssen der gallo-romanischen Korruption frei. — Chlodwigs Uebertritt zum Christentum. — Zustand der fränkischen Gesellschaft. — Stand der Prostitution unter den Merovingern. — Die Gynaeceen. — Konkubinat und Prostitution. — Physische und moralische Verfassung der Franken. — Generationsgottheiten der Franken. — Frikka. — Sittliche Verfassung der Franken nach ihrem Uebertritt zum Christentum. — Die Adeligen. — Die Masse des Volkes. — Anstrengungen des gallischen Klerus zur moralischen Hebung der Franken. — Die Lage der Frau bei den Franken. — Ehen nach salischem Rechte. — Die Morgengabe. — Eheleben bei den Franken. — Häufiges Vorkommen des Konkubinats unter den ersten merovingischen Königen. — Nachsichtiges Verhalten der kirchlichen Autoritäten. — Verschiedene Arten von Eheschliessungen. — Von der fränkischen Familie. — Die Bastarde des Hauses. — Beschreibung eines fränkischen Gynaeceums. — Zusammenhang mit den orientalischen Harems. — Das Gynaeceum bei den Römern des östlichen Reichs. — Das Gynaeceum bei den merovingischen und karolingischen Königen. — Die Kapitularien Karls des Grossen. — Verschiedene Arten der Gynaeceen.

Die Franken, die wie die Gallier seit der Mitte des fünften Jahrhunderts immer mehr Fortschritte gemacht hatten, vermischten sich anfangs wenig mit den von ihnen unterworfenen Galloromanen; sie bewahrten ihre Sitten, ihre Religion und ihre Gebräuche ohne sich durch die Berührung mit der glänzenden Civilisation, die sie in den eroberten Städten antrafen, beeinflussen zu lassen; sie lehnten alles ab, was nicht von ihren Vorvätern ihnen überliefert war und schienen ihre wilde Individualität unter diesen verschiedenen Rassen, verschiedenen Religionen und verschiedenen Staatseinrichtungen auf gallischem Gebiet bewahren zu wollen. Zu gleicher Zeit versuchten sie auch nicht, in die Lebensgewohnheiten der unterworfenen Völkerschaften einzugreifen, sondern überliessen diese sich ganz selbst. Die strenge Scheidungslinie zwischen den Galliern und den Franken wurde besonders deutlich auf juristischem Gebiete, da die Franken für sich das salische Recht einführten, während die Gallier nach dem theodosianischen Kodex ihr Recht suchten und fanden. Die Franken hatten gar nicht die Absicht, ihr eigenes nationales Gesetzbuch den unterworfenen Völkerschaften aufzuzwingen, ebensowenig nahmen sie natürlich das Recht ihrer Hörigen und Sklaven an. Danach darf man also die sichere Vermutung aufstellen, dass die Prostitution, die in den galloromanischen Städten eine legale Existenz geführt hatte, unter denselben Bedingungen auch nach der fränkischen Eroberung fortbestand.

Die ersten Häuptlinge der fränkischen Stämme waren von katholischen Bischöfen nach Gallien gerufen worden, die ihre Autorität lieber unter der Herrschaft von Barbaren aufrecht erhalten, als ihre Bischofssitze dem Arianismus ausliefern wollten, der durch die römischen Behörden begünstigt wurde. Auf Grund eines mit den kirchlichen Autoritäten geschlossenen geheimen Vertrages, schonte die fränkische Horde Kirchen, Klöster und den christlichen Kultus. Sie drang nicht in die Städte ein, die sie mit Gewalt erobert hatten, oder die ihnen die Thore freiwillig geöffnet hatten; sie lagerte sich vielmehr vor den Städten, in den Dörfern, einzelnen Gehöften und in kleinen Schanzen oder auch in Wagenburgen; so waren sie immer zum Losschlagen bereit, lebten abgeschlossen und flohen jede Berührung mit den eingeborenen Galliern oder den römischen Kolonen. Eine wirkliche Vermischung der Rassen und der Sitten begann erst, nachdem Chlodwig und seine Sigambrer zum Christentum übergetreten waren. Damals dachten die Franken daran, sich in Neustrien und Austrasien festzusetzen; auf Grund ihres Kriegsrechtes, nach welchem dem Häuptling des siegreichen Stammes der eroberte Grund und Boden als Eigentum zufiel, gründeten sie dort eine neue Gesellschaft, von der die Galloromanen bald vollständig aufgesogen wurden; indem die Franken Christen wurden, wurden sie zugleich auch

Galloromanen, ohne indessen die Merkmale ihrer Abstammung vollständig verwischen zu können. In den zwei Jahrhunderten unter der merovingischen Herrschaft bildete sich so das ursprüngliche Frankenreich, in dessen Kultur das Christentum eine verhältnissmässig sehr grosse Rolle spielte. Von Chlodwig bis auf Karl den Grossen waren die Bischöfe die eigentlichen Gesetzgeber, und das kirchliche Recht verdrängte mehr und mehr den justinianischen Kodex und die teutonischen Gesetze. Die Prostitution entbehrte der staatlichen Anerkennung, aber die Ausschweifungen waren darum nicht seltener und nicht weniger übertrieben. Zwar gab es keine eigentlichen Prostituierten, wenigstens nicht in den Bischofsstädten, aber überall hielten sich die einigermassen wohlhabenden Franken auf ihren Gütern (feudum und mansio) eine Art von Harem; diese konkubinische Prostitution ersetzte jede andere Art von Prostitution.

Als die Franken in das nunmehr unterworfene Gallien einzogen, führten sie, wie wir schon oben gesagt haben, ein durchaus zurückhaltendes und keusches Leben: weder ihr Temperament, noch ihre Lebensgewohnheiten, noch endlich ihre wirtschaftlichen Umstände konnten sie zu einem ausschweifenden Leben veranlassen. Indessen verehrten die Franken in Freia oder Frikka eine Göttin der Fruchtbarkeit, der sie, wenn wir einzelnen Zeugnissen trauen dürfen eine Art Venuskultus gewidmet haben. Auch der Kultus des Liber und der Libera mag mit hineingespielt haben. Augustin zitiert eine merkwürdige darauf bezügliche Stelle aus Varro, die folgendermassen lautet: Liberum a Liberamento appellatum volunt, quod mares in coeundo, per ejus beneficium, emissis seminibus, liberentur. Hoc idem in feminis agere Liberam, quam etiam Venerem putant, quod et ipsas perhibeant semina emittere, et ob hoc Libero eandem virilem corporis partem in templo poni, femineam Liberae. Erst als Chlodwig sich hatte taufen lassen, begann der Kampf gegen die alten Gottheiten. Das Christentum der Franken war anfangs nichts als ein wüster und grober Aberglaube, der sich auf die Ausübung einer Reihe von äusseren Ceremonien beschränkte. Immer war es ein Punkt, an dem die zielbewussten und emsigen Vertreter der Kirche einsetzen konnten. Besonders eifrig waren die Priester in einer Reform der altfränkischen Ehegebräuche: vom König abwärts hatten alle fränkischen Männer eine Reihe von Konkubinen, die einander in der Herrschaft folgten, oder auch oftmals darin abwechselten. Die Kirche ihrerseits gestattete nach übereinstimmenden Konzilienbeschlüssen den Laien nur eine einzige Frau, beziehungsweise eine einzige Konkubine, letzteres nach dem Gebrauch des römischen Rechtes. Die Priester hatten dasselbe Vorrecht, und Bischöfe wie auch andere Geistliche machten davon Gebrauch. Indessen wollten die Franken sich einer derartigen Beschränkung nicht unterwerfen und fuhren fort in irgend einem verborgenen Teil ihres Hauses ein Frauengemach sich zu halten. Es ist alter und allgemein verbreiteter barbarischer Brauch durch die Zahl der Frauen die eigene vornehme Abstammung und den Reichtum zu offenbaren. Auch bei den Franken war im niederen und ärmeren Volke Einehe die Regel, weil die Leute eben nicht die Mittel für die Ernährung mehrerer Frauen aufbringen konnten. Dafür machte aber wieder in den niederen Ständen die Ehescheidung keinerlei Schwierigkeit.

Es wird uns überliefert, dass sich die Franken mit äusserster Hartnäckigkeit den Eingriffen der Kirche in ihre privaten Verhältnisse entgegengestemmt haben. Sie trugen gern die Ausgaben für den Kultus, machten dem Klerus kostbare Geschenke, gaben mit offener Hand Mittel zur Erbauung und Ausschmückung von Kirchen, wollten aber dafür in ihrem privaten Leben keinerlei Kontrolle unterworfen sein. Als jetzt die Priester begannen, für die Grundzüge des christlichen Eherechtes Propaganda zu machen, hatten sie keineswegs die Frauen dabei auf ihrer Seite, denn wenn irgend ein Franke mit der Exkommunikation bestraft wurde, so fielen die Folgen ebenso sehr auf die Frau als auf ihn selbst. Hatte ein Franke sein Weib oder seine Konkubine fortgejagt und zwang ihn ein Urteil des Bischofs, sie wieder bei sich aufzunehmen, so war er viel eher geneigt, sie zu töten, als ihr wieder die Thüren des Hauses zu öffnen.

Der Gebrauch, ein oder zwei Konkubinen zu halten, war bei den Franken unter den ersten Königen so stark verbreitet, dass ein Mann schon wirklich sehr arm sein musste, wenn er sich mit einem Weibe begnügte. Müde des ewigen und unfruchtbaren Kampfes, schloss die Kirche endlich beide Augen vor diesen Thatsachen und trieb ihre Nachsicht sogar soweit, dass sie den Vornehmen den andauernden Verkehr mit mehreren Frauen erlaubte. Salvinus, der ein Gallier war und etwa um die Mitte des fünften Jahrhunderts schrieb, sagt uns, dass die kirchliche Nachgiebigkeit in diesem Punkte insofern falsch ausgelegt wurde, als die meisten der Menschen, die im Konkubinat lebten, sich thatsächlich für verheiratet hielten und ausser ihren Sklavinnen kein Weib nahmen. (ad tantam res imprudentiam venit, ut ancillas suas multi uxores putent, atque utinam sicut putantur esse quasi conjuges, ita solæ haberentur uxores. Salvianus, De gubern. Dei. lib. IV, c. De concubinis). Derselbe Schriftsteller macht ausdrücklich darauf aufmerksam, dass die Kirche diese Gebräuche duldete, weil sie angeblich der Meinung war, das Zusammenleben der Männer mit Konkubinen sei immer noch dem Bestehen einer weitverbreiteten Prostitution vorzuziehen. Der Papst Leo breitete gegen das Ende des fünften Jahrhunderts in einem Briefe an den Bischof von Narbonne den Mantel christlicher Nachsicht über diese Gebräuche, indem er sagte: Mädchen, die mit der Einwilligung ihrer Eltern sich verheirateten, brauchten sich keinen Vorwurf daraus zu machen, wenn die Frauen, die ihr Mann früher besass, nicht regelrecht verheiratet waren, „denn es ist etwas anderes, verheiratete Frau, etwas anderes Konkubine zu sein.“ Bemerkenswert ist übrigens, dass das Wort Konkubine in dieser Zeit, in der es sehr oft angewandt wurde, überwiegend im guten Sinne gebraucht wurde, man kann sogar sagen, dass es in der Einzahl stets im guten Sinne, in der Mehrzahl dagegen häufig beleidigend ausgesprochen wurde.

Nach dem Zeugnis des Abtes von Cordemoy in seiner Geschichte von Frankreich bezeichnet bis auf die Zeit Karls des Grossen das Wort Konkubine eine Frau, die regelrecht verheiratet war, nur dass die Hochzeit mit weniger Formalitäten und wenig feierlich begangen worden war. Einer der feinsten alten französischen Juristen, Cujas, sagt, dass das Konkubinat ein durchaus legitimes Verhältnis gewesen sei, so, dass eine Konkubine ebensowohl wie eine Frau wegen Ehebruches belangt werden konnte. Gleicherweise diente diese Einrichtung dazu, um die Heirat zwischen Personen verschiedenen Standes, die sonst nicht angängig war, zu ermöglichen. Obschon die eigentliche Ehe über dem Konkubinat stand, so war doch andrerseits wiederum ein grosser Unterschied zwischen einer Konkubine und dem, was man nach neuerem Sprachgebrauch eine Maitresse nennt. In einzelnen Teilen des Frankenreichs nannte man das Konkubinat direkt eine Halbheirat oder eine Heirat zur linken Hand. Indessen darf man doch nicht übersehen, dass Cujas in der Beurteilung dieser sozialen Erscheinung mehr als zulässig ist vom römischen Standpunkte ausging, denn in der That besass das fränkische Konkubinat keineswegs immer den Charakter einer Halbehe, den ihm die römische Jurisprudenz zuschrieb. Besonders war das der Fall, nachdem die Galloromanen in ihrer Weise den fränkischen Brauch adoptiert hatten. In der Regel war die Konkubine eine Dienerin oder eine Sklavin; musste sie ihre Vorrechte nicht mit einer andern Frau teilen, dann konnte das Verhältnis einen der Ehe ähnlichen Charakter einnehmen. Die Franken und besonders ihre Häuptlinge nahmen ihre Konkubine nach altem Rechte, indem sie dafür das übliche Hochzeitsgeld spendeten; auf diese Weise war ihnen immer die Möglichkeit einer leichten Scheidung gegeben. Die Kirche verhielt sich nach ihrer gewöhnlichen Politik diesen Gebräuchen gegenüber zunächst ganz indifferent. Sie suchte irgend welcher Entscheidung sorgfältig aus dem Wege zu gehen und hat uns wenig über diese Verhältnisse überliefert. Man darf daher wohl annehmen, dass wenigstens unter dem ersten fränkischen Königshause unter einer Konkubine eine Frau verstanden wurde, die sich lediglich nach salischem Rechte mit dem Mann verehelicht hatte: secundum legem salicam et antiquam consuetudinem. Da das Konkubinat seiner Natur nach dem kirchlichen Sakramente fremd war, so hing sein Bestehen auch nur von dem Willen der beiden vertragschliessenden Personen ab.

Mehr als drei Jahrhunderte hindurch war also die Familie der Franken so geordnet, dass neben einer von der Kirche anerkannten Frau eine oder mehrere Konkubinen im Haus gehalten wurden. Die salische Eheform war nur beim Mädchen fränkischer Abkunft gebräuchlich, die Männer der gleichen Abkunft in der Form des Konkubinats ehelichten. Nach der damals bereits herrschenden gesellschaftlichen Auffassung standen aber diese Konkubinen den nach katholischen Ritus verheirateten legitimen Frauen nach. Kinder, die einem Konkubinat entsprossen waren, hatten zwar nicht dieselben Rechte, wie die Sprösslinge einer legitimen Ehe, aber sie besassen doch eine Art Halblegitimität, und ihr Ursprung bildete für sie keinerlei Makel oder Schande. Auch unter den Konkubinen gab es gewisse Rangstufen: diejenigen von ihnen, die fränkischer Abkunft und freigeboren waren, hielten sich für ebensowohl verheiratet, wie wenn die Kirche ihren Ehevertrag sanktioniert hätte; andere, die aus dem Sklavenstande hervorgegangen waren und einer fremden Rasse angehörten, konnten niemals Anspruch auf dieselben Ehren wie eine kirchlich angetraute Gattin machen.

Alle Frauen, die zu einem Hause gehörten, sei es als Gattin, Konkubine oder Sklavin, lebten in einem inneren Gemache des Hauses, in welches niemand ohne Erlaubnis des Hausherrn Zutritt hatte. Dieses Frauengemach hiess bei den Galloromanen Gynäceum. Das Wort wurde nach den verschiedenen Dialekten in verschiedener verstümmelter Form gebraucht. In der Regel war das Gynäceum in mehrere verschiedene Zimmer eingeteilt; oft umfasste es verschiedene Werkstätten und einen grossen Schlafsaal, in dem die Frauen alle miteinander schliefen. Die Herrin des Hauses, ob sie nun kirchlich angetraut war oder nur die erste Konkubine, hatte die Arbeit der Frauen zu überwachen. Diese Arbeit umfasste sämmtliche häusliche Geschäfte und die Herstellung der Stoffe und Kleidungsstücke, nur die Bearbeitung des Eisens blieb den Männern vorbehalten, alles andere hatten die Frauen zu besorgen (muliebre opus). Papias sagt, dass das Gynäceum häufig als Textrinum, d. h. Werkstätte bezeichnet wurde, weil die Frauen dort mit der Weberei beschäftigt waren (quod ibi conventus feminarum ad opus lanificii exercendum conveniat). Aehnliche Einrichtungen bestanden übrigens auch bei den orientalischen Römern; in Konstantinopel waren sie sogar ausserordentlich verbreitet, sodass man fast annehmen kann, dass aus ihnen die bekannten muhamedanischen Harems hervorgegangen seien. Nach dem Vorbilde der byzantinischen Kaiser hatten auch die merovingischen und karolingischen Könige ihre Gynäceen auf ihren ländlichen Besitzungen, meist besetzt mit einer reichen Anzahl von Frauen. Das Kapitularium De villis zählt die verschiedenen Beschäftigungsarten auf, die in diesen grossen Werkstätten gepflegt wurden. Ergänzungen dazu giebt ein anderes Kapitularium aus dem Jahre 813. (feminæ nostræ quæ ad opus nostrum servientes sunt . . . in genecio ipsius, nendi, cusandi, texendi, omnique artificio muliebris edoctus).

Wie wir schon erwähnt haben, war der Eintritt in das Gynäceum Unberufenen durchaus verboten. Nach germanischem Rechte musste jemand, der mit einem Mädchen aus dem Gynäceum eines andern gegen ihren Willen Umgang gepflogen hatte (si cum puella de genecio priore concubuerit aliquis contra voluntatem ejus), sechs Goldstücke Strafe zahlen. Der Text dieser gesetzlichen Vorschrift steht nicht ganz fest, immerhin kann über ihr Vorhandensein und ihren Sinn kein Zweifel entstehen. Karl der Grosse hat in einem Nachtrage zu diesem Gesetze die Unsicherheit entfernt, die in der Auslegung des Textes „gegen ihren Willen" bestand (si quis alterius puellam de genicio violaverit). Die Gynäceen waren nicht alle von gleicher Einrichtung, sondern verschieden, je nach der Art der Arbeiten, die darin vorgenommen werden mussten. Aber auf alle Fälle ist es falsch, wenn man meint, dass diese fränkischen Gynäceen irgend wie mit römischen Lupanaren in Vergleich gestellt werden könnten. Aus dem Gesetzbuche der Lombarden geht vielmehr mit aller Deutlichkeit hervor, dass man jedem Ueberhandnehmen von Ausschweifungen in den Gynäceen mit wirksamen Mitteln entgegenzutreten versuchte. Freilich später, etwa gegen das zehnte Jahrhundert, wurde der Ausdruck Gynäceum direkt für öffentliche Häuser angewandt. Das Halten eines Gynäceums muss ziemlich kostspielig gewesen sein; im fünfundsiebzigsten Kapitel einer Synode von Meaux, die von Ducange angeführt wird, spricht man von Laien, die Kuppelei verrichtet hatten und die sich für deren Benutzung eine gewisse Pacht ausbedungen hatten, um ihre Hunde und Gynäceen zu unterhalten. Mit der Veränderung der Wirtschaftsweise und nach dem Entstehen der einzelnen Gewerbe verloren die Gynäceen ihre ökonomische Bedeutung und bald auch ihre Existenz. Das aufblühende Gewerbe und der immer weitergehende Handel machte die geschlossene Hauswirtschaft überflüssig. Aber das Leben der Frau spielte sich bei den Franken auch fernerhin immer in der Gemeinschaft mit anderen Frauen ab; selbst, als das erstarkende Rittertum das weibliche Geschlecht äusserlich mit einem gewissen romantischen Zauber umgeben hatte, blieb das Privatleben der Frau doch immerhin in sehr enge Grenzen geschlossen. Aber der Gebrauch, Konkubinen zu halten, wurde mehr und mehr eingeschränkt, zu Gunsten einer wirklichen Einzelehe.

IV. Kapitel.

Das Konkubinat bei den fränkischen Königen. — Chlotaris I. — Ingunde und Aregunde. — Karibert, König von Paris. — Markovieva und Meroflede. — Ingoberg und Theudechilde. — Kariberts Brüder. — Gontran, König von Orleans und Burgund. — Chilperich, König von Soissons. — Audowera. — Fredegunde. — Galeswinde. — Dagobert I. — Pipin und seine Konkubine Alpaïs. — Lambert wird von Dodo, dem Bruder der Alpaïs ermordet. — Sittenlosigkeit des Bischofs Bertchram von Bordeaux. — Brunhilde. — Karl der Grosse. — Seine Konkubinen Moltegarde, Gerswinde, Regina und Athalinde. — Seine Töchter. — Das Kartularium der Abtei Lorsch. — Der Roman von Einhard und Emma, der Tochter Karls des Grossen. — Karls Kapitularium gegen die Prostitution. — Verdächtige Personen im Kaiserpalast. — Die Funktionen der Wachtoffiziere. — Bestrafung leichtfertiger Weiber und ihrer Mitschuldigen. — Die Pferdehändler als Beschützer der Prostitution. — Das Kapitularium von 805. — Die Geschichte der Lenogesilus. — Karls Nachfolger. — Die Kreuzesprobe. — Kaiserin Judith. — Theutberga, die Frau des lothringischen Königs Lothar wird des Incestes beschuldigt. — Ihr Ritter siegt bei der Heisswasserprobe. — Theutberga wird vor das Gericht des Königs geführt. — Ihre Geständnisse und Widerrufe. — Das Konzil von Metz. — Lothar wird exkommuniziert. — Sein Tod.

Die Könige aus dem ersten fränkischen Herrschergeschlecht waren in ununterbrochenem Kampfe mit den kirchlichen Behörden, weil sie ohne Genehmigung der Bischöfe ihre Konkubinen nahmen und wieder verstiessen; den Bischöfen gelang es trotz aller Anstrengung nicht, den Franken die kirchliche Auffassung von der Heiligkeit der Ehe einzuflössen. Die Geschichte der ersten Frankenkönige ist ausgefüllt mit den Erzählungen von ihren Kriegen, ihren Verbrechen und ihren Ausschweifungen; Kriege und Verbrechen freilich erregten nicht so sehr den Zorn der kirchlichen Eiferer als die Liebesabenteuer dieser Männer. Indessen bleibt der Skandal in der Regel auf das Gynäceum beschränkt und wird infolgedessen nicht besprochen. Von den Ausschweifungen der Frankenkönige kann man sich nur schwer eine Vorstellung machen; bezeichnend für sie ist die naive Erzählung Gregors von Tours von den Ehen des Königs Chlotaris eines Sohnes von Chlodwig, der eingestandener Massen sieben Frauen oder Konkubinen besass. Er war bereits mit Ingunde verheiratet; eines Tages sprach diese Frau, wie Gregor uns überliefert, zu ihrem Gemal, er möge doch für ihre Schwester ebenfalls einen so edlen und reichen Mann erwählen. Chlotaris ging darauf zu Aregunde, so hiess die Schwester seiner Gemalin und entbrannte in Liebe zu ihr. Er heiratete sie und kehrte dann zu Ingunde zurück mit den Worten, er habe keinen würdigeren Gemahl für ihre Schwester gefunden als sich selbst. Ingunde sei, so wird uns überliefert, auch ganz mit diesem Schritte einverstanden gewesen.

Die Söhne des Chlotaris waren, wie er selbst, durchaus polygam veranlagt. Der älteste, Karibert, König von Paris, war mit Ingoberg verheiratet, einer Frau von vornehmer Abkunft. Sie hatte, wie uns erzählt wird, zwei junge Mädchen in ihrem Dienste, Töchter eines armen Handwerkers; die eine Namens Markovieva trug das geistliche Gewand; die zweite hiess Meroflede, und der König war stark in sie verliebt. Weil Ingoberg eifersüchtig auf ihren Einfluss beim Könige war, so fasste sie den Entschluss, durch eine Erinnerung an ihre niedrige Abkunft die beiden Schwestern in den Augen des Königs herabzusetzen; aber diese Intrigue scheiterte, da Karibert sein Weib verstiess und nacheinander Meroflede und Markovieva ehelichte. Bald aber begnügte er sich nicht mit ihnen, sondern nahm noch eine dritte Frau aus dienendem Stande, Namens Theudechilde, deren Vater Hirte war. Obgleich nur eine Konkubine letzter Ordnung, bemächtigte sie sich doch des Schatzes, als König Karibert starb, ohne einen Leibeserben zu hinterlassen. Kariberts Brüder wetteiferten mit ihm in der Zahl der Ehen, die sie abschlossen. Gontran, König von Orléans und Burgund wechselte trotz der Frömmigkeit, die er an den Tag legte, seine Frauen ebenso oft wie Karibert, und befasste sich häufig mit Konkubinen ganz niederen Standes, ohne dass die Bischöfe ihm Vorwürfe wegen dieses Lebenswandels gemacht hätten. Chilperich, König von Soissons und derjenige, dem die damaligen Geschichtsschreiber die meiste Zahl von Frauen zuschreiben, pflegte seine Ehen nach fränkischem Rechte abzuschliessen. Eine dieser Frauen, Namens Audowera hatte in ihrem Dienste ein junges fränkisches Mädchen, Fredegunde, ebenso hervorragend durch ihre Schönheit, wie durch ihre Skrupellosigkeit. Chilperich entbrannte in heftiger Liebe zu ihr. Fredegunde aber wollte sich nicht mit der Stellung einer Konkubine niedriger Ordnung begnügen. Als Audowera in der Abwesenheit ihres königlichen Gemals ein Kind gebar, da redete Fredegunde im Einverständnis mit einem Bischhof, dessen Dienste sie sich gesichert hatte, der geistig etwas beschränkten Königin zu, mit eigenen Händen ihr Kind bei der Taufe über das Taufbecken zu halten. Nun konnte aber nach der Lehre der Kirche die Stellung des Pathen nicht mit der des Ehegatten vereinigt werden. Als daher Chilperich aus dem Kriege zurückkehrte, musste er seine Ehe mit Audowera lösen, weil ihm nach kirchlichem Gebot der eheliche Verkehr mit einer Pathin seines Kindes nicht gestattet war. Audowera nahm hierauf den Schleier und ging in ein Kloster; an ihrer Stelle bestieg Fredegunde den fränkischen Königsthron, allerdings zunächst nur für wenige Monate. Chilperich nahm nämlich Galeswinde, die Tochter des Gothenkönigs zur Gemalin und musste deshalb alle seine früheren Beziehungen zu den anderen Frauen abbrechen. Bald aber knüpfte er wieder mit Fredegunde an und liess um ihretwillen die Königin nachts erdrosseln. Fredegunde, die er darauf heiratete, führte an dem Königshofe ein geradezu sprichwörtlich wildes Leben.

Die Geschichte fast aller merovingischen Könige zeigt uns, dass diese keineswegs vor einem Morde oder vor einer anderen Gewaltthat zurückschreckten, um entweder eine Konkubine zu erlangen oder sich von einer solchen zu befreien. Sie lebten auf ihren grossen königlichen Gütern fern von den Blicken ihres Volkes, das kaum etwas von dem wilden Treiben an dem Hofe erfuhr. Das Leben in den Königsschlössern trug einen durchaus orgiastischen Charakter. Dagobert I., der ohnedies nicht zu einem hervorragenden Regenten geschaffen war, befleissigte sich in seinem Privatleben keiner grösseren Zurückhaltung als seine Vorgänger; sein Minister scheint sich um die Privatsitten des Fürsten, der Kirchen baute, Kloster gründete und Reliquien sammelte, während er zu gleicher Zeit in der Zahl seiner Konkubinen dem Könige Salomo nachstrebte, (luxuriæ supramodum deditus, tres habebat instar Salomonis reginas et plurimas concubinas. Fredegar, Chron.), durchaus nicht gekümmert zu haben. Von Zeit zu Zeit wagte es ein Bischof gegen einen der Könige den Kirchenbann auszusprechen, häufig nicht ohne üble Erfahrungen für seine eigene Person dabei zu machen; Prætextat, Bischof von Rouen, wurde durch einen Abgesandten der Fredegunde ermordet; Didier, Bischof von Vienne wurde gesteinigt, Lampert wurde ermordet, weil er Pipin zur Verstossung seiner Konkubine Alpaïs veranlassen wollte. Vielfach waren aber die Bischöfe, die ihre Aufgaben darin sahen, auf die Sittenverbesserung bei anderen einzuwirken, selbst durchaus keine Tugendspiegel. Gregor von Tours schildert uns im achten und neunten Buche seiner Schriften, unter anderen einen Bischof Bertchram von Bordeaux, der nicht nur Dienerinnen und verheiratete Frauen entehrte, sondern sogar seine Blicke auf das Weib des Königs zu werfen wagte. Als Columban, Abt von Luxeuil, sich an den Hof Theoderichs II., Königs von Burgund, begab, um ihm wegen seines Lebenswandels Vorwürfe zu machen und ihn zur Verstossung seiner Konkubine aufzufordern, da schrieb sogar der Papst, Gregor V. an die Königin Brunhild und forderte sie auf, die unverschämten Priester zu bestrafen (sacerdotes impudici ac nequiter conversantes). Brunhild hatte schon früher ihren Enkel Theoderich II. mit einer grossen Schar von Konkubinen umgeben. Sie und die Königin Fredegunde rivalisierten miteinander in ihren Lastern und Verbrechen. Bekannt ist die Erzählung von dem dramatischen Tode Brunhildens, die wegen Beleidigung der Soldaten Chlotaris II., eines Sohnes der Königin Fredegunde, an den Schweif eines Pferdes angebunden und zu Tode geschleift wurde.

Es würde viel zu weit führen, wenn wir hier die Geschichte des Familienlebens aller der Könige und Königinnen aus den beiden ersten Häusern der fränkischen Herrscher anführen wollten; aber um zu zeigen, wie verbreitet die doch nur leicht bemäntelte Vielehe in der damaligen Zeit war, dürfen wir auf Karl den Grossen hinweisen, der vier legitime Frauen und fünf oder sechs Konkubinen hatte, ungezählt die Menge von rasch vorübergehenden Liebschaften. Seine Konkubinen, deren Namen uns Einhard überliefert hat, waren nicht wie seine Frauen, adliger oder fürstlicher Abkunft; Einhard nennt uns Maltegarde, Gerswinde, Regina und Attalinde, die jede einzelne ihm mehrere Kinder geboren hat. Karl der Grosse liess diese Kinder mit sehr viel Sorgfalt erziehen und hat sie immer in seinem Palaste gehalten, weil er, wie er sagte, sich nicht von ihnen zu trennen vermochte. Man hat aus einer Stelle der Geschichte Einhards herauslesen wollen, dass Karl in einem verbrecherischen Verhältnis zu seinen Töchtern gestanden habe, indessen stützt sich diese Annahme auf gar zu vage Angaben. Eine Tochter namens Emma hat indessen Einhard geheiratet. In einem Kartularium der Abtei Lorsch, das etwa im zwölften Jahrhundert geschrieben wurde, ist uns die romantische Erzählung von dieser Ehe überliefert worden.

Vielleicht steht mit dieser Erzählung, die auf mündliche Tradition zurückgeht, ein Kapitularium Karls des Grossen in Verbindung, in welchem er Frauen von leichtsinnigem Lebenswandel aus dem Bereich des kaiserlichen Residenzlagers verbannt. Karl ordnet an, dass jeder Offizier des Palastes genau Obacht geben soll, damit nicht irgend ein unbekannter

Mann oder eine leichtfertige Frau sich in die Gemeinschaft des Haushaltes einschleiche. Desgleichen wird in dem Kapitularium eine genaue Untersuchung des Personals der königlichen Domänen und der Stadt gefordert. Es war ausdrücklich verboten, ohne behördliche Erlaubnis irgend jemanden zu verbergen; gab jemand einem Diebe, einem Mörder, oder Ehebrecher Obdach, so musste er ihn im Falle der Entdeckung auf seinen Schultern bis auf den Marktplatz tragen, wo er an einen Schandpfahl angebunden wurde. Hatte ein Sklave gegen die Vorschriften gehandelt, so musste er ebenfalls den von ihm Verborgenen zum Marktplatz tragen, und wurde dort gestäupt; handelte es sich um eine Prostituierte, der man heimlich Unterkunft gewährt hatte, so musste derjenige, der die Vorschrift übertreten hatte, sie ebenfalls auf seinen Schultern auf den Marktplatz tragen, wo sie dann gemeinsam mit Ruten gepeitscht wurden. Aus diesem Kapitularium können wir ersehen, mit welcher Energie Karl der Grosse gegen die Prostitution auftrat, da er sie nicht nur in seiner Residenz unterdrückte, sondern sie nicht einmal in der bescheidenen Hütte des niedrigsten Sklaven zulassen wollte.

Mit der Kirche stand Karl auf einem viel zu gutem Fusse, als dass er von ihr irgend welche Einwendung gegen seinen Lebenswandel zu fürchten gehabt hätte. Er vermied immer behutsam jeden öffentlichen Skandal und duldete in seiner Umgebung keinerlei Ausschweifungen. In einem Kapitularium von 805 verbietet er ausdrücklich den Personen beiderlei Geschlechts, Ehebruch, Hurerei, Sodomie und andere Sünden gegen die Ehe zu begehen. Zur Begründung des Verbotes fügte er an, dass ein Volk, welches sich den Lüsten ergebe (multæ regiones, quæ dicta inlicita et adulteria vel sodomicam luxuriam vel commixtionem meretricum sectatæ), nicht gesund bleiben könne und seinen kriegerischen Mut verliere. Wer der verbotenen Ausschweifung überführt wurde, verlor seinen Rang und musste ins Gefängnis wandern. In dem Kapitularium Karls des Grossen finden wir keine eigentliche Massregel gegen die Kuppelei, obschon sie die Verfolgungen durch die theodosianischen und justinianischen Kodices überdauert hatte. Es existiert indessen ein Kapitularium mit ungewisser Datierung, das Massregeln gegen die Kuppelei zu enthalten scheint. Es bestimmt, dass die Priester, Diakone und andere geistliche Personen kein fremdes Weib in ihrem Hause aufnehmen dürften; ferner wird bestimmt, dass überhaupt Geistliche nicht in öffentlichen Wirtshäusern essen oder dort eintreten sollen; und dann findet sich folgender Artikel: Ut mangones et cociones et nudi homines qui cum ferro vadunt, non sinantur vagari et deceptiones hominibus agere. In diesem Text ist zweifellos das Wort nudi in irgend einer Weise verderbt, wahrscheinlich soll es Kuppler bedeuten. Kuppler gab es, obschon unter anderem Namen, in damaliger Zeit ganz sicherlich; man kann z. B. nachweisen, dass im ganzen Mittelalter die Pferdehändler sich nicht darauf beschränkt haben, Pferde, Maultiere und Esel zu kaufen und zu verkaufen, sondern dass sie auch den lukrativen Mädchenhandel daneben betrieben. Zwar ist es bemerkenswert, dass die lateinischen Ausdrücke für Kuppler und Kuppelei bei den katholischen Schriftstellern des merovingischen und karolingischen Frankenreichs ausserordentlich selten gebraucht werden; aber es wäre doch wohl voreilig, aus der Abwesenheit der Worte gleich die Abwesenheit der Thatsache selbst schliessen zu wollen. In den Listen der Heiligen trifft man merkwürdiger Weise auf den Namen eines Kupplers; es giebt da einen gewissen Lenogesimus. Dieser Name deutet ganz unzweifelhaft daraufhin, dass er in zwei Bestandteile, leno und gesimus zerfällt, von dem das erste das Gewerbe, der zweite den Namen des Mannes bezeichnet. In der Heiligengeschichte wird darüber folgendes berichtet: Lenogesimus, der in der Zeit Chlotars II. (619) lebte, lockte eine Jungfrau, Namens Agneflede in seine Zelle und veranlasste sie, den Schleier zu nehmen; sie lebten von da an zusammen. Dem König wurde hinterbracht, dass ein gewisser Lenogesimus durch Beschwörung eine Jungfrau verführt habe und mit ihr in einem unkeuschen Verhalten lebte (modo legitima conjugia violantes, inter se invicem nefandis studiis commiscentur). Chlotar forderte die Beiden vor Gericht, wurde aber durch ein Wunder davon abgehalten, sie zu bestrafen. Als nämlich Lenogesimus in Abwesenheit des Königs in den Palasthof kam, beklagte er sich über die grosse Kälte; er bat darauf Leute, die einen Backofen heizten um etwas Feuer, aber Agneflede hatte nichts, worin sie das Feuer wegtragen konnte; auf den boshaften Rat, sie möge doch ihren Mantel dazu nehmen, trug sie in der That die glühenden Kohlen fort, ohne dass ihr Gewand verbrannt wäre!! Das wurde natürlich als ein Wunder angesehen, dem König hinterbracht und diente so dazu, den Ruf der beiden Leute so zu mehren, dass Lenogesimus zum Heiligen avancierte; Agneflede hat es nicht zu dieser Ehre gebracht.

Die Nachfolger Karls des Grossen erliessen wahrscheinlich mehrere Kapitularien gegen die Prostitution; aber sie sind uns nicht überliefert worden. Ein Kapitularium, das uns noch erhalten ist, erwähnt eine merkwürdige Strafe für leichtfertigen Lebenswandel. Jede Frau, die der Prostitution überführt wurde, konnte damit bestraft werden, vierzig Tage lang nackt vom Kopf bis zum Gürtel umhergehen zu müssen, während ein Täfelchen an ihrer Stirn, die Art ihres Verschuldens angab. Jedermann hatte das Recht eine Frau der Prostitution, des Ehebruchs oder eines anderen Vergehens anzuklagen. Der Richter nahm die Klage an und gab ihr Folge; aber die Rolle des Anklägers konnte einige Unannehmlichkeiten zur Folge haben, die es ratsam erscheinen liessen, nur sehr vorsichtig vorzugehen. Der Ankläger musste nämlich seine Behauptung beweisen, entweder durch einen Zeugenbeweis, oder durch die Probe mit kochendem Wasser, oder mit heissem Eisen, oder endlich durch den Zweikampf. Die angeklagte Frau liess sich dabei von einem Ritter vertreten. Am ungefährlichsten war noch die sogenannte Kreuzesprobe, bei der es weniger auf den Zufall als auf die körperliche Kraft ankam: derjenige der beiden Gegner, der am längsten in der Haltung des gekreuzigten Jesu aushalten konnte, gewann den Rechtshandel, der andere musste Strafe bezahlen und die Busse auf sich nehmen, die auf dem behaupteten Vergehen stand. Fand die angeklagte Frau keinen Vertreter, der sich an ihrer Statt den Proben aussetzen wollte, so musste sie sich selbst, ohne Rücksicht auf ihr Geschlecht und ihre Schwäche, ihnen unterziehen. Bei der Kreuzesprobe kam es sehr häufig vor, dass die Frau, obgleich sie in der Regel schwächer war, den Sieg davon trug. Mit Vorliebe wurde die Kreuzesprobe auch angewendet, wenn eine Frau behauptete, ihr Gatte erfülle seine ehelichen Pflichten nicht, während er es bestritt. (Si qua mulier proclamaverit quod vir suus numquam cum ea coisset, exeant inde ad crucem, et, si verum fuit, separentur.) Häufig nahm eine des unsittlichen Lebenswandels angeklagte Frau lieber die harten Strafen auf sich, als dass sie die Proben über sich ergehen liess.

Eins der bemerkenswerten Beispiele dieser Proben fand gegen das Jahr 858 bei Gelegenheit der Ehescheidung Lothars, des Königs von Lothringen statt. Dieser Fürst. der zweite Sohn des Kaisers Lothar, hatte vor seiner Heirat mit Theutberge ein junges Mädchen, Namens Waltraute geliebt; als diese ihm einen Sohn geboren hatte, wünschte er seine legitime Ehe aufzulösen. Es fanden sich Zeugen, welche Theutberge des unerlaubten Verkehrs mit ihrem Bruder Hugbert beschuldigten und sich nicht scheuten, darüber ganz genaue Einzelheiten zu verbreiten. (Fratrem suum Hucbertum sodomitico scelere sibi commixtum). Theutberge wählte darauf einen Ritter, der sich an ihrer Stelle der Probe des heissen Wassers unterzog. Die Probe bestand darin, dass ein Stein in einen Kessel mit kochendem Wasser gelegt wurde; der Ritter griff mit dem entblössten Arme in das Wasser hinein und holte den Stein heraus. Sein Arm wurde sofort mit einem Sack umhüllt, auf den der Richter sein Siegel klebte; nach Verlauf von drei Tagen öffnete man den Sack und da der Arm unverletzt gefunden wurde, so war dadurch die Unschuld Theutbergens nachgewiesen.

Aber Lothar und Waltraute bestanden auf der Trennung der Ehe und zweifelten demgemäss die Beweiskraft der Probe an; man versuchte eine neue Probe herbeizuführen; dann aber brachte Lothar im Januar 860 die Sache dadurch zu einem kurzen Ende, dass er sechzig, ihm sehr ergebene Männer zu einem feierlichen Gerichte unter seinem eigenen Vorsitze im Königspalaste von Aachen versammelte. Theutberge erschien vor diesem Gerichtshofe und gestand dort, dass ihr Bruder Hugbert sie in der That vergewaltigt habe (non tamen sua sponte, sed violenter sibi inlatum). In einer zweiten Sitzung des Gerichtshofes blieb Theutberge auch einen Monat später bei dieser Aussage: Profiteor quia germanus meus Hucbertus clericus me adulecentulam corrupit et in meo corpore, contra naturalem usum, fornicationem exercuit et perpetravit. Theutberge wurde verurteilt, nach Auflösung ihrer Ehe in einem Kloster Busse zu thun; sie zog aber bald darauf ihr Geständnis wieder zurück und wandte sich an den Papst Nikolaus I., um gegen die ungerechte Verurteilung zu protestieren. Der Papst beauftragte zwei Bischöfe damit, die Sache zu untersuchen und ein Konzilium zu leiten, das sich zur Entscheidung der Angelegenheit in Metz versammelte. Das Konzil bestätigte den Urteilsspruch der ersten Richter. Der Papst aber schleuderte gegen den König Lothar den Bannfluch und kassierte die Entscheidung des Konzils von Metz, indem er erklärte, es sei weniger ein Konzil als ein Ort der Prostitution gewesen (tanquam adulteris faventem prostibulam appellari decernimus), weil man dort den Ehebruch begünstigt habe. Lothar kümmerte sich nicht viel um den Bannfluch des Papstes und behielt Waltraute bei sich; aber der Papst appellierte dann an die Fürsten und Bischöfe, um den König Lothar mit aller weltlichen und geistlichen Macht zu bekämpfen. Nikolaus berief sich auf das kanonische Recht, nach welchem es verboten war, dass ein Mann gleichzeitig mit einer Frau und einer Konkubine zusammenlebte. Lothar liess ihm darauf die Antwort zukommen, seine Frau habe bereits vor der Ehe sich prostituiert; aber der Erzbischof Odo erwiederte ihm darauf, ein Ehemann könne die Scheidung nicht verlangen, wenn er mit einer Frau, die im vorehelichen Geschlechtsverkehr gelebt habe, längere Zeit ohne Reklamation zusammen gewesen sei.

Lothar lebte indessen mit Waltraute weiter, sah sich aber von seinen Nachbarn bedroht, und Hugbert selbst hatte seine Abtei St. Moritz verlassen, um für die heftigen Anklagen, gegen ihn und gegen seine Schwester, an dem König Rache zu nehmen. In dem Augenblick, wo sich der Sieg an seine Fahnen heftete, wurde Hugbert getötet; ein Gesandter des Papstes riet Lothar, sich mit seiner legitimen Gemalin auszusöhnen und seine Konkubine zu verjagen. Lothar gab nach, hatte aber kaum Theutberge wieder bei sich aufgenommen, als sie von Neuem floh und bei Karl dem Kahlen Sicherheit für ihr Leben erbat. Nikolaus exkommunizierte darauf feierlich Lothar, der noch einen letzten Versuch machte, seine Frau des Ehebruchs anzuklagen und dafür durch einen Zweikampf den Beweis zu erbringen suchte. Dieses letzte Mittel gelang ihm nicht und er verbannte darauf Waltraute in die Abtei Remiremond. Nikolaus hatte ihn nach Rom gefordert, um den Kirchenbann von ihm zu nehmen; unterwegs erfuhr Lothar, dass der Papst gestorben sei und Hadrian II. als Nachfolger erhalten habe. Dieser neue Papst war weniger unerbittlich als sein Vorgänger. Er erwartete den König Lothar im Kloster Monte Cassini und liess ihn schwören, dass er mit der exkommunizierten Waltraute keinerlei fleischlichen Umgang gepflogen habe. Obschon Lothar drei Kinder von seiner Konkubine hatte, schwur er doch alles, was der Papst von ihm verlangte. Nachdem der Bann von ihm genommen war, eilte er wieder nach Lothringen zurück, um sich mit Waltraute zu vereinigen, wurde aber unterwegs von einem plötzlichen Tode hinweggerafft. Dieser grosse Kampf zeigt uns, dass das im salischen Rechte und in anderen germanisch fränkischen Rechtsbüchern erlaubte Konkubinat mehr als drei Jahrhunderte hindurch trotz der Bemühungen der Kirche in Kraft geblieben war.

V. Kapitel.

Brief des Bischofs Bonifacius an den Papst Zacharias über den Sittenzustand in den Klöstern zur Zeit der merovingischen Herrschaft. — Die Ordensregeln Columbans. — Bischofsfrauen. — Ursachen des ausschweifenden Lebens in den Klöstern. — Einfluss der priesterlichen Unsittlichkeit auf die Laienwelt. — Die Weltpriester. — Goliathskinder. — Testament Turpios, Bischofs von Limoges. — Die Mönche von Moyen-Moutier und Senones. — Der Eunuche Nicetas. — Die Mission des Abtes Humbert nach Konstantinopel. — Gobuin, Bischof von Châlons. — Versuche des Papstes Gregors VII. zur Hebung der Sittlichkeit in Frankreich. — Sein Sendschreiben an die Bischöfe. — Litterarische und künstlerische Darstellungen des ausschweifenden Mönchslebens aus jener Zeit. — Allgemeine Korruption. — Das Jahr 1000. — Alle Schriftsteller jener Zeit stimmen in den Schilderungen der Sittenlosigkeit überein. — Sodomie in allen Klassen der Bevölkerung. — Die Normannen. — Einfluss ihrer Sitten auf die von ihnen unterjochten Völker. — Wie Emma, die Frau des aquitanischen Herzogs Wilhelm, sich an ihrer Nebenbuhlerin, der Gräfin von Thouars, rächte. — Wie Ebles an seinem Oheim und Vormund Bernard Rache nahm. — Die Bussbücher. — Ehevorschriften und Regeln des ehelichen Lebens. — Die Blutschande und ihre Bestrafung. — Kindesmord und Abtreibung der Leibesfrucht. — Widernatürliche Unzucht. — Bestialität. — Klagen des Pariser Abtes Peter über die Sittenlosigkeit.

Man muss bis auf die Zeit Ludwigs VIII. gehen, um eine auf die Prostitution bezügliche königliche Ordonnanz aufzufinden; aber aus der Abwesenheit spezieller Gesetze über diese Materie darf man nicht schliessen, dass der Sittenzustand während dieser mehr als drei Jahrhunderte solche Reglements unnötig gemacht hätte und dass etwa die Prostitution unter dem moralisierenden Einflusse der christlichen Kirche aus Frankreich verschwunden wäre. Wenn uns auch die Denkmäler der damaligen Rechtspflege fehlen, die vielleicht existiert haben, aber in den Sammlungen der königlichen Botschaften nicht mehr enthalten sind, so können wir doch aus dem Urteil der Zeitgenossen feststellen, dass die Sitten niemals verderbter und niemals reformbedürftiger gewesen waren als gerade in jener Zeit. In dieser Periode unaufhörlicher Kriege, beständiger Eroberungszüge und sozialer Veränderungen, waren die gesetzgeberischen Werke sehr selten und zeichnen sich durch einen oberflächlichen Zug aus: den Bedürfnissen des Augenblicks angepasst, überlebten sie den Augenblick nicht; es ist uns aus jener Zeit kein allgemeines Gesetzbuch, wie etwa das Karls des Grossen, oder Ludwigs des Heiligen überliefert worden. Die Könige folgten einander zu rasch und fühlten sich zu unsicher auf ihrem Throne, als dass sie an eine sorgfältige Verbesserung der öffentlichen Sitten hätten denken können; sie hatten weder die Zeit noch auch die Absicht an den Institutionen ihrer Vorgänger zu rütteln. Man weiss, wie beschränkt die Macht der damaligen Könige überhaupt war, wie beschränkt auch der Einfluss der Büreaukratie. Man kann annehmen, dass von Karl dem Grossen bis auf Ludwig den Heiligen das Verhältnis der Polizei zur Prostitution stationär geblieben und keinen Aenderungen unterworfen gewesen ist; die Prostitution ihrerseits wurde dagegen durch das indifferente Verhalten der Behörden sehr ermutigt und breitete sich rasch im Volke aus. Während wir also bei der Untersuchung der damaligen Zeit kaum Spuren einer behördlichen Reglementierung der Prostitution entdecken, finden wir dagegen unzählige Zeugnisse, für den gleichzeitigen Verfall der Sitten.

Die ärgste Korruption war seit den Zeiten der Merovinger in die meisten Klöster eingedrungen. Bonifacius, Bischof von Mainz, schrieb im Jahre 742 an den Papst Zacharias: „Die Bisthümer sind fast immer an unsittliche Laien oder an ausschweifende Priester gegeben, die auf ihre Weise ihr Leben geniessen; unter denen, die sich Diakone nennen, habe ich Leute gefunden, die von Kindheit auf ein ausschweifendes Leben führten und den abscheulichsten Lüsten huldigten." (Inveni inter illos diaconos quos nominant, qui a pueritia sua semper in stupris, semper in adulteriis et in omnibus semper spurcitiis viam ducentes, sub tali testimonio venerunt ad diaconatum; et modo in diaconatu, concubinos quatuor, vel quinque, vel plures noctu in lecto habentes). Die Reformatoren der religiösen Orden brachten es auch nicht über einige kleine Massregeln gegen die allgemeine Sittenverderbnis hinaus. Kolumban, der um diese Zeit seine Ordensregeln aufstellte, hatte darin folgende strenge Klausel aufgenommen: „Wird jemand im eifrigen Gespräch mit einer Frau ohne Zeugen ertappt, so wird er bei Wasser und Brot zwei Tage eingesperrt oder empfängt zweihundert Rutenhiebe.“ Auch die strengste Regel wurde durch die Praxis bei diesem ausschweifenden Volke sehr gemildert. Skandale über schamlose Vorgänge in Klöstern waren damals an der Tagesordnung. Die Konzilien und Synoden konnten mit ihren weisen Vorschriften den Leidenschaften der Mönche keine Zügel anlegen, Leidenschaften, die um so unwiderstehlicher hervorbrachen, jemehr man sie einzudämmen suchte. Hieronymus bereitete in der damaligen Zeit die Forderungen des Priestercölibats für die katholische Kirche vor; er wollte die Frauen vollständig aus den Augen der an dem Gottesdienst beteiligten Personen verbannt wissen; ebenso klagte Veranus, Bischof von Lyon, im Jahre 585, dass ein verheirateter Mann doch nicht geeignet zur Abhaltung des Gottesdienstes sei. Die „Bischöfinnen“, die Frauen der Bischöfe, verschwanden allmählig und wurden nicht länger geduldet; der vollständige Cölibat wurde zur Grundbedingung des kirchlichen Lebens gemacht und Weibern der Eintritt in Männerklöster genau so untersagt, wie den Männern der in Frauenklöster.

Aber diese Vorschrift blieb vollständig auf dem Papiere stehen. Die kirchliche Autorität reichte nicht hin, um die Erlasse auch in Wirklichkeit umzusetzen. Fast alle Klöster waren mehr oder weniger Stätten eines ziemlich ausgelassenen Lebens, und zwei oder drei Mal in jedem Jahrhundert versuchte man eine allgemeine oder partielle Reform darin durchzuführen. Das Publikum erfuhr von den Vorgängen innerhalb der Klöster selten etwas Genaues, sondern musste sich mit vagen und dunkeln Gerüchten begnügen. Wenn ein Bischof einmal den Entschluss gefasst hatte, die Vorgänge zu untersuchen und die Uebelstände abzustellen, dann breitete er in der Regel den Mantel der christlichen Liebe über die Ergebnisse seiner Untersuchung aus. Die besondere Veranlassung zu dem wüsten Leben in den Klöstern war durch die Nachbarschaft und den häufigen gegenseitigen Besuch zwischen Frauen- und Männerklöstern gegeben: Bald hatte der Abt oder Prior des Mönchsklosters zu gleicher Zeit die Leitung eines Frauenklosters, bald übte andrerseits die Aebtissin eines Frauenklosters eine Art Oberaufsicht über ein Mönchskloster aus. Diese beständigen Beziehungen zwischen den beiden Geschlechtern führten naturgemäss zu einer Menge von Uebelständen, die trotz aller Bemühungen nicht ausrottbar erschienen. Die Sittenverlotterung der Klöster hatte einen bemerkenswerten Einfluss auf die Laien, die sich nicht veranlasst sahen, tugendhafter zu leben, als ihre Beichtväter. Auch der Weltpriesterstand gab keineswegs ein besseres Beispiel. Ein Mönch, Namens

Martinian aus Rabais sagt im zehnten Jahrhundert von den Priestern seiner Zeit: „Gebietet Euch ein Gesetz, ein Weib zu nehmen, oder Beziehungen zu Weibern zu unterhalten? Euern Körper, der eine Wohnstätte Gottes sein soll, durch die verschiedenste Art von Ausschweifungen zu Grunde zu richten?“ Dieser Martinian, der sein unveröffentlichtes Buch boshafter Weise „Das Lob der Mönche“ tituliert hat, warf den Geistlichen vor, sie führten ein durchaus ungeregeltes Leben und besudelten sich durch alle nur erdenkbaren Ausschweifungen. Berthollet, ein Jesuitenpater, muss in seiner grossen Geschichte von Luxemburg zugestehen, dass die Kleriker des elften Jahrhunderts durchaus die Heiligkeit ihres Berufes vergessen hatten und weit entfernt waren von jener Keuschheit, die in der primitiven christlichen Kirche in so hohem Ansehen gestanden hatte: „Da sie mit dem Volke lebten, so glaubten sie, es bestehe kein Unterschied zwischen ihnen und den Laien, und überredeten sich leicht, dass sie Frauen nehmen müssten.“ Diese Art sittenloser Priester nannte man damals Goliathskinder. Diejenigen Kreise des Priesterstandes, die noch nicht von der allgemeinen Sittenverderbnis ergriffen waren, beklagten auf das Tiefste diesen Verfall; so schreibt der Bischof Turpio von Limoges, der im Jahre 944 starb, voll Bitterkeit in seinem Testamente (Bibl. Cluniac): „Wir, die wir hätten sollen einen musterhaften Lebenswandel führen, wir haben das Volk verderben helfen, und anstatt Hirten des Volkes zu sein, haben wir gelebt wie reissende Wölfe!“

Es ist hier nicht der Ort, um alle die schweren Laster aufzuführen, die von den Klerikern ausgeübt wurden, weil sie glaubten, ihnen, die das Recht der Lossprechung der Sünder in der Hand hatten, sei alles erlaubt; wir versuchen nicht erst in die Archive der Klöster einzudringen und die lange Liste derjenigen aufzustellen, die reformiert, exkommuniziert oder unterdrückt wurden wegen der abscheulichen Lebensführung ihrer Insassen: es genügt festzustellen, dass es vielleicht keine einzige bekannte Abtei giebt, in der nicht zu irgend einer Zeit einmal strenge Massregeln gegen die überhandnehmende Sittenlosigkeit ergriffen werden mussten. Um nur einzelne Beispiele aus tausend dergleichen Art herauszugreifen, wollen wir auf die Mönche von Moyen-Moutier und anderen lothringischen Klöstern hinweisen, die einen solchen sittenlosen Lebenswandel führten, dass sie im zehnten Jahrhundert auf Befehl des deutschen Königs ausgewiesen wurden; die Nachfolger, die man ihnen gab, machten sich freilich dadurch bekannt, dass sie an Sittenlosigkeit ihre Vorgänger noch übertrafen. In einem Chronikmanuskript des Johann von Bayon, das in einer Bibliothek in Nancy aufbewahrt wird, kann man lesen, dass die Mönche von Moyen-Moutier sich gegen die Ketzerei eines griechischen Eunuchen Namens Nicetas erhoben, der in Konstantinopel die Verstümmelung aller für das Mönchsleben bestimmten Leute empfohlen hatte. Diese verderbten Mönche, die einen schmachvollen Verkehr mit jungen

Leuten vom Lande unterhielten, bildeten sich ein, dass die Ketzerei des Nicetas weiter um sich greifen und sie vielleicht in ihren Vergnügungen stören würde. Sie beauftragten daher ihren Abt Humbert nach Konstantinopel zu gehen und dort diese Ketzerei zu bekämpfen. Der Abt führte seinen Auftrag zur vollen Zufriedenheit der Mönche aus, denn er besiegte den Nicetas in Konstantinopel in einer öffentlichen Disputation, indem er ihm vorwarf, die Mönche in Priester der Cybele zu verwandeln.

Wir brauchen nicht weiter in die Geheimnisse solcher Klöster einzudringen, sondern können auf ein Wort eines Mönches aus dem elften Jahrhundert hinweisen, der behauptet, dass alle Klöster Stätten der Prostitution seien. Gregor VII., der sich sehr viel um die Hebung der Kirchenzucht in Frankreich bemühte, sagte 1047 in einem Rundschreiben an die französischen Bischöfe: „Bei Euch wird Recht und Gerechtigkeit mit Füssen getreten. Man hat sich daran gewöhnt, die abscheulichsten Laster auszuüben. Anstatt dass sie eine Ausnahme bilden sollen, sind sie bei Euch zur Gewohnheit geworden.“ Man kann sich die Entrüstung dieses Reformpapstes vorstellen, wenn man bedenkt, dass er es zu thun hatte mit einem Mauger, Erzbischof von Rouen, der nach der Darstellung eines zeitgenössischen Schriftstellers geradezu entsetzliche Verbrechen beging, oder mit einem Enguerrand, Bischof von Laon, der sich über Enthaltsamkeit und Reinheit der Sitten direkt lustig machte, mit Ausdrücken, die, wie Guibert von Nogent sagt, des verworfensten Seiltänzers würdig gewesen wären; oder mit einem Manasses, Erzbischof von Reims, der, wie ein Zeitgenosse sagt, ein wildes Tier war, ein Scheusal, bei dem keine einzige Tugend seine Laster aufwog. Obschon diese Prälaten vom Papste streng bestraft wurden, so übte doch ihr Lebenswandel einen ausserordentlich schlechten Einfluss auf den Klerus aus; man erstaunt über die Strenge der Vorschriften Gregors, und besonders gegen seine Einführung des Cölibats regte sich überall eine heftige Opposition; viele Priester äusserten laut, dass sie lieber auf ihr Amt, als auf die Ehe verzichten wollten; die meisten von ihnen waren entweder verheiratet, oder hatten Konkubinen oder sonstige Beziehungen. Yves von Chartres erwähnt in seinen Briefen einen gewissen Prälaten, der es ganz öffentlich mit zwei Weibern hielt und im Begriffe stand ein drittes noch zu nehmen. Trotz den strengen päpstlichen Dekreten lebte der Klerus nach wie vor im Konkubinat und verweigerte hartnäckig dem Papste den Gehorsam. Orderic Vital erzählt, dass der Erzbischof von Rouen, der einige unsittliche Priester exkommuniziert hatte, mit Steinwürfen verfolgt wurde. Die Bastarde von Priestern und Mönchen liefen überall umher und ihre Väter scheuten sich nicht, ihnen Mitgiften zu geben, Legate auszusetzen, sie zu verheiraten und auf Kosten der Kirche zu bereichern. Es gab keine einzige Diezöse, in der man nach dem Urteil damaliger Schriftsteller zehn keusche und sittenstrenge Priester hätte finden können; es gab kein einziges Kloster, in dem die

Ordensvorschriften streng beobachtet wurden und die Mönche so lebten, wie es ihnen vorgeschrieben war.

Das wüste Leben der Mönche und Kleriker wurde, wie wir schon erwähnt haben, von den Laien nur zu gern nachgeahmt, aber den Priestern schien auch nicht einmal etwas daran zu liegen, dass ihr Ruf nicht angegriffen wurde. Priester waren gut Freund mit den Sängern, die sich in ihren satirischen Gedichten und Liedern über ihre Sittenlosigkeit lustig machten, mit Malern, die auf Gemälden und Miniaturen Scenen aus dem Klosterleben darzustellen pflegten und mit Bildhauern, die aus demselben Milieu sich ihre Stoffe zu sammeln pflegten. Das war der beliebteste Gegenstand für Litteratur und Kunst. Die Unkeuschheit der Mönche, ihre Sinnlichkeit und Schamlosigkeit gaben den Künstlern immer neuen Stoff zu ihren Darstellungen. Es ist uns kein Zeugnis überliefert worden, dass die Geistlichen einmal energisch gegen derartige Angriffe Front gemacht hätten; sie erfreuten sich im Gegenteil an den Darstellungen ihrer eigenen Schande und liessen häufig die sittenlosen Gedichte sogar in ihre Gebetbücher einheften. Auch an dem Klostermobiliar und an den Gerätschaften der Kirche konnte man vielfach Darstellungen unzüchtiger Art sehen. Bei allen diesen unzüchtigen Darstellungen spielten Mönchskutte und Nonnenrock immer eine grosse Rolle. Viel ist uns allerdings von diesen Antiquitäten nicht überliefert worden, da die Prüderie der neuen Zeit vieles zerstört hat; grade das Beste und Bemerkenswerteste ist ihr zum Opfer gefallen und nur noch den Archaeologen von Beruf ist bekannt, was früher auf diesem Gebiet geleistet worden ist. Immerhin giebt es viele heute noch bestehende kirchliche Darstellungen, deren Inhalt man nicht einmal mit Worten andeuten kann.

Die Laienwelt war, so sagten wir, nur zu geneigt, den sittenlosen Priestern gute Schüler zu stellen und in ausgelassenem Leben mit den Mönchen und Klerikern zu wetteifern. Von den Geschichtsschreibern der damaligen Zeit werden uns darüber eine Reihe bemerkenswerter Einzelheiten überliefert. Man kann aber begreifen, dass schliesslich diese wilden Ausschweifungen eine Art von Reaktion hervorrufen mussten, und so sehen wir denn, dass man allgemein im Jahre 1000 an ein bevorstehendes Ende der Welt und an die Wiederkunft des Antichristen dachte. Dieser Aberglaube trug freilich auch nicht zur Sittenverbesserung bei, jedermann wollte im Gegenteil von den irdischen Genüssen noch so viel haben, wie er nur irgend erreichen konnte. Der Sittenverfall nahm ganz ungewöhnlich grosse Dimensionen an, und die Dichter der damaligen Zeit stimmen ganz mit einigen ernstenhaften Sittenpredigern überein, wenn sie darauf hinweisen, dass die Menschheit unerhörte Fortschritte im Bösen gemacht habe. Die geschlechtlichen Ausschweifungen hatten geradezu gigantische Masse angenommen, und die vielen Legate und Testamente, die im Hinblick auf den als nahe bevorstehend gedachten

Weltuntergang gemacht wurden, sind angefüllt mit allerhand reuevollen Selbstbezichtigungen. Die Spender fühlten sich so sehr belastet von ihren eigenen Sünden, dass sie oft ihr ganzes Vermögen der Kirche gaben, um nur Sündenvergebung zu erlangen. Allerdings darf man nicht übersehen, dass diese Leute ihr Hab und Gut häufig in Priesterhände legten, die noch unreiner waren, als ihre eigenen. „Wohin man auch immer schaut," so sagt Raul Glaber in seiner Chronik (4. Buch, 9. Kapitel.), „überall sieht man, dass in der Kirche wie im Leben eine völlige Verachtung des Rechtes und der Gesetze herrscht, man lässt sich von seinen Leidenschaften völlig treiben." Orderic Vital sagt in seiner Kirchengeschichte, 8. Buch, dass die Generationen ums Jahr 1100 sich Ausschweifungen hingegeben haben, die bis dahin völlig unerhört gewesen seien, denn nachdem einmal das kritische Jahr 1000 überschritten war, glaubte man nunmehr aller Verantwortung ledig zu sein und das Recht zu haben, allen Lüsten zu folgen.

Hin und wieder trifft man einmal auf einige näher angegebene Details dieser Sittenlosigkeit, während im allgemeinen diese Schriftsteller nur sehr undeutliche Angaben darüber machen. Bei einem anonymen Dichter heisst es in einem Klageliede über den Verfall der Sitten der damaligen Zeit: „Jetzt verachten die Menschen, die ein skandalöses, ausschweifendes und sodomitisches Leben führen und uns bestehlen und beleidigen, die ehrbaren Leute, deren Sitten streng geregelt sind." Die Ausschweifung und die Sodomie waren demnach die verbreitetsten Laster in allen Schichten der Bevölkerung, bei den Grafen und Baronen, wie bei den letzten Hörigen und Sklaven, im Schatten der Klostermauern, wie in den Palästen der Aebte und Bischöfe. Der Diakonus Peter tadelte im Namen des Papstes Leo IX. im Jahre 1049 auf dem Konzil zu Reims die Priester und Laien heftig wegen ihrer abscheulichen Sittenlosigkeit. Die üblen Gewohnheiten waren in Frankreich so verbreitet und eingerissen, dass der Abt Heinrich von Clairvaux im Jahre 1177 an den Papst Alexander III. schrieb: „Das alte Sodom ist aus seiner Asche wieder auferstanden." Orderic Vital weist an mehreren Stellen seiner Geschichte darauf hin, dass die Verbreitung dieses Lasters zusammenhing mit dem Eindringen der Normannen in die verschiedenen gallofränkischen Provinzen; „Die Lasterhaften," so sagt er in seinem 8. Buche, „herrschten im ganzen Lande und gaben sich zügellos der Befriedigung ihrer Begierden hin, die wert gewesen wären auf dem Holzstoss des Henkers zu verbrennen, übten ohne Scheu die schlimmsten Laster von Sodom aus." (Tunc effeminati passim in orbe dominabantur, indisciplinate debacchabantur, sodomiticisque spurcitiis fœdi catamtiæ, flammis urendi, turpiter abutebantur.) Darüber kann allerdings kaum ein Zweifel bestehen, dass die sodomitischen Gewohnheiten, die zur Zeit der Kreuzzüge wieder auflebten in Frankreich durch die Normannen eingeführt wurden; überall wo dieses Volk seine Spuren hinterlassen hat, stösst man auch auf die gleichen Laster.

Abbo behauptet freilich in seinem Gedichte von der Belagerung von Paris durch die Normannen, alle Menschen in Frankreich hätten jenen Lastern gehuldigt, aber es ist doch wohl richtiger, dass man deren Verbreitung den Normannen zuschreibt. Die Normannen standen von jeher in dem Rufe, sich der männlichen Prostitution ausgiebig bedient zu haben; es wird uns überliefert, dass sie in eroberten Städten sich nicht scheuten, Männern ihren Lüsten dienstbar zu machen; sie respektierten daneben weder Greise noch Greisinnen, d. h., diese töteten sie ohne Mitleid; aber jüngere Leute schonten sie sorgfältig und teilten sie als Beute untereinander aus. Der Mönch Richer erzählt uns von einem Einfalle der Normannen in die Bretagne im neunten Jahrhundert, bei dem sie Männer sowohl als auch Frauen und Kinder massenhaft fortführten: „Alle alten Leute beiderlei Geschlechts," so sagt er, „töteten sie, die Kinder aber führten sie in die Gefangenschaft ab und die Frauen, die ihnen schön genug erschienen, wurden geschändet." Man kann sich denken, welcher Schrecken den Normannen vorauslief, wenn sie irgend einen Einfall machten; sie entvölkerten ganze Provinzen, blühende Städte verödeten vollständig, wenn sie wieder abgezogen waren, die Ufer der Flüsse, in denen sie mit ihren flachen Kähnen hinaufgefahren waren, wurden in Wüsteneien verwandelt; das Schlimmste war vielleicht, dass sie ihre Sittenlosigkeit überall im Volke verbreiteten und ihm Laster übermittelten, die nicht mit ihnen wieder verschwanden. Als die Normannen sich in England festsetzten, behandelten sie die dort ansässige Bevölkerung keineswegs besser. Sie töteten zwar nicht alle Greise, aber sie verdarben die jungen Männer und schändeten die Frauen, deren edelsten ihrer wilden Soldateska zu Diensten sein mussten („Nobiles puellæ despicabilium ludibrio armigerorum patebant et ab immundis nebulohibus oppressæ dedecus suum deplorabant." Orderic Vital).

Die anderen Provinzen Frankreichs standen damals freilich sittlich nicht viel höher. Die herrschende Bevölkerungsklasse führte im allgemeinen einen sehr ausschweifenden Lebenswandel und legte sich darin keinerlei Beschränkungen auf. Emil de la Bédollière erzählt uns in seiner Geschichte des Sitten- und des Privatlebens der Franzosen zwei bemerkenswerte Episoden, aus denen wir einen Schluss auf die Lebensführung der damaligen herrschenden und vornehmen Kreise ziehen können. Im Jahre 990 entstand das Gerücht, dass Wilhelm IV., Herzog von Aquitanien in ehebrecherischen Beziehungen zu der Frau eines Grafen von Thouars gestanden hatte, dessen Gastfreundschaft er in Anspruch genommen hatte. Emma, die Frau Wilhelms, suchte nach einer Gelegenheit, um sich an ihrer Rivalin zu rächen. Eines Tage sah sie, dass diese mit geringer Bedeckung in der Umgegend des Schlosses Talmont spazieren ritt. Emma stürzte sich mit einer grossen Schaar von Stallknechten und Kammerdienern auf sie, riss sie zur Erde und überhäufte sie mit Flüchen und Verwünschungen; dann überliess sie die unglückselige Frau ihrer Begleitung und veranlasste diese, der Reihe nach die Gräfin zu vergewaltigen. Am andern Morgen warf man die halbtote Frau fast unbekleidet auf die Strasse. Der Graf von Thouars konnte sich weder beklagen, noch Rache nehmen; er nahm seine geschändete Frau wieder bei sich auf, während Wilhelm die seinige in das Schloss von Chinon verbannte. Ein ähnlicher Vorfall spielte sich im Jahre 1086 ab. Ebbes, der Erbe des Grafen von Comborn in Aquitanien verlangte, als er majorenn geworden war, sein Schloss und seine Besitzungen von seinem Onkel und Vormund Bernhard. Dieser verweigerte die Herausgabe. Ebbes raffte darauf eine Menge Kriegsvolk zusammen und belagerte das Schloss, welches Bernhard vergeblich zu verteidigen suchte. Nach wenig Tagen drang Ebbes in das Schloss ein, traf dort seine Tante Namens Gercilla und vergewaltigte sie sofort vor den Augen seines Kriegsvolkes (Patrui uxorem coram multis fœdavit. Vergl. Histoire des mœurs et de la vie privée des Francs t. II. p. 343 und t. III. pag. 83. Bibliotheca nova manuscriptorum, edd. Labbe)

Ueber diese furchtbaren Thatsachen erstaunt man nicht, sondern ist vielmehr geneigt, noch an viel schrecklichere zu denken, falls es möglich ist, wenn man die alten Bussbücher durchgeht, denn darin finden sich die meisten Zeugnisse über die Prostitution im Mittelalter. Dort sehen wir Schilderungen der unglaublichsten Art und es wird dort beschrieben, dass sich die ausschweifende Bevölkerung keineswegs auf unerlaubten Beziehungen zwischen beiden Geschlechtern beschränkte. Wenn ein Schriftsteller meint, dass man zur Ehre der Menschheit annehmen muss, derartige Abscheulichkeiten hätten sich nur sehr selten gefunden und seien nur zufällig einmal entstanden, so ist darauf zu erwiedern, dass uns derartiges auf jeder Seite der Bussbücher entgegen tritt. Dort sind die verschiedensten Laster mit ihren verschiedenen Strafen vollständig genau angegeben und klassifiziert. Das hätte aber offenbar keinen Zweck und Sinn, wenn derartiges nicht oft vorgekommen wäre. Wir können hier diese Thatsachen nicht alle einzeln aufführen und auch eine Uebersetzung aus der lateinischen Sprache ist durchaus unangängig; einzelnes hat sich übrigens in den Moralvorschriften der katholischen Kirche noch aus jener Zeit erhalten. In den primitiven Kodices, die für Beichte und Busse massgebend waren, muss man unterscheiden zwischen den Thatsachen, die sich auf das Eheleben beziehen und denen, die sich auf den Incest, auf widernatürliche Laster und auf Bestialität beziehen. Die Vorschriften der Kirche über das Eheleben, gestatten uns nun wieder einen Rückschluss auf die Sitten, die damals in dem Verhältnis vom Manne zum Weibe herrschten. Reginon (II. Buch) spricht von Vorschriften über das Benehmen während der Brautnacht (eadem nocte pro reverentia ipsius benedictionis in virginitate permaneant); weiter hören wir von Strafen im Poenitential von Fleury, wenn ein Mann ungewaschen aus dem Ehebette in die Kirche geht (maritus qui cum uxore sua dormierit, lavet se antequam intret in ecclesia); ebenso umgekehrt mulieres menstruo tempore non intrent ecclesiam; im Poenitential von Angers finden wir folgende Vorschrift und Strafandrohung: in tempore menstrui sanguinis qui tunc nupserit, triginta dies poeniteat; ebenfalls regnete es Kirchenstrafen für diejenigen, die nicht am Sonntag, an hohen Feiertagen, drei Tage vor der Kommunion und vier Wochen lang vor Ostern und Weihnachten strenge Enthaltsamkeit übten. War es bei Verfehlungen gegen diese Vorschriften sogar nicht beim gewöhnlichen Geschlechtsverkehr geblieben, dann waren die Strafen noch härter und die Busszeit länger (si quis cum uxore sua retro nupserit, quadroginta dies poeniteat; si in tergo, tres annos, quia sodomiticum scelus est, — so heisst es im Poenitential von Angers —. Die Ehe sollte eben nichts anderes sein, als eine legale Verbindung der beiden Geschlechter zum Zwecke der Kindererzeugung. Ionas, Bischof von Orleans drückt das in seinen Gesetzen für die Laien folgendermassen aus: Oportet ut legitima carnis copula causa sit prolis non voluptatis, et carnis commixtio procreandorum liberorum sit gratia, non satisfactio vitiorum.

Der Incest war unter den mannigfaltigsten und abscheulichsten Arten verbreitet. Wir finden dort den Verkehr von Kindern mit ihren Müttern, und es wird sogar angegeben, dass Mütter die Unschuld ihrer jungen Söhne nicht respektierten; auch der Verkehr zwischen Geschwistern und zwischen Vätern und ihren Töchtern muss ziemlich häufig gewesen sein. Es standen Kirchenstrafen von zehn und fünfzehn Jahren auf solchen Vergehungen. Qui cum matre fornicaverit quindecim annis; si cum filia et sorore duodecim — si adolescens sororem quinque annos, et si matrem septem, et quamdiu vixerit, numquam sine pœnitentia vel continentia. — Si mater cum filio parvulo fornicationem imitatur, si mater cum filio suo fornicaverit, tribus annis pœniteat (Pœnitentiale von Fleury und Angers).

Kindsmord und Abtreibung der Leibesfrucht waren damals ausserordentlich verbreitet; es gab Männer und Weiber, die eigene Medikamente zu diesem Zweck verkauften; herbarii viri, mulieres interfectores infantum. Mit anderen Mitteln machte man wiederum die Frauen unfruchtbar und die Männer impotent. Auch Liebestränke fabrizierte man massenhaft, um das sexuelle Leben bis zu einer unerhörten Potenz zu steigern. Interrogasti de illa femina quæ menstruum sanguinem suum miscuit cibo vel potui et dedit viro suo, ut comederet? Et quæ semen viri sui in potu bibit? Tali sententia feriendæ sunt sicut magi. (Pœnitential des Raban Maur.) — Illa quæ semen viri sui in cibo miscet, ut inde plus ejus amorem accipiat, annos tres pœniteat (Pœnitential von Fleury).

Die Vergehen gegen die Natur waren ausserordentlich zahlreich, und die Bussbücher setzten eine Menge von Strafen für die verschiedenen Laster fest. Die einfache Sodomie (siquis fornicaverit sicut sodomitæ) zog eine Busse von vier Jahren nach sich, aber das Alter der Sündigen gab Veranlassung, feine Unterscheidungen in diesen Strafen zu machen. Das Kind, der Jüngling und der erwachsene Mann wurden nicht gleich bestraft, wenn sie Gleiches verbrochen hatten. Pueri sese invicem manibus inquinantes, dies quadraginta pœniteant. Si vero pueri sese inter femora sordidant, dies centum; majores vero tribus quadragesimis (Pœnitential von Angers). Die widernatürlichen Laster der Frauen wurde gerade so streng bestraft, wie die der Männer; aus den verschiedenen Angaben können wir ermessen, dass die Laster, zumal unter den Nonnen, ausserordentlich verbreitet waren. Mulier cum altera fornicans, tres annos. Sanctimonialis femina cum sanctimoniali per machinatum polluta, annos septem. — Mulier qualicumque molimine aut per ipsam aut cum altera fornicans, septem annos. – Si quis semen in os miserit, septem annos pœniteat (Pœnitentiale von Fleury und Angers). Häufig verband sich der Incest mit den Verbrechen gegen die Natur und erschwerte so einmal das Vergehen und dann die Strafe. Sodomie unter Geschwistern zog eine fünfzehnjährige Busszeit nach sich. Qui cum fratre naturali fornicaverit per commixtionem carnis, ab omni carne se abstineat quindecim annis (Pœnitential von Fleury).

Alle Arten von Bestialität, die man kaum ausdenken kann, finden sich in den Bussbüchern angegeben und zeigen uns, wie verbreitet dieses Laster war, obschon das weltliche Gesetz es mit dem Tode bestrafte. Alle Arten von Tieren scheint man damals den wüsten Gelüsten dienstbar gemacht zu haben, und die Register der Parlamente sind angefüllt von den Namen solcher Leute, die mit Hunden, Kühen, Schweinen, Gänsen und anderen Tieren verbrannt worden sind. In einem Briefe von Raban Maur an Reginbold, Erzbischof von Mainz, wird die Bestialität ausführlich behandelt: Tertia quaestio de eo fuit, qui cani feminae inrationabiliter se miscuit, et quarta de illo, qui cum vaccis saepius fornicatus est? Qui cum jumento vel pecore coierit, morte moriatur. Mulier quae succubuerit cuilibet jumento simul interficiatur cum eo. (Capitul. Baluze, t. II. append. col. 1378). Aus einigen Poenitentialen stellen wir folgende charakteristische Liste zusammen: cum jumento, cum quadrupede, cum animalibus, cum pecude, cum pecoribus u. s. w. u. s. w.

In mehreren Kapitularien werden die Bischöfe und Priester aufgefordert, sich ganz besonders dem Kampfe gegen diese Art Laster zu widmen, die auf dem Lande ebenso wie in den Städten verbreitet waren. Darin stimmt die damalige Gesetzgebung überein, dass eine derartige Verirrung unbedingt mit dem Tode bestraft werden müsse. Man tötete damals regelmässig auch die Tiere, weil man fürchtete, dass aus dem Verkehre scheussliche Monstren entstehen könnten.

Besonderen Abscheu empfanden die Autoritäten der damaligen Zeit vor der sogenannten fornicatio inter femora, die wohl ganz ausserordentlich verbreitet gewesen sein muss. Ducange hat uns sehr interessante Einzelheiten darüber aus einer Verfügung des Königs Eduard I. von England mitgeteilt. Wahrscheinlich stammt diese Verfügung aus dem Beginne des zwölften Jahrhunderts. Ein Mann namens Simon hielt sich eine Konkubine, mit der er niemals in regelmässigen Geschlechtsverkehr getreten war; eines Tages wurde er inflagranti bei der fornicatio inter femora ertappt, da seine Konkubine, die geheiratet werden wollte, ihre Freunde aufmerksam gemacht hatte. Juratores dicunt quod prædictus Simon semper tenuit dictam Matildam ut uxorem suam, et dicunt quod numquam dictam Matildam desponsavit. Dem Simon liess man darauf die Wahl unter drei Strafen: entweder sollte er der Mathilde ein Eheversprechen geben, oder dem Tode verfallen, oder die ehelichen Pflichten ihr gegenüber erfüllen (vel ipsam Matildam retro osculare). Simon gab dem Weibe das Eheversprechen, wollte aber nicht anders als vordem mit ihr verkehren (inter femora). In dem Lexikon englischer Gesetze von Thomas Blount findet man Näheres über den Fall.

Zur Zeit Eduards I. von England herrschte in Frankreich gleichfalls der eben gekennzeichnete Brauch des geschlechtlichen Verkehrs. Auf beide Länder passte das, was der berühmte Dichter Abbo in seinem Gedichte von der Belagerung der Stadt Paris den Bewohnern Frankreichs vorwirft, dass sie nämlich hochmütig seien, der Venus zuviel opferten und dem Kleiderluxus huldigten. Ebenso tadelt er, dass auch die Nonnen ein unkeusches Leben führten und dass allzuviele Beispiele von widernatürlichem Geschlechtsverkehr anzutreffen seien. Zwei Jahrhunderte später wiederholt der Abt Peter von Celles in seinen Briefen (lib. IV, ep. 10) dieselben Vorwürfe und sagt, dass Paris die Sitten des Landes zu Grunde richte: „Wie verführerisch und verderblich bist du, Paris! Wie deine schlechten Sitten die jungen, unerfahrenen Männer verderben! Wie viele Verbrechen Du begehen lässt!“ Abt Peter scheint einen klaren Einblick in die Zusammenhänge der Prostitution mit anderen Lastern und Verbrechen gehabt zu haben

VI. Kapitel

Die Lage der Prostituierten und der Frauen von leichtfertigem Lebenswandel vor der Regierung Ludwigs VIII. — Sprachgebrauch der Prostitution im elften Jahrhundert. — Uebergang lateinischer Worte ins Französische. — Wunderliche Etymologien. — Das Patois und die Worte aus dem Sprachgebrauch der Prostituierten. — Das putagium. — Putus und puta. — Die Liebesbrunnen. — Der Liebeshof von Soissons. — Putage, putinage und putasserie. — Maquerellagium, maquerellus und maquerella. — Vom Ursprung des Wortes maquereau. — Borde, bordel und bordeau. — Die Bordellieren. — Die schweifende Prostitution. — Garcio und garcia. — Ribaldus und ribalda. — Andere Namen. —

Wenn auch die Sittenverderbnis in dieser Epoche des Mittelalters alles überschritten hatte, was in früheren Zeiten vorgekommen war, so fehlt trotz alledem eine legale Prostitution, jene als Industrie ausgeübte käufliche Liebe; wenigstens existiert sie nicht unter den Augen und unter der Fürsorge der feudalen Polizei. Weder prinzipiell noch rechtlich war sie zugelassen; wo sie sich fand, da konnte sie nur im Geheimen und Verborgenen ihre Geschäfte machen, auf das persönliche Risiko von Frauen, die das Elend oder die Zügellosigkeit in dieses Gewerbe getrieben hatte. Von den Obrigkeiten, der zu Städten erweiterten Gemeinden, konnte sie eben so wenig Unterstützung und Schutz verlangen, wie in den ländlichen Herrschaften. Man hielt sie nicht für notwendig, oder auch nur nützlich und betrachtete ihre Existenz als eine Beleidigung für die ganze Gesellschaft. Trotzdem braucht man keineswegs anzunehmen, dass die im Verborgenen ausgeübte Prostitution nicht sehr umfangreich gewesen sei, denn auch die strengsten Vorbeugungsmassregeln und die brutalsten Unterdrückungsmittel vermochten diesem Uebel keinen Abbruch zu thun. Unter dem Zwange der sozialen Verhältnisse trieb alles mehr und mehr dahin, der Prostitution einen gewissermassen offiziellen Charakter zu verleihen. Man kann die Lage der Frauen, die sich einem leichtfertigen Lebenswandel hingaben, in jener Gesellschaft, welche ihnen feindlich entgegentrat und sie doch nicht entbehren konnte, welche sie ununterbrochen verfolgte und doch niemals unterdrücken konnte — man kann die Lage dieser Frauen mit der der Juden vergleichen, welche auch das weltliche wie das kirchliche Recht gegen sich hatten, alle Tage eingesperrt, beraubt und verbannt werden konnten und trotzdem immer wieder zu ihren Bänken, zu ihren Wuchergeschäften und ihren sonstigen gewinnbringenden Thätigkeiten zurückkehrten. Vor der Herrschaft Ludwigs VIII. oder derjenigen Philipp Augusts besass die Prostitution keinerlei anerkannte Existenz in dem Staate; unter dem König Philipp August wurde der rex ribaldorum geschaffen, der, wie wir später sehen werden, zweifellos der oberste Agent der Prostitution war.

Es ist ausserordentlich schwer, etwas über die Gepflogenheiten und das Ansehen der käuflichen Liebe in diesen Zeiten allgemeiner Korruption zu sagen, die trotz aller Ausschweifungen dieses Gewerbe nicht aufkommen lassen wollte. Der Abt, der Bischof, der Baron, der Feudalherr konnten in ihren Häusern sich eine Art von Harem auf ihre Kosten, oder die ihrer Vasallen halten; nach dem Ausdruck eines Schriftstellers aus dem elften Jahrhundert hielt sich jeder Grossgrundbesitzer in seinem Gynäceum ebenso viele Frauen wie Hunde in seinem Hundestall. Aber öffentliche Lupanare, die jedermann offen standen und unter der Leitung eines Mannes oder einer Frau zur Ausbeutung der käuflichen Liebe als Gewerbe dienten, kamen nur in kleinerer Zahl und an solchen Orten vor, wo die fürstliche oder städtische Gewalt von den alten Gebräuchen abwich und beide Augen vor den Thatsachen verschloss. In Paris und einigen andern grossen Städten wurde der Einrichtung öffentlicher Häuser in den Vororten und in gewissen bestimmten Bezirken keine grossen Schwierigkeiten in den Weg gelegt, bis eines schönen Tages irgend ein Skandal die Obrigkeit veranlasste, mit der ganzen

Strenge des Gesetzes einzuschreiten und die Häuser wieder zu unterdrücken. Es gab dort ausserdem vereinzelte Prostituierte, die sich nicht in einem öffentlichen Hause aufhielten, sondern ihr Gewerbe auf eigene Rechnung und Gefahr betrieben: diese wohnten in der Regel innerhalb der feineren Quartiere der Stadt und gaben sorgfältig acht, dass von ihrem Gewerbe niemand etwas erfuhr. Unter diesen Umständen begreift es sich, dass der öffentlichen Häuser und dem privaten Leben derartiger Frauen in den geschriebenen Ueberlieferungen aus jenen Epochen sehr selten Erwähnung gethan wird. Die Prostitution in der Zeit vom achten bis elften Jahrhundert trägt keinerlei ausgeprägten eigenartigen Charakter, obschon sie sich von der früherer Zeiten in einzelnen Punkten unterscheiden mochte. Man muss sich, wenn man sie beschreiben will, auf eine Reihe von einzelnen Thatsachen stützen, die untereinander nicht in Verbindung stehen und eigentlich nur die Verschiedenheiten örtlicher Gebräuche bezeugen. Aber auch diese Thatsachen, die wir den Akten der Gemeinden und den Vorschriften der städtischen Polizeibehörden entnehmen können, sind zu selten, als dass man ein genaues Bild mit ihrer Hülfe zeichnen könnte. Will man darthun, wie es sich um die Prostitution im feudalen Frankreich verhielt, dann darf also man nicht auf diese Akten allein Bezug nehmen, sondern muss sich auch noch nach anderen Hülfsquellen der Darstellung umsehen.

Da ist denn nun die Sprache, die uns einige Anhaltspunkte gewährt. Die populäre Sprache des elften Jahrhunderts, ein schlechtes Lateinisch, aus dem allmählich die französische Sprache hervorging unter dem Einflusse der Dialekte des Nordens und des Südens von Frankreich, wandte neue Worte für neue Dinge und Ideen an und gewährt uns auf diese Weise eine Menge von kostbaren Andeutungen, unter denen wir viele auf unser Thema bezügliche auffinden können. Vom neunten Jahrhundert ab hat der Wortschatz der Prostitution eine vollständige Umwandelung durchgemacht. Er ist nicht sehr zahlreich, setzt sich aber aus Provinzialismen zusammen, ganz neuen Worten, die mehr aus dem Munde des Volkes als aus den Federn der Schriftsteller hervorgegangen zu sein scheinen. Es ist ja klar, dass die rein lateinischen Worte nicht mehr zur Bezeichnung aller der Einrichtungen und Zustände ausreichten, die mit der Umwandlung der Gesellschaft allmählich entstanden waren; das Volk emanzipierte sich Schritt für Schritt von den lateinischen Ausdrücken, mit denen die Schriftsteller und literarisch Gebildeten noch immer auskamen, sein Sprachgefühl schuf den neuen Begriffen neue Worte und prägte jedem seinen eigentümlichen Charakter auf. So sehen wir denn in dem vulgären Latein die meisten Worte entstehen, die später auch in das Französische übernommen wurden und sich in der Volkssprache bis auf den heutigen Tag erhalten haben; die Prostitution kann nun einmal keinen Anspruch darauf machen, in der Sprache der Feingebildeten die groben Ausdrücke ihres eigenen Idioms weiter verbreitet zu sehen. Bemerken wollen wir ein für allemal, dass die ersten Schriftsteller, Dichter und Geschichtsschreiber fortfuhren, sich des klassischen Lateins zu bedienen, selbst wenn sie gelegentlich auf die Thatsachen der Prostitution zu sprechen kamen; aber in den aus im Lateinischen wenig geübten Händen hervorgegangenen Dokumenten und in den für die Kenntnisse des ganzen Volkes bestimmten obrigkeitlichen Vorschriften bediente man sich schon früh der landläufigen Ausdrücke und sah von dem Wortschatz des klassischen Altertums vollständig ab. Die Worte, die damals im Zusammenhange mit den Thatsachen der Prostitution geprägt wurden, stehen heut vielfach in einem sehr zweifelhaften Ansehen; aber man darf nicht vergessen, dass sie im Mittelalter zumeist durchaus naiv angewendet wurden und keinen infamierenden Nebensinn hatten. Man nahm eben damals wie man zu sagen pflegt, kein Blatt vor den Mund und hegte wenig Rüksicht auf die Keuschheit der Ohren. Deshalb ist auch das Altfranzösische so reich an feinen und pikanten Worten, die sich auf die Prostitution beziehen und seit der Zeit Ludwig XIV. aus den Kreisen der vornehmen Welt vollständig verbannt worden sind.

Die Prostitution, die von den lateinisch Gebildeten noch immer meritricium, wie im klassischen Latein genannt wurde, ein Wort das allmählich durch meretricatio und meretricatus ersetzt ward, wurde in der Volkssprache als putagium oder puteum oder putaria bezeichnet. Dieses Wort scheint durchaus neueren Ursprungs zu sein, und wir glauben nicht, trotz der Autorität des gelehrten Scaliger, der davon in einer Note seine Bemerkungen zu den Gedichten Virgils spricht, dass man putagium auf das alte lateinische Wort putus zurückführen muss. Putus findet sich bei den klassischen Schriftstellern hie und da und bedeutet klein. Bei den Alten wurde das Wort putus gewöhnlich gebraucht, wenn man eine Schmeichelei an jemanden, z. B. an ein Kind richtete. Auch die Lehrer nannten mit Vorliebe ihre Schüler und Schülerinnen mit diesem Worte: im letzteren Falle sagte man puta. Von diesem Worte waren ganz natürlich die verkleinernden Ausdrücke putillus und putilla abgeleitet, und Plautus gebraucht in der dritten Scene des dritten Aktes seiner Asinaria das Wort putillus in demselben Sinne, wie „mein Täubchen“, „mein Kätzchen“, „mein Sperling“ und so weiter, wie es dem Vokabularium verliebter Leute entspricht. Mehrfach gebrauchte man auch, wie z. B. Horaz in seinen Satiren, die Form pusus und pusa, von denen dann pusillus und pusilla abgeleitet waren. Wir neigen indessen der Ansicht zu, dass das Wort putagium eher abzuleiten ist von dem Ausdruck puteus, das etwa „Brunnen“ bedeutet und einen ganz guten Sinn giebt: einmal kann man doch die öffentliche Prostitution mit einer Art Brunnen vergleichen, aus dem jederman Wasser schöpfen kann, andererseits waren thatsächlich die gemeinsamen öffentlichen Brunnen in jeder Stadt und in jedem Stadtviertel der Versammlungsort aller Mädchen, die auf Abenteuer ausgingen. Immer war es ein Brunnen an belebten öffentlichen Orten, wo die Prostituierten sich versammelten; sie erinnerten sich vielleicht auch daran mit Vorliebe, dass Christus die Magdalena an einem Brunnen getroffen hatte. An dem Brunnen trafen sich nach allgemeinem und auch heute noch bekanntem Gebrauche alle Abende zahlreiche Frauen, die dort alle möglichen Gespräche führten, ihre Liebeshändel erzählten und auf Abenteuer ausgingen. „Zum Brunnen gehen" das hatte seinen ganz besonderen Nebensinn; verliebte Leute pflegten überall „zum Brunnen" zu gehen und dort die Objekte ihrer Liebe zu begrüssen. Die Brunnen waren Zeugen vieler Seufzer und vieler Thränen. Piganiol, der von dem Liebesbrunnen spricht, nach dem eine bekannte Strasse in Paris benannt worden ist, wo die Prostitution ihren Hauptsitz hatte, sagt, dass dieser berühmte Brunnen seinen Namen einer Bestimmung verdanke, die er mit allen Brunnen in Städten und bewohnten Orten gemeinsam habe, nämlich der Bestimmung als Zusammenkunftsort für die Jünglinge und Mädchen zu dienen, die unter dem Vorwande Wasser zu schöpfen zu ihm gingen, um dort zu tändeln. Dieser Liebesbrunnen zu Paris, der erst gegen Ende des siebzehnten Jahrhunderts zugeschüttet worden ist, muss thatsächlich eine ausserordentlich grosse Zahl von Liebesgeschichten sich haben abspielen sehen; die Tradition erzählt in verschiedenen Fassungen die Geschichte eines Edelfräuleins aus der Familie Hallebic, die sich unter der Herrschaft Philipp Augusts darin ertränkt hat. Man erzählt sich ausserdem von verschiedenen Liebhabern, die sich aus Verzweiflung oder Eifersucht in ihn stürzten, um dort den Tod zu finden. Glücklichere Liebhaber pflegten gleichsam ihre Dankbarkeit diesem Brunnen auszudrücken und liessen ihn herausputzen, ihn mit einer Ballustrade aus Eisen umgeben, neue Stufen einsetzen und anderes mehr.

Wenn man die Geschichte aller merkwürdigen Brunnen aufzeichnen könnte, die sich fast in jeder Stadt fanden, dann würde das sicherlich vieles Licht auf die Entwickelung der Prostitution werfen und uns zeigen, dass im Mittelalter das putagium fast immer mit den öffentlichen Brunnen in Verbindung stand, die heutzutage ja fast alle verschwunden sind. Man könnte nachweisen, dass die Brunnen dieser Art in Paris in allen Strassen oder nahe bei allen Strassen existiert haben, in denen Dirnen wohnten. Beschränken wir uns auf die Bemerkung, dass die ribaudes von Soissons, die im zwölften Jahrhundert eine sprichwörtliche Berühmtheit besassen, ihre Sitzungen an einem solchen Brunnen abhielten. „Der Liebeshof oder Himmelshof von Soissons," so erzählen Lacroix und Martin in der Geschichte von Soissons, „lag am Eingange der Brunnenstrasse; er bestand in einem weiten Hofe der von niedrigen Gebäuden umgeben war und zu dem man auf steinernen Treppen hinaufschritt. Früher ging dieser Hof, in den man durch eine dunkle Allee eintrat, bis an die Ufer des Flusses; in der Mitte befand sich ein Brunnen von sonderbarer Konstruktion.“ Wir brauchen wohl kein Zeugniss mehr dafür zu suchen, dass die Worte putagium, puteum und putaria nichts anders bedeuteten als einen Gang am Abend zum Liebesbrunnen. Besonders in den südlichen Provinzen Frankreichs wandte man mit Vorliebe die Bezeichnung putaria an. In den Rechtsbüchern der Stadt Asti liest man: Si uxor alicujus civis Astensis olim aufugit pro putaria cum aliquo . . . (Collat. 12, cap. 7.) Das Wort puteum wurde vorzugsweise in der Provinzsprache gebraucht, die aus puteum ein Synonym von putagium machte. Was dieses Wort anbetrifft, welches wahrscheinlich das allerälteste war, so fand es seinen Eintritt sogar in die Sprache der Gesetze. Man findet es in den Gerichtsbeschlüssen und häufig auch in den königlichen Ordonnanzen. Es genügt die Erwähnung einer dieser Ordonnanzen, in der gesagt wird, dass das putagium der Mutter dem Sohne nicht seine Erbrechte raubt, weil der in der Ehe geborene Sohn immer als legitim zu gelten hat: quod generaliter dici solet, quod putagium haereditatem non adimit, intelligitur de putagio matris. Das Wort putagium konnte sich nur auf die Prostitution einer Frau beziehen. Die französische Sprache hat dann das Wort putagium in putage, puta in pute und putena in putain umgewandelt. Die beiden letzten Worte finden sich gleichzeitig, wie wir aus der Chronik des Orderic Vital entnehmen können.

Der Ausdruck putage findet sich sehr häufig in der alten französischen Sprache, besonders in den Romanen und in den Geschichten der Troubadoure im Sinn von putagium. In dem von Ducange gesammelten Bruchstücken wird der Sinn sehr deutlich erläutert; das Wort selbst ist in der französischen Sprache nicht erhalten geblieben und findet sich nur in den Worten putinage und putasserie, die das Vokabularium des niederen Volkes bewahrt hat, ohne den Worten ihre Nüance zu lassen. Zwei Verse aus dem Roman Vacces geben uns einen Einblick in die wirkliche Anwendung des Wortes putage:

Maint homme a essellié et torné à servage,
Et mis par povreté mainte feme au putage.

Der Roman Renard leiht dem Worte putage einen Sinn, der sich dem des modernen putanisme annähert:

Grant deshonnour et grant hontage
Fistes-vous et grant putage.

Der Roman Amile und Amy bedient sich desselben Wortes:

A mal putaige doit li siens cors livrez!

Endlich wendet der Roman Athis das Wort an, um damit den Zustand einer Frau zu bezeichnen, die sich der öffentlichen Prostitution hingegeben:

Et sa femme estoit, marieé,
Benoite ne espousee

Qui puis la trairoit à putage,
A mauvaistié ne à hontage
Qu' on le fesist mourir à honte,
Sans en faire nul autre conte.

Wir sehen davon ab, eine gleiche Anzahl von Stellen für den Gebrauch und die Bedeutung des Wortes pute zu sammeln, das seine Bedeutung und seinen Ursprung in der Anwendung der Volkssprache bewahrt hat. Das Wort wurde im bösen Sinne gebraucht, wie man aus folgenden Versen des Romans von Garin de Loherain entnehmen kann:

Or, m'avez-vos lesdengiée vilment,
Et clamé pute, oyant toute la gent.

Wir werden später sehen, wie teuer die Anwendung dieses Wortes auf die Frauen im Allgemeinen dem Dichter Jean de Meung zu stehen kam.

Das lenocinium, dieser treue und unzertrennliche Begleiter des meretricium, hatte mehr Schwierigkeit seinen Namen zu ändern; da das Gewerbe in der Regel von Frauen ausgeübt wurde, so verwandelte man zunächst das Wort in lenonia, das in die Sprache des zwölften Jahrhunderts überging und sich in der Form lenoine französierte. Aber das Volk fand bald eine ihm mehr angemessene Bezeichnung für das Geschäft des Kupplers in dem Worte maquerellagium, das in dem alten Französisch zu maquerellage wurde, heute noch in der gewöhnlichen Sprache existiert und sogar seinen Platz im Dictionnaire der Akademie gefunden hat. Vor maquerellagium hatte man schon die Ausdrücke maquerellus, maquerella, maquereau und maquerelle gebildet. Die gelehrtesten Sprachforscher haben sich grosse Mühe gegeben, dem Ursprunge dieser Worte nachzuforschen, die von dem lateinischen nichts anderes als die Form entlehnt haben. Nicot und Menage haben nach Analogien für das Wort gesucht und gemeint, dass maquereau mit dem Worte maculae zusammenhing. Tripaut hat darauf hingewiesen, dass in Rom die Wasserträger, aquariolus, das Privilegium des lenociniums besassen und meint, dass aus diesem Worte durch einfaches Vorsetzen eines m schliesslich das französische Wort entstanden sei. Andere Sprachforscher wieder haben hingewiesen auf das hebräische Wort machar, das „verkaufen" bedeutet und in der That ja sehr wohl mit dem Gewerbe im Zusammenhange stehen könnte, welches den Menschenhandel betreibt. Aber gerade diese letzten beiden Sprachforscher hätten für ihre Vermutung Beweise beibringen müssen; in einzelnen Urkunden des Mittelalters wird freilich darauf hingewiesen, dass man den Juden mit besonderer Vorliebe das Kupplergewerbe vorwarf.

Wieder andere Sprachforscher wollen das Wort maquerellus in Verbindung bringen mit dem Namen eines Fisches Makrele. Es müsste demnach die Bezeichnung für den Kuppler infolge eines Wortspiels entstanden sein, welches so allgemeine Verbreitung erlangte, dass es schliesslich vollständig in den Ideenkreis des Volkes eingedrungen wäre; es lassen sich indes auch sonst einige Vergleichspunkte auffinden: sowie die Makrele um die Heringsschwärme herumzieht und sie gleichsam in die Netze des Fischers hineintreibt, während sie sich gleichzeitig von ihrem Fleische nährt, so kann man ja auch den Kuppler als jemanden bezeichnen, der Frauenzimmer in ihr Unglück stösst und sich zugleich von ihrer Schande mästet. Spürt man dem Ursprung des Wortes maquerellus weiter nach, dann kann man auch darin denken, dass aus dem Zeitwort moechari ein Hauptwort moecharellus gebildet worden ist, was etwa „Anreizer zu einem liederlichen Lebenswandel" bedeuten würde.

Ebenso wie lenocinium und meretricium hatte auch das Wort lupanar nur in der Sprache der Schriftsteller Anwendung gefunden; die Volkssprache hat es nicht übernommen, weil die Sache selbst gar zu unbekannt war. Das Volk wusste nichts von solchen Einrichtungen. Die Schlupfwinkel der Prostitution in den fränkischen Städten hatten nichts gemein mit den grossen und luxuriös eingerichten Lupanaren Roms. Man bezeichnete die Höhlen ohne Unterschied mit den Namen borda und bordellum, die dann im Dialekte des zwölften Jahrhunderts zu borde, bordel und bordeau wurden. Das Wort ist nichts anderes als die französierte Form des sächsischen Wortes „bord"; das hat zu der leichten etymologischen Deutung geführt, dass das bordel nichts anderes sei, als ein Haus, das am Strande des Meeres oder am Ufer des Wassers lag. Aber diese Häuser lagen doch nicht immer in der Nähe eines Flusses oder des Meeres, dafür liesse sich kein moralischer oder sanitärischer Grund finden. Häufig freilich hatte sich die Prostitution an den Flussufern angesiedelt, zumal als die Schifffahrt auf den Flüssen eine grosse Anzahl von Kaufleuten, Passagieren und Schifferknechte an einzelnen Orten zusammenführte. Mit borda bezeichnete man vielmehr eine einzeln stehende Hütte, meistens an einem Wege oder einem Bache ausserhalb der Ringmauern der Stadt in einer Vorstadt oder auf dem Lande. Man unterschied borde von dem Worte für städtisches Haus, wie man aus folgendem Vers des Romans von Auberg erkennen kann.

Ne trouvissiez ni borde ni maison.

Ebenso heisst es in dem Roman von Garin:

Ni a meson ne borde ne mesnil.

Solche borde waren in der Regel mit einem kleinen Garten, oder einem Felde verbunden; in einem Kontrakt aus dem Jahre 1292, den Ducange in seinem Glossarium citiert, wird gesagt, dass der Abt verpflichtet war, auf den Klostergütern jedem Stadtbewohner, der dort eine borde machen wollte, ein Stück Land zu geben. Die aus der Stadt verbannte Prostitution flüchtete sich in diese borden, die fern von dem Machtbereiche der städtischen Polizei lag und keinerlei Anlass zu Skandalen gaben. Diese ländlichen Residenzen waren nur zu gewissen Jahreszeiten und zu gewissen Tagen von ihren Inhabern oder Mietern bewohnt, aber die Prostitution fand dort zu jeder Zeit eine sichere Zuflucht. Die Lebemänner, welche die Frauen in den borden besuchen wollten, fanden leicht eine Ausrede für irgend eine Wanderung vor den Thoren der Stadt. Aus dem Worte borde entstand dann das verkleinernde Wort bordel, das der allgemeine Name für die Orte wurde, an denen man öffentliche Unzucht trieb, ganz gleich, ob sie auf dem Lande oder in dem Innern der Stadt lagen. Das Patois kennt noch mehrere Umformungen dieses Wortes, so z. B. bordeel, bordiau, bordeau, bordelet, bordeliau.

Soviel bordels auch ausserhalb der Stadtmauern existierten, so gab es daneben doch noch eine schweifende Prostitution, deren Mitglieder nicht einmal die Mittel besassen, um eine borde zu mieten oder zu kaufen und darum ähnlich wie die lupæ und suburranæ Roms die Unzucht auf öffentlichem Wege betrieben: femmes séant aux haies, es issues des villages, filles de chemin, femmes de champs (Vergl. Carpentier, Supplem. zu Ducange).

Diejenigen Weiber, die ihren Wohnsitz in den borden oder bordels hatten, bezeichnete man als Bordelieren oder Bourdelieren. Aber es war nicht ihre einzige Bezeichnung. Wir haben schon früher gesehen, dass man sie in tadelndem Sinne auch putes und putains nannte. Das Altertum hatt schon im Namen bei den Prostituierten angedeutet, welche Art von Gewerbe sie betrieben, welches ihre soziale Stellung und ihre Herkunft sei; das that die Sprache dieser Zeit nicht mehr. Vom Ende des zwölften Jahrhunderts ab, wandte man auf sie im Allgemeinen im schlechten Sinne den Namen garcia oder gartia an, der im französischen zu garce oder garse wurde und bis auf den heutigen Tag noch auf dem Lande als Bezeichnung für ein unverheiratetes Mädchen gebräuchlich ist. So liest man z. B. in den Abrissen der Geschichte von Bresse, von Guichenon auf Seite 203: Si leno vel meretrix, si gartio vel gartia alicui burgensi convitium dixerit . . .; und in dem Verzeichnis der Privilegien der Stadt Seissel aus dem Jahre 1285 heisst es: Si gartia dicat aliquid probo homini et mulieri . . . Diese Bezeichnung, die in der Prosa und der Poesie des dreizehnten bis siebzehnten Jahrhunderts fast auf jeder Seite wiederkehrt, wurde nur ausnahmsweise in ihrem ursprünglichen Sinne gebraucht und konnte nur dann als Beleidigung gelten, wenn sie mit einem bestimmten Adjektivum zusammengebraucht wurde. Man sieht übrigens schon aus dem oben citierten Auszug aus Guichenon, dass die Bezeichnung garcia, selbst wo sie im üblen Sinne gebraucht wurde, von der für Prostituierte, nämlich meretrix, abweicht, indem man darunter mehr ein umherstreichendes Mädchen verstand. Guichard, der beweisen wollte, dass alle Sprachen vom Hebräischen abstammen, wollte das Wort garce von einem hebräischen Worte herleiten, das „sich prostituieren“ bedeutet;

er übersah dabei aber, dass das Wort garcia viel älter ist, als die schlimme Bedeutung, die man ihm später beigelegt hat! Noch im dreizehnten Jahrhundert finden wir garcia in dem Sinne von Dienerin, ancilla, häufig gebraucht. Der Sachverhalt ist einfach so, dass garce die weibliche Form des Wortes gars darstellt, welches seinerseits wahrscheinlich gallischen Ursprunges war und auf wars zurückgeht. Wars bedeutete einen heiratsfähigen Mann. Von dem Worte gars leitete man im lateinischen das Wort garsio, mit welchem man Kammerdiener, Nichtsthuer, Dieb und dergleichen Leute bezeichnete. Dieses Wort giebt uns den besten Beweis dafür, dass eine ursprünglich ganz harmlose Wurzel allmählich im Munde des Volkes einen immer schlechteren Sinn erhält.

Das waren nicht die einzigen Bezeichnungen, die das Mittelalter für die Prostituierten gebrauchte: man wandte auch noch an fornicariae und fornicatrices, prostibulariae, prostantes, gyneciariae, lupanariae, ganeariae, alles küchenlateinische Ausdrücke. Die drei letzten Worte waren Synonyme und bezeichneten die Orte, an denen sich Frauen von leichtfertigen Lebenswandel aufhielten: ganea, lupanar und gynecium. Die Bezeichnung prostantes vom Verbum prostare deutete an, dass die Frauen sich verkauften; die prostibulariae waren durch diesen Namen als solchen gekennzeichnet, die sich prostituierten; die fornicariae und fornicatrices waren Weiber, die Hurerei trieben und zur Hurerei anreizten. Diese verschiedenen Ausdrücke gingen nicht in die französische Sprache über, dafür aber eine Reihe von anderen, die einen weniger ausgeprägten lateinischen Charakter trugen, wie die folgenden: ribaude meschine, femme folle, femme de vie. Der Ausdruck femme de vie, femina vitae, scheint, abgesehen von seinen zweifellosen lateinischen Wortursprung, auf eine spezifisch gallische Obscönität zurückzuführen. Die Bezeichnung femme folle oder femme folieuse, mulier follis oder mulier fatua geht zurück auf jene Narrenfeste von denen wir oben schon als dem letzten Reflex der Mysterien der antiken Prostitution sprachen. Die meschine war ursprünglich nichts anderes als eine kleine Dienerin, eine Aufwärterin, Haussklavin; die ribaude dagegen eine Art Trossweib, Marketenderin, Soldatenmädchen, Lagerschwärmerin. An einer anderen Stelle haben wir auseinanderzusetzen, was die ribauds unter Philipp August waren, die sich thatsächlieh eine Art von König (roi des ribauds) erwählten. Mit den etymologischen Untersuchungen über Wurzel und Ursprung des Wortes ribaud, dessen Anklänge sich in allen europäischen Sprachen finden, wollen wir uns hier nicht aufhalten; es sind ganz lange Abhandlungen darüber verfasst worden, und es werden auch fernerhin wohl noch Ströme von Tinte zu ähnlichen Untersuchungen aufgewendet werden. Bisher aber ist ein allgemein befriedigendes Resultat noch nicht zu verzeichnen gewesen. Wir neigen der Ansicht zu, dass das Wort auf die gallische Wurzel baux oder baud zurückgeht, die soviel wie lebenslustig bedeutet und auch in den Formen baude d. h. Freude und ébaudir d. h. sich erfreuen, ergötzen ins Französische übergegangen ist. Der Familienname Baux (die Lebenslustigen bedeutet das Wort), den man im Sprachgebiet des Languedoc bis ins 6. Jahrhundert zurückverfolgen kann, bezeugt uns schon das Alter des Wortes. In der englischen Sprache finden wir das Wort baud wieder; es bedeutet dort Kuppler. Im Italienischen stossen wir auf die Form baldo, womit man einen unbesonnenen, kühnen, auch wohl zu Gewaltthaten geneigten Menschen bezeichnet. Rebaldus, zusammengesetzt aus der emphatischen Praeposition re und dem Wurzelwort baux, baud oder bould ist dann mit rebaux zusammen gebraucht worden. Ribaud und ribaldus haben sich zu derselben Zeit französiert und lateinisiert. Im guten Sinne wurden diese Worte eigentlich nur bis zur Regierungszeit Philipp Augusts angewendet, später gebrauchte man sie ganz vorwiegend in einem hässlichen, tadelnden Tone. Früher bedeutete das Epitheton ribaud einen rüstigen Mann, einen lustigen Menschen von tüchtiger physischer Konstitution, zumal auch für die Liebe geschaffen. Später aber wandte man es nur auf Thunichtgute und Wüstlinge an. Alle anderen Sprachen adoptierten dann das Wort in seinem depravierten Sinne; ebenso erging es auch den Kompositis mit dem Worte ribaux. Im Französischen wurde ribaudie zu einem Synonym von Prostitution, ebenso wie Mathias Villani in seiner Chronik (lib. IV. cap. 91) den Ausdruck ribaldaglia in diesem Sinne anwendet. Von ribaud wurde dann ribaude, ribalda, abgeleitet; aber diese beiden Bezeichnungen hatten stets den infamierenden Sinn, sind also offenbar erst entstanden, als auch die Maskulinform bereits die Bedeutungsänderung hinter sich hatte. Nach dem Gewohnheitsrechte von Bergerac war es, auf freigeborene und höherstehende Frauen angewendet, eine ausserordentlich schwere Beleidigung; bei niedrigstehenden Personen galt es nicht für so schwer beleidigend, vorausgesetzt, dass es nicht in Verbindung mit einem Hinweis auf irgend ein bestimmtes Faktum gebraucht wurde. Diese sonderbare Bestimmung aus dem Gewohnheitsrechte von Bergerac ist uns durch jene Benediktiner überliefert worden, die das Werk des Ducange fortsetzten. In der späteren Zeit ist ribaude, von welchem Worte ganz folgerichtig ribaudaille und ribauderie abgeleitet wurden, die bevorzugte Bezeichnung für Frauen die einen unregelmässigen Lebenswandel führten.

Das Wort meschine, das sehr häufig auf Weiber angewandt wurde, die auf ihren Körper besonders stolz waren (femmes folles de leurs corps) hatte zunächst mehr einen wohlwollend neckischen als einen beleidigenden Sinn; ihm voraus ging die Anwendung der Form meschin Unzweifelhaft keltischen Ursprungs hat sich dies Wort in der Form mesquin bis ins Neufranzösische erhalten; seine ursprüngliche Bedeutung war kleiner Diener, junger Sklave. Wie Ducange an mehreren Citaten nachweist, finden wir die Formen meschinus und mischinus in einer ganzen Reihe von Klosterkartularien seit dem zehnten Jahrhundert: sie bedeuten dort ebenfalls junge Diener, im besondern Kammerdiener oder Leibdiener. In diesem engeren Sinne wurde es besonders in der Sprache des zwölften Jahrhunderts verwendet, aber auch damals immer noch ohne jede böse Nebenbedeutung. Im Roman von Garin finden wir es an sehr vielen Stellen, aber immer in guter Bedeutung, wie beispielsweise im folgenden Verse:

Vous estes jones jovenciaux et meschins.

Frühzeitig bekam dagegen die Femininform einen prægnanteren Sinn, wie man aus folgendem, ebenfalls im Garinroman enthaltenen Verse ersehen mag:

Au matin lievent meschines et pucelles.

In der ferneren Zeit geht der Bedeutungswechsel in diesem Sinne seinen Weg weiter, und schon gegen den Beginn des dreizehnten Jahrhunders scheint die infamierende Bedeutung ganz festgestanden zu haben; Beweis dafür ist uns eine Stelle aus dem bekannten Opus von Wilhelm Guiart, wo es in vier charakteristischen Versen folgendermassen heisst:

Des sains corporaux des yglises
Fesoient volez et chemises
Communement à leurs meschines,
En depit des œuvres divines.

Ducange führt noch aus einem Manuscript aus der Bibliothek von Coislin einen alten Poeten an, um zu zeigen, dass man späterhin gerne meschine und dame einander entgegensetzte; an einer bezeichnenden Stelle definiert dieser selbe Dichter Stand und Aufgabe einer meschine in der folgenden Weise:

En la chambre ot une meschine
Qui moult est de gentille orine.

In einer Ordonnanz, die sich auf den Abt von Bonne-Esperance bezieht, billigt man diesem kirchlichen Würdenträger eine Summe von 20 Goldstücken „für seine Verwaltung, für einen Diener und eine meschine" zu. So sehen wir denn wieder eine Spaltung in der Bedeutung des Wortes: auf der einen Seite bedeutete es nunmehr schlechthin eine Dienerin, die den gewöhnlichen Pflichten ihres Standes nachzukommen hat, wie sie in den hundert neuen Vorschriften Ludwigs XI. vorgeschrieben sind: Die meschine hat die gewöhnliche Hausarbeit zu verrichten, die Betten zu machen, Brot zu backen und anderen Dienst zu verrichten." Auf der anderen Seite aber fanden wir das Wort als Bezeichnung für verworfene Frauen, die sich dem ersten besten feilbieten und ihm gegen Bezahlung ihre Huld schenken. Ganz dementsprechend wendete sich auch die Bedeutung des Substantivums meschinage: ursprünglich ein Synonym von service und schlechthin jedes Dienstverhältnis bezeichnend wurde seine Bedeutung immer mehr im üblen Sinne verengt, bis er schliesslich nur noch für die besondere geschlechtliche Dienstleitung der

Prostitution in Gebrauch war. Das meschinage d. h. der Dienst in Schänken und Kneipen wurde übrigens, ähnlich wie im römischen Rechte, schon in den Vorschriften und Verordnungen Ludwigs des Heiligen für infam erklärt; indessen finden wir in denselben Rechtsquellen Vorschriften, dass ein Mädchen, welches sich zur meschinage verdingte, von Rechtswegen ebenso wie ihre Brüder und Schwestern beim Tode des Vaters erbberechtigt sein sollte (Liv. I., cap. 138).

Diese franko-lateinische Nomenklatur der Prostitution müssen wir noch durch einen Ausdruck bereichern, der italienischen Ursprungs ist und durch die Troubadours etwa im elften Jahrhundert nach Frankreich verpflanzt wurde. Das Wort ruffian weist schon durch seine ganze Struktur auf meridionalen und nichtbarbarischen Ursprung hin. Ménage will seine Ableitung von einem berühmten italienischen Kuppler namens Rufo behaupten, ohne zu bedenken, dass das Wort doch offenbar viel älter ist, als dieser Rufo selbst. Andere Etymologen, die nicht geneigt waren, sich der hier vorgeschlagenen Ableitung anzuschliessen, haben bei Terenz einen Mann namens Rufus entdeckt, der ebenfalls das Kupplergewerbe betrieb. Ducange kommt der Wahrheit vermutlich näher mit seinem Hinweis darauf, dass nach den Bemerkungen von François Pithou und Woverenus zu Petronius die römischen Prostituierten Perrücken trugen, welche ruffæ genannt wurden. Wir wollen darauf hinweisen, dass man auch noch an eine andere Ursprungsmöglichkeit, nämlich an eine Entstehung aus den Zusammensetzungen von rufia oder rufi mit anus denken kann. Freilich haben sich die Gelehrten mit diesen Möglichkeiten und Vermutungen keineswegs begnügt, sondern noch eine ganze Anzahl von Konjekturen aufgestellt. Es würde kaum von Interesse für unsere Leser sein, wollten wir sie hier alle anführen und diskutieren: für uns haben diese sprachlichen Untersuchungen nur den einen Zweck, dass wir mit ihrer Hilfe gewisse dunkle Partien aus der Geschichte der Prostitution aufzuhellen vermögen. Bei den Sprachforschern, die anderen Zielen zustreben, treten diese Gesichtspunkte dagegen vollkommen in den Hintergrund. Sie stützen sich deshalb auch lediglich auf die Gesetze ihrer philologischen Wissenschaft, spüren den Lautwandlungen nach, nicht ohne manchmal dabei bedenklich in die Irre zu gehen. Die Sprachforschung kann und wird jederzeit ein wichtiges Vehikel kulturgeschichtlicher Forschung sein, aber auch sie muss hinwiederum ihre Ergebnisse und Forschungsresultate beständig durch die Kulturgeschichte kontrolieren, um sich nicht ins Nebelhafte zu verlieren. Vor allen Dingen hat die Philologie auf den Gebieten, die von der Schriftsprache naturgemäss nicht oft und nicht in den besten Quellen in ihren Kreis gezogen wurden, immer mit den nachträglich oft absurd erscheinenden Willkürlichkeiten der Volkssprache zu rechnen. Thut sie das nicht, vernachlässigt sie mit anderen Worten die kulturhistorische Kontrole, so kommt sie häufig zu wunderlichen Resultaten, die deshalb nicht richtiger werden, weil sie mit grossem Aplomb und gewaltigem wissenschaftlichen Apparat vorgetragen werden.

Kehren wir zu dem hier zu behandelnden Worte ruffian, ruffianus zurück, so scheint thatsächlich, die Ableitung von der Zusammensetzung rufi anus und rufia anus sehr vieles für sich zu haben. Man bezeichnete thatsächlich mit ruffian nicht nur einen Kuppler, sondern ebenso häufig, wenn nicht häufiger einen Mann von liederlichem, ausschweifendem Lebenswandel, einen Wüstling, einen Menschen, der Weiber aushielt und an verrufenen Orten verkehrte. Wie dem aber auch immer sei, in den italienischen Schriftstellern des Mittelalters finden wir fast immer die ruffiani mit den Prostituierten zusammen genannt (ruffiani et meretrices). Ducange und Carpentier zitieren aus jenen Schriftstellern einige hochinteressante Stellen; in einer davon wird ruffian positiv als Synonym für Kuppler (leno) angewendet: quilibet et quaelibet leno, qui et quae vulgariter ruffiani dicuntur. Ins Französische scheint das Wort nicht vor dem dreizehnten Jahrhundert aufgenommen zu sein, und recht in Gebrauch kam es eigentlich erst im fünfzehnten Jahrhundert, als die Italianismen mit Macht in die Sprache des damaligen Frankreichs eindrangen. Niemals ist das in verschiedenen Nuancierungen angewandte Wort in den Wortschatz der feierlichen Rede aufgenommen worden und stets hat es seinen vulgären Charakter beibehalten.

Endlich bleibt uns noch ein Wort zu erwähnen übrig, das von mysteriösen Gebräuchen der Prostitution Zeugnis ablegt. Wie Aberglaube und Prostitution stets in innigem Verbande mit einander standen, dass haben wir schon an früheren Stellen ausgeführt; hier sei nur noch einmal daran erinnert, wie die eigenartige soziale Stellung ihren Angehörigen auch auf ihre Denkweise von entscheidendem Einfluss war: die Psychologie der Prostitution ist durchaus eigenartig. Die der Prostitution ergebenen Weiber denken und fühlen anders als die gesellschaftlich über ihnen Stehenden; die Isolierung zu der sie verdammt sind, der Ausschluss aus den anderen Volkskreisen, sogar aus den niederen, aus denen sie zumeist stammen, äussert sich nicht allein in ihrer Lebensführung, sondern auch in ihrer Lebensauffassung. In ihrem Sprachgebrauch finden wir dafür vollgiltige Beweise. So hiessen die Orte, an denen sich die Prostituierten ihrem Gewerbe hinzugeben pflegten, die Bordelle, im figürlichen Sinne clapiers, claperii, weil sich ihre Insassinnen wie die Kaninchen scheu verbargen. Denn nach Ménage ist clapier nichts anderes als eine leichte Umformung des lateinischen Wortes lepus, vulgärlateinisch in lapus, lapinus, clapinus verwandelt; von lapinus, clapinus stammt dann wieder lapiarium und clapiarium. Nach Ducange nannte man ursprünglich die vor den Kaninchenbauen aufgestellten Fangeisen clapa, eine Bezeichnung, die dann auf die Baue selbst übertragen wurde. Nach anderen Sprachforschern soll clapier dagegen auf die griechische Wurzel kleptein zurückgehen, die „sich verbergen" bedeutet; auch an das lateinische lapis hat man gedacht, weil die Kaninchenbaue zumeist unter Steinen angelegt werden. Indessen kommt es hier weniger auf die Richtigkeit der einen oder anderen etymologischen Deutung an, als auf die Feststellung, dass man die Sitze der Prostitution in Beziehung setzte mit den Höhlen der Kaninchen. Wir brauchen dabei nicht erst ausdrücklich auf den sexuellen Nebensinn einer derartigen Wort- und Begriffsverbindung hinzuweisen.

So haben wir schon aus dem bisher betrachteten Material eine bemerkenswerte Fülle von interessanten Aufklärungen über die Zustände der Prostitution im alten Frankreich und über die Art ihrer Beurteilung in und durch das Volk gewonnen. Weitere Untersuchungen werden uns noch neue Aufschlüsse geben, wenn schon wir gerade dieser Seite unserer Aufgabe nicht allzuviel Raum widmen können. Wir unterbrechen deshalb zunächst den Gang dieser sprachwissenschaftlichen Nachforschungen, um die Ergebnisse in anderer Form zusammenzufassen und dann von neuem den hier angesponnenen Faden wieder aufzunehmen.

VII. Kapitel

Die Sitten des Volkes unter den Königen vor Ludwig IX. — Beklagenswerte Fortschritte der Sodomie. — Ein Bild von den pariserischen Sitten zu Ende des zwölften Jahrhunderts. — Die Schüler der Universität. — Die Thermen Julians. — Auf den Kirchhöfen. — Studenten und Prostituierte. — Die ersten Insassinnen der Abtei Saint-Antoine-des-Champs. — Die Schutzpatronin der Dirnen. — Korporative Organisation der Prostituierten. — Hurenzunft. — Der Versöhnungskuss der Prostituierten aus dem Gefolge des königlichen Hofes. — Die Bemühungen Ludwigs IX. um Eindämmung der Prostitution. — Das Haus der Gottestöchter. — Wie Ludwig der Heilige einen Ritter strafte, der in einem Hurenhause ertappt worden war. — Unterdrückung der öffentlichen Häuser und Verbannung der Prostituierten. —

In den Sammlungen der königlichen Ordonnanzen während der Regierungszeit des dritten über Frankreich herrschenden Hauses findet sich vor Ludwig dem Heiligen keine einzige auf die Prostitution bezügliche, daraus darf man, wie wir schon erwähnt haben, nicht den Schluss ziehen, die Prostitution sei aus Frankreich verschwunden gewesen, oder die staatliche Gewalt habe sich gar nicht um sie gekümmert und sie weder präventiv noch repressiv überwacht. Wir glauben vielmehr, dass die Sittenlosigkeit während der schweren Feudalkriege noch mehr zugenommen hatte, denn das Land wurde während jener Zeit schrecklichen Verwüstungen unterzogen und der Fortschritt der Kultur wurde fast völlig verhindert. Wir glauben ferner, dass die alte Gesetzgebung über die Prostitution nichts an ihrer Strenge verloren hatte, dass aber die Ausübung der Gesetze in dieser wildbewegten Zeit zweifellos stark vernachlässigt wurde. Man hatte genug zu thun, die Städte gegen äussere Feinde zu verteidigen, und so musste man über manche Unordnung im Innern hinwegsehen. Eine Art erzwungene Toleranz hatte so der Prostitution gestattet in den Städten an Boden zu gewinnen, zumal in Paris, wo sie sich wie die anderen Gewerbe zünftig organisiert hatte und, sei es mit Billigung oder wenigstens nicht gehindert, von der Stadt, sogar eigene Zunftordnungen aufgestellt hatte. Es wäre leicht zu beweisen, dass unter den Königen vor Ludwig IX. die öffentliche Sittlichkeit ärger verfallen war, als später und wir könnten mehr als einen Zeugen dafür aufführen, der uns aus jener Zeit heraus bestätigt, dass die reglementierte Prostitution sich stark vermehrt und so zu sagen den Bedürfnissen der pariserischen Bevölkerung angepasst hatte.

Von einem gewissen Standpunkte aus, kann man freilich dem Wachsen der Prostitution, sogar eine Art von Verbesserung der Sitten zuschreiben; denn seitdem die Normannen sich mit den eingeborenen Franken und den Galloromanen vermischt hatten, war der widernatürliche Geschlechtsverkehr in allen Schichten der Bevölkerung ausserordentlich verbreitet. Wilhelm von Nangis, der uns in seiner Chronik den tragischen Tod zweier Söhne und einer Tochter Heinrichs I., Königs von England erzählt — die Königskinder ertranken mit einer grossen Zahl englischer Ritter im Meere — stellt diesen Schiffbruch als eine Art von Gottesgericht dar und scheut sich nicht zu sagen, dass die Opfer zum grössten Teil sodomitischen Lastern ergeben waren (omnes fere sodomitica labe dicebantur et erant irrititi). Wie wir schon früher erwähnt haben, trat dieses schlimme Laster besonders bei den Mönchen auf, und obwohl die Kirche bemüht war, jeden öffentlichen Skandal möglichst zu vertuschen, so musste sie doch von Zeit zu Zeit mit Bannstrafen gegen ihre nächsten Angehörigen einschreiten. Wir werden später sehen, dass der Bannfluch des Papstes Bonifacius VIII. und die Massnahmen Philipps, des Schönen gegen den Templerorden im wesentlichen nichts anders waren, als eine sittenpolizeiliche Massregel gegen die unter dem Ordensgewande der Templer überall ausgeübte Sodomie. Auch verschiedene religiöse Sekten, die damals entstanden und eine sehr lebhafte Propaganda entfalteten, huldigten der Sodomie. Mit Feuer und Schwert versuchten von Zeit zu Zeit der Klerus und die weltlichen Behörden gegen dieses Laster aufzutreten, das so sehr im Volke verbreitet war. Unter den verschiedensten Namen entstanden immer wieder bis tief ins vierzehnte Jahrhundert hinein allerhand Sektenbewegungen, von denen wirklich manche nichts anderes waren als Verbindungen von Leuten, die bösen geschlechtlichen Lastern huldigten. Wenn man sich diese Zustände vergegenwärtigt, so kann man es begreifen, dass man damals die weibliche Prostitution geradezu als ein Erlösungsmittel gegen jene furchtbaren Verfehlungen gegen die Natur ansah. Jakob von Vitry hat in seiner Geschichte des westlichen Europas (Kapitel 7) die merkwürdige und bezeichnende Thatsache überliefert, dass öffentliche Mädchen, die auf der Strasse Kleriker anhielten und sie zum Mitgehen einluden, ihnen auf ihre Weigerung hin, das Wort Sodomiten in das Angesicht schleuderten: „Dieses schreckliche Laster," so fügt er hinzu, „dieses Gift und diese Pest sind in dieser Stadt so sehr verbreitet und so unausrottbar, dass jemand, der sich eine oder mehrere Konkubinen hält, noch als ein Mann von musterhaftem Lebenswandel gilt."

Ebenso wird von Vitry, der uns diese sehr wichtige Bemerkung über den Sittenzustand von Paris zu Ende des zwölften Jahrhunderts überliefert hat, noch im einzelnen genauer beschrieben, wie es sich mit der Prostitution in dem Universitätsviertel verhielt: „In demselben Hause," so sagt er, „findet man oft Schulen in den oberen Stockwerken und Bordels in den unteren; in der ersten Etage erteilen die Professoren ihren Unterricht und zu ebener Erde üben die käuflichen Weiber ihr Gewerbe aus, und so kann es kommen, dass sich in die Diskussionen der Gelehrten die Streitigkeiten der Prostituierten untereinander oder mit ihren Kunden mischen." Das Quartier der Collegien und der Schulen war zu jener Zeit nur von Lehrern und Schülern bewohnt, daher es denn auch bis auf den heutigen Tag das lateinische Quartier heisst; die Studenten, die meistens im Alter von zwanzig bis fünfundzwanzig Jahren standen und allen Nationen angehörten, bildeten eine Art von undisziplinierter Armee von manchmal gegen einhundertfünfzigtausend Individuen, die jeden Eingriff der Stadtverwaltung in ihre Vorrechte energisch zurückwies. Die Schüler beschützten die Freudenmädchen, die sich in ihren Quartieren niedergelassen hatten, und die Universitätsbehörden wagten jedenfalls nicht, gegen dieses Treiben aufzutreten. Jakob von Vitry hat uns nach der Natur ein ausserordentlich lebensvolles Bild von dem Treiben in den Studentenvierteln von Paris gezeichnet. Er scheint auch der etwas anrüchigen Meinung gewesen zu sein, dass „Jugend sich austoben" müsse und dass deshalb ernsthafte Massregeln gegen den sexuellen Verkehr der Studenten und Dirnen sei es unzweckmässig, sei es fruchtlos seien und gewesen seien. Welche Verhältnisse noch in der romantischen Zeit des neunzehnten Jahrhunderts zwischen Studenten und Grisetten im Quartier latin in Paris herrschten, das mag man, um etwas vorzugreifen, dem bekannten Meisterwerke Murgers: Scènes de la vie de Bohème entnehmen. Diese

Schilderungen betreffen Zustände, die nun auch länger als ein halbes Jahrhundert zurückliegen, sind aber so lebenswahr, so voll von fein eindringenden psychologischen Beobachtungen und Bemerkungen, dass sie zu den wichtigsten kulturgeschichtlichen Dokumenten, wahrhaften „menschlichen Dokumenten" im Balzacschen Sinne, unseres Jahrhunderts gehören. Murger ist für den Forscher auf dem Gebiete der Sittengeschichte des neunzehnten Jahrhunderts, wenigstens soweit der Boden von Paris in Frage kommt, ungefähr dasselbe, was Boccaccio mit seinem unerreichten und kulturgeschichtlich unschätzbaren Dekamerone für das Florenz der Renaissancezeit geworden ist. Kein Volkspsycholog kann an solchen Denkmälern achtlos vorübergehen. Wahrscheinlich war aber die sesshafte Prostitution nicht die einzige, die unter dem Schutze der studierenden Jugend von Paris stand, sondern auch die schweifende Prostitution, die den Bedürfnissen jener Zeit entsprach, flüchtete sich von Zeit zu Zeit an diese sicheren Stätten. Die Pariser Universität und ihre Studenten wachten eifrig über die Vorrechte ihres Viertels und wiesen, wie wir schon sagten, jeden Eingriff der städtischen Gewalthaber energisch zurück. Das Studentenviertel bot der schweifenden Prostitution freilich nicht den einzigen Zufluchtsort, sie hatte noch eine andere Stätte, die eben so unverletzlich und während der kalten und rauhen Jahreszeit noch bequemer war. Der Palast der Thermen des Julian, in dem die ersten fränkischen Könige ihren Hof gehalten hatten, war seit Jahrhunderten nicht mehr bewohnt und bot mit seinen gewaltigen Ruinen, die von Gärten Weinbergen umgeben waren, der Prostitution willkommene Schlupfwinkel. Noch heute sieht man im Quartier latin zu Paris auf dem altehrwürdigen Boulevard St. Michel die düsteren Ruinen aufragen, die Ueberreste des ältesten Baudenkmals der Stadt. Heutzutage hat man in den noch besser erhaltenen und sorgfältig restaurierten Teilen das sehr interessante und und bedeutende Museum Cluny untergebracht, in dem die Ueberreste der gallo-romanischen Kultur gesammelt sind. In den Werken eines zeitgenössischen Dichters wird uns bestätigt, dass diese Stätte der schweifenden Prostitution früherer Zeiten einen willkommenen Schlupfwinkel bot. Johann von Hauteville, der uns von diesem Gebrauch des alten Palastes unter der Herrschaft Ludwig VII. und Philipp Augusts erzählt, beschreibt die Vorgänge und in seinem düsteren Gedichte Archithrenius heisst es: „In dem dichten Dunkel der Bäume, die den Tag zur Nacht machen, spielten sich die Liebesbeziehungen ab, und häufig legen dort die Menschen den letzten Rest von Scham ab; denn derjenige, der etwas Schlechtes thun will, der sucht das Dunkel und seine Scham liebt es, sich mit den Schleiern der Nacht zu verhüllen." Philipp August schenkte die Ruine im Jahre 1218 seinem Kammerherrn Heinrich, wahrscheinlich, damit er sie mit Mauern umgeben und die Prostitution von dort vertreiben sollte. Dieselbe Absicht leitete Philipp auch, als er einen grossen Kirchhof in Paris, den die Prostitution zum Schauplatze ihrer Thaten gemacht hatte, mit einer Mauer umgeben liess. Wilhelm der Bretone spricht in seinen epischen Gedichte Philippida, ebenfalls von der Entweihung des Friedhofes mit folgenden Worten: Et quod pejus erat, meretricabatur in illo (lib. I. vers. 441).

Aehnlich ging es an allen Orten zu, die in der Nähe der Umfassungsmauer der Stadt lagen: die Prostitution schlägt überall ihren Wohnsitz anf. In der grossen Chronik von Saint-Denis ist uns eine Stelle überliefert, die sich auf die Zeit der Herrschaft Philipp Augusts bezieht: „Die käuflichen Weiber setzten sich an den Rändern der Stadt und in den Winkeln der Strassen fest und gaben sich dort für geringen Preis jedermann hin, ohne Scham und Reue darüber zu empfinden.“ Das ist die einzige Stelle aus den Schriftstellern des dreizehnten Jahrhunderts, in der wir eine Angabe über die Preise der damaligen Prostitution finden; obschon uns nichts Genaueres in diesen Worten geschildert wird, kann man doch nicht daran zweifeln, dass der Preis, wohl infolge der ausserordentlich starken Konkurrenz, sehr gering war. Die Prostitution hatte auch noch einen anderen Markt ausserhalb der Stadt auf dem Wege nach Vincennes in einem mit Büschen und niedrigen Gehölz bestandenen Platzes vor dem Thore Saint-Antoine. Dubreul bemerkt in seinen Altertümern von Paris, dass jener Ort der gewöhnliche Schauplatz von Sittenverbrechen war, welche die Schüler straflos an den Frauen, Töchtern und Kammermädchen der Bürger von Paris vornahmen. Man errichtete anfangs ein steinernes Kreuz in der Mitte dieses übelberüchtigten Gehölzes, erreichte aber damit nur, dass nur noch eine grössere Anzahl von Weibern und Lebemännern dorthinzog, um unter dem Vorwande einer Pilgerfahrt sich den grössten Ausschweifungen hinzugeben. Die Ueberlieferung erzählt, dass eines Tages ein berühmter Prediger, Foulques von Neuilly, Abt von Saint-Denis, mitten in diese Schaar hineingetreten sei und sie ermahnt habe, ihr sittenloses Leben aufzugeben; eine Menge von Frauen soll auch auf sein Wort gehört und ein Frauenkloster gegründet haben; es wird aber auch noch erzählt, dass dieses Kloster in der Zeit seiner Entstehung um 1190 unter seinem Dach ebenso viel Männer wie Frauen vereinigt habe, woraus man wohl entnehmen kann, dass trotz der beredten Predigten die Prostitution sich in anderer Form auch in seinen Mauern festsetzte.

Ausser dieser schweifenden Prostitution, die in der Umgegend der Stadt ihr Gewerbe ausübte, gab es in verschiedenen Quartieren und in gewissen Strassen der Stadt sogenannte bordeaux und clapiers, die vor der Stunde, zu der das Feuer ausgelöscht werden musste, zahlreiche Besucher empfingen und dafür an den Staat eine Abgabe entrichteten, die gewisse Aehnlichkeit mit dem römischen vectigal hatte. Die Beweise für diese Thatsachen fehlen für jene Epoche, da wir sie aber später in

Hülle und Fülle vorfinden, so dürfen wir annehmen, dass sie aus den Zeiten vor der Regierung Ludwigs des Heiligen verloren gegangen sind. Die mündliche Ueberlieferung, die man niemals unberücksicht lassen darf, zumal bei Gegenständen, die doch nur ungern dem Papier anvertraut werden, in den Zeiten, zu denen sie gehören, — die mündliche Ueberlieferung, deren Zeugnisse im siebzehnten Jahrhundert durch Sauval gesammelt worden sind, sagt uns, dass schon lange Zeit vor der Regierung Ludwigs IX. die öffentlichen Weiber ihre eigenen Statuten, ihr eigenes Gewand und sogar ihre eigene Gerichtsstätte gehabt haben. Diese Ueberlieferung hatte sich unter den Prostituierten lebendig erhalten und sie behaupteten noch zu Sauvals Zeiten, dass der Magdalenentag gefeiert sei zu Zeiten, wo ihre Vorgängerinnen noch eine Korporation bildeten und ihre eigenen Strassen und Einrichtungen besassen, sogar schon vor der Zeit als Ludwig der Heilige sie zwang, gewisse Kleider zu tragen, zur besseren Unterscheidung von ehrbaren Frauen. Unglücklicherweise sind in der gedruckten Ausgabe des Sauvalschen Werkes die Einzelheiten über dieses Thema, die er versprochen hatte, nicht enthalten; sie sind mit der berühmten Abhandlung über die Bordels zu Paris infolge der Prüderie seiner Herausgeber daraus entfernt worden. Aber es ist unmöglich anzunehmen, dass Sauval die Beweise für die Existenz solcher Statuten der Prostitution nicht vor Augen gehabt habe; vermutlich hat er sogar die Statuten selbst gekannt, die vor der Redaktion des Gewerbebuches von Etienne Boileau gesetzliche Kraft besassen. Dieser Boileau hat in seiner Sammlung der Privilegien und Gewohnheitsrechte der Künste und Gewerbe der Prostitution überhaupt keine Erwähnung gethan; er hasste sie so sehr, dass er ihr auch in seinem Werke entgegenarbeiten wollte dadurch, dass er ihr nicht das geringste Plätzchen einräumte. Die Statuten des putage, die man hie und da noch in Kulturgeschichten auffindet, waren gewohnheitsrechtlich, also schwerlich von den Königen gebilligt und aufgestellt. Aus der Thatsache, dass die Insassen des Bordes eine Korporation unter der Iurisdiction eines roi des ribauds bildeten, muss man unbedingt annehmen, dass diese Zunft auch Statuten besessen hat. Der Titel eines Königs des Gewerbes konnte nur dann einen Sinn haben, wenn seine Wahl und seine Funktionen statutenmässig festgelegt waren. Die ribaldi hatten ihren roi des ribauds gerade so wie die Krämer ihren Krämerkönig und andere Gewerbe den ihren besassen (roi des merciers, roi des ménétriers u. s. w.).

Wir werden später sehen, dass den Prostituierten von Paris, mit Ausnahme vielleicht der Statuten, nichts fehlte zu einer wirklichen beruflichen Organisation. Infolge des Verlustes der Statuten wissen wir leider nichts über die Voraussetzungen des Eintrittes in die Korporation, über die Stufen des Lehrlingswesen, die Taxe für das Publikum, die Abgaben an den Fiskus, die Almosen und Strafen, mit einem Worte, über die innere Organisation des Gewerbes; aber wir haben genaue Nachrichten über die Quartiere und Strassen, in denen die Prostituierten wohnten. Ueber die Unterscheidungsmerkmale in der Kleidung, an denen man sie aus der Schar der ehrbaren Frauen herauskennen konnte, über die Stunden, in denen sie ihr Gewerbe ausüben durften; über die Kleidergesetze, die man ihnen auferlegte, und über manche andere Punkte giebt uns eine Anekdote Aufklärung, die aus der Chronik von Geoffroy herausgezogen ist: „Als die Königin Margarete einmal in der Kirche weilte, erblickte sie, während sich die Teilnehmer am Gottesdienste untereinander den Versöhnungskuss gaben, eine reichgekleidete Frau und gab ihr ebenfalls einen Kuss, weil sie sie für ehrbar verheiratet hielt. Diese Frau war aber nur eine Prostituierte, die sich in dem königlichen Zuge befand. Als die Königin über ihren Irrtum aufgeklärt war, beklagte sie sich bei dem Könige darüber, der den Dirnen verbot, in Paris das Kopftuch oder die Kapuze zu tragen, damit sie auf diese Weise besser von den legitim verheirateten Frauen unterschieden werden konnten.“ Diese sonderbare Anekdote, die sich in einer Chronik mit dem Endjahre 1184 findet, kann sich nicht auf die Regierungszeit Ludwigs des Heiligen und auf die Königin Margarete beziehen, weil der Verfasser der Chronik schon sechzig Jahre vor der Heirat Ludwigs des Heiligen mit Margarete von der Provence gestorben ist. Die Thatsache, die dem Verfasser der Chronik in seinem limousinischen Kloster zu Ohren gekommen ist, trägt das ganz unzweifelhafte Datum 1172, einer Zeit, in der Margarete, die Tochter Ludwigs VII. und der Königin Konstanze mit Heinrich, dem Sohne des englischen Königs verlobt war. Man darf also annehmen, dass sich die Geschichte auf diese Prinzessin bezog.

Es ist bemerkenswert, dass der hier erwähnte Vorfall nur in der Chronik des Predigers von Vigeois erwähnt worden ist, dem verschiedene Historiker mit Geoffroy von Beaulieu verwechselt haben, um eine Eigentümlichkeit in die Zeit Ludwigs IX. zu versetzen, die zweifellos schon der Regierung Ludwigs VII. angehört und beweist, dass dieser König bereits gegen die Prostituierten Massregeln ergriffen hat, von denen uns Einzelheiten nicht überliefert worden sind. Aus der Erzählung können wir verschiedene sehr interessante Folgerungen ableiten. Zunächst: befand sich die Prostituierte, die der Chronikenschreiber mit dem Beiwort königlich ausgezeichnet, unter den Freudenmädchen, die zum Hofe gehörten und die wir bis in die Zeit des Königs Franz I. unter derselben Bezeichnung antreffen? oder war es nur eine der gewöhnlichen Frauen, die unter der Herrschaft des roi des ribauds stand und Mitglied seiner königlichen Korporation war? Ferner ist bemerkenswert, dass Ludwig VII. durch sein Reglement über die Kleidung der öffentlichen Freudenmädchen gewissermassen die Existenz der Prostitution in Paris legalisierte und die Ausübung des Gewerbes gestattete. Endlich ist noch darauf hinzuweisen, dass der Gemahl dieser Königin Margarete, der vorhin schon erwähnte Heinrich den Beinamen „mit dem kurzen Mantel" trug. Dieser Beiname ist aber vielleicht darauf zurückzuführen, dass er den öffentlichen Frauen das Tragen einer Kapuze oder eines langen Mantels verbot. Auf alle Fälle ist es bemerkenswert, dass sich seit jener Zeit diejenigen Prostituierten von Paris, die der Korporation angehörten, mit kurzen Kleidern bekleideten, gerade so, wie die römischen Prostituierten mit der Toga und nicht mit der Stola gingen.

Die Korporationen der Freudenmädchen war demnach zur Zeit des Königs Ludwigs VII. in einer Blüte, die sich deutlich genug in dem Kleiderluxus ihrer Mitglieder offenbarte. Sauval sagt an einer anderen Stelle seiner inhaltsreichen Kompilation ausdrücklich, dass die Statuten dieser Korporation bis zum Jahre 1560 in Kraft geblieben seien. Da wir die Statuten nicht mehr besitzen, so können wir auch für die Existenz des Magdalenenvereins, die uns von Sauval überliefert wird, keine Beweise erbringen; wir wissen nicht, in welchem Stadtteil er bestand, welches seine Vorrechte waren und welche Feste er zu feiern pflegte. Vermutlich jedoch hatte dieser Verein seinen Hauptsitz in einer kleinen, der Magdalena geweihten Kirche, die etwa aus dem elften Jahrhundert stammt und später dem heiligen Nikolaus zugewiesen wurde. Die Stätte dieser Kirche, die in der grossen französischen Revolution zerstört wurde, ist jetzt mit Privathäusern bedeckt.

Alle Prostituierten erwählten Magdalena zu ihrer Schutzpatronin, ohne sich Kopfschmerzen darüber zu machen, dass die Legenden ihnen verschiedene Heilige unter diesem Namen darboten. Vielleicht weihten sie auch ihren Kultus jener ägyptischen Maria, die vor ihrer Bekehrung eine berühmte Prostituierte gewesen war. Eine alte Ueberlieferung lehrt uns, dass die Kapelle dieser Heiligen von den öffentlichen Frauen besonders bevorzugt wurde; seit ihrer Gründung im zwölften Jahrhundert pflegten dort die Prostituierten ihren kirchlichen Verpflichtungen nachzukommen. Erst im Jahre 1660 liess ein Pfarrherr aus dieser Kapelle ein gemaltes Fenster entfernen, auf dem dargestellt war, wie jene Maria auf einem Schiff den Seeleuten die Ueberfahrt durch Dienste der Liebe bezahlte.

Als Ludwig IX. den Thron bestieg, war zwar nicht sein erster Gedanke, die legale Prostitution, die überall in dem Königreiche geduldet, wenn nicht erlaubt war, zu unterdrücken; er versuchte aber doch wenigstens ihren Umfang einigermassen einzuschränken. „Niemals," so sagt Sauval, „gab es mehr Dirnen als im Anfang des dreizehnten Jahrhunderts in dem Königreiche und doch hat man sie niemals früher strenger bestraft." Auch der Erzbischof von Paris, Wilhelm von Seligny, beteiligt sich an dem Kampfe gegen die Prostitution. Der König Ludwig IX. stiftete damals ein Zufluchtshaus für solche Prostituierte, die ihr Gewerbe aufgeben wollten. Derartige Stiftungen scheinen die auf Sittenverbesserungen erpichten

Kronenträger zu allen Zeiten für besonders wirksame Mittel im Kampfe gegen die Prostitution gehalten zu haben. Ganz abgesehen aber davon, dass man derartige Erscheinungen des sozialen Lebens natürlich nicht mit solchen immer vereinzelt bleibenden Mittelchen aus der Welt zu schaffen vermag, sollten schon die von der Geschichte überlieferten Erfahrungen von diesen Versuchen abhalten. Wir erinnern daran, welche betrübenden Erfolge die Kaiserin Theodora in Byzanz mit ähnlichen Häusern zu ihrer Zeit machen musste, wir erinnern ferner daran, dass, wie wir oben auseinandersetzten, auch in Paris die früheren Versuche durch Klostergründungen den Kampf gegen eine soziale Erscheinung zu führen, gescheitert waren. Im günstigsten Falle verpflanzte man die Prostitution von der Strasse in ein Haus, machte doch aber damit zugleich den Anreiz dazu auf die einzelnen Individuen entschieden nicht geringer. Das von Ludwig IX. gegründete Haus stand in der Strasse Saint-Jacques und gehörte seinem Beichtvater und Kaplan Robert Sorbon, den er an die Spitze des Zufluchtshauses stellen wollte; später wurde aber das Haus, weil es so nahe an den Hochschulen lag, in ein anderes Stadtviertel verlegt und zu einem förmlichen Kloster ausgestaltet. Noch später wurde auch ein Hospital hinzugefügt, es lag dort, wo in der Zeit der Revolution, das kairische Viertel angelegt wurde. Im Innern der Umfassungsmauer, die die ganze Anlage festungsartig umgab, gab es grosse Gärten; das ganze Gebäude nannte man die Maison des Chartriers; im Volksmunde hiess es auch das Haus der Gottestöchter, wahrscheinlich mit einer boshaften Anspielung auf die Nonnen, die auch nicht immer einen züchtigen Lebenswandel zu führen pflegten, wie das Volk wohl wusste. Ein satirischer Dichter aus jener Zeit, Rutebeuf, macht sich lustig über diese Gottestöchter und findet, dass der Name recht schlecht zu ihrem Vorleben passt. Er sagte:

Diex a non de filles avoir,
Mès je ne poy oncques savoir
Que Diex eust fame en sa vie! . . .

Ein anderer Schriftsteller, Joinville, erzählt uns, dass der König die bekehrten Dirnen nicht nur mit diesem Hause, sondern auch mit einer Rente von jährlich vierhundert Goldstücken zu ihrem Unterhalte beschenkt habe. Diese Rente war nach dem damaligen Werte des Geldes ausserordentlich hoch. Die Zahl der Gottestöchter überstieg im Anfang nicht zweihundert, wuchs dann aber immer mehr und mehr an, dadurch, dass immer mehr Frauen, die die Lust zu ihrem Gewerbe verloren hatten, sich dort hinzogen. Als Leiter des Klosters funktionierte ein Priester, der vom Bischof von Paris angestellt wurde. Es blieb nicht bei dieser einzigen Stiftung, sondern der König richtete nach dem Zeugnis von Joinville noch mehrere derartige Beguinenhäuser in den verschiedenen

Teilen seines Landes ein. „Et fist mettre en plusieurs liex de son royaume mesons de beguines et leur donna rentes pour elles vivre et commanda l'en que en y receust celles qui voudroient fere contenance à vivre chastement."

Trotz seiner Bemühungen, gelang es natürlich dem Könige Ludwig IX. nicht, eine Reformation der Sitten durchzuführen, die in der Zeit der Kreuzzüge ausserordentlich verwildert waren; die Kreuzfahrer, welche aus jenem Feldzuge zurückkehrten, richteten sich nach dem Vorbilde der Muselmanen förmliche Harems ein und besetzten sie mit Sklavinnen, die sie auf irgend einem Sklavenmarkt Asiens erstanden hatten. Joinville bezeugt dies ausdrücklich und sieht darin die verhängnisvollste Folge der Kreuzzüge. „Le commun peuple se prist aux foles femmes." Die Sittenverwilderung war auch die Ursache, warum Ludwig IX. auf seinem Kreuzzuge in die Gefangenschaft der Orientalen geriet. Nach seiner Befreiung entliess er eine Reihe von Heerführern, weil er erfuhr, dass sie ihre Freudenhäuser in unmittelbarer Nähe seines Zeltes eingerichtet hatten. Vergeblich versuchte er in seinem Lager auf Ordnung zu halten und die Freudenmädchen daraus zu vertreiben, seine strengsten Befehle wurden nicht eingehalten und das bezeugte nur die Ohnmacht dessen, der sie gegeben hatte. Während er in Cäsarea sein Lager aufgeschlagen hatte, urteilte er nach den Gesetzen des Landes über einen Ritter, der in einem Bordel überrascht worden war. Der Schuldige hatte zwischen zwei gleichstrengen Ehrenstrafen zu wählen: entweder musste er sich von der Dirne, bei der man ihn gefunden hatte, nur mit dem Hemd bekleidet, an einem Strick durch das ganze Lager führen lassen, oder er musste sein Streitross und seine Rüstung hergeben und wurde aus dem Heere des Königs ausgewiesen. Der Ritter zog die letztere Strafe vor und ging seines Weges. Machtlos sah, trotz seines guten Willens, Ludwig IX. der immer stärker anwachsenden Unsittlichkeit in seinem Heerhaufen zu. Als er endlich aus Palästina wieder zurückgekehrt war, hatte er den Entschluss gefasst, der Prostitution in seinem Heimatlande ein für alle Mal ein Ende zu bereiten, und zwar sowohl in den nördlichen als auch in den südlichen Provinzen. In einer Ordonnanz aus dem Dezember 1254 findet sich neben verschiedenen andern weniger wichtigen Vorschriften ein Artikel, der völlige Unterdrückung der Prostitution und die Verbannung der Dirnen ausspricht; es heisst darin: „Es sollen alle Dirnen aus den Gemeinden ausgeschlossen werden, sowohl aus den Dörfern, als aus den Städten, wenn sie durch die Obrigkeit ermahnt sind und ihnen das Verbot ihres Gewerbes übermittelt wurde; dann soll ihnen durch die Ortsrichter oder durch sonstige obrigkeitliche Personen ihr Vermögen weggenommen werden; jemand, der an eine Dirne sein Haus vermietet, oder sie in seinem Hause aufnimmt, soll dem Grafen seiner Landschaft, oder dem Vogt, oder dem Richter soviel

Strafe zahlen, wie die Miete, die er aufnahm, in einem Jahre betrug.“ („Item soient boutées hors communes ribaudes, tant de champs comme de villes; et, faites les monitions ou défenses, leurs biens soient pris par les juges des lieux ou par leur autorité, et si soient depouillées jusqu' à la cote ou au pélicon; et qui louera maison à ribaude ou recevra ribaude en sa maison, il soit tenu de payer au bailly du lieu, ou au prevost, ou au juge, autant comme la pension, le loyer, vaut en un an.“) Aber auch dieser energische Versuch zur Unterdrückung der Prostitution blieb aus begreiflichen Gründen fast vollkommen erfolglos.

VIII. Kapitel.

Der rex ribaldorum. — Untersuchungen über die Gerechtsame, den Rang und die Bestimmung dieses Offiziers des königlichen Hauses. — Analogie zwischen den ministeriales palatini am Hofe Karls des Grossen mit den reges ribaldorum. — Attribut der ministeriales palatini. — Ribaldus oder ribaud. — Philipp August organisiert die Ribauden. — Zeugnisse von der Tapferkeit und Unerschütterlichkeit dieser Truppe. — Welche Ehrungen und Vorteile die Stellung des rex ribaldorum brachte. — „Nackt wie ein ribaud." — Allmähliche Verminderung der Wichtigkeit der Stellung. — Die ribaudie. — Die Stellung des Ribaudenkönigs am königlichen Hofe. — Untersuchungen über die Einkünfte dieser Leute. — Crassus Joë, Ribaudenkönig unter Philipp dem Langen. — Johann Guérin, Ribaudenkönig des Herzogs von der Normandie und Aquitanien. — Die Rechte der Ribaudenkönige. — Johann Boulart und Pernette la Basmette. — Der Ribaudenkönig musste ein treuer und unbestechlicher Beschützer der Person des Königs sein. — Coquelet. — Proben der Ergebenheit des edlen Herrn von Grignaux, Ribaudenkönigs unter Franz I. — Die Ribaudenkönige und ihre Vasallen. — Umwandlung der Stellung des Ribaudenkönigs am französischen Hofe. — Die

Damen der Freudenmädchen am Hofe. — Olive. — Cæcilie de Viefville. — Colin-Boule, Ribaudenkönig beim Herzog Philipp dem Guten von Burgund. — Der Kuratus von Notre Dame d' Abbeville als Ribaudenkönig. — Balderic, Ribaudenkönig bei Heinrich II. von England und der Normandie. — Attribute der Ribaudenkönige in den Provinzialstädten. — Anton von Sagiac, Kommissar des Ribaudenkönigs von Mâcon und Colette, die Frau Peter Talons. —

Das Amt des Ribaudenkönigs wird in der Geschichte nicht vor der Regierungszeit Philipp Augusts erwähnt, obschon es seiner Art nach sehr wohl schon zur Zeit Karls des Grossen hätte bestehen können. Der Ribaudenkönig, rex ribaldorum, war zweifellos von Anfang an der oberste Richter über die Prostitution am Hofe der französischen Könige. Eine lange Reihe von Gelehrten, von Jean Dutillet bis auf Goye de Longuemare, haben sich in tiefgründigen Untersuchungen und langen Abhandlungen mit der Frage beschäftigt, welches die Stellung, die Aufgabe, der Rang, und das Ansehen dieses sonderbaren Offiziers am königlichen Hofe war; sie haben Ordonanzentexte zitiert, neue Thatsachen ans Licht gezogen, die Akten durchstöbert und aus einer Fülle von einander zum Teil widersprechenden Einzelheiten ein klares Bild herauszuschälen versucht. Eine Uebereinstimmung in ihrer Auffassung haben sie jedoch nicht erzielt: das Urteil über das sonderbare Amt schwankt noch immer, und während die einen seine vielfältigen und ausgedehnten Funktionen systematisch zu übertreiben suchen, streben andere wieder dem entgegengesetzten Ziele zu. Auch wir haben uns hier näher mit dem so oft schon untersuchten Gegenstande zu befassen und wollen gleich vorweg bemerken, dass wir das Amt des Ribaudenkönigs mit dem des modernen Sittenpolizeikommissars in Vergleich stellen. Zu diesem Ergebnis gelangt man, wenn man die lange Geschichte dieses Hofamtes durchmustert, das auf das innigste zusammenhängt mit der Geschichte der Prostitution in Frankreich.

Fast alle Gelehrten, die vom Ribaudenkönig gehandelt und den Versuch gemacht haben, seine Funktionen zu definieren, haben sich in den Schlussfolgerungen aus ihren Untersuchungen mehr oder weniger getäuscht, weil sie immer nur eine Seite des Amtes betrachteten. So stellt sich nach Jean Boutillier, der um das Jahr 1460 seine Somme rurale schrieb, der Ribaudenkönig dar als der Vollstrecker der Urteile und Befehle der Marschälle und ihrer Praefekten, in letzter Linie des Königs; Jean le Ferron macht ihn zum ersten Gehilfen des königlichen Haushofmeisters; Carondas bezeichnet ihn als den Gehilfen oder Kommissar des Palastpraefekten; Claude Fauchet sieht in ihm den Thürschliesser des königlichen Palastes, Bellevorest den Praefekten des königlichen Hauses, Ragueau den Grossmeister der öffentlichen Dirnen, Etienne Pasquier den Bailli oder Seneschall der Ribauden. Jeder giebt so dem Ribaudenkönig eine besondere Physiognomie, eine mehr oder weniger beschränkte Macht, eine grössere oder geringere Würde; dabei übersehen die Schriftsteller aber ganz und gar, dass das Amt zweifellos im Laufe der Entwicklung starken Wandlungen unterworfen war. Die Institution umfasste im Laufe der Zeit die allerverschiedensten und allerabsonderlichsten Funktionen. Stellen wir die Urteile und Beschreibungen der verschiedenen Geschichtsforscher und Rechtsgelehrten neben einander, so ergiebt sich, dass kein einziger von ihnen sich klar gemacht hat, was das Amt des Ribaudenkönigs ursprünglich bedeutete und in welcher Weise es durch das Entstehen anderer Hofämter allmählich verwandelt wurde. Der Ribaudenkönig hörte auf zu existieren, als seine Funktionen anrüchig zu werden begannen, als anderen Aemtern ein Teil seiner ursprünglichen Befugnisse übertragen wurde. Der letzte Ribaudenkönig am französischen Hofe musste es noch erleben, dass nach so vielen vorausgegangenen Beschränkungen seiner Machtvollkommenheiten auch noch die Aufsicht über die „Prostitution im Gefolge des Hofes" (prostitution suivant la cour) den Händen einer Aufseherin über die Freudenmädchen (dame de filles de joie) anvertraut wurde.

Wir haben schon an einer früheren Stelle darauf aufmerksam gemacht, dass nach einem uns erhalten gebliebenen Kapitularium Karls des Grossen die ministeriales palatini, die Hausoffiziere, an seinem Hofe annähernd ähnliche Funktionen ausübten, wie die Ribaudenkönige vier Jahrhunderte später. Thatsächlich hatten die ministeriales palatini, aus denen die Grossoffiziere der Krone hervorgegangen sind, die Pflicht, jede verdächtige Person, ob Mann oder Weib, aus dem Gebiete des kaiserlichen Hoflagers auszuweisen: zumal die Vagabonden (gadales) und die Prostituierten (meretrices) unterstanden der Jurisdiktion der ministeriales palatini; sie urteilten in Rechtsfragen dieser Kategorien als einzige Instanz. Das war nun aber auch die hervorragendste Funktion des Ribaudenkönigs, und deshalb kann man sagen, dass der erste Inhaber dieser Würde nicht unter Philipp August, sondern bereits unter Karl dem Grossen ernannt worden sei. Ganz naturgemäss wurde das Amt zunächst auf den grossen Landgütern (villæ) des Königs geschaffen, jenen Zentren der Agrikultur und Manufaktur, aus deren Erträgnissen in erster Linie der Aufwand des königlichen Hofes bestritten wurde. Die Sklaven und Sklavinnen, die auf diesen verschiedenen Pfalzen gehalten wurden, hatten keinerlei eigenes Verfügungsrecht, weder über ihren Körper noch über ihre Zeit, und man war immer bemüht, Arbeitsscheu und Prostitution aus ihren Reihen fernzuhalten: ihre Arbeit, ihre Gesundheit, ihr Lebenswandel standen beständig unter patriarchalischer Aufsicht. Besonders wichtig war es daher, dass sich kein Fremdling in die Gynæceen und die Schlafsäle einschlich; die Regelmässigkeit und Ordnung des gemeinsamen Lebens hätte durch das Eindringen fremder, unzuverlässiger und vielleicht sittlich minderwertiger Individuen gelitten. Dabei muss man im Auge behalten, dass auf manchen königlichen Pfalzen mehrere Tausend Sklaven beiderlei Geschlechts gehalten wurden. Der Offizier, der Fremdlingen den Eintritt in die geschlossene Hauswirtschaft zu wehren verpflichtet war, war natürlich zunächst der Thürschliesser oder Schlüsselwart; sein Amt umfasste aber wohl auch noch gleichzeitig die Funktionen des Oberkellermeisters, des Oberkämmerers und des Seneschalls. Von dem Ribaudenkönig der späteren Zeit unterscheidet ihn demgemäss nichts als der Name.

Die merovingischen und karolingischen Könige zogen mit zahlreichem Gefolge von Offizieren und Dienerschaft beständig von einer grossen Domäne zur anderen, um dort Hof zu halten; zu dem Schwarm ihrer Gefolgschaft fanden sich dann regelmässig fremde Weibsleute schaarenweise ein, Weiber, die Geld verdienen und aus der Unzucht ein Gewerbe machen wollten. Deshalb musste eine spezielle und dauernde Behörde zur Aufrechterhaltnng der Ordnung in diesen Massen eingesetzt werden, eine Behörde, die auch zugleich für prompte Exekution etwa ergangener Befehle oder Urteile Sorge zu tragen hatte. Daher schuf man das Amt der ministeriales palatini, der obersten Hausoffiziere, die das Recht über Leben und Tod gegen jedermann hatten, der Unruhe oder Unordnung im königlichen Palaste anstiftete. Aimoin sagt (liv. V, cap. 10), dass Ludwig der Kahle eine ungeheuer grosse Zahl von Weibern aus dem Königspalaste vertrieben habe, die angeblich alle im Dienste der Königin oder der Schwestern des Königs standen (omnen cœtum femineum, qui permaximus erat, palatio excludi indicavit); nur eine kleine Zahl von Dienerinnen nahm man von dieser Massregel aus, weil man sie für den Hofdienst für notwendig erachtete. Aber ohne Zweifel vermehrte sich die Zahl der Weiber am Hofe bald wieder; immer blieb es das Ziel der Sehnsucht leichtfertiger Weiber, im Hofgesinde einen Unterschlupf zu finden. So war denn auch ein Amt mit ähnlichen Funktionen wie die des rex ribaldorum schon frühzeitig notwendig, wenn schon es erst später diesen Namen erhielt.

Erst unter der Regierung Philipp August wurde der Name populär, bald aber auch fast nur noch im schlimmen Sinne gebraucht. Ueber die Etymologie von ribaldus und ribaud haben wir an einer früheren Stelle bereits gehandelt; ursprünglich bezeichnete man ohne Unterschied des Geschlechts damit die Nichtsthuer, Gauner, Diebe und Bettler, die beständig um das Heer- oder Hoflager des Königs herumzuschleichen pflegten. Dieser Haufen undisciplinierbarer Menschen war gerade in den Zeiten der Kreuzzüge ausserordentlich rasch und stark gewachsen; war doch sogar der Trupp der Diener, Marketender und Marketenderinnen, Pferdeknechte und Satteljungen, kurz der Tross, immer weit stärker als die Schaar der Kombattanten. Unter dem Trossvolke gab es natürlich auch ausserordentlich viele Weiber, die ganz ausschliesslich zur Ausübung der Prostitution mitliefen und ihr Gewerbe durch keinerlei vorgeschützten anderen Beruf zu verbergen bestrebt waren. Nach vielen vergeblichen früheren Versuchen, den Schwarm, der den Heeren folgte, aufzulösen und zu verjagen, wollte sich Philipp August durch eine gewisse Organisation der ribaudie von dem Uebel freimachen; er formte deshalb aus ihr besoldete Haufen und machte sich so diese Schaaren dienstbar, die vorher vielfach den eigenen Heeren viel gefährlicher geworden waren, als den Feinden und dem Feindeslande. Ueber die Art und Weise, wie er diese Organisation anlegte und durchführte, haben uns die Geschichtsschreiber so gut wie gar nichts überliefert: nur so viel scheint festzustehen, dass er ihnen möglichste Freiheit verstattete und ihnen besonders erlaubte, soviele Weiber mitzunehmen, wie sie wollten; auch über ihre mordbrennerische Art der Kriegführung scheint der König bereitwilligst hinweggesehen zu haben. Wie dem aber auch sei, bei verschiedenen Gelegenheiten zeichneten sich die Ribauden durch ihre Tapferkeit, ihre Findigkeit und Zuverlässigkeit so sehr aus, dass Philipp August schliesslich aus ihnen eine Art von Elitetruppe bildete und ihr vorzugsweise den Schutz seiner eigenen Person anvertraute. Die Chronisten sagen, dass er gegen die Mörder, die die Alten vom Berge beständig gegen ihn ausschickten, sich „Ribauden des allerchristlichsten Königs" gehalten habe. Auf allen seinen Kriegszügen begleiteten die Ribauden Philipp August und deckten ihn mehrfach mit ihren eigenen Körpern. Wilhelm der Bretone beschreibt sie in seiner Philippide als unbezähmbare Helden, die vor keiner Gefahr zurückschrekten und bei ihrer sprichwörtlichen Tapferkeit sogar die Schutzwaffen verschmähten:

Et ribaldorum nihilominus agmen inerme,
Qui nunquam dubitant in quævis ire pericla.

An einer anderen Stelle führt der Dichter sie uns reich mit Beute beladen vor:

Nec munus armigeri, ribaldorumque manipli,
Ditati spoliis, et rebus, equisque subibant.

Als Philipp August nach der Unterwerfung Poitous zur Belagerung von Tours schritt, beauftragte er einen Ribaudenhauptmann (duce ribaldo) mit dem Aufsuchen einer Furt in der Loire; der Mann entledigte sich seiner Aufgabe mit wunderbarer Geschicklichkeit (quasi per miracula), das Heer ging über den Fluss und die Ribauden (ribaldi regis nennt Rigord sie), die immer die ersten beim Sturm waren (qui primos impetus in expugnandis munitionibus facere consueverunt), griffen die Stadtmauern sofort mit ihren Leitern an; ohne einen ernsten Widerstand zu wagen, ergab sich darauf Tours dem Könige.

Nach diesen und anderen Zeugnissen waren die Ribauden Philipp Augusts eine kampferprobte und zuverlässige Truppe, aber wenig discipliniert und beständig zu jeder Gewaltthat geneigt. Der König sah ihnen, in Anbetracht ihrer Verdienste, manches nach und bestand nicht auf strickter Innehaltung der für die übrigen Truppenteile vorgeschriebenen disciplinären Forderungen und Vorschriften; um aber die Schaaren, die kaum auf die Befehle ihrer Führer zu achten gewohnt waren und sich, wenn sie nicht in der Schlacht standen, die Zeit mit tollen Ausschweifungen aller Art zu verkürzen pflegten, wenigstens einigermassen im Zaume zu halten, unterstellte sie der König einem der Grossoffiziere des Hofes und zwar demjenigen, der als Wächter über die Ordnung und Ruhe des königlichen Hauses traditionell mit der grössten Fülle disciplinärer Gewalt ausgerüstet war. Dieser Offizier trat mit dem ganzen Pompe seiner angesehenen und gefürchteten Stellung den zügellosen Ribauden entgegen; in seinem Gefolge befanden sich immer ein Prügelmeister und ein Henker; seinen Urteilssprüchen pflegte die Ausführung auf dem Fusse zu folgen: ein Todesurteil sprach er ebenso leicht und häufig aus, als eine leichtere Disciplinarstrafe, die in der Regel in einer Geldbusse zu seinem eigenen Vorteil bestand. So stand ihm auch ein Anteil an der Beute zu, welche die Ribauden aus ihren Kriegszügen heimschleppten und er masste sich sogar die Verfügung über die von jenen gemachten Kriegsgefangenen an. In der Liste, der in der Schlacht bei Bouvines 1214 gefangen genommenen Edeln stösst man auf folgende Bemerkung: „Rogerus de Wafalia. Hunc habuit Rex Ribaldorum, quia dicebat se esse servientem.“ Diese von Ducange zitierte Stelle belehrt uns aber nicht darüber, welche militärische Funktionen der Ribaudenkönig zu erfüllen hatte und ob er, wie die Führer der anderen Heeresschaaren, an der Spitze seiner Leute in die Schlacht zog. Einiges Licht auf diese Frage wirft eine Stelle aus dem Roman von der Rose, der im dreizehnten Jahrhundert von Wilhelm von Lorris verfasst worden ist und uns ein sehr instruktives Zeitgemälde bietet; es heisst da:

Faux-semblant, par tel convenant,
Tu seras à moy maintenant,
Et à nos amis aideras,
Et point tu ne les greveras,
Ains penseras les enlever
Et tous nos ennemis grever.
Tien soit le pouvoir et le baux,
Car le roy seras des ribaux.

In diesen Zeilen ist, wie schon Pasquier ganz richtig angegeben hat, der Ribaudenkönig als ein militairischer Befehlshaber gezeichnet und nicht als eine civile Amtsperson. Man darf indessen wohl, um das Richtige zu treffen, annehmen, dass er sowohl das eine wie das andere war, zumal, wenn man sich immer wieder vor Augen hält, was denn eigentlich die Ribauden vor ihrer Organisation durch den König Philipp August waren. Ein Befehlshaber, der ihnen nicht zugleich in der Eigenschaft als Richter entgegengetreten wäre, hätte sie zweifellos nicht in den Schranken einer wenn auch noch so lockeren Disciplin zu halten vermocht: nur die Furcht vor der unmittelbar vollstreckbaren Strafe konnte diese Leute bändigen. Alle Schriftsteller jener Zeit sind voll von Erzählungen, aus denen hervorgeht, wie schwierig und gefährlich das Amt eines Ribaudenkönigs war. Hören wir beispielsweise Wilhelm von Neubrige (lib. V, cap. 2), der uns die Ribauden folgendermassen schildert: „Gewisse verlorene Menschen von jener Sorte, die sich Ribauden nennen;" hören wir weiter Mathieu Paris: „Diebe, Bannbrüchige, Flüchtlinge, Exkommunizierte, die man in Frankreich gemeinhin unter dem Namen Ribauden zusammenfasst." Aber an keiner Stelle ist das Leben der Ribauden besser beschrieben worden, als in der Chronik von Longport, wo der Prior der Abtei den Johann von Montmirel fragt, was er denn in der Welt zu thun gedenke. „Ich will Ribaude werden," entgegnete ihm keck der junge Mann, der es später noch zu einem bedeutenden Kirchenlichte brachte. „Ist es möglich!" schrie der Abt erstaunt und erschreckt auf; „treibt es Dich wirklich in die Reihen dieser Leute, die vor Gott und den Menschen ein Greuel und ein Scheuel sind? Weisst du nicht, dass du, um in ihren Reihen etwas zu gelten, wie sie Verbrechen begehen, wie sie fluchen und schwören, würfelspielen und eine Schrift bei dir tragen (tabellam comportare), eine Konkubine mit dir herumschleppen (pellicem circumducere) und immer voll des süssen Weines sein musst?" Man hat keinen Grund zu der Annahme, dass dies Gemälde übertrieben düster gezeichnet worden wäre.

Nach dem Tode Philipp Augusts scheint das Ribaudencorps, wahrscheinlich infolge von Revolten, wieder aufgelöst worden zu sein, denn wenn wir ihnen auch in den Kreuzzügen und den anderen Feldzügen noch vielfach begegnen, so unterscheiden sie sich doch späterhin ganz und gar nicht mehr von den gewöhnlichen Trossknechten: sie waren schlecht bewaffnet und so schlecht gekleidet, dass um das Jahr 1230 das Sprichwort aufkommen konnte: „Nackt wie ein Ribaude", wie man aus einer von Ducange zitierten, noch nicht gedruckten Chronik entnehmen kann. Wilhelm Guirat, der in seinem historischen Gedicht von den Royaux lignages die Ribauden ebenfalls auf die Scene stellt, malt sie in den düstersten Farben. An der einen Stelle heisst es:

Bruient soudiers et ribaus,
Qui de tout perdre sont si baus.

An einer anderen:

Ribauz, qui volentiers oidivent,
Par coustume d' antiquité,
Queurent aux murs de la cité.

An einer dritten endlich:

Ribaus, qui del'ost se departent,
Par les chans çà et là s'espardent:
Li uns une pilete porte;
L'autre, croc ou massue torte.

Es sind keine regulären Truppen mehr, keine festbesoldeten Krieger, sondern Räuber, die das Land brandschatzten, im Gefolge des königlichen Heerhaufens als Abenteuerer, Schnapphähne und Wegelagerer auftauchen. Bis auf die Zeiten Karls V. hatte Frankreich unter diesen zügellosen Horden zu leiden und zu seufzen.

Der Ribaudenkönig hatte demnach wahrlich kein beneidenswertes Amt, zumal, wenn das Heer im Felde stand; er übte eine strenge und rasche Justiz aus und wohnte häufig sogar der Strafvollstreckung bei, um den Akt feierlicher und eindrucksvoller zu machen. Aber seine Macht und sein Einfluss nahmen im gleichen Masse ab, wie die der geordneten Militairjustizpflege wuchsen; der Ribaudenkönig war und blieb zunächst immer der Person des Königs attachiert und musste sich demgemäss beständig in der Nähe von dessen Hauptquartier aufhalten. Schon aus diesem Grunde ging ein Teil der Militairgerechtigkeitspflege in die Hand der verschiedenen Abteilungskommandanten und ihrer respektiven Stellvertreter über. Gegen das Ende des vierzehnten Jahrhunderts stand der Ribaudenkönig unzweifelhaft den Marschallsauditeuren nach; Jean Boutillier weisst sogar darauf hin, dass er deren Urteile lediglich zu vollstrecken hatte. Zu der Zeit also, in der Boutillier seine Somme rurale redigierte war der Ribaudenkönig thatsächlich nur noch ein Schatten dessen, was er früher bedeutet hatte, sein Titel selbst war damals schon nichts weniger als ein Ehrentitel und die Einkünfte, die er aus seiner Stellung zog, dienten auch nicht gerade dazu, sein Ansehen zu mehren. Nach Boutillier bezog er von den Bordellwirten und den Insassinnen der Bordelle eine feste wöchentliche Abgabe. Aber das ist noch nicht alles: der Ribaudenkönig des königlichen Hofes musste seine Machtsphäre immer mehr verengt sehen, denn ausserhalb seines Wirkungskreises wurden von grossen Adeligen, von städtischen Behörden, ja sogar von den Dirnen selbst andere Ribaudenkönige ernannt. Ueberall dort, wo es eine ribaudie gab, gab es auch einen Ribaudenkönig. Die Qualifikation als „König" stand herkömmlicherweise jedem Leiter einer Korporation zu, besonders solchen, die an mehreren Orten zugleich oder über die Angehörigen verschiedener Gewerbe ein Aufsichtsrecht ausübten. Da die Ribaudie immer aus Individuen der verschiedensten Arten bestand, sowohl Dirnen, als Bordellhaltern, Kupplern, und Lebemännern, Bettlern und Vagabonden, so besass sie natürlich ihren „König.“ Es scheint ziemlich sicher zu sein, dass der Ribaudenkönig des königlichen Hofes seinerseits eine Art von Oberherrschaft über die anderen Ribaudenkönige, von denen wir oben sprachen, besass.

Claude Fauchet giebt uns in dem ersten Buche seiner Beschreibung der Herrschaften und Städte Frankreichs ein interessantes, wenn auch nicht in allen Punkten vollständiges Bild von dem Amte, der Thätigkeit und den Einkünften des rex ribaldorum und des königlichen Hauses; danach hatte er im wesentlichen hauspolizeiliche Funktionen zu erfüllen und darauf zu sehen, dass keine unberechtigte Person, zumal zur Nachtzeit in die königliche Hofhaltung eindrang. Am Hofe Ludwigs XII. hat Fauchet noch einen Ribaldenkönig in Amt und Würden gesehen, kennt aber die Geschichte des Amtes und seiner Vertreter nicht genau genug, um uns etwas von ihrem früheren Einfluss und den Gründen der Machtverkürzung erzählen zu können. Anderes Material finden wir in den Akten der königlichen Rechnungskammer, aus denen beispielsweise Etienne Pasquier einige interessante Stellen ausgezogen hat; in einem Memorial von 1285, ebenso in einer Rechnung von 1312 werden uns detaillierte Angaben über Höhe und Art ihrer Einkünfte überliefert; in einem Memorial aus der Regierungszeit Philipps des Langen (1317) wird der Ribaudenkönig Crasse Joë, direkt als Chef der Palastpolizei bezeichnet. Aber damals war das Amt bereits subaltern geworden, der Inhaber hatte keinerlei eigene Verantwortung und konnte keine selbstständigen Verfügungen treffen, er hatte „bei Hofe keinen Mund“ (bouche en cour), wie der prägnante Ausdruck damaliger Zeiten lautet. Auch in der beständigen Verkürzung der Bezüge zeigt sich, dass der Ribaudenkönig immer mehr an Bedeutung verlor: im Jahre 1324 empfing er, wie aus noch vorhandenen Rechnungen ersichtlich ist, zwanzig Sous; nach einer Ordonnanz Philipps von Valois wird 1350 diese Summe auf fünf Sous pro Tag herabgesetzt; eine Verfügung Karls VI. setzt ihn gar im Jahre 1386 auf vier Sous für alle seine Funktionen.

Indessen blieb dem Amte bis zu seiner völligen Unterdrückung im Anfange des sechzehnten Jahrhunderts doch immer noch ein Rest von Ansehen, und Dutillet bemerkt ausdrücklich, dass es lange Zeit hindurch von Edelleuten aus guter Familie versehen worden ist. Die Geschichte berichtet uns aber auch von einem Ribaudenkönig, der mitsamt seinem Profossen zur Strafe des Prangers, wahrscheinlich wegen Verbrechen im Amte, verurteilt worden ist. Eine Rechnung vom Hofe des Herzogs von der Normandie und Aquitanien, eines Sohnes von Karl V., enthält folgende Bemerkung zu einem Ausgabenposten: „An Johann Guérin, Ribaudenkönig, für seine und seiner drei Gehilfen Ausgaben, während sie den früheren Ribaudenkönig Guillet und seine Profossen von

Corbeil nach Sedan überführten, um sie dort an den Pranger zu stellen." Man darf wohl annehmen, dass dieser so bestrafte Ribaudenkönig nicht zum königlichen Hofe gehörte, sondern an einem anderen Orte wirkte und nur der Jurisdiktion des königlichen Hauses und damit der des dort fungierenden Ribaudenkönigs unterstand. Aus mehreren Rechnungen und anderen Angaben geht hervor, dass auch Gerichtshöfe die Exekution ihrer Urteile dem Ribaudenkönig anzuvertrauen pflegten. So finden wir einmal 68 pariserische Sous angewiesen, die der Ribaudenkönig einem Henker auszahlen sollte, der einen Verbrecher namens Johann Boulart gehenkt und eine Frau namens Pernette la Bosmette wegen eines Diebstahls lebendig verscharrt hatte. Führte der Ribaudenkönig die schrecklichen Todesurteile auch nicht in eigener Person aus, sondern bediente er sich dazu seines Profossen, so blieb er doch für die ordnungsmässige Exekution haftbar.

Die Ribaudenkönige mussten immer getreue und zuverlässige Anhänger des Königtums sein, denn die Sicherheit des Hofes war von ihrer Amtsführung wesentlich abhängig. So nimmt es uns denn auch nicht Wunder, dass ein Ribaudenkönig, ein besonders treuer Diener des Monarchen, vor Schmerz bei der Beisetzung Karls VI. im Jahre 1380 plötzlich verschied. Der letzte Träger der Würde, Jean Talleran, Herr von Grignaux, gab ein Zeichen seiner Treue dadurch, dass er dem jungen Herzog von Angoulême, der feurig in Marie von England verliebt war, den Rat gab, er möge sich doch nicht der Gefahr aussetzen, dem alternden König Ludwig XII. zu einem direkten Leibeserben zu verhelfen; dieser Rat war sozusagen das politische Testament des Amtsinhabers, denn unter Franz I. verlor die Stelle jede Bedeutung. Mit seinem Rate an den zukünftigen Souverain hatte aber der Ribaudenkönig die Schranken seines Amtes keineswegs überschritten, denn nach den Angaben mehrerer Gelehrten hatte er von jeder verheirateten Frau, die im unerlaubten Verkehr mit einem anderen Manne stand, eine Abgabe von fünf Goldsous zu verlangen: er musste deshalb in der Frage des Ehebruchs kompetten sein. Ob der Ribaudenkönig des Hofes an den Einnahmen der lokalen Ribaudenkönige Teil hatte, ist mindestens zweifelhaft. Dass die Freudenmädchen, die im Gefolge des Hofes lebten, ihm eine bestimmte Abgabe zu entrichten hatten, beruht auf dem Grundsatze des Feudalismus, wonach jeder unter der Feudalherrschaft Stehende seinem Herrn eine Art Zehnten zu leisten verpflichtet war. Nach Boutillier und Ragueau mussten die Vasallen des Ribaudenkönigs wöchentlich zwei Goldsous abgeben. Jean le Ferron behauptet sogar, der Ribaudenkönig habe, trotz seinen wichtigen Funktionen und seiner hohen Hofstellung, den Dirnen, die zur Verfügung des königlichen Hauses gehalten wurden, Quartier gewährt. Man wird geneigt sein, diese Bemerkung als wahr und den Thatsachen entsprechend anzuerkennen, wenn man bedenkt, dass unmittelbar nach der Abschaffung der Würde des Ribaudenkönigs am Hofe eine sogenannte „Dame der Freudenmädchen des Hofes" (dame des filles de joie suivant la cour) auftaucht, die demnach eine ähnliche Stellung einnahm, wie sie Jean le Ferron dem Ribaudenkönige zuschreibt. Dutillet überliefert uns noch die Einzelheit, dass die Freudenmädchen des Hofes während des Monats Mai dem Ribaudenkönige zu Willen zu sein (faire son lit) verpflichtet waren.

Nachdem die Würde des Ribaudenkönigs mit dem guten Herrn von Grignaux zu Grabe getragen war, „lag," wie Rabutaux sagt, „die Obhut über die Freudenmädchen des Hofes einer Dame, und häufig einer Dame hoher Abkunft, ob." Im Jahre 1535 bekleidete eine gewisse Olive Sainte diesen Posten; sie erhielt von Franz I. ein Geschenk von neunzig Livres, „zu ihrer Unterstützung und zum Unterhalt jener Mädchen, damit sie regelmässig dem Hofe folgen könnten." (Vergleiche die Angaben im Glossarium von Ducange und Carpentier). Es sind uns eine Reihe von Verfügungen und Anweisungen aus der Zeit zwischen 1539 und 1546 überliefert worden, aus denen unter anderem hervorgeht, dass die Freudenmädchen das Recht hatten, im Monat Mai dem König ein Bouquet zu überreichen, zum Zeichen, das der Frühling und die Zeit der Liebe wiedergekehrt sei. Unter dem Datum des 30. Juni 1540 lässt Franz I. der Cécile von Viefville fünfundvierzig Livres mit der Bestimmung überreichen, einen Teil solle sie behalten, einen Teil unter die unter ihrer Obhut stehenden Freudenmädchen für das nach alter Sitte überreichte Maibouquet verteilen. Rabutaux irrt aber wohl, wenn er diese Cécile von Viefville als eine Herzogin von Vieuville bezeichnet, denn dieses Geschlecht erhielt unter Heinrich III. erst das Marquisat und gar erst unter Ludwig XIV. die Herzogswürde. Auch Champollion-Figeac, der die Geschichte in seinen ausgewählten historischen Anmerkungen (Bd. 4, Seite 479) mitteilt, scheint der Meinung von Rabutaux nicht beizutreten. Die Institution dieser Oberaufseherin der Freudenmädchen bestand aber noch im Jahre 1558, denn aus dieser Zeit hat Goye de Longuemare ein Edikt Heinrichs II. (vom 2. Juli des genannten Jahrs) beigebracht, in welchem verschiedene Missstände gerügt werden. Aus dem Text der Verfügung geht hervor, dass sich damals eine Reihe von Dirnen, die nicht in die Rolle der Freudenmädchen des Hofes eingetragen und damit der Aufsicht der Dame unterstellt waren, Zutritt zum Hofe zu verschaffen gewusst hatten. So waren also die Funktionen des Ribaudenkönigs am französischen Hofe allmählich verwandelt und schliesslich als ein Rest ehemaliger Herrlichkeit einer Oberaufseherin der Freudenmädchen übertragen worden.

Andere Ribaudenkönige, die bestimmt von dem des königlichen Hofes ressortierten, findet man in der Geschichte aller Städte und auch in der vornehmer Geschlechter. So gab es einen Ribaudenkönig am burgundischen Hofe, dessen Funktionen nach denen seines Kollegen am französischen Königshofe geregelt waren. Unter dem Herzog Philipp dem Guten bekleidete ein gewisser Colinboule das Amt, ein Name, der nicht gerade auf vornehme Abstammung hindeutet. Im Jahre 1423 hatte der Titel des Ribaudenkönigs schon viel von seinem Glanze eingebüsst, und der Kuratus von Notre-Dame d'Abbeville brauchte sich durch die Uebertragung der Würde eines Ribaudenkönigs durch die Jongleure nicht besonders geehrt zu fühlen. Jedem, der mit den Verhältnissen der Ribaudie einigermassen vertraut war, konnte der Titel nicht allzuviel Respekt einflössen. Die Zeiten waren vorüber, wo die Qualität seiner Klientele dem Offiziere nichts von seinem persönlichen Ansehen raubte. In einer Charte von Heinrich II. von England und der Normandie, der 1154 regierte, ist die Rede von einem Ribaudenkönig der „guten alten Zeit"; der Offizier, der das Amt bekleidete und bei dem König sehr in Gnaden stand, hiess Balderic, des Guilleberts Sohn; er wird bezeichnet als der „Aufseher der öffentlichen Mädchen in dem Lupanare zu Rouen" (custos meretricum publice venalium in lupanare de Roth.).

In den Provinzstädten lag dem Ribaudenkönig teils die Rechtsprechung, teils die Urteilsvollstreckung in Sachen der Ribaudie ob. Ein altes Register im Stadthause von Bordeaux besagt, dass jeder Verurteilte dem Ribaudenkönig übergeben wurde, damit er ihn durch die Stadt führe und mit guten Ruten peitsche. Metz besass gleichfalls seinen Ribaudenkönig, der aber niemals besonders hervortrat. Der Ribaudenkönig der Stadt Laon lebte nicht immer im besten Einvernehmen mit dem Bailli von Vermandois: im Jahre 1270 wurde sein Profoss, Poincard (Poinçardus, præpositus ribaldorum) vor das Tribunal des Bailli gefordert unter der Anklage, mit zwei Leuten namens Jean le Croseton und Wiet Lipois Gewaltthätigkeiten gegen die Abtei von Laon und ihren Abt verübt zu haben (vergl. Olim, herausgegb. durch den Grafen von Beugnot, I. Teil, p. 813). Dieser Anlass führte zweifellos zur Unterdrückung des Amtes in der Stadt Laon, denn Philipp III. weist in einer Ordonnanz von 1283 den Bailli von Vermandois an, die Thätigkeit eines Ribaudenkönigs in Laon unter keinen Umständen fernerhin zu dulden, sei es öffentlich oder im geheimen (quod clam vel palam vel sub aliquo simulato colore non permittat regem ribaldorum in villa Laudunensi). Die Verfügung war keineswegs allgemein gehalten, denn noch im Jahre 1483 besass die Stadt Saint-Amand einen „König der Freudenmädchen", namens Jakob Godunesme. In Toulouse nahm der Henker den Titel eines Ribaudenkönigs an. In dem Gewohnheitsrecht von Cambrai findet sich ein ganz genau spezialisierter Tarif, in dem aufgezeichnet war, wie viel Gebühren dem Ribaudenkönig von Frauen und Mädchen zustanden, die sich dauernd oder vorübergehend, in der Stadt oder vor ihren Thoren für Geld hingaben. Diese Gebühren einzutreiben, war nicht immer eine leichte Aufgabe und der Ribaudenkönig stiess mit seinen Gehilfen häufig auf einen erbitterten Widerstand. Bei einer solchen Affaire büsste ein gewisser Anton von Sagiac, der sich Ribaudenkönig von Mâcon nannte, sein Leben ein, als er im Jahre 1380 im Dorfe Beaujeu fünf Sous Taxe von einer verheirateten Frau eintreiben wollte, die er des Ehebruchs bezichtigte. Peter Talon (Calcis), der Mann dieser Frau, die den Namen Colette trug, und sein Bruder Etienne, kamen dem Weibe zu Hilfe. Anton de Sagiac war übrigens ein Ribaudenkönig niedrigsten Ranges und ein schlimmer Bursche, der durch die Drohung mit dem Gefängnis von den Prostituierten und solchen Frauen, die er der Prostitution bezichtigte, Geld zu erpressen pflegte. In dem erwähnten Falle lief die Geschichte aber übel für ihn ab: der Bailli von Mâcon eröffnete eine Untersuchung der Affaire, die aber die völlige Unschuld der Colette an den Tag brachte (contra veritatem imponens quod ipsa cum alio quam viro occubuerat) und auch das schamlose Treiben Antons enthüllte (se gerens pro ribaldo et se dicens de ordine seu de statu goliardorum seu buffonum). Die Angeklagten wurden freigesprochen; in der Urteilsausfertigung war aber nicht gesagt worden, dass er kein Recht gehabt hätte, die fünf Sous von Colette zu verlangen, wenn sie eben Ehebruch getrieben hätte (super qualibet muliere uxorata adulterante sibi competere et posse exigere quinque solidos et pro eisdem dictam talem mulierem de suo tripide pignorare). Der König von Frankreich scheint im Gegenteil durch die Unterzeichnung dieses Freispruchs den Anspruch auf eine Gebühr, den der getötete Ribaudenkönig von Mâcon gestellt hatte, sachlich durchaus anzuerkennen (de talique et alio vili quæstu).

IX. Kapitel.

Stand der Prostitution nach der Ordonnanz von 1254. — Einführung der Sittenpolizei. — Die Laden oder Organisationen der öffentlichen Dirnen. — Ordonnanz von 1256. — Die Tavernen werden allmählich zu Bordellen. — Organisation der öffentlichen Freudenmädchen durch Ludwig IX. — Kleidervorschriften für öffentliche Dirnen. — Statuten der Barbiere. — Die Badediener. — Statuten der Fleischhauer. — Tod Ludwigs des Heiligen. — Philipp der Kühne. — Ordonnanz von 1272. — Die Nadeln und goldenen Gürtel. — Freudenmädchen in Toulouse. — Guter Ruf ist besser als goldener Gürtel. — Philipp der Schöne. — Der Turm von Nesle. — Philipp und Gautier de Launey. — Jean Buridan. — Der Esel Buridans. — Zustand der Sitten nach den Kreuzzügen. — Hic und Hoc. — Die Tempelritter.

Ludwig IX. hatte, wie wir oben schon berichteten, eine Ausrottung der Prostitution in Frankreich versucht. Aber seine Ordonnanz von 1254, in der er die Vertreibung aller Dirnen anbefahl, wurde niemals scharf angewendet, weil sie nicht ausgeführt werden konnte. Die einzige Folge war, wie vorauszusehen und erklärlich, die, dass die

Prostituierten ihr Gewerbe ein wenig heimlicher betrieben und unter allerhand Deckmäntelchen den schweren ihnen angedrohten Strafen zu entgehen suchten; um nicht beim flagranten Delikt überrascht zu werden, wendeten sie die verschlagensten Listen an. Wenn auch die Zahl der Prostituierten vorübergehend zurückgegangen sein mag, so blieb die Institution selbst doch bestehen und wusste sich trotz mancher Anstrengungen der staatlichen Autoritäten sehr wohl zu halten. Unter dem Schutze obrigkeitlicher Reglements konnte sie freilich hinfort nicht mehr ausgeübt werden, derum aber suchte sie, statt in bestimmten bekannten und kenntlichen Häusern, ihre Zuflucht unter der ehrbaren Bevölkerung aller Stadtviertel. Welchen verhängnisvollen Einfluss ein solcher Zustand ausübte, braucht nicht eingehender geschildert zu werden. Ein allgemeiner Kniff der verfolgten Prostituierten war ein äusserlich „gottwohlgefälliges" Leben zu führen und die Kirchen recht fleissig zu besuchen. Manche traten auch direkt in fromme Orden ein — nicht gerade mit der Absicht ihre Sitten im Kloster zu änderen.

Es konnte denn auch den Behörden nicht lange verborgen bleiben, dass dieser Zustand noch weit bedenklicher war, als der frühere. Eine Sittenverbesserung war ganz und gar nicht zu verzeichnen: die Prostitution hatte lediglich einmal wieder ihre Form und ihr Angesicht verändert. Nach wie vor war es leicht, eine Dirne an vielen kleinen Merkmalen aus tausend ehrbaren Frauen herauszukennen, nach wie vor fanden Prostituierte und Lebemänner Gelegenheit in Hülle und Fülle, sich zusammenzufinden. Indessen war es unzweifelhaft, dass bei dieser Lage der Dinge ehrbare Frauen viel eher Nachstellungen und Zudringlichkeiten ausgesetzt waren. Besonders die jungen Burschen trieben die Belästigung ehrbarer Frauen geradezu als eine Art von Sport mit grosser Vorliebe.

„Es geschah vornehmlich aus diesem Grunde," so sagt Delamare in seinem Traité de la Police, „dass man das Verhalten der Polizei gegen die Prostitution veränderte. Hinfort duldete man die unglücklichen Opfer der Sittenlosigkeit, aber man suchte sie zu gleicher Zeit, zum Schutze der ehrbaren Frauen, schon durch ihre Tracht kenntlich zu machen und das Publikum sozusagen mit der Nase darauf zu stossen. Man wies ihnen bestimmte Strassen und Quartiere an, schrieb die Kleider vor, die sie tragen durften und bezeichnete die Stunden, an denen sie von den Strassen verschwinden mussten Diese Stelle aus dem Traité de la Police ist deshalb so wichtig und beachtenswert, weil sie uns ein bestimmtes Datum für die Einrichtung der Sittenpolizei angiebt, während wir in keinem zeitgenössischen Schriftsteller, in keiner Ordonnanz, sei es einer königlichen oder einer städtischen, darüber etwas erwähnt finden; aber der gelehrte Delamare hat auch alle anderen Quellen für die Kenntnis unseres Rechtslebens, die alten Register der Parlamente durchforscht, vornehmlich die des Parlaments oder Gerichtshofs von Châtelet, und er würde eine solche Angabe nicht gemacht haben, ohne vollgiltige Beweise vor Augen zu haben. Wahrscheinlich hat er sie dem Statut der Pariser Hurenzunft entnommen (corporation des femmes folles de leur corps), Statuten die Sauval ausdrücklich zitiert und die zu jener Zeit redigiert worden sein müssen, als alle Zünfte, Bruderladen und dergleichen Organisationen ihre Privilegien sorgsam registrierten und bei den Behörden eintragen liessen. Wir besitzen zwar eine Ordonnanz von 1256, welche die Ausübung der legalen Prostitution reguliert; aber darin findet sich nichts darüber, dass den Freudenmädchen bestimmte Strassen und Quartiere angewiesen waren und ebensowenig, dass besondere Kleidervorschriften ihnen ihre Tracht vorgezeichnet hätten. Da indessen aus späteren Ordonnanzen klar und unwiderleglich hervorgeht, dass derartige Vorschriften wirklich bis ins Einzelne hinein ausgearbeitet und auch publiziert waren, so geht man wohl nicht fehl, wenn man ihren Ursprung auf Ludwig den Heiligen oder vielmehr auf Etienne Boileau zurückführt, wenigstens so weit die Stadt Paris dabei in Frage kommt. Etienne Boileau wurde im Jahre 1258 zum Polizeimeister ernannt; aber er stand schon vorher beim Könige in hohem Ansehen, und der Monarch hatte bei den verschiedensten Anlässen seinen Rat eingeholt; wenn Boileau im Châtelet, dessen Stelle noch jetzt in Paris erhalten ist, zu Gericht sass, so kam der König häufig und liess sich an seiner Seite nieder, um den Verhandlungen zu folgen und den Urteilsspruch zu vernehmen. Delamare erwähnt ausdrücklich, dass sich Boileau die grössten Verdienste um die gewerbliche Organisation der Pariser Bevölkerung erworben hat; er war es auch, der die ersten Zunftordnungen in Paris ausarbeitete oder wenigstens redigierte. Da liegt denn doch die Vermutung sehr nahe, dass er seine organisatorischen Bestrebungen auch auf eine Regelung der nahezu unhaltbar gewordenen Prostitutionszustände ausgedehnt hat.

Demnach verstand sich Ludwig IX. zu einer Modifikation seiner Ordonnanz von 1254: ein paar Worte, die hinzugefügt wurden, veränderten anscheinend gar nicht viel an ihr — in Wirklichkeit sagte sie aber danach ungefähr das gerade Gegenteil ihres früheren Sinnes. Am Schluss des VII. Kapitels haben wir die entscheidende Stelle aus der Ordonnanz von 1254 ausführlich angegeben: 1256 finden wir aber eine Menge von an sich zum Teil ganz annehmbaren Einzelvorschriften über die Prostitution, die doch im ganzen nichts anderes bedeuten, als die Anerkennung der vorher so energisch bekämpften Institution. Der zweijährige Kampf gegen ein soziales Uebel hatte mit einer vollständigen Niederlage der staatlichen Autorität geendet, die befehdete Prostitution wurde legalisiert, indem sie einem Offizier des königlichen Hofes als oberstem Aufsichtsbeamten unterstellt wurde. Alle späteren Verfügungen in Sachen der Prostitution gründeten sich und nahmen Bezug auf diese Ordonnanz von 1256, und so darf man denn wohl, ohne in einen Irrtum zu verfallen, Ludwig den Heiligen als den Schöpfer der Sittenpolizei in Frankreich bezeichnen. Die anderen Paragraphen der erwähnten Verfügung von 1256 stehen insofern mit dem hier zunächst betrachteten im Zusammenhange, als sie von den sonst stark geübten Lastern des Würfelspiels, der Völlerei und dergleichen handeln und auch darüber gewisse polizeiliche Anordnungen treffen Aus dem Zusammenhange ergiebt sich, dass man damals keine Veranlassung hatte, einen wesentlichen Unterschied zwischen einem Gasthause und einem Bordell zu machen. Nach dieser Auffassung beurteilte man denn auch die Leute, welche Gasthäuser zu frequentieren pflegten: ein Mann in öffentlicher Stellung und einer, der etwas auf sich und seine Reputation hielt, durfte es jedenfalls nicht thun.

Diese Missachtung des Wirtshauses und des Wirtshauslebens erklärt sich einmal aus den sozialen Zuständen jener Zeiten, die ein Wirtshausleben im modernen Sinne überflüssig machten, und sodann daraus, dass gerade in jenen Tagen die Rechtsgelehrten das römische Recht wieder zu studieren begannen; wie aber dieses Recht über die Tavernen und das Leben darin zu urteilen pflegte, das haben wir schon an einer früheren Stelle ausführlich darzulegen Gelegenheit und Veranlassung gehabt. Indessen ist folgendes bemerkenswert: zu derselben Zeit, wo eine königliche Verfügung so absprechend über die Wirtshäuser sich äusserte, veröffentlichte der Præfekt von Paris die Statuten der Zunft der Taverniers oder Gastwirte. Da aber nach den damaligen Grundsätzen des gewerblichen Lebens jedermann Gastwirt werden konnte, wenn er nur genug Mittel besass, um sich in die Zunft einzukaufen, so war der Stand immer durch die Zugehörigkeit einer Menge zweifelhafter Existenzen belastet. Vorgeschrieben war den Wirten eigentlich nur, dass sie ihren Wein in loyalen Gemässen verzapfen mussten: im übrigen konnten sie die Pforten ihrer Häuser der Ribaudie und ihren Schützlingen beliebig öffnen. Von dieser Freiheit machte man denn auch beiderseits den ausgiebigsten Gebrauch, und in der kurzen Periode des intensiven Kampfes gegen die Prostitution bildeten die Wirtshäuser die bevorzugten Schlupfwinkel der gehetzten Dirnen und ihres Anhangs. Alle Bordelle wurden einfach, um der Gefahr der polizeilichen Schliessung zu entgehen, in Tavernen umgewandelt. Delamare fügt seiner Schilderung dieser Zustände noch die Bemerkung an, dass erst in der kurzen Zeit der versuchten Unterdrückung der Prostitution die Sprache jene infamierenden Worte aufnahm, durch welche diejenigen, die das Gewerbe ausübten, in den Augen des Volkes tief herabgesetzt wurden.

In Bezug auf die Organisation der Prostitution durch und unter Ludwig IX. sind wir mehr oder weniger auf Konjekturen angewiesen; aber die Thatsache des Bestehens der Organisation selbst ist unzweifelhaft; sie hat sich ohne wesentliche Aenderungen auch unter den folgenden Herrschern erhalten. Immer und immer wieder kommt man später auf die Verfügungen Ludwigs IX. zurück, wenn man etwas an der Prostitution zu reglementieren suchte. Wir haben keinen einzigen Beleg dafür in den Ueberlieferungen aus jener Zeit auffinden können, aus dem mit Sicherheit hervorginge, dass damals die Dirnen auch äusserlich bereits von den ehrbaren Frauen durch kennzeichnende Merkmale in der Kleidung, wie etwa die Juden von der christlichen Bevölkerung, unterschieden wurden. Aber man darf doch wenigstens mit einem relativ hohen Grade von Wahrscheinlichkeit vermuten, dass eine Polizei, die für die Juden solche Kleidervorschriften erliess, deren auch für die Prostituierten ausgesonnen hat. Ueber die Judentracht sind uns aus dem Jahre 1269 ganz genaue Bestimmungen überliefert worden, auf die im Einzelnen einzugehen, uns hier zu weit führen dürfte. Wir werden uns gewiss nicht allzuviel von der historischen Wirklichkeit entfernen, wenn wir annehmen, dass besondere Kleidervorschriften damals den Dirnen den Gebrauch bestimmter Stoffe, bestimmter Sorten von Pelzwerk und bestimmten Schmuckes untersagten. Die erste uns überlieferte Verordnung, in welcher von derartigen Regelungen der Toilette die Rede ist, datiert aus dem Jahre 1360 und ist in dem Livre vert ancien du Châtelet, dem alten grünen Buche des Châtelet, enthalten. Dieses Buch umfasst die Akten der Præfekten von Paris. In dieser Verordnung, die offensichtlich nichts ist, als eine Wiederholung und Neueinschärfung einer viel älteren gleichartigen, verbietet der Præfekt von Paris bei Strafe der Konfiskation den Mädchen und Frauen, die aus der Preisgabe ihres Körpers ein Gewerbe machen, das Tragen von Stickereien und anderen Schmuck auf ihren Kleidern und Hüten, von Perlen und pelzgefütterten Mänteln, von silbernen oder goldenen Ohrgehängen und Perlen. Er stellt den Frauenzimmern zugleich eine Frist von acht Tagen, nach deren Ablauf die Schergen der Præfektur unnachsichtlich derartige verbotene Gegenstände im Betretungsfalle konfiszieren würden; nur an den für den Gottesdienst bestimmten Orten sollte von der Einziehung der Sachen Abstand genommen werden. Jede Uebertretung dieser Vorschriften zog überdies eine Geldstrafe von fünf pariserischen Sous nach sich.

Etienne Boileau, der mehrfach bereits erwähnte Praefekt von Paris, der mit seiner Abneigung gegen die Prostitution ganz dem Beispiele des Königs Ludwig IX. folgte, scheint sich die grösste Mühe bei der Eindämmung des Lasters in der Hauptstadt Paris gegeben zu haben. In seinem Zunftbuche, das die Statuten aller gewerblichen Organisationen enthielt, kommen allerdings, wie wir bereits erwähnten, keine darauf bezüglichen Daten vor; aber wir haben doch Grund zu unserer Vermutung: in den Zunftbüchern gewisser Gewerbe, die in die Zeiten Boileaus zurückreichen, obschon sie vielfach erst von späteren Königen sanktioniert worden sind, finden sich nämlich mancherlei Anzeichen, dass in jenen frühen Tagen schon die Frage der Sittenpolizei ernsthaft diskutiert wurde.

So heisst es in dem Statut der Barbiere, das im Jahre 1371 die königliche Sanktion erhielt, aber in seinen Grundzügen aus früherer Zeit stammt, dass es den Meistern des Gewerbes verboten war, Frauen, welche sich der Prostitution ergaben, in ihren Häusern Unterschlupf zu gewähren; geschah es dennoch, so riskierten die Leute, dass ihnen ihr gesammtes Handwerkszeug und das Mobiliar ihrer Rasierstuben abgepfändet und mit Beschlag belegt wurde. Solche in Beschlag genommene Sachen wurden dann zu Gunsten der königlichen Schatulle oder der Stadtkasse öffentlich meistbietend versteigert. Indessen schreckten die Barbiere, die häufig zugleich Bademeister waren, trotz der hohen und schweren Strafen nicht immer vor einer Begünstigung der Prostitution zurück, sintemal sich dies Geschäft sehr einträglich zu gestalten pflegte. Immer neue Verordnungen sollten dem überhandnehmenden Unfug steuern, ohne dass indessen erhebliche Erfolge zu verzeichnen gewesen wären. Erhöhte Gefahren erhöhten eben nur die Preise, welche sich die „gefälligen“ Barbiere für ihre unsauberen Praktiken auszubedingen pflegten. In anderen Statuten finden wir andere aber ebenso charakteristische Vorschriften; so heisst es z. B. in dem Zunftbuche der Fleischer von Paris aus dem Jahre 1381, dass es jedem Angehörigen der ehrsamen Zunft streng verboten war, eine übelbeleumdete Person ohne offizielle Einwilligung des Obermeisters und der Zunftsschöffen zu ehelichen; handelte er ohne Autorisation, so wurde er aus den Reihen der eigentlichen Schlächter entfernt und durfte nur noch auf einer bestimmten Brücke in Paris eine Bank mit minderwertigem Fleisch halten. Nicht weniger streng waren die Bestimmungen im Buche der Wäscherinnenzunft, einer bedeutenden und immer sehr angesehenen Organisation in Paris: war dort einmal eine anrüchige Person durch Betrug und Vorspiegelung falscher Thatsachen in die Zunft hineingeraten, so wurde sie energisch und mit ziemlich harten Mitteln wieder ausgestossen. (Sauval, II. Bd. Seite 147).

Alle Anstrengungen Ludwigs IX. und seiner Minister, die Prostitution einzuschränken, scheinen keinen grossen Erfolg gehabt zu haben; gegen das Ende seines Lebens machte sich der bigotte Herrscher allerhand kummervolle Vorwürfe, dass er nicht energisch genug gegen das Laster eingeschritten sei und kam wieder auf seinen Lieblingsplan zurück, es mit Stumpf und Stil auszurotten. Vor seinem zweiten Kreuzzug, auf welchem er seinen Tod finden sollte, machte er sich noch an die Ausführung seiner Lieblingsidee. Am 25. Juni 1269 schrieb er von Aigues-Mortes an den Abt Matthias von Saint-Denis und an den Grafen Simon von Nesle: „Wir haben übrigens die vollkommene Unterdrückung aller sichtbaren und deutlichen Prostitution angeordnet (notoria et manifesta prostibula), die mit ihrer Ansteckung unser ganzes Volk verseucht und soviele Opfer in den Schlamm ihres Verderbens hinabzieht; wir haben befohlen, sie in den Städten und auf dem Lande zu verfolgen und unser

Königreich gründlich zu reinigen (terram nostram plenius expurgari) von allen ausschweifenden Menschen und öffentlichen Uebelthätern (flagitiosis hominibus ac malefactoribus publicis)." Der Tod verhinderte den König, irgendwelche Massregeln zur Durchführung seiner Absichten zu ergreifen. Die Prostitution trieb ruhig in der bisherigen Weise ihr Gewerbe weiter und würde es auch sicherlich gethan haben, wenn dem Eiferer auf dem Throne ein längeres Leben beschieden gewesen wäre: die alten, die Prostitution legalisierenden Ordonnanzen blieben in Kraft. In einem bemerkenswerten politischen Testament legte er seinem Sohne und Nachfolger die Grundsätze der von ihm geübten Regierungskunst dar und beschwor ihn, auf dem eingeschlagenen Wege weiter zu gehen. In der That versuchte Karl der Kühne, Ludwigs Sohn, den väterlichen Ermahnungen nach Möglichkeit zu folgen.

Im Jahre 1272 legte er einem Parlamente gewisse Prohibitivmassregeln gegen Völlerei, Spiel und Unzucht vor, die ganz den Grundsätzen seines Vaters entsprachen, der alles dieses gleichfalls im selben Maasse verabscheut und bekämpft hatte. Uns ist nur noch die Ausführungsordre zu dieser Verfügung des Königs an alle Baillis erhalten geblieben; darin werden sie aufgefordert, überall ein wachsames Auge auf die Sittlichkeit und den Lebenswandel des Volkes zu haben und in dem angedeuteten Sinne zu wirken. Gerade der Umstand, dass die Verfügung selbst nicht erhalten geblieben ist, berechtigt uns wohl zur Vermutung, dass man niemals ernsthaft versucht hat, sie auch durchzuführen. wahrscheinlich geriet sie schon noch unter der Regierung des Königs selbst vollkommen in Vergessenheit Das begreift man, wenn man weiss, dass ihr wichtigster Punkt die völlige Aufhebung aller Bordelle war: eine derartige Massnahme aber erschien allen niederen Instanzen als ein sehr gefährliches Spiel; sie begnügten sich deshalb allgemein mit der Publikation der Verordnung, duldeten dann aber stillschweigend, dass an dem Bestehenden nicht das Geringste geändert wurde. Höchstens, dass hie und da vielleicht ihrer allzugrossen Vermehrung ein wenig gesteuert wurde. An starken Mitteln zur Unterdrückung der Prostitution und gleichzeitig zum Schutze der ehrbaren Frauen hatte jene Zeit offenbar ihre besondere Freude. In die Kategorie dieser Massregeln und Mittel gehören auch zwei Vorschriften, die Pasquier zitiert, ohne ihnen ein genaueres Datum, als die ungefähre Angabe der Zeit Ludwigs IX. zu geben. Wahrscheinlicher ist es, dass man erst unter Philipp den Dirnen das Tragen eines goldenen Gürtels verbot, sie dagegen zwang, auf der Schulter eine kleine Nadel sichtbar werden zu lassen. Je nach den verschiedenen Städten, in welchen sich eine offiziell anerkannte Ribaudie befand, wechselte wohl auch die Farbe dieser Nadel. Aehnlich finden wir an anderen Orten wieder, zum Beispiel in Toulouse, dass die Prostituierten auffallende Armspangen, Reifen und dergleichen zu tragen pflegten, respektive sie zu tragen verpflichtet waren. Pasquier definiert im 35. Kapitel seines 8. Buches die sittenpolizeilichen Massregeln jener Zeit dahin, dass von einer völligen Unterdrückung der Prostitution wohl oder übel Abstand genommen werden musste, dass man ferner, das kleinere Uebel wählend, eine gewisse autoritäre Reglementierung eintreten liess, und dass endlich gewisse kleinere Einschränkungsmassregeln sehr beliebt und oft angewendet waren. Auch auf die vorschriftsmässige Kennzeichnung der Dirnen durch besondere Schmuckgegenstände kommt Pasquier dabei ausführlich zu sprechen.

Auf diese Kleidervorschriften gehen einzelne Sprichwörter zurück, die im dreizehnten Jahrhundert sehr verbreitet waren, aber auch heute noch gebraucht werden. Eines davon heisst z. B.: „Ein guter Ruf ist besser als ein goldener Gürtel." Zur Zeit Philipps des Kühnen und Philipps des Schönen drang die orientalische Mode vergoldeter Gürtel und goldgewirkter Gewebe in Frankreich ein; die Kleidergesetze verboten darauf den Frauen aus niederem Stande und selbstredend auch, oder gerade den Ribauden diesen Schmuck, wie ihnen denn überhaupt genau so wie den römischen Meretrices goldenes und silbernes Geschmeide zu tragen untersagt war. Das Verbot, bestimmte Luxus- und Toilettengegenstände zu tragen, stiess bei den Bürger- und Handwerkerfrauen stets auf lebhafte Opposition und sie rächten sich dadurch, dass sie dem Luxus der Damen vom Hofe, die nicht immer ein exemplarisches Leben führten, ihren guten Ruf entgegenstellten. Verstösse gegen die Kleidervorschriften gehörten zu den alltäglichsten Ereignissen, und manche Frau trug den goldenen Gürtel ohne das Recht dazu zu haben. Der Praefekt von Paris konnte mit Konfiskation und Strafe drohen soviel er wollte, die Frauen machten sich ein förmliches Vergnügen daraus, seinen Schergen auf der Nase herumzuspielen und ihren Schmuck dennoch zu tragen. Die Ribauden thaten es darin allen anderen zuvor, obschon sie immer eine Gefängnis- oder Prügelstrafe dabei riskierten. Einzelne Schriftsteller haben behaupten wollen, die goldenen Gürtel hätten gerade umgekehrt als ein Erkennungszeichen der Frauen von leichtfertigem Lebenswandel gedient und die ehrbaren Frauen hätten sich demgemäss leicht mit dem Verbot abgefunden: diese Ansicht ist indess durchaus nicht haltbar und wir brauchen uns mit ihrer Widerlegung nicht abzugeben. Was die Spange auf der Schulter anlangt, so diente sie nicht lange als Erkennungszeichen der Prostituierten von Paris; Pasquier hat sie freilich noch im 16. Jahrhundert in Toulouse dem angedeuteten Zwecke dienend mit eigenen Augen gesehen. Er erwähnt ausdrücklich, dass das Herumlaufen mit einer Spange gleichbedeutend war mit der Absicht, seinen Körper zum Zwecke der Prostitution feilzuhalten.

Die unter den Nachfolgern Ludwigs des Heiligen so wohlgeordnete und reglementierte Prostitution hatteallmählich ihre Herrschaft immer weiter ausgedehnt und die Sitten waren mit der Zeit so locker geworden, dass die drei Schwiegertöchter Philipps des Schönen, Margarethe, Königin von Navarra, Johanna, Gräfin von Poitiers und Blanca, Gräfin de la Manche zu gleicher Zeit des Ehebruchs angeklagt und auf Befehl des Königs in demselben Gefängnis, Château-Gaillard, eingesperrt wurden. Der Prozess wurde hinter verschlossenen Thüren verhandelt, sodass nicht bekannt wurde, um welche Ausschweifung es sich eigentlich handelte; nur eine, Johanna von Burgund, die Gemalin des Grafen Philipps von Poitiers wurde ins Schloss Dourdan übergeführt, wohin ihr Gemal eilte, um ihr die Freiheit, wenn nicht die Ehre wiederzugeben. Margarethe, die am wenigsten Schuldige der drei Schwestern, wurde im Gefängnis erdrosselt aufgefunden, und Blanca wurde nach ihrer Freilassung von ihrem Gemal verstossen und in das Kloster Maubouisson gesteckt. Im Volke schrieb man den drei Frauen die fürchterlichsten Ausschweifungen zu; man sagte, dass sie sich alle drei in das Schloss Nesle, ausserhalb der Ringmauern von Paris, dort wo sich jetzt das Gebäude des Instituts von Frankreich erhebt, das damals der Gräfin von Poitiers gehörte, einquartierten um gemeinsam mit Studenten, die ihnen infolge ihrer Schönheit aufgefallen waren, Unzucht zu treiben. Die armen Kerle seien danach immer entweder vergiftet oder erdolcht worden, die Leichen habe man in den Fluss geworfen. Zwei Offiziere aus dem Hofstaate dieser Prinzessinnen, die Brüder Philipp und Gautier de Launay, wurden in Pontoise im Jahre 1314 vor Gericht gestellt und zum Tode des Zerreissens bei lebendigem Leibe verurteilt; das Urteil wurde auch ausgeführt und die schrecklichen Ueberreste der beiden Männer wurden, wie die der furchtbarsten Verbrecher, öffentlich am Galgen ausgestellt. Eine Namensgleichheit und ein daraus entspringender Irrtum drohte einen Augenblick sogar die Königin-Mutter in den Prozess zu verwickeln; aber Johanna von Navarra hatte nie einen Fuss in das Schloss Nesle gesetzt und vermochte sich leicht vor den Richtern zu rechtfertigen. Aber die Verbrechen ihrer Schwiegertöchter warfen doch auf sie ihren schwarzen Schatten und in der Phantasie des Volkes lebt sie fort als die Heldin der schauerlichen Verbrechen im Turme von Nesle. Robert Gaguin sagt in seinem Abriss der Geschichte Frankreichs: „Nach der falschen und irrtümlichen Ueberlieferung hatte diese Königin ihr Lager mit mehreren Studenten geteilt (aliquot scholasticorum concubitu usam); um ihr Vergehen zu verbergen hat sie dann die jungen Männer getötet und die Leichen durch ein Fenster ihres Zimmers in den Fluss gestürzt. Ein einziger Student, Johann Buridan, entging durch einen Zufall diesem Geschick und veröffentlichte darauf sein bekanntes Sophisma: „Reginam interficere nolite, timere bonum est.“ Dieses Sophisma, das man in der verschiedensten Weise deuten kann, ist des Gelehrten Buridan, den die Universität Paris als Philosophieprofessor im 14. Jahrhundert zu ihren Leuchten zählte, nicht recht würdig.

Da er (siehe die Bibl. belg. des Valère André, Seite 471) im Jahre 1320 Rektor der Universität Paris war, so kann er nicht gut sechs oder sieben Jahre zuvor einfacher Student gewesen sein. Was das Sophisma selbst anbetrifft, so kommen wir seiner Deutung wohl näher, wenn wir es folgendermassen schreiben: Reginam interfodere nolite, timere bonum est. An Stelle des Wortes interficere, das hier gar keinen Sinn ergiebt, setzen wir interfodere, oder interferire, interferre kurz irgend eines mit einer erotischen Bedeutung, wodurch dann gleich der Inhalt des Satzes deutlich in die Augen springt. Es ist nichts als eine sehr gut gemeinte Warnung für unerfahrene junge Männer und besagt, dass sie sich wegen der damit immer verknüpften Gefahren nicht mit Frauen aus vornehmen Häusern einlassen sollen.

Die Geschichte von dem Turm von Nesle war in Paris so allgemein bekannt und wurde so häufig erzählt, dass Brantôme ihrer in seinem Buche von den „Galanten Damen" Erwähnung thut. „Diese Königin", so referiert er, „hielt im Schlosse zu Nesle bei Paris Hof und pflegte von den Vorübergehenden in ihr Haus zu rufen, wer ihr wohlgefiel, gleich welchen Standes er war. Hatte sie dann von ihm erlangt, was sie begehrte, so liess sie die unglücklichen Opfer von der Höhe eines Turms, der heute noch (zu Brantômes Zeiten) steht, in die Fluten des Stroms hinabstürzen. Ich will nicht behaupten, dass das wahr ist, aber das Volk, wenigstens das von Paris erzählt es sich so." Vor Brantôme hatte bereits Villon auf die furchtbare Tragœdie in folgenden Versen seiner Ballade von den „Damen früherer Zeiten" angespielt:

Semblablement où est la peine
Qui commanda que Buridan
Fût jeté en un sac en Seine!

(Gleich jenem Orte, wo die Königin ist, die einst befahl, dass man Buridan in einem Sacke in die Seine stürze.)

Bemerkenswert ist, wie diese Geschichte abgeschwächt worden ist: anstatt der drei lüsternen und ausschweifenden Prinzessinnen, die sich die kecken und frischen Studenten von der Strasse holten und sie dann in der grauenhaftesten und hinterlistigsten Weise niedermetzeln liessen, kennt die Ueberlieferung nur noch die Königin, die in Buridan verliebt ist! Vielleicht hat dieser Mann auch in einer seiner bekanntesten Geschichten, in dem sprichwörtlich gewordenen Esel des Buridan auf seine Erlebnisse angespielt: er schildert darin einen Esel, der zwischen zwei gleich grossen und gleich saftigen Heuhaufen verhungert, weil er sich nicht entschliessen kann, den einen eher als den anderen zu berühren. Ob er damit sich nicht daran erinnert, hat, wie er einst zwischen drei gleich schönen und gleich begehrlichen Prinzessinnen gesessen hatte?

Wenn diese Prinzessinnen thatsächlich so hinter jungen Männern herliefen und sich ihre Liebhaber und zugleich ihre Opfer auf den

Strassen suchten, so darf man wohl nicht mit Unrecht vermuten, dass sie von ihren eigenen Männern vollständig vernachlässigt wurden. Eine unerhörte Sittenlosigkeit herrschte damals in Frankreich, und der durch die Kreuzzüge bekannt gewordene widernatürliche Geschlechtsverkehr zog immer weitere Kreise des Volks in seinen Bann: er drohte thatsächlich die gesamte Bevölkerung zu korrumpieren und zu Grunde zu richten. An einer anderen Stelle haben wir bereits eine Stelle aus der Geschichte des Occidents von Jakob von Vitry zitiert, worin er ein furchtbares Bild von den Sitten seiner Zeitgenossen entwirft. Ein zeitgenössischer Dichter, Prior der Abtei von Saint-Médard, wie man bemerken wolle, entwirft eine ähnliche Schilderung von dem Klosterleben in seinem Fabliau de sainte Léocade:

La Grammaire hic à hoc accouple;
Mais nature maldit le couple,
La mort perpétuel engenre
Cil qui aime masculin genre
Plus que le feminin ne face,
Et Diex de son livre l'efface.
Nature rit, si com moi semble,
Quand hic et haec joignent ensemble.
Mais hic et hoc, chose est perdue,
Nature en est tost esperdue . . .

So furchtbar hatte sich der widernatürliche Geschlechtsverkehr erwiesen und so sehr war er verbreitet, dass die natürliche Prostitution dagegen wirklich wie ein Heilmittel, oder wenigstens wie ein Palliativ angesehen werden konnte. Der Bestand der Gesellschaft selbst stand in Frage, als sich Philipp der Schöne, dem es weder an Einsicht noch an Energie fehlte, zu den schärfsten Massnahmen gegen die Sodomie entschloss; das war der erste Grund des Prozesses gegen den Templerorden. Freilich brauchen deshalb die anderen, genugsam bekannten, rein materiellen und politischen Gründe — der königliche Sittenreiniger war nämlich erpicht auf die ungeheueren Schätze, die der Orden im Laufe der Zeit aufgespeichert hatte — nicht aus der Rechnung zu verschwinden: das Eine schliesst das Andere in diesem Falle ganz und gar nicht aus. Die aufmerksame Lektüre der Original-Prozessakten, der wir uns unterzogen haben, zeigt deutlich, dass der König vor allen Dingen die Laster und Gottlosigkeit der Tempelherrn treffen wollte. Die neuere Geschichtsforschung ist nun freilich der Ansicht, dass solche Prozessakten über die Motive des Anklägers nur sehr ungenauen Aufschluss geben können: der französische König hätte müssen ein vollendeter Esel sein, wenn er seine gewinnsüchtigen und politischen Absichten als Ausgangspunkt seiner Anklage genommen hätte. Er that das, was in solchen Fällen die brutalen Erpresser immer zu thun pflegten und pflegen: er versteckte sich und seine Pläne hinter der moralischen Phrase! Aber, wie gesagt, die Verderbtheit der Tempelherrn soll damit durchaus nicht bestritten werden, es kann damit wohl seine Richtigkeit haben: nur ist es fraglich, ob den König sein auf einmal so lebhaft entflammtes Gewissen auch dann zu dem Prozess getrieben haben würde, wenn eine Vernichtung des Templerordens seinem politischen und finanziellen Interesse entgegen gewesen wäre! Auch Michelet, der berühmte Geschichtsschreiber Frankreichs, sagt in seinem vortrefflichen Werke: „Welche Meinung man sich auch immer von dem Templerorden und seiner ursprünglichen Prinzipien und Thaten gemacht haben mag, betrachtet man die letzten Jahre seiner Existenz mit ihrem Verfall der Sitten, dann kann man nur schwer ein vernichtendes Urteil zurückdrängen." Die Veröffentlichung der Originalaktenstücke beweisst mit zwingender Deutlichkeit, dass der Orden der Sitz geradezu teuflischer Lüste geworden war. Für Philipp den Schönen und den Papst Bonifacius VIII., die dasselbe Interesse an der Unterdrückung des Ordens hatten, war damit die Handhabe zu seiner Zerstörung gegeben: man richtete den Angriff gegen die notorischen Vergehen der Tempelherren und erreichte damit zugleich seine sehr realen Absichten. Irgend eine Chronik bringt das Ausbrechen des allgemeinen Unwillens gegen die Templer im Jahre 1307, das ein Aufflackern der Scheiterhaufen in ganz Europa zur Folge hatte, mit der Rache eines Weibes im Zusammenhang. Das Verhör des Grossmeisters und der 230 Ordensritter in Paris wurde nach Michelets Zeugnis sehr sorgsam und mit viel Bedacht durchgeführt; hohe kirchliche Würdenträger bildeten das Tribunal, und trotz des systematischen Leugnens aller Angeklagten darf man wohl die meisten Anklagepunkte, die sich auf sittenlosen Lebenswandel bezogen, als erwiesen gelten lassen. Die Natur der Vergehen und Verbrechen, die man den Templern vorwarf, war übrigens dem Volke wohlbekannt und oft und lange besprochen worden.

Die Templer waren ganz allgemein verrufen; ihr Stolz, ihre Habsucht, ihre Eitelkeit, ihre Bosheit, ihre Trunksucht waren geradezu sprichwörtlich geworden: „Trinken und fluchen wie ein Templer," das war ein durchaus volksgebräuchlicher Ausdruck. Wenn auch die satyrischen Dichter sich vielfach mit den Lastern der Ritter befassten, so wusste man doch nicht, bis zu welchem Grade die Sittenlosigkeit in den Reihen des Ordens vorgeschritten war. Die ersten Zeugen gegen die Templer hatten sich freiwillig gemeldet; aus ihren Aussagen und den Verhören, denen die Ritter alle einzeln unterworfen worden, geht folgendes mit ziemlicher Gewissheit hervor: bei der Aufnahme in den Orden küssten sich der Receptor und der Recipiend nicht nur auf den Mund, sondern auch auf andere, häufig die obscönsten Körperteile (aliquando in virga virili); vorausgegangen war meistens eine förmliche Absage an das Christentum und ein Bespeien des Kruzifixes; darauf verbot in der Regel der Pathe dem neuaufgenommenen Ritter jeden Umgang mit Weibern, gestattete ihm aber die Ausführung der furchtbarsten Laster mit seinen neuen Brüdern. Zwischen manchen Ordensrittern sollen gleichsam feste Verhältnisse bestanden haben: in einer Art von stolzen Prostitution lebten sie und bezeichneten jeden Angriff darauf als eine freche und schamlose Verleumdung. Manche Ritter, die eingeschüchtert oder gekauft waren, gaben Einzelheiten zu; die anderen leugneten beharrlich alles ab, oder erklärten wenigstens, dass sie jedenfalls nicht an derartigen Scenen teilgenommen hätten, wenn sie wirklich vorgekommen seien; sie beriefen sich auch wohl auf die Statuten des Ordens, die indess sehr dunkel und mystisch waren und von niemandem erläutert wurden. Huguet von Baris erzählte, dass er bei der Feier seiner Aufnahme bis auf das Hemd entkleidet gewesen sei; der Bruder der ihm bei der Anlegung des Ordensgewandes geholfen habe, habe ihn dann plötzlich auf den Mund und auf obscöne Körperteile geküsst: frater P. levavit ipsi testi vestes ante et retro. Mathieu von Tilley sagt dagegen, dass bei seiner Aufnahme von ihm verlangt worden sei, das Christentum abzuschwören und das Kruzifix zu bespeien; sodann habe er müssen den aufnehmenden Bruder küssen praecepit quod oscularetur eum in carne nuda, et discoperuit se circa femur. et ipse fuit osculatus eum in ance circa illum; darauf sei das Spiel noch weiter getrieben worden: quod deberet eum osculari ante circa femoralia. Darauf brach man das Verhor mit ihm ab. Jean de Saint-Just, dem man vorgeworfen hatte, er habe gewisse Körperteile des ihn aufnehmenden Ordensbruders geküsst, antwortete mit Entrüstung, dass er sich nie zu einer derartigen Infamie hergegeben hätte.

Viele Templer sagten, sie seien nach ihrer Aufnahme wiederholt zur Teilnahme an der Prostitution mit Brudern aufgefordert und dazu autorisiert worden; aber alle leugneten ab, irgend etwas selbst begangen zu haben und erklärten sogar, dass nach ihrer Meinung die Sodomie im Templerorden nicht stärker verbreitet sei, als in irgend einem Mönchkloster. Johann von Saint-Just sagte aus: Deinde dixit ei quod poterat carnaliter commisceri cum fratribus ordinis et pati quod ipsi commiscerentur cum eo; hoc tamen non fecit, nec fuit requisitus, nec scit, nec audivit quod fratres ordinis committerent peccatum prædictum. Die Aussage Rudolfs von Taverne ist noch eingehender und interessanter, weil man ihm in Hinblick auf sein Keuschheitsgelübde, das den Verkehr mit Angehörigen weiblichen Geschlechts unmöglich machte, geraten hatte, seine Lüste auf eine andere Weise zu befriedigen. Deinde dixit ei quod, ex quo voverat castitatem, debebat abstinere a mulieribus, ne ordo infameretur; verumtamen secundum dicta puncta, si haberet calorem naturalem, poterat refrigerare et carnaliter commisceri cum fratribus ordinis, et ipsi cum eo: hoc tamen non fecit, nec credit quod in ordine fieret. In der nicht minder eingehenden Darlegung des Gerhard von Causse findet sich ein eklatanter Widerspruch. Zuerst sagte er, jeder Ordensbruder, der sich der Sodomie schuldig gemacht hätte (si essent convicti de crimine sodomitico), wäre zu lebenslänglicher Gefangenschaft verurteilt worden, und die Brüder hätten, um allen Gefahren zu entgehen, nachts beständig Licht in ihren Schlafsälen brennen lassen (et quod tenerent lumen in loco, in quo jacerent, de nocte, ne hostis inimicus daret eis occasionem delinquendi); und später gab er zu, es sei nach seiner Aufnahme ein Bruder zu ihm gekommen und habe ihm gesagt, wenn er gar zu sehr unter den Qualen der Enthaltsamkeit leide, dann solle er doch nicht zu Weibern gehen, um dem Orden keine Schande zu machen, sondern sich lieber mit seinen Kameraden abgeben (dixit eis quod si haberent calorem et motus carnales, poterant ad invicem carnaliter commisceri, si volebant, quia melius erat quod hoc facerent inter se, ne ordo vituperaretur, quam si accederent ad mulieres.) Aber auch dieser Templer erklärte lebhaft, dass er selbst nie diesem Rate gefolgt sei.

Die furchtbaren Folgen des Prozesses gegen den Templerorden sind bekannt: eine Menge Ordensbrüder starben durch Henkershand. Aber vollständig verschwand der Orden doch nicht, sondern er lebte im Geheimen mit denselben Sitten und Lastern weiter, wenigstens wenn man einigen Angaben gleichzeitiger Chronisten Glauben schenken darf, die freilich keinen Anspruch auf unbedingte historische Zuverlässigkeit machen können. Untersucht man nach sorgfältiger Prüfung der Akten und der sonstigen Ueberlieferungen vom Templerorden die Ursachen, die ihn in den furchtbaren moralischen Sumpf hineingeführt haben, so ergiebt sich folgendes: der lange Aufenthalt im Orient und die stete Berührung mit Völkerschaften, bei denen die Sodomie endemisch ist, hatte die Templer angesteckt; dazu kam die Furcht vor den schrecklichen Geschlechtskrankheiten, mit denen in jenen Ländern fast alle Dirnen behaftet waren. Um nicht von ihnen befallen zu werden, hatten sich die Templer der widernatürlichen Befriedigung ihres Geschlechtstriebes in der geschilderten Weise zugewendet.

X. Kapitel.

Die Prostitutionsquartiere von Paris. — Topographie der pariserischen Prostitution im Mittelalter. — Die verschiedenen Strassen und ihre Charakteristik.

Zur Geschichte der Prostituiertenquartiere von Paris haben wir nur sehr wenig Nachrichten; kaum können wir ihre Lage mit einiger Sicherheit in einigen Epochen vor dem sechzehnten Jahrhundert feststellen. In den Akten (instrumenta) der Praefektur, in den verschiedenen Gerichtsrechnungen und Protokollen, in den Kartularien der Pfarreien und Klöster und sogar in alten poetischen Werken ist uns indessen seit dem dreizehnten Jahrhundert wenigstens hie und da eine sichere Spur gewiesen worden. Aus diesem Material müssen wir uns also sozusagen die Topographie der mittelalterlichen pariserischen Prostitution herauskonstruieren, eine Aufgabe, die weder leicht, noch besonders dankbar ist. Und dazu kommt noch, dass von den einzelnen Strassen recht wenig Interessantes und Pittoreskes zu vermelden ist; das Ganze muss sich notgedrungen auf eine Art von Katalogisierung beschränken, die wir so kurz und so unterhaltend, wie es nur immer möglich ist, zu gestalten gedenken. Es sind uns nämlich fast gar keine Einzelheiten erhalten geblieben und kein zeitgenössischer Schriftsteller hat es in jenen Tagen für nützlich und wertvoll gehalten, uns die Stätten der Prostitution mit feinem Pinsel zu malen. Daraus folgt dann weiter, dass wir leider auch über die örtliche Organisation, die Reglementierung an den einzelnen Stätten und alles derartiges sehr mangelhaft unterrichtet sind. Was man über diesen Gegenstand beibringen will, ist meist doch nichts anderes als Vermutung, die sich auf Rabelais und selbst Regnier zu stützen pflegt. Aber das wenige, was wir erforschen können, muss wenigstens gesagt werden.

Im Mittelalter, der Zeit der Privilegien und Traditionen, hatte jedes Gewerbe sein eigenes Quartier, seine gewissen Strassen, denen es den Namen gab; dort waren die Werkstätten, Läden und Schaufenster der betreffenden Zunftmeister, dort allein stellten sie ihre Waare her und boten sie zum Kaufe feil. In alten Städten begegnet man auf Schritt und Tritt den Erinnerungen an diese Vergangenheit: Bäckerstrassen, Spenglergassen, Fleischbank, Kannengiesserstrassen, Müllergänge, Beutelgassen, Schmiedeberge und was dergleichen Namen mehr sind, sprechen deutlich genug. Die Prostitution, die ein zünftiges Gewerbe gleich den übrigen bildete, hatte nicht das gleiche Interesse daran, nur in gewissen Stadttheilen und einzelnen Strassen ihren Sitz zu haben, sondern wollte ihre Netze überall auswerfen können. Daraus entspann sich dann der langwierige und in seinen einzelnen Phasen hochinteressante Kampf zwischen der gewerblichen Prostitution und der Gewerbepolizei: diese verlangte Beschränkung auf einzelne Strassen, womöglich einzelne Häuser, jene strebte beständig nach Erweiterung und Ausdehnung ihres Herrschaftsbereichs. So wogt der Kampf jahrhundertelang hin und her, und die Prostitution bietet allen Autoritäten keck die Stirne: weder vom Erzbischof, noch vom Praefekten, noch vom Parlamente, ja nicht einmal vom Könige lässt sie sich dauernd in ihre Schranken zurückweisen. Allen Verfügungen, Urteilen, ja selbst der brutalen Gewalt der Schergen stemmt sie sich entgegen und giebt ein Terrain, das sie einmal besetzt hat, erst nach einem hartnäckigen und ermüdenden Kriege auf; ohne Unterlass kehrt sie dorthin zurück, wo man sie zu vertreiben sucht und verlässt nie vollständig eine gewonnene und dann wieder verlorene Position.

Der Natur des Gewerbes entsprechend zogen die Prostituierten in der Regel die dunkelsten, schmierigsten Strassen den hellen und luftigen, leicht zu übersehenden Oertlichkeiten vor. Gerade so wie die Juden in ihr Ghetto und die Leprösen in ihre Pesthäuser eingepfercht waren, ohne dass sie bei schwerer Strafe zu bestimmten Stunden ausserhalb angetroffen werden durften, geradeso hatte auch die Prostitution ihre streng überwachten Stätten, an denen sie mit den Angehörigen der Ribaudie zusammen hauste. Einen gesetzlichen Grund zur Heimlichthuerei besass sie freilich nicht mehr, seitdem sie staatlich autorisiert und reglementiert worden war.

Die älteste Quelle, die uns etwas über die Lokalitäten der Pariser Prostitution vermeldet, ist ein in Versen geschriebener Monolog eines gewissen Guillot aus dem dreizehnten Jahrhundert; er ist uns nur durch dieses Gedicht mit dem Titel Dit des Rues de Paris (Erzählung von den Strassen von Paris) bekannt. Das Gedicht wurde zum ersten Male im Jahre 1754 durch den Abt Lebeuf veröffentlicht. Er hatte das Manuskript in Dijon entdeckt und deponierte es in der Bibliothek des Abbés Fleury, Kanonikus von Notre-Dame. Später hat man das Werk häufig wieder herausgegeben und bedient sich seiner als der wichtigsten Urkunde für die Topographie von Paris im dreizehnten Jahrhundert. Verfasst wurde das Werk zweifellos, wie aus dem Inhalt selbst hervorgeht, um das Jahr 1270, denn es wird darin eine Person mit Namen genannt, die nachweislich noch im Jahre 1283 gelebt hat. Die Benutzer des Werkes, das aus einer gereimten Aufzählung pariserischer Strassen besteht, scheinen, soviel sie sich auch mit dem Gegenstande beschäftigt haben, bisher noch garnicht bemerkt zu haben, dass der Verfasser ganz offenbar keinen Strassenkatalog verfassen, sondern nur die Lustbarkeitsorte, d. h. eben die Strassen der Prostitution zusammenstellen wollte. Was er damit bezweckte und welche Absichten ihn leiteten, ob moralische oder unmoralische, das können wir heute natürlich nicht mehr feststellen und geht aus dem Texte selbst nicht hervor, wenn man nicht aus der Thatsache selbst seine Schlüsse ziehen will, dass die dreihundert Verse des Originals mit wenigen Ausnahmen nur von Dirnenstrassen handeln. Ausser der Wiedergabe der Namen schwingt er sich an wenigen Stellen zu ein paar Bildern auf, die nicht gerade von einem geläuterten Geschmack zeugen. Jedesmal, wenn er auf seiner fingierten Reise an ein von der Polizei geduldetes Bordell kommt, dann macht er irgend eine Bemerkung, sei es auch nur über die Lage oder das Aussehen des Hauses. In Summa führt er in den drei Hauptquartieren von Paris nicht weniger als zwanzig „verdächtige" Strassen auf. Um eine Probe von seinen Versen und seiner Sprache zu geben, sei hier einiges angeführt; so sagt er z. B. über ein Haus in der Nähe der kleinen Brücke:

La maint une dame loudière
Qui maint chapel a fait de feuille.

Der Wortlaut könnte darauf hindeuten, dass die Dame nur eine biedere und ehrbare Hutmacherin gewesen sei; man muss aber wissen, dass das Wort loudière im alten Französich fast gleichbedeutend mit prostituée ist: von Hüten konnte da gar keine Rede sein, wenngleich nicht abgestritten werden kann, dass das Weib in den Mussestunden, die ihr das Hauptgewerbe gewährte, vielleicht Hüte angefertigt haben mag.

Von einem anderen Hause heisst es in unserem Texte:

Je descendi tout bellement
Droit à la rue des Cordèles:
Dame ia: le descord d'elles
Ne voudroie avoir nullement.

Danach scheinen die dort wohnenden Damen nicht gerade sanften Gemüts gewesen zu sein, wenn der Dichter nichts so sehr fürchtet, wie einen Streit (descord) mit ihnen.

Um Frauen von ähnlicher Zungenfertigkeit und Streitlust anzutreffen, muss Guillot ein paar Strassen weiterziehen; von denen aus der kleinen Severinstrasse sagt er:

. . . Mainte meschinete
S'y louent souvent et menu
Et font batre le frou velu
Des fesseriaux, que nus ne die.

Weiter heisst es an einer anderen Stelle, wo allerdings der Text weniger dunkel als verderbt zu sein scheint:

Une femme d'espital
Une autre femme folement
De sa parole moult vilment . .

Unser Dichter, welcher fürchtet, in den Streit verwickelt zu werden, nimmt schleunigst Reissaus und trifft in der Syphorianstrasse ein Weib, das zugleich Wahrsagerin und Prostituierte ist; sie nennt sich Marie und es heisst von ihr, wie folgt:

La rue de la Chaveterie
Trouvay. N'allay pas chez Marie,
En la rue Saint-Syphorien,
On maignent li logiptien.
Et puis la rue de Noyer,
On plusieurs dames, por louier
Font souvent battre leurs cartiers.

So wandert denn Guillot strassauf und strassab, findet überall Frauen und Mädchen von demselben Gewerbe aber sehr verschiedenen Qualitäten und sucht ihnen allen in seinen Versen gerecht zu werden. Die einen behandelt er gut und lobt sie, über die anderen geht er rasch hinweg oder findet gar gegen sie eine bosshafte bissige Bemerkung. Sein Buch ist trotz aller Einförmigkeit des Gegenstandes doch immerhin nicht ganz ohne Kunst und Abwechslung geschrieben, sodass man es auch heute noch sehr wohl einmal durchblättern kann. Endlich ist nun denn, so schliesst es, nach langer, langer Irrfahrt Guillot an das Ziel seiner Wanderung gekommen; da besinnt er sich gleichsam auf sich selbst und sagt:

Où il a maintes tencheresses
Qui ont maint homme pris au brai.

Allen Schmutz der Stadt hat er durchwühlt, in allen Winkeln der Prostitution sich herumgetrieben, aber dann rühmt er sich seiner Reimereien und dediciert sie — Christus als dem Herrn des reinen Firmaments und seiner Mutter, der Himmelskönigin, eine Naivetät, die in jenen Zeiten durchaus nichts ungewöhnliches oder auffälliges hatte.

Gegen Ende des vierzehnten Jahrhunderts vollführte ein anonymer Schriftsteller einen merkwürdigen Streich: er plünderte nämlich das Buch von Guillot in der unverfrorensten Weise aus, indem er einfach die inzwischen veralteten und veränderten Strassennamen durch die zu seiner Zeit gebräuchlichen ersetzte und im übrigen auch die Reime einigermassen modernisierte. Henry Geraud hat dieses zweite Dit nach einem Manuscripte aus dem Nationalarchiv publiziert; er setzt es nach der allgemeinen Steuerkatastrierung der pariser Bevölkerung auf das Jahr 1292 an. Dieses Kataster enthält übrigens, wie wir gleich hier bemerken müssen, keinerlei Spezialangaben über die Prostitution; damit ist bewiesen, dass die Dirnen zu jener Zeit wenigstens an der ausser den gewöhnlichen Steuern umgelegten Taille nicht participierten. Der Nachdichter Guillots hat seine Hauptaufgabe darin gesehen, den originellen alten Dichter zu reinigen und alles „Anstössige" aus ihm zu entfernen. Dadurch wird die Sache ja nun durchaus nicht wertvoller für den Kulturhistoriker, aber man kann andererseits nicht leugnen, dass der Anonymus die Fabel seiner Geschichte ganz geschickt erfunden habe: er fingiert nämlich, er sei eben erst in Paris angekommen und habe bei der Notre-Dame-Kathedrale seine Frau verloren. Um sie wiederzufinden, durchirrt er 310 Strassen der Stadt, in denen ihm unzählige Frauen begegnen; er schaut sie alle aufmerksam prüfend an, vermag aber seine eigene bis zum Schluss nicht darunter zu entdecken. Da ruft er aus:

Tant l'ay quise, pue j'en suis las!
Or la quiere qui la voudra:
Jamais mon corps ne la querra.

Nach dem Dit von Guillot versiegen beinahe alle unsere Quellen und es vergeht fast ein Jahrhundert, bis eine Verfügung des Præfekten von Paris uns wieder einmal etwas von der Topographie der Pariser Prostitution meldet. Diese von Delamare mitgeteilte Verfügung datiert vom 18. September 1367; es werden darin die Strassen bestimmt, in denen die Prostituierten ihrem Geschäfte obliegen können, ohne eine Strafe zu verwirken. Man merkt darin bereits die Strömung, die sich nachher unter der Regierung Karls V. erst recht durchsetzte. Der Præfekt fordert alle Weiber, die ein leichtfertiges Leben führen, auf, ihre Wohnung in einem Bordell zu nehmen, und ihren Verkehr auf gewisse genau bezeichnete öffentliche Plätze und Strassen zu beschränken. Es sind fast dieselben Orte, die Guillot schon ein Jahrhundert früher bezeichnet hatte, nur sind es ihrer jetzt viel weniger, denn die Polizei strebte energisch danach, die Zahl der Prostituierten und der von ihnen benutzten Lokalitäten zu vermindern. Der Præfekt verbietet auch ausdrücklich, dass ein Mann — und in diesem Falle kann es sich wohl nur um reiche und vornehme handeln — einer Dirne in irgend einem anderen als den bezeichneten Quartieren eine Wohnung miete; geschah es dennoch, so konnte der Mietspreis als Strafe eingezogen werden. Den Weibern war es gleichermassen verboten, ausserhalb der konzessionierten Strassen Häuser zu erwerben; die Uebertretung dieses Verbots konnte mit der Konfiskation des gekauften Hauses bestraft werden. Ging eine Prostituierte ausserhalb der erlaubten Grenzen ihrem Gewerbe nach, so konnte sie auf Betreiben von zwei Nachbarn verhaftet und verurteilt werden. Ward ihr eine Uebertretung nachgewiesen worden, dann erhielt sie meistens Stadtverweis, nachdem man ihr 8 pariserische Sous als Taxe für die Agenten der Polizei abgenommen hatte. Allem Anscheine nach wurden die polizeilichen Massregeln oft und mit grosser Strenge ausgeführt.

Die Stätten, die der Præfekt von Paris der Prostitution zu ihrem Gebrauche angewiesen hatte, waren meist eine Art von Höfen und nicht ganze Strassen; ganz ähnlich wurden später die sogenannten Wunderhöfe, Zufluchtsasyle für Bettler, Lumpensammler, aber auch für Diebe und anderes Gesindel eingerichtet. Von derartigen Gebäuden sind uns zahlreiche Spuren und noch mehr Ueberlieferungen erhalten geblieben. Manche von ihnen wurden durch Anbauten allmählich sehr vergrössert und wuchsen zu förmlichen Burgen aus. Zu ihrem Wachstum trug auch bei, dass in ihnen zeitweise die Gesellen und anderen Angehörigen bestimmter Gewerbe hausten, wie die der Fleischer, die im Mittelalter nicht in besonderer Achtung standen.

Es ist eine interessante, aber ebeso mühevolle wie zeitraubende Aufgabe, die heutigen Strassennamen von Paris, und ähnlich natürlich auch jeder anderen Grossstadt, bis in die Zeit ihres Ursprungs zurückzuverfolgen. Sehr häufig erhält man bei derartigen Untersuchungen Einblicke auch in die topographischen Verhältnisse der Prostitution in früherer Zeit. Ein Beispiel: die rue Chapon in Paris trägt ihren Namen, der noch heute zu finden ist, nach einem ihrer Bewohner aus dem dreizehnten Jahrhundert, einem gewissen Robert Beguon, Begon oder Capon, der vermutlich ein Bettlerkönig war, denn begon oder beguon scheint von beguinus abgeleitet, zu sein, das Bettler bedeutet, englisch begging; capon kommt her von capus, ein Vogelname und ist das Synonym von beguon. So hat also ganz natürlich diese Strasse einen Namen erhalten, der zugleich für ihre Bewohner, ihr Leben und ihr Gewerbe charakteristisch geblieben ist.

Auch bei Strassen, die weder im Guillot noch in einer der Verordnungen der Præfektur angeführt sind, lohnen sich derartige Untersuchungen. Sie zeigen uns zunächst, dass trotz allen Versuchen, die Prostitution aus dem Centrum der Stadt, der cité, zu verbannen, auch dort sich Häuser, ja Strassen mit Dirnen vorfanden. Das in der Nähe liegende Val d'amour (Liebesthal) von Glatigny, eine hervorragende Stätte mittelalterlicher Unzucht, mag durch das böse Beispiel verderblich eingewirkt haben; nach dem Ausdrucke alter Schriftsteller zogen sich die Ribauden mit Vorliebe dorthin, pour commettre le péchié, d. h. um allerhand Unfug, wenn nicht Schlimmeres zu treiben. Man geht deshalb nicht zu weit, wenn man sagt, dass das ganze Gewirre von Gassen und Gässchen in der Altstadt von Paris, das heute natürlich längst verschwunden ist und modernen Quartieren Platz gemacht hat, im Mittelalter ein förmliches Theater der Prostitution gewesen ist. Die engen Durchgänge, die weiten, oft düstern und gegen Beobachtungen von aussen abgesperrten Höfe lockten natülich die lichtscheue Gesellschaft jeder Art heran. Von der heutigen Rue de Perpignan wissen wir, dass sie damals Charui hiess nach einer Kneipe Char doré (de carro aurico) „zur goldenen Karre"; Guillot hat von dieser Kneipe mit folgenden Worten gesprochen:

En Charui — bonne taverne achiez ovri.

Alle Kneipen dieser Art waren nichts anderes als Bordelle. Neben der erwähnten befand sich vermutlich ein grosser Rosengarten, denn die späteren Namen der Strassen deuten darauf hin. (Champrousiers, Champflory, Champrosy). Vielleicht waren allerdings auch diese Namen nur — Onomatopöien.

Der Eingang in die alte Rue de Glatigny hiess im engeren Sinne Val d'Amour, Liebesthal. Sie lag am Hafen Saint-Landry und bestand aus einer Reihe von kleinen, niedrigen Häusern, deren zermürbte Fundamente bis ans Wasser herniederreichten, während sie sich mit ihren schiefen und zerfallenden Wänden aneinanderlehnten, als ob sie sich gegenseitig vor dem Zusammenbruch bewahren wollten. Das Val d'Amour war ein privilegierter Sitz der niedrigsten Prostitution, die sich ja immer, wie wir schon an anderer Stelle bemerkten, mit Vorliebe an die Flussläufe zieht. Die Strasse, die sich hinter den übelberufenen Häusern hinzog, hiess zeitweise Rue du Port-Saint-Landry-sur-l'Yeau, dann auch Rue de Fumier. Die Familie von Ursins scheute sich trotz der ganz eindeutigen Nachbarschaft nicht, in dieser Strasse ein grosses Wohnhaus, oder, wie man schon damals in Frankreich von den Häusern vornehmer Leute sagte: ein Hôtel zu erbauen. Juvenal des Ursins, Vogt der Kaufleute und Kanzler von Frankreich unter Karl VI. wohnte hier lange Zeit; er war in seinen Tagen unzweifelhaft eine der bedeutendsten Persönlichkeiten des Landes, aber seine Anwesenheit hatte auf die Nachbarschaft seines Hauses nur insofern einen Einfluss, als die Strasse hinfort nach ihm und seiner Familie Rue des Ursins genannt wurde, ohne dass ihr Charakter sich irgendwie verändert hätte. Guillot giebt uns an, dass die Rue des Marmousets stark von Ribauden oder noch ärgerem Gesindel frequentiert wurde; eine Liste der Strassen von Paris, die nach dem Urteile Lebeufs etwa um das Jahr 1450 aufgestellt zu sein scheint, erwähnt sie unter dem Namen Rue des Marmouzètes; wir wissen aber auch ferner, dass ein grosses Haus diesen selben Namen führte (domus Marmosetarum); man gelangte zu ihm über eine Reihe aussen herumführender Stufen und es hat bis zum 16. Jahrhundert existiert: liegt da die Vermutung nicht nahe, dass wir es bei ihm mit einem Ribaudenhofe zu thun haben? Aehnliche Konjekturen mögen erlaubt sein bei der sogenannten cour Fleury (Fleuryhof) und der maison Coquatricis (Couquatrixhaus). Im alten Französisch bedeutete, wie der gelehrte Herausgeber des Rabelais, De l'Aulnaye, bemerkt, Cocquartis, Cocatrix, Coquatrix, soviel wie Prostituierte.

Aus einem interessanten Aktenstücke, einem Arreste, den Félibien und Lobineau, die Verfasser der grossen Geschichte von Paris, aus dem Staube des Parlamentsarchivs ausgegraben haben, erfahren wir die bemerkenswerte Thatsache, dass mindestens zur Zeit seiner Abfassung (15. Juni 1367) die Strassen, in denen Bordelle bestanden, als foraines, d. h. als solche angesehen wurden, die der gewöhnlichen Strassenpolizei nicht unterstanden.

Ausser den hier einzeln erwähnten hatte die Prostitution in Paris natürlich noch eine Menge anderer Zufluchtsstätten; die schweifende Prostitution suchte in der City mit Vorliebe besonders zwei Plätze auf: der eine war eine kleine Insel, die man im fünfzehnten Jahrhundert Ile de Gourdaine, drei Jahrhunderte früher Ile aux Vaches (Kuhinsel) nannte; der andere war eine kleine Bodenerhebung im östlichen Teile, schlechthin „das Terrain" genannt. Entstanden war der Hügel aus dem Erdreich, das man bei der Fundamentierung der Kathedrale Notre-Dame ausgehoben hatte. Seit dem Jahre 1285 finden wir für diesen Platz auch die Bezeichnung: la Motte aux Papelards, Motta Papeladorum; was die Papelards waren, lehrt uns ein Zitat aus einer Rede von Robert de Sorbon: Imo propter hoc dicuntur papelardi, quia frequentant confessiones. Was den oben erwähnten Namen der kleinen Insel anbetrifft, so waren die Ausdrücke goudine, gourgandine, gordane nichts anderes als Synonyme für Prostituierte. Auf der Insel wurden übrigens unter der Herrschaft Philips des Schönen die Templer verbrannt, und der Ort scheint vorzugsweise zur Vollstreckung der Urteile an Sittenverbrechern benutzt worden zu sein. In dem Universitätsviertel, das soviele enge Strassen und Gassen, soviele geschlossene Höfe, unbewohnte Felder, bordes und Tavernen enthielt, fand die Prostitution je und je bequeme und sichere Schlupfwinkel. Aus Aktenstücken einer späteren Zeit ersehen wir, dass in jenem

Quartiere der Stadt das Gewerbe der Unzucht ganz ausserordentlich stark blühte, was ja auch bei der Zusammensetzung der Bevölkerung nicht gerade Wunder nehmen kann. Die Ordonnanzen Ludwigs des Heiligen hatten für den ganzen Bezirk ursprünglich nur zwei Orte für die Zwecke der gewerbsmässigen Prostitution konzediert; aber schon Guillot führt uns sechs oder sieben namentlich an, und zeitgenössische Schrifsteller, wie Jakob von Vitry behaupten gar, jedes einzelne Haus sei mehr oder weniger ein Bordell gewesen. Alain de l'Ile, der Universalgelehrte, ein bekannter Polyhistor, bemerkte mit schmerzlicher Resignation, dass die Studenten zu seiner Zeit lieber die Schönheiten junger Mädchen, als die des Cicero zu betrachten pflegten. Besonders hart urteilt dieser Gelehrte über die Vlamen, die er als ganz ausserordentlich korrumpirt schildert: sie liebten, so sagt er, festes Fleisch, wilde Ausschweifungen und hatten lockere Sitten. Einiges aus dem ausgelassenen Treiben jener Menschen und Zeiten erfahren wir aus dem Pantagruel des Rabelais, dem wir ausserdem entnehmen können, dass die Ortspolizei noch im siebzehnten Jahrhundert vor den Vorrechten der Universität halt machte: der Schatten eines Studenten, so meldet der feine Beobachter, habe die Schergen schon in die Flucht getrieben. Das hatte nun zur natürlichen Folge, dass sich die Prostituierten mit Vorliebe unter den Schutz von Studenten flüchteten, um den Nachstellungen und Chikanen der Polizei zu entgehen. Alle Orte im Universitätsviertel, von denen wir wissen und nachweisen können, dass sie den Zwecken der gewerblichen Unzucht dienten, können wir hier schon aus Rücksicht auf den uns zur Verfügung stehenden Raum nicht anführen. Es genügt ein Verweis auf Rabelais und seine Kommentatoren, die zur Topographie der Prostitution im alten quartier latin manchen schätzenswerten Beitrag geliefert haben. Soviele Zeugnisse uns auch überliefert worden sind, aus jedem einzelnen geht hervor, dass die Freudenmädchen in keinem anderen Bezirke der Stadt Paris im Mittelalter auch nur annähernd so zahlreich vertreten waren, wie im Studentenviertel. Die Studenten hatten für die Prostituierten einen eigenen Ausdruck gefunden und nannten sie generell chière-lie. Manche Geschichtsschreiber von Paris haben sich durch die späteren Namen der Strassen auch in diesem Viertel vollständig irreführen lassen und behaupten wollen, mit den Dirnengassen könne es gar nicht so schlimm gewesen sein. Sie übersehen dabei aber, dass bei dieser Namengebung vielfach die Volksetymologie mitgespielt hat, sodass anscheinend ganz harmlose Namen bei genauerer Prüfung doch auf einen pornographischen Sinn zurückweisen. Ein Beispiel mag das lehren: es gab im Studentenviertel eine Bordet-Strasse; da wird nun behauptet, sie führe diesen Namen nach einem Manne Peter de Bordelis, der dort im zwölften Jahrhundert wohnte; pathetisch berichten die Verfasser des grossen „Historischen Wörterbuchs der Stadt Paris“: „es ist ein allgemein verbreiteter Irrtum, aus der

Aehnlichkeit des Namen darauf zu schliessen, dass die Strasse früher den Zwecken der gewerblichen Unzucht gedient habe.“ Nun wissen wir aber zufällig aus uns erhalten gebliebenen Akten, dass die Strasse nicht nach dem Manne, sondern der Mann nach der Strasse benannt worden ist; und diese Strasse umfasste eben eine Reihe von Borden, über deren Bestimmung wir uns an einer früheren Stelle bereits ausführlich ausgelassen haben. So ist es also mit der schönen Ehrenrettung nichts; und wie in diesem Falle, so ist es noch in unzähligen anderen ebenfalls.

Es bleibt uns noch die Lage einzelner Ribaudenhöfe, Wunderhöfe, Cours des Miracles, wie man sie nannte, zu erörtern übrig. Wunderhöfe hiessen sie, weil des Morgens aus ihnen immer eine grosse Anzahl von Blinden, Lahmen, Bresthaften, Taubstummen u. s. w. auf Bettel auszogen, die — merkwürdiger, oder auch nicht merkwürdiger Weise — Abends lachend, singend, froh und lustig mit dem leichtgewonnenen Raube heimzukehren pflegten, um am anderen Morgen die lukrative Mummerei von neuem vorzunehmen. Diebe, Strolche, Bettler, Nichtsthuer, Spieler und anderes Gelichter bevölkerte diese Ribaudenhöfe, daneben Geschöpfe, die vom Weibe eigentlich nur den Namen beibehalten hatten, um ihn zu entehren. Der älteste derartige Hof war der der grossen Truanderie, von wo aus man förmliche Kolonien nach anderen Stadtteilen aussandte, wenn die Polizei die Erlaubnis zur Errichtung eines ähnlichen Hofes erteilt hatte. Neben zwei besonders grossen Filialen des Haupthofes zählte man noch etwa zwanzig derartige Schlupfwinkel des Lasters, Elends und Verbrechertums. Sauval hat einmal den Haupthof besucht und beschreibt ihn uns mit ziemlicher Genauigkeit als einen geradezu entsetzlichen Ort des Verbrechens, der Schamlosigkeit und Prostitution, die hier die niederste Stufe erreichte, die ihr überhaupt zu erreichen möglich war. Nach einer Schilderung des lebensgefährlichen und widerwärtigen Zugangs zu der Cour des Miracles sagt Sauval: „Ich fand dort ein altes, baufälliges, entsetzlich schmutziges Gebäude, von ganz geringen Dimensionen, nur vier Toisen im Geviert, dass aber doch von fünfzig verschiedenen Haushaltungen mit einer geradezu unübersehbaren Schaar von ehelichen, unehelichen und geraubten Kindern, bevölkert war.“ Weiter sagt Sauval: „Die am wenigsten hässlichen Weiber und Mädchen gaben sich für zwei Liards hin, andere für einen mässigeren Preis, die meisten für nichts. Manche gaben auch den Männern Geld, um von ihnen Kinder zu bekommen, die sie dann durch Anleitung zum Betteln in ihrem Interesse ausnutzen wollten.“ Der Tarif, den Sauval hier anführt ist ja gewiss ausserordentlich niedrig, man muss jedoch den Wertunterschied des Geldes von damals und heute dabei mit in Anschlag bringen; daraus ergiebt sich denn, dass zwei Liards ungefähr vierzig bis fünfzig Pfennige nach unserem Münzfusse ausmachen würden. Nach allem, was uns überliefert worden ist, scheint der Preis der Prostitution niemals niedriger gewesen zu sein, als Sauval ihn hier angiebt.

Man begreift, dass sich diese Sorte der Prostitution, das kosmopolitische Gesindel, allen Einflüssen der Sittenpolizei zu entziehen wusste. Viele von diesen schmutzstarrenden, ekelhaften und hässlichen Frauenzimmern hatten Zigeunerblut in ihren Adern. Wie sehr sie zur Verbreitung der furchtbarsten Geschlechtskrankheiten beigetragen haben, bedarf nach den vorausgehenden Schilderungen keiner näheren Erörterung mehr. In der Nähe eines Mirakelhofs war eine abendliche Wanderung stets mit gewissen Fährlichkeiten verknüpft. Widerstand jemand den Lockungen, Klagen, Beschwörungen, Bitten, Drohungen und Verwünschungen der Weiber, so griffen sie häufig zu dem Mittel der schamlosesten Erpressung, indem sie laut behaupteten, der Mann habe sich ein Attentat auf ihre „Ehre" zu Schulden kommen lassen Ohne eine gehörige Schröpfung ging es in einem solchen Falle nie ab, und der Ueberfallene konnte noch glücklich sein, wenn man ihm wenigstens die Kleider auf dem Leibe liess. Derartige „Sitten" wurden vom Vater auf den Sohn, von Mutter auf die Tochter vererbt. Schon die Kinder wurden in der unerhörtesten Weise korrumpiert und ausgebeutet; ihre ersten Handlungen in der Welt waren oft schon Akte der Prostitution. Aus dem Schlamm des Lebens in diesen Häusern konnte sich kein Individuum wieder retten, wenn es einmal einen Fuss hineingesetzt hatte. Es bedarf kaum der ausdrücklichen Erwähnung, dass mit der entsetzlichen Prostitution an diesen Orten auch alle jene niedrigen Industrien verknüpft waren, die schon die alten Huren von Rom praktizierten: das Salbenmischen, die Liebestrankfabrikation, die Wahrsagerei, Sterndeuterei, der Amulettenhandel und was dergleichen mehr ist

Man darf keineswegs annehmen, dass etwa die Hausbesitzer in einer Strasse, die dem Verkehre der Dirnen freigegeben war, gegen die Ausübung der gewerblichen Unzucht irgend etwas einzuwenden gehabt hätten. Im Gegenteil! Wir besitzen noch einen Teil der Akten eines fast ein Jahrhundert lang dauernden Prozesses, in dem sich der Streit um die Baillehoé-Strasse dreht: die Hausbesitzer zogen grossen Nutzen aus den Vermietungen an Prostituierte und waren beständig eifrig darauf bedacht, dass ihnen ihr kostbares Privilegium nicht geraubt würde. In dem erwähnten Prozess, dessen Spuren wir da und dort in den Akten des Parlaments verfolgen können, standen sich auf der einen Seite die Hausbesitzer und Mieter, auf der anderen der Kuratus und die Kanoniker von Saint-Merry gegenüber. Von Zeit zu Zeit griff auch der König oder ein Præfekt von Paris einmal mit einem Erlass in den Gang dieses Prozesses ein, natürlich nur mit dem Effekt, dass die Leidenschaften der Kämpfenden noch mehr entfesselt wurden. Das Parlament suchte den Prozess immer auf die lange Bank zu schieben, wollte sichtlich einer

Entscheidung aus dem Wege gehen und hielt deshalb die Parteien fortwährend hin: bald ordnete es eine Untersuchung an, bald fällte es ein vorläufiges Urteil, bald erliess er eine Verfügung, kurz, es mochte nicht gern alte Rechte, die sich auf die Gesetzgebung Ludwigs des Heiligen und auf eine lange Gewohnheit stützten, aberkennen Eine Verfügung vom 24. Januar 1388 giebt uns Aufschluss über den Stand der Sache; sie ist herausgegeben von Félibien und Lobineau und findet sich in ihrer Geschichte von Paris (IV. Teil, Seite 538). Danach hatten der Kuratus und die Kanoniker von Saint-Merry eine königliche Verordnung erwirkt, durch die die Prostitution in der Baillehoé-Strasse ein für alle Mal verboten wurde; in einem Befehl des neugewählten Præfekten von Paris, Johann von Folleville, war ausserdem den Dirnen aufgegeben worden, sofort ihre Wohnungen in dieser Strasse zu verlassen. Da aber die Prostituierten der Unterstützung der Hausbesitzer sicher waren, so beeilten sie sich gar nicht sonderlich, dem Befehle zu folgen; darauf schickte dann der Præfekt seine Häscher, die sie mit Gewalt vertrieben, und Mauerer, welche die Thüren der Zimmer vermauern mussten Sofort erhoben natürlich die in ihren Interessen bedrohten und über den Missbrauch der Gewalt aufs tiefste erbitterten Hausbesitzer Beschwerde beim Parlament und verklagten gleichzeitig auch die mehrfach erwähnten Geistlichen wegen Irreführung der Behörden. Die würdigen Hausbesitzer und Bordellhalter hatten dreien ihrer Kollegen, den Herrn Jaques de Braux, genannt Jacobin, Philippe Gibier und Guillaume de Nevers Vollmacht erteilt, und der an Wechsel- und Zwischenfällen so reiche Prozess begann.

Die Geistlichen behaupteten, Ludwig der Heilige habe verboten, dass Ribauden in „anständigen" Strassen wohnten; der damals amtierende Præfekt von Paris habe aber entschieden, die Baillehoé-Strasse gehöre zu diesen „anständigen" Strassen, er habe somit mit Recht die Prostituierten vertrieben und die Hausbesitzer mit der gesetzlichen Strafe, dem Vierfachen des Mietzinses, belegt. Weiter fügte man hinzu, die Strasse liege ganz in der Nähe grosser und bekannter Verkehrsadern, es wohnten in ihr nicht nur eine Anzahl ehrsamer Bürger und Bürgerinnen, sondern auch die Kapläne und Kanoniker der nahen Kirche Saint-Merry; das habe bereits zu vielen Unzuträglichkeiten geführt und werde es auch fernerhin thun, denn wenn ein Ribaude dort einmal einen Menschen ermorde, so könne er sich in die nahe Kirche flüchten; überhaupt dürften in einer so „anständigen und ehrbaren" Strasse keine Dirnen wohnen.

Die biederen Hausbesitzer, die um ihren hohen Hauszins fochten, erwiderten darauf, im allgemeinen sei es viel besser, wenn die Prostituierten im Inneren der Stadt als weit draussen wohnten; die Strasse sei zudem recht eng, winklig und dunkel und eigne sich deshalb ebenso vortrefflich zu den Zwecken der Unzucht, wie wenig zu anderen Geschäften; ferner hätten von jeher Dirnen in dieser Gasse gewohnt, es habe sich demnach ein Gewohnheitsrecht herausgebildet. Sie erinnerten daran, dass Hugues Aubriot, unter Karl V., Præfekt von Paris, bei einer Visitation der Bordelle verschiedene Lokalitäten geschlossen habe, aber gerade die in der Baillehoé-Strasse habe bestehen lassen, weil „schämige Leute eher dorthin, als anderswohin zu gehen wagten". Auch die Kirche habe, so erklärten die Hausbesitzer weiter, von dem Bestehen der Bordelle in der Baillehoé-Strasse direkten Vorteil, weil dadurch die Grundrente bedeutend steige. Endlich zitierten sie noch Aktenstücke, aus denen sie zu beweisen unternahmen, dass Ludwig der Heilige die Einrichtung von Bordells in jener Strasse ausdrücklich gewünscht habe. Was ferner den Weg zur Kirche anlange, so habe man einen anderen, breiteren und viel bequemeren Zugang und brauche nicht durch die schmale Gasse zu gehen; auch das „Allerheiligste" brauche man nicht durch die Strasse zu tragen, obschon man bei anderen derartigen Strassen durchaus auch daran keinen Anstoss nähme. Um nun noch mit den in solchen Diskussionen üblichen moralischen Gründen aufzuwarten, wiesen dann noch die edlen Bordellhalter und Hurenwirte darauf hin, es sei doch sehr gut, dass die Bordells in der Nähe der Kirche lägen, denn auf diese Weise werde der Kirchenbesuch der Dirnen entschieden gefördert. In ihrer Entgegnung bemerkte darauf die andere Partei, sie wolle an die stachlige Frage der Nachbarschaft von Kirche und Hurenhaus lieber nicht rühren; sie erwähnte nur, dass in einer Verfügung Ludwigs des Heiligen den Prostituierten ausdrücklich untersagt war, in der Nähe von Kirchen zu hausen; zum gleichen Thema zitierte sie aus dem römischen Rechte folgenden Satz: Deterius est quod penes sacrosanctas ædes morentur.

Wann der langwierige Prozess endgiltig erledigt worden ist, wissen wir nicht ganz genau; wahrscheinlich war es aber eine der letzten Regierungshandlungen des Königs Heinrichs des VI. von England und Frankreich, dass er im Jahre 1424 eine Entscheidung zu Gunsten der prozessierenden Geistlichen traf. Ob das freilich an den Zuständen etwas änderte, ist mindestens sehr zweifelhaft; man darf annehmen, dass die Prostitution einen so lange verteidigten Posten nicht so bald aufgab. Der Kuratus von Saint-Merry rächte sich an einem Prozessgegner, wie uns noch überliefert worden ist, durch eine schwere Kirchenstrafe, die er wegen angeblichen Fleischgenusses am Freitag über ihn verhängte. Aber damit begnügten sich die rabiaten Geistlichen nicht, sondern sie setzten schliesslich sogar eine Aenderung des Namens der Strasse durch. Mit dem ursprünglichen Namen Baillehoé, dessen Orthographie übrigens schwankend ist, hatte nämlich die Volksetymologie allerhand indecente Vorstellungen verknüpft.

Aus den Akten des vorhin ausführlich erwähnten Prozesses ergeben sich noch einzelne nicht unwichtige Aufschlüsse zur Geschichte der mittelalterlichen Prostitution in Frankreich. Wir erfahren nämlich, dass die Strassen, in denen gewerbsmässig Unzucht ausgeübt wurde, Nachts durch Thore abgesperrt wurden; ferner, dass die Mietspreise in solchen Strassen übernormal hoch zu sein pflegten; endlich etwas über die Beziehungen von Kirche und Bordell, die für die erstere unter Umständen beträchtliche finanzielle Vorteile boten. Anmerken wollen wir zum Schluss noch, dass nach dem Gewohnheitsrecht jeder Bürger gegen eine Prostituierte eine Klage anstrengen konnte, worin er verlangte, dass sie den Schauplatz ihres Gewerbes aus der Nähe seiner Behausung verlegte; nötigenfalls wurde dem Urteil des Gerichtshofes in solchen Sachen durch das Eingreifen der Schergen der Præfektur Nachdruck verliehen.

XI. Kapitel.

Steuerbuch der Stadt Paris. — Der Ribaudenkönig der Königin Marie. — Ysabeau l'Espinette. — Johanne aus der Normandie und andere Prostituiertennamen.

Wir haben bereits darauf hingewiesen, dass das Steuerbuch der Stadt Paris aus dem Jahre 1292 keine direkt auf die Prostitution bezügliche Angabe enthält; wenn man aber die Listen genauer untersucht; so findet man einzelne Stellen, in denen vermutlich unter einer Art von Decknamen Thatsachen erwähnt worden sind, die sich auf die Prostitution beziehen. Immerhin bleibt das bestehen, dass die Dirnen in ihrer Qualität als Mitglieder der Ribaudie von allen aussergewöhnlichen Umlagen zu Gunsten der königlichen Kasse ausgenommen waren; sie zahlten, ausser ihren Strafen, nur in ihrer Eigenschaft als Mietherinnen in Stadthäusern. Wie die Abgaben damals umgelegt und wie sie erhoben wurden, darüber wissen wir unglücklicherweise so gut wie garnichts; so ist es z. B. schwer verständlich, wieso und warum Paris, damals schon eine Stadt von ungefähr 400000 Einwohnern, unter der Regierung Philipps des Schönen nur 15200 Steuerpflichtige zählte, die nach den Berechnungen des gelehrten Henri Geraud nur 12218 Livres und 14 Sous aufbrachten. Wahrscheinlich waren unter den 15200 die wohlhabensten, gehörig mit Privilegien ausgestatteten Bürger nicht inbegriffen; aber auch die allerärmsten können aus verschiedenen einleuchtenden Gründen nicht wohl in der Zahl enthalten gewesen sein. Dulaure nimmt an, dass die Steuer garnicht nach den Köpfen der Bevölkerung umgelegt war, sondern das die Zahl 15200 garnichts anderes bedeute, als die vorhandenen Feuerstellen, die der Besteuerung zu Grunde gelegt worden seien; wenn das aber wirklich der Fall gewesen wäre, dann ist nicht einzusehen, warum die Steuerliste gewissenhaft die Zahl der in jedem Hause anwesenden Personen, der Kinder, Dienerschaft u. s. w. angiebt. Wir vermuten dagegen, dass nur solche Personen von der Steuer erfasst wurden, die zu ebener Erde wohnten und über eine der bekannten alten Doppelthüren oder Fenster verfügten. Diese Annahme, der keine der bekannt gewordenen Thatsachen entspricht, würde nämlich das grosse Missverhältnis zwischen Steuerpflichtigen und Einwohnern gut erklären; von den Steuerpflichtigen sind kaum der zehnte Teil Frauen.

Aus der Steuerrolle von 1272 erfahren wir eine durch mehrere praefektorale Verordnungen bestätigte Thatsache, dass die Dirnen nur zu bestimmten Stunden des Tages in die verrufenen Strassen kamen, um dort in ihren gemieteten Zimmern der Ausübung der Unzucht obzuliegen. Nachts wohnten sie nicht in denselben Strassen. Wir müssen sie also in den Steuerrollen der benachbarten Strassen wiederfinden und können sie leicht an der gleichmässigen Steuerveranlagung herauskennen. Ferner ergiebt sich, dass sie vielfach einen Haushalt führten, ja sogar verheiratet waren.

Bevor wir die Steuerrolle weiter prüfen, wollen wir auf eine besonders interessante Stelle darin aufmerksam machen, die bisher der Aufmerksamkeit der Bearbeiter vollkommen entgangen zu sein scheint. Es findet sich nämlich in den auf das Quartier Saint-Germain-l'Auxerrois bezüglichen Listen ein „Ribaudenkönig der Königin Marie", roy des ribauds de la royne Marie, erwähnt (Vergl. Livre de la Taille, pag. 5 der Ausgabe mit Kommentar von H. Geraud). Was hat es mit diesem Ribaudenkönig für eine Bewandtnis? Auf keinen Fall haben wir es bei ihm mit einem Offizier des französischen Königshofes zu thun; diese Vermutung, wenn sie auftauchte, würde schon durch die Betrachtung des lächerlich niedrigen Steuersatzes hinfällig gemacht, zu dem der Mann veranlagt worden war: er zahlte nämlich nicht mehr als ein armseliger Bettler und Wäscher. Die Lösung des Rätsels ist vielmehr auf folgendem Wege zu suchen: wir haben schon an einer früheren Stelle darauf hingewiesen, dass jede Cour de Ribaudie sich ihren Ribaudenkönig zu bestellen pflegte, der etwa die Funktionen eines Portiers auszuüben hatte, also wirklich nur eine Karrikatur der früheren höfischen Ribaudenkönige war. Der hier erwähnte Mann mit dem pomphaften Titel gehörte zu einem der verrufensten und niedrigsten Ribaudenhöfe. Was die „royne Marie", die Königin Marie, anbetrifft, so war das entweder eine Dirne oder eine alte Kupplerin, der ihre Hausgenossen und Kunden eine hohe Würde verliehen hatten; auf keinen Fall kann man annehmen, dass jener famose Ribaudenkönig in irgendwelchen Beziehungen zu der Königin Marie von Brabant, der Witwe Philipps des Schönen gestanden hat, die zu jener Zeit lebte. Aus der Notiz ersehen wir aber, dass einzelne Ribaudenkorporationen gerade so wie die Wäscherinnen und andere Gewerbe sich ihre Königin gaben. Wahrscheinlich wurde der Königintitel der Leiterin eines Ribaudenhofes übertragen; in der Regel freilich nannte man die Spelunken in der pittoresken Volkssprache Abteien und die wüstesten Weiber Aebtissinnen oder Priorinnen.

Kommen wir wieder auf die in der Steuerliste verzeichneten Frauen ohne bestimmt angegebenes Gewerbe, die in der Nähe oder gar in verrufenen Strassen wohnten, so finden wir da eine ganze Anzahl die gleichmässig zu dem Satze von 12 Deniers veranlagt waren. Die Namen sind zum Teil recht wunderlich: wir finden eine Florie du Boscage, eine Ysabeau l'Espinète, eine Johanna aus der Normandie, eine Edeline l'Enragiée, eine Aliz la Bernée und noch viele andere mehr, die alle hier aufzuführen unseren Raum ungebührlich beanspruchen hiesse. In anderen Strassen finden wir wieder Frauen unter allerhand Decknamen, die auch wohl gewerbsmässig Unzucht trieben, aber offenbar bessere Geschäfte gemacht haben müssen, da sie zu 2, 3, selbst 5 Sous veranlagt wurden. In den verrufenen Strassen findet man neben diesen Weibern eigentlich nur die Angehörigen der niedersten Gewerbe, Fischer, Packträger und dergleichen. Dagegen entdeckt man in den Namensverzeichnissen lebhafterer und besserer Strassen häufig auch nicht eine einzige zur Steuer herangezogene Frau. Nur eben in der Umgegend der Bordellstrassen finden wir sie. Wenn wir in einer der bekanntesten verrufensten Bordellstrassen auf Namen von Leuten stossen, die mit 22 Sols, ja sogar mit 36 und 38 zur Steuer veranlagt wurden, darunter auch Frauen, so haben wir es dabei wohl mit Bordellhaltern zu thun, deren Pensionärinnen und Ausbeutungsopfer wir dann in den benachbarten Strassen antreffen.

Bemerkenswert ist jedenfalls, dass, wie uns die Steuerlisten mit aller Evidenz zeigen, die Prostituierten in den meisten Fällen noch irgend einen Nebenberuf ausübten. Delamare, der das Gebiet des mittelalterlichen französischen Rechtes sehr genau durchforscht hat, macht darauf aufmerksam, dass nach alten Rechtsanschauungen alle infamierenden Bestimmungen der Gesetze und Verordnungen auf die Weiber nur dann

Anwendung finden konnten, soweit sie in der Ausübung der gewerblichen Prostitution begriffen waren; zu anderer Zeit gewannen sie fast die Qualitäten der ehrbaren Frauen zurück. Das wäre also eine Art Zweiseelentheorie.

Aus dem zwieschlächtigen Charakter des Lebens, das diese Frauen führten, darf man schliessen, dass die Polizei sich solange um sie gar nicht zu kümmern hatte, solange sie die Vorschriften beachteten: Prostituierte waren sie erst von dem Augenblick ab, wo sie ihren Fuss in die zu dem Gewerbe bestimmten Häuser setzten. Verliessen sie diese Häuser wieder, so waren sie gleichsam gereinigt. Aus diesem Gebrauche erklärt man sich einen Spruch des Magistrats von Bordeaux, der einen Mann wegen Schändung einer öffentlichen Dirne zum Galgen verurteilte. Das merkwürdige Urteil ist von Angelo Stefano Garoni in seinem Werke: Commentaria in titulum de meretricibus et lenonibus Const. Mediol. angeführt. Delamare sagt in seinem Traité de la Police, dass die Hurenhäuser den Prostituierten lediglich zur Ausübung ihres Gewerbes dienten, während ihre Wohnungen davon abgesondert waren; lediglich aus sittenpolizeilichen Gründen und der besseren Ueberwachung wegen habe man diese Häuser eingerichtet; jede Art von Prostitution ausserhalb der dazu bestimmten Gebäude sei ihnen verboten gewesen, (nach dem Livre vert ancien des Châtelet, fol. 159); Zuwiderhandlungen seien mit gesetzlichen Strafen geahndet worden. Delamare fügt hinzu, dass die Dirnen in der Regel erst am späten Abend die verrufenen Häuser aufzusuchen pflegten, damit man sie nicht erkannte.

Später setzte man die Zeit, während der die Bordelle dem Besuche geöffnet waren, reglementarisch fest, und zwar auf die Stunden von Sonnenaufgang bis zum Sonnenuntergang. Ob Listen über die in solchen Häusern verkehrenden Weiber geführt wurden, lässt sich nicht bestimmen; dagegen darf man als sicher annehmen, dass sie eine bestimmte Abgabe an die Stadtkasse oder an den Ribaudenkönig des königlichen Hofes zu leisten hatten. Der Vogt von Paris erliess unter dem 17. März 1374 eine Verfügung, wonach die Dirnen bestimmte Häuser bei einer Strafe von zwanzig pariserischen Sous um 10 Uhr Abends zu verlassen hatten. Da die Strafe nach dem heutigen Geldwert etwa zwanzig Franks beträgt, so darf man wohl annehmen, dass man damals die Tageseinnahme der Dirnen auf diesen Betrag einschätzte; von der Strafsumme stand die Hälfte vermutlich den Schergen des Châtelets zu. Später wurde ihre Festsetzung dem Ermessen des Richters überlassen, der häufig auf den drei- und selbst vierfachen Betrag erkannte, woraus denn wieder zu schliessen ist, dass auch Frauen aus höheren sozialen Schichten dem Besuche jener Häuser huldigten, denn eine simple Dirne würde man wohl schwerlich zu einer so erheblichen Geldstrafe verurteilt haben, reiche Frauen dagegen zahlten gerne auch hohe Bussen, wenn sie damit die

Geheimhaltung ihres Thuns erkaufen konnten. Am 30. Juni 1395 erliess der Vogt von Paris eine neue Verfügung, wonach alle Dirnen gehalten waren, die Prostitutionshäuser zu verlassen, sobald die Stunde des Feuerlöschens geschlagen hatte; gegen Uebertretungen waren Gefängnis- und Geldstrafe angedroht, deren Festsetzung dem Ermessen des Richters beziehungsweise des Polizeichefs vorbehalten blieb. Delamare, der diese Verfügung in dem Livre rouge ancien des Châtelets gefunden hat, fügt eine auch sonst bestätigte Besonderheit hinzu, wonach das Verlassen der Bordells im Winter auf 6 Uhr und im Sommer auf 7 Uhr festgesetzt war; diese Verfügung wurde alle zwei Jahre von neuem publiziert.

Wie festen Fuss die Prostitution dort, wo sie einmal zugelassen war, zu fassen pflegte, mag man daraus erkennen, dass es eines zwei Jahrhunderte langen Kampfes bedurfte, um sie aus einer Strasse zu vertreiben, die ihr von Ludwig IX. geöffnet worden war. Es handelte sich um die Chaponstrasse zu Paris. Am 18. September 1367 hatte der Præfekt von Paris in einer Bekanntmachung sie von neuem den Dirnen zur Verfügung gestellt; der Bischof von Mâcon erhob dagegen Beschwerde beim König Karl V, denn die Bischöfe von Mâcon, zugleich Grafen von Châlons, besassen seit mehreren Jahrhunderten ein grosses Haus in einer benachbarten Strasse, das durch den Verkehr der Prostituierten entwertet wurde. Der Bischof, der auch Mitglied des Kronrates war, warf bei dem Herrscher seinen ganzen Einfluss für die Aenderung dieser Zustände in die Wagschale. Karl V. erliess denn auch 1368 oder 1369 eine Verfügung gegen die Prostitution, die sich auf den bekannten ersten Akt Ludwigs des Heiligen stützte. Aber die Anwendung auf eine einzige Strasse war in dem Gesetze, das den Charakter eines allgemeinen Verbots getragen hatte, wie wir oben näher auseinandergesetzt haben, nicht gerechtfertigt. Sauval überliefert uns denn auch, dass die Prostituierten der königlichen Ordonnanz, die zu Gunsten des Bischofs ergangen war, Widerstand entgegensetzten, und sich auf das ihnen von Ludwig selbst erteilte Privileg beriefen, wonach ihnen die Chaponstrasse zur Ausübung ihres Gewerbes freigegeben war. Den Bischöfen von Châlons gelang es denn auch trotz allen Bemühungen nicht, die Dirnen aus der Strasse zu vertreiben, so zähe hielten sie an einmal erteilten Vorrechten fest. Nach Sauvals Angaben zogen sie erst im Jahre 1556 aus der Chaponstrasse aus, als einmal wieder die Bordelle in ganz Paris abgeschafft wurden.

Auch in anderen Fällen, wenn es sich darum handelte, dass die Prostituierten eine bis dahin verbotene Strasse für ihr Gewerbe in Anspruch nehmen wollten, nützten königliche Erlasse nicht eben viel. Wenn die Dirnen sich einmal irgendwo einnisteten und festsetzten, dann waren sie weder durch Drohungen, noch durch Strafen wieder zu vertreiben Dabei zeigte sich, dass sie sich gegen die konzessionierten Strassen im allgemeinen ziemlich ablehnend vernielten; gewiss war es ihnen, oder wenigstens einem Teil von ihnen zuwider, an den allgemein bekannten und verrufenen Orten zu verkehren: die Neuheit übte auch auf sie ihren oft geschilderten Reiz aus. So riskierten sie denn fortgesetzte Konflikte mit Gesetz und Polizei, um an unerlaubten Orten ihr Gewerbe auszuüben. Im Jahre 1381 ordnete Karl VI. die Anwendung der Bestimmungen Ludwigs des Heiligen gegen solche Leute an, die Wohnungen an Prostituierte in nicht freigegebenen Strassen vermieteten. Die Verfügung, die an den Præfekten von Paris gerichtet ist, war vom 3. August datiert und stützte sich auf die schon öfter angezogenen generellen Bestimmungen gegen die Prostitution, die auch hier wiederum speziell angewendet werden sollten. Sofort erhoben natürlich, wie in dem vorhin geschilderten Fall mit der Chaponstrasse unter Karl V., die Interessenten, vor allem die Hausbesitzer, lebhafte Einwendungen. Der Præfekt wird wohl anfangs bemüht gewesen sein, den Anordnungen des Königs Geltung zu verschaffen, aber seine Bemühungen blieben vergeblich und allen Anstrengungen der Polizei zum Trotz florierte die Prostitution in den von der Ordonnanz bezeichneten Strassen weiter. Sie alle gehörten zu dem von Philipp August der Stadt angefügten Vorort Reaubourg, einem alten Sitze der Ribaudie. Mitten in diesem Orte befand sich der Maubué-Brunnen, dessen Name allein schon vielsagend ist, denn maubué bedeutet unsauber.

In dem Erlass, durch den der Præfekt von Paris gewisse Strassen dem Verkehr der Dirnen zu entziehen sucht, macht er zugleich darauf aufmerksam, dass andere ihnen freigegeben seien, aber er führt sie nicht namentlich an, vermutlich, um keine Præjudizien zu schaffen oder nicht mit anderen königlichen Verfügungen in Widerspruch zu geraten. Den Erlass hat Ducange im Wortlaut aus dem Livre vert nouveau des Châtelets ausgezogen. Die Dirnen machten sich das Fehlen der ausdrücklichen Bezeichnung konzessionierter Strassen insofern zu Nutzen, als sie nun in alle Strassen eindrangen, die ihnen in jenem Aktenstück nicht ausdrücklich verboten waren. Der Præfekt sah sich deshalb veranlasst, im Jahre 1381 eine Ergänzung seines Erlasses zu publizieren, der uns von Ducange in seinem Glossarium mitgeteilt worden ist; er hat ihn, allerdings mit dem Datum 1395, aus dem Livre noir des Châtelets ausgezogen. In dem neuen Akte wurden sieben Strassen ausdrücklich genannt; besonders auffallend ist dabei die Erwähnung der Chaponstrasse, deren Geschichte wir weiter oben mitgeteilt haben; vermutlich war inzwischen ein Gerichtsurteil ergangen, das die königliche Verfügung, die sich auf jene Strasse bezog, für rechtsungiltig erklärt hatte

Auch in der Folgezeit blieben in den nichtkonzessionierten Strassen von Paris Bordells bestehen, und bis zum Jahre 1565 scheint die Præfektur keine ernsthaften Schritte dagegen unternommen zu haben. In jenem

Jahre erliess dagegen, wie schon kurz erwähnt, Karl IX. wieder ein allgemeines Verbot der Prostitution. Vorausgehen, soviel uns überliefert ist, nur zwei Spezialhandlungen in Sachen bestimmter Strassen, von denen die eine ein alter Sitz der Prostitution, die andere dagegen ungesetzlich okkupiertes Terrain war. Die betreffenden Verfügungen sind am 14. September 1420 während der Belagerung von Paris durch die Engländer von Karl VI. erlassen worden, wurden aber schon von Heinrich VI, König von England und Frankreich auf Vorstellung der Interessenten wieder verändert. (Vergleiche das von Delamare aus dem Livre noir des Châtelets ausgezogene Aktenstück). Gleichzeitig wurde aber die Massregel auf andere Strassen angewendet, und dem Præfekten aufgegeben, den „unwiderruflichen Willen des Königs" auszuführen; über den Erfolg mag man daraus urteilen, dass mindestens die eine der neu erwähnten Strassen, wie uns bestimmt überliefert worden ist, der Prostitution auch fernerhin erhalten blieb. Eines muss an den Erlassen jener Zeit auffallen: Heinrich VI. spricht davon, dass die konzessionierten Häuser nicht bewohnt seien, also nur zur Ausübung des Gewerbes gedient haben können; in der Præfekturverfügung von 1395 wird dagegen festgesetzt, dass die Prostituierten in den Bordells auch wohnen sollen. In dieser wichtigen Frage muss also die Gesetzgebung gewandelt worden sein. Die Dirnen durften demnach nicht mehr in beliebigen Stadtteilen wohnen, sondern mussten vollständig und dauernd in den Bordells verweilen. Dass sie dazu nicht geneigt waren, geht aus der Verfügung Heinrichs VI. indirekt hervor. Auch aus einem von Sauval zitierten Urteil des Parlaments, vom 14. Juli 1480 ersieht man, dass die Prostituierten sich mit Vorliebe von den konzessionierten Häusern und Strassen fernhielten und lieber anderswo ihrem Gewerbe nachgingen. In dem Urteil (Antiquités de Paris, tom. III. pag. 652) wird den Prostituierten verboten, in einer gewissen Strasse zu wohnen und anbefohlen, in „die alten Bordelle" zu ziehen. Vermutlich hatte sich dem Præfekten von Paris die Ueberzeugung aufgedrängt, dass eine polizeiliche Ueberwachung der Dirnen erst dann wirksam sein könne, wenn man sie gezwungen hatte, dauernd in jenen Häusern zu wohnen, in welchen sie bis dahin nur während der Tagesstunden ihr Gewerbe auszuüben pflegten.

Zu der Topographie der Prostitution von Paris gehört auch eine Angabe der Orte, wo die schweifende Prostitution ihre Zuflucht zu finden pflegte. Darüber wird freilich in den offiziellen uns erhaltenen Aktenstücken so gut wie gar nichts mitgeteilt. Und doch gab es der Strassen, in denen die schweifende Prostitution zu finden war, gar viele; von manchen sind uns die charakteristischen Bezeichnungen, die das Volk für sie fand, noch erhalten geblieben und können uns nun als gute Wegweiser dienen. Ausser den an einer früheren Stelle bereits geschilderten Mirakelhöfen, die förmliche Centralpunkte für allerhand verdächtiges und ausschweifendes Gesindel bildeten, kann man mindestens noch zwanzig übelberüchtigte Strassen anführen. In der Regel lagen sie unweit der konzessionierten Dirnenstrassen und der Mirakelhöfe, sodass die Ribauden sich leicht und bequem dorthin begeben konnten, ohne von den Blicken und Rufen des Publikums getroffen zu werden. Die Zurufe, französisch: huées, scheinen sogar einer Strasse den Namen gegeben zu haben. Die Hueleu-Strasse war von jeher der Prostitution geöffnet; sie trägt ihre Bezeichnung nicht, wie man angenommen hat und wie Abbé Lebeuf beweisen wollte, von einem Ritter Hugo Lupus (altfranzösisch: Hue-leu), der im zwölften Jahrhundert lebte und einer benachbarten Kirche verschiedene Zuwendungen machte, sondern von den Zurufen (huées), mit denen die Passanten dort begrüsst zu werden pflegten. Die Volksetymologie liebte solche Benennungen. Zur Unterstützung unserer Ansicht können wir uns auf eine Bemerkung im Dictionnaire historique de la ville de Paris berufen, wo die Verfasser sagen: „Sobald ein Mann eine solche Strasse betrat, wusste man, was er dort wollte, und forderte die Strassenjugend auf: Hue-le! d. h. verspotte ihn!" Die Hueleu-Strasse stand in dem allerschlechtesten Rufe in Paris, und auf sie zielten in erster Linie die Repressivmassregeln Karls IX. ab. Gute Autoren versichern uns, dass die Kinder in Paris „au loup" (zum Wolfe), oder verderbt: houloulou zu schreien pflegten, wenn ein Mann auf der Strasse eine Dirne anzureden wagte oder eine Prostituierte sich am Tage mit den Zeichen ihres Gewerbes am Gewande öffentlich sehen liess.

Es würde zu weit führen, wollten wir alle verrufenen Strassen unter ihrem wirklichen oder ihrem durch die Volksetymologie umgestalteten Namen hier angeben; nur soviel sei erwähnt, dass fast alle Strassen und Gassen in der Nähe der von Philipp August ausgebauten Stadtmauer der schweifenden Prostitution als bequeme Schlupfwinkel dienten; dort bot sie allen Gesetzen und Polizeivorschriften Trotz. Manche Namen trugen in der Volkssprache eine abgekürzte, selbstverständlich obscöne Bezeichnung; so gab es dort eine Strasse Tireo . . ., deren Namen man nicht ganz auszusprechen pflegte und die auch so in Urkunden erscheint. Als einst Maria Stuart, die Gemahlin Franz' II. durch sie hindurchritt und sich über den merkwürdigen Namen bei einem Offizier ihrer Begleitung erkundigte ohne naturgemäss eine andere als ausweichende, aber immerhin gerade dadurch deutliche Antwort zu erhalten, soll sie sehr indigniert gewesen sein. Was auch immer an dieser Anekdote ist, die Saint-Foix nach lokalen Ueberlieferungen aufgezeichnet haben will, so steht jedenfalls fest, dass man im Jahre 1809 den merkwürdigen Beschluss fasste, diese Strasse Tireo . . . fernerhin Maria-Strasse zu nennen.

Die Volksetymologie hat uns auf dem Gebiet von Altparis die sonderbarsten Strassenbezeichnungen überliefert; wir verzeichnen davon als Beispiele: Rue de la Truanderie, du Puits d'Amour, de Poilec . . . de Merderel, de Putigneuse, de Pute-y-musse, die z. T. in ihrer Bedeutung gar nicht wiederzugeben sind. Nur die Truanderiestrasse hat ihren Namen länger als sechs Jahrhunderte bewahrt, alle anderen haben ihre Bezeichnungen längst geändert. Die Rue du Puits d'Amour, d. h. die Liebesbrunnenstrasse, trug ihren Namen von einem jener Brunnen, deren Bedeutung für die Prostitution und ihre Geschichte schon an einer früheren Stelle auseinandergesetzt wurde. Dieser Brunnen stand mitten auf dem kleinen Platz Ariane, dessen ursprünglicher Name wohl Place de la Royne d. h. Königinnenplatz, nach irgend einer Ribaudenkönigin, gewesen sein dürfte. Die Poilec . . . strasse hat man später in eine Pelikanstrasse, dann in der Revolutionszeit bei der allgemeinen Prüderie, die damals herrschte, in Rue Purgée, d. h. die gereinigte, entsühnte Strasse umgetauft. Bequemer machte man es sich mit der Merderelstrasse, der man den Namen Verderet- oder Verdeletstrasse beilegte; lange Zeit nachher noch hat sie aber ihren alten Charakter bewahrt. Dagegen ist Rue Pute-y-Musse, d. h. die Strasse, wo Dirnen sich bergen, allmählich immer vornehmer geworden und der Rue du Petit-Muse von heute sieht man es nicht an, welches Treiben hier früher einmal herrschte. Die Strassen, in denen die schweifende Prostitution ihr Quartier aufgeschlagen hatte, zeichneten, wie man kaum noch zu bemerken braucht, nicht gerade durch Sauberkeit und Ordnung aus, es waren vielmehr die abscheulichsten, widerwärtigsten aller Strassen und Gassen. Bis in die Mitte des 17. Jahrhunderts dauerte dieser Zustand an; erst dann unternahm die Gesundheitspolizei einige Schritte gegen die gemeingefährlichen Pesthöhlen. Die Prostitution ihrerseits scheint in jenen Zeiten keinerlei Bedürfnis gefühlt zu haben, an den Zuständen etwas zu ändern, obschon sie doch wenig später das Beispiel höfisch-vornehmen und zugleich lasterhaften Lebens nahe vor Augen hatte.

XII. Kapitel.

Kleidervorschriften Philipp-Augusts. — Gesetzgebung der französischen Könige gegen kostbare und überladene Kleidung. — Die Ribaudenköniginnen. — Verbote der Pariser Praefektur und gerichtliche Urteile. — Urteil vom 26. Juni 1420. — Verordnung des Königs Heinrich VI. — Gerichtsurteil über die Kleidung der Fräulein vom 17. April 1426. — Die Liebesköniginnen und Liebesprinzessinnen. — Das Ordinarium von Paris. — Silberne Gürtel. — Inventarien. — Verordnung Heinrichs VI. — Von Bordellhaltern und Kupplern. — Bettlerbitte.

Wir haben gesehen, dass der Præfekt von Paris den Dirnen und Freudenmädchen durch seine Verfügung vom Jahre 1360 das Tragen von silbernen und goldenen Schmuckstücken, von Stickereien, Perlen und Pelzwerk untersagt hatte. Diese Verordnung ist zwar die älteste dieser Art, die wir im mittelalterlichen Frankreich finden, hatte aber zweifellos bereits Vorgänger, die uns nur nicht in den Archiven überliefert worden sind. Philipp August war der erste König, der dem Kleiderluxus auf gesetzgeberischem Wege entgegentrat, zugleich aber auch mit der bestimmten Absicht, die soziale Hierarchie nach Abstammung, Rang und Vermögen schon äusserlich in der Kleidung deutlich hervortreten zu lassen. Wir dürfen deshalb, obschon uns keine Einzelheiten dieser Kleidergesetzgebung erhalten geblieben sind, ohne weiteres annehmen, dass Dirnen und Freudenmädchen des Privilegiums beraubt wurden, sich so wie ehrbare Frauen zu kleiden. Etwas mehr wissen wir von den Massnahmen des Königs Philipps des Schönen, und wir können demnach das urkundliche Auftreten von Kleidervorschriften in Frankreich in das Jahr 1294 setzen. In diesem Gesetz handelt es sich offensichtlich nicht um Frauen mit lockerem Lebenswandel, aber wir können getrost annehmen, dass sie doch auch nicht gerade privilegiert worden sind: war es den Bürgern und Bürgerinnen verboten, bestimmte Stoffe, Farben und Schmuckstücke zu tragen, so doch jenen vermutlich ebenfalls. Wie streng und tief einschneidend die Gesetzgebung war, mag man daraus ersehen, dass sich die Unterthanen der verbotenen Kleidungsstücke und Schmucksachen, auch wenn sie sie schon vor der Publikation der Verfügung besassen, innerhalb eines Jahres „entledigen" sollten. Die Schwierigkeiten bei der Durchführung eines derartigen Gesetzes sind evident; lebhafte Opposition machten vor allen auch die Ribaudenköniginnen, indem sie bemerkten, eine auf die ehrbaren Frauen abzielende Gesetzesbestimmung gelte nicht ohne weiteres auch für sie, und der König von Frankreich hätte sie gewiss nicht durch die Vorschrift, keine Kleider im Werte von mehr als „12 Sols" Wert zu tragen, entehren wollen.

Auf die Gesetzgebung Philipps des Schönen gehen alle anderen Massnahmen, die sich auf die Kleidung beziehen, zurück: man änderte an ihr, entsprechend dem Wandel in den Lebensgewohnheiten und der Mode nur Einzelheiten. Erhalten geblieben ist uns eine Verfügung aus dem Jahre 1367, die sich auf die Frauen der Stadt Montpellier bezieht und minutiöse Einzelvorschriften in Bezug auf die Toilette der Frauen enthält; aber auch sie kann nicht wohl ohne Vorläuferinnen gewesen sein, denn dem Geiste der Zeit würde es widersprechen, wenn Paris in der langen Zeit von 1294 bis 1367 von allen derartigen Massnahmen ganz verschont geblieben wäre. Wir haben aber vorhin schon erwähnt, dass uns in der That nur die Præfekturverfügung von 1360 erhalten geblieben ist. Die Ueberlieferung, wenn auch nicht die authentischer Geschichtsquellen, erwähnt aus der Zwischenzeit, die von uns auch schon an einer anderen Stelle erwähnte Spezialvorschrift über das Tragen goldener Gürtel, die sich übrigens als eine Auslegung und Erweiterung einer bereits von Philipp dem Schönen getroffenen Bestimmung darstellt. Aber die Dirnen waren weit entfernt, dem Verlangen des

Præfekten schnelle und widerspruchslose Folge zu leisten, sie scheinen vielmehr einen erbitterten und zähen Widerstand geübt zu haben, der sich manchmal wohl gar zur offenen Revolte steigerte. Das können wir nämlich aus der Thatsache schliessen, dass im Laufe des fünfzehnten Jahrhunderts eine ganze Reihe neuer Præfekturerlasse über den gleichen Gegenstand erschienen, denen viele und stets verschärfte Gerichtsurteile gegen Uebertretungen zur Seite gingen. So verfügte der Præfekt unter dem 8. Januar 1415 von neuem, dass allen Prostituierten das Tragen von goldenem und silbernem Schmuck, von „ehrbarem" Pelzwerk, von Perlen und goldenen Gürteln, silbernen Schuhspangen und anderen Toiletteneinzelheiten bei Strafe der Konfiskation und gerichtlicher Verurteilung verboten sei. Acht Tage Frist war ihnen gestellt, sich der betreffenden Sachen zu entledigen; nach Ablauf dieser Zeit sollten die Schergen der Polizei sie im Uebertretungsfalle an jedem Ort, mit alleiniger Ausnahme der Kirchen, verhaften und ins Châteletgefängnis verbringen: zunächst sollten ihnen dort die verbotenen Kleidungsstücke abgenommen und darauf sie selbst der gerichtlichen Aburteilung unterstellt werden. Erneut und unter Trompetenschall in allen Strassen und Gassen der Stadt verkündet wurde diese Verfügung im Jahre 1419, ein deutlicher Beweis dafür, wie wenig sie bis dahin beachtet worden war; auch den Bemühungen der Polizeischergen konnte es nicht gelungen sein, den zähen Widerstand gegen die unbeliebten Anordnungen zu brechen.

Der höchste Gerichtshof des Landes hielt trotz dem Bürgerkriege, der Pest und der Hungersnot, die damals in den Grenzen des Reiches wüteten, die Kleidervorschriften für die Prostituierten für eine so wichtige Angelegenheit, dass er durch Beschluss vom 26. Juni 1420 der Praefekturverfügung beitrat und sie ausdrücklich billigte, indem er ihre Bestimmungen in einzelnen Punkten sogar noch vervollständigte. Aber auch das nützte nur sehr wenig oder gar nichts, denn nach kaum fünf Jahren sah sich die Praefektur zur erneuten Veröffentlichung ihrer Verfügung veranlasst: die Schaar der Ribauden war offensichtlich ganz ausserordentlich schwer im Zaume zu halten und setzte allen Massnahmen der staatlichen Autoritäten einen heftigen und zähen Widerstand entgegen. Die Prostituierten wollten nun einmal auf ihre Toilettenfeinheiten nicht verzichten und suchten nötigenfalls durch leichte modische Veränderungen die obrigkeitlichen Verordnungen hinfällig zu machen.

Die Konfiskation verbotener Kleidungsstücke und Toilettenartikel muss zu jener Zeit einigermassen lukrativ gewesen sein, denn sie bildete einen Teil der Einnahmen des Praefekten von Paris; erst Heinrich VI., König von England und Frankreich modifizierte die Sache in der Weise, dass hinfort die Erträgnisse aus derartigen Konfiskationen nicht mehr dem jeweiligen Praefekten sondern dem Fiskus zufallen sollten. (Vergl. Rec. des Ordonn. des rois de la 3. race). Ein neuer Beschluss des Parlaments in Sachen der Kleidungsgesetzgebung ist vom 17. April 1426 datiert: er erweitert in manchen Hinsichten die früheren Vorschriften nicht unerheblich. Interessant ist, dass der französische Hof im fünfzehnten und sechzehnten Jahrhundert, also gerade in der Zeit immer erneuter und verschärfter Gesetze gegen den Luxus, selbst ein sehr verschwenderisches Leben führte und geradezu phantastische Summen für prächtige Kleidung auszugeben pflegte: manche Stoffe waren ebenso wie gewisse Stickereien ausschliesslich dem Gebrauche der königlichen Prinzen und Prinzessinnen vorbehalten; aber die Prostituierten, die sich häufig als Prinzessinnen und Königinnen der Liebe bezeichneten, kehrten sich wenig an die Vorschriften und nahmen, wenigstens in ihren bestimmten Strassen, ähnliche Privilegien für sich in Anspruch. Ausserhalb ihrer Standquartiere mögen sie sich freilich auch wohl zurückgehalten haben, um den spähenden Augen der Polizeibeamten und dem Unwillen des Publikums zu entgehen, das, wie wir schon mitgeteilt haben, ihnen durchaus nicht wohlgesinnt war und sich häufig nicht mit blossen Verbalinjurien gegen vorübergehende Dirnen begnügte.

Von Zeit zu Zeit griffen deshalb, schon um dem Unwillen des Volkes Rechnung zu tragen, die Polizeibeamten eine unvorschriftsmässig gekleidete Dirne auf und brachten sie vor den Richter. Aber es ging auch damals, so wird uns ausdrücklich überliefert, wie so häufig: nicht gerade die Schuldigsten wurden erwischt, denn sie waren, wie ja leicht erklärlich ist, nicht die Aermsten und hatten immer ein Paar Geldstücke in den Taschen, um die Schergen „blind zu machen." Die Aufgegriffenen waren gewöhnlich nicht übertrieben kostbar gekleidet; manchmal trug die Konfiskation im Châteletgefängnis nicht einmal genug ein, um den Schergen den üblichen Anteil einzubringen. Sauval und Delamare haben durch Auszüge aus dem Dominium von Paris den aktenmässigen Beweis für die Armut der gewöhnlichen Opfer der Kleidervorschriften erbracht. Aus den Urkunden geht hervor, dass man Prostituierte nur dann zu verhaften und anzuklagen pflegte, wenn sie sich in unvorschriftsmässigen Toiletten auf öffentlichen Strassen herumzutreiben wagten, also war es ihnen wohl gestattet im Inneren ihrer Häuser zu tragen, was ihnen beliebte; sogar auf den Bordellstrassen scheint man ihren Neigungen in dieser Beziehung kein Hinderniss in den Weg gelegt zu haben. Auf dem Châtelet war man übrigens im amtlichen Verkehr mit eingelieferten Dirnen ausserordentlich diskret; manche Prostituierte konnte deshalb noch lange nachdem sie begonnen hatte, ihr Gewerbe auszuüben, für eine ehrbare Person gelten, wenn nicht ein Zufall ihr Geheimniss enthüllte. Was das Verfahren mit konfiszierten Gegenständen anlangt, so wurden sie geradeso behandelt wie herrenlose Fundobjekte: nach Ablauf von vierzig Tagen wurden sie auf offenem Markte an den Meistbietenden versteigert; der

Erlös wurde, wie wir schon erwähnten, ursprünglich zwischen dem Könige, der Stadt und den Polizeibeamten geteilt.

Sauval hat nicht alle Angaben, die sich in den alten Rechnungen der Stadt Paris über derartige Versteigerungen finden, mitgeteilt und analysiert: aber er hat wenigstens darauf hingewiesen, und es ergiebt sich, dass sie keineswegs häufig waren, denn mehrere Jahre hindurch wird in den Akten der Præfektur auch nicht eine einzige erwähnt. In der Rechnung des Jahres 1446 finden wir, um ein Beispiel anzuführen, eine solche Bemerkung, wonach eine Reihe von Gegenständen, die man einer Prostituierten namens Guyonne la Forgière abgenommen hatte, zu Gunsten des Fiskus versteigerte. Nach allem. was uns überliefert ist, scheinen die Polizeibeamten besonders gegen das Tragen von goldenen Gürteln eingeschritten zu sein; darüber haben wir urkundliche Nachrichten aus den Jahren 1454, 1457, 1460, 1461 und 1464. In den folgenden Jahren liessen die Verhaftungen wegen des Gürteltragens nach, man darf daher wohl annehmen, dass die Polizei in diesem Punkte allmählich nachsichtiger wurde. Interessante kulturgeschichtliche Einzelheiten erfahren wir aus mehreren Aktenstücken, von 1457 und 1459: darin werden nämlich alle die Gegenstände aufgeführt, die man einzelnen verhafteten Weibern konfisziert hat. Im ersten Falle handelt es sich um eine offenbar ganz verarmte Person, die kaum noch ein anständiges Kleidungsstück auf dem Leibe trug; die andere dagegen, die beim Verlasssen der Kirche, vermutlich auf Verlangen und Denunziation des Publikums, in Polizeigewahrsam geführt wurde, war recht reich gekleidet und trug neben anderem verbotenem Schmuk einen doppelten Gürtel, eine Korallenkette und ausserdem ein Buch; daraus ersehen wir, dass sie, die sich übrigens Laurence de Villers nannte, des Lesens kundig gewesen sein muss, was damals unter den Prostituierten eine sehr seltene Ausnahme war. Besonders reich an Konfiskationen muss nach den uns überlieferten Rechnungsbüchern das Jahr 1460 gewesen sein, wennschon auch da die Einnahmen aus den nachfolgenden Versteigerungen sehr geringe Erträge brachten. Aus verschiedenen Angaben, die manchmal mit einer gewissen weitschweifigen Geschwätzigkeit gemacht zu sein scheinen, geht deutlich hervor, dass zu jenen Zeiten sehr oft verheiratete Frauen sozusagen im Nebenamte das Gewerbe der Prostitution ausübten.

Die Stellung der Prostituierten zu den Kleidervorschriften war sehr eigenartig: einmal strebten sie immer darnach, sich so zu kleiden, wie die ehrbaren Frauen, dann aber wollten sie doch auch wieder die Aufmerksamkeit der Männer leicht auf sich lenken und endlich einander durch den Glanz ihrer Toiletten ausstechen. Weil ihnen Ringe, Armbänder und Ohrgehänge verboten waren, so entschädigten sie sich auf eine andere originelle Weise, indem sie allerhand Amulette und religiöse Gegenstände, Kreuze, geweihte Medaillen und dergleichen trugen; aber die Polizei wollte natürlich derartige offenbare Uebertretungen ihrer Vorschriften nicht dulden und erwartete deshalb häufig die anscheinend so frommen Damen an den Thüren der Kirchen, um sie in das Polizeigefängnis abzuführen. Unter Ludwig XI., der selbst einen förmlichen Missbrauch mit Medaillen trieb, scheint man ganz besonders streng gegen die Frauenzimmer vorgegangen zu sein und hat ihnen, wie wir urkundlich feststellen können, die Schmuckstücke ohne jede Rücksicht auf ihren angeblichen frommen Zweck, oder ihre symbolische Bedeutung abgenommen. Man konfiszierte die verbotenen Gegenstände nicht nur, sondern verurteilte gleichzeitig die Weiber dann auch noch zu nicht unerheblichen Geldstrafen. So verhängte man im Jahre 1463 eine Busse von nicht weniger als fünf Sols und vier Deniers pariserisch über eine gewisse Jehanneton de Buisson; nach heutigem Geldwert ist das mehr als zwanzig Mark: verbrochen hatte das Weib nichts weiter, als dass sie ein verbotenes Schmuckstück, übrigens einen geweihten Gegenstand, getragen hatte. Mit gleicher Schärfe liess Ludwig XI. die Polizei gegen solche Weiber einschreiten, die sich in Männerkleidern auf der Strasse umhertrieben. Von der Vollstreckung eines solchen Urteils liest man in den Akten aus dem Jahre 1471: einer gewissen Johanne la Thibaude waren Männerkleider zu Gunsten der königlichen Kasse abgenommen und versteigert worden. Zu welchem Zwecke die Dirnen Männerkleider anzulegen pflegten, kann man nicht mehr entscheiden, zweifellos war es aber wohl ein unsittlicher.

Neben den Ribauden übten zu allen Zeiten die Kuppler ihr Geschäft trotz den strengsten Strafandrohungen aus. Sie wurden selten ernsthaft verfolgt und noch seltener vor Gericht gestellt und bestraft. Wenn einmal die Klagen der Nachbarschaft oder der allgemeine öffentliche Unwille gar zu sehr anschwoll, dann schritt man pro forma einmal ein und that so, als ob man ein Exempel statuieren wollte; in Wirklichkeit kam aber meistens nur eine Geldstrafe, eine Konfiskation des Hauses und eine Verbannung, ein Stadtverweis heraus. In sehr vielen Fällen wurde das Verfahren sogar nach Erlegung einer tüchtigen Busse eingestellt; das Kupplergeschäft war aber einträglich genug, um die Betroffenen in den Stand zu setzen, das Geldopfer leicht zu bringen. Alle Bordellhalter und diejenigen, die den Dirnen einzelne Zimmer zur Verfügung stellten, ferner diejenigen, die ihnen gewerbsmässig Geld oder Möbel oder Kleidung zu Wucherzinsen verschafften, die mit einem Worte von ihnen lebten, wurden toleriert, wenn nicht gar geschützt; man war der Ansicht, dass ihre Thätigkeit eine gewisse Regelung der Prostitution ermögliche oder erleichtere. So sah man es denn nicht ungern, wenn sich die Dirnen der Autorität eines Ribauden oder einer Ribaudin unterstellten. In der Regel trugen diese Personen einen höchst ehrbaren Decknamen und übten ihr Gewerbe unter dem Mantel höchster Ehrbarkeit aus: bald bezeichneten sie sich als Portier oder als Zimmervermieterin.

bald als Gastwirte oder als Händler: immer aber waren es Leute in reiferem Alter, manche dem Greisenalter nahe, von einer gewissen Repræsentationsfähigkeit, guter Redefertigkeit und sicherem Auftreten. Das hinderte freilich nicht, dass sie den Fährlichkeiten des Gefängnisses, des Prangers, der Verbannung, ja sogar des Galgens nach den Traditionen des römischen Rechts ausgesetzt blieben. Das französische Gesetz bestimmte gegen überführte Kuppler die Todesstrafe, eine Strafe, die allerdings so gut wie niemals angewandt wurde, obwohl sie im Kriminalrecht bestehen blieb. Die Ansichten der Rechtsgelehrten haben über dieses Verbrechen, das vom moralischen Standpunkte aus anders zu beurteilen ist, als vom formal-juristischen nicht gewechselt. Der berühmte Josse de Damhoudère, dessen juristisches Handbuch der Rechtspraxis des ganzen sechzehnten Jahrhunderts zu Grunde lag, verlangt die Bestrafung der überführten Kuppler durch Körperstrafen und Verbannung je nach den Gebräuchen der einzelnen Orte und der Schwere des Vergehens.

Die alten Kriminalisten stimmen in der Ansicht überein, dass die Strafandrohung im Gesetze belassen ist, um dem Ueberhandnehmen der Unzucht dadurch entgegenzuwirken, dass man ihre kühnsten Vorkämpfer und Agenten in gewissen Schranken hält. So spricht sich z. B. der gelehrte Jean Duret in seinem 1583 zu Lyon herausgegebenen Traité des peines et amendes (Abhandlung über die Strafen) aus, ebenso der schon vorhin erwähnte J. de Damhoudère. Lagen besonders schwere Begleitumstände vor, so wurde auch manchmal, wie uns überliefert wird, die Todesstrafe vollzogen. Duret verlangt sie in den Fällen, in welchen sich die Blutsverwandten eines Mädchens der Kuppelei schuldig machten. Ein anderer Rechtsgelehrter aus jener Epoche, Claude Lebrun de la Rochette widmet in seinem Handbuch des Zivil- und Strafprozesses den verschiedenen Arten der Kuppelei und den Gesichtspunkten, aus denen heraus ihre Beurteilung und ihre Bestrafung zu erfolgen habe, ein ganzes Kapitel. Nachdem er auf die schweren im Gesetze vorgeschriebenen Strafen hingewiesen hat, bemerkt er dann, dass die gerichtliche Praxis sich allgemein leichteren Strafen zugewendet habe. In dem Gegensatz zwischen den idealen Rechtsforderungen und den realen Erscheinungen des täglichen Lebens hatten eben die letzteren den grösseren Einfluss ausgeübt. Nach den uns erhalten gebliebenen Akten und nach sonstigen Ueberlieferungen dürfen wir annehmen, dass die sonst ziemlich milde urteilenden Gerichtshöfe nur dann keine Schonung übten, wenn es sich um Verkuppelung unbescholtener Mädchen handelte. Was dagegen die Bordellhalter und Bordellhalterinnen anlangt, so gestand man ihnen stillschweigend jede nur mögliche Nachsicht zu und bediente sich ihrer sogar, um die Polizeivorschriften mit ihrer Hilfe besser durchführen zu können. So erfand man geradezu die Bezeichnung maquerelles publiques für offiziell geduldete Bordellhalterinnen. Ducange zitiert ein Dokument, in dem diese Funktion und Qualifikation bezeugt wird: in domo cuiusdam maquerellae publicae in villa Valentianis etc. Eine solche maquerella publica konnte selbstverständlich nicht ohne Vorwissen der kommunalen Behörden ihre Thätigkeit entfalten.

Königliche Ordonnanzen, Præfekturerlasse, Parlamentsverfügungen hatten zu verschiedenen Malen sich mit der Kuppelei im allgemeinen befasst, sie scharf verurteilt und mit strengen Strafen bedroht, ohne mildernde Umstände anzuerkennen. Delamare analysiert eine Ordonnanz vom Jahre 1367, in der Männern und Frauen jede Art von Kuppelei bei Strafe des Prangers, der Brandmarkung und der Verbannung untersagt wurde. In diesem Aktenstücke wurden die Bordellhalter nicht ausdrücklich von den Strafverfügungen ausgenommen. Alle auf die Hausmiete Bezug nehmenden öffentlichen Vorschriften berührten mehr oder minder deutlich die Frage der Kuppelei: das Gewerbe konnte nur von Hausbesitzern oder direkten Mietern ausgeübt werden. Das Præfekturedikt vom 8. Januar 1415, das im Jahre 1419 wörtlich erneuert wurde und den Dirnen das Bewohnen der sogenannten ehrbaren Strassen untersagt, verbietet andererseits den Hausbesitzern und allen übrigen Personen in solchen Strassen an Dirnen zu vermieten, bei Strafe des Prangers, der Brandmarkung mittels glühenden Eisens und der Ausweisung. Diese Strafen werden am häufigsten angedroht und auch wohl, wenn es einmal zu einem ernsten Urteilsspruche kam, vollzogen. In anderen Fällen verhängte man über die Schuldigen auch die öffentliche Auspeitschung oder liess ihnen ein Ohr abschneiden; aus gewissen Ueberlieferungen kann man auch den Schluss ziehen, dass einzelne Kupplerinnen bei lebendigem Leibe begraben worden sind. Ferner können wir aus einer Stelle des Stadthaushaltsbuches für Paris vom Jahre 1428 schliessen, dass nach einem derartigen Urteilsspruch das Vermögen der betroffenen Person konfisciert, das Haus, das den Schauplatz des Verbrechens gebildet hatte, zerstört wurde. Es entsprach einem tief in das Altertum zurückreichenden Gebrauche, ein durch ein Verbrechen besudeltes Haus zu zerstören und den Platz eine Zeit lang unbebaut zu lassen, um ihn zu reinigen. Die Dauer dieses Zustandes wurde in der Regel durch den Urteilsspruch selbst bestimmt.

Je nach Lage der Sache, nach den Gebräuchen, Sitten und Gewohnheitsrechten der verschiedenen Orte wechselten, wie wir schon erwähnt haben, die Strafen, die über Kuppler und Kupplerinnen verhängt wurden. Unter den Fällen, die uns aus Paris überliefert worden sind, findet sich kein einziger, bei dem es sich um einen Kuppler handelt, dafür aber zahlreiche, bei denen Kupplerinnen eine Rolle spielen. In der Stadt gab es 20 bis 25 Stätten, an denen derartige Personen an den Pranger gestellt, gepeitscht und eines Ohres beraubt werden konnten. Sogar der Erzbischof von Paris besass eine solche Exekutionsstelle, und es wird uns berichtet, dass vielfach Frauen es mit seiner Gerichtsbarkeit zu thun hatten: daraus ergiebt sich, dass trotz vielfachen Bemühungen die Prostitution auf dem erzbischöflichen Gebiete der Stadt Paris, nicht ausgerottet worden war. Im Jahre 1399 spielte vor dem Gerichte des Erzbischofs ein Prozess: eine Frau war angeklagt, mehrere verheiratete und verlobte Männer bei sich aufgenommen und sie sogar durch besondere Botschaft zu ihrem Besuche verleitet zu haben; der Gerichtshof sprach sein Urteil dahin aus, dass sie an den Pranger gestellt werden sollte, dort sollte ihr ferner das Haar versengt und ein Schandmal eingebrannt werden; sodann sollte sie aus der Stadt verwiesen und ihre gesamte Habe konfisziert werden. (Vergl. Capilli in dem Glossarium von Ducange und Carpentier). Ein anderes Weib war angeklagt, ein junges unbescholtenes Mädchen an einen Kanonikus der Kathedrale verkuppelt zu haben; man verurteilte sie zum Pranger, zur Brandmarkung und zur dauernden Verbannung.

Dufour
Geschichte der
Prostitution

ZWEITER BAND:

Die christliche Zeit I

ZWEITER TEIL:

Frankreich vom XI. Jahrhundert bis zur Gegenwart

Kapitel XIII—XXII nach Dufour deutsch von Dr. Bruno Schweigger
Von Kapitel XXIII an fortgeführt und bis zur Neuzeit ergänzt
von Franz Helbing

Fünfte Auflage

Verlegt bei
DR. P. LANGENSCHEIDT
Gross-Lichterfelde-Ost

XIII. Kapitel.

Öffentliche und private Sitten seit dem elften Jahrhundert. — Johann Florus, Bischof von Orleans. — Der Goliath der Prostitution. — Der Herzog von Aquitanien und seine Ausschweifungen. — Der Einfluss der Kreuzzüge auf die Sittlichkeit. — Dirnen im Gefolge der Heere. — Die Jungfrau von Orleans und ihre Bemühungen zur Hebung der Sittlichkeit. — Die Dekadenz der ritterlichen Sitten. — Wie die Kreuzfahrer die Gastfreundschaft ehrten. — Die Regierung Karls VI. — Massnahmen der Behörden.

Seit dem Beginne des zwölften Jahrhunderts machte sich in Frankreich eine erfreuliche Besserung der sittlichen Zustände bemerkbar, obschon ein korrumpierender Einfluss der Volkspoesie, die allmählich die ritterliche Dichtung ganz verdrängt hatte, nicht zu verkennen ist. Freilich gab es sowohl unter den Angehörigen der vornehmen Klassen, der

Adeligen, als auch in den niederen Schichten der Bevölkerung ohne Zweifel noch genug Ausschweifungen, aber die Ersteren gaben in der Regel den „Gemeinen“ nicht mehr das Beispiel verderblicher Perversität. So ist denn auch, obschon die Unsitten des Orients unter den Kreuzzüglern manche Anhänger gefunden hatten, der widernatürliche Geschlechtsverkehr nicht mehr so häufig, als am normannischen Königshofe um 1120. Nach dem Zeugnisse Wilhelms von Nangis wagte es doch kein Prælat mehr, seine Laster öffentlich zur Schau zu stellen, wie jener Bischof Johann von Orleans, der sich im Jahre 1102 von seinen Lustknaben (concubii) Florus nennen liess und abends mit Vergnügen in den Höhlen und Winkeln des Lasters die verworfenen und der Männerliebe huldigenden Jünglinge abscheuliche Lieder singen hörte, die ihm zu Ehren gedichtet worden waren. Quidam enim sui concubii, so sagt der ehrliche Yves von Chartres in einem Briefe an den Papst Urban II., appellant eum Florum, multas rhytmicas cantilenas de eo composuerunt, quae a foedis adolescentibus, sicut nostis miseriam terrae illius, per urbes Franciae, et plateiset compitis, cantitantur. Jene satirischen Schriftsteller loben zwar die Laster ihrer Epoche nicht gerade, sie stellen sogar die Habsucht, den Stolz, die Grausamkeit und Schlemmerei der grossen Herren an den Pranger; aber sie tadeln, — darin dem Beispiel der Historiker des elften Jahrhunderts folgend — an ihnen nicht, dass sie im Pfuhl der Unzucht wateten (impudicitatis barathrum). Orderic Vital beklagte lebhaft, dass die Zügellosigkeit keine Grenzen mehr kenne und dass man die Bahnen der Helden verlassen habe, um sich der ausgelassensten Prostitution zu ergeben; er wird nicht müde, die Sittenlosigkeit seiner Zeit zu züchtigen (sevitia iniqui temporis); und doch arbeitete die Kirche gerade in jener Zeit an einer grossen Reform des Ordenswesens, und die Ritterschaft begann in dieser Zeit allgemeiner Sittenlosigkeit mit einer ernsthaften Verbesserung des Lebenswandels.

Dem Einfluss der Ritterschaft ist die Bekehrung des grössten Wüstlings des elften Jahrhunderts zu danken. Unter allen den Teufelssöhnen, (fils du diable), wie man sie zu nennen pflegte, war zweifellos Wilhelm, der neunte Herzog von Aquitanien der Goliath der Prostitution, um uns eines biblischen Ausdrucks zu bedienen, der ihn richtig charakterisiert; Emile de Bédollière qualifiziert ihn als den Jucundus des elften Jahrhunderts, (Choix de poésies orig. des Troubadours Bd. 5 Seite 115): er war der grösste Frauenverführer und schlimmste Libertin, sein Ruhm ging durch die ganze Welt (si fo uns dels maiors trichadors de dampnas et anet lonc temps per lo mon per enganar las domnas). Eine besondere Lust empfand er, der sonst durchaus nicht wählerisch war, daran, Nonnen in ihren Klöstern zu verführen. Hatte er doch sogar den Plan gefasst, Hurenhäuser nach dem Modell von Abteien einzurichten, in denen unter dem Regiment der tollsten Dirne von Poitou eine ganze Schaar von feilen

Weibern zusammengepfercht werden sollten. Man weiss nicht, welche Umstände den Plan zu nichte machten als er bereits beim Bau des Gebäudes war. Er war liiert mit einer schönen Gräfin von Châtellerault namens Malborgiane und lebte mit ihr nach Vertreibung seiner rechtmässigen Gattin in wilder Ehe. Ihr Bild trug er auf seinem Schilde und renommierte, er wolle es in der Schlacht tragen, gerade wie sie ihn im Bette trage (dictitans se illam velle ferre in proelio, sicut illa portabat eum in triclinio). Wilhelm von Malmesburg, der in seiner Chronik die Fahrten dieses Herzogs von Aquitanien geschildert hat, deutet an, dass er dieser Gräfin so wenig treu gewesen sei, wie irgend einem anderen Weibe, obschon er sie auf seine Art liebte. Einmal war er am Vorabend der Weihnacht in der Kirche; bei der Erzählung der Geburt Christi schrie er plötzlich: „Welche Narrenspossen, welcher Schwindel!" Darauf der Priester: „Wenn das deine Meinung ist, warum bist du dann hier?" „Ich bleibe hier, um die schönen Frauen zu sehen," entgegnete ihm der Herzog. Als er eines Tages schwer krank war, redete ihm ein Mönch, der ihn pflegte, zu, er solle sich auf einen guten Tod vorbereiten; darauf sagte ihm der alte Wüstling: „Du möchtest natürlich, dass ich all meine Habe den Parasiten, d. h. den Priestern geben soll; keinen Pfennig sollen sie davon haben! Von meinem Leben habe ich nichts zu bereuen; viele Männer, die höher stehen als du, haben mir gesagt, dass alle Weiber gemeinsam sein sollten und dass es keine strafbare Sünde ist, sich an ihren Liebkosungen zu erfreuen." Am Ende wurde er aber, unter dem Einflusse der Ritterorden, doch noch fromm! Er war eben alt geworden und konnte seinen Lebenswandel nicht mehr fortsetzen, selbst wenn er zu den Mitteln gegriffen hätte, mit denen die Charlatane alten Lebemännern neue Kräfte spenden zu können vorgaben. Der gelehrte Arnauld von Villeneuve hat das Recept dazu unter dem Titel: Ad virgam erigendam überliefert. Wilhelm von Aquitanien hatte in seiner guten Zeit die geschlechtliche Liebe, man kann sagen: kunstvoll betrieben und eine Reihe von Nuancen erfunden, die Arnauld von Villeneuve ebenfalls angegeben hat. Ut desiderium et dulcedo in coitu augmentetur. — Ut mulier habeat dulcedinem in coito etc.

Bilden die Kreuzzüge gewissermassen den Höhepunkt des ritterschaftlichen Lebens, so lässt sich doch auch nicht leugnen, dass diese Zusammenschaarungen von Leuten aller Stände und aller Länder auch der Ausbreitung der Prostitution sehr förderlich gewesen sind. Abbe Fleury hat ganz recht, wenn er sagt, die Kreuzzügler seien schlimmer gewesen als die Angehörigen irgend einer anderen Armee. Wir haben schon früher einmal geschildert, wie die Ritter auf dem ersten Kreuzzuge des heiligen Ludwigs ihre Bordells rund um das Zelt des Königs eingerichtet hatten. Zu einem sehr strengen Urteile über die sittlichen Zustände während des Kreuzzuges kommt auch Albert von Aix. Der

Autor der Gesta Urbani II. beschränkt sich auf die Konstatierung von Thatsachen: Innumerabiles feminas secum habere non timuerunt, quae naturalem habitum in virilem nefarie mutaverunt, cum quibus fornicaverunt. Albert von Aix giebt sogar Details an, die zum Teil nur angedeutet werden können; danach pflegten die Kreuzfahrer illegitimen Geschlechtsverkehr im weitesten Umfange, schonten weder Alter noch Geschlecht, fröhnten den Genüssen der Tafel in ausgiebigster Weise und trieben überhaupt jede Art von Ausschweifung. Die Gesetze der Gastfreundschaft traten sie mit Füssen und schändeten z. B. in Ungarn die Frauen und Töchter der Häuser, in denen sie aufgenommen waren (puellis eripiebatur, violentia ablata, virginitas; dehonestebantur conjugia).

Die Wunderhöfe und sonstigen Stätten der Unzucht hatten ihr Kontingent bei der Rekrutierung der Kreuzfahrerzüge gestellt, und diese Elemente bildeten einen erheblichen Teil des Ganzen. Waren auch gewiss alle mittelalterlichen Heere mit einem grossen Tross und mit Nachläufern aller Art behaftet, so war es doch bei keinem so arg, wie gerade bei den sonst so idealistisch verherrlichten Kreuzzügen. Da den Orientalinnen der Geschlechtsverkehr mit Ungläubigen durch ein strenges Verbot der muhammedanischen Religion untersagt war, so liessen die „christlichen" Krieger ganze Schaaren von „christlichen" Weibern nachkommen, die ihren Gelüsten dienen sollten — auch ein Triumph der Kreuzzüge! Ein arabischer Geschichtsschreiber, Em-ad-Edin, beschreibt genau, wie bei der Belagerung von Saint Jean d'Acre im Jahre 1189 ein Transport von 300 jungen Christenweibern ins Lager der Kreuzzügler geführt wurde; sie waren auf den griechischen Inseln einfach zusammengeraubt worden! Hammer, der den arabischen Schriftsteller in seiner Geschichte des ottomanischen Reichs zitiert, giebt aus ihm noch an, dass die Sitten der Christen sogar als böses Beispiel bei ihren Feinden gewirkt haben, die nun auch Freudenweiber in ihren Lagern zu haben wünschten. Gottfried, ein Mönch von Vigeois, schätzt dis Zahl der Weiber eines Heerhaufens auf fünfzehnhundert und sagt, dass die Ausstattung der Königlichen Konkubinen immense Summen verschlungen habe. Dabei hat dieser Autor gewiss nur die legalisierten Dirnen im Auge, während die Schaar der illegalen gewiss noch viel beträchtlicher gewesen sein wird.

In der Heeresgeschichte aller europäischen Völker aus jener Zeit trifft man auf dieses Zusammenströmen von Weiberschaaren bei Kriegszügen. Dieser Nachtrab war manchmal fast ebenso zahlreich, wie die Armee selbst. In der Chronik von Modena von Johann de Bazano, die in der grossen Sammlung von Muratori abgedruckt ist, liest man, dass der Gewalthaufe eines deutschen Landsknechtsführers, der im Jahre 1342 das Gebiet von Modena, Reggio und Mantua durchstreifte, von 1000 Dirnen begleitet war (mille meretrices, ragazii et rubaldi). Die Feldherrn vermochten, auch bei eigener Ehrenhaftigkeit, gegen diesen Krebsschaden nichts auszurichten; ihre Truppen würden sofort gemeutert haben, wenn sie ernsthaft dagegen eingeschritten wären. Jeanne d' Arc allein hat hier einigen Wandel geschafft, denn sie hatte einen lebhaften Abscheu vor allem derartigen Weibsvolk, obschon sie bekanntlich von den Engländern selbst als putain des Armignats bezeichnet wurde. Jean Chartrier erzählt in seiner Geschichte Karls VII. von den Anstrengungen die sie gegen das Erbübel der damaligen Heere machte. Indessen waren auch ihre Bemühungen nicht von vollem Erfolge. Sie soll ja sogar ihr angeblich von Gott ihr geschenktes Schwert Fierbois bei einer Parade in Sancerre auf dem Rücken einiger Dirnen entzwei geklopft haben.

Je besser besoldet und ausgerüstet eine Armee war, je mehr Beute ihrer voraussichtlich harrte, um so zahlreicher waren die Weiber in ihrem Nachtrab. So war z. B. die Armee die Karl der Kühne gegen die Schweizer führte, sehr stark mit Weibern durchsetzt. Nach der Schlacht von Granson fanden die Wald- und Bergbauern ganze Schaaren von Freudenmädchen in dem Lager der besiegten Burgunder. Die biederen Schweizer sollen ihnen aber, nach dem Zeugnis von Comines wenig Geschmack abgewonnen haben und hielten sich mehr an den solideren, materiellen Teil ihrer reichen Beute. Womit nicht behauptet sein soll, dass sie unter ihren Fahnen gerade ein keuscheres Leben geführt hätten als ihre Feinde.

Die Ritter, die von ihren eigentlichen Damen keine allzudeutlichen Beweise der Zärtlichkeit verlangten und sich in der Regel mit einem Handkuss begnügen mussten, hielten sich durch den Verkehr mit den Dienerinnen und Mägden schadlos. War es doch sogar der Zeit Brauch, dass das Bett eines zu Besuch kommenden Ritters fürsorglich mit einem Mädchen ausgerüstet wurde. Lacurne de Sainte-Palage zitiert dafür einen interessanten Beleg aus einem alten Rittergedicht, wobei die Dame des Hauses nicht schlafen gehen mag, ohne ihrem Gaste eine Bettgenossin geschickt zu haben.

Andere Beispiele für ähnliche Gebräuche findet man in dem famosen Art d'Amour, in dem die Kunst der Liebe mit allen Finessen geschildert ist. Auch ein von Lacurne nach einem Manuscripte der Nationalbibliothek wiedergegebenes Gedicht aus dem dreizehnten Jahrhundert bringt den Beweis, dass diese Sitte sehr verbreitet war.

War die Ritterschaft in ihrer Blütezeit immerhin von einer gewissen Grazie und Zurückhaltung in ihrer Lebensführung, so verfielen ihre Sitten etwa von der Zeit Karls VI. ab mehr und mehr. Ein Dichter jener Zeit, Eustachius Deschamps, vergleicht seine Epoche mit der „guten alten Zeit" und wird dabei gerade nicht zum Lobredner der damaligen Gegenwart. Bei dem ausschweifenden Leben, das Karl VI. und sein Bruder, der Herzog von Orleans, führten, kann man das wohl begreifen: sie rühmten sich, echte Ritter vom alten Schrot und Korn zu sein, vergassen aber leider ganz und gar die Tugenden der alten Ritter zu pflegen. Die Turniere, die 1389 in Saint-Denis zu Ehren des Königs von Sizilien gefeiert wurden, endeten in wüsten Saturnalien, zu deren Schauplatz man die Abtei machte; der Historiker der Abtei sagt darüber: ad inconcessam venerem et adulteria nefanda prolapsi sunt.

Die Häuser der kirchlichen Organe waren damals übrigens durchaus nicht sittenreiner als die Höfe der Könige und Fürsten. Die Kirche befand sich gleich der Ritterschaft in einer Auflösungsperiode und gab das Beispiel zügelloser Entsittlichung; sogar die Kirchen wurden zu Stätten der Prostitution. Nicolaus von Clemenges, Archidiakonus von Bayeux, hat erbauliche Dinge in seinem Traktat De corrupto statu ecclesiæ überliefert. Er sagt ganz frei heraus, dass um 1400 die Klöster nichts anderes seien als Hurenhäuser und dass der Kultus der christlichen Gottheit in Wahrheit durch den Venusgottesdienst ersetzt sei. Dabei kann man zweifelhaft sein, ob die Kirche mehr zur Entsittlichung der Ritterschaft oder diese mehr zur Verlotterung der Kirche beitrug. Dulaure entwirft von diesen Zuständen ein wirklich trübes Bild und stützt sich dabei auf gute Quellen. Danach trieben die Priester einen förmlichen Handel mit den Erlaubnissen zu den ungeheuerlichsten sittlichen Freveln, dabei natürlich immer sich selbst nicht vergessend. In den Dekretalien der Päpste fanden die sauberen Herrschaften die gewünschte Entschuldigung für ihre Frevel stand doch in dem Canon de dilectissimis die Regel: „Die Christen sollen alles gemeinsam haben, sogar die Weiber." An den Papst Sixtus IV. trat man sogar mit der Bitte heran, den Geschlechtsverkehr während der Fastenmonate zu gestatten; und Sixtus willfahrte der Bitte.

Dabei muss es auffallen, das staatliche und kommunale Ordonnanzen gegen die Prostitution niemals häufiger waren als in jener Zeit. Während die Sittenzustände geradezu skandalös waren, ging man mit der grössten Härte gegen die Dirnen vor; Gelegenheit dazu boten vor allen Dingen die immer zahlreichen Verstösse gegen die Kleiderordnungen mit ihren chikanösen Bestimmungen. Der Autor des Chastoiement des dames, Robert von Blois, wirft den Dirnen ihren Kleiderluxus ausdrücklich vor. Schuld daran war zum Teil der Aufwand, der bei religiösen Zeremonien getrieben zu werden pflegte. Dabei ging es nämlich nach dem Zeugnis von Dulaure meist sehr hoch her. — Bei ihrem Kampfe gegen die Dirnen stiessen die Behörden manchmal auf hartnäckigen Widerstand. So ging es einem Præfekten von Paris, der gegen eine gewisse Anna Piedeleu 1374 einschreiten musste, aber von dem Weibe, das den Spiess umkehrte, dafür mittels gedungener Zeugen einen schweren Prozess angehängt bekam. Es gelang dem Præfekten, sie der Fälschung zu überführen, und das Gericht gab der rabiaten Frau Gelegenheit, am Pranger über ihr Unterfangen nachzudenken. Nackt musste sie dort zwei Stunden lang ausharren, um dann aus der Stadt ausgewiesen zu werden. Oftmals wurden Dirnen zur Strafe nackt durch die Strassen geführt und das Volk pflegte sich bei der Gelegenheit in mehr oder weniger witzigen und zotigen Reimereien ad hoc zu gefallen. Einige davon sind uns sogar überliefert worden. Häufig kam es vor, dass die am Pranger stehenden Weiber ihren Verspöttern sogar noch frech und schlagfertig antworteten. Aber es gab auch Beamte, die nicht so streng mit den Dirnen verfuhren. Zu ihnen gehörte Ambrosius de Loré, Baron de Juilly, der von 1436—1445 Præfekt von Paris war. Unter seiner Amtsführung gerieten die alten Reglements über die Prostitution ganz in Vergessenheit. Der Mann hatte seine Jugend an dem leichtlebigen Hofe Karls VI. verlebt und scheint alles eher als ein sauertöpfischer Mucker gewesen zu sein. Er scheint auch nicht, wie der Marschall Boucicaut den fleischlichen Genuss als verderblich für den Kriegsmann erachtet zu haben. Boucicaut glich dem sittenstrengen Karl V., der von seinen Offizieren ein keusches Leben verlangte. Christinus von Pisa, der das Leben dieses Königs beschrieben hat, weiss allerhand erbauliche, aber höchst langweilige Histörchen von seiner Sittenreinheit zu erzählen.

Unter der Regierung seiner Nachfolger kam es dann allerdings ganz anders. Davon legt der in den Archiven von Montes aufbewahrte Prozess gegen den 1440 zum Feuertode verurteilten Marschall Gilles de Retz beredtes Zeugnis ab. Die Lektüre Suetons soll diesen tapferen und erprobten Krieger zu allerhand widernatürlichen Lastern aufgereizt haben; schliesslich betrieb er den Kindermord systematisch, um sich an dem Blute und den Zuckungen seiner beklagenswerten jungen Opfer zu berauschen. Auch dem Teufelskult soll er gehuldigt haben; dabei war er kunstverständig und gelehrt und hielt sich eine eigene Hauskapelle. Auf sein verdächtiges Treiben aufmerksam gemacht, fand man auf seinem Grund und Boden die Gebeine seiner Opfer. Der Marschall gestand seine Unthaten und wurde zu der erwähnten Strafe verurteilt. Die Details aus jenen Prozessakten sind sehr interessant, lassen aber den Schluss zu, dass der Mann mehr unglücklich als schuldbeladen war, denn Retz war sicherlich nicht normal veranlagt. Den Tod der Kinder pflegte er durch Verstümmelung geschlechtlicher Art herbeizuführen. Dabei benutzte er sein Hausgesinde als Mitschuldige. Ueber den Ursprung seines Lasters, nach dem ihn seine Richter fragten, ohne von den psychologischen Zusammenhängen der Perversität eine Ahnung zu haben, wusste er naturgemäss nichts anzugeben. Er starb am 26. Oktober 1440, und die Reste seines Körpers wurden von der Familie feierlich in der Kirche der Carmeliter beigesetzt.

XIV. Kapitel.

Das Auftreten der venerischen Krankheiten in Frankreich. — Ursprung der Syphilis oder der französischen (welschen) Krankheit. — Ihre ausserordentliche Verbreitung gegen das Ende des fünfzehnten Jahrhunderts. — Wanderung der venerischen Krankheiten im Verlaufe des Mittelalters. — Ihre verschiedenen Namen. — Die Elephantiasis und die übrigen Folgeerscheinungen der Syphilis. — Lues inquinaria oder inguinaria. — Die Wallfahrten nach den heiligen Stätten. — Die Kirche Notre Dame de Paris. — Das heilige Feuer. — Das Übel der Normannen. — Das „mal des ardents". — Seine starke Verbreitung. — Das Feuer des heiligen Antonius. — Anrufungen des heiligen Marcellus und der heiligen Genoveva. — Die Syphilis des fünfzehnten Jahrhunderts. — Die Aussätzigen. — Strenge hygienische Vorschriften, denen man die Erkrankten unterstellte. — Der Charakter der Lepra nach Guy de Chauliac, Laurent Joubert, Theodoric, Jean de Gaddesen und anderen.

Das Aufkommen oder vielmehr die weite Verbreitung der venerischen Krankheiten in Frankreich wie in ganz Europa veränderte einigermassen die Verhältnisse der legalen Prostitution und musste ihre endgiltige Unterdrückung herbeiführen. Im Hinblick auf die Verwüstungen, die diese schrecklichen Krankheiten in allen Schichten der Gesellschaft anrichteten, konnten die aufgeklärtesten und vorurteilsfreiesten Männer annehmen, dass die öffentliche Unzucht die einzige Ursache eines derartigen Uebels sei, während frömmelnde und leichtgläubige Geister darin eine Strafe des Himmels erblickten, der die Ausschweifenden gerade an ihrem empfindlichsten Punkte damit strafen wollte. So bereuten denn die Behörden, dass sie die Ausübung der Unzucht erlaubt und organisiert hatten, ein Uebel, das so verhängnisvolle Folgen nach sich gezogen hatte; das erste Mittel, das sie dem Eindringen dieser neuen Pest entgegenstellten, war die Aufhebung der Toleranzreglements, dank denen in jeder Stadt ein permanenter Infektionsheerd bestand. Bald kam man indess zu der Einsicht, dass es zwecklos sei, die regelrechte Ausübung der Prostitution zu unterdrücken, weil und sobald man erkannte, dass das Uebel nicht blos in den öffentlichen Häusern seine Wurzeln fand. Man ging mit sanitären Massregeln vor, die bis dahin nicht notwendig erschienen waren, und unterstellte das Leben der öffentlichen Frauenzimmer der Kontrolle der Aerzte. Das war eine bemerkenswerte Verbesserung auf diesem Gebiete, und seit dieser Zeit mussten sich die städtischen Verwaltungen ernsthaft mit der öffentlichen Gesundheitspflege in diesen delikaten Angelegenheiten befassen, um die sich bis dahin weder die Moral noch die weltliche Obrigkeit gekümmert hatte.

Wir müssen hier den Ursprung der Syphilis ausführlich behandeln, weil die Umstände es mit sich gebracht haben, dass ihr von dem Augenblicke ihrer Verbreitung in Europa der Name der „französischen" oder „welschen Krankheit" beigelegt wurde, und weil sich dieser Name in der That von den Ereignissen herleitet, die mit ihrem Eindringen in Frankreich verknüpft waren. Zunächst aber wollen wir auf eine Ansicht zurückkommen, die wir schon bei der Beschreibung und Geschichte der venerischen Krankheiten im Altertume vertreten haben. Diese Art Krankheiten haben zweifellos ebenso wie die meisten Epidemien und anderen ansteckenden Krankheiten, zumal in ihren Symptomen, mannigfache Metamorphosen durchgemacht, je nach der Verschiedenheit der lokalen, atmosphärischen und natürlichen Umstände bei ihrer Enstehung. Ferner ist zweifellos, dass das entsetzliche Uebel, das die Wissenschaft nach fast vierhundertjährigem eifrigen Studium noch immer als einen unfassbaren Proteus ansieht, vor dem Jahre 1493 oder 1496 nicht den furchtbaren

Charakter und vor allem nicht die entsetzliche Uebertragbarkeit besass, die man zuerst in jener Epoche beobachtete, wo die schwersten Fälle ganz allgemein verbreitet waren. Die venerischen Krankheiten bestanden jedenfalls, wie wir bewiesen haben, seit den ältesten Zeiten, und man hätte sich um sie nicht mehr als um jede andere chronische Krankheit bekümmert, wenn nicht das Zusammentreffen einer Reihe von unvorhergesehenen und kaum bemerkbarer Umständen ihr plötzlich die Fähigkeit einer rasenden Verbreitung und erheblichen Verschlimmerung gegeben hätte. Wir haben bereits dargethan, nach dem Zeugnis des Celsus, des Areteus und der anderen berühmtesten Aerzte Griechenlands und Roms, dass die echte Syphilis, deren Auftreten man immer hartnäckig in das Zeitalter der Entdeckung Amerikas versetzen will, bereits zu Rom im Gefolge der Lepra und anderer Krankheiten auftauchte, die mit den Schätzen niedergeworfener Völker aus Asien und Afrika nach der ewigen Stadt eingeschleppt worden waren. Indem wir die Quellen des Uebels bloslegten, konnten wir leicht nachweisen, dass die furchtbare Ausschweifung in Rom die Keime aller venerischer Erkrankungen geradezu gepflegt und gehegt hatte und dass der unterschiedslose und unreine Geschlechtsverkehr, der dort an der Tagesordnung war, eine Reihe von unbekannten geschlechtlichen Erkrankungen hatte entstehen lassen, die selbst immer wieder die Quelle ihres Ursprungs noch mehr verseuchten. Wir neigen indess der Ansicht zu, dass die Uebertragung des Ansteckungsstoffes nicht so rasch vor sich ging und nicht so häufig war, als in den modernen Zeiten; ausserdem ist es warscheinlich, dass die Alten, die allein mehr als fünfhundert Spezialmittel gegen Augenkrankheiten besassen, ebensoviel Heilmittel gegen die Fährlichkeiten der unsauberen Liebe ihr eigen nannten. Wir werden den Gang der venerischen Krankheiten unter ihren verschiedenen Namen durch den Verlauf des Mittelalters verfolgen, bis wir auf ihre letzte Wandlung stossen, die ihr die Bezeichnung der „grossen und dicken Pocken" (grosse vérole) eintrug.

Venerische Krankheiten, speziell die echte Syphilis, haben als chronische Erkrankung immer bei einzelnen Individuen existiert; die Syphilis ist durch direkte Uebertragung weiter verbreitet worden, aber unter beständigem Wechsel der Begleiterscheinungen, die vom Temperament der Kranken und von einer Menge lokaler Umstände abhängig waren; sie alle hier aufzuzählen oder zu charakterisieren, wäre eine unmögliche Aufgabe. Immer aber weist der Ursprung der Erkrankung auf einen unreinen Geschlechtsverkehr; sie entstand niemals ohne eine vorausgehende direkte Infektion, die beim mässigen Geschlechtsgenuss ausgeschlossen ist. Die Prostitution war die eigentliche Quelle der Lustkrankheiten, die sich mit mehr oder weniger grosser Heftigkeit, je nach Land, Jahreszeit, individueller Disposition u. s. w. verbreiteten. Es waren demnach nur die einem ausschweifenden Leben ergebenen Individuen, die an dieser verrufenen Quelle einer Ansteckung ausgesetzt waren, sodass der Verbreitung der Erkrankungen eine gewisse Grenze gezogen war: die keusch lebenden Kreise der Gesellschaft blieben von ihr verschont. Zu verschiedenen Zeiten nahm indessen die Seuche infolge des Zusammentreffens einer Reihe von physiologischen Ursachen einen heftigen Charakter an und überschritt auch die Grenzen ihres gewöhnlichen Verbreitungsbezirks, indem sie sich mit anderen epidemischen oder kontagiösen Krankheiten verband; sie griff dann mit den schrecklichsten Symptomen um sich und bedrohte die ganze, von ihr dezimierte, Bevölkerung zu vergiften. Hatte sie dann einen solchen Schreckenszug vollendet und öffentlich und heimlich zahllose Opfer dahingerafft, dann machte sie wieder Halt und flaute ganz plötzlich wieder ab. Niemals war es die Medizin, die sich der furchtbaren Seuche entgegenstellte und sie durch energische Mittel zu bannen versuchte, sondern die Kirche: diese ordnete gemeinsame und öffentliche Bussübungen an und verstopfte somit die Quellen der Kontagion; indem sie gegen die Fleischeslust wetterte, griff sie in der That das Uebel an der Wurzel an. Die eine geraume Zeit hindurch beobachtete Enthaltsamkeit von allem Geschlechtsverkehr war zweifellos das allerbeste Mittel gegen die Weiterverbreitung der furchtbaren Krankheit; der Klerus oder vielmehr der französische Episcopat scheint das mit einer gewissen genialen instinktiven Sicherheit herausgefühlt zu haben.

Während solcher Zeiten schweren und allgemeinen Unglücks pflegte, wie man sagen muss, die legalisierte Prostitution vollständig vom Schauplatz ihres Treibens zu verschwinden. Die öffentlichen Häuser und Bordelle waren geschlossen, die Dirnen mussten sich bei Gefahr gerichtlicher Bestrafung der Ausübung ihres Gewerbes vollkommen entschlagen. Die städtische Polizei hatte in diesen Dingen so grosse Machtvollkommenheit, dass man im 16. Jahrhundert beim Ausbruch einer Seuche alle öffentlichen Frauenzimmer entweder aus den Ortschaften vertrieb oder sie in den Gefängnissen eingekerkert hielt, bis die Epidemie wieder vorüber war.

Wir dürfen den Hinweis nicht unterlassen, dass das Klima des alten Galliens allen seuchenartigen Krankheiten und vor allem den Hautkrankheiten nur zu günstig war. Ungeheure Sümpfe und undurchdringliche Wälder hielten an allen Punkten der Erdoberfläche beständig eine ungesunde Feuchtigkeit zurück, die unter den Strahlen einer heissen Sommersonne zu bösen und gefährlichen Miasmen wurde. Anstatt dass der Boden durch Agrikultur gesund gemacht worden wäre, hauchte er beständig seine schädlichen Dünste aus. Die Nahrung und die Lebensweise der Bewohner entsprachen gleicherweise nicht den Ansprüchen der Hygiene: man schlief auf ebener Erde, auf Tierfellen, ohne anderen Schutz als den der ledernen Zeltdecken oder der Laubhütten; man pflegte wenig Cerealien, dafür aber umsomehr Fleisch zu verzehren, viel Fische und gesalzenes Fleisch, das von den grossen Heerden schwarzer Schweine stammte, die man an den Rändern der druidischen Wälder zu halten pflegte. Es kann deshalb nicht Wunder nehmen, dass die Elephantiasis und andere schreckliche Abarten der Lepra bereits in dem zweiten Jahrhundert unserer Zeitrechnung in Gallien akklimatisiert waren. Der gelehrte Areteus, der unter Trajan seinen Traktat De curatione elephantiasis geschrieben zu haben scheint, berichtet, dass die alten Gallier eine Menge von Heilmitteln gegen diese fürchterliche Krankheit hatten und vor allen Dingen kleine Salpeterkügelchen besassen, mit denen sie sich im Bade die Glieder einrieben. Marcellus Empiricus, der zur Zeit des Kaisers Gratian zu Bordeaux die Heilkunst ausübte, berichtet uns, dass der Arzt Soranus allein in der Provinz Aquitanien zweihundert Personen zu heilen unternahm, die an einem entsetzlichen Ausschlag erkrankt waren, der ihren ganzen Körper bedeckte. Wir haben schon früher darauf hingewiesen, dass das venerische Leiden nur eine Abart der Lepra war, das aus dem Geschlechtsverkehr entsprang. Wir haben auch angedeutet, dass widernatürliche Laster die Kraft des Ansteckungsstoffes zu verhundertfachen vermochten und ihn häufig an solche Körperstellen übertrugen, die man vor einer Ansteckung vollständig geschützt halten sollte; auch über den Ursprung der Elephantiasis haben wir Vermutungen angedeutet, die, wie wir noch weiter sehen werden, den Aerzten des fünfzehnten Jahrhunderts bei der Betrachtung der sogenannten neapolitanischen Krankheit einleuchtend erschienen sind: sie wollten in dieser nämlich die fürchterlichen Folgen widernatürlichen Geschlechtsverkehrs erkennen.

Während des sechsten Jahrhunderts wüteten in Frankreich die venerischen Krankheiten unter der Form einer wahren Epidemie: man nannte sie lues inquinaria oder inguinaria. Nach der ersten Bezeichnung hätten wir es hier wohl mit einer Art von Gonorrhoë zu thun, etwa von der Beschaffenheit die schon Moses im 15. Kapitel des Buches Leviticus beschreibt; nach der zweiten Terminologie, die Gregor von Tours häufiger anwendet, ohne sie durch nähere Ausführungen zu erläutern, handelte es sich um eine Leistdrüsenentzündung, bei der sich eine bösartige Geschwulst bildete, die nach unerhörten Qualen den Tod des Individuums nach sich zog. Dom Ruinart sagt in seiner Ausgabe der Werke Gregors von Tours, dass die Leistdrüsenentzündungen ihre Opfer wie durch den Biss einer Schlange hingerafft hätten (lues inguinaria sic dicebatur, quod, nascente in inguine vel in axilla, ulcere in modum serpentis interficeret). Das Glossarium von Ducange hat beide Bezeichnungen für diese Pestilenz angeführt, die zuerst 546 auftrat und dann mehrfach die allen möglichen und unmöglichen widernatürlichen Lastern ergebene Bevölkerung heimsuchte. Aber die gelehrten Herausgeber des Glossariums haben leider die Stellen, an denen von dieser Krankheit mit den beiden Bezeichnungen die Rede ist, nicht im Zusammenhange angeführt, sodass leider eine Nachprüfung dessen, was ursprünglich darunter zu verstehen gewesen ist, sehr erschwert wird. Der Ursprung des Leidens aus unreinem Geschlechtsverkehr, den wir vermuten, scheint uns hinlänglich bewiesen zu werden, durch das Entsetzen, welches es einflösste: dieses Entsetzen erklärt sich nicht aus blosser Todesfurcht, sondern nur aus der Anschauung, die Opfer der Krankheit seien von dem Finger Gottes gestraft worden für ein unkeusches und ausschweifendes Leben.

Mit etwas veränderten Symptomen trat die Krankheit im Jahre 945 nach dem Eindringen der Normannen auf; diese beiden Ereignisse dürften wohl in einem ursächlichen Zusammenhange stehen. Flodoard erwähnt die Krankheit in seiner Chronik, enthält sich aber jeder Anspielung darauf, dass sie mit dem Geschlechtsleben in Verbindung zu bringen sei. Er erzählt, dass die Seuche meist tötlich verlaufen sei; diejenigen aber seien gerettet worden, die nach Paris zur Kirche der Muttergottes gewallfahrtet seien; Herzog Hugo habe dort die Heilungsuchenden mit Nahrung versehen. Entkleidet man diese Geschichte des frommen Scheins, dann darf man wohl annehmen, dass eben nur die weniger stark Ergriffenen die Wallfahrt antreten konnten, die demnach auch ohnedies gesundet wären, während aber die verzweifelten Fälle keine Reise mehr antreten konnten. Sauval freilich, der uns diese naive Historie übermittelt, hegt noch die Meinung, dass kein irdisches Medikament, sondern nur übernatürliches Eingreifen Rettung habe gewähren können. Die Kirche von Notre-Dame de Paris war zu jenen Zeiten in ein Hospital umgewandelt, und man findet in der That in ihren Akten aus dem Jahre 1248 sechs Lampen angeführt, die Tag und Nacht die Stelle beleuchteten, wo die armen Kranken im bunten Durcheinander lagerten; man nannte das Leiden das „heilige Feuer" (ubi infirmi et morbo qui ignis sacer vocabatur, in ecclesia laborantes, consueverunt reponi). Die meisten Autoren, die von dieser Krankheit sprachen, haben, so sagt der gelehrte Kompilator des Memorial portatif de chronologie (Bd II, Seite 839), die Symptome und Folgen der Krankheit gleichartig angegeben: die Ansteckung geschah plötzlich, die Krankheit verbrannte die Eingeweide oder irgend einen anderen Körperteil, der dann zerfiel, die Haut wurde gelblich und das Fleisch darunter löste sich von den Knochen. Das Merkwürdige dabei war, dass die Kranken von Kälteschauern geschüttelt wurden, denen unmittelbar vor dem letalen Ausgange eine starke fliegende Hitze zu folgen pflegte; die Erscheinungen glichen denen des Krebses. Man darf wohl annehmen, dass die Normannen diese furchtbare Krankheit, die im allgemeinen nur die Männer befiel, eingeschleppt haben; man weiss, das sie der Mannesliebe stark ergeben waren.

Durch die strengen Massregeln der kirchlichen Behörden wurde zwar dem weiteren Vordringen der Seuche endlich ein Ziel gesetzt, aber die Gewohnheit widernatürlichen Geschlechtsverkehrs blieb dort im Lande bestehen. Schon das Jahr 994 sah denn auch ein Wiederaufflammen der Krankheit aus denselben Gründen, denen sie das erste Mal ihr Entstehen verdankte. Mit grosser Schnelligkeit verbreitete sie sich dann über Deutschland und Italien. Das zehnte Jahrhundert war übrigens allen möglichen menschlichen Plagen ganz besonders günstig, erwartete man doch für das Jahr 1000 den Weltuntergang und in Voraussicht dessen gab man sich den allergröbsten Ausschweifungen mit bemerkenswerter Ausdauer hin. Die Exzesse kamen natürlich den Epidemien zu Hilfe, um die Erde zu entvölkern. Die Felder wurden nicht mehr bestellt, verwilderten und verkamen und verwandelten sich in Wildnisse oder Sümpfe, deren Ausdünstungen die Luft verpesteten. Die Fische starben in den Flüssen und die Thiere im Walde, sodass die zahllosen Kadaver unerträgliche Gerüche ausdünsteten und eine Menge Infektionsstoffe abgaben. Das mal des ardents, die Krankheit der Brennenden, wie man damals sagte, raffte die Bevölkerung Frankreichs schaarenweise hinweg. Der König selbst, Hugo Capet, erlag ihr, ein Opfer der väterlichen Fürsorge, die er den Erkrankten hatte zuteil werden lassen. Diese starben fast alle, wenn sie einmal der Krankheit Zeit gelassen hatten, sich im ganzen Körper zu verbreiten. Aerztliche Kunst schien gegen das Uebel, das man nach seinem Ursprung auch wohl das „heilige Uebel" nannte, nutzlos zu sein; „heiliges Uebel" deshalb, weil man häufig irgend etwas im eminenten Sinne paradox benannte (morbus igneus, quem physici sacrum ignem appellant ea nominum institutione, qua nomen unius contrarii alterius significationem sortitur). Natürlich sah auch damals wieder die öffentliche Meinung in der Krankheit eine Strafe des Himmels und erwartete eine Heilung nur von der Gnade der Gottesmutter oder der Heiligen. Die Geistlichen bemühten sich indessen, die Seuche mit einem anderen Namen als den des mal sacré zu bezeichnen und nannten sie mal des ardents, Krankheit der Brennenden d. h. der Lüstlinge und Ausschweifenden. Die Volksetymologie wandelte aber diese Bezeichnung ihrerseits wieder um und machte daraus ein mal de saint Main und ein feu de saint Antoine, weil diese beiden Heiligen im Geruche standen, besonders gute Hilfe dagegen zu leisten.

Papst Urban II., der von den Wunderthaten des heiligen Antons hörte, gründete sogar unter seiner Anrufung einen Orden, der sich die Bekämpfung der fürchterlichen Krankheit zur besonderen Aufgabe machte. Dabei müssen wir anmerken, dass das Schwein, das auch unter der Lepra leidet und dessen Fleisch, bei dem Mangel anderer Nahrungsmittel beim Menschen geradezu Lepra hervorrufen soll, seit jener Zeit dem heiligen Antonius als symbolisches Tier geweiht ist. Sprichwörtlich haben sich bis auf die Zeiten von Rabelais, der sie gesammelt hat, in Frankreich Redensarten erhalten, die über den Zusammenhang des Sankt Antonsfeuers mit sexuellen Excessen keinen Zweifel lassen.

Mehrfach noch tauchte die Seuche mit bemerkenswerter Stärke auf, so besonders in den Jahren 1043 und 1089; zuletzt, wie es scheint, unter der Regierung Ludwigs VI. im Jahre 1130. Dubreul erzählt uns ausführlich von dem Erscheinen der Krankheit in Paris. Aber dieses Mal hatte der heilige Antonius nicht mehr das Privileg der Heilung, sondern auch die heilige Genoveva, die Schutzpatronin der Stadt, und der heilige Marcellus bemühten sich darum. Eine Kapelle der Heiligen in der Stadt hiess seither lange Zeit hindurch geradezu Sainte-Geneviève-des-Ardents, ein Name, den sie auch bewahrte, als die Seuche selbst bis auf ganz geringe Spuren längst wieder verschwunden war. Die Erinnerungen an die angeblichen Wunderthaten der Heiligen lebten wieder auf, als im fünfzehnten Jahrhundert die ersten an der Syphilis Erkrankten ihre Wallfahrten nach ihrer Kirche begannen. Das Volk sah demgemäss auch in diesen Kranken nichts anderes als die früher an dem mal des ardents Leidenden. Indessen in der Zeit vom zwölften Jahrhundert bis zum Auftreten der Neapolitanischen Krankheit traten alle venerischen Erkrankungen an Bedeutung weit hinter der Lepra, dem Aussatz, zurück, der in den allerverschiedensten Formen eine geradezu ungeheuerliche Verbreitung fand. Mag nun die Lepra des zwölften Jahrhunderts venerischen Ursprungs gewesen sein oder nicht, jedenfalls wurde sie in der bedrohlichsten Weise durch die Prostitution verbreitet, und alle Regierungen trafen deshalb analoge Massnahmen der polizeilichen Ueberwachung und der hygienischen Fürsorge. Wir glauben nicht fehlzugehen in der Annahme, dass das allmähliche Wiedereinschlafen dieser vernünftigen Massregeln einen wesentlichen Teil der Schuld an dem rasenden Umsichgreifen der Syphilis im fünfzehnten Jahrhundert trug.

Aus dem Schweigen der Annalen der Medizin über die Lepra, die zum letzten Male durch Paulus von Algina im 6. Jahrhundert beschrieben wurde, darf man nicht den Schluss ziehen, dass diese Krankheit während fünfhundert Jahren bis zu ihrem Auftauchen im 11. Jahrhundert Europa verschont hätte. Die Geschichte des Privatlebens im Mittelalter lieferte schon untrügliche Beweise für die fortdauernde Existenz der Elephantiasis, wenn nicht auch die kirchlichen Schriftsteller zahlreiche Beweise böten, die unsere Annahme unterstützten: die Sammlung der Bollandisten und die Kartularien der Kirchen und Klöster erwähnen sehr häufig Aussätzige. Gregor von Tours erwähnt, dass es in Paris eine Art von Asyl gab, wo sie ihren Körper badeten und ihre Gewänder wuschen. Der Papst Gregor führt uns in seinen Erzählungen einen Leprösen vor, den die Krankheit entstellt hatte, quem densis vulneribus morbus elephantinus defoedaverat. Im achten Jahrhundert richtete der Abt Nicolaus von Corvey sogar ein eigenes Hospital für Aussätzige ein, was doch der beste Beweis für das starke Auftreten der Krankheit ist. Das Gesetzbuch des lombardischen Königs Rotharis legt den Grund zu der ganzen auf die Aussätzigen bezüglichen Gesetzgebung. Ueberall wurden die Leprösen aus den Reihen der Gesellschaft ausgestossen und galten bürgerlich für tot; wenn ihr Elend sie zwang, von Almosen zu leben, so durften sie sich niemandem nahen und mussten ihre Ankunft durch ein Geräusch mit hölzernen Klappern ankündigen. Trotz dieser Vorsichtsmassregeln gelang es doch öfter Leprösen ihren Zustand zu verheimlichen und sogar die Ehe mit Gesunden zu vollziehen. Daher die pipinische Kapitulation von 773 über die Lösung derartiger Ehen. Auch Karl der Grosse sah sich genötigt, durch eine Kapitulation von 789 den Leprösen den Verkehr mit Gesunden unter Androhung harter Strafen zu verbieten. Es ist ohne weiteres klar, dass geschlechtlicher Verkehr ganz besonders einer Weiterverbreitung einer derartigen Krankheit förderlich sein musste.

Wie wir schon an früherer Stelle bemerkt haben, war es in erster Linie die Kirche, die sich der Bekämpfung der schlimmen Zustände zuwandte. Die Priester bekümmerten sich fast ebenso sehr um die leibliche als um die geistliche Gesundheit ihrer Gemeindemitglieder. Das Eingreifen der Geistlichen ist auch um so eher begreiflich, als ja aus bereits mehrfach erörterten Gründen das Auftreten der Epidemien fast immer mit einem grossen sittlichen Verfall Hand in Hand ging: die Ausschweifungen der sittlich minderwertigen Volksgenossen brachten das Unheil über die ganze Gesellschaft. Uebel die in den wildgemischten Schaaren der Verworfenen und Verkommenen endemisch waren, verbreiteten sich plötzlich unter der Form von Epidemien über das ganze Volk und ergriffen auch die Angehörigen der unter günstigeren Verhältnissen lebenden Kreise. Niemals bekümmerte sich ein Arzt um die Leiden der kläglich dahinvegetierenden ärmsten Schichten, hatten doch diese Ausgestossenen, die unter sich in einem entsetzlichen Durcheinander lebten, in gewöhnlichen Zeiten überhaupt keinerlei Berührungspunkte mit den „Glücklich-Besitzenden". Das änderte sich freilich regelmässig in den Zeiten der sozialen Auflösung, bis dann wieder die Bemühungen der Kirche und der Polizei den Strom des Elends und der Zerrüttung in sein altes Bette gezwängt hatten. Besonders waren es die Kreuzzüge gewesen, die einmal den Abschaum der ganzen westländischen Welt mit der Ritterschaft in intensive Berührung gebracht hatten, wie wir das an einer früheren Stelle ja auch schon ausführlich dargelegt haben. Polizeiliche Reglements vermochten natürlich sich keine Geltung zu verschaffen in diesen wüsten Heerhaufen, die nach dem Osten zogen, um zu sterben oder ein Vermögen zu erbeuten. Die schamloseste Prostitution herrschte in den Reihen dieser undisciplinierten Horden, und nach ihrer Rückkehr aus dem heiligen Lande waren alle Kreuzfahrer mehr oder weniger verdächtig, entweder Lepra oder eine andere derartige Krankheit mit sich zu schleppen. Die meisten jedenfalls trugen die Spuren orientalischer Ausschweifungen: den venerischen Krankheiten verhalfen sie zu einer geradezu grausigen Verbreitung.

Man versuchte strenge Einschränkungsmassregeln. Die alten Vorschriften aus dem Gesetzbuche des Rotharis wurden wieder in Kraft gesetzt, man verbot den Erkrankten barfuss zu gehen, Kinder zu berühren, enge Gassen zu betreten, auf der Strasse auszuspucken, die Mauern und Thürgriffe anzufassen u. s. w. Auch begrub man die Toten nicht in den Reihen der anderen Verblichenen sondern auf besonderen Friedhöfen. Alles ganz verständige und bei aller Rigorosität zu billigende Vorschriften; nur das Eine war dabei verhängnisvoll: da derartige Erkrankungen zumeist in den niedersten und ärmsten Schichten der Bevölkerung vorkamen, so kümmerte sich kein Arzt um sie und keine Behörde traf vorbeugende Massnahmen grossen Stils, d. h. der Kampf gegen das Uebel musste notwendigerweise fast ganz wirkungslos bleiben. War den Leprösen der Verkehr mit den Gesunden fast unmöglich gemacht oder doch sehr erschwert, so lebten sie dafür unter einander in weitgehender Gemeinschaft: sie schlossen Ehen, zeugten Kinder und pflanzten dadurch das Uebel von Generation auf Generation fort. Wobei allerdings zu berücksichtigen ist, dass gerade unter ihnen die Sterblichkeit naturgemäss sehr gross war, sodass auf diese Weise wohl schwerlich viel zur Verbreitung des Uebels geschehen sein kann. Die leprösen Familien starben regelmässig in einem kürzeren Zeitraum als ein Jahrhundert aus.

Die allgemeinen Symptome der Lepra waren die Knötchen in der Haut, bald hart, bald weich. Aber es gab mannigfache Abweichungen im Einzelnen, und der berühmte Guy de Chauliac zählt sechs hauptsächliche Spezies auf, ebenso Laurent Joubert in seiner „Grossen Chirurgie“, in der er uns eine genaue Beschreibung der Krankheit übermittelt hat. Guy de Chauliac lebte im vierzehnten Jahrhundert und hatte ein grosses Krankenmaterial vor Augen, während Laurent Joubert am Ende des sechzehnten sich schon fast ganz auf Hörensagen angewiesen sah. Die Symptome, die er anführt, sind fast identisch mit denen der dicken Pocken, die im Verlaufe des italienischen Feldzuges auftauchten und bald ausserordentliche Verbreitung gewannen.

Es war übrigens den alten Aerzten wohlbekannt, dass eine Cohabitation mit einer leprösen Frau dem Manne eine gonorrhöische Affektion bedenklichen Charakters zuführte. Der gelehrte Arzt Theodorich, der im dreizehnten Jahrhundert blühte, schreibt im 6. Kapitel seiner Chirurgie ausdrücklich, dass der Verkehr mit einer leprösen Frau für den Mann die angedeuteten Folgen habe. Auch in einem dem Roger Baco zugeschriebenen, aus derselben Zeit stammenden Traktat findet sich dieselbe

Angabe. Mehrere englische Aerzte aus jener Epoche haben eine in London damals grassierende venerische Seuche ziemlich genau erforscht. Einer von ihnen, Jean de Gaddesen, widmet ein ganzes Kapitel seiner Practica medicinae seu Rosa anglicana den Folgen des geschlechtlichen Verkehrs mit Leprösen. Die englischen Quellen aus jener Zeit liefern uns überhaupt viel bessere und genauere Angaben über die auf venerische Erkrankungen zurückgehende Lepra als die französischen oder italienischen Aerzte; das mag seine Ursache darin haben, dass in England die Absperrung der Aussätzigen nicht so streng durchgeführt war, wie auf dem Kontinent; schwere Ansteckungsfälle waren dort deshalb häufiger

Den energischen und durchgreifenden Gegenmassregeln, die man in ganz Europa, mit Ausnahme vielleicht von England, gegen die Lepra und die mit ihr zusammenhängenden Krankheiten ergriff, war es zu danken, dass man doch wenigstens die Mehrheit der Bevölkerung vor einer Durchseuchung bewahrte. Zur Zeit des Matthias Paris, der um die Mitte des dreizehnten Jahrhunderts schrieb, gab es in Europa mehr als neunzehntausend Lepraspitäler. Zwei Jahrhunderte später lag in Frankreich diese Art von Häusern in Schutt und Trümmern, weil es keine Leprösen mehr gab. Der Besitz ging in die Hände von allerhand Eindringlingen über, die die Stiftungsurkunden und Rentenbriefe zu vernichten pflegten; eine auf Befehl Franz I. im Jahre 1543 angestellte Nachforschung nach diesen Papieren blieb fast ganz erfolglos

Man kann also festhalten, dass die grosse Lepra oder Elephantiasis nach Verlauf von zwei bis drei Jahrhunderten verschwunden war, nachdem die einmal Angesteckten sich nicht über drei bis vier Generationen fortzupflanzen vermocht hatten. Was die sogenannte kleine Lepra und ihre Abarten anlangt, Krankheiten, die unter erheblich milderen Symptomen aufzutreten pflegten, so schwächten sich mit der Zeit ihre Erscheinungen ab, obschon Vererbung oder Erwerbung durch Kontagion sie immer noch wirksam erscheinen liessen. Man kann wohl sagen, dass die Lepra in diesen leichteren Formen ihr Werk noch fortsetzte, nachdem sie anscheinend bereits vertrieben worden war. Auch hier war es wieder die Prostitution, durch die sich das Uebel zunächst unter den niederen Klassen verbreitete, um dann aber auch bis in die höchsten Kreise der Gesellschaft vorzudringen. Mit Recht vermutet man, dass auch die Neapolitanische Krankheit, die nichts anderes war, als eine Verbindung der alten Lepra mit den Symptomen einiger anderen Krankheiten, ihren Weg durch die Orte der Prostitution erst ganz unbemerkt gemacht habe, bevor sie mit aller Gewalt unter dem Namen der dicken oder schwarzen Pocken in ganz Europa auf einen Schlag ausbrach.

In London bedurfte es im Jahre 1430 eines besonderen Polizeigesetzes, um die an schlimmen Krankheiten leidenden Weiber aus den öffentlichen Häusern zu vertreiben oder ihnen den Eintritt zu verwehren:

die Krankheit wird in den Vorschriften, die Wilhelm Beckett im 30. Bande der Transactions philosophiques anführt, infirmitas nefanda genannt. Wir können auch das Zeugnis einiger Aerzte beibringen, aus denen hervorgeht, dass die Ansicht, die venerischen Erkrankungen seien in Europa erst nach der Entdeckung Amerikas aufgetreten, irrig ist. So beschreibt z. B. Wilhelm von Salicet im dreizehnten Jahrhundert in einem Kapitel seiner Chirurgie, das betitelt ist De Apostemate in ignibus, sehr genau Bubonen und Leistdrüsenentzündungen, die, wie er sagt, entstehen, „wenn jemand mit einem unsauberen Weibsbilde Umgang gehabt hat.“ (Traité des Malad. vénér. von Astruc, I Band Seite 134 ff). Auch noch andere Symptome, die für syphilitische Erkrankungen (ulcus) durchaus charakteristisch sind, beschreibt dieser alte Praktiker. Ganz ähnliche Beschreibungen liefert der berühmte mailändische Arzt Lafrance, der sich um 1395 in Paris niederliess, in seinem Buche: Practica seu ars completa chirurgiæ. Genau dieselben Ansichten über geschlechtliche Erkrankungen äussert der ebenso berühmte Arzt Bernhard Gordon, eine Zierde der Universität Montpellier und Zeitgenosse von Lafrance, den er etwas überlebte, in seinem Buche Lilium medicinæ. Auch bei ihm finden wir genaue Beschreibungen der Symptome und den Hinweis, das die Erkrankungen aus der Cohabitation mit unreinen Frauenzimmern entstünden; Johann von Gaddesen, Professor an der Universität Oxford, Guy de Chauliac von der Hochschule in Montpellier, Valesius von Tarent von derselben Universität und noch eine Reihe anderer Aerzte jener Zeit bekunden einmütig das Verständnis für den Zusammenhang der von ihnen beschriebenen Krankheiten mit dem Geschlechtsverkehr.

Zweifellos spielte bei allen diesen Krankheiten die Lepra die Hauptrolle, so vor wie nach dem Auftreten der Neapolitanischen Krankheit. Alle Praktiker aber, die sich mit der Lepra beschäftigt und uns darüber etwas überliefert haben, sind einstimmig in der Behauptung, dass der Geschlechtsverkehr immer die Principalursache der Weiterverbreitung gewesen sei. War auch der Verkehr zwischen Gesunden und Leprösen im allgemeinen selten, so kam es doch immerhin, besonders bei zügellosen Personen vor und hatte stets die Erkrankung des annoch gesunden Individuums zur Folge. Bernhard Gordon, den wir schon oben angeführt haben, erzählt uns einen besonders interessanten Fall: zu ihm kam nach Montpellier eine gewisse Gräfin im vorgeschrittenen Stadium der Lepra, um sich von ihm behandeln zu lassen. Einer seiner Schüler, dem die Pflege der Frau anvertraut war, vergass sich so weit, mit ihr in Geschlechtsverkehr zu treten, und die Folge war, dass die Gräfin schwanger und der junge Mediziner leprös wurde. (Lilium medicinae, 1. Teil, Kapitel 22). Eine Anzahl ganz ähnlicher Fälle findet man bei Forestus. Paulmier, Paré, Fernel und anderen, die über Lepra und Elephantiasis geschrieben haben. Johann Manardi von Ferrara resumiert die Frage im Anfang des sechzehnten Jahrhunderts, indem er Lepra und venerische Erkrankungen ungetrennt zu einander wirft, dahin, dass der Geschlechtsverkehr mit einem Weibe, welches mit einem Leprösen Verkehr gehabt habe, sofort Lepra oder eine andere Krankheit zur Folge habe. (Vergleiche seine Epistolae medicinales, die im Jahre 1525 erschienen sind). Dabei stellt er schon die verschiedene Disposition verschiedener Individuen für diese Art von Krankheiten in Rechnung.

Das bürgerliche Recht wies den Aussätzigen, wie wir schon angedeutet haben, eine besondere Stellung zu. In dem Gewohnheitsrecht von Boulenois finden wir einige interessante, auf diesen Gegenstand bezügliche Angaben: wurden an einer Person nach ihrem Tode Spuren von Aussatz entdeckt, so wurden alle, mit denen sie zu Lebzeiten verkehrt hatte, als ihre Komplizen angesehen. Die Bewohner des Ortes, an dem ein Aussätziger lebte, wurden sozusagen solidarisch haftbar gemacht für seine Ernährung: man nahm dem Unglücklichen seine eigene Wirtschaft fort und entfernte ihn aus der Gemeinde, die ihn dann mit kärglichen Nahrungsmitteln in seinem abgelegenen und schlecht ausgestatteten Häuschen versah. (Vergleiche Delamare, Traité de police, Band 1 Seite 636). Die Aussätzigen, die so dem bürgerlichen Tode ausgeliefert waren, suchten natürlich immer wieder in die Gesellschaft ihrer Mitmenschen einzudringen; aber jedesmal, wenn es ihnen gelang, ihren Zustand zu verheimlichen und sich wieder unter die Bevölkerung einer Ortschaft su mischen, dann verbreitete sich die Lepra von neuem und nötigte die Behörden zu energischem Einschreiten und zur Erneuerung der alten Vorschriften. Solche Vorschriften sind uns vielfach überliefert worden; wir erinneren nur an die auf Veranlassung von Karl V. von Frankreich vom Pariser Polizeipräfekten erlassene aus dem Jahre 1371, denen in den Jahren 1388, 1394 und 1402 andere folgten. Das Gericht von Paris fällte am 11. Juli 1453 ein Urteil gegen einen Mann, der eine gesunde Frau geheiratet hatte, obschon er leprös war. Die Frau selbst war, wie es scheint, noch nicht angesteckt worden; die Ehe wurde nunmehr geschieden und der Frau wurde bei Strafe des Prangers und der Ausweisung untersagt, sich fernerhin mit dem Manne einzulassen. Man liess sie einstweilen in der Stadt wohnen, verweigerte ihr aber die Konzession zu einem Obsthandel, aus Furcht, es möchte doch vielleicht dadurch der Verbreitung der entsetzlichen Krankheit Verschub geleistet werden.

Dieses Urteil ist äusserst interessant, beweist es doch, dass die Massnahmen gegen die Lepra im fünfzehnten Jahrhundert keineswegs hinlänglich durchgreifend waren, da den Leprösen möglich war, ausserhalb der speziellen Spitäler zu wohnen. Was Wunder, dass die Krankheit in Verbindung mit ähnlichen verwandten Uebeln doch immer wieder auftauchte. Wenige Jahre vor dem ersten uns signalisierten Aufkommen der venerischen Krankheiten in Frankreich trat die Lepra ganz besonders schlimm auf, übertragen zumeist durch die Prostituierten. Durch eine Polizeiverfügung vom 15. April 1488 wurden alle leprösen Weiber aufgefordert vor dem Osterfeste die Stadt Paris zu verlassen. Man kann sich denken, dass diese Massregel zu einer starken Verbreitung des Uebels in annoch gesunden Kreisen des Volkes beitrug. Die Lepra war allmählich geradezu zu einer Begleiterscheinung der Prostitution geworden: durch sie wurde sie auch immer wieder von neuem verbreitet. In Frankreich nannte man sie die neapolitanische Krankheit, in Italien dafür merkwürdiger Weise das französische Uebel.

XV. Kapitel.

Morbus novus, pestilentialis scorra, pudendagra. — Populäre Namen der Krankheit. — **Zusammentreffen ihres** Auftretens mit dem Feldzuge Karls VIII. in Italien. — **Genaue Zeit dieses Auftretens.** — Kalenderfragen. – Aerzte und Historiker sind sich nicht einig. — **Was die Ueberlieferung sagt.** — Planetarische Konstellation. — Angebliche Vergiftungsversuche. — **Anthropophagie.** — Bestialischer Verkehr mit Affen. — Die Syphilis **stammt nicht aus** Amerika. — Das Verhalten der Aerzte. — Manardi, Mathiole, Brassavola und Paracelsus behaupten, dass die Syphilis aus einer Vereinigung der **Lepra** und **der** früheren venerischen Krankheiten entstanden sei.

Den Beweis, dass die Syphilis nicht erst nach der Entdeckung Amerikas ihren Einzug in Europa gehalten hat, glauben wir zur Evidenz geführt zu haben. Sie fand sich vielmehr hier seit den ältesten Zeiten vor, wie man aus Thatsachen und Induktionsschlüssen behaupten darf

Aber sie trat im Laufe der verschiedenen Zeiten immer im Verein mit anderen Krankheiten, zumal mit der Lepra, auf, die ihr einen ganz anderen Charakter gegeben hatten. Immer war es, wie wir ebenfalls schon betont haben, die Prostitution, in deren Abgründen die furchtbare Krankheit am besten gedieh; die Behörden bemühten sich zwar um sanitäre Absperrungsmassregeln, war aber einmal diese Grenze durchbrochen, dann griff das Uebel gerade in den Kreisen der legalisierten Prostitution ausserordentlich rasch um sich. Ein solches allgemeines Aufflackern der Syphilis gleichzeitig in Frankreich, Italien, Spanien, Deutschland und England fand statt als gerade Christoph Kolumbus kaum von seiner ersten Reise zurückgekehrt war. Wir können mühelos nachweisen, dass dieses Auftreten der „schlimmen Pocken" oder wenigstens einer ähnlichen Krankheit in Europa seit dem Jahre 1483 signalisiert worden war; ferner lässt sich nachweisen, dass eine gleiche oder ähnliche, jedenfalls aber auf die gleichen Ursachen zurückgehende Krankheitsform auf den Antillen existierte, wo sie allerdings nicht so schwere Form annahm und so viele Opfer forderte, wie in den Ländern mit gemässigtem Klima; dazu kommt die weitere Erwägung, dass wohl der Feldzug Heinrichs VIII. nach Italien zur Verbreitung der Seuche sehr viel beigetragen hat, wenn sich auch die Franzosen und Italiener, die sich gegenseitig die Priorität der Infektion zuschreiben, in diesem Punkte schwerlich etwas vorzuwerfen hatten und wohl nur austauschten, was sie selbst seit vielen Generationen besassen; endlich lässt sich noch nachweisen, dass diese Krankheit sehr häufig ihre Symptome, ihren Charakter und ihren Namen änderte.

Bei der Betrachtung dieser Namen, die sehr zahlreich waren und immer auf einen bestimmten lokalen Ursprung hinwiesen, hat man die populären und wissenschaftlichen Bezeichnungen streng auseinanderzuhalten. Die letzteren waren natürlich lateinisch in allen medizinischen Werken und Receptbüchern (recipe); aber sie verschwanden allgemach und machten jenen Platz, die Tracastor für die Zwecke seiner poetischen Fabel schuf, in der der Hirt Syphil zuerst von dieser schrecklichen Krankheit ergriffen wird, weil er die Götter beleidigt hatte. Die meisten italienischen und deutschen Aerzte, die am Ausgang des fünfzehnten Jahrhunderts über die neue Krankheit (morbus novus) schrieben, die durch die italienischen Feldzüge bekannt geworden war, die Joseph Grundbeck, Coradin Gilini, Nicola Leoniceno, Antonio Renivenio, Wendelin Hock von Brackenau, Jacob Cataneo und andere, bezeichneten sie schlechthin als den morbus gallicus, die welsche Krankheit. Einige unter ihnen suchten indessen diese Bezeichnung, die neben ihrer Unrichtigkeit doch auch zweifellos noch einen Beigeschmack von Gehässigkeit hatte, durch eine wissenschaftlichere zu ersetzen, und so finden wir denn bei dem ältesten von ihnen, Joseph Grundbeck neben dem Ausdruck „Franzosenkrankheit" die andere: pestilentialis scorra, oder auch diese: mentulagra, was etwa Erkrankung des männlichen Gliedes bedeutet; Kaspar Forella, der als Italiener besser zu latinisieren verstehen wollte, als der Deutsche, setzte dafür pudendagra d. h. Erkrankung der Schamteile; Wendelin Hock wiederum zog den Namen mentagra vor, weil er in der sogenannten Franzosenkrankheit einen von Plinius bereits im ersten Kapitel des 26. Buches seiner Naturgeschichte beschriebenen Aussatz wiederzuerkenen glaubte; Johann Anton Reverel und Johann Almenar bedienten sich des Ausdrucks patursa, ohne dass ihnen die eigentliche Bedeutung dieses Wortes selbst klar gewesen wäre; man darf wohl annehmen, dass es der Bezeichnung der venerischen Krankheiten in der Sprache der Antillenbewohner entstammte.

Keine Nation wollte die furchtbare Krankheit eingeschleppt haben und jede bezeichnete deshalb ihre Nachbarin als die Uebelthäterin So beschuldigten die Deutschen, Italiener und Engländer Frankreich, die Wiege der „dicken, grossen Pocken" gewesen zu sein und nannten diese demgemäss: mal francese, Frantzosen, frantzösiche Pocken, french pox und ähnlich. Die Franzosen rächten sich dafür, indem sie von der „neapolitanischen Krankheit" sprachen; die Flamländer, Holländer, Afrikaner und Navarresen schimpften derweilen auf das „spanische oder castilianische Uebel"; und die Türken machten endlich gar keinen Unterschied zwischen den negativ rivalisierenden westländischen Nationen, sondern sprachen mit anerkennenswerter Unparteilichkeit schlechtweg von der „christlichen Krankheit"; in Asien hiess sie das „portugiesische Uebel"; die Perser kannten sie als die „türkische Krankheit" die Polen als die „deutsche" und die Moskowiter hinwiederum als die „polnische." (Vergleiche Astruc, de morbis venereis, 1. Buch, Kap 1). Eine andere Reihe von Namen des Leidens geht zurück auf die besonderen Symptome, von denen vornehmlich die Pusteln und krebsartigen Geschwüre in die Augen fielen; so finden wir in der spanischen Nomenklatur folgende Bezeichnungen: las bubas oder buvas oder boas; im Genuesischen lo malo de le tavele; im Toskanischen il malo delle bolle; im Lombardischen lo malo de le brosule. Die Franzosen sprachen von grosse vérole, zum Unterschiede von den schon seit alter Zeit epidemieartig auftretenden gewöhnlichen Pocken, die einen ganz anderen Charakter tragen als die grosses véroles und damit ja auch nur in den Symptomen eine kleine Aehnlichkeit aufwiesen. Wegen der Wandelbarkeit der Erscheinungsformen wurde für die venerischen Krankheiten eine generelle Bezeichnung gebildet in vérole oder variole, die auf das lateinische varius zurückgehen. Im Volke waren die fundamentalen Unterschiede zwischen den eigentlichen Pocken und venerischen Erkrankungen nicht sehr bekannt, was daraus hervorgeht, dass sehr häufig dieselben Heiligen sowohl zur Heilung der einen als anderen angerufen wurden; so bezeichnete man zur damaligen Zeit in Frankreich beide Arten von Krankheiten unterschiedslos als mal de saint Mein, de saint Job, de saint Sement, de saint Roch, de saint

Evagre und selbst als mal de sainte Reine, d. h. die Krankheit der Mutter Gottes, die Krankheit, die die Mutter Gottes heilt.

Die Aerzte und Geschichtsschreiber, die zuerst von der venerischen Epidemie in den letzten Jahren des fünfzehnten Jahrhunderts geschrieben haben, stimmen fast alle in dem Punkte überein, dass die Krankheit infolge des neapolitanischen Feldzuges grosse Verbreitung annahm; sie verlegen zumeist diesen Feldzug ins Jahr 1494, während er thatsächlich erst 1495 stattfand. Dieser Unterschied der Zeitbestimmung ist nicht sowohl auf einen historischen Irrtum zurückzuführen als auf einen Wechsel in der Chronologie, der damals vollzogen wurde; unter Karl IX. wurde der französische Kalender bekanntlich revidiert. Es scheint festzustehen, dass bereits vor dem Eindringen der Franzosen in Neapel dort die furchtbare Epidemie hauste, und dass die italienischen Schriftsteller die Differenz der Kalender lediglich dazu missbraucht haben, um den Franzosen die „Schuld" an dem Auftreten der venerischen Krankheiten zuschreiben zu können. Nicola Leoniceno, der seinen Tractat de morbo gallico im Jahre 1497 schrieb, weist daraufhin, dass die Krankheit zunächst nur volkstümlich „Franzosenkrankheit" genannt wurde, wobei dahingestellt bleiben müsse, ob damit den Franzosen die Priorität der Kontagion zugeschrieben werden solle, oder ob blos angedeutet werden solle, dass die Franzosen und die Krankheit gleichzeitig in Italien eingedrungen seien. Kaspar Torrella erklärt ebenfalls in seiner Schrift De dolore in pudendagra die Sache so, dass die Krankheit in Italien bekannt geworden sei, als das französische Heer eindrang und sich des Königreichs Neapel bemächtigte; deshalb hätten die Italiener sie die französiche Krankheit genannt und der Vermutung Raum gegeben, sie sei von den Feinden eingeschleppt worden. Jacob Cataneo begnügt sich in seinem 1505 erschienenen Buche De morbo gallico mit einer blossen Rekapitulierung der historischen Daten; ebenso Johann von Vigo. Ueberall nur Zeugnisse für die zeitliche Koinzedenz der beiden Ereignisse.

Der nationalen Antipathie der Italiener gegen ihre Besieger ist es zuzuschreiben, dass der historische Irrtum solange in Kraft geblieben ist, die Franzosen seien die ersten Verbreiter der Syphilis in Europa gewesen. Wenn sie ihrerseits, wie wir schon erwähnt haben, der Krankheit einen italienischen Namen geben, so darf man doch nicht übersehen, dass die ersten französischen Schriftsteller, die davon gehandelt haben, über ihren Ursprung nichts sagen.

Es gab indessen auch in Deutschland und Italien mehrere Künstler und Geschichtsschreiber, die den historischen Verlauf der Dinge mit grösserer Unparteilichkeit darstellten; die einen unterstützen die Nachweisung, dass das Jahr 1494 als das Ursprungsjahr der lues venerea zu gelten habe, die anderen verlegen ihren Ursprung oder vielmehr ihr erstes epidemisches Auftreten in eine noch viel frühere Zeit; andere wiederum richten in der Chronologie absichtlich einige Verwirrung an, lassen die Syphilis im Jahre 1496 aus Spanien einwandern und kommen so zu der Möglichkeit, ihren amerikanischen Ursprung zu behaupten. Die Ansicht, dass die Krankheit sich von Spanien aus 1496 über Europa verbreitet habe, vertritt z. B. Antonio Benivenio im Jahre 1507. Auch andere Historiker tragen dazu bei, die Verantwortung der Franzosen an dem Auftauchen der fürchterlichen Krankheit als unrichtig erscheinen zu lassen So sagt z. B. Anton Coccicus Sabellicus, der sich ganz bestimmt auf die Syphilis verstand, weil er selbst davon befallen war, in seinem 1502 zu Venedig erschienenen Geschichtswerk, dass im Jahre 1496 eine neue Art von Krankheit in Italien aufgetaucht sei; da die Franzosen im Jahre vorher in das Land eingedrungen seien, so habe man wohl aus dieser Analogie heraus ein ursprünglich nur zeitliches Zusammenfallen in einen kausalen Nexus verwandelt und deshalb von einer „französischen Krankheit" gesprochen. Von zahlreichen anderen Schriftstellern, die den Nachweis unterstützen, dass die Syphilis nicht eigentlich französischen Ursprungs ist, wollen wir nur Ulrich von Hutten anführen, der im Jahre 1519 in Mainz sein Buch De morbi gallici curatione herausgab; darin verlegt er das erste epidemische Auftreten der Krankheit in das Jahr 1493. Aehnlich Wendelin Hock von Brockenau, der seine medizinischen Studien in Bologna gemacht hat und sogar ein noch früheres Entstehungsdatum annimmt. Er gehörte zu jener Schaar von Gelehrten, die den Ursprung des Uebels in einer für das Blut der Menschen besonders ungünstigen planetarischen Konstellation im Jahre 1483 vermuteten.

Andere Gelehrte wieder, wie Gabriel Fallope und Andreas Cœsalpini von Arezzo, stellten die Behauptung auf, ein spanischer Truppenteil habe mit Hilfe von Bäckern das französische Heer direkt vergiftet, und zwar hätte man das Blut von Leprösen zu dem schmählichen Streiche verwendet. Noch viel abenteuerlicher ist das, was ein gewisser Fioravanti in seinen Capricci medicinali 1564 erzählt: er behauptet von einem damals noch in Neapel lebenden Augenzeugen namens Pascal Gibilotto erfahren zu haben, dass während des neapolitanischen Feldzugs, der, wie man sieht, bei allen Angaben seine Rolle spielt, den Fleischern, die die beiden Heere zu versorgen hatten, das Schlachtvieh gemangelt habe; sie hätten deshalb die infernalische Idee gefasst, das Fleisch menschlicher Leichen zu verkaufen. Jeder, der von dem Fleische eines an einer Krankheit verstorbenen Menschen gegessen hätte, sei an einem furchtbaren Leiden, eben der Syphilis, erkrankt. Die Unwahrscheinlichkeit, um nicht zu sagen: die Unwahrhaftigkeit dieser Erzählung liegt auf der Hand, selbst wenn ihrem Ursprung ein gewisser reeller historischer Kern nicht abgesprochen werden könnte. Bemerkenswert ist nur, dass Baco von Verulam diese Erzählung in seine Schriften übernommen hat und ihr deshalb einige Bedeutung beimisst, weil erfahrungsgemäss die Kannibalen der heissen Zonen den Blattern ausserordentlich stark ausgesetzt seien.

Indessen liess man es sich nicht damit genug sein, den Ursprung der fürchterlichen Krankheit, von deren verheerenden Wirkungen wir uns allerdings heute keine rechte Vorstellung mehr machen können, auf die Anthropophagie zurückzuführen, sondern man ging sogar noch weiter. Zwei gelehrte Aerzte des sechzehnten Jahrhunderts, die aber nur noch die letzten Ausläufer der verwüstenden Epidemie zu beobachten Gelegenheit gehabt hatten, schrieben ihn mit mehr Scharfsinn als Erfolg der Sodomie und Bestialität zu; so Johann Baptist van Helmont in seinem Tumulus pestis. Der englische Arzt Johann Lieder behauptete 1706, die Syphilis sei aus dem geschlechtlichen Verkehr von Menschen mit grossen menschenähnlichen Affen entstanden.

Wichtig ist der Umstand, dass keiner von den alten Aerzten die zuerst das im neapolitanischen Feldzuge aufgetretene Uebel sei es in Italien, in Frankreich oder in Deutschland studierten, jener Krankheit irgendwelche Erwähnung thut, die Christoph Kolumbus von den Antillen mitgebracht haben soll. Der grosse Entdecker hatte kaum einen Monat auf den westindischen Inseln zugebracht, als er am 13. Januar 1493 im portugiesischen Hafen Palos landete; seine Begleitmannschaft bestand aus 82 Matrosen oder Soldaten und neun Indianern, die er mitgebracht hatte. Vielleicht ist der Gesundheitszustand dieser kleinen Schaar nicht gut gewesen, aber eine bestimmte Angabe ist uns darüber nicht überliefert worden; man weiss nur, dass er sich mit einigen seiner Begleiter schnell nach Barcelona begab, um dem Königspaare Ferdinand und Isabella Rechenschaft über das Ergebnis seiner Reise abzulegen. Freilich behauptet Roderich Diaz in seinem Traktat Contra las bubas, dass bald darauf in Barcelona eine Blatternepidemie ausgebrochen sei, die ausserordentlich rasch um sich gegriffen habe. Am 25. September desselben Jahres brach Kolumbus schon wieder auf; diesmal mit 15 Schiffen, 1500 Soldaten und einer stattlichen Anzahl von Seeleuten und Handwerkern; vierzehn von diesen Schiffen kehrten 1494 zurück, während Bartholomæus Kolumbus, des Entdeckers Bruder, mit drei Schiffen ausfuhr, die gegen Ende des Jahres 1494 den schwer an Syphilis erkrankten katalonischen Edelmann Peter Margarit nach seiner Heimat zurückbrachten. Vermutlich war er nicht der einzige, der daran erkrankt war, aber in dem Schiffsjournale ist kein anderer verzeichnet. Das Jahr 1495 sah einen noch stärkeren Verkehr mit den Antillen, und als Kolumbus unter lächerlichen Anklagen, kettenbeladen in die alte Welt zurückkehren musste, trug das Schiff, auf dem er als Staatsgefangener transportiert wurde, mit ihm noch zweihundert an den Blattern erkrankte Soldaten. Die zweihundert Kranken landeten in Kadix, am 10. Juni 1496. Neun Monate später veröffentlichte das Parlament von Paris bereits Massregeln gegen das Umsichgreifen der Krankheit!

Man kommt vielleicht der Wahrheit am nächsten, wenn man annimmt, dass nicht Amerika die Syphilis nach Europa entsandt hat, sondern dass umgekehrt die Antillen von Spanien aus infiziert worden sind. Es lässt sich sehr wohl vermuten, dass einzelne spanische Abenteuerer den Krankheitsstoff aus dem neapolitanischen Feldzuge in ihre Heimat verschleppt haben und sich dann, ohne geheilt zu sein, dem Zuge des Kolumbus angeschlossen haben. Auf den Antillen fand dann das Uebel einen noch viel günstigeren Nährboden als zu Neapel. Man weiss ja aus den Erfahrungen der Jahrhunderte, welchen Einfluss ein Wechsel des Klimas und der Lebensweise auf diese geheimnisvolle Krankheit hat. Wir wiederholen immer wieder, dass der grössten Wahrscheinlichkeit nach das Unheil, das 1494 von Neapel aus über Europa hereinbrach, eine durch Ausschweifungen entstandene Abart der längst bekannten Lepra war. Dass der Ursprung in ein anscheinend so undurchdringliches Dunkel gehüllt ist, erklärt sich auch aus folgendem Umstande: man war — und so dachte auch Johann Grundbeck, dem wir die erste Abhandlung darüber zu verdanken haben — der Meinung, das Uebel sei eine direkte Strafe des Himmels und dürfe daher nicht von den Menschen abgewendet werden. Ulrich von Hutten, das grösste Opfer dieser ersten syphilitischen Epidemie sagt ausdrücklich, dass sich die Aerzte von den Erkrankten sorgsam fern gehalten hätten. Die Pflege, sofern sie überhaupt versucht wurde, lag daher ganz in den Händen von Charlatanen, Kräuterhändlern und dergleichen Leuten. Deshalb haben wir auch so wenig sachkundige Beobachtungen und Beschreibungen aus der ersten Zeit. Und doch hätte das Beobachtungsmaterial recht nahe gelegen: man hätte nur die Höhlen der Prostitution zu durchforschen brauchen, um der Lösung des Rätsels auf die Spur zu kommen. Statt dessen begnügte man sich mit mehr oder weniger anekdotischen Erzählungen aus zweiter und dritter Hand. So schreibt z. B. Johann Menardi von Ferrara in einem Briefe aus dem Jahre 1525 an einen gewissen Michael Santanna, der sich als Arzt mit der Pflege von Venerischen abgab, dass die älteste und am besten begründete Ueberlieferung den Ursprung der Krankheit in das Zeitalter des Königs Karl VIII. und des neapolitanischen Feldzuges setze; ausgebrochen sei aber die Krankheit zuerst in der Stadt Valencia; dort habe sich eine Kurtisane um den Preis von fünfzig Goldstücken einem von der Lepra befallenen Ritter hingegeben; selbst krank geworden habe sie darauf die ganze grosse Schaar ihrer Besucher angesteckt; einige davon hätten den italienischen Feldzug mitgemacht und so das Uebel immer weiter verbreitet. Menardi begnügt sich mit der einfachen Wiedergabe der Erzählung, ohne daran Schlussfolgerungen und andere Diskussionen zu knüpfen. Aehnlich der bedeutende Arzt und Naturforscher Peter

Andreas Mathéole, der nur die Persönlichkeiten und den Ort anders angiebt. In diesen beiden Quellen wird der Zusammenhang der Syphilis mit der Lepra noch ganz deutlich angegeben; aber der einfache und aus der Ueberlieferung des Volkes niemals verwischte Zusammenhang genügte den gelehrten Leuten nicht: sie suchten ihn vielmehr durch allerhand zu nichts führenden Spintisirereien zu ersetzen. Ein anderer Arzt aus Ferrara, Antonius Musa Brassavola, ist anscheinend der Meinung, dass schon vor dem epidemischen Auftreten venerische Krankheiten und der virus, durch den sie verbreitet werden, vorhanden gewesen wären; er behauptet eine Kokotte in dem Lager vor Neapel sei mit einer ulcerischen Affektion am Gebärmuttermunde behaftet gewesen; diese Erkrankung habe sich auf die mit ihr verkehrenden Männer übertragen und sei dadurch weiter verbreitet worden. Demnach hat die Krankheit bei einzelnen Individuen bereits bestanden, bevor sie epidemisch auftrat und so furchtbare Verbreitung gewann

Einer der grössten Männer, die je die Fackel der Aufklärung in das Dunkel der ärztlichen Kunst hineingetragen haben, der vielverspottete und auch heute noch nicht recht gewürdigte Theophrastus Bombastus Paracelsus von Hohenheim, ein Geistesriese, stellte in seiner grossen Chirurgia (1. Band 7. Kapitel) eine vollständige Lehre von den venerischen Krankheiten auf. Auch nach seiner Ansicht ist die Syphilis auf die Lepra zurückzuführen und zwar auf den unreinen Verkehr eines leprösen Franzosen und einer mit venerischen Bubonen behafteten Prostituierten. So sei, meint der grosse Forscher, der mit der Sicherheit des Genies auf diesem Gebiete operierte, die fürchterliche Syphilis aus dieser Vereinigung der Lepra und der venerischen Bubonen entstanden, ähnlich wie das Maultier aus dem Umgange von Pferden und Eseln. In den Auseinandersetzungen dieser grossen Chirurgie steckt mehr Logik und Beobachtung, als in all den langen Schreibereien über die venerischen Krankheiten, die uns die nichts wissenden Aerzte des fünfzehnten und sechszehnten Jahrhunderts, die von dem wahren Ursprunge der furchtbaren Krankheit keine Ahnung hatten, hinterlassen haben. Paracelsus vertrat also die Ansicht, dass die Epidemie von 1494 nichts anderes sei, als ein neuer Sprössling aus der alten Familie der venerischen Krankheiten.

XVI. Kapitel.

Veränderungen im Auftreten der Syphilis seit 1526. — Fracastor. — Die italienische Pharmakologie und die Merkurialbehandlung — Französische Behandlung mit Guajakholz. — Ulrich von Hutten. — Lignum sanctum. — Erlass des pariserischen Parlaments von 1497. — Die ersten Syphilisspitäler zu Paris. — Polizeimassregeln unter Ludwig XII., Franz I. und Heinrich II. — Eindringen der Syphilis in die Provinzen — Verhalten der Aerzte. — Der Triumphe de très-haulte et très-puissante dame Vérole. — Martin Dorchesino. — Rabelais. — Hospitalpflege. — Erstes Spital für syphilitisch Erkrankte in Toulouse.

Es ist falsch, anzunehmen, dass die Syphilis, die bei ihrem ersten furchtbaren Auftreten als ein unheilbares Uebel angesehen wurde, damals denselben Charakter getragen und dieselben Symptome gezeigt hätte, wie in den Zeiten ihrer Abnahme und ihres stationären Verhaltens.

Ohne in die Gefahr des paradoxalen Vergleichs zu geraten, kann man vielleicht behaupten, dass die Krankheit heute, abgesehen immer von einigen ausserordentlichen Fällen, ungefähr so beschaffen ist, wie sie war, bevor die Lepra mit dem venerischen Virus ihre unheilvolle Verbindung einging. Nach dem Zeugnis Guicchardinis, der uns den Ursprung der Seuche im Jahre 1494 überliefert hat, schwächte sie seit 1540 merklich ab. In den ersten Zeiten hatte sie geradezu fürchterliche Symptome gezeigt, die es begreiflich erscheinen lassen, dass man sie als eine Pestilenz ansah und ähnliche polizeiliche Massnahmen zu ihrer Eindämmung traf, wie früher gegen die Lepra. Man nahm übrigens an, dass ihre Uebertragbarkeit viel leichter und unmittelbarer sei als die jeder anderen Krankheit, war auch nicht sicher, ob die Ansteckung nur durch geschlechtlichen Verkehr möglich sei oder bereits durch den Atem, ja sogar einen Blick eines Erkrankten.

Alle Aerzte, die die Krankheit in den Jahren 1494 und 1514, also in der ersten Periode ihres Eindringens und ihrer Ausbreitung beobachtet haben, scheinen entsetzt zu sein von dem, was sie geschaut haben; sie ergänzen sich gegenseitig in der Beschreibung der Symptome, die vermutlich nicht alle gleichzeitig bei jedem Kranken auftauchten, in ihrer Gesamtheit aber doch das Krankheitsbild des echten neapolitanischen Uebels lieferten. Hieronymus Fracastor hat uns in seinem Buche De morbis contagiosis einen vortrefflichen Ueberblick über die Forschungen von Leoniceno, Torrella, Cataneo und Almenar gegeben; er selbst hatte übrigens Gelegenheit zu eigenen klinischen Beobachtungen, als er an der Universität Verona Philosophie dozierte und Medizin studierte. Liest man das ausserordentlich genaue Krankheitsbild durch, das Fracastor in dem genannten Werke bietet, so versteht man schwer, wie er die frappante Analogie, die zwischen der Lepra und dem neapolitanischen Uebel bestand, leugnen konnte. Gerade wie die vor der Syphilis bestehenden venerischen Krankheiten mannigfachen Veränderungen im Laufe der Zeit unterworfen waren, so geschah das auch mit dieser Krankheit; gerade seit dem Jahre 1514 ist sie in der That vielen Metamorphosen ausgesetzt. Bei Johann von Vigo und Peter Manardi finden sich ganz detaillierte Angaben über diese Veränderungen in den Symptomen, die sehr interessant sind und in der Geschichte der Medizin ausführlicher behandelt werden. Es scheint, dass die neapolitanische Krankheit, ungeachtet dieser Variationen in den Symptomen, während ihrer zweiten Periode durchaus ihre Intensität bewahrte. In den Jahren 1526—1540 ist aber eine Periode der Abschwächung zu verzeichnen, obschon die Symptome, zu denen vor allem der Haarausfall gehörte, immerhin noch recht bösartiger Natur waren. Näheres darüber erfahren wir z. B. von Anton Lecocq in seinem Werke De Ligno sancto. Den charakteristischen Haarausfall hat man wohl weniger auf die syphilitische Erkrankung selbst als auf die gegen sie angewendete Merkurialkur zurückzuführen. Fracastor weist im Jahre 1546 auf die Milderung der Krankheitserscheinungen hin, erwähnt aber zum ersten Male dabei auch das charakteristische Lockerwerden der Zähne. Das beweist zur Evidenz die Verwendung des Quecksilbers in der italienischen Pharmakopie. In Frankreich dagegen wurden vorzugsweise vegetabilische Kuren durchgeführt; besonderes Vertrauen hatte man zu dem Guajakholze, das davon ja auch in Deutschland bis auf den heutigen Tag den Namen Franzosenholz oder Pockenholz führt. Wir dürfen übrigens annehmen, dass die neapolitanische Krankheit, je weiter sie sich von dem Orte ihres ersten Auftretens entfernte, immer mehr zur reinen venerischen Krankheit wurde und den ursprünglichen Zusammenhang mit der Lepra mehr und mehr zurücktreten liess.

Es ist nicht unsere Aufgabe, den Wandlungen der neapolitanischen Krankheit noch weiter nachzuspüren; uns kam es nur auf den Nachweis an, dass die Lepra in dieser neuen Krankheitsform ruhig weiterexistierte und dass eine Menge Umstände, die wir mit dem Ausdruck: Milieu zusammenzufassen pflegen, für den Ursprung und die Wirkung der Krankheit von ausschlaggebender Bedeutung waren. Der Anteil, den die öffentliche Prostitution und überhaupt die Unsittlichkeit an der Verbreitung der furchtbaren Seuche hatte, brauchten wir nicht erst eingehend zu schildern. Man kann nicht leugnen, dass bei der leichten Uebertragbarkeit des Uebels die Ansteckung auch häufig in solchen Fällen vorkommen konnte, wo ihr kein Geschlechtsakt als Vehikel gedient hatte; wenn also sogar in durchaus ehrbaren Familien Erkrankungen vorkamen, ohne dass man den Weg der Uebertragung auch nur hätte ahnen können, so wird man zugestehen, dass die Prostituierten ganz unmöglich davon frei sein konnten. In den ersten fünfzig Jahren nach dem Auftauchen der Seuche war deshalb der Verkehr mit öffentlichen Dirnen ganz besonders gefährlich und führte fast regelmässig zur Erkrankung, zumal man doch erst relativ spät erkannte, dass die Uebertragung auf keine Weise leichter geschehe, als eben durch den Vollzug des Geschlechtsaktes. Die Sitten waren damals in Frankreich viel strenger als in Italien und die Anhänger eines ausschweifenden Lebens, für deren Bedürfnisse man die Bordelle bestehen liess, hielten sich fast ganz ausserhalb des gesellschaftlichen Lebens. Unter ihnen erraffte sich denn auch die furchtbare Seuche ihre ersten Opfer, ohne dass sich die Medizin oder die Chirurgie ihrer angenommen hätte, denn man erachtete eine Behandlung für den Kranken als nutzlos, für den Arzt als schimpflich. Selbstverständlich blühte gerade aus diesem Grunde der Weizen der Charlatane und Pfuscher, wie wir oben schon aus Italien mitgeteilt haben. Sie verwandten zu ihren Kuren uralte Recepte, mit denen man seit Jahrhunderten den Kampf gegen venerische Krankheiten aller Art geführt hatte. Erst im Jahre 1527 wagte sich ein wirklicher Arzt, Jakob von Bethencourt an die Behandlung der Syphilis, die er in einem kleinen Buche Nova penitentialis Quadragesima necnon purgatorium in morbum gallicum seu venereum beschrieb. Vor Jakob von Bethencourt hatte nur ein einziger anonym gebliebener französischer Arzt in der 1501 zu Lyon publizierten französischen Paraphrase des Regimen sanitatis von Arnoul von Villeneuve einen derartigen Versuch gemacht. Es wäre falsch, aus der Zurückhaltung der Aerzte etwa den Schluss ziehen zu wollen, das Uebel sei in Frankreich unbekannt geblieben; im Gegenteil war es ausserordentlich verbreitet, trotz aller Anstrengungen der kirchlichen, staatlichen und kommunalen Behörden. Aber man darf eben nicht aus den Augen lassen, dass die Krankheit nur wenige Leute aus den oberen und massgebenden Klassen der Gesellschaft ergriff und sich ihre Opfer zumeist aus den Schaaren der „Verworfenen", den Bewohnern der von uns früher ausführlich beschriebenen Wunderhöfe (cours des miracles) holte.

In den Registern des Pariser Parlaments finden wir unter dem 6. März 1497 eine Ordonnanz, aus der hervorgeht, dass damals der Erzbischof von Paris, ein Geistlicher namens Johann Simon, zuerst den obrigkeitlichen Kampf gegen die Verbreitung des Uebels aufnahm und sanitäre Massnahmen dagegen anbefahl. Aus der Ordonnanz erwähnen wir, dass danach sehr viel zweifelhaftes Volk aus Paris abgeschoben wurde, und zwar wurde etwaigen Mittellosen sogar an dem Stadtthor eine finanzielle Unterstützung für ihre Auswanderung gezahlt. Zurückbleibende, bereits erkrankte Personen durften ihr Haus nicht mehr verlassen, waren sie subsistenzlos, so wurden sie in ein auf Kosten der Stadt errichtetes Lazareth übergeführt. Der Sanitätsüberwachungsdienst wurde in allen Quartieren von Paris schleunigst reorganisiert und verstärkt, gerade wie wenn es sich um die Abwehr der eigentlichen Pest gehandelt hätte. Man kann sogar annehmen, dass die Häuser, in denen Kranke lagen, der Bevölkerung durch irgend ein Zeichen kenntlich gemacht wurden. Obschon die hier erwähnte und eine vom Præfekten von Paris unter dem 10. November 1510 erlassene Ordonnanz gegen die Pestgefahr keinen ausdrücklichen Hinweis enthalten, ist doch die Annahme berechtigt, dass in Zeiten einer solchen Epidemie die öffentlichen Häuser geräumt werden mussten und versiegelt wurden. Im Laufe des Frühjahrs 1497 nahm, wie schon der Bischof vorausgesehen hatte, die Zahl der an der Syphilis Erkrankten ausserordentlich zu. Wir finden in den Parlamentsakten Rechnungen über Summen, die zur Bekämpfung des Uebels ausgegeben wurden und zugleich auch Anordnungen zur Erhebung einer Kollekte zu Gunsten armer Kranker.

Die Hoffnungen auf ein erfolgreiches Einschreiten gegen die Krankheit, die man an den Brief des Bischofs hätte knüpfen können, erfüllten sich nicht, und wenn auch von zahlreichen Heilungen berichtet wird, so war doch der Zuwachs an Kranken noch bedeutend grösser.

Der gesundgebliebene Teil der Bevölkerung erkannte immer deutlicher die Gefahr, in der er schwebte und verlangte kategorisch die Austreibung der Erkrankten. Der Præfekt von Paris konnte sich diesem allgemeinen Verlangen nicht entziehen und erliess daher eine (auf Blatt 3 des blauen Registers des Chatelets wiedergegebene) entsprechende Verordnung vom 28. Juni 1498. Begründet wurden die darin enthaltenen rigorosen Massnahmen mit dem Zusammenströmen des gesamten Adels, der dem neuen Könige Ludwig XII. seine Huldigung darbringen wollte und wohl vor einer Berührung mit den Kranken zurückbeben mochte. Die Vorschrift, dass die Kranken in ihren Häusern bleiben sollten, hatte sich nämlich nicht strickte durchführen lassen, wie wir aus dem 3. Bande der Antiquitäten von Paris genauer ersehen können.

Die Art der Erkrankungen muss sehr schlimm gewesen sein, denn der gelehrte Fernel, der gegen Ende des sechzehnten Jahrhunderts blühte, bemerkt ausdrücklich, dass diese venerischen Leiden einen ganz anderen Charakter getragen hätten, als die zu seiner Zeit beobachteten. Aehnliche Angaben findet man auch bei dem Autor des 1539 pseudonym erschienenen Buches Triumphe de très - haulte et très - puissante dame Vérole.

Ein Erlass des Parlaments vom 6. März 1497 lässt keinen Zweifel darüber, dass die neapolitanische Krankheit von 1494 ab im ganzen französischen Königreiche herrschte; wie es mit dem zeitlichen Eindringen in die einzelnen Städte und Provinzen stand, das ist noch nicht sicher festgestellt worden, obschon die Archive der verschiedenen Städte darüber ausserordentlich interessantes Material bergen dürften. Astruc hat in seiner grossen Monographie lediglich zwei Daten angeführt, die sich auf die Verbreitung der Seuche in der Dauphiné und in Velay beziehen. Feststellen aber lässt sich, dass die Krankheit genau dem Zuge der aus Italien heimkehrenden Ueberreste des Karlschen Heeres folgte. Nur in den grösseren Ortschaften ergriff man nach dem Beispiele von Paris Gegenmassregeln, anderwärts liess man die Erkrankten in Frieden, höchstens, dass man den Verkehr mit ihnen mied. Wir glauben zwar nicht, dass zeitgenössische Schriftsteller recht haben, wenn sie behaupten, dass der zwanzigste Teil der Bevölkerung der Seuche erlegen sei, sowohl in Frankreich als in ganz Europa; Anton Coccius Sabellicus schrieb schon 1502, dass die Zahl der Todesfälle im Vergleich zu der Erkrankungsziffer nicht gar so sehr hoch sei. Dagegen meint Ulrich von Hutten, der sich für geheilt hielt, aber später bekanntlich den Nachwirkungen der Krankheit doch noch erlegen ist, dass auf hundert Erkrankte kaum einer geheilt wäre und dann wohl auch immer noch unter bösen Folgeerscheinungen zu leiden habe. (De morbi gall. curatione, Kap. 4).

Wir erwähnten bereits, dass es in den ersten Zeiten des Auftretens der Krankheit entschieden an sachkundiger medizinischer Behandlung mangelte. Die Aerzte hielten sich sehr zurück, indem sie nach dem

Beispiele von Bartholomäus Montagnana, eines Professors der Medizin zu Padua, erklärten, sie wollten mit dieser Krankheit nichts zu schaffen haben, die sowohl dem Avicenna als auch anderen Meistern der Medizin unbekannt gewesen sei. Dazu kam die traditionelle Abneigung gegen lepröse Erkrankungen, mit denen die neue Seuche verwandt war, und dann der bereits erwähnte soziale Grund, dass nur die unteren Klassen zunächst davon ergriffen wurden. Dabei ist zu konstatieren, dass sich die französischen Aerzte noch unwissender und bornierter erwiesen als die deutschen und italienischen. Die Charlatane ihrerseits veranstalteten die unmöglichsten Kuren; so waren in Frankreich besonders die Extrakte und Dekokte aus Vipern sehr beliebt; andere wiederum wandten Merkurial an; an sich ganz einwandfrei, wenn sie nur nicht durch übertriebenen Gebrauch des Drastikums häufig mehr geschadet als genützt hätten. Kaspar Torella führt den Tod des Kardinals Segorbe und des Alphonso Borgia auf die übertriebene Anwendung von Merkurial zurück.

Aus Amerika kam dann den nach einem gefahrloseren Mittel Suchenden das Guajakholz zu Hilfe. Ulrich von Hutten hat es als einer der Ersten selbst probiert und auch seine Einführung nach Europa durch einen spanischen Edelmann geschildert. Danach soll es 1515 oder 1517 zuerst in Spanien angewendet worden sein. In ganz Europa wurde sofort bekannt, dass endlich aus Amerika ein Heilmittel für die schreckliche Krankheit gekommen sei; man darf wohl annehmen, dass in der Phantasie des Volkes dann auch der Urspung der Krankheit an den Ursprungsort des Heilmittels verlegt worden ist. Die ersten Erfolge mit dem Guajakholze waren überraschend, und Nicolaus Poll, der Leibarzt Karls V. behauptet, unter seinen Augen seien fast 3000 bereits aufgegebene Kranke durch den Gebrauch dieses Mittels geheilt worden. Der berühmte Erasmus von Rotterdam, der ebenfalls schwer an der Syphilis litt, wurde durch Guajakholz radikal geheilt. Allerdings erkannte man frühzeitig auch die Schädlichkeiten dieser Kur. So wandte man sich denn einem neuen aus Amerika importierten Mittel zu, das in der Indianersprache Hoaxacan hiess und von den Europäern sanctum lignum, heiliges Holz, genannt wurde.

Indessen waren die durch diese Mittel erzielten Heilungen nicht so durchgreifend, dass nicht doch noch lange nachher die Spuren der Krankheit zu erkennen gewesen wären. Der Verfasser der schon erwähnten Triumphe de la très - haulte et très - puissante dame Vérole schildert diese Symptome mit grauenerregender Deutlichkeit. Aber schon lange bevor dieses Werk 1539 in Lyon unter dem Pseudonym Martin Dorchesino erschienen war, hatte sich die französische Poesie der Sache bemächtigt; so Hieronymus Fracastor in seinem Lehrgedicht Syphilis sive morbus gallicus. Jean Droyn aus Amiens, bekannt durch zwei moralische und christliche Gedichte, verfasste eine Ballade zu Ehren der „grossen Pocken", die im Jahre 1512 zu Lyon gedruckt wurde, nachdem sie im Gefolge der

Krankheit die Runde durch ganz Frankreich gemacht hatte. Interessant ist das Gedicht besonders deshalb, weil sein Verfasser darin die Prostitution für die Verbreitung der Syphilis verantwortlich macht; und das zu einer Zeit, wo die Aerzte noch eine Verbreitung der Krankheit durch die Luft und wer weiss auf was sonst noch für Wegen annahmen! Aber Jean Droyn war nicht der einzige französische Dichter, der das neapolitanische Uebel besang; Jean Lemaire de Belges, der Freund von Clément Marot und François Rabelais, Historiograph und Leibdichter Margarethens von Oesterreich, übertrug ein entsprechendes Gedicht des italienischen Poeten Seraphino mit dem Titel Cupido et Atropos. Bekannter sind die Stellen aus dem Pantagruel (1535) von Rabelais, die sich auf den hier behandelten Gegenstand beziehen. In dem pseudonymen Werke von Dorchesino wird eine venerische Epidemie erwähnt, unter der 1527 die Stadt Rouen in der Normandie zu leiden hatte; als Rabelais in seinem Alter das fünfte Buch seines Pantagruels schrieb, erinnerte er sich wohl dieser Epidemie, die er vielleicht selbst beobachtet hatte.

Obschon ganz zweifellos die Prostitution den erheblichsten Teil der Schuld an der ausserordentlich raschen Verbreitung des Uebels trug, so kennt man Spezialvorschriften sanitärer Natur über die Ausübung der Prostitution aus der ersten Zeit des Auftretens der Syphilis nicht. Man muss schon bis zum Jahre 1684 hinaufgehen, ehe man auf etwas Derartiges stösst. Und die oben von uns geschilderte Massregel einzelner Städte, wie Paris, nämlich die generelle Austreibung der erkrankten Personen, war nur geeignet die Verbreitung des Leidens über das ganze Land hin noch mehr zu fördern. Und auch als die Wissenschaft bereits erkannt hatte, dass die Uebertragung der Syphilis in der Hauptsache auf den geschlechtlichen Verkehr zurückzuführen sei, liess man es noch an geeigneten Massnahmen mangeln: die Prostituierten konnten ihr Gewerbe in den Städten ruhig ausüben, so verderblich wie es auch häufig war. Aus einem Eintrag in die Register des Parlaments von Paris vom 27. August 1505 können wir ersehen, dass das ursprüngliche Syphilislazareth unzulänglich geworden war; so wurden neue Mittel gefordert. Aber wenige Jahre später liess man die Syphilitiker ohne besondere Vorsichtsmassregeln unter anderen Kranken des allgemeinen Hospitals liegen. Man verfiel also von einem Extrem in das andere. Da in dem Hospital häufig fünf und sechs Personen dasselbe Bett benutzten, so kam manch einer mit einer schweren Infektion aus dem Krankenhause heraus, der es wegen irgend einer Kleinigkeit aufgesucht hatte. Die Zahl der Erkrankungen an der Syphilis nahm beständig zu, während die Krankheit selbst an Heftigkeit verlor. Und gerade die starke Verbreitung der syphilitischen Leiden führte dann wieder, vom Jahre 1536 ab, dazu, Spezialhospitäler für deratige Kranke zu schaffen, oder wenigstens ihnen bestimmte Räume zu reservieren. Toulouse besass schon seit 1528 ein eigenes Krankenhaus für Syphilitiker.

XVII. Kapitel.

Letzte Spuren der gastlichen Prostitution. — Zusammenhänge der Prostitution mit dem Hexenwesen. — Die Inkuben und Sukkuben ersetzen die Laren der Alten. — Altgallische Ueberlieferungen. — Exorcismus. — Kirchenheilige. — Ascetisches Leben und Prostitution. — Der Beschluss Innocenz' VIII. — Kasuistische Lehre von den nächtlichen Angriffen. — Satanistische Kulte. — Agrippa und Wier.

Die legalisierte und reglementierte Prostitution hatte ihre Entwicklung durchgemacht: sie besass ihren Codex, ihre eigenen Sitten und Gebräuche, ihre Privilegien, ihre ordnungsmässigen „Mitglieder", ja sogar ihre eigene Sprache. Aber neben ihr existierte auf den dunkeln Gebieten, die ein alter Autor mit dem bizarren Ausdruck „Schamteile der Gesellschaft" genannt hat, noch andere Formen der Prostitution, nämlich die gastliche und die religiöse, wenngleich ihre Spuren sehr verwischt und nur schwer erkennbar waren, zwei antike Gefährtinnen, uns wohlbekannt aus den Verhältnissen primitiver Völker. Die religiöse Prostitution lebte in dem traditionellen Kultus einiger Heiligen fort, denen der Volksglaube die obscönen Attribute des Pans, Priaps und der Laren beigelegt hatte. Kirchlich gesinnte Schriftsteller konstruieren natürlich immer, wenn sie auf die religiöse Prostitution stossen, schnell einen Zusammenhang mit irgend einer Ketzerei, an denen es der Geschichte der katholischen Kirche ja zu keiner Zeit gemangelt hat. Dem Manichäismus schrieb man ganz besonders böse unsittliche Folgen zu, und behauptete, dass er im geheimen auch nach seiner Niederwerfung noch fortlebe und vieles Unheil anstifte.

Sehr viel interessanter als diese Geschichten, die alle zu Ehren der alleinseligmachenden Kirche ausgehen, ist eine Beobachtung der Zusammenhänge zwischen der Zauberei und der Prostitution. Man darf es wohl als einen Reflex alter Ueberlieferungen ansprechen, dass die Menschen fest überzeugt waren von der Möglichkeit eines fleischlichen Verkehrs zwischen Geistern und lebenden Menschen; nicht selten waren Besessene, die steif und fest behaupteten, im Verkehr mit Geistern zu stehen. Die bösen Dämonen, die von den alten Galliern drusii genannt wurden, verübten schon zu Zeiten des heiligen Augustins ihre Attentate; dieser Herr behauptete ja sogar, es sei eine Unverschämtheit, eine so unleugbare Thatsache in Zweifel zu ziehen: ut hoc negare impudentiae videatur. Wenn sich auch einige andere Kirchenlichter, darunter Johannes Chrysostomus, gegen die Ansicht aussprachen, so hatten die Anhänger der Dämonenlehre doch den Wortlaut der Bibel auf ihrer Seite und zerschmetterten deshalb regelmässig ihre Gegner: die Dämonologie erhielt einen überraschenden Umfang und wurde von ihren Anhängern bis ins allerkleinste ausgebaut. Was besonders das sexuelle Gebiet anlangt, so deutete man allgemein sehr harmlose physiologische Prozesse, die um die Pubertätszeit bei Jünglingen und Mädchen nicht selten zu sein pflegten, natürlich zu Gunsten der Dämonenlehre. Der fromme Guibert von Nogent sagt in seiner Lebensbeschreibung (De vita sua, 1. Buch Kapitel 13), nur seine Dezenz hielte ihn ab, an tausend Beispielen zu erhärten, wie Dämonen nächtlicherweile zu Männern oder Frauen ins Bett gekommen seien. Natürlich wurden solche Geschichten von den Liebhabern pseudotheologischer Spitzfindigkeiten dann benutzt, um mit ihrer Hilfe ein förmliches Lehrgebäude zu errichten. Die Kirche drohte denen, die einem solchen geheimnisvollen Geschlechtsverkehr huldigten, mit dem Banne.

Die Schriften der mittelalterlichen Theologen, Philosophen, Mediziner und Dämonologen sind voll von kasuistischen Angaben über den Gegenstand. Einen Geist, der sich in Mannesgestalt einem Weibe näherte, nannte man einen incubus, von incubare, oder auch insultor, griechisch ephialtes; trat der Dämon in Weibsgestalt an einen Mann heran, so hiess er dagegen succubus, von succubare. Die letzteren traten übrigens seltener auf; die neuere Wissenschaft kennt auch den sehr einfachen Grund: weil nämlich die schwereren Formen der Hysterie bei Frauen häufiger sind als bei Männern. Gregor von Tours behauptet, dass der leibhaftige Teufel nicht verschmäht habe, in höchsteigener Gestalt die Menschen auf die angedeutete Weise heimzusuchen. Interessant sind manche Visionen, die den heiligen Männern vorkamen, so z. B. dem auvergnatischen Bischofe Eparchius, der einst den Teufel mit einer Schaar von Buhldirnen eine Orgie in seiner Kirche feiern zu sehen glaubte. Aber auch noch fünfhundert Jahre nach Gregor von Tours erzählt Guibert von Nogent von den Versuchungen, denen seine eigene Mutter ausgesetzt gewesen sei.

Wenn nicht von vornherein den Frauen, die mit dem Teufel rangen, ein guter Geist zu Hilfe kam, dann wandte die Kirche das Mittel des Exorcismus an. Der heilige Bernhard hat es mehrfach mit grossem Pompe öffentlich angewendet, und ein anderes Kirchenlicht, Thomas von Aquino, widmet diesen Geschichten einen breiten Raum in seiner Summa theologiæ. Wenn schon diese Gelehrten und mit ihnen der Papst Innocenz VIII. an die Möglichkeit und Wahrheit derartiger dämonischer Angriffe glaubten, dann kann man den Aberglauben armer kranker Weiber natürlich erst recht verstehen; schreibt doch der erwähnte Papst in einem Briefe: „Nonsine ingenti molestia ad nostrum pervenit auditum complures utriusque sexus personas, propriæ salutis immemores et a fide catholica deviantes, dæmonibus incubis et succubis abuti.“ Die Geheimnisse dieser dunkeln Partien des menschlichen Seelenlebens wurden zum Teil im Beichtstuhl enthüllt, öfter aber noch durch die Qualen der Inquisition den Opfern entrissen. Hier stossen wir natürlich sofort auf den Namen des Antonius de Torquemada, der in seinem Hexameron davon handelt. Der aufgeklärte Bayle hat in vielen seiner Schriften wichtige und bemerkenswerte Fälle aus der überlieferten Kasuistik mitgeteilt.

Zur Ausbildung der schreckensvollen Phantasien von den Incuben und Succuben mag das erzwungen asketische Leben in den Frauen- und Männerklöstern nicht wenig beigetragen haben. Bayle weist schon ausdrücklich darauf hin; aus den Lebensbeschreibungen vieler Heiligen wissen wir ja, wie schwer ihnen der Widerstand gegen die Versuchungen fiel, denen sie ausgesetzt waren. Soweit gingen ja die krankhaften Anfälle, dass manche Frauen thatsächlich einen schriftlichen Verkehr mit ihrem nächtlichen Verführer begannen; so erzählt uns Jean Wier von einer kaum vierzehnjährigen Insassin eines Klosters, bei der man in der Zelle (1565) einen in den glühendsten Ausdrücken verfassten Liebesbrief an den Satan vorfand.

Wunderlich erscheinen uns die Diskussionen darüber, ob, wie der berühmte de Lancre behauptete, der Satan den Verkehr mit jungfräulichen Wesen meide, oder, wie Bodin wissen wollte, gerade bevorzuge Martin del Rio wiederum vertrat die Ansicht, dass der höllische Verführer dem sodomitischen und bestialischen Verkehre abgeneigt sei, Prierias dagegen hielt ihn gerade für den Erfinder dieser widernatürlichen Arten des Geschlechtsverkehrs. Im Grunde genommen erfährt man aus diesen Diskussionen eigentlich nur, wie weit jeweilig die Autoren selbst in dieses dunkle Gebiet eingedrungen waren. Die Besessenen, die über ihren imginären Verkehr mit dem Teufel aussagten, gehörten übrigens allen Altersklassen an. So wurde auf Befehl des Pariser Gerichts eine gewisse Jeanne Herviller verbannt, die nicht älter als zwölf Jahre war; sie behauptete, von ihrer, ebenfalls als Hexe verbrannten Mutter, zum Verkehr mit dem Teufel angehalten worden zu sein. Bodin handelt in seiner Démonomanie ausführlicher von diesem Fall. Im Jahre 1545 warf sich Madeleine de la Croix, die Aebtissin eines spanischen Klosters, dem Papste Paul III. mit dem Geständnis zu Füssen, dass sie dreissig Jahre lang, von ihrem 12. Jahre ab, mit dem Teufel, „in Gestalt eines schwarzen Mohren" fleischlich verkehrt habe. Bodin meint, die Eltern hätten wohl das Kind schon im Mutterleibe dem Satan gewidmet. Manche Mädchen vermochten nicht zu bereuen, was sie mit dem Teufel getrieben hatten und mussten deshalb den Feuertod erleiden.

Genau unterschieden wurden bei den Diskussionen über diese merkwürdigen Fakten einer eingebildeten Prostitution die kalten von den heissen Dämonen. Die heilige Angele von Foligno ward immer von einem heissen teuflischen Buhlen besucht, und es heisst darüber bei Martin del Rio (Disqu. magicæ, II. Buch, 24. Kapitel): Nam in locis verecundis est tantum ignis, quod consuevi apponere ignem materialem ad extinguendum ignem concupiscentiæ. Andere Besessene sagten, dass sie stets bei den dämonischen Besuchen unter kalten Schauern zu leiden hätten; war auch der Geschlechtsverkehr dem menschlichen im allgemeinen gleich, so glaubten sie doch einen Unterschied konstatieren zu müssen, quod semen frigidum erat. Aehnliches berichtet Jean Bodin aus dem Prozess gegen die Hexe Bièvre, die vor dem Richterstuhle des Herrn de la Boue, Bailli von Vermandois, im Jahre 1556 zu erscheinen hatte. Die Geschichtsschreiber der Zauberei begnügten sich natürlich nicht mit der einfachen Feststellung des Thatbestandes, sondern suchten der Sache auch eine theoretische Begründung zu geben. Alle stimmen sie auch darin überein, dass sich der traditionelle Gestank des Teufels auf seine Opfer übertrage.

Bekannt ist, dass man bei monströsen Geburten an eine Befruchtung durch den Teufel glaubte. Spranger macht in seiner Démonomanie des sorciers darauf aufmerksam, dass solche Früchte in dem ganz besonders mit Hexen gesegneten Deutschland als Wechselkinder bezeichnet zu werden pflegten. Martin Luther kommt in seinen Tischreden auch auf den Gegenstand zu sprechen. In Frankreich hiessen die unglücklichen Geschöpfe champris d. h. die auf dem Felde Gefundenen. Im dreizehnten Jahrhundert redete man einem Bischof von Troyes, namens Guichard, nach, er sei der Umarmung seiner Mutter durch einen Dämonen entsprossen.

(Vergl. Nouveaux Mémoires de l' Acad. des inscriptions A. VI. p. 603). Auch Bodin spricht von einem Monstrum dieser Art, das 1565 in der Nähe von Breslau geboren sein soll. Allgemein wurde der Incubismus als eine Art der Verführung zur Zauberei betrachtet; erlag jemand der Verführung, so war er der Zauberei und Hexerei verfallen; aus der Geschichte der Hexenprozesse weiss man, welche Folgen das für ihn hatte oder doch haben konnte.

Indessen fehlte es doch schon früh nicht an verständigen Beobachtern, die alle diese Geschichten, bei denen die Aussagen der Betroffenen naturgemäss nicht als objektiv wahre Zeugnisse gelten können, als Einbildungen und krankhafte Zustände erkannten. Dazu gehört der gelehrte Astrolog Agrippa und der bedeutende Arzt Wier. Der letztere muss sogar schon eine ziemlich klare Anschauung von den hysterischen Anfällen gehabt haben. Aber, während die vorgeschrittenen Geister im 17. Jahrhundert schon allgemein diese Anschauung teilten, wurden noch immer fleissig Hexen verbrannt und Exorcismen vorgenommen. Zum letzten Male wurde in Frankreich vom religiösen und wissenschaftlichen Standpunkte aus der Gegenstand in den Disputen des gelehrten Renaudot behandelt; so in der Sitzung vom 9. Februar 1637. Vier Redner sprachen zu der Frage; der erste offenbar ein Arzt, der ziemlich verständige Ansichten vortrug, indem er rundweg die Möglichkeit rein geistiger Wesen leugnete. Der zweite trat ihm auf Grund der klassischen Ueberlieferungen entgegen; der dritte hielt die Thatsache des Incubismus für unleugbar, bestritt aber die Möglichkeit einer Befruchtung auf diese Weise; der vierte Redner endlich gab eine rationalistische Erklärung der physiologischen Vorgänge, die zu den Phantasien Anlass gegeben hätten. (Vergl. Recueil général des questions traictees ès conférences du Bureau d' Adresse, Paris, 1656). Seit den Zeiten des Theophrast Renaudot haben sich Theologie und Medizin fortgesetzt mit diesem Gegenstande befasst, und in zurückgebliebenen ländlichen Gegenden lebt ja auch heute noch ein gut Teil des alten Aberglaubens. Voltaire hat sich, der kühle Beobachter, darüber lustig gemacht; und schon vor ihm hat ein königlicher Leibarzt, Saint-André, auf die einfache Erklärung hingewiesen. (Lettres au sujet de la magie, des maléfices et des sorciers, Paris 1725). Dabei darf allerdings nicht übersehen werden, dass die rationalistische Erklärung der damaligen Zeit in neueren Tagen sehr wesentlich vertieft worden ist.

Kirche und weltliche Gerichte hatten sich oftmals mit dieser Prostitution wider Willen zu befassen: der Holzstoss des Henkers flammte in allen Ländern gar leicht auf. Diese höllische Prostitution forderte ganze Hekatomben von Opfern, die zum mindesten dann immer verloren waren, wenn sie nicht Widerstand gegen die Versuchung durch den Teufel geleistet hatten. Das waren in Frankreich wie in ganz Europa im 16. und selbst im 17. Jahrhundert die Ausläufer der religiösen Prostitution.

XVIII. Kapitel.

Die Prostitution und das Hexenwesen. — Ursprung des Sabbaths. — Kirchliche Gesetze. — Die Thaten der Dämonen. — Hexensabbath. — Hexenkult und Teufelsanbetung. — Der Teufelstanz. — Sodomiterei und Incest — Die Beschuldigung der Bestialität. — Strenge der Richter. — Die mittelalterliche Jurisdiktion und das Hexenwesen.

Man geht gewiss nicht fehl in der Annahme, dass die Zauberei in ihren Anfängen zugleich immer als ein Vorwand zu wilden Ausschweifungen und schamloser Promiscuität diente. Daher hatten auch die Alten einen tiefen Abscheu vor derartigem Treiben, weil sie wussten, dass die Zusammenkünfte der dem Zauberkultus huldigenden Personen ohne Zweifel schändlichen Zwecken dienten. Wir sind allerdings über den Verlauf derartiger Veranstaltungen ganz und gar auf Konjekturen angewiesen, denn wenn auch die Philosophen und Gesetzgeber des Altertums in ihrem Abscheu davor übereinstimmen, so haben sie uns doch zu wenig Thatsächliches überliefert, als dass wir darauf sichere Urteile gründen könnten. Höchstens lassen zwei oder drei Seiten im Petronius und Apuleius uns vermuten, was sie verschweigen; auch Horaz behauptet ja an einzelnen Stellen seiner Gedichte, wie wir früher bereits ausführlich angegeben haben, dass bei den Zusammenkünften römischer „Hexen" wüste Orgien gefeiert zu werden pflegten (z. B. nympharumque leves cum satyrichori Ep. I. 1.). Besser unterrichtet sind wir indessen über das Treiben an den sogenannten Sabbathen des Mittelalters. Die Gewohnheit wüster und ausgelassener Orgien war bei primitiven Völkerschaften, besonders stark z. B. bei den Galliern, sehr verbreitet. Die römischen Kaiser bemühten sich nach der Unterwerfung sehr um ihre Zurückdrängung, und so hat u. a. Tiberius den Druiden und ihrem sehr zweideutigen Kultustreiben seine besondere Beachtung geschenkt und einen energischen Kampf dagegen geführt. Schon früh hat man auf eine mögliche etymologische Verwandtschaft der in der Geschichte der mittelalterlichen Zauberei eine Rolle spielenden Dusii (Augustinus: quos Galli Dusios nuncupant) mit den alten Druiden aufmerksam gemacht. So Bodin. Das eindringende Christentum nahm gleichfalls den Kampf gegen das Hexenwesen energisch auf, und wahrscheinlich wurden unter dem christlichen Kaiser Valens (364—377) die ersten Hexen verbrannt; aber ausgerottet wurde das Uebel dadurch nicht, das viel zu tiefe Wurzeln in dem Geistes- und Gemütsleben des Volkes geschlagen hatte. Mit dem Treiben der Zauberinnen waren eben immer noch die Reste der religiösen und gastlichen Prostitution auf das innigste verknüpft.

Von nächtlichen Zusammenkünften der dem Kultus der Zauberei Ergebenen berichten die christlichen Schriftsteller erst seit dem sechsten und siebenten Jahrhundert. Alle Codices jener Zeit setzen darauf ausserordentlich strenge Strafen. (Vergl. Capitularia regum, Baluze, fragment. Kap. 13.) Derartige Feiern nannte man den Sabbath, Hexensabbath; ein Wort das freilich kaum vor dem zwölften Jahrhundert allgemein gebräuchlich geworden sein dürfte. Alte Gelehrte haben es etymologisch mit Bacchus und den Bacchanalien zusammenbringen wollen: auf diese sprachlichen Spielereien brauchen wir aber nicht weiter einzugehen, da sie keiner Probe stichhalten. Es handelt sich einfach um eine Entlehnung des für den jüdischen Gottesdiensttages gebräuchlichen Namens; traute man doch damals den Juden die grössten Abscheulichkeiten bei ihrem Kultus zu. Die erste Beschreibung eines Teufelssabbaths findet sich in einem Briefe Papst Gregors IX. an die Bischöfe von Mainz und Hildesheim aus dem Jahre 1234. (Hist. eccl. von Fleury, Bd. XVII, Seite 53). Sie entspricht schon ganz den Darstellungen, die uns das 16. Jahrhundert von diesen wilden Ausschweifungen mit ihren enormen Perversitäten auf sexuellem und anderen Gebieten gegeben hat. Genaueres ist erst bekannt geworden, als die Inquisition sich der Sache zuwandte; ein Teil ihrer Opfer beschrieb immer mit einer Art von Ruhmredigkeit die Scheusäligkeiten, denen sie sich in geheimen Zusammenkünften sei es thatsächlich, sei es nur in ihrer hysterisch überreizten Phantasie hingegeben hatten. Die Protokolle dieser Hexenprozesse wollen natürlich mit sehr viel Verständnis und Ueberlegung benutzt sein, wenn man sich eben nicht auf den naiv-brutalen Standpunkt der Inquisitionsrichter stellen will. Gewöhnlich wurde die Sache so dargestellt, dass sich die „Hexen" vor ihrer Zusammenkunft mit Teufelsanrufungen befassten, dann ihren nakten Körper mit Salben beschmierten und endlich auf einem Besenstiele durch die Luft zu ihrem Versammlungsort fuhren. Die Salben, deren Recepte man noch in Magiebüchern angegeben findet, machten sie für gewöhnliche Augen unsichtbar.

Schon die stets behauptete Nacktheit der Hexen weist darauf hin, dass wir es hier im Kern der Sache mit grotesken Ausartungen der Prostitution zu thun haben. Bodin hat mehrere Geschichten überliefert, wie Frauen ihre Männer zu derartigen Hexensabbathen verführt haben; so eine von einem Ehepaar, das zu Loches in der Touraine wohnte und angeblich nächtlicherweile in die Landen bei Bordeaux fuhr, um dort allerhand Ausscheifungen mit anderen Hexenpaaren zu begehen. Ein Mädchen, das in Lyon mit ihrem Liebsten nächtigte, soll heimlich aufgestanden sein, sich unter allerhand Beschwörungsformeln gesalbt haben, und darauf „besessen" geworden sein; ihr Liebhaber, der sie beobachtet hatte, folgte ihrem Beispiele und wurde darauf Zeuge eines wüsten Treibens, vor dem er sich entsetzte. Auf eine Anrufung Gottes verschwand der wilde Chor; er ging hin, denunzierte das Mädchen, das dann als „Hexe" verbrannt wurde. Was Wahres und Falsches an dieser Geschichte ist, lässt sich natürlich leicht durchschauen!

Mittelalterliche Schriftsteller beschäftigten sich mit dem wunderlichen Ernste, der ihre Lektüre so lehrreich, aber auch so peinlich macht, mit diesen Dingen; so sagt Bodin z. B. mit apodiktischer Gewissheit, alte und berufsmässig geübte „Hexen" brauchten sich gar nicht erst zu salben, wenn sie zum Sabbath fahren wollten, ihnen genüge vielmehr einfach der Besenstiel. Auf alten Darstellungen findet man ja auch die „Hexen" verschieden abgebildet: bald nakt, bald bekleidet, je nachdem der Bildner die eine oder andere Hexentheorie für wahrscheinlicher hielt. In der Regel sind freilich nur die — alten und hässlichen bekleidet!

Was eigentlich bei den Hexensabbathen passierte, darüber gehen die Meinungen der Dämonologen auseinander. Manchen scheint die Sache doch mehr lächerlich als verworfen vorgekommen zu sein. Jedenfalls aber stimmen alle darin überein, dass man es hier mit einer Form und Abart wildester Prostitution zu thun habe. Ihre Formen scheinen je nach der Zeit gewechselt zu haben. Bemerkenswert ist, dass die organisatorischen Zusammenhänge der damaligen sozialen Ordnung in gewissem

Sinne auch auf diese geheimnisvolle Welt übertragen zu werden pflegten: also auch die Hexen hatten eine gewisse Zunftordnung, an deren Spitze als Grossmeister der Teufel selbst stand. Dabei nahm er sehr häufig die phantastischesten Tierformen an, obschon er meistens doch die Menschengestalt vorzog, nur gekennzeichnet durch einige charakteristische Merkmale.

Der Satanskult bestand in einer grotesken und manchmal ganz verblüffenden Travestierung des christlichen Gottesdienstes; so bedienten sich — immer nach der Darstellung mittelalterlicher Autoren, wie wir wohl nicht ausdrücklich anzugeben brauchen – die alten Hexen der Hahnenfedern, um die Gläubigen mit dem Urine Satans zu bespritzen, wodurch die Weihwasserbesprengung verhöhnt werden sollte. Dabei gab es natürlich eine Reihe phantastischer Obscönitäten, in denen gerade die sonst nicht besonders geschätzten Körperteile eine grosse Rolle spielten. Bei den Hexenprozessen gestanden die Opfer natürlich alles, was man von ihnen erfahren wollte und was sich die Phantasie ihrer Richter, oder besser gesagt: Peiniger ausgedacht hatte. Auch eine Art von Bezahlung war bei diesen infernalischen Prostitutionsscenen gebräuchlich, wenngleich man nicht genau weiss, worin sie eigentlich bestand. (Vergl. Chronik von Monstrelet, Paris 1572, tom. III. fol. 84). Dazu kamen dann die Stigmatisierungen, die häufig an den Schamteilen angebracht war. An derartigen Stigmatisierungen „erkannte" man zumeist die Hexen, denen man den Prozess machen wollte. Den Orgien der Prostitution gingen Gelage voraus, bei denen das Fleisch von Gehenkten, von ungetauften Kindern, Aas und anderes als Leckerbissen gereicht wurden. Den Schluss bildete jedesmal der Teufelstanz, den jede „Teilnehmerin" und jeder „Teilnehmer" anders beschrieb und mit immer neuen Details ausschmückte. In Wahrheit hat man es wohl auch hier nur mit sexuellen Excitationsmanœvern zu thun. Mit dem ersten Hahnenschrei endeten die Hexensabbathe, indem dann die Hexen den fleichlichen Verkehr mit dem Satan vollzogen. (Vergl. Démonomanie, liv. IV. chap. 5.) Die Gelehrten der damaligen Zeit haben selbstverständlich auch über diesen Punkt die tiefsinnigsten Unternehmungen angestellt; man höre nur Remigius in seinen Dæmonolatriæ libri tres (Lugd. 1595, pap. 55) „Hic igitur, sive vir incubet, sive succubet femina, liberum in utroque naturæ esse debet officium, nihilque omnino intercedere quod id vel minimum moretur atque impediat si pudor, metus, horror, sensusque aliquis acrior ingruit; illicet ad irritum redeunt omnia e lumbis, effæaque prorsus sit natura." Andere Angaben findet man, z, B. in dem Traktak De strigimagarum dæmonumque mirandis von Sylvester Prierias. Mit besonderem Eifer — uns erklärt sich das als eine charakteristische Art von Perversität — spürte der Inquisitor Nicolaus Remiguis den Geheimnissen des fleischlichen Verkehrs von Hexen mit Satanas nach; er hat denn auch von den Gefolterten die unerhörtesten Dinge erfahren: At hoc qui nobis istos concubitus, succubitusque dæmonum memorant, uno ore loquentur omnes, nihil iis frigidius, ingratiusque quicquam fingi aut dici posse. An anderer Stelle werden die Beschreibungen noch viel detaillierter gegeben. In einem Urteil des Gerichts von Arras gegen fünf Hexen (1460) findet man eine umständliche Beschreibung aller Vorgänge bei den Hexensabbathen.

Schon früh war ernsthaften und gelehrten Beobachtern aufgefallen, dass zwar „Hexen" aller Altersstufen bekannt wurden, dass es sich aber doch meist um bejahrtere Frauen handelte; diese Bemerkung macht z. B. Thomas Erastus (De lamiis, pag. 30.); hatte er auch keine Ahnung von der rationellen Erklärung dieser Erscheinung, so kam er doch immerhin schon der Erkenntnis näher, dass die hysterischen Affektionen mit fortschreitenden Lebensjahren bei den Frauen häufiger werden.

Man mag diese Dinge betrachten, wie man will: immer wird man einen gewissen Zusammenhang zwischen ihnen und der Prostitution nicht übersehen können. Das Treiben der „Hexen", welcher Art es auch immer gewesen sein mag, gab zu allerhand Zügellosigkeiten Gelegenheit; die perversen Triebe fanden hier ihre Befriedigung. Das erfahren wir zum Beispiel aus einem der letzten Prozesse, dem des Curatus Cordet, der zu Epinal 1632 abgeurteilt wurde: er hatte eine Dirne namens Chatelinotte in den Satanskult eingeführt und sie einem „Meister Persin" vorgestellt, der kalt wie Eis war, etiam in coïtu, wie das Mädchen vor Gericht aussagte. Es hat sich dabei offenbar um ein Konventikel von Perversen und Wüstlingen gehandelt. Die Zahl der Hexen und ihrer Anhänger war denn auch in allen Ländern Legion, obschon weltliche und kirchliche Behörden mit aller Strenge dagegen einschritten.

„Nam nunc lenonum et scortorum plus est fere,
Quam olim muscarum est, cum caletur maxime.

Trucul. Act I. Scene 1.

Diese beiden Verse zitierte Filesac, ein Professor von der Sorbonne aus dem Plautus, als er 1609 unternahm, eine — Statistik der Hexen aufzustellen! Die Inquisition war rastlos am Werke und strengte zahllose Prozesse an. Die Gerichte waren unerbittlich; manche von ihnen scheinen sich dem Gedanken nicht verschlossen zu haben, dass der Teufel sehr wenig mit den Dingen zu thun habe, die die vor ihnen stehenden Angeklagten ihm zuzuschreiben pflegten; sie scheinen vielmehr der Meinung gewesen zu sein, die Gesellschaft müsse sich mit Feuer und Schwert gegen die enorme Verbreitung der Prostitution wehren, die unter der Form des Satanskultus, der Hexensabbathe und der Zauberei betrieben wurde.

XIX. Kapitel.

Der Hof als Sittenspiegel für das Volk. — Die Kleinen ahmen die Grossen nach. — Der französische Hof unter den Nachfolgern Ludwigs IX. — Das Lied vom Turm zu Nesle. — Der sittenstrenge Hof Karls V. — Sittenverderbnis unter Karl VI. — Das Bildzimmer. — Maskeraden und Tänze. — Die Strafpredigt des Jakobus Magnus. — Isabella von Bayern und ihr Hofstaat. — Die kleine Königin Odette. — Der Herzog von Orleans und seine Liebesabenteuer. — Der Hof Karls VII. — Agnes Sorel und ihr Einfluss auf den König. — Franz I. — Die Pariser und die Konkubine des Königs. — Höfische Feste. — Der Tag der Unschuldigen. — Hochzeitsgebräuche. — Die Hochzeit des Herzogs Herkules von Ferrara mit Renata von Frankreich. — Honor della citadella.

Nach einem alten Worte war der französische Hof ehemals der „Spiegel der Sitten des Volkes;“ seine Lebensführung wirkte vorbildlich. Man kann deshalb wohl sagen, dass der jeweilige König gewissermassen verantwortlich war, für den Sittenzustand in seinem Volke. Dabei darf freilich nicht übersehen werden, dass die Erzählungen, die über den Sittenzustand und die Lebensweise am Hofe im Volke kursierten, manchmal keineswegs den Thatsachen entsprachen. So geschah es z. B., dass die Fama, die an den strengen Regeln des Hofs Ludwigs IX. nichts auszusetzen finden konnte, wenigstens die Ehre seiner Mutter antastete. Und doch steht fest, dass der Graf Thibaut von der Champagne zur Königin Blanche, einer kastilianischen Prinzessin nur in dem Verhältnis eines Troubadors zu seiner Dame gestanden hat. Freilich soll die Königin weniger platonisch- ætherische Beziehungen mit dem päpstlichen Legaten Romain unterhalten haben. Jedenfalls sangen die Pariser Studenten, die sich über Eingriffe des römischen Stuhls in ihre Priviligien zu beklagen hatten, auf diesen kirchlichen Würdenträger ein saftiges Spottlied, das Mathieu Paris uns überliefert hat:

Heu! morimur strati, vincti, mersi, spoliati!
Mentula Legati nos facit ista pati!

Unter den Nachfolgern Ludwigs IX. bewahrte der französische Königshof im allgemeinen, von Philipp bis auf den fünften Karl, eine ziemlich strenge Lebensführung: waren auch die Fürsten selbst keineswegs geneigt, ihren Gelüsten allzustraffe Zügel anzulegen, so achteten sie doch streng auf die Angehörigen ihres Haushalts. Von Philipp dem Schönen wissen wir, dass er seiner drei Schwiegertöchter, der Heldinnen des grauenvollen Dramas in dem Nesleturme, nicht schonte. Auch der Hof Karls V. galt als sehr sittenstreng und es ist bezeichnend, dass das Königspaar eifrig bemüht war, eine edle Gastlichkeit zu pflegen, um das seine zur Verbesserung der Sitten der pariser Gesellschaft beizutragen. Mit dem Tode dieses Fürsten änderte der Hof aber auch vollständig seinen Charakter. Der junge König Karl VI. und besonders sein Bruder Ludwig, Herzog von Orléans, wollten das Leben in vollen Zügen geniessen und hatten an ihren vier Oheimen, den Herzögen von Anjou, Bourbon, Burgund und Berry dazu die besten Vorbilder. Alle Historiker sind darin einig, dass seit der Hochzeit des Königs mit Isabella von Bayern die Prostitution gleichsam ihren Sitz am Hofe aufgeschlagen habe. Wir haben bereits an einer anderen Stelle auf die wüsten Orgien hingewiesen, mit denen das berühmte Turnier von Saint-Denis 1389 endete. Nach den Berichten zeitgenössischer Chronisten muss das Fest allmählich in eine schamlose Promiscuität übergegangen sein, bei der auch der letzte Rest von Zurückhaltung auf allen Seiten entfiel. In seiner Geschichte Karls VI. deutet Jean Juvenal des Ursins an, dass auch die Königin bei der allgemeinen Schlussmaskerade eine durchaus eindeutige Rolle gespielt habe; ihr Schwager, Herzog von Orléans, wird als ihr Liebhaber genannt. Dieser Herzog von Orleans war ein Roué erster Klasse und ein gefürchteter Don Juan: vor seinen Begierden war keine

Frau sicher und er war auch nichts weniger als wählerisch. Du Haillan berichtet uns, dass er in einem Zimmer seines Palastes alle Bilder seiner Maitressen verwahrt habe: das der Königin und ihrer Tante Margarethe von Bayern, Herzogin von Burgund, hätten den Ehrenplatz innegehabt. Als der Herzog Johann ohne Furcht davon erfuhr, drang er mit Gewalt in dieses Zimmer ein und schwur Rache, als er das Bild Margarethens thatsächlich dort vorfand. Kurze Zeit darauf ermordete er den Herzog von Orléans wenige Schritte von seinem Palaste. Obschon mit einer liebreizenden und allgemein gelobten Frau, Valentine von Mailand, vermählt, hatte dieser Orléans mit seinen Liebesgeschichten den Hof beständig in Atem gehalten, wacker unterstützt dabei von der furchtbar ausschweifenden Königin, die eine Art von Messalinennatur gewesen zu sein scheint. Verhängnisvoll wurde eine der beliebten Maskeraden im Jahre 1393. Es handelte sich um die Hochzeit einer Ehrendame der Königin, die das Ehejoch zum vierten Male auf sich nehmen wollte. Nach altfranzösischem Gebrauche waren sie und ihr Erwählter deshalb Gegenstand von allerhand Schabernack, zu dem auch ein wilder Tanz mit obscönen Geberden gehörte, den der König mit fünf Edelleuten maskiert aufführte. Der übermütige Herzog von Orleans warf mit einer Fackel nach den Tänzern, ein grosses Tuch, unter dem sie gemeinsam steckten, fing Feuer und sie kamen mit Ausnahme des wunderbarerweise geretteten Königs elend um.

Als der König erkrankte, wurde zwar seinen eigenen Ausschweifungen ein Ziel gesetzt, aber das wüste Treiben am Hofe dauerte auch weiterhin an, eifrig gefördert von dem Orléans und der Königin. Der erregten öffentlichen Meinung, die sich mit diesen Zuständen beschäftigte, brachte man ein seltsames Opfer: zwei Augustinermönche hatten versprochen, den König zu heilen; dies Versprechen hielten sie zwar nicht, aber sie begannen ihrerseits mit dem Gelde des Königs ein ausgelassenes Treiben in dem Palaste, den man ihnen als Wohnung angewiesen hatte. Da sie den Ehebruch allzuoffenkundig trieben, ganze Familien in Unehre und Schande stürzten, so entkleidete man sie ihres geistlichen Gewandes, stellte sie vor Gericht und liess sie enthaupten. Ein „Rächer" erstand ihnen in ihrem Ordensbruder Jacobus Magnus, der sich als strenger Sittenprediger am Hofe aufthat und besonders die Königin derb ins Gebet nahm. Der König soll seine innige Freude über dieses kühne Unterfangen gehabt haben, obschon er selbst nur einmal, und zwar im Jahre 1419, wenige Zeit vor seinem Tode, gegen den skandalösen Lebenswandel seiner Frau einschritt. Es handelte sich um einen Edelmann aus der speziellen Leibwache, die sich die Königin gebildet hatte, Louis de Bourdon; er wurde des ehebrecherischen Verkehrs mit ihr bezichtigt und — damit ein Exempel statuiert werde — im Turm von Monthléry eingesperrt; eines Nachts wurde er nach Paris gebracht und dort heimlich in der Seine ertränkt, „damit das Volk nicht mehr über sein Verbrechen spreche“ (ne super ejus scelere vulgus amplius loqueretur).

Als Karl VI. in Wahnsinn verfiel, weigerte sich die Königin, das eheliche Leben mit ihm fortzusetzen und suchte, um sich vor Belästigungen und thätlichen Angriffen von seiner Seite zu schützen, eine offizielle Odaliske für ihren königlichen Eheherrn; sie fand sie in der berühmten Odette de Champdivers, einem Mädchen von guter Herkunft, das im Volke mit dem Ehrennamen „kleine Königin“ belegt wurde. Man behauptet, sie habe müssen im Schlafzimmer des königlichen Ehepaares nächtigen, um immer bereit zu sein, Isabella zu ersetzen, wenn diese vor den Umarmungen des Königs floh. Man hat den Wahnsinn des Königs auf seine Ausschweifungeu zurückführen wollen; es steht aber fest, dass sich bei seinem viel wilder lebenden Bruder Orléans, der nach dem Gerede des Volkes „soviel Geliebte hatte wie das Jahr Tage“, keine Spur einer geistigen Erkrankung nachweisen lässt. Von ihm erzählt Sauval ein artiges Stückchen: der Herzog von Orléans verbrachte einmal eine Nacht mit einer Geliebten, der Frau eines Herrn von Canny; am Morgen wurde dieser nichtsahnende Edelmann dem Fürsten gemeldet, der ihn, der Sitte der Zeit entsprechend, im Bette empfing, nachdem er das Gesicht seiner Beischläferin durch Schleier verhüllt hatte. Im tollen Uebermute forderte der Herzog den Edelmann auf, den schönsten Frauenkörper zu bewundern, den er je gesehen habe und enthüllte ihm den Körper seines eigenen Weibes. De Canny begnügte sich nicht damit, diesen Anblick gebührend zu preisen, sondern trieb seine Naivetät so weit, später seinem Weibe dieses Erlebnis zu schildern. Man kann sich denken, welche unbändige Heiterkeit die Geschichte am ganzen Hofe erregte.

Der Hof Karls VII. war kaum weniger sittenlos, als der seines Vaters, obschon dieser König persönlich weniger ausschweifend war und sich mehr in der sentimentalen Pose des echten Troubadours gefiel. Während die Engländer den grössten Teil seines Reiches besetzt hielten und zu Paris residierten, vergnügte sich dieser König an seinem kleinen Hofe in Bourges mit Blumenspielen, Turnieren, Singkämpfen und dergleichen Nichtigkeiten. Seine Maitresse, die berühmte Agnes Sorel, hatte ihn vollständig im Banne; sie war ursprünglich Hofdame bei der Königin Marie von Anjou gewesen. Nach den Meldungen der Chronisten, von denen wir nur Monstrelet und Gaguin nennen, muss diese Frau mehr hübsch als schön, mehr liebreizend als imposant gewesen sein; ihre Unterhaltung wird als fesselnd und belebt geschildert (lepida et faceta). Der Einfluss dieser Frau auf den schwachen und leicht lenkbaren König wird als überwiegend günstig geschildert; sie vor allen soll den Schwächling zur Wiedereroberung seines Königreichs getrieben haben. Franz I. ehrte ihr Andenken sehr hoch, aber bei ihren eigenen Zeitgenossen finden wir doch auch viele absprechende Urteile: man sah doch vielfach in ihr nichts anderes, als eine hochgestiegene Prostituierte. Das Volk versagte ihr die Ehrfurcht, auf die sie als Geliebte des Königs Anspruch zu haben glaubte: besonders charakteristisch trat das bei ihrem einzigen Besuche in Paris 1448 zu Tage: sie schied im höchsten Unwillen von der Stadt und behauptete, die Bewohner seien ungehobelte Gesellen ohne jede Lebensart. Der König erzeugte mit ihr vier Töchter; man behauptet aber, er habe über die Legitimität der ersten, bald nach der Geburt verstorbenen, begründete Zweifel gehegt; die anderen drei erkannte er aber an und stattete sie entsprechend aus. Unter Ludwig XI. verheirateten sich alle drei. Während der Lebzeit des Königs scheint man ihre Existenz geschickt verborgen zu haben, denn sonst hätten Historiker wie Jean Chartier und Monstrelet nicht behaupten können, die Beziehungen des Königs zu Agnes seien durchaus platonischer Natur gewesen.

Die unter Karl VI. am Hofe gefeierten und von uns bereits oben geschilderten häufigen Maskeraden trugen einen ausgesprochen sexuellen Charakter; man verheimlichte das auch keineswegs. Immerhin muss bemerkt werden, dass derartige „Festlichkeiten“ keine originale Erfindung des königlichen Hofes waren, vielmehr auf die im Mittelalter in den Klöstern gebräuchlichen Narrenfeste zurückzuführen sind, die ihrerseits nur Umformungen der antiken Saturnalien darstellten. Die Massregeln der kirchlichen Behörden gegen derartige Gebräuche, von denen uns u. a. Gregor von Tours ziemlich ausführlich berichtet, blieben im allgemeinen ganz erfolglos. (Vergleiche darüber u. a. Lacroix, Geschichte des Mittelalters und der Renaissance.) Die Verkleidungen bei derartigen ausgelassenen Lustbarkeiten waren für gewöhnlich ausserordentlich indezent; der Phallus spielte dabei eine Hauptrolle.

Alter Gebrauch war auch die Feier des sogenannten „Unschuldstags“ (28. Dezember) in Frankreich, bei dem man in die Schlafzimmer einzudringen pflegte, um die Langschläfer mit Pritschen zu verprügeln. Dass ein derartiger Scherz vielfach nur als Vorwand zu groben Ausschreitungen genommen wurde, bedarf nicht erst der Erörterung; jedenfalls hat, das steht positiv fest, die Königin Margarethe von Navarra, Franz des Ersten berühmte Schwester, die sich als das weiblichste Weib im ganzen Königreich bezeichnete, nicht gerade die harmlose Seite dieses Spiels gepflegt, wenn sie in die Gemächer junger Edelleute eindrang.

Wenn es möglich war, die Sitten des Königshofes noch leichter zu gestalten, so geschah es unter den Valois, als mit Catharina von Medici die italienische Unsittlichkeit dort ihren Einzug hielt. Die ganze grosse Schaar der jungen Damen im Gefolge der Königin waren im höchsten Grade der Gefahr der Prostitution ausgesetzt und erlagen dieser Gefahr fast regelmässig. Man muss die Cent nouvelles nouvelles du bon roi Louis XI lesen, um sich einen Begriff von dem Tone zu machen, der damals am Hofe herrschte. Schon die Hochzeitsgebräuche waren von einer uns fast unverständlichen Derbheit: die Brautnacht wurde zu einer plumpen Ergötzlichkeit für allerhand lüsterne und nicht zu verscheuchende Zuschauer degradiert. Dass sogar königliche Prinzessinnen nicht vor den Unflätigkeiten dieser Art geschützt waren, ersehen wir aus dem Berichte des Clement Marot von der Hochzeit Renatens, der Tochter Ludwigs XII. mit dem Herzog Herkules von Ferrara im Jahre 1528. Es waren damals Wortspiele und Rätsel im Schwange, die, nach unseren Begriffen von Schamhaftigkeit, einen alten Affen zum Erröten bringen mussten. In seinen Dames galantes spricht Brantôme des näheren davon. Was dieser Autor z. B. über die Arten fingierter Virginität berichtet, über die Mittel, mit denen dargethan werden sollte, dass „Honor della citadella è salvo,“ entzieht sich durchaus der Wiedergabe. Derartige Mittel und Gebräuche mussten freilich in einer Geschichte der Prostitution wenigstens erwähnt werden.

Aus dem Angeführten vermag man sich schon ein ungefähr zutreffendes Bild vom Stande der Sitten im damaligen Frankreich machen. Strenge Keuschheit scheint fast unbekannt gewesen zu sein, und die junge Generation wurde in noch kindlichem Alter in die sekretesten Geheimnisse des Sexuallebens eingeführt.

XX. Kapitel.

Das Leben der Frauen im fünfzehnten Jahrhundert. — Ludwig XI. — Seine Beziehungen zu den Frauen. — Die Skandalchronik. — Der Herzog von Orléans und Frau von Beaujan. — Karl VIII. in Italien. — Der Prozess Ludwigs XII. gegen seine Gemahlin. — Gründe der Ehescheidung. — Die Aussagen der Parteien. — Ludwig XII. in Italien — Der Intendio der Thomassine Spinola. — Die Mailänderinnen. — Einfluss italienischer Sitten.

Der Sohn Karls VII. war in seiner Jugend gerade solch' ein Wüstling, wie sein Grossvater Karl VI Er hatte eine Menge Maitressen, die ihn mit einer Reihe von Bastarden beschenkten. Zum Throne gelangt, erkannte er sie ohne Weiterungen an, stattete sie aus und verheiratete sie. Aber nicht genug damit, stieg er auch in anderer Weise „zum Volke herab" und zeugte in bürgerlichen Ehebetten eine Reihe von Sprösslingen. Seine Umgebung bestrebte sich nicht, sittenstrenger zu sein, als er, und so waren denn seine kleinen Hofhaltungen in der Dauphiné und in Brabant in der That wahre Stätten der Unzucht. Es genügt in den bekannten Cent nouvelles nouvelles du bon roi Louis XI zu blättern, um sich ein Bild davon zu machen; die ausschweifende Gesellschaft begnügte sich nicht damit, in Wort und That eine Reihe von Unsittlichkeiten zu begehen, nein, diese Leute legten darüber förmliche Register an, indem sie ihre Abenteuer unter dem durchsichtigen Schleier veränderter Namen erzählten. An den lasciven Sitzungen, bei denen die Anton de la Sale, die Jean de la Roche und andere das Wort führten, nahmen freilich die Frauen selten teil, die vielmehr in der Stille und Zurückgezogenheit des häuslichen Lebens zu verweilen pflegten. Sie führten in der That einen weniger anstössigen Wandel; wenn aus keiner anderen Ueberlieferung, so könnten wir es daraus schliessen, dass Margarethe von Schottland, die erste Gemahlin Ludwigs XI. schon dadurch arg kompromittiert erschien, dass sie einmal mit ihren Frauen und einigen Rittern abends ohne Licht in ihren Zimmern betroffen wurde. Doch gab es Stimmen an dem Hofe, die behaupteten, die Situation sei keineswegs unverfänglich gewesen, und Margarethe habe Beziehungen zu dem Herrn Jamet de Tillay unterhalten, der ihr später durch Indiskretionen viel Leid zufügte und deshalb gar an ihrem Tode Schuld getragen haben soll. Margarethe, eine romantisch-phantastische Person, galt für eine hervorragende Schönheit, hatte aber körperliche Eigenheiten, die sie ihrem Manne abstossend erscheinen liessen. Als sie 1444 gestorben war, dachte er zunächst nicht daran, sich wieder zu vermählen, obschon seine Ehe kinderlos geblieben war. Erst 1451 schritt er zu einer neuen Heirath mit Charlotte von Savoyen. Sie war bei der Ceremonie erst sechs Jahre alt, die Hochzeit konnte deshalb auch erst vollzogen werden, als sie die Pubertät erreicht hatte. Mit kaum zwölf Jahren, kam sie ins Ehebett. Ihr Gatte hatte inzwischen keineswegs keusch gelebt, sondern knüpfte zunächst mit zwei edlen jungen Damen, Phélise Renard und Margarethe de Sassenage an; von ihnen hatte er drei oder vier Kinder, verliess sie dann aber, da er die Reize gewöhnlicher Bürgerfrauen denen der edlen Damen vorzog; so besass er in Dijon die Huguette Jaquelin, in Lyon die Gigonne, in Paris die Passefilon. Er nahm sie sogar mit auf Reisen und zeigte sich öffentlich mit ihnen. Die Bürgerschaft der Hauptstadt war nicht wenig stolz auf die „Auszeichnung“, dass der Dauphin seine Beischläferinnen ihrem Stande entnommen hatte. Diese Frauen spielten bis 1476 eine Rolle am Hofe. Bemerkenswert ist die Naivetät eines zeitgenössischen Chronisten: Philipp de Comines sagt, der König habe 1459, als ihm ein Sohn gestorben sei, geschworen, er werde nie wieder eine andere Frau als die Königin berühren; der Chronist scheint von seiner Gewissenhaftigkeit überzeugt, wir aber wissen besser, wie wenig für diesen Ludwig XI. ein Eid bedeutete. In der That lebte die Königin irgendwo auf einem kleinen Schlosse mit sehr geringem Hofstaate. Der König bekümmerte sich gar nicht um sie: erst als er alt, krank und schwächlich wurde, erinnerte er sich, verheiratet zu sein. Man darf wohl mit Recht bezweifeln, dass die vernachlässigte Frau es der Mühe für wert hielt, ihm treu zu bleiben.

Am Hofe Ludwigs XI. herrschte also alles andere als Sittenreinheit und Mässigung. Bemerkenswert ist auch, dass in dieser Zeit die letzten Spuren der ehemals sehr verbreiteten ritterlichen Frauenverehrung ganz verschwanden und einer derbrealistischen Auffassung von den Beziehungen der beiden Geschlechter zu einander Platz machten. Boccaccios Novellen wurden in jenen Tagen auch in Frankreich durchlebt. Nach so langer Zeit der Pest, der Sorge und Trübsal schien das Volk die verlorene Zeit endlich nachholen zu wollen. Die Prostitution machte infolge dessen reissende Fortschritte. In dem Tagebuch des Bürgers von Paris (1435) findet sich eine Stelle, die von der Verbilligung der käuflichen Liebe in der damaligen Zeit handelt. Zahllos sind die Ehebrüche, Betrügereien und Untreuen, die uns aus jener Zeit, z. B. in der Chronique scandaleuse übermittelt worden sind, die ein Greffier von Paris, Jean de Troyes, geschrieben hat.

Der König that gar nichts um den wilden Sittenverfall aufzuhalten, sondern erfreute sich an den Geschichten, die ihm darüber zu Ohren kamen. So wurde eines Nachts sein Minister, der Kardinal La Balue, als er seine Konkubine, eine Notarsfrau, besuchen wollte, in den Strassen von Paris von einem eifersüchtigen Konkurrenten halb totgeschlagen, ohne dass er, aus Furcht, noch mehr kompromittiert zu werden, einen Prozess anzustrengen gewagt hätte. Ein anderer Favorit des Königs, Daniel de Bar, hatte sich eines Tages gegen die Anschuldigung der Sodomiterei zu verteidigen, wurde aber freigesprochen, da die Anschuldigung angeblich auf falsche Aussagen gestützt war. Andernfalls hätte er nach damaligem Rechte den Scheiterhaufen besteigen müssen.

Widernatürliche Unzucht war zu jenen Zeiten in Frankreich noch sehr selten und wurde erst durch die Heere Karls VIII. und Ludwigs XII. aus Italien eingeschleppt. Von den damaligen Königen wird uns überliefert, dass sie aller widernatürlichen Unzucht durchaus abgeneigt gewesen seien. Ludwig XII., als Herzog von Orléans, ein verrufener Wüstling, behielt zeitlebens eine brennende Sehnsucht nach Frauen, die ihn wenig wählerisch erscheinen liess. Nur gegen die Regentin des Landes, Anna von Frankreich, die ihn mit ihrer Liebe verfolgte, verhielt er sich spröde, was ihm den verderblichen Hass dieser Frau eintrug.

Nach de Brantôme soll Karl VIII. jung und unerwartet gestorben sein, weil er seine zarte Lebenskraft mit Weibern vergeudet hatte. Als er die schöne Anna von Britanien heiratete, zwang ihn diese tugendreiche und willensstarke Frau zu einem keuschen und geordneten Leben. Der Hof von Frankreich wurde endlich einmal wieder von den gröbsten Unzuträglichkeiten gereinigt. Sie liebte, sich mit einer grossen Suite von Damen zu umgeben, die sie in strenger Zucht zu halten wusste. Trotzdem fand der König unter ihnen eine Maitresse, die soviel Einfluss auf ihn gewann, dass sie ihn von einem zweiten Zuge nach Italien abhielt.

Der erste war für Frankreich sehr günstig abgelaufen. Der König hatte gleichzeitig auf ihm die Gelegenheit wahrgenommen, seine Gemahlin und seine Maitresse zu hintergehen und zeichnete die Spur seines Zuges in Italien durch eine Reihe von natürlichen Kindern. Von dem furchtbaren Leiden der neapolitanischen Krankheit, die so viele seiner Soldaten und Offiziere dahinraffte, scheint er selbst glücklich verschont geblieben zu sein. In der Stadt Asti soll er eine sentimentale Geschichte erlebt haben: abends fand er in seinem Schlafzimmer ein Mädchen von grosser Schönheit, das seine Kammerdiener für ihn besorgt hatten; sie bat um Schonung ihrer Ehre und der König war so gerührt von ihrem Flehen, dass er sich ihre Geschichte erzählen liess. Obwohl liebend und geliebt, war sie von ihren Eltern den Kammerdienern des Königs verschachert worden; der König liess ihren Geliebten holen, verlobte die Beiden und gab ihnen eine Mitgift, so den gütigen deus ex machina spielend. Nach seiner Rückkehr befleissigte sich der König auf den Rat der Aerzte eines geregelten Lebenswandels, erlag aber bald einem Leiden. Ihm folgte sein Vetter, der Herzog von Orléans, der ebenfalls in der letzten Zeit seine frühere Unmässigkeit aufgegeben hatte. Grosses Aufsehen machte seine Scheidung von Johanne, seiner bisherigen Gemahlin, die er verliess, um Anna von Britanien heiraten zu können. Trotz fünfundzwanzigjähriger Ehe habe er, so beschwor er in dem Prozesse, niemals mit seiner bisherigen Gattin verkehrt, weil sie „am Körper verdorben sei", wie er sagte. Seine Frau behauptete freilich das Gegenteil. Neque realiter licet intus fuerit, so hat der Gerichtsschreiber seine Aussage protokolliert. Natürlich setzte der König seinen Willen durch und Johanna ging in ein Kloster.

Unter Ludwig XII. war der Hof wieder ein Muster an Ehrbarkeit. Die Prostitution, die in allen Schichten der Bevölkerung ausserordentlich verbreitet war, wurde vom Palaste verbannt. Die Frauen des Hofstaats bekamen ordentlich moralische Anfälle und strebten nach einer allgemeinen Verbesserung der Sittlichkeit, wobei sie der König, der ja seine Jugend sehr ausgiebig genossen hatte, ruhig gewähren liess. Eine derartige Reaktion erscheint ganz natürlich, wenn man bedenkt, welche infernalische Laster durch das Heer aus Italien nach Frankreich eingeschleppt worden waren. Auf seinen Kriegszügen scheint freilich auch der König nicht immer gegen die Versuchungen gefeit gewesen zu sein, wenigstens wird uns überliefert, er sei der „intendio" der schönen Genueserin Thomassine Spinola gewesen Aus den Werken zeitgenössischer Dichter können wir entnehmen, welchen tiefen Eindruck italienische Schönheit und südländischer Liebreiz auf die Franzosen gemacht haben. Vom König bis zum letzten Kriegsknecht waren sie davon hingerissen, und noch von Franz I. und seiner Armee wird erzählt, dass sie der Schönheit der Frauen wegen nur ungern Italiens Fluren verlassen hätten.

XXI. Kapitel.

Brantôme und sein Buch: Dames galantes. — Die Widmung an die Königin Margarethe. — Die Prostitution unter den Valois. — Franz I. — Das Motiv zu seinem ersten italienischen Feldzuge. — Seine erste Krankheit. — Die Hofdamen. — Die Damen im Hirschgarten. — Der König als Sittenwächter. — Herzogin d' Etampes. — Nächtliche Exkursionen. — Diana von Poitiers — Hofmoral und Bürgermoral. — Jean de Brosse und sein Prozess. — Die schöne Ferronière.

Mit der Geschichte der Prostitution am Hofe der Valois könnte man ganze Bände füllen, wenn man alle die Anekdoten aufnehmen wollte, die uns das Leben der Vornehmen in jenen Tagen schildern; man brauchte nur die Werke Brantômes auszuschreiben, denn dieser höfische Abbé hat eine Unmenge von Skandalgeschichten gesammelt und trägt sie im naivsten Tone vor, wie wenn gar nicht daran zu denken wäre, dass jemand Anstoss daran nehmen könne. Aus diesem Umstande schon darf man einen Schluss auf die sittliche Verwahrlosung der französischen Gesellschaft unter Karl IX. und Heinrich III. ziehen; widmet Brantôme doch auch sein Buch von den galanten Frauen dem Herzoge von Alençon, Bruder des regierenden Königs, während er das Originalmanuskript dieser lasciven, aber für die Kenntnis der damaligen Sittenzustände ganz unentbehrlichen Schrift der Königin Margarethe, der geschiedenen Frau Heinrichs IV. dediziert. Durch den Druck zu verbreiten, wagte er das Werk freilich nicht während seiner Lebzeiten, verpflichtete aber testamentarisch seine Nichte, die Gräfin von Durtal, den Druck zu besorgen.

Die Arten der höfischen Prostitution waren übrigens je nach dem persönlichen Geschmack und den Liebhabereien des jeweiligen Kronenträgers ganz verschieden. So war die Unsittlichkeit am Hofe Heinrichs III. ganz verschieden von der am Hofe Franz I.: die eine trägt noch wesentlich französischen Charakter, die andere ist vollständig italianisiert worden. Unter Franz I. findet man doch wenigstens ab und an noch eine Spur altfranzösischer Ritterlichkeit; unter Heinrich III. aber ist alles vergröbert, vergemeinert und verlumpter. Franz I. trägt entschiedene Spuren von Grösse an sich, war bedeutend in seinen Tugenden, freilich auch in seinen Lastern; sein ganzes Leben hindurch litt er an einer brennenden Sehnsucht nach dem Umgange mit Weibern; Brantôme behauptet sogar, diese Neigung habe auf die wichtigsten politischen Dinge entscheidenden Einfluss gehabt. Soll er doch den Kriegszug nach Mailand einzig deshalb angetreten haben, um die „segnora Clerice“ zu sehen und zu besitzen.

Diese verhängnisvolle Sinnlichkeit beherrschte den König schon von früher Jugend an, und wir erfahren aus einer Notiz im Tagebuch seiner Mutter, Luise von Savoyen, vom 4. September 1512, dass er, damals kaum 18 Jahre zählend, an einer Geschlechtskrankheit erkrankt sei. Als König liebte es Franz I. seinen Hoofstaat mit zahlreichen Damen edler Abkunft auszustatten, wohl in der Absicht, auf diese Weise dem furchtbaren Treiben der Ribandie entgegenzutreten, deren letzter König unter ihm im Amte war, wie wir schon früher erwähnt haben. Ueber die Bestimmung der Hofdamen macht Brantôme sehr klare Angaben, die nicht wiedergegeben zu werden brauchen. Erwähnt sei nur sein Ausspruch, der von Franz I. geschaffene Zustand verdiene schon deshalb den Vorzug vor der früheren Ribaude, weil die früher mit dem Hofe in einer gewissen Verbindung stehenden Dirnen gar su sehr gefährlichen Erkrankungen ausgesetzt gewesen seien.

Im Zusammenhange mit der Vermehrung des weiblichen Hofpersonals steht eine starke Vermehrung auch der Duelle unter den Kavalieren. Das war nun allerdings weniger bedeutsam als der Einfluss der höfischen Prostitution auf die Moral der Bevölkerung. Die Bürger bestrebten sich die Serailwirtschaft in ihrer Art zu imitieren. Sauval sagt ausdrücklich, dass es in jener Zeit direkt für unfein galt, ohne Maitresse zu leben. Dabei hielt Franz auf eine gewisse äusserliche Dezenz im Benehmen seiner Höflinge, wenn er selbst auch nicht verschmähte, sämtliche Damen zur Brunstzeit der Hirsche in seinen Wildpark zu laden, um sie sich an den Liebeskämpfen dieser starken und edlen Tiere ergötzen zu lassen. Der König selbst stand ganz unter dem Einfluss seiner Maitressen, von denen die Herzogin d' Etampes besonders ausgezeichnet wurde. Sie richtete eine böse Günstlingswirtschaft ein und brachte den Nepotismus zu einer bis dahin in Frankreich unbekannten Blüte.

Freier als die Kavaliere durften sich die Hofdamen bewegen, die den gesamten Sprachschatz der Prostitution am Hofe zu Ehren brachten. Bei Rabelais kann man erfahren, in welchen Ausdrücken sich damals eine höfische Unterhaltung von Damen bewegte! Die Paschalaune des Fürsten begnügte sich nicht mit einer einzigen Maitresse und so finden wir denn neben der Herzogin d'Etampes auch noch andere Favoritinnen zweiten Ranges, die den Titel lieutenantes de madame Anne führten. Anne de Pisseleu, so hiess diese Herzogin, bevor sie mit dem Könige in Beziehungen trat und durch ihn verheiratet wurde, wurde beim König 1526, kurz nach seiner Rückkehr aus der spanischen Gefangenschaft, von seiner eigenen Gemahlin eingeführt, um eine andere Favoritin, die berühmte Françoise de Toix, zu ersetzen. Diese hatte den König wahrhaft geliebt und büsste diese Liebe mit dem Leben. Anders die Herzogin d'Etampes, die eine kalte Natur gewesen zu sein scheint, aber mit grösstem Raffinement den wankelmütigen König an ihre Reize zu fesseln verstand. Ueber die gelegentliche Untreue des Königs sah sie stillschweigend hinweg, selbst wenn sie in deren Folge, wie das mehrfach geschah, körperliche Krankheit zu erdulden hatte. Der König selbst war zeit seines Lebens nicht ganz frei von geheimen Leiden. Anders als früher spielte sich jetzt äusserlich das Zusammenleben des französischen Königs mit seinen Favoritinnen ab: da war nichts mehr von naiver Schamlosigkeit; im Gegenteil blieb äusserlich alles verborgen, die Besuche wurden ganz heimlich abgestattet, ein zeremoniöses Benehmen musste in der Oeffentlichkeit die sehr intimen Beziehungen kachieren. Die Herzogin hatte sogar eine Scheinehe mit einem gewissen Jean de Brosse eingehen müssen, der bedenklich abfiel, als er einst mit seinen ehelichen Rechten Ernst zu machen versuchte. Den Ehemännern von damals war überhaupt eine gewisse philosophische Resignation eigen: der König liebte es, nachts bald dieser bald jener Dame unvorhergesehene Besuche abzustatten, bei denen dann der legitime Gatte schleunigst das Feld zu räumen hatte. Der ganze Hof war auf Vermeidung von Skandal dressiert. Die Damen waren, nach Sauval, so im Schlosse untergebracht, dass der König, der die Zimmerschlüssel besass, immer zu ihnen gelangen konnte. Der zitierte Schriftsteller erwähnt ganz ausdrücklich, dass diese Art von Prostitution am damaligen Königshofe gang und gäbe war und für nicht auffallend galt. Auch die Kabinetsjustiz wurde zu unsittlichen Attentaten missbraucht und es kam manchem Angeklagten oder Verurteilten zu statten, wenn er eine schöne Frau oder Tochter besass; wird doch sogar behauptet, dass Franz I. manchmal das Opfer annahm, ohne die gewünschte Begnadigung zu vollziehen. Der Herr von Saint-Vallier, der als Parteigänger des Connetable von Bourbon verurteilt worden war, wurde durch die thatkräftige Intervention seiner Tochter Diana von Poitiers noch gerettet, als er schon den Fuss aufs Schaffott gesetzt hatte. Diana von Poitiers beglückte übrigens später auch noch den Kronprinzen, den späteren Heinrich II. mit ihrer Liebe, der sie zur Herzogin von Valentinois erhob.

Mézeray giebt in seiner Geschichte von Frankreich ein derbes Bild der damals herrschenden Sittenlosigkeit, die allerdings unter Franz I. immerhin noch unter einer gewissen delikaten Galanterie verborgen wurde, die dann unter Heinrich II., Karl IX. und Heinrich III. auch noch in Wegfall kam. Franz I. schonte wenigstens äusserlich den guten Ruf der Frauen, mit denen er Beziehungen unterhielt. Duverdier de Vauprivas bezeugt das in seiner Prosopographie ganz ausdrücklich. Weniger delikat war der legitime Gemahl der Herzogin d' Etampes, der nach dem Tode des Königs wegen einer finanziellen Angelegenheit gegen sie einen Prozess anstrengte und Beweiserhebung beantragte, dass er die „Hure des Königs" geheiratet habe.

Franz I. hatte indessen an dem Harem seines Hofes nicht volle Befriedigung und liebte es darum, in den Strassen seiner Hauptstadt auf Abenteuer auszugehen; man weiss aber aus dem Heptameron der Königin von Navarra, dass derartige galante nächtliche Exkursionen nicht immer ganz ungefährlich waren: die guten Bürgersleute mangelten vielfach des Verständnisses, das die adeligen Herren der Hofgesellschaft den sultanischen Launen ihres Gebieters entgegenzubringen pflegten. Auf einer solchen Streiftour soll er sich übrigens nach dem Urteile alter Schriftsteller eine schwere Erkrankung erworben haben, die nach langen Leiden seinen Tod herbeiführte. Wird doch sogar behauptet, der Gemahl der schönen Ferronière habe sich absichtlich irgendwo schwer infiziert, um auf diese Weise den König, als den Verführer seiner Frau, sicher zu verderben. Wenigstens erzählt Mézeray die Sache so. Louis Guyon hat die Geschichte zum ersten Male in seinen Diverses leçons wiedergegeben; er wollte sie aus dem Munde einiger alten Zeitgenossen des Königs erfahren haben. Wie dem auch sein mag, Thatsache ist jedenfalls, dass auch des Königs Gemahlin, Claudia, 1524 an einer venerischen Erkrankung starb.

In dem Buche von Brantôme handelt sicherlich eine grosse Menge Anekdoten vom Könige selbst; uns ist es jetzt freilich unmöglich, ihn unter den verschiedenen Decknamen sicher herauszukennen. Bemerkt sei aber noch die grosse Zahl von blutigen Tragödien, die der Schriftsteller anführt: es gab eben doch noch in jener Zeit allgemeinen Sittenverfalls ehrenfeste Ehemänner und Väter, die mit dem Schwerte in der Hand dem Ansturm der Lebewelt auf ihre Angehörigen wehrten. Nicht immer freilich mit Erfolg, denn die Grösse der Gefahr scheint hie und da die Frauen erst recht zum Ueberschreiten ihrer Pflichten angereizt zu haben. Bei den grossen Damen galt nach Brantômes Zeugnis die Zügellosigkeit ganz bestimmt nicht als ein Makel. Eine schottische Dame vornehmer Abkunft rühmte sich sogar in ihrem mangelhaften Französich der Thatsache ganz öffentlich, dass sie von Heinrich II. einen natürlichen Sohn habe. Brantôme fügt als Kommentar hinzu, dass nur die Frauen als Dirnen gebrandmarkt wurden, die sich gewöhnlichen Männern hingaben, während dagegen der Verkehr mit fürstlichen Personen, zumal dem Könige, für durchaus ehrenvoll galt; ebenso legt jener Schriftsteller einem Manne die Äeusserung in den Mund, dass die Zügellosigkeit grosser Damen schön und edel sei und ganz anders beurteilt werden müsse, als die der bürgerlichen Weiber. Diese müssten keusch und sittsam in Worten und Werken leben; wenn sie in ihren Neigungen wechselten und sich verschiedenen Männern hingäben, so müsse man sie als Dirnen æstimieren. So bedurfte es nicht erst der berühmten römischen Kurtisane, die unter dem Namen die Griechin bekannt war, um in Frankreich die merkwürdigsten Theorien der Sittenlosigkeit zu propagieren; die Damen der höfischen Aristokratie besorgten das schon. Schwerlich fand die Griechin, die, wie sie sagte, gekommen war, um die Männer in Frankreich zu „dressieren" und den Frauen Unterricht in der Liebe zu geben, noch viel zu thun. Auch die hohen Kirchenfürsten halfen wacker mit an dem Werke der allgemeinen Sittenverwilderung, an ihrer Spitze der Kardinal von Lothringen, der ein guter Spiessgeselle des Königs bei seinen Liebesabenteuern war. Brantôme erwähnt sein Treiben halb bewundernd, halb entsetzt, und meint, dass es am ganzen Hof kein unverdorbenes Frauenzimmer gegeben habe.

XXII. Kapitel.

Am Hofe Heinrichs II. — Diana de Poitiers. — Marschall Brissac. — Einfluss Italiens und der Renaissance. — Katharina von Medici. — l'Escadron volant. — Heinrich III. und seine Mignons. — Die Italiener. — Heinrich IV. und Margarethe von Valois. — Katharina du Luc. — Gabrielle d'Estrées. — Maria von Medici. — Die Prinzessin de Condé. — Sebastian Zamet, der Herzog von Bellegarde und der Marquis de la Varenne. — Verbesserung. — Luxus. — Das Volk. — Die Ligue. — Sittenverderbnis. — canards. — Montaigne. — Palma-Cayet. — Mathurie Regines. — Seine Nachahmer. — Pressprozess. —

„Wenn auch der Harem Heinrichs II.," sagt Sauval, „nicht so gross war wie der von Franz I., sein Hof war nicht weniger verdorben." Wieder ist es Brantôme, der uns über dieses Verderbnis genügende Auskunft giebt. Dieser Hof wies alle Laster der Prostitution, alle Auslese der Wollust und der Galanterie, all die Regeln sittlicher Erniedrigung auf, die er von den italienischen Höfen übernommen und weiter ausgebildet hatte Unser Autor betrachtete diese Ueberlieferungen noch als Verbesserungen im Interesse des sinnlichen Vergnügens. Indes hatte Heinrich II. weniger Anteil an der Entsittlichung seiner Zeit als Franz I. und er bot seinen Höflingen das seltene Beispiel einer anhaltenden Liebe in seinem Verhältnis zu Diana de Poitiers, seiner einzigen anerkannten Maitresse während seiner ganzen Regierungszeit. Diana schien sich ihre Schönheit wunderbar lang erhalten zu haben. Brantôme, der sie in ihrem siebzigsten Lebensjahr sah, fand sie „aussy belle de face, aussy fraiche et aussy aymable, comme en l'aage de trente ans.“ Er schrieb diese Vorzüge dem Umstande zu, dass sie Getränke von flüssigem Gold zu sich genommen hätte. Heinrich liebte sie leidenschaftlich und die Königin Katharine musste mit Stillschweigen die Suprematie dieser Rivalin hinnehmen. Der König liess in und auf seinen Palästen häufig verschlungen die Anfangsbuchstaben seines Namens und den seiner Maitresse anbringen, eine Apotheose des Ehebruchs und der Prostitution, wie sie bisher noch nicht vorgekommen war. Der Hof schätzte sie als Gebieterin uud das Volk sah mit einer scheuen Hochachtung auf „Madame Diana“, als eine Art Zauberin, die es verstand, ewige Jugend und Schönheit zu wahren. Indes scheint die Treue in dieser Liebe von beiden Teilen nicht gewahrt worden zu sein. Es wird erzählt, dass Heinrich eines Abends an der Thür Dianas pochte, als bei dieser eben der Marschall Brissac weilte. Für diesen blieb nichts anderes übrig, als sich rasch unter dem Bett zu verbergen. Der König trat ein und legte sich zu Bette, ohne erkennen zu geben, dass er von dem Besuch Brisscas etwas wüsste. Nach einiger Zeit verlangte er etwas zu essen und Diane brachte zitternd einen Teller voll Confituren herbei. Heinrich ass hiervon, warf aber plötzlich einen Teil unter das Bett mit dem Ausruf: „Hier Brissac! jeder muss leben.“ Bald entfernte er sich, ohne jedoch weiter Diana oder dem Marschall gegenüber auf diesen Vorfall zurückzukommen. Was uns sonst von den Sitten dieses Hofes und der von diesem beeinflussten andern Gesellschaftsschichten berichtet wird, klingt so abscheulich, dass es selbst in einer Geschichte der Prostitution nicht ohne Bedenken dargestellt werden könnte. Selbst die Blutschande schlimmster Art war hier zu finden. „Es war das Italien der Borgias und Medicis,“ sagt Sauval, „das Frankreich Unterweisungen gab in all diesen Praktiken, all diesen Instrumenten und all diesen Reizmitteln der Prostitution.“ Der Hof war es, der stets seine Hand hatte in diesen schamlosen Spielen. Er war es der sich beeiferte diese unsauberen Neuerungen dem Volke zu übermitteln, dem bald nichts mehr verblieb von der alten gallischen Keuschheit. Mit Bedauern muss gesagt werden, dass die Künste, deren Zweck es ist die Seelen für alles Edle und Reine zu begeistern die ersten Verderber, oder doch wenigstens Hilfsmittel des allgemeinen Verderbnisses waren. Franz I. und Heinrich II. beriefen aus Italien zu sich zahlreiche Künstler, Maler, Bildhauer und andere, darunter die bedeutendsten Namen der Renaissance, deren Schöpfungen manche für besonders sittenverderblich erachteten. Später liess Königin Anna von Oesterreich viele dieser Kunstgebilde verbrennen.

Die Regierung von Katharina von Medici, das heisst, die ihrer drei Söhne, Franz II., Karl IX. und Heinrich III., die nacheinander unter ihrer Vormundschaft und Leitung zur Herrschaft gelangten, diese lange, von blutigen Bürgerkriegen, Religionsstreitigkeiten und Metzeleien erfüllte Regierungszeit, zeigt uns eine neue Phase in der Geschichte der Prostitution. Katharina wandte die Prostitution in der Politik an. Sie bildete aus ihr ein Heer um ihre Feinde zu besiegen; sie gebrauchte sie als narkotisches Mittel, um die Gegner zu betäuben, als Kette, um diese gefangen zu halten, als Gift, um deren Verderben herbeizuführen. Vielleicht noch nie war die Unsittlichkeit mit solchem Raffinement angewendet worden, noch nie in der Kunst Menschen zu regieren, so schändliche Mittel gebraucht worden. Machiavelli selbst hätte gescheut zu einem dauernden System zu bringen, das, was bisher nur als zufällige Ausnahme in die Politik gelangen konnte. In der That konnten die Frauen in manchen Fällen einen bedeutenden Einfluss in Staatsangelegenheiten ausüben; zweifellos liessen sie zu allen Zeiten die Macht ihrer Verführung fühlen. Aber Katharina von Medici war es, die zum ersten mal, in Frankreich wenigstens, Hofdamen als unreines Werkzeug ihrer politischen Zwecke anwandte. Man nannte diese Damen „l'Escadron volant de la reine“ und sie wandten ihre Verführungskünste nicht nur im Interesse der Politik ihrer Herrin Männern gegenüber an, sondern auch zur Befriedigung ihrer perversen Neigungen untereinander. Auch sonst liesse sich noch manches anführen, auf das jedoch der Leser lieber auf Brantômes Schriften verwiesen werden soll, der sich noch ziemlich rücksichtsvoll ausdrückt.

Trotz der Sittenlosigkeit jener Zeit finden wir in ihr strenge Massregeln gegen die Bordelle sowie gegen die Unzucht bei den Truppen. Wenn einem Berichte zu trauen ist, so soll Marschall Philipp Strozzi den Befehl gegeben haben, achthundert filles de joye, die seinem Heere sich zugesellt hatten, in die Loire zu schmeissen.

Heinrich III., der letzte der Valois, ist berüchtigt durch seine „Mignons,“ eine Bezeichnung, die erst nicht näher erklärt zu werden braucht, zumal wenn wir in Erinnerung behalten, dass die mit Katharina von Medici an den französischen Hof gelangten Italiener, die hier ohnehin nicht ganz fremden perversen Gelüste nur zu sehr zur Geltung brachten. Besonders entschiedene Gegner dieser Verirrungen waren begreiflicher Weise die Damen, die zu einer Art Verbindung zusammentraten, „la bande des dames“ genannt und an deren Spitze die Königin von Navarra, Margarethe von

Valois stand. Als Heinrich III. nach Polen zog, wo eine Krone seiner harrte, war er noch frei von dem Laster, das ihn nach der Rückkehr in das Reich seiner Väter erniedrigte. Zwar war er schon von früher Jugend an der Sinnlichkeit und der Wollust zugeneigt, aber er gab sich doch noch nicht dem italienischen Laster hin, obgleich er von perversen und unzüchten Höflingen umgeben war. Es dürfte schwer zu bestimmen sein ob er in Polen oder in Venedig, wo er sich einige Tage aufgehalten, hatte, als er nach Frankreich zurückkehrte um Nachfolger seines Bruders Karl XI. zu werden, Geschmack an diesem schändlichen Laster gefunden hatte. Kaum im Louvre angelangt, bildete Heinrich um sich einen Hof von Mignons und Italienern. Gegen letztere richtete sich der Hass des Volkes, dessen Interpreten hauptsächlich die Universitätsjugend war. Es kam wiederholt auch zu Streitigkeiten und ein Kapitän wurde zum Tod durch den Strang verurteilt, weil er anlässlich eines solchen Streites die Aeusserung that, man müsste auf die Seite der Studenten treten und die Kehle abschneiden diesen verdammten Italienern, die den Ruin Frankreichs bilden. Bald aber trat der Hass gegen die Italiener in den Hintergrund und der ganze Unmut des Volkes richtete sich gegen die Mignons, die Heinrich stets umgaben und die auch Hermaphroditen genannt wurden. Als nach Heinrich III. Ermordung eine Satire wider ihn und seine Lieblinge erschien, lehnte es Heinrich VI. ab, den anonymen Verfasser ausfindig machen und bestrafen zu lassen, denn die Schrift sei wohl „zu frei und zu verwegen," aber sie sage doch die Wahrheit. Uebrigens fehlte es zu jener Zeit auch sonst nicht an Pasquillen gegen die Fürsten, die Grossen und den Klerus, zumal seitens der Hugenotten auch mit diesen Mitteln eifrig gegen ihre Widersacher gekämpft wurde, wobei es, begreiflicher Weise, nicht an argen Uebertreibungen fehlte.

Die Sittenzustände des französischen Hofes am Ende des sechzehnten Jahrhunderts können nicht besser dargestellt werden, als durch Schilderungen aus dem Privatleben Heinrich IV. und seiner ersten Frau, Margarethe von Valois, Königin von Navarra. Beide haben übrigens selbst dafür gesorgt, dass der Welt die Geheimnisse ihres Ehebruchs nicht verschwiegen bleibe, die Königin durch ihre „Memoiren," in denen sie mit grosser Reserve und Zurückhaltung ihre Beschwerden gegen den ungetreuen flatterhaften Gatten zum Ausdruck bringt, der König durch seine „Satirische Ehescheidung," ein Werk, das er herstellen liess, um zur Instruktion den Comissären zu dienen, die ernannt waren um die Ursachen zu prüfen, die zur Ehescheidung führen können. Diese beiden Schriften wurden zwar erst viel später gedruckt, aber sie machten in Abschriften bereits die Runde, als die Ehescheidung des Königpaares vorgenommen werden sollte und sie bekundeten in der skandalösesten Weise, dass der König und seine Gattin einander hinsichtlich der freien Lebensführung nicht nachgeben. Margarethe wurde übrigens bereits unter der Regierung Karl IX. der entsetzliche Vorwurf gemacht, dass sie mit ihren drei Brüdern in blutschänderischen Verkehr getreten sei, die Aufzählung der Namen ihrer zur Kenntnis gelangten Günstlinge würde einen beträchtlichen Raum beanspruchen und eine Absonderung der Ehegatten fand bereits statt, als sie noch unter einem Dache lebten. Heinrich III. der zu Gunsten seiner Schwester eintrat, schrieb seinem Schwager etwas boshaft: „Sie wissen, dass Könige von falschen Berichten getäuscht worden und dass selbst die tugendhaftesten Prinzessinnen vor Verläumdung nicht geschützt sind. Sie wissen auch, was man selbst von der verstorbenen Königin, ihrer Frau Mutter, alles gesagt hat und dass ihr stets Uebles nachgesagt wurde.“ Heinrich von Navarra soll beim Lesen dieses Briefes laut aufgelacht und zu dem Ueberbringer heiter gesagt haben: „Der König erweist mir in seinen Zuschriften zu viel Ehre. In den vorhergehenden nannte er mich Hahnrei und in dieser wieder Sohn einer Hure. Ich danke!“

Heinrich IV., es muss zugestanden werden, war, was die Freiheit der Sitten betrifft, nicht besser als seine erste Gattin oder irgendeiner seiner Zeitgenossen. Welche Vorzüge er auch als Fürst besass, er war einer der besten Könige, die jemals Frankreich beherrschten, es muss zugegeben werden, dass die Geschichte seiner Liebschaften und Ausschweifungen einen wesentlichen Bestandteil der Geschichte der Prostitution des sechszehnten Jahrhunderts bilden. „Man kann sagen,“ bemerkt Bayle in seinem „Dictionaire historique et critique,“ „dass, wenn die Liebe zum Weibe ihm gestattet hätte, seine guten Eigenschaften in voller Kraft anzuwenden, er den meist bewundersten Herren gleichgekommen oder sie auch übertroffen hätte. Wenn er das erste mal, als er die Tochter oder Gattin seines Nächsten missbraucht hatte, wie Pierre Abälard bestraft worden wäre, so wäre er imstande gewesen, ganz Europa zu erobern.“

Wie immer man auch von den zahlreichen oder auch minder flüchtigen Liebschaften Heinrichs denken mag, gewiss ist, dass er nicht allzeit sehr rücksichtsvoll gegen die Person, die seine Sinnlichkeit erregt hatte, verfuhr. Der Historiker Agrippa d'Aubigné, beginnt in seiner Aufzählung der Liebschaften des Königs mit Katharina de Luc, „qui depuis mourut de feim, elle et l'enfant qu'elle avoit du roy.“ Im allgemeinen war er nicht sehr wählerisch und scheute es nicht, in der Befriedigung seiner sinnlichen Gelüste bis zu den untersten Dienstmägden herabzusteigen. Am bekanntesten von den zahlreichen Maitressen des grossen Bearners ist Gabrielle d'Estrèes, die er, „mon bel ange“ nannte, was zu folgendem boshaften Epigramm Anlass gab:

N'est pas une chose estrange
De voir un grand roi serviteur,
Les femmes vivre sans honneur,
Et d'une putain faire un ange!

Sie gebar ihm einen Sohn, den späteren Herzog de Vendôme, wurde selbst zur Marquise de Monceaux und nachher zur Herzogin de Beaufort ernannt, nachdem ihre als Deckmantel vorgenommene Eheschliessung mit Nicolas de Amerval bald wieder aufgehoben wurde. Derartige Eheschliessungen waren übrigens damals, wie später noch und auch heutzutage, nicht Seltenes. Ihr Vorleben war übrigens von früher Jugend auf nichts weniger als sittlich und selbst zur Zeit ihrer Verbindung mit Heinrich war er nicht der Einzige, den sie mit ihrer Huld beglückte. Nichtdestoweniger wäre sie wahrscheinlich die legitime Gattin des Königs geworden, wäre sie nicht, vermutlich an Gift, gestorben, noch bevor Rom die erste Ehe Heinrichs für aufgehoben erklärt hatte. Sie blieb nicht lange ohne Nachfolgerin oder vielmehr Nachfolgerinnen, trotz der bald darauf erfolgten zweiten Heirat Heinrichs mit Marie von Medici. Es dienten ihm dabei die höchststehenden Persönlichkeiten als Kuppler und es ist sogar der Fall zu verzeichnen, dass die Mutter des Prinzen Condé ihrer Schwiegertochter gegenüber dieses würdige Amt versah. Selbst die Königin soll zu diesem edlen Werk beigetragen haben. „Je scay," sollen ihre Worte gewesen sein, „que pour ce beau marché il y a trente maquerelles en besongue; et si je m'en mesle une fois je feray la trente-uniesme." Es gelang jedoch dem Prinzen seine Gattin den Nachstellungen des Königs zu entziehen und sie nach Brüssel in Sicherheit zu bringen, von wo sie Heinrich mit der Waffe in der Hand sich geholt hätte, wenn nicht das Messer eines Mörders seinem Leben und seinen Plänen ein Ende gemacht hätte.

Eine der merkwürdigsten Erscheinungen der Prostitution dieser Epoche ist der Eifer der Hofleute, in galanten Angelegenheiten nicht nur dem König, sondern auch den Prinzen und andern Grossen als Vermittler zu dienen. Man schien das Moralgefühl bis zu dem Punkt verloren zu haben, wo ein alter Edelmann sich nicht den geringsten Skrupel daraus machte, sich zum Mittler ehrloser Machenschaften herzugeben, wenn er damit die Sinneslüste eines mächtigen Beschützers fördern konnte. Um die Gunst seines Patrons zu erlangen, schämte sich keiner, zum schnöden Kuppler zu werden; schätzte sich jeder glücklich und war stolz, eine neue Schönheit für das königliche Lager herbeigeschafft zu haben. Der vollkommenste Typus dieser Art, der Hauptvermittler der wüsten Orgien Heinrichs IV war der Italiener Sebastian Zamet, der es vom einfachen Schuster bis zum hochstehenden Hofbeamten, Baron und reichen Mann brachte. Seine bedeutendsten Mitbewerber bei diesen würdigen Thaten waren der Herzog von Bellegarde und der Marquis de la Varenne.

Begreiflich ist, dass die Lebensweise der Höflinge, der Herren, wie der Damen, nicht minder ausschweifend war, als die des Königs. Indes muss diesem doch zu Lob gesagt werden, dass das Laster der widernatürlichen Unzucht, das von seinem Vorgänger so arg gefördert wurde, seinerseits keine Unterstützung fand und es ist wenigstens nach dieser Richtung hin nichts bekannt geworden, was auch nur den Verdacht geschlechtlicher Abirrungen erwecken könnte. Allerdings ist es möglich, wahrscheinlich sogar, dass ein einmal eingerissenes Uebel plötzlich nicht ganz beseitigt worden war.

Der übertriebene Luxus, der sich an dem Hofe Heinrichs IV. entfaltete, obgleich er selbst der Einfachheit sehr ergeben war, konnte nur schädlich auf die guten Sitten wirken. Die Maitressen des Königs waren es, die entgegen seinen Wünschen den Ton der Mode angaben und die Mode wurde die Helferin der Prostitution. Wenn wir sehen, dass Gabrielle d' Estrées 1900 Thaler für ein gesticktes Taschentuch bezahlte (12. November 1594), so begreifen wir auch, dass alle ihre Rivalinnen ebenso kostbare Taschentücher haben wollten. Daher kamen zweifellos eine Menge jener geheimen Uebereinkommen, entehrend für die, die von der Koketterie und der Eitelkeit dazu getrieben wurden.

Zu keiner Zeit war Frankreich mehr entehrt durch Schmutz, zu keiner Zeit das Volk tiefer hinab gestiegen, als Ende des sechzehnten Jahrhunderts. Das verhängnisvolle Beispiel von Sittenfäulnis der Höfe hatte das Moralgefühl des Volkes angesteckt und das Wirken der Ligue zerstörte alles, was noch von Scham in den bürgerlichen und untersten Volksschichten vorhanden war. Das Volk, das Heinrich III. und seinem Hof so viel Abscheulichkeiten vorgeworfen hatte, erfunden oder übertrieben von dem Parteigeist der Ligue oder der Hugenotten, machte sich nicht viel daraus, in dieselbe Zuchtlosigkeit zu verfallen und sie öffentlich zur Schau zu tragen. Während der ganzen Zeit in der die Hauptstadt in der Gewalt der Ligue war, wurden vor den Ohren und Augen der Bewohner die schmutzigsten Abbildungen, Lieder und Pamphlete gebracht, die stets die politischen Zwecke der heiligen Union zum Vorwand hatten. Die Sprache sank zu den gemeinsten Ausdrücken herab und die Kanzelredner beachteten nicht einmal die Heiligkeit des Ortes ihrer Amtshandlung, bei der sie die unsaubersten und widernatürlichsten Worte anbrachten. Keine Predigt wurde gehalten, in der der Bearner nicht als H-sohn und Kupplersprössling bezeichnet wurde. Prozessionen wurden bei Tag und bei Nacht abgehalten, wobei die Teilnehmer und Teilnehmerinnen völlig nackt erschienen, selbst die Geistlichen. War es nicht die schlimmste Art der Prostitution, die unter dem Deckmantel der Frömmigkeit verübt wurde? Die Ligue, die den Königlichen die grössten Schändlichkeiten zum Vorwurf machte, trieb es auch sonst sehr arg, schändete Frauen und Mädchen jeden Alters und kannte keine Schonung, selbst wenn diese sich in die Kirche geflüchtet hatten. Allerdings hatten auch die Söldlinge des königlichen Heeres ähnliche Heldenthaten zu verzeichnen. Es ist begreiflich, dass diese Zustände nur verderblich auf die Sitten des

Volkes wirken konnten. Die uns überlieferten Mitteilungen von Gerichtsverhandlungen weisen auch merkwürdig viel Fälle von Kinderschändungen auf. Dergleichen wurde noch ziemlich gelinde behandelt und oft auch friedlich beigelegt, wenn der klagende Teil sich mit einer Geldentschädigung begnügte. Streng bestraft wurde jedoch das Verbrechen der Bestialität und zwar stand darauf Todesstrafe, während die Gerichte des päpstlichen Roms nur eine geringe Geldstrafe dafür aussprachen. Auch dieses widernatürliche Laster kam Ende des sechzehnten Jahrhunderts in Frankreich häufiger vor als sonst. Eine besondere Nachsicht scheint für unsittliche Schriften obwaltet zu haben, was nur zu deren Zunahme beitragen konnte. Sie wirkten um so verderblicher auf die Sitten, als sie ungehindert von Hand zu Hand gingen, ohne Unterschied des Geschlechtes nnd Alters. Allerdings hörte diese Rücksicht der Polizei auf, wenn in diesen Schriften auch Religion und Königtum angegriffen wurden.

Die Ordonnanz vom Jahre 1560, die die Aufhebung der Bordelle aussprach, war zum Schlusse dieses Jahrhunderts wohl noch in Kraft, wurde aber nicht sehr genau genommen. Von Zeit zu Zeit jedoch kam eine Reihe von strengen Massregeln gegen die Prostitution in Anwendung, die beweisen sollten, dass die Rechtspflege dieses Schutzgesetz nicht so leicht aufzugeben gedachte und dessen Erhaltung für die öffentliche Sittlichkeit für nötig erachtete. Indes hatte dieses System der absoluten Hemmung ebenso beklagenswerte Wirkungen hervorgebracht, wie das System gesetzlichen Schutzes, das solange obwaltet hatte. Die Zahl der Verlorenen hatte nicht abgenommen, hatte sich vielmehr noch erhöht. Die grossen alten Bordelle waren unterdrückt worden, aber eine grosse Anzahl anderer hatten sich mit einem minder verdächtigen Aussehen heimlich gebildet. Es ist leicht begreiflich, dass diese „canards“, wie sie damals genannt wurden, entzogen der Aufsicht der Behörde, arge Lasterhöhlen und Diebsbuden wurden, in denen die Unglücklichen, die sich verführen liessen einzutreten, oft die Börse, den Mantel oder gar das Leben verloren. Auf den Gesundheitszustand wurde in ihnen nicht geachtet, und die ärgsten venerischen Krankheiten herrschten darin. Es wurden wohl Dirnen und Kupplerinnen gebührend bestraft, aber die Züehtigung der Einen machte nur die Andere vorsichtiger und was immer geschah um die Prostitution in ihrer Wirksamkeit zu hemmen, sie breitete sich nur noch mehr aus und schien, der Pest gleich, allen Bemühungen und Vorsichtsmassregeln des Menschengeistes zu spotten.

Die Thatsachen bekundeten nur zu sehr, dass eine geregelte Prostitution nötig wäre, um einer freien und heimlichen zu entgehen. Die Behörden zauderten vor dem Skandal dieser Notwendigkeit, wagten es nicht die Ordonnanz von Karl XI. zu beseitigen, liessen aber, wie bereits bemerkt, eine Duldung obwalten. Wir wissen nicht in welcher Zeit diese Art Duldung von der Polizei zuerst vorgenommen wurde; es kann aber angenommen werden, dass sie unter der Regierung Heinrich III in Paris bereits zur Ausübung gelangte. In Schriften aus jener Zeit finden wir solche Häuser bereits in einer Weise erwähnt, die bekundet, dass sie nur unter stillschweigender Duldung seitens der Behörde bestehen konnten. Doch diese schlechten Häuser, die gewissen Bedingungen unterworfen waren, genügten bald nicht mehr der wachsenden schändlichen Leidenschaft und die Prostitution dehnte sich aus, verheerte alle Viertel und Strassen der Stadt. Besonders setzte sie sich in den Cours des Miracles, fest, wo sie eine vom Gesetz unangreifbare Zufluchtstätte, wo sie ungestraft dem öffentlichen Schamgefühl trotzen konnte. Hier war es, wo das Verbrechen seine blutigen Hände in den Schlamm der Liederlichkeit tauchen konnte. Die Unterdrückung der Bordelle stand diesem beklagenswerten Zustand nicht fern, was viele einsichtsvolle und fromme Männer wussten, sich aber hüteten, zu äussern. Michael de Montaigne, der über alles sprach, wagte es doch nicht, uns seine Meinung über diese für Sitte und für Verwaltung so ernste Frage mitzuteilen. Es lässt sich aber annehmen, dass seine Meinung darüber der glich, die er in seinen Essays über Rechtschaffenheit (honesteté) äusserte. Als früheres Mitglied des Parlaments von Bordeaux konnte er sich nicht gegen ein Gesetz äussern, das für eines der besten der französischen Rechtspflege galt und in steter Anwendung war. Aber sein philosophischer und politischer Ausblick reichte weit genug, um leise ein Heilmittel zu beklagen, das schlimmer war, als das Uebel selbst.

Ein reformierter Geistlicher, Palma Cayet, war es, der der Nützlichkeit Ausdruck gab, dem Laster einen umgrenzten Raum zu gewähren, wo es sein Gift verspritzen konnte ohne dabei den gesunden Teil der Bevölkerung zu schädigen, was ihm jedoch nur Verfolgungen eintrug.

François Villon war der Poet der Prostitution des fünfzehnten Jahrhunderts, Mathurin Regnier kann als der des sechzehnten bezeichnet werden. Gleich Villon gab er ein Bild der Prostitution seiner Zeit und scheute es nicht der Darstellung der gesunkenen Sitten einige seiner Werke zu widmen. Villon war ein fahrender Vagant, der in Schenken und Schandbuden lebte. Regnier war fast ein Höfling, fast ein Edelmann, fast ein Geistlicher, der benommen von dem Gegenstand seiner Leidenschaft, zuweilen seinen Namen, seine Geburt, seinen Rang vergass, um inkognito die verächtlichen Lasterhöhlen zu besuchen. Bei Villon war es moralische Erniedrigung, bei Regnier dagegen sozusagen Laune und Phantasie, die abenteuerliche Verfolgung des erotischen Vergnügens jeder Form. Regnier führt uns daher, vom Hofe Heinrich IV. ausgehend, wo ihm sein poetisches Genie eine ehrenvolle Stellung verschafft hatte, in die hässlichen Spelunken, wohin sich damals die freie Prostitution geflüchtet hatte vor den hemmenden Gesetzen und den veränderlichen Massregeln der Toleranz der Behörden.

Mathurin Regnier war ursprünglich Kleriker und Sekretär des

Kardinals de Joyeuse, verliess jedoch die Laufbahn, um Sekretär bei dem französischen Gesandten in Rom zu werden. Schon in seiner ersten Stellung war seine Lebensführung ungebührlich und mehr noch in der zweiten, wo alle seine Einkünfte in die Kloaken der Prostitution flossen. Er selbst gesteht dies mit einer fast kindlichen Naivität und erklärt, die Liebe zum Weibe sei bei ihm so gewaltig, dass ihr Kraft und Urteil unterliegen. Er liebte alle Frauen, ob schön, ob hässlich, ob alt, ob jung. Seine These war, dass selbst das unliebenswürdigste Weib ihre weibliche Rolle in der ewigen Komödie der Liebe zu spielen vermag. Seine Dichtungen sind Verherrlichungen der sinnlichen Liebe oder vielmehr des sinnlichen Genusses und manche von ihnen können direkt als Bordelldichtungen bezeichnet werden. Aus allen aber spricht ein bedeutendes Talent, das den hässlichen Gegenstand seines Dichtens noch einigermassen erträglich zu behandeln versteht. Er starb, körperlich zerrüttet durch seine ausschweifende Lebensweise im Alter von 39 Jahren zu Rouen. Boileau sagt von ihm in seiner „Art poétique“:

Heuereux si dans ses vers, pleins de verve et de sel
Il ne menait souvent les muses au Bordel,
Et si de son hardi de ses rimes cyniques,
Il n' alarmait souvent les oreilles pudiques:

Regnier ist nicht der einzige Poet dieser Epoche, der sich lebhaft und frei mit der Schilderung der Prostitution abgab. Die meisten Poeten seiner Zeit und seine Nachahmer scheuten sich nicht, Kneipen und schlechte Häuser aufzusuchen und es war nur natürlich, dass ihr schändliches Gehaben sich in ihren Werken widerspiegelte. Die meisten ihrer Dichtungen waren Satiren und sie schienen, wie Violet-Leduc in seiner „Geschichte der Satire in Frankreich“, bemerkt, von dem irrigen Standpunkt auszugehen, dass die Sprache der Satire der Ausdrucksweise eines Satyrs gleichen müsste. Von seinen Nachahmern sind zu nennen Claude d' Esternaud, der jedoch ebenso wenig wie die andern Nachahmer seinem Vorbild gleichkam, Thomas de Courval-Sonnet, dessen „Exercices de ce temps“ eine Menge Züge aufweisen, die zur Geschichte der Prostitution gehören und Theophile Viaud, der sich einer Anklage wegen Attentats auf die guten Sitten und Atheismus durch die Flucht entzog. Der Gerichtshof, der die Gefährlichkeit von Schriften dieser Art für die Sittlichkeit erkannte, verurteilte Theophile und einige andere Autoren dieser Art wie Barthelot, Colletet und Frenicle, an der Thür der Notre Damekirche im Büsserhemd, knieend, barfuss, einen Strick um den Hals und eine Wachskerze in der Hand zu erklären, dass sie sehr böse und abscheulich gehandelt hätten, gotteslästerische Verse in dem Buche „Parnasse satyrique“ veröffentlicht zu haben. Nach der Bekundung ihrer Reue sollte Theophile und die beanstandeten Bücher verbrannt werden und die Asche in die Winde gestreut, Bertholet dagegen gehenkt, sofern man ihrer Person sich bemächtigen könnte. Andernfalls sollte dies in effigie geschehen. Ihre Güter aber sollten confisciert werden. Die Drucker dieser Bücher wurden bestraft. Für Theophile, der sich verborgen hielt, wurde eine Puppe in bezeichneter Weise bestraft. Als er aus Frankreich entfliehen wollte, wurde er erkannt und festgenommen. Seine Freunde versuchten vergeblich seine Freiheit zu erlangen. Er selbst leugnete Verfasser oder Herausgeber des unter Anklage gestellten Werkes „Parnasse satyrique" zu sein und schliesslich wandte sich der Prozess so weit zu seinen Gunsten, dass das vorhergegangene Urteil aufgehoben und Theophile nur zur Verbannung aus der Hauptstadt verurteilt wurde. Berthelot und Colletet konnten nicht festgenommen werden und Frenicle erhielt nach längerer Haft seine Freiheit. Der König begnadigte Teophile, er konnte nach Paris zurückkehren, wo er jedoch schon nach wenigen Monaten (25. September 1626) starb. Seine Ankläger waren die gefürchteten Jesuiten gewesen. Dieser Prozess scheint der erste Sittlichkeits-Pressprozess in Frankreich gewesen zu sein.

XXIII. Kapitel

Die Prostitution in der Mode. — Geschichte der Kleidung vom Standpunkt der Sittlichkeit. — Die Liebe zum Luxus führt zur Entartung. — Die strengen Ordonnanzen des Königs. — Einfachheit des nationalen Kostüms der Franzosen. — Beginn der Freiheiten in der Kleidung. — Die Mönche von Sankt Remi zu Rheims. — Schuhe à la poulaine. — La poulaine „von Gott verflucht". — Kirchlicher Bann dieser unsittlichen Mode. — Bec de canne. — Die Kreuzzüge bringen nach Frankreich orientalische Moden. — Der Modekultus nach Robert Gaguin. — Der Mensch zwingt sich dem Teufel zu gleichen. — Hörner und Schweif unter Karl VI. — Uebertreibungen. — Erklärung einer würdigen Kleidung nach Christine de Pisan. — Die Moden von Isabella von Bayern. — Kleider à la grand gore. — Vorurteil gegen Frauen, die sich waschen. — Die Mugettes. — Die Tierbrayes. — Bäder. — Moden des fünfzehnten Jahrhunderts. — Freier Hals. — Betten von schwarzem Satin. — Raffinement der Unkeuschheit. — Fortschritt der öffentlichen Zurückhaltung. —

Zu allen Zeiten bestanden intime Beziehungen, frappante Aehnlichkeiten und eine eigenartige Verwandtschaft zwischen den Sitten und der französischen Mode. Fast mit Sicherheit lässt sich behaupten: wenn die Sitten rein, streng, geregelt sind, so sind die Moden einfach, schicklich, rechtschaffen; im Gegenteil wieder, wenn die Moden ausschweifend, verworren und schamlos sind, so müssen die Sitten verwirrt, verderbt, skandalös sein. In jeder Epoche von Frankreichs nationaler Geschichte ist die Kleidung sozusagen ein getreuer Spiegel der Gepflogenheiten des Privatlebens. Es genügt z. B. die genaue Darstellung der Männer- und Frauenkleidung des sechzehnten Jahrhunderts zu sehen, um in bestimmter Weise zu erkennen, dass dieses Jahrhundert mehr als alle vorhergegangenen der Prostitution wohlgeneigt und entgegenkommend war.

Es wäre ein Leichtes, die Geschichte der Kleidung in Frankreich vom Standpunkt der Sitten aus seit den fernsten Zeiten darzulegen. Wir müssen uns hier darauf beschränken das episodisch zu untersuchen, was den Zusammenhang der Prostitution mit der Kleidung beider Geschlechter genannt werden kann. Wir wollen dieses weite und seltsame Gebiet nur flüchtig durchstreifen um zu beweisen, dass bei den alten Franzosen die Mode stets der Reflex der Sitten war. Die Mode ist gewöhnlich nur eine Form, ein Ausdrucksmittel des Luxus, der einen so traurigen Einfluss auf die öffentlichen Sitten ausübte und die sozusagen aller Verwirrung, aller Unordnung, allen Lastern die Thür öffnet. Die Liebe zum Luxus führt zur Entartung und lenkt zur Prostitution. Bei allen Völkern giebt es ein eifriges Streben zum Schlechten, wenn das einzige Ziel aller Gedanken und aller Handlungen nur die unmässige Befriedigung der Sinne und der Eitelkeit ist. Dann wird die Mode eine Schaustellung des Stolzes, ein Reizmittel zur Unbeständigkeit.

Oft haben die Herrscher versucht, die Grenzen des Luxus einzuschränken, sie haben durch strenge Verordnungen die Kleidung jeder Bürgerklasse geregelt. Aber sie beschäftigten sich dabei nur mit der Beschaffenheit und dem Wert der anzuwendenden Stoffe; ihre Vorschriften sind daher nur wirtschaftlicher und politischer Art. Das bürgerliche Gesetz schränkte nur die Uebertreibungen des Luxus ein. Das religiöse Gesetz, besonders das moralische Gesetz, konnte nur die Freiheiten der Mode unterdrücken und die Kleidung vom sittlichen Standpunkt aus überwachen.

In der ersten Zeit der Monarchie trugen beide Geschlechter lange und weite Kleider, die jede Bewegung des Körpers verbargen und keinen einzigen Teil zur Schau stellten. Die Franzosen hatten das römische Kostüm angenommen und uns einiges von barbarischen Völkern gewahrt. Die Kleidung der Frau, einfacher noch, als die des Mannes, bestand aus einer weitfaltigen Tunika, die bis zur Ferse reichte und einen an den Schultern zusammengehaltenen Mantel. Sie besass ferner noch einen langen Schleier, in den sie sich ganz einhüllen konnte und der an dem Ohr mit einer Metallagraffe befestigt war. Eine Frau von Rang zeigte sich zu jener Zeit öffentlich nur verschleiert und hütete sich wohl, Formen zu zeigen, die ihr Geschlecht verraten konnten. Die Vorliebe für Schmuck, dieser kennzeichnende Zug des Volkes, äusserte sich durch Anlegung von massiven Armbändern, Ringen und dergleichen. Die Frau, die am meisten mit Gold beladen, war auch am schönsten geschmückt und man begreift, dass dieses Bedürfnis mit grossen Kosten glänzend zu erscheinen, zuweilen die Tugend in's Schwanken bringen musste. Bald jedoch zeigte sich das schöne Geschlecht eifersüchtiger auf seine Rechte und Vorzüge. Die Frauen trugen Tuniken, die die Taillen fester umschlossen und sich an dem Hals anformten. Dann wieder schränkte sich die Tunika an dem Hals bis zu den Schultern ein. Später noch traten die bisher von den Falten der Röcke verborgen gehaltenen Formen der Hüften und Schenkel hervor. Indes scheint es, dass eine Frau aus der guten Gesellschaft des zwölften Jahrhunderts es nicht gewagt hätte, durch eine Kleidung mit nackten Schultern und Armen die Blicke der Männer auf sich zu lenken.

Die Männer dürften es gewesen sein, die sich von der Schlichtheit der nationalen Kleidung lossagten, die Karl der Grosse in fränkischer Einfachheit angeordnet hatte. Auf der 972 zu Rheims abgehaltenen Synode, beklagte Raoul, Abt von Seint-Remi, dass seine Mönche die Kutten an den Hüften festlegten und in einer Weise dahergingen, dass sie von hinten eher sittenlosen Weibern als Mönchen glichen. (Aretatis clunibus et protensis natibus, potius meretriculis quam monachis tergo assimilentur. — Richer im dritten Buch seiner Chronik). Dieselben Mönche wiesen auch sonst noch tadelswerte Kleideränderungen auf. Zu dieser Zeit waren schon die Schuhe „à la poulaine“ in Mode, die durch mehr als vier Jahrhunderte den Flüchen der Päpste und den Scheltworten der Prediger ausgesetzt waren. Diese Schuhe wurden von den Kasuisten des Mittelalters stets als das entsetzlichste Abzeichen der Unzucht betrachtet. Im ersten Augenblick lässt sich nicht recht vorstellen, was diese Schuhe, die eine Löwenklaue, einen Adlerschnabel oder in sonst ein Anhängsel aus Metall ausliefen an Skandalösem bieten mochten. Die Exkommunikation, die über derartiges Schuhwerk ausgesprochen wurde, rührte jedoch von der schamlosen Einführung einiger Wüstlinge her, die diesen Zierraten die Form des Phallus gaben, was auch die Frauen nachahmten, ohne vielleicht zu wissen, was sie die Mode an den Schuhspitzen tragen liess. Diese poulaine, die als von „Gott verflucht“ bezeichnet wurde, ist auch durch die Ordonnanzen der Könige (1. Brief Karl V. vom 17. Oktober 1367, betreffend der Tracht der Frauen von Montpellier) verboten worden. Doch die grossen Damen und Herren wollten von Schuhanhängsel dieser Art nicht lassen, von denen manche sicherlich würdiger waren als die, welche den Zorn der Kirche hervorriefen und nach einem Ausspruch die menschlichen Glieder an andere Stellen versetzen zu wollen schienen. Aus diesem Grunde verbot Karl V., in Uebereinstimmung mit Papst Urban V., die Verwendung dieser hässlichen Beschuhung. (Quia res erat valde turpis et quasi contra creationem naturalium membrorum circa pedes, quin imo abusus naturæ videbatur. — Continuator Nangii, ann. 1365.) Die Mode wich den königlichen Erlässen. Doch schon unter Ludwig XI. hatten die Höflinge wieder poulaines von einer viertel Elle Länge. Doch diese, nun becs de canne genannt, wiesen nicht mehr unzüchtige Formen auf, sondern rundeten sich spiralförmig wie chinesische oder türkische Schuhe.

Die Kreuzzüge beeinflussten wesentlich die nationale Kleidung in Frankreich. Die Mode des Orients und die Seidenstoffe dieser Länder wurden von den zurückgekehrten Kreuzfahrern eingeführt. Der junge französische Adel verweiblichte sozusagen, indem er die Gepflogenheiten des asiatischen Luxus annahm. Es lässt sich mit Sicherheit sagen, dass hauptsächlich seit dieser Epoche die Frauen den Ausschweifungen der Mode sich ergaben. Seit dem Ausgang des zwölften Jahrhunderts verzichteten sie auf die Einfachheit und Keuschheit der Kleidung, um leidenschaftlich der Mode zu huldigen, die seither zu einer französischen Göttin geworden. Der Historiker Robert Gaguin spricht in folgenden Worten von diesem Kultus, den der Unzuchtsteufel erfunden zu haben scheint: „Dieses Volk, dem Stolz und der Ausschweifung völlig ergeben, äussert nur Torheiten. Bald sind die von ihm angewandten Kleider sehr weit, bald wieder sehr eng. Immer auf Neuheiten versessen, kann es die gleiche Form der Kleidung auch nicht ein Jahrzehnt lang wahren.“ (Compendium Roberti Gaguini, lib. VIII. anno 1346.).

Man kann sagen, dass es durch das ganze Mittelalter ein stillschweigendes Uebereinkommen zwischen den Schöpfern und Anordnern der Mode gab, den menschlichen Körper durch lächerliche Kleidung zu verunstalten (was der Chronist Ganfredius Vosiensis deformitas vestium nennt) und dem Geschöpf Gottes einige diabolische Züge anzuhaften, wie sie nur die Phantasie des Malers und der Einbildungskraft zu ersinnen vermochte. So halten wir die Schnabelschuhe für eine Nachahmung des Klauenfusses Satans und seiner höllischen Familie. Daher auch sicherlich der Zorn der Geistlichkeit gegen die verwegene Absicht äusserlich dem Bösen zu gleichen. Aus demselben Grunde wahrscheinlich nahm die Mode des vierzehnten Jahrhundert Schweif und Hörner auf. Diese Hörner die zur Zeit Karls VI. die Frauen an beiden Seiten ihrer Frisur trugen, hatten allmählich einen solchen Umfang gewonnen, dass ihre Trägerinnen nur seitlich und bückend durch die Stubenthür schreiten konnten. Ein Hofprediger wetterte gegen diese Hörner, wie seine Vorgänger es gegen die Schnabelschuhe gethan hatten. Der Schweif gegen den die Prediger nicht minder kräftig zu Felde zogen, war unten an den Kleidern der Damen und an der Kopfbedeckung angebracht. Was letzteren betrifft, so trugen ihn Frauen und Männer, über den Rücken bis zur Erde herabhängend. Auch wurde er zuvor noch um den Hals geschlungen, um ihn nicht der Länge wegen abschneiden zu müssen. Der Kleidschweif war auch bei Hof im Brauch und stand unter dem Schutz der Etiquette.

Es war ein satanischer Stolz, der vielleicht Klauen, Schwanz und Hörner in Mode brachte. Es war wahrscheinlich ein entarteter Geschmack, der Männer und Frauen den Rat gab, in ihrer Kleidung die Maasse gewisser Körperteile grösser oder kleiner erscheinen zu lassen. Der Ursprung dieser Täuschungsabsichten weist allerdings auf das Verlangen hin, Mängel oder Unvollkommenheiten der Natur zu verbessern. Die magere Frau wollte voller erscheinen, die allzu üppige Frau das Uebermass an Fett zu verbergen suchen. „Man muss sich daher entschliessen," sagt Marie de Romieu in ihrer 1573 veröffentlichten „Instruction pour les jeunes dames," „den Fehlern und Unvollkommenheiten der Natur so weit es möglich ist abzuhelfen." Es muss jedoch zugegeben werden, dass die meisten dieser Uebertreibungen der Bekleidungsform vorgenommen wurden, um den Instinkten und Launen der Liederlichkeit zu genügen, denn sie erstreckten sich mit einer Vorliebe auf Körperteile, die in der Sinnlichkeit eine Hauptrolle spielen. Bei den Frauen sind es die Lenden, die Hüften, die Taille, die Schenkel, die Brust, auf die zu allen Zeiten die Fürsorge der Modistenkunst gerichtet war; bei den Männern waren es gleichfalls die unehrbarsten Glieder, die das Schneidergewerbe hervorzuheben strebte und den Blicken mit unverschämtem Cynismus vorzubringen.

Diese unschicklichen Kleidertrachten beider Geschlechter traten nie deutlicher in Erscheinung als zur Zeit Karl VI. und man ist genötigt, der Koketterie der Königin Isabella die Ungebühr der Moden jener Zeit zuzuschreiben, in der die Prostitution der Sitten sich in der Tracht des Hofes so frech widerspiegelte. Der Hofpoet Eustache Deschamps giebt in seinem „Mirouer de mariage" dem weiblichen Geschlecht nicht sehr züchtige, nicht sehr löbliche Anleitungen und Ratschläge zur Verbesserung der Toilettekunst. Die Miniaturbilder in den Schriften jener Zeit ermöglichen uns zu beurteilen, welches seltsame Aussehen, welche steife Haltung und unschöne Formen diese Kleidungsstücke den Frauen gab.

Nach den Toiletteregeln war die Brust völlig entblösst, das Kleid vorn bis zum Unterleib offen. Königin Isabella soll diese Mode erdacht haben und das Volk, entrüstet von diesem schmählichen Luxus nannte diese Tracht „robes á la grand' gorge" (Sau). Es nannte auch die Frauen, die sie trugen, „Säue" und betrachtete die, die nicht die Vorsicht gebrauchten, die Kleidöffnung mit einer Nadel oder sonstwie zu schliessen als öffentliche Dirnen.

Seit Ende des vierzehnten Jahrhunderts zeigte sich stets in der

Frauenmode mehr oder minder deutlich die Absicht das zu zeigen, was man scheinbar verbergen mochte.

Wenn die Zügellosigkeit der Sitten jener Zeit zu Freiheiten in der Tracht führten, wenn die Liebe zum Luxus die bewegende Kraft der Prostitution war, so muss doch auch gesagt werden, dass die Galanterie wenigstens den Vorteil hatte, die Frauen zur Reinlichkeit zu veranlassen, denn bis dahin waren sie sehr unsauber und verwendeten nur wenig Sorgfalt auf ihre Person. Aus überlieferten Schriften ersehen wir, dass ehrbare Frauen sich darauf etwas einbildeten, nie geheime Waschungen vorzunehmen und dass nur Buhlerinnen sich häufig Gesicht und Hände wuschen. Sicherlich war es das Bedürfnis und das Verlangen zu gefallen, was die Frauen und Mädchen veranlasste, sich nett und sauber zu halten, sich zu parfumiren und mit Wohlgerüchen die unangenehmen Düfte menschlicher Schwäche zu verscheuchen. Es scheint jedoch, dass gewisse Toilettevorkehrungen anfangs von dem nationalen Vorurteil verdammt wurden und deren Anwendung lange Zeit verwehrt war. Aber wenn auch die Frauen die Vorkehrungen der Reinlichkeit in ein tiefes Geheimnis hüllten, so scheuten sie doch nicht den Gebrauch von Salben und Düften zuzugestehen, die ihnen den Zunamen muguettes verschafften. Erst im sechzehnten Jahrhundert war die Reinlichkeit des Körpers zur wesentlichen Bedingung der Frauenschönheit geworden. Marie de Romieu scheut es nicht in ihrer bereits erwähnten „Instruction ect" den Frauen zu raten „sich sauber zu halten und sei es auch nur zur Befriedigung seiner selbst oder eines Gatten." In seinen 1530 erschienenen „Controverses du sexe masculin et feminin" bemerkt Gratian du Pont, dass viele Frauen mehr Parfüme als klares Wasser zu benutzen pflegten, wodurch sie den üblen Geruch, den sie vertreiben wollten nur vermehrten. Manche auch, besonders beliebte Frauen, gebrauchten parfümierte Schwämme.

Entre leurs cuissis et dessoubz les aisselle
Pour ne sentir l'espaulle de mouton,
Le faguenas et telz senteurs infames.

Man muss diese „Controverses" lesen, um sich Rechenschaft darüber geben zu können, wie gross damals die Unreinlichkeit der Frauen war, besonders der reichen Frauen, trotz ihrer seltsamen Anwendung von Parfüm, was sie in keinem Fall als unziemlich betrachteten. Fluss- und andere Bäder waren vor dem siebzehnten Jahrhundert fast gar nicht in Gebrauch. Man badete in den Häusern der Reichen nach der Rückkehr von einer Reise oder auch bevor man sich zu Tisch setzte. Doch nichts war weniger allgemein als Bäder dieser Art. Man begnügte sich mit Schwitzbädern und ging in die Badestuben, die sich im zwölften Jahrhundert sehr vermehrten und bis zum sechzehnten stark benützt wurden, wodann sie plötzlich aufgegeben wurden, man weiss nicht warum. Andere

Bäder gab es nicht und es war auch kein Verlangen nach solchen. Es war dies eine von den Kreuzfahrern aus dem Orient nach Frankreich eingeführte Gewohnheit. Doch die Frauen, wenigstens die, die auf ihren Ruf etwas hielten, besuchten nicht die Badestuben, wo sie mit unanständigen Weibern hätten zusammenkommen können. Diese Örtlichkeiten wurden fast den Schlupfwinkeln der Prostitution gleichgestellt.

Die Männer konnten sich daher rühmen, in Bezug auf Reinlichkeit bedachtsamer gewesen zu sein, als die Frauen. Auch bedienten sie sich viel weniger der Wohlgerüche und Salben. Indes richteten sie sich doch allmählich, was Mode und Toilette betraf, nach dem weiblichen Geschlecht, das in dergleichen Dingen allzeit entscheidend herrschte. In jeder Epoche, in die der Kleiderluxus einen Sittenverfall bekundete, gefiel es Männern wie Frauen „das Nackte zu entstellen“, wie Dulaure es nennt, und das Werk des Schöpfers sozusagen unter dem Einfluss einer unschicklichen oder ausschweifenden Eingebung zu verunstalten.

Die Geschichte der Mode spricht nur mit einer besonderen Einschränkung von den Kniehosen oder vielmehr von deren seltsamen Anhängsel das im 15. und 16. Jahrhundert braguette oder brayette genannt wurde und die man kaum als überlieferte Mode betrachten könnte, wenn wir sie nicht auch auf alten Abbildungen dargestellt fänden. Ursprünglich war dies eine Börse oder Lederscheide, gänzlich abgesondert von den Kniehosen, mit denen sie nur durch einen Knoten oder mit Nadeln verbunden waren. Begreiflicherweise wurde dieser sonderbare Bestandteil der Kleidung anfangs nur von Leuten aus dem Volke angewandt. Doch man fand ihn bequem und als der Blick sich daran gewöhnt hatte, machten allmählich auch Bürger und Adel davon Gebrauch. Bald wiesen alle Männer, ob König, ob Lastträger, braguettes auf und gaben sie den Blicken der Frauen preis, die sich davon nicht mehr verletzt fühlten. Der Ursprung der braguette knüpft sich zweifellos an die Geschichte der Verteidigungswaffen an, und man kann über diesen Gegenstand ein Kapitel in Rabelais Pantagruel, III. Buch, lesen, betitelt: „Comment la braguette est la première pièce de harnoys entre gens de guerre.“ Als die Krieger bis an die Zähne bewaffnet und mit Schienen oder Ringelpanzer bewaffnet waren, schützte eine innen mit einem Schwamm versehene Metallbüchse ihre Geschlechtsteile. Diese Metallbüchse wurde später durch ein Stahlgitter und noch später durch einen Lederbeutel ersetzt. Das Leder wich schliesslich Leinen- und Seiden-Stoffen und die braguette wurde ein Teil der bürgerlichen Kleidung. Und wie, um noch mehr die Aufmerksamkeit aller darauf zu lenken, die nicht daran dachten, Anstoss zu nehmen, verzierte man die Stelle mit Bändern, mit Gold und selbst mit Juwelen. Rabelais beschäftigt sich so häufig in seinen heiteren Romanen mit der braguette, dass man sich leicht vorstellen kann, welche wichtige Rolle sie spielte. Bis zur Zeit der Regierung Heinrichs III.

waren diese fürchterlichen braguettes in Brauch und dann erst waren die Schneider verschämt genug, sie bei den Hosen à la suisse oder à la martingale fortzulassen. Nur der Name verblieb noch dem viel bescheideneren und nicht auffallenden Schlitz, der zugeknöpft wird. Uebrigens, im Laufe des sechzehnten Jahrhunderts erkünstelte die Männerkleidung eine Zurückhaltung, — ohne wieder lang und weit zu werden — die sie sonst nie gehabt. Obgleich Greise und Liederliche es zu dem alten braguette hielten, diesem „nichtigen Modell, unnütz einem Körperteil, den wir mit Scham nicht laut nennen mögen und den wir stets zur Schau stellen und vor der Oeffentlichkeit damit prunken." (Essays von Montaigne I., 22). Die ausgepolsterten Kleider waren Mode geworden, aber man verband damit, wie uns scheinen will, keinen unlauteren Gedanken. Wir haben jedoch gelesen, dass die damals den Hof beherrschenden italienischen Bräuche die Ursachen dieses Prahlens mit runden und herausfordernden Formen war, um die junge Wüstlinge die Frauen beneideten. Diese blieben wenigstens den Ueberlieferungen ihres Geschlechts treu, indem sie ihre Brust so viel wie möglich entblössten. Reifröcke (vertugales) und geraffte Kleider (basquines) wurden erfunden und erregten lebhaften Beifall. Es wurde behauptet, dass die Reifröcke von Courtisanen erdacht wurden, um ihre Schwangerschaft zu verbergen. Als die ehrsamen Frauen die Anwendung von vertugales nachzuahmen begannen, meinte ein in Paris predigender Franziskaner, dass damit die Tugend, (verta) weiche und nur die Krätze, (gale) bliebe. Diese Mode war bereits 1550 auf ihren Höhepunkt gelangt. Sie wurde vom Volk verspottet und schliesslich wie bereits angedeutet wurde, nachgeahmt, wenigstens von den Frauen der besser gestellten Klassen. Aber diese Mode forderte auch den Spott heraus, nicht nur den der Menge, die sich in allerlei bissigen Worten und Reimen erging, sondern auch die litterarische Satire, die sich in zahlreichen Schriften äusserte, von denen uns viele erhalten geblieben sind.

Die Mode der weit ausgeschnittenen Kleider, die in Frankreich das ganze sechzehnte Jahrhundert beherrschte, wurde von Italien unter der Regierung Franz I. eingeführt. Zu dieser Zeit nannte das Volk „dames à la grand' gorge" Frauen, die ihren Oberleib ziemlich stark entblösst trugen. Das Volk besass damals nur eine schwache Erinnerung an die „Robes à la grand' gorge", die so sehr Anstoss erregten, als sie Isabella von Bayern in Mode brachte. Zweifellos war es wieder Italien, das zum Vorbild dieses erneuten Missbrauchs der Entblössung galt. Die Dichter und Schriftsteller dieser Zeit sprechen alle von dieser unmässigen Schaustellung des Fleisches, die den Gebrauch von Korsets mit Stangen von Stahl, Fischbein und mit Eisendraht begünstigte.

Man kann sagen, dass zu keiner Zeit Frauen von hoher Lebensstellung so viel Bemühungen wie damals angewandt haben, um sich einen schönen Busen herzustellen, um en bonne conché zu erscheinen, wie es damals genannt wurde. Die magersten Frauen verstanden es, Formen vorzutäuschen, deren Grundlage Füllkissen waren. Die beleibteste bemühte sich nicht, eine Fülle der „Inbulatur" zu offenbaren, ein Ausdruck, der den Musikbezeichnungen jener Zeit entnommen ist. Selbst alte Weiber hielten es nicht für nötig, von dem Missbrauch der Entblössung abzusehen.

Man ist versucht, anzunehmen, dass die Scham damals weniger darin bestand, gewisse Körperteile zu verbergen, als die Formen nicht unter Schleiern zu übertreiben, die sie noch deutlicher hervortreten liessen. Allerdings, die Prostitution hatte ihren Anteil an diesen Mode-Seltsamkeiten und, wie Brantôme es wagte, dies durch Anekdoten darzulegen, die man in seinem Kapitel „Die Witwe und die Liebe" findet: die Augen waren allzeit die Verderber der Seele und die Mits huldigen der Einbildungskraft. Die Gewohnheit hatte jedoch zweifellos das Ungeziemende der Entblössung verringert, die den Blick der Leute nicht beleidigte, wenn sie als unerlässlicher Bestandteil der grossen Hoftoilette auftrat. Katharina von Medici gab in dem Schloss zu Chenonceaux ein Fest, bei dem halbnackte Hoffräulein Dienst verrichteten. Schriften aus jener Zeit überliefern uns eine Menge ähnlicher Thatsachen. Nichts war gewöhnlicher als bei Tänzen, Maskeraden, Banketen Frauen zu sehen, die Nymphen und Göttinnen darstellten, die Haare aufgelöst über die Schultern, die Brust bis auf den Gürtel entblösst, Beine und Schenkel nackt, der übrige Teil des Leibes in schmiegsamen oder durchscheinenden Stoff gehüllt. Es ergiebt sich aus ähnlichen Beispielen, die sich bei den früheren feierlichen Einzügen der Könige und Königinnen ergaben, (damals nahm das Volk keinen Anstand daran, vor den in den Strassen und auf den Plätzen der Stadt Paris errichteten Schaugerüsten aus gewisse Mysterienspiele oder allegorische Schaustellungen zu betrachten, dargestellt von ganz nackten Personen beiderlei Geschlechts), es ergiebt sich, sagen wir, dass die Nacktheit nicht als Schändung der Scham betrachtet wurde, wenn sie von jedem unsaubern Gedanken, von jeder fleischlichen Begierde frei war. Gabrielle d' Estrées liess sich wiederholt von den Hofmalern des Königs nach der Natur in einer Darstellung malen, wie sie in ein Bad oder aus einem Bad steigt. Was aber diesen naiven Bildern den Verdacht eines unzüchtigen oder wollüstigen Hintergedankens nimmt, ist, dass die Geliebte Heinrichs IV., wenn sie sich nackt malen liess, nie verabsäumte, dabei die Ammen und die Wiegen ihrer Kinder anwesend sein zu lassen.

Die Entblössung der Brust war daher zu jener Zeit nur eine unerlässliche Schmückung und niemand, die Geistlichkeit und die Reformierten ausgenommen, dachten daran einen Wandel herbeizuführen. Die meisten Portraits am Ende des sechzehnten Jahrhunderts legen Zeugnis ab von der Allgemeinheit dieser Mode, die damals ihre äusserste Grenze erreicht hatte, denn die Frauenkleider, wenigstens die zum Prunke dienten, waren so weit geöffnet, dass sie die Hälfte und oft noch mehr des Busens zeigten, die Schultern bis zur Achselhöhle, den Nacken bis unter das Schulterblatt. Die Hofbräuche autorisierten dieses Ausserachtlassen aller Scham, die von der öffentlichen Moral wie auch von der Religion verdammt wurde, ohne jedoch eine Reform zu verwirken, die wirksam für die Sitten gewesen wäre. Frauen, die zur Predigt gingen, um hier gegen ihre Tracht gerichtete Worte zu hören, scheuten es nicht dabei, ihren Busen entblösst zu zeigen. Sie sprachen der Strenge der Hugenotten den anhaltenden Krieg zu, den die Kirche gegen diesen Satansprunk, gegen die Eitelkeit der Welt führte. In der That war es auch Genf, das mit seinem Anathema die unwürdigen Moden in zahlreichen Schriften zu verfolgen begann. Bald mischten sich dann die katholischen Theologen ins Spiel um den Reformierten nicht die Führung im Kampf gegen die Entblössung zu überlassen. Dieser Kreuzzug kirchlicher Schriftsteller währte ohne Unterbrechung auch durch das ganze siebzehnte Jahrhundert durch und als Erfolg lässt sich eine Einschränkung dieser körperlichen Freigebung endlich doch verzeichnen, zumal auch Rom eingriff und Papst Innocenz XI. eine Excommunication gegen den Missbrauch der Busenentblössung erliess.

Ein zeitgenössischer Schriftsteller, der biedere Jean des Caurres führte wiederholte Klagen über den Missbrauch der Kleidung in geschlechtlicher Beziehung. Er ist z. B. entrüstet zu sehen, dass Frauen und Mädchen männliche Kleidungsstücke tragen, was eine sehr unanständige Gewohnheit wäre, verboten von Gott im Deuteronomium, wo es heisst: „Non inductur mulier veste virili, nec vir utetur veste feminea, abominablis enim apud Deum est.“ Doch die Höflinge Heinrich III. hatten nach dem Beispiele des Königs und seiner Mignons die schändliche Maskerade noch viel weiter getrieben als die Frauen und waren bestrebt dabei, nichts von dem Charakter, von den Attributen ihres Geschlechts zu wahren.

Brantôme, der zwar kein Moralist gewesen ist, aber doch auch Abbé, wie Jean des Caurres war, bringt uns auch einige Excesse der Mode seiner Zeit zur Kenntnis. Aber er bringt dies in einer Weise vor, die nur die Zügellosigkeit seiner Sitten bekundet. Ohne Entrüstung, ohne Erregung berichtet er uns die sonderbarsten Beweise der Entartung der Höflinge. Wir müssen darauf verzichten, in einer erträglichen Weise wiederzugeben, was er z. B. von den Kissen und deren Gebrauch in Liebesangelegenheiten und anderen Dingen äussert. Er weiss uns auch eines der ausgeklügelsten Mittel der Prostitution am Hofe der Valois zu berichten: Die Verwendung von schwarzen Stoffen bei den Bettbezügen. Er hätte noch hinzufügen können, dass diese bei italienischen Buhlerinnen sehr in Brauch gewesene Praxis in Frankreich unter den Auspicien der Königin Margarethe, der ersten Frau Heinrichs IV. eingeführt wurde.

In einer Epoche allgemeiner Entsittlichung, wie sie in Frankreich unter Heinrich III. vorhanden war, war oder konnte alles einen Vorwand zum Skandal bilden. Die verwegenste Prostitution hatte das öffentliche wie das private Leben verheert. Der König, der selbst ein Beispiel von Laster bot und mit seiner schandhaften Erniedrigung prunkte, erliess vergeblich Edikte gegen den Kleiderluxus. Die strengen Anordnungen seiner Vorgänger wurden „so schlecht beobachtet und zur Geltung gebracht, dass ihrer niemand mehr gedenkt," sagte er selbst in einem seiner Edikte. Was seine einander folgenden Verordnungen betrifft, so galten sie weniger der Unschicklichkeit der Tracht, als dem Kleiderluxus, der Anwendung von Seide, Spitzen, Silber, Gold, Juwelen und vieler andrer fremder Kunstprodukte.

Was den Adel dabei zumeist beschäftigte, was ihn bei diesen Verordnungen besonders interessierte, das war weniger unzüchtige Moden schwinden zu sehen, als die Reichen, die nicht adelig waren, gezwungen zu sehen, Form, Stoff und Preise ihrer Trachten einer tyrannischen Regelung zu unterwerfen. Heinrich III. sagt in der Einleitung seines grossen Edikts von 1583, dass seine Unterthanen verarmen und sich ruinieren durch Uebermass und Uebertreibung in der Kleidung, und, was noch schlimmer wäre und ihm noch mehr missfiele, dass Gott dadurch arg beleidigt und die Bescheidenheit fast aufgehoben werde. Mit grosser Sorgfalt wird alles aufgezählt, was da alles an der Kleidung untersagt sein soll, aber mit keinem Wort jedoch wird einer Massregel gegen die Unzüchtigkeit der Kleidung gedacht.

Bereits 1576 hatte Heinrich III. versucht, die Kleiderordnungen Karls IX. in Kraft treten zu lassen. Er liess sie von Herolden bei Trompetenklang auf den Plätzen von Paris und andern Reichsstädten verkünden. Eine Strafe von tausend Thalern Gold wurde jedem, Mann oder Frau, angedroht, der den Befehl übertreten würde, d. h., der Kleider trüge, die über seinen Stand hinausgingen. Aber im Augenblick selbst, wo der König es für nötig hielt, die „heiligen" Ordonnanzen seiner Vorfahren gegen Luxus-Ausschreitungen zu erneuern, „mit Verbot, dass Nichtadelige die Kleidung von Edelleuten usurpiren und ihre Frauen zu damoiselles machen," beachtete er nicht im Geringsten die unglaubliche Unschicklichkeit der Frauenkleidung. Das Parlament, das die Schliessung des italienischen Theaters der Gelosi befahl, weil „alle diese Komödien nur Geilheit und Ehebruch lehren und nur den Ausschweifungen der Jugend beiderlei Geschlechts von Paris als Schule dienen", wagte es nicht, die Mode hemmen oder umgestalten zu wollen.

Die im siebzehnten Jahrhundert so zahlreich erlassenen Kleiderordnungen griffen stets nur den Luxus an und regelten nur je nach dem Stande den Wert der anzuwendenden Stoffe und deren Qualität. Sie kehrten sich nicht gegen die unanständigen Launen der Mode und blieben dem Skandal des Missbrauchs der Entblössung gegenüber gleichgültig. Aber die Religion einerseits und anderseits die öffentliche Moral wandten sich entschieden dagegen. Sie unterstützten einander zum Fortschritt der öffentlichen Züchtigkeit und die Frauen der Reichen, die sich schämten in der Kleidung den Buhlerinnen zu gleichen unternahmen es, besser als es durch Dekrete des Königs und der Parlamente hätte geschehen können, die Mode den Gesetzen der Scham und Ehrbarkeit zu unterwerfen. Indes, wie Joli in seinen „Avis chretiens pour institution des enfans" sagte, war es einer der schwierigsten Dinge dafür die Mädchen zu gewinnen und sie zu einfacherer Kleidung zu veranlassen, denn Frauen lieben es natürlicher Weise sich zu schmücken. Die Zügellosigkeit im Schmuck und Kleidung war jedoch so weit gediehen, dass das Uebermass eine glückliche und heilsame Reaktion hervorbringen musste. Jeder wollte nun, dass seine Art sich zu kleiden kein schlimmes Anzeichen für seine Person, seine Sitten sei und niemand, ausser Leute von schlechtem Lebenswandel, suchte sich länger durch ausschweifende und unzüchtige Aeusserlichkeiten von andern zu unterscheiden. Allmählich kam die Wohlanständigkeit im Reiche der Mode zur Herrschaft und Frauen wie Mädchen wahrten die Entblössung von Brust und Schultern für den Ballsaal und andere Festlichkeiten und liessen sich nicht mehr, wie im sechzehnten Jahrhundert auf den Strassen in der unreinen Tracht der Prostitution sehen.

XXIV. Kapitel.

Die Prostitution des Theaters. — Geschichte des französischen Theaters vom Sittenstandpunkt aus. — Histrionen galten als ehrlos. — Gründung der Passionsbrüderschaft. — Die Mysterien. — Ein Wunder der heiligen Genoveva. — Leben der heiligen Frau Barbara. — Unzüchtigkeit der Kostüme und der Pantomime. — Teufel und Engel. — Die Infants-sans-souci und die Clercs de la Bazoche. — Jeu des pois pilé. — Theater-Censur. — Frauen auf der Bühne. — Die Gelosi und die spanischen Schauspieler. — Verbot der Mysterien. — Possen im sechzehnten Jahrhundert. — Vernichtung der Possen. Turlugin, Gros-Guillaume, Gaultier-Garguilla. — Grabschrift. —

Kein Kapitel, ein ganzes Buch müsste eigentlich der Geschichte des Theaters in dessen Beziehungen zur Prostitution gewidmet werden. Von Beginn an hat das Theater einen schlechten Einfluss auf die Sitten ausgeübt, der zu gewissen Zeiten sozialen Niederganges den Charakter einer wirklichen Verleitung zur Unzucht annahm. In den ersten Jahrhunderten der christlichen Kirche hatte das Bühnenspiel die letzten Grenzen der Unschicklichkeit erreicht und wir finden in den Schriften der Kirchenväter fast auf jeder Seite einen Protest entrüsteter Scham gegen die abscheulichen Auswüchse dieser Lasterschulen. Wir müssen bekennen, dass das Entsetzen der christlichen Philosophen vor dem Thater nur zu gerechtfertigt war durch den schändlichen Missbrauch, der damals mit der darstellenden Kunst getrieben wurde. Als das Christentum den Kultus der falschen Götter überwunden hatte, überlebte dieser auch das Theater nicht und durch mehrere Jahrhunderte hindurch finden wir in Frankreich keine anderen Spuren der antiken Komödie, als Fastnachtsspiele und ähnliche Belustigungen, Mysterienspiele, Vorträge der Troubadurs und dgl. Wenn irgend eine Nachahmung des Terenz oder Plautus in Klöstern oder Collegien hier und da dargestellt wurde, entging diese nur selten der geistlichen Missbilligung, obgleich sie einen litterarischen Vorwand nahm und sich der äussersten Zurückhaltung befleissigte. Aber diese seltsamen Reminiscenzen an die lateinische Komödie beeinflusste nicht das theatralische Bedürfnis der Nation, die vielleicht nicht einmal wusste, dass vor den naiven, derben Passionsspielen vor Ende des vierzehnten Jahrhunderts ein Theater überhaupt existiert habe.

Die Ansicht der Kirche über Schauspiele wurde unabänderlich von den Kirchenvätern und den Konzilen festgestellt. Man kann behaupten, dass diese durch die hässlichen Orgien, die das Ende des heidnischen Theaters kennzeichneten, zu ihrem absprechenden Urteil berechtigt waren. Die Verordnungen der Fürsten waren, was Theater und Histrionen betrifft, entsprechend den Anschauungen der katholischen Theologen. Diese hielten den Beruf schon an und für sich für ehrlos. Die ehrsamen Leute wurden aufgefordert, sich diesen Schändlichkeiten fern zu halten und Kleriker durften nicht Augen und Ohren beschmutzen. Durch das Anhören unsittlicher Worte und durch die Betrachtung unkeuscher Gebärden (histrionum quoque turpium et obscœnorum insolentias jocorum et ipsi animo effugere caeterisque effugienda prædicare debent. S. Kapitulation der Könige von Frankreich Bd. I. S. 1170). Dessen ungeachtet gab es aber immer Histrionen, die den Bann der Geistlichkeit nicht scheuten und die ihrem Beruf anhaftende Ehrlosigkeit hinnahmen; denn es gab auch immer Wollüstlinge und Ausschweifende, die um jeden Preis sich verbotene Vergnügungen zu verschaffen versuchten. Das Histrionentum galt daher als eine Art Prostitution und der heilige Thomas nahm keinen Anstand die Buhlerin, die sich jedem der es nur wollte, hingab und den Komödianten, der sich vor der Oeffentlichkeit prostituierte, indem er sozusagen seine Grimassen und seine freien Bewegungen verkaufte, auf gleiche Stufe zu stellen. Güter, die durch diese Mittel erworben wurden, schätzten die gelehrten Kasuisten gleich Gütern, die in schlechter und unehrenhafter Weise erworben wurden und den Armen überliefert werden mussten. (S. den Trauté des jeux de theâtre von R. Lebrun Paris 1731 S. 193). Durchdrungen von dem Gedanken, dass „den Histrionen geben, heisst dem Teufel geben," verjagte Philipp August die Schauspieler von seinem Hofe, verbot ihnen dort wieder zu erscheinen und widmete das Geld, das er dadurch ersparte, frommen und barmherzigen Werken.

Das Theater erhielt in Frankreich erst eine Existenzberechtigung, als es sich unter Karl VI. in frommer Verhüllung zeigte. Die Sitten dieser Epoche waren bereits ziemlich schlaff geworden und die Liebe zum Luxus hatte in den Gemütern auch die Neigung erweckt, sich jeder sinnlichen Neuerung leidenschaftlich hinzugeben. Das Spiel der Passionsbrüderschaft wurde daher mit einer gewissermassen tollen Begeisterung aufgenommen, als es im Dörfchen Saint-Maur, vor den Thoren von Paris, zum ersten mal vorgenommen wurde. Es war gegen 1398 als eine Truppe ambulanter Schauspieler, die sich Passionsbrüderschaft nannte, weil sie auf die Passion sich beziehende Mysterien in dialogisierten Scenen zur Darstellung brachten, damit begannen und grossen Zulauf von allen Seiten hatten. Diese mit Gebeten und frommen Gesängen untermischte Darstellungen waren zweifellos an und für sich sehr erbaulich, aber der Profoss von Paris befürchtete, dass sie zu argen Unordnungen führen könnten und durch eine Ordonnanz vom 3. Juni 1398 verbot er allen Bewohnern von Paris, Saint-Maur und anderen seiner Jurisdiction unterworfenen Orten ohne besondere Erlaubnis des Königs, „keine Darstellung aus dem Leben Jesus Christus, der Heiligen oder anderer Art zu veranstalten, wenn sie nicht dessen Zorn hervorrufen und als Frevler gegen seinen Willen bestraft werden wollen." Dieses strenge Verbot bekundet, dass die Darstellungen zu Saint-Maur nicht ohne irgendwelche skandalöse Vorfälle abgelaufen sein mussten. Dies würde auch erklärlich machen, dass ein altes Gesetz von Philipp August oder Ludwig dem Heiligen das Theater abschaffte und die Ausübung der Schauspielerei untersagt haben sollte. Doch wie immer es sei, derlei Darstellungen erneuten sich erst 1402 wieder, wo Karl VI. sich als Zuschauer einfand und davon so erbaut wurde, dass er der Passionsbrüderschaft Freibriefe gab, die ihr gestatteten, ihre Mysterienspiele „überall und so oft es ihnen beliebte", darzustellen. Dieser Erlaubnis zufolge errichteten die Brüder vor dem Thor von Saint Denis zu Paris, im Erdgeschoss des Dreieinigkeits-Hospitals ihr Theater, in dem die Pilger und armen Reisenden ein Nachtasyl fanden, wenn sie nach Thorschluss erst die Stadt erreichten. Die Brüder hatten bereits in der Kirche dieses Hospitals ihre Brüderschaft der Leiden und Auferstehung unseres Herrn gegründet. Wir glauben von der Gründung dieser Brüderschaft noch anführen zu müssen, dass die ersten Spieler oder Darsteller, die zu Saint-Maur thätig waren und die Meisterspieler (maitres du jeu) wurden und ihre Genossen aus dem Bürgerstand und Handwerkerstand der Hauptstadt rekrutierten. Von dieser Stunde an erstreckte sich der Geschmack an das Theater auf die Bevölkerung überaus eifrig; sie drängte sich an Sonntagen und Festtagen zu den Darstellungen der **Mysterien und Mirakeln.**

Dieser Eifer, diese Begeisterung für die Sache entsprang nicht mehr der Frömmigkeit, obgleich der Gegenstand dieser Schauspiele geeignet war die Seelen zu erheben zur Betrachtung heiliger Dinge und sie zum Beten zu stimmen. Es kann versichert werden, dass trotz des erbaulichen Charakters der aufgeführten Stücke und ungeachtet der Entmutigung, die der Klerus für diese fromme Unterhaltung bekundete, das Theater schon damals die Prostitution förderte. Man stelle sich den Schauplatz vor, einen engen, schlecht beleuchteten Saal, in dem die Zuschauer kunterbunt, ohne Unterschied des Geschlechts, Alters und Standes festgepresst an einander sassen oder standen. Man halte auch die bunte Scenerie und was mit Schaustellungen sonst noch in Verbindung ist vor Augen und man wird begreifen, dass sich dabei eine Erregung der Sinnlichkeit kräftig geltend machte. Es fehlen uns Belege, um deutlich festzustellen, welche Ungebührlichkeiten und Unsittlichkeiten die Widergeburt des Schauspiels begleitet haben; aber es ist zweifellos, dass diese frommen Darstellungen genug Gelegenheit und Grund zu Gefahren für die gute Sitte boten. Das Mysteriumspiel der Passion, das in dem Dreieinigkeitstheater an Sonntagen und Festtagen zur Darstellung gelangte, sowie andere dramatische Bildungen dieser Art, hatten sicherlich keinen anderen Zweck als die religiösen Gefühle zu heben und man kann anannehmen, dass der Verfasser jenes Werkes, das Geburt, Leben, Tod und Auferstehung Jesus darstellte, ein Werk der Frömmigkeit in litterarischer Form, der grosse Schönheiten zugesprochen werden muss, erfüllte. Dieses Werk verdiente in der That durch die Sorgfalt Jean Michel, Bischof von Mans, der im fünfzehnten Jahrhundet lebte, aufgefrischt und teilweise wieder hergestellt zu werden. Aber, wie es einmal die Verhältnisse jener Zeit erforderten, eine grosse Anzahl der Scenen dieses und anderer Mysterienspiele hatte ziemlich unzüchtige Orte zum Schauplatz und die Zwiegespräche der untergeordneten Personen der Handlungen brachten in volkstümlicher Sprache eine Anzahl sehr freier Bilder und schmutziger Worte zum Ausdruck. Oft auch schien es, als ob die Aposteln, die Heiligen, Männer wie Frauen, in Gesellschaft verlorener Frauen und höchst unzüchtigen Verhältnissen gelebt hätten. Von den zahlreichen Beispielen wählen wir nur eine Scene aus dem Mysterium der heiligen Genoveva, wo man eine Nonne aus Bourges sieht, die auf das Gerücht von den Wundern der Heiligen hin herbeigeeilt war, um sie zu besuchen. Die heilige Genoveva fragt sie nach ihrem Stande sie antwortet sie wäre Jungfrau. „Du!“ ruft nun die Heilige verächtlich:

Non pas vierge, non, mais ribaude,
Qui futes en avril si baude (débauchée),
Le tiers jours entre chien et loup,
Qu' au jardin Gaultier Chantelou,
Vous souffrirtes que son berchier,
Vous deflorast sous un peschier.

Doch die Dichter der Mysterien verachteten in der Regel die immerhin noch etwas schüchternen Mitteilungen. Sie schränkten die Darstellung auf der Scene nur dort ein, wo der Vorgang zu — sagen wir lebhaft war, um ausserhalb einer für heimlich zu haltenden Vorgängen vorhandene Nische mit abschliessenden Vorhängen dargestellt zu werden. Sie trieben den Vorgang bis zum äussersten Punkt, wo die Phantasie des Zuschauers sich leicht das ergänzen konnte, dessen Vorbereitungen schon das auch nur am geringsten entwickelte Schamgefühl beleidigen konnte. Und selbst, wenn etwas hinter geschlossenen Vorhängen vorgenommen wurde, waren die Darsteller bemüht, durch Gesten und Gebärden das zu verdeutlichen, was der Verfasser mit einem ziemlich durchsichtigen Schleier bedeckte. Das „Leben und Geschichte der heiligen Frau Barbara", das gegen 1520 dargestellt und gedruckt wurde, beginnt wohl mit einer Predigt über eine Evangeliumstelle, aber schon die erste folgende Scene zeigt uns ein anrüchiges Haus, in dem ein Weib (meretrix heisst es in der Druckschrift) ein Lied unter frechen Gesten singt (signa amoris illiciti, fügt der Herausgeber erklärend hinzu. Der Kaiser — eine nähere Bezeichnung fehlt — befiehlt dieser Frau die Heilige gefügig zu machen und die Vermittlerin der Unzucht bemüht sich Barbara, die Gottes Schutz anruft, mit folgenden Worten zu gewinnen:

Il gaigne chascune journèe:
Point je ne me suis sejournèe (reposèe),
Du jeu d' amour scay bien jouer . . .
A tous gall ans fais bonne chere,
Et ainsi vous le devez faire.
Onc ne vy si belles mains,
Belles cuisses et si beaux reins,
Comme vous avez, par mon ame!
Nous deux gagnerons de l'argent,
Car vous avez ung beau corps gent.

Die Verfasser der Mysterienspiele behandelten die heiligsten Dinge in einer ganz profanen Weise. Aber weit davon entfernt zu sein, dem alten römischen Schauspiel nachzuahmen, gaben sie nie der metaphysischen Liebe einen breiten Spielraum. Sie verstanden nichts von dem, was wir leidenschaftliches Drama nennen. Sie drückten oft roh die Begierden des Fleisches aus. Sie gefielen sich darin brutal Dinge der Unzucht zu berühren und zuweilen nur atmete ihr Werk eine Schäfer-Idylle, voll unbestimmter Herzensempfindungen. Doch das alles war zwar geeignet junge, zarte und naive Herzen aufzuregen, aber doch nicht sie mit dem Gift des Lasters trunken zu machen. Indess, die Darsteller, mehr von ihren Rollen hingerissen, als in berechnender Absichtlichkeit, fügten ihren Worten oft eine freie Mimik hinzu, die der Verfasser nicht vorausgesehen hatte und die das Publikum mit Lachen und Beifallklatschen ermutigte. Die Darsteller hatten, was ihre Kleidung betraf, keine Vorschriften und jeder war nur bemüht, den Beifall der Zuschauer auf sich zu ziehen. Die diablerie, die Darsteller von Teufeln erlaubten sich ernstliche Ausschreitungen gegen die Scham und man setzte das auf Rechnung ihres höllischen Berufs. Aber selbst die Engelchöre waren nicht viel zurückhaltender und gelangten oft zu ganz sonderbaren Ausserachtlassungen ihrer stummen Rollen. Engel und Teufel waren Figuranten, die auch Lieder sangen, Predigten recitirten, Geschrei und Geheul auf ein gegebenes Zeichen hin ausstiessen. Ihre Bewegungen, ihre Tänze, Sprünge und Grimmassen und andere Scherze hing nur von der Leistungsfähigkeit des Betreffenden ab. Weibliche Darsteller gab es nicht. Die weiblichen Rollen wurden von jungen Burschen dargestellt, die am geeignetsten dazu waren. Sie bildeten ein besonderes Anziehungsmittel für elende Wüstlinge, die sich besonders für diese hübschen garçonnets interessierten und wahrscheinlich auch bestrebt waren, sie ausserhalb des Schauplatzes kennen zu lernen. Aus alledem lässt sich daher annehmen, dass, obgleich das Theater von Polizeileuten zur Wahrung der Sitten bewacht wurde, diese keineswegs gewahrt blieben, zumal auch an den meisten Stellen ein Halbdunkel herrschte und die Anordnungen der Polizei für bessere Beleuchtung fast gar keine Beachtung fanden. Dieser Uebelstand machte sich auch noch viel später geltend und manche finsteren Winkel des Theaters dienten selbst noch zur Zeit Ludwig XIV. zu unzüchtigen Zusammenkünften, wie uns in einem zeitgenössischen Werk geschildert wird.

Indes, das Theater wäre der Exkomunikation der Kirche, den Vorstellungen des Parlaments, den Anordnungen der Polizei entgangen, wenn es seinen ausschliesslich religiösen Charakter gewahrt hätte, der seine Wiederherstellung unter dem Schutze Karl VI. begünstigt hatte. Aber als die der Passionsbrüderschaft gleichenden dramatischen Brüderschaften in der Provinz gleichfalls, unter Bestand von Meister und Gesellen der Zünfte, Mysterien und Mirakel zur Aufführung brachten, fand die Jugend bald nur wenig Geschmack an einem erbaulichen Schauspiel, das in vielem nur eine in Handlung versetzte Predigt war. Die alte gallische Heiterkeit begnügte sich nicht mehr mit diesen frommen Darstellungen, obwohl auch diese Gelegenheit zum Lachen boten, und die Komödie wurde in Frankreich geboren. Fröhliche Brüderschaften, die die Namen führten „Les Enfants sans-souci und Les Clercs de la Bazoche enstanden zu Paris und führten Possen, „sotties“ auf, die nicht den dekorativen

Prunk der Mysterien erforderten und nur eine geringe Anzahl guter komischer Kräfte brauchten. Dieses neue Possen-Theater spielte anfangs im Freien, auf Marktplätzen und andern geeigneten Oertlichkeiten der Stadt. Zwei oder drei verkleidete Gaukler, die Gesichter geschwärzt oder bemalt, stiegen auf das Schaugerüst und gaben mit vieler Lebhaftigkeit volkstümliche Scenen zum Besten, wobei es sich fast ausschliesslich um Liebe und Ehe handelte. Die Entwürfe dazu, an und für sich schon wenig zurückhaltend, wurden es noch mehr durch die Darstellung. Später folgten den improvisierten Scenen vorbereitete Stücke in Versen oder vielmehr in Reimzeilen, die aber die Darsteller nicht an Improvisationen hinderten und auch Spielraum für eine zügellose Pantomimik boten. Dies verfehlte nicht der Passionsbrüderschaft den grössten Teil ihrer Zuschauer zu entziehen und diese Darstellungen weniger lohnend zu machen. Vergeblich versuchten sie ihren gefährlichen Rivalen Concurrenz zu machen, indem sie in den Mysterien komische Episoden einflochten, Komiker auftreten liessen, die mehr Abwechslung in den Ernst, in die Majestät der Handlung brachten; es nützte nichts, die Possenspieler fanden grösseren Zulauf und das Publikum, das sich bei ihnen unterhielt, nahm Partei für sie, als sie von der Polizei von Paris verfolgt wurden, die nicht dulden wollte, dass sie sich in der Stadt festsetzen. Es war bereits zu spät eine Schauspielerart unterdrücken zu wollen, die so gut zum französischen Geist passte; man konnte ihr nur Beschränkungen auferlegen und sie sozusagen dem von Karl VI. den Passionsbrüdern erteilten Privilegium zu unterordnen. Infolge dessen schloss diese Brüderschaft mit dem Enfants-sans-souci ein Uebereinkommen, wodurch eine Vereinigung beider dramatischen Arten stattfand, die bis dahin das dramatische Gebiet einnahmen. So wurde nun Posse und Mysterium aufeinander folgend dargestellt und das Publikum nannte diese Vereinigung von Heiligem und Profanem, von Tragischem und Komischem, von Erbaulichem und Skandalösem jeu de pois pilés, was Mischung oder Potpourri bedeutete und auf ein damals beliebtes Possenstück anspielte.

Das Theater zu Paris, das sozusagen massgebend war für alle andern Theater Frankreichs, verblieb bis Mitte des sechzehnten Jahrhunderts in diesem Zustand. Es hatte zwei verschiedene Trupps, die gleichzeitig oder abwechselnd spielten. Die Vorstellungen fanden in der Regel Sonntags von Mittag bis vier Uhr statt. Und weil es nicht möglich war, in diesem Zeitraum ein Mysteium darzustellen, das oft dreissig Akte hatte, vierzigtausend Verse aufwies und zwei- bis dreihundert Personen beschäftigte, begnügte man sich, einige Scenen oder einen Akt zu geben und diesem ein Possenspiel folgen zu lassen. In seltenen Fällen, hauptsächlich in der Provinz, wurde ein ganzes Mysterium aufgeführt, das aber mehrere Tage beanspruchte. Die Aufführung erfolgte nicht in einem geschlossenen Saal, sondern, wie zu Doué, in den Ruinen eines alten römischen Amphitheaters, oder in einem offenen Theater auf einem öffentlichen Platz, oder auch auf freiem Felde. An diesen feierlichen Gelegenheiten beteiligten sich alle Bewohner einer Stadt oder eines Bezirkes, teilten die Kosten auf, lieferten Almosen, Lebensmittel, Kleider, Requisiten und hatten das Recht, an dem Spiel (jeu) und der Probe (montre) teilzunehmen, die stets die Einleitung bildeten. Es braucht nicht erst besonders erörtert zu werden, wie sehr die Prostitution von solchen Spielen begünstigt wurde, die so viel Leute zusammen führten, zu so viel Leidenschaften, Eitelkeiten, Begehrlichkeiten und Verführungen Gelegenheiten gaben. Das grosse Mysterienspiel brachte unvermeidlich zahlreiche Orgien und Ausschreitungen aller Art hervor. Aber in Paris wenigstens konnten die wöchentlichen Vorstellungen der vereinten Gesellschaften, obgleich nicht minder sittengefährlich, doch nicht so ausarten. Sie wirkten langsam auf die öffentliche Moral, sie veränderten unmerkbar die Reinheit der Seelen, indem sie anhaltend den Schlamm des gesellschaftlichen Lebens aufwühlten. Doch, so unsittlich, so skandalös und verderberisch das Theater auch war, der Gegnerschaft und der Bedrückung seitens civiler und kirchlicher Behörden scheint es nicht vor der Regierung Ludwig XI. ausgesetzt gewesen zu sein. Es wurde bereits erwähnt, dass gegen 1512 die Enfants-sans-souci mit Vertreibung bedroht waren und sie mussten ihre Vorstellungen aufgeben, bis ihr Genosse Clement Marot die Gunst des Königs für sie gewann. Man kennt nicht den Grund jener Ungnade, doch es ist wahrscheinlich, dass die Sittenfrage nichts damit zu thun hatte, dass vielmehr diese kühnen Gesellen, nach Art der Clercs de la Bazoche, sich sehr satirische Anspielungen auf den Geiz des Königs, auf dessen Politik, auf die Königin Anna von Bretagne erlaubt hatten. Zweifellos war es bei dieser Gelegenheit, dass Ludwig XII. die Aeusserung that, er fordere, dass die Ehre der Frauen beachtet werde, und er werde es jeden bereuen lassen, der dem entgegen zu handeln wage. Es ist sehr wahrscheinlich, dass die Klagen, die man damals vorbrachte, um das Theater der Enfants-sans-souci schliessen zu lassen, einen Brauch zeitigten, der bereits im sechzehnten Jahrhundert existierte und sich bis auf unsere Tage fortgepflanzt hat: Die Vorlegung des Manuskripts der aufzuführenden Stücke der Polizei zur Genehmigung. Oft allerdings fügten sich Verfasser und Darsteller nicht den vorgenommenen Streichungen und manche unflätige Stelle wurde als Improvisation gegeben und entging derart der Prüfung des Censors, der sie sicherlich nicht bewilligt hätte. In seinem Reglement vom 12. November 1609 erneuerte der Polizeileiter das Verbot, Komödien oder Possen darzustellen, die nicht vorher dem königlichen Prokurator vorgelegt worden wären und deren Register nicht seine Unterschrift aufweise. Wir können jedoch nicht glauben, dass der Prolog von Bruscambille, die Reden von Tabarin und die Lieder von Gauthier-Garguille derart dem königlichen Prokurator unterbreitet worden wären und dessen Zustimmung erhalten hätten.

Komödianten führten ein ausschweifendes Leben und manche junge Wüstlinge wandten sich diesem gering geachteten Beruf nur darum zu um leicht die ihnen erwünschte Lebensweise führen zu können. Selbst Poeten wie Villon und Clement Marot bekundeten eine unwiederstehliche Neigung für das Theater. Begreiflicher Weise waren Frömmigkeit und religiöse Begeisterung später nicht mehr das Bindemittel, das Anziehungsmittel wie zu Beginn bei den Passionsbrüdern. Doch so entartet auch die Sitten des Theaters waren, so skandalös die Lebensführung der Schauspieler, der Fluch der Kirche hatte sie noch nicht getroffen. Wohl sagen die Theologen in ihren dogmatischen Schriften, dass man ohne Verletzung der kanonischen Gesetze einem Histrionen nicht das Sakrament des Abendmahls reichen könnte, denn sie lebten stets im Zustand der Todsünden, und der berühmte Kasuist Gabriel Biel, der diesen Gewissensfall Ende des fünfzehnten Jahrhunderts prüfte, zu einer Zeit in der die Passionsbrüderschaft entstand, zählte das Theater zu den verfluchten und verbotenen Dingen. Die Statuten der Universität von Paris gestatteten nicht, dass Schauspieler in ihrem Stadtteil wohnen dürfen, weil ihre Darstellung sittengefährlich wären. Doch nie wurde im Allgemeinen die Strenge der Kirche gegen Komödianten angewandt und sie durften in geweihter Erde begraben werden, wie noch erhaltene Gräber und Grabschriften in verschiedenen Pfarrsprengeln von Paris beweisen. Was die Schauspielerinnen betrifft, so wurden sie nicht härter beurteilt als ihre männlichen Genossen, nachdem sie während der Regierung Heinrich III. oder des IV. auf der Bühne erschienen und ohne Maske sich zeigten. Sie waren jedoch die Kebsweiber der Komödianten und lebten, diesen gleich, in einem derartig unwürdigen Zustand, dass sie der Truppe als gemeinschaftliche Frauen dienten, wie Tallemant des Reaux sagt. Sie hatten sich demnach zu jeder Zeit den umherziehenden Schauspielern angeschlossen, doch das Publikum kannte sie nicht und ihre mehr oder minder unehrenhaften Betätigungen verbargen sich hinter dem Theater. Als sie die Frauenrollen zu spielen begannen, die bis dahin stets von Personen männlichen Geschlechts dergestellt wurden, galt dies als hässliche Prostitution ihres Geschlechts.

Die ersten Schauspielerinnen wurden von dem Publikum so übel aufgenommen, auf der Bühne kaum geduldet und die Schauspieler missgönnten ihnen oft ihre Rollen. Wir glauben italienische und spanische Schauspieler waren es, deren Beispiel das Erscheinen des Weibes auf der Bühne herbeiführte. Eine italienische Truppe wurde von Heinrich III. von Venedig nach Paris berufen und eine spanische langte erst zur Zeit Heinrichs IV. an. Diese beiden Trupps verursachten viel Unordnung und man muss dabei besonders die weiblichen Mitglieder bezichtigen, die durch ihre Kleidung und ihr Spiel den Skandal noch vermehrten. „Am 19. Mai 1577," schreibt P. de l'Estoile, „begannen im Saale des Hotel de Bourbon die italienischen Komödianten, genannt i Gelosi, ihr Spiel. Sie nahmen vier Sols von jedem, der ihr Spiel sehen wollte und hatten so grossen Zulauf vom Volk, wie ihn die vier besten Prediger von Paris nicht aufzuweisen vermochten. Besonders auf Lüstlinge übten diese Vorstellungen einen besonderen Reiz aus, die dahin gingen, hauptsächlich, um „ces bonnes dames“ zu bewundern, deren gänzlich entblösster Busen sich hob und senkte „par compas ou mesure comme un horloge“. Das Parlament glaubte diesen schamlosen Schaustellungen ein Ende machen zu müssen und sechs Wochen nach Eröffnung des Theaters der Gelosi wurde ihnen, bei einer Geldstrafe von 10000 Livres zu Gunsten der Armen verboten, ihre Vorstellungen fortzusetzen. Doch die Italiener hielten sich nicht für besiegt und Sonnabend, am 27. Juli begannen sie wieder ihre Vorstellungen im Hotel de Bourbon, zufolge ausdrücklicher Erlaubnis des Königs, wie d'Estoile berichtet. „Die Fäulnis dieser Zeit war so arg, dass „farceurs, bouffons, putains et mignons avoient tout credit.“ Was die spanischen Schauspieler betrifft, so spielten sie 1604 auf dem Jahrmarkt von Saint Germain und ihr Aufenthalt zu Paris kennzeichnete sich durch eine Anklage, die gegen zwei von ihnen vom Bailli von Saint Germain erhoben wurde. Sie wurden lebend gerädert, weil sie eine ihrer Genossinnen erdolcht und in die Seine geworfen hatten. Diese schöne junge Frau von etwa zweiundzwanzig Jahren, „avoit des longsemps privée et familière“ mit diesen beiden, die sie sicherlich eher aus Rache, als um sie zu bestehlen, töteten. Das ist, unseres Wissens nach, der Ursprung des Erscheinens der Frau auf der französischen Bühne. Man findet den Namen einer Frau Dufresne geschrieben in einem Exemplar des 1606 gedruckt erschienenen und zur genannten Zeit sicherlich schon aufgeführten Schäferspiels „L'Union d'amour et de chastetè“ von A. Gautier In einem Exemplar eines andern Schauspiels jener Zeit, in der 1606 gedruckten „Tragèdie de Jeanne d' Arques, dite la Pucelle d' Orleans“ findet man die Namen zweier Schauspielerinnen handschriftlich. Schliesslich, der Abbè de Marolles lobt in seinen erst 1755 veröffentlichten Memoiren einen Schauspieler, der 1616 Frauenrollen gut darstellte und spricht auch von einer vorzüglichen Schauspielerin, genannt Laporte.

Es lässt sich feststellen, dass in Mysterien Frauen nie mitgewirkt haben, es kann daher das Verbot dieser Art Schauspiele nicht mit einem Skandal begründet werden, den deren Anwesenheit dabei hervorgerufen hätte. Im Jahre 1540 hielt es das Parlament für angemessen, zum ersten Mal in der Theaterfrage einzuschreiten, doch es ist gewiss, dass das Interesse für die gute Sitte solches schon seit Langem erforderte. Das Parlament begann damit, das Dreieinigkeits-Hospital seiner ursprünglichen Bestimmung zurückzugeben und daraus die Passionsbrüder zu entfernen, die ihren Sitz dann in der Jakobinerkirche und ihr Theater im Hotel de Flandres aufschlugen. Dieses Theater wurde in dem umfangreichen

Gebäude mit grossen Kosten errichtet, aber nach der, Ende 1541, stattgefundenen ersten Vorstellung eines neuen Mysteriums „das alte Testament", befahl das Parlament die Schliessung des Theaters mit folgender Begründung:

1) „Dass man, um das Volk zu vergnügen, gewöhnlich in die Spiele Possen oder spöttische Komödien mische, die nach den heiligen Vorschriften verboten sind,
2) dass die Verfasser dieser Stücke um Gewinn spielen und für Histrionen, Spassmacher oder Hanswürste zu gelten haben,
3) dass die Versammlungen bei solchen Spielen Anweisungen zum Ehebruch und zur Verführung erhielten,
4) dass dadurch die Bürger und Handwerker der Stadt zu unnützen Ausgaben verleitet werden."

Die Passionsbrüderschaft wollte ihr von Karl VI. erteiltes und von seinen Nachfolgern mehrfach bestätigtes Privelegium wahren. Sie sandte deshalb eine Beschwerde an das Parlament und ein Bittgesuch an den König, worin sie anführte, dass sie seit undenklichen Zeiten ihre Mysterien zur Erbauung des Volkes spiele, ohne im allgemeinen oder im besondern etwas damit verletzt zu haben. Auf Befehl des Königs musste das Parlament seine Entschliessung unter dem 27. Januar 1542 zurücknehmen. In dem vom König erneuten Recht der Aufführungen wird auch gesagt, dass die Unternehmer, „weil dadurch das Volk wird abgezogen vom Gottesdienst und dadurch auch das Almosen spenden verringerte, sie den Armen eine Summe von tausend Livres geben sollen, vorbehaltlich einer Erhöhung." Daher soll die Anwendung des „droit des pauvres" kommen, was zuerst für arme Waisen erfolgte.

Das Parlament hatte bereits seine Aufmerksamkeit auf das Unschickliche der Mysterien und die Unzüchtigkeit der sie begleitenden Possen gerichtet und manche der ersteren enthielten auch Scenen, die nicht weniger die gute Sitte wie die Religion beleidigten. Plötzlich befahl der König das Hotel de Flandre niederzureissen und die Passionsbrüderschaft befand sich wieder ohne Asyl. Man wollte sie wahrscheinlich zwingen, ihr Theater zu schliessen. Sie kaufte das alte Hotel de Bourgogne und liess hier ein neues Theater errichten; doch als sie ihre Vorstellungen beginnen wollte, verbot ihr das Parlament, von dem sie die Bestätigung ihrer Privilegien verlangt hatte, unter dem 17. November 1548. „Mysterien zu spielen von den Leiden unseres Heilands, oder andere heilige Mysterien" unter Androhung einer Geldstrafe, erlaubte aber profane Mysterien zu spielen, „rechtschaffene und sittsame, ohne dabei jemand zu beleidigen." Die Mysterien hatten die ihnen zugemessene Zeit erreicht. Man druckte wohl noch manche, aber man spielte deren nur noch in der entlegenen Provinz. Das Parlament, das das Verbot erliess, schloss sich damit nur dem Geschmack des Publikums an, das nunmehr diese Schauspiele kalt oder unwillig aufnahm. Die Komödie und die Tragödie teilten sich in den

Erfolg der dramatischen Nachfolge der Mysterien, aber das Lieblingsgenre des sechzehnten Jahrhunderts, das von ehrenwerten Leuten begünstigt wurde und das das Parlament nicht zu verbieten wagte waren die Possen der Enfants-sans-souci, die komischen und liederlichen Stücke, die die Laster und Lächerlichkeiten des Volkes darstellten. Diese Possen, deren Mehrzahl ungedruckt geblieben ist und den alten Komödianten ins Grab folgten, beherrschten das Theater bis zur Zeit Ludwigs XIV., wodann einige der berühmtesten davon sich in Komödien verwandelten.

Nach der Unterdrückung der Mysterienspiele hatte sich die Bühne, statt sich zu reinigen und einem sicheren Ziel zuzuwenden, einer Zügellosigkeit überlassen, die die bitteren Klagen ihrer Feinde nur zu sehr rechtfertigten. Es schien, als hätte sie keine andere Bestimmung, als die Jugend zu verderben und zur Unzucht anzuleiten. Ein glaubenseifriger Katholik versuchte im Jahre 1588 den Abscheu der Bürger gegen sie und ihre Züchtigung durch die Behörden in seinen „Remonstrances trèshumble au roy de France et de Pologne Henry troisieme de ce nom, sur les desordres et misères du royaume“ mit folgenden Worten herbeizuführen: „In diese Kloake und diesem Satanshaus, genannt l' hostel de Bourgogne, dessen Schauspieler sich missbräuchlich Bruderschaft von den Leiden Jesus Christus nennen, geschehen tausende skandalöse Vorfälle zum Nachteil der Ehrenhaftigkeit und Keuschheit der Frauen und zum Ruin der armen Handwerker, die den Saal füllen und mehr als zwei Stunden vor der Vorstellung sich die Zeit mit schamlosen Scherzreden, Karten- und Würfelspielen, Schwelgereien und Trinkgelagen ganz öffentlich vertreiben, woher oft Streitigkeiten und Schlägereien entstehen . . . Auf der Bühne hat man Altäre mit Kreuz und kirchlichen Verzierungen errichtet, lässt selbst in den schamlosesten Possen Geistliche im Ornat auftreten, um hier spöttischen Unfug zu treiben. Und überdies: es giebt keine Posse, die nicht unflätig, schmutzig oder hässlich wäre, zum Skandal der dabei anwesenden Jugend.“

Die Possenspiele des sechzehnten Jahrhunderts waren die Schande des französischen Theaters und dienten leider der gesellschaftlichen Entsittlichung. Doch man würde sie nur vom Hörensagen kennen, wenn nicht zwei erst im neunzehnten Jahrhundert erfolgte Veröffentlichungen eine Anzahl dieser Stücke bekannt gemacht hätten, die somit einer systematischen Vernichtung entgangen sind. Es gab deren unzählig viel. Sie waren kurz, und diese Kürze wurde auch geschätzt. Ferner gab es noch heitere Dialoge, Monologe und lustige Predigten, die ein Schauspieler vortrug.

Der rücksichtslose Vernichtungskrieg, der hauptsächlich von der Geistlichkeit gegen die gedruckten Exemplare dieser Possen geführt wurde, hatte diese Bücher schon bei Beginn des siebzehnten Jahrhunderts selten gemacht und ein Liebhaber dieses Litteraturzweiges liess im Jahre 1612 eine Anzahl davon neu erscheinen.

Man müsste den Inhalt sämmtlicher uns erhalten gebliebener Possen dieser Art darlegen, um deren Unsittlichkeit festzustellen, begreiflich zu machen, welchen Einfluss sie auf die Fortentwicklung der Prostitution ausübten. Eine der schlausten ist La farce de frère Guillebert, die von ihrem alten Herausgeber als „sehr gut und sehr lustig" gekennzeichnet wurde.

So sah die französische Bühne bis zum Beginn des sechzehnten Jahrhunderts aus. Diese schamlosen Possen wurden in ganz Frankreich gespielt und zu den argen Worten gesellte sich noch eine ebenso arge Mimik. Es wurde gleichzeitig Auge und Ohr der Anwesenden beschmutzt, die diese Darbietungen mit Beifall und tollen Heiterkeitsausbrüchen ermutigten. Man begreift, dass die Geistlichkeit diesen beklagenswerten Missbrauch der darstellenden Kunst verdammte und man kann nicht erstaunen, dass bei diesem Unrat das Theater überhaupt von dem Fluch der Kirche betroffen wurde. Der heilige Franz von Sales, der um diese Zeit seine moral-religiösen Schriften verfasste, verglich Theater-Vorstellungen mit Pilzen, deren schönste nicht geniessbar wären. Die Civil-Behörden, denen die Sittenpolizei oblag, schienen sich um die moraliche Zügellosigkeit des französischen Theaters bis Ende der Regierung Ludwigs XIII. wenig zu kümmern. Zwar wurde in den Verordnungen hervorgehoben, dass nur „massvolle und rechtschaffene Stücke, die niemand beleidigen" aufgeführt werden sollen, doch die beaufsichtigenden Organe schritten nicht ein zu Gunsten der öffentlichen Sittsamkeit. Dagegen wurde rasch und streng vorgegangen, wo es sich um persönliche, gegen Vornehme gerichtete Satiren handelte. Man sperrte da ohne Weiteres die Schauspieler ein, die sich Angriffe dieser Art erlaubten. Tallemant des Reaux bemerkt in seinen Schriften: „Die Komödie kam erst zu Ehren, als der Kardinal de Richelieu (gegen 1625) sich ihrer annahm. Bis dahin konnte sie von ehrsamen Frauen nicht besucht werden. Als die bedeutendsten Darsteller der noch zügellosen Zeit werden die Namen Turlupin, Gaultier, Garguelle und Gros-Guillaume genannt. Ihnen wurde folgende Grabschrift gewidmet:

Gaultier, Guillaume et Turlupin,
Ignorans en grec et latin,
Brillèrent tous trois sur la scène
Sans recourir au sexe feminin,
Qu' ils disoient un peu trop malin:
Faisant oublier toute peine,
Leur jeu de theatre badin
Dissipoit le plus fort chagrin.
Mais la Mort, en une semaine,
Sour venger son sexe mutin,
Fit à tous trois trouves leur fin.

XXV. Kapitel.

Die Valois. — Die Bourbonen. — Heinrich IV. — Ludwig XIII. — Marie von Medici. — Richelieu. — Ludwigs XIII. Tod. — Anna von Oesterreich. — Mazarin. — Die Fronde. — Ludwig XIV. — Maitressen. — Fräulein de La Valliére. — Frau de Montespeau. — Witwe Scarron. — Frau de Maintenon. — Philipp von Orleans. — Ende des Königs. —

Heinrich III., der Letzte aus dem Hause Valois, das Frankreich 261 Jahre regierte und dreizehn Könige gab, starb bekanntlich in Folge einer ihm von Jacques Clement in mörderischer Absicht beigebrachten Wunde am 2. August 1589. Es war, wie schon aus den vorhergehenden Kapiteln zu entnehmen war, kein sehr würdiges Leben, das hiermit ein Ende fand. Sein Nachfolger Heinrich IV., der erste aus dem Hause Bourbon, war einer der bedeutendsten Herrscher Frankreichs und wurde oft auch Heinrich der Grosse genannt. Sein liebreiches Leben und die Sitten seiner Zeit sind hier gleichfalls bereits geschildert worden. Auch er starb zufolge eines Mordanfalls, den Ravaillac am 14. Mai 1610 auf ihn ausübte. Sein Nachfolger war sein neunjähriger Sohn aus zweiter Ehe, Ludwig XIII., während dessen Minderjährigkeit seine Mutter Maria von Medici die Regierung führte. Auch nach seiner im vierzehnten Lebensjahr erfolgten Grossjährigkeit blieb er noch lange Zeit nur dem Namen nach König und Maria behielt die Macht in Händen.

Heinrich IV. hinterliess das Reich mit wohlgefüllter Staatskasse, gut ausgerüsteten Heeren und Festungen, festen Bündnissen mit dem Auslande und einem aus bewährten, tüchtigen Männern zusammengesetzten Staatsrat. Dies alles sollte bald schlimmer werden, teils durch die Uneinigkeit der Grossen, teils wieder durch die Herrschsucht und Launen der Königin-Regentin, deren Günstling Concini Marquis d' Ancre sie völlig beeinflusste. Die sittlichen Verhältnisse des Hofes und der Gesellschaft wichen von der vorhergegangen Zeit nicht besonders ab. In anderer Beziehung aber verschlechterten sich die Verhältnisse immer mehr in Folge des wachsenden Hochmuts der Grossen und der immer verderblicher hervortretenden Religionsstreitigkeiten im Innern.

Ludwig XIII. vermählte sich mit der spanischen Infantin Anna von Oesterreich. Diese Ehe war nicht glücklich, die Gatten lebten fast stets getrennt. Einmal erfolgte eine vorübergehende Aussöhnung beider, die merkwürdiger Weise von der Maitresse des Königs, Fräulein de la Fayette herbeigeführt wurde. Die Frucht dieser Wiedervereinigung war die Geburt Ludwig's XIV. die 1638 nach 22jähriger unfruchtbarer Ehe erfolgte.

Concini, der Günstling Maries, wurde mit Zustimmung Ludwigs 1617 ermordet und damit wurde auch die Macht der Königin-Mutter gebrochen. Sie wurde nach Blois verbannt und der junge König ergriff selbst die Zügel der Regierung, allerdings um diese nur zu bald in die starken Hände seines Ministers Richelieu zu legen, der später Herzog und Kardinal wurde. Auch unter der Regierung Ludwig XIII. oder vielmehr des Kardinals Richelieu änderten sich die sittlichen Verhältnisse nicht sonderlich. Aeussere Kriege, die Teilnahme Frankreichs an dem dreissigjährigen Krieg, innere Kämpfe gegen die Hugenotten nahmen zu sehr Zeit und Interesse aller in Anspruch, um andere Verhältnisse in besonderer Weise bemerkbar zu machen. Mehr aber als alles war der Kampf Richelieus gegen die Grossen des Reiches, deren Macht gebrochen wurde. Damit wurde dies absolute Königtum sozusagen erst gegründet und dessen Einfluss auf die Moral des Hofes und der bürgerlichen Kreise äusserte sich erst unter den nachfolgenden Königen in seiner ganzen zerstörenden Gewalt.

Viel Dank hat Ludwig XIII. für Richelieu nicht bekundet. Mit einem Lächeln auf den Lippen vernahm er die Kunde von dessen Hinscheiden und er begnügte sich kühl zu sagen; „Ein grosser Politiker ist gestorben.“ Sechs Monate später, am 14. Mai 1643 starb auch er im Alter von 42 Jahren. Wenige Tage vor seinem Tode ernannte er seine Frau Anna von Oesterreich zur Regentin und seinen Bruder Gaston von Orléans, der in sittlicher Beziehung wohl der ausschweifendste Mann seiner Zeit war, zum Generalleutnant des Reiches. Auch ernannte er einen Regentschaftsrath, dem Prinz Condé präsidierte. Am nächsten Tag liess er den fünfjährigen Dauphin in sein Zimmer kommen und fragte ihn unter anderem wie er heisse. „Ich heisse Ludwig XIV.,“ gab der Knabe dreist zur Antwort. „Noch nicht, mein Sohn, noch nicht!“ sprach dann der König melancholisch. Ein Zeitgenosse sagt von ihm: „Man war seiner Regierung so müde, dass alle seinen Tod kaum erwarten konnten, selbst die, die ihm am meisten zu verdanken hatten.

Anna von Oesterreich ernannte den Herzog von Beaufort, dessen Vater der Herzog von Vendôme ein natürlicher Bruder Ludwigs XIII. war, zum Erzieher ihrer Kinder und den Bischof von Beauvais, Augustin Potier zum Staatsminister. Dieser, ziemlich unfähig, wurde bald von dem Kardinal Mazarin abgelöst, einem schlauen Italiener, der Anna völlig zu umgarnen wusste und zu dem sie in intimere Beziehungen getreten sein soll. Er war geldgierig und geizig und die verhassteste Person des Landes.

Die Regierung der Königin Anna war nach jeder Richtung hin streng. Es wurde bereits früher erwähnt, dass sie in den königlichen Schlössern zahlreiche Abbildungen zerstören liess, die nicht sehr züchtige Darstellungen zeigten. Indes mit Massregeln dieser Art konnte der auf sehr schwachen Füssen stehenden Moral der Gesellschaft nicht aufgeholfen werden, zumal der Luxus und dessen gewöhnliche Begleiterin, die Unzucht erstarkten, zufolge siegreicher Kämpfe und auch der Ausschreitungen der von Mazarin zur Finanz-Verwaltung des Staates herangezogenen Leute, nicht selten Italiener. Es bildeten sich zwei politische Parteien: die Anhänger der Königin und Mazarins und die des in Opposition zu ihnen stehenden Parlaments von Paris, die Fronde. Die Gegensätze spitzten sich immer mehr zu, ein Teil des Adels hielt zur Fronde und es kam zu Zusammenstössen Bewaffneter. Mazarin musste flüchten, konnte jedoch zwei Jahre später wieder zurückkehren. Es ist hier nicht der Ort, die langwierigen und heftigen politischen Kämpfe dieser Zeit zu erörtern; es sei nur erwähnt, was zum Verständnis der Verhältnisse unbedingt nötig ist. In den Reihen der Fronde wie in denen der Königlichen gab es Spaltungen. Prinz Condé bildete eine Partei um sich, die „kleine Fronde,“ wie sie genannt wurde, er sammelte ein Heer, das gegen die königlichen Truppen zu Feld zog, Erfolge errang, aber schliesslich doch besiegt wurde.

Diese Kriege machten eine starke Erhöhung aller Steuern nötig. Das

Parlament wollte 1655 ein neues Finanzedikt vor seiner Entscheidung erst prüfen. Der junge Ludwig, hiervon in Kenntnis gesetzt erschien im Jagdkleid, die Reitpeitsche in der Hand im Sitzungssaal und befahl die Sitzung zu schliessen, was auch unter Murren erfolgte. Bei dieser Gelegenheit soll er den bekannten Ausspruch: „Der Staat bin ich!" gethan haben. Immerhin kann von diesem Tage schon die Regierung, das Zeitalter Ludwigs XIV. datiert werden, obgleich er erst nach dem 1661 erfolgten Tode Mazarins entschiedener hervortrat.

Das Zeitalter Ludwigs XIV. war die glänzendste Periode, die Frankreich aufzuweisen hatte, so schwere Uebel es auch der Zukunft vererbte. Politisch und militärisch stand Frankreich auf der Höhe seiner Macht. Das absolute Königtum hatte eine Gewalt, ein Ansehen erlangt, wie es sie bisher und auch später nicht aufweisen konnte. Der Hofstaat war glänzend und vorbildlich für ganz Europa, wie überhaupt das Thun und Lassen des „Sonnenkönigs", wie ihn seine Schmeichler nannten, zum Vorbild aller Fürsten Europas wurde. Jeder Duodezherrscher, deren das deutsche Reich besonders so zahlreich aufzuweisen hatte, ahmte dem „grossen König" seine Prachtbauten, seine Schmuckgärten, seinen Hofprunk nach, auch seine Maitressenwirtschaft, die allerdings ziemlich arg war, aber keineswegs so schlimm, wie unter seinem Nachfolger. Bei Ludwig XIV. trat immerhin noch seine kraftvolle, wichtige Persönlichkeit in der Vordergrund. Er war auch seiner Sinnlichkeit gegenüber der unbeschränkte Herrscher Begreiflich ist, dass auch der Adel, der nicht mehr die alte Geltung hatte und in dem König seinen Herrn erblickte, dessen Wink und Befehl unabänderliches Gebot war, dem gegebenen Beispiel nachahmte; bald auch der Bürgerstand und es fand eine Sittenzersetzung statt, die zu schrecklichen Folgen führen sollte. Nichts ist für die Prostitution kennzeichnender als die Maitressenwirtschaft, soweit diese, was zumeist der Fall ist, nicht auf eine herzliche Neigung, sondern auf materiellen Vorteilen beruht. Und nichts ist kennzeichnender für den Sittenverfall, als die Art und Weise, wie sich die Gesellschaft oder auch nur eine Schicht derselben zu derartigen Weibern verhält. So verlottert auch die Sitten der Hofgesellschaft unter dem letzten Valois und auch unter dem ersten der Bourbonen war, sie hatte für eine königliche Maitresse keine besondere Hochachtung. Gabriele d' Estrées sagte eines Tages zu Marschall Bassompierre: „Ich bin stets mit einem Fusse in Saint-Germain, mit dem andern in Paris." „Dann möchte ich gern in Nanterre sein," gab er dem Liebchen des vierten Heinrich zur Antwort, wozu bemerkt sei, dass dieser Ort in der Mitte zwischen den beiden angeführten Oertlichkeiten liegt. Unter Ludwig XIV. kam man der Maitresse des Königs mit Wertschätzung entgegen. Man scheute sich nicht ihr, wenn des Königs Gunst einer andern sich zuwandte, einen Heiratsantrag zu stellen. War sie doch durch den Umgang mit dem König hocherhoben worden! Ruhte doch der Abglanz seiner Majestät auf ihr! Unter Ludwig V. dagegen kroch man vor dem Kebsweib so lang es in Gunst war, erniedrigte sich vor ihr bis zum völligen Selbstvergessen, um sie nach ihrem Sturz zu verhöhnen und zu verlästern. Und diese letzte Zeit war auch die Periode des ärgsten sittlichen Verfalls.

Ludwig XIV., mit der Tochter Philipp IV. von Spanien verheiratet, hatte schon frühzeitig mehrere Maitressen, doch bemerkenswert von diesen ist erst Fräulein de La Vallière, der man allerdings Unrecht thun würde, sie zu den Prostituierten zu zählen, denn ihre Neigung zu dem König entsprang einem aufrichtigen und uneigennützigen Gefühle. „Fräulein de La Vallière," schreibt Frau von Sevigné von ihr, „glich einem Veilchen, das sich unter dem Grase verbirgt; sie schämte sich Maitresse, Mutter, Herzogin zu sein . . . Nie wird es ihres gleichen wieder geben." Es wurde auch mehrfach der Versuch gemacht, dieses „Veilchen" aus der Gunst des Königs zu verdrängen, als sich dieser 1661 ihr zugewandt hatte. Prinzessin Henriette, seine Schwägerin, deren Hofdame Luise de La Vallière war, suchte vergeblich Ludwig für sich einzunehmen, ebenso ein Fräulein de Pons. Die Gräfin von Soissons, die früher Maitresse des Königs war, bemühte sich, seine Aufmerksamkeit auf ein Fräulein de La Mothe-Houdancourt zu lenken, was ihr nur zu gut gelang. Doch bald wandte er sich wieder der La Vallière zu. Sie gebar ihm eine Tochter, was die Königin Mutter veranlasste, ihr verstehen zu geben, sie thäte besser, den Hof zu verlassen. Luise ging auch in ein Kloster, wurde aber von Ludwig, als er es erfahren hatte, sofort zurückgebracht. Das Verhältnis wurde fortgesetzt. Er erkannte das Kind an, das den Namen Fräulein de Blois führen sollte, schenkte seiner Maitresse die Herrschaft Vaujour und ernannte sie zur Herzogin. Das bei dieser Gelegenheit ergangene Patent lautet:

„Wir haben geglaubt, die Achtung, die wir unserer vielgeliebten und getreuen Luise de La Vallière widmen, nicht besser öffentlich ausdrücken zu können, als wenn Wir ihr die höchsten Ehrentitel als Zeichen einer ganz besonderen Hochschätzung verleihen, die in Unserem Herzen durch eine Fülle seltener guter Eigenschaften erregt, Uns seit einigen Jahren die höchste Gunst für sie einflösst."

Kann es eine für Zeit und Verhältnisse mehr kennzeichnende Probe geben, als dieser Ausdruck gnädiger Gunstgewährung? Uebrigens entspross dieser Verbindung auch noch ein Sohn. Es muss jedoch zu Luise's Ehren wiederholt werden, dass sie keine Vermögensvorteile für sich oder die Ihrigen aus dem Verhältnis zu gewinnen suchte und dass ihr die Geschenke des Königs förmlich aufgedrängt werden mussten. Auch zielte ihr Streben dahin, sich von dem geräuschvollen Hof zurückziehen zu dürfen, was ihr nur zu bald gelingen sollte, allerdings in anderer Weise als sie es beabsichtigt hatte und als sie voraussetzen mochte. Die Geburt ihres Sohnes hatte ihre Schönheit und Frische angegriffen und während dieses Zustandes gelang es Frau de Montespan die Aufmerksamkeit des Königs auf sich zu lenken.

„Die Marquise von Montespan," schreibt Ludwig Hain in seiner „Geheime Chronik", „die damals zweiundzwanzig Jahre alt war, verband mit regelmässigen Zügen und einer vollkommen schönen Gestalt die ganze Frische der ersten Jugend und die anziehendste und belebteste Physiognomie. Sie besass wenig solide Kenntnisse, aber ihr Geist war originell und glänzend. Lebhafte, sinnreiche und witzige Wendungen verliehen ihrer Conversation etwas ganz Eigentümliches, das namentlich am Hof auffiel. Sie verstand es, ihrer Unterhaltungsgabe Abwechslung zu verleihen. Manchmal war sie ernsthaft und glich der Vernunft selbst; öfter vermochte sie, durch die liebenswürdigste Heiterkeit ihre boshaften Witze übersehen zu machen. Sie besass zwei Hauptmittel, mit denen man in der Welt gefällt und zu seinem Ziel gelangt, nämlich die Falschheit des Charakters und natürlichen Verstand. In ihren Begierden unersättlich und frivol zugleich, wollte sie dominieren, nicht um zu leiten und zu regieren, sondern nur um zu scheinen. Sie wollte sich nur über andere erheben, um Aller Blicke auf sich zu ziehen, und obgleich sie nicht das Laster des Geizes besass, so war sie doch gierig nach Reichtümern, um sie in Pracht und Herrlichkeit zu verschwenden. Ihr einziges Ziel war zu herrschen und ihre Pracht zu zeigen."

Frau de Montespan heuchelte der de La Valliere Freundschaft und Bewunderung vor und wurde auch deren Vertraute, hörte ihre Klagen und Reuempfindungen an, und drückte ihre Zustimmung aus. Die Herzogin sah es nicht ungern, dass der König sich mit der Montespan unterhielt, die ihm mit ihrem Geist Zerstreuung schaffte. Wohl machten sie Freundinnen auf das Gefährliche dieser Annäherung aufmerksam, für die sich übrigens auch Höflinge bemühten, wiesen darauf hin, dass die Montespan, die Gattin eines gering geschätzten Mannes, den sie öffentlich verhöhnte, leicht eine gefährliche Nebenbuhlerin werden könnte, doch sie konnte das nicht glauben, bis die Thatsachen nur zu deutlich bewiesen, dass diese Warnungen gerechtfertigt waren. Wieder zog sich die Herzogin in ein Kloster zurück, wieder veranlasste sie Ludwig zur Rückkehr, doch die Intriguen der Montespan, die für ihre einmal erlangte Stellung mit aller List und Schlauheit, deren sie fähig war, kämpfte, erschwerten Luise das Verbleiben bei Hofe. Ludwig selbst wusste nicht recht, für welche der beiden Maitressen er sich entscheiden sollte. Der Graf von Lauzun und der Herzog von Longueville glaubten ihre Interessen zu fördern, wenn sie den König von der älteren Maitresse dadurch frei machten, dass sie ihr Heiratsanträge stellten. Sie lehnte diese Anträge ab und weil der König sich immer kälter gegen sie zeigte, die Montespan immer rücksichtsloser in ihrem Sieg war, zog sie sich wieder in ein Kloster zurück, dieses mal endgültig. Die Herzogin de La Vallière wurde 1674 bei den Kameliterinnen Schwester Luise von der Barmherzigkeit. Ludwig XIV. vergass sie, es schien, wie ein Zeitgenosse sagte, „als ob er sie nie in seinem Leben gesehen hätte." Ihre letzten Lebensjahre brachte sie in strengsten Bussübungen zu und starb 1710 im sechsundsechszigsten Jahr ihres Lebens. Sie erlebte noch, dass ihrer Rivalin dasselbe Geschick der Verdrängung durch die Witwe Scarron widerfuhr.

Die Beziehungen Ludwigs zur Marquise de Montespan waren ziemlich anhaltend und währten fast zwei Jahrzehnte, womit aber keineswegs gesagt sein soll, dass sie in dieser Zeit ganz allein die Erkorene war. Die Scheidung von ihrem Gatten erfolgte erst ein Jahrzehnt nachdem sie des Königs Maitresse geworden war. Ihre Verbindung mit Ludwig war noch kinderreicher als die der La Vallière, denn diese gebar ihrem königlichen Liebhaber vier Kinder, während die Montespan deren sechs das Leben schenkte, wovon das älteste der Herzog von Maine war.

Die Kinder der königlichen Maitresse mussten doch erzogen werden. Man suchte nach einer geeigneten Persönlichkeit für dieses Amt und die Wahl der Marquise de Montespan fiel auf die Witwe Scarron, die ihr zu Dank verpflichtet war.

Franziska de Aubigné war die Tochter eines kalvinistischen Edelmannes und wurde im Gefängnis der Festung Viord geboren, wo ihre Eltern um ihres Glaubens willen gefangen waren. Sie wurde nach ihrer Geburt von einem katholischen Priester getauft. Freigelassen begaben sich ihre Eltern nach Amerika und Franziska wurde von Verwandten aufgenommen, bei denen sie wieder zur Religion ihres Vaters, zum Calvinismus zurückkehrte. Später zu andern, katholischen Verwandten gekommen und in ein Kloster zur Erziehung gegeben, wurde sie wieder katholich. Ein Gönner führte später das herangeblühte aber arme Mädchen in dem Hause Scarrons ein, wo sich abends ein Kreis von Dichtern, Schriftstellern und anderen einzufinden pflegten, auch schöne, leichtfertige Frauen! „Die famose Marie Delorme, die so viele alte Kardinale geliebt hatten und viele junge Abbés noch liebten, die Gräfin de Suze, die ihre Religion gewechselt hatte, um ihren Gatten weder in dieser Welt noch in jener zu sehen. Ninon de l'Enclos, die jeden Monat einen andern Liebhaber hatte und ebenso merkwürdig durch ihre Schönheit und ihren Geist, wie — selbst damals — bemerkenswert durch ihre Unbeständigkeit war." Diese Charakteristik, die wir einem französischen Schriftsteller entnehmen, liefert einen bemerkenswerten Beitrag zur Sittenkunde jener Zeit. Scarron war gichtlahm, impotent, verwachsen, „ein kurzer Abriss menschlichen Elends," wie er sich selbst nannte, aber ein sehr geistreicher Mann und gefürchteter Satiriker. Um dem Fräulein d'Aubigné eine gesellschaftliche Stellung zu geben — von einer Versorgung kann nicht gut gesprochen werden, denn Scarron hatte selbst nicht viel und hinterliess nur Schulden — schlug er ihr vor, sie zu heiraten, worin sie auch einwilligte. Ganz einwandfrei soll ihr Eheleben nicht gewesen sein, was übrigens Zeit und Verhältnisse begreiflich machen. Nach dem frühen Tod ihres Gatten reichte sie wiederholte Bittgesuche beim König ein, dass ihr der von Scarron bezogene Gnadengehalt weiter gegeben werde. Diese Bittgesuche wurden dem König endlich lästig, was er gelegentlich öffentlich auch äusserte, wodurch bei Hof üblich wurde, von einem Zudringlichen zu sagen: „Er ist so lästig wie Madame Scarron." Doch durch Vermittlung der Montespan, der sie empfohlen wurde, erhielt sie die erbetene Pension, lebte zurückgezogen und that sehr fromm dabei, was Frau de Montespan veranlasst haben mochte, sie als Erzieherin ihrer ersten Kinder zu wählen. Doch die Witwe Scarron lehnte anfangs das ihr angebotene Amt ab. „Wenn das Kind vom König ist, so bin ich bereit, aber in diesem Falle muss er es mir selbst befehlen, denn ich bin nicht Willens, Kinder der Frau Montespan zu erziehen," gab sie dem Minister Louvois zur Antwort. Der König entschloss sich auch dazu, die sittenstrenge Witwe Scarron dazu aufzufordern, zumal diese ganze Kinder-Angelegenheit mit Rücksicht auf die Königin, der übrigens alle diese Dinge nicht fremd blieben, diskret behandelt werden sollte.

Anfang missfiel Frau Scarron dem König. Er liebte zwar den Geist, nicht aber dessen Zurschautragen. Er hielt die Erzieherin für einen Blaustrumpf. Bald jedoch wurde er ihr wohlgeneigter. Die Kinder der Montespan — mit der Zeit trat eben die Vermehrung ein — wurden von ihr sehr sorgfältig erzogen, was dem König recht gefiel und veranlasste, die Erzieherin reichlich zu beschenken. Sie war dadurch in die Lage versetzt, sich die Herrschaft Maintenon zu kaufen. Ludwig nannte sie gelegentlich in der Hofgesellschaft — ob bestimmt absichtlich oder scherzend ist nicht bekannt — Frau de Maintenon, was die Witwe Scarron veranlasste, diesen Titel ohne weiteres anzunehmen. Boshafte Höflinge sprachen jedoch von einer Madame de Maintenant, einer — Frau von jetzt.

Ludwigs Interesse für sie wuchs und sie selbst hielt nun den Zeitpunkt für gekommen, Frau de Montespan zu verdrängen. Sie wollte dabei ihre scheinbare Frömmigkeit nicht aufgeben und auch ihren ziemlich guten Ruf wahren, was ihr um so leichter gelang, als der alternde König selbst eine gewisse Neigung für Religiosität bekundete und Frau de Montespan plötzlich zur Frömmlerin wurde, eine Bestätigung des Sprüchwortes: Junge Bettschwestern, alte Betschwestern. Frau de Maintenon bestärkte Frau de Montespan in ihren Reuegefühlen über ihr bisheriges Leben und auch seitens der Geistlichkeit schien in diesem Sinne auf die Maitresse des Königs eingewirkt worden zu sein, vielleicht wirklich nur um der Religiosität willen, vielleicht auch um Frau de Maintenon, der Freundin der Geistlichkeit, ihr Spiel zu erleichtern. Kurz, Frau de

Montespan entschloss sich, sich in ein Kloster büssend zurückzuziehen, wozu endlich der König auch seine Erlaubnis gab. Frau de Maintenon hatte nun freies Feld. Doch die Reue der bussfertigen Maitresse währte nicht lange, sie kehrte zurück, was Ludwig nur erwünscht war, trotzdem er bereits eine Neigung für Frau de Maintenon erfasst hatte. Zwischen beiden Rivalinnen kam es nun zu Streitigkeiten. Frau de Maintenon war aber dem König bereits unentbehrlich geworden. Er hatte bereits ein Alter erreicht, wo der Mann in dem Umgang mit dem Weibe mehr Unterhaltung als Sinnenlust sucht und diese Frau verstand jenes vortrefflich, war sanft und anmutig, hörte aufmerksam seine häufig wiederholten Erzählungen an. „Die hochmütige Favoritin dagegen," schreibt Hain, „wollte über das Herz des Königs unumschränkt gebieten. Sie quälte ihren Liebhaber durch eine ununterbrochene Eifersucht. Schon hatte er ihr alle Ehrenfräulein der Königin zum Opfer gebracht, denn Frau de Montespan hatte gefunden, dass dieses Fräuleinstift eine hundertköpfige Hydra und es das Sicherste sei, sie zu vernichten und durch Palastdamen von ganz besonderer Hässlichkeit zu ersetzen."

Unterdessen machte die Marquise alle erdenklichen Anstrengungen um das Herz dieses flatterhaften Monarchen, der nur noch Reiz in der Abwechslung fand, in ihre Fesseln zu schlagen. Tag und Nacht beschäftigt, ihrem Geliebten die Sucht nach Sinnenlust zu rauben, beabsichtigte sie, ihn von allen Frauen fern zu halten, indem sie ihm gewährte, was alle zusammen ihm hätten darbieten können. Sie gab sich allen Lüsten preis und teilte alle die ihrigen mit ihm. Das war keine Liebe mehr, das war die Wut überreizter Leidenschaft. Aber anstatt diese gefährlichen Mittel ihn zurückhalten hätten können, entfernten sie ihn nur immer mehr von ihr und nach und nach verlor er vollends die geringe Achtung, die er für diese masslose Maitresse noch gehegt hatte. Ihre Reize, die ihn früher sicherlich anspornten, erweckten jetzt kein Leben mehr in ihm und wenn ihn noch manchmal die Gewohnheit zu der rief, die seine Empfindungen abgestumpft hatte, so bedurfte seine Phantasie eines Bildes um ihn zu beleben. Er betrog sein Herz durch eine freiwillige Illusion und in den Armen der Frau Marquise de Montespan dachte er an Frau de Maintenon.

Doch eine Rivalin erschien auf dem Kampfplatz, ein Fräulein de Fontanges, das von Kindheit auf schon dazu erzogen wurde, dem König einst zu gefallen. Sie wurde Hofdame der Königin und Maitresse des Königs. Die schlaue Frau de Maintenon verstand es, sich mit ihr auf guten Fuss zu stellen und auch die gegen sie aufgebrachte Montespan mit ihr zu versöhnen. Dieses Mädchen starb aber zufolge einer unglücklichen Entbindung; auch die Königin starb bald darauf und Ludwig wandte sich nun ganz Frau de Maintenon zu, die ihn mit ihr wohlgeneigten Pfaffen umgab. Die Montespan verliess den Hof und der alte König blieb seiner neuen Maitresse nicht nur bis zu seinem Tode getreu, er heiratete sie auch und liess zu ihrem und seinem Vergnügen die „Eremitage" Marly erbauen, was nicht weniger als eine Milliarde verschlungen haben soll. Hier eiferte sie, aufgehetzt von ihren frommen Freunden, den alten König dazu an, das Edickt von Nantes aufzuheben, das eine halbe Million Reformirte, Glaubensgenossen ihres Vaters, ins Elend trieb.

Diese Angaben dürften zur Kennzeichnung von des ‚Sonnenkönigs, Liebesleben genügen. Sie geben ein ausreichendes Bild der Verhältnisse am königlichen Hof zu Frankreich, zeigen bis zu welcher Machthöhe dort die Prostitution gelangt war; eine gelindere Bezeichnung ist diesem Kebsweibertum im allgemeinen kaum zu geben.

Auch „Monsieur," des Königs Bruder Philipp von Orleans, der erste dieser Linie muss hier erwähnt werden. Er wurde von Mazarin absichtlich von ernsten Studien abgehalten, damit er nicht den König übertreffe. Er ergab sich Ausschweifungen und brachte den grössten Teil seines Lebens mit liederlichen Weibern zu. Genosse seiner Orgien war unter anderen auch der Chevalier de Lothringen, der gelegentlich eines ganz besonderen Aufsehen erregenden Wandels nach Rom verbannt wurde, später aber zurückkehren durfte. Verheiratet war Orleans, wie bereits erwähnt wurde, mit einer englischen Prinzessin, die er sehr schlecht behandelt und die auch an dem ihr von ihrem Gatten in Verbindung mit seinen Freunden beigebrachten Gift gestorben sein soll. Die zweite Gattin Orleans war die Tochter des Pfalzgrafen. Elisabeth Charlotte, eine kluge Frau, übte an Personen und Vorgängen ihrer Umgebung scharfe Kritik. Zwischen den beiden Brüdern herschte nicht das beste Einvernehmen schon von den Kinderjahren an.

Ludwig XIV. starb 1715 und hinterliess dem Lande eine Schuldenlast von 4½ Milliarden Livres, die grösstenteils von Maitressen und Prunkbauten verschlungen wurden. Zwar besserten sich unter seiner Regierung die finanziellen Verhältnisse des Staates, doch dieses war das Verdienst seines Finanzministers Colbert, unter dessen Verwaltung die Einkünfte des Staates von 84 Millionen Livres, bei 52 Millionen Ausgaben, auf 116 Millionen, bei 32 Millionen Ausgaben sich erhöhten. Auch sonst sind noch eine Menge wohlthätiger Verbesserungen und Neuerungen zu verzeichnen, die dieser Wollhändlerssohn aus Rheims eingeführt hatte. Er starb 1684 und von diesem Zeitpunkt an, begann auch der Glücksstern Ludwigs XIV. zu erblassen. Kriegsunglück und anderes Missgeschick stellte sich ein, das jedoch zu seinem Glücke von den Feinden Frankreichs nicht genügend ausgebeutet wurde.

XXVI. Kapitel.

Philipp von Orleans, Herzog von Chartres — Die Regentschaft. — Ludwig XV. — Seine Ehe. — Frau de Mally und ihre Schwestern. — Die Herzogin von Chateauroux. — Frau d'Etoiles. — Marquise de Pompadour. — Frau de la Poplinère. — Frau Portail. — Marquise de Pompadour. — Treiben der Pompadour. — Ende der Pompadour. — L' Ange. — Gräfin Dubarry. — Voltaire. — Tod Ludwigs XV. — Tod der Dubarry. —

Ludwig XV., Urenkel Ludwigs XIV., dessen Sohn und Enkel bereits früher gestorben waren, wurde 1710 geboren, war also erst fünf Jahre alt, als er den Thron erbte. Die Regentschaft führte Philipp von Orleans, der Neffe des verstorbenen Königs, Sohn des gleichnamigen Stifters der Linie, den er an Zügellosigkeit und Ausschweifung noch übertraf. Erzogen und auch zum Verderben geleitet wurde er von dem Abbé Dubois, der später Kardinal und Minister wurde und selbst in dieser sittenlosen Zeit als der ärgsten einer galt. Der Vater Philipps trieb es selbst zu schlimm um der Erziehung seines Sohnes Aufmerksamkeit widmen zu können und zu wollen, und seine Mutter, die pfälzische Prinzessin scheint nicht Macht und Kraft genug gehabt zu haben, um die immerhin vorhandenen guten Anlagen ihres Sohnes günstiger zur Entwicklung zu bringen. „Der Herzog von Orleans," schreibt Charles Marchel, Verfasser der „Familie Orleans" von ihm, „war bemüht durch sein zügelloses Leben Aufsehen zu erregen. Er liebte es, seine Ausschweifungen bekannt werden zu lassen. Er war es, der die Bezeichnung roué (Gerädeter) für sich und seine Freunde erfand Von letzteren sind zu nennen: Marquis d' Effiat, Graf von Simiane, de la Fare, Vicomte de Polignac, Abbé de Grancay, Graf Clermont, Chevalier de Conflanes ect. Dieser Orleans, den schändlichsten Gelüsten ergeben, machte sich eine Ehre daraus, seinen Namen von dem Volke verachtet zu sehen und hüllte seine Schamlosigkeiten nicht in den Schleier des Geheimnisses. Aller Rechtschaffenheit bar, glaubte er auch nicht, dass ein anderer Mensch rechtschaffen sein könnte. Seine Frau, die sich anfangs über die schlechten Gewohnheiten und über den zügellosen Lebenswandel ihres Gatten beklagt hatte, scheute sich am Ende selbst nicht mit den Lastern zu prunken. Im Jahre 1703 entsprang dieser Ehe ein Sohn. Der König verlieh Philipp, damals noch Herzog von Chartres, eine Kommandantenstelle bei der Armee. Kurz vorher hatte er der Unsittlichkeit seines Neffen insofern Vorschub geleistet, als er dessen Maitresse, ein Fräulein Seri, zur Gräfin von Argenton machte. Diese Buhlerin hatte eine grosse Herrschaft über den Herzog erlangt, der zugab, dass sie sich öffentlich als seine Maitresse betiteln liess." Seine militärische Laufbahn war nichts weniger als ruhmvoll und er wurde zurückberufen. Um in Spanien das Kommando über die französischen Truppen zu erlangen, scheute sich der Neffe Ludwigs XIV. nicht, dessen Maitresse, Frau de Maintenon, in einem langen Schreiben um Protektion zu bitten, die auch erfolgreich wirkte, ohne jedoch einen Beweis seiner militärischen Befähigung zu ergeben. Dagegen wurde ihm der Vorwurf gemacht, von den Gegnern Frankreichs Bestechungsgelder angenommen und bemüht gewesen zu sein, Philipp V. zu seinen Gunsten vom Throne Spaniens zu verdrängen beabsichtigt zu haben. Von Philipp V. und den französischen Grossen gedrängt, konnte es Ludwig XIV. nicht unterlassen den Prozess gegen seinen Neffen einleiten zu lassen, der allerdings zu keiner Verurteilung führte, aber doch bewirkte, dass sich fast alle von ihm zurückzogen. Dies veranlasste ihn nur zu einer noch ausschweifenderen Lebensweise. Seine Tochter heiratete den Herzog von Berry, Sohn des Dauphins. Auch sie führte ein sittenloses Leben und es wurde ihr blutschänderischer Umgang mit ihrem Vater nachgesagt und als der Dauphin starb, wurde sogar die Beschuldigung laut, Orleans hätte ihn vergiftet, eine Beschuldigung, die sich wiederholte als bald darauf auch der Herzog von Berry starb. Ludwig XIV. hasste zwar seinen Neffen, aber er schritt nicht wider ihn ein und auch die Grossen näherten sich wieder Orleans, als das zunehmende Alter und die Kränklichkeit des Königs die Bedeutung des Neffen in den Vordergrund stellte. Ludwig XIV. starb und sein Misstrauen gegen Orleans kam in seinem Testamente zum Ausdruck, wo er die Vormundschaft über den minderjährigen Ludwig XV. zwar ihm übertrug, aber zur Regierung einen Regentschaftsrat bestimmte, der zumeist aus seinen eigenen natürlichen Söhnen bestand und Orleans nur eine beratende Stimme darin einräumte. Dieser aber liess von dem Parlament diese ohnehin nicht beliebte Massregel für ungiltig erklären und wurde allein Regent.

Wie die Sitten unter einer solchen Regentschaft beschaffen waren, kann sich jeder leicht vorstellen, zumal wenn es sich um eine Gesellschaft handelt, die von allen Lastern bereits ergriffen war. Selbst ein Anhänger Orleans, Saint-Simon, konnte sich über die im Palast des Regenten abgehaltenen Orgien nur höchst ungünstig äussern: „Dort wurde bis zur Völlerei getrunken und dann überboten die saubern Genossen in den unschicklichsten Kleidern einander in Zoten und Unanständigkeiten. Wenn sie Lärm genug gemacht hatten und völlig betrunken waren, gingen sie schlafen, um am folgenden Tag wieder fortzusetzen."

Noch kräftigere Worte äussert der bereits citirte Marchal, der allerdings ein Feind des Hauses Orleans zu sein scheint: „Dubois und der Regent führten mit aller Gewalt den Untergang von Recht und Sittlichkeit herbei. Indem sie alle Scham und alles öffentliche Zutrauen mit Füssen traten, indem sie ihrem unerhörten Verfall eine gewisse Berühmtheit gaben, boten der Regent und seine Roués das Beispiel erniedrigter Grösse dar. Die Zügellosigkeit der schwelgerischen Orgien dieser hohen Personen überstieg an Frechheit alles, was die ausschweifendste Phantasie je nur ersinnen konnte. Jeder dieser Elenden prunkte auf die unverschämteste Weise mit seinen Lastern und Verbrechen. Sie suchten eine Ehre darin, den Cynismus und die Ausgelassenheit dieser Belustigungen aufs Höchste zu treiben. Den Namen der Männer, die wir angeführt haben, müssen wir die einiger verirrter Frauen zufügen, die, ihre hohe Bestimmung auf Erden vergessend, die schamlosen Neigungen der Roués teilten. Mitten unter den Operntänzerinnen und Freudenmädchen konnte man bei diesen Orgien finden: Frau de Sabran, Frau de Mouchy, Herzogin von Gevres und die Tochter des Regenten. Diese leichtsinnigen, ehrvergessenen Frauen hatten das Palais Royal zu ihrem Zusammenkunftsort auserwählt. Noch zwei Töchter des Regenten dürfen wir nicht vergessen bei Aufzählung dieser saubern Gesellschaft zu nennen: Fräulein de Valois und Luise Adelheid von Orleans, die, eifersüchtig auf den lasterhaften Ruf ihrer Familie, sich bestrebten, nicht hinter demselben zurückzubleiben

Die ganze Gesellschaft lebte übrigens in einer eleganten, Wohlgeruch atmenden Atmosphäre. Es fehlte ihr nicht an Geld, um sich alle nur erdenklichen Genüsse und Berauschungen zu verschaffen. Die Immoralität und Gemeinheit der Grossen hatte den höchsten Grad erreicht. Es fehlte auch nicht an Satiren und Epigrammen gegen dieses Uebermass von Schamlosigkeit, das den Umsturz aller gesellschaftlichen Ordnung herbeiführte. Aber dadurch liessen sich die Roués nicht abhalten, ihr Zeitalter zu besudeln. Sie lachten frech über die öffentlichen Kritiken und begnügten sich, die freimütigsten Schriftsteller in die Bastille werfen zu lassen. Die Saturnalien der Alten sind nichts gegen die Orgien, in denen sich der Regent und seine Freunde in Verworfenheit erschöpften. Alle Geschichtsschreiber haben diese Zeit kühn gebrandmarkt. Sie bietet ein ebenso trauriges wie abscheuliches Bild von Tod, Verzweiflung, Niedertracht und Hoffnungslosigkeit dar."

Einige Monate nach der Grossjährigkeit des Königs trat der Herzog von Orleans von der Regentschaft zurück und übernahm das Ministerium an Stelle Dubois, der in Folge seiner Schwelgereien gestorben war. Kurz vorher war des Regenten Mutter gestorben und im Volke war folgende Grabschrift für sie im Umlauf:

„Hier ruht die Mutter aller Laster!"

Im Jahre 1725 starb auch der Herzog von Orleans inmitten seiner schamlosen Schwelgereien.

Eine Gesellschaft, deren oberste Schicht derart sittlich zersetzt war, konnte nur einen überaus geeigneten Nährboden der Prostitution bilden, die unter Ludwig XV. auch ihren Höchstpunkt erreicht hatte. Stets sind die Kulturerscheinungen einer Epoche im innigsten Zusammenhang selbst in den scheinbar heterogensten Dingen, eben weil sie nur Erscheinungen eines Ganzen, sozusagen prismatische Flächen sind. Das Zeitalter Ludwigs XIV. war in intellektueller und moralischer Beziehung ebenso stilistisch barok wie dessen Architektur und Plastik. Das Zeitalter Ludwigs XV. zeigt uns in derselben Weise wieder den in seinen Formen fast gänzlich aufgelösten Rokoko. Und dasselbe können wir wohl in jeder Epoche finden. Allerdings müssen wir uns dabei hüten, strenge Absonderungen zu suchen, denn jede Entwicklung besteht nur aus Uebergängen und das „Alles fliesst" des alten Heraklit, gilt vor allem von den Strömungen der Kultur.

Ludwig XV. war fünfzehn Jahre alt, als er sich mit Marie Leszinski vermählte, die sieben Jahr älter als er war. Die Ehe konnte mehrere Jahre als Musterehe gelten und sie wäre selbst zu einer Zeit und in einem Lande mit besseren Sittenverhältnissen rühmend hervorzuheben gewesen. Der Einfluss des Kardinals Fleury, der die Erziehung Ludwigs leitete, trat eben in diesem Falle wohlthuend in Erscheinung und wenn nur zu bald ein betrübender Wandel in der Lebensführung des Königs eintreten sollte, so muss dies hauptsächlich den Verhältnissen jener entsetzlichen Zeit zugeschrieben werden. Ludwig XV. war übrigens in den ersten Jahren seiner Regierung auch geizig, um bald darauf eine Verschwendung für seine Maitressen zu treiben, die selbst die Unsummen seines Urgrossvaters Ludwig XIV. übertroffen hatte. Was das Maitressentum dieses Fürsten von dem seines Nachfolgers hauptsächlich unterschied, war, dass es unter Ludwig XV. viel gemeiner und schamloser auftrat. Ludwig XIV. war noch ziemlich wählerisch betreffs der Herkunft der mit seinem Wohlgefallen bedachten Frauenzimmer, was bei seinem Nachfolger nicht der Fall war, vielleicht infolge der Zustände unter der Regentschaft nicht mehr sein konnte. Die Ehe Ludwigs XV. war also in ihren ersten Jahren musterhaft und der junge Fürst wies entschieden alle vermittlungseifrigen Bestrebungen mancher seiner Höflinge zurück, die mit ihren kupplerischen Absichten nur auf traditionellen Pfaden wandelten.

Etwa ein Jahrzehnt war in dieser Weise vergangen, als sich dann zwischen dem königlichen Ehepaar eine gewisse Gleichgiltigkeit gegen einander geltend machte, merkwürdiger Weise infolge eines Umstandes, der sonst ein kräftiges Stützmittel der Ehe zu bilden pflegt: infolge der zahlreichen Entbindungen der Königin nämlich. „Das Missverhältnis der Jahre," schreibt der Verfasser der bereits angeführten „Geheimen Chronik", „fing an, sich immer mehr fühlbar zu machen, aber die Achtung für Maria Leszinski, die er ihr teils als Mutter vieler seiner Kinder, teils wegen ihres vortrefflichen Charakters und ihrer Frömmigkeit schuldig war, erhielt sich immer in ihm und nicht ohne innere Kämpfe und grosses Widerstreben überschritt er die Grenzen der ehelichen Pflichten. Als er aber erst einmal das Gebiet der sinnlichen Lüste betreten hatte, überliess er sich auch ganz allen Excessen der gemeinsten Ausschweifungen, obgleich er während dieser Zeit äusserlich immer die vollkommenste Achtung für die Königin bezeugte. Zwar gab ihre Mässigung und ihr stilles, bescheidenes Wesen ihr nur selten Veranlassung, eine Huld von dem König zu verlangen. Dem Volke war sie teuer und sogar die Liebe des Hofes hatte sie gewonnen, wo man so selten doch der Tugend die verdiente Gerechtigkeit angedeihen lässt.

Als der König nun seinen Neigungen freien Lauf liess, als er seine Begierden nicht mehr verbarg, als er den Ton eines Herrn, der Gehorsam verlangte, annahm, hielt es der Kardinal Fleury, der die Welt und den Charakter seines Zöglings zu gut kannte, als dass er hätte glauben sollen, der König würde sich in einem Punkte, worin so wenig Menschen Zwang dulden, Gewalt anthun, für das Beste, den Gegenstand, auf den der König seine Blicke richten sollte, zu bezeichnen. Der junge Monarch hatte sich noch nicht bestimmt, aber seine ungeregelten Neigungen suchten ein festeres Band. Der Kardinal dachte, dass die leichteste Dame sich den Wünschen des Königs am Besten bequemen werde, auch glaubte er, die am wenigsten ehrgeizige würde die passendste für ihn sein, deshalb sagte er: „Nun, so lasst doch die Mailly für ihn kommen."

Wenige Damen nur hätten es sich versagt, das Schnupftuch aufzunehmen, oder vielmehr hätten sich nicht um die Ehre gestritten, da überdies damals der König der schönste Mann des Hofes, der Stadt, vielleicht des ganzen Landes war. Ludwig XV. attachierte sich nach und nach an Frau de Mailly, aber niemals zog wohl die Maitresse eines Königs weniger Nutzen von ihrem Liebhaber. „Mildthätig, sanftmütig, leutselig, gefällig, verwischten diese Eigenschaften den Makel, den ihre Ehre erlitten hatte, und weit entfernt, an ihre Bereicherung zu denken, empfing sie im Gegenteil die kleinen Geschenke des Königs immer mit einem gewissen Widerstreben."

In der That, eine idyllische Schilderung der Kupplerthätigkeit Seiner Eminenz und des Charakters der ersten Maitresse „des vielgeliebten Königs," „bien-aimée," war ja bekanntlich das Prädikat, das Ludwig von seinen Schmeichlern erhielt, die dabei sicherlich nicht in Betracht zogen, welche Ironie die Thatsachen diesem Zunamen gaben. Doch diese Idylle sollte sich nur zu bald in eine wüste und widerliche Komödie verwandeln, die zur Apotheose der gemeinsten Prostitution führte. Frau de Mailly erhielt eines Tages den Besuch einer ihrer jüngern Schwestern, fast noch ein Kind, das in einem Kloster erzogen worden war und dort von der Stellung ihrer Schwester Kenntnis erlangt hatte. Sie bat ihre Schwester nach Versailles kommen zu dürfen um ihr als Gesellschafterin oder dergleichen zu dienen, wahrscheinlich aber auch mit dem Hintergedanken, desselben Glückes wie ihre Schwester teilhaft zu werden. Sie kam also, wurde gesehen und siegte, was ihr umso leichter werden konnte, als Ludwig XV. eine besondere Neigung zu ganz jungen Mädchen hatte. Bald hatte das holde Kind die Schwester in der Gunst des Königs verdrängt und übte einen grossen Einfluss auf den König aus, den selbst Kardinal Fleury zu fürchten begann. Den frühen Tod dieser königlichen Maitresse schrieb man auch einer von diesem Kirchenfürsten veranlassten Vergiftung zu, doch ohne dass Beweise dafür vorlägen. Beschuldigungen, sowie auch Thatsachen dieser Art waren zu jener Zeit nicht selten. Diese Maitresse hatte Ludwig einen Sohn geboren und sie wurde auch — vorläufig wahrte man noch gewisse Formen — an einen Herrn de Vintimille verheiratet. Allerdings galt hierbei als Bedingung, dass der Gatte nicht beanspruchen dürfe, seine Gattin auch nur zu sehen.

Nach dem Tode der Frau de Vintimille kehrte Ludwig zu Frau de Mailly zurück, doch nur für kurze Zeit. Eine zweite Schwester dieser merkwürdig gefälligen Frau traf bei ihr ein, eine Frau de La Tournelle, und wurde gleichfalls Ludwigs Maitresse. Doch sie stellte ihre Bedingungen: sie müsse Herzogin werden, ihre Schwester, Frau de Mailly, müsse sich in ein Kloster zurückziehen und sie müsse einen Palast und was sonst noch zu Titel und Rang gehöre, erhalten. Endlich sollte sich noch der König mit ihr zur Armee begeben, die gegen den Feind stand, um ihn dem üppigen Hofleben und dessen Verführungen zu entziehen. Ludwig bewilligte alles und die dritte der Schwestern-Maitressen wurde Herzogin von Chateauroux. Noch eine der Schwestern, Frau de Bauragais, soll zu dem König kurze Zeit in demselben Verhältnis gestanden haben. Auch die Herzogin starb plötzlich und wieder hiess es, dass Gift hier gewirkt haben soll. Zuvor jedoch sollte sie noch die Bestrebungen der Frau d'Etoiles erleben, sich in der Gunst des Königs festzusetzen, was dieser nach ihrem Tode auch gelang. Es ist dies die als Marquise de Pompadour bekannte Maitresse Ludwigs XV., die von so unheilvollem Einfluss auf ihn wie überhaupt auf die Sitten ihrer Zeit wurde, die allmächtige Maitresse, der schmeichelnd alles zu Füssen lag und von der selbst ein Voltaire rühmend sagte: „Ihre Haltung ist die einer Königin, ihre muntern Augen sind mit Majestät gewaffnet, ihre Stimme hat den Ton der Herrscherin angenommen und ihr Geist entspricht ihrem Range." Es liessen sich noch sonst Stellen anführen, wo der grosse Spötter zum eifrigen Lobredner dieser Hohepriesterin der Prostitution wurde. Weniger freundlich zeigte sich ihr gegenüber der sittenstrenge Rousseau, der sich weigerte, vor ihr zu erscheinen, als sie auf der Höhe ihrer Macht stand und der im Hinblick auf sie in seiner „Neuen Heloise" den Ausspruch that, die letzte Köhlerfrau gelte mehr als die erste Maitresse des Königs.

Frau d'Etoiles wurde 1722 als Tochter des Ehepaars Poisson zu Paris geboren. Ihr nomineller Vater — denn die Ehre der Vaterschaft nahmen noch zwei andere Herren für sich in Anspruch — war Kommis, der wegen Unterschleif bestraft wurde, ihre Mutter, eine wegen ihres lockeren Lebenswandels bekannte Frau, die ihre sehr schöne Tochter schon frühzeitig zum „Königsbissen", wie sie selbst es nannte, bestimmte. Für die Erziehung des Mädchens trug ein Herr de Toureham Sorge, der sich für dessen eigentlichen Vater hielt. Er verheiratete sie mit seinem Neffen Lenormand d'Etoiles, soll aber dabei gleichfalls von der Absicht beseelt gewesen sein, sie zur Maitresse des Königs zu machen.

Frau d'Etoiles besass neben ihrem Gatten einige Liebhaber, doch ihr Streben war darnach gerichtet, die Aufmerksamkeit des Königs auf sich zu ziehen, was ihr bei verschiedenen Gelegenheiten auch gelang. Aber die Herzogin von Chateauroux bemerkte diese gegen ihre Herrschaft über Ludwig gerichteten Manöver und verbot ihr, sich heranzudrängen.

Die Herzogin starb, wie bereits erwähnt, plötzlich und alles war bemüht, dem König eine neue Maitresse zu verschaffen, besonders der Herzog von Richelieu, der sich besonders zu Gunsten zweier seiner eigenen Maitressen bemühte, der Frau de la Poplinère und der Frau Portail, von denen uns übrigens das bereits früher erwähnte Werk einige ergötzliche und die Sitten dieser Zeit kennzeichnende Historchen zu erzählen weiss. Frau de la Poplinère war Sängerin der grossen Oper gewesen und wurde von dem Generalpächter de la Poplinère, natürlich einem sehr reichen Mann, geheiratet. Sie glaubte vermutlich ihn nicht schnell genug für diese Torheit bestrafen zu können, indem sie sich galanten Abenteuern hingab.

Der Herzog von Richelieu war der erste ihrer zahlreichen Begünstigten. Er hatte bei einem Tapezierer einige Stuben gemietet, die an die Wohnung dieser Dame grenzten und in dem Kamin einer Stube eine Art Thür anbringen lassen, die den Blicken Unberufener durch einen Schirm entzogen war. Unglücklicher Weise für ihn wurde dieser geheime Eingang von einem Kammermädchen der Frau de La Poplinère entdeckt, die es, im Groll gegen ihre Herrin, deren Gatten mitteilte. Dieser aber war nicht klug genug, die Kunde seiner Schande für sich zu behalten, sondern erzählte sie allen, die sie nur hören wollten. In Paris sind die Lacher nicht auf der Seite des getäuschten Gatten. Diese geheime Kaminthür war eine zu schöne Erfindung, als dass sie nicht der galanten Dame eine Menge Huldigungen einbringen sollte. Ihr Name wurde so berühmt, dass man ihn allen möglichen Dingen beilegte. Man trug Kleider, Fächer, Haartracht à la Poplinère, ja man liess sogar Kamine à la Poplinère herstellen.

Diese Dame, obgleich sie geistvoll war, besass so affektierte Manieren, dass sie dem König missfiel. Sie wurde deshalb, kaum gesehen, sofort ausgeschieden.

Was Frau du Portail, die Gattin des Präsidenten gleichen Namens betrifft, so gab ihre Unterhaltung mit dem König, die zwar das von ihr erwünschte Ergebnis nicht herbeiführte, Anlass zu einem sehr drolligen Abenteuer. „Frau du Portail, die eine recht schöne, aber ausserordentlich eitle Frau war, glaubte steif und fest den König für sich eingenommen zu haben, und dass nur der Mangel an geeigneter Gelegenheit ihn verhindert habe ihr den vollen Beweis seiner Zuneigung zu geben. Sie gab sich stets dieser Meinung hin und als sie eines Abends auf einem Maskenball einen Mann sah, der dem König sehr ähnlich sah, hielt sie ihn für diesen und bemühte sich nach der Demaskierung um ihn. Dieser Mann, ein königlicher Leibgardist, merkte wohl den Irrtum, doch er erlangte von ihr alle Gunstbezeugungen, die er nur wünschen konnte. Stolz auf ihren Erfolg kehrte dann Frau du Portail zur Ballgesellschaft zurück. Auch der Leibgardist kehrte zurück und hielt es nicht für nötig, sein Abenteuer zu verschweigen.“

Diese und noch andere Damen wurden also dem König nahe gebracht, doch gelang es keiner, ihn zu fesseln. Eines Abends fragte er seinen Kammerdiener Binet, sein vielangewandtes Werkzeug zu ähnlichen Zwecken, ob er nicht eine Dame wüsste, die seinen Wünschen entsprechen könnte. Binet wies auf eine seiner Verwandten hin, die dem König bereits bekannt wäre, Frau d'Etoiles. Der König erinnerte sich ihrer und forderte Binet auf, sie ihm zuzuführen. Es geschah. Dann aber äusserte Ludwig einige Wochen kein Verlangen nach ihr, was sie schmerzlich empfand. Er kam wieder auf sie zurück und sie wurde nun so häufig Gast im königlichen Palaste, dass ihr Gatte den Vorfall nun doch erkennen musste. Er stellte seine Frau zur Rede, was diese nun veranlasste, gänzlich nach dem Königsitz Versailles zu übersiedeln. Alle seine Versuche sie zu ihrer Pflicht zurückzuführen, waren vergeblich, dagegen erhielt er den Befehl seinen Aufenthalt in Avignon zu nehmen, eine Verbannung, die später auf seine Bitten hin aufgehoben wurde. Er fand sich mit den Thatsachen zurecht und wurde dafür mit Aemtern und Einkünften reichlich bezahlt.

Frau d'Etoiles verstand es vortrefflich, Ludwig XV. zu unterhalten und wurde die erklärte Maitresse des Königs. Marquise de Pompadour vergass auch nicht allen ihren Angehörigen gut besoldete Aemter und grosse Schätze zu verschaffen. Ludwig war bisher sparsam, fast geizig gewesen. Selbst seinen Maitressen gegenüber hatte er nichts weniger als Freigebigkeit bekundet. Die nunmehrige Marquise de Pompadour machte ihn zum Verschwender, wobei sie auf ihre eigene Bereicherung ganz besonders bedacht war. Das Volk seufzte unter den schweren ihm auferlegten Lasten und machte seinem Unmut in Spottreden und Verwünschungen gegen den König und dessen Maitresse Luft. Der Hof selbst missbilligte im Geheimen dieses Treiben, beugte sich aber dennoch vor dem allmächtigen Kebsweib des „Vielgeliebten“ und wagte es nur hinterrücks Intriguen gegen sie zu spinnen und Spottschriften in Verkehr zu bringen. Einmal kam es auch dahin, dass sie sich vom Hof zurückziehen musste, doch sie kehrte bald wieder zurück und wurde noch einflussreicher als zuvor. Sie kannte Ludwig nur zu gut, alle seine Launen und Schwächen, die sie geschickt zu benutzen wusste. Ferner war sie bestrebt, vom König alle nach seiner Huld lüsternen Frauen, die ihr gefährlich werden konnten, fern zu halten, oder doch bald zu entfernen und dagegen Ludwig mit Maitressen zu versorgen, die seiner Sinnlichkeit nur kurze Zeit genügen konnten und denen es auch zumeist nur um einen mehr oder minder grossen materiellen Vorteil zu thun war. Sie machte sozusagen die entschiedene unbemäntelte Prostitution im Dienste ihrer selbsüchtigen Zwecke hoffähig. Sie war es, die den skandalösen Hirschpark, von dem noch ausführlicher die Rede sein soll, zur Geltung brachte. Sie brachte es dahin, trotz des Widerspruchs der Königin, bei dieser eingeführt zu werden, von ihr den üblichen Kuss zu erhalten und sich in ihrer Gegenwart setzen zu dürfen, Vorrechte, wie nur den höchsten Frauen des Reiches gewährt wurden. Es wird erzählt, dass der Dauphin, als sie bei dieser Gelegenheit auch von ihm die übliche Umarmung erhalten sollte, dabei die Zunge herausgestreckt und auch noch sonstige Zeichen der Missachtung bekundet haben soll. Als die Pompadour dies erfuhr, beklagte sie sich beim König und brachte es richtig dahin, dass der Dauphin diesen Vorgang vor aller Welt ableugnen musste. Nachdem die Pompadour die erwähnten sogenannten „Ehren des Louvre" erhalten hatte, strebte ihr Ehrgeiz darnach, Palastdame der Königin zu werden, die dieser Zumutung den entschiedensten Widerstand entgegensetzte und unter anderem auch einwandte, dass Tradition und Religion es unmöglich machten, einer wider Willen ihres Gatten ausserhalb des Eheverbandes lebenden Frau diese Rolle einzuräumen. Ludwig musste diese Gründe anerkennen, doch die Frau Marquise fand auch hier einen Ausweg. Sie teilte ihrem Gatten mit, dass sie die Ehegemeinschaft wieder aufzunehmen wünsche und gab ihm dabei auch zu verstehen, dass eine Ablehnung seinerseits ihr sehr willkommen wäre und ihm vorteilhaft werden sollte. Der Gatte begriff und lehnte ab. Nun war sie nicht mehr das schuldige Eheweib und die Kirche konnte sie auch nicht mehr wie bisher vorauszusehen war, von der Teilnahme am heiligen Abendmahl zurückweisen. Auch die Königin konnte sich nicht länger weigern, sie als Palastdame aufzunehmen. Doch die Jesuiten, Feinde der Marquise, wollten ihr nicht die Tröstungen der Religion teilhaft werden lassen, wenn sie nicht vom Hof sich entfernte und zu ihrem Gatten zurückkehrte, was sie natürlich verweigerte. Der Hass, den sie nun gegen die Jesuiten hegte und auch offen bekundete, soll nicht wenig zu deren Ausweisung aus Frankreich beigetragen haben.

Auch sonst ist in der Weltgeschichte auch ausserhalb der Erotik ihre Spur oft zu finden, zumal sie auch in Staatsangelegenheiten das grosse Wort führte. Es mag übertrieben sein, sie als alleinige Urheberin der Teilnahme Frankreichs an dem siebenjährigen Krieg zu betrachten, sicher ist aber, dass sie dazu beitrug, denn sie konnte Friedrich dem Grossen einige auf sie gemünzte bittere Worte nicht vergessen. Friedrich war es auch, der die Regierung Ludwigs XV. in drei Epochen einteilt, die er nach dessen Hauptmaitressen witzig benannte, die Regierung des ersten Kotillons (Herzogin de Chateauroux), die Regierung des zweiten Kotillons (Pompadour), die Regierung des dritten Kotillons (deren Nachfolgerin Dubarry). Zu bemerken ist dabei, dass Kotillon nicht nur den bekannten Tanz, sondern auch Unterrock bedeutet. Dass der Einfluss der Pompadour auf Staatsangelegenheiten auch auswärts gekannt und gewürdigt wurde, beweisst die Thatsache, dass die Kaiserin Maria Theresia, die letzte Herrscherin aus dem stolzen und glaubensstrengen Hause Habsburg, nicht Scheu trug, eigenhändig einen Brief an Ludwigs Maitresse zu richten, in dem sie diese ihre „gute Cousine", ihre „liebe Freundin", benannte. Die Marquise de Pompadur erkrankte und starb am 15. April 1764 in einem Alter von zweiundvierzig Jahren, von denen fast die Hälfte dem Liebesdienst Ludwigs XV. gewidmet waren. Es regnete, als ihr Sarg von

Versailles nach Paris geführt wurde, der König stand am Fenster und bemerkte ruhig: „Die Marquise hat kein schönes Wetter für ihre Reise.“

Die Nachfolgerin der Marquise de Pompadour als erklärte Maitresse des Königs wurde die Gräfin Dubarry, die verächtlichste von allen Frauen, die das grosse Liebesbedürfnis Ludwigs XV. erfüllten. „Die Gräfin Dubarry,“ schreibt die „Geheime Chronik“, wurde aus der gemeinsten Klasse der Gesellschaft, aus der der Kurtisanen letzten Ranges herausgesucht. Ihre Herkunft, ihre Erziehung, ihre Sitten und Gebräuche, alles verriet einen gemeinen und schamlosen Charakter. Diese Maitresse passte übrigens vollkommen dazu, die letzten Lebensjahre eines abgenutzten Mannes aufzuheitern, der gewöhnlichen Vergnügungen überdrüssig und in sinnlichen Genüssen übersättigt war. Man bedurfte einer Phryne von gemeiner Lustigkeit, die keine Ehrfurcht vor der Würde des Souverains hatte. Die Wahl war von Personen vorgenommen, die den Geschmack ihres Herrn genau kannten. Der Kammerdiener Lebel war es hauptsächlich, der mit dieser geheimen Sendung betraut wurde. Die näheren Umstände dieser Liebesunterhandlung geben ein treues Bild von dem Hof, dem Fürsten und den Sitten jener Epoche.

Die Gräfin Dubarry hatte sich anfangs den Namen „Ange“ (Engel) beigelegt, der ihr Bordellnamen war. Sie wurde dann von dem Grafen Johann Dubarry unterhalten, der sie später mit seinem Stiefbruder verheiratete, um ihr einen schicklichen Namen und eine Stellung bei Hofe zu verschaffen. Lebel kam mit seinen Nachspürungen zur Verproviantierung des Hirschparks oft in Concurrenz mit dem Grafen Johann Dubarry, der denselben Dienst einigen Grossen seiner Bekanntschaft leistete. Der Lieferant des königlichen Serails teilte dem Grafen den Gegenstand seines Auftrags mit und unterrichtete ihn von den Eigenschaften, die man in dem nun gewünschten Frauenzimmer antreffen möchte. „Geben Sie sich weiter keine Mühe,“ sagte der Graf, „ich will Ihr Geschäft besorgen. Ich kenne einen wahren Königsbissen. Sie sollen sie sehen.“

Er nahm Lebel mit sich und zeigte ihm l'Ange.

Nun erfolgte eine echte Handelsscene . . . Das Geschäft wurde abgeschlossen und die neue Odaliske in die kleinen Gemächer des Schlosses zu Versailles gebracht. Der König war von ihr bezaubert . . . Er freute sich seines Glückes. Er hatte durch sie Vergnügungen empfunden, wie er sie nie geahnt hatte.

„Sire,“ sagte der Herzog von Noailles zu ihm, „man sieht, dass Sie noch nie an einem gemeinen Ort waren.“

Diese Worte hätten den alten Monarchen doch entzaubern können, aber der Reiz war zu mächtig. Der „Engel“ verliess ihn nicht mehr, begleitete ihn nach Compiégne, nach Fontainebleau. Aber um vorgestellt werden zu können, musste die neue Favoritin einen betitelten Namen haben. Der Graf Dubarry, der den Handel begonnen hatte, wollte ihn auch zu Ende führen und verheiratete sie, wie bereits bemerkt, mit seinem Stiefbruder. Der „Engel" war nun — Gräfin Dubarry.

Die Gunst, deren sich die Gräfin bei ihrem königlichen Gebieter erfreute, säumte nicht, sich dem Minister sehr bald fühlbar zu machen. Der Herzog von Choiseul wurde entlassen und nach Chanteloup exilirt und der Herzog von Aiguillon, der die Gräfin Dubarry in die Höhe gebracht hatte und ihr Protektor war, an dessen Stelle designirt. Der Kanzler Maupeou erhielt seine hohe Stellung auch durch Vermittlung der Gräfin, der er emsig den Hof machte und die er immer nur mit dem Namen Verwandte und Cousine bezeichnete.

Kaum war die neue Favoritin dem Hofe von Versailles vorgestellt und hatte ihre Gemächer im Schloss erhalten, als es von allen Seiten Gedichte und Epigramme regnete. Voltaire selbst, der sich später nicht entblödete, der schönen Gräfin Weihrauch zu streuen, war einer der Ersten, der sie, und sogar den König selbst, lächerlich und verächtlich machte. Um dem Herzog von Choiseul zu gefallen, veröffentlichte er anonym ein Märchen, das er „Die Apotheose des Königs Petaud" betitelte und dessen Schlussworte ungefähr besagen:

Wer sein Vertrauen einem Dummkopf schenkt
Und sich an eine feile Dirne hängt,
Wird immerdar am Narrenseil gelenkt.

Und dieser Schlag war auf so natürliche, so gewandte Weise versetzt, dass es unmöglich war, dessen Anspielung auf den neuen Kanzler, die Favoritin und Ludwig XV. nicht zu erkennen.

Gräfin Dubarry, die Nachfolgerin der Pompadour, war auch deren Nachfolgerin in der Leitung des Hirschparks. Ludwig XV. starb am 10. Mai 1774, wie es heisst, an derselben Krankheit, die dem Leben Franz I. ein Ende machte, an den Folgen einer syphilitischen Ansteckung. Gräfin Dubarry überlebte ihn, um am 6. Dezember 1793, von Robespierre der Unterstützung der Emigranten angeklagt, unter der Guillotine zu enden. „Warten Sie noch ein Weilchen, Herr Henker!" jammerte sie bei der Hinrichtung, sich ängstlich an den Arm des Vollstreckers anklammernd.

Der Schluss dieses Kapitels ist den Ereignissen vorausgeeilt. Wir wollen zurückkehren, um uns, so weit es nötig sein dürfte, mit dem mehrfach bereits erwähnten Hirschpark zu beschäftigen.

XXVII. Kapitel.

Der Hirschpark. — Die Eremitage. — Fräulein de Lincourt. — Die Irländerin. — Fräulein Tiercelin. — Gründung des Hirschparks. — Organisation des Hirschparks. — Verschwendung. — Die Gesellschaft. — Adamsfeste. — Quesney, Voltaire, Rousseau. — Familie Orleans. — Philipp Egalité. — Ludwig XVI. — Maria Antoinette. — Die Halsbandgeschichte. — Cagliostro. — Saint-Germain. — Casanova. — Mode und Theater. — Ende des achtzehnten Jahrhunderts. —

Der berüchtigte Hirschpark zu Versailles war unter Ludwig XIII. thatsächlich ein von einer Mauer umschlossener Raum für Hirsche, innerhalb dessen sich einige unbedeutende Baulichkeiten für Forstbeamte befanden. Ludwig XIV. liess diese Anlage auch nach Umbau des Schlosses fast unverändert stehen. Sein Nachfolger Ludwig XV. liess dort, oder wie andere behaupten in der Nähe, für die Pompadour eine hübsche Villa erbauen, die Eremitage genannt, bestimmt, zuweilen die allzu ausschweifenden Vergnügungen des Königs den Blicken seiner Höflinge zu entziehen.

Als der König von den Reizen der überdies auch erkrankten Pompadour so ziemlich gesättigt, sich nach Abwechslung sehnte, waren die Damen und Herren seines Hofes bemüht, dafür zu sorgen. Einer der Herren zeigte ihm eines Tages ein Miniaturbild eines zwölfjährigen Mädchens, das dem König sehr gefiel, doch gab er seinem Zweifel Ausdruck, dass das Original der Schönheit der Abbildung gleich kommen dürfte. Der Höfling erklärte sich bereit, die Betreffende, ein Fräulein de Lincourt, zur Vergleichung herbeizuschaffen. Es geschah und sie blieb bei Hof. Indes manche Umstände, besonders die Jugend dieses Kindes, machten es dem König wünschenswert, es den Blicken der ihn umgebenden Menge zu entziehen und so nahm er gern den Antrag der Pompadour an, ihm die Eremitage zu überlassen. Wie allen andern war auch der Marquise dieser Vorgang mit dem Kinde nicht unbekannt geblieben. Doch gab sie es nicht zu erkennen und zeigte auch keine Unmut darüber. Sie war vielmehr recht zufrieden, dass der wechselnde Geschmack Ludwigs sich in dieser für sie und ihre Stellung nicht besonders gefährlichen Weise äusserte und beschloss in Zukunft diese Neigung zu jungen Mädchen sogar zu fördern. Fräulein de Lincourt wurde in der Eremitage untergebracht, interessierte hier den König einige Monate, gebar ihm auch einen Sohn und er verheiratete sie später an einen Adeligen, der dankbar eine Maitresse des Königs zur Gattin machte. Ihre Nachfolgerin war ein kaum so altes Mädchen, die Tochter eines nach Frankreich exilirten Irländers, das auf Veranlassung der Pompadour mit List ihrer Mutter entführt und hierher gebracht wurde. Ihr Schicksal glich fast genau dem ihrer Vorgängerin. Zahlreiche Altersgenossinnen folgten. Ein Fräulein Tiercelin wurde im Alter von neun Jahren nach der Eremitage gebracht, um hier, trotz des entschiedenen Einspruchs des Vaters, dem Zeitpunkt entgegen zu reifen, der sie für des Königs Gelüste geeignet sein liess. Gegen dieses Mädchen hat sich übrigens der „Vielgeliebte“ später sehr schlecht benommen.

Die Marquise de Pompadour sah mit Befriedigung diese Gelüste Ludwigs an und that ihr Möglichstes sie zu fördern. Anfangs wurde immer nur eines der jungen Mädchen oder vielmehr der Kinder in der Eremitage untergebracht, um, wenn es später schwanger geworden war oder nicht länger gefiel, durch ein anderes ersetzt zu werden. Später kam die Marquise auf den Gedanken, ein Serail junger Schönheiten zu schaffen und zu diesem Zwecke wurde der Hirschpark verwendet.

„Das neue Serail wurde nach und nach mit einer Menge junger Mädchen adeligen und bürgerlichen Standes bevölkert, 'die die Vergnügungslieferanten Sr, Majestät überall, in der Hauptstadt wie in der Provinz, mittels geheimer Agenten, die beständig hübschen kleinen Mädchen nachspürten. aus- und aufgehoben. Diese Lustanstalt erlangte mit der Zeit eine solche Ausdehnung, dass es der Monarch für gut befand, ein Reglement für den inneren Dienst ausarbeiten zu lassen und zu diesem Zweck Beamte, deren Dienst sehr bestimmt vorgezeichnet war, zu ernennen.

Sobald die Höflinge von der Existenz und dem Zweck dieser Anstalt unterrichtet waren, strebten sie um die Wette nach der Leitung derselben. Der König aber übergab die Direktion seinem Kammerdiener Lebel unter der Oberaufsicht des Ministers Graf von Saint-Florentin. Nichtdestoweniger aber installierte man in der Eremitage eine Art Militärchef, einen ehemaligen Major, den man scherzweise Herr von Hirschkuh nannte. Seine Funktionen bestanden darin, junge Männer zu verhindern, in das Serail zu dringen. Die dem Hirschpark zunächst gelegenen Wachen hatten den Befehl, seinen Anordnungen zu gehorchen. Er erhielt für seinen Dienst jährlich zwölftausend Lires.

Eine mit den Funktionen einer Oberintendantin bekleidete Frau hatte die Oberaufsicht über die ganze Anstalt. Sie herrschte in der Eremitage mit unumschränkter Macht. Sie regelte die Ausgaben, wachte über Aufrechterhaltung der Ordnung, achtete darauf, dass die jungen Mädchen ihre Zeit in geziemender Weise verbrachten und dass sie sich gegenseitig nicht Besuche abstatteten. Die erste dieser Vorsteherinnen war eine frühere Aebtissin. Sie war im Hischpark als „Madame" bekannt. Nächst Madame gab es zwei Unteraufseherinnen. Sie mussten den im Alter schon vorgerückten Mädchen, die sich nur vorübergehend in der Anstalt aufhielten, Gesellschaft leisten. Ferner waren vorhanden etwa ein Dutzend Kammerfrauen, die sich hauptsächlich mit Aushorchen beschäftigten und zahlreiche Dienstleute beiderlei Geschlechts. Die männlichen waren zwar keine Eunuchen, mussten aber alt und hässlich sein. Sie wurden gut bezahlt, büssten aber Schwatzhaftigkeit mit Gefängnis auf Lebenszeit. Die vorhandenen „Zöglinge", wie sie genannt wurden, befanden sich im Alter von neun bis achtzehn Jahren und erhielten hier Unterricht im Tanz und sonstigen für das Gesellschaftsleben geeigneter Dinge. Vor dem fünfzehnten Lebensjahr erfuhren sie nicht den Namen des Ortes, den sie bewohnten. Dann wurde kein Geheimnis daraus gemacht, doch ging das Streben dahin, sie nicht wissen zu lassen, dass sie zum Verkehr mit dem König bestimmt wären. Bald sagte man ihnen sie seien, gleich ihrer Familie, Gefangene; bald wieder, ein sehr reicher Liebhaber hielte sie im Verborgenen. Die eine glaubte einem deutschen Fürsten, die andere einem englischen Herzog anzugehören. Wurde eine durch Zufall oder durch eine Vorgängerin besser unterrichtet und machten dies die Aufseherinnen ausfindig, so wurde die Betreffende aus der Eremitage entfernt. Sie wurde in ein Kloster gesteckt oder, wenn sie schwanger war, verheiratet. Die adligen Mädchen wurden mit besonderer Rücksicht behandelt. Ihre Diener trugen grüne Livree, während die der bürgerlichen in grauer Kleidung gingen.

Eine bedeutsame Rolle im Hirschpark spielte „Mutter Bompart", die Hauptlieferantin der Anstalt, angesehen und wohlgelitten am Hof und in der Gesellschaft.

Wie zu ersehen ist, wurde dem „Hirschpark“ die Aeusserlichkeiten einer Mädchen-Erziehungsanstalt einigermassen zugegeben und es gab auch viele Leute, die bemüht waren, eine Angehörige hier unterzubringen, obgleich die Bestimmung dieser Einrichtung allbekannt war. Der Hirschpark verschlang riesige Summen, denn es war nicht nur für reichliche Besoldung der Angestellten zu sorgen, nicht nur für den Unterhalt der „Zöglinge“, auch deren Familien erhielten Geldbeträge und dazu kamen noch die Ausgaben für Geschenke, Heiratsausstattungen, Versorgung der unehelichen Kinder, Belohnung der Vermittler und manches mehr. Die schamlose Wirtschaft im Hirschpark bestand vierunddreissig Jahre und soll etwa zweihundert Millionen Livres beansprucht haben.

Ludwig XV. war verschwenderisch und ausschweifend, aber auch sehr religiös. Er betete in der Kirche eifrig und war auch bemüht, dass bei der Erziehung der „Zöglinge“ die Religion nicht vernachlässigt werde. Merkwürdig ist, dass er, der eine schöne Handschrift aufwies, gern Schreibvorlagen für die Mädchen herstellte. So konnte es daher kommen, dass einige dieser ganz dieselben Schriftzüge hatten wie Frankreichs König.

Wenn ihm eines der Mädchen vorgestellt werden sollte, so liess er es nach eines der kleinen Gemächer des Schlosses von Versailles bringen, wo er oft den ganzen Tag mit der Kleinen zubrachte. Zuweilen gefiel es ihm, sie anzukleiden, zu schnüren, ihr Unterricht zu erteilen. Wurde ein Mädchen schwanger, so entfernte man es und brachte es in einer für sie auswärts in Saint-Cloud, Passy ect. für dergleichen Zwecke eingerichteten Wohnung unter. Alles musste mit der grössten Heimlichkeit geschehen, denn Ludwig hielt sehr darauf, dass sein Incognito gewahrt bliebe. Oft wurde den Mädchen vorgeschwatzt, der Herr, mit dem es in Verkehr getreten, sei ein polnischer Edelmann, der seine Liebesangelegenheiten vor der Königin geheim zu halten wünsche. Dass zuerst ein polnischer Edelmann vorgeschützt wurde, erklärt leicht der Umstand, dass die Königin eine Tochter des früheren Königs von Polen war.

Es ist unglaublich, wie nachteilig dieses schmachvolle Etablissement für die Sitten dieser Zeit war. Es wurde ein wahrer Abgrund der Prostitution, in dem junge Mädchen jeden Ranges aufgehäuft waren, die, nach ihrer Missbrauchung in die Gesellschaft zurückgekehrt, die Neigung zur Ausschweifung und allen Lastern, die ihnen in dieser Schule der Verderbtheit gelehrt worden war, mit dahin brachten.

Die Saturnalien Ludwigs XV. wurden von den vornehmen Herrn seiner Zeit, die sich zum grössten Teil beeiferten in allem den von ihnen niedrig umschmeichelten Monarchen sich zum Vorbild zu nehmen, nur zu sehr nachgeahmt. Die Gepflogenheiten der Regentschaft blieben erhalten und die Roués hatten ihre Nacheiferer und Nachfolger. Es gab keinen vornehmen Herrn, der nicht sein „kleines Haus“ gehabt hatte. Hochgestellte Damen scheuten sich nicht bei nächtlichen Gelagen mit Dirnen zusammen zu kommen. Diese Messalinen wetteiferten in Unzucht mit den Freudenmädchen und verdienten wohl den Namen „Unreine‘, der damals für alle Buhlerinnen niedrigen Ranges galt.“

Mit diesen Worten der „Geheimen Chronik“ sind Personen und Verhältnisse dieser Epoche kurz und kräftig gekennzeichnet. In der That herrschten bei Hof und Adel die Gepflogenheiten der sittenlosen Regentschaft, nur dass der Ton doch nicht so wüst geblieben war, obgleich man gelegentlich ebenso gerne „englisch sprach“, was keineswegs eine Vorliebe für die Sprache Britaniens besagen will, sondern die Vorliebe für derbe Ausdrücke, die nichts zu verhüllen und zu verbergen suchten. Auch die „Adamsfeste“ der Regentschaft wurden noch weiter veranstaltet, ein Name, der nicht auf die paradiesische Unschuld der Teilnehmer hinweisen wollte, sondern nur auf die paradiesische Kleiderlosigkeit. Wie immer ging auch hier mit der Prostituierung des Leibes die Prostituierung der Seele Hand in Hand, Begriffe von Scham, Ehre, Anstand verflogen unter Spottlachen, und Männer, die die ältesten und besten Namen trugen, gaben diesen nicht nur gerne, wie bereits bemerkt wurde, königlichen Maitressen, sie heirateten auch notorische Dirnen, sofern sie irgendeinen materiellen Vorteil dabei fanden oder noch ärger, gaben ihnen durch die Ehe nur ihren Namen.

Es wäre aber unrichtig, anzunehmen, dass die ganze Gesellschaft jeder sittlichen Regung bar war, dass im Wollusttrubel, im orgiasten Taumel der Ernst nicht zu Wort kommen konnte. An dem grundverdorbenen Hof Ludwigs XV finden wir auch unter des Leibarztes Quesneys Führung die ernste volkswirtschaftliche Richtung der Physokraten, deren bodenreformatorische Pläne mit Ende des neunzehnten Jahrhunderts wieder auftauchten, wir hören die durch spöttische Negirung alles zersetzenden Worte Voltaires und seiner Anhänger, hören auch die wie Donnergrollen tönenden Reden Rousseaus und seiner Schule, die den Grundton der nachfolgenden blutigen Revolution bildeten.

Der Herzog von Richelieu war wohl der ärgste der Wüstlinge jener Epoche. Er brachte, wie Weber-Demkrit schreibt, die Schönen so weit, dass es Mode wurde, Ehre zu suchen in der Entehrung. Im vierundachtzichsten Jahre hatte der Held zum dritten Male geheiratet und versichert, dass es nicht seine Schuld sei, wenn es keine Kinder aus dieser Ehe gäbe. Er pflegte Kalbfleisch auf seine Wangen zu legen, um frischer auszusehen, daher nannte man ihn un vieux bouquin relié en veau.*) Prinz Conti bat sich von allen seinen Damen zum Andenken einen Ring oder Dose aus, und hinterliess achthundert Dosen und vierhundert Ringe, die Namen der Geberinnen gewissenhaft beigeschrieben.

*) Ein altes Buch (ein alter Bock) in Kalbleder (Kalbfleisch) gebunden.

Ludwig Philipp von Orleans, der 1703 geborene Sohn des Regenten, blieb merkwürdiger Weise dem wüsten Treiben seiner Zeit, an dem seine Familienmitglieder so grossen Anteil genommen hatten, fern. Er lebte still und zurückgezogen, den Wissenschaften ergeben. Doch die unrühmlichen Eigenschaften des Regenten finden wir ausser bei seinen Töchtern, bei seinem Enkel wieder und ebenso bei der 1755 verstorbenen Gattin des letzteren, einer geborenen Luise Henriette von Bourbon-Conti, einer frechen, schamlosen Messaline, die ihr Lager mit ihrem eigenen Bedienten teilte. Ihr Sohn Philipp, geboren 1747, der spätere Philipp Egalité, rief selbst eines Tages aus: „Ich bin der Sohn des Kutschers meiner Mutter!" Seine Kindheit, schreibt der den Orleans allerdings sehr feindliche Charles Marschall, „zeichnete sich durch nichts Neues aus, indem er frühzeitig in die Fusstapfen seiner Vorfahren trat, so dass, als er beinahe noch Knabe zu nennen war, Unzucht, Schwelgerei und Trunkenheit seine Tage und Nächte ausfüllten und sich seiner wie eines ihnen gebührenden Raubes bemächtigten. Er selbst beeiferte sich, die Unregelmässigkeit seines Lebenswandels bekannt werden zu lassen, seine Schande zu veröffentlichen, und die müssige Jugend des Hofes mit sich in den Abgrund des Verderbens zu ziehen. Er übte, indem er das Beispiel der grössten Zügellosigkeit gab, den nachteiligsten Einfluss auf die Sitten der Zeit aus.

Er hatte mehrere Serails in seinem Palast, in denen er sich dem niedrigsten Sinnentaumel hingab. Seine Orgien mit Frau de Genlis sind historisch berüchtigt. Er war vor allem geizig, ehrsüchtig, unbescheiden. Er betrog im Spiel und eines Tages als er am Hof erschien, flüsterten einige Personen: „Der Herzog von Orleans ist da. Nehmen wir unsere Uhren in Acht."

Ludwig XVI. geboren 1754, gelangte 1774, nach dem Tode seines Grossvaters Ludwig XV. zur Regierung. In welchem Zustand er Land und Leute vorfand, ist aus dem Vorhergegangenen zu ersehen. Es braucht nur noch hinzugefügt zu werden, dass das Murren des ausgesogenen Volkes immer lauter wurde und dass Missernten den Notstand nur noch erhöhten. Der Sittenzustand unter der Regierung Ludwigs XVI. war im allgemeinen nicht viel besser als unter seinem Vorgänger, obgleich zugegeben werden muss, dass er selbst ziemlich frei war von der bei seinem Grossvater so überaus kräftig vorhandenen Sinnlichkeit. Es wird ihm sogar eine auffallende Gleichgiltigkeit gegen das weibliche Geschlecht zugesprochen, die die erste Zeit seiner Ehe mit Maria Antoinette von Oesterreich unangenehm beeinflusst haben soll. Doch die grundverdorbenen Sitten des Hofes und anderer Kreise waren ziemlich unverändert geblieben, wie bei dergleichen überhaupt nicht rasch Wandel zu schaffen ist, besonders wenn an der Spitze des Reiches ein charakterschwacher Mann steht, wie Ludwig es war. Selbst gegen den Bruder des Königs und auch gegen die Königin wurden — ob mit Recht oder Unrecht ist noch nicht ganz aufgeklärt — schwere Beschuldigungen unzüchtigen Lebenswandels gerichtet. Es erschienen Spottschriften, wie z. B. ein Poem „der Sonnenaufgang“, in denen die ärgsten Anklagen gegen die Moral der Königin laut wurden. Allerdings muss auch zugegeben werden, dass Maria Antoinette im allgemeinen in ihrer Lebensweise nicht die Zurückhaltung wahrte, sich nicht den Zwang auferlegte, der von der ersten Dame des Landes überall erwartet wurde und noch wird.

Kaiser Josef II. sah sich wiederholt veranlasst seiner Schwester Maria Antoinette Vorwürfe über ihr Betragen zu machen. Im Jahre 1784, als es noch unentschieden war welche Partei Frankreich an Oesterreichs niederländischen Händeln nehmen würde, war in Paris folgendes Epigramm im Umlauf:

Quand au Ministre on demande
Des nouvelles de la Hollande
Il dit tout bas:
La Reine veut, qu'on exerce
Libre commerce
Aux Pays — bas!

Nichts ist kennzeichnender für die Zustände unter der Regierung Ludwigs XVI. und mehr noch für die Meinung, die über die Königin galt, als die berüchtigte Halsband-Geschichte. Der Juwelier Böhmer hatte der Königin ein Halsband von Brillanten vorgelegt, das sie gerne gekauft hätte, doch es unterlassen musste, weil — kein seltener Vorfall — Ebbe in der königlichen Kasse herrschte. Am Hofe befand sich auch die Gräfin de Lamotte, die erspürt hatte, dass der Grossalmosenier Kardinal Fürst von Rohan in die Königin verliebt wäre und sie beschloss, diese Erfahrung zu ihren eigenen Gunsten auszubeuten, denn sie lebte in ärmlichen Verhältnissen. Sie erbot sich, Rohans Briefe der Königin zu übermitteln, fälschte freundliche Beantwortungen, die mit verschiedenen Geldforderungen verbunden waren. Damit lockte die Lamotte dem Fürsten nach und nach 120000 Livres heraus und einer der Ersten des Reiches und der Kirche konnte glauben, dass Frankreichs Königin in dieser Weise heimlich Geld annehmen werde. Doch die Lamotte ging noch weiter. Sie erklärte dem Kardinal, dass die Königin das erwähnte Halsband gern haben möchte; sie wolle es ohne Wissen des Königs kaufen — der Preis betrug 1800000 Livres — Rohan möge, ohne den Namen der Königin dabei zu nennen, den Kauf in seinem Namen abschliessen, wozu er eine Vollmacht erhalten würde. Den Betrag werde die Königin ihm in dreimonatigen Raten zustellen. Es wäre dies alles ein besonderes Zeichen ihres Vertrauens. Der Kardinal ging auf die Sache ein, kaufte den kostbaren Schmuck, wobei er allerdings die ihm angeblich aufgetragene Verschwiegenheit der Bestimmung nicht wahrte, und trug ihn zur Lamotte, wo er in seiner Gegenwart einem Abgesandten der Königin übergeben werden sollte. Durch eine völlige Täuschungs-Komödie wurde dem Kardinal auch diese Uebergabe vorgespiegelt. Als die erste Tilgungsrate fällig wurde und von der Königin dem Kardinal kein Geld dazu geschickt wurde, wusste die schlaue Gräfin dem Verblendeten wieder den Wunsch der Königin vorzuspiegeln, er möge vorläufig für die Deckung sorgen, sie, die Königin, wolle an einem bestimmten Tage, Nachts zwischen elf und zwölf Uhr im Schlossgarten von Versailles mit ihm zusammentreffen, um ihm ihren Dank zu bekunden. Diese Zusammenkunft fand thatsächlich statt; die Rolle der Königin spielte eine von der Gräfin zu diesem Zwecke gedungene Kurtisane Namens Oliva, die einige Aehnlichkeiten mit der Königin hatte. Nachtdunkel, Flüsterstimme, schwarze Dominohülle und ein die Unterredung rasch abkürzendes Geräusch trugen zum Erfolg der Täuschung bei. Der Kardinal erhielt dabei von der vorgeblichen Königin eine Rose und eine Golddose und war fest überzeugt, die Königin vor sich gehabt und ihre Verheissungen baldiger höchster Liebeshuld vernommen zu haben. Vielleicht hätte die Gräfin den ganzen Schwindel noch länger aufrecht halten können, doch durch eine neue Verlegenheit in der Teilzahlung kam die Sache ans Tageslicht. Der Kardinal erkannte, dass er betrogen worden war, wurde aber verhaftet, ebenso die Gräfin. Bei dem nachfolgenden Strafprozess wurde Rohan zwar freigesprochen, die Lamotte aber verurteilt. Das Merkwürdigste dieses merkwürdigen Prozesses ist, dass der Vorfall, wie gesagt, von Rohan überhaupt für möglich gehalten wurde und es gab sogar noch nach der Prozessverhandlung, selbst am Hofe, Leute, die ihn für Thatsache hielten und die ganze nachfolgende Prozedur nur für Blendwerk hielten, um die hierbei in Erscheinung getretene Prostituierung der Königin verschwinden zu lassen.

In dieser Halsband-Angelegenheit spielt übrigens auch der bekannte Abenteurer Cagliostro eine nicht sehr rühmliche Rolle. Cagliostro, richtig Josef Balsamo, geboren 1743 zu Palermo, trieb sich in ganz Europa abenteuernd umher, mit Kurfuscherei, Goldmacherei, Freimaurerei und noch anderem beschäftigt, und erregte überall grosses Aufsehen. In Paris erreichte er den Höhepunkt seines Glücks, aber kam auch infolge des erwähnten Schwindels hin zum Sturz. Ein anderer Abenteurer, dieser auch dergleichen Persönlichkeiten günstigen Zeit, war Graf Saint-Germain, hauptsächlich Alchymist. Auch er erregte in Paris grosses Aufsehen, zumal er sich mit etwas Geheimnisvollem umgab und von seit Jahrtausenden toten Personen als von seinen Zeitgenossen sprach. Selbstverständlich bestanden zwischen ihnen und den Vertreterinnen der Prostitution enge Beziehungen. Der sittlich berüchtigte Casanova wäre als dritter im Bunde zu nennen. Auch er war eine Zeit lang in Frankreich und kam auch mit den beiden Genannten in Berührung. Seine Memoiren, bekannt in der erotischen Litteratur, sind zwar sittengeschichtlich bedeutsam, aber sie bieten nur wenig Material für eine Geschichte der Prostitution, denn die sexuellen Ausschweifungen kommen hierbei nur soweit in Betracht, wie sie sich auf die Käuflichkeit des Leibes beziehen. Zwar ist in dem Vorhergegangenen dem Maitressentum ein breiter Raum gewidmet worden und das könnte somit zu Einwänden Anlass geben, die aber nicht gerechtfertigt wären. Es kann und soll zugegeben werden, dass die Maitresse nicht unbedingt der Prostitution zuzuzählen sei, aber in den meisten Fällen ist es doch der Fall, handelt es sich mehr oder minder um eine Käuflichkeit, die das Hauptkennzeichen der Prostitution bildet. Ein anderer Einwand, der sich etwa erheben könnte, dass nämlich zumeist nur Typen aus den obersten Gesellschaftsschichten hervorgehoben sind und diese zur Charakteristik der Prostitution doch nicht massgebend wären, könnte ebenfalls als unberechtigt zurückgewiesen werden. Wer die Verhältnisse kennt, wird zugeben, dass diese vorgebrachten Beispiele nur zu typisch für die allgemeine Beurteilung sind, abgesehen davon, dass manche andere Gründe für eine derartige Behandlung des Stoffes sprechen.

Dufour hat in seinem Werke auch die Mode und das Theater in unmittelbare Verbindung mit der Prostitution gebracht, was vielleicht doch zu weit gehen mag. Als rethorische Hyperbel mag eine solche Aeusserung bei Erörterung des schmachvollen Gegenstandes wohl zulässig sein, aber die kulturgeschichtliche Forschung dürfte doch nicht mit Recht Mode und Theater als integrierende Bestandteile der Prostitution hinstellen können. Dass beide mit dieser einigermassen im Zusammenhang stehen, kann allerdings nicht geleugnet werden, aber das Gebiet der Kulturgeschichte ist im Grunde genommen überhaupt ein unteilbares und eine genaue Forschung nach Ursache, Erscheinung und Wirkung auf irgendeinem ihrer Teile könnte kaum die Berücksichtigung aller andern, selbst der fernstliegenden entraten.

Die Mode in Frankreich von den Tagen Heinrich IV. bis zu denen Ludwigs XVI., mit dessen Tod auch das Jahrhundert zu Ende ging, zeigt dieselbe Neigung zum Prunk, dieselbe Verweichlichung, die das ganze Kulturleben dieser Epoche nachweist. Wir sehen bei den Männern die Kleidung zierlicher und formenschöner werden, den Schaftstiefel dem Schuh, das Schwert dem Salondegen weichen, Seidenwämse und Seidenbeinkleider erscheinen, Strümpfe und Schnallenschuhe, Perrücke Puder und Zopf. Wir sehen bei den Frauen die Frisur sich auftürmen, die Kleider umfangreicher und kostspieliger werden, die grössere Anwendung von Spitzen und Stickereien. Wir sehen ferner die Schuhe niedlicher, deren Absätze immer höher werden, die vermehrte Anwendung von Schminke, Puder und anderen ähnlichen Toilettenmittel und endlich auch eine geradezu bis zur Tollheit allmählich ausartende Anordnung von Schönheitspflästerchen. Dass die leichtfertige, veränderungssüchtige und zur Verschwendung geneigte Prostitution Luxus und Mode recht zugeneigt war, ist und immer sein wird, kann nur als selbstverständlich gelten, selbst wenn nicht dabei auch in Betracht käme, dass die Befolgung jeder Laune der Mode sehr geeignet ist die Aufmerksamkeit auf die Ausübenden zu lenken, was den Prostituierten sozusagen berufsmässig nötig ist. Es kann nicht mit Recht gesagt werden, dass in dem sittenlosen Abschnitt des genannten Zeitraumes auch die Mode eine besondere Schamlosigkeit aufwies, im Gegenteil, wir finden sie oft zurückhaltender, decenter als deren Trägerin je im Leben gewesen sein mochte.

Das französische Theater entwickelte sich im siebzehnten und achtzehnten Jahrhundert zu einer besonders reichen Blüte, was schon die dramatischen Hervorbringungen dieser Zeit deutlich besagen. Aber es kann nicht dabei behauptet werden, dass die Bühne mit der Entsittlichung der damaligen Gesellschaft auch nur gleichen Schritt gehalten hätte. Eher lässt sich sagen, dass sie einen viel grösseren Ernst bekundet, als man dem Geschmack jener leichtlebigen Gesellschaft zumuten kann. Dass aber die Bühne eine stattliche Anzahl weiblicher Angehörige aufwies, deren Lebensführung nicht sittenstreng genannt werden kann, ist unbestreitbar und die Theatergeschichte verzeichnet eine Fülle Ueberlieferungen, die es bekunden, auch so manches geistreiche und witzige Wort, dessen ethischer Wert allerdings von Sittenmeistern nur sehr gering geschätzt werden wird. Doch die Ursachen dieser Erscheinungen sind keineswegs darin zu finden, dass die Bühne sozusagen ein wesentlicher Bestandteil der Prostitution sei. Diese hat sich jener zwar stets angehaftet und wird sich ihr wahrscheinlich so lange sie bestehen wird anhaften. Die Gründe dafür lassen sich auch leicht erklären, doch ist hier weniger der geeignete Ort dazu; sie lassen sich besser in einer Darstellung der Geschichte des Theaters erörtern.

Ludwig XVI. war ein charakterschwacher Fürst, doch man thäte ihm Unrecht, wenn man die Ereignisse seiner Zeit als Folge dieser Schwäche hinstellen wollte. Auch eine viel willenstärkere Erscheinung hätte den Lauf des Geschickes nicht aufhalten können oder auch nur eine ihm günstigere Richtung nehmen lassen können. Gewöhnlich wird gesagt, Ludwig XVI. hätte die Sünden seiner Vorfahren gebüsst, eine wohlfeile Phrase, denn jede Zeit erhält uneingeschränkt die Vergangenheit, ihre Vorzüge, wie ihre Fehler, mögen auch manche der einen oder der andern der oberflächlichen Betrachtung ihr Dasein nur in latenter Form zeigen. Kein Geschlecht tritt das Erbe seiner Vorfahren cum beneficis inventarii an. Schon in der lasterreichen Zeit des fünfzehnten Ludwigs sehen wir, wie bereits früher bemerkt, ernste Erscheinungen hevortreten, eine neue Epoche der menschlichen Kulturentwicklung aus der socialen Jauche sich herauskristallisieren In den fast formenlosen Schnörkelzügen des Rokokos zeigten sich bereits einige strenge Windungen. Dass die Kraftäusserungen des neuen oder erneuten Geistes der Zeit früher oder später zu einem Zusammenstoss mit den waltenden, aber unhaltbar gewordenen überlieferten Kulturerscheinungen führen muss, ist selbstverständlich und wird zu allen Zeiten nicht anders sein. Und dieser Zusammenstoss wird um so heftiger sein, je mehr der vom Geschick zur Auflösung bestimmte Teil sich seiner Ohnmacht bewusst wird oder sie nur fühlt, fast widerwillens von ihr zu Handlungen gedrängt wird, die nur den eigenen Untergang beschleunigen können. Auf der andern Seite dagegen sehen wir im Ueberschwang der Bestrebungen oft Erscheinungen zur augenblicklichen Geltung kommen, die von vornherein hinfällig sind und in Kurzem auch verschwinden müssen. Ganz aber wird sich eine neue Epoche der Bräuche und Sitten ihrer Vorgängerin nie entledigen können. Tugenden und Laster von gestern werden stets auch dem heute anhaften, mag dieses auch noch so erbittert dagegen sich zeigen. Auch die Revolutionsjahre, die der kulturellen Uebergangszeit Ludwigs XVI. folgten, waren in sittlicher Beziehung nicht besser als die vorhergegangenen. Die Unzucht, die Prostitution trat nur in Begleitung eines teils missverstandenen, teils heuchlerisch missbrauchten moralischen Phrasenprunks hervor. Es äusserten sich sogar nur zu zahlreiche Exzesse dieser Art, was begreiflich ist von einer Zeit, in der die Leidenschaften schäumend und brausend alle Dämme zerreissen und selbst die Besonneneren mit in den Strudel reissen.

Ludwig XVI. wurde am 21. Januar 1793 zu Paris hingerichtet. Einige Monate später, 16. Oktober, fiel auch das Haupt der Königin Antoinette unter dem Fallbeil des Revolutionstribunals. Vorher schon, in dem Bastillensturm von 1789, war das sieche achtzehnte Jahrhundert erlegen, das „philosophische Jahrhundert", wie es sich gern nennen hörte, das „sittenlose", das „Jahrhundert der Prostitution", wie es mit Recht auch genannt werden kann.

Wenn sich auch die Sitten am Hofe Ludwigs XVI. nicht viel günstiger zeigten, als zur Zeit seiner unmittelbaren Vorgänger, so muss auch zugegeben werden, dass bei der Unzucht auch weniger Verschwendung obwaltete, was allerdings kein Lob ausdrücken will und seinen Grund wohl in dem Umstand fand, dass die Bevölkerung bereits ausgepresst war und ein Notstand überall herrschte. Die Regierung erliess damals Aufschub-Befehle, dessen Inhaber berechtigt war, von seinen Gläubigern Stundung der Schuld zu fordern, wovon die Herren am Hofe einen umfassenden und zuweilen auch anrüchigen Gebrauch machten. „Mit Aufschub-Befehlen," heisst es in einem 1794 ohne Nennung des Autors erschienenen Buch über die französische Revolution, „bezahlte der Minister Amelote oft die Gunstbezeugungen der Schauspielerinnen, die ungeheuere Schulden gemacht hatten." Der Graf d'A***, bezaubert von der Mdlle Contat, wünschte bald nach ihrem ersten Auftreten im Theater Française ihre Bekanntschaft zu machen. Er liess sich bei ihr melden. Die Schauspielerin empfing ihn mit ersichtlicher Verlegenheit und erheuchelter Betrübnis. Der Graf fragte nach der Ursache und nach langem scheinbarem Zögern gestand sie ihm, dass sie 50 000 Livres schuldig sei, die sie sofort bezahlen sollte, es aber nicht vermöge. Ein auf dem Kamin vorbereitet hingelegter Mahnbrief wurde von dem Grafen in die Hand genommen, er las ihn und sagte: „Diese Bagatelle macht Ihnen Sorge? Ich will dem abhelfen." Fräulein Contat war erfreut und sie dankte dem Hilfsbereiten mit mehr als mit Worten. Als er nach einiger Zeit wieder bei ihr vorsprach, bemerkte er: „Nun, diese Angelegenheit ist doch befriedigend geregelt?" „Nicht, dass ich wüsste," antwortete die Schauspielerin, die erwartet hatte, dass er ihr oder den von der Sache verständigten fingierten Gläubiger den Betrag übermitteln werde. „Nicht?" — fragte der Graf erstaunt wieder. „Hat Ihnen Amelot keinen Aufschub-Befehl zugeschickt? Morgen sollen Sie ihn haben." Sie erhielt ihn auch wirklich, doch war er natürlich wertlos für sie. „Diese Lektion," berichtet unsere Quelle, „bewog Fräulein Contat, sich nunmehr pränumerando bezahlen zu lassen. Den Preis für einen Abend soll sie auf 100 Louisd'or festgesetzt haben und sie fand mehrere Liebhaber. Der Herzog de G***, hässlich von Ansehen und sehr verschuldet, hörte, das Mdlle Jonville, eine Opernsängerin, viele Schulden habe. Dies schien ihm eine günstige Gelegenheit, ihr Vorschläge zu machen, überzeugt, dass der Reiz des Geldes sie seine Hässlichkeit nicht würde bemerken lassen. Er versprach ihr monatlich tausend Louisd'or. Der Antrag wurde begierig angenommen und er trat in den Genuss seiner Eroberung ein. Hierauf liess er die Gläubiger der Mdlle Jonville zu sich kommen, untersuchte ihre Forderungen, fand die Summen ungeheuer und veranlasste die Gläubiger, die eine baldige Bezahlung erhofften, zu einer Herabminderung. Diese Nachlässe beliefen sich auf tausend Louisd'or. Nach Verlauf eines Monates schickte er dem Fräulein Jonville die Bestätigung dieser Verminderung als Bezahlung der versprochenen Summe. „Durch solche Mittel," wird salbungsvoll hinzugefügt, „suchten die Hofleute, die sich durch einen angeborenen Hang zur Wollust oder der Mode zu Gefallen, bei Frauenzimmern zu Grunde gerichtet hatten, diese wieder zu betrügen, sowie die Kaufleute, die aus Habsucht oder Zutrauen ihnen Kredit gegeben hatten."

Beispiele ähnlicher Art liessen sich übrigens noch in Fülle anführen. Sie alle beweisen aber nur weiter, dass auch hier, wie es Regel ist bei Machthabern, der moralische Bankerott dem materiellen vorausging.

XXVIII. Kapitel.

Die Revolution. — Der rote Schrecken. — Vidocq. — Gefängnisse der Schreckenszeit. — Die Frauen in der Schreckenszeit. — Jugendaufzeichnung Bonapartes. — Napoleon. — Josephine. — Napoleon I. und die Frauen. — Polnischer Adel. — Napolens Brüder und Generale. — Pauline. — Die Restauration. — Ludwig XVIII. — Karl X. — Julirevolution. — Malthus' Lehre. — Saint-Simonismus. — Fourier und sein Phalansterium. — Robert Owen. — Etienne Cabet. —

Wie das Königtum unter Ludwig XVI., so kennzeichneten sich auch die Revolutionsjahre der ersten französischen Republik durch schwankende Gesinnung und That. Beide Zeiträume waren eben nichts anderes als Episoden derselben Uebergangsepoche. In beiden kamen die Geistesrichtungen in den Vordergrund, die mit den Namen Voltaire und Rousseau verbunden sind, nur dass in der ersteren Periode die Anschauungen, die

Richtung des Philosophen von Ferney vorherrschend waren, während sich später die empfindungsreichere, aber auch unklarere Lebensanschauung des Genfer — man könnte mit mehr Recht Empfinders als Denkers sagen in den Vordergrund drängten, allerdings mehr deren Theorie als deren Praxis, wie es anders auch nicht möglich sein konnte in einer Gesellschaft, die so stark mit der Kulturfäulnis der vorhergegangenen Zeit durchsetzt war. Es war der Geist Rousseaus, der aus dem theatralischen Römertum der Männer der Revolution sprach und derselbe Geist auch, der in grausamer Konsequenz in dem „roten Schrecken" zum Ausdruck gelangte. Willkürlich und unwillkürlich wurde dabei eine Tugend, eine Moral erheuchelt, die nicht vorhanden war und in dieser Gesellschaft auch nicht vorhanden sein konnte. Es begann die Herrschaft der Phrase, die selbst heute noch einen wesentlichen Bestandteil des öffentlichen Lebens bildet und von der Oeffentlichkeit, dem Anscheine nach, überhaupt nicht zu trennen ist. Die Sittlichkeit war in der Revolutionszeit, in den Schreckensjahren nicht besser als in den Jahren des Monarchismus, eher vielleicht noch schlechter, weil die Leidenschaften aufgewühlt waren und die vorher durch mancherlei Verhältnisse eingedämmten Begierden der grossen Menge schrankenlos sich ausdehnen konnten. Eine Bestätigung dessen bieten die bekannten Ausschreitungen, die mit der Einsetzung der „Göttin der Vernunft" und ähnlichen Bekundungen verbunden waren, sowie auch das Privatleben vieler von der Brandung auf die Oberfläche getriebenen Persönlichkeiten. Der bekannte spätere Pariser Polizeikommissar Vidocq wurde in der Revolutionszeit verhaftet, doch half ihm eine gewisse Mademoiselle Chevalier, mit der er schon früher in Verbindung stand, aus dem Kerker. „Sie stand nämlich mit dem Proconsul Joseph Lebon in sehr gutem Vernehmen und erklärte ihrem Schützling Vidocq, als er sich noch im Gefängnis befand, er solle zwischen Heirat und Guillotine wählen. Vidocq wählte zwischen zwei Uebeln das kleinere und heiratete die Bürgerin Chevalier. Aber welches Schicksal stand ihm bevor! Einige Tage nach seiner Hochzeit war er genötigt, Abends auszugehen. Er kehrte erst mitten in der Nacht zurück, ging in das Zimmer seiner Frau und das erste was er erblickte, war ein Kavallerie-Offizier, der sich bei seinem Eintritt durch das Fenster flüchtete. Vidocq verfolgte ihn, konnte ihn aber nicht einholen. Jetzt hätte er sich leicht vor Gericht Genugthuung verschaffen können, allein er hatte keine Lust, die Sache so weit zu treiben, da sich voraussehen liess, dass er durch einen solchen Schritt den gefährlichen Josef Lebon gegen sich aufbringen würde. Er ergab sich daher in sein Schicksal und die meisten Ehemänner würden an seiner Stelle ebenso gehandelt haben" (Appert. „Die Geheimnisse des Verbrechens".

Kann von der Revolutionszeit keine Besserung der sittlichen Verhältnisse im allgemeinen behauptet werden, so muss doch zugegeben werden, dass die Prostitution im engeren Sinne keine Fortschritte machte, vielmehr einen Rückgang zu verzeichnen hatte. Für die gewerbsmässige Unzucht schien doch die Zeit zu ernst zu sein. In den Jahren 1793 und 1794 gab es in Paris, abgesehen von den zahlreichen Arresthäusern, einundvierzig Gefängnisse, die mit Insassen überfüllt waren, darunter ein grosser Teil Frauen, die zumeist nur persönliche Gehässigkeit, Neid und andere schlechte Mittel hergebracht hatten. Von diesen Gefängnissen seien hier besonders erwähnt: Die Madelonettes, ursprünglich ein von einem Pfarrer, einem Kapuziner und einem Soldaten gegründete Anstalt zur Aufnahme von Dirnen, die sich bessern wollten. Ludwig XIII. unterstützte diese Anstalt mit 100000 Livres und einem jährlichen Zuschuss von 3000 Livres. Sie wurde von Nonnen verschiedener Orden geleitet. Ferner sei erwähnt, St. Lazare, ursprünglich ein Hospital für Aussätzige, dann eine Besserungsanstalt für liederliche Frauenzimmer und das Hospital de l'Archevéché, wo Frauen untergebracht wurden, die sich nach ihrer Verurteilung als schwanger bezeichnet hatten, denn eine Hinrichtung sollte erst nach der Entbindung vorgenommen werden.

Die Teilnahme der Frauen an den politischen Bewegungen ihrer Zeit war in Frankreich stets bedeutend und leidenschaftlich, wie es besonders in den Tagen der Fronde in Erscheinung trat. Es ist daher nicht verwunderlich, dass das weibliche Geschlecht auch in der grossen Revolution eine bedeutsame Rolle spielte und dass hierbei oft ganz erstaunliche Leistungen hervorgebracht wurden, verabscheuenswerte wie bewunderungswerte. „Inter arma silent leges", lautet ein alter Spruch, der auch für sittliche Gesetze sehr häufig gilt. Die Abirrungen oder Verirrungen der Revolutionszeit können daher wohl als Begleiterscheinungen betrachtet werden, aber keineswegs als Charakteristik dieser Zeit selbst, zumal sie mehr als jede andere Erscheinung von der Lebensweise der Vergangenheit abhängig waren. Genau genommen zeigt jede Periode dieselben sittlichen Fehler, die ihre Vorgängerinnen aufzuweisen hatten und was uns hier oder dort auffälliger erscheint, sind zumeist nur Aeusserlichkeiten, die für die Beurteilung des Ganzen von geringerer Bedeutung sind, als es oft scheinen will.

In seinem bekannten Buch „Napoleon I. und die Frauen", übersetzt von Oskar Marschall von Bieberstein, teilt uns Friedrich Masson folgende interessante Aufzeichnung des achtzehnjährigen Bonaparte mit:

Paris, Donnerstag, 22. November 1787.
Hôtel Cherburg, Four St. Honoré.

Ich kam aus der Oper. Hastigen Schrittes ging ich unter den Bäumen des Palais Royal auf und ab. Meine Seele, bewegt von den ihr eigenen lebhaften Empfindungen, machte mich unempfindlich gegen die herrschende Kälte; als aber die geistige Thätigkeit zu erlahmen begann, spürte ich bald die rauhen Einflüsse der Jahreszeit und verfügte mich unter den Kolonnaden. Gerade als ich durch das Gitter schritt, fiel mein Blick auf ein weibliches Wesen. Die Gestalt, die grosse Jugend, die späte Stunde — kein Zweifel, ich hatte eine Dirne vor mir. Sie blieb stehen, nicht etwa in herausfordernder, sondern in einer ihrer Persönlichkeit entsprechenden Weise Diese . . . (das fehlende Wort ist im Manuskript völlig unleserlich) setzte mich einigermassen in Erstaunen, diese Schüchternheit ermunterte mich. Ich redete sie an! Ich, der ich mehr als irgend ein anderer von der Abscheulichkeit ihres Gewerbes durchdrungen bin, der ich mich von einem Blick schon besudelt fühlte. Allein ihre bleiche Gesichtsfarbe, ihre schwächliche Gestalt, der dünne Ton ihrer Stimme lassen mich keinen Augenblick schwanken. Entweder, so dachte ich bei mir selbst, kann mir diese Person zu nützlicher Beobachtung dienen, oder — es ist bloss ein Troddel.

„Sie frieren," frug ich, „und doch wollen Sie hinaus unter die Bäume?"

„O, die Kälte, mein Herr, hat einen belebenden Einfluss auf mich und ich muss meine Soirée doch beenden."

Die Gleichgiltigkeit, mit welcher sie diese Worte ausstiess und das Geschäftliche ihrer Antwort gefielen mir, so dass ich mich ihr anschloss.

„Sie scheinen," begann ich wieder, „von schwächlicher Gesundheit, ich wundere mich, dass Sie Ihres Gewerbes nicht überdrüssig sind."

„Dame! man muss doch etwas thun, mein Herr."

„Das mag sein; sollte es aber keinen Erwerb geben, welcher Ihrer Gesundheit zuträglicher wäre?"

„Ich wüsste nicht! man muss doch leben."

Ich war erfreut, dass sie mir in solcher Weise Rede stand; das war unbedingt ein Erfolg, wie er noch keiner meiner bisherigen Bemühungen nach dieser Richtung hin zu teil geworden war.

„Sie müssen aus irgend einer nördlichen Gegend sein. Sie trotzen aller Kälte."

„Ich bin aus Nantes in der Bretagne, Monsieur."

„Ich kenne die Gegend wohl. Sie müssen, Madame, mir das Vergnügen machen und mir die Geschichte des Verlustes ihrer Unschuld erzählen."

„Ich fiel einem Offizier zum Opfer."

„Kränken Sie sich darüber?"

„Gewiss, das lässt sich denken." (Die Stimme bekam dabei einen so weichen Klang, bekam so Rührendes, wie ich es bisher noch nicht bemerkt hatte.) „Natürlich! Meine Schwester ist gut etabliert — warum ich nicht?"

„Warum sind Sie nach Paris gekommen?"

„Der Offizier, welcher mich ins Verderben stürzte — den ich verabscheue, liess mich im Stich; ich musste vor der Empörung meiner Mutter flüchten. Es stellte sich ein zweiter ein, der mich nach Paris führte; er verliess mich! Ein Dritter, mit dem ich drei Jahre zusammen lebte, that desgleichen. Obwohl Franzose, ging er nach London in Geschäften und blieb dort. Lassen Sie uns zu Ihnen nach Hause gehen, mein Herr."

„Und was sollen wir da machen?"

„Nun, wir wärmen uns und Sie . . ."

Ich war weit entfernt, Bedenken zu haben. Ich hatte mit ihr geschäkert, damit sie nicht davonliefe, wenn sie sich in die Enge getrieben fühlte durch meine Redewendungen, in welchen ich ihr Ehrbarkeit vorheucheln und — dieselbe nicht zu besitzen später beweisen wollte."

Könnten diese Zeilen nicht auch gestern, von irgend einem Jüngling in irgend welchem civilisierten Lande niedergeschrieben worden sein? Und zeigen sie nicht auch, dass der Weg zur Prostitution in den Sturmjahren der Revolution derselbe war wie heutzutage? Das Leben Napoleons, der nicht nur seinem Zeitalter die Prägung seiner mächtigen Persönlichkeit gab, sondern auch den Geist des ganzen Jahrhunderts bedeutsam beeinflusste, weisst eine reiche Erotik auf, die jedoch, mit geringer Ausnahme, nur als Prostitution eingeschätzt werden kann. Ein strenger Richter wird hiervon vielleicht nicht einmal die Kreolin Josephine, die Witwe des hingerichteten Vicomte de Beauharnais und „Freundin" Barras ausnehmen, die des vielversprechenden Generals erste Gattin wurde. Fast alle Frauen, deren Liebeshuld Napoleon genossen, sind, wie Masson ganz richtig bemerkte, „bei Licht besehen, gleichviel ob sie verheiratet, ob sie beim Theater sind, oder ob sie zum Hofe gehören, mehr oder weniger nur feile Dirnen. Sie wollen für das Vergnügen, das sie gewähren, bezahlt sein und Napoleon bezahlt sie: man ist quitt, wenn man sich trennt." Bereits früher wurde erwähnt, dass die Revolutionszeit mit ihrem „Roten Schrecken" trotz ihrer tugendfrommen Gebärden an Unsittlichkeit nichts Geringeres aufzuweisen hatte als die vorhergegangene Aera, ja sie war vielleicht noch verwerflicher, weil sie die „Gleichheit" auch in dieser Beziehung walten liess. Die Kaiserzeit mit ihren demoralisierenden Kriegen konnte nicht besser sein. Auch in anderen Ländern war es übrigens nicht besser bestellt, manchen Orts sogar noch viel ärger, als Fortsetzung vergangener Tage. „Es gab zu jener Zeit keinen vornehmen Mann in Polen, der nicht neben seiner Gemahlin in der Gesellschaft eine Maitresse, die auch den Titel führte, gehabt, der nicht auf einem seiner Schlösser in der Provinz eine oder mehrere Georgerinnen gehalten hätte. Aus diesem Grunde erschien auch Napoleon als ein überaus sittenstrenger Souverain: er führte Krieg, ohne einen Harem hinter sich zu schleppen — das erschien ganz ausserordentlich," berichtet unser Gewährsmann. Das Treiben der Generale Napoleons war mit wenigen Ausnahmen, zuchtlos und Schlimmeres noch lässt sich von seinen Brüdern sagen, besonders von Jerome, dem „König Lustik" von

Westphalen. Ein Denkmal der Ehrbarkeit seiner Schwester Pauline ist das bekannte Venusgebilde Canovas, zu dem sie Modell gesessen hat. Einen kräftigeren Nährboden konnte die Prostitution in der That nicht finden.

Der Sturz Napoleons brachte Frankreich keine sittliche Besserung, trotz der Frömmelei, die damals durch ganz Europa ging. Das wieder eingesetzte Königtum der Bourbonen, der alte Adel strebten die Verhältnisse von Einst wieder herzustellen und welcher Art diese waren, ist bereits geschildert worden. „Nichts hat sich in Frankreich geändert, es giebt nur einen Franzosen mehr,“ sprach Ludwig XVIII. — „Louis deux fois neuf,“ scherzten die auch im Unglück munteren Franzosen nach seiner zweiten Rückkehr nach den Hunderttagen, was bekanntlich, zwei mal neun und zwei mal neu bedeutet — bei seiner Rückkehr nach Frankreich. Er war in der That der maassvollste und vorgeschrittenste seiner Umgebung, was ihm auch den Spottnamen „Jakobiner-Royalist“ zuzog. Aber im Laufe der Zeit konnte er sich deren Einfluss nicht mehr entziehen, besonders weil er eigentlich innerlich mit ihr völlig übereinstimmte und nur aus Klugheit, in Erinnerung der Vergangenheit, den Gedanken der Neuzeit Concession zu machen geneigt schien. Ludwig wich zu den reaktionären Anschauungen seiner Umgebung zurück, mehr noch that dieses sein Bruder und Nachfolger Karl X., der Führer der ultra-royalistischen Partei. „Es war damals,“ schreibt der Historiker Ernst Münch von der Regierung Ludwigs XVIII., „eine tolle Wirtschaft in Frankreich, während doch die geistreichsten, bestdenkendsten und gemässigsten Männer an der Spitze der Regierung standen. Alle Leidenschaften fanden sich auf dem grossen Tummelplatz ein, alle Schlechtigkeiten in Lügen wurden bald für hof- bald für nationalfähig erklärt.“ Der Sozialismus, in seiner neuen Form gleichfalls ein Kind der grossen Revolution, machte sich geltend, besonders durch den Saint-Simonismus und durch Fourier's phantastische Lehren, die hier gleich zur Erörterung kommen sollen, weil sie mit dem sexuellen Thema in einer engeren Verbindung stehen, als viele annehmen möchten. Bald geschah was Einsichtige erwartet oder befürchtet hatten, nach etwa fünfzehnjähriger erneuter Herrschaft entthronte die Julirevolution von 1830 die Bourbonen in Frankreich. Den gleichen Misserfolg wie auf politischem, hatte dieses Regime auf sozialem Gebiete aufzuweisen. Schon unter Napoleon I. machten sich die alten Fehler, der alte Hochmut und die alte Sittenlosigkeit wieder breit. Doch, welche Fehler auch begangen wurden, die gewaltigen Waffenerfolge Napoleons wogen alles reichlich auf. Man zog nicht die Lächerlichkeiten in Betracht, die mit dem prunkvollen, nachahmenden Hofstaat des „kleinen Korporals“ verbunden war und man kritisierte auch nicht mit Schärfe die damit verbundene Sittenverderbnis. Der mit den Bourbonen zurückgekehrte und wieder zur Geltung gekommene Adel und sein Anhang suchte die Gepflogenheiten der im

Sturmeswehen der Revolution zerflatterten Vergangenheit wieder aufzunehmen, durch eine sittenlose Ueppigkeit das sozusagen einzuholen, was ihnen die Ereignisse der Zeit entrissen hatten. Allerdings machte sich auch, begünstigt von der weichen, kraftlosen romantischen Stimmung jener Tage die Kirchlichkeit oder vielmehr Frömmelei stark geltend. Doch diese hat nie zur Besserung der moralischen Zustände beigetragen, sie war sogar stets eine Begleiterscheinung der Unsittlichkeit.

Zum besseren Verständnis von Zeit und Verhältnissen müssen wir nun einige wichtige Erscheinungen näher in Betracht ziehen. Vor allem gelangen wir dabei zu der sogenannten Malthus'schen Lehre, die sich mit den Bevölkerungsgesetzen beschäftigt, welche für die Beurteilung der Prostitution von hoher Bedeutung sind.

Ende des achtzehnten Jahrhunderts liess der schottische Geistliche und Sozialökonom sein berühmtes Werk, „Essay on Population" erscheinen. Er will darin bekanntlich die Ursachen erforschen, die bisher den Fortschritt der Menschheit zur Glückseligkeit hemmten und wie diese Ursachen zu beseitigen wären. Als Hauptursache betrachtet er die stete Tendenz alles organischen Lebens, somit auch des Menschengeschlechts, sich über das vorhandene Maass der vorhandenen Nahrungsmittel zu vermehren. Die Bevölkerung nähme unter gewöhnlichen Verhältnissen geometrisch zu, also in Zahlen ausgedrückt etwa wie 1, 2, 4, 8, 16, u. s. w., während die Nahrungsmittel nur eine arithmetische Zunahme aufweisen, etwa wie 1, 2, 3, 4, 5 u. s. w. Die Erde würde demnach früher oder später nicht mehr im Stande sein die Menschen zu ernähren, es müssten daher, wie es jetzt bereits der Fall wäre, vorbeugende und positive Beschränkungen eintreten, die die Bevölkerungszunahme hemmten. Erstere gipfelt in der Einschränkung der Eheschliessungen, oder vielmehr noch in der Einschränkung der Kinderzeugung, der mit entsprechenden Mitteln vorgebeugt werden muss. Letztere sind meist natürlicher Art, Krankheiten, Epidemien, Hungersnöte, Kriege, Ausschweifungen, Elend, kurz, alles was geeignet ist die Bevölkerungszunahme einzuschränken.

Diese Theorie, die unter scheinheiliger Maske eigentlich nur dem Wohlstand das Wort redet, die Prostitution als unbedingte Notwendigkeit hinstellt und mit grausamer Brutalität in die edelsten Empfindungen der Menschheit eingreift, deren natürliche Bestimmung sozusagen eine falsche Richtung zu geben versucht, erregte grosses Aufsehen, fand vielen Beifall und leider auch häufige praktische Bethätigung. Abgesehen von der Unsittlichkeit dieser Anschauung, ist sie nicht einmal wahr und richtig. Die Zahlenbestimmung der Vermehrung muss selbt ein Anhänger des Malthusianismus wie Stuart Mill, als für die Bedeutung des Ganzen nichtiges Spiel hinstellen und die Annahme, dass ein Mangel an Nahrungsmitteln eintreten könnte, ist durch nichts erwiesen, eine Hypothese für die bisher nicht die geringste Wahrscheinlichkeit spricht. Es ist hier nicht der

Ort näher auf die Erörterung einer nationalökonomischen Frage einzugehen Soweit diese vorgeschlagene Lösung die öffentliche Moral betrifft ist sie, wie nicht oft genug wiederholt werden kann, verwerflich, eine entschiedene und gefährliche Bundesgenossin der Prostitution, die hiermit von einem, sagen wir Kulturlaster zu einer Naturnotwendigkeit erhoben wird. Denn dass die moralische Hemmung, die geschlechtliche Enthaltsamkeit nämlich. je in dieser Weise zur Geltung gelangen könnte, dürfte niemand ernstlich annehmen. Die praktische Anwendung des Malthusianismus ist daher dort, wo sie wirklich zur Anwendung gelangte nur eine Hemmung des nummerischen, des moralischen und genau zugesehen, sogar des materiellen Fortschrittes des betreffenden Volkes, des betreffenden Landstriches, der betreffenden Gesellschaftsschichte gewesen. In Frankreich selbst hat diese Theorie zum Schaden des Reiches Wurzel geschlagen, und es haben sich dagegen ernste Warnerstimmen erhoben, von denen später noch die Rede sein soll, weil wir notwendiger Weise auf den Gegenstand nochmals zurückkommen müssen.

Der Malthusianismus ist im Grunde genommen, soweit er auf den von seinem Urheber angegebenen Gründen beruht, nur eine Lebensäusserung des Kapitalismus und tauchte auf, als der kommunistisch gefärbte Socialismus neuerdings zur Geltung zu kommen versuchte. Früher sehen wir ihn schon wiederholt auftauchen wie z. B. in der ursprünglichen christlichen Kirche.

Dieser Socialismus vom Beginn des neunzehnten Jahrhunderts trägt, wie leicht begreiflich ist, das scharfe Gepräge seiner Epoche und taumelt im Irrgarten der Romantik umher. Es bestehen zwischen ihm und der Prostitution so enge Wechselbeziehungen, dass er hier gleichfalls vorgebracht werden muss.

Was in den Bewegungen zur gesellschaftlichen Reform hier hauptsächlich in Betracht kommt, ist deren Stellungsnahme dem Weibe, der Ehe gegenüber. Graf Claude Henry, Saint-Simon (1760—1825), der Enkel des gleichnamigen Herzogs, dessen Memoiren für die Beurteilung der Verhältnisse unter Ludwig XV. und der Regentschaft so wichtig sind, war der Erste, der die soziale Frage im neunzehnten Jahrhundert in den Vordergrund der Erörterung brachte. Er, und mehr noch seine später von Enfantin geleitete Schule traten für die Auflösung aller ehelichen Bande, für die „freie Liebe“ ein, ein Grundsatz, der noch heute von vielen Vertretern der kommunistischen Weltanschauung festgehalten wird, der zwar folgerichtig zum System ist, aber im Widerspruch mit dem Fühlen und Empfinden der Menschheit, mit deren ganzen kulturellen Entwicklung steht, deren Tradition selbst von ihren Widersachern nicht als geltungslos beiseite geschoben werden kann, und nichts anderes als die Inthronisierung der Prostitution bedeuten würde, sofern ihre Einsetzung überhaupt möglich wäre. Der Saint-Simonismus musste sich bald infolge der Uebertreibung seiner Führer auflösen und letztere wurden 1832 zu Gefängnisstrafen verurteilt.

Gleichzeitig mit den Saint-Simonisten wirkte François Marie Charles Fourier, mit dessen Theorie wir uns hier näher beschäftigen müssen, weil sie eine ganz beispiellose Aufmerksamkeit erregte, ja sogar heute noch Anhänger hat, wie später noch erwähnt werden muss. Nur wenige wurden bei ihrem Hervortreten in die Oeffentlichkeit mehr gepriesen als Fourier, der am 7. Januar 1772 zu Besançon als Sprössling einer Kaufmannsfamilie geboren wurde. Der Christoph Kolumbus der sozialen Welt, der wahre Erlöser der Menschheit, der Baumeister des Erdenglücks, der hehre Entdecker des Gesetzes der universellen Bestimmung, so lauten einige der Titel, die ihm von seinen Anhängern gewidmet wurden. Allerdings fehlte es ihm auch nicht an Gegnern, selbst nicht an Gegnern aus sozialistischen und kommunistischen Lagern. Proudhon schrieb an Blanqui: „Nul ne sait tout ce que renferme de bêtise et d' infamie le system phalanstérien," wogegen die Worte des konservativen Lammenais: „Le systeme économique des fouriéristes, en contradiction avec les lois supérieures, les lois morales et la nature humaine, renferme de nombreuses et radicales impossibilitès," fast noch wie Lob klingen. Der muntere Béranger fasst Fourier's Lehre in folgende Worte zusammen:

Fourier nous dit: Sors de ta fange
Peuple en proie aux déceptions;
Travaille, groupé par phalange,
Dans un cercle d'attractions.
La terre, aprés tant des désastres
Forme avec le ciel un hymen;
Et la loi qui régit les astres
Donne la paix au genre humain."

Doch es dürfte geeigneter sein die welterlösenden Theorien dieses sozialen Messias in nüchterner Prosa etwas eingehender zu erörtern. Sein Lebensgang war einfach. Er war Handlungskommis, dann Geschäftsreisender, später selbstständiger, kleiner Kaufmannn zu Lyon. Litterarisch trat er bereits 1803 mit einigen Zeitungsartikeln hervor, die die Aufmerksamkeit der Regierung erregten. Fünf Jahre später veröffentlichte er sein erstes Werk: „Théorie des quatre mouvements et des destinées générales, prospektus et annonce." Was er uns hier als künftige Weltordnung zusichert, falls die Gesellschaft seinen Plänen gemäss umgestaltet würde, kann kaum ernst besprochen werden. Alle die chiliastischen Phantasien vorhergegangener Zeiten sind kühne Rechenexempel dagegen. Schmerz und Elend würden zu den unbekannten Dingen gehören, die Erde und was darauf ist, eine bisher ungeahnte Kraft und Fruchtbarkeit bekunden, der Mensch eine Höhe von sieben Fuss und ein Alter von

144 Jahren erreichen, von diesen — Fourier hätte kein Franzose sein müssen, um nicht ausdrücklich darauf hinzuweisen — 120 Jahre „d'exercise actif en amour.“ Die Frauen würden alle Jugendfreuden noch zu achtzig Jahren geniessen können. Alle Fähigkeiten würden sich verzehnfachen, verhundertfachen. Die Erde trüge drei Milliarden glückliche Menschen, darunter Millionen von Homere, Newtons, Moliéres. Das Meerwasser würde sich in eine Art Limonade verwandeln, die Raubtiere in sanfte, den Menschen dienende Tiere, in Anti-Löwen, Anti-Tiger, Anti-Leoparden ect. — vielleicht rührt von diesem Werke die so häufig gewordene Anwendung von Anti- her — die uns, das heisst die Menschen, mit unerhörter Schnelligkeit von einem Ort zum andern bringen sollten. Mit den Planeten, besonders mit Merkur würde eine Art telegraphische, Verbindung hergestellt werden und so noch vieles mehr, wie es die Phantasie eines ausser Rand und Band geratenen Romanschreibers nicht bunter zu schildern vermöchte.

Und was muss geschehen um zu allen diesen Köstlichkeiten zu gelangen? Einfach nur die vorhandene Civilisation beseitigen und an deren Stelle die von ihm entdeckten „Gesetze der universellen Harmonie“ einführen. Und er meint es ernst, sehr ernst. „Ich bin allein zum Ziel geschritten,“ ruft er aus, „ohne vorhandene Mittel, ohne gebahnten Weg. Ich allein werde zwanzig Jahrhunderte politischer Beschränktheit überzeugen und mir allein verdanken die gegenwärtigen und die künftigen Geschlechter die Initiative ihres gewaltigen Glücks. Vor mir hat die Menschheit mehrere tausend Jahre im törichten Kampf gegen die Natur verloren . . . Besitzer des Schicksalsbuches, will ich die politische und moralische Dunkelheit verscheuchen und auf den Ruinen unbestimmter Wissenschaften errichte ich die Theorie der universellen Harmonie.“ Diese Harmonie soll nach Fourier vom Gesetz der Anziehungskraft herrühren, dem das ganze Weltall unterworfen wäre und dem sich nur die menschliche Gesellschaft zu ihrem Schaden irrig entzogen hätte. Die Anziehungskraft ist für Fourier alles. Auf sie stützt sich seine neue Kosmogenie, sein neuer Glaube, seine neue Gesellschaft. Nach seiner Ansicht wäre der Erde eine Dauer von 80000 Jahren beschieden, von denen sie ein Sechzehntel, die Kindheit, bisher erlebt hatte. Nun sollte die zweite Phase folgen, bestehend aus sieben Sechzehnten, gleich 35000 Jahren, das Wachstum, der Aufstieg. Dieser wieder würde einst eine ebenso lange Phase des Niederganges folgen, um schliesslich von einer vierten Phase des Verfalls, Dauer 5000 Jahre gleich der Kindheit, abgelöst zu werden. Doch es würde zu weit führen, hier all die Einzelheiten seiner wunderlichen Kosmogenie anzugeben. Auch seine Ansichten von der Menschenseele, auf eine Art Seelenwanderung hinzielend, sind von ähnlicher Beschaffenheit. Sein Gottbegriff wieder gipfelt in einem verworrenen Pantheismus. Natürlich setzt er auch an Stelle der Ehe die „freie Liebe“, wie überhaupt der

Familienzusammenhang in den Phalansterien zu bestehen aufhört. Letztere sind Höfe, die dem Aufenthalt einer bestimmten Anzahl Menschen dienen sollten. Dörfer, Städte und Staaten, das alles sollte in seiner bisherigen Form und Gestalt nicht mehr bestehen, sondern nach der von Fourier ausgeklügelten und genau angegebenen Weise umgestaltet werden. Lamartine hat das rechte Wort getroffen indem er gegenüber diesen wahnwitzigen Plänen ausruft: Bêtise! vous rêvez contre la nature!"

Trotz der lächerlichen Hinfälligkeit dieses Systems fehlte es ihm, wie bereits bemerkt, an begeisterten Anhängern nicht und es wurden wiederholte Versuche vorgenommen, selbst noch in den jüngsten Jahren, Phalansterien zu errichten, was aber stets mit einem Zusammenbruch endigte. Mit Recht konnte Proudhon Fourier's System bezeichnen als „le dernier rêve de la crapule en délire."

Von ähnlicher Beschaffenheit, wenn auch der Form nach etwas minder phantastisch, waren die Pläne des Engländers Robert Owen (1775—1858), der gleichfalls einen praktischen Beweis der Durchführbarkeit liefern wollte und in Amerika eine Kolonie nach seinem kommunistischen System gründete, die aber bald der Auflösung verfiel. Auch er wollte die Familie, den Grundpfeiler unseres Kulturlebens, in der Gemeinschaft aufgehen lassen, obgleich er sich in dieser Sache etwas zurückhaltender ausdrückt als Fourier, der übrigens ein heftiger Gegner seines englischen Mitbewerbers war und von dessen Anhängern als „sycophantes de la secte Owen, gens très-dangereux" spricht.

Als Träumer gleicher Art erwies sich einige Jahre später Etienne Cabet (1788—1856) der, von Thomas Morns „Utopie" angeregt, seine kommunistischen Pläne in seinem Roman „Voyage en Icarie" niederlegte und später auch mit einer Anzahl Genossen eine „Ikarische Republik" in Amerika gründete. Er wurde bald von seinen Gesinnungsgenossen aus seiner Schöpfung vertrieben und diese löste sich auf, wie es anders auch nicht möglich sein konnte von einem Unternehmen, das mit Menschen, die innerhalb einer gewissen Kulturentwicklung stehen, etwas ausführen will, was völlig ausserhalb dieser Kulturentwicklung steht. Immerhin kann aber zu seinem Lob noch gesagt werden, dass er vor der Auflösung aller Ehe- und Familienbande zurückscheut, was allerdings zahlreiche seiner Anhänger von ihm abwendig machte. Sie hielten dies für ein veraltetes Vorurteil, meinten, von ihrem Standpunkt aus nicht ganz mit Unrecht, der gemeinschaftliche Güterbesitz setze auch eine Gemeinschaftlichkeit der Frauen voraus, „afin d' opérer le mélange le plus complet des races humaines et d' éviter les attachements individuels et la formation de la famille, qui ramèneraient infailliblement la détestable propriété."

Immer und immer wieder sehen wir demnach den Angriff gegen die herrschenden gesellschaftlichen Anschauungen grossenteils gegen die Ehe gerichtet und es muss leider auch zugestanden werden, dass die unklare, sogenannte „Frauenbewegung" der jüngsten Jahre gleichfalls oft im Banne der „freien Liebe" steht, mag sie auch sonst wenig Beziehungen zu einer kommunistischen Weltanschauung aufweisen. Was aber bei dieser kaum etwas anderes, als eine logische Folgerung ihres Systems ist, das ist dort zumeist nur eine vom Sinnlichkeitskitzel erregte Meinung, deren Erfolg nicht nur der gesellschaftlichen Stellung des Weibes nicht nützen, sondern nur schaden könnte, der nur die Prostitution erweitern, verallgemeinern könnte.

XXIX. Kapitel.

Das neunzehnte Jahrhundert. — Sozialismus. — Die Frauenfrage. — Die Prostitution im neunzehnten Jahrhundert. — Ursachen der Prostitution. — Frauenelend. — Frauen im Gefängnis. — St. Lazare. — Aufopferungsfähigkeit der Prostituierten. — Neigungen der Prostituierten. — Denkschrift eines Sträflings über die Prostitution —

Mit dem neunzehnten Jahrhundert, dessen Erscheinen wir, wie bereits bemerkt, chronologisch einige Jahre zurücksetzen müssen, sind auch neue Anschauungen entstanden, haben sich neue Kulturfaktoren geltend gemacht, deren Erörterung zwar zum Teil selbst bei Beginn des zwanzigsten Jahrhunderts noch nicht zu befriedigenden Schlüssen führen konnten, die aber alle mächtig Zeit und Leben beeinflusst haben. „Die französische Revolution," schreibt Schmidt-Weissenfels in „Frankreich und die Franzosen," „hatte die grosse sittliche Idee, eine verrottete Gesellschaftseinrichtung zu vernichten und ein in Banden geschlagenes

Menschengeschlecht der Freiheit zurückzugeben. In diesem Zeichen siegte sie, denn sie war eine Notwendigkeit: sie sprengte nur die Hülle der zum Ausbruch angeschwollenen Keime einer neuen Gesellschaft. Aber die Idee der französischen Gesellschaft ist nur erst bis zur Hälfte eine Wahrheit geworden, insoweit, als sie den Bourgois frei und der niedergeworfenen Aristokratie rechtlich gleich gemacht hat. Der Bourgois, welcher das Kapital vertritt, hat den Gewinn der französischen Revolution, deren Ideen überall Platz griffen, für sich eingestrichen und sich um die grosse Masse des Volkes, des Arbeiters nicht weiter bekümmert."

In der That, die Errungenschaften der Revolutionskämpfe kamen nur einem geringen Bruchteil des Volkes zu Gute und das Elend der Massen machte sich umsomehr geltend, durch die fast ausschliesslich zur Herrschaft gelangte Macht des Kapitals. Der im Kommunismus gipfelnde Socialismus trat hervor, von dem einige Erscheinungen bereits angeführt wurden und dessen Entwicklung und Erörterung noch die unmittelbare Gegenwart beschäftigt. Als neue Faktoren sehen wir ferner die ganz besonders zunehmende Entfaltung des öffentlichen Lebens, der Verkehrsmittel, der Grossstädte und der Industrie hervortreten, die alle der Zeit eine andere Prägung gaben, den Verkehr in neue Bahnen lenken und auf die Moral gewaltig einwirken. Begreiflich ist, dass unter Umständen, wo alle Verhältnisse nach neuer Gestaltung ringen, auch der Zustand des Weibes in der Gesellschaft zur Erörterung gelangen musste: die „Frauenfrage" entstand und machte sich immer kräftiger oder doch lauter geltend, wozu der Einfluss des Grossstadt-Wesens beträchtliches beigetragen hat. Mehr noch als anderwärts machte sich dieser Einfluss in Frankreich geltend, dessen Hauptstadt seit langem schon den Concentrationspunkt des Reiches bildet, dem sie sozusagen Denken und Handeln gebieterisch vorschreibt. Die Geschichte der Prostitution Frankreichs im neunzehnten Jahrhundert zeigt daher noch mehr als vorher einen Pariser Zuschnitt, aber sie braucht ihre kennzeichnenden Beispiele nicht mehr hauptsächlich aus Hof- und Adelskreisen zu wählen, sie findet sie noch viel geeigneter in den bürgerlichen Kreisen, oft sogar in den untersten Schichten des Volkes, obgleich auch, nun wie zuvor, die Sittenverderbnis auch hoch oben ihre Stätte gefunden hatte und zumeist von hier aus verderbend ihren Weg nahm. Ferner muss noch bemerkt werden, dass die Prostitution des neunzehnten Jahrhundert, zufolge der Abschwächung nationaler und lokaler Eigenarten und zufolge der einander immer ähnlicher und gleichartiger gewordenen Verhältnisse der Weltstädte und Grossstädte, in den civilisierten Teilen der Welt überall ziemlich in derselben Art und Weise auftritt, so, dass das, was z. B. von Paris gilt und gesagt wird zumeist auch für andere Weltstädte gilt und von ihnen gesagt werden kann. Allerdings, genau genommen, war dies stets der Fall, aber die immerhin vorhanden gewesenen und noch vorhandenen Eigenarten zeigen nunmehr weniger Sonderfärbung.

Auch hierbei zeigt sich der nivellierende Einfluss der Kultur. Es ist dies nötig vorauszuschicken, um nicht zu falschen Schlüssen zu verleiten, der Vermutung Raum zu geben, als wäre die Unzucht einzig nur in Seinebabel zu finden, weil sie bei der Erörterung der Verhältnisse von dieser Stadt ausführlicher als von anderen zur Sprache kommen. Eine gewisse Führerrolle auf dem Schmutzgebiet der Prostitution muss leider der Hauptstadt Frankreichs auch in jüngster Zeit zugesprochen werden, veranlasst von den Traditionen, dem Fremdenzufluss, den materiellen Verhältnissen und noch manchem mehr.

Not, Leichtsinn, der Anblick des umgebenden Luxus sind im neunzehnten Jahrhundert noch mehr als früher die Hauptverleiter zur Prostitution. Schmidt Weissenfels schrieb (1868) darüber: „In Frankreich ist das Loos der arbeitenden Frauen in neuerer Zeit nicht minder bedenklich geworden, ohne dass der Staat hier schon nachhaltige Abhilfe versucht hätte. In den Seidenfabriken von Lyon, in den Baumwollspinnereien von Lille, ebenso wie in den Mansardenstuben von Paris, wo die armen Nähterinnen und Posamentierarbeiterinnen leben, ist das weibliche Elend zu Hause; ja, selbst die Lehrerin, die Erzieherin, die Komtoirdame, sind zum grössten Teil der Not ausgesetzt und damit allen demoralisirenden Folgen derselben. Ueberall besteht die Arbeiterin hier einen unsäglichen schweren Kampf mit Mangel und Entbehrungen und der für den ersten Moment rettende Ausweg des Lasters wird deshalb nur zu leicht aufgesucht, zu leicht gefunden. Denn gegen das Elend haben ja alle Verführungen ihren Freibrief und die Gesellschaft, die mit ihren Künsten sich die Beute in den Kreisen jener Aermsten sucht, sie wirft sich nachher mit ihrer übertünchten Demoralisation stolz in die Brust und verurteilt ihre eigene Sünde an deren Opfern. Es ist wahr, schwerer als der unzureichende Lohn, als die beschränkte Arbeitsfreiheit, als Armut und Not, lastet auf den Arbeiterfrauen Frankreichs der Fluch einer grossen Frivolität. Es ist die Pest, die in allen Kreisen frist und die auch in die leicht empfänglichen der Fabrikmädchen, Grisetten und Komtoirmädchen gedrungen ist. Jede arbeitende Frau hält man für käuflich, weil die Damen der begüterten Gesellschaft sich an die Sittenlosigkeit ihres Geschlechts gewöhnt haben und fast alle mit der Armut kämpfenden Arbeiterinnen sehnen sich nach Wohlstand, Luxus, nach Paris, und wenn die Verführung kommt, so gehen sie ihr schon entgegen.

Die radikale Abhilfe für solche Demoralisation zu suchen, ist nicht leicht möglich. Sie müsste auf die Veränderung und Verbesserung der gesammten Gesellschaftszustände ausgehen . . . Könnte man es bewirken, dass überhaupt jede (gewerbliche) Frauen- und Mädchenarbeit aufhört, so hätte man damit nichts in der Hauptsache erreicht; denn man findet ja die vornehme Damenwelt in Frankreich von noch lasterhafterem Gehalt, als die der weiblichen Armut. Das beste und näherliegendste Mittel zur Verbesserung dieser Zustände bleibt eine grössere Sorgfalt auf die Erziehung der Kinder, auf die Schule, auf die Familie. Es geschieht gerade in Frankreich wenig dafür und den Typus einer echten Mutter pflegt man nicht in Paris zu suchen . . ."

Diese zur Zeit der Herrschaft Napoleons III. geschriebenen Worte hatten schon vorher Geltung und haben es noch immer. Aber sie bilden im Grossen und Ganzen Klagen, die nicht nur für die sequanischen Ufer Geltung haben, die von internationaler Bedeutung sind und fast überall erhoben werden können.

Einen andern für die Beurteilung der Prostitution wichtigen Ausblick bieten die strafgerichtlichen Verhältnisse des weiblichen Geschlechts in Frankreich. Zu der angegebenen Zeit betrug die Zahl der jährlich verhafteten Personen weiblichen Geschlechts durchschnittlich 40 000 — der fünfte Teil sämmtlicher Verhafteten — von denen etwa drei Viertel vor Gericht gestellt und eine längere Untersuchungshaft, zumeist auch eine Verurteilung aufweisen.

„In Paris selbst mag sich die Ziffer der weiblichen Insassen der Gefängnisse immer auf 2000 stellen, von denen die Präventivgefangenen, gleich den Männern, in einem Saal der Polizeipräfektur sich befinden. In Sammet und Seide und in Lumpen sind sie hier eingeliefert, ihre Hüte und Shawls hängen an Riegeln über den Holzpritschen, die für die Nacht ihr Lager bilden. Es sind Prostituierte, Diebinnen, Betrügerinnen, Hehlerinnen, die vorläufig hier zusammengehäuft sind und sich im ersten Verhör vom falschen Verdacht reinigen oder aber als geeignet für die gerichtliche Anklage erweisen. Die letzteren befördert ein geschlossener Wagen nach dem Gefängnis St. Lazare, wo sie den Ausgang ihres Prozesses abzuwarten haben.

St. Lazare, in welchem nur die harmloseren Sünderinnen gegen die Gesetze in Untersuchungshaft oder zur Verbüssung ihrer Strafe bis zu einem Jahr sich befinden, ist für den Aufenthalt von 1400 Gefangenen berechnet . . . In der Eigenschaft als Untersuchungsgefangene geniessen die Insassen von St. Lazare einer entschiedenen Zurücksetzung, es sei denn, dass die Einzelnen Mittel genug besitzen, sich ein Zimmer gegen den täglichen Preis von 16 Sous zu mieten und sich selbst zu beköstigen. Wo nicht, so leben sie mit allen ihren Unglücksgenossinnen, die hier noch ihres Schicksals warten, in einem gemeinschaftlichen Saal, oder in den Freistunden auf dem Hofe, wo man ein par Blumen hingepflanzt hat. Sie erhalten schlechtere Kost als die Verurteilten, keine Wäsche, keine Kleidung, und oftmals, wenn Wochen darüber hingehen, ehe sie nach dem Justizpalast vor ihre Richter geführt werden, spricht ihre Toilette der Sorgfalt Hohn, welche sie noch immer darauf zu verwenden suchten. Freilich, sie können auch hier an ihre Verwandte und Freundinnen schreiben und sich von ihnen das Notwendige an Kleidern und Wäsche schicken lassen; aber wie Viele, die Nichts weiter besitzen, als womit sie am Tage der Verhaftung bekleidet waren! Wie Viele, die Nichts weiter haben, als sich selbst und ihr Unglück! Sind die Meisten doch nicht Pariser Kinder, sondern aus ihren Dörfern und Städten der Provinz einst mit Träumen von Glück und Freude nach Paris gekommen, nach diesem modernen Babel, in dem sie untergingen und welches seine Opfer im Namen der Civilisation tagtäglich fordert. Was bleibt ihnen übrig, als hier in St. Lazare sich in die Umstände zu fügen, der traurigen Gedanken sich zu entschlagen, die Zeit sich durch die Unterhaltung mit den Anderen zu vertreiben?

An solchen Weibern fehlt es nicht, welche ihnen, man kann sagen, die Philosophie des Gefängnisses beibringen und sie von den letzten Banden, durch welche sie mit dem früheren Gesellschaftsleben noch zusammenhängen, loszulösen suchen, um sie der Welt der Laster und Verbrechen vollständig zu gewinnen. Junge und ergraute Sünderinnen, welche zu gewissen Zeiten immer dem Gefängnis einen Besuch abstatten, verhöhnen die Trauer der Reuigen, reissen ihnen ihre Hoffnungen ein und beweisen ihnen, dass das Beste in der Lage sei, sich dem Teufel zu versprechen. Diese Verdorbenen, welche in allen Verbrechen erfahren sind und deshalb auch das Gesetzausdeuten genugsam kennen, um nur zu kurzen Strafen sich verurteilen zu lassen, geniessen eines grossen Ansehens in St. Lazare; sie dominiren alle Jüngeren, Besseren, alle Untersuchungsgefangene; sie geben ihnen Rat, umstricken die noch Unschuldigen mit ihrer unseligen Freundschaft und engagiren sie sich für die Zeit ihrer Freiheit als Lockvögel oder als unerfahrene und deshalb Vertrauen erweckende Genossinnen ihrer Spitzbübereien. Die Aermste, die erst mit Abscheu diese cynischen Lehren und Bemerkungen anhörte, ergiebt sich zuletzt; sie verzweifelt an der Wiedergeburt ihrer sozialen Ehre, sie weint ihr eine letzte Thräne nach; dann verweilt sie nicht mehr bei dem qualvollen Gedanken, spottet bald darüber und findet den besten Trost und das erträglichste Leben in ihrer Lage, indem sie den Ratschlägen der Versucherin folgt.

Was soll sie, verstossen von der Welt, hinter den Mauern machen? Sie schliesst sich den Unglücksgenossen an nnd thut, was sie thun. Die Weiber denken auch hier genug an ihre Unterhaltung, und dazu gehören die eigentümlichen Gefängnissspiele und vor allem der Kultus des Aberglaubens. In St. Lazare giebt es für die Frauen und Mädchen allerhand Mittel, um sich über die Zukunft zu unterrichten. Kein Gegenstand der für sie nicht ein Zeichen glücklicher oder unglücklicher Erwartung bedeutete, und die Alten lehren es die Jungen. Sie glauben an Träume, an Prophezeihungen, an Eindrücke des Tages. Gleich den Männern, befragen auch die Frauen am Tage vor ihrem zu erwartenden Urteil das Schicksal auf die verschiedenste Weise. Alles ist ihnen an diesem Tage von Vorbedeutung. Das beliebteste Orakel in St. Lazare geht aus drei Kügelchen hervor, die, von möglichst gleicher Grösse, leicht aus Brodkrume herzustellen sind. In jede dieser drei Kugeln ist ein Stück Papier hineingebacken; das eine enthält das Wort Freiheit, das andere Verurteilung zum kleinsten, das dritte Verurteilung zum grösseren Strafmaass. Die drei Kugeln werden darauf in ein Glas mit Wasser geworfen und die Gefangene ergeht sich nun so lange in Gebeten, bis die Flüssigkeit die erste Kugel aufgelöst hat und der Zettel frei auf dem Wasser schwimmt, der ihr Schicksal vermeintlich ankündigt.

Erst die Verurteilte ist das wirkliche Kind vom Hause; sie erhält allwöchentlich reine Wäsche, sie bekommt den vorschriftsmässigen Anzug und die Holzschuhe, reichliche Nahrung und Alles, was zum dürftigen Leben nötig ist. In den Freistunden vergnügen sich diese Armen auf dem Hofe von St. Lazare, als wenn die Zöglinge einer Pensionsanstalt ihr Spiel trieben. Die Eitelkeit ist ihnen geblieben; sie zeigt sich nicht nur in dem Putz, den sie sich zu beschaffen suchen, sondern auch in dem Prahlen mit den Erfolgen ihres früheren Lebens. Vor allem sind es die Prostituirten, entweder wegen Betrügereien und Prellereien zu einigen Monaten Haft verurteilt, oder, weil sie sich der vorschriftsmässigen polizeilichen Kontrolle entzogen, einer Disziplinarstrafe unterworfen, welche mit ihren Eroberungen sich gross thun und sich gegenseitig das Register ihrer ehemaligen Gönner und Geliebten ohne Ansehen der Person mitteilen. Manche kann sich in der That rühmen, kurz zuvor noch im eleganten Tilbury durch die Champs elysées gefahren zu sein, eine fürstlich eingerichtete Wohnung, herrliche Toiletten, Diener und vornehme Geliebte gehabt zu haben: sie träumt noch glückselig davon in dem gemeinen Kleide der Gefangenen, in Holzschuhen, die jetzt der Fuss trägt, dessen Reize sonst so viele Bewunderer gehabt! Die eigentlichen Verbrecherinnen wieder, die Diebinnen, Hehlerinnen, sie führen mit ähnlichem Stolz die Geliebten an, welche zu der Aristokratie der Gefängniswelt gehören und die sie auf lange Jahre im Bagno oder in den Zuchthäusern wissen.

Naht sich bei diesen das Ende ihrer Gefangenschaft, so denken sie auch schon daran, beim Austritt aus St. Lazare mit solchen Geliebten wieder versorgt zu sein und mit ihnen gemeinsam die Früchte der Verbrechen zu geniessen. Es besteht dazu eine Art Post zwischen den Männergefängnissen von Paris und St. Lazare. Von einem oder dem andern wird eine erfahrene Entlassene oder ein Entlassener beauftragt, nach dem anderen Gefängniss Mitteilung von dem Tag zu machen, an dem die Freilassung erfolgt. Aus Roquette z. B. bringt dieser Bote ein Bouquet gemalter Blumen, welches er nach St. Lazare an eine alte Sünderin einzuschmuggeln weiss. Dies Bouquet hat drei Blumen und bedeutet, dass an dem bestimmten Tage drei Verbrecher loskommen und diejenigen als ihre Geliebten erkennen wollen, welche ihnen am gewissen Orte die drei Blumen zeigen. Bei den Verbrecherinnen, welche zur selben Zeit ihre Entlassung erwarten können, werden diese Blumen mit grossem Eifer gesucht.

Die Unschuldige aber, welche vielleicht mit den besten Vorsätzen aus St. Lazare wie aus dem Ort des Schreckens geht, erwartet oft noch eine neue Gefahr beim ersten Schritt in die Freiheit. Es giebt Raffinirte, welche sich aus den Gerichtsverhandlungen den Tag der Freilassung eines jungen, hübschen, gefallenen Mädchens berechnet haben; sie empfangen die Aermste und bieten ihr ihre Liebe an. Werden sie abgewiesen, so rächen sie sich, indem sie ihr Opfer verfolgen und seinen verbüssten Fehltritt denen mitteilen, bei denen es Schutz sucht. Andere wieder verfolgen dabei einen anderen Plan. Sie suchen das Vertrauen der Unglücklichen zu gewinnen, um sie dann entweder zu neuen Fehltritten zu verleiten, oder sie als Spion zu benutzen. Diese Elenden sind die Mouchards, die geheimen Polizisten."

Diese hier getreulich geschilderten Verhältnisse haben sich seither nur um weniges verändert. Interessantes über das Gefängnisleben der Prostituierten und der Prostitution überhaupt weiss uns B. Appert in seinem Werke „die Geheimnisse des Verbrechens, des Verbrecher- und Gefängnis-Lebens" zu erzählen. Der Verfasser hatte dreissig Jahre lang in menschenfreundlicher Weise die Gefängnisse Europas, hauptsächlich die französischen besucht und reiche Erfahrungen gesammelt. Er schreibt:

„Die Diebinnen und öffentlichen Mädchen sind ausserordentlich genäschig. Ich habe viele gekannt, denen nichts über Kuchen, Zuckerwerk und dgl. ging. Alles was diese Frauenzimmer sich durch Diebstahl erwerben, geben sie sogleich wieder für Leckereien oder geschmacklosen Putz aus. Sie wissen nichts von Sparsamkeit und leben nur von einem Tage zum andern, ohne daran zu denken, dass die meisten von ihnen im spätern Alter ein höchst trauriges Loos erwartet. Im Durchschnitt brauchen solche Mädchen des Tags fünf bis zehn Franks, aber gewiss wird selten mehr wie ein Frank von ihnen für die notwendigsten Lebensbedürfnisse verwandt. Oft geben sich diese Unglücklichen für ein gutes Essen oder für ein Geschenk an Zuckerwerk preis. Die meisten haben einen wahren Abscheu vor den Sparkassen und selbst der Aufenthalt in den Hospitälern, zu dem sie oft in Folge widerlicher Krankheiten gezwungen werden, kann sie nicht dazu bringen, den einmal betretenen Weg zu verlassen. Diese Geschöpfe, die Schande ihres Geschlechts, sind zu leichtsinnig, als dass sie dächten, wohin sie ihre Lebensweise führen muss. Trotz aller dieser Fehler sind sie indess oft gutmütig und namentlich gegen Arme, die ihre Hülfe ansprechen, ausserordentlich wohlthätig. Wie sie im Gefängnis sind, behalten Leckereien noch den nämlichen Reiz für sie wie früher, und trotz aller Aufsicht ist es nicht möglich zu verhindern, dass ihnen

Gefährtinnen, die sie besuchen, Bonbons etc. zustecken, wie man etwa Kindern etwas zu naschen mitbringt.

Die Koquetterie, giebt oft die grösste Veranlassung dazu, dass sich solche Frauenzimmer zum Diebstahl oder zur Prostitution verleiten lassen, und mehr als einmal ist ein Shawl, ein seidenes Kleid, ein Hut mit Blumen der Lohn dafür gewesen, dass eine Unglückliche sich preisgegeben oder an einem Diebstahl beteiligt hat. In der Regel geben sie wenig auf Wäsche und andere nützliche Kleidungsstücke; nur was glänzt und Aufsehen erregt, gefällt ihnen; darum tragen sie fast immer überaus grosse Schmucksachen von falschem Golde, nachgemachte Edelsteine und Kleider von schreienden Farben. Oft besitzen sie mehr als ein halbes Dutzend Kleider und nur zwei Hemden, zwei Paar Strümpfe und ein einziges Paar Schuhe. Das Waschen ihrer Kleider und ihrer Spitzen ist ihre wichtigste Arbeit, und sie geben sich damit Vormittags in dem nämlichen Zimmer ab in welchem sie gewöhnlich nach 2 Uhr ihre Liebhaber oder Mitschuldigen empfangen. Zuweilen haben sie kein Brot, aber Kuchen und starke Liqueurs haben sie beständig zur Hand. Sie leben ausserdem gewöhnlich nur von gesalzenen Fleischwaren, von Obst oder schlechtem Salat, weil sie zu träge und zu wenig sparsam sind, sich selbst etwas zu kochen.

Die Frauenzimmer, welche sich in Prostitutionshäusern und Gefängnissen befinden, sind in einem solchen Grade verschlagen, heuchlerich und lügenhaft, dass ich unter hundert kaum zwei angetroffen habe, die mir aufrichtige Geständnisse machten Oft klagten sie auf eine boshafte Weise andere Gefangene an, um mich zu hintergehen und mir die Entdeckung der Wahrheit zu erschweren. Wenn ein Weib nichts mehr von Bescheidenheit, von Scham und von Ehre weiss, ist es sehr schwer sie wieder auf den richtigen Weg zurückzuführen. Dafür sind aber auch verhältnismässig weit mehr Männer als Weiber in den Gefängnissen.

Bei allen Lastern, welche den Prostituierten und den Diebinnen eigen sind, sind sie doch oft einer grenzenlosen, uneigennützigen Aufopferung fähig, die, wenn sie nicht in der Regel einen unwürdigen, verächtlichen Ursprung hätte, fast auf ein gutes Herz schliessen lassen könnte. Wenn ein öffentliches Mädchen einen Liebhaber hat, den sie „wirklich liebt," und dieser zu langjähriger Gefängnisstrafe verurteilt wird, so nimmt während seiner Abwesenheit ihre Liebe nur noch mehr zu, und zärtliche Briefe, sowie Geldunterstützungen, die sie ihm schickt, geben den Beweis dafür. Oft sind solche Frauenzimmer zu mir gekommen und haben mich gebeten, mich für die Verbrecher zu verwenden, oder mir Geld für dieselben gebracht. Sie waren bei solchen Gelegenheiten wirklich sparsam gewesen, hatten sich keine Näschereien gekauft, um nur ihren guten Freunden im Gefängnisse Geld schicken zu können. Sie wussten so rührend zu bitten und bezeugten einen so aufrichtigen Schmerz über die Trennung von ihren Geliebten, dass ich zuweilen daran zweifelte, ob ich wirklich Frauenzimmer vor mir hätte, die auf die tiefste Stufe der Erniedrigung herabgesunken waren. Wie man sieht, kann bei diesen Geschöpfen eine Leidenschaft die andere bekämpfen oder schwächen. Das ist die Aufgabe der Direktoren der Gefängnisse, diesen Umstand mit Berücksichtigung der verschiedenartigen Charaktere zu benutzen, um ihren Ermahnungen Erfolg zu verschaffen. Wie überall in der Welt hat Gott hier dem Heilmittel neben dem Uebel eine Stelle angewiesen. Ein öffentliches Mädchen, Sophie . . ., hatte sich, um ihren Liebhaber, einen entlassenen Sträfling, zu retten, zu fünfjähriger Einsperrung verurteilen lassen. Vorher hatte sie ihm das Versprechen abgenommen, ihr während dieser Zeit treu zu bleiben, und hatte mit den Worten von ihm Abschied genommen: „So wahr ich Sophie heisse, ich ermorde dich, wenn ich wieder loskomme und erfahre, dass du Dein Wort nicht gehalten hast. Wehe Der, welcher es einfallen sollte, meine Stelle in Deinem Herzen einnehmen zu wollen.“ Ein anderes Mädchen, Rose C . . . liebte leidenschaftlich einen gewissen François D . . ., der wegen verschiedener Verbrechen zu lebenslänglicher Zwangsarbeit verurteilt wurde. Kaum war er im Bagno, so verliess sie das Prostitutionshaus, in dem sie bisher gewesen, vermietete sich als Köchin und betrug sich während der 15 Jahre, die D . . . im Gefängnis blieb, auf eine tadellose Weise. Jeden Monat schickte sie ihm regelmässig 10 Franks und legte ebenso viel in die Sparkasse ein, um eine Mitgift bei ihrer Verheiratung zu haben, die, wie sie immer sagte, stattfinden sollte, wenn Herr Appert dem armen François seine Begnadigung ausgewirkt haben würde. Der Sträfling seinerseits führte sich so gut auf, dass die Direktoren ihm gewogen wurden und er nach 15 Jahren die Freiheit wieder erhielt. Ich trug gern das Meinige dazu bei, um die Heirat dieser beiden Leute zu Stande zu bringen, die sich zu Paris niederliessen und ganz zufrieden schienen. Während meines Aufenthalts in Deutschland habe ich einen Brief von François D . . . erhalten, den ich hier wiedergebe.

(Paris, 1. Februar 1848.) Lieber Herr Appert! Ich bin am letzten Sonntag mit meiner Frau in Neuilly gewesen, um Ihnen anzuzeigen, dass wir einen kleinen hübschen Jungen haben. Wir haben ihn, da wir Ihren Taufnamen nicht wussten, Vincent genannt. Ich glaube, dass es ganz dasselbe ist, ob wir ihm Ihren Namen oder den des Schutzpatrons der Gefangenen gegeben haben. Es wurde uns gesagt, dass Sie eine Reise ins Ausland unternommen hätten, um die Hospitäler und die Strafanstalten zu besuchen. Es thut mir und Rose leid, dass Sie nicht da sind, aber zu gleicher Zeit macht es uns auch Vergnügen, denn sehen Sie, unser Unglück und unsere schlecht verlebten jungen Jahre haben uns dahin gebracht, keine Egoisten zu sein, und wir begreifen, dass Sie auch den Unglücklichen, die nicht Ihre Landsleute sind, Nutzen bringen werden. Sie fragen nicht danach, in welchem Lande Sie sich befinden, wenn Sie

Jemand helfen können; vergessen Sie aber nur nicht, dass Ihr Vaterland Ihrer noch bedarf. In Neuilly wurde uns erzählt, dass sie Ihr Vermögen verloren hätten. Als wir es hörten, haben wir Beide geweint. Sie, Herr Appert, den wir Alle immer wie einen Vater angesehen haben, dürfen keinen Mangel leiden. Wenn es wahr wäre, sollte man es in den Gefängnissen bekannt machen, und gewiss würden bald alle darin befindlichen und die entlassenen Sträflinge eine Sammlung für Sie veranstalten. Sollte denn nicht die Regierung, die so viel Generalinspektoren besoldet, welche an nichts denken, als nur die Gefangenen mit der grössten Strenge bestrafen, sich verpflichtet fühlen, Ihnen für mehr als 30 Jahre lang umsonst geleistete wichtige Dienste eine Pension geben? Es wäre sehr undankbar gegen Sie gehandelt, wenn es nicht geschähe. Lieber Herr Appert, mein verehrter Beschützer, schreiben sie an uns, rechnen Sie auf François und Rose. Unsere geringen Ersparnisse stehen zu Ihrer Verfügung und später werden die alten Freunde und die entlassenen Gefangenen ebenso handeln, wie wir. Nehmen Sie diesen Vorschlag nicht übel, er kommt aus gutem Herzen. Er ist der Beweis dafür, dass wir jetzt noch des Wohlwollens unsers verehrten Wohlthäters würdig sind, die wir uns mit der grössten Ehrfurcht und der aufrichtigsten Dankbarkeit empfehlen. François D . . .

„P. S. Unser Vincent faltet seine Hände und bittet Gott, dass er Ihnen Gesundheit und langes Leben verleihen möge."

Dieser Brief machte mir viel Freude und ich liess D . . . nicht lange auf Antwort warten. Ich dankte ihm für seinen guten Willen und versicherte ihn, dass ich gleich nach meiner Rückkehr ihn, seine Frau und den kleinen Vincent besuchen würde.

Die Diebinnen und öffentlichen Mädchen haben ungefähr die nämlichen und vorherrschenden Neigungen. Ebenso bleiben sich bei beiden die vielen schlechten und die wenigen guten Eigenschaften ziemlich gleich, sodass es schwer ist, einen Unterschied zwischen ihnen zu finden. Schlechte Romane, unzüchtige Werke und Bilder, Melodramen haben für beide eine gleich gefährliche Anziehungskraft, und ich kann den Regierungen nicht genug anempfehlen, in dieser Beziehung die strengste Aufsicht zu führen, um die Entwickelung der schlimmsten Leidenschaften zu verhüten. Die Liebhabereien für unzüchtige Schriften, schlechte Romane, Lebensgeschichten grosser Verbrecher, wie Cartouche, Mandrin, ist auch ein schwer auszurottendes Uebel, denn ungeachtet der strengsten Ueberwachung werden Bücher dieser Art in die Gefängnisse gebracht und dort eifrig gelesen. Es wäre höchst wünschenswert, dass speziell für Verbrecher bestimmte Schriften herausgegeben würden. Freilich muss zugegeben werden, dass das Talent, solche Bücher zu schreiben, höchst selten ist, da die Aufgabe nicht unter die leichtesten gehört. Sittliche Belehrungen, und weise Ratschläge müssen in unterhaltender Form vorgetragen, gute Beispiele in einem einfachen Stile geschildert, die Gebote der Religion ohne übermässige Strenge vorgehalten werden, kurz das Gute muss auf eine solche Weise in das Ganze verwebt werden, dass es dem Sträflinge unwillkürlich vor die Augen tritt, ohne dass er merkt, dass es der Hauptzweck gewesen ist.

Ich habe Prostituierte und Verbrecher gekannt, welche durch unsittliche Bücher und Theaterstücke auf einen schlechten Weg geführt worden waren. Mehrere derselben haben mich versichert, dass sie sich in ihrer Jugend zuweilen die nötige Nahrung entzogen, um nur die ihnen zusagenden Theaterstücke sehen oder unzüchtige Bücher und Bilder kaufen zu können. In den kleinen Theatern, die schlecht erleuchtet sind und wo Männer und Weiber dicht nebeneinander sitzen, finden während der Zwischenakte die ungebührlichsten Auftritte statt. Es werden gefährliche Bekanntschaften gemacht, und Zusammenkünfte aller Art abgehalten. Der Besuch derselben giebt Anlass, Geld für Getränke, für Näschereien, für Putz zu verschwenden. So werden diese Theater, in denen sich stets eine Menge verworfener und liederlicher Individuen einfinden, zu einer wahren Schule des Lasters.

In gewissen Kaffeehäusern letzten Ranges lauert Verführung aller Art auf die jungen Leute, die hier hineingeraten, wenn sie aus den Theatern kommen, wo in den Stücken nur von Raub, Mord und Ehebruch die Rede gewesen ist. Ich bin erstaunt, dass die Polizei und namentlich Vidocq nicht darauf bedacht gewesen ist, diese Lokale, in denen sich beständig die verworfensten Subjekte aufhalten, und in denen schon so viele junge Leute ins Verderben gestürzt worden sind, zu schliessen. Ich bin in diesen Zufluchtsstätten aller Laster gewesen, habe auf die verschiedenen Besucher Achtung gegeben, ihre Physiognomien beobachtet, ihre Unterhaltung mit angehört, und ich gestehe, dass ich es nicht über mich bringen kann, das wiederzuerzählen, was hier gesprochen und öffentlich als Zweck der Zusammenkünfte angegeben wird. Jede Niederträchtigkeit, jedes gemeine Laster tritt hier vor die Augen; es ist gleichsam das Leben im Bagno, nur dass die Aufsicht fehlt. Gänzlich verderbte Menschen, die Beschützer von öffentlichen Häusern, geben hier armen jungen Leuten, die ohne Erfahrung, ohne Charakter sind, berauschende Getränke, führen sie dann in ein Zimmer, wo sie die Nacht über mit ihnen bleiben, und bringen den Unglücklichen im voraus die scheusslichen Gewohnheiten des Bagno bei. So gelingt es ihnen, ihre bessern Gefühle zu unterdrücken und sie ganz in ihre Gewalt zu bekommen.

Bei dieser Gelegenheit sehe ich mich auch veranlasst, meine Ansicht über die Prostitution, dieser namentlich in grossen Städten so hervortretenden Schattenseite, mitzuteilen. Jeden Tag werden die verschiedenartigsten Meinungen darüber vorgebracht. Man kann die schlechten Leidenschaften der Menschen nicht ausrotten, aber die Gesetze müssen die Ausschreitungen derselben unterdrücken, um verderblichen Folgen vorzubeugen, und um sie in den gehörigen Schranken zu halten. Ich möchte gern zur Schliessung der öffentlichen Häuser raten, wie ich auch die darauf bezügliche, in Berlin am 31. Dezember 1845 erlassene Verordnung gebilligt habe; aber da die Erfahrung einen solchen Wunsch bestreitet, will ich aufrichtig sagen, was ich in dieser Hinsicht denke. Wenn die Schliessung der öffentlichen Häuser wirklichen Nutzen bringen soll, müssen alle Frauenzimmer von üblem Rufe und ohne bestimmte Subsistenzmittel sorfältig überwacht werden und die Truppen, sowie die jungen Leute der höhern Bildungsanstalten einer gewissen Beaufsichtigung unterworfen sein. Ohne eine solche Fürsorge bleibt die Gefahr, wie sie ist, und wird durch eine leichtere Verbreitung gefährlicher Krankheiten noch grösser, da die Prostitutionshäuser wenigstens unter ärztlicher Aufsicht stehen. In Berlin z. B. müssen anständige Frauen sich von dem, was sie von 8 Uhr Abends an auf den Strassen und den Spaziergängen erblicken, verletzt fühlen. Die Polizei, welche den Fremden gegenüber sich so thätig und so misstrauisch zeigt, scheint hier ganz zu vergessen, welche wichtigen Pflichten sie zu erfüllen hat und mit Bedauern muss ich gestehen, ich habe, als ich mich überzeugen wollte, welchen Grad der Unsittlichlichkeit die öffentliche Prostitution nach 10 Uhr erreichte, eine grenzenlose Verderbtheit gefunden und Auftritte wie in den Gefängnissen zu Paris bemerkt. Der junge unerfahrene Mensch kann so zu Dingen mit fortgerissen werden, die ihn gänzlich entwürdigan, die seine Gesundheit untergraben, die ihn seinen Neigungen und Trieben nach mit dem Tiere auf eine gleiche Stufe stellen. Warum schickt man nicht Gensdarmen oder Polizeiagenten an solche Zufluchtsstätten der Zügellosigkeit? Die Furcht, von ihnen überrascht zu werden, würde Sachen verhindern, oder wenigstens vermindern, die ich nicht einmal zu nennen wage. Unter den Bäumen neben dem Universitätsgebäude findet man überall junge Leute, die einer Klasse angehören, welche ich nicht bezeichnen mag, da ich sie zu sehr achte, und die auf alte Wüstlinge warten, welche sie mit sich fortführen, um sie für fünf oder zehn Groschen zu missbrauchen. Die Extreme berühren sich, wie man sieht; neben dem Gebäude, in welchem den Tag über die Blüte der Jugend der Wissenschaft huldigt, werden Abends alle möglichen Laster mit einer Unverschämtheit und Frechheit gelehrt, welche nur zu sehr von der Sorglosigkeit der Polizei Zeugniss geben. Ich brauche hier das Wort Sorglosigkeit, weil ich nicht gern aufs neue mit der Polizei in Streit geraten möchte. Die Prostitution der Weiber ist allerdings ein in grossen Städten schwer zu beseitigender Uebelstand, namentlich wenn sich Garnisonen darin befinden, aber könnte sie nicht, ohne der persönlichen Freiheit Eintrag zu thun, gewissen Vorsichtsmassregeln unterworfen werden? Derjenige, welcher seinen Trieben nicht zu widerstehen vermag, muss genötigt werden, solche Orte aufzusuchen, aber nie darf es vorkommen, dass junge Leute, die nicht an solche Ausschweifungen denken, von den Prostituierten mit fortgezogen werden. Die Gelegenheit und das Zusammentreffen mit Prostituierten tragen wenigstens die Hälfte der Schuld von den traurigen Folgen derartiger Ausschweifungen. Die Zeit, welche mit dem Aufsuchen solcher Orte verloren geht, die Ungewissheit, eine dem Geschmacke zusagende Person anzutreffen, die Schande, welche der Besuch der von anständigen Leuten gemiedenen Stadtteile mit sich bringt, die Möglichkeit, die Soldaten davon entfernt zu halten, die Ermahnungen der Eltern, welche sie ihren Kindern als einen gefährlichen Ort bezeichnen, alles Dies würde dazu beitragen, ein Uebel zu vermindern, das Jeder beklagt, ohne ernstlich auf ein Auskunfsmittel gegen dasselbe bedacht zu sein. Dieser für die Sittlichkeit so höchst wichtige Gegenstand bedarf einer weit umständlichern Erörterung, als hier möglich ist, und ich kann mich nur darauf beschränken, die Regierungen zu bitten, ihm ihre ganze Aufmerksamkeit zuzuwenden. Schliesslich bemerke ich nur noch, dass bei vielen weiblichen Sträflingen, deren schlechte Aufführung ich von Anfang an habe verfolgen können, die öffentliche Prostitution stets eine der hauptsächlichsten Ursachen der Auschweifungen und der Diebstähle gewesen war, welche sie in die Hand der Gerichte brachten."

In dem genannten Werke teilt uns der Verfasser auch einen Aufsatz mit, den ein zu lebenslänglichem Gefängnis verurteilter Verbrecher verfasst hat. Dieser Aufsatz ist betitelt: „Ueber die Prostitution der Frauenzimmer, über die Notwendigkeit und Mittel ihrer Abschaffung." Wir lassen ihn hier folgen und bemerken, dass die Fussnoten von Appert selbst herrühren.

„Ist denn die Prostitution ein notwendiges Uebel, wie gewöhnlich angenommen wird, und lässt sich nicht hoffen, sie zum Besten der Sittlichkeit für jetzt teilweise und später gänzlich zu beseitigen, wenn man Mittel anwendet, die sie nach und nach vermindern?"

Bericht an die Société royale des prisons vom Grafen Bigot de Préameneu.

In Frankreich sind seit einem halben Jahrhundert viele Gesetze gemacht und viele Massregeln für das öffentliche Wohl getroffen worden, ohne dass die Sittlichkeit namentlich in den grossen Städten viel dabei gewonnen hat.

Wenn irgendwo eine gut organisierte, thätige, wachsame Polizei besteht, so ist dies in Paris, und doch tritt hier das Elend in einer schrecklichen Gestalt auf.

Wie viel ist nicht gegen das Betteln gesprochen worden, wie lange dauerte es nicht, ehe Verordnungen dagegen erlassen wurden, die jetzt schon nicht mehr bestehen oder nicht mehr streng genug befolgt werden.

Man muss hoffen, dass bald wieder die Notwendigkeit gefühlt werden wird, die, welche sich der Landstreicherei und dem Müssiggange ergeben, in besondere Anstalten zu bringen und zu nützlichen Arbeiten zu verwenden.

Aber dieses Uebel ist nicht das einzige, welches gleichsam wie ein Aussatz am socialen Körper haftet, es giebt ein noch gefährlicheres, das aus den nämlichen Lastern hervorgeht, das ebenso auf die Fürsorge der Regierungen zum Besten der Sittlichkeit Anspruch macht, nämlich die öffentliche Prostitution der Frauenzimmer, die mit schamloser Frechheit in den grossen Städten und namentlich in den Residenzen stattfindet, die stets im Zunehmen begriffen ist und immer mehr traurige Folgen nach sich zieht.

Was kann es in der That für ein civilisiertes Land Schmählicheres geben als der widerliche Anblick einer sich immer wieder erneuernden Zügellosigkeit?

In den volkreichsten Strassen stellen sich zuweilen hinter künstlich eingerichteten Fenstern schamlose Dirnen an hellem Tage den Blicken der Vorübergehenden in empörender Nacktheit dar. Abends stehen sie an den Strassenecken, in den Hausthüren, neben den Kaufläden, und halten mit der grössten Frechheit den Greis wie den jungen Mann an. Ausserdem streichen sie auf den Spaziergängen in der Nähe der Theater oder der von Fremden besuchten Orte umher, und machen auf Jeden, der noch Sinn für Anstand und Schicklickeit hat, einen widerlichen Eindruck.

Welch ein Anblick ist dies nicht für junge Leute, die aus dem Innern des Landes kommen, und die mit ihren Eltern die öffentlichen Orte besuchen! Diese Zügellosigkeit ist nicht blos für die Sittlichkeit, sondern auch in vielfacher anderer Hinsicht ein grosser Uebelstand.

Ihr, die ihr vom Staate damit beauftragt seid, die Ordnung aufrecht zu erhalten und die Sittlichkeit zu wahren, geht und befragt die unglücklichen Geschöpfe, die sich der Prostitution ergeben haben, die für ihr ganzes übriges Leben der Verachtung und Schande ausgesetzt sind, dann werdet ihr hören, wie sie das Schweigen der Gesetze verwünschen, welche den ersten Vergehungen der Jugend nicht entgegentreten, welche ihre strafbaren Neigungen dulden und begünstigen, und so an ihrem Elende Schuld sind und sie vor den Augen der ganzen Gesellschaft herabgewürdigt haben! . . . Blickt auf die jungen Leute, die vor der Zeit durch Ausschweifungen gealtert, von Gewissensbissen darüber gequält werden, dass sie sich aus dem Giftbecher falscher Vergnügungen berauscht haben, die ihnen in den schmählichen, in grossen Städten geduldeten Serails dargeboten wurden.

Besucht die Gefängnisse und fragt die darin Eingesperrten, wer sie zuerst Verbrechen gelehrt habe. Alle werden antworten: die Liederlichkeit, die Straflosigkeit ihrer ersten Auschweifungen, die Bekanntschaft mit öffentlichen Dirnen, der Aufenthalt bei ihnen, der sie oft vor den Nachsuchungen der Polizei sicherstellte. *)

Wer sind eigentlich die Individuen, die in die Hospitäler gebracht werden und deren Behandlung dem Staate so viele Kosten macht? Es sind wieder die Opfer der Zügellosigkeit, von denen viele von den schrecklichsten Schmerzen gequält, oft schon teilweise verstümmelt, ihre Ausschweifungen mit dem Tode büssen müssen. Wäre es nicht möglich gewesen, sie zu retten? Sie kommen heute um, Andere werden morgen ihnen folgen. Und die Sitten . . . der ganze Menschenschlag? sie arten aus und werden schlechter.

Wie leicht wäre es möglich gewesen, all diesem vorzubeugen! Wie viele Thränen hat dieser Mangel an richtiger Fürsorge schon der Menschheit gekostet? Ja, alle Laster, alle Ausschreitungen der Gesellschaft werden gepflegt. Die Verschlechterung der Sitten, über die so viel geklagt wird, findet ihren Grund in der übertriebenen Duldung der Zügellosigkeit, in dem Mangel an localen Vorschriften über die öffentliche Prostitution der Frauenzimmer und in der Leichtigkeit, mit der sie zu jeder Stunde und an jedem Orte ungehindert stattfinden kann.

Aber ich sehe, wie die Selbstsucht bei dieser Schilderung spöttisch lächelt, ich höre schon, wie man mir erwidert: Alles ist gut, wie es ist; Das, was seit Jahrhunderten besteht, ändern zu wollen, heisst, die jetzigen Uebelstände nur mit andern vertauschen. Die Prostitution der Frauenzimmer abschaffen, ist so viel, als die Sicherheit Aller aufs Spiel setzen. Es geht nicht anders, die Prostitution muss geduldet werden, denn sie ist seit jeher in grossen volkreichen Städten als ein notwendiges Uebel angesehen worden.

Wer gegen Missbräuche und Vorurteile aufzutreten wagt, muss sich auf Widerstand gefasst machen, aber wenn er beweisen kann, dass er das Wohl des Ganzen im Auge hat, muss ihn dieser Widerstand nur noch mehr zu dem Versuche anspornen, seiner Ansicht Eingang zu verschaffen.

Ich behaupte demnach, dass zur Aufrechterhaltung der guten Sitten nicht nötig ist, die Demoralisation zu dulden und sogar zu gestatten. Nein, es ist nicht unumgänglich notwendig, dass, um die anständigen Frauen im Allgemeinen sicherzustellen, eine Anzahl Frauenzimmer sich prostituieren, die Schande ihres Geschlechts und die Gefährtinnen und Mitschuldigen aller Uebelthäter werden. Nein, die Prostitution ist kein notwendiges Uebel, und selbst wenn diese schreckliche, grausame Notwendigkeit erwiesen wäre, müssten wenigstens die Behörden die Oeffent-

*) Es vergeht fast kein Jahr, wo nicht die Journale von Verbrechen berichten, die bei prostituierten Frauenzimmern oder auf ihr Anstiften begangen worden sind.

lichkeit der Prostitution verhindern, da hierin die hauptsächlichste Ursache der Erhaltung und Verbreitung des Uebels liegt. Und warum sollte die den Sitten so verderbliche Prostitution nicht ein Gegenstand der besonderen Fürsorge der Polizeiverwaltung werden?

Der Verfasser, eines unter dem Titel „Chinesische Briefe" erschienenen Werks führt eine hierauf bezügliche Verordnung an, welche eine neapolitanische Fürstin erlassen hat, als sie zu Avignon regierte*). Man kann annehmen, dass die Sitten zu ihrer Zeit wohl nicht besser waren wie heutigen Tages und dass diese Fürstin die Prostitution auch für ein notwendiges Uebel hielt; aber sie erkannte wenigstens die Oeffentlichkeit derselben für etwas Gefährliches an, denn ihre Verordnung hatte zum Zweck, diese zu verhindern. Sie weist den prostituierten Frauenzimmern besondere Bezirke an, bestimmt, wie es innerhalb derselben gehalten werden soll, und führt die Strafen an, welche die gegen die Verordnung handelnden Weiber, sowie die bei der Ausführung derselben nicht streng genug verfahrenden Beamten treffen sollen.

Ich bin überzeugt, viele würden ein spöttisches Lächeln nicht unterdrücken können, wenn sie diese mehrere hundert Jahre alte Verordnung läsen, der Philosoph aber und der von der Wichtigkeit seiner Verpflichtungen überzeugte Beamte wird darin ein Zeugnis für die weise Regierung dieser Fürstin erblicken, die vor allem die Achtung vor ihrem Geschlechte aufrecht erhalten wollte.

Aber noch zu andern Zeiten und an andern Orten wurden die guten Sitten in Ehren gehalten und glaubten Regierungen und Behörden für sie Sorge tragen und sie durch Gesetze schützen zu müssen.

In den Niederlanden und in einem Teile Deutschlands geben die Prostituierten niemals durch ihr Betragen Fremden oder Einheimischen Anlass zu Aergerniss.

Es ist bekannt, wie in Holland die Schänken des niedern Volks und das Leben in denselben beschaffen waren, ehe Frankreich das Land eroberte.

In Brüssel, in Gent, in Antwerpen und in den grössern Städten Belgiens bewohnten die Prostituierten besondere Häuser und liessen sich nirgends sehen. Ihr Aufenthalt war bekannt, und dies reichte hin, sie in den geziemenden Schranken zu halten, da die Polizei stets ein wachsames Auge auf sie hatte.

---

*) Johanna von Neapel. Als sie die Regierung ergriff, war sie 19 Jahre alt. Sie geriet in Verdacht, ihren Gemahl, Andreas von Ungarn, ermordet zu haben, und wurde im Schlosse zu Mureo zwischen Betten erstickt. Ihr Tod wurde von Gelehrten und Schriftstellern beklagt, die an ihrem Hofe eine Zufluchtsstätte fanden. Sie zeichnete sich ebenso durch Schönheit als durch Talente aus.

In Westfalen befinden sich diese Harems auf den Wällen, „extra muros" und es würde diesen Mädchen schlimm ergehen, wenn sie ihr Bereich verlassen und in die Stadt selbst kommen wollten.

Ein Mädchen aus einem öffentlichen Hause in der Stadt Wesel verführte einst einen jungen elternlosen Menschen, der unter Vormundschaft eines Rathsmitgliedes stand und von diesem zu einem Handwerker in die Lehre gegeben worden war. Während der Fastnachtszeit wagten Beide maskiert und gut gekleidet auf einen Ball zu gehen, an dem die ersten Personen der Stadt und viele Offiziere Teil nahmen. Beide hatten schon ziemlich lange, ohne den geringsten Verdacht zu erregen, mit getanzt, als das Mädchen, die eben mit einem Offizier, der einen Orden hatte, walzte, ihre Maske etwas lüftete, um sich das Gesicht abzuwischen. Einer der Stadtwächter, der wie gewöhnlich sich im Saale zur Aufrechterhaltung der Ordnung befand, erkannte sie, riss sie vom Arme des Offiziers und führte sie hinaus. Sie wurde gemissbandelt, ihre Kleider zerrissen und beschmutzt und ungeachtet der lauten Aeusserungen des Unwillens von Seiten der Umstehenden in das Gefängnis gebracht. Dem Polizeibeamten, der in seinem Berichte die Aburteilung der Deliquentin verlangte, wurde zwar von seiner Behörde der Bescheid, dass die Gesetze hier Schweigen beobachteten; aber der Magistrat nahm die Sache über sich und ordnete an, dass sie den localen Bestimmungen gemäss gerichtet würde.

Der Verhafteten wurden ihre Kleider weggenommen und ihr grobe wollene dafür gegeben, hierauf wurde sie unter dem Hohngeschrei des Pöbels mitten durch die Stadt bis zum Berliner Thor geführt und dort nach einigen Misshandlungen von Seiten ihrer Wächter aus der Stadt gestossen mit dem Bedeuten, sich bei Zuchthausstrafe nicht wieder in derselben sehen zu lassen.

Was für ein Verbrechen hatte denn die Unglückliche begangen? Ihr gewählter Anzug und ihre Maske liessen nicht erraten, wer sie war; weit davon entfernt, ein Aergerniss zu geben, hatte sie sich vielmehr so vorsichtig und anständig betragen, dass viele Mitleid mit ihr empfanden und gegen die Wächter, die sie mit solcher Roheit behandelten, entrüstet wurden. Warum wurde gegen dieses Frauenzimmer mit solcher Strenge verfahren und ihrer Bestrafung eine solche Oeffentlichkeit gegeben? Weil ihr Vergehen dem Magistrate sehr bedeutend erschien, weil es von einem erschwerenden Umstand begleitet war, der Verführung eines jungen, elternlosen Menschen, weil es sich um Verletzung der Sittlichkeit, um Angriff auf die öffentliche Ordnung handelte.

Das Verfahren dieser Behörde kann zwar hart und unmenschlich erscheinen, aber ist doch nichtsdestoweniger in den Augen des Moralisten folgerichtig und gerecht. Glücklich, tausendmal glücklich ist das Land, wo einfache städtische Verodnungen solche Gewalt haben. Ist es nicht besser, nur solchen Vergehen entgegentreten, als Verbrechen bestrafen zu müssen? Das ist die wahre Verwaltungskunst*).

Die Personen, welche in Westfalen ein öffentliches Haus halten, sind nicht allein für das Betragen der Frauenzimmer verantwortlich, sondern auch für den geringsten Excess von Seiten Derer, die sie besuchen. Sie müssen jeden Tag der Polizei über Das, was in den letzten 24 Stunden vorgefallen, Bericht erstatten und eine Liste der Besucher einreichen. Die strenge Beaufsichtigung durch die Polizeiagenten lässt übrigens kaum die Möglichkeit zu, diese Bestimmung zu umgehen; die geringste Strafe würde in diesem Falle sein, dass die Thür ihres Hauses verschlossen und zugemauert würde, und es ist leicht zu begreifen, dass wohl kaum einer sich der Gefahr aussetzt, auf solche Weise zu Grunde gerichtet zu werden.

Endlich hat ein von der Behörde ernannter Arzt sorgfältig darüber zu wachen, dass durch solche Häuser nicht Krankheiten weiter verbreitet werden. Die krank gefundene Person wird auf der Stelle in dem Hospitale untergebracht und zwar auf Kosten des Hauses, denn die Behörde verwendet das Geld der öffentlichen Kassen nicht zu Ausgaben dieser Art, die nur Fremden zu Gute kommen.

Man sieht also aus dem Obigen, dass die Prostitution in jenen Gegenden zwar als etwas Notwendiges geduldet wird, aber nicht öffentlich ist. Die Oeffentlichkeit wird vielmehr auf alle Weise verhindert und mit Strafen bedroht, die Prostitutionshäuser leisten nicht, wie anderswo, allen möglichen Lastern Beistand, sondern erleichtern die Unterdrückung derselben, da die Polizei augenblicklich erfahren kann, ob sich verdächtige Personen in dieselben geflüchtet haben, ihre Lage an der äussern Stadtgrenze bürgt dafür, dass die Sitten und der Anstand nicht verletzt werden, und endlich belasten sie auf keine Weise die öffentlichen Kassen.

Ich habe es für nötig gehalten, auf diese Umstände näher einzugehen, um ein Beispiel davon zu geben, wie gewissenhaft manche Behörden die ihnen obliegenden Pflichten erfüllen. Wenn also, wie gewöhnlich angenommen wird, die Prostitution ein notwendiges Uebel ist, so lässt sich doch ein Mittel anwenden, um zu verhüten, dass sie der Gesellschaft ein Aergerniss giebt, nämlich die Verhinderung ihrer Oeffentlichkeit.

Diese Verhinderung bringt um vieles dem Ziele näher, welches der verstorbene Graf Bigot de Préameneu bezeichnet hat, denn es kann wohl kein wirksameres Mittel gegen die Zügellosigkeit der Prostitution geben, als ihr zu erschweren, ungestört und frech ihr Wesen treiben zu können, indem diejenigen, welche daraus ein Handwerk machen, dazu

*) Diese Ansichten sind sonderbar bei einem Manne, der lange Zeit allen möglichen Ausschweifungen ergeben gewesen ist.

gezwungen werden, in ihren Wohnungen zu bleiben. Ja, man nehme der Prostitution die Oeffentlichkeit, man verbiete den Frauenzimmern, die sie treiben, bei schwerer Strafe, an öffentlichen Orten zu erscheinen, man dulde sie nur in dem ihnen angewiesenen Bereiche und überwache sie auf das strengste, und ich bin überzeugt, es wird bald eine Verminderung eintreten.

Die edlen Männer haben sich gewiss um die Gesellschaft verdient gemacht, welche, über das Ueberhandnehmen der öffentlichen Unzucht bekümmert, den Grund dieses Uebelstandes zum Teil im Elende, in der Arbeitslosigkeit, in dem Mangel einer sittlichen und religiösen Erziehung suchten und sich Mühe gaben, die Prostituierten wenn auch nicht zur Tugend, doch zur Ehrbarkeit zu bringen. Es giebt allerdings Frauenzimmer, die mitten in der Gesellschaft allein und verlassen dastehen und denen nichts übrig bleibt, als sich zu prostituiren; für diese ist hülfreiches Mitleiden eine Wohlthat. Unglücklicherweise aber ist Andern das Laster gleichsam angeboren, und von den Meisten kann man sagen, dass sie nicht mehr fähig sind, Gewissensbisse zu empfinden und sich wieder dem Guten zuzuwenden. Man kann daher nicht hoffen, dass es selbst in einer spätern Zeit möglich sein wird, der Prostitution durch wohlthätige Anstalten, durch Arbeitssäle, durch sittliche und religiöse Erziehung ein Ende zu machen. Das Uebel ist bekannt, die Gefahr ist drohend, das Mittel steht den Behörden zu Gebote, warum mit der Anwendung desselben noch warten?

Wenn man mir entgegnet, dass neue polizeiliche Bestimmungen nicht so sehr notwendig sind, indem es Gesetze giebt, welche die Verletzung der Sitten mit Strafe bedrohen, so kann ich mich damit nicht zufrieden geben. Ich weiss nicht, wie weit diese Gesetze gehen, aber ist es denn nicht auch eine Verletzung der Sitten, wenn Frauenzimmer sich den Tag über an den Fenstern in unanständiger Kleidung den Blicken des Publikums aussetzen, und Nachts an den Strassenecken und in den Hausthüren lauern und den Vorübergehenden auf alle mögliche Weise zu sich zu locken suchen?

Ist es denn nicht auch eine Verletzung der Sitten, wenn andere Weiber, die Alter und Ausschweifungen so abschreckend gemacht haben, dass sie sich selbst nicht mehr verkaufen können, junge Mädchen, Frauen, Mütter verführen, sie durch Aussicht auf Unabhängigkeit oder durch Geldversprechungen zu sich heranlocken, sie dem Laster in die Arme werfen und mit den Unglücklichen den Erwerb ihrer Schande teilen?

Das Gesetz trifft keine dieser Schuldigen, die sich so wenig Mühe geben, ihr schändliches Gewerbe zu verbergen, als ob es gar nicht möglich wäre, dass sie der Arm der Gerechtigkeit erreichen könnte. Und Hausbesitzer giebt es, die so wenig auf das bessere Gefühl ihrer Gattinnen und ihrer Töchter Rücksicht nehmen, dass sie sich nicht schämen, solchen Weibern eine Zuflucht anzuweisen und ihre Hände mit dem schmählichen Lohne des Lasters zu besudeln, um nur ihre Miete bezahlt zu bekommen.

Ein solches Aergerniss sollte ein notwendiges Uebel sein? Es sollte keine Möglichkeit vorhanden sein, ihm ein Ende zu machen? „Niemals", sagt Graf Bigot de Préameneu in einem seiner Berichte über Verbesserungen der Gefängnisse, „niemals kann wohl etwas einen niederschlagendern Eindruck machen als der Anblick so vieler Weiber, die in Verzweiflung die Arme nach einem letzten Rettungsmittel ausstrecken, als der aller anständigen Frauen, die nur ihr Gesicht verhüllen und die Schmach ihres Geschlechts beklagen können, als der Anblick der ganzen Gesellschaft, die sich durch ein Gewerbe entwürdigen lässt, das selbst bei wilden Völkern Abscheu erregen würde. Es handelt sich darum, einen grossen Theil des weiblichen Geschlechts von dem Abgrunde fortzureissen, in den ihn die Verzweiflung zu stürzen droht, den andern Teil aber, der die Zierde und das Glück der Gesellschaft ausmacht, zu trösten, und einem entwürdigenden Zustande, der eine Schande unsers Jahrhunderts ist, ein Ende zu machen."

Das ist der Wunsch der ganzen Gesellschaft. Wird er aber auch gehört werden? Wir hoffen, dass die Regierungen so wichtige Interessen nicht länger unbeachtet lassen werden. Um eine so allgemein verlangte, durchgreifende Verbesserung zu bewerkstelligen, wäre nur nötig, folgende Bestimmungen teilweise in Kraft treten zu lassen und mit den verschiedenen lokalen Verhältnissen in Einklang zu bringen:

Die Prostitution wird an die Grenze der Städte, in wenig bewohnte Bezirke und, wenn es möglich ist, ausserhalb der Stadtmauer verwiesen.

Sie wird auf bestimmte Häuser beschränkt und darf nicht öffentlich sein.

Diese Häuser können nur von den Personen gehalten werden, welche von der Polizei dazu ermächtigt sind.

Die innere Einrichtung hängt ebenfalls ganz von dem Ermessen der Polizei ab.

Jede der öffentlichen Prostitution angeklagte Person wird in Untersuchung gezogen und unterliegt den auf Verletzung der Sitten stehenden Strafen.

Im Wiederholungsfalle wird sie für längere Zeit eingesperrt und zu öffentlicher Arbeit verwandt.

Als der öffentlichen Prostitution Angeklagte werden auch Diejenigen betrachtet, welche prostituierte Frauenzimmer als Pensionärinnen, Hausgenossen oder unter andern Benennungen in ihren Häusern aufnehmen oder in das Haus eines Andern bringen; sie werden ebenfalls vor Gericht gezogen und unterliegen den nämlichen Strafen.

Alle öffentlichen Vergnügungsorte, Theater, Balllokale, Spaziergänge u. s. w. sind den prostituierten Frauenzimmerm untersagt. Diejenigen, welche sich daselbst betreffen lassen, werden verhaftet und vor Gericht gebracht.

Werden diese Bestimmungen mit grössern oder geringern Veränderungen angenommen und mit der gehörigen Strenge in Anwendung gebracht, so ist nicht daran zu zweifeln, dass die von der Société royale des prisons angeregte Frage befriedigend gelöst wird, d. h. dass von dem Augenblicke der Einführung dieser Massregeln an die Prostitution abnimmt und in späterer Zeit ganz aufhört. Dann erst wird Frankreich sich nicht mehr dessen zu schämen brauchen, was ein notwendiges Uebel genannt wurde, und dann erst werden wieder die guten Sitten die Oberhand bekommen.

Möge dieser Wunsch, den alle Stände ohne Ausnahme laut werden lassen, bald erfüllt werden; gewiss wird dann den Behörden, welche zu dieser Wiederbelebung der öffentlichen Moral beigetragen haben, der innige Dank aller Freunde der Tugend zu Teil werden.

XXX. Kapitel.

Die Julirevolution. — Louis Philipp. — Guizot. — Die Februarrevolution. — Louis Napoleon. — Napoleon III. — Prinz Napoleon. — Das zweite Kaiserreich. — Bevölkerung Frankreichs. — Demimonde. — Prostitution und Polizei. — Bordelle. — Organisation der Prostitution. — Filles à soldats. — Femmes galantes. — Zuhälter. — Ausschweifungen. — Bordellsystem. — Zur Geschichte der Syphilis. — Militär und Syphilis. —

Die Julirevolution hatte den schwanken Thron der Bourbonen umgeworfen und Philipp Herzog von Orleans, der Sohn Egalités, wurde König der Franzosen, wie er fortan hiess, „Bürgerkönig," wie er sich gerne nennen hörte. Wie in ganz Europa in den Jahren vom Sturz des grossen Korsen bis zur Vertreibung des kleinen Bourbonenkönigs nicht eine musterhafte Sittlichkeit herrschte, trotz der Flügelspreitung der Heiligen Allianz, so war es auch in Frankreich der Fall. wie bereits früher bemerkt wurde. Doch die Tage waren mit politischen Schwierigkeiten erfüllt, die von den langen Kriegen geschlagenen Wunden waren noch nicht verharscht, Thatsachen, die die Stimmung zu besonderen Ausschreitungen der Vergnügungssucht, der Wollust nicht recht aufkommen liessen.

Als Louis Philipp zur Herrschaft gelangte, waren zwar die politischen und sozialen Verhältnisse Frankreichs auch noch ernst und besorgniserregend, aber es machte sich doch schon mehr eine genusssüchtigere Lebensanschauung geltend. Anderthalb Jahrzehnt Friedenszeit hatten die Empfindungen der Rache, des Hasses, der Wehmut abgeschwächt, der nationale Wohlstand hatte sich trotz der auch finanziell verderblichen Misswirtschaft der Bourbonen-Regierung gehoben und die Regierung Louis Philipps zeichnete sich, wenigstens in ihrem ersten Jahrzehnt, durch Sparsamkeit aus. Ein lebensfroher Zug ging durch das Reich, ohne jedoch zu besonderen sittlichen Ausschreitungen zu führen. Manches mag zu diesem günstigeren Ergebnis auch das Privatleben des Königshauses beigetragen haben, dem wenigstens in dieser Beziehung selbst von verschiedenen Gegnern kein Vorwurf gemacht werden konnte. Die Regierung Louis Philipps war eben die Herrschaft der Bourgeoisie in der Gesellschaft. Sie suchte ihre Stütze ausschliesslich in dem Mittelstand, dem Minister Guizot, der mit Thiers die Hauptstütze des Orleanismus bildete, sein bekanntes berüchtigtes: „Enrichessez vous!" zurief, eine Aufforderung, die die Prostituierung der Gesellschaft bedeutete. Das Streben, sich schnell zu bereichern trat nun mehr in den Vordergrund, der Börsenschwindel griff um sich und erfasste selbst den König. Immerhin muss aber zur Ehre Guizots gesagt werden, dass er selbst die von ihm empfohlene Bereicherung nicht zur Anwendung brachte. Im Grunde genommen lag in dieser unmoralischen Aufforderung, einem Verzweiflungsmittel sozusagen, eine ebenso grosse Menschenkenntnis wie Menschenverachtung. Es ist begreiflich, dass unter solchen Umständen die Sittlichkeit in geschlechtlicher Beziehung noch mehr erschüttert werden musste, dass die Prostitution hier ihren kräftigen Nährboden fand. Zu den aus der politischen Lage sich ergebenden Schwierigkeiten, gesellten sich infolge Misswachs andere volkwirtschaftliche Missgeschicke. Die Befehdung der orleanistichen Herrschaft wurde immer kühner und kräftiger, bis die Revolution vom Jahre 1848, die ihren Rundlauf fast durch ganz Europa nahm, Louis Philipp und seine Familie vom Throne stiess. Frankreich wurde wieder Republik. Diese von der Februar-Revolution geschaffene Republik musste bald wieder den Kampf gegen das sozialistisch gesinnte Proletariat aufnehmen und es kam nach den Junikämpfen die Militärdiktatur Cavaignacs.

„Der ideelle Gehalt einer stürmischen Zeit wird von denen, die sie erleben, mehr geahnt als verstanden. So war es auch in Frankreich 1848 der Fall. Der Sturm des Februar, welcher einen Thron umwarf, überraschte selbst die Geister, die ihn vorausgesehen. Der Sturm der Juni-Insurrektion erschreckte die Massen, welche die soziale Idee noch so wenig verstanden, dass sie deren Missbrauch nicht von ihrer Wahrheit recht zu unterscheiden vermochten. Die naturgemässe Abspannung nach der Erregung, die Erschlaffung nach der Anstrengung, die Sehnsucht nach Ruhe, nach den Zeiten des Sturms, stellte sich gerade in dem Zeitpunkt bei den Franzosen ein, als sie ihre Revolution durch die Wahl eines Staatsoberhauptes sichern und in organische Form bringen sollten. Die Wahl musste nicht nur für den französischen Staat und damit für die politische Ordnung Europas, sondern vor allem auch für den Ausgang des ideellen Kampfes der Demokratie von entscheidender Bedeutung werden. Es ist daher zum Verständnis der nachgefolgten Errichtung des neapoleonischen Cæsarismus geboten, sich klar zu machen, weshalb die Republik von 1848 förmlich durch den Willen der Nation einem Ehrgeizigen zur Beute überlassen wurde." (Schmidt-Weissenfels).

Prinz Louis Napoleon wurde zum Präsidenten der Republik erwählt, um bald darauf am 2. Dezember 1851 der Republik ein Ende zu machen, ein zweites napoleonisches Kaisertum zu errichten, in dem er als Napoleon III. den Thron einnahm.

Die Entartung der Sitten unter der fast zwanzigjährigen Regierung des neuen Cæsars übertraf selbst die berüchtigten Ausschreitungen unter Ludwig XV. und die Regentschaft. Sie wirkte noch viel verderblicher, weil sie tiefer ging und fast alle Schichten der Gesellschaft verseuchte. Sie konnte sich umsomehr ausbreiten und erweitern, als sie nicht nur Geschmack und Neigungen der Machthaber besass, sondern auch von diesen als ein ihren Zwecken und Zielen förderndes Mittel zur Narkotisierung der Gesellschaft begünstigt wurde. Zu keiner Zeit trat in Frankreich die Prostitution so selbstbewusst und siegessicher auf, wie unter dem zweiten Kaisertum und zu keiner Zeit hatten Luxus und Verschwendung mehr allgemein überhand genommen. Paris, ganz Frankreich glich einem Freudenhaus — aber keinem Haus der Freude — in dem die Unzucht, die Schamlosigkeit ihre tollsten Orgien feierte.

Napoleon III. vermählte sich bekanntlich mit der spanischen Gräfin Eugenie de Montijo, deren Lebensführung schon vorher nicht ganz einwandsfrei war. Von den erotischen Abenteuern des Kaisers liesse sich so manches berichten, doch trieb er es immerhin nicht ärger als es so viele seiner Vorgänger auf dem Throne Frankreichs getrieben hatten. Schlimmer war das Verhalten seines Vetters Prinz Napoleon, über dessen Privatleben, besonders über seine Beziehungen zu der berüchtigten Cora Pearl, eine Angehörige der „vornehmeren" Prostitution, die schändlichsten

Meldungen im Laufe waren. Auch die vielen Abenteurer des Hofstaats, von denen die meisten an einer Dauer der Verhältnisse zweifelten und die Stunde der Machtfülle im Genusse verleben wollten, gefielen sich in einem orgiastischen Treiben, ohne Zucht, ohne Scham. Natürlich musste bei dieser Wirtschaft auch der Börsenschwindel üppig gedeihen und neben den politischen Abenteuern erstand auch ein ganzes Heer finanzieller, wobei sehr häufig beide Eigenschaften sich in einer Person vereinigten.

„In den vornehmeren Kreisen zunächst brach eine Pflege und Uebertreibung des Luxus aus, welche die sittliche Natur des ehelichen Lebens völlig zu Grunde richtete. An und für sich ist die Ehe in diesen Regionen immer nicht viel mehr als ein konventioneller Akt gewesen. Das „wohlerzogene" Mädchen der Pariser Vornehmen und Wohlhabenden blieb der Sitte gemäss bis zu seinem zwanzigsten Lebensjahr in einem Klosterpensionat und erhielt dann ohne viel Zögern den Mann, welchen die Eltern ausgewählt hatten und dessen Wert vor allen Dingen nach seinem Einkommen, Vermögen, höchstens auch nach den äussern, selten jedoch nach seinen moralischen Eigenschaften abgeschätzt wurde. Ein Gatte galt eben nur als etwas Notwendiges für ein Mädchen, welches seine Liebe, seine Herzensneigungen, die Welt seiner Gefühle nicht mit verheiratet, sondern als Frau zu ihrer eigenen Disposition für andere Männer hielt. Dass der Gatte auch einmal der Geliebte war, gehörte zu den Ausnahmen. Heiraten war ein gleichgiltiges Geschäft, für den Mann wie für die Frau, soweit damit der Charakter eines inneren Lebens verbunden sein sollte. Nichts geschah denn auch häufiger in den höheren Gesellschaftskreisen, als dass die beiden Gatten jeder für sich und nach den eigenen Neigungen lebten und ihre Ehe in Wahrheit getrennt war, nachdem sie sie kaum geschlossen. Die Gebote des äusseren Anstandes wurden von ihnen befolgt und damit genügten sie den Anforderungen, welche ihre Gesellschaft an sie als Mitglieder machte. In ihrer eigenen Wohnung besuchten sie sich gegenseitig, wenn sie guter Laune waren; sie schlossen sich von einander ab, wenn sie Lust dazu hatten. Genügte der reiche Mann allen Neigungen seiner Frau, war er aufmerksam in Geschenken an Schmuck und Kleidern, führte er sie in glänzende Gesellschaften, so that er seine Schuldigkeit und hiess ein bon mari. Und hegte die Frau gar freundschaftliche Gefühle für ihn, war sie anspruchslos und zufrieden, so war die Ehe eine glückliche.

Das zweite Kaiserreich hat hier prinzipiell nichts verändert; aber der Luxus, den dies Zeitalter auf den Thron erhoben, hat jene sinnliche Gier aufgerufen, welche verwüstend auf die sittlichen Eigenschaften wirkt. „Der Gatte muss heute," — nochmals sei bemerkt, dass der Autor, Schmidt-Weissenfels, sein Werk schrieb, als Napoleon III. noch auf der

Höhe seiner Macht stand — „will er seine Schuldigkeit thun, ein Verschwender für seine Frau werden und die Frau, will sie den Ansprüchen der vornehmen Gesellschaft nachkommen, verliert nur zu bald das Schamgefühl durch die Schaustellung des Luxus . . .

Und diese Luxus-Epidemie im jetzigen Paris beschränkt sich nicht auf die sogenannten hohen Kreise der Gesellschaft, auf die Leute von grossem Vermögen die es verschwenden, oder die damit an der Börse den Aermeren, den Gimpeln und den Unglücklichen das Geld wegoperieren. Die Seuche hat immer weiter gegriffen; sie hat den hohen Beamtenstand, den wohlhabenden Bürger, sie hat selbst die arbeitenden Klassen angesteckt."

Zustände, wie sie hier wahrheitsgetreu geschildert werden und die leider auch nach Beseitigung der napoleonischen Herrschaft keinen ausreichenden Wandel erfahren haben, bedeuten nichts anderes als eine Ausdehnung der Prostitution auf die Ehe, die die Grundlage unseres gesellschaftlichen Lebens war, ist und hoffentlich auch stets bleiben wird, trotz aller, zumeist aus unlauteren Gründen vorgebrachten Deklamationen für die „freie Liebe". Wie verheerend diese Zustände nicht nur in Paris, sondern in ganz Frankreich gewirkt haben, geben viele Erscheinungen zu erkennen und nicht die bedeutungsloseste davon ist die Bevölkerungsstatistik. Zie Zunahme der Bevölkerung ist seit Langem schon in Frankreich die kleinste in Europa, was auch gelegentlich der 1900 vorgenommenen Volkszählung wieder Grund zu besorgnisvollen Klagen gegeben hat. In dem Jahrzehnt 1817—1827 betrug in Frankreich die jährliche Zunahme nur 0.63 Prozent. In der ersten Hälfte des neunzehnten Jahrhundert betrug diese Zunahme in Frankreich durchschnittlich etwa 0.5 Prozent jährlich und selbst diese geringe Zunahme rührte hauptsächlich nur von der Verminderung der Todesfälle her, während die Zahl der Geburten fast stationär geblieben ist. Nach den von Legoyt, Direktors des statistischen Bureaus zu Paris veröffentlichten Daten kamen in den Jahren 1820—1860 auf je eine Million Einwohner eine Zunahme von

15.813 Seelen in Grossbrittanien,
15.020 „ in Preussen,
11.495 „ im übrigen Deutschland, Oessterreich ausgenommen.
5.119 „ in Frankreich.

Unter der Restauration nahm die Bevölkerung Frankreichs jährlich um 0.69 Prozent zu, unter Louis Philipp um 0.55, in den Jahren 1851—1861 um 0.47 Prozent. Viel günstiger ist auch nicht das Zahlenverhältnis der nachfolgenden und der jüngsten Jahre.

Unter dem zweiten Kaiserreich entstand auch für einen gewissen Teil der Prostitution die Bezeichnung demi-monde, Halbwelt, die von einem gleichnamigen Roman, und auch einem Schauspiel, des jüngeren Dumas herrührt. Er führt hier als Beispiel eine Pfirsichfrucht an, schön und einladend vom Aussehen, die aber der Verkäufer geringer als andere schätzt und wohlfeiler abgiebt, weil sie einen kaum merklichen schwarzen Punkt aufweist, der die innere Verderbnis kennzeichnet. Aehnlich verhalte es sich nun mit manchen Frauen; sie gehörten nicht der Welt, d. h. der Gesellschaft an, sondern bildeten die Halbwelt. Diese Art war allerdings nicht neu, sie reifte nicht am Baume der napoleonischen Herrschaft zum ersten Mal, aber sie gedieh unter dessen Laubdach in einer solchen Ueppigkeit, dass ihr nur mit Recht in dieser Zeit eine eigene Bezeichnung geprägt werden durfte, obgleich diese nunmehr fast auf die ganze Prostitution angewandt zu werden pflegt. „Die Demimonde" — das Zitat rührt aus dem bereits wiederholt angeführten Werk her — ist die Wirkung all dieses Luxus, dieser Genusssucht, dieser Verschwendung. Sie ist der Ausdruck der Sittenlosigkeit, welche dadurch bewirkt wird. Sie ist der grosse Reservoir, in welchem die Krankheit der Gesellschaft, ihre Fäulnis, sich sammelt. Das soziale Ergebnis all der demoralisirenden Einwirkungen des napoleonischen Regiments, der pariser Babylon-Wirtschaft nimmt die Demimonde diejenigen auf, welche über den Luxus die Tugend verloren haben, und auch diejenigen, welche ihre Tugend an den Baal des Luxus verkaufen. Von oben wie von unten stossen in diesem schimmernden Kreis die Elemente zusammen, die das gierige und unersättliche Schmarotzertum der Gesellschaft bilden. Hier wird die Arbeit des Volks, der Wohlstand der einst aus der Arbeit hervorgegangen, gewissenslos verprasst und zwar mit der Miene, als ob das Laster dazu bestimmt sei, die Tugend offen verhöhnen zu müssen. Es liegt ein Rechtsbewusstsein in dieser Halbwelt des Scheins und der Verschwendung, welche sich aus der Logik der sozialen Erscheinungen gebildet hat. Die gefallene, von ihrem Mann getrennte Frau der feinen Welt sieht in diesem Leben als Mitglied der Demimonde die Genugthuung für die Enttäuschung, die sie aus ihrer Ehe davon getragen. Die Lorette, welche als unterhaltende Dame eines Börsenspekulanten, eines Höflings, eines Attachés ihren Platz anspruchsvoll in dieser Welt einnimmt, sieht sich als das notwendige Wesen für das kundgegebene und allgemein grassirende Bedürfnis nach Luxus und Verschwendungen. Indem sie diesem Bedürfnis genügt und ihre Liebhaber ruiniert, hat sie ihrer Meinung nach die Berechtigung ihrer Existenz erwiesen. In diese Demimonde, die heutzutage die vermittelnde Gesellschaftsklasse zwischen den Vornehmen und Unschuldigen ist, kommt die Dame, die der Luxus ruiniert hat und die arme Nähterin, die der Wollüstling verführt und mit dem Ehrgeiz des Luxuslebens erfüllt hat. Und zu dieser Welt der raffinierten und sinnlichsten Genusssucht, nur mehr oder minder zart verschleiert und in den Formen des vornehmen Lebens gehalten, gehört nicht bloss der unterhaltene, schmarotzende weibliche Teil, sondern all der bunte und wüste

Anhang von Geliebten und Betrogenen, von Gesellschaftern, Kammermädchen und Dienern."

In den mehr als drei Jahrzehnten, die verflossen sind, seit diese Zeilen niedergeschrieben wurden hat sich kaum etwas von diesen Zuständen verändert. Die Demimonde ist immer noch vorhanden, in Paris wie auch andernorts, sie ist in allen Gesellschaftsklassen zu finden und artet nur zu leicht in der nackten Prostitution aus, die es gar nicht für nötig hält, wenigstens die Scham der Heuchelei zu wahren.

Die Prostitution hat ihre innere Organisation und Gliederung, von der noch weiteres die Rede sein soll, sie hat aber auch ihre äussere, hervorgerufen von der Ueberlieferung und aus sittenpolizeilichen Gründen. Das bekannte Werk von Parent-Duchatel. „De la prostitution dans la ville de Paris" giebt darüber ausführliche Mitteilungen, die in dem Nachstehenden und anderem benutzt wurden und die so ziemlich heute noch Geltung haben:

Als Prostituierte betrachtet die Polizei von Paris ein Frauenzimmer, das sich offen und ohne besondere Wahl für Geld zu einem geschlechtlichen Verkehr hingiebt. Ueber diese, nur über diese, die allerdings bloss einem geringen Bruchteil der vorhandenen Prostitution bildet, übt die Polizei eine sanitäre Aufsicht aus, indem sie ein Verzeichnis der Betreffenden führt und sie auch dem Zwang periodischer ärztlicher Untersuchungen unterzieht. Die Zahl der verzeichneten Prostituierten betrug im Jahre 1867 nur 3853 Personen, die der heimlichen wird hundertfach so hoch geschätzt. Paris ist in mehrere Bezirke eingeteilt, deren jeder einen die Prostitution beaufsichtigenden Polizei-Inspektor hat. Sie haben darauf zu sehen, dass in den ihnen zugeteilen Strassen von den unter Kontrolle stehenden Frauenzimmern nichts Auffälliges vorgenommen werde, nehmen die Verhaftung derer vor, die unbefugt dem Schandgewerbe nachgehen, sowie auch derer, die unter Ausserachtlassung der vorgeschriebenen ärztlichen Untersuchung es thun. Sie haben endlich auch die Aufsicht über die Bordelle, maisons publiques oder maisons tolerées genannt. Die unter Sittenaufsicht stehenden Frauenzimmer halten sich nämlich in einem dieser Häuser auf, oder sie wohnen abgesondert. Wird ein der unbefugten Prostitution bezichtigtes Frauenzimmer verhaftet und sie leugnet, diesem Gewerbe nachzugehen, so wird es gewöhnlich gleich freigelassen. Wiederholt sich aber dieser Vorfall einigemal, so wird es genötigt, sich unter sittenpolizeiliche Aufsicht zu stellen. Soll letzteres überhaupt geschehen, so muss die Betreffende bei der Polizei darum ansuchen und ihren Taufschein vorlegen. Die Polizei prüft dann, ob kein Bedenken zur Zulassung vorliegt und wenn das Mündigkeitsalter noch nicht erreicht ist, verständigt sie die Eltern oder den Vormund des Mädchens damit es von diesem unehrenhaften Beginnen abgehalten werden kann. Steht kein Hindernis entgegen, so erhält die Betreffende von der Polizei eine Beglaubigungskarte und sie muss die Erklärung unterschreiben, dass sie sich allen von der Polizei in dieser Sache bestimmten Anordnungen willig fügt. Bordellwirtinnen, dames des maisons, müssen mit dem bei ihnen einkehrenden Mädchen am ersten Tag schon bei der Polizei sich melden.

Nach Erhalt der Karte wird das Frauenzimmer von einem Arzt untersucht, der ihr, je nach Befund, ein Gesundheitszeugnis ausstellt oder ihre Beförderung nach dem Krankenhaus veranlasst. Selbständig wohnende Frauenzimmer müssen sich fortan in Zwischenräumen von höchstens vierzehn Tagen einer ärztlichen Untersuchung unterziehen, während die in Bordellen untergebrachten dies wöchentlich vornehmen müssen. Ist der Arzt, wie es ja vorkommen kann, im Zweifel, ob eine ansteckende Krankheit vorhanden sei, so ordnet er an, dass die Untersuchte eine gewisse Zeit lang sich ihrem Gewerbe fern halte.

Will eine unter Polizeiaufsicht stehende Prostituierte von diesem Gewerbe ablassen — Duchatelet behauptet, dass dies bei den meisten nach Ablauf von einem bis drei Jahren erfolge — so muss sie es bei der Polizei melden und dort angeben, womit sie sich fortan zu beschäftigen gedenke. Ihr Name wird sodann von der Liste der Prostituierten gleich oder erst nach einer gewissen Beobachtungszeit gestrichen.

Jetzt einige Bemerkungen über das Leben der Prostituierten in den Bordellen, wo sie auch filles d'amour genannt werden. Die dames des maisons, die in vielen Fällen in ihren jüngeren Jahren selbst Prostituierte waren, geben den Mädchen Verpflegung und Kleidung, wofür ihnen diese den jeweilig zukommenden Schandlohn grösstenteils oder auch gänzlich abliefern müssen. In den meisten Fällen bleibt nur der Betrag, den sie über eine bestimmte und den männlichen Besuchern in der Regel bekannte Höhe erhalten, ihr eigen. Die meisten der „Hausdamen" sind sehr habgierig und behandeln die Mädchen schlecht, wenn deren „Zugkraft" nachlässt. Die Insassinnen ihres Hauses dürfen auch keinen Bewerber zurückweisen. Die „Hausdamen" pflegen auch einen Austausch der Mädchen untereinander vorzunehmen, obgleich im allgemeinen nicht sonderlich Freundschaft zwischen ihnen herrscht. Auch kommt es nicht selten vor, dass hübsche Dirnen von der einen Hausbesitzerin der andern benachbarten abspenstig gemacht werden, was oft schon zu argen Szenen Anlass gab, so dass die Polizei den Mädchen verbieten musste, früher als vierzehn Tage nach Abgang von dem einen Bordell in ein benachbartes einzukehren.

Ausser den Bordells giebt es auch noch maisons de passe, Absteigequartiere, wo die Prostituierten zeitweilig Stuben für ihre Zwecke mieten können. Diese Oertlichkeiten werden auch von der heimlichen Prostitution häufig aufgesucht. Die Polizei ist diesen Häusern nicht wohlgeneigt, denn die Vorgänge darin entziehen sich zumeist ihrer Kontrolle. Um zu verhindern, dass solches gänzlich geschehen könnte, verpflichten sie die Inhaberinnen, wenigstens zwei unter Aufsicht der Sittenpolizei stehende Mädchen bei sich aufzunehmen und damit dem Hause den Charakter eines Bordells zu geben. Allerdings giebt es dabei noch zahlreiche heimliche maisons de passe, denen die Polizei nur selten etwas anhaben kann.

Die unterste Klasse der heimlichen Prostituierten pflegt, wenn sie niemand findet, der sie nach seiner Wohnung oder sonstwo mitnimmt, in „garnis“ zu nächtigen, Logirhäusern, wo sie für zwei oder drei Sous für die Nacht ein jämmerliches Unterkommen finden. Zu dieser Klasse zählen auch die „filles à soldats,“ die Soldatenmädchen, in der Nähe der Kaserne herumschweifende Dirnen, die sich den Soldaten für eine Kleinigkeit, oft sogar nur für ein Stück Brod hingeben, das die armen wollüstigen Jungen sich vom Munde absparen. Es wurde ihnen verboten Lebensmittel aus der Kaserne zu tragen und dieses Verbot auch durch körperliche Untersuchung unterstützt. Ein Oberst, der bemerkte, dass seine Leute trotzdem abmagerten, ging der Sache auf die Spur und da wurde entdeckt, dass die Soldaten nun ihr Brod den Dirnen aus den Fenstern zuwarfen. „Den Tag verbringen diese Dirnen (heisst es in „Die Grundzüge der Gesellschaftswissenschaft“), in den Schenken und Speisehäusern in der Nähe der Kasernen, wo sie mit den Soldaten tanzen und balgen und sich mit ihnen in dunkle Kabinette zurückziehen, in denen die venerische Ansteckung sich wie ein Lauffeuer verbreitet. Diese Art der Prostitution bietet der Polizei Trotz, weil die Schenkwirte, denen die Mädchen viele Kunden und einen grossen Absatz an Getränken und andern Dingen bringen, das Entwischen dieser Rebellen begünstigten. Die Schenkwirte bemühen sich daher so viel Mädchen als nur immer möglich in ihr Lokal zu ziehen, denn Quantität wird mehr geschätzt als Qualität und in der That ist die Klasse meist so hässlich, dass sie, wie Duchatelet sagt, „nur bei betrunkenen Männern und im Dunkeln hoffen darf, Neigung zu finden.“ In diesen niedrigen Schenken nehmen alle Arten von Verbrechern, Dieben u. s. w. an den Vergnügungen teil und durch den Verkehr mit ihnen muss natürlich die Ordnung und Disciplin der Soldaten leiden.“

„Es bleibt noch eine andere Klasse von Prostituierten zu erwähnen, die diebischen Prostituierten, eine sehr zahlreiche Klasse. Sie stehen gewöhnlich im Bunde mit Taschendieben und anderen Dieben unter denen sie ihre Liebhaber und Raufbolde haben. Manche dieser Mädchen pflegen sich an alte Leute und an sonstige Männer heranzumachen, die am wenigsten geeignet scheinen, ihnen zu folgen. Wenn man sie zurückweist, lassen sie nicht nach, und wenn man sich von ihnen loszumachen sucht, verursachen sie einen Tumult oder bestehlen die Taschen ihres

Opfer. Andere wieder folgen einem unerfahrenen jungen Mann, drängen sich haufenweise um ihn herum und behandeln ihn auf dieselbe Weise, während er ihre dringenden Einladungen abwehrt. Noch andere machen sich an Betrunkene heran. Manche verhältnismässig ehrliche Prostituierte stehen nicht an, sich aus den Taschen ihrer Besucher zuzueignen, was sie eben finden, aber sie nennen das nicht stehlen, sondern „auf das Geschäft achten." Die Prostituierten der höhern Klassen lassen sich jedoch in der Regel nichts dergleichen zu Schulden kommen und die einzelnen Diebstähle, die sie sich oft erlauben, betreffen die Kleider, die ihnen die Hausvorsteherinnen leihen. Wenige der hier erwähnten Diebstähle werden bestraft, denn die Bestohlenen mögen meist keine Anklage erheben, weil sie das Gelächter oder den Spott der Gesellschaft fürchten und begnügen sich damit, ihren Verlust als eine Lehre für die Zukunft hinzunehmen.

Ausser den oben erwähnten Klassen berufsmässiger Prostituierten, giebt es andere, die entweder insgeheim ein ähnliches Leben führen oder der Prostitution auf verschiedene Weise dienen. Die, welche als „femmes galantes" bekannten, sind meist unterhaltene Maitressen, die andere Männer zulassen, um ihre Einnahme zu vermehren. Ihre Hauptsorge besteht darin, ihr Treiben vor denen zu verbergen, die sie unterhalten. Sie bieten sich daher nicht öffentlich feil, sondern wissen es so einzurichten, dass Männer, die solchen Verkehr mit Frauenzimmern suchen, ihnen in ihr Haus oder an einen andern geeigneten Ort folgen. Sie verkaufen ihre Gunst um einen höheren Preis als die anderen und sind oft wegen ihres gewählteren Verkehrs sehr anziehend. Auch die Schauspielerinnen bilden eine Klasse, die ihr eigentümliches Wesen und ihre besondere Reize hat. Es giebt in Paris, wo alle möglichen Lebensweisen zu finden sind, auch Frauen, die ihre Liebhaber nur während gewisser Tagesstunden empfangen, dann ihre Thür schliessen und die Abende mit ihren auserwählten Liebhabern auf Bällen und in den Theatern zubringen. Um eine Vorstellung von der Mannigfaltigkeit der vorhandenen Methoden zu geben, sei erwähnt, dass eine dieser Damen allen ihren Besuchern ihre Gesundheit garantierte und zu diesem Zweck nur eine auserwählte Gesellschaft verheirateter Männer empfing. Den Zutritt erhielt einer nur mit Bewilligung des andern und wer Witwer wurde, der wurde dann ausgeschlossen."

Die Klasse der Kupplerinnen ist gross und spielt eine wichtige Rolle. Sie besteht meist aus Frauen, die selbst Prostituierte waren und sich nun ein Geschäft daraus machen, möglichst viel junge Mädchen der Prostitution zuzuführen und den Verkehr zu vermitteln. Sie stehen im Bunde mit den „dames des maisons", von denen sie im Verhältnis zu ihren Leistungen bezahlt werden. Viele von ihnen sind überdies noch Putzhändlerinnen oder treiben sonst ein ihren Zwecken zuträgliches Nebengewerbe. Die Gehilfinnen der Bordellwirtinnen werden „marcheuses" genannt. Es sind dies zumeist ältere, durch eigene Erfahrung mit dem Gehaben der Prostitution nur zu gut vertraute Weibsbilder. Zu ihren Obliegenheiten gehört es, anlockend an der Hausthür zu stehen und zuweilen auch die Insassen des Hauses bei deren Streifungen durch die Strassen zu begleiten.

Hang zum Müssiggang, zur Verschwendung, zur Völlerei und zur Verlogenheit sind die charakteristischen Zeichen der Prostitution aller Grade. Schwangerschaft kommt bei ihnen zufolge Ausschweifungen, Krankheiten und auch vorgenommener Vorsichtsmassregeln selten vor, doch, wie Duchatelet behauptet, häufiger als im allgemeinen geglaubt wird. Er erwähnt auch, dass die Prostituierten sich oft auch durch die eingetretene Menstruation von der Ausübung ihres Gewerbes nicht abhalten lassen, wobei sie sich gewisser Mittel bedienen, um die Anzeichen zu verbergen.

Einen grossen und von der Polizei auch gefürchteten Uebelstand der Prostitution bilden die Zuhälter und Liebhaber der Frauenzimmer dieses Gewerbes. Sie rekrutieren sich aus allen Schichten der Gesellschaft. Die niedrigste Klasse der Zuhälter führt den Namen souteneurs. Ihre Aufgabe ist, den Beschützer zu spielen, den Genossinnen, dem Publikum, der Polizei gegenüber. Soll eine Dirne verhaftet werden, so sucht ihr Zuhälter im Verein mit seinem Anhang einen Tumult zu erregen, der dem Frauenzimmer Gelegenheit bieten soll, zu entweichen. Wird die Dirne wegen Diebstahl oder wegen venerischer Krankheit der Polizei angezeigt und verhaftet, so bemüht sich ihr Zuhälter, sich an dem Angeber, sei dies auch der Geschädigte selbst, empfindlich zu rächen. Mancher wurde schon in dieser Weise nächtlich auf der Strasse überfallen und niedergeschlagen oder durch Messerstiche verletzt Der Einfluss den die Zuhälter zumeist auf ihre Dirnen ausüben ist unbegreiflich gross. Sie quälen oft das ihnen sozusagen sklavisch unterwürfige Frauenzimmer, schlagen es, jagen es, selbst wenn es sich krank fühlt, hinaus zur Ausübung des schändlichen Gewerbes und nehmen ihm dann fast alles erhaltene Geld ab. Merkwürdig ist es, dass die Prostituierten diese ihre Peiniger oft hassen, aber dennoch von ihnen nicht lassen können und nicht lassen wollen. Auch setzen sie einen gewissen Stolz darin ihren „Alphonse" — so lautet des Zuhälters nom de guerre in Paris, in Berlin dagegen wird er „Louis" genannt, während der Wiener die fremdartig klingende Bezeichnung „Stritzi" dafür gebraucht — zierlich herauszustatten, legen auf seine Toilette fast noch mehr Wert als auf die ihrige. Zuweilen hat die Prostituierte thatsächlich einen Liebhaber oder sie liebt ihren Zuhälter ernstlich und ist ihm, ungeachtet ihres für solche Gefühle wenig geeigneten Berufs, zärtlich ergeben. Es ist nicht selten, dass ein in einem Bordell einkehrendes Mädchen sich bedingt, dass sie ihr Liebhaber einigemal in der Woche kostenfrei besuchen darf und es wird ihr in der Regel bewilligt, denn sonst wäre sie nicht festzuhalten.

Die Schilderung dieser Verhältnisse bezieht sich auf die Zeit des zweiten Kaiserreichs in Frankreich, sind aber grossenteils auch heute noch giltig und fast gleichartig in allen Grossstädten zu finden. Es wird sich noch später Gelegenheit bieten, auf diese Zustände der Prostitution zurückzukommen.

Das Gefängnisleben der Prostituierten wurde bereits geschildert. Es sei aber hier auf noch einen Punkt hingewiesen, den Appert erörtert, daher also schon zur Zeit Louis Philipps ernst in Betracht zu ziehen war.

„Die männlichen Sträflinge, die als Weiber und die weiblichen, die als Männer gelten wollen, sind in den Gefängnissen in grosser Anzahl vorhanden. Die Laster und die Prostitution, zu denen sie Anlass geben, sind der hauptsächlichste Grund, warum ich, so viel es möglich ist, eine Isolierung der Gefangenen bei Nacht anempfehle. Ich will nicht schildern, mit welcher Frechheit und Schamlosigkeit diese sittenlose Geschöpfe allen Strafen, allen Hindernissen Trotz bieten, um sich den schändlichsten, unnatürlichsten Ausschweifungen zu überlassen. Die Eifersucht der Weiber untereinander steigert sich zuweilen bis zum Wahnsinn und führt bis zum Mord der „Ungetreuen". Das Traurigste dabei ist, dass der Sträfling, der dieses Laster im Gefängnis angenommen hat, es in der Regel nach seiner Entlassung nicht wieder ablegen kann.

Der Anzug, das Benehmen, der Charakter, die Stimmen dieser Geschöpfe, die zu gleicher Zeit Mann und Frau sind, sind so auffällig, dass jeder sie auf den ersten Blick hin von den übrigen unterscheiden kann. Die Behörde kann daher, wenn es ihr ernstlich darum zu thun ist, solche unnatürliche Verbindungen zu verhindern, leicht Massregeln dagegen treffen." Es handelt sich hier um alte, immer wieder in den Vordergrund der Erscheinungen tretende Laster, die besonders in den letzten Jahren des neunzehnten Jahrhunderts zu lebhaften wissenschaftlichen Erörterungen geführt haben, auf die zurückzukommen wir gleichfalls noch genötigt sein werden.

Es ist eine alte, immer wieder auftauchende Streitfrage, die aber bisher nie zu einer befriedigenden Beantwortung kommen konnte, ob die Prostitution in Bordelle verwiesen werden soll, oder ob ihr, natürlich unter Polizeiaufsicht, Bewegungsfreiheit gestattet werden soll. Parent-Duchatelet ist für ersteres: „Dans l'intérêt des moeurs et de l'ordre général, il faut les maisons publiques du prostitution protéger et multiplier." Andere Aerzte, sowie Volkswirtschafter, Kulturhistoriker etc. sprechen sich dagegen aus, leugnen auch, dass das Bordell-System mehr Schutz vor Verbreitung der so verderblichen Syphilis biete. Auch hier gilt die Pilatus-Frage: „Was ist Wahrheit?" Einzelerscheinungen, wie sie da und dort angeblich festgestellt wurden, sind eigentlich für die richtige Beurteilung der Verhältnisse ziemlich wertlos, denn sie verleiten zu Schlüssen, die im Grunde genommen, nur auf hypothetischen Blendungen, auf einem trügerischen statistischen Zahlenspiel beruhen. Thatsache ist immerhin, dass dort, wo das Bordell-System aufgehoben wurde, zumeist dessen baldige Wiederherstellung nötig wurde. Uebrigens hat niemals verhindert und könnte auch niemals die Errichtung von Bordellen das Vorhandensein einer frei lebenden Prostitution verhindern. Wo Massregeln gegen letztere getroffen wurden, war nur die Zunahme der heimlichen Prostitution die Folge. Als merkwürdig kann hier ein Ausspruch des Engländers W. Acton verzeichnet werden, der in seinem Werke „Prostitution“, London 1857, behauptet: „Das einstimmige Zeugnis aller Beobachter wird mir beistimmen, wenn ich sage, dass keine Klasse von Frauen so frei ist von allgemeinen Krankheiten, wie die Prostituierten.“ Auch französische Aerzte sprechen ihnen eine „santé de fer“ zu, ohne jedoch darüber Aufklärung geben zu können. Vielleicht ist diese in den Thatsachen zu finden, dass kränkliche Frauenzimmer nur selten der öffentlichen Prostitution verfallen, dass die stärker ausgebildete Sinnlichkeit, die ja in vielen Fällen zur Prostitution führt, mehr Lebenskraft erfordert und auch äussert. Immerhin ist die Prostitution die Trägerin der Syphilis und auch Wahnsinn und Trunksucht ist in ihren Reihen häufiger zu finden als in anderen Gesellschaftsschichten.

„Lange wollte kein Hospital syphilitische Kranke aufnehmen,“ schreibt der Verfasser der „Grundzüge der Gesellschaftswissenschaft“, „und die den ärmeren Klassen angehörenden Kranken wurden in Wälder und Felder hinausgetrieben. Als endlich das Parlament von Paris ein Gesetz gab, demzufolge sie in eins der Hospitäler aufgenommen werden sollten, wurde jeder Kranke vor seiner Aufnahme gepeitscht und diese barbarische Sitte dauerte in voller Strenge bis zum Jahre 1700 fort. Doch selbst diese unmenschliche Behandlung war nur für das männliche Geschlecht bestimmt; die unglücklichen Frauen wurden, wie gewöhnlich, noch schmachvoller behandelt. Denn für das weibliche Geschlecht wurden gar keine Vorkehrungen getroffen, als verdiente es weiter nichts als Verachtung. Und man kann sich ihr Elend vorstellen, wie sie allmählich von der Erde dahinfaulten, unbemittelt und verlassen, ihr Herz gequält durch die Bitterkeit der Entehrung und gefoltert von jener Pein des Unwillens, womit auch das dunkle Gefühl von Unrecht und Ungerechtigkeit jede menschliche Brust erfüllt. Erst im Jahre 1683 wurde eine kleine Abteilung in einem Hospital für sie eingerichtet, und was für eine Abteilung! Die Phantasie kann kein hässlicheres Bild von Schmutz und Vernachlässigung heraufbeschwören, als dasjenige, das Duchatelet von diesem Ort entwirft, wo die unglücklichen Kranken in grosser Zahl starben, oder wenn sie mit dem Leben davon kamen, zu wandernden Skeletten wurden.

Um auch nur diese elende Behandlung zu erlangen, war es notwendig, eine Zeit lang zu warten, nicht länger als ein Jahr, bis für die Kranke ein Bett frei wurde, denn es war nur für hundert Kranke Vorkehrung getroffen, Männer und Frauen durcheinander. Diese entsetzlichen Zustände bestanden noch im Jahre 1783. Bald nachher wurden durch die edlen Bemühungen eines menschenfreundlichen Arztes, der bei dem Hospital angestellt wurde, bessere Einrichtungen getroffen."

Duchatelet, dem diese Daten entnommen wurden, schrieb sein erwähntes Werk 1835. Damals gab es in Frankreich nur wenig Hospitäler wo Syphilitiker aufgenommen wurden. Die Armen, die sich keine häussliche Pflege und Kur gönnen konnten, mussten daher ihre Krankheit nach Paris schleppen, wo sie auch nur im beschränkten Maasse Hilfe und Heilung fanden. In der zweiten Hälfte des neunzehnten Jahrhunderts trat allerdings eine grosse Verbesserung ein. Die Vorkehrungen, die gegen die Syphilis getroffen worden, ebenso wie die von Ricord und anderen angewandten Heilmethoden galten bald als die besten und dienten anderen Städten und Lehranstalten als Vorbild.

Der Arzt Dr. Luna Calderon hat 1815 und Dr. Langlebert 1855 Versuche mit Schutzmitteln gemacht, die von ihnen erfunden wurden und gegen die Ansteckungen wahren sollten. Es scheint, das diese Flüssigkeiten sich ebenso wenig bewährt hatten, wie später mehrere andere ähnliche Erfindungen. Nützlicher hat sich erwiesen und mehr zur Anwendung gelangten die nach ihrem französischen Erfinder benannten Condoms, die seltsamer Weise 1816 durch eine päbstliche Breve verdammt wurden, weil sie die Vorsehung hindern wollten, die Menschen an dem Gliede zu strafen, mit dem sie gesündigt haben.

Wesentlich zur Heilung der Syphilis hat auch die von Courtois 1811 erfolgte Entdeckung des Jods und die Herstellung des Jodkalis daraus beigetragen. Nächst Paris hatte die Wiener medizinische Schule, der bald auch die andern deutschen folgten, grosse Erfolge in der Behandlung dieser bösen Krankheit aufzuweisen. Freilich muss auch gesagt werden, dass der in der zweiten Hälfte des neunzehnten Jahrhunderts immer mehr herangewachsene Militarismus wieder zur Verbreitung viel beigetragen hat. „Von allen Arten der Verbreitung der Syphilis," schreibt Dr. Julius Kühn in seinem „Die Prostitution im neunzehnten Jahrhundert etc.," „ist die durch Armeen stets die verderblichste gewesen ... Schon der kurze Kriege von 1866 giebt den Beweis, wie wenig Zeit grosse Heere brauchen in der Verbreitung der Syphilis Unglaubliches zu liefern. Dem Kriege im Norden schreibt man die Radesyge und die Dithmars'sche Krankheit in Norwegen und Dänemark, den Kriegen Cromwells die Sibbons in Schottland, den Entdeckungsreisen der Portugiesen und Spanier, die in Westindien einheimischen Variétäten der Syphilis zu; kurz alle Heere, im Krieg wie im Frieden haben das beneidenswerte Vorrecht, die meisten syphilitischen Männer zu zählen.

Gilt dies nun von der Landarmee, so hat es noch viel mehr Bedeutung für die Seetruppen und Matrosen. Aus allen Ländern in die Häfen zurückkehrend, suchen sie sich nach den Gefahren und Strapazen der Seereisen für die Enthaltsamkeit und Sparsamkeit, welche ihnen dieselben auferlegen, mit allen wilden Leidenschaften, auf dem Festlande zu entschädigen. Sie kehren häufig genug sehr krank zurück, bringen daher die Ansteckung den prostituierten Dirnen in den Seehäfen und geben so in diesen Städten zu der ungeheuren Menge von Krankheitsfällen Anlass, welche ausserdem noch durch die so mannigfachen Quellen, aus denen sie strömen, zu den höchsten Graden gebracht werden."

XXXI. Kapitel.

Die Boulevards. — Republik und Kaisertum. — Die Börse und die Prostitution. — Grisettentum. — Die Lorette. — Bal Mabille. — Cancan. — Quartier Latin. — Die dritte Republik. — Die Cocotte. — Folies Bergère. — Polizei und Prostitution. — Vornehmere Bordelle. — Les voyeurs. — Maitres-chanteurs. — Demi-castor. — Montmartre. — Geschäftsfreunde der Prostitution. — Die Französin.

Interessante Schilderungen aus dem Leben und Treiben zu Paris in der ersten Periode der Regierung Napoleons III. giebt uns Theodor Mundt in seinen „Pariser Kaiser-Skizzen", aus denen hier einige Stellen folgen sollen, die zur Beurteilung der Sittenverhältnisse und der Prostitution dieser Zeit von Bedeutung sind.

„Die Boulevards sind das unaufhörlich sich schüttelnde Kaleidoscop des französischen Charakters geworden. Unter der constitutionellen Monarchie Louis Philipps, unter der Republik und unter dem neunapoleonischen Kaisertum hat sich der Lebensaufwand der Boulevards kaum auf irgend eine charakteristische Weise verändert. Nur in der öffentlichen Sittlichkeit haben die beiden letzten Regimes unleugbare Fortschritte gemacht. Denn obwohl das Bürgerkönigtum die Bravheit und Redlichkeit zu ihrem eigentlichen Aushängschild genommen, so war es doch nachsichtiger in einer gewissen öffentlichen Duldung der Prostitution, die in dieser Zeit mit abenteuerlicher Wildheit auf den Boulevards umherraste und dort in den groteskesten Gestalten ein förmliches Lager aufgeschlagen hatte.

Louis Philipp hatte zwar den alten Augiasstall des Palais Royal von seinen nacktbusigen Besucherinnen rein fegen lassen und namentlich die Galerie Orleans, in welchem der alte dynastische Schmutz des Ancien Regime so üppig fortgewuchert hatte, den in den Nachtstunden umherschweifenden Priesterinnen gesperrt, obwohl dieselben zum Teil nur Erbinnen und Nachfolgerinnen der Abenteuer waren, von denen auf diesem Platz sogar Prinzessinnen aus dem Hause Orleans verlockt worden. Die Polizei Louis Philipps jagte aber nur den ganzen Schwarm auf die Boulevards, wo die Prostitution nun in gewissen Stunden in unabsehbaren Kolonnen anrückte und mit ihren teils eleganten, teils fabelhaften und unzüchtigen Gestalten, mit ihren in funkelnden Diademen umherstolzierenden Mohrinnen und Mestizen, und wie sich dieses tolle Nachtgevögel sonst darstellte, ins Feld zog.

Diese Figuren verschwanden schon aus dem sich versittlichenden Strassentreiben der Republik von 1848 . . . Wenn aber die Republik zuerst ein nüchternes und von seinen anstössigsten Elementen gereinigtes Strassenleben zu erzeugen anfing, so bezeichnete sich damit eigentlich nur der Wendepunkt, auf dem die schlechten und verworfenen Stoffe der Gesellschaft sich auf das Innerste des sozialen Lebens zurückzutreiben anfingen, um in dem gesellschaftlichen Organismus selbst ihre den Kern anfressende Stelle zu gewinnen. Das neue Kaisertum hat dieser eigentümlichen Reaktion, zum vollständigen Durchbruch geholfen. Es ist dies eine Reaktion, durch welche Prostitution und Courtisanentum, die früher nur von den Barrièren der eigentlichen Gesellschaft umherschweifen (?), auf die festeren Plätze derselben und in ihre innerste Mitte vorgedrungen, und in einem Grade, wie es bisher noch nie der Fall gewesen, mit den sittlichen Banden und Verhältnissen der Gesellschaft in Koncurrenz getreten, ja denselben fast ihren Bestand streitig gemacht haben.

Die Prostitution hat sich heutzutage innerhalb der französischen Gesellschaft, selbst zu organisieren angefangen, und behauptet in derselben ihre eigentliche Existenz, während ihre Ausläufer, welche sonst die Physiognomie der Strasse färbten, sich von derselben mehr und mehr zurückgezogen haben und nur noch in vereinzelten Erscheinungen eine gänzlich in Verfall begriffene Sphäre des Lasters bezeichnen.

Das Vordringen des Kurtisanentums in der Gesellschaft, wovon auch die neuesten Pariser Theaterstücke ein so schreckenerregendes Zeugnis ablegen, hat sich aber in diesen neuen imperialistischen Zeiten durch eine gänzliche Verrückung des Mittelpunkts der gesellschaftlichen Interessen bewirkt.

Früher bestand allerdings ein Mittelpunkt, der durch das Sittengesetz mehr oder weniger festgesetzt war und in der Form der Ehe und Familie, ungeachtet aller Abweichungen, die von derselben stattfanden, sich zu bewahrheiten suchte. Das Börsenspiel hat heutzutage diesen ethischen Mittelpunkt umgestossen und durch seine jedes feinere menschliche Gefühl abstossenden Spekulationen eine Lücke in die sozialen Verhältnisse der Menschen gerissen, in welche Elemente der Stätigkeit und Ruhe, wie Ehe und Familie sind, nicht mehr genügend hineinpassen, sondern die am leichtesten und bequemsten nur durch das der Börse wohlverwandte Element der Prostitution ausgefüllt werden kann.

Es wird darum die Zustände des heutigen Kaiserreichs am erschöpfendsten kennzeichnen, wenn man diese ungeheuere, alle Klassen aufregende Entfesselung des Börsenspiels, zu dem der neue Imperialismus durch seine ganze Natur und alle seine Zwecke den Anstoss gegeben, zugleich von einer moralischen Revolution, von einer Lockerung aller positiven Bande der Gesellschaft und von einer Vergiftung des innersten sozialen Organismus durch die Prostitution, begleitet sieht.

Dass Liebe und Ehe in ihren legitimen Verhältnissen mit dem Börsenspiel nicht mehr bestehen können, hat zuerst Ponsard in seiner Komödie „La Bourse", die auf dem Odéon-Theater mit rauschendem Beifall in fast täglichen Wiederholungen gespielt worden, als den typischen Charakter der heutigen spekulierenden Epoche bezeichnet."

Gegen diese trefflichen Worte liesse sich höchstens nur einwenden, dass sie Eingangs die sittliche Qualität der vorhergegangenen Zeit zu hoch einschätzt. Auch über „Grisetten" und „Loretten" weiss unser Autor recht interessante Mitteilungen zu machen, denen hier ein Platz gebührt:

„Es bedarf nur eines Blickes auf die neueste französische Litteratur und auf die Pariser Theater, um mit Staunen inne zu werden, wie neben dem Interesse der Geldmacherei, das heute alle Klassen in Frankreich ausschliesslich beseelt und treibt, nur noch die geschlechtliche Aventure und die Debauche als die einzige, triebschäumende Gährung in dem heutigen gesellschaftlichen Prozess übrig geblieben sind.

Die Unterdrückung des geistigen Lebens und alles freien Gedanken-Austausches, auf welche das napoleonische Regierungs-Programm seit alter Zeit her gestützt war, hat sich heutzutage, durch den neu herzugekommenen Hebel der Börsenspekulation, in einem überraschenden Grade auf die sittlichen Elemente der Gesellschaft zurückgeworfen. Wie die Börse eine Prostitutions-Anstalt für den ganzen Volkscharakter geworden, so hat die Prostitution auf der andern Seite den Charakter eines noblen Börsengeschäfts angenommen und schwingt sich dadurch zu einer so glänzenden gesellschaftlichen Höhe hinauf, wie man sie bisher noch nie thronen gesehen. In die Vermischung der Prostitution mit dem Haus- und Familienleben, das bis zur Verwechslung und Identifizierung sich forttreibende Durcheinander der anständigen Frau mit der Kurtisane haben in einem Grade zugenommen, dass die Befürchtung nicht übertrieben erscheint, es möchte bald der innerste Lebenskern der Gesellschaft davon angefressen werden.

Mit dem Sturze der Herrschaft Louis Philipps ist auch das alte Pariser Grisettenwesen in seiner ganzen gemütlichen Organisation zu Grunde gegangen. Schon in den letzten Jahren der konstitutionellen Monarchie gab es in Paris kaum noch Grisetten in dem alten einheimischen Sinn des Wortes. Die Gattung hatte sich zu degenerieren angefangen, indem ein merkwürdig guter volkstümlicher Kern, der die Grisette der früheren Periode auszeichnete und den so vielgerühmten Verhältnissen des Menagemachens oft einen ungemein dauerhaften, fast sittlichen Bestand verlieh, sich zu verlieren anfing.

Die Grisette war in ihrer früheren Gestalt ein rührendes Naturbild der französischen Weiblichkeit gewesen. In ihrer einfachen schmucklosen Kleidung, mit dem idyllischen Grisettenhäubchen auf dem Kopf (bonnet à pompons), wusste sie den Zauber, der von ihr ausging, nicht durch ein glänzendes, modisches Aeussere, sondern nur durch ihre natürliche Schönheit, durch ihren heitern und liebenswürdigen Sinn, durch ein zärtliches, wahrhaft liebendes Herz zu begründen. Denn die am meisten charakteristische Eigentümlichkeit der Pariser Grisette war stets die, dass die Liebe noch einen sicheren Wohnsitz in ihrem Herzen hatte, und dass sie an das Verhältnis, das sie einging, die ganze Innigkeit ihres Wesens, den ganzen Ernst ihrer Leidenschaft setzte. Sie erscheint heute als eine altmodische Kreatur, die im eigentlichsten Sinne noch bis in den Tod lieben konnte. Denn der Lebenslauf der Grisette endigte nicht selten mit einem Sturz aus dem Fenster, und dann trug der Freund, der sie verlassen und verstossen hatte, die Schuld davon. An ein arbeitsames und hartes Leben in den untersten Volksklassen gewöhnt, hatte sie nie etwas anderes verlangt, als die Woche hindurch zu arbeiten, zu trällern und zu singen und am Sonntag leidlich schönes Wetter zu haben, damit sie bei einigem Sonnenschein auf den Boulevards und in den Champs Elysées spazieren gehen konnte. An der Liaison, der sie sich hingiebt, hat selten die Gewinnsucht den ausschliesslichen Anteil, und das Verhältnis, in das sie durch die Zugehörigkeit zu einem Freund eintritt, und das nach der verschiedenen sozialen Stellung desselben seinen Charakter empfängt, wird von ihr mit dem wunderbarsten Enthusiasmus der Treue und Zärtlichkeit ergriffen. Sie wurde die unermüdliche Gesellschafterin und Dienerin ihres Freundes, und wenn er krank war, konnte ihn keine sorgsamere und aufopferndere Pflege umstehen, wie sie auch seinen ökonomischen Verhältnissen die grösste Aufmerksamkeit widmete. Die Grisette wurde die wirkliche Freundin ihres Freundes und die ausgezeichneten Eigenschaften ihres Charakters veredelten auch ihre gesellschaftliche Stellung wenigstens innerhalb der Menage, in die sie eingetreten war, zu einem fast moralischen Ansehen.

Die Pariser Grisette wurde durch den veränderten Geist der heutigen französischen Jugend aus der Welt geschafft, in dem sie vor einer Generation nicht mehr bestehen konnte, die in Gemütsleere, Nüchternheit und Rohheit ihren eigentlichen Lebensausdruck suchte und die die Befriedigung einer würdigen Eitelkeit noch weit höher stellte, als jede andere Genusssucht. Diese neue Generation, die nur Spott und Hohn für das eigentliche Wesen der Grisette haben konnte, musste darauf ausgehen, jene Spezies des französischen Weibes zu verderben, und ein anderes moderner geartetes Gebild an ihre Stelle zu schieben. Die Nachfolgerin der Grisette wurde die Lorette. Mit ihr begann eine neue Racenbildung des Pariser Courtisanentums. Die Lorette wurde ein viel eleganter aussehendes Modeprodukt, das aus allen gemütlosen und kalt berechnenden Eigenschaften der heutigen französischen Jugend zusammengeknetet schien und allen Albernheiten und Eitelkeiten der Elegants des Tages vollkommen Rechnung trug. Der Lorette fehlte alles Gute, das den Charakter der Grisette eigentümlich auszeichnete, besonders aber das Herz und die Fähigkeit der Liebe, und sie hat nur die schönen Stoffkleider, die Shawls, die Parfums und die Salben dafür eingetauscht. Die Lorette hat das Stichwort des Tages auch darin eingehalten, dass sie den Begriff der Liebe nicht kennt und statt dessen nur die Caprice in ihren modisch frisierten Kopf aufgenommen hat. Die Liebe selbst ist mit dem Namen Caprice in den Lorettenkreisen neu getauft worden und man hört das stehend gewordene Wort: „J'ai un caprice pour lui“, wenn der Anflug einer bestimmten Neigung irgendwie heraustreten will. Der Grisette fehlte in ihrer grössern Natürlichkeit und Redlichkeit auch eine gewisse Empfänglichkeit für geistige Interessen nicht, und sie war oft mit den besten französischen Autoren und ihren Werken vertraut. Die Lorette ist durch und durch unlitterarisch und konnte auch darin für das Symptom der neuen industriellen Epoche gelten. Nur im Notfall, wenn sie krank ist oder missmutig über eine getäuschte Erwartung, entschliesst sie sich, ein Buch in die Hand zu nehmen, aber wenn es nicht etwa von Dumas fils ist, aus dessen Lektüre sie den Stolz geschöpft, nicht umsonst gelebt zu haben, sondern die eigentliche Repräsentantin der Gesellschaft ihres Jahrhunderts geworden zu sein, so wird sie es schwerlich zu Ende lesen und das Buch gleitet bald unter das Kanapee herunter. Auch auf dem Punkt der Schönheit steht die heutige Lorette weit hinter der Grisette aus den dreissiger Jahren dieses (19.) Jahrhunderts zurück, denn die Lorette stellt den Untergang der Weiblichkeit auch in den Formen dar. Ihre Erscheinung kann nur noch glänzen und verblenden, wozu sie mit allen Schmier- und Kleisterkünsten der heutigen Damen-Toilette herausgearbeitet ist. Die schlaffen Glieder und Züge, welche durch die Toilette nur augenblicklich gebunden erscheinen, gemahnen stets an die schreckensvolle Zukunft der Lorette, die ihr im Hospital oder im Zuchthause angewiesen ist. Die derbere Naturschönheit der Grisette schien dagegen noch auf eine Zukunft sozialer und sittlicher Erlösung hinzudeuten.

Ihren Namen hat die Lorette ohne Zweifel von jenem eigentümlichen Kirchspiel der Notre Dame de Lorette empfangen, die im Zentrum des fashinablen Paris, am Ende der Rue Laffitte, sich erhebt und im eigentlichen Sinne ein Rendezvous der vornehmen und modischen Kirchgänger geworden ist.... Vornehmlich gewöhnten sich sämmtliche Tänzerinnen und Schauspielerinnen von Paris in Notre Dame de Lorette ihre Andacht zu verrichten und es wurden dadurch selbstverständlich auch alle Lions der französischen Hauptstadt herbeigezogen, wodurch dieser Kirchengemeinschaft leicht ein zweideutigen Charakter aufgedrückt werden konnte. Die schönen und eleganten Besucherinnen von Notre Dame de Lorette stempelten aber auch bald spezifisch diese Kategorie, die den Namen Lorette zu einem neuen Beziehungswort für eine an den Grenzen der Sitte abernteuernde soziale Gattung erhob.

Die veränderte gesellschaftliche Stellung des Courtisanenwesens, welche mit dem Abtreten der Grisette vom Schauplatz bezeichnet wird, gab sich auch öffentlich durch die Begründung eines Instituts kund, in welchem die Prostituierten ihre erste Börse nach neuestem Geschäftsstil eröffneten. Es ist dies der Bal Mabille, dessen Aufkommen im eigentlichen Sinne diesen Uebergang bezeichnete, und dem man darum eine gewisse Wichtigkeit nicht wird absprechen können.

Die Elysäischen Felder, die der eigentliche Focus des Pariser Vergnügens für alle Klassen sind, gaben auch in ihren herrlichen schattigen Alleen diesen neuen glänzenden Spekulationshallen der Prostitution vorzugsweise ihre Entstehung. In der Nähe des anmutigen Gartens von Mabille wetteiferten mit ihm bald der zauberische Jardin d' hiver und das märchenhaft schöne Chateau des fleurs um den Vorzug, die eleganteste und den Geschäften günstigste Börse des neuen Courtisanentums zu sein, denn unter den leidenschaftlichsten Wirbeln der Tanzmusik und bei dem feenhaften Glanz der Gasflammen, die aus der Mitte der Blumen und Gesträuche herausschlagen, scheinen doch nur die Kurse des Geschäfts, um welches es sich dort zwischen Herren und Damen handelt, in die Höhe geschwindelt und Zeitkäufe und Wechsel auf kurze Sicht angetragen und abgenommen zu werden. Diese jetzt auf dem höchsten Gipfel der Mode stehenden Ballgarten und Tanzlokale verdanken es auch jenem vorzugsweise finanziellen Charakter der heutigen Prostitution, dass sie, ungeachtet aller Eigenschaften und Zwecke ihrer Besucher, jeder äusseren Anforderung der Schlichtheit genügen und scheinbar nur einen heitern gesellschaftlichen Verkehr entwickeln, in dem, mit Ausnahme gewisser Tanztouren, durchaus nichts Anstössiges vorkommt. Zuschauer und Zuschauerinnen können daher den strengsten Kreisen der Tugend und Schicklichkeit angehören, obwohl, wenigstens die Damen der Pariser guten Gesellschaft, es doch in der Regel den Fremden überlassen, beim Zuschauen dieser Tänze Tugend und Sittlichkeit zu vertreten."

(Vornehmlich ist mit diesen Tänzen der berüchtigte „Cancan" gemeint, „mit seiner den Geschlechtsprozess teils karikirenden, teils üppig und phantastisch ausbeutenden Tanztollheit.")

Die handelnden Heldinnen des Schauplatzes bestehen aber ausschliesslich aus jenen hochgeputzten, geschminkten und gefärbten schönen Damen, für die Liebe und Sinnlichkeit nur noch als Geschäftssache übrig geblieben und die viel zu berechnete Verstandes-Naturen geworden sind, um sich an einem Ort, an dem sie nur die Aktien auf den Kreditschwindel ihrer Reize ausgeben wollen, irgend etwas der Sitte und dem Anstand handgreiflich Zuwiderlaufendes zu Schulden kommen lassen.

Fast zum Ueberfluss scheint der mitten im Tanzgewühl sich aufstellende, in die interessantesten Gruppen sich eindrängende Sergeant da zu sein. Aber seine Anwesenheit erscheint doch erforderlich, um die grösste Kredit-Unternehmung des Platzes, nämlich den Cancan, in seinem jeden Augenblick Gefahr drohenden Ueberschreitungen zu überwachen. Sobald bei dieser Unternehmung unerlaubte Mittel angewandt werden, die Aktien zu sehr in die Höhe zu treiben, winkt dieser Polizei-Beamte die schlimmsten Spekulanten mitten aus dem Cancan hinweg und sie müssen die Börse verlassen, indem sie für diesen Abend um das Recht kommen, ihre Geschäfte vollständig abwickeln zu können."

Die grösste Eile schien überhaupt bei diesem ganzen Geschäftsgang geboten, denn der um neun begonnene Tanz musste um elf Uhr geschlossen werden und die Fortsetzung spielte sich in den Schlafstuben ab, sofern nicht vorgezogen wurde, ein Restaurant noch aufzusuchen. Die Restaurants mit ihren „cabinets particulières" spielen überhaupt in der Geschichte der Prostitution und der Unsittlichkeit von Paris und auch andern Weltstädten eine grosse Rolle und die Szenen, die sich zuweilen in solchen Sonderräumen abspielen, überschritten selbst die Vorkommnisse in den der Unzucht unmittelbar gewidmeten Stätten.

Hervorzuheben ist auch, dass die Prostitution, wenigstens die — sagen wir besser gekleidete, unter dem zweiten Kaiserreich damit auch begann, in Toilette und andern Aeusserlichkeiten der sogenannten guten

Gesellschaft zu gleichen. Oder vielleicht ist es richtiger, anzunehmen, dass auf beiden Seiten ein Entgegenkommen stattfand, das zu einem Zusammentreffen führen musste. Doch kehren wir zu den Erscheinungen der Prostitution jener Zeit völlig zurück:

„Mehr als eine Stufe tiefer erhebt sich unter dieser sozialen Schichte, die nicht minder eigentümliche Damenwelt, die in der Closerie de Lilas sich einfindet und daselbst eine ihrer Hauptbörsen hat. Hier in dieser Traum- und Zaubersphäre diabolischer Lust ist nicht mehr von femme du monde noch von demimonde die Rede, sondern es tobt sich da das ganze Vollblut der Gemeinheit mit ächzendem und winselndem Jubel aus. Hinsichtlich der Aeusserlichkeiten des Lokals macht die geringere Eleganz kaum einen weniger günstigen Eindruck, und wenn die Gasbeleuchtung, die die grossen Gartenräume phantastisch erhellt, etwas trüber dämmert, so scheint dies zugleich den unheimlichen Charakter des ganzen sich hier entfaltenden Schauspiels zu bezeichnen. Es mischen sich hier die Ueberreste des alten, von seiner Herrschaft gestürzten Grisettentums, die in der Regel zur tiefsten Stufe hinunter gesunken sind, mit den zünftigen Bewohnerinnen gewisser Asylhäuser, die auf dem Ball des Closerie de Lilas mehr ihre Freistunden zur eigenen Erholung und Heiterkeit zu verleben suchen, und darum das Geschäftliche an diesem Ort mehr nur gewohnheitsmässig betreiben. Der Pariser Student ist der eigentliche Kavalier dieses Balls und teilt demselben die kindische Ausgelassenheit mit, die den Bürger des Quartier latin vorzugsweise charakterisiert. So entwickelt sich auch der Cancan des lateinischen Viertels in weit groteskeren, den äussersten Ausdruck versuchenden Formen, und die leidenschaftlichsten und verwegensten Wendungen desselben führen oft zu einem lauten Kreischen und Schreien, das die ganze Gesellschaft ansteckt, die sich dann in einem allgemein jauchzenden Taumel auflösen zu wollen scheint.

Man wird dann zuweilen an einen gewissen Kultus der alten Aegypter erinnert, wo der Festtaumel die in Lust Berauschten so weit trieb, sich selbst zu vernichten und zu verletzen. So sieht man hier schon Paare, die sich mitten im Tanze schlagen und kneifen, weil sie die aufgeregte Wut ihrer Sinne nicht mehr anders auszulassen wissen. Zuletzt löst sich das fürchterliche Brüllen und Jubeln in ein allgemeines Händeklatschen auf, oder der Sergeant, der kühnen Schrittes mitten in die wildeste Cancan-Gruppe hineintritt, winkt lakonisch einigen Hauptbelden des Skandals, die ihm dann auch ohne irgend eine Widerrede zum Garten hinausfolgen.

Es ist dies zum Teil ein düsteres, in Höllenbreughel-Farben gemaltes Bild des französischen Volkscharakters, der, im Grunde mehr tumultarisch als üppig, in solchen Szenen oft nur mit seiner eigenen Leidenschaftlichkeit kokettiert. und sich den Anstrich giebt, enthusiastisch hingerissen zu sein, wo er nur seine Kälte und Nüchternheit in einen wüsten Taumel versetzt hat."

Es liesse sich diesen Schilderungen noch vieles und verschiedenes anreihen, ohne dass selbst dann der Gegenstand erschöpft worden wäre. Das Kaiserreich fiel, die dritte Republik beseitigte manche Uebel, die ihr aus dem Erbe der Herrschaft Napoleons III. überkommen worden waren, aber eine Besserung der Sittenverhältnisse ist bisher nicht zu verzeichnen gewesen, es könnte sogar von einer Verschlechterung gesprochen werden, besonders weil die Unzucht nicht so leidenschaftlich wie einst sich äussert, daher auch eine noch geringere Nachsicht erfordert.

Wie unter dem Kaiserreich sind auch unter der dritten Republik die innern Boulevards der Marktplatz der Prostitution, der in Cafés und Restaurants, in Theatern, Konzertsälen und auf Sportplätzen, sowie in Seebädern und andern Kurorten eine umfangreiche Erweiterung findet. Die Grisettenwirtschaft — die eigentlich doch nicht ganz der Prostitution zuzurechnen ist — ist hier und da noch zu finden, allerdings vergröbert und vergemeinert. Das Lorettentum, bei dem wenigstens zuweilen noch würdigere Regungen zu finden waren, ist fast ganz in dem Cocottentum aufgegangen, fast ganz zur unverschämten Prostitution geworden. Die Cocotte ist die gewerbsmässige Prostituierte, doch wird in der Regel diese Bezeichnung den etwas anspruchsvolleren Vertreterinnen dieses Gewerbes beigelegt. Mabille und die meisten andern Balllokalitäten dieser Art sind zwar unter der dritten Republik verschwunden, doch traten an ihre Stelle Tingel-Tangel und ähnliche Vergnügungsstätten, wie Folies-Bergère, Casino de Paris, Olympia und viele andere, wo auf der Bühne die Prostitution vorwiegend sich zeigt und äussert und der Zuschauerraum fast ausschliesslich als Marktplatz für lebendiges Fleisch dient. Auf den Höhen des Montmartre, einst die Stätte des Gewerbefleisses, haben sich eine Unzahl von Vergnügungslokalitäten aufgethan, die mitunter einen künstlerischen Anstrich haben, aber selbst dann auch nur Sammelorte der Prostitution sind.

In früheren Jahren waren auf Montmartre zahlreiche Tanzlokale — Boule-Noir, Reine-Blanche, Elysée Montmartre ect. — vorhanden, wo die Dirnen der äusseren Boulevards sich zu vergnügen pflegten und ihren „Männchen" warmen Rotwein auftischen liessen. Mancher „Stern" der Demimonde nahm von hier aus seinen Aufstieg. Die meisten dieser Lokale sind verschwunden und kaum mehr dem Namen nach bekannt. Selbst die „Moulin de la Galette" hat sich modernisiert und zu einem Concurrenz-Unternehmen der „Moulin rouge" gestaltet. Als Typus für die neuen Lokale auf Montmartre ist der „Chat noir" zu betrachten, dessen Erfolg Anlass zu Errichtung einer Anzahl ähnlicher Tingel-Tangel bot.

Die Polizei zeigt sich zuweilen etwas streng gegen die Prostitution, gegen die wohlfeilere nämlich, denn der andern gegenüber ist sie ziemlich machtlos. Aber selbst dort wo sie gebieterisch auftreten kann, erweist sie sich nur zu oft aus mancherlei Gründen zurückhaltend, ja es besteht sogar zwischen den Organen der Polizei und denen der Prostitution ein gewisses Bündnis, zumal letztere der ersteren nicht nur gefällig sind, sondern auch sozusagen in deren Diensten stehen. Der frühere Chef der pariser Sicherheitspolizei, M. Goron, giebt in seinen Memoiren, (Pariser Liebe," II. Teil „Die Industrie der Liebe") recht interessante Mitteilungen über dieses Thema. Er schreibt:

„Es stellt sich notwendigerweise eine gewisse Intimität zwischen diesen Personen heraus, die auf wechselseitig geleisteten Diensten beruht. Denn für einen untergeordneten Polizei-Agenten würde eine übermenschliche Kraft dazu gehören, um die kleinen Aufmerksamkeiten abzulehnen, welche die Freundschaft unterhalten und jene interessante Informationen verschaffen, welche die Vorgesetzten dem Agenten zu Gute schreiben.

Im Grunde genommen ist das völlig sinnlos Man muss ein hartgesottener Bureaukrat sein, um sich einzubilden, dass die in den unsittlichen Häusern gesammelten Informationen für den Schutz der Gesellschaft von Wert sein können. Wahr ist nur, was man nicht eingestehen will: dass die geheime Skandal-Chronik öfters den Interessen der hohen Staatsbeamten dient, welche sich mit Hilfe derselben zum grossen Erstaunen des Publikums auf ihren Posten behaupten Denn das verbreiteste und verhältnissmässig am seltensten bestrafte Delikt ist in Paris die Erpressung.

Anderseits habe ich, als ich anfing mich berufsmässig mit allen pariser Häusern der Unsittlichkeit zu beschäftigen, die Wahrnehmung gemacht, dass die Polizei den meisten Werkstätten der Liebe ihren Schutz angedeihen lässt. Nicht nur die minder zugänglichen, offiziell anerkannten Häuser, sondern auch die heimlichen Schlupfwinkel können sich ihres Wohlwollens rühmen . . . Man duldet die Stell-dich-ein-Häuser und warnte sogar deren Besitzerinnen, wenn sie zufällig ein minderjähriges Mädchen aufgenommen haben, dessen Besuche im Hause Unannehmlichkeiten vor Gericht bereiten könnten, aber man ist den Heiratsbureaus gegenüber unerbittlich." Dazu sei bemerkt, dass „maison de rendez-vous" ein Haus bedeutet, in dem sich Damen aus der Halbwelt oder oft sogar aus der guten Gesellschaft einfinden, um mit den „Kunden" des Hauses unzüchtig zu verkehren.

„Uebrigens ist nicht allen Häusern der Unsittlichkeit eine straflose Existenz gesichert. Es giebt einige sehr gut angeschriebene Häuser, die sich einer vornehmen in- und ausländischen Klientel erfreuen und die die Staatsverwaltung mit grossem Wohlwollen behandelt, unter der Bedingung, dass sie es nicht unterlassen, die gewünschten Informationen zu erteilen.

Unerfahrene Herren, tugendsame Beamte und Richter, die nach aussen tadellose Sitten heucheln, wiegen sich in völliger Ruhe, weil sie unsittliche Häuser unter falschem Namen besuchen. Allein wenn die Besitzerin des Hauses, die berufsmässig ganz Paris kennen muss, sie nicht schon beim ersten Besuch erkannt hat, so meldet sie der Polizei den falschen Namen und giebt eine Personalbeschreibung, die genügt, den Besucher bei seinem zweiten und dritten Erscheinen im Hause zu erkennen."

Ebenso wie man sich gegen die grossen Nachtrestaurants des Boulevards nachsichtig zeigt, die untergeordneten Gasthäuser aber streng behandelt, ebenso ist man unerbittlich gegen die kleinen heimlichen Häuser des Lasters, welche weder Prinzen noch Bankiers in ihren Räumen sehen. Diese kleinen Häuser sind übrigens durch ihre grosse Anzahl in der That eine Gefahr für die öffentliche Sittlichkeit geworden. Manche dieser Häuser werben ihr Personal unter Beihilfe von Stellenvermittlungs-Bureaus an und man findet dort auch Dienstmädchen, die bereitst in Stellung sind. In der Strasse Chaussee d' Antin bestand ein Haus, das nur zwischen Frühstück und Diner Besuche aufnahm, wo sich Köchinnen eingefunden hatten, die in der dienstfreien Zeit einige „Nebenverdienste" suchten. An Denunziationen gegen diese Häuser fehlt es übrigens nicht und wenn dann sich kein beschützender Einfluss geltend macht, wird eine „descente", eine Razzia in dem Hause vorgenommen, wie solche oft in den Strassen erfolgen. Der Chef der Sicherheitspolizei muss zugeben, dass in einem Buch, das Aufsehen erregte, „nicht ohne Grund" behauptet wurde, dass selbst Parlaments-Vertreter es nicht scheuten, zu Gunsten solcher Häuser zu intervenieren.

„Dass die Polizei alles erfährt, ist buchstäblich wahr. Selbst jene kleinen Häuser, die sie nicht sonderlich beachtet und nicht durch einen speziellen Agenten bewachen lässt, entgehen ihr nicht. Denn die Besitzerinnen unterlassen es niemals, der Polizeipräfektur einen Besuch zu machen, wenn sie irgendeine interessante Mitteilung zu machen haben."

In den Polizeiberichten sind alle Männer und Frauen, die zweideutige Häuser besuchen, namhaft gemacht. „Oft findet man in diesen Berichten Namen von Frauen, deren Männer angesehene öffentliche Stellen bekleiden. Sie werden zeitweilig den Habitués gewisser Häuser vornehmeren Ranges als besondere Leckerbissen vorgesetzt. Diese Frauen sind oft in Verlegenheit, wenn die Modistin oder der renomierte Schneider nicht länger Kredit gewähren will und besuchen jene Häuser, um sich Geld zu verschaffen. Die Liste dieser Damen ist mitunter geradezu betrübend." Es kommt auch vor, dass Namen und Stand der Besucherinnen einzelnen bevorzugten Gästen mitgeteilt werden, was zuweilen schon Anlass zu argen Missbräuchen gab.

„Das beste Geschäft machen diese Häuser mit den reichen Fremden, die nach Paris kommen, um sich zu unterhalten und nicht mit dem Aussuchen einer schönen Gesellschafterin Zeit verlieren wollen. In den Hotels verschaffen sie sich die Adresse des Etablissements einer eleganten Unterhändlerin, stellen mit ihr die Bedingungen genau fest, als würden sie einen Vertrag vor einem Notar schliessen, und begeben sich dann in einen Salon, wo man ihnen die auf Besuch befindlichen Damen vorstellt. Der durchreisende Sultan wirft sein Schnupftuch der Dame zu, die ihm am besten gefällt und das Geschäft ist abgemacht. Auch viele auf Urlaub befindliche Beamte und Offiziere machen von diesem System Gebrauch, das ebenso praktisch wie einfach ist, und oft entwickeln sich aus so zufälligen Begegnungen dauernde Verhältnisse, die schliesslich sogar zur Ehe führen.

Einige dieser Häuser werden von ehemaligen Damen der Halbwelt betrieben, und sind auf grossem Fusse eingerichtet. Dort finden elegante Diners, Soupers und Bälle statt, die reiche Fremde, insbesondere Amerikaner, besuchen, die wissen wollen, wie es in der Pariser eleganten Welt zugeht. Dort findet man übrigens nicht bloss Damen der Halbwelt. Ich habe einen Amerikaner gekannt, der in einem solchen Hause eine Dame näher kennen lernte, der er einige Tage später auf dem Empfangsabend eines Ministers von seinem Botschafter förmlich vorgestellt wurde. Es war die Frau eines sehr hohen Staatsbeamten und er hatte sie einfach für eine Dame der Halbwelt gehalten.

Im Gegensatz zu den Häusern, die von dem Luxus und von der Illusion der vornehmen Welt leben, die sie den Besuchern gewähren, giebt es kleine Häuser, wo das Laster niedriger Art gepflegt wird, um krankhafte lüsterne Männer anzulocken und auch solche, die nur Sittenstudien machen wollen. Alle erdenklichen Ausschweifungen, alle seltsamen Gelüste, die in zerrütteten Köpfen aufsteigen, können in gewissen Pariser Häusern befriedigt werden. Doch kann ich natürlich in Einzelheiten hier nicht eingehen. Ich begnüge mich damit, ein Geschichtchen zu erzählen, das ich „die bestrafte Neugierde“ betiteln könnte.

Eine anständige Dame hatte seit langer Zeit das Gelüste, eines jener Häuser zu besuchen, wo den Zuschauern — man nennt sie technisch „Les voyeurs“ — von Schauspielern der Liebe Vorstellungen geboten wurden, die der Theaterzensur nicht unterliegen. Eines Abends bestimmte sie zwei ihrer Freunde, sehr verschwiegene wohlerzogene Herren, mit ihr ein solches Haus zu besuchen.

Dasselbe war ganz angenehm eingerichtet. Die „Bühne“ bestand aus einem hell erleuchteten Zimmer, worin die Schauspieler sich ohne Kostüm bewegten. Der Zuschauerraum war durch eine grosse Spiegelscheibe von der Bühne getrennt, aber völlig dunkel, sodass die Darsteller gesehen werden konnten, aber die Zuschauer nicht sehen konnten.

Nachdem die Dame eine Weile der Vorstellung zugesehen hatte, bemerkte sie, dass ihre beiden Freunde verschwunden waren. Sie fanden das Theater zu heiss und hatten eine Erfrischung zu sich genommen. Plötzlich aber erschien der „erste Liebhaber,“ der seine Rolle sehr gut gespielt hatte, in dem Zuchauerraume, bemerkte die junge hübsche Frau und rief ihr zu: „Sie sind gekommen um zu sehen? Gut, nun sollen Sie mitspielen!" Sein Betragen liess keinen Zweifel über den Sinn dieser Ansprache offen und die Dame stiess gellende Hilferufe aus, bis ihre Freunde herbeieilten und den unternehmenden „Schauspieler" durchprügelten."

Mit der Prostitution stehen noch verschiedenartige Gewerbe und Ausübungen in Verbindung, von denen vor allem die „Maîtres-chanteurs" (die Meistersänger) zu nennen sind. Mit dieser an die altdeutsche Vergangenheit gemahnenden Bezeichnung sind die Erpresser beiderlei Geschlechts gemeint, die ihre Kenntnis von sittlichen Versündigungen oder Abirrungen gewöhnlich zu schamlosen Erpressungen benützen, welche sich ihre Opfer in vielen Fällen ruhig gefallen lassen, um der noch mehr gefürchteten Verlautbarung oder Strafanzeige zu entgehen. Die „Meistersänger" und „Meistersängerinnen" pflegen in vielen Fällen ihr erwähltes Opfer zu der betreffenden That erst zu verführen oder verführen zu lassen. Die Irrwege der Päderastie, des Umgangs mit Minderjährigen dienen am häufigsten den Erpressern zur Erreichung ihrer Ziele, aber auch der Bruch der ehelichen Treue und andere Vorkommnisse werden hierzu benutzt. In vielen Fällen beschäftigen sich die bereits geschilderten Zuhälter mit der „Meistersängerei." Eine andere Gattung wird „Demicastor" (Halbbiber) genannt. „Mit diesem seltsamen Wort" — schreibt Goron — „bezeichnet man eine Frau, die der guten Gesellschaft angehörte und noch den Anschein hat, in ihr zu leben, obgleich sie bereits eine Industrie der Liebe betreibt. Die industriellen Frauen dieser Gattung sind in Paris sehr zahlreich, man könnte sogar glauben, dass sie aus aller Herren Länder in Paris zusammenströmen. Alle diese Frauen haben einen Salon, in den sie angesehene Männer aus den besten Berufskreisen zu locken verstehen. Der Zweck dieses Salons ist die Organisation einer sentimentalen und eleganten Prostitution, die die Widerstandskraft der Männer besiegt. In seinem berühmten Roman „Le demi-monde" hat Alexander Dumas Sohn den Typus des Demi-castor in noch immer mustergiltiger Weise gezeichnet."

Die „Halbbiber" dienen dem Kriegsministerium und anderen Behörden als Spioninnen. Anderseits pflegen sich auch Vertreter fremder Mächte dieses übrigens schon seit langer Zeit angewandten Mittels zu bedienen, um Geeignetes zu erfahren oder zu erreichen. In diesen Salons wird häufig auch eine für die Hausfrau gewöhnlich sehr einträgliche Spielbank aufgelegt.

Doch um wieder zu den unteren Schichten der Prostitution zurückzukehren: „In früherer Zeit," schreibt Goron, „war das Nachtleben in Paris viel stärker entwickelt als heutzutage. Damals machten die schönen Damen bei Valentino, bei Frescati und im Casino Cadet glänzende

Geschäfte. Gegenwärtig findet man die Nachtschwärmer, welche vor Anbruch des Morgens nicht nach Hause gehen können, nur mehr in einigen Restaurants des Montmartre. Die Nachtrestaurants der Boulevards sind nach und nach fast alle verschwunden. Jene Mädchen, die man dort antrifft, führen ein erbärmliches Leben, das fast so beklagenswert ist wie die Existenz der in den Prostitutionshäusern einquartierten Geschöpfe . .

Erst Abends, wenn die Strassenlaternen bereits leuchten, gehen diese Dirnen von Montmartre aus. Sie versammeln sich dann mit Vorliebe in den Kaffehäusern der Place Blanche oder der Place Pigalle, um ihr „Apéritif," ein Gläschen Likör oder gar Absinth zu sich zu nehmen und den Liebhaber zu erwarten; dieser ist nicht immer ein eigentlicher Zuhälter. Oft ist es ein vom Spiel beim Wettrennen lebendes Individuum, ein Kaffehauskellner oder einer jener Zeichner, die in den Kaffehäusern für fünf Franks ein oft recht gut gezeichnetes Portrait rasch herstellen. Gegentlich nehmen diese Herren auch keinen Anstand der Geliebten ihres Herzens ein Zwanzigfranksstück abzufordern, das sie gerade dringend brauchen, dann geht man in irgendein kleines Restaurant zum Abendessen, wenn der Geliebte Zeit hat sein „Weibchen" zu begleiten, sonst begiebt sich das „Weibchen" allein in eine Table d' hôte von Montmartre.

Diese Table d'hôte, die Zola in seinem berühmten Roman „Nana" so meisterhaft geschildert hat, und die man früher als „Konservatorien von Lesbos" bezeichnete, bieten ein ganz originelles, unterhaltendes Feld der Beobachtung Selbst die Mädchen, die nicht der widernatürlichen Liebe zu Freundinnen huldigen, pflegen sich dort aus Neugierde einzufinden . . . Unternimmt einmal die Polizei in einem dieser seltsamen Etablissements eine Razzia, so findet sie dort merkwürdigerweise auch Frauen aus der guten Gesellschaft, die anfangs bloss dahin kamen, um ein Spielchen zu machen, dann aber von den lasterhaften Sitten ihrer Umgebung verdorben und in einen furchtbaren Abgrund gestürzt wurden."

Viel liesse sich von den Geschäftsfreunden der Prostitution sagen, und deren Beschäftigungen aufzuzählen würde ein stattliches Register ergeben Erwähnt seien hier nur die „Engelmacherinnen," die nicht nur ihnen zur Pflege übergebene Kinder aus der Welt schaffen, sondern auch sich mit der Vertreibung der Leibesfrucht beschäftigen, ein schmähliches Gewerbe, das auch von manchen Aerzten betrieben wird. Manche dieser bethätigen sich auch mit der Kastrierung von Frauen, wie es Zola in seinem Roman „Fruchtbarkeit" geschildert hat.

Nicht nur die „maisons à gros numero" — die Pariser Bordelle pflegen durch grosse Hausnummern kenntlich zu sein — und andere zumeist bereits erwähnte Oertlichkeiten dienen der Unzucht, auch die Droschken werden zu diesem Zweck benutzt und bereits vor einem halben Jahrhundert hatte der bekannte Zeichner Cham ein Pärchen dargestellt, das einen Fiaker besteigt mit den Worten: „Kutscher, im Schritt und auf Zeit!" In den Fiakern werden zuweilen auch die intimsten Kleidungsstücke aufgefunden. Goron erzählt, dass einmal ein ehemaliger Minister auf die Polizei kam, um dort die in einem Fiaker vergessenen und von dem Kutscher abgegebenen Höschen einer Tänzerin zu holen.

Die meisten dieser Zustände und Verhältnisse waren, wie bereits bemerkt, schon zur Zeit des zweiten Kaiserreichs im Schwung und haben überdies leider eine auf alle Grossstädte Europas sich erstreckende Verbreitung gefunden. Sie sollen daher an anderer Stelle, soweit es nötig ist, nur flüchtige Erwähnung finden.

Die hier notwendig gewordenen Erörterungen könnten übrigens leicht zu einer irrigen Beurteilung der Französin, besonders der Pariserin, sehr zu deren Nachteil kommen. Man darf die Auswüchse des Weltstadttreibens, die Erscheinungen der Kulturfäulnis könnte man sagen, nicht der ganzen Bevölkerung zur Last legen, für die Sünden einer Anzahl Frauen nicht alle einer Stadt, eines Landes verantwortlich machen. Die Pariser Bürgersfrau ist trotz der schmutzigen Beispiele, die ihr so zahlreich geboten werden, nicht schlechter als die meisten andern Grossstädterinnen, sie ist in vielen Fällen dem Gatten eine treue und fleissige Gehilfin, oft sogar liegt ihr die Hauptmühe des Erwerbsbetriebes ob. Allerdings „Frankreich marschiert an der Spitze der Civilisation", wird nach einer Schriftstelle von Guizot oft zitiert. Diese Behauptung kann bestritten werden, unbestritten muss aber bleiben, dass seine Hauptstadt an der Spitze der Prostitution marschiert, was allerdings auch in der Thatsache seine Begründung findet, dass die Seinestadt schon seit Alters her die grösste Anziehungskraft auf Reisende ausübte, dass sie von je her auch die Metropole der Mode, dieser Stiefschwester der Prostitution ist.

XXXII. Kapitel.

Die Litteratur und die Prostitution. — Die Frauenfrage. — Der Roman. — George Sand. — Balzac und andere Autoren. — Dumas. — Das Theater. — Courtisanenstücke. — Die Frauen. — Die Gesellschaft. — Zola. — Maupassant. — Prevost, Louys, Gyp, Marny. — Die Tagespresse — Zeichenstift und Pinsel. — Offenbach — Schauspielerinnen. — Prostitutions-Zustände in Belgien.

Die Litteratur ist eine Reflexerscheinung des Gesellschaftslebens ihrer Epoche, ein getreues Spiegelbild der Sitten, Bräuche, kurz alles dessen, was die Zeit völlig oder auch nur teilweise in Erscheinung treten lässt, wobei allerdings nicht zu vermeiden ist, dass sich, wenigstens zeitweise, die Anschauungen der in dem Vordergrund stehenden Schichten der Gesellschaft mehr geltend machen als ihnen zukommt. Der Weg, den der eigentliche Volksgeist nimmt, ist zu verschlungen, sein Gang, trotz seines etwas turbulanten Charakters, zu träge und bedächtig und seine Ausdrucksmittel zu wenig kräftig, um ihn rasch die gebührende Stellung einnehmen zu lassen.

An frivolen und schlüpfrigen Schriftwerken hat es der französischen Litteratur, ebensowenig wie jeder anderen nie gefehlt. Allerdings waren sie bei jener stets am reichlichsten vorhanden und vorbildlich für andere. Das Zeitalter Ludwigs XIV hatte die Sitten kennzeichnende Schriften von der Art des jüngern Crebillons aufzuweisen, später finden wir die berüchtigten Schriften des Marquis de Sade, die Memoiren des Chavalier Faublas und andere ähnliche Erzeugnisse, auch ernster zu nehmende wie Prevosts „Manon Lescaut." Doch eine enge und fast allgemeine Verbindung von Prostitution und Litteratur sehen wir erst im neunzehnten Jahrhundert sich einstellen, und die kennzeichnenden sind nicht die schamlosen, einzig nur auf den Sinnenkitzel berechneten Machwerke, sondern die ernster gehaltenen Schriftwerke, die die Prostitution und alles was mit ihr zusammenhängt, als hervorragende Kulturerscheinung, fast könnte man sagen, als die hervorragendste, behandeln.

Es mag auf den ersten Blick hin seltsam scheinen, bei etwas längerer Betrachtung jedoch finden wir es natürlich, dass die Ursprünge des Hereinziehens des Geschlechtslebens in der neueren Litteratur von einer Frau ausgegangen ist, obgleich die Belletristik aller Zeiten und aller Völker in der Geschlechtsliebe wurzelte. Es geschah dies damals, als die heute lauter als je gewordene sogenannte „Frauenfrage" die Oeffentlichkeit beschäftigte und George Sand kann als die erste Romanschriftstellerin gelten, die mit ihren, die Eheverhältnisse schildernden Werken einen bedeutenden Einfluss auf die Gesellschaft ausübte. Ihr zunächst ist Balzac, der Verfasser der „Physiologie der Ehe" und anderer ähnlicher Werke, zu nennen, Eugen Sue, mit seinen „Geheimnissen von Paris", „Martin der Findling", Henri Murger, der Schilderer der Bohême und des Grisettentums, Arséne Houssaye und andere Vertreter des Realismus in der Dichtung. Einen neuen Weg schlug die Litteratur mit Gustav Flauberts „Madame Bovary" ein, den Weg zum neueren Realismus, aus dem sich der Naturalismus und andere —ismen, die in der Gegenwart so laut und allgemein ihre Existenz zu bekunden streben, herauskörperten. Daneben kann noch das Lesefutter, wie es Paul de Kock und andere mit grossem Erfolg vorsetzten, genannt werden „Leidenschaft der Liebe ohne Achtung — schreibt Schmidt-Weissenfels, die Perle der Gefühle auf dem Miste käuflicher Gemeinheit, das ist das Thema, welches überall anklingt, im Leben der modernen Pariser Gesellschaft wie in der von ihr genossenen Poesie. Die Grisette Paul de Kocks ist längst zu sentimental geworden; ihr Leben und ihr Lieben ist zu einfach für den Geschmack der Zeit und die Künste der heutigen Romanschilderungen. Die elegante Lorette ist an ihre Stelle getreten als die wahre Heldin der Zeit, die durch Luxus und äusserlich glänzende Form imponierende Dirne, und mit ihr der Wechselagent, der Mann dieser Zeit, der Mann des rohen Materialismus, der nervösen Sinnlichheit, des ideenarmen Daseins; denn auch das Hässliche, so lehrte Viktor Hugo, ist romantisch."

Der jüngere Dumas ist es gewesen, der mit seinen Romanen „Diana de Lys" und „La Dame aux camelias" die nach ihm benannte, massgebend gewordene „Demimonde-Litteratur" zur Bedeutung gebracht hat. „Mit grosser Feinheit und Eleganz der Darstellung malte er das Leben und die Sitten jener äusserlich üppigen, innerlich armseligen Welt, die heute fast durch keine erkennbare Grenze mehr von der wirklich vornehmen Gesellschaft getrennt ist. Diese Welt ist mit dem Kaiserreich in Paris entstanden; die Lorette und die unterhaltene Frau schwingen darin das Scepter. Warum, sagte sich Dumas Sohn, sollen diese Leidenschaften, Verirrungen und Schwächen, welche diese Frauen zur Huldigung des Lasters trieben, nicht ihre Poesie haben? Die wirkliche Erscheinung war da, diese Frauen bildeten einen Teil der luxusliebenden Gesellschaft von Paris; die käufliche Liebe gab ihnen die Mittel zu ihrem glänzenden und vergnügten Leben. Der Schriftsteller malte also die Wirklichkeit und er gab sich ausserdem noch Mühe, in die innere Welt derselben zu dringen, Gefühle und Neigungen zu schildern, die hier zur Geltung kommen. Die Wirkung war ausserordentlich und die Gesellschaft wurde gerührt durch die inneren Kämpfe und äusseren Schicksale der Frauen, die Dumas beschrieb. Diese Poesie des Lasters wurde damit gekrönt, die Gesellschaft hatte ihr keine Poesie der Tugend mehr entgegenzustellen" — „keine Tugend überhaupt" liesse sich diesen strengen Worten hinzufügen. Zu dieser Zeit geschah es aber auch, dass die erzählende Litteratur einen grossen Teil ihres Einflusses der dramatischen abgab und auch hier lag die Führung lange Zeit in den Händen des jüngeren Dumas, der sie in dieselbe Bahn lenkte, die die erzählende Litteratur bereits beschritten hatte. Theodor Stundt schreibt im Jahre 1856:

„Das französische Theater übt die vom Prinzen Hamlet der Bühne zugeschriebene Bedeutung, der Zeit den Spiegel vorzuhalten, fast mit einer zu materiellen Genauigkeit und Deutlichkeit der Züge aus. Der echte französische Komödiengeist, mit seiner unvergleichlichen theatralischen Grazie und seinem sprühenden Erfindungstalent, findet in diesen neuesten, der Nachtdämmerung der gesellschaftlichen Moral angehörigen Produktionen kaum noch eine Stätte.

Die Gegenstände, die in diesen neuen Stücken behandelt werden, gehören zu spezifisch der gesellschaftlichen Korruption und der Auflösung aller ethischen Lebensverhältnisse an, als dass nicht der in allen ihren Nuancen eingereihte, mit ihrem ganzen Organismus vertraute Dichter zugleich ein Mitschuldiger dabei erscheinen sollte.

Dieser Umstand bedingt und färbt zugleich das Talent, das Dichter wie Alexander Dumas Sohn, in ihren Dramen unleugbar aufgewandt haben und es ist deshalb ungemein charakteristisch, dass der genannte Dramatiker, der mit seinen berühmten Courtisanen-Stücken die Fäulnis des heutigen gesellschaftlichen Körpers von Frankreich am schneidendsten und mit dem Messer des Anatomen zerlegt hat, gleichzeitig als der wahre „Dieu des Lorettes" in diesem Kreise gepriesen und angebetet wird.

Das Theaterleben der Franzosen hat sich unter keinem politischen Regime als ein Hauptfaktor der nationalen und gesellschaftlichen Zustände verleugnet. Es bezeichnet sich damit eine Strömung des Geschmacks, der Sitten, der Lebensmanieren, die gewissermassen unabhängig von Gouvernement und Regierungsform sich vollbringt und den Volks- und Gesellschaftsgeist in seinem eigensten Reich und in der eigentlichen Freiheit seines Waltens erscheinen lässt . .

Das neue Kaiserreich hat dem französischen Theaterleben keine engeren Grenzen gezogen, sondern die Bühne in Frankreich wuchert jetzt wie früher in aller Ueppigkeit ihrer Erzeugnisse fort, ohne eine andere Beschränkung zu erfahren, als die ihr etwa durch die strenger gewordene Sittenpolizei auferlegt wird. Aber auch in dieser Beziehung ist kaum die Axt an die wildesten Sprösslinge des französischen Theaters gelegt worden, denn man sieht auch jetzt noch hinlänglich zweideutige und sogar materiell unanständige Darstellungen auf der Pariser Scene, wie sie unter dem Gouvernement des Bürgerkönigs Louis Philipp, unter dem sonst die öffentlichen Sitten in Frankreich bei weitem mehr verfallen und preisgegeben waren, uns kaum vorgekommen." Dieses Urteil mag vielleicht für die Anfangsjahre des zweiten Kaisertums Geltung gehabt haben, die spätere Zeit stand sittlich entschieden tiefer als die der orleanistischen Herrschaft, wie überhaupt manchen dieser im allgemeinen sonst vortrefflichen Urteilen berechtigte Einwände entgegengestellt werden können.

„Die französische Komödie, die von jeher dem französischen Nationalgeist zu einem glänzenden Gefäss gedient, hatte während der Regierungszeit Louis Philipps einen eigentümlichen Aufschwung als historische und politische Komödie genommen, deren Höhepunkt durch die in ganz Europa gespielten und gesehenen Scribeschen Stücke bezeichnet zu werden schienen . . . Das neue Kaiserreich hat durch die Beseitigung der konstitutionellen Debatte auch der französischen Komödie ihren politischen Stachel genommen und die Staatszustände, durch eine über jede individuelle Opposition hinaus sichergestellte Organisation gebunden, entziehen sich im Interesse ihrer Stabilität, wie der politischen Moral mit Recht auch jeder theatralischen Zersetzung.

Wenn die französische Komödie neuerdings ihr Verhältnis zur politischen Debatte verlieren musste, so hat sie dagegen ein anderes, auf ihrem Boden völlig neues Element in jenem Wesen der Prostitution in sich aufgenommen. Die Prostitution, von der man sonst in der guten Gesellschaft nicht sprach, hat in Frankreich seit einiger Zeit ein neues dramatisches Effekt-Genre hervorgerufen, das, unter dem Gesichtspunkt der Poesie und der Kunst unbedingt verwerflich, als ein soziales Barometer der Gesellschaft merkwürdig und charakteristisch erscheint. Dies Element, das seinen skandalösen Schweif bereits weit über die französische Bühne hergezogen, bezeichnet auf einem andern sozialen Punkt diesselbe sittliche und geschlechtliche Fäulnis, die im politischen Staatsleben durch die zerreibenden Einflüsse der konstitutionellen Parteidebatte gezeitigt worden waren. Diese neuen Prostitutionsstücke begannen ihren dämonischen Reigen auf dem Pariser Vaudeville-Theater mit der „Dame aux Camelias“ von Alexander Dumas Sohn mit den „Filles de marbre“ und den „Parisiens de la décadance“, denen auf dem „Gymnase dramatique“ die Komödie Le demi-monde folgte, in der Dumas Sohn nicht nur den Culminationspunkt dieser Gattung erstieg, sondern auch die ganze Lebenssphäre der sogenannten Demimonde mit einer halb frivolen, halb melancholischen Philosophie feststellte. Seitdem ist diese Gattung beinahe eine typische für das neueste französische Theater geworden und die Demimonde füllt entweder den ganzen Lebenskreis einer echt modernen französischen Komödie aus, oder mischt wenigstens einzelne ihrer pikanten Mitglieder, als unentbehrlich gewordene Symbole des Zeitgeistes unter die Personen der Handlung ein . . .

Seit Kurzem hat sich zwar auf der französischen Bühne selbst eine Art sittliche Reaktion gegen die Courtisanen-Stücke angedeutet. Aber diese mit ungleich geringerem Talent gearbeiteten Stücke . . . borgen ihren eigentlichen Reiz doch nur von den eigentlichen Stoffen der Verderbnis, die sie, wenn auch unter dem Anschein einer moralisch kritischen Tendenz, in der ganzen Tollheit und Lascivität ihrer Erscheinung in sich aufgenommen haben . . .

Einen ausschliesslich moralischen Massstab an die Kunst zu legen, wird heute niemand mehr einfallen, und jede lediglich aus diesem Standpunkt geschöpfte Verurteilung der heutigen Produktionen Frankreichs in Litteratur und Theater würde als ungerechtfertigt zurückgewiesen werden können. Es handelt sich aber bei diesen Erscheinungen nicht bloss um eine Verletzung der gesellschaftlichen Moral; sondern mit derselben zugleich um ein Attentat auf diejenige soziale Ordnung und Wohlanständigkeit, die schon wegen der Reinlichkeit und Wohlanständigkeit der Häuser und Familien nicht preisgegeben werden kann, und an der man nicht bloss im Reich der Kunst, sondern auch bei Gesellschaftsreformen jeder Art festhalten müsste.

Litteratur und Theater sind bei den Franzosen seit einigen Jahren so stark und in einem so zunehmenden Grade von dem Pesthauch der Prostitution durchzogen, dass die entschiedenste Abwehr gegen diese Richtung, bald als eine soziale Lebensfrage erscheinen dürfte, umsomehr, da auch wir Deutsche uns wieder eifriger als je von dem Abhub der fremden Tafeln zu nähren anfangen. . .

Ehe dieser Skandal in Frankreich auf die Bühne gelangte, ist er in der Litteratur, namentlich im Feuilleton vollständig vorbereitet und ausgetragen worden. Die Prostitution in ihrer Vermischung mit den gesunden und edleren Teilen der Gesellschaft ist das eigentliche Thema des französischen Romans geworden, der dasselbe in den verschiedensten Variationen unaufhörlich darzustellen weiss und keine andere Helden mehr hat, als charakterlose Wüstlinge, zweideutige Frauen und prostituierte Mädchen. Das eigentümliche Kennzeichen dieses neuen Genies, wie man es wohl nennen kann, besteht darin, dass die Prostitution rein als Modesache behandelt wird und in dieser Eigenschaft mit der glänzenden Macht die jeder Mode eigen ist, und gegen die es keine Appelation an Vernunft Sitte und Schicklichkeit giebt, alle Klassen zu durchschreiten und alle Klassen miteinander zu verbinden anfängt. Diese Richtung der neuesten französischen Litteratur hat sich in einer Weise ausgebildet, die eigentlich kaum noch als frivol bezeichnet werden kann, indem sie das, was sie darstellt, nicht als einen Gegensatz gegen die bestehende Ordnung und Sittlichkeit der Gesellschaft, sondern als eine in die Gewohnheit und Berechtigung jedes Individuums liegende Lebensrichtung aufgefasst sehen will.

Wenn man den merkwürdigen Umstand betrachtet, dass in den heutigen französischen Romanen und Komödien fast keine anständige und tugendhafte Frau mehr auftritt, sondern nur noch zweideutige und prostituierte Frauenzimmer das Element der Weiblichkeit in der Dichtung vertreten, so muss man etwas mehr darin erblicken als bloss den willkürlichen Hang des Poeten selbst oder seine eigene verwilderte Anschauung, welche ihn allen Idealen der Weiblichkeit entfremdet haben. Es liegt vielmehr ein um vieles weiter greifendes soziales Symptom darin, das darauf zu deuten scheint, dass die Stellung der Frauen in der Gesellschaft im Begriff ist, sich zu verändern und in ein neues Stadium überzutreten.

Die Putzsucht und die Toilettenkünste, wie sie heute in Schwang gekommen, haben schon alles dazu gethan, um die Erscheinung der heutigen Frau lediglich in den Rahmen eines zweifelhaften Moden- und Sittenbildes zu fassen . . . Es stellt sich auch hier die Annäherung der beiden äussersten Pole der Gesellschaft, der Tugend und des Lasters, zunächst aus der Pointe dar, dass der äussere Anschein es nicht mehr möglich macht, die geschminkte, durch alle möglichen Ingredienzien verfälschte und vergiftete Frau, die in der weitausgebauschten Crinoline und mit der Industrie aller Länder und Völker behangen über die Strasse stolpert, von der auf Abenteuer und Beute ausgehenden Courtisane zu unterscheiden . . . Wenn die Putzsucht und die Toilettenkünste heutzutage den Körper der Frau mehr und mehr zu einem Industrieprodukt gemacht haben, so konnte diese der Richtung der Epoche entsprechende Industrialisierung der Weiblichkeit auch ihren Einfluss auf Geist, Gemüt und Sitte der Frau nicht verleugnen . .

Die Epigonen der genialen Weiblichkeit in Frankreich, wie Frau de Girardin, machten schon fast den Eindruck von Demimonde gegen das persönliche und geistige Vollblut ihrer Vorgängerinnen. In den Romanen der George Sand beginnt aber schon das Courtisanentum mit einem eigentümlichen philosophischen Anstrich sich zu zeigen, indem es sich mit einer sozialistischen Märtyrermiene metaphysischen Grübeleien über die Stellung der Geschlechter und über die übervorteilte Position der Frau ergiebt. Die Ansprüche des Courtisanentums an die Gesellschaft dringen aus diesen Romanen schon mächtig in den Vordergrund, aber die Wirkungen einer späteren, rein industriellen Zeit haben hinzutreten müssen, um der Courtisane die grösste soziale Genugthuung zu bereiten, die ihr bisher in der modernen Welt widerfahren, indem die Frau der tugendhaften und anständigen Position mit der Courtisane auf ein und dieselbe Stufe hinaustritt. Diese äusserst vorteilhafte Genugthuung für die Courtisane beginnt aber schon da, wo in der anständigen Welt die Ehe nur noch aus finanziellen Rücksichten geschlossen wird, wodurch auch die tugendhafte Frau nicht anders als in der Situation erscheint, sich leiblich und geistig zu verkaufen.

Jene halbschlechtige, durch den verhängnisvollen Fäulnisfleck stigmatisierte Gesellschaft der Demimonde würde aber von der französischen Komödie nicht mit solchen Erfolgen und unter einem so Schreckenerregenden Interesse des Publikums haben aufgenommen werden können, wenn sich nicht damit zugleich ein Element bezeichnete, das in Frankreich bereits mehr und mehr in die Mitte der sozialen Welt vorgedrungen ist, und den sittlichen Gesellschaftsvertrag in seinem ganzen Fundament umzuwälzen droht."

Diesen meisterhaft beredten Worten braucht kaum etwas erklärend hinzugefügt zu werden, selbst dort nicht, wo es sich in diesem und jenem um die Bekundung einer andern, seither durch Thatsachen unterstützten Meinung handeln würde.

So standen die Dinge im ersten Jahrzehnt des zweiten Kaiserreichs. Die nachfolgenden Jahre brachten nur noch eine Verschlechterung des Sittenzustandes der Gesellschaft, die umso verhängnisvoller wurde, als das auf seiner Machthöhe stehende Frankreich noch mehr als früher Sitten, Mode, Kunst und Litteratur aller civilisierten Völker beeinflusste.

Das durchfaulte Kaisertum Napoleons III. brach bei Sedan völlig zusammen und ihm folgte die dritte Republik, die wohl politische Verbesserungen vornehmen, aber keineswegs auch die sittliche Zersetzung der Gesellschaft beseitigen und eine Erneuerung vornehmen konnte, selbst dann nicht, wenn die jeweiligen Machthaber mit strengem Ernst es versucht hätten.

Die Litteratur nahm noch mehr als vorher die Gebärden sinnreicher Forschung und rücksichtsloser Wahrheitskünder an. System auf System folgte, der Neorealismus wurde vom Naturalismus abgelöst, dieser wieder geriet im Kampfe mit anderen —ismen und dergleichen, deren Ursprünglichkeit zumeist nur in der seltsamen Selbstbenennung bestand und deren Leistungen immer wieder die Prostitution zum Mittelpunkt hatten, oft sogar zu deren widerlichen Apotheose ausarteten.

Der bedeutendste Name, den die französische Litteratur des letzten Viertels des neunzehnten Saeculums aufzuweisen hat, ist Emil Zola, der die Unzucht in allen vorhandenen Formen zur Darstellung bringt, oft in anwidernder Weise, wenn auch stets von der besten Absicht geleitet. Keineswegs verdient er, mag man über sein Wirken denken wie man will, die scharfen Angriffe, die Max Nordau in seinem bekannten Werke „Entartung" gegen den Meister des Naturalismus richtet. So urteilt er u. a. über ihn: „Die Verworrenheit seines Denkens, die sich in seinen theoretischen Schriften, in seiner Erfindung des Wortes „Naturalismus", in seiner Vorstellung von „Experimental-Roman" kundgiebt, seine triebhafte Hinneigung zur Darstellung von Wahnsinnigen, Verbrechern, Prostituierten und Halbnarren, sein Antropromorphismus und Symbolismus, sein Pessimismus, seine Koprolatie und seine Vorliebe für Rotwelsch kennzeichnen Zola hinreichend als höheren Entarteten. Er weist aber ausserdem noch einige besonders charakteristische Stigmate auf, welche die Diagnose vollends sicherstellen.

Dass er Sexual-Psychopath ist, verrät sich auf jeder Seite seiner Romane. Er schwelgt fortwährend in Vorstellungen aus dem Bereich der niedrigsten Geschlechtlichkeit und flicht sie, ohne die Hineinzerrung irgendwie künstlerisch begründen zu können, in alle Vorgänge seiner Romane. Bilder von Unzucht wider die Natur, Bestialität, Passivismus und sonstigen Verirrungen bevölkern sein Bewusstsein und er begnügt sich nicht damit, bei den betreffenden Handlungen von Menschen lüstelnd zu verweilen, er führt sogar sich paarende Tiere vor (s. das Anfangskapitel von La Terre).

Besondere Erregung verschafft ihm der Anblick von Frauenwäsche, von der er nie sprechen kann, ohne durch die emotionelle Färbung seiner Schilderung zu verraten, dass die betreffenden Vorstellungen bei ihm wollüstig betont sind . . . Diese Wirkung weiblicher Wäsche auf Entartete, welche mit Sexual-Psychopathie behaftet sind, ist in der Irrenheilkunde wohlbekannt und von Krafft-Ebing, Lombroso und Anderen oft beschrieben worden. (III. Aufl. Bd. II S. 445 ect.)" Man kann dieses fast gehässig zu nennende Urteil eines von seiner Wissenschaft befangenen Arztes nicht billigen, aber immerhin verdient er in mancher Beziehung Beachtung, obgleich von Nordaus Standpunkt aus schliesslich jede künstlerische Leistung als Wahnsinn deklarirt werden kann. Bei Zola tritt eben nur in Erscheinung, was sich bei jeder Tendenz auf litterarischem und auch anderem Gebiete geltend machen muss: sie schädigt das Werk, sie umrankt es wie ein verderblisches Schlingkraut um sein Gedeihen zu ertöten. Ueberhaupt ist der Ueberschwang kennzeichnend für jeden Gedankenkampf, und es mag nützlich sein, aber es ist keineswegs der Kunst förderlich, wenn die Streitfragen der Zeit in Romanen und ähnlichen Schriften zur Austragung zu bringen versucht wird. In seinem letzten noch im neunzehnten Jahrhundert erschienenen Roman „Fruchtbarkeit" beschäftigt sich Zola mit der hier bereits erwähnten Bevölkerungsfrage Frankreichs und zeigt auch hier schauerliche Bilder von Sittenverwilderung die vielleicht auf wirklichen Ereignissen beruhen, die aber als vereinzelte Verirrungen doch nicht gut als Grundlage eines Tendenzromans dienen können. Zola tritt gegen den in Frankreich nur zu sehr zur Geltung gekommenen Malthusianismus auf, dessen Verderblichkeit die jüngste Volkszählung wieder zum Schrecken vieler erwiesen hat, führt uns das Glück einer kinderreichen Familie vor, das Unglück solcher, wo künstliche Hemmungen vorgenommen wurden, das Hinsiechen von Frauen, die, um der Befruchtung zu entgehen, von gewissenlosen Aerzten sich kastriren lassen und manches mehr. Fast will es angesichts solcher litterarischen Schöpfungen scheinen, als ob der Roman die Kanzelpredigt zu ersetzen sich berufen fühle, als ob er überhaupt eine kulturelle Bedeutung für sich in Anspruch nähme, die er nicht zu haben braucht und auch nicht haben soll.

Nächst Zola ist Guy de Maupassant zu nennen, der im Irrenhause vorzeitig endete. Seine zumeist kleinen Erzählungen sind meisterhafte, aber oft auch widerliche Schilderungen von Unzucht. Zahlreiche andere Namen liessen sich hier noch anreihen, deren Träger den grössten Teil ihres reichen Talents Schilderungen der Prostitution gewidmet haben, Marcel Prevost, Pierre Louys und andere. Der Letztgenannte scheint bestrebt zu sein an gewagten Scenen überhaupt das Aeusserste zu bieten, was die Feder noch niederzuschreiben vermag. Auch eine Anzahl von Damen — Gyp, Marny etc. — brachten „Sittenschilderungen" dieser Art und es macht zuweilen sogar den Eindruck, als gäbe sich bei ihnen ein Bemühen kund, ihre männlichen Genossen in den möglichst in alle Einzelheiten sich verlierenden Schilderungen aus der Prostitution zu übertreffen. Dass es ausserdem eine ziemlich umfangreiche pornographische Litteratur giebt, die einzig nur hervorgebracht wurde, um dem Sinnenkitzel zu dienen, braucht wohl nicht erst ausführlicher dargelegt zu werden. Schmutzschriften dieser Art hat es immer gegeben und deren Vorhandensein muss nicht unmittelbar mit dem Verfall der Sitten in Zusammenhang gebracht werden. Lobend kann jedoch erwähnt werden, dass die periodische Litteratur dieser Art in den letzten Jahren des scheidenden neunzehnten Jahrhunderts in Paris und auch andernorts eine Verminderung erfahren hat, was vielleicht, aber nur vielleicht günstig gedeutet werden kann.

Von den neueren Lyrikern Frankreichs ist nach dieser Richtung hin vor allem der begabte aber verkommene Verlaine zu nennen, der einige Jahre seines nun vollendeten Lebens im Gefängnis zubrachte. „Seine Verurteilung ist unter seltsamen Umständen erfolgt. Er trieb sich in Belgien mit einem jungen, ebenfalls halbverrückten Dichter, Rimbaud umher, der später irgendwo in Südafrika zu Grunde ging Die beiden knüpfte das Band eines widernatürlichen Lasters aneinander In einem wütenden Streit, wie er zwischen derartigen Freundespaaren nicht selten ist, schoss Verlaine wiederholt auf Rimbaud und geriet in Folge dieser That in die Hände der Gerechtigkeit. Die besondere sittliche Verirrung Verlaines kann nicht Wunder nehmen. Der eigentümliche Charakter seiner Entartung ist nämlich eine toll brünstige Erotik. Er denkt beständig an Unzucht und seinen Geist füllen fortwährend Bilder der Geilheit." (Nordau „Entartung" III. Aufl. I S. 217 etc.)

Nicht minder heftig und verdammend urteilt Nordau über die verschiedenen Tageserscheinungen in Litteratur und Kunst, über Parnassier, Decadenten, Mystiker und unter welchen Namen sonst noch litterarische und künstlerische Sektenbildungen von einer reklamebedürftigen Ohnmacht versucht wurde. Selbstverständlich bleibt er dabei nicht innerhalb der Grenzen Frankreichs. Mæterlink, Strindberg und selbst Ibsen gelten ihm gleichfalls als geistig und sittlich Entartete. „Das Weib hat bei Ibsen keine Pflicht und alle Rechte," ruft er nicht ganz mit Unrecht aus und hält fast alle seine Frauengestalten von der Nymphomanie befallen. Besser kommen übrigens auch Friedrich Nietzsche und Richard Wagner bei Nordau nicht fort, wobei Wahrheit und Irrtum bunt abwechseln. Kräftige Worte findet er gegen die pornographische Litteratur: „Und noch entschiedener gilt es gegen die kothlöffelnde Schweinebande der berufsmässigen Pornographen Partei zu nehmen. Diese haben keinen Anspruch auf das Mass von Mitleid, das man den eigentlich Entarteten als Kranken immerhin gönnen mag, denn sie haben ihr niederträchtiges Gewerbe frei gewählt und betreiben es aus Gewinnsucht, Eitelkeit und Arbeitsscheu. Die systematische Aufreizung der Lüsternheit bringt dem einzelnen Menschen den schwersten Schaden an der leiblichen und geistigen Gesundheit und eure aus geschlechtlich überreizten Individuen bestehende Gesellschaft, die keine Selbstbeherrschung, keine Zucht, keine Scham mehr kennt, geht dem sicheren Untergang entgegen, da sie zu stumpf und schlaff ist, um noch grössere Aufgaben erfüllen zu können. Der Pornograph verseucht die Quellen, aus denen das Leben der künftigen Geschlechter fliesst. Keine Arbeit ist der Gesittung so mühselig geworden, wie die Bändigung der Lüsternheit. Der Pornograph will uns um die Frucht dieser härtesten Anstrengung der Menschheit bringen. Für ihn dürfen wir keine Schonung haben." (Entartung, III. Aufl. II 555.)

Wie immer einer sich zu Aeusserungen dieser Art stellen will, die Ehrlichkeit dieser Entrüstung muss jeder, ihre Wahrheit und Nützlichkeit werden viele anerkennen.

Ein bedenkliches und zufolge ihrer Verbreitung sehr verderbliches Kokettieren mit der Prostitution war und ist noch der Pariser Tagespresse zum Vorwurf zu machen, selbst dem anständigen Teil derselben, wobei allerdings in Betracht zu ziehen ist, dass in der Tagespresse die auf der Oberfläche schwimmenden Meinungen und Absichten naturgemäss zum Ausdruck gelangen. Nebenbei sei hier erwähnt, das sich überdies einige Zeitungen fast auschliesslich mit der Pflege von unzüchtigen Stoffen beschäftigten, sodass der Ausdruck Prostitutionspresse für diesen Bruchteil nicht im Widerspruch mit der Wahrheit wäre.

Doch nicht nur die Litteratur, auch Zeichenstift und Pinsel wiesen bereits zur Zeit des zweiten Kaiserreichs enge Beziehungen zur Prostitution auf und selbst die plastische Kunst ist davon nicht frei zu sprechen. Nur zu häufig brachte und bringt noch der Zeichenstift Schamlosigkeiten zum Ausdruck, wofür selbst die zügelloseste Sprache zu arm ist und nicht selten auch gewahrt man mit Bedauern, wieviel Talent in dieser Weise moralisch in den Gassenschmutz gesunken ist.

Selbst die naivste der Künste, der zuweilen nachgerühmt wurde, dass sie nicht fähig wäre, eine Gemeinheit auszudrücken, die Musik, sehen wir bereits unter dem Kaiserreich als Bannerträgerin der Prostitution dahintaumeln. Die Operette, die in Jacques Offenbach ihren Schöpfer und Meister fand, könnte ohne dass man ihr Unrecht thut, als Prostitution in Tönen bezeichnet werden, und ihre Beliebtheit nahm auch von der Zeit an ab, wo sie in Wahrheit auf diesen Titel nicht mehr vollkommen Anspruch machen konnte.

Wir sind hierbei wieder zum Theater gelangt, das leider, abgesehen von den hier zur Besprechung gelangten Stücken, von denen bereits die Rede war, mit der Prostitution seit Alters her nur in zu enger Verbindung steht. Nicht nur, dass so mancher Stern, der auf dem Nachthimmel der Bühne aufstieg, zufolge seiner Lebensführung ohne weiteres der Prostitution zuzuzählen war und — noch ist, die Verhältnisse nahmen, besonders unter dem zweiten Kaisertum, einen so argen Lauf, dass Bühnenzugehörigkeit und Prostitution, was den weiblichen Teil betrifft, fast identische Begriffe wurden. Ein grosser Teil der hier angestellten

Mädchen war und ist überhaupt auf einen derartigen Erwerb von vornherein angewiesen und selbst den in erster Reihe stehenden ist nicht selten ein derartiger Toilettenaufwand zugemutet, dass ihr rechtschaffener Erwerb dafür nur eine lächerlich geringe Summe aufweist. Manche Theaterdirektoren fördern auch die Prostituierung ihres weiblichen Personals und ziehen finanziellen Nutzen davon.

„Die Priesterinnen der Thalia," schreibt Weber-Demokrit, „sind längst bekannt als die wahren Priesterinnen der Venus, die ihnen auch besseres Brod giebt. Jene dreiundachtzigjährige Theaterprinzessin erwiderte auf die Frage: „Aber wann legen sich denn die verliebten Neigungen ihres Geschlechts?" — „Ja! da müssen Sie eine ältere fragen." Sie legen sich eigentlich nur dann, wenn die Waffen der Toilette stumpf und die Siegeskränze der Gymnastik welk werden, und da hat noch die höhere Welt Resourcen. In der Regel nützt die Klinge die Scheide ab, hier ist's umgekehrt — sie werden fett wie genudelte Gänse, und gleichen den Vampyrs, die den Schlafenden das Blut aussaugen unter sanftem Gefächel ihrer Flügel, um noch fester zu schlafen, oder dem Mergel, der den Acker austrocknet, den er düngen soll; daher sprechen wir auch statt abzehren — ausmergeln!

Solche Theaterprinzessinnen wechseln die Liebhaber wie Hemden, und eine solche Theaterprinzessin, die unter Räuber fiel und von ihnen auch geschändet wurde, erwiderte auf die Frage: „Aber was sagten Sie denn während dieser traurigen Vorgänge?" — „Rien que — mon cher voleur!" Die berühmte Woffington, die in keiner Rolle mehr glänzte, als in der von Sir Harry Wildair und einst unter dem Donner des Beifalls hinter die Koulissen stürzend zu Quin sagte: „Die halbe Stadt hielt mich für einen wirklichen Mann," wollte sich vor Lachen ausschütten, als Quin ihr sagte: „Aber die andere Hälfte weiss gewiss, dass Sie ein Weib sind." Jener Britte schrieb einer Pariser Operndame: Je vous offre cinquante louis par mois aussi longtemps, que vous serez vertueuse, mais si par hazard il vous prenait phantasie de changer, je demande la préférence et doublerai votre pension!" Gerührt von dem Edelmute des Britten, setzte sie sich sogleich den nächsten Monat in Genuss der doppelten Pension!

Fi! Fi! de faire pour le lucre
Un tel plaisir plus doux que sucre!

Die Fräulein von Loth sahen Sodom und Gomorra in Feuer- und Schwefelregen untergehen, und die Mama zur Salzsäule werden, und doch gaben sie Tags darauf dem Vater Wein, legten sich zu ihm, und er wards nicht gewahr, da sie sich legten und aufstanden. Und wie unverschämt betrug sich nicht Potiphar? Die schöne Lais gab dem Schweinpelz Diogenes Alles umsonst, was Demosthenes nicht zahlen konnte, wohl aber Aristipp. Hipparchia zog den Cyniker Crates den galantesten Freiern vor, und Theodora, die Justinian armseligen Andenkens reverendissima a Deo data conjux nennt, trieb es gar so weit, dass die Uebersetzer von Procops Anekdoten die Hauptstellen gewöhnlich wegliessen, die jedoch Menage und Gibbon zu supplieren für Schuldigkeit hielten.

Wie möchten wir Neuere eine Ninon tadeln, die doch den Anstand wahrte, mag sie immer dem Abbé Chateauneuf noch an ihrem sechszigsten Geburtstage ein Rendezvous gegeben haben? oder über die Hofdamem der Katharina Medicis raisonnieren, die zwar filles d'honneur heissen, aber sich zu ihren politischen Zwecken als Gefässe in Unehren mussten gebrauchen lassen. Nur die Taschenpistolen, die man bei Untersuchung einer Verschwörung bei ihnen gefunden haben wollte, hätten sie weglassen sollen, die kaum in Nonnenklöstern Verzeihung finden. Was die ganz armen Töchter der Freude betrifft, die der Hunger treibt, diese sind wohl eher zu bemitleiden. Diese Opfer der Wollust, die man selbst in kleinen Städten jetzt antrifft, die kein Ispahan sind, die ein eigen Quartier der Entblössten haben müssen, rekrutieren sich schrecklich, obgleich die Vigilien dieser Schwestern, ihre elende Kost, Krankheiten, Missionen in Zuchthäuser und bis nach Botany Bay deren eine Menge wegnehmen. In London zählt man fünfzigtausend (Weber schrieb bekanntlich anfangs des neunzehnten Jahrhunderts), zu Paris vierzigtausend, wozu nach der egyptischen Expedition noch die Negerinnen kamen, deren Haut sich wie Sammet greift und kühl wie Schlangen; und das Affengesicht, den Oelgeruch und den Mangel der französischen Sprache vergass man, denn der Club des noires war Mode. In den Amsterdamer Musicos ist es nicht besser, die man wegen der Matrosen (sagte man) verstattete, und Matrosen, bei denen sich alles vom Bord des Schiffes datiert, müssen wohl auf die Idee von Bordellen kommen, wie müssige Franzmänner bei dem Worte fille d'affaire.

Wien wird zwölftausend solcher Geschöpfe zählen, und Berlin vielleicht zehntausend, wo System herrscht, wie in Paris, aber nicht zu Wien, wo die Liederlichkeit darum nicht geringer ist. Joseph meinte daher auch, als Bordelle zur Sprache kamen, es brauche keiner neuen Ableiter. Die Polizei duldet löblichst nirgendswo Unanständigkeiten; selbst auf der Redoute sollte eine verdächtige Maske sich entfernen, die sich aber auf General L . . . berief, der sie hereingeführt habe. Man sagte es diesem, die Maske entmaskte sich, und der General sagte lächelnd: „Hereingeführt habe ich diese Dame nicht, aber ich werde sie selbst hinausführen," und das werden hundert Andere wohl auch thun, nur stiller . . . Venedig jagte einmal alle feile Dirnen aus der Stadt; aber man sah als geringeres Uebel an, sie wieder zu rufen, und sie heissen nostre bene meretrici; und dies ist auch der Fall mit den Bordellen, obgleich der Moralist mit Recht den Kopf schüttelt; denn so gewöhnt sich die eine Hälfte des Menschengeschlechts, die andere als blosse Abführungsmaschine anzusehen. Sie sind freilich die echten Mausfallen für die dritte Fakultät, und wen diese nicht schreckt, den schrecken noch weniger Keuschheitskommissionen der Maria Theresia, noch der Ulmer Murle, noch die Polizeidiener des Orts, das sogar seinen Namen von Stutten Garten ableitet.

Gestern schwur ich unter tausend Küssen
Im Genusse ihrer Zärtlichkeit
Ewige Verschwiegenheit —
Heute muss es der Chirurgus wissen!

In der That ein unerbittlicher Chirurg mit seinem Apparate ist noch immer das beste Schreckbild, schreckbarer als Moses zwei Gesetztafeln, la crainte de dieu et de la vérole, oder wie es Linguet in seiner Geschichte dieses Uebels verschleierter genannt hat, la cacomonade, immer furchtbarer als Podagra oder Gicht, die auch eine viel zu geringe Naturstrafe ist, ja von Vielen unter die vornehmen Krankheiten gerechnet, denn Gicht kommt auch von Wohlleben überhaupt, verbunden mit Müssiggang, und kann sogar angeerbt werden, wie der Adel .

Zu Janus Eremita schöner Rede über den hohen Beruf der Töchter der Freude, gehalten am Einweihungsfeste des Philantropins der Madame B . . zu Berlin von der schönen Jeanette nach dem Bibeltexe Hosea III. 1, 2 wurde nur gelacht; denn fast jedes Städtchen hatte seine Rahab, die wie zu Jericho ihr Haus an der Stadtmauer hat. Das non plus ultra der raffiniertesten Wollust bleibt der 1784 zu Moskau errichtete Club physique, dessen Gesetze eine sehr bekannte Reisebeschreibung ausführlich liefert. Saxo Grammaticus erzählt von den alten Rügiern, dass sie einst die Götter wegen ihrer Unzuchtssünden so bezauberten, dass sie wie Hunde an einander hingen — diese Strafe wird wohl Jeder den Mitgliedern jenes Clubs gewünscht haben, und dass sich Paar und Paar in die Strasse hinauskugeln müssten, wie ein Hundepaar, das die Magd auf die Strasse peitscht, und zwar, wenn der Thermometer 15 Grad Fahrenheit hat allerwenigstens!

. . Mademoiselle d'Arnould, (französiche Opernsängerin 1744—1803), ist noch heute nicht vergessen wegen ihrer witzigen Reparties, deren Witz sich aber in der Regel um einen Doppelsinn dreht. Arnould erwiderte einer Nebenbuhlerin italienischen Geschmacks, die ihrer Schwangerschaft spottete: „Ein Mäuschen ist bald gefangen, das nur ein Loch hat," und Damen, die über die hohen Preise bei einer Versteigerung ihrer Juwelen und Mobilien murrten: „Nicht wahr? Sie möchten sie gern um den Preis, den sie mich kosten?" Einem Prälaten, dem sie während seiner Abwesenheit Treue geschworen hatte, der sie aber in den Armen eines Andern überraschte, sagte sie: „Une Maitresse est un benefice, Monseigneur, qui, quoique à simple tonsure. oblige a résidence." Einem Briten, der ihr das echtbritische Billet doux schrieb: „Douze Louis, 12 Pouces, 12 fois", antwortete sie nach britischer noch derberer Manier: 12 nuits! Ein Grobian sagt ihr: „Je suis effrayé de l'immensitè de votre sanctuaire, ne croyant pas trouver un si vaste appartement," — „Monsieur! c'est que je ne vous attendais pas," erwiderte sie, „avec — si mince équipage!"

Unter der schändlichen Maitressenwirtschaft der du Barry durchlief ganz Frankreich ein Epigramm, das die Frage: Was ist Frankreichs Unglück? sehr richtig, sehr witzig und möglichst züchtig beantwortete:

Ecoute moi danc se siècle tortu;
Lorsqu'une Nymphe, au comble du delire
Tient dans ses mains les rènes de l'empire,
Comme elle, Ami! c'est l'empire est f. . .!

Noch bevor das neunzehnte Jahrhundert zu Ende ging, am zweiten Dezember 1900, starb zu Paris, 64 Jahre alt, die Gräfin de Castiglione, die als Maitresse Napoleons III. zur Zeit des zweiten Kaiserreichs in Frankreich grosses Aufsehen erregte. Einige Monate später fand eine Auktion ihres geringen Nachlasses statt, was den geistreichen Feuilletonisten Siegmund Feldmann zu Paris, Anlass zu einer Veröffentlichung in einer Berliner Zeitung gab. Einige Stellen daraus mögen hier folgen:

„Sie muss eine jener begnadeten Frauen gewesen sein, in deren Erscheinung der Adel des Gesichtes, die Vollkommenheit der Form und die Anmut der Bewegung sich zu der unwiderstehlichen Bethörung zusammenraffen, die jeden Mann, der ihren Weg kreuzt, mit stockendem Atem festbannt. In den Tuilerien, wo die schöne Eugenie, jedem Vergleiche die Stirne bietend, sich mit den verführerischsten Frauen der Gesellschaft umgab, konnte sich keine einzige auch nur mit dem Schatten der Florentinerin messen, die im Alter von fünfzehn Jahren von ihrem Vater, einem heruntergekommenen, etwas abenteuerlichen Edelmann, dem noch abenteuerlicheren Grafen Verosis de Castiglione vermählt wurde und bereits drei Jahre darauf, gänzlich ruiniert, aber von Cavour mit Einführungen, wahrscheinlich auch mit Geld ausgestattet, in Paris auftauchte, wo sie von der Prinzessin Mathilde an den Hof gebracht wurde. Leistete ihr die Prinzessin diesen Liebesdienst wirklich nur in der Absicht, der von ihr so herzinnig gehassten Kousine eine sieghafte Rivalin neben den Thron zu stellen, wie man behauptet hat? Dann hätte sie nicht fehl gegriffen, denn nach wenigen Monaten schon hatte sich die Gräfin den Titel der „Kaiserlichen Pompadour" erworben, zur hellen Verzweiflung der Gräfin Walewska, die ältere Ansprüche auf diese Würde erheben konnte und sich in dem Traume gesonnt hatte, die „grosse Favoritin" zu werden. Es ist kaum denkbar, dass die Kaiserin lange im Unklaren über die Rolle blieb, die der schönen Italienerin zugefallen war. Aber, wie sie dies in solchen Fällen zumeist that, sie schwieg aus

Stolz und Klugheit, und sie trieb die Nachsicht so weit, die Gräfin in jenen intimen Kreis aufzunehmen, der sie im Sommer nach Saint Cloud begleitete. Dort sollte die Gräfin über ihren Hochmut zu Falle kommen. Eines Abends, als die Kaiserin den grossen Salon betrat und alle Damen von den Sitzen schnellten, rührte sich die neue Pompadour nicht und räkelte sich nur noch fester in ihren Lehnstuhl. So mächtig dünkte sie sich bereits. Eugenie jedoch ergriff diesen Vorwand, um durch einen, wahrscheinlich vorbereiteten und vorberechneten Streich dem Skandal ein Ende zu machen. Sie packte ihre Koffer, und am nächsten Abend — es war ihr Namensfest — im Augenblick wo die Lampions angesteckt wurden und die Raketen zur Feier der Sainte Eugenie stiegen, erfuhren die Pariser zu ihrer Verblüffung, dass die Kaiserin spornstreichs nach Schottland abgereist sei. — Die sensationelle schottische Reise, über die man sich damals an allen Höfen den Kopf zerbrach. Sie kam erst zurück, als sie alle Bürgschaften hatte, dass der Bruch Napoleons mit seiner Pompadour vollzogen und endgiltig war.

Der Kaiser soll seine Favoritin lange nicht verschmerzt haben. Die Gräfin liess sich jedoch von diesem Missgeschick nicht anfechten, zumal sie sich bereits selber einen üppigen Hofstaat angelegt hatte und die Prinzessin Mathilde fortfuhr, sie zu empfangen. Zum Dank dafür knöpfte sie der Gönnerin ihren Ritter, den um seiner galanten Erfolge vielgenannten Intendanten der schönen Künste, Grafen Nieuwerkerke ab, gab ihn aber nach einigen Wochen wieder frei, um anderm Wild nachzujagen. Sie lebte einen ewigen Taumel, in dem die Weihrauchwolken der Anbetung um ihr göttliches Bild wogten, und hatte dabei keinen treueren cavaliere servante als ihren Herrn Gemahl, der, damit sich nur ja niemand über seinen trefflichen Charakter täusche, die Gewohnheit angenommen hatte, zwanzig Mal am Tage zu sagen: „Ich bin das Muster eines Gatten; ich höre nichts, ich sehe nichts, ich weiss nichts." Und er hat auch bis an sein seliges Ende kurz vor Ausbruch des deutschen Krieges nicht das Mindeste gehört, gesehen und gewusst. Unmittelbar nach dem Kriege fand sich die Gräfin in Paris wieder ein, und reiche Fremdlinge brauchten dem Kellner der Maison Dorée nur etwas ins Ohr zu flüstern, um sich am Abend in einem Cabinet particulier der Gesellschaft der hochgepriesenen Sirene zu erfreuen. So versichert wenigstens Frau Fama, und verschiedene Jubelgreise, die dazu ganz verdächtig mit den Augen zwinkern, bestätigen dies feierlich. Die Fama lügt, und die Jubelgreise sind Verleumder. Die Wahrheit ist, dass eine italienische Abenteuerin, die einige Aehnlichkeit mit der Gräfin besass, deren Namen und die Eitelkeit unkundiger Gimpel zu diesen Geschäften missbrauchte. Die Gräfin selber machte solche Geschäfte nie, jedenfalls nicht in dieser glatten Form. Nur ein einziges Mal liess sie sich auf einen derartigen Handel ein, und sie rühmte sich dessen als einer Kraftprobe ihrer dämonischen Verführung. Dies geschah, als Lord Hitford ihr für ihre Gunst eine Million anbot und bezahlte. Es ist die Million, die Alexander Dumas später in seine „Prinzessin von Bagdad" hinübernahm, Nur bestand sie nicht, wie im Schauspiel, aus Theatergold, sondern in einem Check auf die Bank von Frankreich, die ihn vielleicht noch, mit der Unterschrift der Empfängerin, als ein kleines Denkmal der Sittengeschichte des zweiten Kaiserreichs aufbewahrt.

Vorurteile hätten die Gräfin mithin nicht behindert, Stelldicheins in der Maison Dorée anzunehmen; allein sie hatte es nicht nötig, Gott sei Dank! Sie hatte Reichtümer gesammelt, und überdies schöpfte sie zeitweilig aus dem Staatssäckel. Wie in ihren Anfängen von Cavour, wie später von Pinars, dem Chef der geheimen Kanzlei, so wurde die noch immer wunderschöne, gewandte und verschlagene Frau nach dem Frankfurter Frieden von Thiers zu allerlei verschwiegenen Missionen benützt, von denen zum mindesten eine von Erfolg begleitet war, von einem Erfolg allerdings, der Thiers ganz gleichgiltig erschienen sein mochte Unter den Kostbarkeiten, die zur Versteigerung gelangten, befand sich ein mit grossen Brillanten verziertes Hundehalsband aus Sammet, in dem das Wort „Nicchia" eingestickt ist. Das war wohl der Name eines der vielen Hunde der Gräfin. Es musste jedoch noch eine andere Bedeutung für sie gehabt haben, wenn man nach einem in Golddeckel gehefteten carnet de bal, einer „Damenspende", urteilt, in die das Bild des Königs Viktor Emanuel und daneben das eines Kindes eingelassen ist, das eine unverkennbare Aehnlichkeit mit den Zügen des re galantuomo und auch der Gräfin aufweist. Und auch in den Deckel dieses Stückes ist das rätselhafte Wort „Nicchia" eingegraben. So hat die Legende nicht gelogen, die sie auch dem savoyschen Throne angenähert hat! Vielleicht könnte uns Herr Baudouin, der Präsident des Pariser Civiltribunals, darüber Auskunft geben. Er hat auf Wunsch der Erben von dem Inhalt eines Kästchens Kenntnis genommen, das die Gräfin im Hause Rothschild mit der Weisung hinterlegt hatte: „Niemals zu öffnen, auch nicht nach meinem Tode." Aber er hat nicht einmal den Hinterbliebenen etwas von dem verraten, was zu lesen ihm beschieden war. Er liess die Papiere verbrennen. Wie viel Geheimnisse, wie viel Enthüllungen mögen da von den Flammen verzehrt worden sein!"

„Die sittlichen Zustände Frankreichs," schreibt Otto Henne am Rhyn in seinem lesenswerten „die Gebrechen und Sünden der Sittenpolizei," sind durchaus faul. Nirgends geschehen solche entsetzliche, ungeheuerliche Dinge wie hier. In der Rue Duphot zu Paris hauste ein Weib, Frau Leroy, welche jedem gut zahlenden Herrn diejenige Dame, die er zu besitzen wünschte, nachdem sie sich ihrer durch List oder Gewalt bemächtigt, in einem ihrer luxuriös ausgestatteten Boudoirs zur Verfügung stellt. Es wurde eine Untersuchung gegen sie angehoben;

aber der berüchtigte Polizeipräfekt Louis Andrieux, wusste die Sache niederzuschlagen, weil gar zu viel hochstehende Herren beteiligt waren, Der zu dieser Anzahl gehörende General Ney, Enkel des Marschals dieses Namens, brachte sich aus Furcht vor Entdeckung selbst ums Leben."

Der Verfasser erinnert dann an den entsetzlichen Skandal von Bordeaux, wo die Kinder des Arztes Delmont — ein zwölfjähriges Mädchen und ein zehnjähriger Knabe — eine Zeit lang von dem Dienstmädchen jede Nacht gewissenlosen Wüstlingen überlassen wurden, während die unglücklichen Eltern, in Folge der ihnen von dem Dienstmädchen beigebrachten narkotischen Mittel, fest schliefen. Die Verbrecher wurden bestraft. Bald darauf fand in derselben Stadt ein Sittenprozess gegen einige junge Leute aus den besten Familien statt. Sie kamen mit lächerlich geringen Geldstrafen fort. „Und das in einer Republik deren Bürger vor dem Gesetz gleich — sein sollen." In Lyon wieder sehen wir ein Weib, Frau Maigre, eine Wahrsagerin, die ihre eigene Tochter frühzeitig der Schande überliefert und dann durch jene kleine Mädchen heranlocken liess, um diese Wüstlingen zu überliefern.

Viel an Verkehrtheiten und Gewaltthätigkeiten haben auch die Organe der Polizei auf dem Gewissen und Streiche dieser Art waren es auch, die 1881 den Sturz des Polizeipräfekten Andrieux herbeiführten. „Ihm folgte als Polizeipräfekt Herr Camescasse, welcher aber mehr darauf bedacht war, einen Sitz in der Kammer zu erlangen, als die Sittenpolizei zu verbessern. Während er auf Wahlreisen abwesend war, setzten seine Beamten die Verfolgung und grundlose Einsperrung anständiger Frauen fort. Camescasse ordnete auf die Beschwerden der Zeitungen hin telegraphisch Untersuchung an. Er wollte sogar die schuldigen Polizisten absetzen, wurde aber durch einen einflussreichen Polizeibeamten Macé, welcher abzudanken drohte, daran verhindert. Bald war Camescasse genau das, was Andrieux gewesen war und die Regierung schützte auch ihn, so verwerflich die Excesse seiner Polizeibanden waren, gegen die Beschwerden der Stadtbehörde. Der Streit zwischen dieser und der Polizeipräfektur führte endlich (1884) zur Verweigerung des Budgets derselben. Zwar war schon vorher die frühere (zeitweilig abgeschafft gewesene) „Sittenbrigade" wieder hergestellt worden, aber auch ihre Wut gegen alleingehende ehrbare Frauen war wieder nicht nur die nämliche, sondern die Razzien auf Nichtprostituierte (râfles) wurden immer toller. Auch nach dem Rücktritt Camescasses wurde es nicht besser und man darf sagen, dass noch nirgends eine so empörende Sklaverei der Prostituierten und noch nirgends eine solche Unsicherheit der für solche angeblich gehaltenen Frauen bestanden hat, wie in der französischen „Republik". Denn durchaus dasselbe geschah in ganz Frankreich und in dessen Kolonien." (Henne am Rhyn u. a. O. S. 82.)

Der Autor giebt indes zu, dass in manchen Städten Frankreichs eine Besserung früher als in der Hauptstadt eintrat, dass in Amiens z. B. seit 1884 nach und nach alle Bordelle aufgehoben wurden, eine Massregel, über deren sittlichen Wert sich streiten lässt, wie schon wiederholt bemerkt wurde.

Zustände geschilderter Art sind übrigens in allen Grossstädten zu finden, auch die erwähnte Thatsache, das schlechte Menschen sich für Agenten und Sittenpolizei ausgeben und in dieser Weise Frauen zu vergewaltigen suchen. Bei 1891 in Paris veranstalteten Razzien sollen in einem Monat 290 Subjekte dieser Art und Zuhälter verhaftet worden sein, doch erwiesen sich die bestehenden Gesetze nicht ausreichend zur Bestrafung von derlei Gesindel. „Es wurde daher ein neues Gesetz entworfen, das Begünstiger der Prostitution und Zuhälter mit schwereren Strafen als bisher bedrohte. Hierdurch ist aber nichts besser geworden." Erkenntnisse dieser Art bewiesen eben nur, dass die Wurzel des Uebels anderwärts zu suchen ist, und dass dieses nicht mit derlei Mittelchen ausgerottet werden kann. —

Werfen wir jetzt einen raschen Ueberblick auf die gegenwärtigen Prostitutionszustände Belgiens, das in dieser Sache Frankreich zugerechnet werden kann. Wie in Frankreich kommt auch hier hauptsächlich die Hauptstadt in Betracht (Brüssel), die hier wie dort, wie fast überall den Provinzialstädten auch in diesem Punkte als nachahmungswertes Beispiel dient. Ein auch in deutscher Sprache erschienenes französisches Büchlein, „Clarisse. Aus den dunkeln Häusern Belgiens" betitelt, lässt uns, besonders durch die vorausgeschickte Einleitung des bekannten, hier bereits wiederholt zitierten Kulturhistorikers Dr. Otto Henne am Rhyn, einen tiefen aber auch Entsetzen erregenden Einblick thun, in die Prostitutions-Verhältnisse Belgiens. Es wird unter anderm mitgeteilt, dass der britische Konsul in Antwerpen im Januar 1874 eine Depesche an seine Regierung richtete, worin er mitteilte, dass er Anzeigen erhalten habe von den Verwandten zweier junger Engländerinnen, die durch einen Holländer namens Klyberg aus ihrer Heimat unter dem Vorwand ihnen achtbare Stellen zu verschaffen, fortgelockt wurden, um in Dünkirchen, Frankreich, für je 250 Franks an einen Bordellhalter verkauft zu werden. Aus den Aussagen der Mädchen ergab sich auch, dass Klyberg die Eintragung der noch nicht 21 Jahre alten Mädchen in die Prostituiertenliste der Polizei auf Grund gefälschter Papiere erwirkte, ein Vorgang, der sich, wie andere Angaben erwiesen, auch sonst nicht selten ereignet. Dem Konsul gelang es, die beiden Mädchen zu befreien und nach ihrer Heimat zu senden. Am nächsten Tag kam Klyberg wieder mit zwei englischen Mädchen in Dünkirchen an, mit denen er in gleicher Weise verfahren wollte. Das Einschreiten des Konsuls führte zur Verhaftung dieses Mannes und er wurde zu sechs Monaten Gefängnis bestraft. Dies gab Veranlassung sowohl nach seinem Vorleben zu forschen, wie auch nach Ablauf seiner

Strafzeit ein aufmerksames Auge auf ihn zu bewahren. Es stellte sich auch heraus, dass er sein infames Gewerbe fortsetzte und auch wiederholt bestraft wurde. Im September 1876 erhielt der britische Gesandte in Brüssel einen Brief, dessen Schreiber ihm mitteilte, dass seine Schwester und noch ein Mädchen von einem Herrn und einer Frau „Cleebourg" aus London nach Brüssel gelockt worden wären, angeblich um ihnen achtbare Dienststellen zu verschaffen, in Wirklichkeit aber, um in irgend-einem Bordell untergebracht zu werden. Diese Angabe erwies sich als wahr, die Mädchen wurden aufgefunden und nach England zurückgesandt. Im Jahre 1877 fand die Polizei, als sie in einem Haus nachforschte, in dem dieser Klyberg ein englisches Mädchen untergebracht hatte, sechs Briefe von ihm, die er an den Bordellhalter gerichtet hatte. Es werden einige Proben seiner ursprünglich in französischer Sprache abgefassten Briefe mitgeteilt:

Lieber Xaver!

. . Nun lassen Sie uns von Geschäften sprechen. Ich habe Sie nicht gesehen seit meiner letzten Reise, als ich jenes englische Mädchen in Brüssel unterbrachte, das Sie nicht als Nr. 4 nehmen wollten, weil sie nicht schreiben konnte, um ein förmliches Gesuch zur Aufnahme in ein Freudenhaus aufzusetzen und Sie sich wegen dieser Angelegenheit der „Weissen", vor der Polizei fürchteten. Jetzt da diese Sache vergessen ist und seitdem englische Mädchen von jedem Alter nach Antwerpen gekommen sind, die alle aufgenommen wurden, könen Ihnen die Polizeibehörden nicht mehr verweigern als Anderen. Wenn Sie daher weiter welche brauchen, so schreiben Sie mir. Ich habe mehrere Schönheiten, welche mir gesagt haben, sie wünschen zu gehen . . . Antworten Sie mir umgehend, ob Sie kommen oder jemanden nach London senden wollen, um sie abzuholen, 150 Franks das Stück oder 300 Franks bis Ostende. Lemoine hat mir wegen Quoilin geschrieben, welcher mir gern 300 Franks für das Stück bezahlt. Ich antwortete ihm, dass ich mit solchem Gesindel keine Geschäfte mache. Unsere Grüsse an Ihre Frau und alle Ihre englischen Mädchen. Meine Frau empfiehlt sich Ihnen.

Ihr Freund Klyberg.

. . . Ich habe zwei sehr hübsche Stücke, welche Ihnen sehr gut passen werden, zwei gute Mädchen; Sie wissen, dass ich Sie immer gut bedient habe und Sie stets gut zu bedienen wünsche. Wenn Sie mir Tag und Stunde Ihrer Ankunft schreiben, so wird Alles bereit sein, damit Sie keine weiteren Auslagen haben. Quoilin ist auch gekommen; er lässt sich überall rupfen und hat 1000 Franks ausgegeben ohne etwas dafür zu haben, das sich sehen lässt. Welch' ein Pechvogel! Er reiste nackt und bloss und erbittert gegen alle Welt ab. Louis lachte ihm ins Gesicht.

Mein lieber Quoilin!

... Sie werden mich Dienstags früh bei Ihrer Ankunft in London finden, wenn Sie Ihre Waaren zu holen kommen. Sie können dieselben am gleichen Abend mitnehmen. Alles wird bereit sein, und ich garantiere Ihnen, dass es Ihnen, wenn Sie sie in London abholen, nur halb soviel kostet, wie in Ihrem Hause. Ich habe ein hübsches, grosses, brünettes Mädchen mit herrlichen Zähnen, tadelloser Büste, mit einem Wort ein schönes Weib und ein gutes Mädchen. Meine Frau hat sie seit drei Wochen, deshalb schrieb sie Ihnen. Ich habe auch ein grosses blondes Mädchen, wenn Sie Platz dafür haben. Ich bedaure sehr, dass ich nicht hinübergehen kann; ich habe Geschäfte in Holland. Man bot mir ein Haus in Leyden an; ich möchte mit Ihnen darüber sprechen. Sarah, das Weib, welches das Haus in Amsterdam hält, hat mich auch wegen zwei Stück gefragt, und die Leute in zwei andern Häusern verlangten ebenfalls Waare, so dass ich, sobald ich reisen kann, Geld machen werde, und wenn ich das Haus in Leyden übernehme, so werde ich mein eigener Agent sein und beständig reisen. Ich werde ein Absteigequartier in London haben, wohin ich kommen kann, um Mädchen zu holen ...

„Die Polizei der Bordellstädte“ — schreibt Henne am Rhyn, ein eifriger Gegner des Bordellwesens, „unter denen wir vorzugsweise Brüssel im Auge haben, ist für das Wohl ihrer reichen und vornehmen Lieblinge so zärtlich besorgt, dass sie die „Aufnahme“ in jene „offiziösen“ Anstalten nur nach ärztlicher Untersuchung der dazu bestimmten Mädchen gestattet. Aber wie sieht diese Besorgnis in der Praxis aus? Es genügt thatsächlich, dass ein beliebiger, nicht amtlicher Arzt (oder ein Menschenschinder, der sich so nennt) oder dass gar die Megäre, welche die Höhle unter sich hat und das Geschäft ausbeutet, die Untersuchung vornimmt. Es werden dabei die oft ohne Ahnung ihrer Bestimmung verkauften Mädchen auf die roheste Weise behandelt, ohne dass sie wissen, was dies zu bedeuten hat, nur damit der Herr Klyberg oder Sellecarts oder wie diese Ungeheuer alle heissen, so schnell wie möglich zu dem Preise kommen, zu dem sie ihre Menschenwaare ablieferten. Klyberg schreibt an seine „Kunden“: „Ich habe sie Alle in meinem Hause, vollkommen bereit und ärztlich untersucht“ oder „Meine Frau hat sie untersucht, sie ist vollkommen gesund ...“

Madame Paradies (der Name passt für ein Haus des Sündenfalls, das zugleich ein Paradies für die Lüstlinge von Goldes Gnaden ist), die Besitzerin eines bekannten Bordells in Brüssel, sagte vor Gericht mit cynischer Offenheit: „Es kam oft vor, dass ich selbst die Mädchen, die mir der „Placeur“ brachte, körperlich untersuchte, namentlich wenn er eilig war, sein Geld in Empfang zu nehmen und abzureisen und nicht Zeit hatte, zu warten, bis ich den Arzt kommen lassen konnte." Die angeblich sanitarische Massregel hatte daher nur die Wirkung, dass die Placeurs, d h Seelenverkäufer, ihre Rekruten lieber unter Mädchen von anerkannter Ehrbarkeit suchten, als unter der Klasse von Weibern, die sich bereits der Schande ergeben hatten . . .

Auf die vorläufige Untersuchung der Unglücklichen folgt die förmliche Einschreibung derselben. Dies geschieht in dem „Dispensaire de salubrité" (etwa: Gesundheitsbureau), welches von der Sittenpolizei verwaltet wird, der zwei oder mehrere besonders für diesen Dienst angestellte Amtsärzte beigegeben sind, welche die Mädchen nach ihrer „Zulassung" wöchentlich untersuchen. Es wird angenommen, dass das betreffende Mädchen ein förmliches und freiwilliges Gesuch eingebe, um als öffentliche Prostituierte zugelassen zu werden, einen Geburtsschein vorlege und vor dem Kommissär des Bureaus ein Verhör bestehe. In der Praxis aber sind diese Vorsichtsmassregeln blosser Schein, wenigstens war dies der Fall bei den in Brüssel eingeschriebenen englischen Mädchen. In der Regel konnte keines derselben bei seiner Ankunft ein Wort französisch sprechen; sie verstanden daher nichts von der Bedeutung jener Vorgänge. Das erforderliche Gesuch und der Geburtsschein wurden von dem Bordell-Inhaber oder der „Gouvernante" (Aufseherin des Bordells) abgeliefert, denen sie zugleich mit der „Waare" vom „Placeur" übergeben waren. Eine dieser sauberen Persönlichkeiten begleitete die Mädchen zum Bureau und machte den Dolmetscher zwischen der Verkauften und dem Polizeibeamten, der seinerseits kein Wort englisch verstand. Die Polizeibeamten haben die Beobachtung dieses Verfahrens vor Gericht bestätigt.

In Frankreich, Belgien und Holland, wo die öffentliche Prostitution von der städtischen Polizeibehörde „geregelt" wird, ist die Einschreibung von weiblichen Personen unter 21 Jahren als öffentliche Prostituierte bei schwerer Strafe verboten. Bei der Einschreibung eines Mädchens in dieser Eigenschaft wird die Vorlegung einer Bescheinigung über den Tag ihrer Geburt verlangt. Diese Bescheinigung wird von der Polizei aufbewahrt, so lange die Betreffende in dem Bordell bleibt und ihr bei ihrer Abreise zurückgestellt. Es finden sich jedoch keine Spuren, dass bei solchen Anlässen irgend welche Schritte gethan werden, um die Identität der Person festzustellen, bezüglich deren ein Papier vorgelegt wird, das ihren Geburtsschein vorstellen soll.

Im Jahre 1879 fanden allein in Brüssel 13 gerichtliche Verfolgungen wegen Zulassung von Mädchen vor zurückgelegtem vorgeschriebenen Alter statt und führten zu 12 Verurteilungen; zwischen Januar und Dezember 1880 wurden wieder 13 Verfolgungen angestellt, die mit ebensoviel Verurteilungen endeten, während vom Dezember 1880 bis April 1881 zwölf Personen vor Gericht gestellt und zehn davon bestraft wurden. Weitere Untersuchungen sind angehoben, aber ihr Ausgang uns nicht bekannt geworden. Ungeachtet dieser Strenge des Gesetzes machen sich aber die Bordellhalter kein Gewissen daraus, Entdeckung und Strafe zu riskieren in der Erwartung, einen materiellen Vorteil aus der Prostitution junger Mädchen zu ziehen, welche als Bewohnerinnen solcher Häuser lenksamer, anziehender, leichter zu betören und weniger anspruchsvoll sind als solche, welche erst nach zurückgelegtem 21. Jahre eingeschrieben werden. Die Nachfrage nach sehr jungen Mädchen hat naturgemäss die Herbeischaffung solcher zur Folge.

Es befindet sich in unseren amtlichen Quellen ein Verzeichnis von 33 Mädchen, welche in den Jahren 1871 bis 1879 in Lille, Dünkirchen, Rouen, Valenciennes, Brüssel, Antwerpen, Haag und Rotterdam unter falschem Alter und Namen eingeschrieben wurden und in Wirklichkeit eine blos 14, drei 15 und die übrigen 16 bis 20 Jahre alt waren. In den drei genannten Ländern sind Geburtsscheine, da sie einen wichtigen Teil des Civilstandes ausmachen, nicht leicht zu erhalten und daher auch schwer zum Betruge zu benutzen. In England dagegen kann die Abschrift der Bescheinigung über irgend eine eingetragene Geburt bei dem Registrar General's department in Somerset House von jeder Person, die solche verlangt, gegen Entrichtung von 3 Shilling 7 Pence erlangt werden; das Siegel des Registrar General wird daher vom „Placeur" als einträgliches Werkzeug in seinem „Geschäfte" verwendet. Bisweilen verleitet ein solcher Spitzbube auch die Mädchen selbst dazu, die Geburtsscheine ihrer älteren Schwestern zu verlangen und für sich selbst zu verwenden. Bisweilen fälscht er auch die Jahreszahl des Scheines, und bisweilen wieder verschafft er sich den Geburtsschein einer beliebigen Person von über 21 Jahren, oder behält den Schein eines Mädchens, das den mit ihm gespielten Betrug merkt und den Kerl nicht weiter begleiten will, zurück, um ihn für Andere zu gebrauchen."

Auch sonst finden wir in diesem lesenswerten Schriftchen interessante Mitteilungen über die Prostitution in Belgien, von denen hier einige in chronologischer Reihenfolge angeführt werden sollen:

1883 Der Gemeinderat von Herstal beschliesst die Aufhebung der öffentlichen Häuser. Die belgische Abgeordneten-Kammer berät eine Prostitutionsordnung, wobei ihr zahlreiche Petitionen zukommen, die gegen die damaligen Zustände der Prostitution gerichtet sind.

Bürgermeister Lubs von Brüssel macht den Vorschlag den Bordellen Verkauf von Speisen und Getränken nicht zu gestatten. Die königliche, medizinische Gesellschaft spricht sich gegen diesen Vorschlag aus, weil er zu sehr geeignet wäre, die geheime Prostitution zu fördern.

Ein Organ der Sittenpolizei machte einer, von ihrem Gatten verlassenen Frau unsittliche Anträge und veranlasste dann, weil er zurückgewiesen wurde, dass diese Frau in die Liste der Prostituierten eingetragen wurde. Das Gericht erklärte später, auf Klageführung hin, diese Eintragung als irrtümlich. Ob und in welcher Weise der betreffende Angeber bestraft wurde, ist nicht bekannt geworden.

1884 Für Aufhebung der Bordelle erklärten sich die Gemeindevorstehungen von Lierre und Chenée. Eine Zeitung in Lüttich veröffentlicht die Namen von Bordellwirtinnen, die junge Mädchen anlocken, trunken machen und dann ihren Gästen ausliefern. Ferner wird berichtet, dass Mütter die Ehre ihrer Töchter um Bagatellen verschachern.

1885 Nach Polizeibericht von Brüssel waren 1884 als Prostituierte eingetragen: 88 in Bordellen und 218 einzeln wohnende Frauenzimmer.

1886 Die Centralsektion des belgischen Abgeordneten-Hauses beschliesst die Regierung aufzufordern, die Reglementierung der Prostitution aufzuheben und das Halten von Bordellen, sowie die Verleitung zur Unzucht als sträflich zu erklären. Das Ministerium verspricht es.

Grosser Prozess zu Gent, wobei mehrere Kupplerinnen und Personen, die Kinder missbrauchten, verurteilt worden. Sechs höher gestellte Personen entzogen sich der Gerechtigkeit durch Selbstmord.

1887 Ein königliches Rescript ernennt eine Kommission zur Beratung eines Prostitutions-Gesetzes. Die königliche Akademie für Medizin spricht sich für die Reglementierung der Prostitution aus.

1888 Lüttich, mit 100000 Einwohnern zählt 24 geduldete Bordelle mit 200 eingeschriebenen Insassinnen.

1889 Die Gerichte erklären sich für unkompetent, Frauen vor willkürlicher Eintragung in der Liste der Prostituierten zu schützen. Aus Antwerpen wurden 47 Personen ausgewiesen, die sich damit beschäftigten, Mädchen zu Prostitutions-Zwecken nach Amerika zu befördern.

1891 Die Versammlung des Allgemeinen Bundes zur Hebung der Sittlichkeit findet in Brüssel statt und wird allseits sehr sympatisch begrüsst.

1892 Am 3. Januar starb 62 Jahre alt, in Doyen Emil de Lavelaye, der hervorragendste Kämpfer für die Sittlichkeit in Belgien.

Vieles liesse sich nur über dergleichen Uebelstände, Gebrechen und Missbräuche anführen und sagen, denn leider ist das Thema der Prostitution und was damit zusammenhängt unerschöpflich, besonders was Frankreich betrifft. Es wäre indessen verfehlt, diesem Lande und seiner Hauptstadt gewissermassen die Verantwortung aufladen zu wollen für alle Uebel der Prostitution, deren Laster und Ausschreitungen, für deren Zunahme und Machtstellung. Die natürliche Grundlage, auf der sozusagen die Führerschaft der Weltstadt Paris in dieser unleidlichen Sache beruhte und noch beruht, ist bereits erörtert worden und wer nicht von nationalen Vorurteilen befangen ist, wer die sittlichen Zustände allerorts kennt und in Betracht zu ziehen weiss, die Ueberlieferungen der Vergangenheit genauer prüft, der wird mit Urteil und Verurteilung zurückhaltender sein und schliesslich zu dem Bekenntnis der alten, ewigen Wahrheit gelangen: wir sind Sünder allzumal!

Druck von E. Grüner, Bernau bei Berlin.

Dufour
Geschichte der
Prostitution

DRITTER BAND:

Die christliche Zeit II

ZWEITER TEIL:

Germanische Völker Mitteleuropas
Aussereuropäische Völker

Bearbeitet von Franz Helbing

Fünfte Auflage

Verlegt bei
DR. P. LANGENSCHEIDT
Gross-Lichterfelde-Ost

Italien.

I. Kapitel.

Das Christentum. — Rom. — Theodora, Marozia. — Sergius, Johann. — Renaissance. — Borgia. — Alexander VI. — Cæsar Borgia, Lucrezia Borgia. — Julius II. — Konzil von Konstanz. — Rom im neunzehnten Jahrhundert. — Einfluss der Geistlichkeit. — Die römischen Prostituierten und die Ehe. — Geistlichkeit und Familie. — Kardinal Silvestri. — Heuchelei. — Klöster. — Rom als Hauptstadt Italiens.

Der römische Staat zertrümmerte unter den Fusstritten eindringender, lebenskräftiger Barbaren und in Italien gelangte das Christentum zur Herrschermacht. Die frühere Episode dieser Herrschaft, sowie die byzantinische Aera wurde bereits im dritten Band dieses Werkes dargestellt, ebenso kann auch hinsichtlich der späteren Zeit auf den Frankreich betreffenden Teil dieses Werkes verwiesen werden, wo der Einfluss Italiens auf die Sittenzustände nur zu oft in arger Weise zu erkennen ist.

So sehr auch die Lehren des Christentums für die Sittlichkeit eintraten, Wollust und Unzucht bekämpften, so gering war auch der Erfolg dieser Bestrebungen. Die Macht der Tradition und der Veranlagung war zu stark, um eine keusche oder auch nur einigermassen sittsame Lebensführung allgemein zur Geltung zu bringen. Zwar verzeichnet uns die Geschichte Fälle besonderer Askese, selbst fanatischer Askese, wie die Selbstverstümmlung des Kirchenvaters Origines (185—254 n. Chr.), andererseits aber wurden selbst zu dieser Zeit schon, in den Tagen des Decius, wo das Christentum noch Verfolgungen ausgesetzt war, laute Klagen über die Buhlschaften der Kleriker laut. Gregor von Nyssa (333—394) warnt vor Pilgerfahrten nach Jerusalem, weil dort „Der Tugend gar viele Schlingen gelegt und das Laster durch mannigfaltige Reizmittel gefördert wird." Ueberhaupt sehen wir die Kirchenlehrer heftig gegen die Fleischeslust eifern und die ältesten Strafgesetze der Kirche rüsten sich gegen die Unkeuschheit, die in den Organen der Kirche allezeit hindurch nur zu eifrige Förderer fand.

Der Kirchenstaat entstand bekanntlich 755 durch Schenkung Pipins des Kleinen. Papst Nikolaus I. (858—867) liess sich zuerst förmlich krönen und brachte die Pseudo-Isodorischen Dekretalien in Awendung. Im zehnten Jahrhundert war Rom ganz besonders sittenlos und lasterhaft und von dieser Zeit gilt ganz besonders, was August Bebel in seinem „die Frau und der Sozialismus" von der Papststadt im allgemeinen bemerkt:

„Rom war nicht bloss die Hauptstadt der Christenheit und die Residenz des Papsttums, es war auch, getreu seiner Vergangenheit in der Kaiserzeit, das neue Babel, die europäische Hochschule der Unsittlichkeit geworden, und der päpstliche Hof ihr vornehmster Sitz. Das römische Reich hatte bei seinem Zerfall dem christlichen Europa weit mehr seine Laster als seine Tugenden hinterlassen. Erstere wurden in Italien ganz besonders gepflegt und drangen von dort, wesentlich durch den Verkehr der Geistlichkeit gefördert, nach Deutschland. Die ungeheuer zahlreiche Geistlichkeit, meist aus kräftigen Männern bestehend, deren geschlechtliches Bedürfnis durch träges und üppiges Leben aufs Aeusserste gesteigert wurde, aber durch die erzwungene Ehelosigkeit auf die Befriedigung in der geschlechtlichen Wildnis oder auf widernatürliche Wege angewiesen war, trug die Sittenlosigkeit in alle Kreise der Gesellschaft und wurde für die Moral des weiblichen Geschlechts in Städten und Dörfern eine pestartige Gefahr. Nicht selten unterschieden sich Mönchs- und Nonnenklöster nur dadurch von öffentlichen Häusern, dass das Leben darin noch zügelloser und ausschweifender war, und zahlreiche Verbrechen, namentlich Kindesmorde, umso leichter verborgen gehalten werden konnten, weil in den Klöstern diejenigen allein die Gerichtsbarkeit auszuüben hatten, die an der Spitze dieser Verderbnis standen . . .

Die hier geschilderten Zustände traten aber keineswegs erst beim

Verfall des Mittelalters auf, sie bestanden schon sehr frühzeitig und gaben unausgesetzt zu Klagen und Verordnungen Anlass. So erliess im Jahre 802 Karl der Grosse eine solche: Die Frauenklöster sollen streng bewacht werden, die Nonnen durchaus nicht umherschweifen, sondern mit grösstem Fleiss verwahrt werden, nicht in Streit und Hader unter einander leben und in keinem Stück den Meisterinnen und Aebtissinnen ungehorsam und zuwiderhandeln. Wo sie aber unter eine Klosterregel gestellt sind, sollen sie dieselbe durchaus einhalten. Nicht der Hurerei, nicht dem Volltrinken, nicht der Habsucht sollen sie dienen, sondern auf jede Weise gerecht und nüchtern leben. Und in ihre Klöster soll kein Mann eintreten, als zur Messe blos, und soll er gleich wieder weggehen." Und eine Verordnung vom Jahre 869 bestimmt: „Wenn Priester mehrere Frauen halten, oder das Blut von Christen oder Heiden vergiessen, oder die kanonische Regel brechen, so sollen sie des Priestertums beraubt werden, weil sie schlechter sind als Laien!"

Im zehnten Jahrhundert war, wie bereits bemerkt, die Unsittlichkeit im päpstlichen Rom besonders gross. Theodora, die Gattin des Konsuls Theophylactus, war die Beherrscherin des Papstes, Roms und somit der Kirche. Ihre Tochter Marozia war die Maitresse des Papst Sergius III. (904—911) von dem sie einen Sohn gebar, der später, ein Zwanzigjähriger, als Johann XI. (931—932) den Papststuhl einnahm. Sein Namensvorgänger Johann X. (914—928) war schon als junger Geistlicher der Liebhaber Theodoras, die auch seine Erhebung zum Papst bewirkte. Als er Marozia unbequem geworden war, liess ihn diese auf der Engelsburg erwürgen. Johann XI. dagegen wurde von seinem Bruder Alberich gestürzt, ins Gefängnis geworfen, wo er 936 starb. Der nächste Papst dieses Namens, Johann XII. (955—964) war der Sohn Alberichs und achtzehn Jahre alt, als er zu der höchsten Kirchenwürde gelangte, die er allerdings kaum mehr als acht Jahre bekleidete, aber „er lebte mit Weibern aus allen Ständen und im Lateran erscholl der Jubel eines Bordells und beim Würfelspiel freche Schwüre bei Jupiter, Venus und den Geistern der Hölle" (Theolog. Encyklopädie von Herzog und Plitt). Kaiser Otto der Grosse, der sich von ihm krönen liess, liess ihn auch durch eine Kirchenversammlung seiner Würde verlustig erklären und aus der Kirche ausstossen, wegen „Mord, Ehebruch, Meineid und Unzucht." Noch viel ärger war Benedikt IX., der ebenfalls fast ein Knabe noch zur Papstwürde gelangte (1033—1056) und dessen Leben voll Mord und Unzucht selbst den Römern unerträglich schien. Gregor VII., Hildebrand, stellte das Papsttum auf seine Machthöhe, führte das Coelibat ein — die Priesterehe galt schon früher bei vielen als unstatthaft — das mit rücksichtsloser Strenge, im Interesse der Macht der Kirche, durchgeführt wurde. Die Geistlichen mussten Weib und Kinder verstossen, obgleich in vielen Fällen die Ehefrau sich herbeiliess in dem Hause, dessen Herrin sie bisher war, fortan als Wirtschafterin zu verbleiben, eine Einrichtung, die später in der berüchtigten Art der „Pfarrersköchin" ihre oft nur zu sehr als Prostitution geltende Fortsetzung fand.

„In Rom wurde," wie Dr. Hügel mitteilt, „durch eine Bulle des Papstes Benedikt IX. vom Jahre 1033 (Ducange v. Gynaeceum) in der Nähe der Kirche des heiligen Nikolaus ein Bordell errichtet. Fünf Jahrhunderte später wurde unter dem Pontificate Pauls II. für die Stadt Rom ein eigenes Prostitutions-Statut errichtet, nach welchem unter anderem jene, die ein öffentliches Mädchen zur Debauche verkauften, zum Verlust der bürgerlichen Rechte und zu einer Geldstrafe von 200 Pfd. (en monnaie de Province) verurteilt wurden. Wer innerhalb von zehn Tagen dieses Strafgeld nicht erlegte, dem wurde ein Fuss abgehauen (Statuta et novæ reformationes urbis Romæ . . . in sex libris divisa novissime compilata, Romæ 1558, in fol. lib III, cap. LIX.) „Wer ein öffentliches Mädchen zur Unzucht zwang, wurde je nach ihrer Conduite und nach der Grösse der Unthat, mit der Amputation der rechten Hand, mit Gefängnis, Rutenstreichen und der Verbannung bestraft, oder mit einer Geldstrafe von 200 Dukaten belegt. Personen, die öffentliche Mädchen misshandelten, wurden, wenn sie aus dem Pöbel stammten, mit der Tortur, Peitschenhieben und der Brandmarkung der Stirne, mit der Tortur und einem Jahr Gefängnis aber, wenn sie vornehmen Ständen angehörten, bestraft. — Papst Julius II. verwies nach einer Bulle vom Jahre 1510 die Prostituierten in bestimmte Quartiere der Stadt. Papst Leo X. revidierte das Prostitutions-Statut von Paul II." Papst Clemens VII. verordnete, dass das Vermögen der Prostituierten nach deren Tod zur Hälfte dem Konvente „de Santa Maria de la Penitenza" zufallen soll. Der Marschall (barisel) von Rom, der die Prostitution beaufsichtigte, erhob von den Bordellinhabern eine Steuer (Bourquelot, Mss. du seizième siècle. — Bibl. Vat. suppl. francais, Nr. 2036).

Die Päpste Julius III., Paul IV. und Pius IV. erneuerten in der zweiten Hälfte des 16. Jahrhunderts bereits früher erlassene Edikte über die Kleiderordnung der Prostituierten (Labbe Sacrosancta Concilia t. 1. col 1265, B.) Sixtus IV. errichtete ein Bordell und erhob (s. unten) von den Pächtern desselben eine bedeutendeSteuer*). Sixtus V., ein grosser Feind der Prostitution, schaffte diese Steuer, die auch die Päpste in Avignon erhoben, ab. In Avignon wurde die Vorsteherin des Frauenhauses (Aebtissin genannt) von dem Stadtrath angestellt. (Balurzzi, Vitæ paparum Avenionensium notæ, p. 810)."

Wenn eine Steigerung der Sittenlosigkeit überhaupt noch möglich war, so hatte eine solche, die für die Entwicklung der Kunst so heilsam,

---

*) Georg. Franci, tract, quo lupanaria ex principiis medicis improbantur. Heidelberg 1674 § 3. — Just. Lipsii, Opusc T. II, de magnitudine Romana, libr. II. ct. VI.

für die Sitten so verderbliche Renaissance-Epoche aufzuweisen und als der lasterhafteste Zeitpunkt ist hierbei die Herrschaft der spanischen Familie Borgia zu verzeichnen. Im Jahre 1455 wurde Alfonso Borgia, der ehemalige Geheimschreiber des Königs von Aragonien, Papst unter dem Namen Calixtus III. Die Herrschaft dieses 77jährigen Greises währte nur drei Jahre, die jedoch von Scheusslichkeiten aller Art voll waren. Noch schrankenloser als je zuvor brachte er den Nepotismus zur Geltung und machte auch, entgegen der von ihm beschworenen Wahlkapitulation, zwei seiner jungen Neffen, darunter den zweiundzwanzigjährigen Roderigo Lanzol, zu Kardinälen. Dieser verstand es seinen Einfluss bald so stark geltend zu machen — besonders mit Hilfe der Schätze, die seine Familie mit allen möglichen Mitteln erraffte — dass sein Wille für die folgenden Papstwahlen entscheidend war. So wurden Pius II., Paul II. und Sixtus IV. (1471—84) gewählt: Der Name des letzteren ist mit der Einführung der Inquisition in Spanien, mit besonders starkem Hervortreten des Papsttums als weltliche Macht, mit argem Nepotismus und schnöder Simonie verbunden. „Nepoten, in jener Zeit meist wirkliche Bastarde der Päpste," schreibt Gregorovius in seiner „Geschichte der Stadt Rom", „erschienen mit jedem Papstwechsel auf der römischen Scene, wuchsen mit Plötzlichkeit zur Macht auf und tyrannisierten Rom und die Päpste selbst." Von Sixtus wird mitgeteilt, dass er von einem Bordell einen Nutzen von 20000 Dukaten bezogen haben soll. Nach Sixtus IV. Tod hielt Roderigo Lanzol aus der Familie Borgia seine Zeit die Papstwürde einzunehmen gekommen, doch es wurde Kardinal Cibo gewählt, der den Namen Innocenz VIII. annahm (1482—92), seiner zahlreichen Kinder wegen spöttisch auch „Vater des Vaterlands" genannt.

Innocenz starb und in einem heftigen Wahlkampf siegte schliesslich das reichlich angewandte Gold Roderigos und er wurde Papst — Papst Alexander VI. (1492—1503). Das verkörperte Laster hatte die Erbschaft Petri angetreten, ein Mann von „unerschöpflicher Sinnlichkeit", dem selbst ein Papst von seiner Gnaden, wie Pius II., in einer Zeit, wo grosse Unzucht in kirchlichen Kreisen etwas Allgewöhnliches war, Vorwürfe ob seines Lebenswandels zu machen müssen glaubte. Von einer seiner Maitressen, der Römerin Vanozza de Catanei hatte er fünf Kinder, die alle den Namen Borgia führten und von denen sein Sohn Cæsar und seine Tochter Lucrezia durch ihre Schändlichkeiten fast noch mehr berüchtigt wurden als ihr Vater. Auch sonst sind noch mehrere Kinder Alexanders sowie deren Mütter bekannt geworden. Es kann nicht gesagt werden, dass dieser Papst ein karger Vater war; allerdings bereicherte er seine Kinder, wie sich selbst, mit Hintansetzung jeder Würde, jeder Ehre, jeder Ehrlichkeit und scheute dabei auch vor keinem Verbrechen zurück. Cæsar wurde am Krönungstag seines päpstlichen Vaters, im Alter von sechzehn Jahren zum Erzbischof, und ein Jahr später zum Kardinal ernannt. Zwar war diese hohe Kirchenwürde nach den Vorschriften einem Bastard verschlossen, doch „ganz gewissenlos hatte er zuvor durch falsche Zeugen beschwören lassen, dass Cæsar der eheliche Sohn des Dominico Arignano sei," eines päpstlichen Schreibers, der schon lange vorher zu einer Scheinehe mit der Vanozza befohlen worden war. Doch Cæsar liebte nicht seine kirchliche Würde und trachtete nach einer hohen weltlichen. Und zu diesem Zwecke ergriff er ein radikales Mittel. Er liess seinen älteren Bruder Juan, den Liebling des Papstes, der ihn zum Herzog von Gandio machte, von Banditen ermorden und wurde in der That der herrschende Günstling seines Vaters, der übrigens wissen konnte, von wem der Brudermord ausging. Nebenbei sei noch bemerkt, dass Cæsar sowie Juan die Gunst ihrer Schwägerin Sancio, Gattin ihres jüngeren Bruders Jofré, genossen, eine That, die nicht viel Staunen erregen kann, wenn man in Betracht zieht, dass Papst Alexander mit seiner Tochter Lucrezia in einem blutschänderischen Verhältnis gestanden haben soll, wie deren eigener Gatte Giovanni Sforza behauptete. Aehnliche Beziehungen wurden Lucrezia auch hinsichtlich ihrer Brüder Juan und Cæsar zugesprochen und behauptet, der Mord an ersterem sei ein Akt der Eifersucht des letzteren gewesen. Als dieser zum Kardinal ernannt worden war, ernannte der Papst auch Alexander Farnese dazu, — „Schürzenkardinal" spotteten die Römer — einen argen Wüstling, Bruder einer Maitresse Alexanders VI., der Julia, Gattin des Ursinus Orsini, dessen Mutter hierbei die würdige Stelle einer Kupplerin versah. Der Wüstling Kardinal Farnese war später (1534--49) Papst unter dem Namen Paul III., der den Kampf gegen die Reformation begann.

Lucrezia wurde, wie bereits erwähnt, die Gattin Giovanni Sforzas, aus der bekannten mailänder Fürstenfamilie. Zwei vorhergegangene Verlobungen wurden von dem fürsorglichen päpstlichen Vater aufgehoben. Bald genügte ihm aber auch nicht mehr diese Heirat, er wollte für Lucrezia einen Thron haben. Cæsar nahm es auf sich, seinen Schwager rasch ins Jenseits zu befördern. Doch dieser, rechtzeitig gewarnt, entfloh. Ob, wie manche behaupten, seine Gattin Lucrezia die Warnerin gewesen war, wollen wir dahingestellt sein lassen. Alexander erklärte ihre Ehe für nichtig und vermählte sie mit dem Herzog Alfonso von Aragon. Bald sah sich auch dieser, in seinem Leben bedroht, genötigt zu flüchten. Er wurde jedoch zurückgelockt und von Banditen im Dienste Cæsars überfallen. Zwar erholte er sich von seinen Wunden, doch Cæsar drang mit seinem Henker in dessen Schlafgemach und liess den jungen Herzog erwürgen, nachdem er Lucrezia, die der Sache nicht geneigt zu sein schien, aus der Stube entfernt hatte. Der Mord erfolgte, weil Alexander und Cæsar die Hand Lucretias für einen andern nötigenfalls zur Verfügung haben wollten. Lucrezia wurde schliesslich die Gattin des Erbprinzen Alfonso von Ferrara. Ermordungen dieser Art waren übrigens alltägliche Erscheinungen und auch hohe Würdenträger der Kirche verschwanden plötzlich, wenn es die Machthaber für gut fanden. Merkwürdiger Weise sollte Alexander VI. selbst das Opfer seiner Mordanschläge geworden sein. Er liess, heisst es, eines Tages dem reichen Kardinal Adrian von Corneto melden, dass er mit Cæsar bei ihm speisen wolle und das Essen mitbringen werde, was übrigens zu jener Zeit zuweilen üblich war. Der Kardinal war mit den Verhältnissen zu vertraut, um nicht annehmen zu können, dass es auf seine Vergiftung abgesehen sei, um sich seiner Schätze zu bemächtigen. Er bestach den päpstlichen Diener und veranlasste diesen, bei Tisch den vergifteten Konfekt dem Papst selbst und dessen Sohn vorzusetzen, während der Kardinal unvergifteten erhielt. Alexander und Cæsar erkrankten, dieser genas, doch der Papst starb. Andere behaupten wieder, dass Alexander VI. plötzlich einem Fieber zum Opfer gefallen wäre. Sein Nachfolger war Pius IV. ebenfalls sehr kinderreich, doch ein hinfälliger Greis, der nur sechsundzwanzig Tage regierte. Diesem folgte wieder Kardinal Julian Rovere, ein Gegner der Borgia-Familie, zu der er jedoch aus Klugheitsrücksichten, so lang sie an der Macht war, gehalten hatte. Es war dies der kriegerische Julius II., der einst das Abzeichen seiner Würde in die Tiber geworfen haben soll mit dem ärgerlichen Ausrufe: „Hilft uns nicht der Schlüssel Petri, so helfe uns das Schwert Pauli!"

Mit Alexanders Tod sank auch die Macht der Borgia, die Rom zu einem Lasterpfuhle ärgster Art herabgewürdigt hatten. „Keine noch so tiefe Finsternis Roms glich der Entsittlichung zur Zeit Borgias, wo das Licht der Humanität den schwarzen Schatten des Vatikan nur umso furchtbarer erscheinen liess. Hier sassen unter Trümmern der alten Kirche und auch der alten Gemeindefreiheit Roms in schönen Prunkgemächern der Vater und der Sohn, unumschränkte Gebieter . . ."

Mit Alexander VI. Papsttum ist auch das kräftige Hervortreten der Syphilis verknüpft, die, wie bereits früher erörtert wurde, im Heer Karls VIII. von Frankreich, als dieses in Italien eingebrochen war und Neapel belagerte, besonders heftig auftrat und seit jenen Tagen ihre Bezeichnungen „mal de Naples" und „Französische Krankheit" führt. Auch die Einführung der Bücherzensur ist von diesem Papst vorgenommen worden, ebenso die Verbrennung des gegen die Unzucht Roms entschieden auftretenden Mönches Savonarola.

Cæsar Borgia, dessen Wahlspruch bekanntlich „Aut Cæsar, aut nihil," war, floh vor dem energischen Julius II. erst nach Spanien, dann zu seinem Schwager, dem König von Navarra, bei dem er Kriegsdienst nahm, und hierbei, kaum dreissig Jahre alt, am 12. März 1507 fiel. Der „Blutsäufer" Julius II., wie Luther ihn nannte, war ein syphilitischer Greis als er zur Macht gelangte, dessen geschlechtliche Ausschweifungen nicht so arg waren, wie die seines Vorgängers, dafür aber zum Teil einen perversen Charakter zeigten, wenigstens wurde behauptet, dass er zu dem von ihm ernannten Kardinal Alidosi in einem unzüchtigen Verhältnis stand.

Noch vieles liesse sich anführen, um darzulegen, welche Sittenverderbnis und Lasterhaftigkeit vor und nach dieser Zeit in Rom und sonstigen Kirchenkreisen herrschte. Papst Johann XXIII. (1410—15) hatte, wie ihm auf dem Konzil zu Konstanz vorgeworfen wurde, nicht bloss mit seiner Schwägerin, sondern auch mit dreihundert Nonnen Unzucht getrieben. Auf dem Konzil zu Konstanz waren „Gemeinfrauen ob siebenhundert, on de heimlichen, die lass ich beleiben." Das Konzil zu Trient zählte dreihundert „honestas meretrices, quas Cortegianas vocant", und auch hier liegt die Frage nahe: Wie viel inhonestæ. Bei alledem darf aber nicht vergessen werden, dass ausser geistlichen Personen viele Laien anwesend waren.

Einige Bemerkungen über Litteratur-Erzeugnisse, die mit Unzucht und Prostitution in Verbindung zu bringen sind, mögen hier Platz finden. Weiteres folgt im nächsten Kapitel. Weber-Demokrit schreibt:

„Wer sollte glauben, dass die unzüchtigsten aller Bücher die Bücher hochwürdiger Theologen sind, genannt Casuisten. Niemand verstand besser die Mysterien der Nacht, als diese unbeweibten Herren und ihre Obscönitäten, mit Ernst und Salbung vorgebracht, erhöhen durch diesen Contrast das Lächerliche, und machen mehr Wirkung als unsere neuesten komisch-humoristisch-satirisch betitelten Schriften. Petronius und seine Sekte kommen in gar keine Vergleichung mit dem Erfindungs- und Erfahrungsgeiste, und ganzen reichen Ideenspiel der Ausleger des sechsten Gebotes, und selbst die Heiligen Chrysostomus und Augustinus sind nicht frei zu sprechen. Aerzte und Physiologen müssen nicht selten ex professo, um sich recht verständlich zu machen, scabiem scabiem (Krätze, Krätze) nennen, aber was sind sie, und das oft ausgelegte Buch des Arztes Venette „De la génération de l'homme", wenn auch der verliebte Franzose überall hervorlacht, gegen die Jesuiten Sanchez, Escobar, Bauny, Busenbaum etc.? Diese plumpen unbeweibten casuistischen Mistkäfer sind das bitterste und zugleich das süsseste Pasquill auf das Cölibat, und sie verdienen vor allen andern Kirchenfolianten gebunden zu werden — in Schweinsleder!

Der Spanier Sanchez, mit Recht ingens cloaca impuritatum, Bibliotheca Veneris, Ilias impuritatum, Docteur en paillardise und Dreckkäfer genannt, Sanchez, der dreissig Jahre lang über diesen Codex des Priaps brütete, sitzend auf kaltem Marmor und die Füsse in die Luft streckend, ohne je Salz, Pfeffer oder Essig zu geniessen, steht oben an mit seinem Folianten „De S. matrimonii Sacramento", Antwerpen 1607, und man staunt über die Approbation des theologischen Censors: legi et perlegi maxima cum voluptate! (Ich hab's mit dem grössten Vergnügen gelesen und wieder gelesen), die grösste Naivetät eines Pfaffen, dessen Einbildungskraft sich dann wieder empört über den Titel eines geometrischen Buches „Des sections coniques" und den Titel lieber umwandelte in sections chroniques.

In Klosterbibliotheken fehlte dieses Buch nie oder selten, und zu wie viel stummen Sünden mag es verleitet haben. Ich liess mir dies berüchtigte Werk einst geben und fand die beiden Abschnitte „de impedimentis et de debito" am meisten gelesen, und recht eigentlich befleckt bis zum Zusammenkleben der Blätter! Die sorgfältige Aufzählung des Debiti ratione modi s. situs schien mir aber lange nicht so skandalvoll als diese Stelle: „Pollutio præter intentionem, e. g. ex audentia confessionum, non est culpa lethalis — experientia enim compertum est, quantum doloris et molestiæ ille pruritus in partibus verendis offerat et esse difficillimum, ne dicam, moraliter impossibile a refricatione abstinere! — Nemo damnat mundantem verenda a lanugine, sanguineque menstruo, quamvis inde subsequatur pollutio, ergo si necessitas in hoc casu excusat, excusabit pariter in illo!"

Benzi lehrt ausdrücklich: „Vellicare genas et mammillas Monialium tanquam est tactus sub impudicus et dc se venialis." Busenbaumii Medulla Theologiæ moralis (1652), einst in allen katholischen Studentenhänden, ist so voll Zoten, dass der Verfasser selbst die Folgen seiner Moral voraussehend, förmlich absolviert: „Non obstante periculo pollutionis licet studere casibus conscientiæ: und solche rare Kasus enthalten das besondere Kapitel! „an aliquando liceat procurara pollitionem? Licet ob finem honestum v. g. minuendæ tentationis, sanitatis tranquillitatis animi, exonerationes naturæ optare, modo desiderium non sit causa efficax!"

Der Niederländer Beverland frischte in seiner Schrift: Peccatum originale kat exochen 1678 (deutsch von Bertram 1746) die alte Lehre, dass die Erbsünde eigentlich der Geschlechtstrieb sei, wieder auf unter den unflätigsten Zoten. Er wurde des Landes verwiesen, erhielt aber doch wieder eine Pfarre in England und starb 1712. Noch in unsern Zeiten eiferte Peter Bassi in Italien über das Cicisbeat, und wollte höchstens die Larga für erlaubt, die Stretta (Weit. — Eng.) aber für sündhaft halten. Man lachte jetzt nur über seinen heiligen Eifer und die Weltkinder neckten einander mit der Frage: Ob man zu thun habe colla larga o stretta? Die Casuisten sassen im Beichtstuhle an Gottes statt, gewöhnten ihr Ohr an hundert unzüchtige Dinge ex officio und so verlor die Geistlichkeit alles Gefühl für Anstand und Schicklichkeit, und lieferte die grössten Zotenreisser in Büchern und selbst in Gesellschaften. Alle Zweifel benehmen Morelli Amores, aus den Bücherschränken der oberdeutschen Mönchsprovinz, und ich zweifle, ob es ein blosser Spötter war, der zu Paris an die Pforte der fortgejagten Jesuiten schrieb:

Vous ne savez pas même le Latin,
Ne criez pas trop au destin!

Car vous mettez au masculin,
Ce qu'on ne met qu'au féminin!

Die Legenden — Legenda — vom Volk gelesen — zur Auferbauung sind nicht selten Zotenreisser wie die Casuisten, „Maria Sanctimonialis in exstasi rapta vidit Dominum cum duobus fratribus ante lectum, qui de sub capa unguentum mirae fragrantiae proferens, tibiam ejus inunxit, quam unctionem dilectionis esse signum dixit!" Diese Stelle einer Legende mag statt aller dienen. Und diese Casuisten und Legendenschmierer, deren geile Fragen im Beichtstuhle an das Geschlecht oft schändlicher waren, als das Schändlichste, hatten ein vollkommenes par nobile fratrum an unsern alten lieben Juristen, wenn sie auf die Kapitel Matrimonium oder Delicta carnis (Ehe. — Fleischesvergehen.) kamen. Ich selbst kannte noch einen Rechtslehrer, der die Zahl seiner Suavissimorum Dominorum auditorum trefflich dadurch zu vermehren wusste, dass er saute wie ein Cyniker des Altertums.

Der würdigste Schweinekollege des Sanchez ist und bleibt der italienische Jurist Nevizian in seiner Sylva nuptiali 1521 voller komischer Ausfälle gegen die Schönen. Er leitet mulier von mollis ab, und giebt ihnen sieben Eigenschaften: „Sanctae in ecclesia, angeli in accessu, dæmones in domo, bubones in fenestra, picae in porta, caprae in horto, fœtor in lecto — und so teilt er auch ihre Geschäfte nach Septemien. Im ersten Sieben lena pro matre, im zweiten virgo philocapta, dann meretrix, juvenca et porca, iterum lena, revenditrix, mendicans cum dolio ad vinum, endlich striga quae comburitur!*) Gott stürzte nicht alle bösen Engel in den Abgrund, sondern auch auf die Erde, und wurde zuletzt sogar Mensch, weil er Maria so schön fand! Die Damen hielten Nevizian mit Recht zur öffentlichen Abbitte an, und der Zettel stand auf seiner Brust:

Rusticus est vere qui turpia dicit de muliere
Nam scimus vere, quod omnes sumus de muliere.

(Der ist wahrhaft roh, welcher vom Weibe Böses sagt,
Wir wissen ja Alle, dass wir vom Weibe sind.)

Jurist Tiraquea, ein nicht minder grosser Zotenreisser, beschenkte mit ebenso viel Büchern als Kindern, dreissig, die Welt, und die Söhne sangen:

Fœcundus, facundus, aquæ Tiraquellus amator,
Bis quindecim librorum et liberorum parens;
Quod ni restrinxisset aquis abstemius ignes
Implesset orbem prole animi et liberis.

---

*) Heilige in der Kirche, Engel wenn man sich ihnen nähert, Teufel im Hause, Nachteulen am Fenster, Elstern in der Thüre, Ziegen im Garten, Gestank im Bette. — Sieben. — Kupplerin für die Mutter, Jungfrau von Liebe gefangen, H . . . ., Rind, Schwein, wiederum Kupplerin, die sich wieder verkauft, nach Wein mit dem Fasse bettelnd, Hexe, die verbrannt wird.

(Furchtbar, beredt, zum Wasser geneigt erschuf Tiraquellus
Dreissig an Kindern dereinst, dreissig an Büchern dazu;
Hätt' er durch Wasser, enthaltsam, nicht stets das Feuer gemässigt,
Hätt' er mit Kindern die Welt und mit den Büchern erfüllt.)

Eine interessante Schilderung der römischen Prostitutions-Zustände um die Mitte des neunzehnten Jahrhunderts giebt uns Theodor Mundt in seinem „Rom und Neapel“:

„Wie es mit der Frömmigkeit in Rom geht, die selbst mit dem Banditenhandwerk auf das Vollkommenste bestehen kann, so ist es auch mit der Tugend und Keuschheit beschaffen. Denn wie selbst die Mörder fromm sind und den Dienst der Kirche und der Sakramente niemals verabsäumen, so ist die Tugend und Keuschheit, und wer übt sie nicht in Rom, doch am allermeisten und ganz spezifisch in denjenigen Sphären zur Schau gestellt und verbreitet, in denen sonst der ägyptische Kultus der Prostitution getrieben wird. Ueber die Sphäre der Prostitution, die in andern Städten das diabolische Autodafé der gesellschaftlichen Leiden geworden ist, breiten Geistlichkeit und Polizei einen dichten Schleier aus, unter dem sie nur selbst als die eigentlich Eingeweihten und Zugelassenen erscheinen. Man kann auch hier an das seltsame Wort Casanovas denken, der die Priester mit den Beamten der Tabaksregie verglich, welche umsonst schnupfen, während andere ihre Priese ausserordentlich teuer bezahlen mussten. Dies kommt daher, weil die Prostituierten, die in einer Theokratie doch unmöglich eine privilegierte Klasse bilden können, äusserlich durchaus die Geltung tugendhafter und anständiger Töchter der Kirche behalten haben, denn vor den Augen der Welt sind sie fromm und ehrbar, und nur ein Uebermass von Geschäften könnte sie daran verhindern in die Messe zu gehen. Dies kann die schlimmsten Folgen mit sich bringen. Denn wer bei einer Frau getroffen wird, kann sehr leicht geistlich und polizeilich gezwungen werden, zur Vermeidung des Aergernisses und bösen Beispiels, sich mit ihr trauen zu lassen und mit der Verirrten auf der Stelle in den Glückshafen der Ehe einzulaufen. Der Charakter der Prostituierten, der in Rom mehr eine Privateigenschaft als ein bürgerliches Gewerbe ist, wird dabei nicht hinderlich, sondern es kommt dabei blos der Grundsatz zur Geltung, dass die Kirche keines ihrer treuen und gehorsamen Kinder verlässt, dass sie selbst die Entarteten wieder zu sich ruft, wenn sie nur fleissig die kirchlichen Gnadenmittel gebraucht haben, und dass sie, wie Christus aus Wasser Wein machte, so auch aus Prostituierten vollständig ehrenhafte und tugendliche Ehefrauen hervorzubringen vermag.

Die Prostitution ist deshalb eine so streng und geheimnisvoll abgeschlossene Sphäre in Rom, die fast niemals in das übrige Leben der Stadt und Gesellschaft übertritt und darum Rom dem äusserlichen Anschein nach als ein Bild der strengsten Sittlichkeit und Decenz erscheinen lässt.

Den französischen Occupationstruppen ist es aber neuerdings sehr gelungen den Schleier zu heben, der über der römischen Prostitution liegt und dieselbe aus allen Verstecken aufzutreiben, besonders aber auch durch neu hinzugefügte Elemente zu rekrutieren. Die weiblichen Dienstboten, die bisher in Rom eine sehr wenig hervortretende Rolle spielten, sind namentlich ein Opfer der in Italien wieder vordringenden französischen Civilisation geworden, und zwar haben sich gleich so starke Resultate davon ergeben, dass das römische Findelhaus San Spirito bereits baulich erweitert werden muss, um den Ueberfluss der neuen Bastarde darin aufnehmen zu können. Die Verwaltung des Sittenwesens ist in Rom dem Kardinal-Vikar und seinen Assessoren, in den Diöcesen jedem Bischof übergeben. Dadurch ist die Geistlichkeit unmittelbar und auf die intimste Weise an die Spitze der Prostitution gestellt und hat Nachforschungen und Verfolgungen zu unternehmen, die der priesterlichen Würde durchaus nicht angemessen sind, bei denen sich aber beide Teile ganz wohl zu befinden scheinen. Die Vereinigung der geistlichen und weltlichen Gewalt im römischen Priestertum hat hier ihre schlimmste und gefährlichste Probe zu bestehen. Das Priestertum schweift hier zugleich als Polizei unter den prostituierten Frauen und Mädchen umher, es ist in alle Geheimnisse der schmutzigen Venus vertraulich eingeweiht, es kennt die Kuppler und Verkuppelten, die Männer, die ihre eigenen Frauen und Töchter auf den Markt bringen, die Frauen, die ihre Dexpits an ihren Männern ausüben oder die schmalen Toilettengelder derselben auf ihre eigene Hand zu erhöhen wissen. Dazu kommen die Gefahren der eigenen Versuchung, die auch dem priesterlichen Fleisch, das nach dem heiligen Augustinus die sündhafte menschliche Natur oft am stärksten in sich fühlt, stets auf Schussweite, und noch mehr, nahe treten. Die Pfarrer haben spezielle Berichte über diese Sittenzustände ihres Sprengels an das Vikariat zu senden und die Spröden oder Widerspenstigen, die sich dem geistlichen Zuspruch nicht recht zu beugen wissen, werden leicht als prostituierte Personen angezeigt und müssen dann Wolle im Zuchthause von S. Michele spinnen. Ihre Anerkennung als Prostituierte empfangen sie erst, wenn sie im Zuchthaus sitzen; so lang sie frei umherwohnen und mit dem Pfarrer ihres Sprengels sich in Einklang befinden, können sie wenigstens bürgerlich auf alle Geltung ehrenhafter Personen Anspruch erheben, wie schlimm sie auch immer den guten Sitten und der Moral der Gesellschaft mitspielen mögen. Sie können ihre Besuche ganz offen auch am Tage empfangen, ohne dass ihnen die geringste Gefahr daraus erwächst, und die Kanarienvögel, die sie als Symbol ihres Handwerks gewöhnlich draussen vor ihrem Fenster aushängen, pfeifen mit ganz hellen und ungenierten Stimmen die Vorübergehenden zu sich herauf. Es trägt dies alles den Schein der grössten Wohlanständigkeit und Decenz an sich und Geistiichkeit und Polizei reichen sich darin oft die Hand, dass sie der Schande die sicherste und anmutigste Niederlassung zu gestatten wissen. So wird erzählt, wie es der Kardinal Gabrielle durchgesetzt habe, dass in der Strasse, in der sich eine verlorene Schöne eingemietet hatte, erst um zwei Uhr nach Mitternacht die Laternen angezündet wurden, damit Seine Eminenz, die seit vielen Jahren jeden Abend hierher fuhren, noch im verschwiegenen Schatten der Nacht den Schauplatz ihrer geistlich-weltlichen Thaten wieder verlassen konnten.

Der ehrbare und seltsame Anschein, der der Prostitution in Rom von der Geistlichkeit und Polizei selbst umgehangen wird, lässt auch bei den Prostituierten selbst noch manche romantische Illusion aufkommen, die aber jedes Verhältnis zu ihnen ziemlich gefährlich machen soll und auch auf die Gerechtigkeitspflege in dieser Sphäre eine eigentümliche Wirkung ausübt. Die Damen von Mabille und Chateau de fleurs in Paris sind in ihren Formen im Allgemeinen nicht weniger sittsam und anständig, als jene schönen, kräftigen und breitschulterigen Römerinnen, die unter dem Krummstab ihre Tugend verwerten. Aber die kaiserliche Lorette in Paris, das echte Kind des Bankiertums, hat bei allen ihren Aventuren stets nur das reine Geldgeschäft vor sich und jedenfalls liegt ihr der Gedanke nicht nahe, dass sie einst noch geheiratet werden könnte . . . Dagegen giebt es in dem heiligen Rom eine Prostitution mit Heiratsgedanken, die hier im eigentlichsten Sinne zu Hause ist, und Geistlichkeit und Polizei unterstützen den Ehetrieb dieser seltsamen Geschöpfe mit allen ihnen zu Gebote stehenden Mitteln. Die römische Dirne spricht daher auch in den gewöhnlichsten Verhältnissen, die sie anknüpft, sogleich von Heiraten und weiss die Sache so zu wenden, dass auch das laufende Geschäft in den Schleier einer romantischen Intrigue sich kleidet und als geheimnisvolle Aventure anfängt, um als legitime, von den wohlwollenden Priesterhänden eingesegnete Ehe zu schliessen. Das pfäffische Element, das der römischen Prostituierten innewohnt, und das durch das viele Segnen der geistlichen Herren so tief bei ihr eingedrungen, macht sie nicht bloss auf eine solide Heirat so ausschliesslich versessen, sondern es giebt auch dieser Prostitution einen jesuitischen Grundzug, der sich namentlich in ihren Kunstgriffen verrät, mit denen sie zur Ehe zu gelangen strebt. Jeder Besucher, der bei ihr aus- und eingeht, erscheint ihr nur wie ein Heiratskandidat, den sie durch ein geschicktes Volteschlagen schon in diese Rolle hineintreiben wird, und ihre ganze Intrigue ist daher nur darauf gerichtet, dass sich ihr Freund soviel wie möglich mit ihr compromittiere. Mit ihm gesehen zu werden, ihn überall bei Namen zu nennen und öffentlich zu grüssen, im zweideutigen und verbotenen Situationen mit ihm sich von der Polizei betreten zu lassen, ihm, wenn auch nur im vermeintlichen Scherz, ein Eheversprechen vor andern Zeuginnen abnehmen. Symptome froher Hoffnung an sich auszubilden, oder ihre Kanarienvögel als Zeuginnen anzurufen, dass der Freund sie in einer unbewachten Stunde gewaltsam überfallen hat, alles das sind Szenen dieser gefährlichen Prostitutions-Komödie, die um jeden Preis mit einer gesetzlichen Heirat zu schliessen strebt. Wird die Sache dann, worauf es abgesehen ist, vor das Tribunal des Kardinal-Vikars in Rom oder des Bischofs in der Diöcese gebracht, so kann der Richterspruch nur im höchsten Grade ungünstig für den Unglücklichen ablaufen und derselbe thut in der Regel besser, ohne weiteres sogleich als Ehemann einzutreten, als den vernichtenden Ausspruch des geistlichen Tribunals über sich ergehen zu lassen. Das Tribunal hat drei Formeln, in die es bei solchen Gelegenheiten seinen Spruch kleidet. Es heisst 1. er muss sie mit einer Mitgift ausstatten (aut dodet), oder 2. er muss sie heiraten (aut nubat), oder 3. er soll auf die Galeeren geschickt werden (aut ad triremes). In den beiden letzten Strafen ist keine Steigerung enthalten, aber die Gewährung einer Ausstattung wird in der Regel ausreichen, um es nicht zu einem solchen Prozess kommen zu lassen.

Die römische Geistlichkeit macht aber dadurch die Ehe zu einer Art von Verschickungsort, in dem sie die verbrecherischen Elemente der Gesellschaft abzusetzen sucht. Den römischen Priestern liegt daran, dass in der Gesellschaft keine Sphäre stehen bleibt, die nicht ganz und gar von der Kirche ausgefüllt und beherrscht würde. Wie sie daher die Prostituierten leicht und gerne in die Familie hineinbefördern, in der die Geistlichkeit sich mit ihren tiefgreifendsten und verderblichsten Einflüssen festgesetzt hat, so löst sie die Familie andererseits auch wieder in Prostitution auf, indem durch die Rolle, welche der Priester im Hause seiner Beichtkinder spielt, wie auch durch die ausserordentlich glückliche Karrière, die vorzugsweise Männer schöner Frauen im Kirchenstaat zurücklegen, der innerste Organismus der Ehe wieder zerrieben und unterhöhlt wird.

Die Geistlichkeit, dem Grundprinzip des Kirchenstaats getreu, das überall nur die Einheit und Verbundenheit der geistlichen und weltlichen Gewalten zulassen will, sucht die Giftstoffe der Gesellschaft nach Innen auf die Organe zurückzuwerfen und fressen diese Gifte sich dadurch in alle edleren Teile des sozialen Körpers hinein. Die Prostituierte ist daher das schlagendste und zusammenfassendste Symbol dieses geistlich-weltlichen Regimes des Kirchenstaats geworden, und sie ist die eigentliche Nymphe in diesem heiligen Hain, welche durch ihr Locken und Rufen zugleich die gefährlichen Stellen bezeichnet, unter deren grüner, bunter Decke die unentrinnbaren Moräste lauern. Die schönen verführerischen Nymphen der alten Welt waren Naturgottheiten, die in den Quellen, Grotten und Bäumen wohnten, deren Schutzgeister sie waren. Zwar fingen sie auch Abenteuer aller Art mit den vorüberziehenden Fremdlingen an, die nicht selten ihre Habe und ihr Leben bei ihnen einbüssten, aber man konnte ihnen nicht gerade nachsagen, dass sie ausschliesslich im Dienst der Priester arbeiteten, obwohl sie den Zeus selbst an ihrer Brust genährt haben sollen. Ihre Nachfolgerinnen auf dem klassischen Boden der heutigen Prostitution in Rom haben zwar den Zeus nicht gesäugt, aber sie sind die eigentlichen Nymphen der römischen Pfaffenwirtschaft geworden und nähren das ganze System an ihren freigibigen Brüsten. Die römisch-katholische Kirche hatte den Prostituierten daher auch schon früher eine eigene Schutzpatronin, die heilige Afra, gestellt, und einige Päpste, wie Julius III. forderten sogar einen Milchzins von ihnen ein, wodurch die geistliche Nutzniessung des Weltlichen, die in den Gliedern dieser Mädchen wirken sollte, erst ihren erschöpfendsten Ausdruck erhielt.

Das Leben und Walten des Priesters in der Familie, in der er Mann und Frau in allen möglichen Nöten zu trösten kommt, für den Unterricht der Kinder sorgt und seine geistliche Intervention in allen nur irgend denkbaren Zweigen des Ehelebens spielen lässt, bietet die Kehrseite seiner geistlichen Bestrebungen in der Prostitution dar. In den untern Kreisen Roms hat es sich oft am nachweisbarsten gezeigt, wie Entsittlichung und Auflösung des ehelichen Bandes den eifrigen Bemühungen folgen, die der Hausgeistliche in der kleinen Familie anstellt. Zuerst fühlt sich das Haupt derselben, ein armer Handwerker, unendlich sicher vor der ewigen Verdammnis und vor allen kirchlichen und himmlischen Strafen, weil der junge Priester so eifrig bei ihm ein- und ausgeht, ihm jederzeit seinen Segen erteilt und sich um seine Frau und seine Nachkommenschaft so angelegentlich bekümmert. In dieser Sicherheit fängt er bald an, seine Arbeit zu vernachlässigen, er bringt seine Zeit so viel als möglich ausser dem Hause zu, geht dem Vergnügen nach und macht die Volksspiele in den öffentlichen Gärten mit. Bald kommt er herunter, dann aber kommt er plötzlich wieder herauf, denn seine Frau ist schön und jung, und der Hausgeistliche hat sie selbst einigen Kardinälen empfohlen, mit denen er in Verbindung steht. Nun strömen dem armen Handwerker Geld, Arbeit, Geschenke, Protektion im reichlichsten Masse zu. Der Mann ist gerettet, aber was wird aus seiner jungen, schönen Frau? Wenn die Priester nicht durch ihren Segen und ihren Ablass alles wieder gut machen könnten, selbst was in ihren eigenen Armen verbrochen worden ist, so würde sie wohl längst eine Verdammte sein, ungeachtet ihrer dunkelglühenden Madonnen-Augen und aller beseligenden Reize, die sie mit der heiligen Jungfrau gemein hat. Aber sie scheint noch immer gänzlich unversehrt geblieben zu sein, und nur das fällt dem Manne auf, dass die geistlichen Herren, die seine Frau besuchen, sich mehren und dass sie bald nicht mehr in ihrem ehrwürdigen Priesterhabit, sondern in einer feinen Laienkleidung, in der sie sich vermummt haben, in seinem Hause erscheinen, gleichsam als ob sie einen Anstoss daran finden könnten, in demselben gesehen zu werden.

Nicht selten deckt aber auch der Geistliche, der in einem Hause aus- und eingeht, gerade durch seinen regelmässigen Besuch den Mantel über manches Schlimme, das in dieser Familie, und besonders von dem weiblichen Teil derselben, getrieben wird. Die Offiziere der französischen Occupation haben hier sehr dazu beigetragen; auch das römische Familienleben zu corrumpieren, aber die Monsignori, die den schönen Römerinnen in allen Nöten beistehen, helfen denselben oft auch über diesen Skandal hinweg und wissen mit diplomatischer Gewandtheit und mit der Kraft des Amtes zugleich den Schleier der Wohlanständigkeit auch hierüber auszubreiten. Der Priester ist darum auch wegen dieser moralischen Bequemlichkeit die Lieblingsfigur der Römerinnen. Ueberhaupt giebt es nichts, was ihnen willkommener und vorzüglicher erschiene als der Abbate, und derselbe ersetzt hier in allen seinen sozialen Leistungen vollkommen das, was in andern Ländern der Leutnant gewährt. Es ist daher zu bewundern, dass der Sprachgebrauch hier nicht konsequent geblieben ist. Denn man sagt hier zu Lande von den Italienerinnen, die in gewisse regelrechte monatliche Zustände tritt: „Sie hat ihren Marchese," während die Landessitten auch hier bei weitem spezifischer den Abbate zu erfordern schienen.

Zuweilen begegnen aber auch den Priestern selbst aus solchen Verhältnissen Aergernisse, die auf einer ihnen schwerlich sehr angenehme Weise in den öffentlichen Skandal hinüberspielen. So wurde der erst vor kurzer Zeit kreirte österreichische Kardinal de Silvestri neulich auf eine sehr schneidende Weise beschimpft, wie es eigentlich nur in Rom vorkommen kann. Am frühen Morgen fand man auf der Treppe des Palastes, den der Kardinal bewohnt, in einem Korbe ein totes Kind, das alle Anzeichen an sich trug, von seiner Mutter ermordet worden zu sein. Und nicht nur die Verzweiflung des Unglücks, sondern auch die leidenschaftliche Rache schienen bei diesem tragischen Ereignis im Spiel gewesen zu sein. Denn man hatte das tote Kind in ein rotes Kardinalmäntelchen, das ihm recht zierlich zu diesem Zweck zurecht gemacht war, eingewickelt. Die fürchterliche Satire, die in diesem Bild sich aussprach, schien von allen Umstehenden hinlänglich aufgefasst zu werden, und man beeilte sich keineswegs den Skandal von der Strasse zu bringen."

Es ist hiermit eine vorzügliche, massvolle und auch erschöpfende Darstellung der Sittenverhältnisse des päpstlichen Roms um die Mitte des neunzehnten Jahrhunderts geboten. Sie legt uns Verhältnisse dar, wie sie zumeist bereits früher bestanden hatten und bis zur Occupation Roms durch die Truppen des Königreichs Italien noch vorhanden waren und teilweise heute noch vorhanden sind, trotz der fast völlig umgewandelten politischen und sozialen Verhältnisse.

Von der Heuchelei die sich nebenbei auch geltend machte, giebt auch Nachfolgendes ein merkwürdiges Bild: „In einem Lande, wo seit Jahrhunderten alle Götter und Göttinnen des Olymps nackt gehen, oder mit allem was sie haben sich dem Marmor ungescheut anvertrauen, kann der Student der Medizin nicht einmal dazu gelangen den Körper einer Magd, die im Hospital gestorben ist, ganz nackt zu präparieren, sondern er muss sich im anatomischen Amphitheater Schlagbäume gefallen lassen, die von Binden und Schleiern an gewissen, von der Geistlichkeit für besonders gefährlich gehaltenen Stellen, dem Körper aufgeheftet werden. Wo die Sündhaftigkeit der Erde ihren eigentümlichen Sitz hat, kann auch das anatomische Messer des Studenten nicht ohne Vorbehalt der Kirche wirtschaften. Ebenso kann der praktische Unterricht in der Entbindungskunst, um nicht unmittelbar auf das Terrain des Teufels zu führen, nur mit der grössten Vorsicht erteilt werden, und die Studenten lernen zuerst Puppen entbinden, um an denselben die Methoden zur Behandlung des lebendigen Frauenkörpers zu üben." Als drollig kann noch erwähnt werden, dass zur Zeit der Modeherrschaft der Krinoline der Polizei-Direktor auf Veranlassung des allmächtigen Kardinals Antonelli einen Erlass zum Schutze dieser von den Jesuiten besonders angefeindeten und auf deren Anstiften von dem Pöbel und den Gassenjungen verhöhnten Tracht erlassen hatte.

Aehnliche Mitteilungen erhalten wir übrigens auch von vielen andern Reiseschriftstellern und der anonyme Verfasser der „Reise-Fragmente" (1850) bemerkt: „Verstehen solchergestalt die Weltgeistlichen ihrer naturgemäss entschuldbaren Philogynie auf Kosten der Ehemänner Genüge zu thun, so soll hingegen in den festgeschlossenen Mauern der Männer-Klöster, ohngeachtet aller Kasteiungen des sündigen Fleisches heissblütiger Italiener, zuweilen die Satyriasis ausbrechen, und in manchem Nonnenzwingern die Nymphomanie grassieren, wie diese schon unter den Vestalinnen in Italien nicht unbekannt war."

Noch mancherlei liesse sich über die Verderblichkeit des Einflusses und der Beispiele des Klerus auf die Sittenzustände des römischen Volkes der Gegenwart anführen, wenn anderseits wieder auch zugegeben werden muss, dass Rom nie eine Stätte frommer Zucht war und dass in der letzteren Zeit der weltlichen Herrschaft des Papstes in der Tiberstadt wenigstens ein Schein von Sittlichkeit erstrebt wurde, was allerdings auch Heuchelei genannt werden kann, aber trotzdem doch noch eine gewisse huldigende Anerkennung der Sittlichkeit ausdrückte.

Am 20. September 1870 zogen die italienischen Truppen in Rom ein und ein am 9. Oktober vom König Viktor Emanuel II. erlassenes Dekret bildet den Abschluss der Existenz des Kirchenstaates. Rom war nunmehr die Hauptstadt des geeinigten Italiens. Selbstverständlich musste dies, bei der Aenderung aller Verhältnisse, auch auf die Sittlichkeitsverhältnisse stark einwirken, obgleich trotz alledem — trotz der grossen Einschränkung der Macht der Geistlichkeit, trotz der Aufhebung der meisten Klöster, etc. — Rom noch zahlreiche Spuren einstiger Zustände aufzuweisen hat, Rudimente der Vergangenheit, die vielleicht noch durch lange Zeit hindurch haften bleiben werden Im ganzen und grossen aber weist Rom in den letzten drei Jahrzehnten des neunzehnten Jahrhunderts was die Prostitution betrifft ein ähnliches Bild auf wie die meisten Hauptstädte des europäischen Kontinents und ein immerhin noch etwas günstigeres als Neapel und manche andere italienische Grossstadt.

Rom unter Papst Pius IX. hatte sieben geduldete Bordelle mit 56 Insassinnen aufzuweisen. Als 1870 die neue Regierung die Reglementierung der Prostituierten in Rom einführte, waren deren angeblich 180 vorhanden; vier Jahre später wurden 526 gezählt. In ganz Italien waren 1878 rund 10000 Prostituierte registriert, während thatsächlich Rom allein damals schon mehr aufzuweisen hatte. Von diesen 10000 waren 2455 unter 21 und 251 über 40 Jahre alt. Im Jahre 1888 wurde für Ialien ein neues Bordell-Reglement geschaffen, wobei die Registrierung und regelmässige sanitätspolizeiliche Untersuchung auf Drängen der Hypersittlichen abgeschafft wurde. Wie fast überall, wurde auch in Italien gegen die Polizei der Vorwurf erhoben, die Unzucht zu ihrem eigenen privaten Vorteil zu fördern.

II. Kapitel.

Die Sittlichkeit in Italien. — Florenz. — Venedig. — Genua. — Condottiera. — Königin Johanna. — Neapel. — Priapusdienst. — Die Litteratur. — Pietro Aretino. — La Casa. — Tansillo. — Boccaccio. — Casti. — Pulci. — Ariosto. — Tasso. — Bojardo. — Folengo. — Berni. — Longobarden. — Venedig. — Keuschheitsgürtel — Cicisbeo. — Jus primae noctis. — Sodomie. — Die Frauen. — Neapel. — Ruffian. — Die Prostitution in neuester Zeit.

Das Beispiel Roms, die Macht der Tradition, die angeborene Heissblütigkeit und Leichtlebigkeit, die argen inneren Wirren und noch verschiedene andere Umstände bewirkten, dass die Sittenzustände der andern Teile Italiens allzeit nicht besser, in mancher Beziehung sogar noch schlimmer waren als die der Papststadt. Zerfallen in kleine einander befehdende Staaten, das Beuteobjekt raubgieriger Condottieri und deren Horden, der Tummelplatz aller Kriegsheere Europas, zum grossen Teil auch der Habgier und andern niedrigen Gelüsten einzelner emporgekommener Familien preisgegeben, konnten sich auf diesem schönen

Fleck Erde noch weniger als anderwärts befriedigende Zustände entwickeln.

Dante nannte zwar seine Vaterstadt Florenz das „nüchterne und keusche", was wohl auch zu seinen Tagen eine übertriebene Schmeichelei war. Burckhardt nennt sie die Stadt der ewigen Bewegung und Venedig, die des scheinbaren Stillstandes. Der Italiener nennt die Blumenstadt schlicht aber ausdrucksvoll „la bella" und Kaiser Karl V. sagte von ihr: „Man sollte Florenz seiner Schönheit wegen nur an Feiertagen sehen lassen." Dagegen hatte Florenz schon vor Jahrhunderten in anderer Beziehung einen recht üblen Ruf. Der Ausdruck „florenzen" kommt schon bei Geiler von Kaisersberg (15. Jahrhundert) für Päderastie vor und er klagt: „Es ist der Tüfel, dass der Walen Ketzerei in dies Dütschland kummen is." Ein Reisender neuerer Zeit glaubt den Rat geben zu müssen: „Serrer le cul en passant par Florence." Auch wurde „blinder Florentiner" gespöttelt, denn es wurde behauptet, dass sie wegen ihrer übermässigen Vorliebe für Frau Venus schwache Augen hätten. Von den Sittenzuständen die im vierzehnten Jahrhundert in der Blumenstadt herrschten giebt eine Lektüre von Boccaccios „Dekamerone" eine kräftige Andeutung. Das nachfolgende Mediceische Zeitalter, die Blütezeit der Renaissance. zeigte hier in erster Stelle alle Auswüchse dieser kraftstrotzenden Periode.

Von Venedig behauptet ein altes italienisches Sprüchlein für den Mann gälte dort:

La mattina una messetta
La podisnar una bassetta
E la sera una donnetta —

(Morgens eine kleine Messe, Nachmittag ein Spielchen und abends ein Mädchen.) Gewarnt wurde auch vor vier P: Pietra bianca, Prete, Putana, Pantalone — die weissen Pflastersteine, Geistliche, Dirnen und Edelleute. In ähnlicher Weise wurde einst, was Rom betrifft, vor vier F. gewarnt: Famina, Frigus, Fructus, Femur — Hunger, Kälte, Früchte, Frauen. Von Genua, die „Stolze" wurde behauptet:

Monte senza legno
Mare senza pisce
Donne senza vergogna
Gente senza fede —

(Die Berge ohne Holz, das Meer ohne Fische, die Frauen ohne Scham, die Männer ohne Ehre.) Dagegen wurde von Lucca, die „Fleissige" gerühmt: Keusch wie eine Luccheserin, Capua aber wurde kurzweg die „Verliebte" genannt."

Zur Kennzeichnung der Zustände in Italien im vierzehnten Jahrhundert seien hier einige Zeilen aus einer alten Chronik angeführt: „An jedem Tag geschah ein Verbrechen Ueberall wurde geraubt und gestohlen. Die Nonnenklöster waren am meisten ausgesetzt. Kleine Mädchen blieben nicht verschont und die Frau wurde dem Gatten aus dem Hause geholt." Brutal trieben es die Condottieri; sie waren Schlemmer und Wüstlinge, was auch dem römischen Volkstribun Cola Rienzi nachgesagt wurde. Der Scharenführer Hawkwood sah einmal zwei seiner Hauptleute im Streit um den Besitz einer Nonne. Um der Fehde rasch ein Ende zu machen, stiess er der Nonne den Dolch in die Brust.

Neapel hatte zwei Königinnen Johanna aufzuweisen, beide sittenlos. Johanna I. (1343—82), Enkelin Roberts von Anjou und dessen Nachfolgerin, liess ihren Gatten Andreas von Ungarn erdrosseln und erlitt später dasselbe Schicksal, nachdem sie Neapel in grosse Wirren gestürzt hatte, durch den Eroberer Neapels, Karl von Durazzo. Johanna II. (1414—35) galt als besonders sittenlos, eine heissblütige Messaline, die sich mit Wasser begiessen liess, wie Weber-Demokrit meldet, „denn das Gras in Poggio, worauf sie sass, war, laut der Chronik, in einer Viertelstunde Heu."

In Neapel stammen, wie Hügel in seinem „Zur Geschichte, Statistik und Regelung der Prostitution", Wien 1865, S. 34 mitteilt, „die ersten Gesetze gegen die Prostitution aus der Zeit Rogers I. und II. (1071—1127) und Wilhelms I. und II. (1154—1169). In der ersten Zeit wurden nach diesen Gesetzen Frauenspersonen, die Männer verführten als Ehebrecherinnen mit Abschneidung der Nase, später aber mit Auspeitschung und Brandmalung auf der Stirne bestraft. Erstere Strafe erlitten auch Mütter, die ihre Töchter verkuppelten. Personen, die die damals sehr üblichen „Liebestränke" verkauften erlitten die Todesstrafe, wenn der Gebrauch dieser Tränke von schädlichen Folgen war. Karl von Anjou (1266) bestätigte die Gesetze seiner Vorfahren über Kuppelei. Ferdinand I. (1485) setzte auf die Prostitution die Todesstrafe und auf die Gewährung von Unterkunft der Prostitution hohe Geldstrafen. Im Jahre 1507 mussten alle Prostituierten die Stadt innerhalb zehn Tagen unter Androhung von Galeerenstrafe verlassen. Im Jahre 1577 werden die Quartiergeber der Prostituierten zu drei Jahren Galeeren verurteilt (Pragmatica edicta etc. tit. LXXXVII. De meretricibus prag. IV et V). Man errichtete in Neapel zur Ueberwachung der Prostitution einen eigenen Gerichtshof, den Corte Sabella della meretrici, der 1678 wegen zahlreicher Uebergriffe aufgehoben werden musste. Unter Königin Johanna I. wurde 1347 ein Bordellreglement erlassen, das Rabutaux in seinem „De la prostitution en Europe" Paris 1851, auf Grundlage der von Jules Courtet mitgeteilten Dissertation für eine Mystifikation ausgiebt. Dr. Julius Kühn schreibt in seinem bereits genannten Werk: „Dabei will ich die Bemerkung mir erlauben, dass auch Johanna von Neapel schon 1847 (?) Edikte gegen die Prostitution erlassen haben soll. Es sind dies Statuten, welche sich über Einrichtung eines Bordells in Avignon und über Massregeln gegen die Syphilis verbreiten und eine grosse Berühmtheit erlangt haben, in dem namentlich Astruc diese Statuten zu seinen Lehren über Syphilis und ihre Verbreitung benutzte. Es hat sich aber ergeben, dass dieser äusserst gelehrte Forscher durch einige Spassvögel getäuscht wurde, welche über die Statuten befragt, keine andere Auskunft zu geben wussten, als dass sie dieselben in einem provençealischen Jargon selbst abgefasst hätten. Trotz des Plagiats sind erwähnte Statuten als Quellen in alle gelehrten Bücher, auch in die der Neuzeit übergangen." Wie immer es sei, dieses Statut ist zu wichtig und uns für alle nachfolgenden Erlässe dieser Art zu massgebend, als dass dessen Uebersetzung hier nicht Platz finden sollte. Doch zuvor sei noch einigen Bemerkungen über die Prostitutions-Verhältnisse in Neapel und anderen Städten Italiens hier Raum gegeben.

Alle strengen Verordnungen wider die Prostituierten entgegen, nahm diese in Neapel dermassen zu, dass man schon im 16. Jahrhundert die legale Prostitution tolerieren musste. Drollig ist was Weber Demokrit von dieser Stadt zu berichten weiss: Am Castello nuovo zu Neapel zeigt man ein sogenanntes redendes Wappen; die öffentlichen Dirnen erboten sich, die Bastion gegen Erlassung einer andern lästigern Abgabe zu erbauen, es geschah, und setzten das redende Wappen ihres Handwerks über das Thor. Der so ernste Kaiser Carl V. lachte nur dazu. Dies geschähe heutzutage nicht mehr. Aber wozu redende Wappen, wenn unter dem Thor die Freudenmädchen selbst stehen und ihre Wappen vorzeigen in natura?

„In der Lombardei," schreibt Hügel, „wurde nach dem im Jahre 1502 veröffentlichten sogenannten „Mailänder Statut" dem Podesta die Justiz über das gesammte Prostitutionswesen übertragen. Nach diesem Statut wurden die Bordelle in bestimmte Quartiere der Stadt verwiesen, den Prostituierten die Promenade auf den öffentlichen Plätzen untersagt, die Aeltesten der Pfarrbezirke verpflichtet, die Prostitution dem Podesta anzuzeigen, der Verkauf und die Vererbung von Bordellkonzessionen verboten und Contrave ntionengegen das Statut mit Geldstrafen Peitschenhieben oder der Vertreibung aus der Stadt bestraft.

Nachdem die Prostitution in der Lombardei im 17. Jahrhundert ihren Culminationspunkt erreicht hatte, versuchte man es auch hier mit der legalen Prostitution und den Bordellen, deren eine grosse Zahl in Mailand, Padua, Mantua, Pavia, Bergamo, Florenz, Venedig, Lucca u. s. w. errichtet wurden."

Venedig, das schon sehr früh eine gewisse Civilisation erhielt und dessen Staatseinrichtungen dem Mittelalter lange Zeit als Muster dienten, besass schon im dreizehnten Jahrhundert Verordnungen, wonach den öffentlichen Mädchen eine gewisse Gegend (alle Case Rampane) angewiesen war. Die Bordelle waren Staatsanstalten, die auf Grund eines Gesetzes vom Jahre 1412 mit aus Deutschland herbeigeholten Mädchen besetzt wurden, um die Keuschheit der Eingeborenen zu wahren. Die von der Regierung eingesetzten Bordellwirtinnen mussten die Bordelltaxe von den Gästen einkassieren — sie betrug in der Regel zwei Thaler (Vicolo Doglioni, delle cosi notabili della Citta di Venezia, Venezia, 1857, p. 23) — und den Ueberschuss monatlich den Mädchen ausfolgen.

In Genua hatte die geschlechtliche Ausschweifung zu Beginn des siebzehnten Jahrhunderts einen solchen Grad erreicht, dass die öffentlichen Mädchen wegen der ihnen von der geheimen Prostitution bereiteten Konkurrenz gänzlich aus der Stadt verschwanden. Der Aufenthalt öffentlicher Mädchen in den Badestuben, der in ganz Italien üblich war, wurde in Genua 1534 verboten. Aehnlich wie in manchen deutschen Städten gab es auch hier eine „Bordellkönigin", die die Aufrechthaltung der Vorschriften zu überwachen hatte.

Was die erwähnte von Johanna I., Königin beider Sizilien und Gräfin der Provence erlassene Bordellordnung für Avignon betrifft — „Mädchenklöster" wurden diese Anstalten benannt — so hatte sie, nach Peter Franks „Medizinische Polizei", Manheim 1780, II, 33, folgenden Inhalt:

1. Im Jahre 1347, den 8. August, hat unsere gute Königin Johanna erlaubt, ein Mädchenkloster zum Vergnügen des Publikums in Avginon zu errichten. Sie will nicht zugeben, dass alle galanten Weibsleute sich in der ganzen Stadt verbreiteten, sondern sie befiehlt ihnen, sich in dem Hause allein aufzuhalten, und sie will, dass sie, um kenntlich zu sein, auf der linken Schulter eine rote Nessel (Masche) tragen.

2. Wenn ein Mädchen einmal schwach gewesen ist und auf's neue fortfährt schwach werden zu wollen, so soll sie der Gerichtsdiener bei dem Arme nehmen und unter Trommelschlag, mit der roten Masche auf der Schulter, durch die Stadt führen und in das Haus bringen, wo ihre künftigen Gespielinnen versammelt sind. Er soll ihr verbieten, sich in der Stadt antreffen zu lassen, bei Strafe im ersten Uebertretungsfall im Geheimen gepeitscht, im zweiten aber öffentlichen mit Ruten gestrichen und des Landes verwiesen zu werden.

3. Unsere gute Königin befiehlt, dass das Haus in der Strasse don Pontroucat (rue du pont rompu) nahe bei dem Kloster der Augustiner bis zum steinernen Thore aufgerichtet werden soll. Es soll eine Thüre daran angebracht werden, durch welche Jedermann eingehen könne; aber sie soll so verschlossen bleiben, dass keine Mannsperson ohne Erlaubnis der Vorsteherin Aebtissin (l'abadesso ou bailauno), welche alle Jahr durch den Stadtrat neu zu erwählen ist, die angestellten Mädchen besuche. Die Vorsteherin soll den Schlüssel in Verwahrung haben und die jungen Leute ernstlich warnen, keinen Lärm zu erheben, noch die Mädchen zu quälen; denn bei der geringsten wider sie erhobenen Klage müssen solche sogleich in den Thurm zum Verhaft gebracht werden.

4. Der Königin Wille ist anbei noch, dass an jedem Sonnabend die Priorin und der vom Rat erwählte Wundarzt jedes Mädchen untersuchen sollen und wenn sie darunter eine finden, die mit einem aus dem Beischlafe entspringenden Uebel behaftet ist (se ben trobo qualcuno qu'abia mal vengut de paillardiso,) so soll man sie von den übrigen absondern und in ein besonderes Gemach thun, damit sich Niemand ihr nähere und der Ansteckung der Jugend vorgebeugt werde.

5. Wenn eines unter diesen Mädchen schwanger würde: so soll die Vorsteherin sorgen, dass sie sich der Leibesfrucht nicht unzeitig entledige; sie muss es daher dem Räten anzeigen, damit von diesen dem Kinde alles Nötige angeschafft werden möge.

6. Die Vorsteherin soll nie gestatten, dass eine Mannsperson auf den Charfreitag, Charsamstag oder auf den heiligen Ostertag, das Haus betrete: bei Strafe der Cassation und der öffentlichen Peitsche.

7. Gleichfalls will die Königin, dass alle Mädchen ohne Zank und Eifersucht leben, dass sie einander nichts entwenden und sich nicht schlagen; im Gegenteil will sie, dass solche sich wie Schwestern lieben sollen; erhebt sich ein Streit unter ihnen, so soll die Priorin Einigkeit und Ruhe herstellen und jede soll sich dem Urteil derselben zu unterwerfen verpflichtet sein.

8. Hat ein Mädchen einen Diebstahl begangen, so soll die Priorin es anhalten, dass Gestohlene gütlich wieder zu ersetzen; weigert sich die Thäterin diesem nachzukommen, so soll dieselbe durch Gerichtsdiener in einem besonderen Zimmer gepeitscht werden; begeht sie diesen Fehler zum zweitenmal, so soll sie der Scharfrichter öffentlich peitschen.

9. Ferner ist der Königin Wille, dass die Priorin keinem Juden den Eintritt in dieses Haus verstatte; schleicht sich dessenungeachtet einer listiger Weise ein und macht sich mit einer Klosterjungfer zu schaffen, so soll er in Verhaft genommen und sofort durch alle ,Strassen der Stadt gepeitscht werden.

„In einem Winkel des Königreichs Neapel, zu Isernia, soll sich sogar der Gottesdienst des Priapus bis auf unsere Zeiten erhalten haben, nur dass Priapus St. Cosimo heisst. Hamilton brachte viele Abbildungen davon mit nach London, die zu einem seltenen englischen Buche mit obscönen Kupfern Gelegenheit gaben. Das von griechischem Blut stammende Geschlecht pflegte am Feste des heiligen Cosimo das Glied, das den Namen der grossen Zehe St. Cosimo führt, zu opfern, und die Mönche trieben einen einträglichen Verkehr mit diesen Wachsfiguren. Eine Frau, die mit ihrem Loos zufrieden war, legte ihr wächsernes Opfer auf den Altar St. Cosimo: „Ti ringrazio!“ (ich danke dir)! Eine ledige Person brachte ein stärkeres Opfer mit dem Seufzer: St. Cosimo tale quale (wie es auch sein mag)! „Bescheidenere Jungfrauen aber legten ihre Gabe auf den Altar mit einem blossen: „St. Cosimo mi recommando (ich empfehle mich)!“ ohne etwas vorzuschreiben (Weber-Demokrit).“

Ein getreues Bild der Sittenzustände Italiens giebt uns natürlich auch die Litteratur, von der schon früher einiges erwähnt wurde, dem noch einiges hier folgen soll: Wenn von einer unzüchtigen Litteratur überhaupt die Rede ist, müssen die heute noch bekannten und viel gelesenen Werke von Pietro Aretino (1493—1557) in erster Reihe genannt werden. Aretino war talentvoll aber auch über alle Massen cynisch, verdient aber doch nicht, so hart beurteilt zu werden, wie es von dem gleichfalls von Cynismus sonst nicht freien Weber in den nachfolgenden Zeilen geschieht:

„Unter den neueren Italienern steht Pater Aretino unstreitig oben an, dessen ganzes Leben ein wahrer Triumpf der Unverschämtheit war, beim Mangel aller Grundsätze und solider Kenntnisse. Schon seine Geburt war eine Frucht der Unkeuschheit, und sein bischen Wissen verdankte er der Buchbinderei. Verbannt ging er nach Rom als Bedienter, Leo X. nahm ihn in Schutz, und die Mediceer selbst da noch, als er wegen seiner Sonnette Lussoriose, wozu Julio Romano die obscönen Kupfer machte, Rom meiden musste. Johann von Medicis starb in seinen Armen, und Aretino ging nach Venedig und lebte da von seiner Feder. Kein einziges seiner Werke hat Wert, selbst seine unzüchtigsten Raggionamenti nicht einmal obscönen, und doch erhielt er Geschenke von den mächtigsten Monarchen für Schmeicheleien, und von Kleingrossen aus Furcht. Dieser Unverschämte nannte sich die Geissel der Fürsten, il divino, und soll selbst vom Kardinalshute geträumt haben. — Titian malte ihn; man hat eine Münze auf ihn mit: Divus Aretinus und Veritas parit odium. (Der göttliche Aretin. Wahrheit erzeugt Hass).

Voltaire, der Götze unserer Zeiten, erhielt nicht die Hälfte von Auszeichnungen und Geschenken, die an Aretin, diesen unwissenden, zudringlichen und schlechten Tintenkleckser verschwendet wurden; doch erhielt er auch fleissig Prügel und selbst Dolchstiche, daher sah er, nach Boccalini, am Leibe aus wie eine Seekarte; er nannte ihn den Magnet des Dolches und Prügels. Berni und Nic. Franco verwundeten ihn noch tiefer durch gelungene Spottgedichte. Sein Tod glich ganz seinem wüsten Leben, geteilt zwischen Spott, Golderwerb, Tafeln und liederlichen Dirnen — er lachte sich sogar zu Tode, 1566, über die liederlichen Streiche seiner Schwester zu Venedig, da er darüber mit dem Stuhle rücklings einen gefährlichen Fall that. Die witzigste Grabschrift auf den erbärmlichen Kerl ist wohl:

Qui giace l'Aretin, Poeta Tosco,
Che disse mal d'ognun fuor che d'Iddio,
Scusandosi col dire: non lo conosco!

(Wer hier begraben liegt, schrieb manch Gedicht,
Das Jeglichen, nur Gott nicht schmähete;
Von diesem sagt' er nur: Ich kenn' ihn nicht.)

Nicht minder berüchtigt ist La Casa, päpstlicher Nuntius zu Venedig und Erzbischof von Benevent (gest. 1556), mit seinem schmutzigen Capitol dei Baci, dell' Martello, della Stizza, del Nonne di Giovanni, vorzüglich aber del Forno. Dieses berüchtigte Stück enthält aber gar nicht das Lob des schmutzigen Nationallasters der Italiener; sein Feind Vergerius beschuldigte ihn desselben, da er ihm wegen Ketzerei den Prozess machen musste, mit Unrecht, und ging so weit, zu behaupten, dass della Casa ein eigenes Werk, de laudibus sodomiae, geschrieben habe, was man lange glaubte. Seine Capitoli sind in drei bekannten Bänden der Opere burlesche, enthalten, laufen auf zotige Allegorien hinaus und sind nur wenig witzig, ja langweilig. Sein bestes Werk ist wohl sein Galateo, dem Decamerone und Costigiano von Italienern gleichgesetzt, es ist ein unschuldiges Sittenbüchlein, aus dem Sterne im Tristram eine Galathea macht, und viel Schlimmes darüber sagt! O Autoren!

Tansillo (gest 1570) gehört mit unter unsere saubern Helden mit seinem Vindemiatore, wohl die gelungenste und schönste Zote, daher auch in den meisten Ausgaben seiner Gedichte weggelassen; Mercier aber glaubte, diesen Mangel durch seine Uebersetzung zur Seite 1800 ersetzen zu müssen; aber vor Papst Pius IV. gewann das liebliche Werkchen keine Gnade, ob sich gleich der Dichter durch ein heiliges Gedicht Le Lacrime di S. Pietro für seinen freien Winzer entschädigen und wieder gut machen wollte. Verse:

Quel paradiso, verde voi tanto ardete
Che pensate, che sia altro ch' un orto,
E se quest orto in grembo à voi tenete
A che cercate altrove ir à diporto?
Suo convenevol frutto ogni fior porti,
Noi siamo gli ortolanie, voi sete gli orti!

Verse, wie diese, gingen noch mit, und auch die Empfehlung des Gottes der Gärten, und des tapfern Gärtners, den einige Arbeit nicht ermüdet —

Si buon terran ritrove
A sette passo é non m'assesto a nove

aber viel zu tief gerät er in Text, so dass ich ihn sitzen lassen muss. Die einzige Pflanze, die er in seinem Garten dulden will, nachdem er alle Bäume und Blumen durchgegangen, und selbst seinen Lieblingsbaum, den Feigenbaum, verworfen hat

Perché senza che il fico vi sia messo
Il giardin tutto e fico per se stesso —

ist die Mentha piccina, die Kräuter- und Lateinkundige hinreichend kennen.

DieNovelle der Italiener vonBandello undBoccaccio, dem Hecatomitini des Cinthio, und Adone des Marino bis zu dem neueren Novellisten Casti dreht sich meist um Liebe und Genuss, wenn sie auch in Worten züchtiger sind. Im Süden herrscht einmal bei grösserer Regsamkeit ein grösserer Leichtsinn, und eine grössere Freiheit der Zunge, als im Norden, ohne dass gerade darum die Sitten schlechter wären. Die Gewohnheit macht, dass da Manches keine Zote ist, was es im ernsten Norden sein würde, gerade wie bei den Alten, und Kardinal Bembo konnte ohne Verletzung des Anstandes seine Asolani über die Natur der Liebe schreiben. Dante malt in seiner Hölle die Teufel komisch genug, sie zeigen ihm zwar den Weg, strecken aber die Zungen heraus, blöcken die Zähne, und der Anführer?

Ed egli arsea del cul fatto trombetta,

was Rivarol übersetzt: donnait pour le départ un signal immonde!

Boccaccio ist der berühmteste, und wenn er auch hie und da mit italienischer Weitschweifigkeit seine Geschichtchen ausspinnt, und dadurch langweilt, so zwingen doch manche, diejenigen im Munde der Mönche und Nonnen, vorzüglich lustige Damen zum Lächeln. Zwei seiner freiesten und besten Erzählungen sind: Il diavolo in inferno, und Non voglio coda, die Sprüchwörter geworden sind. Bandello, Dominikaner und Bischof, ist noch langweiliger, ohne Salz in seinen neun Bänden, und muss Boccaccio weit nachstehen. Das berühmte Epos des mit Unrecht verschrieenen und vergessenen Marino, l'Adone in zwanzig Gesängen, voller Concetti und lüstiger Gemälde, daher es unter die verbotenen Bücher gehört, verdient noch heute gelesen zu werden, und nur die unglücklichen Nachahmer haben Marini ins Geschrei gebracht.

Casti übertrifft alle und alle, aber seine Novelle galanti sind mehr als galant, unstreitig die witzigsten, kürzesten und besten. Niemand wird seine achtundvierzig Novellen, darunter die Bulle Alexanders VI., der Erzbischof von Prag, der Antichrist, die Hosen des heiligen Griffons, die Nachtigall, der Erzengel Gabriel etc. so ohne Vergnügen aus der Hand geben und ohne zufriedenes Lächeln.

Italiener stehen an der Spitze des komischen Epos und Tassonis, Sekretärs des Cardinals Colonna († 1635). „Secchia rapita“ ist ihr ältestes Epos, daher wir nicht zu viel erwarten dürfen. Sein „geraubter Wassereimer“ ist ein Karikaturgemälde der italienischen Kriege und Fehden kleiner Städte im Mittelalter, dessen komische Wirkung teils durch die Zeit, die uns viele Anspielungen dunkel macht verloren geht, teils wohl ursprünglich nicht gross gewesen zu sein scheint. Ebenso mager und matt erschienen Bracciolinis Scherno degli Dei, Minuccis Torrachione desolato, Lippis Mal mantile racquistato, Bochinis Pazzie de' Savi — oder il Lambertaccio, Dottore Asino etc., über welche allerdings Tassoni noch hervorrag'

Komischer und geistvoller ist Pulcis Morgante maggiore (1480) wenn er auch oft, da er das Komische mehr in der Sprache als in Sachen suchte, platt wird. Er schildert gleich Ariosto die Abenteuerlichkeiten der Ritterwelt, und durchspickt sie mit — Dogmatik! Er war ein Vertrauter des Lorenzo Medici neben Politianus, dem ersten Verkündiger Homers, und an der herzoglichen Tafel mag es oft so freigeisterisch hergegangen sein, als an der Tafel Friederichs. Pulci ist noch profaner als Boccaccio, und dennoch wurde sein Buch nie verboten, denn es macht bloss den Kultus lächerlich, der Decameron aber dessen hochwürdige Diener. Jeder Gesang fängt geistlich an:

In Principio era il verbo appresso a Dio
(Im Anfang war das Wort zu Gottes Seite)

und endet auch meist geistlich:

Comme io seguitterò nell' altro Canto
Colla virtu dello Spiritu Santo.

(So will ich denn den andern Sang beginnen,
Kann ich vom heil'gen Geiste Kraft gewinnen).

Non mi lasciare, o Vergine di gloria!
Tanto ch'io possa ordinar questa historia.

(Verlasse mich, o heil'ge Jungfrau, nicht.
So lang' ich schreibe dieser Mär Gedicht.)

womit dann wieder folgende Verse stark kontrastieren:

Or questo son trè virtù cardinale
La Gola, il Dada e l'Culo, come io t'o detto!

(Wie ich gesagt, sind die drei Tugenden
Die kardinalen: Essen, Würfel, Wein.)

Riesen begrüssen dann aber wieder die frommen Mönche mit Steinen, und der Abt sagt dem rettenden Roland: „Rette dich herein, denn das Manna fällt." Morgante lüftet die Sarazenen dermassen, dass sie mehr Johanneswürmchen sehen als der Monat August. Unter der grotesken Hülle seiner epischen Fastnachtspoesie, wenn auch ein besserer Geschmack die Bewunderung in Verwunderung auflöst, liegt in der That viel gesunder Menschenverstand für Pulcis Zeiten — man lese einmal:

Ma sopra tutto nel buon vino ho Fede,
E credo, che sia salvo, chi gli crede,
E credo nella torta e nel tortello
L'una e la madre, e l'altro e il suo figliuolo,
Il vero Paternostro, e il Fegatello
E possono esser trè due ed un solo!

(Vor allem glaub' ich an den guten Wein,
Wer an ihn glaubt, wird stets erlöset sein;
Dann glaub' ich an die Torten, an Konfekt,

Die Tort' ist Mutter und Konfekt der Sohn,
Und wenn dabei noch gut die Leber schmeckt,
Sind's drei, zwei, eins, in jeglicher Person.)

Die Italiener betrachten Morgante als ein Archiv aller Naivetäten des Florentiner Dialektes und der Sprüchwörter, die sie Riboboli de Arno nennen, daher ist ihr Pulci nicht wohl zu übersetzen, aber noch heut im Original mit Vergnügen zu lesen. —

Hoch steht Ariosto, der Dichter der italienischen Nation κατ' ἐξοχήν — sein Orlando vereint Ilias, Odyssee und Don Quixote. Ariosto, geboren 1474 zu Ferrara, sollte sich den Rechten widmen, aber er liebte die Alten und die Poesie, und so waren ihm Jura — Ciencie, wie er in seinen Satiren sagt. Ruhig hörte er dem darüber polternden alten Vater zu, denn da er gerade an seiner Kassaria arbeitete, so konnte er einen polternden Vater brauchen. Er hatte das Glück, in die Dienste des Kardinals von Este zu kommen, wo er siebzehn Jahre blieb — hatte jährlich 75 Scudi, die nicht einmal richtig bezahlt wurden — er warf sich mit dem Kardinal ab, weil er nicht mit nach Ungarn wollte, und scheint sich im Dienste des Herzogs besser gefallen zu haben, jedoch die wilde Grafagna, wohin ihn der Herzog als Gouverneur sandte, konnte ihm so wenig gefallen als der — Odenwald. Der Kardinal fragte blos: „Messer Ludovico! dove avete pigliato tante Coglionnerie, (Herr Ludwig, wo habt Ihr all die Dummheiten her.)" als er den Orlando las; Papst Leo X. nahm ihn zwar in Schutz, that aber auch nichts für den genügsamen Mann, dessen höchster Wunsch Unabhängigkeit war, die er nie erlangte. Er starb 1533 zu Ferrara, in seinem eigenen Hause, das seine Verehrer noch heute besuchen.

Ariosto steht einzig da, erhabene und komische, groteske und moralische Gedanken, wollüstige und schreckliche Gemälde fliessen in seinem Orlando zusammen, was wohl der Kardinal mit seinem Coglionnerie sagen wollte — aber man lese Orlando furioso in seiner göttlichen Sprache — und man wird ihn wieder lesen. Galilei wusste den Orlando und die Satiren auswendig; selbst Tasso, der einzige Nebenbuhler, der noch mit Ariosto verglichen werden kann, nennt ihn seinen Herrn und Meister. Noch heute ist Ariosto in Italien il divino, (der Göttliche) und verdient diesen erhabenen Beinamen eher als Dante — wie Michel Angelo und Raphael in der Kunst, während das Ausland Tasso vorziehen will. Tasso's Gerusalema liberata ist bekanntlich ein ganz ernstes Epos, das nicht hierher gehört, so wenig als Trissinos Italia liberata da Gothi, das tief unter Tasso steht. Eher gehört Marinos Adone hierher, dessen wollüstige Verse man dem Klima Neapels zuschreiben muss, der aber noch eher gelesen zu werden verdient als neuere Epopéen voll Scharfsinn, worüber man ihm seinen tollen Gegenstand la Strage degli Innocenti (der unschuldige Kindermord) verzeihen kann. Tasso arbeitete zehn Jahre an seinem

Epos und feilte daran bis an sein Ende. Ariosto nicht — setzte sich über alle Regeln der Kunst hinweg; aber ich sage mit den Italienern: „Che regole? e regola, quanto fa un tant uomo! (Was Regel! Regel ist Alles, was ein solcher Mann macht.) „Und wenn mir Ariosto erschiene, ich fiele ihm um den Hals, wie Aeneas seiner Creusa, und riefe wie der Kardinal: „Ma dove avete pigliato tante Coglionnerie?"

Bojardo, Graf von Scandiano, wählte gleichen Gegenstand wie Ariosto, starb aber darüber 1494 und scheint selten zu sein, während Berni's Orlando inamorato, die Fortsetzung und Ueberarbeitung Bojardo's, überall zu finden ist, der tief unter ihm steht; aber sie machen ein Ganzes mit Ariosto. Berni, ein Florentiner, Sekretär eines Bischofs zu Rom, später wieder zu Florenz, wo er als Canonicus 1543 starb, gehört indessen immer zu den glänzendsten Köpfen seines Jahrhunderts, ein so lustiger Kauz, dass er darüber höhere geistliche Würden verscherzte, wäre es auch nur durch die lustige von ihm gebildete Gesellschaft gewesen, die sich Vignajuoli (Winzer) nennt. Berni ist der Scarron der Italiener, die burleske Poesie heisst nach ihm Poesie bernesca, und daher erwartet wohl Jeder mehr Komisches als er finden wird — die Abenteuerlichkeiten der Ritterwelt bieten schon Komisches selbst — aber Bajordo, Berni und selbst il Divino, was sind sie gegen Cervantes? Der Hauptreiz liegt im eigenen Reiz der harmonischen Sprache Italiens.

Fortiguerras Ricciardetto ist gleichen Schlages, und mehr als Pulci und Berni, trotz aller abenteuerlichen Ritterscenen, wenn ein Rinaldo einer Riesenkröte zum Rachen hinein und zum Hintern wieder hinausreitet, Olivieri in den Rachen eines Seeungeheuers schifft, das er für einen Hafen hält, und in dessen Leibe nicht nur Fischer, sondern Landbauern, Aecker, Wiesen, Dörfer und Klöster findet, und Rolando dermassen mit den Zähnen klappert, dass Alles vor Schrecken niederfällt, wie er vor lauter Kampfermattung, sich wundernd, dass er auf einmal so klein geworden sei; „Ist die Erde vielleicht mit mir gesunken?" Nein! aber die Füsse sind ihm abgehauen. — Neben solchen Scenen, die bald sättigen, weiss aber Fortiguerra treffenden Spott über die Pfaffheit auszugiessen, und daher wollte er auch sein Werk unter dem griechischen Namen Karteromas erst nach seinem Tode gedruckt wissen. Fortiguerra von Pistoja war Abt, Kammerherr und Canonicus im Vatican; Clemens XII. hatte ihm oft vom Kardinalshut gesprochen, aber nie Wort gehalten, und darüber grämte er sich 1735 zu Tode, wie mehrere ähnliche Thoren. Sterbend erhielt er neue Versicherungen, aber er drehte sich im Bette um mit einem unartikulierten Ton, den die Italiener lieben, und mit dem Munde gab er die Töne von sich: „Eccovi la risposta! bon viaggio per lei e per me!"

Folengo's (Limerno Pittocco) und Orlandino in acht Gesängen (1526) darf ich um so weniger vergessen, da solcher nicht nach Verdienst gekannt, und selten zu sein scheint, wenn er auch gleich kein Orlando ist. Er schweinigelt weit mehr, als Obengenannte, aber in seiner Zeit war das Sauglöckchen eine der Eigenheiten der ehrwürdigen Geistlichkeit, wodurch sie sich vielleicht am meisten von den Laien unterschied, und die Ursache wohl das — Cölibat . . . Und Folengo hat dennoch manches Gute. Wer erwartete von einem Benediktiner so freie Religionsansichten, wie Passeronis Cicerone in vierunddreissig etwas allzu langen Gesängen? Passeroni ist wenigstens besser als Bertholdo, Bertholdino e Cacasenno in zwanzig Gesängen von eben so viel Dichtern. Dieses komische Epos enthält die Streiche jener drei italienischen Schalksnarren, oder zwanzig alte Erzählungen eines gewissen Cesare Croce, ganz im Geschmacke unsers Eulenspiegels. „Kerl! du sollst nie vor mir erscheinen, weder nackend noch in Kleidern," sagte der Herr, und so kam der Narr in einem — Fischernetze!

Lombardis Ciucceide (1726) soll höchst komisch sein, ist aber im schwer verständlichen neapolitanischen Dialekte, und das Werk des sicilianischen Dichters Meli, das eine Fortsetzung des Don Quixote ist, und von Münter gerühmt wird, ist mir unbekannt, so wie des Pater Athanasio Zibaldo, ein burleskes Gedicht in zwölf Gesängen. 1805. La Corneida Poema eroicomico del D. Cornograso bei Luc Cornigero al Insegna del Capricorno. Cornipoli s. a. in sechs Gesängen mit Kupfern und Anmerkungen von Cornelius Tacitus II. entspricht durchaus nicht dem Gegenstande, der doch dem Witz so vielen Spielraum läst, und der Italiener Lieblingskapitel zu sein pflegt bis zum Ekel.

Francesco Berni (1490—1536), Kanonicus zu Florenz, der Schöpfer des „Bernesco", einer besonderen Art burlesker Dichtung, gedeiht nach Weber am besten auf dem Mistbeet der Zoten. Berni schrieb seine Capitoli von der Nadel, Bratwurst und Jagd; Firenzuola das Lob des Lignum sanctum, Varchi das Lob der Eier, Molza von der Feige, Ruscelli von der Spindel, Bino seinem Garten delle casa del Forno, der den guten Erzbischhof doch mit Unrecht in den Ruf eines Verteidigers der Sodomie gebracht zu haben scheint — und alle diese Capitoli in sogenannten terze rime oder rime piacevoli sind fast alle allegorische Zoten über die Werkzeuge der Wollust unter der ehrbaren Hülle der Metaphern!

Das Sittenverderbnis zur Zeit dieser Burloni war grösser zu Rom als jetzt, die werte Gesellschaft wurde selbst Compagnia bestiale genannt, und Boccalini, der den am venerischen Uebel 1543 gestorbenen Molza, nebst den Entdeckern Amerikas Apollo vorführt, lässt diesen seine Beinkleider aufknüpfen und rufen: „Hier, hier! die Geschenke der neuen Welt!" Apollo und die Musen fliehen erschrocken. Diese Schweinigel übertraf noch Aretino mit seinem Libro dei sonetti e delle figure lussuriose (20 Zeichnungen von Julio Romano!) wovon die Kopien im Aretin Français nicht bloss in Frankreich, sondern auch in Deutschland bekannter sind.

als gut ist, und wohl öfters aretinisch in natura nachgeahmt worden sein mögen. Lalli travestirte die Aeneide, Coredano die Ilias, Betinellis Ruzvansed parodierte die Merope — von allen möchte noch der geitsreiche Verfasser des Conclave 1774 den meisten Beifall finden, das ungeheures Aufsehen macht, dem Menschenfreunde aber dadurch noch merkwürdiger ist, dass Cardinal Zelada, der gerade am ärgsten behandelt wurde, den Verfasser vom Gefängnis und Tod rettete."

Dramatische Werke dieser Art können wir hier mit Schweigen übergehen.

Auch die neuere und neueste Litteratur Italiens hat zahlreiche Werke aufzuweisen, die sich mit mehr oder minderem Witz auf schlüpfrigem Gebiete bewegen, die sich aber von ähnlichen Schriften in anderen Litteraturen nicht sonderlich unterscheiden und auch sonst keine grössere Bedeutung gewonnen haben, daher von ihnen weiter nicht die Rede zu sein braucht.

Doch kehren wir zu dem lauten Leben in Italiens Gefilden zurück. Ausser der Erbschaft vom alten Rom, der bösen Beispiele seitens Päpste und Klerus, sowie anderer bereits angeführten Gründe, traten auch sonst noch Umstände hinzu, die auf den Sittenzustand des Volkes verderblich wirkten. Wesentlich mag dazu auch die Vermischung mit verschiedenen Völkern beigetragen haben, hauptsächlich mit Orientalen. Aber auch die Vermischung mit Germanen, deren Sittlichkeit doch gerühmt wurde, scheint nicht die besten Ergebnisse gezeitigt zu haben. Ob die Longobarden, die der Lombardei den Namen gaben, Leichtfertigkeit von italienischen Boden aufgesogen hatten, oder ob diese ihnen eigentümlich war mag dahin gestellt bleiben, immerhin war sie aber vorhanden. Mantegazza teilt in seiner „Physiologie der Liebe" mit: „Die Longobarden gaben das Geschenk, das sie Morgengabe nannten, unmittelbar nach der Brautnacht und diese Belohnung der Jungfräulichkeit betrug bisweilen den vierten Teil des Vermögens des Ehemannes. Einige vorsichtige Frauen, fügt der boshafte Kritiker hinzu, bedangen sich jene Morgengabe schon vor der Verheiratung aus, da sie nur zu sicher waren, sie eigentlich nicht zu verdienen."

Viel zur Förderung der Unzucht und der Prostitution haben auch die Handelsrepubliken beigetragen, Genua und ganz besonders Venedig. Die Venezianer, die auf ihren Schiffen die fernen Länder aufsuchten — allerdings mit der seltsamen Devise: „Siamo Veneciano e poi Christiani", — Wir sind Venezianer und dann erst Christen — hatten dadurch auch Stoff und oft auch Grund zur Eifersucht. Um sich der physischen Treue ihrer Frauen zu vergewissern führten sie die bekannten jetzt zuweilen in Sammlungen noch zu sehenden Keuschheitsgürtel ein, vermutlich im Orient wo aufgespürt. Diese wunderlichen Tugendwächter wurden übrigens von Italien aus in andern Ländern eingeführt. Brantôme weiss wenigstens zu erzählen, dass zur Zeit Heinrichs III. diese niedlichen Instrumente, à la foire de Saint Germain gebracht wurden. Die Behauptung, dass in Ostindien und Afrika Männer zuweilen genötigt sind zu ihrem eigenen Schutz sich ähnlicher Mittel zu bedienen, weil sie von wollüstigen Weibern angefallen würden, tauchte in älteren Schriften wohl auf, scheint aber nichts Wahrscheinliches an sich zu haben.

Eine eigenartige Erscheinung in Italien war — heute tritt sie nicht mehr auf, wenigstens nicht als berechtigter Faktor sozusagen — der Cicisbeo, der Hausfreund oder vielmehr der selbst vom Gatten geduldete Freund der Hausfrau, was wohl in Venedig seinen Ursprung fand und einigermassen an die Minne der einstigen Liebeshöfe erinnert, die übrigens in Italien nie bestanden haben. Der Cicisbeo sollte nur eine „platonische Liebe" der Dame seines Herzens widmen und es kam sehr oft vor, dass im Ehevertrag die Frau sich ausbedang, einen derartigen Erkorenen haben zu dürfen. Doch das Cicisbeat artete häufig in der schamlosesten Weise aus und mehr als einmal wurde der Dolch des beleidigten Gatten oder des gedungenen Meuchelmörders der Rächer gekränkter Hausehre.

Auf dem Lande wurde von den Gutsherrn früher das leider fast in ganz Europa in Brauch gewesene Ius primæ noctis geübt; in Sicilien soll es sogar noch im achtzehnten Jahrhundert bestanden haben. Wir werden auf diese Zwangs-Prostituierung bei Behandlung der Sittenzustände Deutschlands noch ausführlicher zurückkommen.

Als Speziallaster der Italiener gelten seit langem schon widernatürliche Geschlechtsbefriedigungen aller Art und es wurde bereits auch bemerkt, welchen argen Einfluss die mit Katharina von Medici an den französischen Hof gekommenen Italiener auf die Sitten dort ausübten. Die Sodomie galt zwar in allen Ländern Europas als ein todwertes Verbrechen und selbst in Italien wurde sie bestraft, aber hier nur so gelinde, dass es fast wie eine Aneiferung dünkte, wenn wir des Ausrufs jener Italienerin gedenken, die beim Essen von Fruchteis entzückt bedauernd bemerkte: „Ach, warum ist Eis essen keine Sünde!" Nur das Verbot hätte ihr das Wonnegefühl noch erhöhen können. „La sodomie," schreibt Dufour, „qui n' était qu'un péchc ordinaire en Italie, où le pécheur pouvait se faire absoudre en payant 36 tournois et 9 ducats (voy. la „Taxe de partie casuelles de la boutique du pape", trad. par A. du Pinet, édit. de Lyon 1564) devenait en France un crime capital qui condusait son homme au bûcher."

Doch nicht nur Päderastie, Knabenliebe, Sodomie und ähnliche Widernatürlichkeiten, die mit der Zeit leider eine grössere Verbreitung in Europa angenommen haben, als harmlose Gemüter annehmen können, waren und sind noch in Italien stark im Schwang, selbst Statuen waren vor der wahnwitzigen Sinnlichkeit nicht sicher. Es war wahrscheinlich mehr als heuchlerische Prüderie, was Kardinal Doria veranlasste, seinen antiken Statuen Hosen von Gips anfertigen zu lassen und Papst Paul IV. eingab, die nackten Kunstwerke von Daniele de Volterra bekleiden zu zu lassen, was diesem bekanntlich von Salvator Rosa den Spitznamen „Hosenmacher" eintrug. Auch Blechbekleidungen waren früher nicht selten. Uebrigens nehmen die Italienerinnen weniger Anstoss an dem Anblick nackter Figuren. „Eine Deutsche würde staunen," bemerkt Weber, „wenn sie die Damen von Florenz und Rom, gewöhnt an den Anblick der Kunstwerke, die Nuditäten der Antiken mit einer Dreistigkeit kritisieren hörte. Es würde unsere Landsmänninnen empören. Aber ein Priapus beunruhigt sie so wenig wie ein Strohhalm, oder ein Loch im Kleide so wenig als den Naturhistoriker der Phallus impudicus, vor dem ich stets im Pflanzengarten lachende Liebhaber fand."

Ueber die Zustände, die Mitte des neunzehnten Jahrhunderts in Italien herrschten, erfahren wir auch einiges von dem Verfasser der hier bereits angeführten „Fragmente":

„Wiewohl jedes junge Mädchen schon vom zwölften Jahr an, wo hier bereits die Pubertät beginnt, notwendig einen Inamorata besitzen muss, mit dem sie mündlich und schriftlich in Verkehr steht, so dass die öffentlichen Schreiber auf den Plätzen und unter den Hallen fast nur Liebesbriefe anzufertigen haben, und ohngeachtet ihres feurigen Temperaments, dessen südliche innere Glut aus den Augen leuchtet, wissen sie im unverheirateten Stand Keuschheit zu bewahren, wie die verhältnismässig seltenen unehelichen Geburten am sichersten beweisen. Ob nun diese Nudicita aus unerschütterlicher Tugend oder der Furcht vor unangenehmen Folgen entspringen, möchte ohne Swifts Pfarrer Löwen schwer zu ermitteln bleiben, obgleich das letztere Motiv deshalb als das wahrscheinlichere erscheint, weil sie für diese jungfräuliche Enthaltsamkeit als Frauen sich wohl zu entschädigen verstehen . . . Indem die Frau auf die guten Dienste eines Cavaliere servente rechnet, der die ehemännlichen Vices willig verrichtet, da die conjugale Treue nicht mehr durch die Bocca della verità untersucht wird, nimmt der Ehemann sehr bald eine Konkubine und beide Teile sind in ihrer Ehe glücklich. Die Eifersucht fühlt man überhaupt nur bei dem oder der amante, in der Ehe ist sie fast gänzlich unbekannt. Und die Sünde in puncto sexti beseitigen bei den frommen Frauen die nachsichtigen Patri in der Beichte durch die volle Absolution. Wenn indes beim verbotenen Umgang mit Frauen auch die Dolche eifersüchtiger Ehemänner nur wenig, bleibt doch die Elytritis troblennorrhœ desto mehr zu fürchten, weil solche im Süden überhaupt sehr grassiert und zum Abschied als Grazia erteilt wird. Obschon man solchermassen nicht viel von der platonischen, destomehr aber von der epikuräischen Liebe hält . . . so werden doch die Volks-Belustigungen der italienischen Nächte, schamlose Unzucht in flagranti nicht so öffentlich vorführen, wie die Abende in manchen grossen Städten

Europas. So wird sich selbst die gemeinste Vulgivaga nicht zur frechen Anbietung ihres Leibes erniedrigen, oder in einem Fornikations-Lokal hingeben, weshalb es die Aufhebung solcher Prostitutions-Häuser wie in Berlin, hier nicht bedurfte. Nur die Zudringlichkeit bärtiger Ruffiani oder Kuppler bleibt eine grosse Plage, denn sogar in der Kirche ist man nicht sicher vor ihrem Geflüster: „Volete una belle ragazza?“ oder wohl auch „una vergina?“

Ferner weiss der Verfasser mitzuteilen, dass nächst den Frauen von Genua, die von Neapel von der Natur am wenigsten begünstigt zu sein scheinen, doch werden diese Mängel durch Anmut und Geist wett gemacht. Von Villa Reale zu Neapel meldet er: „In diesen Lustgehegen, erfrischt durch die Seeluft und erfüllt von den Tönen der Musik, verbringen die Neapler aus den mittleren Ständen ihre italienischen Nächte unter dem höher gestimmten Frohsinn, wie er dem Süden eigen ist. Während im Dunkel der Haine die Liebespräliminarien eröffnet werden, die bald in das eigentliche Fare all' amore übergehen. Die übrigen im Innern der Stadt, besonders auf dem Toledo und an der Darsena des Golfs belegenen Korso-Gegenden, haben während der ganzen Nacht mehr die untersten Volksklassen inne, ein höchst bewegtes und lärmendes Menschengewühl, überfliessend vor innerer Lust und unerschöpflicher Freude, obgleich von äusseren Anregungen zu solchem Vergnügungstaumel wenig bemerkbar ist. Denn jene dienstwilligen Jammerdirnen, die in den nördlichen Hauptstädten das nächtliche Volksleben in allen öffentlichen Orten aufstacheln, halten sich hier zurückgezogen in ihren Häusern, dort ihre nicht ausbleibende Besucher erwartend, die ihnen die Ruffiani zuführen. Noch weit bedauerlicher als jene durch nichts zu bewältigende Prostitution, ist die Unzucht unter ganz unreifen Kindern, verschiedenen Geschlechts, die, wie die Onanie in den nördlichen Ländern, jede geistige und körperliche Entwicklung vernichtet. Sehr häufig ist dieses Laster unter den Kindern der Lazzaroni verbreitet, Folge fast ganz mangelnder Bekleidung, die den Anblick der Genitalien gestattet und die Jugend so vorzeitig zum Sexualtrieb aufregt, dass unerwachsene Knaben öffentlich in flagranti beim Coitus zu erblicken gar nicht selten ist, gewöhnlich aber ein älteres Mädchen mit einem noch jüngeren Knaben gepaart, die Evatochter als Verführerin kennbar macht. Schon im Altertum waren die jungen Fräulein hier so unzüchtig, dass solche Mädchen, wie Titus Petronius berichtet, sich gar nicht zu erinnern wussten, jemals Jungfrauen gewesen zu sein. So flagitiöse Ausschweifungen bringen hier bei den Männern vorzeitige Asynodie, bei den Frauen ebenso früh die Agenesie, in Verbindung mit Päderastie wie häufiger Lustseuche, aber die körperliche Degeneration der ganzen Menschenrasse und ihre moralische Korruption hervor. Diese gänzliche Entsittlichung erklärt zugleich die gegenseitige unglaubliche Nachsicht, die im Ehestand in puncto sexti geübt wird.

Auf Sizilien bemerkt er die leuchtenden Augen der feurigen Frauen, die zum Liebesgenuss unwiderstehlich einladen und erinnert sich dabei der Thatsache, dass die wohl nicht minder verführerischen Ahnfrauen dieser Signorini sich zur Zeit der „Sizilianischen Vesper“ wie Furien auf die fliehenden Franzosen stürzten um ihnen — die Genitalien abzuschneiden. Auch Malta besuchte er und fand, dass die Bewohner eine Mischung von arabischem und italienischem Blut, im Aeusseren mehr Mauren, in Sitten und Sprache mehr Italiener sind. „Während die Männer nach dem Beispiel der hier herrschenden Briten, rastlos dem Mammon nachjagen, ist bei dem weiblichen Geschlecht sündliche Liebe das Grundelement ihres Lebens, doch unter dem Deckmantel von Scheinheiligkeit. Mit solchem Temperament wurden die Frauen auf dieser schon seit den Zeiten der Kalypso erotischen Insel während einer dreihundertjährigen Herrschaft der durch dreifaches Mönchsgelübde an das Cölibat gebundenen Johanniter noch mehr verführt, und indem der zahlreiche Klerus hierbei auch seine guten Dienste leistete, bald bis zur Ostromanie (Geschlechtswut) demoralisiert. Gegenwärtig, lange nach der Vertreibung dieses ausschweifenden Rittertums, ist die weibliche Hirculation (Uebergeilheit) immer noch so gross geblieben, dass die vereinigte englische Garnison und Geistlichkeit, den an sie gerichteten desfälligen Requisitionen kaum mannhaft zu genügen vermögen, den liebreichen Aufforderungen, die auch ganz öffentlich durch Bewegung des Taschentuchs ausgedrückt werden. Während der Winter-Saison herrscht in den exclusiven, bereits anglomanisierten Gesellschafts-Kreisen ein reges Vergnügungsleben. Aber die südliche Blutwärme steigert die kalte engliche Fashion hier zur höheren Lust und die kräftigen Jünglinge Albions kehren oft sehr abgemagert aus diesen Winter-Campagnen zurück, um sich in der sommerlichen Ruhe auf dem Lande für neue Liebeskämpfe wieder zu stärken.“

So waren die Sittenzustände Italiens in der ersten Hälfte des neunzehnten Jahrhunderts und der vorhergegangenen Zeit; einen kräftigeren Nährboden konnte die Prostitution nicht finden. Selbst dort wo die Unsittlichkeit von höchster Stelle her durch böse Beispiele keine arge Förderung fand, sind nicht günstigere Verhältnisse zu verzeichnen. Das Privatleben der königlichen Familie zu Neapel war sittlich vorwurfsfrei, „wie man es in Neapel nicht gewöhnt war,“ glaubt ein Historiker bemerken zu müssen und wie es selbst die grimmigsten Feinde der verhassten Bourbonenherrschaft zugeben mussten, und doch konnte nicht behauptet werden, dass dieses gute Beispiel auf die Bevölkerung eingewirkt hätte. König Ferdinand II. ging in seinem frömmelnden Sittlichkeitseifer sogar bis zur Lächerlichkeit, wie sein Reskript beweist, das die Länge der Röcke der Ballett-Tänzerinnen vorschreibt, oder die Verordnung, dass sie statt Trikots grüne Beinkleider tragen müssten.

Eine besondere Besserung der Zustände war auch in der zweiten

Hälfte des verflossenen Sæculums in Italien nicht zu verzeichnen, trotz der günstigen Veränderung der politischen Verhältnisse, der allerdings eine Verschlechterung der materiellen gegenübersteht. Der Einfluss des Klerikalismus machte sich noch fernerhin zum Bösen geltend, eine Thatsache, die übrigens sehr begreiflich ist, wenn man in Betracht zieht, dass die Prostituierten immer und überall eine gewisse kirchliche Neigung bekundeten. „Wer einmal in Neapel gewesen ist" — bemerken C. Lombroso und G. Ferrero in ihrem „Das Weib als Verbrecherin und Prostituierte, deutsch von Dr. H. Kurella — „und die weniger eleganten Quartiere ein wenig durchstreift hat, wird gefunden haben, dass kein Bordell ohne Marienbild und ein davor hängendes Lämpchen ist. Wenn ein Kunde eintritt, wird der Madonna ein Schleier vorgehangen, damit sie nicht sieht, was passiert." Wir erfahren aus diesem Werke auch einiges über den Dirnenjargon: Civetta, hässliches Mädchen — Rail, höherer Polizeibeamter — Suardie di morti (Totenwachen) die Polizei-Aufseher der Bordelle — Punta di penna, Masturbatio labalis — Zampa di ragno Masturbatio manualis — Sfogliar la rosa (die Rose entblättern). Päderastieren — Pulci lavoratrici (dressierte Flöhe) heissen Tribadinnen, die Sapphismus vor Zuschauern ausüben.

Die sanitäre polizeiliche Kontrolle der Prostitution wurde in Italien 1888 aufgehoben, was einen Sieg der von England ausgegangenen Abolitionisten-Bewegung ist, die dem Staat das Recht abspricht eine derartige Kontrolle auszuüben und von deren Beseitigung sich eine Besserung der sittlichen Verhältnisse verspricht.

„Italien besass im fünfzehnten Jahrhundert" — schreiben C. Lombroso und G. Ferrero in ihrem Werke „das Weib als Verbrecherin und Prostituierte" — „eine ästhetische Prostitution, die, wie Graf (Attraverso il Cinquecento, Turin 1888) sie schildert, ein Wiederaufleben des griechischen Hetärentums darstellt. Die Mädchen nannten sich im Gegensatz zur gemeinen Prostituierten „Meretrices honestæ", waren einst hochgebildet und von den vornehmsten Leuten gesucht, Fürsten, Prälaten, Staatsmänner, Künstler suchten den Reiz ihrer Unterhaltung. Graf schreibt unter anderem von ihnen: „Die berühmte Imperia hatte von Nicolo Campigno, genannt „Lo Strascino" gelernt italienische Gedichte zu machen und las lateinische Schriftsteller. Lucretia, genannt „Madrema non vuole," war ein Muster korrekten und eleganten Ausdrucks und Aretin lässt einen bekannten Lebemann, Ludovico, in einem seiner „Ragionamenti" sagen: „Sie scheint mir ein Cicero zu sein, kann den ganzen Petrarca und Boccaccio auswendig und unzählig schöne Verse von Virgil, Horaz, Ovid und vielen anderen lateinischen Dichtern." Lucrecia Squarcia lies sich antreffen

Ricando spesso il Petrarchetto in mano
Di Virgile le carte et or d'Omero

(Hielt oft den Petrarca in der Hand, einen Band Virgil und manchmal auch den Homer.)

und wusste über die Reinheit des italienischen Ausdrucks zu disputieren. Tullia von Aragon und Veronika Francs sind in der Litteraturgeschichte vorteilhaft bekannt. Camilla Pisana hatte ein von Francesco del Nero durchgesehenes Buch geschrieben, und ihre gedruckt herausgegebenen Briefe sind ein wenig schwülstig verfasst, aber nicht ohne Eleganz und enthalten häufig Latinismen und ganze lateinische Sätze. Von der berühmten Isabella de Luna, die die halbe Welt bereist hatte, in Tunis gewesen war und eine Zeit lang dem Kaiser nach Deutschland und Flandern gefolgt war, sagt Bandello, sie hatte in Rom für die klügste und gewandteste Frau gegolten. Kavaliere und Schriftsteller, weit davon entfernt ihre Liebesabenteuer mit den bekanntesten Kurtisanen zu verbergen, priesen sie, waren stolz darauf und wetteiferten untereinander um den Vorrang bei ihnen. Giovanni de Medici, der berühmte Feldherr, liess Lucrezia („Madrema non vuole“) wie eine zweite Helena gewaltsam aus dem Besitz von Giovanni della Stufa entführen, der sie auf einem Fest in Recanati bei sich hatte; 1531 forderten in Florenz sechs Ritter jeden heraus, der Tullia d'Aragona nicht als die preisenswerteste und bewundernswürdigste Dame der Welt anerkennen wollte. Wenn eine solche Aspasia einmal ihren Wohnsitz verliess, so war das, wie wenn eine Königin reiste, und Gesandte meldeten ihre Abreise und Ankunft.“

Spanien, Portugal, Rumänien, Griechenland.

III. Kapitel.

Die Mauren. — Spanien. — Die Frauen in Spanien. — Mode. — Cortejos. — Karl V. — Don Juan d'Austria — Natürliche Kinder. — Philipp IV. — Christine. — Isabella II. — Die Prostitution der Gegenwart. — Portugal. — Rumänien. — Griechenland

Die Pyrenäische Halbinsel bietet der Geschichte der Prostitution weniger Stoff als andere Länder Europas. Unter der Herrschaft Roms waren römische Sitten und Bräuche in Schwang. In der nachfolgenden Zeit gelangten bald die Mauren zur Macht, die den Landen ihr Gepräge gaben, das in vielem heute noch in Sitten, Lebensweise, Sprache und noch manchem andern erkennbar ist. Eine Prostitution im engeren Sinne bestand bei den Mauren ebensowenig wie bei anderen orientalischen

Völkern, wo die Frau wie eine Sklavin gehalten wird und teilweise auch heute noch wird; es sei denn, dass man das orientalische Eheverhältnis überhaupt als Prostitution auffassen wollte.

Nach der Vertreibung der Mauren aus Spanien, die nicht nur viele ihrer Sitten, sondern auch viele ihrer Genossen zurückliessen, die in dem Christentum aufgingen, kam bekanntlich bald der Klerikalismus zu Macht, zu einer grösseren als sonstwo in Europa, und dieser, sowie die mit ihm später erscheinende Inquisition trugen zwar nicht zur Verbesserung der Sitten bei, wohl aber zur Unterdrückung jeder Lebensfreude. Zudem kommt noch der grosse Stolz der Spanier, der auch vieles beitragen mochte, der Prostitution eine geringere Ausbreitung zu geben als in andern südlichen Ländern Europas. Charakteristisch ist folgende Anekdote, die Weber-Demokrit erzählt: „Eine spanische Buhlerin, der Philipp IV. vier Pistolen gab, wie dies in der Etiquette so vorgeschrieben war, pflegte sonst für ihre Gunstbezeugungen hundert Dublonen zu fordern. Sie legte nach Erhalt ihres geringen Sündensolds Männerkleider an, bat um eine Audienz, die dem vermeintlichen Spanier auch bewilligt wurde und warf dabei dem König einen Beutel mit vierhundert Pistolen hin, ausrufend: „So bezahle ich meine Maitressen!"

Ein deutscher Schriftsteller, Johann Josef Abel, schilderte anfangs des neunzehnten Jahrhunderts die Lage der Frauen in allen Ländern der Welt, von der frühesten Zeit bis zu seinen Tagen. In der nachfolgenden Darstellung der Lage der Spanierinnen folgen wir teilweise seinen Angaben:

Die Spanierinnen des sechzehnten und siebzehnten Jahrhunderts waren fast alle sehr klein und mager. Sie hatten glänzendes, volles Haupthaar, bräunliche Haut, grosse, feurige Augen, schöne Gesichtsbildung, regelmässige Züge, zierliche Hände und sehr kleine Füsse. Was den Spanierinnen an blühender Färbung abging, das suchten sie durch Glänzung zu ersetzen. Sie rieben ihre Haut so lange bis sie wie gefirnisst glänzte. Nichts scheuten sie mehr als üppige Formen. Die Schwellung des Busens suchten sie durch alle möglichen Mittel einzuschränken, besonders auch durch aufgelegte Bleiplatten. Dies gelang oft so sehr, dass man an vielen Frauen nicht nur keine Busenerhebung sah, sondern sogar Höhlen und Vertiefungen vorhanden waren. Um diese vermeintlichen Reize erkennen zu lassen, trugen die spanischen Damen Hals und Schultern entblösst. Je freigebiger sie mit der Entfaltung der Reize des oberen Körperteils waren, um so sorgfältiger wurde der untere den Blicken möglichst entzogen. Ehrbare Frauen hielten ihre Beine und Füsse verborgen und hätten lieber ihr Leben hingegeben als sie den Blicken fremder Männer ausgesetzt. Sie trugen so lange Kleider, dass ihre Füsse beim Gehen stets bedeckt waren; und beim Aussteigen aus einer Kutsche wurde eine Fallthüre herabgelassen, die Füsse und Beine nicht sehen liess. Die Füsse und Beine der Königinnen im Gespräch zu erwähnen, galt fast als Verbrechen. Als Maria Anna von Oesterreich, die Braut Philipps IV, nach Spanien kam, wurden ihr in einer Stadt, wo die Strumpffabrikation lebhaft betrieben wurde, seidene Strümpfe als Geschenk angeboten. Der Mayordomo der künftigen Königin warf die Strümpfe unwillig fort und rief den Ueberbringern zu: „Ihr sollt wissen, dass die Königinnen von Spanien keine Beine haben!" Die königliche Braut fing nun an bitterlich zu weinen, erklärte, nach Wien zurückkehren zu wollen, denn sie lasse sich nicht die Beine abschneiden. Es gelang sie zu beruhigen und sie aufzuklären. Als dem König dieser Vorfall erzählt wurde, soll er gelächelt haben. Es war dies eines von den drei Lächeln die jemals bei ihm bemerkt wurden.

Nichts war trauriger und abweichender von den Verhältnissen anderer europäischer Länder, als die Lage der Frauen in Spanien. Sie lebten abgeschlossener als Nonnen, die in manchen Klöstern nach Belieben männliche Besuche empfangen durften. Verheiratete Frauen vom Stande durften das ohne Erlaubnis des Mannes nie; und wenn dieser einen Freund oder Bekannten einführte, so wagten sie es kaum die Augen zu erheben. Damen von Rang hatten nur im ersten Jahr ihrer Ehe die Freiheit in Gesellschaft des Gatten in einem offenen Wagen spazieren fahren zu dürfen. Weniger vornehme Damen fuhren an gewissen Tagen in geschlossenen Wagen spazieren, dessen kleine Fensteröffnungen ihnen wohl einen kargen Ausblick gestatteten, aber sie selbst den Blicken der Aussenwelt entzogen. Verheiratete Männer leisteten ihren Frauen nur selten Gesellschaft, auch bei Tisch nicht häufig. Stickerei, Gespräche mit der Kammerfrau oder mit ihrem Hauszwergen, Gebete unter Abkörnung des Rosenkranzes waren die hauptsächlichsten Zerstreuungsmittel einer vornehmen Dame jener Tage.

Der Zwang, dem die spanischen Damen unterworfen waren, stieg mit der Höhe ihres Ranges und war demnach für die Königin am drückendsten. Als die zweite Gemahlin Philipps IV. eines Tages bei Tisch über das Treiben eines Hofnarren in ein lautes Gelächter ausbrach, wurde ihr bedeutet, dass eine Königin von Spanien nicht lachen dürfe. Die spanischen Hofdamen konnten in Anwesenheit des Herrscherpaars die zärtlichsten Liebeserklärungen ihrer Anbeter anhören. Die ehrerbietigste Galanterie gegen die Königin aber wurde mit Gift und Dolch bestraft. Die spanischen Königinnen durften nicht einmal mit fremden Prinzen, die um Infantinnen warben, ohne Dolmetsch in einer andern Sprache als die spanische sprechen.

Obgleich die Spanier ihre Frauen fast in einer orientalischen Abgeschlossenheit hielten, wurde das weibliche Geschlecht doch sehr hoch geehrt. Niemand empfing etwas von einer Dame, oder übergab ihr etwas, ohne dabei niederzuknieen und wenn eine Dame einen Gegenstand lobte.

so hielt sich der Besitzer desselben verpflichtet ihn der Dame als Geschenk anzubieten.

Die Ergebenheit und Ehrfurcht der Spanier gegen Damen offenbarte sich am meisten in der Art wie sie um deren Huld warben. Ein spanischer Liebender widmete sich seiner Geliebten mit Leib und Seele, oder widmete ihr wenigstens seine ganze Zeit. Er brachte die Nächte unter ihren Fenstern zu und ging bei Tag vor ihrem Hause auf und nieder um sie zu sehen und um ihr folgen zu können, wenn sie sich nach der Kirche oder sonstwo begab. Bei Prozessionen blieb der Liebende unter dem Fenster seiner Herzensdame stehen und geisselte sich viel heftiger als sonst. Die Dame ermunterte ihn durch liebevolle Blicke und Winke zu diesem gottgefälligen Werk. Es wurde sehr hoch geschätzt von dem Blute des Geisslers bespritzt zu werden. Eine besondere Liebesprobe bestand auch darin, zu Ehren seiner Dame einen wilden Stier zu bekämpfen, ein Unternehmen, das so manchen Hidalgo das Leben kostete.

Spanische Edelmänner affektierten oft eine romantische Liebe für eine Dame, die sie kaum kannten und an deren Neigung ihnen eigentlich gar nichts gelegen war. Sie konnten einer solchen Liebe einen grossen Teil ihres Guts zum Opfer bringen, um so mehr aber dort, wo eine wirkliche Herzensneigung vorhanden war. Wenn Spanier liebten, ob Mann oder Frau, so waren sie mit Herz und Sinn ihrer Liebe völlig ergeben. Dieser grossen Liebe entsprach aber auch ihre Eifersucht und Rachgier, wenn die ihnen geschworene Treue verletzt wurde. Männer und Liebhaber brachten ohne Rührung und Reue die Gattin und deren Geliebten, die Geliebte und deren Bevorzugten um.

Was die Mode betrifft, so ist als Schöpferin neuer Trachten vor allem die Gattin Philipps II, Elisabeth, die Tochter Katharinas von Medici, anzusehen, grossgezogen, also an dem unsittlichsten Hof dieser Zeit. Die strenge Etiquette des spanischen Hofes gestatteten ihr allerdings keinen breiten Spielraum für ihre Modelaunen, doch ist immerhin zu verzeichnen, dass sie kein Kleid zweimal trug und dass das wohlfeilste 300—400 Thaler kostete. Indess, Kleidung und Putz der Spanierin war ebenso eigenartig wie ihre Lebensweise, wie ihre Art zu lieben. Vornehme und geringe Frauen schmückten sich so unmässig, dass es den Fremden, der daran nicht gewöhnt war, anwiderte. Sie legten auf Wangen, Lippen, Ohren, Hände, Finger, Stirn und Schultern Rot auf und stellten sich mit Tusche und Pinsel Augenbrauen her. Aeltere Frauen trugen Oberkleider von schwarzem oder grauem, jüngere von weissem oder farbigem Atlas. Diese Kleider hatten enge Aermel; nur an den Schultern waren Wülste oder Flügel angebracht. Sie schlossen sich an die Oberhälfte des Körpers fest an und waren vorn zugeknöpft, zuweilen mit Knöpfen von wertvollen Edelsteinen. Das Kleid war so lang, dass es die Füsse nicht nur bedeckte, sondern man auch diese hineinwickeln konnte und die Spanierinnen übten sich von Kindheit an darin, auf ihr Kleid zu treten, ohne darüber zu fallen. Ueber dieses Kleid wurde eine bis ans Knie reichende Mantille geworfen. Bis zur Zeit Karl II. wurde allgemein der Reifrock getragen, von dieser Zeit ab wurde diese Modeform nur bei Hof und anderen Festlichkeiten getragen. Die Spanierin jener Zeit trug unter dem Kleid im Winter zehn bis zwölf, im Sommer sechs bis acht Röcke, die möglichst kostbar hergestellt wurden.

Der Schmuck der Spanierin war ebenso schwerfällig wie ihre Kleidung. Der Gürtel war gewöhnlich aus Münzen und Reliquien zusammengesetzt. Keine Spanierin liess sich ohne den Strick irgend eines Nonnenordens sehen. Halsschmuck von Steinen oder Perlen war unbekannt, doch wurden fast allgemein Ringe, Armbänder, Ohrgehänge, Brustschleifen und Haarschmuck mit Edelsteinen und Perlen getragen. Die Ohrgehänge waren sehr lang und so schwer, dass man hätte glauben sollen, die Ohrläppchen müssten dadurch ausgerissen werden. Manche trugen sogar Uhren, kleine Glocken, fein gearbeitete englische Schlüssel als Ohrgehänge. Die Haare steckten voll Nadeln, deren Köpfe Fliegen, Schmetterlinge und dergleichen, aus Edelstein dargestellt, bildeten. Ueberhaupt zeigte die Haartracht die grosse Abwechslung in der Mode und die Verwendung von Perrücken oder sonstwie fremder Haare war allgemein. Keine spanische Dame entbehrte bei vollem Putz grosse Brillen und Patins, Ueberschuhe von Goldstoff oder Sammt, deren Absätze so hoch waren, dass die Damen sich beim Gehen auf Pagen oder Gesellschaftsfräulein stützen mussten.

Wenn vornehme spanische Damen Toilette machten, so liessen sie sich von ihren Kammerfrauen mit wohlriechenden Kräutern durchräuchern und die älteste der Kammerfrauen musste überdies ihre Herrin noch mit Duftwasser bespritzen. Es galt die Meinung, dass das Orangewasser um so duftiger wirke, wenn es ein altes Weib in den Mund nehme und zwischen den Zähnen auf ihre Gebieterin spritze, ein widerlicher, noch von den Mauren herrührender Brauch.

Der Einfluss der Sittenzustände unter Ludwig XIV., der bekanntlich an allen Höfen sich geltend machte, äusserte sich auch an dem spanischen, zumal des „Sonnenkönigs“ Enkel als Philipp V. den durch den Tod des letzten spanischen Habsburgers erledigten Thron bestieg. Doch brachte diese Thatsache viel weniger Veränderungen hervor als man annehmen könnte. Die an den Hof gelangten Franzosen waren zwar bestrebt, die alte starre Hofetiquette zu brechen, doch diese erwies sich kräftiger als vorauszusetzen war und sowohl Philipp wie seine französischen Hofkavaliere schickten sich so ziemlich in die spanischen Bräuche und Sitten.

Eine grössere Veränderung zeigte sich aber in Spanien im letzten Viertel des achtzehnten Jahrhunderts. Französische Moden und Sitten nahmen überhand. Die Frauen genossen mehr Freiheit als vorher und die Ehemänner zeigten sich weniger eifersüchtig. Das italienische Cicisbeat wurde auch in Spanien allgemein und die Cortejos zeigten sich ebenso wenig uneigennützig, wie ihre erotischen italienischen Genossen. Stets hatte die Spanierin ihren Cortejo zur Seite, den sie mit grösster Eifersucht beobachtete und der seiner Eifersucht nicht minder Ausdruck gab. Es wird erzählt, dass ein spanischer Offizier, der gerade nicht vornehmer Herkunft war, eine der ersten Herzoginnen des Hofes bei den Haaren in ihrem eigenen Zimmer herumschleppte, weil sie seine Eifersucht erregt hatte. Philipp V. hatte öffentliche Bälle und Maskeraden verboten und dieses Verbot war noch bis gegen Ende des achtzehnten Jahrhunderts in Kraft.

Mehr noch machte sich der französische Einfluss in der nachfolgenden Zeit geltend und er währte durch das ganze neunzehnte Jahrhundert. Nur die Granden wahrten teilweise die alte Etiquette.

Die Maitressen-Wirtschaft an dem spanischen Hofe erreichte nie diesen Umfang, den sie anderwärts angenommen hatte und die verlottersten Sittenzustände des Herrscher-Hauses waren erst in letzterer Zeit durch die erotischen Ausschreitungen zweier Königinnen zu verzeichnen.

Kaiser Karl V. hatte bekanntlich zwei uneheliche Kinder, deren Namen zu Bedeutung gelangt sind. Don Juan d'Austria, den Sieger von Lepanto und Margarethe von Parma, die in den Niederlanden klug und kräftig die Regierung führte. „Ueber den wahren Namen der Mutter des Don Juan," heisst es in einer Schrift, „Die Gunstdamen und Kinder der Liebe des Hauses Habsburg", „ist man bis heute nicht im Klaren, die einen glaubten sie sei eine Brüsseler Bäckerin oder Wäscherin gewesen; andere widerlegen diese Sage auf Grund der in Spanien selbst bei gut unterrichteten Leuten eingezogenen Nachrichten und behaupten, die Mutter Don Juans sei eine schöne, vornehme flandrische Gräfin gewesen, die man Barbara von Blombergh genannt und später an einen gewissen von Reguel aus Namur oder Luxemburg verheiratet hatte. König Philipp II. von Spanien hingegen soll seiner eigenen Tochter Klara Eugenie im tiefsten Vertrauen eine hohe fürstliche Person genannt haben, deren Ruf zu schonen Karl V. gewünscht hätte, dass an ihrer statt ein anderes Frauenzimmer genannt werden sollte, wozu sich die Blombergh nicht ungern verstanden hätte. Strada, ein Höfling des Kaisers Rudolf II. nennt dagegen Juans Mutter schlechthin Katharina, während sie bei einem ungenannten Gelehrten Katharina von Bordona heisst. Diese soll mit der Fürstin von Palermo 1559 nach Spanien gekommen sein und Philipps II. Achtung in solchem Masse gewonnen haben, dass er sie der Aufmerksamkeit des Fürsten von Eboli, Ruy, Gomez empfahl. Dieser, Erzieher des königlichen Prinzen Don Carlos und des Don Juan, brachte die Bordona in häufige Berührung mit seinen Zöglingen, besonders mit letzterem, der sie in der Folge seine Mutter genannt haben soll, woraus Einige seine mütterliche Abkunft ersehen wollten, was aber der ungenannte Berichterstatter selbst widerstreitet und meint, der Mutter rechter Name sei aus Rücksicht gegen ihren hohen Stand unbekannt geblieben. Hiermit stimmt auch der Franzose Varillas zusammen, wenn er sagt, das Geheimnis über die Geburt Don Juans ist nie völlig enthüllt worden, sei es aus zu grossen Rücksichten gegen den hohen Stand seiner Mutter oder um des argen Skandals willen. Andere, die von der Meinung ausgingen, dass vornehme Frauen sich nie gescheut haben, als Herzensflammen grosser Monarchen genannt zu werden, suchten in dem Geheimnisse eine tiefere Veranlassung und beschuldigten den Kaiser geradezu, diesen Sohn mit seiner leiblichen Schwester Marie, verwitweten Königin von Ungarn, gezeugt und zur Vermeidung des groben Anstosses die Barbara Blombergh an ihrer Statt unterschoben zu haben, während die Dreistigkeit wieder Anderer des Kaisers leibliche Tochter, Margaretha von Parma, zu Juan's Mutter machte. Diese Blutschande wollten indessen Viele, gewiss mit Recht, dem verschämten Monarchen nicht aufbürden, sondern hielten sich an eine noch neuerlich geglaubte, wenngleich grundlose Sage: Carl V. habe mit einer schönen flandrischen Gräfin, Namens Diana, mehrgedachten Prinzen gezeugt und zu ihrer Schonung den Namen einer armen deutschen Offizierstochter, Barbara Blombergh, untergeschoben. Diese Gräfin Diana soll eine natürliche Tochter Königs Heinrichs II. von Frankreich und nachmals die Gemahlin des Herzogs von Castro, Orazio Farnese gewesen sein. Daraus ergiebt sich, dass man auf die Herzogin Diana von Angeleme hinzielt, diese war aber noch ein Kind, als Don Juan geboren wurde. Neuerlich hat man eine flandrische Edle, Madame de Plombes, welche noch 1575 mit ihrem Manne in Antwerpen von einem ansehnlichen Jahrgehalte des Kaisers Carl V. lebte, zur Mutter Don Juan's gemacht und behauptet, Heliodora (Barbara?) von Plombes stamme aus einer Regensburger adeligen Familie und sei von ihrer eigenen Mutter, Katharina, Witwe Ferdinands von Plombes, dem Kaiser, als dieser sich 1544 zu Cambrai aufhielt, zugeführt worden, angeblich in der Absicht, eine Unterstützung zu erbitten, wahrscheinlich aber, damit dieser sich in die Tochter die erst 22 Jahre alt, schön, angenehm und von freiem Betragen war, verlieben sollte. Der Monarch gewährte nicht allein Unterstützung, sondern verliebte sich auch, da er Witwer war, in das junge Fräulein und hiess sie bei seinem Aufbruch nach Brüssel ihm folgen. Ja sie besuchte ihn in männlicher Kleidung im Feldlager und pflegte ihn, wenn er am Podagra darniederlag, bis ihre Schwangerschaft sie veranlasste, bei ihrer Mutter in der Nähe Regensburgs Zuflucht zu suchen, wo sie auch niederkam. Genaue Nachforschungen, so weit sie die eben nicht geringen Hilfsmittel gestatteten, haben durchaus nicht ermitteln lassen, dass eine Adelsfamilie Plombes weder in Deutschland noch in Flandern oder Belgien jemals gelebt habe; ebenso findet man die Barbara Blomberg oder von Blombergh, die heutzutage von Vielen für eine geborene Nürnbergerin gehalten wird, stets vereinzelt und durchaus in keinen verwandtschaftlichen Beziehungen mit den Gliedern der deutschen Familie Blombergh, und eine niederländische oder flandrische dieses Namens scheint gar nicht bestanden zu haben, gleichwie der Name ihres Gatten, von Reguel oder Requel, historisch grundlos sein mag. Ohne also mit Sicherheit entscheiden zu können, ob eine Frau oder ein Fräulein von Blombergh oder Plombes wahre oder erdichtete Mutter dieses Bastards gewesen sei, müssen wir uns begnügen, dass über den wahren Namen und Stand der Mutter Juan's, weniger wohl auf deren, als auf des Vaters Anlass, ein tiefes Geheimniss herrscht, dass vielleicht des Kaisers Oberhofmeister, Don Ludwig Quixada und sein Sohn König Philipp II. von Spanien darum gewusst, aber es nie entdeckt haben, dass Carl V. dieses Knaben bei seinem Leben in keiner öffentlichen Urkunde, sondern vielleicht erst kurz vor seinem Tode (1558), wenn nicht schon bei seiner Abdankung (1555) in mündlicher Empfehlung gedacht hat.

Gleich nach der Geburt, die wohl eher in einer belgischen Stadt, als in oder um Regensburg statthatte, wurde der Knabe, ohne dass viele darum wussten, einem reichen Hirten in den Gebirgen bei Lüttich mit der Weisung übergeben, ihn wie seine eigenen Kinder zur Arbeit zu erziehen und abzuhärten, und als der Kaiser nach seiner Abdankung nach Spanien zurückkehren wollte, lies er Juan zu sich bringen und seinem Sohn Philipp zu weiterer Fürsorge überliefern, während der Hirt eine ansehnliche Leibrente bekam. Wie der Mailänder Letti erzählt, war der Kaiser über die Geburt des Kindes hocherfreut, liess es bei stiller Taufe Johann nennen und, damit es sorgfältig und anständig erzogen werde, der Mutter neben Geschenken auch einen hinlänglichen Lebensunterhalt anweisen. Viele behaupten, das Kind wurde schon, ehe es ein volles Jahr alt war, dem bewährten verschwiegenen Ludwig Quixada überlassen, um es seiner Gattin Magdalena, aus dem Geschlechte Ulloa, auf dem Landsitze Villagarcia de Campos in der Nähe Vallalolids zu heimlicher Erziehung zu überbringen. Dies geschah, das Geheimnis wurde gewissenhaft beobachtet, so dass der Knabe selbst seine Pflegeeltern für seine wirklichen Eltern hielt, und diese verwendeten so grosse Aufmerksamkeit auf ihn, dass Quixada, als einst im Schlafgemache Feuer ausbrach, zunächst Juan aus den Flammen in Sicherheit brachte, ehe er seiner Frau zu Hilfe kam. Kaiser Carl, der den Knaben sehr lieb hatte, bestimmte ihn zum geistlichen Stande; allein da Quixada seinen Pflegling wie ein vornehmes Kind von Adel erzog und ihn alle ritterlichen Fertigkeiten und Spiele ungehindert lernen liess, so bildete derselbe seinen Ehrgeiz allmälig nach den Bestrebungen körperlicher Geschicklichkeit, und wissenschaftlicher Unterricht wurde ihm zum Ekel. Dies machte ihn bei seiner Munterkeit zu den Waffen sehr geschickt, und als er dem Könige Philipp 1560 zum ersten

Male auf einer Jagd von Quixada zugeführt wurde, gab dieser auch seines Bruders vorherrschenden Neigungen nach, wenn er gleich des Vaters Wünsche lieber erfüllt gesehen hätte.

Man kennt die Heldenlaufbahn dieses eben so tapferen als klugen Prinzen und weiss, dass er am 1. Oktober 1578 — erst 33 Jahre alt — im Lager zu Namur eines verdächtigen Todes starb, tief betrauert von seinen Freunden, Untergebenen und dem ganzen Kriegsheere. Man fand sein Herz ausgedörrt und seine Haut wie vom Brande geröstet. Sein Leichnam wurde mit Gepränge in der Kathedrale zu Namur beigesetzt und sein Grabstein mit einer Inschrift versehen. Philipp II., nicht unempfindlich über das Ende seines talentvollen Halbbruders, liess dessen Gebeine nach Spanien zurückbringen. Der Stallmeister Zuniga packte dieselben zerstückt in drei Reisesäcke (nach Anderen in eine Kiste) und brachte sie, an die Pferdesättel seiner Begleitung gebunden, heimlich durch Frankreich nach Spanien, wo sie wieder zusammengenäht, zur Schau ausgestellt und dann am 24. Mai 1579 mit gebührenden Ehren im Eskurial neben seinem Vater bestattet wurden.

Nie vermählt, hatte sich Don Juan zur Zeit, als ihm die Eifersucht Philipps II. die Teilnahme am Kampfe gegen die Türken auf Malta verweigerte, aus Verdruss zu Madrid in eine Liebschaft mit der schönen Anna de Mendoza verwickelt, deren Frucht Anna d'Austria war. Aehnliche Verhältnisse zu Neapel mit Diana Phalanga aus Sorento machten ihn 1574 zum Vater der Juana d' Austria. Beide Kinder sollen, so lange Don Juan lebte, dem König Philipp verheimlicht worden sein. Anna wurde von Magdalena Quixada, Don Juan's eigener Pflegemutter, erzogen, dann in verschiedene Nonnenklöster nach einander gethan und durch ihren Beichtvater, den Augustinermönch Michael de los Santos, in die Geschichte des dritten falschen Sebastian von Portugal 1596 verwickelt. Die Erscheinung desselben war das Werk der antispanischen Partei in Portugal und der ränkevolle Pater Michael ihr Urheber.

Don Juan's zweite natürliche Tochter, Juana, bis in ihr siebentes Jahr von Margarethe von Parma erzogen, wurde alsdann dem Sanktaklara-Kloster zu Neapel anvertraut, aus dem sie nach Ablauf von 20 Jahren wieder hervorgezogen und dem sizilischen Prinzen von Botoro vermählt wurde. Sie starb im Februar 1630. Barbara Blombergh (? Plombes), mochte sie Don Juan's wahre Mutter sein oder nicht, sah sich auf dessen Empfehlung oder auf Philipps Betrieb, um der Sage, die Don Juan nie bezweifelt hatte, mehr Gewicht zu geben, noch im Jahre 1578 nach Spanien gerufen und in einem königlichen Kloster vier Jahre lang, nachher zu Laredo, wo sie starb, anständig versorgt. Ihren ehelichen Sohn, den man Konrad Pyramus zu nennen pflegt, liess Don Juan in Burgund erziehen, da er aber nichts lernte und lüderlich wurde, musste er unter Alexander Farnese Soldat werden. Auch ihn empfahl Juan auf dem

Sterbebette dem Könige. Mit der eben nicht reizenden einäugigen Eboli, die auch ihn umgarnen wollte, scheint er keinen zärtlichen Umgang, so lange er am Hofe seines Bruders lebte, gepflogen zu haben, wohl aber spricht man von einer Liebschaft zwischen ihm und der Markgräfin von Havrech in den letzten Jahren seines Lebens.

Carls V. natürliche Tochter, Margarethe, wurde 1522 von dem flandrischen Fräulein Margarethe Vomgest geboren, die später Jean Vandendick heiratete. Eine Amazone von hoher Klugheit und Kraft, war sie zweimal vermählt, zuerst mit noch nicht 13 Jahren (1535) an den 1537 ermordeten Alexander Medicis, Herzog von Florenz, zum andern Male (1538) erhielt die sechzehnjährige Witwe von ihrem Vater den dreizehnjährigen Ottavio Farnese zum Gemahl, welchen Carl V. nachher zum Herzog von Parma und Piacenza erhob. Anfänglich war sie von dieser Heirath nicht erbaut; sie sagte scherzweise: „Ich bin gleichsam vom Himmel zu solchen Männern bestimmt, die sich gar nicht für mich schicken; denn als ich noch ein zwölfjähriges Mädchen war, bekam ich einen Gemahl von 27 Jahren, nun aber, da ich schon eine Frau bin, wird mir ein Knabe von 13 Jahren zum Gemahl gegeben. Sie war jedoch nachher mit ihrem jungen Gatten wohl zufrieden und schenkte ihm 1544 einen Sohn: Alexander Farnese, welcher einer der grössten Kriegshelden seiner Zeit wurde. Von 1559 bis 1567 war sie Statthalterin der Niederlande; als Alba in denselben erschien, fühlte sie, dass ihre Rolle ausgespielt sei. Sie bat um ihre Entlassung von der Regentschaft. Mit aller Delikatesse, aber ohne Schwierigkeit wurde sie ihr nebst der schön gelegenen Herrschaft Aquila in Neapel gegeben und am 22. Dezember 1567 verliess sie Brüssel. Margaretha war eine Fürstin von seltener Klugheit, sie besass männliche Eigenschaften, aber doch ein weibliches Gemüt. Sie liebte die Jagd und trotzte den mit derselben verbundenen Gefahren durch einen abgehärteten Körper. Ihre Frömmigkeit beurkundete sie in Selbstverläugnung, so z. B. hatten die Armen, denen sie am Charfreitag die Füsse wusch, gemessenen Befehl jede Reinigung zuvor zu unterlassen.

Der schweigsame Philipp IV., der vorletzte König von Spanien aus dem Hause Habsburg, der oft wochenlang kein Wort sprach, anerkannte von seinen vielen natürlichen Kindern nur einen Sohn; die Mutter desselben, Maria Calderona, hatte sich der 1627 in Madrid gebildeten Schauspielerbande angeschlossen und den heissblütigen König bei ihrem ersten Auftreten so bezaubert, das der sie auf der Stelle begehrte und durch den Herzog von Olivarez sich zuführen liess. Sie wurde nun, obwohl körperlich nicht schön, doch sehr jung, liebenswürdig im Umgang und durch ihren Gesang hinreissend, seine erklärte Geliebte und gebar am 7. April 1629 einen Knaben, welchen sein Vater in seinem 13. Lebensjahre durch den Namen Don Juan d'Austria anerkannte. Die Calderona, die ihre frühere Liebschaft mit dem Herzoge von Medina de las Torres nicht abbrechen wollte und welcher der Franzose Maurepas ohne Grund Schuld giebt, dass sie den König, und durch diesen späterhin die Königin Maria Anna, mit einer hässlichen Krankheit angesteckt habe, fiel bald nach ihrer Niederkunft in Ungnade und ging, des Königs selbst überdrüssig geworden, in ein Kloster, wo sie vom päpstlichen Nuntius Johann Baptist de Pamphili (nachmals Innocenz X.) die Weihe empfing. Ihr Sohn zeichnete sich 1647 im Kampfe gegen die aufgestandenen Neapolitaner, 1652 gegen die aufrührerischen Katalonen, später gegen die Franzosen und gegen Portugal aus; aber er hatte zeitlebens gegen den Hass und die Ränke der Königin Maria Anna, die ihm eine Verbannung nach Consuegra zugezogen, zu kämpfen. Er starb am 17. September 1679, nicht an Gift, wie man gemeint hat, sondern nach 23tägigem Krankenlager am Fieber, aus Kummer und gekränktem Ehrgeize. Er war unvermählt, hinterliess aber ein uneheliches sehr schönes Kind, Anna Katharina Isabella, von einer sizilischen Prinzessin, welches zum Klosterleben bestimmt, auch wider seinen Willen als Karmeliterin zu Madrid eingekleidet wurde, und nach des Vaters Tode nach Brüssel versetzt, den 26. November 1714 in einem Kloster daselbst starb. Don Juan soll einen Schachsaal besessen haben, welcher mit grossen Quadern von schwarzem und weissem Marmor gepflastert war, auf denen er sich zum Spielen lebendiger Personen zu bedienen pflegte.

Philipp VI. besass ausser diesem Don Juan noch mehrere natürliche Kinder, so Fernando de Valdez, den ihm Maria Gonzalez, Tochter des Joseph Gonzalez, Gouverneurs im castilischen Rat, gebar; dann einen dritten Sohn von der Schwester des Marquis von Mortara, Gouverneurs von Mailand, welcher in den Dominikanerorden trat, Bischof von Malaga und Lehrer seines geistesschwachen Halbbruders, des Infanten Don Carlos (Karl II.) wurde."

Auch Philipps IV. berühmter Bruder Ferdinand, Erzbischof von Toledo und Kardinal, hatte eine natürliche Tochter, Maria Anna d'Austria, die in ein Karmeliterkloster eintrat.

Wir sehen hier wiederholt bei den natürlichen Fürstenkindern als Familiennamen d'Austria angeführt, wozu zu bemerken wäre, dass der erste, der diesen Namen führte, einer der zahlreichen natürlichen Söhne Kaiser Maximilans I. war, von dem an geeigneter Stelle noch die Rede sein soll.

Auch bei der nachfolgenden Bourbonen-Dynastie sehen wir das Maitressentum hervortreten, hier sogar zuweilen schon sich mit Staatsangelegenheiten beschäftigen, was allerdings selten vorkam, denn die Hofetiquette bildete auch hier eine trennende Mauer. Auch war der Einfluss der Geistlichkeit allzeit zu mächtig, um das Heranwachsen eines von der Erotik geschaffenen Machtfaktors geduldig zuzulassen. Die Hofetiquette schrieb dem spanischen König vor, in welcher Weise er die

Königin nächtlich besuchen sollte: in Pantoffeln, schwarzem Mantel, den Degen in der Rechten, eine Laterne in der Linken und unter dem Arm eine — Flasche Wasser. Die Etiquette ferner schrieb vor, dass der König, wie schon bemerkt wurde, die Gunstbezeugung eines Weibes mit vier Pistolen ablohne und dass sie, wenn er ihrer überdrüssig geworden war, sich in ein Kloster zurückziehen musste. Daher rief auch eine Hofdame, als der König ihr einst sein Wohlgefallen bekunden wollte: „Vaya! vaya con Dios! No quiero ser monja." (Gehen Sie! gehen Sie mit Gott! Ich will nicht Nonne werden.)

Aus dem neunzehnten Jahrhundert, wo es wiederholt schien, als hätte die Bourbonen-Herrschaft in Spanien ihr Ende gefunden, wäre das sittenlose Treiben der Königin-Witwe Christine und deren Tochter, der Königin Isabella II. zu erwähnen, beide in der Wahl ihrer Liebhaber nicht sehr wählerisch. Bei letzterer besonders waren vom Minister Serrano bis zu Carlo Marfori, dem Sohn eines italienischen Kochs, eine stattliche Anzahl Männer zu verzeichnen, mit denen Isabella geschlechtlich verkehrte und es erregte in Europa allgemeines Staunen, als 1868 der Papst der nichts weniger als tugendhaften Königin die goldene Tugendrose verlieh.

Die gewerbliche Prostitution in Spanien wurde, wie Dr. Hügel (a. a. O. Seite 38 etc.) mitteilt, unter Recarede (586—601), dem Sohne des letzten arianischen Königs im westgothischen Reich, mit 300 Peitschenhieben und Verbannung bestraft. Prostituierte Sklavinnen wurden mit ebensoviel Peitschenhieben und Abschneidung der Kopfhaare bestraft, worauf sie von ihren Herren aus der Stadt entfernt und verkauft werden mussten. Richter, die sich in Prostitutionsdingen als parteiisch erwiesen, wurden zu 100 Peitschenhieben und einer Geldstrafe von 30 Sous verurteilt. Nach dem Eindringen der Mauren verbreiteten sich deren verderbte Sitten allmählich über die christliche Bevölkerung.

„Im Mittelalter wurden nach der Organisierung der Gemeinden auf Grundlage der bis in das elfte Jahrhundert zurückreichenden „Municipal-Conseils" (Cortes), welche die Gesundheitspolizei leiteten, so wie der im fünfzehnten Jahrhundert erlassenen „Municipal-Ordonnanzen," die Prostituierten und die Konkubinen gleichfalls strenge bestraft. In der im J. 1641 veröffentlichten Sammlung der „Ordonnanzen von Huesca" wird einer Magistratsperson „Vater der Waisen" erwähnt, welche die öffentlichen Sitten zu überwachen und die Prostituierten aus der Stadt zu schaffen hatte. Nach dem Kodex (la siete partidas) König Alfons des Weisen vom J. 1260 konnte jedermann einen Kuppler (alcahuete) der Justiz überliefern. — Hausbesitzer, welche ihre Häuser zur Ausübung der gewerblichen Unzucht vermieteten, wurden mit deren Konfiskation bestraft. — Die Kuppler mussten ihre Opfer freilassen, sie verheiraten, und ihnen den durch sie bezogenen Gewinn als Mitgift übergeben, widrigenfalls sie mit dem Tode bestraft wurden. — Männer, die ihre

Frauen verkuppelten und Personen, welche verheirateten Frauen oder Mädchen Gelegenheit zur Debauche verschafften, wurden gleichfalls mit der Todesstrafe belegt. — Die Kirche verweigerte den Kupplern die Tröstungen der Religion. — Alle diese Strafen vermochten jedoch nichts gegen die zunehmenden Ausschreitungen der Prostitution.

Heinrich IV., König von Castilien, erliess (1469) zu Ocana*) ein Gesetz, nach welchem Prostituierte mit 100 Peitschenhieben und der Konfiskation ihrer Kleider; Kuppler aber das erste Mal mit 100 Peitschenhieben, das zweite Mal mit dem Exil, das dritte Mal mit dem Aufhängen an einem Schnellgalgen bestraft wurden.

Carl I. erliess (J. 1552) zu Mouzon**) eine auch von Philipp II. im J. 1566 bestätigte Verordnung gegen die Prostitution, unter dem Titel: „Vermehrung der Strafen gegen die Kuppelei", nach welcher den früheren Strafen noch die Ausstellung am Pranger und die Galeerenstrafe hinzugefügt wurde. Unter ihm wurden die Prostituierten für ehrlos erklärt, und unbescholtenen Müttern das Recht, ihre ausschweifenden Töchter zu enterben, zuerkannt. Ein Vater konnte aber eine liederliche Tochter, wenn sie bis zum 25. Jahre in seinem Hause gelebt, nicht enterben, weil man ihre Ausschweifung nur der schlechten Erziehung zuschrieb. — Dies war der Stand der Prostitution Spaniens im Mittelalter. — Mit dem Beginne des modernen Zeitalters verminderten sich wohl die Kupplerinnen, dagegen trat aber die „geheime Prostitution" unter der Form der „Duegna" (Ehrenwächterinnen) auf. Die Duegna stellte eine Art von häuslichen Unterhändlerinnen dar, welche die ihr anvertraute weibliche Jugend um Geld der Verführung preisgab.

In der zweiten Hälfte des fünfzehnten Jahrhunderts machte man endlich die Prostitution zu einem Zweige der Administration; es wurden in Andalusien, Malaga, Loja, Ronda, Salamanca, Alhama, Marabella, Granada u. s. w. Bordelle ausserhalb der Stadtmauern errichtet. Die legale Prostitution breitete sich von nun an allmählich über die meisten Städte des südlichen Spaniens und das Littorale der beiden Meere bis Valencia, Cadix und an die Grenzen Portugals aus. Das 37. Kapitel der Gesetzsammlung der „Ordonnanzen von Sevilla" (1526, welches über die Prostituierten (mugeras barraganas y deshonestas) und Konkubinen handelt, teilt die in Spanien für die öffentlichen Mädchen vorgeschriebene Kleiderordnung mit.

Unter Philipp II. und III. gab es schon Bestellhäuser (monasteres), deren Vorsteherinnen (mayorale), wenn sie andere als Freudenmädchen aufnahmen, das erste Mal mit 50, das zweite Mal mit 100 Peitschenhieben, das dritte Mal mit der Abschneidung der Nase bestraft wurden. Nach

*) Prohibicion de toner ruffianes las mugeras publicas, y pena de estas y de ellos (Ley I. Enriqui IV. en Ocana ano de 1469 pet 22.)

**) Aumento de pena à los ruffianes, por. Pragm. de 25. de nov. de 1552.

den „Ordonnanzen von Granada“ (1539) und „Sevilla“ (1570) „über die Bordelle,“ wurden deren Vorsteher (Hausväter) bei einer Geldstrafe von 2000 maravedis und 100 Peitschenhieben verpflichtet, die pünktliche Einhaltung des Bordellreglements zu überwachen. Die Hausväter durften den Bordellmädchen, Krankheitsfälle ausgenommen, kein Geld leihen und sie nie über 8 Tage ununtersucht lassen. Anfangs mussten die Mädchen die ärztlichen Untersuchungen honorieren, unter Carl V. aber, welcher die revidierten Granader-Ordonnanzen „über die Bordelle und die Freudenmädchen“ als für das ganze Reich zu Recht bestehend erklärte, wurden sie von den Municipalitäten bezahlt. Das grösste, einer kleinen Kolonie gleichende Bordell Spaniens hatte Valencia. — Unter Philipp IV. wurde (10. Februar 1625)*) die Prostitution wieder verboten, und die Aufhebung der Bordelle angeordnet. Im Jahre 1696 vereinigten sich die Alkaden des Hofes und der Stadt Madrid, um sich über die Vor- und Nachteile der Prostitution zu unterrichten; über die Resultate dieser Besprechung wurde jedoch nichts veröffentlicht.

Zu Ende des achtzehnten Jahrhunderts (1795) überreichte Dr. Cabarus dem Friedensfürsten Manuel Gudoy ein Programm „über die Regelung der Prostitution“, das, obgleich es den medicinisch-polizeilichen Anforderungen einige Rechnung trug, sich doch zu sehr mit der Verhängung von Strafen beschäftigte. — Als sich unter Ferdinand VII. die Syphilis in Spanien ungemein verbreitete, wurde auf die beste Beantwortung der Frage: „Wie kann man der Weiterverbreitung der Syphilis am besten Einhalt thun?“ ein Preis gesetzt. Man erledigte diese Frage durch die Stellung der Alternative: „Die Prostitution entweder gänzlich zu verbieten und auf das strengste zu verfolgen, — oder gut eingerichtete und behördlich beaufsichtigte Bordelle zu errichten.“ — Im J. 1822 erschien ein von den Cortes ausgearbeitetes Programm „über das öffentliche Gesundheitswohl,“ welches die Regelung der Prostitution und die Errichtung von Bordellen abermals befürwortete.

Das spanische Gouvernement, der vielen fruchtlosen Versuche die Prostitution zu unterdrücken müde, überliess endlich die Prostitution ganz sich selbst. — Gegenwärtig herrscht die Prostitution in Spanien mit einer solchen Ungebundenheit und tief in alle Verhältnisse eingreifenden Verliederlichung, dass sie in dieser Beziehung nur von jener Englands übertroffen wird.

Seit 1860 besteht in Spanien keine Beaufsichtigung der Prostitution. Allerdings wurde im J. 1854 behufs des Entwurfes eines Statutes „über die Regelung der Prostitution“ nochmals eine Kommission zusammengesetzt, allein es gelangte über die Arbeit derselben nichts in die Oeffent-

*) Prohibicion de mancebia y casas publikas de mugeras en dotos los pueblos des estos Reynos (Ley VII. D. Felipe IV en Madrid, par prag. de 10. febr. de 1623, en les cap de reformation).

lichkeit. Die Polizei schreitet gegenwärtig gegen die Prostitution nur dann ein, wenn sie die öffentliche Ruhe und Ordnung bedroht. Der spanische Code pénal enthält keine Bestimmungen über das Prostitutionswesen. In Madrid können die Frauen und Mädchen das Unzuchtsgewerbe unangefochten betreiben. Spanien hat wohl keine privilegierten, aber eine Masse von geheimen Bordellen!

Bordelle waren in Städten wie Malaga, Loja, Ronda, Alhama, Marbella bereits Anfangs des fünfzehnten Jahrhunderts vorhanden („De la prostitution en Espagne" par le docteur J. M. Guardia), obgleich eine Organisation der Prostitution erst im Jahre 1486 vorgenommen wurde.

Hügel berichtet (S. 144):

„Nach der Einnahme von Malaga (1487) erteilten die katholischen Könige dem Palais-Inspektor Alonzo Yaney Fayardo das Anrecht über die Bordelle (Mancebias) der obigen Städte, welchem sie später noch jenes über die Bordelle der eroberten Städte Velez, Malaga, Almeria, Almunecar, Guadix, Baza und Grenada hinzufügten. Von da an erstanden in den meisten Städten des südlichen Spaniens Bordelle, die sich später über das Littorale der beiden Meere bis Valencia, Cadix und an die Grenzen Portugals verbreiteten. Alle Bordelle lagen ausserhalb der Stadtmauern. Unter Philipp II. gab es sogenannte Bestellhäuser (monasteres), welche der geheimen Prostitution zum Asyle dienten. Die Vorsteherinnen dieser Häuser (majorala) hiessen abbesse. — Durch die Ordonnanzen Karl V. von Granada (J. 1539), welche für das ganze Reich Geltung hatten, wurde eine aus 124 Artikeln bestehende Bordellordnung unter dem Titel: „Ueber die Hausväter der öffentlichen Häuser" auf allen öffentlichen Plätzen angeschlagen. Es ist erwähnenswert, dass der Hausvater des Bordells in Salamanca, der einen Eid ablegen musste, vom Consistorium ernannt wurde. Um diese Zeit wurde auch eine öffentliche Untersuchung der Bordellmädchen durch einen vom Stadtkonseil ernannten Chirurgen angeordnet.

Valencia hatte unter Ludwig dem Schönen, König von Castilien, nach den Angaben von Antoine de Lalaing (Le mérveilleaux bordeau) im Jahre 1501 ein Bordell mit 800 Freudenmädchen. Dasselbe bildete 4 Strassen mit kleinen Häusern, die mit einer Mauer, welche nur eine Eingangsthür hatte, eingeschlossen waren. In diesen Häusern befanden sich Tavernen, Cabarets, mehrere Aerzte, die Freudenmädchen, der Bordellwirth (hostalers) und die Dienerschaft. Die Taxe für eine Nacht betrug 4 maravedis. Unter Philipp IV. wurde am 10. Februar 1625 durch den Einfluss der Jesuiten die Aufhebung aller Bordelle im ganzen spanischen Reiche angeordnet, eine Massregel, die selbst von vielen Theologen missbilligt wurde.

Juan del Olmo, ein Priester aus dem Orden der Observance, veröffentlichte sogar eine Denkschrift, in der er zur Duldung der Bordelle auffordert. Als sich unter Ferdinand VII. die Syphilis in schaudererregender Weise in Spanien verbreitete und die öffentlichen Sitten eine beklagenswerte Verschlimmerung erlitten, veröffentlichten die Cortes im Jahre 1822 ein Programm über das „öffentliche Gesundheitswohl" in welchem sie die gemassregelten Bordelle mit aller Wärme, aber vergebens, befürworteten. Seit dem Jahre 1860 hat jede Beaufsichtigung der Prostitution aufgehört, die mittelalterlichen, gleichwohl nicht aufgehobenen Gesetze werden nicht mehr gehandhabt und die Polizei gefällt sich der Prostitution gegenüber nur mehr in der Rolle eines müssigem Zuschauers, unbekümmert um das „Salus populi suprema lex esto." Hierzu sei bemerkt, dass später eine gewisse staatliche Beaufsichtigung wieder eingeführt wurde.

Was die letzten Jahre betrifft, so befanden sich nach Gonzales Fragosa („La prostitucion en las grandes ciudades") im Jahre 1888 in Madrid 900 öffentliche Prostituierte. Ein Jahr später wurden 1131 gezählt, eine Zahl die 1890 auf ungefähr 1000 und 1891 auf 930 sank. Diese angebliche Verminderung scheint jedoch nur auf einer mangelhaften Zählung beruht zu haben, denn mit Ende 1899 wurden 2010 verzeichnet (Eslara, „La prostitution en Madrid"). Natürlich ist hier die heimliche oder vielmehr nicht öffentliche Prostitution, zu der unter anderen die Zigarrenarbeiterinnen einen beträchtlichen Contingent liefern, nicht mitgerechnet. Wie in „La mala vida en Madrid", 1901 mitgeteilt wird, berechnete F. Nahillo („La prostitution glas casas de juego", Madrid, 1872) die heimliche Prostitution von Madrid für das Jahr 1872 mit 17000 Frauen, während ein anderer Autor, Rodriguez Solis, in seinen „La muyer defendida etc." bemerkt: „Wir glauben nicht zu übertreiben, wenn wir die Behauptung aufstellen, dass die Frauenzimmer, die von den verschiedenen Künsten der Galanterie leben und mehr oder weniger Prostituierte sind die Zahl 34000 betragen." Aehnlich verhält es sich in den andern Städten Spaniens, wo überall Bordelle zu finden sind, ganz besonders in den Hafenstädten. Auch Tribadie und Päderastie gehören nicht zu den seltsamen Erscheinungen. Im ganzen und grossen weist die Prostitution Madrids gegenwärtig dieselben Erscheinungen auf, die in andern Grosstädten hervortreten.

Die spanische Litteratur hat kaum etwas aufzuweisen, das hier einer besonderen Erörterung zu unterziehen wäre.

Was von Spanien gilt, das gilt auch grossenteils von Portugal mit den Einschränkuugen, die dem kleineren und ärmeren Lande aufzuerlegen sind. Denn selbst als das Reich der Lusitanen mehr war als „la chose de Portugal," wie es Friedrich der Grosse spöttisch nannte, konnte es die Vergleichung mit dem mächtigen spanischen Nachbarstaat nach keiner Richtung hin erfolgreich bestehen. „Portugal" schreibt Weber-Demokrit, „gleicht einem grossem Kloster . . . wo nach 1750 der Franziskaner Gaspard am Staatsruder sass, wo die Einkünfte des Reiches auf Erbauung des Klosters Mafra verwendet wurden, das 300 Mönche und 150 Laienbrüder fütterte, wo Jesuiten durchaus herrschten und der Beichtvater die Königin, die etwas ohne ihn gethan hatte, acht Tage fasten liess, und wo das Königshaus alles that, um seinem päpstlichen Titel Rex fidelissimus würdig zu entsprechen.

Kaum war eine Engländerin, die in männlicher Kleidung einen berühmten Klostergarten zu Lissabon besuchte, hinaus, so kamen die Kehrbesen und Mönche begossen selbst die Pflanzen mit Weihwasser. Trotz dieser grossen Andacht sind die Kirchen dennoch wahre Liebestempel, wo sich gar oft die Hände der Liebenden im Weihkessel begegnen, sich drücken und Billete wechseln, oder Messknaben sich, mit einem Ave Maria an die Brust schlagend, zur Erde werfen und der Dame ein Briefchen unter den Rock schieben und ein anderes von ihrer Hand hervorlangen. Aeussere Andacht wirkt nicht auf Moral, und daher hält die Eifersucht der Männer, die gar wohl wissen, dass ihre Damen galant sind, wie Ausländer schon oft auf eine tragische Art erfahren haben, Hauskapellen und manche Dame kommt nur dreimal zur Kirche: bei ihrer Geburt, bei ihrer Trauung und bei ihrem Begräbnis . . ."

Möncherei hat das gute liebenswürdige Völkchen in einem irdischen Paradies herabgewürdigt und die stolzen Britten, die sich mit den Mönchen das Fett des Landes teilten, haben es unverdient gebrandmarkt. Das einst vielgelesene Werk von Dumouriez „Etat présent du Portugal" hat nicht minder viel Unrichtiges verbreitet, bis zu dem Spass mit dem Wort ficar. Der König fragte den päpstlichen Nuntius portugiesisch nach dem Befinden Seiner Heiligkeit und mehrerer Kardinäle: „Come fica o sanctissimo Padre? Come ficaon os Cardinales?" Der Nuntius antwortete lachend italienisch: „Come ficano tutti gli uomini." — Wie in Spanien machte sich auch in Portugal die Macht der Römer, der Germanen und der Mauren geltend. Der Einfluss der letzteren scheint sogar auf Portugal noch mehr eingewirkt zu haben als auf Spanien und auch die Blutmischung noch reichlicher stattgefunden zu haben. Im ganzen und grossen galt und gilt heute noch in Sitten und Sittlichkeit das, was von Spanien bereits bemerkt wurde, doch muss gesagt werden, dass dort später als in andern Ländern französische Moden und Bräuche Einlass fanden. Die Frauen lebten fast bis zur jüngsten Gegenwart beinahe in orientalischer Abgeschlossenheit in ihren Gemächern. Werden alle diese Umstände in Betracht gezogen, so ist es leicht begreiflich, dass hier die eigentliche Prostitution keinen günstigen Nährboden fand; und ziehen wir ferner noch in Betracht, dass das Land wenig von Fremden besucht wird so ist es auch leicht begreiflich, dass Portugal auch gegenwärtig keine stark entwickelte Prostitution besitzt. Die Armut des Landes ist zwar einerseits der gewerbsmässigen Unzucht förderlich, anderseits aber giebt sie auch der Wollust keinen umfangreichen Spielraum. Die Organisation der Prostitution gleicht der Spaniens.

Aus der Vergangenheit sei erwähnt, dass König Alphons V. 1438 Kuppelei und Prostitution streng verbot. Personen, die junge Mädchen, Witwen oder Ehefrauen zur Prostitution verleiteten, wurden mit Peitschenhieben und Verbannung nach Brasilien bestraft, die es Nonnen gegenüber thaten, erlitten Todesstrafe und Einziehung ihres Vermögens. Erstere mussten überdies lebenslang eine Coifure (polaïna) von roter Farbe tragen.

Rumänien.

Das von Nachkommen römischer Kolonisten, die sich stark mit Slaven vermengt haben, bewohnte Rumänien, ist erst seit 1878 ein unabhängiger Staat, der von 1859 bis dahin unter türkischer Oberherrschaft stand und vor dieser Zeit eine türkische Provinz bildete. Von dem noch früher bestandenen dacischen Reich kann hier füglich abgesehen werden. Diese ethnographische Mischung, die einigermassen auch sprachlich zum Ausdruck gelangt, äussert sich auch in den Sittlichkeitsverhältnissen. Nur zu oft zeigt der Rumäne neben der Sinnlichkeit, die bei den romanischen Völkern besonders kräftig vorhanden ist, die Wollust des Orientalen und geschlechtliche Gier des Slaven. Manches zu der Sittenverderbnis der Rumänen mag auch der Umstand beigetragen haben, dass die reichen Bojaren mit besonderer Vorliebe einen zeitweiligen Aufenthalt in Paris nahmen und von dort Sünden und Laster heimbrachten, die nur zu üppig gediehen. Die Unzucht findet übrigens in allen Balkanstaaten ein üppiges Gedeihen, doch ist hier den slavischen Völkern doch nachzurühmen, dass ihr Familienleben grossenteils rein gehalten wird, was bei dem Rumänen häufig nicht der Fall ist. Die rumänischen Frauen sind ziemlich putzsüchtig und die Anwendung von Schminken ist selbst in den gesellschaftlich tiefer liegenden Schichten nicht selten Mit Bedauern ist auch zu verzeichen, dass in Rumänien die Syphilis ziemlich stark verbreitetet ist. Unter solchen Umständen ist es leicht begreiflich, dass hier die Prostitution eine ziemlich umfangreiche Ausdehnung besitzt und Bukarest dürfte in dieser Beziehung nummerisch so mancher viel grösseren europäischen Stadt überlegen sein. In den Städten sind Bordelle vorhanden, die unter polizeilicher Kontrolle stehen und deren Insassen wöchentlich von bestimmten Aerzten untersucht werden, Massregeln, die in moralischer und sanitärer Beziehung hier noch geringeren Wert als anderwärts haben und oft kein anderes Resultat zeitigen, als den Bordellwirten Abgaben aufzuerlegen oder, wie es ja auch in Paris und vielen anderen Städten vorkommt, sie zu „Erkenntlichkeiten" zu veranlassen. Selbstverständlich ist auch eine zahlreiche heimliche Prostitution vorhanden.

Griechenland.

Die Sittlichkeitszustände und die Verhältnisse der Prostitution Griechenlands in alter Zeit und in den Tagen byzantischer Herrschaft wurden in den vorhergehenden Bänden dieses Werkes bereits erörtert. Unter der Türkenherrschaft unterschieden sich diese Verhältnisse und Zustände kaum von denen in anderen türkischen Provinzen und auch seit der Neubildung des griechischen Staates ist nur wenig zu verzeichnen, das hierbei Griechenland in besonderer Weise von den andern Balkanländern unterscheiden würde. Auch die Nachkommen der Weisen und Helden von Athen und Sparta haben viele fremde Elemente in sich aufgenommen und es liesse sich überhaupt darüber streiten, ob das heutige Geschlecht Griechenlands als Universalerbe des alten Hellas zu betrachten sei, wofür es so gerne gelten will.

Immerhin muss aber gesagt werden, dass die Griechen von heute viel von der Sittenverderbnis der Vergangenheit gewahrt haben und dass bei ihnen, noch mehr als bei ihren Ahnen, die Wollust des Orients Eingang gefunden hat, wenn auch nicht mit aller Ueppigkeit und allem Raffinement einer besonders ausgestalteten Kulturwelt. Anfangs des neunzehnten Jahrhunderts glaubte Weber-Demokrit von den Neugriechen sagen zu dürfen: „Noch bemerkt man den Hang zur unnatürlichen Lust . . . Noch sind die Griechinnen gegen Seefahrer so gefällig, wie zur Zeit der Calypso, und tragen ihre Schleier, weniger um sich zu verbergen, als um ihre Schönheit zu erhöhen; noch finden sich auf Tinos Gestalten, die zu einer Venus sitzen könnten . . . Die Griechen der jonischen Inseln, die jetzt (d. i. anfangs des neunzehnten Jahrhunderts) einen eigenen Freistaat bilden unter britischem Schutz, haben viel italienische Sitten, da sie dreihundert Jahre unter Venedig standen, und erscheinen noch verdorbener als ihre Brüder unter den Türken."

Aus den Vierziger Jahren dieses Saeculums weiss der Verfasser, der bereits mehrfach angeführten „Reise-Fragmente" zu berichten:

„Da die Mädchen sehr früh, im zehnten Jahr, zur Pubertät gelangen, bereits im vierzehnten heiraten, aber auch schon im zwanzigsten verblühen und zur Akyesis übergehen, so sind diese vorzeitig verwelkenden Weiber desto emsiger bemüht, durch künstliche Mittel ihr Aeusseres länger zu konservieren, was sie durch Schminken der Wangen, durch schwarze Färbung der Brauen und Wimpern zu erreichen wähnen. Die Körperhaltung fast aller Griechinnen ist ohne Grazie und ihre Bewegungen — infolge nach orientalischer Weise mit untergeschlagenen Beinen zu sitzen — schwerfällig, bei der gewöhnlichen Beleibtheit sogar unbehilflich." Das Eheleben fand er zumeist glücklich. „Die Männer, grösstenteils mit Feldarbeiten beschäftigt oder im Herumschlendern begriffen, lassen während des Tages die Frauen in diesen rauchenden, unreinlichen und übelriechenden Hütten nach Belieben schalten. Sie nähern sich der Gattin mehr des Nachts als bei Tag, womit diese auch völlig einverstanden zu sein scheint, da sie ihre Befriedigung am folgenden Morgen durch grosse Heiterkeit und fröhlichen Gesang erkennen lässt, während der ermüdete Ehemann langsam von dannen schreitet. Denn schon vor dreitausend Jahren schrieb hier der alte Hesiod: Nur ein Zehntel dieses Vergnügens geniesst der Mann, das Weib aber das ganze . . .“

Neben dieser frivolen Bemerkung finden wir auch folgendes ziemlich harte Urteil über die Gesamtheit: „Bei vielen grossen Eigenschaften und Tugenden sind zwar schon die Altgriechen ein leichtsinniges, grossrednerisches und undankbares Volk gewesen. Bereits im Mittelalter war die hellenische Treue gleich verrufen wie die griechische Liebe. Doch konnte diese Nation nur unter der fast vierhundertjährigen osmanischen Despotie zur völligen moralischen Korruption herabsinken . . . Ohne auf weitere Diatribe einzugehen, bleibt nur die Hoffnung, dass die erlangte Freiheit auch zur sittlichen Emanzipation dieses gesunkenen Volkes führen möge, wozu jedoch, ungeachtet aller sanguinischen Erwartungen philantropischer Neophyten, bis jetzt nur geringe Aussicht vorhanden ist.“ Nun, immerhin kann gesagt werden, dass sich die Zustände in dem neuen Königreich Griechenland verbessert haben, wenn auch noch so manches zu wünschen übrig bleibt.

Von der Esplanade zu Korfu weiss unser Autor zu melden: „In die schattenreichen Gehege dieses Parks verlegen die lebenslustigen Jonier ihren Korso, wo unter dem Schleier der Dunkelheit eine solche Impurität herrscht, dass schon der Wüstling Casanova weniger gegen die Mädchen, die sich öffentlich hingeben, als über jene vornehmen Damen, die hier Assignationen auf die Apotheke trassieren, in Jeremiaden ausbricht.“ Auf den Gestaden des Peloponnes erfassen ihn klassische Erinnerungen. „Die fast unveränderte Eurotasinsel Platanistas erinnert an jene öffentlichen Schauspiele, wo im Beisein der Geronten und Pädonomen die spartanischen Jungfrauen ganz unbekleidet ihre Wettläufe abhielten, damit, von keiner Hülle getäuscht, die Jünglinge sich hier ganz makellose Frauen auswählen. Nach Beendigung dieser Kampfspiele botanisierten ex more die Jungfrauen in den Lorbeer-Gehölzen, um den Liebesstock zu suchen (Levisticum) und sie kehrten gewöhnlich mit dahin nachgefolgten Jünglingen als Bräute zurück, während die Frauen an den Vorbergen des Taygetos die stimulierenden Nepenthes zur Kräftigung für ihre Ehegatten einsammelten.“

Doch kehren wir wieder zu dem näher liegenden Zeitpunkt zurück. Von Athen und Umgebung wird u. a. berichtet: „In dem Thal des Ilissus sprudelt die Quelle Kallirchœ zwar noch immer ihr frisches Wasser, doch nicht mehr im Schatten der Lorbeer-Cypressen-Haine, wo einst Sokrates seine Schüler um sich versammelte. Gegenwärtig schwärmen unter dem Schutz der Nacht viele andere Najaden und Leimoniaden umher, den Tribut ihrer Reize einzuernten, weil, wie vor 2300 Jahren, bei diesem heissblütig moussierendem Volke die Prolifikation als die höchste Freude in der menschlichen Natur betrachtet wird . . . Am unteren Abhang des vierten Felsenhügels (westlich der Akropolis) stand einst ein Tempel der Ilithyia, von dem nur noch die Felsenrutschbahn sichtbar ist, ausgehöhlt und ganz geglättet von den Posterioria der altatheniensischen Frauen, die durch diese absonderliche Rutschfahrt fruchtbar zu werden, oder leichter zu gebären hofften. Jetzt bewerkstelligen in der Andreasnacht die Jungfrauen auf ihren entblössten Sedelien, um Männer zu bekommen, diese Reise unter Hymen auf den Ehestand."

Doch genug dieser Rückerinnerungen. Dies alles lässt eine starke Sinnlichkeit erkennen, die Grundlage der Prostitution, deren gewerbsmässige Ausübung gegenwärtig einige Einschränkungen durch die Armut des Landes und den geringen Fremdenverkehr erfährt.

IV. Kapitel.

Anatomisches und Anthropometrisches über die Prostituierten. — Tätowierung bei Prostituierten. — Laster der Prostituierten. — Ursachen der Prostitution. — Geschlechtliche Frigidität. — Gelegenheits-Prostituierte und geborene Prostituierte. — Sozial-Demokratie und die Prostitution. — Andere Stimmen. — Statistisches.

Es dürfte, bevor eine Erörterung der Prostitutionsverhältnisse bei den Slaven vorgenommen wird, angemessen sein, einige für die Beurteilung der Prostitution bedeutsame Punkte in Betracht zu ziehen, die teils des Zusammenhangs wegen, teils wieder, weil sie von allgemeiner Bedeutung sind in nationalen oder geographischen Abgrenzungen nicht gut vorgebracht werden können.

Der berühmte Gelehrte C. Lombroso und G. Ferraro haben in ihrem bereits hier angeführten Werk „Das Weib als Verbrecherin und Prostituierte“ interessante anatomische und anthropometrische Mitteilungen über Prostituierte gemacht, von denen hier einiges wiedergegeben werden soll.

Bei Messung des Schädelinhalts von 26 Prostituierten ergaben sich folgende Zahlen:

Kapacität in ccm.	1000—1100	Prozent	3,8
„ „ „	1101—1200	„	15,3
„ „ „	1201—1300	„	42,3
„ „ „	1301—1400	„	23,0
„ „ „	1401—1500	„	11,5
„ „ „	1501—1600	„	3,8

Bei 26 untersuchten Prostituierten wurde als Gesichtswinkel gefunden: Maximum 82°, Minimum 72°, Durchschnittszahl 74,6°. Festgestellt wurde auch als viriles Merkmal das grössere Gewicht des Unterkiefers.

An 47 Schädeln von Prostituierten vorgenommene Messungen ergaben folgende normale Merkmale in Prozenten:

Grosse Stirnhöhlen	16	gegen gewöhnliche Frauenschädel	19
Fliehende oder niedrige Stirn .	16	„ „ „	10
Prognathie	36	„ „ „	10
Anomalien am Hinterhauptjoch	23	„ „ „	—
Vorspringende Jochbeine . . .	16	„ „ „	6,9
Massiger Unterkiefer	3	„ „ „	16,5
Männlicher Gesichtstypus . .	4	„ „ „	—
Epaktalknochen	3	„ „ „	6,8
Wormsche Knochen	26	„ „ „	20
Einfache Schädelnäte	16	„ „ „	—
Verstrichene Schädelnäte . .	16	„ „ „	13,3
Plagiocephalie	22	„ „ „	17,2
Schädelsklerose	22	„ „ „	17,2
Atlassynostose	3	„ „ „	—
Enorme Spina nasalis	3	„ „ „	—
Anomalien der Nasenbeine . .	19	„ „ „	—
Anomalien der Zähne	5,1	„ „ „	0,5

Es wurde hierbei festgestellt, soweit diese Zahlen eine Feststellung zulassen, dass der Schädel der Prostituierten stärkere Abweichungen aufweist als der Schädel des normalen Weibes und selbst als der der Verbrecherin.

Anthropometrische Studien lagen vor von 685 lebenden Prostituierten. Nach P. Tarnowskaja bleiben 19% der Prostituierten unter dem mittleren Gewicht; von Diebinnen 20%, Bäurinnen 20%, gebildeten Frauen 18%. (die entsprechenden Zahlen nahe dem Mittelgewicht sind 56, 7%, 51%, 46%, 58%, über dem Mittelgewicht: 22, 9%, 28%, 34%, 24%). Die Höhe unter Mittel ergab bei

Prostituierten 28%, Diebinnen 14%, Bäurinnen 7%, gebildeten Frauen 10%.

Auch sind noch zahlreiche Anormalien bei Prostituierten zu ververzeichnen gewesen. Es fragt sich nur in wie weit solchen Angaben überhaupt ein wissenschaftlicher Wert zugesprochen werden kann und ob sie nicht leicht zu Trugschlüssen verleiten, die der Forschung mehr schaden können, als derlei Ergebnisse überhaupt je zu nützen vermögen. Die Auffassung des Autors, in der Prostitution überhaupt nur ein Aequivalent des Verbrechertums zu sehen, dürfte wohl doch zu weit gehen und nur zu sehr auf berechtigten Widerspruch stossen.

Interessant ist was ferner über Tätowierung bei Prostituierten mitgeteilt wird, wobei allerdings in Betracht zu ziehen ist, das die Beobachtungen sich nicht auf Gebiete aller Richtungen erstrecken.

„Bei den Prostituierten, besonders denen niederster Art, ist die Zahl der Tätowierungen erheblich grösser (als bei Verbrecherinnen) und steigt auf das Dreifache, wenn man die in das Gesicht eingeätzten Surrogate für Schönpflästerchen mitrechnet. De Albertis fand 28 Tätowierte unter 300 Untersuchten in Genua, wie 7 bei 1561 Untersuchten in Turin, Segre in Mailand 1 unter 300, Zusammen fanden sich 36 Tätowierte unter 2161 Untersuchten, also 2.5%." Hierbei sei bemerkt, dass eine grosse Anzahl sich nur in der Hafenstadt Genua ergab, und es ist bekannt, dass Seeleute diese Art der Hautverzierung bevorzugen und sehr oft auch Personen ihres Verkehrs dazu veranlassen, die Operation sogar häufig selbst vornehmen, zu deren Kenntnis sie das Leben auf dem Schiff oder der Aufenthalt in fernen Ländern gebracht hatte. „Die Tätowierungen der Weiber unterscheiden sich von denen der Männer vorzugsweise durch negative Eigentümlichkeiten, wie die Seltenheit religiöser Symbole (1 unter 36). Häufig sind Erinnerungen an Liebhaber (nämlich 24 von 36), zweimal fanden sich Erinnerungszeichen an die Eltern, viermal an eine Freundin. Viermal fanden sich Erinnerungszeichen an mehr als zwei Liebhaber als Dokumente geringer Beständigkeit. Der Form nach waren von den Tätowierungen:

Namen und Initialen . .	31
Durchbohrte Herzen . .	6
Männerköpfe	3
Sprüche	2
eigene Namen des Weibes	3.

Ein fünfzehnjähriges, äusserst zügelloses Mädchen, Tochter eines Kupplers, hatte auf jeder Schulter ein durchbohrtes Herz, darunter einen Anker und die Initialien ihrer Freundinnen.

De Albertis fand auf dem Arm eines 84jährigen Weibes in Genua die Initialen C. D. und zwischen ihnen das Bild eines Zuaven. Eine andere trug auf dem rechten Vorderarme über zwei durchbohrten Herzen die Inschrift

W. Il mio
amore.

In einem Falle fand sich auf der Brust die Figur eines Mannes, die von einem geschickten Seemann aufgezeichnet worden war, mit der Unterschrift E. I. M. B., das heisst Eviva il mio Bruno. Die Besitzerin dieser Inschrift besass eine gewisse Bildung und feierte darin den Mann, dem sie zuerst angehört hatte und vom 14. bis 16. Lebensjahr treu geblieben war.

Auch die Pariser Mädchen beschränkten sich meist auf die Initialen oder Namen von Liebhabern, darunter oft die Versicherung „pour la vie," manchmal zwischen zwei Blumen oder zwei Herzen, fast immer nur auf den Schultern oder der Brust. Nur zweimal fanden sich obscöne Anspielungen. In Paris tragen alte Tribadinnen häufig zwischen Scham und Nabel den Namen ihrer Genossin eingezeichnet. Derartige Tätowierungen sind sichere Zeichen dieses Lasters. Eine gewisse Lacesny hatte den ganzen Körper bedeckt mit den Namen oder Initialien ihrer Liebhaber und dem Datum jeder neuen Liebe . . .

Schon Parrent-Duchatelet hat bemerkt, dass Tätowierungen unter den tiefstgesunkenen Mädchen am häufigsten sind, die gewöhnt sind sich der Reihe nach die Namen ihrer Beschützer einzuzeichnen, eine trug 15 derartige Namen. Alte Dirnen tätowieren sich daneben Frauennamen. Auch Albertis fand, dass die Tätowierten sich von den Uebrigen durch grössere Bösartigkeit auszeichnen . . .

Alle diese Erscheinungen hat auch Bergh an seinem Kopenhager Material gefunden. Hier wurde diese Sitte unter den Mädchen verbreitet durch einen Seemann, einen vorzüglichen Zeichner und Spezialisten dieser Kunst, der den bekannten Leichtsinn der Mädchen durch dies Gewerbe ausnützte . . .

Wie in Paris und Genua waren es auch hier zumeist die Dirnen niederster Sorte, die sich tätowieren liessen. Nie fanden sich obscöne Zeichnungen.

Von den Pariser Tätowierungen unterscheiden sich die Kopenhagner nur durch die Seltenheit der Anspielungen auf erotische Beziehungen zu Weibern."

In einer Fussnote wird hierzu bemerkt, dass in Paris, nach Parent-Duchatelet, etwa ein Viertel der Prostituierten dem Tribadismus ergeben sind und dass Bergh ein ähnliches Verhältnis für Kopenhagen annimmt. Es kann hinzugefügt werden, dass es auch für die meisten andern Grossstädte gilt, sofern das Verhältnis nicht noch schlimmer ist. Uebrigens sind die Angaben Duchatelets bereits einige Jahrzehnte alt und der Tribadismus hat seither in Paris und anderwärts ganz entsetzenerregend zugenommen.

Auch in Deutschland sind Tätowierungen bei Prostituierten nicht sehr selten zu sehen, zumeist aber bei solchen, die in Hamburg oder anderen deutschen Seestädten ihr Schandgewerbe ausgeübt haben. Zuweilen ist die Tätowierung auch obscöner Art, bestimmt auf den Beschauer geschlechtlich aufregend zu wirken. Wie auch in dem hier angeführten Werk bemerkt ist, hat Laurent in seinem „Les habitués de prisons de Paris", 1890, einige dieser pornographischen Tätowierungen beschrieben.

Carlier bezeichnet als die drei Hauptlaster der Prostituierten: Gefrässigkeit, Trunksucht und Verlogenheit, was jeder nur bestätigen kann. Es dürfte kaum eine Prostituierte geben, die nicht wenigstens einem dieser Laster umfangreich ergeben ist. „Die leidenschaftliche Neigung zum Spiel ist bei Prostituierten nicht so stark entwickelt wie bei Verbrechern; jedoch sind in den Bordellen Spielkarten das Hauptzerstreuungsmittel. Parent-Duchatelet fand eine sehr lebhafte Neigung zum Lottospiel. In Monte Carlo findet man stets zahlreiche Kokotten, die sich durch Kühnheit und Hartnäckigkeit im Spiel auszeichnen. Charakteristisch ist die Eitelkeit der Prostituierten, die in allen ihren Formen auftritt und umso stärker ist, je verkommener die Mädchen sind. Carlier schreibt: In Paris nennen die ungeschickten und unsauber gekleideten Prostituierten ihre eleganten Konkurrentinnen verächtlich „panache", und diese revanchieren sich an jenen durch die Bezeichnung „pierreuse", die sie ihnen erteilen. Manche halten sich in allem Ernst für grosse Damen, weil sie in ihrer Abneigung gegen körperliche Arbeit und in ihrer Faulheit die charakteristischen Züge höher gearteter Wesen zu finden glauben. Mädchen, die für fünf Franks zu haben sind, halten sich für tötlich in ihrer Ehre gekränkt, wenn eine Konkurrentin sie „Ein-Frank-Mädel" schimpft."

Zu den beliebtesten Vergnügungen der Prostituierten gehört das Nichtsthun. „Die Langweile ist ihnen fremd und sie bringen es fertig, tagelang auf dem Bett oder dem Sopha sich zu strecken, ohne einen Finger zu rühren und des Nichtsthuns, das für eine normale Frau schlimmer wäre als die schwerste Arbeit, müde zu werden, dagegen ist die Arbeit ihnen tötlich verhasst und dieser Widerwille ist das Hauptmotiv für ihren Eintritt in die Prostitution, wozu noch ihre Freude an Zerstreuungen, Lärm und Orgien kommt." Bei den besser bezahlten Prostituierten ist diese Lust an Orgien oft auch mit einer ganz sinnlosen Verschwendungssucht verbunden.

Interessant ist nachfolgende Aufstellung, die Parent-Duchatelet über die bestimmenden Ursachen des Eintritts von Frauen in die Prostitution giebt. Die Daten beziehen oder vielmehr bezogen sich zwar nur auf Paris, indes dürfte in jeder andern Metropole ein so ziemlich gleiches Ergebnis sich einstellen. Allerdings hat die Sache auch ihren Haken: die Angaben rühren in der Regel von den Betreffenden selbst her, als deren charakteristische Eigenart das Lügen bereits angeführt wurde und diese Verlogenheit pflegt sich gerade in diesem Punkte um so mehr zu äussern. Indes, diese Zahlen haben wenigstens doch die Wahrscheinlichkeit für sich:

Ursache.	Pariserin.	Grossstädt.	Kleinstädt.	Landmädch.	Ausländ.	Total.
Not und Elend	570	504	182	222	62	1441
Absterben d. Eltern, Verstossung, Verwahrlosung	647	201	157	211	39	1.
Um für jüngere Geschw. zu sorgen	29	—	—	—	—	29
Um für alte oder kranke Eltern zu sorgen . . .	37	—	—	—	—	37
Witwen, d. Familie haben	23	—	—	—	—	23
Witwen aus der Fremde, hilflos		187	29	64	—	280
Von Studenten, Kommis oder Soldaten nach Paris verschleppt	—	185	75	97	47	404
Vom Hausherrn verführte u. entlassene Dienstmädch.	123	97	29	40	—	289
N. längerem Konkubinat vom Geliebten verlassen	559	314	180	302	70	1425
zusammen	1988	1389	652	936	218	5183

Welches Mitleid müssen diese Zahlen bei jedem fühlenden Menschen erregen, und wären diese Zahlen auch nur annähernd richtig! Lombroso und Ferrero sprachen zwar von einer „geborenen Prostituierten", und stellen damit sozusagen eine gewisse Prädestinationsregel auf, der doch nicht völlig zugestimmt werden kann Dass, wie die genannten Autoren behaupten, die Hysterie oft die Basis der Prostitution ist, mag richtig sein, es bliebe aber dabei zu erörtern übrig, wie oft die Hysterie als Produkt einer unterdrückten Sinnlichkeit oder überhaupt der Sexualität anzusehen sei und es dürften sich dann wohl eine grosse Anzahl vorkommender Fälle auf diese zurückführen lassen Die „geschlechtliche Frigidität" die die genannten Autoren bei Prostituierten häufig beobachtet zu haben glauben, so dass sie sie als „vorherrschend" bezeichnen, dürfte doch wohl in den meisten Fällen auf die Uebersättigung im „Berufe" oder auf vorhergegangene Masturbation und andere Excesse zurückzuführen sein. Der Sinnlichkeit ist wohl in der Genese der Prostitution doch die Hauptrolle zuzuschreiben, mögen auch Autoritäten wie Lombroso und Ferrero durch physiologische Analyse zu beweisen sich bemühen, dass nicht in jener, sondern in der „ethischen Idiotie" dieser Ursprung zu suchen sei. Betrachten wir übrigens diese wissenschaftliche Prunkbezeichnung etwas näher, so gewahren wir, dass im Grund genommen — abgesehen von physiologischem und andern wissenschaftlichem oder auch pseudowissenschaftlichem Beiwerk — damit nur das gemeint sein kann, was allgemein klar und nüchtern als Leichtsinn bezeichnet wird. Not, Leichtsinn und Sinnlichkeit sind die heillose Dreieinheit aus der die Prostitution erwächst, wobei allerdings nicht ausser Acht zu lassen ist, dass diese Faktoren in der Regel zwar in den meisten Fällen vereint auftreten, aber in den mannigfaltigsten Verbindungen und Mischungen. Genau betrachtet besagen schliesslich alle Meinungen, die über Wesen und Werden der Prostitution laut werden, so ziemlich dasselbe und nur die hierbei zur Anwendung gelangenden Ausdrucksmittel schaffen dabei die oft so heftig zur Erörterung gelangenden Differenzen. Es ist sozusagen dieselbe Historie, die jeder vorbringt, jeder aber in seiner eigenen, nur ihm und seinen Gesinnungsgenossen geläufigen Sprache. Die genannten Autoren stellen neben der „geborenen Prostituierten" die Gelegenheitsprostituierte hin, ebenso wie sie zwischen „geborenen Verbrechern" und „Gelegenheitsverbrechern" beiderlei Geschlechts unterscheiden, Absonderungen, die nur geschaffen zu sein scheinen, um der von den augenfälligen Thatsachen widerlegten Systemmatisierung mehr Halt zu geben. Die Menschenpsyche ist im Grunde genommen zu fein organisiert, um vollends durch einen starren Formel- und Regelkram erklärt werden zu können. Und nichts führt leichter zu Täuschungen, als die absolute Anwendung des wissenschaftlichen Massstabes in der Bemessung abstrakter Erscheinungen. Vielleicht hat keine Wissenschaft mehr Trugschlüsse aufzuweisen, als die scheinbar so allüberzeugend auftretende Statistik.

Als Anhänger Lombrosos erweist sich auch der russische Arzt Professor Tarnowsky in Petersburg. Auch er behauptet, entschiedener sogar noch als jener, wie der bekannte Arzt und Schriftsteller Dr. A. Blaschko in einem Essay, „Die moderne Prostitution" („Neue Zeit" 1891—92) anführt, dass „weder Unbekanntschaft mit den Grundsätzen der Moral und Religion, noch Mangel an Erwerb, noch Obdachlosigkeit, noch trostlose Armut — nicht die äusseren Lebensverhältnisse, sondern ihre innere Organisation selbst, ihre lasterhafte Veranlagung ist es, was diese Weiber ihrem direkten Vorteil, Verstand und allen Warnungen entgegen zu diesem „verfluchten" Leben hinzieht." Dr. Blaschko bemerkt dazu: „Diese Lehre, die in gleicher Weise, wie Lombroso seinen homo deliquente konstruiert, die Prostitution als die notwendige Folge einer angeborenen moral insanity betrachtet, enthält natürlich ein winziges Körnchen Wahrheit in ungeheuerlicher Uebertreibung. In der That giebt es unter den Prostituierten einen kleinen Prozentsatz von Individuen, die ihrer ganzen abnormen psychischen Anlage nach von vornherein für diesen Beruf bestimmt zu sein scheinen, geborene Prostituierte, die manchmal selbst aus glänzenden materiellen Verhältnissen heraus mit unfehlbarer Sicherheit dieser ihrer Bestimmung entgegengehen und die, selbst unter günstige Bedingungen gebracht, immer wieder in ihren Schmutz zurückkehren. Das gilt aber nicht für die weitaus grössere Mehrzahl der Prostituierten, die sich aus der grossen Masse der Durchschnittsfrauen rekrutieren. Und ist denn diese Form der Degeneration eine ausschliessliche Krankheit des weiblichen Geschlechts? Oder wird Herr Tarnowsky annehmen, dass jeder Inhaber eines Schürzenstipendiums, vom Referendar herab bis auf den

Grenadier, der sich seine Liebe mit Schinkenstullen und Kalbsbraten bezahlen lässt, ein „körperlich oder geistig entartetes“ Wesen sei? Oder wenn man das Wesen der Prostitutionskrankheit nicht in der Käuflichkeit der Liebe, sondern in der Sucht nach Abwechslung suchen will, wird er jeden Junggesellen, der allwöchentlich ein anderes Mädchen besucht, zu derartigen Kranken zählen?

Es ist recht charakteristisch, dass gerade aus Russland diese Lehre kommt, aus jenem Lande, wo die Industrie noch in den Kinderschuhen steckt und der innige Kausalnexus zwischen ihr und der modernen Prostitution noch nicht so deutlich zu Tage tritt. Waren doch nach den Ergebnissen der offiziellen Enquete, die im August 1889 im russischen Reich veranstaltet wurde 47,5 Prozent der Prostituierten zuvor Bäuerinnen gewesen! Bei uns ist das anders. Von 2224 Berliner Prostituierten waren schon im Jahre 1872 nach einer von Schwabe im ersten Band der Berliner Städtischen Jahrbücher veröffentlichten Statistik 1430, das sind 64,3 Prozent zuvor in der Industrie (als Arbeiterinnen oder Verkäuferinnen) thätig gewesen, 69,9 Prozent waren Töchter von Arbeitern oder Handwerkern, 14,4 Prozent von kleinen Beamten und nur 4,1 Prozent Bauerntöchter.“

Dr. Blaschko hält „naturgemäss“ die grossen Industrieorte für Brutstätten der Prostitution, wobei er zugiebt, dass es nicht immer die bittere Not ist, die zu dem Schandgewerbe führe. Er betrachtete es als „charakteristisches Kennzeichen“ unserer modernen Prostitution, dass sie so innig mit unserer heutigen Produktionsweise verwachsen ist, dass sie für den modernen Wirtschaftsbetrieb ein „unentbehrlicher Faktor“ sei, dass die „Blüte ganzer Industriezweige blos durch die Prostitution ermöglicht wird.“

Als charakteristische Erscheinung der gegenwärtigen Prostitution gilt ihm auch das allmählige Ueberhandnehmen der nicht eigentlich berufsmässigen Prostitution. Er kommt, kurz gesagt, zu dem Schluss, dass von einer völligen Beseitigung der Prostitution innerhalb unserer heutigen Gesellschaft nicht die Rede kann sein, selbst wenn die Erwerbsverhältnisse des Weibes günstiger würden.

Zu diesen teilweise sehr löblichen Aeusserungen wäre vor allem zu bemerken, dass „diese Lehre“ eben nicht aus Russland kommt, sondern, wie Dr. Blaschko sehr gut weiss, von Lombroso herrührt, dessen Jünger den Meister zu überbieten suchen, was fast bei allen Lehrregeln der Fall ist. Die Industrie, den „Kapitalismus“ und die heutige Gesellschaft für das üppige Gedeihen der Prostitution verantwortlich zu machen, gehört zu den Grundgedanken der neueren Sozialdemokratie, als deren Vertreter hier Dr. Blaschko aufzutreten scheint. Auch Bebel stellt in seinem hier bereits genannten Werke als Axiom hin: „Die Prostitution wird so zu einer notwendigen sozialen Institution für die bürgerliche Gesellschaft, ebenso wie Polizei, stehendes Herr, Kirche, Unternehmerschaft. Das ist nicht übertrieben, wir werden es beweisen." Ueberflüssig, sehr überflüssig, denn es dürfte kaum von einem wahrheitsliebenden und denkenden Menschen geleugnet werden. Was zu allen Zeiten, unter allen Kulturverhältnissen bestanden hat und noch besteht, muss wohl mehr als einer Laune oder einer leicht zu korrigierenden Abirrung der Zeit ihr Dasein verdanken. Es gehört, wie alles Bestehende in den Rahmen der — meinetwegen nenne man sie „bürgerliche Gesellschaft". Ist aber anzunehmen, giebt es auch nur die geringste Wahrscheinlichkeit, dass eine auf anderen volkswirtschaftlichen Gesetzen beruhende Gesellschaft auch in sexuellen Dingen einen totalen Wandel zum Besseren herbeiführen würde, die Prostitution ausrotten könnte? Bebel fährt fort: „Dr. J. S. Hügel sagt in seiner Geschichte, Statistik und Regelung der Prostitution in Wien": „Die fortschreitende Zivilisation wird die Prostitution allmählich in gefälligere Formen hüllen, aber nur mit dem Untergang der Welt wird sie vom Erdball vertilgt werden können." Das ist eine kühne Behauptung, aber wer sich nicht über die bürgerliche Form der Gesellschaft hinauszudenken vermag, nicht anerkennt, dass die Gesellschaft sich umwandeln wird, um zu gesunden und natürlichen sozialen Zuständen zu kommen, muss Dr. Hügel zustimmen." Gewiss, aber das muss auch der, der sich über jene Form thatsächlich „hinauszudenken vermag," aber in diesem Hinausdenken sich nicht in den Irrgarten phantastischer Träumereien verliert und auch nicht ausser Acht lässt, dass niemand in der Lage ist bestimmen zu können, zu welchen Endformen — sofern von solchen überhaupt die Rede sein kann — eine Gesellschaftserneuerung je gelangen kann. So beachtenswert die Person und die Ansichten Bebels selbst für seine Widersacher sind, oder doch sein sollten, was die hier in Rede stehende Frage betrifft, wird er doch nur bei einem Teil seiner näher stehenden Gesinnungsgenossen Zustimmung finden, eine Zustimmung, die vielleicht auch nur eine theorische, disciplinarische ist, und viele denkende Köpfe können nur dem Urteil von Otto Henne am Rhyn in dessen „die Frau in der Kulturgeschichte" im ganzen und grossen zustimmen. „Die von Bebel als Wortführer der Sozialdemokratie angepriesene Lösung durch ein von aller Staatsaufsicht freie Schliessung und Auflösung der Ehen ist nichts als eine Verallgemeinerung der Prostitution und ein, wie er selbst nachweist, Rückwärtsschreiten zu unvollkommeneren Kulturzuständen, und würde zuverlässig zu einer ärgeren Knechtschaft der Frau führen, als sie jemals gewesen ist, indem die Frau im Kampfe mit dem stärkeren, skrupelloseren, durchtriebeneren und herrschsüchtigeren Manne notwendig unterliegen musste, wenn sie ohne den Schutz, den sie jetzt geniesst, auf die Arena mit ihm hinausgestossen würde. Allerdings ist dieser Schutz und allerdings ist diese Stellung der Frau gegenwärtig nicht so, ja noch lange nicht so, wie es sein sollte; aber das Uebel kann nur geheilt werden, wenn der Schutz der Frau durch den Mann zu einer allgemeinen Pflicht des letzteren gemacht, und nicht, wenn er aufgehoben wird."

Es ist schade, dass hier, wie es bei Verteidigung der berechtigten Interessen der bürgerlichen Gesellschaft nur zu oft geschieht, ein gesunder Gedanke in einer unklaren Phraseologie zum Ausdruck gelangt. Vor allem aber thäte es not, mit den schwindelhaften Auswüchsen der sogenannten Frauenfrage gründlich aufzuräumen. Es ist hier weder Raum vorhanden, noch der Ort, diese Angelegenheit eingehend zu erörtern. Zugegeben, dass einige im Grunde genommen unbedeutende Verbesserungen und Aenderungen des Zustandes der Frauenwelt nötig sind. Aber mehr als alles ist nötig, dem natürlichen verweichlichenden und verweiblichenden Einfluss der Kulturentwicklung einen Damm entgegen zu setzen. Was wir in erster Linie brauchen ist eine männliche Kultur und viel nötiger als eine Aufhebung der „Hörigkeit" des Weibes, ist die Beseitigung, oder wenigstens doch Milderung der vom Geschlechtstrieb geschaffenen Sklaverei des Mannes.

Doch kehren wir zur Geschichte der Prostitution zurück, mag das Vorgebrachte auch einigermassen damit in Verbindung stehen.

Viel, überflüssig viel wurde bereits darüber gesprochen und geschrieben, ob die Prostitution nötig sei, ein Punkt, von dem füglich völlig abgesehen werden kann, wenn wir die Thatsache im Auge behalten. Eine Gesellschaft ohne Prostitution böte sicherlich einen Idealzustand, aber ebenso sicher ist beinahe, dass dieser nie erreicht werden dürfte. Ein anderer viel erörterter Punkt betrifft die Organisation der Prostitution und auch darüber wurden viele divergierende Stimmen laut, die im wesentlichen zwei Meinungen vertreten: die eine fordert aus sittlichen, sanitären und noch andern Gründen die Errichtung, bezw. die Beibehaltung der öffentlichen Häuser, die andern dagegen, aus eben denselben Gründen deren Beseitigung, bezw. die Unterlassung dieser Einrichtung. Es dürfte manchem willkommen sein, von den zahlreichen Ansichten, die über diesen Punkt geäussert wurden, einige zu vernehmen, die von Personen herrühren, welche sich berufsmässig mit der Prostitution viel beschäftigt haben, von Beamten, Aerzten, Juristen, Geistlichen, Nationalökonomen u. a.

C. Schlumberger, der als Bürgermeister von Kolmar mit dieser Sache sich beschäftigen musste, schreibt in seinem, 1883 erschienenen Werkchen: „Die Aufhebung der öffentlichen Häuser zu Kolmar 1881":

„Als ich im Jahre 1881 Bürgermeister von Kolmar wurde, zog die Organisation der Sittenpolizei, besonders aber die Einrichtung der öffentlichen Häuser, meine Aufmerksamkeit auf sich. Damals bestanden in der Stadt 7 solcher Häuser mit etwa 30 Mädchen, zu welchen letzteren auch noch 10 freilebende, der ärztlichen Zwangsuntersuchung unterworfene Mädchen kamen.

Die Steuer, welche die Bordellinhaber für die ärztlichen Untersuchungen der Mädchen entrichten mussten, bildete eine ansehnliche Einnahme und kam den untersuchenden Aerzten, der Stadtkasse, sowie dem

Polizeipersonal zu gute. Im Rechnungsjahr 1879/80 war obige Einnahme auf 4245 M. 20 Pf. gestiegen, welche Summe in folgender Weise verteilt worden ist:

für die Aerzte . . . 884 M. 80 Pf.
für die Stadtkasse . . 1711 „ 60 „
für die Polizeibeamten 1648 „ 80 „

Die Häuser lagen alle zusammen in der sogenannten Harthgasse, einem ausschliesslich von Arbeitern bewohnten Stadtviertel. Ungeachtet aller von den Behörden angeordneten Vorsichtsmassregeln stellte sich das Laster den Bewohnern dieser Gegend so schamlos dar, dass der entsittlichende Einfluss desselben von unheilvollster Wirkung auf die junge Generation sein musste, welche ja in unmittelbarer Berührung mit jenen Stätten der Ausschweifung aufwuchs.

Schon zu wiederholten Malen hatte sich die öffentliche Meinung missbilligend über diese Zustände ausgesprochen, wie denn auch die Auftritte gemeinster Art, welche sich in dem Viertel abspielten, die Veranlassung nur allzu begründeter Klagen seitens seiner Bewohner geworden waren. Dabei nahmen die fast allabendlich in jener Gegend stattfindenden, häufig blutigen Schlägereien in solchem Masse überhand, dass die Militärbehörde sich gezwungen sah, einzuschreiten und durch den Beschluss des Garnison-Kommandos vom 19. Mai 1881 das Betreten der Harthgasse den Soldaten gänzlich zu untersagen.

Andererseits war der Gesundheitszustand in der Stadt, besonders unter der Garnison, hinsichtlich der geschlechtlichen Krankeiten nichts weniger als befriedigend und erwies die Wirkungslosigkeit der Regulierung sowohl wie der Zwangsuntersuchung mit täglich wachsender Klarheit. Ich musste mithin ernstlich darauf denken, einer so beklagenswerten Lage der Dinge abzuhelfen."

August Bebel schreibt in seinem bereits genannten Buch 1900, 31. Auflage S. 183:

„Staatliche Regulierung und Kontrolle der Prostitution erzeugt bei der Männerwelt nicht nur den Glauben die Prostitution zu benützen erlaube der Staat, sondern die staatliche Kontrolle schütze sie auch vor Erkrankung, und dieser Glaube befördert in hohem Grade die Benutzung der Prostitution und den Leichtsinn der Männer. Die Bordelle vermindern nicht die Geschlechtskrankheiten, sie fördern sie, die Männer werden leichtsinniger und unachtsamer. Die Erfahrung hat gelehrt, dass weder die Errichtung polizeilich kontrollierter Prostitutions-Anstalten (Toleranzhäuser, Bordelle), noch die polizeilich angeordnete Kontrolle und ärztliche Untersuchung auch nur einige Sicherheit vor Ansteckung giebt. Die Natur dieser Krankheit ist vielfach derart, dass sie nicht leicht und nicht sofort sich erkennen lässt, und sollte einige Sicherheit vorhanden sein, so müsste eine tägliche, mehrmalige Untersuchung eintreten. Diese ist aber bei der Zahl der in Frage kommenden Frauen und in Rücksicht auf die Kosten unmöglich."

In einem Juni 1882 gehaltenen Vortrag sprach Hofprediger Stöcker zu Berlin u. A. folgendes: „Das verwerflichste System in der Behandlung der Prostitution ist das gewöhnliche Bordellsystem, weil ein Mädchen, welches in ein solches Haus kommt, so gut wie rechtlos ist, und aus ihm meist nicht mehr herauskommt, bis es an Leib und Seele zerstört ist. Es ist tief zu beklagen, dass ein solches Mädchen nicht wenigstens jeden Moment sich wieder frei machen kann."

In der sozial- demokratischen Zeitschrift „die Neue Zeit" 1891—92, schreibt S. 166 Dr A. Blaschko:

„Im Laufe der letzten Jahrzehnte freilich ist entsprechend der Bedeutung, die die öffentliche Hygiene errungen, der sanitäre Punkt mehr in den Vordergrund getreten, ist aber selbst heute noch an manchen Orten nicht mehr als ein dekoratives Beiwerk. Es liegt nun in der Natur der Sache, dass beide Zwecke, der sittenpolizeiliche gar nicht, der sanitäre nur zum Teil erreicht werden. Das grossstädtische Leben, die erleichterten Verkehrsbedingungen, die komplizierten Beziehungen der wirtschaftlichen und sozialen Verhältnisse, alles das erschwert der Polizei ihre Aufgabe ungeheuer Daher die Unsicherheit in Gesetzgebung und Verwaltungspraxis: es giebt doch keine moderne Grossstadt, in der nicht die Bordelle ein halb Dutzendmal aufgehoben, wieder eingeführt und wieder aufgehoben worden sind, keinen Staat, in dem nicht jede einzelne Stadt ihr eigenes Reglementierungssystem — oft in schreiendem Widerspruch zu den bestehenden Gesetzen — hat."

In einem Heftchen: „Die gesetzliche Prostitution etc". von Paul Maroni, 1884 wird angeführt:

Wenden wir uns nun noch mit ein paar Worten zu den Folgen des Instituts in rein gesundheitlicher Beziehung, so geht schon aus dem Umstande, dass es, wie nachgewiesen, die Unsittlichlichkeit notwendig befördert, hervor, dass auch die von seinen Freunden besonders gefeierten Resultate desselben zum mindesten zweifelhaft sind. Der in dieser Beziehung interessanteste Staat ist jedenfalls England. Dort ist nämlich erst im Jahre 1864 eine sanitätspolizeiliche Beaufsichtigung der Prostituierten nach kontinentalem Muster, aber nur in einigen Hafen- und Garnisonsstädten, eingeführt worden. Die Resultate dieses Versuchs werden von Freund und Feind lebhaft besprochen. Hören wir, was Dr. Birkbeck Nevins von Liverpool darüber sagt:

„Es mag seltsam erscheinen, dass einer von den Männern, deren Beruf es ist, die durch die Unzucht veranlassten Krankheiten zu bekämpfen, gegen die Mittel und Wege Einspruch erhebt, welche zu diesem Zwecke vorgeschlagen worden sind; aus diesem Grunde habe ich auch lange gezögert, mich darüber auszusprechen. Aber häufig verfehlen die zur Erreichung eines gewissen Zwecks gemachten Anstrengungen vollständig ihr Ziel. Es ist unsere Pflicht, einem Plane zu entsagen, von dem es sich in der Praxis herausgestellt hat, dass er das Gegenteil von dem erreicht, was er erreichen soll. Ich bin ein entschiedener Gegner der Gesetze zur Regelung der Prostitution, weil ich durch die Untersuchung dieser Frage nach allen Seiten und durch ihre praktische Anwendung zu der Ueberzeugung gelangt bin, dass dieselben eine Aufmunterung zur Ausschweifung und in Bezug auf die Frauen, die sie im Auge haben, eine Ungerechtigkeit, eine Grausamkeit und eine Herabwürdigung sind. Gleich vielen meiner Amtsgenossen habe ich eine Zeitlang geglaubt, dass man arbeite, den Anstand auf der Strasse herzustellen und die Liederlichkeit und mit ihr die Krankheiten, welche deren Folge sind, zu beschränken, und daher mein Zögern, mich der Opposition gegen die Regulierung des Lasters anzuschliessen. Je mehr ich aber in dem Studium dieser Frage und der Berichte der königlichen Kommission vorrückte, um so mehr verwandelte sich meine Billigung in Widerstand.“

Parent-Duchatelet sagt in seinem bereits mehrfach angeführten Werk: „Dans l'intérêt des moeurs et de l'ordre général il faut les maisons publiques des prostitution protéger et multiplier.“

Dr. Julius Kühn, weiland Polizeiarzt in Leipzig, äussert sich in seinem Buche „Die Prostitution im neunzehnten Jahrhundert“ 1892, folgendermassen: „Die kasernierte Prostitution dagegen enthüllt sich jedem Auge und daher lastet der Schimpf der Bevölkerung fortdauernd und mit Recht, so lange sie vom Standpunkt der Moral aus urteilt, auf den Bordellen. Sie sind es, die zu allen Zeiten die Aufmerksamkeit der Sittenpolizei auf sich zogen und je nach dem mehr oder weniger milder Windhauch in den obersten Regionen wehte, je nach dem dominierenden Einfluss orthodoxer Maximen verboten, geduldet oder wenigstens gemassregelt wurden. Auch hier hat es leider überall an dem nötigen Freimut gefehlt, der sich fragt, warum diese Bordelle immer wiederkehrten, warum sie unvertilgbar waren, warum dieses soziale Problem bis jetzt der richtigen Lösung harren musste? Ohne dass man sich nur irgend einen Zwang anthut, kann man leicht aus dem Treiben der einzelnen Insassen von der Notwendigkeit des Bordells überzeugt werden.“

So liessen sich noch zahlreiche Stimmen anführen, die meistens allerdings wider das Bordell-System und wider die polizeiliche Regulation womit aber keineswegs feststeht, dass diese Massregeln tadelnswert sind. Für die Sittlichkeit in schönen frommen Worten einzutreten ist schliesslich eine sehr wohlfeile Sache und die gegen die Kasernierung der Prostitution vorgebrachten wissenschaftlichen und praktischen Gründe müssten wohl auf ihren Wert hin erst gründlich geprüft werden. Das Zahlenspiel, das uns für diesen Zweck geboten wird, dürfte weniger zuverlässig sein als von manchen behauptet wird. Dr. Otto Henne von Rhyn ist ein entschiedener Gegner der Bordelle und der Staatsaufsicht. In seinem „Die Gebrechen und Sünden der Sittenpolizei, 1893, bringt er einige Daten über die Abnahme der Bordelle in Frankreich und Belgien, was aber keineswegs als Verbesserung der Sittenverhältnisse gilt.

In Paris bestanden:

1843	Bordelle	235	mit	1450	Dirnen
1852	„	219	„	1673	„
1861	„	196	„	1823	„
1872	„	142	„	1126	„
1881	„	125	„	1027	„
1888	„	72	„	748	„
1891	„	60	„	597	„

Die Bevölkerung hatte sich in dieser Zeit verdreifacht.

Es bestanden ferner in:

Lyon . . .	1854	Bordelle	54,	1888	23
Nantes . .	1861	„	28,	1881	18
Bordeaux	früher	„	60,	1888	16
Havre . .	1870	„	34,	1890	12
Amiens . .	früher	„	13,	1891	0
Strassburg	1856	„	27,	1870	15

Unter deutscher Herrschaft verringerte sich die von Strassburg angeführte Zahl bis 1888 auf 7 Bordelle.

Noch grösser ist die Abnahme in Belgien, wie folgende Zahlen beweisen:

Brüssel . .	1856	Bordelle	42,	1891	7
Antwerpen	1885	„	29,	1888	15
Lüttich . .	1881	„	33,	1887	24
Mons . . .	1881	„	9,	1888	3
Charleroi .	1872	„	10,	1888	5
Gent	1872	„	25,	1878	9

Aufgehoben oder geschlossen wurden die Bordelle in Herstall 1883, in Chenér 1884, in Grivegnée 1888.

Allerdings verkünden diese Daten nicht, um wieviel in dieser Zeit die umherschweifende Prostitution zugenommen hat und ob nicht noch aus anderen Gründen diese Abnahme vom Standpunkt der Moral zu bedauern ist.

Die Slaven.

V. Kapitel.

Das byzantinische Reich. — Die Slaven. — Russland. — Peter der Grosse. — Frauenherrschaft — Katharina II. — Favoriten. — Orloff, Potemkin. — Kaiser Paul. — Alexander I. — Prostitution. — Verschickte Frauen. — Verein zur Hebung der Sittlichkeit. — Weisse Sklaven. — Familienbadestuben.

Die Sittenzustände des byzantinischen Reiches wurden grossenteils bereits im dritten Band dieses Werkes erörtert und es erübrigt noch hier einiges ergänzend einzuführen über die Zustände jenes Reiches, als dessen Nachfolger sozusagen das grösste slavische Reich, Russland, sich hält und auch bei vielen dafür gilt.

Von den Tagen des ersten oströmischen Kaisers Arcadius (395—408) bis zur Eroberung Konstantinopels durch Sultan Muhammed II. (1453)

sehen wir nur wenig lobenswerte Fürsten auf dem Thron Byzanz, sondern Schwächlinge, wie Arcadius selbst, Wüstlinge, wie Phokas (602– 10), Romanus II. (953—63). Daneben ist, gleichfalls von den frühesten Tagen des Reiches, eine oft schmachvolle und sittenlose Weiberherrschaft zu verzeichnen, die nur Wirren und Verderben schuf. Dass unter solchen Umständen auch der allgemeine Sittenzustand nicht günstig beschaffen sein konnte, auf einem Boden, in dem alle Laster Griechenlands, Roms und des Orients keimten, ist klar.

Das Russische Reich wurde bekanntlich 862 von drei Brüdern aus dem normannischen Stamm der Warräger, Rurik, Sincus und Truwer gegründet, die von den miteinander in Zwist lebenden slavischen Stämmen herbeigerufen wurden. Das Christentum nahmen die Russen im Jahre 988 an, als Wladimir der Grosse, auch der Heilige genannt, sich taufen liess. Wladimir hatte sechs Frauen und zahlreiche Kebsweiber. Er teilte bei seinem 1015 erfolgten Tod das Land unter seine zwölf Söhne, die weitere Teilungen vornahmen, sodass Russland bald in fünfzig Fürstentümer zerfiel, deren Herrscher, in Fehde miteinander, die Mongolen zu Hilfe riefen, die das ganze Gebiet unterjochten. Iwan I. Wassiljewitsch (1462—1505), der mehrere Fürstentümer vereinigt hatte, machte sein Land von der Mongolenherrschaft frei, eroberte noch andere Teile und nannte sich „Selbstherrscher von Russland". Dessen Sohn Wassilij Iwanowitsch (150—533) nahm den Titel Zar an und wieder dessen Sohn Iwan II., (1533—84) auch „der Schreckliche" genannt, eroberte Kasan und Astrachan und nahm Sibirien in Besitz. Mit Wassilij Iwanowitsch begann bereits ein hartes Regiment, ein arger Druck. Er nahm den Edelleuten ihre Güter und Schlösser fort, wenn sie ihm gefielen. Noch schlimmer trieb es Iwan, der von seinen Unterthanen unter den nichtigsten Vorwänden Geld erpresste. So verlangte er z. B. von der Stadt Moskau einmal einen Scheffel lebendige Fliegen und weil ihm die Stadt dieses Quantum natürlich nicht liefern konnte, legte er ihr eine Strafe von 12000 Rubel auf.

Mit der Sittlichkeit des Volkes stand es begreiflicher Weise damals recht arg. „Die Priester," bemerkt Sègur in seiner „Geschichte Russlands," „damals die einzigen Lehrer, waren zu roh, um dem Volke Sittlichkeit beibringen zu können. Es erhielt keine Erziehung, nicht einmal die des Beispiels denn der Adel, der als Vorbild diente, war schon vor der Wiege an mit Sklaven umgeben und kaum gesitteter als die andern . . . dies alles zeigt uns, dass die Russen von Griechen und Tartaren nur das annahmen, was am leichtesten zu erwerben war: Gebräuche, Vorurteile und Laster."

Die Frauen wurden schlecht behandelt und aus der Gesellschaft ausgeschlossen. Es wurde behauptet, dass die Russen damals der Bestialität ergeben waren, doch liegen keine glaubwürdigen Beweise für diese Behauptung vor.

In ähnlicher Weise wie Iwan herrschten seine Nachfolger, bis 1613, nach Aussterben des Rurikschen Stammes, das Geschlecht der Romanoff auf den Zarenthron gelangte. Peter der Grosse (1682—1725 führte bekanntlich in Russland grosse Reformen ein, machte es, sozusagen zu einem europäischen Staat und nahm 1721 den Kaisertitel an.

Der mit einer Allmacht ausgerüsteten Zarengewalt konnte natürlich kein Willen entgegengesetzt werden und selbst die erotischen Launen des Gebieters wurden folgsam als unabänderliches Gebot hingenommen. Begreiflicher Weise ist da kaum etwas von Maitressen-Wirtschaft und Herrschaft zu berichten, obgleich die Selbstherrscher nach dieser Richtung hin just keiner Askese ergeben waren. Aber ein anderer merkwürdiger Umstand ergab sich: gewisse Umstände liessen in dem sittenlosen Zeitalter des XIV. und XV. Ludwigs ein Weiberregiment erstehen, das fast ein Jahrhundert währte und eine männliche Prostitution schuf, wie sie in demselben Umfang und in derselben Widerlichkeit weder früher noch später je in Erscheinung getreten ist. Es braucht, bei der allgemeinen Kenntnis der Zustände kaum erst betont zu werden, dass damit keineswegs die Ausübung irgendwelcher widernatürlicher Laster gemeint ist, sondern das vom skandalösen Wollustkitzel russischer „Selbstherrscherinnen" hervorgerufene Treiben, das sich, anfangs wenigstens, auf mehr oder minder gesellschaftlich höher stehende Männern erstreckte, später aber, namentlich unter Katharina II, nach dieser Richtung hin, keine besondere Wahl vornahm.

Schon in der Jugendzeit Peters des Grossen trat diese Weiberherrschaft hervor, die allerdings von der brutalen Kraftnatur dieses Zaren unterdrückt wurde, um aber bald um so machtvoller sich empor zu recken. Nach dem Tode seines Bruders, des Zaren Feodor III., führte nämlich dessen Schwester Sophie die Vormundschaft über den noch minderjährigen Peter und machte den Versuch, die Herrschaft an sich zu reissen. Sie zettelte später auch eine Strelitzen-Verschwörung an, die Peter mit grausamer Strenge niederschlug. Innerhalb drei Tagen liess er 900 hängen, darunter drei gegenüber dem Fenster seiner Schwester.

Peter starb. Sein Sohn Alexei war bereits früher im Gefängnis gestorben, ermordet worden, wie manche behaupten. Mit Hilfe der Garden liess Menzikoff, der Liebhaber der zweiten Gattin Peters, eines zügellosen Weibes von dunkler Herkunft, die Witwe als Katharina I. (1725—27) zur Kaiserin ausrufen und damit begann ein Weiberregiment in Russland, das bis Ende des achtzehnten Jahrhunderts währte. Infolge ihres ausschweifenden Lebens starb Katharina bereits zwei Jahre nach ihrer Erhebung auf den Kaiserthron und ihr folgte ihr Stiefenkel, der Sohn Alexeis, als Peter II. (1727—30), der jedoch noch bevor er mündig geworden wäre starb. Seine Nachfolgerin wurde die Nichte Peters des Grossen, Anna, (1730—40) Gattin des Herzogs von Kurland. Auch sie lebte geschlechtlich ausschweifend und wie Katharina I. den Zügel der Regierung hauptsächlich Menzikoff überliess, überliess ihn Anna ihrem Günstling Biron, den sie auch zum Herzog von Kurland wählen liess. Nach Annas Tod sollte ihrer Anordnung zufolge, ihr Neffe Iwan, der erst 1740 geborene Sohn des Herzogs von Braunschweig-Wolfenbüttel, ihr Nachfolger unter Birons Vormundschaft werden, doch schon nach wenigen Wochen beseitigte eine Verschwörung diese Herrschaft und Elisabeth, die Tochter Peters des Grossen und Katharinas bestieg den Thron, den sie von 1741 bis 1762 einnahm. Sie blieb unvermählt, (allerdings wurde behauptet, sie hätte mit dem Grafen Rasumofski eine heimliche Ehe geschlossen) jedoch nicht ohne Männer, von denen hier nur Bestucheff und Lestocq genannt seien. Das Leben am russischen Hof bewegte sich, sowohl was die Herrscherin, wie auch ihrer Umgebung betraf, völlig in den von Ludwig XIV. eingeschlagenen, von den Regenten Orleans und Ludwig XV. weiter geführten skandalösen Bahnen, nur dass dort nur eine ganz dünne Kulturtünche die tartarische Rohheit spärlich bedeckte, ferner, dass dort die Stellen der Maitressen männliche Favoriten einnahmen, in derselben Weise Vertreter einer schamlosen Prostitution. Noch schlimmer gestalteten sich die Sittenzustände unter der Herrschaft der Anhalt-Zerbstischen Prinzessin Sophie Auguste, bei ihrem Uebertritt zur griechischen Kirche Katharina Alexewna genannt. Sie wurde die Gattin des Grossfürsten-Thronfolgers und späteren Zaren Peters III. eines kompletten Tollhäuslers, der von ihren Anhängern gestürzt und ermordet wurde, wonach sie als Katharina II. (1762—96), die „Semiramis des Nordens", wie sie ihr Lieblingsautor Voltaire schmeichlerisch nannte, den Thron einnahm. Das Leben Peters III., Enkels Peters des Grossen, früher Herzog von Holstein-Gottorp, füllten nächtige Tändeleien und wüste Orgien aus. Er besass neben seiner Gemahlin zahlreiche Maitressen; Katharina selbst bezeichnete die Gräfin Woronzoff als „Favoritsultanin". Aber auch Katharina, eine immerhin geistig höher stehende Frau, und noch mehr sinnlich als geistvoll, schwelgte schon frühzeitig in Liebesgenüssen unlegitimer Art, zumal sie kaum Neigung und Achtung für ihren Gatten hatte und von ihm auch schlecht behandelt wurde. Ihr erster oder doch einer ihrer ersten Günstlinge war der Kammerherr Sergei Soltikoff, der jedoch im Rausch einige indiskrete Aeusserungen verlautbarte, die seine Entfernung vom Hofe — er wurde milde behandelt und nach Stockholm als Gesandter geschickt — zur Folge hatte. Sein Nachfolger bei der jungen Grossfürstin war der polnische Graf Stanislaus August Poniatowski, den sie später auf den polnischen Königsthron setzte. Diesem wieder — wenn vielleicht auch nicht unmittelbar — folgte Gregor Orloff, der als erster der eigentlichen Favoriten, der bezahlten Liebhaber wohl gelten kann. Er hielt sich lange Zeit in der Machtstellung, in die ihn Katharina erhob, die von ihm auch einen Sohn gebar, der später als Graf Lobrinsky eine gewisse Rolle spielte. Der Bruder des zum Fürsten erhobenen Orloff war es, der im Verein mit den zwei Brüdern Baratinskoi den gefangenen Zaren Peter III. erwürgte. Ob Katharina von der Absicht dieser That vorher verständigt worden war und diese gebilligt hatte, ist nicht festgestellt worden; immerhin zeigte sie sich den Mördern gegenüber dankbar. Bestimmter ist es aber, dass der von Elisabeth der Thronfolge beraubte und gefangen gehaltene Grossfürst Iwan auf Befehl Katharinas ermordet wurde, weil sie befürchtete, er könnte von dem Volk als Zar eingesetzt werden.

Die Gebrüder Orloff und deren Anhang führten übrigens ein wüstes Lasterleben. Es wird erzählt, dass sie, wenn sie vom Fenster aus auf der Strasse eine Frau sahen, die ihnen zu gefallen schien, sie von ihren Bedienten ohne weiteres in ihre Behausung schleppen liessen und wenn sie ihnen dann etwa nicht zusagte, den Lüsten ihrer Dienstleute preisgaben. Gregor Orloff übte einen grossen Einfluss auf Katharina aus. Zwar erreichte er nicht sein Ziel: eine heimliche Ehe mit ihr, aber sie fürchtete ihn, den Leiter der Verschwörung, die sie auf den Thron brachte und es wird auch behauptet, dass er sie geprügelt haben soll.

Die Feinde Orloffs suchten ihn aus der Gunst der Kaiserin zu verdrängen und suchten zu diesem Zwecke einen jungen schönen Offizier aus, Wisenski mit Namen. Sie benützten eine Jagdfahrt Orloffs um durch die Kammerfrau der wollüstigen Kaiserin, die Aufmerksamkeit auf den bereits bekannten jungen Offizier zu lenken, was auch gelang. Es wurde das für solche Gelegenheiten übliche Verfahren eingeschlagen. Der Auserwählte wurde von der Kammerfrau zu sich eingeladen, hier traf „zufällig“ Katharina ein und unterhielt sich mit dem „Gast“. Nach einiger Zeit entfernte sie sich und wenn ihr der Betreffende nunmehr noch gefiel, so verabschiedete sie sich von ihm mit den Worten: „Ich hoffe dich wieder zu sehen“, was, wenigstens für die Kammerfrau, deutlich genug gesprochen war. Diese liess nun den Leibarzt kommen und der Auserkorene wurde auf seinen sexuellen Gesundheitszustand hin untersucht. Fiel diese Untersuchung befriedigend aus, so wurde es der Kaiserin gemeldet, die nun den Favoriten zum Kammerherrn ernannte und ihm eine unter ihren Appartements gelegene, mit diesen durch eine Geheimtreppe in Verbindung stehende Wohnung anwies. Ein Kammerdiener überreichte ihm dann ehrfurchtsvoll den goldenen Schlüssel zum Schreibsekretär in dem der Farorit eine Schatulle mit 180000 neuen Silberrubeln fand, das übliche Antritts-Geschenk der zur Befriedigung ihrer Sinneslust überaus freigebigen Kaiserin.

Leutnant Wisenski wurde Favorit und bezog die bisher von Orloff bewohnten Gemächer. Doch Orloff war nicht geneigt seine Stellung so leicht aufzugeben. Zum Schrecken aller, auch der Kaiserin, zurückgekehrt, wusste er es bald dahin zu bringen, dass der neue Favorit abgedankt und ein einträgliches Amt in der Provinz erhielt, er selbst aber seine frühere Stellung einnahm.

Doch Orloffs Feinde ruhten nicht. Sie hatten bemerkt, dass der Blick der wollüstigen Katharina gelegentlich mit besonderem Wohlgefallen auf dem jungen, stattlichen und schönen Gardeleutnant Wassilikoff geweilt hatte. Sie benützten daher die neuerliche Abwesenheit Orloffs — er hatte sich 1772 zum Friedenskongress zu Foksani begeben — um Wassilikoff in der üblichen Weise Katharinas Favorit werden zu lassen. Es gelang und die Kaiserin fand an dem in Liebesdingen noch ziemlich unerfahrenen jungen Mann ein Wohlgefallen. Wieder schien Orloff ververdrängt zu sein und dieses mal dauerhafter, denn seine Gegner hatten es voraus gesehen, dass er bei der Kunde von den Ereignissen nach Petersburg zurückeilen werde und wussten Katharina zu bestimmen, ihm den Einzug in diese Stadt zu verbieten. Orloff erkannte nun, dass er gestürzt sei und um nicht etwa auch noch nach Sibirien verschickt zu werden, zog er sich ruhig auf eines seiner Güter zurück, entschlossen abzuwarten ob die Zeit nicht bald eine Wendung zu seinen Gunsten brächte, was er, der Katharina genau kannte, wohl erhoffen konnte. Stolz genug war er aber auf die von Katharina an ihn ergangene Aufforderung seine Aemter niederzulegen, sonst würden sie ihm entzogen werden, die Antwort zu geben, die Kaiserin möge dies thun, wenn sie den Mut habe vor der Welt als undankbar betrachtet zu werden. Er werde nicht freiwillig seine Erniedrigung vollziehen.

Katharina, in Furcht und Angst vor dem gewaltthätigen Gregor Orloff, stattete ihn reichlich mit Geldmitteln aus und schickte ihn auf Reisen. Er besuchte auch einige europäische Höfe, wo er, hauptsächlich durch seinen Prunk und seine Pracht grosses Aufsehen erregte. Nach wenigen Monaten traf er zum Schrecken seiner Feinde wieder in Petersburg ein und machte Versuche sich Katharina zu nähern. Sie waren vergeblich, die Kaiserin wollte ihn nicht sehen und verbannte ihn nach Reval. Wassilikoff stand zu hoch in ihrer Gunst. Orloff fügte sich, glaubte aber, dass seine Rolle doch noch nicht ausgespielt sei und irrte sich auch nicht. Nach etwa zweijähriger Gunst erhielt Wassilikoff eines Tages den Befehl der Kaiserin, unverzüglich nach Moskau zu reisen und dort weitere Weisungen abzuwarten. Er ahnte was das zu bedeuten hätte, eilte zur Kaiserin, wurde aber von dem Wachposten an der Thür zurückgewiesen. Er reiste ab. In Moskau erhielt er reiche Geschenke der Herrscherin und eine Anweisung auf eine jährliche Pension von 20000 Rubel — die übliche Abfertigung eines Favorits.

Alle am Hofe waren überrascht von dem Sturz Wassilikoffs und mehr noch überrascht als plötzlich Gregor Orloff wieder erschien und in Gnaden aufgenommen wurde. Die allgemeine Unzufriedenheit hatte einen bedrohenden Charakter angenommen und Katharina glaubte eine Kraftnatur oder vielmehr Gewaltnatur, wie Orloff nicht länger missen zu können.

Indes, lange sollte sich Orloff doch nicht mehr halten können; er wurde von dem schönen, kräftigen, jungen und auch intelligenteren Gardeleutnant Gregor Alexandrowitsch Potemkin abgelöst, der sich, unterstützt von den immer noch zahlreichen Gegnern Orloffs, Mühe gab zur einträglichen, wenn auch nicht würdigen Rolle des Favorits zu gelangen. Die Orloffs erkannten die Gefahr, die ihre Herrlichkeit bedrohte und beschlossen in ihrer Weise, das heisst, möglichst brutal dagegen anzukämpfen. Ein Mord, vor dem sie an und für sich wohl kaum zurückgeschreckt wären, mochte ihnen doch zu gefährlich scheinen, sie beschlossen daher die Schönheit Potemkins, die sie für die Hauptgefahr hielten, möglichst zu beseitigen. Gelegentlich einer Billard-Partie wurde ein Streit provoziert und Alexis Orloff, Gregors Bruder. stiess dabei mit dem Billardstock Potemkin ein Auge aus. Gregor teilte Katharina diesen Vorfall mit und versuchte seinen Bruder zu entschuldigen, indem er angab, der Streit wäre durch Potemkins Schuld entstanden, der sich nicht genügend respektvoll über die Herrscherin geäussert hätte. Thatsächlich liess sich auch der neue Favorit hierbei zu einigen Indiscretionen verleiten. Katharina liess nun zwar Potemkin ihr Bedauern über seine Verwundung ausdrücken, aber auch bemerken, dass nach alledem, was sie von der Sache vernommen hätte, es ihr wünschenswert scheine, dass er sich für einige Zeit von der Gesellschaft zurückzöge.

Potemkin zog sich nach Smolensk zurück. Nach einiger Zeit bat er die Kaiserin wieder vor ihr erscheinen zu dürfen, was ihm auch gewährt wurde. Sie erschrak zwar, seine Schönheit so entstellt zu sehen. Doch fand sie sich bald damit ab, zumal er noch sonstige körperliche und geistige Vorzüge besass. Bald hatte er Orloff verdrängt, wurde General-Adjutant und nahm seine Wohnung in den Favorit-Gemächern. Dieser Günstling der Kaiserin kann wohl als „ihr Pompadour" bezeichnet werden und das Gehaben der königlichen Maitresse von Frankreich und des kaiserlichen Buhlknechts von Russland wiesen auch in der Verschwendung von Geld und manchem andern noch Aehnlichkeiten auf. So wie Madame Pompadour, als sie die Abnahme der Macht ihrer Reize merkte, ihren Einfluss erfolgreich zu festigen suchte, indem sie die Leitung des „Hirschparks" übernahm, so entschloss sich auch Potemkin, zumal als er bemerkte, dass er Katharina nicht mehr genügte und sie ihr Auge auf zwei Sekretäre der Staatskanzlei geworfen hatte, auf Sawadowski und Besborowski die Leitung des Männer-Harems zu übernehmen und die nachfolgenden Favoritäten standen so lang er lebte unter seinem Einfluss und er behielt alle Aeusserlichkeiten seiner ursprünglichen Favoritstellung. Seltsam ist es, dass Katharina, die Potemkin einen hohen Titel verleihen wollte, ihn, gleich vorher Orloff, durch Kaiser Joseph II. zum deutschen Reichsfürsten erheben liess und nicht in den russischen Fürstenstand erhob. Uebrigens blieb auch Orloff noch lange Zeit in Ministerstellung, bis er sich zurückziehen musste und 49 Jahre alt, 1783 im Wahnsinn starb. Potemkin starb als Zweiundfünfzigjähriger im Jahre 1791, wohl in Folge seiner übermässigen Ausschweifungen, gleich Orloff.

Noch liessen sich eine stattliche Anzahl Favoriten der „Semiramis des Nordens" anführen. Doch es dürfte genügen Landskoi zu nennen, dem wie den meisten Bevorzugten Katharinas kein langes Leben beschieden war. Er starb noch vor Potemkin, 1785, infolge unmässigen Gebrauchs von Kanthariden, wie die böse Welt behauptete. Sein Nachfolger war Mamonoff, der fiel, als ihn Katharina in einem Garten-Pavillon mit Fürstin Scherbatoff in einer Situation überraschte, die sehr deutlich sprach. Er wurde abgelöst von dem Tartarenabkömmling Suboff, der wieder „der Dubarry" Katharinas genannt werden kann. Bekannt ist seine spätere Mitwirkung bei der Ermordung des Kaisers Paul, Katharinas Sohn, der ähnlich wie sein Vater enden sollte.

Paul galt als begabter Mann und hatte auch eine sorgfältige Erziehung genossen, Vorzüge, die ihm selbst seine Gegner nicht absprechen konnten. Doch andererseits wieder konnte er nicht von einer fast bis zum Wahnsinn gesteigerten Leidenschaftlichkeit, einer überaus grossen Herrschsucht und erbittertem Misstrauen freigesprochen werden. Von seiner Mutter argwöhnisch beobachtet — nahm sie doch den ihm gebührenden Thron ein — von Angebern und Verrätern umgeben, hatte sich in ihm auch eine besondere Missachtung des Volkes herangebildet, das er beherrschen sollte. Gelegentlich einer Unterhaltung mit der ihm befreundeten Gräfin von Rosenberg im Jahre 1782 zu Venedig äusserte er sich: „Ich weiss nicht, ob ich zum Thron gelangen werde; aber wenn mich das Schicksal darauf erhebt, so erstaunen Sie nicht über das, was Sie dann sehen werden. Sie kennen mein Herz, aber Sie kennen dieses Volk nicht, und ich weiss, wie man es führen muss."

Es war in der That schwer, nicht zu erstaunen, wenn man auf die Regierungsthätigkeit Pauls einen prüfenden Blick warf. Gegen England erzürnt, wollte er dieses Reich bekriegen und forderte 1800 alle Könige zum Zweikampf heraus, die sich nicht zu diesem Zwecke mit ihm verbünden wollten. Die Herausforderung des Königs von Dänemark liess er sogar in der Petersburger Zeitung veröffentlichen, ein Mittel, für das er eine besondere Vorliebe gehabt zu haben scheint, denn auch die Bittschriften seiner Unterthanen wurden gewöhnlich durch die Zeitung erledigt. Fuhr ein Russe durch die Stadt und begegnete dabei dem Kaiser, so musste er seinen Wagen anhalten lassen, aussteigen und seine Ehrfurchtsbezeugungen vornehmen.

Waren diese und noch viele andere Vorgänge geeignet, die Stimmung wider Paul zu erbittern, so wurde dies noch verstärkt durch das Treiben seiner Günstlinge, von denen die meisten allerdings nicht lange die Gunst des wankelmütigen Monarchen besassen. Von diesen sind besonders hervorzuheben Graf Rostopschin, dessen Name mit dem Brand von Moskau eng verbunden ist, der vom Barbier des Kaisers zum Grafen und Oberstallmeister beförderte Kutaisoff und der livländische Graf Peter Ludwig von Pahlen, der die höchsten Aemter in sich vereinigte, trotzdem aber das Haupt der Verschwörung wurde, die Paul Thron und Leben kosten sollte. Ihm zur Seite standen dabei die drei Brüder Suboff, General Talizin und General Bennigsen, ein braunschweigischer Edelmann, der in russischen Diensten General und später auch Graf geworden war. Der Plan der Unzufriedenen ging dahin, Paul zu entthronen und seinen 1777 geborenen Sohn Alexander auf den Thron zu setzen.

Einige Tage vor der Katastrophe fragte Paul plötzlich Pahlen, ob er sich des Todes Peters III. erinnere und ob er die näheren Umstände dieses Vorfalls kenne. Pahlen bejahte den ersten Teil der Frage, musste aber den letzteren verneinen. „Ich weiss," fuhr Paul fort, „dass man mir an das Leben will und daran denkt, mir den Tod meines Vaters zu bereiten." Pahlen versuchte diese Besorgnisse zu zerstreuen und versicherte, dass man nur über seinen Leichnam zu dem Monarchen gelangen könnte. Und doch hing es nur von einer Kleinigkeit ab, dass Paul Kenntnis von der wider ihn angezettelten Verschwörung erlangt hätte. Als nämlich Pahlen eines Morgens in das Kabinett des Kaisers trat, umarmte ihn dieser plötzlich, wobei in der Tasche des mächtigen Günstlings ein Papier raschelte. Paul fragte, was dieses Papier enthalte. Pahlen erklärte, es sei ein unbedeutender militärischer Bericht, während es in Wirklichkeit den Plan zur Absetzung des Kaisers enthielt. Diese Auskunft gab der Minister nicht ohne zu erbleichen, was der sonst so misstrauische Paul für eine zufällig eingetretene Unpässlichkeit hielt, weshalb er Pahlen gnädig rasch entliess.

Es galt nun für die Ausführung Offiziere der Garde und anderer Regimenter zu gewinnen, was auch gelang. Paul bewohnte den von ihm erbauten St. Michaels-Palast, einen festungsartigen Bau, dessen Façade eine hellrote Farbe zeigte, die Farbe der Handschuhe, die die Maitresse des Kaisers, Fürstin Gagarin, an dem Tage trug, wo über die Färbung des Palastes entschieden wurde. Erst gegen Ende des Jahres 1800 hatte Paul diesen Palast bezogen.

Der Kaiser wurde am 23. März 1801 in seinem Palaste überfallen und erdrosselt. Ihm folgte sein ältester Sohn Alexander I. in der Kaiserwürde.

Wie bereits angedeutet wurde, spielten auch in Pauls Leben die Maitressen eine bedeutsame Rolle, was übrigens bei den durchaus faulen Sittenzuständen jener Zeit fast selbstverständlich war. Von Alexander I., dem Romantiker auf dem Zarenthron, lässt sich nach dieser Richtung hin wohl einiges sagen. Ein grosser Teil seiner Regierungszeit war von ernsten Kämpfen gegen Napoleon erfüllt und auch die nachfolgende Zeit zeigte in Russland, wie in ganz Europa eine Physiognomie, die der Unzucht nicht besonders laut aufzutreten ermöglichte, aber es sind immerhin einige Maitressen von ihm zu verzeichnen. Es war zwar keine heilige, aber doch eine scheinheilige Zeit entstanden. Auch von den nachfolgenden bis zur jüngsten Gegenwart reichenden Tagen lässt sich kaum etwas Besonderes aus den höheren Kreisen des grossen russischen Reiches melden. Nikolaus galt zwar als „der Sittenstrenge", doch liess er diese Strenge gegen andere, aber nicht gegen sich obwalten.

Bernhard Stern schreibt in seinem „Die Romanows": „Er wahrte den Anstand, er erheuchelte deshalb diese Zärtlichkeit (für seine Gattin), er verbot die Anwesenheit junger Mädchen im Theater bei schlüpfrigen Stücken, er duldete keine Liebesabenteuer am Hofe, er strafte unnachsichtlich die Ehebrüchigen und er selbst erlaubte sich alles, er selbst gab seinen Vorgängern auf dem Zarenthron nichts nach. Fürst Dolgorucky galt als sein Gelegenheitsmacher, als sein „Pêcheur". Dabei hatte der Kaiser, der den Ehebruch so streng strafte, besondere Vorliebe für verheiratete Frauen.

Eine war die Frau von Stolypin, Nichte des Fürsten Sergei Trubetzkoy. Ihr Mann starb vor Kummer und die untröstliche Witwe heiratete den Fürsten Woronzoff.

Eine grosse Rolle spielte bei Nikolaus eine Nelidoff, Verwandte jener Frau, welche die Maitresse Pauls gewesen, Graf Kleinmichel war der Kuppler und Beschützer des Verhältnisses, in seinem Hause fanden gewöhnlich die Zusammenkünfte des liebenden Paares statt, und die Gräfin Kleinmichel musste sich schwanger stellen, wenn die Nelidoff es wirklich war. Alle Kinder von Nikolaus und seiner Maitresse wurden als Kinder des Grafen Kleinmichel ausgegeben.

Sein Sohn und Erbe Alexander II., der Zarbefreier, verprasste dafür desto mehr. Alexander II. war gut und edel, aber halb und schwach und zu oft das Werkzeug seiner zahlreichen Maitressen. Doch schloss sein Liebesleben mit einem lieblichen Idyll, mit seinem Verhältnis zur Prinzessin Dolgorucky, der er den Beinamen Jurjewski gab und die er sich zur linken Hand antrauen liess."

Petersburg war während des ganzen neunzehnten Jahrhunderts ein nur zu ergiebiges Erntefeld der Prostitution, besonders der höher bezahlten, obgleich ein grosser Teil des Adels andere Grosstädte namentlich Paris, zu Vergnügungszwecken gerne aufzusuchen pflegte und selbst nach Aufhebung der Leibeigenschaft der grösste Teil der heimischen Frauenwelt den Lüsten der Gewaltigen fast willkürlich preisgegeben war.

Auch Petersburg wies eine Verminderung der Bordelle auf, denn von den 270 die vor 1870 gezählt wurden, waren nach 1890 nur noch 64 vorhanden. Indes hier wie anderwärts lässt sich die Frage aufwerfen, ob diesem täuschenden Zahlenspiel überhaupt irgend ein Wert beizumessen sei und ob die von vielen Stellen gemeldete Verringerung der Anzahl der Freudenhäuser nicht vielmehr als ein Anwachsen der Prostitution zu betrachten sei, wenigstens der umherschweifenden Prostitution, der ein umfangreicherer Spielraum zugemessen wäre.

Dass den Zahlenangaben nicht viel zu trauen ist, wurde hier bereits wiederholt betont. In Russland tritt, abgesehen von manchem andern, noch ein seltsamer Umstand dazu, den Henne am Rhyn in seinem „Gebrechen und Sünden der Sittenpolizei“ erwähnt: „Sehr bezeichnend ist, dass in Russland, wo man jetzt die Juden so eifrig vertreibt, jüdische Dirnen bleiben dürfen. Es kam in Petersburg vor, dass eine Jüdin nur dadurch ihre Duldung als Studierende erreichen konnte, dass sie sich die gelbe Karte der Prostituierten verschaffte, natürlich ohne diesem Laster zu fröhnen, und in Moskau, dass ein jüdisches Mädchen, um seine kranke Mutter pflegen zu können, denselben Schritt ergriff und dabei unschuldig blieb. Während aber (es war dies früher) die Studierende, als ihr Motiv bekannt wurde, Duldung erhielt und sich später glücklich verheiratete, wurde das arme Mädchen, als die Polizei entdeckte, wie es sich verhielt, dennoch verwiesen und wurde darüber wahnsinnig.“ Es wäre überflüssig, dieser schlichten Schilderung noch Worte hinzuzufügen.

Der Verfasser erwähnt ferner eines Greuels „der alles im Reiche der Unzucht . . in Schatten stellt.“ Es betrifft dies das Schicksal der verschickten Frauen. „Auf der Grenze zwischen Europa und Asien geht eine Brücke über den Sakmafluss. Von dieser stürzen sich viele „verschickte“ Frauen in das Wasser, weil sie ihren Männern, so wie sie zugerichtet sind, nicht unter die Augen zu treten wagen. Selbst Popenfrauen geht es nicht besser. Manche erhängen sich auch in den Etappenhäusern, sobald sie es nur thun können und viele werden wahnsinnig. Selbst verschickte Knaben werden geschändet und die Wächter des Transports sind oft nicht besser als die Verbrecherhäupter oder stecken gar mit ihnen unter einer Decke“ Dazu sei bemerkt, dass es nicht immer Verbrecherinnen und Beschuldigte sind, die sich in einem Transport befinden, sondern, dass dieses Mittel auch gewählt wird, um Soldaten oder sonst geringeren Leuten auf ihr Verlangen hin die Gattin oder die Tochter zuzusenden. — Einige ähnliche Mitteilungen machte auch der bekannte Reisende Kennan in seinem „Sibirien“.

An Bemühungen, Unzucht und Prostitution einzuschränken, fehlt es auch in Russland nicht und es ist hier besonders die 1884 hauptsächlich von Deutschen gegründete „Gesellschaft gegen die Verbreitung der Prostitution“ zu erwähnen, deren Statut lautet:

1) Die Gesellschaft hat zum Zweck, auf dem Wege des gesprochenen und gedruckten Wortes der Verführung zur Prostitution zu steuern, indem sie sich deshalb mit den betreffenden Regierungs- und öffentlichen Anstalten in Verbindung setzt und auch Massnahmen zu ermitteln und vorzuschlagen, wodurch dem Uebel vorgebeugt und dasselbe gehoben werden kann.

Anmerkung. Die Thätigkeit der Gesellschaft ist hinsichtlich des Drucks von Aufsätzen, Broschüren, Büchern und andern Werken, so wie auch der öffentlichen Vorträge allen denjenigen Staatsgesetzen und Verfügungen unterworfen, welche auf die Zensurvorschriften und solche bei Genehmigung von öffentlichen Vorträgen zur Anwendung kommen.

2) Die Thätigkeit der Gesellschaft erstreckt sich nur auf die Stadt Petersburg und ihre Umgebung.

3) Die Gesellschaft ist eine private Gründung und gehört zum Ressort des Ministeriums des Innern.

4) Die Gesellschaft besteht ausschliesslich aus Personen männlichen Geschlechts, die indessen nicht unter 25 Jahre alt sein dürfen, ohne Unterschied des Standes und Bekenntnisses.

5) Um als Mitglied der Gesellschaft aufgenommen werden zu können, muss man von zweien Mitgliedern dazu vorgeschlagen werden.

6) Die Geschäftsverwaltung der Gesellschaft wird einem geschäftsführenden Ausschuss übertragen, der aus 5 Mitgliedern zusammengesetzt ist und welchen die Gesellschaft aus ihrer Mitte wählt.

7) Nach Ablauf von 3 Jahren, vom Beginn der Wirksamkeit der Gesellschaft, ist dieselbe verpflichtet einen ausführlichen Statuten-Entwurf in Betreff ihrer Thätigkeit der Regierung zur Genehmigung vorzustellen.

Aus einem Vortrag, den der geschäftsführende Pastor Dalton in einer der Vereinsversammlungen hielt, seien hier einige interessante Stellen angeführt:

„Als hauptsächlichstes Ziel unsrer Bestrebungen muss uns die Aufhebung der privilegierten Lasterhöhlen, sowie der obligatorischen Untersuchungen der Dirnen allzeit vor Augen stehen. Wir haben an der Hand schwerwiegender Zeugnisse in jenem Vortrage zu zeigen gesucht, einmal, wie in sanitätlicher Beziehung das einseitige und brutale Verfahren keine irgend welche nennenswerten Erfolge erzielt, dagegen aber dem Laster selbst in erschreckender Weise Vorschub geleistet hat. Die Erfolglosigkeit liegt nicht etwa in den bis dahin angewandten, ungenügenden Mitteln, an deren Stelle eine fortgeschrittene Kunst und Wissenschaft zweckentsprechendere setzen kann; sie haftet mit innerer Notwendigkeit an dem Verfahren selbst und ist seine schärfste Verurteilung und Brandmarkung. Wir haben ferner in jenem Vortrage nachgewiesen, welch' unermesslichen Schaden zum sittlichen Verfall der Staat sich selbst zufügt, wenn er den leiblichen Gesundheitszustand seiner Bevölkerung durch Anordnungen schützt, die das Gewissen des Volkes, sein sittliches Leben unfehlbar vergiften. Das ist ein Pact mit dem Laster. Wir haben dann endlich aufgedeckt, auf welch' verruchter, infamer Unterlage eines sogenannten „notwendigen Uebels" dieser dämonische Pact abgeschlossen und das ganze heillose System aufgebaut wird, das den religiös-sittlichen Kern des Volkes anfrisst, ja endgültig völlig zerstört.

Die seit jenem Vortrage verstrichene Frist hat im weiteren Verfolge dahin schlagender Vorgänge auswärts sowohl, als auch mancher kleinen Erlebnisse hier meine tiefwurzelnde Ueberzeugung nur noch verschärft. Von diesen persönlichen Erfahrungen ein Paar Beispiele aus letzter Zeit, meine Herrn . . . .

Vor ein Paar Tagen ist ein solch' gequältes Weib, das — ärger und verruchter noch wie die Dirnen selbst, — diese Menschenwaare in seinem privilegierten Hause feil bietet, bei mir gewesen und hat wieder einmal, wie bereits ein ähnlicher Fall erwähnt ist, versucht, durch die Drohung einer Anklage einzuschüchtern, nicht ein Gewerbe als ehrlos zu brandmarken, das zu seiner Existenz ebenso die staatliche Bewilligung habe wie jeder Bäcker und Fleischerladen. Und was kann man bei den gegenwärtigen Verhältnissen einer solchen Megäre anders vorhalten, als den lebhaften Wunsch, eine solche Drohung doch endlich einmal auszuführen, damit der vorliegende, haarsträubende Widerspruch, den die Bewilligung dieser Lasterhöhlen im notwendigen Gefolge hat, offenkundig zu Tage trete?

Als Gegenstück zu dieser abstossenden Gestalt einer Kupplerin möchte ich Ihnen, meine Herrn Mitarbeiter, jene andre Erscheinung vorführen, die kürzlich in einer späten Abendstunde tief verschleiert und in Trauerkleidern das Pastorat aufsuchte. Nur allmählig gewann die Dame Fassung zu offener Aussprache. Sie war die schmerzgebeugte Witwe eines höheren Staatsbeamten aus dem Innern. Bis dahin hatte sie nach ihrer Aussage in glänzenden Verhältnissen gelebt; davon war ihr nichts geblieben. Völlig mittellos, ohne Verwandten stand sie, die Generalswitwe, dem Elende Preis gegeben da. Nun war ihr die Versuchung in dem Angebote der Uebernahme, eines der vornehmsten öffentlichen Häuser der Residenz nahe getreten, mit der weiteren Lockung, dass ihr die benötigte hohe Kaufsumme vorgeschossen, die ganze Leitung des Hauses ohne ihr unmittelbares Eingreifen besorgt würde. Sie war in ihren Grundsätzen wankend geworden, aber doch dem Zuge ihres Gewissens gefolgt, dem evangelischen Seelsorger ihre Zweifel und ihre Not vor einer endgültigen Entscheidung mitzuteilen. Es hat langer Ueberredung bedurft, die Arme von diesem Abgrunde wegzuziehen; denn es war eine tief schmerzliche Sache, dem immer wieder vorgebrachten Einwande der Beamtenwitwe zu begegnen, wenn das Halten eines solchen Hauses wirklich eine solch schwere Sünde sei, wie sie der Pastor darstelle und im Grunde genommen, auch ihr Gewissen bestätige, wie doch eine christliche Obrigkeit solche Häuser der Sünde und des Verbrechens dulden, ja privilegieren und damit in ihren Schutz nehmen könne? Es ist eine schwere, schwere Verantwortung, die den schuldigen Teil für solche Verwirrung und dann Verdunklung des Gewissens trifft.

Vor einiger Zeit kam nach dem Gottesdienste eine solch unglückliche Dirne, in ihrem Gewissen durch die Predigt des Wortes Gottes gequält, zu dem Seelsorger, von dem sie erfahren, dass er wider dies privilegierte Laster in Wort und Schrift aufgetreten sei. Allmählig in ihren Mitteilungen offner geworden, machte sie Enthüllungen: lassen Sie mich Ihnen, meine Herrn, nur ein Paar davon mitteilen. Die genannten und angedeuteten Namen lasse ich weg; sie stehen aber denen zur Verfügung, die die Sache weiter verfolgen wollen. Sie gewinnen damit einen kleinen Einblick in das heillose, furchtbare Treiben in unserer unmittelbarsten Nähe.

Die arme Gefallene erzählte, dass sie bedürftiger, aber braver christlicher Eltern in der Schweiz Kind sei. Der Vater starb, einer zahlreichen Familie nur seinen ehrlichen Namen hinterlassend. Das kaum vierzehnjährige Mädchen musste in die nahgelegene Stadt, als Kindermädchen ihr kärgliches Brod zu verdienen. Drei Jahre hat sie in verschiedenen Stellungen den stark anstürmenden Versuchungen widerstanden, die meist von den Brodherrn ausgingen, die die Arme zu Falle bringen wollten, der sie die eingenen Kinder zur Hut anvertrauten. Endlich wurde sie mit Gewalt übermocht. Nun liess ihr das Gewissen keine Ruhe; die Schande lastete so sehr auf ihr, das sie der Mutter nicht mehr unter die Augen zu treten wagte. Sie geriet auf die abschüssige Bahn. Der elende Verführer, um die Lästige los zu werden, verlockte sie zum Eintritt in ein öffentliches Haus. Was sie da ausgestanden, gehört nicht hierher. Aus diesem Hause wurde sie für Tausend Franken in ein andres Haus an der französischen Grenze verkauft. Dorthin kam vor über Jahresfrist ein Händler aus Russland, der eine Ladung weisser Sklaven für den Markt in Petersburg da und dort zu erwerben suchte. Die angebotene Waare — aber vergessen Sie nicht, meine Herren, diese Waare sind unsre Schwestern, die verlorenen Töchter des Volkes, um deren Wohl und Weh ein armes Mutterherz brechen kann!! — gefiel dem Händler und da die Mädchen ruhelos den Ortswechsel lieben, wurde er bald handelseins, dass er der früheren Besitzerin 400 Rbl. für jedes einzelne „Collo", wie der teuflische Ausdruck bei diesen Käufen von Menschenfleisch lautet, bezahlte. Aber sein Bedarf war damit noch nicht befriedigt. Der Transport ging zunächst ein Paar hundert Werst weiter, an einer andren ergiebigen Marktstelle die benötigte Zahl zu vervollständigen. So reiste dann der Sklavenhändler mit seinen sieben Opfern, zufrieden mit dem Einkauf, durch die Schweiz und Deutschland hierher, lieferte seine frische Ware ab und berechnete für jede Einzelne ausser dem Einkaufpreis noch

350 Rbl. Reisespesen, so dass die unglücklichen Dirnen gleich am ersten Tage ihrer Ankunft mit einer Schuldforderung von 750 Rbl. bei ihrer neuen Wirtin zu Buche standen. Und dann gleich die andren Auslagen für die nötige Ausstattung, zu einem Preis der Flittertand angesetzt, dass Einem ein Schrecken über solch schamlose Beraubung ankommt. Diese Summen bilden dann eine feste Sklavenkette, welche die Dirnen an die Wirtin fesselt und ihnen jede Rückkehr zu einem geordneten Leben schier unmöglich macht . . .“

Wir lernen hier ein Beispiel des infamen Mädchenschachers kennen, der besonders von Osteuropa aus schwunghaft betrieben wird und auf den hier noch später zurückgekommen werden soll.

Eine Spezialität der Prostitution von Petersburg und wohl noch andern russischen Städten bilden die Bäder, die sogenannten „Familienbadstuben“, über die sich genannter Herr folgendermassen äusserte:

„In erster Linie lenke ich Ihre Aufmerksamkeit auf den scheusslichen Unfug, zu dem die „Familienbadstuben“ in unsrer Stadt gemissbraucht werden. Sie sind das beliebteste Stelldichein geworden, frech wider Gottes Gebot zu sündigen. Gehen Sie bitte an gewissen Badstuben vorüber, um zu sehen, von welchem Gesindel dieselben umschwärmt sind, wie da auf offner Strasse, vor aller Augen ein empörender Handel abgeschlossen wird, der dann in den Zimmern seinen fluchwürdigen Abschluss findet. Wem dieser öffentliche Schacher widerstrebt, dem machen es — so wird mir von glaubwürdigster Seite versichert — die Badeknechte bequem, dass sie dem Besucher, freilich gegen hohes Entgelt, die begehrte Ware auf die Stube liefern. Selbst die notwendige Andeutung dieses heillosen Treibens widert einen an. Und dagegen einzuschreiten sollte es keine Mittel geben? Und die Polizei sollte hülflos dieser schnöden Verhöhnung von Zucht und Ordnung gegenüberstehen? Thue man ihr doch die Schmach nicht an! Man strafe recht stark beide Teile, die Uebelthäter und dann auch die Inhaber der Badstuben, die aus solchem Treiben recht bedeutenden Gewinn ziehen. Die Gefahr, die sie laufen, muss empfindlicher sein als die Lockung des Gewinnes. Eine Pön von 500 Rub. bei der ersten Ueberführung solchen Missbrauches der Badstuben, von der verdoppelten Summe im Wiederholungsfalle, von der unerbittlichen Schliessung aber der Badstuben, wenn ein drittes Mal dies Treiben entdeckt wird, wird zunächst wohl als Abschreckungsmittel den Menschen gegenüber dienen, die ehrlos genug sind, reich werden zu wollen, einerlei, durch welche schmutzigen Kanäle ihnen dieser Reichtum zufliesst.“

Die Vorschläge, die von dem genannten Verein ausgingen, gleichen im ganzen und grossen so ziemlich denen, die von andern ähnlichen Verbindungen in verschiedenen Staaten ausgegangen sind und es muss leider wohl angenommen werden, dass sie dort einen nur ebenso geringen Erfolg aufzuweisen hatten. Sie lauten:

1) Keine Dirne in einem öffentlichen Hause oder unter Polizeiaufsicht darf eine Schuld kontrahieren oder einen Wechsel ausstellen. Alle derartigen Papiere sind null und nichtig. Grade diese Schulden der Dirnen an ihre Wirtinnen, mit einer Wucherkreide gebucht, im Vergleich mit welcher die ärgsten, jüdischen Erpressungen als harmlose Stilübungen erscheinen. sind die stärksten Klammern, eine solche Gefallene im Lasterleben festzuhalten und ihr, wenn sie reumütig und bussfertig sich wegsehnt, den Rückweg zu erschweren, ja unmöglich zu machen. Und welche infame Schulden stehen da zu Buche! Obenan der Kaufpreis der weissen Sklavin und dann die schwindelhaften Preise für all' den Flittertand, in welchen sie ihre Schande verhüllt und auch wieder zeigt.

Es sind bereits ein Paar zaghafte Schritte gethan, diese eisernen Klammern zu lockern. Den Häusern ist es verwehrt, sich in private Schuldthürme umzuwandeln und ihre Insassen als Häftlinge, bis zur Abtragung der Schuld, wider ihren Willen in dem Sündendienst festzuhalten, mit andren Worten, ihren feilen Körper zur Leistung der argen Forderungen auszunutzen. Das wissen aber die wenigsten Dirnen und was nützt ihnen der Austritt, wenn sie mit der Schuld der entsetzlichen Harpye behaftet bleiben? Ein langes Leben bescheidener, ehrlicher Arbeit reicht nicht aus, einen solchen Wechsel einzulösen. Die andre gewährte Möglichkeit, durch einen längeren Aufenthalt in einem Magdalenum die Wechselschuld als fernerhin ungültig zu tilgen, ist ebenfalls ungenügend. Einmal haben die wenigsten auch davon eine Kunde, dann aber auch halten die meisten nach den Schilderungen ihrer Umgebung von dem vermeintlichen Leben in solchen Rettungsanstalten diese Zufluchtsstätte für eine Art Haftlokale, ärger noch als das traurigste Zuchthaus.

2) Es darf in diesen Lasterhöhlen weder Speise noch Trank verabfolgt, weder Musik noch Tanz gehalten werden. Nach glaubwürdigen Berichten sind diese Schandlokale zugleich Vergnügungsorte, wo zumal durch Trank und Spiele alle bösen Leidenschaften angestachelt und gereizt werden, um dann schliesslich in einer Sünde auszuarten, die den Verbrecher zeitlich ruiniert und ihm die ewige Seligkeit raubt. Die starken Getränke, zu den gleichen Schwindelpreisen den Bethörten von den Wirten in Rechnung gesetzt, wie der Flittertand der Dirnen, locken zur Sünde an und leisten ihr den gefährlichsten Vorschub. Es geht eine Reihe von Lastern Hand in Hand. Die ganze, sinnbetörende Umgebung verführt und reizt zum Rausche, in welchem auch die letzte Regung des Gewissens weggespület und ertränkt wird; der Trunkene ist dann um so leichter die elende Beute der Dirne. Welche Enthüllungen haben die entsetzlichen Prozesse in Brüssel vor einigen Jahren zu Tage gefördert, in welchen sich der Chef der Sittenpolizei als der Champagnerlieferant dieser Häuser entpuppte! Ein Teil der raschgewonnenen Vermögen dieser Kupplerinnen besteht aus dem Raube der Weinpreise, die dem Lüstling in den Höhlen

angerechnet werden. Das Verbot der Verabfolgung von Speise und Trank wäre nur eine Fortsetzung und weitere Ausdehnung jenes andren, bereits bestehenden Verbotes, das den Schnapsbuden die Verabfolgung von Speisen, ja selbst — um jedes Gelage unmöglich zu machen — die Herrichtung von Tisch und Bank untersagt.

3) Auch diese Lasterhöhlen sind unter das Gesetz der Polizeistunde zu stellen und jede Beherbergung während der Nacht ist aufs Strengste zu untersagen. Wir haben aus manchem nihilistischen Prozesse der letzten Jahre erfahren können, dass es diesen ruchlosen Verbrechern möglich war, tagelang ohne Pass den strengen Verordnungen, denen die Gasthöfen unterworfen sind, zum Trotz sich dadurch unbehelligt hier aufzuhalten, dass sie Nacht um Nacht in diesen Häusern verbrachten. Dieselbe Macht, die von Zeit zu Zeit recht erfolgreiche Razzias nach armen Vagabunden in den Nachtherbergen und andren Spelunken veranstaltet, muss einen Schritt weiter gehen dürfen, solche Razzias nach den sittlichen Vagabunden in diesen Höhlen zu machen, die nach der Polizeistunde noch dem gottlosen Treiben fröhnen. Es ist doch eine arge Schmach Jedem der seine Stadt lieb hat und nach der Weisung der Schrift für ihr Bestes zu sorgen bemüht ist, es ist doch eine grosse Schande jener Vorwurf, den mir einst ein christlicher Freund machte, der zum Besuche nach Petersburg gekommen war: „was für eine Stadt doch, in welcher du lebst und wirkest! Wenn der Fremde in später Nachtstunde noch eine Erfrischung zu sich nehmen will, so findet er diese und jene Restauration geschlossen, aber weit geöffnet alle Lasterhöhlen, in denen er — nur mit der leidigen Dreingabe von Dirnen — seinen Durst stillen kann."

Gewöhnlich kranken Forderungen dieser Art an dem Uebel, dass sie, von dem Standpunkt reiner Sittlichkeit ausgehend, die thatsächlichen Verhältnisse völlig ausser Acht lassen und in den meisten Fällen ist es dieser Umstand, der bewirkt, dass derlei Vorschläge an berufener Stelle mit einer gewissen Gleichgiltigkeit, fast könnte man sagen Geringschätzung aufgenommen werden. Abgesehen davon, dass, wie wir es bereits von Paris her kennen gelernt haben, zuweilen, private Gründe vorhanden sind, dass die Polizei Bordellhältern und ähnlichem Gelichter gegenüber ein gewisses Wohlwollen bekundet, Ursachen, die sicherlich nicht zu billigen sind, abgesehen ferner, dass die Polizei notwendiger Weise mit diesen Leuten auf einem guten Fuss stehen muss, weil sie oft auf ihre Dienste und Mitwirkung angewiesen ist: abgesehen von alledem muss die Polizei eben mit gegebenen Faktoren rechnen, und wenn sie einmal das Bestehen von öffentlichen Häusern für nötig findet — die meisten Beamten der Sittenpolizei sind dafür — so muss sie auch nüchtern damit rechnen, fern von frommen Phrasen und salbungsvollen Tiraden. Es ist kaum anzunehmen, dass dies der feste Punkt sein könnte, von dem aus Prostitution und Unzucht je aus ihren Angeln geworfen werden könnte.

„In Russland," berichtet Dr. Hügel, „giebt es zahlreiche Bordelle, namentlich findet man in Petersburg in den Häfen viel priviligierte Bordelle. Auf allerhöchsten Befehl wurde im Jahre 1843 ein medizinisch-polizeiliches Comité beim Ministerium des Innern zur Regulierung und Verwaltung des Bordellwesens zusammengesetzt. Auf Vorschlag dieses Comités wurde eine regelmässige Beaufsichtigung der Bordelle und ihrer Lustdirnen, sowie die Einführung der Einregistrierung beschlossen. Zu dem Ende wurde die Stadt in sechs Bezirke eingeteilt (utchastok) und die sechs ordinierenden Aerzte des Hospitals für syphilitische Weiber zur Untersuchung aller in diesen Bezirken domicilierenden Prostituierten verpflichtet. Petersburg zählte 1858 in diesen sechs Bezirken 178 Bordelle in denen sich 770 öffentliche Mädchen aufhielten." Ausserdem gab es damals noch 1123 einregistrierte Prostituierte in Petersburg und eine Anzahl geheimer Prostituierte und Bordelle. Wie auch aus manchen der bereits gegebenen Mitteilungen zu ersehen ist, ist in der zweiten Hälfte des neunzehnten Jahrhunderts just keine Besserung der Sittenverhältnisse eingetreten.

VI. Kapitel.

Petersburg und Moskau. — Die Russen. — Peters Kriegsreglement. — Die russischen Frauen.

Ueber die Sittlichkeit Russlands im Verkehr der Geschlechter weiss uns der Engländer E. B. Lanin in seinem auch in deutscher Sprache erschienenen Werk „Russische Zustände" (1891 Deutsch von Dulitz) gar Sonderbares mitzuteilen, wovon hier einige Stellen folgen mögen:

„Die in Petersburg und Moskau umlaufenden Gerüchte über die schamlosen Dinge und die ebenso unsinnigen, wie von sittlicher Verdorbenheit zeugenden Narrenstreiche, die gelegentlich in Hofkreisen vorkommen, lassen sich in einem englichen Buche überhaupt nicht mitteilen. Aber es giebt auch Geschichten, wenn man sie sich auch in den beiden Hauptstädten nicht gerade öffentlich erzählt, die es nicht einmal vertragen, dass man auch nur leise auf sie hindeutet. Kurz, es ist ein Augiasstall, zu dessen gründlicher Reinigung es einer völligen Umwälzung des Standes der Dinge bedarf, und wo mit halben Massregeln, wie sie gewöhnlich getroffen werden, nichts gethan ist. Es sind kaum zwei Jahre her, dass in einem der ersten Restaurants Petersburgs von einigen der schönsten Vertreterinnen der hohen Gesellschaftskreise und mächtigsten Persönlichkeiten im Reiche Orgien so widerlich schamloser Art in Scene gesetzt wurden, dass, hätte sie der Pinsel eines Realisten wie Wereschagin auf die Leinwand geworfen, sie neben den unästhetischen Bildern Adrian Brouwers sich noch wie grobe Karikaturen ausnehmen würden . . . Sicherlich wird es in Petersburg, Moskau, Kiew und Kasan eine grosse Zahl von Frauen geben, die in Bezug auf ihre religiösen Grundsätze, weibliche Würde und Erziehung den höchsten Rang einnehmen, Frauen, die würdig sind neben einer Cornelia oder Lucretia zu stehen. Allein, wenn wir so viel zugegeben haben, müssen wir auch hinzufügen, dass sie im Vergleich zu dem lustigen Chor ihrer sündigen Schwestern nur ein gar kleines Gewicht in die Wagschale werfen. Die Damen du grand monde sind meist unter der Zahl dieser Edeln nicht zu finden. Der Regel nach sehen wir sie umgeben von einem Haufen von Anbetern, in Bezug auf deren Auswahl und Zahl sie sich nicht die geringste Beschränkung auferlegen.

Wollte man in Russland die Unsittlichkeit in geschlechtlichen Dingen ebenso besteuern, wie dies mit anderen hervorstechenden Erscheinungsformen derselben geschieht, so würden sich die Staatseinnahmen, selbst bei mässiger Veranschlagung sofort verdoppeln. Was indessen die Regierung unmöglich versuchen darf, hat die Privatunternehmung längst erreicht und es würde schwer halten, irgendeine noch so entwürdigende Form des Lasters zu finden, die für gewisse Geschäfts- oder Berufszweige sich nicht schon als goldene Eier legende Henne erwiesen hätte. So sind gewisse vornehme Restaurants in beiden Hauptstädten allgemein als der Sammelplatz von Männern bekannt, die hier Lastern der schlimmsten Art fröhnen, Lastern, die in Russland nicht einmal mit dem Schein von naiver Anmut umkleidet sind, der sie im Orient in milderem Licht erscheinen lässt. In ganz Russland dürfte kaum ein öffentliches Bad zu finden sein, das nicht zugleich ein nur dürftig verschleiertes Bordell, und somit eine Anstalt darstellt, in der man zwar den Körper reinigt, aber die Seele beschmutzt. Endlich giebt es in einem der lebhaftesten Stadtviertel von Petersburg einen Laden (und man versichert mir, dass er nicht der einzige seiner Art sei) in dem thatsächlich das ganze Jahr keines der darin ausgelegten Waren verkauft, dagegen ein sehr lebhaftes Geschäft im Seelenhandel, d. h. in weissen Sklaven betrieben wird. An und für sich mag diese Thatsache weder sehr erstaunlich noch ausschliesslich russisch erscheinen, sie wird es aber, wenn man in Betracht zieht, dass es sich hier um allgemein bekannte, völlig straflos bleibende Dinge handelt. In dem 1884 erschienenen und in Moskau aufgeführten Schauspiel „Der Troglodyte“ empfielt eine der handelnden Personen einem Freunde sehr angelegentlich gewisse weibliche Mitglieder des Zirkus Soloman als besonders gefällige Damen, wobei er ihm die genauesten Angaben über das von ihnen bewohnte Hotel, sowie über die Anzahl der Zimmer, die sie bewohnen, macht, auch ein übel berüchtigtes Vergnügungslokal Moskaus als bequeme Zusammenkunft dort bezeichnet."

In der That, dass in einem angesehenen Schauspielhaus öffentlich Kupplerdienst — wie das wohl zu nennen ist — verrichtet wird, ist eine einzige Erscheinung, die selbst den lasterhaftesten Grossstädten Westeuropas völlig fremd ist.

Böses wird auch von den Beamten, Popen und Lehrern behauptet, bei denen Unzucht und widernatürliche Laster nur zu häufig vorkommen sollen. Von dem Direktor einer Knabenschule in Petersburg wird erzählt, dass seine Anstalt ein „parc aux cerfs" orientalischer Art war. Lange währte sein schändliches Treiben, bis sich der Skandal endlich doch nicht mehr vertuschen liess, er vor Gericht gestellt und nach Sibirien verschickt wurde. Nach einiger Zeit fanden ihn Landsleute zu ihrem Erstaunen gemächlich in der Schweiz leben, wohin ihn einflussreiche und geldreiche Freunde — wahrscheinlich mehr Freunde seiner „Anstalt" — entkommen zu lassen wussten. Russische Zeitungen veröffentlichten diese Nachricht, erhielten jedoch von der Regierung den Befehl, die Meldung zu widerrufen und anzuzeigen, dass dieser Ehrenmann nicht in der Schweiz, sondern in Sibirien sich befinde, was auch geschah.

Von Professoren wird erzählt, dass der Eine ganz offen mit zwei Frauen lebe, beide Gattinnen seines Kollegen, ein zweiter eine Sängerin „mittels Bedrohung nach Art der Revolverpresse" seinen Wünschen gefügig zu machen versuchte, ein dritter führte mit Damen der Halbwelt in den Cafés chantants Moskaus ein höchst anstössiges Leben und trieb dabei zur Bestreitung der Kosten ein bischen Wechselfälschung.

Nach den Berichten verschiedener Reisenden und selbst nach den Mitteilungen Einheimischer — so karg diesen auch das Recht ihre Ansichten und Meinungen öffentlich zu bringen bemessen ist — liessen sich noch zahlreiche Beispiele dieser Art anführen, teilweise sogar noch viel abscheulichere, die alle nur zu deutlich zu erkennen geben, dass Unzucht und Prostitution in Russland ein ganz besonders üppiges Gedeihen aufweisen, dass die Sittenfäulnis fast alle Schichten der bunten Bevölkerungsmasse angegriffen hat, und dass besonders die sogenannten höheren Stände eine Verrottung aufweisen, die kaum anders als durch eine Katastrophe beseitigt werden könnte.

Die Slaven sind im allgemeinen erotischen Auschreitungen sehr geneigt und bei den Russen mag noch der Druck der politischen und sozialen Zustände, sowie die bösen Beispiele, die das Volk fast ausnahmslos von den Vornehmen und Höchstgestellten erhielt, vieles zur Verschlechterung der Sittenverhältnisse beigetragen haben, manches wahrscheinlich auch die Not, die oft und an vielen Stellen neben der sinnlosesten Verschwendung in Erscheinung trat. Leider sind diese beklagenswerten Zustände schon als etwas Traditionelles zu betrachten. „Einer, der sorgsamsten und vertrauenswertesten Geschichtsschreiber seiner Zeit" — berichtet Lanin — Kotoschichin, der uns eine Schilderung — mehr der Einrichtungen als des Volkes selbst — vom siebzehnten Jahrhundert hinterlassen hat, beschreibt uns seine Landsleute als roh, unwissend im allgemeinen, und insgesammt weit unter dem Gefrierpunkt der Civilisation gesunken. Tschaposs, ein unparteiischer und philosophisch denkender russischer Historiker bezeichnet ein rohes, ungezügeltes Sichgehenlassen in moralischen Dingen und die gröbste Unzüchtigkeit und Faulheit als die Hauptzüge des russischen Volkes im siebzehnten Jahrhundert.

„Vom Strom seiner fleischlichen Begierden fortgerissen und weder vom Schamgefühl noch irgend einem sittlichen Gesetz gezügelt, liess der gemeine russische Mann seiner rohen, materiellen Natur vollen Lauf und schreckte vor nichts zurück." (Russischer Raskol S. 177). Der Patriarch Philaret schildert in einem Brief an den Erzbischof Cyprian seine Landsleute wie folgt: „Viele Russen nehmen ihre eigenen Schwestern, ihre Basen zu Weibern, während andere mit ihren eigenen Müttern und Töchtern Incest begehen oder ihre Mütter und Schwestern heiraten." (Sammlung von Staatsurkunden III. N. 60 Cf auch Tschaposs S. 180.) Alles dies geschah freilich vor vielen Generationen, aber das was heute geschieht, ist ebenso beklagenswert. „Es würde für die Russen schwer sein," schrieb der Geistliche eines Kirchspiels („Grashdanin" 12. Aug. 1889) „noch unsittlicher zu werden als sie gegenwärtig sind. Kinder von dreizehn Jahren bleiben die Nacht über vom Hause weg und bringen ihre Zeit an Orten zu, wo sie der ungezügelsten Ausschweifungen fröhnen. Wenn sie sich verheiraten, so laufen sie nach den ersten paar Tagen auseinander, um jahrelang oder für immer getrennt zu leben. Alle ihre gesellschaftlichen Beziehungen sind von rohestem, grausam tierischen Egoismus durchtränkt."

Peter der Grosse machte zuerst den Versuch, Russland in die Bahn europäischer Kultur einzulenken.

Bernhard Stern (a. a. O.) berichtet: „Peter selbst ging in der Unsittlichkeit seinem Volke mit dem ärgsten Beispiel voran. Seine eigene Unsittlichkeit aber war für ihn Grund genug, Unsittlichkeiten anderer Personen streng zu strafen. Namentlich beim Militär. Und er stellte in seinem Kriegsreglement einige dahin bezügliche interessante Paragraphen auf:

Kapitel III, welches von Unzucht handelt.

Artikel I.

Eine öffentliche Dirne soll weder bei der Miliz, noch in der

Garnison, weder auf Märschen, noch in Feldlagern geduldet, sondern angegeben und sofort durch die Profosse hinweggejagt werden.

Artikel II.

Weil unzüchtige Reden eine grosse Veranlassung zur Unzucht geben, sollen dieselben, wie auch schandbare Lieder, bei grosser Strafe verboten sein.

Artikel III.

Der Ehebruch soll nach den Rechten einer jeden Nation, von welcher der Beschuldigte ist, bestraft werden.

Artikel IV.

Die Notzüchtigung zieht unvermeidlich die Todesstrafe nach sich.

Artikel V.

Unnatürliche Unzucht mit einem Vieh, Unzucht zwischen Männern und Männer- und Knabenschändung soll man mit dem Feuertod bestrafen.

Es muss bekannt werden, das sind sehr weise Bestimmungen und es wäre damals, wie selbst auch später, auch ausserhalb Russlands nötig gewesen, sie zu treffen.

Bis zur Zeit Peters war auch die selbst heute noch nicht sehr erfreuliche Lage der Frauen in Russland ziemlich schlecht. Sie lebten, fast wie bei den Orientalen, so ziemlich fern von jedem Verkehr und waren nur, wenn es besonders nötig war, wohlverhüllt und im geschlossenen Wagen auf der Strasse zu sehen. Selbst bei den Mahlzeiten im eigenen Hause durften sie, wenn Gäste anwesend waren, nur ausnahmsweise sich zeigen. Die vornehmeren Damen lebten in Müssiggang, die armen Frauen in Knechtschaft und Trunksucht. Peter führte die europäische Modekleidung ein und gewährte den damit bekleideten Frauen Zutritt zu allen Hofgesellschaften. Er hob auch den Ehezwang auf, der bis dahin herrschte, wonach die Eltern über die Eheschliessung ihrer Kinder, ohne deren Willen berücksichtigen zu müssen, verfügen konnten. Indes selbst diese und nachfolgende Reformen führten keinen völligen Wandel herbei und noch anfangs des neunzehnten Jahrhunderts konnte Johann Josef Abel (a. a. O. Seite 80 vol.) schreiben: „Aber auch selbst unter diesen Zuständen sind noch nicht alle Spuren der ehemaligen Knechtschaft der Weiber verschwunden. Heute noch verhandeln Russen aus dem Volk ihre Töchter bei der Eheschliessung mit derselben kaufmännischen Vorsicht und Genauigkeit wie vor alten Zeiten und die väterliche Gewalt ist noch ebenso unumschränkt, wenn auch nicht mehr, wie einst, der Sohn mit Schlägen zur Heirat gezwungen, die Tochter nicht mehr bei den Haaren zum Altar geschleppt wird

Gewöhnliche Weiber müssen noch immer unaufhörlich arbeiten,

müssen sich die gröbsten Misshandlungen von ihren Männern gefallen lassen und sind noch immer an die Ausschweifungen und Gewaltthätigkeiten ihrer Herren so sehr gewöhnt, dass sie nur sehr selten deswegen Klagen führen. Die gewöhnlichen Russinnen lieben zwar Schläge nicht um ihrer selbst willen, oder sehen sie nicht unbedingt als Zeichen der Liebe ihrer Gatten an; allein wenn der Mann aufhört seine Frau zu prügeln, so ist dieses ein sicheres Zeichen, dass er sie als unheilbar aufgegeben hat. In dieser Rücksicht kann daher eine Russin immer sagen, dass ihr Mann sie nicht mehr liebe, wenn er sie ferner nicht, entweder in wütender Trunkenheit, oder um der Unarten willen, die den Russinnen häufig anhaften sollen, zu züchtigen pflegt.“

Die Annahmen, dass die russischen, sowie andere slavische Frauen Prügel als Liebeszeichen betrachten ist alt und bei vielen Reiseschriftstellern zu finden. Professor R. von Krafft-Ebbing citiert in seinem Werke „Psychopathia sexualis“ folgende Stelle aus Paulinis „Flagellum salutis“ (1689): „Es sind einige Nationen, namentlich der Persianer und Russen, so (bevorab die Weiber) Schläge für ein sonderbares Liebes- und Gnadenzeichen annehmen. Sonderlich sind die russischen Weiber fast nicht vergnügter und fröhlicher, als wenn sie gute Schläge von ihren Männern empfangen wies Joann Barclarus mit einer merkwürdigen Historie erläutert. Es kam ein Teutscher, Namens Jordan, in Muscovien, und weil ihm das Land gefiel, liess er sich häuslich dort nieder und nahm ein Russisch Weib, so er herzlich liebte, und in allem freundlich gegen sie war. Sie aber sah immer runzlich aus, warf die Augen nieder und liess ach und wehe von sich hören. Der Mann wollte wissen warum? denn er ja nicht ersinnen konnte, was ihr fehlen mochte. Ey, sprach sie, was wollt ihr mich doch lieb haben, massen ihr doch dessen noch keine Zeichen habt spüren lassen. Er umhälsete sie und bat, wo er sie etwa ohnversehens und unwissend beleidigt hätte, solches ihm zu verzeihen, er wollte es ja nimmer thun. Mir fehlt nichts, war die Antwort, als nach unsres Landes Manier, die Geissel, das eigentliche Merkmal der Liebe. Jordan merkte diese Mode und gewöhnte sich dran, da fing das Weib an den Mann herzinniglich zu lieben. Eben solche Geschichte erzählt auch Peter Petreus von Erlesund mit dem Zusatz, wie die Männer sich gleich nach der Hochzeit unter andern unentbehrlichem Hausgerät auch Peitschen zulegten.“

Es wurde der Versuch gemacht diese Gelüste nach Prügeln mit dem mittelalterlichen Flagellantentum, mit dem Masochismus neuzeitlicher Benennung — von beiden soll später noch ausführlicher die Rede sein — in Verbindung zu bringen und die Flagellation als sexuellen Stimulus in Betracht zu ziehen. Das könnte wohl für einzelne Fälle zutreffen, im ganzen und grossen aber doch zutreffender sein anzunehmen, dass der derbe Sinn des Weibes aus dem Volke thatsächlich in einer körperlichen

Misshandlung ein Liebeszeichen erblickt, eine wenn auch nicht zärtliche leidenschaftliche Bekundung von Interesse. Diese Annahme nähert sich wenigstens mehr dem Gemüt des Weibes aus dem Volke, als es Schlüsse thun, die in Einzelfällen zutreffend sein mögen, — namentlich dort, wo Hysterie und verwandte Erscheinungen vorliegen — im allgemeinen aber für das schlichte Volksempfinden doch psychologisch zu fein zugespitzt sind. Für Kreise, wo die Kultur noch nicht völlig eingedrungen ist, können wir nicht gut annehmen, dass allgemein sich auch die Folgen der Ueberkultur — wenn dieser Ausdruck gestattet ist — kraftvoll äussern.

Das grosse russische Reich ist bekanntlich von verschiedenen Volksstämmen bewohnt und die bisher gegebenen Schilderungen befassten sich fast ausschliesslich nur mit den Grossrussen. Etwas günstiger betreffs Eheleben und Sittlichkeitsverhältnisse lautet das Urteil allgemein über die Kleinrussen. Mehr noch gilt dies von den Finnen. Von den Polen soll später etwas ausführlicher die Rede sein. Was die andern weniger civilisierten Völkerschaften betrifft, so wird das Nötige an geeigneter Stelle erörtert werden.

Dass Religion und religiöse Verhältnisse und Zustände einen bedeutenden Einfluss auf die Sittenzustände ausüben, ist selbstverständlich und an verschiedenen Stellen bereits in Betracht gezogen worden. Was Russland betrifft, so kommt hier noch ein ganz besonderer Umstand in Betracht: das Sektenwesen. Von den zahlreichen Sekten die hier auftauchten — merkwürdiger Weise hat sich das Sektenwesen in Russland und in den Vereinigten Staaten am kräftigsten entwickelt, als ob die geringste sowie die grösste politische Freiheit dem am förderlichsten wäre — müssen wir hier der Skopzen (Verschnittene) gedenken, eine Sekte, die seit der zweiten Hälfte des achtzehnten Jahrhunderts besteht und in der geschlechtlichen Selbstverstümmlung, besonders in der Kastration bei Männern und Abschneiden der Brüste bei Weibern, die Ertötung der Sinneslust und damit ihr Seelenheil zu finden glaubt. Näheres über diese Sekte wurde erst 1869 anlässlich des Prozesses Plotizyn in Morschansk allgemeiner bekannt, und seit dieser Zeit werden die Anhänger dieser verderblichen Lehre von der Regierung streng verfolgt, was von den zahlreichen Einschränkungen der persönlichen und nationalen Freiheit in Russland noch am ehesten zu billigen ist. Der Ursprung des Skopzentums, das übrigens bereits anderorts mehrere Vorgänger hatte, dürfte wohl in der bekannten dunkel- deutsamen Evangelienstelle liegen, die mit den Worten schliesst: „Wer es fassen mag, der fasse es," und die auch den Kirchenvater Origines und andere zur fanatischen Selbstentmannung bestimmten. Merkwürdig ist, dass diese Irrlehre der Skopzen, die im Uebrigen ein sehr ehrsames und thätiges Leben führen sollen, auch die Litteratur der Russen beeinflusst hat und wir sehen sie in den Schriften des Grafen Leo Tolstoi auftauchen, vielleicht unbewusst dem Autor.

Besonders seine „Kreuzersonate“ bewegt sich in dieser Bahn und nicht mit Unrecht bemerkt Max Nordau in seinen „Entartungen“ (I, 303): „Pozdinschoff in der „Kreuzersonate“ ist ein Skopze ohne es zu wissen und die Geschlechtsmoral, die Tolstoi in dieser Erzählung und in den theoretischen Schriften lehrt, ist der schriftstellerische Ausdruck der Sexual-Psychopathie der Skopzen.“ In ähnlicher Weise wie Tolstoi beschäftigen sich auch andere russische Dichter und Schriftsteller mit sexuellen Dingen, was wohl in der dort vorhandenen besonderen Zügellosigkeit des geschlechtlichen Verkehrs grösstenteils seinen Ursprung finden mag. Auch die in den gebildeten Schichten der russischen Gesellschaft besonders kräftig hervortretenden Selbständigkeitsbestrebungen des Weibes dürften zumeist aus jener Thatsache zu begründen sein.

Besser als bei den Russen war die Lage des weiblichen Geschlechts bei den Polen, wo in der Blütezeit ihrer nationalen Selbständigkeit Gesellschaftsformen herrschten, die den westeuropäischen ziemlich nahe kamen. Aber für das Weib günstige Verhältnisse waren auch hier im allgemeinen nicht vorhanden, Unsittlichkeit und Prostitution waren, besonders in den vornehmeren Kreisen arg verbreitet, was sich auch später noch geltend machte. Der Pole, der „Franzose des Nordens,“ wie er oft genannt wird, weist wenigstens in der Erotik grosse Aehnlichkeit mit dem Franzosen auf und er bekundet für das schöne Geschlecht dieselbe Galanterie, die in den meisten Fällen doch nur ein Surrogat für die mangelnde Achtung ist. Gegenwärtig weisen Warschau, sowie andere grössere Städte innerhalb des polnischen Sprachgebiets hinsichtlich der Sittenverhältnisse dieselben Erscheinungen auf, die in russischen grösseren Städten zu finden sind. Die Prostitution ist in derselben Weise organisiert; neben der geduldeten, hauptsächlich in Bordellen sich aufhaltenden Prostitution, giebt es, wie fast überall, auch eine heimliche, zahlreicher aber als unter gleichen Verhältnissen anderwärts. Die geographisch und politisch zu Oesterreich gehörigen Teile des ehemaligen polnischen Staates, von dem an grösseren Städten Lemberg und Krakau zu nennen sind, auch die Hauptstadt der Bukowina, Czernowitz, kann hier zugezogen werden, bieten begreiflicher Weise in ihren Prostitutions-Verhältnissen viele Aehnlichkeiten mit den in Oesterreich, besonders in Wien herrschenden Zuständen. Erwähnt soll hier noch werden, dass ein beträchtlicher Teil des schändlichen Mädchenschachers, des Handels mit weissen Sklaven, von Galizien ausgeht oder wenigstens von dorther seine Hauptvermittler sendet.

Die Stellung des Weibes bei den Tschechen war allzeit würdiger als bei den andern Slaven und kam so ziemlich den umgebenden deutschen Zuständen nahe. Der Tscheche der besseren Gesellschaft bekundete nie die Hyper-Galanterie des Polen, er trank nie auf das Wohl seiner Dame aus deren Schuh, aber selbst in den unteren Volksschichten wurde das Weib allzeit besser behandelt, nicht zum Arbeits-Tier oder noch ärgerem herabgewürdigt. Besonders sinnlich, wie alle Slaven, neigt auch der Tscheche zu sexuellen Ausschreitungen, die sich jedoch kaum anders als in natürlichen Grenzen bewegen, mag auch das Anwachsen der Städte und die mit jedem Kulturfortschritt sich einstellende Sittenverschlimmerung in der jüngsten Zeit auch in dieser Beziehung manche Ausnahmen geschaffen haben. Die Mädchen pflegen nicht besonders zurückhaltend zu sein und scherzend nennt der Wiener, dem Böhmen die meisten der nötigen Ammen liefert, es das „Land der Ueberproduktion", eine Bezeichnung, die sich just nicht auf industrielle oder agricolare Produkte beziehen soll. Auch die Prostitution von Wien findet in der tschechischen Frauenwelt ein reiches, nie mangelndes Ergänzungsmaterial. Im ganzen und grossen sind die Prostitutions-Zustände Böhmens denen von Oesterreich gleich, nur dass Prag und andere böhmische Städte geduldete Bordelle aufzuweisen haben, was in Wien, Graz, Salzburg etc. nicht der Fall ist. Daneben ist auch die umherschweifende und die heimliche Prostitution reichlich vorhanden. Bei der später vorzunehmenden Darstellung der früheren und jetzigen Zustände der Prostitution in Oesterreich werden übrigens noch manche auf Böhmen sich beziehende Daten vorgebracht werden.

Nicht sehr Erfreuliches lässt sich von den Sittenzuständen der Südslaven berichten, obgleich manche der zugehörigen Volksstämme ein sittenreines Familienleben aufzuweisen haben. Die Nachbarschaft des Orients, die lange Türkenherrschaft haben viel dazu beigetragen, dass hier das Weib keine sehr geachtete Stellung einnimmt und dass die Prostitution sich üppig entwickeln konnte. Bordelle sind überall zu finden, zahlreicher und bevölkerter als nach dem Stand der Population zu erwarten wäre. Serbien und dessen Hauptstadt Belgrad dürfte hierbei die erste Stelle einnehmen und was die am Hofe herrschenden Zustände betrifft, so sei nur an das Thun und Treiben des verstorbenen Königs Milan erinnert.

Von den Morlaken wird in „Psyche und Hymen" von L. Merz bemerkt: „Obgleich die morlakischen Schönen mit dem männlichen Geschlecht frei verkehren dürfen, so steht hier die jungfräuliche Ehre hoch im Preis. An Festtagen kann man vor der Kirche die ganze Einwohnerschaft der Umgegend sehen, wie sie sich küsst, so dass Fremde glauben, alle diese Leute gehörten zu einer Familie. Die jungen Männer nehmen sich gegen die Mädchen noch andere Freiheiten heraus, dies will aber nicht viel heissen, denn weiter kommen sie nur durch die Ehe. Die morlakischen Mädchen, die noch Jungfern sind, haben das Recht, eine scharlachrote Mütze zu tragen, von der ein langer Schleier bis an die Schultern hängt, zuweilen, wenn sie reich und im grossen Putz sind, auch ein paar Schnüre von Silbermünzen.

Wenn eine Morlakin gefallen ist, so wird sie hier so verachtet, das ihr nichts übrig bleibt, als ihre Eltern zu verlassen und nach einem andern Ort zu ziehen. Der Abbate Fortis erzählt von einem Mädchen, welchem der Priester in der Kirche, weil es einen schlechten Ruf genoss, die jungfräuliche Mütze vom Kopf riss und ihren Eltern befahl, ihr sofort die Haare abzuschneiden."

Von der Hochzeitsfeierlichkeit weiss unsere Quelle folgenden seltsamen Brauch mitzuteilen: „Nach dem Abendessen (Hochzeitsmahl) wird das Brautpaar in das Brautgemach geleitet, welches gewöhnlich der Keller oder der Viehstall ist. Einer der Suaten — der Zeugen des Bräutigams — führt die Frau zu Bett und löst ihr den Gürtel, dann entkleiden sich beide selbst. Sobald das Paar im Hemde dasteht, enfernt sich der Suate, bleibt aber vor der Thür stehen und horcht auf ein Zeichen des Mannes, ob er mit seiner Frau zufrieden ist, was er sofort durch einen Pistolenschuss bekannt macht, den die andern Suaten erwidern. Ist aber der Mann nicht zufrieden, so hat die Feierlichkeit mit einem Schlag ein Ende." Sonst pflegt die Hochzeitsfeier mehrere Tage zu währen.

Noch seltsamer klingt, was der Autor von einem Hochzeitsbrauch der Rumänen zu vermelden weiss. Dieser Volksstamm zählt zwar nicht zu den Slaven und seine Sittenverhältnisse wurden bereits früher erörtert, indes steht er, wie bereits bemerkt wurde, den Südslaven so nahe, dass er auch an dieser Stelle Erwähnung finden kann. Es will scheinen, dass der nachfolgend erzählte Brauch sich auf die Rumänen Siebenbürgens bezieht und jetzt wohl nicht mehr in Uebung sein dürfte:

„Die im Brautzimmer gemachten Entdeckungen in Bezug auf die Ehrenhaftigkeit des Mädchens behält der Mann vorläufig bei sich. Erst nach Verlauf von drei Tagen, wenn sie die Verwandten der Frau besuchen, darf die Sache zur Sprache gebracht werden. Dieser Gang heisst „der grosse Weg", weil auf demselben den Eltern viel Schande oder viel Ehre widerfährt. Ward das Mädchen in unbeflecktem Zustande befunden, so herrscht die ausgelassenste Freude darüber und die Eltern werden reichlich bewirtet, bei welcher Gelegenheit das Hemd der Braut mit den sichtbaren Zeichen ihres tugendhaften Vorlebens auf einer Schüssel herumgereicht wird, dem jeder dadurch seine Ehrenbezeugung leistet, dass er ein Geldstück hineinwirft. Dies erfolgt aber nur bei gewöhnlichen Leuten, bei vornehmen findet die Besichtigung des Brauthemdes nur durch die Schwiegereltern statt.

Findet sich jedoch der junge Gatte in seinen Erwartungen getäuscht, so versammelt er anderen Tages alle seine Verwandten und teilt ihnen sein Missgeschick mit. Diese holen, wenn die Eltern der Frau ankommen, einen alten zerbrochenen Karren herbei, setzen die junge Frau darauf, spannen statt Pferde ihre Eltern davor und zwingen sie, ihre Tochter wieder nach Hause zu führen. Dies darf niemand verhindern, und unterstände sich jemand sie loszumachen, so würde er nicht nur eine gute Tracht Prügel bekommen, sondern auch von seiten des Richters wegen Uebertretung der Gebräuche und Gesetze des Landes bestraft werden. Der beleidigte Mann behält nicht nur die ganze Morgengabe, sondern er hat auch das Recht auf Vergütung aller Auslagen, die er durch die Hochzeit gehabt. Um dieser Schande nicht ausgesetzt zu sein, halten die Vornehmen ihre Töchter in der strengsten Abgeschlossenheit, lassen sie nicht einmal die Kirche besuchen und erlauben selbst den Bräuten nicht, sich vor ihren Freiern zu entschleiern oder mit ihnen zu sprechen . . . Hat sich aber eine Wallachin trotz aller Einsperrung eines gewissen Vergehens schuldig gemacht, so versuchen die Eltern, den Bräutigam durch einen Geldbetrag zu entschädigen . . ."

Es dürfte hier Ort und Gelegenheit sein eine Stelle aus Mantegazzas Werke „die Physiologie der Liebe" anzuführen:

„Der übertriebene, brutale, bestialische Wert, den die moderne Gesellschaft der reinphysischen Jungfräulichkeit beilegt, hat zu der verruchten Kunst geführt die Jungfräulichkeit zu fabrizieren. Wie viel Jungfrauschaften giebt es, die in zweiter, fünfter, zehnter Auflage erscheinen . . . und das stupide Volk der Ehemänner oder der Liebhaber schlug die Hände über den Kopf zusammen aus Freude über diese keusche Tugend, diese Engelreinheit, die ihre Bluttaufe irgend einem warmblütigen Tier, einem adstrigierenden Salz oder einem Tanninpräparat verdankt!"

Ein anderer Schriftsteller wieder weiss zu vermelden, dass in Frankreich derlei „Correkturen" zuweilen durch Zusammennähen des Hymen bewerkstelligt werden.

Von den Sorben in der Lausitz erzählt L. Merz, dass, wenn ein junger Mann ein Mädchen aus einem andern Ort heiraten will und mit seinem Brautwerber (Druschba) und Begleitern daherkommt, er den Richter des Dorfes fragen liesse, ob es einigen fremden Männern erlaubt sei, dasselbe zu betreten, worauf er gewöhnlich die Antwort erhält, wenn sie ehrliche und brave Leute seien, so mögen sie in Gottes Namen kommen, aber nur die alten Weiber und kleinen Kinder schonen. Dies scheint sich auf die Gewohnheit zu beziehen, nach der man ehemals die Bräute raubte, was, nebenbei bemerkt, bei den Werbungsbräuchen mancher südslavischer Volksstämme heute zuweilen noch formell in Erscheinung tritt.

„Bei den Sorben besteht noch ein anderer Brauch: der Frejot, der ähnlich ist den Komm- oder Probenächten der Schwarzwälder und Hochschottländer, dem Kiltgang der Schweizer, dem Fenstergehen der Franken, den Bettelnächten der Böhmen und dem Busenrecht in Sibirien." Es handelt sich hier also um die alten, sehr verbreiteten „Probenächte" über die Wilhelm Rudeck in seiner „Geschichte der öffentlichen Sittlichkeit in Deutschland", 1897 S. 146 etc. folgendes erklärend schreibt: „Uralt ist die deutsche Sitte, schon vor der Hochzeit enthaltsame Nächte in den Armen der Zukünftigen zuzubringen.“ (Dafür schien die Bezeichnung Probenächte wohl nicht richtig gewählt, abgesehen davon, dass dieser „Enthaltsamkeit“ nicht viel zu vertrauen sein dürfte.) „Fast in allen deutschen Gebieten war und ist heute noch den Liebhabern der Bauernmädchen eine Nacht im Jahr oder gar in der Woche zum Besuch ihrer Schätze gestattet. Die Namen für diese Sitte sind verschieden. In der Schweiz heisst sie „zu Kilt gehen, kilten, Gassel gehen,“ schwäbisch „fugen“, in den Vogesen „schwammeln“, bairisch „gasseln und fenstern“, kärntnerisch „brennteln, gasseln“, fränkisch „schnurren, afen frei gehn“, in der Hadstedter Marsch „türen“.

Die Zeugnisse für diese Probenächte gehen auf frühe Jahrhunderte zurück. Bekanntlich sprechen von einem solchen „toerschen biligen,“ d. h. törichten Beilager schon die ritterlichen Dichter des 12. und 13. Jahrhunderts, wie Dietmar von Aist, Rainmar von Haugenau, Hartmann von Aue. Dass etwa von den ritterlichen Kreisen diese Sitte auf das Landvolk übergegangen sein könnte, ist ganz ausgeschlossen. Sie könnte sonst unmöglich eine solche Verbreitung in allen Gauen gefunden haben . . . Auch im Münsterlande herrscht noch die Sitte des Fensterns. In der Weihnacht gehen die jungen Burschen durch das Fenster zu ihrer Liebsten und bleiben die Nacht bei ihr. Die Eltern verhindern das nicht, denn sie wissen, dass aus beiden ein Paar wird. Will das Mädchen den Burschen nicht, so jagt sie ihn einfach mit dem Besen zum Fenster hinaus. Im Amt Diegenau, in der niedersächsischen Grafschaft Hoya, halten es ebenfalls die Eltern nicht für unschicklich, wenn der Bräutigam der Braut nächtliche Besuche abstattet . . . Im Allgäu heisst das Fensterln „in Stubet gehen“ . . . In der Oberpfalz findet das Kammerfensterln Mittwoch und Sonnabend statt und die Sonntagnacht führt aus diesem Grund im Sulzbachischen auch die Bezeichnung „Pumperlesnacht.“ Der Bursche steigt auf Leiter oder Wischbaum zum Fenster des Mädchens, während die übrigen Insassen des Hauses schlafen.“

VII. Kapitel.

Sittenzustände des Mittelalters. — Sektenwesen. — Jus primae noctis. — Bunzengroschen. — Entwicklung der Ehe. — Gruppenehe. — Polygamie. — Mutterrecht. Endogamie, Exogamie. — Die Ehe im Mittelalter. — Bettsprung, Beilager. — Alte Bräuche. — Zoten. — Die Minnehöfe.

Bevor wir zur Darstellung der sexuellen Sittenzustände der germanischen Völker schreiten, scheint es angezeigt einiges darüber von ziemlich allgemeiner Giltigkeit aus der Zeit des Mittelalters und der nachfolgenden Epochen zu verzeichnen:

Wie arg es mit den Sittenzuständen des Mittelalters beschaffen gewesen sein muss, beweisen unter andern auch die Glossatoren, die nur das Frauenzimmer für eine eigentliche Hure erkannt haben wollen, die mit 23000, sage dreiundzwanzigtausend Männern Unzucht getrieben habe. Manches zu dem Sittenverfall mag auch das häufige Auftreten der Pest und anderer Epidemien beigetragen haben. Weber-Demokrit bemerkt:

Es ist nicht wenig beschämend für die Menschheit, dass Laster und Sinnlichkeit nie mehr herrschen als zur Zeit der Landplagen, des Kriegs, der Erdbeben, der Pest und vielleicht auch der Cholera. Thucidides, der die Pest zu Athen, und Boccaccio, der die von 1348 schildert, bemerken gleiche Erscheinungen, und sie kamen wieder bei dem Erdbeben von Messina 1783 und während des Rheinbundes und der Pestzeit seines Protektors. Vernunft unterscheidet uns vom Tier, das nur Instinkt hat; der einzige Instinkt des Menschen ist der Geschlechtstrieb, und so folgt man ihm, wie das Tier, dem aber der Instinkt stets sagt: „Es ist genug!" und das sagen sich gerade die schönsten Genies am allerwenigsten. Der Geschlechtstrieb ist die Erbsünde. Mit dieser Erbsünde brachte sich der treffliche Graf Moritz von Sachsen, der sich in der Schlacht von Fontenay aufs Pferd schnallen liess, so schwach war er, nicht bloss um den Herzogshut von Curland, sondern auch nach der Thronbesteigung der Kaiserin Anna um die Krone der Czaren. Mit dieser Erbsünde stürzte sich Seidlitz wie Hutten in die unheilbare Krankheit, von der Friedrich dem Sieger von Rossbach sagte: „Seht, die Franzosen rächen sich!" — Sie setzten sich früh ausser Stande, Lebensläufe in absteigender Linie herauszugeben, und Damen von Welt ahmen nicht der Nachtigall und andern Singvögeln nach, die Baumaterialen zum Wochenbette herbeischaffen. Das Männchen versorgt das brütende Weibchen und singt ihm vor, und dieses sorgt für Eier; sie aber gleichen dem Hahn, der sich nichts um Eier und Hühnchen bekümmert, bis sie es so gut satt bekommen, als jene römische Buhlerin, deren Grabschrift ist: Quæso viator, ne me diutius calcatam amplius calces!"

Mystik und sonstige religiöse Schwärmerei haben unwillkürlich und oft auch willkürlich so manches zur Verschlechterung der Sitten beigetragen, wovon uns gewisse Personen und Sekten ein nur zu deutliches Bild zeigen. Der Skopzen wurde bereits bei Erörterung der Sittenzustände Russlands gedacht. Sie hatten unter anderem auch ihre Vorgänger in den Obeliten des vierten Jahrhunderts, die allerdings nicht eine grausame Selbstverstümmelung vornahmen, auch nicht, seltsamer Weise, die Ehe selbst missbilligten, wohl aber die Geschlechtsgemeinschaft in ihr. Aehnliche Sektenbildungen tauchten auch noch später wiederholt auf, verschwanden aber begreiflicher Weise bald. Gefährlicher für die Sitten und somit für den Bestand der Gesellschaft war die im zweiten Jahrhundert aufgetauchte gnostische Sekte der Adamiten, die durch „Dämpfung" der sinnlichen Begierden einen paradiesischen Zustand wieder herstellen wollten. Auch sie schwanden, tauchten später wiederholt in ähnlicher Form und zuweilen auch unter ähnlichen Namen auf, so im fünfzehnten Jahrhundert unter Führung eines Franzosen namens Picard, daher sie neben Adamiten auch Picardier genannt wurden. Sie wurden von Ziska hart verfolgt, ohne jedoch ausgerottet werden zu können, und selbst im Jahre 1849 wagten sich die Anhänger dieser nunmehr ganz kommunistisch gestalteten Sekte wieder hervor, natürlich auch mit Weibergemeinschaft. Es wäre aber Unrecht, derlei Erscheinungen, von denen noch manche namhaft gemacht werden könnte, nur auf Rechnung des Katholizismus zu schreiben. Wie das heillose Treiben der Wiedertäufer zu Münster erwies, konnten solche und noch ärgere sittliche Ausschweifungen auch in kirchenreformatorischen Kirchen vorkommen. Es sei ferner an die wunderlichen „Heiligen vom Jüngsten Tage" erinnert, die Mormonen in Nordamerika, einer 1827 gegründeten religiösen, mit Vielweiberei verbundenen Sekte, denen übrigens die Staatsgewalt in der letzten Zeit die Polygamie verboten hat.

Vieles der religiösen Schwärmerei ist auf Rechnung der Hysterie zu schreiben und vielleicht haben auch die nicht ganz Unrecht, die das ganze scheussliche Hexenwesen vergangener Zeit in weiblicher geschlechtlicher Aufregung ihren Ursprung finden lassen.

Weber-Demokrit schreibt: „Die Andacht erhöhet die Phantasie und reizt die Nerven, daher ist sie der rechte Augenblick für sinnliche Liebe, wie ein schlüpfriger Roman, was die Hochwürdigen gar wohl wussten. Nach Plato erhebet Betrachtung irdischer Schönheit zum himmlischen, hier ist der Fall umgekehrt, und vom Zusammengeistern der Lämmleinsbrüder und Heilandsschwestern, ist der Weg nicht weit zum Zusammenkörpern, wie die Wallfahrten am besten beweisen; Betstunden werden zu Schäferstunden und die so beliebten Lichtmetten waren den Sitten am allernachteiligsten. Alle heiligen Konvulsionäre, weiblichen und männlichen Geschlechts, darf man ohne Injurie verdeutschen — durch Schwerenöter!

In protestantischen Ländern kennt man den innigen katholischen Aufschlag weiblicher Augen nicht, der auch für mich Sünder so viel Verführerisches hatte, und es ist immer dezenter, beide Religionsverwandte dadurch zu unterscheiden, als durch einen Griff ans Knie, der andere Fehlgriffe leicht nach sich zieht. Das Treiben des Geistes ist wie das Wiehern des Darius Pferdes, und das innere Licht hatte bei allen Fanatikern stets viel Bezug auf Weiber, wie die Linien des Zirkels auf den Mittelpunkt, und die überirdischen Meinungen waren meist mit unterirdischen Sitten vereint. Alle Schwärmer waren stets Freunde von Nuditäten, wie die Adamiten, Mammillaren, Picardiers und der Schneiderkönig Johann von Leyden beweisen; ihre Maxime, der äussere Mensch kann ohne Sünde thun, was er will, wenn nur sein Inneres daran keinen Anteil nimmt, war sehr behufig, und daran dachte meines Wissens keiner, den Versammlungsort so zu bauen, wie die Kirche zu Freudenstadt, wo beide Geschlechter einander nicht sehen können, beide aber den Prediger. Wesley zerfiel mit Zinzendorf, weil dieser noch eine gewisse Galanterie mit dem Christusglauben reimen zu können meinte — aber wohin führten seine nächtlichen Versammlungen im freien Felde, die mit Andacht, Schluchzen und Seufzern begannen, und mit Konvulsionen und dadurch veranlassten Entblössungen und was daraus folgt, endeten, daher diese Verzückungen auch ganz recht „the work" hiessen, das Werk.

Nonnen haben nicht selten so lebhaft von Jesu geträumt, dass sie aus der Nase bluteten, und vollblütige Brüder gestanden, dass ihnen mitten in ihrer himmlichen Entzückung eine höchst fleischliche Fragilitas entwischt sei. Die Prophetin Poniatowa hörte auf zu weissagen und von Himmel entzückt zu werden, als sie einen Mann hatte, und Duc de Richelieu brachte, vermöge einer Wette, eine alte Betschwester bis zum letzten Punkt: „Ah! je me damne pour vous," rief sie, er aber ergriff Hut und Stock mit den Worten: „Et moi, je me sauve!" Es ist ganz natürlich, dass aus alten Bettschwestern zuletzt Betschwestern werden müssen. An dem lustigen Hofe Karls II. von England, von dem die Freigeisterei ausging, war man nie so liederlich und niedrig lasterhaft, als an dem frömmelnden Hofe Louis XIV. und XV., wo man mit allem Anstand in der einen Hand einen Rosenkranz haben konnte, und in der andern einen Priap!"

Bekannt ist die Behauptung, dass im Mittelalter und noch später — wie erwähnt soll es auf Sizilien noch im 18. Jahrhundert vorgekommen sein — von den Grundherren bei Hochzeiten ihrer Hörigen das Jus primæ noctis ausgeübt soll worden sein. In jüngster Zeit wurde der Versuch gemacht (Karl Schmidt, Jus primæ noctis, 1881) die Richtigkeit dieser Behauptung in Abrede zu stellen, ohne dass es aber gelungen wäre dafür viel Gläubige zu finden. Wilhelm Rudeck schreibt in seiner Geschichte der öffentlichen Sittlichkeit in Deutschland (1897): „Was das Jus primæ noctis in Deutschland anbetrifft, so besitzen wir zwei im Staatsarchiv von Zürich gefundene Urkunden, die sich auf dieses Recht der Barone beziehen . . . Diese beiden Urkunden sucht Schmidt dadurch zu entkräften, dass er in ihnen einen scherzhaften Ausdruck gesehen haben will, welcher den Bauer daran erinnert, die hergebrachte mässige Heiratsabgabe als Zeichen seiner Hörigkeit pünktlich zu entrichten . . . Dieser Einwand scheint mir durchaus nicht überzeugend zu sein; ich glaube vielmehr, dass die beiden erwähnten Urkunden in der That beweisen, dass früher das Recht der ersten Nacht de juro und de facto bestand. Unsern sittlichen Anschauungen mag ein solches Recht ungeheuerlich vorkommen. Allein wir haben keinen Grund, die heutigen moralischen Begriffe als Norm für alle Zeiten zu setzen und ihnen ewige Giltigkeit anzudichten. Ich will jedoch auf das Jus primæ noctis hier kein Gewicht legen, umsoweniger, als sich nichts über seine Dauer (in Deutschland) ermitteln lässt.

Dagegen ist es bemerkenswert, dass in den Namen der Heiratsabgabe, welche die Untergebenen für die erhaltene Erlaubnis zur Vermählung zu zahlen hatten, oft eine geschlechtliche Anspielung enthalten ist. So hiess diese Steuer in Norddeutschland bis in die Neuzeit Bedemund, von Bett und Mund, d. h. Erlaubnis zur Besteigung des Ehebettes; (diese Ableitung scheint etwas gewagt zu sein und mit Bede wohl eher der bekannte Ausdruck für Steuer, Abgabe ausgedrückt zu sein, mit Mund aber gewissermassen die Vormundschaft) ferner Bumede, nach Harenberg von buen-genus propagare und Miete-Preis. Noch anzüglicher ist der Ausdruck Bunzengroschen, der auch von denjenigen Abgaben gebraucht wird, die von entehrten Mädchen an die Ortsobrigkeit zu entrichten war.

Von dem Dorfe Farnstädt im ehemaligen Fürstentum Querfurt erzählt Lünig 1622—1740? (Korpus juris Feudalis Germanici), „es muss eine jede Braut vor ihrer Trauung dem Gerichtsherrn drei gute Groschen bringen, welche vormals, und nur noch vor etwa zwölf Jahren, der Bunzengroschen genennet worden, und von der Braut selbst so hat müssen genennet werden. Die Gerichtsherrschaft hat aber vor etwa zwölf Jahren diese Benennung aus guter, christlicher Wohlmeinheit abgebracht und spricht anitzo die Braut, wann sie die drei Groschen bringt: „Hier bringe ich, was ich schuldig bin . . . den Ursprung dieses Zinses und warum es der Bunzengroschen genennet worden, kann man nicht finden, allein die Nachricht findet man, dass er über 150 Jahre so genennet gewesen!"

Andere Ausdrücke für die Heiratssteuer waren Hemdschilling, Hemdlaken, die in Niedersachsen, Braunschweig und Bremen gebraucht wurden, ferner Sprung-Daler (Sprungthaler) und Upspringel-Geld (Aufspringgeld). Alle diese Bezeichnungen sind urkundlich belegt . . . Weitere Bezeichnungen, die aber Schmidt nicht in Urkunden nachweisen konnte sind Vogthemd, Stechgroschen (!) Schürzenthaler, Reitschoss (Schoss-Abgabe), Meidenrente, Jungfernzins, Freudengeld, Busenrecht. In mehreren Gegenden Deutschlands hatten die Bräute als Heiratsabgabe dem Grundherrn so viel Käse und Butter zu entrichten, als dick und schwer ihr Hinterteil war, in andern Strichen einen Sessel, den sie gerade damit ausfüllen konnten." Bei den Klosterleibeigenen in Schwaben dagegen musste die Braut einen Kupferkessel abliefern, so weit und tief, dass die Braut bequem mit dem Hintern sich hineinsetzen konnte.

Auch von andern Seiten wird behauptet, dass das jus primæ noctis allgemein bestanden habe: Bebel schreibt: „Sugenheim sagt, (Geschichte der Aufhebung der Leibeigenschaft und Hörigkeit in Europa etc. 1861) das jus primæ noctis als ein Recht des Grundherrn stamme daher, dass er die Zustimmung zur Verheiratung zu geben hatte. Aus diesem Recht entsprang in Bèarn, dass alle erstgeborenen Kinder einer Ehe, in der das jus primæ noctis geübt worden war, freien Standes waren. Später wurde dieses Recht allgemein durch eine Steuer ablösbar. Am hartnäckigsten hielten an dieser, nach Sugenheim, die Bischöfe von Amiens fest, und zwar bis zu Beginn des fünfzehnten Jahrhunderts. In Schottland wurde dieses Recht von König Malcolm III. zu Ende des elften Jahrhunderts durch eine Steuer für ablösbar erklärt. In Deutschland bestand dieses Recht aber noch weit länger. Nach dem Lagerbuch des schwäbischen Klosters Adelberg vom Jahre 1496 mussten zu Börtlingen sesshafte Leibeigene das Recht damit ablösen, dass der Bräutigam eine Scheibe Salz, die Braut aber ein Pfund, 7 Schilling Heller oder eine Pfanne, „dass sie mit dem Hintern darin sitzen kann oder mag" entrichtet . . . Nach den Schilderungen des bayerischen Oberappellations-Gerichtsrats Welsch bestand die Verpflichtung zur Ablösung der jus primæ noctis noch im letzten Jahrhundert in Bayern. Ferner berichtet Engels („Der Ursprung der Familie" S. 97), dass bei den Walisern und Skoten das Recht der ersten Nacht sich durch das ganze Mittelalter erhielt, nur dass hier, bei dem Fortbestand der Gentilorganisation, nicht der Grundherr oder sein Vertreter, sondern der Clanhäuptling, als letzter Vertreter der früheren gemeinsamen Ehemänner, dieses Recht ausübte, sofern es nicht abgekauft wurde.

Es besteht also gar kein Zweifel, dass das sogenannte Recht der ersten Nacht nicht nur während des ganzen Mittelalters, sondern selbst noch bis in die Neuzeit bestand, und seine Rolle im Kodex des Feudalrechts spielte. In Polen massten sich die Edelleute das Recht an, jede Jungfrau zu schänden, die ihnen gefiel, und sie liessen hundert Stockstreiche dem geben, der sich beklagte. Dass die Opferung jungfräulicher Ehre auch heute noch auf dem Lande dem Grundherrn und seinen Beamten als etwas Selbstverständliches erscheint, das kommt nicht nur, weit häufiger als man glaubt, in Deutschland vor, sondern auch sehr häufig, wie Kenner von Land und Leuten versichern, im ganzen Osten und Südosten von Europa."

So wahrscheinlich auch der Bestand dieser Vergewaltigung scheint, so wenig aber ist sie trotz alledem für Deutschland erwiesen, denn wir finden allezeit die Möglichkeit gegeben, die Sache mit einem gerade nicht übermässigen Betrag zu ordnen, sofern dieses „Recht" nicht überhaupt schon in eine Abgabe aufgelöst erscheint. Ferner ist es auffällig, dass in den zahlreichen und verschiedenen Klagen, die von dem Bauernstand wider ihren Grundherrn erhoben wurden keine Beschwerde gegen dieses „Recht" vorkommt, dessen Ausübung doch am empörendsten wirken musste. Bebel und andere sozialdemokratische Autoren halten übrigens, nach Engels, den Ursprung der Ausübung dieses Rechts nicht als Ergebnis grundherrlicher Macht, sondern als das letzte Rudiment einer Sitte, „die mit der Zeit des Mutterrechts, als alle Frauen die Ehefrauen eines Clans waren, zusammenhing. Mit dem Verschwinden der alten Familienorganisation erhielt sich der Gebrauch in der Preisgabe der Braut an die Männer der Genossenschaft in der Brautnacht fort. Aber das Recht schränkte sich im Laufe der Zeit ein und geht schliesslich auf das Stammesoberhaupt oder den Priester, als Ausüber eines religiösen Aktes, über. Der Feudalherr übernimmt es, als Ausfluss der Gewalt über die Person, die zu dem Grund und Boden gehört. der sein eigen ist, und er übt dieses Recht, falls er will, oder verzichtet darauf gegen eine Leistung von Naturalien oder Geld.“ Damit wäre, vorausgesetzt, dass sich die Zustände thatsächlich so ausgebildet hätten, was vorläufig doch nur als unerwiesene Behauptung zu betrachten ist, dieser brutalen Vergewaltigung wenigstens eine sozusagen sittlichere Ursprünglichkeit gegeben. Was leider für die Möglichkeit des einstigen Bestandes des „Rechts der ersten Nacht“ spricht, ist die Uebermacht des Grundherrn, der über seine Hörigen selbst in nicht sehr fern von uns liegenden Zeiten mit der grössten Willkür verfügen konnte und nur zu oft auch verfügt hat.

Es dürfte hier der geeignete Ort sein, die Bildung und Entwicklung der Ehe, die die Grundlage der menschlichen Gesellschaft bildet, etwas näher in Betracht zu ziehen, wobei wir von einer gründlichen Erörterung der wissenschaftlichen Streitfrage, ob die Menschen natürlich monogam oder potlygam veranlagt sind, absehen können. „Die Ehe ist der Anfang und Gipfel aller Kultur,“ sagt Goethe und giebt mit diesen wenigen Worten der Wichtigkeit dieser Institution in beredtester Weise Ausdruck. Die Menschheit hat eine beträchtliche Strecke in ihrer kulturellen Entwicklung zurückgelegt, bis sie zur heute herrschenden Form der Ehe gelangte. Die ersten Schritte dieses Weges erkennen wir nicht sehr deutlich; wissen wir doch nicht einmal, ob die Sippe homo sapiens, wie sie Linné benannt hat, natürlicherweise monogam, polygam oder polyandrisch sei. Unsere nächsten Verwandten, die Affen, geben uns hierüber keine Auskunft, denn manche Arten leben in Polygamie, andere wieder in Monogamie. Auch die Zustände von früher und heute bei Völkern im Naturzustande geben keine sichere Kennzeichen, denn wir finden Einehe, Vielweiberei und Vielmännerei — diese z. B. bei den Todas in Indien — noch heute verbreitet und jeder dieser Zustände dürfte wahrscheinlich von den Verhältniszahlen der Geschlechter abhängen. Im allgemeinen mag diese in vergangenen Tagen ebenso wie gegenwärtig ziemlich gleich gewesen sein; es ist sogar in der Regel eine Ueberzahl männlicher Geburten zu verzeichnen. Allerdings ist die Sterblichkeit grösser bei dem männlichen als bei dem weiblichen Geschlecht, so dass dieses schliesslich fast überall eine kleine Mehrheit aufweist. Aus diesen Thatsachen liesse sich immerhin folgern, dass beim Menschen die Einehe natürlich sei, mag auch manche physiologische und anderartige Thatsache dagegen sprechen. Allerdings will das Wort Einehe noch nicht eine Verbindung für die Lebenszeit bedeuten, die erst von der vorgeschritteneren Kultur als sittliches Gebot hingestellt wurde.

In geistreicher, wenn auch nicht in erschöpfernder Weise schildert Professor J. Kohler in einem in der „Zukunft“ (1893) veröffentlichten Aufsatz verschiedene Eheformen:

Nichts sonderbarer nach der Anschauung von uns allen, soweit wir uns in Europens Gauen mehr oder minder unseres Lebens freuen, als die Gruppenehe; die Gruppenehe? Ja, eine Ehe, wo nicht jeweils ein Individuum das andere, ein Männchen das Weibchen zum Gatten nimmt, sondern eine Horde die andere, und da natürlich in jeder Horde Männchen und Weibchen sind, kreuzweise die Männer der Horde A die Weiber der Horde B und umgekehrt. Das giebt merkwürdige Verhältnisse: nicht der Einzelne, sondern die Horde ist Vater und Mutter, das Kind ist eine „Tochter des Regiments"; alle Hordenkinder sind Brüder und Schwestern, und die Herren der Horde A betrachten unterschiedlos die Damen der Horde B als ihre Ehefrauen und Gemahlinnen. Schliesslich wird der Bruder der Mutter von selbst zum Schwiegervater, und so entstehen Verwandtschaftbilder, die wir im Schweisse des Antlitzes auf Papier zeichnen, während sie dem Australneger ganz selbstverständlich sind, denn er wächst mit ihnen auf.

Nun, Alles hat seine Zeit, auch die Hordenehe; sie tritt in den Schoss der Vergessenheit und die Einzelehe entsteht: nicht notwendig so, dass ein Mann ein Weib hat, sondern so, dass ein Mann ein oder mehrere Weiber, ein Weib einen oder mehrere Männer hat, aber doch eben individuell, der Einzelne den oder die Einzelnen.

Ja die Polygamie! sie ist auf dem Erdball äusserst verbreitet! allerdings etwas luxuriös, und der arme Mann, wie er nur ein Kleid hat, kann auch nur ein Weib haben; aber der Reiche, aber der Häuptling! Manche Philosophen haben gar noch von einer naturgemässen Anlage der Männer zur Polygamie gesprochen — entsetzlicher Schopenhauer!

Doch die Polygamieformen sind wieder sehr verschieden; so die chinesische Form mit einer Haupt- und mehreren Nebenfrauen: da ist die Haupfrau die Herrin des Haustandes und die Nebenfrauen sind eben die besseren Dienerinnen und Hausmädchen, — nicht eben sehr erbaulich, aber es herrscht tüchtig Ruhe und Ordnung im Haus. Die zweite Polygamieform ist die des Islam, wo alle (vier) Frauen einander gleichstehen . . .

Nun giebt es auch umgekehrt Völker, wo eine Frau mehrere Männer hat; auf der Wunderinsel Ceylon waren früher solche Verhältnisse, und im Geheimen wuchern sie wohl noch heute fort. Es leben auch Völker, wo die Frauen alle paar Wochen oder Monate die Männer wechseln, so die Nairs an der indischen Südwestküste . .

Es giebt aber noch weitere Merkwürdigkeiten. Die Ehe nach Mutterrecht ist manchen Frauen als sehr begehrenswert erschienen und manche haben ihre Wiedereinführung gewünscht, wobei sie der Männerwelt möglichst gütige Behandlung versprachen. Denn beim Mutterrecht ist die Frau alles und der Mann nichts. Die Kinder gehören der Frau und gehen den Mann nichts an, die Frau bildet mit ihrem Bruder einen Bund des Hauses und der Bruder steht zu ihren Kindern in der zärtlichsten Beziehung, das Erbrecht geht nicht vom Vater auf den Sohn, sondern vom Onkel auf den Neffen. Da hat die Frau eine hervorragende geachtete Stellung, kein Mann unterdrückt sie und die Erziehung der Kinder steht ihr vornehmlich zu.

Die Weltgeschichte hat es anders beschlossen, sie hat das Mutterrecht meist überrumpelt. Die Männer wollten es nicht mehr so, sie raubten, stahlen oder erhandelten die Frauen und machten sie zu Dienerinnen und Sklavinnen. Jetzt war der Mann Herr des Hauses und ein Tyrann comme il faut. Da begannen für die Damen schlimme Tage der Trübsal und Unterthänigkeit; denn die Männerwelt war damals noch nicht sehr rücksichtsvoll. Dass der Mann die Frau sogar verkaufte, war nicht selten, und nach dem Tode des Mannes fiel sie an seinen Bruder oder an den Stiefsohn, bis man es allmählich ihrer Familie gestattete, sie auszulösen.

Bei manchen Völkern kann der Mann nach Vater- oder nach Mutterrecht heiraten; natürlich ist ihm das Vaterrecht viel angenehmer; aber das geht nicht so einfach: die Frau will gekauft sein und kostet ein ganzes Vermögen, oder der Mann muss ein paar Jahre lang dienen. Das braucht er nicht, wenn er sich ins Mutterrecht begiebt, aber es ist auch darnach. Dann wird er völlig in das Haus der Frau eingeschlachtet, ohne Recht und ohne Vermögen, selbst seinen ehrlichen Namen muss er aufgeben. Diese Eheform hat sich vielfach erhalten, wo die Tochter eine Erbtochter ist, wo es an Söhnen fehlt und darum die Tochter ihre Familie fortsetzen soll . . .

Noch giebt es einige Eheformen der sonderlichsten Art, bei deren Erwähnung die Modernen vor Verwunderung aufzuschreien pflegen. Die Pflanzenehe — ja die Pflanzenehe, — man verheiratet sich mit einer Palme oder einer Blume, oder auch, man verheiratet sich mit einem Kruge, einem Blumenstrauss. Alles das kommt in Indien vor. Die Ehe wird mit allem Gepränge geschlossen. Die Frau, die so verheiratet ist, darf nicht wieder heiraten; so kommt es vor, dass ein Mädchen zur alten Jungfer wird. Gewöhnlich ist aber diese Pflanzenehe nur von kurzer Dauer: man schlägt die Pflanze nieder, und der Verheiratete ist Witwer.

Der Grund dieser merkwürdigen Institution ist verschieden. Die zweite Tochter darf nicht vor der ersten heiraten; bekommt die erste keinen Mann, so muss sie mit einem Kruge vorlieb nehmen, aber sie muss ihn festlich zum Manne erkiesen, sonst müsste die jüngere Schwester sich in Sehnsucht vergrämen. Oder ein Mann will zum dritten Mal heiraten; das geht nicht: dem sind die Geister feindselig. Dann schliesst er die dritte Ehe mit einem Bäumchen und haut das Bäumchen nieder: eine vierte Ehe ist wieder recht und gut — der Graben ist ja mit der dritten Ehe übersprungen . . ."

Wir finden in der monogamen Ehe der Naturvölker zwei Hauptformen: die Endogamie, in der die Gattin innerhalb, und die Exogamie, in der sie ausserhalb der Familie oder des Stammes gewählt werden musste. Die Ehe unserer Kulturwelt, eine Einehe trotz aller hüben und drüben vorgenommenen Ausschreitungen, ist begreiflicher Weise der grundsätzlich von einer andern Weltanschauung ausgehenden Sozialdemokratie ein Dorn im Auge. Es ist dies begreiflich und es wäre nutzlos und auch vergeblich gerade diesen Punkt zu einem Einspruch gegen ihre Anschauungen herauszugreifen. Es ist nur zu selbstverständlich, dass sie an dem Hauptpfeiler der von ihr befehdeten gesellschaftlichen Ordnung rüttelt, ihn niederzureissen sucht, wobei ihr trotzalledem in Stunden stiller Einkehr zu Bewusstsein gelangen muss, dass das Ergebnis einer viel tausendjährigen Entwicklung festgegründet sein muss und unter allen Umständen nicht von klügelnden Theorien beseitigt werden kann. „Die Einehe ist von Anfang an Gegenstand materieller Spekulation geworden," klagt Bebel. Angenommen, dass diese nur zu häufig laut werdende rhetorische Hyperbel vollkommen richtig wäre: giebt es irgendeine Gewähr, dass eine Geschlechtsverbindung anderer Form diese „materielle Spekulation" völlig ausschlösse? Hier, wie fast allseits, ist der grösste Fehler der Beurteilung, dass sie die Institution für etwaige Mängel des Individuums verantwortlich machen will, ferner für dieses einen Idealtypus aufstellt, den es vielleicht ausnahmsweise hie und da gegeben hat und vielleicht ausnahmsweise hie und da noch geben wird. Einige Jahrzehnte vor Bebel schrieb Gustav Freytag (in seinen Bildern aus der deutschen Vergangenheit) „Der Innigkeit germanischer Ehen schadete nicht, dass sie schon in der Urzeit oft ein Familienvertrag war, der im Interesse zweier Geschlechter geschlossen wurde."

Auch unsere Frauenrechtler sind voll des Verdammnisses über unsere heutige Ehe und der sehr verdienstvolle aber etwas pantoffelheldische Stuart Mill ruft aus: „Die Ehe ist die einzige wirkliche Leibeigenschaft, die das Gesetz kennt." Man könnte diesem Ausruf zustimmen, wenn er etwas anderes damit besagen wollte als eine würdelose Sklaverei des Weibes, deren Begriff nur in den phantastischen Träumereien eines verweiblichten Hyper-Idealimus oder in den orgiastischen Ausartungen eines hysterischen Viragotums entstehen konnte.

Die Eheverhältnisse der Deutschen im Mittelalter und der nachfolgenden Zeit weisen manche bemerkenswerte Erscheinungen auf. Freytag schreibt (a. a. O.):

„Das Gelübde der Ehelosigkeit wurde — wie bekannt — damals nur von Klosterbrüdern, nicht von den, oft verheirateten, Geistlichen der Kirche abgelegt. Die Mönche hielten mit diesem Gelübde Haus, wie gerade Klosterzucht und Zeitgeschmack war; wer im Kloster ausserhalb des Clausur schaffte, entbehrte wenigstens nicht ganz den Verkehr mit weiblicher Anmut. Der Maler Tuotilo aus St. Gallen kam um das Jahr 900 während der Weinlese nach Mainz in das Kloster St. Alban, er stieg in der Gastwohnung des Klosters ab und ertappte dort einen Mönch, welcher mit der Klosterwirtin hübsch that. Da riss er ihm die Peitsche aus der Hand, hieb ihm damit auf den Rücken und rief: ‚Dies sendet Dir St. Gallus, der Bruder St. Albans‘."

Zuweilen sehen wir wie fanatischer Kirchensinn störend der natürlichen Bestimmung des Weibes entgegentritt, wobei nicht selten die legitime Erotik, wie man es nennen könnte, trotz alledem sich geltend machte, wenn auch in abirrender und verirrender Weise. „Mehr als ein bräutliches Kind erlauchter Familien verschmähte den angebotenen Gemahl und wählte das himmlische Rosenlager ihres Bräutigams Christus. Denn die geweihte Jungfrau fasste ihr Verhältnis zum Himmelskönig in weiblicher Weise als ein Verlöbnis an den geliebten Gott, und die Phantasie war schon im zehnten Jahrhundet thätig, die Himmelsfreuden dieses Bundes: Lager, Kuss und Umarmung auszumalen, zuweilen in einem Detail, das uns höchst befremdet." (Freytag a. a. O:)

Sogar in der Ehe wurde zuweilen der strenge Idealismus siegreich durchgesetzt. So lebte in Arvera ein Jüngling und ein Mädchen in Ehe, die einzigen Kinder ihrer Eltern. Er hatte in der Brautnacht der Weinenden Entsagung gelobt und seinen Schwur gehalten, und als die jungfräuliche Gattin starb und der Mann über ihrer Leiche vor allem Volk seinem Herrn Jesus Christus dankte, dass der anvertraute Schatz unversehrt dem Himmel wiedergegeben werde, da lächelte die Tote schamhaft und aus ihrem Munde kamen die Worte: „Was plauderst du und wirst doch nicht gefragt?" (Ebda.)

„Nicht weniger schadete den Ehen die Bekanntschaft mit romanischer Gewohnheit. Ueberall wo altrömisches Volksleben sich mit germanischem Wesen versetzt hatte, in Italien, Frankreich, Spanien, scheint durch alle Jahrhunderte die Innigkeit der Ehe geringer und die Hingabe der Frauen an erwählte Geliebte häufiger gewesen zu sein!" (Ebda.)

Die Eheschliessung war bei den alten Deutschen eine reine bürgerliche Handlung und „erst im vierzehnten Jahrhundert galt es für ungebildet, nicht von einem Geistlichen eingesegnet zu sein. Noch im fünfzehnten war möglich, dass Bauern ihren Pfaffen höhnten, weil er nach einer solchen Vermählung im Kreis der Genossen forderte, dass ein Aufgebot wegen möglichen Einspruchs erfolgen müsse. Die Bauern lachten und riefen: „Bevor es Mönche und Pfaffen gab, ist die Ehe gewesen!" Erst das langwierige (1545–63) Tridentinisches Concil gab der Eheschliessung für Katholiken ihre bis zur Einführung der Civilehe oder besser genannt Civiltrauung (im Deutschen Reich seit 1. Januar 1876 obligatorisch) ausschliesslich geltende Formen. „Die protestantische Kirche dagegen," schreibt Wilhelm Rudeck (a. a. O.) „kam zu keinem festen Abschluss ihres Eherechtes und es zeigte sich in ihr ein ständiges Schwanken. Luther erklärte die Ehe für ein weltliches Ding. Die Eingehung der Ehe sollte den von der Obrigkeit erlassenen Bestimmungen unterliegen und die Ehegerichtsbarkeit dem Staat überlassen sein. Luther konnte dies um so leichter thun, als ja die Fürsten auch die kirchlichen Oberhäupter ihres Landes waren und es gleichgiltig sein musste, ob ein Fürst als Landesvater weltliche Eheschliessungen nach weltlichen Gesetzen oder als Bischof kirchliche nach kirchlichen Bestimmungen anordnete. Aus praktischen und religiösen Gründen behielt nun auch der protestantische Staat die kirchliche Eheschliessung bei. Die Kirchenordnungen, die aber in Wirklichkeit nur landesherrliche Gesetze waren, verlangen kirchliche Eheschliessung nach vorangegangenem Aufgebot. So wurden thatsächlich die katholischen Bestimmungen auch in den protestantischen Staaten angewandt, wenn auch von Staatswegen angeordnet wurde, was die Kirche von Sakramentswegen verlangte."

Charakteristisch für die altdeutsche Ehe war der Bettsprung, mit dem erst die Ehe als rechtsgiltig betrachtet wurde, das Beilager halten, wie es auch hiess. Am Abend des Hochzeitstages wurden Braut und Bräutigam von den Angehörigen oder auch von der ganzen Hochzeitsgesellschaft in die Brautkammer geführt, ausgekleidet und dem jungen Gatten übergeben. Beide legten sich nun ins Hochzeitsbett und es wurde eine Decke über sie gebreitet, womit die Ehe als vollzogen galt. In späterem Mittelalter erfolgte dies zumeist in voller Kleidung. „Ist das Bett beschritten, ist das Recht erstritten," erklärte ein altes Sprichwort. Bei vornehmen Ehen war dieser symbolische Brauch auch noch lange nach Einführung der kirchlichen Trauung üblich und die südländischen Hofdamen waren ganz entsetzt, als Kaiser Friedrich III, bei seiner Vermählung mit Eleonore von Portugal vor allen Anwesenden das Beilager feierte. Die alten Bräuche liefern überhaupt eine Fülle von sexuellen Anspielungen oder Derbheiten. Bei den Deutschen musste bekanntlich das Weib bei einer Eidleistung die Hand auf die Brust legen, der Mann dagegen auf den Hosenlatz. Nach einem alten Wallisischen Gesetz musste eine Geschwängerte, wenn sie klagend gegen ihren Verführer oder Vergewaltiger auftrat, bei der Eidleistung mit der Rechten das Kruzifix erfassen, mit der Linken aber, zu dem Beklagten gewandt, membrum viri, jurando se stuprum passam esse de ipso membro. Nach altenglischem Gesetz konnte ein geraubtes und geschändetes Mädchen nur dann auf Heiratsgut Anspruch erheben, wenn sie einen Stier beim abgehaarten und eingeseiften Schwanz festzuhalten vermochte. In Wales wurde der Verüber einer Schändung verurteilt, dem Weibe so viel Schillinge zu zahlen, als nötig wären, ihren Hintern zuzudecken. Wurde in Altengland eine Witwe ungebührlich schwanger, so musste sie sich rittlings auf einen Bock sitzen, und, dessen Schwanz in der Hand, nach dem Gerichtshaus reiten, wo sie folgende niedliche Reime auszusprechen hatte:

Here I am
Riding upon a blak ram,
Like a whore as I am,
And for my Crincum Crancum
Have lost my Bincum Bancum,
And with this tail's game
Have done this worldly shame.
Therefore I pray you M. Stewart!
Let me have my land again.

In Deutschland kam es vor, dass ein ehebrecherischer Mann verurteilt wurde, „by synem Ding" durch die Strassen gezogen zu werden. Auch das Lehnswesen zeitigte Absonderlichkeiten und ein gewisser Lehnsmann war verpflichtet, seine Brautnacht auf einem Baum zu feiern.

Und nun einiges wenige über Zoten, wobei dem alten Weber-Demokrit das Wort gelassen sei:

„Unflätereien oder, wie wir im Sprüchwort sagen: „Das Läuten mit der Sauglocke" vertraten im ganzen Mittelalter bei Fürsten und Grossen die Stelle des Witzes, und ihnen schien blos naiv, was uns zotig ist. Wenn der Sachsenspiegel die Mannheit ausdrücken will, so spricht er von Jünglingen, die Haare im Barte, und danieder am Bauch, und unter jeglichem Arm haben, folglich zu ihren Jahren gekommen seien. Die Rabbinen sagen von beiden Geschlechtern ohne Anstand, dass sie allen Geboten des Gesetzes unterworfen seien, sobald sie nur zwei Haare hätten, nicht am obern, sondern, wie sie aus grosser Sittsamkeit bemerken, „am untern Bart". Rabbi Juda giebt sogar den Termin a quo an, wenn des Schwarzen mehr geworden als des Weissen.

Im Mittelalter waren die Namen und Formen der Zuckerwerke höchst schamlos, und meist weibliche oder männliche Glieder, die sich noch heute aus mancher Form der Butterwecke erraten lassen. Die Figuren auf den Bechern, die man doch auch Frauen und Jungfrauen zutrank, waren oft so aretinisch als bei der Tafel König Philipps von Burgund — es zeichnete sich vorzüglich eine schöne weibliche nackte Figur von Gold aus, die den besten Burgunder in ein Becken — pisste . . .

Ali ruft über Muhameds Leichnam, dem die Kraft von dreissig Männern zugeschrieben wird, daher wir wahrlich dem grossen Propheten manches verzeihen müssen, was bei Christus und seinen Jüngern nicht vorkam — der Prophet konnte in una hora undecim feminis satisfacere! — und so rief Ali im tiefsten Schmerz: O propheta! certe penis tuus cœlum versus erectus est!

Die heiligen Väter der Kirche werden oft ungemein komisch aus lauter heiligem Enthusiasmus, wenn sie sich entweder in dem Lobe der

Jungfrauschaft erschöpfen, oder ein Tertullianus die Bordelle elegantissime Consistoria libidinum publicarum nennen.

Noch bliebe übrig in diesem Kapitel einiges von den Liebeshöfen vorzubringen, die zuweilen ganz mit Unrecht als eine Ausgeburt der Unzucht, als Bildungen der Prostitution sozusagen, betrachtet werden.

Die Minnehöfe des Mittelalters — ihre Blütezeit war vom 11.—13. Jahrhundert — hatten Südfrankreich zur Heimat, obgleich die Sage sie mit König Artus Tafelrunde in Verbindung bringt. Wenigstens hatte kein anderes Land Minnehöfe aufzuweisen, selbst Italien nicht, und deren Einrichtungen und Gepflogenheiten weisen auf gallischen Ursprung hin. Man darf zum Verständnis dieser Einrichtung hier das Wort „Minne" nicht mit „Liebe" gleich erachten. Es bedeutete nichts als eine gesteigerte Galanterie und die Urteile der Minnehöfe unterscheiden auch deutlich zwischen Liebe und Minne.

Das für alle Entscheidungen giltige Gesetz mythischer Herkunft umfasste einunddreissig Sentenzen, die nicht im geringsten wider die Züchtigkeit verstossen. Einige dieser Regeln mögen hier folgen: „Ehe ist keine rechtmässige Entschuldigung gegen Minne. Wer nicht verhehlen kann, der kann nicht minnen. Niemand kann gezwungen minnen. Neue Minne vertreibt die alte. Minne kann durch Minne nicht gesättigt werden. Wer auf Unkeuschheit und Wollust denkt, kann nicht minnen."

Ueberdies bestanden noch die Dreizehn-Gebote der Minnen, von denen uns jedoch nur zwölf erhalten geblieben sind. Sie lauten:

„Fliehe den Geiz wie die Pest und halte dich an dessen Gegenteil. Vermeide jede Lüge. Afterrede nicht. Plaudere nicht Geheimnisse der Minne aus. Bediene dich zu deinen Minnebriefen nicht mehrerer Schreiber. Schädige nicht wissentlich des andern Minne. Minne nicht dort, wo du zu heiraten Scheu hättest. Gehorche immer den Befehlen der Damen. Sei immer zum Dienst der Minne bereit. Sei immer artig und höflich. Ueberschreite nicht in der Minne den Willen der Person deiner Minne. Bei Minne und Gegenminne seien Schamhaftigkeit und Bescheidenheit stete Begleiter." Das dreizehnte Gebot fehlt uns, wie bemerkt. Es dürfte wohl den Vorhergehenden ziemlich gleichen.

Bekannt sind uns etwa ein Dutzend Minnehöfe, deren Mitgliederzahl zwischen 10 und 60 schwankte. Die bekanntesten sind: Der Minnehof der Gräfin Ermengarde von Narbonne, der Gräfin von Champagne und der Königin Eleonore, Gattin Ludwigs VII. Anfangs scheinen nur Damen Mitglieder der Minnehöfe gewesen zu sein, später jedoch auch Ritter, die an manchen Orten die Stelle des Präsidenten, Prince d'amour genannt, einnahmen. Das harmlose Spiel, das durch die Minnehöfe zum Ausdruck gelangte, artete jedoch später zu einem förmlichen Strafgericht aus, das harte Strafen an Leib und Gut aussprach.

Von den Entscheidungen der Minnehöfe seien hier einige angeführt:

Die Frage, ob die Neigung der Minnenden oder der Ehegatten grösser sei, wurde dahin entschieden, dass beide miteinander nicht verglichen werden können, weil sie grundverschieden wären. Ein Mann warb um die Minne seiner von ihm geschiedenen Gattin. Der Minnehof erkannte, dass Minne zwischen geschiedenen Eheleuten zulässig sei und keineswegs gegen die Moral verstosse. Die Frage, welche Geschenke Minnegenossen von einander annehmen dürfen, wurde von der Gräfin Champagne folgendermassen entschieden: Haarschmuck, Bänder, Diademe aus Gold und Silber, Spangen, Spiegel, Gürtel, Taschen, Handschuhe, Kämme, Ringe, Vasen, Waschwasser, kurz alles, was nicht besonders kostspielig ist, und zur Zier des Körpers und zum Andenken dient. Ein erhaltener Ring soll an den kleinen Finger der linken Hand, den Stein gegen die innere Handfläche gekehrt, getragen werden.

Germanen.

I. Kapitel.

Die alten Germanen. — Skandinavien. — Dänemark. — Norwegen. — Kopenhagen. — Schweden. — Christiania, Stockholm. — Burgunderherrschaft. — Magdalenen-Klöster. — Ehebruch. — Strafen. — Spielhäuser. — Französische Herrschaft. — Stille Häuser. — Asyl Steenbeeke. Kampf gegen die Prostitution. — Bordellzustände. — Persönliche Freiheit. — Rundschreiben. — Verordnungen und Polizei-Vorschriften.

Spärlich sind die Mitteilungen, die uns über das Leben der alten Germanen überliefert wurden und sie beschränken sich hauptsächlich nur auf das, was uns Tacitus in seiner „Germania“ geschildert hat, deren zweckdienliche Stellen hier nach der Verdeutschung Wilhelm Böttichers folgen sollen:

„Die Tracht der Frauen ist von der der Männer nicht verschieden, nur dass die Frauen sich häufiger in Leinwand kleiden, diese mit Purpurstreifen zieren und den oberen Teil der Kleidung nicht in Aermel auslaufen lassen. Oberarm wie Unterarm, sowie auch der nächste Teil des Busens ist entblösst.

Gleichwohl sind die Ehen dort streng und in keinem Punkt möchten ihre Sitten mehr zu loben sein. Denn sie sind fast die einzigen unter den Barbaren, die sich mit einem Weibe begnügen, einige wenige ausgenommen mit denen um ihres Adels willen und nicht aus Sinneslust von allen Seiten Eheverbindungen erstrebt werden. Mitgift bringt nicht das Weib dem Manne, sondern der Mann dem Weibe zu. Zugegen sind Eltern und Verwandte, die die Geschenke besichtigen, welche nicht zu Tändeleien, nicht zum Putz der Neuvermählten auserlesen sind, sondern es werden Rinder, ein aufgezäumtes Ross und ein Schild nebst Framea und Pferd geschenkt. Gegen solche Geschenke wird die Gattin in Empfang genommen und sie selbst bringt ihrem Manne auch Waffen. Dies gilt ihnen als das stärkste Band, als geheimnissvolle Weise, dies als die Götter des Ehebundes. Damit sich nicht die Frau von allen Gedanken an männliche Tugend und von allen Kriegsschicksalen ausgeschlossen wähne, wird sie schon durch die Vorzeichen der beginnenden Ehe daran erinnert, sie komme als Gefährtin von Gefahren und Mühen, werde im Frieden wie im Kampfe gleiches dulden und wagen müssen. Das deuten ihr die zusammengespannten Rinder, die Waffen an, die ihr gegeben werden. Damit muss sie leben, damit sterben. Sie empfängt, was sie ihren Kindern unentweiht übergeben muss, was wert ist, dass ihre Schwiegertöchter es empfangen und damit auf ihre Enkel komme.

So leben sie denn in wohlbeschirmter Keuschheit, durch keine Lockungen von Schauspielen, keinen Reizungen von Gastmälern verführt. Die Heimlichkeiten der Briefe sind Männern wie Frauen unbekannt. Sehr selten nur kommt eine Ehebruch vor, der sofort bestraft wird, was den Männern überlassen bleibt. Angesichts ihrer Verwandten wird sie von dem Gatten entblösst und mit abgeschnittenem Haupthaar aus dem Hause gejagt und mit einer Geissel durch das ganze Dorf getrieben. Preisgegebene Keuschheit kann keineswegs auf Verzeihung rechnen. Ein solches Weib fände nicht durch Schönheit, nicht durch Jugend, nicht durch Reichtum einen Gatten. Denn hier lacht niemand über Laster und verführen, sowie sich vorführen lassen, nennt man nicht den Geist der Zeit. Noch besser freilich sind die Volkstämme in denen nur Jungfrauen sich vermählen und es mit der Hoffnung und dem Gelübde der Gattin bei einem Mal sein Bewenden hat. So empfangen sie nur einen Mann, wie nur einen Leib und ein Leben, so dass kein Gedanke drüber hinaus, kein Verlangen weiter reicht und sie nicht sowohl den Ehemann in ihren Gatten lieben als die Ehe selbst. Die Zahl der Kinder zu beschränken oder irgendeinen von den Nachgeborenen zu töten gilt als Missethat. Hier vermögen gute Sitten mehr als anderwärts gute Gesetze ...

Später erwacht beim Jüngling die Sinnlichkeit und darum ist

seine Manneskraft unerschöpft. Auch mit den Jungfrauen eilt man nicht; ihre Jugendkraft ist dieselbe wie bei den Jünglingen, ihre hohe Gestalt ähnlich. Kräftig und zu den Männern passend heiraten sie und die Kinder bezeugen die Kraft der Eltern."

Diese Angaben bekunden genügend, dass das Weib bei den alten Germanen eine geachtete Stellung einnahm, dass die Sittenlosigkeit in die Familie nicht eindringen konnte, dass eine Prostitution nicht aufzukommen vermochte.

Eine Verschlimmerung der Sitten sehen wir aber bei den germanischen Stämmen eintreten, die nach dem Süden vordrangen, bei den Lombarden in Italien z. B., was bereits früher Erwähnung gefunden hat.

Von den Skandinaviern, die hier nun vor allem genannt werden müssen, lässt sich nichts Besonderes vermelden. Das Hofleben zeitigte an dem dänischen, an dem schwedischen Hofe wohl auch hie und da ein Maitressentum, doch handelte es sich in den meisten Fällen um wirkliche Herzensneigung, wie bei dem vielbesungenen „Täubchen" — „Dyveke" — des Dänenkönigs Christian II. (1481—1559), die für seine Herrschaft allerdings sehr verhängnisvoll wurde und deren 1517 erfolgter Tod auf eine von ihren Feinden verübte Vergiftung zurückgeführt wird. Verhältnisse dieser Art sind jedoch mit der Prostitution nicht in Verbindung zu bringen, ebensowenig kann dies mit der Intimität geschehen, die später zwischen der Königin Karoline Mathilde und Minister Struensee herrschte und 1772 mit dem Sturz und der Hinrichtung des letzteren ein Ende nahm.

Auch von dem Volke Dänemarks lässt sich hinsichtlich des in seiner Mitte herrschenden Sittenzustandes zumeist nur günstiges sagen. Allerdings will es scheinen, als ob die Frauen Dänemarks und Norwegens — wenn auch politisch nicht mehr, so ist kulturell Norwegen zu ersterem Staat zu rechnen, mag auch in jüngster Zeit der Selbständigkeitstrieb besonders rege geworden sein — nunmehr neben einem kräftigen als anderorts auftretenden Emanzipationssucht eine gewisse sittliche Abberation bekunden, die ja fast überall als Begleiterscheinung der sogenannten Frauenbewegung auftritt. Viel trägt allerdings zu dieser etwas harten Beurteilung die litterarische Frauengestaltung bei, das heisst die Frauentypen, die wir in den neueren Litteraturwerken Dänemarks und Norwegens häufig auftauchen sehen. Man muss hierbei nicht so weit im Urteil gehen, wie es von Nordau in seinen „Entartungen" Ibsen gegenüber geschieht, aber es will fast nicht ungerecht erscheinen, wenn er diesen Frauentypen die Bezeichnung Nymphomanie widmet. Und manche Thatsache, manches Geschehnis weist darauf hin, dass die Frauengestalten, die uns aus den nordischen, oft sehr meisterlichen Litteraturwerken unerfreulich entgegentreten nicht blos einer poetischen Fiktion entstammen, dass sie mehr als erwünscht sein kann aus dem vollen Leben herrühren.

Wie die meisten grösseren Hafenstädte, wies bereits früher und weist noch mehr auch jetzt Dänemarks Hauptstadt Kopenhagen keinen besonders günstigen Sittenzustand auf und die Prostitution ist dort ziemlich zahlreich, ohne jedoch zu ganz besonderen und umfänglichen Bemerkungen Anlass zu geben. Ihr Lieblingstummelplatz ist das grossangelegte Vergnügungsetablissement Tivoli, doch dienen auch die Hauptstrassen ihren Berufszwecken. Bordelle sind nicht vorhanden und die Kontrolle der Sittenpolizei ist ähnlich der, die in den meisten europäischen Grossstädten ausgeübt wird. Ziemlich ähnlich den Prostitutionszuständen des lebensfrohen Kopenhagen sind auch die der Hauptstädte Norwegens und Schwedens: Christianias und Stockholms. Eine besonders auffällige Thatsache ist in Schweden die weibliche Bedienung auch in Männerbädern, womit aber keineswegs gesagt sein will, dass solches ein Förderungsmittel der Prostitution sei. Es dürfte im Gegenteil das Sittenrudiment einer vergangenen naiveren und auch sittenreineren Epoche sein, ebenso wie die Thatsache, dass in den meisten dänischen Seebädern, in denen Männer und Frauen abgesonderte Badestellen haben, erstere sich im Bade völlig in dem Kostüm bewegen, das der biblische Adam vor dem Sündenfall — nicht aufzuweisen hatte.

Auch die Hofgeschichte Schwedens bietet nur wenig Anlass zu Bemerkungen, die hier am Platze wären. Als nicht sehr löblich kann das Leben Christinas der Tochter Gustav Adolfs hingestellt werden, die ihren Liebhaber, der ihren Unwillen erregt hatte, in ihrer eigenen Wohnung ermorden liess, übrigens auch Zoten und schlüpfriger Lektüre nicht abgeneigt war. Sie, die Tochter des Vorkämpfers der Kirchenreformation legte bekanntlich die Krone nieder und trat zum Katholizismus über.

Mehr als von den skandinavischen Ländern lässt sich in Holland hinsichtlich der Prostitution mitteilen, zumal auch mehr historisches Material zur Beurteilung vorliegt und der reiche, mitten im europäischen Verkehr liegende Handelsstaat diesem unrühmlichen Gewerbe eine ertragreichere Stätte bot. Vieles freilich, was hier vorgebracht werden kann, stimmt so völlig mit den später in Betracht zu ziehenden Zuständen des benachbarten Deutschlands überein, dass es hier garnicht erörtert oder nur flüchtig erwähnt zu werden braucht. Ein grosser Teil der hier nachfolgenden Daten rührt aus „De strijd tegen de Prostitutie in „Vederland“ von W. van den Bergh her. Wie in vielen andern Ländern fand auch in den Niederlanden Sittenverderbnis und Prostitution eine Förderung durch die Herrscher. Von Philipp von Burgund, auch der Gütige genannt, (1419—67) wird berichtet, dass ihm vier Maitressen neunzehn uneheliche Kinder schenkten. Er führte auch die später fast nur der Prostitution gewidmeten Badestuben ein. Von seinem Sohn Karl dem Kühnen wurde besonders hervorgehoben, dass er weder Maitressen hielt noch uneheliche

Kinder aufzuweisen hatte, aber bereits von Philipp dem Schönen weiss die Chronik zu melden, dass seine Gattin, die Tochter des Königs von Spanien, wahnsinnig wurde, weil ihr Gemahl sich zahlreiche Maitressen hielt. Unter seiner Regierung trat auch in den Niederlanden die Syphilis zum ersten Mal bedeutsam hervor, und Erasmus von Rotterdam in seiner „Colloquia" schreibt: „Multorum est Communis præcipue nobilum" und hinsichtlich der Scabies Hispanica mitteilt „is tud malum adfricabis iis, qui tibi debnerant esse carissima et ipse per omnem vitam putre cadaver circumferes."

Die Vornehmen folgten auch hier den ihnen von ihren Fürsten gegebenen Beispielen und das Klosterleben und Leben der andern Geistlichkeit wies auch hier die bereits an anderen Stellen gekennzeichnete Sittenfäulnis auf. Besonders die Bettelmönche galten hier als besonders entartet, während die Karthäuser noch als ziemlich sittlich galten. Merkwürdigerweise aber finden wir schon damas Magdalenen-Klöster zur Aufnahme gefallener Frauenzimmer.

Im fünfzehnten Jahrhundert wurden Bordelle eingeführt, die bald grosse Aergernis erregten, sowohl durch das Betragen der Prostituierten selbst, wie das ihrer Besucher, bei denen es, in ihrer Trunkenheit, nur zu leicht zu bösen Streitigkeiten, ja selbst zu Totschlägen kam. Man hielt es nun für nötig, die Bordelle nach abgelegenen Strassen zu verweisen, was jedoch wieder den Unwillen der dort wohnhaften ärmeren Bevölkerung erregte. Verwunderlicher war eine andere Bestimmung, wonach Bordelle nur von Angestellten der Behörden gehalten werden durften. Man glaubte damit die Zustände zu verbessern, erreichte aber natürlich nur das Gegenteil. Bemerkt muss noch werden, dass der Besuch dieser verrufenen Häuser verheirateten Männern nicht gestattet war. Als Kennzeichen eines Bordells galt ein vor dem Hause aufgestelltes Palmenbäumchen.

Im Mittelalter konnte der Gatte seinem ehebrecherischem Weibe nach altgermanischer Weise die Haare abschneiden, die Kleider wegnehmen und aus der Behausung geisseln. Im fünfzehnten Jahrhundert nahm man die Sache noch so streng, dass die Ehebrecherin im Gesicht gebrandmarkt wurde. In der nachfolgenden Zeit jedoch wurde die Strafe schon viel milder. Sie bestand in der Verurteilung, öffentlich einen Stein zu tragen, wozu zuweilen auch Kuppler verdammt wurden. Bestraft wurde ferner 1567 zu Middelburg ein verlobtes Paar, das den ehelichen Geschlechtsverkehr vorzeitig aufgenommen. Bald jedoch sehen wir selbst bei Bigamie und Blutschande nur gelinde Strafen verhängen, wie barfuss und barhaupt in der Prozession gehen, knieend die Messe anhören müssen, gepaart mit Verbannung auf einige Zeit.

„Eine der ersten Thaten auf dem Sittengebiet," schreibt Doktor Fokker in seiner Geschichte der Syphilis in den Niederlanden, „nach der Reformation war die Abschaffung der von der römischen Kirche zugelassenen Bordelle." Doch nicht nur die Prostitution im engeren Sinne finden wir unter Censur der Kirche und wurde bestraft, auch was sonst dazu Anlass bieten konnte und im Widerspruch war mit einem eingezogenen Lebenswandel wurde verfolgt. Tanz, Schauspiel, das Baden im Freien, das Reiten am Sonntag und noch viel Aehnliches galt als strafenswerte Versündigung. Begreiflicherweise wurde auch gegen sonstigen ausserehelichen Geschlechtsverkehr scharf eingeschritten, gegen Concubinat, „ohne dass von Minderjährigen," wie es in einem „Ehereglement" heisst, „eingewandt sollte werden können, dass ihnen die Zustimmung zur Trauung von Eltern, Vormündern, oder Verwandten verweigert worden wäre."

Was die Strafen betrifft, so wurden die Hurer gewöhnlich mit Gefängnis, auch mit Gefängnis bei Wasser und Brot, sowie auch mit zeitweiliger Ortsverbannung gestraft, während die Huren für einige Zeit ins Zuchthaus gesteckt wurden. Ebenso streng und noch strenger wurde Kuppelei bestraft. Polygamie wurde gewöhnlich mit Geisselung und Verbannung gestraft, doch konnte auch auf Todesstrafe erkannt werden. Sodomie, worunter hier sowohl Päderastie wie Bestialität verstanden sein will, wurde mit dem Tode bestraft: mit Verbrennen, Erwürgen. Auch für die indischen Kolonien wurden ähnliche Gesetze gegen Sittenausschreitungen geschaffen.

Allmählich aber wurden die Bordelle wieder zugelassen, erst heimlich, dann öffentlich, und im achtzehnten Jahrhundert herrschten in den Niederlanden dieselben argen Sittenzustände, wie fast überall in Europa. Ende dieser Zeitepoche war es bei Männern „modern", sogenannte „Spielhäuser" zu besuchen, die aber nichts anderes als Bordelle waren, noch niedriger stehend, bemerkt van den Bergh, als unsere gegenwärtigen Cafés chantant. Diese „Spielhäuser" waren keineswegs Oertlichkeiten, wo Kartenspiel oder dergleichen ausgeübt wurde, sondern Musikhallen, auch „Musikos" genannt. Zeitgenössische Schriftsteller und spätere Kulturhistoriker wussten neben der allgemeinen Sittenverderbnis der Niederlande im achtzehnten Jahrhundert, auch das Umsichgreifen von „Liebhabereien" zu verzeichnen, wie sie Heiden auszuüben pflegten, als „die Sitten am verdorbensten waren." Auch die nach Malthus benannte Lehre scheint damals viele Anhänger gewonnen zu haben und ein Autor bezeichnet gewisse Hemmungsmassregeln der Bevölkerungszunahme als „conjugale Onanie".

Parent-Duchatelet schreibt in seinem bereits mehrfach genannten Werk: „En 1789 une commission, nommée pour convoquer un conseil sanitaire, insistait sur des mesures à prendre pour restreindre la prostitution dans un rapport rédigé à cette fin.

Rien ne fut fait cependant jusquà ce que les Français envahissant la Hollande, etablirent pèremtoirement un enregistrement des prostituées. Toute fille publique dument munie d'une carte dite de sûreté, avait à se soumettre à l'inspection d'un chirugien une ou deux fois par semaine." Damit sehen wir also, dass nach der Occupation Hollands durch die

Franzosen dort die für Frankreich geltende Regelung der Prostitution eingeführt wurde, Massregeln, die so ziemlich heute noch in Kraft sind. Es erfolgte damit sozusagen eine Rückkehr zu der Auffassung der Prostitutionsverhältnisse Hollands vor der Reformation. Immerhin konnte als erfreulicher Fortschritt die Bestimmung bezeichnet werden, wonach kein Frauenzimmer unter 21 Jahren in ein Bordell aufgenommen werden durfte, eine Bestimmung allerdings, die damals schon mit Hilfe freundlicher Polizei-Organe so oft überschritten worden sein mochte, wie es heute noch in Frankreich, Belgien etc. vorkommt.

Indes, die französische Herrschaft in den Niederlanden schwand wie der Traum einer Nacht und die nachfolgende Regierung des ersten Königs der Niederlande liess zwar den grössten Teil der durch französischen Einfluss entstandenen gesetzlichen Bestimmungen in Kraft, fügte aber noch manche andere hinzu. Die Aufsicht über die Prostitution in den Städten scheint nicht sehr sorgsam ausgeübt worden zu sein, denn das Kriegsministerium fand Anlass, die zahlreichen syphilitischen Erkrankungen in der Armee zu erwähnen, hervorgerufen, wie es in einem königlichen Erlass vom 6. September 1818 heisst, „hauptsächlich durch die Sorglosigkeit der bürgerlichen Autoritäten in der Vornahme von Polizeimassregeln gegen die öffentlichen Frauenzimmer, die mit diesem Uebel behaftet sind."

Viel scheint dieser Erlass jedoch nicht genützt zu haben, denn die Provinzialbehörden mussten wiederholt vermahnt werden, Massregeln gegen die „stillen Häuser", die „Spielhäuser" und die „öffentlichen Frauen" zu treffen. Er wurde als Muster auf das Prostitutions-Reglement der Stadt Haag hingewiesen. Es scheint jedoch, dass auch dieses Rundschreiben viele Ortsbehörden von der Notwendigkeit eines solchen Reglements nicht überzeugen konnte. Aus Herzogenbusch wenigstens wurde nach wiederholter Erinnerung dem Könige geantwortet, dass die Bürgermeister sich nicht entschliessen könnten, eine schändliche und unzüchtige Lebensweise zu regeln und der Sittenlosigkeit vorzustehen. „Neen, Sire! Burgemeesteren der stad s'Hertogenbosch vermenende hiertoe, hetzij met allen eerbied gezegd, niet de kunnen of mogen besluiten."

Auch anderwärts stiess die Reglementierung auf Widerstand oder begegnete wenigstens doch Passivität. Es schien, dass die unter der französischen Herrschaft eingeführten Massregeln die Ortsbehörden nicht von deren Nötigkeit und Nützlichkeit zu überzeugen vermochte. Manche Orte wollten überhaupt keine Bordelle dulden und es kam vor, dass das Kriegsministerium gegen Tilburg Beschwerde führte, weil dessen Stadtverwaltung die Einführung von Bordellen nicht dulden wollte, die „im Hinblick auf die Garnison" sehr nötig wären. Uebrigens trat auch in diesem Falle der General-Prokurator von Nordbrabant auf Seite der Stadtverwaltung und meinte, dass der Skandal „eines öffentlichen Hauses mit Mädchen, die qua tales unsittlich gekleidet daher gehen seines Erachtens nimmer durch den Stadtrat bewilligt werden könnte. Man möge entgegnen, dass früher in Tilburg keine öffentlichen Häuser bestanden hätten, dass solche kein unvermeidliches Uebel wären, und falls die Militärbehörde dies als eine militärische Notwendigkeit betrachte, so möge sie selbst dafür Sorge tragen. Der Justiz-Minister fand denn auch, dass es keine gesetzliche Bestimmungen und Mittel gebe, die Errichtung von Bordellen zu erzwingen, am allerwenigsten an einem Ort, wo schon seid Jahren eine zahlreiche Garnison vorhanden wäre, ohne dass ein solches Haus bestanden hatte. Und dabei blieb es auch.

„Man versuche aber nicht," schreibt van den Bergh, „die Zunahme oder Abnahme der geheimen Prostitution und der Syphilisfälle überall nur als eine Folge der Einführung oder des Mangels einer reglementeren Prostitution zu betrachten. Dazu wirken noch viel andere Faktoren mit. Vor keinem logischen und auch physiologischen Fehler muss man sich mehr bei Erörterung dieser Frage hüten, als vor dem — post hoc — ergo propter hoc. Doch wenn wir einen Blick auf die Erfahrungen bei der Bekämpfung der Prostitution aus der ersten Hälfte des Jahrhunderts zurückwerfen, so müssen wir erkennen, dass das zunehmende Bestreben von sanitärer und administrativer Seite die Prostitution zu reglementieren die Denkweise der Gesellschaft betreffs des Uebels verfälschen musste und nur dessen Verbreitung und deren Folgen förderlich sein könnte."

In eine neue Phase trat der Kampf gegen die Prostitution in den Niederlanden mit dem Jahre 1847 durch die Errichtung des „Asyls Steenbeek" durch Otto Gerhard Heldring, der auch in zahlreichen Schriften für die Beseitigung der Prostitution eintrat, was er selbst noch viel höher schätzte als seine Bemühungen zur Rettung gefallener Frauen. Dieses Asyl, dem bald noch die Gründung anderer ähnlicher folgten, beruht auf folgenden Grundsätzen:

1) Wir nehmen Personen jedes Bekenntnisses auf.
2) Wir haben stets vor Augen, dass Steenbeek eine Einrichtung ist, die aus tief Gefallenen christliche Dienstboden heranbilden will, sie arbeiten lehrt, damit sie selbstverdientes Brod zu essen haben.
3) Darum ist jede Person, die zufolge Siechtums oder Alters in eine Versorgungsanstalt gehört nicht für uns geeignet.
4) Wer zu uns will, der muss freiwillig kommen.
5) Nur ihr eigener Wille kann die Eingekehrte in Steenbeek zurückhalten.
6) Minderjährigen gegenüber sei jedoch hinsichtlich des vorhergehenden Punktes eine Ausnahme gemacht, zumal sie leicht etwas verlangen könnten, was sie im nächsten Augenblick wieder

bereuen mögen. Die Eltern können bei solchen Personen ein richterliches Urteil erwirken, das die Betreffende nötigt in Steenbeck zu verbleiben. Auch soll es der Anstalts-Leitung frei stehen sie zu entfernen, wenn sie halsstarrig zu sein scheint.

7) Die Einrichtung ist eine christliche. Sie bezweckt vor allem Unterricht, Erziehung, Leitung zu christlicher Lehr und christlichem Lebenswandel.

Bis zum Jahre 1878 hatte dieses Asyl 1025 Aufgenommene zu verzeichnen, deren normale Aufenthaltzeit zwei Jahr betrug. Bemerkenswert ist, dass die Zahl der Minderjährigen beständig und stark zunahm. Die Aufgenommenen mussten eine Eintrittsgebühr von 25 Gulden und ein Kostgeld von monatlich 2 Gulden bezahlen, Beiträge die ihnen, wie es scheint, bis nach Antritt einer Dienststellung gestundet wurden.

Von den verschiedenen Sittenvereinigungen wurden an die Behörden zahlreiche Eingaben gerichtet, die der Prostitution ein Ende machen oder sie wenigstens erheblich einschränken sollten, Eingaben allerdings, die in vielen Fällen mehr Sitteneifer, fast könnte man Sittenfanatismus sagen, als praktischen Sinn bekunden. Diese Beispiele stehen übrigens nicht einzig da. Wir finden Gleichartiges fast in allen Ländern und auch in allen Ländern ist derselbe Misserfolg dieser Bemühungen zu verzeichnen. Auch der scheinbare Erfolg dessen sich Magdalenenstiftungen und andere Vereinigungen dieser Art, hinsichtlich der durch ihren Beistand bewerkstelligten „Rettungen“ rühmen zu können glauben, dürfte nicht sehr hoch einzuschätzen sein und einer mehr als oberflächlichen Prüfung in den meisten Fällen nicht Stich halten. Nichts beweist dies mehr als die Zunahme der Prostitution, nicht nur in Holland, sondern auch in allen Ländern. Allerdings, so bösartig es klingen mag, es ist noch sehr die Frage ob eine Zunahme der Prostitution auch eine Zunahme der allgemeinen Sittenverschlechterung bedeutet. Man könnte dies sogar entschieden in Abrede stellen und eben das Gegenteil behaupten. Vielleicht übrigens erklärt sich die Zunahme der Prostitution, sofern eine solche überhaupt als erwiesen gilt, weniger durch Zunahme von Luxus und anderen Verderbern dieser Art, als ganz einfach durch das Anwachsen der Städte, die eben der gewerblichen Prostitution einen viel grösseren Tummelplatz bieten.

Heldring giebt in seinen „Levens-ervaringen“ folgende Schilderung der niederländischen Bordell-Zustände: „Es giebt in verschiedenen Städten unseres Vaterlandes zwei Arten von Bordellen: grosse und kleine. In ersteren sind die Insassinnen im vollen Sinn des Wortes Sklavinnen. In den zweiten sind sie einigermassen frei. Warum? In den sogenannten grossen Häusern werden nur die jüngsten, schönsten, manierlichsten aufgenommen, während in den kleineren und geringeren die älteren und weniger hübschen Schlachtopfer aus der Hefe der Gesellschaft Zuflucht suchen. Diese bieten sich freiwillig an, dienen der Sünde um Lohn, so lang man sie halten will, so lang es da für sie noch etwas zu verdienen giebt. Sie werden nicht mit Zierraten geschmückt, nicht mit dem Besten unterhalten, man trachtet vielmehr wie bei einem abgerackerten Sklaven — doch nein! diesem pflegt man noch ein ausreichendes Gnadenbrod zu schenken — wie bei alten Pferden, mit den geringsten Kosten so viel Vorteil wie möglich aus ihnen zu ziehen. Sie selbst klammern sich an die Sünde, an ihren Aufenthalt, um nicht als Bettlerin oder Landstreicherin auf die Strasse gesetzt zu werden — wohin sollten sie sich auch begeben? — und ihre Tage in einem Zwangsarbeitshaus beschliessen zu müssen. Sie sind frei, weil keine Gefahr vorhanden ist, das sie entwischen wollten; sie sind frei, weil mit ihnen kein gewinnbringendes Kapital verloren ginge und für eine Abgehende viel andere Bewerberinnen sich herandrängen. Doch mit den jüngeren ist es anders bestellt. Sie sind selten und haben ihren Wert. Sie werden gekauft und verkauft, bewahrt und bewacht wie ein Renten bringendes Gut. Doch gekauft und verkauft sind nicht die richtigen Bezeichnungen: sie werden geliefert und übernommen.

Jeder Bordellhalter hat seine Leute, meist Frauenzimmer, die als Spürhunde geeignete Schlachtopfer aufzustöbern wissen. Derlei Vermittlerinnen sind gewöhnlich die Helferinnen junger Mädchen bei ihren sittlichen Abirrungen. Und wenn so ein Mädchen dann aus dem Elternhaus verstossen wird und sich ratlos an ihre Helferin und Beraterin wendet, so bemächtigt sich diese ihrer und bringt sie bei einem „Fräulein“ unter, das heisst, liefert sie für den Betrag von sechs bis zehn Gulden einem ihrer kuppelnden Bekannten. Doch oft sind diese Pestbeulen der menschlichen Gesellschaft auch die Mittlerinnen zwischen den verschiedenen Bordellhälterinnen die einander die Schlachtopfer abnehmen. Um dies recht zu begreifen ist folgendes zu wissen nötig: Wenn ein Mädchen in einem öffentlichen Hauses aufgenommen wird, bilden gewöhnlich die Kleider, die sie trägt, ihren ganzen Besitz. Da sie sich nun in dieser Weise einem reichen, verfeinerten Wollüstling nicht gut anbieten kann, werden für sie die schönsten Toiletten gekauft oder hergestellt. Doch das ist nicht der einzige Grund, weshalb man sie ausschmückt. Für die Bordellhälterin ist es nämlich wichtig, dass ihr Opfer bei ihr tief in Schulden stecke und die gute Frau streckt alles vor, nicht nur um eine Fessel mehr anzulegen, sondern hauptsächlich um so viel wie möglich von deren Verdienst zu erhalten. Alles wird zwei- dreimal so hoch als es gekostet hatte, und noch mehr, daneben verschiedene kleine Ausgaben, auf die Sollseite geschrieben, während auf der Hatseite der für Kost und Wohnung um die Hälfte oder Zweifünftel verminderte Sündenlohn. Dabei verstehen sie es trefflich einzurichten, dass der Debet stets den Kredit übersteigt. Dieser Ueberschuss bildet nun „die Schuld“ und mit dieser Schuld, die hundert oder zweihundert Gulden beträgt, wird das Frauenzimmer „übernommen“.

Erst dann hat die Betrogene ihre persönliche Freiheit wieder, wenn sie, was selten genug vorkommt, mehr Verdienst aufweisen kann, als ihre Schuld beträgt, oder ein Wollüstling sich entschliesst, sie loszukaufen. Selten wird die eine Bordellwirtin der andern die Summe der sogenannten Schuld geben wollen und gewöhnlich müssen die Elenden dann hören und sehen, dass sie wie ein Stück Vieh taxiert und verschachert werden. Dass dies die meisten dieser unglücklichen Geschöpfe ebensowenig stört wie eine junge Orientalin, wenn sie öffentlich verkauft wird ist richtig; ebenso richtig wie es entsetzlich ist, dass solche Zustände in den Niederlanden möglich sind.

Dass die Tiefgesunkene weiss: „Ich bin ausgestossen aus der Gesellschaft, in der Freiheit und Ehre herrscht und muss mich nun in eine Gesellschaft hineinfinden, wo jede Ehre und Freiheit verbannt ist und schamlose Tyrannei und Sklaverei herrscht, ist natürlich. Aber unnatürlich ist es, solche Zustände in unserer Mitte fortbestehen zu lassen. Dass es unter diesen Frauenzimmern auch solche giebt, die sich, auch wenn ihnen die Freiheit gegeben wäre, lieber beim Ohr an den Thürpfosten annageln liessen, als das Haus der Schande und Sünde zu verlassen ist zu erwarten, unverantwortlich ist aber, dass so ein Menschenhandel bestehen kann! . . "

Diese Worte, die in den Niederlanden grosses Aufsehen erregt hatten, sind bereits in allen Ländern in allen Sprachen laut geworden und die Klagen, die ihnen zu Grunde liegen, bilden allerorts den Haupteinwand, der gegen die Duldung von Bordellen angeführt wird. Mit Unrecht jedoch. Dass die Prostituierten von Bordellhältern schamlos ausgebeutet werden, ist schliesslich sehr begreiflich, zumal doch niemand annehmen kann, dass sich zu diesem ehrlosen Gewerbe anständige Menschen hergeben. Wer aber die Verhältnisse kennt, der weiss auch, dass eine derartige Ausbeutung überhaupt nicht zu vermeiden ist, und dass ihr die selbständig wohnenden Prostituierten bei ihren Wirtsleuten, bei ihren Lieferanten, deren Kredit sie in vielen Fällen in Anspruch nehmen müssen, nicht minder ausgesetzt sind, in vielen Fällen sogar noch in weit ärgerem Masse. So weit es die Bordellhälter betrifft, so kann wenigstens die Polizei, sofern sie nur will, einige Massregeln zum Schutz der preisgegebenen Prostituierten treffen, während sie den privaten Ausbeutern gegenüber fast durchweg machtlos ist. Wieder tritt bei solchen Klagen nur die Phrase hervor, die von ihrem eigenen Wortschwall trunken, die Besinnung, das Verständnis für die reale Wirklichkeit verliert.

Zufolge dieser Veröffentlichung sah sich der Justizminister veranlasst, unter dem 7. Juni 1860 ein Rundschreiben an die als Polizei-Direktoren fungierenden General-Prokuratoren zu erlassen, dessen Inhalt in deutscher Uebertragung lautet:

„Es ist eine bekannte Sache, dass in den Häusern der Unzucht nicht selten Frauenzimmer von dem Gedanken zurückgehalten werden, dass sie dieses nicht verlassen und den unzüchtigen Lebenswandel nicht aufgeben dürfen, bis sie nicht die Schulden, die sie gewöhnlich dort haben, abgezahlt hätten.

Wenn solche Frauenzimmer die Absicht bekannt geben, so werden sie auf Grund dieser Schulden und wohl noch aus andern derartigen Gründen gefangen zurückgehalten. Erst dieser Tage ist ein derartiger Fall zu meiner Kenntnis gekommen, der eine gerichtliche Untersuchung nötig gemacht hat.

Auf derlei Vorfälle, die leicht eine ungesetzliche Gefangenhaltung im Gefolge haben können, nehme ich mir die Freiheit ihre besondere Aufmerksamkeit zu lenken.

Ich lasse dabei nicht ausser Betracht, dass zufolge Artikel 186 des Gemeindegesetzes die Aufsicht über öffentliche Häuser der Unzucht Sache des Bürgermeisters ist, und es ist auch mein entschiedenes Verlangen, dass kein Eingriff in diese Befugnis erfolge. Aber es kommt hier auch die Verletzung des Artikels 341 des Strafgesetzbuches in Betracht und in diesem Sinne gehört ein Fall bemerkter Art zweifellos in den Wirkungskreis der allgemeinen Polizei.

Es will mich bedünken, dass die Polizei, angerufen von dem Bürgermeister, das Mittel sein kann, um derlei Missbräuche aufzudecken, wo sie etwa vorkommen.

Ich sehe mich daher veranlasst, Sie zu ersuchen, die Aufmerksamkeit der Justizbeamten Ihrer Provinz auf diese Sache zu lenken, sie zu veranlassen, sich zu der nötigen Beaufsichtigung mit den Bürgermeistern der Gemeinden in Verbindung zu setzen, wo sich öffentliche Häuser der Unzucht befinden.

Ich will hier nicht einige Anweisungen zur Erreichung des bemerkten Zweckes geben. Die hierzu nötigen Beschlüsse überlasse ich gerne der gemeinschaftlichen Beratung der Herren Bürgermeister, der Herren General-Prokuratoren und Justizbeamten. Doch glaube ich auf die Notwendigkeit der unauffälligen Besuche der genannten Häuser und deren aufmerksame Beobachtung durch vertraute Polizeibeamte hinweisen zu müssen. Eine andere Massregel könnte darin bestehen, dass die in solchen Häusern sich aufhaltenden Frauenzimmer, von ihrer Berechtigung sie verlassen zu dürfen, verständigt werden.

Aber was immer zur Beseitigung des angedeuteten Uebels notwendig sein sollte, stets soll die Polizei-Aufsicht in gutem Einvernehmen mit dem Bürgermeister vorgehen In der angegebenen Weise soll gleichzeitig in Betracht gezogen werden, inwieweit die Artikel 354 u. 355 des genannten Gesetzes verletzt wurden.

Es dürfte kaum nötig sein, besonders darauf aufmerksam zu machen, dass, sofern die bemerkten Missbräuche in den genannten Häusern vorkommen, die Untersuchung in üblicher Weise vorgenommen werden soll . . ."

Grossen Erfolg scheint dieses Rundschreiben nicht gehabt zu haben, wenigstens fand sich später das Justizministerium veranlasst, darauf wiederholt hinzuweisen. Es folgten Versammlungen, Kongresse und noch viele anderartige Aeusserungen, um die Prostitution aus allgemein sittlichen, religiösen und sanitären Gründen zu bekämpfen. Wie anderwärts entwickelten auch hier die Streiter für die Moral eine kräftige Thätigkeit, aber wie anderwärts, ergaben auch hier die Bemühungen nur sehr geringfügige Erfolge. An der Spitze dieser Bewegung sehen wir Heldering stehen, dem ein Lob nicht versagt werden kann, mag auch der Erfolg seinen Absichten nicht genügen.

Wir geben hiermit eine Uebersicht der in niederländischen Gemeinden bis 1878 erlassenen, giltigen Verordnungen und Polizeivorschriften über öffentliche Frauen und Häuser der Unzucht:

Alkmaar, Verordnung vom 24. Juni 1864. 32 Artikel. Vorausgegangen sind Verordnungen vom Jahre 1828 und 1856.

Amersfoort, Verordnung vom 11. Dezember 1856, 33 Artikel.

Arnheim, Polizeiverordnungen, 22 Artikel, vom 2. Juni 1860, 1. Juni 1861, 8. Februar 1868, und 25. März 1872.

Assen, 28 Artikel des XV. Hauptstücks der allgemeinen Polizeiverordnung vom 21. März 1878.

Bergen op Zoom, Artikel 193—208 der Allgem. Polizeiverordnung vom 1. März 1876.

Den Bosch, Verordnung, 18 Artikel, vom 6. März 1857, vorausgegangen 28. Juni 1856.

Breda, 223—244 der allgemeinen Polizeiverordnung, 18. Februar 1870.

Brielle, Verordnung, 43 Artikel, 3. Juni 1861, vorausgegangen 31. März 1866.

Deventer, Verordnung, 47 Artikel, 29 Juni 1869.

Dordrecht, Artikel 100—114 der Polizeiverordnung, 12 Juni 1877.

Goes, Verordnung, 18 Artikel, 14. Dezember 1867.

Gornichem, gleich Haag, 14. Juli 1876.

Gouda, Verordnung, 21 Artikel, 14. Juli 1876.

Groningen, Reglement, 31 Artikel, 14. August 1861 und 25. März 1863.

Haag, s. nächstes Kapitel.

Haarlem, Verordnung, 29 Artikel, 17. Oktober 1866, vorausgegangen 1838, 1861.

Harderwijk, Artikel 6—18 der Sanitätsvorschriften, 10. Mai 1873.

Harlingen, Artikel 239—257, Abteilung II, Hauptstück VIII der allgemeinen Polizeiverordnung.

Den Helder, Verordnung, 24 Artikel, 3. April 1856, vorausgegangen 1828.

Hellevontslouis, Verordnungen, 2. Dezember 1863.
's Hertegenbosch, s. den Bosch.
Hoorn, wie Haag, 18. Februar 1861.
Kampen, Artikel 102 und 103 der allgemeinen Polizeiverordnung vom 31. Januar 1864.
Leeuwarden, wie Amersfoort, 23. November 1876.
Leiden, Artikel 156—168 der allgem. Polizeiverordnung, 13. Nov. 1873.
Maastricht, Verordnung, 34 Artikel, 19. Juli 1858, vorausgegangen 1818.
Middelburg, Verordnung, 26 Artikel, wie Dordrecht, 16. Februar 1857. und 21. Februar 1859.
Nijmegen, Artikel 264—290 der Polizeiverordnung, 2. April 1856.
Rotterdam, Vorschriften, 9 Artikel, 1858.
Veere, Verordnung, 30 Artikel, 30. April 1861.
Venlo, wie Mastricht, 5. Februar 1864.
Vlissingen, Verordnung, 24 Artikel, 13 November 1857.
Ylst, Verordnung, 5 Artikel, 13. Juli 1867.
Zütghen, Verordnung, 33 Artikel, 8. Oktober 1872 und 26. April 1873.
Zwolle, Verordnung, 47 Artikel, 13. Dezember 1861.

Ohne Polizeiverordnung und Vorschriften werden Bordelle geduldet in Amsterdam und Utrecht.

Um das Jahr 1865 gab es („De la Prostitution en Hollande“ par M. I. I. Marinus) in Haag 10, in Rotterdam 16, in Amsterdam 20, in Utrecht 4 Bordelle. Von einer besonderen, wenigstens damals noch vorhandenen Einrichtung berichtet Dr. Hügel: „Die holländischen und belgischen Bordelle haben die eigentümliche Einrichtung, dass man beim Eintreten in den Hauptsaal des Bordells nicht die Bordellmädchen selbst, sondern nur ihre Porträts, die entweder an den Wänden hängen oder in einem Album verwahrt sind, zu sehen bekommt. Zu jedem Bild an der Mauer gehört eine Klingel, auf deren Zug das gewünschte Individuum erscheint.“

II. Kapitel.

Verordnung für Haag. — Registrierung. — Oeffentliche Häuser. — Allgemeine Polizeimassregeln. — Sanitäre Massregeln. — Strafbestimmungen. — Soldaten und Prostituierte. — Staat und Prostitution. — Kongress zu Utrecht. — Gastliche Prostitution.

Die „Verordnung zur Regelung der Gesundheits- und Polizei-Aufsicht über die öffentlichen Häuser der Unzucht und die öffentlichen Frauenzimmer" wurde vom Gemeinderat der Hauptstadt Haag, am 12. September 1856 festgestellt und in den Sitzungen vom 1. Juni 1859 und 23. Juli 1861 verbessert. Sie enthält in sieben Abteilungen 48 Artikel, die hier in wörtlicher Uebertragung oder in Inhaltsangaben folgen:

Die erste Abteilung beschäftigt sich mit den öffentlichen Frauen und ihrer Registrierung. Artikel I lautet:

„Alle Frauenzimmer, die, sei es selbständig, sei es im Verein mit anderen, sei es in eigener Wohnung oder in der anderer, seien diese auch nicht zu diesem Zwecke benannt, die Prostitution zu ihren Beruf machen und sich derselben ergeben, sind öffentliche Frauenzimmer."

Sie werden in zwei Arten eingeteilt:

I. „in solche, die bei Bordellhältern oder -hälterinnen wohnen und

II. in solche, die abgesondert wohnen."

Ziemlich ähnlich lauten diesbezüglich die Verordnungen der andern niederländischen Städte, nur dass manche Städte, wie Gornichem, Goes, Gouda als Prostituierte auch die betrachten, die bei Prostituierten oder in Bordellen bedienstet sind, in Goes jedoch nur Frauenzimmer unter fünfzig Jahren. Unklarer ist die Bestimmung in Leiden, die besagt: „Als öffentliche Frauenzimmer werden die betrachtet, die sich, sei es gegen Bezahlung, sei es umsonst der Prostitution ergeben."

Artikel II. Alle öffentliche Frauenzimmer müssen sich in dem dazu bestimmten, von dem Bürgermeister angewiesenen Register der Polizei einschreiben lassen.

Artikel III bestimmt, dass die Einschreibung auf Ersuchen der Betreffenden oder auf Anordnung des Bürgermeisters erfolge. Ersteres kann jedoch nur nach ärztlicher Untersuchung und nach Erhalt eines Gesundheitszeugnisses, das vorgewiesen werden muss, geschehen.

Artikel IV. besagt, dass ein Frauenzimmer, das ohne eingeschrieben zu sein die Prostitution berufsmässig treibt, auf Befehl des Bürgermeisters zu dem Polizeikommissar vorgeladen wird, was durch einen Polizeidiener mittelst geschlossenem Brief erfolgt. Der Kommissar untersucht den Fall, berichtet darüber schriftlich dem Bürgermeister, der nun entscheidet, ob die Betreffende eingeschrieben werden soll oder nicht. Wird ersteres befohlen, so muss es dem Frauenzimmer binnen 24 Stunden durch ein Polizeiorgan in derselben Weise zur Kenntnis gebracht werden. Erscheint ein vorgeladenes Frauenzimmer nicht, so wird es gemäss Artikel 44 bestraft, doch darf eine Einschreibung nicht ohne Vernehmung angeordnet werden. In andern Städten jedoch, w. z. B. in Gouda kann letztere auf Anordnung des Bürgermeisters erfolgen.

Artikel V erklärt, dass die Einschreibung enthalten soll: Nummer, Name, Alter, Geburtsort, Wohnung, vorhergehender Aufenthalt und Beruf, Signalement, welche Papiere vorhanden sind und ob die Betreffende abgesondert oder in einem Bordell wohnt.

Artikel VI bemerkt, dass die Betreffende verpflichtet ist, alle zur Einschreibung nötigen Daten zu liefern und bedroht die Weigerung mit Strafe. Ihre Papiere bleiben gegen Quittung bei der Polizei liegen, bis sie den Ort verlässt oder sonst aus dem Register gestrichen wird.

Artikel VII besagt: Die Prostituierte erhält bei ihrer Einschreibung ein Büchelchen, das die oben bezeichneten Angaben enthält, sowie ihre eigene Unterschrift und falls sie nicht schreiben kann eine hierauf sich beziehende Anmerkung. Ferner weist es neben Unterschrift und Stempel der Polizei auch einen Auszug der Verordnung auf, soweit diese abgesondert wohnende Frauenzimmer betrifft. Dieses Büchlein muss jährlich erneuert werden.

Artikel VIII. „Die eingeschriebenen Frauenzimmer dürfen ihr Buch nicht verleihen. Sie müssen es stets bei sich haben und auf die erste Aufforderung hin der Polizei vorzeigen. Sie sind auch verpflichtet, ihre Büchlein auf Aufforderung hin dem Bordellhälter, bei dem sie sich aufhalten und den Männern, die sie besuchen, vorzuzeigen. Im Falle eines Verlustes des Büchleins sind sie verpflichtet, sofort ein anderes zu verlangen."

Artikel IX. „Kein öffentliches Frauenzimmer darf ihre Wohnung verändern, ohne es vorher der Polizei angezeigt zu haben. Sie erhält eine schriftliche Bestätigung dieser Kenntnisnahme.

Nach Artikel X. steht es Prostituierten, die in einem Bordell sich aufhalten, allzeit frei, unter Beobachtung von IX dieses Haus zu verlassen. Der Bordellhälter oder die -hälterin, die es verhindert, wird bestraft. Diese Bestimmung ist in allen Verordnungen niederländischer Städte zu finden und auch die vorhergehenden Punkte weisen da und dort nur geringe Abänderung auf, ebenso die nachfolgenden, sofern nicht anderes ausdrücklich bemerkt ist

Artikel XI besagt, dass der Bürgermeister die Streichung aus dem Register derjenigen Prostituierten anordnet, die sich freiwillig gemeldet hatten und dieses Leben nun, gemäss ihrer Erklärung vor der Polizei aufgeben wollen. Auch die von amtswegen Eingeschriebenen können solches verlangen, doch steht dem Bürgermeister frei, die Streichung zu bewilligen oder nicht zu bewilligen. Bei Verheiratung oder im Todesfall erfolgt die Löschung amtlich. — In Groningen muss eine Streichung so vorgenommen werden, dass der Name von keinem gelesen werden könnte.

Die zweite Abteilung umfasst die Artikel XII—XXII und handelt von den öffentlichen Häusern. Als solches gilt jeder Aufenthaltsort, „wo Gelegenheit gegeben wird zu unzüchtigen Zusammenkünften" (XII). Es werden zwei Arten von Häusern der Unzucht geduldet: solche, die von Prostituierten bewohnt werden und solche, die von abgesondert wohnenden Prostituierten besucht werden. Erstere gelten als Bordelle, letzere als Rendezvous-Häuser. Beide Arten können vereint gehalten werden (XIII). Artikel XIV bestimmt, dass niemand ohne schriftliche Erlaubnis des Bürgermeisters ein Haus der Unzucht eröffnen oder halten darf. Es dürfen darin nur mit dem bemerkten Büchelchen versehenen Frauenzimmer aufgenommen werden, die in allem dieser Verordnung unterstehen. — In Rotterdam dagegen ist das Halten von Häusern der Unzucht „in der Regel" verboten, kann aber von der Polizei-Direktion „zugelassen werden." „Geheime oder sogenannte stille Häuser der Unzucht zullen nimmer worden geduld."

Um die Erlaubnis, ein derartiges Haus zu halten, muss schriftlich angesucht werden, unter Angabe aller näheren Daten (XV). Diese Häuser dürfen nicht in der Nähe von Schulen, Kirchen und dgl. errichtet werden und dürfen auch keine geheimen oder der Polizei unbekannten Aus- und Eingänge besitzen (XVI). Mehrere andere Städte bemerken auch ausdrücklich, dass derlei Häuser nicht in Hauptstrassen oder im Innern der Stadt errichtet werden dürfen. — Bei einem Hauswechsel muss auf's neue um Erlaubnis eingekommen werden (XVII). Wer ohne Erlaubnis sein Haus zu Unzuchtszwecken hergiebt, wird bestraft und als Bordellhälter eingeschrieben, die bei ihm wohnenden Frauenzimmer aber als Prostituierte (XVIII). Diese Bestimmung scheint nicht sehr vorteilhaft zu sein, denn sie hat den Anschein, als ob man dadurch sich leicht eine Concession verschaffen könnte. Es ist daher wohl anzunehmen, dass die Einschreibung nur dann erfolgt, wenn es die Behörde für geeignet erachtet. — Wer ein Haus der Unzucht hält, muss bei der Polizei schriftlich anzeigen, wie viel und welche Prostituierte dort wohnen oder verkehren. Auch sonstige dort verkehrende oder wohnende Frauenzimmer, sowie Dienstboten von 15—45 Jahren müssen in derselben Weise gemeldet werden. Unterlassung ist strafbar (XIX). In Deventer ist Vorschrift, dass Dienstboten unter 21 Jahren nicht gehalten werden dürfen. — Ferner darf der Hälter eines unzüchtigen Hauses an diesem ohne Erlaubnis der Polizei keine Veränderung vornehmen (XX). Auch dürfen ausser Ehefrau und Töchter keine Frauenzimmer, die nicht als Prostituierte eingetragen sind in solchen Häusern zugelassen werden (XXI). In Bergen op Zoom und andern Städten darf kein Jüngling unter achtzehn Jahren zum Besuch solcher Häuser zugelassen werden. In mehreren andern Städten wieder unterliegt die unverheiratete oder geschiedene Bordellhälterin ebenfalls der Sittenkontrolle. — Tanz- und Musikunterhaltungen dürfen in Häusern dieser Art nur mit Erlaubnis des Bürgermeisters stattfinden (XXII). In Amersfoort herrscht die Bestimmung, dass von April bis September Bordelle von elf Uhr Abend bis Sonnenaufgang, in den andern Monaten bis sieben morgens geschlossen sein mussten und dass während dieser Zeit niemand eingelassen werden darf. In der „allgemeinen Stube" müssen um elf die Lichter verlöscht werden und die Besucher sich entfernen.

Die dritte Abteilung enthält „allgemeine Polizeimassregeln". Die Fenster der Bordelle müssen mit undurchsichtigen Gardinen oder Vorhängen stets versehen sein (XXIII). Verordnungen andrer Städte fordern dies nur von den der Strasse zugewandten Erdgeschoss-Fenstern. Artikel XXIV: „Es ist öffentlichen Frauenzimmern verboten 1) sich in unziemlicher, sittenärgerlicher oder im trunkenen Zustand auf der Strasse zu zeigen, 2) irgendwelchen öffentlichen Skandal zu erregen oder durch Worte oder Gebärden sich ungebührlich zu benehmen, 3) Männer durch Worte oder Gebärden anzulocken und 4) in Theatern, Concerten und andern öffentlichen Vorstellungen andere Plätze einzunehmen, als ihnen von der Polizei bestimmt sind." — In mehreren andern Städten ist ihnen auch verboten, nach elf Uhr Abend bis Sonnenaufgang auf der Strasse sich zu zeigen, oder zu Hause an offenem Fenster zu sitzen. Weder ihnen noch den Bordellhältern ist es ferner gestattet, die an ihrem Hause vorübergehenden Männer irgendwie zum Eintritt zu verleiten.

Unabhängig wohnenden Prostituierten ist es verboten (XXV), Männer anders als bei sich oder in öffentlichen Häusern zu empfangen.

Die vierte Abteilung enthält die „sanitären Massregeln".

„Artikel XXVI. Alle öffentlichen Frauenzimmer müssen sich wenigstens zweimal wöchentlich einer ärztlichen Untersuchung unterwerfen und sich zu diesem Zwecke nach dem dafür bestimmten Ort begeben. Der Bürgermeister bestimmt Tag und Stunde dieser ärztlichen Untersuchung, deren Vornahme in ihrem Büchelchen durch die Polizei verzeichnet wird. Dieser Untersuchung sind auch die Wirtinnen der Unzuchtshäuser und alle andern in Artikel XIX bezeichneten Frauenzimmer unterworfen, die Töchter ausgenommen, die sich nicht der Prostitution ergeben. Wenn eine Prostituierte an einer anderen als im Artikel XXXVI genannten Krankheit leidet, so soll sie nicht der gewöhnlichen Untersuchung enthoben sein, sofern nicht der diensthabende Arzt die Zulässigkeit einer Ausnahme feststellt."

Hierzu sei bemerkt, dass die meisten andern niederländischen Städte eine einmalige wöchentliche Untersuchung genügend finden.

Artikel XXVII besagt, dass eine Prostituierte sich am Tage nach ihrer Verständigung, dass sie von amtswegen eingeschrieben wurde, zur ärztlichen Untersuchung anmelden muss. Eine Unterlassung wird bestraft und die Betreffende kann dann dazu polizeilich vorgeführt werden. Auf Ersuchen kann der Arzt die Untersuchung auch anderwärts vornehmen, sofern er den dazu bezeichneten Ort für geeignet hält (XXVIII). In diesem Falle müssen aber die Prostituierten für die sonst kostenfreie Untersuchung einen bestimmten Betrag bezahlen (XXIX). Gemäss einer besonderen Verordnung sind dann für jede Untersuchung vierzig Cents zu bezahlen, die wöchentlich durch Polizeiorgane einkassiert werden. Die Untersuchung erfolgt durch einen bestimmten Arzt, der vier Tage in der Woche an dem betreffenden Ort von 10—12 anwesend sein muss und der jährlich vor dem ersten März dem Bürgermeister einen Bericht über seine Ausübung zu erstatten hat. Die Untersuchungen müssen sorgfältig, unter Anwendung aller vorhandenen wissenschaftlichen Hilfsmittel vorgenommen werden (XXX—XXXIV). Der Arzt schreibt in das Büchelchen der Untersuchten Tag, Stunde und Befund der Untersuchung ein. Er führt ferner auch ein Register über seine Beobachtungen (XXXV). Jede als venerisch krank befundene Prostituierte soll so rasch wie möglich nach der hierfür bestimmten Anstalt gebracht, ebenso ein zweifelhafter Fall. Der untersuchende Arzt hat so rasch wie möglich die Polizei davon zu verständigen und in dem Büchelchen zu bemerken: „krank (zweifelhaft) befunden und nach dem Krankenhaus verwiesen." Eine Prostituierte, die es unterlässt, dieser Weisung Folge zu leisten, wird bestraft und polizeilich dahin gebracht (XXXVI). In den meisten Städten wird im Erkrankungsfall das Büchlein der Prostituierten eingezogen. Die im Spital aufgenommene Prostituierte darf diesen Ort unter keinem Vorwand früher verlassen, als nachdem sie vom Arzt die schriftliche Erklärung ihrer völligen Genesung erhalten hat. In diesem Falle verständigt er auch noch an demselben Tag die Polizei. Diese verzeichnet die Heilung in dem Büchelchen der betreffenden Prostituierten und übergiebt es ihr wieder (XXXVII). „Ist der Gesundheitszustand eines öffentlichen Frauenzimmers so sehr zurückgegangen, dass sie fast fortwährend im Krankenhaus muss verpflegt werden, oder wenn zufolge ihres Gebrechens damit zu rechnen ist, dass sie zur Ausübung ihres Gewerbes nicht mehr geeignet ist, so soll der untersuchende Arzt hierüber einen motivierten Bericht an den Bürgermeister einsenden, der dann nach Befund der Sache der Betreffenden die fernere Ausübung ihres Gewerbes verbieten soll. Dies hat schriftlich zu geschehen. Ihr Name wird in dem Register unter Angabe der Gründe gestrichen. Wird später befunden, dass sie sich trotzdem der Prostitution ergiebt, so soll sie nach Artikel 44 bestraft werden (XXXVIII)."

Häuser der Unzucht müssen möglichst reinlich gehalten werden. In Bordellen soll jeder Prostituierten wenn möglich eine eigene Stube eingeräumt werden, die mit allem, was zur Reinigung nötig ist, versehen sein soll. Der mit der Aufsicht des Gesundheitszustandes dieser Häuser betraute Arzt trifft die hierfür nötigen Anordnungen, die einzuhalten die Wirte und Wirtinnen verpflichtet sind. Unterlassen sie es, so erstattet der Arzt der Polizei schriftliche Anzeige, wodann ein Prozess-Verbal einzuleiten ist (XXXIX). Prostituierte, die es unterlassen, sich zur Untersuchung zu stellen, oder die den untersuchenden Arzt über ihren Gesundheitszustand zu täuschen versuchen, werden bestraft. In ersterem Falle können sie auch von der Polizei vorgeführt werden (XL). „Bordellhälter sind verpflichtet, dafür zu sorgen, dass ihre öffentlichen Frauenzimmer stets zur Untersuchung erscheinen (XLI)." Der Arzt ist verpflichtet, aussergewöhnliche Untersuchungen vorzunehmen, wenn er von den Bordellhältern oder von der Polizei aus Verdachtsgründen dazu ersucht wird (XLII). Es ist dem untersuchenden Arzt verboten, sonst eine ärztliche Praxis in öffentlichen Häusern oder in Wohnungen von Prostituierten auszuüben. Geschieht solches doch, so erhält er einen Verweis und im Wiederholungsfall seine Entlassung (XLIII).

Die fünfte Abteilung enthält nur Artikel XLIV, über die Strafbestimmungen. Uebertretungen gegen Artikel 6, 8, 9 werden mit Geldbusse von einen Gulden bestraft, gegen 2, 23, 24, 25, 26 mit Geldbusse von Fl. 3, gegen 4, 19, 20, 38, 39, 40, 46, mit Geldbusse von Fl. 3—10, wozu noch drei Tage Gefängnis kommen können, von 27, 36, 41, Geldbusse von Fl. 5—15 mit oder ohne Gefängnisstrafe von drei Tagen, gegen 10 und 18, Geldbusse Fl. 25 und drei Tage Gefängnis. Die sechste Abteilung enthält die Bestimmungen über Ausführung dieser Verordnung. Artikel XLV erklärt, dass laut Gesetz dem Bürgermeister die Sittenpolizei zugewiesen sei. Der nachfolgende Artikel bestimmt, dass diese Verordnung in Bordellen in einer für jeden sichtbaren Weise angebracht werden müssen, ferner, (XLVII) dass die bestimmten Aerzte, sowie die Polizeiorgane jederzeit in diesen Häusern Zutritt haben müssten, doch soll dies von letzteren in der Regel nur auf schriftliche Anordnung des Bürgermeisters geschehen.

Die siebente Abteilung enthält nur die Uebergangsbestimmungen, wonach öffentliche Häuser, die bei Inkrafttretung dieser Verordnung im Widerspruch mit Artikel XVI bereits bestehen, auch weiter fortwähren können, sofern deren Wirtsleute sich sonst der Verordnung unterwerfen. Doch bei der ersten durch Urteil festgestellten oder durch Bussezahlung anerkannten Uebertretung soll der Bürgermeister die Bewilligung einziehen. Hierbei, wie bei Uebersiedlung und bei Todesfällen sind die Vorschriften von Artikel XVI zu beachten.

Im Jahre 1860 erliess das niederländische Kriegsministerium einen Befehl, wonach die Mannschaft wöchentlich, die ledigen Unteroffiziere von Zeit zu Zeit, mindestens aber einmal im Monate auf venerische Krankheiten hin untersucht werden sollen. In einem drei Jahre später erlassenen Rundschreiben an die ersten Sanitätsoffiziere der Garnisonen, wies der Sanitäts-Inspektor der Landmacht darauf hin, es wäre nötig, dass die Ortsbehörden der sanitären Beaufsichtigung der öffentlichen und geheimen Prostitution grössere Aufmerksamkeit widmen würden. Ferner wurde angeordnet, dass jeder als venerisch erkrankt befundene Soldat anzugeben hätte, von welchem Frauenzimmer seine Krankheit herrühre, wonach diese der Ortsbehörde angezeigt werden sollte, damit diese bei dem betreffenden Frauenzimmer die nötigen Vorkehrungen treffe, um weitere Ansteckungen zu verhindern. Falsche Beschuldigungen sollen nach Gebühr bestraft werden.

Gegen die in vorstehender Verordnung festgestellten Grundsätze wurden zahlreiche Stimmen laut. Der Krankenhausdirektor und medizinische Schriftsteller Dr. Donkersloot veröffentlichte unter dem Titel: Moet de Staat het bestaan van openlijke Prostitutie erkennen? ein Schriftchen, worin er entschieden gegen diese Verordnung und dem ihr zugesellten Bericht Stellung nimmt. Er hebt drei der ausgesprochenen Grundsätze hervor: 1) Die Anerkennung der öffentlichen Prostitution ist für die allgemeine Gesundheit von Belang. 2) Die Befriedigung des Geschlechtstriebes sei nötig für jeden Mann, der Geist und Körper in normalen

Zustand erhalten will, 3) dass eine auf geheime Ausübung zurückgedrängte Prostitution der Ausbreitung der Syphilis nur förderlich sei." Auf diese Behauptungen, die schon so oft ausgesprochen wurden, dass deren Wiederholung überflüssig sein sollte, giebt unser Autor folgende, hier nur in ihren Hauptpunkten wiedergegebene Antwort. Hinsichtlich des ersten Satzes schreibt er:

„Der Schreiber sagt dies, doch beweist es nicht. Er sagt zwar, „dass die Geschichte früherer Zeiten lehren, je mehr man die Prostitution zu unterdrücken trachtet, je nachteiliger wird sie der Gesellschaft, sowohl vom moralischen, wie vom physischen Standpunkt aus," doch er belegt diese Behauptung nicht durch Beweise und Daten. Wir wissen wohl, dass er diese bei Parent-Duchatelet, Behrends und andern finden könnte, dass er Berlin, Breslau u. a. als Beispiele zur Verteidigung der öffentlichen Prostitution anführen könnte. Er beruft sich jedoch nicht auf diese Autoritäten und darum wollen wir ihm auch nicht die unsrigen, wie Schürmayer, Mohl etc. gegenüberstellen, die das Gegenteil behaupten. Man kann durch derlei Anführungen doch nichts anderes beweisen, als in welcher Weise sich die Dinge unter vorhandenen Umständen gestalteten. Was zu verbessern wäre und welche Folgen aus diesen Verbesserungen entstehen würden, kann nur den Stoff zu einer abstrakten Betrachtung bilden. — Soviel ist indes sicher, dass das Bedürfnis an öffentlichen Häusern sich nur in grossen Städten fühlbar macht, während auf dem Lande und in kleineren Städten davon nicht im Entferntesten die Rede ist. Eine belangreiche, schier alles umfassende Frage ist, ob die öffentlichen Häuser die Unzucht vermehren oder vermindern. Wir glauben ersteres, doch um sich die Sache deutlicher vorzustellen, darf man nicht eine Stadt in Betracht ziehen, wo seit Jahr und Tag gehurt wird und wo die Schande der Unzucht ihre festen Werkstätten hat. Hier wird die Aufhebung das Uebel kaum vermindern, bevor die eingesessenen Wollüstlinge ausgestorben sind. Wir müssen uns vielmehr eine Stadt vorstellen, wo bisher noch kein öffentliches Haus bestanden hat . . "
Und in diesem Tone geht es noch eine ziemliche Strecke weiter, löblich in den Anschauungen, aber praktisch völlig wertlos und hinfällig. Auch der zweite Punkt, bei dem doch von einem Arzt am ehesten einige sachliche Bemerkungen sich erwarten liessen, wird in derselben Weise erledigt. Er weist zur Entkräftigung der Behauptung auf die Seeschiffe während der Fahrt, auf die Gefangenen, auf die tausende von geistlichen Coelibatarier hin. Wer die Verhältnisse auch nur einigermassen kennt, wird wissen wie hoch oder vielmehr wie gering dieser Hinweis einzuschätzen ist, mag der Autor auch etwas zünftlerisch hochmütig bei seinem Widerpart annehmen, dass dessen Meinung „nicht auf Erfahrung, noch auf den Gesetzen der Natur begründet" sei.

Bei dem dritten Punkt vermisst er gleichfalls Beweise und stellt die Behauptung auf, dass „in Orten, wo keine Bordelle existieren, keine oder doch nur selten Syphilis angetroffen wird," das gäbe doch viel Stoff zum nachdenken. Kaum, denn die Ursachen lassen sich leicht erklären, zumal kaum ein grösserer Ort besteht, der diesem notwendigen Uebel nicht Zulass gewähren hätte müssen. Wunderlich klingt aber der Passus: „Doch noch Eines, wäre es auch, dass das fürchterliche Uebel, von dem wir sprechen, mehr Nährstoff findet im Geheimen als im Offenbaren, selbst da noch wollten wir lieber hundert Kranke sehen, die selbst ihr Unglück gesucht haben, als fünfundzwanzig, denen wir ihr Unglück zugewiesen haben." Einer derartigen sittlichen Verbissenheit gegenüber hört in der That jeder Meinungsaustausch auf, mag auch sonst etwa noch die Frage über die Zulässigkeit öffentlicher Häuser einer Erörterung Raum gewähren.

Ende Mai 1878 fand zu Utrecht ein Kongress zur Erörterung der Prostitutionsfrage statt. Er war von etwa zweitausend Personen aus den gebildeten Kreisen Hollands besucht, von Professoren, Aerzten Studenten, Polizeibeamten, Juristen, Kaufleuten, Geistlichen u. s. w. Es wurden hier viele liebliche und fromme Phrasen laut, gefordert, dass die bestehende sanitäre Aufsicht abgeschafft werde als: im Widerspruch mit der Sittlichkeit, nicht übereinstimmend mit dem Gesetz, von anfechtbaren Nutzen vom hygienischen Standtpunkt aus. Wie vorauszusehen war, hatten diese schönen Reden und Vorschläge keinen praktischen Erfolg, was ja schliesslich fast von allen Bemühungen zu sagen ist, die sich in demselben Gleise bewegten, unter dem Hochdruck sittlicher Entrüstung die Lehren der Vergangenheit, die in die Augen springenden Forderungen der Gegenwart völlig unbeachtet lassen.

Als merkwürdig soll hier zum Schluss noch erwähnt werden, dass die sogenannte „gastliche Prostitution" sofern diese überhaupt als Prostitution zu gelten hat, früher auch in den Niederlanden bestanden haben soll. Ploss erwähnt in seinen vortrefflichen „Das Weib in der Natur und Völkerkunde", dass Murner sage: „Es ist in dem Niderlandt der Bruch, so der Wyrt einen lieben Gast hat, dass er ihm seine Frau zulegt auf guten Glauben." Sehr wahrscheinlich klingt diese Angabe nicht und sie ist auch sonst nicht zu finden. Beiläufig sei auch erwähnt, dass dem Heere, das Alba nach den Niederlanden führte, vierhundert Prostituierte zu Pferde und achthundert zu Fuss nachfolgten.

III. Kapitel.

Prüderie. — Sittliche Zustände. — Der grosse Fleischmarkt. — Spleen. — Kaufehe und Verkauf des Weibes. — Englische Frauen. — London. — Breach of promise. — Ehescheidungs- und Bigamie-Prozesse. — Gretna Green. — Lola Montez. — Ihr Bigamie-Prozess.

Trotz der vielbespöttelten, zum eisernen Bestand aller Witzblätter gewordenen Prüderie der Engländer und mehr noch der Engländerinnen, sind Unzucht und Prostitution in keinem Lande kräftiger und auch brutaler in Erscheinung getreten als in Britannien. Es lässt sich dies von frühen Zeiten behaupten, wie die Geschichte lehrt, und es lässt sich dies auch noch nach den Erfahrungen der jüngeren und jüngsten Tage feststellen. Die Prüderie indes scheint nicht so bejahrt dort zu sein, wie wir auch aus den Worten Erasmus von Rotterdam annehmen können:

„Sunt hic nymphæ divinis vultibus, blandæ, faciles, est mos nunquam satis laudatus, quo venias, omnium osculis excipieris, sive discedas, osculis dimitteris, redis, redduntur suavia, disceditur, dividuntur basia, quocunque te moveas, suaviorum sunt plena omnia."

(„Hier sind Mädchen mit göttlichem Antlitz, schmeichelnd, gefällig; auch ist eine Sitte nicht genug zu loben: wohin man kommt, wird man mit den Küssen Aller empfangen, geht man, so wird man mit Küssen entlassen; kommt man wieder, erhält man sie süss zurück; Küsse werden verteilt; wohin man sich bewegt, ist alles voll dieser Annehmlichkeit.")

Noch vom Beginn des neunzehnten Jahrhunderts konnte Weber-Demokrit mitteilen: „So ist die erste Gesundheit der Britten, wenn die Frauen sich entfernt haben und ihr standing toast unter allerlei Namen eine derbe Zote, mit dem grössten britischen Ernste vorgetragen: The star above the garter — Our allmother, our old friend — the centre of attraction — Our finger's ring! auch wohl der kahle nackte Namen, the C . .! was die Franzosen doch noch Cella nennen . .

Der Verfasser des kleinen freien aber unbedeutenden Werkchens Essay on woman, das man dem berühmten Wilkes zuschreibt, erklärt das Wort interessant ganz etymologisch inter et esse — dazwischen sein, und selbst der finstere despotische Cook, der beim mindesten Versehen mit dem Fusse stampfte, und den Donner seiner Seekapitänsformeln durch das ganze Schiff bis hinab in die Pulverkammer und Schiffsräume erschallen liess — Cook, der die ganze Woche hindurch nichts als das Nötigste, und selbst dieses höchst einsilbig aussprach, erheiterte sich jeden Sonnabend beim ersten Punschglas mit der Gesundheit: Saturday night! Am Sonnabend pflegen Seefahrende von Schiffen, die im Hafen liegen, die Erlaubnis zu erhalten, ans Land zu ihren Frauen und Liebchen zu gehen — Cook wurde darauf munter, gesprächig und nicht selten zotig."

Die bekannten Enthüllungen in der „Pall Mall Gazette" von denen noch später ausführlich die Rede sein soll, scheinen nebst manchem andern zu bekunden, dass die Ansicht, die Shakespeare in seinem „Ende gut alles gut" einer Person in den Mund legt, damals wie jetzt noch von nur zu Vielen geteilt wird: „Loss of Virginity is national increase, and there was never virgin got till virginity was first lost — 'tis against the rule of nature, to speak on the part of virginity; 'tis to accuse your mother; virginity murders itself, and should be buried in highways; virginity is peevish, proud, idle, made of selfishness, out with't! the longer kept, the less worth; off with't, while 'tis vendible."

Wie weit die Kennzeichnung des Weibes aus „Othello" auf die Engländerin zutrifft, wollen wir dahingestellt sein lassen:

„— — Pictures out of doors,
Bells in your parlours, wildcats in your kitchens,
Saints in your injuries, devils being offended,
Players in your housewifery, and housewives in your beds.
You rise to play, and go to bed to work!"

Der englische Pastor Henry Varley schreibt in seinen in Buchform veröffentlichten Vorlesungen („der Fluch der Mannheit,“ deutsch von Robert v. Zimmermann):

„Ich wende mich jetzt England zu und bekenne es offen und frei, dass die Zustände unseres Volkes in sittlicher Beziehung, als Ganzes genommen, abscheulich ist. Die zahllosen Verbrechen, die mit den sodomitischen Fällen Dublins, welche man leider zu vertuschen verstanden hat, auf einer Stufe stehen, der empörende Zustand der Lasterschulen in London, die Enthüllungen, welche die Ehescheidungsverhandlungen über die sich in den höchsten und hohen Kreisen der Gesellschaft abspielenden Begebenheiten brachten . . . legen ein beredtes Zeugnis davon ab, dass unsere Zustände völlig verrottet sind. Die Untreue der Gatten untereinander in den höheren Ständen ist etwas allgewöhnliches geworden und der Ehebruch steht allenthalben in voller Blüte. Man schafft sich Liebhaberinnen an, hält sich zwei, drei Wohnungen als zeitweises Absteigequartier. So treiben es tausende von reichen Leuten. In der Strafsache gegen die dadurch bekannt gewordene Frau Jeffries kam es zu Tage, dass eine grosse Anzahl prächtig ausgestatteter und in den feinsten Stadtteilen gelegener Häuser einzig und allein für derartige Zusammenkünfte eingerichtet seien. Diese schändliche und gemeine Kupplerin . . . hatte in Chelsea allein zwölf solcher für die „vornehme Welt“ bestimmte Hurenhäuser. Mir sind die Namen von etwa dreissig bis vierzig Männern von Rang und Würde, regelmässigen Besuchern dieser Häuser, bekannt . . .

Wir haben hier in der ersten Stadt der Welt in einem ihrer besten Westend-Viertel anerkanntermassen einen Mittelpunkt, wo die Unzucht im Grossen betrieben, und überhaupt jede Art von Lasterhaftigkeit vertreten ist. Nicht weniger als zwölf grosse „Vergnügungshäuser,“ wenn man sie so nennen soll, sind mit obrigkeitlicher Bewilligung eingerichtet worden und tragen in hervorragender Weise zur Aufrechterhaltung dessen bei, was ein bedeutender Staatsmann bei der Verteidigung dieses Missbrauchs öffentlicher Gewalt mit Recht „den grossen Fleischmarkt der Welt“ nannte. „Wissen Sie nicht,“ fügte er hinzu, „dass dreitausend dieser Frauenspersonen sich in nächster Nähe des ‚Criterion‘ auf der Strasse herumtreiben? Da soll man helfen, um diesem Unwesen Einhalt zu thun? Nein, der einzige geeignete Weg dem zu steuern ist es anzuerkennen“ . . .

Manche von Ihnen werden wissen, was es mit den nächtlichen Schaustellungen in den blumenumrankten Tempeln der unzüchtigen Jüngerinnen der Kunst auf sich hat. Da ist die Alhambra mit ihren widerwärtigen Balleten und ihren schamlosen Photographien, die man allenthalben ausgestellt sehen kann. Was für Gewinn wäre es doch für die Sittlichkeit Londons, wenn diese schimpflichen Häuser „Pavillon“ und „Alhambra“ einmal abbrennen würden und der Wiederaufbau und die Wiedereröffnung für immer durch Gesetz verboten sein möchten! Ist ja doch die ganze Vorstellung nur dazu da, um in verderblichster Weise auf Lust und Begierden der Zuschauer einzuwirken. Da ist das Westminster-Aquarium, da war die Healtheries und bis noch vor kurzem die Ausstellung der Kolonien, alles Orte, die ein derartiger Tummelplatz für das Lust- und Hurerei-Getriebe geworden sind, dass wir um der Sittlichkeit der Stadt willen froh sein müssen, dass diese Belustigungsplätze geschlossen sind. Wollte Gott, dies könnte auch von dem grossen Sammelplatz der Huren, dem Westminster-Aquarium gesagt werden. Wenigstens zehn andere sogenannte Vergnügungsanstalten sind es, welche allnächtlich mit ihren unsittlichen Aufführungen und ihrer anrüchigen Gesellschaft eine Menge Tagediebe anziehen, die sich dann zwischen 11 Uhr nachts und $2^1/_2$ Uhr morgens auf dem Waterlooplatz ergehen, wo sich dann jeder Beschreibung spottende Scenen abspielen."

Bogumil Goltz bemerkt in seinem „Der Mensch und die Leute“: „Wollte man die Kontraste und Widersprüche des englischen Wesens mit einiger Vollständigkeit aufzählen, so brauchte man eine aparte Litteratur für diese fatale Exemplifikation. Es kann nichts Garstigeres geben, als die klaffenden Gegensätze zwischen der cynischen Ungeniertheit des Engländers und seiner bornierten Knechtschaft unter die Formen des geselligen, des litterarischen und politischen Herkommens, als den Widerspruch zwischen der britischen Freiheitsrenommage und der britischen Gewohnheitssklaverei.“ Diese „klaffenden Gegensätze“ zeigen sich, wie aus vielem des nachfolgend Angeführten sich ergeben wird, in besonders auffälliger Weise in der Behandlung des sexuellen, wo wir die rücksichtsloseste und brutalste Vergewaltigung dem eifrigsten Bestrebungen nach Sittenreinheit zugesellt sehen. Vieles davon findet seine Erklärung in dem britischen Nationalcharakter, der selbst von heimischen Denkern weniger als eine ursprüngliche Schöpfung betrachtet wird, denn als eine künstliche, durch Vermischung entstandene. Ein Sprössling des englischen Nationalcharakters ist der früher so häufig und zuweilen auch jetzt noch als Zielscheibe des kontinentalen Witzes dienende Spleen, der im Klima und noch manchem andern eine kräftige Nahrung, also sozusagen einigermassen von der Luft lebt. Manches mag auch der Spleen zur Gestaltung britischer Sittenverhältnisse und britischer Wollustäusserung beigetragen haben, indes gehört die Erörterung dieser Sache nicht in den Rahmen dieses Buches.

„England ist das Paradies der Frauen und die Hölle der Pferde“ behauptet ein altes Sprichwort in nicht sehr galanter Vergleichsweise. Wenn damit angedeutet werden soll, dass in England die Frau als Gattin eine günstigere Stellung einnimmt als zumeist auf dem europäischen Festland, so kann dem im ganzen und grossen, hauptsächlich was die sogenannte bessere Gesellschaft betrifft, nur wenig widersprochen werden, so sehr auch Institutionen wie „Kaufehe“ und „Verkauf des Weibes“

dagegen sprechen. Was die Kaufehe betrifft, so reicht dieser Brauch bis in graue Zeiten zurück. Der Vater gab nämlich seiner Tochter keine Mitgift, sondern erhielt im Gegenteil wie das heute noch in manchen unzivilisierten Stämmen der Fall ist, für die Abgabe des ihm nützlichen Familiengliedes von dem Bewerber einen Kaufschilling. „Die Kaufehe," schreibt Düren in seinem „Geschlechtsleben in England", „hat sich in England bis zum neunzehnten Jahrhundert erhalten. In den ersten Decennien desselben kamen Frauenverkäufe noch relativ häufig vor. In einem Artikel in „All the gear rouad" vom 20. Dezember 1884 werden über zwanzig Fälle in den letzten Jahren mit Namen und allen Einzelheiten betreffs der zwischen fünfundzwanzig Guineen und einem halben Pint Bier oder einem Penny und einem Mittagsmahl wechselnden Preis für eine Frau aufgezählt. Sehr häufig kam die Kaufehe im achtzehnten Jahrhundert besonders gegen Ende desselben und am Anfang des neunzehnten Jahrhunderts vor . . Meist verkauften Männer ihre Frauen, seltener Väter ihre Töchter wie in früheren Zeiten." Im Hinblick auf den genannten Preis, kann da wohl gesagt werden, dass es sich hier nur um eine Formel handelte, für einen althergebrachten Brauch. Ferner scheint der Verfasser Fälle der „Kaufehe" und des „Verkaufs des Weibes" zu vermischen. Das Verfahren bei letzterem nennt er „das denkbar roheste und für die unglückliche Frau erniedrigendste." Sie wurde wie ein Stück Vieh auf den Markt gebracht und wie ein solches auch verkauft. Das Volk nannte dergleichen „hornmarket", Hornmarkt. „Die betreffende Frau wurde durch einen solchen Kauf rechtmässige Gattin des Käufers und ihre mit diesem erzeugten Kinder wurden als legitime betrachtet. Doch liess der neue Ehemann trotzdem zuweilen noch auf diesen Kauf die kirchliche Trauung folgen . . . Das Gesetz über den Ehebruch bezw. Bigamie konnte in keinem Falle auf solche Ehen Anwendung finden, die eben als gesetzmässige angesehen wurden." Trotz der vom Autor angeführten Gewährsmänner klingen diese Angaben nicht sehr wahrscheinlich, denn es lässt sich nicht leicht annehmen, dass Staat und Kirche sich einer derartigen Erschütterung des Hauptpfeilers der gesellschaftlichen Organisation ohne weiteres fügen würden. Und was die eigentliche Kaufehe betrifft, die theoretisch für gar so barbarisch betrachtet wird, je nun! ist es denn wirklich innerhalb unser normal geschroteten Kulturwelt so unerhört, dass auch ein weibliches Wesen — von Männern ganz zu schweigen — eine sogenannte Vernunftehe schliesst, nur um der Vorteile willen, die dadurch ihrer Familie mittelbar oder unmittelbar erwachsen? Und könnte das nicht ebenfalls Kaufehe genannt werden, wenn auch nicht brutal aber ehrlich ein Kaufschilling von sound soviel festgesetzt wird. Eine Spur der Kaufehe weist übrigens auch der allgemeine Brauch auf, wonach der Bräutigam der Braut ein Geschenk widmet. Rudimente entschwundener Kulturperioden äussern sich in derartigen Bräuchen, bei denen man sich aber wohl hüten muss umfassende Schlüsse auf die Gegenwart zu ziehen. Die Befugnis des Predigers von Gretna-Green ist oder war ein derartiges Rudiment, das wohl seine tiefere Begründung hat und der einstige Brauch in England, dass in jedem Schaltjahr das Mädchen dem Manne, der ihr Wohlgefallen erregt hatte, einen Heiratsantrag machen konnte, war es auch und dabei viel vernünftiger und erfolgreicher als die meisten phrasenlauten Bestrebungen die vielgescholtene „Hörigkeit des Weibes" zu beseitigen. In Siebenbürgen wird von alters her heute noch an einem Ort alljärlich ein Heiratsmarkt abgehalten, eine leere Formsache, denn der Mann, der sich dort seine Braut ersteht, ist mit der Schönen und ihrer Familie schon längst eins und einig geworden.

Der Verfasser der hier bereits wiederholt zitierten „Reisefragmente" (1848) urteilt über englische Frauen und Sittenverhältnisse folgendermassen: Während die Männer im Allgemeinen gross, schlank, und kräftig erscheinen, sind über die Frauen sehr anziehende Körperreize verbreitet; obgleich die Jungfrauen weder den graziösen Anstand der Französinnen, die feurigen Augen der Italienerinnen, oder den Adel einer griechischen Gesichtsbildung besitzen. Die englische Frauen-Physionomie zeigt die grösste Reinheit und Frische des Teints, über dessen blendendes Weiss das Karmin der Wangen wie ein Duft verbreitet ist. Lange Wimpern überschatten das braune sprechende Augenpaar, kirschrote Lippen umgeben den kleinen fein geschnittenen Mund mit seinen Perlenzähnen, und über das Gesicht erhebt sich eine wohlgebildete schön an die hohe Stirn angesetzte Nase. Die übrigen Körperformen sind zwar tadellos, und die Konturen in leichten elastischen Wellenlinien gerundet, doch aber nicht in so vollendeter Schönheit wie das Haupt gebildet. Noch grösser und dauernder ist indess der Eindruck, welchen Englands Frauen durch ihre reellen Charaktervorzüge hervorbringen, die in fein sittlichem Gefühl, in natürlichem Verstand, weiblicher Sanftmut, Nachgiebigkeit, und Anspruchslosigkeit bestehen; Eigenschaften, welche überall den grössten Liebreiz des Weibes ausmachen, und zur echten Frauenwürde erheben.

Alle diese Tugenden sind auch hier grösstenteils die Folge einer Erziehung, fern von jener gallo-germanischen Ueberbildung, wodurch den jungen Fräuleins nicht allein Kenntnisse aufgedrungen werden, die das Weib in seiner Sphäre niemals bedarf, sondern auch solche überspannte Geschlechtsansprüche, die über seine naturgemässe Lebensbestimmung hinausführen, während die Körperausbildung durch weibliche Erziehung entnervt und verkümmert.

Diesem in moralischer wie physischer Beziehung so einsichtsvollem weiblichem Erziehungssystem, hat England seine vielen glücklichen Ehen vorzugsweise zu verdanken. Dennoch ist im Allgemeinen auch hier die Schliessung ehelicher Verbindungen in der Verminderung, so dass eine grosse Anzahl junger oder bereits übertragener Mädchen, jährlich nach Ostindien und sogar nach Neu-Süd-Wales sich verschiffen lassen, um dort Männer zu suchen, und dem verhassten wenn auch sehr ehrbarem Stande alter Jungfrauschaft, in Europa zu entfliehen.

Wenn schon die äusseren kirchlichen Gebräuche von der Masse des englischen Volkes sorgfältig beobachtet werden, erscheint doch das Sectenwesen und der religiöse Rationalismus im unverkennbarem Vorschreiten, ist leider auch nicht selten bereits in den Arianismus übergegangen, ohngeachtet aller retrograden Bestrebungen der herrschenden Episkopal-Kirche.

Wie überall ist auch in England die Sittenverderbnis, besonders der niederen Volksklassen, im Steigen. Nun will man zwar die veranlassenden Ursachen nicht in der Uebervölkerung und dem zunehmenden Pauperismus suchen, sondern hier in dem vernachlässigten Elementar-Unterricht-Wesen gefunden haben; die Erfahrung in denjenigen Ländern wo der Volksunterricht am meisten gehoben wurde, wie namentlich in Preussen und in Japan, widerlegt jedoch diese Theorie, durch eine ebenfalls sehr steigende Sittenverschlechterung. Weder die Sittenlehre Christi, noch die ebenso vortreffliche Moral des Kon-fu-tse in seinem Li-ki, sind ausreichend. Wie soll auch unter vielen anderen Versuchungen zum Laster, nur allein dem stärksten Stimulus zur Erbsünde entgegengewirkt werden, wenn die Armut der Fabrik und Tagearbeiter, bei dem theuren Wohnungszin sbeide Geschlechter hier nötiget, sich in den grossen Schlafräumen der Lodging Roms zusammenzudrängen; und keine Mutter vorhanden ist, die Unschuld der Tochter unter ihren Flügeln zu schirmen. Denn die Natur macht ihre Rechte geltend, sic volo, sic jubeo. —"

Von London selbst urteilt er:

Dass die Sittenverderbnis in einer Stadt, von einer zusammengedrängten Bevölkerung kleiner Königreiche gross sein müsse, ist begreiflich. Wenn die Immoralität bei diesen Verhältnissen, und unter den verderblichen Einflüssen des unermesslichen Seehandels, indess kaum die Korruption des nicht halb so volkreichen Paris erreicht*), so kann diese Erscheinung nur für das grössere Sittlichkeitsgefühl des englichen Volkes und dafür zeugen, dass die moralische Fäulnis hier noch nicht alle gesunden Säfte angegriffen habe. Die geschärfte Bordellbill zur Einschränkung der Prostitution, hat indes leider auch hier ihren Zweck so ganz verfehlt, dass die Impudizität durch sie nur vergrössert wurde; indem jenes bartlose Heer von mehr als 80000 Hetären, vom Range einer Lais bis zur schamlosesten Strassendirne hinab, sich nunmehr über alle Theater, Squares, Parks, Strassen und öffentliche Vergnügungsörter nicht nur ausbreiten, sondern noch mit frecherer Unverschämtheit als sonst ihr Wesen

---

*) Der Verfasser scheint in dieser Beziehung doch zu sehr nach dem oberflächlichen Anschein geurteilt zu haben.

treiben darf, gestützt auf das englische jus ad rem und dem selbst gebildeten jus radicatum, mit seinem körperlichen Eigentum nach Belieben zu schalten. Dennoch würde die Verwertung des angeborenen mütterlichen Erbteiles wohl auch hier mehr erschwert sein, wenn jene Lustdirnen, ohngeachtet aller unverdauten philanthropischen Vorschläge, nicht ein unvermeidliches Uebel so lange blieben, als der Mensch vom Geschlechtstriebe angestachelt wird, und die Hindernisse durch Armut sich vermehren, diesen Naturtrieb im Ehestande vollständig zu stillen. —

Fast noch grösseres Unheil wie diese Kurtisanen durch ihre im Allgemeinen nicht zu verachtenden Körperreize, da die schönsten Jungfrauen auch hier wie überall zuerst verführt werden, während die hässlichen ohne Versuchung ihre Tugend bewahren, richtet die englische Spielwut an. Alle ergangenen Gesetze erwiesen sich wider diese Pest der Gesellschaft erfolglos, denn die geheimen Spielhäuser sind in der Zunahme, geöffnet für alle Stände von Crock fords prachtvollem Hotel wo unermessliche Summen, bis zu den finsteren Kellerrämen wo nur Schillinge verspielt werden, vorher bestimmt von manchem Familienvater zum Brodankauf seiner hungernden Kinder."

Was indes die Ehe betrifft, so sind indes vor allem zwei bemerkenswerte Punkte in Betracht zu ziehen, die allerdings hauptsächlich nur die oberen Gesellschaftsschichten betreffen. Die Häufigkeit von „breach of promise"-Prozessen und die Häufigkeit von Ehescheidungsprozessen.

Leopold Katscher äussert sich über erstere in seinen Skizzen „Aus England" eingehender über die Sache und es seien hier einige Stellen davon angeführt:

„England ist das Reich der Widersprüche. Die Briten sind in vielen Beziehungen die freieste und fortgeschrittenste, in anderen die vorurteilsvollste und konservativste Nation Europas. Es kann daher nicht Wunder nehmen, dass eine Gesetzgebung, unter deren Augen es noch in diesem Jahrhundert vorkommen konnte, dass Männer ihren Gattinnen einen Strick um den Hals legten und sie auf öffentlichem Markt verkauften, und welche bis vor kurzem das Weib in pekuniärer Hinsicht in ein sklavisches Abhängigkeitsverhältnis zum Manne stellte, — dass eine solche Gesetzgebung gleichzeitig die Damen in einer Weise schützt, wie dies in keinem andern Land der Welt der Fall war oder ist. Seit drei Jahrhunderten kann nämlich auf der Insel John Bulls jeder Bruch eines Heiratsversprechens gerichtlich eingeklagt werden und die sich in ihrer Liebe oder in ihrer Tasche gekränkt fühlende Partei hat gesetzlich, wenn die Gerichtsverhandlung nicht die Berechtigunglosigkeit ergiebt, Anspruch auf Schadloserhaltung in klingender Münze. Die Geschworenen erwägen den Grad der erfolgten Herzens- oder Portemonnaieverwundung und bemessen darnach — wenn überhaupt — die Höhe der zu leistenden Baargeldabfindung . . . Unter Verheimlichung der Minderjährigkeit ohne jene Einwilligung geschlossene Ehen waren fürder null und nichtig. Durch dieses Gesetz wurde die Natur des gegenseitigen Heiratsversprechens als eines Vertrags zwar nicht geändert, allein es blieb den Vertragschliessenden anheimgestellt, den Vertrag zu erfüllen oder nicht. Genau wie bei jedem andern Vertrag konnten und können die Kontrahenten denselben vor der Vollziehung im Wege gütlicher Vereinbarung lösen, und erfolgt die Lösung nur von einer Seite, ohne die Zustimmung der andern, so setzt sich der vertragsbrüchige Teil einer gerichtlichen Verfolgung aus.

Man sieht, dass die „breach of promise"-Prozesse — so werden sie in England schlechtweg genannt, wörtlich heisst das bloss „Versprechensbruch"—, die eine Eigentümlichkeit des englischen Rechtslebens bilden, lediglich auf der Auffassung beruhen, eine gegenseitige Ehezusage sei ein rechtskräftiger Vertrag; nur kann heute niemand zur Erfüllung gezwungen werden, — noch mehr: hat jemand erklärt, er wolle das gegebene Versprechen nicht halten, und zeigt er sich nach wider ihn erhobener Anklage aufs neue bereit, den klägerischen Teil zu heiraten, so braucht dieser von einem solchen verspäteten Anerbieten keinen Gebrauch zu machen.

Da jedes eigentliche, „vertragmässige" Eheversprechen auf Gegenseitigkeit beruht, steht es nicht allein der Dame, sondern auch dem Manne zu, gegen einen Bruch desselben gerichtlich einzuschreiten. Das starke Geschlecht macht sich aber nur selten diese Vergünstigung dieses Gesetzes zunutze — vielleicht weil es nicht sehr oft vorkommt, dass ein weibliches Wesen eine solche Zusage bricht? — und in diesen wenigen Fällen werden die erhobenen Ansprüche von den Geschworenen fast immer auf einen Farthing (zwei Pfennig) herabgemindert, mit anderen Worten: abgewiesen, während es sich äusserst selten ereignet, dass die gefühlvolle Jury nicht eine tüchtige Dosis goldenen Balsams auf weibliche Herzwunden träuft.

Die Furcht vor einer Klage soll Männer von leichtsinnigen Ehezusagen, namentlich aber davon abhalten, Mädchen unter dem Vorwand eines solchen Versprechens um ihre weibliche Ehre zu bringen. (Die Entschädigung für wirkliche Verluste ist Nebensache.) In der Theorie liest sich derlei ganz gut — wie sieht es damit aber in der Praxis aus? Wirklich gefühlvolle, echt weibliche Naturen verschmähen es, ihre Seelenleiden an die grosse Glocke zu hängen, ihre Liebe zur Zielscheibe des öffentlichen Spotts zu machen für die ihnen zugefügten Wunden ein Banknotenpflaster zu suchen. Man kann in den meisten Fällen mit Sicherheit annehmen, dass es den prozessierenden Damen weniger um die verlorene Liebe, als ums Geld zu thun ist. Die wenigen Männer, welche solche Klagen anstrengen, thun es auch nur dann, wenn die ihnen entgangenen Ungetreuen reicher sind als sie selbst, und mit Recht weist das Gericht sie ab. Ist jedoch der Mann treulos, so erfolgt, wie gesagt, sehr selten eine Freisprechung. Mit merkwürdiger Unparteilichkeit stellen sich die Geschworenen, lauter Männer, auf die Seite der Damen, oft beide Augen zudrückend und selbst in zweifelhaften Fällen — auf Kosten ihrer eigenen Geschlechtsgenossen — einen Goldregen über die schönen Verlassenen ergiessend. Es ist notorisch, dass je hübscher die Klägerin, desto höher die Entschädigungssumme, wobei die galante Jury zuweilen Verhältnisse des „Verräters" ungebührlich ausser Acht lässt. So zum Beispiel erinnern wir uns, dass 1881 ein Geistlicher, der ein Einkommen von 230 Pfund Sterling hatte, wegen breach of promise zur Zahlung von 1000 Pfund verurteilt wurde, obgleich die betreffende Dame keinerlei direkten Schaden erlitten hatte. Und ist die Klägerin nicht schön, so braucht sie sich nur recht gekränkt und melancholisch zu geberden, um ihren Zweck zu erreichen. In allen Fällen kommt bei Eroberung der Sympathien dieser laienhaften Richter sehr viel auf das Benehmen an, sowie auf die Art, wie die Leidensgeschichte erzählt wird.

Alles könnte hingenommen werden, wäre es nicht eine sehr häufig vorkommende Thatsache, dass das Recht, den Bruch des Heiratsversprechens einzuklagen, von Mitgliedern des schwachen Geschlechts in unverantwortlicher Weise als Erpressungsmittel benutzt wird. Nicht selten bedrohen Weiber, die einen ausgebildeten Geschäftssinn besitzen, Männer, zu denen sie in leichtfertigen Beziehungen gestanden, mit einem breach of promise-Prozess und erpressen dadurch, ohne dass ihnen ein Eheversprechen gemacht worden wäre, den die Oeffentlichkeit aus guten Gründen scheuenden Herren der Schöpfung (?) ansehnliche Summen. Andere spekulative Abenteuerinnen, die auf die Galanterie der Geschworenen rechnen, locken Gimpel durch Koketterie an, bewegen sie durch gewinnende Manieren und intrigante Heuchelei zur Erteilung einer Ehezusage, zeigen sich bald darauf in ihrem wahren Lichte, provozieren dadurch einen breach of promise, worauf flugs der Pferdefuss in Gestalt eines Prozesses erscheint. Vor einigen Jahren kam es sogar vor, dass ein Monstrum von einem Mann, der eine reiche Frau zu einem Heiratsversprechen veranlasst hatte, aber dann erkennen liess, dass es ihm nur um ihr Geld zu thun war und der sich überhaupt schmählich benahm, ihre Absage mit einer Klage auf Entschädigung beantwortete; das Gericht würde ihn mit Schimpf und Schande abgewiesen haben, allein die bitter enttäuschte Dame wollte ihre Privatangelegenheiten nicht öffentlich verhandelt sehen — darauf rechnete der Kerl eben — und zog es vor, ihm tausend Pfund zu bezahlen, damit er von der Klage abstehe.

Der grosse Missbrauch, der mit dem in Rede stehendem Klagerecht getrieben wird, ist der Hauptgrund, aus welchem seit einiger Zeit vielfach die Aufhebung dieses Rechts befürwortet wird . . ."

Erstaunend zahlreich sind in England auch Ehescheidungsprozesse und Bigamieprozesse in der „besseren" Gesellschaft. Erstere waren schon vor Jahrhunderten üblich, scheinen aber seit Ende des achtzehnten

Jahrhunderts mehr als sonst sich zu wiederholen. J. W. v. Archenholz berichtet in seinen „Annalen der Brittischen Geschichte des Jahres 1791“ VI:

„. . . Während dass diese und andre wichtige Dinge im Unterhause abgehandelt wurden, musste das Oberhaus nichtswürdige Prozesse anhören, über streitige Parlaments-Rechte schottländischer Pairs, über Ansprüche auf Titel, und über Ehestands-Sachen. Mehreren Männern und Weibern wurde die Trennung der Ehe gestattet. Auch dem Kapitän Parslow, der im vorigen Jahre bei einem denkwürdigen in diesen Annalen erzählten Prozess durch den Ehebruch seiner Frau, nach dem Urteil der Geschwornen 10000 Pf. St. als Entschädigung erhielt, wurde die angesuchte Ehescheidung bewilligt, und dabei die Erlaubnis erteilt, wieder zu heiraten. Lady Jardine, eine schottländische Dame, die in dem Gerichtshofe zu Edinburgh des Ehebruchs schuldig befunden worden war, appellierte an das Oberhaus, und klagte über Ungerechtigkeit, da das ergangene Urteil auf dem Eid eines einzigen Zeugen beruhe, der eine Unmöglichkeit beschworen hätte. Es war von Löchern in der Thür des Schlafzimmers die Rede, wodurch er gewisse Szenen gesehen haben wollte. Diese Aussage zu entkräften, bediente sich die Lady jetzt eines sonderbaren Mittels. Ihr Sachverwalter erschien vor den versammelten Lords mit einem Modell sowohl des Schlafzimmers, als aller dazu gehörigen Möbeln, wodurch er dies vorgegebene Sehen vernichten wollte. Die Lords aber auf Anraten des Grosskanzlers, verwarfen dies Zeugnis, und bestätigten das Urteil des vorigen Tribunals . . .“

Wir ersehen aus diesen Zeilen, dass sich in England das Parlament mit Ehescheidungen beschäftigte, wovon weiter unten noch ausführlicher die Rede sein soll. Viele der Ungeheuerlichkeiten der englischen Eheverhältnisse sind übrigens der Thatsache zuzuschreiben, dass neben einer bürgerlichen Eheschliessung auch die kirchliche als ausreichend gilt und bei dieser, wenigstens in früherer Zeit, so arge Missbräuche vorkamen, dass diese Zeremonien oft nichts anderes als eine widerliche Erscheinung widerlicher Prostitution war. Dr. Eugen Düren schreibt: „Die Leichtfertigkeit mit der die Ehe in früherer Zeit in England behandelt wurde, wird besonders deutlich illustriert durch zwei kuriose Erscheinungen auf dem Gebiet des Ehewesens, die sogenannten „Fleet marriages“ und die berüchtigten Prediger von Gretna Green.“ Bemerkt sei hier, dass in dem genannten schottischen Dorf früher ein Hufschmied Pärchen kurzweg ehelich verbinden konnte, denen die wohl in England aber nicht in Schottland nötig gewesene und wohl auch heute noch nötige Zustimmung der Eltern oder des Vormunds fehlte. Später überging diese Würde auf den Friedensrichter. Düren stellt auf Grund von Daten in Abrede, das jemals thatsächlich ein Schmied diese Eheschliessungen vorgenommen hätte und bemerkt auch nicht, dass der Berechtigte das Amt eines Friedensrichters versehen hätte.

Uebrigens wurden durch Parlamentsbeschluss vom 29. Juli 1856 Ehen dieser Art für England ungiltig erklärt.

„Die Fleet-marriages," setzt Düren nach Fanny Lewalds „England und Schottland" fort, „haben ihren Namen von den Fleetgefängnissen im Stadtteil Fleet Dutch, in welchem diese Ehen geschlossen wurden. Vor dem Fleetgefängnisse ging noch zu Anfang des achtzehnten Jahrhunderts tagsüber ein Mann umher, der die Vorübergehenden fragte: „Ist's gefällig, getraut zu werden?" — wie man jetzt auf den Märkten durch Marktschreier die Leute einladet, in eine Wachsfiguren- oder Menageriebude einzutreten. An der Thür hing ein Schild aus, das einen Mann und ein Weib darstellte, die sich die Hände gegeben hatten, und der dort fungierende Pfarrer traute jedes Paar, das sich verbinden lassen wollte, für wenige Pence. Im Jahre 1704 wurden in vier Monaten fast dreitausend Ehen in dieser Weise geschlossen . . Von Oktober 1704 bis Februar 1705 wurden 2954 Ehen vollzogen; manchmal wurden zwanzig oder dreissig Paare an einem einzigen Tag getraut. Pennant erzählt, dass er in seiner Jugend oft, wenn er bei dem Gefängnis vorbeigekommen wäre von einem schmutzigen Burschen aufgefordert worden sei, hereinzukommen und sich zu verheiraten. Auch sah er den Prediger vor der Thüre auf- und abgehen — eine unsaubere heruntergekommene Persönlichkeit, mit einem zerlumpten Nachtgewand bekleidet, mit einem feuerroten Gesicht, bereit, jedermann für ein Glas Gin oder eine Rolle Tabak zu Copulieren (?). Der Vorsteher des Gefängnisses und der Registrator desselben hatten reiche Einkünfte durch diese Heiraten. Noch im Jahre 1754 las man im öffentlichen Anzeiger: „Mit gesetzlicher Befugnis. — In der alten königlichen Kapelle Johannes des Täufers im Savoyenschen Palaste werden mit der grössten Heimlichkeit, Schicklichkeit und Regelmässigkeit Ehen eingesegnet. Es sind dort seit den Zeiten der Reformation bis zu diesem Tage (seit mehr als zweihundert Jahren) regelrechte und authentische Register geführt worden. Die Kosten betragen nur eine Guinee, inklusive des Stempels für fünf Shillings. Es führen fünf heimliche Wege zu Land und zwei zu Wasser in diese Kapelle."

So absonderlich Zustände dieser Art auch erscheinen, genauer betrachtet bieten sie eigentlich nur ein Einziges, was hierbei Staunen erregen kann und dieses Einzige könnte beinahe als erfreulicher Zug gedeutet werden: die Oeffentlichkeit, in der sich dies alles abspielte. Heimliche und in der Regel auch unlösliche Trauungen wurden in katholischen Ländern noch bis Mitte des neunzehnten Jahrhunderts nicht nur in Romanen und Schauspielen, sondern auch im realen Leben oft vorgenommen, und auch bei den Juden war solches keine unerhörte Erscheinung und mag in streng konfessionell gesinnten Kreisen, wo einem derartigen Akt trotz seiner legalen Ungiltigkeit doch noch die volle Bedeutung zugemessen wird, auch heute noch vorkommen, zumal beim Juden die konfessionelle Eheschliessung von dem erstbesten Glaubensgenossen vorgenommen werden kann.

Ueber die Eheschliessung in Gretna-Green, die litterarisch in einem romantischen Nimbus erstrahlt, lässt Archenholz in den „Annalen" VII eines Engländers, der 1790 bei einer Szene dieser Art die Rolle des Bräutigams spielte, folgendes mitteilen:

„Nach einer langwierigen Reise brachte uns unser Führer endlich in die Hütte, wo der ehrwürdige Kittmeister für die Wallfahrer nach Hymens Tempel seinen geistlichen Leimtopf kochte. Er war nicht zu Hause. Man suchte ihn eine halbe Stunde lang und fand ihn endlich in einem Bierhause, aus dem dieser Oberpriester Hymens wie ein Oberpriester des Bacchus taumelnd herauskam und zu uns eilte. Als ich ihn nach dem Preis fragte, für den er die Kopulations-Zeremonie vollziehen wollte, forderte er sehr bescheiden dreissig Guineen. Ich gab ihm aber zu verstehen, dass wir lieber noch zwanzig Meilen weiter zu einem andern Geistlichen fahren, als eine so unverschämte Forderung bewilligen wollten. Nun stimmte er geschwind den Ton herab, bis auf zehn Guineen, die er sich aber im vorhinein ausbat. Hiermit war ich einverstanden. Jetzt aber verlangte er auch noch eine Flasche Branntwein zuvor, aus der er während der Zeremonie, obgleich sie kaum sechs Minuten dauerte, fünf Glas trank, um, wie er sagte, seine Stimme zu stärken. Wir verlangten einen Trauschein, den er auch sofort ausfertigte und mit seinem Namen Thomas Brown unterzeichnete. Er enthielt nur wenige Zeilen des Inhalts, dass die Personen Charles* und Mary* nach dem Ritual der englischen Kirche und nach den Gesetzen der schottischen Kirche von ihm rechtmässig kopuliert wären. Da ich den Wunsch äusserte, noch einiger Zeugen Handschrift darauf zu haben, sagte er: „Sofort sollt Ihr einige erhalten," worauf er ganz gravitätisch die Feder ergriff und eigenhändig zwei fremde Namen hinzusetzte. Und nun reisten wir als ein rechtlich copuliertes Paar nach England zurück."

Es lag übrigens, wie leicht erklärlich ist, dieser Institution ein löblicher Zweck zu Grunde, dessen Schuld es nicht ist, wenn jene durch Missbräuche mancher Art zur Prostituierung der Ehe führte. Beiläufig sei hier auch erwähnt, dass in Schottland und auf den Hebriden, wie Pennant mitteilt, nicht nur „Probenächte" sondern auch „Probejahre" im Brauch waren. Die während dieser Zeit erzeugten Kinder hatten mit ehelichen gleiche Rechte.

Zustände dieser Art und die Anschauungen, die daraus erwuchsen und sich traditionell fortpflanzten, mögen auch einiges dazu beigetragen haben, dass in England Fälle von Bigamie und Bigamie-Prozesse häufiger als anderwärts vorkamen und noch vorkommen. Erst im Sommer 1901 erregte ein Fall dieser Art, wo der Angeschuldigte Lord Russel war, in London und anderwärts grosses Aufsehen. Dasselbe war auch 1840 in London mit einem Bigamie-Prozess der Fall, in dem die berüchtigte Lola Montez die Hauptrolle spielte. Die in Liebessachen Vielerfahrene hatte bald nach ihrem Scheiden aus München, von dem später noch die Rede sein wird, in London u. a. einen jungen, reichen Engländer, namens Heald, kennen gelernt, den sie heiratete, trotzdem ihre erste Ehe gesetzlich noch nicht gelöst war. Die mit dieser Ehe natürlich sehr unzufriedenen Verwandten des jungen Mannes strengten gegen die Abenteuerin einen Bigamie-Prozess an, der sich in der „Nachschrift" der deutschen Ausgabe der „Memoiren der Lola Montez", Berlin 1851, nach englischen Zeitungsangaben verzeichnet befindet und hier wohl eine Wiederholung verdient:

„Zu den Zugängen des Polizeigerichtshofes in der Malboroughstreet — berichtet ziemlich günstig gestimmt „Daily News" vom 7. August 1849 — war gestern grosses Gedränge, weil verlautete, dass die Lola Montez, die als Gräfin von Landsfeld bekannte Lady, auf die Anklage wegen Bigamie verhaftet worden und vor dem sitzenden Magistrat zum Verhör gebracht werden sollte. Man hatte Anordnungen getroffen, die Ueberfüllung des Gerichtssaales zu verhüten.

Herr Clarkson trat als Ankläger, Herr Bodkin als Verteidiger auf.

Am 6. August um 1$^1/_2$ erschien die Gräfin v. Landsfeld am Arm des Herrn Heald, ihres jetzigen Gemahls, und man stellte ihr einen Sessel vor die Schranken. Herr Heald durfte neben ihr sitzen. Die Dame zeigte sich nicht im mindesten verlegen (quite unembarassed) und lächelte mehrmals, indem sie mit ihrem Gatten flüsterte. Sie gab ihr Alter zu 24 Jahren an, sieht aber wie eine Frau von 30 aus. Sie trug ein schwarzseidenes Kleid mit anschliessendem schwarzsammtenem Mieder, einen blau ausgeschlagenen weissen Strohhut und einen blauen Schleier. Von Gestalt ist sie mittelgross und ziemlich rund (rather plump); mit ihrer bleichen, dunkeln Gesichtsfarbe kontrastieren zwei ungewöhnlich grosse blaue Augen, von langen schwarzen Wimpern umschattet. Ihr mutmasslicher Ehegatte, Herr Heald, ist ein schlanker junger Mann von sehr juvenilem Ausehen, mit straffen Haaren und dem Anflug eines blonden Schnurrbärtchens. Die aufgestülpte Nase giebt ihm ein sehr einfältiges Aussehen; indessen seine Heirat würde auch bei der schönsten griechischen Nase eben nicht auf geniale Begabung schliessen lassen. Während des ganzen Verfahrens hielt er eine Hand der Gräfin in seinen beiden eingeschlossen und drückte sie zuweilen mit Inbrunst; manchmal flüsterte er ihr mit der zärtlichsten Miene in's Ohr und presste ihre Hand mit Wärme an die Lippen. Nun erhob sich Herr Clarkson. „Wie schmerzlich," sagte er, „auch die Lage ist, worin die zu meiner Linken sitzende Dame (die Tante des Herrn Heald) sich befindet, so glaubt sie es doch ihrem verstorbenen Bruder, dem Vater des hier im Gerichtshofe befindlichen jungen Gentleman, schuldig zu sein, die Beweismittel vorzulegen, welche sie veranlasst, diese Dame des Verbrechens der Bigamie zu beschuldigen. In Erfüllung meiner

Pflicht werde ich Ihnen zu beweisen haben, dass der Herr Heald, der Sohn des verstorbenen Herrn George Heald, vor dem Bureau des Kanzleigerichts mit der an seiner Seite sitzenden Dame, Elise Rose Anna oder Rosanna James, die Zeremonie der ehelichen Trauung durchgemacht. Ich werde Ihnen ferner beweisen, dass die Dame, die Ehefrau von Thomas James, zur Zeit Kapitän im 21. bengalischen Regiment eingeborener Infanterie, ist, welcher dermalen mit seinem Regiment in Indien steht. Das der an der Schranke befindlichen Dame von Miss Heald, der Tante und zeitweiligen Pflegerin des jungen Gentleman, schuldgegebene Verbrechen ist, dass sie, wohl wissend, dass ihr Gatte, Kapitän James, noch am Leben, oder dass aller vernünftiger Grund vorhanden, ihn noch lebend zu vermuten, gleichwohl eine andere Ehe geschlossen. Ich will hier in keine Details eingehen, die irgend Jemanden unnötigerweise kränken könnten, aber diese Thatsachen muss ich aufführen. Die Dame nennt sich Gräfin von Landsfeld, und was auch ihre Auszeichnung oder Notorietät sein mag, ich enthalte mich jedes Anspielens darauf bei dieser Gelegenheit. Der junge Gentleman, der jetzt als ihr Gatte gilt, ist am 19. Juli d. J. volljährig geworden; er besitzt ein beträchtliches Vermögen, 6000 bis 7000 Pfund Sterling järlicher Einkünfte. Eben am Tage, da er grossjährig geworden, verheiratete er sich mit Misstress James, die schon verheiratet war. Ihre erste Ehe mit Herrn James ward am 23. Juli 1837 geschlossen; Herr James war damals Lieutenant in dem Regimente, wo er jetzt Hauptmann ist. Sie wurden in Meath, in Irland, getraut, und ich habe eine Abschrift des Trauscheins; die Braut ist darin als „Rosa Gilbert, ledig," aufgeführt. Wegen dermaliger Abwesenheit der betreffenden Zeugen kann ich die legale Thatsache dieser Heirat noch nicht darthun; aber hier ist ein Beamter des Consistorialgerichtshofs, der eine Abschrift der Verhandlungen in demselben vorlegen wird, und ich werde mich darauf beziehen, um zu zeigen, dass die an der Schranke befindliche Dame, damals die Ehefrau von Lieutenant James, mit ihm nach Indien ging und ohne ihn nach England zurückkehrte. Ich werde den Kapitän Ingram vorführen, der die Dame herübergeleitet und ihre Identität beweisen wird. Indessen über diesen Punkt werden sich keine Schwierigkeiten erheben denn die Dame selbst gestand bei ihrer Verhaftung zu: sie sei das Eheweib von Kapitän James gewesen, aber Lord Brougham habe ihr im Oberhaus (welches bekanntlich das oberste Ehescheidungsgericht für's britische Reich ist) eine parlamentarische Scheidungsakte erwirkt. Wenn eine solche Parlamentsakte existiert, so wird sich ihrer Niemand besser zu bedienen wissen, als mein gelehrter Freund, der als Verteidiger erschienen ist. Ich aber werde beweisen, dass der geistliche Gerichtshof nur eine Trennung von Tisch und Bett bewilligte. Zunächst werde ich die zweite Verheiratung und Identität der Parteien darthun. Ferner werde ich durch ein Dokument vom India-Haus über den Effectivstand der in-

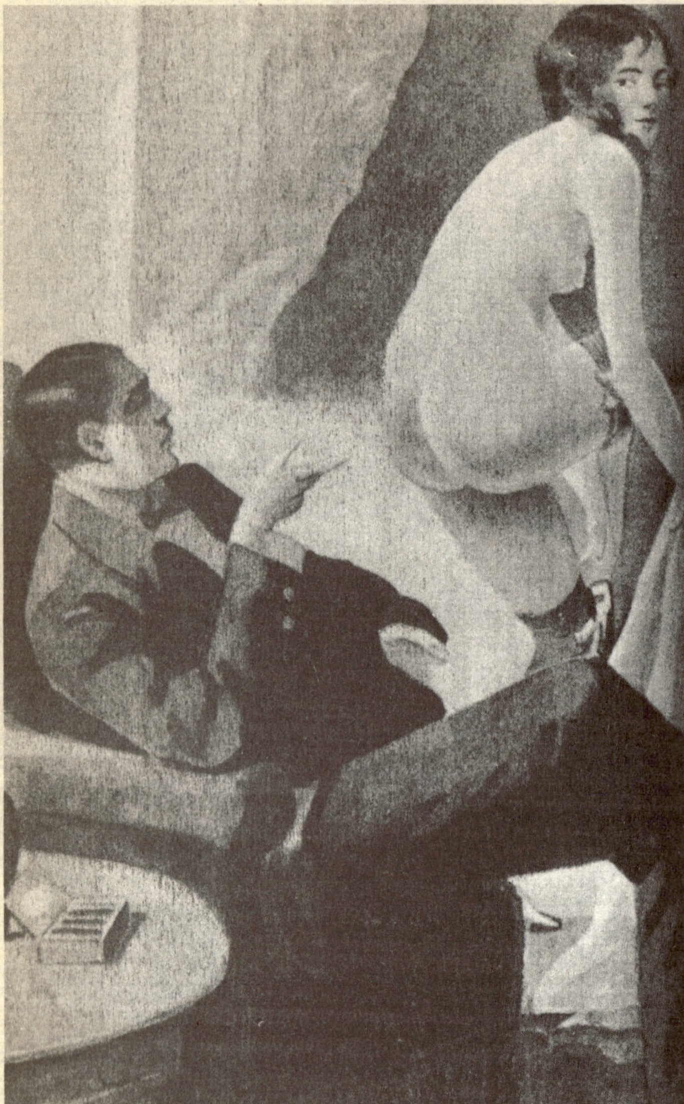

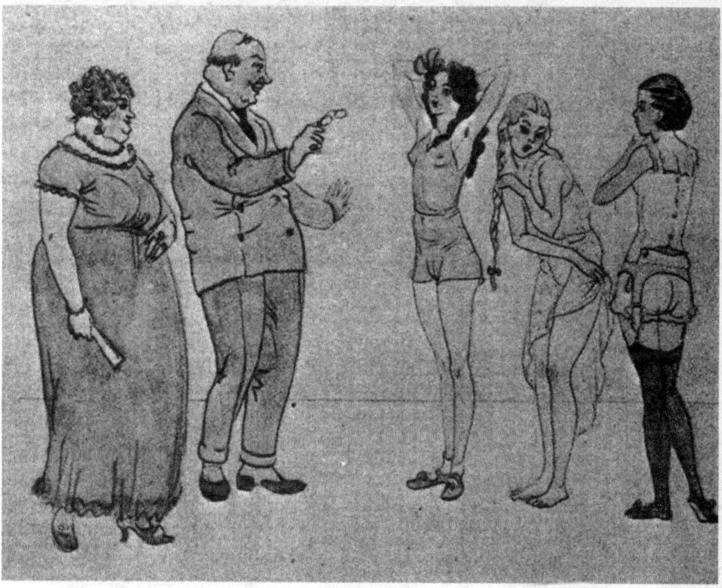

Clara la rouge

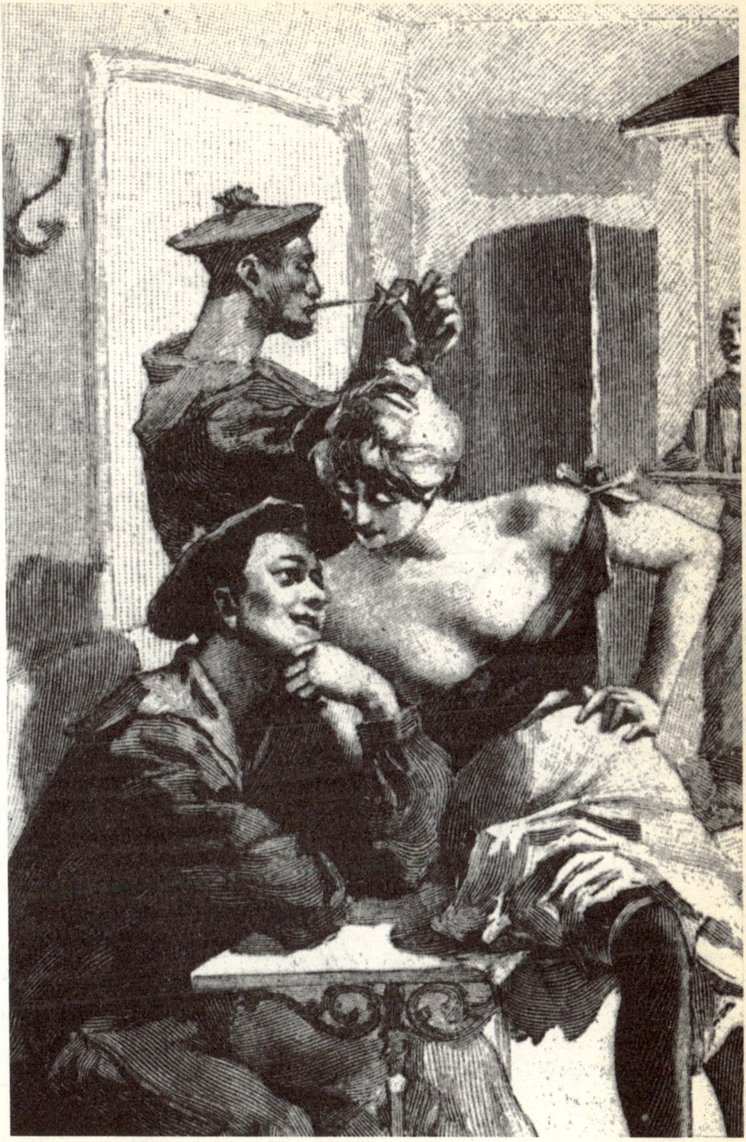

dischen Armee vom Ende Junius dieses Jahres im Stande sein, als ganz unzweifelhaft zu erweisen, dass Kapitän James, der Ehemann der Dame an der Schranke, damals in Indien am Leben war. Ich muss hinzufügen, dass diese Prozedur von der Tante, Miss Heald, veranlasst ist, ohne Zustimmung des Herrn Heald, ihres Neffen, der ohne Zweifel, wenn er könnte, die Fortsetzung dieser verhindern würde. Miss Heald hat es für ihre Pflicht gegen die sehr achtungswerte Familie des jungen Gentleman erachtet, dieses Verfahren selbst ohne seine Zustimmung einleiten zu lassen, und es wird wohl Niemand wagen, die Beweggründe der Miss Heald oder die Reinheit ihrer Absichten bei diesem Schritt anzufechten. Ich stelle an den Gerichtshof das Gesuch, die an der Schranke befindliche Dame zu remandieren (d. h. für eine spätere Gerichtsverhandlung aufzubewahren), bis wir die erforderlichen Zeugschaften aus Indien stellen können. Dann hoffe ich zu beweisen, dass, als die Dame den jungen Gentleman ehelichte, am 19. Juli nämlich, ihr Gatte, Kapitän James, in Indien am Leben war." Nun wurde Miss Heald, eine ältliche Dame vernommen. Sie sagte aus, sie sei die Tante des Herrn Heald und habe sich verpflichtet gefühlt, diese Untersuchung anstellen zu lassen. T. Montague, Clerk (Sekretär) im Consistorialgerichtshof, legte Abschrift eines Dekrets in der Scheidungsklage „James gegen James" vor; es lautete blos auf Trennung a mensa et toro. Gräfin von Landsfeld, mit lebhafter Geberde: „Ich leugne das nicht." Herr Clarkson las das vom 15. Dezember 1842 datierte Consistorialdekret ab; es besagt ausdrücklich: Thomas James und Elisa Rosa Anna James seien von Tisch und Bett geschieden, aber keiner von beiden Teilen sei berechtigt, so lange der andere Gatte lebe, eine neue Ehe einzugehen. Ein Clerk vom Ostindienhaus legte den oben erwähnten Nachweis über den Effektivstand der indischen Armee vor, wonach Kapitän James am 13. Juni dieses Jahres noch lebte und bei seinem Regiment stand. Ferner wurde die am 19. Juli dieses Jahres zwischen George Trafford Heald und Maria Torez in der fashionablen St. Georgskapelle auf dem Hannover-Square in London vollzogene Trauung amtlich bewiesen. Polizei-Sergeant Gray vom Entdeckungscorps (detective fooce, d. h. der Polizeimannschaft, welche Inculpaten nachzuspüren hat): „Ich nahm die Gräfin heute Vormittag 9 Uhr in No. 27 in der Halbmondstrasse in Gewahrsam. Sie wollte eben in ihren Wagen steigen. Ich sagte ihr, dass ich sie wegen Bigamie verhaften müsse." Die Gräfin antwortete, sie sei durch Parlamentsakte von Kapitän James geschieden, und fügte bei: „Ich weiss nicht, ob Kapitän James am Leben ist oder nicht; auch kümmere ich mich nicht darum. Ich ward ihm unter einem falschen Namen angetraut, und es war keine legale Heirat . . . Lord Brougham war im Oberhaus gegenwärtig, als ein Scheidungsdekret ausgefertigt wurde. Kapitän Osborne kann es beweisen." Kapitän Charles Ingram, Befehlshaber des ostindischen Handelsschiffes Larkin, bestätigte, dass er im Jahre 1841—42 die Mrs. James von Indien nach England übergeführt, und dass Kapitän James sie an Bord begleitet. Er zweifle nicht, dass die im Gerichtshof anwesende Dame die nämliche Person sei, wiewohl sie seitdem sich beträchtlich verändert habe. Nun trat der Sachwalter, Herr Bodkin, auf. Er erscheine, sagte er, als Verteidiger der Dame, die man heute Morgen auf die Polizei geschleppt, um auf eine Anklage zu antworten, die in seiner ganzen Praxis beispiellos dastehe. Er erinnere sich keines Falles von Bigamie, wo weder der erste, noch der zweite Ehemann als Kläger aufgetreten. Die Sache werde indessen untersucht werden, und wenn etwas Gesetzwidriges vorgefallen, werde man den schuldigen Teil zur Verantwortung ziehen. Zur geeigneten Zeit hoffe er zu beweisen, dass die Ehe der Dame mit Herrn Heald eine rechtmässige Handlung gewesen. Die Angeklagte, welche in einem Alter von 15 oder 16 Jahren den Herrn James geheiratet, sei des guten Glaubens, dass sie im Hause der Lords eine Scheidungsbill erlangt habe. Das möge jedoch ein Irrtum sein, in welchen die Gräfin aus Unkenntnis der englischen Gesetze verfallen. Sollte selbst das ihr zur Last gelegte Vergehen begangen worden sein, so sei es unter Umständen geschehen, welche die Handlung rechtfertigen dürften. Er erwähne dies mit der Bitte an den Gerichtshof, die Angeklagte vorläufig, gegen vollgültige Bürgschaft, in Freiheit zu setzen. Er wolle die Beweggründederer, die diesen Prozess veranlasst, nicht verdächtigen, aber offenbar sei es um eines Privat-, nicht um eines öffentlichen Zweckes wegen geschehen. Herr Birgham, der vorsitzende Magistrat, erklärt: „Es ist offenbar, dass die Person, welche bei diesem Falle zunächst beteiligt ist, — ein volljähriger Mann, der eine Offiziersstelle in ihrer Majestät Dienst bekleidet (Herr Heald ist, scheint es, Lieutenant in der Garde), diese Anklage weder gewünscht hat, noch unterstützt. Es ist mit der bis jetzt versuchten Beweisführung ganz verträglich, dass die Angeklagte mit derselben Post, welche die amtliche Armeeliste aus Indien überbrachte, einen um einige Stunden späteren Brief erhalten, der den Tod des Kapitäns James meldete. Vom 13. Juni bis zum Tage ihrer neuen Verehelichung sind noch sechs Wochen verlaufen, und in dieser Zeit mag Kapitän James einer von den vielen Gefahren erlegen sein, von denen das Leben eines Militärs in einem tropischen Klima bedroht ist. Das Gesetz präsumiert die Unschuld eines Angeklagten, so lange seine Schuld nicht erwiesen ist. Indessen, da der Verteidiger der Angeklagten selbst zugiebt, dass hinreichender Grund zu einer Untersuchung vorliege, und sich zur Kautionsleistung erboten hat, dekretiere ich eine Zurückstellung des Prozesses und setze die Angeklagte in Freiheit gegen eine Kaution für ihr Wiedererscheinen von 1000 Pfund Sterling aus ihren eigenen Mitteln, und von weiteren 1000 Pfund durch zwei Bürgen." — Die Bürgschaft ward alsbald geleistet. Man liess hierauf die Gräfin von Landsfeld und ihren Gatten noch einige Zeit im Gerichtshofe weilen, um sie der Neugier der draussen versammelten Menge zu entziehen.

Daily News knüpft gleich tags darauf, am 8. August, an diese cause célèbre einen leitenden Artikel, der einen neuen Einblick in das englische Recht und Gerichtsverfahren gewährt, welches zwar musterhaft durch seinen Geist der Oeffentlichkeit, in seinem Mechanismus aber höchst verwickelt und mangelhaft ist. Das Journal schickt einige Bemerkungen voraus über die abenteuerliche Laufbahn dieses Weibes, — man wisse nicht ob Spanierin, Irländerin oder was sonst, welche zum Spektakel prädestiniert scheine und jenem Kobold im „Liede des letzten Minstrel" gleiche, der nirgend verborgen bleiben konnte. Von Paris bis Warschau und von Warschau bis München sei ihre Fahrt bezeichnet gewesen mit Duellen, Reitpeitschenhieben und ähnlichen Gentlissen. In München aber habe sie vollends ihre Bravourrolle gespielt, eine Ministerkrisis hervorgerufen, die nahe an eine Revolution gestreift, Priester und Krieger vor ihrer Reitgerte erbleichen gemacht, und eine Studentenleibwache von prinzlichem Range um sich geschart. (In diesem Punkte irrt sich das Londoner Blatt: die Alemannen waren keine Prinzen oder höchstens, nach dem sprichwörtlichen Ausdruck, „liederliche Prinzen".) „Indessen," fährt das Journal fort, „so fruchtbar auch das Thema an burlesken und leidigen Erinnerungen ist, so würden wir es doch nicht berührt haben, wenn es nicht dazu diente, die Mängel unserer Rechts-Institutionen zu beleuchten. Bei aller Deferenz für die bezaubernde Löwin legen wir sehr wenig Gewicht auf ihre Behauptung, dass Lord Brougham ihr eine Parlamentsakte zur Scheidung von ihrem ersten Gatten erwirkt. Des edlen und gelehrten Lords unwiderstehliche Neigung, in Scheidungsprozessen zu gebaren, verleiht dieser Angabe in der That einen Schein von Möglichkeit; aber wäre sie richtig, so hätte Se. Lordschaft nimmermehr der Versuchung widerstehen können, als Zeuge und Rechtsfreund seiner schönen Clientin vor einem Polizeigericht aufzutreten. Lola's Einfall, den Brougham zum Urheber ihrer Scheidungsbill zu machen, war aber jedenfalls ein sehr glücklicher und bezeugt ihren instinktmässigen Takt für das vraisemblable in einem Roman. Allein abgesehen von dieser Geschichte, ist nichts wahrscheinlicher, als dass die a mensa et toro getrennte Ausländerin sich für ganz und rechtskräftig geschieden halten kann. In jedem anderen civilisierten Lande, wo es Ehescheidungen giebt, werden sie von einem Gerichtshofe ausgesprochen; die widersinnige und verwickelte englische Procedur ist anderwärts unbekannt. Wie sollte eine Ausländerin wissen, dass in England eine Ehe nur durch einen dreifachen, vor drei verschiedenen Tribunalen betriebenen Prozess definitiv und vollständig getrennt werden kann? dass die scheidende Gewalt in England ein dreiköpfiger Cerberus ist, dessen drei Köpfe jeder mit einem besonderen — sehr teuern — Honigkuchen günstig gestimmt werden müssen? Nichts ist natürlicher, als dass Ausländer, für oder gegen welche das Consistorialgericht eine seiner Scheinsentenzen der Ehescheidung ausgesprochen, sich nun berechtigt glauben, eine neue Ehe zu schliessen. In diesem Falle mag auch die Gräfin v. Landsfeld gewesen sein, und das englische Recht, das ihr diese Mausefalle gestellt, ist ihr jetzt ehrlich Spiel (fair play) schuldig. Ein anderes Gebrechen unseres Gerichtsverfahrens, das durch den Prozess gegen Lola Montez grell zu Tage tritt, ist der Mangel eines öffentlichen Anklägers in solchen Fällen. Vergehungen sind entweder gegen Private, oder gegen das Publikum, den Staat. Die ersteren sollten durch das verletzte Individuum allein angeklagt werden dürfen, und unterlässt es der zunächst in seinem Recht gekränkte, so sollte kein Dritter zur Verfolgung berechtigt sein. Die letztere Klasse von Vergehungen aber sollte im Namen und im Interesse des Publikums verfolgt werden. Die Folgen der Confundierung beider Verfahrensarten liegen in diesem Prozess vor Augen. Der verletzte Teil, wenn einer verletzt ist, ein volljähriger, in allen Rechtssachen der Vormundschaft entwachsener Mann, dieser, weit entfernt, die vorgebliche Verbrecherin angeklagt zu wünschen, erscheint vor Gericht als ihr Freund und Beistand. Aber der Mangel einer Unterscheidung zwischen den Prozessarten in öffentlichen und privaten Pönalklagen, und der Mangel eines Staatsanklägers setzt eine dritte Partei in den Stand, eine Klage zu erheben. Sie wird angestellt, nicht um die Eheleute zu trennen, denn es ist offenbar, dass diese legal oder illegal aneinander festhalten werden. Nein, die Klage wird angestellt, einzig und allein um einer Verwandtenfeindschaft, einem beleidigten Familienstolz zu fröhnen. Ein englischer Gerichtshof muss in diesem Falle die Rolle spielen, der in Romanen oder Melodramen gemietete Bravo's zugewiesen sind. Das Gericht wird als Vehikel missbraucht, um der Neugier des Publikums Details zuzuführen über den thöricht verliebten Bräutigam, die abenteuernde und excentrische Braut, und die stolze und empfindliche alte Jungfer, seine Tante. Der Gerichtshof wird in diesem Prozess einem kleinen Theater gleichen, in welchem ein pikantes Familiendrama zur Aufführung kommt."

„Nach dem Vorgegangenen, heisst es in den Memoiren weiter, traute Herr Heald dem englischen Gesetze so wenig wie der Launenhaftigkeit des schönen Wetters, — er suchte sein junges, schönes Weib jeder ferneren Gefahr zu entziehen und in Sicherheit zu bringen."

Noch am 6. August, Abends, gleich nachdem Lola gegen Kaution in Freiheit gesetzt war, — meldete die Morning-Post, — ist Herr Heald nach dem Kontinent abgereist. Bigamie ist vor dem englischen Gesetze keine Kleinigkeit: früher wurde sie mit dem Tode, seit der Beschränkung der Todesstrafe auf Mord und Hochverrat wird sie mit lebenslänglicher oder vieljähriger Deportation bestraft.

Dieser Fall von Bigamie findet indessen in der Mehrzahl der

Londoner Journale mehr eine für die Gräfin Landsfeld günstige Beurteilung.

Nicht übergehen können wir hier doch die naive Bemerkung, welche der „Globe“ auch über die Masse von Leutnants-Amouren macht; er sagt: „Es sei doch auffallend, wie tief in diese fashionable Geschichte das Militär verflochten sei, denn sie „wimmle“ ganz von Kapitänen und Leutnants. Man wisse nicht, ob man den hintenangesetzten Civilstand mehr bedauern oder mehr beglückwünschen solle.“

Soweit die Mitteilungen aus dem natürlich für die tugendhafte Lola eintretenden Berichte. Das Schlusskapitel dieser Ehe soll später mitgeteilt werden.

IV. Kapitel.

Ehebruch und Maitressenwirtschaft. — Artus. — Die Normannen. — Heinrich VIII. — Maria Stuart. — Jakob I. — Karl II. — Georg I. — Sophie Dorothea. — Georg II. — Georg III. — Georg IV — Königin Karoline. — Scheidungsprozess. — Königin Viktoria.

Auch an den englischen Höfen war Ehebruch und Maitressenwirtschaft keine Seltenheit, frühzeitig schon, wie uns auch die Sagen von Artus und seiner Tafelrunde erkennen lassen. Man schreibt dem Einbruch der Normannen eine grosse Entsittlichung der Gesellschaft zu, was chronologisch genommen ziemlich richtig ist, wobei aber nicht ausser acht gelassen werden darf, dass das elfte Jahrhundert überhaupt eine grosse Sittenlosigkeit äusserte, die wahrscheinlich auch unter anderen Umständen ihren Einfluss auf England ausgeübt hätte.

Der wiederholt betonte Zusammenhang aller Kulturerscheinungen, der den Beweis liefert, dass diese keineswegs willkürliche Produkte einzelner sind, zeigt sich auch hier, und wie in Frankreich, äusserte sich auch in England Ende des siebzehnten Jahrhunderts, unter Karl II. (1660—85), die grösste Unsittlichkeit des Hofes. Fast im gleichen Gleise bewegte sich die kurze Herrschaft Jakobs II. (1685—88). Sittenreiner war wohl die des Oraniers Wilhelms III. (1689—1702) und seiner Nachfolgerin Anna I. (1702—14), aber unter den vier nachfolgenden Georgen äusserten sich wieder dieselbe Unzucht, die die Regierungszeit Ludwigs XV und die nachfolgenden Epochen stigmatisierte.

Allerdings war Unzucht und Maitressenwesen, wie bereits bemerkt, an den Höfen von England und Schottland auch vorher vorhanden. Es sei nur, um nicht zu weit zurückzugreifen, an den königlichen Blaubart Heinrich VIII. (1509—47) erinnert, der von den sechs Frauen, die er allerdings nacheinander hatte, zwei enthaupten liess, Anna Boleyn und Katharina Howard, seine letzte, Katharina Parr entging nur mit Not dem gleichen Schicksal und von den zwei andern liess er sich scheiden. Verschwenderisch scheint diese liebeslustige Majestät übrigens nicht gewesen zu sein. Anna Boleyn schrieb einer Freundin, dass sie zuvor auf dem Lande ein Pfund Speck und eine Kanne Bier zum Frühstück gebraucht habe, am Hofe aber könne sie kaum die Hälfte mehr zu sich nehmen, sie komme selten vor zehn Uhr zu Bette und selten vor sechs Uhr heraus, habe drei Hemden und ein Paar Schuhe bekommen, die beinahe drei Shilling kosteten.

In seiner Tyrannenlaune fiel es ihm ein, wie Weber-Demokrit meldet, Hochverratstrafe darauf zu setzen, wer etwas gegen die Königin wisse, und nicht anzeige, oder wenn seine künftige Frau nicht als reine Jungfrau befunden würde. — Spötter sagten, das sicherste Mittel sei, eine Witwe zu nehmen, und er nahm auch Nr. 6 Katharine, Latimers Witwe. Louis VII. heiratete die reiche Erbin Lenore von Guienne, die selbst am Grabe des Erlösers mit dem Heiden Saladin gelöffelt haben soll, und Louis, weniger Philosoph als Marc Aurel, der seine so berüchtigte Faustina dennoch beibehielt — „si uxorem dimittimus, reddamus et dotem" (Wenn wir die Gattin verstossen, müssen wir die Mitgift zurückgeben.) — liess sich scheiden, und Heinrich II. von England holte Lenore und mit ihr Guienne. So entstanden aus Eifersucht dreihundertjährige Kriege und Nationalhass zwischen Briten und Franzosen.

„Ein Pröbchen seines Witzes liefert Heinrich VIII. in einem an Anna Boleyn gerichteten Brief: „Ich übersende Euch Hirschfleisch, es stellt meinen Namen vor (Hart, Harry) und ich hoffe, dass Ihr auch noch, so Gott will, von meinem Fleisch geniessen sollt, wonach Ihr, wie ich glaube, so sehr verlangt, wie ich nach Eurem."

Die Liebesabenteuer der schottischen Königin Maria Stuart sind bekannt. Ihr Liebhaber war u. a. der Lautenspieler David Riccio, den ihr zweiter Gatte Henry Darnley bekanntlich ermorden liess, was Maria rächte und ihn wieder von Bothwell ermorden liess. Graf Murray, der nach ihrer erzwungenen Abdankung für ihren minderjährigen Sohn Jakob die Regierung führte, war Marias natürlicher Bruder, Sohn Jakobs V. von Schottland. „Natürliche“ Kinder waren überhaupt in englischen Herrscher- und Adelsfamilien nicht selten — war doch auch Wilhelm der Eroberer ein natürlicher Sohn Roberts des Teufels — und das vielen Namen vorgesetzte „Fitz“ ist das altnormännische Wort für fils und wurde einst gewöhnlich ausserehelichen Söhnen beigelegt.

Jakob VI., als König von England Jakob I. (1603—25), der Sohn Maria Stuarts, war ein gelehrter und ziemlich eingebildeter Narr, der sich gerne als den „britischen Salomo“ rühmen hörte, was Heinrich IV. von Frankreich, unter Anspielung auf Riccio, zu der bitter-witzigen Bemerkung veranlasste: „Ich weiss nicht, warum er sich Salomo gern nennen hört. Vielleicht weil er ein Sohn des harfenspielenden Davids ist?“ Sein Sohn Karl I. (1625—49) wurde bekanntlich enthauptet und es folgte der sittenlockeren Zeit der „Cavaliere“ die sittenstrenge Puritanerherrschaft unter Cromwell. Doch schon 1660 trat die Restauration ein, der Stuart Karl II. (1660—86) wurde König und seine Hofhaltung gab an Verschwendung und Unzucht der des „Sonnenkönigs“ von Frankreich kaum etwas nach. Allerdings wurde in England der Widerspruch gegen eine derartige Wirtschaft lauter und kühner als in Frankreich und als Karl II. eine Taxe auf Theater-Vorstellungen legen wollte und sein Minister diese Massregel etwas hochfahrend mit den Worten zu begründen suchte: „Das Theater ist ein Vergnügen des Königs,“ warf ein Oppositionsmann die Frage auf: „Die Schauspiele oder die Schauspielerinnen?“ Eine ähnliche Rolle wie später der Herzog von Richelieu am Hofe Ludwigs XV., spielt am Hofe Karls der witzige und satirische Graf John Wilmot von Rochester.

Mit Georg I. (1714—27) kam das Haus Hannover in England zur Regierung. In seinem „die vier George“ (deutsch von I. Augspurg) urteilt Thakeray über ihn:

„Die beiden ersten George ebenso wie der Vater Ernst August hatten durchaus königliche Begriffe über die Ehe; Ludwig XIV. und Karl II. konnten sich in diesem Punkte in Versailles und St. James nicht mehr auszeichnen, als diese Sultane es thaten in ihrer kleinen Stadt an den Ufern der Leine. Noch ist in Herrenhausen das Gartentheater zu sehen, wo die Platenschen Favoritinnen tanzten, maskiert erschienen und vor dem Kurfürsten und seinen Söhnen sangen. Sogar die alten Faune und steinernen Dryaden schimmern noch durch die Heckengänge, grinsend und tonlose Lieder flötend, wie in jenen Tagen, als geschmückte Nymphen sie bekränzten, unter den Laubbogen erschienen mit vergoldeten Schäferstäben, den Schafbock mit vergoldeten Hörnern an ihrer Hand führend, oder als Diana oder Minerva von künstlichen Gerüsten herniederstiegen und die aus dem Feldlager heimkehrenden Fürsten mit allegorischen Schmeicheleien überschütteten“ . . .

„Stellen wir einige plumpe deutsche Figuren an die Stelle der Marmorstatuen von Versailes, denken wir uns die Wasserwerke von Herrenhausen statt derjenigen von Marly, besetzen wir die Tafel mit Schweinskopf, Specksuppe, Leberkuchen und derartigen Delikatessen mehr, statt der feinen französischen Küche, stellen wir uns Frau von Kielmannsegge vor mit dem Kammerjunker Grafen Quirini, tanzend und französische Lieder mit dem breitesten Accent singend, malen wir uns mit einem Worte ein rohes Versailles, und wir haben Hannover vor uns. „Ich bin jetzt in das Reich der Schönheit gekommen," schreibt Marie Wortley aus Hannover im Jahre 1716, „alle hiesigen Damen haben rosige Wangen, schneeweisse Stirnen und eben solche Nacken, Augenbrauen wie Ebenholz und in der Regel kohlschwarzes Haar. Diese Schönheiten bleiben unverändert bis zum Tage ihres Todes und machen namentlich bei Kerzenschein einen wundervollen Eindruck; nur ein wenig Abwechslung möchte ich ihnen wünschen. Sie gleichen sich untereinander wie die Figuren von Mrs. Salmons Gesellschaft in England und wie diese würden sie in der Nähe des Feuers Gefahr laufen zu schmelzen." Die kluge Mary Worley sah dieses geschminkte Serail Georg I. in Hannover in demselben Jahre, als dieser Fürst den englischen Thron bestiegen hatte.

Der Kurfürst Georg Ludwig beeilte sich nicht, die ihm angebotene Krone von England anzunehmen. Er wartete eine gute Weile, nahm dann rührenden Abschied von seinem geliebten Hannover und Herrenhausen und trat die Reise an, um „den Thron seiner Vorfahren" zu besteigen, wie er in seiner ersten Ansprache an das Parlament sagte. Seine Mutter war nämlich eine Enkelin Jakobs I.

Er brachte ein zahlreiches deutsches Gefolge mit sich, dessen Gesellschaft er liebte und das immer um seine königliche Person sein musste. Er hatte zwei treue deutsche Kammerherren, seine deutschen Sekretäre, seine Neger, die er in Kämpfen gegen die Türken selbst zu Gefangenen gemacht hatte, seine zwei ältlichen deutschen Favoritinnen, die Damen von Kielmannsegge und von Schulenburg, die er zur Gräfin von Darlington und Herzogin von Kendal erhob. Die Herzogin hatte eine grosse, magere Figur und erhielt den nicht sehr schmeichelhaften Beinamen „die Hopfenstange", während die Gräfin, die von sehr groben Gliederbau war, „der Elefant" genannt wurde. Beide Damen liebten Hannover und seine Freuden über alles, hingen mit Schwärmerei an der grossen Lindenallee von Herrenhausen und machten anfangs Schwierigkeiten das Heimatland zu verlassen. Fräulein von Schulenburg wurde in der That auch durch ihre Schulden in Hannover festgehalten, kaum jedoch hatte Fräulein von Kielmannsegge von diesem Hinderniss ihrer Nebenbuhlerin gehört, als sie augenblicklich ihre Koffer zu packen befah und sich schleunig auf die Reise nach England begab trotz ihrer Schwerfälligkeit. Darauf hin war aber auch des Bleibens für Fräulein von

Schulenburg nicht länger, auch sie musste ihrem geliebten Georg Ludwig folgen. Es ist wie die Geschichte von Kapitän Macheath und seiner Polly und Lucie. Wahrlich es ist ein köstliches Bild voll Ironie: der König, den wir erwählt hatten, neben ihm die Höflinge seines Gefolges, dann der englische Adel, der zahlreich zu seinem Empfange erschienen war, unter dem es aber nicht wenige gab, denen der schlaue alte Cyniker den Rücken zuwandte. Ich stelle mir vor, dass ich als Bürger auf dem Hafendamm von Greenwich stehe und laut Hurrah rufe für König Georg, daneben kann ich aber kaum das Lachen unterdrücken über die Abgeschmacktheit dieser Feierlichkeit . . .

Die Schicksalsgöttinnen, so sagt man, haben ein besonderes Interesse für gekrönte Häupter, und vielleicht durch ihre Gunst erhielt Georg I. Vorzeichen und Andeutungen über die Zukunft. Er soll besonders erschreckt gewesen sein über die Prophezeiung, dass er sehr bald nach seiner Frau sterben würde, und wahr ist es, dass der unerbittliche Tod, nachdem er die unglückliche Prinzessin in Ahlden erlöst hatte, den König gleichfalls in seinem Reisewagen auf dem Wege nach Hannover mit seiner kalten Hand ergriff. Auch der rascheste Postillon kann ja der Schnelligkeit dieses bleichen, unheimlichen Reiters nicht enteilen! Es wird behauptet, dass Georg I. einer seiner Geliebten versprach nach seinem Tode wieder zu ihr zurückzukehren, wenn es ihm gestattet sei, und bald nach seinem Ableben umflatterte ein grosser Rabe die Fenster der Herzogin von Kendal in Twickenham und hockte vor denselben nieder, als begehre er Einlass; die trauernde Dame vermutete des geliebten Königs Geist hinter diesem schwarzen Gefieder und trug grosse Sorge für den Eindringling. Welch rührendes Symbol der Seelenwanderung, solch ein königlicher Vogel, und wie ergreifend ist die Vorstellung von der über ihn gebeugten, weinenden Herzogin! Als dieses sittsame Mitglied unserer englischen Aristokratie starb, fielen alle ihre Juwelen und ihr reicher Silberschatz, den sie gesammelt hatte, an ihre Verwandten in Hannover. Ich möchte wissen, ob die Erben auch des königlichen Vogels sich annahmen, und ob derselbe noch in Herrenhausen mit Flügeln schlagend lebt?

Die Tage sind vorüber in England, wo die Verehrung des Königs fast eine Sache der Religion war, und wo die Geistlichkeit sogar von den Kanzeln herab dem regierenden Fürsten schmeichelte, wo die servile Kriecherei für Tugend galt, wo Jugend und Schönheit um die königliche Gunst buhlten, und wo die Schamlosigkeit der Frauen keineswegs für entehrend galt. Reinere Moral und strengere Sitten gehören zu den unschätzbaren Errungenschaften durch die Freiheit, die Georg I. uns verschafft und gesichert hat. Er hielt fest an seinem Vertrage mit seinen englischen Unterthanen, und wenn er es gleich andern Monarchen nicht verstand, sich von den Lastern seiner Zeit frei zu erhalten, so müssen wir ihm doch dankbar sein, dass er uns Freiheit schenkte und erhielt. In der Atmosphäre dieser Freiheit ist in Palästen und Hütten die Luft reiner geworden, und die Wahrheit, dies unantastbare Eigentum von Hohen und Niedrigen unter uns, welches uns gestattet auch über die Höchsten furchtlos zu urteilen, kann nur in Worten der grössten Hochachtung von diesem reden. Es giebt Flecke in dem Bilde wie in dem Charakter Georg I., die niemand bewundern kann, aber unter seinen guten Eigenschaften besass er Gerechtigkeit, Mut und Mässigung und diese Tugenden müssen wir anerkennen, ehe wir sein Bild gegen die Wand kehren."

Georg I. war mit Prinzessin Sophie Dorothea von Lüneburg-Celle verheiratet, an deren Namen sich eine jener Liebestragödien knüpft, die zu jener Zeit nicht überaus selten waren.

„In der guten alten Zeit, von der ich erzähle," schreibt Thackeray, „besuchten junge Edelleute die verschiedenen Höfe, um bei irgend einem Fürsten Kriegsdienste, das heisst Kommandeur-Stellen über ein Regiment zu nehmen, während die armen, gemeinen Soldaten wie eine Viehherde weggetrieben und verkauft wurden, um gegen die Feinde des Kaisers an der Donau oder in der Rheinarmee König Ludwigs ohne Aussicht auf irgend eine Beförderung zu kämpfen und unbeachtet auf dem Schlachtfelde zu sterben. Viele adlige Abenteurer zogen so von Hof zu Hof, um sich eine Stellung zu suchen, und sogar Frauenzimmer machten derartige Rundreisen. Waren letztere im Besitz von Schönheit, und es gelang ihnen, das fürstliche Wohlgefallen zu fesseln, so war ihr Bleiben am Hofe entschieden und sie avancierten vielleicht zu der hohen Stellung einer fürstlichen Favoritin. Als solche empfingen sie reiche Dotationen und kostbare Diamanten, wurden zu Gräfinnen oder Herzoginnen befördert, und nach dem herrschenden Geiste jener Zeit sanken sie durch eine solche Carriere durchaus nicht in der Achtung des Publikums. So kam Mademoiselle Querouailles, eine reizende Französin, auf besondere Veranlassung Ludwigs XIV. nach London und wurde von dem dankbaren Lande und von unserem Souverän zur Herzogin von Portsmouth gemacht. Auf dieselbe Weise fand die schöne Aurora von Königsmark auf ihrer Tour Gnade vor den Augen Augusts von Sachsen und wurde die Mutter des berühmten Kriegshelden, des Marschalls Moritz von Sachsen, der uns bei Fontenay schlug. Ebenso kamen die lieblichen Schwestern Elisabeth und Melusine von Meissenbach nach Hannover, nachdem sie durch weibliche Eifersucht aus Paris vertrieben waren und wurden Favoritinnen des kurfürstlichen Hauses.

Jene schöne Aurora von Königsmark und ihr Bruder sind lebensvolle Typen der damaligen Zeit und zeigen klar ausgeprägt die Moral jener Tage. Sie stammten aus einer alten Brandenburger Adelsfamilie, von welcher ein Zweig nach Schweden übersiedelte, dem mehrere tapfere

Helden entsprossten, die zu hohen Ehren und zu Reichtümern gelangten. Der Stammvater war Hans Christoph, der im dreissigjährigen Kriege durch seine Kriegsthaten berühmt aber nicht minder durch seine Plündereien berüchtigt war. Einer seiner Söhne Namens Otto wurde Gesandter am Hofe Ludwigs XIV. und musste bei seiner ersten Vorstellung eine schwedische Anrede an die Majestät halten. Trotzdem Königsmark ein ebenso gewandter Weltmann wie ein tapferer Kriegsheld war, hatte er doch in dem Augenblick, wo er das Wort an den König richten sollte, seine gelernte Rede total vergessen. Was konnte er thun? Weit entfernt, darüber in Verlegenheit zu geraten, sagte er einen Teil des schwedischen Katechismus vor der glänzenden Versammlung her, da niemand seine Worte verstand, mit Ausnahme seines eigenen Gefolges, dem es allerdings Mühe kostete, den nötigen Ernst zu bewahren. Otto's Neffe, Aurora's älterer Bruder Karl Johann von Königsmark, ein grosser Liebling Karl II. von England, ein schöner Mann, ein eleganter Kavalier und ein tapferer Krieger, dabei aber ein Schurke nicht gewöhnlicher Art, entging leider dem für den Mord, den er an Tom Thynne von Longleat verübt hatte, wohlverdientem Tode durch den Strick. Er hatte zu jener Zeit in London einen jüngeren Bruder bei sich, der in allen seinen Vorzügen, aber auch in seiner Schurkerei ihm gleich stand. Dieser junge Bursche, Philipp von Königsmark, war auch bei jener Mordthat beteiligt und auch sein Entkommen von der Strafe ist sehr zu bedauern. Er ging nach Hannover und wurde Obrist in einem kurfürstlichen Dragoner-Regimente. In früher Jugend war er Page am Celler Hofe gewesen, und die Welt sagte, dass er und die hübsche Prinzessin Sophie Dorothea, die nun die Gemahlin des Erbprinzen von Hannover war, sich damals geliebt hätten. Bei ihrem Wiederbegegnen erwachte diese Jugendneigung von neuem, aber ihre Liebe war kein unschuldiges Gefühl mehr und nahm bald ein furchtbares Ende.

Eine Biographie dieser Gemahlin Georg I. von Dr. Doran ist kürzlich im Druck erschienen, und ich gestehe mein Erstaunen über die Ansichten des Verfassers von dieser traurigen Begebenheit und über seine gänzliche Freisprechung der unglücklichen Prinzessin. Dass ihr Gemahl ein kalter, egoistischer Wüstling war, wird niemand in Zweifel ziehen, dass aber dieser schlechte Gemahl eine ebenso schlechte Gattin an ihr hatte, steht ebenso fest. Sie war mit ihrem Vetter des Geldes oder der Verhältnisse wegen verheiratet worden, wie das ja gewöhnlich mit allen Prinzessinnen geschieht. Sie war ausserordentlich schön, lebhaft, witzig und talentvoll; seine Rohheit empörte sie, seine Wortkargheit und seine Kälte erstarrte auch ihre Gefühle, seine Grausamkeit erweckte ihren Hass. Wie konnte in einer solchen Ehe von Liebe die Rede sein? Die arme Frau schenkte ihr gequältes, zurückgestossenes Herz Philipp von Königsmark, trotzdem in der ganzen Geschichte des siebzehnten Jahrhunderts kein grösserer Schurke vorkommt als er. Hundertundachtzig Jahre, nachdem Königsmark in sein dunkles Grab gesunken war, fand ein schwedischer Professor in der Universitäts-Bibliothek zu Upsala einen Stoss Briefe auf, die ganze Korrespondenz zwischen Philipp und Dorothea, aus denen das ganze Verhältnis klar wird . . .“

Philipp von Königsmark wurde in der Sonntagsnacht des 1. Juli 1694 ermordet, nachdem er die Prinzessin verlassen hatte um Vorkehrungen zu der mit ihr verabredeten Flucht zu treffen. Die Gräfin von Platen, die ihre Liebe zu ihm verschmäht fand, und die Prinzessin, ihre Nebenbuhlerin hasste, hatte von dem Fluchtplan Kenntnis erhalten, verriet ihn dem Kurprinzen, der einen Haftbefehl gegen Königsmark erwirkte. Vier Männer wurden ausgesandt um ihn auf dem Wege, den er gewöhnlich einschlug, um nach seinem Besuch bei der Prinzessin das Schloss ungesehen zu verlassen, zu verhaften. Er leistete Widerstand und wurde niedergeschlagen. Als er schwerverwundet auf dem Boden lag, erschien seine Feindin, die von ihm betrogene Gräfin von Platen. Als er sie erblickte, verfluchte sie der Sterbende und das wütende Weib trat mit ihren Hacken auf seine bereits erblassenden Lippen. Der Leichnam wurde rasch beiseite geschafft, am nächsten Tage heimlich verbrannt und jede Spur seiner ist für immer verschwunden. Die Prinzessin wurde für krank ausgegeben verliess ihre Gemächer nicht bis Oktober, wo sie nach Schloss Ahlden gebracht wurde. Hier lebte die achtundzwanzigjährige unglückliche Sophie Dorothea zweiunddreissig Jahre als Gefangene, bis sie, wie bereits bemerkt wurde, der Tod erlöste. Sie wurde Prinzessin von Ahlden genannt und ihr „ohnehin wortkarger“ Gatte hat ihrer nie weiter erwähnt.

König Georg II. regierte von 1727—60. „Leben und Thaten Ludwigs XV“ schreibt Thackeray, den wir nun in eigener Uebertragung citieren, „sind in zahlreichen Memoiren geschildert worden. Unser Georg II. war schliesslich kein schlimmerer König als es die benachbarten Fürsten waren. Wie diese, nahm er das Recht für sich in Anspruch, nicht den Geboten der Sittlichkeit unterworfen zu sein. Uns Engländern erscheint er als ein geistloses Männchen mit ziemlich gemeinen Neigungen. Harwey jedoch behauptet, dieser cholerische Fürst wäre ein Gefühlsschwärmer gewesen, dessen unzählige Briefe einen gefährlichen Zauber ausübten. Immerhin zeigte er diese sentimentale Seite seines Charakters nur seinen Landsleuten und der Königin; uns Engländern ist er nie vertraulich näher gekommen . . . In seinem Privatleben glich er völlig seinem Vater und betreffs dieses Punktes haben wir bei der Schilderung Georgs I. schon so ausführlich gesprochen, dass wir von einer weiteren Erörterung absehen können. Im Jahre 1705 vermählte er sich mit einer durch Schönheit, Verstand, Bildung des Herzens und des Geistes gleich ausgezeichneten Prinzessin (Karoline von Anspach), mit einer der zärtlichsten und treusten Frauen, die jemals den Segen eines Fürsten bildeten, die ihn treu liebte und die auch er in seiner etwas plumpen Art bis an das Ende seiner Tage liebte. Als der Tod ihr schon nahte, als sie mit unerträglichen Schmerzen rang, hatte sie noch ein freundliches Wort, ein sanftes Lächeln für ihren Gatten. Kennen Sie die letzte Scene an ihrem Sterbelager? Innig bat sie den König nach ihrem Verscheiden wieder zu heiraten, und laut schluchzend antwortete er: „Non, non, j'aurai des maitresses!“ Es giebt wohl keine ähnliche Tragikomödie. Ich stelle mir diesen wunderlichen Vorgang vor. Ich trete an das Bett der Sterbenden, denke staunend darüber nach, wie Gott in unbegreiflicher Weise Leben, Lieben, Leiden, Erfolg und Sterben der Menschen ordnet und leitet, und mit betrübtem Herzen und Angesichts des Todes muss ich doch lachen. Ich kann nicht anders.“

Eine köstliche Episode erzählt uns der Autor von der Art und Weise, wie sich Lady Yarmouth, eine der Maitressen des etwas knauserigen Königs Geld zu verschaffen wusste. Ein Bischofsstuhl war zu vergeben und die schlaue Dame „wettete“ mit einem Geistlichen um 5000 Pfund, dass er dieses Amt erhalten werde, was er bezweifelte. Und sie gewann diese „Wette“. „War er vielleicht der einzige Geistliche dieser Zeit, der auf solchem Wege zu einer höheren Würde gelangte? Blicke ich in den St. James Palast zur Zeit Georgs II. hinein, so höre ich die Kutten der Geistlichen auf den Hintertreppen rauschen, die zu den Gemächern der Hofdamen führten, in deren Schoss goldgefüllte Börsen fallen . . , Kein Wunder, dass unter solchen Umständen die Geistlichkeit ärger und heuchlerischer wurde, dass die Zahl der Gottesleugner wuchs, die Sittlichkeit, so weit sie unter dem Einfluss eines solchen Königs stand, geschädigt wurde . . . Mit Entsetzen nur blickte ich auf diese Gesellschaft, auf diesen König, diese Höflinge, auf diesen Leichtsinn und auf dieses prunkende Laster. Wo findet an diesem Hofe das Auge auch nur einen Ehrenmann? Wo einen sittlich reinen Menschen, dessen Anblick uns erfreuen könnte?“

Der König hielt sein Wort, das er seiner Gattin an deren Sterbebett gab. Er heiratete nicht wieder und hielt sich Maitressen, von denen Lady Yarmouth ganz besonders in seiner Gunst stand. Noch zwanzig Jahre führte er sein Sultanleben, bis dann ein Anfall kam, der ihn niederzwang und den alten Mann zu dem Befehl veranlasste, die Seitenwand von Karolines Sarg und die von seinem eigenen fortzunehmen, damit sich seine sündigen alten Knochen und sein Staub mit dem dieses treuen Geschöpfes vermengen könnte. O du gravitätischer Truthahn von Herrenhausen! O du unverbesserlicher, kleiner Mahomed! In welchem Paradiese bist du jetzt mit deinen geschminkten Houris?“

Georg II. starb am 20. Oktober 1760 und sein Nachfolger war sein Enkel Georg III. (1760—1810), unter dessen Regierung England den ereignisreichsten Teil seiner Geschichte erlebte. Die Besitzergreifungen in Indien, die Losreissung Nordamerikas, die Kämpfe gegen Napoleon.

Sein Privatleben gab zu keiner Rüge Anlass, doch, „um den jungen König, der selbst ein reines Leben führte und von grosser Frömmigkeit erfüllt war, bewegte sich eine so zügellose Hofgesellschaft, wie sie in England kaum zu finden war. Die arge Moral Georgs II. warf ihre Schatten auf die ersten Regierungsjahre seines Nachfolgers, und ich bin überzeugt, dass das Beispiel dieses guten Menschen, seine Mässigkeit, seine Einfachheit, seine Frömmigkeit sehr viel zur Verbesserung der Sitten des Reiches, zur Veredlung der Nation beigetragen haben."

Erblindet, des Gehörs beraubt, in Geisteskrankheit verfallen, hörte Georg III. eigentlich schon im November 1810 zu regieren auf, zehn Jahre vor seinem Tode. Bis dieser erfolgte, führte sein Sohn die Regentschaft, der als Georg IV. (1810—1830) „the last but not the least on worth," wie Byron spöttisch bei Erwähnung seines Namens bemerkte, der Reihenfolge der George wenigstens vorläufig ein Ende machte. Er gehörte schon als Prinz zu den bestgehasstesten Männern Englands und sein Privatleben weist eine Kette von Verschwendungen, Zügellosigkeiten und Unsittlichkeiten auf.

In „Geschichte der neuesten Zeit" von Theodor Erwin wird nach Much mitgeteilt:

Georg, Prinz Regent von England, war körperlich einer der schönsten Männer Englands, und nicht minder besass er glänzende Geistesgaben, ausgezeichnete Kenntnisse und ein eben so scharfes als richtiges Urteil. Der straffe Zügel, welchen seine Jugend-Erziehung ihm angelegt hatte, stachelte das von Natur überaus feurige Temperament des Prinzen zu um so grösserer Kraftentwicklung; als er daher die Jahre erreicht hatte, in welchen eine strenge Beaufsichtigung nicht mehr thunlich war, fing die Gewalt der sinnlichen Genüsse an, ihn in einem, das Mass überschreitenden Grade zu beherrschen. Zwar blieb der Prinz auch jetzt dem englischen Charakter in sofern getreu, als er den Anstand respektierte und seine Genüsse hinter dem Schleier eines äusserlich-sittlichen Betragens verbarg, allein, er war doch nicht im Stande, seine Lebensweise ganz zu verhehlen, zumal da dieselbe wie natürlich mit einem ungeheuren Geldaufwande verbunden war, die den Prinzen von Zeit zu Zeit in eine Schuldenlast stürzte, aus welcher ihn sein Vater nur gegen mannigfache Versprechungen und Gelöbnisse befreite. Zwei Gründe hauptsächlich waren es, welche Georg III. gegen seinen Sohn missstimmten, erstens nämlich, dass dieser sich der Opposition gegen die Minister anschloss, welchen der König sein volles Vertrauen schenkte, und zweitens, dass Prinz Georg, der mit der Witwe Fitz-Herbert, einer schönen irländischen Katholikin, in einem zärtlichen Verhältnis stand und überdies von allen Fesseln am meisten die ehelichen scheute, zu einer Vermählung durchaus nicht zu bewegen war.

Endlich fand sich indess doch eine Veranlassung, die den Prinzen zwang, auch in diesem Punkte sich zu fügen, denn da er er sich hauptsächlich durch den Bau eines Lustschlosses, von neuem in bedeutende Schulden gestürzt hatte und seinen Vater entschlossen sah, ihn nicht anders von seinen Gläubigern zu befreien, als wenn er sich vermählte, so gab er notgedrungen nach und traf sofort Veranstaltung, sich aus der Mitte der Europäischen Prinzessinnen eine Gattin zu erkiesen. Seine Wahl fiel auf Amalie Karoline, Tochter des Herzogs von Braunschweig-Wolfenbüttel, in welcher Schönheit, Verstand, Talente und Geist vereinigt waren, und die, begabt mit einer feurigen empfänglichen Seele und aufgewachsen unter den Augen einer vortrefflichen Mutter, eine Zierde ihres Geschlechts genannt werde konnte. So dem Anscheine nach für das höchste Glück bestimmt, war dieser Fürstin doch ein höchst trauriges Loos vorbehalten.

Prinzessin Karoline soll, als sie auf Befehl ihres Vaters dem Prinzen Georg von Wales wider ihren Willen ihre Hand reichen musste, in einer zärtlichen Verbindung mit einem Manne, der weit unter ihrem Range stand, gelebt haben. Prinz Georg empfing sie (1795) in London mit aller jener Sehnsucht, welche seine feurige Phantasie bei dem Anblick ihres Bildes in seinem Herzen angefacht hatte; allein unmittelbar nach seiner Vermählung mit ihr gelangte er zu der Kenntnis ihres Fehltritts, und sein regegewordener Verdacht ward durch Einflüsterungen und Zuträgereien mancher Art bis zur Lohe angefacht. Was Wahres oder Falsches an der Sache gewesen ist, wagen wir nicht zu entscheiden. Der Prinz fand jedoch darin eine hinreichende Veranlassung, sich von seiner Gemahlin zu trennen. Man wagte sogar die Prinzessin einer innigen Verwandtschaft zu einem namentlich bezeichneten Knaben zu beschuldigen, allein die öffentliche Untersuchung, auf welche die unglückliche Prinzessin drang, ergab die Grundlosigkeit dieser Verleumdung. Indessen konnte nichts mehr den Widerwillen besiegen, den Georg gegen seine Gemahlin gefasst hatte, und obwohl sie wieder bei Hofe erscheinen durfte, so war doch ihr Empfang daselbst von der Art, dass sie freiwillig auf diese Ehre verzichtete. Von allen Personen am Hofe fand sie allein Teilnahme bei dem Könige, welcher von der Güte ihres Herzens, sowie von der Bosheit ihrer Verleumder überzeugt war. Zurückgezogen in die romantische Einsamkeit von Blackheat in Devonshire, lebte sie ausschliesslich ihrem Grame, wissenschaftlichen Beschäftigungen, der Ausübung der Wohlthätigkeit und endlich der Erziehung ihrer schönen Tochter, der Prinzessin Charlotte, die das einzige Pfand ihrer Ehe mit dem Prinzen Georg war.

Zehn Jahre war das Fürstenpaar bereits getrennt, als der Prinz-Regent eines Tages in der Nähe des Aufenthaltsorts der Prinzessin jagte, und von einer Anwandlung von Sehnsucht ergriffen, sich nach dem Park begab, wo er ungesehen die Prinzessin erblickte, die ihr Töchterchen auf dem Schoss hatte und es liebkoste. Gerührt von diesem Anblick, nähert sich der Prinz und wird liebreich empfangen, so dass er die Wiedervereinigung mit der verstossenen Gemahlin beschliesst. Schon ist ihre Erscheinung bei Hofe angesagt, als die Aufhetzer sich von neuem des Ohrs des Prinzen bemächtigten, und eine neue Trennung ist die Folge davon. Verleumdet, beschimpft und vielfältig misshandelt, beschliesst die unglückliche Fürstin sich aus dem erstickenden Dunstkreise des Hasses und der boshaften Verleumdung zu entfernen, und durch ein zwangloses Leben, dem nur die Laune des Augenblicks Gesetze vorschreiben sollte, zu entschädigen, und so begann sie jetzt jene abenteuerlichen Reisen in Europa, Asien und Afrika, die dem Leumund unzähligen Stoff gaben, sich auf ihre Kosten zu üben, da Späher und Aufpasser ihr allenthalben hin folgten.

Der Prinz-Regent hatte noch fünf Brüder, die an politischen Gesinnungen einander sehr verschieden waren. Die Herzöge von York und Cumberland waren entschiedene Anhänger des konservativen Systems; die Herzöge von Clarence und Cambridge waren mässigen Reformen zugethan; der Herzog von Sussex endlich schloss sich der entschieden liberalen Partei an. Der Prinz-Regent selbst hatte, seit er die Zügel der Regierung selbst ergriffen, seine früheren Oppositions-Grundsätze gegen die Minister seines Vaters aufgegeben, und folgte vielmehr dem von ihnen eingeschlagenen Systeme.

„Natur und Verhältnisse," schreibt Tackeray, „haben alles gethan um den Prinzen zu verderben. Die beklemmende Eintönigkeit des väterlichen Hofes, die geisttötenden Unterhaltungen, die trockenen Beschäftigungen, sowie das langweile Beisammensein mit nüchternen Durchschnittsmenschen, hätte auch aus einem minder lebenslustigen Prinzen einen Wüstling machen können. Alle Prinzen flohen förmlich die Langeweile des Schlosses, in dem der alte König Georg über seine Geschäftsbücher sass und die Königin Charlotte mit der Schnupftabaksdose beim Stickrahmen. Etliche der galanten und lebenslustigen Söhne wurden, als sich mit der Zeit ihre stürmische Wildheit legte, ruhige, wackere Unterthanen ihres Vaters und ihres Bruders, gern gesehen vom Volke, das um des bekundeten Mutes und Humors, sowie der Natürlichkeit bereit ist jugendliche Ausschreitungen nachzusehen."

Thackeray hat sehr scharfen Tadel für Georg IV., Freund des Stutzers Brommel, dem „hohlen Wüstling" wie er ihn nennt. „Ebenso falsch und selbstsüchtig wie die Männer, sind die Frauen im Verkehr mit einem solchen Charakter. Sollten wir als Leporello eine Liste aufstellen über alle Eroberungen dieses königlichen Don Juans? Sollten wir die Namen der Maitressen anführen, denen Prinz Georg nacheinander sein Taschentuch zuwarf? Was taugt es auch mitzuteilen wie Prodita umworben, erobert und verlassen wurde, sowie wer ihre Nachfolgerin wurde? Was nützt es zu wissen, dass er mit Mrs. Fitz Herbert nach römischkatholischen Ritus verheiratet war, der Trauschein in London gezeigt wurde und die Trauzeugen bekannt waren?“

Schon als Prinz bemüht er sich, die Scheidung von seiner Gattin durchzusetzen, doch vergeblich. Zur Regierung gelangt war sein Erstes den Versuch wieder vorzunehmen. In der „Geschichte der neuesten Zeit“ wird mitgeteilt:

„Der König nahm nämlich seinen Ehescheidungsplan wieder auf, und brachte denselben ins Parlament, indem er gegen seine unglückliche Gemahlin einen förmlichen Ehebruchs-Prozess anhängig machte. Wir haben bereits erwähnt, dass die Prinzessin seit dem Augenblick ihrer Verheiratung den gröblichsten Nachreden ausgesetzt gewesen ist. Man beschuldigte sie eines sträflichen Verhältnisses mit dem Kapitän Many, mit Sir Sidney Smith u. s. w. Nachdem aber die von ihr verlangte Untersuchung im Jahre 1808 zu ihren Gunsten ausgefallen war, ward ihr am Hofe die ihr gebührende Auszeichnung wieder zu Teil. Die grosse Masse des Volkes sprach sich zu allen Zeiten entschieden zu Gunsten der Prinzessin aus, wobei nicht zu vergessen ist, dass die meisten von ihrer wirklichen Schuld überzeugt waren, zugleich aber in dem Betragen des Prinzen hinreichende Milderungs- und Rechtfertigungsgründe fanden. Nachdem der Prinzessin, wie wir bereits erzählt, ihr Aufenthalt am Hofe wieder verleidet worden war, schürte sie durch ihre abenteuerlichen Reisen in allen Weltteilen den Verdacht von neuem an. „Die Prinzessin,“ sagt Ernst Münch, aus dessen Werk wir die Darstellung dieses berüchtigten Prozesses entlehnten, „hatte auf diesen Reisen Beweise der edelsten Menschenliebe, Freigebigkeit und Grossmut, von Lebensweisheit, Starkmut und Verstand gegeben; nur eine Tugend in ihrem Verhältnisse die allernotwendigste, die Keuschheit, wollte man nicht bei ihr gefunden haben. Die beständige Begleitung eines ihrer Diener, des Italieners Bergami, eines Menschen von gemeiner Herkunft und gewöhnlichem Berufe, sowie die, nach allen Anzeichen, ungewöhnliche Aufmerksamkeit. die sie ihm bewies, gab ihren Feinden willkommenen und reichlichen Stoff zu neuen Angriffen, Beobachtungen und Verfolgungen. Mit einer auffallenden Sorgfalt sammelte man alles, Begründetes und Unbegründetes, Wahres, Halbwahres und Falsches, Land für Land, aller Arten, durch geheime Späher, und auch das Harmloseste erhielt im Zusammenhang einen Schein des Vergehens und diente als Mittel zu dem geheimen Trennungsplane, welchen der Prinz-Regent, bereits seit Längerem ebenfalls in fremden Banden, gegen die Fürstin entworfen hatte. Ihr Leichtsinn, vielleicht von London selbst künstlich unterhalten, kam dem Gemahle, dessen Abneigung unüberwindlich blieb, sogar erwünscht, und er strebte aus allen Kräften dahin, des verhassten Verhältnisses ledig zu werden.

Die Königin Karoline war, alsbald nach erhaltener Kunde, von Königs Georgs III. Tode, aus Rom, durch Frankreich, mit Umgehung von Paris, bis St. Omer herbeigeeilt, und hatte, jedoch ohne ihre italienische Begleitung mit sich zu nehmen, von hier aus sowohl mit ihren Freunden in London, zumal mit Aldermann Wood und Lady Hamilton, als mit den Lords Liverpool und Melville, sich in Briefverkehr über ihre Zukunft gesetzt. Man kam jedoch über die Bedingungen, unter welchen der König die Anwesenheit seiner Gemahlin in England gestatten und ihr den nötigen Schutz und Unterhalt gewähren wollte, nicht überein; so fuhr denn jene, ihrem Sterne vertrauend, kühnen Mutes von Calais nach Dover. Auf dem ganzen Wege von dahin bis London empfing sie Beweise von Teilnahme und Achtung des Volks, welches, mit einer selbsttäuscherischen Parteilichkeit, in ihr mehr die Märtyrerin der Politik, als die Ehebrecherin sah, und seinem Hasse gegen den Monarchen und dessen Minister auf eine bequeme und zugleich legitime Weise Luft zu machen bemüht war.

Am 6. Juni Abends, eine Stunde vor ihrer Ankunft in der Hauptstadt, überbrachten Lord Liverpool dem Oberhaus, und Lord Castlereagh dem Unterhaus die berühmte Botschaft, welche das Parlament von dem Entschlusse, die Königin betreffend, in Kenntnis setzen sollte; zugleich übergab man den Pairs einen geheimnisvollen grünen Sack, welcher die Beweisstücke des Betragens der Königin verschloss.

Das Oberhaus empfing die Botschaft mit tiefer Ruhe und Würde, das Haus der Gemeinen mit gemischten Empfindungen: leidenschaftliche Aeusserungen über Misshandlung und Verfolgung der unglücklichen Fürstin durch die Minister vernahm man von mehr als einer Seite; Lord Castlereagh empfahl jedoch, kaltblütig bei allen Angriffen der Opposition, die übergebenen Papiere der Sorgfalt des Sekretärs der Kammer.

Die Königin, welche in einem offenen Wagen durch die Strassen der Hauptstadt fuhr, ward von dem Volke mit einer Begeisterung empfangen, welche es seinen tugendhaftesten und reizendsten Monarchinnen in früherer Zeit niemals gewidmet hatte, im Parlamente drang der Antrag auf einen geheimen Ausschuss, der die erwähnten Dokumente prüfen sollte, durch; alle Versöhnungsversuche Herrn Wilberforce's scheiterten an dem Umstande, dass die Königin keine ihre wesentlichen Prärogativen opfern und natürlicherweise mittelbar dadurch ihre Schuld eingestehen wollte; sie erklärte sich in ihrer Eigenschaft dem Könige, den Mitunterthanen und sich selbst völlige Genugthuung und Aufklärung schuldig; sie rief für sich auf den Fall ihrer Strafwürdigkeit die ganze Strenge, und bis zu vollständiger Prüfung des wider sie eingeleiteten Handels die Gesetze an, jene Schutzwehr für Vornehme wie für Geringe.

Der Ausschuss, fast gänzlich aus ministeriellen Gliedern des Oberhauses gewählt, erstattete endlich unterm 4. Juli seinen Bericht über die Ergebnisse der Untersuchung des grünen Beutels; er hatte gefunden, dass derselbe Anschuldigungen enthalte, die auf übereinstimmende Aussagen von Zeugen sich stützten, welche in verschiedenen bürgerlichen Verhältnissen und in verschiedenen Gegenden Europas lebten; Anschuldigungen, die die Ehre der Königin tief verletzten, weil sie Ihre Majestät einer ehebrecherischen Verbindung mit einem Fremden, der ursprünglich einer ihrer Diener aus der untersten Klasse gewesen, und eines fortgesetzten Betragens bezichtigten, das des Ranges und der Lage Ihrer Majestät unwürdig sei und den ausgelassensten Charakter trage. Der Ausschuss hielt solche Anschuldigungen für geeignet, die Ehre der Königin, die Würde der Krone, das sittliche Gefühl und das Ehrgefühl der Nation gleich sehr zu verwunden, so dass sie notwendigerweise Gegenstand einer feierlichen Untersuchung werden müssten; er schlug daher vor, dieselbe in einer Form parlamentarischer Prozedur vorzunehmen, nicht ohne die Notwendigkeit einer solchen Massregel fortwährend tief zu beklagen.

Am folgenden Tage brachte Lord Liverpool die Bill ein, wodurch Ihre Majestät die Königin Karoline Amalie Elisabeth des Titels, der Vorzüge, Rechte, Privilegien und Ansprüche einer regierenden Königin und dieses Titels selbst beraubt und die Ehe zwischen Sr. Majestät dem Könige und besagter Königin aufgehoben werden sollte.

Die Thatsachen, welche zur Begründung dieser Bill angeführt wurden, waren so cynischer und empörender Art, dass, als sie durch den Druck unter das Publikum kamen, in vielen europäischen Ländern gesittete Frauen Monate hindurch die Zeitungen nicht mehr, oder doch nicht ohne tiefes Erröten, lesen durften und dass, wenn auch meist mit der moralischen Ueberzeugung von der Königin Schuld, die entschiedene Mehrzahl gebildeter und fein fühlender Menschen unwillig auf die Urheber eines solchen Skandals hinblickte. Das Hauptverbrechen Karolinens bestand in dem vertrauten Verhältnisse zu Bartolomeo Bergami, welchen sie hintereinander zum Kammerherrn, Baron und Ritter sowohl eines selbstgestifteten, als (mittels Verwendung) des Maltheserordens befördert hatte.

Ueber den Charakter des zu beginnenden Prozesses fühlten sich die Minister in grosser Verlegenheit, besonders wegen der Klausel der Ehescheidung, um welche es dem Könige vor allem Andern zu thun war, welche aber durch eine eigentümliche Vorschrift der anglikanischen Kirche in dem Falle eines Ehebruchs nur dann stattfinden konnte, wenn gegen den klagenden Teil nicht die begründete Gegenbeschwerde ähnlicher Treulosigkeit erhoben ward. Die Minister kannten diese wunde Seite bei Georg IV. nur allzu gut, und stellten daher den Prozess als eine politisch-legislative Massregel hin, bei welcher beide Parteien vor dem Oberhause nicht eigentlich in ihrer Privateigenschaft, sondern in ihrem öffentlichen Charakter erschienen. Nach ihnen hatte die Bill zwar die Wirkung einer Scheidungsbill, war aber eigentlich keine solche; sie beteuerten auch, dass die Massregel, welche hier vorgeschlagen worden, blos durch das allgemeine Interesse begründet sei und keine nicht durchaus notwendige Strenge eintreten solle. Ueber die künftige Versorgung der Königin gestanden sie dem Unterhause die Initiative zu.

Die Königin auf das Aeusserste gefasst, empfing die Abschrift der Bill, welche man ihr zugestellt, mit vieler äusserer Standhaftigkeit; das Volk aber, dessen Wut man die herbeigerufenen italienischen Zeugen nur mit Mühe entreissen konnte, gab ihr alle ersinnlichen Zeichen der Achtung und Teilnahme. Zahlreiche Unterschriften von sämmtlichen Korporationen aus den verschiedensten Gegenden des vereinigten Königreichs, darunter selbst aus einem einzigen Kreis eine von 15,000 verheirateten Frauen, gingen an sie ein. Karoline benutzte die günstige Stimmung, um in dem radikalsten Geiste gegen ihren Verfolger und dessen Räte sich zu äussern; sie suchte durch lebhafte Schilderungen der Vergangenheit und der schuldlos erduldeten Leiden, von der ersten, durch ihren Gemahl gewaltsam herbeigeführten Trennung an, das Mitgefühl noch mehr zu steigern indem sie den Brief an den König, welcher dieselben deutlich und detailliert ausgesprochen enthielt, durch die Zeitungen veröffentlichte. Zwar sah sie ihren mit vieler Arglist mitgeteilten Wunsch, nach dem gemeinen englischen Rechte vor den gewöhnlichen Gerichten untersucht und durch Geschworene aus dem Volke beurteilt zu werden, nicht erfüllt und ebenso wenig fruchtete die Protestation des Stadtrats von London gegen die Bill, bei dem Anlasse, wo sie dem Unterhause übergeben wurde; doch fühlte sie sich im ganzen durch eine so furchtbar mächtige Popularität geschützt, dass Jedermann mit Bestimmtheit erwartete, selbst das ungünstige Urteil des Oberhauses dürfte nicht allzu strenge ausfallen.

Wir übergehen die ferneren Einzelheiten der Verhöre, der Anklage und der Verteidigung, welche letztere von Herrn Brougham mit besonderer Geschicklichkeit und Energie geführt wurde; die Königin war bei Aufzählung der mit plastischer Treue ausgemalten Szenen von Unschicklichkeit, Ausschweifung und Unzucht, als deren Heldin sie dargestellt wurde, nicht zugegen, sondern erschien erst bei dem Beginne des Zeugenverhörs. Unter allem, was sie sah und hörte, erschütterte sie nichts so sehr, als der schwarze Undank eines gewissen Theodoro Majocchi, welcher anfänglich seine Aussagen wie aus einem Gusse und wie einstudiert zum Besten gab, bei den Kreuzfragen aber jedesmal verstummte und durch die Stereotypantwort: „Non mi ricordo" sich entschuldigte; ebenso widersprach sich das Benehmen der jungen Schweizerin, Louise Dumont, die als Kammerfrau bei ihr gedient, und durch Mitteilung einer besonders schlagenden Thatsache, der Klage bei weitem das grösste Gewicht gegeben hatte.

Die Verhöre dauerten vom 24. August bis zum 5. September, nach diesem stellte der Staatsanwalt die Aussagen der Zeugen fest und erklärte die Anklage durch dieselben für völlig erwiesen. Allein nun entstand im Oberhause ein heftiger Streit über die Frage: ob die Klausel der Ehescheidung weggelassen werden sollte oder nicht, und ob die Bill blos Degradation und Strafe nach sich ziehen sollte. Von seiten des Ministeriums wurde erklärt, dass jene Klausel blos aus Gründen der Schicklichkeit in die Bill gebracht worden sei; der König wünsche die Befreiung von seinen Banden nicht, und die Regierung sei bereit, auf die Klausel zu verzichten, wenn sie dem religiösen Gefühl der Nation widerstreite; allein der Antrag für die Weglassung fiel durch, auf die Bemerkung mehrerer Lords, dass es den König selber degradieren hiesse, wenn man ihm eine degradierte Königin zur Gattin liesse.

Nachdem endlich auch die Gegenzeugen abgehört worden, hielten Brougham und die übrigen Anwälte der Angeklagten (Williams, Denman und Bushigton) meisterhafte Verteidigungsreden, in welchen der Leichtsinn der Fürstin auf Rechnung des Temperamentes und der jahrelangen schweren Misshandlungen gebracht und die von ihr begangenen Missgriffe durch die grössere Freiheit der italienischen Sitten entschuldigt wurden; sodann machte Brougham die Anklagepunkte selbst verdächtig, als zusammengeflossen aus den Berichten einer in Mailand niedergesetzten Kommission, welcher es nicht schwer geworden sei, im Lande der Auguste und Nerone feile Zeugen aufzutreiben; auch die häufigen Widersprüche in den Aussagen der Zeugen, teils mit sich selbst, teils mit einander, hob er hervor, so wie die Umtriebe und Spähereien, welche bei der Königin versucht worden. Das Parlament vertagte sich bis zum 2. November.

Die Beratungen über die zweite Verlesung der Bill fanden nunmehr statt. Die Opposition, besonders von der Abteilung, welche Lord Grey anführte, suchte die Königin als das Opfer einer verruchten Verschwörung hinzustellen; eine andre Zahl von Pairs, aus gemässigten Wighs und Torys bestehend, befürchtete Gefahren für das Land aus ihrer Verurteilung, indem das Volk seine Begeisterung für die Angeklagte leicht in eine allesverzehrende Flamme verwandeln könnte. Allen diesen Gründen setzte Lord Liverpool eine unerschütterliche Beharrlichkeit in Verteidigung der Bill entgegen.

Dennoch scheiterte der Plan der Scheidung, indem viele Parlaments-Mitglieder, namentlich die Bischöfe gegen dieselbe stimmten, weil durch einen Brief, den Georg 26 Jahre früher an seine Gemahlin geschrieben, erwiesen war, dass er eine freiwillige Trennung im Widerspruch mit den Vorschriften des Evangeliums bewirkt habe. So kam es, dass die Bill im Oberhause nur mit einer Mehrheit von 9 Stimmen zur zweiten Lesung kam, weshalb Lord Liverpool sie ganz zurückzog. Durch diesen Prozess, dessen öffentlich verhandelte Einzelheiten so indecenter Art waren, dass man die Zeitungen jener Zeit nicht ohne Scham lesen konnte, durch diesen Prozess, der demnach einen so beklagenswerten öffentlichen Skandal gab, und ohne irgend ein Resultat herbeizuführen, nahe an 1½ Million Thaler Kosten verursacht hatte, durch diesen Prozess, sagen wir, hatten sich die Feinde des Ministeriums um so bedeutender vermehrt, so entschiedener das Volk im Allgemeinen sich zu Gunsten der Königin ausgesprochen hatte; daher empfing die vielleicht schuldige, gewiss aber über das Mass ihrer Schuld bestrafte unglückliche Fürstin, sobald sie sich öffentlich sehen liess, Beweise der Anhänglichkeit und der Teilnahme von Seiten des Volks. Doch auch unter den höhern Ständen fehlte es ihr nicht an Anhängern, und namentlich statteten ihr eigner Schwager, der Herzog von Sussex, sowie der Prinz Leopold von Koburg ihr nach aufgehobenem Ehescheidungs-Prozess Glückwünschungsbesuche ab.

Die Königin ihrerseits verwarf die vom Ministerium ihr gemachten Anträge wegen ihres künftigen Unterhaltes und erklärte, dass sie die Verfügung darüber dem Parlament anheimstelle. Dieses jedoch wurde eben jetzt aufgelöst und bald darauf starb die Königin ganz plötzlich (7. August 1821). Natürlich fehlte es unter den obwaltenden Umständen nicht an Gerüchten von einer stattgehabten Vergiftung; allein diese Gerüchte haben sich durch die ärztliche Untersuchung des Leichnams der Königin als vollkommen unbegründet erwiesen.

Der König selbst hatte durch diesen Prozess zum grossen Teil die Popularität eingebüsst, welche er sonst in ziemlich ausgedehntem Masse genossen hatte, und vielleicht hängt mit diesem Umstande die raschere Ausführung eines bereits früher gefassten Planes zusammen, nämlich Irland, dieses Grossbritannische Polen, zu besuchen und durch seine Gegenwart womöglich die Aufregung der katholischen Bevölkerung und den gegenseitigen Hass dieser und der Protestanten daselbst zu mildern und zu beschwichtigen. Allein wenn seine Gegenwart auch allerdings einen wohlthätigen Einfluss nicht verfehlte, so blieb doch das Grundübel durchaus ungeheilt, und die Mordthaten mit ihrem Gefolge von Hinrichtungen und Deportationen, die Tumulte, die gegenseitigen Schikanierungen und Gewaltthätigkeiten der Repealer einer- und der Orangemänner andrerseits, die Not des gemeinen Volks, die Unsittlichkeit und Gemeinheit desselben, — Alles dieses reihte sich wieder zu jenem traurigen Bilde zusammen, in welchem man seit lange das unglückliche Irland zu sehen gewohnt war."

Eine ausführliche Darstellung dieses interessanten Prozesses ist in dem „Neuen Pitaval" von Hitzig und Häring zu finden, wo aber trotz alles Strebens nach Genauigkeit die Herausgeber zu der Erklärung sich bemüssigt sehen, dass sie unmöglich all den Schmutz, der bei den Verhandlungen vorgebracht wurde, verzeichnen könnten.

Neben geschlechtlichen Ausscheifungen wurde Georg IV. auch Trunksucht, Spieleifer und Verschwendung zum Vorwurf gemacht. Geboren 1762 starb er verhältnismässig jung am 26. Juni 1830 zu Windsor und es waren nicht Trauerklagen, nicht Segensprüche des Volkes, die ihm ins Grab nachfolgten. Kinder hatte er nicht, so wurde dann sein zweitnächster Bruder als Wilhelm IV. König von Grossbritannien. Aus der kurzen Zeit seiner Regierung (1830—1837) ist nichts besonderes zum Lob oder Tadel zu sagen. Wie bereits früher angedeutet, hatte auch er seine Jugendzeit ziemlich stürmisch durchlebt. Auch er starb kinderlos und seine Nachfolgerin wurde mangels männlicher Thronberechtigten seine Nichte Viktoria (1837—1901), deren langes Leben durch Tugendhaftigkeit sich auszeichnete. Einiger Tadel richtete sich jedoch gegen die Lebensführung ihres ältesten Sohnes, des Prinzen von Wales, nunmehrigen König Eduard VII. von Grossbritannien.

V. Kapitel.

Die alten Britannier. — Die Bagnios. — Heinrich VIII. — Bäderbordelle. — Doktor Graham. — Serails. — Charlotte Hayes. — Nabobs. — Lord Baltimore. — Mary Wilson. — Tavernen. — Apollogarten, Vauxhall, Pantheon. — Canterbury Hall, Argyll Rooms etc. — Kuppler und Zuhälter. — Parlaments-Akte. — Abolitionisten-Bewegung. — Sittenpolizei-Verordnungen. — Sittlichkeits-Kongress. —

Nach Julius Cæsars Mitteilungen herrschte bei den alten Britanniern die sogenannte Gruppenehe. In „Agricola" erzählt uns Tacitus, dass einst die alten Briten unter Führung Brudiccas zu den Waffen griffen, „einer Frau aus königlichem Stamme, denn beim Oberbefehl sehen sie nicht auf das Geschlecht." Daraus, und aus anderen Mitteilungen ähnlicher Art, können wir annehmen, dass bei ihnen die gesellschaftliche Stellung des Weibes nicht sehr arg gewesen sein mag, wenigstens nicht ärger als bei den anderen Völkern jener Tage; und dasselbe lässt sich wohl auch betreffs der sexuellen Sittenzustände sagen. Eine Verschlechterung der letzteren wurde dem Eindringen der Römer und dem späteren der Normannen zugeschrieben, dürfte jedoch, wie bereits bemerkt wurde, mehr in der Zeit selbst gelegen haben. Die nachfolgende Zeit zeigt uns oft, der ethnographischen Gestaltung des Volkes entsprechend, neben Zügen rauher germanischer Sittenstrenge, solche geschmeidiger und lockerer romanischer Ausschreitungen. Notzucht wurde mit Entmannung und Blendung bestraft, Bestialität, wie allgemein, mit Verbrennung.

Eine sozusagen staatlich anerkannte Prostitution finden wir, wie Henne am Rhyn mitteilt, bereits im Jahre 1180, wo ihr Heinrich II. einen Freibrief erteilte. Wie im Mittelalter und später fast überall in Europa waren auch in England die öffentlichen Bäder, Bagnios, Hothouses, auch nach dem Persischen Hummum genannt, Hauptstätten der Prostitution-sogar mehr noch als anderwärts, denn durch Parlamentsakte vom Jahre 1161 fand gewissermassen eine Organisation der Bäder als Bordelle statt, wie Düren aus John Stows „The Surrvay of London etc." mitteilt. Diese Akte haben folgenden Wortlaut:

„In a parliament holden at Westminster, the eight of Henry the second, it was ordained by the commons and confirmed by the King and the Lords, that divers constitutions for ever should be kept within that Lordship, or franchise, according to the old customes, that had been therce used time of minde: amongst the which these following were some: videlicet.

That no stew-holder to keep any woman to boord, but she to boord abroad at her pleasure.

To take no more for the womans chamber in the weeke, than fourteene pence.

Not to keep open his doors upon the holy-dayes.

Not to keep any single woman in his house on the holy-dayes, but the bayliffe to see them voyded out of the Lordship.

No single woman to bee kept angainst her will, that would leave her sinne.

No stew-holdes receive any woman to religion or any mans wife.

No single woman to take mong to lye with any man except she lye with him all right, till the morrow.

No man to be drawne or enticed into any stew-house.

The constable, bayliffe and others, every week to scarch every stew-house.

No stew-holder to keep any woman, that has the perillous infirmity of burning; nor to sell bread, ale, flesh, fish, wood, coale, or any victuals."

Uebersetzung:

In einem Parlament, abgehalten zu Westminster im achten (Jahr der Regierung) Heinrichs II., wurde von den Gemeinen beschlossen, und bestätigt von dem König und den Lords, dass verschiedene Constitutionen für immer festgehalten werden sollen in dieser Lordschaft oder Freibezirk

(Southwark, damals noch ausserhalb Londons gelegen), gemäss den alten Bräuchen, die hier seit Zeitgedenken gelten, unter denen sich diese folgenden befinden: videlicet.

Dass kein Bordellhälter oder sein Weib ein einzelnes Frauenzimmer zurückhalten soll, sondern nach deren Belieben jederzeit frei kommen oder gehen lasse.

Kein Badhälter soll irgendein Frauenzimmer verköstigen, sondern sie soll sich anderwärts nach ihrem Belieben verköstigen.

Nicht mehr wöchentlich als vierzehn Pence für des Frauenzimmers Stube nehmen.

Nicht an Feiertagen seine Thüren offen halten.

Nicht irgend ein Frauenzimmer an Feiertagen in seinem Haus halten, der Büttel soll Nachschau halten, ob sie ausserhalb der Lordschaft ist.

Kein einzelnes Frauenzimmer, das von ihrer Sünde ablassen will, soll gegen ihren Willen zurückgehalten werden.

Kein Badhälter empfange eine Nonne oder ein Eheweib.

Kein einzelnes Frauenzimmer soll für das Liegen bei einem Manne Geld nehmen, ausgenommen, sie läge bei ihm die ganze Nacht, bis morgens.

Kein Mann soll in ein Badhaus hineingezogen oder hineingelockt werden.

Die Konstabler, Büttel und andere sollen wöchentlich jedes Badhaus untersuchen.

Kein Bordellhälter soll irgendein Weibsbild halten, das die gefährliche Krankheit des Brennens hat (womit vermutlich Gonorhoe gemeint ist); noch soll er verkaufen Brod, Bier, Fleisch, Fisch, Holz, Kohle oder andere Viktualien."

Einige dieser Punkte stimmen mit den neueren Bordell-Verordnungen ziemlich überein. Bemerkenswert ist es immerhin, dass die Aufnahme geistlicher Frauen besonders untersagt werden musste. Wie anderwärts war auch in England eine aktive und eine passive Verbindung von Klerus und Prostitution nicht selten. Achtzehn der im 12. Jahrhundert in Southwark bestandenen Badehäuser recte Bordelle standen unter Schutz und Aufsicht des Bischofs von Winchester. „Die englischen Priester," meldet Dühren, „sollen nach einer Angabe in Fox's „Arts and Monuments" vor der Reformation mehr als 100000 Huren für sich unterhalten haben (die in dem mittelalterlichen Dialekt „Lemmans" vom französischen „l'amante" genannt wurden), ausser den zahlreichen Weibern, die sie im Beichtstuhl verführten. P. Fraxi „Centuria lebrorum absconditorum," London 1879 S. 208 . . . Hier wird auch auf die zahlreichen Kinderskelette, die man in den englischen Klöstern in den Brunnen und an anderen Orten fand, aufmerksam gemacht. Originell war der Vorschlag alle katholischen Geistlichen in England zu castrieren, den der Verfasser der Schrift

„Reasons humbly offer'd for a law to enact the Castration of Popish Ecclesiastics, as the best way to prevent the growth of Popery in England. London 1700“ machte.“ Originell? — man braucht just nicht klerikal gesinnt zu sein, um einen Vorschlag dieser Art für nichts anderes als die Ausgeburt eines vom Wahnsinn benommenen Gehirns zu halten.

Die angeführten Verordnungen wurden von nachfolgenden Königen wiederholt bestätigt. Im Jahre 1351 erliess der Magistrat der City eine Kleiderordnung für die Prostituierten. Heinrich VII. liess 1506 diese Bordelle aufheben, doch musste die Erlaubnis gegeben werden zwölf wieder eröffnen zu dürfen. Der „sittenstrenge“ Heinrich VIII., der in seinem Palaste ein Zimmer unterhielt, das „Zimmer der Freudenmädchen des Königs“ benannt war, liess 1546 die vorhandenen „Badestuben“ gänzlich schliessen, was ja auch anderwärts erfolgte, um der Verbreitung der Syphilis entgegen zu wirken. Er liess auch in den Strassen Londons durch einen Herold unter Trompetenstössen die Prostituierten auffordern, „ein gutes und rechtschaffenes Gebahren“ einzuhalten. Trotz alledem und trotz nachfolgender strengen Massregeln nahm in der englischen Kapitale die Prostitution immer zu, das heisst, auch die Badestuben. Sie gediehen besonders gut, nach der einschüchternden Strenge der Puritanerherrschaft, zur Zeit Karls II., die, wie bereits bemerkt wurde, sich durch eine ganz besondere Unzucht bemerkbar machte.

Die Bäderbordelle befanden sich im achtzehnten Jahrhundert hauptsächlich in der Gegend von Covent Garden und manche von ihnen hatten einen sehr vornehmen „Kundenkreis“. Aechenholtz schildert in seinem „England“ diese Oertlichkeiten mit folgenden Worten: „Man hat in London eine bestimmte Art Häuser, die man Bagnios nennt und eigentlich Bäder sein sollten. Ihre wahre Bestimmung ist aber Personen beiderlei Geschlechts Vergnügungen zu verschaffen. Diese Häuser sind prächtig, manche sogar fürstlich möbliert. Alles was nur den Sinn reizen kann ist entweder vorhanden, oder wird verschafft. Es wohnen nicht Mädchen in demselben, sondern sie werden auf Verlangen in Portechaisen geholt. Nur solche, die sich durch Ton, Kleidung und Reize auszeichnen haben die Ehre, daher sie auch ihre Adressen zu hunderten den Bagnios zusenden um sich zu empfehlen. Ein Mädchen das geholt wird und nicht gefällt, erhält kein Geschenk, sondern nur die Portechaise wird bezahlt. Die Engländer behalten ihr ernsthaftes Wesen auch bei ihren Vergnügungen bei, daher denn auch die Geschäfte in einem solchen Hause durchaus mit einer Ernsthaftigkeit und Anständigkeit betrieben werden, die man sich kaum vorstellen kann. Alles Lärmen und Getöse ist hier verbannt. Man hört keinen lauten Tritt, weil alle Winkel mit Fusstapeten belegt sind und die zahlreichen Aufwärter sprechen beständig leise miteinander. Alte Leute und entnervte Personen werden hier auf Verlangen mit Ruten bedient, wozu alle Anstalten getroffen sind. In jedem Bagnio befinden sich auch der Formalität wegen Bäder, die aber selten gebraucht werden. Diese Vergnügungen sind sehr kostspielig, aber dennoch sind die zahlreichen Häuser dieser Gattung alle Nächte angefüllt. Dass nicht in allen Häusern der Unzucht Englands diese Ruhe und Ordnung herrscht, namentlich nicht in dem von Männern der unteren Volksschichten besuchten, braucht kaum erst besonders betont zu werden und Aechenholtz selbst teilt uns in seinen „Annalen“ für 1701, S. 250 folgendes mit:

„In Dublin geschahe im Juli ein grosser Tumult, veranlasst durch die Schlägerei eines Soldaten in einem öffentlichen Serail. Alle Häuser dieser Art wurden in der Nacht vom Pöbel gestürmt, und sowohl die Thüren, Fenster und Fussböden als die Möbeln zertrümmert. Die ganze Stadt war in Bestürzung; endlich gelang es den Magistrats-Personen an der Spitze der Besatzung, und in Verbindung mit den Volontairs den Tumult zu stillen.“

An derselben Stelle, S. 239 etc, teilt er auch mit:

„Der durch sein himmlisches Bette und sein Erdbad berühmt gewordene Doktor Graham wurde nun in Bath das Haupt einer neuen Sekte, die unter vielen anderen Dingen das besondre hatte, dass die Kinder zweimal getauft wurden, einmal im Wasser in der Kindheit, und einmal wenn sie erwachsen waren, in der Erde. Diese Sektirer haben nicht zehn sondern elf Gebote, die sie verpflichtet sind täglich zweimal in den Familien feierlich abzulesen. In der Kirche wird nichts als das Vater Unser und der dazu von Graham verfertigte Commentar gebraucht. Bei diesen gottesdienstlichen Versammlungen muss man weder in den Zierraten des Versammlungsorts, noch in den Kleidern andre Farben sehen, als weiss, oder himmelblau; schwarze sind durchaus als höllenartig verworfen. Man bot eine Prämie von zwanzig Guineen aus für die am besten seelenschmelzende Predigt, und eine andre von fünf Guineen für die beste herzerquickende Stimme in der Congregation; auch war der Organist durch einen schriftlichen Vertrag verpflichtet, auf seiner Orgel keine andre als herzstehlende Töne zu spielen. Der gottesdienstliche Ort ist den ganzen Tag offen, vom Morgen bis in die Nacht, damit, wie es im Verordnungsbuch des Stifters heisst, es ein Asylum für müde Arbeiter, für Hurer, für Ehebrecher, ja selbst für Selbstmörder zur Verbesserung ihrer bösen Absichten werden möge.“

Bemerkt sei hierzu, dass Graham mit seinem Wollustbett in der zweiten Hälfte des achtzehnten Jahrhunderts in ganz Europa grosses Aufsehen erregte. Es war eine kostspielige Erfindung, der ihr Meister alle Paradieseswonnnen zusprach, die sich jedoch bald als trügerisch erwies.

Bordelle gewöhnlicher Art, „Serails“ wie sie damals zumeist genannt wurden, wie auch aus obiger Notiz zu ersehen ist, tauchten in London erst um die Mitte des achtzehnten Jahrhunderts auf. Das erste wurde von einer Frau Goadby nach pariser Vorbild in der Berwick Street für ein „besseres Publikum“ errichtet und fand bald reichen Zuspruch und zahlreiche Nachfolgerinnen, von denen besonders eine Frau Charlotte Hayes „bereichert“ wurde. Der Verfasser der „Sérailes de Londres ou les Amusements Nocturnes“, eines nach dem Englischen bearbeiteten Werkes, schreibt: Les visiteurs de la sérail de Charlotte étaient des pairs débiles, qui comptaient plus sur l'art et les effects des charmes femelles que sur la nature; ils avaient usé leurs passions régulières, si on peut les appeller telles; et ils étaient obligés d'avoir recours, non seulement à la pharmacie, mais encore à l'aide factice de l'invention femelle; des Aldermans impotents et autres Lèvites riches, qui s'imaginacent que leurs capacités amoureuses n' etaient pas en decadence, tandis qu'ils manquaient de force et de zèle pour pouvoir, sans recours, remplir leurs dévotions envers la déesse de Cypris . . . Charlotte considérait de telles pratiques comme des amis choisis, qui pour posséder des virges oubliaient là valeur de l'or. Comme ces amourex visaient á la jeunesse et à la beauté, elle avait toujours un magasin de vestales qui, par leur embrassements innocents, leur procurait un plaisir inexprimable.“

Auf diese in London ganz besonders stark vorhandene Vorliebe für die Virginität soll noch später ausführlicher zurückgekommen werden. Aus den überlieferten Aufzeichnungen der edlen Charlotte ist zu ersehen, dass in ihrem Bordell nicht nur auch ausserhalb wohnende Frauenzimmer gelegentlich „vermittelt“ wurden, sondern, dass sie auch liebesbedürftigen Weibern in derselben Weise männliche Prostituierte verschaffte, einen Kapitän O' Thunder z. B., alles natürlich gegen gute Bezahlung, wobei die Damen mehr opfern mussten als die Herren, wohl weil geeignete männliche „Ware“ schwerer zu beschaffen war. Eine von den Bädern zurückgekehrte Lady Leveit, die „gut bedient“ werden wollte, musste sich das Vergnügen mit 50 Guineen erkaufen, während die Herren nur 5, 10, 20 zu erlegen brauchten. Auch, „Venusfeste“ wurden in ihrem Bordell abgehalten, wozu sie ihre Kunden mittelst Rundschreiben einlud. Der Verfasser der „Serails“ schildert:

„On avait ètendu sur le carreau un beau et large tapis et on avait ornè la scène des meubles nécessaires pour les differentes attitudes dans lesquelles les acteurs et actrices dèvoués a Vénus devaient paraître, conformément au systeme de l'Aretïn. Aprés que les hommes eurent prèsentè à chacune de leur maitresse un clou au moins de douze pouces de longueur en imitation des présents reçus, en pareilles occasions par les dames d' Otaïte, qui donnaient à un long clou la preférence á tout autre chose, ils commencérent leur devotions et passèrent avec la plus grande dextérité par toutes les différentes évolutions des rites, relativement au mot d'ordre de Santa Carlotta, en conservent le temps le plus régulier au contentement universel des spectateur lascifs, dont l'imagination de quelques-uns d'eux fut tellement transportée, qu'ils ne purent attendre la fin de la scéne pour exécuter á leur tour leur partie dans cette fête Cyprienne, qui dura près de deux heures, et obtin les plus vifs applaudissements de l'assemblée." — Kein Wunder, dass diese ehrenwerte Frau sich mit einem stattlichen Vermögen von ihrem würdigen Gewerbe zurückziehen konnte.

Nicht wenig zur Sittenverderbnis Englands in der zweiten Hälfte des achtzehnten Jahrhunderts trugen auch die „Nabobs" bei, wie die aus Indien mit geraubten und erpressten Schätzen heimgekehrten Briten genannt wurden. Viele beobachteten im Genuss dieser Schätze ebensowenig ein Gebot der Sittlichkeit wie es beim Erwerb der Fall war und dabei konnten die geschlechtlichen Versündigungen noch als die geringfügigeren gelten. Ferner kam es zuweilen auch vor, dass ein mit Spleen behafteter Engländer sich einen Harem hielt, wie der reiche Lord Baltimore, der mit seinem Harem den ganzen Continent bereiste, überall nur kurze Zeit blieb und nicht wissen wollte, wo er einst sterben werde. In seinem „Wiener Dosenstücke" bringt Gresser eine nette Skizze über den Aufenthalt dieses seltsamen Lords und seines Harems in Wien. Er kehrte nach England zurück, wo er von einer Insassin seines Harems der Notzucht angeklagt wurde, wie es heisst, auf Anstiften ihm feindlicher Standesgenossen. Es kam zu einem bösen Prozess wobei Lord Baltimore zwar freigesprochen wurde, aber auch die Lust noch länger Pascha zu spielen verlor. Er löste seinen Harem auf übersiedelte nach Italien und starb zu Neapel im Alter von dreissig und einigen Jahren.

Im neunzehnten Jahrhundert ist von den Bordellhälterinnen Londons in erster Reihe die „Schriftstellerin" Mary Wilson zu nennen, deren Thätigkeit in das zweite und dritte Jahrzehnt dieses Zeitraums fällt. Ihre beiden Berufe stimmten so ziemlich überein, denn ihre litterarische Thätigkeit erstreckt sich nur auf die pornographische Litteratur, in der sie auch zu einem gewissen Ruf gelangte. Sie plante auch die Errichtung eines ganz neuartigen „Damen-Bordells" für die reichen Leserinnen ihrer Schriften. Es sollte auf gewissem System von Abonnement beruhen. Die verehrlichen Abonnentinnen sollten ungesehen unter den in ihrem Unternehmen dann anwesenden paradiesisch kostümierten „Männern" eine beliebige Auswahl vornehmen können. Es wurde nichts aus dieser Gründung und die litterarische Bordellmama starb schliesslich in Armut.

Selbstverständlich hatten und haben London, sowie die andern Hafenstädte Englands auch zahlreiche, für die minder günstig situierte Männerwelt bestimmte Bordelle aufzuweisen. Ueberdies sind schon von altersher die Tavernen grossenteils in diese Kategorie einzureihen. Manche dieser Wirtshäuser haben ihre „saloons" oder „long rooms", die ausschliesslich Prostitutionszwecken dienen. Schnapsbuden, Speisehäuser, Pensionate, Nachthäuser („Nighthouses") und noch manches andere mehr sind die Titel unter denen sich in vielen Fällen nichts anderes als

Gelegenheitsorte der Prostitution äussern. In früherer Zeit konnten auch die Kaffeehäuser dafür gelten; einige dieser werden gegenwärtig noch von Prostituierten oft aufgesucht, doch ist dort deren Verkehr nicht anders als in anderen grossstädtischen und weltstädtischen Etablissements dieser Art. Mit der Entwicklung des Klub-Lebens, geschah dem Besuch der Kaffeehäuser ein ziemlich grosser Abbruch. Die Kaffeehäuser wurden als Verkehrsstätte der Prostitution noch von den Theehäusern übertroffen, die nunmehr in dieser Beziehung kaum mehr in Betracht kommen. Dass auch in London wie anderwärts Singspielhallen und ähnliche Etablissements für die Prostitution eine bedeutende Rolle spielten, ist selbstverständlich, wie bereits aus dem vorhergehenden Kapitel zu ersehen ist. Apollogarten, Vauxhall, Pantheon waren die bekanntesten Oertlichkeiten dieser Art und es liessen sich noch viele Namen aus der Vergangenheit und auch aus der Gegenwart anreihen. Näheres hierüber ist u. a. auch in dem hier bereits wiederholt angeführten Werk von Dr. Eugen Dühren, „Das Geschlechtsleben in England" zu finden. Er berichtet: „Als die am meisten von der Halbwelt besuchten Vergnügungslokale Londons in der zweiten Hälfte des neunzehnten Jahrhunderts nennt die Verfasserin der „Memoiren einer Sängerin" die Canterbury Hall, die Argyll Rooms, den Piccadilly Saloon, das Holborn Casino, Black Eagle, Caldwell und Cremorne Gardens. Ueber die Vergnügungen in Portland Rooms sagt sie: „In den Portland Rooms werden nur in der Wintersaison Bälle abgehalten. Sie beginnen erst nach Mitternacht und währen bis 4 oder 5 Uhr des Morgens. Die Gentlemen und Ladies kommen hierher im Ballkostüm. Hier kann man die wahre Eleganz der englischen Bohéme galant finden; alle ausgehaltenen Damen tanzen nicht mehr in Mantillen und Hüten, sie sind decollettiert. Die Herren ebenfalls im Ballkostüm, schwarz, mit weissen Westen und Halsbinden. Hier wird auch Cancan getanzt und zwar ein sehr ausgelassener, wie die Weiber hier überhaupt mehr Bacchantinnen sind als anderswo, ohne dass sich die Polizei dreinmengte. Die Ausstattung des Saales selbst entspricht dem Glanz der Toilette durchaus nicht, sie ist die elendste, die man sich vorstellen kann."

Begreiflicher Weise hat auch die englische, besonders die londoner so mannigfach gestaltete Prostitution ihre Terminologie. Der Zuhälter heisst bully und ist ein womöglich noch gefährlicheres Subjekt als seine kontinentalen Berufsgenossen. Selbstverständlich hat hier, wie anderwärts jede Prostitutionsschicht ihre „bullier" aufzuweisen: hier auch in ihrem Aeusseren verkommene Subjekte, dort wieder Pseudo-Gentleman im tadellosen Frack und Cylinder. Von der ehrenwerten Kuppler-Gilde ist vor allem die „bawd" zu nennen, die in vielen Fällen Bordellhälterin ist und ihre „Nonne" folgendermassen an den Mann zu bringen sucht, wie Düren nach Richard Kings „The Frauds of London" mitteilt: „Diese alten Bawds besuchen unsere religiösen Versammlungen und andere öffentlichen Plätze mit einer jungen Nonne (wie sie dieselbe nennen) am Arm, die, während die alte Vettel mit emporgeschlagenen Augen und heuchlerischen Gebeten Frömmigkeit simuliert, sich bemüht einen für ihre Zwecke geeigneten Mann zu verführen. Ist der Gottesdienst zu Ende, dann strauchelt beim Herausgehen das alte Weib plötzlich, fällt hin oder wird ohnmächtig, wie es ihr gerade in den Kram passt. Der Gentleman leistet ihr Hilfe, bietet ihr den Arm, oder eine Kutsche, um sie nach Hause zu bringen. Dies nimmt sie an, entschuldigt sich wegen der Belästigung, die sie ihm verursacht, bittet ihre „Tochter" dem Herrn für seine grosse Gefälligkeit zu danken, dies thut dieselbe, drückt dem Fremden heimlich die Hand oder zeigt auf andere Weise den guten Willen näher mit ihm bekannt zu werden. Zu Hause wird der neue Bekannte eingeladen an einem (schon längst für diesen Zweck bereit stehenden) Mahle teil zu nehmen, während dessen das alte Weib unter irgendeinem nichtigen Vorwande aus dem Zimmer geht und das junge Paar allein lässt, welche Gelegenheit der junge Mann niemals unbenutzt zu lassen pflegt."

Von den „Procureur" und der „Procuress", dass sie den Bordellhältern ihre „Ware" zu verschaffen pflegen und zu diesem Zwecke Kirchen, Theater, Kaufläden und sonstige dazu geeignete Oertlichkeiten aufsuchen. Die „Intelligencer" und „Setter" beschäftigen sich in ähnlicher Weise, unterhalten oft Vermittlungsbureaux und pflegen überdies noch jungen heiratslustigen Männern eine Prostituierte als reiche Erbin vorzuschwindeln, um ihm damit Geld herauszulocken. Die „Pimps", zumeist Franzosen, bewegen sich in besserer Gesellschaft, suchen hier geeignete Herrenbekanntschaft zu machen um dann im Gespräche auf schöne Frauen hinzuweisen, die sie kennen gelernt hätten und deren Bekanntschaft zu vermitteln sie freundlich genug wären. Die Tugend und Frömmigkeit heuchelnde Prostitutierte, in der sich „alle Laster und Thorheiten ihres Geschlechts concentrieren" ist die „Jilt" und die erwähnte, von der Bordellhälterin mit der Beaufsichtigung der ausgesandten Prostituierten betraute Frauensperson, zuweilen noch ein Kind, führt die Bezeichnung „Touter."

Die Zahl der Kuppler Londons wurde 1790 auf 2000, im Jahre 1850 auf 5000 geschätzt, während Ryan 1840 die Zahl derer, die mit der Prostitution direkt oder indireckt in Verbindung standen auf nicht weniger als 400000 schätzte. So entsetzlich sich diese Zahlen auch ausnehmen, so wenig Bedeutung ist ihnen aber auch beizumessen. Wo z. B. beginnt und wo hört diese „direkte oder indirekte" Verbindung auf? Dass die Menge Prostituierten einer Millionenstadt zufolge ihrer mannigfaltigen Bedürfnisse mit zahlreichen Leuten in Berührung kommen, ist schliesslich selbstverständlich und unerlässlich; aber es geht doch nicht gut an, diese in vielen Fällen nur ganz oberflächliche Berührung als wenig ruhmvolle Verbindung hinzustellen.

Bebel schreibt in seinem Werke „Die Frau etc.“: „wie wenig die polizeiärztliche Kontrolle nützt, dafür liefert England ein schlagendes Beispiel. Im Jahre 1866 war ein bezügliches Gesetz für Orte erlassen, in welchem Land- oder Seetruppen garnisonierten. Während nun von 1860 bis 1866 ohne das Gesetz die leichteren Syphilisfälle von 32,68 auf 24,73 Prozent gesunken waren, betrug nach sechsjähriger Herrschaft des Gesetzes im Jahre 1872 die Zahl der Erkrankten immer noch 24,26 Prozent, sie war also 1872 kein $^1/_2$ Prozent niedriger als 1866. Die Durchschnittszahl dieser sechs Jahre war aber $^1/_{16}$ Prozent höher als 1866. Daher kam im Jahre 1873 eine eigens niedergesetzte Untersuchungskommission über die Wirkung der Akte einstimmig zu dem Resultat, „dass die periodischen Untersuchungen jener Frauen, die in der Regel mit dem Personal der Armee und Flotte geschlechtlich verkehrten, zum mindesten nicht die geringste Verminderung der Krankheitsfälle ergeben habe“ und empfahl die Aufhebung der periodischen Untersuchungen. Auf die der Untersuchungsakte unterworfenen Frauen wirkten die Untersuchungen aber ganz anders als auf die Truppen: 1866 kamen auf je 1000 Prostituierte 121 Erkrankungen, 1868, als das Gesetz zwei Jahre bestanden hatte, 202; sie sanken dann allmählich, überschritten indess 1874 die Zahl von 1866 immer noch um 16 Fälle. Auch die Todesfälle unter den Prostituierten vermehrten sich unter der Herrschaft des Gesetzes ganz erschreckend. 1865 betrug ihre Zahl auf 1000 Prostituierte 9,8 dagegen war sie im Jahre 1874 auf 23 gestiegen. Als die englische Regierung gegen Ende der sechziger Jahre den Versuch machte die Untersuchungsakte auf alle englischen Städte auszudehnen, erhob sich in der englischen Frauenwelt ein Sturm der Entrüstung. Man betrachtete das Gesetz als eine Beleidigung für das ganze Geschlecht. Die Habeas-Korpus-Akte, jenes Grundgesetz, das den englischen Bürger vor den Uebergriffen der Polizei schützte, sollte, hiess es, für die Frauen aufgehoben sein. Es sollte jedem rohen, rachsüchtigen oder von anderen niederen Motiven getriebenen Polizei-Beamten gestattet sein, die ehrbarste Frau anzugreifen, wenn er gegen sie Verdacht habe eine Prostituierte zu sein, wohingegen die Zügellosigkeit der Männer unbehelligt bliebe, ja gerade durch das Gesetz geschützt und genährt würde.“

Bebels Ausführungen beruhen, wie weiter unten dargelegt werden soll, auf mangelhaften Informationen, abgesehen davon, dass derlei anspruchsvoll auftretenden statistischen Zeugen nur ein eingeschränktes Vertrauen zugesprochen werden kann. Der verdienstvolle Autor verirrt sich hier im Gehege der von England ausgegangenen Abolitionisten-Bewegung, die in einem lächerlichen Humanitäts-Dusel jede Sanitäts-Kontrolle der Prostitution verwirft. In prüder Heuchelei hat England bis zur Einführung dieser Kontrolle offiziell keine heimische Prostitution kennen wollen. Auch gesellschaftlich wollte man diesen Sitten-Makel kaum vorhanden sein lassen, was, wie es die Verhältnisse nur zu deutlich zeigten, der

Moral keineswegs förderlich war. Die Abolitionisten-Bewegung ging von Frau Josefine Butler in London aus, die 1875 einen englischen und einen internationalen Verein zur Bekämpfung der Reglementierung gründete. Auf dem Abolitionisten-Kongress zu Genf wurde am 22. September 1877 eine Resolution gefasst deren Hauptpunkte weiter unten folgen.

In England besteht bereits seit 1864 das von Bebel erwähnte Gesetz zur Bekämpfung der Syphilis. Es führt den Titel: „An Act for the prevention of Contagious Diseases at certain Naval and Military Stations." Es galt ursprünglich nur für elf Städte, sogenannte „protected districtst" Durch Akt vom Jahr 1866 wurde diese Zahl auf dreizehn erhöht, überdies wurde das Gesetz von 1864 abgeändert. Neu kam hinzu:

A) „The periodical examination, by a medical officer appointed for this duty, of every common prostitute within the prescribed districts, either upon a magistrates order, or by voluntary submission.

B) The detention in a certified hospital of every prostitute found upon any such examination to be affected with contagious disease, for a period not exceeding, three or under special circumstances six months; the certificate of the examining surgeon, without the order of a magistrate, being sufficient warrant for such detention."

Mittels Akt vom 11. August 1869 wurden noch sechs Orte als „protected districts" erklärt und ein Umkreis von 5—10 englische Meilen mit einbezogen, sowie noch einige Verschärfungen des Gesetzes vorgenommen.

Die Bewegung gegen dieses Gesetz hatte zufolge, dass 1869 eine königliche Kommission von 23 Mitgliedern eingesetzt wurde „to enquire into and report upon the administration and operation of the Contagious Diseases Acts (1866—68) with power to suggest whether the same should be amended, maintained, extendet, or repealed." Die Komission empfahl denn auch, „dass die periodische Untersuchung öffentlicher Frauenzimmer aufgehoben werde," was auch später erfolgte.

Die erwähnten Resolutionen des Kongresses zu Genf der „Fédération Britannique et Continentale pour l'abolition de la prostitution comme institution légale et tolerèe" vom Jahre 1887 bestehen aus den Beschlüssen von fünf Abteilungen: einer hygienischen, einer moralischen, eine sozialökonomischen, einer wohlfahrtlichen und einer legislativen.

In der ersten Abteilung wurde festgestellt u. a.:

Die Abteilung für Hygiene bestätigt:

I. die Herrschaft über sich selbst in geschlechtlichen Beziehungen (relations sexuelles) sei eine unerlässliche Grundlage der Gesundheit der Individuen und der Völker.

II. dass die Prostitution eine fundamentale Verletzung der Gesetze der Hygiene sei.

III. wird erklärt, dass die eigentliche Aufgabe der öffentlichen Hygiene die sei, alle der Gesundheit günstigen Bedingungen zu entfalten und diese Gesundheit finde in der öffentlichen Sittlichkeit (moralité publique) ihren höchsten Ausdruck. IV. wird die vollkommene Erfolglosigkeit aller sittenpolizeilichen Massregeln zur Reglementierung der Prostitution und zu deren sanitären Ueberwachung erklärt. V. wird grössere Sorgfalt in der Hospital-Behandlung venerischer Erkrankungen verlangt und VI. dem Wunsch Ausdruck gegeben, dass die Polizei für allseitige Beachtung der Schicklichkeit auf Plätzen und in Strassen Sorge tragen und jeden öffentlichen Skandal verhindern soll.

Die Abteilung für Sittlichkeit resolvierte:

I. „Que la pratique de l'impureté est aussi répréhensible chez les hommes que chez les femmes.

II. dass die Reglementierung den Versuch macht, den Begriff der Einheitlichkeit des Sittengesetzes für beide Geschlechter zu zerstören und den Ton der öffentlichen Meinung über diese Sache herabzusetzen.

III. dass jedes System einer Organisation der Prostitution zur Zügellosigkeit anrege, die Zahl unehelicher Geburten vermehre, die heimliche Prostitution entwickle und das Niveau der öffentlichen und privaten Sittlichkeit erniedrige.

IV. wird erklärt, dass der ärztliche Besuch „est un outrage à la femme, d'autant plus odieux qu'il tend à sonsommer la perte des malheureuses forcées de le subir et même à detruire chez les plus dégradées, ce qui peut leur rester de pudeur."

Ferner wird behauptet (V), dass die Registrierung ein Attentat auf die Freiheit und auf das Gemeinrecht sei, dass damit (VI) der Staat vergesse, er schulde beiden Geschlechtern gleichen Schutz, und das Weib verderbe; dass der Staat (VII), der die Aufgabe habe, die Schwachen im Kampfe für das Gute zu unterstützen, sie im Gegenteil zur Unzucht verleite, die er ihnen durch die Reglementierung erleichtert.

Doch genug dieser immerhin sehr frommen und moralischen Sittensprüchlein, die nur an einem Uebel kranken: dass sie für das praktische Leben nicht ernst zu nehmen sind. Und es ist nur zu bedauern, dass weltfremde Naivitäten dieser Art von Einfluss auf gesellschaftliche Einrichtungen sein konnten, die ihre Fehler haben mögen, aber immerhin doch zwingenden, von grau gewordener Erfahrung diktierten Geboten ihr Dasein verdanken.

Bereits früher wurde schon bemerkt, dass England ein beliebter Marktplatz zum Einkauf weisser Sklavinnen ist. Einiges darüber dürfte hier noch am Orte sein, nach Angaben von Paul Maroni in seinem „Die gesetzliche Prostitution etc."

„Am 18. Juni 1881 brachte die „Frankfurter Presse", unter der Ueberschrift „Ein Sittlichkeits-Kongress in London" einen Aufsatz, der im wesentlichen Folgendes enthielt.

„Am 20. Juni wird der Lord-Mayor von London, umgeben von den Aldermen der City und einigen eingeladenen Vorständen britischer Stadtgemeinden auf feierliche Weise die Mitglieder einer grossen Gesellschaft empfangen, welche der Abschaffung des Handels mit weissen Sklavinnen und der gründlichen Reform der kontinentalen Sittenpolizei ihre Anstrengungen seit einer Reihe von Jahren gewidmet hat.

Vor 14 Tagen, in seiner Sitzung vom 30. Mai, hat das Oberhaus auf Antrag des Earl Dalhousie einstimmig beschlossen: „es solle eine Commission des Oberhauses gebildet werden mit dem Auftrage, eine Enquête zu eröffnen über die Gesamtheit und die Einzelheiten der Frage bezüglich des sogenannten Handels mit Weissen und Anträge zu stellen, denen gemäss das Parlament in die Gesetzgebung des britischen Reiches alle nötigen Bestimmungen einführen soll, um den Schutz der jungen englischen Mädchen sowohl im Innern wie im Auslande zu sichern, sowie um dem infamen Handel, der in dieser Hinsicht betrieben wird, ein Ende zu machen."

Um diesen Beschluss zu verstehen, muss man von dem merkwürdigen Prozess unterrichtet sein, welchen die oben erwähnte Gesellschaft mit diplomatischer Unterstützung des Lord Granville und pekuniärer Beihülfe des Gemeinderats von London gegen die Brüsseler Polizei und einige kupplerischen Mädchenhandel treibende Leute zu führen hatte, weil eine Anzahl junger englischer Mädchen durch schändliche Ueberlistung in schlechte Häuser Belgiens verkauft, dort schwer misshandelt und krank geworden sind und weil die Brüsseler Polizei, sowohl was die nichtswürdige Gefangenhaltung dieser Mädchen, als ihre gewaltsame Missbrauchung betrifft, nachgewiesenermassen ihre Pflicht in sehr eigentümlicher Weise aufgefasst hat.

Der betreffende Prozess, welcher in Brüssel ungeheures Aufsehen erregte, endete, nachdem die Engländer etwa 200000 Mark für die grossartige Prozesssache aufgewandt hatten, mit der (nach den Begriffen der britischen Würdenträger zu niedrigen) Verurteilung einiger Inhaber schlechter Häuser und derjenigen Polizeibeamten, welche kaum dem Kindesalter entwachsene, der französischen Sprache unkundige Engländerinnen als 21jährige Französinnen in die Register eingetragen und den abscheulichen Menschenhändlern zur Ausbeutung überantwortet hatten. Es wurde nachgewiesen, dass sich in den betreffenden Häusern mit Matratzen gepolsterte Zimmer befinden, wo die Opfer gefoltert wurden, wenn sie sich nicht in ihr schreckliches Los ergeben wollten; ferner, dass in den Brüsseler Blättern diese jungen Ankömmlinge aus England als frische Ware den Lebemännern angezeigt und offeriert wurden. Es wurde ferner der

Kontrakt verlesen, den der Bürgermeister von Brüssel, selbst Eigentümer eines Hauses, das eigentümlichen Zwecken dient, mit seinem Pächter seiner Zeit gemacht hatte. Dieser städtische Würdenträger sah sich durch die Details dieses Vertrags, sowie dadurch, dass er den Engländerinnen, die sich um Freilassung aus der Sklaverei an ihn wandten, solche versagte, schliesslich veranlasst, den Abschied zu nehmen. Die belgische Regierung weigert sich aber, denselben zu bewilligen, da sie, wie die französische und italienische, der polizeilichen Begünstigung der Prostitution und absoluten Unfreiheit der Opfer derselben, angeblich aus sanitätspolizeilichen Gründen, zustimmt."

In der Schrift „Der Handel mit englischen Mädchen. Ein Bericht von Thatsachen nach Alfred S. Deyer. Aus dem Englischen. Berlin 1881" heisst es S. 6 bis 8:

„In Brüssel rät der Polizei-Präsident, die öffentlichen Häuser an bequem liegenden Orten zu errichten, denn die Männer, denen die Häuser der Ausschweifung eine Notwendigkeit seien, hätten selten Lust, weite Wege zu machen, um sie aufzusuchen und würden zur unregulierten Prostitution Zuflucht nehmen, wenn es an obrigkeitlich genehmigten Häusern mangelte. Dementsprechend ist unter diesem System die Unsittlichkeit so allgemein geworden, dass jede Scham aufgehört und der Cynismus einen Grad erreicht hat, dass selbst der Glaube an die Möglichkeit der Tugend verloren gegangen ist. Die Frauen der ehrbaren Familien werden mit den unsittlichen Gewohnheiten ihrer Männer vertraut und kommen dahin zu glauben, dass dieselben unter ihnen allgemein und eine Notwendigkeit für sie seien.

Die weiblichen Einwohner der öffentlichen Häuser sind nichts anderes als Sklaven. Wie auch die verschiedenen obrigkeitlichen Verordnungen in betreff der Regulierung der Prostitution sein mögen, in Wirklichkeit haben die Frauen und Kinder, die ihr zum Opfer fallen, weder Schutz noch Rechte in betreff ihrer Person oder ihres Eigentums. Von dem Tage an, wo sie diese Häuser betreten, wird ihnen nicht mehr gestattet, ihre eigenen Kleider zu tragen; sie sind gezwungen, widerliche Anzüge anzulegen, für deren Miete, ebenso wie für alles Andere, was sie verlangen, ungeheure Preise gefordert werden. Man stürzt sie auf diese Weise in Schulden und droht ihnen mit Gefängnis, wenn sie sich erdreisten, das Haus verlassen zu wollen, ohne bezahlt zu haben. Häufig müssen sie die grössten Rohheiten erdulden und bekommen Schläge, falls sie die geringste Auflehnung zeigen oder den Wünschen der Wüstlinge, welche die Häuser besuchen, nicht nachkommen.

Gemietete Zuhälter (nur zu oft entlassene Sträflinge) sind immer bei der Hand, jeden Versuch zur Rettung zu vereiteln. Um die Flucht oder die Befreiung zu erschweren, sind die Hausthüren so eingerichtet, dass jeder leicht hinein, aber niemand heraus kann, ohne dass die damit beauftragte Person die Thür aufschliesst. In den meisten Städten sind die Fenster dieser Häuser von aussen mit venetianischen Jalousieen versehen, welche man immer fest geschlossen hält, damit die Bewohnerinnen nicht auf die Strasse sehen können. In einigen Häusern, wo die Bewohnerinnen besonders roh und gewaltthätig behandelt werden, sind die Wände und Doppelthüren gepolstert, damit kein Schmerzensschrei der Opfer und kein Laut von den nächtlichen Orgien die Strasse erreicht. Es ist allgemein bekannt, dass die Gönner dieser Orte, von den gewöhnlichen Formen der Unsittlichkeit bald übersättigt, in der Gier nach neuem Sinnenreiz die Bewohnerinnen den unmenschlichsten, unnatürlichsten und teuflischsten Gewaltthätigkeiten aussetzen, deren Natur wir hier nicht näher bezeichnen können, und die anzudeuten selbst in einer Privatunterhaltung schwer wäre. Um dieser Gier nach Neuem zu genügen, sorgen die Hausbesitzer für eine Reihenfolge von frischen Opfern, unter denen zur Abwechslung sich manchmal Negerinnen befinden. Je kindlicher und unschuldiger die Opfer sind, desto grösseren Gewinn bringen sie ein. Die reichen Wüstlinge, deren Moral durch die obrigkeitliche Genehmigung der Ausschweifung von Jugend auf gefälscht, bezahlen für die Ueberlieferung eines betrogenen, entsetzten, hilflosen Kindes enorme Summen, Daher scheuen auch, wie der Polizei-Präsident von Brüssel selbst bekennt, die Besitzer der öffentlichen Häuser bei dem Ankauf neuer, und wenn möglich, vollständig unschuldiger Opfer keine Kosten, und daher werden die englischen Mädchen, die vielleicht den höchsten Wert haben, weil sie von den Wüstlingen des Festlandes am meisten begehrt sind, systematisch aufgesucht, angelockt und zu einer Sklaverei verkauft, die unendlich viel grausamer, empörender und feiger ist als die Knechtschaft der Neger, denn diese Sklaverei trifft nur junge hilflose Wesen, die zum Dienst für die Leidenschaften und nicht für die Arbeit gezwungen werden. Das Publikum weiss, dass es von der Ankunft eines neuen englischen Mädchens durch eine Zeitungsannonce in Kenntnis gesetzt wird, und ausserdem haben die Besitzer öffentlicher Häuser gleich den gewöhnlichen Handelsleuten ihre mitunter zierlich gemalten Karten, welche überall verbreitet werden. Die Kunst selbst wird so weit entwürdigt, Bilder zu schaffen, die nur dazu bestimmt sind, die Leidenschaften zu erregen."

Aus diesen Angaben, denen noch zahlreiche andere hinzugefügt werden könnten, ergiebt sich zur Genüge, dass die Sittlichkeitsverhältnisse Englands arge und höchst betrübende Zustände aufwiesen und noch aufweisen. Vieles von diesen Uebelständen beruht in der Gesetzgebung (Habeas-Corpus-Acte), wonach die englische Polizei nur dann in eine Wohnung dringen darf, wenn ein Verbrechen vorliegt oder ein richterlicher Erlass sie dazu ermächtigt. Dr. Fr. S. Hügel bemerkt in seinem „Zur Geschichte, Statistik und Regelung der Prostitution", 1865, Seite 145 etc: „Will man gegen einen Bordellinhaber klagbar einschreiten, so verlangt das Gesetz, dass zwei steuerzahlende Ankläger, die in der Pfarre des Thatorts wohnen, dem Konstabler oder Einnehmer der Armentaxe, die Klage überreichen, worauf diese die Ankläger vor den Friedensrichter führen, wo sie für die Verfolgungskosten eine Kaution von 500 Francs und für die materiellen Beweise zum Prozesse 1200 Francs erlegen müssen. Ist dies geschehen, dann erst erlässt der Magistrat einen Verhaftsbefehl gegen den Angeklagten. Hierauf stellen sich die Ankläger vor die Justiz, welche den Angeklagten gegen das Versprechen, bei der Session zur Verteidigung zu erscheinen, auf freien Fuss setzt. Bei der Session müssen die Kläger den materiellen Beweis führen. Wird der Angeklagte verurteilt, so erwächst jedem der Kläger das Recht auf eine Indemnitätsforderung von 200 Francs; wird er freigesprochen, so kann dieser die Kläger gerichtlich belangen. Zur Beweisführung verlangt man, dass eine Person vor dem Tribunale erklärt, sie habe in dem klagbar gewordenen Bordell einen Unzuchtsakt begangen. Es ist begreiflich, wie schwer eine solche Beweisführung ist. Fürchtet der Angeklagte seine Verurteilung, so verlässt er die Pfarre, wo er klagbar geworden, wodurch die bereits angestrengte Prozedur eingestellt wird und der in eine andere Pfarre Uebersiedelte wieder von zwei in der neuen Pfarre sesshaften Personen, unter Reproducierung der obigen Modalitäten, angeklagt werden müsste. Erfolgt endlich die Verurteilung eines Bordellinhabers, so hat diese nur eine zehntägige Arreststrafe zur Folge. Im Jahre 1850 wurde wohl durch die Bemühungen der Gesellschaften (La Prostitution en Angleterre, par M. le docteur G. Richelot.): „The Society for the suppression of vice“ und „The London Society for the protection of young females and prevention juvenile prostitution“ der Erlass eines Gesetzes, nach dem Personen, die geschlechtliche Vermischungen zwischen Männern und Mädchen unter 21 Jahre vermitteln, zu zweijähriger Gefängnisstrafe verurteilt werden, zu Stande gebracht; allein auch dieses Gesetz hat keine Erfolge aufzuweisen. Beweise dafür liefern die Kühnheit, mit welcher die Bordellinhaber zahlreiche Annoncen (list of Ladies) in den Zeitungen veröffentlichen, in denen sie dem Publikum bekannt geben, dass in ihren Bordellen aus allen Teilen des Reiches frische junge Mädchen angekommen seien — und das Factum, dass noch immer alljährlich eine grosse Menge unreifer Mädchen und Knaben plötzlich den achtbarsten Familien geraubt werden, welche die Bordellinhaber zu Prostitutionszwecken ausbeuten und dann des Nachts in abgelegenen Quartieren der Stadt auf die Strasse setzen. Abgesehen davon, dass diese unbeaufsichtigten Bordelle in England eine fürchterliche Verbreitung der Syphilis (1,460,000 syphilitische Erkrankungen pr. Jahr im ganzen Königreiche) erzeugen und zahllosen Verbrechern Unterstand geben, bedrohen sie auch noch die persönliche Sicherheit ihrer Gäste. Man verhält diese zu übertriebenen Zahlungen, betäubt sie mit narkotischen Getränken, beraubt sie oder prügelt sie tüchtig durch und wirft sie im halbnackten Zustande auf die Strasse. In den Quartieren Fleetdich, wo sich mehrere Bordelle befinden, besteht ein in die Themse ausmündender Aquädukt, in dem oft Männer als Leichen aufgefunden werden. Derlei Mordthaten werden jedoch selten entdeckt, weil der Strom diese Leichen unmittelbar ins Meer treibt. Man zählt nach Chadivick in London 3335 geheime Bordelle und bei 5000 Branntweinläden, Kneipen, Rauchlokale u. s. w., in denen Lustmädchen gehalten werden. An der Themse befinden sich grosse Salons (long-rooms), in denen 500 Dirnen in Reihen nebeneinander sitzen, um von den Gästen zur Befriedigung ihrer Lüste in die Nebenkabinette abgeführt zu werden. Es giebt aber auch elegante Salons, in denen sich Abends oft an 200 reichgeputzte Lustmädchen versammeln, um mit den Geldaristokraten Orgien abzuhalten.

Liverpool zählte nach Dr. Tait im Jahre 1856, 770, Manchester 263, Edinburg 203 und Glasgow 204 Bordelle."

Derartige statistische Angaben haben allerdings nur einen sehr problematischen Wert und weichen, wie schon früher zu ersehen war, erheblich von einander ab. Ryan schätzte 1840 die Londoner Bordelle auf 1500, wobei zahlreiche andre, die unter Decknamen bestanden, nicht mitgerechnet wurden, Tablot zählte einige Jahre später nicht weniger als 5000.

Begreiflich ist unter solchen Umständen der Eifer und auch der Uebereifer mit dem von privater Seite diesen schändlichen Zuständen engegenzuwirken bestrebt wird, zuweilen mit Nutzen und in sehr löblicher Weise, oft aber auch nutzlos und gesunde Massregeln hemmend, wie aus den vorhergegangenen Erörterungen wiederholt schon zu ersehen war.

Später als in Frankreich und Deutschland wurden in England Anstalten zur Aufnahme reuiger Prostituierten errichtet, doch sind nunmehr dort mehr als in andern Ländern vorhanden und fast jede Stadt hat eine oder mehrere dieser „Asylums" oder „Magdalenen-institutions" aufzuweisen. Ferner sind zahlreiche „philantropische" und andere Vereine vorhanden, die sich verschiedenartig mit der Rehabilitierung der Prostituierten und der Besserung der sittlichen Verhältnisse befassen.

Dr. Hügel bemerkt (a. a. O. Seite 220): London besitzt folgende Anstalten:

Magdalen-Hospital (Magdalenen-Hospital). — Diese Anstalt wurde im Jahre 1758 von dem unglücklichen königl. Hofprediger Dr. Wilh. Dodd gegründet. Sie beherbergt gegenwärtig 93 Individuen.

Lock-Asylums. Diese Anstalt wurde im Jahre 1787 für reuige Prostituirte, die das gleichnamige Spital verlassen, errichtet. Sie beherbergt 18 Individuen.

London female Penitentiary. Diese Anstalt wurde im Jahre 1807 zur Aufnahme von 93 Individuen gegründet.

Quardian Society. Diese Anstalt wurde im Jahre 1812 zur Aufnahme von 31 reuigen Prostituierten errichtet. Aehnliche Zwecke verfolgen noch die folgenden Anstalten, als: Maritime penitent refuge, (1819) — British penitent female refuge, — female mission South-London penitentiary u. s. w.

Zur Unterdrückung der Prostitution und zur sittlichen Rehabilitation besitzt London ausserdem noch folgende „Gesellschaften", als: The Society for the suppression of vice" (1828): — The London Society for the prostection of young females and prevention of juvenil prostitution" (1832). Die letztere Gesellschaft bekommt von der hohen Geistlichkeit bedeutende Subventionen.

Distressed needlewomen Society (1844). Diese Gesellschaft unterstützt jugendliche Arbeiterinnen, um sie gegen die Prostitution zu bewahren.

Edinbourg besitzt ein schon im Jahre 1797 errichtetes Besserungshaus, das 25 reuige Prostituierte aufnehmen kann.

Seit dieser Zeit sind noch zahlreiche andere Anstalten dieser und ähnlicher Art in England entstanden, sowie die Abolitionisten-Bewegung, von der bereits im Vorhergegangenen die Rede war.

VI. Kapitel.

Die Enthüllungen der „Pall Mall Gazette". — Jungfrauen-Schändung. — Mitteilungen eines Kupplers. — Mitteilungen einer Kupplerin. — Preise der Jungfrauen. — Kompagnie-Firma. — Jungfrauschafts-Atteste. — Deflorierungsmanie. — Der Fall Wilde. — Schluss.

Ein schaudererregendes Bild von wüster und verbrecherischer Sittenlosigkeit in den oberen Gesellschaftsschichten Londons lieferten die 1885 erfolgten Enthüllungen der „Pall Mall Gazette", die in der ganzen civilisierten Welt das grösste Aufsehen erregten. Diese Veröffentlichungen erschienen auch als Buch in deutscher Uebersetzung unter dem Titel „Der Jungfrauen-Tribut des modernen Babylon," Budapest 1885 und die im Nachfolgenden gegebenen Citate sind diesem Werkchen entnommen. Unterstützt von zahlreichen angesehenen Männern und Frauen der Gesellschaft setzte die genannte Zeitung eine geheime Komission ein, die das nötige Material sammelte und dabei fünferlei Schändlichkeiten feststellte; I. Kauf, Verkauf und Schändung von Kindern. II. Beschaffung von Jungfrauen. III. Umgarnung und Ruin von Frauen. IV. Internationaler Mädchenhandel. V. Abscheulichkeiten, Grausamkeiten und unnatürliche Verbrechen. Es war im Grunde genommen nichts Neues und bis dahin Unbekanntes, was diese Enthüllungen in die Oeffentlichkeit brachten, aber es war noch nie mit so überzeugender Kraft darauf hingewiesen worden, noch nie mit so vielen giltigen Beweisen dargelegt worden, dass das verbrecherische Treiben der Wollust und Unzucht einen so grossen Umfang angenommen habe.

„Ehe ich diese Nachforschungen unternahm,“ berichtet der englische Gewährsmann, „hatte ich eine vertrauliche Besprechung mit einem der erfahrendsten Beamten, der lange Jahre hindurch in der Lage war, mit allen Phasen der Londoner Verbrechen bekannt zu sein. Ich fragte ihn: „Ist es eine Thatsache, oder ist es keine, dass ich, wenn ich in die gehörigen Häuser gut eingeführt werde, vom Eigentümer gegen Baargeld zu einer bestimmten Zeit eine Jungfrau geliefert bekäme — einen unverfälschten Artikel, ich meine nicht eine blosse Prostituierte, die für eine Jungfrau ausgegeben wird, sondern ein Mädchen, das nie vorher verführt worden?“ — „Gewiss“, antwortete er ohne einen Augenblick zu zaudern. — „Zu welchem Preis?“ fuhr ich fort. — „Das ist eine schwierige Frage,“ sagte er. „Ich erinnere mich an einen Fall, der mir in Scotlandyard zur amtlichen Kenntnis gelangte und in welchem der Preis mit 20 Pf. Sterl. festgesetzt war. Mehrere Parteien in Lambeth unternahmen es, einem übelberüchtigten Hause für diese Summe eine Jungfrau zu liefern, und ich zweifle nicht daran, dass dies oft in London vorkommt.“ „Sind diese Jungfrauen aber freiwillige oder unfreiwillige Parteien beim Vertrage?“ frug ich; „sind sie wirklich Jungfrauen, indem jede von ihnen nicht nur physisch eine „virgo intacta“ ist, sondern auch ein keusches Mädchen, welches zu seiner Verführung nicht seine Zustimmung giebt?“ Er war erstaunt über meine Frage und antwortete dann ausdrücklich: „Natürlich willigen sie selten ein und in der Regel wissen sie nicht, was mit ihnen geschehen werde.“ — „Sie meinen also“, sagte ich erstaunt, „dass in London fortwährend wirkliche Entführungen im gesetzlichen Sinne des Wortes verübt werden, indem Jungfrauen wider ihren Willen gekauft und von Eigentümern von Kuppelhäusern um so und so viel Geld per Kopf reichen Männern abgetreten werden?“ — „Gewiss,“ sagte er, „daran ist nicht zu zweifeln.“ — „Aber der Gedanke allein genügt, um die Hölle aufzuscheuchen“ rief ich aus. — „Das ist wahr,“ sagte er, „und doch weckt es nicht einmal die Nachbarn.“ — „Schreien denn die Mädchen nicht?“ — „Natürlich thun sie das; aber was hilft das Schreien in einem stillen Schlafzimmer? Bedenken Sie, dass die äusserste Entfernung, in welcher das Heulen oder das ausserordentlich heftige Schreien eines Mannes oder einer Frau gehört würde, bei welchen ein Mord versucht werden würde, nur zwei Minuten beträgt und das menschliche Geschrei jeder Art überhaupt nicht weiter als auf fünf Minuten zu hören ist. Gesetzt den Fall, ein Mädchen wird in einem an Ihr Haus anstossenden Zimmer genotzüchtigt. Sie hören ihr Schreien, da Sie gerade im Begriffe sind einzuschlafen. Werden Sie da aufstehen, sich ankleiden, die Treppen hinabrennen und Einlass fordern? Schwerlich. Aber gesetzt den Fall, das Schreien dauert fort und Sie werden verdriesslich; Sie beginnen daran zu denken, ob Sie nicht etwas thun sollten? Bevor Sie sich entschlossen und angekleidet haben, hört das Schreien auf und Sie denken sich, dass Sie ein Narr wären, wenn Sie sich Mühe machen wollten". — „Aber der Polizeimann auf der Runde?" — „Er hat kein Recht einzuschreiten, selbst wenn er Etwas hört. Wenn ein Konstabler berechtigt wäre, sich in jedes Haus, wo eine Frau entsetzlich schreit, den Eintritt zu erzwingen, dann wären die Polizeimänner beinahe ebenso regelmässig bei einem Kindsbette anwesend als die Aerzte. Wenn ein Mädchen einmal in ein solches Haus gelangt, so ist es beinahe hilflos und kann mit erhöhter Sicherheit geschändet werden." — „Aber Raub ist doch gewiss ein Kriminalverbrechen, das strafgerichtlich verfolgt wird. Kann Sie nicht klagen?" — „Wen soll sie klagen? Sie kennt den Namen ihres Angreifers nicht. Sie wäre nicht einmal im Stande, ihn zu erkennen, wenn sie ihm draussen begegnete. Und wenn sie es thäte, wer würde ihr Glauben schenken? Eine Frauensperson, die ihre Jungfräulichkeit verloren hat, ist immer ein diskreditierter Zeuge. Die Thatsache, dass sie in einem übelberüchtigten Hause war, würde wahrscheinlich für den Beweis ihrer Einwilligung gehalten werden. Der Eigentümer des Hauses und die ganze Dienerschaft würde schwören, dass sie ihre Zustimmung gab, sie würden einen Eid darauf ablegen, dass sie nicht geschrieen habe und die Frauensperson würde als Abenteuerin, die nur ein Entgeld zu erpressen sucht, verurteilt werden." — „Und dergleichen kann heutzutage geschehen?" — „Gewiss, und es wird geschehen; und Sie können da nicht helfen, so lange Männer Geld haben, Kupplerinnen geschickt und Frauen schwach und unerfahren sind."

Diese Aufklärung veranlasste ihn zu genaueren Nachforschungen. Er setzte sich mit Kupplern im Westen und Osten Londons sowie der Provinz in Verbindung und erhielt so manche bemerkenswerte Mitteilung, unter dem Siegel der Verschwiegenheit. Ein Bordellbesitzer, der seinen Beruf aufgab, um ein neues Leben als anständiger Mensch zu führen, teilte ihm mit, dass nach „frischen Mädchen", wie in jenen Kreisen gesagt wird, stets Nachfrage sei und um den „Ruf des Hauses" zu erhalten stets auch solche herbeigeschafft werden. Die Jagd auf „frische Mädchen" sei wohl zeitraubend, aber für den, der es verstehe, nicht schwierig. Aus seiner eigenen Praxis erzählte der Kuppler, dass er in allen möglichen Verkleidungen auf das Land ging, dort Bekanntschaften mit Mädchen anknüpfte, ihnen die Ehe versprach, sie nach London lockte, um ihnen die Sehenswürdigkeiten zu zeigen, hier trunken machte, den letzten Eisenbahnzug vom Tage versäumen liess und dann ihr bei sich im Hause Gastfreundschaft bot. Und dann ist das Geschäft gemacht. Mein Klient hat eine Jungfrau und ich erhalte meine 10 oder 20 Pfund Sterling für den Auftrag. Am andern Morgen wird das Mädchen, das seinen Charakter verlor und sich nicht nach Hause wagt, aller Wahrscheinlichkeit nach thun, was die andern thun, sie wird eine meiner „Nummern", das heisst, sie wird ihren Lebensunterhalt zum Vorteil meines Hauses auf der Strasse suchen."

Ein anderes Mittel ist das „Züchten". Arme Frauen und versoffene Eltern, die kleine Mädchen haben, verkaufen diese zuweilen Bordellhältern, die die Kleinen heranziehen bis sie für ihre schändlichen Zwecke geeignet sind. Der Vorrat soll zuweilen grösser sein als die Nachfrage.

Um sich von der Wahrheit dieser Angaben zu überzeugen, liess der Gewährsmann den Kuppler durch einen Agenten fragen, ob er ihm in drei Tagen einige „frische Mädchen" liefern könnte, deren Jungfräulichkeit durch ärztliches Zeugnis zu bestätigen wäre, und er hätte sie auch erhalten, doch hielt er es nicht für ratsam, die Sache zu weit zu treiben. Er war überzeugt, dass der Beamte ihm eine richtige Auskunft gegeben hatte. Von einer Kupplerin erfuhr er folgendes über deren Thätigkeit:

„Gewöhnlich vermietet die Eigentümerin eines verrufenen Hauses ihre Zimmer „lustigen" Frauen und lebt von ihrer Miete und dem Gewinne aus den Getränken, welche zu kaufen diese Frauen ihre Kunden zum Besten des Hauses zwingen. Sie kann selbst ausgehen, oder mag zu Hause bleiben. Wenn das Geschäft ein schwieriges ist, wird sie sich selbst beteiligen müssen, aber in der Regel begnügt sie sich, ihre Mädchen für den Markt bereit zu halten und zu trachten, dass sie Kunden in genügender Anzahl nach Hause bringen, um genug Liqueur zu consumieren und zu bezahlen. Manche Mädchen schrecken vom Ausgehen zurück und müssen beinahe auf die Strasse getrieben werden. Wäre es nicht wegen des Schnapses und für die Hausfrau, sie würden es nimmer so fortführen können. Manche Mädchen, die ich zu beherbergen pflegte, setzen sich, schreien und erklären, sie können nicht ausgehen, sie können dies Leben nicht ertragen. Ich musste ihnen einen Schluck Schnaps geben und sie selbst ausführen und sie anhalten, wieder zu gehen; denn wenn sie keine Herren suchen, woher soll ich meine Miete bekommen?" „Begannen sie freiwillig?" „Manche ja; anderen stand die Wahl nicht frei." „Wie das?" „Weil sie niemals etwas davon wussten, bis die Herren nicht in ihrem Schlafzimmer waren und dann war es schon zu spät. Ich oder meine Mädchen sind stets bereit „frische Mädchen" hereinzulocken und sie zu überreden, so lange auszubleiben bis sie ausgesperrt wurden und dann würde eine Prise Schnupftaback in Bier geschüttet sie wehrlos machen, bis der Gentleman sein Heil versucht hat." „Kam das oft vor?" „Unzählige Male." Es ist eine Art und Weise, auf welche man sein Haus erhält. Jede Frau, die einen Geschäftsblick hat, ist beständig auf der Suche nach schönen Mädchen. Hübsche Mädchen die arm sind, entweder keine Eltern haben oder nicht zu Hause sind, können am leichtesten aufgelesen werden. Wie das geschieht? Ich erinnere mich, einmal hundert Meilen oder mehr gegangen zu sein, um ein Mädchen aufzusuchen. Ich mietete mir hart neben der Pension eine Wohnung, wo ich die Mädchen täglich in die Schule und nach Hause gehen sehen konnte. Ich bemerkte bald eines, das meinen Geschmacke zusagte.

Es war ein Mädchen von ungefähr dreizehn Jahren, stark, frühreif für ihr Alter, hübsch und geeignet einträglich zu sein. Ich erfuhr, dass sie bei ihrer Mutter wohne. Ich dang sie als kleine Magd für die Wohnung, welche ich innehatte. Am nächsten Tag nahm ich sie mit mir nach London und ihre Mutter sah sie niemals wieder." „Was wurde aus ihr?" „Ein Gentleman zahlte mir 13 Pf. Sterl. für das erste Mal, bald nachdem sie zur Stadt gekommen war. Sie schlief, als er es that — sie war fest in Schlaf versunken. Um die Wahrheit zu gestehen, sie war eingeschläfert worden. Das geschieht oft. Ich gab ihr ein Betäubungsmittel. Es ist eine Mischung von Laudanum und noch irgend etwas, manchmal wird Chloroform angewendet, aber ich benutze entweder Schnupftabak oder Laudanum. Wir nennen es „dworse" oder „black draft"; da liegen sie beinahe wie tot und das Mädchen weiss stets erst am Morgen, was vorgefallen ist." „Und dann?" „Oh, dann schreit es viel vor Schmerz, aber es ist erstaunt und weiss kaum was geschehen ist, ausgenommen, dass sie sich vor Schmerz kaum bewegen kann. Natürlich sagen wir ihr, es sei alles in Ordnung; alle Mädchen hätten es einmal durchzumachen; sie sei nun drüber, ohne davon gewusst zu haben und da helfe kein Schreien mehr.

Es wird durch alles Schreien in der Welt nicht mehr ungeschehen gemacht werden können. Sie muss nun thun, was die Anderen thun. Sie kann leben wie eine Lady, thun was ihr beliebt und kann sich den ganzen Tag unterhalten. Wenn sie sich widersetzt, schelte ich sie aus und sage ihr, Niemand werde sie ins Haus lassen, denn sie habe ihren Charakter verloren; ich werde sie als schlechtes und undankbares Mädchen vor die Thüre setzen. Das Resultat ist in neun von zehn, oder in neunundneunzig von hundert Fällen, dass das Kind, das gewöhnlich unter fünfzehn Jahren, erschreckt und vereinsamt, den Kopf betäubt von Schlaftrank, und von Schmerzen und Schrecken geplagt, jeder Hoffnung entsagt und — in einer Woche ist sie eine der Anziehungskräfte des Hauses."

Natürlich fehlt es auch nicht an Gewaltthätigkeiten gegen die armen verführten Opfer, abgesehen von den bereits erwähnten Schlaftränken. Das Geschrei verhallt ungehört oder wenigstens ungehört von

Unbeteiligten und ein verzweifelter Widerstand wird zuweilen durch Niederbinden des Mädchens gebrochen. Praktiken dieser Art scheinen übrigens von internationaler Anwendung zu sein, wie denn auch Otto Henne am Rhyn dasselbe von Brüsselern und anderen belgischen Kupplern und Kupplerinnen zu melden weiss. Allerdings stehen diese, was schon bemerkt wurde, in einer besonders engen Geschäftsverbindung mit ihren englischen Genossen und betrachten den britischen Boden als Lieblingsfeld für ihr infames Treiben. Die Mittel und Wege, die diese Leute zur Erlangung ihrer Beute gebrauchen sind übrigens mannigfaltig, und die Zeitungsannonce, durch die ein Mädchen für angebliche Dienstleistungen gesucht wird, spielt dabei keine kleine Rolle. Dieses Mittel erstreckt sich auch auf das Ausland und mehr schon als einmal sahen sich in England wie anderwärts, Konsulate und sonstige Körperschaften und Personen veranlasst, junge Mädchen zu warnen leichthin unter glänzenden Versprechungen angebotene Stellen als Erzieherin etc. anzunehmen.

Ferner wird berichtet, dass zu London der Preis für im Westend angeworbene Jungfrauen weit höher ist als der im Ostend. Hier wird 10 Pfund Sterling bezahlt, dort 20; indes scheint der Preis für die „Ware" im allgemeinen nur 5 Pfund Sterling zu betragen. Der erwähnte Gewährsmann der „Pall Mall Gazette" hatte eine Unterredung mit einer kuppelnden „Gesellschaftsfirma"; die Sache wird eben ganz geschäftsmässig betrieben. Er berichtet darüber folgendes:

„Man hat mir jüngst erzählt," sagte ich, um auf den Gegenstand zu kommen, „dass in letzter Zeit die Nachfrage nach Jungfrauen einigermassen abgenommen habe, weil die Kupplerinnen viel Betrug geübt haben. Der Markt ist mit „ausgebesserten" Jungfrauen überschwemmt worden, von welchen das Angebot immer grösser ist als die Nachfrage. Darum soll es jetzt weniger Nachfrage nach echten Artikeln geben."

„Das kommt bei uns nicht vor, sagte die ältere Gesellschafterin; wir wissen nicht, was eine ausgebesserte Jungfrau ist. Ich glaube auch nicht, dass es die Mühe lohnt Jungfrauen zu fabrizieren, weil man sich deren genug echte verschaffen kann. Ich kann im Gegenteil sagen, dass der Markt sich belebt und die Nachfrage zunimmt. Möglich, dass die Preise gesunken sind; das kommt daher, weil unsere Kunden grössere Aufträge geben. Der Dr. . . . . zum Beispiel, einer meiner Klienten, welcher früher die Gewohnheit hatte, wöchentlich eine Jungfrau zu 10 Pf. Sterl. zu nehmen, nimmt jetzt alle vierzehn Tage deren drei zu 5—7 Pf. Sterl.

„Wie?" rief ich aus; „ist es möglich, dass Sie einem einzigen Herrn jährlich 70 Jungfrauen liefern?"

„Gewiss," sagte sie; „er würde deren hundert nehmen, wenn wir sie auftreiben könnten. Aber er ist ein Original. Ladenmädchen will er nicht und es muss immer eine Jungfrau über sechzehn Jahre sein.

„W.e, über sechzehn Jahre?"

„Wegen des Gesetzes. Niemand darf ein Mädchen unter sechzehn Jahren aus dem Hause seiner Eltern oder gesetzlichen Vormünder entführen. Nach vollendetem dreizehnten Lebensjahre mag sie einwilligen verführt zu werden. Aber selbst wenn sie einwilligt mitzugehen, wären wir, ich und meine Gesellschafterin, und auch der Eigentümer des Hause wohin wir sie bringen wollten strafbar, wenn sie noch nicht über sechzehn alt ist. Darum wollte mein alter Herr, der sehr vorsichtig ist, kein Mädchen unter sechzehn Jahren haben. Das schränkt unsere Bezugsquellen einigermassen ein."

Nachdem das Gespräch noch eine Weile in dieser Weise fortwährte, stellte ich die Frage:

„Exportieren Sie auch?"

„Nein. Wir handeln mit Jungfräulichkeiten, aber nicht mit Jungfrauen. Meine Gesellschafterin holt die Mädchen, die verführt werden sollen und bringt sie ihren Angehörigen nach erfolgter Verführung wieder zurück. Damit ist das Geschäft für uns zu Ende. Wir machen nur in „ersten Verführungen"; ein Mädchen geht nur einmal durch unsere Hände. Unsere Kunden verlangen Jungfrauen, nicht havarierte Artikel und gewöhnlich sehen sie dieselben nur ein einziges Mal."

„Was wird aus den havarierten Artikeln?"

„Alle kehren zu ihrer Beschäftigung auf ihren Platz zurück. Aber" — fügte die Kupplerin nachdenklich hinzu — „später kommen doch Alle auf das Trottoir. Ist ein Mädchen einmal gefallen, so kehrt sie sicherlich darauf zurück und macht es wie die Anderen. Es giebt selten Ausnahmen. Erinnerst du dich solcher?"

Die jüngere Gesellschafterin erinnerte sich an einen oder zwei Fälle, gab aber zu, dass nur selten ein Mädchen, nachdem es verführt worden, den ehrlichen Weg einschlägt.

„Bekommen diese Mädchen manchmal Kinder?"

„Auf das erste Mal nicht häufig. Wir sagen ihnen natürlich, dass dies nie vorkomme. Die Kinder sind so einfältig, sie glauben Alles. Die Kleine zum Beispiel, die wir Ihnen zugeführt haben, glaubte, sie sei verführt, als die Hebamme sie berührt hatte. Natürlich kommt es manchmal vor, dass sie gleich das erste Mal Mutter werden."

„Dann lassen sie wohl ihr Kind anerkennen?"

„Wo denken Sie hin? Wie wäre das auch möglich?" rief die Aeltere lachend.

„Es ist eine Spezialität unseres Hauses, dass die Mädchen niemals ihren Verführer kennen; in den meisten Fällen kennen Sie nicht einmal seine Adresse. Wie sollten Sie dieselbe auch erfahren?

Nächsten Sonntag zum Beispiel soll ich während der Messe eine Köchin zu Herrn M . . . bringen, der eine Wohnung am Bedford-Square hat und ausserdem noch drei oder vier Quartiere, wohin ihm die Jungfrauen geliefert werden. Ich lasse das Mädchen in einen Mietwagen steigen. Wir legen eine Strasse nach der anderen zurück. Endlich halten wir vor einer Thüre und treten ein. Die Köchin wird einen Herrn finden, mit welchem sie einige Minuten, höchstens eine halbe Stunde bleibt. Während dieser Zeit ist sie natürlich aufgeregt und leidet mehr oder minder. Sobald sie wieder angekleidet ist, führe ich sie im Wagen zurück und sie sieht den Herrn nie wieder. Wenn sie sich auch das Haus merkt, was zweifelhaft ist, so weiss sie doch niemals den Namen des Eigentümers. Was soll Sie da thun?"

Um der Sache auf den Grund zu kommen, bestellte der Gewährsmann fünf Jungfrauen, die ihm in drei Tagen gestellt werden sollten, mit ärztlichem Attest versehen. Als Lieferpreis wurden fünf Pfund Sterl. bedungen.

„An einem gewissen Orte in Mary-lebon-road erwartete ich um halb fünf Uhr die Gesellschaft.

Einige Minuten später sah ich die Frauen X. und Z. ankommen, aber nur mit drei Mädchen. Die Eine war gross, hübsch und schien 16 Jahre alt zu sein; die anderen waren jünger, mit etwas schwerfälligeren Formen. Zwei von ihnen waren Ladenmädchen; die dritte lernte das Metier einer Modistin.

Die Kupplerinnen erschöpften sich in Entschuldigungen. Sie waren bis nach Highgate gegangen, um die „Parthie" von fünf Jungfrauen zu vervollständigen; allein zwei der in Aussicht genommenen Mädchen konnten am Sonntag nicht ausgehen. Sie werden dieselben am Montag unfehlbar bringen. Ja, um das Versäumnis gut zu machen, verpflichteten sie sich am Montag drei statt zwei zu bringen, demnach zusammen sechs Jungfrauen.

Wir traten beim Arzte ein. Die Mädchen, die einander nicht kannten und mit einander nicht reden durften, wurden einzeln zur Untersuchung eingelassen, der sie sich ohne Sträuben unterwarfen. Noch erfolgter Untersuchung unterzeichneten sie ein Schriftstück, in welchem sie in ihre Verführung einwilligten. Zur grossen Enttäuschung der Mädchen wurde zweien von ihnen das Jungfräulichkeits-Attest verweigert. Der Arzt konnte nicht behaupten, dass sie keine Jungfrauen seien; doch war keine von beiden eine „virgo intacta," um technisch zu sprechen.

Ich gab den beiden Mädchen je fünf Shilling für ihre Mühe, hierher gekommen zu sein, zahlte der Frau X. und Z. ihre Kommission für die eine beglaubigte Jungfrau und entfernte mich mit folgenden Dokumenten in der Tasche:

. . . . W

17. Juni 1885.

Mit Gegenwärtigem bestätige ich, dass ich am heutigen Tage die 16jährige D. untersucht und ihre Jungfrauschaft konstatiert habe.

Dr. . . . in M.

Verpflichtung.

Mit Gegenwärtigem willige ich ein, für einen Betrag von 4 bis 5 Pf. Sterl. Ihnen zu gehören. Ich werde mich dort einfinden, wohin Sie mich zwei Tage vorher bestellen werden.

Unterschrift: D. 16 Jahre alt.
Adresse: H.-Strasse Nr. 11.

Nichts war einfacher und geschäftsmässiger als dieser Handel, der sich von den gewöhnlichen Geschäften des Hauses X. und Z. nur darin unterschied, dass an die Stelle der Verführung die ärztliche Untersuchung getreten war. Mit dem Fetzen Papier ausgerüstet konnte ich mir meine Jungfrauen nach Belieben kommen lassen.

Ich muss noch sagen, dass der Arzt mit im Geheimnis war und nur eingewilligt hatte, die Untersuchung vorzunehmen, um das System der Kuppelei zu zeigen, in welchem weniger skrupulöse Aerzte die Hauptrolle spielen.

Die Kupplerinnen waren ganz verstört darüber, dass zwei Drittel ihrer Ware zurückgewiesen wurden. Die zwei Mädchen ihrerseits waren entrüstet über den Zweifel an ihrer Jungfrauschaft, — ein Zweifel übrigens, der vielleicht nicht begründet war. Als Geschäftsfrauen, die auf das Renommé ihres Hauses etwas halten beschlossen die beiden Frauen, die Bestellung auszuführen, ohne viel Aufsehen zu machen.

Am nächsten Montag wurden die beiden Kindsmädchen zum Arzte geführt. Beide waren Jungfrauen.

Ich erhielt folgendes Zeugnis:

. . . . W.
20. Juni 1885.

Mit Gegenwärtigem bestätige ich, dass ich am heutigen Tage die 17jährige W. und die 17jährige K. untersucht und bei Beiden die Jungfrauschaft konstatiert habe.

Dr. . . . in M.

Nach erfolgter Untersuchung unterzeichneten beide Mädchen ihre Einwilligung verführt zu werden. Die zu zahlende Summe war diesesmal offen geblieben.

So hatte ich in einem Zeitraum von sechs Tagen drei Mädchen mit Attest und zwei ohne Attest erworben.

Die Zahl war noch nicht voll; die Kupplerinnen bestanden darauf, die Bestellung auszuführen und baten nur um einige Tage Aufschub.

Letzten Freitag Vormittags brachten sie zum Arzte vier junge Mädchen; drei waren vierzehn Jahre alt, eine war achtzehn Jahre alt; Letztere war Aushilfs-Köchin in einem der ersten Hotels des Westend.

Die drei jüngerer wurden vom Arzte zurückgewiesen blos die achtzehnjährige erhielt Attest.

— Hat man schon solche Spitzbübinnen gesehen! rief Frau Z. unwillig aus. Immer sind es die Jungen, welche die Untersuchung nicht bestehen.

Das Mädchen mit dem Attest willigte ein, für fünf Pf. Sterling verführt zu werden. Ich liess mir noch von einem der zurückgewiesenen Mädchen eine „Verpflichtung" geben und erklärte dann dem Geschäftshause, dass ich befriedigt sei.

Man hat mir binnen zehn Tage im Ganzen neun Mädchen geliefert, von denen vier Jungfräulichkeits-Zertifikat erhielten, während dasselbe Fünfen verweigert wurde.

Ich bin gegenwärtig im Besitze der Verführungszusagen aller junger Mädchen mit Zertifikat und von drei Mädchen ohne Zertifikat, bezüglich deren Jungfräulichkeit ich sehr geringe Zweifel hege.

Im Ganzen haben 7 junge Mädchen zwischen vierzehn und achtzehn Jahren die Verträge unterzeichnet; dieselben sind bereit von wem immer wann und wo es beliebt, verführt zu werden, vorausgesetzt, dass ich sie zwei Tage zuvor verständige und ich ihnen im Ganzen einen Betrag von mindestens 24 und höchstens 29 Pf. Sterling zahle. Die Honorare, Ausgaben etc. für die Vermittlung dieser jungen Mädchen belaufen sich höchstens auf 10 oder 15 Pf. Sterling. Alles in Allem war ich also im Stande die Jungfrauen im Detail um 18 Pf. Sterling per Kopf abzugeben und konnte demnach einen Gewinnst bei dem Geschäfte erzielen."

Diese wohltätigen, wenn auch ihrer Beschaffenceit nach widerlichen und schauderhaften Enthüllungen geben im Grunde genommen, was in allen Grossstädten zu finden ist, allerdings nicht in so excessiver Weise, denn nirgendwo dürfte die Deflorirungsmanie so arg eingerissen sein, wie in der Metropole des prüden grossbrittanischen Reiches. Beim Lesen dieser Enthüllungen drängt sich unwillkürlich die Frage auf: Was sagt die Polizei zu diesem Treiben? Auch hierauf hat „Pall Mall Gazette" die nötige Antwort bereit und sie lautet wie überall dahin, dass Polizei und Bordellhälter in überaus guter Freundschaft leben. Sind die Darstellungen des genannten Blattes nicht übertrieben, so muss sogar mit Betrübnis festgestellt werden, dass diese heillose Allianz noch viel kräftiger, noch viel schamloser vorhanden war oder ist, als in dem als Unzuchtstätte arg verschrieenen Paris.

„Die Polizei ist die beste Freundin der Bordellhälter, sagte ein ehemaliger „Patron" zu mir.'

„Weshalb?"

„Weil sie die Augen schliesst. Und die Bordellbesitzer sind die besten Freunde der Polizei, weil sie sie bezahlen."

„Wieviel haben Sie der Polizei gezahlt?"

„Drei Pfund wöchentlich, ob die Zeiten gut oder schlecht waren."

erwiderte er nach kurzem Besinnen. „Und mein Etablissement war blos eines der kleineren.

Man hat mir mitgetheilt, dass ein verrufenes Haus in Westend der Polizei eine jährliche Abgabe von nahezu fünfhundert Pfund entrichtet, ohne der Gastfreundschaft zu erwähnen, welcher sich Detektives und Konstabler unter Umständen gratis zu erfreuen hatten. Was dies betrifft, so kann ich die Sache selbstverständlich nicht untersuchen, doch kann ich es mitteilen, dass dies das Geheimniss des Polichinellis im Eastviertel ist und wenn Sir Richard Cross Namen und Adresse des Hauses erfahren will, um eine unparteiische Untersuchung einzuleiten, so steht ihm Beides zur Disposition. Was geht aus alledem hervor? Ein Bündnis besteht zwischen den Bordellinhabern und der Polizei. Eine in Sachen der Barmherzigkeit sehr erfahrene Dame, deren Worte über jeden Zweifel erhaben sind, teilte mir mit, dass so oft sie ein junges Mädchen aus einem der verrufenen Häuser von Westend befreien will, sie stets mit der grössten Vorsicht zu Werke gehen müsse, damit die Polizei nicht Wind von der Sache bekomme. Wenn dies versäumt wurde, habe sie fast stets wahrgenommen, dass der betreffende Patron einen Wink erhalten und das arme Mädchen in ein anderes Haus geschmuggelt wird. Im östlichen Viertel ist es einigermassen besser bestellt, doch wenn Sie in Westend jene Menschen, deren Verbrechen ich Ihnen dargelegt habe, auf frischer That ertappen wollen, so lassen Sie die Polizei nichts davon merken."

Uebles wird auch von den Theater-Direktoren und Warenhaus-Besitzern mitgeteilt, allerdings in etwas verklausierter Form: „Man beschuldigt — mit Recht oder mit Unrecht? — gewisse Theater-Direktoren das Recht sämmtliche bei ihnen engagierten Schauspielerinnen verführen zu dürfen für sich in Anspruch zu nehmen; und es wird befürchtet, dass gewisse Gerüchte nicht unbegründet sind, wonach der Chef eines grossen Warenhauses zu London die bei ihm angestellten Frauen einigermassen wie ein Sultan seine Haremsdamen betrachtet und die schönsten für sich auswählte, und das ganze männliche Personal seinem Beispiel folge." Beschuldigungen dieser Art, besonders wenn sie es für nötig halten besonders behutsam hervorzutreten, sind nur mit grosser Reserve aufzunehmen, denn in nur zu vielen Fällen wird es sich erweisen, dass die beklagten verführten Opfer schon längst der heimlichen Prostitution ergeben sind.

Ueberraschend wirkt es, dass in der genannten Schrift London als der grösste Marktplatz für Menschenfleisch bezeichnet wird, der eine grosse Ausfuhr und auch eine grosse Einfuhr aufweist. Für erstere kommen Fälle in Betracht, wie deren schon bei Erörterung der belgischen Verhältnisse erwähnt wurden. Zu dem bereits Gemeldeten soll noch der Bericht über eine Unterredung hinzugefügt werden, die der Gewährsmann der „Pall Mall Gazette" mit einem alten Kuppler hatte, der sich „unter den Exporteuren englischer Mädchen eines grossen Ansehens" erfreute. „Ich fragte ihn": „Wie hoch beläuft sich Ihrer Ansicht nach die Zahl der Mädchen, die unser Land verlassen um in den kontinentalen Häusern der Prostitution Aufnahme zu finden?"

Er antwortete nicht gleich und schien erst Berechnungen anzustellen. Nach einer Weile antwortete er aber:

„Ich kann nur von Belgien und Nordfrankreich sprechen. Was die Versorgung von Paris, Bordeaux, der Niederlande und des übrigen Kontinents betrifft, so sind mir keine Daten bekannt. Indes meine ich, dass im allgemeinen monatlich ein Dutzend junger Engländerinnen nach den genannten Städten abreisen."

„Das ist, ungefähr 250 pro Jahr! Eine grosse Zahl. Wieviele dieser Mädchen sind bereits Prostituirte vor ihrer Abreise?"

„Etwa der dritte Teil; Zwei Drittel glauben, dass sie eine Stelle erhalten und erfahren erst, welches Schicksal ihnen bevorsteht, wenn sie bereits in den Bordellen abgeliefert worden. Aber auch dann lässt man sie die Wahrheit nur allmählich erkennen. Man lässt die junge Engländerin in Gesellschaft fremder Frauen reisen, denen angelegentlich empfohlen ist, ihren Verdacht nicht zu erregen, bis der geeignete Zeitpunkt zur Aufklärung gekommen ist. Dann lässt man sie nach und nach erkennen, wo sie sich befindet und das Ende ist, dass sie sich in das Unvermeidliche fügt."

„Welche Zahl englischer Mädchen betrachten Sie als den gewöhnlichen Bedarf der Häuser, die Sie früher versorgten?"

„Ein oder zwei, ist die gewöhnliche Quantität. Doch beträgt die normale Anzahl junger Engländerinnen in Brüssel zwanzig oder dreissig. In Antwerpen ist die Zahl eine viel bedeutendere und sind gegenwärtig vielleicht hundert junge Engländerinnen in sämmtlichen öffentlichen Häusern Belgiens zu finden. Selbstverständlich ist dies meinerseits blos Schätzung. Ich besitze keine statistischen Daten, nach alledem, was ich von diesen Häusern und deren Gepflogenheiten weiss, kann ich diese Zahl annehmen.

„Auf welche Weise erfolgt die Versorgung dieser Häuser?"

„Durch regelrechten Handel. Ichhabemich blos kurze Zeit damit befasst. Thatsächlich habe ich alles in allem blos elf Mädchen exportiert, ohne diejenigen zu rechnen, die meine Frau versendet hat. Von dieser Zahl habe ich fünf nach Brüssel, drei nach Antwerpen, zwei nach Boulogne und eine nach Lille gebracht. Die Inhaberinnen der Lusthäuser bezahlten mir einen bestimmten Betrag für ein Mädchen unter der Bedingung, dass sich dasselbe bei seiner Ablieferung in voller Gesundheit befinde; war das Mädchen krank und musste es in's Krankenhaus gebracht werden, so verlor ich mein Geld. Die Bordellbesitzerinnen versprachen mir immer, mich wie sonst zu honorieren, wenn die Mädchen aus dem Krankenhaus geheilt entlassen werden und bei ihnen eintreten, doch hielten sie niemals ihr

Versprechen." Dabei seufzte er tief über die Unehrlichkeit der Bordellinhaberinnen.

„Wie hoch belief sich gewöhnlich Ihre Provision?"

„Ich erhielt in der Regel zehn Pfund Sterling, doch musste ich hiervon sämmtliche Kosten bestreiten."

„Waren dieselben beträchtlich?"

„Oh nein! Eisenbahn, Dampfschifffahrt und ein geringer Vorschuss. Meine Frau begab sich auf die Strasse und las die Mädchen auf. Prostituirte, die sich nach Veränderung sehnten, Kindergärtnerinnen ohne Stelle oder Ladenmädchen. Es ist dies ja so leicht! Sie knüpft ein Gespräch mit den Mädchen an und lässt sie glauben, was sie wollen. Sie sind einfältig genug alles zu glauben was man ihnen vorschwatzt. Man sagt ihnen, sie sollen gute Stellen, schöne Kleider, stets ein freies Theaterbillet, viel Nadelgeld haben, kurz Alles, woran ein kluges Mädchen erkennen würde, dass es nur Schwindel ist, doch sind sie gar nicht klug: sie verschlingen den Köder gleich Gründlingen und die Sache ist fertig."

„Welche Route wird gewöhnlich genommen?"

„Um Zeit zu sparen über Dover nach Ostende Zuweilen kommt die Bordellhälterin bis nach Dover, um sie hier zu übernehmen. Sie überwacht sie strenge, ohne dabei aufzufallen.

„Welches sind die Schwierigkeiten bei diesem Handel?"

„1) die Möglichkeit, dass jemand am Bord des nach Ostende fahrenden Dampfers sich in ein Gespräch mit den Mädchen einlässt und ihnen einen aufklärenden Wink über den Ort ihrer Bestimmung giebt. Wenn die jungen Mädchen dies noch an Bord vernehmen, wird der Seekommissarius ängstlich und die Sendung würde niemals an ihrem Bestimmungsort ankommen.

„2) wenn sie ohne Zwischenfall eingeschifft sind und ihr Verdacht nicht rege gemacht worden ist, so steht zu befürchten, dass sie Lärm schlagen, sobald sie den Fuss auf's Festland setzen, und wenn sie sich mit der Polizei in Verbindung setzen, so können sie uns arge Unannehmlichkeiten bereiten. Die belgische Polizei ergreift stets die Partei der jungen Mädchen, doch die belgische Polizei kann nicht englisch und die jungen Mädchen sprechen nicht französisch. Dann ist es gewöhnlich die Bordellinhaberin, die den Dolmetscher macht und da versteht sie es sehr gut, sich mit Vorteil aus der Affaire zu ziehen.

„3) nachdem sie bereits an Ort und Stelle abgeliefert sind, können uns die jungen Engländerinnen noch immer entzogen werden, wenn sich ein Freund an den königlichen Prokurator wendet. Die englischen Konsuln sind nicht sehr gut, doch ist der königliche Prokurator nach dem Wortlaut des Gesetzes gehalten, jede Engländerin, die wider ihren Willen in einem Bordell zurückgehalten wird, zu befreien, selbst wenn sie ihre Schulden nicht bezahlt hat."

„Warum bleiben denn diese jungen Wesen dennoch?"

„Es ist ihnen nicht leicht gemacht, den Prokurator zu erreichen und wenn ihnen dies zufälligerweise gelingt, so ist es ja so leicht, ein junges Mädchen zu täuschen, ihm etwas vorzuschwatzen oder auf andere Weise jegliches Mittel zur Flucht zu entziehen. Zuweilen führen die jungen Mädchen erbittert Klagen, besonders über den Besuch des Arztes. Die Engländerinnen lieben dies nicht und es hat Fälle gegeben, wo sie sich ernstlich widersetzten. Sie wissen ja, dass sich in England die Mädchen grosser Freiheit zu erfreuen haben. Belgien ist nicht so frei wie England, doch ist es da noch besser, als in Frankreich. In den Bordellen der französischen Provinz herrscht sehr geringe Freiheit. Die Mädchen werden hier unaufhörlich gewechselt. Zuweilen absolviert ein Mädchen drei oder vier Häuser in einem Jahr."

„Welches sind gegenwärtig die bedeutendsten Exporteure?"

„F . . . ist nach Liverpool gegangen, wo das Feld sehr günstig ist; meine Frau befindet sich in Manchester, Alfred nebst einem halben Dutzend Anderer sind in London. K . . . , P . . . , C . . . , C . . . und R . . . , lauter Belgier, widmen sich insgesamt diesem Handel. Die Ausfuhr kleiner Mädchen im Alter von dreizehn oder vierzehn Jahren befindet sich hauptsächlich in den Händen einer gewissen Kate; wer aber die Kinder von acht und neun Jahren liefert, ist mir unbekannt. Die Mehrzahl dieser Agenten würde jedwedes Kind in jeglichem Alter auf Verlangen in ausländischen Bordellen unterbringen. Aber ich? nicht um tausend Pfund! Wenn Sie diesen Handel verhindern wollen, so stellen Sie eine Vertrauensperson an Bord des Dampfers an und eine andere, die darüber wachen soll, ob der königliche Prokurator seine Pflicht erfüllt. Dies würde den Handel ausrotten, soweit derselbe gewaltsam entführte Mädchen betrifft."

Bereits einige Jahre vor dem Erscheinen der Artikelreihe in der „Pall Mall Gazette" hatten Regierung und Parlament sich bemüht, Wandel in diesem erbärmlichen Menschenschacher zu schaffen, allerdings ohne ihn völlig beseitigen zu können. Auch die „Einfuhr" fremder Mädchen wurde von amtswegen und von privater Seite nur mit teilweisem Erfolg bekämpft, ein Bemühen das übrigens nicht ohne Gefahren ist.

„Fräulein Sterling, die gütige und barmherzige Gründerin von Vereinen zum Schutz und zur Rettung von Kindern in Edinbourgh und Leith, hat über mehrere bemerkenswertere Fälle von Mädchen-Einfuhr berichtet. Nach einem offiziellen Korrespondenten hatte Georges R . . ., den der Pfarrer von Hamburg: „als einen jungen deutschen Arbeiter, der zweifellos mit jungen Mädchen handelt" bezeichnete, sich zweier jungen Mädchen Anne und Elise mittels der folgenden, in der Hamburger „Reform" erschienenen Annonce bemächtigt: „Eine vornehme Familie in Edinbourgh „(Schottland) wünscht ein kleines Mädchen im Alter von zwölf Jahren zu

„adoptieren; man würde das Kind armer Eltern oder eine Waise vorziehen. „Zuschriften sind zu richten an: Nr. 424, Stockbridge, Post-Office, Edinbourgh."

Als nun Fräulein Sterling diese armen Kinder den Klauen jenes R... entrissen hatte, geriet dieser in Zorn und fünf Monate lang musste sich Fräulein Sterling unter den Schutz der Polizei stellen. Sie ward mit Ermordung bedroht und fürchtete für ihr Leben. Ihr Verschulden war, dass sie zwei Kinder aus den Händen eines Sklavenhändlers befreit hatte.

Dieser Industriezweig scheint vollkommen systematisch betrieben zu werden.

Die Ueberraschung des Hamburger Bürgermeisters war gross, als er vernahm, dass sich das englische Gesetz nicht mit solchen Fällen befasse und am 8. März 1884 verfasste der Graf Münster einen Bericht, in welchem er seiner Entrüstung über diesen schauderhaften Schacher Ausdruck gab ..."

Ausser den hier bereits erörterten Uebeln scheinen die Sittenverhältnisse Grossbrittaniens noch an andern zu leiden. Auch widernatürliche Ausschweifungen sind keine seltene Erscheinung, wie der gegen Ende des neunzehnten Jahrhunderts zur Verhandlung gekommene Prozess Oskar Wilde, der so grosses Aufsehen erregt hatte, in betrübender Weise nur zu sehr verdeutlichte. Es wurde von verschiedenen Seiten, darunter von höchst kompetenter und beachtungswerter der Versuch gemacht, derartige geschlechtliche Verirrungen als Krankheitserscheinungen hinzustellen und für sie die bisher fast allgemein gesetzlich festgestellte Strafverfolgung aufzuheben. Auch Professor Dr. R. v. Krafft-Ebing tritt in seiner „Psychopathia Sexualis" für die Abschaffung der betreffenden Gesetzesparagraphen ein, weil „die in der Gesetzgebung vorgesehenen Delikte entspringen in der Regel einer krankhaften seelischen Veranlagung" und nur „eine sorgfältige ärztliche Untersuchung vermag die Fälle blosser Perversität von denen krankhafter Perversion zu differenzieren." Und wenn auch! Es mag schliesslich grausam klingen, aber für die Gesetzgebung hat als unumstössliche Regel zu gelten die menschliche Gesellschaft um jeden Preis zu schützen und deren Bestand um jeden Preis zu sichern und in der Ausübung dieser Pflicht sentimentale Regungen und selbst aus etwaigen wissenschaftlichen Forschungen sich ergebender Schlüsse rücksichtslos zurückzuweisen, mag dies auch Unrecht genannt und auf das bekannte fiat justitia hingewiesen werden. Selbst wenn es Unrecht wäre, was noch keineswegs als entschieden gelten kann. —

„Es werde Recht, vergehe drob
Die Welt!" Nur nicht zuviel geehrt
Dies Sprüchlein, nur kein Ueberlob:
Die Welt ist eines Unrechts wert."

Druck von E. Grüner, Bernau b. Berlin.

Dufour
Geschichte der
Prostitution

DRITTER BAND:

Die christliche Zeit II

ERSTER TEIL:

Romanen · Slaven · Germanische Völker Nord-Europas.

Bearbeitet von Franz Helbing

Fünfte Auflage

Verlegt bei
DR. P. LANGENSCHEIDT
Gross-Lichterfelde-Ost

Deutschland und Oesterreich-Ungarn.

VII. Kapitel.

Die Germanen. — Unzuchtsgelder. — Geistlichkeit. — Klöster und Ordenshäuser. — Bordellkönigin. — Bordelle. — Hurenwaibel. — Soldatendirnen. — Rohe Sitten. — Bäder. — Kleidung der Dirnen. — Bordellordnung. — Kindesmord.

Das von Tacitus so rühmend hervorgehobene Frauenleben bei den Germanen erlitt im Mittelalter auch im deutschen Reiche eine ungünstige Aenderung. „Nachdem die reinen Sitten der Germanen," schreibt Hügel in seinem „Zur Geschichte, Statistik und Regelung der Prostitution" S. 44, „durch den häufigen Verkehr mit den Römern und den Bewohnern des heutigen Frankreichs immer mehr in Verfall gerieten, tauchte auch bei ihnen die Prostitution auf. Die Kenntnis des byzantinischen und morgenländischen Lebens, der steigende Handelsverkehr der Städte, der sich aus demselben entwickelnde Reichtum, die Ehelosigkeit des Klerus und die Ausschweifungen der adeligen Ritter und Herren trugen viel dazu bei, dass die Prostitution in Deutschland immer mehr an Ausdehnung gewann. Im 15. und 16. Jahrhundert wurde namentlich in Süddeutschland ein Leben voll sinnlicher Genusssucht geführt. Nach der Cardina (Reichspolizei vom Jahre 1548 und 1577) und einigen Landesgesetzen wurde die Prostitution und die Kuppelei mit harten Strafen belegt, und jede aussereheliche Vermischung nach Partikulargesetzen an beiden Teilen mit den sogenannten Unzuchtsgeldern (Hurenbrüchen) bestraft. In den meisten deutschen Gauen bestrafte man die Prostitution, je nach der Verschiedenheit der Polizeiverordnungen, durch Untertauchen im Wasser, Gefängnis, Staupenschlag, Gassenkehren, Ort- oder Landes-Verweisung u. s. w., aber an eine Regelung der Prostitution gedachte man noch immer nicht. Das kanonische Recht verhängte über die Unzucht, als delictum ecclesiasticum, verschiedene Kirchenbussen, welche sich die Geistlichkeit nach dem Ermessen der Synodalgerichte gegen den Erlag bestimmter Geldsummen abkaufen liess. Bei dieser Sachlage kann es daher nicht befremden, dass bei Kirchensynoden und Reichsversammlungen, wie z. B. auf dem Konstanzer Konzil (1415) an 700 fahrende Dirnen erschienen, die in der unter Kaisers und des heiligen Reiches Freiheiten gestellten Stadt ihr Glück versuchten.“ Bemerkt sei hier, dass zu diesem Umstande viel auch die sittliche Verdorbenheit der Geistlichkeit beigetragen haben mag. Ebendort klagte der Franziskaner Bernhard Bapitsé in einer Predigt vor den versammelten Kirchenfürsten und Geistlichen: „So schlecht sind unsere Geistlichen geworden, dass schon fast die ganze Geistlichkeit dem Teufel verfallen ist.“ Auch der Adel und selbst die fürstlichen Persönlichkeiten waren einer zügellosen Wollust ergeben. Die Sittenlosigkeit Kaiser Sigismunds ist zu bekannt, als dass noch besonders darauf hingewiesen werden müsste. Und von seiner Gemahlin wurde behauptet, dass sie es während des Konzils ärger als alle anderen Frauen getrieben haben soll. In seiner „Deutsche Kultur- und Sittengeschichte“ (III. Aufl.) schreibt Johannes Scherr (S. 144): „Weil die hohe Geistlichkeit mit der ritterlich-romantischen Gesellschaft, zu welcher sie ja selbst gehörte, in Lebensgenuss, Frivolität und Sittenlosigkeit wetteiferte, ward ihr Beispiel massgebend für die niedre, welche auch in Deutschland, wie überall, das Leben der untern Volksschichten mit dem gemeinsten Kuttengestank, verpestete. Wie musste der niedere Klerus zum Laster angeeifert werden, wenn um 1273 ein Bischof von Lüttich an offener Tafel prahlen durfte, er halte eine schöne Aebtissin als Beischläferin und von andern Weibern seien ihm binnen zwei Jahren vierzehn Bankerte geboren worden. Die Männerklöster wurden allgemach wahre Lasterhöhlen, in welchen nicht nur die grösste Völlerei, sondern auch widernatürliche Wollust schamlose Orgien feierte. Die Nonnenklöster thaten es ihnen redlich nach.

Viele derselben galten dem verwilderten Adel geradezu als Bordelle und man suchte nicht einmal die Folgen solcher Ausschweifungen zu verbergen. Zwar rief ein päpstlicher Legat in Beziehung auf diese Folgen den deutschen Nonnen einmal zu: „Selig sind die Unfruchtbaren!" und zuweilen traf eine unvorsichtige Klosterschwester wohl ein barbarisches Strafgericht; aber es gab auch Frauenklöster, deren Wände ungescheut „von Kindern beschrieen wurden." So z. B. das Kloster Gnadenzell auf der schwäbischen Alp, wie denn überhaupt im 15. Jahrhundert die Nonnenklöster Schwabens durch ihre schamlose Wirtschaft ärgerlichstes Aufsehen erregten. Das Frauenkloster zu Kirchheim unter Teck war wie ein „offenes Frauenhaus", d. h. eine bekannte Stätte der Prostitution. Als zur selben Zeit (um 1484) die Lüderlichkeit im Kloster Soflingen bei Ulm so schreiend geworden, dass eine bischöfliche Untersuchung angeordnet werden musste, hatte der damit beauftragte Kommissär an den Papst zu berichten, er habe in den Zellen der „Gottesbräute" Liebesbriefe höchst unzüchtigen Inhalts vorgefunden, Nachschlüssel, üppige weltliche Kleider und die meisten Nonnen in gesegneten Leibesumständen. Sehr arg und ärgerlich auch trieben es die geistlichen Ritterorden, die Kriegermönche, sie, welche in ihrer Idee das Ideal des Rittertums repräsentieren sollten. Wie es z. B. an den Sitzen der Deutschherren zugegangen sein muss, machen die sogenannten Strafakten des Marienburger Ordenshauses klar, in welchem von systematischen Verführungen von Frauen und Jungfrauen durch die geistlichen Herren, von an zwölf- und neunjährigen Mädchen verübter Notzucht, von einer Bestialität, welche die Entfernung aller weiblichen Tiere aus dem Ordenshause nötig machte, gar oft die Rede ist. Wie es mit dem übrigen Gebaren der Geistlichkeit bestellt war, zeigen die zahllosen Verordnungen der Kurie und erzbischöflichen Stühle, wodurch verboten wurde, dass die Geistlichen Kirchengeräte in der Schenke versetzen, dass sie liederlichen Tänzen beiwohnen, dass sie bei Zechgelagen unzüchtige Schwänke erzählen und unflätige Mummereien aufführen, dass sie die Leute zum Kampfe herausfordern, dass sie unmittelbar vom Lager ihrer Konkubinen weg an den Altar treten, dass sie unmittelbar nach der Messe Saufmetten veranstalten und dgl. m." Auch Gustav Freytag weiss in seinen „Bildern aus der deutschen Vergangenheit" I, 145, von wüstem Strassentreiben der ..eriker zu berichten: „Aber es war doch nicht leicht die Nachtschwärmer zu bändigen, Die trunkenen Gesellen zogen trotz aller Verbote umher und fielen an. wen sie trafen. Am ärgsten trieben das, wie der Bürger klagte, die Geistlichen, mit Messern in der Hand und wildem Toben." Doch um wieder Hügel das Wort zu geben:

„Die Bürgersleute und die Gewerke hielten in Deutschland lange auf die strengste Sittlichkeit. Gefallene Mädchen wurden empfindlich bestraft, kein zünftiger Handwerker durfte eine Gefallene oder ein

Freudenmädchen heiraten, uneheliche Kinder wurden für unehrlich erklärt und in keine makellose Zunft aufgenommen. Den Ehebruch und andere Fleischesverbrechen bestrafte man mit dem Tode. Diese strengen Sitten herrschten aber nur in den grösseren Reichsstädten, wo sie in dem damals so gewaltigen Zunftwesen eine mächtige Stütze fanden. Auf dem Lande, in den zahlreichen Ritterburgen und den Hoflagern der kleinen Fürsten wurde überall ein besonders ausschweifendes Leben geführt. Bei der lange fortbestehenden Sittenreinheit der Deutschen kann es nicht befremden, dass man schon im frühesten Mittelalter in allen deutschen Reichsstädten tolerierte und vollständig privilegierte Bordelle errichtet hatte; denn in einer Epoche, wo der aussereheliche Beischlaf so sehr verdammt wurde, konnte man nicht umhin die Errichtung von Instituten zu begünstigen, durch welche die Ausbrüche der rohen Sinnlichkeit von der Familie ferngehalten und die Konkubinate vermieden werden könnten. Ausser den tolerierten und privilegierten Bordellen gab es noch Bordelle, welche die Municipalitäten errichteten und verpachteten und, solche mit deren Gefällen ansehnliche Familien belehnt wurden. In einigen Städten Deutschlands genossen die öffentlichen Mädchen besondere Privilegien, in anderen erhielten sie sogar das Bürgerrecht. Während in Nürnberg die Bordellmädchen eine ehrbare Zunft mit besonderen Rechten und Gebräuchen bildeten und sich z. B. jährlich eine von dem Magistrate beeidigte Bordellkönigin, mit dem Rechte der Verfolgung der Winkeldirnen wählen durften; während in einigen Städten die „freien Töchter“ das Bürgerrecht erhielten, und bei Ratsmahlzeiten, öffentlichen Bällen und Hochzeiten mit Blumensträussen erschienen, öffentliche Umzüge halten und einen Gildenzwang ausüben durften, wurden sie in anderen Städten zur Tragung gewisser Abzeichen verhalten, der Beaufsichtigung des Büttels unterworfen, und ihnen der Schindanger als Begräbnis angewiesen.

In die Bordelle durften keine verheirateten Frauen aufgenommen und Ehemännern, Priestern und Juden der Eintritt nicht gestattet werden. Im Jahre 1406 wurde in Nürnberg ein Jude aus der Stadt vertrieben, weil er sich in ein Frauenhaus eingeschlichen hatte. Das Verhältnis der damaligen Bordellmädchen zu den Wirten war ungefähr folgendes: Die Mädchen konnten die Bordelle verlassen wenn sie wollten und hatten dem Wirte blos die Kost und das Wochengeld zu erlegen. Der Wirt durfte ihnen die Kost nicht aufdringen, sie konnten sich diese auch selbst beschaffen. Der Wirt musste die Dirnen freundlich behandeln und keine derselben, besonders während ihrer Periode oder der Schwangerschaft, zur Preisgebung nötigen. In einigen Städten wurden die Bordellwirte sogar beeidet, so musste z. B. der Frauenwirt von Würzburg es förmlich eidlich dem Magistrat angeloben „der Stadt treu und hold zu sein und Frauen zu werben“. In Genf wurde die Bordellkönigin von dem Magistrat in Eid und Pflicht genommen.

Der Genuss der physischen Liebe scheint von der öffentlichen Meinung damals nicht so sehr verpönt gewesen zu sein, wie jetzt.

Den Hoflagern der Könige folgten ganze Scharen von Freudenmädchen. Bei den Kriegsheeren standen die öffentlichen Mädchen wegen ihrer beträchtlichen Menge sogar unter einem eigenen Kommando in der Person des Hurenwaibels, dessen Amt sehr ansehnlich und wichtig war. Die Charge des Hurenwaibels war noch im dreissigjährigen Kriege üblich, er hatte aber damals schon viel an seinem Ansehen verloren, während er früher Obristenrang hatte. Sein Sold war im dreissigjährigen Kriege 1¼ Reichsthaler wöchentlich." Gustav Freytag schreibt III. 49. a. a. O. von dieser Zeit: „Nicht nur die höheren Offiziere und Hauptleute nahmen ihre Frauen mit ins Feld, auch der Reiter und der Fussknecht fand es angenehm, zuweilen sein angetrautes Weib, häufiger eine hübsche Dirne zu unterhalten. Weiber aus allen Ländern, gestäupte, gebrannte Dirnen zogen dem Kriegshaufen zu, putzten sich nach Kräften auf, suchten Zutritt, weil sie einen Mann, Freund, Vetter im Lager hätten. Bei der Musterung und bei der Abdankung eines Regiments wurden ehrliche Mädchen unter den grausamsten Vorspiegelungen oft von ganzen Rotten entführt und wenn das Geld verzehrt war, zuweilen ohne Kleider verlassen. Oder sie wurden von einem dem andern um eine Zeche Wein oder um ein paar Thaler verkauft . . . Es ist bekannt, dass der Schwedenkönig bei seiner Ankunft in Deutschland keine Dirnen im Lager duldete. Nach seiner Rückkehr aus Franken scheint auch diese strenge Zucht aufgehört zu haben . . . Am Ende des sechzehnten Jahrhunderts rechnete Adam Junghans in einer belagerten Festung, wo der Tross auf die möglichst kleinste Zahl beschränkt war, auf dreihundert Fussknechte, fünfzig Dirnen und vierzig Jungen."

Herzog Albas Heer hatte auf seinem Zug nach den Niederlanden vierhundert Lustdirnen zu Pferd und achthundert zu Fuss in Kompagnien eingeteilt und hinter ihren besonderen Fahnen in Reih und Glied geordnet. Jeder von ihnen war nach Verhältnis ihrer Schönheit und ihres Anstandes der Rang ihrer Liebhaber bestimmt (Brantome IV. S. 93). Mehrere Jahre vor der Reformation hatte sich der Verfall der Sitten bereits über ganz Deutschland verbreitet. Luther eiferte mit einer besonderen Heftigkeit gegen die Bordelle. Man kann es der Reformation nicht absprechen, dass sie der damals so sehr gesunkenen Sittlichkeit nebst anderem auch durch die Aufhebung des Cölibats wieder einigermassen aufgeholfen hat. Der später ausgebrochene dreissigjährige Krieg zerstörte jedoch wieder die sittlichen Errungenschaften der Reformation, die Unzucht brach von neuem über Deutschland herein, da alle Bande des Gesetzes und der Religion durch ihn zertrümmert wurden. Kaum hatte sich aber Deutschland von den unglückseligen moralischen Folgen dieses Krieges wieder in etwas erholt, so wurde durch das hereinbrechende sittenlose Zeitalter Ludwigs XIV. in den deutschen Gauen neuerdings ein Zustand der Unsittlichkeit wachgerufen, der sich von jenem Frankreichs kaum unterschied. Die Winkelprostitution und das Konkubinat nahmen in so ausserordentlichen Dimensionen zu, dass der eigentliche Zweck der Bordelle darüber beinahe verloren ging.

Die im Gefolge der Kriegsheere sich befindenden Dirnen waren im allgemeinen keiner guten Behandlung ausgesetzt. Gustav Freytag bemerkt (III. 50): „Wenn der rohe Mann seine Dirne arger Vergehen beschuldigte, dann konnte er sie nach scheusslichem Lagerbrauch den Reiterjungen und Trossbuben preisgeben; dann wurde die Elende von der wilden Meute der Menschen und der Lagerhunde in den nächsten Busch gehetzt. (s. Grimmelshausen)."

Die Verwilderung der Sitten nach dem grossen Kriege, der Kleiderluxus, der sich geltend machte und manches mehr, liessen andrerseits wieder den Pietismus erstehen, der es mit einem Ueberschwang nach der entgegengesetzten Richtung hin versuchte. Freytag schreibt (IV): „Dass in einer zügellosen Zeit auch die Reaktion des Besseren gegen das Gemeine und Wilde das Mass überschreitet ist natürlich. Nach dem Krieg war ein wahnsinniger Kleiderluxus eingetreten, schamlos liebten die Frauen ihre Reize zu zeigen, frivol waren auch die Tänze, roh die Trinkgelage, die Komödien und Romane oft nur eine Sammlung von Unsauberkeiten. Da war natürlich, dass solche, die sich ärgerten, einfache, dunkle, verhüllende Gewänder wählten und die Frauen sich nonnenhaft von Tanz und Lustbarkeit zurückzogen."

Allerdings wurde unter dem Einfluss des Zeitalters des französischen „Sonnenkönigs" auch in Deutschland der Versuch gemacht, den gesellschaftston zu heben, doch diese hyperkulturelle Tünche erwies sich nur von geringer Bedeutung und Wirkung, zumal sie nur aus einer argen Sittenverderbnis entstammte und, von Aussen aufgenommen, die früher unverhüllt hervorgetretene Rohheit nur notdürftig bedeckte. Wieder sei Freytag das Wort gegeben: „Aber diese gedrechselten Complimente sind schlechte Tünche über rohen Sitten. Noch werden sie durch gemeine Stallwörter und Flüche unterbrochen; und wenn die Complimente ausgegeben sind, und die Unterhaltung behaglicher läuft, dann richtet sie sich am liebsten auf Dinge, die nicht mehr zweideutig sind: auch die Frauen sind gewöhnt, darauf zu hören und zu antworten, nicht mit der naiven Unbefangenheit früherer Zeit, sondern mit heimlichem Vergnügen an dem Gewagten solcher Unterhaltung, denn es gilt schmutzige Anekdoten modisch zu erzählen oder durch Rätselfragen mit arger Lösung die Frauen zu artig affektirter Verlegenheit zu bringen."

Wie in England und noch anderwärts waren auch in Deutschland bereits im Mittelalter die öffentlichen Bäder, Prostitutionsstätten, in denen oft öffentliche Mädchen für die Badegäste gehalten wurden. „Auch die öffentlichen Badehäuser der Städte" schreibt Scherr in seinem bereits angeführten Werk S. 208, „in welchem Männer, Frauen, Mädchen und Jünglinge, Mönche und Nonnen untereinander badeten und die beiden Geschlechter häufig splitternackt sich begegneten, konnten zur Hebung der Keuschheit gewiss nicht beitragen. An den Stätten der Gesundbrunnen zeigte sich das mittelalterliche Badeleben in seiner ganzen Ausgelassenheit. So besitzen wir eine von dem Italiener Poggio im Jahre 1417 nach eigener Anschauung entworfene Schilderung des Treibens der Badegäste zu Baden im Aargau, wo in den zahlreichen Herbergen Krieger und Staatsmänner, Kaufleute und Handwerker, Domherren, Aebte und Aebtessinnen, Mönche und Nonnen von weitumher sich zusammenzufinden pflegten. Da erschöpfte man sich in allen Arten von Vergnügungen bis zu völliger Zügel- und Zuchtlosigkeit. In der Morgenfrühe waren die Bäder am belebtesten. Wer nicht selber badete, stattete seinen badenden Bekannten Besuche ab. Von den um die Bäder laufenden Gallerien konnte er mir ihnen sprechen und sie auf schwimmenden Tischen essen und spielen sehen. Schöne Mädchen baten ihn um Almosen, und warf er ihnen Münzen hinab, spreiteten sie, dieselben aufzufangen, wetteifernd die Gewänder aus und enthüllten dabei üppige Reize. Blumen schmückten die Oberfläche des Wassers und oft hallten die Gewölbe wieder von Saitenspiel und Gesang. Mittags, an der Tafel, ging nach gestilltem Hunger der Becher so lang umher, als der Magen den Wein vertrug oder bis Pauken und Pfeifen zum Tanze riefen. Da begann dann das wilde, erhitzte Blut so recht sich auszutoben: man drehte sich und sprang, damit entweder die vielfach geschlitzten Beinkleider der Tänzer oder die in Unordnung geratenen Röcke der „umgeworfenen" Tänzerinnen unzüchtige Anblicke gewährten und dadurch lautes Lachen erregen sollten. Sicherlich war Poggio berechtigt seiner Schilderung dieses badener Badelebens die schalkhaften Worte beizufügen: „Nulla in orbe terrarum balnea ad foecunditatem mulierum magis sunt accommodata."

Des Weiteren über die Sittenzustände Deutschlands im Mittelalter und in der unmittelbar darauf folgenden Zeit sei aus derselben Quelle folgendes hier wiedergegeben:

„Die häufig erlassenen furchtbar strengen städtischen Strafgesetze gegen die Notzucht („Nothnumpft") zeigen, dass die Begierde sogar auf öffentlicher Strasse der Städte häufig zu viehischen Ausbrüchen kam. Gewerbsmassige Prostitution wurde überall als ein notwendiges Uebel erkannt, ja sogar von Obrigkeitswegen aufgemuntert, während in früherer Zeit überführte Kupplerinnen als „Verschänderinnen" anderer Frauen lebendig begraben wurden. Der Name der mittelalterlich deutschen Bordelle, „Frauenhäuser" stammt aus der karlingischen Zeit, wo er aber die spätere Bedeutung nicht hatte, wie damals auch das von dem angelsächsischen Wort borda (Haus) abgeleitete Bordell einfach Häuschen bedeutete. Weil jedoch schon die karlingischen Gynäceen (Frauenhäuser) die Schauplätze vieler Liebesabenteuer gewesen waren, so trug das spätere Mittelalter den Namen auf die Stätten feiler Lust über. Man nannte diese aber auch „offene" oder „gemeine Häuser", „Jungfrauhöfe", „Häuser der gelüstigen Fräulein" und ihre Bewohnerinnen „offene Weiber", „Frauenhäuserinnen", „thörichte Dirnen", „fahrende Frauen". Die Frauenhäuser waren Eigentum der Stadt und wurden von dieser an den „Frauenwirt" (Ruffian) oder die Frauenwirtin verpachtet gegen einen bestimmten wöchentlichen Zins. Oft war auch der schmähliche Ertrag dieser Institute landesherrliches Regal, eine Einkommensquelle geistlicher und weltlicher Dynasten. Die Stellung der Frauenhäuserinnen war nach den verschiedenen Städten sehr verschieden. Wenn sie an einem Orte sehr hart gehalten, dem Henker zur Aufsicht übergeben und auf dem Schindanger begraben wurden, so genossen sie an anderen wieder grosser Vorrechte, wurden mit dem Bürgerrecht beschenkt, durften bei städtischen Festen und Tänzen mit Blumensträussen geschmückt erscheinen, durften einen Zunft- und Gewerbszwang ausüben und, wie die Handwerker jeden Nichtzünftigen als „Bönhasen" verfolgten, so ihrerseits nicht befugte Bordelle zerstören und „Bönhäsinnen" aus der Stadt jagen Meistens waren sie angehalten, eine eigentümliche Kleidung zu tragen, z. B. in Leipzig gelbe Mäntel mit blauen Schnüren, in Bern und Zürich rote Mützen, in Augsburg einen grünen Streifen am Schleier, andernorts grüne Röcke. Grössere Städte, wie Wien, Leipzig, Augsburg, Frankfurt etc., hatten mehrere Frauenhäuser, aber auch ganz kleine Stadtgemeinden besassen in der Regel wenigstens eins. War doch, um nur ein derartiges Beispiel anzuführen, sogar das Landstädtchen Winterthur, welches noch jetzt nicht mehr als 8000 Einwohner zählt, schon 1468 mit einer solchen Anstalt versehen. Die Stadt-Magistrate liessen es sich angelegen sein, das Frauenhauswesen nach festen Normen zu regeln, mit deutscher Gründlichkeit Methode in die Ausschweifung zu bringen. An Vorabenden von Sonn- und Feiertagen, wie an diesen selbst, sollten die Frauenhäuser wenigstens Vormittags geschlossen sein. Ehemänner, Pfaffen und Juden sollten keinen Zutritt haben, allein nur in Beziehung auf die letzteren wurde dies Gesetz streng gehandhabt und zwar so streng, dass Fälle bekannt sind, wo der betroffene Jude mit dem Tode bestraft wurde, wie man auch der Buhlschaft mit Jüdinnen überwiesene Christen hinrichtete. Nur fremde, d. h. nicht aus der Stadt gebürtige Mädchen sollten den Dienst im Frauenhaus verrichten, Ehefrauen gar nicht zugelassen werden. Allein dieses Verbot scheint nicht selten umgangen worden zu sein. Denn uns ist urkundlich bezeugt, dass um 1476 zu Lübeck vornehme Bürgerinnen, das Antlitz unter dichten Schleier bergend, Abends in die Weinkeller gingen, um an diesen Orten der Prostitution unerkannt messalinischen Lüsten zu fröhnen. Das Verhältnis des Frauenwirts zum Magistrat und das der offenen Weiber zu dem Ersteren war des Ausführlichsten bestimmt. Die Stadtobrigkeit kümmerte sich sogar um die den „gelüstigen Fräulein“ vom Frauenwirt zu reichende Kost „Er soll,“ heisst es in der Ordnung des Frauenhauses von Ulm, „ainer yeden Frawen in seinem Haws wonend das mal umb sechs Pfenning geben und sie damit höher nit staigen und ir aber über yedes mal, so man fleisch essen sol, geben zwu richt oder trachten von fleisch, mit namen suppen und fleisch, und ruben oder kraut und fleisch, welches er dann nach gestalt und gelegenheit der zeit fügklichen und am bösten gehaben mag, und aber am Sonntag, am Afftermontag und am Dornstag zu Nacht, so man also fleisch ysset, für der ytzgemelten richt oder trachten aine, ain gebrattens oder gebachens dafür, wa Er das gebrattens nicht gehaben mochte.“ Und noch um anderes sorgte der wohllöbliche Magistrat: „Ain yede Fraw, so nachts ain Mann bey ihr hat, sol dem Wiertt zu Schlaffgeldt geben ainen Kreutzer und nit darüber, und v r jr über dasselbige von dem Mann, beim dem sy also geschlaffen hat, wirdt, das soll an jren Nutz kommen.“ Häufig erhoben die offenen Frauen Klage bei der Stadtobrigkeit wegen Beeinträchtigung ihres Gewerbes durch heimliche, d, h. nicht in Frauenhäusern wohnende Konkurrentinnen. So richteten die „gemeinen Frauen im Tochterhause“ zu Nürnberg im Jahre 1492 eine deh- und wehmütige Supplik um Abstellung der Winkelprostitution an den Rat, bittend: „solches um Gottes und der Gerechtigkeit willen zu strafen und solches hinfüro nicht mehr zu gestatten, denn wo solches hinfüro anders als bisher gehalten werden sollte, müssten wir Armen Hunger und Kummer leiden.“ Bei allen Festen und sonstigen Versammlungen strömten Scharen von Lustdirnen zusammen. Bei dem Reichstag zu Frankfurt, 1394, waren achthundert fahrende Frauen anwesend . . . Da die Frauenhäuser für dienlich „zu besserer Bewahrung der Ehe und Ehre der Jungfrauen“ erachtet wurden, so wurde die ganze Sache mit einer für unsere Sitten höchst anstössigen Offenheit und Unbefangenheit behandelt und ein Kaiser (Sigismund) wusste es dem Berner Stadtmagistrat öffentlich Dank, dass dieser dem kaiserlichen Gefolge einen dreitäigen unentgeltlichen Zutritt im Frauenhause der Stadt gestattet habe. Es wurde auch durch ganz Deutschland und nach auswärts (vornehmlich nach Venedig, London und Bergen) ein schwunghafter Handel mit „schöner Ware“ betrieben und vor allem begehrt waren die schwäbischen und sächsischen Mädchen. Wie es scheint, hatten die Frauenhäuser, in welchen neben der Wollust auch die Trunksucht und Spielwut ihre Orgien feierten, wenigstens das Gute, dass sie zur Verhütung des Kindermordes beitrugen. Dieses Verbrechen kam allerdings im Mittelalter nicht häufig vor, wie sich schon daraus schliessen lässt, dass das ganze fünfzehnte Jahrhundert hindurch in Nürnberg nicht ein einziger solcher Fall bekannt wurde, im sechszehnten dagegen schon 6, im siebzehnten Jahrhundert sogar 33 Fälle.“

Weiteres über die für die Geschichte der Prostitution so gewichtige Bordellwesen ist in den Kapiteln IX etc. zu finden.

VIII. Kapitel.

Sittenzustände der Höfe. — Karl der Grosse. — Sächsische Könige und Kaiser. — Habsburger. — Rudolf I. — Maximilian I. — Karl V. — Maximilian II. — Rudolf II. — Marchese Julius. — Philipp IV. — Josef I. — Karl VI. — Maria Theresia. — Franz. — Josef II. — Leopold II. — Philipp von Hessen. — Friedrich I. von Preussen. — August der Starke. — Baireuth. — Friedrich Wilhelm II.

Auf die an den deutschen Höfen herrschend gewesenen Sittenzustände wurde bereits flüchtig hingewiesen. Es ist jedoch auch hier nötig sich eingehender damit zu beschäftigen, zumal das Treiben an diesen Höfen auch in Deutschland vorbildlich für die Gesellschaft wurde. Es waren nichts weniger als löbliche Sittenzustände, die bei den Herrschenden zu finden waren, wobei allerdings gesagt werden muss, dass die selbst heute noch nur allzuoft in Erscheinung tretende Ausländerei der Deutschen auch hier zum Ausdruck gelangte. Die Sittenlosigkeit Italiens und Frankreichs fand an deutschen Fürstenhöfen nicht selten Nachahmung, in den meisten Fällen allerdings eine derbere, vergröberte, die das Widerliche an der Sache noch widerlicher erscheinen liess.

Karl der Grosse, der Gründer des deutschen Staatenwesens, fand bei der Erörterung französischer Sittenverhältnisse Erwähnung. Lieben es doch die Franzosen den ersten deutschen Kaiser völlig als den ihrigen zu betrachten. So Rühmliches der grosse Frankenfürst sonst auch geschaffen hat, so streng er auch gegen Unzucht und Prostitution verfuhr, sein Privatleben war, vom Standpunkt sexueller Sittlichkeit betrachtet, nichts weniger als rühmlich. Er hatte nacheinander vier Gemahlinnen, nebenbei aber noch sechs Kebsweiber, von denen er eine gelegentlich geehelicht hatte. Von allen diesen Frauen wurden ihm achtzehn Kinder geboren, die zumeist frühzeitig starben. Zwei seiner Töchter, Rotrud und Bertha machten ihn ausserehelich zum Grossvater, letztere sogar zweimal. Als sehr schwache Entschuldigung kann hierbei angeführt werden, dass Karl seine schönen und gebildeten Töchter nicht verheiraten wollte, weil er sie stets um sich haben mochte. Auch sonst scheint es übrigens am Hofe nicht sehr sittsam dahergegangen zu sein, wenigstens wurde behauptet, dass seine Enkelin Gundrade dort das einzige tugendhafte Mädchen gewesen sei.

Von Karls Sohn und Nachfolger, dem schwächlichen Frömmler Ludwig lässt sich nach dieser Richtung hin höchstens nur bemerken, dass er mit harter Strenge gegen die Prostituierten verfuhr. „Im zehnten Jahrhundert", schreibt Henne am Rhyn in seinem „Die Gebrechen und Sünden etc." S. 50, „wurde eine asketische Richtung auf dem Gebiete der Religion, besonders in Deutschland vorherrschend; aber nicht nur dieser Umstand hatte eine merkliche Besserung des sittlichen Lebens im Gefolge, sondern auch die Trennung Deutschlands vom Frankenreich für ersteres Land. Das schon von Tacitus gerühmte reine Familienleben hatte sich östlich vom Rhein überhaupt nie wesentlich zum schlimmen gewendet, sondern nur da, wo die Germanen sich mit Romanen vermischten. Der Hof der sächsischen Könige und Kaiser war makellos und unterschied sich dabei vorteilhaft von demjenigen Karls des Grossen, und die Frauen, die an ihm lebten, waren herrliche Gestalten an Sittenreinheit. Daher wurden auch im deutschen Reich die Frauen so hoch geehrt wie in den ungeteilten fränkischen und im getrennten französischen und italienischen niemals. Auch die Nonnen wurden höher geschätzt als die Mönche. Blieben auch unsittliche Vergehen nicht aus, so hört man doch vor dem Beginn der Kreuzzüge und dem etwa gleichzeitigen Eindringen französischer Sitten in Deutschland hier beinahe nichts von Prostitution.'' Diese Behauptungen sind allerdings nur mit einigen Einschränkungen hinzunehmen, kennzeichnen aber im ganzen und grossen vortrefflich die Sittenverhältnisse jener Zeit. Die fränkischen und hohenstaufischen Beherrscher Deutschlands regierten zwar in einer namentlich durch das

Benehmen des Klerus viel sittenloser gewordenen Zeit, doch lässt sich auch von ihnen nach dieser Richtung hin nichts besonderes bemerken. Was dagegen die Kirchenfürsten betrifft, so sei beiläufig bemerkt, dass Bischof Heinrich von Basel (1215—38) zwanzig Bastarde hinterliess und noch später Bischof Heinrich III. von Lüttich (1247—74) nicht weniger als 15 aufzuweisen hatte, als ihn endlich doch wegen seines unsittlichen Lebenswandels die Absetzung traf. Die Klöster damaliger Zeit waren auch in Deutschland nicht nur Stätten zügelloser Wollust, sondern auch die der Päderastie und Bestialität.

Zahlreich sind die Gunstdamen und Kinder der Liebe, die bei den Habsburgern zu finden sind.

Von dem liebeslustigen ersten Habsburgischen Kaiser Rudolf, der noch im höheren Alter mit der schönen Agnes eine zweite Ehe einging und eifersüchtig einem Kirchenfürsten, der die junge Kaiserin beim Empfang küssen wollte, den Rat gab lieber den Agnus dei als die Agnes zu küssen, meldet die Geschichte auch einen natürlichen Sohn, Albrecht von Schenkenberg, der ein tapferer Ritter war und dem auf Rudolfs Ansuchen der Reichstag zu Augsburg eine ansehnliche Dotation bewilligte. Von der Mutter ist nichts näheres bekannt. Er wurde auch mit dem gräflich Löwenstein'schen Wappen und Titel belehnt. Sein Stamm erlosch 1443.

Friedrich der Schöne hinterliess ausser zwei ehelichen Töchtern einige natürliche Söhne, die sich dem geistlichen Stande widmeten. Erzherzog Sigismund von Tirol, dessen beide Ehen kinderlos blieben, hinterliess eine stattliche Anzahl ausserehelicher Kinder, von denen zwölf bekannt sind und von den Ständen versorgt werden mussten. Von den Bastarden des lebenslustigen Maximilian I. sind neun bekannt geworden und einige andere, wie Siegismund von Dietrichstein, der ihm auch sehr ähnlich sah, und Graf Ludwig von Helfenstein galten dafür. Von seinen natürlichen Söhnen führte der Erzbischof von Valencia, Georg als Erster den Namen „ab Austria", den später noch einige natürliche Söhne habsburgischer Herkunft führten, wie der Sohn Karls V., Don Juan d'Austria, der Sieger von Lepanto und Don Juan d'Austria, Sohn des Spaniers Philipp IV. Von Karl V. ist auserdem noch eine natürliche Tochter bekannt geworden, Margarethe von Parma, die kluge Statthalterin der Niederlande. Als Mutter Don Juans wurden verschiedene Frauen genannt unter anderen eine Brüsseler Bäckerin oder Wäscherin und eine flandrische Adelige namens Barbare von Blombergh.

„Ferdinand I." heisst es in „Die Gunstdamen und Kinder der Liebe des Hauses Habsburg," war ein musterhafter Gatte; dagegen brause die Jugend bei seinem Nachfolger Maximilian II. stark. Man ersieht dies aus einem Brief, den Ferdinand I. vor dem Aufbruch in den Krieg gegen den Kurfürsten von Sachsen aus Leitmeritz am 14. Februar 1557 an seine beiden Söhne Max und Ferdinand schrieb. „Was ihm (Max) widerfahren sei“, heisst es in diesem Schreiben, „würde ihm nicht widerfahren sein, wenn er ernste Männer befragt hätte; könne er sich der luxuria nicht enthalten, so solle er es thun ut dicitur caute, non scandalose neque cum maritatis et non vim vel injuriam in isto casu facias vel scandalizes.“

Kaiser Maximilian II. lebte vor seiner Vermählung mit der fruchtbaren Tochter Carls V., Maria, in einem zärtlichen Verhältnisse mit Anna von Ostfriesland, einer Hofdame seiner Mutter Anna von Ungarn. Die diesem Bunde entsprossene Tochter, Helene Scharseg, ebenso ausgezeichnet durch ihre Schönheit wie Klugheit, war die Gemahlin des Hofkriegsraths Andreas Eberhard Freiherrn von Rauber (gest. 1575), berühmt durch seinen, wie die Sage erzählt, fünfthalb Schuh langen Bart und seine Leibesstärke, welche letztere ihm auch in einem Ritterspiele, in welchem er nach Kampfesvorschrift seinen Gegner — einen riesenhaften Spanier — in den Sack stecken sollte, zur schönen Helene verholfen hatte. Von diesem Vorfalle rührt auch das noch gebräuchliche Sprüchwort: „jemand in den Sack stecken“ her.

Kaiser Rudolf II. war nie vermählt. Bald nach seiner Thronbesteigung (1576) hiess es, er werde die Infantin Isabella, die älteste Tochter Philipp II., zur Frau nehmen und Unterhandlungen wurden bezüglich dessen in Spanien gepflogen, die aber durchaus zu keinem Abschlusse führen wollten, obwohl sich Rudolfs Mutter, die Witwe Maximilians II. und Schwester Philipps II., selbst ins Mittel legte. Teils mag Philipp sich nicht von seiner Lieblingstochter haben trennen wollen, teils mochten die Forderungen, welche Rudolf bezüglich der Mitgift erhob, und die auf nichts weniger als eines der Länder Philipps hinzielten, die Ursache gewesen sein, dass zuletzt die Unterhandlungen ganz abgebrochen wurden. Die Infantin Isabella heiratete erst am 1. April 1599, bereits 32jährig, Rudolfs Bruder, den kränklichen Erzherzog Albrecht. Rudolf sandte Vertraute an alle Höfe auf Brautschau und holte von allen Seiten Nachrichten über Prinzessinnen ein; er schickte nach Tirol in grösster Eile einen Maler, damit dieser das Bildnis zweier dort lebenden Erzherzoginnen aufnehme, von Tirol hatte sich derselbe nach Württemberg zu begeben und gleicherweise die Tochter des Herzogs, von deren Schönheit viel die Rede war, zu porträtieren. Die Sache wurde mit solchem Eifer betrieben, als ob die Hochzeit allsogleich vollzogen werden sollte. Ja, nicht zufrieden mit dieser Auswahl, liess Rudolf noch den Herzog von Savoyen um die Porträts seiner Töchter ersuchen, reihte auch die Prinzessin von Toskana in die Zahl seiner möglichen Bräute ein und, als wollte er wirklich Ernst machen, liess er zuletzt dem Herzog von Württemberg entbieten, er möchte seine Tochter nicht verheiraten, da er selbst Absichten auf sie habe. Unglückliche Prinzessinnen, wenn ihnen das Geschick der Infantin, um die 16 Jahre lang geworben wurde, auch zu Teil werden sollte. Ja noch mehr, der Kaiser verlobte sich sogar förmlich mit Maria von Medicis, die dann Heinrich IV. von Frankreich heiratete, mit einer Prinzessin von Lothringen, mit zwei Töchtern des Erzherzogs Karl, mit einer Tochter des Grossfürsten und des Wojwoden der Wallachei. Vermählt hat er sich aber mit keiner dieser erlauchten Schönheiten, sondern unterhielt lieber zahlreiche und immer gewechselte Gunstdamen. Am längsten dauerte seine Verbindung mit der Tochter seines Antiquars Oktav de Strada von Rosberg, des Verfassers des 1615 erschienenen Werkes: „De vitis Imperatorum et Cæsarum Romanorum." Von Rudolfs natürlichen Kindern sind sechs, drei Söhne und drei Töchter, bekannt geworden. Die älteste Tochter, Karoline mit Namen, als deren Mutter man Euphemia von Rosenthal bezeichnet, war mit Franz Thomas Oyselet, Reichsgrafen von Cantecroix, Ritter vom goldenen Vliess, verheiratet, starb am 12 Jänner 1662 zu Mecheln und liegt in der königlichen Gruft in der Domkirche zu St. Veit in Prag bestattet; die zwei anderen Töchter, Dorothea und Elisabeth, endeten in Klöstern, die eine in Wien, die andere in Madrid ein unbeachtetes Dasein. Der belgische Gesandte Vischer berichtet noch von einer vierten Tochter, die dem Kaiser einen Tag vor seinem Tode geboren worden sei. Wer die Mutter gewesen und was aus dem Kinde geworden, ist unbekannt geblieben. Die drei Söhne hiesen Julius, Mathias und Karl.

Die zwei jüngeren, Mathias und Karl, die der Erzherzog Ferdinand nach dem Tode seines Vetters Rudolf im Jesuitenkollegium in Prag erziehen liess, suchten, als sie herangewachsen waren, in Spanien ein Unterkommen, doch gelang es ihnen damit nicht nach Wunsch. Philipp IV. wollte dem Don Matthias, wie er genannt wurde, durch eine reiche Heirat zu einer selbstständigen Stellung verhelfen, es scheint jedoch der Plan sich zerschlagen zu haben. Man liess ihn schliesslich nicht nach Madrid, bezahlte seine Zeche und gab ihm noch 4000 Dukaten. Er ward damit nach Deutschland zurückgeschickt, wo er 1626 starb. Von Karl heisst es, dass er noch bei Lebzeiten seines Vaters in Wien in der Schiffgasse bei einem Pöbelaufstande eines öffentlichen Mädchens wegen erschlagen worden sei.

Ein helleres Licht ist über den „Marchese Julius" verbreitet, seit durch Professor Dr. Gindely die Correspondenz des mit der Ueberwachung des Bastards betrauten Krumauer Hauptmannes ans Licht gezogen wurde. Diese Schriftstücke widerlegen die erst ganz neuerlich im ersten Hefte der jüngst erschienenen „Hof- und Adelsgeschichten" von Moritz Beermann wiederholte Angabe Khevenhüller's, Hammer's, Hurter's, Vehse's und Anderer, „dass dem Marchese Julius (wie dem weisen Seneca von weiland Nero geschehen) als einem Tyrannen und Mörder die Schlagadern im Bade geöffnet worden seien" . . .

Rudolf II. Bruder und Nachfolger Kaiser Mathias, heiratete erst sehr spät, mit 54 Jahren, am 4. Dezember 1611, die 26jährige tirolische

Prinzessin Anna. Bis dahin hatte Mathias nur eine Maitresse gehabt, die grossen Einfluss auf ihn übte, Susanna Wachter. Die Kaiserin Anna starb noch vor dem Kaiser, am 14. Dezember 1618 in ihrem 34. Lebensjahre. Sie war durch unordentliche Esslust dermassen beleibt worden, que c'est monstreux de voir," heisst es in einem gleichzeitigen Schreiben aus Wien. Der Sektionsbericht sagt: „Der Kaiserin Körper ist eröffnet, Magen, Herz und Hirn frisch gefunden, aber die Leber, Lunge, Milz, und Gedärme, alles schadhaft und faul, dass es unter den Händen zerbrochen. Ist Alles an ihr angewachsen gewesen, dass man es mit dem Scheermesser ablösen müssen; fünf Achterling Schleim ist bei ihr gewesen, also unmöglich, dass man ihr helfen können." Drastischer lässt sie Coxe aus Kummer über das Verfahren mit dem Cardinal Klesel und des Gemahls gebrochene Macht sterben. Dergleichen nennt man, klagt Hurter, Geschichte schreiben, und befleissigt sich, damit es nicht in Vergessenheit komme, den Lehrbüchern für die Jugend hieraus den erforderlichen Aroma zu verleihen. Die Bedeutung, welche man der Geliebten des Kaisers, Susanna Wachter, beilegte, charakterisiert nachfolgende Stelle aus einem Briefe (de dato Regensburg, 28. Februar 1608), den der Erzherzog Ferdinand von Steiermark (nachmals Kaiser Ferdinand II.) an seine Mutter, Erzherzogin Marie richtete: „Von wien aus ist ein Pasquillus nach Praag komen, der Redett also: Ein Huer (die Wachter) vnnd ein Reitter (ist weniger klar, es kann auf mehrere Herren am erzherzoglichen Hofe bezogen werden), ein Pfaff (Bischof Klesel) und ein Doktor (Kanzler von Krenberg) vnnd des lumpengesindts vill, firn den Erzh. in dieses spill. E. fl. Dt. (Eure fürstl. Durchl.) die werdens woll verstehen, Auf weme es gedeutt wierdet."

Die alte Habsburg-Dynastie von Rudolf I. bis Mathias herunterselbst Max II., den besten dieser Dynastie nicht ausgenommen, war bei aller Devotion den Liebesfreuden ausserhalb der Ehe sehr ergeben gewesen. Die mit Ferdinand II. zur Regierung gelangende Steyermark-Dynastie begann anders. Die Debauchen hatten das Geschlecht erschöpft, mit Ferdinand II kam die Consequenz der Debauchen, die Bigotterie.

Der schweigsame Philipp IV., der vorletzte König von Spanien aus dem Hause Habsburg, der oftmals viele Wochen lang kein Wort sprach, um seine königliche Würde nicht aufs Spiel zu setzen, anerkannte mehrere natürliche Kinder. . . .

Auch Philipps IV. berühmter Bruder, Ferdinand von Oesterreich, Erzbischof von Toledo und Kardinal (geboren 16. Mai 1609, gestorben 9. November 1641), dritter Sohn Philipps III. von Spanien, hatte eine natürliche Tochter, Maria Anna d'Austria, geboren 1641. Sie trat in den Karmeliterorden von der Reform der heiligen Theresia, hiess mit dem Klosternamen Maria de la Cruz und starb in ihrem Kloster zu Madrid den 3. September 1715, nach Anderen aber bereits 1682.

Bei dem von einer hochfrommen Stiefmutter, Eleonore von Pfalzneuburg, in scharfer harter Zucht gehaltenen Kaiser Joseph I. wurde eben durch die hochfromme und mönchischstrenge Erziehung nebst einem ungemeinen, echt olympischen Stolze eine sehr starke Hinneigung zur Galanterie nach dem neuen französischen Hofton gross gezogen; 21 jährig wurde er 1699 mit der fast 26jährigen Amalie von Hannover vermählt. Charakteristisch war, dass der Dienst für die königliche Braut mit Vorbedacht so ausgewählt wurde, dass keine verführerischen Schönheiten dabei waren. Er verachtete die Weiber, wiewohl er gerade im Weiberpunkte das Gegenteil seines streng keuschen Vaters Leopold I. war, und die Galanterien bei Joseph schon wieder eine sehr starke Rolle spielten, aber er liess sich von seinen, zum Teile bestochenen Liebschaften nicht gängeln. Als Papst Clemens XI. Albani sah, dass Joseph I. aus einem ganz anderen Tone als der andächtige Leopold mit ihm sprach, rächte er sich durch eine Homilie, die er sogar in Druck legen liess, über die Schriftworte: „Aquila insidet corporibus." Es war eine grobe Satyre über die zahllosen Liebesabenteuer des Kaisers. „Dass der jetzige Kaiser galant à outrance ist, ist nichts Heimliches, die ganze Welt redt davon," schreibt die Herzogin von Orleans unterm 23. Mai 1705. „Le comte de Zinzendorf m'a dit," schreibt über den Tod dieses Kaisers der hannöversche Sekretär Robethon an den Minister Bernstorf, „que Sa Majesté Imp. dès le second jour de sa maladie avait renvoyé à ses maitresses toutes leurs lettres et avait demandé pardon à l'Imperatrice de ses petites intrigues, après quoi il s'était confessé" u. s. w."

Karl VI., der letzte deutsche Habsburger, der eine Zeit lang auch als neuer spanischer Habsburger gelten mochte, war wohl der prachtliebendste Fürst dieses Hauses, wie auch die zahlreichen schönen Bauten erwiesen, die er aufführen liess. Sein Leben und Wirken bekundet deutlich den Einfluss des Zeitalters Ludwigs XIV. Er liebte seine Gattin Elisabeth von Braunschweig, was ihn jedoch nicht abhielt, dem damaligen Hofbrauch gemäss, eine Maitresse zu haben, die neapolitanische Herzogin Marianne von Pignatelli-Beloiguardo, die er an seinen Vertrauten, den Grafen Michael Johann Althann verheiratete, der durch diese Verbindung zu grossen materiellen Vorteilen gelangte.

Das Leben Maria Theresias war sittlich einwandsfrei, obgleich böse Lästerzungen sie in dieser Beziehung mit mehreren Männern in Beziehung brachten: mit dem von ihr zu hohen Ehren erhobenen und grossen Reichtümern ausgestatteten späteren ungarischen Grafen Grassalkovics, der ursprünglich als Bettelstudent sich herumtrieb, zu dem General Daun, dem zumeist nicht sehr glücklichen Heerführer im siebenjährigen Krieg und sogar zu dem Kardinal Barkoczy, Primas von Ungarn. Maria Theresia galt als eine sehr eifersüchtige Frau, wozu ihr Kaiser Franz I., ihr Gemahl, keinen geringen Anlass bot. Seine Favoritinnen gehörten zumeist der österreichischen Aristokratie, an und besonders ist von ihnen zu erwähnen, die ebenso schöne wie spielsüchtige und verschwenderische Fürstin Wilhelmine Auersperg-Neipperg. Es ist eine merkwürdige Fügung, dass, während hier eine geborene Neipperg Geliebte des Kaisers Franz I. war, seine Urenkelin, die Kaiserin Maria Luise, Gattin Napoleons I. einen Neipperg zum Liebhaber sich nahm und später in zweiter Ehe auch heiratete.

Josef II. war mit sechsundzwanzig Jahren bereits zum zweiten mal Witwer. „Der Kaiser ging kein drittes Ehebündnis ein. Was vorübergehende Unterhaltungen betrifft, so liess er die Gegenstände derselben aus moralischen Grundsätzen blos unter den Nymphen wählen, deren keine aber leicht zum zweiten male gerufen wurde. ‚Welchen üblen Einfluss diese Art sich zu vergnügen auf die Gesundheit des Mornarchen gehabt hat," schreibt sein Zeitgenosse Hofrat Bretschneider, „das ist in Wien Jedermann bekannt; ob es wahr ist, was man dort ebenfalls sagt, dass ihn der Leibchirurg Brambilla, um sich notwendig zu machen und freien Zutritt zu haben, niemals recht geheilt habe, dies kann ich nicht behaupten'."

Uebrigens war der Kaiser zu keiner Zeit seines Lebens ein Libertin oder zu Excessen mit Frauen geneigt, wie Franz sein Vater und Leopold sein Bruder es bekanntlich waren. Seine Liebschaften, wenn er dergleichen gehabt hat, sind immer von kurzer Dauer gewesen, heimlich gepflogen und nie mit Skandal oder Aufwand verbunden. Wraxal fragte eine Dame, die den Kaiser gut kannte, ob man wohl glaube, dass er natürliche Kinder habe. — „Ich kann es nicht genau sagen," erwiederte sie, „aber das kann ich versichern, dass, wenn er deren hat, sie dem Staate nicht zur Last fallen werden. Fünfzig Dukaten jährlich werden ihre ganze Apanage ausmachen."

Während Lebzeiten seiner ersten zärtlich geliebten Gemahlin, erzählt der englische Tourist Wraxal, wusste man nicht davon, dass Kaiser Joseph irgend einer andern Dame eine bevorzugende Zuneigung geschenkt habe. Selbst nach ihrem Tode blieb er so lange ein Raub des Schmerzes, dass sogar seine Mutter sich keinen Skrupel darüber machte, die schönsten und anmutsvollsten Damen des Hofes zu ermutigen und zu bitten, ihre Anstrengungen dahin zu richten, ihn aus seiner tiefen Niedergeschlagenheit zu reissen. Seine zweite Ehe, weit davon entfernt, dass Glück der ersten zu erneuen, machte ihn verhältnismässig nur noch unglücklicher. In einer solchen Lage war es nicht weniger natürlich als verzeihlich, dass er zu irgend einer schönen Dame wenigstens eine Herzensneigung fasste. Unter die Damen höchsten Ranges in Wien konnte man die Fürstin Batthianyi rechnen.

Es scheint indess zwischen ihr und Josef kein Liebesverhältnis, sondern nur ein Freundschaftsverhältnis geherrscht zu haben. Die Tochter des Oberst-Stallmeisters Grafen Dietrichstein, die himmlische Therese, war eine der letzten Damen, die Josef auszeichnete. Er vermählte sie 1787, als er in den Türkenkrieg zog, seinem vertrauten Reisebegleiter und Kämmerer Grafen Philipp Kinsky. Dieser war ein finsterer stolzer Mann; er wähnte sich verletzt, glaubte sich zum Deckmantel (oder wie die Wiener sagen zum Elephanten) missbraucht, glaubte an ein mehr als platonisches Verhältnis zwischen Theresen und dem Kaiser, schied gleich nach der Trauung von ihr, eilte nach Venedig und Rom, und hat sie niemals berührt. Die vornehmsten, edelsten Männer warben um die Herrliche, die, so wie Kinsky, auch ihrerseits sogleich an Scheidung dachte, aber der Katholizismus beider stand unerbittlich im Wege. Endlich nach zwanzig langen Jahren gab der Nuntius Severoli in Wien den Rat, sie möchte konstatieren, die Trauung sei unter den heftigsten, von Theresen überhaupt ungemein gefürchteten Gewitterschlägen geschehen und sie sei dabei stets halb ohnmächtig und fast ganz bewusstlos gewesen. Der Kopulant, der in der Nikolsburger Schlosskirche die Trauung vorgenommen hatte, der Bruder der Mutter der Braut, Graf Leopold von Thun, letzter Fürstbischof von Passau, gab das nicht sehr pflichtgemässe Attest: er habe gar nicht gehört, dass die Ohnmächtige das Ja ausgesprochen habe. Damit liessen die anderweit mit klingenden Gründen mächtig bearbeiteten Römlinge sich begnügen, Kinsky's Ehe ward als wesentlich defekt, ja null und nichtig erklärt und nun vermählte sich Therese 1807 mit dem Grafen Max Meerveldt, der 1797 den ersten Waffenstillstand mit Napoleon in Leoben geschlossen hatte und zuletzt noch in der Schlacht bei Leipzig, wo er gefangen wurde, von Napoleon an Kaiser Franz behufs eines Unterredungsversuchs abgeschickt wurde. Er starb, in verschiedenen Missionen gebraucht, 1815 als Gesandter in London. Die himmlische Therese folgte ihm 1821, 53jährig ins Grab.

Leopold II. (Peter) schien beim Antritt seiner Regierung als Grossherzog von Toskana nach dem Berichte des Dessauers Berenhorst vom Jahre 1766 über den Florentinerhof, „von sehr schwacher Leibesbeschaffenheit zu sein, da die ersten Hochzeitsnächte ihn schon über den Haufen geworfen hatten.“ Spassmacher behaupteten, es sei deshalb von Seiten I. M. der Kaiserin Mutter ein Interdikt erfolgt, das ihm die Ausübung seiner ehelichen Pflichten bis auf weiteren Befehl verbiete, und der Erzherzog-Grossherzog sei so sehr an kindlichen Gehorsam gewöhnt gewesen, dass er ihr trotz seiner völligen Wiederherstellung blindlings Folge geleistet habe. Die Frau Infantin (Maria Ludovika von Spanien) scheint dagegen an keiner ähnlichen Schwäche zu leiden und vielmehr Lafontaine's Ausspruch: „faite pour armer un lit“ auf sie anwendbar zu sein.“ Das änderte sich jedoch schnell und bald erfüllte der junge Grossherzog sein ganzes Land mit dem Lärm seiner galanten Thaten. Obgleich Maria Louise von Spanien ihm sechzehn Kinder geschenkt hatte, wurde er durch ein frisches Gesicht und durch ein liebenswürdiges Lächeln ausser

Fassung gebracht. Sein Liebesmakler Manfredini war sonderbarer Weise zu gleicher Zeit Hofmeister der Erzherzoge. Die Liste der Geliebten Leopolds würde eine sehr lange werden. Er hatte seiner nachsichtigen Gefährtin eingeredet, dass Freiheit der Sitten ein Vorrecht des Thrones sei; mit der Zeit mager, blass, kränklich geworden, ohne Anmut und Schönheit, liess sie sich die bequemen Grundsätze und ausschweifenden Sitten ihres Gatten mit Entsagung gefallen. Sie trieb die Gefälligkeit so weit, dass sie Leopold's bevorzugte Odalisken empfing und besuchte. Die Sängerin Livia, die er in Florenz unterhielt, gehörte zu der Zahl derselben. Häufig liess die Grossherzogin ihren Strickrahmen in das Haus der hübschen Person tragen, wie man es mit einer Freundin macht, und unterhielt sich im vertraulichsten Tone mit ihr. Als Leopold Kaiser wurde, wusste er seine ausschweifenden Neigungen noch weniger zu beherrschen. Nicht genug, dass Donna Livia, die florentinische Sängerin ihm von dem Gestade des Arno an die Ufer der Donau gefolgt war, hatte er ihr auch eine ansehnliche Zahl von Nebenbuhlerinnen, insbesondere eine Polin, Namens Prohaska, gegeben und die Gräfin Wolkenstein zu seiner bevorzugten Sultanin erhoben. Er stellte die letztere wieder seiner Frau vor, welche die Dame mit äusserst seltener Selbstverleugnung freundlich aufnahm und ihr die Versicherung gab, dass sie sie jeder Andern vorziehen werde, vorausgesetzt, dass sie sich nicht in politische Geschäfte mische. Der Kaiser schenkte ihr 200,000 Gulden in Bankbillets. Die beständigen Ausschweifungen erschöpften endlich die Hülfsquellen seines Organismus. Im Jahre 1791 verlor er seine Kräfte reissend schnell. Sein Gedächtnis wurde in dem Grade schwach, dass er sich kaum an seine Handlungen vom vorigen Tage erinnerte. Die Natur riet ihm Mässigung oder Enthaltsamkeit an, aber er hörte auf ihre heilsamen Warnungen nicht. Um seine mörderischen Genüsse fortzusetzen und seine Schwäche zu besiegen, wendete er gefährliche Reizmittel an, die er sich selbst — fern von allen Blicken — bereitete. Am 27. Februar 1792 nahm Leopold eine so starke Gabe, dass noch an demselben Tage beunruhigende Wirkungen hervortraten. Am folgenden Morgen wurde er von heftigen Schmerzen in den Eingeweiden gequält, und seine Aerzte, die ihn von einem Seitenstechen befallen glaubten, liessen ihn zur Ader, um die vermeintliche Entzündung seiner Athmungsorgane zu beseitigen. In der folgenden Nacht wurde Leopolds Befinden erschreckend. Seine Eingeweide schwollen an, er kann nicht schlafen, fällt in eine allgemeine Erschlaffung und krampfhafte Bewegungen erschüttern seinen ganzen Körper. Die Aerzte, Freiherr von Störk, Lagusius und Schreibers, halten Rat, sie sehen, dass sie einen Irrtum begangen haben und verordnen neue Mittel, indem sie den Ernst des Falles noch immer verkennen. Am 1. März verlassen sie den Kaiser um zwei Uhr Nachmittags. Um drei Uhr werden die Symptome beunruhigender; bei Leopold befanden sich eben nur zwei Kammerdiener; sie lassen die Kaiserin benachrichtigen, die in Thränen aufgelöst herbeieilt, und sie ist kaum eingetreten, als Leopold unter entsetzlichen Krämpfen in ihren Armen stirbt. Die einzige amtliche Nachricht, welche der Hof veröffentlichte, bestand in folgenden Worten: „Am 1. März begann der Kaiser unter schrecklichen Krämpfen zu brechen und gab Alles wieder von sich, was er genossen hatte, um drei Uhr Nachmittags starb er unter Erbrechen in Gegenwart Ihrer Majestät der Kaiserin.“ Bei Leopold's plötzlichem Tode sprach man von Vergiftung, dieselbe wurde allgemein als die Wirkung eines Verbrechens betrachtet. Man schrieb dasselbe den Jakobinern zu, die durch seine Drohungen und Anklagen gereizt worden seien, oder auch den französischen Ausgewanderten, die durch seine Langsamkeit, seinen Widerwillen gegen äusserste Mittel wütend geworden seien und an seinen philosophischen Grundsätzen Anstoss genommen hätten. Man erzählte, dass eine Dame, vom Kaiser auf einem Maskenballe mit Liebesanträgen verfolgt, ihm Bonbons angeboten habe, durch die sein Tod herbeigeführt worden sei. Man beargwöhnte auch die schöne Florentinerin. Der plötzliche Tod Leopold's hatte ihn gehindert, für die Zukunft der schönen von ihm unterhaltenen Dame zu sorgen, die nicht, gleich der Wolkenstein, von ihm ein beträchtliches Geschenk bereits erhalten hatte. Da nun Donna Livia den Rest ihrer Tage in Italien in Saus und Braus verlebte, so glaubte man, dass sie die Belohnung ihres Verrates geniesse. Alle diese leeren Vermutungen verdienen keinen Glauben. Höchstens könnte man einen der Abenteurer, Spione und Kuppler beargwöhnen, die ihm bei seinen chemischen Versuchen und Mischungen von Liebestränken halfen. Diese gemeine Gesellschaft verjagte Kaiser Franz gleich nach seiner Thronbesteigung vom Hofe.

Unter allen Umständen würde Leopold den Folgen seiner Ausschweifungen in der Liebe früher oder später erlegen sein. Man fand in seinem Kabinet eine ganze Sammlung von kostbaren Stoffen, Ringen, Fächern und sogar hundert Pfund der allerfeinsten Schminke.

Die Spuren von Leopold's Galanterie waren so auffällig, das die Kaiserin zu ihrem Sohne Franz die Worte sagte: „Mein Sohn, Du hast zwei grosse Beispiele vor Dir, das Deines Oheims und Deines Vaters — ahme ihre Tugenden nach, aber hüte Dich in ihre Laster zu verfallen.“

Leopold II. hinterliess sechzehn eheliche Kinder und eine grosse Anzahl natürlicher Sprösslinge.

Sein Sohn und Nachfolger Franz I. war viermal verheiratet, soll aber für Maitressen keine Neigung gehabt haben.

Aus der nachfolgenden Zeit, bis Ende des Saeculums liessen sich in dieser Beziehung nur wenige, vom losen Klatsch gesäuberte Thatsachen anführen, sodass hiermit dieser Teil zum Abschluss gebracht werden kann. Ebensowenig sei von den im Habsburgischen Hause von den Tagen der Philippine Welser bis zur unmittelbaren Gegenwart häufig vorgekommenen morganatischen Ehen hier Notiz genommen, da sie kaum irgendwie mit dem eigentlichen Gegenstand dieses Werkes in Verbindung zu bringen sind.

Es wäre Irrtum zu glauben, dass die vorhergehend verzeichneten Thatsachen eine aussergewöhnliche oder ungewöhnliche Erscheinung bilden. Es ist begreiflich, dass die wichtigsten Herrscher nicht nur Deutschlands sondern zumeist auch ganz Europas einer grösseren Beobachtung als andre Fürsten ausgesetzt waren und dass ihr Leben auch ein grösseres Interesse erweckte. Nichtsdestoweniger sind uns auch von geringeren Machthabern Deutschlands zahlreiche ähnliche Vorfälle bekannt geworden und wir finden bei ihnen nicht selten eine viel ärgere Zügellosigkeit, eine viel schlimmere Ausserachtlassung aller Gebote von Zucht und Sittsamkeit, oft gepaart auch mit einer wahnsinnigen Verschwendungssucht, wodurch die hiervon betroffenen Unterthanen auf's ärgste ausgebeutet wurden. Besonders lebhaft trat dies in den Tagen der französischen Ludwige in Erscheinung, von dem Vierzehnten dieses Namens an gerechnet. Jedes Duodez-Fürstlein des heiligen römischen Reiches deutscher Nation — und es gab deren, ach, nur allzuviel, glaubte sein Versailles, glaubte seine Maintenon, seine Pompadour haben zu müssen und zu den wohlthätigsten Folgen der grossen französischen Revolution gehörte auch, dass diesem oft nur zu schamlosen Unfug eine grosse Einschränkung auferlegt wurde. Ein Irrtum wäre es zu behaupten dass ihm damit ein Ende gemacht wurde. Es würde zu weit führen, die „Geschichte der Prostitution" würde nur eine Geschichte des Maitressentums an deutschen Höfen bilden, wenn hier noch alles angeführt würde, was sonst noch von diesem Treiben in die Oeffentlichkeit gelangte, womit indes das Thema noch lange nicht erschöpfend dargestellt sein würde. Ich will mich daher begnügen im Nachstehenden nur einige sozusagen Stichproben dieser Art mitzuteilen, Persönlichkeiten zu erwähnen, die in der Geschichte mehr oder minder anrüchig fortleben und deren Erwähnung in einer historischen Schilderung der Sittenzustände kaum zu vermeiden ist. „Wir möchten der Sittlichkeit unserer Altvorderen," schreibt Johannes Scherr a. a O. S. 315 etc. durchaus keine übertriebene Lobrede halten und haben schon mehrfach Gelegenheit gehabt, zu sehen, wie es namentlich mit den geschlechtlichen Verhältnissen in der guten alten Zeit bestellt war. Allein so viel ist dennoch gewiss, dass die raffinierte Lüderlichkeit erst durch die Nachahmung der Hofsitten des französischen Königs Franz I., Heinrichs IV., Ludwigs XIV. und Ludwigs XV. in Deutschland aufkamen. Die Briefe der geistreich derben Herzogin Charlotte Elisabeth von Orleans, einer pfalz-bairischen Prinzessin, welche dem Bruder Ludwigs XIV., den nachmaligen Regenten gebar, entwerfen uns von dem französischen Hofleben ihrer Zeit ein grauenvolles Bild. Und dieser Hof und Adel, in dessen Kreisen nicht allein mehr die natürliche Wollust in allen Graden nein, die Sodomiterei in allen erdenklichen Formen zum guten Ton gehörte, ward namentlich durch Vermittelung des Bündnisses der deutschen Protestanten mit der Politik der „Lilien" Vorbild und Muster für die deutschen Fürsten und Edelleute. Was Wunder, wenn mit der Verschwendungssucht, der Bauwuth, der Missachtung der Volksrechte, der höhnisch grausamen Despotenlaune bourbonischer Verderbniss, auch das heilloseste Maitressenwesen herüberkam?

Zu Anfang des 16. Jahrhunderts suchten die deutschen Fürsten bei ihren Ausschweifungen wenigstens noch den Schein der Ehrbarkeit zu bewahren und nahm z. B. der Landgraf Philipp I. von Hessen vor den Forderungen seines heissen Blutes zu einer von Luther und Melanchthon serviler Weise sanktionirten Bigamie seine Zuflucht. Auch findet sich in damaligen Liebesverhältnissen der Vornehmen noch mancher schöne romantische Zug, wie in dem Werben des Pfalzgrafen Friedrich um die Hand der Prinzessin Eleonora, Schwester Karls V. Auch später noch trat aus der sittlichen Versunkenheit hie und da eine edlere Erscheinung dieser Art hervor. So insbesondere das Benehmen des Herzogs Wilhelm von Baiern und des Erzherzogs Ferdinand von Tyrol, welche ihre bürgerlichen Geliebten, jener die Maria Pettenbeck, dieser die Philippine Welser, nicht zu Metzen entwürdigsten, sondern zu ihren Ehefrauen machten. Dagegen trieb der brandenburger Kurfürst Joachim II. mit Anna Sydow, der „schönen Giesserin," und anderen Buhlerinnen das französische Maitressenwesen schon ganz ungeniert. Derselbe hielt sich auch zur Herbeischaffung der Mittel zu seiner leichtsinnigen Verschwendung den berüchtigten Hofjuden Lippold und das Amt dieser „Finanzer," zu deutsch: Wucherer, Aussauger und Diebe, blieb bis weit ins 18. Jahrhundert hinein an vielen Höfen ein stehendes. Aber es nahmen freilich auch diese Goldmacher manchmal ein schmähliches Ende. So starb in Würtemberg der Jude Süss Oppenheimer 1783 am nämlichen Galgen, an welchem früher die herzoglichen Alchymisten gestorben waren. Durch bodenlose Unsittlichkeit zeichnete sich am Ende des 16. Jahrhunderts der Hof von Jülich-Kleve aus, wo des blödsinnigen Herzogs Johann Wilhelm III. Gemahlin, Jakobäa von Baden, den ihr schuldgegebenen messalinisch unzüchtigen Lebenswandel auf Betreibung ihrer gleich zuchtlosen Schwägerin Sibylle mit dem Tode büsste. Der Kurfürst Christian II. von Sachsen, der 1611 in Folge eines Rausches starb, war durch Wollust und Trinksucht zum Krüppel geworden; derselbe hatte bei Gelegenheit eines Besuches, welchen er 1610 bei Kaiser Rudolf II. in Prag abgestattet, seinem Wirte beim Abschied mit den Worten gedankt: „Ihre kaiserliche Majestät haben mich gar trefflich gehalten, also, dass ich keine Stunde nüchtern gewesen." Völlerei und grässliches Fluchen war überhaupt in der hohen und allerhöchsten Gesellschaft daheim und Anläufe zu Mässigkeitsvereinen, wie eine Anzahl deutscher Fürsten bei Gelegenheit eines Gesellenschiessens zu Heidelberg 1524 einen genommen hatte, blieben bald wieder im Schlamme der Gewohnheit stecken. Auch am Hofe von Kassel ging es lüderlich zu. Die Landgräfin Julianne unterhielt 1615 ein Verhältniss mit einem schönen Hofjunker. Der Hofmarschall von Hertingshausen bemerkte ein Zeichen unziemlicher Vertraulichkeit zwischen dem Paare und hinterbrachte das dem Landgrafen. Darauf streckte der Hofjunker den Hofmarschall bei hellem Tage auf offener Strasse durch einen Schuss nieder, ward aber ergriffen und auf grausame Art hingerichtet. Dabei stellte sich noch heraus, dass die Frau des Ermordeten ein Kind von einem Andern trug, der sich vergiftete, als die Blase höfischer Galanterie zum Platzen kam. An mittelalterliche Schauerromantik erinnert, (wie bereits erzählt wurde) der Ausgang des Liebeshandels zwischen der Kurprinzessin Sophia Dorothea von Hannover mit dem Grafen Philipp Christoph von Königsmark, welchen der beleidigte Gatte ermorden oder, diplomatisch gesprochen, verschwinden liess (1694). Die Schwester des Verschwundenen, die schöne Aurora von Königsmark, wurde als Maitresse Augusts II. von Sachsen, dem sie den bekannten Marschall von Sachsen gebar, eine der berühmtesten Buhlerinnen ihrer Zeit, und durch ihren über die Massen lüderlichen Bankert die Urahne der grossen französischen Dichterin Aurore Dudevant (Georges Sand.) Es existirt von der Königsmark ein Schriftstück — mitgeteilt durch Kramer in den „Denkwürdigkeiten der Gräfin M. A. Königsmark," I, 66 ff., aber nur mit sehr häufigen Gedankenstrichen — welches sie kurz nach der Ermordung ihres Bruders verfasste und worin sie sich über die Verhältnisse des Ermordeten am hannover'schen Hofe ausliess. Diese Denkschrift mag oder muss lesen, wer so recht erfahren will, mit welcher Unbefangenheit damals Damen der vornehmsten und feinsten Kreise die gröbsten Zoten zu Papiere brachten. In eine wahre Kloake von Gemeinheit führt uns die Familiengeschichte des herzoglichen Hauses von Liegnitz in der zweiten Hälfte des 16. Jahrhunderts. Da finden wir einen Fürsten, der sich nicht scheute, in Gegenwart der Pagen seiner Frau beizuwohnen, und als unverbesserlicher Trunkenbold und Schuldenmacher von seinem Sohne eingetürmt ward, welcher letztere übrigens den Lebenswandel seines Erzeugers getreulich fortsetzte. Der Nachfolger dieses Herzogs, Heinrich VI„ fuhr als wahrer Bettelprinz im Reiche umher und suchte, obgleich Lutheraner, namentlich von den Aebten der reichen Prälaturen dürftige Anlehen zu erschwindeln. Der ehrliche Hans von Schweinichen, welcher den Fürsten begleitete, hat diese Bettelfahrten beschrieben und es ist ergötzlich, zu lesen, wie er für seinen Herrn den Pumper und Borger machen muss. So z. B. im Kloster Kaisersheim bei Donauwörth. „Ich musste zwar den Abt um

Geld zu leihen ansprechen, war aber bei ihm Nichts zu erhalten, sondern entschuldiget sich mit Unvermögen. Letzlich bracht' ich es so weit, dass er Ihre Fürstliche Gnaden 50 Kronen verehret, mit welchem J. F. G. auch zufrieden war. Und dennoch waren noch viele Stufen der Ehrlosigkeit hinabzusteigen, um da anzulangen, wo der Herzog Karl Leopold von Mecklenburg 1717 stand, als er vom Czar Peter I., dessen Bruderstochter er geheiratet, vor seinen eigenen Augen und im Angesicht des beiderseitigen Hofstaats auf deutschem Boden (in Magdeburg) sich zum Hahnrei machen liess, „in seines Nichts durchbohrendem Gefühle“ nicht wagend, auch nur ein Wort gegen diese russische Auszeichnung vorzubringen.

So weit war es mit der deutschen Fürstenehre gekommen in einer Zeit, wo auch in den gebildetsten vornehmen Kreisen, wie z. B. in den Cirkeln der philosophischen Königin Charlotte von Preussen, der Freundin des grossen Leibnitz, nach dem Zeugniss dieses Philosophen „ein liederlich Leben“ im Schwange war. Von dem „guten Ton“ am damaligen preussischen Hofe gibt charakteristisches Zeugniss der Umstand, dass bei den sogenannten Wirtschaften den Damen der Reihe nach versifizirte Obscönitäten ins Gesicht gesagt wurden, die man heutzutage gar nicht mehr wiederholen kann. Man liess es sich wohl sein und die Hofjuden dafür sorgen, die Geldmittel zum Wohlleben durch ein raffiniertes Steuersystem herbeizuschaffen.

Beim Beginn des 16. Jahrhunderts trugen die einsichtigeren deutschen Fürsten Sorge, ihren Söhnen und Töchtern im Vaterhause selbst durch tüchtige Hofmeister, welche den Gelehrten mit dem Weltmann verbanden, die nötigen Vorkenntnisse beibringen zu lassen. Im Jünglingsalter bezogen dann die Söhne der hohen Aristokratie eine einheimische Hochschule, wo sie sich dem Geiste der Zeit gemäss vornehmlich mit theologischen Studien beschäftigten. Die Hörsäle Luthers und Melanchthons zu Wittenberg z. B. sahen manchen prinzlichen Zuhörer. Andere Fürsten schickten ihre Söhne nach empfangenem Schulunterricht zu weiterer Ausbildung auch wohl an den kaiserlichen Hof und wieder andere fassten zu diesem Zwecke bereits den französischen ins Auge. Schon um 1518 finden wir deutsche Prinzen daselbst und bald begann das massenhafte Schwärmen des jungen Adels nach Paris, wo die deutschen Bären geleckt werden sollten. Das wurden sie denn auch; allein in der Regel ging mit dem rauhen deutschen Fell auch Zucht und Ehrbarkeit, Scham und Ehre verloren. Nach Italien und Spanien richteten die vornehmen Touristen jener Zeit ebenfalls ihre Schritte und die Empfänglicheren brachten aus der Fremde nicht nur die Sitten oder Unsitten und Laster derselben mit nach Hause, sondern auch die Kenntniss ausländischer Sprachen und Literaturen. Daheim fanden sich dann in befreundeten Kreisen wieder genug Solche, namentlich Frauen, welche die mitgebrachten Setzlinge fremder Bildung in Verbindung mit den Ueberbringern in den Treibhäusern aristokratischer Kultur aufnährten und grosszogen. Man muss gestehen, dass dies nicht nur zu erklären, sondern auch zu entschuldigen war, wenngleich die Schätzung des fremden Guten nur allzuhäufig zur Bewunderung und Nachahmung des fremden Schlechten führte. Es gab aber damals keine nationale Bildung in Deutschland. Was die Grundlage einer solchen hätte abgeben müssen, der Schatz unserer alten Poesie, war vergessen, die Meistersängerei zum theologischen Pedantismus erstarrt, in rohen Anfängen bewegte sich das Drama und einzelne geniale Männer, wie Hans Sachs und Fischart, die damals sangen und schrieben, thaten dies in so volkstümlichen, der letztere sogar in so grobianischen Formen, dass sie schon dadurch der Wirkung auf die aristokratischen Kreise verlustig gehen mussten. Im Uebrigen überwucherte das theologisch-zelotische Unkraut das ganze Gebiet des deutschen Geisteslebens und dass sich von dem misslichen Duft dieser Pflanze feiner und zarter organisierte Naturen widerwillig abwandten, ist ganz begreiflich. Sie richteten daher ihre Aufmerksamkeit entweder auf die klassische Literatur, woher es kommt, dass wir im 16. und 17. Jahrhundert deutschen Damen begegnen, welche Latein und Griechisch verstanden, oder auf das Schriftentum der romanischen Völker, welches dem vornehmen Geschmack die Stoffe der modernen Poesie bereits in schöngeschliffenen Formen zum Genusse darbot...“ Der erste Preussenkönig Friedrich I. liebte französischen Prunk und französische Sitten oder vielmehr Unsitten und das Maitressentum spielte an seinem Hofe keine geringe Rolle. Eine grosse Macht im Staate übte seine Maitresse die Gräfin Wartenberg aus, die ursprünglich am Hofe eine niedrige Dienstellung einnahm und dann mit dem zum Minister und Grafen Wartenberg beförderten Schreiber Kalbe verheiratet wurde, der das Land in unerhörtester Weise aussog und sich bereicherte. Friedrichs Sohn und Nachfolger der biedre wenn auch oft derbbrutale Soldatenkönig Friedrich Wilhelm I. war ein Feind der gallischen Zuchtlosigkeit und führte ein sittenreines, fast könnte man sagen spiessbürgerliches Leben. Nur ein „galantes Abenteuer“ aus seiner Jugendzeit ist bekannt geworden und dieses hatte seltsamen Verlauf. Er wurde nämlich einem Hoffräulein von Pannewitz gegenüber etwas handgreiflich, was die resolute Schöne veranlasste ihm eine derbe Maulschelle zu versetzen, womit die Sache auch ihr Ende nahm.

„Der üppigste und glänzendste Hofhalt,“ schreibt Johannes Scherr S. 414, war lange der von Dresden, wo August der Starke die fürstliche Ausschweifung der Zeit zur höchsten Potenz steigerte. An diesen Hof beschloss der ränkelustige preussische Minister Grumbkow seinen religiös-melancholischen König zu führen, um ihn von dem Gedanken, die Krone niederzulegen, abzubringen. Der Besuch erfolgte im Januar 1728 und dauerte unter ununterbrochenem Festlärm vier Wochen lang. „Eines Tages, erzählt Friedrich Wilhelms Tochter, (die Markgräfin von Baireuth, in ihrem Memoiren) nachdem man weidlich gezecht hatte, führte der König von Polen (August der Starke) meinen Vater im Domino auf eine Redoute. Immerfort schwatzend ging man von einem Zimmer in das andere, wobei die übrigen Gäste und unter ihnen auch mein Bruder Friedrich stets nachfolgten. Endlich gelangte man in ein grosses, schön geziertes Zimmer, in welchem alles Gerät äusserst prächtig war. Mein Vater bewunderte all diese Schönheiten, als plötzlich eine Tapetenwand niedersank und das befremdlichste Schauspiel sich darstellte. Ein Mädchen, schön wie Venus und die Grazien, lag nachlässig auf einem Ruhebette; in dem Zustand unserer ersten Eltern vor dem Sündenfalle, zeigte sie einen Körper weiss wie Elfenbein und Formen wie die mediceische Venus. Das Kabinett, worin sie sich befand, war von so vielen Kerzen erhellt, dass sie das Tageslicht überstrahlten. Der König von Polen sowohl als Grumbkow glaubten, dass diese Angel, die sie dem König zugerichtet hatten, durchaus fassen müsse. Allein es ging ganz anders. Bei dem ersten Blick nahm der König seinen Hut, hielt ihn meinem Bruder vor's Gesicht und befahl ihm, sich zu entfernen. Dann wandte er sich zu dem König von Polen und sagte: „Sie ist recht schön!" worauf er fortging. Noch an demselben Abend sagte er zu Grumbkow, dass er solche Dinge nicht liebe und sie nicht wiederholt sehen möchte." Weiter erzählt die Markgräfin, dass sich ihr Bruder bei Gelegenheit dieses Besuchs am sächsischen Hofe sterblich in die Gräfin Orselska verliebt hätte, die Tochter und zugleich Maitresse Augusts des Starken. Sie war früher die Maitresse ihres Bruders, des Grafen Rutowski, gewesen, welcher eines der 354 natürlichen Kinder ihres gemeinschaftlichen Vaters war. August war aber eifersüchtig und bot daher dem Kronprinzen von Preussen statt der Orselska die schöne Italienerin Formera, die Venus des Kabinetts, an, welche Friedrichs erste Maitresse wurde. Später, bei einem Gegenbesuche des sächsischen Hofes in Berlin, gelang es Friedrich dennoch, mit der Orselska zusammenzukommen, und sie bekam ein Kind von ihm. Es wimmelte an Augusts des Starken Hof von Günstlingen, Kastraten, Tänzerinnen, italienischen, französischen und polnischen Buhlerinnen, von natürlichen Kindern und Goldmachern. Die Prachtliebe wurde ins Unerhörte getrieben: bei der Vermählung seines Sohnes, des nachmaligen Kurfürsten August III., unter welchem Graf Brühl als allmächtiger Minister das Land vollends ruinirte, verschwendete August im Jahre 1719 vier Millionen, während Teuerung und Hungersnot im Lande herrschte. Mit welchem Cynismus alle Sitte und Scham mit Füssen getreten wurde, beweist unter zahllosen anderen Umständen auch der, dass August 1707 mit seiner damaligen Maitresse, der Gräfin Kosel, wettete, er könne ihren Kunnus auf einer Münze abbilden lassen, und diese Wette wirklich gewann, indem er die den Numismatikern wohlbekannten Koselgulden schlagen liess.

Die Markgräfin von Baireuth führt uns auch aus dem Leben des baireuther Hofes ein Bild vor, an dessen Wahrheit trotz aller Grässlichkeit nicht zu zweifeln ist. Des Markgrafen Georg Wilhelm Gemahlin Sophie, welche später als fünfzigjährige Messalina in zweiter Ehe einen der verrufensten Sonderlinge des Jahrhunderts heiratete, den Grafen Hoditz, der ein Vermögen von fünf Millionen vergeudete, um sein mährisches Schloss Rosswald in einen Feensitz umzuschaffen, diese Fürstin also hatte eine Tochter, auf deren Schönheit und Tugend sie eifersüchtig war. Die Rabenmutter beschloss, ihre Tochter ins Unglück zu stürzen. „Der Markgraf dachte auf eine Vermählung der Prinzessin mit dem Prinzen von Kulmbach. Die Markgräfin aber warf, um diesem Plane entgegenzuarbeiten, ihre Augen auf einen gewissen Wobeser, Kammerjunker ihres Gemahls, und liess ihm 4000 Dukaten versprechen, wenn er sich bei der Prinzessin so einschmeicheln könnte, dass diese ein Kind von ihm bekäme. Lange machte er nun der Prinzessin den Hof, aber ohne andern Lohn als Missfallen und Verachtung. Als die Markgräfin sah, dass sie auf diese Art nicht zum Ziele gelange, liess sie den Wobeser sich eines Nachts im Schlafzimmer der Prinzessin verstecken. Die Dienerschaft derselben war bestochen. Man schloss sie mit dem Schändlichen ein und so gelang es ihm, trotz ihres Schreiens und ihrer Thränen sie endlich ganz zu besitzen. Die Prinzessin wurde schwanger und kam mit Zwillingen nieder. Als sie entbunden war, nahm ihre Mutter die Kinder weg und lief mit denselben bei aller Welt umher, um zu zeigen, was für eine ungeratene Tochter sie habe. Bei dieser Gelegenheit hat sie so mit den Kindern gespielt, dass beide starben."

Unter den deutschen Ländern, welche von den Fürstensitten des 18. Jahrhunderts am meisten zu leiden hatten, stand Würtemberg obenan. Die Prinzen dieses Hauses schienen eine lange Periode hindurch Alles daransetzen zu wollen, um zu erproben, wie weit sich denn die Sitten- und Schamlosigkeit treiben lasse. Da war der Herzog Leopold Eberhard von der mömpelgarder Linie, der, mit drei seiner Maitressen zugleich vermählt, zu diesem Skandal die unnatürlichste Promiskuität fügte, indem er die dreizehn von seinen Kebsinnen vorhandenen Söhne und Töchter unter einander verheiratete. Er wollte dieser Brut sogar die Nachfolge in Mömpelgard zuwenden, allein der kaiserliche Reichshofrat hatte doch so viel Scham, nach dem 1723 erfolgten Tode des Herzogs dessen Bastardrattenkönig als fürstlicher Würde und Nachfolge unwürdig zu erklären, worauf sich die saubere Sippschaft in Paris, „der allgemeinen Kloake der ganzen Welt," verlor. Im cisrhenanischen Würtemberg hatte sich Eberhard Ludwig 1708 eine adelige Dirne aus Mecklenburg, Christine Wilhelmine von Grävenitz, als Maitresse beigelegt, welche er mit einem Aufwande von 20,000 Gulden in den Stand einer Reichsgräfin erheben liess. Er vermählte sich sogar förmlich mit ihr, obgleich seine Gemahlin, eine

Prinzessin von Baden-Durlach, noch lebte. Auf alle Vorstellungen gegen dieses skandalöse Gebahren hatte der Herzog nur die Antwort, er sei als regierender protestantischer Fürst Niemand als Gott Rechenschaft über seine Handlungen schuldig. Die Grävenitz, ein ganz gemeines, der niedrigsten Wollust und dem schmutzigsten Geiz ergebenes Weib, beherrschte das unglückliche Land mit souveräner Verachtung aller Gesetze und alles Rechtes. Zwar musste die Metze auf kaiserlichen Spruch für einige Zeit das Land räumen, allein der Herzog folgte ihr nach Genf und führte sie von dort als Scheinfrau des Landhofmeisters von Würben im Triumph nach Stuttgart zurück. Jetzt erst begann die drückendste Periode ihrer Herrschaft und für die bis dahin unerhörten Schwelgereien des Hofes musste ein ebenso unerhörtes Aussaugesystem die Mittel beschaffen. Es verdient bemerkt zu werden, dass der Prälat Osiander (oder der Hofprediger Gramlich?) den Mut hatte, das Begehren der infamen Beischläferin, in das Kirchengebet eingeschlossen zu werden, mit den Worten zurückzuweisen: „Das sei sie längst schon, denn es werde ja im Vaterunser gebetet: Herr, erlöse uns von dem Uebel!“ Nach Eberhard Ludwigs Tod fiel Würtemberg der Gaunerbande des Juden Süss Oppenheimer anheim, welchen der Herzog Karl Alexander zu seinem Premierminister machte. Das Haus des Juden war der Mittelpunkt der unerbittlichsten Erpressung sowohl als der zuchtlosesten Orgien und es verbanden sich in dem Manne Wollust und Grausamkeit in seltenem Grade. Während der dreijährigen Regierung des Herzogs wurden durch Süss dem armen Ländchen mittels Stellen-Verkaufs und anderer widerrechtlicher Finanzereien über eine Million Gulden abgepresst . . .

Der berüchtigte Abenteurer Casanova . . . berührte auf seiner Reise nach der Schweiz auch Stuttgart, wo er mit Offizieren der Besatzung ein Begegniss hatte, welches zeigt, welche schauderhafte Ehrlosigkeiten diese Kaste damals sich erlaubte, sie, welche die Ehre als ihr Monopol betrachtete. „Der Hof des Herzogs von Würtemberg, sagt weiterhin der scharfsichtige Venetianer, war zu dieser Zeit der glänzendste in Europa. Der Herzog war prachtliebend in seinen Neigungen: grossartige Bauten, Jagdequipage, herrliches Gestüt, Phantasieen jeder Art. Mehr als Alles aber kosteten ihm seine Theater und seine Maitressen. Er hatte französische Komödie, italische ernste und komische Oper und zwanzig italische Tänzer, von denen jeder auf einem der ersten italischen Theater eine erste Stelle bekleidet hatte. Noverre war sein Chorograph und Ballettdirektor; er verwendete zuweilen bis zu hundert Figuranten. Ein geschickter Maschinist und die besten Dekorationsmaler arbeiteten um die Wette und mit grossen Kosten, um die Zuschauer zum Glauben an Zauberei zu zwingen. Alle Tänzerinnen waren hübsch und alle rühmten sich, den Fürsten wenigstens einmal glücklich gemacht zu haben. Die Hauptfavorite war eine Venetianerin Namens Gardella.

Der Herzog ehrte sie öffentlich wie eine Prinzessin." (Wir schieben hier die Bemerkung ein, dass Karls anerkannte Maitressen das vielbeneidete Vorrecht hatten, Schuhe von blauem Sammet oder Atlas zu tragen.) „Ich bemerkte bald, dass die grosse Leidenschaft des Fürsten darin bestand, von sich sprechen zu machen. Er würde gern Herostrat nachgeahmt haben, wenn er sicher gewesen wäre, dadurch eine der hundert Stimmen des Nachruhms zu beschäftigen. Die Subsidien, welche der König von Frankreich dumm genug war, ihm ohne Nutzen zu zahlen, reichten für seine Verschwendung nicht aus und er überlud daher sein geduldiges Volk mit Steuern und Frohnden. Seine Narrheit bestand darin, dass er nach Art des Königs von Preussen herrschen wollte, während dieser Monarch sich über den Herzog lustig machte, den er seinen Affen nannte."

Der Hofstaat Friedrich des Grossen war sittenreiner, als in diesem verderbten Zeitalter anzunehmen war. Keineswegs lässt sich dies aber von seinem Neffen und Nachfolger Friedrich Wilhelm II. sagen. „In Preussen," wieder sei Scherr das Wort gegeben, „war auf den alten Fritz sein Neffe Friedrich Wilhelm II. gefolgt (1786—98), auf den straffen erleuchteten Despotismus eine schlaffe Serailsregierung, welche in jeder Beziehung nach rückwärts deutete und strebte. Der König hatte eine ungenügende Erziehung erhalten und die sittenlose Offiziergesellschaft, in welcher er seine Jugend verbrachte, hatte seinen von Natur schwachen Charakter abgestumpft und verdorben. Der König war als Kronprinz zuerst mit der braunschweigischen Prinzessin Elisabeth vermählt worden. Ausschweifungen von seiner, Flatterhaftigkeit von ihrer Seite störten die Ehe bald so sehr, dass die Prinzessin sich des Umgangs mit ihrem Gemahl weigerte. Friedrich der Grosse wünschte aber vor seinem Tode schlechterdings die Nachfolge gesichert zu sehen und auf seine Menschenkenntniss bauend, überredete er sich, wie der wohlunterrichtete Dampmartin erzählt, „dass eine leichtfertige Frau ohne alles Ehrgefühl sei. Ein alter Kammerherr eröffnete der Prinzessin, dass der König wünsche, sie möchte den Gardelieutenant N. N. (Schmettau?), welcher durch die Schönheit seiner Formen, sein Betragen und seinen Mut die Aufmerksamkeit Sr. Majestät auf sich gezogen, zu vertraulichem Umgange bei sich aufnehmen. Der Kammmerherr strengte seine ganze Beredtsamkeit an, aber weder Bitten noch die angedrohten Folgen einer Weigerung machten Eindruck. Als er seine Zureden verstärkte, schnitt ihm die Prinzessin das Wort ab, indem sie sagte: „Wenn Sie es wagen, mein Herr, eine für mich so verletzende Unterredung fortzusetzen, so werde ich Ihnen selbst befehlen, auf der Stelle für den Thronfolger zu sorgen, welchen der König begehrt. Harte Strafe würde Sie treffen, wenn Sie sich ungehorsam bezeigten." Der hochbetagte Kammerherr ergriff voll Schrecken die Flucht und kam bleich zum Könige, welcher nun die

Scheidung seines Neffen beschloss." Der Prinz vermählte sich hierauf mit der Prinzessin Luise von Darmstadt, welche ihm 1770 seinen Nachfolger Friedrich Wilhelm III. gebar. Eine der ersten Liebschaften Friedrich Wilhelms II. war die mit Wilhelmine Encke gewesen, welche, als Scheinfrau des Kämmerers Rietz und später zur Gräfin von Lichtenau erhoben, während des ganzen Lebens des Königs regierende Favoritin blieb. Mit Gütern und Geld überhäuft, war sie, um sich zu halten, gemeinschlau genug, dem stets neuer Reizungen bedürfenden König als Kupplerin zu dienen. Zuweilen stiessen die Wünsche des Monarchen auf einige Schwierigkeiten. Als seine Augen auf das Fräulein Julie von Voss fielen, setzte es diese Dame, wie nachmals die Gräfin Sophie von Dönhoff, durch, dass sich der König, bevor sie sich ihm ergab, förmlich mit ihr trauen liess, und zwar mit Vorwissen der Königin. Das unterthänige Konsistorium hatte natürlich gegen solche Bigamie Nichts einzuwenden. Der Adel lieferte aber seine Töchter nicht gratis in das königliche Harem. Die Dönhoff erhielt vom König 200,000 Thaler Mitgift, ihre Mutter bekam 50,000, ihre Schwester 20,000, ihr Onkel 40,000 Thaler. Es lässt sich ermessen, welche Pein der Königin, dem Kronprinzen und der ganzen königlichen Familie dadurch auferlegt wurde, dass der König sie zwang, die prachtvollen Salone der Gräfin Lichtenau zu besuchen. Als der König schon von tödtlicher Krankheit ergriffen, aber scheinbar genesen, 1797 aus dem Bad Pyrmont, dem damaligen Baden-Baden Deutschlands, zurückgekehrt war, wurde in Berlin ein Fest veranstaltet, wobei die Maitresse ihre anmassende Eitelkeit aufs Glänzendste zur Schau stellte. Sie erschien bei der Abendtafel als Polyhymnia in griechischem Gewande und sang den König in einer elenden von ihr verfassten Reimerei an, wodurch aber der Monarch so gerührt wurde, dass er den Kronprinzen zwang, dem verhassten Weibe die Hand zu küssen. Schon nach den wenigen hier mitgeteilten Zügen kann es nicht Wunder nehmen, wenn der Staat beim Tode des Königs der Auflösung nahe war und dass Friedrich Wilhelm II., nach Raumers Berechnung, eine Schuldenlast von 49 Millionen Thalern hinterliess.

Nicht mit Stillschweigen zu übergehen ist, dass sich in der zweiten Hälfte des 18. Jahrhunderts an den geistlichen Höfen, sonst der Heimat der Finsternis und Unsitte, da und dort eine edlere Erscheinung bemerkbar machte. Eine solche war Joseph Emmerich von Breitenbach, Kurfürst-Erzbischof von Mainz (1763—74), welcher, den Jesuiten abgeneigt, die aufklärerische Tendenz der Zeit in seinem Gebiete ernstlich förderte. Der Erzbischof erkrankte 1774 plötzlich zum Tode, nachdem er etwas Suppe mit Leberklösschen genossen hatte, die er wegzusetzen befahl, weil sie sonderbar schlecht roch und schmeckte. Es galt in Mainz als ausgemacht, dass der Prälat durch einen getauften Juden vergiftet worden sei, welchen die Exjesuiten in die kurfürstliche Küche zu bringen gewusst hatten und der sich mit der bewussten Suppe zu schaffen gemacht, darauf aber spurlos verschwunden war. Breitenbachs Nachfolger auf dem kurmainzischen Stuhl, der windige Erthal, gab, eine Kreatur der Jesuiten die Reformen seines Vorgängers dem Verfalle preis. Er hielt sich unter dem Titel einer Oberhofmeisterin öffentlich eine Maitresse, die Baronesse von Kudenhoven, liess sich von seinem Bibliothekar Heinse dessen mit „allem Farbenschmelz der geilen Grazien" gemalten Romane vorlesen und mästete mit dem Mark des Landes das französische Emigrantenpack, welches Mainz, wie die übrigen rheinischen Städte, zur Lasterhöhle machte. Die Frivolität durfte sich an diesem Bischofshofe so schamlos gebaren, dass die Domherren die Bandschleifen ihrer Prälatenkreuze in der Form weiblicher Membra trugen. Unter Erthals Regierung fand 1792 zu Mainz der Fürstenkongress statt, welcher, unmittelbar auf die Kaiserkrönung Franz II. folgend, mit dieser die letzte Prachtentfaltung des Heiligen römischen Reiches Deutscher Nation bildete.

Ein anderer Erthal, Franz Ludwig, Fürstbischof von Bamberg und Würzburg (1779—95), regierte mehr im Sinne Breitenbachs als seines Namensvetters. Seine Sittenreinheit vermochte aber die ärgerlichsten Skandale kaum zu hindern. Es kam einmal vor, dass der Fürst durch sein unverhofftes Erscheinen auf der Kanzlei einige Beamte überraschte, welche sich nicht entblödet hatten, eine öffentliche Dirne mit auf das Bureau zu nehmen. Sie wussten sich nicht anders zu helfen, als dass sie das Weibsbild in einen Kleiderkasten sperrten, wo es erstickt wäre, hätte der ins Geheimnis gezogene Kanzleidirektor den Fürstbischof nicht unter einem plausiblen Vorwand zur Entfernung bewogen."

Gar vieles liesse sich, wie bereits bemerkt, hier anreihen, so manches auch dem zum Ausdruck gebrachten ergänzend hinzufügen, doch es dürfte an der Zeit sein diesen Teil des zu behandelnden Materials hiermit zum Abschluss zu bringen. Höchstens wäre noch das Münchener Treiben der berüchtigten, ebenso schönen wie sittenlosen Lola Montez, der Maitresse Ludwigs I. zu erwähnen, die in den Revolutionstagen der Vierziger Jahre von dem berechtigten Volksunwillen fortgefegt wurde.

IX. Kapitel.

Bordelle. — Leipzig. — München. — Ulm. — Schweiz. — Bern. — Basel. — Zürich. — Genf. — Inseli. — Strassburg. — Münster-Schwalben. — Nonne Roswitha. — Bordell-Verzeichnis.

In Deutshland, um wieder zu dem Hauptgegenstand unserer Erörterung zurückzukehren, gab es in den bedeutenderen Handels-, See-Garnison- und Universitätsstädten bereits im Mittelalter Bordelle. Von Wien und Berlin und Hamburg soll in den nachfolgenden Kapiteln ausführlicher die Rede sein. Leipzig beherbergte, wie Hügel, dem Nachfolgendes zumeist entnommen ist, meldet, im Jahre 1865 nicht weniger als 66 Bordelle, einer Menge Absteigquartiere (maisons de passe) nicht zu gedenken. Die Bordellmädchen waren nur selten Ortsansässige, sie stammten zumeist aus Norddeutschland und Oesterreich. Man zählte an 2500 Prostituirte von denen nur 300 polizeilich inscribirt waren. Wann dort die ersten Bordelle entstanden, ist nicht festzustellen, immerhin erfolgte dies sehr frühzeitig.

München hatte schon 1439 ein Bordell, wo die „gemeinen Töchterlein" unter Polizei-Aufsicht standen. Noch in den fünfziger Jahren bestand hier ein Bordell, das Vogelmannsche genannt, das jedoch geschlossen wurde ohne dass die Sittenzustände dadurch eine Förderung fanden. An selbstständig wohnenden und heimlichen Prostituierten fehlte es in den nachfolgenden Jahren keineswegs. In Frankfurt a. M. befanden sich in der Judenmauer, Judengasse, Brunngasse und dem nahgelegenen Pockenstein Bordelle, die später, nach der Einverleibung Frankfurts in Preussen geschlossen wurden. Mainz strotzte allzeit von Bordellen. Die bessern befanden und befinden sich in der Neumünstergasse, Schlossergasse, Hambacherschlösschen, Adolfsecke etc.

Von den Frauenhausordnungen des Mittelalters, die sich bis zur jüngsten Zeit erhalten haben, sei die der Stadt Ulm vom Jahre 1430 erwähnt. Man nannte die Bordelle in Deutschland damals: Frauenhäuser, offene oder gemeine Häuser, Häuser der gelustigen Fräulein, Jungfrauenhöfe, Venustempel und ihre Bewohnerinnen: Frauenhäuserinnen, offene oder gemeine Weiber, törichte, gelüstige, fahrende, auch hübsche Dirnen, Hübschlerinnen, gemeine Töchter, lustige, auch barmherzige Schwestern. Mitmacherinnen, Metzen, beruchte oder gemeine wandelbare Frauen, wobei noch die verschiedenen lateinischen bekannten Ausdrücke anzureihen sind. Die Bordellhälter und -hälterinnen hiessen Frauenwirte oder Metzenwirte, beziehungsweise -wirtinnen. In der Schweiz gab es in Bern und dessen anliegenden Ortschaften schon im Mittelalter öffentliche Mädchen, die für die Badegäste gehalten wurden. Man findet in vielen älteren und neueren Werken des sechzehnten und siebzehnten Jahrhunderts naive Abbildungen der damaligen gemeinschaftlichen Bäder und verweisen wir Neugierige auf die „Osmographia universalis" des Sebastian Münster vom Jahre 1550 ... Später wurden in der Nähe dieser Bäder eigene Etablissements zu gleichen Zwecken errichtet.

Bei der Invasion der Franzosen wurde zuerst ein eigenes Bordell in der Arsenalstrasse No. 13 eingerichtet. Mit dem Untergang der helvetischen Republik wurde im Jahre 1828 dieses Bordell und die Bäder durch einen Staatsratbeschluss unterdrückt. Gegenwärtig (1865) bestehen daselbst zwei Bordell-Etablissements unter der Form von Badeanstalten, bekannt als „del Isle" und „de l'Aarzichle". Giebt es in den Provinzialstädten auch keine eigentlichen Bordelle, so finden sich daselbst doch eine Menge Foyers, eine Art von „maisons de passe" zu Prostitutionszwecken, wie in den Umgebungen des Bernischen Oberlandes, Interlaken, Unterseen und in den kleinen Städten, wie in Berthoud und Brienz. In Basel gab es in der Vorstadt Spalen Häuser auf der Lys bei Egelolsthor und die „offenen Häuser der fro Vrenen" unmittelbar innerhalb des Thores zu Spalen (1380) als Sitze der Unzucht scheinen nicht, wie einige vermeinen aus dem vierzehnten Jahrhundert zu stammen; sie sind weit älteren Datums. Die Besitzer solcher Häuser wurden in den Urkunden nach ihrem Gewerbe benannt wie andere, die ein ehrliches Gewerbe betrieben.

Schon 1293 gab es in Basel einen Frauenwirt Namens Burghard von Esch. Einzelne Männer oder Hausfrauen machten sich ein Gewerbe daraus, fahrende Töchter oder Frauen bei sich zu beherbergen. Im Jahre 1384 verordnete der Rat, dass die Frauen von dem Verdienste dieser fahrenden Töchter nur den dritten Pfennig begehren und (1409) auch von ihnen keine Geschenke annehmen sollten. In der inneren Stadt wurden dergleichen Wirtschaften nicht geduldet. Später ging der Rat so weit, dass er den Hurenwirten Hüsli (Häuser) kaufte oder verlieh „da die hübschen Frowen einsitzen“ und dieselben in baulichem Stande auf seine Kosten unterhielt. Erhielt ein Frauenwirt ein solches geliehen, so hatte er alsdann dem obersten Ratsknecht ein paar Hosen oder einen Gulden und alle Jahre einen Lebkuchen zum guten Jahr zu geben. Derlei Häuser gab es in den Vorstädten vorzugsweise an der Lys, eines auch in der Malazengasse. Im fünfzehnten Jahrhundert vermehrten sich diese Bordelle, deren heute noch mehrere in Basel bestehen. Solothurn, Zürich (in den drei Vorstädten Oberstrass, Unterstrass, Gottinger), Luzern, (Badeanstalten, Gasthof am See, Barbierstuben, wo leichtfertige Mädchen rasieren), hatten gleichfalls schon im Mittelalter und gegenwärtig noch die oben angedeuteten Bordelle.

Ausführlicheres über die schweizer Prostitutionsverhältnisse weiss uns Henne am Rhyn in seinem „Die Gebrechen und Sünden etc.“ mitzuteilen. Nach seiner Meinung konnte die Schweiz infolge ihrer Zusammensetzung aus halbsouveränen Kantonen und deren Unabhängigkeit in inneren Angelegenheiten, keine gemeinsamen sittenpolizeilichen Prinzipien annehmen, eine Behauptung, die mit Recht bestritten werden kann, denn ein allgemein giltiges Uebereinkommen hätte sich wohl treffen lassen können. Allerdings bemerkt er auch, dass das Schweizervolk im Allgemeinen einer Reglementierung der Prostitution nicht wohlgeneigt sei und eine solche hätte nur im Kanton Genf, das unter Napoleon I. zu Frankreich gehörte, festen Fuss gefasst, doch auch hier nicht völlig nach französischem Muster.

„Im Jahre 1877 führte der Durchbruch einer neuen Strasse durch ein übelberichtigtes Quartier in Genf die Niederlegung von vier Bordellen herbei, die sich nun andere Schlupfwinkel suchen mussten. Wo sie aber anklopften, wurde ihnen nicht aufgethan, und die Anwohner setzten sich gegen die saubere Nachbarschaft zur Wehre. In derselben Stadt geschah es im Jahre vorher, dass der „Gast“ eines schlechten Hauses mit dessen Besitzerin wegen einer Flasche Wein in Streit geriet und sie mit einem Stockdegen erstach; das Gericht nahm an, dass in solchen Häusern alles möglich sei und sprach den Thäter frei. Uebrigens vermindert sich die Prostitution (wenigstens die offizielle) in Genf. Von 1869 bis 1876 sank die Zahl der eingeschriebenen Dirnen von 325 auf 115, die der Bordelle deren 1877 dreizehn mit 63 Bewohnerinnen waren, soll ebenfalls abgenommen haben. Aber das Kerkersystem der Bordelle dauert fort, obschon die Polizei behauptete, der Austritt stehe den Dirnen frei und ihre Schulden werden nicht anerkannt. Noch im Jahre 1888 stürzte sich eine gefangen gehaltene junge Deutsche vom dritten Stockwerke eines Bordells auf die Strasse und brach Arm und Bein. Von zwei anderen, welche das nämliche thaten, wurde die eine verstümmelt und die andere getötet."

Es wurden zwar Verordnungen erlassen, wonach die Bordellinsassinnen berechtigt wären, den Beistand der Polizei anzurufen, wenn sie an dem Austritt aus dem Bordell gehindert werden sollten, indes scheint sich auch hier kein besonderer praktischer Nutzen ergeben zu haben. Wie anderwärts werden dabei auch hier Anschuldigungen gegen die Polizei erhoben, dass sie gewissermassen im Solde von Kupplern und Bordellhältern stehe. Allerdings weiss Henne am Rhyn ganz merkwürdige Vorfälle anzuführen, die seinen Beschuldigungen nur zu viel festen Boden geben. Er schreibt:

„In der Bundesstadt Bern bestand seit mindestens fünfzig Jahren, vielleicht noch länger, ununterbrochen auf einer Insel der Aare, welche mit dem Ufer durch eine Brücke in Verbindung steht und in der Aussicht von der weltberühmten Plattform des Münsters die Mitte des Vordergrundes einnimmt, eine Badeanstalt und Gastwirtschaft, in welcher die Prostitution die Hauptsache bildet. Diese Anstalt war in der ganzen Schweiz und weiter bekannt und nahm den ersten Rang unter den meist mit Badeanstalten verbundenen Prostitutionshäusern Berns ein. Ihr langes Leben verdankte das sogenannte „Inseli" (das wahrscheinlich identisch ist mit dem von Hügel erwähnten „del Isle") ohne Zweifel der eigentümlichen Anarchie, in welcher sich die Polizei der schweizerischen Bundesstadt früher befand. Ein Duldung der unzüchtigen Anstalten hat hier öffentlicher und eingestandener Massen noch nie Platz gegriffen, heimlich bestand sie aber fortwährend. Erst in letzterer Zeit wagte es das die Angelegenheiten verwaltende Mitglied des Kantons Bern (nicht zu verwechseln mit dem schweizerischen Bundesrat, der sich um lokale Angelegenheiten nicht zu bekümmern hat), dem Besitzer des „Inseli", einem Ausländer Namens Holder, das Wirtschaftsrecht zu entziehen, worauf derselbe, als Fremder von üblem Rufe aus Bern weggewiesen wurde. Die Polizei der Stadt Bern vollzog jedoch diesen Befehl nicht in genügendem Masse, und Holder erschien wiederholt ungescheut in Bern, wo er endlich, um sich sicherzustellen, seine „Anstalt" einem gewissen Fräulein Spitz aus Mühlhausen im Elsass zum Schein verkaufte, in Wirklichkeit aber verpachtete. Da nun aber diese Person, weil ebenfalls eine Ausländerin, nicht sicher war, ihr rohes Geschäft betreiben zu können, wurde ein ungebildeter, missgestalteter und schon ältlicher Berner Namens Scheidegger, durch Geld bewogen, sich mit der Spitz trauen zu lassen; unmittelbar nach der Ceremonie aber kaufte man dem Gatten die Scheidungsklage ab, welche auch die „junge Frau“ einreichte. Später zog Scheidegger seine Klage zurück, seine „Frau“ aber hielt die ihrige aufrecht. Mochten indes die Gerichte entscheiden wie sie wollten, so war „Frau Scheidegger-Spitz“ jetzt Bernerin und konnte aus ihrer „Heimat“ nicht ausgewiesen werden. Auch betrieb sie die Inseli-Wirtschaft nach wie vor unter dem Schutze der geheimen Sittenpolizei der Stadt Bern fort und brachte in derselben vorzüglich gefallene Mädchen aus ihrer ursprünglichen Heimat, dem Elsass unter. Den Fortbestand dieser „Anstalten“ sicherten zugleich die Lauheit der Stadtpolizei, die Milde des Strafgesetzbuches mit Rücksicht auf die Prostitution und die Richtung der einflussreicheren Aerzte, welche die „Organisation“ der Unzucht für eine sanitäre Notwendigkeit halten. Ja es kam soweit, dass die Stadtpolizei auf Andringen jener Aerzte fünf Kuppler und Kupplerinnen, darunter auch „Frau Scheidegger-Spitz“ zusammen berief und ihnen zu verstehen gab, sie könnten aller Strafen entgehen, wenn sie sich gewissen Vorschriften unterwerfen. Die Gerichte liessen sich durch dieses Abkommen allerdings nicht irre machen und verurteilten Frau Sch.-Sp. zu 25 Tagen Gefängnis wegen Kuppelei. Aber die höhere Instanz verkürzte die Strafe auf 15 Tage und es ist nicht bekannt, ob sie überhaupt vollzogen worden. Bekannt ist nur, dass die „geheime Sittenpolizei“ in Bern fortbestand bis zum Februar 1888, zu welcher Zeit die Kantonsregierung die Aufhebung der Bordelle beschloss und diesen Beschluss energisch durchführte.“ Und auch der Prostitution damit ein Ende machte? könnte man sehr zweifelnd fragen.

In Zürich war der Damenverein für Hebung der Sittlichkeit auf das Treiben einer Hurenwirtin zu Riesbach aufmerksam gemacht worden, welche sich „hoher“ Protektion in dem demokratischen Staatswesen erfreute und in Zeitungsinseraten französische Bonnen suchte, angeblich für ihr Nachbarhaus. Am Tage nach Weihnachten flohen in der That zwei junge Französinnen von 16 und 19 Jahren aus dem Käfig der Megäre in das Marthahaus. Das Komité des Frauenvereins erhob (1892) gerichtliche Klage gegen das Weib. Es zeigte sich, dass eine französische Kupplerin die Mädchen aufgegriffen, korrumpiert und nach Zürich gesandt hatte. Dies machte sie so: sie hielt eine Pension für Mädchen, und so oft eines derselben kein Geld hatte, bot sie ihm ihre Hilfe an und führte es auf raffinierte Weise in die Arme des Lasters. An den zwei genannten Mädchen nun hatte die Züricher Megäre in sechs Wochen über tausend Franks „verdient“, ihnen aber nicht einmal die notwendigen Kleider gewährt, so dass sie durchfroren im Zufluchtshause ankamen. Auch hatten sie keinerlei Schriften und verstanden kein Wort deutsch. Vor den Richter citiert, erschien die Sklavenhalterin in prachtvollem Schlitten, stattlich gekleidet und mit Bedienung. Der Richter empfing sie mit Bücklingen und sie trat den Damen vom Verein mit herausfordernden Blicken und spöttischer Miene gegenüber, so dass man sie für die Klägerin und die Damen für die Angeklagten halten konnte. Natürlich wurde die Sache niedergeschlagen, die priviligierte Verbrecherin entlassen und die Damen konnten froh sein, ohne Kosten wegzukommen.

Als in Zürich ein berüchtigtes Bordell, die „Arche Noah" genannt, 1887 abbrannte und ein anderes durch den Tod der Besitzerin sein Ende nahm, suchten die Nachbarn um die Verhinderung der Einrichtung einer neuen Lasterhöhle nach; ob es etwas half ist unbekannt. Zu derselben Zeit wurden vier fünfzehnjährige Gymnasiasten wegen Bordellbesuchs von der Schule weggejagt, was grosses Aufsehen in der Stadt erregte." Hügel verzeichnete aus dem Jahre 1858 in den Schweizerstädten 49 Bordelle mit 352 Insassinnen, was nicht als übermässig grosse Zahl zu bezeichnen wäre und zur Befriedigung Anlass geben könnte, wenn derle amtlich statistischen Daten zur Beurteilung der Verhältnisse überhaupt ein besonderer Wert beizumessen wäre. Nicht selten finden wir, dass gerade eine Abnahme der tolerierten Häuser mit einem Anwachsen der Sittenverderbnis, der Prostitution verbunden ist.

Strassburg besass bereits im Jahre 1455 an hundert Bordelle (abbages) mit königlichen Privilegien. Andere berichten, dass im fünfzehnten Jahrhundert dort dreissig privilegierte Bordelle vorhanden waren. „Ja bis in den heiligen Turm des Münsters," heisst es in „Eros" Stuttgart 1849, I S. 419, „hatten die saubern Vögel sich einzunisten gewusst, und man nannte sie deshalb sehr naiv „Münster-Schwalben".

Bei den meisten Völkern wurde die bereits erörterte religiöse Prostitution ausgeübt, die Germanen jedoch ausgenommen. Dagegen scheint bei ihnen, wie mehrfach berichtet wird, selbst im Mittelalter noch die gastliche Prostitution geherrscht zu haben und selbst in den Burgen soll dem Gaste eine Bettgenossin gewidmet worden sein; nicht selten wie es heisst, die Hausfrau selbst oder die Haustochter. Litterarisch finden wir in Deutschland die ersten Erwähnungen von Hurenhäusern in den Schriften der Nonne Roswitha, im zehnten Jahrhundert, indess ist mit Gewissheit anzunehmen, dass sie ihre Kenntnisse von derlei Oertlichkeiten aus Terenz und anderen altrömischen Schriften und nicht durch den Augenschein gewonnen hatte.

Dr. Hügel bringt in seinem hier bereits wiederholt angeführten Werk eine hier folgende interessante Tabelle über die im Jahre 1858 in einer Anzahl von europäischen Städten vorhanden gewesenen Bordelle, Bordellmädchen und sonstige inscribierte Prostituierte.

Städte	Bordelle	Bordell-Mädchen	Inscribierte allein wohnende Lustmädchen	Anzahl der innerhalb Jahresfrist in den Spitälern an Syphilis Behandelten.
Paris	204	1502	5000[1])	8094
Bordeaux	12	70	493	529
Lyon	54	370	690	473
Marseille	51	413	816	930
Nantes	31	234	264	278
Strassburg	30	247	250	336
Petersburg	178	770	1123	1032
London	3335	30015[2])	— [4])	12670[3])
Liverpool	770	2900	— [4])	—
Edinburg	263	800	— [4])	—
Glasgow	204	1475	— [4])	—
Manchester	266	710	— [4])	—
New-York	618	7860	6000	14770
Madrid	105	1175	—	2867
Brüssel	42	208	658	212
Haag	10	74	306	250
Rotterdam	16	131	231	213
Amsterdam	19	200	700	530
Utrecht	4	87	111	86
Berlin	24	240	600	2133
Hamburg	124	712	174	632
Kopenhagen	68	194	56	—
Rom	7	56	—	—
Leipzig	66	264	300	7800
Schweizerstädte	49	352	—	—
	6490	51061	17572	53708

1) Ausser den inscribierten öffentlichen Mädchen schätzt die Polizei die Zahl der nicht eingeschriebenen sich prostituierenden Frauenspersonen auf 26,000.

2) Die Polizei schätzt die Zahl der Lustmädchen Londons auf 40,000. Wir haben die Zahl der inscribierten Mädchen frei lassen müssen, weil man in England die Einregistrierung nicht eingeführt hat.

3) Auf 1000 Prostituierte kommen ungefähr 181 Syphilitische.

4) Von diesen fünf Städten konnte die Zahl der inscribierten Mädchen nicht angegeben werden, weil man in denselben, wie in London, die Einregistrierung nicht kennt.

Die Rheinisch-Westfälische Gefängnis-Gesellschaft beschloss in ihrer 56. General-Versammlung am 9. Oktober 1884 zum Kampf gegen die Prostitution umfassendes statistisches Material zu sammeln und zu diesem Zwecke die Mitwirkung der Behörden, Pastoren etc. zu erbitten. Es wurden Fragebogen an eine grosse Anzahl von Städten entsandt. Das erhaltene Material befindet sich, in Tabellen geordnet, in

„Die Prostitution in Deutschland und ihre Bekämpfung“ 1887; ein vortreffliches Schriftchen von Pastor H. Stursberg, der seinen Eifer und seine Thatkraft allerdings, meines Erachtens, grossenteils einem unnützen Kampfe widmet.

Der Fragebogen enthielt 14 Hauptfragen mit einigen Unterfragen. Pastor Stursberg schreibt, dass er im Nachfolgenden eine Uebersicht der eingegangenen Antworten gebe, soweit sie sich auf die Fragen 1—4 beziehen. „Ueber die Antworten auf die zweite Hälfte der Frage: Seit wann besteht die sanitätspolizeiliche Kontrolle? gebe ich nur bei einzelnen Städten Notizen; die Beantwortung der Frage: Seit wann etc. ist öfter unterblieben; mehrfach wird bemerkt, dass eine genaue Angabe unmöglich oder überhaupt nicht zu machen sei. Wo die Einführung nach dem Jahre 1880 stattgefunden hat, ist es überall vermerkt, sofern die Antworten Mitteilungen machen. Die Angaben der Einwohnerzahl beruhen auf der Zählung vom Dezember 1880, sofern nicht in den Antworten selbst neuere Angaben gemacht werden.

Ein Blick auf die Tabelle ergiebt die grosse Verschiedenheit in der Zahl der Kontrollierten im Verhältnis zur Einwohnerzahl in den verschiedenen Landesteilen. Im Allgemeinen ist ersichtlich, dass die Zahl in den östlichen Provinzen eine verhältnismässig grössere ist. Wenn auch die Angaben aus einer Anzahl von Städten fehlen, so wird das Gesamtbild als ein zutreffendes gelten, um so mehr, als die grössere Zahl der fehlenden Städte zu den kleineren zählt, in denen nur ausnahmsweise eine Kontrolle besteht.“

Die Entscheidung über Stellung unter sanitäts-polizeiliche Kontrolle liegt überall in Händen der Polizeibehörde, doch ist mancherorts ein Einspruch dagegen an Magistrat oder Regierung zulässig. In Preussen dient als Grundlage zur Handhabung der Kontrolle eine Ministerial-Verordnung vom 7. Juli 1850, in der es heist: „Frauenspersonen, welche der Prostitution ergeben oder wegen gewerbsmässiger Unzucht bereits bestraft sind, oder welche als notorische Huren sich wegen syphilitischer Krankheit bereits in ärztlicher Behandlung befunden haben, können angehalten werden, allmonatlich oder auch in kürzerer Frist Gesundheitsatteste beizubringen.“ In andern deutschen Ländern existieren darüber ähnliche Verordnungen oder gesetzliche Bestimmungen (Braunschweig, Gesetz vom 16. Oktober 1873). „Das Verfahren in Deutschland,“ bemerkt Pastor Stursberg, „bei der Stellung unter sanitätspolizeiliche Kontrolle bietet ein Bild von grosser Mannigfaltigkeit; es ist auch in den Städten innerhalb derselben Staatsgebiete ausserordentlich verschieden und macht zuweilen im Licht der bestehenden Gesetzgebung einen recht eigentümlichen Eindruck.“

Laufende Nummer.	Name des Staates, der Provinz etc.	Seit wann besteht die sanitätspolizeiliche Controlle?	Zahl der eingegangenen Antworten.	Zahl der Städte, in welchen die sanitätspolizeiliche Controlle besteht.	Wie viel Frauens- insgesamt standen tätspolizeilicher im		
					1880	1881	1882
1	**Rheinprovinz.** 4074000 Einwohn., 139 Städte; die kleinste mit 523 Einw.		156	26	575	687	597
2	**Westfalen.** 2043442 Einw., 104 Städte; die kleinste mit 908 Einw.		114	15	124	111	91
3	**Hessen-Nassau.** 1554376 Einw., 16 Städte über 5000 Einw. Fehlt 1 Stadt von 5000 Einw.	In 2 Städten seit 1869 (seit Aufhebung der Bordelle), in 2 seit 1870, in 1 Stadt seit 1878, in 1 Stadt seit 1885.	15	7	438	534	706
4	**Hannover.** 2120168 Einw., 27 Städte über 5000 Einw. Es fehlen 6 Städte zwischen 5 und 10000, 1 Stadt von 18000 Einw.	In Hannover schon zu Anfang dieses Jahrhunderts. In den übrigen Städten seit 1868 und später, in 1 seit 1885. Die Zahlen unter 1880 bis 1884 beziehen sich bei der Stadt Hannover auf die am Jahresschlusse im Polizeibezirke anwesenden Controllierten.	20	9	273	286	299
5	**Schleswig-Holstein.** 1127149 Einw., 18 Städte über 5000 Einw. Es fehlen 2 Städte von je rund 15000 Einw.	In 1 Stadt seit 1882.	16	7	283	320	395
6	**Pommern** 1540034 Einw., 32 Städte über 5000 Einw. Es fehlen 3 Städte von 5—6000 Einw.	In 1 Stadt seit 1882, in 2 Städten seit 1884, in 1 Stadt 1885 eingeführt, aber am 1. August keine Person unter Controlle.	29	17	576	609	627
7	**Brandenburg** mit Ausnahme von Berlin 2266825 Einw. Ausser Berlin und Charlottenburg 49 Städte über 10000 Einw. Es fehlen 4 Städte von 5—7000 Einw.	In 1 kleinen Stadt besteht die Controlle seit 1883 nicht mehr.	45	19	824	719	781

personen unter sani- Controlle Jahre		Wie gross war die Zahl der am 1. August 1885 unter sanitätspolizeil. Contr. stehenden Personen, welche zur Untersuch. in einem von der Polizeibehörd. bestimmten Lokale regelmässig erscheinen müssen?	Wie viele Frauenspersonen waren am 1. August 1885 verpflichtet, Privat-Gesundheitsatteste beizubringen, bezw. sind in ihren Wohnungen der sanitätspolizeilichen Controlle unterworfen?	Wie viele Frauenspersonen waren am 1. August 185 wegen gewerbsmässig. Unzucht polizeilichen Vorschriften unterstellt, aber noch nicht unter sanitätspolizeilicher Controlle?	Wie alt ist die jüngste der in den vorhergehenden Rubriken genannten Frauenspersonen?	Wie viele unter den vorher genannten Frauenspersonen sind		Bemerkungen.
1883	1884					Ehefrauen?	Witwen?	
762	849	722	109	346	15	250	71	Von den am 1. August unter Controlle stehenden entfallen auf 1 Stadt 369; die bedeutende Steigerung von 1882 bis 1884 entfällt auf 1 Stadt und ist bedingt durch die definitive Aufhebung der Bordelle.
70	76	41	8	5	17	19	6	
595	628	389	38	10	15	27	8	201 der Controllierten waren am 1. August abwesend, z. Th. in Correktionshäusern z. Th. unbekannt.
257	214	152, darunter Hannover mit der Zahl am 1. Jan. 1885.	18	10	19	18	4	
437	500	241	32	130	17	26	4	Unter den zu 4 b aufgeführten 19 Ehefrauen lebten 13 von ihren Männern getrennt, 6 geschieden.
584	625	396	—	6	15½	30	21	
769	549	518	25	19	15½	69	22	In einer Stadt sinkt die Zahl von 244 i. J. 1883 auf 56 i. J. 1884 in Folge genauer Revision der Listen und Ausscheidung der Verstorbenen, Verzogenen etc. In 1 Stadt kommt 1 Controllierte auf 200 Einw., in einer andern 1 auf 17000.

Laufende Nummer.	Name des Staates, der Provinz etc.	Seit wann besteht die sanitätspolizeiliche Controlle?	Zahl der eingegangenen Antworten.	Zahl der Städte, in welchen die sanitätspolizeiliche Controlle besteht.	Wie viel Frauens- insgesamt standen tätspolizeilicher im 1880	1881	1882
8	**Provinz Sachsen.** 2312007 Einw., 41 Städte über 5000 Ein. Es fehlen 3 Antworten aus Städten von 5000—5500 Ein.	In 1 Stadt seit 1881, in 2 Städten seit 1885.	38	18	464	484	514
9	**Schlesien.** 4007925 Einw., 51 Städte über 5000 Einw. Es fehlen 5 Antworten aus 3 Städten von 5—7000 Einw., 2 Städten von 12 und 13000 Einw. In den Zahlen pro 1881 bis 1884 ist für eine grosse Stadt, von der die bezüglichen Angaben fehlen, die Zahl der am 1. August unter Controlle Stehenden hinzuaddiert worden.	In 1 Stadt seit 1881, 1 Stadt seit 1885.	46	19	2219	2191	2229
10	**Posen.** 1703397 Einw. 17 Städte über 5000 Einw. Es fehlen 4 Städte von 6—8000 Einw.	In 1 Stadt seit 1. Juni 1880, 1 seit 1884.	18	8	490	546	607
11	**West-Preussen.** 1405898 Einw. 14 Städte über 5000 Einw. Es fehlen 7 Städte, 6 von 5—10000, 1 von 20000 Einw.		7	5	886	889	926
12	**Ost-Preussen.** 1933936 Einw., 16 Städte über 5000 Einw. Es fehlen 3 Städte von 5—7000 Einw. Bei 1 Stadt ist für die Jahre 1880—1884 die Zahlenangabe vom 1. August 1885 eingesetzt.	In 1 Stadt seit 1882, 1 seit 1883, 1 seit 1884.	18	9	398	404	436
	In Preussen ausser Berlin		512	159	7550	7730	8208

personen unter sani- Controlle Jahre		Wie gross war die Zahl der am 1. August 1885 unter sanitätspolizeil. Contr. stehenden Personen, welche zur Untersuch. in einem von der Polizeibehörd. bestimmten Lokale regelmässig erscheinen müssen?	Wie viele Frauenspersonen waren am 1. August 1885 verpflichtet, Privat-Gesundheitsatteste beizubringen, bezw. sind in ihren Wohnungen der sanitätspolizeilichen Controlle unterworfen?	Wie viele Frauenspersonen waren am 1. August 1885 wegen gewerbsmässig. Unzucht polizeilichen Vorschriften unterstellt, aber noch nicht unter sanitätspolizeilicher Controlle?	Wie alt ist die jüngste der in den vorhergehenden Rubriken genannten Frauenspersonen?	Wie viele unter den vorher genannten Frauenspersonen sind		Bemerkungen.
1883	1884					Ehefrauen?	Witwen?	
490	495	427	5	57	15	70	15	Unter 12 controllierten Ehefrauen in einer Stadt lebten 9 von ihren Männern getrennt.
2209	2182	2062	8	22	15	45	24	Von 20 Controllierten in einer Stadt waren 10 am 1. August in Haft. In einer grossen Stadt kommt 1 Controllierte auf ca. 160 Einw., in einer andern von 30000 Einw., stand nur 1 Person unter Controlle.
								In der Provinz Posen besteht die Controlle nach anderweitigen Mitteilungen noch in 2 Städten von 8000 bezw. 7000 Einw.; in der ersten standen 16 Personen unter Controlle, in der zweiten 1 Person.
583	550	578	12	6	15	19	67	In 1 Stadt 1 Controllierte auf 211, in 1. Stadt 1 Controllierte auf 218 Einw. In derselben Stadt werden Ehefrauen nicht unter Controlle gehalten.
961	935	899	44	153	15	105	100	In 1 Stadt 1 Eingeschriebene auf 127 Einw.; thatsächlish wurde von der Gesammtzahl nur etwa 1/4 ärztlich untersucht, weil ein Theil zeitweise dispensiert war, ein Teil verzogen oder nicht zu ermitteln, ein Teil inhaftiert oder in Kranken- etc. Anstalten war.
429	425	580	41	2	14	52	14	
8146	8028	7005	335	766	14	730	356	

Laufende Nummer.	Name des Staates, der Provinz etc.	Seit wann besteht die sanitätspolizeiliche Controlle?	Zahl der eingegangenen Antworten.	Zahl der Städte, in welchen die sanitätspolizeiliche Controlle besteht	Wie viel Frauens- insgesamt standen tätspolizeilicher im 1880	1881	1882
13	Königreich **Bayern.** 5284788 Einw., 52 Städte über 5000 Einw. Es fehlen 11 Städte, 8 von 5—9000 Einw., 4 von 11 bis 22000. Für 1 Stadt ist die angegebene Durchschnittszahl der Controllierten mit 90 pro Jahr verrechnet worden.	Meist seit 1872.	41	9	378	314	389
14	Königreich **Sachsen.** 2972805 Einw., 55 Städte über 5000 Einw. Es fehlen 6 von 5—7000 Einw.	In 1 Stadt seit 1880, in 2 seit 1882.	49	13	1196	1206	1219
15	Königreich **Württemberg.** 1971118 Einw., 24 Städte über 5000 Einw. Es fehlen 4 Städte von 5 bis 7000 Einw. Stuttgart 1880: 117303, 1885: 125510 Einw.	Seit 1. Januar 1871.	20	1	256	297	319
16	Grossherzogtum **Baden.** 1570254 Einw. 16 Städte über 5000 Einw.	In 1 Stadt seit 1884.	Antworten über alle Städte, in denen Controlle besteht. 9	9	327	292	351
17	Grossherzogtum **Hessen.** 936340 Einw., 10 Städte über 5000 Einw. Es fehlen die Angaben aus Darmstadt u. 2 kleinen Städten von 5 und 7000 Ein.		7	4	272	249	240
18	Grossherzogtum **Mecklenburg-Schwerin.** 577055 Einw., 11 Städte über 5000 Einw. Es fehlen 5 Städte von 5—9000 Einw. (Im Grossherzogt. **Mecklenburg-Strelitz** besteht keine sanitätspolizeiliche Controlle.)	In 1 Stadt seit 1881.	9	8	53	66	78

personen unter sani- Controlle Jahre 1883	1884	Wie gross war die Zahl der am 1. August 1885 unter sanitäts-polizeil. Contr. stehenden Personen, welche zur Untersuch. in einem von der Polizeibehörd. bestimmten Lokale regelmässig erscheinen müssen?	Wie viele Frauenspersonen waren am 1. August 1885 verpflichtet, Privat-Gesundheitsatteste beizubringen, bezw. sind in ihren Wohnungen der sanitätspolizeilichen Controlle unterworfen?	Wie viele Frauenspersonen waren am 1. August 1885 wegen gewerbsmässiger Unzucht polizeilichen Vorschriften unterstellt, aber noch nicht unter sanitätspolizeilicher Controlle?	Wie alt ist die jüngste der in den vorhergehenden Rubriken genannten Frauenspersonen	Wie viele unter den vorher genannten Frauenspersonen sind Ehefrauen?	Witwen?	Bemerkungen.
384	411	273	59	8	15	3	11	In 5 Städten mit zusammen 225000 Einw. standen am 1. August 17 (Frage 3 a) bezw. 24 (Frage 3 b) Personen unter Controlle. Von 29 Städten unter 20 000 Einw. besteht nur in 2 von 14000 bezw. 7000 Einw. die Controlle in welchem 7 bezw. 1 Person am 1. August unter Controlle standen. Nur in 1 Stadt sind 2 geschiedene und 1 getrennt lebende Ehefrau unter Controlle gestellt, sonst grundsätzlich keine.
1139	1075	488	349	148	15¾	94	58	In der Stadt ist nur die Beibringung von Privat-Gesundheitsattesten vorgeschrieben; in 2 Städten stand am 1. August keine Person unter Controlle, in den übrigen bestehen beide Formen der Controlle nach Frage 3 a und b.
331	338	38	—	—	17	1	1	Stellung von Ehefrauen unter Controlle ist unzulässig; unter Controlle 1 geschiedene Ehefrau.
257	249	128	6	—	17	11	6	
212	246	48	37	—	17¼	19	1	
104	94	47	—	—	19½	2	2	

Laufende Nummer.	Name des Staates, der Provinz etc.	Seit wann besteht die sanitätspolizeiliche Controlle?	Zahl der eingegangenen Antworten.	Zahl der Städte, in welchen die sanitätspolizeiliche Controlle besteht.	Wie viel Frauens- insgesamt standen tätspolizeilicher im 1880	1881	1882
19	Grossherzogtum **Oldenburg.** 337478 Einw., 3 Städte über 5000Einw. Aus Stadt Oldenburg fehlen Nachrichten.		2	—	—	—	—
20	Herzogtum **Braunschweig.** 349367 Einw. 6 Städte über 5000 Einw.		6	1	79	98	112
21	Die Thüringischen Staaten: Grosshzgt. **Sachsen-Weimar.** 309577 Einw. Herzogtum **Sachsen-Meiningen** 207075 Einw., Herzogtum **Sachsen Coburg-Gotha** 194716 Einw. Herzogtum **Anhalt** 232592 Einw., Fürstent. **Schwarzburg-Sondershausen** 71107 Einw., Fürstentum **Reuss** ä. L. 50782 Einw., Fürstentum **Reuss** j. L. 101330 Einw. 25 Städte über 5000 Einw. Es fehlt 1 Stadt von 5000 Einw. Im Herzogtum **Sachsen-Altenburg** 155036 Einw., im Fürstentum **Schwarzburg-Rudolstadt** 80296 Einw., im Fürstentum **Lippe** 120246 Einwohn., im Fürstentum **Schaumburg-Lippe** 35374 Einw., besteht keine sanitätspolizeiliche Controlle. Das Fürstentum **Waldeck** hat keine Stadt m. 5000 Einw.	In 1 Stadt seit 1880. in 1 Stadt seit 1881.	32	10	118	200	207
22	Freie und Hanse-Stadt **Hamburg.** 1880: 289859, 1885: circa 312000 Einw.		1	1	886	882	832
23	Freie u. Hanse-Stadt **Bremen.** 156723 Einw., 2 Städte über 5000 Einw. Stadt Bremen 1880: 111940, 1885: circa 123000 Einw.	Seit **1855, in** der jetzigen strengern **Form seit 1864.**	2	2	142	147	113

*) Die Angaben in der **Moralstatistik** von von Oettingen 3. Aufl. 1882 S. 198 wonach sich in Hamburg (bis 1879 186 Bordelle **und**) gegen **5000 Prostituierte** befanden, werden behördlich und von sachkundiger privater Seite als unrichtig bezeichnet. Von beiden Seiten wird die Zahl der ausser den Controllierten z. Z. sich in Hamburg aufhaltenden, der heimlichen Prostitution verdächtigten Personen auf 500 geschätzt. In den letzten 10

personen unter sani- Controlle Jahre 1883	1884	Wie gross war die Zahl der am 1. August 1885 unter sanitätspolizeil. Contr. stehenden Personen, welche zur Untersuch. in einem von der Polizeibehörd. bestimmten Lokale regelmässig erscheinen müssen?	Wie viele Frauenspersonen waren am 1. August 1885 verpflichtet, Privat-Gesundheitsatteste beizubringen, bezw. sind in ihren Wohnungen der sanitätspolizeilichen Controlle unterworfen?	Wie viele Frauenspersonen waren am 1. August 1885 wegen gewerbsmässig. Unzucht polizeilichen Vorschriften unterstellt, aber noch nicht unter sanitätspolizeilicher Controlle?	Wie alt ist die jüngste der in den vorhergehenden Rubriken genannten Frauenspersonen?	Wie viele unter den vorher genannten Frauenspersonen sind Ehefrauen?	Witwen?	Bemerkungen.
—	—	—	—	—		—	—	
130	175	80	9	—	16	4	1	
180	128	76	—	12	16	16	4	einer Stadt von circa 18000 Einw. konnte die sanitätspolizeiliche Controlle seit 1882 entbehrt werden.
895	848	850*)	—	—	17	26	6	
124	120	89	—	—	16	12	8	In 1 Stadt 1 Controllierte auf 2332 Einw., in 1 Stadt 1 auf 366 Einw.

Jahren scheint unter Berücksichtigung der Zunahme der Bevölkerung und des Verkehrs eine kleine Besserung eingetreten zu sein. Im allgemeinen Krankenhause waren in den Jahren 1871—1875 unter den durchschnittl. 8900 Kranken 19 Prozent syphilitische, im Jahre 1883 unter 13800 nur 17 Prozent. Wegen Verbrechen und Vergehen wider die Sittlichkeit wurden 1878—1880 durchschnittl. jährlich 100 bestraft, 1881—1383 durchschnittl. jährlich 95.

Laufende Nummer.	Name des Staates, der Provinz etc.	Seit wann besteht die sanitätspolizeiliche Controlle?	Zahl der eingegangenen Antworten.	Zahl der Städte, in welchen die sanitätspolizeiliche Controlle besteht.	Wie viele Frauens- insgesamt standen tätspolizeilicher im		
					1880	1881	1882
24	Freie u. Hanse-Stadt **Lübeck**. 1880: 51055, 1885: etwa 55300 Einw.	Seit 1824.	1	1	83	60	64
25	**Elsass-Lothringen.** 1566670 Einw., 20 Städte über 5000 Einw. Es fehlen 6 Städte von 5—10000 Einw., 1 von 12500, 1 von 64000 Einw.		14	4	333	341	348
	In den übrigen deutschen Staaten		193	58	4123	4152	4217
	In Deutschland insgesamt ausser Berlin		705	217	11673	11882	12425

Berlin:

	1880	1881	1882
und zwar zu Beginn des Jahres	3033	3186	3465
Im Laufe des Jahres kamen hinzu	1669	1689	1873
Im Laufe des Jahre gingen ab	1516	1410	1348
Bleiben am Schlusse des Jahres unter Controlle	3186	3465	3900

Die Einwohnerzahl Berlins betrug im Jahre	1880	1881	1882
	1156608	1156382	1192078

personen unter sani- Controlle Jahre 1883	1884	Wie gross war die Zahl der am 1. August 1885 unter Sanitätspolizeil. Contr. stehenden Personen, welche zur Untersuch. in einem von der Polizeibehörd. bestimmten Lokale regelmässig erscheinen müssen?	Wie viele Frauenspersonen waren am 1. August 1885 verpflichtet, Privat-Gesundheitsatteste beizubringen, bezw. sind in ihren Wohnungen der sanitätspolizeilichen Controlle unterworfen?	Wie viele Frauenspersonen waren am 1. August 1885 wegen gewerbsmässiger Unzucht polizeilichen Vorschriften unterstellt, aber noch nicht unter sanitätspolizeilicher Controlle?	Wie alt ist die jüngste der in den vorhergehenden Rubriken genannten Frauenspersonen?	Wie viele unter den vorher genannten Frauenspersonen sind Ehefrauen?	Witwen?	Bemerkungen.
67	78	45	—	—	21	—	—	
322	296	243	48	117	16	12	—	Für Strassburg fehlen die Angaben pro 1880 und 1881, die Durchschnittszahl der Jahre 1882—1884 ist eingesetzt. Die in einer Stadt der Controlle unterstellten 6 Ehefrauen werden als von ihren Männern getrennt lebend bezeichnet. In 2 Städten besteht die Einrichtung nach Frage 3b, in einer grossen Stadt nicht. In einer Stadt entfällt 1 Controllierte auf 350 Einw., unter Zurechnung der protokollarisch Verwarnten 1 auf 200 Einw., in 1 Stadt 1 auf 800, in 1 Stadt 1 auf 1200 Einw. In einer kleinen Stadt waren die wenigen unter Controlle stehenden Personen am 1. Aug. sämtlich im Arbeitshause. In einer 5. Stadt von 7000 Einw. besteht nur die Stellung unter polizeiliche Vorschriften, nicht die sanitätspolizeil. Controlle.
4145	4058	2405	508	280	15	200	98	
12291	12086	9410	843	1046	14	930	454	
3900 1487 1618 3769	3769 1360 1405 3724	3755	—	—	16	Kann nicht bestimmt angegeb. werden.		

1883 1884
1226392 1263196

X. Kapitel.

Wien. — Rudolf von Habsburgs Stadtrecht und Strafgesetzbuch. — Handveste. — Autorisierte Frauenhäuser. — Lebensverhältnisse. — Bordelle im alten Wien. — Anfechtung der Prostituierten. — Der bacchanalische Tanz. — Regierung Maria Theresias. — Keuschheitskommission. — Der Prater. — Schauspielerinnen. — Regulierung der Prostitution. — Daten.

Von den deutschen Städten kommen für die Beurteilung der Prostitutionszustände, wie für manches andere noch, vor allem Wien, Berlin und Hamburg in Betracht, denen hier nun eine ausführliche Erörterung gewidmet werden soll.

„Um die Interessen des allgemeinen Gesundheitswohles zu wahren, schreibt Dr. Hügel a. a. A. S. 49 etc., wurden in dem alten Wien mehrere Frauenhäuser, nämlich: das gemeine, das vordere und das hintere Frauenhaus in der Vorstadt und das gemeine Frauenhaus im Innern der Stadt errichtet. (Wiener Skizzen des Mittelalters von J. E. Schlager V).

Um von der Entstehung und dem Fortbestand dieser Frauenhäuser durch mehrere Jahrhunderte eine richtige Ansicht zu bekommen, muss man sich die damaligen sozialen Zustände, besonders aber die frühere Stellung der öffentlichen Mädchen (freie Töchter, schöne Frauen, allgemeine Weiber, Mitmacherinnen oder Hübschlerinnen) vergegenwärtigen. Schon im Stadtrecht Rudolfs von Habsburg (Hormayrs histor. Taschenbuch v. J, 1836, S. 320) für Augsburg, vom 9. März 1276 wird der „Hübschlerinnen" Erwähnung gethan und aus einer Stelle des Strafgesetzbuches desselben Regenten für Wien, vom 20. Juni 1278, De communibus muliebribus („millum statutum facimus, quia indignum esset ipsius legum laqueis inodare, volumus tamen, ne abaliquo indebite offendantur sed offensor pro qualitate offensæ ad arbitrum judicis et consulem corrigator"), sowie auch der späteren Handveste Herzog Albrecht II. (13. Juni 1340), welche die lateinische Stelle des eben zitierten Strafgesetzbuches in deutscher Sprache wiederholt. (Wir tun auch dehain gepot von den gemainen Weiben, wan ez wer vnwirdig vnd vnzeitlich daz man sew in die pant der ce befluzze. Doch wellen wir, das sie nieman anschulde laydig. Swer sie aber laydigt, den soll der richter puezzen nach des rates rat." — Rauch, scriptores rerum Austr. III 44—45), entnimmt man, dass man die allgemeinen Weiber als eigene Klasse, die niemand ungestraft beleidigen dürfte, betrachtete.

Nach Aeneas Sylvius sollen im fünfzehnten Jahrhundert schon viele „allgemeine Weiber" bestanden haben, die auch Geusau (Geschichte der Belagerung Wiens durch Matthias Corvinus S. 95—98) unter Maximilian I. an der Achsel ein gelbes Tüchlein, eine Hand breit und eine Spanne lang, tragen mussten. Die „freien Töchter" begleiteten bei Feldzügen das Söldnervolk, verrichteten bei den Empfängen von Notabilitäten gewisse Funktionen, brachten in die Volksfeste und Tagesfeiern damaliger Zeit durch ihre Anwesenheit eine belebtere Stimmung und wurden bei feierlichen Einzügen, besonders zu der damals allgemein üblichen Austeilung von Blumensträussen, benuzt. Diese Angaben beweisen die Wiener Stadt-Rechnungsprotokolle aus dem Jahre 1438 über die Ausgaben bei dem Einzuge Albrechts II. nach der Krönung zu Prag in Wien („vmb wein den gemain Frawen 12 achterin. Item den frawen, die gen den kunig geuarn (gezogen) sind, 12 achterin.") Im Jahre 1452, bei dem Einzug von König Ladislaus Posthumus in Wien, wurden nach einer geschriebenen österreichischen Chronik der Wiener Hofbibliothek (Hist. nova No. 263) vom Jahre 1452, vom Bürgermeister und Rat „freie Töchter" abgeordnet, um den König am Wienerberg zu empfangen. Derselbe Empfang wurde diesem König auch in dem Werd (heute 2. Bezirk) zu teil, als er später von Breslau nach Wien zurückkehrte. Die „freien Töchter" mussten zum Empfang durchreisender hoher Häupter stets ihre Wohnung bereit halten. Aehnliche Vorkommnisse berichtet Wurmbrand in seinem „Collectaneis genealogicis," Wien 1705, p. 65, von Neapel, als die österreichische Gesandtschaft im Jahre 1450 zur Empfangnahme der Braut König Friedrich IV. nach Portugal abgesandt wurde: „In allen Städten nnd Kastellen waren die Hausthore offen, Streu und Heu alles zugericht, was jeder haben wollte das gab man ihm, die Frauen im Frauenhaus, die waren alle bestellt, durfte keine kein Pfennig nicht nehmen, schnittens nur auf ein Rabisch. Da fand einer Mörin (Mohrinnen) und sonst schöne Frauen, was einen lustete." Aus den Wiener Stadtrechnungen des fünfzehnten Jahrhunderts ersieht man auch, dass die hohen Fremden von Bürgermeister und Rat in den Lokalitäten der Bürgerhäuser bei Festen und Tänzen mit „schönen Frauen" regaliert wurden. Die „gemeinen Frauen" wurden zu der Tanzgruppe am Johann des Täufers Tag um das Sonnenwendfeuer verwendet, wobei ihnen Bürgermeister und Rat Erfrischungen verabreichen liessen. Ebenso fungierten sie auch jährlich bei den in Wien abgehaltenen Wettrennen.

Man hatte also damals die „freien Töchter" nicht nur geduldet, sondern sogar bei gewissen Gelegenheiten vorzugsweise zu gewissen Verrichtungen offiziell benutzt, was nicht überraschen kann, wenn man bedenkt, dass damals die heftigeren Aeusserungen der physischen Natur des Menschen nach Aussen hin keiner polizeilichen Ueberwachung unterlagen und das Schicklichkeitsgefühl von dem heutigen stark abwich. Es wird daher auch nicht auffallen, dass man „autorisierte Frauenhäuser" errichtete, wodurch man ein erhebliches Uebel zu vermeiden gedachte. Die Wiener Bürgerschaft war anfangs den Frauenhäusern sehr abhold. Dies erhellt aus einer von ihnen bei Gelegenheit der Excesse bei den sogenannten Weinmeistern dem Stadtrat 1403 überreichten Beschwerdeschrift, der zufolge die Weinmeister-Zeche aufgehoben und verordnet wurde, dass die „freien Töchter" ihr Geld nicht in den Weinkellern, sondern vor denselben vertrinken sollen. Noch während der Autonomie des Stadtrats bestimmten die Zechordnungen des 14. und 15. Jahrhunderts „dass keiner, der hier zum Meister werden will, in der Unehe sitzen darf." Die Bäckerzeche wollte sogar 1429 beim Stadtrat ein Gesetz durchführen, nach welchem es Meistern und Knechten verboten sein sollte sich eine Prostituierte zur Frau zu nehmen, was auf ein nicht seltenes Vorkommen von dergleichen schliessen lässt. Der Stadtrat wies aber dieses Gesuch ab, weil alles, was auf Kannschaft (Ehe) sich bezöge, Sache der Geistlichkeit wäre, und weil ferner den „freien Töchtern" die Rückkehr zu einem moralischen Leben nicht verschlossen werden soll.

Das damalige geistliche und weltlich- landfürstliche Lehensband zusamt den Abgaben, welche die Frauenhäuser, wie anderwärts so auch in Wien, an die Kammern leisten mussten, machten einen sehr unangenehmen Eindruck. Dieses anscheinend zweideutige Lehensverhältnis für die beiden Frauenhäuser Wiens fusste aber zumeist auf der Qualität des Territoriums, denn ihre Bestimmung und ihre Befugnisse bedingten den

Kern des Lehens nicht. Einige Vorstadtgrundstücke Wiens blieben nämlich länger als andere ein landesfürstliches Dominical-Eigentum, auf dem sich jedoch einzelne Liegenschaften mit Lehenseigenschaften befanden, während wieder jene anderer Vorstädte entweder freies Eigentum der Stadt oder einzelner Privatpersonen waren. Die Leopoldstadt (der untere Werd) z. B., als alte Babenberger Jagdinsel, trug dieses Lehensband bis zum Jahre 1369. Die Fläche vor dem Widmerthor (früher Pfeiler- oder Peyrerthor) Wiens, auf der Herzog Leopold der Glorreiche zu Ende des 13. Jahrhunderts seine Burg erbaute, enthielt gleichfalls mehrere herzogliche Lehensgüter. Diese Fläche, auf der mehrere Häuser, Höfe, Stadeln und Gärten sich befanden, hatte im 14. und 15. Jahrhundert den Namen „Wyden" und „Neustifft", später den „an der Wien." Auf diesem herzoglichen Grundstück lagen auch die zwei gemeinen Frauenhäuser als zufälliges Lehen des Herzogs.

Diese eigentümlichen Territorial-Verhältnisse, sowie einzelne unbedeutende Burgrechte, wie z. B. jenes in Wien vom Tiefen Graben, erklären diese so anstössig scheinenden Lehensverbände, die bischöflichen Lehensverleihungen zu Mainz und Würzburg und die Rente der päbstlichen Kammer.

Nur die Zähigkeit, mit der man am alten Lehensverband samt seiner Militärpflicht und den Kameral-Abgaben festhielt, kann der bis in die Mitte des 16. Jahrhunderts angedauerte Bestand der Frauenhäuser zugeschrieben werden. Ausser den beiden mit Lehensband und Abgaben beschwerten Frauenhäusern vor dem Widmerthor gab es noch ein drittes im Innern der Stadt (das gemeine Frauenhaus im Tiefen Graben), welches aber ohne Lehensband und Abgaben seine Existenz fristete. Die beiden Vorstadtbordelle wurden früher aufgehoben als das Stadtbordell.

Obgleich die unter Maximilian I. angeregten wissenschaftlichen Bestrebungen den ästhetischen Sinn der höheren Klassen der Gesellschaft anregten, so waren deren Resultate doch noch zu wenig in die untern Volksklassen gedrungen, als dass sich diese sogleich zum Aufgeben ihrer alten Vorrechte herbeigelassen hätten. Auch die Stadtkammern selbst zeigten keine Lust ein ihnen zukommendes tägliches, gutes Einkommen aufzugeben.

Die inzwischen aufgetretene Reformation, die Bildung von unterdrückenden und unterdrückten Klassen, deren letztere für ihr Eigentum, ihre Sesshaftigkeit, Zuständigkeit, ja selbst für ihr Leben des landesfürstlichen Schutzes benötigten, ermöglichten es endlich, dass man Jahrhunderte alte Vorrechte und Privilegien für den Schutz von Gut und Blut, wenngleich mit Widerstreben hinopferte. Der Reformation, obgleich ihr die Abschwächung des Volkswillens und der Volkskraft zugeschrieben werden muss, verdankte man schliesslich eine feste Basis für die landesfürstliche Sittenpolizei, wodurch den früher unberücksichtigten Reichsabschieden ein sittenpolizeilicher Charakter verliehen wurde.

Die erste Anfechtung gegen den ferneren Bestand der Frauenhäuser Wiens ging von der von Karl V. auf dem Augsburger Reichstag 1530 erlassenen „Ordnung und Reformation guter Polizei" aus, in deren XXXIII. Artikel es heisst; „Es wird die leichtfertige Bewohnung abgestellt, und deren Bestrafung von dem Reichsoberhaupte allenthalben angeordnet."

In der „Reform guter Polizei" vom Jahre 1530, Artikel XX „Von den gemeinen und unehelichen Weibern" heisst es: „Nachdem auch aus dem viel Aergernis im heiligen römischen Reiche entsteht, dass die gemeinen und unehelichen Weiber Seiden, Gold und andere zierliche Kleidung tragen, davon manch frommes Weib und Tochter verleitet wird, auch dadurch unter Ehrbaren und Unehrbaren kein Unterschied zu erkennen, gebieten wir ernstlich und wollen, dass die unehelichen Weiber kein hochzeitlich Kleid oder Geschmuck und verbrämtes Kleid oder güldenen Schleier, sondern eine jede derselben sich nach des Landes Brauch tragen soll, darauf die Obrigkeit sondern Acht haben und nicht gedulden soll."

Bis auf Ferdinand I. wurden nach den österreichischen landesfürstlichen Gesetzen nur besondere Gewaltthaten an dem weiblichen Geschlecht, als: Ehebruch und Verführung einer Hausgenossin bestraft. Alle übrigen Uebertretungen gegen die Sittlichkeit aber, wie die gewöhnliche Unzucht, Gotteslästerung, Völlerei, Trunkenheit, Aufwand, hohes Spiel u. s. w. durch geistliche Richter nach den Kirchengeboten geahndet.

Nachdem aber nach der Reformation die katholische Geistlichkeit selbst den Schutz der Regenten anzusuchen bemüssigt war, fiel die Regelung der gesamten Sittenpolizei in die Hände der letzteren.

Obgleich Ferdinand I. in seinen Patenten von 1527 und 1528 strenge gegen die Prostitution auftrat, bewies er doch bei seiner „Reform der Sitten", wie dies aus den Polizeiordnungen der Jahre 1524, 1543 und 1552 zu ersehen ist, eine grosse Mässigung. Aus den in den Jahren 1524, 1543 und 1552 erlassenen Polizeiordnungen entstand im Jahre 1576 das „Städtische Polizeiamt" auf dem Rathause, dem die Jurisdiktion über die leichtfertigen Weibsbilder überantwortet wurde.

Unter Ferdinand I. wurde der bacchanalische Tanz, den die Handwerksgesellen mit den blumenbedeckten freien Töchtern am Abend vor dem Tage Johannes des Täufers um die Feuer auf den Plätzen der Stadt aufführten, durch die Handwerkspolizeiordnung vom Jahre 1524 abgeschafft.

Schon bei seinem Einzuge am 25. August 1522 in Wien erschienen die freien Töchter mit ihren Blumen und Sträussen nicht mehr, sondern 300 festlich geschmückte Bürgerknaben. Auch wurde das alte Vorrecht der freien Töchter, alljährig am Katharinen- oder Maria-Himmelfahrtstage nach St. Markus um die Wette laufen zu dürfen, bei Gelegenheit des Scharlachrennens im Jahre 1534 beseitigt."

Seitens der Regierung wurde der Kampf gegen die Prostitution aufgenommen und wie es scheint nur mit geringem Erfolg geführt, denn die Massregeln, die für nötig gefunden wurden, kehrten nur zu oft wieder. Am energischsten wurde der Kampf gegen die Prostitution unter der Regierung Maria Theresias geführt. In den Jahren 1752—69 wurden die der Unzucht berufsmässig sich ergebenden Frauenzimmer nach dem ungarischen Banat verschickt, also verbannt.

„Unter Maria Theresia wurden neben dem Schluss der Bordelle und rücksichtsloser Verfolgung der Prostituierten Verordnungen erlassen, die das Halten von Cafés, Billards und Restaurationen zu ebener Erde untersagten. Die Fenster solcher Lokale durften nicht nach der Strasse gehen, ihre Thüren durften nicht direkt den Eingang gestatten. Trotzdem nahmen die Fälle von Ehebruch zu, die Zahl gemeiner Prostituierter stieg auf 10 000, die reicher Courtisanen auf 4000" (Tarnowski „Prostitution und Abolitionismus". Hamburg 1890).

Zur Ueberwachung, zur Ausrottung der Prostitution wurde die „Keuschheits-Kommission" eingesetzt, über die Nicolai in seiner „Beschreibung einer Reise etc." 1781, sich äusserte: „Durch die in keiner Stadt der Welt ausser in Wien bestandenen Keuschheitskommission wollte man die Moralität einer grossen, volkreichen Stadt verbessern, aber man konnte von ihr wohl sagen, was Goethe von der Moral sagte:

„Sie ist wie Schwefel bei den Weinen
Verdirbt sie zwar, doch lässt sie besser scheinen."

Diese Kommission machte viele Heuchler und artete nebenbei in die gemeinste Beutelschneiderei aus, indem ihre Spione gewisse Leute anklagten oder anzuklagen drohten, damit sie sich mit Geld loskaufen sollten, wobei man Schuldige durchwischen liess, weil sie gut gezahlt hatten. Die Ausschweifungen aber wurden durch diese Kommission nicht verändert. Es ist zu staunen, dass Herr von Sonnenfels (gemeint ist der bekannte Staatsmann und Publizist, Verfasser der „Grundsätze der Polizeiwissenschaft") diese unnatürliche Sittenkommission anempfahl und den Ausspruch machte: „Die Sittenkommission sollte die Laster ausspähen."

Nie und nimmermehr kann eine solche widrige Inquisition den moralischen Charakter einer Nation verbessern, allerdings aber wird sie dem Muckertume jeglichen Vorschub leisten. Es ist Sache der Regierung die Ursachen der Laster zu erforschen und auf Mittel zu denken, wie selbe durch moralische Verbesserungen, aber nicht allein durch Strafgesetze gehoben werden können. Aber hiermit hat man nicht in allen Ländern Lust die Untersuchungen zu treiben, weil dabei viel Dinge an das Tageslicht treten würden, die man lieber mit der Finsternis der Nacht bedeckt. Ein Edikt ist geschwind ausgeheckt, eine Hausuntersuchung bald vollzogen, eine Gefängnisstrafe mit Leichtigkeit diktiert, dies alles fällt wohl immer stark in die Augen, hilft aber schliesslich doch nichts . . .

Diese Keuschheits-Kommission hatte eine Menge von Kundschaftern und Angebern aufgestellt. Man drang bei Tag und bei Nacht in die Häuser und ihre Geheimnisse. Man durchsuchte die Zimmer, eröffnete auf blossen Verdacht oder die Anzeige einer Buhlerin oder eines Kommissars Schreibtische, man setzte die Ruhe und das Glück der Familie auf das Spiel. Beschuldigte Männer wurden um grosse Geldsummen gestraft und verloren unwiederbringlich die Gnade der Kaiserin, wenn diese Beschuldigungen an das Ohr der grossen Monarchin drangen. Beschuldigte Ehefrauen und unbedachtsame Mädchen, die vielleicht mehr zu bedauern als anzuklagen gewesen wären, wurden auf einseitige Berichte unvermutet mehrere Jahre ins Kloster gesperrt, wodurch zwar ihre Ehre öffentlich gekränkt, aber ihre Moralität sicher nicht verbessert wurde.

Als der Prater geöffnet wurde, liess man die dichten Büsche aushauen, und dieser Ort des Vergnügens füllte sich mit Rumorknechten und Spionen der Keuschheitskommissionen, die dort auf einzelne Paare lauerten, sie mit harten Worten anfuhren, oder gar auf die Wache schleppten, wo sie sich mit Geld loskaufen mussten. Einige der Keuschheits-Spione standen mit den Nymphen sogar in vertragsmässigen Verbindungen; sie lockten junge Leute in ihre Häuser und liessen sie dann über getroffene Verabredung von den Mouches in flagranti überfallen. Der junge Mensch musste sich nun, um nicht vor die Kommission geführt zu werden, rein ausplündern lassen, worauf der Mouche und die Nymphe die Beute heimlich unter sich teilten. Man glaubte auch damals noch ein wirksames Mittel zur Unterdrückung der Prostitution und des Kindermordes darin gefunden zu haben, dass man die jungen Leute, die von den Mädchen als Väter angegeben wurden, stehendem Fusses von dem Konsistorium mit denselben verehelichte, eine Manipulation, durch welche die Prostitution nicht gehemmt, aber die Ehebrüche vermehrt wurden.

Was geschah? Inmitten der Vollziehung dieser harten Massregeln griff die Prostitution immer mehr um sich, denn dieser Kommission zum Trotze wurden zahlreiche Maitressen ausgehalten, Schauspielerinnen und Tänzerinnen knüpften mit Männern aus den höchsten Ständen Liebeshändel an, setzten für ihre Buhlereien hohe Preise fest, liessen ihren Begierden freien Lauf, gingen durch mehrere Hände, wurden bisweilen verheiratet und wurden sie verwiesen, so gingen sie mit erbuhlten Kapitalien weiter, wie die erste Schauspielerin des französischen Theaters, die Beaubourg, die italienische Sängerin Ricci und die Tänzerin Vigano, die sogar 60 000 Gulden dafür einstrich, dass sie von einem gemachten Heiratsversprechen mit einem vornehmen Herrn Abstand nahm. An die Stelle der verwiesenen Buhlerinnen kamen wieder neue, was durch die Abwechslung den Männern nur wieder einen neuen Reiz gewährte.

Ohnerachtet des Bestandes dieser Kommission schätzte man die Zahl der gemeinen öffentlichen Mädchen auf 10 000 und jene der vornehmen auf 4000. Die eingezogenen Freudenmädchen wurden entweder als Krankenwärterinnen in die Spitäler gesteckt, auf die Schranne geführt oder durch den Schub aus der Stadt geschafft."

Begreiflicher Weise konnten solche an und für sich nicht taugbare Mittel in einer sittenlosen Zeit nicht taugen, in der eine Pompadour, eine Dubarry in Frankreich, eine Katharina II. in Russland herrschten und von der man noch mit mehr Recht als von dem Zeitalter Elisabeths von England, neben der Maria in Schottland, Katharina Medici in Frankreich, Katharina von Oesterreich in Portugal, Margaretha von Parma in den Niederlanden herrschten, eine Schrift veröffentlichen können: de regnos vulvarum, wie solches vorher von Hotomann erfolgte.

Kaiser Josef beseitigte gleich nach seinem Regierungsantritt die famose Keuschheits-Kommission, deren Erinnerung heute höchstens noch in Possen und Operetten fortlebt. Die auf Prostitution und unsittlichen Verkehr gestellten Strafen, wie Strassenfegen, Anlegung von Ketten, Abschneidung der Kopfhaare, Tragen von Sträflingskleidern etc. wurden abgeschafft, doch wurden die strafgesetzlichen Bestimmungen für gewerbsmässige Unzucht ungemildert aufrecht erhalten. Auf den Vorschlag, Bordelle zu konzessionieren, soll Kaiser Josef geantwortet haben: „In Wien wird die Wollust ohnedem schon in allen Ständen so unregelmässig betrieben, dass ich es für unnötig halte, eigene Ableiter für dieselbe anzulegen."

„Noch unter Josefs Zeiten," berichtet Hügel, „durften die Freudenmädchen im Burg- und Kärnthnerthortheater nicht erscheinen und nicht in auffälliger Weise entblösst herumgehen, weil sie sonst von der ehrbaren Klasse der Bevölkerung öffentlich beschimpft oder misshandelt worden wären. Von Kaiser Josef an bis auf unsere Zeit wurden weiter keine bemerkenswerten Massregeln zur Regulierung der Prostitution getroffen. Die Prostitution ist in Oesterreich bis zur Stunde noch immer nicht toleriert und die ganze Thätigkeit der Administration gegenüber dieser so folgenreichen sozialen Anomalie beschränkt sich einzig und allein auf die Handhabung des § 509 des allgemeinen österreichischen Strafgesetzes.

Allerdings wurde unter den späteren Regenten mehrere malen von der medizinischen Fakultät und den Stadtphysikern Wiens auf Grundlage umfassender Studien geeigneten Orts die Regelung der Prostitution befürwortet und daselbst verschiedene dahin abzielende Projekte unterbreitet. Dieselben aber immer ad acta gelegt. Hine illæ lacrimæ! Während der Amtierung des Wiener Polizei-Direktors, des Herrn Hofrats von Noé wurde von einem Privaten, dem bekannten Herrn Daum, Besitzer des Hotel Wandl im Innern der Stadt (am Peter) die Umgestaltung desselben zu einem Bordell vorgeschlagen, dieses Projekt vom Wiener Gemeinderat beraten, aber schliesslich vom ihm ebenfalls ad acta gelegt. Es ist ungewiss, ob zu dem Fallenlassen dieses so zeitgemässen (?) Vorschlags eine ungenügende Motivierung desselben, oder der Einfluss einer damals allgewaltigen Partei die Veranlassung gab. Gewiss ist es aber, dass von dieser Zeit an über ein Decennium weitere Beratungen über die Mittel zur Regelung der Prostitution unter die pia desideria gezählt werden müssen."

Auch in der nachfolgenden Zeit geschah nichts zur Regelung der Prostitutions-Zustände, die immer schlimmer geworden waren und gegen die sowohl Aerzte, wie auch die Presse ihre Stimme erhoben. Es soll einen Ministerial-Erlass vom 30. Dezember 1850 gegeben haben, der die Polizei beauftragte, nicht nur die Prostitution in Evidenz zu halten, sondern auch deren Gesundheitszustand zu kontrollieren. Doch es geschah vorerst nichts, vermutlich durch den Einfluss der überaus mächtigen klerikalen Partei und erst fast zwei Jahrzehnte später wurde eine sanitätspolizeiliche Kontrolle eingeführt die allerdings, wie in den meisten andern Orten mangelhaft und unzureichend ist und auch hier nur einen geringen Teil der wirklich vorhandenen Prostitution betrifft. Die Einführung von Bordellen unterblieb auch ferner. Im Jahre 1865 forderte der Wiener Gemeinderat von der medizinischen Fakultät ein Gutachten über die Einführung von Bordellen und Sicherheitskarten an Prostituierte. Die Fakultät sprach sich gegen beides aus, weil dort, wo Bordelle vorhanden sind, Syphilis nicht seltener zu finden sei als anderwärts, und weil Sicherheitskarten dem Publikum keine Gewähr böten, dass die Prostituierten wirklich gesund seien, und deren voraussichtliche Erfolglosigkeit dem Ansehen der Aerzte nur schaden könnte. Hingegen wurde die Anstellung besoldeter Aerzte befürwortet, die unentgeltlich mittellose an Syphilis Erkrankte behandeln sollten. Man konnte dieses Gutachten den Ausdruck zünftiger Einsichtslosigkeit nennen und die Wiener „Vorstadt-Zeitung" wandte sich auch kräftig dagegen (1863 No. 167): „Die Regelung der Prostitution, angeregt von einigen verständigen Gemeinderäten, gewünscht von allen anständigen Leuten der Residenz, hat wieder einen Schritt — rückwärts gemacht. Man hat gewissen ärztlichen Capacitäten ein Gutachten abverlangt und die drei Weisen der Fakultät haben den geistreichen Ausspruch gethan: „Die Regelung und Ueberwachung von Häusern (Bordellen) und Personen (Prostituierten) sei ganz überflüssig und unthunlich, man müsse sich darauf beschränken, die Zahl der Aerzte zu vermehren."

Gegen dieses Gut(?)achten erlauben wir uns einige bescheidene Einwendungen. Warum geht denn in andern Grossstädten, in Paris, Berlin, Brüssel, Hamburg u. s. w. mit leichter Mühe das, was in Wien unmöglich sein soll? Ist die Aufhaltung zerstörender Krankheiten der einzige Zweck der Prostitutions-Regelung? Haben wir nicht auch den Wunsch, dass unsere Frauen und Mädchen abends auf der Strasse gehen können, ohne von Zudringlichen belästigt, oder vielleicht gar noch von ungeschickten Polizei-Organen arretiert zu werden? Haben wir nicht auch den Wunsch, dass unsere Jugend nicht jeden Abend durch den Gänsemarsch unseres in allen Hauptstrassen herum stolzierenden Phrynentums verführt und das Auge des anständigen Menschen durch die Scenen beleidigt wird, die sich zwischen 6—10 Uhr am Graben, Kohlmarkt, Stefansplatz, in der Kärntnertrasse und der Rothenturmstrasse abspielen? Soll diese Demimonde-Parade, die täglich zur Schande der ersten Stadt Deutschlands abgehalten wird, auch durch Vermehrung der Aerzte beseitigt werden.

Wissen die drei Capazitäten nicht, dass die Meldung bei der Polizei Tausende von Mädchen, welche den Schritt zum Laster thun wollen, vor demselben zurückschreckt, weil ein noch nicht ganz verdorbenes Gemüt doch sich scheut, einem Beamten die Anzeige zu machen, dass sie gesonnen sei, ihre Ehre wegzuwerfen? In Hamburg, Brüssel u. s. w. werden dadurch Tausende von Dienstmädchen ehrlich erhalten, während bei uns ein Mädchen, das zum arbeiten zu faul, oder nach schönen Kleidern lüstern ist, eben nur abends spazieren zu gehen braucht, um sofort der Legion der Gefallenen anzugehören, deren Kontrolle nicht nur vom sozialen und staatspolizeilichen Standpunkt notwendig ist, wärend jene drei Kapazitäten — wir nennen sie aus Gewohnheit so — ihre Studien über die Frage eben nur vom engherzigsten Geschäfts-Standpunkte in den Ordinationsstunden ihrer Praxis gemacht zu haben scheinen."

Nicht minder ungünstig über dieses „Sachverständigen-Urteil" äusserte sich übrigens auch die „Wiener medizinische Wochenschrift, 1865, No. 46. Der neue Entwurf des österreichischen Strafgesetzbuches enthält übrigens in § 461 eine Bestimmung, die nicht nur Frauen sondern auch Männer mit Strafe bedroht, wenn sie böswillig oder leichtfertig als Geschlechtskranke vorgehen. Es heisst dort: „Wer mit einer venerischen oder syphilitischen Krankheit behaftet zu sein sich bewusst ist und dennoch mit jemandem Beischlaf pflegt, ist mit Haft zu bestrafen."

Hügel teilt uns auch mit einen ihm von der Wiener Polizei zugegangenen „Ausweis über die Verhältnisse der Prostitution und die Erkrankung an Syphilis (in den öffentlichen Heilanstalten) in den Jahren 1860, 1861, 1862 und 1863 in Wien."

Demnach wurden Prostituierte polizeilich beanstandet:

	Ueberhaupt.	Wiederholt.	Hiervon wurden abgeschoben.	Syphilitisch waren hiervon
1860	1693	490	350	305
1861	2081	559	378	295
1862	2115	662	470	407
1863	2018	526	515	343

An Syphilis wurden behandelt:

	Männer	Weiber	Mädchen	Kinder	Zusammen
1860	3050	62	1440	11	4563
1861	3375	73	1753	5	5206
1862	4600	77	2019	5	6701
1863 [1])	4356	60	1668	4	6088

Aus diesen Daten wie aus ähnlichen Angaben anderer Städte, ergiebt sich das Anwachsen der Prostitution und deren polizeiliche Beanstandung, sowie das Anwachsen in der Behandlung in öffentlichen Heilanstalten der an Syphilis Erkrankten, Uebelstände, die im Verfolg der Zeit leider keine Besserung aufzuweisen hatten.

1) Vom 1. Januar bis 15. September.

XI. Kapitel.

Dienstleute. — Der Strich. — Alte Bordelle. — Strafen. — Verrufene Strassen. —Klassen der Prostituierten. — Kaffeehäuser. — Tiefer Graben. — Katharina Steiner. — Sadismus und Masochismus. — Oesterreichische Provinzstädte. — Ungarn. — Budapest. — Provinzstädte.

„In den meisten älteren Schriften über Prostitution," schreibt Dr. Hügel a. a. O. Seite 67 etc., findet man die Behauptung aufgestellt, dass unter allen Städten Deutschlands die Prostitution sich in Wien ganz besonders verbreitet habe*) dass es in Wien wohl keine privilegierten Bordelle, aber immerhin eine Legion von Winkeldirnen gegeben, dass ein grosser Teil des weiblichen Dienstpersonals der heimlichen Prostitution verfallen, dass das Cicisbeat, Italien ausgenommen, nirgends mehr als in Wien geblüht, und dass die syphilitischen Krankheiten in ganz auffälliger Weise daselbst grassiert haben und dgl. m. Nicolai äussert sich über die

*) Sehr erklärlich, denn Wien war auch die grösste und verkehrsreichste deutsche Stadt. H . . .

früheren sittlichen Zustände Wiens folgendermassen: „Nicht nur die Wollust des Schmausens, sondern alle anderen Wollüste sind in Wien äusserst gemein." Küchelbecker sagte schon im letzten Viertel des achtzehnten Jahrhunderts („Allgemeine deutsche Bibliothek" 52 Bd. 1 St. S. 264) in seiner altväterlichen, naiven Schreibart: „Die Libertinage ist zu Wien ungemein gross und das Frauenvolk sehr kokett, und niemand missbilligt die Gemeinschaft beiderlei Geschlechtes, bis die Früchte einer allzugrossen Vertraulichkeit an den Tag kommen. Die Geistlichen predigen heftig genug dagegen, allein vergebens und sowohl vornehme als gemeine Weibspersonen bleiben bei ihrer natürlichen Neigung. Ohne Zweifel kommt diese schändliche Aufführung und allzu freie Lebensart von der eingerissenen Schwelgerei her, aus welcher unzählige Laster folgen." Aehnliches berichteten Aeneas Sylvius, Keyssler u. a. m. Nach denselben Autoren sollen auch die syphilitischen Krankheiten in Wien ungemein verbreitet gewesen sein; man zählte in manchen Jahren an 12000 syphilitische Erkrankungen und unter den während des Faschings von der Polizei eingesteckten öffentlichen Mädchen befanden sich beinahe immer fünf Sechstel Syphilitische. Die Regelung der Prostitution bestand auch damals nur in der Durchführung periodischer Razzien und verschiedentlicher Abstrafung der Prostituierten. Es ist erwähnenswert, dass schon Mitte des achtzehnten Jahrhunderts viele Strassen, Gassen, und Plätze wie die Bastei, der Graben, der Kohlmarkt, der Hof u. s. w., so wie heute von den Prostituierten gleichfalls zu dem sogenannten „Strich" (Promenade der Freudenmädchen) benutzt worden sind. Es besteht eine seltene Schrift* vom Jahre 1714, die über das damalige Unzuchtswesen auf den Basteien, über den Mangel der polizeilichen Invigilation und über die häufigen Ansteckungen in Wien berichtet. Wir werden aus ihr nur wenige auf unsere Schrift bezügliche Stellen anführen:

„Die Wälle und Basteien haben die Freiheit, dass darauff allerhand liederliche Wirtshäuser passiert, worinnen die leichtfertigste Buben-Stuck und Hurereyen, nebst anderen abscheulichsten Sünden (daran einem möchten die Haare gegen Berg stehen) getrieben werden, allerlei Unziffer, garstige Mist-Hammeln, Zottl-Böck, Lumpen-Gesind, kottige Wald-Trascheln, Venus-Böck, schändliche Nacht-Eulen, Zigeuner-Adl, gemeiner Stadt-Auswurf, Galanterie-Fräulein und anderes französisches Frauenzimmer, so in der Stadt schon ein Eisen abgerennet, alle diese machen ihre Exercitia an den Stadtmauern und auf den Wällen. Die Wirte darauff geben grossen Zinnss, mithin thun sie, was sie wollen, schenken Bier und Wein und halten dabei wilde schwartze und braune Jungfrauen. Manchmal hat ein jegliches solches Muschenhaus seinen ordentlichen

*) „Neu eröffnetes Wein- Wirtshaus- oder Curioser Gasthof etc." — Von dieser Schrift existiert nur ein Exemplar, das sich in der Klosterneuburger Bibliothek befindet.

Spitznahmen, als bei der neunfingert-Steyerischen Gredl, zum nackenden Kapauner, bei der angestrichenen Medritat-Kramerin Frantzl, bei der vergüldeten Gais u. a. m. Aus diesen schändlichen Bordellhäusern kommet selten einer heraus, welcher von dennen Venusflammen nicht verbrennet wird . . . Diese Unholden haben in diesen schlechten Orthen alle Freiheit, werden auch nicht eingezogen. Lasset uns derohalb die Bordellhäuser zumachen, und den Schild einziehen, damit sich Frembde nicht von unserem Vermögen sättigen, und da wir Leib und Gut bereits verzehret haben, hernach seufzen müssen."

Aus der Schlussstelle dieses Citates geht hervor, dass es auch schon damals eine Partei gegeben, die gegen die Bordelle geeifert hat. Obgleich in dieser Schrift der damaligen Polizei vorgeworfen wird, sie hätte die Freudenmädchen nicht eingezogen, müssen wir dagegen erinnern, dass die Polizei dieselben damals härter bestrafte als gegenwärtig. Ueber die damalige Bestrafung besteht ein „Lied mit einem Holzschnitt vom Jahre 1782" aus dem es hervorgeht, dass man die Freudenmädchen zum Zuchthause verurteilte, ihre Haare abschnitt, ihre Füsse mit Ketten fesselte, sie zur Tragung eines grauen Ueberrocks und eines grauen Hutes zwang und zum Kehren der Strassen verwendete. Das Lied führt den Titel: „Die geschorene Zuchthäuslerin an die lachenden Zuschauer" ein neues Lied von Michael Ambros, Wien, den 5. September 1782. In der Arie: „Gebet Almosen einen Blinden, den Lieb hat blind gemacht." Das Lied besteht aus acht Strophen, in denen acht polizeilich verurteilte Mädchen ihre Leiden in Versen besingen . . .

Aber auch die Klagen, die sowohl das Publikum, wie die Presse, gegenwärtig gegen die Nichtregelung der Prostitution erheben, wurden schon vorlängst in Wien ausgesprochen. Schon im Jahre 1789 konnte man bei Nicolai folgendes lesen: „Die feilen Wollustdirnen laufen in Wien mit ihrem Laster ungestört herum, man macht aber keine Anstalt, um diesem Uebel zu begegnen. Die Polizei in Paris hat jedes verdächtige Mädchen auf ihrer Liste und lässt es beobachten. Darf man es dulden, dass das Laster mit all seinen Folgen sich ausbreitet? Man darf nicht warten bis die feilen Nymphen recht viel Unheil angerichtet haben und sie dann erst festnehmen und kurieren lassen. Die Verführung und Gelegenheitsmacherei muss in ihrem Entstehen verhindert werden."

Die verrufensten Gegenden Wiens, wo die Freudenmädchen ihre Venustempel vormals aufgeschlagen hatten, waren die Schottenbastei, Naglergasse, Kreuzerstrasse, der Elephant, die Mohrenapotheke, das Belvedere (wenn Musik dort war) die Theater, der Prater, die Hetze, der Augarten, der Graben, Kohlmarkt und Hof. Man accordierte vormals mit den Lustdirnen in Wien sogar auf offener Strasse . . . Die gemeinsten Nymphen befanden sich in den Bierhäusern der Vorstadt Lerchenfeld und Spittelberg. Es ging nach Nikolai in Wien damals so weit, dass

1787 die Freudenmädchen im Belvedere während der Musik gedruckte Taxen für ihre Gunstbezeugungen auf den Bäumen unbeanstandet anschlagen konnten.

Nach Pezzel („Skizze von Wien" 1798) gab es früher in Wien folgende Klassen von Prostituierten: 1) unterhaltene Mädchen, 2) nichtunterhaltene Mädchen, die ihre bestimmten Kundschaften hatten und nicht jedem zu Gebote standen, 3) gewöhnliche Freudenmädchen, die Mittag und Abend auf Eroberung ausgingen und jeden mitnahmen, von dem sie glaubten, dass er etwas im Sacke hätte, 4) brutale Lustdirnen, die sich in den Saufhäusern der Vorstadt herumtrieben, sich dort berauschten und unter ihren Klienten Handwerksburschen, Soldaten, Kutscher u. s. w. zählten. Nach ihm sollen die Freudenmädchen Wiens im Vergleiche mit jenen von Paris, Berlin, London viel züchtiger gewesen sein, aber die Syphilis unter ihnen weit stärker grassiert haben, als in andern grossen Städten. Im Jahre 1789 schrieben mehrere Brochuristen über die Notwendigkeit der Frauenhäuser und die Regierung nahm diesen Gegenstand selbst öfters in ernstliche Ueberlegung. Man holte von der Polizei und der medizinischen Fakultät Gutachten ein, über deren Inhalt aber nichts in die Oeffentlichkeit gedrungen ist.

Pezzel hat sich für die Einführung von gestempelten Gesundheitskarten ausgesprochen, glaubte aber nicht an die Notwendigkeit der Bordelle und motivierte seine Ansicht mit dem folgenden sehr unchristlichen Ausspruche: „Glaubt man denn wirklich so etwas Grosses gethan zu haben, wenn man ein par tausend Pflastertretern in der Hauptstadt jährlich eine Quecksilberkur erspart?"

Tempora mutantur et nos mutamur in illis. Doch nicht so völlig wie wir zuweilen anzunehmen belieben. Fast ein Jahrhundert nach der Zeit in der die angeführten Zeilen geschrieben wurden, finden wir fast die gleichen Prostitutionsverhältnisse und -zustände. Die Polizei bekehrte sich zwar zu dem System der Sittenkontrolle und gab an die eingeschriebenen Prostituierten „Gesundheitsbüchel", in denen die ärztliche Untersuchung bescheinigt wird. Zu dem Bordell-System bekehrten sich die massgebenden Personen allerdings nicht, doch hatte trotzdem Wien um Ende des neunzehnten Jahrhunderts einige Anstalten dieser Art aufzuweisen. Das Hauptwerbegebiet der Prostitution blieb indes die Strasse und der Graben, Kärnthnerstrasse und andere behielten ihren alten Rang. Ferner pflegte ein grosser Teil der Prostituierten Wiens tagüber an einem Fenster ihrer Wohnung zu sitzen und die vorübergehende Männerwelt mit Blick und Gebärden, oft auch mit Worten zu einem Besuch aufzufordern, wobei allerdings zu bemerken ist, dass die Polizei dem Fenstersitzen wenig geneigt ist und die Ausübenden nicht selten darüber zur Rechenschaft zieht. In den Abend- oder vielmehr Nachtstunden bilden gewisse Cafée die Sammelstätten, wie früher Lafferl am Kai, National in der Taborstrasse u. a. m. Der etwas vornehmere, wenn auch nicht der vornehmste Teil der Prostitution, pflegte hauptsächlich in den Nebengassen der besseren Strassenzüge zu wohnen, was seinen bestimmten Grund hatte. Die Polizei verbot nämlich den Prostituierten gewisse Strassenzüge zu durchschweifen, ein Verbot, das natürlich nicht gründlich durchgeführt werden konnte, wenn die Prostituierten sich angeblich auf dem Heimweg befanden, wobei sie die betreffenden Strassenzüge ohne bedeutenden Umweg nicht vermeiden hätten können. Auch sonst bot übrigens dieses Wohnen in der Nachbarschaft der belebteren und vornehmeren Strassen den Prostituierten Vorteile, die sie sich so leicht nicht entgehen lassen wollten. Die niedrigere, was in vielen Fällen nur heissen will, die minder anspruchsvolle Prostitution hatte seine Hauptstätte in dem Tiefen Graben, wo sich schon das älteste bekannte Stadtbordell befand, und auf dem benachbarten Salzgries. Auch in vorgeblichen Parfümerie- und andern Geschäftsläden hatte diese Art von Prostitution oft ihr Heim während die anspruchsvollere in Tanzsälen wie „Sperl", „Neue Welt", Am Peter" die Kunden zur Ausübung ihres, mit Heine zu reden, horizontalen Gewerbes suchte. Selbstverständlich weist auch in Wien das Theater, wie fast überall enge Beziehungen zur Prostitution auf, die zuweilen einen recht skandalösen Charakter trugen. Auch was sonst noch in andern Grossstädten vielfach als hierher gehörig zu betrachten ist: Dienstmädchen, Fabrikmädchen, Ladnerinnen u. s. w. fehlt auch an der „schönen blauen Donau" nicht und die unzähligen „Verhältnisse" sind auch hier in vielen Fällen nichts anderes als Prostitution. Im allgemeinen sind die Wiener Dämchen dieses Berufes in finanzieller Beziehung aber minder anspruchsvoll als ihre Genossinnen in Paris, London, Berlin und Hamburg. „In Wien, teilt Henne am Rhyn mit, gab es 1886 nur 1500 eingeschriebene Dirnen, offenbar ein minimaler Teil der ganzen Bande, deren Glieder heute (1892) des Abends ungeniert in weissen Kleidern und mit Sonnenschirmen auf den Trottoirs aller Stadtteile herumwandeln und den Vorübergehenden vertraulich zunicken, bis die Gimpel auf den Leim gehen."

Selbstverständlich — leider muss man selbstverständlich sagen — fehlte und fehlt es auch in Wien nicht an widernatürlichen Erscheinungen auf sexuellem Gebiete und Fälle von Päderastie, Tribadie, Bestialität und anderen geschlechtlichen Verirrungen traten auch hier wiederholt in Erscheinung und mehr noch derer gelangten aus diesem oder jenem Grund nicht zur öffentlichen Kenntnis. Besonderes Aufsehen erregte Ende der siebziger Jahre eine Mordthat an einer Prostituierten und die damit in Zusammenhang befundenen Umstände. In einem übelberüchtigten, zumeist von Prostituierten bewohnten Hotel in der Kärnthnerstrasse, „Zum wilden Mann" benannt, wurde eines Morgens die Prostituierte Balogh ermordet in ihrer Stube aufgefunden. Der That verdächtig wurde eine andere, in der Nachbarstube wohnende Prostituierte, Namens Katharina Steiner verhaftet und nach langer Untersuchung und Verhandlung als schuldig befunden und zu lebenslänglichem Kerker verurteilt, trotzdem sie ihre Unschuld beteuerte und auch kein Beweis ihrer Schuld vorlag. Besonderes Aufsehen erregte nun während der Verhandlung die Erwähnung des „Hendelherren“ eines Mannes nämlich, der mit einigen der als Zeugen vernommenen Prostituierten geschlechtlich verkehrt hatte, wobei die Betreffenden stets für die Herbeischaffung von lebendigen Hühnern Sorge tragen mussten, weil der „Hendelherr“ nur dann in eine geschlechtliche Erregung zu versetzen war, wenn er das Geflügel zerreissen konnte und somit Blut fliessen sah. Trotz aller Nachforschungen gelang es der Polizei nicht, in Erfahrung zu bringen, wer diese Person war, die immerhin in ihrer geschlechtlichen Raserei auch einer Mordthat fähig sein konnte, doch ergab sich, dass er den besseren Ständen angehören mochte, und dass der Vorfall keineswegs eine vereinzelte Erscheinung war. Sadismus und Masochismus waren zu jener Zeit noch nicht bekannte Ausdrücke und im allgemeinen noch nicht bekannte Vorfälle. Krafft-Ebing charakterisiert beide — der eine ist nach dem bekannten Marquis de Sade, der andere nach dem deutschen Schriftsteller Sacher-Masoch benannt — in seinem „Psychopathia sexualis“ S. 137 folgendermassen:

„Das vollkommene Gegenstück des Masochismus ist der Sadismus. Während jene Schmerzen leiden und sich der Gewalt unterworfen fühlen will, geht dieser darauf aus, Schmerz zuzufügen und Gewalt auszuüben.

Der Parallelismus ist ein vollständiger. Alle Akte und Situationen, die von Sadisten in der aktiven Rolle ausgeführt werden, bilden für den Masochisten in der passiven Rolle den Gegenstand der Sehnsucht.“

Nach einigen Jahren — um wieder zu dem erwähnten Mordfall zurückzukommen — stellte es sich heraus, dass der Mörder der Prostituierten Baloph ein junger Mann aus guter Familie war, der die That in einer krankhaften Erregung vollbracht haben soll. Er wurde in eine Irrenanstalt untergebracht. Der Prozess gegen die verurteilte Steiner wurde wieder aufgenommen, wobei sie natürlich freigesprochen wurde und nach jahrelangem Gefängnis gebrochen an Leib' und Seele ihre Freiheit erlangte, um fortan von Unterstützungen zu leben und vom Bettel, der sie wiederholt vor den Strafrichter brachte.

Die Prostitutions-Verhältnisse in den andern Städten Oesterreichs wiesen und weisen noch im allgemeinen dieselben Erscheinungen auf, wie die zu Wien, wobei sich allerdings nationale und provinzielle Eigenarten geltend machten. Prag z. B., die zweitgrösste Stadt Cisleithaniens, lässt hierbei so ziemlich den Einfluss slavischer Sinnlichkeit erkennen, wie überhaupt der tschechische Teil Böhmens, der die österreichische Metropole mit den meisten der nötigen Ammen versorgte, früher oft scherzhaft das „Land der Ueberproduktion“ genannt wurde, eine Bezeichnung, die sich selbstverständlich nicht auf industrielle oder agrikulturelle Erzeugnisse bezog. In Triest machte sich neben dem italienischen Temperament noch der Umstand geltend, dass es eine grosse Hafenstadt ist, die, wie fast alle andern, der Prostitution einen nur zu günstigen Nährboden bietet. Lemberg und Krakau wieder, bekunden den Einfluss des im Punkte sexueller Sittlichkeit nichts weniger als einwandfreien Polentums, wozu hier, wie auch noch anderorts, die ungünstige materielle Lage der unteren Volksschichten wesentlich in Betracht kommt. Selbst die sehr religiösen oder vielmehr sehr klerikalen Alpenländer der österreichischen Monarchie sind keineswegs von geschlechtlichen Ausschweifungen frei, wenn auch die eigentliche Prostitution hier nur eine geringe Ausdehnung besitzt. Thatsache ist, dass dort eine verhältnismässig grosse Zahl von ausserehelichen Geburten vorkamen und noch vorkommen, wozu allerdings die materiellen Schwierigkeiten und Hindernisse, die sich der Eheschliessung entgegenstellten, oft von grosser Bedeutung sind. Mancherlei hat auch da und dort der Fremdenverkehr gezeitigt, der leicht begreiflicher Weise überall die Prostitutions-Verhältnisse und Zustände beeinflusst.

Es dürfte hier die geeignete Stelle sein, einige Erörterungen über den Gegenstand in Ungarn vorzubringen, ein Land, dem wenigstens in der Geschichte der Prostitution die Rolle einer Grossmacht zuzuweisen ist. Es wäre indes ein Irrtum, in dieser Beziehung dem führenden Volksstamm der Magyaren einen übermässig grossen Anteil zuzusprechen. Die verschiedenen Ungarn bevölkernden Nationalitäten teilen sich brüderlich darin, Magyaren, Deutsche, Slaven, Rumänen, Italiener haben sich hier in dieser Beziehung kaum etwas vorzuwerfen, und man könnte bei dieser Gleichartigkeit, bei der völligen Unterschiedlichkeit der Volksstämme, von einer klimatischen Verwandtschaft sprechen, die bei sämtlichen Kultur- und Nationalitäts-Fragen in Betracht gezogen zu werden verdient.

Die Hauptstadt Ungarns, das aus den Zwillingsstädten Pest und Ofen 1871 zu einer Stadt vereinte Budapest, galt von jeher als eine Haupttummelstätte der Prostitution und hat hierbei in mancher Beziehung selbst Wien übertroffen. Im Gegensatz zu Oesterreich, zu Wien, sind in ganz Ungarn, sind in Budapest Bordelle zu finden, denen gegenüber die Klagen, die im Hinblick auf derlei Anstalten laut geworden sind mehr als sonst berechtigt sind. Neben zahlreichen Bordellen hat Budapest, haben andere ungarische Städte noch eine umfangreiche heimliche Prostitution aufzuweisen, bei der die geschlechtliche Frühreife, das stürmische Temperament, der Leichtsinn, die Genusssucht, die Armut u. s. w. als Urheber zu nennen sind. Besonders ungünstig für die Sittlichkeitszustände der Hauptstadt war auch die Intimität, die früher zwischen Polizei und Prostitution bestand, eine Intimität, die nur zu sehr eine materielle Grundlage hatte und einerseits die Bordellwirte zum Ausbeuteobjekt, die Dirnen zum Lustobjekt ewig geldbedürftiger und lüsterner Polizeibeamten machte, die höchsten nicht ausgenommen, andrerseits wieder eine Nachsicht für

Bordellhälter und -hälterinnen zeitigte, die die öffentliche Sittlichkeit in nicht geringem Masse schädigte. Es mag keine zweite Grossstadt geben, in der noch schulpflichtige Knaben so ungescheut und ungehindert mit Dirnen verkehren konnten und vielleicht heute noch können wie Budapest. Von den zahlreichen Bordellen dieser Stadt sind einige mit grossem Luxus ausgestattet; im allgemeinen aber sind die „Marktpreise" in der ungarischen Hauptstadt geringer als in anderen Grossstädten. Die Bordell-Insassinnen unterliegen einer sanitäts-polizeilichen Kontrolle, die von behördlichen Aerzten ausgeübt wird. Im übrigen herrschen im allgemeinen dieselben sittenpolizeilichen Vorschriften, die anderwärts zu finden und zumeist nach französischem Vorbild geschaffen sind. Syphilis ist keine seltene Erscheinung, doch liesse sich kaum behaupten, dass sie hier eine besondere Ausdehnung genommen hätte, eher lässt sich sogar, im Vergleich mit anderen Grossstädten das Gegenteil annehmen und daraus eine Verteidigung für das so oft und von so beachtenswerter Seite angegriffene Bordellsystem bilden. Wie berichtet wird, ist wie anderwärts auch in Budapest in der letzten Zeit eine Abnahme der Bordelle zu verzeichnen, was auch hier keine Besserung der Sittenzustände, sondern nur eine Zunahme der heimlichen und umherschweifenden Prostitution bedeuten will.

Eine Eigentümlichkeit der Budapester Prostitution sind oder waren wenigstens früher die zahlreichen Bäder, deren Bedienteste den männlichen Badegästen nicht selten ohne weiteres ihre gütige Vermittlung zur Beschaffung einer Gesellschafterin anboten. In der Umgebung der in Ofen befindlichen Heilquellen hatten sich auch eine Unzahl kleine Bordelle festgesetzt, deren Insassinnen wahrscheinlich den Hauptkontingent für diese Zwecke lieferte. Einen beträchtlichen Teil der heimlichen Prostitution stellten die Dienstmädchen, sowie die Tagelöhnerinnen und dergleichen. Findet demnach die Unzucht in Budapest und anderen ungarischen Städten einen breiten Spielraum, so kann andrerseits wieder zum Lobe gesagt werden, dass die widernatürlichen Laster hier eine viel seltenere Erscheinung bilden als anderwärts, und wenn auch nun Päderastie, Tribadie, Bestialität und dergl. gerade nicht ausgeschlossen sind, so kommen sie doch nur in so geringem Masse vor, dass sie nicht als endemisch zu betrachten sind und dem leicht sinnlich erregbaren Volke geradezu eine völlig fremde und unfassbare That bilden.

Henne am Rhyn weiss in seinem „Die Gebrechen und Sünden etc." S. 119 zu melden: „Durch eine Razzia, welche die Polizei in Budapest in der Nacht vom 11. bis 12. November 1884 vornahm, wurde erhoben, dass es in elf Bordellen 79 Dirnen gab, von welchen nur 39 Karten von der Polizei hatten. Sie alle wurden mit den „Bordellmüttern" verhaftet, aber am Morgen freigelassen. Sechs Mädchen eines dieser Häuser waren alle unter 15 Jahren! In einem andern waren elf Mädchen im Keller und in einem geheimen Gemach verborgen. In einem dritten befand sich eine

Vollblutnegerin. Zwei Bordellmegären besassen jede drei „Anstalten“. Die meisten der hier angeführten Thatsachen dürften auch gegenwärtig nichts Seltenes sein.

Eine andere Eigenart der Prostitution in Ungarn bildet der Umstand, dass ein grosser Teil der Provinz-Hotels sozusagen Bordelle bilden. Die daselbst befindlichen „Stubenmädchen“ sind in diesen in vielen Fällen keineswegs Lohnbedienstete, sondern sie haben dem Wirt oder der Beschliesserin noch Abgaben zu entrichten, wofür ihnen Gelegenheit gelassen wird, die angekommenen Reisenden zu einem geschlechtlichen Umgang mit ihnen zu verleiten, möglichst bald nach deren Ankunft, bevor die Betreffenden Gelegenheit haben, eine Strassenpromenade zu machen und dabei, zufällig oder nicht, mit Bordelldirnen oder anderen Prostituierten in Verkehr zu treten. So manche Reisende beklagten sich schon über die Aufdringlichkeit mit der diese Verlockung bisweilen ausgeübt wird und eine Beschwerde beim Wirt pflegt in den meisten Fällen sein Erstaunen über dieses ihm bisher völlig „fremde“ Vorgehen hervorzurufen.

Ueber die Prostitutionsverhältnisse Ungarns in früherer Zeit ist nur wenig bekannt geworden. Auf dem flachen Lande und in Kleinstädten mögen wohl die Gutsbesitzer ihre „Herrenrechte“ geltend gemacht haben und in den Städten dürfte in der Habsburger-Zeit Wien das Vorbild gewesen sein, zur Zeit der Türkenherrschaft und vielleicht auch noch in den Tagen völliger Selbständigkeit der Orient und zuweilen auch das sittenfaule Italien als Vorbild gedient haben.

XII. Kapitel.

Hamburg. — Bordell-Reglements. — Neues Reglement. — Bordellhälter. — Schuldenlast der Prostituierten. — Lebensweise. — Putzsucht. — Einteilung. — Bordell-Strassen. — Schwiegerstrasse. — Dammthorwall. — Heimliche Prostitution. — St. Pauli.

In Hamburg gab es, wie Hügel nach „Die Prostitution in Hamburg" von Dr. H. Lippert, Hamburg 1848, mitteilt, schon im Jahre 1292 Frauenhäuser (Bodae meretricum). An der Stelle der jetzigen Altstädter Neustrasse befanden sich Buden, die an Prostituierte vermietet wurden, wofür sie der Stadt eine Abgabe entrichten mussten.

„In dem Recesse vom Jahre 1483 wurden Fragmente einer Bordellordnung veröffentlicht. Die Municipalität schloss um diese Zeit mit zwei Bordellunternehmern einen Vertrag, nach welchem diese für jedes Bordellmädchen jährlich eine Taxe von 5 bis 9 Talenten zahlen mussten, eine

Steuer, die im Jahre 1562 bis auf 569 Talente erhöht wurde. Im Jahre 1603 wurden die öffentlichen Häuser (§ 170 des Reglements von demselben Jahre) aufgehoben und auf die Uebertretung dieses Verbotes der Pranger, Gefängnishaft in der Roggenkiste (einem alten Gefängnisturm der dem jetzigen Bahnhof gegenüber lag) oder Landesverweisung gesetzt. Nach dem Einzug der französischen Emigration tauchten die Bordelle wieder auf. Im Jahre 1807 veröffentlichte der Senator Abendroth ein neues, aus 21 §§ bestehendes Bordell-Reglement für Hamburg. Nach der Besetzung Hamburgs durch die Franzosen erliess der General-Kommissär D'Aubignose ein aus 19 §§ bestehendes Reglement für die Bordelle und öffentlichen Mädchen. Nach dem Abzug der Franzosen wurde bis zum Jahre 1823 keine Steuer von den öffentlichen Mädchen erhoben; von da ab aber wurde endlich eine heute noch geltende Bordellordnung, die der Herr Senator Dr. Hudtwalcker, der damals Polizeichef war, entworfen hatte, eingeführt, welche unter dem Namen das „Blaue Buch" bekannt ist und dreissig Paragraphen enthält." Es scheint hier ein kleiner chronologischer Irrtum vorzuliegen, denn das „Blaue Buch", dessen Inhalt hier vollständig wiedergegeben wird, denn seine Bestimmungen sind für viele Städte Deutschlands vorbildlich geworden, datiert erst aus dem Jahre 1834. „Diese Bordellordnung," heisst es in der 1858 zu Altona anonym erschienenen Schrift „Die Hamburger Prostitution oder die Geheimnisse des Dammthorvall und der Schwiegerstrasse," datiert aus der Zeit, wo Herr Senator Dr. Hudtwalcker als Polizeiherr fungierte. Dieser energische Staatsmann hat diesem Zweige der Sittenpolizei viel Aufmerksamkeit geschenkt, und denselben möglichst zu säubern bemüht. Er inspicierte deshalb oft persönlich die Bordelle, um Ordnung in denselben aufrecht zu erhalten: auf der andern Seite scheiterten manche seiner Ideen an unüberwindlichen praktischen Hindernissen. So wollte er z. B. Hamburgs Hauptbordellstrasse, den Dammthorwall, an einer Seite in Sackform blind zubauen lassen, und den dann übrigbleibenden einzigen Eingang mit einem Thor und Wachtposten versehen und dergleichen mehr. Als Resultat seiner vielen Studien und reichen Erfahrung in diesem Zweige der Verwaltung veröffentlichte er das sogenannte „Blaue Buch," eine Polizeiverordnung in Quartformat gedruckt, enthaltend Vorschriften die Bordelle und öffentlichen Mädchen betreffend. Hamburg 1834. Diese ausführliche Polizeiakte teilen wir im folgenden unverkürzt mit, einerseits als interessantes Aktenstück, andrerseits, weil es noch jetzt der Polizeiverwaltung als leitgebende Basis dient, an deren Buchstaben man sich zwar nicht hält, deren allgemeine Principien aber dem jetzt befolgten Systeme durchaus konform sind.

Diese Verordnung lautet wie folgt:

Da eine Revision der bisherigen Verfügungen, das Hurenwesen

in Hamburg betreffend, für nötig erachtet worden; so wird in dieser Beziehung Folgendes hiemit vorgeschrieben.

§ 1. Zuförderst sollen alle Bordellwirte, Wirtinnen und eingezeichnete Mädchen stets eingedenk sein, dass ihr an sich schändliches und verwerfliches Gewerbe nur geduldet, nicht aber erlaubt oder gar autorisiert oder gutgeheissen wird. Noch weniger dürfen sie sich beigehen lassen, zu glauben, oder vollends gegen andere rechtliche Bürger darauf zu trotzen, als sei ihr Gewerbe, weil eine Abgabe von ihnen erhoben wird, mit anderen erlaubten Gewerben gleich zu stellen. Sie sollen stets bedenken, dass diese Abgabe nur zur Bestreitung der notwendigen Kosten ihrer polizeilichen Beaufsichtigung und der Heilung von den Krankheiten erhoben wird, die sich die öffentlichen Mädchen durch ihre liederliche Lebensart selbst zuziehen: und daher sollen sie bei allen Anlässen sich nicht frech und übermütig, sondern bescheiden, und besonders gegen die Polizei und deren Anordnungen folgsam betragen.

§ 2. Niemand darf ein Bordell anlegen, ohne vorher von der Polizei die Erlaubnis dazu erhalten zu haben. Ebensowenig darf ohne jene Erlaubnis ein für sich wohnendes Mädchen für Geld Männer-Besuche annehmen.

Bei Erteilung der Konzession muss jeder Wirt, so wie jede Wirtin und jedes für sich wohnende Mädchen sich schriftlich dieser Verordnung, so wie allen künftig zu erlassenden polizeilichen Verfügungen unterwerfen.

Heimliche Hurenwirtschaft und heimliche Hurerei wird, den bestehenden Gesetzen gemäss, allemal mit scharfer Gefängnisstrafe, abwechselnd bei Wasser und Brot, und, nach Befinden, mit Zuchthaus oder Spinnhaus geahndet.

Diese Strafen werden geschärft, wenn mit jenen Vergehen andere Verbrechen, z. B. die Verführung unschuldiger Personen, zusammenfallen, oder wenn es sich ergiebt, dass die heimliche Hure an einer venerischen Krankheit leidet.

Wird ein nicht eingeschriebenes Mädchen venerisch krank befunden, und zwar so, dass keine andre Ansteckung als durch Beischlaf denkbar ist, so gilt dies immer als Beweis getriebener heimlicher Hurerei. Auf die Ausflucht, als sei die Ansteckung von einem Bräutigam erfolgt, und dergleichen wird nicht geachtet.

§ 3. Kein Bordellwirt oder für sich wohnendes eingezeichnetes Mädchen darf eine Wohnung mieten, oder die Wohnung verändern, ohne deshalb vorher bei der Polizei anzufragen. Eben so wenig darf ein in einem Bordell sich befindendes Mädchen ohne polizeiliche Erlaubnis ausziehen und sich eine andre Wohnung mieten.

Alles bei Strafe der Annullierung etwaiger Mietkontrakte, und sonstiger Geld- oder Gefängnisstrafe.

Sollte in Fällen dieser Art der Vermieter Schwierigkeiten machen und sich die Annullierung des Kontraktes nicht gefallen lassen wollen, gleichwohl aber der Polizeiherr, wegen der Nähe einer Kirche oder Schule, eines Posthauses, oder aus sonstigen Rücksichten, dessen Fortbestehen nicht dulden wollen; so wird dem Bordellwirt, oder dem Mädchen, die Konzession entzogen, und wenn sie das Gewerbe gleichwohl fortsetzen, selbige nach Anleitung des § 2 bestraft.

§ 4. Kein öffentlicher Wirt oder für sich wohnendes Mädchen erwirbt dadurch, dass in einer Strasse oder Gegend der Stadt solcher Betrieb längere Zeit geduldet worden, irgend ein Recht; vielmehr bleibt es dem Polizeiherrn stets unbenommen, seinem Ermessen nach, in dieser Beziehung Aenderungen zu treffen, und den widerspenstigen Wirten oder Mädchen, den Umständen nach, die Konzession ganz zu entziehen.

§ 5. Orte, wo Zusammenkünfte von Männern und Frauenzimmern zum Zweck des Beischlafs, anders, als in konzessionierten Bordellen, stattfinden, (sogenannte Absteigequartiere) sollen künftig nur geduldet werden, wenn:

1) Der Wirt oder die Wirtin sich förmlich einschreiben lässt;
2) Wenigstens ein eingeschriebenes Mädchen daselbst wohnt, und
3) Nur eingezeichnete Mädchen daselbst zugelassen werden.

Weder ein solcher, noch ein andrer Bordellwirt darf andern Mädchen oder Frauen bei sich Zusammenkünfte mit Männern gestatten, bei schwerer und, den Umständen nach, bei Zuchthaus-Strafe oder Entziehung der Konzession.

§. 6. Frauenzimmer aus der Fremde, die sich von einzelnen Männern hierselbst unterhalten lassen, müssen die polizeiliche Erlaubnis zum hiesigen Aufenthalt nachsuchen, und sind überdies anzuhalten, die Abgabe, und zwar für die erste Klasse, zu bezahlen, ohne jedoch darum der ärztlichen Untersuchung unterworfen zu werden. Sie haben dagegen, bei richtiger Bezahlung der Abgabe, das Recht der freien Kur im allgemeinen Krankenhause. Sollte ein solches Mädchen sich erweislich mit mehreren Männern abgegen, oder gar, selbst venerisch krank, Männer angesteckt haben, so wird sie wie jedes andere öffentliche Mädchen behandelt.

§. 7. Wenn ein noch nicht eingezeichnetes Mädchen sich in ein Bordell begiebt, so muss der Wirt oder die Wirtin sich wo möglich noch an dem nämlichen, spätestens aber am folgenden Tage mit derselben auf die Polizei verfügen, um die Erlaubnis zur Einzeichnung des Mädchen nachzusuchen. Wird das Mädchen zulässig befunden, so wird sie behufs ihrer Untersuchung, mit einer schriftlichen Erlaubnis an den Ratschirurgus verwiesen.

In irgend zweifelhaften Fällen hat der mit diesem Geschäftszweige beauftragte Beamte die Entscheidung des jedesmaligen Polizeiherrn zu veranlassen.

Ergiebt es sich, dass ein Wirt oder eine Wirtin ein unschuldiges Mädchen unter falschen Vorspiegelungen angelockt haben, so werden solche mit Zucht- oder Spinnhausstrafe belegt und ihnen die Befugnis zur Bordellwirtschaft entzogen.

Gestattet ein Wirt einem Mädchen vor der Einzeichnung den Umgang mit Männern, so wird solches wie heimliche Hurenwirtschaft angesehen und bestraft (§. 2.) Treten gravierende Umstände ein, (s. §. 2) so wird die Strafe verschärft.

§. 8. Ist ein solches neu eintretendes Mädchen eine Fremde, und nicht bereits mit einer Aufenthaltskarte versehen, oder kann sie sich nicht durch einen Pass oder anderweitig legitimieren; so ist fördersamst, auf ihre oder des Wirts Kosten, der Taufschein des Mädchens herbeizuschaffen, oder ihr Heimatsrecht anderweitig festzustellen, damit demnächst die Fortschaffung eines solchen Mädchens jederzeit ohne Schwierigkeit erfolgen kann.

Kein Mädchen darf, bei Zuchthausstrafe, der Behörde ihren wahren Namen und ihre Herkunft verheimlichen.

Hat ein Mädchen früher hier gedient, so erfolgt eine Anzeige an das Gesindebureau, unter Einlieferung ihrer Aufenthaltskarte.

§. 9. Wenn gleich das Alter eines Mädchens allein nicht darüber entscheidet, ob dasselbe zur Einzeichnung zuzulassen, so wird doch in der Regel kein Mädchen unter 20 Jahren eingeschrieben, insofern sich nicht ergiebt, dass dasselbe bereits vorlängst verführt war, und keine Aussicht vorhanden ist, dasselbe von dem schlechten Betriebe abzuhalten. Es muss auch jedes solches Mädchen vorher dem eigentlichen Verhältnisse, in welches es tritt, und von seinen Obliegenheiten, nach Massgabe dieser Verordnung, gehörig in Kenntnis gesetzt sein.

Sind die Eltern des Mädchens oder einer derselben hier anwesend, so ist deren Zustimmung einzuholen, insofern der Polizeiherr es nicht für geraten hält, solches zu unterlassen.

§. 10. Kein öffentlicher Wirt oder Wirtin darf einem nicht eingezeichneten Frauenzimmer unter 30, allenfalls 25 Jahren, als Freundin oder Verwandtin, den Aufenthalt bei sich verstatten, oder Dienstmädchen halten, die nicht gleichfalls dieses Alter erreicht haben; bei Strafe heimlicher Hurenwirtschaft (§. 2).

§ 11. Es ist keinem öffentlichen Mädchen verstattet, Kinder beiderlei Geschlechts die über 10 Jahre alt sind, bei sich zu haben, oder mit ihnen auszugehen. Auch ihre eignen Kinder sind hiervon nicht ausgenommen. Sie müssen selbige anderweitig unterbringen, wenn sie das Gewerbe fortsetzen wollen.

Alles bei Gefängnisstrafe, und nach Umständen, bei den im § 2 angedrohten schärferen Strafen.

§ 12. Die öffentlichen Mädchen aller Art dürfen sich nicht unterfangen, es sei bei Tage oder bei Nacht, Vorübergehende auf den Strassen anzureden oder gar anzuhalten, noch ihnen aus den Fenstern zuzuwinken oder sie anzurufen. Sie dürfen ferner bei Licht nicht ohne gänzlich heruntergelassene Rouleaux oder Vorhänge in den Zimmern sitzen.

Alles bei Gefängnisstrafe von 2 bis 8 Tagen, nach Befinden abwechselnd bei Wasser und Brod, und in Rückfällen bei Zucht- und Spinnhausstrafe, sowie unter Verantwortlichkeit der Wirte, falls der Unfug im Hause vorgefallen ist, oder selbige darum gewusst haben.

§ 13. Kein eingezeichnetes Mädchen darf sich Abends nach 11 Uhr ohne männliche Begleitung auf den Strassen blicken lassen, bei der im § 12 angedroheten Strafe.

Wird ein Mädchen betrunken gefunden, oder macht sie sonst auf der Gasse Lärm und Unfug, oder widersetzt sich wohl gar bei der Arrestation, so wird sie jedesmal mit Zucht- oder Spinnhaus bestraft.

§ 14. Im alten und neuen Jungfernstieg, auf der Esplanade, auf dem Wall zwischen der Lombardsbrücke und dem Steinthor, darf sich kein öffentliches Mädchen, besonders des Abends, blicken lassen, widrigenfalls dieselbe sofort arretiert und nachdrücklich bestraft werden soll. Den Bordellwirten und Wirtinnen, sowie den öffentlichen Mädchen, ist der Zutritt zum ersten und zweiten Rang sowie zum Parkett des Stadttheaters, gleichfalls untersagt.

§ 15. Kein Wirt oder Mädchen darf jungen Leuten, unter 20 Jahren, den Zutritt verstatten, bei Gefängnisstrafe von 14 Tagen bis acht Wochen, und nach Befinden bei Zucht- oder Spinnhausstrafe, und Entziehung der Konzession.

§ 16 Alle Tanzmusik in Bordellen ist untersagt, so auch alle Karten- oder andere Spiele, bei 10 Thlr., und nach Befinden, verhältnismässiger Gefängnisstrafe.

Schenkwirtschaft darf nur dann mit der Bordellwirtschaft verbunden, betrieben werden, wenn die Polizei solches ausnahmsweise gestattet. Die Preise aller Speisen und Getränke müssen alsdann in jedem Zimmer angeschlagen sein, bei 5 Thlr. Strafe.

§ 17. Kein Wirt, oder für sich wohnendes öffentliches Mädchen darf nächtlichen Lärm und Unfug, Singen, Geschrei, oder gar Zank und Schlägerei bei sich dulden, muss vielmehr, sobald dergleichen vorfällt, und Ermahnungen nichts fruchten, Hülfe bei der Nachtwache oder Polizei suchen.

Wenn Beschwerden von Nachbarn über dergleichen Unfug angebracht werden, und der Wirt nicht bündig beweisen kann, dass er jener Verfügung nachgekommen ist, so wird er allemal als Teilnehmer angesehen und bestraft.

Fällt dergleichen öfter vor, so wird die Konzession zurückgenommen.

§ 18. Kein Hurenwirt, oder eingeschriebenes Mädchen, darf sich Erpressungen oder Gewaltthätigkeiten gegen einen Gast erlauben, hat aber dagegen das Recht, Gäste die überall nicht bezahlen wollen oder können, oder mit denen sie wegen der Bezahlung nicht einig werden können, arretieren zu lassen.

Veruntreuungen oder Diebereien in Bordellen werden besonders strenge geahndet, und ziehen für den Wirt, wenn er daran oder an Erpressungen teilnahm, stets den Verlust der Konzession nach sich. Die Vermutung streitet dabei immer gegen ihn, und er wird mitbestraft, wenn er seine Unschuld nicht vollkommen beweisen kann.

§ 19. Kein öffentliches Mädchen darf von dem Wirt, oder sonst gezwungen werden, den Beischlaf mit jemandem zu vollziehen.

Ueberhaupt darf der Wirt oder die Wirtin so wenig wie ein Gast ein solches Mädchen schlagen, einsperren oder sonst misshandeln.

Alles bei Strafe des Verlustes der Forderung des Wirtes an das Mädchen, wenn eine solche stattfindet; anderweitige Geld- oder Gefängnisstrafe vorbehaltlich.

§ 20. Der Austritt aus dem Bordell darf keinem Mädchen, das seine Lebensart ändern und sich auf eine rechtliche Weise ernähren will, erschwert, oder gar verweigert werden, namentlich nicht wegen Schulden des Mädchens. Geschieht dies gleichwohl, oder können die Beteiligten über die Schuld nicht einig werden, so hat das Mädchen sich nur an die Polizei zu wenden, wo sie jedesmal den erforderlichen Beistand erhalten wird.

Jedoch darf dies von den Mädchen nicht gemissbraucht werden, um von einer Schuld frei zu kommen. Lässt ein solches Mädchen sich nachher wieder einschreiben oder auf heimlicher Hurerei betreten, so kann der frühere Wirt nicht nur seine Ansprüche wieder geltend machen, sondern das Mädchen wird auch noch nach Umständen nachdrücklich bestraft.

Zugleich wird hiermit vorgeschrieben, dass kein Wirt einem öffentlichen Mädchen erster Klasse mehr als 50 Thl., einem Mädchen zweiter Klasse mehr als 25 Thlr., und letzter Klasse mehr als 10 Thlr. borgen darf, bei Strafe der Nichtigkeit der Forderung, so weit selbige diese Beträge übersteigt.

§ 21. Wird ein Mädchen von den Eltern, Vormündern, oder auch nur von Verwandten, welche sich desselben annehmen wollen, reklamiert und findet der Polizeiherr, dass Aussicht vorhanden ist, das Mädchen auf diese Weise zu einem rechtlichen Lebenswandel zurück zu führen, so kommt ebenfalls die Schuldforderung des Wirtes so wenig, als selbst der Widerspruch des Mädchens in Betracht.

§ 22. Will ein Mädchen aus einem Bordell in ein anderes übergehen, oder sich allein einschreiben lassen, und können die Beteiligten über die Schuldverhältnisse nicht einig werden, so wird die Sache im

Polizeibureau arrangiert, erforderlichen Falles vor den Wohlweisen Polizeiherrn gebracht.

Der Abgang oder die Aufnahme jedes Mädchens, muss von dem Wirte der Polizei unverzüglich angezeigt werden. Gleiche Anzeige muss erfolgen, wenn ein Mädchen in's allgemeine Krankenhaus kommt, oder aus demselben entlassen wird. Alles bei Strafe von 5 Thlr. oder verhältnismässiger Gefängnisstrafe.

§ 23. Alle acht Tage, oder wenn es nötig erscheint, in noch kürzerem Zeitraum, müssen die öffentlichen Mädchen sich der ärztlichen Untersuchung unterwerfen, welche, wenn irgend möglich, in ihrer Wohnung und zwar in den Morgenstunden vorgenommen werden muss. Kein Mädchen, welches sich an den Geschlechtsteilen krank fühlt oder seine Periode hat, darf einem Manne den Beischlaf verstatten.

Eben so wenig darf derselbe einem venerisch angesteckten oder auch nur solcher Ansteckung verdächtigen Manne erlaubt werden.

Eine Belehrung über die Kennzeichen der venerischen Krankheiten ist dieser Verordnung angehängt.

Die Uebertretung dieser Vorschriften zieht mindestens eine achttägige, wenn das Mädchen krank befunden ward, nach ihrer Heilung zu vollziehende, und, unter Umständen, eine schwerere Gefängnis- oder Zuchthausstrafe nach sich.

§ 24. Den Anordnungen des Ratschirurgus bei seinen Besuchen, insofern sie sich auf die Gesundheitspflege der öffentlichen Mädchen beziehen, haben diese sowohl als die Wirte unbedingt Folge zu leisten. Da die Erfahrung lehrt, dass häufig durch Unreinlichkeit Krankheiten der Geschlechtsteile entstehen, und venerische Krankheiten binnen kurzer Zeit, bei Vernachlässigung der gehörigen Reinlichkeit, sehr bösartig werden können, so müssen die Wirte und Mädchen namentlich in dieser Beziehung den Vorschriften des Ratschirurgus Gehör geben, widrigenfalls sie auf Anzeige desselben mit Geld- oder Gefängnisstrafe werden belegt werden.

§ 25. Der Ratschirurgus zeigt die bei der Untersuchung ausbleibenden Mädchen sogleich der Polizei an; und notiert den Befund der Untersuchung in einem eigenen kleinen Buche, welches jedes Mädchen sich halten, und wohl verwahren muss, indem dessen Verlust mit 1 Thlr. Strafe, oder 2 mal 24 Stunden Gefängnis, geahndet wird.

§ 26. Sobald ein Mädchen bemerkt, dass es an den Geschlechtsteilen krank ist, so hat es dies sofort dem Wirte anzuzeigen, oder, wenn es allein wohnt, sich unverzüglich auf der Polizei zu melden. Ebenso muss ein bei der regelmässigen Untersuchung venerisch krank befundenes Mädchen sich noch an demselben Morgen auf der Polizei melden. Sie wird in solchen Fällen noch an dem nämlichen Tage in's allgemeine Krankenhaus gesandt. Wird ein Mädchen anderweitig krank, so muss dies sogleich dem Ratschirurgus angezeigt werden. Derselbe entscheidet allein darüber, ob die Kur im Hause fortgesetzt werden darf. Venerische und Krätzige werden ohne alle Ausnahme in's Krankenhaus gesandt.

Fühlt sich ein öffentliches Mädchen schwanger, so hat sie dieses dem Ratschirurgus anzuzeigen, und dessen Vorschriften genau Folge zu leisten.

Alles, so viel die Wirte und Mädchen betrifft, bei den im § 23 angedrohten Strafen.

§ 27. Die Wirte sind für die Befolgung der Vorschriften der §§ 23 und 26 verantwortlich, bei Strafe von 10 Thlr. oder 8 Tagen Gefängnis. Bei gleicher Strafe müssen sie jedes sich krank meldende Mädchen sofort auf der Polizei anzeigen.

In Wiederholungsfällen, oder wenn sie gar aus Gewinnsucht einem kranken Mädchen erlauben, Männer anzunehmen, oder vollends es dazu verleiten oder nötigen, werden sie mit Zuchthaus und Entziehung der Konzession bestraft.

Auch muss der Wirt in Fällen dieser Art dem etwa angesteckten Manne die Kurkosten erstatten.

§ 28. Die von den öffentlichen Wirten und Mädchen zu bezahlende Abgabe muss vor dem 14ten jedes Monats auf die Polizei gebracht und dabei zugleich das Gesundheitsbuch vorgezeigt werden. Es wird über die Abgabe in einem eignen kleinen Buche quittiert, welches jeder Wirt, so wie jedes für sich wohnende Mädchen, vom Polizeibureau gegen Bezahlung von 8 Schilling erhält.

Der Verlust eines solchen Buches zieht die im § 25 verfügte Strafe nach sich.

§ 29. Diese Abgabe beträgt, je nach der Klasse des Wirts oder Mädchen 3, 2 und 1 Mark monatlich. Mädchen, die Kinder zu ernähren haben, kann dieselbe nach Umständen erlassen werden.

Wird die Abgabe nicht bezahlt, und ist sie nicht beizutreiben, so wird dem Wirte oder Mädchen die Konzession entzogen und fremde Mädchen aus der Stadt geschafft.

§ 30. Alle Bordellwirte und Wirtinnen müssen stets ein Exemplar dieser Verordnung in ihrer Wohnung vorrätig haben, bei 5 Thlr. Strafe.

Hamburg, den 30. Januar 1834.

Die Polizeibehörde.

Man überzeugt sich leicht, dass wenn dieses Gesetz in allen oder nur einzelnen Bestimmungen befolgt und aufrecht erhalten würde, dadurch die grössten und ärgsten Missbräuche beseitigt würden. Der Uebelstand des Hamburger Bordellwesens liegt aber besonders darin, dass weder das Gesetz durch ein neues und besseres ersetzt oder ergänzt ist, noch auch Veranstaltungen getroffen werden, um demselben Gehorsam und

Nachachtung zu verschaffen. Wir wollen dies durch einzelne Beispiele erläutern.

Der § 16 der so eben angeführten Bordell-Ordnung verfügt, dass Schenkwirtschaft in den Bordellen nur nach zuvor erteilter polizeilicher Erlaubnis stattfinden darf und dann die Preise der Speisen und Getränke in den Zimmern angeschlagen sein müssen. Faktisch aber wird in allen Bordellen zugleich Schenkwirtschaft betrieben und die Preise sind nirgends angeschlagen. Im Fall die Bordell-Ordnung wirklich noch in gesetzlicher Kraft besteht, so könnte die festgesetzte Strafe von 5 Thaler jeden Tag in allen Bordellen erhoben werden.

Im Gegensatz zu § 20 wissen die Wirte aber durch eine alles Mass überschreitende Krediterteilung an die Mädchen und zwar grösstenteils für unerhört übersetzte oder gar fingierte Schuldforderungen, es so einzurichten, dass die ganze Einnahme der Mädchen und sei diese noch so hoch, nicht allein in die Kasse der Wirte fliesst, sondern die Mädchen noch dazu niemals aus ihren Schulden herauskommen.

Ueberdies bestimmt eine neuere von der „Reform" zitierte Verfügung: „Die Wirte sind gehalten, für jedes bei ihnen logierende Mädchen ein Rechnungsbuch, welches stets im Besitze des Mädchens bleibt, einzurichten und darin gewissenhaft die Einnahmen und Ausgaben einzutragen. Mindestens muss alle acht Tage mit jedem Mädchen gerechnet, und dass dieses geschehen, durch die Mädchen im Buche bemerkt werden," woran dieses Blatt die Bemerkung knüpft: Auch eine gesetzliche Vorschrift, die vielleicht nur in St. Pauli eingehalten wird. Es liegen uns von dort Bücher vor, die alle 14 Tage von Herrn Dr. Buchheister gewissenhaft vidiert sind. Ob ein viel beschäftigter Arzt aber Zeit und Kenntnis hat, die Preise mit den Gegenständen in natura zu vergleichen und den Wert von Manufakturen zu beurteilen, wissen wir freilich nicht. Die Wirte hier schreiben meist für sich die Schulden an, die Mädchen werden im Unklaren gelassen. Auf den meisten Stellen (wir sprechen hier von den ersteren Klassen) wissen die Mädchen gar nicht, wie weit sie in Schulden hineingeschrieben sind. Das stellt sich erst heraus, wenn ein solches Mädchen nach einem andern Wirte übersiedelt; dann heisst es so und so viele hundert Mark Schulden.

Die Mädchen sind von dem Augenblicke, da sie, von auswärtigen Agenten oder Kupplerinnen, die bedeutenden Verdienst davon ziehen, verlockt, ein hiesiges Bordell betreten, auf immer dem Elend verfallen. Um sie fest zu ketten, wird ihnen in einigen Wochen eine Schuldenlast von 500—1000 Schilling und manchmal noch darüber aufgebürdet, obgleich ein Gesetz sagt, dass die Wirte, welche in der ersten Klasse rangieren, den Mädchen aufs Höchste 150 Schillinge kreditieren sollen. Aber eine Schuldenlast von 500—1000 Schillinge oder noch darüber, wie ist dies möglich, hören wir fragen. Sehr leicht erklärlich. Das Zeug, welches solches Mädchen mitbringt, wird weggenommen; es muss neues, modernes sein. Die Preise übersteigen allen Glauben. Für Kost, Wäsche, Feuerung hat solch unglückliches Geschöpf wöchentlich 30—40 Schilling zu entrichten. Der Geburtstag des Wirts, der Wirtin oder deren Kinder, Weihnachten etc., Alles kostet ihr Geld und — viel Geld! — Wir wollen ein Beispiel anführen. Die Mädchen des Wirtes — schenkten demselben kürzlich zu seinem Geburtstage einen sehr eleganten Phæton nebst dazu gehörendem Pferde! Nun ist es aber mit solchen Geschenken eine ganz absonderliche Sache. Das Geld, welches die Mädchen verdienen, sind sie gezwungen, sofort abzuliefern; wie können sie denn grossartige Geschenke machen? — Dafür giebt es folgenden Ausweg. Es wird ihnen gesagt, der Herr oder die Madame wünschen sich Dies oder Jenes zum Geburtstage; dann wird die Rechnung gemacht, der Betrag auf die Mädchen verteilt und zu ihren Schulden geschrieben. Es giebt Mädchen, die im Laufe eines Jahres 500 Schillinge verschenken mussten. — Nach den hier gegebenen Proben wird man es nun begreiflich finden, wie ein solch bedauernswertes Geschöpf in Schulden gesetzt und dadurch der Willkür des Wirts überliefert werden kann, denn man macht es ihr total unmöglich, die Schulden zu tilgen. Verdient sie viel und will sie abbezahlen, so wird sie veranlasst, neue Garderoben anzuschaffen, und weigert sie sich, so giebt es Streit und der Wirt lässt sie am Ende noch aus dem Thore bringen. Dann werden ihr alle Kleidungsstücke genommen; sie bekommt ein paar Schuhe, welche vielleicht die Köchin schon als unbrauchbar weggesetzt, einen elenden Rock, der gewöhnlich zu kurz ist, ein kleines Tüchelchen und einen Hut nach der Mode längst vergangener Zeiten. Wir wissen, dass über eine so hergerichtete Vogelscheuche selbst bei den Beamten der Behörde allgemeiner Unwille sich kundgab, aber — der Wirt behält am Ende doch Recht, das Mädchen steht ja noch in seiner Schuld, selbst wenn sie ihm Tausende verdient hat, und die Unglückliche wird aus dem Thore gebracht und ihrem Schicksale überlassen. Begiebt sich ein Mädchen in den Schutz der Behörde und will von der Liste der Prostituierten gestrichen sein, so wird sie freilich der Schulden entledigt. Aber nur äusserst wenige ergreifen das Rettungsmittel. Die Furcht vor dem Stadthause, die Angst, nach Hause transportiert zu werden und dem Schimpf ihrer Angehörigen und Bekannten ausgesetzt zu werden, hält sie zurück und führt sie auf der abschüssigen Bahn immer weiter abwärts.

So waren, wie bemerkt, die Verhältnisse im Jahre 1858 und eine besondere Wendung zum Bessern scheinen sie, nach vorliegenden Berichten zu urteilen, seither nicht genommen zu haben. Im Jahre 1864 zählte Hamburg 28 Bestellhäuser (maisons de passe) und 96 Bordelle. Ueber Verhältnisse und Lebensart der Hamburgischen Freudenmädchen bringt „Die Hamburger Prostitution etc.“ einige lesenswerte Mitteilungen:

„Die Lebensart der Mädchen ist etwa folgende: In den feinen Bordells stehen die Mädchen um zehn Uhr auf. Dann wird die Morgentoilette angelegt und der Kaffe gemeinschaftlich eingenommen. Nun wird die Zeit mit Frisieren und allerlei unnützen Beschäftigungen wie Romanlesen, Kartenlegen, Domino und anderem Spiel, Guitarregeklimper etc., nur ausnahmsweise mit weiblichen Handarbeiten, bis zu dem zwischen 1 und 2 Uhr erfolgenden Mittagessen verbracht. Einzelne helfen auch wohl in der Wirtschaft, doch ist das durchaus freiwillig. Andere sitzen schon den ganzen Vormittag spähend am Schaufenster, andere gehen oder fahren aus, entweder um allerlei zu besorgen, oder um sich bei Kunden in's Gedächtnis zu bringen. Der Nachmittag und Abend dienen als Fensterparade: der letztere wird auch wohl zum Ausgehen benutzt, um in den Tanzsalons oder durch Herumtreiben auf der Strasse mehr Berührungspunkte zur Anlockung von Männern zu finden. Oft scheint eine Strasse am Abend von herumtreibenden Dirnen zu wimmeln, untersucht man aber genauer, so sind es immer dieselben Nebelgestalten, welche in den verschiedenartigsten Variationen auf und ab patrouillieren. Jedoch halten die ersten Priesterinnen es gewöhnlich unter ihrer Würde, ausser Nachmittags auch Abendpromenaden zu machen, und nur die Not kann sie dazu zwingen, sie erwarten demgemäss die Männer nur in ihren Wohnungen. Zwischen 1 und 2 Uhr Nachts pflegen die Mädchen zu Bett zu gehen, und es werden dann die Rouleaux niedergelassen, die Hausthüren geschlossen. Jedoch bleibt noch immer die Möglichkeit eines Entrée's für spät heimkehrende Ritter, was der durch eine Fensterspalte noch immer flackernde Lichtschein anzeigt. — Dies ist kurz skizziert der Tageslauf, ja der Lebenslauf der Mehrzahl der öffentlichen Mädchen.

Zur Ehre des bei weitem grössten Teils dieser öffentlichen Mädchen muss noch als besonders charakteristisch bemerkt werden, dass ohngeachtet ihres entehrenden Gewerbes, das Gefühl für Schamhaftigkeit, wenigstens in so fern bei ihnen vorherrschend ist, dass sie den Beischlaf nur auf naturgemässe Weise an sich vollziehen lassen, und dem naturwidrigen Begehren ergrauter Wollüstlinge, oder selbst noch junger Gecken, deren Nervensystem wegen übermässiger Anstrengung schon so zerrüttet ist, dass die naturgemässe Vollziehung des Geschlechtstriebs ihnen keine Befriedigung mehr gewährt — den entschiedensten Widerstand entgegensetzen. Zwar möchten die Wirte bei solchen Differenzen wohl mitunter zu gunsten der liberal zahlenden Gäste intervenieren, wenn sie nicht zu fürchten hätten, dass eine solche Intervention, im Fall der Denunciation schwere Strafen und den Verlust der Konzession zur Folge hätte.

Früher müssen die Dirnen sich öfters den bezeichneten Wüstlingen auf unnatürliche Weise preisgegeben haben; denn es besteht eine polizeiliche Verordnung von 1843, folgenden Inhalts:

„Dem Vernehmen nach sollen sich mehrere der eingezeichneten

Mädchen auf eine höchst unnatürliche Art den Männern preisgeben. Da ein solcher Unfug aber nicht geduldet werden darf, so wird hiermit angedrohet, dass diejenigen, welche sich ferner solche verabscheuungswürdige Handlungen zu Schulden kommen lassen, unfehlbar in's Zuchthaus gesetzt und ausserdem mit scharfer körperlicher Züchtigung werden belegt werden."

Bei dieser Gelegenheit sei noch beiläufig bemerkt, dass ein Bordellwirt, im August 1857, im neuen Jungfernstieg einem jungen Menschen unsittliche Anträge machte und deshalb verhaftet und bestraft wurde.

Die Putzsucht der öffentlichen Mädchen zieht unverhältnismässige Bedürfnisse für sie nach sich, und dies erklärt ihr übermässiges Interessiertsein. Es ist daher selten wirkliche Zuneigung, die die Dirnen einem Manne vorzugsweise geneigt macht, sondern lediglich das Geldinteresse was sie an ihn bindet. Denn häufig sieht man, wenn der Freund den Geldbeutel knapper regiert, diese erheuchelte Liebe urplötzlich über den Haufen fallen. Ganz anders verhält es sich freilich mit den eigentlichen Geliebten der Dirnen, an welche die Mädchen eine wirkliche, wenn gleich materielle Liebe fesselt. Bordelldirnen haben selten derartige Geliebte, weil die Wirte solch ein Verhältnis nur ausnahmsweise gestatten, da dasselbe den Sinn der Mädchen den beabsichtigten Geschäftszwecken entfremdet, ohne etwas einzubringen: sie dulden daher nur Liebhaber, wenn diese solvent sind, und nur zu Tageszeiten wo sie die anderweitige Thätigkeit der Mädchen nicht hindern. Die für sich wohnenden Dirnen haben aber fast Alle einen solchen, und man findet diese Klasse vom Soldaten bis zum Buchhalter herauf vertreten. Die Meisten von ihnen, arme Schlucker, lassen sich obendrein von den Mädchen mit Geld und Nahrungsmitteln versorgen, ja einzelne derselben entblöden sich nicht, sich auf diesem Wege von öffentlichen Mädchen völlig erhalten zu lassen. Die Mehrzahl dieser Liebhaber lässt den Dirnen dafür nicht einmal einen besondern Schutz angedeihen, denn viele schämen sich oder sind durch Dienstverhältnisse daran verhindert, mit den Mädchen an öffentlichen Vergnügungsorten etc. zu erscheinen.

Das Benehmen der Bordelldirnen gegen einander ist meist ein sehr gespanntes, in den feineren Häusern titulieren sie sich per Sie, Mamsell oder Fräulein. Auf die gegenseitigen Kunden sind sie sehr neidisch — es ist dies leicht erklärlich; man denke sich nur Konkurrenten aus jedem beliebigen Fach gemeinschaftlich eingesperrt, und man wird überall ein gleiches Betragen beobachten. Anders verhält es sich mit den für sich wohnenden eingeschriebenen Dirnen: diese bilden einzelne Freundschaftsgruppen, sie besuchen sich bei Erkrankungsfällen, und respektieren die gegenseitigen Geliebten, so dass, wenn es bekannt ist, dass ein junger Mann ein gewisses Mädchen vorzugsweise begünstigt, derselbe nur mit Schwierigkeit von einer ihrer Freundinnen angenommen wird.

Mit der speziellen Beaufsichtigung der öffentlichen Dirnen ist einer der Polizei-Beamten beauftragt. Derselbe besorgt die Ein- und Ausschreibungen derselben, und ohne seine spezielle Erlaubnis darf kein Mädchen einen Wohnungs- oder Wirtswechsel veranstalten. Er hat namentlich auch die Beiträge der Wirte und Mädchen zur Heilungs- oder Meretricenkasse einzutreiben. Wirte und Dirnen werden nämlich nach der mutmasslichen Grösse ihres Erwerbs in 3 Klassen geteilt, von denen die erste monatlich 3 Schilling, die zweite 2 Schilling, und die dritte 1 Schilling zu kontributieren hat (cf. Reglement § 28 und 29).

Die Besorgung von öffentlichen Mädchen für die einzelnen Bordelle wird durch vom Staate tolerierte Kupplerinnen vermittelt, an die sich die Wirte deshalb wenden. Konvenieren ihnen die von der Kupplerin proponierten Dirnen, so werden sie erst ärztlich untersucht, und nach erlangtem Gesundheitsschein auf der Polizei dem Wirte zugeschrieben, der dann verpflichtet ist, etwaige Schulden des Mädchens zu tilgen. Wird ein Mädchen bei der Untersuchung aber krank befunden, so wird sie, falls aus Hamburg, dem Krankenhause übergeben, falls aus der Fremde, auf der Stelle wieder fortgeschickt.

Wenn das einzuschreibende Mädchen noch nicht der Prostitution ergeben war, so wird sie vor der Einschreibung auf dem Polizeibureau nochmals zur Rückkehr zum Wege der Tugend ermahnt, was aber gewöhnlich fruchtlos bleibt. Eine gleiche Einschreibung ist auf der Polizei erforderlich, wenn eine bereits eingezeichnete Dirne aus einem Bordell in ein anderes tritt. Für jede derartige Ein- oder Umschreibung erhält die Polizei 2 Schilling Cour., der Arzt 1 Schilling Cour.; der Kupplerin werden meist für die Anschaffung des Mädchens mindestens 4 Schilling vergütet.

Die eingezeichneten Mädchen zerfallen nach der Stellung zu ihrer Umgebung in

1) Bordelldirnen, welche bald in grösserer, bald in geringerer Zahl in gemeinschaftlichen Buhlhäusern unter dem Scepter eines Wirtes vereinigt und geknechtet leben.

2) für sich wohnende Dirnen, welche in gleicher Weise dem Venusdienste ergeben aber in Privatwohnungen, hauptsächlich der Neustadt, für sich logieren: ihre Wirte bestehen meist aus kleinen Handwerkern, Hökern, Wäscherinnen etc., und ihre persönliche Freiheit unterliegt weit geringeren Beschränkungen als die der Bordelldirnen.

3) Strassendirnen. Sie ermangeln meist einer irgend wie respektablen Wohnung, da bei der Kleinheit ihres Erwerbs eine solche von ihnen nicht bestritten werden kann, dagegen findet man sie auf Sälen, in Kellern und Buden versteckt, oder in Schlafstellen eingemietet leben. Man sieht diese Gassennymphen oder Nachtvögel, die garce à chaise der Franzosen, des Abends in den Strassen und auf den Wällen blindschleichenartig einherwanken.

Die hamburgischen Bordelle charakterisieren sich im allgemeinen durch Reinlichkeit und einen Geist der Ordnung. Die innere Einrichtung variiert natürlich auf das Mannigfaltigste je nach der Klasse, der die in ihnen lebenden Mädchen angehören. Die feinsten dieser Häuser liegen in der Schwiegerstrasse, ihnen folgen nach ungefährer Rangordnung die auf der kleinen und grossen Drehbahn, dem Dammthorwalle, der Ulricusstrasse, den Hütten, Pilatuspool, der Breitenstrasse, beim Pferdemarkt, der Kurzenstrasse, Klefekerstrasse, zweiten Brunnenstrasse, Curienstrasse, Sägerplatz, Druvenhof, altstädter Fuhlentwiete, Niedernstrasse, Kattrepel, Depenau, grosser und kleiner Barkhof, Dovenfleet und nun zum Schluss als am tiefsten stehend, die in verschiedenen Gängen der Stadt gelegenen Bordelle, wie im Langen Gang, Specksgang, Kugelsort, Schulgang, Trampgang. Rademachergang, der Kirchenstrasse, Gerkenstwiete, dem Ebräergang, dem Bretter-, Breiten- und Ammidammachergange.

Charakterisieren wir einzelne dieser Häuser etwas genauer. Zunächst einige Worte über die Schwiegerstrasse. Die ganze Anlage dieser noch nicht alten Strasse, welche vom Gänsemarkt zum Theater führt, hat etwas Eigentümliches, Mystisches. Die Enge derselben und die dichtgedrängten hohen Häuser, verbunden mit dem Mangel jedes regeren Verkehrs machen sie todt und finster. Hinter hohen farbigen Gardinen sieht man hier fast Haus an Haus winkende Sirenen, so dass der Durchpassierende von fast jedem Fenster aus, sei es durch Kopfnicken, Klopfen an's Fenster oder mündlichen Zuruf reichliche Einladungen erhält. Die rechte Seite der Strasse (vom Gänsemarkt aus gerechnet) birgt feinere Bordelle als die linke, ja es herrschen sogar zwischen beiden Seiten wesentliche Preisdifferenzen. Das feinste unter diesen Häusern schilderten uns Sachkenner in nachfolgender Weise: Beim Eintritt in dasselbe führt eine Haushälterin die Gäste aus dem Vorplatz in die parterreliegenden zwei Versammlungssäle, in denen man gewöhnlich gegen 14 Mädchen beisammen findet, zum Teil mit Musizieren oder Lesen beschäftigt. Die der Prostitution geweihten Zimmer liegen in den Stockwerken. Man findet daselbst Mahagonimöbel von Rang und Grösse, und feine Draperien. Alles zeigt Reinlichkeit und Eleganz. Die Toiletten der Mädchen sind elegant, teilweise selbst kostbar, der Schnitt der Kleidung ist verhältnismässig anständig. Die Mehrzahl besteht aus früheren Putzmacherinnen, Ladenmädchen etc., doch findet man hier nicht selten auch gefallene Töchter anständiger Familien. Meist stehen sie zwischen dem 20sten und 25sten Lebensjahre. Ihr heiterer Sinn verrät, dass sie sich fast durchgehends wohl in dem Hause fühlen. Sie stehen um 10 Uhr auf, trinken dann nach einer oberflächlichen Toilette gemeinschaftlich Kaffee, auch das um 1 Uhr erfolgende sehr gute Mittagsessen ist gemeinsam. Wenn sie ausgehen wollen, so muss dies bei Tage geschehen, da die Wirtin Abendpromenaden nicht gestattet. Abends wird gewöhnlich ein Teil der

Mädchen unter Aufsicht der Wirtin, oder einer von derselben Angestellten, nach dem Apollosaal und den beiden Theatern geführt (wo ihnen jedoch der Besuch des ersten und zweiten Ranges, sowie des Parquets, untersagt ist;) von wo sie den Bordellen neue Kunden zuführen. Mit dem Bordell ist eine Wirtschaft verknüpft. Die Mädchen führen hier gewöhnliche Frauenvornamen, ihre Gesichtsbildung bietet nichts Charakteristisches, jedoch fehlt ihnen der freche Ausdruck anderer Dirnen. Bei der grossen Reinlichkeit, die unter ihnen herrscht, bei dem häufigen Wäschewechsel, und bei der fleissigen Benutzung des gemeinschaftlichen Badezimmers ist auch die Zahl der hier vorkommenden venerischen Erkrankungen eine sehr geringe. Für anderweitige Krankheiten ist ein Hausarzt angestellt. Die Wirtin verlangt, dass die Mädchen lustig sind und beim Trinken tüchtig Bescheid thun. Sie sind gezwungen, ihre ganze Einnahme abzuliefern; jedoch erhalten sie bei gutem Verdienst ein Taschengeld.

Ueber die Preise für Wohnung, Essen, Kleidung etc. werden die Mädchen niemals klar, da sie nie eine detaillierte Rechnung erhalten. Demnach bleiben sie, ihr Verdienst sei, wie es wolle, stets der Wirtin verschuldet.

Von den Genüssen der Sinnlichkeit, welche die Schwiegerstrasse birgt, sei hier noch der berüchtigte Spiegelsaal erwähnt, dessen Spiegelcarré mit seinen allseitig die Himmel Muhameds zurückwerfenden Reflexen dem Besucher für hohe Münze erschlossen wird.

Das männliche Publikum, das in der Schwiegerstrasse verkehrt, besteht aus Kaufleuten, feineren Kommis, Offizieren, Beamten und vor allen aus den zahlreichen Handlungsreisenden, welche Sommer und Winter unsere Hotels füllen.

Bei Skizzierung andrer, wenn auch längerer Strassen können wir uns doch kürzer fassen, da sie nur wenig Eigentümlichkeiten bieten.

Die Mädchen am Dammthorwall, der Drehbahn und Ulricusstrasse führen ein unglaublich trägesLeben, indem es in allen jenenStrassen Gebrauch ist, dass sie den ganzen Tag am Fenster gaffend zubringen. Um 10 Uhr stehen sie auf, dann frühstücken sie und schreiten sofort zur wirklichen Toilette. Eine wichtige Rolle spielen hierbei die Friseurmamsellen, welche den Barbieren vergleichbar, die neusten im Reiche der Prostitution gesammelten Nachrichten von Haus zu Haus tragen, und dann für ihre Bemühungen wöchentlich 8 Groschen bis 1 Schilling erhalten.

Nun geht der Wachdienst am Fenster los, wobei sie sich zur Erleichterung der Langenweile höchstens mit einem Romane waffnen. Dieser Wachdienst besteht in einzelnen Bordellen mit stunden-, in andern mit tagweiser Abwechslung. Ausnahmsweise gehen die Mädchen auch wohl aus, häufig begleitet sie dann die Wirtin oder schickt eine Trabantin mit ihnen, damit sie nicht auf Abwege geraten. Einige Wirte, die den Dirnen wenig trauen, schicken immer zwei Mädchen aus, von denen sie wissen, dass sie in feindlicher Spannung mit einander leben, wodurch sie sich die gegenseitige Kontrolle erleichtern. Um 1 Uhr erfolgt ein gutes Essen. Die Abende werden immer am Fenster oder in der Thür stehend zugebracht, wo sie bis 2, ja halb 3 Uhr des Nachts auf den Posten bleiben. Gesetzlich ist zwar das Schaufenstern nur bis 1 Uhr gestattet, aber die eben erwähnten Strassen stehen in der Hinsicht in keiner so strengen Kontrolle wie die Strassen der Altstadt oder die Gänge, wo schon um die Mitternachtsstunde jedes äussere Lebenszeichen an den öffentlichen Häusern erlischt. Abends besuchen die von den Wirten am meisten begünstigten Mädchen die beiden Theater, den Apollosaal, einige andere Tanzsäle, wozu Sonntags, Montags und auch zuweilen Mittwochs die Tanzsäle in St. Pauli, „Die neue Dröge“ und „Joachimsthal“ hinzukommen.

Die innere Einrichtung dieser Klasse von Bordellen erreicht nicht mehr die Eleganz der Schwiegerstrasse; zwischen vielen armseliger ausgestatteten findet man übrigens noch manche durch hübsche Mahagonimöbel und bunte, meist carmoisinfarbene Gardinen verzierte. Einzelne der hier befindlichen Bordelle haben Schenkrecht, die Preise der Getränke sind übrigens hier dieselben wie in der Schwiegerstrasse, der Preis für die Prostitution aber geringer. Ueber die finanziellen Operationen, denen die Mädchen unterworfen sind, kommt man hier schon leichter ins Klare. Die Wirte berechnen ihnen wöchentlich für Wohnung und Essen zwischen 14 und 20 Schillinge, Heizung, Beleuchtung und Wäsche werden separat aufgeschrieben. An Kleidungsstücken verabfolgt man den Mädchen, ziemlich so viel als sie verlangen, nur bei schlechtem Verdienst erleiden manche derartigen Wünsche Beschränkungen. Einem neu angekommenen Mädchen werden gewöhnlich sofort nach der Aufnahme 6 Paar Strümpfe, 1 Kleid und ein halbes Dutzend Hemden verabreicht; wenn die Mädchen sich nicht dieses Fonds in ihrer Kommode bewusst sind, so gehen sie um einen Ausdruck der Wirte zu gebrauchen, mit Unlust an ihr Geschäft.

Eine merkliche Stufe tiefer stehen die Bordelle beim Dragonerstall, Pilatuspool, der kurzen Strasse etc. Von eleganter Einrichtung, von ausgewählter Toilette ist hier nicht mehr die Rede, die Mädchen selbst sind auch schon meist verblüht, und tragen deutlich auf ihrem Gesichte die Spuren einer wüst durchlebten Jugendzeit. Sie zahlen hier für Kost und Logis die Woche zwischen 10 und 14 Schillinge Cour.; in Betreff des Preises der Prostitution herrscht hier nicht mehr prix fixe, sondern die Dirnen lassen mit sich handeln. Für Kleidung berechnen die Wirte hier meist nur das Doppelte des Wertes.

Je tiefer der Rang der prostituierten Dirnen, desto arbeitsamer finden wir sie. So ist es bereits unter den letzterwähnten Mädchen allgemeiner Gebrauch, sich mit Hausarbeit zu beschäftigen; es ist dies übrigens keine Bedingung, kein Zwang von Seiten der Wirte, sondern eine freiwillige Hülfsleistung der Mädchen. Um 8 Uhr stehen sie auf und beschäftigen sich nach dem Frühstück mit dem Reinmachen des Zimmers, Ordnen des Bettes etc. Der Rest des Tages vergeht mit der Toilette, Handarbeiten, mit Umherstreifen in den Strassen, Romanlesen, Kartenspiel, Besuchabstatten bei Freundinnen — und, die Hauptsache von Allem — dem Wachdienst am Schaufenster.

Unter den Klassen der heimlichen Prostitution sind besonders zwei Arten bemerkenswert, nämlich die Kellnerinnen, Schenkmamsellen, oder aufwartende Mädchen in Wirtschaften, Kaffeehäusern, Restaurationen, Bier- und sogenannten Polka-Kellern.

Die moralische Festigkeit der hierher gehörigen Mädchen ist fast durchgehends eine sehr zweideutige. In den ordentlichen öffentlichen Lokalen findet man meist männliche Bedienung, so in den Pavillons, Konditoreien, Restaurationen, Kaffe's und Weinhandlungen. Nur ausnahmsweise in den ordentlichen, aber ohne Ausnahme in den anrüchigen Lokalen besorgen Schenkmamsellen die Bedienung. Eine hübsche Schenkmamsell trägt viel zum Vorteil einer Hamburger Wirtschaft bei, sie macht das ganze Glück derselben, wenn sie Mode und so zu sagen der Magnet des Abends wird. Das Glück der Schenkmamsell selbst aber hängt davon ab, wie gut oder wie lange sie sich zu halten weiss. Es gab Schenkmamsellen, welche sich eine Reihe von Jahren in Ehren und Würden hielten, und andere, welche nach kaum einem Jahre schon verblüht und verloren waren. — Diese Worte finden aber in praxi geringe Berücksichtigung, am allerwenigsten in den seit kurzem hier auftauchenden Bier- und Weinhallen, rectius Kellern, wo nicht das Getränk, sondern einzig und allein die Schenkmamsell das Motiv für den Besuch des Lokales abgiebt. Die Mädchen, welche bei den musikalischen Abendunterhaltungen die Gäste durch Harfen- und Guitarre-Spiel, Gesang etc. belustigen, gehören teilweise ebenfalls dieser Klasse an. Je höher der Ruf ist, den sie unter den Rouès erlangt und je mehr sie von Liebhabern umschwärmt werden, desto höher ist der Preis der Gunstbezeugungen, der mitunter so hoch steigt, dass nur eigentlich Wohlhabende sich diese Gunst erkaufen können.

Die höchste Stellung auf der Stufenleiter der heimlichen Prostitution nehmen die sogenannten femmes entretenues oder Maitressen ein. Es rühmen sich zwar viele, auch öffentliche Priesterinnen, in diese Klasse zu gehören, allein sie alle haben zwar einen vorzugsweisen Liebhaber, aber keinen alleinigen. Will man derartige Geschöpfe mit dem Namen femmes entretenues bezeichnen, so kann man allerdings ohne Uebertreibung behaupten, dass in Hamburg der Alte von 70 Jahren ebenso gut wie der Junge von 20 Jahren, sobald er nur über das nötige Geld disponieren kann, seine geheime Maitresse habe, und dass gewisse Gegenden und Strassen der Stadt so zu sagen von unterhaltenen Personen wimmeln. — Der Begriff der eigentlichen femme entretenue ist aber ein weit engerer: eine solche wohnt in einer ihr von ihrem amant angewiesenen Wohnung, hat wenig Umgang, lässt sich wenig blicken, und gehört wenigstens notorisch nur dem einen Mann an. Im bürgerlichen Leben geniesst übrigens eine derartige Person kaum eine grössere Achtung als ein öffentliches Frauenzimmer, obgleich sie meist weit zurückhaltender als jene sind, und keine solch' entfesselte Sinnlichkeit zur Schau tragen.

Das Prostitutions-Wesen der Vorstadt St. Pauli ist von dem der Stadt ganz getrennt und steht unter Aufsicht des Landherrn der Vorstadt, wozu ein Mitglied des Senats delegiert wird, unter der speziellen Ueberwachung des ersten Beamten der Vorstadt. Hier befinden sich zirka 250 eingezeichnete Mädchen in zwanzig Bordellen. Zwölf dieser Bordelle sind denjenigen dritter Klasse in Hamburg ähnlich. In acht dieser Bordelle ist es jedoch den Wirten gestattet, in ihren Lokalen zugleich einen Tanzsaal und Tanzmusik zu halten. In diesen Tanzsälen findet man Abends und Sonntags auch Nachmittags die Mädchen des Hauses, 10 bis 30 an der Zahl, in phantastischem Anzuge, z. B. hellblauen oder weissen langen Hosen, rote Röcke mit anderfarbigem Besatz, bis an's Knie gehend, und eine Art Turbans, mit Federschmuck auf dem Kopfe, teils mit den Gästen tanzend, teils auf dem Schoss von grösstenteils Seeleuten sitzend und ihnen zutrinkend. Von Zeit zu Zeit verlässt dann eine dieser Schönen mit einem Liebhaber den Tanzsaal und begiebt sich in die obern, für die Prostitution bestimmten Zimmer.

Werfen wir jetzt einen kurzen Blick in das häusliche Leben der St. Paulianer Dirnen, so finden wir hier mehr Thätigkeit und Arbeitsamkeit als bei den öffentlichen Mädchen in der Stadt. Sie stehen um 9 Uhr auf, und nehmen dann in sehr unappetitlicher Morgentoilette ein gemeinsames aus Kaffee und Brot bestehendes Frühstück ein. Dann wird das Zimmer aufgeräumt und das Bett gemacht — häusliche Dienstleistungen zu denen die Mädchen auf dem Berg, im Gegensatz zu denen in der Stadt, verpflichtet sind. Alsdann schälen sie Kartoffeln für's Mittagsessen, falls sie sich nicht von dieser Frohnarbeit durch 1 Groschen Strafe loskaufen. Jetzt geht es an's Frisieren, worin sie sich meist gegenseitig beistehen, und es möchte bei der Gelegenheit geeignet sein, auf die eigentümlichen Formen des Haarputzes bei den westvorstädtischen Dirnen aufmerksam zu machen: heut umwickeln sie den Hinterkopf mit turmhoch gewundenen Zöpfen, morgen belasten sie den Scheitel mit ganzen Büscheln wellenförmig gedrehter Locken. Alle diese Metamorphosen werden natürlich durch Anstecken von falschem Haar bewirkt, das meist eine abweichende Färbung hat, und durch das eingeschmierte ranzige Oel, mit dem sie es salben, sich schon von Weitem der Nase verrät. Dazwischen prangt künstlich verschlungen ein Flor von Bändern und künstlichen Blumen, in denen man alle Farben des Regenbogens repräsentiert finden kann. Die Mädchen, welche viel verdienen, lassen sich von den weniger in Anspruch genommenen frisieren und andere Hülfsleistungen verrichten, wofür sie ihnen je einen Schilling vergüten. — Um 12 Uhr findet das gemeinschaftliche Mittagessen statt, im Sommer an einer langen Tafel im grossen Salon, im Winter im geheizten Zimmer. Dasselbe besteht aus Suppe, Gemüse und täglich Fleisch. Die Mädchen leisten viel im Essen und sind keine Kostverachter. Wein wird nur ausnahmsweise an einzelnen seltenen Feiertagen verabreicht. Die Dirnen sind übrigens im Stande, mehr Getränk zu geniessen, als wohl mancher Mann vertragen kann. Die tägliche Uebung mit den Matrosen macht sie zu Meisterinnen dieser Kunst. Besonders sprechen sie den scharfen erhitzenden Getränken zu, dem Punsch, Grog, Rum und vor allem dem Branntwein: selten betreten sie des Abends den Tanzsalon, ohne sich nicht vorher durch ein Glas Schnaps zu erwärmen. — Nach dem Essen vergeuden die Dirnen die Zeit mit Schlafen oder treiben allerhand unnütze Dinge, dann erst beginnt die eigentliche Abendtoilette. Putzsüchtig sind die Mädchen der Vorstadt in gleichem Grade wie die der Stadt, die Aeusserungen dieses Triebes sind aber von ihrem Verdienste abhängig, weil sie z. B. den Kopfputz, die dazu erforderlichen Blumen und Bänder aus eigenen Mitteln baar bestreiten müssen. Die Kleider liefert ihnen der Wirt, ohne dafür eine detaillierte Rechnung aufzusetzen, jedoch notiert er in ihrem Ausgabebuch, wie viel er im Laufe des Monats für sie verausgabt, wie viel die Totalsumme ihrer gegenwärtigen Schulden beträgt. Der Fall ist übrigens nicht selten, dass bei zu grosser Prellerei der Wirte, die Mädchen beim Landherrn darüber Klage führen, wo sie dann auch sofort ihr Recht erhalten, und die Rechnung ohne Weiteres verkürzt wird. Demungeachtet ist ein Mädchen niemals im Stande, sich schuldenfrei zu arbeiten, indem mit der Zunahme ihres Verdienstes auch die Zahl ihrer Ausgaben sich proportional vermehrt: sie erhalten dann immer teurere Stoffe, immer kostbarere Kleider und Garnituren.

Die gewöhnliche Schuldenlast einer Dirne in St. Pauli beträgt 2—300 Mark Banko, bisweilen steigert sie sich aber selbst bis zu 1000 Mark. Schon aus diesem Umstande muss man vermuten, dass die Kleidung der Mädchen eine fast ebenso wertvolle oder doch eben so teure sei, wie in der Stadt. Kostbare seidene Kleider sind eben nichts Seltenes, und diese sind oft von allen Seiten mit echtem Goldschmuck behängt; bisweilen umwallt den Hals der Dirnen eine Reihe weisser Glasperlen, wie sie die Wilden tragen. Da alle Mädchen in St. Pauli eigene Kleidung besitzen, so giebt es daselbst keine Kleidervermieterinnen wie in der Stadt.

Eigentliche Vergnügungen ausserhalb des Gewerbes sind den Mädchen fast unbekannt, nie äussern sie übrigens ein Verlangen danach: den Tanz haben sie allabendlich im eigenen Hause; das seit einigen Jahren begründete Theater der Vorstadt besuchen sie bisweilen, von der Wirtin oder dem Liebhaber begleitet, und haben zu jedem Rang desselben Zutritt.

Die Reinlichkeit liegt bei den Mädchen nicht ganz im argen: Am meisten trägt dazu die Strenge des kontrollierenden Arztes bei. Dieser ist überhaupt der einzige Mensch, vor dem sie Furcht haben. Die Untersuchung findet wöchentlich einmal statt, wofür 4 Schilling pro persona entrichtet werden müssen. Bei Erkrankungsfällen werden die Dirnen, ganz wie in der Stadt, sofort nach dem allgemeinen Krankenhause gebracht, mit welchem der Voigt als Verwalter des Bordellwesens der Vorstadt, in einem von der Stadt völlig abgesonderten Rechnungsverhältnisse steht. Die Untersuchungsresultate zwischen den Aerzten der Stadt und der Vorstadt fallen nicht immer gleichlautend aus. Oft erklärt die städtische Medicinalperson ein Mädchen für tauglich zum Dienste der Prostitution, die der Arzt der Vorstadt zurückweist, weil ihre körperliche Verfassung ihm nicht kräftig genug dünkt für die Strapazen des Gewerbes; diesem Grundsatz entsprechend findet man denn nun auch die Konstitutionen der meisten Dirnen derb und kräftig, mit tüchtig entwickeltem Knochenbau: ihre physische Kraft, die sie den rohen Aeusserungen der Seeleute gegenüber an den Tag legen, ist oft ganz überraschend. Die Erfahrung, dass sich mit grosser physischer Stärke selten Schönheit paart, findet auch bei den Bordelldirnen der Vorstadt ihre Bestätigung: die Meisten sind hässlich, viele selbst abschreckend. Dass aber der rohe Matrose die höchsten Freuden seiner Menschheit, das Ziel alles ihm erdenkbaren Glückes erklettert zu haben glaubt, wenn er in den Umarmungen einer derartigen industriösen Dirne sich um Gesundheit und den Lohn vieler mühsam durchgearbeiteten Monde bringt, dass beweist die Sehnsucht nach den Freuden des Hamburger Berges, die ihm bei den Strapazen der Meerfahrt andauernd vorschwebt, das beweist die mehr als eheliche Treue mit der er, wenn endlich am Ziel seiner Wünsche gelandet, nur einer bestimmten Dirne seine Liebe schenkt, ja das beweist die oft schreckliche nur durch Blut zu kühlende Eifersucht der Matrosen, mit der sie die Untreue eines derartigen Mädchens, die Konkurrenz eines Rivalen beim Objekte ihrer Liebe rächen.

Die Gäste dieser Bordell-Tanzsalons bilden eine Musterkarte aus allen Nationen, aus aller Herren Länder und allen Weltteilen. Dort sieht man Land- und Seeleute; reisende bestaubmantelte Handwerker und Kärner, theerichte irländische Matrosen, die, an die Wand geworfen; hängen bleiben; brotbackende Sanskulotten mit blossen Füssen, Pantoffeln und Frauenröcken; schlank gravitätische Amerikaner, in feinen haitiblauen Habiten, beturbante Beduinen, feine stolze mit Litzen garnierte Kopenhagener, schmutzige bärtige Russen, vom frischen Blute rauchende Schlachtergesellen, breitschultrige tanzlustige Ostpreussen, kniehosige Vierländer, zipfelmützige Zuckerbäcker und demütige pechschwarze Neger mit schweeweissen Habiten. Da die deutschen Dirnen und die Engländerinnen nur ihre Muttersprache sprechen, so wissen sie in der Regel die fremdländischen zärtlichen Ausdrücke ihrer feurigen Liebhaber nur durch mimisch-plastische Geberden zu erwiedern. Hier werden denn auch alle möglichen fremden Münzen ausgegeben, ohne dass es zu Controversen und Differenzen über den Wert derselben kommt, denn es giebt Matrosen, die hier in einer Nacht die Löhnung vieler Monate durchbringen."

Es ist, wie bereits bemerkt wurde, eine geraume Zeit verstrichen, seitdem diese Bemerkungen niedergeschrieben wurden, doch im Wesentlichen mögen sie wohl auch für die zweite Hälfte des neunzehnten Jahrhunderts Geltung behalten haben. Immerhin glaubt der Verfasser, dass eine etwas eingehendere Erörterung der Hamburger Prostitutions-Verhältnisse in einer „Geschichte der Prostitution" nicht fehlen darf.

XIII. Kapitel.

Berlin. — Erste Bordelle. — Badehäuser. — Reglement. — Emigranten. — Sittenzustände im 18. Jahrhundert. — Musiksäle und Tanzböden. — Madam Schubitz. Berlin unter Friedrich Wilhelm II. — Bordelle. — Syphilis. — Die Polizei. — Jahresbericht der Sittenpolizei. — Statistische Daten.

Bereits im Jahre 1410 hatte Berlin in der heutigen Rosenstrasse ein privilegiertes Bordell aufzuweisen, worüber der Scharfrichter Aufsicht und Gerichtsbarkeit ausübte. Etwa gleichzeitig befand sich in der kleinen Spreegasse das erste Bordell von Kölln an der Spree, das von einem „Jungfernknecht“ beaufsichtigt wurde. „Die zahlreichen Badehäuser,“ schreibt Hügel a. a. O. Seite 150,*) „welche sich im vierzehnten Jahrhundert in Berlin am Krögel befanden, waren gleichfalls Bordelle. Die Bordelldirnen nannte man „Stadtjungfern“. Durch den Einfluss der

*) Nach „Die Prostitution aller Zeiten und Völker“ von D. Ph. Löwe, Berlin 1852.

Reformation wurde 1607 ein strenges Vorgehen gegen die Bordelle und 1698 ihre Aufhebung anbefohlen. Als man sich später von den Nachteilen der Aufhebung der Prostitutionshäuser überzeugte, gestattete man 1769 neuerdings, jedoch unter Anordnung einer strengeren polizeilichen Ueberwachung ihre Errichtung. In demselben Jahre erschien auch das erste „Reglement für die Bordelle", das bis zum Jahre 1792 in Wirksamkeit verblieb. Während des dreissigjährigen Krieges hatten die Bordelle so zugenommen, dass 1780 (?) Berlin schon über 100 Bordelle besass. Im Jahre 1792 erschien mit einer neuen Organisation der Bordelle ein neues Reglement, das bereits Spuren eines gesteigerten Rechtsgefühls bekundete, indem es eine grössere Vorsicht gegen unterhaltene Maitressen und solche Frauenzimmer anbefahl, die sich nur aus Neigung einem Liebhaber hingaben, „indem es besser sei, eine und die andere Schuldige zu übersehen, als eine einzige Unschuldige zu kränken." Dieses, obgleich noch mangelhafte Bordell-Reglement erhielt sich bis zum Jahre 1829. Am 13. März 1829 erschien ein verbessertes Reglement unter dem Titel „Verordnung wider die Verführung junger Mädchen zu Bordellen und zur Verhütung der Ausbreitung venerischer Uebel." Damals zählte Berlin 39 Bordelle. Noch vor Ende des Jahres 1845 wurden infolge klerikaler Einflüsse durch eine allerhöchste Kabinetts-Ordre sämtliche Bordelle Berlins aufgehoben. Da aber nach ihrer Aufhebung die Sittlichkeit und die öffentliche Sicherheit mit jedem Tag mehr gefährdet erschienen und die Syphilis an Ausdehnung und Bösartigkeit ausserordentlich zunahm, so wurde im Jahre 1851 die Wiedereröffnung der Bordelle neuerdings angeordnet." Drei Jahre später wurde neuerdings die Schliessung der Bordelle angeordnet, eine Massregel, die erst 1856 zur Vollendung gebracht wurde.

Mit dem Bordell-Reglement vom Jahre 1792 wurde auch die Errichtung einer „Heilungskasse" für Prostituierte angeordnet, für die die Prostituierten monatlich einen gewissen Beitrag zu leisten hatten. Die französische Emigration und später die Invasion (1806) verursachten in Berlin und einem grossen Teil Deutschlands eine Zunahme der Syphilis, was merkwürdiger Weise den Franzosen selbst Anlass gab, Beschwerden darüber zu erheben. Eine vorgenommene Untersuchung ergab nun bei einer reduzierten Bevölkerung von 150 000 Seelen 433 eingeschriebene und 764 nichteingeschriebene Prostituierte, wozu noch eine grosse Anzahl der Polizei unbekannten zu rechnen gewesen wären. Von welchem Einfluss die französische Emigration auf die Sittenverderbnis in den rheinischen Städten gewesen ist, erfahren wir auch aus einer Stelle der Memoiren des verbummelten, talentvollen Friedrich Laukhard, die Johannes Scherr zitiert: „Von dem traurigen Sittenverderben, welches die französischen Emigranten in Deutschland gestiftet haben, bin ich Zeuge gewesen. In Koblenz sagte ein ehrlicher alter trierischer Unteroffizier, giebt es vom zwölften Jahre an keine Jungfrau mehr; die verfluchten

Franzosen haben hier weit und breit alles so zusammengekirrt, dass es eine Sünde und Schande ist. Das befand sich auch in der That so: alle Mädchen und alle Weiber, selbst viele alte Betschwestern nicht ausgenommen, waren vor lauter Liebelei unausstehlich. Eine Kaufmannstochter sagte ganz öffentlich, dass sie ihre Jungferschaft für sechs Karolins an einen Franzosen verkauft hätte. Nein, so verdorben waren die deutschen Mädchen sonst nie! Und so wie in Koblenz haben es die Emigrierten an allen Orten gemacht, wohin sie nur gekommen waren. Der ganze Rheinstrom von Köln bis Basel wurde von diesem Auswurf des Menschengeschlechts verpestet und vergiftet.“ Es wäre jedoch ein Irrtum, die Sittenlosigkeit, die sich gegen Ende des achtzehnten Jahrhunderts in Deutschland äusserte, ausschliesslich den Emigranten zuzuschreiben, obgleich sie thatsächlich französischen Ursprungs war. Es war eben das sittenlose Zeitalter des fünfzehnten Ludwigs, das auf ganz Europa und besonders auch auf Deutschland seinen unheilvollen Einfluss ausübte. Vielleicht sogar, liesse sich auch sagen, dass diese Sittenlosigkeit eine allgemeine Kulturfolge war, die nur in Frankreich ihren Höhepunkt erreichte. In seinem „Vom Fischerdorf zur Weltstadt“ äusserte sich Adolf Streckfuss über den Sittenzustand Berlins in der letzten Zeit Friedrichs des Grossen und unter Friedrich Wilhelm II: „Die französische Mode war vom Hof aus eingedrungen in die bürgerliche Gesellschaft, nicht nur in Beziehung auf die Kleidung . . . sondern auch auf die Sitten. Man sprach gern französich. Die jungen Mädchen mussten französische Gouvernanten, Friseure und Tanzmeister haben, um ganz nach dem Muster der Hofdamen ausgebildet zu werden. Der freie Ton, der am Hofe herrschte, wurde auch in Gesellschaften der Kaufleute und Handwerker eingeführt, die alte deutsche Sittlichkeit verschwand mehr und mehr und zu Ende der Regierung Friedrichs des Grossen galt es wie am Hofe, so auch in den Bürgerhäusern für Pedanterie, wenn jemand den Sittenrichter spielen wollte.

Die jungen Frauen hatten ihre erklärten Liebhaber und überliessen sich dem Umgang mit denselben ohne Scheu; sie durften doch hinter den Hofdamen nicht zurückbleiben. Die jungen Mädchen machten einsame Spaziergänge mit ihren Anbetern, sie wurden von diesen allein in die Theater und Pikniks geführt, ja sie gaben sich genug oft mit ihnen nächtliche Rendezvous. Das wusste jedermann, aber nur in wenigen Familien, welche der alten Sitte treu geblieben waren, wurde davon Uebles gedacht. Man duldete solche Leichtfertigkeit in den Gesellschaften, denn die sittlichen Anschauungen waren über alles Mass frei geworden, ja die Freiheit war zur Frechheit ausgeartet.

Die Männer machten gar kein Hehl daraus, wenn sie die zahlreichen Freudenhäuser, welche während der Regierung Friedrichs des Grossen in Berlin entstanden waren, besuchten und es galt schon als anerkennenswert, wenn sie bei solchen Besuchen nur einigermassen die Oeffentlichkeit vermieden.

Die Freudenhäuser waren stets gefüllt; sie waren die einzigen Orte, an denen sich Männer aus den verschiedensten Ständen trafen, wo die Rangunterschiede verschwanden und nur das Geld herrschte.

Man urteilte über die Stätten des Lasters mit einer unglaublichen Leichtfertigkeit. Wir wollen zum Beweis unsern Lesern zwei Stellen „Schattenriss“ mitteilen, wobei wir bemerken, dass der Verfasser an andern Stellen sich gern zum Sittenrichter aufwirft, dass er sich besonders über die Frivolität der jungen Mädchen und Frauen höchst missfällig äussert; er gehört keineswegs zu den Leichtfertigen seiner Zeit, trotzdem aber kann er sich der allgemeinen Anschauungsweise nicht entziehen.

Er schreibt:

Musiksäle und Tanzböden. Alle Winkel von Berlin sind von dergleichen Musiksälen und Tanzböden voll; die vornehmsten sind bei Poser und Tändeler, wo sich zugleich Frauenzimmer von zweideutigem Ruf einfinden, indessen sieht man nichts unanständiges und die Wirte halten geflissentlich auf den guten Ruf ihres Hauses. Wer nicht Lust hat, das Frauenzimmer nach Hause zu begleiten, wird nicht dazu gezwungen und darf sich ihrethalben in gar keine Kosten setzen. Der Fremde findet, wenn er sonst nirgends hin weiss und sich gern zerstreuen will, an diesen Orten alle Bequemlichkeiten und Erfrischungen, kann für sich ganz allein sein und der Musik zuhören, zu welchem Ende besonders der Gastwirt Poser kleine Gardinen-Logen angelegt hat, in welche man sich unbemerkt begeben und ebenso wieder weggehen kann. In dem Tändlerschen Saale werden in der grossen Fastenwoche auch Passionsmusiken aufgeführt. Sonst ist in jedem dieser Häuser wöchentlich einmal Konzert.

Die mehresten übrigen Musik- und Tanzsäle sind ein offenbarer Skandal, indessen trifft es sich nicht selten, dass sich auch da der Herr und der Bediente einander begegnen und in solchen Augenblicken zehrt jeder für sein Geld. Die Polizei würde indessen nicht übel thun, wenn sie viele dieser letzteren Häuser, durch besondere Emissare beobachten liess.

Madam Schubitz. Unter diesem Namen ist eine der ersten Kaffeeschenkerinnen von Berlin bekannt und verdient, weil sie von den Vornehmsten und selbst von Prinzen ohne Inkognito besucht wird, wohl einen besondern Platz in diesem Schattenriss.

Madam Schubitz also hat sich über die niedrigere Klasse der Kupplerinnen hinweggeschwungen, Mägde von feinerer Lebensart zu sich genommen und einen gewissen gesitteten Ton in ihrem Hause, das einer kleinen Feenhütte gleicht und mit kostbaren Mobilien und Trümaux ausgeziert ist, eingeführt; sie selbst ist auf eine anständige und unterhaltende Art gesprächig, leidet nichts, was ins Pöbelhafte fällt, hält auf

Ordnung und Sauberkeit und begegnet ihren Kostengängerinnen mit Achtung und Freundschaft.

Es ist zuweilen gemeinen, obgleich reichen Bürgern eingefallen, sich in ihrem Hause eine Lust zu machen, allein sie sind durch die ausserordentlich hohen Preise, die sie auf die Erfrischungen setzte, so abgeschreckt worden, dass sie nie wiederkamen. Alles was gemein ist, gehört nicht in ihren Plan, sondern Leute von feiner Lebensart, vornehme Fremde und besonders Engländer. Sie hatte es so weit gebracht, dass sie ihre eigene Equipage, ihre Kutsche mit ihrem Namenszug, Kutscher und Bedienten in geschmackvoller Livrée, ihren Thürsteher und ihre eigene Loge in der Komödie hielt, allein Kabale und Neid wussten es so zu spielen, dass ihr der Pöbel beinahe das Haus gestürmt hätte und sie entschloss sich von selbst, wenigstens vor den Augen des Publikums keine zu grosse Pracht sehen zu lassen.

Man kann ihr nicht nachsagen, dass sie letzterem ein anderes Aergernis gegeben, noch weniger die berlinische Jugend zu verstricken gesucht hätte. Die Vögel, die sie rupft, fliegen gewöhnlich wieder davon und lassen nur einige Federn zurück. Finanzmässig genommen ist diese Frau in einer grossen Residenzstadt kein Uebel. Die reichen Engländer wissen ohnehin zuweilen kaum, wie sie sich in Berlin die Zeit vertreiben sollen. Sehr nachsichtige und auch sehr charakteristische Worte das!

Von den Tagen Friedrich Wilhelm II. weiss Streckfuss zu sagen: „Die Unsittlichkeit, welche schon in den letzten Jahren der Regierung Friedrichs II. eine ausserordentlich grosse gewesen war, übergipfelte sich in Berlin zur Zeit Friedrich Wilhelms II.; sie durchdrang alle Stände. Die Zahl der Wirts- und Weinhäuser und vorzüglich der Freudenhäuser vermehrte sich in unglaublicher Weise. Alle Tummelplätze des Vergnügens wurden zahlreich besucht, die Geschäfte aber vernachlässigt." In den „Vertrauten Briefen" des Königsrats von Cöllen wird von den Offizieren gesagt: „Die Nächte in den Freudenhäusern, in Sauf- und Spielgesellschaft zugebracht, machten sie den Tag über für jedes ernste Studium unfähig. Nur Romanlesen und Weiberintriguen machten ihre Beschäftigung aus. In den Provinzialstädten dachten sie nur an Verführung anderer Eheweiber, an Eheversprechungen, unschuldige Mädchen zu täuschen und an Betrügereien im Spiel oder wie sie Schulden machen könnten, die sie nie zu bezahlen dachten."

Aus dem Angeführten schon, dem sich noch sehr viel ergänzend anreihen liesse, ergiebt sich zur Genüge, dass es keineswegs ein sittenreiner Boden war, in dem die Unzucht des schändlichen Emigrantenpacks ihre Wurzeln schlug, dass es verkommene, trübe Zustände waren, durch die die Kanonade von Valmy wie ein Wetterleuchten zuckte und die zu den Unglücksschlägen von Jena und Auerstädt führten.

Im Jahre 1795 zählte Berlin 54 Bordelle, im Jahre 1810 nur 43.

Von dieser Zeit an wurden auch nicht mehr neue Konzessionen zur Errichtung derartiger Häuser erteilt und etwas früher schon wurden sie aus den belebteren Strassen verdrängt, sodass schliesslich fast alle auf der „Königsmauer" sich befanden, selbstverständlich nicht zum Vorteil der Nachbarschaft, deren Beschwerden immer lebhafter wurden, sodass zu strengeren Massregeln gegen die Häuser der Unzucht gegriffen wurde. Wie bereits erwähnt, wurden endlich 1845 die Bordelle aufgehoben, was jedoch eine derartige Zunahme der heimlichen Prostitution und der Syphilis zur Folge hatte, dass Bordelle im Jahre 1851 wieder zugelassen werden mussten, und zwar erfolgte sogleich die Errichtung von zwanzig dieser Anstalten. Auch die unehelichen Geburten sollen, nach Dr. Behrend, nach der Aufhebung auffällig zugenommen haben, eine Erscheinung, die auch anderwärts beobachtet wurde. Derselbe Autor berichtet ferner über die Folgen dieser Aufhebung, wie Hügel mitteilt:

„Die concessionierte Einzelprostitution und die geheime Prostitution nahmen bedeutend zu. Während im Jahre 1845 (vor Aufhebung der Bordelle) bei der Polizei nur 600 öffentliche Lustdirnen einregistriert waren, stieg ihre Zahl im Jahre 1847 (nach Aufhebung der Bordelle) auf 1250. Die Syphilis gewann eine grössere Ausbreitung und Bösartigkeit, sowohl unter dem Civil-, als unter dem Militärstande.

Während die Zahl der Syphilitischen aus dem Civilstande in der Charité im Jahre 1845 sich auf 1225 bezifferte, betrug sie im Jahre 1847 schon 1814. Während die Zahl der Verpflegstage (Beweis für die Bösartigkeit der Syphilis) im Jahre 1845 34²/₃ per Kopf betrug, bezifferte sie sich im Jahre 1846 auf 43¹/₂ Tage.

Während die Zahl der Syphilitischen aus dem Militärstande von Anfang des Jahres 1844 bis Ende Juni 1845 551 mit 17152 Kurtagen betrug, bezifferte sie sich von Anfang 1846 bis Ende Juni 1847 auf 678 mit 23021 Kurtagen. Die Zahl der durch Syphilis dem Dienste entzogenen Mannschaften (bisweilen an 20 Prozent) nahm nach Aufhebung der Bordelle im Jahre 1848—49 dergestalt zu, dass der Oberbefehlshaber General v. Wrangel dem Polizeimeister die Eröffnung machte, dass wegen der unter den Soldaten so ungemein überhandnehmenden Syphilis die Wiedereinführung der Bordelle unter strenger polizeilicher Observanz sehr wünschenswert wäre." Diese Thatsache dürfte auch nicht wenig zur Wiederherstellung der Freudenhäuser beigetragen haben, was, wie bereits erwähnt, 1851 erfolgte, um aber 1856 wieder zur Schliessung zu führen.

„Das Verhalten der Polizei in Berlin," schreibt Henne am Rhyn a. a. O. Seite 107 etc., „ist seit der ersten Aufhebung der Bordelle im Jahre 1846, mit teilweiser Unterbrechung der Jahre 1850 bis 1854, beziehungsweise 1856, genau mit den Vorschriften des 1871 erlassenen Reichsstrafgesetzbuches in Einklang und gegenwärtig nicht nur ausdrücklich auf dasselbe gegründet, sondern auch auf das Ergänzungsgesetz zum Strafgesetzbuch ist sogar die in Berlin geübte Praxis von offenbarem Einfluss gewesen. Dieselbe beruht auf folgenden, dem Verfasser an Ort und Stelle 1876 mitgeteilten Grundsätzen: „Da der Staat eine Prostitution weder anerkennt noch duldet, um so weniger also mit derselben paktiert oder ihr Zugeständnisse macht, so stellt er sich ihr genau so gegenüber wie anderen Uebelständen, welche in den Begierden und Leidenschaften der Menschen begründet sind, natürlich mit dem Unterschiede, der zwischen den geschlechtlichen und anderen Begierden naturgemäss besteht. Da durch die im Verborgenen geübte freiwillige Unzucht wohl die Moralität, aber kein Recht Dritter verletzt wird, so bestraft der Staat dieselbe an sich so wenig, wie andere, kein Recht verletzende unsittliche Handlungen, weil dies ausser seiner Sphäre, ja ausser seiner Macht liegt. Aber er muss darüber wachen, dass daraus weder Rechtsverletzungen noch anderweitige Schädigungen erwachsen. Da der Staat namentlich auch für die Erhaltung der öffentlichen Gesundheit zu sorgen hat, so muss er dies auch gegenüber der Unzucht thun, welche bekanntlich die Gefahr der Ansteckung mit Krankheiten in sich birgt. Die nämliche Pflicht hat er in Bezug auf die öffentliche Ordnung und Sicherheit zu beobachten. Es liegt ihm demnach ob, darüber zu wachen, dass die Prostitution, welche er nicht anerkennt und duldet, und mit welcher er keine Verträge schliesst, welche aber ungeachtet aller gegen sie unternommenen Schritte stets existieren wird, der öffentlichen Gesundheit, Ordnung und Sicherheit nicht schädlich wird."

Die Aufgabe der Polizei der Prostitution gegenüber ist demnach die schwierigste der Welt, was bei der Beurteilung ihres hierauf sich beziehenden Wirkens nur zu oft ausser ächt gelassen wird und darum zu unbegründeten falschen Schlüssen führt. Die Polizei soll regeln, was gesetzlich gar nicht bestehen darf und erfahrungsgemäss doch zugelassen werden muss. Reglemente und dergl. können daher in Berlin nicht zur Geltung kommen, sondern — die Sache ist nicht ohne unfreiwilligen Humor — polizeiliche „Anordnungen", die, in Kürze geschildert, aus Folgenden bestehen: Wird ein Frauenzimmer als der Prostitution ergeben oder verdächtig aufgegriffen und vor die Sittenpolizei gebracht, so wird sie, wenn der Verdacht sich als begründet erweist, zunächst ärztlich untersucht und wenn sie als geschlechtskrank befunden wird, nach dem Hauptkrankenhaus „Charité" gebracht. Andernfalls wird sie ermahnt, einen sittlichen Lebenswandel zu führen und ihr angedroht, dass sie, wiederholt aufgegriffen, unter Sittenkontrolle gestellt würde. Tritt dieses nun wirklich ein, so wird ihr nun bekannt gegeben, dass sie sich an einem bestimmten Tage der Woche bei der Sittenpolizei behufs Unterziehung einer ärztlichen Untersuchung einzufinden habe, dass sie von ihrer Wohnung aus oder auf der Strasse nicht auffällig Männer anlocken darf, nicht in der Nähe von Kasernen, Schulen und in gewissen Strassen herumschweifen und dort auch nicht wohnen darf, Theater und andere näher bezeichnete Vergnügungsstätten nicht besuchen darf, nicht mit minderjährigen geschlechtlich verkehren darf und noch manches mehr, was thatsächlich gar nicht oder nur im geringem Masse befolgt wird. Was die Theater betrifft, so besteht wohl für die beiden Hoftheater eine Polizeiaufsicht, deren Aufgabe es ist, die ihnen bekannten Prostituierten aus dem Saal zu weisen, aber selbst hier dürfte es mancher Prostituierten gelingen, ungehindert einzudringen und viel mehr noch anderwärts, wo eine minderstrenge Praxis gehandhabt wird. Auch die andern Vorschriften finden keine besondere Beachtung, abgesehen von dem Umstande, dass die sozusagen zugelassene Prostitution nur einen Bruchteil der thatsächlich vorhandenen bildet. Vermag eine Berliner Prostituierte einen ehrenhafteren Lebenserwerb nachzuweisen, so wird sie auf ihren Wunsch aus der über sie verhängten Sittenkontrolle entlassen. Die Thatsache, dass gesetzlich die Prostitution nicht als vorhanden gilt und von der Polizei doch geduldet werden muss, zeitigt so manche Absonderlichkeiten, worunter auch die arge Situation der Hauswirte und Stubenvermieter gehört, die nicht selten auf eine Anzeige hin der Begünstigung der Unzucht angeklagt werden, wenn sie Frauenzimmern dieser Art Unterkunft gewähren. Auch Hotelwirte setzen sich zuweilen dieser Unannehmlichkeit aus, wenn sie nächtlich eintreffende Pärchen ohne Weiteres bei sich aufnehmen. Manche Hotelwirte sahen sich daher veranlasst, Pärchen, die bei ihnen einkehren wollten, die Aufnahme zu verweigern, wenn sie nicht auch durch mitgebrachtes Gepäck bekundeten, dass sie thatsächlich angelangte Reisende wären.

In dem Jahresbericht der Berliner Sittenpolizei für 1867 heisst es:

„Das Jahr 1867 hat hinsichtlich des Prostitutionswesens keine erheblichen Veränderungen gebracht.

Allerdings sind durch die andauernde Geschäftslosigkeit manche Arbeiterinnen der Prostitution neu zugeführt worden, andrerseits aber fehlten auch den Männern grössere Mittel zu derartigem Verkehr. Infolgedessen wurden die von der Prostitution gewöhnlich besuchten Tanzlokale und ebenso auch die sogenannten „Mädchenkneipen", in denen Schankmädchen oder Bänkelsängerinnen gehalten werden, von seiten der Männerwelt weniger frequentiert, als dies früher der Fall war, sodass manche Besitzer von grösseren Bierlokalen, in denen früher prostituierte Frauenzimmer vielfach verkehrten, z. B. in den Winter- und Sommerlokalen einiger Brauereien in der Schönhauser Allee, dieselben aus ihren Lokalen auswiesen und nach dieser Säuberung weit bessere Geschäfte machten.

Auch das äussere Verhalten dieser Frauenzimmer war während des Jahres 1867 nicht auffälliger und mehr Anstoss erregend gewesen als früher, ja auswärtige Fachmänner äusserten sich bei ihren hiesigen

Besuchen dahin, dass Berlin in dieser Beziehung sich von andern grossen Städten vorteilhaft auszeichne.

Zur ärztlichen Untersuchung haben sich die Prostituierten ziemlich regelmässig gestellt, da sie in ihrer Mehrzahl einsehen, wie sehr diese Massregel in ihrem eigenen Interesse liegt.

Allein, wenn auch nach allen diesen Richtungen das Jahr 1867 keine positive Verschlechterung gegen früher aufweist, so darf doch nicht verschwiegen werden, dass bei der völligen Unzulänglichkeit der der Sittenpolizei gegen das Prostitutionswesen zu Gebote stehenden Mittel für die Zukunft weit schlimmere Resultate zu befürchten sind.

Es wurden zwar häufigere Razzias gegen die ärgsten Umhertreiberinnen veranstaltet und die dabei aufgegriffenen Dirnen zum Polizeigewahrsam gebracht, allein da der Sittenpolizei nur eine ganz geringe Zahl von Gefängnisstellen zur Disposition steht, so mussten die eingebrachten Dirnen stets am anderen Morgen wieder entlassen werden, was jener Massregel allen Nachdruck und alle Kraft nimmt. Daher muss behauptet werden, dass ohne das Zwangsmittel der Exekutionshaft auch mit der grössten polizeilichen Thätigkeit gegen die Prostitution nichts auszurichten ist, und dass es durchaus notwendig erscheint, der Sittenpolizei eine angemessene Zahl von Gefängnisstellen, allermindestens 50. zur Verfügung zu stellen (was später auch erfolgte).

Weit wichtiger jedoch als solche polizeilichen Massnahmen, die nur gegen das bereits zur Erscheinung gekommene Uebel sich richten können, sind diejenigen Mittel und Einrichtungen, welche direkt gegen die Quellen, aus denen das Uebel fliesst, vorgehen und diese zu verstopfen geeignet sind.

Die Sittenpolizei, welche nicht unmittelbar eingreifen kann, hat in dieser Richtung seit einer Reihe von Jahren bei den Behörden Anträge gestellt, unter anderm auf Umgestaltung des sog. Pflicht-Vormundschaftswesens, auf Errichtung von Wasch- und anderen Beschäftigungs-Anstalten für das weibliche Geschlecht, auf Errichtung von Mägdeherbergen, eines besonderen Krankenhauses für Syphilitische und dergleichen mehr. Diese Anträge sind bis jetzt sämtlich fruchtlos geblieben, sie sind in erster Linie am Kostenpunkt gescheitert. Allein, wenn das Prostitutionswesen nicht immer mehr überhandnehmen soll, ist es durchaus notwendig, derartige Einrichtungen, wie sie in anderen grossen Städten bereits bestehen, auch hier in Berlin ins Leben zu rufen.

Denn es muss als Thatsache konstatiert werden, dass eine grosse Anzahl von Mädchen nur deshalb der Prostitution anheimfällt, weil dieselben bei zeitweiliger Arbeitslosigkeit kein Unterkommen finden und infolge davon als sogenannte „frische Ware“ den Winkelwirtinnen zur willkommenen Beute werden. Bei dem vollständigen Mangel an Beschäftigungs-Anstalten und Zufluchtsorten für Arbeitsuchende oder momentan Arbeitslose besteht für solche Mädchen, denen die Subsistenzmittel ausgehen, geradezu ein physischer Zwang, sich der Prostitution in die Arme zu werfen, nur um das Leben zu fristen. — Ja selbst solche Mädchen, welche bereits der Prostitution verfallen sind, haben an die Polizeibehörde das Gesuch gerichtet, sie in irgend einer Anstalt unterzubringen, wo sie ein Obdach hätten und etwas lernen könnten. Die Polizei hat in den allermeisten Fällen diese Gesuche zurückweisen müssen und nur Wenigen konnte sie in der einzigen Anstalt, welche hier als Zufluchtsort für gefallene Mädchen besteht, dem Magdalenenstift, Aufnahme vermitteln.

Daher ist die Gründung von Beschäftigungs-Anstalten für das weibliche Geschlecht und ganz besonders von grösseren Mägdeherbergen, in welchen die von auswärts kommenden und hier Arbeit suchenden, sowie die hier zeitweilig arbeitslos werdenden Mädchen ein Unterkommen finden können, zu einem unabweisbaren Bedürfnis geworden. Allein auch für diejenigen weiblichen Personen, welche eine Beschäftigung haben, von welcher sie anständig zu leben im Stande sind, kann in ausgedehntem Masse gesorgt und dadurch der Prostitution indirekt entgegengewirkt werden, wie ein in New-York neuerdings gegründetes Institut „das Arbeiterinnen Heim“ beweist. Diese durch Privatwohlthätigkeit errichtete Anstalt ist bestimmt, den Arbeiterinnen eine eigentliche Heimat, eine Art von Familienleben zu bieten. 480 Arbeiterinnen können daselbst aufgenommen werden und erhalten ausser Wohnung und Bett, Beköstigung und Wäsche für einen sehr mässigen Preis. Ausserdem befinden sich in der Anstalt Badezimmer, Gesellschaftszimmer, Lesezimmer etc., um den Bewohnerinnen Gelegenheit zu geben, in der ihnen übrig bleibenden freien Zeit Erholung innerhalb der Anstalt zu finden.

Eine derartige Anstalt, welche den Zweck hat, „die Arbeiterinnen, die künftigen Mütter von Tausenden von Bürgern ausserhalb des Bereiches unlauterer Einwirkungen zu stellen,“ würde auch hier in Berlin von grösstem Segen sein, und zwar nicht blos für verwaiste oder alleinstehende Arbeiterinnen, sondern auch für solche Mädchen, die in ihrer eigenen Familie oft den schlimmsten Einflüssen ausgesetzt sind und sich gegen dieselben nicht zu schützen vermögen.

Endlich lassen sich vielleicht auch an das neugebildete kommunale Institut der Waisenämter Bestrebungen knüpfen, die für den Zweck der möglichsten Einschränkung der Prostitution förderlich sind. Dies würde dann der Fall sein, wenn die Waisenämter es mit zu ihrer Aufgabe machen würden, für Unterbringung der älteren minorennen Waisen zu sorgen und dieselben auch später zu beaufsichtigen.

Das Haupterfordernis bleibt jedoch immer die Errichtung von Mägdeherbergen; wie erwähnt, besteht dieses Bedürfnis besonders für die von ausserhalb kommenden, Arbeit suchenden Mädchen; wenn diese der Prostitution verfallen, so bilden sie sogleich die gefährlichste Klasse der öffentlichen Dirnen; sie müssen sich vor der Polizei sorgfältig verstecken, um der Ausweisung, die sie als Auswärtige trifft zu entgehen, und tragen deshalb auch am meisten zur Verbreitung der Syphilis bei.

Das sogenannte Louiswesen, das mit der Prostitution in unmittelbarer Verbindung steht, hat neuerdings seinen Charakter verändert. Während früher die Zuhälter und Beschützer der Dirnen, denen die letzteren einen Teil ihres Erwerbes zuwendeten, dies nur als Nebenverdienst betrachteten, und im Diebstahl und anderen Angriffen auf das Eigentum ihre Hauptnahrungsquelle suchten, ist dies nunmehr anders geworden.

Die heutigen Louis lassen sich nämlich vollständig durch die von ihnen „beschützten" Dirnen erhalten, da diese Art, sich Subsistenzmittel zu verschaffen, weit bequemer und ungefährlicher für sie ist, als Angriffe auf das Eigentum. Aber gerade weil sie im gesetzlichen Sinne des Wortes als unbescholten gelten müssen, ist es für die Polizei äusserst schwierig, gegen sie vorzugehen; in dieser relativen Sicherheit, sowie in dem vollständigen Nichtsthun liegt für diese Menschen der Anreiz zu Exzessen aller Art, zu grobem Unfug, Körperverletzungen etc.

Schliesslich mag noch hervorgehoben werden, wie sehr die Bestrebungen der Sittenpolizei der Unterstützung von seiten der Bevölkerung entbehren. Der Mangel an Gemeinsinn besonders von Seiten der Hausbesitzer erschwert und beeinträchtigt geradezu die Thätigkeit derselben. Anstatt der Sittenpolizei in ihrem Einschreiten gegen die Prostitution fördernd zur Seite zu stehen, schützen diese vielmehr ihre der Prostitution Vorschub leistenden Mieter gegen die Massregeln der Aufsichtsbehörde.

Dass unter solchen ungünstigen Verhältnissen die Sittenpolizei nur geringe Erfolge aufzuweisen vermag, ist selbstverständlich, und hierin wird erst dann eine Wendung zum Besseren eintreten, wenn die Gesellschaft sich endlich dazu entschliesst, in dieser ebenso wichtigen als schwierigen Angelegenheit, die das Wohl und Gedeihen des Gemeinwesens aufs tiefste berührt, durch geeignete Organisationen selbstthätig einzugreifen. Nach welchen Richtungen eine derartige Thätigkeit der Gesellschaft sich am erfolgreichsten äussern könnte, ist oben entwickelt worden.

Ueber die Resultate der sittenpolizeilichen Thätigkeit im Einzelnen geben die folgenden statistischen Nachweisungen Auskunft:

Unter regelmässiger ärztlicher Kontrolle der Sittenpolizei standen Anfang 1867 995, Ende 1867 1447 Frauenzimmer. Die Vermehrung beträgt $45_{,4}$ pCt. Im Laufe des Jahres kamen neu hinzu 1011, dagegen gingen ab 559, unter diesen waren 36, die sich verheirateten, 20 die zur Korrektionsanstalt gebracht wurden u. s. w.

Der Prostitution verdächtige, mit der Sittenpolizei in Berührung gekommene, namentlich verzeichnete Frauenzimmer waren Anfang 1867 10860, Ende 1867 12491, Vermehrung $15_{,0}$ pCt. Die Zahl der durch

Polizeihülfe Eingebrachten betrug 23681, im Jahre 1866 dagegen 15982, Vermehrung 48,2 pCt.

	1867	1866
Hiervon wurden sistiert	8268	6043
anderweitig zur Haft gebracht	15413	9339

und zwar im Jahre 1867 wegen verbotenen Aufenthalts	2334
wegen Nichtgestellung zur ärztlichen Untersuchung	2400
„ Anlockens von Männern	2967
„ unzüchtigen Benehmens	651
„ liederlichen Umhertreibens.	6225
„ überführter Prostitution	88
zur Feststellung des Gesundheitszustandes. . . .	55
im Polizeibericht wurden gesucht	141
wegen Aufenthalts bei Kupplern	552
zusammen	15413

Zur Charité wurden im Ganzen befördert 1867 1592 Frauenzimmer, darunter 88 Dienstmädchen. 1866 1445 Frauenzimmer, darunter 35 Dienstmädchen, Vermehrung im Ganzen 10,2 pCt.

Im Ganzen sind 7709 syphilitische Erkrankungen während des Jahres 1867 zur amtlichen Kenntnis gekommen. Für das Jahr 1866 betrug die Zahl 7291; dieselben haben sich somit vermehrt um 5,7 pCt.

Im Wege der Administrativ-Exekution wurden zum Gefängniss befördert und in eintägiger bis vierwöchentlicher Haft gehalten 691 Frauenzimmer, und zwar wegen Nichtbefolgung polizeilicher Anordnungen 132, Nichtgestellung zur ärztlichen Untersuchung 125, Umhertreibens 257, Anlockens von Männern 170, zusammen 691; im Jahre 1866 war die Zahl 855; die Verminderung beträgt somit 19,2 pCt.

Ueber die sonstigen mit der Sittenpolizei in Beziehung stehenden Vergehen giebt die nachstehende Tabelle Auskunft.

Bezeichnung der Vergehen.	Zahl der zur Anzeige gekommenen Fälle.	Hiervon sind durch Verurteilung erledigt	Hiervon sind durch Freisprechng. erledigt	Hiervon sind durch Abstandnehmen erledigt	Hiervon sind unerledigt
1. Gewerbsmässige Unzucht . .	208	174	14	—	20
2. Kuppelei	53	25	—	21	7
3. Erregung von öffentlichem Aergerniss durch Verletzung der Schamhaftigkeit	75	45	4	26	—
4. Verbreitung von unzüchtigen Schriften, Abbildungen oder Darstellungen	8	6	—	2	—
5. Kreditgeben an Minderjährige . .	3	2	1	—	—
6. Widernatürliche Unzucht. . . .	57	18	—	35	4

Bei einer Vergleichung mit den Resultaten des Jahres 1866 ergiebt sich, dass sich die Fälle von gewerbsmässiger Unzucht um 36,8 pCt. vermindert haben; dagegen haben sich vermehrt Kuppelei um 8,2 pCt. Vergehen gegen § 150 des Strafgesetzbuchs (Ziffer 3 in obiger Tabelle) um 74,4 pCt. Von widernatürlicher Unzucht (von der im Jahre 1867 57 Fälle zur Anzeige gekommen sind) war 1866 nur 1 Fall zur Anzeige gekommen."

Der Klage wegen Mangel an Mägdeherbergen und ähnlichen Anstalten ist seither, wie später näher erörtert werden soll, abzuhelfen versucht worden. Allerdings geschah dies nicht und konnte auch nicht geschehen in ausreichendem Masse, sodass, was diesen Punkt betrifft, noch vieles zu wünschen übrig bleibt.

Bei der Beurteilung dieser wie aller anderen Verhältnisse darf übrigens auch nicht die Bevölkerungszunahme Berlins und der andern deutschen grösseren Städte ausser acht gelassen werden. Nach der Zählung vom 1. Dezember 1900 hatte Berlin 1888326 Einwohner, dann folgt Hamburg mit 705738 Einwohner und an dritter Stelle befindet sich dann München mit beinahe 1/2 Million, nämlich 499959 Einwohner. Ueber 400000 bis 500000 Einwohner haben ferner noch die Städte Leipzig mit 455089 und Breslau mit 422738. Nun folgen zwei Städte mit mehr als 300000 bis 400000 Einwohner, nämlich Dresden mit 395349 und Köln mit 372229.— Mehr als 200000 bis 300000 Einwohner haben Frankfurt a. M. 288489, Nürnberg 261022, Hanover 235666, Magdeburg 229663, Düsseldorf 213767, Stettin 210680, Chemnitz 206584. — Die Zahl der Orte mit mehr als 100000 bis 200000 Einwohner beträgt 19, und zwar Charlottenburg 189290; Königsberg i. Pr. 187897; Stuttgart 176318; Bremen 163418; Altona 161507; Elberfeld 156937; Halle a. d. Saale 156611; Strassburg i. E. 150268; Dortmund 142418; Barmen 141947; Danzig 140539; Mannheim 140384; Aachen 135235; Braunschweig 128177; Essen 118863; Posen 117014; Kiel 107938; Crefeld 106928; Kassel 106001. Im deutschen Reiche waren vorhanden, in runden Zahlen ausgedrückt, im Jahre 1816: 24833000 Einwohner; im Jahre 1855: 36114000 Einwohner; im Jahre 1900: 56345000 Einwohner. In Preussen waren vorhanden im Jahre 1816: 13709000 Einwohner; im Jahre 1855: 21320000 Einwohner; im Jahre 1900; 34463000 Einwohner. In der Stadt Berlin waren vorhanden im Jahre 1816: 198000 Einwohner; im Jahre 1855: 461000 Einwohner; im Jahre 1900: 1884000 Einwohner.

XIV. Kapitel.

Anwachsen Berlins. — Petition wider die Unsittlichkeit. — Vermieter und Vermieterinnen. — Theater. — Louis. — Militär. — Mädchenbedienung. — Schützenfest. — Gesetzgebung. — Kupplerkniffe, — Sternberg-Prozess. — Urning und Tribade. Ball der Weiberfeinde. — Männliche Prostitution.

Siegreicher Kriege zufolge gelangte bekanntlich Preussen an die Spitze des neugebildeten Deutschen Reiches und wurde mit diesem zur bedeutendsten Macht der Welt, ein Aufschwung, der sich, wie bereits bemerkt wurde, auch im Anwachsen des zur Reichshauptstadt gewordenen Berlins geltend machte. Die Zunahme der Bevölkerung, des Reichtums, der industriellen und kommerziellen Thätigkeit brachte naturgemäss auch eine Zunahme der dortigen Prostitution mit sich, deren Hochflut, ebenso naturgemäss, so manchen sittlichen Unrat anschwemmte, der die Zustände zeitweilig noch viel hässlicher erscheinen lassen mochte, als es dem Stand der Verhältnisse gemäss just sein musste. Andrerseits wieder äusserte sich auch kräftiger als vorher das Bestreben, die öffentliche Sittenlosigkeit zu bekämpfen. So reichte im März 1869 der Zentral-Ausschuss für die innere Mission der deutschen evangelischen Kirche bei dem Reichstag des Norddeutschen Bundes eine Petition und Denkschrift ein gegen „die öffentliche Sittenlosigkeit mit besonderer Beziehung auf Berlin, Hamburg und die andern grossen Städte des nördlichen und mittleren Deutschlands." Es wird darin gebeten:

„Der hohe Reichstag wolle die innerhalb seiner Kompetenz liegenden geeigneten Massnahmen zur Ueberwindung der in Rede stehenden Schäden treffen.

Ausserdem aber 1) die Regierungen des Norddeutschen Bundes veranlassen, die zum Schutz wider die Unsittlichkeit bestehenden Gesetze durch die Verwaltungsbehörden mit Ernst und Nachdruck zur Ausführung zu bringen, und, wo die für diesen Zweck erforderlichen Mittel nicht ausreichend vorhanden sind, durch deren Gewährung sie hierzu in den Stand zu setzen.

2) die Anregung dazu geben, dass das in den verschiedenen Ländern des Norddeutschen Bundes bestehende Verfahren, die Prostitution betreffend, einer Revision unterzogen, und, soweit es erforderlich, zur Reform der bezüglichen Polizei- und Strafgesetzgebung die Veranlassung gegeben werde."

Die Denkschrift selbst enthält recht interessante Ausführungen zur Beurteilung der damaligen Zustände und einige Stellen hiervon mögen hier folgen:

„Wir richten den Blick zunächst auf Berlin.

Die Residenz, die für das gesamte Leben Norddeutschlands den Mittelpunkt bildet und mit unberechenbaren Impulsen nach allen Seiten hinauswirkt ... Berlin trägt für die sittlichen Zustände Norddeutschlands eine überaus schwerwiegende Verantwortung.

Dieser Verantwortlichkeit genügt Berlin nicht.

In den Jahren der Erniedrigung Deutschlands unter französischem Joche, als in der Stärkung der sittlichen Kraft des Vaterlandes der Ausgang für seine nationale Wiedergeburt gesucht wurde, war es König Friedrich Wilhelm III., der — ob auch noch nicht mit sicherer Hand — zur Reinigung Berlins von der Schmach des Bordellwesens den Antrieb zu geben suchte (1809), und die Stadtverordneten der Residenz sind es gewesen, welche damals, alsbald nach Einführung der Städteordnung, in kräftigem Zusammenwirken mit der Regierung für das Wohl und die Ehre der Stadt eintraten. Leider hat es dreier Jahrzehnte bedurft, bis es auch nur so weit kam, dass jene zwar die ganze Stadt verunreinigende Schmach nach einer verrufenen Stelle, — der Königsmauer — zurückgedrängt war (1839); und neuer 17 Jahre, bis die Aufhebung aller Bordelle

— mit unter den Wirkungen des Zeugnisses der Geistlichkeit Berlins — als eine definitive feststand (1856).

Aber innerhalb dieser Jahrzehnte hatte die reissend schnelle Entwickelung der zu einer grossen Industriestadt heranwachsenden und mit einem verzweigten Eisenbahnnetze sich umgebenden Residenz, deren Einwohnerzahl sich von 1830 bis heute weit mehr als verdreifacht hat, das so mühsam und leider nur äusserlich zurückgedrängte Uebel bereits in ganz anderen, noch gefährlicheren und für die Behörden weit schwieriger zu behandelnden Formen zu wucherndem Wachstum gebracht. Als die Aufhebung der Bordelle endlich erfolgte, berührte sie kaum mehr den Kern des Uebels. Neben der internierten Prostitution hatte Berlin längst die vagierende gehabt, die inmitten des städtischen Verkehrs immer schrankenloser sich zu bewegen und die Gesellschaft aller Kreise immer tiefer zu durchflechten begonnen hatte. Jetzt, nach Aufhebung der privilegierten Orte der Schande, wusste sich diese ohne Privilegien in der Mitte der arbeitenden Bevölkerung, des Bürgertums, der Aristokratie und unter den Augen der Behörden noch kecker zu etablieren und bei dem Lohne und den Verführungen, die ihr entgegengebracht wurden, in erschreckendem Umfange zu erweitern Der sittenpolizeilichen Abteilung des Polizei-Präsidiums fiel solchen Zuständen gegenüber, neben der Wahrung der sanitätlichen Interessen der Stadt, die überaus schwierige und zum Teil ebenso undankbare Aufgabe zu, dasjenige Mass von Form aufrecht zu erhalten, welches, bei thatsächlicher Anerkennung der Sittenlosigkeit als eines notwendigen Uebels, unter dem Namen des „öffentlichen Anstandes“ noch übrig blieb.

Die genannte Behörde hat an diese Danaiden-Arbeit lange Jahre hindurch und bis zur Stunde ihre Kraft mit einer Ausdauer gesetzt, die um so mehr Anerkennung fordert, je bodenloser die Notstände sind, um deren Remedur es sich handelt, und je unberechtigter der Anspruch erscheint, die Hebung jener ungeheuren, von zahllosen Mächten gepflegten Notstände allein durch die Sittenpolizei garantiert zu sehn. Denn alle diejenigen gesellschaftlichen Kräfte, ohne deren energisches Zusammenwirken keine Polizei der Sittenlosigkeit mit Erfolg entgegentreten kann, ruhten oder verloren sich fast erfolglos in vereinzelten und den Gesamtschaden kaum berührenden Bestrebungen. Der einst scheinbar so energisch hervorgetretene Widerstand gegen die Bordelle versagte jetzt, nachdem er sein Ziel erreicht hatte, fast durchweg den Dienst. Zur positiven Ueberwindung der Prostitution fehlten allseitig Kraft und Mittel, oder erwiesen sich doch als völlig unzulänglich.

Dagegen wirken die erfolgreichsten Ursachen zusammen, um das üppige Wuchern der Sittenlosigkeit zu fördern ohne dass die Polizeibehörde gegenwärtig die Berechtigung und mit den ihr zur Verfügung stehenden Mitteln die Möglichkeit hat, nach wesentlichen Seiten hin eine

Abhülfe zu schaffen. — Wir halten es für unsere Pflicht, einige auf dies Ziel hinwirkende Momente aufzuführen und, was die Missbilligung und den Unwillen aller Bessergesinnten längst hervorgerufen hat, bei seinem Namen zu nennen. Um so weniger dürfen wir uns dem entziehen, als es sich um Missstände handelt, die, wie für Berlin, so für die meisten grossen Städte gelten.

Hausbesitzer öffnen den Prostituierten für hohen Mietzins bereitwillig ihre Häuser. Vermieter und Vermieterinnen suchen durch Abgabe von Chambregarni's und Schlafstellen von Prostituierten gewissenlos ihren Unterhalt. Seitdem im Jahre 1861 dem Polizei-Präsidio die Befugnis genommen ist, übel berüchtigten Personen die Aufnahme von Chambregarnisten und Schlafleuten zu wehren, können Kuppler und Kupplerinnen ihre Wohnungen, ja ganze Etagen mit Prostituierten füllen, d. h. Bordelle etablieren, die von den früheren nur dadurch sich unterscheiden, dass sie inmitten des bürgerlichen Verkehrs, unter demselben Dache und Wand an Wand mit dem Familienleben der Bevölkerung sich befinden und von keinem Reglement belästigt sind, — ohne dass die Behörde die Möglichkeit oder ein Recht hätte das zu hindern. So ist es dahin gekommen, dass es wenige Strassen in Berlin giebt, auch unter den Bevorzugten wenige, die nicht von den Domizilen der Prostituierten durchnistet wären. Dass die ohnehin auf den arbeitenden Klassen Berlins schwer drückende Wohnungsnot durch die hierdurch hervorgerufene Steigerung der Mieten wesentlich erhöht worden, ist notorisch. Und doch wird dieser sehr hoch anzuschlagende Schaden von der sittlichen Beschädigung, welche von solchem Eindringen der Prostitution in das Familienleben für Schuldige und Nichtschuldige die Folge ist, noch bei weitem überboten. — Selbst die Königsmauer, deren Säuberung kaum vor einem Jahrzehend durch die endliche Aufhebung der Bordelle erreicht zu sein schien, ist — nur unter wenig modifizierter Form — mit ihren früheren Bewohnerinnen alsbald wieder gefüllt gewesen. Dort, mitten in dem belebtesten Stadtteile Berlins, behauptet die Prostitution niedrigster Art ihr vergeblich bestrittenes Regiment, trotz aller Gesuche und Vorstellungen der umwohnenden Bürgerschaft, und obgleich in unmittelbarer Nähe eine Kommunalschule mit mehr als tausend Schülern und Schülerinnen sich befindet.

Aber die Spekulation hat noch mehr wagen dürfen. Sie hat der Sittenlosigkeit in allen Teilen der Stadt Markthallen eröffnet, die durch ihre Ausstattung und den Reiz ihrer Lockungen sich überbietend und täglich durch Plakate und Zeitungen, zum Teil selbst durch auswärtige, annonziert, das einheimische wie das Fremdenpublikum in Scharen der Prostitution zuführen. Unter ihnen giebt es solche, denen der klägliche Ruhm zugefallen ist, die glänzendsten Börsen der Liederlichkeit in Europa zu sein. Neuerdings hat man sich sogar nicht gescheut, durch

Berufung von Lehrmeistern und Lehrmeisterinnen der Frivolität direkt aus Paris ihren Ruf als Muster- und Hochschulen französischen Lasters für die Residenz und das Land neu zu sichern. Es mag zweifelhaft sein, ob das Treiben derartiger Lokale nach streng juridischem Begriff unter denjenigen Paragraphen des preussischen Strafrechtes fällt, welcher die Kuppelei mit schwerer und entehrender Strafe belegt.

In anderer Weise werden die Lockungen zur Prostitution durch die Reihe derjenigen Etablissements in die Bevölkerung getragen, deren Geschäft es mit sich bringt, durch frivole Gesang- und Tanzvorstellungen durch eben solche mimische Darstellungen, lebende Bilder u. s. w. allabendlich ein grosses Publikum an sich zu ziehen. Je mehr die steigende Zahl derartiger Lokale die Konkurrenz unter denselben zur Folge hat, um so mehr treibt diese dazu das Aeusserste zu wagen, was unter den angedeuteten Formen gewagt werden kann. Ohne Zweifel findet die Polizeibehörde, die den schweren Beruf hat, ohne sichere Unterstützung von seiten des Publikums wider Verletzungen der öffentlichen Sittlichkeit einzuschreiten, in der juridischen Interpretation des Gesetzes vielfach eine hemmende Schranke. Gleichwohl ist vor kurzem ein Fall bekannt geworden, in welchem sie gegen das Uebermass der Laszivität strafend hat einschreiten müssen.

Leider übt einen durchaus ähnlichen und in alle Sphären der Gesellschaft hineinwirkenden Einfluss ein Teil der Berliner Theater. Es ist in manchen derselben bereits etwas Alltägliches geworden, dass in ihren Darstellungen die Interessen der Sittlichkeit gegen die der pikanten Unterhaltung völlig verschwinden, ja es ist keine Seltenheit mehr, dass die Heiligtümer der Sittlichkeit wie der Religion verhöhnt werden. Was auf einigen Berliner Bühnen zur Darstellung kommt, was in Couplets gesungen wird und um den Beifall gefüllter Häuser buhlen darf, ist nicht selten der Art, wie es sonst in der gesitteten Gesellschaft unerhört ist.“

Nächst dem Theater wird nun auch die Tagespresse, die Litteratur, die graphische Darstellung und auch ein Teil der Industrie und Restaurants beschuldigt, die Unsittlichkeit zu fördern, man könnte sagen einigermassen mit Recht, wenn nicht auch in Betracht zu ziehen wäre, dass derartige spekulative Unternehmungen nur einem thatsächlich vorhandenen Bedürfnisse entgegenkommen. Man kann allerdings die Unsittlichkeit fördern, ihren Wandel erleichtern, aber man kann sie nur in den seltensten Fällen erst schaffen. Auch hier giebt es keine spontane Generation. Die Denkschrift sieht ferner in alledem vorzugsweise die Töchter der arbeitenden Stände bedroht und fährt dann fort:

Dieses Geschick droht, wie den in Berlin Domizilierten, so den in Scharen von auswärts nach Berlin kommenden Dienst- oder Arbeit suchenden Frauen, und um so mehr, je mehr gerade ihnen der Halt des

Familienlebens fehlt. Ihre Zahl beläuft sich im Jahre auf etwa 30,000 aus allen Teilen Norddeutschlands. Bis auf wenige Anfänge ist bis zu dem gegenwärtigen Augenblicke nichts vorhanden, diese vielen Tausende, die in jedem Jahre durch neue Tausende sich mehren, so wie die zahllosen, jeweilig dienst- und arbeitslos dastehenden Frauen, vor den von allen Seiten auf sie eindringenden Verführungen und Gefahren zu sichern. Auch die wiederholten Mahnungen der Sittenpolizei, diesem grossen Uebelstande durch entsprechende Einrichtungen zu steuern, sind vergeblich gewesen. Es hat an Eifer, es hat an thatkräftiger Einmütigkeit, es hat an Geldmitteln gefehlt.

So ist die Prostitution in Berlin unter dem Druck sozialer Not, wie unter der direkten Mitschuld aller gesellschaftlichen Kreise in ungeheuren Verhältnissen angewachsen. Schon die Physiognomie des Strassenverkehrs bringt sie, trotz der zurückdrängenden Massnahmen der Polizeibehörde, zu ebenso anstössiger wie die Grösse des Uebels verratender Erscheinung. Und dass selbst das unnatürliche Laster, das in Hannover — resp. Würzburg — seinen frevelhaften Apologeten gefunden hat, in Berlin wie auswärts im Verborgenen sein Wesen treibt, darf, weil die Tiefe der zu bekämpfenden Schäden gekennzeichnet werden soll, unmöglich verschwiegen werden.

Die Zahl der unter sittenpolizeilicher Controlle stehenden Personen beläuft sich gegenwärtig in Berlin auf ca. 1500. Die Zahl derer, welche die Sittenpolizei ausserdem als Prostituierte oder der Prostitution Verdächtige in ihren Listen führt, beträgt ca. 12,000. Neben und ausser diesen Tausenden steht aber noch ein anderer und zwar sehr weiter Kreis von Solchen, die, ob auch in verschiedenen Stufen, demselben Elend verfallen sind. Wir enthalten uns dessen, ihre Zahl auch nur ungefähr zu veranschlagen.

Von Erheblichkeit ist aber die Thatsache, dass ein sehr bedeutender Teil der zuvor mit Ziffern Bezeichneten im Alter der Unmündigkeit steht. Im Jahre 1855 z. B., als sich in einem Monat die Zahl der Inscribierten um 296 mehrte, befanden sich unter ihnen 132, die im Alter von 15—19 Jahren standen; 103 in dem von 20—25 Jahren. In einem Monat des nächsten Jahres standen von 141 Neu-Inscribierten 61 in dem Alter von 15—19, 56 in dem von 20—25 Jahren, und 63 von ihnen waren unehelich oder verwaist. Viele der noch Jüngeren und viele noch nicht Konfirmierten, unter ihnen Kinder bis zu 10 und 8 Jahren, werden von der Sittenpolizei, die jede mögliche Rücksicht mit Sorgfalt übt, ihren Eltern oder Vormündern überwiesen. Mit welchem Erfolge, bleibt freilich zweifelhaft. Die Klage über die völlig unzureichende Fürsorge der Vormünder für ihre Mündel drängt sich im Angesicht solcher Thatsachen immer von Neuem auf und lässt das Bedürfnis einer Reform des Vormundschaftswesens in seiner ganzen Dringlichkeit erscheinen.

In welchem Masse die Prostitution mit anderweitigen sozialen Schäden im Zusammenhange steht, mag u. A. daraus erhellen, dass unter den Prostituierten sich eine verhältnismässig grosse Zahl verwitweter, geschiedener und eheverlassener Frauen befindet, namentlich solche, die mit Kindern zurückgeblieben, welche sie bei den geringen Löhnen der Frauenarbeit zu ernähren, ausser Stande sind.

Unter dem Zusammenwirken aller dieser Umstände wird es begreiflich sein, dass wenn i. J. 1857 die Zahl der in den Polizeigewahrsam aufgenommenen weiblichen Personen 11 759*) betragen hat, und diese Zahl für den fast ein Jahrzehnt umfassenden Zeitraum vom 1. Januar 1858 bis zum 1. September 1868 sich auf 71 379 beläuft, die Prostitution an diesen Summen in sehr hohem Masse beteiligt ist. So umfangreiche Schäden, deren Wurzeln so tief liegen und so verzweigt sind, können unmöglich von der Polizeibehörde allein bewältigt werden. Den an sie zu machenden Ansprüchen würde sie auch nur dann genügen können, wenn ihr — abgesehen von aller anderweitigen Mitwirkung — die ihrer Aufgabe entsprechenden Mittel ausreichend zur Verfügung ständen. Wie wenig das aber der Fall ist, dafür spricht u. A. die Thatsache, dass die sittenpolizeiliche Abteilung lange Zeit hindurch völlig ausser Stande war, an Prostituierten Strafen zu vollstrecken, weil ihr bei der Ueberfüllung der Stadtvoigtei dazu die Räumlichkeiten fehlten. Die wachsende Zügellosigkeit der Prostitution war die notwendige Folge davon. Erst neuerdings ist diesem Uebel abgeholfen worden.

Es verdient Beachtung, dass i. J. 1867 durch Beamte der Sittenpolizei 2334 Verhaftungen solcher (in Berlin nicht ortsangehöriger) Frauenzimmer erfolgt sind, die von der Polizeibehörde bereits ausgewiesen waren. Gerade die Personen dieser Klasse gehören den gefährlichsten Elementen der Prostitution an, weil sie darauf angewiesen sind, bei den wahlverwandten Elementen der Kuppelei und der Verbrecherwelt ihren Anhalt zu suchen und zugleich die unkontrollierbaren Verbreiter ansteckender Krankheiten werden. Mit vollem Grunde darf angenommen werden, dass die verfügten Ausweisungen der Regel nach illusorisch sind. Die Ausgewiesenen bleiben in Berlin. Ein Teil der in diese Kategorie gehörigen Frauen sucht sich bekanntlich mit hier domizilierten Männern, die der gleichen sittlichen Stufe angehören, zu verheiraten, um hinter dem Deckmantel der Ehe ihr ehrloses Gewerbe mit möglichster Sicherheit weiter zu treiben. Zwar sind von den zuständigen kirchlichen Instanzen in Verbindung mit der Polizeibehörde die erforderlichen Massnahmen getroffen, um dieser Entwürdigung der Ehe nach Möglichkeit vorzubeugen. Es bedarf aber nur des Austrittes aus der

*) Wiederholt inhaftierte Personen sind in dieser Zahl so viele Male berechnet, als sie verhaftet waren.

Landeskirche, um für die von kirchlicher Seite beanstandete Trauung in der Zivilehe zur Deckung des Frevels einen Ersatz zu finden. Wir führen das an, um eine beachtenswerte Thatsache zu konstatieren, keineswegs, um gegen die Zivilehe als solche zu sprechen.

Die an solcherlei Ehen beteiligten Männer gehören der zahlreichen Klasse meistens noch jugendlicher Personen an, die, unter dem Namen „Louis" bekannt, den Anhang von Prostituierten bilden und, ohne zu arbeiten, von diesen mit ernährt werden. Zu Tausenden zählend, bilden sie in der Bevölkerung Berlins eines der gefährlichsten Elemente, in dem zugleich eine Frucht der Prostitution offenkundig genug zu Tage tritt. — Es muss hierbei darauf hingewiesen werden, dass die Gefährdung der öffentlichen Sicherheit in Berlin und die vorkommenden Verbrechen, die bisweilen in erschreckenden Gestalten auftreten, mit dem Umsichgreifen der Prostitution, direkt und indirekt, vielfach in nahem Zusammenhange stehn. Jede Session des Schwurgerichts giebt dafür die überführendsten Beweise. Hier erwähnen wir nur, dass nach den amtlichen Polizeiberichten die Zahl der Kinderleichen, die im Laufe des vorigen Jahres (1868) in Berlin, zum Teil mit den Spuren der Gewaltthat, in Senkgruben, Aborten und Gossen, in Kanälen, zwischen Dachsparren u. s. w. aufgefunden sind, 54 betragen hat, — sicherlich nur ein Teil der bei Seite geschafften Kinderleichen. Soeben bringen die öffentlichen Blätter die Notiz, dass an einem Tage drei Leichen von Neugeborenen gefunden sind. Die im vorigen Jahre in Berlin geborenen unehelichen Kinder haben 14,8 Prozent der sämtlichen Geburten betragen, — ein Prozentsatz, der, so erheblich er ist, freilich gering erscheint gegen die Zahl der unehelichen Geburten in München und derer in Wien, die in demselben Jahre mehr als 50 Prozent sämtlicher Geburten betragen. — Wie sehr Berlin aber Grund hat, durch Eindämmung der Prostitution auf Minderung der Verbrechen hinzuarbeiten, mag die Thatsache erhärten, dass am Schlusse des Jahres 1867 daselbst — abgesehen von den zur Zeit Inhaftierten — 30,763 wegen entehrender Verbrechen und 34,878 wegen Vergehen bestrafte Personen, im Ganzen 65,641 bestrafte Personen inmitten der Bevölkerung Berlin's vorhanden waren.

Es würde ebenso unhaltbar wie unbillig sein, wenn man für die Grösse aller jener Misstände allein die Stadt Berlin verantwortlich machen wollte. Ganz Norddeutschland in allen seinen Gebieten, zum Teil auch Süddeutschland, ist in der vollen Hälfte der Bevölkerung Berlin's repräsentiert, und der gerade für die in Rede stehenden Verhältnisse in hohem Masse in Betracht kommende Fremdenverkehr gehört dem ganzen Vaterlande, sowie dem Auslande an. Diese haben mithin zur Herbeiführung jener Resultate wesentlich mitgewirkt. Wie Berlin daher an der Hebung der sittlichen Zustände in Norddeutschland (und nicht nur in Norddeutschland) das grösste Interesse haben muss, so hat Norddeutschland das gleiche

Interesse an der Hebung der Zustände Berlin's. Die Wechselwirkung zwischen dem Mittelpunkte und jedem innerhalb der Peripherie liegenden Gebiete, im besondern den Hauptplätzen des norddeutschen Verkehrslebens, ist allseitig eine durchgreifende.

Dürfen wir gerade von diesem Gesichtspunkte schliesslich noch auf eine besondere Seite hinweisen, so auf die Bedeutung, welche Berlin für seine Garnison und die letztere für Berlin hat. Alle Provinzen des preussischen Staates geben einen Teil ihrer männlichen Jugend in die Garderegimenter Berlin's und, wie hier hinzugefügt werden muss, Potsdam's ab. Der Militärdienst ist eine wichtige, auf das ganze Leben nachwirkende Schule. Was von Leichtsinn nach Berlin getragen wird, bleibt dort und wuchert mit unberechenbaren Folgen. Was der Soldat von sittlicher Beschädigung empfängt, wird von ihm als Saat in seine Heimat getragen. Das gilt, wie von Berlin, so von allen Garnisonstädten. Die Beachtung dieses Gesichtspunktes dürfte von um so grösserer Bedeutung sein, je grösser der Beruf der preussischen Armee, in welcher die Nation mit Stolz ihren Kern und ihre Kraft sieht, für Norddeutschland und für die Zukunft des ganzen Vaterlandes ist."

Die Denkschrift ergeht sich dann in die Sittlichkeitsverhältnisse der andern Städte Nord- und Mitteldeutschlands, worauf hier noch später zurückgekommen werden soll.

Berlin, die Hauptstadt des Norddeutschen Bundes, und nach den Siegen in Frankreich die Hauptstadt des geeinigten Deutschen Reiches, nahm, wie bereits dargelegt wurde, an Bevölkerung immer mehr zu und nahm auch im Handel und Wandel einen grossen Aufschwung, an dem die Prostitution in nur zu grossem Masse teilnahm. Abgesehen von den zahlreichen „Vergnügungslokalitäten", die eröffnet wurden und in vielen Fällen hauptsächlich nur Prostitutionsstätten waren und noch sind, lieferte das grosse Heer der weiblichen in Geschäften und industriellen Etablissements Bediensteten einen grossen Kontingent der heimlichen Prostitution, deren Besoldung in vielen Fällen einen derartigen „Nebenerwerb" fast selbstverständlich erscheinen lässt. Dazu kommt noch die Stellenlosigkeit der Betreffenden und vielleicht mehr noch der Reiz des Luxus, den sie allenthalben zu bemerken Gelegenheit haben und von dem sie nach Möglichkeit ein Teilchen für sich erhaschen wollen, sei es auch um den höchsten Preis, den sie hierfür zu bieten haben. Kriminal-Kommissar C. v. Raumer bemerkt in seinem „Die Gefallenen Mädchen und die Sittenpolizei" S. 26: „Auch in den Geschäften deutscher Städte befinden sich sehr, sehr viele Mädchen, deren Lohn sie auf den Erwerb durch Prostitution verweist. Der Arbeitgeber kennt diese Verhältnisse, allein er läst sie unbeachtet, ja nicht selten zieht er noch Vorteil daraus. Gewissenlos müssen wir es nennen, wenn der Arbeitgeber, dem vielleicht die Eltern ihre Tochter anvertraut haben, die Notlage solcher Mädchen benutzt und sie zu unzüchtigen Handlungen verleitet ... Ganz besonders verachtenswert sind aber diejenigen Arbeitgeber, welche durch ihre Bediensteten Prostitution treiben, und unter diese rechnen wir die Inhaber der Bier- und Weinlokale mit Mädchenbedienung. Welche andere Aufgabe hat das Mädchen in solchem Lokal, als die männlichen Gäste durch unzüchtiges Benehmen aufzuregen und dadurch Orgien herbeizuführen, die dem Wirt Gewinn bringen. Berücksichtigt man hierbei, dass diese Kellnerinnen entweder gar kein oder nur ein sehr geringes Gehalt erhalten, dass die Einnahmen derselben, das sogenannte „Trinkgeld", abhängig ist von dem Grad der Liebenswürdigkeit, mit der sie den Gästen begegnen, so kann niemand zweifeln, das diese Lokale eigentlich Bordelle sind, gleich, ob im Lokal oder anderswo die Unzucht getrieben wird. Heraus also mit den Mädchen aus solchen Schanklokalen! Umsomehr als die Erfahrung lehrt, dass sie, auch wenn sie monatlich 300 Mark Trinkgelder einehmen, doch keine Ersparnisse machen und bald körperlich elend zur ganz gemeinen Prostitution herabsinken. Heraus mit den Mädchen aus solchen Schanklokalen, da letztere die Prostitutionsschulen für unsere Jünglinge und die Vergnügungslokale abgelebter Männer sind."

In der That sind die kurzweg „Damenkneipen" auch „Animierkneipen" genannten Lokalitäten, in denen 1890 2022 „Kellnerinnen" vorhanden waren und die sich zu einem Berliner Spezialübel herausgebildet haben, fast ausnahmslos Prostitutionsstätten. Sie verpflanzten sich übrigens auch nach den meisten Städten Nord- und Mitteldeutschlands und so manches kleine Städtchen der Umgebung Berlins zählt deren ein halbes Dutzend oder mehr. Indes wäre es nicht richtig anzunehmen, dass hier die holde Weiblichkeit erst der Prostitution zugeführt würde, denn in den meisten Fällen haben diese „Kellnerinnen" schon eine reiche erotische Praxis hinter sich. Für die Berliner Polizei bilden diese Lokalitäten mit ihren Doppeleingängen — „Eingang von dem Hausflur" pflegen die sorgsam verhängten Strasseneingänge als bezeichnende Aufschrift zu tragen — eine alte Plage, gegen die sie so manchen Kampf zu bestehen hat, der nicht immer erfolgreich endet. Besonders in den achtziger und anfangs der neunziger Jahre des verflossenen Jahrhunderts trat hier die Prostitution immer widerlicher, schamloser und oft auch immer erpresserischer auf, so dass vielen dieser Schankhälter und -hälterinnen die Konzession entzogen werden musste, den andern dagegen gewisse Beschränkungen auferlegt wurden, die zwar das Uebel nicht auszurotten vermochten, aber doch nötige und nützliche Hemmungen schufen. Es war dies umso nötiger, als Fälle vorkamen, wo zugereiste junge Handwerker und dergl. — die den Hauptkontingent der Besucher bildeten — nachdem sie dort in einer Nacht, oft betrügerisch, zu einer „Zeche" veranlasst wurden, die ihr ganzes Baarvermögen verschlang oder auch noch überstieg, den Spass sehr übel nahmen und alles kurz und klein schlugen, zuweilen auch Wirtin und Hebe dazu. Auch kam es nicht selten vor, dass ein trunken gewordener Gast nach eingetretener Ernüchterung seine gefüllte Börse geleert oder erheblich verringert fand. Eine gewisse Verwandtschaft mit diesen Lokalitäten weisen in manchen Fällen für begütertere Leute bestimmte Tanzsäle auf, die zuweilen pompöse Namen führen wie „Blumensäle", „Amorsäle" etc. und deren weibliche Besucherinnen fast ausschliesslich der Prostitution angehören und neben der Anknüpfung persönlicher Beziehungen auch bemüht sind ihre Bewunderer zu stattlichen Zechausgaben zu veranlassen. Diese Oertlichkeiten ähneln so ziemlich den pariser Tanzsälen, die im IV. Bande dieses Werkes ausführlicher geschildert wurden. Als Prostitutionsstätten sind in Berlin, wie in andern Grossstädten auch die Tingel-Tangel zu nennen, wobei die grössten und vornehmsten, gleichfalls mit grossartigen Namen versehenen, nicht nur nicht auszunehmen sind, sondern im Gegenteil, diesem Gewerbe ein umso grösseres Tummelfeld bieten.

Die Zahl der in Berlin bei der Polizei eingeschriebenen Prostituierten ist, die Thatsachen in Betracht gezogen, eine lächerlich geringe.

Sie betrug

1886 3006. 1887 3063. 1888 3392. 1889 3703. 1890 4039.

In letzterem Jahre waren, wie der Verwaltungsbericht des Königlichen Polizei-Präsidiums vom Jahre 1881—1900 angiebt zur Untersuchung dieser Dirnen sechs Aerzte angestellt, von denen jeder täglich zwei Stunden zu diesem Zwecke thätig war. „Die polizeilich eingeschriebenen Prostituierten," schreibt Bebel a. a. O. Seite 192 etc., „bilden aber auch in Berlin nur einen sehr kleinen Bruchteil der Prostituierten, die von sachverständiger Seite auf mindestens 50000 geschätzt werden . . . Auch zeigt die von Jahr zu Jahr gestiegene Zahl der wegen Uebertretung der sittenpolizeilichen Vorschriften sistierten Dirnen, dass die Prostitution in Berlin stetig im Wachsen ist." Hierbei ist jedoch auch nicht ausser Acht zu lassen, dass auch die Bevölkerung stetig zunimmt, was für etwaige Schlüsse nicht unwichtig ist, abgesehen davon, dass hierbei auch ein kräftigeres Zufassen der Polizei nicht ausgeschlossen ist. „Die Zahl dieser Sistierten betrug im Jahre:

1881 10878. 1884 11157. 1887 13358. 1890 16605.

Von den im Jahre 1890 sistierten 16605 Dirnen wurden 9165 dem Richter zur Aburteilung vorgeführt — es kamen auf jeden Gerichtstag also über 30 — und wurden davon 128 durch richterliches Erkenntnis der Landespolizei überwiesen. In Hamburg rechnete man schon 1860, dass jede neunte Frau eine Prostituierte sei und die Verhältnisse sind seitdem viel schlimmer geworden.

In Deutschland dürfte sich die Zahl der Prostituierten auf mindestens

180000 belaufen, man hat es also mit einer grossen Frauenarmee zu thun, welche die Prostitution als Lebensunterhalt betrachtet und dementsprechend ist die Zahl der Opfer, die Krankheit und Tod erfordert." Bebel fügt hier als Anmerkung noch Dr. A. Blaschkos Angaben hinzu, dass in der grossen Berliner Gewerbskrankenkasse die Zahl der syphilitischen Erkrankungen von 4326 im Jahre 1881 auf 9420 im Jahre 1890 gestiegen sei.

An einer andern Stelle (S. 182) schreibt Bebel: „Wo Männer in Masse zusammenkommen, scheinen sie ohne Prostitution sich nicht vergnügen zu können. Das zeigen unter Anderem die Vorgänge auf dem deutschen Schützenfest in Berlin im Sommer 1890, Vorgänge, die schliesslich 2300 Frauen veranlassten in einer Petition an den Oberbürgermeister der deutschen Reichshauptstadt sich also auszulassen: „Gestatten Ew. Hochwohlgeboren allergütigst, dass wir über das diesjährige, bei Pankow, vom 6. bis zum 13. Juli abgehaltene deutsche Bundesschiessen dasjenige erwähnen, was durch die Presse und andere Mitteilungen über jenes Fest in die Provinzen gedrungen ist. Die Berichte, welche wir hierüber mit tiefster Entrüstung und Abscheu vernommen haben, führten unter Anderem die Schaustellungen jenes Festes also auf: „Erster deutscher Herold, grösstes Chantant der Welt! Hundert Damen und vierzig Herren." Daneben kleinere Tingel-Tangel und Schiessbuden, aus denen überaus zudringliche Frauenzimmer der Männerwelt sich anwarfen. Ferner „Freikonzert", dessen lüftigst gekleidete Kellnerinnen frech und ungehindert den Gymnasiasten wie den Familienvater, den Jüngling wie den Mann verführerisch lächelnd zur ‚Schützenruh' einluden . . . Allein die kaum bekleidete Dame, welche zum Besuch der Bude, „die Geheimnisse Hamburgs oder eine Nacht in St. Pauli" einlud, hätte doch wohl füglich von Polizeiwegen beseitigt werden können. Und dann das Entsetzliche, was einfache Bürger und Bürgerinnen der Provinz von der so viel gerühmten Reichshauptstadt kaum zu fassen vermögen, die verlautende Kunde: dass die Festleitung es zugelassen haben soll, anstatt der sich anbietenden Kellner „junge Frauenzimmer" in grosser Zahl als Schenkmädchen ohne Bezahlung anzustellen . . . Wir deutschen Frauen haben als Gattinnen, Mütter und Schwestern unsere Ehemänner, Kinder, Töchter und Brüder tausendfache Veranlassung zum Dienst des Vaterlandes nach Berlin zu schicken, und so bitten wir Ew. Hochwohlgeboren in aller Unterthänigkeit und in zuversichtlichem Vertrauen, bei dem grossen schwerwiegenden Einfluss, welchen Sie als oberster Beamter der Reichshauptstadt in Händen haben, über jene unwürdigen Vorgänge derartige Untersuchungen anordnen zu wollen, oder sonstige Ew. Hochwohlgeboren zweckdienlich erscheinende Verordnungen zu treffen, welche eine Wiederkehr jener Orgien, namentlich auch auf dem bevorstehenden Sedanfeste, keinesfalls befürchten lassen.."

In der Reichstagsession von 1892 auf 1893 machten die verbündeten Regierungen den Versuch, aus dem Widerspruch herauszukommen, in dem sich die Praxis der Staatsgewalten mit der Strafgesetzgebung in Bezug auf die Prostitution befindet. Sie brachten einen Gesetzentwurf ein, der die Polizei bevollmächtigen sollte, den Prostituierten bestimmte Wohnplätze anzuweisen. Man gab zu, dass die Prostitution nicht unterdrückt werden könne, und dass es deshalb am praktischsten sei, sie an bestimmten Orten zu dulden und zu kontrollieren. Der Gesetzentwurf würde — darüber war alle Welt einig — wenn er Gesetz würde, die Bordelle wieder ins Leben gerufen haben, die in Preussen — offiziell aufgehoben wurden. Der Gesetzentwurf verursachte grosse Erregung und eine Menge Proteste, in welchen dagegen Verwahrung eingelegt wurde, dass der Staat sich zum Beschützer der Prostitution aufwerfe und damit den Glauben hervorrufe, die Benutzung der Prostitution sei nicht wider die Moral, oder das Gewerbe einer Prostituierten sei ein staatlich erlaubtes und gebilligtes. Der Gesetzentwurf, der im Plenum und in der Kommission des Reichstages den heftigsten Widerspruch fand, blieb unerledigt und dürfte kaum wieder das Licht des Tages erblicken. Aber dass er entstehen konnte, zeigt die Verlegenheit, in der man sich befindet." Mit mehr Recht lässt sich wohl bedauern, dass dieser Entwurf nicht Gesetz wurde und dadurch einem Uebel doch einigermassen abgeholfen wurde. Es ist nur zu bedauern, dass eine von den meisten Sachkennern und von vielen andern einsichtsvollen Leuten als durchaus notwendig erkannte Massregel einer falschen Prüderie oder einem aberranten Rechtsgefühl zum Opfer gebracht wurde. Hoffentlich erblickt dennoch dieser Gesetzentwurf das Licht des Tages. Es wäre nicht das erste, nicht das einzige mal, wo die starre theoretische Regel dem praktischen Bedürfnis weichen musste.

Noch betrübender als die verschiedenartigen Erscheinungen der Prostitution in Berlin, sind die zahlreichen andern Vorkommnisse von Sittenlosigkeit, die mehr oder minder mit jenem schändlichen Beruf zusammenhängen. Fast kein Tag vergeht, an dem nicht die Zeitungen von Notzucht und anderen Sittlichkeitsverbrechen aus Berlin und anderen Städten zu berichten wissen und die Verhandlungsberichte der Strafkammern wiesen nur zu oft Themata dieser Art auf. Anfangs Juli 1901 z. B. brachten einige Berliner Zeitungen die Nachricht über folgenden seltsamen Vorfall:

„Als Kuppler und Betrüger entlarvt wurden die Otto Riegelskyschen Eheleute aus der Bellermannstrasse 79. Der 42 Jahre alte ehemalige Vergolder Otto Riegelsky gab sich als Bronzetinkturfabrikant aus und kam bei seinem Hausierhandel mit einer grossen Anzahl Schneiderinnen und Näherinnen zusammen, denen er unter der Vorgabe, günstige Heiraten in Aussicht stellen zu können, einredete, er wäre beauftragt, sie als Mitglieder für die Landesloge „Zu den drei Weltkugeln" zu werben. Die Loge werde ihm, wenn er eine soziale Stellung im Leben einnähme und ihr eine Anzahl Mitglieder zuführe, die Summe von 50000 Mark zahlen, um ihm nun eine Stellung im Leben zu schaffen, müssten die Mädchen ihn unterstützen. Je nach der Höhe der ihm gewährten Gelder würde die Loge den Mädchen späterhin je 5000 bis 10000 Mk. auszahlen. Die leichtgläubigen Mädchen, die auf die Sache eingingen, wurden nach seiner Wohnung beschieden und einer Versammlung von „Brüdern" vorgeführt, die über die Aufnahme entscheiden sollten. Nachdem die Sache feierlich eingeleitet und den neuen Schwestern durch Eide der Mund geschlossen war über das, was mit ihnen vorging, wurden mit Hilfe schon früher aufgenommener Frauen von den Männern die haarsträubendsten Dinge an den neuen Opfern verübt. Die Versammlung der „Brüder" bestand natürlich aus Wüstlingen der gewöhnlichsten Art. Als Belag über die ihm gemachten Zuwendungen händigte R. den Mädchen Bescheinigungen ein. Einer Schneiderin, die Riegelsky auf seinen Hausiergängen gleichfalls durch glatte Worte angelockt hatte, war später Verdacht aufgestiegen. Sie ging auf den Schwindel nicht ein, erstattete vielmehr Anzeige. Die polizeilichen Ermittelungen ergaben, dass etwa 20 Mädchen dem gewissenlosen Menschen zum Opfer gefallen waren. Die mitschuldigen Männer sind nicht bekannt."

Einige Monate vorher, mit Ablauf des neunzehnten Jahrhunderts, erregte in Berlin der „Sternberg-Prozess" grosses Aufsehen, der an die entsetzlichen Enthüllungen der „Pall-Mall-Gazette" zu London erinnerte und der übrigens bald zu Köln einen ähnlichen Nachfolger erhalten sollte. Ein reicher Mann, Namens Sternberg, wurde nämlich beschuldigt, durch Kupplerinnen verschiedene noch minderjährige Mädchen angelockt, und mit ihnen in widernatürlicher Weise Unzucht getrieben zu haben. Das wenige, was von dem mit Ausschluss der Oeffentlichkeit geführten Prozess allgemein bekannt wurde, bekundete eine ganz schauderhafte Unsittlichkeit. Der Beschuldigte wurde zu einer längeren Zuchthausstrafe verurteilt, obgleich die angeblichen „Opfer" just nicht erst durch ihn von dem Pfade der Tugend abgelenkt waren.

Eine andere widerliche und noch mehr als die normale Prostitution bedenkliche Erscheinung ist der immer ärger hervortretende widernatürliche Geschlechtsverkehr in Berlin wie in andern Grossstädten. Es wurde bereits gelegentlich der Darstellung der Verhältnisse in Paris und anderwärts dieses Thema wiederholt erörtert, indes bleibt bei der Schilderung der Berliner Sittenverhältnisse hiervon noch manches zu sagen übrig. Urning und Tribade sind auch hier keine seltene Erscheinung. Nicht nur, dass ein grosser Teil der Prostituierten auch hier der Tribadie ergeben ist, diese geschlechtliche Verirrung ist selbst in Kreise eingedrungen, die der Prostitution sonst völlig fern stehen und hat nicht selten schon verwüstend auf das Familienleben eingewirkt. Dasselbe lässt sich auch von den Päderasten und Urningen sagen, die übrigens in ihrem passiven Teil eine beträchtliche männliche Prostitution aufzuweisen hat, die zu oft nur die Strafgerichte wegen verübter Erpressungen beschäftigt. Diese männliche Prostitution, deren Teilnehmer zuweilen in weiblicher Kleidung ihrem Berufe nachgehen, ist grossenteils der Polizei wohlbekannt, doch findet diese nicht immer Gelegenheit, gegen dieses Gelichter einzuschreiten. Es besitzt seine eigenen Versammlungsorte, seine eigenen Kennzeichen und veranstaltet Tanzunterhaltungen, wo sich die „Liebhaber" einzufinden pflegen. Einige der von ihnen besuchten Kneipen sind bereits von der Polizei geschlossen worden, doch giebt es deren noch genug und es bedürfte eines Herkules, um auch diesen Augiasstall zu reinigen.

„Die folgende Notiz," schreibt Professor v. Krafft-Ebing (a. a. O. S. 359 etc.), „aus einer Berliner Zeitung vom Februar 1884, welche mir durch einen Zufall unter die Hand kam, scheint geeignet, das Leben und Treiben der Päderasten und Urninge zu kennzeichnen."

„Der Ball der Weiberfeinde. Fast alle sozialen Elemente Berlins haben ihre geselligen Vereinigungen: die Dicken, die Kahlköpfigen, die Junggesellen, die Witwer — warum nicht auch die Weiberfeinde? Diese psychologisch merkwürdige und gesellschaftlich nicht allzu erbauliche Menschenspezies hatte dieser Tage einen Ball. „Grosser Wiener Maskenball" — so lautete die Ansage. Bei der Billetverteilung, bezw. dem Billetverkauf wird mit grosser Rigorosität verfahren; die Herrschaften wollen unter sich sein. Ihr Rendez-vous ist ein bekanntes grösseres Tanzlokal. Wir betreten den Saal gegen Mitternacht. Nach den Klängen eines gutbesetzten Orchesters wird flott getanzt. Der starke Tabakqualm, der die Gaslustres verschleiert, lässt die Details des wogenden Treibens nicht sofort hervortreten. Erst in der Tanzpause können wir nähere Umschau halten. Die Masken sind bei weitem in der Mehrzahl; schwarzer Frack und Ballrobe erscheinen nur vereinzelt."

Doch was ist das? Die Dame, die eben in rosa Tarlatan an uns vorüberrauscht hat eine glimmende Zigarre im Mundwinkel und pafft wie ein Dragoner. Und ein blondes, nur leicht „weggeschminktes" Bärtchen trägt sie auch. Und jetzt spricht sie mit einem starkdekolletierten „Engel" in Tricots, der mit auf dem Rücken verschränkten nackten Armen dasteht und gleichfalls raucht. Das sind Männerstimmen und die Unterhaltung ist gleichfalls stark männlich, sie dreht sich um den „verfl . . . Tobak, der keine Luft hat." Also zwei Männer in Damenkleidern.

Ein landesüblicher Klown steht dort an einer Säule in zärtlichem Gespräch mit einer Balletteuse und hat seinen Arm um ihre tadellose Taille geschlungen. Sie hat einen blonden Tituskopf, scharfgeschnittenes

Profil und anscheinend üppige Formen. Die blitzenden Ohrgehänge, das Kollier mit dem Medaillon um den Hals, die vollen runden Schultern und Arme lassen einen Zweifel an ihrer „Echtheit“ nicht aufkommen, bis sie mit einer plötzlichen Wendung von dem sie umfangenden Arme sich losmacht und gähnend sich abwendet mit dem im tiefsten Bass geleisteten Stossseufzer: „Emil, du bist heute zu langweilig!“ Der Uneingeweihte traut seinen Augen kaum; auch die Balletteuse ist männlichen Geschlechts!

Misstrauisch mustern wir weiter. Wir vermuten fast, hier werde verkehrte Welt gespielt; denn hier geht oder trippelt vielmehr ein Mann, — nein, entschieden kein Mann, obgleich er ein sorgfältig gepflegtes Schnurrbärtchen trägt. Der wohlfrisierte Lockenkopf, das gepuderte und geschminkte Gesicht mit den stark „nachgetuschten“ Augenbrauen, die vergoldeten Ohrgehänge, das an der linken Schulter nach der Brust zu verlaufende Vorsteckbouquet von lebenden Blumen, das den eleganten schwarzen Leibrock ziert, die goldenen Armbänder an den Handgelenken und der zierliche Fächer in der weissbeganteten Hand — das sind doch keine Attribute des Mannes. Und wie kokett er den Fächer handhabt, wie er tänzelt und sich dreht, wie er trippelt und lispelt! Und doch! Und doch hat die grundgütige Natur diese Puppe als Mann geschaffen. Er ist Verkäufer in einem hiesigen grossen Konfektionsgeschäft und die Balletteuse von vorhin ist sein „Kollege“.

Am Ecktischchen dort scheint grosser Cerkle abgehalten zu werden Mehrere ältere Herren drängen sich um eine Gruppe stark dekolletierter Damen, die beim Glase Wein sitzen und — der lauten Heiterkeit nach — nicht allzu zarte Scherze machen. Wer sind diese drei Damen? „Damen!“ lispelte mein kundiger Begleiter. Nun wohl: Die rechts mit den braunen Haaren und dem halblangen Phantasiekostüm ist die „Butterrieke“ ihres Zeichens ein Friseur. Die zweite Blonde, im Chansonettenkostüm mit dem Perlenkollier ist hier unter dem Namen „Miss Ella aufs Seil“ bekannt und ihres Zeichens ein Damenschneider, und die dritte — nun, das ist die weit und breit berühmte „Lotte.“

Ich werde dahin belehrt, dass „Lotte“ früher Buchhalter gewesen ist. Heute ist sie oder vielmehr er allerdings ausschliesslich „Lotte“ und findet ein Vergnügen daran, die Männerwelt möglichst lang über sein Geschlecht zu täuschen.

Bei genauer Musterung der Anwesenden entdeckte ich zu meiner Verwunderung auch allerhand Bekannte . . . Was an wirklichen „Damen“ auf dem Ball verkehrt, entzieht sich der öffentlichen Schilderung. Jedenfalls verkehren sie nur unter sich und vermeiden jede Annäherung an die weiberfeindlichen Männer, während diese wieder konsequent unter sich bleiben und sich amüsieren, die holde Weiblichkeit ignorieren.“

Professor Krafft-Ebing fügt hinzu: „Diese Thatsachen verdienen die volle Aufmerksamkeit der Polizeibehörden, welche in die Lage versetzt sein sollten, gesetzlich ebenso eine Handhabe gegen die männliche Prostitution zu besitzen, wie sie eine solche gegen die weibliche haben. Jedenfalls ist die männliche Prostitution viel gefährlicher für die Gesellschaft als die weibliche und der grösste Schandfleck in der Geschichte der Menschheit. Aus Mitteilungen eines höheren Polizeibeamten in Berlin ersehe ich, dass die Berliner Polizei die männliche Demimonde der deutschen Hauptstadt genau kennt und alles aufbietet, um das Erpressertum unter den Päderasten, das vielfach selbst nicht vor dem Mord zurückschreckt, mit allen Mitteln zu bekämpfen."

XV. Kapitel.

Leipzig. — Dresden. — Umgebung Berlins. — Magc eburg. — Posen, Stettin, Breslau. — Danzig. — Memel. — Königsberg. — Köln. — Frankfurt a. M. — Schleswig-Holstein. — Anhalt. — Braunschweig. — Mecklenburg. — Lübeck. — Bremen. — Mädchenhandel. — Mordprozess Heinze und Lex Heinze.

Nächst Berlin und Hamburg — zeitweilig nahm letztere Stadt die erste Stelle ein — kommt für die Geschichte der Prostitution in Deutschland die alte Handelsstadt Leipzig zunächst in Betracht, die mit ihren besonders früher sehr wichtigen Messen und dem damit verbundenen Fremdenverkehr der Prostitution einen sehr guten Nährboden bot. „Leipzig," schrieb Hügel 1865, „beherbergte 66 Bordelle, die sich in der Pleissengasse, dem Kupfergässchen, der Ulrichsgasse, der Münzgasse (am bekanntesten ist dort das sogenannte „Leichenbrett"), der kleinen Fleischergasse, an der Wasserkunst, im Preussengässchen, im Sporergässchen, in der Magazinsgasse, in der Langen-Gasse, in der Schlossergasse, am Neukirchhof, am Fleischerplatz, im Alten Hof, der Webergasse, der Glockenstrasse u. s. w. befinden, einer Menge von Absteigequartieren (maisons de passe) nicht zu gedenken. Die Bordellmädchen sind selten Leipzigerinnen, sie stammen meist aus Berlin, Altenburg, Braunschweig, Böhmen, Oesterreich und Hannover. Man zählt an 2500 sich preisgebende Frauen und Mädchen, von denen nur 310 inscribiert sind."

In der bereits citierten Denkschrift „Die öffentliche Sittenlosigkeit etc." aus dem Jahre 1869 heisst es: „In Leipzig bestehen 52 Bordelle mit 238 Inscribierten, während ausserdem noch 356 Personen als der Prostitution verdächtig der Behörde bekannt sind. Die Zahl derselben vermehrt sich zur Zeit der Messen durch Zuzug von auswärts um ein Bedeutendes. Letzterer schwankte im vorigen Jahre in den verschiedenen Messezeiten zwischen 65 und 90. Die Verschleppung ansteckender Krankheiten von den Leipziger Messen nach den verschiedensten Teilen Deutschlands ist leider etwas Gewöhnliches

Dr. Otto Henne am Rhyn schreibt in „Die Gebrechen und Sünden der Sittenpolizei etc." 1893, S. 115: „In Leipzig sind seit neuester Zeit die Bordelle die einzig gestattete Art der Prostitution, welche ausserhalb derselben mit grosser Strenge unterdrückt wird. Man begegnet thatsächlich niemals Prostituierten auf der Strasse oder in öffentlichen Lokalen. Eine Ausnahme kann (oder konnte noch vor wenigen Jahren) in der Pleissengasse zur Zeit der Messe gemacht werden, wo der Schreiber dieser Zeilen, der von dem Ruf dieser Gasse noch nichts wusste (1872) vor jedem, sage jedem Hause derselben von Dirnen geringeren Ranges in phantastischen Kostümen angerufen und zum Eintritt aufgefordert wurde. und so gewissermassen Spiessruten laufen musste. Die Leipziger Bordelle sind stadtbekannt; mehrere enge und abgelegene Strassen, wie die Zimmerstrasse, das Kupfer- und das Sporergässchen für feinere Ansprüche, die Ulrichsgasse für Soldaten und Arbeiter, sind reich an solchen Häusern. Anders als in Dresden, wo dieselben sich äusserlich durch nichts von anderen Gebäuden unterscheiden, verhält es sich in Leipzig, wo dieselben auffallend hell, ja farbig bemalt und der Eingang in hervorstechender Weise mit einem Bronzegitter und mit in Fresko gemalten Mädchenköpfen und anderen bezeichnenden Verzierungen geschmückt ist. Einige Bordelle führen komische und auffallende Namen, z. B. „zum blauen Affen", „zum grünen Teufel" u. s. w."

Von einigen kleinen Irrtümern abgesehen, sind diese Darstellungen richtig und es kann noch hinzugefügt werden, dass 1890 in Leipzig die Bordelle aufgehoben wurden, bald jedoch wieder eröffnet werden mussten. Einige interessante Mitteilungen über die Prostitutions-Zustände der Pleissestadt giebt auch weiland Dr. Julius Kühne, früher Polizeiarzt dieser Stadt in seinem „Die Prostitution im neunzehnten Jahrhundert". Hier heisst es S. 93, IV. Auflage zur Verteidigung der ärztlichen Untersuchung: „Entziehen wir wöchentlich so und so viel Opfer einer Krankheit, welche die Befallenen weiter verbreiten würden, so möge man sagen, was man wolle, diese Opfer sind momentan gerettet. Vergleichen wir nun aber gar eine Reihe von Jahren, so findet man, dass in der That die Erkrankungen zunächst viel seltener bei den Mädchen werden. Während zu Anfang meiner Untersuchungen in Leipzig z. B. häufig auf 50 bis 60 Visitationen in der Pleissengasse 4, 6, 7 auch 10 Erkrankungen kamen, finde ich jetzt (1870) häufig genug nur 1 auf 200. Dennoch erkrankten jüngst in einem Hause zu gleicher Zeit vier Mädchen durch den Gebrauch des Schwammes einer angesteckten Dirne, und in einem andern Hause wurden drei Mädchen hintereinander nachweisbar von demselben Mann angesteckt."

Schauderhaft klingt, was er von Bordellkandidatinnen zu erzählen weiss (S. 156): „Viele Mädchen habe ich zurückzuhalten versucht, manche darunter, welche noch nicht defloriert waren und nur aus Trägheit, in Folge von Versprechungen reichen Lohnes in ein Haus eintreten wollten. Ich riet ihnen ab und suchte sie zu überreden, sie möchten doch lieber arbeiten. Nach einigen Tagen kehrten sie zurück und sagten mir mit Hohn, sie seien nun defloriert, ob ich sie nun einschreiben würde!" Bemerkt sei noch, dass Leipzig schon vor Jahrhunderten Freudenhäuser aufzuweisen hatte.

Was Dresden betrifft, so weiss darüber Henne am Rhyn 1893 a. a. O. S. 114, zu berichten: „Es giebt dort offenkundige Bordelle, deren Lage und Beschaffenheit in der ganzen Stadt bekannt ist. Die Behörden aber ignorieren sie, d. h. sie gestatten weder Bordelle, noch anerkennen, noch verbieten sie solche. Die Prostituierten, ob sie in Bordellen wohnen oder nicht, stehen sämtlich ohne Unterschied unter der gleichen Kontrolle und die Bordelle werden nur als gemeinschaftliche Wohnungen von Dirnen betrachtet. Dieselben sind von verschiedenem Rang. Als das feinste gilt allgemein das sozusagen einen europäischen Ruf besitzende in No. 3 am Jüdenhof, welches zwei Häuser einnimmt, die von aussen unscheinbar, innen aber mit dem grössten Luxus ausgestattet sind. An den Abenden, beziehungsweise in den Nächten findet dort grosser Empfang der Besucher unter Musik und Champagnerknallen statt. Man sagt, dass dieses Bordell jährlich mehrere tausend Flaschen Champagner verbrauche. Der Mann der Besitzerin, welche letztere den Besuch der Anstalt persönlich beaufsichtigt, ist Weinhändler, und man ist verschiedener Meinung, ob er von der Polizei zum Ausschenken von Getränken Bewilligung habe oder nicht. Es wird erzählt, dass dieses Ehepaar einst eine Villa in Pillnitz, gegenüber dem königlichen Schlosse gekauft habe; als aber die Königin Carola dies vernommen, habe sie gedroht, Pillnitz nie wieder zu beziehen, wenn der Kauf nicht rückgängig gemacht würde, was denn auch geschah. Ausser den Bordellen ist die freie Prostitution in Dresden auch sehr bedeutend und macht namentlich in den Sommernächten die Strassen der Stadt unsicher. Das jetzige System besteht seit dem Jahre 1870, vor welchem die Bordelle öffentlich gestattet und anerkannt waren."

Die wiederholt erwähnte, an den Reichstag des Norddeutschen Bundes 1869 gerichtete Denkschrift bringt ausser den bereits zitierten auch eine Anzahl interessanter Daten über die Prostitution in andern Städten Nord- und Mitteldeutschlands, deren wichtigste hier folgen mögen:

„Selbstverständlich ist es, dass der von Berlin ausgehende Einfluss am direktesten die ihm zunächst liegenden ländlichen Gebiete, sowie die durch Eisenbahnen mit ihm verbundenen Städte berührt, unter denen im besonderen Potsdam, Brandenburg und Frankfurt a O. zu nennen ist. Neben anderen Momenten, wie den für Frankfurt a. O. in Betracht kommenden Messen und den zum Teil zahlreichen Garnisonen, übt dort wie überall das Fabrikwesen in dem Masse einen ungünstigen Einfluss, als für die sittliche Bewahrung der arbeitenden Jugend von manchen Fabrikherren noch nicht die erforderliche Fürsorge getroffen wird.

Eine beunruhigende Höhe haben die Schäden der Prostitution in Magdeburg erreicht, wo die Ungunst der verschiedenartigsten Einflüsse trotz des nachhaltigen Widerstandes der Polizeibehörde, verhängnisvoll zusammenwirkt. Die ganze Stadt in allen ihren Strassen birgt Dirnen und Kupplerinnen mitten in der Bevölkerung, aus der diese gefährliche Nachbarschaft immer neue Opfer in das Verderben hinabzieht. Namentlich sind es die nach dem Elbufer hinabführenden Strassen, die mit dieser Schande gefüllt und überfüllt sind. Ohne dass privilegierte Bordelle existieren, zählt Magdeburg doch 58 Häuser, die der Prostitution notorisch dienen. Ausserdem treibt eine sehr grosse Zahl von Kupplerinnen dort ihr Wesen, die mit ihren Diensten namentlich der wohlhabenderen Bevölkerung zur Verfügung stehn. An allen diesen Stellen finden die vielen von auswärts kommenden Personen (i. J. 1868 sind ca. 1900 dienstsuchende Mägde nach Magdeburg eingezogen) und die jeweilig im Dienst befindlichen allzu leicht einen Anhalt. Dass der Menschenhandel nach auswärtigen, namentlich Hamburger Bordellen von dort aus lebhaft betrieben wird, ist unzweifelhaft. Von weithin wirkendem Einflusse sind überdies die sehr zahlreichen Schanklokale verschiedenen Ranges, die durch prostituierte Kellnerinnen das Publikum, namentlich das jugendliche, anlocken. Wirte, die bei der grossen Concurrenz ohne dies Lockmittel zu Grunde gehen würden, wissen ihre Geschäfte allein auf diesem Wege aufrecht zu erhalten. Ein vor vier Jahren von seiten der Magdeburger Polizeibehörde gemachter Versuch, diese Schanklokale von Dirnen zu reinigen, musste leider rückgängig gemacht werden. — Die Zahl der unter Controlle stehenden, resp. der Polizeibehörde als Prostituierte bekannten Frauenzimmer beträgt ca. 2000. Eine Reihe öffentlicher Lokale, unter welchen eines vorzugsweise verderblich wirkt, vermittelt den Verkehr der Dirnen mit der Männerwelt. — Im Jahre 1868 befanden sich im städtischen Krankenhause 511 an ansteckenden Krankheiten behandelte Kranke, unter ihnen 315 Frauenzimmer, von denen 146 auswärtige als Dienstboten angemeldet waren. Im Ganzen sind in dem genannten Jahre nach Veranschlagung Sachkundiger ca. 7500 Krankheitsfälle dieser Art in Magdeburg vorgekommen. Wenn irgendwo, so wird dort die Polizeibehörde die vorhandenen gesetzlichen Bestimmungen für ein erfolgreiches Wirken als nicht ausreichend erkannt haben.

Durchaus analog und nicht minder beunruhigend ist die Lage der Dinge in Posen. Dass die Nicht-Kasernierung eines Teiles der dortigen Garnison dem ohnedies schweren Uebel erheblichen Vorschub leistet, ist selbstverständlich. Die Zahl der unter polizeilicher Kontrolle stehenden Frauenzimmer beträgt dort 209, und etwa ebenso gross ist die Zahl der Verdächtigen, während etwa 150 meist verheiratete Frauen das Kupplergewerbe als ihren Beruf treiben. Ausserdem ist noch eine Schar von mindestens 400 meistens aus Korrektionsanstalten entlassenen Frauenzimmern, die in Posen ihren Aufenthalt haben, an dem Wuchern der Sittenlosigkeit in erheblichem Masse beteiligt.

In Stettin ist eine entschiedene Steigerung der Prostitution beobachtet. Dieselbe zeigt sich nicht nur in der immer mehr zunehmenden Zahl der Konkubinats- und Aushälter-Verhältnisse, die kaum mehr dem Lichte der Oeffentlichkeit sich zu entziehen suchen, sondern auch in der anwachsenden Zahl der unter Kontrolle gestellten weiblichen Personen. Diese ist vom Jahr 1866 bis jetzt von 222 auf 403, also fast auf das Doppelte gestiegen, während eine zweifach so grosse Zahl von notorischen Prostituierten sich ausserhalb der Kontrolle befindet. Nach den Erfahrungen der dortigen Polizeibehörde erweisen sich die Bestimmungen des preussischen Strafgesetzbuches (§ 146, 147) wie den männlichen Mitschuldigen, so den Kupplern gegenüber nicht als ausreichend.

In Breslau betrug die Zahl der unter ärztlicher Kontrolle stehenden Frauenzimmer am Schlusse d. J. 1868 813, nachdem sie im J. 1867 744 und 1866 nur 676 betragen hatte. Zu jenen 813 kamen noch 275 der gewerblichen Prostitution dringend verdächtige Personen, im Ganzen also 1088. Im vorigen Jahre wurden der Polizeibehörde 31 Fälle von Kuppelei zur Anzeige gebracht, und, abgesehn von den Anzeigen gewerbsmässiger Unzucht, betrugen die Denunciationen wegen anderer Vergehen gegen die Sittlichkeit, die sich i. J. 1867 auf nur 40 belaufen hatten, bereits 75, d. h. sie waren fast auf das Doppelte gestiegen. Wegen Umhertreibens, Anlockens etc. wurden im vorigen Jahre gegen prostituierte Personen im Ganzen 5750 Wochen Executivhaft im Arbeitshause vollstreckt, d. i. mehr als 110 Jahre. Während im Jahre 1866 bei 46 Strassenpatrouillen 272 Dirnen verhaftet wurden, sind im Jahre 1867 bei 53 Patrouillen 390 und im Jahre 1868 bei 50 Patrouillen 454 Dirnen verhaftet worden. Schon aus diesen Zahlen ergiebt sich die auch der dortigen Polizeibehörde unzweifelhafte Vermehrung der Prostitution in Breslau. Es muss aber bemerkt werden, dass, wie der genannten Behörde, sehr wohl bekannt, eine grosse Zahl von Lohndirnen sich der polizeilichen Kontrolle zu entziehen versteht und die nicht gewerbsmässig betriebene Prostitution, so grosse Ausdehnung dieselbe auch hat, selbstverständlich nur in den seltesten Fällen zur Kenntnis der Behörde gelangt. Die der letzteren zu Gebot stehenden Mittel zur Steuer des Unwesens erweisen sich als durchaus unzureichend. Trotz ihrer unermüdlichen Thätigkeit vermag sie nichts, als das Uebel in seiner äusseren, öffentliches Aergernis erregenden Erscheinung nach Möglichkeit zurückzudrängen und Kuppler und Kupplerinnen, deren Ueberführung aber bekanntlich eine äusserst schwierige ist, zu verfolgen. Das Uebel selbst bleibt, aller Anstrengungen ungeachtet, unberührt. Die Habgier von Hausbesitzern und Vermietern giebt auch in Breslau der Kuppelei und Prostitution eine Stütze, gegen welche die Behörde jetzt machtlos ist. Dazu kommt, dass dort, wie vielfach auch in anderen Städten, zahlreiche Hôtel-garnis die permanenten und gefährlichen Schlupfwinkel der Prostitution sind. Es ist das ein öffentliches Geheimnis, aber die Behörde ist ohne Berechtigung und ohne Mittel dem zu wehren. Ebensowenig vermag sie es bei dem gegenwärtigen Stande der Gesetzgebung zu verhindern, dass eine Menge von moralisch und ökonomisch heruntergekommenen Personen, welche die Konzession zum Betrieb der Schankwirtschaften erhalten haben und die nur durch künstliche Mittel ihre Geschäfte vor dem Bankerott sichern können, durch das Engagement liederlicher Personen als Schänkerinnen, durch Kouplet-Sängerinnen, die meist derselben Kategorie angehören, durch Einrichtung von Chambres séparées etc. das Publikum anlocken und der Prostitution Vorschub leisten. Es ist dabei die Thatsache bemerklich, dass, wie Breslau den Anziehungspunkt und die Schule für viele namentlich aus Schlesien dorthin ziehende Frauenzimmer bildet, so auch viele wieder von Breslau aus in verrufene Restaurationen kleiner und grosser Städte des Inlandes und Auslandes (auch Berlin's) als Schänkerinnen u. s. w. sich vermieten, um ihr unehrliches Gewerbe dort weiter zu treiben. Oft geschieht das mit Zustimmung ihrer Eltern und Vormünder — ein abermaliges Zeugnis für die bereits an einer andern Stelle (p. 18) erwähnten Mängel der gegenwärtigen Vormundschafts-Gesetzgebung. — Die Verbreitung unsittlicher Bücher und Bilder nimmt nach den Wahrnehmungen der Breslauer Polizeibehörde auch dort immer grössere Dimensionen an und wird namentlich durch die s. g. Kolportage-Handlungen gefördert, die durch Kolporteure jene

Literatur gerade in den kleinen Bürger- und Arbeiterstand, welcher dem Buchhandel der Regel nach fern bleibt, wenn auch auf dem Wege des Schmuggels, hineinzutragen wissen, während die gesetzlichen Bestimmungen über Kolportage die Verbreitung guter Bücher, die jenes Uebel zurückzudrängen disponiert wären, durch solche Handlungen nicht begünstigen.

Danzig zählt gegenwärtig die verhältnismässig sehr grosse Zahl von ca. 850 unter polizeilicher Kontrolle stehenden Frauenzimmern, mit denen selbstverständlich der Kreis der Prostituierten sich keineswegs abschliesst. Die dort erkennbare Zunahme der ansteckenden Krankheiten, deren Verbreitung vorzugsweise auf den lebhaften Seemannsverkehr und die Garnison geschoben wird, lässt auf die Steigerung der Sittenlosigkeit einen Schluss ziehen

Von Memel erwähnen wir nur, dass daselbst bei einer Zahl von 19 700 Einwohnern 254 unter Kontrolle stehende Frauenzimmer gezählt werden.

Sehr schlimm ist der Stand der Dinge, trotz der verschärften Thätigkeit der Polizeibehörde, in Königsberg. Die Liederlichkeit treibt dort in so schamloser Weise auf offener Strasse, auf den besuchtesten Plätzen, sowie in den Umgebungen der Kasernen und auf den Glacis ihr Unwesen, dass das Publikum sich von ihr aufs Empfindlichste belästigt sieht. Eine erhebliche Zahl von Strassen ist gefüllt mit Häusern, in denen die Schande notorisch ihren Sitz hat. Zahlreiche Schanklokale und Restaurationen erhalten sich durch übel berüchtigte Kellnerinnen im Flor. Im Besondern sind auch die vielen Armen-Kasernen die Brutstätten der Prostitution, — grosse Gebäude, deren Bewohner wie die Auswanderer in den Zwischendecken zusammenlagern, oft 4 bis 5 Familien in einer Stube. Gewisse Strassen wimmeln von solchen Häusern, die ursprünglich auf 16—20 Familien eingerichtet waren, aber von weit mehr bewohnt werden. Zu sehr vielen Gasthöfen sucht und findet die Prostitution in schamlosester Weise, zu erheblichem Teil unter den kupplerischen Diensten von Kellnern, den Zugang. — Die Zahl der unter Kontrolle stehenden, resp. der Behörde anderweitig bekannten Dirnen beträgt gegen 800. Von 1866 bis 1868 hat die Zahl der von der Polizei verwarnten Frauenzimmer sich nicht mehr als verdoppelt. Die sittliche Haltung eines grossen Teiles der weiblichen Dienstboten macht es unzweifelhaft, dass die Prostitution zu ihnen den weitesten Zugang findet. Die Zahl der unehelichen Geburten erriebt seit den letzten Jahren die Höhe von ca. 29 pCt. Bezeichnend ist, dass bei einer im Oktober v. J. stattgefundenen Revision des städtischen Krankenhauses allein in diesem unter 172 Kranken 84 Syphilitische sich befanden. — Dass auch in Königsberg die Einquartierung eines Teiles der Garnison in Bürgerquartiere die schlimmsten Folgen nach sich zieht, darf nicht unerwähnt bleiben. In höchstem Masse anstössig und einen sehr nachteiligen Einfluss auf alle Kreise der Bevölkerung übend, wirkt das Theater.

Was Köln anbelangt, so geschieht gegenwärtig von seiten der dortigen Polizeibehörde, was nach den gültigen gesetzlichen Bestimmungen und den zur Verfügung stehenden Mitteln nur geschehen kann, um die Prostitution einzudämmen. Gleichwohl hat der Zunahme der Sittenlosigkeit, zumal bei der grossen Garnison und den ungünstigen Wohnungsverhältnissen der Festungsstadt, dadurch nicht gewehrt werden können. Während etwa 200 Frauenzimmer unter polizeilicher Aufsicht stehen, ist der Behörde ausserdem wohl die dreifache Zahl von Personen, welche der Prostitution ergeben sind, bekannt. Aus den Scharen der jährlich nach Köln strömenden, Dienst suchenden Mägde und Arbeiterinnen, — ihre Zahl betrug i. J. 1868 4129 — findet sie immer neuen Zufluss. Leider sind die Einrichtungen der dortigen Weiber-Strafanstalt noch ganz dazu angethan, die vorhandenen Schäden zu befestigen und dadurch auf die Stadt einen schädlichen Einfluss zu üben. Dass in der dortigen Männer-Strafanstalt die Zahl der wegen Unzucht verurteilten Lehrer eine verhältnismässig grosse ist (vor wenigen Jahren verbüssten gleichzeitig nicht weniger als 15 Lehrer dort ihre Strafe), muss als ein schlimmes, aber keineswegs nur im Rheinlande zur Erscheinung kommendes Symptom hervorgehoben werden. — Von Vielen wird es in Abrede gestellt werden, dass die Lustbarkeiten des Kölner Faschings auf die sittlichen Zustände der Stadt sehr nachteilig einwirken. Und doch ist die Thatsache nicht zu bezweifeln.

Wenn wir, als für die Rheinprovinz allgemein zutreffend, hervorheben, dass die dort gültige französische Gesetzgebung, die den Geschwängerten keinen gesetzlichen Schutz bietet, sehr spürbare Missstände zur Folge hat, so müssen wir noch auf das Bedenkliche der geheimen Entbindungs-Anstalten hinweisen, die gerade im Rheinlande, von den gelesensten Zeitungen immer aufs Neue annonciert, im Flor stehen. U. a. befinden sich in dem Umkreise weniger Stunden solche (konzessionierte) Anstalten in Remagen, Ahrweiler und Altenahr. Dass diese Einrichtungen mit dem Schutz absoluten Geheimnisses, welchen sie bieten, die Unsittlichkeit in den höheren Ständen in bedenklichem Masse befördern, wird von kundiger Seite aufs Entschiedenste bezeugt.

In Frankfurt a. M., wo die Bordelle neuerdings aufgehoben sind, weiss die Behörde nur von ca. 130 Prostituierten. Dass mit dieser Ziffer die Höhe des Schadens auch nicht annähernd bezeichnet ist, ergiebt sich mit mehr als Wahrscheinlichkeit schon daraus, dass i. J. 1868 ca. 7300 fremde weibliche Personen dort zur Anmeldung gekommen sind. Und einen gleichen Schluss lässt die Thatsache zu, dass das Maitressenwesen und die Kuppelei in Frankfurt trotz der strengsten Verfolgung und harter Strafen noch keineswegs abgenommen hat. Dazu kommt, dass durch die Nähe der Spielorte Wiesbaden, Homburg und Nauheim ein bedeutender, der Demi-monde angehöriger Kontingent von Französinnen und Wienerinnen nach Frankfurt gezogen wird, wo diese meist den Winter über ihren Aufenthalt zu nehmen suchen, wiewohl von seiten der Polizeibehörde mehrfache Ausweisungen vorgekommen sind.

In der Provinz Schleswig-Holstein finden wir, als Erbteil aus der Zeit dänischer Herrschaft, weithin durch das Land, auch in kleineren Städten, die Einrichtung der Bordelle; so in Schleswig, Eckernförde, Hadersleben, Sonderburg, Flensburg, Kiel u. s. w. In Kiel giebt es 8 Bordelle, deren weibliche Bevölkerung sich im Laufe der letzten Jahre fast um das Doppelte vermehrt hat, ohne dass die vagierende Prostitution sich darum verringert hätte. Dass die Lage der Sache durch die bedeutende Garnison, sowie durch die Mannschaften der Marine-Station dort eine schwierigere geworden, ist erklärlich. Nach zuverlässigen Nachrichten sind in Kiel i. J. 1876 von 86 vorgekommenen unehelichen Geburten 19 auf Väter zurückgeführt, die sich im Militärstande befinden; i. J. 1868 von 100 unehelichen Geburten 34.

In Flensburg giebt es zwar nur sechs konzessionierte Bordelle, aber eine ganze Strasse ist von Prostituierten so gefüllt, dass fast Haus bei Haus verdächtig und das Passieren derselben für das anständige Publikum zur Unmöglichkeit geworden ist. — Ausserdem sind aber die Strassen der Stadt von zahlreichen Wohnungen solcher Personen durchsetzt. Sehr nachteilig wirkt auch in Flensburg die Wohnungsnot auf den Stand der Sittlichkeit in den arbeitenden Klassen. In welchem Masse die Schande bereits wagen darf, auf bürgerliche Berechtigung Anspruch zu machen, mag daraus hervorgehen, dass die Inhaber schlechter Wirtschaften in Flensburg es wagen, im dortigen Adress-Kalender rückhaltlos als „Bordellwirte" sich zu präsentieren. — Dass eine Garnisonstadt wie Flensburg, in der zugleich die Zahl der unverheirateten Kaufleute eine sehr grosse ist, und die durch den lebhaften Schiffsverkehr so vielen Versuchungen sich offen gestellt sieht, einen doppelten Ernst von Seiten der polizeilichen Verwaltung fordert, wird von der dortigen Bevölkerung am bereitwilligsten anerkannt werden.

Aus Holstein erfahren wir von einer Stelle, die durchaus in der Lage ist, zuverlässige Beobachtungen zu machen, dass die Zahl derjenigen Frauenzimmer, die dort wegen fleischlicher Verbrechen, resp. wegen Kindesmord verurteilt sind, sich in den letzten Jahren auffallend vermehrt hat. Unter ca. 90 in Glückstadt detinierten weiblichen Gefangenen befinden sich über 30, die der genannten Verbrechen überführt sind, und zwar die meisten des Kindesmordes. Im Jahre 1862 ist der Fall vorgekommen, dass innerhalb 10 Tagen aus ländlichen Distrikten Holsteins

5 Kindesmörderinnen nach Glückstadt eingeliefert sind, und ausser ihnen 1 Mann, der wegen ähnlichen Verbrechens auf Lebenszeit verurteilt war. Aus der Geschichte dieser Verbrecher geht klar hervor, in wie nahem Zusammenhange die Verschuldung derselben mit ländlichen Tanzbelustigungen steht.

In dem nicht preussischen Norddeutschland haben die privilegierten Bordelle, die innerhalb Preussens nur als Ausnahme noch von Bestand geblieben sind, sich mit ihrem Unwesen zu erheblichen Teil noch behauptet, ohne dass die vagierende Prostitution dadurch in ihrer gefährlichen Ausbreitung verhindert worden wäre.

Im Anhaltinischen beträgt die Zahl der unehelichen Geburten nach amtlicher Angabe 12 Prozent, in Dessau selbst $17^{1}/_{2}$ Prozent. Nahrungslosigkeit und Vergnügungsucht tragen in unverkennbarer Weise, namentlich in den ärmeren Ständen, zur Ausbreitung der Sittenlosigkeit und zu gefährlicher Depravation des Familienlebens bei. Die völlige Ungebundenheit, in der sich die Prostituierten dort bewegen dürfen, übt einen überaus unheilsamen Einfluss. Die Polizeibehörde hat auf einschränkende Massnahmen verzichten müssen.

Von Braunschweig muss konstatiert werden, dass nach dem Gutachten kundiger Aerzte die Prostitution, die seit lange dort feste Wurzeln gefasst, mit reissender Schnelligkeit fortschreitet. Die Stadt hat 12, nunf mehr auf eine Strasse konzentrierte, luxuriös eingerichtete und fast durchweg von Männern der bemittelten und höheren Stände besuchte Bordelle, welche mit Hinzurechnung der sonst der Behörde bekannten liederlichen Personen die Zahl von mindestens 150 Prostituierten ergeben. Während im Mittelstande sich ein tüchtiger Familiensinn noch ungebrochen erhalten hat, ist die Entsittlichung in die arbeitenden, wie in die höheren Stände in einem Masse eingedrungen, welches aufs dringendste auffordert, au eine Remedur dieser Schäden Bedacht zu nehmen.

Für das Grossherzogtum Mecklenburg-Schwerin lässt sich zunächst die erfreuliche Thatsache konstatieren, dass das Bundes-Eheschliessungsgesetz bereits i. J. 1868 eine Steigerung der Eheschliessungen um 27 Prozent herbeigeführt, und dass demgemäss das Verhältnis der unehelichen Geburten, so ungünstig dasselbe auch noch ist, sich doch besser zu gestalten angefangen hat. Der Prozentsatz derselben ist von 23,3 Prozent (1867) auf 20,4 Prozent (1868) gesunken. — Die in Schwerin selbst merklich vorhandene Neigung zur Steigerung der Prostitution wird von der Behörde mit Strenge zurückgedrängt, und ebenso die Kuppelei. Dass von der Garnison nur ein Dritteil kaserniert ist, wirkt auf die Bevölkerung ungünstig. Schlimmen Anstoss erregen drei Bordelle, die, mit ihren Eingängen am Hauptmarkte hinter dem Rathause gelegen, das Auge der Bevölkerung, im Besondern der Jugend, an die Erscheinungen der Sittenlosigkeit nur allzusehr gewöhnen.

Lübeck erwähnen wir nur, um hervorzuheben, dass dort der vergebliche Versuch gemacht wird die Prostitution in 8 Bordellen zu internieren. — Bremen hat nur 70 unter polizeilicher Controlle stehende Prostituierte, neben denen freilich eine grosse Zahl Solcher vorhanden ist, die im Geheimen ihr Wesen treiben. In Bremerhaven bestehn 4 Bordelle. . . .“

Selbstverständlich haben viele dieser Zustände bis zum Ablauf des Jahrhunderts einen Wandel erfahren, der nur in wenigen Fällen als vorteilhaft gelten kann. Im ganzen und grossen aber sind die gegebenen Daten auch für die nachgefolgten Jahrzehnte zutreffend gewesen.

Einen wunden Punkt des Gesellschaftslebens Deutschlands bildet auch der „Handel mit weissen Sklaven“, wie dieser schnöde Schacher zuweilen zutreffend genannt wird. „Deutschland geniesst den traurigen Ruhm,“ bemerkt Bebel a. a. O. Seite 191, „Frauenmarkt für die halbe Welt zu sein. Der dem Deutschen innewohnende Drang zum Wandern scheint auch einen Teil der deutschen Frauen zu beseelen, so dass sie mehr als die Frauen jedes anderen Volkes, das österreichische ausgenommen, ihr Kontingent für die Versorgung der internationalen Prostitution stellen. Deutsche Frauen bevölkern die Harems der Türken, wie die öffentlichen Häuser im Innern Sibiriens, bis nach Bombay, Singapore, San Francisco und Chicago.“ In seinem Reisewerk „Aus Japan nach Deutschland durch Sibirien“, spricht sich der Verfasser W. Joest über den deutschen Mädchenhandel also aus: „Man ereifert sich in unserem moralischen Deutschland oft über den Sklavenhandel, den irgend ein westafrikanischer Negerfürst treibt, oder über die Zustände in Kuba und Brasilien, und sollte sich lieber des Balkens im eigenen Auge erinnern, denn in keinem Lande wird mit weissen Sklavinnen in solcher Weise gehandelt, aus keinem Lande wird so viel dieser lebenden Ware exportiert, wie gerade aus Deutschland und Oesterreich. Der Weg, den diese Mädchen nehmen, lässt sich genau verfolgen. Von Hamburg werden dieselben nach Südamerika verschifft, Bahia, Rio de Janeiro erhält seine Quote, der grösste Teil aber ist für Montevideo und Buenos-Aïres bestimmt, während ein kleiner Rest durch die Magalhaensstrasse bis Valparaiso geht. Ein andrer Strom wird über England oder direkt nach Nordamerika dirigiert, kann aber hier nur schwer mit dem einheimischen Produkt konkurrieren; er verteilt sich daher den Mississippi hinab bis New-Orleans und Texas, oder gen Westen nach Kalifornien. Von dort aus wird die Küste bis Panama hinunter versorgt, während Kuba, Westindien und Mexiko ihren Bedarf von New-Orleans beziehen. Unter dem Titel „Böhminnen“ werden weitere Scharen deutscher Mädchen über die Alpen nach Italien exportiert und dann weiter südlich nach Alexandrien, Suez, Bombay, Kalkutta bis Singapore, ja nach Hongkong bis Shanghai hin. Holländisch-Indien und Ostasien, zumal Japan, sind schlechte Märkte, da Holland in seinen Kolonien keine weissen Mädchen dieser Sorte duldet und in Japan die Töchter des Landes selbst zu hübsch und billig sind, auch verdirbt amerikanische Konkurrenz von San Francisco aus die günstige Konjunktur. Russland wird von Ostpreussen, Pommern und Polen versorgt. Die erste Station ist meistens Riga. Hier assortieren sich die Petersburger und Moskauer Händler und schicken ihre Waare in grossen Quantitäten nach Nischny-Nowgorod bis über den Ural nach Irbit und Krestofski, ja bis in das innerste Sibirien hinein. So traf ich z. B. ein deutsches auf diese Weise verhandeltes Mädchen in Tschita. Dieser grossartige Handel ist vollkommen organisiert, er wird durch Agenten und Handlungsreisende vermittelt und wenn das Auswärtige Amt des Deutschen Reiches einmal hierüber Berichte seiner Konsuln verlangen würde, so liessen sich recht interessante statistische Tabellen feststellen."

Aehnliche Behauptungen und Klagen wurden auch von verschiedenen andern Seiten laut und namentlich humanitäre Vereine liessen es sich angelegen sein, die Aufmerksamkeit des Publikums und der Regierung auf diese schändliche Sache zu lenken. Noch in letzterer Zeit, im Sommer 1901 sah sich der Bund deutscher Frauenvereine veranlasst, eine Eingabe, betreff des internationalen Mädchenhandels an den deutschen Reichskanzler zu richten, worauf folgende Antwort erfloss:

„Auf die Eingabe vom 15. Mai teile ich Ihnen mit, dass die Frage der Bekämpfung des internationalen Mädchenhandels von der Kaiserlichen Regierung seit Jahren mit besonderer Aufmerksamkeit verfolgt wird. Es ist anzunehmen, dass, falls es zur Berufung eines Kongresses zum Zwecke der Unterdrückung dieses Handels kommen sollte, Deutschland sich daran in demselben Umfange beteiligen wird, wie die Regierungen der anderen Länder. Dem Bunde Deutscher Frauenvereine kann nur anheimgestellt werden, wenn er an der Frage Interesse nimmt, sich mit dem Deutschen Nationalkomité zu internationaler Bekämpfung des Mädchenhandels in Berlin in Verbindung zu setzen."

Bei der Erörterung der Prostitutions-Zustände der verschiedenen Länder und Völker kamen bisher begreiflicher Weise zumeist die Grossstädte und andere Städte in Betracht. Es wäre indes Irrtum, anzunehmen, dass die kleinen Orte von der Prostitution frei wären, wenn diese auch aus verschiedenen Gründen nicht so offen hervortritt, dass die Unsittlichkeit an und für sich auf dem Lande kaum im geringeren Masse vorhanden ist, als in den Städten ergiebt sich aus manchen Aeusserungen kundiger und aufrichtiger Männer.

Grosses Aufsehen erregte der 1891 und 1892 vor dem Schwurgericht verhandelte Mordprozess Heinze. Der Töpfer Gotthilf Rudolf Heinze, 27 Jahre alt, und seine 42jährige Ehefrau, beide mehrfach wegen

Diebstahl, Kuppelei, Sittenvergehen und anderen Verschulden bereits bestraft, waren angeklagt, einen Einbruchsdiebstahl versucht zu haben und dabei den Nachtwächter Braun vorsätzlich getötet zu haben. Sie wurden schuldig befunden und zu 15 bezw. 10 Jahren Zuchthaus verurteilt. Dieser Prozess enthüllte auch ganz unerhörte Sittenlosigkeit, so dass von verschiedenen Seiten gesetzgeberische Massregeln gegen diese Schändlichkeiten gefordert wurden. Ein mehrere Jahre später eingebrachter Gesetzentwurf, der sich mit diesen Auswüchsen beschäftigte. wurde allgemein „Lex Heinze" genannt. Er ging in seinem Reinigungsbestreben zu weit und enthielt Vorschläge, die einer Knebelung vor Presse, Litteratur und Kunst gleichkamen und deshalb zu Falle kam.

XVI. Kapitel.

Mode. — Tracht der Germanen. — Höfisch- ritterliche Gesellschaft. — Farbensymbolik. — Hosenteufel. —Fasching. — Fastnacht. — Schauspiel. — Schauspielerinnen. — Die Litteratur. — Zoten. — Hexenprozesse. — Liebestränke. — Flagellantentum.

Was die Mode bei den Germanen betrifft, so lässt sich, was die älteste Zeit betrifft, mit Johannes Scherr („Deutsche Kultur- und Sittengeschichte" 3. Aufl. S. 24) sagen: „Einfach und rauh, wie ihr ganzes Leben, war die Tracht der Germanen. Allgemeinstes, bei den Aermeren sogar einziges Kleidungsstück war ein Mantel oder Rock aus Tierfellen oder Linnen, auf der linken Schulter mit einer Spange oder in Ermanglung derselben mit einem Dorn befestigt. Demzufolge jedoch, was alte Autoren über die Tracht unserer Ahnen beibringen, dürfen wir annehmen, dass die Kleidung der Reicheren und der Frauen nicht ganz so waldursprünglich gewesen sei, sondern, dass der wohlhabendere Mann einen kurzen anliegenden Rock mit Aermeln getragen habe, über welchen ein Mantel aus Fellen oder Pelzen geworfen war. Auch die Frauen hatten diesen Mantel und darunter trugen sie einen längeren Leibrock, welcher ohne Aermel war und Arme, Schultern, Nacken und den oberen Teil der Brust bloss liess. Rechnen wir hiezu bei beiden Geschlechtern noch einen Leibgürtel, so haben wir eine Tracht, welche sich in ihren wesentlichen Zügen das ganze Mittelalter hindurch gleich blieb. Von uraltem Ursprung scheint die Sitte germanischer Krieger, ihr Haupt mit dem Kopffell wilder Tiere zu bedecken, um sich in der Schlacht ein schreckhafteres Aussehen zu geben. Dass die Bekanntschaft mit den Römern eine allmählige Vervollständigung und Schmückung der Kleidung und Bewaffnung herbeiführen musste, versteht sich von selbst. Musste doch der häufigere Anblick der Bequemlichkeiten und des Luxus, welchen die Römer in ihren Pflanzstätten im südlichen und westlichen Deutschland entfalteten, seine naturgemässe Wirkung auf die Kinder des Waldes üben, um so mehr, da die römische Tracht in ihrem Grundwesen mit der germanischen übereinstimmte. Der deutsche Nachahmungstrieb, welcher später so viel leidige Nachäffungssucht in unsere Geschichte gebracht hat, that das Uebrige."

Der Einfluss des Romanentums, namentlich Frankreichs, auf Mode und Sitten Deutschlands äusserte sich auch in der nachfolgenden Zeit bis zum heutigen Tage. Zuweilen sogar nahm dieser Einfluss den Charakter einer völligen Unterjochung an, einer sklavischen Nachahmung der törichsten Vorbilder. Wie in Frankreich grassierte auch in Deutschland der Unfug der Schnabelschuhe, der unzüchtigen Hosenlatze, der Schlitzkleider, der Schminken, Perrücken u. s. w Selbst zur Zeit, wo nach Heine „der Mann im Eisenkleide und ein Herz im Manne war," machte sich der Kleiderprunk geltend, wenn auch selbstverständlich nicht so arg und ausschweifend wie in den nachfolgenden Zeiten.

„Gegenüber unserer jetzigen prosaisch-einförmigen Männertracht," schreibt Scherr a. a. O. Seite 98, „und unserer oft halbtollen Damentoilette war die Tracht der höfisch-ritterlichen Gesellschaft, soweit sie vor geschmacklosen oder sittenlosen Ausschreitungen sich wehrte, ganz gewiss eine poetische, zuweilen prächtige, immer farbenhelle. Es war schon lange nicht mehr die Zeit, wo die Deutschen in ihrer Kleidung jene waldursprüngliche Einfachheit zeigten, wie Tacitus sie beschrieben hat; doch waren aus jenen Tagen zwei Hauptstücke des Anzuges in die Ritterzeit herübergekommen, Leibrock und Mantel. Aber der deutsche Handel, im 11., 12. 13. Jahrhundert allmählig mit Italien und Spanien, mit Byzanz und dem Orient, mit dem Westen und Norden in Verbindung getreten, hatte durch die aus der Fremde gebrachten Produkte die einheimischen Gewerbe zu wetteifernder Thätigkeit angereizt und, wie überall, wo ein Volk aus der wilden Freiheit der Naturzustände in die behaglichere Ordnung der Civilisation übergeht, erwachte auch in Deutschland der

Schönheitssinn und sprach sich nicht allein in Poesie und Kunst, sondern auch in der häuslichen Einrichtung und in der Kleidung aus. Die Kleidungsstoffe waren Leinwand, deren feinste, sehr hoch geschätzte Sorte, den sogenannten „Saben", man aus byzantinischen Webstätten bezog, ferner Wollenzeuge von verschiedener Färbung, sowie Seidenstoffe von mancherlei Art und Farbe, welche oft mit Gold- und Silberfäden durchwoben waren, und endlich Pelze verschiedener Gattung. Hierzu kamen noch edle Metallstoffe und köstliches Steinwerk, zu Damengeschmeiden und zu männlicher Waffenzierrat verarbeitet. Beide Geschlechter liebten an ihrem Anzuge ein Farbenspiel, welches nicht selten geradezu regenbogenbunt war und welches die Männer noch dadurch zu erhöhen suchten, dass sie an einen und demselben Kleidungsstück verschiedene Farben anbrachten und z. B. den einen Aermel des Leibrocks grün, den andern blau, oder die eine Hälfte der Beinkleider gelb, die andere rot trugen. Doch war die Wahl der Farben nicht so ganz der bizarren Willkür überlassen, sondern meist mit Rücksicht auf die Farbensymbolik getroffen. Die äussere Erscheinung eines Menschen sollte seine innere Stimmung ausdrücken in einer Weise, von welcher unsere monotone und farblose Mode keinen Begriff mehr hat. Die höfisch-ritterliche Gesellschaft hatte nämlich die Farbensprache sinnig ausgebildet und zwar mit vorwiegender Bezugnahme auf die Minne. So bedeutete denn Grün das erste Sprossen der Liebe, Weiss die Hoffnung auf Erhörung, Rot den hellen Minnebrand oder auch das Glühen für Ruhm und Ehre, Blau unwandelbare Treue, Gelb beglückte Liebe, Schwarz Leid und Trauer. Ein recht höfisch-ritterlicher Liebhaber hatte demnach Gelegenheit, alle Phasen seiner Leidenschaft in seinem Anzug darzustellen. Diese bunte Spielerei wurde schon im 13. Jahrhundert so ins Uebermass getrieben, dass der grosse Prediger Berthold der modischen Welt von damals zürnend zurief: „Ihr habt nicht genug daran, dass euch der allmächtige Gott die Wahl gelassen hat unter den Kleidern, sagend: wollt ihr sie braun, rot, blau, weiss, grün, schwarz? Nein, in eurer grossen Hochfahrt muss man euch das Gewand zu Flicken zerschneiden, hier das rote in das Weisse, dort das gelbe in das grüne, das eine gewunden, das andere gestrichen, dieses bunt, jenes braun, hier den Löwen, dort den Adler." Der letzte Tadel betrifft die allerdings barocke Mode, das Wappen des Geschlechts auf verschiedenen Teilen des Anzugs gestickt zu tragen, so dass Herren und Damen wie wandelnde Fibeln der Heraldik aussahen." Heine spielt auf diese Mode an in seinen Versen:

> Das mahnt an das Mittelalter so schön,
> An Edelknechte und Knappen,
> Die in dem Herzen getragen die Treu'
> Und auf dem Hintern ihr Wappen.

Schnabelschuhe und ähnliche Modethorheiten finden wir zu derselben Zeit wie in Frankreich in Brauch.

Im fünfzehnten Jahrhundert machte sich der Einfluss der spanischen Tracht geltend, dann kamen die geschlitzten Kleider und zur Zeit der Reformation die entsetzlichen Pluderhosen, gegen die Musculus, und Osiander und noch viele andere in Predigten und Schriften gewettert haben. Ersterer besagt in seiner Predigt wider den „Hosenteufel", dass manche zu ihrer Pluderhose zweihundert Ellen Tuch aufwandten und Kurfürst Joachim II. von Brandenburg sah sich veranlasst, das Tragen dieser Beinkleider zu verbieten. Aber auch die langen, bis zum Knöchel reichenden Beinkleider wurden 1453 in Altenburg verboten, verordnet dass, wer für einen ehrbaren Mann angesehen sein wolle, sich deren fortan nicht mehr bedienen sollte." Ueberhaupt hat diese Mode schon vom Mittelalter an bis zum achtzehnten Jahrhundert häufig Anlass zu behördlichen „Kleiderordnungen" gegeben, die nicht viel gefruchtet zu haben scheinen, wie deren häufige Wiederholungen und Erneuerungen schliessen lassen. Doch nicht nur der Adel that sich im Kleiderluxus hervor, auch die Bürger in den Städten waren ihm ergeben, besonders in den Zeiten wo Handel und Gewerbe blühten. Wie in allen Verhältnissen, brachte auch in der Tracht der dreissigjährige Krieg einen grossen Niedergang herbei und in der nachfolgenden Zeit war hauptsächlich, fast liesse sich sagen ausschliesslich, französischer Luxus hierbei zum Vorbild geworden.

Zu argen Ausschweifungen gaben auch schon im Mittelalter die verschiedenen Volksfeste Anlass, besonders die Faschings-Lustbarkeiten und das sogenannte Schönbarts-Laufen zu Nürnberg musste 1539 abgestellt werden, weil es gar zu sittenlos geworden war.

Der Faschingstag beginnt bekanntlich unmittelbar nach dem Dreikönigstag und währt, eine mehr oder minder grosse Anzahl von Wochen — was vom Osterdatum abhängt — bis zum Aschermittwochtage. In so ausgedehnter Weise pflegten die Alten allerdings nicht die Karneval-Lustbarkeiten auszuüben; zumeist begannen sie mit dem Sonnabend vor Faschingsonntag, dem sogenannten Wenigen Rinnabend; hauptsächlich aber herrschte der Jubel und Trubel in den letzten drei Tagen des Faschings, Dorlewoche, auch taube Woche genannt. Der vorhergehende Sonnabend hiess auch der feiste, der schmatzige, weil an diesem Tage all die Schmalzkuchen, Spiesskuchen, Hippen, Mörser und wie sonst noch das Gebäck jener Zeit geheissen haben mag, hergestellt wurde. Der Faschingsonntag, der Sonntag Estomihi, wurden von der Kirche auch Dominica ad Carnes Levandas genannt, woher auch die Bezeichnung Karneval herrühren soll. Das Volk jedoch hatte für diesen lustigsten der Faschingtage noch einige andere Benennungen: Grosser Rinntag oder Mehrere Rinntag, Bohordicum, nach den Bohurten, Festspielen wie

Turniere, Ringestechen etc. benannt, fette Sonntag, Grosser Fastelabend, Pfaffenfastnacht und Herrenfastnacht. Die letzten zwei Bezeichnungen beruhten auf einen eigenartigen Brauch. Es herrschte nämlich die Ansicht, dass die Geistlichkeit zwei Tage früher mit dem Fasten beginnen müsste, als andere Menschenkinder, was auch geschah. Die vornehmeren Leute, die Herren wieder, glaubten es der Geistlichkeit gleich thun zu müssen. So nahm der Form nach für die obere Schicht der Gesellschaft der Fasching mit diesem Sonntag sein Ende. Der Montag wurde Fastelabend, Narrenkirchweih genannt, der Dienstag Junge Fastnacht.

An diesen Festabenden und Festnächten brannten Freudenfeuer auf allen Anhöhen und öffentlichen Plätzen, Vermummte streiften singend, johlend und tanzend durch alle Strassen; auch Geistliche und selbst Nonnen verschmähten es nicht, daran teilzunehmen, selbst Kaiser Siegismund fand es schicklich, zu Strassburg in der Fastnacht auf der Strasse mit Dirnen zu tanzen. Es ging dabei nicht immer züchtig zu und oft wurde die Sittlichkeit arg verletzt. Manche waren als Teufel vermummt, Schauteufel genannt, Lustigmacher, die sich möglichst dumm stellen mussten und von allen Seiten Hiebe einheimsten, worauf sie allerdings durch Polsterung des Rückens vorbereitet waren. Die Vornehmen veranstalteten in ihren Schlössern Buhurten, wozu der benachbarte Adel eingeladen wurde. Besonders beliebt war hierbei das Kübelturnier. Die kleinsten und schmächtigsten der Schlossknechte und Stalljungen borgten sich dazu die Kleider der grössten und beleibtesten Genossen, zogen sie an und stopften sich auf beiden Seiten mit Heu und Stroh aus. Auf dem Rücken und auf dem Bauch wurde dann ein grosses Gesicht gemalt; über den Kopf ein Kübel gestülpt, der Ausschnitte für die Augen hatte und ebenfalls mit einem Gesicht bemalt ward. Dann wurden sie auf die schlechtesten Pferde des Stalls gesetzt und jeder erhielt eine vorn mit einer Kolbe versehene Stange, als Ersatz für die Lanze. Derart ausgerüstet, teilten sie sich in zwei Haufen und beide, von je einem Trompeterjungen begleitet, ritten nun zum Turnier in die Schranken ein. Paarweise, oder wenn es der Raum gestattete, zu mehreren Paaren, begann dann das Stechen, wobei die meisten einander aus dem Sattel hoben, sofern nicht die Mähre, belästigt von ihrem Reiter, diesen zuvor nicht schon abgeworfen hatte, Darstellungen, die vom lauten Gelächter der Zuschauer begleitet wurden.

Während dermassen in den Burgen und Schlössern die ritterlichen Turniere karrikiert wurden, behandelte in den Städten und Dörfern das Volk die kirchlichen Prozessionen in derselben Weise, wurden Fastnachtspiele aufgeführt, die Ursprünge unserer heutigen Possen und Lustspiele, von denen uns eine stattliche Anzahl in den Werken Hans Sachs und anderer erhalten blieb. Je mehr der Fasching seinem Ende nahte, je toller wurde das Treiben, wobei natürlich auch so manches Fass geleert wurde. In der Mark Brandenburg wurden damals zwei Biersorten ganz besonders bevorzugt, die eine wurde „Alter Klaus“ benannt, die andere „Zizenille“ und stammte aus Nauen. Ein Reim behauptete von der letzteren Sorte:

Wer trinken will Zizenill
Muss liegen drei Tage still —

was auf einen besonders kräftigen Stoff schliessen lässt.

So kam denn Aschermittwoch, auch Schürtag, Scheuertag genannt. Nicht etwa, dass die Hausfrauen an diesem Tage grosse Scheuerung vorgenommen hätten; es galt der Reinigung von Sünden. Jedermann zog zur Kirche, liess sich vom Geistlichen Asche auf sein Haupt streuen und vernahm die ernsten, mahnenden Worte: „Memento homo quia cinis es, et in cinerem converteris!“ Bräuche wie sie noch heute in der katholischen Kirche üblich sind. Die Fastenzeit war gekommen und fromme Christen assen nicht nur kein Fleisch mehr, sondern auch kein Weissbrot. Schwarzbrot trat an dessen Stelle, Schwarzbrot und Fastenbretzel, ursprünglich Pretiolo genannt. Besonders die Kinder, die damit beschenkt wurden, freuten sich dieser Gaben. Die Bretzel wurden ohne Zuthaten von Schmalz und Gewürz gebacken und stellten zwei zum Gebet gekreuzte Arme in einem Kreis dar, wie sie heutzutage noch hergestellt werden. Die über die Brust gekreuzten Arme war die älteste Form in der gebetet wurde

Wer da glaubt, dass mit Eintritt der Fastenzeit alle Faschingfreuden ein Ende gefunden hat, der irrt, denn schon mit dem nachfolgenden Sonntag Invocavit begann die Allermannen Fastnacht. Um nämlich allen, die durch ihre Berufspflichten verhindert waren, an den Faschingfreuden teilzunehmen, wie Knechte, Köche, Bäcker und andere, nicht leer ausgehen zu lassen, gestattete die Kirche, dass nach Ablauf der „Vier Tage“, vom Aschermittwoch bis Sonnabend, eine neue Fastnacht gefeiert werde, an der dann auch alle andern teilnahmen und die nicht minder lustig als ihre Vorgängerin gefeiert wurde. Sie hiess auch die Alte Fastnacht, weil in noch früherer Zeit die Fasten überhaupt erst mit dem nachfolgenden Montag begannen; auch Weisser Sonntag pflegte er genannt zu werden.

Indes, welchen Unfug auch immer der altdeutsche Fasching und andere Lustbarkeiten dieser Art zeitigen mochten, schlimmer als in der jüngsten Zeit dürfte es kaum zugegangen sein, ärgere Prostitutionsstätten als unsere Ballsäle es nur zu häufig sind, konnten auch jene Tummelplätze der Ausgelassenheit, die von der Geistlichkeit gefördert wurde, nicht sein.

Was das Schauspiel betrifft, so bildete es in Deutschland in der Geschichte der Prostitution einen weniger bedeutsamen historischen Bestandteil als in Frankreich und seine Verbindung mit ihr ist mehr ein Produkt der beiden letzten Jahrhunderte. Ursprünglich gab es nur kirchliche Mysteriumspiele, dann allegorische Moralitätsspiele, denen später das Fastnachtsspiel folgte, „volksmässig in seinen Anfängen, in seinen Stoffen, in seiner Durchführung und späteren litterarischen Gestaltung. Es waren die Fastnachtsspiele anfangs nichts als auf Handgreiflichkeiten hinauslaufende, aus dem Stegreif dramatisierte Karnevalsspässe, aus dem bürgerlichen Alltagsleben gegriffen, ihre Prügelsuppen mit furchtbaren Zoten würzend (Scherr).“ Hauptsächlich war Nürnberg der Sitz des bürgerlichen Komödienspiels und hier erbaute auch 1550 die Zunft der Meistersinger das erste deutsche Schauspielhaus. Bis dahin wurden Vorstellungen nur im Freien gegeben, oder an bestimmten Orten eine primitive Bühne aufgeschlagen. Auch auf Hochschulen wurden übrigens „Schulkomödien“ aufgeführt, zumeist Nachahmungen des Plautus und Terenz. Auch der Reformator Luther war ein Freund des Schauspiels und er meinte, dass „Christen die Komödien nicht ganz und gar fliehen sollen, darum, dass bisweilen grobe Zoten und Buhlereien vorkommen, da man doch um derselben willen auch die Bibel nicht dürfte lesen.“ Diese Worte kennzeichnen übrigens zur Genüge die Darstellungen jener Tage.

In der nachfolgenden Zeit finden wir in Deutschland die „englischen Komödianten“, und bald darauf auch, namentlich durch den Einfluss der Niederlande auch heimische Schauspieltruppen. Bis zum achtzehnten Jahrhundert stand das deutsche Schauspiel und die deutschen Schauspieler allerdings nicht hoch und letztere genossen nur eine geringe Achtung in der bürgerlichen Welt. Der Einfluss Frankreichs auf das Schauspiel Deutschlands, auf die Stücke selbst, wie auf die Darstellung, war allzeit sehr gross, zu Zeiten sogar massgebend. Von recht arger Wirkung zeigte sich dieser in den Tagen des zweiten französischen Kaisertums und die Bühne, die auch früher nicht als Stätte frommer Sittsamkeit gegolten hatte, konnte mancherorts ein Bordell genannt werden. Es waren die ärgsten Schauspielerinnen nicht, für die das bereits früher von Haug veröffentlichte Epigramm mit der parodistisch-witzigen Aufschrift: „Ars longa virtus brevis“ gelten konnte und noch gelten kann:

Sie spielt die Tugendvolle
Doch länger als die Rolle
Währt ihre Tugend nie:
Der Vorhang fällt — dann sie.

Noch Aergeres boten und bieten noch in dieser Beziehung, wie schon erwähnt wurde, die Tingel-Tangel und ähnlichen Vergnügungsstätten

Die Deutsche Litteratur wies bekanntlich schon in alten Tagen für unsere heutigen Begriffe recht derbe Stellen und zuweilen auch recht saftige Zoten auf. Auch unsere klassische Zeit weist deren genug auf und wer gründlich die Schriften unserer Grössten kennt, wird auch hier so manches finden, was nichts weniger als für keusche Ohren bestimmt ist. Allerdings —

Man darf das nicht vor keuschen Ohren nennen,
Was keusche Herzen nicht entbehren können,

bemerkt Goethe in seinem Faust und kennzeichnet damit kurz und kräftig die falsche Prüderie die hauptsächlich in unserer jüngsten Kulturepoche sich geltend machte und vielleicht nur als Kennzeichen vermehrter Unsittlichkeit gelten kann. Allerdings lassen sich berechtigte Einwände gegen das machen, was mit gutem Recht als Bordell-Litteratur bezeichnet werden kann. Zwar mangelte es an dergleichen auch nicht in früheren Tagen, doch es trat viel bescheidener auf und wurde — eine löbliche Heuchelei! — nur in stiller Einsamkeit gelesen. Was uns dagegen seit Beginn der zweiten Hälfte des neunzehnten Jahrhunderts an dergleichen als Gedicht, Theaterstück, Roman und dergleichen geboten wird, hauptsächlich von Frankreich ausgehend und nur zu oft bis zur Apotheose der Prostitution ausartend, macht darauf Anspruch nicht nur einen Teil der Litteratur zu bedeuten, sondern die Litteratur selbst zu sein. Wie wenig einwandfrei auch Nordaus „Entartung" ist, es kann ihm die Zustimmung nicht versagt werden, wenn er von einem gewissen Teil der „modernen" internationalen Litteratur, (I. 26) in herben Worten spricht:

Blosse Sinnlichkeit gilt für gewöhnlich und wird erst als zulässig angesehen, wenn sie in Form von Widernatürlichkeit und Entartung auftritt. Bücher in denen blos die Beziehungen des Mannes zum Weibe behandelt werden, und wäre es auch noch so unverschleiert, scheinen geradezu schal sittlich. Die elegante Prickelei beginnt erst, wo die regelrechte Geschlechtlichkeit aufhört. Priapus ist zum Tugendsinnbild geworden. Das Laster sieht sich nach Verkörperung in Sodom und Lesbos, in Ritter Blaubarts Schlosse und im Dienstbotenzimmer der Justine des „göttlichen" Marquis de Sade um."

Weniger dürfte er aber auf Zustimmung rechnen, können wenn er im übergrossen Berufseifer als Arzt hinter jeder künstlerischen Ausdrucksweise einen erotischen Wahn erblickt und zum Beispiel über Richard Wagner (I., 322) äussert: „Neben der anarchistischen Verbitterung beherrscht eine andere Emotion das ganze bewusste und unbewusste Geistesleben Wagners: das Geschlechtliche. Er ist sein lebelang ein Erotiker gewesen (im Sinne der Irrenheilkunde) und alle seine Vorstellungen drehen sich um das Weib." Wollte man Grundsätze, die hier zum Ausdruck gelangen gelten lassen, was bliebe dann noch von Kunst und Litteratur überhaupt unbeanstandet übrig?"

Reich an Zoten und sexuellen Anspielungen war und ist noch das ungebundene Studentenleben mit seinen Kneipliedern, Stammbuchversen und anderen Sprüchen. So wenig hier auch ein Uebermass zu billigen ist, so überflüssig ist es auch bei jeder derartigen Aeusserung jugendlichen Uebermutes in Klagen über Sittenverfall und Zuchtlosigkeit auszubrechen. Endlich und schliesslich handelt es sich dabei kaum um etwas anderes als Heiterkeit zu erwecken, Lachen zu erregen, mag dies zuweilen auch in etwas bedenklicher aber immerhin doch ungefährlicher Weise geschehen.

„Solche Lacher," schreibt Weber-Demokrit, „nehmen gewiss auch die komischen Gesundheiten in Schutz, und das Jahr 1769 hat ihnen schon aufgewartet mit einer Sammlung von 904 poetischer, moralischer und scherzhafter (mitunter obscöner) Gesundheiten, jedoch verschuldete dieser Sammler weniger als ein älterer: „Sammlung poetischer Gesundheiten beim Trunke, Tripstrill 1750," dem reine Zoten bloss schalkhaft sind . . . Wir müssen doch einige mit Auswahl anführen:

Das Land, worüber man gar oft zum Narren wird,
Die Aepfel, die mehr als Wein erhitzen,
Die Wälder, die der Floh durchirrt,
Soll Bacchus und Cythere schützen!

*

Was Einem zu wenig,
Zweien ganz recht,
Und Dreien zuviel ist!

*

Schwarze Augen, rote Lippen,
Hohe Berge, enge Klippen!

*

Kein schönrer Bund,
Als Mund auf Mund,
Kein ältrer Brauch,
Als — einmal drauf!

*

Die Schwarzen, die Blonden, die Melirten,
Es leben die drei hohen Alliirten!

*

Alle Bienen sollen leben,
Die mit zärtlichem Bemühen,
Honig von den Lippen geben,
Und den Stachel in sich ziehen.

*

Brüder; schämt euch nicht des Weins,
Denn es ist doch alles Eins,
Ob ihr euch durch Wein verderbet,
Oder bloss vom Wasser sterbet.

*

Ein Hühnchen, das sich willig bückt,
Wenn sich der Hahn zum Treten schickt!

*

Das schönste Wappen in der Welt,
Ein rother Strich in schwarzem Feld!

*

Ein jeder Kanonier soll leben,
Der siebenmal auf einem Stück
Kann ungeladen Feuer geben,
Und schiessen jeden Augenblick.

*

Noch einige möchte ich sogar rühmen, wenn sie Lateinisch wären; daher war in heiligen Klostermauern weniger Anstössiges, weil man es Lateinisch sagte, wie die mir zugebrachte, unvergessliche Gesundheit in einer reichen Prälatur: ut nobis semper bene stet in diebus nostris." die sich etwa verdeutschen lässt: „Für freien Heerd, so lange es währt."

An einer andern Stelle weiss er uns aus seinem eigenen Stammbuch Verse anzuführen, wie:

Der die Berge hat gegipfelt,
Der die Männer hat gezipfelt,
Der die Frauen hat gespalten,
Möge Dich gesund erhalten.

*

Vivat was die Eva hat
Unter ihrem Feigenblatt!

Wieder an anderer Stelle bemerkt er etwas ernster:

Alle Zoten, Obscönitäten und unflätigen Scherze beziehen sich meist auf das, was Hippokrates „kleine Epilepsie" genannt hat, und die ältesten Urkunden des Menschengeschlechts allegorisch unter dem Apfel und der Schlange vorzustellen scheinen. Was wir mit dem Griechen eine kleine Epilepsie nennen, heisst dem Bauern „des armen Mannes Braten". Der witzige Franzose nennt es aber schöner noch des bijoux indiscrets oder Schatzkästchen, wozu jeder tüchtige Mann den Schlüssel hat. Die Natur selbst zieht diesen Schlüssel nach dem Schatzkästchen, und umgekehrt, und beide, wie die ganze Schöpfung, dreht sich komisch genug nach diesem wahren Mittelpunkt der Dinge!

In allen Sprachen giebt es eine Menge Ausdrücke, die diesen Lieblingsgegenstand mit Worten zu verschleiern, zu verschönern, zu vermenschlichen suchen, während Brot, Wasser, Fleisch, Wein etc. nur wenige und ganz einfache Benennungen führen, denn hier fühlte der Mensch das Tierische und Komische am meisten. Hätten die Cyniker die Sprecher gemacht, so hätten wir wahrscheinlich nur ein Wort. Diogenes, der über seinen Schüler Crates seinen schmutzigen Philosophenmantel ausbreitete, da dieser die cynische Lehre „nichts Natürliches ist schändlich", mit seiner Hipparchia allzu praktisch und anschaulich machte in Stoa's Hallen, sagte bei einer ähnlichen Handlung kurzweg füteun anthropon (ich pflanze einen Menschen), woraus die Römer ihr futuo machten, das sich am reinsten erhalten hat in der eleganten Weltsprache Galliens.

Solche Auftritte mögen auch im Altertum, auf der Bühne, hinter der Bühne, und noch mehr ausser der Bühne mit Bühnengenossen und Genossinnen häufig vorgegangen sein, wie noch heute, und daher wird auch obscön vom Worte Scena hergeleitet, und wer früher die Planie von Stuttgart auch blos allein kannte, wird an der Ableitung Vergnügen finden. Richtiger aber scheint mir doch das Wort von den Osci—Opsci abgeleitet zu werden, einem der ältesten Völker Campaniens, das in der Gegend von Atella (jetzt Aversa) wohnte. Von ihm rührten die Fabulæ Attelanæ in altoscischer Sprache, als Nachspiele oder Possen im heutigen Sinne; die Spieler waren meist römische Bürger, während die Komödianten von Profession anrüchig waren, und liefern einen Beweis, dass die Römer die Zoten blos zum erlaubten Komischen zählten, wie noch heute ihre Nachkömmlinge, die Italiener, und auch, jedoch in geringerem Grade, die Franzosen. Das Wort Zoten aber mag von sot (Sottise) herkommen, wie letzteres Wort von stultus, daher gar Viele auch die witzigste Posse für eine Narrensposse halten, weil sie in ihrem tiefen Ernst keinen Sinn für Witz und Laune, noch weniger solche gebildet haben!

Zoten scheinen das ursprüngliche Produkt derjenigen Länder zu sein, wo ein heisser Himmelsstrich zu immerwährender Lust reizt, wo die Vielweiberei — Verschnittene, Harems, Mädchenhandel, der Dienst des Phallus, der Astarte und der Venus, wie ihn Herodot schildert, Mode war, und wo diejenigen Verfeinerungen der Lust entstanden, die der kalte Norden und der einfache Naturmensch kaum dem Namen nach kennt. Die wollüstigen Himmelsstriche, wo Weiber an den Thesmophorien oder an Ceresfesten auf kühlenden Agnuscastusblättern schliefen, um die Fastenzeit glücklich zu bestehen, hielt man solche saubere Dinge für Bedürfnis, sowie man im Süden Europa's noch heute über gewisse Dinge blos lacht, über die man im Norden errötet oder jammert als über ein Verderbnis der Sitten. Wenn auch in Finnland ledige Mädchen leere Messerscheiden im Gürtel führen und zulassen, dass der junge Freier sein Messer hineinsteckt, als Symbol der Verlöbnis, so denkt man gar nichts Unlauteres bei dieser so obscön scheinenden Sitte — je roher und plumper, desto unschuldiger, wie auf vielen unserer Dorfschaften."

Mit dem Geschlechtsleben in Verbindung zu bringen sind auch die Hexenprozesse, die einst in Deutschland so arg wüteten und so zahlreiche Opfer erforderten. Merkwürdig ist, dass diese Prozesse erst in späterer Zeit in Schwung kamen, wo schon das finstere Mittelalter gewichen war, obgleich der Glauben an Teufel und Unholden schon seit alten Tagen in der Phantasie des Volkes lebten.

Johannes Scherr schreibt a. a. O. Seite 354: „Ueber die teuflische

Buhlschaft haben Theologen und Juristen lange Abhandlungen geschrieben und sich unsäglich bemüht, herauszubringen, welcher Art die Empfindung der Hexen dabei sei (die „Geständnisse" der Angeklagten bezeichneten sie fast durchgängig als eine „unliebliche" und „widerliche"), ob das semen diabolicum calidum aut frigidum sei u. s. f., wir müssen uns aber mit der Andeutung dieser garstigen Spitzfindigkeiten begnügen. Bis zu Ende des 16. Jahrhunderts galt es für eine, auch von Luther ausdrücklich bestätigte Wahrheit, dass der Teufel mit den Hexen Kinder zeuge, die sogenannten Wechselbälge oder Kilkröpfe. Später nahm man an, dass aus der Vermischung mit dem Teufel nur allerlei Ungeziefer hervorgehen könne, Schlangen, Kröten, Frösche und Elben (Holderchen, Unholde) d. h. Würmer von „allerhand Couleur". Bereits wurde noch vor dem 17. Jahrhundert da und dort eine Stimme laut, welche, obgleich von einem sonst gläubigen Mund ausgehend, behauptete, die teuflische Umarmung sei blosse „Phantasie und Einbildung". Uebereinstimmend lauten die „Geständnisse" der Hexen in diesem Punkte, der Teufel sei zuerst immer in Gestalt eines anständigen Mannes, als Junker, Reitersmann, Jäger, Bürger und unter Namen wie Voland, Federhanns. Federlin, Peterlein, Papperlen, Grässle, Klaus, Hämmerlein zu ihnen gekommen und habe sie berückt und verführt. Es kommen in diesen „Geständnissen" Geschichten von jungen Mädchen vor, welche jedem, ausser einem Hexenrichter, hätten zeigen müssen, dass hier keineswegs von einer teuflischen Bestrickung die Rede sei, sondern bloss von der Schändlichkeit unnatürlicher Mütter, welche die Unschuld ihrer Töchter pfiffigen Wüstlingen verschacherten.

Bis gegen Ende des 15. Jahrhunderts hin waren auch in Deutschland schon einzelne Zauberer (Hexenmeister) und Hexen verbrannt worden. Aber jetzt begann die Verfolgung derselben in grossartigem Massstabe und wütete das ganze 16. Jahrhundert und die drei ersten Viertel des 17. hindurch mit brutalster Grausamkeit. Das Signal zu dem massenhaften Prozessieren und Hinrichten in Deutschland hat unstreitig die berüchtigte Bulle Papst Innocenz's VIII. gegeben, welchen der römische Witz seines zuchtlosen Lebens halber Octo nocens nannte. Diese Bulle ist datiert vom 5. Dezember 1484. Es werden darin auch Heinrich Justitor und Jakob Sprenger zu Ketzerrichtern ernannt. Letzterer verfasste im Verein mit anderen den berüchtigten „Malleus maleficarum" (Hexenhammer), der in allen Prozessen dieser Art als Gesetzbuch galt. Eine Pest konnte nicht mehr Opfer erfordern, als die frommen Herrn Ketzerrichter auf den Scheiterhaufen brachten. Teils beruhte die Verurteilung auf mehr oder minder regen Aeusserungen hysterischer Frauenzimmer, auf Vorfälle, wie sie oben mitgeteilt wurden, grösstenteils aber wurde das Geständnis der Zauberei und des fleischlichen Umgangs mit dem Teufel durch die Folter erpresst, deren Qualen selbst noch im Kindesalter befindliche Mädchen die unmöglichsten Aussagen machen liess. In Deutschland wurde die letzte Hexe, die siebzigjährige Nonne Maria Renata Sängerin 1749 zu Würzburg verbrannt. Indes fand noch 1782 zu Glarus in der Schweiz eine Hexenhinrichtung statt.

Mit den Hexen wurde auch die Herstellung von Liebestränken (Philtra) in Verbindung gebracht, ein Mittelchen, das schon bei den Alten üblich war. In Rom waren es namentlich die Thessalischen Weiber, die in der Herstellung von Liebestränken berühmt waren:

Hic Thessala vendit
Philtra quibus valeant mentem vexara mariti.

In Goethes Faust hören wir aus der Hexenküche die Worte:

Du musst notwendig transpirieren
Damit die Kraft durch Inn- und Aeusseres dringt,
Und bald empfindest du mit innigem Ergötzen,
Wie sich Cupido regt und hin und wieder springt.

Im Orient und auch in südeuropäischen Ländern war, ist sogar zuweilen jetzt noch, der Glauben an die Wirkung von Liebestränken zu finden. Weniger war dies jedoch in Deutschland der Fall. Allerdings hat die jüngste Zeit für die sogenannte „gebildete Gesellschaft" so manche Surrogate dieser Art geschaffen, die in den Zeitungen als Regenerationsmittel schwindelhaft angepriesen werden. Auch sonst leben in der Volksseele gewisse Vorurteile für diese und jene Mittel, die zuweilen sogar eine wissenschaftliche Grundlage haben. Als Liebestränke galten übrigens auch Gebräue, die die Zuneigung einer Person zu einer bestimmten andern erwecken sollten und der Glaube daran ist selbst heute noch nicht ausgestorben, wie aus — mancher Gerichtsverhandlung hervorgeht.

Noch wäre hier das Flagellantum zu nennen, als dessen Spielarten die bereits wiederholt erwähnten Sadismus und Masochismus zu betrachten sind.

„Die namenlose Rohheit der religiösen Vorstellungen," schreibt Scherr a. a. O. Seite 146, „verbunden mit Lockerkeit der Sitten, welcher sich das höllische Strafgericht drohend in der Ferne zeigte, hatte die Kasteiung des Fleisches durch Geisselung, wie sie insbesondere durch Bettelorden gangbar gemacht worden war, zu einem beliebten Sündentilgungsmittel erhoben. Es wurde zuerst in Italien in grossem Style angewandt, indem dort im Jahre 1260 lange Züge von Büssenden erschienen, welche, bis zum Gürtel nackt, mit verhüllten Häuptern unter Anstimmung von Busspsalmen einherwandelten und sich bis aufs Blut geisselten. Der Beginn dieses Flagellantismus im Grossen, der Anfang der Geisselfahrten ist, wenn auch die ganze Erscheinung mit Wahrscheinlichkeit auf den 1231 gestorbenen heiligen Antonius von Padua zurückgeführt werden kann, wohl unzweifelhaft in das genannte Jahr 1260 zu setzen. Damals, wo Italien in Folge der Kämpfe zwischen Kaiser und Papst zur Wüste geworden war, wo die furchtbare Zerrüttung aller sozialen und moralischen Verhältnisse eine schwärmerisch-religiöse Aufregung begünstigte, wo endlich die welfisch-päpstliche Partei nach den Siegen Manfreds und der Ghibellinen einem neuen Impuls mit Begierde nachkamen — damals ging von der welfischen Stadt Perugia der Ruf zur Busse und zu einer allgemeinen Geisselfahrt aus und der Wahnwitz wilder Askese verbreitete sich schnell über die italienischen Lande. Unser nüchternes Deutschland wurde von dieser psychischen Seuche erst dann angesteckt, als 1348—50 die furchtbare, unter den Namen „der schwarze Tod" oder „das grosse Sterben" bekannte physische Pest die Gemüter verwirrt hatte . . Teils zu gleicher Zeit mit den Geisslerfahrten, teils noch im folgenden Jahrhundert, grassierte im südwestlichen Deutschland wiederholt eine ekstatische Tanzepidemie, deren Reigen, zuchtlos entblösst, in Krämpfen von Wollust und Schmerz durch die Gassen der Stadt sich wanden."

Es kann also angenommen werden, dass das Treiben der Flagellatori, wie sie in Italien, Flegler, wie sie in Deutschland hiessen, einen religiösen Ursprung hatte, indes wurde auch mehrseits der Versuch gemacht, die Sache vom sexuellen Standpunkt aus zu betrachten. Selbst die Thatsache, dass der Flagellation-Unfug des Mittelalters von Bettelmönchen ausging, spricht nicht völlig gegen die erotische Deutung. In dem 1849 zu Stuttgart erschienenen „Eros" heisst es Seite 484: „Es ist ein in der Heilkunde bekannter Satz, dass alles, was die Haut stark anreizt, auf die Sexualorgane mächtig einwirkt. So haben Menschen, die an Flechten oder anderen stark zuckenden und reizenden Hautausschlägen leiden, fast immer einen aufgeregten Geschlechtstrieb. Mehrere Bettelmönchs-Orden, deren Anhänger sich ehemals in Hanfhemden kleideten, die natürlich die Haut sehr stark jucken, waren deshalb sehr berüchtigt im Kasus der Liebe. „Les dévots qui portaient des haires (Hanfhemden) n'etaient pas de pauvres hères en amour," bemerkt Montaigne. Auch Rabelais hat denselben Satz aufgestellt. So ist es denn auch diesem physiologischen Gesetz gemäss, wenn ein Peitschen der Haut durch Ruten eine stimulierende Kraft auf die Zeugungsorgane äussert." Die Flagellation als geschlechtliches Stimulierungsmittel wurde schon von den Alten ausgeübt, und ist auch, wie schon erwähnt wurde. auch in der neuen Erotik nicht allzu selten. Einige Mitteilungen über das, was heute als Sadismus und Masochismus gilt, befinden sich in dem nach dem Französischen verfassten 1766 erschienenen Schriftchen „Der Gebrauch der Alten ihre Geliebte zu schlagen," auf den wir näher hier nicht eingehen wollen.

XVII. Kapitel.

Besserungsanstalten. — Kloster der Büsserinnen. — Magdalenenasyle. — Statistik. — Vorasyle. — Zufluchtstätten. — Bethabara-Stiftung. — Das Strafgesetzbuch.

Wenn einerseits eine Zunahme und Ausbreitung der Prostitution überall zu beklagen war, so fehlte es andrerseits schon frühzeitig nicht an Anstalten, die zur Besserung reumütiger Prostituierten dienten und von Anstalten, wo die bedrohte Unschuld eine Zufluchtstätte fand und noch findet.

In Wien gab es bereits im vierzehnten Jahrhundert ein „Haus der Büsserinnen", Hormayr berichtet darüber in seiner „Geschichte Wiens" wie Hügel mitteilt: „Am 24. Februar 1384 erteilte Herzog Albrecht dem in der Singerstrasse durch mehrere fromme und reiche Ratsglieder neu entstandenen Kloster der Büsserinnen einen Brief, dass dieses Haus und Stift für die armen freien Frauen, die aus diesen Frauenhäusern, oder sonst vom sündigen Unleben zur Busse und Gott wenden, ewige und gänzliche Freiung habe von aller Steuer, Maut, Zoll, Lehe. Er setzte sich selbst, und darauf den Bürgermeister von Wien und einen Offizialen zu Vögte, befahl, sie mit einem frommen Manne, oder so man diesen nicht haben möchte, mit einer frommen Frau als Verweserin zu versehen, erlaubte ihnen in der Klause jede Beschäftigung ausser Gastgeben, Weinschank, oder Kaufmannschaft. Welche von diesen Frauen ein Mann zum Weib nehmen wollte, der soll es thun, unbeschadet seiner Ehre, seines Ansehens, seiner Rechte in der Zeche oder Zunft, ausser die Frau hätte ihn noch im freien Leben zur Heirat genommen. Wer diese Frau schmäht oder betrübt, kann darob an Leib und Gut gestraft werden. Fiel eine aus ihnen wieder ins alte Leben zurück, so ward sie in der Donau ertränkt. Nach der Reformation stand dieses Kloster beinahe leer. Die letzte Priorin kam (trotz der Drohung des Ertränkens) ihres eigenen Wandels und der Stiftsgüter wegen in strenge Untersuchung und das Klostergebäude wurde den P. P. Franziskanern eingeräumt.

Auch in anderen deutschen Städten wurden zahlreiche Klöster der Büsserinnen oder Reuerinnen der heiligen Magdalena errichtet, wie deren schon früher in Italien und Frankreich bestanden. Sie folgten meistens der Regel des heiligen Augustinus, trugen weisse Kleider, weshalb sie auch Mitglieder der weissen Frauen genannt wurden. Eines der ältesten, vielleicht das älteste Haus zur Besserung gefallener Frauen dürfte in Deutschland, das 1302 zu Speyer von einem Kaufmann errichtete, gewesen sein. Es gab Klöster dieser Art in Sprottau, Naumburg am Quais, Meissen, Franzborg, Grossenhain, Mühlhausen, Goslar, Hildesheim, Magdeburg, Erfurt, Lauban, Altenburg und noch anderen Städten. Nach der Reformation wurden zahlreiche Magdalenen-Häuser aufgehoben und in katholischen Städten zu Ursuliner-Klöstern, in protestantischen zu Schulen umgewandelt.

Als 1540 in Grossenhain das Kloster der Büsserinnen aufgehoben werden sollte, steckten es die darüber entrüsteten Insassinnen in Brand, wobei auch ein Drittel der Stadt in Flammen aufging. In Köln errichtete 1446 Erzbischof Theodorich ein Magdalenen-Priorat, jedoch nur zur Aufnahme von Frauen, die aus menschlicher Schwäche ihrer Unschuld verlustig geworden waren, eine Bestimmung, die annehmen lässt, dass gewerbsmässige Prostituierte als Reuerinnen nicht Aufnahme fanden.

In Berlin wurde 1841 das Magdalenenstift gegründet, dem später, wie bereits erwähnt wurde, ähnliche Anstalten folgten, auch Mädchenherbergen, bestimmt, dienstsuchenden Mädchen zeitweilig Unterkunft zu gewähren und sie vor dem Fall zu bewahren. Eine Art Zufluchtstätte für Prostituierte, die ihren schändlichen Lebenswandel aufgeben wollen, hat gegen Ende des Saeculums auch die bekannte „Heilsarmee“ in der Umgebung Berlins errichtet, eine löbliche That dieser religiösen Vereinigung, deren Gebaren im übrigen allerdings nicht ohne Widerspruch geblieben ist. Magdalenenstifte befinden sich auch in zahlreichen andern Städten des deutschen Reiches, wie in Hamburg, schon seit 1841, in Dresden, Boppard am Rhein, Kaiserswerth, seit 1833. Die von Privaten gestifteten Anstalten pflegen die Zöglinge zu Dienstboten auszubilden. Ferner fehlt es auch nicht an Zufluchtsstätten, die bis Mitte des Jahrhunderts nur Rom und London aufzuweisen hatten.

In dem bereits angeführten Werke „die Prostitution in Deutschland und ihre Bekämpfung" von Pastor H. Stursberg, wird bemerkt: „Freundlicher gestaltet sich für unser Ziel, wenn wir nur die Anstalten aufsuchen welche nicht die Obrigkeit, die das Schwert nicht umsonst trägt, gebaut hat, sondern die barmherzige, rettende Liebe. Gegenüber der grossen Zahl der Gefallenen ist die vorhandene Zahl der Magdalenen-Asyle, welche zum Teil zugleich für entlassene weibliche Gefangene überhaupt bestimmt sind, der Vor-Asyle, Zufluchtsstätten sehr gering; das grösste, das Magdalenstift in Berlin, nahm im Jahre 1885/86 120 Zöglinge auf. Die meisten Anstalten sind kleiner; einzelne können nur wenigen Aufnahme gewähren . . . Im allgemeinen scheint es Regel zu sein, das Vorleben der Insassen möglichst wenig zu erforschen, daher sind auch die gegebenen statistischen Daten nur dürftig. Das älteste Asyl, das evangelische Asyl für weibliche Entlassene und das Magdalenenstift zu Kaiserswerth hat seit seiner Eröffnung am 17. September 1833 bis 1885 880 Pfleglinge gehabt; das Magdalenenstift zu Brandenburg zählt seit seiner Eröffnung i. J. 1864: 461, das St. Johannes-Asyl in Bernburg seit 1865: 448, das Magdalenen-Asyl zu Nieder-Lössnitz bei Kötschenbroda (Königreich Sachsen) seit 1865: 391, das zu Deutsch-Lissa seit 1866: 320, die Rettungsanstalt zu Leonberg (Württemberg) seit 1871: 286. Schon Kinder im Alter von 14, 15 Jahren finden wir in Asylen. Von 120 in 1885/86 im Magdalenenstift in Berlin aufgenommenen Mädchen war 1: 14 Jahre, 3: 15 J., 12: 16 J., 21: 17 J., 19: 18 J., 15: 19 J., 9: 20 Jahre alt. Aus langer Erfahrung berichtet Kaiserswerth: Die Zunahme der jugendlichen unter unsern Pfleglingen ist fast von Jahr zu Jahr bemerklich gewesen. Im ersten Jahrzehnt waren $^3/_5$ der Aufgenommenen über 20 Jahre alt, im letzten Jahrzehnt nur $^1/_3$, früher nur $^1/_{10}$ unter 16 Jahren, zuletzt beinahe $^1/_5$. Schrecklich ist es, dass nicht einmal das kindliche Alter (unter 14 Jahren) fehlt und 28 Zöglinge in unserem Hause konfirmiert werden mussten.

Die Beobachtung, dass unter den gefallenen Mädchen nicht selten solche sind, welche noch in sehr jugendlichem Alter stehen, wurde auch anderwärts gemacht. Unter den 10 sich bei dem Magdalenen-Verein in Bremen i. J. 1884 Anmeldenden waren 3 unter 16 Jahren, 4 zwischen 16 und 18, 2 zwischen 18 und 20 und eine zwischen 20 und 22 Jahren.

Es wurden aufgenommen:

In den Jahren:	Ueberhaupt.	Alter unbekannt.	Unter 14 Jahren.	14—16 Jahre.	%	17—20 Jahre.	%	Ueber 20 Jahre.	%
1833—1843	99	—	1	9	10,1	30	30,3	59	59,6
1844—1853	154	3	1	13	9,8	56	37,1	81	53,6
1854—1863	194	13	2	24	14,4	68	37,6	87	48,0
1864—1873	186	8	3	27	16,8	79	44,4	69	38,8
1874—1883	209	—	2	38	19,6	98	46,9	71	34,0
	842	24	9	111	14,76	331	40,84	367	44,90

Dem Stande nach sind bei weitem am zahlreichsten vertreten „Dienstmägde,“ darnach „Kellnerinnen“ — von 29 am 1. August 1885 zu Leonberg befindlichen Asylistinnen sind 10 als Kellnerinnen aufgeführt. Es befinden sich auch Fabrikarbeiterinnen, Näherinnen, Putzmacherinnen, Ladengehülfinnen; in einer Statistik sind von 33 Asylistinnen 4 als Schulkinder verzeichnet. Das Magdalenenstift in Berlin hat eine Filiale „Siloah“ in Pankow, welche am 30. Juni 1886 ein neues Haus beziehen konnte. Anfang 1885 hatte die Anstalt 19 Kinder, im Laufe des Jahres kamen 17 im Alter zwischen 14 und 10 Jahren dazu. — In einem Asyl waren von 33 Asylistinnen 5 unehelich geboren, in einem andern von 18: 3, in einem dritten von 28: 6, in einem vierten von 29: 15.

Der Prozentsatz der wirklich Geretteten wird im allgemeinen auf ein Drittel geschätzt, soweit man einigermassen zuverlässige Nachrichten hat; ein Teil ist früh verstorben oder dem Siechtum verfallen. Sofern die Pfleglinge in Betracht gezogen werden, welche längere Zeit, also die im allgemeinen vorgesehene Frist von 2 Jahren im Asyl verweilen, wird als Prozentsatz der Geretteten bis zu 75 Prozent angegeben. Es ist ein dornenreiches Arbeitsfeld, was den nicht befremden kann, der in die schaurigen Tiefen hineingeblickt hat, in welche die Unzucht ihre Opfer stürzt. Mit Recht schreibt eine Dame: „Wenn sie kürzere oder längere Zeit im tiefsten Schmutze herumgezogen worden sind, wird die Eine oder die Andere, welche durch die Erweisung barmherziger Liebe nach Errettung verlangend geworden ist, in unser Asyl gebracht, und wir sollen dann in 1 bis 2 Jahren aus den armen, ruinierten, erschlafften, von Sündenlust erfüllten Geschöpfen tadellose Dienstboten bilden — eine gewaltige Aufgabe, welche in den meisten Fällen noch ihrer Lösung harrt.“ Um so herrlicher sind die errungenen Siege, wenn es der Liebe, die alles glaubt und alles hofft, die Niemanden aufgeben kann, gelingt, aus solchen Tiefen zu erretten.

Die Beobachtungen in den Asylen führen auf dieselben Ursachen, wie wir sie früher offenlegten. „Unsere Mädchen kommen fast ausnahmslos aus zerrütteten Familien, viele sind unehelich geboren, haben nichts Tüchtiges gelernt und sind dann meist — wenn wie gewöhnlich Arbeitsscheu dazu kommt, von andern Mädchen auf „den Weg", wie sie sich meist ausdrücken, mitgenommen worden, einzelne schon vor ihrer Konfirmation." Kuppler und Kupplerinnen fangen die Mädchen in ihre Netze. „Eine viel vorkommende Form der Verführung ist die, dass junge dienstsuchende Mädchen durch die Vermieterinnen sofort beim Eintritt in ihr Haus betrunken gemacht, beliebigen Kunden überliefert und dann entweder mit List und Gewalt in diesem Leben festgehalten werden, oder selbst daran Gefallen finden." Leichtsinnige Kameradschaften, welche die Lust zu Putz und Vergnügen anstacheln, treiben in die Bande der Sünde; die zahlreichen Tanzbelustigungen bieten besonders schlimme Gelegenheiten. Mehrfach wird hervorgehoben, wie vielen ihr Einzug in die grosse Stadt zum Verderben geworden ist; nicht minder, welche Gefahren das Kostgänger- und Schlafstellenwesen mit sich bringt. „Wir hatten Kostgänger, erzählte ganz frech eine junge Dirne, da war es egal, ob sie zu meiner Mutter, die noch jung ist, oder zu mir kamen." Auch finden sich Fälle des Missbrauchs durch den eigenen Vater, der Verführung durch Verwandte, durch Arbeitgeber. Wie in den Gefängnissen und Arbeitsanstalten, so erfährt man auch in den Asylen, „dass keine andere Sünde das Herz so sehr des göttlichen Geistes entleert und den Willen schwächt, wie die Unkeuschheit;" „die lange Gewohnheit hat sie verhärtet und unempfindlich gemacht."

Die Zahl der Pfleglinge, welche unter sanitätspolizeilicher Kontrolle gestanden haben, ist in den einzelnen Asylen sehr verschieden; hier die meisten, dort nur einzelne. Im ganzen spiegelt sich die Verschiedenheit in der Handhabung der Kontrolle in den verschiedenen Städten und Gegenden wieder. Man hat beobachtet, „dass die unter sanitätspolizeilicher Kontrolle stehenden Mädchen sich für etwas besseres ansahen," bei ihnen gefunden „die gänzliche Abstumpfung des Gewissens; der Begriff der Sünde wird ihnen nirgends nahe gebracht, sie werden bestraft für die Uebertretung der Polizei-Verordnungen." Dazu dass die ärztliche Untersuchung jeden Rest des Schamgefühls in den Mädchen ersticke, bemerkt ein Bericht: „das ist schon geschehen durch die schamlose Kleidung, welche die Mädchen in den Unzuchtshäusern tragen, durch die rohe Art ihrer Benutzung, bei welchen sie auch den Augen ihrer Besucher sich prostituieren." —

Das Magdalenenstift in Berlin hat es zum erstenmal unternommen in der Ordnung eines Diakonissen-Mutterhauses eine Schwesternschaft zu organisieren, welche als alleinigen Zweck die Erziehung, Bewahrung und Rettung der weiblichen Jugend „dienenden Standes" verfolgt. Ist doch das ganze Diakonissenwerk aus dem Samenkorn der Magdalenenarbeit erwachsen. Die Erziehungsarbeit ist so unendlich wichtig, dass es wohl lohnt, sie zum alleinigen Zweck zu machen. Der Gesichtskreis ist für die Bedürfnisse eines Mutterhauses weit genug, wenn man nur nicht allein die eigentliche Magdalenenarbeit, sondern auch die bewahrende und erziehende Thätigkeit in denselben mitbegreift. So übernehmen wir auch die Stationierung unserer Schwestern in Marthastiften für unbescholtene Mädchen, wollen die Ausbildung von Gefängnis-Aufseherinnen nicht abweisen etc." Im September 1886 zählte die Schwesternschaft bereits 31 Glieder, darunter 10 eingesegnete Schwestern. —

Schon lange hat sich das Bedürfnis nach Ergänzung der Asyle durch Vorasyle geltend gemacht, in denen eine Sichtung der Pfleglinge stattfinden kann. Eine mehrwöchentliche Prüfung ermöglicht zu scheiden zwischen denen, die sich wirklich helfen lassen wollen und sich darum willig zu längerer Erziehung in ein Asyl begeben und solchen, die aus Not oder andern augenblicklichen Beweggründen Zuflucht suchen, aber bald wieder in das unsittliche Leben zurücksteuern; für einzelne kann es auch richtiger sein, ihnen sofort eine Stellung zu vermitteln, die Rückkehr in die Heimat zu ermöglichen. Solche Vorasyle wirken im Segen u. a. in Frankfurt a. M. (Sachsenhausen), Barmen, Prester bei Magdeburg.

Der den „Vorasylen" zu Grunde liegende Gedanke ist auch in den „Zufluchtsstätten für gefallene Mädchen" fruchtbar gemacht. Eine solche findet sich in Berlin, unter Leitung von zwei Schwestern aus dem dortigen Magdalenenstift. Diese ursprünglich von der Stadtmission eingerichtete Anstalt (Trebbinerstrasse 10), welche seit 1884 besteht und von einem Damen-Comité erhalten wird, bietet Hülfe suchenden Verlorenen eine erste Zuflucht, um sie dann weiter in das Magdalenenstift, eine andere Anstalt oder auf einen andern angemessenen rettenden Weg überzuleiten. Am 1. Januar 1885 hatte die Zufluchtsstätte einen Bestand von 7 Pfleglingen. Neuaufnahmen fanden im Jahre 1885 125 statt, entlassen wurden 132, davon kamen u. a. 36 in Dienst, 24 traten in das Magdalenenstift, 12 kehrten zu ihren Eltern, resp. in ihre Heimat zurück.

Besondere Beachtung verdient die Arbeit der „Bethabara-Stiftung" in Weissensee bei Berlin. Pastor Berendt wies i. J. 1877 die allgemeine Liebesthätigkeit von neuem auf den grossen Notstand des Berliner Prostitutions-Elendes, insonderheit in seinem Zusammenhange mit den im dortigen Frauen- und Polizei-Gefängnis inhaftierten, bezw. aus demselben entlassenen Mädchen hin und begann zunächst mit den ihm zufliessenden Mitteln derartige Mädchen, die ihren ernsten Entschluss aussprachen, in ein rechtschaffenes Leben zurückzukehren, bei einzelnen christlichen Familien in der Stadt Berlin bei entsprechender Arbeit in Kost und Pflege zu geben. Es gelang später ein Haus mietsweise und im März 1881 käuflich in Weissensee bei Berlin zu erwerben. In demselben Jahre hat die Stiftung die Rechte einer juristischen Person erhalten. Die Bethabara-Stiftung hat den Zweck, das Elend der Prostitution so allseitig als möglich, in erster Linie aber durch Fürsorge für aus den Gefängnissen entlassene Mädchen in eigentümlicher, von der Rettungsart der bisher bestehenden Asyle sich wesentlich unterscheidenden Weise zu bekämpfen.

Diesen Zweck erstrebt die Stiftung:

a. durch Aufnahme solcher Mädchen in das zur Stiftung gehörige Haus, auf möglichst kurze, in der Regel 3 Monate währende Zeit, um sie an geordnete Verhältnisse zu gewöhnen resp. ihre Gesinnung und Leistungsfähigkeit zu erproben;

b. durch Unterbringung ebensolcher, sich aber nicht für das Haus eignender Mädchen in den vorhandenen Pflegestellen bei christlichen Leuten zu demselben Zweck;

c. durch möglichst unmittelbare Heimsendung der Mädchen zu ihren Eltern, sonstigen rechtlichen Verwandten oder Vormündern;

d. durch Gewinnung oder Ausbildung weiterer freiwilliger oder besoldeter Helferinnen (resp. Helfer) zur Beförderung der Zwecke der Stiftung.

Dem siebenten, dem letzten der bisher (1887) erschienenen Jahresberichte der Stiftung über die Zeit vom Oktober 1883 bis März 1885 entnehmen wir Folgendes: Zur Erreichung des Zweckes der Bethabara-Rettungsarbeit sind 3 Berufsarbeiterinnen beschäftigt, welche teils in dem grossen Berliner Frauen- und Polizei-Gefängnis, teils hin und her in der Stadt gefallene und bestrafte oder sonst der Hülfe bedürftige Mädchen zur Rettung und Umkehr locken, gestützt auf das Wort der Schrift „nötiget sie hereinzukommen", sowie auch eine Reihe von achtbaren Familien stets bereit sind, derartigen Mädchen die so hochnötige erste Unterkunft und alles was damit zusammenhängt gegen geringes Kostgeld der Bethabarastiftung zu gewähren. Ausserdem aber stehen uns die wie durch ein Wunder des gnädigen Gottes erbauten beiden Bethabarahäuser in dem nahe gelegenen Weissensee zu Gebote, um jeder Zeit dort Mädchen aufnehmen zu können, welche entschlossen sind, in durchschnittlich zwei Monaten von dort aus in anständige Dienststellungen geführt zu werden. So ist durch die Bethabarastiftung in durchgreifender Weise auch für die grosse Zahl der Mädchen Sorge getragen, welche von der bisherigen Rettungsweise der Magdalenenstifte nicht erreicht werden, d. h. die sich nicht dazu überreden lassen oder nicht dazu geeignet sind, auf 2 Jahre in ein solches Rettungshaus einzutreten. Wo dies wegen ihrer Jugend und mangelnder Fähigkeiten nötig ist und wo wir nur irgend dazu überreden können, führen wir, wie unsere Berichte nachweisen, auch solchen Magdalenenstiften unsere, dem Schlamm der Sünde entrissenen Pfleglinge zu und freuen uns namentlich im Magdalenenstift und in Pankow meist offne Thüren zu finden. Aber auch bei uns heisst es stets: es ist noch Raum da und das sei auch in diesem Bericht zur Berichtigung vieler falscher Vorstellungen veröffentlicht: Die Bethabara stiftung hat im Laufe der Jahre noch nie ein aufgefundenes oder Hülfe suchendes Mädchen abzuweisen brauchen, obwohl wir uns gar keine räumlichen Grenzen stecken und ausser jeder aus Berlin uns zugeführten, auch so oft wir angegangen wurden, unsere auf selbigem Gebiet arbeitenden Freunde in Magdeburg, in Frankfurt, in Halle, sowie alle Strafanstalten, die für die Unterbringung weiblicher Entlassener zu sorgen haben, stets kostenfrei unterstützten und so Gott hilft auch ferner unterstützen werden. Die hohen Behörden haben dieser Rettungsarbeit von Anfang an das wärmste Interesse zugewandt; das königliche Polizei-Präsidium hat angeordnet, dass die sich der Leitung der Bethabarastiftung anvertrauenden Mädchen stets und sofort von der sanitätspolizeilichen Kontrolle befreit werden; durch einen dazu beauftragten Beamten ist ein wöchentlicher persönlicher Verkehr mit dem Leiter der Rettungsarbeit hergestellt. Die kirchliche Behörde bewilligte eine Kirchenkollekte für die Arbeit. Nach wei Seiten hin hat sich die Arbeit erweitert.

Pastor Berendt, der Leiter der Arbeit ist zugleich Pfarrer am Berliner Frauen- und Polizei-Gefängnis. Als solcher benachrichtigt er, wie es mit ihm mancher Gefängnis-Geistliche zu thun gewohnt ist, so viel als möglich bei der Masse von Einlieferungen, die im Laufe eines Jahres stattfinden (in 1884/1885 14917 Straffälle) und trotz der vielen durch falsche Angaben der Eingelieferten bewirkten Hindernisse, die Eltern der neu bestraften oder gefallenen Mädchen und zwar innerhalb Berlin durch direkte Zusendung einer Helferin mit schriftlicher Anzeige des Geistlichen, draussen in den Provinzen durch Vermittlung der Ortsgeistlichen Ausdrücklich werden diese gebeten, auch durch direkte Schreiben an die ihnen bekannten Mädchen die Rettungsarbeit unterstützen zu wollen. Geistliche sowie Eltern und sonstige um den Verbleib irgend eines Mädchens aus ihren Kreisen besorgte Personen werden ersucht, Aufträge behufs Auffindung und Nachgehen derselben durch Angabe des Namens, des Geburtstages und Jahres sowie des Heimatsortes erteilen zu wollen. Auf diese Weise ist eine ganze Anzahl von Mädchen durch die Eltern zurückgeholt worden. Abgesehen von solchen hat die Stiftung vom 1. Oktober 1883 bis Ende März 1885 für 383 Mädchen die Rettungsarbeit völlig übernommen.

Die zweite Erweiterung der Arbeit erstreckt sich auf die Aufnahme gefallener, schwangerer Mädchen. Bis zu ihrer Aufnahme in die Charité oder die Entbindungsanstalt verweilten sie in Bethabara, und zwar 29 vom 1 Oktober 1883 bis Ende März 1885. „Von weittragender Bedeutung ist es, ob ein solches Mädchen gerade in diesem Zustande noch tiefer in den Schmutz der Sünde hineingeführt wird, oder aber in geordneten Verhältnissen lebt und auf die Bedeutung der Stunde hingewiesen wird, der sie entgegengeht." —

Diese letzte Erweiterung ist angeregt durch den Vorgang des „Versorgungshauses in Bonn", deren Gründerin und Vorsteherin Fräulein Bertha Lungstras ist. „Als wir," so heisst es in einem Bericht, am 15. September 1873 unser Werk begannen, wurde ein Termin von zwei Jahren gesetzt, um in dieser Zeit den Versuch zu machen, ob die Arbeit an den Gefallenen und ihren Kindern in der Art, wie wir sie treiben wollten, mit Erfolg durchzuführen sei. Wir wollten unter der leider so grossen Zahl der gefallenen Mädchen, welche jährlich aus allen Teilen des Staates in der hiesigen Frauenklinik für medizinisch-wissenschaftliche Zwecke zeitweise unentgeltlich aufgenommen werden, ohne Rücksicht auf Konfession diejenigen auswählen, welche der Versuchung zum Opfer geworden, nicht aber die, welche aus Schlechtigkeit gefehlt, um sie durch die Hand hülfreicher Liebe vor weiterm, tieferm Fall zu bewahren. Zur äussern und innern Kräftigung der Mutter und zur Stärkung des Kindes sollten Mutter und Kind die ersten Wochen zusammen aufgenommen werden, die Mutter dann in ehrbare Häuser in Dienst kommen, während das Kind die ersten Lebensjahre im Versorgungshaus verpflegt werden sollte."

Dieser Versuch hat sich bewährt . . .

Schliesslich gedenken wir noch einer Anstalt, welche zuerst den Anfang mit Ausfüllung einer seit Jahren von Erziehungsvereinen und Rettungsanstalten empfundenen Lücke gemacht hat, der Anstalt Eline in Neukirchen bei Moers (Rheinprovinz). Sie ist für die Erziehung und Rettung sittlich gefährdeter und verwahrloster Mädchen im Alter von 14—21 Jahren bestimmt. Je früher die Liebesarbeit einsetzt, um so besser; es ist ungleich schwieriger, eine in die Unzucht tief Gesunkene zu retten, als vor dem Versinken, vor dem völligen Versinken zu bewahren." Diese Anstalt, die am 3. Dezember 1880 eröffnet wurde, war für 36 Pfleglinge berechnet, deren Zahl am 1. August 1885 vollständig war. Sie wird sowohl vom Staat, wie auch von privater Seite unterstützt. Nach einem Aufenthalt von wenigstens zwei Jahren in der Anstalt werden die Zöglinge in der Regel in einen Gesindedienst geführt, in dem sie noch länger der Aufsicht der Anstalt unterstellt sind.

Wie gering auch verhältnissmässig die Ergebnisse dieser Bestrebungen sind, lobenswert sind sie allenfalls und es können den Männern und Frauen, die sich dieser mühevollen und undankbaren Aufgabe unterziehen, nur Worte des Dankes gesagt werden. Weniger gilt dies aber von anderen, nach Muster des englischen Abolitionistenbundes geschaffenen Vereinen, die mit allerdings wohlgemeinten Worten der Sache, der sie zu dienen glauben, in vielen Fällen mehr schaden als nützen. Wie allseits kann auch in dieser Sache als Regel gelten, dass die leichteste That noch immer viel gewichtiger ist, als das schwerste Wort.

Bemerkt sei schliesslich noch, dass nach dem „Strafgesetzbuch für das Deutsche Reich" § 361 VI und 362, eine Mittelsperson, welche wegen gewerbsmässiger Unzucht einer polizeilichen Aufsicht unterstellt ist, „wenn sie den in dieser Hinsicht zur Sicherung der Gesundheit, der öffentlichen Ordnung und des öffentlichen Anstandes erlassenen polizeilichen Vorschriften zuwiderhandelt, oder welche, ohne einer solchen Aufsicht unterstellt zu sein, gewerbsmässig Unzucht treibt" mit Haft bestraft wird. Ferner heisst es § 362: „Bei der Verurteilung zur Haft kann zugleich erkannt werden, dass die verurteilte Person nach verbüsster Strafe der Landespolizei zu überweisen sei. Die Landespolizei-Behörde erhält dadurch die Befugnis, die verurteilte Person entweder bis zu zwei Jahren in ein Arbeitshaus unterzubringen oder zu gemeinnützigen Arbeiten zu verwenden." Auch Kuppelei wird laut §§ 180 und 181 mit strengen Strafen bedroht, so dass wenigstens der Gesetzgebung kaum ein anderer Vorwurf gemacht werden kann, als der, dass sie der Prostitution gegenüber zwischen Anerkennung und Nichtanerkennung schwanke, ein Uebel, das allerdings jede Regelung erschwert, ja sogar fast unmöglich macht.

Die Türkei und die aussereuropäischen Länder.

I. Kapitel.

Die Türkei. — Frauenleben im Orient. — Türkische Ehe. — Haremleben. — Sklaven. — Eunuchen. — Der Harem des Sultans. — Das Serail. — Konstantinopel.

Eine Prostitution nach europäischen Begriffen ist in der Türkei keineswegs eine so seltene Erscheinung, wie man anzunehmen geneigt ist, wenn man die gesellschaftliche Stellung des Weibes in Betracht zieht, die Sklaverei, die Eheverhältnisse und das Haremleben, das schliesslich für kaum etwas anderes als eine orientalische Ausdrucksform der Prostitution gelten kann. Indess ist die europäisch geartete Prostitution, die in Konstantinopel und andern Städten der Türkei zu finden ist, hauptsächlich auch für die „Franken“ bestimmt — bekanntlich die Bezeichnung dort für alle Westeuropäer — und, wie leider auch gesagt werden muss, grossenteils von Westeuropa mit „Material“ versehen, mag dieses auch zuweilen in orientalischer Vermummung aufzutreten lieben. Bordelle sind in

Konstantinopel ebenfalls vorhanden; wie behauptet wurde, gab oder giebt es sogar noch deren auch für die sattsam bekannten „Knabenfreunde".

Der Orientale betrachtet das Weib als ein ihm untergeordnetes Geschöpf. „Jeder weiss," schreibt Major Osman-Bey in seinem „Die Frauen in der Türkei", „dass im Orient das starke Geschlecht das herrschende ist, dagegen das schwache Geschlecht vollständig unterjocht wird; mit anderen Worten, der Mann gilt dort alles und die Frau nichts oder doch fast nichts. Unwillkürlich fragt man sich: was ist eigentlich die Ursache dieses sonderbaren und ungerechten Zustandes? Ohne Zweifel schreibt man letzteren dem Hochmut, dem Egoismus, den zügellosen Leidenschaften des Mannes, vielleicht auch der Untauglichkeit der Frau zu.

Wenn die Frauen des Orients, wird man sich sagen, ein klein wenig Selbstbewusstsein hätten, würden sie dann so widerstandslos die Sklaverei angenommen haben, welche ihnen aufzuerlegen den Männern gefallen hat? Diese Folgerung hat etwas Wahres; aber sie ist nicht ganz richtig, indem sie bei der Frau eine gewisse Widerstandskraft voraussetzt, welche die gesellschaftliche Verfassung des Orients ihr entschieden verbietet.

Die Ursachen, welche seit Jahrhunderten die Handlungen der Frau gelähmt und aus ihr ein untergeordnetes Wesen gemacht haben, sind folgende: Erstens, allgemeine und durch Sitten fortgepflanzte Vorurteile, und zweitens, religiöse und gesellschaftliche Einrichtungen, welche ebenfalls auf Vorurteilen beruhen. Ja, diese eingewurzelten Vorurteile sind es, welche die Frau verhinderten, die ihr von den Naturgesetzen angewiesene Stellung einzunehmen, eine Stellung, die der Gerechtigkeit und Menschlichkeit entspricht. Es muss gesagt sein, dass diese Regelwidrigkeiten viel eher von der thörichten Eingenommenheit der Männer, als von der Trägheit der Frauen herrühren. Der orientalische Mann verachtet die Frau; sie ist in seinen Augen ein Wesen niederer Art, eine Ueberflüssigkeit der Schöpfung. Diese Ansicht ist so allgemein, dass es, ohne Uebertreibung sei es gesagt, nicht einen einzigen Mann im Orient giebt, der sich nicht unendlich viel höher und vollkommner als die Frau dünkt; er ist Mann, dieses Wort sagt alles."

Der Koran gestattet die Vielweiberei: „Könnt ihr euch nicht mit einer Frau begnügen, so dürft ihr euch deren mehrere, bis vier nehmen," lehrt Mohamed und gestattet nebenbei noch ebenso viel Sklavinnen und Beischläferinnen zu halten. Er selbst hatte nicht weniger als fünfzig Gattinnen. „Die eheliche Verbindung bei den Türken," heisst es in „Psyche und Hymen" von L. Merz, „wird entweder auf die ganze Lebenszeit eingegangen, oder sie dauert nur eine kurze Zeit, die man teils unbestimmt lässt, teils durch einen Vertrag festsetzt. In diesem Falle werden die Bedingungen von dem Kadi entworfen und in ein Protokoll eingetragen. Man nimmt die Braut ohne alle Feierlichkeit an, und verabschiedet sie wieder ohne viel Umstände. Von diesen Ehen ist das Konkubinat mitSklavinnen, das ohne weiteren Vertrag stattfindet, verschieden. In ersterem Falle verbinden sich die Türken zwar für's Leben, aber ohne, dass dies durch gegenseitige Einwilligung geschieht, denn weder der Eine noch der Andere wird gefragt; sie werden einander versprochen, ehe sie im stande sind zu wählen. Nur die Eltern pflegen da zu entscheiden. Den Verlobten wird kein Umgang, ja sich nicht einmal zu sehen erlaubt; sie kennen einander also weder von Person noch von Charakter. Die Eheschliessung erfolgt bürgerlich vor dem Kadi. Der Mann verpflichtet sich für den Fall seines Todes oder den der Scheidung der Gattin einen bestimmten Betrag auszusetzen, was der Richter zu Protokoll nimmt und damit ist die Ehe geschlossen, wobei die Braut nicht persönlich anwesend ist, sondern durch einen Bevollmächtigten vertreten wird. Die Verwandten führen dann den jungen Gatten in das Haus seiner nunmehrigen Gattin."

„Was die Ehescheidung betrifft," bemerkt Osman Bey, „so ist dieselbe ein einfaches Mittel, sich von einer widerspenstigen Frau zu befreien, und die Furcht der Frauen plötzlich verabschiedet zu werden, erhält dieselben in stetem Gehorsam. Der Mann braucht nur zu sagen: „Frau, sei ledig!" und die Frau muss sich sofort einen Schleier um den Kopf werfen, ihre Sachen nehmen und das Haus verlassen. Es ist wohl nicht nötig hinzuzufügen, dass die Frau keineswegs dasselbe Recht hat, den Gatten zu verabschieden." In der That ein sehr einfaches Mittel! Ob aber eine Ehe mit so einfachem Mittel überhaupt noch als Ehe gelten kann ist sehr fraglich. Merkwürdig bleibt immerhin, dass trotz dieser Allmacht des Gatten auch in der mohamedanischen Ehe eine entschiedene Pantoffelherrschaft keine Seltenheit ist. Die Frauen sind bekanntlich in dem wohlbehüteten Harem untergebracht, von dem noch weiter die Rede sein soll.

„Um die Eifersucht unter den Frauen zu verhindern," bemerkt Osman-Bey, „muss der Gatte als guter Muselman seine Geschenke und Wohlthaten gleichmässig verteilen. Er kauft ihnen also dieselben Kleider, dieselben Schmucksachen, ohne sich auch nur ein wenig verschwenderischer bei der einen oder der andern zu zeigen. Dieses Prinzip wird auch in betreff des Geldes beobachtet. Der Gatte mehrerer Frauen muss jeder derselben zu Anfang des Monats eine gleiche Summe als Gehalt auszahlen. Der Mann sucht also auf diese Weise die Eifersucht und den Neid im Harem zu vertreiben . . . Die erste Frau in der Haushaltung wird die „grosse Dame (Bujuk-Hanun) genannt; die zweite heisst einfach die zweite Dame (Ikindji-Hanun); die dritte nennt sich Mitteldame (Orlandje-Hanun) und die vierte wird mit „kleine Dame (Kutchuk-Hanun) bezeichnet. Die Bezeichnungen sind offiziell und überall gebräuchlich. Man kennt daher die Frauen nur unter diesen Namen. Die Kinder selbst werden danach benannt, man sagt z. B.: die Kinder der grossen Dame, die Kinder der zweiten Dame u. s. w. Was den Namen des Vaters betrifft, so wird derselbe nie ausgesprochen.

Dass die Verderbtheit bei den Muselmanen grösser ist als bei den andern, ist unbestrittene Thatsache. Wollte ich alles erzählen, was in und ausser den Harems geschieht, so könnte ich dicke Bände damit anfüllen. Es genügt zu sagen, dass die türkischen Frauen, Dank ihrer List, sich über die Gitter, Mauern und Eunuchen, von welchen sie gehütet werden, lustig machen. Ausserdem kann man sich denken, dass gerade die vollständige Abgeschlossenheit ihrer Zimmer sehr günstig für allerlei Abenteuer ist. Wenn eine türkische Frau zu ihrem Gatten sagt: „Trete nicht ein, ich habe Besuch," so ist ersterer gezwungen sich zurückzuziehen, oder er würde Gefahr laufen, die (besuchende) Frau ohne Schleier zu sehen, was nicht erlaubt ist.

Stellen wir uns nun z. B. vor, dass dieser Besuch ein Mann ist, der sich durch List einzuführen gewusst hat. Schöpft der Gatte Verdacht, so kann er sich natürlich den Eingang erzwingen. Aber wie sollte er dazu kommen; es ist nicht möglich, dass er unaufhörlich vor der Thür seiner Frau Wache steht.

Ich erinnere mich, dass eines Tages sämtliche Haremseigentümer durch die Erscheinung eines als Frau verkleideten Gespenstes von panischem Schrecken ergriffen wurden. Das Gespenst war nichts anderes als ein netter junger Mann von Fleisch und Bein namens Reschid, der sich vorgenommen hatte, die schönen Verlassenen in dem Harem zu trösten. Er kleidete sich sehr elegant als Frau und klopfte, in Begleitung seiner Schwester, an verschiedenen Thüren an. Seine Verkleidung war so geschickt gemacht, dass seine Abenteuer sogar in vielen streng bewachten Häusern unbemerkt blieben. Jedoch wurde er endlich entdeckt und hinter Schloss und Riegel gebracht. Das Verhör, das er zu bestehen hatte, deckte viele Geheimnisse auf und kompromittierte eine Menge hochangesehener Namen."

Die Sklaverei und der Sklavenhandel waren in Konstantinopel noch zu Beginn der zweiten Hälfte des neunzehnten Jahrhunderts zu finden und sollen heute noch nicht ganz verschwunden sein. Es handelte sich dabei weniger um Dienstleute als um Haremsmaterial, um Odalisken, Nebenfrauen. Hierbei nehmen die bekannten Eunuchen eine besonders wichtige Stelle ein. „Die Sklaverei ist ein notwendiges Räderwerk des von Mohamed gegründeten sozialen Systems. Ohne ersteres könnte die Maschine nicht funktionieren. Die Sklaverei ist in der That der Zusatz des Harems, denn ohne Sklaven würde die Errichtung eines Harems materiell unmöglich sein. Wären die Dienerinnen und Kammerfrauen frei, wie könnte man dann die Herrinnen einschliessen? Der Harem ist eine Institution, die kein guter Muselman zu zerstören wagen würde, ebenso wenig wie die Sklaverei."

In früherer Zeit schafften die zahlreichen Kriege und Raubzüge das nötige Menschenmaterial der Sklavenmärkte herbei. Später waren Georgien, Cirkassien und Afrika die Lieferungsgebiete, das Material, Mädchen und Knaben, wurde zumeist geraubt und von dem Raubgesindel an Händler weitergegeben. Das Bedürfnis nach Sklaven lies die frommen Moslem vergessen, dass sie mit diesen Erwerbungen zumeist den Koran verletzten, der nicht gestattet Glaubensgenossen zu Sklaven zu machen und die Cirkassier sind Mohamedaner. Einen umfangreichen Sklavenhandel trieben, treiben vielleicht heute noch hie und da, vornehme Damen, Frauen von Paschas und Ministern zu gunsten ihrer Privatkasse. Sie verschafften sich nämlich um ein Wohlfeiles eine Anzahl ganz kleiner Mädchen deren Aeusseres künftige Schönheit versprach, erzogen diese und verkauften sie, wenn sie herangewachsen waren, zu hohen Preisen. Schwarze Sklavinnen nehmen nur einen geringen Rang ein und verrichten zumeist nur Küchendienst. Sie sind, wie Osman sagte, nie zur Vermehrung der türkischen Rasse verwendet worden, wohl aber kommt diese Vermischung häufig bei den Arabern und in Aegypten sowie andern afrikanischen Ländern mit mohamedanischer Bevölkerung vor. Die Eunuchen, die Tugendwächter der Serails, sind in der Regel Schwarze. Früher gab es wohl auch weisse Eunuchen, ak - aghalar, weisse Edelleute, genannt, die gewöhnlich cirkassische oder georgische Sklaven waren, die in früher Jugend der grausamen Entmannung unterzogen wurden. Sie wurden gut gehalten und viele von ihnen wurden reich und erhielten, alt geworden, Pension. Merkwürdig ist, dass — trotz alledem vorgekommen ist, dass diese Verstümmelten sich verheiratet hatten, „mit einer, zwei, drei, vier Frauen, wie es das Gesetz gestattet, um ihre Häuslichkeit vollständiger zu machen. Diese excentrischen Persönlichkeiten wählen gewöhnlich unter den Frauen des Palastes, ihren ehemaligen Gefährtinnen ihre Gattinnen, mit denen sie in platonischer Liebe ihre Tage beschliessen."

Ein Feuilleton von M. O. „Aus dem Haremsleben" betitelt enthält interessante Mitteilungen, von denen einige Stellen hier wiedergegeben werden sollen: „In hohem Masse beschäftigt das Haremsleben seit Jahrhunderten die Einbildungskraft der Abendländer. Vom Zauber märchenhafter Romantik umflossen erschienen uns die „Verbotenen", die „Unzugänglichen". Harem, arabisch „el harim", heisst bekanntlich das „Verbotene," „Unverletzliche". Es hält sehr schwer, Zutritt zu der Frauenwohnung eines vornehmen Muselmanen oder gar des Sultans zu erlangen. Was uns die Orientreisenden von türkischen Harems zu erzählen wissen, dürfte nur in den seltensten Fällen zuverlässig sein. Wenn ein Mann behauptet, in den „Dâr ul Seâdet" zu Konstantinopel Einblick gewonnen zu haben, so darf man mit Recht an der Wahrheitsliebe des

Betreffenden zweifeln. Selbst einem Arzt öffnet sich nur im dringendsten Notfalle die Thüre eines Frauengemachs im Yildiz. Die Türkinnen müssen sich überhaupt, so lange es irgend geht, mit dem ärztlichen Beistand von Geschlechtsgenossinnen begnügen. Wird ein Jünger Aeskulaps wirklich einmal zugelassen, so geschieht dies nie anders, als in Gegenwart des Gatten oder einer Schar von Sklavinnen. Der Puls muss durch ein seidenes Tuch gefühlt werden. Das Antlitz der Kranken bekommt der Arzt nur zu sehen, wenn es zur Feststellung der Diagnose unumgänglich notwendig ist.

Mit grösster Sorgfalt hütet der echte Moslem dreierlei: Frauen, Schmuck und Wohlgerüche. Es ist seine feste Ueberzeugung, dass diese drei „Dinge“ sich besonders gern verflüchtigen. Die Bewohnerinnen der Harems sind höchstens für die nächsten männlichen Anverwandten sichtbar. Will ein unglücklicher Zufall es, dass die Gattin oder Lieblingssklavin eines Rechtgläubigen von einem andern Manne unverschleiert gesehen wird, dann sind ihre guten Tage gezählt. Es soll sogar vorgekommen sein, dass ein schönes Weib, dessen Gesicht ein Europäer ohne Verhüllung erschaute, von dem eigenen Gemahl auf der Stelle erschossen wurde. Nur so glaubte der Muselman, die Ehre seines Hauses wiederherstellen zu können.

Durch die Gesetzbücher des Morgenlandes geht unleugbar ein Zug ehelichen Misstrauens gegen die Frauen. Confucius sagt, der Geist eines Weibes ist mit Quecksilber, ihr Herz mit Wachs zu vergleichen. Der weise Bidpai, der als Verfasser der „Pantschatântra“ gilt, einer im zweiten Jahrhundert v. Chr. unter dem Einfluss des Buddhismus entstandenen Sammlung lehrreicher Fabeln und Erzählungen, erklärt alle Frauen für gänzlich unzuverlässig. Wiederholt warnt der Koran vor weiblicher List, deren Fäden feiner seien als die der Seidenraupe. Khalif Omar, der Larochefoucauld Arabiens, hält es nicht für ratsam, einer schönen Frau ein Heim mit Terrasse zu geben und sie in die Geheimnisse der Schreibkunst einzuweihen. Und da auch der Talmud sich wenig vertrauensselig in Bezug auf das Ewig-Weibliche zeigt, ist die durch so uralte Erfahrung begründete Vorsicht des Orientalen, der sich verantwortlich hält für die Tugend seiner weiblichen Angehörigen, wohl zu begreifen . . .“

Begreiflicherweise erweckt der Harem des Sultans zu Konstantinopel des grösste Interesse des Abendländers. Osman Bey äussert sich hierüber: „Der Harem der Herrscher ist zu jeder Zeit eine Anstalt für sich gewesen. Der Herrscher in diesem Reich ist ein fast göttliches Wesen, welches unermesslich viel höher über seinen Unterthanen steht; zwischen ersteren und letzteren giebt es keine Mittelstufe. Wollte der Herrscher von der Höhe dieser äusseren Absonderung seine Blicke auf eine Unterthanin herabsenken, so würde er dadurch seine heilige Majestät kompromittieren; denn die Verbindung zwischen einer Unterthanin und dem Stellvertreter des Propheten wird als unrein betrachtet. Ausserdem widersetzt sich im Orient sowohl wie im Occident das Staatsrecht derartigen Heiraten.

Da weder die Huris vom Himmel herniedersteigen und sich dem Padischah zur Verfügung stellen können, noch die Frauen des Volkes zu seiner Höhe hinaufsteigen können, so war es notwendig, ein anderes Mittel zu finden um die Sultane zu verheiraten, und zwar bevölkerte man den kaiserlichen Harem mit Sklavinnen, welche von ausserhalb kommen und keinerlei Beziehungen zu der Nation haben.

Dank diesem Ausweg bleibt der Herrscher immer auf seiner Höhe von allen abgesondert, ausgenommen diejenigen, welche mit ihm abgesondert sind. Er bildet mit seiner Umgebung eine Gesellschaft für sich, eine besondere Welt, welche nach ihrem eigenen Vergnügen lebt und nichts mit der Aussenwelt zu thun hat. Dieser exclusive Hof hat seine Traditionen, seine Sitten und selbst seine Sprache für sich, denn die Sprache welche im Serail gesprochen wird, unterscheidet sich weniger durch ihre Aussprache, als durch ihre Wendungen von der gewöhnlichen Sprache der Stadt. Eine Frau des Serails braucht nur den Mund zu öffnen, um erkennen zu lassen, wer sie ist . . .

Doch bevor ich weitergehe ist es notwendig, um jede Konfusion zu vermeiden, die Bedeutung der Worte Serail und Harem näher zu erklären, da sie leicht verwechselt werden und ich selbst dieselben vielleicht noch fast wie gleichbedeutend anwenden werde. Serail oder Seraï bedeutet Palast. Diesen Namen führt die Residenz des Herrschers, sowie die Residenz des Gouverneurs jeder Provinz. Unter diesem Wort versteht man die von Männern oder Frauen bewohnten Gebäude. Der ausgedehnteste Teil dieser Wohnungen ist für die Frauen bestimmt und trägt den Namen Harem. Der übrige Teil beherbergt die Männer und dient gleichzeitig als Empfangsort. Daher die Benennung „Selamlik,“ was soviel wie Cermoniensaal bedeutet. Im Palast des Sultans indessen ist dieser Name Selamlik durch das pompösere aber ähnliche Wort Mabëin ersetzt.

Das Serail, der gewöhnliche Aufenthalt Seiner Majestät ist ein grosses Gebäude aus Marmor, viermal so gross wie der Winterpalast zu Petersburg. Drei Viertel dieses Gebäudes ist dem Harem gewidmet, während der Mabëin nur ein Anhang ist . . .“

Der Harem des Sultans umfasst demnach alles Weibliche des Hofes, dessen Zahl einige Tausend beträgt. Er ist hierarchisch gegliedert. Die oberste Stelle nimmt die Sultanin-Mutter ein. Ihr folgt die Grossschatzmeisterin, Hasnedur-ousta und dieser erst die erste Frau des Sultans, Bach-Kadine, dann die zweite, dritte, vierte Kadine. Den vier Frauen folgt dem Range nach die erste Favoritin, Bach-Ikbel, die zweite u. s. w. soviel deren eben vorhanden sind. Dann folgen ebenfalls in unbegrenzter Zahl die Aspirantinnen, Guieuzdes, diesen die Mütter von

Prinzen oder Prinzessinnen, Kadinen-Effendis und diesen wieder die Sultaninnen, die unverheirateten Prinzessinnen nämlich. Jede dieser Damen hat ihren eigenen Daïra, Hofstaat, der aus etwa einem Dutzend Kalfas betitelten Damen besteht. Diese wieder haben jede ein halbes Dutzend Maïkes, junge Elevinnen, zur Verfügung. Hierzu ist natürlich noch eine zahlreiche Dienerschaft zu rechnen.

Was die Ergänzung des Harems betrifft, so schreibt Osman: „Man holt also immer wieder von allen Seiten georgische oder griechische Sklavinnen herbei, um die weibliche Schar, welche mit der hohen Mission beauftragt ist, den Sultan zu entzücken und seine Dynastie fortzupflanzen, zu vervollständigen. Die Sklavinnen werden im jugendlichen Alter gekauft, damit man sie nach den Ideen und Sitten des Serails, welches ihre Familie, ihr wahres Vaterland wird, erziehen kann. Auf diese Weise werden die Traditionen des türkischen Hofes von Generation auf Generation überliefert. Die alten Frauen kaufen und erziehen die jungen und lehren dieselben, diejenigen, welche ihnen folgen, zu kaufen und zu erziehen."

Die Sultanin-Mutter führt auch den Titel „Tatschul-mestourat," d. h. Krone der verschleierten Häupter, und der Obereunuche ist der „Grossmeister der Glückspforte." Es ist einer der mächtigsten Herren des Reiches und so mancher Grossvezier fiel schon, weil es dem Gewaltigen so gefiel.

Eingang dieses Kapitels wurde erwähnt, dass Konstantinopel und andere türkische Städte eine grossenteils aus fremden Frauen bestehende Prostitution aufzuweisen haben, zu der auch eine stattliche Zahl „fahrender Frauen" gerechnet werden kann, Abenteuerinnen, Tingel-Tangel-Sängerinnen u. dgl. Aber auch an mohamedanischen Prostituierten fehlt es nicht, indes scheint es für Westeuropäer nicht ganz gefahrlos zu sein mit diesen Frauenzimmern in Verkehr zu treten. In dem anonym erschienenen „Morgenland und Abendland," Stuttgart 1841, wird folgende Episode mitgeteilt: „Kurz vor meinem Eintreffen in Konstantinopel trug sich eine Geschichte zu, die am besten die türkischen Sittenansichten beweist. Eine engliche Fregatte setzt vier junge Offiziere ans Land, die sich dort gütlich thun und die Stadt besehen wollen. In Galata winken ihnen Türkinnen zweideutigen Rufes aus den Fenstern zu, die Offiziere lassen sich nicht lange bitten, treten in das Haus und verweilen dort einige Stunden. Als sie aber herabkommen, um auf ihr Schiff zurückzukehren, wurden sie arretiert und nach den Bagno gebracht. Unfähig sich verständlich zu machen, müssen sie trotz alles Widerstrebens Folge leisten, begegnen aber glücklicherweise unterwegs einem Bekannten, rufen ihm zu was geschehen, und bitten ihn, sie zu befreien. Dieser Mann begiebt sich zum englischen Generalkonsul, allein der zuckt die Achseln, und kann nichts thun, da er die türkische Ansicht in solchen Fällen zu genau kennt. Der Kapitän der Fregatte wird in Kenntnis gesetzt, und fordert vergebens die Auslieferung seiner Offiziere, und das Alles fruchtlos, fährt am andern Morgen zu Chosrew Pascha, und stellt ihm vor, dass die Offiziere zum erstenmale in diesem Lande, die Sitten desselben ihnen fremd sind, und dass sie zu den besten Familien Englands gehören, während jene Mädchen feile Dirnen seien. Vergebens. Der allmächtige Minister erklärt, dass allein in diesem Punkte er durchaus nicht einschreiten könne, und dass mit Sonnenuntergang die Offiziere vermutlich gehangen sein werden; der Kapitän aber giebt sein Wort, dass, wenn sie bis Mittag nicht befreit zu ihm an Bord gebracht werden, er das Arsenal in den Grund schiessen werde. In grosser Spannung erwartet er die Antwort, die nicht kommt. Nun setzt er die Boote aus, lässt seine Fregatte den Hafen hinauf vor die Admiralität bugsieren, legt sich quer vor ihr über, lässt die Kanonen laden und die Artilleristen mit brennender Lunte dabei stehen. Dreissig Kanonen auf einen Fleck gerichtet sind immer eine überzeugende Notwendigkeit; der Kapudan Pascha, der Kommandant des Arsenals, verliert den Kopf und giebt die Offiziere aus dem Bagno frei. Chosrew soll hierauf einen schweren Verweis vom Sultan erhalten haben, welcher wollte, man hätte sie vor der Hand nicht töten, aber gefangen halten sollen, um das türkische Gefühl nicht zu verletzen."

In der Erwähnung der türkischen Militärverhältnisse deutet der Verfasser übrigens auch noch auf einen besonders in Konstantinopel arg verbreiteten sittlichen Uebelstand hin, indem er von dem gemeinen Soldaten als einen von seinen Offizieren „oft sehr zweideutig geliebten" Menschen spricht. Allerdings ist die Päderastie dort, wie überhaupt im Orient eine nur zu häufige Erscheinung.

II. Kapitel.

Aegypten. — Alexandria und Kairo — Araber. — Beduinen. — Eheleben. — Die Türken in Aegypten. — Haremleben. — Toilette. — Die Kopten. — Die Juden. — Sklaven. — Chafath. — Infibulation. — Kastraten. — Persien.

Die Sittlichkeitszustände und die Prostitutionsverhältnisse der andern mohamedanischen Ländern weisen mit denen der Türkei begreiflicher Weise grosse Aehnlichkeit auf, zumal nicht wenig hiervon eine religiöse Grundlage hat, Lebensführung und noch manches andere nur geringe Unterschiede aufweisen.

Was Aegypten anbetrifft, so weisen die von Europäern stark besuchten Städte, wie Kairo und Alexandria neben der orientalischen auch eine starke westeuropäische Prostitution auf und ein beträchtlicher Teil des bereits erörterten Mädchenhandels nimmt auch hierher seinen Weg.

In Professor Eduard Hildebrandts „Reise um die Erde," Berlin 1867, I. S. 20 heisst es: „In der Nähe dieses grossen Centrums des Menschenverkehrs und Warenumsatzes hat sich die Prostitution von Alexandria angesiedelt. Nichts verwehrt dem Vorübergehenden den Einblick in die Erdgeschosse; hier gilt der Grundsatz der antiken Welt: naturalia non sunt turpia. Die Mehrzahl der Priesterinnen besteht aus Töchtern des Landes, ägyptischen Frauen und Negerinnen, doch ist kein Mangel an Weibern kaukasischer Rasse. Eine polizeiliche Ueberwachung findet nicht statt. Für europäische Augen sind Scenerie und Staffage äusserst widerwärtig."

Mehr noch gilt dies für die Hauptstadt Kairo und der durch die Eröffnung des Kanals hervorgerufene grössere Verkehr hat auch nach dieser Richtung hin eine Vermehrung herbeigeführt. Die Besetzung durch die Engländer dürfte wenigstens verbesserte Sanitätszustände im Gefolge gehabt haben, denn die Syphilis ist dort, wie überhaupt in Afrika, eine nur zu endemische Erscheinung. In seinem Erstlingswerk „Wie ich Livingstone fand" hebt Stanley hervor, dass die Mohamedaner Afrikas von diesem entsetzlichen Uebel völlig durchseucht sind, eine Thatsache, die bestehen bleibt, wenn auch der Verfasser es für gut fand, in den späteren Auflagen dieses Werkes diese und noch einige Stellen, die ihm bei seiner unvorhergesehenen Rückkehr nach Afrika unbequem hätten sein können, auszumerzen.

Schon das alte Aegypten war ob seiner Unsittlichkeit und Zuchtlosigkeit berüchtigt, wie schon früher bemerkt wurde. Ueber Land und Leute um die Mitte des neunzehnten Jahrhunderts finden wir in den bereits mehrfach angeführten „Reise-Fragmenten" folgendes:

Die gegenwärtigen Bewohner Aegyptens sind Araber, nur einen geringen Teil der Bevölkerung bilden die herrschenden Türken, ferner die christlichen Kopten, Berber und Neger. Die Europäer, Armenier und Juden sind so wenig zahlreich, um fast nicht in Betracht zu kommen. — Nicht minder wie die physikalische Beschaffenheit des Nil-Landes zu Europa, so bilden auch die Einwohner desselben in der gesamten Personalität, von Sitten, Gebräuchen und Lebensweise, die entschiedensten Gegensätze; daher bei einer Ethologie dieses afrikanischen Volkes, von vornherein der ethische, insbesondere der christlich europäische Standpunkt aufgegeben, die Moral-Philosophie des Islam erwogen, und wenn sodann die Wollust als der Typus des ganzen Volkscharakters, schon durch die religiösen Zugeständnisse hervorgerufen, mit überwiegender Gewalt überall auftritt, nicht ein Anathema ausgesprochen werde, da jene Leidenschaft nur Folge der physischen Agentia grösserer Blutwärme, und lediglich eine Erscheinung ist, welche sich auf dem ganzen Erdball wiederholet; wo der unwiderstehliche Trieb nach sinnlicher Liebe, gegen den Aequator in steigender Progression zu, nach den Polen hingegen gleichmässig abnimmt, weder die Morphosis noch die Sinneslust, eines erstarrten Polar-Eskimo, mit der des glühenden Tropenbewohners, zusammengestellt werden darf. — Die Araber, fast 4/5 der gesamten Population Aegyptens, sind zusammengesetzt aus den Hadesi (Stadtbewohnern), den Fellahs (Ackerbauern), sowie den Beduinen (Wüstenbewohnern), und bestehen aus einer dunkelfarbigen, körperlich sehr wohlgebildeten, fein und doch kräftig gegliederten Menschenrasse kaukasischen Ursprunges. Die ausdrucksvolle arabische Physiognomie, bekundet angeborne Geistesanlagen erwärmt von feurigem Leben, und das ganze Naturell beweiset, dass weder der Mangel an Freiheit unter morgenländischer Despotie, die stete Heiterkeit ihres Temperaments zu erkalten; noch ihre erotischen Ausschweifungen die spannkräftige Elastizität des Körpers, zu schwächen vermochten.

Die arabischen Mädchen, welche im achten Jahre zur Pubertät gelangen, im zehnten heiraten, im siebzehnten verblühen, und im zweiundzwanzigsten Jahre Grossmütter werden, sind in der Gesamtheit wahre Modelle eines fein gegliederten weiblichen Körperbaues, und die einzelnen Membra dieser ätherischen Gestalten, besonders die Hände und Füsse, könnten in einem plastischen Kanon verwendet werden. Ohne jene Obesität, welche nur zu bald übersättiget, sind die zierlichen Glieder doch vollkommen gerundet, und ihre Wellenform in einem Ebenmass verteilet, welche ebenso fest wie elastisch bei der Berührung entgegenschwellet, als sie zart gleich einem Sammetgewebe, dem äusseren Gefühle sich zuwendet; denn glücklicherweise betrachten jene arabischen Sylphiden, sich keineswegs als Nolimetangere. Südliche Brünetten in der vollkommensten Ausbildung und viel versprechendsten Bedeutung, mit glänzend schwarzem Haar in langen Flechten, überstrahlet ein Augenpaar das geistreiche Gesichtsoval, funkelnd wie die Asteroiden des ägyptischen Firmaments, und zündende Blitzstrahlen schiessend, die bei dem elektrischen Stoffe, aus welchem die arabischen Männer geformt sind, urplötzlich solches Feuer in einer brennenden Liebesglut zur Flamme fachen, die ohne zu verzehren, nur in gegenseitiger Umarmung gelöscht werden kann; weil auch bei der weiblichen Hälfte in diesen herausfordernden Blicken, verbunden mit dem Wellenschlage des stürmisch wogenden Busens, und der Vibration jeder Lebenstextur des graziösen Frauenkörpers, nur südlich feuriges Liebesverlangen ausgedrückt ist. Ohngeachtet dieser Fülle von elektromagnetischem Fluidum in dem männlichen Organismus, bleibt der feurige Araber doch bei dem Anblick übrigens völlig tadelloser Europäerinnen, ganz unempfindlich, da er in dem irrigen Glauben steht, dass unter einem rauhen Klima entsprossene nordische Pflanzen nicht das Aroma seiner tropischen Blumen auszuströmen vermögen, sondern nur einen Grasus verbreiten können. Und in der That geben auch die hiesigen Europäer, diesen salamandrinischen Charitinnen, wegen ihres sanguinisch feurigen Temperaments, als dem für rüstige Männer unwiderstehlichen Agens, überall den Vorzug, eine Gluthitze, gegen welche die Wärme ihrer Frauen nur als Phlegma erscheinen soll.

Wie im grössten Teile von Arabien, so unterwerfen sich auch in Aegypten, gegenwärtig nur die Frauen aus den höheren Ständen, zwar widerstrebend, doch noch einer unvollkommenen, jene der unteren Volksklassen schon gar keiner Gesichtsverhüllung mehr; indem die ersteren oft genug den Schleier scheinbar zufällig lüften, denn gesehen zu werden ist das Glück der Araberinnen, wie der Weiber auf dem ganzen Erdenrund. Noch zu den Zeiten Bonapartes war dies hier anders, denn wie derselbe in seinen Diktata berichtet, verwendeten die ohne Gesichtsschleier überraschten Araberinnen, den vorderen Teil der Chemise zur Bedeckung der Visage, und gaben hierdurch ihren ganz entblössten Unterkörper lieber als das Gesicht den Männerblicken Preis. Die grosse Gewandhülle oder der Burnus aus Seide, verdeckt zwar beim Ausgehen die weiblichen Gestalten vom Haupt bis zu den Füssen, öffnet sich jedoch im Gehen, da der Ueberwurf vorn nicht geschlossen, und lässt die weiten Beinkleider bemerken, welche mit einer seidnen Schnur über die Hüften, durch einen wenn schon nicht gordischen, doch oft schwer genug zu lösenden Liebesknoten, befestigt sind. Der blaue baumwollene Haik hingegen, ist bei dem gewöhnlichen Mangel an Hemd und Hosen, die einzige Bekleidung der niederen Araberinnen, und zeigt diese leichte Hülle während des Gehens vereinzelt, vollständig jedoch bei den vorgeschriebenen täglichen Waschungen und Bädern im Nil, den symetrischen Körperbau dieser fein gegliederten Mädchen, ruhend gleich Undinen auf den Wellen. Denn wie im heiligen Ganges die Hindu ihre religiösen Waschungen, so verrichten auch die Araber beider Geschlechter ihre täglichen Nilbäder öffentlich, unbekümmert, welche Zuschauer der Zufall an die Ufer führet. In einem so heissen Lande, wo die Männer lediglich mit einem kurzen Hemde, die Frauen nur mit einer leichten Hülle bekleidet zu arbeiten vermögen, gewöhnen sich auch beide Geschlechter bald an den Anblick gegenseitiger Nuditäten, und die Macht der Gewohnheit ist so gross, dass selbst die vielen von und nach Indien reisenden dezenten Ladys und sehr schamhaften Miss aus solchen Obscöna keinen bemerkbaren Schaden erleiden, nicht in Ohnmacht fallen, wenn sie auf den Armen ganz entkleideter arabischer Männer, aus und nach den Nilbarken durch das Strandwasser sich tragen lassen müssen; und ohne bei dem täglichen Anblick der nackten muskulösen Schiffsmannschaft aus Alteration zu erkranken, paradiesische Lebensbilder, welche sie auf den langen Nilreisen, bei der fortwährenden Schiffarbeit im Wasser, unabwendbar zu ertragen haben. — Die arabischen Beduinen bewohnen den Rand der ägyptischen Sandwüsten, so wie die innerhalb derselben belegenen Oasen, und da solche Gegenden ihren Heerden nur zeitweise Nahrung gewähren, sind sie Nomaden aus Notwendigkeit. Da die Beduinen immer nur unter einander heiraten, so sind diese Nomaden die Träger der reinen arabischen Volksrasse geworden, und physisch noch wohlgebildeter auch sittlich weniger korrumpieret, wie ihre stammverwandten Hadesi und Fellahs geblieben. Als Uebertreibungen erscheinen indes diejenigen Reiseberichte, welche von dem noch unverfälschten Urzustande jenes Volkes reden, wie die Bibel solchen beschreibt, indem sich diese Fiktion, sowohl in patriarchalischer Stammverfassung wie Sitte und Lebensweise, lediglich auf das reduzieret, was das Klima, die Nomadisierung, überhaupt die Naturbeschaffenheit der allein wenig unveränderlichen Wüste, gebieterisch fordert. Denn die Zivilisation ist insofern auch bis zu diesen Einöden gedrungen, als sie mit mehreren künstlichen Bedürfnissen vertraut werden liess, die früher unbekannt waren, und jetzt nur durch Geld, von anderen Ländern erlangt werden können; während diese Völkerverbindungen, in der einfachen patriarchalischen Lebensweise die alten Sitten nicht allein verändern, sondern auch verschlechtern mussten. So macht der Luxus, namentlich die weibliche Eitelkeit, sich mit Armbändern, Ohr- und Fingerringen zu schmücken, soga für den reisenden ungläubigen Kiafar (Christen) unter Vermittelung alter Weiber und seiner Piaster, das schöne Wüstenfräulein zugänglich, wie spröde diese beduinischen Koketten in ihrem Zelt sich anfangs auch verstecken, und in dasselbe eingedrungen, wütend geberden mögen. Denn das erstaunlichste bei solchen Aventuren bleibt immer die Kunst, mit welcher diese völlig ungeschulten Naturmädchen, in dergleichen Rollen zu debutieren verstehen. Vom achten Jahre an, tragen die Mädchen, als Kennzeichen ihrer mannbaren Reife die Schebeika, eine Perlenschnur um das Haupthaar in Form des Jungfernkranzes, welcher ihnen von dem Gatten in der Brautnacht, nach wirklich vorgefundenem Hymen abgenommen, bei dem Mangel dieses Membranes aber gelassen, und dann der Kopfschmuck mit der Trägerin, den Schwiegereltern zurückgeschickt wird; weshalb zur Abwendung dieses Unglücks künstliche Täuschungsmittel, den Weibern sogar in der Wüste nicht unbekannt geblieben sind. Zwar erst im Himmel verspricht das 56. Kapitel des Koran, jedem Gläubigen unerschöpfliche Manneskraft für 725 solcher Houris, welche nie aufhören werden Jungfrauen zu sein; aber der sinnliche Moslem will schon auf Erden, den Vorgeschmack jener unvergänglichen Freuden erlangen, denn obwohl ihm die gesetzliche Polygynie bereits vier Ehefrauen gestattet, erachtet ein feuriger Beduine dies für seine Bedürfnisse noch keineswegs ausreichend, und der hierzu erforderliche Ueberfluss an Frauen, konnte nur bei der Minderzahl der Männer, als eine Folge der ewigen Kriege dieser vielen Nomadenstämme unter einander, in solchem Grade eintreten. Während der oft vorkommenden langen Abwesenheit jener Wüstenbewohner aus dem Lager, sei dies nun auf Reisen, wegen

Raubzügen oder im Kriege, sind sie andernteils auch billig genug, ihre Weiber zur Obhut, respektive Tröstung in deren temporärem Witwenstande, einem Freunde zu übergeben; so dass die Frauen diese langen Züge ihrer Männer um so weniger bedauern, wenn die Beschützer auch die ehemännlichen Vices der ersteren übernehmen, und solche, hieraus folgende Blutsverwandtschaft, schlingt dann das allgemeine Band der Einigung immer fester, um den ganzen Araberstamm. Viele Beduinen führen den semitischen Namen Jesu, unter der Abkürzung von Eise. — Sowohl in physischer als intellektueller Hinsicht stehen die Türken unter den Arabern, wiewohl sie in ihrem egoistischen Dünkel als das herrschende Volk, sich hoch über jene erhaben wähnen, und wie in Europa Parvenüs oft erst durch den weiblichen Unterrock, oder durch reiche Heiraten ansehnliche Männer werden, haben hier viele sehr Hochgestellte nur per Anum ihre Laufbahn rivescio gemacht. Kein Türke bebaut das Feld, nur wenige betreiben leichte Handwerke, die meisten ernähren sich durch den Handel, und alle Wohlhabenden überlassen sich dem edlen Nichtsthun. Häufig dem rohesten Materialismus und den unnatürlichsten Lastern ergeben, worunter Opiumrausch und Päderastie gehören, würde diese durch alle Wollüste geistig und physisch entnervte muselmanische Rasse, schon völliger Degeneration verfallen sein, wenn nicht die schönen tscherkessischen Frauen und georgischen Sklavinnen, die Fäulnis des turkomanischen Blutes hemmten, indem sie die folgende Generation verbessern. Weder von der vielgepriesenen Schönheit dieser kaukasichen Mädchen, noch über die faziale Beschaffenheit der Türkinnen, lässt sich hier eine Anschauung gewinnen, da der türkische Feredze (ein weites Oberkleid) den Körperbau völlig verhüllet, und der dichte Gesichtsschleier die schwarzen blitzenden Augen, lediglich durch zwei kleine Oeffnungen unterscheidbar macht. So bilden denn diese Kaduny (türkischen Frauen) nur einen durch mehrere faltenreiche Gewänder hervorgebrachten Cylinder, welcher sich in Baboschen schwerfällig fortbewegt, oder zu Pferd eine mit ausgespreizten Beinen im Sattel sitzende unförmige Masse. An dem Burgul (weissen Schleier) und schwarz seidenem Feredze sind die Jungfrauen, durch den Hadarah (schwarzen Schleier) und hellfarbenen Ueberwurf hingegen, die Weiber zu erkennen. Schwerlich mag wohl jemals ein Franke viel mehr als diese äussere Hülle, von den Türkinnen zu schauen Gelegenheit erhalten haben, so viele romanhafte Erzählungen auch das Gegenteil erwähnen; denn einmal sollen die fanatischen Türkinnen, den ungläubigen Giaur mit religiösem Abscheu betrachten, andererseits sind die Vorsichtsmassregeln der Osmanen, zum Tugendschutz ihrer Frauen und Töchter, ganz andere wie in Europa, hier wo solche Frauenspersonen flüchtig anzusehen schon sehr indiskret erscheint, sie anzureden ganz verboten, und Rendezvous zu erhalten oder in die Frauengemächer zu dringen, völlig unmöglich ist. Ueberdem möchte schon der kühne Versuch, zur Anknüpfung einer zärtlichen Intrigue mit einer Türkin, darum bedenklich und abzuraten sein, weil der Liebeskitzel durch eine vom Kiaha der Stadt verfügte, sogenannte gelinde Bastonade (300 Stockstreiche auf die Fusssohlen) jedenfalls bedeutend abgekühlt werden dürfte, bei einigermassen erwiesener Kopula carnalis aber, die Todesstrafe für beide schuldige Teile ganz unausbleiblich wäre. Nur durch die arabischen Frauen und koptischen Christinnen gelangen daher Berichte, über die Lebensweise in den Harems, hier zur weiteren Kunde. Nach diesen Erzählungen besteht die tägliche Beschäftigung der vornehmen Türkinnen, in Verrichtung mehrmaliger Gebete, da die Frauen die Moscheen nicht besuchen dürfen, in der Sorge für die Toilette, in Musik, Gesang, Tanz und in Tapisserie-Arbeiten; ferner in trägem Liegen auf dem Diwan, wobei die Narschileh (Wasserpfeife) geraucht, viel schwarzer Kaffe und kühlender Scherbet getrunken wird. In Folge dieser sitzenden Lebensweise, sollen die türkischen Frauen noch häufiger wie die europäischen, an der Menischesis leiden; denn nur in dem Falle verlassen sie zu Pferd, auf Eseln, oder zu Fuss den Harem, immer in Begleitung der Kis (Verschnittenen) welche mit ihren Köpfen für deren Tugend zu haften haben, um sich zum Besuch einer Freundin, nach dem Bazar, oder auf die Begräbnisplätze zu begeben; öfter aber zu den vorgeschriebenen Waschungen, nach den öffentlichen, wenn auch nur den Wohlhabenden zugänglichen Frauenbädern, mögen sie deren immerhin im eigenen Harem besitzen; und jene Hamams sind im Orient die eigentlichen Weiber-Klubs, wo sie den ganzen Vormittag verbringen. Dieses wichtige Badegeschäft beginnt bei den Frauen, mit dem Rasieren der Pubes an der Adöa, während die Jungfrauen sich mittels Rusna, einer beizenden Salbe, oder durch Toffle, einer gelben Erde, eigenhändig wenn auch langsamer depilieren; denn die völlige Enthaarung des Körpers, unter Ausnahme des Bartes und eines Haarbüschels auf dem Scheitel der Männer, so wie mit Ausschluss der sämtlichen Kopfhaare bei den Weibern, ist bei allen Bekennern des Islam vorgeschrieben. Auf diese Depilatio, welche an den Frauen wie Mädchen der unteren Volksklassen, die keine Bäder bezahlen können und sich mit Nilwaschungen begnügen, durch von Haus zu Haus gehende Bellanes (Barbierweiber) wohlfeiler besorgt wird, folgen bei den noch jungen Frauen Einspritzungen von zusammenziehenden Wassern, zur Verengung der Mutterscheide, sodann das Wannenbad. Nach diesen Waschungen wird die Abreibung der Hände und Füsse mit Hennah, die Parfümierung des ganzen Körpers durch Rosenwasser, das Schwärzen der Augenbrauen und Wimpern, das Schminken und unzählige andere kosmetische Mittel vorgenommen, welche weibliche Gefallsucht ausgedacht hat, zum Beschluss die gesamte Toilette sorgfältig beendet; denn im Bade Diwan, als allgemeinem Versammlungsort, ist regelmässig grosse Damen-Assemblée, woselbst man durch ausgewählte Garderobe glänzen, aber auch den Neid und den Aerger von Rivalinnen zu erregen hofft. In dem Gesellschaftssalon folgt nach dem Gebet eine Frühstücks-Kollation, worauf über schwellende Ottomanen gelagert, zur aromatisch duftenden Narschileh (Wasserpfeife) gegriffen, nach Zungenlösung durch arabischen Mokka die Konversation, mit dem Referat über das Thun des lieben Nächsten, besonders der Männer eröffnet, und nach oft langdauernder Debatte ein Urteil kollegialiter ausgesprochen wird; nur dass glücklicherweise weder Muselmanen noch Araber, sich weiter darum bekümmern. Den Beschluss dieser Causerie, machen unter den älteren Weibern Einleitungen zu Heiraten, zwischen ihren erwachsenen Söhnen und Töchtern; bei den jüngeren Frauen, der Austausch scharfsinniger Beobachtungen und wichtiger Entdeckungen, im weiten Gebiet des Putzes. Und so fehlt denn diesen orientalischen Sessionen zu vollkommenem Frauenglück, nur jener Spiritus rector, welcher die europäische Damen-Sozietät beherrscht, nämlich der Stoff zur Unterhaltung über geheime Liebesintriguen. — Bekanntlich ist allen Bekennern des Islam, gleich dem grössten Teile der übrigen Bewohner unseres Erdballes, die Polygamie durch Religion und Gesetz erlaubt; nirgends aber und mit Recht, den Weibern die Polyandrie gestattet. Was nun auch christliche Frauen gegen die Vielweiberei einwenden mögen, so bleiben das frühe Verblühen, die vielen weiblichen Geschlechtskrankheiten, und die vorzeitige Unfruchtbarkeit der Frauen, allezeit ein Argumentum palmarium wider die Monogamie des Christianismus; denn die Fortpflanzung des Geschlechtes ist der Hauptzweck in der gesamten organischen Schöpfung, wozu der Mann von der Natur nicht für eine, sondern mehrere Frauen befähigt und körperlich ausgerüstet ward. Da indes die vornehmen Türken und reichen Araber, die ausser ihren vier Frauen noch mehrere Beischläferinnen halten, wegen zu grosser ehe- und unehelicher Anstrengungen, oft an männlicher Adynamie leiden, so sind die türkischen Weiber im Dispensieren von mancherlei Aphrodisiaca, zur Kräftigung ihrer Gatten um so mehr erfahren, als ihnen das Jus muselmanicum nicht wie den christlichen Frauen gestattet, wider ihre Ehemänner wegen Impotentia conjugalis klagbar zu werden. Denn Mohamed befiehlt dem Rechtgläubigen, jeder seiner vier Frauen mindestens wöchentlich einmal beizuwohnen, welches zusammen schon eine doppelte eheliche Pflichterfüllung vorschreibt, als der deutsche Kirchenreformator dem evangelischen Maritus auferlegt. Ausser diesen rechtmässigen Frauen erlaubt indes der Prophet jedem Mohamedaner, noch so viele Beischläferinnen zu halten, als ihm beliebt, und sogar die Ehefrauen, sobald er ihrer überdrüssig ist, ohne anderen Grund hinwegzuschicken; nur muss er dann deren Eltern den gezahlten Brautschatz belassen, und für die Kinder Sorge tragen. Die Untreue einer Frau, wird nach den Gesetzen zwar unausbleiblich mit der Strangulation bestraft, weil durch das Weib ein Spurius als ehelich geboren, in die Familie gesetzt werden kann, was bei dem Ehebruch des Mannes vice versa doch nicht der Fall ist, jedoch muss ein solches Crimen capitale zuvor apodiktisch erwiesen werden, eine Ueberführung, welche überall grosse Schwierigkeiten hat; weshalb es der Moslem für alle Fälle vorzieht, der Bekrönung seines Hauptes durch so sichere Schutzmassregeln vorzubeugen, die es der listigsten Evatochter unmöglich machen, von der verbotenen Frucht zu kosten. Jungfrauen der höheren Stände, welche sich beschwängern lassen, werden gesäckt, und in den Nil versenkt, die der niederen Volksklassen lässt man laufen. Ausser in puncto adulterii zeigen die Osmanli sich übrigens sehr nachsichtig gegen die Frauen, ihre Behandlung ist keine tyrannische, sondern eine wohlwollende, wenn auch gerade nicht überaus liebevolle, da deren Zuneigung sich sehr zersplittert, und über viele gleichzeitige Teilnehmerinnen erstrecken muss; weil indes die Eifersucht bei den Frauen hier ganz am unrechten Orte wäre, so empfangen sie die Gunstbezeugungen ihrer Männer, nur mit um so grösserer Dankbarkeit, je seltener sie sich deren zu erfreuen haben. Infolge streng eingezogener Erziehung ist die kosmopolitische Weiberfreiheit der Europäerinnen, diesen Frauen nicht allein kein Bedürfnis, sondern sogar ein religiöser Abscheu, zu deren Emanzipation sie mit ähnlicher Indignation, wie eine keusche christliche Frau auf die Ungebundenheit einer Hetäre herabblickt. Fast ganz in das Departement der türkischen und arabischen Weiber gehören die Arrangements der Heirats- und Knabenbeschneidungsfeste. Nachdem zwischen den Eltern des künftigen Ehepaares alle Präliminarien, besonders die Höhe des zu zahlenden Brautschatzes, vor dem Kadi gerichtlich abgemacht sind, ist der Triumphzug der glücklichen Braut, in das Haus des sie dort behaglich erwartenden Bräutigams, das Wesentlichste des ganzen Hochzeitszeremoniell. Den Zug eröffnen Brautführer zu Pferd oder Esel, hierauf folgen Springer, Possenreisser und Jongleurs zu Fuss, sodann die öffentlichen Tänzerinnen, dahinter eine betäubende Blasinstrumental-Musik mit Trommeln, endlich die reich geschmückte Braut, entweder beritten oder zu Fuss, aber tief verschleiert und begleitet von ihren weiblichen Verwandten, über denen ein Baldachin einhergetragen wird. Auf allen Seiten umflutet ein fröhlicher Menschenschwarm den Zug, unter Lachen, lasciven arabischen Bonmots, und besonders in der Nähe der Braut, mit aufregenden Verkündigungen von den beseligenden Freuden einer Hochzeitsnacht. Sobald die nächsten Verwandtinnen dem Gatten in seiner Wohnung die Braut übergeben, hebt dieser ihren Jaschmak (Schleier), um nun zum ersten Male das Gesicht der für ihn Auserwählten zu erblicken; kann diese aber bei vorkommendem Missfallen, durch ihre Verwandtinnen den Eltern sogleich wieder zurückschicken. Behält der Mann indes die Jungfrau über Nacht in seiner Wohnung, und hat er derselben die Korolla entrissen, so kann er die Geschwächte zwar am folgenden Morgen auch zurücksenden, jedoch nur unter Verlust der gezahlten Morganatika."

Wie zu ersehen ist und auch früher schon bemerkt wurde, entspricht vieles den türkischen Bräuchen. Auch das Sklavenleben in Aegypten gleicht zumeist dem der eigentlichen Türkei. Die Sklaven werden ziemlich mild behandelt. Was die weiblichen Sklaven betrifft so äussert sich der Verfasser folgendermassen darüber: „Noch günstiger stellt sich begreiflich, wenn auch nicht in europäischer Auffassung, das Verhältnis der weiblichen Sklavinnen als Beischläferinnen, da sie nach einiger Zeit der Benutzung, von dem Hausherrn oder dessen erwachsenen Söhnen ausgestattet, und im dienenden Personale anderweitig verheiratet werden. Aus allen diesen Ursachen, und bei dem leichten Sinn, mit welchem jene südlichen Völker, über die bedenklichsten Lebenslagen hinweggleiten, findet man die Sklaven in Aegypten fast immer heiter bis zur ausgelassenen Fröhlichkeit und bereits auf den öffentlichen Bazars, haben sich die Mädchen mit ihrer Gefangenschaft so vertraut gemacht, dass sie unter Scherzen und Lachen den vorübergehenden gut gekleideten Männern, ihr ji re demphi (ich liebe dich), als Bitte sie zu kaufen entgegen rufen; denn der Europäer kann hier ebenfalls so viele Sklavinnen erwerben, als er nur zu bezahlen vermag. Sehr wechselnd und verschieden ist der Kaufpreis solcher Sklavinnen, da er sich, wie jedes andere Handelsgeschäft, nach Bedarf und Güte der Ware richtet. Am teuersten sind die wenn noch jungfräulichen Sedassy von 8 bis 15 Jahren, aus den Hochländern von Limmu in Abessynien, welche wegen ihrer feinen fast kaukasischen Gesichtsbildung, bei langem, schwarzen Haupthaar, und regelmässig proportioniertem Körperbau unter einer hellbraunen Hautfarbe, sehr gesucht werden. Solche reizenden abessynische Jungfrauen, werden mit 200 bis 300 spanischen (300 bis 450 preussischen) Thalern erkauft. Jungfräuliche Negermädchen, die Takhens, in dem blühendsten Alter von 8 bis 14 Jahren, stehen auf dem Preise von 100, und die aus den gebirgigen Gallasländern, als die schönsten Negerinnen, werden mit 150 spanischen Thalern bezahlt. Während die zahlreichen ostindischen Völker, auf die Virginität nicht den geringsten Wert legen, haben in Aegypten alle Naets oder bereits deflorierten Sklavinnen, kaum die Hälfte des Preises der Jungfrauen, weshalb vor dem Ankauf, von den in dieser Hinsicht keineswegs fromm gläubigen Mohamedanern und misstrauischen Franken, die genauesten Okularinspektionen in Bezug auf das Hymen, vorgenommen werden. Begreiflich sind vice versa in den vielen Manquements-Fällen, solche junge Mädchen sehr willig, gynatresische Mittel anzuwenden, in welchen die Gelaps (Sklavenhändler) weit erfahrener, als jene für ihre bräutlichen Töchter besorgten europäischen Mütter sich bewähren, und oft, wenn auch nicht bei Kennern, gelingt es, durch eine Pseudopucelage die Käufer gröblich zu täuschen. Aber auch unreife Mädchen unter acht Jahren werden, um ihrer Virginität später desto sicherer zu sein, schon aufgekauft, und in dem Harem für den Hausherrn erzogen. Frauen von 20 bis 30 Jahren sind für 10 bis 20 Thaler zu erwerben, ältere finden selten, oft gar keine Käufer. Bei der Menge dieser zum Verkauf kommenden schwarzen, gegen die geringe Anzahl von hellbraunen und weissen Sklavinnen, würden die ersteren in noch einem niedrigeren Preise, zu den letzteren stehen müssen, wenn nicht viele Käufer die Negermädchen, wegen des glühenden Liebesfeuers, und um ihrer weichen sammetartigen Körperhaut, welche sogar in diesem heissen Klima, keiner Transpiration unterworfen ist, sehr vorzögen. — Schon im Altertume, war nach Strabos Berichten die Beschneidung der ägyptischen Mädchen, wie noch gegenwärtig bei den christlich koptischen Jungfrauen, im Nillande allgemein gebräuchlich; es erstreckt sich diese aber auch auf die Negermädchen, wie die hiesigen Sklavinnen aus Kordofan und Darfur darthun. Jene Chafath (Ausschneidung) besteht in einer Excision der Clitoris, weil dieser Schamteil während der Erektion, bei den äusserst wollüstigen Südländerinnen an Grösse oft so zunimmt, dass er über die äusseren grossen Nymphen hervorsteht, und ohne diese Operation den Coitus sehr erschweren, zuweilen sogar unmöglich machen würde. Teils um die vorzeitige Defloration noch unreifer Mädchen zu verhüten, oder die Beschwängerung älterer Sklavinnen zu verhindern, ist nächstdem eine Infibulation der Pudenda, vermittelst Silberdraht, gleich wie bei den Negern am weissen Nil eingeführt; Völkerschaften, wo bei den Frauen auch nach jeder Entbindung, eine so künstliche Gynatresie hervorgebracht wird, welche Mütter anscheinend wieder zu Jungfrauen machen könnte, wenn Brüste und Bauchfalten eine ähnliche Umgestaltung, als die Mutterscheide zuliessen. Um geeignete Hüter für die Harems, nämlich solche zu erlangen, die durch Mannheit den Frauen nicht gefährlich werden können, begnügen sich die Orientalen keineswegs mit der Castration des Skrotum, die lediglich zur Fortpflanzung untauglich macht, sondern beruhigen sich allein bei denjenigen Frauenwächtern, welche durch Beseitigung des Morion gänzlich am Beischlaf verhindert, zu vollständigen Hämmlingen oder Eunuchen verstümmelt worden sind. Solch eine Verkrüppelung vermögen aber nur Knaben zu überleben, und wird diese chirurgische Operation jetzt in Siut von koptischen Priestern, zuweilen auch von christlichen Aerzten erst in Kairo bewerkstelligt. Da bei dieser Eviration ohngeachtet aller Vorsicht, viele Knaben das Leben einbüssen, so steht der Verschnittene, in einem vierfach höherem Preise wie jeder andere Sklave. Im männlichen Alter sind alle Hämmlinge, an der weibisch zarten Gesichtsbildung, mit glanzlosen Augen, ohne Bart, und an dem gerundeten gewöhnlich fetten Körperbau zu erkennen; auch besitzen diese Spadonen bei geringer Muskelkraft, nur eine feine Diskantstimme. Wenn solchergestalt in einem Harem, bei vier Frauen und noch viel mehr Odalisken, von einem einzigen Manne die weibliche Sinneslust wohl aufgeregt, durch keinen Herkules aber gestillt werden kann, indem es schon in Europa vielen kräftigen Ehemännern schwer genug wird, das eine Weib vollständig zu befriedigen, so lässt sich begreifen, welchen Einfluss und wichtige häusliche Stellung, diese argusartigen Ehrenwächter im ganzen Morgenlande einnehmen müssen, wo bei den Frauen natürlich das nitimur in vetitum, noch richtiger wie auf andere Weiber Anwendung findet. Keineswegs ist die bereits bei den alten Griechen gebräuchlich gewesene Entmannung, erst von den Muselmanen eingeführt worden; denn schon nach dem mosaischen Gesetz, stand die Strafe der Kastration auf dem Ehebruch, ist aber glücklicherweise für viele Ehemänner, nicht in das neue Strafgesetz übernommen worden."

Interessant ist auch, was die „Reise-Fragmente" über die in Aegypten zur Ausführung gelangenden Tänze zu berichten wissen. „Mit der Tonkunst vereinigt sich die des Tanzes, wenn auch nur in der Ausübung durch öffentliche Tänzerinnen, welche wie die indischen Bajaderen, weder zu religiösen Festlichkeiten, noch bei den Fantasias fehlen dürfen. Wenn schon zu der ausgebreiteten Korporation der öffentlichen Ghawoyehs (Freudengeberinnen) gehörend, bilden diese Dienerinnen der Terpsichore, doch eine höher stehende Kaste unter jenen Priesterinnen der ägyptischen Athor (Liebesgöttin) und werden in Anerkennung der Kunst von den Frauen, wegen ihrer Körperreize von den Männern, überall gern gesehen, daher das doppelte Gewerbe von Tanz und Pornie ein so lukratives wird, um diese Mädchen in den Stand zu setzen sich reich zu kleiden, mit Juwelen zu schmücken und gewöhnlich noch ein Kapital zurück zu legen, welches solche Hetären nach ihrem Verblühen sicherer in den Ehestandshafen führet, als viele gleich schöne wie tugendhafte, jedoch unvermögende Jungfrauen. Alle jene Ballet-Tänzerinnen in den grösseren Städten, sondern sich in zwei Künstlertrupps, die irrigerweise oft verwechselt werden. Zuerst die arabischen Almehs, welche das Dekorum unter dem Schleier der Ton- und Tanzkunst am meisten aufrecht erhalten, nur bei religiösen Aufzügen öffentlich, sonst lediglich innerhalb der Häuser vor Männern, sowie in den Harems vor den Frauen sich produzieren; nicht nur die Lehrerinnen der letzteren in Tanz, Musik und Gesang abgeben, sondern auch Unterricht in den höheren Künsten der Koketterie, zur längeren Fesselung der die Abwechslung liebenden Gatten erteilen. — Die andere grössere Körperschaft dieser tanzenden Nymphen, sind die Avanak von arabischen oder Negermädchen, welche alle Fantasias eröffnen und an jedem öffentlichen Orte gefunden werden, wo Männer sich versammeln. Wenn schon wegen ihrer Frivolität im allgemeinen weniger geachtet, auch minder ausgebildet in der Musik, Orchestrik und Pantomime als die Almehs, bleiben sie doch mehr wie jene um ihrer grösseren Körperschönheit gesucht, da überall die physischen Vorzüge mit Kunst wie geistigem Talent, sehr selten vereinigt sind, und der Orientale die ersteren, hoch über die ausgezeichnetsten Leistungen der letzteren stellt. Die öffentlichen Tänze aller dieser Chöre, sind mehr pantomimisch, rhytmische Körperbewegungen als eigentliche Ballette, ähnlicher dem Fandango, als den europäischen Operntänzen, von denen sich dieselben überhaupt auch insofern unterscheiden, dass sie eben so con dolcessa als mit leidenschaftlichem Ausdruck, durch arabische Füsschen ausgeführt werden, welche selbst in Andalusien nicht ihres gleichen haben, während die kleinen Hände dieser Zephyretten die Mandoline berühren, oder Castagnetten, wie bei den Gitanatänzen, schlagen. — Anders als jene öffentlichen sind diejenigen Schaustellungen, welche innerhalb der geschlossenen Gesellschaftskreise, von diesen verführerischen Avanak zur Szenerie gelangen, und nach dem Verlangen des stets nur allein anwesenden männlichen Auditoriums, entweder nur ein bewegtes Tableau vivant vorführen, oder den bedeutungsvollsten Lebensakt darstellen sollen. Die erste Kunstaufgabe wird durch mehrere erotische, dem südspanischen Bolero ähnliche Tänze eingeleitet, und nach diesem Vorspiel, durch Uebergang in den lasciveren Bienentanz mit dem Sujet entsprochen, das jenes stechende Insekt unter den Kleidern der Tänzerinnen, an dem lebensreichsten Körperteile Zuflucht gesucht habe. Infolge dieser Annahme findet nun während des fortgesetzten Tanzes, die Ablegung aller Hüllen bis zum paradiesischen Evakleide, und eben so nach Erhaschung der gefürchteten Feindin, die Wiederankleidung in der Art statt, dass von den Zuschauern nur eine passive Prüfung plastischer Frauenschönheit, die höchste orientalische Augenwonne, hierbei beabsichtigt wird. Soll jedoch eine Männergesellschaft heftiger aufgeregt, der feurige Teil derselben dergestalt gereizt und in Flammen gesetzt werden, dass er unwiderstehlich zur Activität vorschreiten muss, so bewirkt solches der famose Hochzeitstanz; wiewohl die Debutanten sich dabei weder entkleiden noch irgend entblössen. Und es entfaltet nach und nach, aber in stets aufsteigender Gradation, die gesamte weibliche Taktik zur Besiegung männlicher Tugend ihre Kunst, in dem verführerischen Zauber-Cyclus der Sinnlichkeit vom ersten Liebesblick und Händedruck, bis zur Agonie des letzten vergeblichen Widerstandes. Wiewohl in dem allgemeinen Reihentanz der Anstand noch einigermassen aufrecht erhalten wird, löst sich das Ensemble doch bald in einzelne Gruppen dergestalt auf, dass jede Tänzerin sich zu demjenigen Zuschauer wendet und ihn auf das Korn nimmt, welcher bereits Feuer gefangen, und durch verlangende Blicke unbewusst sich für sie ausgesprochen hat. Die pantomimische Künstlerin zeigt nun in dem sprühenden Feuer ihrer sprechenden Augen, durch die lebensvollen Gesten der Arme, sowie in den mächtigen Hebungen des überwallenden Busens, auf das täuschendste und hinreissendste wirkliche Liebesgefühle; die Bewegungen des Tanzes werden jetzt korybantisch, die Körperhaltung wiegt sich fuocoso, verstärkt sich unbewusst zu einem eben so wollüstigen Lenden- als begehrlichen Hüftenspiel in einer Choreomanie, welche die schöne Tänzerin durch völlige Erschöpfung, einer erotischen Ohnmacht so nahe bringt, dass die Scheintodte von den Armen des Auserwählten aufgefangen, und zur Wiederbelebung hinweg getragen werden muss. — Während der Mameluken-Herrschaft sind in Aegypten die abscheulichen Banden der Koetschek ebenfalls eingeführt worden, und die Bestialität unter den hochgestellten Osmanen ist so gross, dass es an reichen zweibeinigen Tieren nicht mangelt, durch deren Geldsteuern sich auch diese öffentlich tanzenden, als Mädchen gekleideten Lustknaben, auskömmlich zu erhalten vermögen.

Die Sittenzustände in Persien weisen ähnliche Erscheinungen wie die der Türkei und Aegyptens auf, nur, dass dort noch der geringere Fremdenverkehr in Betracht zu ziehen ist und die daraus sich ergebenden Folgen. Die arische Abstammung der Perser ändert nichts an ihrer Sinnlichkeit, die sich von der semitischer Orientvölker nicht unterscheidet. Allerdings macht sich auch hier neben dem Einfluss des Mohamedanismus die klimatische Verwandtschaft geltend. Ferner ist auch die Frühreife der Geschlechter in Betracht zu ziehen; Mädchen von neun und Knaben von zwölf Jahren sind schon mannbar. „Wenn wir," bemerkt Weber-Demokrit, „dem angenehmen Reisenden nach Persien, Chardin, glauben so melden sich Orientalinnen noch früher, als oben angegeben, beim Richter, der fragt: „Le diable vous a-t-il sauté sur le corps? (Ist euch der Teufel auf den Leib gesprungen?) Sagen sie: Oui, oui, oui, Monsieur," so sind sie mündig. In Hildebrandts „Reise um die Erde" wird erzählt, dass ihm im fernen Osten eine zehnjährige Mutter gezeigt wurde, die ein dreimonatliches Kind am Busen trug.

Ueber den Harem des persischen Schahs schreibt J. J. Abel in seinem „Historisches Gemälde etc." 1803, folgendes: „Für den Harem des Königs von Persien werden nicht nur die schönsten Jungfrauen aus Georgien und Circassien zusammengekauft, sondern auch aus dem ganzen persischen Reich zusammengesucht. Wenn man hört, dass sich in irgend einer Stadt oder in irgend einer Familie ein vorzüglich schönes Mädchen befindet, so bitten die königlichen Bedienten sich dieses ohne weitere Umstände für den Harem des Königs aus Gern geben die Eltern ihre Töchter her. Sie suchen sogar durch allerlei Wege sie in den Harem des Königs zu bringen, weil sie dann eine mit dem Glück ihrer Tochter steigende Pension empfangen und überdies noch hoffen können, andere Beweise der Gnade ihres Beherrschers zu erhalten. Drei- bis vierhundert Mädchen ist die geringste Zahl, die die persischen Despoten zu halten pflegen. So ansehnlich dieser Haufen von Weibern ist, so verschwindet er doch fast gegen die ungeheuren Scharen, die andere Könige in Asien und Afrika zusammenbrachten. Es würde fast unglaublich sein, dass Bensar, König von Marokko, achttausend Weiber und Beischläferinnen gehabt habe, wenn man nicht wüsste, dass

Negerkönige Sammlungen von Tausenden hätten, und dass die Harems und Wachen der Kaiser und Könige auf der Insel Java bis zu zehntausend weiblichen Köpfen hinanstiegen . . .

Sobald die neuen, entweder im Ausland zusammengekauften, oder aus den einzelnen Provinzen des Reiches zusammengesuchten Ankömmlinge in den Harem des Königs eingetreten sind, so sehen sie ausser ihrem Gebieter kein männliches Gesicht mehr. Alle Handwerke, alle Hofdienste und selbst Wachen, ja alle gottesdienstlichen Verrichtungen werden in dem Harem von weiblichen Personen verrichtet. Eine jede Bewohnerin dieses unseligen Aufenthalts hat ihr abgesondertes Zimmer, oder höchstens wohnen zwei in demselben Gemach, eine junge und eine alte. Keine darf ihre nächste Nachbarin oder ihre beste Freundin besuchen, ohne vorher Erlaubnis erhalten zu haben. Eine jede erhält täglich ihr Essen, ihre Kleider und den Gehalt, die ihr ausgesetzt sind. Auch wird jede von ihren besonderen Sklavinnen bedient. Ihre einzigen Beschäftigungen sind Gesang und Tanz vor dem König und einige Stickereien. Die meisten aber bringen ihr Leben in gänzlichem Müssiggang zu. . . .

Unter allen Schönen, die dem König gefallen, hat nur die, die so glücklich ist, den ersten Sohn zu gebären, Ursache, ihr Schicksal zu segnen. Sie kann hoffen, dereinst Rang und Ansehen der Königs-Mutter zu erhalten, die die grösste Gewalt in, und selbst auch ausser dem Harem ausübt. Alle übrigen Beischläferinnen, die nach der Geburt des ersten Sohnes Kinder zur Welt bringen, werden in abgesonderte Teile des Harems gesteckt. Hier werden sie noch weit strenger als die übrigen bewacht, und schweben in unaufhörlicher Gefahr, samt ihren Kindern von dem regierenden König selbst, oder von dessen Nachfolger hingerichtet zu werden. Unter allen Weibern, die Kinder am Leben, oder geboren haben, hat keine jemals Hoffnung, aus dem königlichen Harem herauszukommen und an vornehme Staatsbedienstete verheiratet zu werden, was der sehnlichste Wunsch aller ist."

Das Haremleben des Herrschers in Ispahan wies also früher fast dieselben Erscheinungen auf, wie das des Sultans zu Konstantinopel, nur dass dort kein Eunuchendienst vorhanden zu sein scheint. Auch die Harems der Grossen beider islamitischer Reiche sind ziemlich gleichartig beschaffen. Einige Aenderungen mag auch in Persien das neunzehnte Jahrhundert in seinem Laufe gebracht haben; im ganzen und grossen aber dürfte in diesen wie in den meisten andern so ziemlich alles beim alten geblieben sein.

Im nachfolgenden Kapitel unterbrechen wir die Darstellung der Sittlichkeitsverhältnisse in Asien und Afrika, um die Prostitutionszustände der aussereuropäischen Reiche und Kolonien, die europäische Kultur besitzen, zu schildern.

III. Kapitel.

Die Vereinigten Staaten von Nordamerika. — New-York. — Kanada. — Indien — Benares. — Hongkong. — Holländisch-Ostindien. — Australien.

Ueber die Prostitutions-Verhältnisse der Vereinigten Staaten von Nordamerika fehlen Daten aus früherer Zeit, doch dürfte es in diesem Punkte kaum besser, eher noch schlimmer bestellt gewesen sein, als in dem Mutterlande England. Denn wenn auch das Quäkertum eine gewisse Sittenstrenge aufwies, so ist andrerseits wieder in Betracht zu ziehen, dass diese Lande lange Zeit die Zufluchtsstätte von Verbrechern und Taugenichtsen, das Ziel von Abenteurern und Glücksjägern war. Ferner herrschte bis in die zweite Hälfte des neunzehnten Jahrhunderts bekanntlich das Sklaven-System dort, das just auch nicht geeignet war auf die Sittenzustände günstig zu wirken. Wenig von Einfluss scheint jedoch das Indianertum bei seiner Scheu vor den Weissen gewesen zu sein. Von den Indianern selbst soll noch später die Rede sein.

Eine gesetzliche Regelung der Prostitution haben die Vereinigten Staaten auch heute noch nicht aufzuweisen. Offiziell giebt es keine Bordelle hier, nichtsdestoweniger aber hat, wie Dr. I. I. Rossbach in seiner „Geschichte der Gesellschaft" 1875, bemerkt, New-York ganze Strassenzüge aufzuweisen, wo sich ein Freudenhaus an das andere reiht. Dr. Hügel berichtet nach „History of Prostitution" by William P. Sanger, New-York, dass die Metropole im Jahre 1860 aufzuweisen hatte.

Bordelle (houses of prostitution)	378
Bestellhäuser (houses of assignation)	89
Tanzsäle, Weinhäuser etc. mit dort sesshaften Prostituierten	151
Zusammen also nicht weniger als	618 Freudenhäuser

Ferner gab es zu dieser Zeit dort:

Oeffentlich bekannte Prostituierte	6000
Bestellhäuser-Besucherinnen bloss aus Lust	1260
„ „ „ „ gegen Bezahlung	400
Unterhaltene Mädchen (kept mistresses)	200
Der geheimen Prostitution Angehörige	12 140
im ganzen also	20 000 Prostituierte

Es mag dahin gestellt sein, ob diese Angaben nicht im ganzen oder teilweise zu niedrig angestellt sind. Als Thatsache jedoch kann gelten, dass der grosse Aufschwung den New-York in weiteren vierzig Jahren gewonnen hat, auch ein Anwachsen nach dieser Richtung hin aufzuweisen hat. Mehr noch gilt dies für die andern Grossstädte der Union, von denen die meisten ein verhältnismässig rapideres Anwachsen aufzuweisen haben.

Noch ungünstiger klingt, was sich hinsichtlich der Verbreitung der Syphilis sagen lässt.

Von der für New-York angegebenen Zahl der Prostituierten sollen, es klingt unglaublich, nicht weniger als 14770 erkrankt sein und zwar:

In den Spitälern an Syphilis behandelte Prostituierte	9847	14770
Von Privatärzten behandelte syphilitische „ „	4923	

Selbst wenn angenommen wird, dass hier überhaupt jede venerische Erkrankung als Syphilis eingestellt ist, ebenso auch jede wiederholte Erkrankung oder Aufnahme einer Prostituierten als besonderes Individuum angeführt wäre, ergäbe dies eine erschreckende Fülle. Und wenn dann ferner in Betracht gezogen wird, dass jede dieser Erkrankungen sicherlich einige weitere Ansteckungen im Gefolge gehabt hat, so muss sich der Schrecken zum Entsetzen steigern und man New-York, wenigstens für damals, die erste Stelle in der Statistik der Syphilis zuweisen. Wie M. Dowall Kaplan am Magdalenenstift berichtete, gingen jährlich in New-York mehrere hundert Knaben und Mädchen unter elf Jahren an der Syphilis zu Grunde.

Aus dieser Bemerkung ergiebt sich auch, dass in der Union ebenso wie in den meisten europäischen Staaten Zufluchtstätten für Prostituierte vorhanden sind, die dieselben aus dem Schandgewerbe erheben wollen.

Was das Frauenleben in der Union betrifft, so geniesst dort das Mädchen ein grösseres Mass persönlicher und gesellschaftlicher Freiheit als im allgemeinen in Europa. Das Weib wird in der Regel rücksichtsvoller behandelt und tritt auch mehr in die Oeffentlichkeit heraus. Ertönen doch bekanntlich eine grosse Zahl der führenden Stimmen in der Frauenbewegung der jüngsten Zeit von jenseits des grossen Wassers her. Es wäre indes unrecht, diese grössere gesellschaftliche Freiheit des Weibes mit der Ausdehnung der Prostitution dort in Verbindung zu bringen. Aber immerhin doch beweist jene, dass sie keine Abhilfe und kein Schutzmittel wider die Prostitution bildet.

Kanada und die anderen englischen Besitzungen in Amerika sind zu gering bevölkert, um bei dem vorliegenden Gegenstand wesentlich in Betracht zu kommen. Für adninistrative Massregeln diente, wie bei allen englischen Kolonien, das Mutterland als Vorbild.

Letzteres war früher auch der Fall in den südamerikanischen Staaten, denen natürlich Spanien als massgebend galt. Die Sittenzustände dieser unter heissem Himmelsstrich liegenden Länder werden just nicht gerühmt, indes sollen, trotz ihrer Heissblütigkeit weibliche Kreolen und Mischlinge minder der Prostitution ergeben sein, als etwa angenommen werden könnte, wozu wahrscheinlich der Nationalstolz das Seinige beitragen mag. Aehnliches lässt sich auch von den Brasilianern, die bekanntlich portugiesischer Abstammung sind, sagen. Dagegen richtet sich, wie schon früher bemerkt wurde, ein grosser Teil des europäischen Mädchenhandel nach Südamerika, einiges davon auch nach Nordamerika. Nach dem so ziemlich südlich liegenden, doch zur Union gehörigen San Franzisco wird auch ein Handel mit Chinesenmädchen getrieben.

Arg bestellt ist es unter anderem auch, was diesen Punkt betrifft, in dem starkbevölkerten Indien, wo von jeher England nicht seine besten Seiten zeigte. Dr. Otto Henne am Rhyn schreibt darüber in „Die Gebrechen etc. S. 126." „In Indien bestanden am längsten haarsträubende Zustände, welche von Mr. Dyer persönlich beobachtet wurden und 1888 im britischen Parlament zur Sprache kamen. Es wurde in einem amtlichen Berichte rühmend hervorgehoben, dass in Sitapur die „Frauenzimmer gut gehalten" seien. Im Lager bei Lucknow waren dreizehn Zelte für Prostituierte eingerichtet, welche die Brigade begleiteten und unter dem Befehle des Generals standen. Ebenso ist den Kasernen in Lucknow ein Quartier für öffentliche Dirnen beigegeben, welche 72 Wohnungen zu beiden Seiten einer Strasse bevölkern, die von den britischen Behörden zu diesem Zwecke aus dem für das Militär bestimmten Kredite erbaut und weit besser eingerichtet sind, als die Wohnungen der Eingeborenen. Die Bewohnerinnen dieser Schandgasse waren alle patentiert und hielten ungescheut auch die Vorübergehenden an. Der Befehlshaber eines Regiments, das sich von Bombay nach einem entfernten Lager begeben sollte, requirierte selbst eine Anzahl von Prostituierten, um den Soldaten von einer Etappe zur andern zu folgen, und sagte dem Feldprediger, der sich darüber beschwerte, er habe höhere Ordre hierfür. Bei jeder Etappe wurde über dem Lager der Dirnen eine Fahne aufgepflanzt, damit die Soldaten wissen, wohin sie sich zu wenden haben. Ein britischer Offizier bei Kohat, an der Grenze von Afghanistan, sandte nach einer entfernten Garnison und verlangte die Zusendung einer Anzahl eingeschriebener Dirnen. Sie sollten hübsch und nicht unter 22 Jahren sein.

In einem amtlichen Bericht wurde eine Verordnung verlangt, welche eine grössere Anzahl von Prostituierten veranlassen sollte, in den Kantonnements zu wohnen, und durch Anweisung eigener Häuser und elegante Möblierung ihnen und ihren Besuchern das Leben angenehm machen sollte. Der Oberbefehlshaber der britisch-indischen Truppen, Sir Frederick Roberts, ordnete am 27. Juni 1886 an, dass in den Regimentsbazars stets genügende und hübsche Frauen vorhanden und mit bequemer Wohnung versehen seien. Die Militärärzte in Lucknow erklärten die Zahl der dort eingeschriebenen Dirnen als ungenügend, und der Arzt von Feizabad verlangte Erneuerung des weiblichen Personals durch jüngere und hübschere Mädchen. Da in Allahabad die Cholera periodisch herrscht, wird zu dieser Zeit in einiger Entfernung von der Stadt ein Lager bezogen, (das „Choleralager") und die Prostituierten beziehen dasselbe mit den Soldaten. Auch in dem Lager zu Derlali, wohin die aus Europa neu angekommenen Rekruten gewiesen werden, fehlen die Priesterinnen der Venus nicht. Viele Soldaten, die sonst sehr fromm sind, finden nichts Unrechtes darin, gerade von der Predigt weg zu den Prostituierten zu gehen. Die Eingeborenen nennen die Soldatenhuren nicht anders als „Damen der Königin." Ja, der Uebelstand wird so sehr als ein spezifisch europäischer betrachtet, dass Hindu-Dirnen sich taufen lassen wollten, weil sie glaubten dann bessere Geschäfte zu machen. Dieses Beispiel der Engländer bringt einen für die britische Herrschaft höchst unvorteilhaften Eindruck auf die Hindus hervor. Das Schlimmste dabei ist, dass diese Prostituierten ausser den Soldaten auch für die Civilpersonen und teilweise sogar für die Eingeborenen zu haben sind, und dass die Behörden Agenten anstellen um solche Frauen aufzusuchen, für deren jede sie drei Rupien (sechs Mark) erhalten . . . Wird auch eine häufige Untersuchung vorgenommen, so steigen doch die syphilitischen Erkrankungen bei den britisch-indischen Truppen bis auf 757 vom Tausend, also über drei Viertel!"

Im englischen Parlament, wo Professor James Stuart diese Angelegenheit zur Sprache brachte, erwiderte der Unterstaatssekretär für Indien, dass ihm nichts von der Sache bekannt wäre. Zahlreiche Petitionen die an den Vicekönig von Indien gerichtet wurden, brachten bisher auch keine umfangreichen Aenderungen in den dort herrschenden Prostitutionszuständen hervor.

Die oben angeführte Stelle aus dem Werke des bekannten und um Besserung der Sittlichkeitsverhältnisse verdienstvollen Autors scheint dem unbefangenen Leser weit über das Ziel hinauszuschiessen und sie macht den Eindruck, als ob der Verfasser immerhin gut gemeinten aber nicht am besten angebrachten pastoralen Angaben Raum gegeben hätte. Macht das Ganze zwar den Eindruck als ob im britisch-indischen Heer Sittenzustände herrschen, wie sie vor Jahrhunderten in europäischen Heereshaufen vorzukommen pflegten, klingt es auch seltsam zu hören, dass ein General so zu sagen das Amt eines „Hurenwaibels" bekleidet, so ist andrerseits wieder aus alledem doch nur zu ersehen, dass es sich hier um notwendige Massregeln handelte, die von den Lebensgewohnheiten und manchen andern Umständen gebieterisch diktiert wurden. Und so wünschenswert auch eine Aenderung zum Besseren ist, es muss zugegeben werden, dass just nicht die Garnisonsplätze Indiens die richtigen Stellen sind, von denen aus die bei der Mehrzahl der britischen Männerwelt, ja man könnte sagen, bei der Mehrzahl der Männerwelt überhaupt, herrschenden Sittenanschauungen und Lebensgepflogenheiten einem erfolgreichen Wandel unterzogen werden könnten.

Uebrigens sind es nicht nur britische Krieger, die sich in Indien den Freuden der käuflichen Liebe hingeben. Auch für nicht uniformierte Menschenkinder ist nach dieser Richtung hin stark vorgesorgt. Die heisse Sonne, die zahlreiche und bunte Bevölkerung, die häufig vorkommende Notlage und noch manches andere, sind in Indien wie anderwärts erfolgreiche Werber für die Prostitution. Einige bemerkenswerte Einzelheiten über diese finden wir auch in Hildebrandts „Reise um die Welt". Von seinem Kutscher sprechend, bemerkt er, beziehungsweise der Autor des Buches, Ernst Kossak (I. S. 95): „Doch suchte mein strenggläubiger Kutscher sich später bei der Ankunft in Colombo für die empfangene Rupie erkenntlich zu erweisen. Er führte mich in eine etwas abgelegene Stadtgegend und suchte meine Bekanntschaft mit einigen Damen zu vermitteln, die dort auf die Ankunft wohlhabender Europäer zu warten schienen. Unter ihnen fiel mir eine Schöne auf, die durch ihre Nase, d. h. die Mittelwand und die beiden Seitenflügel, nicht weniger als drei goldene, mit Edelsteinen besetzte Ringe gezogen hatte. Auch die nackten, schöngeformten Arme und Beine waren mit schweren goldenen Kleinodien überhäuft." Weiter (S. 104) heisst es: „Es ist begreiflich, dass die europäischen Missionäre mit ihren, allen Anschauungen dieses Volkes widersprechenden, Lehren und Sittengesetzen unglaublich wenig ausrichten.

Ehebündnisse werden z. B. überaus leicht geschlossen. Hat ein Singhalese gewählt, so richtet er an das Weib seines Herzens nur die Frage: „Willst Du den Reis für mich kochen?“ Giebt sie eine bejahende Antwort, so ist die Ehe geschlossen, denn die wirtschaftlichen Geschäfte eines Weibes — des Wortes „Hausfrau“ kann man sich wohl nicht bedienen — gehen über diese einfache Verpflichtung nicht hinaus. Die junge Gattin wird jedoch durch ihre Zusage nicht im Sinne eines Jaworts nach dem Zivilgesetzbuch gebunden. Erkundigt sich ein anderer brauner Gentleman nach ihrer Bereitwilligkeit für ihn den Reis zu kochen, und hat ihr Geschmack gegen seine Persönlichkeit nichts einzuwenden, so übernimmt sie dasselbe Geschäft nebst allen ferneren Konsequenzen auch für ihn, ohne dass der eheliche Friede dadurch beeinträchtigt würde. Nur einmal war ich Zeuge eines Zwistes. Er war in Folge einer kränkenden Frage entstanden, die ein Weib an ihre Freundin richtete. Diese lautete: „Für solch einen Kerl kochst Du den Reis?“ und ist die schwerste Beleidigung, die einem weiblichen Geschöpf auf Ceylon angethan werden kann.“

Aus der heiligen Stadt Benares wird uns mitgeteilt, dass die Häuser zumeist grell bemalt sind, mit Tiergestalten und nicht selten auch mit obscönen Bildern. Von den Frauen der englischen Soldaten wird uns (S. 187) mitgeteilt: „Nur der hundertste Mann (Gemeiner) darf seine Frau aus Europa mitbringen; es ist mithin begreiflich, wenn zuletzt Zweifel über das Eigentumsrecht entstehen.“ Diese Bemerkung scheint übrigens einigermassen eine Erklärung zu den obenangeführten rügenden Aeusserungen über die Sittlichkeitsverhältnisse im anglo-indischen Heer zu geben. Von Pegu erfahren wir, dass der König dreihundert Frauen besässe, und dass seine erste Gemahlin seine leibliche Schwester wäre, die ihm zwölf Kinder geboren htäte. Von Bangkok wurde ein Ausflug nach der siamesischen Festung Pratlat gemacht. „Wir statteten sogleich dem Gouverneur einen Besuch ab, trafen ihn jedoch nicht zu Hause. Dafür machten wir den anwesenden Gemahlinnen des hochgestellten Militärs unsere Aufwartung. Es waren ihrer zwölf und jede trug einen Säugling an der Brust, doch stimmte die Carnation der holden Kleinen so wenig überein, wie die der geräucherten Flundern, welche auf den Fischmärkten unserer Seestädte feilgeboten werden. Dem Vernehmen nach ist der Gouverneur von Pratlat sehr stark verheiratet und rekrutiert unaufhörlich unter der weiblichen Bevölkerung des Ortes für seinen Harem. Die Zahl seiner Frauen soll über hundert betragen. Die ihren Eltern mit Güte oder Gewalt entführten Mädchen werden in dem Alter von 10 bis 13 Jahren in dem Hause des Gouverneurs zu Tänzerinnen und Orchestermitgliedern ausgebildet, denn der edle Kriegsmann unterhält auch ein eigenes Theater. Nächstdem besuchten wir den Polizei-Präsidenten, welchen wir gleichfalls nicht zu Gesicht bekamen, doch wurden wir von den älteren Ehefrauen, die sämtlich Betel kauten, sehr zuvorkommend empfangen und mit Kokosmilch bewirtet; die jungen Damen und etwa zwanzig Sprösslinge des Beamten rissen dagegen mit lauten Schimpfreden: „weisse Teufel" vor uns aus und rannten in den Garten. Wir durften ihnen nicht folgen, da die bejahrteren Hausmütter zugleich die Stelle der Ehrenwächterinnen ihrer Kolleginnen bekleiden und namentlich die europäischen Kurmacher fernzuhalten haben. Im allgemeinen ist es jedoch nicht schwer, sich im nationalen Sinne in Siam zu beweiben. In allen Familien sind die Töchter vom zehnten Jahr an käuflich, und ein Angebot von 100 bis 200 Dollars pflegt in den meisten Fällen zu genügen. Es gehört zur Tagesordnung, die Schönen nach einiger Zeit wieder in das Haus ihrer Eltern zurückzusenden." Je nun, „Ländlich, sittlich!" Dieses Sprüchlein ist das Einzige, was sich diesen Gepflogenheiten gegenüber in Erinnerung rufen lässt, und dass sich auch jeder beim Gedenken dieser und ähnlicher Zustände in Erinnerung rufen soll. Wir sind nur zu sehr geneigt, unsere oft nicht einmal durch eine besonders lange Tradition gefestete Sittenanschauung als unfehlbaren Massstab an das Thun und Lassen anderer Völker anzulegen, die dafür wenigstens eine viel längere Ueberlieferung aufzuweisen haben.

Erinnert mag hier an die in Ostasien und auch anderwärts nicht selten vorkommende „Ehe auf Zeit" werden, die im Grunde genommen nichts anderes als Prostitution ist. Europäische Kaufleute, die sich dort eine Zeitlang aufhalten, „heiraten" nämlich eine Eingeborene, der sie bei ihrer Abreise, oder wenn sie es sonst so für gut finden, den Abschied geben. Es scheint, als ob der oben als zur „Tagesordnung" gehörige Vorgang auf eine derartige Verbindung und Lösung hinwiese.

In der britischen Besitzung Hongkong in China sollen, wie Henne am Rhyn mitteilt, etwa drei Viertel aller erwachsenen Chinesinnen, 18000, Prostituierte sein. Im Jahre 1880 waren in Hongkong 123 erlaubte chinesische Bordelle vorhanden mit 1358 Insassinnen, deren Lage recht arg zu sein scheint. Der Gouverneur von Hongkong, Sir J. Pope Hennessy, schrieb 1881 an das Ministerium nach London, es sei bekannt, dass das Los der Prostituierten in den Bordellen von Kanton weniger einer Sklaverei gleiche, als das der Prostituierten in den staatlich zugelassenen Bordellen von Hongkong, denn dort lebten sie unter ihren heimischen chinesischen Gesetzen und seien keiner gouvernementalen Kontrolle unterworfen. Ferner bemerkt er, dass in allen Bordellen Hongkongs Frauenzimmer gekauft und verkauft werden.

Im französischen Tonkin sind zumeist noch Prostitutionszustände zu finden, die sich von den chinesischen nur wenig unterscheiden, während, beiläufig bemerkt, in der französischen Afrika-Kolonie Algier ein Gemisch von gallischer Leichtfertigkeit und orientalischer wollüstiger Zügellosigkeit in Erscheinung tritt. Was die anderen französischen Kolonien betrifft, so lässt sich zu unserem Thema kaum etwas Besonderes bemerken.

Was Holländisch-Ostindien betrifft, so befinden sich bereits in den „Bataviasche Statuten" vom Jahre 1642 Verordnungen wider „hoererye ende overspel". Hierin wird auch das Konkubinat mit Geldstrafe bedroht, mit Todesstrafe jedoch der Heide, Mohr oder Unchrist, der mit einer Christenfrau getraut oder ungetraut in geschlechtlichen Verkehr tritt. Viel scheinen diese und andere Massregeln nicht genützt zu haben und die niederländischen Kolonien sind auch heute noch nicht Stätten frommer Tugend und Sittsamkeit, obgleich die Kolonialtruppen hier minder anspruchsvoll zu sein scheinen als ihre englischen Genossen, wenigstens braucht für jene nicht in so umfangreicher Weise nach dieser Richtung hin gesorgt zu werden, wie für letztere.

Ueber Australien liegen keine derartigen Daten vor. Es dürften hier in den Hafenstädten dieselben Zustände herrschen wie in anderen, besonders englischen Hafenstädten und andere Städte kommen überhaupt kaum in Betracht. Die englischen Afrika-Provinzen weisen auch nicht die züchtigste Lebensführung auf und dasselbe kann auch von den beiden niederländischen Republiken in Südafrika gesagt werden. Indes sind hier der eigentlichen Prostitution mehr die schwarzen und halbblütigen eingeborenen Frauen ergeben, neben diesen aber tritt hier, wie fast überall in aussereuropäischen Gebieten, eine grosse Anzahl von „fahrenden Frauen" aus Europa und Amerika als der Prostitution ergeben auf; sie sind zuweilen auch schon auf den Ozean-Dampfern anzutreffen.

Gelegentlich einiger Prozesse, die in Deutschland wider Kolonialbeamte verhandelt wurden, die des Amtsmissbrauchs auch in geschlechtlicher Beziehung angeklagt waren, schwirrte das Wort „Tropenkoller" durch die Oeffentlichkeit, womit der Versuch gemacht wurde, Ausschweifungen dieser Art unter den Tropen gewissermassen eine physiologische und psychologische Begründung zu geben. Mag diess auch als Entschuldigung nicht völlig ausreichend sein, als Thatsache muss doch zugegeben werden, dass das heisse Klima, wenn es einerseits auch erschlaffend wirkt, andrerseits wieder, im Vereine mit der Loslösung von europäischen Begriffen und Zuständen, nur zu sehr geeignet ist, zu geschlechtlichen Uebertreibungen und Ausschreitungen zu führen.

IV. Kapitel.

China. — Bordelle. — Peking. — Blumenschiffe. — Bonzen. — Japanische Theehäuser. — Besteuerung. — Japanische Frauen. — Bäder. — Druckschriften. — Der Hindu. — Tanzmädchen. — Bajaderen. — Leben der Bajaderen. — Brandmale. Aegyptische Tänzerinnen. — Der Fandango. — Der Walzer.

Eine bedeutende Rolle in der Geschichte der Prostitution nimmt das starkbevölkerte China ein, dem vielleicht nur noch von dem verhältnismässig kleinen, rührigen Japan der Rang streitig gemacht werden könnte. In China ist die Prostitution seit 720 v. Chr. eine vom Staat geregelte und diesem zinsbare Einrichtung. Bordelle sind überall in grosser Anzahl zu finden, die aber keineswegs einer gesundheitspolizeilichen Aufsicht unterliegen. Peking hat ganze Strassenzüge aufzuweisen, wo sich ein Bordell an das andere reiht. Städte die an Flüssen liegen, haben neben den Bordellen in der Stadt noch „Blumenschiffe" aufzuweisen, die demselben Zwecke dienen. Posch schreibt in seinem bereits zitierten Werk „Das Weib etc." folgendes:

„In China ist das Prostitutionswesen sehr ausgebildet; besondere Gesetze stören die Freudenmädchen nicht. Sie sind in Bordellen untergebracht, die fast alle mit grossem Luxus ausgestattet sind. Wegen ihrer blauen Jalousien heissen sie die blauen Häuser (Tsing Lao). In denjenigen Städten, welche wie z. B. Kanton, am Flusse liegen, werden auch eigens gebaute, festgeankerte Schiffe, sogenannte „Blumenschiffe" (Hoa Thing) häufig als Bordelle benützt. Die daselbst beherbergten Mädchen sind Sklavinnen des Bordellbesitzers und ihr Zustand, sowie das ihnen meist bevorstehende Schicksal sind wahrhaft beklagenswert. Sie werden gewöhnlich zu ihrem Gewerbe systematisch herangebildet und ebenso systematisch von ihren herzlosen Besitzern ausgebeutet. Im Alter von 6—7 Jahren müssen sie die älteren Mädchen und die Besucher bedienen, in dem Alter von 10—11 Jahren lernen sie singen und spielen, auch lesen, schreiben und malen, allein bereits im Alter von 13—15 Jahren werden sie von ihren Herren gewinnbringend ausgenützt, zunächst noch ausserhalb des Hauses, nachher aber in dem Institute selbst. Bis dieses eintritt vergehen 2—3 Jahre. Diese unglücklichen Wesen verwelken früh; dann sieht man sie in allen Strassen der grossen Städte sitzen, um vorübergehenden Soldaten und Taglöhnern gegen geringes Entgelt die Kleider auszubessern. Nach offiziellen Berichten gab es im Jahre 1861 in Amoy, einer Seestadt von 300000 Einwohnern, 3650 Bordelle, welche 25000 Mädchen beherbergten. . . .

In den alten Geschichten Chinas spielen diese „Blumenmädchen", d. h. die Insassinnen der auf dem Wasser schwimmenden „Blumenböte", ungefähr die gleiche Rolle wie die Hetären in Griechenland. Sie sind der Inbegriff aller Schönheit, guten Erziehung und Bildung, die die männliche Jugend aufsucht, um die eigene Bildung zu vervollständigen. Auch heute noch besteht diese Einrichtung und teils in den „Blumenschiffen", teils in den „blauen Häusern" werden Gäste empfangen. Arme Kinder werden gestohlen oder von ihren Eltern gekauft, um hier lediglich zur Prostitution herangebildet zu werden."

Der Militär-Attaché der chinesischen Gesandtschaft in Paris, Tschang-Ki-Tong berichtete:

„Gewisse Reisende haben es sich in den Kopf gesetzt, die „Blumenschiffe" genannten Fahrzeuge in der Nähe grosser Städte, als Stätten der Ausschreitung zu schildern. Das ist vollkommen unrichtig. Sie verdienen diesen Ruf ebensowenig wie die Konzertlokalitäten in Europa. Sie bilden das Lieblingsvergnügen der chinesischen Jugend. Man veranstaltet Wasserpartien, hauptsächlich Abends, in Gesellschaft von unverheirateten, musikalischen Frauen, die diese Einladung annehmen. Will man eine Partie vornehmen, so schreibt man auf eine der an Bord aufliegenden

Karten seinen Namen, den der Künstlerin und die Zeit der Zusammenkunft. Es ist dies eine angenehme Zerstreuung und man findet an Bord alles, was ein Feinschmecker nur wünschen kann und die Gesellschaft der Frauen, deren Gesang und Spiel bei einer Tasse Thee die Abendfrische beleben, wird nicht als nächtliche Ausschreitung betrachtet."

Auch europäische Reisende äussern sich mit einer gewissen Anerkennung über die Blumenschiffe. So heisst es bei Hildebrandt (II. S. 7): „In Paris führt man die Fremden in die Gärten von Mabille oder Chateau des Fleurs, in Kanton sucht man ihnen auf den Blumenschiffen eine Vorstellung von den Sitten der Hauptstadt beizubringen. Man errät, dass die Loretten und Grisetten Kantons auf diesen Blumenschiffen ihr Wesen treiben, doch kann ich nicht umhin das Betragen dieser Damen zu rühmen. Es unterschied sich sehr zu ihrem Vorteil von der Zudringlichkeit der emanzipierten Schönen, welche die modernen Tanzlokale Berlins bevölkern und sich an die Fersen der einzelnen Fremden heften. Die gebotenen Unterhaltungen waren sehr einfacher Art. Die rotgeschminkten Damen sangen durch die Nase und begleiteten ihre Melodien auf einem nur einseitigen Instrumente. Wir bewirteten sie mit Thee oder süssen Leckereien und wechselten einige Worte Pidjen-Englisch. Die chinesischen Stammgäste, meistens ältere Herren, bewegten sich mit gleicher Zurückhaltung. Auf keinem der von uns besichtigten Blumenschiffe habe ich etwas Ungehöriges bemerkt." Es lässt sich billig bezweifeln, dass ein Chinese, der seine Erfahrungen über europäische Freudenhäuser zu Papier brächte, ein ähnlich lautendes Zeugnis ablegen könnte.

Ein vertrauterer Zug blinkt uns dagegen aus einer andern Stelle dieses Buches entgegen: „Besonders wohl aussehend und von gefälliger Tournüre fand ich die Bonzen in dem Tempel der Fruchtbarkeit . . die Andächtigen in dieser Oertlichkeit bestanden nur aus jungen hübschen Chinesinnen, auf deren überaus zierliche Händchen ich alle Touristen aufmerksam mache, und schienen nur die erwähnten Bonzen, so viel ich in der kurzen Zeit meiner Anwesenheit zu ergründen vermochte, ernstlich beflissen zu sein, die Bittstellerinnen in ihrem Kummer über den bisher mangelnden Ehesegen zu trösten und bei beharrlichem Besuche ihres Tempels auf eine bessere Zukunft hinzuweisen."

Im Uebrigen indes, scheint der Mangel an Kindersegen nicht der grösste Kummer der Chinesen beiderlei Geschlechts zu sein, wenigstens lässt dies der landesübliche Kindermord annehmen. Manche Stämme wissen allerdings diesen mit dem Frauenraub in Verbindung zu bringen. Die Hak-ka in Südchina, bei denen die Tötung der neugeborenen Mädchen gewöhnlich ist, unternehmen, wie Eitel mitteilt, um sich mit Weibern zu versorgen Raubzüge, über die Grenze nach Tonkin hinein. „Les plus jolies sont réservées aux maisons de prostitution de Canton, et leur prix est de beaucoup superieur á celui des autres."

Dass viele chinesische Mädchen zu Prostitutionszwecken nach San Franzisko und anderwärts gebracht werden, ist bereits erwähnt worden. Die Leichtigkeit, mit der sich die Töchter Chinas preisgeben, ihr auch für den europäischen Geschmack gefälliges Aussehen mögen wohl die Hauptgründe sein, dass europäische Prostituierte hier kaum vorkommen. Dasselbe gilt auch für Japan.

Aehnlich den chinesischen Blumenschiffen sind, was deren Zweck und Umgangsformen betrifft, die japanischen Theehäuser. Japan ist, wie Henne am Rhyn bemerkt, ein Land, „wo der Begriff der Unsittlichkeit so wenig existiert, wie derjenige der Scham. Geschlechtliche Verhältnisse werden dort ganz wie andere ruhig, ohne Cynismus, noch geheimnisvoll besprochen, sogar in Gegenwart von Kindern. Die öffentlichen Dirnen bilden einen anerkannten Stand, der in den schönsten Stadtteilen seinen Wohnsitz hat. Töchter der besten Stände befinden sich oft unter ihnen und verheiraten sich später glücklich, ohne dass ihnen ein Makel anhaftet. Die Theehäuser sind die allgemein anerkannten Stätten der Prostitution in Japan; aber es soll dort sehr anständig zugehen und die die Gäste bedienenden Mädchen beobachten ein bescheidenes und liebenswürdiges Benehmen."

Die Reformation der politischen Verhältnisse und die Annäherung an europäische Kulturformen begann in Japan bekanntlich 1868 und nicht minder bekannt ist, welch grosse Fortschritte dieses Reich seither gemacht hat. Die Prostitutionszustände scheinen jedoch keinem bedeutsamen Wandel unterzogen worden zu sein, denn die neuesten Berichte der Reiseschriftsteller wissen über diese Sache im ganzen und grossen kaum anderes mitzuteilen als ihre Vorgänger. In dem erwähnten Reisewerke Hildebrandts, der Japan kurze Zeit vor Ausbruch der Reformbewegung bereiste, finden wir einige interessante Mitteilungen über unseren Gegenstand. Er schreibt von Yokohama:

Vor unserer Abfahrt hatte ich zufällig die Sitten des Landes von einer neuen Seite kennen gelernt. Ein Bonze war mit uns bis an das Meeresufer gegangen, um uns ein ihn begleitendes junges Mädchen, vielleicht seine Tochter, Verwandte oder Mündel, für einen Monat gegen eine Geldentschädigung anzubieten. Nach den Anfragen des Herrn Reis war der Bonze bereit, uns die Schutzbefohlene für ein Pauschquantum von dreissig Dollars anzuvertrauen. Sprach er die Wahrheit, so hatte diese davon achtzehn Dollars als Abgabe an die Staatskasse zu erlegen, und nur der Rest war ihr rechtmässiges Eigentum.

Es war nicht leicht, den frommen Mann loszuwerden, denn er folgte uns bis an die Knie ins Wasser. Herr Reis, ein genauer Kenner der Landesgesetze und Bräuche gab mir während unserer Wasserpartie die nötige Aufklärung. In den Anschauungen der Japaner sind die Unterschiede zwischen Ehe und Prostitution in einer Weise gelockert, die dem Angehörigen eines zivilisierten europäischen Staates fast unbegreiflich und wie eine moralische Unvollkommenheit erscheint. Es widerstreitet nicht der Würde der Regierung, sowohl das Institut der Ehe, als die Prostitution, zu einer Einnahmequelle der Finanzen zu machen. In vornehmen Familien werden die Ehen zwischen Angehörigen, wie in diesseitigen Fürsten- und hohen Adelsgeschlechtern, durch diplomatische Uebereinkunft geschlossen und die paktierenden Teile zahlen, analog unserer Erbschaftssteuer, eine dem Betrage des gemeinschaftlichen Vermögens entsprechende Heiratssteuer. Aehnliche Einnahmen erzielt das japanische Finanzsystem durch die amtlich sanktionierte Prostitution, ein Wort, dessen ich mich nur bediene, da mir kein milderes, der Lebensanschauung des seltsamen Volkes entsprechendes zu Gebote steht. Ein armer Hausvater — und die Mehrzahl der Japaner ist aus Gründen, über die ich mich später verbreiten werde, blutarm — kann gegen eine gewisse Summe seine Töchter dem Staate verkaufen. Dieser übernimmt sie schon in den zartesten Kinderjahren, und damit zugleich die Verpflichtung ihrer Erziehung. Sie lernen lesen, schreiben, nützliche Handarbeiten und etwas Klimperei auf den landesüblichen Saiteninstrumenten. Herangewachsen, siedeln sie in die Blumen- oder Theehäuser über. Je nach ihren körperlichen und geistigen Vorzügen werden sie in Häuser verschiedener Kategorien gethan. Das Viertel, in dem diese Staatsinstitute liegen, heisst das Herrenviertel, das ansehnlichste derselben, zu dem das Eintrittsgeld ungefähr zwei Dollars beträgt, wurde, ich weis nicht, ob nur von den Ansiedlern, „das Herrenhaus“ genannt. Dem geringen Mann ist der Zutritt erleichtert. Durchschnittlich beträgt sein täglicher Verdienst drei Tempo's, eine grosse ovale, in der Mitte viereckig durchlöcherte Münze von feiner Bronze. Mit einem dieser Geldstücke hat er sogleich seine Einkommensteuer zu entrichten, das zweite reicht zur Deckung seiner Lebensbedürfnisse hin, mit dem dritten Tempo kann er den Eintritt in eines der Theehäuser untersten Ranges erlangen. Die japanische Regierung in ihrer gemütlichen Weltansicht betrachtet den Staatsfonds als die Sparkasse der Unterthanen und sucht ihnen das erworbene bare Geld, wie Unmündigen, so rasch als möglich abzunehmen. Die Theehäuser sind daher die Mittelpunkte des geselligen Verkehrs im Lande. Der Europäer darf damit durchaus keine entwürdigenden Nebenvorstellungen verbinden, die Mehrzahl der armen Japaner wählt ihre Ehefrauen aus diesen Theehäusern, und die Vergangenheit derselben verkümmert keineswegs das häusliche Glück, das, wie man mir oft wiederholt hat, in diesen, nach europäischen Begriffen auf so unangemessene Weise geschlossenen, Ehen herrschen soll. Zudem steht das Betragen der Bewohnerinnen dieser Theehäuser weit über dem der weiblichen Gäste jener europäischen Vergnügungslokale, deren Wirte, ein Seitenstück der japanischen Finanziers, unter dem Schutze der Polizei, grosse Reichtümer erwerben. Nirgends habe ich etwas Ungeziemendes bemerkt, in den Salons von Mabille und Chateau des fleurs, geschweige denn in der Closerie de lilas beträgt man sich weniger anständig. Dem Japaner ist eine offizielle Abgemessenheit angeboren. Nach der Versicherung meines Landsmannes Reis bewegt sich die Unterhaltung stets in den Grenzen des Anstandes. In dem sogenannten „Herrenhause“, in dem ich mehrmals in Gesellschaft europäischer Kaufleute Thee getrunken habe, machte ein Yakonin in grosser Gala im Empfangssalon die Honneurs, ebendaselbst war ein amtlich gestempeltes Beschwerdebuch ausgelegt. Die Autorisation der Regierung trat deutlich zu Tage. Gar eigentümlich, aber durchaus dem merkwürdigen Finanzsystem konsequent, ist die Stellung der Behörde zu den vorkommenden Fällen ehelicher Untreue. Die Schuldige, und wenn sie selbst im Einvernehmen mit ihrem Ehegatten gehandelt hat, erhält eine bestimmte Anzahl Stockprügel. Der Staat betrachtet ihr Vergehen in seiner Naivität keineswegs als eine Verletzung höherer, zum Schutze der menschlichen Familie gegebenen Gesetze, sondern einfach als Zolldefraudation, als Beeinträchtigung der ihm durch den Besuch der Theehäuser zustehenden Einnahmen. Verlust der bürgerlichen Ehre ist, ganz wie bei den heimischen Verletzungen der Steuergesetze, weder mit dem angeführten Vergehen, noch mit der Strafe verbunden . . .“

Ueber die Schönheit der Japanerinnen urteilt er, dem als Maler sicherlich eine Kompetenz zugesprochen werden muss, wie folgt:

„Wer die Schönheit der Japanerinnen nur nach den in europäischen Sammlungen vorhandenen, von hiesigen Malern angefertigten Bildern beurteilen wollte, würde eine ganz falsche Vorstellung erhalten. Die einheimischen Künstler legen den Nachdruck nur auf die genaue Nachahmung der Kleiderstoffe, ihres nationalen Schnittes und der glühenden Farben, der Haartracht und der sonstigen Schmucksachen. Alle Gesichter sind einander so ähnlich, wie durch dieselbe Schablone gestrichen, der allerdings nicht das nationale Hauptgepräge fehlt. Der Typus der Japanerinnen der feineren Stände kommt dem der Andalusierinnen nahe. Nicht wenige sind ihrem Teint nach so zart, wie norddeutsche oder englische Frauen und Mädchen; verdunkelt sich der Ton der Gesichtsfarbe ein wenig, so geht er doch nicht über den der Albanerinnen und Südfranzösinnen hinaus. Der kaum merkliche stumpfe Winkel der Augenbrauen giebt den schönen Gesichtern einen unbeschreiblichen Reiz. Hände und Füsse, die man in Japan nicht verunstaltet, sind wie die Körperformen, von tadelloser Regelmässigkeit und Zartheit. Selbst die abenteuerlichen Frisuren, ein Aufsatz, um den das üppige schwarze Haar, an den Schläfen und der Stirn glatt zurückgestrichen, um kunstvoll gepresste, vergoldete, weit vom Kopf abstehende Hornstreifen geschlungen wird, vermögen diese Schönheiten nicht zu entstellen. Die Gewänder, ein langes Kleid, das sich, unähnlich den europäischen Crinolinen, in der Kniegegend verengert, dann aber noch in einer reichen Schleppe endet, darüber ein gestickter Paletot aus kostbaren farbigen Stoffen, stimmen herrlich zu der anziehenden Gesichtsbildung und den zierlichen Gestalten. Der Gang der Japanerinnen ist etwas unsicher, denn sie tragen unter den Sohlen zwei Zoll hohe, stelzenartige Klötzchen. Die Füsse selber sind unbedeckt und die Sohlen mit bunten Bändern daran befestigt."

Charakteristisch für die Sittenverhältnisse ist das, was er uns von dem Baden der japanischen Frauen mitzuteilen weiss:

„Vor der Thür jedes japanischen Hauses steht, zum ersten Notbehelf bei Feuergefahr, ein mit Wasser gefüllter Bottich, dessen Inhalt fortwährend erneuert und von der Polizeibehörde streng beaufsichtigt wird. Der Bottich ist zugleich die Badewanne der das Haus bewohnenden Familie und die offene Strasse: ihr Badegemach. Wie erstarrt blieb ich stehen, als ich, hinter einem in das Haus biegenden Packträger hervortretend, plötzlich vor einem jungen Mädchen stand, das, im Costüm unserer Urgrossmutter Eva, aber selbst ohne die Feigenblätter-Garnitur, auf einem über den Rand des Bottich gelegten lackierten Brette sass, Nacken und Brust mit Wasser übergoss und wie eine Ente mit den Füssen darin plätscherte. Ich wich in der Furcht, eine unerhörte Taktlosigkeit begangen zu haben, verlegen zurück, da mich aber die badende Schöne nur eines gleichgiltigen flüchtigen Blickes würdigte und keiner der Vorübergehenden sie beachtete, beruhigte ich mich mit dem alten Sprichworte: Ländlich, sittlich! und schlenderte unbekümmert weiter. Wirklich war das öffentliche Bad keine Ausnahme von der Regel gewesen, die Vormittagstunde mochte zur Toilette bestimmt sein, und schon einige Häuser weiter traf ich eine Mutter mit zwei Töchtern bei derselben Beschäftigung. Die Damen fühlten sich durchaus nicht unangenehm berührt, als ich auf- und abwandelnd Augenzeuge der gegenseitigen Uebergiessungen und des späteren weitläufigen Haarschmückungsprozesses war. Ich bekam danach eine sehr vorteilhafte Meinung von der Reinlichkeit, wenn auch nicht von der Schamhaftigkeit der Japaner, und habe keine Veranlassung gefunden sie später zu berichtigen. Die Inselbewohner stehen in dieser Hinsicht weit über den Chinesen."

In Yokohama besuchte er auch ein öffentliches Bad:

Gegen Abend besuchten wir ein grosses Badhaus, das schon im Verlauf des Tages meine Aufmerksamkeit erregt hatte. Den freien Sitten der Japaner entsprechend, lag es dicht an der Strasse, und Thüren und Fenster standen weit offen. Die Vorübergehenden konnten den im Erdgeschoss liegenden Bade- oder Waschsalon frei übersehen Wir traten ein, reichten dem zwischen den beiden Mitteltüren auf einer schmalen Estrade sitzenden Cassierer einen Viertel-Itzebu (5 Sgr.) als Geschenk, und genossen — der Preis für ein Bad beträgt nur ungefähr 2 bis 3 Pfennige unserer Münze — unbeschränkte Freiheit, in dem Lokal umherzuwandeln. Jeder Badegast, der sein Entrèe bezahlt, erhält eine Marke, deren Nummer mit einem schmalen Fach in den zahlreichen Wandschränken korrespondiert, in dem er seine Kleider aufhängt, dann sucht er eine unbesetzte Stelle auf. Der ganze Saal ist mit fünf oder sechs Rinnen durchzogen, die nur durch sanfte Neigungen und Abdachungen des glatt gehobelten Fussbodens entstehen. Auf einem dieser Grate hockt der Badegast nieder. Nun bringt ihm einer der zahlreichen Diener einen Eimer Wasser. Ich habe schon gesagt, dass die Einwohnerinnen ihre ersten Abwaschungen an den, vor ihren Häusern stehenden Wasserkübeln der Feuerwehr verrichten; das Wasser des Badehauses ist ungleich erfrischender und stammt aus einem der Bäche, welche hier und da die Stadt durchrieseln. In jedem Eimer liegt eine kleine Schöpfkelle, und das Bad besteht eigentlich nur in einer wiederholten Ueberrieselung. Junge Männer und Mädchen, denn Kinder und ältere Leute pflegen nicht öffentlich zu baden, hocken in bunter Reihe nebeneinander, übergiessen ihre Körper mit Wasser und geniessen die durch den Verdunstungs-Prozess erzeugte Abkühlung. Das Verfahren wird wiederholt, so lange der bezahlte Wasservorrat ausreicht. Eine vom europäischen Anstandsbegriff so weit abweichende Sitte wird Niemanden erschrecken, wenn er erfährt, dass ein Badegast sich den äussersten Misshandlungen aussetzen würde, beobachtete er nicht die gebotene Decenz. Ich bin weit entfernt, im Geheimen vorkommende sittliche Gräuel in Abrede zu stellen; öffentlich begeht weder Mann noch Weib einen Verstoss gegen das, was in Japan „gute Sitte“ genannt wird. Nach dem beendeten Bade begeben sich viele Gäste sogar, ohne vorher ihre Kleider anzulegen, vor die Thür des Badhauses und lassen sich auf Bänken nieder, um zu plaudern und die noch feuchte Haut durch die Brise zu kühlen.

Im krassen Widerspruch mit dem gesitteten Benehmen der Japaner selbst unter so eximierten Kostüm-Verhältnissen, steht die Schamlosigkeit der Produkte des fliegenden Buchhandels, dem, so weit ich mich unterrichtet, in Japan vollkommen freie Hand gegönnt wird. Kinder in den zartesten Jahren bieten auf offener Strasse kleine Bücher voll von obscönen Abbildungen oder erschreckend freche Puppen feil. Ein beliebtes Vergnügen für Alt und Jung sind auch in Japan Schiessübungen mit Bogen und Pfeil. Trifft der Schütz, so springt in unseren Schiessständen irgend ein scherzhafter, überraschender Gegenstand hervor, hier nie ein anderer, als das von Philologen näher zu definierende Emblem des römischen Gartengottes. Dasselbe prangt obenein in vielen Tempeln und als Thürschmuck der Theehäuser; zuletzt gewöhnt sich der Fremde daran, wie an die Putzköpfe in den Schaufenstern unserer Friseure. Noch weiter gehen die hiesigen Aerzte. Als Reklame dienen ihnen Tafeln oder Aushängeschilder, gleich den Tableau's unserer Bänkelsänger auf Jahrmärkten, bemalt mit den abscheulichsten Krankheiten in riesengrossen Exemplaren. Zuweilen hat der darstellende Künstler dabei einen wahren Galgenhumor entwickelt. Ich erinnere mich der Abbildung eines ziemlich leichten Patienten, welcher mit der Eile eines dem Schlachtgemetzel entwischten Kriegers in voller Carriére zu seinem Specialisten rannte. Einige Veduten, die ich als Beleg der Wirklichkeit angefertigt, so wie ein halbes Dutzend jener Volksbücher, welche ich zu gleichem Zwecke angekauft, habe ich noch vor meiner Ueberfahrt nach Californien vernichtet. Der Gedanke, in welchen schmählichen Verdacht ich im Falle meines Ablebens bei Verwandten und Erben geraten könne, trieb mich dazu an."

Nächst Chinesen und Japanern haben wir hier der Hindu zu gedenken, der Hauptbevölkerung Indiens. Bei diesen soll, wie Schott, von Ploss zitiert, anführt, die sogenannte religiöse Prostitution heute noch vorkommen. „Hindumädchen jeder Kaste können Tempeln zum Tanzen geweiht werden. Sie heiraten nicht, dürfen aber mit Leuten aus der gleichen oder aus höheren Kasten sich prostituieren. Es giebt zwei Arten Prostituierte: Thassee oder einer Pagode attachierte Tanzmädchen und Vashee oder Prostituierte. Die letzteren leben in Bordellen in grösseren Städten oder in der Nähe von Arakschänken oder kleinen Tempeln. Die ersteren werden als Kinder mit der Gottheit des Tempels verehelicht; sie stammen nicht selten aus den vornehmen Kasten, wenn ihr Vater sie infolge eines Gelübdes dem Tempel geweiht hatte . . . Sobald das Mädchen ihre Reife erlangt hat, wird, wenn sie nicht bereits von einem Brahminen defloriert ist, ihre Jungfrauschaft einem diese Ehre suchenden Fremden für eine entsprechende Summe überlassen, und von da an führt sie ein Leben fortgesetzter Prostitution mit Fremden."

Aehnliches weiss an derselben Stelle Warneck mitzuteilen:

„Jeder Hindu-Tempel von einiger Bedeutung besitzt eine Anzahl Nautsches d. h. Tanzmädchen, welche nächst den Opferern das höchste Ansehen im Tempelpersonal geniessen. Es ist noch nicht lange her, dass diese Tempelmädchen fasst die einzig einigermassen gebildeten Frauen in Indien waren. Sie wurden nämlich in Gesang und Tanz unterrichtet, auch besser gekleidet als ihre Geschlechtsgenossinnen, und als die evangelische Mission begann, da trat ihr das Vorurteil entgegen, sie wollte Tempelmädchen ausbilden. Diese von ihrer Kindheit her den Götzen vermählten Priesterinnen müssen von Berufswegen sich für jedermann aus jeder Kaste prostituieren und diese Preisgebung ist so weit entfernt als Schande zu gelten, dass selbst angesehene Familien es vielmehr für eine Ehre achten, ihre Töchter dem Tempeldienst zu weihen.

Allein in der Präsidentschaft Madras giebt es gegen 12000 dieser Tempelprostituierten. Ihr Dienst beschränkt sich aber nicht auf den Tempel. Die Tanzmädchen sind auch häufig in den Häusern, bei Hochzeiten, Weihungen und sonstigen festlichen Gelegenheiten spielen sie eine grosse Rolle. So ist es auch ziemlich allgemeine Sitte, dass man sie einladet, wenn man Fremde zum Besuch hat, ja Europäer oder Amerikaner laden sie selbst zu ihren Vergnügungen ein und beschenken sie reichlich."

Andere bezeichnen die Tempelmädchen mit Davadasi, was so ziemlich mit dem erstverzeichneten Namen übereinstimmt, der wohl englisch zu lesen ist. Ferner ist bekanntlich die Bezeichnung Bajadere in Europa für indische Tanzmädchen üblich, die von dem portugiesischen bailadeira, tanzen, herrührt. Dergleichen ist übrigens auch in den andern ostasiatischen Ländern zu finden, indes sind Tanz und Tänzerinnen in China und Japan überhaupt wenig von Belang. In „Eros oder Wörterbuch etc." lesen wir: „Schon das Altertum kannte die wollüstigen Tänze und die Tänze der Bacchantinnen sind berüchtigt genug. Schon jene Zeiten hatten den Tanz zu einem der Hauptmittel Wollust anzufachen und rege zu halten erniedrigt, und in der Geschichte der Ausschweifungen hat der Tanz von jeher eine wichtige und skandalöse Rolle gespielt.

Noch heutzutage spielt er sie unter dem wollüstigen Himmel des Orients. In allen grossen Reichen Asiens und Afrikas finden sich Gesellschaften von Tänzerinnen, die besondere Zünfte ausmachen und deren Hauptgewerbe wahrlich nicht der Tanz ist. Am bekanntesten sind unter diesen orientalischen Tänzerinnen die Bajaderen, über die wir hier einiges einschalten müssen.

Die Bajaderen in Hindostan sind junge Mädchen von zehn bis siebzehn Jahren, die tanzen, singen und kleine Schauspiele aufführen lernen. Sie stehen unter Aufsicht einer Matrone, die sie in allen weiblichen Künsten und namentlich in der Kunst zu gefallen unterrichtet. Diese wählt sich aus den niedrigsten Volksklassen die schönsten Mädchen in einem Alter von sieben bis acht Jahren, lässt sie zur Erhaltung ihrer Schönheit inokulieren und lehrt sie dann zu den Kenntnissen und körperlichen Fähigkeiten ihres nachherigen Standes an, dessen Zweck und Bemühung auf nichts anderes gerichtet ist, als den Reichen und Vornehmen des Landes Unterhaltung und sinnliches Vergnügen zu verschaffen. Anfänglich mag blos dies ihr Zweck gewesen sein; allein in der Folge ist es zugleich ein Gegenstand des Luxus geworden, wie denn Sinnlichkeit fast überall zur Verschwendung leitet. Nicht nur an den Hoflagern regierender Herren werden gewöhnlich zur Unterhaltung des Hofes Schauspiele und Tänze von solchen Bajaderen aufgeführt, sondern es giebt auch in jeder Stadt mehrere dergleichen Trupps von jungen Mädchen, die bei Gastmahlen reicher Privatpersonen, bei Familienfesten, bei Empfang und Bewirtung eines Fremden, kurz, bei der geringsten Veranlassung erscheinen, um die Gesellschaft durch ihre Künste und Reizungen zu vergnügen. Für ein Mädchen der besten Art erhält die Matrone, der sie angehört, für die Unterhaltung eines Abends hundert Rupien, und oft werden zur Musik bei der Tafel, zu kleinen Zwischenspielen und Tänzen, zwanzig solcher Personen erfordert.

Bei gesellschaftlichen Zusammenkünften erscheinen die Bajaderen gleich zu Anfang in dem Versammlungszimmer, begrüssen jeden ankommenden Gast mit Tanz, und überreichen ihm im Namen des Wirtes auf einem silbernen Teller Betel, Rosenwasser, Erfrischungen, auch wohl Geschenke, die der Wirt den Gästen macht. Dann singen, spielen und tanzen sie wechselweise, bis die Gesellschaft auseinander geht. Hat einer oder der andere Lust, die Talente einer dieser Bajaderen näher kennen lernen zu wollen und sie zu diesem Zwecke bis am folgenden Morgen bei sich zu behalten, so kostet es ihm gemeiniglich nur einen Wink. Die Matrone, der die Bajadere angehört, rechnet den Wert der Unterhaltung, die eine solche die Nacht hindurch, mit jener, die sie den Abend über gewährt, zu gleichem Preise: eins wie das andere gilt hundert Rupien. Davon bekommt das Mädchen nichts, sondern der, dem sie zu Gebot gewesen, muss ihr am andern Morgen noch ein besonderes Geschenk machen, und das besteht, je nachdem sie seine Erwartungen mehr oder weniger befriedigt hat, oder je nachdem er weniger freigebig oder reich ist, in einer Juwele oder einem Stück reichen Zeuges. Gastfreiheit und gute Lebensart gehen in Indien so weit, dass der Wirt dem Gaste, den er aus der Fremde bei sich beherbergt, und dem er eine gute Aufnahme beweisen will, die Bajadere, die demselben am besten gefallen hat, ins Schlafzimmer schickt, und nicht nur die Matrone dafür bezahlt, sondern auch dem Gaste des Morgens beim Aufstehen das Geschenk zuschicken muss, das dieser seinem Mädchen der Gewohnheit zufolge, zu überreichen verbunden ist. Ungeachtet die Matrone dem Mädchen nichts als Unterhalt und Kleider giebt, die freilich an sich schon kostbar sind, so erwerben diese doch durch die sogenannten freiwilligen Geschenke, oft sich einen beträchtlichen Reichtum. Es ist nichts Seltenes, eine Bajadere der ersten Klasse zu sehen, die für zwanzigtausend und mehr Rupien Juwelen an sich trägt, denn sie sind gleichsam damit behangen. Solche Tänzerinnen und Sängerinnen giebt es indes auch von geringerer Gattung, sogar welche, die auf Verdienst im Lande umherziehen, die dann aber auch nicht so kostbar sind.

Nach dem siebzehnten Jahre, wenn die ersten Reize verblüht sind, pflegen die Bajaderen nicht mehr als Schauspielerinnen ihre Reize öffentlich feil zu bieten, sondern sich in eine Pagode unter den Schutz eines Brahminen zu begeben, doch nicht, wie in Europa, um aus Buhlerinnen alte Betschwestern zu werden, sondern um hier ihre vorige Lebensart fortzusetzen. Was sie im Tempel mit ihren Reizen gewinnen, gehört den Brahminen, die ihnen dafür Aufenthalt und Unterhalt geben. Für unanständig wird übrigens dies Gewerbe in Indien weder für die Bajaderen, die es treiben, noch für Personen, die Genuss davon haben gehalten; denn die Mädchen tanzen den Götzen zu Ehren vor ihren Bildnissen in den Tempeln an Festtagen und bei feierlichen Prozessionen. Man glaubt, dass die Götter an den schamlosen Tänzen öffentlicher Weiber ein ebenso grosses Wohlgefallen wie die Könige und Grossen finden, und selbst die feurigen und wollüstigen Brahminen, die diese Mädchen in die geheimsten Künste der Liebe vollends einweihen, stehen im Rufe besonderer Heiligkeit.

Alle Reisebeschreiber versichern, dass diese bezaubernden Tänzerinnen die ungeheuere Ueppigkeit der Morgenländer und den schleunigen Untergang ganzer Familien befördern, die so lange der Raubsucht grosser und kleiner Despoten entgangen sind. Sie richten nicht blos Jünglinge, sondern oft auch die vornehmsten Männer zu Grunde. Sie verstricken selbst Könige, geben ganzen Völkern nicht selten künftige Regenten und reizen durch ihre wollüstigen Tänze und Schauspiele die Sinnlichkeit der Orientalen bis zur Wut. Chardin kannte viele vernünftige Männer, die einer Tänzerin so ergeben waren, dass sie es selbst für unmöglich hielten, sich ihren Fesseln zu entreissen. Diese unglücklichen Neigungen entschuldigen sie damit, dass sie von ihren Geliebten bezaubert seien. SolcheSklaven derLiebe werden an denBrandmalen erkannt, die sie am ganzen Körper, besonders an den Armen und in den Seiten haben. Die Perser machen diese mit einem glühenden Eisen, und zwar um desto tiefer, je verliebter sie sind und je mehr sie ihre Gebieterinnen von ihrer Leidenschaft überzeugen wollen.“ Dieser Umstand, beiläufig bemerkt, lässt sich mit dem Flagellantismus, besonders mit dessen Abart dem Masochismus, in Verbindung bringen.

„Alle Reiseschriftsteller haben mit grösstem Erstaunen die Stärke und Zauberkraft des Spiels dieser Buhlerinnen und die Heftigkeit der durch sie erregten Begierden gesehen. Oft erscheinen sie ganz unbekleidet bei ihren pantomimischen, wollustatmenden Tänzen. Sie suchen nicht nur durch Blicke, Mienen und Stellungen des Körpers den Zuschauern die Entzückungen der Liebe stufenweise auszudrücken, sondern sie erhitzen sich selbst dergestalt, dass ihre Tänze in wollüstige Convulsionen ausarten. Die Begierden mancher indischen Grossen werden dadurch so aufgereizt und unersättlich, dass sie oft in einer Nacht vier bis fünf Gesellschaften von Tänzerinnen kommen lassen, und wenn sie dann fast ganz vernichtet sind, sich dennoch in die Arme eines abessynischen Sklaven werfen.

In Aegypten giebt es gewisse Tänzerinnen, die sich ausser ihren Künsten andere angenehme Kenntnisse und Fertigkeiten zu erwerben suchen. Man nennt diese Sängerinnen Alme oder Gelehrten, und diese Alme nehmen keine unter sich auf, die nicht eine liebliche Stimme hat, eine gewisse Kenntnis der Sprache und der Regeln der Dichtkunst besitzt, und aus dem Stegreif dichten, oder auf gegenwärtige Personen und Umstände Verse machen kann. Eben diese Alme wissen die schönsten Gesänge auf die Unfälle von Liebenden oder auf den Tod von Helden auswendig, durch deren Absingung sie die harten Türken bis zu Thränen rühren können.

So verführerisch indes alle Reize und Künste der Tänzerinnen für die weichlichen Orientalen sind, so wenig Eindruck würde ihr übertriebener Putz, oder die unzähligen Ringe, Bänder und Ketten, womit Ohren, Nase, Hals, Brust, Hände, Arme, Finger, Füsse und Zehen behangen und bedeckt sind, auf den gesunden Geschmack eines Europäers machen. Die ekelhaften starkriechenden Schmierereien womit sie Wangen, Lippen, Augen, Augenbrauen, und selbst Hände und Nägel zu verschönern suchen, würden vielmehr eher anekeln als reizen. Sie punktieren sich sogar allerlei Blumenwerk auf Gesicht und Arme, oder nähen mit einem geschwärzten Faden einen schwarzen Ring um die Augen herum, wodurch, ihrer Meinung nach, deren Feuer unendlich erhöht wird. Die sinnreiche Art, wodurch sie die Reize ihres Busens, des vorzüglichsten Schatzes ihrer Schönheit, zu erhalten bemüht sind, verdient noch bemerkt zu werden. Um dessen ungestaltete Vergrösserung zu verhüten, umgeben sie ihn mit zwei Futteralen von sehr leichtem Holz, die vermittelst eines Charniers zusammengefügt und hinten befestigt sind. Das Aeussere derselben ist mit einer Goldplatte belegt und mit Brillanten besetzt, das Ganze so glatt und elastisch, dass es selbst die geringsten Bewegungen des Busens nicht verbirgt. Und diese Kapsel wissen sie mit einer gleich geschickten Leichtigkeit ab- und anzulegen.

In Europa ist das System der Tanzkunst nicht zu solchen Ehren (!) gelangt. Nur in Spanien erlaubt der wollüstige Fandango einen Vergleich mit den liederlichen Tänzen der Orientalen. Kenner versichern, man könne sich keine ausdrucksvollere Einladung zur Wollust denken, als diesen Fandango, besonders wenn ihn die Andalusierinnen, die an sich schon so bezaubernd sind, tanzen."

Von den Tänzen, auch den orientalischen Tänzen und dem hierzu gehörigen in letzterer Zeit in Europa nur zu häufig zur Darstellung kommenden obscönen „Bauchtanz", war in diesem Werke bereits früher wiederholt die Rede, sie brauchen daher wohl nicht weiter erörtert zu werden. Bemerkt sei nur noch schliesslich, dass auch der ziemlich harmlose deutsche Walzer zuweilen eine stark erotische Deutung erhielt. Es sei nur an die Verse Bürgers hier erinnert:

Der Ausbruch wilder Auerhahnsbrunst
Heisst, zum Exempel, — balzen.
Thut eben das mit Schwabenkunst,
So heisst die Sache — walzen.

V. Kapitel.

Korea. — Marco Polo. — Chamil. — Tibet. — Pumeas. — Zwitter. — Mujerados. — Die Azteken. — Pelau-Inseln. — Salomons-Inseln. — Haabei-Inseln. — Afrikanische Naturvölker. — Abessiner. — Lappen und Samojeden. — Grönländer. — Kamtschadalen. — Korjäken. — Tungusen.

Korea, von den Chinesen Tschao-fian, von den Japanern Koroli und Korrai, genannt, von den Koreanern selbst Tsio-sien, ist bekanntlich eine China benachbarte Halbinsel. Vom Reich der Mitte sind so ziemlich alle kulturellen Besitztümer übernommen oder wenigstens doch stark beeinflusst worden und zu diesen müssen wir wohl auch die Prostitution zählen. Allerdings tritt sie in Korea nicht so numerisch stark und etwas weniger geglättet auf, wie solches ja durch verschiedene Umstände bedingt ist. Auch sonst lässt sich von vielen andern asiatischen Staatengebilden nur weniges hervorheben, was für die Geschichte der Prostitution von Bedeutung wäre. Entweder stehen diese Lande, was sexuelle Dinge und noch vieles andere betrifft, unter dem Einflusse der chinesisch-japanischen Kultur, oder unter dem der mohamedanischen, wobei sie allerdings auch manigfaltige Mischungen bekunden.

In Ostasien scheint hie und da noch die sogenannte gastliche Prostitution zu finden zu sein; früher wenigstens kam sie vor, wie uns schon Marco Polo (1256—1323) zu melden weis. Er war bekanntlich der Erste, der Europa über das innere Asien, namentlich über China Aufklärung gab. Seine Berichte fanden anfangs nur wenig Glauben, doch die Forschungen späterer Zeit haben viele seiner angezweifelten Mitteilungen für richtig befunden.

Marco Polo reiste 1274 durch Armenien, Georgien, Bagdad, Basra, Tauris nach dem ehemaligen Königreich Timokaim, von dem er uns zu melden weiss, dass er besonders viel schöne Frauen dort fand. Aus Yarkihn, der Hauptstadt der Provinz Kaschgar, weiss er zu berichten, dass alle Bewohner Beine und Hals geschwollen hätten, aus Chamil, dass dort jeder Familienvater bei Ankunft eines Fremden sein Haus verlässt und es dem Ankömmling mit allem was darin ist, auch mit Frauen und Töchtern, zum beliebigen Gebrauch überlässt. Der Tartaren-Khan Mengko, der Besieger der Chinesen, erliess zwar ein Verbot gegen diese seltsame Gastfreundschaft, doch die Frauen nötigten ihre Männer, den Khan um Aufhebung dieses Verbots zu bitten, was er auch mit den Worten bewilligte: „Wenn ihr eure Erniedrigung der Ehre vorzieht, so soll eurem Willen entsprochen werden.“ Von Tibet wieder weiss er die seltsame Kunde zu geben, dass dort den Mädchen nicht gestattet war, sich im jungfräulichen Zustand zu verheiraten.

Interessant und wissenschaftlich oft hervorgehoben ist auch was er aus der Provinz Yong-Tschang-Fu zu melden weiss. Wenn dort nämlich eine Frau entbunden war, verliess sie so bald wie möglich das Bett und widmete sich wieder dem Hauswesen; der Gatte hingegen legte sich für vierzig Tage in das Bett und nahm so die Besuche befreundeter und bekannter Männer an, wie Wöchnerinnen sie von Frauen anzunehmen pflegen. Dieses sogenannte Männerkindbett soll auch bei verschiedenen amerikanischen Stämmen sowie bei den Basken heute noch Brauch sein; Diodor berichtet es von den Korsen, Strabo von den Kelto-Iberiern.

Eine andere wunderliche Mitteilung aus der jüngsten Zeit weiss uns der Reisende Ehlers in seinem „Auf dem Sattel durch Indo-China“ zu machen. Auf dem Marktplatz zu Mainbungyi lernte er nämlich eine seltene Menschenklasse kennen, die Pumeas. Es sind dies Personen männlichen Geschlechts, (pa-Mann, mea-Frau) die von früher Jugend auf in weiblichen Kleidern gehen, weibliche Arbeiten verrichten, vom Militärdienste und Steuerzahlen befreit sind, ja erstaunlicher Weise sogar Männer heiraten, freilich nur entnervte Opiumraucher, die nur eine Person brauchen, die ihren Haushalt in Ordnung hält, was ein oder eine Pumea tadellos zu verrichten weiss. Manche sollen jedoch in der That Zwittergeschöpfe sein. Sie sind in ganz Siam zahlreich zu finden.

Was die „Zwittergeschöpfe“ betrifft, so scheint die Fabel vom Hermaphroditismus beim Menschen unausrottbar zu sein, obgleich schon oft genug von kompetenter Seite nachdrücklichst die Existenz solcher Wesen in Abrede gestellt wurde. Und thatsächlich ist auch noch nie ein Mensch oder ein höher geartetes Tier vorgewiesen worden, das beiderlei primäre Geschlechtscharaktere aufzuweisen hatte, wenn andererseits wieder auch feststeht, dass es Individuens giebt, die Geschlechtscharaktere des andern Geschlechts rudimentär aufweisen. Mann und Weib in einer Person giebt es jedoch höchstens nur bei Zoophyten, Molusken, Acephaten etc., nicht aber beim Menschen. Es kann daher bei diesen rechteigentlich nicht von Zwittergeschöpfen gesprochen werden, mag auch in den jüngsten Tagen die Fabel wieder selbst bei Aerzten auftauchen.

Was ferner noch die Pumeas betrifft, so spricht sich der Autor nicht deutlich genug aus über diese sonderbaren Gesellen. Ueber Aehnliches teilt übrigens Krafft-Ebing in seiner Psych. sex. VIII. Aufl. 202 folgendes mit: „Schon bei Herodot findet sich die Beschreibung einer sonderbaren Krankheit, von welcher häufig die Skythen befallen wurden. Die Krankheit bestand darin, dass Männer weibisch von Charakter wurden, weibliche Kleidung anlegten, weibliche Arbeiten verrichteten und auch in ihrem Aeusseren weibliches Gepräge bekamen.

Für diesen Skythenwahnsinn gab Herodot als Erklärung die Mythe, es habe die Göttin Venus, erzürnt über die Plünderung ihres Tempels zu Ascalon durch die Skythen, die Tempelschänder und ihre männliche Nachkommenschaft zu Weibern gemacht.

Hippokrates glaubt nicht an übernatürliche Krankheiten, erkennt, dass Impotenz hier eine vermittelnde Rolle spiele, erklärt dieselbe aber unrichtig aus der Gewohnheit der Skythen, sich anlässlich der durch ihr vieles Herumreiten entstandenen Krankheiten in der Ohrengegend zur Ader zu lassen. Er glaubte, diese Venen seien höchst wichtig für die Erhaltung der Geschlechtskraft und ihre Durchschneidung führe Impotenz herbei. Indem die Skythen ihre Impotenz nun für göttliche Strafe und unheilbar hielten, zogen sie Weiberkleider an und lebten fortan wie Weiber unter Weibern.

Bemerkenswert ist, dass nach Klaproth („Reise in den Kaukasus“, Berlin 1812, V p. 285) und Chotomeski noch in unserem Jahrhundert Impotenz eine häufige Folge des Reitens auf ungesattelten Pferden bei den Tartaren ist. Dasselbe wird beobachtet bei den Apaches und Navajos des westlichen Kontinents, die fast niemals zu Fuss gehen, excessiv reiten und durch kleine Genitalien, geringe Libido und Potenz auffällig sind.

Dass excessives Reiten schädlich für die Generationsorgane sein kann, wussten schon Sprengel, Lallemand, Nysten.

Höchst interessante analoge Erfahrungen berichtet Hamond von den Pueblo-Indianern in Neu-Mexiko.

Diese Nachkommen der Azteken züchten sich sogenannte Mujaderos, deren jeder Pueblostamm einen zu den religiösen Zeremonien (recto Orgien) im Frühjahr, bei welchen Päderastie eine hervorragende Rolle spielt, bedarf.

Man wählt, um einen Mujadero zu züchten, einen möglichst kräftigen Mann, masturbiert ihn excessiv und lässt ihn beständig herumreiten. Es entsteht allmählich eine so reizbare Schwäche der Genitalorgane, dass beim Reiten massenhaft Samenerguss entsteht. Dieser Reizungszustand geht in paralytische Impotenz über. Nun athrophieren Hoden und Penis, die Barthaare fallen aus, die Stimme verliert an Tiefe und Umfang, Körperkraft und Energie nehmen ab. Neigungen und Charakter werden weiblich. Der Mujadero verliert seine Stellung in der Gesellschaft als Mann, er nimmt weibliche Manieren und Sitten an, gesellt sich den Weibern zu. Gleichwohl wird er aus religiösen Gründen in Ehren gehalten. Es ist wahrscheinlich,dass er auch ausser der Zeit der Feste vornehmen Pueblos zur Päderastie dient.

Halten wir vor Augen, dass derlei Excesse in der Regel alte Ueberlieferungen sind, so erhalten wir aus dem Mitgeteilten nicht sehr anmutende Aufschlüsse über das Geschlechtsleben der Azteken. Oeffentliche Mädchen gab es, wie Ploss mitteilt bei den Azteken wohl auch, doch war ihr Gewerbe allgemein verachtet; dasselbe war bei den alten Peruanern der Fall.

„In den halbcivilisierten Ländern der Neuzeit tritt die Prostitution in sehr ungezügelter Form auf. Die Almehs in Aegypten, die Nautsch-Mädchen in Indien sind die Vertreterinnen der gemeinen Prostitution, wie bei rohen Völkern die Puzen auf Java und die Sives in Polynesien. Auch in Neu-Kaledonien existiert nach Moncelon die Prostitution. „Elle se produit par ces cas isolés. Elle est tolérée, mais méprisée . . .“

Auf den Pelau-Inseln ist die Prostitution eine ganz gewöhnliche Erscheinung. Wenn das Mädchen 10 oder 12 Jahre alt ist und noch keinen Mann hat, so geht sie als „Armengol“ nach einem fremden Distrikt und tritt dort in eine Bay ein, wo sie als bezahlte Maitresse eines Eingeborenen lebt, im Geheimen aber auch für Geld mit allen übrigen Männern des Bays zu thun hat . .

Ferner erfahren wir aus Ploss' hier wiederholt schon zitiertem Werke:

„Ellon sagt von den Salomons-Inseln, von allen ihm bekannten Eingeborenen sind die von Ugi und Christobal am faulsten, habgierigsten und unmoralischsten. Alle jungen Weiber, von der Häuptlingstochter bis zur Sklavin prostituieren sich und in Ugo ziehen die Männer für die Ehe ein Mädchen vor, das in dem Geschäfte gross geworden ist.

Auf den Haawai-Inseln im malayischen Archipel hat es nach Riedel für den Fremden keine Schwierigkeit für ein Spielzeug oder Geschenk mit einem noch unbefleckten Mädchen zu cohabitieren.

Die Männer der Haida-Indianer unternahmen mit ihren Frauen allsommerlich „Spekulationsreisen nach Viktoria, woselbst jeder von beiden auf eigene Faust sein Glück macht und sie dann gemeinsam wieder heimkehren. Die traurigen Folgen äussern sich auch bei den Weibern in verderblichen Krankheiten (Iacobsen) . . .“

„Von den afrikanischen Naturvölkern, nehmen die Buschmänner die niedrigste Kulturstufe ein. Eine Eheschliessung giebt es bei ihnen nicht und das Weib wird wie ein Lasttier behandelt. Etwas höher stehen die ihnen verwandten Hottentotten.“ „Die Braut wird gekauft; es ist also bereits eine auf Vertrag gegründete Ehe vorhanden, ja es kommt sogar eine religiöse Zeremonie, freilich eine höchst unappetitliche, bei der Eheschliessung vor, und die Neuvermählten feiern bei Tag öffentlich ihr Beilager in der neuerrichteten Hütte. Nur die Reichsten leben polygamisch. Die Frauen werden nicht schlecht behandelt, ausser wenn sie sich schlecht aufführen. Dem Mädchen dagegen ist jede Zügellosigkeit gestattet.“ (Die Frau in der Kulturgeschichte. Von Otto Henne am Rhyn.)

Die Zulukaffern leben polygamisch. Die Frau wird ihren Eltern um eine Anzahl Kühe abgekauft. Aehnlich verhält es sich auch bei den andern Negerstämmen in Mittelafrika. Bei den meisten herrscht das sogenannte Mutterrecht. Vielweiberei finden wir auch bei den hellfarbigeren Negern und überdies arge Sittenlosigkeit. Mtesa, „König“ von Uganda, soll 7000 Frauen gehabt haben.

Arge Sittenzustände herrschen auch in Abessynien. Sie sind derart, dass man dieses Land „als in allgemeine Prostitution versunken bezeichnen darf . . .“ Die Frauen spielen eine grosse Rolle in diesem Lande, und zwar nicht die ehrbaren, sondern namentlich die Buhlerinnen, „die am Hofe nicht nur Zutritt haben, sondern Huldigungen empfangen, und so überall.“

Von einer eigentlichen Prostitution kann bei den Naturvölkern kaum die Rede sein, denn nur in seltenen Fällen finden wir hier ein berufsmässiges Preisgeben des Leibes um materieller Vorteile wegen. Das, was als religiöse Prostitution gilt, kommt bei den Naturvölkern auch nur sehr selten vor. Stark verbreitet finden wir aber die sogenannte gastliche Prostitution, die eigentlich eine derartige schandhafte Bezeichnung doch nicht verdient, indem sie nur das Ergebnis einer überaus hohen Schätzung der Gastfreundschaft ist. Manche Schilderer finden sogar diesen Brauch für recht löblich. So schreibt Chamisso: „Die Keuschheit ist nach unseren Satzungen eine Tugend. In einem der Natur näheren Zustand wird das Weib in dieser Hinsicht erst durch den Willen des Mannes gebunden, dessen Besitztum es geworden ist . . . Auf einer höheren Stufe wird die Gastfreundschaft zu einer Tugend und der Hausvater erwartet am Wege den Fremdling und zieht ihn unter sein Zelt oder sein Dach, dass er seiner Wohnung den Segen des Höchsten bringe. Das macht ihm leicht zur Pflicht ihm sein Weib anzubieten, welches denn zu verschmähen eine Beleidigung sein würde. Das sind reine, unverdorbene Sitten." Wir finden diesen alten Brauch weit verbreitet, auf allen Erdteilen und je nachdem wird auch die Tochter die Sklavin oder Nebenfrau angeboten. Als Prostitution gilt manchem auch das von Lubbock unzutreffend mit Hetärismus, von andern aber besser als Gruppenehe bezeichnete Eheverhältnis, wonach die Frauen einer Familie oder wohl auch einer Horde allen Männern dieser Verbindung gemeinschaftlich angehören, ein Verhältnis, das, wie neuere Forschungen ergeben, auch heute noch oft vorkommt. Nichts aber spricht dafür, dass man, wie es heute zuweilen vorkommt, die Gruppenehe als die ursprüngliche Form des menschlichen Eheverhältnisses betrachten müsste. Sie mag bei Stämmen entstanden sein, wo die Zahl der vorhandenen Frauen für die Männer nicht ausreichend war, sodass eine Polyandrie sich bildete, wie bereits früher bemerkt wurde.

Was die Polarmenschen betrifft, so ist bei den Lappen und Samojeden eine starke Reizbarkeit der Nerven beobachtet worden, insbesondere bei den Frauen, was natürlich auch den Geschlechtsverkehr beeinflusst. „Der Zustand der Ehelosigkeit ist unbekannt," bemerkt Gustav Klemm in seiner „Allgemeinen Kulturgeschichte der Menschheit" Bd. II, S. 204, von den Polarmenschen. „Jede Frau findet einen Mann, sowie jeder Mann sich eine Frau zu verschaffen weiss. Hierdurch entsteht, wie der Engländer Ross in seinen Reiseschriften bemerkt, unvermeidlich Polygamie, da die Geschlechter unmöglich immer an Zahl gleich sein können. (Die Begründung steht auf sehr schwachen Füssen, wagen wir hier einzuwerfen). Die Idee der Monogamie ist bei ihnen noch durch keine Beschränkung der Verhältnisse hervorgebracht, und ein jeder hat auch bei ihnen so viel Frauen, wie er ernähren kann. Der tüchtigste Jäger hat die mehrsten Weiber. Bei den Eskimo fand Parry (II. Voyage 528) mehrere die zwei Frauen hatten. Sonst bemerkte derselbe Reisende, dass die Weiber überaus unzüchtig, und dass die Männer nicht ängstlich in dieser Beziehung und ihre Frauen oft für eine Kleinigkeit zur Benutzung darbieten." Hierzu sei bemerkt, dass nach Angaben anderer, bei den Eskimos die sogenannte gastliche Prostitution in Brauch ist, ein Umstand der diese „Benutzung für eine Kleinigkeit" einigermassen erklärt, sofern hier überhaupt nicht ein leicht entstehbarer Irrtum vorhanden ist. Die Preisgabe seines Weibes ist nämlich dem Eskimo durch den Brauch der gastlichen Prostitution nicht fremd und nicht anstössig. Es kann nun dabei leicht geschehen, dass der eine oder der andere diese Gelegenheit mit einem Verlangen nach Geschenken verbindet. Uebrigens ist auch in jenen Regionen der Fremdenverkehr zu gering, um bei dem Völkchen geplante Bestrebungen dieser Art annehmen zu können. „Bei den Tschuktschen bemerkte Cochrane („Fussreise," S. 214), dass sie bis an fünf Frauen haben, die sie, falls sie auf Ehebruch ertappt werden, ohne weiteres töten dürfen, während den Männern zugleich die Befugnis zusteht, wenn sie eines Erben oder Sohnes bedürftig sind, ihre Weiber zum Ehebruch zwingen, was oft genug geschieht. Ross bemerkte indessen bei den Eskimos, dass ein Mann nie mehr als zwei Frauen hatte. Ebenso erhält auch die brauchbarste und kräftigste Frau einen zweiten Gatten. Trotz dieser Polyandrie und Bigamie schien die grösste Eintracht in der Familie zu herrschen, wie denn die älteren und neueren Reiseschriften darin übereinstimmen, dass in den Familien niemals Zänkereien stattfinden, und dass sie sich gegenseitig mit der grössten Nachsicht und Offenheit behandeln."

Was die Ehe bei den Grönländern betrifft, so kommt es auch vor, dass einer zwei leibliche Schwestern oder Mutter und Tochter zugleich heiratet. „Die Wahl einer zweiten oder dritten Frau hat oft ihren Grund in der Unfruchtbarkeit der ersten und ist dann in den Augen der Nachbarn gerechtfertigt. Zuweilen entführt auch ein Grönländer eine andere Frau mit Gewalt, was nicht ohne tüchtige Schläge abgeht. Das eheliche Leben wird bei den Grönländern ordentlich geführt und wenigstens der Schein gerettet, wenn auch Ausschweifungen stattfinden. Doch ist eben die Eifersucht zuweilen Ursache zu ehelichen Zwisten und Schlägereien. Die Ehe ist bei den Grönländern nicht unauflöslich und der Mann kann die Frau, zumal wenn sie unfruchtbar ist, verstossen. Er macht dann ein saueres Gesicht, fährt aus und kommt einige Tage nicht heim. Die Frau weiss dann, was das bedeutet, packt ihre Kleider zusammen und zieht zu ihren Freunden und sucht nun durch musterhaftes Betragen ihrem vorigen Mann üble Nachrede zu verschaffen. Manchmal läuft auch eine Frau davon, wenn sie sich nicht mit den anderen Weibern der Familie vertragen kann, zumal, da die Mutter des Mannes stets die Oberherrschaft im Hause hat und die Frau nicht anders als eine Magd behandelt. Ehescheidungen kommen indessen nicht vor, wenn die Eheleute Kinder, zumal Söhne miteinander gezeugt haben, die der grösste Reichtum der Grönländer sind. Die Kinder folgen stets der Mutter und sorgen für deren Unterhalt und würden auch nach deren Absterben nicht wieder zum Vater ziehen. Es kommt auch vor, dass eines der Eheleute in die Wüste läuft und nie wieder zur Gesellschaft zurückkehrt. Dies thun namentlich die Männer und es sind Beispiele vorhanden, dass ein Mann jahrelang in einer Kluft gewohnt, von der Landjagd gelebt, und sobald er Menschen ansichtig geworden, die Flucht ergriffen hat. Solchen Einsiedlern geht jedermann aus dem Wege. Entweichungen dieser Art kommen nur in jungen Jahren vor und sind Folgen unüberlegter Leidenschaft Je älter sie werden, desto lieber haben sie sich." Es ist schade, dass der Autor diesen Punkt nicht näher erörtert, oder wenigstens doch deutlichere Angaben macht, denn die Sache scheint irgend einen sexuellen Zusammenhang zu haben.

„Auf Kamtschatka finden wir ebenfalls die Ehe. Steller („Die Kamtschadalen" S. 287) bemerkt darüber, dass die Kamtschadalen ihre Weiber über alles lieben, und dass das Trachten des Jägers nur dahin gehe, abends wieder bei seiner Frau zu schlafen. Ist er aber gezwungen, länger als einen Tag auszubleiben, so muss die Frau auch mit. Sie lieben die Weiber dergestalt, dass sie deren willigste Knechte sind; aber sie sind auch Liebhaber beständiger Veränderung. Wenn sie sich ineinander verlieben, so verlassen sie gleich die vorige und mancher hat auf allen Strassen und Wegen Weiber. Niemand nennt die Huren auf Kamtschatka anders als Jungfrauen, wenn sie auch zehn Kinder geboren haben und es gilt Unzucht nie als Sünde oder nur Schande. Wer nach Kamtschatka kommt und sich kein Frauenzimmer zulegt, wird durch die Not dazu gezwungen. Niemand wäscht, näht, dient ihm, oder leistet ihm den geringsten Dienst, dem die Bezahlung nicht durch den Beischlaf verrichtet wird. Das Weib hat daher auch über alles zu befehlen und verwahrt alles Wertvolle; der Mann kocht und arbeitet für sie. Versieht er etwas, so entzieht sie ihm ihre Gunst und den Tabak und der Mann muss dann mit Bitten und Liebkosungen sich bemühen. Die Männer sind nicht eifersüchtig, leben unter der Hand mit vielen Weibern und Mädchen, wovon sie grosse Liebhaber sind. Dies müssen sie jedoch vor den Ehefrauen sehr geheim halten, denn diese sind überaus eifersüchtig, obschon sie in Bezug auf sich die grösste Freiheit verlangen, heftig nach fremder Liebe trachten, unersättlich und ruhmsüchtig sind, dass diejenige Frau für die glücklichste gehalten wird, die die meisten Liebhaber hat, und sucht es eine der andern im Prahlen zuvorzuthun. Die Weiber sind dergestalt neidisch unter einander, dass sie genau Wache halten, und wenn sich jemand mit einer einlässt, diese Liebe im ganzen Ostrog bekannt gemacht wird. Sie stellen den andern heftig nach und die begünstigten Weiber haben sich vorzusehen, dass sie nicht von den andern vergiftet oder sonst beschädigt werden. Ausserdem treiben auch Weiber mit Weibern Unzucht. Ja selbst die Männer halten in den Ostrogen Mannspersonen in Frauenkleidern, deren sie sich neben den Weibern ohne alle Eifersucht bedienen. So soll es bereits vor Ankunft der Russen gewesen sein und die Kosaken trugen zur Verbesserung dieser Zustände nichts bei. Jeder Kosake hatte vielmehr neben seiner Frau 10 bis 30 Sklavinnen, Mädchen, deren er sich bediente und um die oft gespielt wurde. Verspielte er eine derselben, so wurde sie sogleich von dem neuen Herrn gebraucht, und sie bekam manchmal in einem Abend drei bis vier Herren. Gebrauchte sie der neue Herr nicht, so lief sie davon und nahm sich wohl gar das Leben. Diese moralische Versunkenheit, ein treuer Widerschein des übrigen Schmutzes der Kamtschadalen, hat, wenn auch nicht ihre Ursache, doch grossen Anlass in der salzigen Fischkost. Steller fand, dass eine Italmäin, die ein halbes Jahr an seinem Tische speiste und sich gänzlich der gewöhnlichen Kost enthielt, viel moderater und keuscher wurde. Da die Eltern alle ehelichen Dinge vor den Augen der Kinder verrichten, so fangen diese schon früh mit eigenen Versuchen an, und wenn sie dabei Geschicklichkeit zeigen, so rühmen dies die Eltern. Auf Kodiak sind Verbindungen zwischen Geschwistern, Eltern und Kindern garnicht selten. Ein Aleute sagte zu Langsdorff, dass man darin dem Beispiele der Seeotter und Seehunde folge.

Die Grönländerinnen heiraten gemeiniglich vor dem zwanzigsten Jahre, also nicht so früh wie die Eskimos, Samojeden und Ostjaken, die oft im fünfzehnten Jahre schon Mutter werden. Eine Frau hat drei bis sechs Kinder und gebiert alle zwei bis drei Jahre. Wenn sie daher von der Fruchtbarkeit anderer Nationen hören, so vergleichen sie dieselben verächtlicher Weise mit ihren Hunden. Zwillinge werden sehr selten geboren. Die Geburt geht gemeiniglich leicht und glücklich von statten. Gleich darauf wird die gewöhnliche Arbeit verrichtet und man hört nie von totgeborenen oder missgestalteten Kindern.“ Wie Steller berichtet, kommt auf Kamtschatka auch Fruchtabtreibung vor, ferner dass Neugeborene erdrosselt oder lebendig den wilden Tieren oder den Hunden vorgeworfen werden. Der Tanz der Eskimo wird zuweilen von unsittlichen Gebärden begleitet. Krankheiten kommen bei ihnen häufiger vor, doch melden die vorliegenden Berichte nichts von Syphilis, die aber wahrscheinlich auch hier nicht fehlen dürfte. Auf Kamtschatka pflegen sich die Weiber zu schminken und auch Tätowierung ist bei den meisten Stämmen des hohen Nordens in Brauch.

Interessant ist, was der bekannte Sibirienreisende Kennan in seinem „Zeltleben in Sibirien“ von den Hochzeitsbräuchen der nomadisierenden Korjäken zu erzählen weiss. In einem grossen Zelte aus Tierfellen, das in zahlreiche Pologs (Abteilungen) geteilt ist, die durch verschiebbare Vorhänge von einander getrennt sind, versammeln sich die Angehörigen der Horde. Mitten im Zelt bleibt ein freier Raum. Unter Paukenschlag und Gesang werden nun an die Frauen Rutenbüschel verteilt. Mit diesen versehen, stellen sich die Weiber paarweise vor den Eingängen der Pologs auf, deren Thürenvorhänge zurückgeschlagen werden. Nun tritt aus einer der Abteilungen ein würdiger Greis, ihm zu Seiten der Bräutigam und die Braut. Bei deren Erscheinen steigert sich die Aufregung fast zur Raserei. Die Musik verdoppelt ihre Geschwindigkeit, die Männer, die in des Zeltes Mitte stehen, stimmen einen Sang an, wobei sie von Zeit zu Zeit schrille Töne wilder Erregung laut werden lassen. Auf ein Zeichen des Alten hin, läuft die Braut plötzlich in den ersten Polog und hastet, die Zwischenvorhänge bei seite schiebend, von einer Abteilung in die andere, rund um das Zelt. Der Bräutigam verfolgt sie und wird hieran von den Weibern nach Möglichkeit zu verhindern gesucht, wobei es für ihn auch noch Spottworte und Rutenschläge in Hülle und Fülle giebt. Es ist ganz aussichtslos, dass er die fliehende Braut einzuholen vermag, wenn sie nicht im letzten Polog seiner harrt. Erhascht er sie, so sind sie Mann und Frau. Ein für Unzivilisierte recht sinniger Brauch, wenn man bedenkt, dass damit eigentlich nichts als die freie Wahl des Mädchens zum Ausdruck gebracht werden soll.

Auch noch von einer andern Merkwürdigkeit Kamtschatkas weiss unser Reisender zu berichten, von der „Anadyrski-Bol", der Anadyrski-Krankheit nämlich, ein eigentümliches Uebel, das dort nur russische Frauen befällt und eine gewisse Aehnlichkeit mit spiritistischen Verzückungen aufweist. Sie werden plötzlich bewusstlos, sprechen fremdartige Sprachen, sehen entfernte Dinge und — verlangen dabei irgend etwas. Erst wenn das Verlangte herbeigeschafft wird, beruhigen sie sich vollkommen.

Der Isprawnik von Anadyrsk war freilich skeptischer. Er wusste wohl von dem Vorhandensein dieser „Krankheit", hielt sie aber für Trug und Täuschung und meinte, das beste Heilmittel dagegen sei eine Tracht Prügel. Eine Frau, die einen neuen Hut oder dergleichen haben will und ihn auf den gewöhnlichen Wegen nicht erlangen kann, gebrauche als letztes Mittel die „Krankheit" und fordere nun das Gewünschte als physiologische Notwendigkeit. Einige geschickt ausgeführte Zuckungen und das Absingen eines Liedes in einem Kauderwelsch genügten gewöhnlich, den Ehemann kirre zu machen. Als Beispiel erwähnte er einen russischen Kaufmann, der im Winter eine Strecke von dreihundert Werst zurücklegen musste, um seiner derart „erkrankten" Gattin ein gefordertes Seidenkleid herbeizuschaffen Allerdings wären auch die Frauen schlau genug, nicht immer solche Forderungen zu stellen, denn dies würde Verdacht erwecken. Manchmal verlangen sie daher ganz gleichgiltige Dinge, die sie später wieder zurückstellen, was aber nur ein schlaues Ablenkungsmittel gegen etwa aufsteigende Bedenken ist. — Wie man sieht, sind diese Damen ihren europäischen Schwestern in gewissen Dingen überlegen.

Der nomadische Lappländer heiratet kein Weib, das ihm nah verwandt ist und lebt in der Regel monogam. Ehescheidung oder Ehetrennung kommt selten vor und ist eine verächtliche Erscheinung. „Vergleichen wir," schreibt Klemm III 56 etc., „damit die Nachrichten, die wir von den unter ähnlichen klimatischen Verhältnissen lebenden Jägern und Fischern der Polarzone finden, so ergiebt sich allerdings ein überaus erfreulicher moralischer Fortschritt, der freilich mehr eine Frucht des germanischen und christlichen Einflusses zu sein scheint, und sich nicht frei und selbständig aus dem inneren Volksleben entwickelt haben mag.*) Denn bei den Tungusen ist es allerdings ganz anders. Diese heiraten so viel Weiber, als sie bezahlen oder ernähren können. Einige Pferde- und Steppen-Tungusen sollen bis fünf haben, drei besitzen sehr viele und selbst die Fischtungusen haben oft deren zwei, obschon die meisten nur eine ernähren können. Ein Rentier-Tunguse zahlt dem Brautvater für seine Braut 1 bis 30 Rentiere, ein Pferde-Tunguse 5 bis 20 Stück Vieh. Die Witwen sind wohlfeiler. Um den Brautpreis zu ersparen, vertauschen die Eltern die Kinder gern gegen einander: der Sohn des Einen nimmt die Tochter des andern und umgekehrt, da durch den Brautpreis oft das halbe Vermögen aufgeht . . .

Die nordischen Tungusen leben in fester Ehe mit mehreren Frauen die sie liebevoll und gut behandeln, aber nicht selten eine derselben für eine bestimmte Zeit einem der russischen Promonnischleniks überlassen, die im Sommer auf den Tundren jagen und die ihnen dafür einen Anteil an den erbeuteten Fellen zugestehen (Ermans Reise um die Erde II, 37).

Die Jakuten hatten in alter Zeit ebenfalls Vielweiberei und die nördlichsten, den russischen Ansiedlungen entlegeneren, haben sie noch jetzt. Auch sie erkaufen sich die Bräute von den Eltern und man zahlt für ein Mädchen 200—300 Rubel in Rindern. Da es kaum möglich sein würde, diesen Preis auf einmal zu erlegen, so verlobt man die Kinder schon im zwölften Jahr, von wo an der Bräutigam seine Braut besuchen, jedoch nicht eher heimführen darf, bis der „Koluim“, der Brautpreis vollständig abgezahlt ist. Die Brauteltern verehren dann einige freiwillige Geschenke in die neue Wirtschaft . . . Frühere Reisende versichern, dass die Lappländer es gerne gesehen, wenn Fremde bei ihren Frauen geschlafen, und dass sie solche Gäste beschenkten. Auch die Korjäken und Teleuten sehen es gern, wenn ihre Weiber und Töchter von Fremden geliebt werden und überlassen sie ihnen mit Freuden als Beischläferinnen. Die Schöne überreicht zum Zeichen ihrer Ergebenheit dem Gaste ein Schälchen ihres eigenen Wassers (?), womit er sich den Mund ausspülen muss. (Beschreibung der Nationen des Russischen Reiches. S. 349 u. 359).

Die Tänze der Tungusen sind im allgemeinen ziemlich ernst,

---

*) Promiscuos concubitus in hac olim gente haud illicitos fuisse, maritum cum alienis uxoribus, has cum alienis maritis, viros cum germanis uxorum suarum sororibus, has cum leviris, quin etiam meminissi horret, germanos invicem incesto concubitu se polluisse, satis superque notum est; ut nihil dicam de nefande illa et fœda potestate cunjugibus invicem pro more gentis concessa et usurpata, qua corpora sua modo huic modo illi post libitum contra fidem conjugalem prostituere haud erubuere. Jessens kr. de Finnor. Lapporumque religione S. 72 bei Knud Leems, Bekrivelse over Fim naretns Lapper, Kjobenh. 1767.

doch sollen sie zuweilen zügellos ausarten. Die Tanzenden werfen dann bei den Worten serkin oculé (exuite braccas) die Kleider ab und überlassen sich den ärgsten Ausschweifungen. Noch lässt sich über ihr Familienleben folgendes nach Gustav Klemm anführen:

Der Mann ist der Herr der Frau, indem er sie von ihrem Vater erkauft. Verführt ein Mann eine ledige Tochter, so kann deren Vater den Verführer zwingen sie zu heiraten, und soviel von dessen Gütern in Anspruch nehmen als er nur will und seinen Willen durch Prügel und sonstige Gewaltmassregeln durchzusetzen suchen. Auch die Brüder und Verwandten pflegen sich der Sache anzunehmen und dem Verführer nötigenfalls einen Pfeil durch den Leib zu jagen. Verführt der Vater einer unverheirateten Tochter die Frau eines andern, so muss er dem gekränkten Gatten seine Tochter nebst Aussteuer überlassen, kann aber dann die Verführte als zweite Frau zu sich nehmen. Ein solcher Handel heisst Daniran. Läuft eine Frau ihrem Gatten fort, so müssen deren Eltern den Brautpreis zurückerstatten, auch dann, wenn die Frau wieder zurückkehren, der Mann aber sie nicht aufnehmen will. Bemerkt ein Gatte am anderen körperliche Gebrechen, Muttermäler, zu starken Haarwuchs an gewissen Teilen und dgl., so kann er die Ehe lösen, weil solche auf die Einwirkung böser Geister zurückgeführt werden. Doch darf eine Ehescheidung nur mit Vorwissen der Stammältesten vorgenommen werden sonst erfolgt Bestrafung seitens dieser.

VI. Kapitel.

Die Indianer. — Die Charruas. — Die Abiponer. — Die Pehuenchen. — Arowaken. — Brasilianer. — Nordamarikaner. — Nadowessier. — Schwarzfüsser. — Killistinos. — Missouri-Indianer. — Mannweiber. — Kalmücken und Mongolen. — Hottentotten und Kaffern. — Aschanti. — Negerstämme. — Landamas. — Kongoneger. — Guineaküste. — Mundo-Jumbo. — Tanz. — Religiöse Prostitution.

Das Leben der Indianer Amerikas ist ziemlich sittenrein und bietet zur Geschichte der Prostitution nur wenig Stoff. Entgegen den Bräuchen fast aller andern Völker weisen ihre Spiele und Tänze kaum etwas von Erotik auf, doch ist andererseits wieder zu bemerken, dass bei manchen Stämmen die sogenannte gastliche Prostitution ausgeübt wird oder doch noch vor kurzem ausgeübt wurde. Ferner ist auch Vielweiberei zu finden, ein Brauch, der zumeist zwar der Prostitution gleichgestellt wird, hier aber weniger dafür gelten kann als die Polygamie orientalischer Völker.

„Bei allen amerikanischen Völkern,“ schreibt Gustav Klemm II, 74, „ist der Mann der Herr, der die Pflicht hat, für Herbeischaffung der Nahrungsmittel zu sorgen, die Frau aber seine Dienerin, der die Bereitung der Nahrung, die Anfertigung der dazu gehörigen Geräte, sowie der Kleidung u. s. w. obliegt. Bei allen amerikanischen Völkern hält sich der Mann so viel Frauen wie er ernähren kann.

Die Charruas nehmen sich ein Weib, sobald sie den Geschlechtstrieb in sich erwachen fühlen. Nie heiratet der Bruder die Schwester, obschon darüber keine Art von Gesetz vorhanden ist. Die Heirat wird wie ein Geschäft abgemacht und wie alles übrige was sie verrechnen, mit kaltem Blut und grossem Ernst. Der Bräutigam geht zu den Eltern derjenigen, die er haben will und niemals seine Hand ausschlagen wird. Von der Verheiratung an bildet der junge Mann einen besonderen Hausstand und sorgt für die Nahrungsmittel, denn vorher lebt er ohne etwas zu thun auf Kosten seiner Eltern; er geht weder in den Krieg, noch in die Ratsversammlungen. Die Männer haben oft mehrere Frauen, aber nie hat eine Frau mehrere Männer; wohl aber verlassen die Frauen den Mann, der mehrere hat, wenn ein unverheirateter Mann sie haben will, denn die Ehescheidung ist ganz frei und willkürlich, doch ist eine Trennung selten wenn Kinder vorhanden sind.

Die Abiponer heiraten erst im gesetzten Alter und selten vor dem fünfundzwanzigsten Jahre, die Mädchen nicht vor dem neunzehnten oder zwanzigsten. Viele schätzen sogar ihre jungfräuliche Freiheit so hoch, dass sie nur aus Gehorsam gegen ihre Eltern und nicht aus Neigung in die Eheverbindung einwilligen, wie sie denn allesamt keusch und rein leben und ihre Ehre mit aller Entschlossenheit verteidigen. Unzucht und Ausschweifungen sind bei den Abiponern unerhörte Laster. Spanierinnen, die von den Abiponern gefangen jahrelang unter ihnen lebten, kehrten endlich unangetastet zu den Ihrigen zurück und versicherten sowohl im Beichtstuhl wie auch öffentlich, dass ihre Ehre nirgend besser als bei den Abiponern verwahrt wäre . . Vielweiberei ist bei den Abiponern etwas seltenes. Männer die mehrere Frauen haben, verteilen diese in meilenweit von einander entlegene Wohnplätze, da sonst wenn alle in einer Hütte beisammen sind, des Zankes und des Streites um die Herrschaft und die Gunst des Mannes kein Ende ist. Die Abiponer haben für diese Art Streit ein besonderes Wort „Nejetenta.“ Das Band der Ehe ist bei ihnen nicht weniger lose als bei den Charruas und den übrigen Amerikanern. Der Mann verstösst oft seine Frau aus blossem Missfallen und es bedarf durchaus keiner weiteren Angabe der Gründe, die den Mann zu solchem Verfahren bestimmen. Reizt ihn eine schönere, so wird die erste Frau verstossen, wenn sie auch noch so treu, fleissig und selbst Mutter geworden. Zuweilen freilich rächen die Verwandten, wenn sie sich bei einem Trinkgelage berauscht haben die angethanene Schmach; zuweilen wird auch die Verstossene sogleich wieder von einem andern Mann zur Frau genommen. Wie die Charruas vermeiden auch die Abiponer die Heirat zwischen Blutsverwandten und halten diese für etwas Schändliches. Ebenso ist auch Ehebruch etwas Verabscheutes und den Frauen erwächst keine Gefahr von den andern Männern. Die Männer sind übrigens ausserordentlich eifersüchtig und würden Angriffe auf die Tugend ihre Gattin auf das grausamste rächen (Dobritzhoffer, „Die Abiponer II. 251).“

Wie bei den meisten amerikanischen Stämmen, wird auch bei den Pehuenchen die Braut von deren Eltern gekauft und er muss überdies noch alle Verwandten der Erkorenen beschenken. Die Eheschliessung erfolgt ohne besondere Zeremonien und der Gatte kann auch die Frau verstossen. Auch sie kann den Mann verlassen, doch müssen in diesem Falle die Brauteltern den Kaufpreis zurückerstatten (Pöppig, Reise I, 384).

Die Arowaken bestimmen ihren Töchtern schon im voraus einen Mann. Will etwa jemand für seine Tochter einen solchen haben, so lässt er demjenigen, den er dazu ausersehen, bei einem Besuch durch seine Tochter Essen vorsetzen. Wird dieses von ihm angenommen, so ist auch die Heirat geschlossen. Lässt er es aber stehen und bringt Entschuldigungen vor, so weiss der Vater woran er ist. Dies kommt jedoch selten vor, da der Vater sich vorher immer genau erkundigt, ob der Freier Neigung zu der Person habe. Der Mann hat zwar keinen bestimmten Preis für eine Frau an deren Vater zu zahlen, allein er ist verbunden, ihn auf Reisen und in Geschäften zu unterstützen. Ist nun das Mädchen noch klein, sodass der Bräutigam auf ihre Mannbarkeit einige Jahre warten muss, so nimmt er einstweilen eine andere, etwa eine Witwe, die ihm oft auch von dem Schwiegervater angeraten oder gegeben wird, wenn er in seiner Familie eine dazu taugliche Person hat. Ist dann das Kind mannbar, so wird es die eigentliche Frau und die Stellvertreterin bleibt als Magd bei ihr. Die Heirat wird dadurch vollzogen, dass die Mutter die Hängematte des Bräutigams neben die ihrer Tochter aufbindet. Wird eine Frau Witwe, so ist das erste, dass ihr von den Anverwandten des Mannes der Kopf geschoren wird, und ehe das Haar seine gehörige Länge hat, darf sie nicht wieder heiraten. Ueberhaupt hängt eine zweite Heirat nicht von dem Willen der Witwe ab, sondern der nächste Verwandte des verstorbenen Mannes hat das Recht sie zu heiraten und sie wird dann oft die zweite oder dritte Frau desselben, wenn er sie nicht mit jemand anderen verheiraten will, der sie ihm abkaufen muss, etwa für eine Flinte, einen Kahn, oder eine eiserne Kossabiplatte. Heiratet sie jemand ohne die Einwilligung des rechtmässigen Erben, so entstehen oft daraus die blutigsten Fehden. Ein Schwiegersohn darf niemals das Angesicht seiner Schwiegermutter sehen. Ist sie bei ihm im Hause, so wird eine Scheidewand gemacht, reist sie mit ihm in einem Kahn, so steigt sie zuerst hinein, damit sie ihm den Rücken zukehren kann. Aehnliches findet sich auch bei den Karaiben.

Bei den Brasilianern konnten sich Verwandte heiraten und es war nur die eigene Mutter, die eigene Schwester und die eigene Tochter ausgenommen. Hochzeitsfeierlichkeiten gab es nicht. Ehebruch war selten und die Schuldige wurde getötet oder verstossen. Der Vater hatte das Recht, seine unverheiratete Tochter dem ersten besten Gaste anzubieten.

Bei den Völkern am Orinocco findet sich ebenfalls die Ehe, die überaus eifersüchtig aufrecht erhalten wird. Wie bei den Arowaken in Surinam geht die Heirat ohne grosse Umstände vor sich und wie bei diesen zieht nicht die Braut zum Manne, sondern der Bräutigam zieht zur Braut und tritt bei deren Vater als Sohn und Gefährte ein. Auflösung der Ehe ist sehr gewöhnlich und geht meist von den Männern aus, doch dauert, namentlich wenn Kinder vorhanden sind, die Ehe lange Zeit. Beispiele zärtlicher Gattenliebe kommen vor. Die Vielweiberei ist allgemein.

Die Jamanachen haben stets zwei Weiber. Bei den Karaiben fand man häufig fünf Frauen.

Bei den Amerikanern ist es im wesentlichen nicht anders. Die Ehe wird nicht auf Lebenszeit geschlossen und beide Teile sind darüber einverstanden, dass sie nicht länger beisammen bleiben werden, als sie sich gefallen. Dem Manne steht volle Freiheit zu, seine Frau zu verstossen und der Frau davon zu gehen. Der Indianer nimmt seine Frau gleichsam auf Probe, doch mit dem stillen Vorsatz, sie nicht zu verlassen, so lang sie sich gut beträgt, und vorzüglich nicht, wenn er Kinder von ihr hat . . . Ein Mann, der seine Frau gut behandelt, wird sehr geachtet und man sagt von ihm: „Dieser Mann hat seine Frau wirklich lieb.“ Selten lässt sich ein Mann herab mit seiner Frau zu zanken, oder sie zu schimpfen, wenn er auch Ursache hätte. In solchen Fällen nimmt er seine Waffen, geht in den Wald und bleibt dort ein oder zwei Wochen, ohne ihr vorherzusagen wann er wieder kommen werde. Sie gerät dadurch in einen Zustand der Ungewissheit und wird auch bei den andern Frauen als ein zanksüchtiges Weib bekannt . . .

Auch bei den Nordamerikanern ist die Vielweiberei gestattet und es ist auch sehr gewöhnlich, dass ein Mann zwei oder sämtliche Schwestern aus einer und derselben Familie heiratet. Die jüngeren und kinderlosen Frauen sind sodann den älteren unterthänig und gehorsam. Das gemeinsame Bestreben, dem Manne sich gefällig zu machen und die Hoffnung Mutter zu werden, erhält allein die Einigkeit und Heiterkeit. Je mehr aber ein Indianer Frauen hat, desto grössere Achtung geniesst er, denn er gilt für einen besonders geschickten und gewandten Jäger. Bei den Killistinos lebt, wie bei den Völkern am Orinocco, der junge Mann bei seinem Schwiegervater, der ihn jedoch bis zur Geburt des ersten Kindes ziemlich als Fremdling behandelt.

Wie bei den Südamerikanern, so sind auch bei den Nordamerikanern die Männer überaus eifersüchtig und die Untreue wird an den Frauen durch Prügel, oder durch Verstossung und Fortjagung bestraft, oft wird ihnen auch die Nase abgebissen, zum bleibenden Zeichen ihrer Schmach, was namentlich von den Nadowessiern gemeldet wird (Carver S. 375). Die Schwarzfüsser, die oft sechs bis acht Weiber nehmen, bestrafen den Ehebruch ebenfalls durch Abschneiden der Nase und der Haare und mit Verstossung. Eine so bestrafte Frau findet keinen andern Mann und arbeitet dann gewöhnlich im Lohn oder für den Lebensunterhalt in anderen Zelten, wartet die Kinder und dergleichen. Man hat Beispiele, dass der Ehemann die Untreue der Frau mit dem Tode bestrafte und ihrem Liebhaber Pferde und andere wertvolle Dinge wegnahm, was dieser sich ruhig gefallen lassen musste (Prinz Neuwied, Reise I 571) . . .

Sehr seltsam steht der Strenge der Ehe der Gebrauch gegenüber, dass die Indianer dem Fremden nicht allein ihre Töchter, sondern auch ihre Frauen darbieten. So fand Carver bei den Killistinos den Gebrauch, dass Häuptlinge und andere den Europäern ihre Frauen zur Gesellschaft anboten und es wurde versichert, dass dieses Anerbieten vor der Ankunft der Europäer eine Pflicht der Höflichkeit gewesen wäre. Ebenso war es gebräuchlich, dass der junge Krieger Nachts in die Wohnung einstieg und mit einem Lichte, das er sorgfältig mit der hohlen Hand verdeckte, ans Lager der Geliebten trat; wenn sie es ausblies, wurde er angenommen. Ueberhaupt darf eine Indianerin vor der Verheiratung allen ihren Trieben folgen. Eine Frau unter den Nadowessiern wurde mit besonderer Achtung behandelt, weil sie in jüngeren Jahren ein Reisfest gegeben hatte, wobei vierzig der vorzüglichsten Krieger eingeladen waren, denen sie in ihrem Zelte Reis und Wildpret vorsetzte und während des Schmauses hinter einem Schirm nach und nach allen noch einen andern Genuss darbot (Carver Heckewelder S. 286). Etwas ähnliches meldete Eschwege („Journal von Brasilien I, 97") von brasilianischen Indianern, die alle Jahr ein Trinkfest feiern, zu dessen besonderer Würze für die Helden eine unverheiratete, allen gewidmete Schöne durch das Los bestimmt wird . . .

Bei den Missouri-Indianern ist eine Hauptbeschäftigung der jungen Männer, bei den Mädchen und Frauen ihr Glück zu versuchen, und dies füllt ausser dem Putze den grössten Teil ihrer Zeit aus. Sie finden nicht viel spröde Schönheiten. Abends ziehen sie meistens bis spät in die Nacht in den Dörfern und in der Gegend umher, oder von einem Dorf zum andern. Dabei tragen sie Trophäen ihrer früheren Liebesabenteuer und erscheinen im besten Schmuck bei den Schönen. Die Anzahl der bereits besiegten Damen wird durch Bündel von geschälten, an der Spitze rot gemalten Weidenruten angedeutet. Diese Stöcke sind von zweierlei Art. Die meisten sind zwei bis drei Fuss lang, andere fünf bis sechs Fuss. Die letzteren sind, da sie nur einzeln getragen werden, mit abwechselnd weissen und roten Ringen bemalt, die die Zahl der Eroberungen angeben. Die andere oder kürzere Art dieser Stöcke ist nur an der Spitze rot gefärbt und hier zeigt jedes einzelne Rütchen eine Heldenthat an, deren ganze Summe alsdann zu einem oft voluminösen Fascikel vereinigt wird. Dicke Bündel dieser Art werden von den Stutzern bei ihren galanten Excursionen zur Schau getragen. Bei den Mandans sind diese Stöcke, die Mih-Hiruschae-Kähkarusch genannt werden, einfach gemacht, bei den Mönnitarris hingegen befindet sich meist in der Mitte des Bündels noch ein längerer weit hervortretender Stock, der an seiner Spitze mit einem Busche von schwarzen Federn behängt ist. Die Federn zeigen die Favoritin an und die Stutzer sagen einer jeden, dass sie es sei, für die die Fahne aufgepflanzt worden. Hatten diese Leute mit einer Person vertrauten Umgang, die eine weisse Bisonrobe trug, so wird ein Stückchen solchen Fells oben am Stock angebracht. Hat sie aber eine rote wollene oder Bisonrobe getragen, so befestigt man am Stocke ein rotes Tuchläppchen. Wir sehen also, dass das Liebesleben der ernsten Indianer auch eine gewisse Romantik aufzuweisen hat, Bräuche, die mit einigem an die fernen Tage mittelalterlicher Ritterminne erinnern.

Auch die früher bereits erwähnten Mannweiber finden wir bei den nordamerikanischen Indianerstämmen. Sie werden von den Kanadiern Bardaches, von den Mandans Mihdäcke genannt, kleiden sich wie Frauen, verrichten Frauenarbeiten und werden von den jungen Männern förmlich wie Weiber behandelt. „Diese Geschöpfe geben meist vor, ein Traum oder eine höhere Eingebung habe ihnen diesen Stand zu ihrem Heil empfohlen und nichts kann sie von ihrem Vorhaben abbringen. Es haben manche Väter ihre Söhne mit Gewalt davon abzubringen versucht, ihnen schöne Waffen gegeben u. s. w., vergebens haben sie selbst Strenge angewendet. Einst wollte man ein solches Mannweib zwingen, seinen Stand aufzugeben. Ein ausgezeichneter Krieger bedrohte dasselbe, es kam zu heftigem Streit, in dessen Folge das Geschöpf erschossen wurde. Allein man fand an Stelle des Leichnams einen Haufen Steine, in welchem der tötliche Pfeil steckte. Seitdem mischt sich niemand in derartige Angelegenheiten (Prinz Neuwied II 132). Der Süden Amerikas bietet seit den Zeiten der ersten Entdeckung dieselben Erscheinungen dar.“ Sehr klar ist das erzählte Histörchen vom Verschwinden des Leichnams nicht, doch lässt sich wohl annehmen, dass andere Mannweiber ihn beiseite geschafft haben. Ebensowenig ist aus den Quellen zu entnehmen, ob es sich auch hier etwa um Impotente oder gar Päderasten handelt.

So gelassen und vornehm die Indianer auch sind, „the most gentle and benevolent of the human race,“ wie sie der englische Reisende

Bryan Edwards etwas überschwenglich benennt, so sehr sie sich auch von geschlechtlichen Excessen fern halten — ganz frei von erotischen Versündigungen sind sie, wie aus Obigem sich ergiebt, doch nicht, sofern wir überhaupt Versündigungen nennen dürfen, was eben nur nach unseren theoretischen Sittenbegriffen dafür gilt, unseren gegenwärtigen in einer gewissen Kultursphäre, wie wir der Wahrheit zur Ehre bekennen müssen.

Kehren wir von der Neuen Welt zur Alten zurück, von Amerika nach Asien, zu den Kalmücken, den Oirad, wie sie sich selbst benennen, Mongolenstämme, als deren Vettern wir die Chinesen und Japaner zu betrachten haben und im entfernteren Grade vielleicht auch die Indianer Nordamerikas, denen manche ja einen mongolischen Ursprung zusprechen. Auch hierbei folgen wir grossenteils Klemm (III 164 etc.).

Das Familienleben der Mongolen gleicht in den meisten Beziehungen dem der Polarnomaden. Auch hier ist die Frau der dienende Teil, dem die meisten und namentlich solche Geschäfte zufallen, die sich täglich, oder doch am häufigsten wiederholen. Doch sagt Pallas (Nachrichten I, 143), dass die Kalmücken ihre Weiber nicht wie Sklaven ganz allein für sich arbeiten lassen, sondern, dass sie, wenn es andere Geschäfte erlauben, ihren Weibern gern zur Hand sind, namentlich beim Packen, Aufstellen der Hütte etc."

Die Ehe ist bei den Kalmücken, wie bei den Mongolen, bei weitem regelmässiger als bei den übrigen Nomaden, Polygamie überaus selten. Die Ehe ist durch mehrfache gesetzliche Bestimmungen geordnet und somit unter öffentlichen Schutz gestellt. Dahin gehören folgende Bestimmungen:

Wenn eine Jungfrau ihr vierzehntes Jahr zurückgelegt hat, so ist sie heiratsfähig. Vor dieser Zeit aber darf sie nicht verlobt werden. Giebt sie der Vater früher weg, so soll sie von dem Manne genommen und einem andern jungen Menschen unentgeltlich gegeben werden. Die Aufseher über vierzig Familien müssen dafür sorgen, dass in ihrer Abteilung jährlich vier neue Paare zusammengebracht werden. Sie müssen auch darauf sehen, dass der Preis für die Braut richtig abgeführt werde. Arme Bräutigame werden durch die wohlhabenden unterstützt. Wenn eine verlobte Jungfrau in ihrem zwanzigsten Jahr vom Bräutigam noch nicht abgeholt ist, so muss sie ihm dreimal durch den Brautwerber angeboten werden. Nimmt sie der Bräutigam dennoch nicht, so muss es der Vater dem Fürsten melden, der der Tochter einen andern Mann geben wird; die schon empfangene Brautgabe bleibt aber dem Vater. Verfährt er aber ohne Vorwissen des Fürsten, so muss er nicht nur das vom ersten Bräutigam Empfangene zurückgeben, sondern noch dazu neun mal neun Stück Vieh als eine Busse erlegen. Stirbt eine Braut während der Hochzeitszurüstung, so verbleibt die Brautgabe ihrem Vater; stirbt sie aber vor den Veranstaltungen, so müssen die beiderseitigen Eltern eine Teilung und Vergleichung vornehmen. Wer eine Verlobung rückgängig zu machen versucht, oder die verlobte Tochter nicht herausgeben will, wird nach Befinden an Vieh bestraft. Die Eltern der Braut sollen eidlich versichern, dass ihre Tochter noch rein, d. h. nicht schwanger sei. Zeigt sich nach der Hochzeit und Ausstattung das Gegenteil, so soll der junge Mann von den Schwiegereltern die zuerkannte Vergütung an Vieh nehmen, es sei denn, dass bewiesen wird, der Bräutigam habe vorher schon mit der Braut zu thun gehabt. Für ein entführtes Mädchen werden, wenn sie vornehmen Standes ist, sieben, wenn sie mittleren Standes fünf, wenn sie geringen Standes ein Kameel bezahlt. Der Bräutigam kauft seine Braut, doch der Brautvater ist gehalten, den Wert durch die Aussteuer zu ersetzen. Der Preis ist nach den Ständen bestimmt (Pallas, Nachrichten I, 200) . . .

Das sind die gesetzlichen Bestimmungen. Gemeiniglich aber beginnt die Ehe mit dem vertrauten Umgang der jungen Leute. Die Eltern erlauben ihren noch sehr jungen Töchtern die heimlichen Besuche ihrer Liebhaber als eine wohlhergebrachte Gewohnheit, und die Mädchen sind überhaupt sehr munterer und verliebter Natur, wie sie denn auch gegen Fremde sehr zutraulich und hingebend sind; ja sie halten eine Vervielfältigung ihrer Liebeshändel für Ehre und Empfehlung. Es geschieht indessen selten, dass Mädchen vor der Hochzeit in andere Umstände geraten. Da dieses ihnen zur Schande gereichen würde, so befreien sie sich in solchem Falle durch gewaltsame, grösstenteils äusserliche, zum Teil sehr gefährliche Mittel. Unter den Kalmücken giebt es erfahrene alte Weiber, die durch lange fortgesetztes Reiben des Unterleibs, Auflegung glühender, in eine alte Schuhsohle gewickelter Kohlen und andere entsetzliche Mittel Errettung aus der Schande bringen . . .

Die Mongolen und Kalmücken haben in der Regel nur eine Frau; Reiche und Vornehme nehmen nur dann eine zweite, wenn die erste unfruchtbar ist. Erklärte Konkubinen neben der Ehefrau kommen nicht vor, doch legen Vornehme ihren unverheirateten Söhnen, als Schutzmittel wider heimliche Sünden, junge Mädchen bei. Ein an die arowakische Indianersitte erinnernder Gebrauch untersagt den jungen Frauen mit ihrem Schwiegervater zu reden und sich in seiner Gegenwart zu setzen. Ehescheidungen sind ebenso selten wie Eifersucht. Die Ehen der überhaupt sehr der Liebe ergebenen Kalmücken und Mongolen sind fruchtbar, so dass man in den meisten Häusern mehr als ein, gemeiniglich drei, vier und mehrere Kinder spielen sieht."

Was die Tänze der Kalmücken betrifft, so werden sie als „der Ausdruck von sanften Empfindungen der Liebe" geschildert. Tänzer und Tänzerinnen treten dabei einzeln auf, zeigen mit den Füssen nur den Takt an und führen die Darstellung nur mit Kopf und Armen aus.

Paarweise Tänze werden nur von Männern aufgeführt; sie sind sehr wild und bestehen aus den lächerlichsten und unzüchtigsten Gebärden. Im Uebrigen hat die russische Herrschaft auch manche dieser Sitten und Bräuche stark beeinflusst und modifiziert.

Werfen wir nun einen Blick auf die Ehe- und Geschlechts-Verhältnisse der Neger in Afrika, wovon manches bereits vorgebracht wurde.

Wie bei den Naturvölkern ist auch bei den Afrikanern das Weib Sklavin des Mannes und wird „wie ein Gerät oder Lasttier, wenn sie unbrauchbar, durch ein anderes ersetzt. Bei den Hottentotten finden wir sogar, wie bei den Südamerikanern, dass die Eltern neugeborene Mädchen töten. Dabei ist zu bemerken, dass die Hottentotten sich scheuen, solche dem Tode geweihte Mädchen an Europäer zu überlassen, wenn sie wissen, dass sie diese in Spiritus aufbewahren wollen. Bei den Kaffern, wie bei den Negern, ist die Frau die Dienerin, die der Mann sich kauft, und deren er, wenn er sonst die Mittel hat, mehrere zu besitzen strebt. Bei den Kaffern besteht der Kaufpreis gemeiniglich in Rindern, meist nicht über zehn Stück. Die Eltern bestimmen den Preis, das Mädchen wird nicht um seine Einwilligung befragt, obschon der Bräutigam sich um dessen Gunst bewirbt."

Die Hochzeit wird mit gewissen Feierlichkeiten begangen. Stirbt die Frau im Alter der Fruchtbarkeit ohne Kinder zurückzulassen, so müssen deren Eltern den Kaufpreis zurückerstatten. „Oheim und Nichte verheiraten sich nie. Schwiegervater und Schwiegertochter vermeiden es ohne Zeugen zusammenzukommen, ebenso Schwiegersohn und Schwiegermutter. Der Mann enthält sich der Frau so lang sie ihr Kind säugt, entschädigt sich jedoch anderwärts. Arme Männer haben nur eine Frau, reiche, namentlich Oberhäupter, jedoch mehrere, doch kaum über sieben oder acht, gewöhnlich nur zwei oder drei, die friedlich beisammen wohnen und die Arbeit gemeinschaftlich verrichten. Der Vater macht keinen Unterschied zwischen den Kindern der verschiedenen Frauen. Tritt Uneinigkeit ein, so weicht die jüngere der älteren Frau; sie muss die gemeinschaftliche Hütte verlassen und sich eine besondere erbauen. Ehetrennungen finden nur selten statt, Ehebruch wird nur durch die Frau begangen, da der Mann für alle Frauen geschaffen ist. Der beleidigte Mann hat jedoch das Recht, den Verführer auf der Stelle zu töten, was jedoch nicht leicht geschieht, da es der beleidigte Ehemann für vorteilhafter findet, sich beim Oberhaupt der Horde zu beklagen. Die Strafe ist dann eine Anzahl Vieh, dessen eine Hälfte dem Oberhaupt, die andere dem Beleidigten zufällt. Die Frau wird nicht bestraft, da sie stets als die Verführte betrachtet wird.

Bei den Negern ist die Dienstbarkeit der Weiber ebenso allgemein, aber drückender, da die Geschäfte mehrfacher und mühseliger sind. Man betrachtet allgemein die Weiber als Wesen geringerer Art, als geborene Sklavinnen der Männer, mit denen sie nicht an einem Tisch essen dürfen. Sie müssen warten bis jene ihre Mahlzeiten beendet haben und erhalten dann nur die Ueberbleibsel. In Wassulo müssen die Frauen sogar ihre Männer knieend bedienen. Die Vielbweiberei ist allgemein, jeder nimmt so viel Frauen als er ernähren kann und man berechnet nach deren Anzahl seinen Reichtum. Der Mann beschäftigt sie nach Belieben. Der König der Aschanti hat 3333 Weiber, eine Anzahl, die stets mit grösster Sorgfalt vollzählig erhalten wird, obschon der König nie mehr als sechs auf einmal in seinem Palaste hat. Sie sind streng bewacht und eingesperrt, sehen niemand als ihre Verwandten, die sie am Eingang ihres Hauses sprechen dürfen. Die Anzahl wird nie überschritten. Der König verschenkt oft Weiber an ausgezeichnete Personen. Viele der Weiber hat der König nie gesehen. Wenn er ein säugendes Kind heiratet, so wird es sogleich in das Haus gesperrt und streng dem Anblick jedes Mannes seiner Familie entzogen. Wenn diese Frauen ausgehen, was selten geschieht, so sind sie von einer Menge kleiner Jungen umgeben, die mit Peitschen von Elefantenhaut jeden, der nicht augenblicklich aus dem Wege geht oder mit geschlossenen Augen davon rennt, derb abprügeln. Zuweilen werden auch die Uebertreter noch mit schweren Geldbussen belegt. Diese Weiber sollen überaus köstlich leben.

Die Bagos, Landamas und Nalus haben ebenfalls viele Frauen, Reiche deren wohl an zweihundert. Sie haben meist ausser ihren wirklichen Ehefrauen noch eine Anzahl Beischläferinnen. Caillié schreibt: „Cette habitude (Polygamie) vient sans doute de ce que les mères ne souffrent l' approche de leur mari, que lorsque leur enfants peuvent marcher seuls." Uebrigens herrscht unter den Frauen eines Mannes die grösste Eintracht.

Die Eheschliessung erfolgt einfach. Der Brautvater erhält von dem Bräutigam einen Preis für seine Tochter, ein Stück Zeug, Rum oder dgl. Um Akra beträgt der Kaufpreis gewöhnlich so viel wie der Wert einer Sklavin. Ist alles geregelt, so wird dem Bräutigam mitgeteilt, dass er seine Braut am nächsten Tage kann holen lassen. Zur Mittagstunde dieses Tages schickt er nun in das Haus seiner Braut und lässt bitten sie möge ihn besuchen. Festlich geschmückt begiebt sie sich mit einer Anzahl anderer Frauen dahin, wo sich noch andere Männer und Frauen einfinden und ein mit Tanz verbundenes Trinkgelage beginnt, das bis zum nächsten Tage währt. Oft verloben Eltern ihre Kinder sehr jung; es kommt sogar vor, dass zwei Väter die Kinder ihrer schwangeren Frauen für den Fall verloben, dass sie verschiedenen Geschlechts werden. Und ein derartiges Uebereinkommen muss gehalten werden. Von einer Einwilligung des Mädchens ist bei keinen der Negerstämme die Rede.

Bei den Landamas fand Caillié eine Art Feierlichkeit. Nachdem der Bräutigam durch eine alte Frau oder einen Greis die Eltern seiner Zukünftigen gewonnen, und das letzte Geschenk an Tabak, Stoffen, und Colatnüssen, die stets von verschiedener Farbe sein müssen, abgeliefert hat, verheiratet sie der Brautvater. Er nimmt eine weisse und eine rote Colatnuss, teilt sie, und wirft von jeder eine Hälfte in die Luft, um eine glückliche Vorbedeutung zu gewinnen. Ist dies erfolgt, so ruft er seine Tochter herbei, die von der ganzen bisherigen Verhandlung noch nichts weiss und ihren Bräutigam oft gar noch nicht kennt. Sie muss von jeder der geworfenen Colatnüsse ein Stück essen und der Vater kündigt ihr nun in Gegenwart mehrerer Zeugen an, dass sie die Gattin dessen werden wird, der die Geschenke gesandt hat. Denselben Tag wird sie durch die Alten, die die Unterhandlung geführt haben, ins Haus des Bräutigams gebracht, begleitet von ihren jungen Freundinnen, die Loblieder singen. Eine alte Frau bereitet die Hütte vor, wo die Neuvermählten wohnen sollen. Nachdem sie die Hütte geleert, legt sie zwei weisse Tücher auf das Lager, die am andern Morgen als Zeugnisse der Keuschheit der jungen Frau von Hand zu Hand gehen und durch Gesang und Tanz gefeiert werden. Solche Feste währen gemeiniglich zwei bis drei Tage, wobei die Eltern der jungen Leute jedoch nicht anwesend sind und sich erst etwa acht Tage nachher sehen lassen."

Die Bagos haben die Gewohnheit, ihre Kinder sehr früh zu verheiraten, wenn sie sieben bis acht Jahre alt sind. Sie bewohnen dann ein und dasselbe Haus, wachsen zusammen auf, dass sie sich gegenseitig angehören. Der Knabe giebt jeden Morgen seiner Braut eine Flasche mit Palmwein, die ihm seine Eltern so lange liefern, bis er selbst welchen anschaffen kann. Die Kinder leben natürlich in bester Eintracht zusammen; man feiert ihre Hochzeit, sobald man merkt, dass das Mädchen nicht mehr Jungfrau ist, was gewöhnlich im elften oder zwölften Jahre der Fall ist . . .

Bei den Kongonegern wird die Braut ebenfalls vom Vater verhandelt. Vor der Hochzeit wird sie acht Tage lang in eine besondere Hütte gesteckt. Ein Zauberer geht zu ihr, beschneidet sie, und kehrt alle Tage zurück um ihr den Schurz abzunehmen und alle Teile ihres Leibes zu reiben und zu salben, während er die Götter für ihr Heil anruft. Dann wird sie von den Eltern abgeholt, bestens geputzt und auf ein Gerüst vor die Hütte gestellt, wo man ihr in Gebärden und den obscönsten Tänzen die Freuden schildert, die ihr bevorstehen. Das Fest dauert mit allen Ausschweifungen drei Tage. Darauf erhält sie der Mann. Die Eltern und alle Anwesenden beugen sich tief vor ihr. Am Zaire werden die Bräute von oben bis unten mit rotem Ocker beschmiert.

Die Frauen sind die Sklavinnen der Männer. Sie haben nur den Vorzug, dass der Mann sie nicht verkaufen darf, und dass die erste Frau vor den andern einen gewissen Rang behauptet. An der Goldküste herrscht der seltsame Brauch, dass die Männer sich ihre Frauen borgen. Am Gabun fand Hutton die Sitte, dass die Fürsten, sowie ein Handelsschiff ankommt, dem Kapitän oder Supercargo ihre Frauen bringen und sie ihm zum Pfand für die abgeschlossenen Bedingungen und Verträge über die Lieferung von rotem Holz und Elfenbein überlassen, so lang er hier bleibt. Er hat dabei volle Freiheit, diese Damen nach seinem Belieben zu benutzen.

In Guinea treiben die Neger noch eine andere Spekulation. Sie nehmen möglichst viel Weiber, welche die Erlaubnis haben, andere Männer zu verführen, doch mit dem Bedingen, dass sie ihre Opfer dem Manne anzeigen. Der Mann hat nun das Recht, den Ehebrecher um 40 bis 90 Franken strafen zu lassen, oder, wenn er nicht zahlen kann, ihn als Sklaven zu verkaufen, eine Bestimmung, die bei allen Negern in Gebrauch ist. Je wohlhabender nun der Verführte ist, destomehr muss er zahlen. In Akra muss ein Neger, der die Frau eines Adeligen verführt, oder sich von ihr verführen lässt, drei Sklaven bezahlen; der Umgang mit der Frau eines Königs bringt den Tod. Die Könige und Adeligen halten daher oftmals viele Weiber, um sich zu bereichern. Die Frauen werden sehr streng gehalten, ein Mann ist schon strafbar, wenn er sich auf die Matte einer fremden Frau setzt. Desto mehr Freiheit haben die Mädchen, die man sogar ermuntert, diese Freiheit recht zu geniessen.

In jedem Dorfe der Guineaküste hat man drei oder vier öffentliche Dirnen, die durch öffentliche Zeremonien in ihr Handwerk eingeweiht werden. Sie geben den Gewinn ihrem Herrn und werden von diesem mit Nahrung und anderweitigem Unterhalt versorgt. So lange sie gesund bleiben, werden sie hochgeachtet, und die Europäer können ein Dorf nicht besser züchtigen, als wenn sie bei Zwistigkeiten ihre Dirnen fortnehmen. Dann kommen alle Neger herbei und bitten um deren Freiheit. Werden diese feilen Dirnen krank, so verstösst sie ihr Herr, und alle Menschen verlassen sie, so dass sie elend umkommen.“ Diese recht interessante Mitteilung rührt aus Wilhelm Bossmanns „Reise nach Guinea“, aus dem Holländischen, Hamburg 1708, Seite 254 etc. her. Es wäre der Mühe wert, nachzuforschen, was des Ursprünglichen in dieser systematisch betriebenen afrikanischen Prostitution ist und was etwa auf europäische „Kultureinflüsse“ zurückzuführen ist.

„Eine seltsame Sitte ist, dass bei den meisten Negervölkern eine Art Zuchtmeister für zänkische, ungehorsame und böse Weiber vorhanden ist. Im allgemeinen werden die Weiber nicht gut behandelt; sie haben grosse Furcht vor den Männern, die sie mit Schlägen strafen. Caillié sah bei den Mandingos, wie die geschlagenen Weiber es nicht wagten, die Hand zur Abwehr zu erheben, und die Männer gestatteten ihnen nicht, dass sie sich einen Scherz erlaubten. „Wenn ich mit meinen Weibern scherzen wollte,“ sagte ein Neger zu Caillié, „so könnte ich nichts mehr mit ihnen anfangen, sie würden sich über mich lustig machen, wenn ich ihnen Befehle erteilte." Ausserdem also, dass die Weiber hart gehalten werden, besteht bei den Mandingos und anderwärts ein öffentlicher Aufseher über Weiber. In Kayaya erscheint von Zeit zu Zeit ein Mann, der vom Kopf bis zu den Füssen mit kleinen Baumzweigen bedeckt ist, Nachmittags bei dem Ort und lässt die jungen Frauen und Mädchen wissen, dass er sie nach Sonnenuntergang besuchen werde. Zur bestimmten Zeit kommt er in die Stadt und begiebt sich unter Trommelschlag in die Versammlung, wo er mit Gesang und Blasinstrumenten empfangen wird. Er beginnt nun damit, dass er mit lauter Stimme den Frauen Vorsicht im Umgang mit Weissen empfiehlt. Er versichert, dass er recht wohl wisse, was bereits vorgefallen, dass dies ihnen keineswegs zum Lob gereiche, dass er sie jedoch dieses Mal noch schonen wolle, die Strafe erlassen, die sie wohl verdient hätten. Die nächste Gelegenheit werde er indessen ergreifen, wenn sie sich abermals etwas zu Schulden kommen lassen würden. Alles, was er sagt, wird von den Mädchen in einer Art Gesang wiederholt, wobei sie dazu in die Hände schlagen und von der Musik begleitet werden. Eine jede von denen, die etwas von der zuchtmeisterlichen Gewalt zu fürchten haben, giebt ihm nun ein Geschenk." Dieser Vorfall, den der englische Reisende Gray erzählt, giebt viel zu denken und es wäre interessant, zu erfahren, ob dieser Brauch auch noch in der unmittelbaren Gegenwart besteht, wo der Verkehr mit Europäern noch viel grösser ist.

Derselbe Reisende bemerkte ausserhalb der Stadt Madina einen Pfahl, worauf ein aus verschiedenen Bändern von Baumrinde zusammengesetztes Kleid hing, dass einen Menschen von Kopf bis zu Füssen einhüllen kann. Es dient als Popanz für die verheirateten Frauen. Der Mann, der es trägt, wird Mundo-Jumbo genannt. Er geht durch die Stadt, um die Aufführung der Frauen zu beaufsichtigen. Man versichert, dass, wenn ein Mann Ursache hätte, sich über eine seiner Frauen zu beklagen, er selbst das Kleid anlege oder einen seiner Freunde damit beauftrage. Der Bekleidete setzt sich dann in einen zur Stadt gehörigen Wald und kündet seine Ankunft durch Geschrei und Geheul an. Sobald die Sonne untergegangen ist, begiebt er sich auf den inneren Markt, wo er von der ganzen Bevölkerung empfangen wird, da jedermann dieser Zeremonie beiwohnen muss. Bei der Ankunft des Mundo-Jumbo beginnt Musik und Tanz, die mehrere Stunden währen, worauf derselbe die Schuldige, oder die er dafür hält, sich herbeiholt, und ohne Mitleid in Gegenwart aller anderen durchprügelt, die sich an dieser Strafe sehr ergötzen. Dieselbe Geschichte erzählt bereits Mungo-Park."

Bei den Timmanieren ist die Aufsicht über den Wandel der Frauen einem alten Weibe, der Bundofrau, anvertraut, die die Frauen vor sich ruft und ein Zugeständnis ihres Vergehen von ihnen verlangt, was zu allerlei Missbräuchen führt. Während die Bundofrau an einem Orte verweilt, finden allerlei Lustbarkeiten statt, die durch die diktierten Strafen nicht unterbrochen werden.

Ehebruch wird nicht an der Frau, sondern an dem Verführer gestraft, je nach dem Rang desjenigen, dem die Frau gehört. Ehescheidung ist aber nicht dessen Folge. Im allgemeinen soll Ehebruch aber bei den Negern weniger vorkommen, als bei den Kaffern. Wird eine Frau dagegen vom Manne übel behandelt, und gehört sie sonst einer angesehenen Familie an, so kann sie, in Sierra Leona wenigstens, ihren Mann im Palavar oder in der öffentlichen Versammlung verklagen und sich von ihm scheiden lassen."

Die Neger tanzen leidenschaftlich gern, doch werden nur die Tänze einiger Stämme, wie die der Joloffen und der Neger am Loando als sehr unzüchtig geschildert.

Eine Art religiöse Prostitution will bei den Fidah-Negern beobachtet worden sein, wo den Priestern und Priesterinnen der „grossen Schlange" die schönsten Mädchen zum Dienst der Gottheit überlassen werden, als Frauen der „grossen Schlange", eine Ehe, die aber oft ganz menschliche Früchte trägt. Die Priester und mehr noch die Priesterinnen sollen daneben auch einträgliche Kuppelei betreiben.

Von anderen sogenannten Naturvölkern liesse sich kaum etwas Bemerkenswertes noch nach der gegebenen Richtung hin vorbringen, was nicht schon Erwähnung gefunden hätte. Es liessen sich höchstens noch Einzelheiten bemerken, wie etwa von den nunmehr ausgestorbenen Urbewohnern der Ladronen, deren männlicher Teil völlig unter Herrschaft der Weiber stand, die auch einen Ehebruch seitens des Gattens schwer an diesem rächten. Die Weiberdespotie soll auch viele der Jünglinge vom Heiraten abgeschreckt haben, was hauptsächlich zu dem Untergang der Stammbevölkerung beigetragen haben soll.

VII. Kapitel.

Was ist Prostitution? — Uebersicht. — Bekämpfung der Prostitution. — Der Staat und die Prostitution. — Schluss.

Die diesem Werke räumlich gesteckten Grenzen sind hiermit erreicht und es ergiebt sich die Notwendigkeit, es zum Abschluss zu bringen, so viel sich auch noch über diesen Gegenstand vorbringen liesse, so wenig er auch erschöpft wäre, wenn der Umfang das dreifache oder vierfache der Bändezahl umfasste. Die Geschichte der Prostitution enthält eben naturgemäss den grössten und wichtigsten Teil der Kulturgeschichte der Menschheit, bei der der Fortpflanzungstrieb mit Allgewalt sich äussert, zu den rühmlichsten, wie zu den schändlichsten Thaten veranlassen kann, und nur zu oft unbekümmert um Satzungen und Regeln seine Befriedigung sucht.

Allerdings ist die Geschlechtsbefriedigung nicht unbedingt mit der Prostitution in Verbindung zu bringen und wenn sie auch ihren legitimen Ableiter in der Ehe hat, so ist andererseits wieder nicht jeder aussereheliche Geschlechtsgenuss schlankweg mit der Prostitution in Verbindung zu bringen. Was ist Prostitution? Wieder taucht hier die Frage auf, die Dufour zu Beginn der Einleitung dieses Werkes erörtert und die auch sonst noch in diesem Werke zum Ausdruck kommt. So einfach auch diese Frage zu beantworten möglich scheint, so selten auch finden wir völlig einwandfreie Erklärungen. Selbst die Definition der „Real-Encyclopädie der gesamten Heilkunde": „Der Stand derjenigen, welche jedem Beliebigen gegen Geld oder entsprechende anderweitige Belohnung ihre körperlichen Reize bloss und zur Verfügung stellen," kann nicht als völlig zutreffend bezeichnet werden, denn es giebt eine grosse Anzahl Prostituierte, die ihre Reize nicht „jedem Beliebigen" zur Verfügung stellen. Prostitution im engeren Sinne, geschlechtliche Prostitution ist: geschlechtliche Hingabe um Geld oder anderer materieller Vorteile willen. Wie aus dem Inhalt dieses Werkes wiederholt zu ersehen und wie allseits bekannt ist, giebt es nicht nur weibliche, sondern auch männliche Prostituierte, wenn auch diese nur eine sehr geringe Minderzahl bildeten und noch bilden, was in der Natur der Sache selbst liegt und hier nicht näher mehr erörtert zu werden braucht. Prüfen wir genau, so wird sich uns auch manches als Prostitution zeigen, was allgemein nicht dafür gilt, manches wieder, was verachtungsvoll ihr eingereiht wird, kann in Wahrheit nicht dafür gelten. Zumeist wäre auch das auszuschliessen, was mit „gastlicher" und mit „religiöser" oder „heiliger" Prostitution bezeichnet wird, die in ihrer ursprünglichen und eigentlichen Form nicht auf materielle Vorteile gerichtet waren. Auszuschliessen wären auch die Ausschreitungen der Unzucht und sittlichen Verwilderung, die, so beklagenswert sie auch sind, genau genommen nicht der Prostitution zugezählt werden können. Indes, was wir Geschichte der Prostitution nennen, ist recht eigentlich eine specielle Sittengeschichte von der ein klares Bild kaum anders gegeben werden kann, als mit Betrachtnahme sämtlicher hiermit in Verbindung stehender Umstände und Verhältnisse, ja man könnte sogar sagen sämtlicher überhaupt, denn alles und jedes ist nur ein Teil des Ganzen, ein unverständliches und unerklärliches Fragment, wenn wir es losgelöst von seinen Bestandteilen betrachten.

Werfen wir nun einen raschen Ueberblick auf die hier in sechs Bänden gebotene Geschichte der Prostitution:

Der alte Orient taucht vor unseren Blicken auf, Chaldäa und Babylon, Syrien und Lydien, der Kultus der Astarte, der Melitta, der Venus, des Adonis, des Priap und noch vieles mehr. Der Orient, die Wiege der Menschheit, der Kultur ist auch die Wiege der geschlechtlichen

Unzucht, der Prostitution. Es kann nicht geleugnet werden, so hoffnungslos es auch klingt, dass der kulturelle Fortschritt der Menschheit stets auch eine Vermehrung der Prostitution im Gefolge hatte und auch noch hat.

Wir sehen ferner die Prostitution in Aegypten masslos auftreten, die Prostitution beim Volke Israel, dem einzigen bisher, dessen religiöse Zeremonien wenigstens nicht mit Unzucht verbunden war. Griechenland zeigt uns neben seinem gerühmten Hetärentum die „griechische Liebe", und die „lesbische Liebe", die wohl mit Unrecht daher ihren Namen führten und den Griechen mit andern Formen der Unzucht von dem üppigen Orient überliefert wurden. Auch im Lande Homers sehen wir den religiösen Kult mit geschlechtlicher Ausschweifung und Prostitution verbunden. Etrusker und Römer zeigen uns ihre frühzeitige Sittenverderbnis und bei letzteren steigerte sie sich mit ihrer Machtzunahme. Das besiegte Griechenland, der bezwungene Orient hatten Rom die ganze Fülle ihrer Unzucht und Prostitution überliefert. Gesetze, Reglements und Kleiderordnungen werden erlassen. An der Spitze der Debauche sehen wir die Caesaren und Caligula errichtet in seinem Palast ein Bordell; nebenbei war er ein sehr eifriger Verehrer der Päderastie.

Rom fiel, nachdem Paulus und die heidnischen Philosophen vergeblich gegen die Prostitution und sonstigen geschlechtlichen Ausschweifungen geeifert hatten, nachdem die keusch lebenden ersten christlichen Frauen und Jungfrauen von ihren römischen Verfolgern zur Prostitution gezwungen worden waren. Doch auch die neue Lehre konnte die Begierden des Fleisches nicht ertöten, so sehr auch die Kirchenväter dagegen eiferten und die „Gesetzgebung der christlichen Kaiser veränderte an dem Zustand der römischen Prostitution fast gar nichts," muss im Band III Kapitel IX unseres Werkes eingestanden werden, so strenge Bestimmungen auch getroffen wurden. Das byzantinische Reich gab dem heidnischen Rom an Unzucht nichts nach.

Wir gelangen zu den Galliern, Kymrern und Germanen und finden bei ihnen Abscheu vor den Prostituierten, die aber, namentlich bei ersteren, nichtsdestoweniger festen Fuss fassten. Nach dem Eindringen der Römer in Gallien machten sich hier sehr schnell römische Sitten und Unsitten geltend. Die nachfolgenden Franken kannten nicht die Prostitution, auch keine religiöse und keine gastliche. Sie hielten sich von dem Einfluss der gallo- romanischen Korruption frei, doch war das Konkubinat bei ihnen üblich und die fränkischen Könige standen in ununterbrochenem Kampf mit der Kirche, die diese Zustände nicht billigen konnte noch wollte. Selbst Karl der Grosse führte nach dieser Richtung hin kein musterhaftes Leben, doch drückte die Kirche ihrem Beschützer gegenüber nicht nur ein Auge, sondern beide zu. Die Prostitution war indessen wieder ziemlich kräftig herangewachsen und vergeblich waren die Kapitularien, die Karl und auch seine Nachfolger wider sie erliessen.

Die Kirche war im Mittelalter zu einer alles überwältigenden Macht gekommen, die aber keineswegs zu Gunsten der öffentlichen Sittlichkeit eintrat, mögen auch hie und da strenge Massregeln gegen die Prostitution angedroht und vielleicht auch ausgeführt worden sein. Päpste und Kleriker führten ein zügelloses Leben, Klöster glichen Bordellen und waren die Stätten wüster Orgien. Incest und alle widernatürlichen Laster waren gewöhnliche Erscheinungen; die zu Ausschweifungen nur zu geneigten Völker suchten den Beispielen ihrer geistlichen Hirten zu folgen und die Sittenverderbnis überschritt alles, was in früherer Zeit vorgekommen war, obgleich es zumeist eine legale Prostitution gar nicht gab.

Was Frankreich betrifft, so gab es auch dort vor der Herrschaft Ludwigs VIII. oder der Philipp Augusts keine anerkannte Prostitution. Erst von letzterem wurde der rex ribaldorum geschaffen, der gewissermassen das Amt eines Hurenbüttels versah. Auch die Kreuzzüge trugen nicht wenig zur Verschlechterung der Sitten bei. Immer entschiedener trat in Frankreich die Prostitution hervor, immer entschiedener und widerlicher auch sonstige geschlechtliche Unzucht und unnatürliche Laster, nicht zum geringsten beeinflusst von Italien. Wenn hie und da einige Einschränkungen sich geltend machten, so geschah dies zumeist aus Furcht vor der Syphilis, die zuweilen wie ein göttliches Strafgericht grossartig verheerend durch die Lande zog.

In Frankreich waren es schon frühzeitig der Hof und dessen Kreise, die an der Spitze der Unzucht standen, die Prostitution durch Beispiel und That in alle Schichten brachten. Den Mignons Heinrichs III. folgte die natürliche Unzucht Heinrichs IV., die nicht allzulange nachher eine machtvolle und einflussreiche Fortsetzung unter Ludwig XIV. fand. Unter der Regentschaft und Ludwig XV. sehen wir sie in widerlicher Schändlichkeit völlig ausarten und überdies noch zum Vorbild fast aller europäischen Höfe und Höflein werden. Sie machte sich noch unter der immerhin gesitteteren Regierung Ludwigs XVI. geltend und wurde von der nachfolgenden Revolution nur modifiziert aber kaum eingeschränkt.

Das neunzehnte Jahrhundert mit seinem entwickelteren Verkehr, seiner Städteausdehnung, seiner viel hörbareren Oeffentlichkeit und seinem gesteigerten und allgemeiner gewordenen Wohlstand bot der Entwicklung der Prostitution und der Verlautbarung deren Existenz einen viel grösseren Spielraum als die frühere Zeit und es zeigt sich dabei, dass die Prostitution nahezu überall dieselben Züge aufweist. Eine genaue Schilderung deren Verhältnisse aus der einen Grossstadt, verzeichnet unwillkürlich — von geringfügigen Einzelheiten abgesehen — auch die aller anderen derselben Zeit. Anders ist es eigentlich auch früher kaum gewesen und es beweist dies nur, dass die Prostitution als Frucht ihrer Zeit, losgelöst von nationalen und anderen Einschränkungen im ganzen und grossen zu betrachten ist.

Italien, der unmittelbare Erbe des alten Roms, das Land, wo die Sonne heisser scheint und das Blut rascher durch die Adern kreist, bot zu keiner Zeit einen sehr erfreulichen Sittenzustand, hatte immer eine zahlreiche Prostitution und auch einen Hang zu widernatürlicher Geschlechtsbefriedigung aufzuweisen. Die Unzucht der Päpste und Kleriker, der Fürsten und Signori konnten nach dieser Richtung hin nur als verderbliche Beispiele wirken. Mehr oder minder gilt dies auch für Spanien und Portugal.

Die von Tacitus gerühmte Sittlichkeit der Germanen hielt der Prostitution gegenüber nicht stand. England zeigt uns schon frühzeitig die Unsittlichkeit in ihren hässlichsten Formen und ärgsten Ausschreitungen, Uebelstände, die, wie die Erfahrung zeigt, in der jüngsten Zeit nicht viel von ihrer Gewalt verloren haben. Deutschland selbst zeigt uns im Mittelalter nicht selten arge sittliche Ausschreitungen. Wir sehen hier in den reichen Handelsstädten die Prostitution mit legitimer Zünftigkeit auftreten, zuweilen sogar geehrt und geachtet. Die vielen Kriege und Fehden, die politische Zerrissenheit, die religiösen Kämpfe und noch manches mehr, waren keineswegs geeignet, günstigere Zustände zu schaffen. Der Einfluss Frankreichs und der französischen Höfe machte sich nach dieser Richtung hin nur zu verderblich geltend, förderte hier wie dort ganz besonders die in Form des Maitressentums auftretende Prostitution. Daneben machte sich noch, besonders von Oesterreich her, der sittenverderbende Einfluss Italiens und Spaniens geltend. Die jüngste Zeit ergab, wie gesagt, ähnliche Zustände wie in Frankreich und das heisst wie in Paris.

Stark entwickelt finden wir auch die Prostitution bei den Slaven, zu deren angeborener Sinnlichkeit sich zumeist noch der Einfluss des Orients gesellt. Verderblich für die Sittenzustände Russlands erwies sich auch die Weiberherrschaft im achtzehnten Jahrhundert mit ihren zahlreichen Favoriten, in einer Zeit also, in der die in Frankreich nicht nur hoffähig gewordene, sondern auch zur Macht gelangte Prostitution seuchenartig allgemein in Erscheinung trat.

Der Orient mit seiner brutalen Auffassung von der Stellung des Weibes in der Gesellschaft, seiner Sklaverei und Vielweiberei bietet zur Geschichte der Prostitution nur geringes Material, obgleich das ganze Verhältnis zwischen Mann und Weib dort, für kaum etwas anderes gelten kann. Zumeist gilt dies auch von den sogenannten Naturvölkern und immer wieder drängt sich uns die Erkenntnis auf, die eigentliche Prostitution als ein Produkt der Kultur betrachten zu müssen, mögen auch in ausserhalb dieser Sphäre stehenden Gebieten die Unzucht und die sexuellen Laster häufig anzutreffende Erscheinungen sein.

In den aussereuropäischen Ländern mit europäischer Kultur finden wir in der Regel die Prostitutionserscheinungen und -formen, die in dem Mutterlande anzutreffen sind, dazu eine endemische Beimischung und sonstige mit Klima, Bevölkerung und andern Umständen leicht zu erklärende Zuthaten.

Wir finden demnach die Prostitution zu allen Zeiten, unter allen Klimaten, unter allen Kulturverhältnissen, wenn sie auch zuweilen nicht in genau umschriebenen Formen auftritt, ein Thatbestand, der uns deutlich bekundet, dass es sich hierbei nicht um eine willkürliche Erscheinung handelt, die leicht mit guten Worten oder strengen Handlungen aus der Welt geschafft werden könnte. Die Prostitution ist ein notwendiges Uebel — um eine landläufige Redewendung zu gebrauchen — und weder Liebe noch Hass werden im Stande sein, sie aus dem Boden unseres Gesellschaftslebens auszuroden. An Versuchen dazu hat es, besonders in der letzten Hälfte des neunzehnten Jahrhunderts wahrlich nicht gefehlt, und das Thema scheint aus den Spalten unserer Zeitungen, aus den Tagesordnungen unserer humanitären Vereine und Frauenvereine nicht schwinden zu wollen. Trotz alledem, trotzdem auch, dass mitunter selbst bedeutende Männer sich dieser Bewegung anschliessen, dass zahlreiche Schriften für diese eintreten, ist kaum irgendeine nennenswerte Aenderung oder Besserung der Zustände eingetreten und unter den vorhandenen Kulturzuständen auch nicht zu erwarten.

In dem Kampf wider die Prostitution sehen wir zwei Gruppen von Streitern, die eine will, dass der Staat mit aller Macht und Gewalt dagegen und gegen jede diese möglicherweise fördernde Erscheinung auftrete, die strengsten Kontrollen einführe, kurz alles mögliche anwende, um Werden und Gedeihen der Prostitution zu verhindern. Dabei sehen wir die wunderlichsten Vorschläge auftauchen, wozu wohl auch der zu rechnen ist, der nicht nur die Prostituierten selbst, sondern auch deren — sagen wir Geschäftsfreunde einer Sittenkontrolle unterziehen will. Eine andere Gruppe wieder, hauptsächlich Anhänger des in England entstandenen Abolitionismus will überhaupt jede sittenärztliche und andere polizeiliche Kontrolle der Prostitution beseitigen, indem sie diese als schädigend, weil moralisch niederdrückend, als ehrverletzend, als Beeinträchtigung der persönlichen Freiheit und überdies als zwecklos und unnütz erachtet. Erhofft wird dadurch, wenn es auch nicht immer klar ausgesprochen wird, der Prostitution durch Furcht vor Ansteckung ein Ende zu machen, oder doch sie betrachtlich einzuschränken. Vielleicht fusst diese Ansicht auf dem Boden historischer Erinnerung, denn bekanntlich führte ja das verstärkte Auftreten der Syphilis in früheren Jahrhunderten die Hemmung und Dämmung der Prostitution herbei, ohne jedoch, wie die nachfolgende Zeit erwies, besonderes damit erzielt zu haben. Abgesehen davon, dass dies im Grunde genommen ein recht diabolischer Plan ist, zeigt er in seiner Begründung, in all seinen nicht sehr spärlichen Aeusserungen eine derartige Unkenntnis von Welt und Leben, dass es kaum der Mühe wert sein dürfte, dessen Widerlegung ernstlich vorzunehmen. Allerdings muss auch bemerkt werden, dass die Abolitionisten über Zweck und Mittel ihrer Bewegung nichtsweniger als übereinstimmen und man darf erwarten, von einem Dutzend Anhänger wenigstens dreizehn verschiedene Meinungen zu hören, die in der Regel nur den Phrasen-Flitterkram gemeinschaftlich haben. Noch könnten lobend als dritte Gruppe jene wackeren Menschen angeführt werden, die, wie im Inhalt bereits erörtert wurde, der Prostitution am wirksamsten zu entgegnen glauben, indem sie Rettungshäuser und Zufluchtsstätten für Gefallene errichten und damit schon viel mehr genützt haben, als alle tugendtriefende fromme oder wissenschaftlich verrannte Phraseologie anderer. Indes pflegen diese Leute der That zumeist auch der einen oder der andern der erwähnten beiden Gruppen anzugehören und ausser mit der That auch mit dem Worte einzutreten, so dass weiter hiervon nicht mehr die Rede zu sein braucht.

Seltsam ist schliesslich die Haltung, die der gegenwärtige Staat in den meisten Fällen der Prostitution gegenüber einnimmt, was bereits früher bemerkt wurde. Gesetzlich existiert für ihn keine Prostitution, glaubt er sie nicht gestatten zu dürfen; in der Praxis aber kann er sich deren Notwendigkeit doch nicht verschliessen und unterstellt sie einer Aufsicht, die allerdings nur von problematischem Wert ist und auf Tritt und Schritt zu Widersprüchen und Halbheiten führt. Wir finden hier den alten und doch ewig neuen Zwiespalt von Theorie und Praxis, der nur zu oft wirksame Massregeln schädigend verhindert, um — den Schein des Prinzips zu retten, das, wie deutlich zu erkennen ist, bereits aufgegeben werden musste.

Wird es jemals möglich sein, die Prostitution auszurotten? Es wäre zu gewagt, hier eine bejahende oder eine verneinende Antwort zu geben. Die Tradition und noch manches andere spricht dagegen. Der heilige Optimismus, der trotzalledem und alledem in uns lebt und webt, die Versittlichung der Menschheit erhofft und erstrebt, spricht dafür und seine Stimme wollen wir gelten lassen.

ENDE.

Inhalts-Uebersicht

Band I.

Band II.

Band III.

Band IV.

Band V.

Band VI.